2016

北京教育年鉴

□ 北京市教育委员会

方志出版社
Publishing House of Local Records

图书在版编目（CIP）数据

北京教育年鉴．2016／北京市教育委员会编．—北京：方志出版社，2017.4
ISBN 978-7-5144-2406-5

Ⅰ.①北… Ⅱ.①北… Ⅲ.①教育事业—北京—2016—年鉴 Ⅳ.①G527.1-54

中国版本图书馆CIP数据核字（2017）第078846号

北京教育年鉴（2016）

编　　者：北京市教育委员会
责任编辑：齐　笑

出 版 人：冀祥德
出 版 者：方志出版社
地址　北京市朝阳区潘家园东里9号（国家方志馆4层）
邮编　100021
网址　http://www.fzph.org
发　　行：方志出版社发行中心
电话（010）67110500
经　　销：各地新华书店
印　　刷：北京强华印刷厂

开本：889×1194　　1/16
印张：54
字数：2050千字
版次：2017年4月第1版　2017年4月第1次印刷
印数：0001～2500册

ISBN 978-7-5144-2406-5　　定价：200.00元

北京教育年鉴编纂委员会
（2016）

《北京教育年鉴》2016卷工作人员名录

主　　编　李晓秋

副 主 编　华蕾

责任编辑（按姓氏笔画排序）

王子辰　王永刚　华蕾　孙晓楠　杨少川　邱小培　汪玥　张驰
张晓白　张晓兰　林业　胡雨

特约编辑（按姓氏笔画排序）

丁红莲　万静　马亚莉　王波　王虹　王晋　王琴
王磊　王蕾　王薇　王于英　王长兴　王丹凤　王仕龙
王学美　王彦彦　王振华　王振清　王媛媛　王黎黎　邓杰
邓鸿　田婷　田列朋　田贵双　付佳　冯香春　邢怡
吕轮超　朱家骏　乔宏时　任婷　任峻峰　任婉君　向姣姣
向琨娜　刘阳　刘晖　刘琳　刘转林　刘语潇　刘益宏
许亮　许博　孙明博　孙桂凤　苏雅洁　杜改俊　杜雅楠
杨蓉　杨楠　杨伟丽　杨晓靖　杨海蓉　李安　李岩
李珊　李俊　李程　李蔓　李丹阳　李艾晶　李尔京
李丝璐　李林芹　李明海　李金艳　李治建　李胜华　李银姬
李敏辞　李晶华　李媛媛　李新影　连重　肖兵　肖娜
肖勇　吴昊　吴震　吴中平　吴玉仙　何伶　谷天硕
闵树明　汪天逸　宋亚甫　宋慧宇　张华　张明　张冼
张桓　张深　张琳　张斌　张楠　张一帆　张怡然
张海涛　张翠珍　张婷旖　陆小红　陈泉廷　陈继霞　苑媛
范千　罗芳　金剑苞　周也青　周君姝　周翊兰　郑静慧
房钰深　赵兴　赵钧　赵文强　胡以伦　胡瑞旺　段磊
段晓萌　侯文磊　姜爱林　贺晶　钱多多　徐励　徐天宇
殷红　高飞　高杰　高斌　高玉英　黄冬冬　黄维国
曹亚红　常勇　崔文胜　彭雪松　葛丹青　董健　蒋来
程麒台　谢丹　谢穗　缐金秋　简尔贤　鲜万标　阚四进
谭栩　魏莉

图片编辑　汪玥

录　　排　王子辰　汪玥

编 辑 说 明

一、《北京教育年鉴》是一部大型专业性资料工具书。在中共北京市委教育工委、北京市教委领导下，由北京教育年鉴编纂委员会办公室（北京教育年鉴编辑部）主持编纂。

二、本年鉴以文章和条目为基本体裁，条目为主，使用规范的语体文、记述体，直陈其事，文字力求言简意赅。文前配有彩色图片，文内配有彩色随文图片，文后附有主题词索引、单位名称索引和人名索引。

三、本年鉴从1997年开始逐年编纂。当年出版的年鉴，记述上一年内北京教育事业各个方面发生的新情况，为领导决策提供依据，为教育规划发展提供资料，为国内外各方面人士了解、研究北京教育事业提供最新的信息。

四、本年鉴除记述北京市属教育部门情况外，对北京行政区划内中央部委所属各级各类教育单位的情况也全面记述，力求反映北京教育事业全貌。

五、2016卷年鉴按教育管理、教育教学、教育服务支撑三大系统布局结构，采用分类编纂法，设北京教育总述、大事记、综合管理、教育督导、学前教育、基础教育、普通高等教育、职业与成人教育、民办教育、德育体育美育、科学研究、师资建设、学生管理、招生与考试、交流与合作、京津冀教育协同发展、区县教育、社会团体、市教委直属单位、文献、专文与纪实、调研与报告、统计表、附录24个类目，其中，京津冀教育协同发展为本年新增类目。各类目下的条目以事件发生时间为序排列。

六、2016卷年鉴收录“北京教育新地图（2016）”，以地图的直观形式，集中呈现2015年北京市深化基础教育领域综合改革的新变化、新成果。

七、本年鉴附录部分通过图表记述北京行政区划内教育事业发展基本情况，便于读者查询相关信息。

八、本年鉴收录单位在收录时限内更名的，以原名称为正名，新名称用括号附在正名后。由于版面限制，年鉴中出现的国务院和北京市机构原则上使用规范简称，彩色插页和随文图片的说明使用各单位的规范简称，具体见附录“部分单位全称简称对照表”。

九、本年鉴收录北京各级教育行政部门主要负责人名录，所列均以2015年内任职为限，其中任免情况分别予以注明。

十、本年鉴收录的文章、条目和图片均由各级教育行政部门和各级各类教育单位专人提供，并经部门和单位主要负责人审核。北京市教育事业统计资料由北京市教委发展规划处提供。

十一、本年鉴记述货币名称中，人民币直书“元”，其他货币采用通用名称。

十二、本年鉴涉及各项年度数据以2015年12月31日为统计口径，其他非年度数据以统计部门或业务主管部门的统计口径为准。

十三、本年鉴反映2015年1月1日至12月31日期间情况（部分内容依据实际情况时限向前略有延伸）。

Editor's Remarks

1. Beijing Education Yearbook is a large scale specialized reference book. Under the instructions of Education Commission of Beijing Municipal Committee of CPC and Beijing Municipal Education Committee, it is Compiling Committee of Beijing Education Yearbook (Beijing Education Yearbook Editorial Office) who is responsible for compiling this book.

2. With articles and entries as the basic literature type, this yearbook is mainly consists of entries. It uses narratives, making efforts to be brief and to the point. There are color pictures before and in the articles. There are index at the back of the article.

3. This Yearbook has been keeping published annually since 1997. Each yearbook records previous year's new incidents and events happened in Beijing educational system, which offers both references for decision making and information for educational planning and development. In addition, it also helps people from both home and abroad to understand and doing research about the status quo of Beijing education.

4. This Yearbook embodies the panorama of Beijing education situation, including not only those educational departments directly under Beijing Municipal, but also all level all kinds of educational sections of different districts under central education ministry.

5. The 2016 Education Yearbook was compiled by categories, which has Education Management, Education Schooling and Education Service three major sections. Specifically, this yearbook contains 24 categories, chronologically including generality of Beijing education, major events records, integrated management, education supervision, preschool education, elementary education, higher education, vocational and adult education, private education, moral physical and aesthetic education, scientific research, teaching staff building, students management, enrolling and testing, communication and cooperation, the collaborative development of education in Beijing - Tianjin - Hebei, district and county education, social groups, institutions directly under Beijing municipal commission of education, references, specialized articles and records, research and report, statistics and appendix, among which, 'the collaborative development of education in Beijing - Tianjin - Hebei' is newly added this year.

6. The 2016 Education Yearbook includes 'Beijing Education New Map (2016)', which, in the format of a map, presenting the new changes and fruits of 2015 Beijing deepening comprehensive reform in elementary education.

7. The Appendix Section uses chart to indicate the basic educational development of Beijing different districts for the readers' convenience.

8. In this Yearbook, those working units included which have changed their names during the editing period would still be referred to as their primitive names with the new names in the following brackets. Due to layout limitations, abbreviations are used in referring to party and government institutions in the yearbook. Abbreviations are used in refering to the name of the Institutions in captions of the colour pictures. Details could be found in the Appendix Full name & Abbreviation table of some institutions.
9. This Yearbook contains a namelist of chief leaders of Beijing Educational Administrative sections at various levels, all of whom held office in 2015 and the appointment and dismissal are noted separately.
10. All the articles, entries and pictures in this yearbook are provided by specialized staff from all types of educational administrative sections and examined carefully by their managers and people in charge. The Statistical Material of Beijing Education is provided by Development Planning Department of Beijing Municipal Education Committee.
11. In terms of the currency in this yearbook, RMB is referred to as Yuan and the common names are used in referring to other currencies.
12. Every annual statistic involved in this yearbook takes the statistical criteria of 31st December 2015 as standard and other non annual statistics take the ones from statistical or operating departments as standard.
13. This Yearbook describes educational happenings between 1st January 2015 and 31st December 2015. Some of its content may dated back a minor deal according to its practical circumstance.

改/革/创/新

REFORMATION AND INNOVATION

图片说明

1 1月20日，北京市教育委员会与房山区人民政府共建北京高校大学生创业园（良乡）签约仪式　　（丁柏明 摄）

2 10月16日，北京人力资源服务职业教育集团成立大会　　（京劳职院 提供）

3 5月19日，北京市教科研部门支持中小学发展工作现场会　　（丁柏明 摄）

图片说明

1 1月23日，中国农业大学与北京市三所中小学合作共建协议签约（欧阳永志 摄）

2 12月16日，北京航空航天大学与云南省人民政府签署战略合作协议（王晴 摄）

3 4月8日，丰台区教委与房山区教委、北京十二中、金地惠达公司签署合作办学协议（房山区教委 提供）

图片说明

1 1 月 26 日，全国高等教育质量监测评估研究基地建设研讨会暨签约挂牌仪式
（新闻中心 提供）

2 9 月 15 日，北京师范大学附属中学京西分校开学典礼暨揭牌仪式
（刘宗尧 摄）

3 12 月 23 日，北京工商大学附属中学揭牌 （杨巧明 摄）

4 6 月 10 日，北大附中、北大附小石景山学校揭牌 （海淀区教委 提供）

1

2

3

4

图片说明

1 3 月 24 日，“北京高等学校高水平人才交叉培养计划”启动会（丁柏明 摄）

2 9 月 17 日，北京义务教育均衡发展总结推进会（新闻中心 提供）

3 1 月 13 日，北京市教科研部门支持中小学发展工作研讨会（新闻中心 提供）

4 5 月 12 日，高校支持附中附小发展工作推进会（丁柏明 摄）

5 5 月 8 日，首届基础教育国家级教学成果奖推广会——清华附小语文主题教学成果展示公开课（海淀区教委 提供）

图片说明

1 1 月 11 日，平谷中学高一年级举行课堂改革成果展示课 （平谷区教委 提供）

2 6 月 29—30 日，北京市二十一世纪国际学校小学部低年级游戏闯关替代期末考试 （海淀区教委 提供）

3 11 月 18 日，北京交通大学送课到北京四中顺义分校支持课改 （高军 摄）

4 5 月 15 日，清华大学改革学业评价体系，促进学生全面发展 （清华 提供）

5 12 月 4 日，北京市高中生涯课程教材实验现场会 （海淀区教委 提供）

图片说明

1 7月4日，北京卫生职业学院“乐翼天使”志愿者在毛主席纪念堂进行轮椅助残服务（卫生职院 提供）

2 5月3日，北京市第四十三中学8名教师志愿者到北京站地铁站进行志愿服务（贾坤 摄）

3 8月27日，中国地质大学（北京）志愿者服务世界田径锦标赛（地大 提供）

4 11月26日，怀柔区第二幼儿园师生慰问怀柔残疾人康复服务中心残障儿童（怀柔区教委 提供）

5 11月6日，北京信息职业技术学院学生参加无偿献血活动。（张钰喆 摄）

图片
说明

1 7 月 14 日，清华大学研究团队在五夸克态发现中做出重要贡献（清华 提供）

2 11 月 27 日，北京市八一学校学生参加全国青年科普创新实验暨作品大赛获得冠军（海淀区教委 提供）

3 8 月 6 日，北京工商大学学生获 2015 弹力方程式赛车国际设计锦标赛美国总决赛单项奖第一名（工商大学 提供）

4 5 月 17—23 日，怀柔区实验小学在第十届全国青少年未来工程师竞赛投石车比赛破全国纪录（怀柔区教委 提供）

5 3 月 30 日，中国农业大学生物学院课题组发现诱发结肠癌的一个新元凶——MSI2 蛋白质（欧阳永志 摄）

人才培养
SCHOOL EDUCATION

德育

1

2

3

4

图片说明

1 6月11日，燕山星城小学社会主义核心价值观进课堂教学展示课（杨海涛 摄）

2 5月27日，顺义区光明小学召开践行社会主义核心价值观光明少年展风采主题活动。（顺义区教委 提供）

3 4月30日，平谷第一职业学校开展社会主义核心价值观主题班会活动（平谷区教委 提供）

4 6月2日，平谷区山东庄中学开展“践行社会主义核心价值观”主题团日活动（平谷区教委 提供）

5 9月30日，顺义区尹家府中心幼儿园举办“祖国妈妈——我爱你”诗歌朗诵活动（李艳 摄）

5

图片说明

1 10月13日，北京第二实验小学玉桃园分校举办纪念抗战70周年诗歌朗诵会（西城区教委 提供）

2 9月3日，中国矿业大学（北京）学生参加纪念中国人民抗日战争暨世界反法西斯战争胜利70周年大会（矿大 提供）

3 10月14日，北京印刷学院举办纪念反法西斯战争胜利70周年暨青春榜样主题宣讲会（谢丹 摄）

4 7月3日，丰台区教委举办纪念中国人民抗日战争暨世界反法西斯战争胜利70周年主题宣传教育活动（丰台区教委 提供）

5 10月29日，北京市商务科技学校举办“铭记历史 爱我中华”主题活动（刘邦彦 摄）

人才培养
SCHOOL EDUCATION

智育

图片说明

1 3 月，延庆县教委开展足球进幼儿园活动（延庆县教委 提供）

2 3 月，北京实验学校附属幼儿园举行元宵节庆祝活动，幼儿自己动手制作灯笼（平谷区教委 提供）

3 11 月 27 日，顺义区南彩第一幼儿园开展自主走班游戏活动（王瑾玲 摄）

4 10 月 30 日，平谷区第四幼儿园组织参观消防队（平谷区教委 提供）

5 10 月，北海幼儿园获北京市半日评优活动特等奖（王晓青 摄）

图片说明

1 10 月 15 至 23 日，宣师一附小教育集团开展“西城杯”教学研讨活动 （西城区教委 提供）

2 10 月 9 日，北京市教委举办北京中小学生辩论赛 （新闻中心 提供）

3 11 月 28 日，西城区宏庙小学开展新技术支持下的个性化学习活动，教师运用平板电脑授课 （西城区教委 提供）

4 6 月 11 日，丰台区第五小学举行“依托 ipad 手持移动终端，构建自主开放的课堂——学习方式变革研究”课题交流活动 （张彦 摄）

5 6 月 24 日，中考北京市回民学校考点 （丁柏明 摄）

1

图片说明

1 10 月，北京市八一学校举办第 15 届科技节活动（海淀区教委 提供）

2 12 月，丰台区第八中学学生在创新科技课程上制作模型（曹亚芳 摄）

3 4 月 8 日，平谷区山东庄中学开展师生共同研课活动（平谷区教委 提供）

4 6 月 7 日，北京市高考广渠门中学考点（丁柏明 摄）

5 9—12 月，顺义区仁和中学开展“学身边人，邀同伴互助”课堂教学展示活动（刘铁 摄）

3

2

4

5

图片说明

1 4月9日，“整合丰富教育资源，创造活力大课堂”现场会上，东城区回民小学进行现场教学展示活动（丁柏明 摄）

2 4月23日，怀柔区长哨营满族中学举行以“书香满校园”为主题的读书日活动（怀柔区教委 提供）

3 9月28日，东城区教委举办“民族课程放异彩，爱我中华谱新篇”——东城区第九届中小学民族团结教育周主题活动（刘毅 摄）

4 11月5日，平谷区特教中心开展消防安全主题教育活动（平谷区教委 提供）

5 4月17日，东城区特殊教育学校学生与一六六中学学生共同走进中国科技馆，开展社会大课堂融合活动（毛春雨 摄）

1

2

3

4

5

1

2

3

4

5

图片说明

1 北京水利水电学校开展“崇尚技能，展示风采”主题教育活动周——学生技能竞赛（张静 摄）

2 11 月 28—29 日，昌平职业学校开展首次北京市初中开放性科学实践活动（李松 摄）

3 5 月 10 日，北京市教委承办首届职业教育活动周（市教委职成处 提供）

4 4 月 26 日，丰台区职业中心学校面向社会和中小学生举办各种形式的体验活动（新闻中心 提供）

5 4 月 29 日，北京国际职业教育学校学生为进行职业体验的国子监中学学生展示点钞技能（曹姗 摄）

图片说明

1 2—7 月，北京体育职业学院开展送教下队满足运动队个性化教育需求（徐国峰 摄）

2 6 月 16 日，北京电子科技职业学院首届彩尔班学生进行结业考试（电科职院 提供）

3 6 月 26 日，全国职业院校报关职业技能大赛在北京劳动保障职业学院开赛（京劳职院 提供）

4 5 月 16 日，2015 年北京市高职院校文秘速录专业技能大赛在北京政法职业学院举行（政法职院 提供）

5 11 月 3 日，北京演艺专修学院艺术设计系毛发制作课堂教学（王圣贵 摄）

图片说明

1 6月5日，中国农业大学学生两项作品获北京市“挑战杯”首都大学生课外学术科技作品竞赛特等奖（欧阳永志 摄）

2 9月7日，中国地质大学（北京）到城镇小学进行宣讲（地大 提供）

3 11月19日，北京理工大学学生参加“挑战杯”全国大学生课外学术科技作品竞赛（北理工 提供）

4 9月20日，清华大学三颗MEMS技术试验卫星发射成功（清华 提供）

1

2

3

4

5

图片说明

1 5月27日，中央财经大学举办第十五届社团文化节“穿越时空的龙马”传统文化展示活动　（中央财大 提供）

2 12月7日，北京工业大学建工学院130432班获北京市高校“十佳示范班集体”荣誉称号　（北工大 提供）

3 6月24日，中央财经大学2015届毕业生毕业典礼暨学位授予仪式（中央财大 提供）

4 4月9日，清华大学发布《清华大学藏战国竹简》（伍）成果　（清华 提供）

5 4月14日，清华大学首届飞行员班进行单飞测试考核　（清华 提供）

人/才/培/养
SCHOOL EDUCATION

体育

1

2

3

4

5

6

图片说明

1 4月9日，平谷区教委举办第八届中小学生勇敢小伙伴绑腿跑比赛（平谷区教委 提供）

2 5月8日，北京市海嘉双语学校举办年度运动会（张颜 摄）

3 6月19日，北京市人大代表和北京市教委调研清华附小校园足球工作（海淀区教委 提供）

4 5月14日，西城区宣师一附小进行课外活动现场展示（丁柏明 摄）

5 5月7日，昌平区工业幼儿园举办“爱阳光·会运动·促成长”第十届体育节（袁媛 摄）

6 3—4月，北京市八一学校举办第15届阳光体育节（海淀区教委 提供）

1

2

3

4

5

图片说明

1 9月19日，中华女子学院在北京高校第六届国旗仪仗队检阅仪式上展示队列 （新闻中心 提供）

2 9月20日，2015年北京高校学生军事特训演练 （新闻中心 提供）

3 3月23日，北京市求实职业学校聘请国家级教练指导学生足球社团 （占福林 摄）

4 5月16日，北京市教委举办首都高等学校第53届学生田径运动会 （新闻中心 提供）

5 11月15日，中国地质大学（北京）篮球队获得2015年首都大学生“京都念慈菴杯”篮球超级联赛冠军 （地大 提供）

1

2

图片说明

1 12 月 18 日，西城区半步桥小学学生体验雕刻葫芦
（王晓峰 摄）

2 5 月 6 日，密云县教委开展“京剧名家走进校园”活动，国家京剧院艺术家走进朝阳区实验小学密云学校
（密云县教委 提供）

3 3 月 25 日，昌平区城北中心小学丰富音乐课堂增设低年级形体训练 （庞云龙 摄）

4 5 月 29 日，西城区长安幼儿园举办“放飞童心，快乐旅行”第四届艺术节 （罗晓娇 摄）

5 12 月，平谷区北杨桥中心小学开展民族乐器校本课程
（平谷区教委 提供）

3

4

5

1

2

3

4

5

图片说明

1 1 月 15 日，北京市教委举办北京市民族艺术进校园 10 周年活动 （丁柏明 摄）

2 7 月 2 日，中央音乐学院声歌系在读研究生王传越获第 15 届柴科夫斯基国际音乐比赛银奖 （中央音乐学院 提供）

3 3 月 25 日，中国人民大学开展“艺先锋 · 艺实践”艺术公益活动 （袁源 摄）

4 5 月 4 日，中国政法大学艺术团在“五月的鲜花”全国大学生文艺汇演中表演《从我做起》 （法大 提供）

5 10 月 27—30 日，中央戏剧学院举办第五届国际戏剧“学院奖”（表演奖），表演爵士舞《来吧，朋友》 （戏剧学院 提供）

人/才/培/养

SCHOOL EDUCATION

劳技

1

2

3

4

图片说明

1 4月22日，丰台区新发地小学启动走进新发地批发市场系列社会大课堂活动，学生们走进新发地批发市场学知识 （新闻中心 提供）

2 10月12日，西城区三义里第一幼儿园组织幼儿采摘活动 （西城区教委 提供）

3 10月14日，平谷区马昌营中心小学开展“亲近自然，感受秋天，践行友善”户外实践活动（平谷区教委 提供）

4 3月，平谷区刘家河中学学生进行社会实践体验活动 （平谷区教委 提供）

图片说明

1 9月25日，北京市第一六六中学学生自己动手制作月饼 （丁柏明 摄）

2 12月19日，北京交通职业技术学院到昌平南口敬老院陪护老人 （李萍 摄）

3 3月4日，燕山东风中学开展“学雷锋，爱燕山”绿色环保志愿行动——学生在擦拭东风文化广场健身设施 （苏胜杰 摄）

4 3月4日，平谷区职业学校开展学雷锋月志愿者活动 （刘东升 摄）

1

2

3

4

人/才/强/教
TEACHER TRAINING

1

2

3

4

5

图片说明

1 4 月 10 日，通州区教工幼儿园举行师徒结对签约仪式，双方共同签署《师徒结对协议书》（通州区教委 提供）

2 6 月 16 日，大兴区第三幼儿园开展第六届“青研杯”教师教学展示活动（李慧君 摄）

3 2 月 26—27 日，密云县第八幼儿园教师进行幼儿舞蹈创编培训活动（密云县教委 提供）

4 10 月 21—23 日，顺义区建北幼儿园开展骨干教师半日活动展示（宋永平 摄）

5 8 月 25—26 日，北京市第五幼儿园开展“High Scope 幼儿主动学习”教师培训活动（马智萌 摄）

图片
说明

1 5月8日，北京景山学校远洋分校举行“教师写字基本功过关考评”活动
（石景山区教委 提供）

2 5月19日，西城区炭儿胡同小学开展“书写规范字，夯实基本功”教学基本功展示活动
（西城区教委 提供）

3 1月17日，北京教育学院开展全市初中青年教师教学技能培训展示比赛　（刘琳 摄）

4 12月24日，北京小学通州分校组织特级教师案例研修活动　（通州区教委 提供）

5 11月，平谷区第二小学退休教师给学生上读书实践课　（平谷区教委 提供）

图片说明

1 8月25—28日，北京电子科技职业学院承办第八期“胡格模式”教学试验项目师资培训（电科职院 提供）

2 11月26日，北京农业职业学院组织新教师进行教学能力竞赛与展示活动（王平平 摄）

3 7月15日，北京市总工会职工大学成立北汽赵郁职工创新工作室（杜雅楠 摄）

4 9月24日，北京开放大学举办首届系统教师教学基本功比赛颁奖大会（北京开放大学 提供）

5 6月，北京京北职业技术学院组织优秀教师示范课观摩活动（邯磊 摄）

图片
说明

1 8 月，北京印刷学院机电工程学院李晋尧教授获第 11 届北京市高等学校教学名师奖 （谢丹 摄）

2 12 月 17 日，清华大学李学勤教授获吴玉章人文社会科学终身成就奖 （清华 提供）

3 4 月 21 日，中央财经大学举办辅导员情绪管理与压力释放专题讲座 （中央财大 提供）

4 9 月 12 日，北京理工大学召开徐特立教育思想研讨暨纪念徐特立从教 120 周年大会 （徐思军 摄）

1

2

3

4

学/校/建/设
CAMPUS CONSTRUCTION

1

2

3

4

5

6

7

8

图片说明

1 5月2日，顺义牛栏山第一中学完成体育场改造，改造后田径场全貌　（梁波 摄）

2 11月6日，北京第二外国语学院教学科研楼竣工　（二外 提供）

3 9月7日，北京光明小学本校区低年级部（幸福校址）正式启用　（韩运超 摄）

4 3月1日，北京第三十五中学迁入新址　（贾轩 摄）

5 6月24日，国家教育行政学院附属实验学校竣工并投入使用　（大兴区教委 提供）

6 9月1日，大兴区第二幼儿园融汇分园竣工并投入使用　（大兴区教委 提供）

7 9月，北京市第十三中学分校翻建一新　（西城区教委 提供）

8 10月，北京小学天宁寺分校进行校园环境改造　（西城区教委 提供）

合/作/交/流
COMMUNICATION AND COOPERATION

图片说明

1 4月30日，北京—巴黎教育合作签约
（新闻中心 提供）

2 10月18日，北京市—巴登·符腾堡州职业教育合作签约
（市教委职成处 提供）

3 6月2日，北京工业大学与马里兰大学签署合作框架协议　（北工大 提供）

4 10月23日，北京市第十二中学与IREDE-STATESYILLE公立高中学区国际合作项目签约
（丰台区教委 提供）

1

2

3

4

1

2

3

4

5

图片说明

1 3 月 27 日，黄庄职业高中学生教台湾学生制作京式旗袍盘扣 （舒燕军 摄）

2 8 月 27 日，朝阳区枣营幼儿园与美国海森高达成合作意向 （朝阳区教委 提供）

3 4 月 1 日，昌平区第二中学艺术团与美国温敦木中学音乐团进行文化交流演出 （刘微 摄）

4 12 月 2 日，英国惠特吉夫特学校教师团与密云青少年宫交流 （密云区教委 提供）

5 4 月 24 日，美国迈阿密大学教授到北京第十中学访问 （丰台区教委 提供）

1

2

3

4

5

6

图片说明

1 3月25日，亚美尼亚总统萨尔基相访问北京市第二中学（朱世云 摄）

2 8月30日，清华大学附属小学学生与国际奥委会主席巴赫对话（海淀区教委 提供）

3 9月4日，东帝汶民主共和国总统塔乌尔·马坦·鲁瓦克访问北京市昌平职业学校（李松 摄）

4 6月，比利时国王夫妇到北京吉利学院访问（孙建美 摄）

5 1月6日，哥斯达黎加总统索利斯访问中国人民大学（人民大学 提供）

6 12月11日，中国人民大学授予阿塞拜疆总统伊利哈姆·阿利耶夫名誉教授（袁源 摄）

目　录

宣传与思想教育

统一战线与群众工作

纪检·监察

发展规划

财务

语言文字工作

教育督导

总类

督导检查

督导调研

学前教育

总类

幼儿园

基础教育

中学教育

中学

民族教育

民族教育学校

普通高等教育

职业与成人教育

高等职业教育

高等职业学校

·北京工业职业技术学院·

·北京信息职业技术学院·

·北京电子科技职业学院·

·北京京北职业技术学院·

·北京交通职业技术学院·

·北京青年政治学院·

·北京农业职业学院·

·北京政法职业学院·

中等职业教育

德育体育美育

科学研究

科研成果

师资建设

学生管理

京津冀教育协同发展

高等教育

职业教育

区县教育

东城区

·总类·

·学前教育·

·基础教育·

·职业与成人教育·

·教育督导·

西城区

·总类·

通州区

燕山地区

社会团体

学术团体

群众团体

市教委直属单位

CONTENTS

EDUCATION SUPERVISION

PRESCHOOL EDUCATION

KINDERGARTENS

HIGHER EDUCATION

VOCATIONAL AND ADULT EDUCATION

MORAL, PHYSICAL AND AESTHETIC EDUCATION

SCIENTIFIC RESEARCH

TEACHING STAFF BUILDING

STUDENTS MANAGEMENT

ENROLLING AND TESTING

COMMUNICATION AND COOPERATION

THE COLLABORATIVE DEVELOPMENT OF EDUCATION IN BEIJING – TIANJIN – HEBEI

DISTRICT AND COUNTY EDUCATION

SOCIAL GROUPS

INSTITUTIONS DIRECTLY UNDER BEIJING MUNICIPAL EDUCATION COMMISSION

REFERENCES

SPECIALIZED ARTICLES AND RECORDS

RESEARCH AND REPORTS

STATISTICAL LIST

APPENDIX

北京教育总述

附小发展

2015年北京教育事业综述

2015年，北京教育创新推动，全面见效，扎实推进首都教育事业发展，顺利完成“十二五”规划各项任务。

一、“十二五”教育改革发展规划主要目标实现情况

教育普及水平新提升。教育在促进社会个体“成人、成才、成功”方面的基础性作用持续增强。0～3岁婴幼儿家庭教育指导网络进一步健全，义务教育毛入学率继续保持在100%以上，高中阶段教育毛入学率达99%。全市就业人员受教育程度为大专及以上的比例达50%以上，居全国首位。

教育公平实现新突破。推出“北京教育新地图”，基础教育区域、城乡、校际差距缩小，16个区县全部通过国家义务教育发展基本均衡区县评估。就近入学已成为首都义务教育新常态。出台在京参加升学考试工作方案，保障随迁子女平等就学权。以特殊教育学校为骨干，以随班就读和特教班为主要手段，以送教上门和社区服务为辅助，健全残障儿童少年入学保障机制。教育资助体系不断完善，受益群体覆盖面进一步扩大。

教育质量再上新台阶。坚持立德树人，切实将社会主义核心价值观融入教育全过程。推动高等学校、社会力量支持中小学体育、美育特色发展。以考试评价改革为杠杆，撬动素质教育与减负问题的突破，满足学生全面发展和个性发展需求。不断完善教师遴选、引进、管理和发展服务体系，高素质专业化教师队伍建设取得成效。大力构建现代职业教育体系和推进高等教育内涵发展，教育服务于首都“四个中心”战略定位的能力持续增强。

教育改革取得新成效。深入推进考试招生制度、育人模式和评价体系改革。学前教育资源供给能力大幅提高，“入园难”问题得到有效缓解。义务教育均衡优质发展的长效机制进一步健全，学生综合素质全面提升。普通高中积极创新学校办学模式与人才培养模式，在多样化、特色化发展方面初见成效。高等教育内涵发展不断推进，科技创新能力、社会服务能力和文化传承能力切实增强。终身教育服务体系更加完善和适宜学习，继续教育广泛开展。政府教育管理的科学化、规范化水平不断提高。

教育保障出现新面貌。教育信息化基础环境与运行机制不断完善，中小学建有自己网络学校比例达95%以上，广大师生的信息技术素养明显提升。着力加大优质数字教育资源的开发和应用力度，积极探索在线开放课程应用带动机制，形成北京数字学校和开放大学为代表的新型教育教学与信息技术的融合模式。中小学生学籍信息管理系统不断完善，教育管理公共服务平台建设全面提升。

教育合作迈出新步伐。构筑国际优质教育资源交流与合作平台，首都教育培养高素质、国际化人才的能力得以增强。实施《留学北京行动计划》等措施，留学人员教育体系和社会环境持续优化，北京来华留学人员教育在国内的领先地位得以巩固，2014年在北京市高校留学的学生达7.7万人次，高校学历生比例达到43.5%。加强孔子学院（课堂）建设和对北京优质、特色教育资源的宣传，北京教育国际影响力持续扩大。以京津冀教育协同发展为主的国内区域教育合作快速推进。

二、2015年教育工作主要措施

（一）重点突破，教育改革发展活力持续增强

强化教育改革顶层设计。邀请教育部、高校和科研院所领导和专家组成教育综合改革咨询组，以首都教育改革、中高考改革、大学生思政教育为主题，市领导亲自为市、区教育行政部门、各类各层次校长等作报告20余场，两委一室班子成员按照职责分工，围绕各级各类教育改革的重点任务，开展多种形式的调查研究，深化认识，提振精神。

科学编制“十三五”教育规划。成立“十三五”教育规划编制工作领导小组，深入高校、区县和学校开展专题调研，广泛征求专家和公众的意见建议，积极与教育部和其他省市沟通，几经修改，形成规划初稿。同时，充分考虑“十三五”时期首都城市战略定位和教育改革发展新形势新要求。提出到2020年，形成公平普惠、优质特色、创新协同、开放有序的首都教育体系和学习型城市，实现教育现代化的主要目标。

推动非首都功能疏解和京津冀协同发展。实现北京城市学院疏解5000人、北京建筑大学疏解1100人、北京工商大学疏解530人的阶段性成果，西城区向昌平区疏解转移4所中职学校，开展副中心教育配套建设研究。积极推动教育部与三省市教育部门组建教育协同发展联席会议制度。推动部分市属高校与津冀高校组建联盟、职业院校跨区域合作和优质基础教育资源向津冀辐射。

整体推进考试招生制度改革。高考高招方面，设立农村专项招生计划，实施“双培计划”和“外培计划”，高考志愿填报时间调整为考后知分填报，本科志愿设置调整为大平行方式，调整和规范部分高考加分项目和分值。中考中招方面，改进普通高中招生计划分配方式，提高“名额分配”比例，2015年全市共有89所优质高中将招生计划的40%分配到区域内所有初中学校。开展市级优质高中资源统筹，30所优质高中向远郊区县投放招生计划2242个。系统性研制高考综合改革、中考中招改革和其他各级各类教育考试招生改革及相关配套政策，目前方案已进入决策完成阶段。

深化课程教学改革。研制《北京市实施教育部〈义务教育课程设置方案〉的课程计划》，对语文、历史和思想品德等国家教材进行适应性修订。积极推进“翱翔计划”“雏鹰计划”“遨游计划”“高中自主课程建设实验”等工作，构建“六位一体”的课程自主创新模型。圆满完成PISA 2015测试工作，全市共有77所学校的2720名学生参加正式测试。全面启动初中开放性科学实践活动，公开征集200家高校、科研院所、博物馆、企业、社会团体等资源单位提供851个活动项目。

（二）巩固提高，基础教育全面发展稳步推进

深入开展社会主义核心价值观教育。与国家博物馆、抗日战争纪念馆联合开发学习资料，与首都博物馆开展“探秘北京”活动，开展“我向国旗敬个礼”活动，全市已有近37.4万名中小学生参加走进“四个一”活动，在社会主义核心价值观培育方面“系好第一粒扣子”。持续推进200部优秀电影、纪录片和474册连环画进校园。开展寻找身边道德榜样活动。启动第三批200所学校文化示范校创建工作，实施“中华优秀传统文化素养提升工程”，推进百所优秀传统文化教育实验学校建设。组织200名教师参加书法研修、经典研读、蒙学研修等专题培训班。组织全市931所中小学校，45万名中小学生参与“墨香书法展示”活动，市教委获得全国中小学墨香书法、北京阅读季优秀组织奖。

全面开展体育美育活动。举办体育、卫生、艺术、国防军训各类活动200余项，参与人次几百、几千到几万不等，活动范围跨区（县）、跨省（市），甚至跨越国界。探索构建北京市“1346”青少年校园足球发展的特色模式，首批培训体育教师500名，引进阿根廷足球青训专家5名，建设34所国家级、200所市级校园足球特色学校。深入推进高参小项目和课外活动计划，高等学校、社会力量支持中小学体育美育发展，参与校增至15区161校，其经验做法被中央电视台、新华社等媒体进行宣传报道。

着力促进义务教育优质均衡发展。颁布《关于推进义务教育优质均衡发展的意见》，顶层设计未来五年义务教育优质均衡发展目标和任务。推出教育新地图，通过学区制、集团办学、九年一贯制等方式，不断扩大优质资源覆盖面，16个区县整体通过国家义务教育发展基本均衡区县督导评估。完善义务教育免试就近入学规则，小学就近入学比例94.06%，初中就近入学比例90.6%。市级层面继续统筹协调，同步推进有关高校办附中附小、教科研部门支持中学发展、民培机构参与中小学学科教学、引进外教参与中小学英语教学等改革措施，有效促进义务教育优质均衡发展。

推动普通高中教育、民族教育、特殊教育多样化发展。研究制定《北京市普通高中学业水平考试实施办法》和《北京市普通高中学生综合素质评价实施办法》，在全市16个区县选取70所不同类型学校进行特色建设与多样化发展的探索。举办“深入学习贯彻中央民族工作会议、第六次全国民族教育工作会议精神专题研修班”，规范对内地和田高中班、内地玉树高中班的管理，贯彻落实民族教育政策。构建“市、区、学、学校”四级融合教育支持网络，扎实推进特殊教育教研工作。

加大学前教育服务力度。启动第二个学前教育三年行动计划，首批86所幼儿园实施新建改扩建。通过提升幼儿园办园条件，对公办幼儿园、其他部门单位办园和集体办园运行给予奖励补贴，对村办园、民办幼儿园给予奖励扶持等措施，继续扩大学位供给，预计新增学位15万个。“全面二孩”后的五年，预计户籍人口出生数每年平均增加5.8万人，常住人口出生数每年平均增加11.6万人。

（三）创新推动，高等教育发展质量逐步提高

实施高水平人才交叉培养计划。强化北京地区高校之间、与海（境）外名校、科研院所和企事业单位的合作，实现专业学科的交叉融合和优质教育资源的充分共享。“双培计划”试点高校40所，市属高校17所，涉及专业及方向122个，派出学生1807人；外培计划共覆盖13所市属高校，40余所海（境）外名校，共派出学生559人；“实培计划”涉及市属高校16所，涉及学生1422人。继续推进北京学院建设，制定“深化高等学校创新创业教育改革实施方案”，举办首届中国“互联网+”大学生创新创业大赛，共有512支参赛队。遴选122个面向北京经济社会发展、产业结构升级的新兴、交叉、复合型专业或方向作为“双培计划”首批试点，培育新的专业增长点。举办各类高职院校技能大赛，促进人才培养质量提升。

持续提升高等学校科技创新能力。制定印发北京高校高精尖创新中心建设计划和管理办法，完成第一批13个高精尖创新中心的论证与认定工作。立项培育8个北京高校协同创新中心，完成2个北京实验室的建设立项工作。遴选产生2016年度市属高校创新能力24项提升计划资助项目和4项重大成果转化项目。完成7个北京实验室中期检查工作，完成北京大学、北京理工大学、北京第二外国语学院3个哲学社会科学研究基地新增工作。完成5所独立学院42个专业的学士学位授予权评审工作。国家开放大学和北京警察学院增列为学士学位授权单位和学士学位授权点。

启动北京高校高质量就业创业计划。共为23万多名应届毕业生办理就业手续，毕业生就业率为96.8%。制定《北京高校高质量就业创业计划》《北京高校大学生就业创业项目管理办法》，确定40所高校为示范性创业中心建设校，每校给予50万元经费支持。构建“一街三园”大学生创业园孵化体系，大学生创业园良乡园已建成并投入使用，能容纳创业企业约120个，已有37个北京高校大学生创业团队入驻。位于中关村创业大街的北京高校大学生创新创业服务中心已建设完成。中关村软件园和就业创业大厦已进入建设阶段。

加快建设现代职业教育体系。制定印发《北京市人民政府关于加快发展现代职业教育的实施意见》，确定6所院校20个专业招收2048名初中应届毕业生，进行高端技术技能人才贯通培养试验。扩大“3+2”中高职衔接试点项目至82个专业。走进用友、奔驰、联想、方正等企业，开展校企深度合作。与德国巴符州续签深度合作协议，引进

德国专家培训北京市职教师资队伍。组建京郊职教联盟，带动津冀职教协同发展。组织慕课、“互联网+教育”学习讲座。举办信息化教学比赛，在全国信息化教学大赛上获得8个一等奖。制定《一校一品德育品牌评审实施方案》，实施“寻找身边的技艺达人”等德育改革意见，评选14名北京市优秀学生，继续开展第11届文明风采竞赛活动，切实提升师生职业素养。

推进学习型城市建设。制定《学习型社会建设北京行动计划》，组织专家对门头沟区建设示范区和平谷区建设先进区工作进行视导，举办主题为“知识启迪心灵、技能创造价值”的第11届全民终身学习活动周，评选出第六批100名市民学习之星。完善《京学网》建设，形成覆盖全市的网络终身学习服务平台。继续开展“文化助乡”工程，试点建设3个文化村，培训高级农村实用人才600人，培育新型职业农民1535人。市教委被联合国教科文组织授予“国际学习型城市奖”。

支持引导民办教育依法办学。简化评估指标体系，实施联合专家组进校考察，以评促建、以评促改。及时发布民办高校秋季招生政策，编制《招生入学十二问》，通过媒体向社会发布，帮助考生和家长答疑解惑。针对多家媒体披露近百所虚假民办高校名单，对其中包含“北京”“中国”字样和在北京办学的“学校”网站进行清理，共查处虚假民办大学网站44个，较好地维护广大考生和家长的权益。做好民办教育发展促进项目的资金拨付及实施工作，加强资金绩效管理。

深化教育对外开放。出台相关管理办法，确保教育外事工作有法可依。接待来自美国、法国等访问团组67个1595人次。加强港澳台交流，举办京港澳学生夏令营、台湾阿里山夏令营等学生交流品牌活动，主办京台基础教育校长峰会。优化建设布局，北京已在50个国家和地区开设128所孔子学院和101个孔子课堂，国家主席习近平出席全球第1000所孔子课堂，并为北京市八一中学承办的奥特利尔孔子课堂揭牌，市教委被国家汉办评为先进中方合作机构。选拔101名志愿者参与亚信年会志愿服务、39名学生参加纪念抗战胜利70周年大会迎宾献花，圆满完成任务。

推进教育信息化建设。印发《关于加强基础教育装备安全与质量管理工作的意见》，开展北京市教育装备系统政府采购法律法规及到货验收培训。印发关于中小学校办学条件标准细则，提高学校选择权。继续做好北京数字学校工作，对14000余节名师视频课、7000余个主题微课进行二次整理，开发200个主题“特级教师课程”和10门混合式课程。继续开展“一师一优课、一课一名师”活动，各区县推荐市级课程8000余节涉及40余个学科。稳步推进中小学数字校园实验项目，完成第二批实验校的验收，实施第三批评审及业务培训。完成数字校园云服务平台建设，完成数字化基础教育资源共享交换平台二期建设。

全力推进教育对口支援。按照首善标准完成对新疆、西藏、青海等9省16个地区51个项目的援助任务。安排培训干部教师1100余人次，选派122名优秀干部教师赴受援地开展支教工作。组织250名新疆、西藏和青海中小学师生来京参加民族团结夏令营活动，继续举办和田、玉树对口高中班，并在内地民族班中组织“民族一家亲”“阿达西”双语交流活动。制作完成180节维语、藏语课程，为受援地学校提供数字化优质教育资源服务。加强与唐山市、邯郸市的教育合作。

（刘转林）

2015年北京教育事业发展简况

一、基本情况

（一）基础教育

2015年，北京市共有普通中学646所，其中，高中306所，初中340所；小学996所，幼儿园1487所，特殊教育学校22所，工读学校6所。基础教育在校学生130.31万人，其中，普通高中16.94万人，普通高中在校生中本市户籍15.45万人，非本市户籍1.50万人；初中28.34万人，初中在校生中本市户籍18.86万人，非本市户籍9.48万人；小学85.03万人，小学在校生中本市户籍49.65万人，非本市户籍35.38万人。

幼儿园在园幼儿39.41万人，特殊教育学校在校生7136人，工读学校在校生661人。

（二）中等职业教育

2015年，北京市共有中等职业学校122所，其中，中等专业学校31所，成人中专11所，职业高中51所，技工学校29所。

中等职业学校在校学生13.43万人，其中，中等专业学校4.75万人，成人中专学校3.04万人，职业高中在校生1.84万人，技工学校3.81万人。

（三）研究生教育

2015年，北京市有58所普通高校和80个科研机构培养研究生，共有在学研究生28.38万人，比上年增加0.94万人。其中，博士生8.00万人，比上年增加0.37万人；硕士生20.39万人，比上年增加0.57万人。招收研究生9.51万人，比上年增加0.23万人。在58所普通高校中，中央部委所属高校37所，研究生在校生23.34万人，招生7.77万人；21所市属高校（含民办高校），研究生在校生3.24万人，招生1.18万人。

（四）普通本专科教育

2015 年，北京市共有普通高等学校 90 所，普通本专科在校生 59.34 万人，比上年减少 0.12 万人；其中，市属普通高校 53 所（含民办高校），普通本专科在校生 28.30 万人，比上年减少 0.35 万人。全市普通高校本专科招生 15.79 万人，比上年减少 0.22 万人。

（五）成人教育

2015 年，北京市共有独立设置成人高校 19 所，成人高等学历教育在校生 20.43 万人（含普通高校举办的函授、业余、脱产班在校生 18.59 万人），招生 7.50 万人（含普通高校举办的函授、业余、脱产班招生 6.77 万人）。

培训机构 3659 所，注册学生 276.74 万人。

（六）民办教育情况

2015 年，北京市有民办普通高校 15 所，民办高等教育机构 66 所，民办中学 93 所，民办中等职业学校 22 所，民办小学 60 所，民办幼儿园 574 所。

二、教育资源状况

（一）北京市高等教育设施情况

单位：万平方米

		学校产权占地面积	学校产权校舍面积	学校产权教室面积	学校产权图书馆面积
普通高校	合计	4457	3678	353	144
	市属	1599	1168	187	55
成人高校		129	90	25	5
民办高等教育机构		37	48	11	2

续表

		学校产权实验实习场地面积	学校产权学生宿舍面积	学校产权在建校舍面积	非学校产权独立使用占地面积	非学校产权独立使用校舍
普通高校	合计	560	838	254	1539	175
	市属	194	296	57	1115	131
成人高校		6	14	0	2	1
民办高等教育机构		4	17	0	147	131

（二）北京市高等教育设备情况（学校产权）

		固定资产（万元）	教科仪器（万元）	图书（万册）
普通高校	合计	14371379	4943764	11204
	市属	4203242	1494678	4007
成人高校		291925	36432	223
民办高等教育机构		129532	23322	236

续表

		教学用计算机（台）	教室（间）	网络多媒体教室数（个）
普通高校	合计	420364	18099	12292
	市属	200407	10045	6197
成人高校		10767	1052	704
民办高等教育机构		13347	1011	194

注：表（一）、表（二）中市属普通高校办学条件包含民办普通高校数据。

（三）北京市基础教育设施情况

单位：万平方米

	占地面积	校舍建筑面积	教室面积	实验室面积	图书室面积
普通中学	2349.59	1330.36	292.13	84.95	36.56
小学	1401.39	680.73	247.57	20.87	16.26

（四）北京市基础教育设备情况

	固定资产（万元）	仪器设备（万元）	计算机（台）	图书（万册）	电子图书（GB）
普通中学	2880039.84	768385.44	280820	2958.46	218629.17
小学	1663895.67	577975.37	228925	2829.89	135203.41

（五）师资队伍状况

2015 年，北京市小学教职工 5.83 万人，其中，专任教师 5.01 万人，生师比为 14.3:1；普通中学教职工 8.40 万人，其中，专任教师 6.34 万人，生师比为 8.4:1。普通高校教职工 13.84 万人，其中，专任教师 6.52 万人。

（张桓）

（本栏责任编校　华蕾　张晓兰）

大事记

铭记历史 缅怀先烈 珍爱和平 开

2015 年北京教育大事提要

1 月 12 日　市教委、市财政局联合印发《北京市高校、教科研部门支持中小学发展项目管理办法（试行）》和《北京市外籍教师参与中小学英语教学改革项目管理办法（试行）》，规范高校、教科研部门支持中小学发展项目管理。

2 月 28 日　市教委与市财政局联合印发《北京市民办教育机构参与中小学学科教学改革项目管理办法（试行）》，明确各级部门、民办教育机构及项目学校的工作职责。

3 月 4 日　市教委印发《北京高校高质量就业创业计划》，提出着力构建“一街三园”的北京高校大学生创业园孵化体系。

3 月 10 日　市教委启动高水平人才交叉培养计划，包括“双培计划”“外培计划”和“实培计划”三部分内容。

3 月 13 日　市教委印发《关于开展高端技术技能人才贯通培养试验的通知》，支持部分职业院校与示范高中、本科院校、国内外大企业合作，选择对接产业发展的优势专业招收初中毕业生，完成高中阶段基础文化课学习后，接受高等职业教育和本科专业教育。

3 月 27 日　市教委印发《北京市教育委员会空气重污染应急预案》。至年底，共发布（解除）各等级空气重污染预警 32 次，预警持续时间共 42 天。

4 月 23 日　市委、市政府发布《关于推进义务教育优质均衡发展的意见》，提出未来五年义务教育优质均衡发展目标和任务。

4 月 26 日　市教委在首届北京市职业教育宣传月启动仪式上，将每年的 4 月 15 日至 5 月 15 日定为职业教育宣传月。

4 月 30 日　北京市义务教育发展基本均衡县区督导检查反馈会暨全国义务教育均衡发展中期现场推进会召开，正式宣布北京市整体通过全国义务教育均衡发展督导评估。

5 月 25 日　市政府办公厅印发《北京市第二期学前教育三年行动计划（2015—2017）》。

6 月 7—8 日　北京市 2015 年普通高等学校招生考试举行，57494 人参加考试。

6 月 24—26 日　北京市完成 2015 年高级中等学校统一招生文化课考试，84029 名考生参加文化课考试。

6 月　市教委启动初中开放性科学实践活动。

9 月 8 日　市教委举办上好新学年爱国主义教育第一课暨纪念中国人民抗日战争胜利 70 周年活动。

10 月 11 日　市教委启动远郊区县学生到城区学校游学项目。

10 月 18 日　市教委启动城区初中学生到郊区学农项目。

10 月 23 日　市教委召开北京高校高精尖创新中心建设计划启动大会，向首批认定的 13 个北京高等学校高精尖创新中心授牌。

11 月 11 日　市委教育工委、市教委召开北京市中小学社会主义核心价值观教育工作推进会。

11 月 24 日　市政府印发《关于加快发展现代职业教育的实施意见》。

12 月 7 日　中国科学院、中国工程院公布 2015 年增选院士名单。北京高校 9 人当选中科院院士、11 人当选工程院院士。

12 月　密云县教委和延庆县教委更名为密云区教委和延庆区教委。10 月 31 日，经国务院批准，北京市撤销密云县、延庆县，设立密云区、延庆区。

2015年北京教育大事记

1月

3日 北京市完成2015年美术类专业统一测试。5442人参加考试，5157人取得美术统考合格资格，包括取得本科合格资格3960人。

6日 中国人民大学接待哥斯达黎加共和国总统路易斯·吉列尔莫·索利斯·里韦拉访问。

7日 北京理工大学教授、中国工程院院士、著名爆炸理论与炸药应用技术专家、博士生导师徐更光，因病在北京逝世，享年83岁。

△ 厄瓜多尔总统拉斐尔·科雷亚访问清华大学并发表演讲。

9日 在2014年度国家科学技术奖励大会上，北京高校20项成果（通用项目）以第一完成单位（人）获得国家科技奖。其中，1项成果获国家自然科学奖一等奖，5所高校6项成果获国家自然科学奖二等奖，6所高校7项成果获国家技术发明奖二等奖，4所高校6项成果获国家科学技术进步奖二等奖。

△ 市委教育工委、市教委、北京教育科学研究院联合召开北京市中小学社会主义核心价值观融入课堂教学推进会。

10日 北京师范大学教授，中国科学院院士、遥感学家、地理学家李小文，因病在北京逝世，享年68岁。李小文是Li-Strahler几何光学学派的创始人。

12日 市教委、市财政局联合印发《北京市高校、教科研部门支持中小学发展项目管理办法（试行）》，规范高校、教科研部门支持中小学发展项目管理。办法自2月10日起施行。1月13日、5月19日，市教委分别召开北京市教科研部门支持中小学发展工作研讨会和工作现场会。5月12日，市教委召开高校支持中小学发展工作推进会。

△ 市教委、市财政局联合印发《北京市外籍教师参与中小学英语教学改革项目管理办法（试行）》。市教委选择外籍教师资源丰富、社会信誉度好、有参与积极性的在京高校协助中小学聘请外籍教师或者通过政府采购程序选择社会信誉度好、适应教学改革需求、参与积极性高、具有外籍教师中介服务资质的民办教育机构作为供应商协助中小学聘请外籍教师。

14日 北京高校博物馆联盟启动2015年走进高校博物馆活动。启动活动在中国地质大学（北京）博物馆举办，邀请70名中小学生走进地大博物馆参观、座谈。

14—16日 2015年北京市春季高中会考举行，103876人报名参加9个学科的会考，其中，普通高中考生102673人、职技类学校考生1182人、社会考生21人，共报考科次360814科次。

20日 中国人民大学荣誉一级教授，中国当代著名经济学家、教育家，新中国金融学科的重要奠基人周升业因病在北京逝世，享年87岁。

28日 由国家开放大学主办，全国老龄工作委员会办公室、民政部中国社会福利协会、人社部职业技能鉴定中心协办的老年开放大学正式揭牌成立。

31日 市教委举办第15届北京市中小学生金鹏科技论坛项目答辩活动。小学组获奖项目161个、中学组获奖项目152个、高中组获奖项目83个。

是月 市教委发布《2014年北京高校学生学籍学历与就业情况发展报告》。报告自本年起，每年发布一次。

△ 北京教育志编纂委员会办公室完成北京市第三批“百年学校”遴选，19所学校入选。

1—7月 市教委组织900所中小学学生45万人参加“少年传承中华美德”之“墨香书法展示”活动。

2月

3—4日 北京市完成2015年艺术特长生统一测试工作。共设置声乐、管乐、弦乐、键盘、民乐、舞蹈、书画、戏剧8大类55个小项，1021名考生参加测试。895名考生取得合格等级成绩。

4日 市教委、市人力社保局、市民政局、市残联联合印发《北京市特殊教育工作先进集体和先进个人奖励暂行办法》。办法自3月20日起施行。

6日至10月11日 市教委开展校园足球系列活动，以校园足球为突破口促进体育运动的推广普及。建立健全校园足球工作机制，探索构建北京市“1346”青少年校园足球发展的特色模式。

16日 教育部公布2014年度高等学校科学研究优秀成果奖（科学技术）名单，北京高校（含高校附属医院）73项成果以第一完成单位（人）获奖。其中，6所高校7项成果获得自然科学奖一等奖，8所高校20项成果获得自然科学奖二等奖；5所高校5项成果获得技术发明奖一等奖，6所高校7项成果获得技术发明奖二等奖；7所高校13项成果获得科技进步奖一等奖，10所高校18项成果获得科技进步奖二等奖；清华大学2项成果获科学技术进步奖（推广类）二等奖；北京师范大学1项成果获得专利奖二等奖。

26日 市教委公布第29届北京市中小学生金银帆奖名单。136人获奖，其中，金帆奖9人、银帆奖127人。

27日 市委、市政府召开2014年度北京市科学技术奖励大会，北京高校（含高校附属医院）45项成果以第一完成单位（人）获得北京科学技术奖。其中，6所学校8项成果获得科学技术奖一等奖，12所学校16项成果获得科学技术奖二等奖，10所学校21项成果获得科学技术奖三等奖。

28日 市教委与市财政局联合颁发《北京市民办教育机构参与中小学学科教学改革项目管理办法（试行）》。管理办法明确各级部门、民办教育机构及项目学校的工作职责；并提出经费预算管理、监督检查的具体办法。管理办法自3月25日起施行。

3月

4日 市教委印发《北京高校高质量就业创业计划》，明确提出着力构建“一街三园”的北京高校大学生创业园孵化体系。

6日 科技部公布“国家重点基础研究发展计划（简称‘973计划’）2015年项目”名单，北京高校28个项目入选。

9日 中国人民大学荣誉一级教授、博士生导师，中国当代著名伦理学家、哲学家、教育家、理论家，新中国伦理学奠基人、社会主义市场经济条件下道德理论的创建者罗国杰教授，因病在北京逝世，享年88岁。

10日 市教委启动高水平人才交叉培养计划，包括双培计划、外培计划和实培计划三部分内容。3月24日，市教委召开“北京高等学校高水平人才交叉培养计划”启动会。

13日 市教委印发《关于开展高端技术技能人才贯通培养试验的通知》。2015年起，市教委支持部分职业院校与示范高中、本科院校、国内外大企业合作，选择对接产业发展的优势专业招收初中毕业生，完成高中阶段基础文化课学习后，接受高等职业教育和本科专业教育。

26日、27日 中共中央政治局委员、国务院副总理刘延东先后到中央音乐学院、中央戏剧学院、中央美术学院、北京舞蹈学院、北京电影学院调研并召开座谈会。

27日 市教委印发《北京市教育委员会空气重污染应急预案》。至年底，市教委落实空气重污染应急工作。共发布（解除）各等级空气重污染预警32次，预警持续时间共42天。其中，12月7—10日、18—22日，两次发布红色预警，制定《各区教委落实空气重污染预警指令情况统计表》《全市普通中小学（含民办）空气重污染红色预警期间学生在家、到校情况统计表》等，及时反馈相关信息。

△ 亚美尼亚共和国总统谢尔日·萨尔基相访问北京大学并发表演讲。

28日 北京市完成2015年高校高水平运动队招生全市统一测试。测试项目为田径、篮球、排球、足球、乒乓球、游泳、健美操、武术、羽毛球、跆拳道、网球、棒球、垒球13个项目。共有327人参加考试，达到合格等级考生295人。

29日 第13届“北京青少年科技创新市长奖”评选结果公布，10人入选。

31日 乌干达共和国总统约韦里·卡古塔·穆塞韦尼访问外交学院并发表演讲。

是月 北京市27所高校完成高职自主招生考试工作，共录取考生10346人，比计划减少799人。

4月

10日 市教委完成国际学生评估项目（Programme for International Student Assessment，缩写PISA）2015测试。11个区县（含房山区）77所学校2700名学生参加测试。

11—12日 北京市完成2015年普通高校招生外语口试工作，共有考生40471人参加外语口试。

17日 市教委召开北京市学校文化建设示范校创建活动总结会暨学校文化主题论坛。会议认定203所中小学为北京市第二批中小学学校文化建设示范校。

18—19日和25—26日 北京市组织完成4月高等教育自学考试。共有58482名考生报考179061科次，注册新生15317人。

23日 北京高校图书馆面向中小学设立参观开放日启动仪式在中国人民大学图书馆举行。该活动是北京高校服务社会、服务中小学的一项具体举措。

△ 市委、市政府发布《关于推进义务教育优质均衡发展的意见》。意见提出未来五年义务教育优质均衡发展目标和任务，到2020年，在确保各区县义务教育均衡发展的基础上，优质教育资源覆盖面进一步扩大，全市义务教育实现更高水平的优质均衡发展。

25—26日 北京市首次组织运动训练、武术与民族传统体育专业招生文化课统一考试，共有615人参加文化课考试。

26日 市教委举办首届北京市职业教育宣传月启动仪式。市教委将每年的4月15日至5月15日定为职业教育宣传月。

27—29日 国家教育督导检查组分8个小组对北京市的16个区县进行实地督导检查。4月30日，北京市义务教育发展基本均衡县区督导检查反馈会暨全国义务教育均衡发展中期现场推进会召开，正式宣布北京市整体通过全国义务教育均衡发展督导评估。

28日 赤道几内亚共和国总统特奥多罗·奥比昂·恩圭马·姆巴索戈访问外交学院并发表演讲。

是月 市教委举办2015年北京市中等职业学校技能比赛暨全国职业院校技能大赛北京地区预赛。比赛共设12个专业大类69个赛项，共50余所职业院校万余名学生参加校级比赛，1740名学生参加市级比赛。

5月

4日 中共中央政治局常委、国务院总理李克强回信清华大学学生。3月2日，清华7名学生创客给李克强写信，表达大学生创客在“大众创业、万众创新”的浪潮中勇于担当，积极发挥引领示范作用的决心和愿望。

△ 中国国民党主席朱立伦访问北京大学并与师生代表座谈。

5日 市教委制定并印发《北京地区高校示范性创业中心建设标准》，明确示范性创业中心建设要求和建设标准，提升工作针对性和效果。

8日 北京市首批市属高校章程核准发布暨章程建设工作推进会召开。北京工业大学、首都经济贸易大学、北京信息科技大学、北京第二外国语学院和北京农业职业学院首批5所市属高校章程正式通过市教委核准，标志北京市市属高校章程建设取得实质性进展。至年底，北京市市属高校已基本完成章程制定工作。

15日 印度总理纳伦德拉·莫迪访问清华大学并发表演讲。

△ 市教委授予14名学生2014—2015学年度“北京市优秀学生”称号。

15—18日 市教委、市体育局联合举办首都高等学校第53届学生田径运动会。69所高校的1500名运动员参加比赛。

25日 市政府办公厅印发《北京市第二期学前教育三年行动计划（2015—2017）》。

△ 市教委印发《关于加强基础教育装备安全与质量管理工作的意见》，明确做好基础教育装备工作的主要目标与原则等，自7月1日起施行。

是月 市教委完成第17届普通高中宏志奖学金评选工作，共资助学生3204人，每人奖励金额800元。

6月

4日 市教委召开第二批北京高校2011协同创新中心论证会，8个北京高校协同创新中心获得培育。

6日 中共北京市委书记郭金龙分别到北京市第一六一中学考点和海淀区招生考试中心检查2015年全国普通高等学校招生考试各项准备工作落实情况。

7—8日 北京市2015年普通高等学校招生考试举行。57494人参加考试。6月23日，北京市招生考试委员会2015年第二次会议确定北京市普通高校招生各批次录取最低控制分数线。7月6日至8月13日，北京市完成2015年普通高等学校招生录取工作，统考统招部分实际录取51022人、高职单独考试招生部分实际录取855人。至8月，北京市2015年普通高等学校招生考试实施五项改革措施，包括改进招生计划分配方式；调整志愿设置及志愿填报时间；调整自主选拔等特殊类型招生录取方式；减少和规范高考加分；深化考试内容改革。

10日 市教委公布2014年度民办高校办学状况年度检查结果。83所学校参加年检，72所学校年检结论为通过、3所学校基本通过、4所学校暂缓通过、4所学校不通过。

14日 北京师范大学教授、文艺理论家和教育家、全国模范教师、中央马克思主义理论研究与建设工程文学组首席专家童庆炳，因病医治无效在北京逝世，享年80岁。

17日 市教委公布第九批北京市示范幼儿园名单。12个区县的35所幼儿园入选，包括远郊区县幼儿园8所，民办园、街道园各2所，单位办园8所。

23日 比利时国王菲利普携王后访问北京吉利学院。

24—26日 北京市完成2015年高级中等学校统一招生文化课考试。84029名考生参加文化课考试。5月20日，北京市完成高级中等学校招生体育现场考试，82429人参加体育现场考试。7月3日，发布中考成绩。7月26—28日，北京市完成2015年高级中等学校统一招生录取审批工作，实际录取48297人。至7月，北京市2015年高级中等学校招生考试改革措施包括扩大优质高中名额分配比例，由上年的30%提升至40%；规范跨区县招生计划；开展高端技术技能人才贯通培养试验；规范特长生招生范围和计划比例；扩大中高职衔接“3+2”实验规模；减少和规范中考加分项目。

是月 北京市完成2015年硕士研究生录取工作。除军队院校以外，北京142个高等学校、科研机构共招收硕士生80799人。

△ 市教委启动初中开放性科学实践活动。该举措为学生提供优质、丰富、多元的学习资源，满足学生个性化发展需求，全面提升学生的科学素养、创新精神和动手实践能力。

7月

1日 市教委印发《北京市实施教育部〈义务教育课程设置实验方案〉的课程计划（修订）》，自7月31日起实施。

7日 市教委召开北京市基础教育装备工作会，宣布“北京市基础教育装备专家指导委员会”“北京市中小学实验室装备与实验教学研究中心”成立并揭牌。

8—10日 2015年北京市夏季高中会考考试举行。57982人报名参加9个学科的考试。

12日 中国科学院大学教授、全国人大常委会原副委员长、著名经济学家成思危，因病医治无效在北京逝世，享年80岁。

22日 教育部公布“全国高校实践育人创新创业基地”入选名单，北京9所高校入选。

25日 市教委、市科委、市体育局、市科协共同主办的北京学生科技文化夏令营暨第33届北京学生科技节在北京市第八十中学开幕。

28日 市教委公布2015年北京高等学校市级校外人才培养基地立项单位名单，50家单位入选。

29日 市教委、市财政局印发《北京高校大学生就业创业项目管理办法》，自9月1日起施行。

是月 北京市完成2015年博士生录取工作，北京高等学校、科研机构（不含解放军在京单位）80家招生单位录取博士生22035人（含北京大学、清华大学弹性计划增量录取252人）。

△ 市政府批准北京现代职业技术学院、顺义区第一职业学校、顺义区汽车技术职业高中、顺义区职业教育中心学校划转北京城市学院管理。

8月

4日　中国音乐学院教授、音乐史学家、音乐教育家，中国音乐史学会原会长，博士生导师冯文慈因病在北京逝世，享年89岁。

5日　教育部办公厅公布首批现代学徒制试点单位，北京电子科技职业学院、北京交通运输职业学院、北京财贸职业学院和北京市昌平职业学校入选。

24日　市教委公布52家北京市中小学生社会大课堂第五批市级资源单位。

9月

4日　东帝汶民主共和国总统塔乌尔·马坦·鲁瓦克访问北京市昌平职业学校农业文化园区。

8日　市教委举办上好新学年爱国主义教育第一课暨纪念中国人民抗日战争胜利70周年活动。

11日　格鲁吉亚总理伊拉克利·加里巴什维利访问对外经济贸易大学。

20日　北京理工大学原校长、化工和材料学专家、教育家朱鹤孙在北京逝世，享年85岁。

24日　教育部公布2015年全国职业院校技能大赛获奖名单。北京学生获得一等奖39个（中职组16个、高职组23个），二等奖59个（中职组26个、高职组33个），三等奖66个（中职组41个、高职组25个）。

9—12月　市委教育工委组织开展8场“部长进校园活动”。

10月

9—11日　市教委和市体育局联合举办阳光体育第53届北京市中学生田径运动会。16个区县的768名运动员参加运动会，3人（队）3次破3项赛会纪录。

11日　市教委启动远郊区县学生到城区学校游学项目。首批郊区县深山区学生300人游学北京市广渠门中学、北京市第二十中学、首都师范大学附属丽泽中学。该学期共安排26批次游学活动，每批次游学时间为一周。

12日　中国农业大学北京学院首届学生29人毕业。至年底，北京共成立4所北京学院，分别是北京航空航天大学北京学院、中国农业大学北京学院、北京理工大学北京学院和北京交通大学北京学院。

14日　市教委印发《北京市中小学办学条件标准细则（修订）（普通高中部分）》。

15日　塞浦路斯总统尼科斯·阿纳斯塔西亚迪斯访问中国人民大学。

17—18日　市教委举办首都高等学校第七届秋季学生田径运动会。47所高校的1800名运动员参加比赛。

17—18日和24—25日　北京市组织完成10月高等教育自学考试。共有57145名考生报考183031科次，注册新生14186人。

17—20日　清华大学附属中学、清华大学附属小学举办建校100周年校庆活动。

18日　市教委启动城区初中学生到郊区学农项目。面向东城、西城、朝阳、海淀、丰台和石景山6个区，组织项目校初二部分整建制班级学生到郊区的劳动教育基地进行为期5天的学农教育实践活动。至年底，共完成五批次学农任务。

23日　爱尔兰教育与技能部部长简·奥苏利文访问北京外国语大学。

△　市教委召开北京高校高精尖创新中心建设计划启动大会，向首批认定的13个北京高等学校高精尖创新中心授牌。3月13日，市教委印发《北京高等学校高精尖创新中心建设计划》。

24—25日　北京市完成成人高校招生全国统一考试。51702名考生参加考试。

28日　教育部办公厅公布国家中等职业教育改革发展示范学校建设计划第二批项目学校验收结果，北京市8所学校通过验收，正式确定为“国家中等职业教育改革发展示范学校”。

至10月31日　北京地区普通高等学校、研究生培养单位共培养毕业生231005人。其中，北京生源毕业生68801人，就业人数67354，北京生源毕业生就业率97.9%。

11月

6日　市教委确定35所学校为2015年市级乡镇校外活动站。

9日　市教委举办2015—2016学年度北京市百万青少年“迎冬奥”系列活动启动式。系列赛事和活动包括北京市中小学生冰球联赛、北京市青少年花样滑冰锦标赛、北京市中小学生滑雪比赛和冬奥知识进校园活动等。

10日　2015年北京市第11届全民终身学习活动周开幕式暨海淀区职业教育发展高峰论坛举行。

△　中国政法大学干部、老红军戴铮，因病医治无效逝世，享年97岁。戴铮为原北京政法学院原党组书记，北京政法学院筹办、复办的主要领导者。

11日　中国政法大学教授，中国犯罪心理学、法律心理学创始人之一罗大华逝世，享年79岁。

△　市委教育工委、市教委召开北京市中小学社会主义核心价值观教育工作推进会。

18日　北京市召开纪念北京市高等教育自学考试制度建立35周年专家研讨会。

24日　市政府印发《关于加快发展现代职业教育的实施意见》。实施意见提出的目标任务为到2020年，形成适应首都城市战略定位和经济社会发展需要，产教深度融合、中职高职衔接、职业教育与普通教育相互融通、学历教育与职业培训有机结合，体现终身教育理念，具有首都特色的国际一流现代职业教育体系。

30日　北京市完成2016年普通高等学校招生考试报名工作。61222人报名，比上年减少6594人，下降9.72%。

12 月

1—16 日　市教委验收第一批已建设完成的开放式重点实验室。14 个区 33 所学校的第一批高中开放式重点实验室参加验收。

3 日　首都师范大学原校长、历史学家、教育家、新中国世界史学科的奠基者和开拓者之一齐世荣因病医治无效，在北京逝世，享年 89 岁。

7 日　中国科学院公布 2015 年增选院士名单，北京高校 9 人当选。其中，数学物理学部 2 人、化学部 1 人、生命科学和医学学部 1 人、信息技术科学部 3 人、技术科学部 2 人。

△　中国工程院公布 2015 年增选院士名单，北京高校 11 人当选。其中，机械与运载工程学部 1 人，信息与电子工程学部 1 人，化工、冶金与材料工程学部 2 人，能源与矿业工程学部 2 人，土木、水利与建筑工程学部 1 人，环境与轻纺工程学部 3 人，农业学部 1 人。

8—22 日　市教委举办数字学校“停课不停学”活动。北京数字学校设同步课程（30～40 分钟），按照教材目录，提供完整名师讲授的课程，内容覆盖小学一年级到高中三年级所有学科，适用于极端天气、学生生病或有事落课时自行学习。

11 日　阿塞拜疆总统伊利哈姆·阿利耶夫访问中国人民大学。

12 日　市教委举办的首届北京市中小学生创客秀活动开幕。15 个区县的小创客，高校、科技企业和新闻媒体代表等共计 1500 人参加活动。

24 日　市教委公布 2015 年北京市中小学生科学建议奖获奖名单，评出科学建议奖 13 人、科学建议提名奖 12 人。

26 日　市教委举办北京市中小学生社会大课堂学习成果展示及颁奖活动，表彰北京市中小学生社会大课堂学生成果一、二、三等奖 313 项；教师优秀活动方案一、二、三等奖 199 项。

30 日　北京市召开两委一室机构职能调整情况通报会，通报由市编办批准的市教育两委一室机构职能调整的情况。撤销市委教育工委基层联络处和市教委民办教育处，原有的处室职责分解到各相关处室，调整市教育督导室处室，调整后，设立综合处、督政处、学校督导处、专项督导处、督学管理与信息化处、评估与监测处 6 个处。

是月　市教委采取措施分类治理未经登记注册幼儿园。

△　密云县教委和延庆县教委更名为密云区教委和延庆区教委。10 月 31 日，经国务院批准，北京市撤销密云县、延庆县，设立密云区、延庆区。

△　北京市继续实施进城务工人员随迁子女在京参加高职招生考试政策。全市共有 422 名考生提出申请，经审核，符合条件考生 245 人，参加高考报名 243 人。

本年

是年　市教委委托部分高校附中跨区建设举办新校区。清华大学附属中学、北京大学附属中学、中央民族大学附属中学、北京师范大学第二附属中学扩大办学规模，跨区新建 5 个校区。

△　北京市属高校本专科生获得各类奖助补金 1.82 亿元；研究生获得各类奖学金、助学金 3.60 亿元；中等职业教育学生获得各类奖助补金 1.6 亿元；北京市普通高中、义务教育及学前教育学生获得各类助学金及减免金 6.18 亿元。

△　市教委遴选 200 所校园足球特色学校，其中，小学 113 所、初中 25 所、高中 7 所、完全中学 8 所、九年一贯制学校 14 所、12 年一贯制学校 33 所。从中遴选 34 所学校为全国校园足球特色学校。

△　市教委全力推进教育对口支援。按照首善标准完成对新疆、西藏、青海等 9 个省、自治区的 16 个地区 51 个项目的援助任务。

△　市级财政继续实施各类奖励补贴 4.89 亿元。在执行幼儿园收费标准的前提下，继续对非教育部门公办性质幼儿园实施生均定额补贴政策，市级财政共计投入 4.36 亿元，对 430 所幼儿园进行生均补贴，覆盖 12 万名在园幼儿。此外，在执行普惠优质标准的基础上，继续对普惠性民办幼儿园实施奖励补贴政策，市级财政共计投入 0.53 亿元，对全市普惠性民办幼儿园进行奖励补贴，覆盖 4 万名在园幼儿。

△　市教委基本完成市属高校三年建设实施规划。三年建设规划涉及 21 所市属高校、60 个建设项目（含 57 个校园单体和 3 个新校区），总建筑面积 200 万平方米。至年底，校内单体项目中，完成前期审批项目 54 个，暂不实施项目 3 个。完成审批项目中，已实施项目 53 个，总建筑面积 126 万平方米，总投资 60 亿元。

△　市教委会同相关部门推动教育领域功能疏解。其中，北京建筑大学实现 1100 名本科生疏解至大兴校区；北京工商大学向良乡校区疏解 530 名本科生，实现本科新生全部疏解到新校区；北京城市学院实现 4010 名新生和中关村校区 1050 名在校生入驻顺义校区；引导西城区推动 4 所中职学校向昌平搬迁取得积极成效。

（本栏责任编校　华蕾）

综合管理

综　述

2015年，北京市积极推动义务教育的均衡发展，深化考试招生制度的改革，拓展教育教学改革内涵，在破解难点问题方面取得明显的进展。同时，高等教育、职业教育、学前教育等各个领域也加快改革举措的顶层设计，取得实际成效。市委教育工委、市教委在市委市政府的领导下，全面推进各项工作。

强化支撑，教育发展保障水平不断提升

全面推进依法治教。编制市教委“权力清单”，做好对应承接行政审批事项的运转衔接工作。完成5所市属高校章程核准和所有本科高校章程制定工作。制定推动教育管办评分离实施意见。完成行政审批事项清理，共保留14项行政许可事项和3项非行政许可审批事项。审查相关民事合同、法律文书59件。制定年度工作要点，组织两委领导班子成员学习法律法规，举办全市教育系统依法行政培训班，选取十年来85个教育行政典型案例汇编成书。全年共办理相关申诉、行政复议、诉讼等45件。

稳步推进基础建设任务。全市中小学新建、改扩建工程完成立项审批217所，开工建设171所，竣工项目119所，顺利完成市政府折子工程开工85%的任务。全市通过城乡中小学建设工程，新增学位近12万个，200所中小学全部建成后，预计将新增19万个学位。积极推动教育功能疏解，北京建筑大学大兴新校区、北京城市学院顺义新校区、北京工商大学良乡校区二期、信息科技大学新校区、亦庄职教园区等建设项目稳步推进。市属高校三年建设规划累计完成53个项目的审批，其中40个项目竣工。落实“四个服务”要求，跟踪中国人民大学通州校区、中央民族大学王佐校区等项目建设进度。

加强干部教师队伍建设。研制8个关于教师管理、师德建设、教师交流轮岗等意见办法。选派近百名优秀青年教师到北京大学、清华大学等高校的教师发展基地进行研修，对选拔的职教名师、专业带头人、优秀青年骨干教师给予资助培养。实施中小学名校长发展工程，启动第一期幼儿园名园长工程。引进境外优质培训资源，共组织7个区县210名校长参加培训。继续做好“千人计划”“海聚工程”人选的推荐报送和引进海外高层次人才规划工作。坚持向郊区农村倾斜，全年累计培训农村教师5920人，专项为10个远郊区县农村地区招聘中小学音体美等学科教师。推进事业单位清理整顿和分类改革，完成对第二批21个事业单位的分类工作，完成28名高级专家延长退休和169名国有企业职教幼教退休人员待遇资格审核工作。

提升首都教育后勤治理能力。修订现行高校标准化学生公寓、食堂、物业标准，组织5次大规模培训，人数达1164人。建立高校食堂价格调控长效机制，完成91所高校食堂价格平抑资金拨付工作。建立全市教育系统食品卫生安全监测网络，全年上传数据104046个，对94所学校132个食品检测仪检测终端开展入校检查。推动高校开展节能技改，阳光校园屋顶光伏发电项目涉及16个区县220所学校。组织“三爱三节”、高校“节能减排学校在行动”、节能环保大篷车进校园等活动及培训，促进教育系统节能减排工作。成立中小学校服研发中心，建设校服公共信息服务平台，为中小学生设计智能美观的校服。坚持重大节假日等敏感时段，及时部署、集中排查、重点整治，确保校园安全稳定。

强化财务管理制度改革和内部审计。落实经费投入政策，公共财政教育支出占公共财政支出的比例为16.76%，各级教育生均公共财政预算教育事业费和公用经费支出在全国领先。印发《北京市教育领域财政支出绩效目标管理框架》，开展项目经费三级绩效评价工作，将绩效评价结果纳入绩效拨款，提高经费使用效益。印发教育经费基本支出预算管理办法和机关经费报销管理制度。按要求实施市教委2015年批复预算（含“三公经费”）和2014年决算信息公开工作。切实加强对全系统内部审计工作的指导，开展11名领导干部经济责任审计，组织实施8所市属高校2014年度预算执行与决算审计，协调组织开展机关办公楼改造项目工程结算审计和决算审计。牵头组织治理教育乱收费相关工作。

加强语言文字工作。建立跨区县、跨学校的中小学生辩论俱乐部，组织开展中小学生系列辩论赛。加强与相关行业合作，与出版界共同建立“市民阅读能力研发中心”作为市语委研究基地。启动市民语言文化阅读书系的研究编纂。完成第9批30所中小学语言文字规范化示范和20所高等学校语言文字规范化示范认定。加强普通话水平测试复审工作。完成区县语言文化资源普查，建成北京语言文化数字博物馆。

坚持全面从严治党，为推动教育改革发展提供坚强保证

做好马克思主义理论学习研究宣传工作。以市委名义出台《关于全面加强北京高校马克思主义理论学习研究宣传的实施意见》，召开专题座谈会，郭金龙书记出席并讲话。联合中央党校举办三期北京高校党委书记、校长学习贯彻习近平总书记重要讲话精神专题研修班，还举办高校主管副书记等培训班。出台《北京高校青年教师中国特色社会主义理论教育培训方案（2015—2019年）》，培训1300余人次。设立思想政治理论课教育教学“高精尖”项目，举办“教学体系与内容”培训班，苟仲文亲自进行示范教学，对理论课进行专项督查并召开专题总结会。建立马克思主义理论文献资料库和11个北京高校中国特色社会主义理论研究协同创新中心，切实加强理论研究。

加强师生思想政治教育工作。制发《关于领导干部上讲台开展思想政治教育的实施意见》，苟仲文到北京大

学、中国农业大学授课。以“勿忘国耻、圆梦中华”为主题，组织师生参加纪念中国人民抗日战争暨世界反法西斯战争胜利70周年阅兵、文艺晚会、向人民英雄敬献花篮仪式、走访慰问抗战老同志等活动。围绕践行核心价值观，继续抓好新生引航工程、红色“1+1”支部等工作。进一步突出思想政治教育的针对性和实效性，建立京津冀大学生思想政治教育协同机制，开展大学生思想政治教育实效奖评选，设立10个“辅导员工作室”，定期开展师生舆情调研分析，围绕雾霾、改革等热点进行解疑释惑。制定并审议通过《关于建立健全市属高校和中小学师德建设长效机制实施意见》，在广大党员教师中开展向北京高校优秀共产党员李小凡同志学习活动。

加强高校领导班子和干部队伍建设。制订市属高校开展“三严三实”专题教育方案，各高校党委书记带头讲党课，开展调研活动380余次，梳理出领导班子“不严不实”问题385条。严格把好选人用人关，指导13所高校进行党委纪委换届，制定《关于进一步加强机关和直属单位处级干部队伍建设的意见》，全年调配校级领导干部115人次，任免机关和直属单位干部51人次。协助中央和市委巡视组对5所高校开展巡视工作，在各级领导干部中开展谈心谈话共计132人次，对11名高校领导干部开展离任审计。选派29名机关干部到高校挂职，6名市属高校干部到河北高校挂职。

扎实推进基层党组织建设。强化“抓好党建是最大的政绩”意识，在广泛调研基础上，研究制定《新形势下加强北京高校党的建设若干意见》，修订《北京普通高等学校党的建设和思想政治工作基本标准》，继续开展高校党委书记党建工作述职，举办高校党支部书记示范班。强化基层党组织政治引领作用，及时组织高校传达贯彻京津冀协同发展规划纲要等中央和市委重大决策部署，增强党员看齐意识。加强党建难点问题破解力度，将“提高党支部组织生活质量”和“大学生思想入党”作为重难点项目支持计划，指导11所高校试点；围绕服务型党组织建设，启动高校“党员意识提升行动”；积极探索大学生入党积极分子教育培养方式。加强对中小学党建工作，修订《北京市中小学党建示范点管理办法》，对全市28个示范点进行入校检查。

全力维护教育系统安全稳定。完成13所高校和5家直管单位“平安校园”检查验收工作，获得教育部第二届平安校园建设一等奖2项、二等奖1项、三等奖2项、安全教育“精彩一课”1项。加大反恐工作督查，稳妥处置多起涉及宗教背景的敏感活动。圆满完成抗战胜利70周年纪念活动以及全国“两会”、十八届五中全会等重大活动的安保维稳工作，保持教育系统连续26年的稳定局面。会同市公安局在少数民族学生集中的5所高校、11所内高班学校建立“校园警务工作室”。组织开展校园周边环境秩序突出问题隐患专项排查和整治工作，共排查出突出问题隐患85处。全年共指导高校处置各类安全稳定事件146起。

扎实推进党风廉政建设。认真落实主体责任，将党风廉政建设作为两委领导班子成员年度述职述廉和高校党组织负责人述职的重要内容，制定《机关及直属单位党建工作达标创优指标体系》，推动“主体责任”向内设机构和下属单位延伸。推进40余所高校制定主体责任实施办法，两委领导与各高校党委书记、校长签订党风廉政责任书。加大对招生、科研、基建、财务等十个重点领域权力运行的监督，逐步形成具有教育系统特色的廉政风险防控管理工作模式。加强对信访重点问题的研究，严格依纪依法办案，共处置问题线索288件。

加强统战、离退休干部和关工委工作。认真学习贯彻中央统战工作会议精神和全国高校统战工作会议精神，以及《中国共产党统一战线工作条例（试行）》，扎实推进党外代表人士队伍建设“123”工程，开展“北京高校党委书记谈统战”征文活动，举办北京高校主管副书记、统战部长培训班等。开展离退休干部“展示阳光心态、体验美好生活、畅谈发展变化”主题活动，举办老党员读书班、“文化养老”论坛等，做好老同志健康休养、走访慰问等工作。持续推进高校特邀党建组织员、高校思政课信息员工作，开展全国“五好小公民”主题读书、深度帮扶河北中学等活动。北京教育系统关工委荣获“全国关心下一代工作先进集体”称号。

坚持强素质、树形象，促进机关和直属单位建设

精心组织，落实重大决策部署。承办完成政府实事、折子工程等重大决策任务31项，市政府绩效任务36项，承办市领导批示件36项，所有任务按时完成。认真贯彻落实中央八项规定和市委实施意见，按照全市部署完成公车改革工作并严格依规实行，两委机关精简文件简报数量和篇幅，全年比同期减少近1/3，充分利用电子政务内网和加密电视电话会议系统缩减办文办会成本，切实改进机关作风。精细做好常规性工作，全年接受并运转公文3859件，制发公文992件，组织市委教育工委会议29次，教委办公会议24次，协调委领导参加会议活动700余人次。承担配合中央领导义务植树、国庆献花、“9·3”抗日战争胜利纪念日、国家公祭日等重大活动20余项。完成6.8万条历史数据的校验梳理，实现机关历史档案数字化。协调办理人大代表建议、政协提案共223件，满意率达到99%，先后13次就教育热点问题组织代表委员参加座谈会或实地调研。市教委承办的“关于推动义务教育均衡发展要有突破性举措”的提案被市政协评为“最具影响力提案”。

化解矛盾，积极回应社会关切。主动公开政府信息296条，受理政府信息公开申请21件，受理群众来信来访1723件，接待集体访139批3275人次，96391热线解答公众咨询58731件，网上在线问答5059条。耐心细致接待群众来访，持续时间比较长的反映中央民族大学附中招生考试问题、反映北京科技经营管理职业学院教学管理混乱问题等，经过深入细致地解释说服工作，得到妥善化解和处置。做细做实紧急事件应对工作，全市空气重污染红色预警指令发布后，市教委及时预警应对，一是通过媒体平台广泛传播报道，为学生家长提供有效信息服务；二是加大信息化教学力度，实现“全科、实时、全覆盖”的“停

课不停学”，消除家长担心影响孩子学习进度的顾虑。同时，在指令要求上不搞“一刀切”，各区、学校可以根据实际情况做出相应调整，要求学校与每一名学生、家长联系，确认孩子有人监管，得到家长的理解和支持。

主动发声，宣传教育发展成果。充分发挥新闻发言人、媒体报道舆论引导作用，积极发布和解读重大教育改革政策。与 14 家媒体建立长期合作机制，开设各类栏目及宣传平台 19 个，围绕义务教育入学政策、中高考改革等召开专题新闻发布会 10 次，成功组织“寻找改革获得感”基层行等 10 多个系列 149 次主题采访，相关宣传报道 5000 余篇。共刊发专栏稿件 250 篇，累计超过 33 万字，制作播出电视节目 47 期，广播节目 355 期。构建由市教委官方微博、新闻发言人微博、官方微信、今日头条客户端组成的“三微一端”新媒体传播平台，发布原创微博内容 1300 条，累计被转发 1 万余次，新浪微博粉丝数量超过 111 万人。组建首都教育新媒体联盟，开展组团式教育舆论引导工作，充分展现首都教育发展成果。

学用互长，促进两委机关建设。加强政治理论学习，举办“全国两会精神解读”“首都教育综合改革”等专题辅导报告，印发学习摘编 13 期。结合“三严三实”专题教育，两委领导为机关、直属单位讲党课 11 次。研究制订学习研讨计划，观看学习教育录像片，实现机关干部听党课全覆盖，13 个学习小组共提交学习体会 125 篇。组织学习贯彻各级党风廉政建设工作会议精神，印发通知明确节假日重要节点纪律要求，组织开展落实中央八项规定情况自查、领导干部公车使用及补贴发放情况自查。举办“我为首都教育献言策”交流研讨活动，组织机关团拜、颐和园环湖走、机关系统羽毛球比赛、秋季定向越野比赛等活动，活跃机关文化气氛。举办“关注女性健康”“防霾、控烟与肺癌防治”“提升情绪的自我调节能力”等讲座，不断满足干部职工多元精神文化需求。加快教委图书阅览室、职工活动室建设，积极打造温暖和谐、舒心乐业的职工之家。

落小落细，发挥服务保障作用。各直属直管单位作为全市教育系统的重要组成部分，为教育中心工作的平稳有序推进提供强有力的支撑。西藏中学、北京盲人学校、北京铁路电气化学校、首都铁路卫生学校、北京市环境与艺术学校、北京市自动化工程学校、北京市商务科技学校等中专学校加大人才培养力度，教育教学质量稳步提高。北京校办产业管理中心、北京教育新闻中心、北京市教育系统人才交流服务中心、北京市国际教育交流中心、北京学生活动管理中心、北京教育技术设备中心、北京教育老干部活动中心、北京高校房地产开发总公司、北京学校后勤事务中心等单位，延伸教育行政部门的部分管理职能，直接服务于各级各类学校、教师和学生，业务保障作用不断增强。市教委机关服务中心、北京市教工休养院、北京教育网络和信息中心、北京教育综合服务中心、北京教育志编纂委员会办公室等单位，坚持标准注重细节，服务意识不断强化，在市教委机关保障、教育舆论营造、职业技能大赛组织、毕业生就业创业等工作中发挥明显作用。

（刘转林）

总　　类

【遴选第三批“百年学校”】 1 月，北京教育志编纂委员会办公室完成北京市第三批“百年学校”遴选工作。遴选工作于 2014 年 11 月启动，经各区县初选，10 个区县 23 所学校成为第三批候选“百年学校”。经专家评选，认定北京市东城区分司厅小学等 19 所学校为北京市第三批“百年学校”。

（王永刚）

第三批北京市
“百年学校”名单

东城区
- 北京市东城区分司厅小学
- 北京市东城区黑芝麻胡同小学

西城区
- 北京市西城区洁民幼儿园

石景山区
- 北京市石景山区麻峪小学

海淀区
- 北京市海淀区民族小学
- 清华大学附属小学
- 清华大学附属中学
- 首都师范大学附属中学
- 北京市第十九中学

门头沟区
- 北京市门头沟区东辛房小学
- 北京市门头沟区三家店小学

房山区
- 北京市房山区良乡小学
- 北京市房山区城关小学
- 北京市房山区琉璃河镇琉璃河中心小学

通州区
- 北京市通州区中山街小学
- 北京市通州区第二中学

顺义区
- 北京市顺义区牛栏山第一小学

昌平区
- 北京市昌平区城北中心小学
- 北京市昌平区昌盛园小学

（王永刚）

【召开高校党建工作会议】 2月2日，

市委组织部、市委宣传部、市委教育工委联合召开2015年北京高校党建工作会议。会议以“深入学习贯彻习近平总书记系列重要讲话和关于高校党建工作重要批示精神，学习贯彻党的十八届三中、四中全会精神，第二十三次全国高校党建工作会议精神，市委十一届六次全会精神，全面加强北京高校党的建设，培养造就中国特色社会主义事业合格建设者和可靠接班人”为主题，传达习近平关于意识形态和高校党建工作的批示以及第23次全国高校党建工作会的相关精神。会议要求各高校要把为建设中国特色社会主义大学提供根本保证作为高校党建工作的崇高使命，加强组织领导，抓好课堂教育主渠道，强化思想引领，坚持和完善党委领导下的校长负责制，把培育和践行社会主义核心价值观融入教书育人全过程，牢牢把握高校意识形态工作的领导权，不断改革和完善高校体制机制，为高校改革发展稳定提供坚强保证。要求各高校紧密围绕立德树人根本任务加强高校党建工作，坚持党对高校的领导，坚持中国特色社会主义大学办学方向，高标准落实各项任务。市委宣传部、市委组织部、市委教育工委领导参加大会并讲话。市委、市人大、市政府、市政协有关部门负责人，北京各高校党委书记、校长，高校党建专家等280余人参加会议。

（汪天逸）

【召开高校领导干部会议】　2月3日，

市委教育工委、市教委召开2015年北京高校领导干部会议。会议深入学习贯彻习近平总书记系列重要讲话特别是视察北京工作时的重要讲话精神，学习贯彻党的十八届三中、四中全会精神，总结2014年全市高等教育工作，研究部署2015年工作。会议听取教育部副部长杜玉波《关于高等教育改革发展的宏观思考》的专题报告，邀请北京大学、中国人民大学、北京航空航天大学、北京工业大学、首都医科大学、北京服装学院负责人围绕高等教育综合改革、人才培养、科技创新、服务北京“四个中心”建设等内容分别做交流发言。会议要求各高校深入贯彻国家和北京市战略部署，坚持“综合改革、提高质量、协同创新、服务发展”的整体思路，紧密结合国家重大发展战略和北京经济社会建设需要，不断完善高校人才培养机制，做好顶层设计，开展综合改革，构建符合社会需求的多层次人才培养体系。要求各高校深化高考招生改革，强化教师队伍建设，提高科研创新水平，围绕北京建设全国科技创新中心的契机，建设一批高精尖创新中心，同时，增强学生就业创业能力，加强毕业生就业创业工作的领导，研究制订“北京高等学校高质量就业创业计划”。教育部，北京市委、市人大、市政府、市政协有关部门负责人，北京各高校党委书记、校长，高校党建专家等280余人参加会议。

（汪天逸）

【举办教育装备展示会】　3月18—21

日，北京市高等教育学会和北京教育装备行业协会共同主办第26届北京教育装备展示会暨第六届北京教育装备论坛。展会内容涉及教育信息化、学前教育、高职教育、大型仪器共享、学校后勤装备、体育装备建设等方面。展览面积8150平方米，展位200余个，200家企业参展。展示会共包括实验室及分析测试设备、通用产品，学前教育装备，体育器材设施与音乐美术专用设备，学校后勤与节能设备，职教装备及应用实训设备六个常规展区和中小学图书馆装备建设专题区，校用教学、科研名优仪器仪表设备特卖区，北京市义务教育课程标准基础实验课专用设备与教具创新产品区3个特色展区。期间，论坛就优质资源及大型仪器设备共享、数据时代与高校信息化建设，职业教育论坛就“三爱”“三节”教育，中小学论坛就创新型实验室建设与实施方案、图书馆的功能与定位等进行交流和研讨。全国10余个省市高等教育、基础教育、学前教育、职业教育4个领域的装备管理人员和教师2万人次参观、交流。

（刘晖　赵文强）

【刘延东调研艺术类高校】　3月26—

27日，刘延东先后到中央音乐学院、中央戏剧学院、中央美术学院、北京舞蹈学院、北京电影学院调研并召开座谈会。刘延东听取各学校相关工作汇报并走进课堂，同时与各学校师生座谈。刘延东充分肯定近年来全国艺术院校建设和艺术教育的成绩，指出艺术教育是引领社会风尚、培育社会主义核心价值观、弘扬民族精神的重要载体，是培养艺术人才的基础工程。要切实推进艺术教育改革发展，促进学生全面成长，弘扬中国精神、中华美德、中华优秀文化。刘延东强调，立业先立德、为艺先为人。要坚持立德树人的根本方向，扎根中华文化的深厚土壤，坚持以人民为中心的创作导向。遵循艺术人才成长规律，促进艺术教育与思想政治教育有机融合、专业艺术教育与普通艺术教育相辅相成，引导学生在实现中国梦伟大实践中创造出彩人生。她指出，要面向全体学生，将艺术教育贯穿各级各类教育，开齐上好艺术课，坚持课堂教学、课外活动、社会实践三位一体，让每个学生都享有接受艺术教育的机会；要多渠道解决师资短缺特别是农村“缺师少教”问题，不拘一格聘请名家大师进课堂；要利用信息化手段，使农村、边远、贫困和民族地区学校共享优质教育资源。刘延东要求，要发挥专业艺术教育的高端引领作用，培养更多为人民书写、为人民抒情、为人民抒怀的名家大师，创作更多弘扬中国精神、凝聚中国力量的伟大作品；要优化学科专业布局，与产业发展、社会需求、艺术前沿有机对接，大力发展文化创意设计，打好“特色牌”；要改革艺术类考试招生制度，加大违法违纪行为查处力度，推进阳光招生，把好“入口关”；要强化实践育人，提高人文素养，选好人才培养“切入点”；要服务党和国家战略决策，出思想献良策，建好“思想库”。

（程麒台　谢穗　连重）

【印发空气重污染应急预案】 3月27

日，市教委印发《北京市教育委员会空气重污染应急预案》。文件明确预案适用范围包括所有中小学及幼儿园（含中等职业学校、外籍人员子女学校、驻华使馆学校、少年宫及校外教育机构），将空气重污染预警按由轻到重分为蓝色预警（预警四级）、黄色预警（预警三级）、橙色预警（预警二级）和红色预警（预警一级）四个级别并明确各级别的相应措施。市教委同时印发《北京市教育委员会空气重污染应急领导小组及办公室成员名单》和《北京市教育委员会空气重污染应急职责分工》。预案自印发日起开始施行，同时废止《北京市教育委员会空气重污染应急预案（试行）》。至年底，市教委共发布（解除）各等级空气重污染预警32次，预警持续时间共42天。其中，12月7—10日、18—22日，两次发布红色预警，制定《各区教委落实空气重污染预警指令情况统计表》《全市普通中小学（含民办）空气重污染红色预警期间学生在家、到校情况统计表》等，及时反馈相关信息。

（陈彦舟　张晓兰）

【荀仲文作7场教育综合改革专题报告】 4月20日至5月7日、9月23

日至24日，荀仲文分别作7场教育综合改革专题报告。报告以《深入贯彻落实“四个全面”战略布局，以新常态下的教育民生观引领首都教育综合改革》为题，分别在市教委、北京会议中心、首都师范大学、北京师范大学附属中学举行。荀仲文从实现“四个全面”战略布局的高度，对习近平总书记的教育“民生思想”进行阐述，全面、系统、深刻地分析首都教育综合改革的思路、方向和重点举措，正面回应改革过程中出现的一些质疑。市委教育工委、市教委、市教育督导室全体干部和直属单位领导班子成员，机关离退休老同志，各区县主管领导、区县教育工委、教委、教育督导室领导班子成员和相关科室负责人，全市中小学校长，北京教育考试院、区县考试中心负责人，北京教育科学研究院干部和区县教研部门负责人，新闻媒体代表等共计3000余人参加活动。

（汪天逸）

【李克强回信清华学生】 5月4日，李

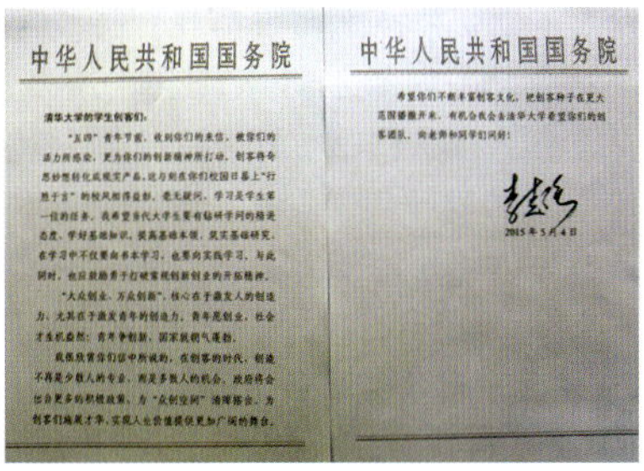
中华人民共和国国务院

中华人民共和国国务院

2015年5月4日

克强回信清华大学学生。他在信中充分肯定大学生创客们所具有的勇于打破常规创新创业的开拓精神，希望他们要有钻研学问的精进态度，不仅要向书本学习，也要向实践学习；不断丰富创客文化，把创客种子在更大范围播撒开来。3月2日，清华大学7名学生创客给李克强写信，表达大学生创客们在“大众创业、万众创新”的浪潮中勇于担当，积极发挥引领示范作用的决心和愿望。

（许亮）

【修订教育系统防汛应急预案】 5月5日，市教委印发《北京市教育系统防汛应急预案（2015年修订）》。修订的预案包括总则、指挥体系及职责、总体要求、应急处置、灾后恢复、保障措施、奖励与惩罚、预案管理8个方面，明确北京市教育系统防汛指挥体系按照行政管理关系试行三级管理，分别是市教委防汛指挥部、区县教委防汛指挥部、各级各类学校和直属单位防汛工作领导小组。要求各级单位要完善规章制度，健全工作机制；抓好物资储备，组建抢险队伍；加强隐患排查，落实避险措施；开展宣传教育，组织培训演练；做好应急值守，保障信息畅通。预案同时明确信息发布与传达、应急响应、现场处置、信息报送、灾后救助、卫生防疫、抢险物资补充、水毁设施设备的修复与配备、技术保障、资金保障等内容。该预案自印发之日起正式实施，原《北京市教育系统防汛应急预案（2013年修订）》同时废止。

（张晓兰）

【郭金龙检查高考情况】 6月6日，郭金龙分别到北京市第一六一中学考点和海淀区招生考试中心检查2015年全国普通高等学校招生考试各项准备工作落实情况。他强调，一是要严肃考风考纪，维护高考公平、公正，继续发扬好的作风，加强考务管理，规范操作，从严要求，严防各种违纪现象的发生，要“抓得再细一点，抓得再实一点”；二是要强化服务保障，创造舒适的考试环境，各区县、各有关部门要以考试安全为重大责任，各负其责，密切配合，全力抓好高考期间各项服务保障工作；三是要抓好宣传引导，营造良好的舆论氛围，主动

加强与各类媒体的沟通联系，积极开展正面宣传，主动为高考减压，引导广大考生家长和社会各界以良好的心态支持高考的各项工作。李士祥、苟仲文等陪同检查。

（卢杰）

【印发加强高校马克思主义理论学习研究宣传实施意见】 8月19日，市委办公厅、市政府办公厅印发《关于全面加强北京高校马克思主义理论学习研究宣传的实施意见》。文件着力在学科建设、课堂教学、人才队伍等各方面创新工作机制，以发挥高校在学习、研究、宣传马克思主义理论中的引领作用。《意见》明确提出，要加强马克思主义理论学科建设，推进中国特色社会主义理论研究协同创新，加强马克思主义理论学科人才培养，实施教育教学创新计划，建设网络教学资源支撑平台，深入研究教育教学中的重点难点问题，实施中国特色社会主义理论宣讲计划，拓展师生宣传教育覆盖面，推进理论宣传网络平台建设，健全教师队伍管理和评聘考核机制，加大教师队伍培养和激励力度，提高辅导员队伍思想理论引领能力。《意见》强调，要健全北京高校马克思主义理论学习研究宣传工作协调机制，设立北京高校学习研究宣传马克思主义理论专项经费，围绕重大政策与项目的实施，加大经费保障力度。《意见》要求各高校要高度重视，强化政治责任和领导责任，把此项工作纳入重要议事日程，定期研究部署推动。

（刘刚）

【开展部长进校园活动】 9—12月，

市委教育工委组织开展8场“部长进校园活动”。其中，9月24日，中国气象局局长郑国光到北京交通大学作题为《气候变化与生态文明》的报告；9月29日，中央党史研究室主任曲青山到中国人民大学作题为《漫谈党史学习》报告；10月16日，国家自然科学基金委员会主任杨卫到北京工业大学作题为《创新驱动发展与基础研究——21世纪中国走向创新型强国之路》的报告；11月10日，国家国防科技工业局局长许达哲到北京理工大学作题为《国防科技工业与国家安全战略》的报告；11月12日，中国民航局局长李家祥到北京航空航天大学作题为《人类飞翔之翼——民航在经济社会发展和人类社会进步中的作用》的报告；11月17日，商务部国际贸易谈判副代表张向晨到中央财经大学作题为《从贸易大国迈向贸易强国》的报告；11月17日，交通运输部部长杨传堂到北京交通大学作题为《我国交通运输发展的成就、形势和任务》的报告；12月17日国家信访局局长舒晓琴到中国人民公安大学作题为《中国的信访制度》的报告。北京30余所高校的5000余名师生参加活动。

（赵国伟）

【郭金龙与首都优秀教师代表座谈】

9月9日，郭金龙参加首都优秀教师代表座谈会。与会优秀教师围绕“践行弘扬社会主义核心价值观、提高教学质量和效率、培养合格的社会主义建设者和接班人”等主题畅谈工作感受，提出建设性意见建议。郭金龙向全市教育工作者致以崇高敬意和节日问候。他勉励广大教师，深入学习贯彻落实习近平总书记系列重要讲话精神，始终铭记教书育人的崇高使命，以改革创新精神推动首都教育持续健康发展。王安顺主持座谈会。各大、中、小学和职教、幼教、特教等领域10名优秀教师代表发言，市委、市政府相关负责人参加会议。

（张晓兰）

【成立北京市政务服务中心】 11月9日，北京市政务服务中心正式对外运

行。该中心由北京教育综合服务中心受市教委委托承办，主要承担市教委行政审批服务事项的咨询、受理等工作。共设置窗口2个，进驻人员4人，包括综合服务中心3人。市教委所承担18项行政审批服务事项全部进驻中心。

（罗芳）

【组织领导干部上讲台】 11月10日，市委组织部、市委宣传部和市委教育工委联合印发《关于领导干部上讲台开展思想政治教育的实施意见》。根据意见，市委教育工委协调联络市领导和市级有关部门、各区主要负责人走进高校、走上讲台开展秋季学期授课活动，通过形势报告、课堂教学、座谈会等形式与大学生交流，增强高校思想政治教育的针对性和实效性。至年底，共开展活动40余场，首都各高校学生共计4000余人次参加。苟仲文分别于10月12日、19日到北京大学，10月17日、22日到中国农业大学为学生讲授思想政治理论课《中国近现代史纲要》课程。课程以“中国道路的选择”为题，分为“多党制的探索与两次国共合作”“国际因素对中国道路选择的影响”两个专题，从国内、国际两大视角阐释近代以来中国社会主义道路是历史的选择、人民的选择这一论断。两校共300名学生随堂听课。

（于海　王星星）

【线联平调研城区学生学农项目】 11月20日，线联平调研“城区初中学生到郊区学农”项目实施情况。调研组到房山学农教育基地北京农业职业学院，观看学生彩林园施肥、传统工艺石碾子挫玉米、实训室酸奶与西点制作和压花等实践体验课程，听取农职院学农项目实施情况汇报，并举

行劳动教育实践基地授牌仪式。调研组宣读市教委《关于设立北京市中小学生劳动教育实践基地的通知》，为北京农业职业学院颁发“北京市中小学生劳动教育实践基地”标牌。调研组指出：实施“学农”项目是非常必要且紧迫的任务，要站在推进京津冀一体化和北京“四个中心”城市战略定位的高度去着力实施，项目要立足于为北京的人才培养和科技创新服务探索新模式、做出新贡献。调研组着重强调项目实施的三个重要意义：一是实现教育体系向前端、高端的延伸拓展，适应全面提升学生创新精神和实践能力的要求，通过把中学与高职的课程进行延伸、把学生动手实践向全学段延伸，从而对学生成长产生深远影响；二是实现课程融合，丰富学科知识，通过实践体验启发学生智慧、激发学生学习探索的兴趣，挖掘学生发展潜力；三是深入推进素质教育，实现教育现代化目标的关键是让学生充满信心地走向社会。授牌仪式结束后，参加学农项目的北京市第十二中学初二年级学生展示交流学习成果和体会。

（韩景毅　柳志英）

【召开两委一室机构职能调整情况通报会】　12 月 30 日，北京市召开市教育

两委一室机构职能调整情况通报会。会议通报由市编办批准的市教育两委一室机构职能调整的情况。市教委承担的有关教育评估和监测的职责划入市教育督导室，市教委主要职责第 6 条中“负责教育教学质量的评估和监测工作”修改为“负责制定教育教学质量标准并组织实施”，市教育督导室主要职责中增加“负责各级各类教育发展状况和质量的监测以及各级各类学校办学状况和教育教学水平的督导评估”职责；撤销市委教育工委基层联络处和市教委民办教育处，原有的处室职责分解到各相关处室；调整市教育督导室处室，调整后，设立综合处、督政处、学校督导处、专项督导处、督学管理与信息化处、评估与监测处 6 个处。相关单位 150 余人参加会议。

（王家兵）

【教育热线解答工作咨询 58731 件】

至 12 月，市教委首都教育热线共解答工作咨询 58731 件。其中，接听电话 51658 件（咨询 50315 件，诉求 1224 件，个人建议 119 件）；网上在线问答回复问题 5059 件；市非紧急救助服务中心 12345 网络派单 2014 件。每月针对群众反映集中的问题，及时整理汇总具有代表性和普遍性的社情民意，为领导决策提供服务。全年，市教委另处理市纠风办政风行风热线转办件 125 件；市长信箱转办件 526 件。

（刘转林）

【开展教育工作满意度调查工作】

至 12 月，市教育督导室委托北京教育科学研究院北京市教育督导与教育质量评价研究中心、北京市社情民意调查中心（原北京市统计信息咨询中心），经市统计局审批，继续开展北京市公众教育满意度调查工作。调查结果显示，学生家长对各区教育工作均持比较满意的态度；各学段家长对区教育工作的满意度逐年提高，学生的综合素质发展状况等方面得到家长的高度认可；家长对政府履行教育职责的满意度有所提高，但“社会资源用于学生教育状况”“学校周边环境”与家长的教育期望值相比仍有一定差距；规范性管理行为违规现象仍然在一定程度存在。在 2014 年调查指标基础上，新增教育领域综合改革、社会主义核心价值观教育、15:30 之后课外活动以及学生创新精神等指标，结果显示学生家长满意度较高；扩大调查对象，将人大代表、政协委员、学校管理干部和教职员、督学及媒体工作者代表纳入调查范围，采用网络调查方式进行；同时采用电话方式对入学政策进行社会公众调查。

（高传霞）

【机关干部联系中小学】　至 12 月，市教育机关干部联系中小学校工作按照年度工作计划积极开展。市教委定期召开例会，及时通报各工作组联系工作开展情况。同时围绕如何进一步做好机关干部联系中小学工作进行研讨，有针对性地邀请各领域专家和各业务处室为联系组成员举办培训讲座，不断提升联系工作实效性。市教委组织开发“北京市教育机关干部联系中小学工作网”，并邀请市教育网络与信息中心就功能设计和使用方法进行培训，提升联系工作信息化水平。

（李强）

【推进重大决策任务完成】　至年底，市教委有序推进重大决策任务完成。市教委在重大决策任务落实中，年初逐一明确责任领导、处室责任人和承办人，协调责任处室做好年度落实计划，分季度报送进展情况，并就落实“四个一活动”、200 所中小学校建设等重点事项挂账督办、全程追踪，确保政府重大决策任务顺利有序推进。2015 年，市教委承担市政府实事和折子工程共 30 项，承担上下联动、上年度绩效反馈报告整改、国务院督查事项、涉及教育的疏解非首都功能和京津冀协同发展大项任务共计 20 余项，全部按计划完成。

（刘转林）

【落实绩效管理任务】　至年底，市教委采取系列措施推进绩效管理任务落实。市教委结合教育工作的性质特点，坚持“督查抓常态、创新抓管理、整改抓提高”的思路，充分调动业务处室的积极性，推进绩效管理任务落实。同时围绕市级行政机关考评评价体系和评价指标，重点加强绩效任务逐项梳理自查、半年全年自查、公众评价反馈整改、单位领导述职等关键环节。市政府全年涉及市教委绩效任务共 36 大项 100 余个小项，经 9 个专项考评部门日常考评和 156 名评价人员年终集中考评，市教委得分 94.70 分，比市级行政机关平均分高 0.72 分，其中，年终考评 55.83 分，日常考评 38.87 分。在 58 个考评单位中列第 11 名。

（刘转林）

【完成上级批示督办件 29 项】　至年底，市教委办理市委市政府领导批示督办件 30 项（市委市政府平台挂账），实际完成 29 项。市教委收到市

政府通知单后，及时上报协调分管领导、细化量化任务到责任处室和具体人员，对重要或紧急的交办件，坚持随收随办、随收随传。北京电影学院新校区建设情况、陈爱莲舞蹈学院致信刘延东要求给非京籍学生解决学籍事件、有关媒体反映学校“毒跑道”问题，经过与相关方沟通调查，与当事人面谈交流等程序，最终形成办理报告。市教委另完成服务中央单位和驻京部队工作重点项目 30 项，得到市领导肯定。

（刘转林）

【办结人大代表建议和政协提案】 至年底，市教委协调办理人大代表建议、政协提案共 223 件。其中，人大代表建议 105 件、政协提案 118 件。建议提案主要涉及深化教育改革、加强教师队伍建设、关注学生健康等方面。代表委员对市教委承办的建议提案答复意见满意或同意率 99%，其中，“关于推动义务教育均衡发展要有突破性举措”的提案被市政协评为“最具影响力提案”。

（付浩奎）

【加强决策意见征询和民主协商】 至年底，市教委积极搭建平台加强教育决策意见征询、民主监督和民主协商。市教委先后 13 次就教育热点问题组织安排代表委员参加座谈会或实地调研，包括考试招生制度改革、校园足球开展、职业教育情况，主动通报半年和全年首都教育工作情况、考试招生制度改革情况。人大代表政协委员累计 180 人次参加相关活动。

（付浩奎）

【受理群众信访事项 1723 件】 至年底，市教委信访部门受理群众信访事项 1723 件。其中，办理来信 794 件，接待来访 831 批次，办理市长信箱转办件 98 件。市教委信访部门另接听群众电话近 4000 个。妥善化解和处置朝阳区砖角楼居民子女入学问题、非京籍家长反映子女幼升小问题、京籍学生家长反映“民大附中”招生考试问题、教师和学生反映北京科技经营管理职业学院内部矛盾及教学管理问题、北京联合大学实习工厂退休人员反映待遇问题等一批信访突出问题。同时通过推进阳光信访，完善信访工作机制，突出源头预防，落实属地责任，加大领导接访下访、信访矛盾纠纷排查化解等工作力度，实现市教委信访问题“四个不发生”的工作目标。

（刘转林）

【加强政务网站建设】 至年底，市教委加强政务网站建设。市教委进行政务网站的结构布局调整和功能优化，对网站频道优化处理，使服务内容更加系统，更具条理性。整合后的网站设有信息公开、办事大厅、政民互动等七大频道，下设 63 个二级栏目，75 个三级栏目，包括各类信息 5000 余条，建设有 30 个教育专题，涉及招生考试、政务工作信息、政府文件等事项。其中，行政许可办事服务事项改造升级后，用户可以通过切换办事指南、办事流程、办事表格、办事样表的方式查看具体信息，同时能够直接申请在线预审、实体大厅办事时间预约等服务。市教委同时对 96160 行政投诉电话和市教委官方微博等服务进行整合，社会公众可通过官方微博、微信公众账号（首都教育）等多种渠道浏览相关教育信息。为加强政务网站管理，市教委先后制定《北京市教委网站管理手册》《北京市教委门户网站新闻发布管理办法》《北京市教委网站存档和备份工作制度》等管理制度，同时建立以处室信息员、处室领导、委领导为核心的三级审批制度，规范信息发布程序。

（刘转林）

政　策　法　规

【概况】 2015 年，市教委政策研究与法治工作围绕中心工作和首都教育改革发展的重点热点难点问题，认真履行职责。加强教育改革研究，完成贯彻落实市委十一届四次全会重要改革举措实施规划（2014—2020 年）编制说明、2014 年度教育改革评估报告、2014 年全市改革蓝皮书材料、科技教育改革专项小组 2015 年工作要点中有关教育部分、市委科技教育改革专项小组第四次全会材料，研究起草《北京市考试招生制度改革实施方案》和《北京市推进教育管办评分离实施方案》等文稿，协助东城区教委成功申报全国教育管办评分离改革试点单位。注重加大调研工作力度。2015 年共统筹立项调研课题 91 项，其中，委级课题 45 项，处级课题 46 项。开展机关优秀调研成果评选，区分党建类机关课题、教育事业发展类机关课题、委托课题，评选出优秀调研成果一等奖 9 项、二等奖 16 项、三等奖 25 项。评选调研工作先进处室 5 个。印发《北京市教育科学“十二五”规划 2015 年度课题指南》，完成市教委 2015 年度规划课题的申报、开题等相关工作。协调北京市教育科学研究院，两委一室有关领导、处室召开结题汇报会 17 场，完成 36 个委托课题结题验收工作。认真做好依法治教工作。制定印发《北京市教育委员会 2015 年教育法治工作要点》，落实行政机关负责人出庭应诉要求。充分发挥法律顾问专业优势和决策辅助咨询作用，审查市教委相关民事合同、法律文书 59 件，其中，民事合同 29 件、招标文书 3 件、中外合作办学协议 27 件。继续开展《北京市终身学习促进条例》的前期立法调研工作。按时限完成《教育法律一揽子修正案》《残疾人教育条例》《北京市行政程序条例》等 30 余件法律法规文件的意见征询工作。有序推进教育行政审批制度改革，完成行政审批事项清理工作，对行政审批事项进行公示，共保留 14 项行政许可事项和 3 项非行政许可审批事项。落实《两委一室机关领导干部学法用法制度》，组织中心组专门学法两次。给区县教委、高校和机关发放《教育法律读本》1000余本，便于各类人员日常办公学习参考。做好教育行政救济工作，落实《北京市教育委员会行政案件办理工作程序规定》，积极运用协调、调解手段办理案件，全年共办理教师申诉案件1件，学生申诉案件10件，行政复议案件11件，考试复核案件2件，被复议案件4件，行政诉讼案件17件，切实维护学校、教师、学生合法权益，保证案件办理的实际效果。积极推动依法治校，完成北京工业大学、首都经济贸易大学、北京第二外国语学院、北京信息科技大学、北京农业职业学院等第一批5所大学章程的核准工作。完成中小学依法治校调研课题研究工作，研制出《中小学依法治校评估指标体系》。市教委突出氛围营造推高教育普法工作水平。制定印发《2015年北京教育系统法制宣传工作要点》，全面总结教育系统“六五”普法工作，完善修改教育系统法治宣传教育工作评估标准，量化基层普法工作。其中，以模拟法庭为载体，全面落实“法治教育进课堂”的工作经验，得到教育部法制办的肯定。发挥新媒体覆盖面广、互动强等特点，以北京市青少年法治教育资源网为载体，定期编发普法工作动态，研发法治微课堂、改编电子普法刊物等栏目，网站浏览总人数全年累计40余万人次。发挥特聘专家外脑作用，刊发《法治与校园》普刊4期，推广配送近20万册。加强与《法制晚报》等新闻单位合作，设置法治校园栏目，及时交流普法工作动态，展示法治校园建设成效。举办全市第三届青少年法治微视频作品征集大赛，43所大中小学，提交近百件微电影、法治广告、舞台剧等作品。举办全市中小学法治教育骨干教师第三期培训班，圆满完成全市中小学“六五”法治教育骨干教师培训任务，“六五”以来，全市累计培训教师2000余名。在“国家宪法日”前后，指导各区开展丰富多彩的宣传教育活动，并与北京市法学会合作录制“宪法连着你我他”教育光盘，发放到17个区1735所中小学。

（杨俊）

【印发两委一室工作要点】　1月28日，市委教育工委、市教委、市教育督导室印发2015年工作要点。文件明确2015年全市工作的总体要求，从全面加强党的建设，为首都教育改革发展稳定提供坚强保证；全面深化综合改革，持续激发首都教育发展活力；深入实施素质教育，着力促进学生全面发展；巩固拓展改革成果，构建基础教育新地图；加强资源统筹，进一步提升高等教育质量；搭建人才培养立交桥，完善职业教育和继续教育体系；转变教育管理职能，全面推进依法治教；创新体制机制，不断强化首都教育发展保障；深化教育督导改革，积极促进首都教育健康发展九个方面部署2015年的重点工作。

（杨俊）

【印发教育法治工作要点】　5月13日，市教委印发2015年教育法治工作要点。2015年教育法治工作提出以完善制度机制为基础，以推进改革创新为动力，以加强干部培训为保证，以广泛宣传教育为手段，进一步提升教育工作法治化水平。文件部署教育法治四项重点工作：积极推进依法行政，提高教育行政法治化水平；加强教育法治制度建设，服务两委中心工作和教育改革发展；扎实推进依法治校工作，完善学校内部治理结构；深入开展法治宣传教育，全面落实“六五”普法规划。

（杨俊）

【举办中小学法治教育骨干教师培训】　6月2—4日，市委教育工委、市教委举办第三期中小学法治教育骨干教师培训。培训班邀请中国政法大学教授汪庆华、北京航空航天大学教授王锴围绕“宪法与宪法意识”“国家法治建设进程”授课，强化教师的宪法意识和法治思维；邀请北京市第一中级人民法院未成年人案件综合审判庭副庭长、法官围绕审判实践中遇到的真实案例，剖析未成年犯罪及预防问题；邀请海淀区中关村第二小学、北京市第一六一中学、北京大学附属中学一线教师，围绕“如何上好中小学法治与道德教育课”交流经验。北京中小学骨干教师500余人参加培训。至此，全市每所中小学至少1名法治骨干教师参加市级以上培训。

（朱迎）

【召开机关调研工作会议】　7月6日，市委教育工委、市教委、市教育督导室召开机关调研工作会议。会议认真贯彻中央、市委深入践行“三严三实”要求精神，总结部署机关调研工作，交流调研工作经验，表彰优秀调研成果和先进处室，进一步加强和改进两委一室调研工作，为首都教育科学发展提供决策支持。会议同时邀请统一战线与群众工作处、基础教育二处、市教育督导室综合处就开展调研工作的一些主要做法、经验和体会做交流发言。

（黄灵燕）

【举办宪法日专题演讲比赛】　11月15日，市教委和市法学会在北京联合大学举办青年普法志愿者演讲比赛。比赛旨在做好“12·4”第二个宪法日的法治宣传工作。选手围绕“宪法连着你我他”主题，结合各自的思想实际、亲身经历，畅谈对宪法的认识。来自中国人民大学、首都经济贸易大学等学校的18人参加比赛，经

召开机关调研工作会议

过角逐，共评出一等奖1名、二等奖3名、三等奖6名。

（朱迎）

【制定教育行政处罚裁量基准】　11月30日，市教委印发《北京市教育行政处罚裁量基准》。文件适用于市级教育行政机关和其他教育行政执法机构对有关违法行为行使教育行政处罚裁量权的活动，包括总则、违法行为裁量档次、减轻、加重处罚的适用、其他特别裁量规则、实施裁量基准制度的要求等五个方面共31条内容。该基准于2016年1月1日起实施。市教委同时印发《北京市教育违法行为处罚裁量基准表》。

（马乐）

【举行第三届法治微视频展映】　12月22日，市委教育工委、市教委主办的第三届北京高校普法微视频征集展映活动结果揭晓。由北京大学自编自导自演的微电影《捧逗留学记》等6部作品获一等奖，活动同时评出二等奖10个、三等奖13个。活动通过优秀法治短剧征集评选表彰的方式，提升首都大学生的法治观念和法律素养，构建尊重法律权威、崇尚法律精神的高校校园文化，活动共收到高校作品53部。

（朱迎）

【完成地方性法规清理】　至年底，市教委完成地方性法规清理工作。市教委对法规中涉及的行政许可审批事项全面清理，并对地方性法规进行适应性评估，提出清理意见及时反馈市政府法制办。共清理17项涉及行政许可审批事项，其中，保留14项，废止3项；对5项现行有效地方性法规开展适应性评估，评估结果为全部保留。

（李群伟）

【法规规章草案征询意见】　至年底，市教委完成相关法规规章草案征询意见工作并及时反馈相关单位。市教委完成《教育法律一揽子修正案》《残疾人教育条例》《北京市行政程序条例》等30余项意见征询工作。同时组织完成全国人大、教育部关于教育法律一揽子修订案的北京调研座谈会。

（李群伟）

【审核和管理规范性文件】　至年底，市教委进一步完善规范性文件审核和备案工作机制和制度建设，确保规范性文件的合法性。严格落实《北京市教委行政规范性文件备案管理办法》的各项规定，明确市教委行政规范性文件备案的范围，明确规范性文件报送备案处室的职责，规范规范性文件制定、审查、备案工作的内部管理流程，强化备案工作责任。同时编制2015年市教委行政规范性文件目录，全年共报送规范性文件备案20件。

（李群伟）

【完成教育行政审批事项清理】　至年底，市教委推进教育行政审批制度改革，完成行政审批事项清理工作。市教委对行政审批事项进行公示，共保留14项行政许可审批事项，4项非行政许可审批事项。

（马乐）

组织干部工作

【概况】　2015年，党的关系隶属于市委、归口市委教育工委管理的高等院校和事业单位共有60个，校级党委60个，院（系）级党委611个、党总支494个，党支部14544个（包括直属党支部365个）。高校系统共有共产党员268267人，占高校系统总人数27.36%。一线教师党员32649人，占一线教师总人数58.42%。教授党员7384人，占教授总人数58.92%；副教授党员11501人，占副教授总人数比57.51%。大学生党员146427人，占大学生总人数的19.63%（包括研究生党员103132人，占研究生总人数的45.58%；本科生党员42537人，占本科生总人数的9.1%）。发展党员29286人，其中，大学生党员28492人。全年调配北京高校校级领导干部184人次，其中，双管高校108人次，市属高校76人次；调配党政正职领导干部40人，其中，双管高校10人，市属高校30人。完成14人次领导干部试用期满考察或跟踪考察工作。2015年，市属高校领导班子平均年龄52.1岁，50岁以下的37.7%；具有研究生学历的75.4%、具有正高职称的66.2%、女性22.7%。共收到高校领导干部理论学习文章495篇，上交率90%。在市委教育工委评选中，10篇论文获一等奖、20篇获二等奖、40篇获三等奖，6个单位获优秀组织奖。

（窦海超　张波）

【开展试点高校书记抓基层党建工作考核】　1月9日，市委教育工委召开试点高校党委书记抓基层党建工作述职评议考核会议。清华大学、北京师范大学、北京林业大学、北京工业大学和北京工业职业技术学院5所高校的党委书记分别就各自抓基层党建工作情况述职，总结抓基层党建工作的成绩，深入查找问题、分析原因，提出下一步工作思路。与会代表通过投票方式对5所学校党委书记现场评议，会后，市委教育工委把评议结果向本人进行反馈。苟仲文，市委组织部、市委教育工委、市教委、市教育督导室等单位领导及各高校党委书记，市党代表、市人大代表、市政协委员和基层干部、师生代表共85人参加会议。11月，市委教育工委印发《2015年北京高校基层党建工作述职评议考核工作实施方案》，对2015年考核工作进行部署，各高校党委要认真落实基层党建工作主体责任，抓好基层党建工作述职评议考核。

（窦海超）

【评审高校党建研究课题】　1月，市委教育工委完成2014年北京高校党建研究课题结题评审工作。经过专家组评审，共有清华大学、北京科技大学、首都经济贸易大学等10所高校的《高校党组织在现代大学治理结构中的职能定位与作用机制研究》《加强高校干部培训工作针对性和实效性研究》《现代大学制度下二级学院管理决策与运行机制研究》等 10 个课题被评为优秀。其余课题 15 个评为良好，5 个获通过，1 个不予结题。2014 年，市委教育工委共收到北京高校党建研究课题申报 83 项，立项 31 项。

（窦海超）

【完成干部年度考核】 1—3 月，市委教育工委完成上年度市属高校领导班子和领导干部、两委机关和直属单位处级干部年度考核工作。其中，30 所市属高校共有 271 名校级领导干部参加年度考核，经过民主测评、学校党委研究、上级组织认定，最终核定 51 人考核等次为优秀，2 人记三等功，49 人嘉奖。两委机关 110 人参加处级干部年度考核，其中，41 人考核等次为优秀、69 人为称职；9 人获得三等功奖励，41 人获得嘉奖。

（张波）

【召开北京高校组织部长会议】 3 月 4

日，市委教育工委组织召开 2015 年北京高校组织部长会议。会议总结 2014 年高校组织工作，观看《强基固本，改革创新——2014 年北京高校组织工作总结》纪录片。会议研究部署 2015 年高校组织工作。市委教育工委、市教委相关负责人及 60 所高校主管书记和组织部长参加会议。

（窦海超）

【举办高校书记校长学习习近平重要批示精神研讨班】 3 月 9 日，市委教育工委举办的北京高校党委书记校长学习贯彻习近平总书记重要批示精神专题研讨班在中央党校开班。中央党校常务副校长和苟仲文参加开班仪式并讲话。市委教育工委、中央党校相关部门负责人和来自北京高校的 38 名书记校长参加开班仪式。研讨班计划举办三期，轮训在京 60 所高校的党委书记和校长。研讨班采取专题辅导报告、专家授课、学员论坛等方式围绕学习贯彻习近平总书记系列重要讲话和批示精神、办好中国特色社会主义大学这一主题，把前沿的学术思考与原汁原味的文件解读相结合，把中央精神与本地本校实际相结合，把最新理论成果与办学治校实践相结合，并组织参训人员研讨交流。

（汪天逸　张茂林）

【启动高校党建难点项目支持计划】 3 月，市委教育工委启动 2015 年度北京高校党建难点项目支持计划。计划旨在从理论思考和实践探索两方面破解高校党建工作中的难点重点问题，总结形成破解难点重点问题的规律性认识和最新理论成果，探索形成符合北京高校实际、具有推广价值的工作模式和实践经验，为破解北京高校党建工作难点重点问题提供有力支持。21 所学校共申报项目 23 个。经专家组评审，5 所高校入选“提高党支部组织生活质量”项目、6 所高校入选“强化大学生思想入党”项目入围支持计划。根据计划安排，项目实施周期一年半，“提高党支部组织生活质量”项目在全校党支部范围内实施，重点研究解决党支部组织生活制度执行不严、质量不高的问题；“强化大学生思想入党工作”项目在全校大学生入党申请人、入党积极分子、发展对象和预备党员范围内实施，重点研究解决“重视组织入党、忽视思想入党”的问题。7 月，两类项目分别完成方案制定、前期调研，市教委组织专家对试点高校实施方案进行论证。

（窦海超）

【召开高校党校协作组换届大会】 4

月 27 日，北京高校党校协作组换届大会暨 2014 年年会在北京师范大学召开。会议总结第九届北京高校党校协作组工作情况，邀请中国人民大学、华北电力大学、北京信息科技大学、首都体育学院 4 所高校代表做大会交流发言。北京高校党校协作组授予第九届组长单位北京科技大学“2012 年至 2014 年北京高校工作特殊贡献奖”，授予刘海生等 11 人“2012 年至 2014 年北京高校工作先进个人”称号。会上，北京师范大学当选为第十届北京高校协作组组长单位，中国人民大学当选为副组长单位。市委教育工委领导及 64 所在京高校书记、主管副书记、党校副校长及党校干部 180 人参加会议。

（窦海超）

【拨付 1175.68 万元支持高校先锋工程】 4 月，市委教育工委向 55 所高校拨付经费 1175.68 万元支持高校学生党员先锋工程建设。经费主要用于高校轮训学生党支部书记和推进学生

举办高校书记校长学习习近平重要批示精神研讨班

干部参加国家教育行政学院举办的培训班次学习。

（朱德福）

【落实干部监督管理措施】　至年底，市委教育工委落实中央和北京干部监督管理各项措施。组织完成两委机关和市属高校出国（境）管理自查、配偶已移居国（境）外的国家工作人员任职岗位调整、处级领导干部报告个人有关事项录入与抽查核实、领导干部在企业兼职规范清理、退（离）休干部在社会团体兼职规范清理、党员领导干部非正常死亡调查、领导干部参加高收费社会化培训清理整顿等重点工作任务。完成两委一室17名局级干部、202名机关及直属单位处级干部的报告个人有关事项工作。完成6所高校领导的经济责任审计工作、离任经济责任审计工作。

（张波）

【完成干部选派挂职工作】　至年底，

市委教育工委完成干部选派挂职相关工作。从北京高校选调24名处级干部，12名青年教师、博士生和辅导员，8名直属单位优秀干部到两委机关挂职锻炼。组织两委机关干部基层锻炼和参加援助项目，选派1人到街道挂职，1人到湖北巴东挂职，1人援助青海玉树，2人援助新疆。继续做好京津冀高校互派干部挂职工作，完成2014年挂职干部考核工作和2015年挂职干部选派工作，从市属高校选派3名处级干部到河北大学挂职锻炼，接收河北高校1名局级干部到市委教育工委挂职锻炼。

（张波）

【完成“人才京郊行”人员选派】　至年底，市委教育工委完成“人才京郊行”人员选派工作。市委教育工委分别选派中央财经大学、北京交通大学、北京农学院、北京教育科学研究院、北京教育学院、北京市国际教育交流中心等单位共10人，到顺义、密云、通州等远郊区县挂职一年。

（严一川）

宣传与思想教育

【概况】　2015年，市委教育工委宣传教育工作深入学习贯彻党的十八大，十八届三中、四中、五中全会和习近平总书记系列讲话精神，落实全国宣传思想工作会议、第二十三次全国高校党建会议和全市宣传思想工作会议部署，围绕“两个巩固”“立德树人”的根本任务，着力提升思想理论建设和意识形态工作水平，着力提升人才培养质量和师生思想政治素质，着力提升新闻宣传和舆论引导能力。开展红色“1+1”学生党支部共建活动，1039个学生支部与学校、农村、社区等基层支部结对。开展学生基层组织创建工作，近278个班级参加“我的班级我的家”优秀班集体市级创建活动。组织169名博士生、博士后青年教师和辅导员到北京市开展挂职锻炼。继续开展北京高校青年教师社会调研成果评选，共资助305个优秀调研题目。组织200余名高校宣传思想工作干部和青年教师赴井冈山、昆山参加学习实践。建设160个北京高校青年教师社会实践基地。依托中央党校、市委党校等各类研修机构与基地，通过理论学习、实践教学和自主学习，全年举办各类专题培训班36期，累计培训4000余人次。编印《网络舆情信息简报》249期，《网络舆情信息专报》25期，《思想理论动态专报》12期。

（刘娟）

【举办培育和践行社会主义核心价值观高校辅导员论坛】　1月，市委教育工

委举办“落细落小落实”培育和践行社会主义核心价值观高校辅导员论坛。论坛邀请北京师范大学、北京科技大学、中国石油大学（北京）等8所高校的辅导员作大会交流发言，从不同角度介绍在社会主义核心价值观宣传教育过程中的典型做法，形式新颖，内容独特。论坛表彰2013—2014年度北京高校优秀辅导员、“十佳辅导员”和社会主义核心价值观宣传教育优秀案例获奖辅导员。教育部思政司、市委教育工委领导及各高校师生代表220余人参加论坛。

（汪天逸）

【召开北京高校宣传教育工作会议】

3月10日，市委教育工委组织召开北京高校2015年宣传教育工作会议。会议全面总结2014年北京高校宣传教育工作，部署2015年宣传教育工作。大会邀请北京联合大学、北京大学、北京林业大学和北京第二外国语学院的代表发言，总结交流开展宣传教育工作的成效与经验。表彰2014年北京高校宣传教育工作先进单位和工作成果，北京各高校主管宣传、学生工作校领导，宣传部长、学工部长、研工部长、理论课负责人参加会议。

（刘娟）

【举办6期哲学社会科学骨干研修班】 3月23日至11月6日，市委教育工委举办6期北京市哲学社会科学教学科研骨干研修班。内容涵盖全市思想理论、高校思想政治理论课核心价值观教育教学、宗教观教学科研、高校意识形态和网络思想政治工作、思想政治理论课新上岗教师培训、社科理论人才“百人工程”建设等。研修班面向在京60所高校及市属社科理论单位科研骨干，累计培训720人次。

（刘刚）

【制定中国特色社会主义理论教育培训方案】 3月25日，市委教育工委印发《北京高校青年教师中国特色社会主义理论教育培训方案（2015—2019年）》。方案从培训目标、培训内容、培训师资、培训项目、工作保障五个方面规划未来五年通过市、校、院三级教育培训体系对所有高校教师轮训一遍的工作任务。明确市级培训是示范，校级培训是主体，院系教育是基础的职能分工。

（刘娟）

【17所高校入选首都精神文明单位】 3月，北京17所高校入选首都精神文明单位。其中，清华大学、北京化工大学、北京农学院、北京交通大学、北京工商大学、北京建筑大学6所高校入选首都文明单位标兵；北京邮电大学等11所高校入选首都文明单位。该评选由首都精神文明建设委员会主办，经过各区县、系统择优推荐、审核等程序完成评选。

（贯爽）

【举办思政课教学基本功比赛】 4月15日，市委教育工委举办的第八届北京高校思想政治理论课教学基本功比赛决赛在北京航空航天大学举行。来自高校的30余名教师参加决赛。决赛通过参赛教师现场抽签，在规定时间内呈现教学过程，专家、教师、学生现场综合打分等程序，共评选出个人一等奖4人、二等奖7人、三等奖10人、优秀奖12人，优秀组织奖11个。市委教育工委表彰获奖者并给予专项课题支持（其中，一等奖支持课题经费2万元、二等奖支持课题经费1万元、三等奖支持课题经费5000元）。北京高校思想政治理论课六个课程研究会分别组织“马克思主义基本原理概论”“毛泽东思想和中国特色社会主义理论体系概论”“中国近现代史纲要”“思想道德修养与法律基础”“研究生思想政治理论课”“形势与政策”六大类别的预赛。40余所高校的100名教师报名参赛。

（张茂林）

第八届北京高校思想政治理论课教学基本功大赛获奖名单

一等奖

祝志男	首都师范大学
刘刚	中央财经大学
张晓萌	中国人民大学
穆阿妮	北京科技大学

二等奖

张琳	北京经济管理职业学院
景海俊	北京青年政治学院
赵亮	首都师范大学
王佩连	中国人民公安大学
李健	北京大学
温静	北京师范大学
赵静	北京科技大学

三等奖

王娜	中国农业大学
张树焕	北京航空航天大学
张莉	北京大学
田丽娜	北京信息科技大学
马宁	北京农学院
解扬帆	首都体育学院
孙逊	北京工业大学
张华	北京建筑大学
董晓蕾	北京师范大学
杨增岽	北京师范大学

（张茂林）

【举办5期青年教师理论教育培训班】

4月20日至10月30日，市委教育工委举办5期北京高校青年教师短期理论教育示范培训班。培训班每期100人，为期一周，主要面向基层党组织负责人（支部书记）、教研室负责人和学科带头人、中青年骨干教师，首次覆盖到非哲学社会科学教师。培训聚焦中国特色社会主义理论体系，邀请教育部、中央党校、北京市各委办局等部门领导、专家授课，通过团体辅导、研讨交流、现场教学、案例教学方式，取得良好效果。培训班同时组织高校青年教师到中关村国家自主创新示范展示中心、北京汽车、绿创能源公司等市高校青年教师社会实践基地开展城乡体验日活动共15次。培训期间，市委教育工委定期对专业教师开展访谈，搜集整理青年教师思想政教育工作一手资料。

（刘娟）

【3人在全国高校辅导员职业能力大赛中获奖】 5月17日，北京高校3名辅导员在全国高校辅导员职业能力大赛决赛中获奖。来自全国各高校的70名辅导员参加比赛，经过笔试、案例分析、主题演讲、情景再现谈心谈话等环节，北京科技大学孙晓丹、首都师范大学李颖、北京化工大学徐宏洲分别获得一、二、三等奖，北京市委教育工作委员会获得优秀组织奖第一名。

（于海）

【举办研究生党员骨干培训】 5—11月，市委教育工委举办第八期北京高校研究生党员骨干培训班。培训班简称“星火班”，包括集中培训和课题调研两个阶段，通过理论学习、名家讲堂、社会调研、参观考察等形式，加强对研究生党员骨干的中国特色社会主义和中国梦教育，坚定理想信念。培训班紧密结合“四个全面”，设置生涯规划讲座、小班选举演讲、小班学习研讨、专题读书会等环节，同时在实践教学中，开展以“重走革命圣地，学习井冈山精神，增强爱党爱国意识”为主题的井冈山红色之旅，将革命传统教育与社会观察相结合，并参观天津滨海新区，感受天津新区发展速度和建设成果。北京各高校100名研究生骨干参加培训。自2008年，“星火班”共举办8期，来自北京53所高校的879名研究生党员骨干参加培训。

（于海）

【举办北京高校思政课案例教学论坛】 6月30日，市委教育工委举办北京高校思想政治理论课2015年“案例教学论坛”。教育部、市委教育工委、北京理工大学代表分别发言，介绍国家关于思政课教学建设和改革的远景规划，介绍此次论坛相关内容。与会人员听取题为《理论读物文体创新的几个尝试》《“视域融合”案例教学法的探索与创新》《案例选取和案例教学的实施》三个主题报告，观摩中央民族大学刘树宏、北京理工大学郭丽萍、刘新刚、江大伟思政课教学展示。来自教育部、市委教育工委等单位负责人及京内外41所高校的思政课负责人和骨干教师参加论坛。

（刘刚）

【评选高校青年教师社会调研成果】 6—12月，市委教育工委组织开展高校青年教师优秀社会调研成果评选。评选按照成果内容，分社会建设、农村建设、企业管理、公共管理、教育管理、高校党建、宣传文化、道路交通、环境保护9个组，由市有关委办局领导，高校青年教师、思想政治教育牵头部门负责人、教授30人组成评选专家组。北京53所高校报名参选，立项通过项目667个。经过三轮评议，专家组评选出一等奖105个、二等奖205个、优秀组织奖20个。

（刘娟）

【博士生（后）、青年教师到机关和事业单位挂职锻炼】 7月2日，市委教育工委组织召开“2015年首都高校博士生（后）、青年教师和辅导员到北京市挂职锻炼动员暨培训大会”。会上，市委教育工委相关负责人开展动员部署，市委研究室胡雪峰、北京林业大学景庆虹分别为挂职人员进行“北京的市情”和“机关礼仪及素质”专题培训。培训会后，挂职人员和接收单位在现场进行对接。本年共有49家市级机关单位、16个区县和28家市属企业提供683个挂职岗位。经双向选择、调剂，共有169人确认参加挂职锻炼，其中，博士生109人、博士后22人、高校青年教师29人、辅导员9人。市委组织部、市委教育工委、市教育人才中心和各高校、接收单位有关负责人及参加挂职锻炼的博士生、博士后、青年教师和辅导员共260余人参加会议。

（刘娟 侯文磊）

【举行高校思政课“05方案”十周年研讨会】 7月3日，市委教育工委举办“北京高校思想政治理论课‘05方案’实施十周年研讨会”。研讨会包括“院长谈经验”“专家论创新”“学生说感悟”“教师述心得”“名师议发展”5个板块。与会代表回顾思想政治理论课“05方案”实施十周年以来取得的各项成绩，分析当前遇到的问题和挑战，并就进一步做好思想政治理论课建设等相关工作探讨交流。会议由中国人民大学马克思主义学院和高校思想政治理论课名师工作室王易工作室具体承办，来自北京50余所高校的160名专家学者、教师代表、学生代表，以及新华社、《人民日报》《光明日报》等媒体代表参加本次论坛。“05方案”即2005年中共中央宣传部、教育部印发的《〈中共中央宣传部教育部关于进一步加强和改进高等学校思想政治理论课的意见〉实施方案》。

（刘刚）

【举办思政课新上岗教师培训班】 7月6—31日，市委教育工委举办2015年北京市思想政治理论课新上岗教师培训班。培训班分别在市委党校三分校及江西省委党校井冈山基地举行，主要内容包括思想政治理论素质、思政理论课建设和师德教育、科研基础能力训练、教学法和基本技能训练、异地教学五大模块。来自全市50余所高校的60余名新上岗教师参加培训，并顺利通过考核，取得北京市高校思想政治理论课新上岗教师培训证书和结业证书。思想政治理论课新上岗教师培训班已连续举办三届，累计培训教师200余人。

（刘刚）

【举行高校暑期思政课备课会】 7月7日和8月29日，市委教育工委分别召开北京高校形势与政策教育教学暑期备课会和研究生思想政治理论课暑期备课会。其中，形势与政策教育教学暑期备课会邀请中国人民大学辛逸和首都师范大学李松林分别做《如何理解中国共产党是抗战中的中流砥柱》和《当前台海局势和两岸关系的现状与走势》两个主题报告，邀请首都师范大学祝志男和中央财经大学邢雷两名青年教师分别就“关于钓鱼岛争端”和“当前我国宏观经济形势分析”做教学示范课展示。北京大学、中国人民大学、北京师范大学等50余所高校相关负责人和骨干教师以及媒体代表120余人参加会议。研究生思想政治理论课暑期备课会研究学习中央、北京关于高校思想政治理论课的新精神、新政策，探讨将“四个全面”战略布局融入课堂教学，总结交流研究生思想政治理论课的教学经验，组织与会人员学习《核心价值观指导手册》，并分组研讨教学与科研，开展经验交流。40余所高校的100名教师代表参加会议。

（刘刚）

【召开高校青年教师思想政治工作会】 7月10日，市委教育工委召开2015北京高校青年教师思想政治工作会。会上，来自中国人民大学、中国矿业大学（北京）、北京工业大学、北京城市学院代表围绕青年教师的思想理论教育、社会调研和挂职锻炼等方面作大会交流发言，会议同时印发最新版《北京高校青年教师社会实践基地手册》。张雪参加会议并讲话。她分析当前工作面临的形势与任务，对进一步加强青年教师思想政治工作提出要求。强调要强化思想引领，落实好理论培训任务；要强化师德建设，落实好全员育人任务；要强化机制建设，落实好社会实践任务；强化人文关怀，落实好改革发展任务。各高校宣传部长和青年教师代表400余人参加会议。

（刘娟）

【开展青年教师暑期社会实践】 7月

19—24日、8月16—22日，市委教育工委持续推进“铸魂工程”，组织开展2015年北京高校宣传思想干部暑

期社会实践活动。活动旨在加强高校青年教师思想政治工作。市委教育工委组织两批高校教师赴昆山浦东干部学院、井冈山江西干部学院开展集中理论学习和社会实践。北京高校200余名青年教师参加活动。

（贯爽）

【开展大学生记者团重走西南联大路活动】 8月20—29日，市委教育工

委联合人民网组织首都大学生记者团重走西南联大之路。活动让学生感受联大精神、延安精神，并以此纪念中国人民抗日战争暨世界反法西斯战争胜利70周年。记者团历时10天，行程6000多千米，途经长沙、昆明、延安等十余个省市，采写稿件近百篇，包括图片20余组、视频10余条。稿件通过人民网、学校官方及个人微博、微信传播，受到社会关注。

（赵国伟）

【举办高职思政课青年教师教学能手大赛】 9月22日，市委教育工委公布2015年北京高职院校思想政治理论课青年教师教学能手大赛获奖名单。来自13所学校的25名教师报名参加决赛，经过专家评议，共评出一等奖2项，二等奖6项，三等奖17项，优秀组织奖3项。比赛由市委教育工委主办，北京高职德育研究会承办，历时两个月，旨在加强高职院校思想政治理论课教师队伍建设，提高青年教师教学科研能力，增强教学效果。

（刘刚）

【举办市科学道德和学风建设宣讲教育报告会】 9月25日，市委教育工委、市教委、市科协等单位在清华大学联合举办2015年北京市科学道德和学风建设宣讲教育报告会。报告会邀请中国科学院院士、清华大学物理系教授朱邦芬作题为《学术之道始于走正道》的主题报告。报告结合自身科研经历及曾参与调查和处理过多个学术不端事件的工作经历，通过规则解读和案例分析，介绍科研过程中应当遵循的科学道德和学术规范。清华、中国农业大学、市社科院等高校和科研院所500名青年教师、青年科技工作者、新上岗研究生导师和研究生代表参加报告会。

（贯爽）

【举办马克思主义宗教观专题培训会】 9月25—29日，市委教育工委举办北京高校马克思主义宗教观专题培训班。培训班邀请相关专家学者围绕宗教与大学生思想政治教育、党的宗教理论与政策、宗教起源、宗教极端主义、马克思主义宗教概说等内容做主题报告。北京科技大学两名教师做思政课堂现场教学，展示马克思主义宗教观如何融入高校思想政治理论课教学。此次培训依托北京科技大学马克思主义学院和北京高校思想政治理论课名师工作室左鹏工作室组织实施，来自清华大学、北京师范大学、北京航空航天大学等高校的100余名思政课教师、辅导员、宣传思想工作教师参加培训。

（刘刚）

【召开马克思主义学习研究座谈会】 10月16日，北京高校马克思主义理论学习研究宣传工作座谈会召开。座谈会上，北京大学、清华大学、北京师范大学、北京工业大学等高校领导及教师代表分别作交流发言。会议由苟仲文主持。郭金龙参加会议并讲话，他强调马克思主义是我们立党立国的根本指导思想，是凝聚全国人民共同前进的精神旗帜。能不能巩固马克思主义指导地位，关系到我们政权的性质、人心的凝聚、事业的成败。面对新的形势和任务，马克思主义理论学习研究宣传只有进行时，没有完成时，只能加强，不能削弱。他指出要深入学习贯彻习近平总书记关于加强高校党建和意识形态工作的重要指示精神，深刻认识加强高校马克思主义理论学习研究宣传的重大意义，牢固树立政治意识、首都意识、责任意识、担当意识，不断把马克思主义理论学习研究宣传工作引向深入。北京高校党委书记或校长、马克思主义学院院长共130人参加会议。

（于海）

【举办思政课教学体系内容研讨会】 11月20日，北京高校思想政治理论课教学体系与教学内容研讨会在中国人民大学召开。研讨会围绕思想政治理论课教学体系改革、教学内容和形式创新等问题讨论交流。来自北京大学、清华大学、中国人民大学等高校的8名教师分别以《构建多维立体化的思想政治理论课教学体系》《克服教学过程的形式化、娱乐化、庸俗化、短效化等问题》《基于大学生思想理论热点难点问题的研究型教学探索》《教材体系向教学体系转化》《深化思想政治理论课教学内容的基本思路》《以提升学生认知水平为核心的教学改革》《高校思政课主题教学综合教改的实践探索》《思想政治理论课的体系与内容创新》为题，结合工作实际与经验作主题报告。张雪主持研讨会，苟仲文参加会议并讲话。北京地区18所高校思政课教师参加研讨会。市委教育工委另于11月4日组织召开2015年北京艺术类高校思想政治理论课建设研讨会。中国传媒大学、中央美术学院、中央音乐学院、中央戏剧学院、中国音乐学院、中国戏曲学院、北京电影学院、北京舞蹈学院、北京服装学院9所在京艺术类高校思政课负责人和骨干教师20余人参加会议。

（刘刚）

【举办经典读书会】 11月29日，市委教育工委举办恩格斯经典著作《劳动在从猿到人转变中的作用》读书活动。本次读书会是市委教育工委推进思想引领工程“学理论·读经典”的重要活动。活动邀请中国人民大学马克思主义学院郝立新担任主讲，中国社会科学院马克思主义研究院吴波，北京信息科技大学赵爱玲，中央民族大学马克思主义学院邵士庆、严庆担任副主讲。主讲专家从原著出发，结合现实问题展开论述，分享读后感，引导现场观众在原著中探寻人与自然和谐发展、农民工讨薪、青年的个性张扬等当今社会热点问题的解决之道。来自首都高校的200余名师生共同参加此次活动。

（刘刚）

【开展思政课教师社科普及活动】 11—12月，市委教育工委、市社科联联合组织开展“高校青年教师社科普及基层行”项目。42所高校60余名思政课青年教师，作为“北京市社科普及青年骨干库”成员，深入社区宣讲中国特色社会主义理论、国家和首都经济社会发展形势和十八届五中全会精神内容。该项目挖掘首都高校社科人才资源优势，发挥青年教师业务专长，推进社科知识普及、提升市民文化素质服务；同时为高校青年教师搭建科研学术同社会实践有机结合的桥梁，形成学研结合、学用相长的长效机制。

（刘刚）

【举办北京高校易班共建工作会】 12

月22日，市委教育工委召开“北京高校易班共建工作会”。会上，教育部易班发展中心简要介绍易班发展历程、现状规模、模块功能、特色活动、组织架构和共建情况，北京邮电大学、华北电力大学等高校代表就易班推广的机制、内容和操作等方面的问题交流与探讨。会议强调希望各高校积极稳妥推动易班建设工作，把易班的服务与高校的思想政治工作结合起来，在做好调研论证的基础上，结合高校自身特点与实际情况，共建易班平台。北京部分高校分管校领导、学生工作负责人及市委教育工委、教育部易班发展中心的有关人员参加会议。“易班”于2007年创建，是提供教育教学、生活服务、文化娱乐的综合性互动社区，融合论坛、社交、博客、微博等主流Web2.0应用，加入在校师生教育信息化一站式服务功能，同时在高校设立学生工作站。

（刘刚）

【高校思政课建设工作会召开】 12月29日，北京高校思想政治理论课建设工作会召开。苟仲文参加会议并讲话，他指出，近年来北京高校思想政治理论课建设成效较好，主渠道主阵地作用得到有力发挥。要求各高校深刻认识思想政治理论课建设中存在的突出问题，了解薄弱环节，切实增强紧迫感和责任感，狠抓落实，将北京高校思想政治理论课建设提高到一个新水平。会议传达全国高校思想政治理论课建设工作会精神，发布《北京高校马克思主义理论学科与思想政治理论课建设发展报告》，来自北京师范大学、北京交通大学、北京中医药大学、北京建筑大学的负责人做大会交流发言。北京各高校主管领导、马克思主义学院院长和教师代表共180人参会。

（刘刚）

【开展辅导员等教育工作队伍专门培训】 至年底，市委教育工委组织开展高校辅导员、心理素质教育工作者、青年教师理论教育负责人培训。3—11月，北京高校辅导员培训研修基地和心理素质教育工作基地陆续开展培训工作，主要涉及辅导员学业辅导、社会思潮与青年教育、民族宗教等专题培训和新上岗培训。12月7—9日，市委教育工委组织60所高校的理论教育负责人开展“培训者的培训”。采用专家讲座、案例研讨、座谈交流、面谈笔试等多种形式，提高培训者对理论教育工作认识，掌握现代教育培训的方法。

（刘娟　于海）

统一战线与群众工作

【概况】 2015年，北京高校统战工作以贯彻落实党的十八届三中、四中、五中全会和习近平总书记系列重要讲话精神为指导，认真学习中央统战工作会议精神和《中国共产党统一战线工作条例（试行）》、第二次全国高校统战工作会议精神，以强化党外知识分子思想政治引导为主线，以加强党外代表人士队伍建设为重点，全面推进民主党派、无党派人士、民族、宗教、港澳台侨工作，积极构建“大统战”工作格局，不断提高高校统一战线工作科学化水平，北京高校统战工作得到中央统战部和市委统战部充分肯定。市委教育工委在第二次全国高校统战工作会议上作题为《全面统筹指导推进北京高校统战工作》的大会交流发言；在市委统战工作会议上作题为《加强党外知识分子工作，夯实统一战线工作基础》的经验交流。市委教育工委被授予2015年度北京市统一战线理论研究和调查研究优秀组织单位，调研课题“北京高校统战工作的回顾与展望”等获得北京市统一战线理论研究和调查研究优秀成果奖，“北京高校台生情况调研”获中央统战部课题调研三等奖。北京高校现有党外知识分子6.2万人，占知识分子总数的48%；有民主党派基层组织324个，民主党派成员8100人。8个民主党派有2名中央主席、9名中央副主席、5名市主委来自北京高校。北京高校拥有196名全国和北京市政协委员，其中，党外人士149人；109名全国和北京市人大代表，其中，党外人士75人。37所高校配备42名党外校级领导干部。

（张健）

【开展高校统战工作评选】 1月，市委教育工委开展北京高校统战工作特色与创新“十大品牌”“十大特色”、心桥工程“十大品牌”和先进党外代表人士项目的评选工作。经过学校申报、专家评议等环节，北京大学“午间交流会”等10个项目获得“北京高校统战工作特色与创新项目‘十大品牌’”称号；中国农业大学“建立健全抵御宗教渗透的‘135’工作体系”等10个项目获得“北京高校统战工作特色与创新‘十大特色’项目”称号；清华大学“发挥师资优势，将支教进行到底”等10个项目获得“北京高校‘心桥工程’十大品牌项目”称号，中国人民大学殷强等10人获“北京高校‘心桥工程’十佳个人”。

（相京）

北京高校统战工作特色与创新“十大品牌”

北京大学
午间交流会
加强统战人士建言献策能力培养
清华大学
把握关键环节，深化党外代表人士队伍建设
中国人民大学
平台建设统战理论政策研究
北京理工大学
搭平台，找抓手，不断推进党外代表人士培养工作
中国农业大学
从421工作模式到123统战创新理念
中国传媒大学
围绕中心任务，借助科研模式，创新党外人士建言献策工作
中国政法大学
走长征路，扩展党外代表人士的教育培训平台
北京工业大学
首都学研产高层论坛
首都师范大学
开展大学生马克思主义宗教观教育

（相京）

北京高校统战工作特色与创新“十大特色”

北京大学
推进统战工作重心下移 构建“大统战”工作格局
清华大学
举办党外中青年骨干沙龙，促进党外代表人士队伍建设
北京航空航天大学
立足一个大局、坚持两项原则、突出三种创新，认真做好新时期民族宗教工作
中国农业大学
建立健全抵御宗教渗透的“135”工作体系
中国地质大学（北京）
创建党外人士提案追踪制度
华北电力大学
把绿色电力送到雪域高原 照亮少数民族学生成长成才之路
中央财经大学
深入开展“五个一”活动 创新统战委员工作
用心用情培养新疆毕业未就业大学生
首都医科大学
摸清底数 规范流程 协助民主党派基层组织从源头把好组织发展质量关
北京农学院
搭建党外人士服务社会发展平台，打造北农特色服务品牌

（相京）

北京高校“心桥工程”十大品牌项目

北京大学
九三学社北京大学第二委员会“理论学习与研究小组”联动平台建设
农工党北京大学委员会积极开展社会服务工作
清华大学
发挥师资优势，将支教进行到底
北京师范大学
为基础教育服务，为首都经济社会发展献计出力——基础教育论坛
北京航空航天大学
企业家与大学生面对面
中国农业大学
河北广宗教授工作站
北京邮电大学
传知识、献爱心、送祝福——北邮九三（学社）人“太阳村”送温暖活动
中央美术学院
教育部滇西边境山区教育扶贫项目（大理州剑川县）
北京工业大学
“设计走进北京最美乡村”之形象及旅游商品开发
北京农学院
发挥农业高校党外人士科技优势，支撑服务昌平区草莓产业发展

（相京）

北京高校“心桥工程”十佳个人

北京大学
杜保民　霍勇
清华大学
曹敏丽
中国人民大学
殷强
中国农业大学
张沅
北京交通大学
钟章队
中国传媒大学
鲁景超
北京工业大学
邹锋
北京服装学院
贺阳
北京石油化工学院
罗道全

（相京）

【为经济社会发展建言献策】 3月3—15日，北京高校的党外全国人大代表、全国政协委员100余人参加全国人大和全国政协会议。与会人员认真履行职责，积极参政议政，围绕“国家经济社会发展”“高校作用发挥”“教育领域综合改革”“生态环境”“人口”等多方面问题发表意见，为国家和学校发展建言献策，切实履行人大代表、政协委员职责。

（相京）

【召开高校统战部长会议】 3月18—

19 日，市委教育工委召开 2015 年北京高校统战部长会议。会议深入学习贯彻党的十八届三中、四中全会，习近平总书记系列重要讲话精神和全国、北京市统战部长会议精神，总结 2014 年北京高校统战工作，部署 2015 年任务。会议听取 2015 年高校统战工作报告，听取清华大学、中国农业大学、北京科技大学和首都医科大学党委统战工作经验介绍，表彰 2014 年度北京高校统战工作优秀调研成果。大会邀请中国人民大学教授周淑真做题为《关于加强社会主义协商民主建设的理论与实践思考》专题报告。各高校统战工作主管领导、党委统战部部长、副部长 150 余人参加会议。

（相京）

【举办高校党外代表人士高级研修班】

4 月 13—16 日，中央统战部、市委教育工委联合举办“2015 年北京高校党外代表人士高级研修班”。研修班邀请全国政协副主席、民革中央常务副主席齐续春，首都经济贸易大学郝如玉，清华大学胡鞍钢，中央音乐学院周海宏，国防大学许焰等领导及专家分别就政治、经济、文化、军事、党外代表人士队伍建设等专题作报告。培训期间，学员围绕党外代表人士“如何提高参政议政能力”“党外高层次代表人士成长规律与体会”等内容进行分组讨论和大会交流发言。研修班在理论学习后，组织学员赴重庆开展革命传统教育、统战理论与实践教育，收到良好教育效果。北京各高校长江学者、“杰青”“千人计划”入选者、全国和北京市人大代表、政协委员等 68 名高层次党外代表人士参加学习。

（相京）

【举办高校统战大讲堂系列讲座】　5 月 13 日，市委教育工委在中国农业大学举办北京高校统战大讲堂。大讲堂邀请对外经济贸易大学教授林桂军作《“一带一路”战略的机遇和挑战》专题报告，北京各高校党外人士代表、统战干部 300 余人参加。至年底，市委教育工委另邀请中央统战部副部长陈喜庆、北京大学国际关系学院教授王逸舟等专家做客“大讲堂”，围绕统战理论、外交形势等作专题报告。北京高校党外人士、统战干部 1000 余人参加学习。

（相京）

【开展“高校党委书记谈统战”征文活动】　7—8 月，市委教育工委组织

开展“高校党委书记谈统战”征文活动。活动旨在推进高校学习中央统战工作会议和习近平总书记重要讲话精神，学习《中国共产党统一战线工作条例（试行）》内容和要求。活动要求各高校党委书记就如何学习贯彻会议和《条例》精神，准确把握高校统一战线工作面临的形势与任务，结合本校实际，畅谈认识和体会。活动共收到征文 59 篇，在《北京教育》高教版陆续刊出。

（相京）

【召开民盟、民进市委对口联系座谈会】　9 月 25 日，市委教育工委、市教委与民盟、民进市委召开对口联系座谈会。会议就《北京市深化考试招生制度改革实施方案》专题征求意见。与会人员认为，新高考方案是在北京总体教育改革背景下出台的，充分考虑到学生受教育的连续性，进一步完善学生综合素质评价制度，体现首都特色和水平。民盟、民进北京市委，民盟、民进专家学者及市委教育工委、市教委相关负责人参加会议。

（相京）

【举办医学院校党外中青年研修班】

10 月 19—25 日，市委教育工委举办在京医学院校党外中青年骨干研修班。研修班由自学、理论培训和异地教学三部分组成。要求学员自学中央统战工作会议、《中国共产党统一战线工作条例（试行）》《关于加强社会主义协商民主建设的意见》等文件精神。邀请中央统战部、北京清华长庚医院等单位领导、专家为学员做《贯彻中央统战工作会议精神，做新时期优秀党外知识分子》《医疗纠纷危机处理与媒体应对》等专题报告。理论课程结束后，部分学员赴重庆社会主义学院参观学习。来自北京大学医学部、首都医科大学、北京协和医学院等在京医学院校的民主党派中央委员、市委委员、基层组织负责人以及无党派人士 120 余人参加学习。

（相京）

【召开高校新老统战部长座谈会】　11

月 13 日，市委教育工委召开北京高校新老统战部长工作交流座谈会。座谈会上，市委教育工委相关负责人介绍高校统战工作概况，邀请北京大学、北京师范大学、中国农业大学等 8 所高校统战部部长分享工作体会。清华大学、中国人民大学、北京林业大学等高校的 37 名新任统战部部长、副部长和统战干部参加会议。

（相京）

【举办高校统战干部培训班】　12 月 9—11 日，市委教育工委举办 2015 年北京高校统战干部培训班。培训班上，张雪做《建设高素质统战干部队伍，提升北京高校统战工作水平》专题讲话，学员听取题为《学习贯彻中

央统战工作会议、第二次全国高校统战工作会议精神》《北京高校统战历史与光荣传统》的专题报告。培训班同时组织分组讨论，各高校就统战工作交流探讨。北京各高校统战工作主管领导、专职统战干部共150余人参加学习。

（相京）

【举办民盟基层组织骨干培训班】 12月16—17日，市委教育工委、民盟北京市委共同举办北京高校民盟基层组织骨干盟员培训班。培训班上，学员听取题为《加强高校基层组织建设，提高履职能力和水平，为首都经济社会发展再立新功》的报告，学习十八届五中全会精神。与会盟员和统战部长围绕如何加强民盟基层组织建设、做好高校统战工作分组研讨交流。北京高校民盟基层组织骨干盟员、部分高校统战部长共150人参加学习。

（相京）

纪检·监察

【概况】 2015年，北京高校纪检监察机构共有60个。纪检监察专职干部287人，其中，大学及以上学历283人，占98.61%；35岁及以下干部57人，占19.86%；56岁及以上干部26人，占9.06%；女性干部131人，占45.64%。全年，北京高校纪检监察部门新立案41件，结案37件，共处分相关人员40人。北京市教育系统纪检监察机构共受理群众信访举报739件次。处置问题线索431件，其中，拟立案29件，初核344件，谈话函询53件，暂存13件，了结403件。

（王红琦）

【开展高校艺术类专业招生监察工作】 1月16日，市教委向各有关高校印发《关于做好2015年北京普通高校艺术类专业招生监察工作的通知》。通知从“完善制度、加强监督、严肃纪律、做好总结”四个方面对北京普通高校艺术类专业招生监察工作提出要求。强调各高校要建立健全各项规章制度，并制定符合本校实际情况、切实可行的招生章程和规定。招生章程和规定一旦确定后要及时向社会公布，做到招生政策、招生计划、工作程序、收费项目和标准、考试和录取结果、咨询和监督电话“六公开”，录取过程中高校应严格依据招生章程和规定开展艺术类专业招生工作，不得随意变更。各高校要进一步健全招生工作领导小组和招生监察工作机构。监察部门要按照“全程参与，重点监督”的原则，督促招生部门严格执行招生程序，加强对艺术类专业招生考试试题的命制、考试、评卷、面试等重点环节的监督检查，做到人员到位、职责到位、监督到位。各高校要公布举报信箱和电话，纪检监察部门应认真及时处理好考生投诉和来访信件，自觉接受社会监督。

（张华）

【监督检查春节“四风”问题】 2月，市教委监督检查春节“四风”问题。市教委向两委机关及直属单位印发《关于春节前开展“四风问题”监督检查工作的通知》，对两委机关各处处长和直属单位主要负责人提出明确要求，确保廉洁过春节。两委机关各处处长和直属单位主要负责人作为党风廉政建设第一责任人，于2月15日前签订“廉政承诺书”，承诺在对本单位人员进行教育和监督的同时，坚决抵制公款送礼；抵制滥发津贴；抵制出入私人会所等违规违纪行为。市教委共收到承诺书77份，其中，机关处室负责人31份、直属单位党政负责人46份。市教委同时对执行节日公车集体回单位定点停放制度的执行情况以及领导值班等用车统计安排进行检查，严格公务用车程序，杜绝违规用车。春节后，还通过调取财务相关票据的方式，专项检查各单位春节期间“四风”问题。

（张华）

【召开党风廉政建设工作会议】 3月27日，市委教育工委召开北京教育系统党风廉政建设工作会议。会议学习贯彻习近平系列重要讲话精神以及中纪委五次全会、市纪委四次全会、全国教育系统党风廉政建设工作会议精神，总结2014年北京教育系统党风廉政建设和反腐败工作，部署2015年的主要任务。会议听取题为《坚定不移推进党风廉政建设和反腐败斗争，为北京教育改革发展提供有力保证》的工作报告，举行高校党委落实党风廉政建设主体责任承诺书签字仪式，北京航空航天大学、北京科技大学、中国政法大学、北京工业大学、首都师范大学、北京建筑大学6所高校党委书记现场签订《高校党委落实党风廉政建设主体责任承诺书》。市委、中纪委监察部驻教育部纪检监察局、市纪委、市委教育工委、市教委、市教育督导室领导，各高校、区县、直属单位等党政负责人共350人参加会议。

（王红琦）

【召开教育纪检监察工作会】 4月17日，北京市教育纪检监察工作会暨教育纪检监察工作研究会年会召开。会议邀请教育部巡视工作办公室负责人介绍教育部巡视工作的做法和特点，并重点围绕高校党风廉政建设存在的问题及治理对策作专题报告。会上，市教育纪检监察工作研究会负责人总结研究会2014年工作，部署2015年的工作任务。各区县教育纪工委、高校纪委及研究会会员单位全体纪检监察干部参加会议。

（王红琦）

【印发党风廉政建设和反腐败工作分工意见】 5月19日，市委教育工委、市教委向两委机关各处室、各直属单位印发《关于机关落实2015年教育系统党风廉政建设和反腐败工作部署分工的意见通知》。通知分别就"严明党的纪律特别是政治纪律和政治规矩""推进党风廉政建设'两个责任'落实，强化责任追究"和"落实中央八项规定和市委实施意见，深化作风建设"提出具体任务要求。意见强调要深刻领会党风廉政建设和反腐败工作的总体要求和主要任务。结合自身实际，制订落实方案，细化工作措施，明确具体责任。要坚决执行党的各项纪律、坚决从严管理党员干部和各类人员。对党风廉政建设"两个责任"强调第一要严格落实责任，第二要强化责任追究。开展"一案双查"，对违反政治纪律、政治规矩和各项纪律；"四风"问题突出，发生顶风违纪问题；出现区域性、系统性腐败案件或者接二连三发生腐败问题的部门和单位，既追究主体责任、监督责任，又要严肃追究分管领导乃至一把手的领导责任。针对"落实中央八项规定和市委实施意见，深化作风建设"，意见强调，第一严格执行作风建设各项制度，坚持问题导向，加强源头治理、完善制度机制。紧紧盯住时间节点，加强对厉行节约、公务接待、职务消费等制度执行情况的监督检查，防止不正之风反弹；第二强化重点问题专项治理；第三建立健全作风建设长效机制。

（张华）

【举办纪检监察案件检查业务培训班】 5月27—29日，市教育纪工委举办北京教育系统纪检监察案件检查业务培训班。培训班邀请市纪委、中国人民公安大学、国家检察官学院、中国人民大学等单位领导和专家授课，培训内容包括案件查办工作需要注意的问题、职务犯罪嫌疑人心理分析、审讯策略与技巧、常用侦查措施、职务犯罪常见疑难问题的司法认定、以电子证据推动反贪侦查信息化课程。北京60所高校纪委副书记、16个区县教育纪工委副书记80人参加培训。

（王红琦）

【召开高校纪检监察工作会】 9月25日，市教育纪工委召开北京市高校纪检监察工作会。会议传达中央纪委监察部落实中央八项规定精神和纠正"四风"工作座谈会议等会议精神，强调要深刻认识"四风"问题的顽固性和复杂性，认识纠正"四风"的长期性和严峻性；要求各级党组织切实担负起主体责任，层层传导压力，抓好双节期间纠正"四风"工作，纪检监察部门要严格执纪问责，履行好监督责任。各高校纪委书记、副书记、监察处长参加会议。

（王红琦）

【开展市属高校硕士学位研究生招生监督检查】 10—12月，市教育纪工委开展2015年市属高校硕士学位研究生招生监督检查工作。检查采取学校自查与市检查组重点抽查相结合的方式。市教育纪工委在学校自查基础上，通过听取汇报、查看相关文件及材料、现场提问等方式，检查首都体育学院、北京信息科技大学、北京石油化工学院、北京舞蹈学院研究生招生录取工作，重点检查研究生入学考试硬件建设、相关制度建设情况和文件落实情况。检查结果显示，市属高校研究生招生总体上是平稳有序、公平公正的。通过检查，各高校总结经验、查缺补漏，相互交流工作方法和措施，进一步规范市属高校的硕士研究生招生工作，促进招生工作公正公平规范的开展。

（张华）

【开展市属高校党风廉政建设责任制专项检查】 12月4—13日，市反腐倡廉建设领导小组办公室、市委教育工委联合开展市属高校党风廉政建设责任制专项检查。检查依据《2015年北京市党风廉政建设责任制检查考核工作方案》中检查考核评估指标体系（市属高校）内容，把党风廉政建设的主体责任、监督责任细化分解成为9个二级指标、29个评估要点和40个得分点。通过听取汇报、查阅资料、召开座谈会、民意调查等方式，检查北京信息科技大学、北方工业大学、首都经济贸易大学、北京农学院、中国音乐学院、北京印刷学院6所高校。

（王红琦）

【开展教育纪检监察干部业务培训】 12月9—11日，市教育纪工委举办北京教育纪检监察干部综合业务培训班。培训班邀请中央纪委法规室副主任、审理室副主任，北京市纪委常委、案管室副主任、信访室副主任等领导和专家，围绕新颁布的《中国共产党廉洁自律准则》和《中国共产党纪律处分条例》、纪律审查和信访举报等业务工作授课。北京60所高校、16个区县教育纪工委纪检监察干部80人参加培训。

（王红琦）

【检查研究生招生录取工作】 12月，市教育纪工委组织检查研究生招生录取工作。检查组按照《关于开展2015年北京市属高校硕士学位研究生招生监督检查工作的通知》要求，通过听取汇报、查看相关文件及材料、现场提问等方式，对首都体育学院、北京信息科技大学、北京石油化工学院、北京舞蹈学院研究生招生录取工作进行检查。

（王红琦）

【查处教育系统违规收费行为】 至年底，市委教育工委、市教委查处北京教育系统违规收费问题。其中，办理教育部（全国治理办）督办件25件；自收信访、电话举报25件。通过直接查办、电话督办、发函督办等方式，要求相关区县教委、高校对群众反映的学校乱收费行为严肃查处。全年督促区县和高校清退违规收费67.49万元，通报批评5人。经市委教育工委2015年第12次委员会研究同意，治理教育乱收费工作的牵头部门2016年由市教委监察处转至市教委审计处。

（张华）

发 展 规 划

【概况】 2015年，市教委发展规划方面重点完成以下工作。一是科学编制“十三五”教育规划。成立以两委主要领导为组长的“十三五”教育规划编制工作领导小组，依托教育研究机构组建高水平的研究团队开展编制研究工作。在编制中充分考虑“十三五”时期首都城市战略定位和教育改革发展新形势新要求，提出到2020年，形成公平普惠、优质特色、创新协同、开放有序的首都教育体系和学习型城市，实现教育现代化的主要目标。明确“十三五”时期首都教育改革发展的主要任务、保障措施和重点项目，并重点突出深化教育领域综合改革在“十三五”时期的重要地位。二是积极推动京津冀教育协同发展。推动中心城区部分市属高校和核心区中职学校向郊区县疏解。实现北京城市学院疏解5000人，北京建筑大学疏解1100人，北京工商大学疏解530人的阶段性成果以及启动西城区向昌平区疏解转移4所中职学校的工作；通过参与研究出台并严格执行本市新增产业的禁止和限制目录，对教育规模增量进行严格控制。按照加快建设市行政副中心的要求，开展副中心教育配套建设研究；积极推动教育部与三省市教育部门组建京津冀教育协同发展联席会议制度，搭建教育协同发展的对话平台。与河北省教育厅和石家庄市政府签署《教育合作框架协议》，启动北京—唐山优质教育资源合作项目。推动北京工业大学、北京建筑大学等高校与津冀高校组建联盟，加强校际合作。推动部分职业院校开展跨区域合作和优质基础教育资源向津冀辐射。三是稳妥推进学校结构调整。经市政府批准，撤销北京现代职业技术学院建制，并划转北京城市学院管理，探索以新机制、新模式举办职业教育的新路径。按照高等职业设置标准及程序，经市政府批准在中国信息大学基础上设立北京网络职业学院。四是深入推进考试招生改革。开展中考中招改革：调整命题思路，有效发挥考试在价值观引领、学习内容引导和减轻学生负担的作用；建立市级优质教育资源统筹工作机制，扩大优质高中名额分配比例，严格跨区县招生计划，引导全市义务教育均衡发展；扩大中高职衔接实验规模，开展高端技术技能人才贯通培养试验，探索培养高端技术技能人才的新路径；落实教育部有关要求，取消市级三好学生和艺术、体育、科技方面获奖考生加分项目，使加分考生人数和比例明显下降。积极落实高招改革项目：实施本市高校“高水平人才交叉培养计划”，编制双培招生计划2008人、外培招生计划420人；在2014年基础上大幅扩大地方农村专项计划规模，增加农村地区学生接受优质高等教育的机会；适应职业院校学生选拔的需要，加快推进高职院校分类考试，2015年高职分类招生录取1.1万人，占到全部高职录取的40%。五是研究考试招生制度改革实施方案。按照国家和教育部相关文件精神要求，结合首都教育实际，系统性研制考试招生制度改革的实施方案。改革内容包括高考综合改革、中考中招改革和其他各级各类教育考试招生改革及相关配套政策。方案提出，到2020年基本建立符合首都教育实际的现代教育考试招生制度，形成分类考试、综合评价、多元录取的考试招生模式。六是各级各类教育事业发展计划工作。做好高级中等教育、普通高等教育、研究生教育事业的计划管理工作和成人高等教育招生计划管理工作。七是完成教育事业相关统计工作。

（姚林修）

【明确教育领域不宜发展产业目录】 8月24日，北京发布《北京新增产业的禁止和限制目录（2015年版）》，提出2015版教育领域不宜发展的产业目录内容。包括全市范围中等职业学校教育不再新设立中等职业学校，不再扩大中等职业学校教育办学规模，中等职业学校不再新增占地面积；高等教育不再新设立或新升格普通高等学校，不再扩大高等教育办学规模，高等教育学校不再新增占地面积；成人高等教育不再扩大普通高等学校成人教育、网络教育、自考助学的面授成人教育规模，不再新增招收京外生源的成人教育机构和办学功能；技能培训、教育辅助及其他教育禁止新设立面向全国招生的一般性培训机构。在执行全市层面管理措施的基础上，城六区中等职业学校教育和高等教育不再校内扩建（存在安全隐患及未达标的除外）。

（孙运科）

【表彰教育事业统计工作先进】 8月28日，市教委通报表彰2014年度教育事业统计工作优秀集体和优秀个人。表彰依据2014—2015学年度教育事业统计工作质量评估结果评选，范围包括2014年从事教育事业统计工作的区县教育行政部门、普通高等学校、成人高等学校、普通中等专业学校以及上述单位的统计人员。共有53个优秀集体和53名优秀个人获得奖励。

（赵琦 孙运科）

【控制招生录取规模】 至9月，市教委控制总体招生录取规模。市教委根据疏解非首都功能的要求，控制市属高校招生规模。下达市属高校普通高等教育计划招生81583人，比上年减少2524人，总规模下降0.3%。其中，本科招生47688人，比上年增加867人；高职招生33895人，比上年减少3391人。市属高校研究生招生保持适度增长，市属高校实际录取研究生11828人，比上年增长9%。市属成人高等教育招生规模略有减少，

实际招生 25888 人，比上年下降 9.4%。扩大城市发展新区和生态涵养发展区农村专项计划，从 2014 年的 30 人扩大到 200 人，招生院校从 3 所市属高校扩大至所有市属本科一批招生院校。专项计划调整提高市农村考生升入本科一批比例。高考统招录取比例稳定在 80%以上，统招录取率达到 83.05%。

（卜薇　张桓）

【推进招生考试改革】 至年底，市教委推进招生考试改革。市教委提高“名额分配”比例，印发《关于做好 2015 年高级中等学校考试招生工作的意见》，指出 2015 年继续开展优质高中部分招生计划分配到初中校工作，“名额分配”比例提高到 40%左右。调整规范高考加分工作，印发《关于调整和规范高考加分工作实施方案的通知》，要求从 2015 年起，取消体育艺术等特长生、市三好学生、市优秀学生干部加分项目，同时规范少数民族加分条件。推进高职院校分类考试招生改革，健全“文化素质＋职业技能”考试招生方式。推进高等职业院校单独招生，单考单招报名 6380 人，计划招生 1367 人，实际录取 855 人。扩大高职自主招生院校和招生规模，增加 2 所自主招生院校，分别是北京青年政治学院和北京科技大学延庆分校；下达招生计划 11145 人（包括招收农村户籍考生 5523 人），实际招生 10346 人。高职分类招生录取人数占高职录取总人数的比例近 40%。

（张桓　姚转珍）

【建立市级优质教育资源统筹工作机制】 至年底，市教委建立市级优质高中教育资源统筹工作机制。该举措旨在加强市对优质高中教育资源的统筹力度，进一步扩大普通高中优质教育资源，引导义务教育均衡发展。本年市级统筹招生计划 2242 人，录取考生 1794 人。其中，统筹一招生计划 368 人，录取考生 346 人；统筹二招生计划 1464 人，录取考生 1143 人；统筹三招生计划 410 人，录取考生 305 人。市级统筹招生安排在名额分配批次进行。

（姚转珍）

【控制高等教育和职业教育办学规模】 至年底，市教委落实本市人口调控政策，严格控制高等教育和职业教育办学规模。市教委落实《京津冀协同发展规划纲要》和市委市政府相关意见，切实控制教育规模整体增量，严控在京高等学校办学规模，大幅压缩中等职业教育和成人教育规模。其中，减少市属高校计划招生人数 1599 人，减少中等职业教育计划招生人数 3935 人，减少市属成人高等教育招生人数 2674 人。

（孙运科）

【研究北京城市副中心教育配套建设】 至年底，市教委研究北京城市副中心教育配套建设。市教委按照高标准建设城市副中心的要求，紧密围绕市属行政事业单位及相关服务部门的疏解转移需求，开展城市副中心教育发展专项计划研究，拟通过市级统筹和教育强区专项支持通州的方式提升市行政副中心教育配套水平。

（孙运科）

财　务

【概况】 2015 年，市教委财务工作紧密围绕两委工作要点和教育领域综合改革要求，创新管理思路，优化结构，简政放权，加强监管，提升资金效益，圆满完成各项工作任务。2015 年，全年财政拨款预算 340.62 亿元，其中，本市级预算单位 201.1 亿元，市对区县教育经费补助 139.52 亿元。

（李高远　徐达）

【完成决算工作】 1—2 月，市教委完成所属预算单位 2014 年决算数据审核、汇总、上报工作。决算数据包括市教委机关事业及所属 60 个事业单位（含 25 所市属高等院校、11 所中等专业学校、24 个直属单位）。数据显示，2014 年决算全年收入 2955062.00 万元，其中，财政拨款 2558494.72 万元；支出 2909947.16 万元。市教委于 8 月印发关于 2014 年度部门决算的批复，批复各预算单位 2014 年度部门决算。

（李奇）

【市属高校财务依申请公开】 3 月 17 日，市教委印发《关于做好市属高校财务信息依申请公开工作的通知》。文件强调，依申请公开是信息公开工作的重要组成部分，是满足公民、法人或者其他组织根据需要申请获取相关信息的重要渠道，各高校要依法受理，认真研究，妥善处理。要求各高校按照《政府信息公开条例》规定，对依申请公开信息的公开申请，能够当场答复的，应当当场予以答复；不能当场答复的，应当自收到申请之日起 15 个工作日内予以答复；如需延长答复期限的，应当告知申请人，且最长延期不得超过 15 个工作日。属于不予公开范围的，应当及时告知申请人并说明理由。其中“三公经费”依申请公开的信息需按照市统一口径，在上述规定的时间内，按照申请人要求的方式进行回复。

（张晓兰）

【预决算公开】 3—8 月，市教委完成相关财务预算公开工作。市教委 3 月公开 2015 年“三公经费”和部门预算，8 月公开 2014 年“三公经费”和部门决算。市教委制定相关公开文件，严格把关，加强数据材料审核，确保公开数据真实可靠。

（李高远）

【完成 59 个教育项目绩效评价工作】 4—7 月，市教委完成 59 个教育项目绩效评价工作。其中，25 个市属高校的实验室建设项目25个；34个中专直属单位的设备购置、直属单位业务发展等项目34个。经过专家考评，共评出市属高校优秀项目5个，良好项目18个，一般项目1个，较差项目1个；中专直属单位优秀项目11个，良好项目15个，一般项目6个，较差项目2个。5—7月开展市教委2014年度整体支出的绩效评价，2014年度市教委部门整体支出绩效评价综合得分为93分，绩效评价结果为优秀。

（李高远）

【开展国有资产产权登记】 5月25日，市教委转发市财政局《关于做好2015年北京市事业单位及事业单位所办企业国有资产产权登记工作文件的通知》，开展国有资产产权登记工作。此次产权登记工作事业单位91家申请办理年度检查；单位所办企业102家申请办理占有登记，27家申请办理年度检查。市教委要求各单位配备精干人员，认真开展资产清查，切实摸清“家底”，保证资产存量数据准确，要主动全面反映房屋土地等资产产权情况、对外投资、出租出借等资产管理情况，确保产权登记及披露事项的真实、完整、准确。经过动员培训、单位自查、市教委审核上报、市财政部门审计审核等，各单位进一步提高产权管理的意识，梳理、清理历史遗留问题，明晰资产账务、强化资产管理基础性工作。

（时阳）

【调整市属高校定额标准】 9月，北京市调整市属高等学校基本支出预算定额标准。一是设立一般院校艺术体育学科师范专业定额。二是根据高水平人才培养交叉计划制定相应的财政政策。三是设立疏解非首都功能学校基本经费拨款。四是增加高校思想政治理论课一线专职教师人员经费定额，人均24000元/年。五是进一步强化绩效导向，提高绩效拨款规模。六是将人才培养定额和科研定额的名称调整为促进高校内涵发展定额。七是根据正常增长机制调整学科生均综合定额。新标准自2016财年起施行。

（李高远）

【调整市属中职定额标准】 9月，北京市调整市属中职学校基本支出预算定额标准。一是调整学科综合定额，人员经费按照增资政策进行调整，公用经费定额按照原定额正常增长因素中的物价指数、大型设备增加引起的维护费增长进行调整。二是对实施贯通计划试验的学校的贯通培养学生学科定额及一轻、工美、工贸等高级技工学校涉及“燕京八绝”传统手工艺艺术的学科定额按照1.5系数调整。三是将人才培养质量提高经费定额由900元/生提高到1000元/生。四是取消退休人员经费定额。新标准自2016财年起施行。

（李奇）

【调整市属中小学及特殊教育学校定额标准】 9月，北京市调整市属中小学及特殊教育学校基本支出预算定额、直属单位行业定额标准。一是中小学及特殊教育学校按照增资政策调整人员经费定额。二是增加北京西藏中学优质高中教育资源统筹在编在职教师人员经费定额，按照9万元/年/人标准核定。三是取消中小学及特殊教育学校退休人员经费定额。四是结合近年来教育教学改革对教师素质水平的新提高，将北京教育骨干教师干部培训业务经费定额标准由26元/学时调整为42元/学时，将普通教师培训业务经费定额标准由17元/学时调整为26元/学时。新标准自2016财年起施行。

（李奇）

【组织预算编制工作】 10—12月，市教委完成所属预算单位及市对区县教育补助2016年预算的审核、汇总、上报工作。预算数据包括市教委机关事业及所属59个事业单位（含25所市属高等院校、11所中等专业学校、23个直属单位）。市教委2016部门预算全年预算收入2618051.34万元，包括财政拨款1917318.84万元；全年支出2618051.34万元。市对区县教育补助139.52亿元。

（李高远 徐达）

【组织预算项目评审】 11月，市教委开展2016年预算评审工作。预算评审包括财政评审、财政局教育处评审、市教委评审。市教委评审共涉及10个项目类别1020个项目，评审金额17.85亿元。2016年市教委部门评审工作按照市财政局要求，结合历年部门评审工作，制订市教委2016年部门预算项目评审工作方案，使评审更具规范性、科学性。对于信息化建设项目的评审工作，提前与市财政局、市经信委沟通，三方共同制订评审方案，加快评审进度。

（李高远）

【开展会计人员继续教育培训】 至年底，市教委开展两期教育系统会计人员继续教育培训。培训旨在帮助各单位进一步完善内控制度，完善风险管理体系，掌握事业单位会计改革和行政事业单位内控构建的相关政策，加强廉政风险防控机制建设，就行政事业单位内部控制制度、教育经费预算绩效管理、高等学校会计制度和中小学会计制度进行解读和培训。共有来自60个单位的720人参加培训。

（刘伟）

审　计

【概况】 2015年，北京市教育系统内部审计机构74个，包括独立设置机构34个；内部审计人员751人，包括专职审计人员143人。全年完成审计项目7388项，其中，财务收支审计615项，预算执行与决算审计76项，基本建设项目审计154项，修缮项目审计3117项，经济责任审计512项，经济效益审计51项，专项资金审计582项，其他项目审计2281项。审计资金共计1617.56亿元。查出有问题资金44189.58万元，其中，财务处理不当资金24300.96万元，违纪违规资金19753.28万元，损失浪费资金 135.34 万元。促进增收节支 43179.19 万元。完成审计调查项目 83 项，提交审计调查报告 89 篇。完成科研立项 6 个，撰写论文 44 篇，公开发表 10 篇。

（李新影）

【召开内部审计工作研讨会】 3 月 20

日，市教委召开教育系统内部审计工作研讨会。会议学习研讨教育部《关于加强直属高等学校内部审计工作的意见》，介绍各单位上年内部审计工作开展情况，并针对如何做好 2015 年内部审计工作讨论和交流。会议肯定市教委《关于做好 2015 年教育审计工作的意见》，并对 2015 年审计工作提出一些意见和建议。市属高校和部分直属单位及区县教委的内审机构负责人 30 人参加会议。

（李新影）

【完成委托社会中介机构比选工作】 4 月 9 日和 15 日，市教委先后组织召开 2015 年度内部审计项目委托社会中介机构公告和比选会议。会上，5 名外请专家和 2 名市教委内部政府采购领导小组成员对参加比选的社会中介机构专业资质、审计实施方案制订的科学性、审计人员的配备、事务所的从业经验、审计人员的职业道德和服务报价六个方面进行竞争性比选。经过综合对比，确定北京中天恒会计师事务所有限责任公司、北京中宣育会计师事务所有限责任公司、北京中咨新世纪会计师事务所有限公司、北京中育才会计师事务所有限公司、北京中则会计师事务所有限责任公司、华建会计师事务所有限责任公司、北京弘诚信会计师事务所有限责任公司 7 家会计师事务所入围。

（李新影）

【召开领导干部经济责任审计工作会】 4 月 23 日，市教委召开 2015 年北京市教育系统领导干部经济责任审计工作部署会。会议部署上半年教育系统 11 名领导干部经济责任审计工作，并对受托 7 家社会中介机构开展领导干部经济责任审计审前业务专题培训。会议要求，一要提高对经济责任审计工作的认识，加强协调配合，支持审计工作顺利开展，高度重视审计结果的利用，切实做好整改工作；二要把首都教育反腐倡廉建设和经济责任审计工作紧密地结合，进一步强化责任意识，加大经济责任审计的组织推进，共同提升领导干部依法行政、廉洁从政的体系建设；三要把握重点，严格按照中央两办出台的相关规定和实施细则实施审计，对领导干部任职期的工作成绩要给予肯定，对审计发现的问题予以客观披露，要规范审计操作，提高审计质量，要客观公正，不受外界干扰，保持审计的独立性。市委教育工委、市教委、市教育纪工委领导，市委教育工委干部处、市教委审计处有关人员，11 家被审计单位负责人、被审计人以及财务处与审计处有关负责人，委托社会中介机构项目负责人等百余人参加会议。

（李新影）

完成11名领导干部经济责任审计

【完成 11 名领导干部经济责任审计】 4—8 月，根据市委教育工委干部部门提请，市教委组织开展 11 名领导干部经济责任审计。审计对象包括北京教育学院、北京教育考试院、北京工业大学、北京工商大学、北京第二外国语学院、北京市教育系统人才交流服务中心、北京教育老干部活动中心、北京高校房地产开发总公司、北京西藏中学、北京市环境与艺术学校、首都铁路卫生学校 11 家单位有关领导干部 11 人。市教委于 4 月 27—29 日，分别召开领导干部经济责任审计工作进点会议，正式委托社会中介机构启动经济责任审计工作，经过审前准备、审计实施、审计报告阶段，市教委形成审计报告，并提交市委教育工委干部部门。市教委同时针对被审单位存在的财务管理方面问题出具审计意见书，提出整改要求。审计总金额 177.15 亿元，发现有问题资金 1948.58 万元，提出审计意见与建议 77 条。

（张未　李新影）

【完成市属高校综合绩效考评工作】 8 月，市教委完成市属高校综合绩效审计考评工作。此次审计面向北京市 25 所市属高校，由市教委审计部门组成评分小组，对市审计局、市教委和各学校内部审计发现的问题和提出的意见与建议的整改落实情况、内部审计机构建设情况、内部审计工作开展情况展开考评。经过市教委审计部门评分小组成员评分、汇总、审核等程序，完成“对市属高校绩效拨款指标表”的审计评分，提交市教委财务管理部门作为市属高校综合绩效评价结果组成之一。

（张未　李新影）

【举办审计机构负责人学习研讨会】 9 月 28—29 日，市教委召开教育系统内审负责人学习研讨会。会议通报市教委 2015 年上半年开展的 11 名领导干部经济责任审计工作情况，重点通报审计发现的各类问题，强调对“有

章不循、无知无畏、明知故犯”等三类问题，各单位予以重视，并采取积极有效的措施加以整改。同时通报市审计局对市教委上年度预算执行与决算审计的有关情况，强调对有关人的处理和追责情况。会议介绍市教委下半年审计工作计划和安排，与会人员学习《北京市2015年经济责任审计工作指导意见》《北京市关于建立市本级经济责任审计轮审制度的意见》《关于加强预算执行管理的通知》等文件。会议邀请通州、昌平、大兴3个区县教委和北京工业大学、北京第二外国语学院、北京青年政治学院3所市属高校以及北京市自动化工程学校、北京教育学院、北京市学生活动管理中心3家市教委直管直属单位的审计人员针对内部审计工作分别作交流发言。各区县教委审计科科长、市属高校审计处处长、直管直属单位内部审计负责人和内部审计骨干等70余人参加学习研讨。

（穆鑫然）

【开展教育收费自查】 9—10月，市教委组织开展2015年秋季教育收费自查自纠工作。工作要求各区及高校治理办要高度重视，精心组织，细化检查措施，采取有效的检查方法，保证工作到位，不走过场。至10月底，基础教育系统分别组织1312所学校和574所幼儿园自查，自查率100%；在自查基础上，组织80个检查组，376名参检人员，分别检查高中91所、初中150所、小学210所、幼儿园112所；查出问题16个，涉及金额21.8537万元，清退21.8537万元。各高校组织1446部门自查，在自查基础上，组织169个检查组，1749名检查人员，对456个部门收费情况进行检查。共查处违规问题2个，查处违规资金800元。

（李新影）

【完成8家市级教育单位后续审计】 10—11月，市教委完成8家市级教育单位后续审计。此次审计针对北京开放大学、北京教育音像报刊总社、北京市校办产业管理中心和北京城市建设学校4个直属单位的“2014年1—8月预算执行审计”，北京信息科技大学、中国音乐学院、北京物资学院3所市属高校“2013年度预算执行预决算审计”，北京经济管理职业学院1所市属高校“离任经济责任审计”共8个审计项目开展后续审计。审计总资金28052614.04元，问题资金624231.51元；提出审计意见和建议24条。

（李新影）

【完成8所市属高校预算执行与决算审计】 10—12月，市教委完成8所市属高校预算执行与决算审计。审计学校包括首都师范大学、首都体育学院、北京农学院、北京电子科技职业学院、北方工业大学、北京服装学院、北京建筑大学、北京印刷学院。市教委全面检查学校2014年预算管理、预算执行与财务决算情况的基础上，重点检查科研项目执行情况，“三公经费”和培训费、会议费、差旅费、印刷费使用情况，工资管理情况，年末预算结余结转资金及其管理情况。审计总金额265.95亿元，发现问题资金7702.33万元，提出审计意见与建议46条。

（张未）

【召开治理教育乱收费局际联席会】 11月，市教委组织协调召开两次北京市治理教育乱收费局际联席会议。会议通报全市教育系统各级各类学校开展秋季收费检查工作自查阶段情况，并依据自查自纠阶段各区县教委、高校和中专校上报自查报告等材料反映出的收费管理情况、教育乱收费问题的举报情况，检查组结合工作实际，讨论研究确定秋季专项检查阶段工作方案。方案明确“深入治理义务教育阶段乱收费情况”“中小学、教研机构、校外培训机构及教师补课乱收费情况”“公办高中、特色高中违规招生、转学等情况”“对中小学教辅材料的管理情况”“高校实施招生‘阳光工程’和执行收费政策的情况”“教师违规收受学生及家长礼品礼金等情况”“加强对幼儿园收费行为的监管情况”“各级各类学校和幼儿园执行教育收费公示制度的情况”“收费管理情况”“其他教育乱收费等违规行为”10个方面检查内容；确定检查各区、市属公办高校及中小学校、幼儿园；检查采用抽查形式开展。市纪委、市发展改革委、市财政局、市审计局、市教委等部门相关人员参加会议。

（李新影）

【开展治理教育乱收费检查】 11月，市教委与市纪委、市财政局、市发改委等委办局联合开展2015年秋季教育收费检查工作。各相关委办局共抽调22人组成4个检查组，包括2个区县组、1个高校组、1个中职学校组，分别对东城、西城、朝阳、海淀、丰台、石景山6个区的19所中小学校、5所幼儿园、1家校外机构和北京石油化工学院、首都体育学院、中国戏曲学院3所高校，北京市盲人学校、北京市商务科技学校、北京市环境与艺术学校、北京市铁路电气化学校4所中职学校，进行全面检查。检查发现部分学校存在行政事业性收费收入不及时上缴、代收费管理不规范、校内助学金使用不规范等10个方面共62个问题。针对检查发现的问题，市教委在全系统审计工作会上进行通报，并提出要强化业务部门在治理工作中的主责意识，加大对乱收费问题查处、清退和追责力度的工作要求。

（李新影）

【召开内部审计业务会】 12月9日，

市教委召开教育系统内部审计业务会。会议通报2015年市教委内部审

计工作的开展情况、审计发现的主要问题，以及2015年秋季教育收费专项检查工作情况。布置上报2015年内部审计工作总结和2016年审计信息稿件的征集工作。线联平参加会议并讲话。各区县教委、市属高等学校和市教委直属单位主要负责人、审计机构负责人等90人参加会议。

（穆鑫然）

【实施综合服务中心等项目过程审计】 至年底，市教委在上年审计工作基础上，继续与受托社会中介机构对“市教委新建教育系统综合服务中心等项目”实施过程审计。先后完成工程进度款、变更洽商等13个审计事项，并出具审计意见咨询意见书，提出审计建议共计43条；工程洽商送审金额773.60万元，审减金额148.81万元，为规范工程管理、防范经济风险、维护单位利益提供较好的保障和咨询服务。

（李新影）

【完成基建修缮工程项目审计3271项】 至年底，北京市教育系统完成基建修缮项目审计3271项。3271项基建修缮项目送审金额530140.98万元，审减金额42608.10万元，审减率8.04%。其中，自审项目送审金额7552.63万元，审减金额504.57万元，审减率6.68%；委托中介机构审计送审金额522588.35万元，审减金额42103.53万元，审减率8.06%。

（李新影）

基　本　建　设

【概况】 2015年，北京市各级各类学校基本建设完成投资378361.10万元。其中，国家投资359859.10万元（北京市地方安排286569.80万元、区县安排73289.30万元）、自筹资金18502万元。全年在施建筑面积1560557平方米，包括本年新开工面积484748平方米。竣工建筑面积833404平方米，其中，教学及辅助用房534952平方米，行政办公用房34396平方米，生活服务用房209230平方米，其他用房54826平方米。新增固定资产169762.8万元。

（黄莹莹）

【完成固定资产投资决算年报工作】 2—3月，市教委完成所属预算单位2014年度固定资产投资决算数据审核、汇总和上报工作。工作涉及市教委机关及所属58个事业单位（含基本建设项目单位32个、仅含当年购置固定资产项目单位24个、无投资项目单位2个）。上报项目总计238个，其中，工程建设项目180个，购置固定资产项目58个。上报项目中，从投资来源看，财政性投资项目221个、全部自筹资金项目17个；从基建进度看，在建项目64个、停缓建项目9个、资产已交付使用但未办理竣工决算项目106个、当年已办理竣工决算项目59个（含新增固定资产项目58个、已批复竣工基建项目1个）。

（黄莹莹）

【清查教育系统办公用房】 5—6月，市教委清查教育系统办公用房。工作旨在落实市委、市政府关于党政机关办公用房清查改造工作的有关要求。市教委采取严格筛查梳理、严格审批立项、严格监督落实等措施，梳理市教委系统内高等学校、直属单位办公用房。经清查，系统内未发现超标准建设及使用办公用房问题，未发现离退休领导干部占用办公用房问题。

（马骏）

【印发校舍安全保障长效机制年检工作指南】 6月30日，市教委、市住房城乡建设委印发《北京市中小学校舍安全保障长效机制年检工作指南》。该指南委托北京三茂建筑工程检测鉴定有限公司、中国老教授协会土木建筑专业委员会、北京市房屋安全管理中心等专业机构编制，旨在建立健全市中小学校舍安全保障长效机制，统一北京市中小学校舍安全年检工作的内容和技术要求，确保工作有效性。指南包括总则，术语，基本规定，地基基础，建筑结构，建筑构件与部件，构筑物，建筑装饰装修与防水、建筑给排水设施设备，建筑锅炉，压力容器和供暖设施，建筑空调设备，建筑电梯设备，建筑供配电与照明设施设备，建筑智能设备，建筑防火、防雷设施，检查记录和档案要求共17部分。要求各中小学和幼儿园均应配置校舍安全检查员，负责对学校校舍、附属构筑物和配套设备的日常检查和特定检查。学校的举办者、受托管理单位应配置校舍安全管理员，负责对所管辖的学校校舍安全检查员的检查工作进行指导、监督和制订维护维修计划，并对校舍安全检查员和专业机构进行的专项日常检查中发现的安全问题进行复核与排查。《指南》对上述工作提出明确详尽的要求。

（张逊）

【市属高校节约型校园节能监管平台验收】 7月，市教委、市财政局、市住房城乡建设委开展市属高校节约型校园节能监管平台验收工作。市教委、市财政局、市住房城乡建设委组织专家组验收北京建筑大学、北京工业大学节能监管平台。验收组认为，随着该平台的投入使用，学校对水、电、热等能源消耗可在线监测并与节能控制相结合，对空调系统可进行集中控制，对校园路灯可依据环境照度智能化管理，达到相关技术规范要求，实现高等学校对节能型校园管理的创新。2012年，市教委牵头市住房城乡建设委、市财政局组织部分市属高校开展节约型校园节能监管平台建设，北京工业大学、北京建筑大学先期试点。

（马骏）

【完成暑期校园环境改造工程】 7—9月，市教委组织完成暑期校园环境改造工程。实施年度暑期校园改造工程区县包括东城区、西城区、朝阳区、海淀区、丰台区、石景山区、昌平区、顺义区、平谷区和密云区共10个区，改造学校275所。工程共完成校舍装修改造、校园文化建设、校园市政改造等项目695个，总投资约6.5

亿元。暑期校园环境改造工程连续实施两年，经过市区共同努力，工程实施顺利，全市各区县累计改造学校400余所、惠及学生30万余人。

（黄莹莹）

【推进中小学建设三年行动计划】 至年底，市教委推进中小学建设三年行动计划。全市共完成审批项目236个，总建筑面积438万平方米，计划总投资217亿元，全部建成后预计新增学位20万个。已开工项目179个，包括新建、改扩建项目116个，接收小区配套中小学校63个。已开工项目中，在施项目47个，建设规模114万平方米；已竣工项目132个，完成建筑面积192万平方米，新增学位15万余个，包括小学学位8万余个。

（黄莹莹）

【基本完成市属高校三年建设实施规划】 至年底，市教委基本完成市属高

校三年建设实施规划。三年建设规划涉及21所市属高校、60个建设项目（含57个校园单体和3个新校区），总建筑面积200万平方米。至年底，校内单体项目中，完成前期审批项目54个，暂不实施项目3个。完成审批项目中，已实施项目53个，总建筑面积126万平方米，总投资60亿元；完成审批待开工项目1个，该项目资金由原来的市政府投资80%调整到95%（包括大学生公寓）。市属高校三年建设规划的实施改善市属高校办学条件，为提升教育质量提供有力支撑。

（王虹）

【市属高校8个项目竣工使用】 至年底，市属高校8个项目竣工使用。市属高校全年共有19个在建项目，总建筑面积481921平方米。其中竣工验收项目8个，总建筑面积117700平方米。分别为北方工业大学第三实验楼，建筑面积38520平方米；北京联合大学小营校区教学用房，建筑面积29717平方米；北京农学院学生活动中心，建筑面积3985平方米；北京财贸职业学院学生中心食堂，建筑面积10585平方米；北京农学院食品楼，建筑面积10086平方米；北京物资学院体育文化中心，建筑面积9790平方米；北京工业职业技术学院学生食堂，建筑面积10297平方米；北京印刷学院体育场综合看台，建筑面积4720平方米。续建项目11个，总建筑面积364221平方米。

（王虹）

【协助疏解非首都功能推进新校区建设】 至年底，市教委以疏解非首都功能为契机加快推进市属高校新校区建设。其中，北京信息科技大学昌平新校区完成大部分拆迁任务，北京工商大学良乡校区二期工程完成立项和可行性研究报告审批，北京建筑大学大兴新校区二期征地建设学生宿舍项目正在审批立项，北京城市学院顺义校区二期征地建设学生宿舍项目申报立项。

（王虹）

后　勤　管　理

【概况】 2015年，北京市学校后勤工作以满足学校发展需求为动力，以提高服务保障能力为目标，发挥统筹协调、综合指导职能，加强制度建设，推进依法行政，着力破解制约后勤科学发展的重点问题和师生关心的热点问题，致力办好师生满意后勤，努力提升首都教育后勤治理体系和治理能力现代化水平。

（常勇）

【推动阳光校园光伏屋顶工程】 3月20日、6月11日，市教委召开两次全市阳光校园屋顶光伏发电项目工作会。会议通报项目进展情况，提出下一步工作要求。来自16区县相关负责人30人参加会议。屋顶光伏发电项目是通过在北京市大、中、小学及幼儿园，巧借屋顶建筑空间、利用太阳光能，建设屋顶用户侧光伏并网发电系统，是为各学校提供清洁电力能源的绿色工程。该项工程2011年启动，至2015年年底，北京市累计完成招标42.5兆瓦，在建22.5兆瓦，完成装机容量20兆瓦，涉及16个区县、220所学校，累计发电量945万千瓦时、节约标煤3150吨，减排二氧化碳7875吨。

（常勇）

【举办节约型学校建设专题培训】 4月8—9日，市教委举办节约型学校建设专题培训会。培训内容包括北京市大气污染治理现状与展望、校园美化——乡土花草进校园、建设绿色校园与校园生态文明建设、公共机构节能对策和校园节水知识等专题。各高校、各区县教委行政管理人员，中小学、幼儿园、中等职业学校校长、后勤骨干、教师骨干共计300余人参加培训。

（常勇）

【开展食品检测仪检测终端检查】 4—5月，市教委对全市高校开展食品检测仪检测终端入校检查工作。市教委成立6个检查组进入94所高校，

通过实地检查、与相关负责人座谈方式，督促食品检测仪检测终端启用工作。经入校检查，至6月，94所高校147个监测终端中，监测终端启动率由54.42%提升到86.17%，正常运转监测终端占监测终端总数68.03%。未正常运转的监测终端也在逐步启动，起到良好的督促与示范作用。

（李异军）

【世界银行考察阳光校园金太阳工程】 5月21日，市教委接待世界银行集团主计官、副行长伯纳德·劳威尔斯一行考察“北京市阳光校园金太阳工程”。考察团一行3人，实地考察中国人民大学附属小学京西分校光伏发电项目的建设、运行情况，充分肯定学校围绕节能减排、变废为宝、低碳生活、新能源利用等方面开展的主题教学课程和系列互动活动。

（常勇）

【举办节能技改政策宣贯及项目对接会】 6月4日，市教委、市发改委联合举办节能技改政策宣贯及相关项目对接会。会议旨在推动高校节能技改工作，指导高校正确、合理地规划和申报本校的节能技改项目。会上，相关负责人对市级节能技改补助资金政策宣贯讲解，学校对拟申报节能技改资金支持的相关项目现场咨询、申报。50所高校节能减排工作负责人60人参加会议。

（常勇）

【开展校园周边违规销售床品整顿】 9月，市教委联合相关区县综治部门开展校园周边违规销售床品整顿工作。重点整治昌平等5个区高校周边不法商贩向学生销售廉价劣质床上用品现象，维护开学秩序，保障校园安全，杜绝“黑心棉”流入高校。

（李异军）

【组织高校后勤标准化建设培训】 11月13日，市教委举办2015年北京高校标准化物业专业技能实操培训。本次实操技能培训分别在北京师范大学和北京邮电大学举行，涉及电工、水暖和园林绿化三个专业，包括现场培训、技能竞赛和专家点评。该培训是继5月举行的高校物业技术人员专业理论学习之后的一次实操评比演练，市教委首次尝试“理论培训+实操培训”模式，收到良好效果。来自北京33所高校的110名物业技术工人参加培训。北京高校后勤培训包括食堂、公寓、物业三个标准化系列培训，旨在通过针对性和纠偏式教学和实操技能培训，鼓励一线物业工作人员提高专业技能，培养和造就一批物业高素质专业技术人才队伍。至年底，共举办5次大规模培训，累计培训人员1164人。

（李异军）

【举办节水宣传员培训会】 11月26日，市教委、市水务局共同举办“2015年北京市高等学校节水宣传员培训会”。培训会邀请两名水务专家分别围绕“北京的水资源形势和节水战略”“节约用水从我做起”两个主题授课，内容包括北京市水资源现状与节水情况、南水北调工程、水历史与水文化、日常生活节水等方面，从不同的角度介绍北京市当前水资源匮乏的情况和节水工作的重要性与紧迫性，强调高校是城市公共用水大户之一，肩负着重要的社会责任，在高校开展节水教育、落实节水工作是关切首都水务工作的重要组成。全市高校从事节水宣传的骨干教师和环保社团学生200人参加培训。参培人员均获得市水务局颁发的“北京市教育系统节水宣传员”证书，至此，北京市教育系统经过培训获得“节水宣传员”证书的师生累计近2300人。

组织高校后勤标准化建设培训

（常勇）

【成立中小学校服研发中心】 12月

24日，“北京市中小学校服研发中心”在北京服装学院成立。该中心聚集专业院校优势资源和社会各界力量，针对首都中小学特点，开展学生体型调查，建立相关数据库，进行学生装面料、款式和工艺标准研究；开展学生装技术规范和安全检测研究，建立科学评价和监管机制；建设公共信息化服务平台的研究与建设，研究首都校服文化，形成理论体系，为研发提供智力支持，推动北京市中小学校服工作改革和发展。

（李异军　陈娜　付佳）

【制定高校能源消耗限额地方标准】 12月30日，市教委颁布《高等学校能源消耗限额》北京地方标准。标准对北京市理工及综合类，文史、财经、师范及政法类，高职及专业类三类高等院校的电力消耗、供暖用天然气消耗或供暖用市政热力消耗、非供暖用天然气消耗分别明确限定值、准入值和先进值。作为高校用能限额管理内容之一，该地方标准完善高校用能管理体系，为高校的节能监管提供定量化标准。

（常勇）

【印发中小学食品安全保障和营养改善工作的通知】 12月，市教委、市卫生计生委、市食品药品监管局印发《关于贯彻落实新食品安全法促进北京市中小学食品安全保障和营养改善工作的通知》。文件就组织新食品安全法学习培训、落实食品安全管理制度、加强从业人员队伍建设、提高中小学食堂供餐比例、开展学校食品安全科普宣传教育活动、推进营养监测和信息公开、加大督导检查力度等方面提出工作要求。

（李异军）

【完成高校食堂平抑资金拨付】 12月，市教委完成2014—2015学年度北京高校学生食堂价格平抑资金的拨付工作。全市91所高校食堂价格拨付平抑资金共计1.26亿元。市教委通过平抑资金建立高校食堂价格调控长效机制，解决因食堂原材料及用工成本在短期内大幅上涨导致的食堂成本亏损，抑制饭菜价格过快上涨。

（李异军）

安全稳定工作

【概况】 2015年，市委教育工委、市教委和各高校围绕全市工作大局和首都教育改革发展稳定中心任务，全面深入贯彻党的十八大，十八届三中、四中全会和习近平总书记系列重要讲话精神，认真落实中央和市委关于加强意识形态工作、反恐怖工作和平安建设等一系列重要部署，以深入推进“平安校园”创建为主线，以维护高校意识形态领域稳定、做好各敏感节点维稳工作、防范宗教极端思想渗透为重点，坚持问题导向、强化源头治理、完善体系机制、夯实基层基础，妥善应对处置各类突发事件和不安定事端，实现首都高校及教育系统持续稳定。

（韩婷婷）

【召开年度安全稳定工作会议】 2月

28日，2015年度首都高校安全稳定工作会议在北京会议中心召开。会议总结2014年首都教育系统安全稳定工作，全面部署2015年度和全国“两会”期间首都高校维护安全稳定工作。苟仲文参加会议并讲话。会议同时印发《2015年首都高校安全稳定工作要点》《2015年首都高校维护安全稳定工作任务书》以及关于开展涉校矛盾纠纷、校园及周边安全隐患排查整治等工作的通知。各高校主管领导、安全稳定职能部门负责人，部分民办高等教育机构负责人等约260人参加会议。

（韩婷婷）

【向19所高校颁发“平安校园”铭牌】 2月28日，市委教育工委向19所2014年通过“平安校园”检查验收的高校颁发“平安校园”铭牌。19所高校包括清华大学、北京师范大学、中国农业大学、北京邮电大学、中国石油大学（北京）、北京中医药大学、北京体育大学、对外经济贸易大学、中央音乐学院、中央戏剧学院、北京服装学院、北方工业大学、北京工商大学、北京石油化工学院、北京物资学院、中国戏曲学院、北京电影学院、北京联合大学、北京电子科技职业学院。根据相关规定，市财政向上述学校拨付“平安校园”创建专项引导资金950万元。

（韩婷婷）

【召开校园及周边治安综合治理专项组会议】 4月14日，“2015年首都综治

委校园及周边治安综合治理专项组全体（扩大）会议”召开。会议印发《2015年首都校园及周边治安综合治理工作要点》，对2015年全市校园及周边综治工作进行深入研究和全面部署。专项组60人参加会议。

（韩婷婷）

【完成“平安校园”创建检查验收】 4月27日至6月26日，市委教育工委、市教委联合首都综治办、市公安局完成“平安校园”创建检查验收工作。检查验收工作成立两个工作组，通过听取各学校创建工作报告、查阅相关材料、实地查看走访、与师生座谈等方式，完成对中国人民大学、中央财经大学等13所高校的检查验收。经过检查，工作组认为各高校对创建工作高度重视，党政主要领导亲自动员部署，工作推进扎实有力，条件与经费保障充足，全校上下共同参与，形成浓厚的创建氛围，取得良好的创建成效，建议13所高校通过“平安校园”检查验收。

（韩婷婷）

【举办地震应急疏散演练】 5月12日，北京市2015年“5·12”防灾减灾日防震减灾科普示范学校地震应急疏散演练活动在首都师范大学附属房山中学举行。活动由市地震局、市应急办、市教委及市科委联合主办，房山区地震局等单位和首师大附属房山中学联合承办。上午10时，活动在地震疏散警笛声中启动，500名中学生在班主任引导下，按照学校应急疏散路线迅速撤离到安全地点。各班负责人立即向校长汇报情况，随后校长迅速向区教委领导汇报情况。区教委领导要求学校立即按照地震应急预案进行自救互救活动。随后，师生积极搭建救援帐篷，学生志愿者引导周边社区居民前往避难场所进行安置，并先后进行心脏复苏、头部以及肩膀各部位的包扎展示。整个活动清晰有序，疏散演练活动取得圆满成功。演

练活动后，与会领导及专家先后参观学校地震教育基地、地震救援设施设备以及防灾减灾宣传展板。中国地震局、市政府、房山区政府等单位领导观摩演练。

（姜爱林）

【启动“平安单位”创建工作】 9月1日，市委教育工委启动直属单位“平安单位”创建迎检工作。首批创建单位包括北京教育学院、北京教育科学研究院、北京教育考试院、北京开放大学、北京教育音像报刊总社。根据工作要求，各单位党政主要领导亲自动员部署，工作推进扎实有力，条件与经费保障充足，取得良好的创建成效。市委教育工委对创建单位检查评估，对通过评估单位颁发“平安单位”铭牌并拨付创建经费250万元。此举旨在推动各相关单位进一步夯实工作基础，深化创建成效。

（韩婷婷）

【印发安全知识和反邪教教育资料】 9月，市委教育工委印发安全知识和反邪教警示教育资料。资料包括《大学生安全知识手册》《大学生反邪教知识手册》和6类安全教育主题宣传海报及宣传单张，共计61万份。手册面向首都各高校新入校学生发放。此举旨在为各高校开展大学生安全教育给予支持，切实提高大学生的安全意识和自救、自护、救人的素质及能力，增强广大师生识别和防范邪教侵蚀的能力。

（韩婷婷）

【配发小学生交通安全帽】 9月，市教委为全市新入学一年级小学生配发小学生夜光型交通安全帽（小黄帽）。市财政投入资金680万元，共配发安全帽17万套。同时，市教委以小黄帽路队制工作为载体，广泛开展多种形式的交通安全教育，保障小学生道路交通安全。

（程增科　战先政　陈娜）

【投保校方责任险及无过失责任险1295万元】 9月，市教委2015—2016学年度为中小学学生及幼儿园幼儿投保校方责任保险及附加无过失责任保险共计1295万元。其中，为139万名公办中小学学生及幼儿园幼儿投保校方责任保险，共计保费695万元；为120万名公办中小学学生投保无过失责任保险，共计保费600万元。校方责任险及无过失责任险有效转移办学风险，保障学校、家长及学生的合法权益。

（程增科　战先政）

【开展校园隐患专项排查工作】 至年底，市委教育工委开展两次校园隐患专项排查工作。3—4月，组织开展校园周边环境秩序突出问题隐患专项排查。共排查突出问题隐患85处、涉及11个区县，市委教育工委建立专项工作台账。组织各区县专项组针对排查出的突出问题隐患开展专项整治工作，逐一明确稳控、化解、整治工作措施，有效净化校园周边环境氛围。8月，天津滨海新区危险品爆炸事故发生后，市委教育工委组织有关部门和高校及时了解和掌握学校危化品、易燃易爆品的种类和使用、管理等具体情况，会同市综治、公安、安监等部门联合开展工作检查和专项督查，推动各项工作落到实处，确保校园安全。

（韩婷婷）

【敏感节点和重大活动专项维稳】 至年底，市委教育工委、市教委完成敏感节点和重大活动专项维稳。两委抓住形势研判、工作部署、督导检查、应急处置四个关键环节，推动高校进一步固化完善敏感期工作机制和网格化、等级化校园综合防控体系，圆满完成2015年全国“两会”、中国人民抗日战争暨世界反法西斯战争胜利70周年纪念活动等重大活动的安保维稳工作。

（韩婷婷）

离退休干部与关心下一代工作

【概况】 2015年，北京市属高校、两委一室机关及直属单位共有离休干部984人，平均年龄86.2岁。其中，中共党员811人；第二次国内革命战争时期参加革命工作的2人；抗战时期参加革命工作的149人；解放战争时期参加革命工作的804人。退休干部17791人，其中，中共党员10330人；离退休干部分党委11个，党总支22个，党支部466个。拥有老干部活动站（室）53个，建筑面积1.76万平方米。全年北京高校共举办离退休老同志各类学习班、读书班462期，累计参加人数1.16万人次；举办各类情况通报会、报告会579场，累计参加人数3.47万人次；组织外出参观331批，累计参加人数2.03万人次。全年共走访慰问老同志2.72万人次，发放慰问金1615万元；为1307名离休干部和5111名退休干部发放困难补助共计996.82万元。

（杨旭）

【召开教育系统关工委全体委员会议】 2月9日，北京教育系统关工委全体委员会议召开。苟仲文参加会议并讲话。会议通报《北京教育系统关工委2014年工作总结和2015年工作要点（征求意见稿）》。市委教育工委、市教委、北京教育系统关工委领导，全体关工委委员50余人参加会议，部分“五老”代表列席会议。苟仲文于会前看望陈大白等上一届关工委领导班子。

（张兴华）

【召开教育系统老干部工作会】 3月

19日，市委教育工委、市教委召开北京教育系统老干部工作会。会议总结

2014年教育系统老干部工作，部署2015年工作任务，强调教育系统老干部工作部门要深入学习贯彻习近平总书记在接见全国离退休干部“双先”代表时的讲话精神，在新常态下谋划和推动老干部工作，按照为党和人民事业增添正能量的价值取向做好老干部工作，切实加强离退休干部思想政治建设和党组织建设，注重发挥老同志作用，推进老干部工作转型发展、科学发展。中国地质大学党委、北京大学离退休工作部、北京航空航天大学“三老”协会、北京化工大学离退休人员工作处、北京服装学院樱花园退休党支部分别作交流发言。北京高校离退休工作主管领导和部门负责人150人参加会议。

（杨旭）

【教育系统关心下一代工作会议召开】

3月25日，“2015年北京教育系统关心下一代工作会议”召开。会议总结关工委2014年工作，部署2015年工作，表彰关心下一代工作32个先进集体、61名先进个人、47名先进工作者和26个优秀信息单位。北京农业职业学院党委、对外经济贸易大学关工委、昌平区教育系统关工委和北京物资学院关工委作交流发言。教育部关工委、市关工委、市委教育工委、市教委、北京教育系统关工委领导，关工委委员及各高校、区县、高职中专院校关工委负责人200余人参加会议。

（张兴华）

【召开高校思政课教学信息员工作座谈会】 3月25日，市委教育工委召开北京高校思想政治理论课教学信息员工作座谈会。会议通报北京高校思想政治理论课教学信息员工作情况。2014年，市委教育工委聘请45名思政课信息员，累计随堂听课891门次、1996课时，覆盖845名主讲教师，信息员在思想政治理论课建设中发挥积极作用。市委教育工委、北京教育系统关工委领导，40余名高校思政课教学信息员参加座谈会。

（张兴华）

【苟仲文为离退休干部做专题辅导报告】 4月23日，苟仲文为两委一室离退休机关干部做教育综合改革发展专题辅导报告。报告以《深入贯彻落实“四个全面”战略布局，以新常态下的教育民生观引领教育综合改革》为题，从实现“四个全面”战略布局的高度，对习近平总书记的教育“民生思想”进行深入浅出的阐述，全面系统分析首都教育综合改革的思路、方向和重点举措。两委一室离退休干部120人参加活动。

（杨旭）

【举办高校离退休干部支部书记培训班】 4—12月，市委教育工委举办4

期北京高校离退休干部党支部书记培训班。培训班采用市委教育工委主办、高校承办形式，邀请北京高校、市委党校等单位的专家学者，解读习近平总书记“四个全面”战略布局以及系列重要讲话精神，并作关于党的建设、中国经济形势、京津冀协同发展等专题报告，帮助离退休干部党支部书记了解形势、统一思想、提高认识，增强做好支部工作的水平。北京各高校280余名离退休干部党支部书记参加培训。

（杨旭）

【举办机关老同志趣味运动会】 5月12日，北京教育老干部活动中心举办两委一室离退休老同志趣味运动会。运动会共设置滚铁环、钓鱼、套圈等12个项目，同时中心邀请心血管、骨科、中医等方面的医学专家及盲人按摩师为老同志提供免费健康咨询和按摩服务。共有离退休老同志150余人参加活动。

（王黎黎）

【关心下一代教育基地揭牌】 5月27日，北京教育系统关工委“关心下一代教育基地”揭牌仪式在北京物资学院举行。北京物资学院“杨洪璋德育实践基地”正式成为北京教育系统关工委首批首个教育基地。关工委利用教育基地对青少年进行社会主义核心价值观教育，开展育人活动。北京教育系统关工委、北京物资学院领导和师生代表300余人参加仪式。

（张兴华）

【举办高校老同志健身展示活动】 5

月20日，市委教育工委、市教委举办北京高校老同志健身项目展示活动。活动以“阳光健身心、幸福好生活”为主题，展示健身操、太极拳、广场舞等老年健身活动项目。经评选，11支表演队获“最佳表演奖”，12支表演队获“康乐展示奖”。活动展示北京高校老同志积极健康的精神风貌，推动高校老年健身活动的开展。来自22所高校和北京教育老干部活动中心的23支代表队共800余名离退休老同志参加活动。

（杨旭）

【举办关工委骨干培训班】 6月12日，北京教育系统关工委举办骨干培训班。培训班邀请北京大学郭建宁作《培育和弘扬社会主义核心价值观》专题辅导报告，系统讲解从社会主义核心价值体系到社会主义核心价值观的形成过程，解读社会主义核心价值观的内涵，阐述培育和弘扬社会主义核心价值观必须立足中华优秀传统文化。各高校、区县、高职中专院校关工委负责人，高校特邀党建组织员和思政课教学信息员200余人参加培训。

（张兴华）

【举办高校“文化养老”论坛】 6月17—18日，北京高校“文化养老”论坛在清华大学老年活动中心举办。与会人员听取清华大学胡显章题为《对“文化养老”的思考与实践》的论坛主题报告，围绕“文化养老”主题开展工作交流讨论，分享各自在离退休工作中的具体实践经验和面临的困难和挑战。本次论坛由市委教育工委主办，来自北京34所高校和京外6所高校的离退休工作部门负责人参加论坛。

（杨旭）

【举办“五老”报告会】 6月18日，北京教育系统关工委在北京交通大学举办“五老”报告会。活动旨在纪念世界反法西斯战争暨抗日战争胜利70周年。会议邀请中央党史研究室原副主任石仲泉为大学生和关工委老同志作《中国共产党：全民族抗战的实际核心》专题报告，系统阐明中国共产党对抗战胜利起的决定意义。来自首都高校关工委老同志和大学生代表300人参加报告会。

（张兴华）

【举办抗战胜利70周年老教育工作者文艺演出】 6月18日至7月7日，

市委教育工委、市教委举办五场教育系统老同志纪念中国人民抗日战争暨世界反法西斯战争胜利70周年歌曲展演活动。活动分别在北京第二外国语学院、北京农学院、北京邮电大学、门头沟区、东城区举行。共有来自37所高校、15个区县教委的近2800名老同志通过合唱形式歌颂抗战精神，纪念抗日战争胜利70周年。市委教育工委、市教委同时开展并组织其他纪念抗战胜利70周年活动。市委教育工委、市教委及各市属高校校领导分别带队，到179名抗战老干部、老战士、老同志家中，以中共中央、国务院、中央军委名义，向他们颁发纪念抗日战争胜利70周年纪念章及慰问金；组织40名离退休老同志参加纪念抗战胜利70周年文艺晚会；组织北京高校10名抗战老干部参加纪念中国人民抗日战争暨世界反法西斯战争胜利70周年天安门阅兵观礼活动。

（杨旭　陈继霞）

【召开“互联网+离退休干部工作”现场会】 6月23日，市委教育工委

举办的北京高校“互联网+离退休干部工作”现场会在北京航空航天大学召开。会议介绍北航离退休工作信息化建设情况，展示北航离退休人员综合信息管理系统时间轴管理、人员地理信息管理、活动管理、党务管理等多个模块功能，汇报北航利用该系统进行老年学研究、大数据挖掘及应用情况。会议要求各高校要从实际情况出发，吸收、借鉴北航在离退休工作信息化建设方面的经验做法，积极推动互联网技术与老干部工作的深度融合。市委教育工委、市老干部局、工信部离退休干部局等单位领导及各高校共240人参加现场会。

（杨旭）

【召开关心下一代工作专题培训会】

9月15日，北京教育系统关心下一代工作专题培训会议召开。会议学习贯彻习近平总书记对关心下一代工作重要指示和纪念中国关工委成立25周年暨全国关心下一代工作表彰大会精神，表彰4个全国关心下一代工作先进集体和13名全国关心下一代工作先进个人。北京科技大学关工委、昌平区教育系统关工委代表先进集体发言，“全国关心下一代工作先进个人”杨辛向大会赠字“铁肩担道义，热血铸丰碑”。教育部关工委、市委教育工委、市教委、北京教育系统关工委领导，关工委委员及各高校、区县、高职中专院校关工委负责人200余人参加会议。

（张兴华）

【举办高校老干部大讲堂】 9—11月，

市委教育工委分别在北京航空航天大学、北京教育考试院、北京外国语大学举办高校老干部大讲堂。大讲堂邀请海军少将杨毅、市发改委刘伯正、外交部档案馆鲁桂成作《国际政治军事形势与国家安全》《京津冀协同发展战略与北京非首都功能疏解》和《“一带一路”与中国未来》专题报告。北京各高校局级离退休干部、离退休干部党支部书记、理论学习骨干530余人参加活动。

（杨旭）

【举办重阳节健步走活动】 10月16日，北京教育老干部活动中心联合北京老教育工作者总会在怀柔雁栖湖畔举办2015年北京老教育工作者重阳节健步走活动。健步走活动以“展示阳光心态、体验美好生活、畅谈发展变化”为主题，全长约4千米。各高校、区县教育系统的3000余名老同志参加健步走活动。

（王黎黎　陈继霞）

【举办教育系统老同志摄影作品展】 10月22日至11月15日，北京教育老干

部活动中心举办北京教育系统老同志摄影作品展。此次展览以“弘扬抗日精神、展示美好生活”为主题，分为“抗日战争暨世界反法西斯胜利70周年”“祖国发展变化所取得的伟大成就”“老同志积极向上的阳光心态”3大主题板块，从不同角度展示教育系统老同志心系国家、爱党爱国、爱家爱校的深切情怀。共有来自51个单位的300余幅作品参加展览。

（王黎黎）

【开展军训服装捐赠活动】 10月30日，北京教育系统关工委军训服装捐赠仪式在河北省承德市第十六中学举行。北京教育系统关工委、河北省教育关工委领导，高校关工委老同志和大学生代表，受赠地区师生代表约300人参加捐赠仪式。2015年，军训服装捐赠活动得到北京大学、清华大学等18所首都高校的响应和支持，共捐赠军训服装一万余套。

（张兴华）

【召开正能量活动推进会】 11月10日，市委教育工委主办的北京市离退休干部为党的事业增添正能量活动推进会在北京物资学院召开。会议强调要深入推进离退休干部为党的事业增添正能量活动，进一步解放思想、创新方法、加大力度，推进正能量活动扎实、有效、持续开展。与会人员观看北京物资学院师生创作、编排的话剧《杨洪章》。市委教育工委领导及全市教育系统离退休干部、离退休干部部门工作人员代表共计470余人参加会议。

（杨旭）

【召开“三严三实”教育活动意见建议征求会】 12月18日，市委教育工委、市教委、市教育督导室召开座谈会，征求老同志对两委一室领导班子开展“三严三实”教育实践活动意见建议。与会老同志就教育均衡发展、高等教育、职业教育、高校党的建设等方面工作提出意见建议。苟仲文，两委一室领导班子全体成员，教育系统老领导陈大白等10人参加座谈会。

（杨旭）

【举办青少年主题教育活动】 至年底，北京教育系统关工委举办两场青少年主题教育活动。6月27日，青少年五好小公民“少年向上，真善美伴我行”主题教育读书活动演讲比赛决赛举行。经学校、区县选拔推荐，来自14个区县的28名中小学生分别参加中学组、小学组比赛。经过角逐，最终评出一、二、三等奖。比赛由丰台区委教育工委、区教委、区教育系统关工委、北京市第十二中学承办。教育部关工委、北京教育系统关工委领导，各区县关工委负责人和关工委老同志、中小学生500余人参加活动。10月18日，由北京教育系统关工委、北京市第一〇一中学联合主办的“铭记历史、缅怀先烈、珍爱和平、开创未来”第二届全国中学生朗诵大会举行。来自全国各地17所中学的25支代表队参加角逐。经专家评审，分别评出初中组、高中组特等奖和一、二等奖。各区县千余名中小学生观摩比赛。

（张兴华）

机　关　党　建

【概况】 2015年，市委教育工委市教委机关党的工作以深入开展“三严三实”教育活动为抓手，落实全面从严治党要求，紧紧围绕首都教育改革与发展，团结带领广大党员、群众，着力在凝聚共识、增强活力、转变作风上下工夫。以“感念党的恩情，争做五个表率”为主题，开展纪念建党94周年“七一”主题党日系列活动。开展机关系统党组织书记述职评议考核工作，以评促建，推动机关党建创新发展。完善党风廉政建设工作机制。全面推进两委和谐机关建设。组织颐和园环湖走、机关系统羽毛球比赛、秋季定向越野比赛等，积极发挥兴趣小组作用，不断活跃机关文化气氛。

（王栋）

【直属单位年度工作绩效考核】 3月27日，市委教育工委市教委直属单位2014年度考核工作会召开。工作会邀请两委一室领导和相关处室负责人担任评委，23个直属单位的负责人参加考核。直属单位主要负责人依次汇报2014年工作业绩，分析存在的问题和面临的困难，并介绍下一步的工作思路，同时对两委加强直属单位工作提出建议。与会领导充分肯定直属单位2014年工作，并指出直属单位存在定位要调整，发展有困难，管理有短板等问题，各单位负责人要主动深入研究单位发展定位，进一步完善内部管理，尤其是领导干部要深刻认识当前首都教育改革发展的新形势新任务，自我砥砺，率先垂范，带领广大教职工奋发有为，开拓创新，为进一步提升首都教育现代化水平做出自己的贡献。经研究，2014年度工作考核结果不评优秀单位，由两委一领导分别到各直属单位反馈考核结果，提出工作改进的具体要求。

（王栋）

【开展五四运动主题系列活动】 4—10月，市委教育工委市教委机关团委组织开展纪念五四运动96周年和中国共青团成立93周年系列活动。活动围绕“弘扬五四主旋律，传递青春正能量”主题，陆续开展纪念“五四”表彰先进、青年读书沙龙、走进“青年文明号”一线、18岁成人仪式活动，引导广大团员青年自觉践行社会主义核心价值观，积极投身首都教育综合改革。

（邹美凤）

【开展“三严三实”专题教育】 5月，市委教育工委市教委市教育督导室机关“三严三实”专题教育活动启动。活动面向两委一室及直属单位处级及以上领导干部，以“严以修身、严以用权、严于律己，谋事要实、创业要实、做人要实”为总体要求，聚焦对党忠诚、个人干净、敢于担当，把思想教育、党性分析、整改落实、立规执纪结合起来，教育引导两委一室机关系统领导干部加强党性修养，坚持实事求是，改进工作作风，着力解决“不严不实”问题。活动包括学习研讨、专题党课、整改落实专项检查，专题民主生活会和组织生活会等环节。活动中，两委一室领导带头，以上率下，从严从实开展专题教育活动，机关各处室及直属单位处级领导积极主动参与到专题教育活动中。“三严三实”活动历时8个月，至2016年1月底结束。

（王栋　鲜万标）

【开展主题党日活动】 6月24日，市

委教育工委市教委机关党委在房山区霞云岭乡堂上村开展“感念党的恩情，争做五个表率”庆祝“七一”主题党日活动。活动中，新党员进行入党宣誓，老党员重温入党誓词。全体人员参观“没有共产党就没有新中国”大型主题展览；瞻仰革命旧址，并在“感念党的恩情，争做五个表率”条幅上签名，接受红色教育。两委机关和直属单位党员代表、预备党员及入党积极分子共计150余人参加活动。

（王栋　宋宇杰）

【召开处长信息沟通会】 6—10月，市教委定期召开处长信息沟通会。市教委为进一步形成教育综合改革合力，推进群众路线教育实践活动整改落实工作，决定在2015年定期召开处长信息沟通会，加强各处室间热点、重点工作的信息沟通、政策解读，统一思想，形成共识，推动难点问题解决，以推进首都教育综合改革的力量整合。处长信息沟通会每次一个主题，与会人员就相关问题沟通、交流。根据工作安排，市教委分别于6月17日召开首都义务教育均衡发展沟通会，7月16日召开市属高校高水平人才交叉培养计划实施情况沟通会，9月16日召开考试招生制度改革实施方案沟通会，10月29日召开北京高校大学生就业创业工作沟通会。

（王栋　鲜万标）

【参观“伟大胜利、历史贡献”主题展览】 7月9日，市委教育工委市教委

机关党委组织机关党员干部到中国人民抗日战争纪念馆参观“伟大胜利、历史贡献——纪念中国人民抗日战争暨世界反法西斯战争胜利70周年”主题展览。展览以“铭记历史、缅怀先烈，珍爱和平、开创未来”为主题，通过1170幅照片、2834件文物和大量视频影像，全景式展现全体中华儿女冒着敌人炮火共赴国难，英勇抵抗日本军国主义侵略的光辉历史，突出表现中国共产党在抗战中的中流砥柱作用，反映中国作为东方主战场为世界反法西斯战争胜利做出的不可磨灭的贡献。两委机关和直属单位党员代表、预备党员及入党积极分子100人参加活动。

（邹美凤）

【举办青年成长微论坛】 10月13日，市委教育工委市教委机关团委“青年成长微论坛”第一期开讲。论坛第一期邀请北京市盲人学校教师曾妮带来音乐放松课“乐来悦美好”。两委机关系统35岁以下共青团员20余人参加活动。“青年成长微论坛”采取资源共享、专题讲座、技术创新、学习沙龙等形式，围绕青年人熟悉、擅长的专题交流，为机关团员青年全面成长搭建服务平台，更好的实现青年个人成长与单位事业发展的融合，积极推动首都教育综合改革。至年底，论坛共举办两期。

（邹美凤）

【赴河北省学习调研】 10月14—15日，市委教育工委市教委机关党委组织开展领导干部“践行‘三严三实’，推进京津冀协同发展”赴河北省学习调研活动。活动教育引导领导干部加强党性修养，着力解决“不严不实”问题，立足首都城市战略定位，在大力推进京津冀协同发展、深化首都教育综合改革过程中落实“三严三实”要求。调研组到正定县委大院参观学习；到西柏坡重温历史，学习党的优良传统，接受“两个务必”的教育；考察河北省教育发展状况，与石家庄市委市政府，正定县、平山县县委县政府座谈，签署教育合作协议，以实际行动推进京津冀协同发展。市委教育工委、市教委、市教育督导室领导班子成员，北京教育科学研究院、北京教育考试院主要领导及两委一室相关处室负责人30人参加活动。

（王栋　谢元君）

【开展主题拓展活动】 10月30—31日，市委教育工委市教委机关团委开展“凝练精神、提升素质、相互学习、增进交流”主题拓展活动。活动设置“团队组建”“高空断桥”“绝壁逢生”等项目，参与者发扬团结互助精神，完成各个环节任务。活动加强直属团组织之间的沟通联系，培养团队精神。活动由北京铁路电气化学校团委承办，两委直属团组织200余名团员青年参加活动。

（邹美凤）

【举办党务工作培训班】 11月25—26日，市委教育工委市教委机关党委

举办党务工作培训班。学员听取线联平《深化改革、提高质量、全面育人、协同发展——“十三五”重点关注的几个问题》专题报告。报告分析当前首都教育的新成果和新进展，总结出规划制定的有利条件，面对“十三五”的任务，强调要深化招生考试制度、教育教学和管理体制三大改革，重点从知识传授和文化传承两个方面提高教育质量，培养学生社会责任感、创新精神和实践能力来全面育人，通过构筑人才高地、加强辐射周边、转移部分功能等实现协同发展。报告要求两委一室全体党员干部要以更宽的视野分析形势和任务，正确看待机遇和挑战；以更高的标准制订战略和规划；以更新的理念推动事业发展；以更规范的工作落实各项任务。培训会强调，首都教育综合改革发展进入关键阶段，机关党委以开展党务工作培训班为契机，狠抓党务工作人员队伍建设，落实全面从严治党要求，以机关党建工作的实际成效，为全面深化首都教育综合改革，全面推进依法治教，进一步提升首都教育现代化水平提供坚强保证。机关党委、纪委、工会、团委委员，机关处室党支部书记，直属单位党、纪、工、团组织负责人100余人参加学习。

（王栋　刘晓明　邹美凤）

【举办第20届迎新年健身日活动】 12月31日，市委教育工委市教委直属机关工会、团委组织举办两委一室机关第20届迎新年健身日活动。健身日活动包括长走、跳绳、踢毽等项目，线联平、张雪等两委一室领导参加活动并为长走比赛鸣枪发令，机关干部职工200余人参加活动。2015年，市委教育工委市教委直属机关工会开展系列职工健身活动，积极发挥职工活动室的健身设备及首都体育学院挂职干部的作用，指导广大职工进行科学健身；依托机关各兴趣小组，开展乒乓球、羽毛球、篮球、足球等项目；举办秋季定向越野比赛、中青年踢毽比赛、跳绳比赛、健身活动等。累计1000人次参加活动。

（刘晓明　邹美凤）

【加强机关纪检工作】 至年底，市委教育工委市教委机关纪委采取系列措施，加强机关及直属单位党风廉政建设。机关纪委分别在春节、中秋放假前组织召开会议强调廉政纪律，加大廉政文化宣传力度，引导党员干部筑牢反腐倡廉的思想防线；12月开展直属单位党风廉政建设工作专项督查。同时加强两委机关系统领导干部问题线索的集中管理和规范处置，防止线索失控、失管和案源流失。

（刘晓明）

语言文字工作

【概况】 2015年，北京市语言文字工作深入贯彻落实《国家中长期语言文字事业改革和发展规划纲要》和北京市实施意见，注重常规工作与开拓创新相结合；注重推进法制建设，依法加强语言文字社会应用的监管和服务；注重研究探索，推进语言文化建设，圆满完成年度工作任务，有效促进社会语言生活和谐发展。创新工作机制，建立新型跨区县、跨学校中小学生辩论俱乐部。成功举行北京市中小学生系列辩论赛，与北京电视台科教频道合作完成电视辩论大赛活动；落实京津冀语言文字事业协同发展战略协议，开展京津冀中小学生诵读、演讲、辩论赛；与中央电视台汉字听写大会节目组共同组织开展“第三届中国汉字听写大会北京市选拔赛”，创新选拔方式。拓展工作格局，加强与相关行业合作，启动市民语言文化阅读季活动，发布北京市民语言文化阅读书系，与商务印书馆共同成立“北京市阅读能力研究发展中心”；加强行业语言服务规范标准的宣传和培训，研究制定《进一步加强高等学校语言文化建设的意见》，制定指标体系，有力推动高校语言文字工作规范化工作。发展工作理念，以语言文化建设理念为指导，启动市民语言文化阅读书系《北京市民语言文化阅读书系》的研究编纂，出版首本书目《奇妙的成语世界》；促进应用科研发展，指导“语言产业经济贡献度研究”“师范院校语言能力建设及提高师范生母语素养对策研究”“汉语文化传播的理论与实践研究”等项目的研究，指导北京语言文化建设促进会研制旅游等行业语言文化建设标准及语言产业开展；加强对社区语言文化建设工作的指导，召开现场会促进“语言文化主题校园”环境建设发展；结合北京市教育行政机关干部联系学校活动以及支部“三进两促”活动，对19所中小学开展语言文字工作调研，初步完成《北京市中小学生口语能力培养状况调研报告》。提升工作水平，加强教育培训，举办高校和市级机关公务员语言文字规范标准和语言文化建设培训班，与首师大共同开展中小学教师吟诵培训；组织第18届全国推广普通话宣传周活动，纪念《中华人民共和国国家通用语言文字法》实施15周年，印制新版北京市语言文字工作地图和宣传材料10余万份；开展语言文字规范工作实地调研，推进示范创建工作，完成第9批61所中小学语言文字规范化示范校认定；加强信息化建设，完善“北京语言文字网”和各区县语言文字网站建设工作，完成《面向基础教育和社会公众的通用规范汉字听说读写辅助训练系统（第一期）》的开发研制和项目验收工作，建成北京语言文化数字博物馆，并完成第二期“中华经典资源库北京篇目”制作；以测试实践与管理为主体推进测试工作，提升服务意识与服务质量，加强师范生普通话水平测前培训，完成视障人员普通话水平测试准备工作，形成覆盖性的全市测试工作网络，全年完成测试总量近7万人次。

（邓鸿）

【召开语促会第二届理事会首次会议】 1月10日，北京语言文化建设促进会召开第二届理事会第一次全体会议。会议解读中组部、市委组织部关于离退休领导干部社会团体兼职问题的有关规定，对第二届理事会、监事会人员调整进行说明。会议听取《北京语言文化建设促进会第一届理事会工作总结及第二届理事会 2015 年工作思路》的报告，宣读《致离任会长、副会长、秘书长、常务理事、理事、监事的感谢信》。会议表决通过《第二届理事会选举办法》，并选举产生新一届理事会，包括会长 1 人、副会长 2 人、常务理事 6 人。促进会新任理事会、监事会组成人员共 35 人参加会议。

（邓鸿）

【举办医疗机构语言服务规范培训班】 3 月 17—20 日，市语委与市卫生计生委联合举办北京市医疗机构语言服务规范培训班。培训班旨在提高医疗行业从业者的语言服务规范意识，加强医疗机构语言文化建设，提高医疗服务水平，构建和谐医患关系。来自市委办公厅、市政府办公厅、市语委办和首都师范大学的专家教授，分别就“语言文化与医院文化建设”“医院语言服务规范”“公文格式与写作”“政务信息撰写”等内容授课讲解，从口头语言与书面语言两个维度，对医疗机构工作者语言服务进行培训。培训班由北京语言文化建设促进会、北京语言产业研究中心承办，来自市卫生计生委、中医局、医管局、三级医院、二级医院及区县卫生计生委（卫生局）300 人参加学习。

（邓鸿）

【启动中小学生辩论俱乐部】 3 月 24

日，北京市中小学生辩论俱乐部启动仪式在北京师范大学附属实验中学举行。启动仪式上，苟仲文为朝阳区教委、通州区教委和西城区教委颁授小学生、初中生和高中生辩论俱乐部标牌。市语委办介绍辩论俱乐部情况。北师大附属实验中学代表队与北京市第十四中学代表队围绕“高中生更需要经典阅读还是时尚阅读”开展首场辩论表演赛。市委、市教委、北京教育科学研究院、西城区政协等单位领导及各区县语委、教委、教研部门负责人，北师大附属实验中学师生共 120 余人参加启动仪式。俱乐部旨在推动开放性语文学习活动，切实提升中小学生语言能力，包括跨区县的小学生辩论俱乐部、初中生辩论俱乐部和高中生辩论俱乐部。其中，小学生辩论俱乐部依托朝阳区，初中生辩论俱乐部依托通州区，高中生辩论俱乐部依托西城区。俱乐部坚持多部门联动机制，由市语委、市教委和教研部门、高校以及部分特级教师参加的核心工作团队，联合推动俱乐部具体工作。俱乐部主要开展跨区县学生诵读、演讲和辩论竞赛活动，2015 年重点举办北京中小学生系列辩论赛电视大赛。

（邓鸿）

【成立市阅读能力研究发展中心】 4

月 23 日，中国教育报、市语委、商务印书馆共同主办“中国教育报 2014 年度推动读书十大人物揭晓仪式暨北京市阅读能力研究发展中心成立大会”。会议宣读市语委关于成立“北京市阅读能力研究发展中心”的批复文件，为“北京市阅读能力研究发展中心”揭牌，并向市民代表赠送“北京市民语言文化阅读书系”首发图书《奇妙的成语世界——成语文化读本》。会议揭晓“2014 年度推动读书十大人物”并邀请代表发言，上线演示“为中国未来而读”数字教育资源服务平台，邀请北京市第一〇一中学特级教师、首都师范大学副教授等专家围绕校园阅读与语文素养等问题做主旨演讲。与会的领导、专家、教师就推动阅读提出意见和建议。教育部、中国出版集团公司、市教委、市语委等单位领导专家，全国各地的部分校长和教研员、教师参加此次活动。“北京市阅读能力研究发展中心”是市语委深入推进全民阅读、建设书香社会的重要举措之一。该中心作为市语委的研发基地，致力于提升国民语言能力与推动全民阅读，并为市民提供更多的优秀文化作品，中心已出版“北京市民语言文化阅读书系”。

（邓鸿）

【语言文化图书《奇妙的成语世界》出版】 4 月，市语委办主持编写的“北京市民语言文化阅读书系”之《奇妙的成语世界——成语文化读本》出版。该书由商务印书馆出版发行，内容包括成语素描、语林奇葩、琳琅宝藏、形义流变、成语探源、成语辨误、成语游戏 7 个部分，通过成语故事、手绘插画等形式普及成语形式、结构、修辞等知识。该书 32 开本，共计 14 万字，包括图片 74 幅。该读本入选 2015 年第四期“中版好书榜”。“北京市民语言文化阅读书系”由市语委办组织编写，旨在丰富市民文化生活，推进全民阅读，至年底，共发行 1 万余套。

（邓鸿）

【举办汉字听写北京冠军赛】 5 月

14—15 日，市语委办举办 2015 中国汉字听写大会全国巡回赛北京市冠军赛。经过角逐，北京市顺义牛栏山第一中学实验学校杨婉婷，中国人民大学附属中学高禹观、李岱宸、向致远，密云县第三中学王可盈共 5 名选

手在比赛中获胜，代表北京市参加第三届中国汉字听写大会全国总决赛。该项赛事自3月分别在16个区县开展校、区两级汉字听写体验与选拔活动，共300余所学校参加。最终产生出16支代表队进入北京市冠军赛。海淀区、顺义区、密云县、丰台区获得2015中国汉字听写大会全国巡回赛北京赛区决赛团体组织奖一等奖，西城区获得团体组织奖二等奖，大兴区、房山区、昌平区、延庆县获得团体组织奖三等奖，20名进入决赛的学生获得优胜奖。

（邓鸿）

【举办第三届中华吟诵主题活动】 7月12日，市语委举办的第三届中华吟诵周开幕式在首都师范大学体育馆举行。大陆、台湾和日本的吟诵专家和吟诵团分别表演节目。中宣部副部长参加活动发表讲话，市教委、首都师范大学相关负责人致欢迎辞。来自世界各地的1000余名传统吟诵调传承人、吟诵理论家、吟诵推广志愿者和吟诵爱好者参加开幕式。第三届中华吟诵周是集吟诵研究、教育、展演为一体的大型文化教育公益活动，内容包括前期活动和后期活动，主要是向北京市所有16个区县中小学教师开展吟诵宣讲和吟诵培训。活动由首师大承办。

（邓鸿）

【举办公园旅游业语言服务规范培训班】 11月24—27日，市语委、市公

园管理中心联合举办市公园旅游业语言服务规范培训会。市政府办公厅、市语委办、首都师范大学、市绿地公园协会等有关单位的专家教授，分别讲解“语言文化与公园语言文化建设”“公园旅游语言服务规范”“公文格式与写作”等内容，并从口头语言、书面语言、语言环境、语言文化活动等方面对公园机构工作者语言服务进行培训。来自市公园管理中心、各市属公园及区县园林绿化单位、市绿地公园协会会员单位的300余人参加培训。

（邓鸿）

【举办北京市中小学生系列辩论赛决赛】 12月26日，市教委、市语委联

合主办的北京市中小学生系列辩论赛决赛在北京电视台演播厅举行。经过预选赛、初赛、复赛三轮共48场个人赛和团队赛，24名辩手进入决赛。决赛邀请全国大专辩论赛优秀辩手冯若谷、人民大学教授涂光晋担任评委。决赛中，辩手围绕“二胎政策对我们是‘福’还是‘祸’”“朋友圈应不应该屏蔽父母”“课外班是‘鸡腿’还是‘鸡肋’”等辩题开展论辩。经过评委、对方辩手及现场观众的综合评分，最终产生总冠军。北京中学的何心婉、左其馨，北京市第八中学的刘知行获得最佳辩手。中国人民大学附属中学、北京市第八中学和北京中学3所学校获得优秀组织奖。线联平参加活动并为冠亚军团队、最佳辩手颁奖。“北京市中小学生系列辩论赛”以学生自主学习、自发探讨、自我评价为导向，旨在提高学生语言表达能力。大赛要求学生自主担任组委、辩手、主席、志愿者，开展跨校、跨年龄、跨性别组队，并自行完成小组学习和协作演练；辩论中启动对手评分在内的全员评分机制，要求辩手提出并投票产生大赛辩题。来自全市各中学的200余名学生参加活动。

（邓鸿）

【公布第九批语言文字规范化示范校名单】 12月31日，市教委、市语委公布第九批北京市语言文字规范化示范校名单。经学校自主申报、调研走访、专家评审等程序，市教委、市语委认定东城区六十五中学等61所学校为第九批北京市语言文字规范化示范校。

（邓鸿）

第九批北京市语言文字规范化示范校名单

东城区

北京市第六十五中学
东城区大方家回民幼儿园
北京国际职业教育学校
东城区天坛东里小学

西城区

北京市第三十五中学
北京市回民学校
北京市宣武师范学校附属第一学校
西城区师范学校附属小学
西城区三里河第三小学

朝阳区

北京教育科学研究院附属实验中学
北京市朝阳外国语学校
北京第二外国语学院附属中学
朝阳区第二实验小学
朝阳区十八里店小学
北京市三里屯第一中学
北京教育学院朝阳分院附属学校
朝阳区花家地实验小学
朝阳区八里庄中心小学
北京工业大学实验学校
朝阳区社区学院

海淀区

中国人民大学附属中学
北京大学附属中学香山分校
海淀外国语实验学校
中国人民大学附属中学分校
北京大学附属小学
清华大学附属小学

丰台区

北京四中璞瑅学校
北京舞蹈学院附中丰台实验小学
首都师范大学附属云岗中学
丰台区玉林小学

石景山区

石景山区古城第二小学
北京景山学校远洋分校

通州区

通州区第二中学
通州区马驹桥学校
通州区玉桥中学

通州区潞县镇中心小学

大兴区

大兴区第五小学

大兴区魏善庄中学

大兴区黄村第三幼儿园

房山区

房山区良乡第六中学

房山区葫芦垡中学

房山区琉璃河镇中心小学

北京市燕山前进中学

房山区大安山乡中心校

房山区第四中学

门头沟区

门头沟区潭柘寺中心小学

门头沟区潭柘寺中学

昌平区

昌平区崔村中心小学

昌平区亭自庄学校

昌平区城北中心小学

昌平区前锋学校

顺义区

顺义区双兴小学

顺义区杨镇第一中学

平谷区

平谷区山东庄中学

平谷区马昌营学区

怀柔区

怀柔区第三中学

首都师范大学附属红螺寺中学

密云区

密云县果园小学

密云县西田各庄中学

延庆区

延庆县第二中学

延庆县特殊教育中心

（邓鸿）

中共北京市委教育工作委员会 书记、副书记、委员

书　　记　苟仲文

常务副书记　张雪

副 书 记　线联平　唐立军　郑萼（1月免）

委　　员　罗洁（7月免）　何劲松（3月免）　郑登文　叶茂林　王文生　陈江华

北京市教育委员会 主任、副主任、委员

主　任　线联平

副主任　付志峰　何劲松（3月免）　郑登文　叶茂林

委　员　罗洁（7月免）　王定东　王文生　李奕　黄侃　张永凯

中共北京市委教育工作委员会 北京市教育委员会 处室负责人

市委教育工委（市教委）办公室主任　葛巨众

市教委（市委教育工委）办公室主任　周彤

政策研究与法制工作处处长　王艳霞（11月任）

机关党委办公室主任　王栋

机关工会专职副主席　刘晓明

离退休工作处处长　刘新军

组织处处长　李丽辉

干部处处长　陈江华（兼）

宣教处处长　王达品

统一战线与群众工作处处长　张健

基层联络处处长　易容（8月免）（该处撤销）

安全稳定工作处处长　卢向红

发展规划处处长　姚林修

人事处处长　吴武（7月免）　杨江林（7月任）

财务处处长　李艳春

基本建设处处长　张龙

学前教育处处长　张小红

基础教育一处处长　张凤华

基础教育二处处长　徐建姝

职业教育与成人教育处处长　王东江

高等教育处处长　黄侃（4月免）　邵文杰（11月任）

学生处处长　沈聪伟

科学技术与研究生工作处处长　赵清

体育卫生与艺术教育处处长　王军

国际合作与交流处处长　潘芳芳（6月任）

学校后勤处处长　刘占军（11月免）　武怀海（11月任）

审计处处长　曹永模（3月免）　陶春梅（11月任）

民办教育处处长　韩宝来（8月免）（该处撤销）

语言文字工作处处长　贺宏志

北京市监察局驻北京市教育委员会监察处处长　（空缺）

中共北京市教育纪律检查工作委员会 书记、副书记

书　记　王文生

副书记　郑立波（11月免）　滕继辉　刘刚（11月任）

（本栏责任编校　张晓兰）

教育督导

综 述

2015年，北京市人民政府教育督导室坚持办人民满意教育的宗旨和立德树人的根本要求，围绕教育领域综合改革的任务要求，把握教育督导的重点任务，强化教育督导工作的统筹协调、有效组织和整体推进，在加强顶层设计、创新体制机制、推进机构职能建设、完成重点工作任务、推进专业化发展等方面不断取得新的进展，为促进首都教育事业科学发展发挥应有作用。

统筹谋划、积极推动教育督导改革

组织研制《关于深化北京市教育督导改革的意见》。依据国务院《教育督导条例》，落实国务院教育督导委员会办公室、教育部等有关文件精神要求，结合北京实际，市教育督导室组织研制《关于深化北京市教育督导改革的意见》，经有关会议研究和市领导同意，由市政府办公厅印发实施。改革意见的主旨是深化教育督导改革，健全完善体制机制和模式，强化教育督导职能，构建督政、督学、评估监测“三位一体”现代教育督导体系，不断推动教育督导的法制化、专业化、现代化，为促进首都教育改革发展和提高教育质量保驾护航。

教育督导职能机构建设取得积极进展。市委教育工委、市教委按照管办评分离的原则调整职能和机构，将市教委承担的有关教育评估和监测的职责划入市教育督导室，市教育督导室“负责各级各类教育发展状况和质量的监测以及各级各类学校办学状况和教育教学水平的督导评估”，内设机构调整增设为6个处，核增行政编制12个。市政府教育督导委员会成立工作得到积极推进。北京教育督导“十三五规划”编制工作取得阶段性成果。

圆满完成多项国家级重点任务

加强市级统筹，实现市、区、校三级工作联动，高标准、高质量、高水平完成国家级义务教育基本均衡达标区县评估验收工作，16个区县一次性通过国家义务教育均衡发展督导评估。据不完全统计，市、区县召开各类推进会、研讨会、培训会总计近400次，整理编辑《北京市深化基础教育综合改革报告》《北京市推进义务教育均衡发展重要文件汇编》等6份重要文献材料。4月30日，教育部在北京召开全国义务教育发展基本均衡区县中期推进会，对北京推进义务教育均衡发展工作给予高度评价。

圆满完成2015年国家义务教育质量监测工作。根据国家督导办的计划安排，朝阳、海淀、丰台、门头沟、昌平和怀柔6个区作为样本区参加国家义务教育阶段数学、体育学科教育质量监测。市区两级加强组织协调，认真组织样本区和学校监测工作培训，加强监测工作的视导和检查，严格按照监测工作程序和要求，实施所有监测项目，顺利完成国家监测任务。

认真做好国家级中小学校责任督学挂牌督导创新区县评估认定和全国推进会工作。市教育督导室制定实施市级实施意见和认定工作方案，并根据各区自愿申报情况，于10月开展对海淀、朝阳、顺义、大兴、怀柔5个区的市级评估认定工作。5个区均达到市级评估标准，申报参加国家级创新区县评估认定。此外，还完成国家督导办对北京市学校开学条件保障情况、“护校安园”行动落实情况、学校安全管理情况、校车安全管理情况等的专项督导检查和赴河北等省市的交叉督导检查工作。

扎实推进教育督导各项重点工作

围绕和服务于基础教育综合改革开展专项督导调研。根据基础教育综合改革政策要求和工作重点，组织力量研制督导评估指标体系和工作方案，深入一线开展调研，跟踪改革实施进程，准确把握总体情况和存在问题，提出意见建议。形成基础教育综合改革推进实施情况、中小学校培育践行社会主义核心价值观情况、基础教育学科教学改进意见实施情况等多项专项督导调研报告。开展义务教育阶段入学工作舆情状况和中小学生课业负担监测，初步建立全市减负督导数据监测系统。全面完成四年为周期的各区全面实施素质教育工作综合督导，重点开展教育法律法规执行情况督导检查，形成各区县全面实施素质教育综合督导报告和全市教育法律法规执行情况督导检查报告。

完成对海淀等7个区校外教育工作、平谷等2个区特殊教育工作、通州等2个区教育督导工作的专项督导。对各区幼儿园保育工作和学前教育“小学化”倾向等问题开展督导检查，完成第四次北京市学前教育发展状况监测。开展对首钢集团总公司、一轻控股公司执行职业教育法律法规情况的督导检查，开展对北京市商业学校、北京交通运输职业学院等中高等职业院校的综合督导，探索建立职业教育督导体系。建立和适时启动应急督导工作机制，有效开展空气重污染红色预警等突发事件应急专项督导，检查督促有关政策要求的落实。

加强教育督导基础工作

教育督导重点问题和重点项目研究取得积极进展。完成“探索有效履行教育督导职能的体制机制”“北京市中小学生综合素质督导评估与监测”等国家教育体制改革试点项目。教育督导改革意见配套政策标准研究启动实施，中小学校教师队伍建设督导评估、中小学生学业水平增值性评价等项目研究取得初步成果，各项研究成果的政策标准转化和对工作的推动效果明显。市教育督导信息管理应用系统建设进展顺利，基础数据系统建设基本完成，市区两级教育督导信息化建设协调推进。教育督导支持系统建设不断加强，研究与培训体系不断完善。

教育督导与教育质量评价研究工作继续推进，市区两级督学研修与专业化培训水平提升，督学大讲堂等多种形式的督学培训效果突出。教育督导交流研讨更加有效。继续与国家督导办共同举办全国教育督导论坛，围绕“教育督导改革与教育现代化发展”深入研讨交流，取得积极成果。组织市区两级教育督导部门及相关科研单位考察上海等 11 个省市教育综合改革和教育督导改革发展情况，效果良好。教育督导新闻宣传和信息报告工作成效显著，为全市教育综合改革与教育督导工作营造良好氛围。

继续深化教育机关领导干部联系中小学校工作。召开北京市教育机关领导干部联系中小学校工作总结推进会。发挥教育机关领导干部联系中小学校工作领导小组办公室职能作用，不断健全和完善工作制度和机制，创新联系工作方式。定期举办培训交流会，围绕培育和践行社会主义核心价值观、学科教学改革等重点，围绕开学、期末等特殊时期，围绕突发事件和应急情况，深入开展联系工作，打造联系工作专题网站，做好总结宣传工作，进一步改善联系工作实效。

（马千里 杜建峰）

总　　类

【召开国家级督导评估认定工作动员会】 1 月 30 日，市教育督导室召开北京市迎接国家级义务教育均衡发展督导评估认定工作动员会。工作动员会全面部署迎接国家级义务教育均衡评估工作，并强调评估验收重点关注问题。市政府、市教育督导室、市教委、各区县的相关领导及负责人参加会议。

（胡靖）

【举办首期督学大讲堂】 3 月 4 日，市教育督导室举办 2015 年第一期督学大讲堂。督学大讲堂对全市责任督学就迎接义务教育均衡发展国家级评估验收、推动挂牌督导工作进行专题培训。市教委、市教育督导室领导，区县教育督导室领导、专职督学和责任督学，市教委、市教育督导室有关处室负责人共计 615 人参加培训。

（赵兴）

【召开特约教育督导员工作会】 4 月 3 日，市教育督导室召开市政府特约教育督导员工作会。会议介绍十八大以来北京市基础教育综合改革的思路、做法及下一步设想，通报 2014 年教育督导工作情况及 2015 年全市教育督导工作的主要思路。市政府特约教育督导员对北京市教育督导工作一年来的成绩和努力给予充分肯定，同时，对北京市基础教育综合改革提出意见和建议。市教育督导室主任、副主任和市教委相关领导及特约教育督导员参加会议。

（杨江林 高传霞）

【16 个区县全部通过国家义务教育均衡发展认定】 4 月 30 日，北京市召

开义务教育发展基本均衡县区督导检查反馈会暨全国义务教育均衡发展中期现场推进会。会议总结交流北京市及全国推进义务教育均衡发展工作经验，对进一步做好义务教育均衡发展工作进行再动员、再部署。会议通报对北京市义务教育发展基本均衡督导评估的意见，认定全市 16 个区县一次性通过国家级义务教育发展基本均衡县（区）评估。袁贵仁、王安顺参加会议并讲话。各省（区、市）教育部门、督导部门主要负责人，北京市相关部门负责人 300 人参加会议。4 月 27—29 日，北京市接受国务院教育督导委员会办公室组织的国家级义务教育均衡发展达标督导评估。督导检查组分 8 个小组实地督导检查 16 个区县，共随机抽查学校 231 所，其中，小学 122 所、初中 53 所、一贯制学校 31 所、完全中学 25 所。检查中，核查相关文件资料、数据；召开人大代表、政协委员、校长、教师、家长座谈会共 64 次；发放满意度调查问卷 8988 份，回收有效问卷 8709 份；采取随机访谈等形式，征求公众意见。

（张士佐 胡靖 张晓兰）

【召开年度教育督导工作会】 5 月 20 日，市教育督导室召开 2015 年教育督导工作会。会议全面总结 2014 年北京市教育督导工作，具体部署 2015 年教育督导工作。各区县教委、政府教育督导室有关负责人，市教委相关处室负责人，北京市专兼职督学及相关研究人员共计 240 人参加会议。

（杨江林 高传霞 王家兵）

【召开部分区县迎接国家级督导评估认定工作总结座谈会】 5 月 29 日，市教育督导室召开部分区县迎接国家级督导评估认定工作总结座谈会。门头沟、房山、昌平、怀柔、密云、延庆 6 个区县教育督导室主任就教育督导在推进义务教育均衡发展评估验收工作中产生的积极影响、迎检过程中涌现出的案例、进一步推进义务教育优质均衡发展的督导目标、举措和建议三个方面进行研讨。

（赵兴）

【召开教育督导与评价研讨会】 6 月 3 日，国务院教育督导委员会办公室、市教委、市教育督导室联合召开北京 2015 年教育督导与评价研讨会。会议围绕“教育现代化发展与督导评价”主题，听取市教育督导室题为《深化教育督导改革，全面推进首都教育现代化》的主旨报告，听取与会专家题为《适应新常态，迎接新挑战——加强教育督导工作的科学研究》《努力为国家现代化事业提供人力资源支撑》《教育现代化的现实进展及其评价机制》和《如何设计适合未来的教育考试》的学术报告。教育部，各省、自治区、直辖市以及计划单列市教育行政、督导部门专家领导，北京市教育行政、督导和研究机构的专家

领导，北京市政府特约教育督导人员以及各区县教育督导室负责人240人参加会议。

（杨江林　高传霞　王家兵）

【6个区参加国家义务教育质量监测】6月18日，朝阳、海淀、丰台、门头沟、昌平和怀柔区作为样本区参加2015年国家义务教育阶段数学和体育两个学科的监测。按照工作程序和要求，经市、区和学校共同努力，共3600名学生参加国家义务教育阶段数学、体育学科教育质量监测，完成包括数据上报和学科监测在内的所有监测项目。全市1200人参加监测的实施与服务工作。国家教育督导委员会决定自本年起，全国开展义务教育质量监测工作。经抽样，北京6个区作为北京市样本区县参加监测。

（张士佐）

【督导和检查幼儿园“小学化”现象】6—7月，市教育督导室、市教委联合成立规范幼儿园保育教育工作防止和纠正“小学化”现象督导检查组。检查组对16个区县开展全面督导检查，并召开防止和纠正“小学化”现象幼儿园园长座谈会、区县教育行政部门座谈会和小学教师座谈会，听取规范幼儿园保育教育工作，防止和纠正幼儿园“小学化”现象情况汇报，指导各区县切实规范办园，严防幼儿园小学化。

（李强）

【完成第四次北京市学前教育发展状况监测】　6—12月，市教育督导室完成第四次北京市学前教育发展状况监测。监测统计对象为各区县政府和燕山办事处。监测的主要内容包括：幼儿园结构、分布、建设、分级分类情况，适龄儿童入园情况，学前教育经费投入、教师队伍结构情况等。监测结果显示：学前办园条件提高，经费增长，教师队伍优化，办园质量提高，但学前教育学位依然紧张。

（李强）

【召开义务教育均衡发展总结推进会】9月17日，市委教育工委、市教委、市教育督导室召开义务教育均衡发展总结推进会。会议总结全市推进义务教育均衡发展督导验收工作，部署进一步推进义务教育优质均衡发展工作，推动基础教育改革创新。苟仲文参加会议并讲话，肯定基础教育综合改革和推进义务教育均衡发展工作取得的成果，要求教育系统认真贯彻“四个全面”战略布局对义务教育改革发展的新要求，主动服务首都城市战略定位和京津冀协同发展的新需要，到2020年建成公平、优质、开放、创新的首都教育。同时，全面深化教育综合改革，扎实推进首都教育实现现代化。来自市政府相关委办局负责人，各区县区县长、主管教育的区县长，区县教委和区县政府教育督导室主要领导及校长代表600人参加会议。

（张士佐）

【举办北京市督学培训】　10月12日，北京教育学院承办2015年北京市督学培训项目。学员为16个区县的教育督导科长和责任督学，共76人。培训聚焦“北京市教育综合改革”背景下督导工作中热点、难点问题，旨在提高教育督导人员综合素质和专业能力，促进教育督导队伍专业化。培训包括专题讲座、案例教学、现场学习和交流研讨等环节，邀请北京教育科学研究院课程教材中心主任、北京师范大学教育管理学院教授等多名专家、学者进行理论讲座和现场指导。该培训于12月底完成。

（刘琳）

【举办职业学校督学研修班】　10月

20日，北京教育学院承办2015年职业学校督学研修班。来自北京和内蒙古乌兰察布市职业学校内部督导人员共41人参加研修。培训聚焦“职业教育课程与教学改革、职业教育质量督导评价、职业学校的实践改革与探索”等主题，旨在提升职业学校督导人员业务素养和开展职业教育督导的实践能力，同时搭建北京市和乌兰察布市职业学校督学交流平台。该培训是北京教育学院首次举办职业学校内部督导人员培训。

（刘琳）

【培训职业学校督导人员】　10月20日至12月，市教育督导室委托北京市督学研修中心举办2015年北京市职业学校督导人员培训工作会。培训聚焦“职业教育课程改革、现代职业教育体系建设”，通过多种形式培训，帮助校内督导人员理解当前首都教育改革发展动态和形势要求，增强督导人员的责任感和使命感，提高职业学校校内督导人员的教育督导理论水平和实际工作能力。来自18所学校62人次参加学习。

（龙梅）

【开展随机抽样入户调查】　10—11月，市教育督导室委托北京教育科学研究院、市统计局对全市各区学生及家长进行随机抽样入户调查。调查采用入户访谈（学生家长和社区工作者）和网络调查（人大代表和政协委员、学校干部和教职员、督学、媒体工作者）的方式，累计调查11600名学生家长、700名社区工作者、705名人大代表和政协委员、7773名学校干部和教职员、741名督学、39名媒体工作者。6类调查对象教育满意度调查结果为：一是整体对北京市区县教育工作比较满意；二是对学校收费规范、安全状况等方面满意度较高，对教育新政实施状况比较满意；三是统筹社会资源用于教育、课业负担、入学办法、义务教育均衡发展等方面评价得分较低，规范性管理行为违规现象仍然存在；四是入学办法、课业负担、学校周边环境及统筹社会资源用于教育满意度低；五是认为区县教育工作亟须加强的方面主要集中在提升教师队伍水平、促进学生全面发展、缩小学校之间办学水平的相对差距等。

（卢迪）

【赴11个省市考察教育督导改革工作】　11月，市、区两级教育督导室及相关科研单位人员分4组分别赴上海等11个省市学习考察教育督导改革工作情况。考察组通过考察，重点学习了解11个省市在培育建立第三方评估监测机制、教育现代化督导评价、教育质量评价监测实施、高校评估工作等方面的情况和做法，掌握大批丰富详实的一手资料。12月30日，市教育督导室召开学习考察工作总结会，4个考察组分别介绍考察学习情况和收获启示，各区督导室主任结合考察工作介绍本区教育督导工作现状及下一步工作设想。

（王家兵）

【完成职能和机构调整】 12月30日，市委教育工委、市教委按照管办评分离的原则调整职能和机构。将市教委承担的有关教育评估和监测的职责划入市教育督导室，市教育督导室负责各级各类教育发展状况和质量的监测以及各级各类学校办学状况和教育教学水平的督导评估，内设机构由综合处、督导一处、督导二处3个处室，调整增设为综合处、督政处、学校督导处、专项督导处、督学管理与信息化处、评估与监测处共6个处室，并核增行政编制12个。

（马千里）

【开展督学培训】 12月，市教育督导室委托北京市督学研修中心完成2015年北京市督学培训工作。培训分别设有区县督导室科长研修班（180学时）、责任督学挂牌督导专题培训班（100学时）和督学大讲堂等项目，培训针对不同对象，设定不同目标、模式与方式、时间与内容。培训内容主要有国家及首都教育改革发展的形势、任务和要求，教育重大政策，教育改革发展动态、重点和热难点问题，教育督导管理理论最新研究成果等。市、区（县）专兼职督学1000人次参加培训。

（高传霞）

督　导　检　查

【联合专项督导职业高中】 5月12日和11月26日，市教育督导室分别与朝阳区、丰台区教育督导室组建联合督导组督导两所职业高中。专项督导北京市劲松职业高中教师队伍建设和丰台区职业中心学校校企合作工作。依据相关法律法规，督导评价组采取听取汇报、查看相关文件、实地考察等方式，督导检查学校教师队伍建设、产教融合、校企合作等情况，指导学校发挥自身优势，加强教师队伍建设，促进产教深度融合，提升办学水平。督导结果显示两所职校建立有利于教师发展的有效机制，初步打造出一支高素质的“双师型”教师队伍。学校注重加强与行业、企业的联系，建立有效的校企合作工作机制，培养大批高技能人才，为北京市职业教育的发展，为市区经济社会发展做出贡献。

（龙梅）

【启动中小学校责任督学挂牌督导创新区县评估工作】 10月15—23日，市教育督导室开展中小学校责任督学挂牌督导创新区县市级评估。经自愿申报，朝阳、海淀、顺义、大兴、怀柔5个区参加评估，专家组根据评估认定条件进行核查，认定5个区均达到市级评估认定条件，同时申报国家级评估。该项工作为做好国家级中小学校责任督学挂牌督导创新区县评估认定和全国推进会工作做准备。11月16日，市教育督导室召开北京市迎接国家级中小学责任督学挂牌督导创新区县评估认定暨全国评估认定启动会筹备工作协调会；11月20日，召开启动会部署会。

（胡靖）

【随访督导社区教育和成人教育】 11月4日，市教育督导室随访督导大兴区社区教育发展情况。督评组通过听取汇报、查阅有关档案资料、召开居民代表座谈会等方式，督导检查大兴区社区教育和农民培训工作，指导大兴区开展相关工作。督导结果显示大兴区政府统筹社区教育与其他各项工作协同发展，积极创新社区教育培训工作。紧密适应大兴区经济社会发展的需要，开展特色培训项目，拓宽农民就业方向，提高农民生活质量，增加农民工资性收入，形成“一校一品一特色”的办学格局。

（龙梅）

【综合督导民办高校】 11月5日，市教育督导室对北京北大方正软件技术学院进行综合督导。督评组通过听取学校汇报，考察学校实习实训基地、教学设施和校园环境，随堂听课，召开座谈会，查阅档案材料等方式，全面督导检查学校工作。结果显示北大方正集团坚持公益性办学原则，办学特色鲜明，学院人才培养质量不断提升，在各类技能大赛和学科竞赛中屡获佳绩。北京北大方正软件技术学院招生计划完成率在同期北京市民办高职中名列前茅。

（龙梅）

【完成首轮区县校外教育工作专项督导】 11月11—26日，市教育督导室、市教委联合开展校外教育工作专项督导。市教育督导室和市教委联合成立校外教育专项督导组，依据《北京市区县校外教育工作督导评价方案（试行）》，专项督导检查西城、朝阳、海淀、丰台、大兴、顺义、密云共计7个区县的校外教育工作。校外教育专项督导组完成对全市所有区县校外教育工作的督导评价。督导期间，专项督导组听取各区县政府关于校外教育工作的汇报，分层召开68个座谈会，实地考察47个校外教育机构或校外教育活动场所以及34所中小学校，全面梳理总结各区县校外教育工作取得的主要成绩、经验和特色，查找存在的主要问题，并向每个区县提出针对性的意见建议。形成对北京市区县校外教育专项督导工作的总报告并报送市相关领导。总体上看，各区县高度重视校外教育工作，以培育和践行社会主义核心价值观为统领，以立德树人为根本，以全面育人为目标，以学生实际获得为落脚点，认真落实党和国家对校外教育工作的要求，经费投入不断加大，体制机制逐步健全，办学条件逐步改善，师资水平不断提升，发展成效日益显现，呈现出“普及普惠、开放多元、优质创新、融通共享”的良好发展态势。

（高传霞）

【督导检查区县教育执法情况】 11—12月，市教育督导室督导检查区县教育执法情况。督导检查内容包括各区县政府统筹领导、教育部门牵头、相关部门分工负责、社会广泛参与的学校体育工作和课外活动组织机制建立落实情况和深入推进培育和践行社会主义核心价值观工作情况。督导检查主要采取区县政府自查与市教育执法检查组审阅各区政府自查报告，结合日常随访督导收集的信息和听取有关责任督学挂牌督导情况汇报的方式进行。督导结果显示：各区政府坚持依法行政，认真履行教育管理职责，贯彻落实教育法律法规和相关政策的要求，立足本区实际，建立有效机制，明确任务分工，制定实施方案，保证经费投入，加强督导检查，督促落实到位。深入开展培育和践行社会主义核心价值观教育活动，坚持立德树人方向，切实抓紧抓实抓细，纳入规划，贯穿于课堂教学、教材开发、教师培训、学校管理、家校合作等全过程；挖掘和利用各种资源，组织学生喜闻乐见、丰富多彩的活动，开展学校体育、文艺、科技和社会实践等教育活动，形成区域特色；体育课开齐开足，保证学生每天体育锻炼时间不少于1小时，效果明显；各区把握疏解非首都功能和京津冀协调发展契机，结合实际，将职业教育纳入发展规划，保障经费投入，落实相关政策，加强专业建设，强化师资培训，推进职业教育转型创新，促进职业教育持续发展，适应经济社会发展和人才培养的需求。

（张士佐）

【完成“做好应对空气重污染工作”应急督导】 12月8—10日和12月21—22日，根据市空气重污染应急办要求和市委教育工委、市教委、市教育督导室工作安排，市教育督导室启动应急工作督导。全市600名挂牌责任督学深入辖区内所有中小学校、幼儿园和职业高中，督促检查有关要求的落实，并把应急事件纳入挂牌督导。

督导组分别到门头沟、海淀、朝阳和西城的10所学校，听取学校领导对“停课不停学”要求的具体落实情况，询问学校、区应急联系机制和指令反馈机制，了解责任督学在两次红色预警中开展专项督导的情况，听取学校对市空气重污染红色预警指令有关政策的意见建议。督导结果显示：各校均制定详细的“停课不停学”方案，学生都有学习任务表，所有任课教师都有明确职责，采取多种措施做好“停课不停学”。一是分类做好在线学习，毕业年级开展网上学习，非毕业年级自主选择学习。二是学校结合期末工作安排，调整教学计划，提前部署学生学习内容。学生在家通过北京数字学校网络平台和数字化资源、歌华有线等多种形式进行学习，也可根据自己的情况开展自主学习；三是加强监管与指导。教师部署学习计划，学生自主学习，教师通过微信、邮箱等形式在线答疑辅导，家长监管学生在家学生和生活，形成教育合力。该项举措初步建立重大事项应急督导机制。

（张士佐　李强）

【综合督导中专学校】 12月16日，市教育督导室综合督导北京市商业学校。综合督导创新督导工作模式，实现“网络窗口看课堂”，改革传统调查与座谈方法，打破地域局限，提高综合督导效率。综合督导结果显示：商业学校督导评价团队初步建立起多元利益相关者共同参与的学校自我评价模式，提升自评结果的科学性、全面性和有效性，进一步推动学校的内涵发展。

（龙梅）

【开展督导检查工作】 12月16日和18日，市教育督导室分别督导检查北京一轻控股有限责任公司和首钢总公司落实职业教育法律法规的情况。督导检查组通过听取汇报、召开相关人员座谈会、参观实习基地和查阅材料等方式，了解企业落实教育法律法规的情况，围绕行业企业职业教育模式的转型、功能定位，就促进职业教育改革发展，鼓励行业企业参与职业教育等问题提出积极的意见建议。督导检查结果显示：两公司都重视职业教育工作，认真履行法制职责，能够重视培训制度建设，形成特色培训方式，创新培训评估模式，保证培训效果，在培训经费使用上能够据实列支，并向一线倾斜，对部分培训经费未达到工资总额1.5%的企业，也有务实的整改措施。

（马千里）

【专项督导平谷、房山特殊教育工作】 12月17日和18日，市教育督导室分别专项督导平谷、房山两区特殊教育工作情况。专项督导组通过查阅档案资料、召开委办局座谈会和区县教育系统座谈会、实地考察特教学校和随班就读学校、开展师生和家长问卷调查等多种形式开展。专项督导结果显示：两区政府重视特殊教育工作，加强组织领导，推进体制机制建设；增加经费投入，加强经费的使用与管理；加强教师配备、管理与培训，健全管理体系；深化课程教学改革，提升特殊教育质量，取得明显成效，促进区域特殊教育的发展。但同时两区都要进一步保障办学条件；发挥特殊教育联席会议制度在解决重点难点问题中的作用。

（李强）

【专项督导中专学校德育工作】 12月21日，市教育督导室专项督导北京市园林学校德育工作情况。督导评价组采取听课，考察学校教学设施、校园环境与学生活动，查阅自评材料，召开座谈会等方式，督导检查学校德育工作。结果显示，学校坚持从严治校，努力探索新时期德育工作的方法与途径，切实加强思想政治工作和德育工作，达到“以评促建、以评促改、以评促发展”的目的。

（马千里）

督　导　调　研

【调研北京市督学研修中心】　5月11日，市教育督导室调研北京市督学研修中心。调研组听取督学研修中心汇报机构成立以来所开展的主要工作，介绍督学研修中心2015年的重点工作任务和思路。调研组肯定督学研修中心的工作，对督学研修中心未来发展提出要求。北京市督学研修中心成立于2012年7月，设在北京教育学院，是专门从事督导培训与督学发展研究的专业机构。

（杨江林　高传霞）

【调研初中开放性科学实践活动落实情况】　11月15日，市教育督导室、市教委调研北京市初中开放性科学实践活动落实情况。督导组在北京友高教育科技公司和北京中科航天人才服务有限公司调研初中开放性科学实践活动。开放性科学实践活动作为首都基础教育综合改革的重要内容，是培育和践行社会主义核心价值观的重要载体。教育督导部门要助力开放性实践活动的有效实施，坚持起始介入、全程跟进、综合评估，督促区县、学校、资源单位落实工作责任，促进开放性实践活动的有效开展。

（李强）

【调研中小学校培育践行社会主义核心价值观情况】　11月23—30日，市教育督导室调研中小学校培育践行社会主义核心价值观情况。调研组分别督导调研东城区、西城区、门头沟区、房山区情况，通过听取区教育行政部门和校长汇报、校园观察和课堂体验、召开教育行政部门和教师座谈会、查阅档案资料等多种渠道获得较丰富的信息，得出基本判断：各区级教育行政部门注重顶层设计、整合优化资源、构建机制保障、强化实践养成，取得明显效果。形成《北京市中小学校培育践行社会主义核心价值观情况调研报告》。督导调研突出“方向导向”和“问题导向”。“方向导向”是指，督导调研力求引领区、校培育和践行社会主义核心价值观的方向，引导区级教育行政部门加强顶层设计，并做好相应的制度建设和条件保障，引导学校把培育和践行社会主义核心价值观作为学校办学的“灵魂”。“问题导向”是指，通过督导调研，准确诊断区县和学校在培育和践行社会主义核心价值观工作过程中存在的主要困难和突出问题，并提出政策建议。

（张士佐　胡靖　徐孟军）

【调研基础教育部分学科教学改进意见实施情况】　12月，市教育督导室完成《北京市基础教育部分学科教学改进情况督导调研报告》。报告共1万字，通过全面了解与重点调研相结合，听取汇报与实地考察相结合的方式，深入了解北京市基础教育学科教学改革的情况，探索通过有效督导模式，促进《北京市基础教育部分学科教学改进意见》的全面落实，重点对东城、西城、门头沟和房山4个区基础教育部分学科教学改进的情况进行督导调研，认为北京市高度重视基础教育改革，大力加强市区两级统筹引导，充分发挥各中小学校及广大师生积极性，全面推进基础教育部分学科教学改进，抓住关键环节，力求重点突破，取得初步成效。各区牢牢把握促进教育公平，坚持立德树人的根本任务，坚持以学生为本，强化基于学生核心素养的顶层设计，关注学生的实际获得。以提高课堂教学质量和考试评价改革为突破口，因地制宜、开拓创新，不断优化调整课程结构、教材体系和教与学方式，推动减负增效落到实处。

（龙梅）

北京市人民政府教育督导室主任、副主任

主　任　唐立军
副主任　刘莉　关国珍
冯义国（2月任）

北京市人民政府教育督导室处室负责人

综合处处长
杨江林（7月免）
马千里（11月任）

督政处处长
张士佐

学校督导处处长
龙梅

专项督导处处长
聂荣（11月任）

督学管理与信息化处处长
韩宝来

评估与监测处处长
张晓玲（11月任）

（本栏责任编校　王子辰）

学前教育

综　　述

2015年，北京市各级各类幼儿园2019所，其中，独立法人单位1487所、具有较大规模的分园或分址532所。独立法人幼儿园中，教育部门办园456所，其他部门办园457所，民办园574所；在园幼儿总数394121人，比上年增加29167人，同比增长7.99%。

全市各类幼儿园共有教职工61903人，比上年增加3953人，同比增长6.82%。其中，专任教师34040人，比上年增加2348人，同比增长7.40%。

2015年，学前教育工作着力于扩大学前教育资源，改善办园条件，提高师资水平和办园质量，不断促进学前教育的发展与提高。

印发《北京市第二期学前教育三年行动计划（2015—2017年）》。第二期“三年行动计划”制订工作由市教委牵头，从2014年年初开始起草，2016年5月25日由市政府正式印发，主要目标是2015—2017年，通过增加学前教育学位数量，实现全市户籍适龄儿童学前三年学位供给全覆盖，入园率保持在95%以上；努力满足常住适龄儿童入园需求，进一步解决“入园难”问题；对未能入园的在京适龄儿童及其家庭，提供多种形式的学前教育指导服务。三年内将实施学前教育十大重点项目：幼儿园新建改扩建、办园条件提升、公办性质幼儿园运行扶持、民办幼儿园奖励扶持、社区学前教育服务中心建设、无证幼儿园分类治理、幼教师资培养、幼儿园园长教师培训、学前教育补助、学前教育质量提升。

继续实施各类奖励补贴政策，调动社会力量办园积极性，保住已有存量资源。一是在执行幼儿园收费标准的前提下，继续对非教育部门公办性质幼儿园实施生均定额补贴政策，弥补该类园所办园成本。2015年，市级财政共计投入4.36亿元，对全市430所幼儿园进行生均补贴，覆盖12万余名在园儿童。二是在执行普惠优质标准的基础上，继续对普惠性民办幼儿园实施奖励补贴政策，鼓励该类园所面向社会提供优质普惠学前教育服务。2015年，市级财政共计投入5278万元，奖励补贴全市普惠性民办幼儿园，覆盖4万余名在园儿童。

继续实施新建、改扩建工程，努力扩大学前教育资源总量。2015年，市级财政及中央奖补项目共投入2.31亿元用于改善办园条件，新建、改扩建幼儿园28所。一是继续实施村办园建设项目，努力满足农村地区及城乡接合部地区儿童入园需求。2015年，市级财政共计投入6480万元用于村办园建设。二是针对未纳入一期行动计划达标改造项目的公办性质幼儿园，继续实施达标改造工程，在土地资源受限的情况下，进一步改善公办性质幼儿园育人环境，提升园所学位供给能力。

开展示范园验收与级类验收工作，全面提升幼儿园保育教育质量。一是开展北京市示范幼儿园评审及验收工作。4月中旬至5月上旬，市教委组织北京教育科学研究院、首都师范大学和北京市妇幼保健院共同参与第9批北京市示范幼儿园评审工作。由相关部门和北京市幼儿园特级教师组成三个专家评审组，依据《北京市示范幼儿园标准》对12个区县推荐的35所幼儿园进行评审，包括远郊区县幼儿园8所，民办园、街道园各2所，单位办园8所。评审通过聚焦内容、深入了解、横向比较、座谈交流的方式，力求体现公平、公正，重在引领幼儿园总结提升经验，发挥示范引领作用。首批安排13所示范幼儿园暑期前向全市幼儿园开放。二是开展幼儿园办园质量级类验收工作。上半年，分级分类验收组依据《北京市幼儿园分级分类验收标准》对房山、密云、昌平、门头沟等6个区申报验收的20所幼儿园进行级类验收，全部达到一级标准，其中，13所幼儿园的保教工作质量达到一类标准，一级一类幼儿园占65%；同时对通州、大兴等5个区县9所幼儿园的保教工作进行指导，促进郊区县幼儿园保教质量提高。

继续推进学前教育课程改革，提供优质多样学前教育服务。一是深入贯彻落实《3～6岁儿童学习与发展指南》，召开8次推进学习研讨会，集中研究实践中推进指南的重点和难点问题，开放13所幼儿园，全市千余幼教干部、教研员、园长和骨干教师参与研讨。二是继续推进学前特殊教育课程建设，以幼儿园为依托，完善特殊教育资源教室建设，探讨普通幼儿园接纳残疾幼儿的融合课程体系。依托名师工作室培训特殊教育师资，培养70余名特殊教育骨干教师。三是继续推进社区0～3岁儿童早期教育示范基地的建设，满足家庭早期教育的需求。上半年，朝阳、海淀、丰台、房山、大兴和昌平6个区的12个社区基地通过市级验收。早教基地因地制宜、面向流动人口和散居儿童家庭开展多种形式的、公益性的婴幼儿亲子早期教育活动，为3岁以下儿童接受科学的早期教育搭建平台，深受家长欢迎和社区支持。

实施村办园教师培训项目和未经登记注册幼儿园分类治理项目。8—10月，针对近年来村办园新增数量较多，村办园园所管理和保教活动质量有待提高的现象，市教委组织村办园师资培训，通过授课、幼儿园开放等形式对14个区县的460名村办园教师进行培训。11月，为进一步了解未经登记注册幼儿园实际情况，学前处组织市级专家，分3组在全市范围内抽取54所未经登记注册幼儿园开展调研活动。12月，通过召开推进会的方式，推动区县审批一批无证幼儿园，并对该类幼儿园的举办者及教师开展培训。同时，根据数次调研结果，起草《北京市学前教育社区办园点安全管理工作基本要求（征求意见稿）》，按照“审批一批、规范一批、取缔一批”的原则，对无证幼儿园实施分类分步治理，进行动态监管，及时消除安全隐患。

（张小红）

总 类

【防止和纠正幼儿园“小学化”现象】 3—7月，市教委、市政府教育督导室联合开展防止和纠正幼儿园“小学化”现象专项工作。3月13日，市教委召开防止和纠正幼儿园“小学化”现象的专项工作会，重申市教委相关文件要求，严禁幼儿园“小学化”倾向，要求各区县即日起至4月中旬，完成幼儿园自查，区县教育部门进行专项督查，各级各类幼儿园要关注幼儿身心健康，培养幼儿良好的行为习惯，在游戏和活动中感知规则，认识周围世界，为实现幼儿的健康快乐成长而努力。市政府教育督导室、市教委联合成立规范幼儿园保育教育工作防止和纠正“小学化”现象督导检查组，在对全市16区县进行全面督导检查的基础上，分别于6月30日、7月2日和7月10日，组织召开防止和纠正“小学化”现象幼儿园园长座谈会、区县教育行政部门座谈会和小学教师座谈会，听取区县教委主管学前教育副主任、学前教育科科长、幼儿园园长和小学教师对规范幼儿园保育教育工作，防止和纠正幼儿园“小学化”现象情况的汇报，分析幼儿园存在的“小学化”现象及原因，并提出建设性的意见建议。

（王永刚）

【出台第二期学前教育三年行动计划】 5月25日，市政府办公厅印发《北京市第二期学前教育三年行动计划（2015—2017）》。该计划由市教委牵头制定，严格落实首都城市战略定位，主要目标是2015—2017年，通过增加学前教育学位数量，实现全市户籍适龄儿童学前三年学位供给全覆盖，入园率保持在95%以上，努力满足常住适龄儿童入园需求，进一步解决“入园难”问题；对未能入园的在京适龄儿童及其家庭，提供多种形式的学前教育指导服务。计划还指出三年内将实施学前教育十大重点项目。

（张小红　郭春彦）

【开展幼儿园级类验收工作】 5—7月，市教委开展幼儿园级类验收工作。验收组对房山、密云、昌平、门头沟等6个区县申报验收的20所幼儿园进行级类验收，全部达到一级标准。其中，13所幼儿园的保教工作质量达到一类标准，一级一类幼儿园占65%。

（彭兴蕊）

【35所幼儿园入选示范园】 6月17日，市教委公布第九批北京市示范幼儿园名单。12个区县的35所幼儿园入选，包括远郊区县幼儿园8所，民办园、街道园各2所，单位办园8所。该评审于4月至5月开展，经幼儿园自评申报、区县教委核准上报、市教委组织评审、公示等程序，最终评选35所示范幼儿园。北京教育科学研究院、首都师范大学和北京市妇幼保健院共同参与评审工作。

（彭兴蕊）

第九批北京市示范幼儿园名单

东城区（5所）
- 北京市东城区崇文幼儿园
- 国家林业局幼儿园
- 国家安全生产监督管理总局机关服务中心幼儿园
- 北京市东城区卫生局第三幼儿园
- 北京市第一幼儿园海晟实验园

西城区（2所）
- 北京市西城区三义里第一幼儿园
- 中国儿童活动中心实验幼儿园

朝阳区（8所）
- 北京市朝阳区向日葵艺术幼儿园
- 北京市朝阳区枣营幼儿园
- 北京市朝阳区清友实验幼儿园
- 北京市朝阳区花家地幼儿园
- 北京市朝阳区亚运村第一幼儿园
- 北京市朝阳区劲松第二幼儿园
- 北京市朝阳区启明东润双语幼儿园
- 北京市朝阳区新源里第二幼儿园

海淀区（8所）
- 北京大学医学部幼儿园
- 北京市海淀区北部新区实验幼儿园
- 北京市海淀区富力桃园幼儿园
- 北京市海淀区美和园幼儿园
- 中国人民大学幼儿园
- 北京市育新实验幼儿园
- 北京市海淀新区恩济幼儿园
- 北京市海淀区立新幼儿园

丰台区（3所）
- 北京市丰台区育英幼儿园
- 北京市丰台区第六幼儿园
- 北京市丰台区西罗园幼儿园

石景山区（1所）
- 北京市石景山区师范学校附属幼儿园

门头沟区（1所）
- 北京市门头沟区城子幼儿园

房山区（1所）
- 北京市房山区西潞街道办事处中心幼儿园

顺义区（1所）
- 北京市顺义区西辛幼儿园

大兴区（1所）
- 大兴区第七幼儿园

昌平区（2所）
- 北京市昌平区滨河幼儿园
- 北京市昌平区昌房幼儿园

密云县（2所）
- 北京市密云县第三幼儿园
- 北京市密云县第六幼儿园

（彭兴蕊）

【开展村办园教师培训】 8月24—27日，市教委举办北京市村办园教师培训。该培训针对近年来村办园新增数量较多、园所管理和保育教育活动质量有待提高的现象开展培训。培训通过授课、幼儿园开放等形式开展，讲授园所管理和教育教学等内容。至10月，共有14个区县的村办幼儿园教师460人参加培训。

（彭兴蕊）

【分类治理未经登记注册幼儿园】 12月，市教委采取措施分类治理未经登记注册幼儿园。通过召开推进会的方式，推动区县审批一批无证幼儿园，并对该类幼儿园的举办者及教师开展培训。同时，起草《北京市学前教育社区办园点安全管理工作基本要求（征求意见稿）》，按照“审批一批、规范一批、取缔一批”的原则，对无证幼儿园实施分类分步治理，进行动态监管，及时消除安全隐患。11

月，市教委组织专家分3组在全市范围内抽取54所未经登记注册幼儿园开展调研活动。

（吕萍）

【八次研讨《3～6岁儿童学习与发展指南》】 至年底，市教委举办八次贯

彻落实《3～6岁儿童学习与发展指南》研讨会。会议集中研究推进指南实践中的重点和难点问题，到东城、西城、朝阳、海淀等区县调研实施情况，同时开放13所幼儿园，1500余名幼教干部、教研员、园长和骨干教师观摩和研讨。研讨会就各幼儿园在贯彻落实指南中关注的儿童的学习特点、教师在儿童发展中的作用、区域活动中儿童的主体作用发挥等问题进行讨论。

（郭春彦）

【奖励补贴各类幼儿园4.89亿元】 至年底，市级财政继续实施各类奖励补贴4.89亿元。在执行幼儿园收费标准的前提下，继续对非教育部门公办性质幼儿园实施生均定额补贴政策，市级财政共计投入4.36亿元，对430所幼儿园进行生均补贴，覆盖约12万名在园幼儿。此外，在执行普惠优质标准的基础上，继续对普惠性民办幼儿园实施奖励补贴政策，市级财政共计投入0.53亿元，对全市普惠性民办幼儿园进行奖励补贴，覆盖4万名在园幼儿。

（吕萍）

【继续实施新建、改扩建工程】 至年底，市级财政共计投入2.96亿元用于幼儿园新建、改扩建工程。投入0.65亿元用于村办园建设，改善农村和城乡接合部地区办园条件；针对未纳入一期行动计划达标改造项目的公办性质幼儿园，继续实施达标改造工程，市级财政及中央奖补项目共投入2.31亿元用于改善办园条件。

（孙艳云）

幼　　儿　　园

北京市东城区东华门幼儿园

【概况】 2015年，北京市东城区东华门幼儿园为教育部门办园类别，为日托制，分本部和小班部两地办学。本部占地面积2212.24平方米，校舍建筑面积3164.49平方米；小班部占地面积796.84平方米，校舍建筑面积938.94平方米。全年教育经费投入2226万元。固定资产总值594.01万元，图书室藏书7543册。本部拥有幼儿多功能厅、幼儿图书馆和幼儿艺术教室等专用教室4个，普通教室8个；小班部普通教室4个。教室内设有液晶电视、笔记本电脑和多媒体设备等教学设施。学校信息化经费投入3.80万元，校园网出口总带宽100Mbps，数字资源量1000GB。教职工63人，其中，教师49人，均为专科及以上学历，中级及以上专业技术职称31人。保健医4人，均为专科及以上学历，中级及以上专业技术职称2人。开设教学班12个，其中，小班6个、中班3个、大班3个。因抗震加固工程，中班幼儿周转到别处就学，小班不招生，幼儿离园227人、在园171人。网址：58.134.1.40/dcjy/dhmyey/Index.asp。

（杨希文）

【开展幼儿交通安全教育活动】 5月7—8日，东华门幼儿园开展交通安全教育系列宣传活动。幼儿身着交通安全服装，通过模拟体验的方式，认识和了解交通标志、交通规则及道路安全常识。幼儿在“儿童道路安全”板上签名或按下自己的小手印，承诺“我过马路走人行横道”“红灯停、绿灯行”“不在马路上乱跑”。此外，幼儿园还向全体教师和家长发起“我支持道路安全行动十年（2011—2020）”和“看到孩子我减速”联合签名活动，倡导教师和家长提高道路安全意识，使用安全座椅，文明驾驶。

（杨希文）

【开展系列亲子教育活动】 5—11月，东华门幼儿园开展系列亲子教育活动。为落实2015年东城区政府“建立0～6岁一体化学前教育服务体系”项目，该园携手东华门街道、社区开展“妈妈大本营——婴儿期宝宝的养护及新生儿抚触”“公园相约——亲子大比拼”“奶爸俱乐部——新生儿洗护与游戏”“爷爷奶奶课堂——家有宝宝初入园、宝宝睡眠习惯的养成”等系列亲子教育活动，为家长及幼儿提供参与式、互动式的亲子教育指导与服务。项目自实施以来，该园共开展亲子教育活动5次，辐射10余个社区，参与家长、幼儿近90人。

（董京京）

【教研课题结题】 11月，东华门幼儿园申报的2013年度东城区教育科学“十二五”规划课题“幼儿文学作品学习指导策略的实践研究”经东城区教育科学规划领导小组办公室批准，准予结题。该课题于2012年立项，是全园教师参与的语言课题，研究成果除研究总报告外，还总结近年来在幼儿文学作品学习指导方面积累的丰富经验，包括小、中、大班不同体裁幼儿文学作品学习指导策略的论文20余篇，幼儿文学作品学习活动（故事、诗歌、散文）设计方案百余个及幼儿文学作品学习教育故事等，对教师开展语言教育实践具有借鉴和指导意义。

（王莲欣）

【赴云南腾冲洞山完小幼儿园支教】 12月9—13日，东华门幼儿园业务干部及骨干教师4人赴云南省腾冲县洞山完小幼儿园开展“手拉手”支教活动。该园举办日常保教管理、幼儿语言教育、室内游戏、幼儿园一日生活

组织与管理培训，两名骨干教师组织4节教育活动课。

（王莲欣）

北京市第一幼儿园

【概况】 2015年，北京市第一幼儿园为教育部门办园类别，设有吉祥分园，均为日托制。占地面积8072.14平方米，校舍建筑面积8033.85平方米。全年教育经费投入3124.71万元，均为国家拨款。固定资产总值1365.14万元，藏书1000万册。教学班内有触摸屏电视、电子白板和钢琴等教学设备，拥有美工教室、建筑游戏屋和皮影戏小戏台等专用教室及幼儿活动教室19个。拥有计算机105台，学校信息化经费投入28.32万元，校园网出口总带宽100Mbps，数字资源量20GB。教职工120人，其中，教师90人，均为专科及以上学历，包括中级及以上职称47人；保健员5人，均为专科及以上学历，包括中级及以上职称1人。开设19个教学班，其中，小班4个、中班8个、大班7个。幼儿入园228人、离园176人、在园631人。

（杨丽娟）

【幼儿园综合艺术教材出版】 4月，北京一幼园本教材《幼儿园综合艺术教育课程》由教育科学出版社出版。本套教材分大、中、小三个年龄班，共三册，汇集一幼近20年园本课程研究成果，是幼儿园艺术教育实践改革的尝试与探索。该课程共包括43个人文主题，其中，小班13个，中、大班各15个，每个主题包括两到三个单元，每个单元设计若干形式多样的综合艺术活动，共计综合艺术活动423个。

（鲁晶）

【开展传统文化主题教育】 6月12日，北京一幼开展“粽香飘逸、文化传承、书香满园、浸润人生”传承中华优秀传统文化主题教育活动。幼儿以舞蹈和朗诵经典诗词的形式表达对中华传统文化的喜爱，分享阅读乐趣；各园精心制作网络微视频，展示一幼平凡幼教工作者的伟大；宣讲员用淳朴的语言动情讲述身边平凡而感人的“微故事”，分享教师读书感悟。该园号召教师继续弘扬为人师表、无私奉献的师德精神，努力成为一名“有理想信念、有道德情操、有扎实知识、有仁爱之心”的好教师。

（张昊歆）

【与保定幼儿园签订合作协议】 12月

17日，北京一幼与河北省保定市青年路幼儿园签订合作协议。该协议是落实京津冀协同发展的举措之一，双方将在全面管理、教育教学质量的提高及教职工队伍的打造等方面开展合作。东城区教委相关领导和保定市教育局相关领导参观园舍环境并参加签约仪式。

（张昊歆）

北京市第五幼儿园

【概况】 2015年，北京市第五幼儿园为教育部门办园类别，为寄宿和日托兼收制。占地面积8360平方米、校舍建筑面积6987平方米。全年教育经费投入2713万元，固定资产总值1295万元。拥有多功能游戏室、宝宝书吧、创意美劳坊、哆来咪音乐室、多媒体视听室、疯狂科学宫、玩具图书馆等专用教室7个，普通教室17个。教室内设有教学会议终端机、iPad平板电脑和钢琴等教学设施。校园网出口总带宽100Mbps，数字资源量352GB。教职工206人，其中，教师169人，包括专科及以上学历167人（含研究生7人）、中学高级教师5人、小学高级教师56人、特级教师1人、市级骨干教师2人。开设17个教学班，其中，小班7个、中班5个、大班5个。幼儿入园238人、离园198人、在园636人。

（朱小娟　吕晓菲）

【获评全国、首都“文明单位”称号】 2月28日和3月31日，北京五幼分别获得第四届“全国文明单位”和2012—2014年度“首都文明单位标兵”称号。全国文明单位由中央精神文明建设指导委员会评选，全国共选出2242个全国文明单位。首都文明单位标兵由首都精神文明建设委员会评选，全市共有682个单位入选。此前，五幼四获“首都文明单位标兵”、九次获“首都文明单位”称号。

（陈晶　吕晓菲）

【校本课题结题】 3月6日，北京五幼承担的“引导幼儿主动活动的环境创设与指导策略研究”结题。该课题为北京市教育科学“十一五”规划2009年度校本研究专项课题，由园长朱小娟主持，经过专家鉴定，准予结题。5年来，课题组带领全园教师围绕“让环境成为有思想、会说话、能互动和有效实现幼儿主动学习、主动活动、主动发展的活化教科书”的目标，开展系列校本研究工作，完成近10万字的研究总报告，形成《支持幼儿主动活动的活动区材料与指导策略》等3本实践成果优秀案例集，并进行研究成果的内推外宣，获得环境创设理论与实践的双重提升。

（朱小娟　吕晓菲）

【举办亲子彩虹跑活动】 5月29日，

北京五幼举办“炫彩童心、快乐童年”亲子彩虹跑活动。大班幼儿200人在北京奥林匹克森林公园，以班级为单位进行3千米的欢乐彩虹跑。幼儿在奔跑过程中，不时停下来在教师带领下开展互动游戏。到达终点后，幼儿围绕活动主题发挥想象力，集体创作长10米、宽5米的画作。

（吕晓菲）

【接待市名园长发展工程学员跟岗研修】 6月，北京五幼接待北京市名园长发展工程（第一期）学员跟岗研修。来自4个区县的4名园长参加跟岗研修，开展为期一周的卷入式学习。内容包括聆听《关于幼儿园品牌特色建设》专题讲座，走进校园、班级、特色室，参与幼儿活动；参与园本教研和行政教研等研修活动；参加“走进高瞻课程——儿童观察与评价”教师培训、“儿童社会性发展”专题研讨及《学校品牌建设的理论与实践策略》讲座，全面了解园长的办学思想、育人理念，五幼的管理、课程模式及教育教学研究。来自宁波市北仑区的2名园长，作为中国教科院的访问学者全程参与研修活动。北京市名园长发展工程是市委教育工委和市教委实施北京市中小学名师名校长发展工程的重要项目，由北京教育学院学前教育学院承办，朱小娟园长系该工程的实践导师。

（张爽　吕晓菲）

【开展高瞻课程培训】　8月25—26日，北京五幼开展“高瞻课程”(High Scope)主动学习培训。该园邀请美国“High Scope”中国北区首席教育专家就幼儿主动学习教学模式、环境创设、开放性材料、儿童观察评价等问题开展互动参与式讲座，并走进班级，现场指导材料投放及区域设计。五幼总园、分园、附属实验园的各班班长、年级组长及骨干教师60人参加培训。此次培训是五幼“High Scope”系列培训的初级阶段，之后五幼将邀请美国“High Scope”中国北区的相关专家对教师进行多维度、多板块的培训。

（陈晶　张爽）

北京市东城区崇文第三幼儿园

【概况】　2015年，北京市东城区崇文第三幼儿园为教育部门办园类别，日托制。占地面积3988平方米、校舍建筑面积3216平方米。全年教育经费投入1301万元，均为国家拨款。固定资产总值756万元，图书9590册。拥有幼儿计算机室、特殊资源教室、幼儿棋类教室和感觉统合教室等专用教室4个，普通教室13个。拥有计算机60台，多媒体教室座位16个。校园网出口总带宽2Mbps。教职工70人，其中，教师46人，均为专科及以上学历，中级及以上职称26人；保健员3人，均为中级及以上职称。开设13个教学班，其中，小班5个、中班4个、大班4个。幼儿入园152人、离园149人、在园428人。

（李晶）

【与社区联合开展清明画彩蛋活动】　4月1日，崇文三幼与龙潭社区联合开展“品味国学、传承经典”清明画彩蛋活动。社区绘彩蛋专业教师到园指导大班幼儿描绘清明彩蛋，讲解专用的画笔、水彩和画法技巧。幼儿在教师带领下，发挥想象力，为蛋壳涂上缤纷的色彩，描画出美丽的图案，抒发美好的祝愿。

（李晶）

【组织“六一”游园会】　5月29日，

崇文三幼组织“欢乐三幼娃、文化嘉年华”主题“六一”游园会。游园会以传统文化为主题，开设“民俗广场”“小吃品鉴”“龙飞凤舞”等17项游乐项目。通过看、演、玩、尝等方式，让幼儿与家长在亲身参与游戏的过程中，了解中国传统文化，体验中国传统民俗的乐趣。幼儿及家长800人参加活动。

（李晶）

【举办垃圾分类进校园活动】　11月19日，崇文三幼与首都精神文明办、北京市市政市容委联合举办“做文明有礼的北京人——2015年垃圾分类走进东城区”宣传教育活动。幼儿观看垃圾分类动画宣传片，学习垃圾分类知识，欣赏用废旧材料制作的乐器演奏的音乐，参与垃圾分类的互动游戏，让幼儿及家长了解垃圾分类投放和垃圾回收利用的重要性和可行性，实践垃圾分类的具体做法，争做垃圾分类小达人、绿色环保小使者。幼儿及家长120人参加活动。

（李晶）

北京市北海幼儿园

【概况】　2015年，北京市北海幼儿园为教育部门办园类别，日托制。占地面积25346平方米、校舍建筑面积10032平方米。全年教育经费投入4340.59万元，均为国家拨款。固定资产总值4526.75万元，图书室藏书25199册。设有儿童资源库、科学屋和玩具图书馆等专用教室8个，普通教室25个。拥有计算机404台，多媒体教室座位40个。学校信息化经费投入7.44万元，校园网出口总带宽100Mbps，数字资源量780GB。教职工135人，其中，副高级职称5人、中级职称54人、特级教师1人、市级骨干教师2人。专任教师113人，包括全日制硕士研究生3人、本科学历85人、专科学历25人；保育员4人，均为高级保育员；保健医5人，均为专科及以上学历，包括中级职称2人。开设24个教学班，其中，小班12个、中班6个、大班6个。幼儿入园192人、离园193人、在园617人。网址：www.bhbaby.org。

（吕小烨）

【为特殊儿童送温暖】　6月1日，北海幼儿园举办“六一”下社区活动。教师带着幼儿自制贺卡、图书和玩具等礼物到什刹海社区智障儿童家里，给特殊儿童家庭送去关爱，让每名幼儿都感受到节日的温暖和快乐。

（吕小烨）

【召开科研年会】　6月27—28日，北海幼儿园召开“在观察、解读、支持中促进幼儿自主发展”主题科研年会。科研年会分为六个部分，从思想、实践、研究多个方面展示幼儿园的研究成果。各部门分别以“提升师德修养、培养道德情操”“梳理教研工作、支持教师高站位思考与工作”和“通过观察、解读、支持促进幼儿的自主发展”等为主题，梳理总结阶段性实践研究成果，探讨新学年工作规划。

（吕小烨）

【举办“一月一节”活动】　9月，北海幼儿园举办“一月一节”活动。该园将传统的全园统一的大型活动调整法，提高教育效果。

（王雪）

【举办《3～6岁儿童学习与发展指南》观摩活动】　10月28日，劲松一幼举办《3～6岁儿童学习与发展指南》观摩活动。该园为区《3～6岁儿童学习与发展指南》实验园，2名骨干教师、1名新教师分别介绍区域创设、幼儿成长故事等内容；特级教师芦德芹以《尊重儿童，从生活中细微环节入手》为题，介绍教师从理念到实践转化方法策略。来自朝阳区81所幼儿园的102名教师参加活动。

（王雪）

北京市朝阳区清友实验幼儿园

【概况】　2015年，北京市朝阳区清友实验幼儿园为教育部门办园类别，日托制。占地面积4380平方米、校舍建筑面积3086平方米。固定资产总值646万元。全年教育经费投入788万元，均为国家拨款。拥有奥尔夫多功能专用教室，普通教室12个，设有投影仪、便携式计算机和钢琴等教学设施。教职工72人，其中，教师51人，均为专科及以上学历，包括中级及以上职称7人。保健员3人，均为专科学历，包括中级职称1人。开设12个教学班，其中，小班4个、中班4个、大班4个。幼儿入园134人、离园150人、在园353人。

（郭丽华）

【编辑《清友足迹》画册】　9月，清友实验幼儿园编辑《清友足迹》建园十周年画册。画册由清友之生、清友之声、清友之升、清友印象四个部分组成，全面记录幼儿园十年人、事、物的发展变化。清友实验幼儿园创办于2004年9月，隶属朝阳区教委。

（郭丽华）

【接待民办园园长培训班观摩】　10月28日，清友实验幼儿园接待朝阳区社区学院民办园园长班一行50人观摩。学员观摩幼儿园公共环境、班级环境以及各年龄班幼儿的区域活动，听取《文化引领、音乐启蒙、快乐发展》专题报告。

（郭丽华）

【举办幼儿自理能力比赛】　12月15日，清友实验幼儿园举办冬季幼儿自理能力比赛。该园根据幼儿年龄特点和水平，分小中大三个年级组，小班组比赛穿鞋子、穿脱衣服、背书包、扣扣子；中班组比赛叠毛巾、戴五指手套、夹海绵块；大班组比赛夹豆子、整理行李箱、叠被子，提高幼儿的生活技能，引导家长重视幼儿自理能力培养。

（郭丽华）

北京明天幼稚集团

【概况】　2015年，北京明天幼稚集团为教育部门办园类别，下辖19所幼儿，分别为一幼塔院园、二幼双榆树园、二幼南区园、三幼志强园、三幼学院路园、四幼知春里园、五幼万泉河园、五幼东升园、六幼小灵通园、六幼金沟河园、七幼定西园、七幼百合花园、七幼沙沟园、八幼上地园、八幼佳园园、九幼永泰园、九幼安宁里园、九幼锦顺园、十幼铁路园，全部为日托幼儿园。集团占地面积6.57万平方米、校舍建筑面积5.67万平方米。固定资产总值13270万元。全年教育经费投入25141万元。拥有互动教室、视频会议室和特色教室等专用教室41个，普通教室154个。教室内设有电子白板、计算机和电视等教学设施。正式在编教职工684人，其中，教师475人，包括研究生学历11人、本科学历375人、专科学历84人、中学高级教师12人、小学高级教师172人；保育员45人，保健医32人。开设154个教学班，其中，小班61个、中班50个、大班43个。幼儿入园1749人、离园1324人、在园4900人。

（杨吉）

【召开卫生保健工作总结会】　1月27日，明天幼稚集团召开卫生保健工作总结会。会议由集团健康管理部组织，集团下属19所幼儿园保健主任总结交流本学期卫生保健工作，内容涵盖卫生防病、膳食营养管理、五官保健、健康教育、户外体育锻炼、体弱幼儿管理、保育工作等内容，促进园所间相互学习、共同提高，推动各园卫生保健工作的均衡全面发展。集团领导及各园保健主任22人参会。

（卢红）

【举办成立20周年系列活动】　3月

23—27日，明天幼稚集团举办成立20周年系列庆祝活动。活动以“凝聚力量、总结梳理、展示交流、规划发展”为出发点，围绕“我与集团共成长，我为幼教做贡献”主题，制作集团发展20年专题片，在《海淀报》、集团《明天信息报》上宣传集团发展20年经验；所属各幼儿园开展宣传教育活动周，每园均设开放日，举办“生日会”、半日教育活动观摩、教育环境展示、发展成果回顾、教师成长座谈、师生诗歌会等活动。市教委、海淀区等单位有关领导专家，各园幼儿家长、所在社区居民及退休教职工1000余人参加活动。

（杨吉）

【举办开放日活动】　6月2日，明天幼稚集团举办开放日活动。活动在集团第七幼儿园举行，面向海淀区学前干部教师培训基地的园长培训班成员，围绕“优化教育管理，提高工作效率”主题，参观七幼校园文化建设、班级环境创设实景，听取七幼民间美术教育特色介绍。海淀区园长培训班成员50人参加活动。

（刘光洪）

【签订爱心合作协议】　11月4日，明天幼稚集团与新疆额敏县利婴幼儿园签订爱心合作协议。根据区教委部署，明天幼稚集团在北京与新疆额敏县利婴幼儿园签订合作协议，双方就图书捐赠、师资培训等方面达成共识，包括集团向利婴幼儿园捐赠幼儿教学图书、教材，通过网络平台对利婴幼儿园教师培训，开展教育教学互动交流内容。

（杨吉）

北京师范大学实验幼儿园

【概况】 2015年，北京师范大学实验幼儿园为其他教育部门办园，日托制和寄宿制兼收。设有3个分园，分四址办学，总占地面积20316平方米，其中，本园8595平方米、牡丹分园5250平方米、望京分园3461平方米、奥林分园3010平方米；建筑总面17636平方米，其中，本园6613平方米、牡丹分园3560平方米、望京分园3880平方米、奥林分园3583平方米。藏书4.40万册。固定资产总值2427万元，其中，新增234万元。全年教育经费投入3178万元，其中，国家拨款1572万元、自筹经费1606万元。园内设有多功能厅、音乐教室和美术教室等专业教室，设有幼儿图书借阅室、教师借阅室，各班配备先进电教设备。教职工433人，其中，专任教师220人，高级保育员4人、保健员18人。教师中包括研究生学历24人、本科学历103人、专科学历93人，小学高级职称34人。开设教学班67个，其中，婴班5个、小班13个、中班11个、大班13个、混龄班25个（其中全托班13个）。幼儿入园618人、离园652人、在园1969人。中文网址：child.bnu.edu.cn，英文网址：bnuk.english.bnu.edu.cn。

（丁乐）

【举办玩教具制作教研活动】 1月9日，北师大实验幼儿园本部园举办“透过孩子视角看玩教具制作”教研活动。各班教师利用自制玩教具布置一个游戏室，邀请幼儿代表25人担任“小评委”，幼儿自由选择、操作教具，教师在旁边观察幼儿操作情况，并围绕“我最喜欢的教具”开展师幼谈话活动，发现幼儿选择教具的关键因素，即具备操作性强、好玩有趣等特性。活动最后，该园教研主任带领教师共同梳理玩教具制作的层次、内涵和注意事项。该园教师27人参加活动。

（鞠亮）

【出版3本图书】 1月和4月，北师大实验幼儿园先后出版3本图书。它们是《幼儿园管理与教师培养丛书》之《幼儿园后勤精细化管理》《幼儿园大型活动的组织与实施》及《幼儿园自制玩教具精选》，全部由北京师范大学出版社出版。《幼儿园后勤精细化管理》285千字，介绍幼儿园在卫生保健、膳食、资产、安全四个方面精细化管理的意义、内容、过程与评价。《幼儿园大型活动的组织与实施》471千字，介绍幼儿园8个大型活动的组织实施，并附有实用案例。《幼儿园自制玩教具精选》142千字，介绍五大区域中19类124件自制玩教具的制作方法、玩法等。

（田瑞清）

【建立“百年有园”教育发展基金】 3月，北师大实验幼儿园建立“百年有园”教育发展基金。该基金由捐助设立，为北京师范大学教育基金会下设的子基金，纳入北师大教育基金统一管理。该基金用于幼儿园建设，更新教育教学设施、设备；资助教师外出培训、出国交流，提升教师专业能力；改善教师待遇，提升教师生活、工作条件，用于优秀教师奖励；组织开展符合基金宗旨的项目活动；按照捐赠者意愿设立资助项目；支持、投入与北京师范大学基础教育事业有关的其他项目。

（丁乐）

【举办百年园庆活动】 4月7—17日，

北师大实验幼儿园举办“百年园庆”系列活动。庆祝活动分三个部分，第一部分围绕“百年有源，倡导开新”主题，召开“蒙养百年，倡导开新”学前教育国际研讨会，听取《领域教学知识：学前教师专业能力发展的核心问题》《实践研究的意义与价值——来自北师大实验幼儿园的启示》等18个报告，来自6个国家和地区的200余名学前教育专家及学者参加交流。第二部分围绕“百年有园，爱的乐园”主题在北京师范大学京师美术馆举办“百年有园”幼儿美术作品展，展出300件幼儿作品。第三部分围绕“百年有缘，爱满天下”主题，举办“迎校友返校”活动，700余名校友和52名离退休老教师返校参加活动。该园1915年始建于石驸马大街，当时园名为北京女子师范学校附属蒙养园。

（徐兴芳　丁乐）

【两所师训基地园挂牌】 8月和10月，北师大实验幼儿园两所师训基地园挂牌。新挂牌两所幼儿园分别为陕西省西安市未央区北辰实验幼儿园和重庆市启零教育集团幼儿园。北师大实验幼儿园采取师训基地园加盟合作的方式，依托北师大实验幼儿园品牌影响力和教科研实力，帮助合作园实现良好的事业发展和经营效果。该园输出百年实践研究的优质品牌、优质课程和优秀管理经验，为合作园培养幼儿园高水平、高素质和高职称的从业人员，帮助合作园掌握百年发展学前教育研究领域的先进理念，将先进办学经验传播至更多园所。2011年，北京师范大学批准筹备师训基地项目，2013年正式启动对外合作项目。至年底，该园在全国7所幼儿园挂牌“北师大实验幼儿园师训基地园”。

（丁乐）

北京市海淀区四季青镇常青幼儿园

【概况】 2015年，北京市海淀区四季青镇常青幼儿园占地面积7500平方米、建筑面积6700平方米。图书室藏书2.04万册，各类玩具1.30万件，有大型户外玩具、爬龙、荡桥、攀岩、单杠及组合玩具5件。固定资产总值2356万元，全年教育经费投入560万元，其中，市、区财政拨款395万元。学校信息化经费投入18万元。校园网出口总带宽30Mbps。园内建有形体室、科学室和小提琴室等6个专业教室，配有演出厅和投影仪等教学设施。教职工98人，其中，专任教师 53 人、保育员 16 人。专任教师均为专科及以上学历，10 名保育员取得中级证书；中学高级教师 1 人，小教一级教师 7 人，幼教二级教师 3 人。开设 16 个教学班，其中，小班 8 个、中班 5 个、大班 3 个。幼儿入园 228 人、离园 212 人、在园 564 人。网址：894.tuxing2010.com。

（韩玉兰）

【园报《收获》制作50期】 1月，常

青幼儿园园报《收获》完成第 50 期制作。该刊 2004 年创办，设有园长的话、园内信息、交流与分享栏目，双月出版，2 版 8 开，彩色印刷，每期印数 150 份。园报以交流教育思想、教育理念、教育经验为主要内容，旨在增进教师与家长、园所与社会的交流。2010 年 1 月，园报改版；2011 年增加“教研与我相伴同行”栏目。2012 年 1 月，再次改版后由双月刊改为月刊，增设“管理者风采”“教育心得”两个栏目，每期印数 200 份，面向全园教师发放，年底制作合订本。

（韩玉兰）

【加强年级组长责权】 3 月 2 日，常青幼儿园出台加强年级组长责权措施。包括年级组长带领年级组教师开展教学研究、观摩活动，每周两个半日进班指导、查阅教师备课、环境准备工作，总结经验发现问题，每月底写成书面材料向园长汇报等，并提高年级组长奖励及工资待遇。该项政策出台后，加大骨干教师示范引领作用，锻炼和提高骨干教师管理能力，促进幼儿园规范化管理。

（韩玉兰）

【体弱幼儿人数下降】 3 月，常青幼儿园体弱幼儿同比人数下降。该园针对上年小年龄幼儿入托人数增加、体弱幼儿人数增多现状，采取应对措施，在伙食制作、分餐等环节严格把关，在饮食上视情况给予合理照顾，保证体弱幼儿营养量的摄入；在生活护理上，根据幼儿身体情况从细节入手，把好穿衣等关键环节；在户外活动上，由保健室责成专人对体弱幼儿定期分时段训练，增加户外活动时间和活动量，并做好监测记录，确保幼儿身体健康。保健室利用午休时间对全园幼儿身高、体重两项指标进行筛查，体弱幼儿人数与上年同期相比下降 1.90%。

（韩玉兰）

【举办教师自制玩具评选】 5 月 6 日，常青幼儿园举办教师自制玩具评选。全园教师利用业余时间，共制作 90 余种玩具参评。玩具符合幼儿年龄特点，能够促进幼儿体能发展，兼备玩具的童趣性、趣味性、层次性、目标性、情境性、实用性，同时具有环保、便于收放、一物多玩等特色。经评审小组评定，舞狮、舞龙和旱船等 30 种自制玩具获奖。

（韩玉兰）

【更新入园刷卡器】 11 月 5 日，常青幼儿园更新入园刷卡器。新系统设备为土星云卫士刷卡器，幼儿来园刷卡后，其刷卡时间、音像即可传入幼儿家长手机，并将家长刷卡来园与幼儿园门禁分离。

（韩玉兰）

北京市丰台区丰台第一幼儿园

【概况】 2015 年，北京市丰台区丰台第一幼儿园为教育部门办园类别，日托制。占地面积 18379 平方米、校舍建筑面积 10457 平方米。固定资产总值 1874.10 万元。全年教育经费投入 2863.80 万元，均为国家拨款。拥有美术创意教室、音乐室和绘本图书馆等专用教室 14 个，普通教室 34 个。教室内设有电视、多媒体设备和钢琴等教学设施。教职工 115 人，其中，教师 94 人，均为专科及以上学历，中级及以上职称 32 人；保健员 5 人，均为专科及以上学历，其中，中级及以上职称 4 人。开设教学班 40 个，其中，小班 19 个、中班 12 个、大班 9 个。幼儿入园 596 人、离园 341 人、在园 1356 人。网址：www.ft1y.cn。

（易明延）

【举办首届榜样家长颁奖活动】 1 月 10 日，丰台一幼在北京市西国贸酒店举办“以爱育爱，家园同心——丰台一幼首届榜样家长颁奖典礼展示会”。该园表彰 12 名“优秀榜样家长”，旨在家园携手，建立家长激励机制，弘扬正能量。活动由各班推荐、各园推优、综合评定，推选出在家园配合、科学育儿、支持服务方面突出的家长代表。出席会议的有区教委、农工商联合会、公安局、民族侨办、街道办事处等单位相关人员和 200 余名家长代表参加。

（赵秀敏）

【组织首届节能环保创意比赛】 6 月 12 日，丰台一幼组织“托起一片蓝天”首届节能环保创意比赛。该园倡导循环经济理念，树立节能环保的意识，提倡生态文明的生活方式，组织幼儿以家庭为单位，利用生活中废旧的牛仔裤、矿泉水瓶、绳子、纸箱等百余种材料，依据孩子特点，创意制作有趣的户外体育玩具。按照结实耐用、做工精致、功能多样的标准，共收到参赛作品 1266 件，经过各园推荐、自评、互评，最终 66 个家庭分获节能模范奖、环保创意奖、巧手制作奖、聪明智慧奖等 8 个奖项。1200 余个幼儿家庭参与活动。

（赵秀敏）

【到新疆开展支教活动】 8 月 12—17 日，丰台一幼教师 6 人赴新疆支教。该活动由市教委组织，6 名教师赴新疆和田皮山农场及和田二二田园幼儿园开展支教活动，讲解幼儿园园所文化建设和室内环境创设、幼儿园卫生保健与饮食健康等内容，并现场组织音乐及户外体育实践活动。

（易明延）

中国人民解放军总后勤部六一幼儿园

【概况】 2015 年，中国人民解放军总后勤部六一幼儿园为一级一类示范

园，日托制。占地面积2.40万平方米，校舍建筑面积1.10万平方米。固定资产总值1059.58万元。全年教育经费投入1400.80万元，其中，国家拨款911.22万元、自筹489.58万元。园内建有幼儿礼堂、幼儿活动室和音体室等配套用房3个，普通教室16个。教室内设有钢琴、电视、移动黑板等教学设施。教职工104人，其中，专任教师60人，均为专科及以上学历，包括中学高级教师2人、幼儿园高级教师22人、幼儿园一级和二级教师17人；保健员3人，其中，本科学历1人、专科学历2人，均为中级职称。开设教学班15个，其中，小班3个、中班6个、大班6个。幼儿入园90人、离园174人、在园487人。

（张京）

【开展幼儿体操创编展示评比】 4月，总后六一幼儿园开展幼儿体操创编展示评比活动。活动结合岗位练兵，提高教师专业技能水平。全园15个班的38名教师参加活动，按照形式新颖、动作编排科学有童趣、符合幼儿年龄特点和动作发展水平的要求创编操节。经全园教师评选，大班机器人操、韵律操、皮筋操，小班生活模仿操获得设计创意奖；中班旗操、筷子操、军事模仿操获得优秀编排奖；8个班获得优秀表演展示奖，4名教师获得教师展示风采奖。

（张京）

【开设家长课堂】 5—6月，总后六一幼儿园开设家长课堂。该园邀请家长举办“地震知识科普教育及自我防护”“我身边的天气气象”和“快乐的小学生活”互动式教学，中大班保教干事与家长沟通备课，利用幻灯片和小实验将幼儿带入自然世界，通过观看视频和动手操作，了解地震知识和常见的天气现象。幼儿300人参与活动。

（张京）

【开设篮球活动课程】 9—12月，总后六一幼儿园在大班开设幼儿篮球活动课程。该园聘请北京体育大学学前专业体育教师与幼儿一起开展篮球活动。教师根据幼儿年龄特点，采用游戏互动的方式，用幼儿易懂的语言讲解篮球动作要领。6个大班开设篮球活动课，学期内每班16课时，幼儿180余人参加篮球活动。

（张京）

【组织每月主题教育活动】 至年底，总后六一幼儿园组织每月主题教育活动。全年累计开展8个主题活动，包括“我和妈妈心连心”“我和春天有个约会”“欢乐中国年”等。各班结合主题和幼儿特点及发展水平，根据五大领域目标，设计主题网络图和整月活动安排。

（张京）

北京市丰台区芳庄第三幼儿园

【概况】 2015年，北京市丰台区芳庄第三幼儿园为教育部门办园类别，日托制。占地面积6999平方米、校舍建筑面积5093平方米。固定资产总值1458.34万元。全年教育经费投入1380.07万元，均为国家拨款。拥有美术、图书等专用教室6个，普通教室18个。教室内设有多功能一体机和计算机等教学设施。教职工67人，其中，教师57人，均为专科及以上学历，中级及以上职称25人；保健员5人，均为专科及以上学历，中级职称4人。开设18个教学班，其中，小班6个、中班6个、大班6个。幼儿入园204人、离园180人、在园562人。网址：2481.tuxing2010.com。

（刘毓）

【出版《让阳光照耀美好未来》】 1月，芳庄三幼编写的《让阳光照耀美好未来——阳光开放课程的探索与实践》出版发行。该书由北京出版集团公司发行，北京少年儿童出版社出版，787毫米×1092毫米开本，23万字，由园长吴东慧主编，是园本课程理论与实践探索成果，由让课程成为儿童成长的历程；打开窗户，让阳光照进来、走出去；看阳光洒满大地；动起来，做发光发热的小太阳；席地而坐，沐浴阳光五章组成。

（刘毓）

【开展亲子义卖活动】 4月30日，芳庄三幼开展亲子义卖活动。义卖由大班幼儿发起，幼儿、家长及教师共同选择义卖商品，布置展台，幼儿自己介绍、挑选商品，计算价钱，共计收款1984元，用于由家委会成员为班级幼儿增添有益书籍。师幼及家长560人参加活动。

（刘毓）

【开展环境育人主题活动】 9月15—30日，芳庄三幼开展“让儿童成为环境的主人”主题活动。活动中，该园将幼儿园整体环境的创设权交给幼儿，充分发挥幼儿主动性和创造性，幼儿参与选标地、投标、设计环境蓝图，注重幼儿学习能力与学习品质的培养，全园564名幼儿投票产生60个板块标地。

（刘毓）

北京市石景山区师范学校附属幼儿园

【概况】 2015年，北京市石景山区师范学校附属幼儿园为教育部门办园类别，日托制。占地面积3371.45平方米，校舍建筑面积2521.37平方米，运动场面积1536平方米。全年教育经费投入1135.48万元，其中，国家拨款1135.02万元，自筹经费0.46万元。藏书0.67万册，固定资产总值1702.15万元。拥有玩具图书室1个，特教室1个，阅览室2个，阅读座位60个；普通教室10个。计算机26台，信息化经费投入4.71万元，校园网出口总带宽10Mbps，数字资源量377GB。教职工49人，其中，专任教师36人，包括专科学历14人、本科学历15人、研究生学历5人。开设10个教学班，其中，小班4个、中班4个、大班2个。幼儿入园104人、离园111人、在园310。网址：sffsy.sjsedu.cn。

（张惠文）

【德威英国国际学校教师来访】　4月27日，石景山区师范学校附属幼儿园接待北京德威英国国际学校教师6人参观交流。来宾观看园所环境、观摩幼儿活动，听取园长关于办园理念的介绍，并就课程设置、教学方法、队伍建设和幼儿园发展等问题进行了交流。

（阮玉洁）

【参与编写《幼儿园快乐活动》】　7月，石景山区师范学校附属幼儿园参与编写的《幼儿园快乐活动》系列教师用书（下册）出版。该园完成社会领域部分，分为儿童实际生活、学习社会知识、培养社会情感三个方面内容，按照大班、中班、小班、学前班分为4个分册，包括16个月主题活动、64个周主题活动。此书自2012年7月开始编写，该园16名教师参与，由云南出版社出版，184毫米×260毫米开本。

（张惠文）

【开展社区早教系列活动】　至年底，石景山区师范学校附属幼儿园在四季园社区开展“大手牵小手，你我共成长——快乐家庭日”系列活动。分别组织“勇敢宝宝”“点名游戏”“虫儿飞飞”等幼儿游戏，“棒棒糖”“树叶宝宝”“糖葫芦”等手工制作，“泡泡糖”“你是我的好朋友”等音乐活动。共举行8次活动，382人次参与活动，发放宣传材料400份。

（李妍研）

【举行教育教学评比活动】　至年底，石景山区师范学校附属幼儿园举办第三届“星光杯”教育教学系列评比活动。活动以“完善教师队伍建设，促进教师专业成长”为主题，包括学习故事评比、理论知识考核、青年教师教育教学能力评比、成熟型教师半日活动评比、师幼艺术作品展示等教育教学专业系列评比，重点考察教师的教育理论、观察指导能力、教学能力、环境创设能力。教师29人参与评比，其中，青年教师16人，成熟型、骨干教师13人。教师18人受到嘉奖。

（苗淼）

北京市石景山区幼儿园

【概况】　2015年，北京市石景山区幼儿园为教育部门办园类别，日托制。占地面积3093平方米，校舍建筑面积2051平方米，运动场地842平方米。全年教育经费投入1574万元，其中，国家拨款1271.57万元、自筹经费302.43万元。固定资产总值2248.94万元。图书室藏书0.38万册。拥有科学专用教室，普通教室8个。拥有计算机30台，数字资源量1200GB。教职工76人，其中，保健员2人、职员3人、工人16人。专任教师55人，其中，专科学历16人、本科学历33人、研究生学历2人、高级职称1人。开设8个教学班，其中，小班3个、中班3个、大班2个。幼儿入园159人、离园46人、在园381人。网址：1y.sjsedu.cn。

（刁彦霞）

【制定幼儿园章程】　3月，石景山区幼儿园制定《石景山区幼儿园章程》。该章程落实《中华人民共和国教育法》关于学校（幼儿园）“按照章程自主管理”要求，包括总则、权利和义务、组织机构和行政管理体制、幼儿园各项工作管理、幼儿园与家庭、幼儿园与社区、办园监督等内容。

（刁彦霞）

【修订园所制度】　4月，石景山区幼儿园修订园所管理制度。本着制度为教学服务，与园情紧密结合的原则，完善《绩效工资方案》，增加《中层干部工作质量考核表》《雾霾天气应急预案》，修订《幼儿作息时间》。

（刁彦霞）

【完成园所改造】　10月1—7日，石景山区幼儿园完成园所改造。该园更换主楼一层阳台地砖，重新装修门厅，更换户外玩具柜，改善幼儿园环境。改造工程共投入12.44万元，由幼儿园自筹。

（刁彦霞）

【2个课题获奖】　至年底，石景山区幼儿园2个科研课题获奖。“幼儿园科学区域活动的特点、教育价值及指导策略研究”获北京市学前教育研究会“十二五”课题研究成果优秀奖，完成课题研究报告1篇，编辑出版《幼儿园区域活动的实践探索》一书，6篇研究性论文在市区论文评优中获奖，并应邀在全市进行课题展板交流。“幼儿科学领域的‘关键经验’及其获得方式研究”获中国学前教育研究会“十二五”课题研究成果一等奖，完成课题研究报告1篇，6篇相关研究性论文在市区论文评优中获奖。

（刁彦霞）

北京市门头沟区幼儿园

【概况】　2015年，北京市门头沟区幼儿园为教育部门办园类别，日托制。园所占地面积6344平方米，校舍建筑面积3829.70平方米，体育场地面积1600平方米。固定资产总值1213.96万元，全年教育经费投入121万元。有幼儿图书室、教师图书室各1个，藏书3万册。拥有多媒体教室和音体厅等专用教室5个，普通教室13个。教室内设有电子白板、实物投影仪和玩具柜等教学设施；中大型玩具100余种，小型玩具360种。教职工68人，其中，专任教师53人，均为专科及以上学历，中级及以上职称19人。开设教学班16个，其中，小班6个、中班5个、大班5个。幼儿入园164人、离园112人、在园465人。

（刘秋红）

【开展健康教育专项活动】　3月，门头沟区幼儿园开展系列健康教育活动。该园开展“爱耳日”宣传教育工作，保健医到班级给幼儿讲解保护耳朵的方法，在幼儿园门口宣传栏、家

长QQ群宣传保护耳朵的知识；开展预防龋齿活动，结合幼儿牙齿氟化泡沫工作，邀请口腔医院医生做牙齿保护宣传；结合体育节，在班级开展“运动中的健康”主题活动和“用眼卫生”宣传教育活动。

（于德彦）

【西园投入使用】 7月，门头沟区幼儿园西园投入使用。西园位于门头沟区新桥花园7号院9号楼，为新桥花园小区配建幼儿园。西园占地面积3012.15平方米、建筑面积1736平方米，设有教室6个，医务室、资料室、多功能厅、备课室各1个，可提供180个学位。该工程2014年开工建设，投入900万元，招收小班6个，幼儿156人。

（刘秋红）

【与神农架林区幼儿园结对帮扶】 9月，门头沟区幼儿园与神农架林区幼儿园结对帮扶。为落实门头沟区与神农架林区幼儿园的对口支援工作，根据林区幼儿园的需求，门头沟区幼儿园接待1名教师开展为期2个月的挂职锻炼，参与半日活动观摩、听课、说课、跟班学习、制订课程计划、园本教研等活动。

（于德彦）

北京市房山区良乡第二幼儿园

【概况】 2015年，北京市房山区良乡第二幼儿园为教育部门办园类别，日托制。园所占地面积5602平方米，建筑面积3902平方米。拥有图书5600册、玩教具300种，固定资产总值250.50万元。全年教育经费投入726万元，均为国家拨款。设有局域网络与电子监控系统、亲子活动室和多功能厅、家长氧吧（家长阅览室），配有幼儿活动室12个、睡眠室12个。活动室内设有计算机、电子白板和投影仪等设备，室外设有大、中、小型活动器械112种。教职工66人，其中，专任教师61人、保健医2人。全园专科学历教师19人，本科学历40人，中学高级教师2人，幼儿园高级教师21人。开设教学班12个，其中，小班5个、中班4个、大班3个。幼儿入园145人、离园119人、在园465人。网址：liangxiangeryou2011.ankang06.org。

（史玉臣）

【开展教师剪纸课程培训】 3月3日，良乡二幼开展教师剪纸课程培训。该园根据“民族民间艺术和民族文化传承”办园特色，围绕“如何引导幼儿脱稿自主剪纸”主题，开展《剪随纸动、纸随心生》幼儿脱稿剪纸培训，分为剪、粘、讨论三个阶段，让剪纸艺术更好地传承并再现生动的教育故事。职工66人参加培训。

（史玉臣）

【开展书香校园活动】 3—12月，良乡

二幼开展“书墨浸润、香满校园”活动。该园创建教师书吧，占地35平方米，具有备课、查阅资料、阅读等功能；丰富班级幼儿书吧图书种类，通过引导、增加图书种类让幼儿喜欢阅读。将每周五定为全园读书日，开展图书推介活动和读书交流活动，教师根据自己需求自主借阅，通过幻灯片的形式分享阅读收获。

（史玉臣）

【开展领域小组教研活动】 3—12月，良乡二幼开展领域小组教研活动。教师根据自身兴趣、特长自主申报研究领域，分组学习领域内容，学习“指南”中各领域核心价值，凸显集体教研、研课、备课，并出版学科领域案例集《幼儿戏剧表演的特点与指导策略——课例篇》，成为园本课程的重要组成部分。

（史玉臣）

【开展“微课”培训】 11月24日，良乡二幼开展“微课”培训。培训讲述“微课”的概念、意义、制作方法及要点，结合获奖的“微课”实例解读什么是“微课”。该园鼓励教师转变教学模式，尝试将“微课”加入到教育教学中，利用“微课”便于搜索、传播的特点，将制作好的“微课”上传到班级博客空间，更好的实现家园共育。职工66人参加培训。

（史玉臣）

北京市通州区新城东里幼儿园

【概况】 2015年，北京市通州区新城东里幼儿园为教育部门办园类别，日托制。园所占地4712平方米（包括分园2298.28平方米），建筑面积3213平方米（包括分园1361.2平方米）。图书1896册，玩教具288余种，固定资产总值562.20万元。拥有校园广播、视频会议系统、户外攀岩、科技安全防护等设备。全年教育经费投入1313.57万元，其中，国家拨款1312.56万元、自筹经费1.01万元。教职工54人，其中，专任教师44人，均为专科及以上学历，市级骨干教师1人。开设12个教学班，其中，小班4个、中班4个、大班4个。幼儿入园172人、在园438人，离园123人。

（薛红梅）

【组织班长经验交流活动】 8月31日，新城东里幼儿园组织班长经验交流活动。12名班长交流班级物品管理和班级成员的分工合作、每天日程安排和新教师带教、幼儿一日常规培养和家长工作心得等经验，相互学习，提高班级工作水平。班长教师12人参加活动。

（薛红梅）

【组织分享阅读教学培训】 8月31日，新城东里幼儿园组织“分享阅读”教学培训。培训就分享阅读的基础理论、材料体系、教学实施等方面展开，分析各年龄段幼儿读本，结合实际案例讲解科学的阅读方法、技巧和策略。教师50人参加培训。

（薛红梅）

【举办消防安全知识讲座】 11月17日，新城东里幼儿园举办消防安全知识讲座。该园邀请新华大街消防中队消防员对中、大班幼儿集中进行消防知识培训。消防员从消防安全设备、消防救护方式、消防安全知识以及消防生活等方面对幼儿进行消防安全教

育。同时，现场模拟火场，示范灭火器的正确使用方法。

（薛红梅）

北京市顺义区仁和中心幼儿园

【概况】　2015 年，北京市顺义区仁和中心幼儿园为教育部门办园类别，日托制。占地面积 3989 平方米、校舍建筑面积 2373 平方米。全年教育经费投入 507 万元，均为国家拨款。固定资产总值 69.20 万元。图书室藏书 0.97 万册。拥有音体室、教科研室和阅览室等专用教室 3 个，普通教室 8 个。拥有计算机 53 台，多媒体教室座位 90 个。校园网出口总带宽 100Mbps，数字资源量 728GB。教师 36 人，均为专科及以上学历，中级及以上职称 17 人。开设 10 个教学班，其中，亲子班 2 个、小班 3 个、中班 3 个、大班 2 个。幼儿入园 134 人、离园 89 人、在园 365 人。网址：shunyirenheyey.ankang06.org/space。

（屈依蕾）

【开展户外玩具一物多玩展示活动】

4 月 30 日，仁和中心幼儿园开展户外玩具一物多玩展示活动。该园展示沙包、皮球、跳绳、轮胎、飞盘五种玩具，每种玩具最少开发五种玩法。其中，沙包打怪兽、轮胎内打地鼠、飞盘转转转等得到幼儿好评。

（屈依蕾）

【创设阅读环境】　10 月，仁和中心幼儿园开展楼道、班级阅读区等环境创设。该园结合小、中、大不同年龄班幼儿的年龄特点和学习特点，分别在三个楼层放置与之相符合的书架，投放不同内容的绘本图书。幼儿随处可以看到琳琅满目的图书，随手能翻阅喜欢的图书。幼儿园组织教师和幼儿一起开展“故事大迁移”活动，拼插图书里的内容和角色，并将其作品和相对应的图书摆放在窗台上，幼儿随时随地可以讨论、重温图书内容，激发阅读兴趣。

（屈依蕾）

【开展早教进社区活动】　12 月 3 日，仁和中心幼儿园与石园南社区携手举办“社区共建、亲子乐园”早教进社区活动。根据幼儿的阶段成长需求，该园为辖区 0～3 岁婴幼儿及看护人免费提供早教指导咨询服务和形式多样的亲子活动。家长和幼儿在教师的带领下做钻山洞、按摩操、彩虹伞等游戏，塑造幼儿健康开朗的性格，锻炼幼儿社交及表现能力。家长及幼儿 40 人参加活动。

（屈依蕾）

北京市顺义区宏城幼儿园

【概况】　2015 年，北京市顺义区宏城幼儿园为教育部门办园类别，日托制。园所占地面积 4726 平方米，校舍建筑面积 3687 平方米。固定资产总值 1956 万元。全年教育经费投入 1016 万元，均为国家拨款。设有电子监控系统，烟感报警装置。有幼儿图书室、图书资料室和亲子阅览室。藏书 1.76 万册。配有计算机、投影仪和摄录像机等现代化教学设备，拥有计算机 35 台，信息化经费投入 9.70 万元。室外设有攀岩墙等活动器械。教职工 66 人，其中，教师 48 人，包括本科学历 37 人、专科学历 11 人，高级职称 1 人、中级职称 28 人、市级骨干教师 1 人、区级学科带头人 2 人；专兼职保健员 4 人，均为本科学历，中级职称 2 人。开设教学班 12 个，其中，小班 4 个、中班 4 个、大班 4 个。幼儿入园 162 人、离园 135 人、在园 481 人。

（李金平）

【组织“骨干讲堂”活动】　1 月 12—16 日，宏城幼儿园组织“骨干讲堂”活动。该园 5 名市区级骨干教师分别开放半日活动，其他教师在开放活动前根据课程安排表的内容，选择符合自身需求的内容申报听课，骨干教师与听课人员一起课后研讨。同时，骨干教师开展业务讲座，围绕自身优势学科，结合日常教学工作，理论联系实际讲解工作经验。

（李金平）

【开展“中国梦、我的梦”主题活动】　5 月 20 日至 6 月 1 日，宏城幼儿园组织“六一”大型主题庆典活动。活动以“中国梦、我的梦—放飞童心、梦想起航”为主题，组织 3 项活动：举办“中国梦、孩子梦”幸福童年照及个人绘画展，幼儿画出自己的梦想，并将个人的照片、绘画作品悬挂在幼儿园内；邀请中国木偶艺术团来园演出《咕咚来了》《三只老虎》等剧目，幼儿上台与演员互动；组织“六一”亲子游园活动，家长和幼儿自选参加游戏活动，观看幸福童年照及个人绘画。

（李金平）

【幼儿学包粽子】　6月19日，宏城幼儿园组织幼儿学包粽子。幼儿合作用苇叶卷筒，装上红枣、糯米，再包严实，用线绳捆牢，中午可以吃到自己包的粽子。各班开展端午节主题活动，让幼儿了解端午节时间、起源和民俗活动等。幼儿 420 人参加活动。

（李金平）

【开展消防安全教育活动】　11 月 2—13 日，宏城幼儿园组织各班开展消防安全主题教育活动。观看火警案例，了解火灾的严重危害性，教育幼儿不能玩火和远离生活中的易燃物品；记住火警电话“119”，学会报警；教师带领幼儿认识园内消防设施以及应急灯等标志，家长带领幼儿在商场、影院等公共场所找到、认识安全疏散标志；了解幼儿园的灭火设施位置，把学到的灭火知识讲述给爸爸妈妈听；掌握逃生方法，熟悉幼儿园逃生路线，组织火灾逃生疏散演练。

（李金平）

北京市大兴区第三幼儿园

【概况】　2015年，北京市大兴区第三幼儿园为教育部门办园类别，日托制。占地面积6139.72平方米（总园4148.53平方米、分园1991.19平方米），校舍建筑面积6201平方米。2015年9月原址翻建，临时搬入位于兴泰街5号院16号的首邑溪谷配套幼儿园周转，现园占地面积3332平方米，校舍建筑面积2065平方米。固定资产总值619万元。全年教育经费投入1427万元，均为国家拨款。拥有多功能厅、科学屋和舞蹈教室等专用教室7个，普通教室29个。教室内设有交互式白板、触摸式多媒体一体机和数码相机等信息化教学设施，建有校园网、校园安全防范监控系统、门禁系统。教职工85人，其中，教师54人，包括专科及以上学历53人、中级及以上职称28人；保健员4人。开设14个教学班，小班6个、中班4个、大班4个。幼儿入园175人、离园146人、在园427人。

（吴秀珍　李慧君）

【开展科学周活动】　4月22—23日，

大兴三幼开展“生活中的趣味科学游戏”科学周活动。小班组利用声、光、电等科学类玩具开展“快乐分享、玩玩学学”活动，在家长帮助下分享玩具玩法和体验。中班组组织“用科学体验赛”活动，在教师和家长指导下，幼儿自选光影、磁力、静电、色彩、浮力等科学区域活动。大班组家长介绍自制科学玩具做法、玩法和原理，幼儿参与制作科学玩具，并组织陀螺比赛。幼儿及家长350人参加活动。

（李慧君）

【开展教师示范课活动】　5月19日，大兴三幼开展教师示范课活动，3名教学经验丰富教师分别进行《解密电话号码》大班数学、《神奇的风》大班科学、《盖新房》中班科学教育活动展示。全体人员进行研讨、反思，尤其是青年教师将自己学到的教学方法、经验列出，由老教师点评指导。教师12人参加活动。

（李慧君）

【举办家长开放日活动】　10月28—29日，大兴三幼举办家长开放日活动。该园分别邀请大、中、小班家长来园感知幼儿在园生活。大班开展“缤纷水果创意无限”亲子制作水果拼盘；中班组举办“变废为宝”服装秀活动，家长利用各种废纸制作衣服，和幼儿一起进行“亲子时装秀”展示；小班组织“爱在金秋健康月”活动，进行幼儿体操、音乐游戏展示和户外亲子游戏。教师从班级近况、注意事项及科学育儿等方面与家长进行交流、沟通。

（李慧君）

北京市昌平区教工幼儿园

【概况】　2015年，北京市昌平区教工幼儿园为教育部门办园类别，日托制。占地面积4525平方米、校舍建筑面积5658平方米。固定资产总值1087万元。全年教育经费投入2257万元，均为国家拨款。拥有语言、美工和计算机专用教室，普通教室16个。教室内设有触控一体机、电子琴和插卡播放器等教学设施。教职工86人，其中，教师70人，包括专科及以上学历66人、中级及以职称29人、北京市骨干教师1人、区学科带头人4人、区骨干教师8人。保健员3人，其中，专科及以上学历2人、中级及以上职称2人。开设16个教学班，其中，小班7个、中班5个、大班4个。幼儿入园160人、离园150人、在园489人。网址：www.cpjgyey.com。

（褚小芹）

【观摩青年教师集体教学展示】　1月19—21日，昌平教工幼儿园开展青年教师集体教学展示观摩活动。11名青年教师展示自己的集体教学活动，内容涉及艺术、健康、社会、语言、科学五个领域。其中，小班的科学课“有趣的冰花”用事先做好的冻冰花成品引导幼儿观察、触摸、思考，鼓励幼儿表达自己的发现、感受；在引导过程中，教师进一步用材料示范制作过程，通过让幼儿观察、自己做示范，激发幼儿大胆动手操作与探究的兴趣。观课后，所有听课教师集中交流、研讨。教师34人参加活动。教师集体教学活动内容操作性强，教学设计注重创新，活动目标直观，符合幼儿好动好玩的年龄特点，注重幼儿个体差异和幼儿之间的互动。

（褚小芹）

【举办亲子游园活动】　3月6日，昌平教工幼儿园举办亲子游园活动。活动分小班、中班、大班三个组，游园内容为水果拼盘、创意节日礼物制作、纸工刮画、面点制作四个项目。每个班级只设一项开放式活动区，幼儿和妈妈可以走出班级自主选择活动区。在教师引导下，幼儿或给妈妈制作水果拼盘，或与妈妈一起制作节日礼物，或用刮画给妈妈画像，和妈妈一起合影、唱歌、说句妈妈最爱听的话，表达对妈妈的爱。师幼502人参加活动。

（褚小芹）

【承办《3～6岁儿童学习与发展指南》观摩研讨现场会】　12月17日，北京市《3～6岁儿童学习与发展指南》实施推进项目观摩研讨现场会在昌平教工幼儿园举办。该园作《让幼儿在交流和运用中发展语言》经验介绍，从开展开放式区域游戏活动空间的历变、区域游戏内容的历变、游戏材料的投放、教师观察指导游戏的方式方法四个方面，介绍幼儿园开展开放式区域游戏实践活动的做法和取得的成绩。教师实地观摩该园开展的“开放式语言区域游戏活动”，分为维尼熊之家——抱抱娃娃、海绵宝宝之家——拼拼插插和巧虎之家——拼拼摆摆等15个游戏区域。相关专家、领导及本区教师153人参加活动。

（闫淑玉）

北京市昌平区工业幼儿园

【概况】　2015年，北京市昌平区工业幼儿园为教育部门办园类别，日托制。占地面积10041.81平方米，建筑面积8933平方米。固定资产总值1801.71万元。全年教育经费投入2468.90万元，均为国家拨款。拥有多功能活动大厅、舞蹈教室和美术多功能教室等6个专用教室，普通教室25个。教室内设有高清触控一体机、钢琴和空气净化器等设备。教职工104人，其中，专任教师68人，包括专科及以上学历67人、中级及以上职称28人；保健医4人，均为专科及以上学历，中级职称1人。市级骨干教师1人，区级学科带头人2人、区级骨干教师9人。开设19个教学班，其中，小班8个、中班6个、大班5个。幼儿入园233人、离园174人、在园550人。网址：www.bjcpgyyey.com。

（袁媛）

【开展春游亲子系列活动】　4月，昌平工业幼儿园开展“走进自然、拥抱春天”亲子系列活动。幼儿、家长和教师到蟒山公园、乡居楼、永安公园、滨河公园开展亲子系列活动，通过“走进洼里乡居楼”“和春天一起成长”“我们一起去郊游”等主题活动，激发幼儿参与户外体育活动的兴趣，锻炼幼儿的体能，增强幼儿间的交往；引导家长利用各种资源与幼儿共同活动，培养家庭运动的习惯。教师、幼儿、家长330人参加活动。

（李迎春）

【新生家访】　8月27—29日，昌平工业幼儿园对新入园幼儿家访。各班教师根据入园登记表初步了解幼儿家庭情况，制定家访活动计划、访谈观察表格，带上图书、玩具走进新生家里。通过与家长交谈，与幼儿的交流及观察幼儿在家游戏状况，对幼儿家庭教育情况、幼儿发展情况进行全面了解。共走访176个幼儿家庭。

（李迎春）

【开展体验收获活动】　10月14日，昌平工业幼儿园开展体验收获活动。幼儿到“童真元土”教育实践基地参观萝卜种植园，观看萝卜生长过程，认识白萝卜、胡萝卜，尝试自己拔萝卜，唱《拔萝卜》歌曲，体验收获的快乐。幼儿24人参加活动。

（李迎春）

【开设网球课】　10月21日，昌平工业幼儿园开设网球课。课程由该园体育教师执教，每周每个班级一次课，采取面对面授课的方式让幼儿逐渐了解、认识网球运动，并通过网球、球拍做多种游戏。中班幼儿180人参与课程活动。

（袁媛）

北京市昌平区滨河幼儿园

【概况】　2015年，北京市昌平区滨河幼儿园为教育部门办园类别，日托制。占地面积4400平方米、校舍建筑面积3606平方米。固定资产总值476.46万元。全年教育经费投入1289.37万元，均为国家拨款。拥有多功能厅、阅览室和图书室等专用教室4个，普通教室12个。教室内设有计算机、数码照相机和空气净化器等教学设施。教职工68人，其中，专任教师49人，包括专科及以上学历48人、高级职称3人、中级职称7人；保健员3人，均为专科及以上学历，其中，中级职称1人。区学科带头人1人、区骨干教师2人。开设11个教学班，其中，小班4个、中班4个、大班3个。幼儿入园128人、离园138人、在园324人。网址：binhe.chpedu.net。

（杨光）

【开展蔬菜义卖活动】　5月27日，滨河幼儿园开展蔬菜义卖活动。义卖蔬菜全部来自幼儿园种植区的成熟蔬菜。在幼儿自己动手采摘、收获、打捆、定价的基础上，号召全园家长共同参与活动。所得义卖款139元全部用于今后爱心捐款和需要帮助的人。教师、幼儿、家长500人参与活动。

（杨光）

【开展种植园收获与种植活动】　9—10月，滨河幼儿园组织幼儿在园内种养殖园开展收获与种植活动。幼儿在管理员和教师引领下收获花生、香菜、韭菜、黄瓜、樱桃萝卜、雪里蕻、芝麻等10余种成熟的农作物，参与蔬菜打捆、摘菜、洗菜以及清洗花生、芝麻晾晒等工作，把收获的农作物带回家与家长分享。同时，在班级责任田种下适合秋季种植的绿叶菜。教师将收获种植活动融入教学计划中，将种植、护理和观察；收获、摘菜、清洗到最后的分享做成系列主题活动。教师、幼儿360人参与活动。

（杨光）

【举办第一届厨艺比赛】　10月29日，滨河幼儿园举办第一届厨艺比赛。比赛旨在提高幼儿园伙食质量，促进厨师职业技能的提升以及幼儿园营养膳食管理水平的均衡发展，评委19人由各部门负责人和各班组长组成，参赛厨师7人，分别制作南乳扣肉、蒜蓉鸡翅、清蒸龙利鱼等菜品。评委以现场品尝评判的方式，从菜肴的口感、味道、色泽、造型四个角度评定，评出一等奖1人、二等奖2人。

（杨光）

北京市平谷区第二幼儿园

【概况】　2015年，北京市平谷区第二幼儿园为教育部门办园类别，日托制。占地面积3981平方米、校舍建筑面积3567平方米。全年教育经费投入1726万元，均为国家拨款。固定资产总值770万元。图书室藏书1.70万册。拥有录播专用教室1个，普通教室15个。计算机60台，信息化经费投入357万元，校园网出口总带宽200Mbps，数字资源量2T。教职工66人，其中，教师65人，包括专科及以上学历63人、中级及以上职称42人；保健员2人，均为专科及以上学历，中级职称1人。开设13个教学班，其中，小班5个、中班5个、大班3个。幼儿入园136人、离园86人、在园317人。

（张娟）

【举办儿童才艺展示活动】　1月27日，平谷二幼举办首届“我型我秀、我是小达人”儿童才艺展示活动。活动按小、中、大三个年龄段进行，幼儿40人表演歌唱、器乐和舞蹈等才艺。师幼360人参加活动。

（张娟）

【开展班级亮点工作分享活动】 3月6日，平谷二幼开展班级亮点工作分享活动。活动以“精彩分享、别样收获”为主题，旨在促使教师创新班级工作，相互学习班级工作策略，包括班级工作亮点交流和参观班级特色文化两部分内容。围绕如何缓解幼儿入园焦虑实现有效过渡、如何进行幼儿生活习惯的有效培养、能力弱幼儿的特殊照顾、家长工作等内容，教师18人介绍班级工作亮点。教师60人参加分享活动。

（张娟）

【举办阅读节】 11月，平谷二幼举办阅读节。活动以“相约绘本阅读、放飞五彩童心”为主题，提供绘本阅读书籍1000余册供幼儿及家长阅读；开展全园“图书漂流”活动，鼓励幼儿把家里好书带到幼儿园，或借阅班级图书区里的绘本带回家阅读；举办《亲子阅读、共同成长》专题讲座，开放幼儿园梦幻小剧场，提供相关头饰、服装等，指导幼儿进行故事类表演；家园齐动手用不同的方式制作故事连环画，供幼儿阅读欣赏；利用APP软件系统交流平台，家庭间开展“小手拉大手”亲子阅读交流和“好书推荐”交流活动。

（张娟）

北京市平谷区第三幼儿园

【概况】 2015年，北京市平谷区第三幼儿园为教育部门办园类别，日托制。占地面积6317平方米、校舍建筑面积3675平方米。全年教育经费投入1032万元，其中，国家拨款1032万元。固定资产总值1059万元。图书室藏书1万册。拥有专用教室3个，普通教室12个。计算机50台，信息化经费投入441万元，数字资源量200GB。教师57人，包括专科及以上学历56人、中级及上职称35人；保健员3人，均为专科及以上学历、中级及以上职称。招收11个教学班，其中，小班4个、中班4个、大班3个。幼儿入园105人、离园120人、在园288人。网址：www.bjpgsy.com。

（崔书义）

【开展“五化”特色课堂活动】 3月，平谷三幼开展“五化”教学特色课堂活动。“五化”包括：生活化，在小班开展“家庭美食厨房”系列活动，幼儿在操作中感受分享的快乐；情境化，鼓励教师为幼儿提供“参与”“观察”“发现”的情境课堂，激发幼儿主动体验和学习的积极情感；资源化，携手家长、社区、退休老教师开展“幼儿园里的购书日”“家长牙医进课堂”“社区带我话安全”“老幼同乐”等活动，发挥资源优势，拓展教学内容；本土化，通过爱家乡主题月、农作物手工制作和“爱家创绿”等系列活动，引导幼儿了解感受家乡特色，提升主人翁责任感；信息化，组织教师进行电化教学软件的培训，开展录像课评优活动，创设轻松学习氛围，增强师幼互动效应。

（宋春梅）

【开展传统文化进校园活动】 4月，平谷三幼开展传统文化进校园活动。该园强调幼儿生活中的礼仪教育，开展“孝”名言征集活动，倡导悟孝行孝，每月以“尊老、敬贤、重礼、守矩”为标准评选班级礼仪小标兵，树立文明美德新风。区域游戏中组织幼儿开展剪纸、捏泥人、刺绣和画脸谱等趣味活动，感受民间艺术的魅力。“上下五千年、亲子话中华”成语故事大赛活动增强幼儿的民族自豪感和爱国情怀。大班开展“有趣的文字”“文字对对碰”“图文配对”等语言系列活动，让幼儿初步学习了解汉语言文化的发展轨迹。

（宋春梅）

【多举措引领幼儿阅读】 9—11月，平谷三幼多举措引导幼儿阅读。开展讲故事擂台赛，大班幼儿自选故事创编表演，幼儿担任评委，评选出最佳表演、最受欢迎等奖项，激发幼儿故事表演兴趣。班内设立阅读活动区、故事表演区、新闻播报站、影像配音站及故事墙，为幼儿提供自主阅读环境和心得体会交流平台。设立“创意书吧”阅读室，在专任教师带领下，每日不同年龄段的幼儿以大带小，通过结伴自主阅读、同伴分享阅读、师生集体阅读体验阅读的乐趣。在楼道窗台、楼梯、墙角等分散区域摆放绘本故事、幼儿自制图书等物品，营造随处皆可阅读的氛围。

（崔书义）

北京市平谷区幼儿园（北京市平谷区第一幼儿园）

【概况】 2015年，北京市平谷区幼儿园（北京市平谷区第一幼儿园）为教育部门办园类别，日托制。占地面积5155平方米，建筑面积5335平方米，图书室藏书1.60万册，固定资产总值1029.22万元。全年国家拨款1290.19万元。信息化经费投入478.96万元，有计算机53台，校园网出口总带宽200Mbps，数字资源量1T，拥有图书阅览室和幼儿美工室等专用教室7个，普通教室15个。教室内均设有多媒体投影仪等教学设施。教职工76人，其中，教师71人，包括专科及以上学历62人、中级及以上职称37人；保健员3人，均为专科及以上学历、中级职称。开设教学班14个，其中，小班5个、中班5个、大班4个。幼儿入园181人、离园190人、在园448人。

（于海清）

【试行领域活动走班制】 3月2日，平谷幼儿园试行领域活动走班制。各年龄班组教师共同制定月主题和领域课程计划，每周每名教师按各自主管的领域准备一节教学活动，在集体教学活动时间进行同班组横向循环走班制教育教学。该活动提升教师的观察、反思与指导能力，增强随机应变的教学能力，提高教师的研究能力。

（于海清）

【开展环保教育】 6月5日，平谷幼儿园开展环保教育活动。该园开展“大手拉小手、环保我先行”家庭环保签名活动。幼儿和家长一起在横幅上签名，倡导家长和幼儿一起积极参与到环保活动中；各班开展“种植小达人”活动，园内开辟种植区、各班开展种植角，幼儿精心护理种植的花草、芽苗菜等；开展“巧手制作变废为宝”活动，鼓励幼儿和家长利用废旧物品，变废为宝，制作环保玩具。幼儿430余人参加活动。

（于海清）

【幼儿园更名】 11月11日，平谷幼儿园更名为北京市平谷区第一幼儿园。

该园建立于1975年，因当时只有该园一所公立园，故称平谷区幼儿园。随着学前教育的发展，公办园所越来越多，为便于管理，更名为北京市平谷区第一幼儿园。更名后幼儿园机构规格、经费形式、主要职责、人员编制、负责人等均不变。该园建立时位于城关镇向阳街西一条12号（今幸福小区13号），只是低矮平房，招收两个教学班、50名幼儿，21名教职工。2008年8月，该园由于翻建改造，暂时搬迁到平谷第八小学院内办学。2010年3月，园所改建完工，9月回迁。

（于海清）

北京市怀柔区第二幼儿园

【概况】　2015年，北京市怀柔区第二幼儿园为教育部门办园类别，日托制。占地面积4140平方米，校舍建筑面积3017平方米。固定资产总值1159.52万元。全年教育经费投入1739.81万元，均为国家拨款。园内设有教师电子备课室、多功能活动教室和幼儿美术活动教室，班内配有计算机、钢琴和照相机等设施以及多媒体教学设备。幼儿园藏书1.83万册，大小玩教具1.30万件。教职工77人，其中，专任教师74人，包括高级职称教师3人、中级职称教师29人、市级骨干教师2人、区级骨干教师7人、区级学科带头人2人；保健医2人，保健员2人。开设教学班13个，其中，小班5个、中班4个、大班4个。幼儿入园190人、离园175人、在园539人。

（宋久红）

【举办亲子游园庙会活动】　3月5日，怀柔二幼举办元宵节亲子游园庙会活动。幼儿观看扭秧歌、小车会等传统表演；向教师、家长学剪纸、藤编、做灯笼、捏泥人、扎染；举办跳蚤市场，将义卖筹款2794.10元捐献给贫困山区的小朋友。幼儿及家长300人参加活动。

（宋久红）

【开展班级环境创设比赛】　10月15日，怀柔二幼开展班级环境创设比赛。全园13个教学班均参加比赛，评价小组对自然角、主题墙、活动区创设及整体环境三个方面进行评比，评选出一等奖2个、二等奖2个、三等奖3个。环境创设评比中，教师能够充分利用废旧材料，环境布置协调和谐，富有创新和美感，体现特色幼儿园环境特点。

（宋久红）

【举办故事大王擂台赛】　12月16日，

怀柔二幼举办故事大王擂台赛。赛前各班开展“班级故事会”活动，由幼儿选出心目中的“故事大王”。12名选手参加故事大王擂台赛，评委由各班幼儿投票选出，评选出最佳表演奖2人、最佳声音奖2人、最佳台风奖3人、最具人气奖5人。

（宋久红）

北京市怀柔区第三幼儿园

【概况】　2015年，北京市怀柔区第三幼儿园为教育部门办园类别，日托制。园所占地面积16800平方米、建筑面积9500平方米。固定资产总值3860万元。全年教育经费投入1920万元，均为国家拨款。拥有早教、美术和玩具图书馆（CPM）3个专用教室，音乐多功能教室1个，普通教室24个。教室内配有各类玩具、钢琴和数字白板等教学设施。教职工99人，其中，专任教师57人，均为专科及以上学历，中级及以上职称14人；保健医6人，均为专科及以上学历。开设19个教学班，其中，小班7个、中班7个、大班5个。幼儿入园215人、离园160人、在园521人。

（刘桂平）

【开展评优课活动】　4月7—22日，怀柔三幼开展“魅力课堂、精彩无限”评优课活动。该评选以各年龄班为单位，以幼儿园“课堂教学活动评优标准”为依据，采用授课教师反思、观摩教师研讨、业务领导评议、教研组评审等方式进行。20个教学班的40名教师参加评优，推选2名教师参加区级教育活动半日评优活动。

（刘桂平）

【组织教学基本功理论培训】　10月16日至11月30日，怀柔三幼组织教学基本功理论考核培训。培训以专题研讨、小组交流、闭卷考试、开卷考试、现场问答等形式进行，内容涉及《幼儿园指导纲要》《3～6岁儿童学习与发展指南》等理论知识和教育法律法规。全园57名教师参加学习。

（刘桂平）

【开展徒步行走游戏活动】　11月26

日，怀柔三幼开展“徒步小勇士”游戏活动。在“寻宝”游戏中，幼儿自己识图，发现线索，完成任务；在“闯关”游戏中幼儿齐心协力，相互合作，共同完成挑战。每名幼儿均完成闯关任务和游戏项目，获得“徒步小勇士”奖状。该园师幼200人参加活动。

（刘桂平）

北京市密云县第八幼儿园（北京市密云区第八幼儿园）

【概况】　2015年，北京市密云县第八幼儿园（北京市密云区第八幼儿园）为教育部门办园类别，日托制。占地面积4909平方米，建筑面积2933平方米。固定资产总值214.70万元。全年教育经费投入618.85万元，均为国家拨款。拥有美术教室、舞蹈教室和备课室3个专用教室，普通教室11个。教室内设有计算机、电子钢琴和移动黑板等教学设备。教职工 61 人，其中，专任教师 22 人，包括专科学历 5 人、本科学历 17 人、中级职称 2 人；县级骨干教师 2 人。开设教学班 11 个，其中，小班 4 个、中班 4 个、大班 3 个。幼儿入园 108 人、离园 107 人、在园 296 人。网址：117.115.109.1。

（于江平）

【举办创编幼儿舞蹈培训】 2 月 26—27 日，密云八幼举办“幼儿舞蹈创编”培训。区少年宫教师来园授课，内容涉及幼儿舞蹈创编的种类、原则、手法等内容，并指导教师创编幼儿器械操《嘿，小可爱》。

（于江平）

【组织民间体育游戏活动】 4 月，密云八幼组织民间传统体育游戏活动。该园组织幼儿开展舞龙、跳竹竿、抖空竹等活动，师幼与家长收集废旧材料制作龙、龙舟，并以《中国龙》《中国美》等为背景音乐，编排师幼展示节目。教师、家长和幼儿 630 人参加活动。

（于江平）

【开展辩论式教研活动】 6 月 24 日，密云八幼开展辩论式教研活动。活动分为阐述观点、攻辩、问答、总结陈词四个阶段，以“日常教学中出现的问题”为主题，正、反方各 9 名辩手，通过上网查资料、翻阅幼教期刊、查找幼儿园指南、纲要和幼儿园管理手册等，准确阐述自己观点，并列举工作中具体事例辩证、论证、反驳对方观点。

（于江平）

北京市密云县第三幼儿园（北京市密云区第三幼儿园）

【概况】 2015 年，北京市密云县第三幼儿园（北京市密云区第三幼儿园）为教育部门办园类别，日托制。占地面积 2701 平方米，校舍建筑面积 2661 平方米。全年教育经费投入 753.33 万元，均为国家拨款。固定资产总值 819.71 万元。藏书 2183 册，包括电子图书 637 册。普通教室 10 个，计算机 33 台。幼儿园信息化经费年投入 23.01 万元，校园网出口总带宽 100Mbps，数字资源量 650GB。教职工 57 人，其中，教师 49 人，包括专科及以上学历 47 人、中级职称 9 人、高级职称 1 人。保健员 3 人，均为专科及以上学历。开设 10 个教学班，其中，小班 4 个、中班 3 个、大班 3 个。幼儿入园 109 人、离园 126 人、在园 289 人。网址：my3y.miyunedu.net。

（李东来）

【组织立体玩教具制作评比活动】 1 月 13—19 日，密云三幼组织教师立体玩教具制作评比活动。全园教师围绕“如何利用玩教具来支持幼儿的学习和发展”开展研讨，利用废旧环保材料等制作立体玩教具 47 件参加评比。园长、教师、家长代表，从教育性、科学性、创新性、安全性等方面对参评玩教具进行评分，8 件作品获得一等奖。

（李东来）

【开展快乐种植活动】 4 月 16 日，密云三幼开展快乐种植活动。该园把可利用空间作为教育资源，在园内为每个班开辟种植园地，让幼儿种植植物，包括爬山虎、紫藤、菠菜、豆角、黄瓜等。在植物发芽成活以后组织评比，对植物生长旺盛的园地和班级进行奖励。

（李东来）

【评选文明礼仪之星】 6 月 8 日，密云三幼开展“文明在我心，礼仪伴我行”文明礼仪之星评选活动。活动以表扬先进、树立榜样为出发点，让每名幼儿都参与到“文明礼仪之星”的评选活动中。通过班级评选、园级评选，10 名幼儿入选。

（李东来）

【评选“满意”教师】 7 月 3 日，密云三幼开展“幼儿喜欢、家长满意教师”评选活动。家长和幼儿根据评选条件填写选票，园领导根据教师得票数集中评议，最终评选出 6 名“幼儿喜欢、家长满意教师”。

（李东来）

北京市延庆县第一幼儿园（北京市延庆区第一幼儿园）

【概况】 2015 年，北京市延庆县第一幼儿园（北京市延庆区第一幼儿园）为教育部门办园类别，日托制。占地面积 3518.96 平方米、校舍建筑面积 5017.14 平方米。全年教育经费投入 1159.25 万元，均为国家拨款。固定资产总值 682.10 万元，藏书 0.99 万册。拥有幼儿阅览室、音体室和“宝贝当家”社会体验馆等 4 个专用教室，普通教室 14 个。计算机 95 台，学校信息化经费投入 6.30 万元，校园网出口总带宽 350Mbps，数字资源量 130GB。专任教师 64 人，包括专科及以上学历 61 人、中级及以上职称 14 人；保健员 3 人，均为专科及以上学历，中级职称 2 人。开设 14 个教学班，其中，小班 6 个、中班 4 个、大班 4 个。幼儿入园 221 人、离园 131 人、在园 520 人。网址：yqyy.yqedu.com.cn。

（吴连柱）

【开通幼儿园手机客户端】 1 月 8 日，延庆一幼家园互动新路径——幼儿园专属 APP（手机客户端）正式开通启用。该互动平台设置园所情况、每日食谱、班级通告、活动动态、班级相册、睡前故事、互动话题等栏目，家长可以 24 小时登陆互动，实现家园互动双向免费、全天候对接服务，促进家园共育工作。

（吴连柱）

【开展亲子儿歌朗诵活动】 3月12日，

延庆一幼与延庆县儒林街道联合开展“巧嘴说儿歌”亲子朗诵活动。活动采用集中说儿歌、小组说儿歌、亲子说儿歌等方式，朗诵教师、家长原创的《节约用水最重要》《我的家乡是夏都》《我是延庆小导游》《北京精神到我家》等儿歌。幼儿、家长、教师 50 人参加活动。

（吴连柱）

【出版《我和孩子是蜗牛》】 11 月，延庆一幼教师解春荣个人教育专辑

《我和孩子是蜗牛》一书由北京出版社出版发行。该书176千字，787毫米×1092毫米开本，以纪实性故事反思形式，收录教育实践策略、教育感悟及研究成果等内容。该书纳入《北京教育丛书》2015年序列，是北京市学前教育领域一线教师首本同类级别书籍。解春荣为北京市骨干教师、延庆县名师。

（吴连柱）

北京市延庆县第二幼儿园（北京市延庆区第二幼儿园）

【概况】　2015年，北京市延庆县第二幼儿园（北京市延庆区第二幼儿园）为教育部门办园类别，日托制。占地面积3564平方米，校舍建筑面积5500平方米。全年教育经费投入1510.80万元，均为国家拨款。固定资产总值1426.20万元。图书室藏书4.90万册，包括电子图书2.80万册。拥有舞蹈室、艺术室、幼儿阅览室和教师阅览室4个专用教室，普通教室15个。计算机87台，学校信息化经费投入4.16万元，校园网出口总带宽100Mbps，数字资源量650GB。教职工72人，其中，教师71人，包括专科及以上学历69人、中级及以上职称32人；保健员3人，均为专科及以上学历，包括中级职称2人。开设15个教学班，其中，小班5个、中班5个、大班5个。幼儿入园168人、离园195人、在园450人。网址：www.yq2y.com。

（曹怀秀）

【开通APP家园互动平台】　1月27日，延庆二幼与北京英博讯公司合作开通APP家园互动平台。平台包括公共板块、教师园地内部板块及各班级家园沟通板块。

（曹怀秀）

【欢庆元宵节】　3月5日，延庆二幼

举办“了解中国节、共庆元宵节”。大班幼儿制作龙、猜灯谜、扭秧歌；中班幼儿做灯笼、团元宵、踩高跷；小班幼儿到中、大班欣赏秧歌表演。全园幼儿、教师一起舞龙、抬轿子、踩高跷，感受中国节日热闹与喜庆。

（曹怀秀）

【举办“二幼杯”游戏评优活动】　4月7—14日，延庆二幼举办“二幼杯”游戏评优活动。活动以“展雁阵风采、提高专业能力”为主题，“头雁教师”进行半日活动评优，“飞雁教师”进行游戏指导评优，“雏雁教师”进行教育活动评优，按照该园评比标准，评出一等奖14人、二等奖22人、三等奖9人。“头雁教师”是市、县级骨干教师，“飞雁教师”是园级骨干教师和参加工作3年以上教师，“雏雁教师”是工作3年以下教师。教师45人参加活动。

（曹怀秀）

北京市延庆县第四幼儿园（北京市延庆区第四幼儿园）

【概况】　2015年，北京市延庆县第四幼儿园（北京市延庆区第四幼儿园）为教育部门办园类别，日托制。占地面积11319平方米、校舍建筑面积7503平方米。全年教育经费投入1080.35万元，均为国家拨款。固定资产总值1748.77万元。图书室藏书0.55万册，包括电子图书0.23万册。拥有图书室、音体室和多功能厅等7个专用教室，普通教室20个。计算机65台，学校信息化经费投入40万元，校园网出口总带宽200Mbps，数字资源量260GB。教职工104人，其中，教师90人，包括专科及以上学历88人、中级及以上职称19人；保健员4人，均为专科及以上学历。开设20个教学班，其中，小班9个、中班7个、大班4个。幼儿入园312人、离园198人、在园710人。网址：www.bjyqsy.com。

（鲁爱文）

【成立幼儿足球队】　4月7日，延庆四幼成立小小足球队。足球队共招收65人，其中，2个大班40人，1个中班25人。该园制定详细的教学计划，每周一至周四下午训练一个小时，教练均为园内培养的体育教师。

（鲁爱文）

【举办课间操评比】　9月29日，延庆四幼举办课间操评比。大中小班分别做武术操、徒手操和集体舞。评比标准是师幼动作优美协调、有亲和力、感染力。评出一等奖5个、二等奖10个、三等奖5个。

（鲁爱文）

【庆祝建园10周年】　11月25日，延庆四幼举办“回顾历史、展望未来——师幼共庆幼儿园十岁生日”活动。该园开展蛋糕送祝福活动，当天园领导为每个班级送一个生日蛋糕；集中观看建园系列专题片；讲述园史发展故事；开展“幼儿园十岁了”幼儿绘画活动；录制“我为幼儿园送祝福活动”视频。该园于2005年11月25日成立。2015年12月31日，更名为北京市延庆区第四幼儿园。

（鲁爱文）

（本栏责任编校　王永刚）

基础教育

综　　述

2015年，北京市基础教育工作坚持改革创新，坚持立德树人，不断深化基础教育领域综合改革，统筹教育资源均衡配置，大力促进教育公平，全面实施素质教育，着力增强学生实际获得感，教育质量和办学水平进一步提升。

优质教育资源改革工作

继续统筹协调各有关高校、部门积极推进高校办附中附小、教科研部门支持中学发展、民办培训机构参与中小学学科教学改革、引进外籍教师参与中小学英语教学改革四项扩优改革，取得四个方面的进展：联合财政局及时出台3个项目管理办法；组织召开3次项目现场会、2次培训会；委托有关部门开展项目前瞻性研究，开发每个项目评估工具；项目实施取得新突破。完成民办教育机构参与中小学学科教学和民办教育机构引进外籍教师的公开招标工作，在政府购买教学服务和开展委托办学方面进行新探索。外籍教师项目已完成96所中小学聘专资质审核，32所学校外教已经到岗。34所中小学正式挂牌成为高校附中附小和17所中学正式挂牌成为教科研部门附属学校。高校办附中附小项目，委托部分部属高校附中、附小承办新校区，清华附中奥森校区、北师大二附中未来科技城校区投入使用。以城乡一体化学校为基础，委托北师大附中平谷校区、石景山校区，清华附小丰台校区，北大附小丰台校区、石景山校区跨区承办新校区，均已开始招生。

义务教育均衡发展进入新阶段

一是完成义务教育基本均衡发展阶段性任务。义务教育均衡发展通过国家验收，16个区县一次性通过国家义务教育发展基本均衡县（区）评估认定。二是加强义务教育均衡发展顶层设计，市委市政府印发《关于推进义务教育优质均衡发展的意见》，明确到2020年推进义务教育优质均衡发展的指导思想、目标和重点任务，并及时召开均衡验收总结推进会，部署推进义务教育优质均衡发展工作。三是完成国家教育体制改革——城区义务教育均衡发展项目结题工作，顺利通过教育部和专家组鉴定，项目深化义务教育均衡发展的理论和政策研究，四是积极推进“全面改薄”工作。针对国家督导办的整改意见，立足北京实际，按照“补短板、上水平”的要求，明确北京市“全面改薄”的工作思路和实施方案。

普通高中多样化发展工作

依据《北京市关于深化考试招生制度改革的实施方案》，按照“两依据、一参考”思路，即依据统一高考成绩、依据高中学业水平考试成绩，参考学生综合素质评价，研究制定《北京市普通高中学业水平考试实施办法》和《北京市普通高中学生综合素质评价实施办法》。在全市选取70所不同类型的高中学校进行特色建设与多样化发展的探索，引导学校在特色校本课程开设、特色活动基地开发、特色社团建设、特色课题研究等方面进行研究与实践。在2014年工作基础上，将优质高中名额分配比例提高到40%左右。新增市级统筹方式，安排招生计划2242个。编写出版《北京市普通高中教育发展报告（2014）》《北京市普通高中教育发展报告（2015）》。

学生开放性综合实践活动

一是研制初中综合社会实践活动指导意见，根据招生考试改革、义务教育课程教学改革的总体思路和部署，研究制定《初中综合社会实践活动考核指导意见（征求意见稿）》，明确初中综合社会实践活动三个层面、32点考核内容，并初步研发综合社会实践活动管理平台。二是出台中小学劳动教育意见，立足首都教育综合改革实际，研制《北京市教育委员会关于加强中小学劳动教育的意见》文件，明确5项推进举措和4项保障措施。三是组织开展游学和学农体验实践活动，5个生态涵养区24所深山区学校1600余名学生到城区8所优质学校开展游学，城六区2700余名学生到北京农业职业学校开展学农实践活动。

课程教材改革工作

制定《北京市实施教育部〈义务教育课程设置方案〉的课程计划（修订）》。逐步完善教材和教育资源建设，对语文、历史和思想品德等国家教材进行适应性修订，完成《中国梦》小学版等地方教材的出版。加强创新人才培养，积极推进“翱翔计划”“雏鹰计划”“遨游计划”“高中自主课程建设实验”等工作，构建“六位一体”的课程自主创新模型。着眼构建开放性的教与学模式，为学生提供更加精准和个性化的学习服务，在全市初一年级学生启动初中开放性科学实践活动。圆满完成国际学生评估项目（PISA）2015测试工作，全市77所学校2720名学生参加。

基础教育装备和信息化工作

加强工作指导和业务培训，不断提高基础教育装备安全与质量管理工作水平。修订《中小学校办学条件标准细则（普通高中部分）》，规范特殊教育学校办学条件标准。继续抓好北京数字学校建设，基于一线教师需求对14000余节名师视频课、7000余个主题微课进行二次整理，开发200个主题“特级教师课程”和10门混合式课程。积极开展“一师一优课、一课一名师”活动，5000节市级推优课程参加全国评选。稳步推进中小学数字校园实验项目，完成第二批实验校验收和第三批33所学校建设启动。完成北京市数字化基础教育资源共享交换平台二期建设，初步形成市级数字资源集约、融合、共享的生态格局。推进教育资源网的采购、服务与运维。推动“北京—唐山优质教育资源合作框架协议”深入落实，构建两地协同发展各具特色的基本公共教育服务体系。

民族教育和特殊教育工作

实施民族教育学校建设工程，以内地民族班学校为重点，投入4600多万元，为8个区的内地民族班学校和民族学校加强操场整修和专业教室建设，配齐配好教育教学设施设备，进一步改善民族教育学校办学条件。举办专题研修班，提升北京市民族教育管理干部贯彻执行党和国家民族政策水平。推进中小学民族团结教育工作常态化，举办贯彻落实《学校民族团结教育指导纲要（试行）》培训班暨经验交流会，交流民族团结教育工作经验。组织召开北京市民族教育学会第二届会员大会，指导北京市民族教育学会完成换届选举工作，进一步健全学会组织机构，充实科研力量。始终将培养坚强可靠接班人和建设者作为重要任务，进一步加强对内地民族班的教育管理服务，制定《内地和田高中班、内地玉树高中班招生和管理办法（试行）》，规范内地和田高中班、内地玉树高中班的管理。积极推进融合教育，初步构建起“市级特殊支持教育中心—区县特殊教育支持教育中心—学区资源中心—学校资源教室”四级融合教育业务指导和支持网络。扩大特殊教育教师培训范围，加强培训力度，扎实推进特殊教育教研工作。

义务教育入学和基础教育管理

坚持免试就近入学原则，合理划定招生范围。按照《教育部办公厅关于做好2015年城市义务教育招生入学工作的通知》，北京市公办小学100%实行划片就近入学，公办初中100%实行划片入学。升级完善入学服务平台，全程规范入学程序。继续加强计划管理，全程记录每一个学生入学途径和方式。各区县政府按照北京市非本市户籍适龄儿童少年接受义务教育证明证件材料审核指导要求，结合实际制定并公布实施细则，依法保障符合条件随迁子女接受义务教育。完善北京市中小学管理信息数据体系和功能建设，为跨省转学、毕业后跨省就学等核心业务开展提供保障，满足市、区教育行政部门及中小学校在学籍管理、教育教学管理、日常管理和科学决策等方面需求。

（张代龙　向娇娇　华蕾）

总　　类

【规范高校、教科研部门支持中小学发展项目管理】 1月12日，市教委、市财政局联合印发《北京市高校、教科研部门支持中小学发展项目管理办法（试行）》。文件明确，市教委牵头负责协调高校和市、区（县）两级教研部门支持中小学发展；区县教委为项目实施的管理责任主体。高校、教科研部门支持中小学发展所需经费由市级财政承担。市级财政经费支持项目实施，所需经费纳入年度预算。高校、教科研部门支持中小学发展，经费标准为每校每年200万元。具体支出内容包括劳务费、专家咨询费、印刷费、会议费、培训费、专用材料费、市内交通费。办法自2月10日起施行。高校、教科研部门支持中小学发展项目旨在充分发挥首都高校资源优势和市、区（县）两级教科研力量，帮助项目学校整体提升办学水平和育人质量，进一步扩充优质教育资源，促进基础教育均衡发展。1月13日，市教委在北京教育科学研究院丰台实验小学召开北京市教科研部门支持中小学发展工作研讨会，总结市、区教科研部门支持中小学发展工作取得的阶段性成效，交流经验和体会。项目自2014年启动，为期3年。

（韩景毅　张晓兰）

【规范外籍教师参与中小学英语教改项目管理】 1月12日，市教委、市

财政局联合印发《北京市外籍教师参与中小学英语教学改革项目管理办法（试行）》。文件明确，市教委负责统筹推进项目。市教委选择外籍教师资源丰富、社会信誉度好、有参与积极性的在京高校协助中小学聘请外籍教师或者通过政府采购程序选择社会信誉度好、适应教学改革需求、参与积极性高、具有外籍教师中介服务资质的民办教育机构作为供应商协助中小学聘请外籍教师。区县教委负责统筹区域内项目实施。文件明确，原则上每所中小学配备1名外籍教师，部分规模较大的项目学校以及高校的附中、附小可适当增加外籍教师人数。由高校协助聘请的外籍教师按照每人每年35万元的标准给予支持；由民办教育机构协助聘请的外籍教师按照每人每年不高于21万元的标准给予支持。办法自2015年2月10日起施行。至年底，市教委推进外教参与中小学英语教学改革项目实施。建立绿色通道，推进中小学校聘专资质审核；拓宽外教来源，增加外教供给；加强日常指导，确保外教入校工作依法依规进行。截至12月31日，外教入校项目校已达47所。外籍教师参与中小学英语教学改革项目自2014年开始，为期3年。

（向姣姣　张晓兰　郑静慧）

【开展数字资源市级课题工作】 1月，市教委开展数字资源市级课题工作。组建基于学科教学的数字化教育资源长效供给与应用策略研究课题组，课题组累计下校实地调研交流22次，协同7所课题校开展资源定制活动，完成资源设计175条。

（周凯）

【推进民办教育机构参与中小学学科教学改革】 2月28日，市教委与市财政局联合颁发《北京市民办教育机构参与中小学学科教学改革项目管理办法（试行）》。民办教育机构参与中小学教学改革项目2014年启动，为期3年，项目内容包括民办教育机构参与中小学教学改革、引入民办教育

机构开展委托办学；由市教委负责统筹协调各部门推进项目实施，牵头制定项目管理办法。管理办法明确各级部门、民办教育机构及项目学校的工作职责，并提出经费预算管理、监督检查的具体办法。管理办法自 3 月 25 日起施行。10 月 30 日，市教委召开北京市民办教育机构参与中小学学科教学改革项目推进会。会上，项目组通报项目实施以来的进展情况，解读《项目绩效评估方案（征求意见稿）》；朝阳区教委、石景山区教委、北京精诚文化学校、好未来国际教育集团、北京市同文中学、海淀区亮甲店小学分别代表区县教育行政部门、民办教育机构和项目学校作交流发言；北京教育学院副院长、项目组指导专家杨志成对项目作深入点评。市教委基础教育一处、北师大项目研究组专家、全市所有的项目区县、中小学项目学校校长、民办教育机构相关负责人总计 130 人参加。

（陈彦舟　孙晓楠）

【召开数字校园应用成果阶段总结会】

3 月 19 日，市教委组织召开北京市中小学数字校园应用成果阶段总结暨交流研讨会。会议全面总结数字校园工作建设历程、取得的成果以及下一步推进思路，并依据第一批实验校的评估结果对实验校进行年度数字校园星级学校评定。在数字校园建设中表现突出的星级学校分享优秀成果及经验。市教委肯定数字校园实验项目 5 年来所取得的成绩，并要求在下一步的工作中继续总结经验、转变思路、强化创新，强调要重点关注学生作为教育消费主体的实际获得。市教委相关部门、区县教委、百所数字校园实验校负责人参加会议。

（宋洁）

【首次参加国际学生评估测试】 4 月 10 日，市教委完成国际学生评估项目（Programme for International Student Assessment，缩写 PISA）2015 测试。测试分两个阶段，首次采用机考方式，内容包括阅读、数学、科学、财经素养和协作问题解决等方面。11 个区县（含房山区）77 所学校 2700 名学生参加测试。测试结束后，项目组收集参测学生的感受，及时总结，开展后期系列研究工作。PISA 是由经济合作与发展组织（OECD）设立的大规模国际教育评价项目，旨在评价 15 岁学生应用知识与技能适应未来生活的能力。

（赵以文）

【认定 203 所第二批中小学学校文化建设示范校】 4 月 17 日，市教委认定 203 所中小学为北京市第二批中小学学校文化建设示范校。专家组依据创建标准，通过实地评估、现场观摩、听取汇报、查阅材料等方式认定。该工作共经启动培训、创建展示、评估认定 3 个阶段，并召开北京市第二批中小学学校文化建设示范校创建活动总结会暨学校文化主题论坛。会议总结第二批中小学学校文化建设示范校创建活动，部署第三批中小学学校文化建设示范校创建工作，交流学校经验。大会设教师文化、学生文化和公共关系文化、课堂教学文化与课程文化、管理文化和环境文化 4 个分论坛，32 所学校负责人在分论坛发言，交流学校做法，展示学校文化特色。区县教育行政部门负责人及 350 所中小学校长共计 400 人参加会议。7 月 7 日，市教委基础教育一处与北京教育学院共同组织召开交流培训会，全面部署第三批学校文化建设示范校创建工作。2013 年市教委认定 105 所学校为北京市第一批中小学学校文化建设示范校。

（陈德时　马亚莉　刘琳）

【加强义务教育均衡发展顶层设计】 4 月 23 日，市委、市政府发布《关于推进义务教育优质均衡发展的意见》。意见明确到 2020 年的义务教育优质均衡发展的指导思想、发展目标和重点任务，成为统筹新时期义务教育均衡发展纲领性文件。意见提出“以建成公平、优质、创新、开放的首都教育体系为指引，以均衡配置资源为重点，以提高教育质量为核心，以体制机制改革为动力”“到 2020 年，在确保各区县义务教育均衡发展的基础上，优质教育资源覆盖面进一步扩大，全市义务教育实现更高水平的优质均衡发展”。意见明确“创新资源配置方式，高水平均衡配置义务教育资源；强化社会主义核心价值观教育，全面提高育人质量；深化考试招生制度改革，统筹推进科学减负；深化教育人事制度改革，均衡配置学校师资力量；规范民办学校发展，满足多样化个性化教育需求；推进管办评分离，增强学校办学活力；创新管理体制机制，优化教育发展环境”等重点任务。

（向姣姣）

【国音实验班落户十八中】 4 月，中央音乐学院与北京市第十八中学共同承办北京市第一个音乐素养培养实验班——“国音实验班”。该班力求实现音乐对创新人才的培养，全面提高学生音乐素养和综合素质，是北京市落实首都新定位，深化教育改革的重大举措之一。实验班面向全市普通初中招生，入学没有对音乐基础的限制，以中考成绩为唯一录取依据。实验班的定位是培养普通学生的音乐素养，经过 3 年学习，学生将达到一定的音乐素养水平，与普通班学生一样正常参加高考等升学考试。在学习过程中音乐专业素质、潜能表现突出的学生可升入音乐专业院校深造。实验班学生考入北京市属高校可享受“双培计划”和“外培计划”，考入全国 53 所普通高等学校可以成为高水平艺术团成员。

（郭秀平）

【签约成立八中京西校区】 5 月 5 日，西城区教委、门头沟区教委与北京市第八中学签订三方合作办学协议。根据协议，八中成立京西校区，为京西校区的起步办学和优质发展提供政策和资金等方面的支持，支持门头沟区教育的创新发展和北京八中集团化办学；门头沟区综合实践体验圈等特色教育资源为西城区中小学生提供社会大课堂新场所。市教委、西城区教委、门头沟区教委领导和八中校长等 10 人参加签约仪式。

（戚江凡）

【召开教科研支持中小学发展工作会】

5月19日，市教委在北京科技大学附属中学召开教科研部门支持中小学发展工作现场会。会上，北京教科院介绍支持中小学发展工作总体情况。海淀区通过视频短片、工作团队汇报交流、校长发言等形式，多视角呈现全区发挥教科研部门专业优势，扩大优质教育资源的有效成果，全面展示创新区域协同发展的有益经验。与会领导共同为海淀区教师进修学校附属中学、学院路研修中心、北部研修中心揭牌。市教委、北京教育学院、北京教科院、区进修学校等部门领导和专家，市、区两级教育行政部门、教科研部门负责人，项目校校长和教研员代表共计300人参加现场会。2014年5月，教科研部门支持中小学发展工作启动。截至2015年5月，市、区11个教科研部门的130多名干部教师参与到17所项目学校的管理和教学实践中。

（宋亚甫　孙晓楠）

【加强基础教育装备安全与质量管理工作】　5月25日，市教委印发《关于加强基础教育装备安全与质量管理工作的意见》。意见分析基础教育装备的发展基础与面临形势；明确做好基础教育装备工作的主要目标与原则；提出加强教育装备安全、质量管理，加强采购和验收环节管理，加强教育装备教育教学适用性评估，加强图书馆建设，提升标准化工作水平，建设专业化队伍，推进教育装备管理信息化等8项推进措施与重点工作；在组织机构与保障机制方面提出要求。意见自7月1日起施行。

（陆小红　赵以文　孙晓楠）

【印发春秋季中小学教学用书目录】

5月和11月，市教委分别印发2015年秋季和2016年春季北京市普通中小学教学用书目录。其中，2015年秋季目录包括“2015年秋季北京市普通中小学自编及实验教学用书目录”“2015年秋季北京市普通高中课程改革实验教材目录”“2015年秋季义务教育教学用书目录”和“义务教育书法教学用书目录”。文件明确，2015年秋季学期小学三年级书法课程使用教育部公布书目中教材。2016年春季目录主要包括“2016年春季北京市普通中小学自编及实验教学用书目录”，要求对于可跨学期、跨年度使用的教材以及课标版实验教材的征订，均可参看2014年、2015年秋季书目。市教委要求各区县在教材选用过程中要严格执行相关规定，进一步加强中小学教学用书管理。

（张晓兰）

【组织中小学生走进高校、社会机构实验室】　6月16日，市教委召开北

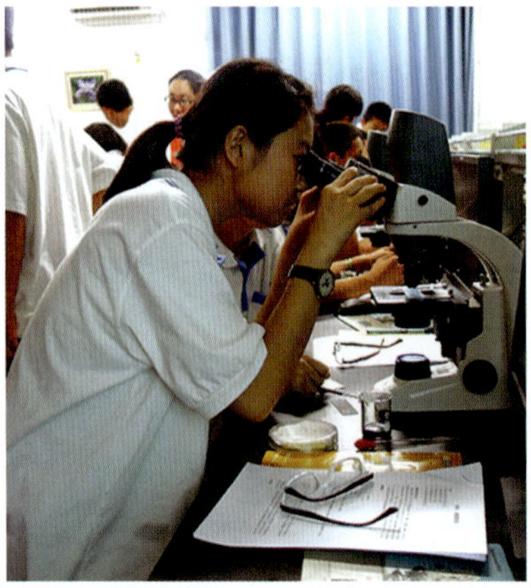

京市中小学生走进高校、社会机构实验室现场会。会议为清华大学基础工业训练中心等首批面向中小学生开放的21间实验室授牌“北京市中小学生实验实践课程基地”。北京市教育技术设备中心、北京理工大学、顺义区教委、北京市第一六六中学、北京市第五十四中学等项目参与单位分别发言。参会代表现场观摩北京理工大学光电创新教育实验基地等5个实验室的开放课程。各区县教委主管领导，教育技术装备中心、教研部门主管领导，中小学校长代表，以及北京理工大学、清华大学、北京大学、北京师范大学等高校领导、相关实验室负责人，共计300余人参加会议。2015年，“中小学生走进高校、社会机构实验室”项目启动，截至6月16日，已开放8所高校、4家社会机构的44间实验室。41所中小学的学生7000余人次到实验室观摩、学习与动手实践。

（孙晓楠）

【海淀平谷联合建设北京实验学校教育集团】　6月17日，北京市立新学校更名为北京实验学校。根据海淀区教委和平谷区教委签订合作建设北京实验学校教育集团框架协议，双方共同组建北京实验学校教育集团，海淀区立新学校校区为北京实验学校（海淀），平谷七幼、四小、二中、六中联合成为一所十五年一贯改革实验学校，更名为北京实验学校（平谷），并被纳入北京市二级统筹学校，与海淀校区（原北京市立新学校）一同组建为北京实验学校教育集团。由北京市立新学校输出品牌、师资和课程等优质资源，并派出干部教师参与北京实验学校的管理和日常教学工作。双方合作期限为6年。立新学校前身是著名慈善家、平民教育家熊希龄于1920年创办的香山慈幼院。1954年，迁入阜成路（白堆子）新校舍，隶属市民政局管理。1967年，增设中学部，更名为北京市立新中学，转属海淀区教育局领导。1973年立新中学、甘家口第三小学（新生小学）、新生幼儿园合并，定名为北京市立新学校。学校占地面积5.15万平方米，建筑面积3.72万平方米，教职工216人，学生2553人。

（宋亚甫　吴玉仙）

【启动初中开放性科学实践活动】　6

月，市教委启动初中开放性科学实践活动。该活动旨在为学生提供优质、丰富、多元的学习资源，满足学生个性化发展需求，全面提升学生的科学

素养、创新精神和动手实践能力。市教委面向社会公开征集高校、科研院所、科普场馆、企业等202家资源单位的851个活动项目，围绕物理、化学、生物、地理等学科，涉及电子与控制、健康与安全、结构与机械、能源与材料、数据与信息、自然与环境6大领域。8月25日，市教委主办北京市初中开放性科学实践活动项目研讨会。会议报告北京市初中开放性科学实践活动项目的背景与依据、目的与意义、定位与内容、进展与安排。来自门头沟区的200名初一、初二学生在“项目学生手册”指导下，现场依托学生动手实践任务单，开展科学实践活动。人民公安大学“科学探案”协作体、北京市中医研究所“中医药科学与文化”协作体、中科院心理所等高校和科研院所代表现场展示开放性科学实践活动项目。市教委、区政府、北京教科院、各区县教委领导，中小学校代表，参与征集的申报单位专项工作负责人等400人参加会议。

（赵以文　邵华）

【颁布实施《义务教育课程设置实验方案》的课程计划】　7月1日，市教委印发《北京市实施教育部〈义务教育课程设置实验方案〉的课程计划（修订）》。课程计划提出发挥课程整体育人价值、依据课程标准安排课程计划、倡导课程创新实验、加强学科实践活动课程建设等基本要求。提出加强组织领导，加强数字化优质教育教学资源及应用体系建设，加强综合实践活动基地建设，提升校长、教师课程领导力，开展督促检查等保障措施。课程计划自7月31日实施。

（赵以文　孙晓楠）

【召开基础教育装备工作会】　7月7日，市教委召开北京市基础教育装备工作会。会议重点解读《北京市教育委员会关于加强基础教育装备安全与质量管理工作的意见》；简要说明《北京市中小学校办学条件标准细则（高中部分）》修订事项；进一步说明教育部、文化部、国家新闻出版广电总局《关于加强新时期中小学图书馆建设与应用工作的意见》等。会议宣布“北京市基础教育装备专家指导委员会”“北京市中小学实验室装备与实验教学研究中心”成立并揭牌，为“北京市基础教育装备专家指导委员会”部分受聘专家颁发聘书。各区县教委主管装备工作的主任，教育装备部门主任、副主任及负责装备采购和图书馆工作的人员，教研部门负责人，北京教育装备行业协会常务理事参加会议。

（赵文强）

【二外与平谷签约合作办学】　7月9日，北京第二外国语学院与平谷区人民政府签订《平谷区人民政府与北京第二外国语学院合作办学框架协议》。双方合作本着“优势互补、互惠互利、真诚合作、共同发展”的原则，在开展英语师资培训，共建北京第二外国语学院平谷外国语学校和北京第二外国语学院平谷校区，共建北京第二外国语学院平谷培训中心等方面展开合作。双方合作期限为2015年9月1日至2025年8月31日。

（王薇）

【全面推广市级数字资源共享交换平台】　7月，市教委召开北京市数字化基础教育资源共享与服务研讨暨工作部署会。会议介绍市级数字资源共享工作总体进展，对市区两级资源的对接工作提出明确的要求。下半年陆续到各区县、学校走访调研及培训推广，东城、西城和石景山等8个区县完成资源对接工作；北京理工大学附属中学、北京师范大学第二附属中学等55所学校正在陆续接入中。

（周凯　吕航）

【推出“名师在线”微信版】　9月，市教委推出“名师在线”微信版。该平台包括在线答疑和学业诊断两个功能，涵盖语文、数学、英语、物理、化学5个学科，集结近千名优质教师资源，7×24小时向30万名初中学生提供个性化学习辅导服务。2至4月，“名师在线”平台举办首届“丘瑞斯洋话连篇”北京市初中生英语写作争霸赛，16个区县及燕山地区500所学校的学生参与比赛，征集学生英语作文3万余篇，总修改次数40余万次，学生3000人进入决赛。经评选，一等奖30人、二等奖150人、三等奖302人、优秀奖1499人、入围奖1054人。5月15日，举行“丘瑞斯洋话连篇”2015年名师在线北京市初中生英语写作争霸赛总结暨颁奖会。市教委领导总结英语写作争霸赛活动情况，肯定“名师在线”网上学习方式，强调各区县、各学校在落实《学科改进意见》方面要开拓思路，为学生提供更广阔的平台，为实现学生线上和线下的自主学习定向学习提供新的资源供给方式。现场播放《“丘瑞斯洋话连篇”2015年名师在线北京市初中生英语写作争霸赛》记录短片，来自延庆县十一学校、北京市第五中学分校、中国人民大学附属中学朝阳学校、北京市通州运河中学和北京市海淀实验中学的5名学生代表作精彩演讲，大赛组委会为获奖学生代表颁奖。市教委、音像报刊总社、怀柔区教委相关领导及来自各区县的获奖学生代表及辅导教师、怀柔三中七年级师生100人参加颁奖活动。

（周凯　缐金秋　黄佳燾）

【启动远郊区县学生到城区学校游学项目】　10月11日，市教委启动远郊区县学生到城区学校游学项目。首批郊区县深山区学生300人游学北京市广渠门中学、北京市第二十中学、首都师范大学附属丽泽中学。该学期共安排26批次游学活动，每批次游学时间为一周。来自门头沟、平谷、怀柔、密云、延庆等区县24所山区学校学生1600人，与二十中、广渠门中学、京源学校、人大附中朝阳学校、中科院附属实验学校、十二中科丰校区、首师大附属丽泽中学5个城区7所优质校的学生，通过共享优质课堂，参与社团活动，体验特色课程，走进社会大课堂，感受学校文化氛围，实现城乡学生同学习、同实践、同体验，共分享、共快乐、共成长。

（陈德时）

【颁布普通高中办学条件标准细则】　10月14日，市教委印发《北京市中小学办学条件标准细则（修订）（普通高中部分）》。新修订的细则要求充分考虑各学科开设课程模块、师资、场地、学生人数等因素配置仪器设备；结合学校办学特色和教学实际，考虑多种教学组织形式，提高配置仪器设备的适切性；加强指导与监督，转变学校仪器设备配置和使用观念，规范仪器设备管理，培养教师使用技能，提高资源使用效益。

（陆小红　孙晓楠）

【清华附中附小建校100周年】　10月

17—20日，清华大学附属中学、清华大学附属小学举办建校100周年校庆活动。10月17日，在清华大学附属学校建校100周年大会上，清华大学、附中、附小校长，教师代表，校友代表分别发言。有关领导、清华附小师生家长及校友代表近4000人参加会议。同日，校史剧《丁香花开》公演。清华附中举办“百年树人　其命维新”百年校庆活动之基础教育高峰论坛。论坛以“国际视野下的教育改革与人才培养”为主题，围绕“教育改革与人才培养的探讨”“国际品质教育的思考”“清华附中的探索与实践”3部分展开。来自教育部的专家领导，全国各地高校代表，清华附中兄弟学校、友好学校、帮扶学校代表，北京市各区县教委代表及其他基础教育工作者共300余人参加论坛。10月18日，清华附小与中国教育报刊社人民教育家研究院联合主办“首届全球未来学校大会暨世界基础教育高峰论坛”，以“科学与阅读素养”为主题，围绕“科学与阅读素养培养的世界趋势与实践”“基础教育科学与阅读素养培养世界比较”等话题展开深入讨论。来自芬兰、美国、以色列、丹麦、日本等10多个国家和地区教育专家，1800名校长、教师参加论坛。同日，清华附小举办“母校等你回家——百年系列活动之校友返校大会”。包括诺贝尔物理学奖获得者杨振宁在内的附小校友5000人返校。10月19—20日，清华附中百年华诞文艺演出《卿踪蹬韵》在新清华学堂上演。《卿踪蹬韵》由序之诗歌《经过我》、第一章《卿》、第二章《踪》、第三章《蹬》、第四章《韵》和尾声诗歌《清华附中站》6部分构成。

（隋敏方　高岷　孙晓楠）

【启动城区初中学生到郊区学农项目】　10月18日，市教委启动城区初中学生到郊区学农项目。学农项目主要面向东城、西城、朝阳、海淀、丰台和石景山6个区，每区选取2～3所项目学校，组织项目校初二部分整建制班级学生到郊区的劳动教育基地进行为期5天的学农教育实践活动。至年底，共完成5批次学农任务。12月23日，市教委召开“城区初中学生到郊区学农”项目工作总结交流会，北京农职院和7所参加学农活动的学校作学农工作汇报，总结活动经验和特色。

（韩景毅）

【完成省级数据中心建设的验收】　10月，北京市教育管理公共服务平台数据中心通过验收。该平台是按照教育部省级数据中心标准要求建设改造，以保证国家信息系统在北京市的部署与应用的关键设施。国家教育管理公共服务平台建设是“十二五”期间的教育管理信息系统建设核心任务，是“三通两平台”的重点内容之一，其具体内容是建立覆盖全国各级教育行政部门和各级各类学校的管理信息系统及基础数据库，为加强教育监管、支持教育宏观决策、全面提升教育公共服务能力提供技术和数据支撑。平台按照“两级建设、五级应用”体系实施。

（周凯）

【推进城区义务教育学校均衡发展项目结题】　11月6日，市教委召开国

家教育体制改革项目“推进城区义务教育学校均衡发展”项目结题会。项目组组长从义务教育均衡发展水平年度跟踪分析、资源管理使用效益评估、发展质量评价、区县实践指导和典型模式研究与宣传5个方面作结题报告。海淀区教委、通州区教委、房山区教委代表作典型发言，交流促进区域内均衡发展的经验和做法。结题鉴定组对项目进行评议，专家组对项目研究与实践工作给予高度评价，认为项目实施目标明确、重点突出、特色鲜明，理论研究成果丰富，实践指导推进卓有成效，一致通过对项目的结题鉴定，并对项目进一步深化成果提出意见和建议。教育部、市教委等领导，各区县教委项目负责人，北京师范大学项目组及部分专家共70人参加会议。该项目是2010年经国务院办公厅批复，北京市承担的国家教育体制改革试点项目，2011年，项目正式启动并制定为期5年的项目实施方案。

（向姣姣）

【加强全市中小学劳动教育】　11月17日，市教委印发《北京市教育委员会关于加强中小学劳动教育的实施意见》。实施意见为贯彻教育部、团中央、全国少工委《关于加强中小学劳动教育的意见》精神，指导全市中小学开展劳动教育，提出从培育和践行社会主义核心价值观、落实新课程计划、利用社会大课堂资源、开展学农实践体验活动、发挥家庭和社会力量协同推进等方面入手，采取有效措施加强中小学劳动教育；切实强化组织领导、经费投入、人员配备、场地建设及督导评价等工作要求，不断完善中小学劳动教育的保障体系。

（陈彦舟）

【举办师生电脑作品评选活动】　11月，市教委公布第16届北京市中小学师生电脑作品评选活动获奖名单。1212件学生作品参加评选，评出获奖作品575件，其中，一等奖99件、二等奖208件、三等奖268件。1833件教师作品参加评选，其中，多媒体课件530件、信息技术与学科教学整合课例310件、学科主题社区23件、一对一数字化学习综合课例99件、微课203件、教学实践评优668件。经过评委会评选，评出一等奖181件、二等奖358件、三等奖706件。

（周凯　覃祖军）

【验收首批普通高中开放式重点实验室】　12月1—16日，市教委验收第一批已建设完成的开放式重点实验室。市教委组建由高校和教研部门为

主的专家团队，14 个区 33 所学校的第一批高中开放式重点实验室参加验收。验收以片区分组的形式听取学校负责人对实验室建设的汇报、现场考察实验室环境与硬件建设情况、查阅实验室建设与课程开发相关资料，并就实验室的硬件建设、课程开发、师资队伍、对外开放和后续发展等内容提出意见和建议。该项工作由北京市教育技术设备中心承办。

（赵文强）

【中国音乐学院与小香玉艺术学校签订合作协议】 12 月 8 日，中国音乐学院与北京绿谷小香玉艺术学校签订合作协议。根据协议，两校共建学生实习基地，依托基地在学科建设、教师培养、特色活动、精品项目等方面进行合作，共同培养适应就业市场需要的优秀艺术人才。

（田婷）

【举办数字学校“停课不停学”活动】 12 月 8—22 日，市教委举办数字学校“停课不停学”活动。北京数字学校设同步课程（30～40 分钟），按照教材目录，提供完整名师讲授的课程，内容覆盖小学一年级到高中三年级所有学科，适用于极端天气、学生生病或有事落课时自行学习。数字学校在网络平台和歌华有线电视平台两个渠道的总访问量达 1261 万次。云课堂课程学习累计 268 万课次，歌华有线课程点播 400 余万课次，累计学习时长达到 1.53 亿分钟。数字学校因极端雾霾天气启动，设“我对雾霾有话说”“科学家眼中的霾”等专题。

（周凯）

【东城与平谷合作办学研讨会召开】 12 月 16 日，东城区与平谷区召开合作办学专题研讨会。会上，平谷区大兴庄中心小学、北京第一师范附属小学分别汇报平谷分校前期筹备和建设思路，广渠门中学交流合作办学经验。会议明确要以一师附小、广渠门中学的合作办学促进平谷教育改革发展。与会人员现场调研一师附小平谷分校施工现场。平谷区政府、区委教育工委、区教委和东城区委教育工委、东城区教委有关领导参加会议。

（李银娅）

【举办遨游计划课程创新展示活动】 12 月 16 日，北京市落实义务教育新课程计划系列研讨会暨遨游计划课程创新展示活动在海淀区五一小学举办。活动主题为“分类推进、学科融通”，内容包括课堂教学、课程宣传片和校长主题报告。活动由市教委、北京教育科学研究院主办，海淀区教委、五一小学承办。来自全市各区县教委相关领导、学校领导及教师共计 300 余人参加活动。12 月 18 日，北京市落实义务教育新课程计划系列研讨会（七）暨遨游计划课程创新展示活动在东直门中学举办。活动主题为“知之始，行之成”，展示《中华经典我来演绎之指尖的艺术》《中华经典我来演绎之京津有味》《汉字之美》等 30 门课程。活动由北京市教委、北京市教育学会、北京教育科学研究院主办，东城区教育委员会、东城区教师研修中心、东城区教育研修学院协办。来自全市各区县教委、学校相关领导及教师共计 400 余人参加活动。

（武泽钰）

【召开高校创办附中附小项目总结推进会】 12 月 21 日，市教委召开高校支持中小学发展创办附中附小改革项目 2015 年工作总结推进会。会议总结 2015 年项目进展情况，华北电力大学、中国地质大学附属中学、首都经济贸易大学附属小学分别进行主题发言，交流工作经验。区教委、高校负责人和附校校长共 100 人参加会议。39 所附校在高校全方位支持下，办学水平、育人质量提升，教师专业能力提高，教师 4300 人和学生 5 万人直接受益。5 月 12 日，市教委在北京第二外国语学院组织召开高校支持中小学发展工作推进会。苟仲文出席会议并讲话，相关区教委及部分高校、附中附小负责人、在京新闻媒体记者共计 150 余人参加会议。

（陈德时）

【开展初中综合社会实践活动】 12 月 23 日，市教委印发《关于开展初中综合社会实践活动的通知》。通知明确指出开展初中综合社会实践活动要坚持实践导向、综合培养、过程参与、多元评价等基本原则；阐述开展初中综合社会实践活动的目的和意义；从国家、社会、个性发展几个层面提出建议考核内容；对活动内容与形式、考核方式及考核主体以及各级教委、学校在工作实施中的管理责任进行明确；提出加强组织领导、有序推进工作、力求工作实效、加强信息反馈等具体工作要求。

（孙晓楠）

【工商大学与房山区政府签订合作协议】 12 月 23 日，北京工商大学与房

山区政府签订合作协议。根据协议，双方依托工商大学的教育资源优势，为房山区基础教育可持续发展提供政策咨询和学术支持，为工商大学的师生提供实践基地和成果转化基地。将房山区良乡三中命名为“北京工商大学附属中学”，良乡中心小学命名为“北京工商大学附属小学”。

（杨蓉 杨巧明）

【完成资源共享交换平台的数字资源接入】 至 12 月，市教委充实市级资源共享交换平台中的数字资源，为一线教师提供优质资源的供给服务。完成国家教育资源公共服务平台的资源接入工作，接入“一师一优课”视频类资源 3 万条；开展社会资源引入，完成国家基础教育综合配套视频库 2000 余条视频资源接入；开展 2015 年度电脑作品评选资源的整理入库，完成资源入库 200 余条。截至 12 月，市级共享资源库共汇集各类数字资源 207 万条。

（周凯）

【委托部分高校附中跨区建设举办新校区】 至年底，市教委委托部分高校附中跨区建设举办新校区。清华附中、北大附中、民大附中、北师大二附中扩大办学规模，跨区新建 5 个校区，所涉及的办学场所、新增教师编制、办学经费等由市教委统筹解决。市教委协调市编办，新增教师编制 100 人，满足各附中人员需求；补助新校区生均办学、设施设备、教师工

资等经费，确保学校教学品质。其中，清华附中（奥森校区）、北师大二附中（未来科技城校区）已于2015年秋季投入使用；清华附中（将台路校区）、北大附中（惠新东街校区）、民大附中（金台路校区）计划2016年秋季投入使用，累计新增优质高中学位4000余个。

（周凯）

【建设市级数字校园云服务】 至年底，市教委完成2015年市级数字校园云服务平台的建设。该平台提供班级微空间云服务、资源云服务、访问监测云服务等7类基础性应用服务。至12月，各类应用累计访问量276286次。学校借助市级服务满足大量基础性应用需求。平台2015年10月上线，共有312所学校、幼儿园及其他单位参与试用，系统用户超过1万人，共组建班级1087个，累计访问量达86万人次。

（周凯　覃祖军）

【培训中小学教师应用信息技术】 至年底，市教委组织并实施“中小学教师应用信息技术与提升培训合作交流项目”。该项目应用线上与线下（OTO）的现代远程教育手段，根据“讲授、实践、体验、研究”实验理念，开展探究式培训，面授30课时、网络授课20课时。根据学员学习情况进行综合考核，考核合格率达到90%以上。290名市级学科骨干教师和111名普通教师参加学习，覆盖东城、西城、朝阳、海淀、石景山、平谷6个区。

（周凯）

【北京教育资源网运营与服务】 至年底，北京教育资源网继续为一线教师提供优质资源服务。资源网累计更新资源8831条，下架过时资源2万余条，共发放电子货币3.2亿点，累计消费合计198.5万元。同时，本年度资源网采购包含电子期刊、文献检索、智能组卷、英语口语训练等多项与教育教学相关的资源服务，降低教师使用的复杂度。年内，北京教育资源稳步提升，延续“教师先选择，政府后服务”的成熟模式，采用电子货币机制，为全市中小学教师提供数字化教育资源服务。

（周凯　顾忆岚）

小　学　教　育

【概况】 2015年，北京市共有小学996所，比上年减少44所；拥有教职工58308人，专任教师50053人；在校生850321人；毕业生103893人，招生145876人。学校占地面积1401.39万平方米，校舍建筑面积6807295平方米；固定资产总值共计166.39亿元，其中，仪器设备资产总值57.80亿元。

（陈德时）

【总结表彰小学科学教师实验技能培训与展示活动】 1月22日，市教委举办北京市2014年小学科学教师实验技能培训与展示活动总结表彰会。会议播放小学科学实验技能培训与展示活动宣传片，总结活动整体情况，交流区县教师参加活动的经验及体会，展示创新实验技能。表彰基本实验技能展示一等奖28人、二等奖28人、三等奖37人，创新实验技能展示一等奖28人、二等奖29人、三等奖36人。市教委、北京教育科学研究院、首都师范大学相关人员及区县教委主管主任、教育装备部门和教研部门负责人和获奖选手代表140人参加会议。该活动由市教委和北京市教育学会共同主办，市教育技术设备中心承办。活动自2014年4月启动，经各区县推荐，来自154所小学的186名教师参加市级展示活动。

（陆小红）

【举办小学劳技教师技能培训与展示活动】 4—11月，市教委举办北京市小学劳技教师技能培训与展示活动。活动旨在提高小学劳技教师的动手能力和创新能力，促进教育内涵发展和质量提升。活动包括培训与展示两部分内容，分市、区和校3个层面进行。培训包括市级培训、区级培训和校级培训，全市小学劳技教师全员参训，活动共完成各级培训近千人次。展示包括基本技能展示和创意展示，经过选拔120人参加基本技能展示、60人参加创意展示。评出基本技能展示一等奖36人、二等奖48人、三等奖36人，创意展示一等奖18人、二等奖24人、三等奖17人。活动与北京市教育学会联合主办，北京市教育技术设备中心承办，北京教科院协办。

（陆小红　赵文强）

【举办小学青年教师教学大赛】 9月

15日至11月13日，北京市第六届“民实杯”小学青年教师教学大赛在东城区回民实验小学举办。比赛以“整合丰富教育资源，构建活力课堂，促进学生发展”为主题，涉及语文、数学、品生与品社、音乐、美术5个学科。46所学校151人参加比赛，经评委评选，一等奖57人、二等奖51人、三等奖41人。12月25日，比赛总结表彰会在东城回民实验小学召开，以不同主题及形式，分别开展优秀教师现场课观摩、师生自编自演歌舞剧展示和大赛总结表彰等活动。市教委、市民委和市民族教育学会、东城区教委等领导，获奖教师代表及东城区回民实验小学教师80人参加表彰会。“民实杯”小学青年教师教学大赛原名为“巨人杯”。

（陆小红　王振清）

【史家小学与延庆二小成立“互助融入式”教师工作室】 10月16日，北京市东城区史家胡同小学与北京市延庆县第二小学联合成立城乡一体化“互助融入式”教师工作室。工作室以远程网络互动为媒介，推动网络教研和重点学科相结合；以培养领军人物为重点，促进教师专业素养和教育教学质量提升；以课程教学变革为导向，促进学校管理和文化建设的全面提升。史家教育集团副校长作题为《智慧课程建设与实施》的专题报告；语文教师讲授《花钟》一课。史家小学与延庆二小于2007年成为“手拉手”友好校，2014年，成为“城乡一体化”项目校。延庆县教委主任、史家教育集团校长以及各校区教学副校长，延庆二小教师代表参加启动仪式。

（邢超　盛敏　邱小培）

小　学

北京市东城区府学胡同小学

【概况】　2015年，北京市东城区府学胡同小学占地面积1.91万平方米、建筑面积1.35万平方米，运动场地面积4500平方米。图书馆藏书10.10万册。固定资产总值6359.43万元，包括教学仪器资产值2529.01万元。全年教育经费投入4891万元，全部为国家拨款。学校信息化经费投入100万元，拥有计算机704台，多媒体教室座位150个。校园网出口总带宽50Mbps，数字资源量60GB，“信息技术”课程0.5课时/周。普通教室66个、专用教室18个。教职工230人，其中，高级职称3人、中级职称112人。专任教师184人，包括特级教师1人、北京市骨干教师5人、北京市学科教学带头人1人；本科以上学历176人。开设教学班72个。毕业459人、招生526人、在校生2968人。网址：www.fuxue.com.cn。

（张阳）

【举办阳光体育促健康运动会】　5月15日，府学胡同小学举办“阳光体育促健康·携手同行向未来”运动会。开幕式包括七彩阳光——广播操展示，展翅翱翔——活力啦啦操，意气风发——课外体育活动展示，英姿飒爽——舞棍、舞旗表演，奔向未来——组会徽5个主题篇章。运动会项目包括赛跑、轮滑竞速、接力赛、跳绳、跳远等集竞技性、趣味性于一体的9个项目。全体师生、家长参加。

（张阳）

【举办安全课堂进校园活动】　6月15日，府学胡同小学举办安全课堂进校园活动。活动以“守护宝贝”为主题，包括吟唱《弟子规》、芝麻哥哥寓教于乐等。通过情景剧形式，分别邀请人民日报新媒体中心负责人、公安部打拐部主任、联合国反拐项目中国区负责人、府学胡同小学校长为学生上安全课。学校师生、媒体记者等100人参加活动。该活动是由人民日报新媒体、360公司发起的公益活动。

（许银萍）

【参加国际啦啦操公开赛并夺冠】　7月21—26日，府学胡同小学啦啦操队参加第三届中国南京国际啦啦操公开赛。街舞啦啦操队获得街舞啦啦操自选动作冠军。比赛由国家体育总局体操运动管理中心、南京市人民政府主办，分为技巧啦啦操、舞蹈啦啦操2大项16小项。技巧啦啦操设精英组、超级组、中学组、小学组4个组别；舞蹈啦啦操设公开组、中学组、小学组3个组别。

（贾培）

【参加全国青少年科学影像节展映展评活动】　11月9—13日，府学胡同小学参加第六届全国青少年科学影像节展映展评活动。经技能测试、作品审阅、现场问辩等评审环节，学生作品《美味的酸奶》获科学探究纪录片一等奖及科学万花筒提名奖。展评活动由中国科协青少年科技中心、中国青少年科技辅导员协会和广西壮族自治区科协共同主办，来自27个省、自治区、直辖市，新疆生产建设兵团和香港特别行政区的29支代表队，共300余名学生和科技辅导员代表参加活动。

（姚峰）

北京市东城区史家胡同小学

【概况】　2015年，北京市东城区史家胡同小学占地面积2.40万平方米、建筑面积3.92万平方米，运动场地面积8452平方米。图书馆藏书7万册，包括电子图书1万册。固定资产总值20533.81万元。全年教育经费投入6656.05万元，全部为国家拨款。学校信息化经费投入400万元，拥有计算机925台，多媒体教室座位120个，校园网出口总带宽60Mbps，数字资源量24000GB，“信息技术”课程0.5课时/周。普通教室86个、专用教室24个。教职工321人，其中，高级职称49人、中级职称162人。专任教师280人，包括特级教师4人、北京市骨干教师16人；本科以上学历312人。开设教学班90个。毕业515人、招生683人、在校生3634人。史家教育集团成立，成员包括史家小学、西总布小学、东四七条小学、史家小学分校、史家小学低年级部、史家实验学校。网址：www.shijia.org。

（邢超）

【成立史家教育集团】　3月1日，史家小学成立史家教育集团。在与七条小学深度联盟基础上，按照东城区学区制改革部署，新增深度联盟校——史家小学分校、西总布小学，新增九

年一贯制学校——史家实验学校，新增优质资源带学校——遂安伯小学，形成一校多址的学区化、集团化办学格局。该举措依托品牌名校的带动作用，依据共同的办学理念和章程组建学校发展共同体，在战略规划、日常管理、课程建设、教师发展、设施使用、学段衔接与联合育人等方面实现资源共享、品牌共创、教师交流、跨校选课等，进而实现共同体内优质教育资源品牌的辐射推广与合成再造。依循“优质导向、专业引领、主体激发、创新驱动”的策略，实现学校办学的优质特色。

（邢超）

【举办“星期六课程”活动】 6月27日，史家小学举办“星期六课程”第四讲。二年级学生家长讲授“对对联乐翻天”“好玩的绘本”星期六课程。“对对联乐翻天”从对联是什么、佳联赏析、名联典故、联趣巧对4个方面展开。“好玩的绘本”通过图画，锻炼学生语言表达能力，颠覆经典故事，创编新的故事。

（付航　邱小培）

【推广博物馆综合实践课程成果】 7月9日，史家小学召开《中华传统文化——博物馆综合实践课程》成果推广会。学校与国家博物馆合作开发的《中华传统文化——博物馆综合实践课程》正式出版发行。该书是为小学三至六年级开设的一门依托博物馆文化资源，从认知自然入手对人类社会生存发展进行梳理总结的综合实践性课程。课程内容包括说文解字、美食美器、服饰礼仪、音乐辞戏4大主题，共32组教学内容，以汉字、饮食、服饰、乐戏为基础，通过“历史与艺术”的体验方式设计教学环节，培养学生的“艺术情趣”。

（邢超）

【成立史家学院】 9月22日，史家小学举办史家学院成立暨伙伴成长培训项目开班仪式。史家学院以项目研究为核心进行课程设置，并在通识课程、伙伴学习课程、学员自主开发课程的融合实施中完成资源生态链与成长生态链的深层交织。特别是“互联网+研修”的实践取向，将广域性地网络国内外众多专家和名师的教育智慧，即时性地交互课内外众多导师和学员的思想。该项目基于课题研究，由史家教育集团为骨干教师配备1名专家导师、1名青年教师助手、1个成长伙伴小组。

（邢超）

北京光明小学

【概况】 2015年，北京光明小学分四址办学，分别是北京光明小学本校区、北京光明小学幸福校区（本校区低年级部）、北京光明小学广渠校区、北京光明小学和义校区。学校总占地面积2.39万平方米、建筑面积2.30万平方米、运动场地面积1.11万平方米。图书馆藏书2.70万册。固定资产总值1876.73万元，包括教学仪器资产值1040.32万元。全年教育经费投入4257.29万元，全部为国家拨款。学校信息化经费投入90万元，拥有计算机464台，多媒体教室座位2009个，校园网出口总带宽100Mbps，数字资源量5GB，“信息技术”课程1课时/周。普通教室54个、专用教室13个。教职工187人，其中，副高级职务11人、中级职称107人。专任教师162人，包括特级教师1人、北京市骨干教师4人、享受国务院专家津贴1人；本科以上学历146人。开设教学班56个。毕业278人、招生313人、在校生2009人，包括寄宿生187人，外省市借读生316人，外籍学生5人。网址：www.bjgmxx.com。

（卢凤霞）

【召开首届教育教学实践交流会】 1月30日，光明小学召开首届教育教学实践交流会。会议围绕光明教案、学段团队情趣课程、院团队堂课程、班级生活、家长沙龙5个研究性实践领域，以“案例”的方式进行交流。北京教育学院、首都师范大学初等教育学院、北京教育科学研究院等专家8人参加交流会。

（卢凤霞）

【首开融汇学科的综合课程】 5月29日，光明小学首次开设融汇学科的综合课程。课程以“我心中的太阳”为主题，进行太阳知识的艺术表达。融通知识与艺术，引导学生把学习到

的“太阳知识”用“艺术”的方式形象表达，培养和发展学生科学的思维方式和思维习惯。

（卢凤霞）

【低年级部（幸福校址）正式启用】 9月7日，光明小学本校区低年级部（幸福校址）正式启用。低年级部位于北京市东城区福光路5号，占地面积为2967.61平方米、建筑面积为3038.08平方米，可以容纳500名学生就学。低年级部设置一、二两个年级，12个教学班。“游戏、开放”的校园建有“香、萌、玩、和、彩、美”6个游戏空间。

（卢凤霞）

北京市宣武师范学校附属第一小学

【概况】 2015年，北京市宣武师范学校附属第一小学分校本部、里仁校区和右安校区。校本部占地面积2.77万平方米、建筑面积2.91万平方米、体育场馆面积1.01万平方米。图书馆藏书10.12万册。固定资产总值4289.66万元。全年教育经费投入6893.70万元，全部为国家拨款。学校信息化经费投入200万元，拥有计算机508台，多媒体教室座位3000个，校园网出口总带宽10Mbps，数字资源量6000GB，“信息技术”课程2课时/周。普通教室61个、专用教室14个。教职工177人，包括副高级职称9人、中级职称84人。专任教师143人，包括北京市骨干教师4人；本科及以上学历158人。开设教学班61个。毕业240人、招生462人、在校生2311人。宣师一附小教育集团成员校包括宣师一附小、西城区半步桥小学、西城区椿树馆小学和西城区青年湖小学。网

址：www. xsyfx. cn。

（卢凤英）

【召开教育集团数学研修班结业总结会】 4月，宣师一附小召开教育集团

数学研修班结业总结会。北京教育科学研究院特级教师吴正宪与集团校教师以双师同堂的形式，共同执教四年级《三角形的三边关系》一课。教师以《理论指导实践，实践诠释理论》为题，围绕“感悟度量本质”进行课后反思，以《勤思善悟，积跬致远》为题，从用心读懂教材、静心读懂学生、潜心读懂课堂3个方面汇报学习成果。共有28名集团校数学教师参加研修班。研修活动持续一个学期，共计140课时。

（李树静 卢凤英）

【探索跨学科综合实践活动】 8—12月，宣师一附小探索跨学科综合实践活动。学校整合学时，每周二下午第三节课作为全校学科主题综合实践活动课时间。低年级为50分钟、中高年级为70分钟，给学生动手实践、自主探究的时间与空间。12月，学校召开跨学科综合实践活动阶段性研讨活动，两个年级组介绍实践的经验体会，并邀请专家对课程的概念、定位、特点及教师角色做专题讲座。

（李树静 卢凤英）

【举办金帆民乐团展演活动】 11月27日，宣师一附小举办“激情国乐·童趣金帆”民族乐团金帆日展演活动。民族乐团A团102人表演《达姆达姆》《春晓》《瑶族舞曲》《阿细跳月》等民乐节目。民族乐团中的各声部表演《金蛇狂舞》《花好月圆》《送我一枝玫瑰花》等民乐节目。学校师生及社区居民300人观看演出。

（王宏）

【举办科技节】 12月，宣师一附小举办科技节。科技节以“发现·创新·

实践·合作”为主题，3个校区根据年段特点，开展相应活动，其中，里仁校区通过科学家故事、恐龙探索和机器人课程，培养低年级学生对科技的兴趣；右安校区通过DI展示和我们来挑战活动，强调团队合作的重要性。本部利用升旗仪式、红领巾广播、黄亭子展示等途径，展示科技成果。2300名师生参加活动。

（齐金芬 卢凤英）

北京市西城区育民小学

【概况】 2015年，北京市西城区育民小学占地面积2.14万平方米、校舍建筑面积3.35万平方米，运动场地面积8691平方米。图书馆藏书8.27万册。固定资产总值7560.96万元。全年教育经费投入4956.7万元，全部为国家拨款。学校信息化经费投入40.8万元，拥有计算机628台，多媒体教室座位3570个，校园网出口总带宽100Mbps，数字资源量1000GB，“信息技术”课程1课时/周。普通教室67个、专用教室35个。教职工134人，其中，高级职称6人、中级职称76人。专任教师129人，包括特级教师1人、北京市骨干教师2人、北京市学科教学带头人1人；本科及以上学历115人。开设教学班67个。毕业248人、招生350人、在校生2263人。育民教育集团成员校包括西城区进步小学、西城区四根柏小学和西城区中华路小学。网址：www. bjymxx. com。

（权全）

【举办家长开放日活动】 3月26日，育民小学举办“家长开放日”活动。家长与学生一同上课、上操，共进午餐，共同参与学校一日生活。学校为家长提供观察孩子在校表现、体验孩子学习生活的机会。家长填写《家长课堂教学评价反馈表》，对教师课堂表现提出意见和建议。全校教师、学生、家长共3400人参加活动。

（权全）

【举办课堂教学交流展示活动】 5月，育民小学联合进步小学、四根柏小学和中华路小学共同举办主题为“精选教学内容·构建高效课堂”的教育集团课堂教学交流展示活动。4名授课教师展示课堂风格与教学技巧，校长点评课堂教学。教师200人参加交流展示活动。

（权全）

【举办纪念反法西斯胜利70周年系列活动】 7—12月，育民小学举办纪念世界反法西斯胜利70周年系列活动。每周一升旗仪式以“铭记历史缅怀先烈珍爱和平开创未来”为主题开展国旗下演讲；“红歌展演”分中、高两个年龄段，演唱《义勇军进行曲》《少年先锋队队歌》《闪闪红星》等歌曲。师生共1700人参加活动。

（权全）

【举办体育节】 10月15日，育民小学举办第八届体育节。活动分为健身操表演和田径赛两部分，健身操由各年级独立创编，采用不同形式展演；田径赛设6大项，60个小项。师生及学生家长共5100人参加活动。

（权全）

北京市西城区阜成门外第一小学

【概况】 2015年，北京市西城区阜成门外第一小学占地面积8242平方米、建筑面积5691平方米，运动场地面积3950平方米。图书馆藏书3万册，包括电子图书2万册。固定资产总值1033万元。全年教育经费投入2159万元，全部为国家拨款。学校信息化经费投入130万元，拥有计算机253台，多媒体教室座位1014个。校园网出口总带宽1000Mbps，数字资源量4000GB。“信息技术”课程1课时/周。普通教室25个、专用教室8个。教职工72人，其中，高级职称4人、中级职称38人。专任教师70人，包括北

京市骨干教师1人；本科以上学历65人。开设教学班25个。毕业126人、招生160人、在校生1014人。网址：www.xjfchmw1x.org。

（秦莉）

【举办建校65周年展演】 5月25日，阜外一小举办建校65周年办学特色展演活动。活动以“银杏树下”为主题，分为启智、启辰、启悦3个篇章，展现学校艺术、科技、体育等方面的特色。每个篇章设置颁奖环节，感谢在学校工作过、学习过的名师、英才，8名老校长获银杏奖。该活动是学校庆祝65周年校庆系列活动的总结。阜外一小始建于1950年，时称圆广寺小学；1955年迁现址，改名为阜成门外小学；1964年，改名为阜成门外第一小学。

（秦莉）

【语文联合教研】 9月30日，阜外一小与石景山区红旗小学举办语文联合教研活动。活动以“合作·交流·共享”为主题，利用人民教育出版社数字平台，学校教师展示语文课程《猫》，红旗小学教师展示五年级课程《梅花魂》。昌平区语文教研员和学校校长点评课程内容。

（刘晓丽）

【启动书香校园活动】 10月26日，阜外一小启动“书香校园——品书香·悦读季”活动。活动设图书管理员公示栏、名人名言、名人故事、推荐好书、读书达人、星级班集体评比表、阅读时间安排表、阅读有感和书吧贴9个板块，推荐200多种图书。师生共1014人参加活动。

（孙颖）

【举办青年教师教学评优活动】 10月，

阜外一小举办第六届“撷英杯”青年教师教学评优活动。活动涉及语文、数学、英语、美术、科学等5个学科，18节课。经评选，一等奖3人、二等奖6人、三等奖9人。教师40人参加活动。

（刘晓丽）

北京市西城区师范学校附属小学

【概况】 2015年，北京市西城区师范学校附属小学占地面积1.93万平方米、建筑面积2.32万平方米，运动场地面积9925平方米。图书馆藏书8.99万册。固定资产总值2868.32万元。全年教育经费投入5079万元，全部为国家拨款。拥有计算机502台，多媒体教室座位2714个，校园网出口总带宽560Mbps，数字资源量500GB，“信息技术”课程2课时/周。普通教室66个、专用教室28个。教职工175人，其中，高级职称5人、中级职称73人。专任教师171人，本科以上学历172人。开设教学班66个。毕业342人、招生583人、在校生2714人。西师附小教育集团以西城区师范学校附属小学为牵头校，还包括北京雷锋小学和西城区新街口东街小学。网址：www.bjxsfx.org。

（倪菁）

【举办教学研究论坛和沙龙】 1月26日，西师附小举办“把简单的事做好”教学研究论坛和沙龙。活动设3个分会场，分别围绕“引导学生的学习像呼吸一样自然——尊重认知规律，科学课堂设计”“为你点个赞——精彩互动引导智慧呈现”“总有一款适合你——多种学习方式享受课堂生活”3个主题展开研讨。北京师范大学教授、西城区有关领导、学校教师及集团校的部分教师参加研讨活动。

（侯立红）

【改革课程方案和课时计划】 9月7日，西师附小改革课程方案和课时计划。新的课程方案中周设置与学期设置相结合，单一学科课程与综合课程相结合，校内学习与利用社会资源学习相结合，信息课等部分课程实施模块化教学；劳技课等课程分为4种课型，长短课结合，强化基础教学与应用能力的培养。原有固定课时时间更改为实行长短课相结合的课程计划。课表的安排为基本课表与活动课表相结合，周周课表不同，实践类课程授课教师在各个年级流动授课。

（王金林）

【举办科技节】 11月24日，西师附小举办2015科技节。科技节以“科技筑梦、创新成长”为主题，举办“落叶创客营”“公道杯”“神秘的星座”等活动。4个年级学生2000人参加科技节。

（高珊）

【举办首届英语戏剧节】 12月23—

24日，西师附小举办2015教育集团英语戏剧节。戏剧节以“童真永驻，精彩每一天”为主题，包括《三只小猪》《威尼斯商人》《安妮日记》等节目。评选优秀演员奖150人。西师附小教育集团3个成员校3000名师生参加活动。学校开设拓展型校本课程“英语戏剧”，从戏剧课到戏剧节，构建完整的教—学—演平台。

（高珊）

北京市朝阳区呼家楼中心小学

【概况】 2015年，北京市朝阳区呼家楼中心小学区内一校五址，分别为呼家楼中心小学本部、呼家楼中心小学东校区、呼家楼中心小学西校区、呼家楼中心小学南校区和呼家楼中心小学青青分校。占地面积41.02万平方米、建筑面积19.57万平方米，体育场面积1.71万平方米。图书馆藏书10.4万册。固定资产总值6117万元。全年教育经费投入4560万元，全部为国家拨款。学校信息化经费投入380

万元，拥有计算机 839 台，多媒体教室座位 3092 个，校园网出口总带宽 600Mbps，数字资源量 1000GB，“信息技术”课程 0.5 课时/周。普通教室 77 个、专用教室 48 个。教职工 209 人，其中，高级职称 6 人、中级职称 111 人。专任教师 204 人，包括北京市骨干教师 5 人；本科以上学历 190 人。开设教学班 79 个。毕业 321 人、招生 331 人、在校生 2446 人。学校设有怀柔分校、青青分校共 2 个分校。网址：www.hjlxx.com。

（李士刚）

【举办遨游汉字王国学科实践系列活动】

9—12 月，呼家楼中心小学青青分校举办“遨游汉字王国”学科实践系列活动。观摩青少年活动中心书法学校校长现场执教书法课、举办百幅书法作品校园展、参观北京科举匾额博物馆、举办“廉洁进校园格言警句硬笔书法比赛”。

（秦翠华）

【启动跨学科综合实践活动】 10 月 21 日，呼家楼中心小学启动跨学科综合实践活动。活动以“水之旅”为主题，组织六年级师生实地参观高碑店污水处理科普馆，了解中国水资源现状、污水处理复杂过程和高昂成本，调查家庭用水情况。

（秦翠华）

【承办《娟子妈妈讲故事》小主播评选总决赛】 12 月 29 号，呼家楼中心小学承办北京电台听听 FM《娟子妈妈讲故事》小主播评选总决赛。活动历时 3 个月，学校 6 个年级 47 个班近 500 名学生上传音频文件，参与《娟子妈妈讲故事》小主播评选。经过初赛、复赛评选，23 人进入总决赛。通过现场讲故事，专家评委打分，8 人获单项奖。

（秦翠华）

北京市朝阳区南磨房中心小学

【概况】 2015 年，北京市朝阳区南磨房中心小学占地面积 2.06 万平方米、建筑面积 1.17 万平方米，体育场面积 7709 平方米。图书馆藏书 4 万册。固定资产总值 1171 万元。全年教育经费投入 532 万元，全部为国家拨款。学校信息化经费投入 5 万元，拥有计算机 278 台，多媒体教室座位 1200 个，校园网出口总带宽 10Mbps，数字资源量 10GB，“信息技术”课程 0.5 课时/周。普通教室 30 个、专用教室 20 个。教职工 76 人，其中，中级职称 41 人。专任教师 72 人，包括本科以上学历 73 人。开设教学班 30 个。毕业 135 人、招生 170 人、在校生 1043 人。网址：www.nmfzx.bjchyedu.cn。

（邱红立）

【开展课堂教学改革研究活动】 5 月 7 日，南磨房中心小学开展课堂教学改革研究活动。活动以“变教为学”为主题，交流和研讨课堂教学改革。学校三年级数学教师执教《解决问题》一课，设计两组学习任务，学生在活动中把握除法估算方法，获得解决问题新策略。专家对教师素质和课堂学习方式给予评价。

（邱红立）

【举办第三届航空节】 6 月 1 日，南磨房中心小学举办第三届航空节活动。活动以“鹰击长空与中华同行”为主题，学校在系列航空科普教育过程中，开展“知英雄学英雄”活动。学生在专业教师指导下，学习飞机翼展和机身比例等相关知识，设计班级大飞机，进行集体和个人创意飞机设计比赛。

（邱红立）

【举办教师校本培训】 7 月 11—12 日，南磨房中心小学举办教师校本培训。培训邀请加拿大约克大学教授，以“改变思维”为题，围绕多元智能、工程设计、合作学习、差异化教学、STEM 教学模式 5 个方面进行专题培训，从育人理念、教学方式、科学教学模式探索及校本培训方式等新视角，在“做学生体验式”学习中提高对合作学习、差异化学习的认识。

（邱红立）

北京市丰台区丰台第一小学

【概况】 2015 年，北京市丰台区丰台第一小学本校区占地面积 4.48 万平方米、建筑面积 3.18 万平方米，体育场面积 1.28 万平方米。图书馆藏书 12.50 万册。固定资产总值 6064 万元。全年教育经费投入 6388 万元，全部为国家拨款。学校信息化经费投入 165 万元，多媒体教室座位 4400 个，校园网出口总带宽 100Mbps，数字资源量 620GB，“信息技术”课程 0.5 课时/周。普通教室 80 个、专用教室 38 个。教职工 213 人，其中，高级职称 2 人、中级职称 118 人。专任教师 207 人，包括北京市骨干教师 2 人；本科以上学历 180 人。开设教学班 80 个。毕业 411 人、招生 540 人、在校生 3019 人。网址：www.ft1x.ftedu.gov.cn。北京市丰台区丰台第一小学分四址办学，分别是丰台一小本校区、丰台一小丰益校区、丰台一小远洋校区、丰台一小长辛店分校，设附属幼儿园。

（陈力强）

【成立汽博班】 1 月 29 日，丰台一小成立汽博班。该班开展 24 个课时的课程实践，其中，科普教师进班授课 22 次，学生走进汽博现场上课 6 次。学校自 2013 年 10 月与北京汽车博物馆合作，共同设立博物馆特色课堂和汽博探究式小队活动，认识和了解近代汽车的历史与变迁。

（陈力强）

【演出原创话剧《童梦百年》】 6 月

19 日，丰台一小演出原创话剧《童梦百年》。话剧结合当代儿童成长过程中面临的寻找梦想、建立梦想、坚持

梦想等问题，用孩子的视角见证1949年至2049年一百年间，不同时期少年儿童对梦想的渴望和追寻。师生与家长600人观看首场演出。

（陈力强）

【长辛店分校开学】 9月7日，丰台一小长辛店分校举行开学典礼。丰台区教委领导，丰台第一小学集团校长，丰台一小长辛店分校校长及师生参加开学典礼。5月，丰台区长辛店第九小学与丰台第一小学合并，更名为北京市丰台区丰台第一小学长辛店分校。分校保留独立法人，占地面积10601平方米，建筑面积3781平方米。学生580余人，教师49人。长辛店第九小学前身为始建于1962年的二七车辆厂小学；2006年，变更为丰台区长辛店第九小学；2015年，变更为丰台一小长辛店分校。

（陈力强）

【启动课外活动校本选修课程】 9月21日，丰台一小启动课外活动校本选修课程。学校经过整体设计、教师课程申报、学生网络选课以及外聘教师的聘任、管理教师配备、活动地点调配等环节的筹备，开设120余种选修课程，内容为以传承民族文化为主的传统项目课程、以培养学生科学素养为目标的科技类课程、以提高学生体育素养的体育类课程、以提高学生艺术修养的艺术类课程。学生根据兴趣及特长，自主选择课程。活动在周二至周四分低、中、高段展开，学生采取走班式学习形式。

（陈力强）

【举办教育教学研究月】 11月，丰台第一小学教育集团举办“互动课堂”教育教学研讨月。活动包括互动课堂引路课、教学干部点评、学校明确要求三部分。以主校区为主会场，其余分校采用网络直播方式进行。教育集团师生参加活动。

（陈力强）

北京市丰台区 师范学校附属小学

【概况】 2015年，北京市丰台区师范学校附属小学占地面积8514平方米、建筑面积2460平方米，体育场面积3600平方米。图书馆藏书3.60万册，电子图书10万册。固定资产总值3129.50万元。全年教育经费投入2693.96万元，全部为国家拨款。学校信息化经费投入310.53万元，拥有计算机270台，学生用iPad平板电脑950台，校园网出口总带宽10Mbps，数字资源量2800GB，“信息技术”2课程时/周。普通教室64个、专用教室11个、实验室1个。教职工126人，其中，高级专业技术职务3人、中级职务74人。专任教师120人，包括北京市骨干教师3人；本科以上学历118人。开设教学班52个。毕业231人、招生339人、在校生1862人。网址：www.fsfx.bj.cn。

（薛燕）

【举办少先队活动课校级展示】 2月

25日，丰师附小举办少先队活动课“我的小小职业梦想”校级展示活动。该活动课属于少先队活动课教育内容5个板块中的第二板块“理想志向教育和组织意识教育”，由家长职业小故事、职业模范真叫棒、学习身边好榜样、梦想之花初绽放4个环节组成。全校师生参加活动。

（陈倩）

【开展导师带教活动】 9月18日，丰师附小举行2015—2016学年度学校青年教师导师带教工作启动仪式。宣布“导师带教”工作结对名单，并为结对教师颁发聘书。宣布青年教师培训计划暨导师带教方案，使导师与被带教学员明确在工作中的具体责任和义务。学校21名青年教师和20名导师参加启动仪式。

（金媛）

【家委会成立】 10月19日，丰师附小举行新一届家长委员会成立暨启动仪式。经过各班自荐、推荐产生88名家长代表，学校宣布新一届家委会成员名单及各组组长的任命，并颁发聘书。仪式结束后，召开新一届家委会第一次会议。

（薛燕）

【举办首届英语文化周】 12月24日，丰师附小启动首届英语文化周暨圣诞节主题活动。活动历时7天，学生绘制圣诞主题手抄报，并在校园中展览；利用每天中午15分钟校园英语广播时间为学生推荐英文歌曲及英语视频，营造英语学习环境及圣诞节氛围。学校邀请美国、英国教师讲解关于圣诞节和圣诞老人的传说，以及各国不同的庆祝方式。

（陈倩）

北京市丰台区 丰台第五小学

【概况】 2015年，北京市丰台区丰台第五小学教育集团分六址办学，分别是北京丰台第五小学本校区、北京丰台第五小学科丰校区、北京丰台第五小学鸿业校区、北京丰台第五小学京铁校区、北京丰台第五小学银地校区，以及设有独立法人的万柳分校。除万柳分校外五个校区总占地面积5.32万平方米、建筑面积3.12万平方米，体育场面积2.50万平方米。图书馆藏书12.8万册，电子图书10万册。固定资产总值5959万元。全年教育经费投入720万元，全部为国家拨款。学校信息化经费投入127万元，多媒体教室座位5300个，校园网出口总带宽10Mbps，数字资源量2800GB，“信息技术”课程1课时/周。普通教室110个、专用教室34个。拥有计算机950台。教职工295人，其中，高级职称11人、中级职称147人。专任教师280人，包括北京市骨干教师11人、北京市学科教学带头人1人；本科以上学历256人。开设教学班110个。毕业624人、招生717人、在校生4237人。网址：www.bjftwx.com。

（徐文宇）

【召开自主课堂教学研讨总结会】 1月5日，丰台五小召开自主课堂教学研讨总结会。语文组研讨围绕“做有思想的语文教师，启有意义、有情趣的语文课堂”展开；数学组研讨围绕“精心打造‘自主探究合作分享’的快乐课堂”展开；综合组研讨围绕“加强科任学科融合落实自主课堂实效”展开。学校129名教师参加会议。

（张彦）

【举办首届酷玩魔方大赛】 3月16—17日，丰台五小举办“玩转童年”首届酷玩魔方大赛。比赛按年段分为3个组别，低年级组比赛任务为在最短时间内翻转1个面，中年级组在最短时间内完成翻转2个面的任务，高年级组任务是最短时间翻转6个面。各班先进行班级对抗赛，并推选最优秀的2～3名选手参加年级决赛。比赛是“精彩五小快乐假期”寒假“多彩五自快乐动起来”活动的延伸。

（张彦）

【开展“家校协同教育专题”研讨】 5月5日，丰台五小开展“家校协同教育专题”研讨交流活动。班主任研修班60余人走进“和谐进取有情有爱”的五年级（2）班，参观班级文化建设，聆听小讲解员对“五年级（2）班幸福教室”的介绍。观看班级家委会推进班级活动的过程再现。

（张彦）

【“小牛训练营”开营】 12月7日，

丰台五小“小牛训练营”开营。训练营联合启航足球俱乐部，面向学校科丰校区一至四年级女学生，免费提供足球培训课程，全程专业教练团队配套，通过科学的兴趣培养和训练管理，培养热爱足球的女孩。科丰校区100名女生入选训练营，并成立科丰校区“小牛训练队”。该活动是学校与小牛俱乐部合作开展的阳光女孩公益活动。

（赵艳霞）

北京市石景山区实验小学

【概况】 2015年，北京市石景山区实验小学占地面积1.59万平方米、建筑面积9810平方米，体育场面积5790平方米。图书馆藏书4.54万册，电子图书5万册。固定资产总值7271.01万元。全年教育经费投入2654.7万元，全部为国家拨款。学校信息化建设经费98.8万元，拥有计算机412台，多媒体教室座位2120个，校园网出口总带宽100Mbps，数字资源量6TB，三、四年级开设“信息技术”课程6课时/周。普通教室36个、专用教室18个、实验室3个。教职工106人。专任教师97人，本科以上学历91人。开设教学班36个。毕业190人、招生209人、在校生1391人。网址：syx.sjsedu.cn。

（栾永宏）

【召开课程计划研讨会】 9月4日，实验小学召开实施《义务教育课程设置实验方案》课程计划研讨会。会议分为集体学习和分组讨论两部分。集体培训后，各教研组分组召开学科实践活动研讨会，制定年级组、学科组学科实践活动计划及实施方案。各年级组召开年级联席会议，讨论每周一次课外作业及长周期大作业的设计，并制定本学期多学科整合的实践类作业。

（杨红）

【接待宁城县教师研修班考察团】 11月6日，实验小学接待内蒙古自治区宁城县教师研修班考察团。第一期教师专业发展研修班一行38人听取学校教学管理汇报交流，观摩语文、数学、英语、美术、心理5个学科6节展示课，并进行互动研讨、参观校园等活动。

（赵宁）

【与赣州市南康二小结对共建】 11月25日，实验小学与赣州市南康二小“手拉手”结对共建签约。根据协议，实验小学定期组织优秀教师、骨干教师与南康二小进行教育教学实践交流，指导和帮助南康二小完善教育教学工作。南康二小选派干部、教师到实验小学挂职锻炼，并作为红色教育基地为实验小学红色教育提供支持。北京教育学院石景山分院、石景山区教委相关负责人，南康二小校长参加签约仪式。

（栾永宏）

北京市石景山区爱乐实验小学

【概况】 2015年，北京市石景山区爱乐实验小学一校两址，分别为低中年级校区和高年级校区。占地面积1.62万平方米、建筑面积0.92万平方米，运动场地面积0.81万平方米。图书室藏书6.44万册。固定资产总值1453.10万元，全年教育经费投入1488.96万元，全部为国家拨款。学校信息化经费投入400万元，拥有计算机200台，多媒体教室座位115个，校园网出口总带宽1000Mbps，数字资源量100GB，“信息技术”课程1课时/周。教职工59人，高级职称1人。专任教师57人，本科学历48人。开设教学班22个。毕业21人、招生137人、在校生650人，包括外省市借读生273人。网址：gc6x.sjsedu.cn。

（张洁）

【设立高年级部】 1月，爱乐实验小学接收原石景山区业余大学东校区作为高年级部。高年级部占地面积8000平方米、建筑面积4000平方米，运动场6000平方米，图书室藏书2.44万册，专业教室6个。开设12个教学班。10月完成改造并投入使用。

（张东升）

【举办“爱诵经典·乐传文化”系列诵读活动】 3—12月，爱乐实验小学举办“爱诵经典·乐传文化”系列诵读活动。活动以班级为单位，举办古诗诵读擂台赛、古诗诵读展示，并参加京源教育集团“用经典积淀底蕴·让书香飘逸校园”新年诗会，获优胜奖。

（刘靖）

【举办中医药文化进校园活动】 5月，爱乐实验小学举办中医药文化进校园活动。低年级学生在教师指导下进行水培植物的养殖与展示；中年级开展中医药的手抄报评比；高年级开展幻灯片制作与评比。学校自2014

年 9 月开展“中医药文化进校园”活动，通过研究推进、模式探索、平台建设、队伍建设等措施推进项目开展，并自主开发系列劳动实践教材，推进项目的课程化实施。

（林冬梅）

北京市海淀区 中关村第二小学

【概况】　2015 年，北京市海淀区中关村第二小学占地面积 5.11 万平方米、建筑面积 5.21 万平方米，体育场面积 1.83 万平方米。图书馆藏书 12.18 万册，电子图书 49.34 万册。固定资产总值 15202 万元。全年教育经费投入 11465 万元，全部为国家拨款。学校信息化经费投入 776 万元，拥有计算机 1287 台，多媒体教室座位 6080 个，校园网出口总带宽 300Mbps，数字资源量 4200GB，“信息技术”课程 1 课时/周。普通教室 110 个、专用教室 35 个。教职工 269 人，其中，副高级职称 13 人、中级职称 159 人。专任教师 262 人，包括北京市骨干教师 4 人、北京市学科教学带头人 2 人；本科及以上学历 232 人。开设教学班 110 个。毕业 611 人、招生 754 人、在校生 4745 人。网址：www.zgcerxiao.com。

（张苗）

【发布《走进交响音乐》校本教材】

5 月 28 日，中关村二小举办《走进交响音乐》校本教材发布及交响音乐欣赏研讨会。该套教材由光明日报出版社出版发行，包括学生用书、教师用书和配套光盘，整合学校艺术教师三年课题研究成果，由艺术教师 10 人参与教学设计，收录 36 首交响音乐欣赏曲目。学校金帆乐团演奏《水草舞》《婚礼场面》和《那布柯》，听取学校艺术教育发展、艺术教师成长以及《走进交响音乐》校本教材研发情况介绍，音乐教师作《红旗颂》音乐欣赏课。市、区教研员及各区县音乐教师 129 人参加活动。

（张苗）

【杨刚校长工作室成立】　10 月 22 日，教育部首期名校长领航班“杨刚校长工作室”在中关村第二小学授牌。工作室成员 7 人，来自昌平区、房山区、石景山区及海淀区 7 所小学。通过深度学习、导师指导、示范提升等形式，开展为期 3 年在职连续培养。杨刚为中关村二小校长，校长领航班是教育部“校长国培计划”卓越校长领航工程的重要组成部分，旨在加强基础教育高层次人才队伍建设，培养造就一批具有较大社会影响力的教育家型校长。

（张苗）

【举办创客嘉年华活动】　11 月 17—

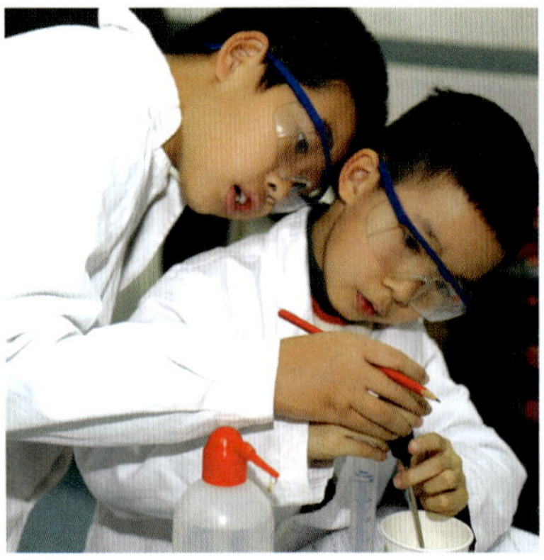

24 日，中关村二小举办“创客嘉年华”体验活动。活动以“心怀梦想，智创未来”为主题，设立纸飞机创意、圆周运动、汽车机器人设计等 12 项体验活动。五、六年级学生体验“创客币”活动，实践成为一名创业者；三、四年级学生参加争当年级“科技小达人”活动。学校学生 4745 人参加活动。

（张苗）

【庆祝金帆乐团成立 20 周年】　12 月 26 日，中关村二小举办庆祝金帆少年交响乐团成立 20 周年音乐会。音乐会围绕“以音乐与爱的名义”主题，由“记忆成长”“琴缘情缘”“感恩有你”和“琴声相伴”4 个板块组成，新老团员共同演奏《我的祖国》《天空之城》等 5 首经典曲目。金帆少年交响乐团校友、学校师生 900 人参加活动。

（张苗）

北京市海淀区 中关村第一小学

【概况】　2015 年，北京市海淀区中关村第一小学设天秀部、党校部两个分校，占地面积 3.57 万平方米、建筑面积 4.19 万平方米，体育场面积 400 平方米。图书馆藏书 24 万册，电子图书 520GB。固定资产总值 11491 万元。全年教育经费投入 8379 万元，全部为国家拨款。普通教室 136 个、专用教室 22 个。学校信息化经费投入 354 万元，拥有计算机 2336 台，多媒体教室座位 6730 个，校园网出口总带宽 12Mbps，数字资源量 520GB，“信息技术”课程 1 课时/周。教职工 317 人，其中，高级职称 16 人、中级职称 204 人。专任教师 301 人，包括特级教师 1 人、北京市骨干教师 13 人；本科以上学历 284 人。开设教学班 136 个。毕业 682 人、招生 1026 人、在校生 5355 人。网址：www.zgcyx.com.cn。

（董静）

【举办教师论坛】　1 月 29 日，中关村一小举办教师论坛。论坛以“基于儿童，立足素养，促进学生自主发展”为主题，围绕“儿童立场 6—2—6 自主发展课程改革”项目展开。分为道德与公益、语言与人文、数学与科学、艺术与审美、体育与健康、国际理解、融合课程、毕业课程 8 个分论坛，通过主题汇报、专题演讲、学术论坛、自由研讨等形式，从不同角度探讨学校自主发展课程改革历程与发展趋势。专家及学校教师 350 人参加论坛活动。

（商红领）

【获机器人世锦赛金奖】　4 月 14 日，中关村一小参加 2015 世界 VEX 机器人锦标赛获金奖。学校机器人“钢铁侠”通过机械臂收集立方体及评委技术答辩等环节，获最佳活力金奖。比赛在美国举办，设小学组、初中组、高中组，分为小组赛、复赛、决赛，全世界500支代表队参加比赛。

（邓翼涛）

【成立5个班主任名师工作坊】 5月12日，中关村一小成立5个班主任名师工作坊。分别为静予工作坊、宴群工作坊、萍云工作坊、炜颖工作坊和松平工作坊。工作坊由学校葵园教师研究院组织成立，由班主任、学科教学带头人、年级组长及青年骨干教师组成，每个工作坊包括4～6名成员，定期开展研讨、交流，学校聘请北京师范大学、北京教育学院、中国教育科学研究院、北京教育科学研究院5名专家担任导师，为期3年，双方共同开展班主任工作研究。

（梁小红）

【举办首届笼式足球联赛】 11月15

日，中关村一小举办首届“葵园杯”笼式足球联赛。学校三至六年级学生以班级为单位，组成48支代表队，分年级抽签，每个年级分成4个小组进行小组赛，每天12:20至12:50比赛，通过小组赛、淘汰赛决出各年级冠军，赛程历时4个月。各参赛班级组建足球啦啦队、足球宣传小组，设计班级足球队队徽，制作足球宣传海报，围绕“笼式足球联赛”成立3个微社团，分别负责足球赛事宣传活动，每天播报比分；每场比赛赛场秩序、裁判判罚、照片的收集和整理等工作；安排各班啦啦队表演活动及摄影。

（李川）

【开展自主教学实践研究】 至年底，中关村一小开展系列自主教学实践研究。学校设立“小讲师流动站”，把部分学习内容交给学生，学生集体备课、分小组展示、自主评课，评选优秀小组组成“小讲师流动站”，开展“走班讲”“巡讲”，介绍学习经验；更新装备教学基地，“空中小农庄”新添几十种动植物，供学生进行美术创作、开展动植物自主探究研究活动；举办读书汇报活动，结合“阅读与欣赏”模块教学，选编“走近老舍”“走近林海音”等内容，鼓励学生自主阅读，通过“今天我主讲”“小小辩论会”“我的小剧场”等活动，汇报读书成果。全校师生参加研究活动。

（穆倩）

北京大学附属小学

【概况】 2015年，北京大学附属小学设有北大附小丰台分校、北大附小石景山学校、北大附小肖家河分校3个分校。校总部占地面积2.86万平方米、建筑面积2.23万平方米，体育场面积6120平方米。图书馆藏书7.29万册，电子图书180GB。固定资产总值3563万元。全年教育经费投入4126万元，其中，国家拨款3050万元、自筹经费1076万元。拥有计算机607台，多媒体教室座位356个，校园网出口总带宽100Mbps，数字资源量20TB，“信息技术”课程1课时/周。普通教室57个、专用教室24个。教职工170人，其中，高级职称8人、中级职称136人。专任教师137人，包括特级教师3人、北京市骨干教师5人；本科以上学历158人。开设教学班57个。毕业432人、招生337人、在校生2082人。网址：www.bdfx.net.cn。

（刘桂红）

【成立现代教育研发交流成长中心】 3月1日，北大附小成立北京市小学现代教育研发交流成长中心。该中心办公地点设在学校教学室，由市教委和北大附小共同管理，主要承担北京远郊区小学校长、教学干部及教师的培训工作，培训内容包括教学管理、课程建设、教育教学等方面，由外聘专家及北大附小、北大教师担任培训教师，培训为期1学期，形式为脱产学习。学员完成培训后颁发成长中心结业证书。3月1日，培训中心举办首次培训，来自昌平区和延庆县15名校长参加培训。

（何立新）

【丰台分校成立】 4月9日，北大附小成立丰台分校。市教委、丰台区政府、北大及北大附小共同签署办学协议，协议规定，丰台区南宫中心小学由北大附小托管，更名为北京大学附属小学丰台分校。北大附小校长兼任分校校长职务，北大附小派出以执行校长为首的管理团队和教师队伍，分校与本校在办学理念、文化体系、管理制度和课程建设方面保持一致，协议有效期6年。9月7日，丰台分校举行开学典礼暨新校名揭牌仪式。学校有教职工85人，在校学生1125人。

（庄严）

【石景山学校正式揭牌】 7月4日，北大附小石景山学校正式揭牌。北大附小承办石景山区六一小学，并更名为北京大学附属小学石景山学校。石景山区每年给予北大附小合作办学经费350万元，用于学校品牌输出、管理模式贯通、骨干教师流动等工作需要，拨付专项资金用于校园文化建设和设施设备配置；北大附小校长兼任北大附小石景山学校校长；北大附小派出学校教师执教石景山学校。石景山六一小学始建于1961年，占地面积2.20万平方米、建筑面积1.18万平方米，有教职工97人，教学班32个，学生1118人。

（庄严）

【改革选修课程】 9月1日，北大附小改革选修课程。学校在原有基础类课程基础上，增加时长60分钟的综合实践课和时长90分钟的选修课，每个年级增加综合实践活动课程，包括科学实验、北大文化、社区实践等实践课程，以班级为单位选修；选修课共145门，包括视觉思维、趣味经济学、智能机器人、京剧、武术等课程，涉及人文素养、科学素养、社会交往、国际理解、艺术健康5个模块，分别为年级内选修与跨年级选修，学生可根据个人学习需要自由选修，每周上课2次。全校学生共2882人参加选修课程学习。

（何立新）

【出版3部课程研究专著】 12月，北大附小出版3部学科课程研究专著。3部专著为《润泽心灵的“博雅语文”》，11.25 个印张，16.8 万字；《研数思形启智通慧》，14 个印张，23.7 万字；《卓·悦英语“玩”出最好的课堂》，11.25 个印张，16.8 万字。均由北京大学出版社出版，分别介绍学校“博雅语文”课程、“生长的数学”课程、“卓·悦英语”课程的建构与实施，主编尹超，北大附小教师集体撰写。

（庄严）

清华大学附属小学

【概况】　2015 年，清华大学附属小学设有商务中心区实验小学一校区、商务中心区实验小学二校区、昌平学校 3 个分校。校本部占地面积 3.30 万平方米、建筑面积 2.30 万平方米，运动场地面积 1.93 万平方米、绿化用地面积 1200 平方米，主操场设有 300 米塑胶跑道和人工草皮足球场，拥有专业篮球场和轮滑场地。图书馆藏书 13 万余册，订阅报纸 15 种，杂志 58 种。固定资产总值 1975 万元。全年教育经费投入 7312 万元，其中，国家拨款 2661 万元、自筹经费 4651 万元。学校信息化经费投入 340 万元，拥有计算机 500 多台，网络多媒体教室 58 个，校园网出口总带宽 100Mbps，数字资源量 150GB。普通教室 44 个、专用教室 19 个。教职工 168 人，其中，中学高级职称 6 人、小学高级职称 89 人、小学一级职称 53 人。专任教师 148 人，包括特级教师 6 人、市级骨干教师 5 人；专任教师全部为本科及以上学历。开设教学班 44 个。毕业 226 人、招生 338 人、在校生 1927 人。网址：www.qhfx.edu.cn。

（隋敏方）

【赴美开展艺术交流】　2 月 3 日，清华附小学生赴美国开展艺术交流。该校艺术团由师生 120 余人组成，受联合国教科文组织邀请赴美演出并访问当地学校，在联合国总部演出民乐《秦王点兵》、舞蹈《鼓舞少年》、合唱《让世界充满和平》《茉莉花》等民族传统曲目；在史岱文森高中举办专场演出，该校师生及家长 800 人观看；访问爱文世界学校，表演文艺节目，讲《满

世界找昆虫的孩子》《汉字的故事》和《希腊行——我为附小代言》等清华附小学生的故事，现场书写汉字“福”和春联。

（隋敏方）

【开设毕业修远课程】　3—6 月，清华附小六年级学生开设毕业修远课程。课程分 3 个模块，历时一学期。第一模块为中学生活体验模块，学生走进清华大学附属中学，了解即将开始的中学学习与生活。第二模块为创新微科研模块，走进清华大学十大实验室，根据个人兴趣选择实验室，就所关注科学问题进行实验和探究，并形成科研报告。第三模块为传承附小文化，让毕业生重温学校主题教育，设有学长日、趣味衔接课、领航青春课等环节，分别开展与低年级学弟学妹共同分享，一对一生生辅导、一对一共同阅读等活动；整合小学初中的教育资源，补充“古诗文素养课”“圆明园主题历史课”和“哲学启蒙课”等；采取“1+X”的方式设计并完成毕业前应该做的五件事，包括向所有授过课的教师表达一次感谢、向班主任写一封自己心里话的信、重走一次成志大道，了解学校的历史等。该校六年级学生 220 人参加修远课程学习。

（隋敏方）

【举办第 40 届读书节】　4 月 1—30 日，

清华附小举办第 40 届读书节。读书节以“长满书的大树”为主题，启动仪式上，清华附小阅读推广人焦玫老师带领师生回顾附小读书节的发展历史，6 个年级的学生分别扮演本年级必读书目中的人物，与全校学生分享读书的乐趣。读书节期间开展图书漂流、好书推荐、图书义卖捐赠等活动。图书漂流活动中，每个学生从家中选择一本好书带到学校，在漂流卡上写下自己的名字和推荐理由，让该书在学生中漂流；好书推荐环节以班为单位，每班推荐一本书，包括《长满书的大树》《蚂蚁王国数学大战》和《我们的莓子朋友》等；图书义卖活动中，学生采取各种宣传方式并装扮书中人物进行推销，并将所得书款 5000 元捐助附小教育扶贫帮扶学校青海玉树第二完小，作为该校教育教学经费。

（隋敏方）

【首次开设游泳课】　4 月 23 日，清华

附小首次开设游泳课。该校在清华大学体育部支持下，在四年级首次开设游泳课程，上课地点为陈明游泳馆。游泳课每班每周 1 课时，除正、副班主任及 1 名带队体育教师，还聘请清华 3 名游泳专职教练，学生按照初、中、高级 3 种不同水平分类，分别在教练指导下学习基本动作、练习水下基本功、学习各种泳姿。游泳馆在学生上课期间不对外开放，并配备专业救生员保障安全。

（隋敏方）

【召开语文主题教学成果展示会】　5 月 8 日，清华附小召开语文主题教学成果展示会。会议听取校长窦桂梅小学语文主题教学专题报告，从主题教学研究的核心概念、类型、价值、课程体系、实践样态等层面，汇报小学语文主题教学研究成果；发布《小学

语文主题教学指导纲要》；专家高峰论坛上，5名专家作报告，肯定清华附小基于学生核心素养主题教学和“1+X”课程；观摩附小教师语文、数学、艺术6节公开课。内蒙古赤峰市、河南安阳市、广西贺州市代表介绍开展主题教学的情况。该会议是首届基础教育国家级教学成果奖推广会活动之一，由教育部组织，人民教育编辑部主办，会议通过卫星同步向全国3800余个贫困县的教学点直播。来自全国各地中小学校长、教师、教研员，基础教育管理者以及科研院所研究人员1000余人参加会议。

（隋敏方）

【召开北京国际儿童阅读大会】 5月22日，清华附小召开北京国际儿童阅读大会。会议以“儿童文学与分级阅读”为主题，国际阅读学会会长、美国伊利诺伊大学理查德·安德森作主题报告《为读者选书》，详细分析美国分级阅读发展的特点，着重介绍蓝思分级阅读系统的做法；6名特邀中美儿童阅读专家进行中美儿童文学分级阅读高端对话，从教育学、心理学、儿童文学、语文教学、图书馆学多种维度探讨儿童分级阅读对于基础教育的重要价值；清华附小二、五年级学生就图画书《威利的奇遇》分别进行读书分享活动；3名教师展示《小豆包奇遇记》《一粒种子的旅行》《小太阳》阅读课。来自全国各高等院校儿童文学、儿童教育学科学者，全国各小学、幼儿园教师代表，及其他从事与儿童阅读相关研究、教学、推广、创作工作者代表1000人参会。

（隋敏方）

【发布《丁香娃娃奇遇记》】 5月22日，清华附小发布《丁香娃娃奇遇记》。该书由清华附小师生共同创编，其创作灵感来自于安东尼·布朗的《威利的奇遇》，它以清华附小吉祥物丁丁和香香为主角，从学校向学生推荐的100本必读书中，每本选取一个情节，把100本书的内容以故事的形式串联在一起。每个故事代表一本必读书，目的是吸引小读者阅读原著，使清华附小主题阅读课程体系从静态书目走向动态的阅读。全书10余万字，122页，彩色印刷。

（隋敏方）

【召开戏剧课程研讨会】 5月31日，清华附小召开“1+X”课程戏剧课程研讨会。会议听取校长题为《戏剧，儿童的第二重生活》主题发言，回顾附小戏剧教育研究历程，介绍学校戏剧课程目标、内容、实施、评价方法等内容；听取丹麦戏剧表演专家亨瑞克·科勒作《平视的戏剧——与自在的儿童相遇》主题发言，介绍斯堪的纳维亚政府及戏剧界对于儿童和青少年戏剧教育的态度，阐述“整个戏剧以儿童为出发点进行创作，即‘平视的教育’”理念。会议达成一致共识：戏剧是一种顺应儿童天性的游戏。清华附小与丹麦戏剧学校签署戏剧合作协议，在未来10年内进行双向互访，在戏剧教育领域内展开深度合作。北京教育科学研究院、北京师范大学、中央戏剧学院、中国教科院专家及学校教师40人参加研讨会。

（隋敏方）

【与国际奥委会主席巴赫对话】 8月30日，清华附小学生与国际奥委会主席巴赫对话。该校10名学生应邀参加“里约之路——奥林匹克文化推广暨Rio 2016奥运会特许商品落地中国启动仪式”，向国际奥委会主席巴赫赠送他们制作的《绽放》《拥抱》两份绘画作品，礼物融手绘奥运五环、2016里约奥运会标志、清华附小校花丁香花、清华附小Logo等元素，表达清华附小师生对奥运会的支持与关注。巴赫询问学生的体育爱好，为学生签字留言，向学生赠送奥运会吉祥物，并与他们合影留念。

（隋敏方）

【召开新闻发布会】 9月17日，清华附小召开“百年清华附小系列活动”新闻发布会。发布会上，学校正式提出“成志教育”，并就其使命、历史传承、理念进行解读；五年级(4)班学生庄奕楠发布百年校庆系列活动“VI形象系统和活动宣传口号”；窦桂梅校长发布十大亮点活动，并向农村学校赠送新书《从成志学校到成志教育——百年附小的探索历程》；校紫光合唱团演唱校史剧同名主题曲《丁香花开》、表演校史剧《丁香花开》片段。有关人员150人参加发布会。

（隋敏方）

【发布《百年成志教育画卷》】 9月21

日，清华附小发布《百年成志教育画卷》。该画卷长100米，由清华大学美术学院高研班50名书画名家与附小50名学生共同创作完成，画卷包括清华附小人文风景，展现清华附小百年成志教育历程，学校为聪慧与高尚人生奠基的办学使命和“1+X”课程建构与实施的阶段性成果。在“百年成志教育画卷，圆梦世界和平家园”发布会上，清华大学党委副书记为画卷开卷，附小学生将手折千纸鹤拼成和平鸽并“放飞”，学生代表将画卷拓本赠予联合国教科文组织。中国红十字会、宋庆龄基金会、中国侨联、中国奥委会、小爱基金会嘉宾及该校师生参加发布活动。

（隋敏方）

【校史剧《丁香花开》公演】 10月17日，清华附小校史剧《丁香花开》公演。校史剧分为五幕，展现清华附小历经民国发展、抗战南迁、改革开放到新世纪的发展历程，所有故事情节均为真实发生的人和事。该剧总导演为空政青年导演李欣凌，编剧为中央戏剧学院陈小玲，1000多名演员全部由清华附小师生和校友担任，包括85岁老校友及6岁在校学生。校庆期间，该剧在新清华学堂公演5场，近万名观众观看演出。

（隋敏方）

【举办校园足球展示交流活动】 12月2日，清华附小举办全国校园足球先锋学校展示交流活动。活动设立理论培训、课堂展示、先锋校培训3个环节。足球理论和实践培训交流环节，听取2名荷兰足球教练专业培训；在课堂展示环节中，观摩清华附小4名体育教师足球常态课；全国校园足球先锋校培训环节，听取清华附小校园足球发展现状介绍。来自国家

足球改革实验区内蒙古、河北石家庄市以及海淀区600余名校长和教师参加活动。该校从一年级开始在班级建立男、女足球队，42个班有84支班级代表队，在班级足球队基础上，成立12支年级男、女生足球队；2012年起每年举办校园足球联赛“马约翰杯足球联赛”；2015年初，学校成为教育部向全国推广“校园足球先锋学校”之一；1月24日至2月9日，清华附小足球队一行16名队员，在阿根廷甲级俱乐部博卡青年俱乐部进行为期15天的培训。

（隋敏方）

中国人民大学附属小学

【概况】 2015年，中国人民大学附属小学拥有校本部和银燕校区、京西校区2所分校。校本部占地面积2.63万平方米、建筑面积3.14万平方米，体育场（馆）面积3300平方米。图书馆藏书2.56万册，电子图书60GB。固定资产总值2728.4万元。全年教育经费投入12531.27万元，其中，国家拨款12376.28万元、其他收入（利息及大学补助）154.99万元。学校信息化经费投入248.75万元，拥有计算机462台，多媒体教室207个，校园网出口总带宽130Mbps，数字资源量1200GB。普通教室110个、专用教室31个。银燕分校占地面积5416平方米、建筑面积3515平方米，体育场（馆）面积2184平方米。图书馆藏书30678册，电子图书10GB。固定资产总值2260.53万元。全年教育经费投入1385.42万元。学校信息化经费投入82.20万元，拥有计算机188台，多媒体教室20个，校园网出口总带宽130Mbps，数字资源量1000GB。普通教室20个、专用教室8个。校本部和银燕校区教职工301人，其中，副高级职称7人、中级职称160人。专任教师291人，包括特级教师3人、市级骨干教师5人；本科以上学历297人，其中，研究生8人。校本部和银燕校区共开设教学班118个。毕业589人、招生731人、在校生4583人。网址：www.rdfx.net。

（关旻）

【举办首届亲子戏剧节】 1月6日，人

大附小举办首届亲子戏剧节。该校以班级为单位排演戏剧曲目，经评选小组评选，12个节目入选戏剧节展演环节，参演剧目包括历史题材《三顾茅庐》、成语故事题材《滥竽充数》、经典文学剧目《茶馆》、童话剧目《九色鹿》《美丽鸟》等。该校学生及家长600人参加戏剧展演活动。

（关旻）

【发布《人大附小七彩教育成果丛书》】 1月8日，人大附小发布《人大附小七彩教育成果丛书》。新书发布会在中国国际展览中心召开，首次面向全国公开发布，会上推出《人大附小七彩教育成果丛书》系列共7本，包括《人大附小的老师对家长说》《人大附小的孩子对校长说》《人大附小的可爱作业》《人大附小的“小小诺贝尔奖”》《人大附小的毕业课程》和《人大附小学生的校园生活》。丛书由中国人民大学出版社出版，主编郑瑞芳，学校干部、教师66人参与编写，共计77万字。

（关旻）

【实施“教师自由人”制度】 1月29日，人大附小实施“教师自由人”制度。该政策旨在落实学术去行政化，发挥教学领军人物专业优势，更好地培养青年教师成长、引领骨干教师发展。制度规定各学科教学骨干、学科教学带头人及其他有志于教学实践创新的优秀青年教师均可申报“自由人”。经学术委员会认定批准，首批137名教师入选，任期1年。成为“教师自由人”后，享受不参加期末常规教师展示性评价，但需将本学期个人研究实践案例、教学论文、学生学习成果案例等进行汇报，为青年教师成长起到示范引领作用。

（关旻）

【环保艺术作品在北京地铁展出】 2

月1日，人大附小师生环保艺术作品在北京地铁展出。活动旨在强调绿色消费理念，唤起社会公众转变消费观念和行为，节约资源能源，保护生态环境。该校师生利用再生资源创作环保艺术作品，共制出4组作品，2月起在北京地铁1号、2号、6号、7号、9号、10号线，八通线全年展出，一个季度展出一组作品。这些作品均选自2014年学校建校60周年之际，在中国国家博物馆举办的“中国梦少年梦”师生美术作品展。

（关旻）

【开设教师“七彩学术讲堂”】 3月13日，人大附小开设教师“七彩学术讲堂”。该讲堂旨在充分发挥青年骨干教师及研究生学历教师的带头作用，带动学校教师的科研、创新意识。各学科青年教师及研究生学历教师报名参加活动，宣讲题目自主拟定，通过个人成长传达正能量。至年底，有19名青年教师开讲，选题包括《研究生那些事儿》《漫谈论文》《习字心得》《学历促科研》等。自2007年，人大附小教师培训系列讲堂开讲，先后为教师开设“七彩名家讲堂”“七彩名师讲堂”和“七彩教师讲堂”。

（关旻）

【举办首届足球节】 4月8日，人大附小举办首届足球节。足球节以校园足球联赛方式开展，以班为单位，比赛采取年级小组比赛和循环赛形式，为期2个月，共进行120场比赛。最终决出各年级冠亚军，获奖代表队由校长颁发奖杯及证书。该校全体学生4500人参加及观看比赛。

（关旻）

【举办首届毕业生书画展】 6月19日，人大附小举办首届毕业生书画展。书画展以“七彩的童年，美好的回忆”为主题，在学校艺术馆内展出，共展出作品100件，包括中国画、儿童画、书法作品、变废为美艺术品，作品均由六年级学生创作。展出时间为期两周。

（关旻）

【举行亲子远足活动】 10月30日，人大附小举行男孩节暨首届亲子远足活动。活动在奥林匹克森林公园举行，按照规定，参加活动男孩在父亲或男性家长陪伴下走完3～10千米不等的路程，其中，一、二年级学生走3千米，三、四年级学生走5千米，五、六年级学生走10千米。最终参与活动全体学生走完规定路程并获得奖励，奖品为校长币及飞盘。该校学生和家长3000余人参加活动。

（关旻）

【开展同姓氏协同课研讨展示活动】

11月17—22日，人大附小开展同姓氏教师协同课研讨展示活动。该校80余名教师以相同姓氏或同类姓氏为准，组成7个教师团队，展示7节多学科融合课，其中，李姓教师共作《万姓同根》协同课，该课以“传承姓氏、家族文化”为主旨，以“寻根问祖”为主题，以“李姓”为抓手，从姓氏文化入手，围绕“李氏家族世袭图”，带着学生了解家族文化中“字辈”“世袭”“家谱”，追溯到“李姓的起源”，开启学生“寻根”之路。另有王姓教师共作《王者》、动物姓氏教师共作多学科《十二生肖》、食物姓氏教师作《话面食》、张姓教师共作《张家那些事儿》、刘姓教师合作多学科《风筝》、赵姓教师合作多学科《桥之思》。学校各学科教师98人参加展示活动。

（关旻）

【举办首届文化小妙会】 12月28日，人大附小举办首届“文化小妙会”。该校一至六年级学生根据个人爱好特长自愿报名参加。“小妙会”设立速记、演讲和文化创意作坊等16大类活动及42个小项目，每个大类包含数量不等的小项目，其中，讲堂类分设汉字讲堂、文学讲堂、文化讲堂和国学讲堂；演讲类包含脱口秀、评书、故事秀等项目；“创作小达人”比赛包含诗词创作、绘本、对联等不同创作内容。活动历时4天。全校学生3000人参加活动。

（关旻）

北京市门头沟区大峪第一小学

【概况】 2015年，北京市门头沟区大峪第一小学占地面积2.27万平方米、建筑面积1.34万平方米，体育场面积7911平方米。图书馆藏书3.45万册。固定资产总值2198.53万元。全年教育经费投入6872.28万元，其中，国家拨款6872.04万元，自筹经费0.24万元。学校信息化经费投入143.54万元，拥有计算机339台，多媒体教室座位180个，校园网出口总带宽100Mbps，数字资源量2TB，“信息技术”课程2课时/周。普通教室26个、专用教室19个。教职工111人，其中，副高级职称4人、中级职称68人。专任教师93人，本科以上学历88人。开设教学班25个。毕业158人、招生143人、在校生999人。网址：www.mtgdyyx.bjedu.cn。设有附属幼儿园。

（吕建华）

【举办第二届社团文化节】 6月1日，大峪一小举办第二届社团文化节。文化节以“红领巾相约中国梦·核心价值伴我成长”为主题，包括组织文艺演出、开办学生书画作品展、设置红领巾闯关游戏、表彰区最美少年等。区教委、学校师生1230人参加文化节。

（李雅丽）

【举办围棋邀请赛】 7月4—5日，大峪一小举办“一小杯”围棋邀请赛。比赛设无级、有级、低段位、高段位4个组别，采取循环赛制，每组别取前八名。13所小学300名棋手参加比赛。该活动由北京棋院、区体育局、区教委共同主办。

（潘宏琳）

【举办文化建设示范校展示交流活动】 12月2日，大峪一小举办北京市第三批文化建设示范校展示交流活动。大峪一小展示5节国家课程、1节地方课程、4节普及课程和20节发展课程，校长作学校文化建设经验交流汇报。区委教育工委、区体育局、区教委领导及学校家长代表共200人参加活动。

（王消冰）

【百米跑廊竣工】 12月，大峪一小百米跑廊竣工。该工程历时6个月，投入资金200万元。百米跑廊为运动员提供专业的运动训练场地，也为学生在特殊天气里正常参加体育活动提供保障。

（马栋）

北京第二实验小学永定分校

【概况】 2015年，北京第二实验小学永定分校分两址办学，分别为本部校区、冯村校区。两校区共占地面积2.73万平方米、建筑面积1.30万平方米，体育馆面积800平方米。图书馆藏书2.87万册，电子图书6万册。固定资产总值2142.06万元。全年教育经费投入4155.89万元，全部为国家拨款。学校信息化经费投入92.17万元，拥有计算机452台，多媒体教室座位90个，校园网出口总带宽100Mbps，数字资源量4TB，“信息技术”课程2课时/周。普通教室42个、专用教室11个。教职工164人，其中，高级职称4人、中级职称86人。专任教师136人，其中，北京市骨干教师2人；本科及以上学历148人。开设教学班41个。毕业195人、招生277人、在校1411人。网址：www.ydps.net。设附属幼儿园。

（宋茂盛）

【举办第四届体育文化节】　4月30日，北京第二实验小学永定分校举办第四届体育文化节。文化节以“爱育英才，绽放精彩”为主题，设开幕式、特色展示、集体竞技、颁奖仪式等活动。学校师生，幼儿园大班儿童及家长2500人参加活动。学校体育文化节每两年举办一次。

（张华）

【举办教师读书汇报展示活动】　8月28日，北京第二实验小学永定分校举办暑期教师读书汇报展示活动。活动以“重温名著，演绎经典”为主题，教师根据所选书目组成共读小组，通过微信群交流读书进展及阅读情况，讨论展示内容和形式，经过排演，8个阅读小组分别展示《会唱的球》《孙悟空三打白骨精》《刘姥姥进大观园》等。

（张华）

【开设游泳课】　9月23日，北京第二实验小学永定分校开设游泳课程。根据前期针对六年级学生的调研情况，学校采取分层教学方式开展游泳课程。每节课安排一男一女两名教师助教，两男两女四名家长协同管理，首期游泳课程30人参加。

（张华）

【低年级部启用】　11月13日，北京第二实验小学永定分校一、二年级学生搬至低年级部。低年级部位于学校校区西侧，占地面积0.52万平方米，建筑面积2992平方米。校园教学楼2层，设舞蹈、书法、古筝等专用教室。教师25人，学生457人。

（张华）

北京市房山区良乡第三小学

【概况】　2015年，北京市房山区良乡第三小学总占地面积1.06万平方米、建筑面积8785平方米，运动场地面积4115平方米。图书馆（室）藏书3.5万册，包括电子图书0.12万册。固定资产总值2797.67万元。全年教育经费投入1902.44万元，全部为国家拨款。学校信息化经费投入200万元，拥有计算机403台，多媒体教室座位1410个，校园网出口总带宽1000Mbps，数字资源量550GB，“信息技术”课程0.5课时/周。普通教室32个、专用教室12个。教职工97人，其中，高级职称3人、中级职称64人。专任教师80人，包括特级教师1人、北京市骨干教师2人；本科以上学历77人。开设教学班32个。毕业180人、招生169人、在校生1263人。网址：58.130.35.6/cms。

（周春英）

【开展“会学习·勇闯关”综合评价】　1月14—16日，良乡三小开展“会学习·勇闯关”综合评价。评价采用趣味性、知识性、实践性的闯关形式，通过扑克牌、卡通钟表、识字卡片、彩色图片等评价工具，检查学生的确定位置、认识时间、识字方法、口语表达等试卷无法检测到的能力，完善学生学习的过程性评价，考查学习成果。一年级全体学生参加活动。

（周春英）

【庆祝建校20周年】　4月28日和12

月28日，良乡三小举办庆祝建校20周年系列活动。4月举办2015年体育节暨春季运动会，设18个比赛项目，1200名运动员参加活动。12月启动“铭记感动·再创辉煌”庆祝建校20周年暨立达教师行动计划，活动分良乡三小廿载谱华章、岁月静好爱生香、梧桐作证忆往昔、春风化雨润桃李、爱心接力支教路、宝剑锋从磨砺出、粉笔无言写春秋、学校发展引路人、携手同心创辉煌9个篇章。

（周春英）

【展示艺术节暨艺术课程成果】　5月

27日至6月3日，良乡三小举办艺术节暨艺术课程成果展示活动。艺术节通过表演、展板、实物展示等方式，展示音乐、美术、书法、劳技、综合实践等课程的课内外成果。师生1359人参加活动。

（周春英）

【开展跨学科综合实践探究活动】　9—10月，良乡三小开展跨学科综合实践探究活动。学校组织五、六年级410名学生，参观中国科学技术馆科学乐园、华夏之光、探索与发现、科学与生活、挑战与未来5个主题展厅，并开展“科技寻宝”活动。活动涵盖科学、语文、数学、美术、品生、品社等多个学科实践任务，让学生在玩中拓展知识。四年级任课教师，以“走进华冠”学科实践活动为样本，围绕如何跨学科设计综合实践活动为主题，开展头脑风暴活动。任课教师针对所教学科，结合课程标准和教材，以任务单形式提出设想。

（周春英）

北京市房山区良乡第四小学

【概况】　2015年，北京市房山区良乡第四小学占地面积1.10万平方米、建筑面积5555平方米，体育场地面积3010平方米。图书馆藏书1.50万册，包括电子图书100册。固定资产总值457万元。全年教育经费投入928万元，全部为国家拨款。学校信息化经费投入55万元，拥有计算机143台，多媒体教室座位734个，校园网出口总带宽20Mbps，数字资源量100GB，“信息技术”课程0.5课时/周。普通教室19个、专用教室7个。教职工47人，其中，高级职称2人、中级职称24人。专任教师42人，本科及以上学历45人。开设教学班19个。毕业26人、招生119人、在校生597人。网址：www.lxdsxx.com。

（齐利敏）

【开设4门新课程】 1—12月，良

乡四小开设4门新课程。远足课程，开展3次，地点选在刺猬河畔和长沟湿地公园，路程设置为一、二年级行程6千米，三、四年级行程8千米，五、六年级行程11千米；美术馆课程，五、六年级师生参观中国美术馆；老家课程，了解老家的风土人情、特色活动、特色产品及认识田里农作物，并组织老家课程成果展示，评选“最优班级”和“课程之星”；游学课程，分为校内、区内、市内、国内和国际5个层次，首次与湖北房县的东城小学游学，师生17人参加活动。

（齐利敏）

【举办社区体育节】 5月12日，良乡四小举办“瑞雪春堂”社区友好体育节。活动设学生竞技、学生特长、成人项目、亲子项目、师生远足5个比赛专场，35个比赛项目。要求每名学生至少参加5个项目。学校教师、学生、家长以及周边社区公司、居委会代表1823人参加活动。

（齐利敏）

【开展主题研究活动】 12月，良乡四小开展主题研究活动。活动以“探秘”为主题，分确定主题、制定研究计划、自主分组、研究成果展示4个阶段。不同年级根据学生年龄特点设立子题目，学生根据兴趣爱好选题、制定研究计划、搜资料、设计研究成果的展示。12月25日，按年级以游戏的秘密、动物的秘密、北京的秘密、蔬菜的秘密和水的秘密为主题，展示主题研究月的成果。

（齐利敏）

北京教育科学研究院通州区第一实验小学

【概况】 2015年，北京教育科学研究院通州区第一实验小学占地面积1.58万平方米、建筑面积6681平方米，体育场面积1.08万平方米。图书馆藏书33080册，电子图书90册。固定资产总值1323.62万元。全年教育经费投入5804.87万元，其中，国家拨款5800.17万元、自筹经费4.70万元。学校信息化经费投入5万元，拥有计算机409台，多媒体教室座位2000个，校园网出口总带宽2750Mbps，数字资源量400GB，“信息技术”课程1课时/周。普通教室37个、专用教室8个。教职工125人，其中，副高级职称8人。专任教师115人，包括北京市骨干教师4人；本科及以上学历117人。开设教学班37个。毕业224人、招生284人、在校生1694人。网址：school.3xy.com.cn/school/100441。

（张如燕）

【启动90后学术型教师培养】 6月4日，通州实验一小启动“90后学术型教师培养”项目。该项目与北京师范大学教育管理学院合作，利用北师大学校管理和教师发展等方面的研究经验和资源，提升教师的科学研究能力，以培养教师形成独特教学风格为切入点，以提高课堂教学与教学管理能力为重点，通过合作研究模式，采用集中研修、课题研究、著作阅读与研讨、课堂观摩研讨、导师指导等多种方式，借助“教师发展共同体”模式，提高教师的教育素养、教学素养、管理素养、研究素养。合作期限为3年。

（张如燕）

【与北京儿艺签约合作】 10月14日，通州实验一小与北京儿童艺术剧院签署合作协议。根据协议，北京儿童艺术剧院组织专家教师走进学校、走进课堂，承担合唱、舞蹈、主持、音乐剧、儿童表演5个具有专业艺术特色的课程，并为该校一年级学生教育、社团建设、教师培训、教育科研等工作提供帮助与支持。协议有效期5年。

（张如燕）

【举办地震安全知识讲座】 11月16日，通州实验一小举办地震安全知识讲座。讲座聘请“勇敢的心特训营”营长，以“地震的逃生与自救”为主题讲授地震安全知识，通过观看地震视频，了解地震的灾害，学习如何逃生自救。二年级学生271人参加学习。

（张如燕）

北京市史家小学通州分校

【概况】 2015年，北京市史家小学通州分校占地面积4.00万平方米、建筑面积3.06万平方米，体育场面积1.76万平方米。图书馆藏书3.97万册。固定资产总值16517.08万元。全年教育经费投入3599.85万元，其中，国家拨款3595.53万元、自筹经费4.32万元。学校信息化经费投入5万元，拥有计算机539台，多媒体教室89个，校园网出口总带宽2750Mbps，数字资源量2110GB，“信息技术”课程1课时/周。普通教室68个、专用教室14个。教职工167人，其中，高级职称3人、中级职称49人。专任教师154人，包括北京市骨干教师4人；本科及以上学历151人。开设教学班60个。毕业276人、招生455人、在校生2525人。网址：school.3xy.com.cn/School/100587。

（张爽）

【举办首届毕业典礼】 6月29日，史家小学通州分校举办首届六年级毕业典礼。典礼以“放飞心灵·追逐梦想”为主题，分为“梦想起航”播放校园学习生活回忆视频和校长讲话片

段；“欣赏成长”毕业生才艺展示；“扬帆远航”毕业生齐唱校歌3个篇章。毕业生、六年级教师和家长代表700人参加典礼。

（张爽）

【承办全国互动反馈教学说课及现场课交流活动】 7月8—9日，史家小学

通州分校承办第六届全国互动反馈教学说课及现场课交流活动暨课题结题会。来自北京、上海、新疆、广西等地教师200人参加活动，展示97节现场课和102节现场说课，史家小学通州分校共14名教师参加活动，其中13人获一等奖。

（张爽）

【获现场课评比全国特等奖】 11月5日，史家小学通州分校参加第五届全国传统文化进课堂教学研讨会现场课评比活动，并获得全国特等奖。学校教师讲授《论语》第三十四课《言忠信·行笃敬》，通过“三步六正九读”的教学模式向学生讲述忠信与笃敬是一种做人必备的品格。全国700人参加研讨会。“三步六正九读”的三步：第一步，正音正读；第二步，正字正义；第三步，正心正行。六正：正音、正读、正字、正义、正心、正行。九读：读正确、读流畅、读成诵、读大义、读理解、读入境、读韵律、读体验、读义理。

（张爽）

北京小学通州分校

【概况】 2015年，北京小学通州分校占地面积2.23万平方米、建筑面积1.95万平方米，体育场（馆）面积992平方米。图书馆（室）藏书3.24万册。固定资产总值2017.06万元。全年教育经费投入2654.13万元，其中，国家拨款2651.28万元、自筹经费2.85万元。学校信息化经费投入5万元，拥有计算机317台，多媒体教室座位2200个，校园网出口总带宽1250Mbps，数字资源量200GB，“信息技术”课程0.5课时/周。普通教室38个、专用教室19个。教职工113人，其中，副高级职称1人。专任教师105人，包括市级骨干教师3人；本科及以上学历105人。开设教学班38个。毕业141人、招生284人、在校生1609人。网址：http：//bjxxtzfx.gotoip55.com。

（靳朝霞）

【进行语文习作项目交流】 11月12日，北京小学通州分校特邀北京市特级教师赵景瑞为主讲，面向全校语文教师，进行以“习作”为主题的语文课程建设项目交流活动。交流活动按授课、习作讲座、互动研讨3个环节进行。在授课环节，赵老师进行题为《起笔名》的习作课堂展示。授课后，赵老师又进行以《如何进行习作教学》为主题的习作讲座。并与该校语文教师就实际习作教学中存在的问题进行研讨。

（靳朝霞）

【组织走进科学家工作室活动】 11月18日，北京小学通州分校25名科技社团学生在学校组织下，走进中科院植物所科学家工作室进行参观学习活动。活动中，该校科技社团学生跟随中科院植物所工作人员参观和认识中科院里的近千种植物。然后，学生以5个人一组拿着“指北针”和地图在园区里寻找9种植物，并在任务单上填写相关植物信息。最后一项任务是“压花书签制作”，学生以落叶为材料，发挥想象制成作品。

（靳朝霞）

【组织特级教师案例研修活动】 12月24日，北京小学通州分校特邀数学

特级教师刘德武到校进行案例研修活动，来自全区数学教师近150人参加。刘老师进行两节数学课展示，分别是四年级教材《小数的意义》和五年级教材《平均数练习课》。课后，刘老师阐述这两节课的设计思路及授课重点。

（靳朝霞）

北京市通州区张家湾镇中心小学

【概况】 2015年，北京市通州区张家湾镇中心小学占地面积2万平方米、建筑面积1.15万平方米，体育场（馆）面积933平方米。图书馆藏书4.86万册，电子图书100册。固定资产总值1558.09万元。全年教育经费投入5211.43万元，其中，国家拨款5198.36万元、自筹经费13.07万元。学校信息化经费投入18.45万元，拥有计算机339台，多媒体教室座位2240个，校园网出口总带宽2750Mbps，数字资源量300GB，“信息技术”课程1课时/周。普通教室28个、专用教室13个。教职工96人。专任教师63人，包括市级骨干教师1人；本科及以上学历62人。开设教学班28个。毕业110人、招生237人、在校生1073人。网址：www.zjwzzxxx.com。下辖5所完全小学，分别是张辛庄小学、张家湾村民族小学、张家湾镇民族小学、枣林庄民族小学和上店小学。

（张海涛）

【举办双语故事会】 3月31日，张家湾镇中心小学召开“十德来树人，我说伴我秀”学生双语故事会。来自中心校及下辖5所完小的24位小选手进行表演。学生向观众讲述孔子不

耻下问、刘恒孝母、宋庆龄守信以及雷锋的故事等。学校教学干部、部分英语教师、小选手及学生家长 80 余人参加活动。

（张海涛）

【开展国学教学研讨活动】　6 月 30 日，张家湾中心小学与山东省济南市天桥区无影山小学开展国学教学研讨活动。活动分 3 个阶段进行，第一阶段由济南市天桥区无影山小学的 1 名学生和 1 名教师作 2 节教学展示课。第二阶段进行济南市天桥区无影山小学教师的书法展示及学生的古筝和吟诵表演。第三阶段由张家湾中心小学的 3 名教师介绍国学教学经验。

（张海涛）

【对下辖完小进行拉练指导】　9 月 22

日，为促进完小各校间均衡发展，张家湾镇中心小学以区小教科验收完小为契机，组成以校长为组长，各部门副校长为组员的指导小组，对下辖 5 所完小进行拉练指导。指导内容包括听取完小校长汇报学校校园文化建设情况，参观校园环境，检查 3 年内学校教学、德育、体卫档案材料等。

（张海涛）

【阅读筑梦活动走进通州校园】　10 月 28 日，书香中国·北京阅读季·少年读书行“阅读筑梦”活动走进通州区张家湾镇民族小学和马驹桥镇中心小学。相关领导为来自张家湾镇和马驹桥镇的学生代表赠送精美图书 4000 余册。活动还邀请知名作家与小学生们进行面对面交流。

（张海涛）

北京市顺义区东风小学

【概况】　2015 年，北京市顺义区东风小学本部校区占地面积 2.25 万平方米、建筑面积 9132 平方米，体育场（馆）面积 1.39 万平方米。图书馆藏书 3.20 万册。固定资产总值 4719.95 万元。全年教育经费投入 4288.58 万元，全部为国家拨款。学校信息化经费投入 947.34 万元，拥有计算机 234 台，多媒体教室座位 1700 个，校园网出口总带宽 100Mbps，数字资源量 10GB，“信息技术”课程 1 课时/周。普通教室 37 个、专用教室 10 个。教职工 147 人，其中，高级职称 1 人、中级职称 84 人。专任教师 120 人，其中，北京市骨干教师 1 人、北京市学科教学带头人 3 人；本科以上学历 53 人。开设教学班 37 个。毕业 591 人、招生 543 人、在校生 1407 人。网址：www.dfxx.shyedu.cn。东风小学教育集团分五址办学，分别为本部校区、现代校区、裕龙校区、建新校区、仓上校区。

（于有民）

【开展“体验杯”同课异构活动】　4

月 3—30 日，东风小学开展“体验杯”骨干教师与青年教师携手的同课异构活动。活动以“基于学习方式变革下的读懂学生、教材的研究”为主题，同年级教师选取同一课题，构思不同的教学方法，将新的教学理念落实到实际课堂教学过程中，提高课堂效率。市、区级骨干教师，百优班主任，35 岁以下青年教师 34 人参加活动。

（于有民）

【开设游学课程】　7 月，东风小学开设游学课程。根据不同年级学生的特点，设定二年级为绿色之旅，领略内蒙古草原绿色风光；三年级为蓝色之旅，体验大海的美丽与壮阔；四年级为文化之旅，品味江南小镇的秀美与宁静；五年级为红色之旅，感受革命根据地神圣与庄严。

（于有民）

【开设电影校本课程】　9 月，东风小学开设电影校本课程。学校分别在 5 个校址建立小电影院，采取组织常规看片、撰写观看心得、学科电影整合三种模式，使学生从一年级到六年级看 120 部优秀电影。全校师生参加活动。

（于有民）

【调整办学格局】　至年底，东风小学调整办学格局。裕龙校区一至四年级教学班调整为现代校址低年级部，裕龙校址为高年级部；建新、仓上、本部三校区合并，建新、仓上为低中年级部，承担一至四年级的教学工作，本部校区为高年级部承担五、六年级的教学工作。东风教育集团共有教学班 155 个，学生 6300 人。形成“一校五址的办学模式、三统一的管理路径”的教育集团。

（于有民）

北京市顺义区
西辛小学教育集团

【概况】　2015 年，北京市顺义区西辛小学教育集团成员包括北京市顺义区西辛小学、北京市顺义区仁和中心小学校。西辛小学教育集团分三址办学，分别是低年级校区、中年级校区、高年级校区，低年级校区、中年级校区归属北京市顺义区西辛小学，高年级校区归属北京市顺义区仁和中心小学校。三校区占地面积 4.61 万平方米，其中，西辛小学 2.48 万平方米、仁和中心小学校 2.13 万平方米；建筑面积 1.20 万平方米，其中，西辛小学 9360 平方米、仁和中心小学校 2628 万平方米。体育场（馆）面积 1.76 万平方米，其中，西辛小学 8882 平方米、仁和中心小学校 8670 平方米。图书馆藏书 10.10 万册，电子图书 2 册。固定资产总值 5882.28 万元，其中，西辛小学 1821.63 万元、仁和中心小学校 4060.65 万元。全年教育经费投入 3960.38 万元，其中，西辛小学 2623.50 万元、仁和中心小学校 1336.88 万元，全部为国家拨款。学校信息化经费投入 229.33 万元，其中，西辛小学 214.53 万元、仁和中心小学校 14.8 万元；拥有计算机 705 台，其中，西辛小学 373 台、仁和中心小学校332台；多媒体教室座位2728个，其中，西辛小学1850个、仁和中心小学校878个；西辛小学校园网出口总带宽236Mbps、仁和中心小学校校园网出口总带宽200Mbps；数字资源量382GB；西辛小学“信息技术”课程11课时/周、仁和中心小学校“信息技术”课程10课时/周。普通教室67个，其中，西辛小学47个、仁和中心小学校20个；专用教室27个，其中，西辛小学18个、仁和中心小学校9个。西辛小学教职工139人，其中，高级职称2人、中级职称76人。专任教师132人，包括北京市骨干教师2人；本科以上学历131人。仁和中心小学校教职工65人，其中，高级职称3人、中级职称44人。专任教师64人，包括北京市骨干教师1人；本科以上学历52人。开设教学班67个，其中，西辛小学47个、仁和中心小学校20个。毕业308人，招生452人，在校生2498人，其中，西辛小学1774人、仁和中心小学校724人。网址：www.xixinxiaoxue.com。

（贾广辉）

【举办区主题单元整体教学研讨活动】

4月17日，西辛小学教育集团举办顺义区主题单元整体教学研讨活动。西辛小学教师执教《义犬复仇》《金色的脚印》阅读汇报课及《神奇的警犬》阅读分享课，并作《依托主题单元结构教学，构建西辛小学读写用一体语文课程》主题报告，介绍学校在教研活动中的研究过程及探究成果。顺义区各小学高年级语文教师40人参加活动。

（刘学红　吕龙梅）

【开展校园文化交流活动】 5月5—7日，西辛小学教育集团开展校园文化交流活动。3个校区的教师互相参观校园文化，低年级部通过校史长廊了解西辛小学的历史演变。中年级部文化墙上的《种树郭橐驼传》，体现集团“顺天致性、仁智和美、多元幸福”理念的根源所在。高年级部介绍仁和的百年文化。全校教师参加活动。

（万佳茹　关爱民）

【举办习作课程建设交流研讨活动】 6月2日，西辛小学教育集团举办“真实读者”小学习作课程建设交流研讨活动。活动听取《面对读者，让写作真实发生》研究汇报，展示习作课程建设中期成果。活动设两个论坛，以“中高年级习作课程研究”为主题的论坛，展示六年级习作指导研究课，并进行专家点评；以“低年级读写用一体的研究”为主题的论坛，展示二年级读写一体研究课，并进行专家点评。顺义区教育研究考试中心专家，通州、丰台、石景山、朝阳、房山等区县教师共150人参加活动。

（刘学红　关爱民）

【举办科研月活动】 11月25日，西

辛小学教育集团举办学科实践活动课研讨活动暨2015年西辛小学教育集团科研月活动。活动围绕学科教学与参观“富国海底世界”“中央广播电视塔”社会大课堂整合课程展开。专家听取集团领导关于《学科实践活动课研讨活动暨2015年西辛小学教育集团科研月活动》的报告，分别进班听3节学科实践研讨课。北京教育学院教授，顺义区教育研究考试中心小语教研室教师，中年级部语文、数学教师20人参加活动。

（刘学红　关爱民）

【举办课程改革研讨活动】 12月9—10日，西辛教育集团举办“课改，我们在路上——课程改革研讨活动”。研讨包括总结“课程改变学校——十一学校一分校学习汇报研讨活动”，6名教师分别从参观整体感受、全课程、选课走班、学校文化、学科实践等角度分享学习收获和体会；50名教师参观牛栏山一中实验学校，每人听初一年级课程3节，研讨牛栏山一中实验学校课程特点，及初中与小学课程学习差异。

（刘学红　关爱民）

北京市顺义区杨镇中心小学校

【概况】 2015年，北京市顺义区杨镇中心小学校占地面积2.80万平方米、建筑面积1.53万平方米，体育场面积1.20万平方米。图书馆藏书4.1万册，电子图书2700册。固定资产总值1761万元。全年教育经费投入3083万元，全部为国家拨款。全年学校信息化经费投入16万元，拥有计算机353台，多媒体教室座位1650个，校园网出口总带宽1000Mbps，数字资源量1300GB，“信息技术”课程1课时/周。普通教室42个、专用教室15个。教职工117人。专任教师96人，包括北京市学科教学带头人2人；本科以上学历85人。开设教学班42个。毕业231人、招生261人、在校生1449人。网址：yzzx.shyedu.cn。

（王海燕）

【引进狸米个性化教学资源】 10月10日，杨镇中小引进狸米个性化教学资源。邀请教育研究考试中心专家作“狸米个性化教学平台”培训。《狸米学习》和《狸米老师》的特性和使用方法，帮助学生趣味化使用学习资源，帮助教师数据化掌握教学情况。“狸米个性化教学平台”是专为小学数学信息化教学提供“永久免费”的优质资源与互联网软件服务系统。利用互联网与大数据技术，针对小学数学教学过程中如何激发学生学习兴趣、如何提高过程性评价效率、如何进行有效的个性化辅导提供综合性解决方案。

（徐虹）

【召开课题结题会】 11月5日，杨镇中小召开“基于移动终端的小学生个性化学习方式的实践研究”课题结题会。学校教学和科研工作主任汇报课题研究过程和成果，课题组成员现

场答疑。专家评价该课题研究设计思路清晰、方法恰当、过程扎实。课题鉴定组专家及课题成员 20 人参加结题会。该课题为顺义区规划办立项课题，于 2014 年 3 月立项，主要通过行动研究法、案例法、调研等方法，研究基于移动终端的小学生学习方式，构建适合师生发展的“2346”教学模式，盘活信息化资源，建立信息资源库，提升学生的信息素养。

（刘占红）

【举办“活力课堂”论坛】　11 月 17 日，杨镇中小举办“让教育焕发生命的活力”——顺义区“生命课堂”论坛暨杨镇中小“活力课程”开放活动。论坛分为两个阶段，第一阶段，10 名教师从不同年段、不同学科展示活力课堂教学，6 个分论坛分别围绕课程建设、课堂教学、实践活动、未来课堂、教师研训、学校特色 6 个专题研讨生命课堂；第二阶段，校长作《让教育焕发生命的活力》主题报告，阐释学校实施活力教育的脉络。教育部教育发展研究中心研究员、北师大教授、北京教育学院副校长、顺义区各学校教师代表共计 240 人参加论坛。

（徐虹）

北京市昌平区昌盛园小学

【概况】　2015 年，北京市昌平区昌盛园小学占地面积 1.37 万平方米、建筑面积 1.09 万平方米，体育场面积 3850 平方米。图书馆藏书 3.09 万册，电子图书 81 册。固定资产总值 3963 万元，包括教学仪器资产值 1199 万元。全年教育经费投入 4392 万元，全部为国家拨款。学校信息化经费投入 110 万元，拥有计算机 401 台，多媒体教室座位 1843 个，校园网出口总带宽 20Mbps，数字资源量 1000GB，“信息技术”课程 1 课时/周。普通教室 45 个、专用教室 11 个。教职工 141 人，其中，高级职称 4 人、中级职称 79 人。专任教师 116 人，其中，特级教师 1 人、北京市骨干教师 5 人、北京市学科教学带头人 1 人；本科以上学历 141 人。开设教学班 45 个。毕业 247 人、招生 303 人、在校生 1843 人，其中，外省市借读生 337 人。

（金东明）

【举办小学语文综合实践观摩活动】

5 月 21 日，昌盛园小学举办“做学生阅读的点灯人”——昌平区小学语文综合实践观摩活动。学校五年级（1）班展演“古韵悠悠话李白”读书会，分明月诗心、对酒当歌、韵舞山川、愁情别绪、志向豪情 5 个板块诵读李白诗词。学生独立完成伴奏、诵读、吟唱。市教委、昌平区教育督导室相关部门负责人及全区语文教师及家长代表 162 人参加活动。

（周晓芳）

【举办首届社团嘉年华】　6 月 18 日，昌盛园小学举办“精彩你我飞舞梦想”首届社团嘉年华活动。陶泥、中医和航模等 24 个社团分两个时段展示。12:30 至 15:50，以教学楼三、四层西侧的教室、中厅为展区，展示 19 个社团的作品。每个社团有 4～6 名学生负责现场表演和社团情况介绍。16:00 至 16:50，舞蹈、朗诵、陶笛等 8 个社团在多功能厅演出。摄影社团进行现场活动采集。学生及家长 960 人参加活动。

（周晓芳　沈洪鹏）

【承办中国可持续发展教育国家讲习班分会场活动】　10 月 28 日，昌盛园小学承办中国可持续发展教育第 12 次国家讲习班分会场学校实践部分活动。讲习班以“在可持续发展教育中促进课程建设与学习创新”为主题，学校分会场设置 5 个方面展示内容：查阅资料；现场听取语文、数学、英语、品德和社会教师课程教学；观看学生校本课程展示；分享学校经验，校长以《可持续发展教育助推品牌学校建设》为题，介绍以培养可持续发展素养为核心构建学校课程体系；专家点评。中国可持续发展教育协会、北京教科院可持续发展教育研究中心、昌平区教委及来自全国多省市的专家和教师 122 人参加活动。

（王铁英）

【获首届青少年创意市集“小创客”称号】　10 月 31 日，昌盛园小学学生获北京市首届青少年创意市集“小创客”称号。五年级学生刘泽琨制作的“智能盲人障碍仪”由电源模块和电路模块两部分组成，电源模块为系统提供 9V 的直流电，电路模块由超声波探头、单片机、蜂鸣器等组成。两个超声波探头，分别用来发射和接收；单片机是整个电路的核心，实现收发超声波之间的计时；三极管（指向）用来放大电流，驱动告警装置——蜂鸣器或震动模块进行告警。经过专家和学生的综合评审，“智能盲人障碍仪”获优秀作品奖，刘泽琨获“小创客”称号。全市共 22 人获奖。

（王超）

北京市昌平区城北中心小学

【概况】　2015 年，北京市昌平区城北中心小学下辖 4 所学校，分别为中心校六街小学、三街小学、东关小学和西关小学，占地面积 2.91 万平方米、建筑面积 1.8 万平方米，体育场面积 1.61 万平方米。图书馆藏书 13.63 万册，电子图书 1791 册。固定资产总值 4683.73 万元，包括教学仪器资产值 2155 万元。全年教育经费投入 7512.82 万元，其中，国家拨款 7504.88 万元、自筹经费 7.94 万元。学校信息化经费投入 463.25 万元，拥有计算机 690 台，多媒体教室座位 4200 个，校园网出口总带宽 100Mbps，数字资源量 569GB，“信息技术”课程 1 课时/周。普通教室 104 个、专用教室 32 个。教职工 303 人，其中，高级职称 5 人、中级职称 172 人。专任教师 288 人，包括北京市骨干教师 3 人；本科以上学历 250 人。开设教学班 104 个。毕业 570 人、招生 604 人、在校生 4090 人，其中，外省市借读生 1379 人。

（王英）

【增设低年级形体训练课】　3月25日，

城北中心六街小学增设低年级形体训练课。通过形体的基本训练方法，对学生进行基本姿态练习，训练学生正确的立、坐、卧、走、跑及头面部姿态和表现。课堂内容包括形体训练、韵律操、垫上组合练习等。教师由外聘舞蹈教师担任，每周开设1课时。

（李凤欣）

【与内蒙古学校开展交流活动】　10月15日，城北中心六街小学与内蒙古无定河学校开展“养好习惯之根，正好人生之本”专题交流活动。学校讲解员介绍厚德园、思源厅和筑梦厅等校园设计理念，以及学校读书启智、感恩养德的办学特色。教师走进语文、数学、音乐、体育等多个学科课堂，了解学校三级课程的实施情况。两校教师51人参加活动。

（李凤欣）

【开设学生大讲堂】　11月19日和23

日，城北中心小学开设“风采飞扬、梦想起航”中高年级学生大讲堂。高年级学生大讲堂以中国的传统文化为主要内容，从中国四大名著的《三国演义》到中国的传统艺术相声，北京的传统美食文化，再到青铜时代的辉煌进行精彩的讲说，精彩的讲堂内容让学生们感受到古典名著的魅力，中国传统文化的博大精深；中年级大讲堂以动植物为主题，从可爱的海豚、神奇的狞猫、夏日的音乐家——蝉，到奇特的植物，生动的画面和感人的事例，唤起学生们热爱生活、爱护自然的美好情感。采用网络直播形式，除现场参与活动的300名师生和家长外，城北中心小学中、高年级2900名学生和300名家长，内蒙古鄂尔多斯实验二小的师生通过网络收看讲堂直播。该活动启动于2013年11月29日，每两年举办一届。

（张晓君）

北京市昌平区南口镇小学

【概况】　2015年，北京市昌平区南口镇小学占地面积1.33万平方米、建筑面积4225平方米，体育场面积1070平方米。图书室藏书1.58万册。固定资产总值1053.96万元。全年教育经费投入2129.95万元，全部为国家拨款。学校信息化经费投入18.04万元，拥有计算机117台，多媒体教室座位1000个，校园网出口总带宽20Mbps，数字资源量270GB，“信息技术”课程1课时/周。普通教室21个。教职工72人，其中，中级职称39人。专任教师65人，包括北京市骨干教师1人；本科以上学历54人。开设教学班21个。毕业109人、招生102人、在校生640人，其中，外省市借读生279人。

（李阳）

【成立班主任学习共同体】　1月30日，南口镇小学与北京市昌平区回龙观第二小学成立班主任学习共同体。学校班主任10人与回龙观二小青年班主任10人结为师徒，并签署构建班主任“一+1”互助学习共同体协议。学校首席班主任任立平解读班级文化建设，教师以“世界咖啡”的形式，分组研讨交流“如何打造阳光班级文化”。两校教师82人参加活动。“一+1”互助学习共同体是学校2014年初成立的跨区域学研班主任团体，其中“一”代表师傅，“1”代表徒弟。

（王春凤）

【举办少年模拟法庭活动】　12月4日，南口镇小学举办少年模拟法庭活动。学生分别扮演审判长、公诉人、律

师、法警和罪犯等角色，模拟庭审“因沉迷于网络而引发的抢劫案”。通过选取贴近学生生活、具有代表性的案件，采用逼真的场景，让学生掌握审判程序，学习法律知识。五年级师生105人参加活动。

（王春凤）

【首次评选我最喜爱的社团】　12月31日，南口镇小学举办首届“迎新年我最喜爱的社团评选”活动。活动邀请教师、家长和学生代表共12人组成评委团，根据学生表演水平、精神风貌和社团负责人参与程度等方面情况现场打分。参加评选的25个社团，通过现场表演、幻灯片、视频呈现以及展板、展台等形式展示，汇报本学期成果。经评选，校园剧、相声和舞蹈等12个社团被评为“我最喜爱的社团”。师生、家长710人参加活动。

（王春凤）

北京市大兴区安定镇中心小学

【概况】　2015年，北京市大兴区安定镇中心小学下辖4所完小，分别为西芦各庄完小、东白塔民族小学、通马坊完小和后安定完小。占地面积8.82万平方米、建筑面积1.91万平方米，体育场馆面积1119平方米。图书馆藏书5.7万册。固定资产总值8871.89万元。全年教育经费投入3441.13万元，全部为国家拨款。学校信息化经费投入200万元，拥有计算机528台，多媒体教室座位2146个，校园网出口总带宽共享20Mbps，数字资源量2000GB，“信息技术”课程1课时/周。普通教室37个、专用教室28个。教职工86人，专任教师83人，本科及以上学历63人。开设

教学班 37 个。毕业 157 人、招生 205 人、在校生 1173 人。

（王艳）

【启动骨干教师“1+1”活动】 4 月 10 日，安定小学启动“骨干引领·并肩齐飞”骨干教师“1+1”活动。区级学科教学带头人、骨干教师与青年教师建立“1+1”结对关系，签订结对协议，明确师徒双方工作职责和具体要求。学校教师 16 人参加活动。

（王艳）

【开展教学检查】 5 月 11 日，安定小学开展教学检查。活动以“构建高效课堂推进课程改革”为主题，听取学校教师作五年级数学课《分数与小数的互化》、一年级自主识字和科学实验复习课《空气占据空间》《小水轮》。检查组查看学生字帖及写话、周记本等。

（王艳）

【举办首届校园科技节】 10 月 12—

13 日，安定小学举办第一届校园科技节。科技节以“走进恐龙世界”为主题，举办科普宣传、科技竞赛、走进博物馆、作文竞赛、读书活动及“走进恐龙”等系列实践活动。学校利用数字校园、电子屏和班级板报，以恐龙为主题宣传科普知识。全校师生 500 人参加活动。

（王艳）

北京第二实验小学大兴实验学校

【概况】 2015 年，北京第二实验小学大兴实验学校占地面积 2.40 万平方米、建筑面积 1.69 万平方米，体育场面积 9086 平方米。图书馆藏书 1.70 万册。固定资产总值 2324 万元。全年教育经费投入 1869 万元，全部为国家拨款。拥有计算机 210 台，多媒体教室座位 1871 个，校园网出口总带宽 20Mbps，数字资源量 2000GB，“信息技术”课程 1 课时/周。普通教室 36 个、专用教室 12 个。教职工 66 人，其中，中级职称 25 人。专任教师 63 人，其中，北京市骨干教师 1 人、北京市学科教学带头人 5 人；本科及以上学历 49 人。开设教学班 29 个。招生 244 人、在校生 1022 人。网址：syexdxsy. dxschools. cn。

（李连超）

【举办京冀中小学校长培训项目交流活动】 3 月 26 日，实验二小大兴实

验学校举办北京、河北中小学校长培训项目交流活动。活动以“京冀交流促发展，共铸理想中国梦”为主题，京冀校长 40 人参加培训项目。学校介绍学校办学理念和课程改革方面的经验；两名教师分别展示语文课《识字写字课》和《主题阅读课》。教师及学生 1000 人参加活动。

（李连超）

【召开课程改革研讨会】 5 月 20 日，实验二小大兴实验学校召开课程改革研讨会。会议以“基于学校课程建设助推学校内涵发展”为主题，分 4 个环节。“走进课堂，感受学校理想课程魅力”环节，观看学校国家课程校本化展示；“静观物化，彰显区域缤纷课程特色”环节，参观特色校本教材展示和市课程建设优秀成果展示；“分享经验，助推学校教育品质提升”环节，听取《以课程体系建设为载体，实现学校发展的系统性突破》课程建设工作总结；“专家点评，实现学校发展系统突破”环节，提出“大树也育人”“肉色教育”等观点，开展课堂背后的“慢”教育。各小学教导主任和课程建设项目学校负责人 30 人参加活动。

（李连超）

【开展教学模式系列活动】 10 月 28 日，实验二小大兴实验学校开展教学模式系列活动。活动以“名家思想引领小学教育新常态”为主题，学校作《每日半天活动课，给学生理想人生》课程汇报，教师展示三年级的理想人生课、四年级的主题研究课。校长高研班学员及协作区学校教师 80 人参加活动。

（李连超）

【举办京剧校园传承研究活动】 11 月

4 日，实验二小大兴实验学校举办全国教育科学“十二五”规划教育部重点课题“非物质文化遗产校园传承研究——民族音乐——京剧校园传承研究活动”。活动分为三部分，学校科研主任汇报艺术传统文化课程，介绍学校特色课程及京剧与音乐课堂的有机结合；音乐教师展示《卖水》和《猛听得金鼓响》京剧课；京剧社团展示水旗表演、京剧唱段展示、武术表演及舞蹈《穆桂英挂帅》。各区县教研员和教师 100 人参加活动。

（李连超）

北京市怀柔区第一小学

【概况】 2015 年，北京市怀柔区第一小学占地面积 1.52 万平方米、建筑面积 1.02 万平方米，体育场地面积 8000 平方米。图书馆藏书 5.07 万册。固定资产总值 3493.7 万元。全年教育经费投入 3786.59 万元，全部为国家拨款。学校信息化经费投入 1085.74 万元，拥有计算机 401 台，多媒体教室座位 2453 个，校园网出

口总带宽 100Mbps，数字资源量 800GB，“信息技术”课程 1 课时/周。普通教室 39 个、专用教室 14 个。教职工 155 人，其中，高级职称 1 人、中级职称 108 人。专任教师 106 人，包括北京市骨干教师 1 人；本科以上学历 136 人。开设教学班 39 个。毕业 216 人、招生 275 人、在校生 1738 人。网址：www. bjhryx. com。

（张晓清）

【举办语文整体改革教学观摩研讨会】 6 月 25—26 日，怀柔一小举办小学语文整体改革教学观摩研讨会。通过一至五年级识字、阅读、作文 3 个方面 9 种课型的现场教学，展示语文整体改革阶段性研究成果。教师 9 人分别展示自主识字、单元展示分享、单元导读、以文带文、整体识字、读写联动、群文比较阅读、读整本书、联想阅读作文指导课型教学。专家做课堂点评。全国 7 个省市教师及学校语文教师和部分学生家长 500 人参加活动。

（张晓清）

【开展“我身边的好教师”演讲活动】 7 月 8 日，怀柔一小开展“我身边的好教师”演讲活动。演讲以“修师德、正师风、强素质、树形象”为主题，评委组 4 人，根据主题内容 30 分、语言表达 20 分、仪表风范 20 分、现场感染力 10 分、时间掌握 10 分、演讲水平与技巧 10 分的评选标准，评选出一等奖 7 人、二等奖 8 人。教师 150 人参加活动。

（张晓清）

【举办智慧课堂专题讲座】 9 月 16 日，

怀柔一小举办智慧课堂专题讲座。邀请钱学森教育思想研究会副会长作《小学智慧课堂的思考与实践》专题讲座。通过真实课例、小故事、解读教育家名言，讲解智慧课堂的实施策略，即学为主体、学思结合；创设情境、启迪智慧；引导启发、点拨激励；思维渐进、科学设计；交流互助、合作探究；人机互动、以人为主。学校教师 150 人参加讲座。

（张晓清）

【开展“名师引领我成长”教学活动】 10 月 9 日，怀柔一小开展“名师引领我成长”教学研讨活动。活动分为三部分：徒弟上课，师傅听课；徒弟说课，师傅评课；集体研讨，总结交流。邀请北京教育科学研究院教研员指导课堂教学，并与北京教科院小学教研室签订教师培训共建协议。教研员及学校教师 40 人参加活动。

（张晓清）

【参加对口援教活动】 11 月 20—23 日，怀柔一小参加 2015—2016 学年第一学期北京怀柔对口援教活动。学校 3 名教师作为怀柔名师团成员，到河南省三门峡市卢氏县对口援教，讲解一年级语文课《乌鸦喝水》和六年级的数学课《外方内圆求面积》，并汇报班主任工作经验。怀柔区教委和卢氏县中小学教师共 2200 人参加活动。该援教活动根据怀柔区政府和三门峡市卢氏县政府签订的战略合作框架协议开展。

（张晓清）

北京市怀柔区第三小学

【概况】 2015 年，北京市怀柔区第三小学占地面积 8086 平方米、建筑面积 6021 平方米，体育场地面积 3490 平方米。固定资产总值 2085.44 万元，包括教学仪器资产值 956.03 万元。全年教育经费投入 2932.50 万元，全部为国家拨款。图书室藏书 4.6 万册。学校信息化经费投入 102 万元，拥有计算机 319 台，多媒体教室座位 1880 个，校园网出口总带宽 100Mbps，数字资源量 20GB，“信息技术”课程 1 课时/周。普通教室 33 个、专用教室 4 个。教职工 128 人，其中，副高级职称 7 人、中级职称 83 人。专任教师 102 人，包括北京市骨干教师 1 人；本科以上学历 117 人。开设教学班 33 个。毕业 202 人、招生 244 人、在校生 1540 人，包括外省市借读生 65 人。网址：hrsx. bjedu. cn。

（邢桂伶）

【与洛杉矶罗文大街小学签署合作协议】 2 月 7—16 日，怀柔三小与洛杉矶罗文大街小学签署合作协议。根据协议，双方在教育管理、教学管理、教师培训等方面，通过师生互访学习、资料互相借鉴、开展文体联谊活动等方式开展交流与合作。协议有效期 5 年。学校师生一行 27 人考察美国加利福尼亚州的教育管理体制、教师聘用与管理、教学管理等。

（邢桂伶）

【举办首届石榴节活动】 9 月 17 日，怀柔三小举办首届“校园石榴节”。活动以“石榴情系新学子”为主题，包括看石榴、议石榴、摘石榴、品石榴 4 个环节。通过观察石榴的形态、颜色，探讨石榴的实用价值和药用价值。一年级 250 名师生参加活动。

（钟红英）

【举办变废为宝暑假创意作品作业展】

9 月 17 日，怀柔三小举办变废为宝暑假创意作品作业展。学校结合“低碳环保”活动，以“变废为宝”为主题，设计暑假作业，将部分书写内容改为动手制作。开学后展出学生作品，包括简单模仿初级版、稍加改进中级版、大胆突破高级版、创意无穷终极版 4 类百余件，展期 20 天。

（刘志红）

【召开中小学生综合素质提升工程研讨会】 12 月 11 日，怀柔三小召开中小学生综合素质提升工程研讨会。会议以“注重文化引领、丰富活动内容、构建课程体系”为主题，听取校长关于《“社会大课堂”丰富课程建设·打造学校文化》汇报；介绍走进教育基地、走进博物馆、走进家乡 3 个活动体系；观摩开发与利用、过程与体验、收获与乐趣、畅想与未来 4 个板块的实践成果展示。区教科所成员及学校师生代表 130 人参加研讨会。

（王双）

北京市平谷区第一小学

【概况】 2015 年，北京市平谷区第一小学占地面积 2.48 万平方米、校舍建筑面积 1.27 万平方米，运动场地面积 1.37 万平方米。图书室藏书 5.10 万册。固定资产总值 2857.29 万元。全年教育经费投入 1291.8 万元，全部为国家拨款。学校信息化经费投入 997.99 万元，拥有计算机 586 台，多媒体教室座位 220 个，校园网出口总带宽 800Mbps（共享），数字资源量 60GB，“信息技术”课程 1 课时/周。普通教室 44 个、专用教室 14 个。教职工 154 人，其中，高级职称 5 人、中级职称 109 人。专任教师 112 人，包括北京市骨干教师 1 人；本科以上学历 132 人。开设教学班 44 个。毕业 226 人、招生 241 人、在校生 1709 人。

（贾建立）

【举办校园读书节】 4 月 23 日，平谷

一小举办校园读书节。活动以“读书伴我走向精彩人生”为主题，包括教师读书论坛、班集体诵读展示、古诗文背诵竞赛、家庭精美诗文情景剧表演、读书成长记录册及诗配画展览等系列活动。评选并表彰书香教师、书香少年、书香班级、书香家庭。与区图书馆联合开展“换书大集”活动，学生将看过的图书捐赠给区图书馆，领取书卡，在图书馆换取喜欢的图书。全校 2000 名师生参加活动。

（郑东颜）

【举办数学现场课研修活动】 5 月 20 日，平谷一小举办数学现场课研修活动。学校教师现场教学，北京市小学数学教师专业发展工作站根据教师授课情况，现场指导点评。北京教育科学研究院特级教师吴正宪结合课例辅导全区 100 名小学数学教师教材教法。区教委、研修中心及学校数学教研员、教师参加活动。

（郑东颜）

【举办亲子教育讲座】 11 月 26 日，

平谷一小举办亲子教育讲座。邀请北大家庭教育网讲师团团长从家庭教育现状、家庭教育中的误区、培养全面人才 3 个方面，通过案例分析与理论结合的方式，阐述家庭教育现状和应对策略。学校 1700 名家长参加活动。

（郑东颜）

北京市平谷区东交民巷小学马坊分校

【概况】 2015 年，北京市平谷区东交民巷小学马坊分校占地面积 1.73 万平方米、建筑面积 4661 平方米，运动场地面积 6900 平方米。图书馆藏书 4.3 万册。固定资产总值 2859.31 万元。全年教育经费投入 1485.09 万元，全部为国家拨款。学校信息化经费投入 150 万元，拥有计算机 163 台，多媒体教室座位 920 个，校园网出口总带宽 100Mbps，数字资源量 110GB，“信息技术”课程 3 课时/周。普通教室 15 个、专用教室 12 个。教职工 64 人，其中，高级职称 1 人、中级职称 37 人。专任教师 38 人，包括北京市骨干教师 2 人；本科以上学历 36 人。开设教学班 15 个。毕业 62 人、招生 119 人、在校生 557 人。

（张玉梅）

【举办演讲比赛】 5 月 29 日，东交民

巷小学马坊分校举办演讲比赛。比赛以“少年向上、真善美伴我行”为主题，经班级推荐，11 名学生参赛。评出一等奖 1 人、二等奖 2 人、三等奖 3 人、优秀奖 5 人。学校师生 541 人参加活动。

（付京芳）

【首次采用“乐考”测试模式】 6 月 24—26 日，东交民巷小学马坊分校首次采用“乐考”测试模式。一至五年级学生现场抽签确定考试内容，测试教师当场给予评价打分并做记录。“乐考”成绩占期末考试成绩的 60%。“乐考”是以激发学生学习兴趣为目的，口试与笔试相结合，动脑和动手相结合，是一次学生展示学习成果，运用学习技能的测试模式。学生 427 人参加活动。

（付京芳）

【成立“乔静敏工作室”】 9 月，东交民巷小学马坊分校聘请平谷区资深语文教研员、特级教师乔静敏老师到校成立“乔静敏工作室”。工作室立足语文学科课堂教学改革与创新，围绕低年级“识字、说话、写话”和高年级“读写结合”两方面进行研究，以学校语文教研组的任课教师为主，开展集体备课、集体说课研讨、研究课、示范课、讲座、观摩录像课研讨以及外出学习考察等形式的活动。学校语文教研组全体教师共 17 人参与活动。

（张玉梅）

【举办第三届英语节】 12 月 1—30 日，东交民巷小学马坊分校举办第三届英语节。英语节以“享受七彩阳

光，我们快乐成长”为主题，包括英语基本技能比赛、话说英语、自创英语电脑小报或手抄报展览、节目会演四部分，分为低年级、中年级、高年级3个层次。学生通过歌曲演唱、舞蹈、英语短剧、诗歌朗诵等形式展示英语节中的收获。全校教师、学生610人参加活动。

（付京芳）

北京市密云县第四小学（北京市密云区第四小学）

【概况】　2015年，北京市密云县第四小学（北京市密云区第四小学）占地面积1.13万平方米、校舍建筑面积5094平方米，运动场地面积7184平方米。图书馆藏书4.2万册。固定资产总值947.74万元，包括教学仪器资产值704.82万元。全年教育经费投入1951.70万元，全部为国家拨款。学校信息化经费投入200万元，拥有计算机246台，多媒体教室座位81个，校园网出口总带宽1000Mbps，数字资源量380GB，“信息技术”课程6课时/周。普通教室24个、专用教室8个。教职工71人，其中，中级职称25人。专任教师52人，包括北京市骨干教师1人；本科以上学历52人。开设教学班24个。毕业164人、招生171人、在校生1043人。网址：117.115.21.245。

（于海侠）

【完成校志编纂】　3月9日，密云四小完成校志编纂工作。校志回顾学校办学历史，总结办学经验。内容包括序、凡例、概述、学校管理、教学、德育、体育卫生、教师、学生、学校后勤、大事记、附录、后记等章节，共计10余万字，记录1991年至2014年学校教育教学发展轨迹。

（于海侠）

【举办传承中华经典诵读活动】　5月11日，密云四小举办传承中华经典诵读活动。低、中、高年级阅读篇目分别为《弟子规》《论语》《增广贤文》。学校通过网站、红领巾广播站、橱窗、板报等途径宣传活动主题和意义，组织师生进行粉笔字、硬笔书法竞赛，通过经典诵读、摘抄、作文竞赛、手抄报等形式推广活动。

（于海侠）

【举办跨学科综合实践活动】　11月4日，密云四小举办“长城文化”跨学科综合实践活动。活动以“攀登司马台长城，探究长城之神奇”为主题，教师指导学生以“长城”为中心内容，多个学科联动，分别开展语文——长城古诗词鉴赏与诵读，数学——城墙的测量与研究，研学——长城考古，体育——2000米急行军训练，美术——长城欣赏与写生，英语——我与外国友人话长城，心理健康——挑战自我、克服恐惧心理，劳技——创作长城模型等活动。学校五年级师生参加活动。

（于海侠）

北京市密云县第一小学（北京市密云区第一小学）

【概况】　2015年，北京市密云县第一小学（北京市密云区第一小学）占地面积1.49万平方米、建筑面积5384平方米，运动场地面积9516平方米。固定资产总值933.56万元，包括教学仪器资产值687.59万元。全年教育经费投入2606.94万元，全部为国家拨款。图书室藏书5.39万册。学校信息化经费投入109万元，拥有计算机262台，多媒体教室座位1443个，校园网出口总带宽1000Mbps，数字资源量810GB。普通教室34个、专用教室7个。教职工94人，其中，高级职称2人、中级职称56人。专任教师71人，包括北京市学科教学带头人1人；本科以上学历4人。开设教学班34个。毕业155人、招生251人、在校生1427人。网址：117.115.19.1。

（邹秋菊）

【举办阅读讲座活动】　3月17日，密云一小举办阅读讲座活动。邀请儿童文学作家以《让阅读为孩子插上想象的翅膀》为题，通过小故事、创作经历，写作四句秘诀“财富不在远方，财富就在你的脚下”“未经凝视的世界是毫无意义的”“创造的自由是无边无际的”和“天堂是一座图书馆”开展讲座。该活动是学校读书节系列活动之“作家进校园活动”。师生1500人参加活动。

（邹秋菊）

【开展学生小提案活动】　6月，密云一小开展“学校发展在我心，建言献策我能行”学生小提案活动。征集学生小提案1360份，经班级归纳整理，学校根据413份具有针对性和建设性的提案，制定相应改进措施。全校学生参加活动。

（邹秋菊）

【评选最喜爱教师】　7月，密云一小开展“我最喜爱的老师”评选活动。学校制定活动方案，成立评审小组，根据评选标准，统计评选结果。经审核，17名教师获“学生最喜爱的老师”称号，并在教师节大会上予以表彰。

（邹秋菊）

【完成校园改造工程】　8月，密云一小完成校园改造工程。包括新建书法、美术、劳技和舞蹈4个专用教室，建筑面积410平方米；新建操场8500平方米，包括标准200米塑胶跑道、小型足球场、标准硅PU篮球场、小型篮球场、乒乓球训练区、羽毛球场地等；改造专用教室广播系统；新增全自动饮水设备14处；更换教师办公桌40套、办公铁皮柜38个；更换39台空调。改造工程投资700万元，11月投入使用。

（邹秋菊）

北京市密云县太师屯镇中心小学（北京市密云区太师屯镇中心小学）

【概况】　2015年，北京市密云县太师屯镇中心小学（北京市密云区太师屯镇中心小学）占地面积1.89万平方米、校舍建筑面积9560平方米，运动场地面积9340平方米。固定资产总值2107.7万元，包括教学仪器资产值693.58万元。全年教育经费投入3433.71万元，全部为国家拨款。图书室藏书3.4万册，包括电子图书1200册。学校信息化经费投入284.64万元，拥有计算机336台，多媒体教室座位1360个，校园网出口总带宽1000Mbps，数字资源量2000GB，“信息技术”课程1课时/周。普通教室36个。教职工190人，其中，中级职称

91 人。专任教师 176 人，包括北京市骨干教师 2 人。开设教学班 36 个。毕业 124 人、招生 127 人、在校生 827 人。网址：tstxx. myedu. gov. cn。学校下辖两所完小和两所幼儿园，分别是东庄禾小学、桑园小学、太师屯镇中心幼儿园、上庄子幼儿园。

（王士才）

【《创造充满活力的课堂》出版】 2 月，太师屯镇中心小学出版《创造充满活力的课堂》一书。该书由校长工作室编辑，分 xzq 课堂概述、xzq 课堂要素分类别实验、xzq 课堂综合实验、xzq 课堂实践案例 4 章 16 节，记录学校研究“需要”“专注”“去恐惧”等要素在课堂教学中的作用等内容。图书为 16 开本，共计 26 万字，由首都师范大学出版社出版发行，投入资金 18.74 万元，

（王士才）

【数学游戏进课间】 3 月 2 日，太师

屯镇中心小学开展“数学游戏进课间”活动。学校投入资金 10.6 万元，购买魔方、魔尺、华容道、七巧板等玩具 1084 个，组建 24 个学习小组，聘请 12 名数学教师为教练，引导学生掌握各种玩具的玩法、技巧。学校每周举办 1 次“擂台赛”，设立“达人榜”橱窗 1 个。师生 1000 人参加活动，评出各类“达人”12 个。

（王士才）

【开展学生课外小组活动】 9 月 6 日，太师屯镇中心小学开展学生课外小组活动。开设茶艺、无人机和书法等 54 个兴趣活动小组，每周活动 3 小时，投入资金 20.56 万元，全校 1000 余名师生参加活动。该活动与密云县启航、艺蒙等专业培训机构合作，与北京市手风琴协会、北京茶叶协会、北京书法协会等组织的 34 名教师签约。

（王士才）

北京市延庆县第一小学（北京市延庆区第一小学）

【概况】 2015 年，北京市延庆县第一小学（北京市延庆区第一小学）占地面积 7700 平方米、建筑面积 8302 平方米，体育场面积 3000 平方米。图书室藏书 4.96 万册。固定资产总值 1722.23 万元。全年教育经费投入 2682.87 万元，全部为国家拨款。学校信息化经费投入 72.38 万元，拥有计算机 307 台，多媒体教室座位 1600 个，校园网出口总带宽 100Mbps，数字资源量 1020GB，三至五年级“信息技术”课程 1 课时/周。普通教室 34 个、专用教室 10 个、实验室 1 个。教职工 106 人，其中，副高级职称 9 人、中级职称 58 人。专任教师 92 人，包括北京市骨干教师 3 人；本科以上学历 97 人。开设教学班 34 个。毕业 214 人、招生 213 人、在校生 1265 人。网址：www. yqxdyxx. cn。

（王建茹）

【举办语文专题讲座】 3 月 27 日，延庆一小举办语文专题讲座。邀请西城教育研修学院小学语文研究室主任以《落实学科改进意见推进语文教学改革》为题，结合“雨点儿”“生命生命”两节课例，讲解如何在语文教学中落实课程标准和学科改进意见，并介绍西城区在学习评价方面的成功经验。学校语文教师及第一学区部分教师共 43 人参加活动。

（王建茹）

【完成校园修缮工程】 9 月，延庆一小完成校园修缮工程。工程包括楼顶屋面防水维修、太阳能设备拆装、地下室暖气改造、教室及办公室地面改造等项目，共投资 72.49 万元。学校建成 6 个体验教室，建筑面积 300 平方米，投资 62.94 万元。

（王建茹）

【设计校园吉祥物】 10 月，延庆一小完成校园吉祥物的设计制作。吉祥物命名为“榆宝”，“榆”和“愉”同音，喻为“幸福愉悦的宝贝”。吉祥物设计在 1240 个学生设计方案的基础上，由睿旭博通公司完成设计制作，卡通形象全身使用绿色，象征勃勃生机，头戴绿色榆叶发卡，象征校园内的标志景观——百年古榆树。

（王建茹）

【与宏庙小学签署合作协议】 11 月 13

日，延庆一小与北京市西城区宏庙小学签订“手拉手”合作协议。根据协议，两校通过互访、挂职锻炼、顶岗交流等方式，在课堂教学、信息技术应用、篮球传统项目促进等方面开展合作。12 月 11 日，学校教师听取宏庙小学语文课“最后一头战象”、数学课“解决实际问题”；参观校园文化建设情况及专室布置；观看小场地下课间跑操组织及学校自主开发的篮球操视频资料；交流管理经验。两校教师 21 人参加活动。

（王建茹）

北京市延庆县第二小学（北京市延庆区第二小学）

【概况】 2015 年，北京市延庆县第二小学（北京市延庆区第二小学）占地面积 2.53 万平方米、建筑面积 1.82 万平方米，体育场面积 6863 平方米。图书室藏书 6.78 万册。固定资产总值 2481.02 万元。全年教育经费投入 2768.99 万元，全部为国家拨款。学校信息化经费投入 469.01 万元，拥有计算机 356 台，多媒体教室座位 2258 个，校园网出口总带宽 100Mbps，数字资源量 650GB，“信息技术”课程 1 课时/周。普通教室 36 个、专用教室 13 个、实验室 2 个。教职工 114 人，其中，副高级职称 3 人、中级职称 56 人。专任教师 85 人，包括北京市骨干教师 3 人；本科

以上学历88人。开设教学班36个。毕业281人、招生229人、在校生1547人。网址：www.yqex.com.cn。

（盛敏）

【开展课堂教学评优活动】 5月4—22日，延庆二小开展“活力杯”课堂教学评优活动。活动由学校教导主任、教研组长、骨干教师、县级名师担任评委，结合课堂观察评价8个要素，评价21名教师13个学科课堂教学情况。评出一等奖9节、二等奖11节、进步奖1节。

（盛敏）

【首次开展学科综合实践活动】 10月

9—16日，延庆二小首次开展一至三年级学生“走进大自然·感受秋的气息”语文学科综合实践活动。通过捡拾秋天树叶、果实和种子，完成日记《秋天》《制作树叶种子贴画》《画我眼中的秋天》等。教师、学生及家长700人参加活动。

（盛敏）

【与内蒙古小学签订姊妹校协议】 11月3日，延庆二小与内蒙古自治区锡林浩特市第九小学签订友好姊妹校协议。根据协议，两校就学校发展、常规管理、课堂教学和教科研活动等方面开展合作，相互研讨、观摩、学习。构建网上交流平台，进行学科教学、教研、班级管理和学生间的交流，共享两校资源。两校教师15人参加活动。

（盛敏）

北京市延庆县第三小学（北京市延庆区第三小学）

【概况】 2015年，北京市延庆县第三小学（北京市延庆区第三小学）占地面积1.57万平方米、建筑面积8568.46平方米，体育场面积4480平方米。图书馆藏书4.57万册。固定资产总值2561.32万元。全年教育经费投入2469万元，全部为国家拨款。学校信息化经费投入176.85万元，拥有计算机309台，多媒体教室座位1642个，校园网出口总带宽100Mbps，数字资源量1100GB，“信息技术”课程1课时/周。普通教室30个、专用教室10个、实验室1个。教职工109人，其中，副高级职称4人、中级职称65人。专任教师94人，本科以上学历88人。开设教学班30个。毕业129人、招生199人、在校生1211人。网址：www.yqsx.com.cn。

（马天兵）

【开展智慧课堂推进展示活动】 5月20日，延庆三小开展“打造灵动课堂·培育智慧生命”智慧课堂推进展示活动。活动分4个会场分别展示语文、数学、英语、品德与社会4个学科8节课。2名教师交流在智慧课堂建设中培养学生思辨能力的经验，副校长介绍学校思辨课堂的发展过程。教师100人参加活动。5月21日，学校开展实践英语学科智慧课堂教与学方式转变研究。

（马天兵　吴爱娟）

【改善学校办学条件】 8—11月，延庆三小改善学校办学条件。投资47万元完成室外地面改造项目，工程于7月20日开始建设，施工面积890平方米。投资55万元建成自动录课室，录课室面积92平方米；投资31万元更新机械式升降桌椅742套。投资9.83万元在校园内增添石鹿、石鹤及石球等15件“灵动”石雕。

（马天兵　李卫中）

【开展系列实践活动】 10月，延庆三小开展系列实践活动。四年级学生开展制作菊花茶实践活动，学生利用校园中的菊花，经过摘菊花、蒸菊花、炒菊花、晒菊花的制作过程，了解菊花茶的功效。一年级学生开展挖红薯实践活动，学校配备铁锹和镢头，一年级5个班学生201人参加。六年级开展制作葡萄酒综合实践活动，包括摘葡萄、洗葡萄、酿葡萄酒等环节，查阅资料，了解葡萄的生长习性、功效、葡萄酒的酿制秘籍及葡

萄酒文化等。

（马天兵　武青文　黄继华）

【出版《教育新论》】 11月，延庆三小教师出版《教育新论》。专著由教师刘新立撰写，分“2＋X”课程体系、健康课程、交流课程等十章，阐释未成年阶段的课程设置问题。共31.6万字，中国书店出版社出版发行。

（马天兵　刘新立）

北京市燕山前进第二小学

【概况】 2015年，北京市燕山前进第二小学占地面积1.13万平方米、建筑面积7152.75平方米，体育场面积6550平方米。图书馆藏书3万册，电子图书500册。固定资产总值2129.38万元。全年教育经费投入1338.31万元，全部为国家拨款。拥有计算机170台，多媒体教室座位30个，校园网出口总带宽15Mbps，数字资源量30GB，“信息技术”课程1课时/周。普通教室24个、专用教室9个。教职工55人，其中，副高级职称1人、中级职称36人。专任教师53人，包括特级教师1人、北京市骨干教师2人；本科及以上学历50人。开设教学班19个。毕业115人、招生124人、在校生666人。网址：www.ysqjex.com。

（李雪铭）

【确定新校徽】 3月15日至4月2日，前进二小开展校徽设计方案征集活动。学校制定《新校徽设计活动征集方案》，采取民主方式，面向学生、家长、教师公开征集新校徽的设计方案，征集设计作品52份。通过选取

符合学校办学理念的造型和元素，形成新校徽最终设计方案。新校徽由红蓝两色组成，红色大人图案象征前进二小全体教职工；蓝色图案象征前进二小全体学生。整体设计寓意学校以建校之日为起点，积极向上，师生共进，携手实现教育的梦想。

（李雪铭）

【启动“机器人教育”项目】 3月17日，前进二小启动“机器人教育”项目。学校开发机器人活动教室，配置活动设备，聘请全国机器人竞赛优秀辅导教师担任项目指导，并配备科学教师担任辅导教师，组建“未来之星”机器人社团。燕山教委主任、学校师生参加启动会。

（王艳莉）

【承办“平板电脑与教学融合”教学展示研讨活动】 5月22日，前进二小承办“移动学习”教育部—中国移动联合实验室“技术革新未来教学探索研究”项目北京四区“平板电脑与教学融合”教学展示研讨活动。展示

现场课4节，分别是前进二小教师执教的《1000以内数的认识》、前进二小教师执教的《要是你在野外迷了路》、门头沟斋堂中心小学教师执教的《丑小鸭》、石景山区金顶街第二小学教师执教的《1000以内数的认识》。教师针对平板电脑在语文和数学学科中的教学应用开展分组交流和研讨。北京师范大学总项目组成员、专家组成员以及昌平区、门头沟区、石景山区学校项目负责人40人参加活动。

（魏继征）

【开展“锤炼教学基本功·促进教师专业成长”系列活动】 5月，前进二小

开展“锤炼教学基本功·促进教师专业成长”系列活动。活动分3个阶段。根据专家评课意见，召开语文和数学教研组视导反思会，加强课程改革理念的学习；开展“集体研课凝智慧”教研组展示课活动，11个教研组通过互相听课、评析、自我反思，集体研讨课改措施；举办“重温课程标准，深化课堂改进”课标考核活动，考核采取开卷形式，考查对课改理念的理解和运用。

（魏继征）

中 学 教 育

【概况】 2015年，北京市普通中学646所，比上年增加3所。其中，高级中学306所，与上年持平；完全中学268所，比上年增加66所；初级中学224所，比上年减少113所；九年一贯制学校116所，比上年增加14所。初中毕业9.28万人，招生8.92万人，在校生28.34万人。在校生中，本市户籍学生18.86万人，比上年减少1.59万人。高中毕业5.77万人，招生5.67万人，在校生16.94万人。在校生中，本市户籍学生15.45万人，比上年减少0.45万人。普通中学教职工8.40万人，比上年增加0.18万人。专任教师6.34万人，比上年增加0.24万人。专任教师中，研究生学历9658人、本科学历44019人。初中专任教师32855人，比上年增加355人，初中生师比8.63∶1；高中专任教师21322人，比上年增加215人，高中生师比7.94∶1。普通中学占地面积2349.59万平方米，校舍建筑面积1330.36万平方米，固定资产总值288亿元，包括教学仪器设备总值76.84亿元。

（周晓宇）

【总结第三届初中教师课程德育说课活动】 5月20日，市教委在门头沟

区新桥路中学召开北京市第三届初中教师“课程德育”说课活动总结会。各区县推荐初中教师164人参加说课活动，经过初审、复审，在语文、数学、英语等9个学科，共评出一等奖58人、二等奖53人、三等奖53人。初中研究分会理事单位校长和教师代表、各区县教委相关人员共200人参加会议。

（韩景毅）

【开通初中实践活动管理服务平台】 10月，市教委开通北京市初中实践活动管理服务平台。该平台包括开放科学实践活动和综合社会实践活动两大部分，其中，开放科学实践活动，9万名初一学生在网络平台选课的基础上，通过自主选课、团体预约、送课到校3种方式，选择自己感兴趣的活动参加，与不同学校的学生一起参加活动，完成每学期5次的活动任务；综合社会实践活动为学生提供32个考核要点和62个活动建议。

（周凯）

【召开年度课改总结会】 11月27日，市教委召开2014—2015学年度基础教育课程改革总结交流会。会议以公平、立德、改革为主题，总结2014—2015学年度课改工作，部署新学年的工作。表彰年度基础教育课程建设先进单位、基础教育课程建设优

秀成果、优秀课堂教学设计、综合素质评价工作先进单位和个人、优质课程辅助资源获奖单位和个人。北京教育学院、北京教育考试院、北京教育科学研究院等单位分别围绕课程整体创新、考试与评价、教师培训等作专题报告。大兴区教委、清华附小、一六六中学、北京小学、陈经纶中学、东辛房小学6个单位作典型发言。市、区教育行政部门，以及教科研部门负责人，中小学校长和教师代表600人参加会议。

（赵以文）

【启动初中综合社会实践活动】 12月24日，市教委召开初中综合社会实践活动培训会。会议部署初中综合社会实践活动有关工作，并从政策解读、学科教研、平台操作流程及要求等方面对区教委及区级教科研部门有关负责人进行培训。初中综合社会实践活动按照《初中综合社会实践活动考核实施意见》要求，初中每名学生每学年应完成不少于10次的综合社会实践活动；学生每参加一次活动，在“北京市初中综合社会实践活动管理服务平台”上登记、提交证明材料，经指导教师确认后计1分，原则上每学年累计10分，初中三年共计满分30分，学生参加综合社会实践活动的情况纳入中考评价。该学年，初中综合社会实践活动参与对象是七年级学生，逐年滚动至全体初中学生。

（向婷婷）

中　学

北京市第二中学

【概况】 2015年，北京市第二中学占地面积2.94万平方米、建筑面积4.45万平方米，运动场地面积0.74万平方米。图书馆藏书10.51万册，包括电子图书550GB。固定资产总值6426.99万元。全年教育经费投入8956.66万元，其中，国家拨款6946.02万元、自筹经费2010.64万元。学校信息化经费投入160万元，拥有计算机593台，多媒体教室座位3358个，校园网出口总带宽300Mbps，数字资源量150GB，“信息技术”课程2课时/周。普通教室54个、专用教室21个、实验室31个。教职工241人，其中，副高级职称90人、中级职称39人。专任教师176人，包括特级教师6人、北京市学科教学带头人2人、市级骨干教师6人；本科及以上学历176人。开设高中教学班46个。毕业421人、招生419人、在校生1265人。高中录取分数线546分（东城区）。网址：www.bjn2ms.net。二中成立北京二中教育集团，包括二中、二中分校、二十四中、新鲜小学、史家实验学校以及北京二中的朝阳学校、亦庄学校、通州分校、集宁分校。

（钮小桦）

【成立教育集团】 2月23日，二中成立北京二中教育集团。教育集团包括二中、二中分校、二十四中、新鲜小学、史家实验学校以及北京二中朝阳学校、亦庄学校、通州分校、集宁分校。通过集团平台，探索初高中课程、学制的衔接，实现初高中教学一体化；探索校际之间深度联盟，落实在课程教学、教师流动、学生游学及大年级组、大教研组等主要学科集体备课制度上；探索与外省、外区分校的教育资源的共享与输出；探索九年一贯制，实现小学对口直升。至年底，教育集团开展14次包括各单位820名教师参加的联合备课，108名教师参与学习交流教学研讨，6个学科17对新老教师结成对子跨校拜师，44名教师参加跨省区支教，32名师生参加校际游学，近1000名学生及家长参加联合高校咨询及相关中小学衔接实验等。

（李震）

【获得全国青少年科技创新大赛动物学一等奖】 8月，二中学生参加第30届全国青少年科技创新大赛。张博雅的参赛项目“不同诱导条件下秀丽隐杆线虫（C. elegans）休眠深度差异研究”获动物学一等奖，同时获“英特尔英才奖”“高士其科普奖”“中鸣科技奖”“星光创新思维奖”4个专项奖。该比赛采取省级赛事选拔推荐和高校自由申报的形式，共有184个青少年科技创新项目、105个科技辅导员科技创新项目和47项青少年科技创意作品参加终评。

（李震）

【启用未来工程师实验室】 9月，二

中启用未来工程师实验室（创客空间）。实验室设3D打印机、数控加工中心、激光切割机、数控机床、变形机器人、机器鱼等，分“机器人”和“现代加工技术”两大课程实施，高二年级学生194人参加学习。实验室的课程设计和软件开发由中国科学院自动化研究所、北京航空航天大学、北京交通大学等高校及研究机构完成。

（李震）

【获全国中学生朗诵大赛高中组特等奖】 10月18日，二中朗诵社团参加

第二届全国中学生朗诵大赛获高中组特等奖。学校社团朗诵的原创作品《约定》诠释英烈感人至深的家国情怀、“虽千万人吾往矣”的执着信念，尽忠保国、取义成仁的牺牲精神。比赛以诗歌形式重温历史，纪念中国人民抗日战争暨世界反法西斯战争胜利70周年。由中国教育学会中学语文教育专业委员会、中国传媒大学、北京教育系统关心下一代工作委员会主办，设初中组和高中组，来自北京、甘肃、江西等全国各省市的20余支代表队参加比赛。

（李震）

北京市第一六六中学

【概况】 2015年，北京市第一六六中学占地面积2.12万平方米、建筑面积2.47万平方米，运动场地面积6422平方米。全年教育经费投入6731.82万元，全部为国家拨款。图书馆藏书9.05万册，包括电子图书1GB。固定资产总值6001.14万元，包括教学仪器资产值3033.01万元。学校信息化经费投入400万元，拥有计算机805台，多媒体教室座位2700个，校园网出口总带宽100Mbps，数字资源量920GB，“信息技术”课程0.5课时/周。普通教室57个、专用教室21个、实验室13个。教职工243人，其中，高级职称73人、中级职称65人。专任教师195人，包括特级教师3人、北京市骨干教师2人；本科以上学历195人。开设教学班45个，其中，初中26个、高中19个。毕业498人，其中，初中297人、高中201人；招生577人，其中，初中313人、高中264人；在校生1617人，其中，初中916人、高中701人，包括寄宿生11人，外省市借读生181人。高中录取分数线532分（东城区）。网址：www.bj166z.cn。

（王蕾）

【举办实践课程嘉年华】 10月21日，一六六中举办以“课程融合·整体育人”为主题的实践课程嘉年华。学校及附属校尉胡同小学的教师展示两个课时的32节课，课程覆盖德育、语文、历史、体育等基础教育全部学科，包括先秦文化之甲骨文、气垫船模型、小小政协参政议政等课程。学校校长作专题发言，介绍学校在课堂教学改革和课程建设改革方面的实践路径与成果。国家教育咨询委员会委员、市教委委员以及来自部分省区市及北京市各区县教师代表和教学科研专家近500人参加活动。

（朱竹）

【接待非洲中小学教师团访问】 10月

26日，一六六中接待非洲中小学教师团到校访问。非洲英语国家中小学教师研修班和非洲法语国家中小学艺术教育教师一行39人，参观校园、校史纪念馆、学科实验室，观摩舞蹈、美术校本课程和管乐团活动。听取学校历史介绍、办学理念、办学目标、文化特质、课程设置以及和非洲的友好联系等基本情况，赠送由小学部、中学部的学生绘制的书签、小卡片。一六六中2014年与非洲肯尼亚亚莎茹妮女子学校建立友好校关系。

（朱竹）

【举办金帆话剧团成立十周年专场演出】 11月28日，一六六中举办金帆

话剧团成立十周年专场演出。演出剧目《青鸟》，首次由中学生艺术团体演绎。2005年，一六六中话剧团成立，2007年被评为北京市首个金帆话剧团。2010年，成为首支登上人艺舞台的中学生话剧团，2015年，话剧团赴英国参加莎士比亚诞辰450周年话剧节比赛，凭借英文版《罗密欧与朱丽叶》获金奖。

（朱竹）

【开设民俗节系列德育课程】 至年底，

一六六中开设民俗节系列德育课程。课程围绕清明节、端午节、中秋节、重阳节、冬至节面向全校学生开设，课程内容各有侧重：清明节重在追思先人，祭奠先烈；端午节重在挖掘内涵，增强爱国情怀；中秋节重在以文抒怀，感悟团员亲情；重阳节重在敬老爱老，提升孝顺意识；冬至节重在感念师恩，培养责任态度。课程从课程设计到组织实施都由学生自主完成。该课程自2013年开发，是学校博雅课程体系组成部分。

（朱竹）

北京市广渠门中学

【概况】 2015年，北京市广渠门中学占地面积1.90万平方米、建筑面积2.78万平方米，运动场地面积9600平方米。图书馆藏书9.47万册。固定资产总值9304.02万元，包括教学仪器资产值2975.34万元。全年教育经费投入7019.56万元，全部为国家拨款。学校信息化经费投入约1315.81万元，拥有计算机761台，多媒体教室座位3000个，校园网出口总带宽100Mbps，数字资源量2520GB，“信息技术”课程初中1课时/周、高中2课时/周。普通教室59个、专用教室10个、实验室10个。

教职工258人，其中，高级职称69人、中级职称65人。专任教师175人，包括特级教师2人、北京市骨干教师5人。开设教学班59个，其中，初中35个、高中24个。毕业581人，其中，初中314人、高中267人；招生696人，其中，初中382人、高中314人；在校生1895人，其中，初中1144人、高中751人，包括寄宿生348人，外省市借读生236人。高中录取分数线538分（东城区）。网址：www.gqmms.com。

（曹珊）

【与康保县签署基础教育对口帮扶项目协议】　2月1日，广渠门中学与康保县签署《北京市广渠门中学对口帮扶河北省康保县基础教育项目合作协议》。协议基于北京市广渠门中学先进的教学理念、教学水平和康保县基础教育发展实际需求，帮扶合作内容涉及教师远程培训、干部绩效评价及信任评价机制建设、学生定期游学培训等诸多方面。广渠门中学向康保县一中学生捐赠学习工具、御寒衣物和生活用品等。东城区教委副主任、广渠门中学校长、康保县委书记及康保一中部分学生代表100余人参加签约仪式。

（曹珊）

【开展门头沟师生游学活动】　10月11日，广渠门中学开展门头沟师生到校游学活动。门头沟区军庄中学师生一行39人到广渠门中学，开展为期一周的游学活动。活动以“同学习、同实践、同体验；共分享、共快乐、共成长”为主题，包括跟随各班进行日常课程学习，交流学习经验；参与英语角、模拟联合国、学长讲堂等学校特色活动；走进北大、科技馆、鸟巢、水立方、西单图书大厦等社会实践场所；参与武术、形体、音乐、书法等学校特色的校本课程。

（曹珊）

【开展“深综改”样板课系列活动】　11—12月，广渠门中学开展“深综改”样板课系列活动。活动以“落实学科课程素养，推动课堂内涵变革”为主题，覆盖语文、生物、美术及信息技术等学科。样板课的设计围绕学科育人理念，突出对学生学科核心素养的培养，体现全科、全程、全员“立德树人”的育人目标；授课形式包括iPad应用课，小组活动课、实验探究课等。全校教师220人参与听课、评课，交流听课感受。

（曹珊）

北京市第五十中学

【概况】　2015年，北京市第五十中学占地面积2.79万平方米、建筑面积2.36万平方米，运动场地面积1.01万平方米。图书馆藏书9.72万册。固定资产总值5942.74万元，包括教学仪器资产值1813.72万元。全年教育经费投入6242.09万元，全部为国家拨款。学校信息化经费投入100万元，拥有计算机860台，多媒体教室座位2680个，校园网出口总带宽100Mbps，数字资源量4010GB，“信息技术”课程2课时/周。普通教室51个、专用教室22个、实验室10个。教职工221人，其中，高级职称82人、中级职称66人。专任教师158人，包括北京市骨干教师3人；本科以上学历157人。开设教学班48个，其中，初中24个、高中24个。毕业464人，其中，初中258人、高中206人；招生544人，其中，初中302人、高中242人；在校生1573人，其中，初中899人、高中674人，包括寄宿生202人，外省市借读生174人。高中录取分数线531分（东城区）。网址：www.bj50.com。

（张剑平）

【举办艺术课程展示活动】　3月26日，五十中举办艺术课程展示活动。活动以“筑梦青春扬帆远航”为主题，展示舞蹈、京剧、器乐合奏、合唱、吟诵、相声等12个节目。东城区政府领导，东城区部分中小学校长、幼儿园园长和五十中全体师生、部分学生家长共2000人参加活动。

（张剑平）

【评选“魅力教师”】　3月，五十中开展“魅力教师”评选与表彰活动。学校根据《教职工礼仪规范》和《教职工职业行为“八提倡八反对”》，评选18名德业兼修、学生喜欢的“魅力教师”，并举办主题为“崇教厚德，臻于至善”的表彰大会。全校师生参加表彰会。

（张剑平）

【举办科学课研讨活动】　4月23日，五十中举办科学课研讨活动。活动以“落实学科实施意见，促进学生科学素养提升”为主题，五十中和光明小学的4名教师展示4节科学课，教学内容为不同学段的同一个内容，即“电动机”；对于相同的课题，内容由浅及深，从观察了解初步认知，到激发兴趣、简易制作、生活应用，直至探寻原理，充分考虑不同年龄层次学生的认知水平和接受能力，体现知识的延续性。教学过程借助高清无线摄像头技术，运用QR Reader二维码扫描软件，以攻略的思维方式为学生设计动手制作指导卡，把科技应用到科学课堂。来自市教委、东城区教委以及16个区县的教研员和教师代表共300人参加活动。该活动由东城区教育研修学院主办。

（张剑平）

【召开生物学科课程建设总结与交流会】　11月5日，五十中召开生物学科课程建设总结与交流会。会议围绕“构建学科课程体系　助力学生和谐发展”主题，教师展示国家课程《观察植物细胞的有丝分裂实验》《细胞增殖》《中枢神经系统》，以及校本课程《探究沉水植物与浮游植物的关系》《植物基因工程之 DNA、RNA 提取》。该校生物教研组组长对学科课程建设作主题汇报。“羊草生长研究”和“湿地浮游植物探究”课题组学生分别作探究报告。

（张剑平）

北京汇文中学

【概况】 2015 年，北京汇文中学占地面积 5.21 万平方米、建筑面积 5.75 万平方米，运动场地面积 2.85 万平方米。图书馆藏书 10.09 万册，包括电子图书 10 万册。固定资产总值 6290.30 万元，包括教学仪器资产值 3517.85 万元。全年教育经费投入 7000.50 万元，其中，国家拨款 6743.40 万元、自筹经费 257.10 万元。学校信息化经费投入 284 万元，拥有计算机 600 台，多媒体教室 49 个，校园网出口总带宽 1000Mbps，数字资源量 4000GB，“信息技术”课程 0.5 课时/周。普通教室 56 个、专用教室 36 个、实验室 13 个。教职工 208 人，其中，高级职称 82 人、中级职称 69 人。专任教师 157 人，包括特级教师 4 人、北京市骨干教师 4 人；本科以上学历 157 人。开设教学班 46 个，其中，初中 23 个、高中 23 个。毕业 483 人，其中，初中 237 人、高中 246 人；招生 623 人，其中，初中 317 人、高中 306 人；在校生 1703 人，其中，初中 843 人、高中 860 人，包括寄宿生 104 人，外省市借读生 118 人。另外，开设黄南班，包括高二年级学生 30 人，高三年级学生 29 人。国际部学生 70 人。高中录取分数线 532 分（东城区）。网址：www.huiwen.edu.cn。

（陈维嘉 王苗）

【北京青少年科技创新大赛获奖】 3 月 27—29 日，汇文中学参加第 35 届北京青少年科技创新大赛并获奖。其中，获论文项目一等奖两项，论文项目二等奖两项，《应用线粒体 COI 分子标记鉴定野生食肉目动物粪便来源》获“自然与生命探索专项奖”，学

校获“知力创新团队奖”。该比赛由市科协、市教委、市科委、市知识产权局、北京青少年科学基金会共同主办。

（王苗）

【成为首批中国青少年创客教育联盟校】 5 月 18 日，汇文中学成为首批中国青少年创客教育联盟校。中国青少年创客教育联盟成立暨全国首届青少年创客教育论坛公布全国 35 所中小学校成为首批联盟校，其中，北京市 4 所，包括人大附中、北师大附中、北京景山学校。该联盟校搭建分享和交流的平台，开发完善创客课程。

（王苗）

【邀请阿根廷教练任教】 10 月 13 日，

汇文中学邀请阿根廷博卡青年俱乐部的技术顾问任足球教练。任教 40 天，分别给初一、初二、高一、高二足球生授课，并负责每天汇文初一足球班的训练工作，进行专业指导。教练作关于学校足球教学和足球训练方法的专题教研讲座。

（王苗）

【参加 3 项全国比赛并获奖】 至年底，汇文中学参加 3 项全国比赛并获奖。4 月 3 至 8 日，学校参加 CYPT2015 暨南开大学全国中学生物理冬令营。北京汇文中学——10 队获特等奖。CYPT 即 China Young Physicists’ Tournament（中国高中生物理创新竞赛）。4 月 20—24 日，学校参加 2015 年全国中学生天文奥林匹克竞赛获一等奖。该比赛由中国天文学会、北京天文馆、北师大天文系、《天文爱好者》杂志社共同主办，已举办 13 届。8 月 1—4 日，学校参加全国中学生田径锦标赛获跳远比赛亚军。

（王苗）

北京市第八中学

【概况】 2015 年，北京市第八中学占地面积 6.40 万平方米、建筑面积 8.56 万平方米，运动场地面积 2.60 万平方米。图书馆藏书 21.12 万册，包括电子图书 80GB。固定资产总值 11405.72 万元。全年教育经费投入 24789.24 万元，其中，国家拨款 21877.72 万元、自筹经费 2911.52 万元。学校信息化经费投入 60.53 万元，拥有计算机 1386 台，多媒体教室座位 7600 个，校园网出口总带宽 2560Mbps，数字资源量 703GB，“信息技术”课程 2 课时/周。教职工 504 人，其中，高级职称 134 人、中级职称 143 人。专任教师 419 人，包括特级教师 4 人、北京市学科教学带头人 2 人、北京市骨干教师 4 人；本科以上学历 418 人。开设教学班 94 个，其中，普通初中 49 个、普通高中 29 个、智力优秀学生综合素质开发实验班 4 个、超常教育实验班 4 个、国际化教育中心的中美高中课程班 6 个、出国留学管理服务班 2 个。毕业 708 人，其中，初中 363 人、高中 345 人；招生 1076 人，其中，初中 717 人、高中 359 人；在校生 3293 人，其中，初中 2031 人、高中 1262 人，包括寄宿生 243 人。高中录取分数线 551 分（西城区）。网址：www.no8ms.bj.cn。学校有 7 个校区，分别是金融街本部、西便门东里校区、西便门西里校区、白云观校区、木樨地校区、百万庄校区、京西校区，设有附属小学。

（吴晋）

【学生获“市长奖”】 3 月 29 日，八中 2015 届高三（7）班学生师悦获得

第13届“北京青少年科技创新市长奖”。师悦研究的项目为“巧用乙烯让植物多发点芽”，通过北京市第13届“北京青少年科技创新市长奖”的终评答辩。该评选由市科协、市教委和市科委共同组织评选，共10人获奖。至年底，该校学生参加多项市级比赛获奖，其中，6人获第35届北京青少年科技创新大赛一等奖；2人获第15届“明天小小科学家”一等奖；3人获北京市中学生系列辩论赛冠军。

（吴晋　翁莉）

【八中分校与一五四中合并】　5月12日，八中分校与北京市第一五四中学合并。两校合并后成为八中的两个校区，6个年级515名学生在此学习。至此，八中在区内有6个校区，分别是金融街本部、西便门东里校区、西便门西里校区、白云观校区、木樨地校区、百万庄校区。学校采取以6个中心为“条”、以各校区为“块”，“条块结合”的管理模式。

（仲军）

【八中附属小学挂牌】　5月29日，八中举行附属小学挂牌成立仪式。仪式宣布原福州馆小学更名为北京市第八中学附属小学。学校在尊重附小传统特色的基础上，发挥资源优势，形成现代化和个性化的办学新特征。附小从文化建设、课程设置等方面和学校进行交流。附小占地面积3021.98平方米、校舍建筑面积2639.40平方米，开设教学班11个，在校学生354人。

（吴晋）

【成为初中开放性科学实践活动课首批资源单位】　9月7日，八中成为北京市初中开放性科学实践活动课首批资源单位。学校以生物组为主体，联合中国科学院、首都师范大学、北京食品研究院、北京市农林科学院、北京市中医研究所共同开发14个项目，经过评审，10个项目列入“北京市初中实践活动管理服务平台”。根据预约，本学期开设4门课程：根据化石研究昆虫的演化、挑战阳台菜园小能手、手工皂的制作、制作百合地黄霜。北京市第一中学、燕山向阳中学、北京市第二十五中学共252名学生在此完成课程学习。校内科学活动课涵盖物理、化学、生物3个领域，备课组完成演示实验40个、分组实验16个、科技作品6组；学生自选及团体预约共选课3225门次。

（沙迪　高颖）

【成立优质示范中学联盟】　11月7日，八中举办优质示范中学联盟成立仪式。发起单位包括辽宁省实验中学、浙江镇海中学、呼和浩特二中和北京八中。成员校之间整合资源，深度合作交流、探讨研究、实践创新，促进基础教育的优质、均衡发展。教育部、西城区等相关领导以及联盟校校长参加成立仪式。

（张晓梅）

【召开超常教育30周年研讨会】　11月7日，八中召开超常教育30周年研讨会。学校开展系列总结研讨活动，总结超常教育的创新经验和实践成果。印制少儿班30周年纪念册，出版一套200余万字的丛书，包括《杏坛拓新录——北京八中超常教育30年文集之教育篇》《研究、探索、实践——北京八中超常教育30年之科研篇》《我喜欢展望无尽的未来——北京八中超常教育30年之学生篇》《我们是少儿班的编外生——北京八中超常教育30年之家长篇》和《超常教育研究与实践集萃——北京八中超常教育30年文集之专题篇》。

（张燕清）

北京市第三十五中学

【概况】　2015年，北京市第三十五中学占地面积5.48万平方米、建筑面积3.16万平方米，运动场地面积3.18万平方米。图书馆藏书9.84万册。固定资产总值5376万元。全年教育经费投入18719.51万元，其中，国家拨款17054.66万元，自筹经费1664.85万元。学校信息化经费投入240.99万元，拥有计算机932台，多媒体教室座位4880个，校园网出口总带宽1000Mbps，数字资源量2300GB，“信息技术”课程1课时/周。教职工339人，专任教师263人，其中，高级职称88人、中级职称84人，包括北京市骨干教师1人；本科以上学历263人。开设教学班74个，其中，初中36个、高中38个。毕业772人，其中，初中440人、高中332人；招生764人，其中，初中440人、高中324人；在校生2409人，其中，初中1386人、高中1023人，包括寄宿生165人。高中录取分数线537分（西城区）。网址：www.bj35.com。

（姜雪）

【迁入新校址】　3月1日，三十五中高中部从小口袋胡同19号迁到赵登禹路8号。新校舍包括八道湾胡同11号院周氏兄弟旧居和鲁迅书院，多功能体育馆、北京金帆音乐厅，设空间信息技术实验室、航空科学与技术实验室和风洞实验室等9个科学探究实验室。实施学部制、走班制、导师制、学长制、学分制“五制改革”，从课程文化、课堂文化、教师文化、学生文化和校园文化建立现代学校制度。

（姜雪）

【开展“小学段”修学旅行系列活动】

4—11月，三十五中开展“小学段”修学旅行系列活动。活动分为西安、杭州、绍兴、黄山、白河峡谷等多条修学旅行线路，在初一、初二、高一、高二年级开展，内容涉及人文、科技、体能拓展等领域。国际部以“爱国、责任、环保”为主题，分别展开“绍兴线——江南文化传承”“三峡线——敢于探索”“云南线——放飞梦想”“延安西安——艰苦奋斗”“齐鲁线——勇攀高峰”“丹寨线——共铸爱心”6条线路修学旅行活动。该活动由学校生涯教育与素质拓展中心、志成学部、科技学部、六年一贯制学部共同完成。

（田园　马明月　汪洋）

【国际部综合楼落成】　9月8日，三十五中国际部综合楼落成揭牌。综合楼占地面积2422平方米、建筑面积10780平方米，为6层建筑结构，均为地上建筑。有教室26间、实验室8间。设有图书馆，藏书3000册。国际部可同时容纳460名学生就学。工程于2013年3月1日开始施工。

（张殿福）

【签订中德、中法合作协议】 9月18

日和12月23日，三十五中分别签署中德、中法合作协议书。学校与北京电子科技职业学院、科隆汉斯贝克勒职业学院、南威斯特法伦应用科技大学、卡尔·杜伊斯堡公益中心共同签署《中德合作备忘录》，备忘录规定外培班学生完成备忘录设定的课程并获得资格证书，即取得参与本项目的德国（应用科技）大学指定专业方向的入学资格，进入德国（应用科技）大学本科工科类专业学习。学校与北京电子科技职业学院、法国大学科技学院院长联盟、友好华腾国际文化交流（北京）中心共同签署北京市“高端技术技能人才贯通培养试验”项目中法合作协议书。根据协议，中法合作项目学生完成中国阶段的学习后，在法国进行科技学院第二年的学习和法国本科第三年的学习，经考核合格，获得由法国教育部签发、中国教育部认定的大学学士学位。

（杨律萌）

北京市育才学校

【概况】 2015年，北京市育才学校为十二年一贯制学校，设有小学部、初中部、高中部。学校占地面积8.25万平方米、建筑面积5.25万平方米，运动场地面积2.40万平方米。图书馆藏书20.67万册，包括电子图书412册。固定资产总值8966.74万元。全年教育经费投入20297.79万元，其中，国家拨款19840.64万元、自筹经费457.15万元。学校信息化经费投入200.27万元，拥有计算机1085台，多媒体教室座位5561个，校园网出口总带宽1000Mbps（共享），数字资源量360GB，“信息技术”课程1课时/周。教职工539人，其中，高级职称113人、中级职称217人。专任教师488人，包括特级教师2人、北京市骨干教师4人、北京市学科教学带头人2人；本科以上学历471人。开设教学班125个，其中，初中39个、高中34个、小学52个。毕业897人，其中，初中349人、高中294人、小学254人；招生1000人，其中，初中372人、高中240人、小学388人；在校生4224人，其中，初中1207人、高中1006人、小学2011人，包括寄宿生207人，外省市借读生784人。高中录取分数线512分（西城区）。网址：www.bjyucai.com。学校设有三个校区，分别为本部校区、太平街校区、龙泉校区。

（马卫庆）

【设龙泉校区】 7月6日，育才学校设龙泉校区。该校区由西城区宣武分院附属中学并入育才学校。占地面积8109.94平方米、建筑面积7131.71平方米，设初、高中教学班共12个，教职工85人，在校生269人。

（马卫庆）

【参加自然日全球总决赛】 7月16—21日，育才学校参加自然日全球总决赛。学校的《传奇马铃薯——世界粮食大救星》作品获展览组一等奖，《恐龙是怎么产蛋的》作品获展览组三等奖。国内11个赛区196支代表队及美国、柬埔寨、老挝、泰国等5个国家和地区国际组61支代表队共257支代表队参加总决赛。环球自然日是一项由肯尼斯·贝林发起创立的全球性、纯公益、面向中小学生的科普教育活动。活动自2012年引入中国已连续举办四届。

（马卫庆）

【参加“F1在学校”全国总决赛】 8月2—4日，育才学校Cyclopentane车队参加“F1在学校”青少年科技挑战赛中国赛区总决赛并获得冠军。比赛设置赛车工程设计和技术规格评测、展台和选集设计、营销及社会化媒体使用、现场演讲、赛道比赛等项目，全国14所学校的24支学生车队参加，前三名代表国家参加国际比赛。“F1在学校”国际青少年科技教育及挑战赛源于英国，每年举办一次国际性比赛，是适合9～19岁学生参与的综合科技竞赛项目。

（马卫庆）

【参加“百姓戏剧展演”专场演出】

11月13—14日，育才学校参加西城区“百姓戏剧展演”专场演出。该校燎原话剧社举办两场专场演出，包括5个学生原创话剧：反映延安保育院历史的《白馍馍》、反映现实生活的《迟到的航班》和《我和爷爷》、穿越话剧《也许明天》、喜剧《甜甜小英雄》。育才学校燎原话剧社2015年被市教委审查批准为金帆话剧团。

（马卫庆）

北京师范大学附属中学

【概况】 2015年，北京师范大学附属中学占地面积4.39万平方米、建筑面积4.80万平方米，运动场地面积9400平方米。图书馆藏书17.83万册，包括电子图书644册。固定资产总值10820万元。全年教育经费投入7885万元，其中，国家拨款5046万元、自筹经费2839万元。学校信息化经费投入95万元，拥有计算机629台，多媒体教室座位224个，校园网出口总带宽50Mbps，数字资源量6000GB，“信息技术”课程0.5课时/周。教职工246人，其中，高级职称114人、中级职称98人。专任教师219人，包括特级教师7人、北京市骨干教师10人、北京市学科教学带头人1人；本科以上学历219人。开设教学班60个，其中，初中24个、高中36个。毕业605人，其中，初中291人、高中314人；招生702人，其中，初中323人、高中379人；在校生2104人，其中，初中932人、高中1172人，包括寄宿生131人。高中录取统招分数线547分（西城区）。网址：www.bjsdfz.com。

（朱静静）

【成立首席班主任工作室】 4月22日，

北师大附中成立首席班主任工作室。仪式介绍“西城区首席班主任”张成斌事迹。工作室1人，主要职责为带领成熟期班主任总结提升；培养带动青年班主任。西城区要求首席班主任每年至少要上交一篇教育论文或案例，除带领本校班主任定期开展工作研究外，每年至少还要在校级及以上范围内，作一次示范性德育主题活动，并且要承担对年轻班主任进行培训和指导的工作。

（朱静静）

【京西分校揭牌】 9月15日，北师大附中举办京西分校开学典礼暨揭牌仪式。市委教育工委、北京师范大学、拉萨市委及教育局、石景山区委及区教育工委等相关人员，包括内地西藏高中班35名学生在内的400余名新生参加开学典礼。学校于2013年开工建设，2015年9月落成，项目总占地面积62200平方米，总建筑面积52066平方米，总设置规模为72个教学班，在校生规模可达2000人，为公办十二年一贯制现代化学校，硬件建设以北师大附中为参照标准。北师大附中和北师大附中京西分校实行“一个法人代表，一体化管理”。学校开设拉萨班，首届内地拉萨高中班招收35名来自北京拉萨实验中学的学生。预科阶段，学校将针对学生特点设置相应的教学计划、开设相应的课程，并在生活、医疗、交通等多方面给予支持保障。

（朱静静　魏莉）

【获全国信息技术优质课展评特等奖】 11月3—6日，北师大附中参加第四届全国初中信息技术优质课展评活动。经市、区教研室选拔，经过基本功竞赛、说课竞赛及展示课竞赛3个环节，《比特与图像》一课获全国初中信息技术优质课展评特等奖。全国27省市123名教师参加展评活动。

（朱静静）

【获全国重点高中数学课堂展示一等奖】 11月7日，北师大附中数学组参加第12届全国部分重点高中（知名初中）“激活课堂”数学教学研讨会。《函数的单调性与导数》研究课，获课堂展示一等奖。全国19个省、市、自治区的300名专家、教师参加研讨会。

（朱静静）

北京市第十五中学

【概况】 2015年，北京市第十五中学分高中部、初中部两址办学，占地面积5.21万平方米、建筑面积4.93万平方米，运动场地面积1.96万平方米。图书馆藏书17.4万册。固定资产总值7551.8万元，包括教学仪器资产值3450万元。全年教育经费投入10195.87万元，其中，国家拨款10076.01万元、自筹经费119.86万元。学校信息化经费投入94万元，拥有计算机1062台，多媒体教室座位3680个，校园网出口总带宽750Mbps，“信息技术”课程2课时/周。普通教室117个、专用教室92个、实验室29个。教职工346人，其中，高级职称87人、中级职称71人。专任教师256人，包括特级教师1人、北京市骨干教师3人、北京市学科教学带头人1人；本科以上学历252人。开设教学班59个，其中，初中32个、高中27个。毕业654人，其中，初中376人、高中278人；招生606人，其中，初中291人、高中315人；在校生1973人，其中，初中1065人、高中908人，包括寄宿生70人，外省市借读生298人。高中录取分数线530分（西城区）。学校设南口分校、贵阳分校。网址：www.bj15.cn。

（莫晓红）

【与一四零中合并】 7月10日，十五中与北京市第一四零中学在十五中体育馆举办合校大会。会议以“和融共进”为主题，宣布十五中和一四零中资源重组合并成一所学校，命名为北京市第十五中学。合并后，一四零中学建制撤销。会议宣读学校新的人事变动情况。两校师生教职工339人参加会议。一四零中前身为京师闽学堂，1926年更名为北平春明公学女校，1932年再次更名为春明女子中学，并有第一批高中毕业生。1950年更名为北京市第五女子中学，1970年正式定名为北京市第一四零中学。

（姜玉琴）

【十五中贵阳分校开学】 9月1日，十五中贵阳分校开学。学校占地面积1.60万平方米，教学用房建筑面积1.01万平方米，体育场面积6808平方米，绿地面积800平方米。建有理、化、生实验室，计算机室，多媒体教室，音乐教室，图书室，足球场和200米环形塑胶运动场。设教学班21个，在校学生1082人，教职工78人，其中，高级教师14人、中级教师27人。2014年12月11日贵阳市政府与北京市政府签订“京筑合作”办学协议，在原贵阳市第三十三中学基础上增挂“北京市第十五中学贵阳分校”校牌，为全日制公办完全中学。十五中派出专家到贵阳分校进行为期一个月的教学指导，贵阳分校派出14名教师到十五中进行为期一周的学习交流。

（莫晓红）

【举办金帆艺术团展演】 12月1日，十五中举办金帆艺术团展演专场活动。学校金帆京剧团和金帆民乐团演出《京韵铿锵》《牧民新歌》《少林雄风》等节目。学校教师、金帆艺术团团员家长及南口分校的师生共1000人观摩演出。4月2日，十五中被认定为北京市金帆民乐团。至此，学校有金帆京剧团、民乐团2个艺术团体。

（范晓云　莫晓红）

【举办博物馆第10期展览】 12月20日，十五中举办“锦地繁花”——钱卫清书法陶瓷艺术精品展。展览藏品由钱卫清提供，分书法和陶瓷两个板块，展出宋元明清时期代表性藏品37件套，展出时间1个月。展览共接待1000人次参观。

（范苑）

北京教育学院朝阳分院附属学校

【概况】 2015年，北京教育学院朝阳分院附属学校中学部占地面积3554平方米、建筑面积9420平方米，体育场面积2250平方米。图书馆藏书3.7万册。固定资产总值6109万元。全年教育经费投入3816万元，其中，国家拨款3808万元、自筹经费8万元。拥有计算机211台，多媒体教室座位1140个，校园网出口总带宽100Mbps，数字资源量76GB，“信息技术”课程初中1课时/周。普通教室18个、专用教室20个、实验室3个。教职工116人，其中，高级教师17人。专任教师103人；本科以上学历101人。开设教学班18个，全部为初中班。毕业162人、招生132人、在校生435人。网址：www.cyfyfsxx.cn。

（付莲杰）

【召开北京文化特色课程研讨会】 6月12日，教育学院朝阳分院附属学校召开“北京文化”特色课程主题研讨活动。通过北京传统北京魂、北京水土北京人、北京诗情北京味、北京乡音北京情4个板块，使北京文化融于各学科国家课程。“中国基础教育未来发展新特征研究”课题组指导专家、10所课题实验校教师和朝阳分院、朝阳教研中心专家指导团教师共70人参加活动。

（黄清华）

【启动学科工作室】 12月11日，教育学院朝阳分院附属学校举行“学科工作室”启动仪式。学科工作室的建立主要依托教育学院朝阳分院优质师资，营造学术研究氛围，建立学校内优秀教师培养机制，发挥分院名师的示范作用和影响力，帮助附属学校骨干教师教育风格形成和教学水平迅速提升，最终实现学校“成群体、上档次、出名师”的教师队伍建设目标。学校聘请分院11名市、区级以上学科骨干教师和学科教学带头人作为学科工作室的主持人，组织学校内65名中小学教师在自愿申报的基础上成立中学语文、中学数学、中学英语、中学理科综合、中小学文科综合、中小学体育、中小学音乐、中小学美术、小学语文、小学数学、小学英语11个学科工作室。

（王伟）

【璧山区教师培训基地挂牌】 12月22日，教育学院朝阳分院附属学校举行璧山区教师培训基地挂牌仪式。该校与重庆市璧山区教育委员会签约合作，双方共同开展教师发展专业化培训合作，其中，该校提供课题研究交流资源，推动璧山区学校教研组、年级组建设；璧山区为该校提供社会实践活动和教师培训资源。重庆市璧山区教委领导、教育系统校长、教职工140人参加仪式。

（王伟）

北京中学

【概况】 2015年，北京中学占地面积1.18万平方米、建筑面积1.27万平方米，体育场面积4197平方米。图书馆藏书1.50万册。固定资产总值5124万元。全年教育经费投入2938万元，全部为国家拨款。学校信息化经费投入95万元，拥有计算机245台，多媒体教室座位1160个，校园网出口总带宽100Mbps，数字资源量2500GB，“信息技术”课程初中1课时/周。普通教室17个、专用教室37个、实验室4个。教职工71人，其中，高级职称26人。专任教师62人，包括特级教师9人、北京市骨干教师3人；本科以上学历68人。开设教学班8个，全部为初中班。招生76人、在校生156人。网址www.beijingacademy.com.cn。

（刘海巍）

【开展课堂研讨活动】 4月2日，北京中学开展课堂研讨活动。活动以“教师情感表达与师生关系建构”为主题，数学教师作《全等三角形的应用》研究课，围绕“师生关系建构”，专家和教师进行评课研讨，认为课堂立足于学生个性化学习和情感表达，体现对“人”的尊重和信任。利用信息技术同时回归学科本质，师生在课堂平等对话中创造和谐氛围。

（刘海巍）

【开展赴江南综合实践活动】 5月4—

8日，北京中学开展赴江南综合实践活动。学校设立自然、人文、艺术3个课题，成立42个研究小组，自行讨论、选择导师。成立策划、导游、宣传和活动组织4个小组，各学科教师从地理风貌、饮食文化、历史沿革、建筑形态、艺术特色等方面设计32份学习单，学生根据兴趣选择3份学习单进行研究。

（刘海巍）

【召开构建未来理想学校学术研讨会】 12月17—20日，北京中学召开第三届“构建未来理想学校”学术研讨会。会议以“基于学生核心素养培育的教学方式变革”为主题，围绕办学理念、课程设计，借鉴国际教育理念和教育经验，做出科学规划。美国教授作“给予学生核心素养培育的教学方式变革”专题演讲。学校开放STEM、语文、英语、数学、社会、物理、辩论学科课堂，围绕“仁、智、勇、乐”文化要素弘扬中华传统。学校校长、教师250人参加研讨会。

（刘海巍）

北京市第八十中学

【概况】 2015年，北京市第八十中学分为望京校区、白家庄校区两址办学。占地面积12.78万平方米、建筑面积10.68万平方米，体育场面积8427平方米。图书馆藏书14万册，电子图书30万册。固定资产总值5亿元。全年教育经费投入17269万元，其中，国家拨款14574万元、自筹经费2695万元。学校信息化经费投入621万元，拥有计算机2334台，多媒体教室座位7560个，校园网出口总带宽1000Mbps，数字资源量50TB，“信息技术”课程初中1课时/周、高中2课时/周。普通教室142个、专用教室74个、实验室36个。教职工416人，其中，高级教师144人。专任教师376人，包括特级教师27人、北京市骨干教师19人、北京市学科教学带头人1人；本科以上学历406人。开设教学班95个，其中，初中班48个、高中班47个。毕业957人，其中，初中510人、高中447人；招生906人，其中，初中505人、高中401人；在校生2737人，其中，初中1528人、高中1209人，包括寄宿生1109人，其中，初中155人、高中954人。高中录取分数线548分（朝阳区）。网址：www.bj80.com、www.bj80.cn。八十教育集团设有八十中学实验学校温榆河分校和康营分校，八十中学枣营分校和睿德分校。

（方媛）

【庆祝晨光文学社成立十周年】　1月1日，八十中举办晨光文学社成立十周年庆典暨晨钟校友联谊大会。晨钟校友联谊会推出“双C计划”，通过优秀毕业生与校社员结对方式，让毕业学员与在校学员成为朋友，为在校生提供人生选择指导。利用官方网站和微信公众平台，宣传晨光文学社及学校教育理念。学校师生及校友400人参加活动。

（方媛）

【成立枣营分校】　4月1日，八十中枣营分校揭牌成立。学校为九年一贯制公办校，坐落在朝阳区麦子店国际化社区。4月，朝阳区教育资源整合，将朝阳区枣营小学并入北京市枣营中学，两校合并后更名为八十中枣营分校。北京市枣营中学前身是北京市金台路中学，始建于1976年；1992年7月迁址到朝阳区枣营南里1号，更名为北京市枣营中学。

（方媛）

【获2015VEX机器人世界锦标赛金奖】

4月15日，八十中参加2015年VEX机器人世界锦标赛。学校参赛作品机器人“立地顶天”获金奖。比赛以“skyrise”为主题，要求在规定场地、时间内投相应柱节和立方体到得分区域，并阻止对方完成任务。比赛方式由2个单队组成联队与另一支联队对抗。美国、澳大利亚、中国等29个国家和地区850支机器人队伍参加该赛事。比赛由美国机器人教育基金会组织。

（方媛）

【建立联合实验室】　5月5日，八十中与中国科学院软件所、奇虎360公司建立联合实验室。学校和中科院软件所人机交互技术与智能信息处理实验室、奇虎360公司合作，引入信息相关课程，丰富校本课程，融入自我探究和创新设计到学生日常学习，引导学生以人机交互技术与信息网络安全视角，发现学习生活中的应用场景，用现有科学技术与应用场景结合，激发学生创新和探究，提高学生动手能力、创新能力和合作意识。

（方媛）

【启动阅读促进学生发展项目】　9月2日，八十中启动“阅读促进学生发展”项目。项目旨在促进小学和中学十二年一贯制阅读活动开展，要求每名学生至少读50本好书，涉及6个领域以上，在每个领域中，有一本乐于精读经典代表作，有一本乐于持续阅读期刊。全校师生参加活动。

（方媛）

【获第67届纽伦堡国际发明展金奖】　11月1日，八十中学生参加第67届纽伦堡国际发明展（IENA）。胡乔木设计制作《失能人员脑电波呼叫装置》获金奖；任安迪和刘桐恺设计制

作《半周天透明座舱》获银奖。德国纽伦堡国际创新发明展是世界三大国际发明展之一，40个国家和地区800项发明创新作品参展。

（方媛）

【开设生涯规划校本必修课程】　11月23日，八十中开设生涯规划应用型校本必修课程。高一年级全体学生参加“生涯规划”拓展活动课。活动课以“凝聚团队，追求卓越”为主题，通过生涯拓展，发现自身优势，提升沟通能力，增强团队合作意识。包括破冰起航、超音速、卓越圈等活动。

（方媛）

北京市第十二中学

【概况】　2015年，北京市第十二中学集团校包括北京十二中、十二中科丰校区、北京十二中洋桥学校、北京十二中附属实验小学、北京十二中朗悦学校、北京十二中实验幼儿园。总占地面积10.05万平方米、建筑面积8.83万平方米，体育场面积3.79万平方米。图书馆藏书27.57万册，电子图书1万册。固定资产总值29827万元。全年教育经费投入12433万元，其中，国家拨款12342万元、自筹经费91万元。学校信息化经费投入87.5万元，拥有计算机1587台，多媒体教室座位6680个，校园网出口总带宽50Mbps，数字资源量3800GB，“信息技术”课程2课时/周。普通教室106个、专用教室61个、实验室21个。教职工383人，其中，高级职称169人、中级职称121人。专任教师294人，其中，北京市骨干教师21人、北京市学科教

学带头人 3 人；本科及以上学历 350 人。开设教学班 79 个，其中，小学班 3 个、初中班 43 个、高中班 33 个。毕业 964 人，其中，初中 608（本部 113，科丰 495）人、高中 356 人；招生 928 人，其中，初中 541 人、高中 387 人；在校生 2808 人，其中，初中 1585 人、高 1223 人，包括寄宿生 684 人。高中录取分数线 554 分（丰台区）。网址：www.bj12hs.com.cn。

（刘志强）

【确立真善美核心文化】 5 月，十二中确立真善美核心文化体系。编写学校文化、课程文化、学生文化、家长文化、干部文化、教师文化 6 个文化手册；召开“文化创新”主题暑期教育教学研讨会；编印《做真善美的人》，作为新生入学培训手册；创建“八气长廊”和“小好奇”系列课程落实核心文化；学校“北京绢塑馆”建成开馆，展示核心校园文化。

（田敏）

【开展教师研训系列活动】 5—12 月，十二中开展教师研训系列活动。邀请台南大学教授作《透过教师专业发展评价提升教学效能》专题报告；与北京师范大学教育学部签署第二轮合作协议，双方在干部队伍培训、教师队伍建设、优秀学生培养、教育科研等方面开展合作；与清华大学继续教育学院和华东师范大学教育学部签约组织管理人员和骨干教师高级研修班。全校教师 350 人参加活动。

（王连东）

【举办中日韩青年文化节】 7 月，十二中举办首届中日韩青年文化节。文化节以“生态文明青年责任”为主题，探讨绿色生产与低碳经济、绿色消费与循环经济和促进可持续发展的公共政策，发表《青年环保倡议》。文化节由中日韩三国联合国教科文组织协会联合主办，中、日、韩高中生 45 人参加活动。

（田敏 王连东）

【实施 4 个实践教育项目】 至 11 月，十二中实施 4 个实践教育项目。4 个项目为京外社会实践、“青春导师计划”、模拟人大和学农实践。京外社会实践内容包括生态考察、文化考察、同课异构、联谊活动、下乡支教、学农教育等内容。首季“青春导师计划”包括青春导师课堂、职业参观日、生涯人物访谈和职场体验等。模拟人大综合实践活动展示研讨会内容包括，通过模拟人民代表大会，开展竞选、讲座、调研、议案等活动，培养学生公民法治素养。初二年级学生 518 人到北京农业职业学院，开展为期一周的学农教育活动。

（田敏 杨靖）

【创建 2 个创客教育活动中心】 至年底，十二中创建 2 个创客教育活动中心。与中央电视台、清华大学、北京航空航天大学、北京师范大学等单位合作创建“萃智创客空间”，成为“M35——全国青少年创客教育联盟”发起校之一。与深圳“柴火创客空间”合作共建“北京十二中柴火创客创新教育实践室”。北京市远程教育专业委员会授予该校“创客教育实验学校”称号。

（何文轶）

【教育集团成立】 至年底，北京十二中教育集团成立。集团校包括北京十二中、十二中科丰校区、北京十二中北京市洋桥学校、北京十二中附属实验小学、北京十二中朗悦学校、北京十二中实验幼儿园。学校形成集团联合总校管理架构，成立联合总校专业指导委员会、监督委员会、顾问委员会，高中部成立课程中心、奥赛训练中心，形成“六部一室六中心”管理机构。

（田敏 王连东）

北京市第十中学

【概况】 2015 年，北京市第十中学分三址办学，分别是高中部、初中部、新疆部三个校区。学校总占地面积 5.77 万平方米、建筑面积 1.24 万平方米，体育场面积 1.67 万平方米。图书馆藏书 5.39 万册。固定资产总值 6206 万元。全年教育经费投入 5592 万元，全部为国家拨款。学校信息化经费投入 189.3 万元，拥有计算机 737 台，多媒体教室座位 180 个，校园网出口总带宽 20Mbps，数字资源量 1000GB，“信息技术”课程 2 课时/周。普通教室 54 个、专用教室 29 个、实验室 11 个。教职工 239 人，其中，高级职称 74 人、中级职称 71 人。专任教师 192 人，其中，特级教师 3 人，北京市骨干教师 4 人；本科以上学历 192 人。开设教学班 51 个，其中，初中班 18 个、高中班 25 个、新疆班 8 个。毕业生 564 人，其中，初中 214 人、高中 270 人、新疆班 80 人；招生 523 人，其中，初中 216 人、高中 227 人、新疆班 80 人；在校生 1583 人，其中，初中 638 人、高中 636 人、新疆班 309 人。网址：www.bj10z.com.cn。

（武晓云）

【开展“生命教育走进云南”科学探索活动】 1 月 14—22 日，十中举办“生命教育走进云南”科学探索活动。学生走进中国科学院植物研究院，参观种子库、绘画种子、学习制作蝴蝶标本；走进天文台，夜晚观星；走进禄丰恐龙馆，体验挖化石并修复化石；走进西双版纳，参观植物园并进行土地的考察取样；走进哈尼族村寨，体验长街宴、捐赠图书。22 名师生参加探索活动。

（武晓云）

【召开特色普通高中课改实施项目工作会】 4 月 2 日，十中召开“首都特色普通高中课改实施项目”市级实验学校工作会。会议专题研讨“考试改革与课程创新”，提出相关改革办法及建议。丰台区教委、项目组专家及海淀、东城、丰台、大兴等各区县相关实验学校专事该项工作的副校长 41 人参加会议。

（武晓云）

【接待德国友好校访问】 11 月 3—10 日，十中接待德国康拉德·阿登纳中学师生 20 人来访。德国学生入住接待家庭，随堂听课，了解课程设置

和教学方法；体验国画、剪纸、纸膜等课程，参与社团活动，学习中国传统文化；参观中国国家博物馆、长城、颐和园；参加中德师生国际红十字救助培训活动。初中部、高中部、新疆班3个校区全体师生以及20个家庭参与活动。

（顾玉霞）

北京市第十八中学

【概况】 2015年，北京市第十八中学教育集团分五址办学，分别是方庄校区、西马金润校区、左安门分校、附属实验小学校区、嘉泰小学校区。五址基础数据总和如下，占地面积8.5万平方米、建筑面积6.04万平方米，体育场面积3.67万平方米。图书馆藏书17.69万册，电子图书41.6万册。固定资产总值24200.83万元。全年教育经费投入12882.74万元，其中，国家拨款12341.14万元、自筹经费541.60万元。学校信息化经费投入687.03万元，拥有计算机1576台，多媒体教室座位5166个，校园网出口总带宽1400Mbps，数字资源量22.94TB。普通教室147个、专用教室170个、实验室27个。教职工390人，其中，高级职称89人、中级职称111人。专任教师300人，包括特级教师11人、北京市骨干教师2人、北京市学科教学带头人1人；本科学历241人、研究生学历62人、博士及以上学历2人。开设教学班98个，其中，小学班34个、初中班40个、高中班24个。毕业673人，其中，小学160人、初中281人、高中232人；招生848人，其中，小学183人、初中411人、高中254人；在校生2812人，其中，小学970人、初中1138人、高中704人，包括寄宿生414人。高中录取分数线534分（丰台区）。网址：www.bj18.net。

（管杰）

【学生应邀访问俄罗斯】 1月26—31日，十八中学生应莫斯科创新发展与合作教育协会邀请，赴俄罗斯参加在俄罗斯1554学校举行的系列活动。学生与俄罗斯5所学校学生分组，就交通、医疗、国土利用、通信等主题进行学习交流活动，集思广益，并制作出非常精彩的活动方案面向全体参会成员进行演讲。在学习之余，学生还观看军乐团表演和学生文艺演出。该校师生6人出访。

（曲淑华）

【促进教师专业自发性发展策略研究课题结题】 4月30日，十八中承担的北京市教师培训研究课题“促进教师专业自发性发展策略研究”结题。课题组汇报选题立意、研究方法、研究过程、研究结论及研究中存在的问题，并回答专家提问。课题通过专家评审和鉴定，最终结题。该课题为北京市中小学中等职业学校教师培训中心单位的课题，于2014年立项，通过实践研究等方式，研究教师专业发展，取得推进教师专业自发性发展的策略成果。

（管杰）

【开展大数据分析背景下新课堂教学方法展示活动】 6月1日，十八中举办“大数据分析背景下新课堂教学方法”展示活动。活动观看SCL“以学生为中心”项目组成员一节录像课，运用SCL项目中的一些授课方法，课堂上学生活动丰富，充分体现“以学生为主”的教学理念。学校COP项目成员对录像课从大数据角度进行课堂观察，分别从S－T分析（教师、学生活动所占比例）、教师有效性提问、教师回应学生回答、四何问题、对话深度5个维度进行观察，以数据说话，从中发现课堂的亮点以及不足之处。特级教师支梅从学科角度对录像课进行点评。SCL项目为“以学生为中心”的教学法培训项目。COP项目为“教师在线实践社区”培训项目。

（李亮芝）

首都师范大学附属苹果园中学

【概况】 2015年，首都师范大学附属苹果园中学占地面积4.94万平方米、建筑面积3.18万平方米，体育场（馆）面积1.60万平方米。图书馆藏书3万册。固定资产总值8375万元。全年教育经费投入4253.89万元，其中，国家拨款4194.90万元、自筹经费58.99万元。学校信息化经费投入9.02万元，拥有计算机562台，多媒体教室座位697个，校园网出口总带宽100Mbps，数字资源量500GB，“信息技术”课程2课时/周。普通教室28个、专用教室12个、实验室10个。教职工143人，其中，副高级职称39人、中级职称26人。专任教师113人，包括北京市骨干教师4人、北京市学科教学带头人1人；全部为本科及以上学历。开设教学班25个。毕业287人、招生225人、在校生697人，包括寄宿生57人。高中录取分数线499分（石景山区）。网址：pz.sjsedu.cn。

（王丽萍）

【成为苹果园教育集团成员校】 5月

18日，苹果园中学成为苹果园教育集团成员校。教育集团由石景山区第三幼儿园、北师大石景山附属幼儿园、西黄村小学、石景山区海特花园小学、苹果园第二小学、外语实验小学、苹果园中学分校、首师大附属苹果园中学及地区资源单位首都师范大学、北方工业大学、中关村石景山园、石景山区街道办事处共同组成，形成教育行政部门、社区、大学共同参与治理教育集团的模式。教育集团实行理事会领导下的校长负责制。理事会设理事长1人，理事9～14人。集团各成员学校校长（园长）、资源单位代表担任理事。理事会下设集团办公室和课程开发部，设办公室主任1人，课程开发部部长1人。理事会每月定期召开1次理事会。

（赵丽娜）

【参加全国科技周竞赛获金奖】 5月22日，苹果园中学参加全国科技周——未来工程师博览与竞赛“创意工程（机关王）”竞赛。高一学生搭建的机关作品获“科学应用创新”金奖。比赛设创意乐队、计算机三维设计、机器人、木梁承重、投石车、过山车、创意工程7个项目。16个省市的600余名中小学生参加总决赛。全国青少年未来工程师博览与竞赛是一项综合运用科学、技术、工程与数学知识的创新活动。

（史香川）

【举办科技嘉年华活动】 5月22日，苹果园中学举办科学年开放日暨“石景山区科技周”“苹果园中学第二届科技嘉年华”活动。活动主题为“参与、探究、创新”，分为科学报告、科技竞赛、科学探索嘉年华3个板块。包括化学魔术竞赛、探索鸡蛋撞地球、近距离与机器人接触、借助天文望远镜探索宇宙奥秘、通过气象站监测气候变化等活动。

（赵丽娜）

【小苹果科技创新学院开课】 10月24日，苹果园中学创办的苹果园教育集团小苹果科技创新学院开课。缩微的实验室系列课程包括生命科学、资源与环境、基础科学、工程技术与人文科学5个门类。每门课程根据课题难易程度划分为小学版、初中版、高中版，构建系统的科学教育课程体系。

（于娜）

北京景山学校远洋分校

【概况】 2015年，北京景山学校远洋分校占地面积3.63万平方米、校舍建筑面积2.38万平方米，体育场（馆）面积1.20万平方米。图书室藏书5.33万册，电子图书0.20万册。固定资产总值6707.81万元。全年教育经费投入5636.56万元，其中，国家拨款5628.93万元、自筹经费7.63万元。学校信息化经费投入46.59万元，拥有计算机670台，多媒体教室座位2120个，校园网出口总带宽1000Mbps，数字资源量6147GB，“信息技术”课程1课时/周。普通教室65个、专用教室25个、实验室8个。教职工212人。专任教师194人，包括北京市学科教学带头人1人；本科以上学历212人。开设教学班65个，其中，小学36个、初中22个、高中7个；毕业315人，其中，小学183人、初中75人、高中57人；招生559人，其中，小学324人、初中176人、高中59人；在校生2120人，其中，小学1316人、初中638人、高中166人。外省市借读生455人。高中录取分数线512分（石景山区）。网址：jsyy.sjsedu.cn。

（白丹）

【举办首届远洋诗会暨校庆八周年】 5月29日，景山学校远洋分校举办“中国梦·远洋情”第一届远洋诗会决赛暨校庆八周年献礼活动。历时两个星期的初赛，共12个班级进入决赛，参赛诗歌大部分为学生、家长及教师原创。经评委评选，优胜奖4个。学校协作体单位，石景山区委教育工委、教委、教育分院、教育党校和学校代表共20人参加活动。

（白丹）

【成立五花文学社】 9月，景山学校远洋分校成立第一个文学社团——五花文学社。文学社设编辑部、通讯社2个部门。《五花》为双月刊，每学期发2期常刊，暑假、寒假各发一期特刊。常刊共分论道、格物、艺文、争鸣、心语5个栏目。通讯社为文学社组建的新闻采编团体，关注学校各项活动、教师的精神风采、学生的日常生活，依托学校网站、微信公众号、广播站、校刊《千帆》、文学社刊物《五花》，及校园电视台等平台，播发学生身边的新闻。

（杨谷怀）

【开启高中部选修课程】 10月13日，景山学校远洋分校开启高中部选修课程。选修课设在每周二、四下午，共有《3D打印与DIY》《iOS移动音乐工作坊》《高一化学拓展》《花草探秘》《遇见未知的自己》等23门课程，涉及文学、科技、心理等多个方面。高一、高二学生以自选志愿的方式全员参加。

（任超）

【举办第九届科技节】 10月22日至

11月10日，景山学校远洋分校举办第九届科技节。科技节以“牵手科技，精彩远洋”为主题，包括单片机社团、机器人社团、模型社团、天文社团4个科技社团展示。科技秀场活动设置碘与水的离歌、杜尔摩斯基本演绎法之密室凶案、探秘牛蛙、神奇的杯子等15个秀场。全校师生参加活动。

（曹宁）

北京市第九中学

【概况】 2015年，北京市第九中学占地面积6.30万平方米、建筑面积1.18万平方米，体育场（馆）面积2.34万平方米。图书馆藏书68791万册，电子图书13300万册。固定资产总值1.64亿元。全年教育经费投入6217万元，全部为国家拨款。学校信息化经费投入950万元，拥有计算机667台，多媒体教室座位275个，校园网出口总带宽1000Mbps，数字资源量850GB，“信息技术”课程17课时/周。普通教室60个、专用教室42个、实验室18个。教职工178人，其中，高级职称46人、中级职称43人。专任教师138人，包括特级教师3人、北京市骨干教师5人、北京市学科教学带头人1人；全部为本科及以上学历。开设教学班38个。毕业436人、招生443人、在校生1338

人，包括寄宿生 442 人。高中录取分数线 518 分（石景山区）。网址：9z. sjsedu. cn。北京九中教育集团成员校包括北京九中、北京九中初中部、石景山中学、金顶街第二小学、金顶街第四小学、石景山小学、北辛安小学。

（吴然）

【与首师大建立教师教育合作共同体】

3 月，九中与首都师范大学建设教师教育合作共同体。根据协议，首师大研究生拜九中高级、特级教师为师，提升教学实践水平和教育科研水平。协议有效期 5 年。

（荀梦圆）

【成立学术委员会】 5 月 15 日，九中举办第一届学术委员会成立仪式。首届学术委员会由 7 人组成，选举第一届学术委员会主任，任期 1 年。学术委员是学校教育教学决策、咨询、议事的学术组织，学术委员会委员参与学校学科建设、教学评议、教学项目审议等重要事务，履行指导、建议、监督和评价职责。

（荀梦圆）

【举办民族团结教育“2＋1”牵手活动】 11 月 23 日，九中民族团结教育“2+1”牵手活动启动。该项目由内地 2 名学生牵手 1 名内高班学生，通过定期或不定期交流，开展校内联谊、外出实践、内地家庭生活体验等活动。首期内地高一年级 172 名学生与新疆部预科 86 名学生牵手。“2+1 牵手项目”是学校在混合编班教学基础上，推出的民族团结教育新举措。

（张今　荀梦圆）

【学生话剧公演】 12 月 14 日，九中举办公演话剧献爱心活动。公演根据鲁迅作品《铸剑》改编的话剧和根据安徒生童话《皇帝的新装》改编的话剧。公演通过售票和现场捐款的形式筹集善款，并将现场筹得的 1200 元善款兑换成米、面、油，送给“太阳村”服刑人员子女。

（张今）

【推进学科整合】 12 月 24 日，九中举办学科整合活动。活动以“垂直整合，阶梯递进，共谱绿色课堂”为主题，召开科学课垂直整合研讨会，听取《立足科学素养的培育，探索小初高科学教育的整合》汇报，展示物理、化学、生物学科共 9 节课。3 个学科分别依托知识点“光”“水”“生物与环境”进行小学、初中、高中跨学段整合。整合后的课程体现从“以形象思维为主”到“以抽象思维为主”的过渡，从“简单实验操作”到“在老师指导下设计实验”、再到“独立设计实验”的递进。教研部门、各中小学代表共 80 余人参加研讨会。

（乔慧莲）

北京理工大学附属中学

【概况】 2015 年，北京理工大学附属中学“一校七址”，分别是校本部、分校、小学部、附小（承办）、南校区、房山校区、通州校区。校本部占地面积 4.2 万平方米、建筑面积 3.1 万平方米，体育场（馆）面积 1.5 万平方米。图书馆（室）藏书 12.1 万册。固定资产总值 13812.82 万元。全年教育经费投入 14439.48 万元，全部为国家拨款。普通教室 79 个、专用教室 34 个、实验室 9 个。教职工 290 人，其中，副高级职称 92 人、中级职称 110 人；专任教师 266 人，包括特级教师 7 人、市级骨干教师 5 人；本科以上学历 258 人。开设教学班 63 个，其中，初中 33 个、高中 30 个。毕业 851 人，其中，初中 482 人、高中 369 人；招生 854 人，其中，初中 474 人、高中 380 人；在校生 2512 人，其中，初中 1408 人、高中 1104 人。另有非本市户籍借读学生 268 人，其中，初中 241 人、高中 27 人。高中录取分数线 540 分（海淀区），应届高考本科上线率 100％。网址：www. lgfz. com. cn。

（丁静　彭警）

【首家中学生紧急救援志愿服务站挂牌】 5 月 15 日，全市首家中学生紧

急救援志愿服务站在理工大附中建成挂牌。该服务站设在学校综合楼一层大厅，开阔的场地便于紧急运输救治，也便于学生学习使用设备、演练技能。服务站由校医室主管，学校红十字社团成员为服务站骨干。服务站定期为学生开展讲座，课余时间组织学生熟悉设备、救援演练，确保遇到突发事件能够第一时间启动、开展救援，切实保障全体师生健康与生命安全。理工大附中重视开展红十字青少年宣传工作，注重对学生人道、博爱、奉献精神的培养，自救互救及避险逃生等生存技能培训。每年以校为单位举办急救培训、应急疏散演练、大型活动医疗保障等活动。志愿服务站建立后，北京市红十字会为其配备自动体外除颤器（AED）及相关器械等急救设备。

（陆旻　彭警）

【获全国中学生田径锦标赛标枪冠军】 7 月 30 日至 8 月 6 日，理工大附中学生参加全国中学生田径锦标赛获得标枪冠军。校田径队由 6 名学生组成，其中，高一年级学生王信森以 59.29 米获得男子乙组标枪冠军，另有两名队员在比赛中达到国家二级运动员标准。来自全国 25 个省市自治区 192 个代表队 1500 名运动员参赛，比赛设立男子甲组、女子甲组、男子乙组、女子乙组 4 个组别。该项赛事由中国中学生体育协会、中国田径协会主办，每年一届。

（丁强　彭警）

【获多项科技竞赛奖项】 7—11 月，理工大附中学生参加全国及北京市科技竞赛获奖。7 月 18—22 日，无线电

测向所9名学生参加北京市中小学无线电测向比赛，获得团体比赛初中男子短2米接力、短80米接力，以及初中女子短2米接力冠军；1人获个人赛初中女子短80米冠军。8月3—5日，单片机所学生12人参加“2015全国青少年电子信息与智能控制大赛”，获得4个一等奖、2个二等奖、2个三等奖。8月11—15日，11名学生组成4支代表队参加第六届青少年机器人活动暨亚洲机器人锦标赛中国区选拔赛，获得2个一等奖。9月，无线电测向所19人参加北京市体育大会无线电测向比赛，获得少年组短2米、青年组短80米团体比赛第一名，5名学生获个人项目8个第一名。11月21日，该校初二（5）班彭禹铭参加第三届全国青少年电子信息创新大赛，其设计的《四级电磁炮》获得初中组一等奖。

（王雰　彭警）

【召开艺术素养课程设置研讨会】 8月25日，理工大附中召开“艺术素养班”课程设置研讨会。会议阐述开办“艺术素养班”背景、意义并明确其定位，即“艺术素养班”而非“舞蹈特长（或专业）班”；提出艺术素养课程设置主导思想，即“全面基础，理论与实践相结合”。合作方北京舞蹈学院介绍该院艺术素养课程方案设计理念，论证该方案以培养学生的艺术素养为出发点，充分考虑学生零起点的实际情况，从学生发展角度科学合理设置艺术素养课程。双方经讨论，就课时安排、课程评价标准、学生日常管理等问题达成共识。舞蹈学院、理工大附中领导教师13人参加会议。

（陈岗　彭警）

【接待侨胞领袖张素久访问】 9月21

日，理工大附中接待侨胞领袖张素久访问。学校领导听取张素久华侨界活动情况介绍，交换拓展青少年国际视野、加强国际交流意见。张素久，著名爱国将领张治中将军的女儿，中国侨联海外顾问，美国著名爱国侨胞领袖，中国海外交流协会常务理事，中国宋庆龄基金会荣誉理事。9月2日，获中国人民抗日战争胜利70周年纪念章。她致力于中美两国文化交流，尤其是青少年文化交流，由她发起的美国好莱坞“天使杯”国际青少年音乐艺术节，吸引国内众多青少年艺术团体参加。理工大附中舞蹈队2015年寒假赴美参加第八届艺术节，民族舞蹈“丝绸随想”获一等奖。

（张铁军　彭警）

【获高中生辩论联合会杯冠军】 10月25日，理工大附中学生参加北京市高中生辩论联合会杯决赛并获得冠军。学校风华辩论社4名高二年级学生组成代表队，经过小组赛和淘汰赛进入总决赛，决赛辩题为“城市交通问题主要是设施问题/管理问题”，正方为十一学校代表队，观点为城市交通问题主要是设施问题；反方为理工大附中代表队，观点为城市交通问题主要是管理问题，最终，理工大附中赢得冠军。高中生辩论联合会杯由北京市高中生辩论联盟举办，赛程1年，分小组赛和淘汰赛2个阶段。

（王楠　彭警）

【与韩国长城中学签订友好校协议】

10月26日，理工大附中与韩国高阳市长城中学签订友好校协议。协议规定，双方在汉语教学、学生互访交流、教师交流研讨、定期教师互换培训、教育教学实践活动等领域展开合作，并为对方师生参观访问、交流活动提供日常接待，每年不定期安排活动。协议有效期3年。其间，高阳市长城中学26名学生在理工大附中学伴带领下进班听课，交流体验美术、音乐和汉语语言学科课程学习，中韩学生举办联欢活动。长城中学成立于1994年，坐落在韩国京畿道高阳市，为公立初中校。该校在科学技术、书法、环境保护方面的教育教学取得很大成就。

（张铁军　彭警）

北京市第十九中学

【概况】 2015年，北京市第十九中学分本校区、阳春光华校区、闵庄校区三个校区。占地面积9.91万平方米、建筑面积8.55万平方米，体育场（馆）面积4.55万平方米。图书馆藏书21.22万册，电子图书1.10万册。固定资产总值27371.50万元。全年教育经费投入8414万元，全部为国家拨款。学校信息化经费投入214.15万元，拥有计算机1616台，多媒体教室座位3200个，校园网出口总带宽52Mbps，数字资源量43008GB，“信息技术”课程初中1课时/周、高中2课时/周。普通教室77个、专用教室13个、实验室9个。教职工262人，其中，高级职称103人、中级职称91人。专任教师243人，包括特级教师1人、北京市骨干教师4人；本科及以上学历243人。开设教学班66个，其中，初中班42个、高中班24个。毕业780人，其中，初中516人、高中258人、国际部6人；招生736人，其中，初中449人、高中260人、外籍学生27人；在校生2397人，其中，初中1572人、高中825人，包括外省市借读生498人。高中录取分数线528分（海淀区）。网址：www.bj19zx.cn。

（江翠红）

【9名新疆教师到校实习】 4月21日至6月4日，十九中接待新疆少数民族实习教师9人。实习教师来自新疆少数民族“双语”骨干教师班，均为初中化学教师，与学校初三年级5名化学教师及9名班主任结对子，参与听课、讲课和评课，参加年级社会

实践活动，参与主题班会等。

（江翠红）

【召开教科研年会】 9月2日，十九中召开教科研年会。会议以“自主发展、在行动中成长”为主题，5名教师展示“素质英语”课程，4名教师展示“批判性思维”课程，4名教师展示“领导力课程”；会议采取互动方式，研讨素质英语、批判性思维、领导力3个国际多元课程。学校教师300人参加年会。

（江翠红）

【举办环保创新大赛】 12月3日，十九中举办学生创新制作大赛。比赛以“废物利用、环保创新、百年校庆”为主题，征集56件创意作品，经专家评选，评出“最佳创意奖”“精美巧手奖”“技术设计奖”“最佳表达奖”“节能实用奖”作品及团体一、二、三等奖。学校高二年级学生400人参加活动。

（江翠红）

【开展家校互动工作】 至年底，十九中开展家校互动工作。学校成立“十九中积极心理健康教育家长学校”，家委会建立到校轮流值班制度，每周一指派2名家长在校园巡视，参加升旗、午间食堂就餐管理、楼道安全卫生巡视、个别生教育等学校管理工作。“校园开放日”活动，安排初一、初二和高一、高二学生带领家长参观校园，介绍学校教学楼、实验室、会议室、教职工办公室、操场、体育馆及音乐、美术和积极心理健康教育中心等场所，介绍学校百年历史，并带领家长进班听课；邀请专家作《有效的亲子沟通》《应对考试焦虑》《让孩子爱上阅读》等专题讲座。学校师生及家长2000人参加活动。

（江翠红）

清华大学附属中学

【概况】 2015年，清华大学附属中学下设清华附中朝阳学校、清华附中上地学校、清华附中永丰学校、清华附中丰台学校、清华附中秦汉学校5个分校，分校本部、奥森校区、将台路3个校区。校本部占地面积7.88万平方米、建筑面积8.51万平方米，体育场面积2.21万平方米。图书馆藏书12.90万册，电子图书300册。固定资产总值13873万元。全年教育经费投入17612万元，其中，国家拨款5765万元、自筹经费11847万元。学校信息化经费投入530万元，拥有计算机600台，多媒体教室座位4500个，校园网出口总带宽100Mbps，数字资源量2000GB，“信息技术”课程初一、初二1课时/周，高一2课时/周。普通教室100个、专用教室3个、实验室4个。教职工471人，其中，高级职称2人、副高级职称140人、中级职称92人。专任教师255人，包括特级教师22人、北京市骨干教师10人、北京市学科教学带头人4人；本科及以上学历255人。开设教学班95个，其中，初中班44个、高中班51个。毕业1033人，其中，初中565人、高中468人；招生1067人，其中，初中562人、高中505人；在校生3268人，其中，初中1770人、高中1498人，包括寄宿生515人。高中录取分数线548分（海淀区）。网址：www.qhfz.edu.cn。

（高岷）

【学生自创课程开课】 3月，清华附中学生自创课程开课。学生自创课程由高一年级学生自行组织、设计、编写讲义并以校本课程形式授课。经面试、教案审核、试讲等环节，9名学生讲师入选，开设4个方面9门课程，包括“超级英雄哪家强——浅谈美国漫画发展历程”“方寸之间——初识篆刻艺术”“破译身边的隐形危机——犯罪心理与行为” “观照自然——城市鸟类观察”等。每周三下午利用校本课程时间集中授课2小时，40名学生报名听课。学校学生自创课程开设于2010年。

（高岷）

【开启一校两址办学模式】 9月7日，清华附中开启一校两址办学模式。分别为校本部、奥森校区，两校区管理团队和教师团队由附中统一安排，并按照附中办学目标和课程设计安排教育教学活动。奥森校区位于朝阳区林萃路2号国家网球中心，占地面积5.6万平方米、建筑面积2万平方米，开设教学班6个，教职工40人，首批招收高一年级学生280人。此外，将台路校区尚未投入使用。

（高岷）

【启用自主研发的综合素质评价系统】 10月12日，清华附中启用自主研制开发的学生综合素质评价系统。该系统从学生承担社会工作记录、个人成长记录、学业综合评价记录、奖励与失信记录等方面进行过程性动态量化评价，分析与统计积分结果。2013年，清华附中启动综合素质评价系统研发，历时3年完成。

（高岷）

【教育游戏APP“形独”发布】 10月16日，清华附中教育游戏APP“形独”上线发布。该游戏由学校初三年级学生团队研发。发布会介绍产品，并由2名初一年级学生上台体验。“形独”教育游戏APP从概念、创意、研发、创造均为原创，是一种寓教于乐的教育游戏。该团队从初二年级开始，平均每周花费8小时，历时1年，先后改版安卓形独教育游戏APP 5次，IOS形独教育游戏APP 2次，完成形独教育游戏APP第一代产品，也是国内中学创客空间发布的第一个产品。中国科学院院士、北京大学教授、清华大学教授及形独师生团队200人参加发布会。

（高岷）

北京市十一学校

【概况】 2015年，北京市十一学校设有校本部和一分校、亦庄实验小学、亦庄实验中学、龙樾实验学校4个分校。校本部占地面积15.61万平方米、建筑面积16万平方米，体育场（馆）面积2.92万平方米。图书馆藏书15万册，电子图书6套，杂志、报刊约600种。固定资产总值71255.90万元。全年教育经费投入42750万元，全部为国家拨款。学校信息化经费投入1500万元，多媒体教室座位3000个，校园网出口总带宽720Mbps，数字资源量100GB，“信息技术”课程2课时/周。学科教室301个、实验室30个。拥有计算机3311台。教职工567人，其中，高级职称176人、中级职称172

人。专任教师 457 人，包括特级教师 25 人、北京市骨干教师 6 人、北京市学科教学带头人 1 人；本科以上学历 540 人。开设教学班 1970 个。毕业 1416 人，其中，初中 825 人、高中 591 人；招生 1308 人，其中，初中 717 人、高中 591 人；在校生 3917 人，其中，初中 2114 人、高中 1803 人，包括寄宿生 1087 人。高中录取分数线 547 分（海淀区），应届高考本科上线率 100%。网址：www.bjshiyi.org.cn。

（杨雄）

【举办学生戏剧成果展】 1 月 9 日，

十一学校举办学生戏剧成果展。活动以“艺苑飞歌，舞动青春”为主题，展示 9 部戏剧作品，包括音乐剧《猫》《音乐之声》《歌舞青春》，原创剧目《花木兰》《嘎达梅林》《青春派》，经典话剧《雷雨》《哈姆雷特》，以及京剧《贵妃醉酒》片段，表演者均为选修戏剧课程学生。该校师生及家长 4000 人观看演出。

（伊胜华）

【召开春秋两季教育年会】 2 月和 8 月，十一学校分别召开春季、秋季教育年会。春季教育年会围绕“个别化教学”话题，30 名教师分享实施个别化教学的经验，5 名学生以自身经历讲述个性化发展、成长的故事。来自全国各地教师代表 1000 人参加会议。秋季教育年会以“让学习真实地发生”为主题，教师从学生学习路径的新发现切入，分析不同学生不同学科、同一学科的不同学生、同一学生的不同阶段、同一问题不同经历的学习路径之差别，进而倡导教师采取不同的介入策略施教。十一学校教师及外省市专家、教师代表近 2000 人参加会议。

（谷秀梅）

【研讨中学历史新课程教学】 4 月 2 日，十一学校举办中学历史新课程教学研讨活动。活动围绕“需求推动教育，技术改变课堂”主题，听取题为《走在现实与实现的路上》主题报告，介绍学校历史学科着重培养“学生自主学习方式的养成”，进行编写校本教材、区分不同的课程类型、改变学习评价方式、分组学习等探索；展示该校历史Ⅰ类课程学习资源和学习模式，凸显“技术改变课堂”主题。活动观摩 6 名初高中教师研究课，包括初中《美国内战》《第一次世界大战的爆发》2 节研究课，高中Ⅰ类课程《鸦片战争》《洋务运动》及Ⅱ类课程《第一次工业革命》《依法治国复习专题》4 节研究课。活动由十一学校与北京教育科学研究院共同举办，来自各区中学历史教师 170 人参加。

（杨雄）

【刘蕴超获亚洲物理奥林匹克金牌】 5 月 3—11 日，北京市十一学校学生刘蕴超参加第 16 届亚洲物理奥林匹克竞赛获得金牌。中国队由 16 名学生组成，经过理论和实验考试，最终决出 43 枚金牌、23 枚银牌和 20 枚铜牌，中国队 16 名选手全部夺得金牌，并包揽前三名，其中，十一学校高三年级学生刘蕴超以总分第 4 名获得金牌。亚洲物理学奥林匹克竞赛每年举办一次，为亚洲最重要的中学生物理竞赛。此次比赛由浙江大学、中国科协青少年科技中心和浙江省科协联合承办，来自 25 个国家和地区 186 名学生参赛。

（杨雄）

【学生举办春秋战国兵器展】 6 月 10

日，十一学校学生于飞扬举办春秋战国兵器展。展览由于飞扬策划，展出地点为学校艺术楼大厅，共展出兵器作品 14 件，均按 1∶1 比例复制的春秋战国兵器，包括秦弩、越王勾践剑等兵器。于飞扬，十一学校国际部高二年级学生，专注春秋战国历史及同时期兵器研究。在学校及家长支持帮助下，组建团队完成策划、图片文字收集、兵器加工复制及展示，并在展后将全部展品捐赠给学校。

（杨雄）

【4 个学生项目获科学探索资金资助】 6 月 14 日，十一学校 4 个学生研究项目获得第 15 期北京青少年科学探索专项资金资助。高二年级学生 9 人 4 个研究项目参加“北京青少年科学探索专项资金”申报，经过研究成果展示及答辩，每个项目获得 5000 元资金资助。4 个研究项目分别为朱嘉仪、何嘉仪《运动阳极强化废水电化学降解 COD 的基础研究》，方柠、施今语《中学生“萌文化”现象的调查与影响分析》，刘妍杉、刘涵琦、单百卉《人体肠道特异菌群及其次生代谢产物对儿童孤独症的影响》，王弘毅、赵子天《天敌诱集趋避物质的筛选与田间应用评估》。北京市参加评审 60 个项目中，30 个项目获得资助，十一学校 7 个项目参加评审。

（杨雄）

【举办首届中学生电影节】 6 月 29 日至 7 月 1 日，十一学校举办首届中学生电影节。电影节以“放飞电影梦”为主题，遵循“学生拍，学生办，学生看，学生评”原则。共收到该校及其他 5 所兄弟学校 50 余部参赛作品，经过评选，《极度恐慌》《那年回首》《双生花》等 16 部作品进入展映和评奖单元。电影节共评出 19 个奖项，包括评委会大奖、最佳电影短片奖、最佳导演奖、最佳制作团队奖、最佳编剧奖、最佳音乐奖等，其中，《极度恐慌》获评委会大奖、《风韵春节》获最佳电影短片奖、《生死启示录》获最佳摄影奖、《那年回首》和《茧》获最佳影片奖等。

（樊勃）

【组织教师研习周活动】 8 月 26 日至 9 月 2 日，十一学校组织教师研习周活动。活动围绕“我们的学校教育学”主题，组织教师就教学策略、学生管理、项目研究、技术运用、组织管理、跨界分享、师生服务等领域，进行研修、交流、分享等活动。全体教师457人参加学习。

（鲍晓梅）

中国人民大学附属中学

【概况】 2015年，中国人民大学附属中学占地面积9.46万平方米、建筑面积11.02万平方米，体育场（馆）面积2.28万平方米。图书馆藏书16.5万册。普通教室130个，专用教室和实验室共有68个。教职工539人，其中，正高级职称13人、副高级职称237人、中级职称168人。专任教师435人，包括特级教师27人（在职23人，退休返聘4人）、北京市学科教学带头人7人、市级骨干教师15人。开设教学班141个，其中，初中班60个、高中班81个。在校生5140人，其中，初中2304人、高中2836人。高中录取分数线555分（海淀区）。网址：www.rdfz.cn。人大附中联合学校总校成员包括人大附中、人大附中分校、人大附二分校、北航附中、农大附中、翠微中学、西山学校、朝阳学校小学部、朝阳分校、朝阳学校、丰台学校、通州学校、延庆分校、四川省什邡中学、宁夏实验学校、贵州毕节民族中学、云南腾冲一中、河南京密联谊学校。

（邓丕来）

【获国际空间站设计赛亚洲区第一名】 2月1日，人大附中学生参加第22届国际空间站设计大赛（ISSDC）亚洲区赛暨第11届亚洲空间站设计大赛（ARSSDC）获大赛冠军，并晋级全球总决赛。人大附中共有24名高中学生组成两队代表中国参加亚洲区决赛，分别获得冠军和亚军。国际空间站设计大赛始于1994年，是一项面向全球高中生的国际比赛，由美国太空总署（NASA）、美国航空航天研究所（AIAA）、波音公司等支持航天科技教育的机构和组织发起。此次比赛在印度新德里举行，其任务为在太空设计一座城市，供1万～2万人居住，内容包括结构设计、城市规划、运输组装、空间交通、建筑设计、自动化技术、商业开发等，学生需要团队合作完成论文撰写、技术问辩、现场展示及答辩等环节。

（佟松龄）

【模拟政协“提案”走进全国两会】 3月12日，人大附中学生模拟政协“提案”走进全国两会。《关于完善中小学公共安全教育体系的提案》由人大附中6名高中学生撰写，由全国政协委员提交全国两会。提案呼吁学校重视安全教育，让学生树立安全防范意识，掌握自护自救知识，提高自护自救能力。2014年，人大附中参加首届“全国青少年模拟政协活动”，6名高中学生组成提案小组，模拟政协委员调研活动，利用两个月时间搜集资料、调查采访，与学校主管安全副校长、安全老师、学生座谈，实地了解情况，共同撰写该提案。此次模拟政协活动共撰写提案11份，其中，包括人大附中所撰写提案在内的2份提案获得“最佳提案”奖。2015年3月，由全国政协委员、江苏省政协副主席、致公党江苏省委主委麻建国和全国政协委员、北京市政协副秘书长谢朝华分别将上述两份“最佳提案”正式提交国家相关部委。

（孙京菊）

【两名学生获“市长奖”】 3月27—29日，人大附中高三年级学生李一锦和陶安获得第13届“北京青少年科技创新市长奖”。李一锦获奖项目为“智能组合光影系统”，将微软Kinect、投影仪、笔记本电脑结合起来，将Kinect摄像头作为捕捉设备，利用投影仪将人体的三维姿态投影到屏幕上，完成人体跟踪、人体与环境分离、人机互动的功能；陶安获奖论文为“滇金丝猴全雄社会单元内个体空间分布季节性对比研究”，在交配季节，全雄单元与一雄多雌单元之间的矛盾可能会更加激化，该研究以交配季节对滇金丝猴全雄单元内个体的空间分布相对于生育季节是否有变化、体现在哪个方面进行研究，通过对全雄单元内所有个体基本的个体识别，每5分钟记录一次个体之间的距离，并进行分析，最终得出交配季节相对于生育季节，给全雄单元带来机遇与挑战，以及全雄单元内部显著性有选择性“结盟”意识等结论。该评选由市科协、市教委、市科委主办。

（徐乾　郑晓　孙江波）

【名校长领航班开班】 7月11日，教育部“校长国培计划”——中小学名校长领航班人大附中培养基地正式开班。教育部领导为人大附中基地授牌，基地导师为校长学员颁发录取通知书并授名校长工作室牌匾，领航工程人大附中基地主持人刘彭芝作题为《如何才能成为一名好校长》的主报告。首期培训为期4天。来自天津、湖南、吉林、陕西、山西、贵州、江苏、四川8所学校校长参加培训。学校成立专门校长工作坊，对每名校长进行个性化培养，以解决校长面临的教育发展难题为着眼点，着力于理念引领和实践指导。培训特别设计包括导师论坛、现场教学、学员校调研诊断、国外研修等课程模块。“中小学名校长国培计划卓越校长领航工程”是教育部2014年推出的国家级培训计划工程之一，该工程在全国遴选64名中小学校长，进行为期3年的在职连续培养，帮助参加培训的校长进一步提升能力，推动本地区乃至全国基础教育改革。人大附中通过竞标取得培训资质，为全国8个培训基地中唯一中学基地。

（张薇　徐问樵）

【成立创新人才读书专业委员会】 11月27日，创新人才教育研究会读书专业委员会在人大附中成立。读书专业委员会是为弘扬中华优秀传统文化，营造“倡导全民阅读，建设书香社会”读书氛围，推动学生阅读而成立的学术团体。经过推选，人大附中校长刘彭芝担任创新人才教育研究会读书专业委员会理事长，王蒙、舒乙、钱理群等专家任读书专业委员会专家组成员。成立仪式后，北京教育科学研究院、人大附中及海淀区进修学校联合主办《红岩》阅读教学现场会，人大附中以视频、微报告、师生访谈等形式，展示《红岩》阅读教学的过程及成果。苟仲文等领导、专家，来自四川、陕西、贵州、湖南、江苏、山西、河北、吉林等地教师及北京16个区县语文教研员及教师700余人参加成立仪式。

（邓丕来）

【举办创客嘉年华活动】 11月29日至12月1日，人大附中举办2015年

创客嘉年华活动。活动主题为“实现创意，分享快乐!”，包含创客作品展示、创意设计展示、家庭创客展示、创客社团展示、创客实践体验、创意项目孵化、校外创客展示 7 个板块，150 余个展位，设小学组、初中组和高中组 3 个组别，展示创新产品包括虚拟游戏、家具供热系统、无人机拍摄、人工驱动车等；艺术创新作品包括用废弃物品设计的服装、创意风筝、自主缝制服装、微电影创意、红房子居家创意、钢丝恐龙世界等；小学组创新并制作的感应大白系列。活动共吸引学生 3000 人参加。

（邓丕来）

【与上海奉贤区签署合作办学协议】 12 月 17 日，人大附中与上海市奉贤区政府在北京签订合作办学框架协议。经过双方协商，本着共赢互利、资源共享、共同发展原则，开展合作办学。计划在奉贤开办一所高标准，现代化，寄宿制小学、初中、高中一体化的人大附中上海分校。奉贤区政府将支持人大附中上海分校的建设和发展，在教师招聘、职称晋升、编制设置和招生政策等方面给予支持；人大附中联合总校，依靠奉贤区人民政府，发挥名校示范辐射和引领指导作用，实行同质化管理，全力办好上海分校。为促进国家足球事业后备人才培育，同时引进人大附中三高足球项目，使之成为奉贤区乃至上海市校园足球训练和培训中心。学校拟于 2016 年下半年开工，2018 年 9 月 1 日正式开学。

（杨连明）

北京大学附属中学

【概况】 2015 年，北京大学附属中学占地面积 5.16 万平方米、建筑用地面积 2.76 万平方米。体育馆内运动场 1.20 万平方米。图书馆藏书 10 万册，电子图书与北京大学图书馆共享。固定资产总值 3995.48 万元。全年教育经费投入 10916.70 万元，其中，国家拨款 5967.60 万元、自筹经费 4949.10 万元。学校信息化经费投入 70 万元，拥有计算机 966 台（计算机资产总值 607 万元），多媒体教室座位 300 个，校园网出口总带宽 1024Mbps，数字资源量 5TB，“信息技术”课程 2 课时/周。普通教室 77 个、专用教室 108 个、实验室 14 个。教职工 324 人，其中，副高级职称 112 人、中级职称 98 人。专任教师 272 人，包括特级教师 13 人、北京市骨干教师 5 人、北京市学科教学带头人 3 人；本科及以上学历 263 人。开设教学班 80 个，其中，初中班 25 个、高中班 55 个班。毕业 684 人，其中，初中 265 人、高中 419 人；招生 663 人，其中，初中 243 人、高中 420 人；在校生 1939 人，其中，初中 730 人、高中 1209 人。高中录取分数线（海淀区）546 分，应届高考本科上线率 100%。网址：www.pkuschool.edu.cn。北大附中承办北京医学院附属中学，设有北大附中石景山学校，开设北大附中天津东丽湖学校。

（王琴）

【颁发首届 T 客奖】 3 月 25 日，北大附中颁发首届 T 客奖。该奖项由北大附中 2005 届毕业生、原技术中心社团电脑俱乐部（TIC）首届社长肖涵牵头设立，旨在鼓励和支持学生多元发展，在技术和创新方面拥有更多空间和平台，奖金总额 900 欧元。学校组织 5 名专家和教师担任评委，根据 T 客奖作品评价量规，每名评委从 4 个维度打分，每个维度 5 分，共 20 分，5 名评委共计 100 分。6 名学生 5 项作品进行汇报展示，最终评出一等奖 2 人，奖金 250 欧元；二等奖 2 人，奖金 150 欧元；三等奖 1 人，奖金 100 欧元。其中，一等奖获奖项目为“学校信息综合 App”和“无人机项目”2 个。

（王琴）

【承办北医附中】 5 月 15 日，北大附中承办北京医学院附属中学。该校受海淀区教委委托承办北医附中，并与区教委签署承办协议，协议约定，承

办后，北医附中保持独立建制、具有独立法人地位，区属公办中学性质不变，为区教委所属独立核算全额拨款事业单位，继续承担规定范围内的义务教育任务；原北医附中教职工人事关系仍隶属区教委；原北医附中教职工考核、聘任工作由北医附中按照海淀区教委要求进行。承办后，北大附中将利用名校优质办学资源，提高北医附中整体实力；北大附中派出人员担任北医附中党总支书记和校长。9 月起，北大附中选派优秀教师到北医附中起始年级任教。协议有效期 20 年。北医附中由原北京医学院创建于 1960 年，是一所全日制高级中学。1968 年，学校交由海淀区教育局领导，并招收初中学生，成为全日制普通完全中学。有教职工 140 人，学生 900 人，开设教学班 28 个。

（王琴）

【获国际数学建模竞赛特等奖】 5 月

30 日，北大附中学生参加 2015 首届数学建模挑战赛（IMMC）获特等奖。北大附中代表队由高一年级学生王东瀚、张海湄、沈婉春、董玎玎 4 人组成。挑战赛赛题为“电影制作中的排序问题”，要求参赛团队设计模型，解决在演员档期、资源限制等约束和不确定风险下电影摄制中的成效与效率问题。比赛由中国大学生数学建模竞赛组委会与美国大学生数学建模竞赛组织机构共同发起，经过国家/地区评审，17 个队代表国家和地区进入

国际赛程，每支参赛队由同一所中学4名学生组成。最终，北大附中、南洋模范中学、美国帕洛阿图高中和新加坡莱佛士女子中学4个代表队获得特等奖。

（王琴）

【成立石景山学校】　6月10日，北大附中石景山学校成立。石景山区政府、区教委和海淀区政府、北京大学、北大附中决定，采取“国有联办、协议管理、整体委托、自主办学”方式合作共建石景山区北京师范大学励耘实验学校，改名为北大附中石景山学校。石景山区每年给予北大附中合作办学经费350万元，用于学校品牌输出、管理模式贯通、骨干教师流动等工作需要，拨付专项资金用于校园文化建设和设施设备配置；北大附中副书记担任北大附中石景山学校校长兼书记，并派出3人担任副校长。合作有效期20年。北师大励耘实验学校前身为北京市八大处中学，始建于1967年，2010年7月1日石景山区与北京师范大学正式签约，共建“北京师范大学励耘实验学校”，成为一所集小学、初中、高中十二年一贯制的公办学校，包括小学部、中学部和国际部三个校区。学校占地面积2.88万平方米、建筑面积1.51万平方米，有教职工96人，教学班19个，学生410人。

（王琴）

【附中天津东丽湖学校开学】　9月5

日，北大附中天津东丽湖学校开学。学校为十二年一贯制民办学校，占地面积4.7万平方米、建筑面积2.8万平方米，拥有两栋教学楼、一栋科技楼，另有宿舍楼、体育馆、学生食堂、标准塑胶跑道操场等配套设施。学校有教职工56人，其中，专任教师41人、职工15人；有227名学生，其中，小学一至五年级学生184人，七年级43人。实行小班授课，每个班不超过25人，按照全日制教学形式和学时开设小学、初中和高中课程。2014年7月，天津东丽区与北大附中签署合作办学协议，兴建北大附中天津东丽湖学校，该校成为北大附中直接投入师资和管理队伍在异地举办的第一所民办学校。

（王琴）

【成为杭州十竹斋木版水印实训基地】　9月21日，北医附中成为杭州十竹斋木版水印实训基地。学校同时获得扬州市雕版文化艺术研究会授予“雕版印刷技艺传承基地校”称号。杭州十竹斋木版水印大师、杭州“木版水印”非遗传承人魏立中为北医附中颁发水印实训基地及雕版印刷技艺传承基地校铜牌，参加学校组织的“传统文化走进海淀学校及社区”汇报交流活动，现场演示木版水印技艺，并与学生交流；学生亲身参与到雕版印刷篆刻活动中，感受千年历史的传统技艺。北医附中重视传统文化学习，开设书法、篆刻等课程，学校支持引进两项非物质文化遗产项目，成为北京市第一所开设雕版印刷课程的中学。

（王琴）

【新女神像揭幕】　10月6日，北大附中新女神像揭幕。新女神像由该校300名师生、校友共同参与创作，重绘画像由630块画布拼接而成，悬挂于学校教学西楼南面。女神像由曾在学校学习和任教的艺术家徐冰创作，并将其绘制在老教学南楼墙上，成为学校标志之一。此次重绘女神像除保留“女神”本身形态，同时加入学生新的创意。女神像将一直悬挂在教学西楼前。

（王琴）

【两部门调整工作定位】　至年底，北大附中两部门调整工作定位。调整学校课程委员会工作定位，在宏观顶层层面作设计，针对每个课程找出定位和价值；针对互联网时代学生获取知识手段的多样性，思考和设定新的形式和框架；外聘专家加入课程委员会，为教师培训和视野拓展提供更多支撑和资源；带领团队以项目制和课题制的模式开展研究，主动发掘好课程，引导教师研讨；对有价值的课程成果及时认定并向外推广，使其产生附加价值。调整高中部职责范围，调整后职责包括负责所有学生的日常管理、成长辅导、招生、德育等工作的全面组织实施和研发；在课程委员会顶层框架下，具体设置课程和研发课程，包括课程的全面过程性管理和实施方法；负责各学院教师招聘，岗位绩效管理，教师考核评价，教师专业发展等；高中部校长直接领导学院长，学院长对以上所述的所有教室管理和课程管理（包括学生的学习效果）直接负责；学院的教师配合学院和导师，积极思考通过外部因素促进学生的学习。

（王琴）

北京市第一〇一中学

【概况】　2015年，北京市第一〇一中学有双榆树校区、温泉校区、怀柔校区三个分校。校本部占地面积21万平方米、建筑面积5.8万平方米，运动场地面积4.16万平方米。图书馆藏书14.7万册。固定资产总值24943.82万元。全年教育经费投入27628.92万元，全部为国家拨款。学校信息化经费投入297.5万元，拥有计算机2180台，校园网出口总带宽210Mbps，数字资源量2000GB，“信息技术”课程2课时/周。教职工385人，其中，高级职称108人、中级职称124人。专任教师291人，包括特级教师8人、北京市骨干教师11人、北京市学科教学带头人1人；本科以上学历290人。开设教学班90个，其中，初中53个、高中37个。毕业1172人，其中，初中684人、高中488人；招生1223人，其中，初中748人、高中475人；在校生3579人，其中，初中2199人、高中1380人，包括寄宿生594人，外省市借读生332人。高中录取分数线546分（海淀区）。网址：www.beijing101.com。

（张欣）

【成立青少年摄影教育基地】　1月12日，全国首个“中国摄影家协会青少年摄影教育基地”在一〇一中成立。该基地由中国摄影家协会与一〇一中共建，作为青少年摄影普及和美育教育基地，推出“三个一”工程，即开好一门摄影选修课、办好一个主题摄影竞赛、建好一个摄影图书角；通过“青少年摄影”选修课以及优秀摄影家担纲“摄影名家讲堂”系列讲座，全面提高学生摄影知识和实际技能，挖掘培养摄影好苗子。中国摄影出版社计划精选适合青少年的优质摄影图书，与学校共同建好“一〇一摄影图书角”，并举办符合青少年特点的“影像与阅读”系列活动。

（张欣）

【召开第 25 届教育教学年会】 2 月 28 日，一〇一中召开第 25 届教育教学年会。会议听取特级教师题为《课改深入推进与学校准备》的报告，介绍教育改革所做工作和课改方案，提出北京市部分学科教学的改进建议和任务；设立德育、教学（文科）、教学（理科）、行政后勤 4 个分论坛，围绕主题研讨交流。征集教学类论文 112 篇，教育类论文 40 篇，经评审，评出一等奖 24 篇、二等奖 113 篇。校本部、初中部、怀柔校区及上地校区教师 400 人参加教育教学年会。

（张欣）

【参加并承办青少年科技创新大赛】 3 月 28—29 日，一〇一中承办并参加北京市第 35 届青少年科技创新大赛。该校师生 31 人参赛，获得 9 项一等奖、7 项二等奖、4 项三等奖，6 名学生和 6 名教师获得专项奖，1 名教师获得十佳优秀科技辅导员奖，其中，高三年级学生赵星获第 13 届北京青少年科技创新“市长奖”，其获奖项目为“八宝景天涂层对桔子保鲜及防腐性的研究”。比赛由市科协、市教委、市科委、市知识产权局和海淀区政府共同主办，各区县 16 支代表队及来自 13 个国家和中国香港、澳门、台湾 3 个地区 23 支代表队参赛。

（张欣）

【获国际科技发明金奖】 4 月 15—19 日，一〇一中学生参加第 43 届日内瓦国际发明展获两金一银一铜。7 名学生参加在瑞士日内瓦举办的发明展，其中，初三年级学生易轩和高一年级学生刘绍桐研究项目“新型智能化细颗粒物快速检测仪的研制”、高一年级学生尹月和岳弘毅研究项目“乌拉圭草对二氧化碳导致海洋水质酸化的防治”获得金奖；高一年级金冬庭、郑云潇、张晨冰项目“天然植物色素染色及抑菌效果的研究”获得银奖；初一年级学生李斯滕项目“我国一种新发现入侵物种——松树蜂危害特征的精细观察”获得铜奖。日内瓦国际发明展创办于 1973 年，由瑞士联邦政府及日内瓦市政府主办。

（张欣）

【温泉校区招生】 9 月 1 日，一〇一中温泉校区建成招生。该校区属公办中学性质，设初、高中学段，一〇一中校长兼任校区校长，并委派教师 18 人担任管理和教学工作。校区位于海淀区温泉镇叠风路，占地面积 3.3 万平方米、建筑面积近 4 万平方米，拥有教学楼、实验楼、篮球馆等，可容纳 36 个教学班，1500 个学位。首届招收初一年级学生 75 人，生源全部来自海淀区温泉、苏家坨学区。

（张欣）

北京市门头沟区新桥路中学

【概况】 2015 年，北京市门头沟区新桥路中学占地面积 3.47 万平方米、建筑面积 1.68 万平方米，运动场地面积 5000 平方米。图书馆藏书 5.01 万册。固定资产总值 3087.70 万元，包括教学仪器资产值 224.73 万元。全年教育经费投入 4746 万元，全部为国家拨款。学校信息化经费投入 280.21 万元，拥有计算机 678 台，多媒体教室座位 1500 个，校园网出口总带宽 100Mbps，数字资源量 80GB，“信息技术”课程 1 课时/周。普通教室 35 个、专用教室 14 个、实验室 7 个。教职工 150 人，其中，高级职称 35 人、中级职称 66 人。专任教师 114 人，包括北京市骨干教师 1 人；本科以上学历 139 人。开设教学班 35 个，毕业 488 人、招生 249 人、在校生 937 人，包括外省市借读生 264 人。网址：www.mtgxqlzx.bjedu.cn/xql。

（王业霞）

【宏志十年风采展示】 4 月 9 日，新桥路中学举办门头沟区 2014—2015 学年优秀中学生表彰暨新桥路中学宏志十年风采展示活动。活动分为 3 个环节，表彰年度优秀中学生等优秀学生代表、优秀中学生风采展示、宏志十年庆典。门头沟区教委、新桥路中学校长、宏志生及中小学优秀学生代表 250 人参加活动。

（赵芳）

【召开课程德育说课比赛总结会】 5 月 20 日，新桥路中学召开第三届北京市初中“课程德育”说课比赛总结大会暨 2015 年北京市第三届“课程德育”大赛启动会。各区县推荐初中教师 164 人参加说课活动，经过初审、复审，在语文、数学、英语等 9 个学科中，共评选出一等奖 58 人、二等奖 53 人、三等奖 53 人。广渠门中学校长作说课活动总结。教师代表介绍参与活动的收获和体会，交流通过活动获得专业成长的经验。评委代表总结活动的亮点和不足，提出教师专业发展的努力方向。市教委、门头沟区教委等领导，广渠门中学校长等共 200 人参加会议。

（王业霞）

【颁发宏图励志奖学金】 10 月 15 日，新桥路中学颁发宏图励志奖学金。捐助对象为门头沟区新桥路中学、大峪中学、房山区房山中学共 150 名学生，每人 2000 元。北京市慈善协会“宏图励志”宏志生奖学金，每年 30 万元奖励 150 名思想品德或学习成绩优秀的学生。北京市慈善协会、门头沟区教委领导，新桥路中学、房山中学、大峪中学领导及相关学校的教师、宏志生及家长代表共30人参加捐赠仪式。

（安淑娥）

北京市大峪中学

【概况】 2015年，北京市大峪中学分两址办学，分别是本部校区和中门寺校区。两校区占地面积8.04万平方米、建筑面积5.84万平方米，运动场地面积3.15万平方米。图书馆（室）藏书6.52万册。固定资产总值18947.10万元。全年教育经费投入4899.60万元，其中，国家拨款4841.80万元、自筹经费57.80万元。学校信息化经费投入2784万元，拥有计算机1107台，多媒体教室座位120个，校园网出口总带宽200Mbps，数字资源量500GB，“信息技术”课程34课时/周。普通教室73个、专用教室21个、实验室36个。教职工269人，其中，高级职称101人、中级职称75人。专任教师212人，包括特级教师6人、北京市骨干教师4人；本科以上学历250人。开设教学班61个，其中，初中25个；高中36个，包括普高28个、新疆班8个。毕业378人，其中，初中79人、高中299人；招生506人，其中，初中225人、高中281人；在校生1999人，其中，初中869人；高中1130人，其中，普高808人、新疆部322人，包括寄宿生680人，外省市借读生339人，其中，普高17人、新疆班322人。高中录取分数线521分（门头沟区），应届高考本科上线率96.2%。网址：www.dyzx-bj.com。

（吕娜）

【成立首届学术委员会】 1月13日，大峪中学成立首届学术委员会。委员会是教育、教学、科研、学术研发机构及实验机构，针对学校教育教学中的重难点问题，开展发现诊断、理论研发和实践实验等活动。专业委员会设主任1名，由校长兼任，常务副主任1名，按学科分设语文、数学、英语、物理、化学、地理、政治等专业部门，委员10～15人。

（吕娜）

【召开创作点捻课堂研讨会】 2月6日，大峪中学召开“迈出教材半步，创作点捻课堂”研讨会。研讨有效教学深化课堂教学改革实施方案。大峪中学的“点捻儿”课堂，是从实际生活中萃取案例，从学科前沿中获取方法，创设“抓人”的问题情境，形成“崇德尚学·知识合一”的价值观。8月30日，学校微课堂录制中高考科目章节。

（吕娜）

【举办纸模服装秀】 12月28日，大峪中学举办纸模服装秀活动。服装秀主题为家乡门头沟区的永定河、百花山、玫瑰谷、爨底下等，师生共设计制作43套服装。服装制作利用树叶、秸秆、环保纸等原料，倡导自然、艺术、环保相结合，融合古典与民族、现代与时尚等多种风格。评出优秀设计师奖6人，最佳色彩奖4人，最佳创意奖4人，最佳工艺奖4人，最佳绘画奖1人，最佳造型奖4人，优秀表演奖8人。师生2000人参加活动。

（吕娜）

北京市房山区良乡第二中学

【概况】 2015年，北京市房山区良乡第二中学占地面积2.83万平方米、建筑面积1.79万平方米，运动场地面积1.58万平方米。图书馆（室）藏书6.39万册。固定资产总值4894.40万元。全年教育经费投入4405.30万元，全部为国家拨款。拥有计算机418台，多媒体教室座位2280个，校园网出口总带宽64Mbps，数字资源量120GB，“信息技术”课程1课时/周。教职工202人，其中，高级职称47人、中级职称82人。专任教师156人，包括北京市骨干教师2人、北京市学科教学带头人3人；本科以上学历156人。开设初中教学班44个。毕业435人、招生388人、在校生1438人，包括外省市借读生102人。网址：58.130.26.9。

（崔雪艳）

【举办首届科技节】 3月23—25日，

良乡二中举办首届科技节。活动包括4个部分，科技展览类包括模拟星空、古生物化石展、科技机械制作、机器人表演、陨石展；交互体验类包括巧扎气球、一箭双雕、诸葛连弩、来去自如等科技实践活动；科技讲座类，邀请中科院专家进行互动式讲座；学生科技作品展示包括学校未来工程师社团的“安全校车”搭建和学校“根与芽”社团的T台时装秀。全校3个年级1471名师生参加活动。

（崔雪艳）

【举办两场讲座】 4—12月，良乡二中举办两场讲座。健康专家作题为《健康体重健康生活》的健康知识讲座，内容包括肥胖的危害、控制体重的办法、健康的心理等。北京水安宏泰防火咨询中心工作人员作消防安全讲座，内容包括火灾的危险性、火灾分类及防范方法、火灾预防及扑救知识、火场逃生常识及家庭防火注意事项、灭火器材的使用等。

（崔雪艳）

【召开读书汇报会】 11月24日，良乡二中召开以“阅读名著涵养人生”为主题的读书汇报会。读书汇报分集体课本剧展示、个人讲故事和好书推荐3种形式，展示学生在为期一个月的馨香校园读书节活动中的成果。初一年级428名师生参加此次活动。

（崔雪艳）

北京市房山区长沟中学

【概况】 2015年，北京市房山区长沟中学占地面积6.54万平方米，建筑面积1.97万平方米，体育场（馆）

面积1824平方米。图书馆藏书3.95万册，电子图书1801册。固定资产总值7593.5万元。全年教育经费投入2594.85万元，其中，国家拨款2549.03万元、自筹经费45.82万元。学校信息化经费投入11万元，拥有计算机532台，多媒体教室座位80个，校园网出口总带宽50Mbps，数字资源量60GB，“信息技术”课程8课时/周。普通教室26个、专用教室16个、实验室10个。教职工115人，其中，副高级职称32人、中级职称46人。专任教师110人，本科以上学历107人。开设教学班24个，其中，初中班12个、高中班12个；毕业233人，其中，初中132人、高中101人；在校生591人，其中，初中279人，高中312人，包括寄宿生173人。网址：58.130.14.231。

（景玉霞）

【举办教育教学论坛】　1月31日，长沟中学举办教育教学论坛。学校与工美附中在学校管理、学校德育、教研科研项目3个方面进行学术交流。双方主管负责人介绍各自学校管理理念、教育教学活动、课堂模式、教研科研开展的情况；班主任、教研组长、青年教师代表展示教育教学研究成果。学校50名教师参加活动。

（景玉霞）

【开展学生社会实践活动】　4月3日，

长沟中学开展学生社会实践活动。学校分别组织初、高中非毕业年级学生参观北京科技馆、奥林匹克公园、国家博物馆、天安门城楼，完成“学习任务单”，即活动前任课教师以书面形式布置相应参观、鉴赏任务，学生在参观过程中进行观察、记录、摄影等活动，活动后以班级形式总结，上交学生优秀作品、文章进行学校评选。

（景玉霞）

【工艺美院附中城乡一体化实验学校挂牌】　5月15日，中央工艺美术学院附中城乡一体化实验学校挂牌暨教育教学展示交流活动在长沟中学举行。活动分揭牌仪式和教育教学活动展示2个阶段，长沟中学负责人致欢迎辞，工美附中校长王泽旭就今后两校开展合作进行介绍。长沟中学成为中央工艺美术学院附中长沟分校，中央工艺美院附中作为优质资源输出校，在办学理念、硬件建设、教师培训等多方面与长沟中学进行合作。展示的内容有师徒同课异构、工美外教与学生英语对话交流、两校美术学生共同写生等。

（景玉霞　姜爱林）

【海量阅读工程启动】　9月15日，长沟中学举行海量阅读工程启动仪式。活动内容包括成立海量阅读工程项目组，主管教学副校长作海量阅读动员报告，项目组负责人布置活动的具体安排，师生齐呼口号“让书香溢满长中，让读书成为习惯”。600人参加活动。

（景玉霞）

北京市通州区运河中学

【概况】　2015年，北京市通州区运河中学占地面积4.59万平方米、建筑面积2.54万平方米，体育场面积2.53万平方米。图书馆藏书7.15万册。固定资产总值4414.17万元。全年教育经费投入8576.33万元，其中，国家拨款8234.16万元、自筹经费342.17万元。学校信息化经费投入100.53万元，拥有计算机487台，多媒体教室座位3410个，校园网出口总带宽2750Mbps，数字资源量5500GB，“信息技术”课程初中1课时/周、高中2课时/周。普通教室51个、专用教室11个、实验室13个。教职工256人，其中，副高级及以上职称77人、中级职称75人。专任教师204人，包括北京市骨干教师10人、北京市学科教学带头人1人；本科及以上学历204人。开设教学班50个，其中，初中班18个、高中班32个。毕业662人，其中，初中237人、高中425人；招生605人，其中，初中196人、高中409人；在校生1769，其中，初中566人、高中1203人。高中录取分数线516分（通州区）。网址：www.yunhe.net。

（刘凌）

【举办名师大讲堂】　3月24日，运河中学举办名师大讲堂活动。该校特级教师张学芳作题为《课堂观察法》的讲座，从课堂观察的4个维度进行阐述，并列举详实案例。全体一线教师、张家湾中学各学科教研组长等200人参加学习。

（刘凌）

【举办专家教改讲座】　7月10日，运

河中学举办专家教改讲座。邀请天津北辰区普育学校数学教师，讲授“课程改革我们做了什么、我们的小组建设、我们的学案导学”3个方面的内容。学校教师、区名校长工作室、部分学科工作站教师200人参加学习。

（刘凌）

【阿根廷博卡青年队青训专家到校指导】　11月13日和19日，运河中学接待阿根廷博卡青年队教练法比安指导学校足球训练。13日，法比安通过亲自示范，详细讲解守门员技术、运球、传球、跑位等环节。学校足球队队员及教师参加学习。19日，法比安在学校给全区体育骨干教师和有足球特长的教师举办为期半天的培训。全区30余名体育教师参加学习。

（刘凌）

【评选优秀教案】　11月16—17日，运河中学开展优秀教案评选活动。各教研组长和教务处共同推荐优秀教案，73本优秀教案入围；学校安排135名教师审看并参加投票，集中票

数认定 20 本优秀教案获得一等奖。学校举办一等奖教案展示。全校教师参加活动。

（刘凌）

北京市通州区潞河中学

【概况】 2015 年，北京市通州区潞河中学占地面积 17.06 万平方米、建筑面积 9.01 万平方米，体育场面积 0.69 万平方米。图书馆藏书 14.05 万册，电子图书 2.8 万册。固定资产总值 25901.69 万元。全年教育经费投入 13117.75 万元，其中，国家拨款 12571.79 万元、自筹经费 545.96 万元。学校信息化经费投入 31.70 万元，拥有计算机 1624 台，多媒体教室座位 6030 个，校园网出口总宽带 2816Mbps，数字资源量 2000GB，“信息技术”课程初中 1 课时 / 周、高中 2 课时 / 周。普通教室 92 个、专用教室 18 个、实验室 24 个。教职工 386 人，其中，副高级及以上职称 116 人、中级职称 117 人。专任教师 308 人，包括北京市骨干教师 17 人、北京市学科教学带头人 4 人；本科及以上学历 307 人。开设教学班 72 个，其中，初中班 26 个、高中班 46 个。毕业 855 人，其中，初中 328 人、高中 527 人；招生 920 人，其中，初中 242 人、高中 678 人；在校生 2634 人，其中，初中 963 人、高中 1671 人（内地新疆高中班 464 人）。高中录取分数线 533 分（通州区）。网址：www.luhe.net。

（武欣）

【举办学术讲座】 1 月 20 日，潞河中学举办“教育科研中的问题与方法”学术讲座。邀请首都师范大学专家作题为《从经验总结到学术论文》的专题讲座，从方向、症结、逻辑和技巧 4 个方面讲解中学教师如何做教育科研工作。学校数学教研室教师、中学数学骨干教师和名师工作室教师共 60 人参加学习。

（武欣）

【教师入选北京市劳动模范】 4 月 29 日，在 2015 年北京市庆祝“五一”国际劳动节暨表彰劳动模范和先进工作者大会上，潞河中学高二年级组长赵月灵入选 2015 年北京市劳动模范。赵月灵，1973 年出生于河南周口，1996 年毕业于河南师范大学取得本科学历。1996 年到潞河中学任教，讲授数学课程。2011 年获北京市“紫禁杯”优秀班主任特等奖，2013 年获“北京市优秀教师”称号。赵月灵从教 20 年以来，担任班主任 16 年，主张“教师最重要的是给予学生最真挚的爱，以心灵赢得心灵”。

（武欣）

【开展安全教育】 6 月 1 日，潞河中学开展安全教育主题活动。学校利用升旗仪式时间，为全校师生做安全教育方面的主题教育，从交通安全、活动安全、饮食安全、预防疾病、上网安全等方面，对学生进行安全知识教育和要求，提高学生防范意识和自我保护能力。该活动是“安全教育月”的活动之一，还举办“强化依法治安意识·建设安全发展城市”为主题的班会活动等，以提高学生的安全防范意识。

（武欣）

【接待新疆校长高研班考察学习】 12 月 7 日，潞河中学接待新疆校长高研班考察学习。新疆维吾尔自治区教育厅第九期中小学骨干校长高级研修班 98 人，参观学校体育馆、游泳馆、校史馆、图书馆、黄昆楼、红楼、校园操场等。学校介绍内高班办学理念和内高班管理经验，观看内高班学生自拍自录自导的宣传片等。

（武欣）

【成立校长工作室】 12 月 13 日，潞

河中学成立徐华校长工作室。工作室 8 人（通州区 5 人，外区县 3 人），主要开展教学管理、人才培养等研究。2015 年，徐华入选“中小学校长国家级培训计划——卓越校长领航工程名校长领航班”。

（武欣）

北京市通州区永乐店中学

【概况】 2015 年，北京市通州区永乐店中学占地面积 13.10 万平方米、建筑面积 8.76 万平方米，体育场面积 0.42 万平方米。图书馆藏书 8.15 万册。固定资产总值 9482.45 万元。全年教育经费投入 7199.08 万元，其中，国家拨款 6570.68 万元、自筹经费 628.40 万元。学校信息化经费投入 31.16 万元，拥有计算机 764 台，多媒体教室座位 3500 个，校园网出口总带宽 40Mbps，数字资源量 690GB，“信息技术”课程初中 1 课时/周、高中 1 课时/周。普通教室 53 个、专用教室 17 个、实验室 15 个。教职工 250 人，其中，副高级及以上职称 47 人。专任教师 184 人，包括特级教师 1 人、市级骨干教师 1 人、市级农村骨干教师 6 人；本科及以上学历 184 人。开设教学班 51 个，其中，初中班 11 个、高中班 40 个。毕业 611 人，其中，初中 107 人、高中 504 人；招生 670 人，其中，初中 100 人、高中 570 人；在校生 1892 人，其中，初中 347 人、高中 1545 人。高中录取分数线名额分配 484 分，统招 493 分（通州区）。网址：www.yongzhong.net。

（李娟）

【举办传统经典吟咏艺术节】 4 月 21 日至 5 月 15 日，通州区永乐店中学举办“永乐店中学第一届传统经典吟咏艺术节”，学校初中、高一、高二学生参加。首先，由初中部、高一年级和高二年级分别举行年级内会演，再从中选拔出 5 名优秀者推荐到学校参加校级会演。经校级领导小组画票、唱票的形式，最终评出“永中吟咏十佳少年”。

（李娟）

【举办我爱我家主题活动】 4 月 24 日，通州区永乐店中学举办“我爱我家”主题活动，活动面向高一年级学生和家长，采取自愿报名的方式，共

有95名学生及95名家长参加。该活动由著名教育专家周晶晶主讲，通过体验式游戏，家长讲座，学生家长互动的形式，让学生与家长建立正确的沟通模式。

（李娟　孙晓楠）

【举办高考前心理指导专题讲座】 5月7日，通州区永乐店中学举办针对高三考生的考前心理指导讲座，高三年级全体学生参加。讲座由该校心理教师进行宣讲。讲座以一封来自高三考生的来信导入，引出“带点焦虑去高考”的主题，对焦虑和学习效率之间的关系、何为适度焦虑、遇到过度焦虑如何处理3个方面的内容进行阐释，并针对学生在备考过程中及考场上可能出现的问题进行有针对性的现场解答。

（李娟）

【举办食药安全主题活动】 5月19日，通州区永乐店中学在校报告厅举办“舌尖上的安全 青少年的未来——校园食品药品安全在行动”主题活动。活动包括动漫宣传、宣读食药安全倡议书，学生代表讲话，领导讲话，并特邀通州区食品流通科为学生进行“食药安全知识讲座”等。该校高一、高二年级全体学生及永乐店中心小学、柴厂屯中学、柴厂屯小学、小务中学、小务小学、德仁务小学的师生代表共1000人参加活动。

（李娟）

北京中加学校

【概况】 2015年，北京中加学校占地面积7.19万平方米、建筑面积3.62万平方米，运动场地面积1.93万平方米。图书馆藏书2.8万册，包括电子图书2万册，订阅杂志、报刊127种。固定资产总值4887万元。全年教育经费投入4195万元，全部为自筹。学校信息化经费投入16万元，拥有计算机620台，多媒体教室座位320个，校园网出口总带宽100Mbps，数字资源量13GB，“信息技术”课程4课时/周。教职工228人，其中，高级职称16人、中级职称23人。专任教师61人，包括特级教师1人、外籍教师18人；本科以上学历61人。开设高中教学班18个。毕业226人、招生152人、在校生473人，包括寄宿生473人。高中录取分数线442分（通州区）。网址：www.ccsc.com.cn。

（乔宏时）

【举办圣帕特里克节文化活动】 3月17日，中加学校首次举办圣帕特里克节文化活动。通过主题演讲、校园播放爱尔兰民族歌曲等活动使师生了解圣帕特里克节的起源、习俗等，激发学生学习英语、了解世界的兴趣。师生80人参加活动。每年3月17日是圣帕特里克节，公元五世纪末期起源于爱尔兰，为爱尔兰国庆节。

（乔宏时）

【获爱丁堡公爵国际奖远足项目金奖】 5月13—17日，中加学校参加爱丁堡公爵国际奖远足项目并获得金奖。活动内容为野外生存穿越，包括团队组建、野外生存技巧培训、野外穿越、岩降、野炊、篝火晚会与野外露营等，通过野外探险及体验活动进行情景式心理训练。学校共92人参加活动。爱丁堡公爵国际奖设立于1956年，要求学生致力于4个方面的发展，即社区服务、技能、身体素质、户外探险。

（乔宏时）

【组织圆方机构系列活动】 6—10月，

中加学校组织圆方机构系列活动。6月8日，中加学校与印度达利学院开展交流活动。活动历时7天，包括校内的课程、活动和校外的参观、游览项目。7月5日，中加学校举办肯尼亚布鲁克豪斯学校夏令营。来自俄罗斯、英国、日本、南非学生12人参加夏令营。10月1—8日，中加学校参加世界圆方组织2015年全球会议。师生代表团6人，参与讨论会、陈述展示会与活动设计。会议以“今天行动，明天改变”（Act today，Change tomorrow）为主题，来自36个国家圆方组织成员校领导、教师、学生代表参加会议。

（乔宏时）

【召开第十届学生代表大会】 10月21日，中加学校召开第十届学生代表大会第一次会议。会议通过圆方学生组织章程，竞选产生新一届国际理解委员会、民主观念委员会、环保意识委员会、冒险精神委员会、领导才能委员会、服务他人委员会6名委员会会长及库尔特汉恩奖。各班通过民主选举产生的学生代表53人及通过两次面试的会长候选人10人参加会议。

（乔宏时）

【举办第九届国际教育咨询展】 10月

23日，中加学校举办第九届国际教育咨询展。教育咨询展邀请渥太华大学、约克大学、维多利亚大学、多伦多大学等60所大学和学院的代表，为学生提供多门类、多专业、多选择的便利条件，免除学生和家长出国考察、盲目网上搜寻等费时费力的咨询，提供报考国外大学的方法，并为家长学生现场解答国外大学申请、录取等问题。

（乔宏时）

【开展《红楼梦》研究性学习课程】 10月30日，中加学校开展高三年级《红楼梦》研究性学习课程。课堂设在北京大观园，采用合作、探究、考察、实践的学习方式，带着考察任务去搜集论文写作素材，使学生身临其境地感受中国传统文化，了解中国古典名著《红楼梦》的内涵。师生160人参加活动。

（乔宏时）

【与加拿大爱峰金融签约合作】 11月2日，中加学校与加拿大爱峰金融签约合作。根据协议，双方在设立奖学金方面开展合作。由爱峰金融为中加学校提供奖学金的资金支持。双方启动爱峰金融未来企业家奖学金。奖学金由两名 2002 年中加学校毕业生发起成立，每年捐赠定额加币奖励通过自主创新的商业手段对学校或周边社区有贡献的 5 名中加学校高二学生。

（乔宏时）

北京市顺义牛栏山第一中学

【概况】 2015 年，北京市顺义牛栏山第一中学占地面积 18.17 万平方米、建筑面积 12.17 万平方米，体育场（馆）面积 3.53 万平方米。图书馆藏书 11.98 万册，电子图书 4.40 万册。固定资产总值 12358.11 万元。全年教育经费投入 1634.54 万元，全部为国家拨款。学校信息化经费投入 48.92 万元，拥有计算机 1230 台，多媒体教室座位 5000 个，校园网出口总带宽 200Mbps，数字资源量 15000GB，“信息技术”课程 2 课时/周。普通教室 69 个、专用教室 26 个、实验室 17 个。教职工 400 人，其中，高级职称 128 人、中级职称 120 人。专任教师 291 人，包括特级教师 6 人、北京市骨干教师 15 人、北京市学科教学带头人 3 人；本科以上学历 372 人。开设教学班 51 个，全部为高中班。毕业 671 人、招生 644 人、在校生 1901 人，包括寄宿生 1869 人。高中录取分数线 546 分（顺义区）。网址：www.nlsyz.com.cn/niulanshan。

（许坤）

【完成体育场改造】 5 月 2 日，牛栏山一中完成体育场改造。改造后，体育场占地面积 21238.9 平方米，其中，国家标准田径场 20557.5 平方米，看台占地面积 681.4 平方米。更换 13105.5 平方米的塑胶跑道和 7452 平方米足球场草坪；足球场下铺设 416 眼地源热井，提供 4 万平方米的供暖；看台更换座椅 2300 个；增设 4 架田径场照明高杆灯。该工程自 2014 年 6 月动工，由政府投资 1353 万元改造。

（许坤）

【与中国音乐学院共建音乐素养班】 7 月 1 日，牛栏山一中与中国音乐学院签署“中学音乐素养班”合作协议。音乐课程设置计划在“乐基课、乐教课、体验课”3 个方面进行教学，师资由中国音乐学院选派，每周三下午第八、九节课为授课时间。双方在开设音乐素养班创新型建班模式、艺术课程开设、艺术社团指导、中国音乐学院开放资源库等方面做具体约定。音乐素养班由 19 名学生组成。至年底，举办专场演出 3 场。

（许坤）

【5 项市级课题结题】 至年底，牛栏山一中 5 项市级课题结题。其中，3 项课题为北京市教育科学规划 2010 年度立项课题，分别是“农村寄宿制高中社会实践活动在思想政治教学中应用研究”“新课改下高中政治课辩论式教学研究”和“依托大课程体系，提高农村寄宿制高中学生体质的实践研究”；2 项为 2011 年 5 月立项的北京市教育学会“十二五”课题，分别是学校班主任工作室（或团队）承担的“寄宿制高中单亲家庭学生教育策略研究”和音乐教研组承担的“音乐教学缓解高中学生压力的实践研究”。5 项课题选题均来自教育教学中面临的实际问题，内容涵盖当前寄宿制高中发展中所面临的课程整合、教学方式、德育策略等多层次、跨学科领域的综合研究。

（李冬梅）

【开设心理茶艺课程】 至年底，牛栏

山一中开设心理茶艺课程。课程为心理教研组与茶艺教师开发的“茶慧人生”特色校本课程，依据心理辅导的活动原则，将心理辅导与茶道茶礼的学习、感悟中华传统茶艺文化相结合，让学生在品鉴茶香中领略古老茶艺的厚重神韵，在沉静、恬适的茶会中审视内心，体味人生。该课程在高三年级开设。

（李冬梅　许坤）

北京市顺义区杨镇第一中学

【概况】 2015 年，北京市顺义区杨镇第一中学占地面积 26.68 万平方米、建筑面积 7.40 万平方米，体育场面积 3.85 万平方米。图书馆藏书 10.5 万册，电子图书 5 万册。固定资产总值 14067 万元。全年教育经费投入 18458 万元，全部为国家拨款。学校信息化经费投入 260 万元，拥有计算机 757 台，多媒体教室座位 3550 个，校园网出口总带宽 260Mbps，数字资源量 2000GB，“信息技术”课程 2 课时/周。普通教室 79 个、专用教室 14 个、实验室 24 个。教职工 447 人，其中，高级职称 152 人、中级职称 136 人。专任教师 316 人，包括特级教师 4 人、北京市骨干教师 8 人、北京市学科教学带头人 2 人；本科以上学历 428 人。开设教学班 66 个。毕业 924 人、招生 600 人、在校生 2727 人，包括寄宿生 2566 人。高中录取分数线 520 分（顺义区）。网址：www.bjyzyz.net。

（李洪峰）

【召开高一年级走班选课启动会】 3 月 6 日，杨镇一中召开高一年级走班选课启动会。学校诠释“走班选课”内涵及高一年级教学改革的设计意图和意义。学生遵循“适合”“兴趣”两个原则，遵守走班选课的举措、步骤和要求。高一年级师生参加启动会。

（王新生）

【参加夏令营活动】 8 月，杨镇一中参加“首都少年玉都行，京和孩子手拉手”夏令营活动。活动以“民族团结”为主题，设计舞、结、草、沙、景、史 6 个板块，通过组织学生学舞蹈、结对子、观草场、看沙漠、赏风景、读历史等主题活动，使师生感受和田魅力、新疆风情，促进北京—和田两地青少年文化交流。学校 36 名学生、12 名教师及 2 名校外教师参加夏令营。该活动由和田地委、北京援疆

和田指挥部、市教委联合主办。

（李洁）

【举办联盟校课题结题暨科研月主题活动】 12月23日，杨镇一中举办联盟校课题结题暨科研月主题活动。学校《教育联盟下中小学十二年一体化感恩教育实践的研究》课题结题，该课题历时4年。科研月以“打造科研成果，助力教育教学”为主题，开展课题结题、成果表彰、成果推广等活动。北京市基础教育研究所高级研究员、顺义区教育委员会中教科科长及联盟校负责人20人参加活动。

（刘加良）

【19项成果参加科研课题成果评奖】 12月，杨镇一中19项成果参加顺义区“十二五”科研课题成果评奖。课题涉及教育体制改革方面的《教育联盟德育一体化工作体系研究》，新疆班办学探索方面的《内地新疆高中班学生干部领导力培养模式研究》《内地新疆高中班学生汉语能力培养模式研究》《内地新疆高中班管理艺术探索与实践的研究》，新时期课改方面的《“253”高效课堂教学模式的研究》《新课程背景下“611”语文课堂教学模式的研究》《小组合作学习在高中数学教学中的应用研究》《高中地理“图像－问题－导学”教学模式的构建与实践研究》等，德育探索方面的《高中欣赏型德育活动校本模式的实践研究》《高中生人生规划能力培养的研究》，美育方面探索的《实践诗歌三维立体教学提升高中生审美素养的研究》《提高农村高中生音乐素养的研究》。经评选，《高中地理“图像—问题—导学”教学模式的构建与实践研究》获一等奖。

（刘加良）

北京市顺义区第一中学

【概况】 2015年，北京市顺义区第一中学占地面积6.60万平方米、建筑面积5.44万平方米，体育场面积2.39万平方米。图书馆藏书12万册，电子图书480册。固定资产总值12533万元。全年教育经费投入8700万元，全部为国家拨款。学校信息化经费投入345万元，拥有计算机545台，多媒体教室座位4096个，校园网出口总带宽160Mbps，数字资源量2000GB，“信息技术”课程2课时/周。普通教室55个、专用教室30个、实验室16个。教职工293人，其中，高级职称101人、中级职称85人。专任教师231人，包括特级教师7人、北京市骨干教师15人、北京市学科教学带头人2人；本科以上学历281人。开设教学班45个，毕业562人、招生600人、在校生1759人，包括寄宿生1028人。高中录取分数线532分（顺义区）。网址：www.syyz.bjedu.cn。

（何雪莲）

【召开数学组分层教学研讨会】 3月5日，顺义一中召开数学分层研讨会。数学组组长提出数学分层教学具体要求，教师根据所教层次的学情，调整教学目标和教学设计，贴近学生学习实际。数学学科采取分层走班教学。高一数学组教师参加研讨会。

（李学园　何雪莲）

【自我教育与管理课题结题】 3月25日，顺义一中承担的“在课程实施中培养学生自我教育与自我管理能力的研究”课题结题。该课题为北京市教育学会“十二五”立项课题，于2011年立项，主要运用文献研究法、行动研究法，研究学生自我教育与自我管理能力培养，阐述学生自我教育自我管理的内涵，编制《学生自我教育自我管理能力评估表》，探索总结一些培养学生自我教育和自我管理能力的方法策略。在课程实施中学生的自主性、积极性，以及自我管理、自我教育的意识和能力均有提高。来自中国关心下一代工作委员会、北京教育学院、顺义区教育研究考试中心的专家认为课题研究内容定位清晰、逻辑严谨，建立有利于培养学生自我教育和自我管理能力的课程体系，并提出相关建议意见。

（李勇　辛加伟）

【召开第二届模拟联合国联合校际会】 5月9—10日，顺义一中召开第二届模拟联合国联合校际会。会议设置2个中文委员会和1个英文委员会，模拟苏格兰议会关于独立议题的讨论，北约成员国关于乌克兰危机的内部会议和克里米亚危机会议。该活动由学生自主筹备，自主安排，自主评议。东直门中学、中国人民大学附属中学朝阳分校等高中生模联社团成员参加会议。

（张松）

【参加全国中小学电脑制作大赛】 7月22—26日，顺义一中参加第16届全国中小学电脑制作大赛。高一（3）班学生3D创新制作“学玩一体机”获全国一等奖。比赛设小学组、初中组、高中组3个组别，电脑作品评选与电脑机器人竞赛2类。全国各省市2000名学生参加比赛。

（张洪茹　何雪莲）

【举办中国传统文化家长研习营】 9月12日，顺义一中举办首届“中国传统文化家长研习营”开班仪式暨首场讲座。活动分两部分，校长首先介绍开展中国传统文化教师师资培训、

学生选修课开设和家长研习营创办的初衷、缘起和未来。聘请《中国古代教育哲学》和《中华大道》作者何光荣为中华文化校本课程学术顾问。随后，听取何光荣从儒学“性一心一情”的哲学视角阐述传统文化中家庭教育的精髓理念，尤其是针对独生子女凝练出“以苦为乐、以勤为德、以俭为习、以挫为幸”的16字家教箴言，并结合自身成长感悟和人生智慧展开讲述。高一、高二年级家长220人参加活动。

（向新良）

北京市昌平区第一中学

【概况】 2015年，北京市昌平区第一中学占地面积6.80万平方米、建筑面积5.10万平方米，绿地面积2.01万平方米，运动场地3.56万平方米。图书馆藏书11万册。固定资产总值11356.44万元。全年教育经费投入9211.64万元，其中，国家拨款8999.30万元、自筹经费212.34万元。学校信息化经费投入78.16万元，拥有计算机666台，多媒体教室座位2810个，校园网出口总带宽1000Mbps，数字资源量1852GB，“信息技术”课程2课时/周。普通教室62个、专用教室40个、实验室16个。教职工283人，其中，高级职称88人、中级职称57人。专任教师194人，包括北京市骨干教师10人、北京市学科教学带头人3人；本科以上学历187人。开设教学班55个，其中，初中班18个、高中班37个。毕业生662人，其中，初中208人、高中454人；招生554人，其中，初中155人、高中399人；在校生1729人，其中，初中528人，高中1201人，包括非京籍借读生247人，住宿生664人。高中录取分数线520分（昌平区）。网址：www.cpyz.org.cn。

（殷井泉）

【数学教师出版图书】 2月，昌平一中出版《培优辅导——高考数学系统总复习》。图书由学校数学特级教师李彭龄、许雪和董武编写，电子工业出版社出版。全书18章，分2册，内容覆盖高考要求和现行高中数学教材的全部内容。图书为16开本，共402页，收录103万字。

（夏云琴）

【举办3D音符进课堂活动】 4月10日，昌平一中举办3D音符进课堂活动。三维设计社团用3D打印机将全音符、休止符、高音符号、低音符号等基本音乐符号做成3D音符，通过移动音符组成乐谱，节省课堂上教师画乐谱时间，避免反复涂改。该套3D音符从黑板五线谱的间距测量，到设计、制图、制作，再到音符背面打孔、白板磁铁的安装均由社团成员完成。

（张楠）

【举办多米诺骨牌讲座】 9月9日，昌平一中举办多米诺骨牌讲座。邀请多米诺项目中国推动者王磊和多米诺项目吉尼斯世界纪录创造者马立华作“迎挑战、赢未来”多米诺骨牌讲座。讲座介绍多米诺骨牌历史与发展，现场示范多米诺骨牌搭建技巧，安排多米诺挑战赛。学校成立多米诺骨牌社团。昌平区科学技术协会教师和城北中心小学10名教师参加活动。

（张丽）

【举办初中生开放式科学实践活动】

11月16日，北京市初中生开放式科学实践活动在昌平一中启动。东城、延庆等8个区县20所学校的60名初中学生走进学校“分子与细胞生物学”重点实验室，开展“转基因植物的培育”主题活动，就DNA的提取与鉴定、DNA的扩增与电泳进行分组实验，该校教师团队现场指导，答疑解惑。该校“分子与细胞生物学”重点实验室作为区域内唯一的资源单位，共有5个活动项目面向全市初中生开放。至年底，共接待参加活动学生2000人次。

（周有祥）

【成立追梦航空工作室】 11月25日，昌平一中成立追梦航空工作室。工作室由该校与中国商飞北京民用飞机技术研究中心、昌平少年航天协会联合建立和运行。三方签署《昌平一中追梦航空工作室合作协议书》，根据协议，昌平一中、中国商飞北京民用飞机技术研究中心、北京昌平少年航天协会三方联合建立和运行“追梦航空工作室”。协议有效期3年。

（张楠）

北京市昌平区第二中学

【概况】 2015年，北京市昌平区第二中学分两址办学，分别为政府街校区、回龙观校区，两校区总占地面积85105平方米，其中，政府街校区42783平方米、回龙观校区42322平方米，建筑面积6.84万平方米；体育场（馆）面积3.69万平方米。图书馆藏书11.30万册。固定资产总值9771万元，包括教学仪器资产值3154万元。全年教育经费投入12765.50万元，其中，国家拨款12203万元、自筹经费562.50万元。学校信息化经费投入50.4万元，拥有计算机1043台，多媒体教室座位5520个，校园网出口总带宽100Mbps，数字资源量480GB，“信息技术”课程2课时/周。普通教室88个、专用教室36个、实验室25个。教职工372人，其中，副高级职称136人、中级职称94人。专任教师290人，包括特级教师8人、北京市骨干教师5人；本科以上学历344人。开设教学班84个，其中，初中班34个、内高班预科班4个、高中班46个。毕业927人，其中，初中488人、高中439人；招生728人，其中，初中277人、高中451人；在校生2529人，其中，初中1155人、高中1374人，包括外省市借读生839人，寄宿生1024人。高中录取分数线521分（昌平区）。网址：www.bjcpez.net。

（王洁睿）

【举办舞蹈专场演出】 1月10日，昌平二中举办“成长的足迹”第二届舞蹈专场演出。演出由《课堂篇》和《剧目篇》两部分组成，包括基本功展示、个人剧目和集体舞蹈表演，历时100分钟。舞蹈团80名学生表演藏族舞蹈《阿珈鼓》、广东钱鼓舞蹈《精灵鼓乐》、现当代舞蹈《青春旋律》等20个舞蹈节目。昌平区舞蹈家协会成员与200名家长和300名学生观看演出。

（闫静）

【内地新疆高中班预科年级曲棍球队成立】 3月1日，昌平二中成立内地新疆高中班预科年级曲棍球队。通过报名、身体素质测试选拔，确定男队员10人、女队员9人，每周日下午13:00至17:00由曲棍球队教练带领队员到回龙观校区与该校区原有曲棍球队员共同训练。

（赵文进）

【举办微格教学设计与展示培训会】 3月13日，昌平二中举办微格教学设计与展示培训会。培训会分别在政府街校区和回龙观校区举行。教师结合参赛经历，用实例向青年教师和参赛选手介绍微格教学设计的特点、说课的结构和要求以及现场展示时需要注意的问题，两校区参加区级决赛的选手、教研组长、工作五年以下的青年教师80人参加培训。

（张云）

【成立稀土材料化学实验室】 3月30日，昌平二中成立稀土材料化学实验室。实验室占地面积109平方米，配备X射线衍射仪、傅立叶变换红外光谱仪、紫外可见分光光度计、荧光光谱仪等设备，承担与稀土材料相关的创新性实验课程、高端研究性学习课题研究等任务。市教委投入250万元建成。实验室是普通高中开放式重点实验室。至年底，共接待学生130人次学习。

（张云）

【与中科院京区科协签署合作协议】

11月9日，昌平二中与中国科学院京区科协签署“科技创新人才联合培养战略合作协议”。根据协议，双方共同开展青少年科技人才早期培养工作，通过举办各种科技教育活动为青少年学生提供高端科技教育资源展示；结合不同学科研究领域开展科学家讲座、走进中科院实验室、举办科学文化沙龙等活动，让学生与科学家面对面交流对话；双方共建“科技英才班”，选择优秀青少年进入中国科学院不同学科领域重点实验室参与科研实习；开展国内外科学考察实践活动，亲身体验科学发现的过程；开展科技教师培训以及科技教育基础设施的建设与改善等合作。协议有效期5年。

（张云）

北京市第十五中学南口学校

【概况】 2015年，北京市第十五中学南口学校占地面积9.60万平方米、建筑面积3.23万平方米，体育场面积1.61万平方米。固定资产总值1998.63万元。全年教育经费投入3219.29万元，其中，国家拨款3201.51万元、自筹经费17.78万元。图书馆藏书4.50万册，电子图书10万册。学校信息化经费投入95万元，拥有计算机410台，多媒体教室座位82个，校园网出口总带宽100Mbps，数字资源量10GB，“信息技术”课程2课时/周。普通教室42个、专用教室25个、实验室12个。教职工157人，其中，副高级职称45人、中级职称50人。专任教师118人，包括北京市骨干教师3人；本科及以上学历118人。开设教学班18个，其中，初中班12个、高中班6个。毕业251人，其中，初中116人、高中135人；招生182人，其中，初中106人、高中76人；在校生571人，其中，初中375人、高中196人，包括外省市借读生131人，住宿生人119人。高中录取分数线487分（昌平区）。网址：www.15nkxx.net。

（程红玲）

【举办6场专题讲座】 1—5月，十五中南口学校举办6场专题讲座。分别邀请北京教育学院教授作《实践智慧·专业理性·教育情怀》和《高效能教师的成长之路》专题讲座。邀请北京警察学院教授作题为《法律伴我健康成长》法制讲座。邀请北京市第十五中学语文特级教师作校本选修课专题讲座。邀请国家关工委教授作题为《胸怀梦想，让梦想启航》家庭教育讲座。邀请高考作文专家作高考作文专题讲座。全校师生参加活动。

（张瑞颖　董素琴　李嫩嫩）

【举办教研月活动】 5月，十五中南口学校举办教研月活动。活动涉及初中数学组、英语组，高中数学组、语文组及初高中生物组和历史组6个组别。初中数学组通过课堂教学展示校本学案的使用；高中数学组依据学情通过“小组合作式”教学提升课堂效率和学生参与度，通过专题研讨促进教师间经验交流；高中语文组分学生礼堂展示、教师课堂展示、教师专题研讨“传统文化在高考中的体现”三场进行传统文化的展示；初中英语组通过“新常态下的英语教学”研究课提升本学科特色教学；初高中生物组以“任务驱动式”形式，借助社会大课堂“参观植物园活动”；历史组以“兴趣教学”为切入点，通过研究课的展示体现学科特色。

（施岩）

【举办首届科艺节】 11—12月，十五中南口学校举办首届科艺节。艺术主题为“阳光下成长”，科技主题为“尝试参与快乐，创新追逐梦想”。活动以班级为单位，自愿报名、自选项目。艺术节包括器乐、声乐、戏剧、曲艺、舞蹈、朗诵6个表演类项目和书法、绘画、工艺美术、摄影、篆刻5个作品类项目；科技节包括纸飞机比赛、风筝比赛、3D创意比赛、机器人比赛、摄影比赛5项科技比赛，科技讲座和小发明创造。经组委会评选，科艺节评出一等奖80人、二等奖128人、三等奖160人。师生560人参加活动。

（董素琴）

北京市大兴区第一中学

【概况】　2015年，北京市大兴区第一中学占地面积7.01万平方米、建筑面积5.38万平方米，体育场（馆）面积1.29万平方米。图书馆藏书11.7万册。固定资产总值14957.62万元。全年教育经费投入36550.59万元，全部为国家拨款。学校信息化经费投入54.00万元，拥有计算机1019台，多媒体教室座位2400个，校园网出口总带宽1500Mbps，数字资源量100GB，“信息技术”课程初中1课时/周、高中2课时/周。普通教室79个、专用教室25个、实验室13个。教职工335人，其中，高级职称139人、中级职称131人。专任教师239人，其中，特级教师4人、北京市骨干教师14人、北京市学科教学带头人1人；本科及以上学历238人。开设教学班65个，其中，初中班30个、高中班35个。毕业782人，其中，初中371人、高中411人；招生793人，其中，初中331人、高中462人；在校生2388人，其中，初中1108人、高中1280人，包括寄宿生386人。高中录取分数线538分（大兴区）。网址：www.dxhcyz.com.cn。

（姜士广）

【举办首届“和合”文化教育教学研讨会】　5月8日，大兴一中举办首届“和合”文化教育教学研讨会。会议听取副校长题为《践行人本教育理念，搭建师生成长平台》的主题报告，以及教师代表题为《教师即陌生人——教材变革与教师应对》的专题报告。会议围绕基础类、拓展类、特长类3类课程，研讨课程体系构建与课程整合阶段。观摩精品展示课43节、学生社团活动13个。区各中学教学干部及学校任课教师300人参加课程展示、观摩及研讨活动。

（康珺）

【召开文化行走课程启动会】　10月19日，大兴一中召开文化行走课程启动会。会议解读学校《文化行走课程实施方案》，剖析2015年中高考试题中体现“社会大课堂中所学”内容。文化行走课程每学期1～2次，主要内容是参观博物馆等社会实践基地。11个学科45名教师参加启动会。

（武强）

【举办班主任专业发展职业生涯指导讲座】　11月30日，大兴一中举办班主任专业发展职业生涯指导讲座。邀请北京师范大学教授以“卓越班主任的专业素养与规划”为题，从“卓越的本质就是要有学术影响力、集体影响力和演讲的影响力”“卓越的关键要素在于发展中的关键特殊性、教育经历的特殊性和工作经历的特殊性”“人生成功的两个‘E’”“班主任的定位来谈如何进行角色定位”4个方面讲解提升班主任专业素养发展新路径。教师109人参加讲座。

（王亚娟）

北京市大兴区兴华中学

【概况】　2015年，北京市大兴区兴华中学一校两址，分别为本校区、仰山校区，两校区总占地面积6.06万平方米，其中，本校4.06万平方米、仰山校区2万平方米，总建筑面积4.80万平方米，其中，本校3.08万平方米、仰山校区1.72万平方米，体育场（馆）面积1.80万平方米。图书馆藏书9.72万册。固定资产总值8855.71万元。全年教育经费投入6955.56万元，其中，国家拨款6802.15万元、自筹经费153.41万元。学校信息化经费投入221.02万元，拥有计算机360台，多媒体教室座位2500个，校园网出口总带宽6Mbps，数字资源量2046GB，“信息技术”课程1课时/周。普通教室54个、专用教室10个、实验室10个。教职工311人，其中，高级职称90人、中级职称113人。专任教师241人，其中，北京市骨干教师8人、北京市学科教学带头人1人；本科及以上学历301人。开设教学班54个。毕业467人、招生604人、在校生1841人，包括寄宿生829人。高中录取分数线528分（大兴区）。网址：xinghua.dxschools.cn。

（张威）

【开设中华优秀传统文化课程】　1月27日，兴华中学召开中华优秀传统文化课程启动会。学校阐释开设中华优秀传统文化课程的必要性，介绍课程内容、课程教材设计理念以及初中涉及8个单元的32个分类。14名任课教师结合初一和初二年级的学生实际，分析4个学段的教材内容，确定下学期的开设主题。

（徐凤君）

【举办校本培训讲座】　3月10日，兴华中学举办校本培训讲座。邀请北京教育学院校长研修学院副院长作《高效能教师的成长之路》专题讲座，解读“教师是做什么的”，分析教师的目标模式，即：有效自助——有效助人——让学生达到自助。讲解10个影响学生学习的要素和6项影响积极心态的选择。全校教师参加讲座。

（冯艳娇）

【举办第一届科技节】　5月29日，兴华中学举办第一届科技节。科技节以“体验、探究、实践、创新”为主题，分为科技成果展示区、科技幻想画展示区及科技体验区。初中部展示用废旧物品制作的服装；高中部展示《空气过滤用改性PET复合纳米纤维膜的制备》、机器人等北京市高中生技术展示活动获奖作品。协作区校榆垡中学展示小型航模，北京小学翡翠城分校展示单片机成果。共计1000余人参加科技节活动。

（闫洪波）

【举办班主任基本功培训】　6月15日，兴华中学举办班主任基本功培训。培训邀请区教师进修学校副校长作题为《班主任的专业智慧与非专业魅力》的报告，报告从好教师的3个标准诠释如何做个好教师，即：做好教师，要有理想信念；做好教师，要有扎实学识；做好教师，要有仁爱之心。用真实案例阐释“什么是教育智慧”及“在教育教学工作中教师如何运用智慧处理问题”，并总结智慧班主任的3个基本特征：具有与时代相同的教育理念、授人以鱼不如授人以欲、具有开放活跃的思维态势。全校班主任、教师参加活动。

（孙晓明）

北京市第二中学亦庄学校

【概况】 2015年，北京市第二中学亦庄学校占地面积6.86万平方米、建筑面积5.49万平方米，体育场（馆）面积1.28万平方米。图书馆藏书7.65万册。固定资产总值5489.11万元。全年教育经费投入6998.1万元，全部为国家拨款。学校信息化经费投入425.35万元，拥有计算机638台，多媒体教室座位108个，校园网出口总带宽20Mbps，数字资源量400GB，“信息技术”课程32课时/周。普通教室108个、专用教室11个、实验室7个。教职工345人，其中，高级职称20人、中级职称87人。专任教师288人，包括特级教师4人、北京市骨干教师1人；本科以上学历265人。开设教学班95个，其中，小学班56个、初中班18个、高中班9个、国际高中部12个。毕业381人，其中，小学157人、初中87人、高中83人、国际高中54人；招生706人，其中，小学363人、初中155人、高中105人、国际高中83人；在校生2920人，其中，小学1979人、初中501人、高中250人、国际高中190人，包括寄宿生360人。高中录取分数线500分（大兴区）。网址：www.bdaschool.com。

（侯萱）

【成立特级教师工作室】 3月12日，二中亦庄学校召开特级教师工作室成立大会。工作室导师队伍由学校3名数学特级教师和1名语文特级教师组成，旨在把特级教师的师德风范及教育教学经验传授给青年教师，提高教师队伍整体素质。工作室共有成员31人。

（侯萱）

【建立师生博物馆】 4月，二中亦庄学校分别建立教师博物馆和学生博物

馆。博物馆分别位于教学楼一层东西两侧。教师博物馆收藏教师在教书育人过程中的教案、著作、手稿、照片、奖状、音像及记录学校发展的相关实物资料，展现教师敬业精神和优良传统。学生博物馆收藏历届学生作品、作业、照片、奖状以及师生间交流互动的资料，展现学生爱师乐学的学生生活。

（侯萱）

【参加全国跆拳道比赛获金牌】 8月16—20日，二中亦庄学校跆拳道队参加2015年中国中学生跆拳道锦标赛总决赛。学校获得高水平组金牌8枚，获得初中男、女品势团体冠军，高中男子品势团体季军，高中女子品势团体冠军，高水平高中组第一名，高水平初中组第一名，并获得“团体体育道德风尚奖”。比赛由中国中学生体育协会跆拳道分会主办，分为高水平组和普通组2个组别，比赛项目分为品势和竞技个人比赛。

（侯萱）

【招收双培计划生】 9月，二中亦庄学校招收双培计划学生。2015级高一年级招收双培计划学生53人，与中国戏曲学院合作培养，为成绩达到高考第一批本科提档线的考生提供进入清华大学、北京大学等部属高校学习的机会。“双培计划”是由市属高校与在京中央高校共同培养优秀学生的一项举措。

（侯萱）

【开展小初高语文通络教研】 12月2日，二中亦庄学校开展小初高语文通络教研活动。活动以“着眼考改，着力教研”为主题，邀请人民教育出版社中学语文课程教材研究开发中心研究员作题为《语文教育改革与评价》的讲座，分析语文教育改革的现状，现行考试评价制度的基本估计，改革的基本原则、基本措施、考查理念与要点，展望未来语文考试的变化。小学部、初中部、高中部40名语文教师参加活动。

（侯萱）

北京市怀柔区第五中学

【概况】 2015年，北京市怀柔区第五中学占地面积2.70万平方米，建筑面积1.46万平方米，体育场（馆）面积1.74万平方米。图书馆藏书5.21万册，电子图书120册。固定资产总值4801.18万元。全年教育经费投入316.49万元，全部为国家拨款。学校信息化经费投入209万元，拥有计算机449台，多媒体教室座位2760个。校园网出口总带宽100Mbps，数字资源量500GB，“信息技术”课程1课时/周。普通教室45个、专用教室19个、实验室6个。教职工186人，其中，高级职称49人、中级职称72人。专任教师130人，包括北京市骨干教师3人；本科及以上学历183人。设教学班40个。毕业524人、招生319人、在校生1280人。网址：www.hrdwzx.com。

（赵录志）

【第五学区集体备课】 3月9日，怀

柔五中开展第五学区集体备课活动。活动以“资源共享、注重实效”为主题，各学科教师研读教材，分析中考说明，研讨教学难点，并讨论确定下次集体备课的主题。学区5所学校的各学科教师60人参加集体备课。

（赵录志）

【举办科学实践课培训】 9月25日，怀柔五中举办科学实践课培训。邀请北京教育科学研究院化学教研员作《北京市初中开放性学科实践活动》化学部分的专项培训，内容包括开放

性科学实践活动（化学部分）开发 15 个主题的想法、初一开展化学实践活动的思考以及 15 个主题活动的具体分析等内容。该校及全区中学科学教师共 40 人参加培训。

（赵录志）

【举办国学知识讲座】 11 月 25 日，怀柔五中举办国学知识讲座。邀请北京教育学院副院长通过校园电视台，作题为《反本开新读经典、三步六正学国学》的知识讲座。讲解国学的起源、流派、主要内容及发展历史等。初一、初二年级师生 800 人参加学习。

（赵录志）

【举办传统文化阅读研讨课】 12 月 15 日，怀柔五中举办语文传统文化阅读研讨课。听取初一年级教师讲授《水浒——我的英雄》，从小说的人物形象，品析人物的言行、思想和精神，培养学生阅读评价能力。课后，教师交流和研讨课堂教学效果。北京教育科学研究院语文教研员及全区语文教师 20 人参加研讨。

（赵录志）

北京市怀柔区庙城学校

【概况】 2015 年，北京市怀柔区庙城学校占地面积 6.31 万平方米、建筑面积 1.64 万平方米，体育场面积 2.50 万平方米。图书馆藏书 3 万册。固定资产总值 2520 万元。全年教育经费投入 3600 万元，全部为国家拨款。学校信息化经费投入 15.4 万元，拥有计算机 360 台，多媒体教室座位 1500 个，校园网出口总带宽 100Mbps，数字资源量 500GB，“信息技术”课程 1 课时/周。普通教室 63 个、专用教室 18 个。教职 215 人，其中，高级职称 22 人、中级职称 122 人。专任教师 161 人，本科以上学历 181 人。开设教学班 55 个，其中，初中班 18 个、小学班 37 个。毕业 210 人，其中，初中 76 人、小学 134 人；招生 327 人，其中，初中 97 人，小学 230 人；在校生 1606 人，其中，初中 368 人、小学本部 1010 人、桃山分校 131 人，两河分校 97 人。网址：hrmcxx. bjedu. cn。

（毛计香）

【与房山学校开展交流】 4 月 14 日，庙城学校与房山区北潞园学校开展交流研讨。活动在庙城学校开展，活动内容包括参观少年科技园，观摩小学二年级语文课和学校文化建设，并围绕学校办学理念、办学思路、学校教育教学管理和学校特色交流研讨。两校教师 40 人参加活动。

（毛计香）

【参加全国跳绳联赛并获奖】 4 月 17—18 日，庙城学校参加“培林杯”2014—2015 全国跳绳联赛华北赛区比赛。学校获得 6 项冠军、2 项亚军、1 项季军。比赛由国家体育总局社会体育指导中心、中国大学生体育协会、中国中学生体育协会联合主办，来自山西、长春等地区共 727 名选手参加。

（毛计香）

【研讨英语教学】 11 月 23 日，庙城学校举办英语教学研讨活动。研讨以“依据新教材，践行新理念”为主题，通过观摩教师教学课堂，点评教师在使用新教材中践行生本理念的效果。全区 20 名英语教师参加研讨。

（沈志宏）

北京市怀柔区第一中学

【概况】 2015 年，北京市怀柔区第一中学占地面积 5.73 万平方米、建筑面积 3.80 万平方米，运动场地面积 2.77 万平方米。图书馆藏书 8.80 万册，包括电子图书 922 册。固定资产总值 11035.20 万元。全年教育经费投入 6966.22 万元，全部为国家拨款。学校信息化经费投入 292.2 万元，拥有计算机 681 台，多媒体教室座位 4136 个，校园网出口总带宽 100Mbps，数字资源量 1843GB，“信息技术”课程 2 课时/周。教职工 248 人，其中，高级职称 81 人、中级职称 102 人。专任教师 190 人，其中，北京市骨干教师 5 人、北京市学科教学带头人 2 人；本科以上学历 174 人。开设教学班 46 个。毕业 516 人、招生 520 人、在校生 1568 人，包括寄宿生 420 人。高中录取分数线分 510（怀柔区）。网址：www. bjhryz. 30edu. com。

（韩晓阔）

【举办首届教职工运动会】 4 月 30 日，怀柔一中举办首届教职工运动会。运动会以“我运动，我健康，我快乐”为主题，采取趣味性竞赛形式，设置后抛实心球、托球跑、足球射门、一分钟跳绳、立定跳远、2000 米健身走和 10 人集体跳绳 7 个项目。全校 248 名教职工参加活动，143 人获奖。

（韩晓阔）

【举办首届社团嘉年华】 6 月 7 日，怀柔一中举办首届社团嘉年华。活动以“激扬生命，放飞梦想”为主题，街舞社、动漫社、话剧社等 21 个社团分别介绍社团情况，个性标识，社团旗帜等。学生通过参加社团游戏收集印章，凭印章领取礼品。全校师生 600 人参加活动。

（韩晓阔）

【参加 3 项无线电比赛并获奖】 7—9 月，怀柔一中参加 3 项无线电比赛并获奖。7 月，学校参加北京市中小学生无线电测向比赛，获得一等奖 4 个、二等奖 12 个，个人全能男女第一名、短 80 米团体第三名，并获得团体精神文明奖。8 月，学校参加“开阳富硒茶”杯全国青少年无线电测向锦标赛，获得二等奖 1 个、三等奖 2 个、体育道德风尚奖。全国 1600 人参加比赛。9 月，学校参加北京市体育大会无线电测向比赛，获得青年组长80米第一名、第二名；青年组长2米第二名；标准距离个人全能第一名、短距离2米第三名。

（韩晓阔）

北京绿谷小香玉艺术学校

【概况】 2015年，北京绿谷小香玉艺术学校占地面积2.07万平方米、建筑面积1.92万平方米，体育场面积9981平方米。图书馆藏书1.82万册。固定资产总值2638.46万元。全年教育经费投入1245.04万元，全部为国家拨款。学校信息化经费投入799万元，拥有计算机298台，多媒体教室座位548个，校园网出口总带宽全区800Mbps（共享），数字资源量600GB，“信息技术”课程2课时/周。普通教室20个、专用教室16个、实验室4个。教职工130人，其中，副高级职称21人、中级职称32人。专任教师70人，本科及以上学历121人。开设教学班13个，其中，初中班2个、小学班11个。毕业23人、招生70人、在校生406人，其中，初中52人、小学354人，包括寄宿生406人，外省市借读生32人。网址：www.xxyysxx.com。

（高兰春）

【举办戏曲名家进校园活动】 3月19日，北京绿谷小香玉艺术学校举办戏曲名家进校园活动。邀请戏曲名家胡文阁、舒锦霞指导学校戏曲艺术教育工作。艺术家参观校园硬件设施，观看学生戏曲表演，示范并指导京剧《梨花颂》、越剧《天上掉下个林妹妹》手眼身法步。学校师生60人参加活动。

（高兰春　王迎）

【承办市小学语文“主题阅读”教学研讨活动】 6月5日，北京市小学语文“主题阅读”教学研讨活动在北京绿谷小香玉艺术学校举行。与会人员观看学校风采、学生节目展示，观摩5节主题阅读研究课，并参与互动研讨。北京市各区县小学语文教研员、骨干教师，平谷区各小学教育教学副校长、教务主任及骨干教师，研修中心、信息中心相关人员共500人

参加活动。

（高兰春）

【举办“现代教育大讲堂”】 6月12日，“现代教育大讲堂”——走进平谷区启动仪式在北京绿谷小香玉艺术学校举行。教育专家关鸿羽作《小习惯成就大未来》专题讲座，部分小学德育主任及小香玉艺术学校学生家长共600人听取报告。“现代教育大讲堂”是由北京教育新闻中心、北京教育音像报刊总社主办的，旨在推广科学家庭教育理念的公益讲座活动。至年底，在平谷区共举办3场。

（吴玉仙）

【开展教师“过关课”评比活动】 11月，北京绿谷小香玉艺术学校开展教师“过关课”评比活动。活动中教师授课力求充分调动学生自主学习能力，提倡同伴互助、小组合作交流的学习模式，营造和谐共进的“比、学、赶、帮、超”学习氛围，形成特色的班级文化。评出一等奖1人、二等奖3人、三等奖5人。教师46人参加。

（高兰春）

北京市平谷中学

【概况】 2015年，北京市平谷中学占地面积7.31万平方米、建筑面积6.60万平方米，体育场面积1.85万平方米。图书馆藏书12万册。固定资产总值7925.84万元。全年教育经费投入6795.64万元，全部为国家拨款。学校信息化经费投入200万元，拥有计算机400台，多媒体教室座位192个，校园网出口总带宽50Mbps，数字资源量200GB，“信息技术”课程2课时/周。普通教室54个、专用教室9个、实验室22个。教职工307人，其中，副高级职称162人、中级职称99人。专任教师185人，其中，特级教师2人、北京市级骨干教师3人、北京市学科教学带头人2人；本科以上学历280人。开设教学班44个。毕业781人、招生580人、在校生1713人，包括寄宿生740人。高中录取分数线504分（平谷区）。学校网址：www.pgzx.net。

（李晶　杜德胜）

【举办课堂改革成果展示】 1月11日，平谷中学举办课堂改革成果展示暨“走进高一年级”活动。活动展示高一年级政治、数学、化学等学科课堂改革成果。70名教师参加活动。

（杜德胜　邢海燕）

【举办首届摄影比赛】 3月14日至4月20日，平谷中学举办第一届“影之魂”摄影大赛。比赛征集高一、高二年级摄影作品745张。经组委会评选，评出一等奖5人、二等奖8人、三等奖12人。学生200人参加活动。

（杜德胜　邢海燕）

【开展学科拓展课程与社团活动】 4月7日，平谷中学开展高一年级学科拓展课程与社团活动。从50门课程中，投票选出14门课程开展。组建21个社团，涵盖美术、音乐、舞蹈、体育、文学等领域。高一年级学生580人参加活动。

（杜德胜　邢海燕）

【观看“中国礼乐文化”展演】 11月25日，平谷中学观看“中国礼乐文化”展演。演出分《诗》《书》《礼》《乐》4幕，继承孔子“礼”“乐”的美学思想，体现“以礼修身、以乐载道、以道育人”的艺术宗旨。演出由北京孔庙和国子监博物馆主办。在各大学及平谷中学巡演。高一、高二年级学生1000人观看演出。

（杜德胜　邢海燕）

北京市平谷区第五中学

【概况】 2015年，北京市平谷区第五中学分两址办学，谷丰路将校园分为东西两校区，东校区为高中部、西校区为初中部，两校区共占地面积8.74万平方米、建筑面积4.10万平

方米，体育场面积 2.50 万平方米。图书馆藏书 8.10 万册。固定资产总值 12077 万元。全年教育经费投入 7383.62 万元，其中，国家拨款 7188.33 万元、自筹经费 195.29 万元。拥有计算机 638 台，多媒体教室座位 82 个，校园网出口总带宽 638Mbps，数字资源量 200GB，“信息技术”课程初一、初二 1 课时/周；高一 2 课时/周。普通教室 76 个、专用教室 20 个、实验室 16 个。教职工 411 人，其中，高级职称 172 人。专任教师 258 人，包括特级教师 1 人、北京市骨干教师 5 人；本科及以上学历 258 人。开设教学班 58 个，其中，初中班 19 个、高中班 39 个。毕业 871 人，其中，初中 226 人、高中 645 人；招生 619 人，其中，初中 128 人、高中 491 人；在校生 2025 人，其中，初中 542 人，高中 1483 人。网址：www.pgwz.com.cn。

（盛景瑞）

【情景剧展演】　5 月 29 日，平谷五中举办践行社会主义核心价值观法治情景剧展演活动。活动依据评分标准，从剧本编写、表演技能等方面现场打分，经评选，高一、高二年级分别有 4 个班级获一等奖。24 个教学班 1072 名师生参加活动。

（盛景瑞）

【举办老教协支教活动】　9 月 2 日，平谷五中召开老教协支教活动启动会。城区教育研修学院和重点中学的特、高级教师 24 人参加活动，包括高中 18 人、初中 6 人，涉及语文、数学、英语等 9 个学科，每人负责一个备课组，每月老教协到平谷五中支教一次，支教期限为 1 年。北京老教协支教专家、平谷区老教协和区教委学科教研员、学校教师 250 人参加启动仪式。

（盛景瑞）

【开展联盟式教研】　11 月 25 日，平谷五中开展联盟式教研活动。活动以“校本课程和学科实践活动课程的实施及融合”为主题，初中部作 2015—2016 学年课程建设方案汇报，集体研讨校本课程和学科实践活动课程，观摩初中部校本课程和学科实践课程的课堂教学实况 36 节。北师大附中平谷一分校、平谷七中、夏各庄中学和该校教师 58 人参加活动。

（盛景瑞）

北京市平谷区第六中学（北京实验学校）

【概况】　2015 年 6 月 17 日，北京市平谷区第六中学与北京市立新学校联合办学，两校共同更名为北京实验学校。北京市平谷区第六中学为北京实验学校（平谷校区），学校占地面积 3.53 万平方米、建筑面积 2.37 万平方米，运动场地面积 1.20 万平方米。图书馆（室）藏书 6.52 万册、电子图书 15 万册，订阅杂志、报刊 203 种。固定资产总值 3969.48 万元。全年教育经费投入 4787.84 万元，全部为国家拨款。学校信息化经费投入 356.47 万元，拥有计算机 597 台，多媒体教室座位 1755 个，校园网出口总带宽 100Mbps，数字资源量 14GB，“信息技术”课程 2 课时/周。普通教室 34 个、专用教室 8 个、实验室 9 个。教职工 258 人，其中，高级职称 112 人、中级职称 87 人。专任教师 144 人，包括特级教师 1 人；本科以上学历 144 人。开设高中教学班 31 个。毕业 485 人，招生 319 人，在校生 1114 人，包括寄宿生 595 人，外省市借读生 11 人。高中录取分数线 424 分（平谷区），应届高考本科上线率57%。网址：www.hdlxzx.bjedu.cn/gaozhong。

（王雅梅　郭峰亭）

【语文自主阅读课成果展示】　1 月 6 日，平谷六中举办语文自主阅读课成果展示活动。活动以“弘扬传统文化 重温最美诗词”为主题，包括配乐诗朗诵、吟唱诗歌、现场以诗作画、古典舞表演、班级间古诗词背诵竞赛、作品知识竞赛、古诗词鉴赏、阅读体会交流、阅读笔记本和书签作品设计展示。高二年级师生 450 人参加活动。2014 年初，高二年级开设语文自主阅读课校本课程，此次展示活动是语文自主阅读课教学的一部分。

（王雅梅　郭峰亭）

【编印校本教材】　9 月 3 日，北京实验学校校本教材《高中生入学教育手册》和《学生成长手册》编印完成。两本教材均为 16 开本。《高中生入学教育手册》面向高一、高二学生发放，全书 3 万字，分为 5 讲，分别为“走进新学校”“走进新课程”“学会学习”“学会做事”“走向新优秀”，介绍北京实验学校、高中阶段课程设置、各学科学法指导等，指导学生如何适应高中学习和生活，成为一名合格的高中生。《学生成长手册》全书 5000 字，面向高三学生发放，指导学生规划自己的学习与生活。全书共 4 篇，分为“座右铭与班级誓言”“高三我的目标”“高三励志寄语”“月度学业规划”。第四篇结合高三日程安排，以月为单位，编印励志启迪故事，设计“本月学业完成情况”“自我反思评价”“成长感悟”“导师家长寄语”等空白栏，指导学生记录本月成长足迹，进行自我反思评价与自我激励。

（王雅梅　郭峰亭）

【启动任课教师导师制】　9 月，北京实验学校启动任课教师导师制。依据“学生个人申请、师生互选、年级处调整”相结合的原则，为每名学生选配导师，每名导师负责 4 至 6 名学生，在思想、生活、心理、学业、生涯等方面进行指导。学校成立导师制领导小组，制定《导师制实施方案》，召开导师培训会，将导师的工作情况记入教师业务档案等。1200 余名师生参加活动。

（王雅梅　郭峰亭）

【开展魅力课堂的研究与实践活动】

9—12月，北京实验学校开展魅力课堂的研究与实践活动。活动分为培训学习、行动研究、成果展示、总结提升4个阶段。培训学习阶段，由特级教师曾军良、王冬梅分别以《魅力课堂的新探索》《构建魅力课程培育魅力课堂》为题，对全体教师进行新理念和魅力课堂建设的专题培训；邀请海淀校区教师来平谷校区献课；组织51名骨干教师赴海淀校区观摩课堂教学，与海淀校区一体化教研。行动研究阶段，开展人人上“魅力研究课”活动，以备课组为单位组织说课、研课、磨课，以“提高课堂的学力，激发学习的活力，增强教学的魅力”为题，开展魅力课堂课题研究。成果展示、总结提升阶段，教研组共推荐15节典型课例在全校进行“魅力课堂”展示，组织教师进行跨学科观摩；以“聚集魅力课堂，探究教学真谛”为主题，举办魅力课堂教师论坛活动。全校教职工258人参加活动。

（王雅梅　郭峰亭）

【评选首届校园十佳之星】　10月19日，北京实验学校举行首届“校园十佳之星”颁奖典礼。10名学生分别被评为校级学习之星、服务之星、感恩之星、自强之星、进步之星、劳动之星、文明之星、守纪之星、体育之星和艺术之星，校长为每名“十佳之星”致颁奖词，佩戴绶带、荣誉胸牌并颁发荣誉证书，获奖代表发表获奖感言。“校园十佳之星”采用班级、年级、学校层层选拔的方式，每学期评选一次。学校还利用橱窗、广播、网站等宣传“十佳之星”典型事迹。全校师生1300余人参加活动。

（王雅梅　郭峰亭）

北京市密云县第三中学（北京市密云区第三中学）

【概况】　2015年，北京市密云县第三中学（北京市密云区第三中学）占地面积1.87万平方米、建筑面积1.04万平方米，运动场面积8300平方米。图书室藏书7.43万册。固定资产总值2152万元，包括教学仪器资产813.5万元。全年教育经费投入3641.92万元，全部为国家拨款。学校信息化经费投入13万元，拥有计算机450台，多媒体教室座位1460个，校园网出口总带宽100Mbps，数字资源量360GB，“信息技术”课程2课时/周。普通教室30个、专用教室12个、实验室6个。教职工138人，其中，高级职称33人、中级职称42人。专任教师109人，包括北京市骨干教师1人；本科以上学历131人。开设教学班30个。毕业437人、招生321人、在校生1132人。

（谭晓）

【参加中国汉字听写大会北京赛区冠军赛】　5月15日，密云三中5名学

生参加2015“中国汉字听写大会”全国巡回比赛北京赛区冠军赛。20名选手参加决赛，决赛分为4个组，采取两两对决形式，初一（10）班学生代表北京市参加第三届《中国汉字听写大会》全国总决赛。

（谭晓）

【举办4个学科综合实践活动】　10月21—22日，密云三中举办历史、地理、思想品德、生物学科综合实践活动。活动以“探访丝绸路，助力中国梦”为主题，学生分成小组，通过调查、实验、表演等方式，展示与丝绸之路相关的4个学科知识内容。学生321人参加活动。

（谭晓）

【举办说课大赛】　12月22日，密云三中举办说课大赛。比赛以“构建有意义的课堂学习”为主题，涉及语文、数学、英语等10个学科。教师17人分别从教材分析、学情分析、教学过程和教学反思等方面进行15分钟说课。经评比，6名教师获奖。

（谭晓）

北京市密云县河南寨中学（北京市密云区河南寨中学）

【概况】　2015年，北京市密云县河南寨中学（北京市密云区河南寨中学）占地面积3.33万平方米、建筑面积9175平方米，运动场面积1.83万平方米。图书室藏书2.43万册，电子图书5册。固定资产总值1374万元，包括教学仪器资产值431.65万元。全年教育经费投入1973.69万元，全部为国家拨款。学校信息化经费投入2.86万元，拥有计算机173台，多媒体教室座位378个，校园网出口总带宽1000Mbps，数字资源量3000GB，“信息技术”课程1课时/周。普通教室15个、专用教室11个、实验室5个。教职工75人，其中，高级职称17人、中级职称30人。专任教师50人，包括特级教师1人、北京市骨干教师2人；本科及以上学历50人。开设教学班12个。毕业114人、招生105人、在校生337人。网址hnzzx. miyunedu. net。

（赵福春）

【展示学生才艺和课外活动成果】　6月12日，河南寨中学举办“2015年学生才艺暨课外活动展示”活动。学校合唱队、舞蹈队以及课外活动兴趣小组展示活动成果，每个教学班推荐演出一至两个节目展示学生才艺。经评选，政治教师辅导的初一学生演出的《红岩魂》获得一等奖，并参加密云教委主办的“读名著”展演活动。

（赵福春）

【开展综合实践活动】　10月22日，河南寨中学开展蔡家洼玫瑰情园综合实践活动。各科教师结合学科特点，设计实践题目，每个班分成七八个小组，根据各科的活动题目，调查、测量、访问、操作，完成题目后交给教

师检查并给出等级，全部完成后给予奖励。初一、初二两个年级的学生参加活动。

（赵福春）

【科技小组获4个奖项】 至年底，河南寨中学科技小组研究项目获得4个奖项。“关于不同品种茶叶内茶多酚、亚硝酸盐含量与其浸泡时间、冲泡次数关系的调查研究”研究项目获“金鹏科技论坛”二等奖、第35届北京青少年创新大赛市级二等奖、大北农生物科技专项奖，“颜色、温度对瓢虫分布的影响”研究项目获创新大赛、金鹏科技论坛三等奖。

（赵福春）

北京市密云县古北口中学（北京市密云区古北口中学）

【概况】 2015年，北京市密云县古北口中学（北京市密云区古北口中学）占地面积8700平方米、建筑面积4022平方米，运动场面积5000平方米。图书室藏书1.41万册。固定资产总值1124.05万元。全年教育经费投入800.43万元，全部为国家拨款。学校信息化经费投入7.8万元，拥有计算机141台，多媒体教室座位480个，校园网出口总带宽1000Mbps，数字资源量752GB，“信息技术”课程1课时/周。普通教室6个、专用教室10个、实验室3个。教职工38人，其中，高级职称7人、中级职称12人。专任教师27人，包括北京市骨干教师1人；本科及以上学历27人。开设教学班6个，毕业59人、招生43人、在校生161人，包括寄宿生113人。网址：mygbkzx. miyunedu. net。

（刘东宝）

【开展课外小组活动】 3月3日，古北口中学开展课外小组活动。活动设学科知识拓展类、趣味兴趣类、文体艺术类3类18个课外小组。活动时间为每周二、三、四下午16:00至17:00，地点设在专用教室和各班教室。学生根据兴趣、爱好报名，每个课外小组不能超过20人。

（刘东宝）

【举办库北学区联片教研活动】 4月10日，古北口中学举办库北学区联片教研活动。密云三中作初二物理示范课，就课堂教学语言的有效性、课堂提问的指向性和有效性、学生主体作用、课堂时间分配四方面进行研讨交流。15名教师参加听课及研讨活动。

（刘东宝）

【展示学科学生素养】 10月16日至11月30日，古北口中学开展7个学科学生素养展示活动。学校制定语文、数学、英语、思品、地理、历史、生物学科学生素养展示活动方案，分全员准备、全员展示、优秀作品展示3个阶段。经评比，38人获学科学生素养展示一等奖、82人获得二等奖。

（刘东宝）

【举办青年教师评优课活动】 12月23—30日，古北口中学举办青年教师评优课活动。活动结合“古北口中学‘2115’合作学习”课堂教学模式，即：2——教师讲授时间不得超过20分钟，1——要有10分钟的笔头训练或当堂记忆的时间，1——要有10分钟的当堂检测，5——要有5分钟的师生共同小结，制定评优活动方案。评审小组依据新修订的中小学课堂评价指标，评选6名教师获得评优课一等奖、7名教师获得评优课二等奖。

（刘东宝）

北京市延庆县十一学校（北京市延庆区十一学校）

【概况】 2015年，北京市延庆县十一学校（北京市延庆区十一学校）占地面积1.90万平方米、建筑面积1.28万平方米，体育场面积1.38万平方米。图书室藏书7.82万册，电子图书2600册。固定资产总值3027.99万元。全年教育经费投入3259.78万元，全部为国家拨款。学校信息化经费投入269万元，拥有计算机432台，多媒体教室座位2520个，校园网出口总宽带200Mbps，数字资源量600GB，“信息技术”课程1课时/周。普通教室47个、专用教室10个、实验室7个。教职工172人，其中，副高级职称31人、中级职称66人。专任教师149人，包括北京市骨干教师3人；本科以上学历149人。开设教学班47个，其中，小学班24个、初中班23个。毕业456人，其中，小学169人、初中287人；招生396人，其中，小学169人、初中227人；在校生1758人，其中，小学979人、初中779人，包括外省市借读生61人。网址：www. yqsyxx. cn。

（焦立霞）

【开展课题阶段总结交流活动】 1月28日，延庆十一学校小学部开展期末课题成果阶段总结交流活动。活动围绕“转变教学方式，构建智慧课堂”主题，分为低段语数、中高段语数、科任等6个会场，从子课题确定、研究内容和改进策略措施等5个方面进行研讨和汇报。学校教师52人参加交流活动。

（王满）

【开展课堂教学评优活动】 3月9—20日，延庆十一学校小学部开展“最优杯”课堂教学评优活动。活动以“借助交互式电子白板的使用转变教与学的方式，构建智慧课堂”为主题，展示教师课题研究阶段成果，提炼教学特色等。经评委会评审，8人获一等奖。教师45人参加评优活动。

（王满）

【研讨精读课文整合课例】 9月24日，延庆十一学校举办语文精读课文整合课例研讨活动。语文教师作3节课并介绍作课思路，特聘专家与参研教师进行研讨，总结“以课外阅读辅助理解课文内容、精读课文与略读课文的整合、精读课文与相关联课外内容的整合”三种精读课文整合模式。学校教师30人参加活动。

（王满）

北京市延庆县第四中学（北京市延庆区第四中学）

【概况】 2015年，北京市延庆县第四中学（北京市延庆区第四中学）占地面积2.70万平方米、建筑面积1.36万平方米，体育场面积1.02万平方米。图书馆藏书5.25万册，电子图书3006册。固定资产总值3481.39万元。全年教育经费投入3300.90万元，全部为国家拨款。学校信息化经费投入28.76万元，拥有计算机292台，多媒体教室座位1412个，校园网出口总带宽100Mbps，数字资源量3000GB，“信息技术”课程1课时/周。普通教室30个、专用教室14个、实验室6个。教职工143人，其中，副高级职称21人、中级职称55人。专任教师96人，包括北京市骨干教师3人、北京市学科教学带头人1人；本科以上学历96人。开设教学班30个。毕业452人、招生271人、在校生1110人，包括寄宿生26人，外省市借读生15人。网址：www.bjyqsz.com。

（巴泓波）

【开展同根同源行走台湾活动】 2月

2—7日，延庆四中开展同根同源行走台湾活动。学生代表走进台北故宫博物院、中山纪念堂和日月潭等地，知悉传统历史，体验宝岛文化，探寻两地文化异同，并征集感悟心得59篇共计3万字。学生20人参加活动。

（巴泓波）

【评选校级骨干教师】 11月27日至

12月23日，延庆四中评选校级骨干教师。评审工作组依据评选条件审核23人材料，确定参评候选人。经过候选人45分钟课堂教学展示，专家组为同节课教学设计、课后反思量化打分以及公示等5个阶段，评选出校级骨干教师8人。

（巴泓波）

【开展学科实践课研究】 12月29日，延庆四中开展学科实践课研究。初三（3）班“科技馆之旅”，5组学生在液晶变色、磁悬浮列车、镜子迷宫等问题中，利用物理知识讨论科技馆观察记录；初二（10）班“走进天坛公园”，分组交流天坛公园地理位置、历史沿革、生物对公园建筑影响等内容。教研员及教师39人参加实践课研究。

（巴泓波）

北京市延庆县第一中学（北京市延庆区第一中学）

【概况】 2015年，北京市延庆县第一中学（北京市延庆区第一中学）占地面积7.59万平方米、建筑面积4.40万平方米，体育场面积2.25万平方米。图书馆藏书7.22万册，电子图书500册。固定资产总值9355万元。全年教育经费投入7778.13万元，全部为国家拨款。学校信息化经费投入914.5万元，拥有计算机728台，多媒体教室座位2720个，校园网出口总带宽100Mbps，数字资源量440GB，“信息技术”课程1课时/周。普通教室45个、专用教室20个、实验室12个。教职工261人，其中，副高级职称88人、中级职称74人。专任教师179人，包括特级教师3人、北京市骨干教师4人、北京市学科教学带头人2人；本科以上学历243人。开设教学班45个。毕业576人、招生580人、在校生1648人，包括寄宿生452人。高中录取分数线518分（延庆县）。网址：www.bjyqyz.com.cn。

（吴东华）

【高中教育集团研讨会召开】 4月16日，延庆一中召开延庆县高中教育集团第一次工作研讨会。依据《高中教育集团章程》，延庆一中、延庆三中、延庆五中校长分别提出本校实施意见。县高中教育集团成立于3月25日，由延庆一中、延庆二中、延庆三中和延庆五中4所高中学校组成，成员校共同开展探索学校办学新模式、加强教师队伍建设、推进高中课程改革等7项工作。高中教育集团成员单位校长、德育校长和主任20人参加会议。

（吴东华）

【举办高中辩论赛】 5月20日，延庆一中举办“思高杯”辩论赛。高一和高二两个年级各4人参加决赛。辩题为“网络对传统语言起促进作用VS网络对传统语言起阻碍作用”，高一年级为正方、高二年级为反方，以现场辩论形式，经评比，高二年级获胜。“思高杯”辩论赛由市思高教育培训机构延庆分部赞助举办。

（吴东华）

【成立第二个劲牌慈善阳光班】 9月

15日，延庆一中与劲牌公司举行第二个“劲牌慈善阳光班”签约仪式。学校从高一新生中选拔特优、特困生50人组成“劲牌慈善阳光班”。公司定期资助，除寒暑假，一年按10个月计算，每人每年资助4000元，每个学生每月领取400元生活费，直到高三毕业。“劲牌慈善阳光班”开设于2014年，两个“阳光班”共100人接受资助。劲牌公司、县慈善协会、县教委等20人参加签约仪式。

（吴东华）

北京师范大学燕化附属中学

【概况】 2015年，北京师范大学燕化附属中学占地面积4.11万平方米、建筑面积2.59万平方米，体育场（馆）面积1.75万平方米。图书馆藏书16万册，电子图书25万册。固定资产总值8135.79万元。全年教育经费投入564.8万元，其中，国家拨款516.2万元、自筹经费48.6万元。学校信息化经费投入260万元，拥有计算机450台，校园网出口总带宽8Mbps，数字资源量3000GB，“信息技术”课程2课时/周。普通教室50

个、专用教室 6 个、实验室 9 个。教职工 143 人，其中，副高级职称 46 人、中级职称 54 人。专任教师 105 人，包括特级教师 1 人、北京市学科教学带头人 1 人；本科以上学历 119 人。开设高中教学班 28 个。毕业 335 人、招生 372 人、在校生 1020 人。高中录取分数线 416 分（燕山地区）。网址：www.bsdyhfz.cn。

（李蓓）

【开放乐高机器人活动教室】　3 月 24

日，北师大燕化附中首次开放乐高机器人活动教室。接待学生 36 人，培养学生科技素养。该教室于 2014 年获批北京市专项资金建设，2015 年购置科学与技术套装、EV3 机器人套装和机器人备件套装等设备，绿色城市套装、FLL 场地等设施，可以开设初级、高级机器人课程。

（李蓓）

【成立石化科技俱乐部】　5 月 21 日，

北师大燕化附中石化科技俱乐部启动。该俱乐部成员由高一、高二年级的石化科技实验班学生组成，主要开展依托燕山石化的技术装备、人力资源，依托北师大的科研技术开展特色动手创新实验项目及综合性实践活动。启动仪式上，北京航空航天大学陈光教授为石化科技俱乐部成员作题为《航空发动机》的航空科普报告。学生展示课题“净化器的过滤膜”“多功能纳米层压织物研究”“机器人抓捕物品”等。

（李蓓）

【举办第三届京师教师发展论坛】　11 月 21 日，北师大燕化附中举办第三届京师教师发展论坛暨北师大燕化附中 30 年希望教育发展研讨会。学校老校长回顾北师大与燕化公司、燕山办事处合作办学 30 年历程，展望合作办学的未来。校长阐述“希望教育”办学思想内涵和实践经验，介绍学校在希望德育、希望课程、藏生教育、石化科技翱翔等方面构建的办学特色。北师大附校、燕山工委和燕山办事处、燕化公司及燕山地区中小学教师、校友、家长等共 900 人参加活动。

（李蓓）

民　族　教　育

【概况】　2015 年，北京市有民族学校 41 所，其中，民族中学 7 所、九年一贯制民族学校 2 所、民族小学 32 所；教职工 2432 人，其中，少数民族教职工 394 人，专任教师 2021 人；在校生 23697 人，其中，少数民族学生 6854 人。民族中学分布在西城、朝阳、海淀、门头沟、通州、大兴、怀柔 7 个区；民族小学分布在东城、西城、朝阳、海淀、昌平、通州、顺义、大兴、房山、怀柔、密云、延庆 12 个区县。内地新疆高中班办班学校 11 所，在校生 4570 人；内地西藏班（校）5 所，在校生 1150 人；内地青海班 4 所，在校生 382 人。

（陆小红）

【召开创造活力大课堂现场会】　4 月 9 日，北京市民族教育学会召开“整合丰富教育资源　创造活力大课堂”现场

会。东城回民实验小学作题为《立足资源整合培育民族之花》的发言，6 名教师作优质与活力兼具的教学观摩课 5 节。会议表彰开展“整合运用中华民族园教育资源，促进学校民族团结教育持续发展”教育实践专项研究的 20 所学校，汇编成册优秀研究成果 51 篇，出版《走进中华民族园教育实践指导手册》。市民族教育学会、东城区教委负责人和教师 110 人参加现场会。

（陆小红　王振清）

【举办教师民族艺术培训】　4 月 10 日，

市教委在北京景山学校组织举办北京市葫芦丝、竹竿舞教师培训班。培训班由北京市民族教育学会负责组织，景山学校的两名教师通过讲座和技术指导开展培训。来自全市各区县的 75 名教师参加学习。市教委为推进“葫芦丝”和“竹竿舞”活动的开展，为百所中小学校免费配备葫芦丝和竹竿。

（陆小红　王振清）

【举办《学校民族团结教育指导纲要（试行）》专题培训会】　5 月 14 日、10 月 22 日和 11 月 19 日，北京市民

族教育学会分别与房山区、怀柔区和通州区教委联合举办教育部办公厅、国家民委办公厅联合印发的《学校民族团结教育指导纲要（试行）》培训暨经验交流会。北京市民族教育学会会长作辅导报告，参观房山区窦店中心小学、怀柔区杨宋镇中心小学和通州区张家湾镇中心小学校园文化建设，观看师生民族文化项目展示，观摩数学、语文、品社、美术等课程。北京市宣武回民小学校长、海淀区双榆树中心小学校长、房山区窦店中心小学校长、怀柔区杨宋镇中心小学校长和张家湾镇中心小学校长分别作学校开展民族团结教育的经验介绍。市教委、市民委、市民族教育学会，及房山区、怀柔区和通州区教委代表，各小学校长、教师 250 人参加活动。

（陆小红）

【召开北京市民族教育学会第二届理事大会】　6 月 13 日，北京市民族教育学会第二届理事大会召开。会长作《北京市民族教育学会换届工作筹备情况的报告》，审议并通过第一届理事会工作报告、第一届理事会财务情况报告、第一届监事会工作报告、学会章程“修正案”和第二届理事会选举办法，选举产生第二届理事会理事、常务理事、会长、副会长、秘书长、监事会。会议为 22 所第二批民族团结教育示范学校颁牌。教育部民族教育司、国家民委教育科技司、市政协民族和宗教委员会、市教委、市民委等单位领导，各区县教委、民委主管民族教育的部门主任，各民族学校、内地民族班学校、民族教育学会会员学校的校长和教师代表，第二批民族团结教育示范学校校长，部分民族单位和教育研究部门代表及热心民族教育、民族团结教育工作的社会各界人士，新闻单位代表共 360 人参加会议。

（王振清　陆小红）

【举办非遗民族文化教师培训班】　10 月 14 日，北京市中小学教师“面塑、软陶技艺培训班”在北京市第七中学开班。培训班由北京市民族教育学会组织，指导教师由民间艺术家俞正顺担任。培训分 10 个单元，每单元培训时间 1 天。10 所中小学的 12 名教师参加学习。俞正顺为北京市特级教师，被联合国教科文组织及中国民间艺术协会授予非物质文化遗产传承人证书。七中是西城区非物质文化遗产培训基地。培训班的举办为进一步贯彻落实教育部《完善中华优秀传统文化教育指导纲要》，传授非物质文化遗产面塑、软陶技艺，帮助学校开设新的校本课程、丰富校本课程内容起到积极作用。

（陆小红）

【举办风筝技艺教师培训班】　10 月 20 日，北京市回民学校举办北京市第二届风筝制作初级培训班。培训班学习风筝发展史、风筝类别、风筝比赛规则等相关知识。探讨如何在学校开好风筝技艺课程及与文化课对接等问题。培训班学员制作硬翅、软翅、板子、无骨架等 6 种风筝。8 个区县 15 所学校的 20 名教师参加培训。

（陆小红）

【举办中央民族工作会议专题研修班】　12 月 2—4 日，市教委、市民委联合举办“北京市深入学习中央民族工作会议、第六次全国民族教育工作会议精神专题研修班”。全国人大民委副主任就依法治国中如何做好民族工作进行重点解读；中国社科院院长助理作《解决民族问题：在国际比较中坚定自信》专题讲座；教育部民族教育司副司长作《第六次全国民族教育工作会议精神》专题辅导报告；中国社科院世界宗教研究所所长作《全球化的宗教及其对中国的影响》专题讲座；市民族教育学会专题介绍“北京市学校开展民族团结教育的基本经验”。该研修班由北京市民族教育学会承办，来自各区县教委主管民族团结教育工作的负责人，全市 204 所中小学校长、书记及德育主任共 319 人参加培训。

（陆小红　王振清）

民族教育学校

北京市东城区回民小学

【概况】　2015 年，北京市东城区回民小学占地面积 4426 平方米、建筑面积 7558 平方米，体育场面积 1860 平方米。图书室藏书 2.5 万册，电子图书 500 册。固定资产总值 1139 万元。全年教育经费投入 1592 万元，全部为国家拨款。学校信息化经费投入 20 万元，拥有计算 126 台，多媒体教室座位 616 个，校园网出口总带宽 10Mbps，数字资源量 500GB，“信息技术”课程 20 课时/周。普通教室 22 个、专用教室 10 个、实验室 1 个。教职工 67 人，其中，高级职称 2 人、中级职称 38 人。专任教师 51 人，本科以上学历 47 人。开设教学班 22 个。毕业 59 人、招生 114 人、在校生 663 人，包括回族学生 165 人，外省市借读生 136 人。网址：www.dchx.org.cn。

（袁侨）

【成立球迷俱乐部】　4 月 30 日，东城

回小成立“球迷俱乐部”。俱乐部包括啦啦队、宣讲队、服务队、足球文化传承队等，定期举办球迷讲座，普及足球知识。由校长担任主席，家长、教师、学生代表30人组成理事会。

（芦平）

【举办民族文化节】　5月6日，东城

回小举办第六届民族文化节暨“传承民族魂·舞动中国梦”民族文化节五周年庆祝活动。活动设民族文化节、民族教育梦和民族徽章共3个篇章，包括观看“共享‘民族文化节’·共筑‘民族教育梦’”专题短片、回顾历届文化节展演、举办“滋养心灵的民族文化”“印在心中的民族徽章”“乐在心头的民族游戏”“涤荡心灵的民族歌舞”主题活动。市民委、区民委及区教委领导，东直门、朝阳门、建国门学区及东城回民实验小学师生30人参加活动。

（芦平）

【初次尝试SOI学习能力训练课程】　9月19日，在一年级3个教学班开展SOI学习能力训练课程。课程包括学习能力训练、感觉综合训练、视知觉训练等内容，是一门符合学生认知发展水平的专业训练课程。通过实践发现，学生对此课程非常感兴趣，可以在课上亲自动手实践、参与，在动手动脑的过程中学习知识和本领，提高发现、分析、解决问题的能力，对一些不良的思维形式起到很好的纠正作用。

（孙晓楠）

北京市东城区回民实验小学

【概况】　2015年，北京市东城区回民实验小学占地面积3456平方米、校舍建筑面积5184平方米，运动场地面积781平方米。固定资产总值1312.98万元，包括教学仪器资产值660.37万元。图书馆（室）藏书1.37万册。全年教育经费投入935.48万元，全部为国家拨款。学校信息化经费投入107.51万元，拥有计算机133台，多媒体教室座位156个，校园网出口总带宽100Mbps，数字资源量26GB，“信息技术”课程1课时/周。普通教室16个、专用教室8个。教职工58人，其中，高级职称5人、中级职称35人。专任教师41人，包括特级教师1人、北京市学科教学带头人1人；本科以上学历39人。开设教学班16个。毕业76人、招生71人、在校生458人。网址：hm.cwedu.gov.cn。

（郭增杰）

【举办“追星·寻美”主题活动】　10

月26日，东城回民实验小学举办“追星·寻美”主题活动。活动以“追星路上我成长·四美少年我最棒”故事会形式展开。学生将在家庭、学校、社区“追星·寻美”的学习成长历程，以讲故事的方式进行回顾与交流，体现学校在推进基础教育课程改革方面的创新举措。北京教育科学研究院、北京市民族教育学会、东城区教委相关负责人和学生家长代表共462人参加活动。

（郭增杰）

【举行特级教师献课】　12月3日，“做语文的儿童，教儿童的语文”教学研讨暨特级教师献课活动在东城回民实验小学举行。献课内容包括语文特级教师王文丽、刘燕君的两节语文阅读指导课。活动传递的理念是“在语文的世界里我们每一个人都是孩子，关注孩子独特的价值体验十分必要”。市德育研究中心主任，媒体记者，大兴区、东城区语文教师等共计106人参加活动。

（郭增杰）

【开展博物馆讲座】　12月17日，东城回民实验小学举办主题为“走进紫禁城，了解皇城文化”的博物馆讲座。邀请北京博物馆十佳志愿讲解员为全体师生及家长代表进行讲解。内容由故宫博物院的“色彩”，拓展到博物院的“建筑特点”“特色装饰”“皇城文化”等几个方面，引领全体师生“走进”故宫博物院。活动旨在激发学生的探究欲，丰富师生、家长对“紫禁城”的文化认知，对民族传统文化的热爱。共计478人参加。

（郭增杰）

北京市回民学校

【概况】　2015年，北京市回民学校占地面积5.17万平方米、建筑面积3.43万平方米，运动场地面积1.37万平方米。图书馆藏书10万册，包括电子图书1万册。固定资产总值7407.51万元。全年教育经费投入9912.10万元，其中，国家拨款9795.19万元、自筹经费116.91万元。学校信息化经费投入470万元，拥有计算机733台，多媒体教室座位100个，校园网出口总带宽50Mbps，数字资源量6.5TB，“信息技术”课程2课时/周。教职工215人，其中，高级职称66人、中级职称72人。专任教师189人，包括北京市骨干教师1人；本科以上学历162人；少数民族50人。开设教学班44个，其中，初中班20个、高中班24个。毕业512人，其中，初中271人、高中241人；招生427人，其中，初中196人、高中231人；在校生1326人，其中，初中602人、高中724人，寄宿生540人，少数民族342人。高中录取分数线487分（西城区）。网址：www.bjhmxx.com。

（魏征）

【举办西城区首届校园足球嘉年华】　4月13日，回民学校举办西城区首届校园足球嘉年华活动。活动包括足球文化名家讲坛、花式足球表演、足球

趣味项目等。区委、区教委、北京国安足球队部分球员与1000余名学生、家长参加活动。该活动由西城区教委主办。

（魏征）

【举办全国民族团结教育进学科课堂研讨观摩活动】 5月7—8日，回民学校举办纪念全国民族中学教育协会建会20周年、北京市回民学校建校90周年暨民族团结教育进学科课堂研讨观摩活动。活动展示语文、数学、物理、地理、体育、校本课程等学科的课例，就“民族团结教育进学科课堂”的方式和效果等问题进行评课交流和主题研讨。来自23个省、市、自治区的100余名民族学校的教师参加活动。

（魏征）

【举办90周年校庆系列活动】 9月，

回民学校举办建校90周年校庆系列活动。活动以“温情相聚、回首成长”为主题，听取校长介绍学校90年成长历程、办学特色和取得的成绩，举办校友书画展、校友返校日、校庆庆典等活动。校友和师生共1000人参加校庆活动。回民学校于1925年4月24日建校；1949年10月，学校前身成达师范、西北中学和燕山中学一起，组建新中国成立后第一所少数民族学校——国立回民学院；1963年，更名为北京市回民中学；“文化大革命”时期更名为北京市第一三五中学；1979年6月恢复北京市回民中学校名；1985年8月回民中学和北京市第六十八中学合并，改名为北京市回民学校。

（魏征）

北京西藏中学

【概况】 2015年，北京西藏中学占地面积3.59万平方米、建筑面积2.81万平方米，体育场面积1.06万平方米。图书室藏书5.05万册，电子图书1595GB。固定资产总值5018万元。全年教育经费投入5306万元，其中，国家拨款5255万元、自筹经费51万元。学校信息化经费投入70万元，拥有计算机356台，多媒体教室座位192个，校园网出口总带宽100Mbps，数字资源量3GB，“信息技术”课程2课时/周。普通教室20个、专用教室17个、实验室6个。教职工112人，包括副高级职称32人、中级职称26人。专任教师60人，包括本科及以上学历60人。开设教学班18个。毕业269人、招生265人、在校生793人，全部为藏族等少数民族学生。网址：bjxzzx.bjedu.cn。

（曾丽　张一帆）

【举办艺术团展演活动】 5月16日，西藏中学举办艺术团展演活动。影视社、藏文社、格桑花舞蹈队、声乐队、健美操队、街舞社和美术社7个社团，根据社团特点，分别展示影视作品、民族舞蹈、街舞、啦啦操、钢琴联奏、独唱、小合唱、小品和美术作品等活动成果。学校师生300人参加活动。

（曾丽　张一帆）

【开展“博识课堂”活动】 10月29

日，西藏中学开展“博识课堂”走进中国科技馆系列活动首场活动。数学、物理、生物、化学等学科教师与科技馆辅导员共同设计研究性学习单，使学生体验带着问题自主开展研究性学习。学校师生280人参加活动。

（曾丽　张一帆）

【开展主题教育活动】 12月9日，西藏中学各团支部开展“以史为鉴，努力学习，开创未来，报效国家”主题教育活动。活动旨在提醒学生不可忘记历史的教训，珍惜当下良好的学习环境，心系祖国命运与民族前途。活动为期一周，采取课间操时间在教室内观看校园电视台直播的形式，观看“一二·九”运动、南京大屠杀的历史视频资料，聆听校团委学生会“趁着年轻努力学习”的倡议，学生通过自主学习，以手抄报、学习心得撰写等形式交流学习成果。

（曾丽　张一帆）

北京市海淀区民族小学

【概况】 2015年，北京市海淀区民族小学占地面积2.86万平方米、建筑面积1.49万平方米，体育场（馆）面积0.88万平方米。图书馆藏书4.87万册，订阅杂志、报刊46种。固定资产总值8020.49万元。全年教育经费投入5671.53万元，全部为国家拨款。学校信息化经费投入468.69万元，拥有计算机562台，多媒体教室座位1855个，校园网出口总带宽200Mbps，数字资源量1.2TB，“信息技术”课程1课时/周。普通教室43个、专用教室10个。教职工84人，其中，副高级职称1人、中级职称38人。专任教师82人，包括市级骨干教师1人；本科及以上学历81人。开设教学班43个。毕业190人、招生339人、在校1579生人。网址：www.hdminzuxx.bjedu.cn。

（马万成）

【开展“给习爷爷写封信”活动】 3月2日，海淀民族小学启动“给习爷爷写一封信”活动。活动围绕“践行社会主义核心价值观”主题，向习近平总书记汇报自己践行社会主义核心价值观的成绩和进步。5月中旬，学校将师生所写信件汇集并将内容整合，邀请1名书法社团三年级学生誊写，随信附上5张学生开展践行社会主义核心价值观活动的照片，邮寄到中南海。中办负责人通过电话回复，对学校1年多来开展践行社会主义核心价值观教育活动给予肯定，激励学生将学习和践行社会主义核心价值观的活动继续深入开展下去，同时祝学生健康快乐成长。全校师生1663人参与活动。

（窦丽娜）

【与新疆墨玉教师开展学习交流】 4月17—26日，新疆墨玉县第二小学干部教师在海淀民族小学学习交流。墨玉二小5名教师参观校园，听取民族小学发展变化和管理思路介绍，座谈研讨德育、教学、少先队工作，跟随班主任参与所在班级学生管理，与学科教师交流教学体会。学习期间，参加校级和区级教研活动8次。

（马万成）

【举办主题队日活动】 5月30日，海淀民族小学举办“红领巾相约中国梦——今天我入队争当好队员”主题队日活动。当天为习近平总书记到民族小学视察工作一周年，民族小学所在双榆树学区举行少先队入队仪式，全体少先队员重温习总书记到民族小学考察的情景，汇报开展践行社会主义核心价值观活动情况及取得的成效，表示要牢记习爷爷嘱托，积极向上，“做最好的自己，在自己最好的方面”。高年级学生为2892名一年级新队员佩戴红领巾，宣告正式入队。团中央、北京市、海淀区有关领导参加活动。2014年5月30日，习近平总书记到海淀民族小学，参加入队仪式，并面向全国少年儿童提出培育和践行社会主义核心价值观十六字要求：记住要求、心有榜样、从小做起、接受帮助。

（崔艳）

【评选明星教师】 9月10日，海淀民族小学开展明星教师评选活动。活动依据“学生喜欢、家长满意、同行佩服、领导赏识、自我认同”评选标准，采取学生访谈、家长问卷调查、教师自评和互评、校务会推荐、党组织讨论等方式，最终，8名教师当选，并由学校颁发证书。全校师生及家长3000人参加活动。

（王晶）

【成立6个青年教师工作室】 10—12月，海淀民族小学成立6个青年教师工作室。该项工作由北京市“高参小”项目及科研院所支持并实施，分别为语文、数学、美术、科学、英语、综合实践学科工作室，共有学员20人，学校聘请中央教育科学研究院专家及首都师范大学初等教育学院学科教师6人担任指导教师，每个工作室由1名指导教师、2～4名青年教师组成。至12月，共开展研修活动27次。2014年9月，市教委启动“北京市高校、社会力量参与小学体育美育发展”项目，满足小学教育特色发展对高水平师资和课程团队的需求，也为高校师范教育转化培养成果和选择实训基地提供便利。

（于佼月）

【获全国优秀少先队集体称号】 12月，海淀民族小学少先队大队获得“全国优秀少先队集体”称号。该表彰活动由共青团中央、教育部、全国少工委联合组织。2015年，全国共有200个单位获得“全国优秀少先队集体”称号。

（崔艳）

中央民族大学附属中学

【概况】 2015年，中央民族大学附属中学占地面积2.27万平方米、建筑面积2.28万平方米，体育场（馆）面积4293平方米。图书馆藏书20153册。固定资产总值7411.33万元。全年教育经费投入10302.86万元，其中，国家拨款5778.08万元、自筹经费4524.78万元。学校信息化经费投入156万元，拥有计算机260台，多媒体教室座位1700个，校园网出口总带宽25Mbps，数字资源量100GB，“信息技术”课程2课时/周。普通教室44个、专用教室20个、实验室6个。教职工181人（少数民族26人），其中，副高级职称50人。专任教师137人，包括特级教师3人、市级骨干教师1人；专任教师本科及以上学历136人。开设教学班44个。毕业636人；招生910人；在校生2411人，全国24个省区、地区民族学生52人寄宿学习。应届高考本科上线率100%。网址：www.Mdfz.com.cn。

（孙立清）

【与丰台区教委合作办学】 2月4日，民大附中与丰台区教委及王佐镇政府合作办学。经中央民族大学、海淀区教委、丰台区教委及王佐镇政府共同协商，决定在丰台区合作举办丰台王佐学校，王佐学校更名为中央民族大学附属中学丰台实验学校，此举意在满足当地群众和企业人才对优质教育的需求，是完善丰台区教育新地图、促进区域教育优质均衡发展的新举措。该协议为期3年。王佐学校成立于2003年，为九年一贯制公立学校，占地面积5.34万平方米，有教职工161人，39个教学班。学生1406人，其中，中学生507人、小学生899人。

（孙立清）

【校长兼任海淀实验中学校长】 2月

27日，民大附中校长田琳兼任海淀实验中学校长。海淀区委教育工委、区教委与中央民族大学合作，开启合作办学新模式，通过名校办分校、名校长兼普通学校校长等举措，扩大优质教育资源覆盖面，促进海淀教育优质均衡发展。聘任仪式上，宣读聘任田琳兼任海淀实验中学校长决定，为田琳颁发校长聘书。中央民族大学、海淀区委、海淀区委教育工委、海淀区教委相关领导参加聘任仪式。

（孙立清）

【列入优质高中教育资源校】 5月，民大附中首次列入北京市优质高中资源统筹校。2015年民大附中面向北京市投放310个招生指标，各区县均有名额，在所有“统筹二”招生学校中，民大附中是唯一办学点在海淀区本部且面向全市招生的学校。高考时，学生可以享受户籍区县的优惠高招政策。考入民大附中后，高一实行大平行班制，高二、高三年级实行分层教学管理，统一寄宿，北京学生可以享受“双培计划”和“外培计划”。

（孙立清）

【组织师生赴民族地区支教】 6月

13—26日和7月18—30日，民大附中组织师生赴民族地区支教。6月，组织高三年级教师52人编成6个支教团，分别到青海、云南、四川、宁夏等民族地区11所中学开展支教帮扶活动和民族团结教育活动。7月，由学校教师带队，72名学生志愿组成4个支教团，分别赴甘肃、云南、广西、四川等民族地区开展“阳光路上、爱在四方”民族团结教育活动。支教师生尊重当地民族风俗习惯，调研民族地区基础教育现状和需求，了解当地学生生长环境和文化；与当地教师开展同课异构活动，与学生交流畅谈梦想。课后与当地教师开展教学交流，举办座谈会，与学生交流民族手工制作工艺和绘画技巧。

（孙立清）

【与民族地区签订共建发展协议】 7月23日，民大附中与青海尖扎县教育局签订共建合作发展协议。民大附中2012年牵头成立“共美教育联盟”，搭建将首都优质教育资源惠及民族地区的交流平台，主动承担民族地区多批次教师免费到校挂职学习任务。2009年至2015年，学校先后与吉林通榆蒙古族学校、内蒙古乌兰察布右旗一中、湖南怀化湖天中学、海南凌水县人民政府、浙江景宁畲族自治县、贵州雷山民族中学、广西民族高中、河北兴隆县、云南德宏教育局、芒市人民政府、四川凉山民族中学、青海尖扎县教育局、广西环江毛南族自治县、宁夏同心县等民族地区自治县及民族学校签订共建合作发展协议。

（孙立清）

北京市昌平区西贯市回民小学

【概况】 2015年，北京市昌平区西贯市回民小学占地面积1.33万平方米、建筑面积2726平方米，体育场面积5396平方米。图书室藏书1.15万册，电子图书68册。固定资产总值1420.02万元。全年教育经费投入591万元，全部为国家拨款。学校信息化经费投入8万元，拥有计算机148台，多媒体教室座位223个，校园网出口总带宽15Mbps，数字资源量60GB，“信息技术”课程1课时/周。普通教室9个、专用教室9个、实验室1个。教职工23人，其中，中级职称13人。专任教师22人（回族教师16人），本科以上学历19人。开设教学班7个，其中，小学班6个、学前班1个。毕业33人、招生30人，在校生183人，包括回族学生48人。

（包雪莲）

【成立家长委员会】 10月16日，西贯市回民小学成立家长委员会。家委会聘请28名家长作为学校家委会成员，通过家委会章程，选举家委会负责人。开展第一期家教讲座，邀请原昌平第二中学教学主任作题为《如何辅导孩子在家学习》的讲座，从怎样培养孩子的倾听能力、培养孩子良好的学习习惯、正确回答孩子的提问等方面指导家长教育孩子。168名家长参加讲座。

（包雪莲）

【开展“亲农耕”体验活动】 11月20日，西贯市回民小学开展“亲农耕”活动。师生、家长在体验园开展以农业为主题的实践活动课程，学生按年级开展自然拓画、五谷画和手工皂制作等活动。学校师生、家长214人

参加活动。

（包雪莲）

【召开中国传统节日主题班会】 12月28日，西贯市回民小学召开“了解传统节日内涵，弘扬优良传统文化”主题班会。邀请北京化工大学学生分别走进6个年级课堂，组织学生用不同方式开展主题教育活动。低年级以“春节”为主题，围绕如何过春节、春节的习俗、春节的特色饮食等问题开展小组讨论研究；中年级以清明节为主题，以小组探究、课前调查的方式进行“清明节活动”的探究；高年级以端午节为主题，以亲身体验、小组合作的形式对端午节的来历、习俗、活动等进行探究。学校师生176人、化工大学学生8人参加活动。

（包雪莲）

北京市怀柔区长哨营满族中学

【概况】 2015年，北京市怀柔区长哨营满族中学占地面积9378平方米、建筑面积5104平方米，运动场地面积2473平方米。图书馆藏书0.4万册。固定资产总值566.46万元。全年教育经费投入445万元，全部为国家拨款。学校信息化经费投入265万元，拥有计算机135台，专业教室7个，校园网出口总带宽100Mbps，数字资源量30GB，“信息技术”课程1课时/周。教职工35人，其中，高级职称1人、中级职称6人。专任教师27人，本科以上学历35人，少数民族教师3人。开设教学班6个。毕业38人、招生26人、在校生106人，其中，寄宿生94人，少数民族生60人。

（邵平）

【开展读书日活动】 4月23日，长

哨营满族中学开展读书日活动。活动以“书香满校园”为主题，通过召开主题班会、制作读书格言书签、搜集热爱读书名人名言等形式，宣传读书意义。每天第八节课为阅读课，学生分班级到图书阅览室阅读，摘抄好词好句，提高写作能力。学生112人参加活动。

（邵平）

【评选教学改革评优课】 4—5月，长哨营满族中学开展校级教学改革评优课活动。课改工作组听取一线教师课堂教学，评分研讨。根据得分，评出一等奖2人、二等奖4人、三等奖4人。教师12人参加评选。

（邵平）

【举办法制安全讲座】 11月3日，长哨营满族中学举办法制安全讲座。邀请法制副校长作题为《学习法律，做合格公民》法制教育专题讲座，介

绍什么是犯罪，并结合未成年人违法犯罪的案件，剖析未成年人违法犯罪动机、诱因和危害，讲解相关的法律条文。师生140人参加学习。

（邵平）

特　殊　教　育

【概况】 2015年，北京市基础教育阶段有特殊教育学校20所，其中，盲校1所，聋校2所，培智学校13所，综合类学校4所。残疾学生7795人，其中，在特殊教育学校就读学生2528人，在融合教育学校就读的残疾学生4678人，在普通学校特教班就读的残疾学生139人，接受送教上门服务的残疾学生450人；各类残疾学生中智力残疾学生1002人，精神残疾学生（含孤独症学生）481人，听力残疾学生475人，视力残疾学生245人。教职工1207人，其中，专任教师1000人；普通中小学承担融合教育教学工作的教师20612人。建有资源教室的学校290所，共有专、兼职资源教师565人；担任特教班教学的教师50人，为重度残疾学生提供送教上门服务的教师及其他人员262人。市级特殊教育中心1个，区县级特殊教育中心14个。融合教育学校1017所，其中，小学641所、中学376所，特教班22个。

（张琳）

【印发特殊教育工作先进奖励暂行办法】 2月4日，市教委、市人力社保局、市民政局、市残联联合印发《北京市特殊教育工作先进集体和先进个人奖励暂行办法》。办法对先进集体、个人的评选范围，评选周期以及表彰名额做出限定。从指导思想、办学理念、办学行为规范、师资队伍建设、教学成果和社会认可度等几方面设置特殊教育工作先进集体参评条件；从工作热情、工作能力、工作成果等方面设置特殊教育工作先进个人参评条件。明确评选工作的组织领导方式及各工作组、各部门工作职能。评选程序包括推荐、上报、初审、审定、公示、表彰等。要求各级部门严格按照评选程序开展工作，坚持以精神奖励为主的原则对获奖集体、个人进行表彰。办法自3月20日起施行。

（孙晓楠）

【东城特教学校举办普特融合活动】 4月17日，北京市东城区特殊教育学校与北京市第一六六中学举办普特融合活动。学校初、高中聋生与一六六中高二生命科学班的学生共同走进中国科技馆，开展社会大课堂融合活动。两校学生合作开展参观体验、绘制科普小报、有奖知识竞答等多元学

习活动。

（郭莉）

【石景山培智学校研讨“双学籍”融合教育】 6月18日，北京市石景山区培智学校举办“双学籍”融合教育研讨会。特殊支持教育中心作2015年双学籍工作汇报，5所融合教育参与学校分别介绍融合教育前期准备、实施过程、工作成效、存在问题等，通过图片、视频等方式展示“双学籍”参与学生的变化。石景山区特殊支持教育中心、分院附属小学、石景山实验小学、古城第二小学等各融合教育参与学校负责人及双学籍家长代表参加研讨会。

（张莉）

【北京盲校庆祝国际盲人节】 10月15日，北京市盲人学校举办庆祝第32个国际盲人节“铭记历史”爱国主义教育主题活动。活动包括成立校园志愿者团队，杜比实验室国际技术服务（北京）有限公司向学校捐赠的杜

比7.1环绕声系统正式投入使用，选取《对岸的战争》无障碍影片，通过对淞沪战役的了解，铭记历史珍爱和平。全校师生及20家媒体参加活动。

（李珊　李程）

【三聋校与北科大文法学院签订合作协议】　11月16日，北京市第三聋人学校与北京科技大学文法学院签订合作协议。根据协议，文法学院定期为学校提供社会小组工作、学生社团活动、校园志愿服务，协议有效期2年。两校共同为听障学生开展“助人自助，青春同行；走进健翔，助力成长”主题“红色1+1”活动。

（付秋生）

特殊教育学校

北京市东城区特殊教育学校

【概况】　2015年，北京市东城区特殊教育学校占地面积5230平方米、建筑面积3791平方米，体育场面积2858平方米。图书室藏书2.57万册。固定资产总值1678.66万元，包括教学仪器资产值12.84万元。全年教育经费投入2157.50万元，全部为国家拨款。普通教室21个、专用教室14个，实验室1个。学校信息化经费投入7万元，拥有计算机202台，多媒体教室座位27个，校园网出口总带宽100Mbps，数字资源量750GB，“信息技术”课程2课时/周。教职工82人，其中，高级职称3人、中级职称40人。专任教师68人，本科以上学历64人。开设教学班25个。毕业32人，其中，初中19人、高中13人。招生22人，其中，义务教育阶段14人、高中8人。在校生183人，其中，义务教育阶段142人，含听障56人、智障86人；中职班41人，含听障18人、智障23人，包括寄宿生46人。网址：www.dctj.com.cn。

（郭莉）

【召开个别化教育计划教学研讨会】　1月7日，东城特教学校召开个别化教育计划教学研讨会。会议包括主题报告、现场教学、专家点评、互动交流等内容。通过研讨得出学生家长进校参与教学机制非表面现象，落脚点是教师专业的提升、教育实效的延伸等结论。市特教中心、东城区教委相关负责人以及16个区县的培智学校教研员共70人参加会议。

（郭莉）

【举办“做智慧教师”培训】　4月10日，东城特教学校举办“做智慧教师”培训。培训邀请北京师范大学教授作题为《自闭症儿童结构化教学》的专题讲座，围绕任务视觉化、物理环境结构化等5个层次，利用图片和录像等资料，阐述实施结构化教学的方法，并通过互动答疑的形式解决教师教学中的疑难困惑。该培训是学校“做智慧教师”系列培训之一，至年底，“做智慧教师”培训共举办10余讲。

（郭莉）

【举办首届高考生论坛】　4月29日，东城特教学校举办首届高考生论坛。论坛以“青春·梦想”为主题，包括公布首届高考佳绩、介绍首次参加高考历程及学生、家长、教师畅谈高考感言等内容。七至高三年级听障部学生、相关任课教师及部分学生家长共70人参加活动。

（郭莉）

【获全国特教信息技术应用大赛特等奖】　11月15—17日，东城特教学校参加“第四届全国特殊教育学校教师信息技术综合应用能力大赛”听障教育组决赛。语文教师李昂获得听障教育组特等奖。比赛以“提高信息技术应用能力，促进特殊教育资源共享”为主题，分为初赛和决赛两个阶段，视障组、智障组和听障组3个组别。28个省市110所特教学校的360名教师现场观摩。该比赛由中国教育学会特殊教育分会主办，每4年举办一次。

（郭莉）

北京市东城区培智中心学校

【概况】　2015年，北京市东城区培智中心学校占地面积3659平方米、建筑面积3229平方米，体育场面积1009平方米。图书馆藏书0.08万册。固定资产总值96.4万元。全年教育经费投入629.63万元，全部为国家拨款。拥有计算机106台，多媒体教室座位40个，校园网出口总带宽1000Mbps，数字资源量500GB，“信息技术”课程10课时/周。普通教室9个、专用教室13个。教职工36人，其中，中级职称17人。专任教师27人，本科以上学历24人。开设教学班10个。毕业12人、招生15人、在校生87人。网址：www.bjdcpz.cn。

（王昕）

【签署阳光行学校协议】　4月9日，东城培智中心校与亚洲青少年高尔夫协会正式签署阳光行学校协议。根据协议，学校加入亚洲青少年高尔夫球协会的国际残疾人高尔夫培训项目成为合作学校单位。协会隔周一次入校进行高尔夫运动的教学，免费为学员提供球具等教学物品。学校20人参加训练。协议有效期5年。

（王昕）

【举办春耕节融和活动】　4月18日，东城培智中心校与中国国际贸易中心团委举办春耕节融和活动。活动以“播种

春天的希望，放飞青春的梦想”为主题，包括春耕体验、风筝绘画大赛及放飞、登山赏花踏青等内容。培智学生与国贸团委志愿者在活动中体验与人沟通的技巧，体会来自社会的关爱。培智中心学校师生、家长共40人参与活动。

（王昕）

【成立八七艺术团】 9月7日，东城培智中心校成立八七艺术团。艺术团演奏独立创作、排练的舞蹈、打击乐、音乐剧等，成员由有艺术潜质的残疾人组成，辅导教师团队由学校有文艺方面专长的教师和外聘的专业志愿教师共同组成。全校师生及家长150人参加活动。艺术团的命名源于该校成立于1987年。

（王昕）

北京市丰台区培智中心学校

【概况】 2015年，北京市丰台区培智中心学校占地面积9003平方米、建筑面积7747平方米，体育场面积1819平方米。图书室藏书3258册。固定资产总值350.30万元。全年教育经费投入1449.07万元，全部为国家拨款。学校信息化经费投入321.6万元，拥有计算机150台，多媒体教室座位10个，校园网出口总带宽100Mbps，“信息技术”课程2课时/周。普通教室10个、专用教室19个。教职工37人，其中，高级职称1人、中级职称21人。专任教师33人，本科以上学历30人。开设教学班7个。学生150人。网址：www. ftpzzx. ftetu. cn。

（卢均峰）

【开展庆六一融合活动】 6月1日，丰台培智学校开展庆“六一”融合活动。活动以“爱在蓝天下”为主题，学生互换礼物，表演中国少年、西域风情和感恩的心等节目。丰台区第五小学、建设银行丰台分行、三自爱国会、丰台实验幼儿园师生200人参加活动。

（卢均峰）

【开展互动融合活动】 11月17日，丰台培智学校与北京教育科学研究院丰台实验小学开展互动融合活动。150名学生展示韵律操，分组开展体育游戏、手工、绘画、串珠等活动。

（卢均峰）

【召开送教志愿者培训会】 12月24日，丰台培智学校召开2016丰台区送教上门工作筹备会暨第一次志愿者培训会。会议从政策法规、送教内容、送教方法、送教要求等方面进行培训。丰台区特教、普教送教志愿者36人参加会议。

（卢均峰）

北京市石景山区培智中心学校

【概况】 2015年，北京市石景山区培智中心学校占地面积7080平方米、建筑面积3527平方米，体育场面积1519平方米。图书室藏书1.5万册，电子图书1万册。固定资产总值1346.10万元。全年教育经费投入1758.35万元，全部为国家拨款。学校信息化经费投入9.56万元，拥有计算机30台，多媒体教室座位30个，校园网出口总带宽1000Mbps，数字资源量200GB，“信息技术”课程7课时/周。普通教室10个、专用教室21个。教职工33人，其中，副高级职称1人、中级职称14人。专任教师33人；本科及以上学历25人。开设教学班10个。毕业11人、招生7人、在校生87人，包括外省市借读生29人。学生障碍类型分为智力障碍53人、精神障碍24人、肢体（含脑瘫）9人、多重障碍1人。网址：pzx. sjsedu. cn。

（张洁）

【开展家长心理辅导培训】 1月8日，石景山培智学校开展家长心理辅导培训。邀请北京联合大学教育学院教育系主任作题为《催眠与心理健康》的培训，培训从催眠的基础性知识及家庭教育的作用等方面进行讲解，并现场引导家长体验心理疏导。学生家长及班主任教师共40人参加培训。

（李山山）

【举办教师专业知识系列讲座】 3月9日至4月22日，石景山培智学校举办教师专业知识系列讲座。该讲座与石景山区业余大学联合举办，内容涉及国学、手工制作、摄影等知识领域，包括《摄影作品赏析》《谈三国话管理》《乐器编配演练》《健康与养生》《刮花赏析与实践》《衍纸艺术的魅力》《色彩的联想及应用》等专题，共计30课时。全体教职工参加学习。

（郝鸿雁）

【举办融合教育学生艺术作品评比】 5月22日，石景山培智学校举办融合教育学生艺术作品评比。活动以“融合发展”为主题，面向培智中心学校学生和各中小学随班就读学生，征集书法、绘画、劳技等作品80余件。此次活动以鼓励为主，经评委评审，全部作品均获得相应奖次，并将作品汇编成册。

（张莉）

北京市盲人学校

【概况】 2015年，北京市盲人学校为寄宿制学校，占地面积2.97万平方米、建筑面积3.14万平方米。图书馆藏书2.30万册，包括盲文版书0.86万册。固定资产总值15420.15万元。全年教育经费投入4386.13万元，其中，国家拨款4373.76万元、自筹经费12.37万元。学校信息化经费投入204.78万元，拥有计算机698台，多媒体教室座位100个，校园网出口总带宽100Mbps，数字资源量20TB。普通教室35个、专用教室30个、实验室4个。教职工数132人，其中，专任教师84人、其他专业技术人员12人。专任教师中具有高级职称23人、中级职称32人、初级职称29人；市级学科教学带头人2人、市级骨干教师1人。开设教学班22个，包括初中班5个、高中班1个。毕业86人，包括初中21人、成人中专32人、职业高中10人；招生54人，包括小学10人、初中15人、职业高中10人、成人中专19人；在校生235人，包括小学99人、初中64人、高中4人、职业高中28人、成人中专40人。网址：mrxx. bjedu. gov. cn。

（李珊）

【开展个别化教育计划培训】 3月26日，北京盲校开展个别化教育计划主题培训。培训邀请美国柏金斯盲人学校教师，讲解“五大教育原则”以及个别化教育计划的基本概念。培训是学校个别化教育实验项目培训的一部分，通过培训，促进学校教师应对学校职能转型，提高教育教学实效性。

（李珊 赵瑜）

【参加全国第九届残疾人运动会】 9月12—19日，北京盲校参加全国第九届残疾人运动会暨第六届特殊奥林匹克运动会。学校在盲人柔道项目获得三金两铜、盲人门球项目获得男子团体第三名、游泳项目获得一银一铜、田径项目获得一铜。残疾人运动会设29个大项、970个小项；特奥会设8个大项、660个小项。比赛分4个阶段分别在成都、绵阳、遂宁、眉山4个赛区进行。35个省市代表队的2382名残疾人运动员参加比赛。

（李珊 曹洪涛）

【参加全国纸飞机比赛获得冠军】 10月15—18日，北京盲校参加全国纸飞机嘉年华暨“放飞梦想”全国青少年纸飞机通讯赛总决赛。比赛设悬浮纸飞机绕标挑战赛、纸折飞机奥运五环靶标赛、纸折飞机直线距离赛、纸风火轮单向积分赛、飞翼三角绕标赛、电动纸飞机留空计时赛6个项目。北京盲校在纸折飞机直线距离赛中获一等奖。比赛由国家体育总局、航空无线电模型运动管理中心主办。

（李珊 曹洪涛）

【举办科技周活动】 11月23—27日，北京盲校举办科技周活动。活动以“科技激越人生，智慧铸就梦想”为主题，包括无线电通联展示、纸飞机展示、无线电短波抓抄展示等活动。师生150人参加科技周。

（李珊 曹洪涛）

【参加全国盲人百科知识竞赛】 11月30日，北京盲校参加全国盲人百科知识竞赛决赛。比赛分为盲校组和图书馆组，通过必答和抢答环节，根据得分排序赛决出一至三等奖。经过初赛遴选，全国25所盲校取得复赛资格，该校代表队获盲校组第一名。比赛由中国盲文出版社、中国盲文图书馆主办，120人参加决赛。

（李珊）

北京市海淀区培智中心学校

【概况】 2015年，北京市海淀区培智中心学校占地面积6699平方米、建筑面积5930平方米，体育场（馆）面积1480平方米。图书室藏书1.43万册。固定资产总值2528.18万元。全年教育经费投入3993.38万元，全部为国家拨款。教职工78人，其中，高级职务3人、中级职务42人。专任教师77人，包括市区级骨干教师19人。普通教室23个、专用教室31个。毕业34人、招生27人、在校学生286人，全部为义务教育阶段学生。开设教学班40个。网址：www. happyonline. com。

（盛利华）

【成立师德宣讲团】 5月5日，海淀

培智学校成立师德宣讲团。成立仪式上宣读师德宣讲团成立宗旨及入选条件，即工作踏实认真、爱岗敬业、师德事迹感人。校领导为全体宣讲团成员颁发证书，5名代表介绍个人师德事迹，全体宣讲团成员朗诵诗歌《执着的坚守》。该宣讲团由13人组成，包括资深特殊教育工作者及新参加工作的年轻教师。

（盛利华）

【举行六一主题大队会】 5月22日，海淀培智学校举行“童话再现梦幻之旅”庆“六一”主题大队会。活动首先为19名一年级新生举行加入中国少年先锋队入队仪式，之后演出音乐童话剧《桃花公主》，全校286名学生登台参与。市残联、海淀区残联、区教委及友好单位中国科学院、中国建设银行等领导参加活动并观看表演。音乐童话剧《桃花公主》根据中国木偶剧院同名音乐剧改编，学校邀请中国木偶剧院专家到校指导，并根据学生年龄和能力分为19场，其中，为低年级学生排演的版本侧重于造型和动作展示，为高年级学生排演的版本注重说唱的表演。

（盛利华）

【举办学生风采大赛】 5月28日和6

月4日，海淀培智学校举办特殊学生风采大赛。比赛以才艺展示形式开展，分舞蹈、朗诵、器乐、手工4个

组，学校为各小组制订科学评分表，并组成4个裁判组，每组设裁判2人，包括校领导、教师及特邀1至2名家长，学生56人参加才艺展示，最终，每组评出一等奖1人、二等奖3人。

（盛利华）

【出版教育教学成果集】 5月，海淀培智学校教育教学成果集《游戏中的教育——培智学校游戏活动设计》出版。该书由天津教育出版社出版发行，共21万字，由校长于文编著，收录60名教师214篇文章，分为心理、语言、思维、动作、艺术5部分，记述培智学校在教育教学过程中践行多元智能理论的理念，包括200余个故事。

（盛利华）

【参加全国教学比赛获奖】 11月11—13日，海淀培智学校教师参加全国第四届特殊教育教师信息技术综合应用能力大赛获奖。12名教师参加听障组比赛，获得信息技术与学科整合课堂教学课例一等奖2项、多媒体教学课件一等奖1项、特教微课评比二等奖3项。比赛由中国教育学会特殊教育分会主办，分为初赛和决赛2个阶段，分为视障、智障和听障3个组别，设信息技术与学科整合课堂教学、多媒体教学课件、特教微课评选，全国3000名选手参加比赛。

（盛利华）

【举办课本剧展演】 12月31日，海

淀培智学校举办“我的中国梦”课本剧展演。展演以“让梦想快乐飞翔”为主题，师生根据童话故事及古今历史典故，排演28个课本剧，包括《三只小猪》《拔萝卜》《小红帽》等。全校师生和家长500人观看演出。

（盛利华）

北京市第三聋人学校（北京市健翔学校）

【概况】 2015年，北京市第三聋人学校（北京市健翔学校）占地面积1.17万平方米，建筑面积1.28万平方米，体育场面积0.32万平方米。图书馆藏书4.24万册。固定资产总值4821.58万元。全年教育经费投入4073万元，其中，国家拨款4015万元，自筹经费58万元。学校信息化经费投入70万元，拥有计算机330台，多媒体教室2个，校园网出口总带宽150Mbps，数字资源量1200GB。普通教室26个、专用教室16个、实验室4个。教职工96人，其中，副高级职称15人、中级职称39人。专任教师64人，包括特级教师1人，北京市骨干教师1人；本科及以上学历61人。开设教学班25个，其中，小学班5个、初中班6个、高中班14个。高中为职业高中，专业方向为计算机应用和工艺美术。毕业58人，其中，初中19人、高中39人；招生57人，其中，初中19人、高中38人；在校生251人，包括初中59人、高中125人，包括寄宿生150人。网址：www.edeaf.cn。

（陈书爽）

【增设3门选修课程】 9月，三聋校增设3门选修课程。学校在已开设围棋、手语歌、风筝制作等17门兴趣选修课程基础上，新增航模、机器人、京剧表演3门课程，累计选修课程20门。学校九年义务教育阶段学生107人参加选修课学习。

（赵艳芃）

【举办体育文化节】 10月，三聋校举

办体育文化节。文化节以“强健体魄 拥抱胜利”为主题，举办亲子趣味运动、校园吉尼斯比赛、校园篮球赛等活动。其间，举办学校运动会，开展会徽设计、摄影、三分球、象棋大赛及校园吉尼斯单项比赛。学校师生280人参加活动。

（付秋生）

【召开职业样本建设研讨会】 11月24

日，三聋校召开“走进北京市健翔学校——支持式职业教育模式的职业样本建设研讨会”。研讨会以“培智高中职业样本设计与应用”为主题，听取学校题为《传承·改革·发展》的改革发展基础情况介绍，以及学校自2012年创办培智高中班工作进展情况；培智高中组2名教师汇报与展示学校课程建设、课程标准研究、职业样本研究、教材编写等方面经验与成果；特殊教育专家作“支持式职业教育课程评量表”专题讲座。各区县特殊教育学校教师30人参加研讨会。

（赵艳芃）

【开设专业技能课程】 至年底，三聋

校职高开设专业技能模块课程。学校在职业高中工艺美术专业课程设置方面，除开设专业基础课程外，结合学生需求，开设藏书票、工笔模块课程专业技能课程。自2008年，学校累

计开设小型版画、书法、国画、剪纸等 8 门专业技能课程。

（赵艳芃）

北京市通州区培智学校

【概况】 2015 年，北京市通州区培智学校占地面积 1.13 万平方米、建筑面积 7320 平方米，体育场面积 991 平方米。图书馆藏书 8321 册。固定资产总值 2313.92 万元。全年教育经费投入 1334.81 万元，其中，国家拨款 1323.41 万元、自筹经费 11.40 万元。学校信息化经费投入 3 万元，拥有计算机 198 台，多媒体教室座位 30 个，校园网出口总带宽 850Mbps，数字资源量 271GB，“信息技术”课程 8 课时/周。普通教室 18 个、专用教室 20 个。教职工 67 人，其中，副高级职称 7 人。专任教师 59 人，包括北京市骨干教师 2 人、北京市学科教学带头人 1 人；本科及以上学历 50 人。开设教学班 18 个。毕业 10 人、招生 13 人，在校生 123 人。网址：tongzhoupeizhi. com。

（丁秋宇）

【推出科目评估机制】 1 月 19—21 日，通州培智学校推出科目评估检测机制替代期末考试。采取两种模式，对学生在校学习效果进行说、做、写“师生一对一摸底”；对弱智生生活管理方面采用“成果汇报”形式，学生离校前，各个宿舍进行生活自理能力方面的汇报。家长委员会委员及部分家长自愿参观。

（丁秋宇）

【召开随班就读教研活动】 3 月 26 日，

通州培智学校召开随班就读教研活动。通州区台湖学校教师讲授六年级数学课《圆锥的体积》，教研员评课研讨、教师指导、学生主体“融合推进”的随班就读课堂教学方法。区小学随班就读中心教研组教研员 15 人参加教研活动。

（丁秋宇）

【开展技能和风采展示活动】 3—5 月，通州培智学校开展“心语·心愿”——2015 年特殊教育学校学生技能和风采展示活动。展示内容包括器乐表演类、手工艺制作类、唱歌舞蹈类及其他自选类 4 个类别。采取学生自选项目，教师集中与个别辅导相结合的方法提升技能。经评比，各项目分别评选一等奖 1 人、二等奖 3 人、三等奖 5 人。全校师生参加活动。

（丁秋宇）

【校史馆落成】 9 月，通州培智学校校史馆落成。校史馆以“峥嵘岁月”为主题，由展台（校址变迁）、展板（教育教学）、展柜（历史实物）、展塔（学校荣誉）4 个板块组成，展示自 1984 年成立培智复读班至 2015 年学校发展演变，展出展品 219 件。校史馆投资 55 万元，设在学校教学楼 3 层，占地面积 54 平方米。

（丁秋宇）

北京市顺义区特殊教育学校

【概况】 2015 年，北京市顺义区特殊教育学校占地面积 6722 平方米、建筑面积 5924 平方米，体育场面积 1000 平方米。图书馆藏书 1 万册。固定资产总值 1358 万元。全年教育经费投入 1515 万元，全部为国家拨款。学校信息化经费投入 202 万元，拥有计算机 90 台，多媒体教室座位 22 个，校园网出口总带宽 100Mbps，数字资源量 18GB，“信息技术”课程 34 课时/周。普通教室 18 个、专用教室 16 个。教职工 75 人，其中，高级职称 8 人、中级职称 40 人。专任教师 69 人，本科以上学历 66 人。开设教学班 18 个，其中，初中班 4 个、小学班 14 个。毕业 8 人、招生 12 人，在校生 144 人，在校生中，初中 36 人、小学 108 人，寄宿生 94 人，智力障碍 75 人、自闭症 36 人、听力障碍 3 人、言语障碍 5 人、脑瘫 14 人、肢体障碍 2 人、多重残疾 9 人。网址：www. tj. shyedu. cn。

（胡金侠）

【举办班主任培训讲座】 3 月 13 日，

顺义特教学校举办班主任培训讲座。邀请海淀培智学校教师作题为《班主任工作策略》的讲座，从班级经营的理念、班级经营的策略及家长工作的重要性 3 个方面阐述班主任在日常工作中的策略方法，通过“代币奖励”“五彩心情树”“微信互动”等实例诠释班主任工作的定位和意义。特教学校教师 50 人参加讲座。

（武红静）

【举办学生趣味运动会】 4 月 29—30

日，顺义特教学校举办学生趣味运动会。运动会以“运动无限快乐成长”为主题，分低、中、高 3 个年级组，设 2 个集体项目和捡苹果、计时投球等 18 个个人项目。全校学生 140 人参加运动会。

（武红静）

【举办课堂教学评优活动】 4—6 月，顺义特教学校举办第三届“兰馨杯”课堂教学评优活动。活动分为 3 个阶段，专家听名师工作室教师展示课，逐一反馈，教师根据专家意见进行课后反思、再备课、再上课，专家再评课；新教师上汇报课，学校教师评课，新教师根据指导意见二次备课、上课；教师展示课堂教学，评优小组成员听课后一对一反馈。经评比，一等奖 11 人、二等奖 16 人、三等奖 21 人。全校教师参加活动。

（武红静）

【启动刘红名师工作室】 7 月 7 日，顺义特教学校启动刘红名师工作室。工作室设课堂教学技能、康复训练、科研 3 个部门，融合教育教师和特殊教育学校教师 14 人，开展顺义区融合教育教学研究。

（刘红）

【召开双学籍融合活动推进会】 12 月 15 日，顺义特教学校召开顺义特教学生双学籍融合活动推进会。活动观摩特教学生与港馨小学学生共同参与的室内外社团活动及课堂教学活动；港馨小学校长介绍推进双学籍学生融合教育工作的相关举措；部署特教学生双学籍整合教育工作。区小教科科长、特教视导员、市特教专家、各学校主管随班就读工作的教师、港馨小学师生 200 人参加活动。

（武红静　王向辉）

【举办学生画展】 12 月 16 日，顺义

特教学校学生画展揭幕。画展以“爱心加能量，为爱续行”为主题，共展示学生画作 30 余幅，展期 3 个月。该活动与北京星德宝 BMW5S 中心联合举办，星德宝公司员工、爱心车主、特教师生 80 人参加揭幕仪式。

（武红静）

【举办“我的教学故事”演讲比赛】 12 月 18 日，顺义特教学校举办第三届“红梅杯”我的教学故事演讲比赛。比赛设初赛、复赛，教师通过图片、视频等形式展示教学过程中特别是综合课程改革以来的结构化应用、知动训练、康复实践探索等体会、反

思。经评比，4 人获一等奖。学校 16 名教师参加比赛。

（武红静）

北京市昌平区特殊儿童教育学校

【概况】 2015 年，北京市昌平区特殊儿童教育学校占地面积 8020 平方米、建筑面积 2524 平方米，体育场（馆）面积 3149 平方米。固定资产总值 371.88 万元。全年教育经费投入 733.83 万元，全部为国家拨款。学校信息化经费投入 27.79 万元，拥有计算机 44 台，校园网出口总带宽 100Mbps，数字资源量 50GB。“信息技术”课程 3 课时/周。普通教室 6 个、专用教室 9 个。教职工 29 人，其中，高级职称 1 人、中级职称 3 人。专任教师 17 人，本科以上学历 15 人。开设教学班 6 个。招生 14 人、在校生 43 人，包括送教上门 8 人。网址：www. cptjxx. com。

（王玉荣）

【举办结构化教学专题讲座】 3 月 27 日，昌平特教学校举办结构化教学专题讲座。邀请昌雨春童康复中心主任作《关于结构化教学的运用》讲座，从转变教学观念、探索自闭症儿童教学模式、解决教学实践中存在的问题等方面进行讲解与指导，解决学校结构化教学过程中遇到的问题。该校教师 18 人参加学习。

（李海洋）

【开展校际交流活动】 5 月 12 日和 6 月 29 日，昌平特教学校分别与昌平二中、天通苑小学开展校际交流活动。听取校长介绍学校情况，与特教学校学生互动游戏，为残障学生表演舞蹈、诗歌朗诵、歌曲演唱等节目，并送上礼物。三校师生 200 人参加活动。

（李海洋　王海涛）

【实景餐厅建成】 6 月 29 日，昌平特

教学校实景餐厅建成。餐厅建筑面积 28 平方米，配备长条餐桌 4 张、休闲餐桌 1 张、餐椅 11 把、休闲圆椅 2 把、吧台 1 套、空调 1 台、抽风机 1 台，用于实践教学。该项目投资 2.8 万元。

（李海洋）

【开展“师徒结对子”活动】 9 月 18 日，昌平特教学校开展“师徒结对子”活动。师徒签订协议，徒弟向师傅敬茶。确定师徒 10 对，结对子 3 对。该校 16 名教师参加活动。

（李海洋）

北京市大兴区特殊教育中心

【概况】 2015 年，北京市大兴区特殊教育中心占地面积 3294 平方米、建筑面积 2404 平方米，体育场（馆）面积 1240 平方米。图书馆（室）藏书 6559 册，电子图书 30.63 万册。固定资产总值 2122.65 万元。全年教育经费投入 1290.71 万元，全部为国家拨款。学校信息化经费投入 5.05 万元，拥有计算机 88 台，多媒体教室座位 9 个，校园网出口总带宽 100Mbps，数字资源量450GB，“信息技术”课程8课时/周。教职工 32 人，其中，高级职称 2 人、中级职称 20 人。专任教师 30 人，本科以上学历 26 人。开设教学班 9 个。毕业 16 人、在校生 38 人。网址：tejiao. daxingedu. cn。

（陈森）

【举办课堂教学比赛】 3 月 17 日，大兴特教中心举办“卓越杯”课堂教学比赛。比赛涉及语文、数学、日常、多感、体育、美术等学科。经评

选，3 人获一等奖、5 人获二等奖。21 名教师参加比赛。

（谢盘松）

【举办残疾人运动会】 5 月 15 日，大兴特教中心与兴丰街道联合举办残疾人运动会。运动会以“携手同心，筑梦同行”为主题，设足球射门、沙包掷准、高尔夫、篮球和立定跳远 5 个比赛项目。街道和该校学生 96 人参加比赛。

（谢盘松）

【开展资源教室验收评优课区级观摩课活动】 10 月 10 日，大兴特教中心开展“大兴区资源教室验收评优课”观摩课活动。学校教师针对低年级学生作《运动训练课》、高年级学生作《生活适应课》。19 所示范性资源教室学校 23 名教师参加活动。

（谢盘松）

北京市怀柔区培智学校

【概况】 2015 年，北京市怀柔区培智学校占地面积 4098.25 平方米、建筑面积 1776.70 平方米，体育场面积 1296 平方米。图书馆藏书 1 万册。固定资产总值 1365 万元。全年教育经费投入 773 万元，全部为国家拨款。学校信息化经费投入 93 万元，拥有计算机 60 台，多媒体教室座位 10 个，校园网出口总带宽 10Mbps，数字资源量 13GB，“信息技术”课程 1 课时/周。普通教室 6 个、专用教室 7 个。教职工 32 人，其中，中级职称 23 人。专任教师 17 人，本科以上学历 23 人。开设教学班 6 个。毕业 3 人、招生 11 人、在籍学生 60 人，其中，在校生 48 人，包括多重残疾学生 11 人、脑瘫学生 3 人、智力残疾学生 31 人、自闭症学生 3 人；送教上门学生 12 人。

（任海明）

【开展优秀家长评选暨表彰活动】 1 月 20 日，怀柔培智学校开展优秀家长评选暨表彰活动。根据评选标准，班主任推荐一名家长，经学校调查审批，确定优秀学生家长 6 人，授予“优秀家长”证书，并颁发纪念品。

（任海明）

【举办送教上门师资培训】 11 月 4 日，怀柔培智学校举办送教上门师资培训。邀请特教中心教师讲解送教上门产生和发展、送教上门意义及送教上门实施过程 3 个方面内容，指导送教教师填写“家访访谈调查表”“送教上门儿童情况分析评估表”等。指导教师根据学生情况和评估结果确定送教内容，开展送教活动。至年底，8 名送教教师共开展送教活动 4 次。

（任海明）

【开展家长开放日活动】 11 月 16—17 日，怀柔培智学校开展家长开放日活动。家长进班听课，内容包括一班生活语文《五官》、二班绘画与手工《菠萝》、三班唱游与律动《雪花》、五班感统训练等。各班班主任和科任教师就学生在校的学习、生活情况与家长进行零距离沟通。教学副校长、教导主任、教研组长及家长 13 人参加活动。

（任海明）

【完成 3 个校园建设工程】 11 月，怀柔培智学校完成 3 个校园建设工程。校园出入安全系统投入使用，政府投资 30 万元；校园城域网无线网络建设，政府投资 45 万元；安装录课室录播直播互动系统，政府投资 48 万元。3 个校园建设工程均启动于 7 月，历时 4 个月完成。

（任海明）

【开展教师课堂教学评比活动】 12 月 7—18 日，怀柔培智学校开展教师课堂教学评比活动。以生活化、个别化、操作化、参与度、达成度、目标导向为课堂教学评价标准，涉及生活语文、生活数学、唱游与律动、信息技术、生活适应等学科。17 名教师参与评比，其中，一等奖 2 人，二等奖 3 人，三等奖 12 人。

（任海明）

北京市平谷区特殊教育中心

【概况】 2015 年，北京市平谷区特殊教育中心现租借平谷区中罗庄老年公寓部分房屋作临时校舍，占地面积 2000 平方米、建筑面积 1200 平方米。图书馆藏书 0.20 万册。固定资产总值 533.8 万元。全年教育经费投入 170 万元，全部为国家拨款。学校信息化经费投入 71.13 万元，拥有计算机 131 台，多媒体教室座位 75 个，校园网出口总带宽 4Mbps，数字资源量 10GB，“信息技术”课程 13 课时/周。普通教室 17 个、专用教室 10 个。教职工 67 人，其中，高级职称 5 人、中级职称 36 人。专任教师 45 人，包括北京市骨干教师 2 人；本科以上学历 38 人。开设教学班 17 个。毕业 6 人、招生 7 人、在校生 152 人，其中，聋生 11 人、智障 93 人、脑瘫儿童 20 人、孤独症儿童 10 人、多重残疾 18 名，包括寄宿生 70 人。网址：www.pgtj.com。

（王红梅）

【举办特奥幼儿运动员计划展示活动】 3 月 30 日，平谷特教中心举办 2015 年国际特殊奥林匹克东亚区幼儿运动员计划展示活动。活动分为“接力套圈”“小推车”“黏黏车”“炒蹦豆”“少林足球”“打沙包”6个项目，培养幼儿注意力和协调能力，发展幼儿手臂肌肉力量，练习手眼协调能力。学校师生、志愿者及部分家长50人参加活动。特殊幼儿运动员计划是一项为智障儿童举办的创新性体育游戏计划，专门针对7周岁以下的智障儿童。

（王红梅）

【开展社会本位课堂教学】　3月，平

谷特教中心开展社会本位课堂教学活动。单周的星期三下午为室外活动时间，各班级根据学生情况，制定活动教案；每月一次电影院融合活动；每学期至少两次社会大课堂实践活动。“社会本位课堂教学”是体验式、实践式教学模式，保证学生“能自理，会生活，有技能，可就业”。全校师生160人参加活动。

（王红梅）

【开展学生技能和风采展示活动】　6月4日，平谷特教中心开展2015年智障学生技能和风采展示活动。活动以“心语·心愿”为主题，展示铝板琴、铃鼓、响板、沙锤、三角铁等打击乐器的合奏；衍纸画、串珠、非物质文化遗产类技艺等手工艺制作；唱歌、舞蹈、游泳、轮滑等文体项目。经评委小组评议，选出一等奖4人、二等奖12人、三等奖15人。学生57人参加活动。

（王红梅）

【开展骨干教师展示课活动】　11月3—5日，平谷特教中心开展骨干教师展示课活动。展示课分为听障组、智障组、康复组3个组别。听障组展示信息技术在课堂教学中的应用；智障组展示以生活语文、生活数学和劳动技能为主的综合课；康复组展示个别化康复训练。学校教师共30人参加活动。

（王红梅）

北京市延庆县特殊教育中心（北京市延庆区特殊教育中心）

【概况】　2015年，北京市延庆县特殊教育中心（北京市延庆区特殊教育中心）占地面积1.98万平方米、建筑面积4000平方米，体育场面积1.04万平方米。图书室藏书0.50万册。固定资产总值1100万元。全年教育经费投入645万元，全部为国家拨款。学校信息化经费投入238万元，拥有计算机56台，多媒体教室座位40个，校园网出口总带宽100Mbps，数字资源量300GB，“信息技术”课程1课时/周。普通教室7个、专用教室20个。教职工30人。专任教师24人，包括北京市骨干教师1人；本科以上学历21人。开设教学班7个，其中，小学班5个、初中班2个。毕业17人，其中，小学2人、初中15人；招生4人，其中，小学3人、初中1人；在校生74人，其中，小学40人、初中34人，包括寄宿生27人，外省市借读生5人。

（周英杰）

【参加全国残疾人运动会并获奖】　5月10—16日，延庆特教中心参加全国第九届残疾人运动会暨第六届特殊奥林匹克运动会。学校代表北京队获双人滚球赛金牌，并获得“体育道德风尚奖”。比赛设成都、绵阳、遂宁和眉山4赛区，29个项目。全国22个

省市代表队84名运动员参加滚球项目比赛。

（周英杰）

【召开随班就读培训会】　10月14日，延庆特教中心召开随班就读培训会。培训会包括《真正提高随班就读质量的必要性和可能性》《如何做好一名资源教师》《送教上门送什么》3场讲座，介绍随班就读、送教上门及资源教师工作范围和职责。28所小学随班就读负责人、资源教师及送教上门学生家长45人参加培训。

（周英杰）

【开展冬季越野赛】　12月30日，延

庆特教中心开展冬季越野赛。越野赛分低、中、高年级组，低年级组开展60米三轮车比赛，中年级组开展60米接力赛和个人赛，高年级组开展200米接力赛和个人赛。决出低年级组一、二等奖各4个；中年级个人赛一、二等奖各3个，接力赛一、二等奖各1个；高年级个人赛一、二等奖各4个，接力赛一、二等奖各1个。学生60人参加越野赛活动。

（周英杰）

（本栏责任编校　孙晓楠　邱小培）

普通高等教育

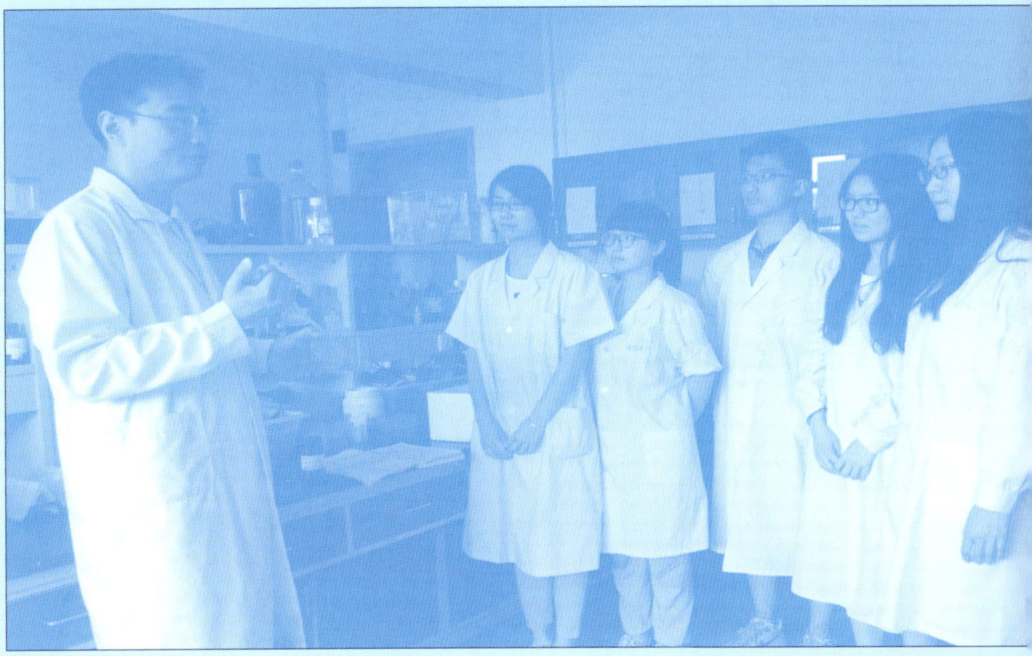

工集团
大学
战略合作
京中医药大学
一五届学员毕

综　　述

2015年，北京市有58所普通高校和80个科研机构培养研究生，共有在学研究生28.38万人，比上年增加0.94万人。其中，博士生8.00万人，比上年增加0.37万人；硕士生20.39万人，比上年增加0.57万人。招收研究生9.51万人，比上年增加0.23万人。在58所普通高校中，中央部委所属高校37所，研究生在校生23.34万人，招生7.77万人；21所市属高校（含民办高校），研究生在校生3.24万人，招生1.18万人。

2015年，北京市共有普通高等学校90所，普通本专科在校生59.34万人，比上年减少0.12万人；其中，市属普通高校53所（含民办高校），普通本专科在校生28.30万人，比上年减少0.35万人。全市普通高校本专科招生15.79万人，比上年减少0.22万人。

实施高水平人才交叉培养计划

积极探索优质高等教育资源联合培养新机制，通过强化北京地区高校之间的合作、北京高校与海（境）外名校的合作、高校与科研院所和企事业单位的合作，实现专业学科的交叉融合和优质教育资源的充分共享，深化北京地区高校人才培养机制改革，提高高水平人才培养质量。2015年“双培计划”试点高校40所，其中，中央高校23所，市属高校17所，涉及专业及方向122个，派出学生1807人。外培计划分为纳入招生计划部分和校内遴选部分，共覆盖13所市属高校，40余所海（境）外名校，共派出学生559人。“实培计划”包括北京市大学生毕业设计（论文）项目、大学生科研训练计划深化项目和北京高等学校实验教学开放共享项目。

继续推进北京学院建设

探索建立北京交通大学北京学院，深入推进北京航空航天大学北京学院、中国农业大学北京学院和北京理工大学北京学院的建设工作，优化课程教材体系，探索培养新机制。北航北京学院针对长期访学项目的所有专业方向的课程体系、课程内容、总课时设置与专业所在学院进行细致的研讨，制定出科学、规范、有实践特色的2015年访学项目人才培养方案；针对短期访学项目开放全校课程，注重系统知识体系的建立并强调基础理论与工程能力的结合。2015年，北航北京学院共招收来自北京服装学院等院校的39名学生，农大北京学院共招收来自北京农学院等院校的29名学生，北理工北京学院共招收来自北京工业大学等院校的44名学生。

推进卓越人才培养计划

组织不同类型高校组建理工、文法、农林医、艺术等门类卓越人才等培养联盟。大力推动北京卓越艺术人才培养高校联盟建设，首批成立北京卓越艺术人才（舞蹈）培养高校联盟，旨在深化加强首都舞蹈高等教育协同发展，联盟内各高校积极开展校际间的交流与合作，有助于形成资源共享、课程融通、优势互补、良性互动的共同体，创新人才培养模式，提高人才培养质量。联盟由北京舞蹈学院、中央民族大学、北京师范大学、北京体育大学、中央戏剧学院、首都师范大学、北京联合大学、北京戏曲艺术职业学院、解放军艺术学院等10所开设舞蹈艺术相关专业的高校组成，联盟办公室设在北京舞蹈学院。

加强专业建设

继续深化专业建设，提升人才培养质量。根据社会需求与各高校学科特点，遴选122个面向北京经济社会发展、产业结构升级的新兴、交叉、复合型专业或方向作为“双培计划”首批试点，在推动人才培养模式创新、优势资源共享的同时，培育新的专业增长点。进一步推进北京高校专业群建设，完善工作机制，支持鼓励各专业群研究专业标准、打造核心课程。

深化创新创业教育改革

深入推进创新创业教育改革，制定“深化高等学校创新创业教育改革实施方案”，推动高校树立体现时代发展特征、反映人才成长规律、具有院校专业特色的创新创业人才培养理念。开展毕业设计（创业）计划，支持高校与众创机构进行密切合作，通过优质资源的开放共享、实践平台的拓展延伸推动北京地区高校创新创业人才培养机制改革。举办首届中国“互联网＋”大学生创新创业大赛，共吸引512支参赛队参赛，经过两轮复赛，共推荐6所学校的9个项目进入全国复赛，获得金奖4项、银奖4项、铜奖1项，其中，北京航空航天大学Unicorn无人直升机系统获得并列冠军。

开展学士学位授权评审工作

包括对国家开放大学和北京警察学院两所本科院校及其专业增列为学士学位授权单位和学士学位授权点进行的学科评议组专家评审；对北京工业大学耿丹学院、北京工商大学嘉华学院、北京邮电大学世纪学院、首都师范大学科德学院以及北京第二外国语学院中瑞酒店管理学院5所独立学院的42个专业学士学位授予权进行学科评议组专家评审。

完成北京地区2014年硕士学位论文抽检工作

抽检工作以通讯评议方式进行，评议涉及124个学位授予单位硕士学位论文共有2229篇，共涉及96个一级学科，445个二级学科（含自设二级学科），在全国各博士或硕士学位授予单位聘请同行专家6907人次。初评回收意见总数为6687篇次，回收比例为100%。最终被认定为存在问题的论文有35篇，占抽检论文的1.6%。对出现存在问题论文的市属高校，面对面沟通，并且要求学校提出整改措施。

继续开展北京高校特色教育资源库建设

北京高校特色教育资源库建设项目精品资源建设取得新进展。完成33个特色鲜明的、可持续发展的主题资源包建设。整合一批高校优质的人文艺术网络教育资源，共计图片12万张、音视频6271个、编写文字230余万字、网页设计8170个；深度挖掘中国文化特色，原创效果突出；形成一批精品特色资源建设应用服务模式；培养人才807人，形成一支分工明确、协同工作的复合型信息资源建设队伍。起草并印发2016年北京高校特色教育资源库建设项目申报文件和2014年北京高校特色教育资源验收工作简报。

（邵文杰）

总　类

【北京地区新增国家级虚拟仿真实验教学中心17个】　1月8日，北京地区新增国家级虚拟仿真实验教学中心17个。该工作由教育部主持，由中国高等教育学会组织形式审核、专家评审和网上公示，批准清华大学数字化制造系统虚拟仿真实验教学中心等100个虚拟仿真实验教学中心为国家级虚拟仿真实验教学中心，其中，北京地区17所高校17个中心入选。同时，教育部要求地方和军队教育行政部门健全激励和支持措施、组织所属高校学习借鉴其他高校虚拟仿真实验教学中心建设的优秀经验，开放共享优质实验教学资源，特别是优质虚拟仿真实验教学资源，全面提升实验教学信息化水平；要求有关高校重视实验教学信息化和虚拟仿真实验教学中心建设工作，加强虚拟仿真优质实验教学资源的建设与开放共享，完善虚拟仿真实验教学管理共享平台建设，优化虚拟仿真实验教学中心管理体系，提升虚拟仿真实验教学队伍教学和管理能力，提高实验教学管理信息化和支持服务信息化水平。

（张驰）

2014年国家级虚拟仿真
实验教学中心（北京地区）

清华大学
　数字化制造系统虚拟仿真实验教学中心
北京交通大学
　轨道交通通信与控制虚拟仿真实验教学中心
北京航空航天大学
　空天电子信息虚拟仿真实验教学中心
北京理工大学
　大学计算机虚拟仿真实验教学中心
北京科技大学
　材料虚拟仿真实验教学中心
北京化工大学
　化工安全与装备虚拟仿真实验教学中心
北京邮电大学
　通信与网络虚拟仿真实验教学中心
北京建筑大学
　智慧城市虚拟仿真实验教学中心
中国农业大学
　食品科学与工程虚拟仿真实验教学中心
北京林业大学
　农林业经营管理虚拟仿真实验教学中心
北京协和医学院
　医学虚拟仿真实验教学中心
北京师范大学
　化学虚拟仿真实验教学中心
中国政法大学
　法学虚拟仿真实验教学中心
华北电力大学
　电力经济管理虚拟仿真实验教学中心
中国石油大学（北京）
　油气储运虚拟仿真实验教学中心
中国地质大学（北京）
　能源地质与评价虚拟仿真实验教学中心
北京联合大学
　文化遗产传承应用虚拟仿真实验教学中心

（张驰）

【北京地区新增5个国家级实验教学示范中心】　1月8日，北京地区5个教学示范中心被评为2014年国家级实验教学示范中心。该评选由教育部主办，经省级教育行政部门、军队院校教育主管部门推荐，中国高等教育学会组织形式审核、专家评审和网上公示，共评出国家级实验教学示范中心80个，其中，北京地区高校5个实验教学中心入选。

（张驰）

2014年国家级实验
教学示范中心（北京地区）

北京工业大学
　电子信息与电工技术实验教学中心
北京印刷学院
　数字艺术与创新设计实验教学中心
北京农学院
　动物类实验教学中心
首都医科大学
　基础与专业药学实验教学中心
北京信息科技大学
　机械工程实验教学中心

（张驰）

【启动走进北京高校博物馆活动】　1月14日，北京高校博物馆联盟启动2015年走进高校博物馆活动。启动仪式在中国地质大学（北京）博物馆举办，邀请70名中小学生走进地大博物馆参观、座谈。启动仪式上，联盟画册《走进北京高校博物馆》首发，画册收录19个高校博物馆馆藏精品，成为游览北京高校博物馆的导览手册。北京高校博物馆联盟成立以来，在社会服务和文化传承方面取得显著成效。

（段磊）

【成立中国矿业科学协同创新联盟】　1月27日，中国矿业大学（北京）成

立中国矿业科学协同创新联盟。该联盟由中国科学技术协会和中国岩石力学与工程学会指导，神华集团、中煤集团等 32 家企业和单位参与。该联盟的工作机制是在学会组织与指导的平台上，创新载体不断提高新技术与新装备，驱动载体利用新技术与新装备创造出更高经济和社会效益，两个载体相互交流协同创新，形成良性互动，实现共赢的目的。

（朱家骏）

【公布高校示范性校内创新实践基地建设单位】 1 月 28 日，市教委公布 2014 年北京高等学校校内创新实践基地建设单位。该评选由市教委主办，面向北京地区高校，经学校申报、专家评审、答辩考察、市教委审核等环节，认定北京大学预防医学创新实践基地、中国人民大学“千人百村”实践创新基地、北京师范大学心理学创新实践基地等 24 个基地为北京高等学校校内创新实践基地建设单位。

（张驰）

【启动高水平人才交叉培养计划】 3 月 10 日，市教委启动高水平人才交叉培养计划。该计划整合北京和国（境）外优质高等教育资源，以提升人才培养质量为核心，以推进高校协同育人、提升高校国际化办学水平、促进科教、产教融合为目标，包括市属高校与部属高校联合培养优秀人才的“双培计划”、市属高校与国（境）外优质高校联合培养优秀人才的“外培计划”、市属高校与科研院所和企业合作开展项目提升学生的科研能力、实践能力、创新创业能力的“实培计划”三部分内容，并发布《北京高等学校高水平人才交叉培养计划》《北京高等学校高水平人才交叉培养“双培计划”实施指导意见》《北京高等学校高水平人才交叉培养“外培计划”实施指导意见》《北京高校学生访学项目管理办法（试行）》系列文件。至年底，“双培计划”从 17 所市属高校中选送 1807 名学生到 23 所部属高校学习；“外培计划”从 13 所市属高校中选送 559 名学生到欧洲、美洲和亚洲共 10 个国家（地区）的 38 所海（境）外优质高校学习；“实培计划”共遴选和支持 537 项创新创业类、265 项研究类毕业设计项目，以及大学生科研训练计划深化项目 304 项，并首批建设 10 个北京高等学校实验教学开放共享中心。

（赵晓琳　张桓　华蕾）

【100 家市级校外人才培养基地通过验收】 3 月 26 日，市教委完成北京市级校外人才培养基地验收工作。该工作由市教委主持，面向 2008 年至 2010 年期间立项建设的北京市级校外人才培养基地开展，经基地自评、学校总结、专家审核、市教委备案等环节，共有山西省考古研究院、中船重工集团公司七〇二研究所、开滦（集团）有限责任公司等 100 家市级校外人才培养基地通过验收。

（张驰）

【高校图书馆面向中小学开放】 4 月

23 日，北京高校图书馆面向中小学设立参观开放日启动仪式在中国人民大学图书馆举行。该活动是北京高校服务社会、服务中小学的一项具体举措，其目的是搭建北京高校图书馆和中小学交流的平台，充分利用北京高校图书馆丰富的资源，引领中小学生走进阅读殿堂，感受大学文化氛围，激发中小学生学习和探索兴趣，建设书香校园。开放日分为平时开放日和主题开放日。平时开放日采取集体预约方式，在固定时间内面向中小学开放，图书馆安排专人负责接待、引导、讲解等工作。主题开放日是图书馆根据自身建设特色，打造适合中小学生参加的主题活动，每年将会根据工作情况进行更新变化。共有北京大学、清华大学、中国人民大学等 50 所高校图书馆面向中小学设立参观开放日。

（段磊）

【首批市属高校章程核准发布】 5 月 8 日，首批市属高校章程核准发布暨章程建设工作推进会在北京工业大学国际交流中心召开。会议通报市属高校章程核准工作有关情况，指出首批市属高校章程的正式核准发布在北京高等教育发展史上具有里程碑的意义，切实发挥章程建设的引领和推动作用。教育部、市委、市政府、市委教育工委、市教委、市教育督导室领导及相关部门主要负责人，各市属高校领导、章程起草部门负责人共约 130 人参加会议。北京工业大学、首都经济贸易大学、北京信息科技大学、北京第二外国语学院和北京农业职业学院首批 5 所市属高校章程正式通过市教委核准，标志北京市市属高校章程建设取得实质性进展。至年底，北京市市属普通高校已基本完成章程制定工作。

（薛闻喆）

【9 所学校入选实践育人创新创业基地】 7 月 22 日，教育部公布“全国高校实践育人创新创业基地”入选名单，北京地区 9 所高校入选。全国高校实践育人创新创业基地评选旨在积极推动高校实践育人深入开展，形成党委统筹，政府扎实推动，社会广泛参与，高校着力实施的实践育人新格局，推动实践育人工作制度化常态化科学化。该评选分为地方政府主导型、行业企业主导型、高等学校主导型、基层社区主导型 4 种类型，按照“数量从严、质量从优”的原则，经单位推荐、专家组评审，教育部共遴选出 50 家全国高校实践育人创新创业基地。

（贯爽　张驰）

全国高校实践育人创新创业基地（北京地区）

清华大学
中国人民大学
中国农业大学
北京科技大学
北京化工大学

北京林业大学
北京外国语大学
华北电力大学
北京工业大学

（贯爽　张驰）

【公布高校市级校外人才培养基地立项单位】 7月28日，市教委公布2015年北京高等学校市级校外人才培养基地立项单位名单。经学校申报、专家评审、网络公示、市教委审核等程序，最终认定北京现代汽车有限公司等50家单位为2015年北京高等学校市级校外人才培养基地建设单位。将市级校外人才培养基地建设和学校实践教学综合改革紧密结合起来，有利于逐步建立校企协同培养人才的新机制，有利于拓展校外实践教学资源，能够切实提高学生的创新精神、实践能力、社会责任感和就业能力。

（张富宇）

【公布市级高等学校实验教学示范中心验收结果】 8月3日，市教委公布2014年北京市高等学校实验教学示范中心验收结果。该验收工作由市教委主持，面向93个北京市级实验教学示范中心开展，经中心自评、学校验收、专家审核、市教委审定，北京大学临床技能实验教学中心、中国人民大学法学实验实践教学中心、清华大学动力工程及工程热物理实验教学中心等92个单位通过验收，中央音乐学院高等音乐学院音乐教育体系综合改革实验教学中心暂缓通过。

（张驰）

【北京市与住建部共建建筑大学】 10

月9日，市政府与住房和城乡建设部签订共建北京建筑大学协议。根据协议，北京市将在重大科研项目评审、人才引进、学位点建设、重点学科、重点实验室、工程中心和教师队伍编制等方面对建筑大学予以倾斜支持，继续在高校基础能力建设和市属高水平大学建设方面加大经费投入，支持建筑大学建设“大学科技园”、协同创新中心、重点学科专业和重点科研基地，并将学校作为北京市高等教育建设的重点，纳入全市经济建设和社会发展的专项规划。住建部将在建筑大学改革、发展、建设等方面给予更多的指导和帮扶，强化其作为“北京城市规划、建设、管理的人才培养基地和科技服务基地”和“国家建筑遗产保护研究和人才培养基地”的地位，发挥其在建筑遗产保护与优秀文化传承领域的引领与示范作用。进一步强化建筑教育特色和学科专业发展，促进学校重点学科、特色专业、重点实验室、实践教学基地、工程技术研究中心的建设，支持学校发挥技术开发、成果转让、检测评价等方面的优势，承担行业与地方的工程设计与建设、学科研究和成果推广项目。

（谷天硕）

【农大北京学院首届学生毕业】 10月

12日，中国农业大学北京学院首届学生毕业。首届毕业生29人分别来自首都师范大学、北京化工大学、北京工商大学等高校，利用两次暑假完成7门专业课程共计224学时14学分的理论学习，进行涉及食品加工、检测与评价共计10个学分的专业实验，并在导师的一对一指导下独立完成科研训练，并达到培养方案的要求后，被授予农大颁发的“食品质量与安全”辅修专业证书。北京学院是2014年北京市政府推出的深化高等教育改革的一项重点项目，该项目发挥部属高校的特色和优势，与市属高校合作建设北京学院，打造优质核心专业课程教育，促进优质教育资源的开发与共享，创建北京高等教育优势品牌。至年底，北京市共建立4所北京学院，分别是北京航空航天大学北京学院、中国农业大学北京学院、北京理工大学北京学院以及北京交通大学北京学院。

（段磊　孙桂凤）

【教育部与国家邮政局共建邮电大学】

10月17日，教育部、国家邮政局签署共建北京邮电大学协议。根据协议，双方共建北邮现代邮政学院。该学院成立后，将培养引领邮政行业转型升级所需要的高素质专门人才。

（吴昊）

【中国戏曲教育联盟成立】 11月1—

14日，中国戏曲教育联盟成立。该联盟由中国戏曲学院、中央戏剧学院、新加坡传统艺术中心等国内外52所戏曲学校组成。联盟成立后，将紧密围绕“传承弘扬戏曲、培养优秀人才”为宗旨开展工作，为校际间搭建交流、合作平台，紧密合作培养戏曲优秀人才。

（张琳）

【成立北京高校卓越艺术（舞蹈）人才培养高校联盟】 11月21日，北京卓越艺术人才（舞蹈）培养高校联盟在北京舞蹈学院成立。该联盟是为响应“大众创业、万众创新”的国家战略，深化加强首都舞蹈高等教育协同发展而组建。首批加入联盟的有北京舞蹈学院、中央民族大学、北京师范大学、北京体育大学、中央戏剧学院、首都师范大学、北京联合大学、北京戏曲艺术职业学院、解放军艺术学院和北京戏曲艺术职业学院共10

所开设舞蹈艺术相关专业的高校，联盟办公室设在舞蹈学院。

（陈雷）

【北京市与两部委共建首医大】 12月12日，市政府、国家卫生计生委、教育部签约共建首都医科大学。根据共建协议，市政府、国家卫生计生委、教育部分别给予首医大政策支持和项目扶持，加大经费保障力度，使首医大深化医学教育综合改革，加强内涵建设，实现医教研协调发展。并通过共建，指导其以需求为导向，深化医学教育综合改革，提升办学水平和人才培养质量，服务北京市卫生计生事业发展；加大对中西部薄弱地区医学院校建设和人才培养的帮扶力度，提升其人才培育能力，促进本地医学人才培养；推动首医大附属医院积极参与北京市公立医院改革并发挥示范作用。

（方海侠　王于英）

【举办首都特色行业院校改革与发展论坛】 12月16日，市教委举办第九届首都特色行业院校改革与发展论坛。论坛在中央民族大学举办，回顾2007年以来首都特色行业院校改革与发展论坛的情况，对本论坛在特色行业院校办学过程中发挥的积极作用给予充分肯定，并对论坛未来发展建设提出具体希望和要求。在交流环节，与会代表围绕学校创新创业教育工作、国家“一带一路”发展战略背景下学科专业结构与布局优化调整、北京地区优质教育资源共享等内容进行交流和讨论。

（赵晓琳）

【中医药大学合作联盟成立】 12月

22日，中医药大学合作联盟成立。联盟由北京、上海、广州、成都、南京5所中医药大学组成，以“坚持中国特色，建设世界一流大学”为目标，以协同创新中心建设、人才培养、课程共享和学分互认、人才和资源共享、中医药大数据库建设和中医药国际化等为主要任务。

（王丹凤）

学位与研究生教育

【首师大与广岛大学建立联合研究生院】 4月13日，首都师范大学与日本广岛大学建立联合研究生院。联合研究生院旨在搭建两校研究生国际联合培养平台。文科以日语授课为主、理工科主要以英语授课。学校各专业硕士研究生均可参加“2＋1”或“1＋1＋1”双学位项目，分别在两校学习，毕业达到要求后，获得两校硕士学位即双学位。博士研究生联合培养项目以资源环境与旅游学院、文学院为试点，学生在广岛大学进行研究并完成论文，获得双学位，也可直接考取广岛大学博士，取得广岛大学博士学位。部分参加项目的学生将获得广岛大学学费减半和首师大有关项目经费支持。

（张婷琦）

【2015年市属高校研究生计划招生11762人】 5月7日，市教委下达2015年市属高校研究生招生计划。市属高校研究生计划招生11762人，其中，博士生招生计划806人、硕士生招生计划10956人。各校在招生录取过程中，遵守国家有关研究生招生的政策和规定，坚决维护招生计划的严肃性。如需调整计划，须经市教委与北京教育考试院协商批准。未经批准，任何单位和个人不得擅自变更招生计划。

（华蕾）

【独立学院42个本科专业通过学位复评】 7月15日，第四届北京市学位委员会第三次全体会议批准5所独立学院42个学士学位授权有效期满的本科专业复评获得学士学位授予权。经北京市学位委员会委员审议并通过，北京邮电大学世纪学院、首都师范大学科德学院、北京工业大学耿丹学院、北京工商大学嘉华学院、北京第二外国语学院中瑞酒店管理学院5所院校学士学位授权3年有效期满申请复评的42个本科专业为学士学位授权点。

（侯东云）

【两所学校获得学士学位授予权】 7月15日，第四届北京市学位委员会第三次全体会议批准国家开放大学和北京警察学院为学士学位授权单位。经学校申报、专业专家组进校考察、投票表决等程序，北京市学位委员会全票同意批准两所本科院校为学士学位授权单位，批准北京警察学院公安管理学、刑事科学技术、治安学和侦查学4个学科专业增列为学士学位授权点，批准国家开放大学工商管理、法学、汉语言文学、计算机科学与技术、会计学5个学科专业增列为学士学位授权点。

（侯东云）

【首届发展中国家硕士项目学生毕业】

7月26日，北京师范大学新兴市场研究院首届发展中国家硕士项目学生毕业。共有来自亚非拉14个国家的28名毕业生获得学历学位证书。发展中国家硕士项目是商务部、教育部为落实中央领导指示精神而联合举办的高端援外学历学位教育项目，旨在培养来自发展中国家政府部门的“知华友华亲华”高端精英人才，服务于国家战略与外交大局。

（李敏辞）

本 专 科 教 育

【**新增本科专业42个**】　3月13日，北京25所北京高校46个本科专业通过2014年度教育部备案或批准设置。新增专业涉及专业42个（3个为首次列入专业目录的新专业）。其中，12所市属高校增设20个，涉及专业19个。新增专业自2015年起开始招生。

（陈雷）

2014年度普通高等学校本科专业备案或审批结果（北京地区）

中央民族大学
　物联网工程
中国人民公安大学
　公安视听技术
北京大学
　通信工程
　智能科学与技术
清华大学
　陶瓷艺术设计
北京交通大学
　葡萄牙语
北京中医药大学
　信息管理与信息系统
北京师范大学
　戏剧影视文学
　动画
北京外国语大学
　政治学与行政学
　泰米尔语
　土库曼语
　加泰罗尼亚语
　约鲁巴语
北京语言大学
　金融学
　国际经济与贸易
　特殊教育
　财务管理
中国传媒大学
　翻译
中央财经大学
　翻译
中国政法大学
　翻译
中国青年政治学院
　行政管理
北京工业大学
　交通设备与控制工程
　文化产业管理
　绘画
　工艺美术
北京工商大学
　光电信息科学与工程
北京石油化工学院
　会展经济与管理
北京农学院
　应用化学
首都师范大学
　秘书学
北京第二外国语学院
　人文地理与城乡规划
北京舞蹈学院
　文化产业管理
北京联合大学
　小学教育
　教育康复学
北京城市学院
　德语
　环境工程
　康复治疗学
北京吉利学院
　经济与金融
　汽车服务工程
　人力资源管理
首都师范大学科德学院
　录音艺术
北京工业大学耿丹学院
　数字媒体技术

（陈雷）

【**22所高校34门课程获批教育部第七批精品视频公开课**】　4月13日，北京地区22所高校34门课程获批教育部第七批精品视频公开课。该评选由教育部、财政部主办，经有关高校建设和申报、教育部组织专家评审遴选，并在2014年10月至2015年2月陆续在爱课程网、中国网络电视台和网易3个网站以“中国大学视频公开课”形式免费向社会开放，获得良好社会反响。全国共有158门课程入选，其中，北京地区22所高校34门课程入选。

（张驰）

第七批“精品视频公开课”名单（北京地区）

北京大学
　从传播学视角解读中国（1～6讲）
　　龚文庠
　艺术史（1～12讲）
　　朱青生
中国人民大学
　国际能源政治与外交（1～6讲）
　　崔守军
　唐诗宋词的审美类型（1～6讲）
　　冷成金
　穿越今古的法律智慧（1～6讲）
　　高仰光
北京交通大学
　走近数字技术（1～5讲）
　　陈后金
北京工业大学
　创新方法（Triz）理论及应用（1～8讲）
　　高国华
北京航空航天大学
　密码的奥秘（1～6讲）
　　刘建伟
北京理工大学
　走进晶体世界（1～6讲）
　　李晖
北京科技大学
　探秘知识构建的智慧殿堂——知识工程（1～5讲）
　　杨炳儒
　古代冶金与中华文明（1～5讲）
　　李延祥
　钢铁是怎样炼成的（1～5讲）
　　王新华　吴胜利　朱荣　张立峰　苍大强
北京化工大学
　高分子世界六日游（1～6讲）
　　励杭泉
首都医科大学
　医学心理学（1～6讲）
　　杨凤池　李占江　张曼华　张辉
北京师范大学
　唐宋八大家的人生与艺术（1～7讲）

康震

同舟共济中的环境地学（1～12讲）

赵烨

北京外国语大学

中西文明比较（1～5讲）

伊蕊 王炎

意大利的人文主义与文艺复兴（1～6讲）

王军

中国传媒大学

走进电视编辑（1～5讲）

王晓红

中国电视剧的艺术匠心（1～5讲）

张育华

中央财经大学

如何提升营销力（1～6讲）

张云起

审计与经济护航（1～6讲）

李晓慧 赵雪媛 王淑芳 曹强

对外经济贸易大学

中国的国际金融（1～7讲）

丁志杰

北京体育大学

现代体育竞赛：竞争精神与竞技发展（1～5讲）

徐刚

中国武术历史与文化（1～6讲）

武冬 李印东

中央音乐学院

视唱练耳中音乐技能的基础与拓展训练（1～6讲）

郝卓亚 王时 李彤

曲式与作品分析进阶（1～6讲）

范乃信

中央民族大学

文化与性别（1～5讲）

丁宏

华北电力大学

沟通的力量（1～5讲）

赵洱岽

中华女子学院

女性与发展（1～5讲）

韩贺南 王向梅 张健 罗慧兰 魏开琼

中国石油大学（北京）

驱散雾霾的阴影 走进天然气经济（1～6讲）

刘毅军

石油工程导论（1～8讲）

樊洪海 田冷

北京联合大学

英美诗歌名篇选读（1～9讲）

黄宗英

中国劳动关系学院

语言的力量——公共演讲的源流、素养与艺术（1～11讲）

李双 贺严 王英钰 李朝阳

（张驰）

【研制完成《北京高等教育质量报告（本科2014）》】 7月15日，市教委、北京教育科学研究院共同研制完成《北京高等教育质量报告（本科2014）》。报告18万字，内容包括本科高等教育“质量分析报告”“重大教学改革与成效专题”“教育教学改革典型案例”“政策、文献与信息”等内容。报告全面总结2014年北京本科高等教育质量建设情况，对2014年北京地区高校获得国家级教学成果奖、“北京学院”的建设与发展、北京高校专业群建设项目情况进行专题分析；并收录北京64所本科高校提交的61个优秀案例中选取有代表性和创新性的典型案例经验23个。

（孙毅颖 赵晓琳）

【召开市属本科高校教学业务会】 9月11日，市教委召开2015年北京市属本科高校教学业务会。会议邀请北京工业大学蒋宗礼教授作旨在提高本科教学质量的《专业教育从经验走向科学、从粗放走向精细》专题报告，市教委相关人员通报和部署“双培计划”“外培计划”和“实培计划”三个方面对交叉培养计划的近期工作。会议强调要明晰高水平人才交叉培养计划的意义，“交叉培养”是深化北京高等教育综合改革的新抓手，是高校协同、共同培育新的专业增长点的新举措，是中央属市属高校、国内国外高校、高校与行业、高校与科研院所间优质高等教育资源共享的新做法，也是北京高等教育与基础教育良性联动的新试验；要突出学校的办学优势和办学特色。市教委领导，28所市属本科高校主管副校长等50人参加会议。

（赵晓琳）

普通高等学校

北京大学

党委书记 朱善璐

校　　长 林建华

【概况】 2015年，北京大学占地面积274.11万平方米，校舍建筑面积为240.16万平方米，固定资产总额1173048.43万元，其中，教学科研仪器设备资产为495180.72万元。图书馆建筑面积67462平方米，图书馆一般藏书938.32万册，电子资源254074.95GB。信息化设备资产值84691.91万元，网络信息点117135个，校园网出口总宽带14900Mbps，上网课程5616门，电子邮件系统用户50150个，管理信息系统数据总量29578GB，数字资源量254074.95GB。设56个直属院系。有48个博士学位一级学科授权点、50个硕士学位一级学科授权点、225个博士学位二级学科授权点、261个硕士学位二级学科授权点、121个本科专业，18个国家（一级）重点学科，25个国家（二级）重点学科，3个国家重点（培育）学科，以及47个博士后流动站，博士后在站人员1043人。有1个国家实验室（筹）、11个国家重点实验室、2个国家工程实验室、2个国家工程研究中心、113个省部级研究院（所、中心、重点实验室）、6家附属医院、4家共建医院、14家教学医院。在职教职工20916人（含医学部及附属医院），其中，专任教师6963人。有教授2221人、副教授2202人，中国科学院、中国工程院院士87人，发展中国家科学院院士 21 人，“长江学者奖励计划”特聘教授和讲座教授 189 人，“973”项目首席科学家 92 人，国家杰出青年科学基金获得者 214 人，博士生导师 2404 人。毕业生 23235 人，其中，全日制研究生 6637 人（博士生 1787 人、硕士生 4850 人），普通本专科生 3450 人（本科生 3250 人、专科生 200 人），成人教育本科生 2349 人，网络教育本专科生 10799 人（本科生 8170 人、专科生 2629 人）。普通本专科毕业生一次就业率 95.93%。招生 26907 人，其中，全日制研究生 7982 人（博士生 2427 人、硕士生 5555 人），普通教育本科生 3675 人，成人教育本科生 2616 人，网络教育本专科生 12634 人（本科生 8754 人、专科生 3880 人）。高考北京地区提档线理科 693 分，文科 671 分。在校生 99881 人，其中，全日制研究生 24875 人（博士生 9937 人、硕士生 14938 人），普通教育本专科生 14839 人（本科生 14837 人、专科生 2 人），成人教育本科生 9917 人，网络教育本专科生 50250 人（本科生 38904 人、专科生 11346 人）。留学生毕业 2833 人，招生 2986 人，在校生 3613 人。网址：www.pku.edu.cn。

（刘语潇）

【成立液氦中心】　1 月 5 日，北大成立液氦中心。该中心对全校物理、化学、生命、信息等多个学科科研教学工作提供支撑与保障。中心建设工作在物理学院量子材料科学中心、实验室与设备管理部、相关院系及职能部门共同努力下于 2014 年 11 月完成全部设备安装调试工作，具备为全校各单位提供服务的能力。

（刘语潇）

【两人获中国青年女科学家奖】　1 月 16 日，北大两人获得第 11 届中国青年女科学家奖。该奖项由中华全国妇女联合会、中国科学技术协会、中国联合国教科文组织全国委员会和欧莱雅（中国）合作创立，每年评选一次，本届共有 10 人获奖。

（刘语潇）

【举办先修课程与综合素质评价研讨会】　1 月 19 日，北大举办中国大学先修课程与综合素质评价国际研讨会。会议以“美国经验与中国道路”为主题，研讨中国大学先修课程和高

校招生综合素质评价问题，美国大学理事会、美国加州大学、中国科学院大学等高校专家分别就美国 AP 课程（大学先修课程）与大学招生、大学招生综合素质评价作专题报告。来自教育部、北京教育考试院、全国部分高校及中学的领导、教师、专家和学者 130 人参加会议。

（刘语潇）

【成立水科学研究中心】　1 月 24 日，北大成立水科学研究中心。该中心挂靠工学院及量子材料科学中心，是在整合该校现有涉水学科基础上构建的以水为核心的综合研究机构。

（刘语潇）

【9 人入选创新人才推进计划】　2 月，北大 9 人入选科技部创新人才推进计划。该校心理学系方方教授，物理学院刘运全教授，数学科学学院李若教授，化学与分子工程学院高毅勤教授、施章杰教授和陈鹏教授，生命科学学院郭红卫教授和魏丽萍教授，以及工学院侯仰龙教授入选“中青年科技创新领军人才”。同时，该校化学与分子工程学院高松教授主持的“稀土化学与功能分子固体材料创新团队”，物理学院龚旗煌教授主持的“极端光学研究创新团队”，环境科学与工程学院邵敏教授主持的“大气复合污染防治创新团队”，北京大学人民医院黄晓军教授主持的“白血病新诊疗方法创新团队”4 个科研团队入选“重点领域创新团队”。

（刘语潇）

【举办中日考古日论坛】　3 月 28—29 日，北大举办中日考古日论坛。论坛研讨中国历代都邑性遗址的发现与研究、以区域为中心的长时段的社会研究、以手工业生产为主的特别研究和跨学科综合研究等问题。来自北大考古文博学院、中国社会科学院考古

研究所等国内多个高校和研究院所，以及日本东京大学、九州大学、京都大学等日本多家高校和学术机构的专家学者 200 人参加论坛。

（刘语潇）

【机器鱼南极首航】　4 月，北大工学

院智能控制实验室研制的可重构双尾鳍机器鱼在南极地区首航后返航。可重构双尾鳍机器鱼能耐受零下 40 摄氏度的低温环境在南极水域平稳畅游，其携带的水质传感器可实时采集水质数据。这款机器鱼以其低耗能、高效率的水中运动能力为人类未来对极地海洋的探索提供有效工具。这是中国第二次在极地地区进行机器鱼野外测试，此次试航所获得的数据与经验为南极水质勘测研究提供科研素材，为今后仿生机器鱼的研发和改进提供重要参考。

（刘语潇）

【庆祝生命科学学院建院 90 周年】　5 月 3 日，北大举办生命科学学院建院 90 周年庆祝活动。活动由科研论坛、产业论坛、原创电影播映等内容组成。该校师生 2000 人次参加活动。该院前身是 1925 年成立的北大生物学系，是中国高等院校中最早建立的生物学系之一。1952 年全国高等学校院系调整时，北京大学、燕京大学和清华大学三校的生物学系合并，1993 年成立生命科学学院。90 年来，生命学院培养大批生物学界学者，对中国

生物学的发展产生深远影响。

（刘语潇）

【成立互联网金融研究中心】 6月6日，北大成立互联网金融研究中心（Institute of Internet Finance，Peking University）。中心由北大中国社会科学调查中心、上海新金融研究院、浙江蚂蚁小微金融服务集团共同发起成立，以北大国家发展研究院教授队伍为主体组建研究团队。中心将以北大互联网金融研究中心专业团队为基础，基于蚂蚁小微金融服务集团的海量互联网大数据，以及强大的数据挖掘和计算能力，向社会提供权威的研究成果，服务于互联网金融行业的发展和监管。根据研究中心的战略规划，作为开放性研究平台，研究中心未来还将逐步吸收、利用其他相关互联网金融机构提供的数据，基于更广泛的数据基础开展研究。

（刘语潇）

【举办中国未来经济论坛】 6月25日，北大举办中国未来经济论坛暨北京大学国家发展研究院经济观察报告会。会议以“国家的远见”为主题，研讨“‘十三五’与新常态”“创新经济与国家战略”以及“创业创新的痛点”问题。来自国内外专家学者100人参加论坛。

（刘语潇）

【举办黉门对话论坛】 7月7日，北大举办“黉门对话”专家主题论坛。论坛以“经济学家论道：经济学思想与数理工具”为主题，研讨中国经济思想史与主流西方经济学的交叉融合，经济学专业各阶段培养方案的制定标准等问题。论坛邀请北京大学经济学院院长孙祁祥教授、北京大学市场网络经济研究中心主任张维迎教授、中国人民大学学术期刊社社长杨瑞龙教授、《经济研究》常务副主编郑红亮研究员、南开大学经济学院院长梁琪教授、北京大学光华管理学院副院长龚六堂教授作主题报告。来自国内外专家学者和该校师生100人参加论坛。

（刘语潇）

【推出《程序设计与算法》慕课微专业】 7月21日，北大推出《程序设计与算法》慕课专项课程。该项目由该校与腾讯和Coursera合作，在Coursera平台推出，由计算导论、C程序设计、C++程序设计、算法基础、数据结构基础、高级数据结构与算法6门课程构成，学习者可以在任何时候按照自己的进度完成，之后再参加一个应用型毕业设计项目。该课程旨在帮助在不同生活背景下的年轻人获得扎实的计算机编程能力，以应对今天的职场环境，学习者可将毕业项目作为向未来雇主展示其相关职业水平的作品，放入个人作品集中。同时，腾讯将为在专项课程中的出众表现者给予奖励，并提供推荐实习的机会。

（刘语潇）

【召开新文化运动百年纪念会】 9月

15日，北大召开“新文化运动百年——回顾与展望”纪念大会。会议从不同角度共同回顾新文化运动的发展历程，探讨新文化运动的历史经验，展望新形势下大学的未来发展。北大党委书记朱善璐、清华大学党委书记陈旭、北京师范大学党委书记刘川生、中国人民大学副校长洪大用等参加会议并讲话；《求是》杂志社社长李捷，北大马克思主义学院教授沙健孙、哲学社会科学资深教授厉以宁、中国科学院院士杨芙清发表主旨报告。朱善璐在讲话中回顾新文化运动的历史进程，强调在如今建设文化强国、齐心共筑中国梦的历史关键时期，北大定当高举中国特色社会主义先进文化的旗帜，与兄弟高校携手奋进，传承新文化运动所承载的爱国情怀、报国壮志，用先进文化弘扬中国精神、凝聚中国力量，不断夯实、巩固民族复兴的文化根基。北大中国语言文学系博士生李铁男作为学生代表表达对新文化运动前辈关注国家命运、担当时代精神的敬意，并呼吁广大青年学生勇于担当、继承新文化运动精神，做“常为新的、改进的、运动的先锋”，做社会主义核心价值观的积极践行者。来自教育部、首都高校的领导和专家学者100人参加会议。其间，北大还举办新文化运动百年纪念高层论坛。

（刘语潇）

【召开世界马克思主义大会】 10月

10—11日，北大召开首届世界马克思主义大会。会议旨在直面当今人类社会面临的复杂问题，研究和分享中国经验，促进马克思主义在世界范围内的交流、传播与发展，推动世界文明的进步和人类命运共同体的建设，以“马克思主义与人类发展”为主题，下设8个分论坛和3个专场。来自20多个国家和地区的400多名马克思主义研究学者和中国问题研究专家参加会议。

（刘语潇）

【建成学术成果生态系统】 12月25日，北大完成学术成果生态系统第一阶段建设工作。该系统由图书馆承建，包括机构知识库3.0版（ir.pku.edu.cn）、期刊网2.0版（www.oaj.pku.edu.cn）、开放研究数据平台测试版（opendata.pku.edu.cn）和学者主页测试版（scholar.pku.edu.cn）。

（刘语潇）

中国人民大学

党委书记 靳诺
校　　长 陈雨露（11月免）
　　　　　刘伟（11月任）

【概况】 2015年，中国人民大学占地面积75.77万平方米、建筑面积105.12万平方米，固定资产总值371443万元，其中，教学、科研仪器设备资产值61902万元，全年教育经费投入365380.46万元，其中，国家拨款172070.30万元、事业收入130005.02万元、其他收入63305.14万元。图书馆（新旧馆）面积5.5万平方米，藏纸质图书462万册，电子图书总量24815GB。拥有网络信息点35968个，校园网出口总带宽8.8Gbps，电子邮件系统用户76905个，管理信息系统数据总量8540G。设有28个学院，25个跨院系研究机构，另设有体育部、继续教育学院、培训学院、深圳研究院；开设本科专业76个，有硕士学位授权点186个、博士学位授权点125个；拥有硕士学位一级学科授权点35个，博士学位一级学科授权点20个；博士后流动站19个，年内出站74人、进站88人、在站329人。国家重点一级学科8个，国家重点二级学科8个，北京市重点一级学科5个、北京市交叉重点学科1个、北京市重点二级学科4个；教育部普通高等学校人文社会科学重点研究基地13个，教育部工程研究中心、重点实验室2个，国家级实验教学示范中心4个，国家文科基础学科人才培养和科学研究基地5个，大学生文化素质教育基地1个，北京市哲学社会科学研究基地3个，北京市重点实验室2个。在职教职工3962人，其中，校本部专任教师1836人，包括教授615人、副教授749人；博士生导师743人、硕士生导师1541人。有国务院学位委员会委员和学科评议组成员18人，国家有突出贡献的中青年专家19人。毕业生24338人，其中，全日制研究生3829人（博士生643人、硕士生3186人），普通本科生2860人，成人教育本科生2151人，网络教育本专科生15496人（本科生8790人、专科生6706人）。本科毕业生就业率98.02%。招生25054人，其中，全日制研究生4583人（博士生894人、硕士生3689人），普通本科生2751人，成人教育本专科生1659人（本科生1286人、专科生373人），网络教育本专科生16061人（本科生8393人、专科生7668人）。高考北京地区提档线理科686分、文科660分。在校生91888人，其中，全日制研究生12195人（博士生3658人、硕士生8537人），普通本科生11199人，成人教育本专科生5319人（本科生4218人、专科生1101人）；网络教育本专科学生61793人（本科生35064人、专科生26729人）。留学生毕业781人、招生860人、在校生1500人。网址：www.ruc.edu.cn。

（万静）

【发布中国十大学术热点】　1月13日，人民大学发布2014年度“中国十大学术热点”。分别是“四个全面”战略布局研究，全球治理与中国外交，网络空间法治建设研究，新文化运动百年反思，东方主战场：中国抗战在世界反法西斯战争中的地位与作用，“一带一路”：共建开放包容的利益共同体，“互联网＋”时代信息技术发展与教育变革，媒体融合与新闻传播业变革，中国人口政策调整及其社会影响，大气环境治理与低碳发展。自2003年开始，“中国十大学术热点”评选已经连续举办12年。

（万静）

【周升业逝世】　1月20日，人民大学荣誉一级教授、博士生导师，中国当代著名经济学家、教育家，新中国金融学科的重要奠基人，“中国金融学科终身成就奖”获得者周升业因病在北京逝世，享年87岁。周升业，1928年4月27日出生于安徽省巢湖市，早年就读于中央大学经济系和北京大学经济系，1952年进入中国人民大学货币银行学专业研究生班深造，毕业后留校任教。历任人民大学讲师、副教授、教授，兼任中国国际金融学会常务理事、太平洋经济合作理事会金融市场发展中国家委员会副主任、中国金融学会储蓄研究会副主任和中国人民银行教材委员会委员等。周升业教授是新中国第一部金融学教材《货币信用学》的主要执笔人，他参与编写的全国大专院校经济管理类核心课程教材《货币银行学》多次获国家级奖励。周升业教授是新中国货币金融理论的先行者，研究领域涉及信贷资金运动、货币流通、国际收支和金融体制改革等。

（万静）

【罗国杰逝世】　3月9日，人民大学荣誉一级教授、博士生导师，中国当代著名伦理学家、哲学家、教育家、理论家，教育部高校“两课”教学指导委员会副主任、思想品德课指导委员会主任、中国伦理学会名誉会长罗国杰教授因病在北京逝世，享年88岁。罗国杰，1928年1月3日出生，河南内乡人。1946年至1949年，就读于上海同济大学法学院；大学时代加入中国共产党地下党组织，投身革命；1949年至1956年，在上海从事党务工作；1956年至1959年，到中国人民大学哲学系读本科，毕业后留校在哲学系任教至今。罗国杰教授是新中国伦理学奠基人、社会主义市场经济条件下道德理论的创建者，吴玉章终身成就奖、中国伦理学会终身成就奖获得者。曾任人民大学副校长、中国伦理学会会长、国务院学位委员会哲学学科评议组召集人等。担任国家哲学社会科学研究专家咨询委员会委员，中央马克思主义理论研究和建设工程咨询委员会委员、首席专家。罗国杰教授著作等身，主要著作包括《马克思主义伦理学》《伦理学》和《伦理学教程》等。

（万静）

【发布2014中国创新报告】　4月15日，人民大学发布《2014中国创新报告——国家治理现代化元年》。该报告由该校国家治理研究院与深圳创新发展研究院联合发布，对2014年国家推出的一系列重大改革进行阐释、研究和评估，从全新的角度思考并总结国家治理现代化进程。

（万静）

【发布公共外交蓝皮书】　4月15日，人民大学发布《中国公共外交发展报告（2015）》。该报告从政府、城市、民间机构、跨国企业、国际传播、民间交流等多个角度，对中国当前的公共外交实践进行分析和阐释，从宏观层面展示中国公共外交事业的现状、成绩与问题。

（万静）

【党史讲坛首次开讲】　4月22日，人民大学党史讲坛举行首讲。首讲邀请中共中央党史研究室原副主任、中国党史人物研究会副会长章百家教授以《抗日战争——中国近现代历史转折的枢纽》为题，讲解抗日战争史研究情况和抗日战争对于中国近现代历史进程的影响。学校全体党员发展对

象、预备党员、本科新生党员 1200 余人参加学习。

（万静）

【纪念土地管理专业成立 30 周年】

5 月 9 日，人民大学举行土地管理专业成立 30 周年暨不动产高峰论坛。论坛回顾土地管理专业发展历史，研讨未来发展方向。来自国内外高校及科研学术机构的专家、学者，以及土地管理系师生校友 400 人参加活动。1985 年，该校设立全国第一个土地管理本科专业，并于 1988 年成立土地管理系，经过 30 年发展，土地管理专业形成包括本科生、硕士研究生、MPA（专业方向）以及博士研究生教育的多层次、完整的中高级复合型人才培养体系。

（万静）

【举办袁宝华系列著作出版座谈会】

5 月 23 日，人民大学举办袁宝华系列著作出版座谈会。座谈会回顾袁宝华生平，研讨该著作重要价值。中共中央政治局委员、国务院副总理马凯，原国务院总理朱镕基等参加座谈会。袁宝华 1916 年 1 月生于河南南召，是中国宏观经济管理部门的卓越领导人、杰出经济学家和教育家，也是中国社会主义经济学和现代企业管理学创始人和奠基人之一，为社会主义革命建设和事业做出重要贡献。新中国成立以来，袁宝华一直担任中国工业主管部门和国民经济综合部门的主要负责人，曾任原国家计划委员会常务副主任，原国家经济委员会主任等重要职务，经历中国社会主义建设各个历史时期，在推行经济体制改革、强化企业管理等方面做出突出贡献。《袁宝华文集》共分十卷，450 余万字，选编袁宝华 1945 年离开延安参加东北解放战争，到 2012 年回忆老战友长达 67 年间的大部分文稿，以及参加"一二·九"运动以来的主要诗词，包括关于中国经济建设与管理、物资管理、企业管理、干部教育、高等教育等多方面重要论述。文集由中国人民大学出版社出版。

（万静）

【成立民族心理与教育重点研究基地】

6 月 8 日，人民大学成立民族心理与教育研究基地。该基地以该校心理学系为主要研究力量，有研究人员 8 人，其中，教授 3 人，副教授 3 人，讲师 2 人，研究重点包括民族语文教育与民族语言心理、少数民族学生的学业情绪与心理健康、少数民族学生的人际交往与和谐民族关系的建立等方面。

（万静）

【制定全面深化博士生教育综合改革方案】

6 月 18 日，人民大学出台《全面深化博士生教育综合改革若干要点》。该要点以提高质量为核心，以制度配套为重点，提出自 2015 年起，除高校教师、科研单位研究人员之外的在职人员，占全校博士生录取比例控制在 10%以下；将稳步推进"申请审核制"招生模式改革。将原有的"初试（含外语和两门专业课）+复试（含外语及口语测试、专业课和综合素质面试）"的选拔方式，改为"申请—审核—复试（综合考试）"，即要求考生在申请时提交已有科研成果和科研计划书，由学院和导师组对申请考生提交的材料进行集体审核评议，通过审核的考生方可进入复试阶段。复试阶段将进行综合考试，内容包含外语水平、专业知识和综合素质三方面，考核形式由学院自行确定；博士生学习基本学制从三年延长至四年。其中，有半年到一年到国外一流大学去学习；博士论文全部实行匿名评审，在匿名评审淘汰率 5%的基础上，全面实行博士论文预答辩制。预答辩在正式答辩前半年进行，预答辩专家小组全面审查博士学位论文撰写和研究情况，并提出相应修改建议，为正式答辩奠定基础。预答辩未通过的论文不能进入正式答辩。

（万静）

【举办锡伯文化节】

6 月 19—24 日，人民大学举办锡伯文化节。活动由该校清史研究所、新疆维吾尔自治区察布查尔锡伯自治县主办，包括开幕式、学术研讨会、锡伯文化户外展示和《大西迁》纪录片展播等活动。来自人民大学、中央民族大学、中国第一历史档案馆等高校和科研机构的专家学者 100 人参加活动。

（万静）

【首届爱国宗教界人士硕士研究生班毕业】

6 月 24 日，人民大学首届爱国宗教界人士硕士研究生班毕业。该研究生班是由中央统战部与人民大学合作举办，首届 19 名学员全部完成 3 年脱产学习，获得硕士学位。

（万静）

【成立创业学院】

6 月 30 日，人民大学成立创业学院。学院将施行"教育—训练—实践"三级递进式培养模式，重点突出"普及、融入、互联、开放、协同"的教育教学体系，力图实现"人大特色、学生满意、国内一流"的办学目标，努力在高校创业型人才培养模式创新、高校创新创业教育及实践改革方面发挥引领作用。

（万静）

【举办国际货币论坛】

7 月 18 日，人民大学举办 2015 国际货币论坛暨《人民币国际化报告》发布会。论坛由"《人民币国际化报告 2015》发布会"和"金融圆桌会议"两个单元组成，分别就"人民币、SDR 与国际货币体系改革""人民币国际化：机遇与挑战""人民币国际化与'一带一路'战略"等主题进行研讨。来自德国、日本、韩国等 23 个国家和地区的专家学者200人参加论坛。

（万静）

【成立两个研究院】 7月28日和12月20日，人民大学成立中国商标品牌研究院和统计与大数据研究院。中国商标品牌研究院与国家工商行政管理总局、中华商标协会合办，致力于研究和制定商标品牌价值评价标准体系、评定和发布中国品牌排行榜、撰写中国品牌发展报告，培育和提高企业商标品牌意识，树立公众商标品牌观念，引导公众理性消费，从而推动中国商标品牌经济的发展。统计与大数据研究院依托学校经济学、统计学、数学等学科基础，协同相关学院，聚焦大数据学科前沿原创性研究，着力构建前瞻性、科学系的人才培养体系，培养水平过硬、国际一流的统计学及数据科学人才，打造“产、学、研”协同中心，为政府决策和企业管理提供高质量的智库服务。

（万静）

【成立俄罗斯研究中心】 9月2日，人民大学成立俄罗斯研究中心。该中心由该校与俄罗斯圣彼得堡国立大学合办，将依托两校各自优势，汇聚中俄两国在该领域的优秀专家学者，致力于中俄关系研究、学生联合培养、高端人才互访和文化交流，努力成为在中俄两国乃至全球范围内最具影响力的俄罗斯研究机构和智库。

（万静）

【与闽江学院签署支援合作协议】 10月23日，人民大学与闽江学院签署支援合作协议。根据协议，双方将在师资队伍建设、本科人才培养、硕士点建设、学科建设、科研与社会服务、管理人员交流、战略决策咨询等方面进行深度合作，中国人民大学将充分发挥相关优势，支持闽江学院加快建设国家东南区域知名的综合型应用型大学。

（万静）

【庆祝新闻学院成立60周年】 10月25日，人民大学举行新闻教育60周年纪念大会。庆祝活动由新闻学院校友摄影作品展、新闻教育60年学术文献展等活动组成。来自海内外的新闻学院校友与各界人士1000人参加活动。

（万静）

【举办丝路论坛】 11月6—7日，人民大学举办丝路论坛。论坛以“一带一路与共同体建设”为主题，设立四个分论坛，围绕“基础建设与互联互通”“经贸往来与投资融资”“政治互信与风险防范”“多样性下的跨文化交流”等热点话题进行研讨。来自国内外政界、商界、学界等多领域专家学者60人到会发表演讲或发言。

（万静）

【成立科学技术协会】 12月8日，

人民大学成立科学技术协会。会议通过《中国人民大学科学技术协会章程草案》和《中国人民大学科学技术协会第一次会员大会选举办法》，投票选举第一届委员会成员。

（万静）

【与云南省签订合作协议】 12月16日，人民大学与云南省人民政府签订合作协议。根据协议，双方将在人才培养、学科建设、科学研究、决策咨询、滇西扶贫、干部交流、学生就业等领域开展全方位合作。

（万静）

【第四届吴玉章人文社会科学终身成就奖颁发】 12月17日，人民大学颁

发第四届吴玉章人文社会科学终身成就奖。著名经济学家、中国人民大学卫兴华教授和著名历史学家、古文字学专家、清华大学李学勤教授获奖。吴玉章人文社会科学终身成就奖是吴玉章基金委员会为表彰人文科学、社会科学领域做出卓越贡献的学者设立的专门奖项，于2012年首次颁发。该奖项面向全国，经专家提名、工作小组初选、遴选委员会遴选和基金委员会投票通过。每年表彰2～3名卓有成就的学者，每人奖励100万元。

（万静）

【举办中国人文社会科学论坛】 12月

19日，人民大学举办中国人文社会科学论坛2015。论坛围绕“食品安全治理：政策与法律框架”主题，旨在进一步落实党的十八届五中全会关于“全面解决好人民群众关心的食品安全等问题”的会议精神，推动中国食品安全治理的科学决策与法制保障的有关研究工作。来自中央有关部门、高校以及科研机构专家学者300人参加论坛。中国人文社会科学论坛创办于2001年，连续举办15届。论坛旨在关注社会重大问题，为人文社科领域提供交流思想、研讨学术、关注社会、求解难题的平台。

（万静）

清华大学

党委书记　陈旭
校　　长　陈吉宁（3月免）
　　　　　　邱勇（3月任）

【概况】 2015年，清华大学占地面积432.6万平方米，建筑面积238.1万平方米。固定资产总值1605545.4万元，其中，教学、科研仪器设备资产值513182.9万元。图书馆建筑面积52893平方米，藏有纸质图书456.35万册，电子图书56534GB。学校拥有计算机73504台，多媒体教室287间，信息化设备资产33194万元，网络信息点72700个，校园网出口总带宽11000Mbps，电子邮件系统用户

106000 个，上网课程 5722 门，数字资源量 173880GB，管理信息系统数据总量 18665GB。下设 24 个直属院（系）；开设本科专业 75 个，博士学位授权（一级学科点）48 个，硕士学位授权（一级学科点）56 个；博士后流动站 48 个，其中，博士后研究人员在站 1595 人。21 个一级学科国家重点学科、6 个二级学科国家重点学科。国家重点实验室 13 个。教职工 12791 人，其中，专任教师 3398 人。包括正高级 1385 人、副高级 1468 人；博士生导师 2295 人、硕士生导师 1311 人；中科院院士 40 人、工程院院士 31 人；“长江学者奖励计划”特聘教授 140 人、讲座教授 58 人。毕业生 8610 人，其中，学历教育全日制研究生 4399 人（博士生 1288 人、硕士生 3111 人），普通本科生 3180 人；非学历教育在职人员攻读硕士学位 1031 人。本科毕业生一次就业率 96.6%。招生 8933 人，其中，学历教育全日制研究生 5823 人（博士生 2096 人、硕士生 3727 人），普通本科生 3281 人；非学历教育在职人员攻读硕士学位 1449 人。高考北京地区提档线理科 694 分、文科 677 分。在校生 34157 人，其中，学历教育全日制研究生 19894 人（博士生 9596 人、硕士生 10298 人），普通本科生 14263 人；非学历教育在职人员攻读硕士学位 5404 人。留学生毕业 1795 人，招生 1840 人，在校生 3252 人。网址：www.tsinghua.edu.cn。

（许亮）

【16 项成果获 2014 年度国家科技奖】 1 月 9 日，清华 16 项优秀科技成果获得国家科学技术奖励。其中，国家自然科学奖 5 项、国家技术发明奖 3 项、国家科学技术进步奖 8 项。清华作为第一单位或第一完成人所在单位获奖 7 项。由清华计算机系张尧学院士带领，清华教师周悦芝、林闯、任丰原和中南大学教师王国军共同完成的“网络计算的模式及基础理论研究”项目获得国家自然科学奖一等奖，是该年度授予的唯一一项国家自然科学奖一等奖。截至 2014 年年底，清华累计获国家科学技术奖励 487 项，其中，国家最高科技奖获奖者 1 人，国家自然科学奖 62 项、国家技术发明奖 139 项、国家科学技术进步奖 285 项。

（许亮）

【3 项成果入选中国十大科技进展】 1 月 31 日，清华 3 项成果入选 2014 年中国十大科技进展。该评选由中国科学院院士和中国工程院院士评选，该校医学院颜宁研究组完成的“首次获人源葡萄糖转运蛋白结构”、生命学院施一公研究组完成的“首次揭示阿尔茨海默氏症致病蛋白三维结构”，以及交叉信息研究院（第三完成单位）马雄峰研究组与中国科学技术大学潘建伟团队等合作完成的“量子通信安全传输创世界纪录”入选。

（许亮）

【哈佛大学校长来校发表演讲】 3 月

17 日，美国哈佛大学校长德鲁·吉尔平·福斯特到访清华并发表演讲。福斯特发表题为《大学与气候变化带来的挑战》的演讲，重点阐述对于应对气候变化挑战中大学使命与角色的看法，指出大学应在应对气候变化挑战创新人才培养中扮演至关重要的角色，为全人类营造一个可持续、宜居住的环境是大学肩负的重要使命与责任。

（许亮）

【成立丘成桐数学科学中心】 3 月 19 日，清华成立丘成桐数学科学中心。该中心承办华人数学家大会、三亚数学论坛、四大冠名讲座、丘成桐中学科学奖、大学生数学竞赛等。中心全职引进国际知名数学大师、一流数学家及青年学术骨干 32 人，长期聘请海外领军人才兼职教授 7 人。

（许亮）

【与 5 省市签订合作协议】 3—12 月，清华与 5 省市签订合作协议。3 月 16 日，与青海省签署战略合作协议，双方将深化在科技合作、对口支援、人才培养等领域战略合作，巩固和完善跨领域、高层次、全方位的长效合作机制。5 月 17 日，与河北省签署重大科技创新转化项目协议，该校航天航空学院实验基地、智能无人机工程技术中心、清华（河北）京津冀先进生产与服务工程中心、研究生创业实践基地、二氧化硅气凝胶产业化 5 个项目落户河北。9 月 18 日，与上海市签订合作协议，双方将合作在沪设立创新研究中心，共同推进燃气轮机、高温气冷堆等关键核心技术产业化，培育以集成电路为代表的新一代信息技术产业，并在高端人才培养和交流方面开展全面合作。9 月 21 日，与新疆维吾尔自治区签署新一轮区校战略合作协议。12 月 17 日，与云南省签订合作协议。

（许亮）

【成立海峡研究院】 4 月 17 日，清华成立海峡研究院。该院设在福建省厦门市，依托该校与台湾新竹清华大学技术、人才优势，连接整合海峡两岸科技、教育和文化资源，支持福建省及厦门市快速发展，促进海峡两岸融合，努力建成全球布局的科技创新、高技术产业化和人才培养基地。

（许亮）

【成立能源互联网创新研究院】 4 月

24 日，清华成立能源互联网创新研究院。研究院将推动学科交叉融合，建立能源战略与互动交易、能源仿真与调度、直流电网、电力电子器件及其高端应用、大容量储能、新能源发电及电工新材料、能源传感及网络通讯、能源大数据分析等研究中心，开展能源互联网核心技术研究，致力于建立中国基础设施智能化、生产消费互动化、信息流动充分化的新型能源体系，并促进能源市场体系建立，推动能源科技创新变革，带动能源关联产业发展，为中国能源体系和技术革命做出贡献。

（许亮）

【纪念博士后制度建立 30 年】　4 月 25 日，清华召开博士后制度建立 30 年纪念大会暨第六届博士后创新讲坛。大会回溯中国博士后制度建立历史，并对其发展提出建议。人社部、教育部、中国科协以及部分高校代表 450 余人参加大会。博士后制度始于 1985 年，该校作为中国首批设立博士后流动站的单位，从最初 7 个流动站点发展到目前的 48 个，涉及学科从最初单一的工程学科，发展到不仅覆盖理工科的全部一级学科，而且拓展到文、史、哲、经济、管理等多个学科领域；进站博士后从第一年的 8 人发展到 2014 年的 680 余人、在站博士后 1400 余人；累计招收博士后已超过 8000 多人，博士后规模居全国高校首位，其中，有 16%留校，成为清华师资力量的重要来源；出站博士后中，有两院院士 4 人、海外院士 2 人、长江学者特聘教授 32 人、杰出青年基金获得者 54 人。

（许亮）

【启动基于混合式教育模式工程硕士学位项目】　5 月 7 日，清华启动国内首个基于混合式教育模式的工程硕士学位项目——“数据科学与工程”专业硕士项目。该项目依托“学堂在线”平台，以数据科学与工程专业硕士为试点，采取课堂教学与在线课程教学混合形式。7 月 7 日，全国工程专业学位研究生教育指导委员会宣布启动“推进工程硕士在线课程建设，实施混合式教学模式项目”，首批 32 门在线课程于 9 月通过“学堂在线”发布。

（许亮）

【改革学业评价体系】　5 月 15 日，清华改革学业评价体系，变百分制为等级制。从 2015 级本科生和研究生起，该校学生正式成绩单中的成绩记录为等级制形式，将不再出现百分制。按新的评价标准，根据考核方式的不同，学生课程成绩以 A+、A、A−、B+、B、B−、C+、C、C−、D+、D、F 形式或以 P、F 形式记录。今后在面试推荐研究生过程中，将不提供逐次排名的名单，而只提供 10%、20%、40%、80%等段位的名单，通过面试等手段，加强对学生学术潜力和个人素质等方面的综合考察。同时，学校推动研究生培养方案重构，将学术规范和职业伦理课程纳入必修环节，要求至少选修 16 学时。

（许亮）

【成立统计学研究中心】　6 月 27 日，清华成立统计学研究中心。中心旨在发挥学校在工科、商科、生命科学等方面的有利条件，开展统计学基础理论、统计计算、生物及医学统计、工业统计、商务统计和互联网技术等领域的科研、教学和咨询工作，力争在理论、应用和数据科学等方面取得具有国际影响力的重要学术成果，并推动科研成果产业化。

（许亮）

【开办医疗卫生管理博士项目】　7 月 2 日，清华与美国约翰霍普金斯大学、首都医疗集团合作开办医疗卫生管理博士学位项目。该项目培养医疗健康领域内具有领导潜力的专家型和管理型人才，在其现有知识和经验的基础上，着力训练、提升其在公共卫生领域、医疗健康领域和医院管理等领域的综合管理能力与领导力。该项目 9 月启动招生工作，首批学生将于 2016 年入学。

（许亮）

【与新加坡大学签订合作协议】　7 月 3 日，清华与新加坡南洋理工大学签订合作协议。根据协议，双方联合成立国际一流电子商务联合研究中心，建立国际一流的国际化研究开发团队，在电子商务基础理论、核心技术、国际标准制订等方面开展合作研究开发，力争取得国际领先的科研成果，促进中新两国电子商务产业健康快速发展。

（许亮）

【与中国船舶重工集团公司签订协议】

7 月 7 日，清华与中国船舶重工集团签订合作协议。根据协议，双方将围绕国家海洋发展战略及相关的国家重大需求，本着“优势互补、共同发展”的原则，进一步推进和深化双方合作，创新合作机制，共建合作平台，推动双方在科学研究、成果转化、人才培养、学术交流等方面的深度合作，增强高校成果转化和企业创新能力，为国防建设和国民经济建设贡献力量。

（许亮）

【成立教学委员会】　7 月 8 日，清华

成立教学委员会。委员会根据《清华大学章程》《清华大学综合改革方案》和《清华大学关于全面深化教育教学改革的若干意见》恢复设立，是学校教学工作的审议、评议、指导和咨询机构，负责审议本校教学计划方案，评定教学成果、教学质量，检查、指导教学管理和教学队伍建设等重要事项，对教育教学改革和人才培养工作提出咨询建议。

（许亮）

【首届联合培养的飞行学员毕业】　7

月，清华与空军航空大学联合培养的首批飞行学员毕业。该班共有 32 人，由空军与清华联合培养。通过空军航空大学飞行体验、心理素质考查等层层环节筛选后，进入清华学习，在清华完成 3 年的文化基础学习后，再到空军航空大学完成第 4 年的飞行理论学习及飞行训练。4 月 14 日，他们首次单独驾机，成功率超过 93%，创空

军历史新高。

（许亮）

【李兆基科技大楼落成】 10月15日，清华李兆基科技大楼落成。该建筑位于清华大学校园东南区域，总建筑面积11万平方米，地下4层，地上6层，是截至目前该校单体建筑面积最大、基坑最深的工程，将为该校的教学科研发展提供良好的条件。根据计划，机械学院、材料学院、机械系、汽车系、热能系以及训练中心、燃烧能源中心、信息技术中心等多个院系、研究机构和直属单位将入驻该楼。工程2012年12月开工。

（许亮）

【成立清华伯克利深圳学院】 10月20日，清华成立“清华伯克利深圳学院”。该院与美国伯克利大学合办，建成环境科学与新能源技术、数据科学和信息技术、精准医学与公共健康3个研究中心，下设16个高端实验室，开展研究生层次教育。首批招收博士生30人。至年底，启动第二批研究生招生工作，招收博士研究生40人、硕士研究生60人。

（许亮）

【与武警部队签订合作协议】 12月2日，清华与武警部队签订创新发展战略框架协议。双方将在战略研究、高层次人才培养、科技资源共享融合、申报重大工程专项等方面开展务实合作。

（许亮）

【4人当选院士】 12月7日，清华4人当选院士。生命学院教授李蓬当选中国科学院生命科学和医学学部院士，电子系教授陆建华当选为中国科学院信息技术科学部院士，计算机系教授吴建平当选中国工程院信息与电子工程学部院士，环境学院教授贺克斌当选为中国工程院院士。李蓬，女，1965年10月26日出生于江西省宁都县。1987年毕业于北京师范大学，1995年在美国加州大学圣地亚哥分校获博士学位。现任清华生命科学学院副院长。长期从事脂代谢和代谢性疾病研究。发现细胞内调节脂代谢的细胞器脂滴可通过特殊的融合方式而生长，在脂代谢调控中起重要作用。发现和鉴定多个与脂滴融合相关的重要蛋白和调控因子，系统阐明脂滴融合的生物化学和细胞生物学机制。运用小鼠模型和临床样品等从生理和病理机制上证明脂滴融合是肥胖和非酒精性脂肪肝发生的细胞生物学基础。曾获何梁何利生命科学领域科学与技术进步奖。陆建华，1963年出生于江苏省南通市，1986年毕业于清华无线电电子学系，1989年获得清华电子工程系硕士学位后留校工作，1998年获得香港科技大学电机与电子工程系博士学位。现任电子工程系教授、航天航空学院副院长。主要从事无线传输的理论及应用研究，为探月与载人航天等重大工程解决重要的实际问题。提出一种结构化的信息传输方法，建立无线多媒体协同通信模型，发展无线通信传输容量优化理论；发明一种结构化LDPC（低密度奇偶校验）编码方法，可形成规律性的构造设计，有效解决逼近容量极限的低复杂度编码问题；提出时、空、频等多域协同的通信方法，通过高效的资源利用与协同处理，为复杂传播环境下提升传输容量提供新途径。曾获国家自然科学二等奖（排名第一）、国家技术发明二等奖（排名第一）等。吴建平，现任计算机科学与技术系主任、网络科学与网络空间研究院院长、信息化技术中心主任。长期工作在计算机网络教学和科研领域，主持完成“中国教育和科研计算机网CERNET示范工程”等重大项目，把CERNET建成世界上最大的国家学术网。他主持研制成功具有自主知识产权的“IPv6核心路由器”；主持完成的中国下一代互联网示范工程CNGI核心网CNGI－CERNET2主干网，是世界上规模最大的纯IPv6互联网。他长期坚持互联网关键技术研究和互联网基础理论研究，做出一批创新科研成果，以第一完成人获国家科技进步二等奖3项、国家技术发明奖1项。贺克斌，1962年出生于四川成都，1990年毕业于清华环境工程专业。现任环境学院院长，博士生导师，国家环境保护大气复合污染来源与控制重点实验室主任。贺克斌致力于大气复合污染特别是$PM_{2.5}$的研究，在复杂源清单技术、来源识别理论和多污染物协同控制等方面取得突出成果。通过主持“973”“863”等重大课题，以高分辨率排放清单技术“复合污染来源识别的多维溯源技术”和“多污染物协同控制的系统分析技术”为核心，推动区域空气质量动态调控新技术系统的发展与应用。先后获国家自然科学奖二等奖1项（第一）、国家科技进步二等奖3项（第一、二和第四）以及省部级奖11项。

（许亮）

【成立人居科学研究院】 12月13日，清华成立人居科学研究院。该院开展国内外重大人居理论和实践问题研究，旨在研究人居环境建设的科学理论和实践案例，为中国乃至世界人居建设和城镇化提供高端智库咨询和科学知识传播，定期举办人居科学国际论坛和研讨会，并依托吴良镛教育基金，每两年一次组织颁发吴良镛人居科学奖和吴良镛人居科学青年奖。

（许亮）

【成立药学院】 12月25日，清华成

立药学院。药学院为学校二级学院，开设分子和细胞药理学系、制药化学与工程系、药学技术与药物转化系，开展本科、硕士、博士学历层级教学。该院将通过开发药学前沿技术、推动创新型药物研发、发展新型疾病治疗方法来改善人类健康，并提高清华生命医学研究在国际上的影响力。在人才培养方面将致力于培养高端生物医药人才，通过新技术与思维培养、创新能力与科研能力培训，使未来的药学科学家既具有精湛的专业知识，又能用科学而创造性的方法解决目前药物研发中所面临的挑战；在科学研究方面将加强在生物学技术和药物研究领域的科研实力，通过院系间、校际间、国家间开放的高质量合作，逐渐培养新的经济发展集群。至此，清华大学共设有20个学院、54个学系。

（许亮）

北京交通大学

党委书记　曹国永

校　　长　宁滨

【概况】　2015年，北京交通大学占地面积63.75万平方米，学校产权校舍建筑面积91.06万平方米。全年教育经费投入256774万元，其中，国家拨款108755万元、自筹经费148019万元。固定资产总值39.7亿元，其中，教学、科研仪器设备资产值11.9亿元。图书馆建筑面积16357平方米，藏书849.10万册，其中，纸质图书198.65万册、电子图书255.94万册。拥有计算机13796台。学校信息化经费投入899.9万元，多媒体教室224间，信息化设备资产45443.35万元，网络信息点43000个，校园网出口总带宽4150Mbps，电子邮件系统用户95302个，上网课程1029门，数字资源量89000GB，管理信息系统数据总量6.82GB。下设14个直属院（系）；开设本科专业58个，覆盖7个学科门类和34个一级学科，有一级学科博士点20个，一级学科硕士点34个，专业学位授权点13类；博士后流动站15个，其中，博士后研究人员出站43人、进站55人和在站130人。2个一级学科国家重点学科、2个二级学科国家重点学科，5个一级学科北京市重点学科、6个二级学科北京市重点学科、2个交叉学科北京市重点学科、4个铁道部重点学科。国家重点实验室1个，国家工程实验室2个、国家工程研究中心1个。教职工2961人，其中，专任教师1823人，包括教授439人、副教授713人；博士生导师524人、硕士生导师744人；中科院院士4人、工程院院士8人。“长江学者奖励计划”特聘教授8人、国家有突出贡献专家7人、享受政府特殊津贴专家162人。外籍教师17人，其中，教授5人、副教授2人。毕业生36283人，其中，学历教育全日制研究生3043人（博士生232人、硕士生2811人）、普通本专科生3790人（本科生3357人、专科生433人）、成人教育本专科生3271人（本科生2357人、专科生914人）、网络教育本专科生25071人（本科生7890人、专科生17181人）；非计划招生在职人员攻读硕士学位1108人。本科毕业生就业率98.0%。招生41850人，其中，学历教育全日制研究生3577人（博士生457人、硕士生3120人）、普通本专科生3904人（本科生3704人、专科生200人）、成人教育本专科生3628人（本科生2477人、专科生1151人）、网络教育本专科生29886人（本科生14232人、专科生15654人）；非计划招生在职人员攻读硕士学位855人。高考北京地区提档线理科653分，文科637分。在校生94451人，其中，学历教育全日制研究生10569人（博士生2727人、硕士生7842人）、普通本专科生15179人（本科生14173人、专科生1006人）、成人教育本专科生8424人（本科生5910人、专科生2514人）、网络教育本专科生60279人（本科生26792人、专科生33487人）；非计划招生在职人员攻读硕士学位7867人。留学生毕业67人、招生1116人、在校生747人。网址：www.bjtu.edu.cn。

（高杰）

【获批1个国家级虚拟仿真实验教学中心】　1月8日，北交大轨道交通通

信与控制虚拟仿真实验教学中心入选第二批国家级虚拟仿真实验教学中心。该中心依托电信学院优势资源，开展社会合作，以轨道交通电磁兼容为基础，以车地无线数字通信为手段，以安全高效控制列车为目标，将科研成果转化为实验教学内容，形成城市铁路CBTC、高速铁路CTCS、轨道交通车地通信和轨道交通电磁兼容4个虚拟仿真实验平台。中心与轨道交通通信与控制相关课程与实验体系的建设结合，承担本科生实验教学任务。

（高杰）

【3项成果获国家科学技术奖励】　1月9日，北交大3项成果获国家科学技术奖励。其中，主持项目“标识网络体系及关键技术”获2014年度国家技术发明奖二等奖，参与项目“国家高速公路网运行监管与服务关键技术与应用”和“高水压浅覆土复杂地形地质超大直径长江盾构隧道成套工程技术”获得2014年度国家科技进步奖二等奖。“标识网络体系及关键技术”成果是由张宏科教授率领团队经过十余年研究，在国家“973”项目、自然科学基金等项目支持下，发明的标识网络体系及关键技术。该成果有效解决未来互联网体系与机制的难题，为中国抢占互联网技术制高点、实现由网络大国向网络强国飞跃奠定基础。成果获得国内外发明专利58项，登记软件著作权16项，使中国主导制订IEEE1888、1888.2等核心国际标准，发表在IEEE Trans. on等互联网领域重要学术刊物上论文22篇，核心成果出版在国际知名出版商IGI GLOBAL的2部专著上，作国际大会特邀报告10余次。该成果成功研制出ASR5610TP、GSR5612TP等系列产品，并通过中兴通讯产业推进，已应用于多家单位，产生良好的经济效益和社会效益。

（高杰）

【新增3个省部级平台】　3月25日和5月21日，北交大分别新增3个省部级平台。3月，轨道交通移动通信实验室获得中国合格评定国家认可委员会（CNAS）颁发的实验室认可证书和ILAC-MRA/CNAS联合标识章，成为国家认可实验室，依托计算机学院建设，通过CMA和CNAS评审，采用先进的仪器设备和规范的检测方法对铁路数字移动通信系统产品进行检测，提供科学、公正、准确和满意的服务，同时积极参加轨道交通下一代移动通信技术（LTE-R/LTE-M）的研究与试验，不断完善试验平台，提高检测能力与水平。5月，土建学院负责的水中典型污染物控制与水质保障北京市重点实验室、计算机学院负责的北京市高速铁路宽带移动通信工程技术研究中心，分别被市科

委认定为2014年度北京市重点实验室、2014年度北京市工程技术研究中心。其中，水中典型污染物控制与水质保障北京市重点实验室，依托土建学院建设，实验室具有持久性污染物国际联合研究平台，充分利用人才技术优势，在区域水环境污染源识别与水体修复、难降解有机污染物高级氧化技术削减理论与应用、低碳源污水控制理论与技术应用、城市再生水利用、饮用水有机微污染控制等水污染控制与水质保障领域，具有坚实的理论与技术基础；北京市高速铁路宽带移动通信工程技术研究中心，依托计算机学院建设，研究中心围绕提升高速铁路自主创新水平与保障运行安全重大需求，研发高速铁路新一代宽带移动通信系统关键技术，构建技术创新与转化平台，并通过通信标准与规范制定以及产学研用相结合，推动创新技术产业化进程。

（高杰）

【与巴西合作设立的孔子学院揭牌】

4月22日，北交大与巴西坎皮纳斯州立大学合作设立的孔子学院揭牌。坎皮纳斯州立大学孔子学院已开设1门汉语综合课，设有4个班，有注册学生约120人。该院是该校继比利时、美国之后的第三所孔子学院。

（高杰）

【中俄交通学院揭牌】 6月17日，北交大中俄交通学院揭牌。该学院与俄罗斯圣彼得堡国立亚历山大一世皇帝交通大学合办，开设轨道交通信号与控制、电气工程及其自动化、车辆工程、物流管理4个本科专业，学制4年，9月开始招生。

（高杰）

【成立全球供应链和物流研究所】 6月17日，北交大成立全球供应链和物流研究所。该研究所与荷兰伊拉斯姆斯大学合办，关注跨区域合作背景下的全球供应链管理、国际大型基础设施建设的供应链与物流管理、多式联运、中国经济新常态环境下的国际物流，以及跨境电子商务、大数据和可持续发展等环境下的供应链与物流管理问题，近期将重点开展京津冀一体化运输与配送网络的构建与优化，以及涵盖海上航运、港口物流、高铁运输的多式联运体系设计、运营优化和风险管理等前沿课题的研究。

（高杰）

【学校章程发布】 6月26日，《北京交通大学章程》经教育部核准正式发布。该章程分为序言，总则，管理体制和组织机构，教学科研机构，教职员工，学生，资产、经费和后勤，外部关系，学校标识及附则等共10章86条。章程表述学校的历史沿革及发展愿景，明确办学方向及人才培养目标。同时，在坚持和完善党委领导下的校长负责制，健全学术治理体系、推进教授治学，完善校内管理体制，保障师生合法权益，完善民主监督和社会参与机制等方面作出具体规定。

（高杰）

【举办首届中欧博士生院暑期学校】 8月21—30日，北交大举办首届中欧物流、信息化、管理与服务科学博士生院暑期学校。暑期学校课程主题聚焦物流、信息化、管理和服务科学，邀请加泰罗尼亚理工大学、香港中文大学、澳门大学教授授课，授课教授系统讲授社会科学研究体系，内容涵盖研究方向选择、研究过程中技术路线的选择、研究方法论等方面的内容，结合丰富的科学研究经验对博士生如何进行科研工作进行指导。来自西班牙、意大利、斯洛文尼亚、罗马尼亚、巴基斯坦等国家地区博士生40人参加学习。

（高杰）

【与俄联邦铁道交通教育教学研究中心签订合作协议】 8月27日，北交大与俄联邦铁道交通教育教学研究中心签订合作协议。根据协议，双方约定各自编纂的轨道交通类书籍（高铁技术、交通安全、联合运输、物流、铁路历史等专业）优先向对方提供版权出售，译本由对方出版发行；并将合作成立轨道交通类图书国际编纂小组，由国际编纂小组基于现阶段轨道交通的发展方向，主要负责相关教材、教参的编写工作，教学材料均可用俄英汉三种语言编写；开展现代信息科技在教学过程中的运用；共同参与编纂并积极推动“轨道交通类专业术语俄汉英词典”项目的组织实施工作；共同组织、参与在两国举办的有关轨道交通类大型国际专业展会、论坛以及科学实践等活动。

（高杰）

【举办第二届中俄交通大学校长论坛】

9月2—5日，北交大举办第二届中俄交通大学校长论坛。论坛以“创新驱动、交融互通”为主题，研讨两国交通领域高等教育及两国交通发展的热点问题，中国工程院院士何华武和俄罗斯联邦国家铁路局副局长伊戈里·弗拉基米洛维奇·米丘克先后作主旨报告。论坛发布《中俄交通大学校长联盟北京宣言》，呼吁中俄交通类院校一同努力，促进中俄人文交流，加强科技协同创新，携手创造联盟美好未来。中俄交通大学校长联盟成员单位的高校校长和企业代表100人参加论坛。

（高杰）

【威海校区投入使用】 9月7日，北交大威海校区投入使用。校区以国际合作办学为主，通过与国外知名大学合作，引进国外课程体系，采用优质外文原版教材和其他教育资源，进行双语和全英文授课，以招收国内计划内学生为主，兼收国外留学生和港澳台生实施高等教育。该校区围绕交大专业优势、国际化办学和区域发展需求，重点建设智能交通类、新能源与智能制造类、智能服务与技术类和国际商务类四大学科群，约16个专业方向，分布于7个项目学院，校区拟办学规模为全日制学生5500人。首次招生是与美国罗彻斯特理工大学合作办学的信息管理与信息系统专业，录取116人。威海校区一期土地已完成划拨，一期建设的教学楼、行政楼、图书馆、饮食中心、宿舍楼、学术交流中心等相继投入使用，建筑面积10.6万平方米。

（高杰）

【汉能新能源学院揭牌】　11月2日，

北交大汉能新能源学院揭牌。新能源学院作为学校二级实体机构，由学校成立的管理委员会负责领导，下设学术委员会和咨询委员会，履行学术评议和战略咨询等职能，实行相对独立的财务核算，经学校授权试行独立的人才招聘和考核机制。学院对中国高等教育领域进行引智综合改革，通过成建制引进海外高层次外国专家团队，打造国际化示范学院，探索教学、科研、管理体制机制创新，推动高等教育内涵式发展。

（高杰）

【成立国际咨询委员会】　12月10—12

日，北交大召开国际咨询委员会成立暨第一届委员会会议。会议邀请国内外多所知名大学和研究机构的专家学者围绕“十三五”期间学校学科建设、人才培养、师资队伍、科研创新、文化建设、社会服务以及国际化等问题进行深入交流和探讨，提出一系列中肯建议。会议期间通过《北京交通大学国际咨询委员会章程》，并选举产生主任委员、副主任委员和秘书长。

（高杰）

【共建3个联合实验室】　至年底，北交大与俄罗斯、美国、英国高校共建3个联合实验室（研究中心）。5月9日，与莫斯科国立交通大学和圣彼得堡国立交通大学共建中俄高铁研究中心。6月22日，与美国伊利诺伊大学香槟分校共建中美高速铁路安全运营与服役国际联合实验室。9月17日，与英国伯明翰大学共建中英高铁研究中心。

（高杰）

北京工业大学

党委书记　郑吉春

校　　长　郭广生（4月免）

　　　　　　柳贡慧（7月任）

【概况】　2015年，北京工业大学占地面积79.75万平方米，学校产权校舍建筑面积107.79万平方米、非产权校舍建筑面积8.65万平方米。全年教育经费投入220272.44万元，其中，国家拨款186466.56万元，占84.65%；自筹经费33805.88万元，占15.35%。固定资产总值52.31亿元，其中，教学、科研仪器设备总值22.49亿元。图书馆建筑面积2.67万平方米，藏书207.08万册，电子图书13013.36GB。拥有计算机21336台。学校信息化经费投入3063.61万元，多媒体教室座位21400个，信息化设备资产52603.95万元，网络信息点34000个，校园网出口总带宽2300Mbps，电子邮件系统用户61569个，上网课程812门，数字资源量2000GB，管理信息系统数据总量109433.35GB。下设35个教学科研机构；开设本科专业57个；现有一级学科博士学位授权点18个，二级学科博士学位授权点1个；一级学科硕士学位授权点31个，二级学科硕士学位授权点3个；博士后流动站18个，其中，出站40人、进站83人、在站203人。国家重点学科3个，北京市重点学科21个，北京市重点建设学科18个。国家级产学研中心1个，国际合作研究中心1个，教育部工程研究中心2个，教育部重点实验室4个，教育部战略研究基地1个，省部共建重点实验室1个，北京市级科研基地37个，行业重点实验室3个。教职工2956人，其中，专任教师1601人，包括正高级职称334人、副高级职称617人，博士生导师311人、硕士生导师1666人（含专业学位和学术学位硕士生导师）。外籍教师72人，其中，教授32人。工程院院士2人，“长江学者奖励计划”特聘教授9人，享受政府特殊津贴专家29人，国家杰出青年基金获得者10人，中央层面“海外高层次人才引进计划”入选者11人，“北京海外人才聚集工程”入选者70人。毕业生7198人，其中，学历教育全日制研究生1762人（博士毕业生178人、硕士毕业生1584人），普通本科生2972人，成人教育本专科生1878人（本科生1383人、专科生495人）；非计划招生在职人员攻读硕士学位586人。本科生就业率98.48%，研究生就业率99.72%。招生7537人，其中，学历教育全日制研究生2271人（博士生261人、硕士生2010人），普通本科生3469人，成人教育本专科生1326人（本科生1039人、专科生287人）；非计划招生在职人员攻读硕士学位471人。高考北京地区提档线文科604分、理科611分。在校生29149人，其中，学历教育全日制研究生6735人（博士生1133人、硕士生5602人），普通本科生13770人，成人教育本专科生4880人（本科生3748人、专科生1132人）；非计划招生在职人员攻读硕士学位3764人。留学生毕业413人，招生458人，在校生637人。网址：www.bjut.edu.cn。

（苏雅洁）

【新增1名长江学者】　1月16日，北工大新增1名长江学者特聘教授。该校乔俊飞教授当选2013年度、2014年度长江学者特聘教授（控制科学与工程）。乔俊飞，内蒙古鄂尔多斯人，博士生导师，2003年入选北京市科技新星支持计划，2006年被评为北京市优秀教师，同年入选北京市优秀人才计划，2008年入选教育部新世纪优秀人才计划，2009年入选北京市创新人才计划，2012年获得国家杰出青年基金项目。

（苏雅洁）

【学校章程发布】 5月8日，《北京工业大学章程》经北京市市属高等学校章程建设领导小组和市属高等学校章程建设联席会议核准发布。该章程除序言外，共有8章68条8000字，包括总则，组织结构，教职工，学生、学员及校友，经费、资产，社会服务和外部关系，标识系统，附则。《章程》核准发布后，学校将进一步清理各类规章制度，健全以章程为核心的制度体系，不断深化学校综合教育改革和现代大学制度建设，提高学校依法治校、依章程自主管理的能力和水平。

（苏雅洁）

【与两所境外高校签署合作协议】 6

月2日和10月16日，北工大分别与美国马里兰大学和香港理工大学签订合作协议。与马里兰大学在学生交流、学生联合培养、教师交流、科研合作等方面开展合作。与香港理工大学在城市空气污染、城市污水处理、城市抗震与检测、城市智能交通、智慧城市、城市低碳建设六个领域开展科研合作。

（苏雅洁）

【庆祝建校55周年】 10月，北工大庆祝建校55周年。庆祝活动以举办京津冀协同发展框架下的高等教育暨大学校长高峰论坛为核心，开展教学科研展、科技节等校院两级学术活动，同时，出版《岁月的情怀——北京工业大学55周年校庆画册》，召开主题为“难忘的青春”的“老五届”校友座谈会。该校校友、师生5000人次参加活动。北工大创建于1960年；1961年，北京建筑工程学院、北京工业学院、北京师范大学部分学生转入北工大；1972年，北京工商管理专科学校并入北工大；1981年，学校成为教育部批准的第一批硕士学位授予单位，1985年成为博士学位授予单位；1990年，北京联合大学经济管理学院并入北工大；1993年，北京计算机学院并入北工大；2000年，国家建材局管理干部学院（武汉工业大学北京研究生部）、华北水利水电学院北京研究生部和北京水利电力函授学院并入北工大。学校经过多次学科结构性调整，由一所工科性学校发展成为以工为主，理工、经管、文法相结合的多科性大学。

（苏雅洁）

【新增1名工程院院士】 12月7日，

北工大教授彭永臻当选中国工程院院士。彭永臻，1949年出生，1968年至1973年为黑龙江生产建设兵团知青；1981年作为中国首批硕士研究生毕业于哈尔滨建筑工程学院（现哈尔滨工业大学），1985年获环境工程专业博士学位。1993年破格晋升为教授，1996年被评为博士生导师，2000年调入北工大任教。彭永臻主要研究方向是污水生物处理及其自动控制与智能控制、污水脱氮除磷的新工艺与新技术。先后获得20余项省部级以上科技进步奖和优秀教学奖，包括国家科技进步二等奖3项、省部级科技一等奖5项。他领导的教学团队于2007年被评为首批“国家级教学团队”，他负责的《水质工程学》和主讲的《环境保护概论》被评为国家精品课程。撰写7部专著，其中，3部获得国家科技学术著作出版基金。发表论文400余篇，以第一或通讯作者发表《科学引文索引》（SCI）收录论文132篇。以唯一或第一发明人获授权发明专利89项（专利权或技术转让39项），指导的博士生中57人获博士学位，2人获“全国优秀博士学位论文”，4人获“全国优秀博士学位论文提名奖”。

（苏雅洁）

【评估北京首次空气重污染红色预警实施效果】 12月11日，北工大完成北京首次空气重污染红色预警实施效果评估。学校科研团队采用污染数值模拟的方法对北京红色预警效果实施进行评估，对工业企业排放、机动车排放以及各种无组织排放计算出原有数据，再根据红色预警各项措施实施后的情况重新模拟，比对出两者的差异。

（苏雅洁）

北京航空航天大学

党委书记 胡凌云（9月免）
张军（9月任）
校　　长 怀进鹏（3月免）
徐惠彬（3月任）

【概况】 2015年，北京航空航天大学占地面积172.77万平方米、建筑面积（含学校产权建筑面积、非产权建筑面积）173.11万平方米。固定资产总值680905万元，其中，教学、科研仪器设备资产值259058.05万元。图书馆建筑面积28.30万平方米，藏有图书286.57万册（纸质图书），电子图书17130GB。全年教育经费投入303156.94万元，其中，国家拨款160802.20万元、自筹经费142354.74万元。学校信息化经费投入1506万元，拥有计算机32351台，拥有网络多媒体教室278间，信息化设备资产71391.52万元，网络信息点51879个，校园网出口总带宽7400Mbps，电子邮件系统用户个129121个，上网课程2807门，数字资源35070.7GB，管理信息系统数据总量93GB。学校现有学院28个，本科专业61个，硕士学位授权一级学科点38个，硕士学位授权二级学科点（不含一级学科覆盖点）3个，博士学位授权一级学科点21个，博士学位授权二级学科点（不含一级学科覆盖点）1个。学科涵盖理、工、文、法、经济、管理、教育、哲学、医学、艺术学等10个门类。博士后流动站20个，其中，博士后研究人员出站82人、进站134人、在站308

人。国家重点一级学科 8 个。国家重点二级学科 28 个、北京市重点学科 10 个；国家实验室 1 个（筹建）、国家重点实验室 2 个、国家级重点实验室 6 个，国家工程实验室 1 个、国家工程研究中心 1 个、国家工程技术研究中心 1 个，以及省部级实验室 58 个。教职工 3832 人，包括专任教师 2366 人。教授 581 人，副教授 871 人；博士生导师 641 人，硕士生导师 1342 人；中科院院士 6 人、工程院院士 16 人；“长江学者奖励计划”特聘及讲座教授 42 人，国家有突出贡献专家 29 人，享受政府特殊津贴专家 260 人，国家杰出青年基金获得者 40 人，新世纪优秀人才 153 人；国家级教学名师奖 3 人。国家自然科学基金委创新研究群体 6 个，教育部创新团队 12 个，科技部创新人才推进计划重点领域创新团队 5 个、国家级教学团队 1 个，国防科技创新团队 6 个。毕业生 48627 人，其中，学历教育全日制研究生 3379 人（博士生 556 人、硕士生 2823 人），普通本科生 3498 人，成人教育本专科毕业生 1527 人（本科生 1037 人、专科生 490 人），网络教育本专科毕业生 37819 人（本科生 13163 人、专科生 24656 人）；非计划招生在职人员攻读硕士学位 2062 人。本科毕业生就业率 97.5%。招生 51787 人，其中，学历教育全日制研究生 4112 人（博士生 832 人、硕士生 3280 人），普通本科生 3816 人，成人教育本专科 1225 人（本科生 849 人、专科生 376 人），网络教育本专科生 40519 人（本科生 16044 人、专科生 24475 人），非计划招生在职人员攻读硕士学位 1435 人。高考北京地区提档线文科 639 分、理科 673 分。在校生 123666 人，其中，学历教育全日制研究生 13418 人（博士生 4305 人、硕士生 9113 人），普通本科生 15466 人；成人教育本专科 2880 人（本科生 2212 人、专科生 668 人），网络教育本专科生 79855 人（本科生 34447 人、专科生 45408 人），非计划招生在职人员攻读硕士学位 10592 人。留学生毕业 342 人，招生 680 人，在校生 1455 人。网址：www.buaa.edu.cn。

（田贵双）

【“月宫一号团队”获北京榜样特别奖】　1 月 5 日，北航生物与医学工程学院刘红教授带领的“月宫一号”团队获“2014 北京榜样”特别奖。“月宫一号”即“月球基地生命保障人工闭合生态系统地基实验装置”，这项研究对保障中国载人登月、月球基地及火星探测等航天计划的顺利进行、保障航天员生命安全和生活质量具有重大意义。“月宫一号”使中国成为世界上继美国和俄罗之后第三个掌握该技术的国家。“北京榜样”由市委宣传部、首都精神文明建设委员会办公室联合评选。

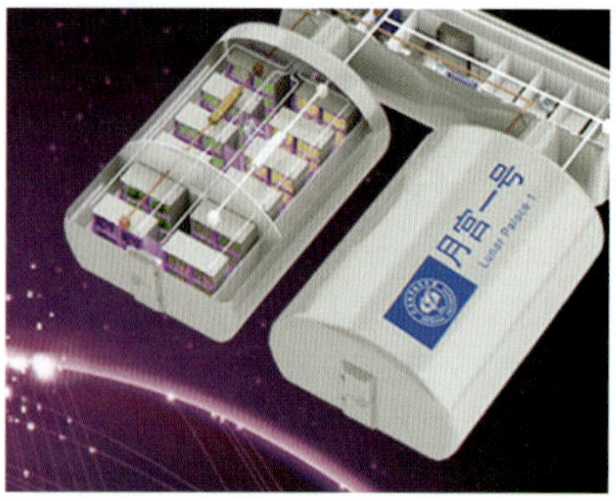

（田贵双）

【举办仿生超浸润界面材料国际研讨会】　1 月 23—26 日，北航举办首届仿生超浸润界面材料国际研讨会（International Symposium on Bio - inspired Interfacial Materials with Super - wettability）。研讨会研讨仿生超浸润界面材料相关问题，共收到论文 55 篇。来自美国、德国、法国等 7 个国家以及中国高校和科研院所专家学者 55 人参加活动。

（田贵双）

【获批 2 项创新型人才国际合作培养项目】　2 月，北航获批 2 项创新型人才国际合作培养项目。该校与布鲁塞尔自由大学多学科拔尖人才联合培养项目、与法国国立民航大学适航类紧缺人才联合培养项目成功立项，每年可派出 16 人通过国家公派留学全额奖学金资助进行博士、硕士双学位联合培养。

（田贵双）

【与法国电力集团签署合作协议】　3 月 19 日，北航与法国电力集团中国（投资）有限公司签署合作协议。根据协议，法国电力集团将继续提供学生实习、就业岗位以及共享优质教育和科技创新资源，并将在科技研发和实际应用等方面开创新的合作领域。

（田贵双）

【召开本科实践教学联席会成立大会】　4 月 9 日，北航召开本科实践教学联席会成立大会。全体本科实践教学联席会成员参加会议。会议提名并通过第一届本科实践教学联席会副主任委员、秘书长、委员，颁发聘书。会议讨论通过《本科实践教学联席会章程》，确定联席会 2015 年度工作计划。

（田贵双）

【国际航模设计制造飞行比赛获奖】　4 月 13 日，北航航模队获 2015 世界大学生航空模型设计制造飞行大赛（AIAA Student Design/Build/Fly Competition 简称 AIAA DBF）两项亚军。经过半年的设计训练和三天的激烈角逐，力克麻省理工学院、加州理工学院等强劲对手，取得载重飞行项目和任务飞行项目两项亚军。北航航模队首次参加此项世界顶级赛事。该比赛由美国航空航天协会举办。

（田贵双）

【与中国航空报社签订合作协议】　5 月 26 日，北航文化传媒集团与中国航空报社签订合作协议。根据协议，北航文化传媒集团与中国航空报社将在内容采编、传播发行、会展活动、图书出版等领域开展深入合作，并探讨在其他领域进行延伸、拓展的可行性。此次战略合作，是双方进一步落实中国航空工业集团公司与北航战略合作的举措之一，也是双方合力拓展航空文化传媒产业的积极探索。

（田贵双）

【首次在《IEEE 模式分析与机器智能汇刊》发表论文】　5 月，北航首次在《IEEE 模式分析与机器智能汇刊》（IEEE TPAMI）发表论文。该论文题为《从频域发现图像显著性的奥秘》（Finding the Secret of Image Saliency in the Frequency Domain）。该校国际交叉科学研究院副教授李甲为第一作者。论文提出模板对比度计算理论，首次从视觉显著性研究的角度，阐述傅里叶变换系数的内涵，揭示频域和空域显著性计算模型之间的隐含关联，使计算机具备在频域中学习构建多组级联滤波器的能力，为自动检测图像显著区域提供新途径。

（田贵双）

【成立廉洁政治建设协同创新中心】 6月28日，北航牵头培育的“廉洁政治建设协同创新中心”成立。“廉洁政治建设协同创新中心”以“建设廉洁政治”为宗旨，围绕“建设廉洁政治”这一党和国家的重大战略需要，凝练一批关键研究任务。4月7日，该校“2011计划”工作领导小组审议，决定将“廉洁政治建设协同创新中心”列入培育计划，进行培育建设。经过两个多月的筹备，与中国纪检监察学会工业和信息化分会、北京市纪检监察学会、中山大学、北京师范大学、中国管理现代化研究会廉政建设与治理研究专业委员会等多家机构正式确立协同关系。

（田贵双）

【《中国航空学报》英文版影响因子破1】

6月，北航主办的期刊《中国航空学报》英文版（Chinese Journal of Aeronautics）影响因子突破1，达1.070。该期刊被引频次增幅达70.36%，与上年相比增幅达55.3%，影响因子位居SCI－Aerospace Engineering学科第六位，在亚洲地区排名第一，跃入Q1区。

（田贵双）

【武光逝世】 7月12日，北航原党委书记、院长武光因病医治无效在北京逝世，享年104岁。武光，1911年1月出生于河北深泽，原北京航空学院院长、党委书记，新疆维吾尔自治区党委原书记处书记、自治区人民委员会第一副主席，中国社会科学院原副院长、党组副书记，北京市第七届、第八届人民代表大会常务委员会副主任、党组成员。

（田贵双）

【试点学院综合改革工作启动】 7月

16日，北航试点学院综合改革工作启动。校长代表学校，分别与材料科学与工程学院、能源与动力工程学院、航空科学与工程学院、计算机学院、生物与医学工程学院、交通科学与工程学院、法学院、化学与环境学院8个试点学院院长签订《目标任务书》。

（田贵双）

【与5所国外高校签订合作协议】 7—

米兰理工大学

10月，北航与5所国外高校签订合作协议。与韩国成均馆大学协议规定，双方开展基于学分互认、学费互免的本科生、研究生交换，并在教师互派、科研合作、学术信息共享等方面开展合作。与希腊亚里士多德大学协议规定，两校将在学生交换、教师交流、科学研究等领域开展合作。学生交换项目方面，双方计划每学年互派4名学生赴对方学校交换学习，两校互免学费、互认学分。与意大利米兰理工大学协议规定，两校将分别选拔优秀学生进行共同培养，学生将同时获得北航工学硕士学位和米兰理工大学理学硕士学位。与土耳其伊斯坦布尔理工大学协议规定，未来两校将在学生交换、教师交流、科学研究等领域开展合作。学生交换项目方面，双方计划每学年互派4名学生赴对方学校交换学习，两校互免学费、互认学分。与蒙特利尔理工学院协议规定，双方在学生交换、教师交流、科学研究等方面开展合作。

（田贵双）

【完成本科培养方案修订工作】 8月，北航完成2015版本科培养方案修订工作。新方案坚持“尚德务实、求真拓新”的办学理念和“强化基础、突出实践、重在素质、面向创新”本科人才培养方针，将实现教师教学从“以传授知识为主的传统教学”转变为“以传授知识和学习方法并重的研究型教学”，学生学习从“以掌握知识为主的被动学习”转变为“以掌握知识和学习方法并重的主动学习”，培养模式从“过于注重专业培养”转变为“注重通识和专业的全人培养”。新的方案赋予学生能够自主选择专业、选择课程、选择教师的权力。

（田贵双）

【与天津武清区政府签署战略合作协议】 10月15日，北航与天津市武清区人民政府签订合作协议。根据协议，双方将共建北航（天津武清）智能制造研究院。该院负责智力支持和管理，地方政府负责提供政策和财政支持。

（田贵双）

【仿生智能界面科学与技术教育部重点实验室通过验收】 11月6日，北航仿生智能界面科学与技术教育部重点实验室通过教育部科技司验收。该实验室自2011年批准建设以来，紧紧围绕建设任务，凝练仿生智能界面材料、仿生轻质高强复合材料以及仿生能源材料与器件三个研究方向，在国际著名期刊发表论文500余篇，被《科学引文索引》（SCI）检索且影响因子大于10的论文111篇，四年学科进入ESI排名前1%行列；实验室建设期间获国家自然科学二等奖2项，新增长江学者特聘教授1人，中组部“千人计划”2人、“青年千人计划”4人；承担国家、省部级等科研和开发项目150余项，其中，国家“973”计划3项、国家“863”计划5项、国家自然科学基金等纵向项目90余项；成为国内外仿生纳米智能材料领域重要的研究基地之一。

（田贵双）

【王华明当选工程院院士】 12月7日，北航王华明教授当选中国工程院机械与运载工程学部院士。王华明，1962年出生于四川合江县；1989年毕业于中国矿业大学，取得研究生学历和博士学位；1994年到北航工作。他长期从事大型金属构件激光增材制造和激光表面工程技术研究，率先突破钛合金、超高强度钢等高性能难加工金属大型复杂整体关键构件激光增材制造工艺、成套装备、质量控制和工程应用关键技术，开拓机械装备严酷环境关键摩擦副零部件激光熔覆金属硅化物高温耐蚀耐磨特种涂层新领域，成果在飞机、导弹、卫星、航空发动机等装备研制和生产中工程应用。“飞机钛合金大型复杂整体构件激光成形技术”成果获2012年度国家技术发明奖一等奖。

（田贵双）

【房建成当选中科院院士】 12月7日，北航房建成教授当选中国科学院信息技术科学部院士。房建成，1965年出生于山东费县；1996年毕业于东南大学，取得研究生学历和博士学位；1999年到北航工作，主要从事航天器姿态控制磁悬浮惯性执行机构和惯性导航技术研究工作，提出基于新型混合磁轴承的高精度、低功耗磁悬浮惯性动量轮和控制力矩陀螺的设计方法，主持研制成功中国首台五自由度主动控制磁悬浮惯性动量轮和磁悬浮控制力矩陀螺；提出捷联惯性测量系统的快速精确对准新方法及其组合测量系统的滤波新方法，提高机载捷联惯性位置姿态测量系统的精度。

（田贵双）

【与云南省政府签署战略合作协议】

12月16日，北航与云南省政府签署战略合作协议。根据协议，双方将发挥各自优势，围绕人才培养、学科建设、国际交流、创新平台搭建、重点产业发展等方面开展全方位、多领域、深层次的长期合作，积极构建面向科学前沿、文化传承创新、行业产业以及区域发展重大需求的协同创新模式。

（田贵双）

北京理工大学

党委书记　张炜
校　　长　胡海岩

【概况】 2015年，北京理工大学占地面积148.91万平方米，学校产权校舍建筑面积121.00万平方米。固定资产总值53.23亿元，其中，教学、科研仪器设备资产值27.37亿元。全年学校总收入402575.77万元，其中，财政拨款收入170999.55万元、自筹经费231576.22万元。图书馆建筑面积48279.76平方米，藏书256.03万册，电子图书165000GB。学校拥有计算机22885台，信息化设备资产74039.83万元，网络信息点31000个，包括无线接入点1600个，校园网出口总带宽3000Mbps，电子邮件系统用户77456个，上网课程4177门，管理信息系统数据总量130GB。学校建有中关村校区、良乡校区、西山实验区、珠海校区和秦皇岛分校，设有19个专业学院和教育研究院、研究生院、基础教育学院、继续教育学院、高等职业技术学院及珠海学院；开设66个本科专业，覆盖10个学科门类；具有一级学科博士点22个，博士学位授权点95个，一级学科硕士学位授权点38个，硕士学位授权点187个，博士专业学位授权点1个，硕士专业学位授权点12个；博士后流动站19个，其中，博士后研究人员出站22人、进站31人、在站149人。一级学科国家重点学科4个、二级学科国家重点学科5个、国家重点（培育）学科3个，国防特色学科24个，一级学科省、部级重点学科13个，二级学科省、部级重点学科35个；国家重点实验室2个，国家工程实验室1个，国防科技重点实验室3个，教育部重点实验室6个，教育部战略研究基地1个，教育部国际联合实验室1个，北京市重点实验室16个，北京实验室1个，北京高等学校高精尖创新中心1个，国防重点学科实验室3个，工业和信息化部重点实验室3个；国家安全生产监督管理总局科技平台1个，北京市哲学社会科学研究基地1个，国家工程技术研究中心1个，国防科技工业技术创新中心1个，教育部工程研究中心2个，北京市工程技术研究中心5个，北京市工程研究中心1个，北京市高等学校工程研究中心1个，国家协同创新中心1个，工信部协同创新中心1个。教职工3538人，其中，专任教师2142人，专任教师中，教授501人、副教授888人；博士生导师114人，硕士生导师1144人，博士生、硕士生导师491人；中科院院士5人、工程院院士9人，发展中国家科学院院士1人，国际质量科学院院士1人。“千人计划”入选者12人、“青年千人计划”入选者6人、“长江学者奖励计划”特聘教授23人、讲座教授5人、“国家杰出青年科学基金”获得者24人、国家有突出贡献专家19人、享受政府特殊津贴专家230人。外籍教师54人，其中，教授18人、副教授2人。毕业生15370人，其中，学历教育全日制研究生3390人（博士生533人、硕士生2857人），普通本专科生3863人（本科生3486人、专科生377人），成人教育本专科生1767人（本科生1241人、专科生526人），网络教育本专科生6350人（本科生2349人、专科生4001人）；非计划招生在职人员获取硕士学位1565人。本科毕业生就业率96.73%。招生19199人，其中，学历教育全日制研究生3852人（博士生714人、硕士生3138人），普通本科生3649人，成人教育本专科生1864人（本科生895人、专科生969人），网络教育本专科生9834人（本科生3483人、专科生6351人）；非计划招生在职人员攻读硕士学位791人。高考北京地区提档线理工类667分，文史类637分。在校生68288人，其中，学历教育全日制研究生11222人（博士生3320人、硕士生7902人），普通本专科生15693人（本科生14863人、专科生830人），成人教育本专科生5696人（本科生3471人、专科生2225

人），网络教育本专科生 35677 人（本科生 17962 人、专科生 17715 人）；非计划招生在职人员攻读硕士学位 5024 人。留学生毕业 652 人、招生 768 人、在校生 1122 人。网址：www. bit. edu. cn。

（任峻峰）

【徐更光逝世】 1 月 7 日，北理工教授、中国工程院院士、著名爆炸理论与炸药应用技术专家、博士生导师徐更光因病在北京逝世，享年 83 岁。徐更光，1932 年 11 月出生，教授，博士生导师，爆炸理论与炸药应用技术专家，中国工程院院士。长期从事爆炸理论与炸药应用技术研究。获得 1978 年全国科学大会奖，国家科学技术进步奖一等奖等国家级成果奖 4 项，部委级科技成果奖 10 余项，获发明专利 6 项，发表学术论文 100 余篇。1994 年当选为中国工程院院士。1998 年，获人事部、教育部分别授予的“全国教育系统劳动模范”“全国模范教师”称号。

（任峻峰）

【获得三项国家科学技术奖】 1 月 9 日，北理工获得 3 项国家科学技术奖。陈杰教授主持完成的“分布式协同控制的混合智能优化与稳定性”项目获得国家自然科学奖二等奖，杨树兴教授主持完成的“自旋运动体导航与控制系统关键技术”项目获得国家技术发明奖二等奖，马彪教授与外单位合作完成的“某数字化履带车辆通用平台”获得国家科学技术进步奖二等奖。

（任峻峰）

【召开第 14 次党代会】 5 月 26—28

日，中共北理工党委召开第 14 次党代会。会议回顾第 13 次党代会以来的工作，并提出今后五年学校发展的目标、任务、战略和举措。会议通过《中共北京理工大学第 14 次代表大会关于 13 届党委工作报告的决议》和《中共北京理工大学第 14 次代表大会关于纪律检查委员会工作报告的决议》两个文件，并选举产生新一届党委委员、纪委委员。学校党员代表参加会议。

（任峻峰）

【邓玉林当选国际宇航科学院院士】 6 月，北理工生命学院院长邓玉林教授当选国际宇航科学院院士。邓玉林，1962 年 9 月出生，博士，教授，博士生导师，长期从事空间生命科学研究，2013 年 9 月当选为国际宇航科学院通讯院士。10 月，邓玉林当选国际宇航科学院学术委员会副主席，负责国际宇航科学院在全球范围内的 20 个学术会议、45 个研究小组和 10 个出版物的组织和领导工作。

（任峻峰）

【举办首期特立论坛】 7 月 2 日，北理工举办首期特立论坛。论坛主题为“非硅微纳制造中的电子动态观测与调控——超快激光加工”，关注电子动态调控的超快激光微纳制造技术在国内外的发展趋势和最新动态，分析和交流国内各高校及研究院所在电子动态调控的超快激光微纳制造方面的研究热点和难点。来自国内专家学者 100 人参加论坛。

（任峻峰）

【举行建校75周年庆祝大会】 9 月

19 日，北理工举行庆祝建校 75 周年大会。大会期间，学校召开第五届校友论坛、徐特立教育思想研讨会、1985 届校友毕业 30 周年返校活动纪念大会、“校庆杯”足球邀请赛、校庆文艺会演及京工岁月图片展等活动。该校师生、校友 5000 人次参加活动。

（任峻峰）

【朱鹤孙逝世】 9 月 20 日，北理工原校长、化工和材料学专家、教育家朱鹤孙因病在北京逝世，享年 85 岁。朱鹤孙，1930 年出生，江苏苏州人。1951 年毕业于东吴大学化工系。1953 年浙江大学研究生毕业。历任北京工业学院讲师、副教授、教授，教研室主任、系副主任、院长。朱鹤孙教授 1984 年 10 月至 1988 年 4 月担任北京工业学院院长，学校更名后，继续担任北京理工大学校长至 1993 年 2 月。他重视学术、创新进取，坚持开放办学，加强学科建设和专业建设，深化教育教学改革，提出的“五个历史性转变”办学思想，对学校改革开放初期的发展建设产生重要影响。

（任峻峰）

【足球队降级】 11 月，北理工足球队降级。2015 赛季中国足球甲级联赛结束，北理工足球队排名第 15 名，降级中乙。球队 2000 年成立，2006 年首次参加全国足球乙级职业联赛并夺冠冲甲。该队在甲级联赛征战九年，因经费不足等原因降级。足球队曾经 2 次获得全国大运会冠军，4 次代表中国大学生参加世界大学生运动会足球比赛，两次获得第 7 名。6 月 18 日，在 2014—2015 年特步中国大学生足球联赛决赛中，夺得队史第八座大足联赛冠军奖杯，同时完成大足联赛第二次三连冠。

（任峻峰）

【新成立两个学院】 12 月 22 日和 25

日，北理工分别成立两个学院。分别是独立设置的马克思主义学院和微电子学院。马克思主义学院为独立设置，将进一步加强学校马克思主义理论学科建设、人才培养和教学科研梯队建设等工作。微电子学院成立后，将面向工程需求领域，尤其是国防科技领域，为微电子产业发展培养和输送工程能力强、创新能力突出、具有行业发展前瞻性的高层次专业人才。

（任峻峰）

【成立3个中心4个实验室】　至年底，北理工新成立3个中心、4个实验室。3个中心分别是大学计算机虚拟仿真实验教学中心、智能机器人与系统高精尖创新中心和“北京理工大学—IBM主机卓越中心”。4个实验室分别是“小行星探测技术”实验室、空间结构机构动力学与控制联合实验室、国际系统实现联合实验室和航天结构测试与分析联合实验室。其中，“小行星探测技术”实验室与航天东方红卫星有限公司联合成立。空间结构机构动力学与控制联合实验室将以中国未来航天科技发展需求为背景，在空间新型结构设计及其力学行为、大型空间结构多体系统动力学、空间结构机构力学特性试验技术、空间操作动力学与控制技术等方面开展合作研究、联合进行人才培养与学术交流。国际系统实现联合实验室与美国俄克拉荷马大学、普渡大学（西拉法叶）共建。航天结构测试与分析联合实验室与中国航天科技集团公司联合成立，将以中国航天科技发展的需求为背景，集中双方的优势力量在大型航天结构力学行为测试方法及系统、航天飞行器结构声振耦合机理及噪声振动抑制、复杂环境下结构完整性评估与分析、航天轻量化多功能一体化结构设计与制造、航天结构振动与冲击动力学和航天飞行器液固耦合动力学等方面开展合作研究。

（任峻峰）

【与4个地方政府签订合作协议】　至

年底，北理工与一省两市一县政府签订合作协议。与哈尔滨市政府合作协议内容包括加强校地双方合作以及人才引进的方式、方法等问题。与河北省怀来县政府合作探索完善政策体系、推进火工实验区建设、拓展产业对接和项目合作、推动科技创新和促进产学研用合作、推动新技术新产品示范应用、加强人才培养合作。与贵阳市政府协议规定，加强校地合作。与黑龙江省政府协议规定，双方在科技、教育、人才等方面进行合作，通过校省合作相互促进、实现双方互利互惠，通过发挥学校科技和智力资源富集的优势，依托黑龙江省老工业基地的科技资源和产业基础，推动黑龙江省老工业基地建设和产业优化升级，共同培育创新驱动发展的新增长点，加快经济发展方式的转变。

（任峻峰）

【与7家单位签订合作协议】　至年底，北理工与7家单位签订合作协议。与SMC技术中心签署捐赠协议，SMC捐赠5280万日元（约合人民币273万元）用于技术中心共建。与施普林格自然集团协议规定，双方着重在新能源汽车关键技术等领域开展合作。与德国慕尼黑工业大学协议包含青年教师互访、学术交流、合作申请基金、建立联合实验室、本科生毕业设计、硕士博士研究生联合培养等方面的合作。与美国国际教育联盟协议规定，双方合作建立国际工程师教育培训中心，开展国际工程师教育与培训合作。与中国职业经理人协会签订合作协议。与重庆市迪马实业股份有限公司主要合作方向包括专用领域无人机联合研发、虚拟现实与仿真技术在专用车应急救灾减灾领域的应用研发、大扩展比智能拓展方舱的联合研发、特殊领域无人车的联合研发等。迪马股份出资400万元在该校设立“迪马英才”奖学金，用于奖励品学兼优的在学学生。与市教委协议规定，双方在中关村国防科技园（理工科技广场）建设北京高校大学生就业创业大厦，并为北京高校大学生的就业创业提供服务。

（任峻峰）

【获批8个省部级科技创新平台】　至年底，北理工获批8个省部级科技创新平台。其中，工信部重点实验室3个，分别是深空自主导航与控制重点实验室、无人车技术重点实验室、融合医工系统与健康工程重点实验室；教育部国际合作联合实验室1个，为仿生机器人与系统国际合作联合实验室；北京市高精尖创新中心1个，为智能机器人与系统北京市高精尖创新中心；北京市重点实验室2个，分别是结构可控先进功能材料与绿色应用北京市重点实验室、复杂信息的数学表征分析与应用北京市重点实验室；北京市哲学社会科学研究基地1个，为北京经济社会可持续发展研究基地。

（任峻峰）

北京科技大学

党委书记　罗维东
校　　长　张欣欣

【概况】　2015年，北京科技大学占地约80.39万平方米（包括管庄校区），校舍建筑总面积97万平方米（包括管庄校区）。固定资产总值32.77亿元，其中，教学、科研仪器设备资产值92470.38万元。全年教育经费投入12.32亿元，其中，国家拨款9.84亿元，自筹经费2.48亿元。学校由13个学院，以及研究生院、体育部、管庄校区、天津学院（独立学院）、延庆分校组成；开设有48个本科专业，覆盖工、理、管、文、经、法6个学科门类。现有18个一级学科博士授权点，73个博士学科点，121个硕士学科点，另有MBA（含EMBA）、MPA、法律硕士、会计硕士、翻译硕士和20个领域的工程硕士专业学位授予权，16个博士后科研流动站，在站博士后198人。有1个国家科学中心，2个国家重点实验室，2个国家工程（技术）研究中心，2个国家科技基础条件平台，1个国家级国际联合研究中心，44个省、部级重点实验室、工程研究中心、国际合作基地、创新引智基地等。教职工总数3360人，具有正高级专业技术职务的教职工464人，具有副高级专业技术职务的教职工744人，其中，专任教师1780人。现有中国科学院院士4人，中国工程院院士4人（双聘1人），国务院学位委员会委员1人，国务院学位委员会学科评议组成员5人，国家“973”项目首席科学家3人，国家“千人计划”（含“青年千人计划”）入选者12人，国家级有突出贡献专家14人，省部级有突出贡献专家 13 人，“长江学者奖励计划”特聘教授 15 人、讲座教授 4 人，国家杰出青年科学基金获得者 18 人，国家级教学名师 2 人，国家百千万人才工程人选 17 人，“万人计划”青年拔尖人才 3 人，国家优秀青年科学基金获得者 7 人，北京市教学名师 26 人，教育部跨世纪/新世纪优秀人才 107 人。全日制在校生 2.4 万人，其中，本专科生 13496 人，研究生 9912 人（含博士生 2961 人、硕士生 6951 人），外国留学生 848 人；成人教育学院学生 5572 人，远程教育学生 31356 人。招收本科生 3353 人，硕士研究生 2547 人，博士研究生 551 人。毕业生就业率 97.82%，其中，研究生就业率 99.52%，本科生就业率 96.41%。网址：www.ustb.edu.cn。

（金剑苞）

【全国学校共青团研究中心在北科大成立】 1 月 28 日，全国学校共青团研究中心在北科大成立。全国学校共青团研究中心是经共青团中央书记处批准成立，由团中央学校部和北京科技大学共同领导和建设的研究机构，研究当代青年学生成长的新规律和新特点，研究新时期学校共青团工作的新思路和新举措，组织开展调查研究、科学研究、学术交流和干部培训，为推进学校共青团的组织和工作创新提供理论支持和决策参考。中心有研究人员 59 人，其中，高级职称 19 人。

（金剑苞）

【学报更名为《工程科学学报》】 1 月，《北京科技大学学报》正式更名为《工程科学学报》(Chinese Journal of Engineering)。《工程科学学报》是由教育部主管、北京科技大学主办的学术类科技期刊（ISSN 2095-9389，CN 10-1297/TF，月刊），国内外公开发行，主要刊载工学领域的具有创新意义或有较大应用价值的高水平研究论文和快报。主编为张欣欣教授。

（金剑苞）

【学校章程发布】 3 月 11 日，《北京科技大学章程》经教育部核准发布。该章程由总则、办学功能与形式、教职工与学生、管理体制与组织机构、教学科研机构与附属机构，经费、资产、后勤，学校与社会、学校标识、附则共 9 章，计 74 条组成，是该校依法自主办学、实施管理和履行公共职能的基本准则和依据。

（金剑苞）

【接受校友 1500 万元捐赠】 4 月 22

日，北科大接受校友周方洁 1500 万元捐赠。其中，1000 万元作为“天一基金”的本金，投资收益设立“天一奖学金”和“天一奖教金”，奖励学校品学兼优的学生和工作业绩突出的教师；500 万元作为“仪表 81 基金”的本金，投资收益设立“仪表 81 奖学金”和“仪表 81 奖教金”，奖励自动化学院获得院长奖章的学生和工作业绩突出的教师。周方洁，宁波理工监测科技股份有限公司董事长、该校 1981 级仪表专业学生。

（金剑苞）

【召开第 11 次党代会】 9 月 28—29

日，中共北科大党委召开第 11 次党员代表大会。会议审议通过《加强党建、深化改革，为加快建成高水平研究型大学而努力奋斗》的工作报告，选举产生第 11 届委员会委员 25 人和纪律检查委员会委员 13 人。

（金剑苞）

【与迁安市政府签订合作协议】 11 月 13 日，北科大与迁安市政府签订合作协议。根据协议，学校推进京津冀钢铁行业节能减排产业技术创新联盟与迁安市的合作，推进北科大迁安研究院的筹建工作，推进学校与迁安的合作办学项目，深化人才培养及共享等领域合作。

（金剑苞）

【研究成果在《自然》发表】 11 月

26 日，北科大新材料技术研究院李晓刚教授团队的研究论文《share corrosion data》在《自然》(Nature) 发表。该成果提出腐蚀大数据原创性概念，结合多年数据积累与数据库建设、建模、模拟仿真、共享和工程应用系列化的工作，提出利用腐蚀信息学或腐蚀基因组工程，建立基于物联网的腐蚀学科新模式。

（金剑苞）

北方工业大学

党委书记　谢辉
校　　长　王晓纯（10 月免）
　　　　　郑文堂（10 月任）

【概况】 2015 年，北方工业大学占地面积 30.15 万平方米，学校产权校舍建筑面积 39.42 万平方米。全年教育经费投入 79214.04 万元，其中，国家拨款 63213.25 万元，自筹经费 16000.79 万元。固定资产总值 13.68 亿元，其中，教学、科研仪器设备资产值 5.35 亿元。图书信息楼建筑面积 19652 平方米，藏书 267.45 万册，其中，电子图书 112.78 万册。拥有计算机 6928 台。学校信息化经费投入 3190 万元，网络信息点 11000 个，校园网出口总带宽 2Gbps，电子邮件系统用户 20562 个，上网课程 1535 门。数字资源量 49184GB，管理信息系统数据总量 336.44GB。设有 11 个学院，8 个教学实验中心，17 个校属研究机构；开设 43 个本科专业，19

个一级学科硕士授权点、57个二级学科硕士授权点、15个专业硕士学位领域、同等学力人员申请硕士学位资格，3个第二学士学位点，1个博士生培养项目。有3个国家级特色专业，5个北京市特色专业，4个北京市品牌专业，1个国家级实验教学示范中心，2个市级示范性校内创新实践基地，5个北京市级校外人才培养基地，3个北京市重点实验室，5个北京市实验教学示范中心，拥有数量经济学、经济法学、思想政治教育、机械电子工程、检测技术与自动化装置、计算机应用技术、电力电子与电力传动7个北京市重点建设学科。教职工1016人，其中，专任教师785人。专任教师中，教授102人，副教授272人；博士生导师10人，硕士生导师493人；享受政府特殊津贴专家（在职）5人。外籍教师9人。毕业生4082人，其中，学历教育全日制硕士研究生586人，普通本科生2537人（本科2528人、第二学士学位9人），成人教育本专科生959人（本科504人、专科455人）。招生4151人，其中，学历教育全日制研究生628人（博士生3人、硕士生625人），普通本科生2855人（本科2835人、第二学士学位20人），成人教育本专科生668人（本科生441人、专科227人）。高考北京地区提档线一本理科550分，文科567分。在校生15024人，其中，学历教育全日制研究生1768人（博士生7人、硕士生1761人），普通本科生10322人（本科10294人、第二学士学位28人），成人教育本专科生2934人（本科生1411人、专科1523人）。本科毕业生就业率98.03%。留学生毕业31人，招生255人（含长期语言生），在校生534人（不含短期）。网址：www.ncut.edu.cn。

（王波）

【新建两个校外人才培养基地】 1月13日和12月25日，北方工大新建两个校外人才培养基地。1月13日，与中建材国际贸易有限责任公司建立校外人才培养基地；12月25日，与石景山区工商业联合会建立校外人才培养基地，该基地是学校经管类专业加强实习实践教学、推进校企合作的新

成果，将成为经管类专业人才培养和学生实习实践的重要平台。

（王波）

【建筑研究中心通过评审论证】 3月4日，北方工大新型建筑工业化集成建造工程技术研究中心通过住房和城乡建设部评审。专家组在审阅文件、实地考察、听取汇报后，认为组建新型建筑工业化集成建造工程技术研究中心非常必要，申报单位具有较强的研究开发、技术集成、工程应用、推广示范能力和条件，同意通过论证。

（王波）

【与海程邦达国际物流公司签订合作协议】 5月25日，北方工大与海程邦达国际物流有限公司签订合作协议。根据协议，双方合作开展教学、科研、社会服务合作。同时双方合作成立外国留学生实习基地和国际人才培养基地。

（王波）

【北方工大附属学校揭牌】 9月7日，北方工业大学附属学校揭牌。北方工大附属学校由原北京市杨庄中学、原石景山区杨庄小学和原八角北路小学共同组成。附属学校将借助高校的资源优势，依托高校的文化引领，积极开拓教育思路，沿着追求卓越，追求发展的教育理念，设计适合学生发展的教育体系，办成高标准、高质量、有特点的石景山区优质品牌学校。

（王波）

【举办国际文化节】 10月19日，北

方工大举办第三届国际文化节。文化节分为节目展演与文化展示两部分。来自蒙古、韩国、卢旺达、土库曼斯坦等国家的学生带来精彩的歌舞表演。在文化展示区，留学生以国家为单位设立展台，通过工艺品、民族服饰、手工挂件等形式展示本国的风土人情以及文化、生活场景。来自法国、韩国、布隆迪、塔吉克斯坦等22个国家的留学生参加文化展示，300余名中外师生参与活动。

（王波）

【与蒙古国际经济与商务学院签订合作协议】 10月26日，北方工大与

蒙古国际经济与商务学院签订合作协议。根据协议，双方开展“2+2”链接式合作，联合培养双方学生。

（王波）

【与中国园林博物馆签订合作协议】 11月18日，北方工大与中国园林博物馆签订合作协议。根据协议，双方面向该校风景园林专业共建教学科研实践基地，为学生提供校外教学和科研实践场所。

（王波）

北京化工大学

党委书记　王芳
校　　长　谭天伟

【概况】 2015年，北京化工大学占地面积62.15万平方米，学校产权校舍建筑面积56.57万平方米、非产权校舍建筑面积2.60万平方米。全年教育经费投入182767万元，其中，国家拨款107630万元、自筹经费75137万元。固定资产总值19.23亿元，其中，教学、科研仪器设备资产值8.28亿元。图书馆建筑面积18641

平方米，藏有图书 175.01 万册，电子图书 8754GB。拥有计算机 8978 台。学校信息化经费投入 500 万元，多媒体教室座位 20210 个，信息化设备资产 16426.08 万元，网络信息点 14000 个，校园网出口总带宽 5000Mbps，电子邮件系统用户 25000 个，上网课程 104 门，数字资源量 19868GB，管理信息系统数据总量 5400GB。设有 3 个校区，设置 14 个院（系、部）；开设 50 个专业覆盖 8 个学科门类；具有一级学科 20 个，一级学科博士点 6 个，博士学位授权点 29 个，硕士学位授权点 96 个和专业学位授权点 10 个；博士后流动站 7 个，其中，博士后研究人员出站 14 人、进站 35 人、在站 77 人。1 个国家一级重点学科（涵盖 5 个二级重点学科）、2 个国家二级重点学科、1 个国家重点（培育）学科，3 个北京市一级重点学科（涵盖 14 个二级重点学科）、2 个北京市交叉重点学科、3 个北京市二级重点学科；8 个国家级特色专业建设点，16 个北京市级特色专业建设点，3 个教育部工程教育专业认证专业；国家重点实验室 2 个，国家工程实验室 1 个，国家工程技术研究中心 1 个，省、部级重点实验室 11 个，省、部级重点工程技术研究中心 16 个。教职工 2267 人，其中，专任教师 1216 人，包括教授 244 人、副教授 402 人，博士生导师 249 人、硕士生导师 512 人，中科院院士 2 人、工程院院士 4 人（含双聘中科院院士 1 人，工程院院士 2 人）。“长江学者奖励计划”特聘教授 11 人、讲座教授 2 人，“千人计划”入选者 2 人，“青年千人计划” 1 人，全国杰出专业技术人才 1 人，“973”首席科学家 8 人，“国家杰出青年基金”获得者 19 人，中国青年女科学家 1 人，中国青年科技奖获得者 7 人。外籍教师 19 人。毕业生 7937 人，其中，学历教育全日制研究生 1666 人（博士生 169 人、硕士生 1497 人）、普通本专科生 3746 人（本科生 3353 人、专科生 393 人）、成人教育本专科生 2525 人（本科生 1672 人、专科生 853 人）；非计划招生在职人员攻读硕士学位 158 人。普通本专科毕业生一次性就业率 97.62%。招生 7862 人，其中，学历教育全日制研究生 2088 人（博士生 207 人、硕士生 1881 人），普通本科生 3811 人，成人教育本专科生 1677 人（本科生 1064 人、专科生 613 人）；非计划招生在职人员攻读硕士学位 286 人。高考北京地区理科提档线 634 分。在校生 26482 人，其中，学历教育全日制研究生 6430 人（博士生 806 人、硕士生 5624 人），普通本专科生 15076 人（本科生 15073 人、专科生 3 人），成人教育本专科生 4976 人（本科生 3328 人、专科生 1648 人）；非计划招生在职人员攻读硕士学位 1167 人。留学生毕业 154 人、招生 239 人、在校生 461 人。网址：www. buct. edu. cn。

（肖勇）

【1 个实验教学中心入选国家级名单】

1 月 8 日，化大化工安全与装备虚拟仿真实验教学中心入选 2014 年国家级虚拟仿真实验教学名单。该中心成立于 2012 年 12 月，是中国唯一的面向过程与化工安全和加工装备设计开发的虚拟仿真实验教学中心，由化工安全仿真部、成套装备及风险控制仿真部、装备设计开发仿真部、成型加工工艺仿真部四个部门组成，在培养高素质复合型工程人才方面发挥着重要作用。

（肖勇）

【两项科技成果通过鉴定】 3 月 7 日，化大两项成果通过中国石油与化工联合会鉴定。两项成果由该校与山东道恩高分子材料股份有限公司联合开发，分别是“反应增容——预分散动态硫化制备耐油丁腈橡胶/聚丙烯热塑性硫化橡胶技术”和“医用热塑性溴化丁基橡胶制备技术”。专家组在听取项目组汇报、现场考察、经过质询和讨论后，一致认为两项科技成果填补国内空白，达到国际先进水平。

（肖勇）

【与加拿大不列颠哥伦比亚大学签订合作协议】 4 月 7 日，化大与加拿大不列颠哥伦比亚大学签订合作协议。根据协议，双方将围绕人才培养、教师交流、学术科研交流、高科技成果转化展开合作，重点加强在清洁能源方面的合作，推进“中加生物能源研究与创新中心”的建设。

（肖勇）

【原创话剧《侯德榜》首演】 4 月 8 日，化大原创话剧《侯德榜》首演。话剧由学生自编、自导、自演，以侯德榜的大爱为主线，全景再现他立志报国、赴美留学、创办碱厂、南京炸厂和重建川厂的崎岖而辉煌的人生经历，充分展现他对民族复兴、求学安邦的国家之爱，对实业救国、科技创新的科研之爱，以及对科技无国界、成果举世共享的造福全人类之博爱。该校师生 500 人观看演出。在首演仪式上，化大领导与侯德榜家人代表共同为“侯德榜工程师学院”揭牌。该学院致力于培养中国卓越的化学工程师，探索工程人才培养新模式。侯德榜是杰出的化工专家，重化学工业的开拓者。

（肖勇）

【中国健美操协会高水平后备人才培养基地揭牌】 4 月 21 日，化大中国健美操协会高水平后备人才培养基地揭牌。该基地由国家体育总局体操运动管理中心批准设立，依托该校高水平健美操队，开展中国健美操高水平后备人才的培养。该校高水平健美操队 2006 年成立，为国家队输送 7 名高水平运动员，5 人 11 次代表中国获得健美操世界锦标赛、世界杯、世界大学生运动会冠军，7 人获得国际级运动健将称号，26 人获得国家级运动健将称号。

（肖勇）

【与沙特阿美石油公司签订合作协议】 4 月 29 日，化大与沙特阿美石油公司签订合作协议。根据协议，双方将在催化技术、化学以及能源工程等领域进行合作研讨，并逐步由科研合作扩展到人才培养等全方位、宽领域的合作与交流。

（肖勇）

【与 6 个地方政府签订合作协议】 4—12 月，化大与 6 个地方政府签订合作协议。分别与山东省威海市政府签订合作协议，双方将共建“北京化工大学威海技术转移中心”；与北京市怀柔区政府签订合作协议；与河北省沧州市政府签订合作协议，联合建立沧州技术转移中心；与青海省海北州签订合作协议；与河南省济源市签订合作共建济源技术转移中心；与河南省鹤壁市政府签订合作协议。

（肖勇）

【通过国防科技质量管理体系综合评议】 5月18—20日，化大通过国防科技质量管理体系综合评议。此次评议由中国新时代认证中心组织专家组进行。专家组通过听取项目组工作汇报、现场考察，经过质询和讨论后同意继续推荐化大保持质量体系认证注册资格。此次综合评议的通过，为保持该校军品科研生产资质奠定基础，为该校科技工作的可持续发展提供有力保障。

（肖勇）

【学校章程发布】 5月26日，《北京化工大学章程》通过教育部核准发布。该章程分为序言和正文两大部分，正文部分包括总则，举办者与学校，学校活动和教育形式，管理体制，学院（系），教学、科研、服务机构，教职员工，学生，资产与财务管理，外部关系，校训、校徽、校歌、校庆日，附则十二章，共计93条。章程自6月26日起施行，是该校依法自主办学、实施管理和履行公共职能的基本准则和依据。

（肖勇）

【成立能源学院】 6月12日，化大

成立能源学院。该院以能源转换和能源存储为核心研究内容，具体包括太阳能电池、燃料电池、储能电池、超级电容器和生物电池、生物柴油五大学科交叉型板块。同时，学院引进化学、材料等跨学科的拔尖创新人才，逐步在能源领域形成跨领域创新、具有国际影响力的高水平研究团队。学院实行院长负责制、目标考核制和协议工资制。

（肖勇）

【与中国银行签订合作协议】 11月27日，化大与中国银行北京市分行签订合作协议。根据协议，双方在筹资办学、财务管理、人才培养、课外讲堂等方面开展合作，努力构建以高技术产业基金推动新材料、新能源成果转化并成功上市的新模式。

（肖勇）

【取得新校区土地使用批复】 12月25日，化大取得昌平新校区项目申请使用国有土地的批复。新校区一期建设图书馆、第一教学楼、体育馆等10个单体项目。

（肖勇）

北京工商大学

党委书记 谭向勇
校　　长 孙宝国

【概况】 2015年，北京工商大学总占地面积82.04万平方米，其中，阜成路校区21.07万平方米、良乡校区60.97万平方米，总建筑面积45.58万平方米，其中，阜成路校区19.78万平方米、良乡校区25.80万平方米。固定资产总值23.11亿元。图书馆馆舍总面积2.58万平方米，馆藏中外文文献254万余册，其中，纸本文献166万册、电子图书88万余册，各类数据库97个，中文报刊1607份、外文报刊86份。拥有计算机9979台。学校信息化经费投入1517.34万元，多媒体教室座位21117个，信息化设备资产37085万元，网络信息点21180个，校园网出口总带宽800Mbps，电子邮件系统用户15650个，上网课程159门，数字资源量19710GB，管理信息系统数据总量5295GB。设10个学院、1个教学部；拥有2个国家级检测中心、1个国家级实验教学示范中心、1个国家级虚拟仿真实验教学中心、2个北京市重点实验室、1个北京市实验室、1个北京高等学校工程研究中心、1个北京市工程技术研究中心、2个北京市研究基地、获批3个省部级协同创新中心、3个北京市高校实验教学示范中心。有“服务国家特殊需求博士人才培养项目”1个，博士后科研流动站1个，联合培养博士学位授权点1个，硕士学位授权点一级学科16个、专业硕士学位授权点19个（包括工程硕士专业领域7个）、本科专业50个；拥有北京市重点学科4个，北京市重点建设学科6个，国家级特色专业建设点5个，北京市特色专业建设点8个，国家级本科专业综合改革试点1个，北京市专业群建设与改革试点1个，北京市专业综合改革试点3个。教职工1442人，包括专任教师887人。专任教师中，教授140人、副教授357人，具有博士和硕士学位的教师分别为511人和292人，占专任教师总数的90.53%。有中国工程院院士3人（含双聘院士2人），享受国务院政府特殊津贴专家9人，全国优秀教师1人，全国高校优秀骨干教师1人，国家“千人计划”入选者1人，新世纪百千万人才工程国家级人选3人、市级人选3人，省部级有突出贡献专家6人，教育部新世纪优秀人才2人。毕业生4405人，其中，学历教育全日制硕士研究生841人、普通本科生2862人、成人教育本专科生686人（本科生490人、专科生196人）；非计划招生在职人员攻读博士硕士学位16人。本科生一次就业率95.82%。招生4385人，其中，学历教育全日制研究生852人（博士生4人、硕士生848人）、普通本科生2901人、成人教育本专科生605人（本科生443人、专科生162人）；非计划招生在职人员攻读硕士学位27人。高考北京地区本科提档线，理工类：一批571分，二批545分；文史类：一批590分，二批579分；艺术类综合分：705分。在校生16273人，其中，学历教育全日制研究生2141人（博士生8人、硕士生2133人）、普通本科生11671人、成人教育本专科生2461人（本科生1773人、专科生688人）；非计划招生在职人员攻读硕士学位141人。留学生招生132人、在校生138人。网

址：www.btbu.edu.cn。

（杨蓉　杨巧明）

【举办爱尔兰主题日活动】　3月16日，工商大学举办爱尔兰主题日活动。来自爱尔兰的艺术家表演爱尔兰传统民族音乐；工商大学艺术团表演中国民族舞蹈串烧。爱尔兰高校代表，工商大学师生300人参加活动。

（杨蓉　杨巧明）

【学生创业园投入使用】　5月6日，工商大学学生创业园投入使用。创业园位于良乡校区生活区综合北楼二层西侧，面积750平方米，内设有创业工作室、创新活动室、研讨室等18间，开放式工位近100个。首批入驻10个学生创新团队和10个创业团队。

（杨蓉　杨巧明）

【召开发酵乳制品前沿技术学术研讨会】　5月15—16日，工商大学召开全国发酵乳制品前沿技术学术研讨会。会议以“提升发酵乳制品质量安全水平，促进中国乳品行业健康发展”为主题，作学术报告16场，内容涵盖发酵乳制品主要研究领域包括益生菌的研究开发、发酵剂功能性、功能配料、加工工艺等前沿技术研究动态。会议一致认为，随着中国发酵乳制品产业的迅速发展，发酵乳制品作为益生菌的良好载体必将对中国益生菌乳制品产业的发展起到至关重要的作用，针对益生菌功能性标准、产品质量的提升和安全性等方面存在的问题需逐步完善解决，以确保中国发酵乳制品产业的可持续健康发展。国内乳品研究领域专家，工商大学食品学院教师以及乳品企业共20余家单位120名代表参会。

（杨蓉　杨巧明）

【召开第二次党代会】　6月19日，中共工商大学第二次代表大会召开。会议听取和审议党委和纪委工作报告，选举产生第二届党委和纪委。校党委作题为《坚持内涵发展强化办学特色，推进高水平教学研究型大学建设再上新台阶》的工作报告。报告提出今后五年学校发展的主要任务是大力推进学科建设，提升核心竞争力；继续深化教学改革，提高人才培养质量；着力提升科研质量，增强科技创新与服务社会能力；持续加强人力资源建设，提高人才队伍整体素质；积极推进国际合作与交流，提高开放办学水平；不断深化内部管理体制改革，提升规范化管理水平；继续改善办学条件，提升综合服务保障能力；持续加强学校文化建设，增强学校发展软实力。

（杨蓉　杨巧明）

【获农业部中华农业科技奖】　9月18日，工商大学孙宝国院士带领的食品添加剂绿色生产技术研究创新团队获农业部中华农业科技奖优秀创新团队奖。食品添加剂绿色生产技术研究创新团队在食品添加剂领域有着深厚的积淀，重点在食用香精香料、植物源功能性食品配料、生物食品乳化剂及新型食品酶制剂制造等方面勇于创新并形成特色。团队研究集中在以新技术、新方法、多学科交叉为特色，以工程化技术为核心，引导改性技术、应用技术研究及新产品开发。团队在天然食品香料香精研究领域、食品关键风味成分分析鉴定、天然色素优良菌株选育、超声浸取技术及复合调味品开发等方面科研成果转化良好，与北京天利海香精香料有限公司、河南双汇集团等40余家企业有着多年的合作关系，创造直接经济效益70亿元以上。

（杨蓉　杨巧明）

【举办互联网金融的中国模式与创新研讨会】　11月13日，工商大学举办互联网金融的中国模式与创新研讨会。会议围绕中国互联网金融的发展趋势、风险防范、产品和模式创新等议题展开交流，对中国互联网金融的未来发展进行探讨。与会专家和业界人士对互联网金融的优势和存在的问题、中国当前股权众筹市场的现状和问题、互联网金融如何推动中国的产业转型升级、互联网金融的制度创新与风险约束、大数据与金融监管、大数据与云计算实践、移动金融、量化投资、P2P网络借贷资金托管、互联网金融时代商业银行的困境及其破解等问题发表演讲。来自政府部门、知名高校以及互联网金融领域的专家、学者，工商大学教师、研究生等150人参加会议。

（杨蓉　杨巧明）

【召开创新创业教育培训暨本科教学管理研讨会】　11月19—21日，工商大学召开创新创业教育培训暨本科教学管理研讨会。会议邀请台湾中华大学教授林锦煌、新道科技股份有限公司高级副总裁马德福作专题报告。林锦煌分别就“翻转教室教学法及创新普及教育经验介绍”“TRIZ（萃思）：大学创新创业教育之道”和“Design Thinking实操及研讨”等主题作报告。马德福作题为《“互联网+”时代本科院校教学模式创新探索》的报告。参会人员围绕学校“十三五”本科教学规划理念、AACSB国际认证、工程教育国际认证、创新创业教育、本科教学综合改革的瓶颈问题及解决思路等方面进行讨论。该校各部门负责人和教师90人参加会议。

（杨蓉　杨巧明）

北京服装学院

党委书记　马胜杰（1月任）

院　　长　刘元凤

【概况】　2015年，北京服装学院占地面积32万平方米，学校产权校舍建筑面积20.22万平方米、非产权校舍建筑面积4.02万平方米。全年教育经费投入48652.9万元，其中，国家拨款38212.6万元、自筹经费10440.3万元。固定资产总值5.22亿元，其中，教学、科研仪器设备资产值2.99亿元。图书馆建筑面积8408

平方米，藏有纸质图书 66.23 万册、电子图书 2174.28GB。拥有计算机 4239 台。学校信息化经费投入 1144.9 万元，多媒体教室 187 个，信息化设备资产 3255.49 万元，网络信息点 5000 个，校园网出口总带宽 1700Mbps，电子邮件系统用户 9100 个，上网课程 327 门，数字资源量 20412.73GB，管理信息系统数据总量 28000GB。下设朝阳区和平街北口樱花东街和昌平区小汤山镇北七家两个校区，设有 5 个二级学院、2 个系、2 个教学部和 1 个教学中心。开设 28 个本科专业，覆盖艺、工、文、经、管、理 6 个学科门类，有 1 个国家特殊需求博士人才培养项目，有 8 个一级学科硕士授权点，1 个二级学科硕士点，2 个专业硕士学位点，4 个双学位专业点。北京市重点建设学科 4 个（1 个北京市重点建设一级学科、3 个北京市重点建设二级学科）；教育部科研机构 1 个，北京市重点实验室 7 个，1 个北京市大学科技园。有国家级特色专业建设点 4 个、市级特色专业建设点 6 个，国家级优秀教学团队 1 个、市级优秀教学团队 4 个，国家级实验教学示范中心 1 个、市级实验教学示范中心 2 个，国家级人才培养模式创新实验区 1 个，国家级校外人才培养基地 1 个、市级校外人才培养基地 3 个。获得国家级教学成果奖 1 项，市级精品课程 5 门，北京高等教育精品教材 9 部，入选“十一五”“十二五”普通高等教育本科国家级规划教材 17 部。教职工 758 人，其中，专任教师 531 人，包括教授 73 人、副教授 184 人；博士生导师 10 人、硕士生导师 171 人。享受国务院政府特殊津贴专家 3 人。外籍教师 5 人（长期聘用），其中，教授 2 人、副教授 3 人。毕业生 2034 人，其中，学历教育全日制硕士研究生 232 人、普通本科生 1384 人、成人教育本专科生 418 人（本科生 238 人、专科生 180 人）。本科毕业生一次就业率 95.99%。招生 2345 人，其中，学历教育全日制研究生 315 人（博士生 3 人、硕士生 312 人）、普通本科生 1539 人、成人教育本专科生 476 人（本科生 231 人、专科生 245 人）；非计划招生在职人员攻读硕士学位 15 人。高考北京地区本科提档线理科 502 分、文科 556 分。在校生 8499 人，其中，学历教育全日制研究生 832 人（博士生 8 人、硕士生 824 人）、普通本科生 5948 人、成人教育本专科生 1654 人（本科生 908 人、专科生 746 人）；非计划招生在职人员攻读硕士学位 65 人。留学生毕业 18 人、招生 131 人、在校生 177 人。网址：www.bift.edu.cn。

（付佳）

【与教育部留学服务中心签约】 3 月 20 日，服装学院与教育部留学服务中心签订合作协议。根据协议，该院成为教育部留学服务中心战略合作伙伴，在出国留学项目的课程建设、师资建设、合作院校拓展、出国留学行前培训、学生归国学历认证及就业创业等方面开展合作。

（付佳）

【举办中国时尚业互联网大会】 6 月

17—18 日，服装学院举办中国时尚业互联网大会。会议以“迎接人机合体时代”为主题，分为“领袖高峰论坛和嘉宾对话”“2015CFIC 中国时尚创客联盟暨 2015CFIC 时尚产业创业领军企业峰会”“中国独立设计师品牌邀请展 & 联合秀”和“TOP10 中国时尚独立设计师颁奖典礼”四个板块。来自国内服装时尚企业、互联网企业和电商企业代表以及新锐独立设计师 500 人参加活动。

（付佳）

【成立中国时尚研究院】 7 月 16 日，服装学院成立中国时尚研究院。该院与广州例外服饰有限公司、中国社会科学院财经战略研究院、爱慕集团等 8 家单位合办，开展中国时尚产业研究以及数据中心建设工作。

（付佳）

【芍药居校区揭牌】 9 月 1 日，服装学院芍药居校区揭牌。该校区位于朝阳区，开展本科教学科研工作。2009 年 4 月，为改善该院办学空间不足的问题，市委、市政府决定将北京电子科技职业学院芍药居校址划归该院，2014 年 11 月 18 日，北京电子科技职业学院与服装学院正式签订校址移交协议书。

（付佳）

【与陕西榆林市政府签订合作协议】 9 月 1—2 日，服装学院与陕西省榆林市政府签订合作协议。根据协议，双方共建榆林市纺织服装产业科技信息服务平台，以及为该市编制纺织服装产业规划；其中，信息服务平台涵盖“纺织服装产业人才培养平台”“科技研发和成果转化平台”“产业研究与信息服务平台”三个平台，主要以榆林市工业与信息化局为依托，借助服装学院的学科优势、人才优势、教育资源优势和科技优势，围绕榆林市纺织服装产业的发展，为榆林市行业及企业的发展提供多方位服务。

（付佳）

【获批北京市工程技术研究中心】 至年底，服装学院北京市纺织纳米纤维工程技术研究中心获批北京市工程技术研究中心。该中心由服装材料研究开发与评价实验室牵头申报，依托材料科学与工程学院与服饰时尚设计产业创新园。中心具有技术水平高、工程化实践经验丰富的工程技术带头人，长期从事科技成果转化和产业化的工程技术开发工作，拥有较好的工程技术研究、设计基础和丰富的成果转化背景及经验，承担过多项国家和省部级科研计划并且完成情况良好。

（付佳）

北京邮电大学

党委书记　王亚杰
校　　长　乔建永

【概况】 2015 年，北京邮电大学占地面积 131.40 万平方米，建筑总面积 86.16 万平方米。固定资产总值 240751.94 万元，其中，教学、科研仪器设备总值 71494.68 万元。图书馆建筑面积 15511 平方米，藏书 192

万册，电子图书 688 万册。全年教育经费总投入 148286.11 万元，其中，国家拨款 97134.43 万元、自筹经费 51151.68 万元。设有 16 个教学单位、3 个研究院，并设有研究生院。有博士学位授权一级学科点 7 个、硕士学位授权一级学科点 19 个，博士学位授权二级学科点 2 个、硕士学位授权二级学科点 4 个，有 5 类专业硕士学位授权点，有本科专业 36 个。建立博士后流动站 6 个，博士后研究人员进站 28 人、出站 6 人、在站 88 人。有一级学科国家级重点学科 2 个、北京市重点学科 7 个、部级重点学科 8 个。设有国家重点实验室 2 个、国家工程实验室 5 个（2 个为牵头、3 个为合作）、教育部工程研究中心 2 个、教育部“111 创新引智基地”3 个、各类部级重点实验室 9 个和北京市国际科技合作基地 5 个。教职工 2261 人，其中，专任教师 1510 人；专任教师中教授 264 人、副教授 607 人；中国科学院院士 1 人、中国工程院院士 2 人（含 1 人为双院士）；“长江学者奖励计划”特聘教授 4 人；享受政府特殊津贴专家 127 人。外籍教师 63 人（含长期 11 人、短期 52 人），其中，教授 11 人、副教授 18 人。毕业生 18376 人，其中，全日制研究生 2699 人（博士生 168 人、硕士生 2531 人），普通本科生 3180 人，成人教育本科生 464 人，网络教育本专科生 11031 人（本科生 5577 人、专科生 5454 人），在职研究生 1002 人。本科生就业率 99.34%，研究生就业率 99.96%。招生 19742 人，其中，全日制研究生 3187 人（博士生 338 人、硕士生 2849 人），普通本科生 3502 人（含港澳台侨 8 人），网络教育本专科生 12267 人（本科生 6735 人、专科生 5532 人），在职研究生 786 人。高考北京地区提档线理科 658 分（中外合作办学专业最低 618 分）、文科 634 分。在校生 73919 人，其中，全日制研究生 9733 人（博士生 1440 人、研究生 8293 人），普通本科生 13814 人，成人教育本专科生 2078 人（本科生 1452 人、专科生 626 人），网络教育本专科生 41173 人（本科生 22548 人、专科生 18625 人），在职研究生 7121 人。留学生毕业 31 人，招生 52 人，在校生 228 人。网址：www.bupt.edu.cn。

（吴昊）

【召开第 14 次党代会】　1 月 22 至 23 日，中共邮电大学第 14 次党员代表大会召开。会议全面总结学校过去 6 年所取得的主要成绩和经验，明确未来 5 年的指导思想、奋斗目标和主要任务，并对学校党的建设工作进行全面部署。会议作题为《大力推进综合改革，加快建设特色鲜明、优势突出、世界著名的高水平研究性大学》的工作报告，选举产生中共邮电大学第 14 届委员会和纪律检查委员会。

（吴昊）

【举办大学生创新实践成果展示交流会暨创新论坛】　5 月 21 日，邮电大

学举办大学生创新实践成果展示交流会暨创新论坛。交流会以“我创新·我超越”为主题，共设有 16 个主题展区、170 个项目参展，累计参展项目 949 个。该校师生共计 1.2 万人次参加活动。

（吴昊）

【举办中国信息技术发展新趋势论坛】　6 月 26 日，邮电大学举办 2015 中国信息技术发展新趋势论坛。论坛以“依托信息技术发展、保障智能城市建设”为主题，探讨中国智能城市化建设面临的关键性挑战问题和解决需求，为交流信息化和智能城市建设方面的创新经验搭建平台。会议从全球的战略角度，对“互联网＋”、智能城市、未来网络、大数据等产业发展应关注的问题进行分析，促进信息领域相关技术交流。来自中国电信、中国联通、中国移动三大运营商，中兴、百度、腾讯等设备商和知名互联网公司以及国内高校和研究机构专家学者 100 人参加论坛。

（吴昊）

【学校章程发布】　6 月 26 日，《北京邮电大学章程》通过教育部核准发布。该章程包括序言和正文两部分，序言主要阐述学校的办学历史和特色、办学目标和发展定位，正文共 10 章 110 条。是该校依法自主办学、实施管理和履行公共职能的基本准则和依据。

（吴昊）

【沙河校区启用】　9 月 10 日，邮电

大学沙河校区启用。沙河校区位于昌平区沙河高教园区，总用地 89.94 万平方米，总建筑面积 70 万平方米，分两期建设实施，可容纳学生 1.6 万人。其中，一期征地 57.27 万平方米，建设规划 40 万平方米；二期征地 32.67 万平方米，建设规模约 30 万平方米。至年底，建成学生宿舍、食堂、活动中心综合楼、教学实验综合楼。校区供电、供水配套设施和太阳能热水器、校园网络、监控设备配置完善；超市、邮局、银行、健身房及各项配套基础服务设施建设完毕。2014 年开工建设图书馆，主体结构于 2015 年 11 月封顶。沙河校区正式启用后，首批 3500 名一年级本科生正式入住。

（吴昊）

【3 人铜像落成】　9 月 10 日、11 日和

10 月 18 日，邮电大学周炯槃、蔡长年和叶培大铜像落成。周炯槃铜像位于西土城路校区主楼西侧草坪，高 90 厘米，青铜材质。周炯槃（1921—2011），该校教授、中国工程院资深院士、中国信息论研究的奠基人、通

信理论的学术泰斗、通信网络理论的开拓者。蔡长年铜像位于西土城路校区教三楼北侧草坪，高 90 厘米，青铜材质。蔡长年（1916—1994），该校教授、电子学家、教育家，中国开展信息论研究的先行者，国内第一本《信息论》编著者，长期致力于人才培养和科研工作。叶培大铜像位于西土城路校区教一楼南侧草坪，高 96 厘米，青铜材质。叶培大（1915—2011），该校名誉校长、中国科学院资深院士、中国通信科技界泰斗、著名微波通信与光纤通信专家、教育家。

（吴昊）

【召开电子信息类高校学生工作研讨会】　10 月 13—14 日，邮电大学召开 2015 年电子信息类高校学生工作研讨会。会议以“‘互联网＋’时代背景下的学生综合素质培养”为主题，各高校就“‘互联网＋’时代背景下学生综合素质培养的做法与思考”以及“‘互联网＋’时代校企合作打造人才培养新模式”进行交流和探讨。来自全国 9 所电子信息类高校代表 100 人参加会议。

（吴昊）

【数字校史馆开馆】　10 月 14 日，邮电大学数字校史馆开馆。数字校史馆位于西土城路校区图书馆东侧，占地面积 170 平方米，包含 9 个展览区域，11 个展览项目，挖掘、提炼和展示学校 60 年的办学历程、办学特色和辉煌成就。

（吴昊）

【甲子钟雕塑揭幕】　10月17日，邮

电大学甲子钟雕塑揭幕。甲子钟坐落于沙河校园鸿雁路和国脉西路交叉口东南角，由钟表、雕塑造型及基座三部分组成，钟表为四面表盘；雕塑造型由西柏坡米黄花岗岩整石雕刻；基座部分为混凝土浇筑，贴板为新疆红花岗岩。雕塑造型来源于 60 年“六石”，由六块白色花岗岩组成，代表着六十甲子的六段时光，10 年为一段，记录邮电大学 60 年的发展成就和奋斗历程。造型远看似正在翱翔的鸿雁翅膀，翩翩展翅的鸿雁是中国邮政通信的象征，既为书信的代称，也发展成信息的使者。甲子钟雕塑不含基座，整体高 6 米、最宽 1.90 米、厚 0.95 米。

（吴昊）

【举办移动与通信技术领域国际大学校长论坛】　10 月 18 日，邮电大学举办移动与通信技术领域国际大学校长论坛。论坛围绕“移动互联时代的高等教育”主题展开研讨。分论坛针对慕课（MOOC）教育的利弊与发展趋势、移动互联网环境下的教学模式和教学方法革新、移动互联时代大学培养人才的目标定位三个议题分别进行研究讨论。来自亚洲、欧洲、美洲、大洋洲 13 个国家和地区的 32 所高等院校的 30 名校长以及 60 名代表参加论坛。

（吴昊）

【无线网络融合创新引智基地获批建立】　10 月 28 日，邮电大学“无线网络融合创新引智基地”获教育部、国家外专局批准建立。该基地依托学校网络与交换技术国家重点实验室、移动互联网安全技术国家工程实验室以及泛网无线通信教育部重点实验室建设。推动学校在“通信与信息系统”国家重点学科与“计算机应用技术”两个学科的交叉融合，并围绕中国无线通信领域的重大需求，瞄准网络融合核心技术，引进国际一流的研究团队进行合作，重点开展超量信息无线传输、网络融合架构体系、无线资源融合管理以及网络融合服务四个方面的研究，为推动该校引智工作的开展，进一步推动中国无线通信融合创新的发展提供理论和技术支撑。

（吴昊）

【举办创新创业教育论坛】　12 月 8 日，邮电大学举办创新基地 10 周年暨 2015 创新创业教育论坛。论坛研讨“创新创业教育如何引领并深化教学改革”“创新创业教育的生态系统建设”“创新创业教育的质量建设”“创新创业教育如何帮助学生成长”四方面问题。来自国内外专家学者 50 人参加论坛。经过 10 年发展建设，基地形成“1 个北邮 WIN 创新创业实践基地＋14 个学院特色分基地”的格局，创新实践活动年均参与 1.20 万人次，创新实践成果展示交流会累计参观日超过 7 万人次。

（吴昊）

北京印刷学院

党委书记　刘超美
院　　长　王永生

【概况】　2015 年，北京印刷学院占地面积 21.68 万平方米，学校产权建筑面积 22.72 万平方米。固定资产总值 91003.71 万元，其中，教学、科研仪器设备资产值 36833.58 万元，信息化设备资产值 19241.81 万元。图书馆建筑面积 1.52 万平方米，纸质藏书 105.69 万册，电子图书 3450GB。全年教育经费投入 52302.08 万元，学校信息化设备资产值 19241.81 万元，拥有计算机 3965 台，网络信息点 8461 个，电子邮件系统用户 1366 个，上网课程 3122 门，数字资源量 161032GB，管理信息系统数据总量 3600GB。学校设置 12 个院（系、部）。开设专科（高职）专业 5 个；本科专业 26 个，覆盖 4 个学科门类。具有硕士学位授权一级学科点 7 个，专业学位学科授权点 5 个，硕士学位二级学科点 19 个。北京市重点建设学科 4 个，省部级设置的研究院（所、中心）和实验室 8 个。国家级特色专业 2 个，北京市特色专业 4 个。国家级优秀教学团队 1 个，北京市优秀教学团队 4 个。教职工 798 人，其中，专任教师 521 人，包括正高级职称 76 人、副高级职称 191 人。硕士生导师 150 人；“长江学者”和“千人计划”入选者 4 人，北京市高层次人才 2 人，北京市学术创新人才 4 人，北京市“长城学者”培养计划入选者 3 人，新世纪百千万人才工程北京市入选者 1 人。毕业生 2483 人，其中，普通本科生 1400 人，普通专科生 218 人，成人教育本科生 235 人，成人教育专科生 460 人，硕士研究生 170 人。招生 2583 人，其

中，普通本科生 1580 人、普通专科生 3 人，成人教育本科生 168 人、成人教育专科生 607 人，硕士研究生 225 人。在校生 8738 人，其中，普通本科生 6014 人、普通专科生 408 人，成人教育本科生 441 人、成人教育专科生 1273 人，硕士研究生 602 人。网址：www.bigc.edu.cn。

（谢丹）

【获批国家级实验教学示范中心 1 个】 1 月 26 日，印刷学院数字艺术与创新设计实验教学中心获批为国家级实验教学示范中心。中心以研究型大学应用型人才实践能力、创新能力培养和提高教学质量为宗旨，根据以人为本的教育理念，打破课程界限，从根本上改变实验教学依附于理论教学和课程的传统观念，围绕数字艺术与创新设计的学科特色与实践要求，建立以课程群为背景的分层式实验与实践教学平台，探索实验教学新模式，充分应用学校在印刷出版行业中的资源优势，构建多层次、全方位的应用型人才实验教学新体系。

（谢丹）

【教授入选全国新闻出版行业领军人才】 1 月，印刷学院张养志教授被评为全国新闻出版行业学术类领军人才。该评选由国家新闻出版广电总局主办，共评出 284 人，其中，学术类领军人才 19 人。张养志，1964 年 8 月出生，甘肃省庆阳市正宁县人，长期从事全国出版专业学位研究生教学管理工作。

（谢丹）

【举办大学生创新创业论坛】 5 月 20 日，印刷学院举办大学生创新创业论坛。论坛围绕“创新点燃激情，创业放飞梦想”主题展开研讨。论坛上，该院北京大学生创业孵化基地揭牌，并举办创业导师聘任仪式，聘任创业导师 20 人。该校师生 100 人参加活动。

（谢丹）

【成立国家出版产品质量监督检验中心】 12 月 28 日，印刷学院成立国家出版产品质量监督检验中心。该中心依托学校绿色检测实验室，开展 CNAS 实验室认可证书及国家出版产品质检中心 CMA 检验检测机构资质认定证书的颁发等工作，成为国家级

质检机构。

（谢丹）

北京建筑大学

党委书记 王建中
校　　长 张爱林

【概况】 2015 年，北京建筑大学占地面积 21.68 万平方米，学校产权建筑面积 19.43 万平方米。固定资产总值 72754.81 万元，其中，教学、科研仪器设备资产值 34906.67 万元，信息化设备资产值 18018.46 万元。图书馆建筑面积 1.52 万平方米，纸质藏书 103.53 万册，电子图书 2850GB。全年教育经费投入 52302.08 万元，其中，国家拨款 43683.18 万元、自筹经费 8618.90 万元。学校信息化设备资产值 18018.46 万元，拥有计算机 4002 台，网络信息点 7561 个，电子邮件系统用户 1320 个，上网课程 3122 门，数字资源量 145508GB，管理信息系统数据总量 3000GB。学校设置 13 个院（系、部）；专科（高职）专业 5 个；开设本科专业 26 个，覆盖 4 个学科门类；具有硕士学位授权一级学科点 7 个，专业学位学科授权点 5 个，硕士学位授权二级学科点 19 个。北京市重点学科 4 个，北京市重点实验室（研究院、工程中心）8 个，国家级特色专业 2 个，北京市特色专业 4 个。国家级优秀教学团队 1 个，北京市级优秀教学团队 4 个。教职工 791 人，其中，专任教师 510 人，包括正高级职称 53 人、副高级职称 192 人；博士生导师（兼职）23 人，硕士生导师 131 人；“长江千人计划”入选者 3 人，“长江学者奖励计划”讲座教授 1 人，“长江学者奖励计划”特聘教授 3 人，“国家杰出青年科学基金”获得者 2 人，北京市高层次人才 2 人，北京市学术创新人才 4 人，北京市“长城学者”培养计划入选者 3 人，新世纪百千万人才工程北京市入选者 1 人。毕业生 2424 人，其中，普通本科生 1355 人、专科生 230 人，成人本科生 200 人、专科生 483 人，硕士研究生 156 人。招生 2758 人，其中，普通本科生 1429 人、专科生 188 人，成人本科生 273 人、专科生 666 人，硕士研究生 202 人。在校生 8969 人，其中，普通本科生 5971 人、专科生 650 人，成人本科生 535 人、专科生 1261 人，硕士研究生 552 人。网址：www.bucea.edu.cn。

（谷天硕）

【成立古桥研究院】 1 月 19 日，建筑大学成立古桥研究院。研究院依托学校古代文化、遗产和技术的学科优势，开展桥梁技术教学、科研和设计领域研究工作。

（谷天硕）

【与中国青年创业就业基金会签约合作】 7 月 21 日，建筑大学与中国青年创业就业基金会签订合作协议。根据协议，双方合作支持青年学生开展创业活动，为创新创业搭建平台、提供帮助，促进高校毕业生更高质量创业就业。

（谷天硕）

【加入“高校联盟 BIM+”】 8 月 4

日，建筑大学加入中国 BIM“高校联盟 BIM+”。加入“高校联盟 BIM+”后，学校能够在 BIM 相关行业拓宽研究生和本科生就业渠道，同时依托中国 BIM 门户网的行业与线上资源，为学生提供更多的实习机会，并帮助学生接受来自行业一线专家的 BIM 技

术培训。在此基础上校企之间可以就实际工程中的技术需求开展科研合作，以便能够为建筑行业科技水平发展起到更好的促进作用。中国BIM门户以“推动发展以BIM为核心的中国建筑业信息化”为宗旨，成立于2008年。为适应社会需要，促进学生更好地进行项目实践与市场接轨，中国BIM门户网在全国各大高校倡导和发起“高校联盟BIM+”活动，依托地产集团、建筑协会、建筑咨询企业、BIM软件厂商等合作单位，面向高校毕业生进行招聘、培训、创业基金扶持工作。

（谷天硕）

【举办城市更新论坛】 11月28日，建筑大学举办城市更新论坛。论坛以“再造城市活力空间”为主题，研讨旧城更新规划、建筑改造、景观层面对城市更新作用等问题。来自国内外专家学者100人参加论坛。

（谷天硕）

【举办构建海绵城市论坛】 12月5

日，建筑大学举办构建海绵城市论坛。该论坛以“多角度下城市绿色基础设施”为主题，围绕当下国家提出的海绵城市建设的大政方针，从研究和实践两个方面研讨与论证。来自国内外专家学者150人参加论坛。

（谷天硕）

北京石油化工学院

党委书记　高锦宏
院　　长　郭文莉

【概况】 2015年，北京石油化工学院占地面积28.67万平方米，学校产权校舍建筑面积21.10万平方米。全年教育经费投入49887.92万元，其中，国家拨款41390.24万元、自筹经费8497.68万元。固定资产总值11.26亿元，其中，教学、科研仪器设备资产值5.04亿元。图书馆建筑面积9680.96平方米，藏书199.40万册，其中，纸质图书85.95万册、电子图书113.45万册。拥有计算机5556台。学校信息化经费投入231.60万元，多媒体教室座位10939个，信息化设备资产10287.52万元，网络信息点12788个，校园网出口总带宽1200Mbps，电子邮件系统用户21617个，上网课程33门，数字资源量41508.30GB，管理信息系统数据总量850.68GB。学校设有清源校区（主校区）、康庄校区、燕山校区3个校区，有13个教学院（系、部）、1个高水平运动队管理中心、2个研究院。开设28个本科专业，覆盖工、理、管、经、文五个学科门类。专业硕士授权点2个。国家工程教育认证专业1个，教育部特色专业3个，“卓越工程师教育培养计划”试点专业8个，“本科教学工程”专业综合改革试点专业1个，北京市特色专业5个。北京市重点建设学科4个，北京市重点实验室3个，北京市高校工程研究中心1个，北京市哲学社会科学研究基地1个。国家级工程实践教育中心2个，国家虚拟仿真实验教学中心1个，国家级实验教学示范中心1个，国家级大学生校外实践教育基地1个。北京市高校实验教学示范中心4个，北京市校外人才培养基地8个，北京市示范性校内创新实践基地2个。在编教职工812人，其中，专任教师519人，包括教授73人、副教授184人；博士生导师11人、硕士生导师81人。国家“千人计划”入选者1人，国家杰出青年科学基金获得者1人，享受国务院政府特殊津贴专家1人。外籍教师6人，包括教授2人。毕业生2457人，其中，专业硕士研究生58人、普通本科生1786人、成人教育本专科生613人（本科生320人、专科生293人）。本科毕业生就业率97.99%。招生2209人，其中，学历教育学生中全日制专业硕士研究生70人、普通本科生1823人、成人教育本专科生316人（本科生136人、专科生180人）。北京地区高考提档线文科552分、理科512分。在校生8089人，其中，学历教育学生中全日制专业硕士研究生175人、普通本科生6997人、成人教育本专科生917人（本科生368人、专科生549人）。留学生毕业4人，招生22人，在校生42人。网址：www.bipt.edu.cn。

（李林芹）

【化学工程与工艺专业通过国家工程教育专业认证】 3月，石化学院化学工程与工艺专业通过中国工程教育认证协会专业认证。该专业自2013年11月提交申请报告开始，经过学校自评、专家组现场考察、分委员会（试点工作组）审议、认证结论审议委员会审议等程序，通过评估验收，有效期3年。实现该校工程教育专业认证零的突破。

（杨振宇　李林芹）

【引进国家千人计划和杰出青年基金项目专家】 3月和11月，石化学院

引进国家“千人计划”专家罗明生博士和国家杰出青年科学基金资助项目获得者宇波教授。罗明生将引领化学工程学科发展方向，策划主持有重大影响的前沿课题，创建一支立足于工业应用的科研队伍，在相关领域开拓研发方向，把相关学科的科研力量提升到国内应用技术科研领先行列。宇波在承担工程热物理学位点及重点实验室建设工作的同时，将引领工程热物理和油气储运工程学科发展方向，组织团队协作攻关，并开展培养高层次创新型人才工作。

（杨振宇）

【与安顺市政府签订合作协议】 4月29日，石化学院与贵州省安顺市政府签订合作协议。根据协议，双方建立市校联席会议制度，设立市校联席会议常设机构和专项资金，在经济社会发展决策咨询服务、产业转型升级服

务、全面深化教育领域、加强人才交流培养等方面实施合作。

（杨振宇）

【评选首届最美石化人】 4—6月，石化学院开展第一届“最美石化人”评选活动。该活动以“最美石化人，最美春风颂”为主题，坚持公开、公平、公正且本人自愿的原则，经过人物征集、初评和网络投票等环节，最终确定10组个人和团队入选第一届“最美石化人”。

（杨振宇 李林芹）

【成立大学生讲师团】 5月19日，石化学院成立大学生讲师团。讲师团由不同院系的28名优秀学生和6名数理系教师组成，面向全校学生开展学业辅导工作，创建分享型、高质量、立体化、同成长的学业辅导体系。至年底，讲师团面向全校学生举办辅导班达81次，辅导学生超4800人次，参加辅导学生及格率达95%，实现学业困难学生与优秀学生的共同进步。

（杨振宇 李林芹）

【市安全生产工程技术研究院成立】 6月26日，北京市安全生产工程技术研究院在石化学院成立。该研究院是独立事业法人单位，由石化学院与市安监局合作共建，主要致力于开展安全生产培训、人才培养、科学研究、技术服务等工作，服务首都安全生产。研究院设立“一室、三部、五所”的组织架构，设院长1人、副院长2人。

（杨振宇 李林芹）

【完成首批“双培计划”学生选派工作】 9月，石化学院完成首批“双培计划”学生选派工作。该院从化学工程与工艺、材料类、安全工程3个专业选拔51名新生前往北京化工大学和中国地质大学（北京），开始为期3学年的长期访问学习。

（杨振宇）

【获批设立博士后科研工作站】 10月28日，石化学院获批设立博士后科研工作站。该院经市人力社保局组织专家评审，人社部、全国博士后管委会批准，该院北京市安全生产工程技术研究院获批设立博士后科研工作站。这是该校成功获批的第一个博士后科研工作站。

（杨振宇 李林芹）

【新增3个市级校外人才培养基地】 10月29日，石化学院获批3个市级校外人才培养基地。分别是北京亦庄国际生物医药投资管理有限公司、北京注册会计师协会和北京京港地铁有限公司。至此，该院拥有国家级、北京市级和校级三级校外人才培养基地110个。

（杨振宇）

【举办北京安全文化论坛】 11月26日，石化学院举办第九届北京安全文化论坛。该论坛以“提升安全法治理念、推进安全文化创新”为主题，采取“1+4”的模式（即1个主论坛、4个分论坛），围绕安全生产从理论研究、实践探索、工作创新等方面展开交流探讨。来自国内外的专家学者，政府机构、科研机构、高校代表，社会人士500人参加论坛。

（杨振宇 李林芹）

北京电子科技学院

党委书记 沈永社

院　　长 陈子真（11月免）

　　　　 毛明（12月任）

【概况】 2015年，北京电子科技学院占地面积7.93万平方米，建筑面积7.39万平方米，包括教学行政用房建筑面积3.88万平方米、学生公寓建筑面积1.54万平方米。固定资产总值20969.87万元，教学、科研仪器设备总值10294.38万元。全年教育经费投入16656.56万元，其中，国家财政拨款12782.35万元。《北京电子科技学院学报》设有自然科学、社会科学两个版，季刊，年发行4000册。图书馆建筑面积4700平方米，藏书30.50万册，中文报刊528种，外文期刊44种，网上全文数据库13个，教师阅览室1个、电子阅览室6个。信息化经费投入12万元，拥有计算机3155台，多媒体教室座位2240个，信息化设备资产7818.79万元，网络信息点1260个，校园网出口总带宽234Mbps，电子邮件系统用户3432个，上网课程648门，数字资源量2000GB，管理信息系统数据总量90GB。下设5个系、2个教学部，开设8个本科专业，2个工程领域硕士研究生专业学位授予点，3个联合培养硕士研究生专业。在岗教职工335人，其中，专任教师160人，教授21人、副教授70人；拥有博士学位65人、硕士学位120人；硕士生导师42人；16名教师享受国务院政府特殊津贴，5名教师入选“北京市教学名师”，9名教师入选“北京市优秀教师”。该校教师1项科研成果获得省部级二等奖，4项科研成果获省部级三等奖。毕业生559人，其中，学历教育学生中全日制硕士研究生59人，普通本科生447人，成人教育本科生53人。招生516人，其中，学历教育学生中全日制硕士研究生74人，普通本科生442人。高考北京地区提档线理科558分、文科617分。在校生2029人，其中，学历教育学生中全日制硕士研究生214人，普通本科生1815人。网址：www.besti.edu.cn。

（张斌）

【举办优秀毕业生事迹报告会】 1月16日，电科学院举办首次优秀毕业生事迹报告会。报告会邀请6名优秀毕业生回母校作报告，分别讲述自己的工作经历、成长体会，并向在校学生提出希望。院领导、职能部门负责人、学生工作人员和在校学生代表参加报告会。

（赵明丽）

【首届硕士专业学位研究生通过学位授予审批】　6月，电科学院首届硕士专业学位研究生通过学位授予审批。该院按照学院与国家行业主管部门共同制订的基于“认知—理论—工程实践—学位论文”的培养方案，首届硕士专业学位研究生完成行业实习、理论学习、工程实践、论文答辩等培养环节的各项任务，并经院学位评定委员会硕士学位评定分委员会、院学位评定委员会严格审核，授予首届30名硕士专业学位研究生工程硕士专业学位。

（赵明丽）

【开展领导干部听课月活动】　9月14日至10月23日，电科学院开展领导干部听课月活动。全体院务会成员走进课堂参与听课，通过填写“管理专家评价表”以及课后与教师集体座谈、现场交流等方式，对116名教师开展教学督导，强化教学中心地位，营造良好的尊师重教氛围，促进教学质量的提高。

（赵明丽）

【召开密码专业人才定向培养教学研讨会】　10月29—30日，电科学院召开密码专业人才定向培养教学研讨会。会议以“交流经验，加强协作；突出特色，提高质量”为主题，研讨如何做好密码专业定向培养教学工作等问题。来自西藏大学、石河子大学的领导和教师以及行业部门领导和部门负责人50人参加会议。

（赵明丽）

【与毛主席纪念堂管理局共建思想政治教育基地】　12月11日，电科学院与毛主席纪念堂管理局签订共建思想政治教育基地协议。根据协议，毛主席纪念堂管理局将为学院创新马克思主义理论课教学与思想政治教育课教学提供实践教学基地，为师生、参训机要干部提供瞻仰参观、讲解等服务，为学生的社会实践和志愿服务提供必要的条件保障；学院将为其干部培训提供师资、图书资料等服务保障，为其选派干部参加学院组织的相关培训或旁听有关课程提供方便，为其组织职工运动会、开展文体活动提供场地及现场服务等。

（赵明丽）

【推进硕士专业学位研究生试点工作】　至年底，电科学院推进硕士专业学位研究生试点工作。该院按照全国工程专业学位研究生教指委通知要求，组织相关人员对专业学位研究生的培养目标与定位、师资结构与水平、生源结构与质量、人才培养、质量保证与制度机制建设、培养成效等指标完成情况进行分析总结，完成特需硕士专业学位研究生试点预验收工作。为创新人才培养模式，稳步推进硕士专业学位研究生试点工作。学院分别在贵州、江西建立行业实习基地，使研究生实习基地拓展到7个省（区、市），为学生了解行业部门的工作性质、内容、环境以及对专门人才的各项需求，增强学生的专业认知能力和后续学习研究创造条件。

（赵明丽）

【全面完成课程大纲修订】　至年底，电科学院全面完成课程大纲修订工作。该院为落实2014版本科教学培养方案，组织教学系部开展教学研究和校内外交流，完成培养方案涉及的278份理论教学和第二课堂教学大纲以及166份实践（实验）教学大纲的研制修订工作。新教学大纲进一步更新教学观念，明确课程教学目标，梳理课程体系和教学内容，增强教学内容的科学性、先进性和系统性。

（赵明丽）

【开展教学研讨活动】　至年底，电科学院开展教学研讨活动。该院为进一步提升专业建设水平，提高人才培养质量，各教学单位以专业核心课程系统化改革为突破口，积极推进专业综合改革，开展“核心课程系统化改革”教学检查和交流活动，各系部就所属专业核心课程之间的关系及教学内容的衔接进行研究，评选出8项院级教学成果奖。

（赵明丽）

中国农业大学

党委书记　姜沛民
校　　长　柯炳生

【概况】　2015年，中国农业大学总占地面积130万平方米，建筑面积120.91万平方米（不含校外住宅）。全年总收入307020万元，其中，国家拨款228730万元、自筹经费78290万元。固定资产总值364200万元，其中，教学、科研仪器设备总值137564.89万元。图书馆建筑面积2.12万平方米，藏书202.90万册。学校拥有计算机6452台，多媒体教室200间，信息化设备资产22514.68万元，网络信息点44317个，校园网出口总带宽4.3Gbps，电子邮件系统用户33090个，上网课程1169门，数字资源量10530GB，管理信息系统数据总量3310.50GB。学校分东西两个校区，设有16个学院、1个体育与艺术教学部和1个研究生院。具有一级学科43个，一级学科博士点19个，博士学位授权点93个，硕士学位授权点169个，专业学位授权点10个，覆盖9个学科门类。学校有65个本科专业。设有博士后流动站14个，博士后研究人员出站65人、进站74人、退站2人，在站博士后185人。具有6个国家重点一级学科、6个国家重点二级学科，共覆盖24个二级学科；北京市重点学科10个。学校有3个国家级重点实验室，1个国家工程实验室，2个国家工程技术研究中心，76个省部级重点实验室（中心、基地）；1个国家野外科学观测研究站，6个部级野外科学观测实验站。教职工2752人（在职），其中，专任教师1636人，包括教授

（含研究员）604 人、副教授（含副研究员）837 人；有研究生导师 1341 人。中科院院士 5 人，工程院院士 7 人，其中，1 人为双院士；“长江学者奖励计划”特聘教授 23 人、讲座教授 7 人，享受国务院政府特殊津贴专家 78 人（不含退休）。外籍教师 74 人。毕业学历教育全日制研究生 2550 人（博士生 658 人、硕士生 1892 人），普通本科生 2975 人，成人教育本专科生 6887 人（本科生 3623 人、专科生 3264 人），网络教育本专科生 11692 人（本科生 5219 人、专科生 6473 人）；非计划招生在职人员攻读博士硕士学位 371 人（博士 38 人、硕士 333 人）。招生学历教育全日制研究生 2843 人（博士生 760 人、硕士生 2083 人），普通本科生 2826 人、成人教育本专科生 6162 人（本科生 3231 人、专科生 2931 人），网络教育本专科生 11271 人（本科生 4901 人、专科生 6370 人）；非计划招生在职人员攻读博士硕士学位 423 人（博士 50 人、硕士 373 人）。高考北京地区提档线理科 646 分、文科 633 分。在校生学历教育学生全日制研究生 7326 人（博士生 3013 人、硕士生 4313 人），普通教育本科生 11399 人，成人教育本专科生 13382 人（本科生 7586 人、专科生 5796 人），网络教育本专科生 46733 人（本科生 20358 人、专科生 26375 人）；非计划招生在职人员攻读博士硕士学位 1813 人（博士生 139 人、硕士生 1674 人）。留学生毕（结）业 110 人，招生 132 人，在校生 284 人。网址：www.cau.edu.cn。

（孙桂凤）

【成立国际学生会】　5 月 4 日，农大

国际学生会成立。国际学生会面向该校留学生，旨在加强来华国际学生的自我管理、完善组织建设。学生会负责督促和帮助所有国际学生提高专业学习和汉语语言学习的能力和成绩，使所有国际学生真正做到知华、友华、爱华，并做好国际学生毕业后的校友联系工作。

（孙桂凤）

【发展中国家硕士项目首批留学生开学】　9 月 14 日，农大发展中国家硕士项目首批留学生开学。首批招收学生 40 人，分别来自孟加拉国、坦桑尼亚、马拉维等 10 余个国家，在该校农村发展与管理专业学习，学制两年，毕业授予管理学硕士学位。

（孙桂凤）

【召开第三次党代会】　9 月，中共农

大第三次代表大会召开。会议通过学校党委工作报告和纪委工作报告，选举产生中共农大第三届委员会委员和纪律检查委员会委员。会议提出今后五年的奋斗目标为到 2020 年，学校综合办学实力稳居国内研究型大学前列，一批优势学科达到或接近世界一流水平。今后五年学校的主要任务：深化教育教学改革，培养一流学生；聚焦现实需求和未来发展，推进一流学科建设；坚持引进和培养相结合，打造一流人才队伍；完善体制机制，推动一流科研创新；加大科技成果转化力度，提供一流社会服务；加强国际合作交流，推进一流大学合作；积极争取各种资源，提供一流服务保障；推行现代大学制度，完善一流大学治理。

（孙桂凤）

【成立北京食品营养高精尖创新中心】　10 月 23 日，农大成立北京食品营养与人类健康高精尖创新中心。该中心开展原始创新研究，建立中国人群营养与健康状况大数据库，创建食品安全与质量控制新方法，创新食品加工领域的基础理论研究与新技术，孵化一批营养健康食品产业等，建设有国内外影响力的高校科技特区和人才培养基地。同时，该中心将获得北京市每年 5000 万元至 1 亿元的财政经费投入，用于聘用高精尖人才和开展研究活动。

（孙桂凤）

【庆祝建校 110 周年】　10 月，农大

举办建校 110 周年系列庆祝活动。活动围绕“你我的农大，共同的家园”主题，举办系列学术、文化、校友活动。该校 8000 余名校友参与校院两级活动，协议捐款 3 亿元。该校起自于 1905 年成立的京师大学堂农科大学。1949 年 9 月，由北京大学农学院、清华大学农学院和华北大学农学院合并为北京农业大学。1952 年 10 月，北京农业大学农业机械系与华北农业机械专科学校、中央农业部机耕学校、平原农学院合并成立北京农业机械化学院。1985 年 10 月，更名为北京农业工程大学。1995 年 9 月，北京农业大学与北京农业工程大学合并成立中国农业大学。

（孙桂凤）

【签订建立烟台格罗宁根大学协议】　10 月，农大与荷兰格罗宁根大学、烟台市政府签订合办烟台格罗宁根大学协议。根据协议，筹建中的烟台格罗宁根大学是中荷高校首次合作筹建具有独立法人资格的办学机构，属于研究型大学，培养本科、硕士及博士研究生，从事高层次的基础及应用研究。农大推荐任命烟台格罗宁根大学校长（同时任烟台研究院院长）、派遣优秀师资和高级管理人员等；格罗宁根大学负责烟台格罗宁根大学学生获得受荷兰政府正式承认的学历法律文件，派遣优秀师资和高级管理人员，负责引进、维护、更新烟台格罗宁根大学的教育资源等；烟台市政府负责实施校园建设，为招收优质生

源、引进优秀师资、开展高水平教学和研究提供保障等。

（孙桂凤）

【成立3个学院】 10月，农大成立3个学院。该校在农学与生物技术学院基础上成立农学院、园艺学院、植物保护学院，成立后，农学与生物技术学院撤销。农学与生物技术学院的前身是始建于清末的京师大学堂农科大学农学门。1949年由北京大学农学院、清华大学农学院、华北大学农学院相关院系合并组建为北京农业大学农艺学系、植物病理学系、昆虫学系和园艺学系。1952年，将原来的系和专业调整为农学系（设农学专业）、园艺系（设果树蔬菜、造园2个专业）、植物保护系（设植物保护专业）。1958年，学校进行系和专业调整，调整为农学系（设农学专业、农业植物生理及生物化学专业、作物遗传选种及良种繁育专业），园艺系（设果树园林专业、蔬菜栽培专业），植物保护与农业微生物学系（设植物病理专业、农业昆虫专业、农业微生物专业）。其中，作物学和植物保护为国家重点一级学科，在教育部评估中排名第一；园艺学为北京市重点学科，在教育部评估中排名第三。

（孙桂凤）

【新增1名工程院院士】 12月7日，

农大动物医学院教授沈建忠当选中国工程院农业学部院士。沈建忠，1963年3月出生，浙江桐乡人，1980年9月考入北京农业大学兽医学专业学习，1988年7月获农学硕士学位，1997年7月获农大理学博士学位。沈建忠长期从事基础兽医学领域中动物源性食品安全和兽医公共卫生的基础理论与技术研究。主持承担国家“973”项目、公益性行业（农业）科研专项、国家科技支撑计划、国家食品安全重大科技专项、国家自然科学基金重点项目等40余项。获国家科技进步二等奖和国家技术发明二等奖各1项，省部级科技一等奖3项，以第一作者或通讯作者发表《科学引文索引》（SCI）收录论文185篇，以第一发明人获国家发明专利46项，主持制定兽药残留检测方法国家和行业标准45项，培养硕士、博士研究生108人。

（孙桂凤）

北京农学院

党委书记　郑文堂
院　　长　王慧敏

【概况】 2015年，北京农学院占地面积75.67万平方米，建筑面积24.27万平方米。图书馆建筑面积15997平方米，馆藏纸质文献79.25万册、电子文献26万种。资产总值115756.24万元，其中，教学、科研仪器设备资产值38925.50万元。全年教育经费投入67101.41万元，其中，国家拨款56502.54万元和自筹经费10598.87万元。有计算机4143台。学校信息化经费投入693.76万元，拥有多媒体教室座位7590个，信息化设备资产7661.35万元，网络信息点5911个，校园网出口总带宽1600Mbps，电子邮件系统用户13262个，上网课程4986门，数字资源量6454GB，管理信息系统数据总量2620GB。校区设置10个学院，4个教学部及继续教育学院。开设专业30个，覆盖学科7个；具有一级学科7个，硕士学位授权点26个和专业学位授权点14个；博士后流动站1个，北京市重点学科5个。教职工1224人，其中，专任教师501人，包括教授104人、副教授210人；有博士生导师13人和硕士生导师367人；享受国务院政府特殊津贴专家6人；教育部高等学校教学指导委员会成员3人。外籍教师6人。毕业生2132人，其中，学历教育全日制硕士研究生205人，普通本专科生1835人（本科生1457人、专科生378人），成人教育本专科生92人（本科生48人、专科生44人）；非计划招生在职人员攻读硕士学位83人。招生2468人，其中，学历教育全日制硕士研究生268人，普通本专科生2066人（本科生1653人、专科生413人）、成人教育本专科生134人（本科生84人、专科生50人）；非计划招生在职人员攻读硕士学位117人。在校生8701人，其中，学历教育全日制硕士研究生588人，普通本专科生7663人（本科生6344人、专科生1319人），成人教育本专科生450人（本科生275人、专科生175人）；非计划招生在职人员攻读硕士学位586人。本科毕业生就业率97.6%，高考北京地区本科提档线理科511分、文科548分。网址：www.bua.edu.cn。

（王磊）

【召开研究生教学质量工作研讨会】 1月22日，农学院召开研究生教学质量工作研讨会。会议汇报研究生教学工作情况，研讨研究生的培养工作以及培养过程中存在的问题。会议提出解放思想，领会改革精神，树立科学的质量观，创新人才培养模式。学术学位研究生教育强调提高创新能力，突出高质量课程学习和高水平科学研究对研究生培养的作用；专业学位研究生教育以提升职业能力为导向，强化实践能力和创业能力培养，推动专业学位与职业资格的有机衔接。建立创新激励机制，注重培养和保护研究生的学术兴趣，发掘研究生创新潜能，加大考核与淘汰力度；健全导师权责机制。根据年度招生需要，综合考虑学科特点、师德表现、学术水平、科研任务和培养质量，确定招生导师及指导研究生的资格，强化导师责任，明确导师是研究生培养的第一责任人，提升导师指导能力。该院院长、各学院院长及相关部门负责人50人参加会议。

（王磊）

【获全国精神文明单位称号】 2月28日，农学院在全国精神文明建设工作表彰大会上获得全国精神文明单位称号。该评选由中央精神文明建设指导委员会主办，该校继获评2009年度首都文明单位、2010—2011年度首都文明单位标兵、2012—2014年度首都精神文明单位标兵之后首次获得该奖项。

（王磊）

【入选国家级实验教学示范中心】 3月，农学院获评国家级实验教学示范中心。该评选由教育部主持，共评选80个国家级实验教学示范中心，学校动物类实验教学中心入选。至此，学校有国家级实验教学示范中心2个。

（王磊）

【“青贮368”玉米新品种通过北京市审定】 7月29日，农学院“北农青贮368”玉米新品种通过北京市作物品种审定委员会审定。该项目由植科学院青贮玉米科研团队完成，具有产量高、稳产性好、持绿性好、品质优、耐密植高抗病性等特点。在2013年和2014年两年区域试验中，生物产量均排名第一，平均比对照极显著增产13.90%。

（王磊）

【召开研究生教育工作会】 12月4至5日，农学院召开研究生教育工作会。会议提出，当前学校研究生工作的重点是质量提升和结构优化，要注重研究生培养过程与培养结果相结合，硬技术与软技术相结合；要注重学术硕士和专业硕士的分类培养，利用好校外基地与校外导师，尽量把专业硕士的论文放在企业中进行；要把好研究生论文开题、中期、答辩各个环节，真正做到研究生培养与科学研究共同支撑学科发展。会议指出，在下一步的工作中，要尽快组织梳理各学科的优势、特色和不足，做好“十三五”学科建设规划；重视研究生培养过程中的开题、中期、预答辩等关键环节。该校相关学院院长、主管副院长、副书记，研究生处负责人，研究生督导，以及研究生导师、研究生代表100人参加会议。

（王磊）

【举办北京林果业与生态安全学术论坛】 12月22日，农学院举办北京林果业与生态安全学术论坛。论坛以专题报告的方式进行，邀请中国农业大学、北京林业大学、北京市农林科学院等12名专家围绕“林果业与生态安全”“城市森林环境”等作专题报告。来自国内高校、研究机构和企业专家学者100人参加论坛。

（王磊）

北京林业大学

党委书记 吴斌
校　　长 宋维明

【概况】 2015年，北京林业大学占地面积46.87万平方米，学校产权校舍建筑面积37.93万平方米。全年教育经费投入115888.87万元，其中，国家拨款70980.04万元、自筹经费44908.83万元。固定资产总值198373.8万元，其中，教学、科研仪器设备资产值60578.03万元。图书馆建筑面积2.34万平方米，藏书184.56万册。电子文献48900GB，电子资源库58种。学校信息化经费投入800万元，多媒体教室座位155个，网络信息点2700个，校园网出口总带宽3Gbps，电子邮件系统用户7501个，上网课程2900门，数字资源量48900GB，管理信息系统数据总量1968GB。设置14个院（系、部）；开设59个专业，覆盖8个学科；具有一级学科32个，一级学科博士点9个，博士学位授权点47个，硕士学位授权点125个和专业学位授权点11个；博士后流动站7个，其中，博士后研究人员出站24人、进站25人、在站105人。1个一级学科国家重点学科（含7个二级学科国家重点学科），2个二级学科国家重点学科，1个国家重点（培育）学科、10个国家林业局重点学科、3个北京市重点学科（一级）（含重点培育学科）、4个北京市重点学科（二级）、1个北京市重点交叉学科。教职工1871人，其中，专任教师1192人，包括教授275人、副教授499人；博士生导师241人、硕士生导师652人；有中国工程院院士3人，中组部“千人计划”入选者3人，“万人计划”青年拔尖人才2人，国家特聘专家1人，教育部“长江学者奖励计划”入选者5人，国家“973”首席科学家1人，“863”首席专家1人，国家社科基金重大项目首席科学家1人，国家百千万人才工程（新世纪百千万人才工程）入选者10人，“国家杰出青年科学基金”获得者4人，“国家优秀青年科学基金”获得者2人，“中国青年科技奖”获得者7人，“中国青年女科学家奖”获得者1人，教育部“新世纪优秀人才支持计划”入选者40人，“科技北京”百名领军人才培养工程入选者1人，北京市“科技新星计划”入选者16人，北京高等学校青年英才计划入选者50人，北京市优秀人才培养资助项目入选者16人，国家有突出贡献专家8人，省部级有突出贡献专家23人，享受国务院政府特殊津贴专家105人，教育部“创新团队发展计划”入选团队2支。外籍教师3人。毕业全日制研究生1577人（博士生236人、硕士生1341人）、普通本科生3178人、成人教育本专科生3691人（本科生2480人、专科生1211人）；非计划招生在职人员攻读硕士学位357人。本科毕业生就业率91.32%。招生8218人，其中，学历教育学生中全日制研究生1740人（博士生266人、硕士生1474人）、普通本专科生3292人、成人教育本专科生2954人（本科生2240人、专科生714人）；非计划招生在职人员攻读硕士学位232人。在校生30264人，其中，学历教育全日制研究生4965人（博士生1163人、硕士生3802人）、普通本科生13324人、成人教育本专科生10673人（本科生9005人、专科生1668人）；非计划招生在职人员攻读硕士学位1302人。留学生毕业20人、招生58人、在校生165人。网址：www.bjfu.edu.cn。

（高斌）

【学校章程发布】 5月26日，《北京林业大学章程》通过教育部核准发布。该章程分序言和正文两部分，共10章，69条，包括总则、学校职能、教职员工、学生、治理结构、学院、外部关系、财务资产及后勤、学校标识、附则。是该校依法自主办学、实施管理和履行公共职能的基本准则和依据。

（高斌　张勇）

【博士生招生试行“申请审核”制】 7月，林业大学在2016年博士研究生招生工作中试行“申请审核”制。该校在林学院的生态学、森林保护学及森林培育，生物学院的植物学、微生物学、细胞生物学、生物化学与分子生物学、计算生物学与生物信息学、森林生物资源利用、林木遗传育种，园林学院的园林植物与观赏园艺，自然保护区学院的野生动植物保护与利用及湿地生态学共13个学科，开展“申请审核”制试点工作，取消学校统一组织的笔试，学科根据对考生申请材料的审核结果直接确定进入复试的考生名单。

（高斌　张勇）

【实施2015版本科人才培养方案】
9月，林业大学实施2015版本科人才培养方案。新版培养方案自2015级本科新生起开始实施，推行“分类分层培养”，打通专业壁垒，整合资源优势，注重素质教育，强化学生学科基础能力，培养专业领域更广、适应社会能力更强的专业人才；充分考虑学生个人兴趣，打通专业选修课壁垒，实现跨专业跨年级选课；增加选修课种类、科学设置模块；强化实践教学环节，提高必修实践环节比重；增加网络视频课程；在“卓越农林人才培养计划”相关专业中实施拔尖创新型和复合应用型培养模式。

（高斌　张勇）

【完善就业创业工作标准化精细化】
至年底，林业大学完善就业创业工作标准化精细化。该校全年共举办4场大型招聘会，提供需求岗位7000余个；小型招聘会和专场宣讲会80余场，提供需求岗位6000余个。新增基地11家。组织就业专兼职工作人员参加各类校外专业化培训及校内专题培训107人次，投入经费15万余元。成立于翠霞工作室和邹秀峰工作室，建立专兼职结合的高素质就业创业导师队伍。批准立项校级就业创业教育研究课题10个，相继出版《北京林业大学分专业就业指导大纲》《大学生就业创业工作宝典》。

（高斌　张勇）

北京协和医学院（中国医学科学院）

党委书记　李立明
院　　长　曾益新

【概况】　2015年，北京协和医学院占地面积87.59万平方米，建筑面积95.32万平方米。固定资产总值34116.60万元，其中，教学、科研仪器设备资产值12106.13万元。图书馆建筑面积1.59万平方米，纸质藏书278.90万册、电子图书400GB。全年教育经费投入47196.60万元，其中，国家拨款43637.10万元、自筹经费3559.50万元。学校拥有计算机1165台，信息化设备资产5319.99万元，网络信息点5975个，校园网出口总带宽960Mbps，电子邮件系统用户1531个，数字资源量26780GB，管理信息系统数据总量28GB。协和医学院与中国医学科学院实行院校合一的管理体制。院校设有19个研究所、7所临床医院（含与北京市共建的天坛医院）、6个学院和1个研究生院。拥有一级学科博士点8个，博士学位授权学科、专业58个，硕士学位授权一级学科3个，硕士学位授权学科、专业66个；博士后流动站6个。国家一级重点学科2个、国家二级重点学科8个、国家重点（培育）学科1个；省部级一级重点学科4个、省部级二级重点学科3个；国家重点实验室5个，国家工程研究中心1个，国家工程实验室1个，国家工程技术研究中心2个，省部级研究中心、实验室31个。定期出版物19个。教职工13898人，其中，专任教师1316人，包括教授807人、副教授393人；博士生导师704人、硕士生导师903人；中科院院士10人、工程院院士18人。“长江学者奖励计划”特聘教授19人、讲座教授3人，中组部“千人计划”6人，国家和省部级有突出贡献专家123人，杰出青年基金获得者37人，享受国务院政府特殊津贴591人，百千万人才工程国家级人选56人，教育部长江学者奖励计划创新团队12个，国家自然科学基金委创新团队4个。外籍教师1人。毕业全日制研究生1231人（博士生600人、硕士生631人），普通本专科生145人（本科生65人、专科生80人），成人教育学生454人。本科毕业生就业率97.33%。招收全日制研究生1328人（博士生551人、硕士生757人），普通本专科生210人（本科生160人、专科生50人）、成人教育本科生484人。高考北京地区提档线临床本科理科696分，护理本科理科579分、护理专科理科317分、护理专科文科335分。在校生6371人，其中，全日制研究生4111人（博士生1986人、硕士生2125人），普通本专科生855人（本科生653人、专科生202人），成人教育学生1405人。网址：www.pumc.edu.cn。

（贺晶）

【与哈佛公卫学院签署合作备忘录】

3月18日，协和医学院与哈佛大学公共卫生学院签署合作备忘录。备忘录确定哈佛大学与该校公共卫生学院培养年轻师资计划，博士后进修、研究生进修计划，不定期举办学术交流计划，以及继续合作开展中国卫生发展与改革高级国际研修项目和中美健康峰会项目。

（江宇）

【召开免疫学转化医学中心研讨会】
4月25—26日，协和医学院召开第三届医科院——牛津免疫学转化医学中心研讨会。会议分大会报告以及免疫调节、感染免疫、结构免疫、自身免疫及感染和肿瘤免疫等六个议题，每名代表介绍自己最近的科研成果，并进行讨论。来自英国牛津大学、中国医学科学院、中国疾病预防控制中心、清华大学等10余家医学院校、科研机构专家30人参加会议。

（刘久畅）

【教授当选欧洲分子生物学组织外籍成员】　5月20日，协和医学院院长曹雪涛当选欧洲分子生物学组织（European Molecular Biology Organization，EMBO）外籍成员。此次该组织新入选58名成员，其中，外籍成员8人，外籍成员中，中国2人。EMBO为国际生物医学界非官方学术组织，成立于1964年，旨在推动整个欧洲乃至全世界分子生物学及相关领域的合作和发展，每年推举在生物医学领域有突出贡献的优秀科学家为其成员。成立至今，EMBO已发展1700余名正式会员和准会员，包括诺贝尔奖得主79人。

（张华）

【成立校友会】 7月，协和医学院校友会成立。校友会是民政部批准的25个国家级校友会之一。校友会的成立将成为密切协和大家庭血脉联系的平台，将加深校友与院校的联系，共同为院校的发展贡献力量，促进中国医学事业的发展。

（张勤）

【召开心脑血管、神经退行性疾病和糖尿病并发症国际研讨会】 10月9—11日，协和医学院召开"心脑血管、神经退行性疾病和糖尿病并发症"药效学评价关键技术及规范国际研讨会。会议在药效学评价问题方面，探讨新药评价的新靶点、新技术、新标准和规范等在本领域基础和应用研究中存在的重大科学问题和技术瓶颈，根据自身的经验和体会，提出切实可行的解决方法和策略。国内外专家学者100人参加会议。

（贺晶）

【举办中国医学科学发展论坛】 12月30日，协和医学院举办第二届中国医学科学发展论坛。论坛以"重大疾病防控的新进展新策略"为主题，作题为《精准医疗时代的抗肿瘤新药研发》《中国糖尿病现状及可能对策的思考》《基因组遗传变异与食管癌》和《肥胖基础研究的过去、现在与未来》主题报告，研讨新药创制到糖尿病的防治，肿瘤的遗传变异和肿瘤的发生发展，以及脂代谢基础研究等方面问题。来自国内外专家学者50人参加论坛。

（张华　郑彩云）

首都医科大学

党委书记　李明
校　　长　吕兆丰

【概况】 2015年，首都医科大学学校和附属医院总占地面积151.61万平方米、总建筑面积249.34万平方米，其中，学校占地面积24.66万平方米、建筑面积35.92万平方米。学校和附属医院固定资产总值2210020.33万元，其中，学校固定资产总值275593.95万元。学校和附属医院教学、科研仪器设备资产值271853.04万元，其中，教学、科研仪器设备资产值149875.29万元。全年教育经费投入中，国家拨款91175.32万元，自筹经费11268.65万元，科研经费11934.84万元。学校和附属医院图书馆建筑面积25449平方米，共藏书151.70万册，其中，学校图书馆建筑面积17901平方米，藏书85.71万册。学校有计算机7887台，教室132间，信息化设备资产4156.21万元，网络信息点12391个，校园网出口总带宽400Mbps，电子邮件系统用户5198个，上网课程190门，数字资源量2890GB，管理信息系统数据总量81920GB。设有10个学院和1个研究院，20所临床医学院暨附属医院以及1个预防医学教学基地，设有4个专科学院和33个专科学系，1个中心。开设本科专业16个、长学制专业2个。有一级学科博士学位授权点8个和一级学科硕士学位授权点11个，按照三级学科统计，有博士学位授权点59个和硕士学位授权点78个。有博士后流动站9个，出站19人、进站37人、在站110人。有国家重点学科8个、国家重点（培育）学科2个、国家临床重点专科56个（含中医）、国家中医药管理局重点学科（培育）14个、北京市一级重点学科4个、北京市交叉重点学科1个、北京市二级重点学科6个、北京市一级重点建设学科2个、北京市二级重点建设学科6个、北京地区高等学校学科群1个，有国家临床医学研究中心5个、省部共建国家重点实验室培育基地1个、教育部重点实验室4个、北京市重点实验室48个，有国家工程技术研究中心1个、教育部工程研究中心4个、北京市工程技术研究中心9个、北京市高等学校工程研究中心1个、北京市哲学社会科学研究中心1个。设有国家生命科学与技术人才培养基地、卫生部全科医学培训中心、北京市全科医学培训中心、首都卫生管理与政策研究基地、北京神经科学研究所等。学校和附属医院共有教职员工和医务人员38982人，其中，校本部1545人、附属医院37437人；有院士6人、特聘顾问11人；正高级职称2064人，其中，校本部114人、附属医院1950人；副高职称3448人，其中，校本部297人、附属医院3151人；有专任教师2918人，专任教师中教授769人，其中，校本部97人、附属医院672人；专任教师中副教授1172人，其中，校本部226人、附属医院946人；有博士研究生导师436人、硕士研究生导师834人；有"长江学者奖励计划"特聘教授3人、讲座教授1人、青年项目1人；"千人计划"创新人才长期项目2人、青年项目1人；校本部和直属附属医院有国家有突出贡献专家2人、省部级有突出贡献专家20人、享受国务院政府特殊津贴专家106人；有外籍教师6人。毕业全日制研究生1132人（博士生228人、硕士生904人），普通本专科生1617人（本科生866人、专科生751人），成人教育本专科生1441人（本科生878人、专科生563人）；以同等学力申请博士硕士学位340人（博士生110人、硕士生230人）。招收全日制研究生1417人（博士生257人、硕士生1160人），普通本专科生1769人（本科生1098人、专科生671人），成人教育本专科生1609人（本科生1272人、专科生337人）；以同等学力申请博士硕士学位541人（博士生416人、硕士生125人）。在校全日制研究生3790人（博士生793人、硕士生2997人），普通本专科生6713人（本科生4730人、专科生1983人），成人教育本专科生4865人（本科生3305人、专科生1560人）。留学生毕业35人，招生69人，在校生515人。本科毕业生就业率94.90%。高考北京地区提档线本科一批理工628分。网址：www.ccmu.edu.cn。

（方海侠　王于英）

【通过临床医学专业认证】 7月1日，首医大通过教育部临床医学专业认证。教育部临床医学专业认证工作委员会依据《本科医学教育标准——临床医学专业（试行）》和《临床医学专业认证指南（试行）》的要求，对首医大的医学教育状况进行全面客观的分析，提出优势和不足。该认证有效期 8 年，每两年提交一次进展报告。

（方海侠　王于英）

【附属北京潞河医院潞河医学院揭牌】 7 月 17 日，首医大附属北京潞河医院、潞河医学院揭牌。仪式上，首医大党委书记宣读《首都医科大学关于同意北京市通州区潞河医院成为首都医科大学附属医院并更名的通知》《首都医科大学关于在附属北京潞河医院建立临床医学院的通知》和《首都医科大学关于潞河临床医学院干部确认的通知》。附属北京潞河医院将建设成为一所以器官系统为基础以疾病为核心、临床科室设置有效承载临床学科教育建设、临床科室运行全面体现服务能力效益的人民满意的新型学院型医院。学校将从顶层设计上推动潞河医院的改革，全方位支持潞河医院的发展，力争在“十三五”后期将潞河医院建成体制完全新、运行机制好、整体水平高的综合型医院。

（方海侠　王于英）

【与英国卡迪夫大学签署合作协议】 9 月 18 日，首医大与英国卡迪夫大学签署合作协议。根据协议，双方合作开展教学、科研活动。至年底，该校签署校际合作协议 5 项，21 名教师取得派出资格，3 批教学管理人员外访交流，选派 71 名学生通过 11 个交流项目出境学习。接待海外短期教育交流团队 7 批 82 人次。

（方海侠　王于英）

【举办诺贝尔奖科学家讲坛】 9 月 21 日，首医大举办 2015 年诺贝尔奖科学家讲坛。2012 年诺贝尔生理或医学奖得住，英国发育生物学家约翰·格登（John Gurdon）教授主讲《核移植——细胞置换的常规方法》。格登教授介绍在核移植方面的研究成果和经验，并分享他如何从一个“科学差生”成长为“科学巨匠”的成长经历。他还就学生提出的在科研、学习中的困惑进行解答。全校师生 1000 人参加学习。

（方海侠　王于英）

【首都铁路卫生学校并入】 10 月 19 日，首都铁路卫生学校并入首医大。根据《北京市教育委员会关于将首都铁路卫生学校并入首都医科大学的通知》要求，首都铁路卫生学校整体并入首医大，以首都铁路卫生学校为基础成立首医大附属卫生学校，同时作为首医大护理学院分院（一套人马，两块牌子），办学定位以培养初中起点的贯通式专科和本科护理人才为主。

（方海侠　王于英）

【安云庆获中国免疫学杰出学者奖】 11 月 15 日，首医大教授安云庆获得中国免疫学会第五届中国免疫学杰出学者奖。安云庆任首医大免疫学系教授，博士生导师，长期从事免疫学及抗感染免疫研究。先后主持完成国家自然科学基金、科技部专项基金、国际营养卫生组织基金、北京市自然科学基金等资金资助的研究课题 12 项；发表论文 100 余篇，被《科学引文索引》(SCI) 收录论文 28 篇；培养研究生 40 余人；获国家科技成果奖三等奖 1 项、北京市科学技术进步二等奖 2 项；获国家发明专利 3 项，其中，1 项实现成果转化。免疫学杰出学者奖授予中国免疫学教学科研做出突出贡献的学者，至此，共有 10 人获奖。

（方海侠　王于英）

【成立加拿大中医药学院】 12 月 12 日，首医大成立加拿大中医药学院。该院位于加拿大多伦多市，旨在加强中医教育的国际化，提高中医在国际上的学术影响，进一步推广中国特色的大学教育，面向北美地区开展中医药领域教学科研工作。

（方海侠　王于英）

北京中医药大学

党委书记　吴建伟
校　　长　徐安龙

【概况】 2015 年，北京中医药大学占地面积 108.30 万平方米，学校产权校舍建筑面积 20.70 万平方米。全年教育经费投入 123476.81 万元，其中，国家拨款 78628.22 万元、自筹经费 44848.59 万元。固定资产总值 97792.70 万元，本年新购置固定资产总值 4184.79 万元。图书馆藏书 152.33 万册，其中，纸质图书 106.76 万册、电子图书 45.57 万册，中医古籍线装书 3914 种 9602 函 39514 册。学校信息化经费投入总金额 3500 万元。校园网出口总带宽 2800Mbps，其 IPv4 出口带宽 1800Mbps，IPv6 带宽 1000Mbps。上网课程 979 门。拥有教学用计算机 2437 台。开设本科专业 11 个。具有一级学科 3 个，一级学科博士点 3 个，学术博士学位授权点 42 个，专业博士学位授权点 10 个，学术硕士学位授权点 45 个和专业硕士学位授权点 13 个；博士后流动站 3 个，博士后研究人员出站 14 人，进站 18 人，在站 64 人；师承博士后在站 12 人。一级学科国家重点学科 2 个，二级学科国家重点学科 15 个，国家中医药管理局重点学科 48 个，一级学科北京市重点学科 2 个，二级学科北京市重点学科 8 个。国家级国际联合研究中心 1 个，科技部国际科技合作基地 1 个，教育部工程研究中心 2 个，教育部重点实验室 3 个，国家中医药管理局三级实验室 14 个。国家级实验教学示范中心 1 个，北京市实验教学示范中心 3 个。国家级教学基地 2 个，教育部人才培养模式创新实验区 1 个，国家大学生校外实践教育基地 3 个，北京市校外人才培养基地 4 个。教育部创新团队计划 2 个，教育部、外国专家局“学科创新引智计划”项目 2 个，国家级教学团队 3 个，北京市优秀教学团队 8 个。校本部教职工 1240 人，其中，专任教师 635 人，包括正高职称 181 人、副高职称 228 人、中级职称 195 人、初级职称 30 人、1 人尚未定级。博士生导师 325 人，硕士生导师 575 人。教育部“长江学者奖励计划”特聘教授 3 人，国家级有突出贡献中青年专家 8 人，享受国务院政府特殊津贴专家 91 人。外籍教师 4 人，其中，博士 3 人，本科学历 1 人。毕业生 7888 人，其中，学历教育全日制博士生 202 人（包括留学生 10 人），硕士生 974 人（包括留学生 20 人），普通本科生 1048 人（包括留学生 123 人），普通专科生 176 人；成人教育本科生 526 人，专科生 479 人；网络教育本科生 2421 人，专科生 2016 人；非计划招生在职人员攻读硕士学位 46 人。招生 8725 人，其中，学历教育全日制博士生 201 人（包括留学生 4 人），硕士生 1217 人

（包括留学生 64 人），普通本科生 1323 人（包括留学生 61 人），普通专科生 209 人；成人教育本科生 609 人，专科生 406 人；网络教育本科生 2502 人，专科生 2128 人；非计划招生在职人员攻读硕士学位 130 人。在校生 27949 人，其中，学历教育全日制博士生 657 人（包括留学生 20 人），硕士生 3064 人（包括留学生 114 人），普通本科生 5704 人（包括留学生 404 人），普通专科生 509 人；成人教育本科生 1686 人，专科生 1551 人；网络教育本科生 8558 人，专科生 5570 人；非计划招生在职人员攻读硕士学位 650 人。留学生毕业 153 人，招生 129 人，在校生 538 人。网址：www. bucm. edu. cn。

（王丹凤）

【临床医学学科进入 ESI 全球前 1%机构排名】 3 月 5 日，中医药大学临床医学学科进入 ESI 全球前 1%的机构排名。ESI 是汤森路透基本科学指标数据库（Essential Science Indicators）的简称，是基于美国汤森路透集团所收录的全球 11000 余种学术期刊的 1000 万条文献记录而建立的计量分析数据库，是当今普遍用以评价大学和科研机构国际学术水平及影响的重要指标之一。

（王丹凤）

【圣彼得堡中医中心获俄罗斯官方认证】 3 月 16 日，中医药大学圣彼得堡中医中心获得俄罗斯官方认证。该中心获得在俄进行针灸、推拿、拔罐、刮痧、草药等康复保健范围内的医疗资格。中医药大学毕业的执业医师也正式获得该委员会的康复专业资格认证，标志着俄罗斯正式认可该校的中医药学位和学历。

（王丹凤）

【首期岐黄星火学生骨干培训班开班】 4 月 24 日，中医药大学首期“岐黄星火”学生骨干培训班开班。该班由学校多部门共同开办，历时 5 个月，共 100 名学员。学校给每 4～5 名学员安排一个思想导师进行辅导及行政能力培训。教学目标聚焦于青年马克思主义者的塑造，包含理论教学、实践教学、自主教学、导师教学等教育模式，是该校大学生思想政治教育精细化及贯彻全员育人理念的探索。

（王丹凤）

【新增两个北京市重点实验室】 5 月 21 日，中医药大学新增“中药生产过程控制与质量评价”和“中药品质评价”两个北京市重点实验室。其中，“中药生产过程控制与质量评价北京市重点实验室”以稳定产品质量、降低质量风险、保障中药安全有效为目标，以中药生产过程质量先进分析、控制和优化技术为主要研究方向，构建中药生产过程控制与质量评价研究基地和中药制药企业在线质量控制示范平台，确保药品质量在各工艺环节间的准确传递，全面提升中药产业核心竞争力。“中药品质评价北京市重点实验室”以中药理论发展和中药新药创新能力提高为基础，引入“效价”“毒价”等生物活性（毒性）评价指标，从分子、细胞、器官到整体动物水平对中药材、中药饮片和中成药进行品质的优劣评价，系统建立评价中药品质的指标体系，为振兴传统中药提供技术创新平台。

（王丹凤）

【学校章程发布】 5月26日，《北京中

医药大学章程》经教育部核准发布。章程根据《教育法》《高等教育法》等法律、法规和有关规章制定，由序言、总则、职责和任务等 9 部分组成，是该校依法自主办学、实施管理和履行公共职能的基本准则和依据。

（王丹凤）

【成立循证护理合作中心】 6 月，中医药大学成立循证护理合作中心。该中心是中国大陆第三家循证护理合作中心，也是全球第一家从事中医护理的循证护理合作中心。中心引入全球最佳护理证据指导临床实践，运用循证思维制定中医护理标准或指南，从而传播科学证据，使中医护理实践更加有效，同时推动中医护理在世界范围的应用。

（王丹凤）

【良乡校区揭牌】 10 月 10 日，中医

药大学良乡校区投入使用。该校本专科新生首批入驻该校区学习生活。首批入驻学生共 1533 人，其中，大陆本专科生 1425 人、台港澳学生 59 人、留学生 49 人。

（王丹凤）

【举行首届中医经典等级考试】 10 月 17 日，中医药大学举行首届中医经典等级考试。该等级考试旨在发挥“以考促背”“以考促学”的作用，激发学生学习中医经典的热情，在校园内营造出诵读经典的氛围。此次考试为中医经典一级考试，设考场 37 个，共 1287 人参加。

（王丹凤）

【成立马克思主义学院】 10 月 20 日，中医药大学成立马克思主义学院。该学院在原社会科学部的基础上组建，下设 6 个教研室、2 个研究中心、2 个办公室和 1 个资料室，主要承担全校学生的思想政治理论课程、职业发展课程及部分学科基础课程的教学和科研、马克思主义理论学科建设等相关工作。

（王丹凤）

【新增 1 个国家级国际联合研究中心】 10 月 29 日，中医药大学新增 1 个国家级国际联合研究中心。中心为中医药防治糖尿病国际联合研究中心，被科技部认定批准。其前身依托 2004 年教育部“长江学者和创新团队发展计划”，2006 年教育部、国家外国专家局高等学校学科创新引智计划（“111 计划”）开展多中心国际科技合作，2014 年被市科委认定批准为中医药防治糖尿病北京市国际科技合作基地。经过 10 余年发展，以中医药防治糖尿病为核心，先后与美国、日

本、加拿大、南非等国的多所大学和研究机构开展科技合作，引进国外先进技术和方法，搭建中医药干预胰岛素抵抗研究技术平台，提升中国科技自主创新能力，培养创新人才，促进临床应用基础研究和创新中药研发，推动中医药国际推广与应用。

（王丹凤）

【聘任48名临床特聘专家】 12月26日，中医药大学聘任48名临床特聘专家。临床特聘专家分为讲座专家、临床专长类专家及学科建设带头人三个类型。其中，讲座专家的工作重点为开办选修课或系列讲座，参与学校的医疗工作；临床专长类专家的工作重点为临床实践工作，并不定期举办讲座；学科建设带头人的工作重点为促进学科建设，开办选修课或系列讲座，参与学校的医疗工作。

（王丹凤）

【开设4G大学生创新创业课程】 12月，中医药大学首次开设4G大学生创新创业课程。该校引进社会优质的创新创业课程并首次开设试点班。共招收103名学生，覆盖全校师生。课程分为线上交流和线下学习实践两个环节，线上24小时交流学习，线下共计30学时，实现师生互动教学，学生真实创业实践。

（王丹凤）

【成立3个研究中心】 至年底，中医药大学成立3个研究中心。中药药物警戒与合理用药研究中心开展中药药物警戒研究，推动中药临床合理应用；肿瘤中心加强肿瘤的基础研究和临床研究。二者均为校属III级机构。中药民族药品质评价中心为校属III类科研机构，旨在全面有效控制中药民族药质量，确保中药民族药药效与安全。

（王丹凤）

北京师范大学

党委书记　刘川生
校　　长　董奇

【概况】 2015年，北京师范大学占地面积59.92万平方米，建筑面积80.76万平方米。固定资产总值364628.38万元，其中，教学、科研仪器设备资产116598.65万元。全年教育经费投入36.02亿元，其中，国家拨款23.19亿元、自筹经费12.83亿元。图书馆建筑面积4.85万平方米，藏书444.65万册，电子图书2218.51GB。拥有计算机23267台，信息化设备资产37662.10万元，网络信息点33447个，电子邮箱系统用户55000个，上网课程5880门，数字资源量26376.21GB，管理信息系统数据总量141.6GB。下设1个学部、26个学院、2个系、42个研究院（所、中心）；拥有本科专业自主设置权限；开设本科专业62个；有博士学位授权点的一级学科24个、硕士学位授权点的一级学科36个，博士学位授权点108个、硕士学位授权点148个，博士后流动站25个。一级学科国家重点学科5个、二级学科国家重点学科11个、国家重点培育学科2个；北京市一级重点学科5个、北京市二级重点学科10个、北京市交叉重点学科1个。国家重点实验室4个、教育部重点实验室9个、北京市重点实验室10个、教育部工程研究中心5个、北京市工程研究中心3个、教育部人文社会科学重点研究基地7个。代管研究机构7个，共建研究机构20个。教职工3163人，其中，专任教师1997人，包括教授822人、副教授715人；博士生导师951人、硕士生导师961人。外籍教师60人。专任教师中有博士学位1772人，占教师总数的88.73%；45岁以下1125人，占56.33%。有两院院士7人，“千人计划”入选者13人，“长江学者奖励计划”讲座教授2人、特聘教授32人。毕业生19767人，其中，学历教育全日制研究生3357人（博士生623人、硕士生2734人），普通本科生2118人，成人教育本专科生4049人，网络教育本专科生9628人（本科生3854人、专科生5774人）；非计划招生在职人员攻读硕士学位615人。招生21858人，其中，学历教育全日制研究生3957人（博士生809人、硕士生3148人），普通本科生2541人，成人教育本专科生1995人（本科生1228人、专科生767人），网络教育本专科生12200人（本科生5469人、专科生6731人）；非计划招生在职人员攻读硕士学位1165人。在校生65559人，其中，学历教育全日制研究生12449人（博士生3670人、硕士生8779人），普通本科生9901人，成人教育本专科生6757人（本科生4760人、专科生1997人），网络教育本专科生32372人（本科生16019人、专科生16353人）；非计划招生在职人员攻读硕士学位4080人。留学生毕业1820人，招生1677人，在校生1535人。网址：www.bnu.edu.cn。

（李敏锌）

【李小文逝世】 1月10日，北师大教授，中国科学院院士、遥感学家、地理学家李小文因病在北京逝世，享年68岁。李小文，原籍安徽贵池，1947年3月2日生于四川省自贡市，是该校遥感与地理信息系统研究中心主任、地理学与遥感科学学院名誉院长、长江学者特聘教授、博士生导师。1979年他赴美国加利福尼亚大学圣巴巴拉分校地理系留学，先后获得地理学硕士、计算机科学硕士和地理学博士学位。1986年底学成回国，2001年当选为中国科学院院士。是Li－Strahler几何光学学派的创始人。培养160余名博士、硕士研究生，发表论文300余篇，出版论著8部。

（李敏锌）

【首届会林文化奖颁奖】 3月14日，北师大首届会林文化奖颁奖。瑞典汉学家罗多弼（Torbjorn Loden）、艺术家韩美林同获2015年度“会林文化奖”，IDG创始人麦戈文（Patrick J. McGovern）获得“特殊贡献奖”。会林文化奖是面向国际的学院奖，由北师大会林文化基金和中国文化国际传播研究院主办，表彰为中国文化国际传播做出突出贡献的中外人士，每年评选一次。

（李敏锌）

【成立社会学院】 3月15日，北师大成立社会学院。社会学院与中国社会管理研究院实行“两块牌子，一个实体”。学院重点打造“六大工程”，即“一策、一库、一典、一论坛、一刊、一书”。“一策”，是向党政建言献策；“一库”，是受国家社科规划办特别委托建设“中国社会管理创新研究信息库”；“一典”，是组织编写《当代中国社会大事典》；“一论坛”，是举办一年一度的“中国社会治理论坛”；“一刊”，是办好《社会治理》期刊；“一书”，是“社会治理智库丛书”。

（李敏辞）

【成立校园足球发展研究中心】 3月22日，北师大成立校园足球发展研究中心。该中心是全国高校首个校园足球研究、推广的专业研究机构，旨在通过社会合作、专业研究、赛事组织推广等形式推动足球运动在青少年群体中的普及和发展，改善校园足球发展的环境和氛围，形成健康的校园足球文化，促进青少年优秀足球人口的不断涌现。

（李敏辞）

【《世界自然灾害风险地图集》（英文版）出版】 3月，北师大《世界自

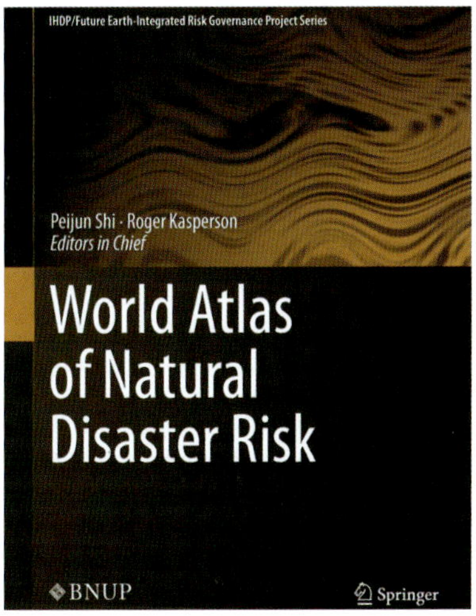

然灾害风险地图集》（英文版）出版。该图集英文版名为 World Atlas of Natural Disaster Risk，由斯普林格出版社和北京师范大学出版社共同出版。图集是第一部包括地震、火山、滑坡、洪水、风暴潮、沙尘暴、台风、高温、低温、干旱和野火11种自然灾害和综合灾害在内的英文版世界自然灾害风险地图集。图集共有317幅地图，采用网格、可比地理和国家（地区）三种地理单元，对上述11种自然灾害和综合自然灾害的“死亡/影响人口”“直接经济损失/影响财富风险”进行评估和制图。

（李敏辞）

【《社会治理》杂志创刊】 5月17日，北师大主办的《社会治理》杂志创刊。《社会治理》杂志是全面关注社会治理领域理论研究与实践探索的综合性、权威性、创新性专业期刊，汇聚国家社会治理体系建设最新理论与实践成果，展示国内外社会治理的成功经验与典型案例，努力推出高品质成果、提出有价值建议。该杂志以纸质杂志为依托，同步搭建微信、微博、网站等多媒体平台，打造社会治理理论界和实务界共同的思想创新平台，建设具有中国气派和中国风格的高端专业期刊，办成具有较强传播力、公信力和影响力的新型智库媒体。

（李敏辞）

【童庆炳教授逝世】 6月14日，北师大教授童庆炳因病医治无效，在北京逝世，享年80岁。童庆炳为文艺理论家和教育家、全国模范教师、中央马克思主义理论研究与建设工程文学组首席专家。童庆炳，1936年12月27日出生于福建省连城县莒溪乡莒溪村，1955年被选送至北师大中文系学习，1958年留校工作，此后一直在北师大任职任教。2000—2009年任教育部人文社会科学重点研究基地北师大文艺学研究中心主任，2008年被聘为北师大资深教授。童庆炳从教60年，在文学基本理论、文化诗学、文学文体学、中国古代美学、《文心雕龙》研究及文学理论教材建设等领域都取得杰出成就，为中国文艺理论学科培养出一大批优秀人才。

（李敏辞）

【启功教师奖颁奖】 9月8日，北师

大启功教师奖颁奖。内蒙古自治区兴安盟科尔沁右翼前旗乌兰毛都小学斯日古楞、贵州省六盘水市盘县响水镇中学左相平、云南省保山市昌宁县大田坝乡文沧村德斯立小学张有国等10人获得优秀教师奖。“启功教师奖”重奖县及县以下农村地区，尤其是老少边贫地区基础教育一线从教满30年，做出突出贡献的教师。该奖每两年评选一次，每次评选10名优秀教师，每人奖励50万元；另评选出10名提名奖教师，每人奖励10万元。

（李敏辞）

【新增1名工程院院士】 12月7日，北师大杨志峰教授当选中国工程院院士。杨志峰是国家创新研究群体学术带头人、国家杰出青年基金获得者、国家“973”计划项目首席科学家、“长江学者奖励计划”特聘教授，先后主持国家重点基础研究发展计划项目（973项目）等重大项目十余项，获国家科技进步奖二等奖3项、省（部）级一等奖10项，以第一发明人获国家发明专利18件，第一作者出版中英文学术专著和教材12部，第一或责任作者发表《科学引文索引》（SCI）论文135篇。他牵头创建北师大环境本科专业、环境工程学科、人口资源环境经济学科和水利工程学科，培养或带出国家杰出青年基金获得者、教育部长江学者等一批杰出人才，创建国家创新研究群体，在流域生态需水保障、湿地和城市环境生态建设等工程技术方面取得多项前瞻性、关键性技术突破，为提高流域、湿地和城市环境生态保护技术水平做出突出贡献。

（李敏辞）

首都师范大学

党委书记 张雪（3月免）
郑萼（3月任）
校　　长 宫辉力

【概况】 2015年，首都师范大学占地面积88万平方米，学校产权校舍建筑面积77万平方米、非产权校舍建筑面积1.23万平方米。全年教育经费投入206049.20万元，其中，国家拨款166771.78万元、自筹经费39277.42万元。固定资产总值26.69亿元，其中，教学、科研仪器设备资产值10.52亿元。图书馆建筑面积2.78平方米，藏书974.04万册，其

中，纸质图书 270.89 万册、电子图书 703.15 万册。拥有计算机 11537 台。学校信息化经费投入 3366.24 万元，多媒体教室座位 17926 个，信息化设备资产 10531 万元，网络信息点 44026 个，校园网出口总带宽 5700Mbps，电子邮件系统用户 28562 个，上网课程 915 门，数字资源量 46975.79GB，管理信息系统数据总量 381GB。设置 27 个院（系、部）；开设 56 个专业，覆盖 9 个学科门类；具有博士学位授权一级学科 17 个，二级学科博士点 97 个，硕士学位授权一级学科 26 个，专业学位授权点 9 个；博士后流动站 14 个，其中，博士后研究人员出站 19 人、进站 30 人和在站 109 人。拥有国家重点学科 4 个、国家重点培育学科 1 个，北京市一级重点学科 8 个、北京市二级重点学科 6 个，北京市一级重点建设学科 1 个、北京市二级重点建设学科 11 个，北京市重点培育学科（一级）4 个，交叉学科北京市重点学科 2 个。教职工 2549 人，其中，专任教师 1532 人，包括教授 310 人、副教授 581 人；博士生导师 254 人、硕士生导师 731 人。“长江学者奖励计划”特聘教授 7 人、国家有突出贡献专家 1 人、享受国务院政府特殊津贴专家 78 人、“万人计划”百千万工程领军人才 1 人。外籍教师 16 人。毕业生 11554 人，其中，学历教育全日制研究生 1652 人（博士生 128 人、硕士生 1524 人）、普通本专科生 2659 人（本科生 2495 人、专科生 164 人）、成人教育本专科生 6994 人（本科生 4240 人、专科生 2754 人）；非计划招生在职人员攻读硕士学位 249 人。本科毕业生就业率 94.90%。招生 9019 人，其中，学历教育全日制研究生 2002 人（博士生 156 人、硕士生 1846 人）、普通本专科生 3172 人（本科生 2694 人、专科生 478 人）、成人教育本专科生 3454 人（本科生 2440 人、专科生 1014 人）；非计划招生在职人员攻读硕士学位 391 人。高考北京地区提档线本科第一批一志愿文科 598 分、理科 587 分；第二批文科提档线 568 分、理科 534 分；专科提前批文科提档线 320 分、理科 295 分。在校生 26183 人，其中，学历教育全日制研究生 5831 人（博士生 605 人、硕士生 5226 人）、普通本专科生 11505 人（本科生 10730 人、专科生 775 人）、成人教育本专科生 7656 人（本科生 5430 人、专科生 2226 人）；非计划招生在职人员攻读硕士学位 1191 人。留学生毕业 1631 人、招生 1662 人、在校生 1587 人。网址：www.cnu.edu.cn。

（张婷婍）

【举办深化首都基础教育和教师教育综合改革高层论坛】 6 月 17 日，首

师大举办深化首都基础教育和教师教育综合改革高层论坛。论坛研讨教育公平、提高教育质量，尊重教师、激励教师、成就教师等方面问题。来自北京市基础教育领域专家和学者 50 人参加研讨。

（张婷婍）

【举办全球史学术论坛】 6 月 20—21 日，首师大举办第三届全球史学术论坛暨全球史研究中心成立十周年学术研讨会。论坛以“十年来全球史研究的回顾与反思”为主题，分八组进行学术交流与讨论，共有 35 人作专题发言。来自北京大学、清华大学、中国社会科学院等单位专家学者 60 人参加活动。

（张婷婍）

【文化研究院挂牌文化部公共文化服务研究基地】 7 月 28 日，首师大文

化研究院挂牌文化部公共文化服务研究基地。文化研究院依托研究基地的平台，将对公共文化的重大战略、理论问题进行研究，在公共文化的制度设计、部门立法、地方实践、人才培养等方面发挥积极作用，继续打造文化政策咨询的智库品牌。

（张婷婍）

【成立中国基础教育教科书研究与评价中心】 11 月 6 日，首师大成立中

国基础教育教科书研究与评价中心。该中心与教育部基础教育课程教材发展中心共同组建，挂靠首师大教育学院，开展教科书改革实践研究，为政策制定提供专业建议，并利用专业平台作用，吸收引进在教科书方面的高水平研究者开展教学研究工作。

（张婷婍）

【齐世荣逝世】 12月3日6时15分，首师大原校长、历史学家、教育家、新中国世界史学科奠基者和开拓者之一齐世荣因病医治无效，在北京逝世，享年 89 岁。齐世荣，1926 年 10 月 29 日生于江苏省连云港市，祖籍河北省南皮县。1942 年考入重庆清华中学，1945 年毕业并考入成都燕京大学历史系。1947 年转入清华大学历史系，1949 年毕业。大学毕业后，齐世荣到北京市育英中学（今北京市第二十五中学）任政治教员，后兼任历史教员、教导主任，1954 年调到北京师范学院（今首都师范大学）历史系任教，历任历史系讲师、教授、博士生导师。齐世荣先后担任北京师范学院院长、首都师范大学校长等行政职务。曾任中国世界近现代史研究会会长、国务院学位委员会学科评议组历史学分组成员（第二届、第三届），国家哲学社会科学基金评议组成员等。齐世荣长期致力于“世界现代史”“世界通史”两门学科的教学与研究，代表作《20 世纪的历史巨变》《绥靖政策研究》等。

（张婷婍）

首都体育学院

党委书记 赵文
院　　长 钟秉枢

【概况】 2015年，首都体育学院占地面积17.83万平方米，建筑面积12.60万平方米。固定资产总值69554.10万元，其中，教学、科研仪器设备资产值21344.32万元。图书馆建筑面积5301平方米，藏有纸质图书49.33万册，电子图书1250GB。拥有计算机1717台，多媒体教室58间，信息化设备资产11771.37万元，网络信息点6000个，校园网出口总带宽350Mbps，电子邮件系统用户6580个，上网课程5门，数字资源量203000GB，管理信息系统数据总量1500GB。下设6个院（系）；开设本科专业12个，覆盖4个学科门类和5个一级学科，硕士学位授权一级学科点2个、二级学科点6个。教职工504人，其中，专任教师255人，包括教授32人、副教授95人；博士生导师21人、硕士生导师96人。毕业生1019人，其中，学历教育全日制硕士研究生205人，普通本科生612人，成人教育本专科生163人（本科生95人、专科生68人）；非计划招生在职人员攻读硕士学位39人。本科毕业生就业率95.71%。招生1121人，其中，学历教育全日制研究生220人（博士生3人、硕士生217人），普通本科生643人、成人教育本专科生194人（本科生106人、专科生88人）；非计划招生在职人员攻读硕士学位64人。在校生4069人，其中，学历教育全日制研究生536人（博士生7人、硕士生529人），普通本科生2549人，成人教育本专科生848人（本科生430人、专科生418人）；非计划招生在职人员攻读硕士学位136。留学生毕业145人，招生180人，在校生39人。网址：www.cupes.edu.cn。

（李丹阳）

【举办全国高校羽毛球专项教师培训班】 1月，首体院举办2014年全国高校羽毛球专项教师培训班。培训围绕羽毛球基本技术、羽毛球竞赛规则与裁判方法和羽毛球技战术训练方法等方面展开。来自全国100所高校195名体育教师参加培训。

（李丹阳）

【举办8次蓟门讲坛】 3—12月，首体院举办8次蓟门讲坛。分别邀请首都师范大学就业指导中心主任作题为《做现实的理想主义者》的专题讲座，北京邮电大学心理咨询中心主任作题为《有爱同行，春暖花开——大学生心理健康》的专题讲座，“蚁族”概念的首创者作题为《凝聚实现中国梦的青春力量》的专题讲座，北京科技大学马克思主义学院教授作题为《校园宗教的传播与影响》的专题讲座，北京市海淀区疾病预防控制中心副主任作题为《艾滋病预防知识》的专题讲座，武警天安门国旗班第八任班长、首都高校规范化升旗仪式培训总教官作题为《我为国旗增光彩》的专题讲座，该院交换生作题为《留学归来话世界》的专题讲座。该院师生4000人次参加活动。

（李丹阳）

【首次评选科技进步奖】 5月29日，首体院开展首次“科技进步奖”评审。评审分自然科学组和人文社科组，每组分设科技进步奖和青年科技奖，采用双向匿名评审程序，最终评选出科技进步奖一等奖1人、二等奖3人、三等奖3人，青年科技奖一等奖2人、二等奖3人、三等奖3人。

（李丹阳）

【举办休闲运动娱乐教育论坛】 6月7—11日，首体院举办世界休闲运动娱乐教育协会国际学术大会暨休闲体育北京论坛。论坛以“全球化的变革：运动休闲的机遇与发展”为主题，围绕运动休闲与健康、运动休闲与旅游、运动休闲与城市发展、运动休闲与体育产业、运动休闲与生态文明、运动休闲与文化教育六个专题，通过主报告、专题报告、墙报、青年论坛等方式展开学术交流与研讨。会议收到论文200篇。来自22个国家和地区的60余所高校的专家学者100人参会。

（李丹阳）

【举办3次国培计划培训班】 9—11月，首体院举办3次国培计划培训班。分别为高中体育骨干教师培训，小学体育骨干教师培训，培训团队研修、体育教研员培训班。每期培训为期10天。来自全国的495名学员参加学习。

（李丹阳）

【举办国家级社会体育指导员培训班】 10月9日，首体院举办2015年国家级社会体育指导员培训班。培训班邀请社会体育研究、实践领域及体育主管部门的专家学者和实践者，分别讲授“社会体育组织的作用与建设”“国际大众体育健身趋势与热点”“人口老龄化与老年体育发展”等11门理论课程；并结合对往期培训班的需求调查和社会指导员的现实工作需要，增加街舞、太极拳等技术课程。来自北京市各区县的89名学员参加培训。

（李丹阳）

【召开休闲体育学术研讨会】 10月30日至11月1日，首体院召开全国休闲体育学术研讨会。会议研讨分三个单元，第一单元研讨休闲体育对产业经济与人的发展的作用，第二单元研讨休闲体育、社会体育专业发展的方向与出路，第三单元研讨休闲体育、社会体育专业建设面临的问题、如何破解。来自全国近40所院校及教育机构的专家学者、研究生共计100人参加会议。

（李丹阳）

北京外国语大学

党委书记 韩震
校　　长 彭龙

【概况】 2015年，北京外国语大学占地面积49.21万平方米，学校产权校舍建筑面积45.84万平方米。全年教育经费投入95511.72万元。固定资产总值18.77亿元，其中，教学、科研仪器设备资产值1.30亿元。图书馆建筑面积2.43万平方米，藏书177.70万册，其中，纸质图书129.50万册、电子图书48.20万册。信息化设备资产7882万元，网络信息点15500个，校园网出口总带宽2720Mbps，电子邮件系统用户 10550 个，上网课程 3329 门，数字资源量 159069.70GB，管理信息系统数据总量 3000GB。设置 22 个院（系、部）；开设 78 个专业及覆盖 5 个学科；具有一级学科 8 个，一级学科博士点 1 个，博士学位授权点 18 个，硕士学位授权点 44 个和专业学位授权点 4 个。博士后流动站 1 个，其中，博士后研究人员出站 2 人、进站 12 人和在站 33 人。国家重点学科 4 个、北京市重点学科 7 个、教育部第三轮学科评估中排名前三名的一级学科 1 个；教育部普通高等学校人文社会科学重点研究基地 1 个，教育部区域和国别研究培育基地 4 个，国家语委科研中心 1 个，北京市哲学社会科学重点研究基地 1 个，国家语委科研中心 1 个。教职工 1283 人，其中，专任教师 1114 人，包括教授 133 人、副教授 234 人；博士生导师 79 人、硕士生导师 249 人。国家有突出贡献专家 5 人、享受国务院政府特殊津贴专家 106 人（以及其他国家级专家及其构成）。外籍教师 158 人，其中，副教授以上专家 80 人。毕业生 16975 人，其中，学历教育全日制研究生 692 人（博士生 62 人、硕士生 630 人）、普通本科生 1135 人、外国留学生 979 人、成人教育本专科生 113 人（本科生 76 人、专科生 37 人）、网络教育本专科生 14056 人（本科生 3330 人、专科生 10726 人）。本科毕业生就业率 97.5%。招生 35873 人，其中，学历教育全日制研究生 883 人（博士生 92 人、硕士生 791 人）、普通本科生 1303 人、成人教育本专科生 200 人（本科生 150 人、专科生 50 人）、网络教育本专科生 33487 人（本科生 9133 人、专科生 24354 人）。高考北京地区提档线文科 641 分、理科 681 分。在校学历教育全日制研究生 2394 人、普通本科生 4965 人、成人教育本专科生 549 人（本科生 389 人、专科生 160 人）、网络教育本专科生 66887 人（本科生 22115 人、专科生 44772 人）。留学生毕业 979 人、招生 1104 人、在校生 1372 人。网址：www.bfsu.edu.cn。

（杜孜俊）

【成立丝绸之路研究院】 1 月 10 日，北外成立丝绸之路研究院。该研究院旨在结合自身禀赋条件和学科比较优势，立足北外“多语种特色”“跨文化优势”“产学研平台”和“走出去桥梁”的办学特色和功能定位，致力于在人才培养、学术研究、社会服务、人文交流等方面服务国家“一带一路”战略。

（杜孜俊）

【举办世界经济中的中国热点论坛】 3 月 17 日，北外与美国哈佛大学联合举办“北外－哈佛论坛：世界经济中的中国热点（2015）”论坛。该论坛聚焦“全民创新”，与会嘉宾就世界经济中的中国热点、中国经济创新与发展等议题，交流观点，促进中美两国发展与合作。来自中美两国专家学者 50 人参加论坛。

（杜孜俊）

【新增 8 个非通用语种专业】 3 月，北外新增 8 个非通用语种专业。分别是塔吉克语、阿非利卡语、阿塞拜疆语、格鲁吉亚语、马达加斯加语、蒙古语、亚美尼亚语和马其顿语。

（杜孜俊）

【成立北美校友会】 5 月 3 日，北外北美校友会成立。该校友会隶属学校，由纽约分会、华盛顿分会、加州分会等 10 个校友分会组成，面向北美校友搭建校友平台，开展校友联谊等活动。

（杜孜俊）

【与达卡大学签订合作协议】 5 月 24 日，北外与孟加拉国达卡大学签订合作协议。根据协议，达卡大学将为北外孟加拉语的建设提供全面支持，同时开展学生和教师的交流互访、科研学术合作、资源共享、联合出版等合作。

（杜孜俊）

【设立橄榄树教育发展基金】 7 月 28 日，北外设立橄榄树教育发展基金。该基金由杭州橄榄树投资管理有限公司捐赠 3000 万元设立，用于支持该校本科教学改革和国际交流合作工作。

（杜孜俊）

【举办高端法语论坛】 10 月 9 日，北外举办高端法语论坛。论坛邀请法国驻华大使顾山作题为《中法关系及其在中欧关系中的引领作用》的演讲。该校师生 200 人参加学习。

（杜孜俊）

【举办纪念许国璋百年诞辰系列活动】

11 月 15 日，北外举办纪念许国璋先生百年诞辰系列活动。活动由纪念大会、许国璋外国语言研究奖颁奖大会、许国璋语言高等研究院成立仪式、许国璋学术思想与外语教育发展学术论坛组成。来自国内外 20 所外国语大学校长，60 余所大学外语院系的 300 名专家学者参加活动。

（杜孜俊）

北京第二外国语学院

党委书记　冯培
院　　长　曹卫东

【概况】 2015 年，北京第二外国语学院占地面积 21.32 万平方米，建筑面积 28.47 万平方米。图书馆建筑面积 6869 平方米，馆藏图书 108.50 万册，馆藏电子图书 1255.60GB。固定资产总值 66719 万元，其中，教学、科研仪器设备资产值 17269.54 万元。全年教育经费投入 51522.32 万元，其中，国家拨款 39315.27 万元、自筹经费 12207.05 万元。学校拥有计算机 4303 台，多媒体教室 257 间，信息化设备资产 14758.51 万元，网络信息点 12485 个，接入互联网出口带宽 2260Mbps，电子邮件系统用户 1290 个，上网课程 597 门，数字资源量 11207.9GB，管理信息系统数据总量 325716.8GB。下设 24 个院系和教学部，还设有教育技术中心、图书馆、旅游教育出版社等教学科研辅助机构及经济实体。开设 27 个本科专业、4 个专科专业，覆盖经济学、法学、文学、管理学 4 个学科门类；具有一级学科硕士授权点 4 个，学术型学位硕士授权点 22 个，专业学位硕士授权点 5 个，覆盖哲学、经济学、文学、管理学 4 个学科门类。教职工 917 人，其中，专任教师 522 人，专任教师中，教授 76 人、副教授 189 人，硕士生导师 292 人。外籍教师 32 人。毕业生 2175 人，其中，学历教育全日制硕士研究生 408 人，普通本科生 1479 人，成人教育本专科生 288 人（本科生 209 人、专科生 79 人）。本专科毕业生（含二学位）一次就业率 92.24%。招生 2537 人，其中，学历教育全日制硕士研究生 497 人，普通本科生 1578 人、成人教育本专科生 462 人（本科生 190 人、专科生 272 人）。高考北京地区本科一批提档线理科 578 分、文科 596 分。在校生 8507 人，其中，学历教育全日制硕士研究生 1276 人，普通本科生 6129 人，成人教育本专科生 1102 人（本科生 743 人、专科生 359 人）。留学生毕业 319 人，招生 359 人，在校生 669 人。网址：www. bisu. edu. cn。

（王薇）

【与邢台市共建邢台外国语学校】 1 月 14 日，二外与邢台市政府、东胜集团签约共建邢台外国语学校。邢台外国语学校是采用“民办体制，政府支持，自主办学”的合作模式，由三方创办的九年一贯制民办学校。校址位于邢台市龙岗新区，占地 10 万平方米，设计办学规模为小学 48 个班，初中 24 个班，预计 2018 年 9 月 1 日开学。邢台市政府和石家庄市东胜投资集团有限公司负责学校的不动产建设，配置开学所必要的设施设备，实行交钥匙工程。邢台市政府给予学校的公办教师编制和经费的支持。二外选派或全国选聘校长，并选派一名优秀管理干部主要负责外语特色教学的有效实施，同时根据外语特色班的发展规模和实际需求，选派外语骨干教师承担教学指导和教学工作，负责与合作学校共同制定特色课程计划及小语种特色课程的开发和实施。对合作学校的外语教育教学进行业务指导、质量评估和监督，为合作学校办学提供优质的特色教育服务资源。

（王薇）

【成立中国“一带一路”战略研究院】 1 月 31 日，二外成立“一带一路”战略研究院。研究院是学校整合校内外资源组建的校级科研机构，致力于成为服务国家战略的多元化资政平台和具有影响力的一流智库。12 月 8 日，该院建立“数字一带一路实验室”。研究院有科研人员 17 人，全部为高级职称。

（王薇）

【设立课堂教学奖项】 4 月 8 日，二外首次设立“翔宇教学奖”。该奖项是学院为落实学校综合改革方案“深化教育教学改革，提高人才培养质量”的工作要求，加强课堂教学过程评估，增强课堂教学奖项评选的科学性和客观性，激励广大教师积极投身课堂教学，切实提高教学水平而设立。通过相关专家、学者深入申报教师课堂，经过一学期集中听课，举办“课堂教学开放日”，考察教师对日常课堂的组织管理，评价教师在课堂教学中展现的真实水平。首次共有 37 名教师参赛，20 人获奖，其中，特等奖 2 人、一等奖 6 人、二等奖 12 人。

（王薇）

【制订青年教师学历提升计划】 4 月 9 日，二外制订青年教师学历提升计划。提升计划要求该校年龄在 35 周岁以下（1980 年 1 月 1 日后出生）的专任教师（不包含学生辅导员和体育课教师）原则上在五年内须攻读博士学位。学校在经费、制度和组织上保障青年教工在职攻读博士学位。

（王薇）

【举办首届中国青年旅游论坛】 5 月 23 至 24 日，二外举办首届中国青年旅游论坛。论坛以“成长与创新”为主题，围绕旅游学术研究领域设立旅游经济增长与休闲经济、旅游地理与旅游规划、生态旅游与国家公园、遗产旅游与文化旅游、旅游扶贫与乡村旅游、旅游者行为、酒店管理与养老服务等内容展开研讨。来自国内 29 个省、自治区以及美国、澳大利亚等国 100 余所高校和科研院所 300 人参加活动。

（王薇）

【召开“一带一路”战略与非通用语种人才培养座谈会】 6 月 26 日，二外召开“一带一路”战略与非通用语种人才培养座谈会。会议围绕如何在非通用语人才培养过程中融入社会主义核心价值观与中国传统文化教育、“一带一路”战略背景下非通用语种人才培养的模式和特色、如何完善非通用语种高端人才培养过程中的通识教育课程体系建设等议题展开讨论。来自中联部、商务部、国家旅游局以及北京语言大学、对外经济贸易大学、外交学院等部门和高校专家学者 40 人参加座谈。

（王薇）

【首次招收非通用语人才贯通培养学生】 7 月 10 日，二外首次招收非通用语人才贯通培养学生。该校设立拉脱维亚语、匈牙利语、捷克语和波兰语 4 个语种，面向北京市户籍的初三学生，学制为 7 年，在七年培养过程中，学生将有四年派往海外深造学习，学生按照规定时间通过相应考试，完成学业，达到国家政策规定要求，获得二外本科毕业证书和学士学位证书。该校将打造“非通用语＋”的新型培养模式，把非通用语与中国文化、与对象国文化、与英语结合起来，配备高中特级教师、大学教师以及外籍教师等师资队伍，通过小班授课立体化无缝对接的班级管理，培养英语和非通用语并重、语言与文化相随的具有“中国心”的高端语言技能人才。在提前招生面试中，共有 1052 名中考考生参加面试，录取 80 人。

（王薇）

【签订联合培养翻译博士协议】 7 月 10 日，二外与美国纽约州立大学宾汉姆顿分校签订合作协议。根据协议，双方联合开展培养翻译博士项目，项目计划于2016年面向全国招生，每学年拟招收联合培养博士生10人（翻译方向）。学制5年，学生录取后将在二外学习2年，在美国纽约州立大学宾汉姆顿分校学习3年，并纳入该校博士生培养体系。

（王薇）

【共建中山外国语学校】　7月21日，

二外与中山市民森纺织制衣（集团）有限公司签订共建中山外国语学校协议。该所学校包括一所覆盖小学至高中的12年一贯制学校及一所幼儿园，校址位于广东省中山市三角镇民森工业园内，规划占地面积40万平方米，设计招生规模6000人，预计于2017年9月开学。地方企业负责基础设施建设和日常经营。

（王薇）

【与社会科学文献出版社签约合作】

10月26日，二外与社会科学文献出版社签订合作协议。根据协议，双方联合培养博士后、共建学术信息中心、联合出版发行《跨文化研究》《Journal of Chinese Economics》学术期刊。其中，博士后流动站将于2016年招收首批联合培养博士后。

（王薇）

【新建教学科研楼通过质量验收】　11

月6日，二外新建教学科研楼工程通过验收。新建成的教学科研楼建筑面积27080平方米，建筑高度43.30米，地下2层、地上10层，是以教学为主，集会议、科研为一体的综合教学楼。其中，地下二层为人防与设备用房；地下一层为网络中心及教工活动中心；一层为会议室；二至十层为教学及科研用房。基础为CFG桩复合地基，筏型基础；主体为钢筋混凝土现浇框架——剪力墙结构，抗八级地震。该项目于2013年7月9日开始施工，于2014年6月主体结构封顶，总投入12000万元。

（王薇）

【完成院系设置调整】　11月30日，二外完成院系设置调整。学校明确4个主干一级学科（外国语言文学、工商管理、应用经济学、中国语言文学）、5个重点发展的一级学科（马克思主义理论、新闻传播学、法学、政治学、教育学）、4个支撑学科（艺术学、体育学、计算机科学与技术、数学）。学院根据学科建设发展布局，新建中欧语系、通识教育学院、非通用语学院、南亚与西亚语系（筹）、文学院、新国际传播学院的基础上对二级院系进行机构整合、学科专业结构优化，撤销9个院系，成立7个学院。调整后，共有院系22个。同时，学校党组织结构也做相应的调整，涉及20个党组织，调整后共设二级党委10个，党总支11个，直属党支部9个。

（王薇）

【新增5个省部级科研平台】　至年底，二外新成立5个省部级科研平台。包括首都对外文化贸易与文化交流协同创新中心、中国文艺评论基地、北京对外文化传播基地、中日韩合作研究中心、首都对外文化贸易研究基地。至此，该校共有7个省部级科研平台。

（王薇）

【学校综合改革】　至年底，二外开展学校综合改革。2月26日，学校通过《北京第二外国语学院综合改革方案》（2015～2017年）。方案共分八个部分，30条内容。3月20日，学校发布《〈北京第二外国语学院综合改革方案〉任务分解表》，分解96项具体工作任务，并确定主责单位和时间进度。4月24日，成立学校综合改革领导小组和工作小组。综合改革领导小组负责综合改革的顶层设计；综合改革工作小组负责综合改革的项目设计、推进落实和监督检查。工作小组办公室设在研究生处学科规划与建设办公室。《综合改革方案》是在学校加快建设国际化、有特色、高满意度的教学研究型大学；加快建设首都特色、中国一流、世界上有重要影响的高水平外国语大学的背景下，进行顶层设计，立足学校发展实际，着力解决制约学校发展的瓶颈问题和关系师生切实利益的改革整体布局。年内，该校完成改革工作任务53项。

（王薇）

北京语言大学

党委书记　李宇明
校　　长　崔希亮

【概况】　2015年，北京语言大学占地面积33.03万平方米，学校产权校舍建筑面积42.73万平方米。全年教育经费投入84631万元，其中，国家拨款35214万元、自筹经费49417万元。固定资产总值10.31亿元，其中，教学、科研仪器设备资产值1.45亿元。图书馆建筑面积10543.30平方米，藏书101.26万册，其中，纸质图书95.56万册、电子图书5.70万册。电子期刊总量1.14万种。拥有计算机5959台。学校拥有多媒体教室242间，信息化设备资产13027.45万元，网络信息点13404个，校园网出口总带宽2200Mbps，电子邮件系统用户2542个，上网课程406门，数字资源量11730GB，管理信息系统数据总量232GB，信息化培训人次203次。设置三个学部、六个直属学院（教学部）和两个直属科研院所；本科专业27个，硕士专业37个，博士专业17个，学科专业覆盖文学、经济学、历史学、法学、工学、教育学和管理学7个门类；一级学科硕士点3个，一级学科博士点2个，博士学位授权点17个，硕士学位授权点26个和专业学位授权点11个（4个领域）；博士后流动站1个，其中，博士后研究人员出站2人、进站3人、在站7人。国家重点学科1

个，一级学科北京市重点学科 1 个，二级学科北京市重点学科 10 个，教育部普通高等人文社会科学重点研究基地 1 个，北京市哲学社会科学研究基地 1 个。教职工 1201 人，其中，专任教师 665 人、科研人员 65 人。教授 124 人，副教授 294 人；博士生导师 64 人，硕士生导师 260 人。“长江学者奖励计划”讲座教授 1 人，“长江学者”特聘教授 1 人，享受政府特殊津贴专家 40 人。外籍教师 52 人。毕业生 17187 人，其中，学历教育全日制研究生 651 人（博士生 48 人、硕士生 603 人），普通本科生 1016 人，成人教育本专科生 500 人（本科生 385 人、专科生 115 人），网络教育本专科生 15020 人（本科生 4485 人、专科生 10535 人）。本科毕业生一次就业率 94.42%。招生 20642 人，其中，学历教育全日制研究生 720 人（博士生 72 人、硕士生 648 人），普通本科生 1141 人，成人教育本专科生 476 人（本科生 369 人、专科生 107 人），网络教育本专科生 18305 人（本科生 4971 人、专科生 13334 人）。高考北京提档线文科 633 分，理科 646 分。在校生 48727 人，其中，学历教育全日制研究生 2121 人（博士生 242 人、硕士生 1879 人），普通本科生 4486 人，成人教育本专科生 1331 人（本科生 1109 人、专科生 222 人），网络教育本专科生 40789 人（本科生 12883 人、专科生 27906 人）。留学生毕（结）业 5362 人，授予学位 426 人；在校招生 5659 人；在校专科生 31 人、本科生 1772 人，硕士生 337 人、博士生 96 人。网址：www.blcu.edu.cn。

（田列朋）

【成立孔子学院教师培训中心】 4 月

9 日，北语成立孔子学院教师培训中心。中心采取市场化运作机制，秉持承接孔子学院总部任务与积极开展自主培训相结合的理念，开展“走出去”战略，谋求在海外建立分中心，开展不同国别的本土教师资格证书培训及研究项目；建立全球汉语教师动态数据库，开展网络汉语教师培训；开展本土化培训教材以及教学示范课等资源建设。

（田列朋）

【成立拉美语言文化中心】 4 月 22 日，北语成立拉美语言文化中心。该中心与厄瓜多尔基多圣佛朗西斯科大学合办，是一个综合性平台，侧重于对拉美地区语言和文化传播、学术交流、科研合作，同时还将承担商业资讯、语言、文化、法律、国情等方面的培训，未来将在促进中国与拉美地区高校的学生及教师流动、学分和学历互认、合作办学等领域进行拓展，构建两地教育交流的桥梁。

（田列朋）

【举办中国道路大讲堂】 6 月 5 日，北语举办中国道路大讲堂首讲。该讲堂是以中高层次留学生（本、硕、博）为主，面向全校学生开设的系列讲座。首讲邀请外交学院教授王帆作题为《战略转型期的中国外交战略规划》报告，剖析中国所面临的挑战和难题，分析中国转型期外交战略的目标和任务，指出中国外交战略规划中存在的问题，阐述转型期外交战略规划的基本构想、关键环节和侧重点，提出战略规划的设计方案。至年底，共开讲 3 次，该校师生 800 人次参加学习。

（田列朋）

【成立中国语言学会语言政策与规划研究会】 6 月 28 日，北语成立中国语言学会语言政策与规划研究会。该研究会由中国语言学会指导，围绕语言政策与规划学科发展、国家语言文字管理的重大需求以及语言文字应用领域等问题，开展科学研究、人才培养、学术交流，为推动该学科发展、完善新形势下国家语言政策和规划提供学术支撑。

（田列朋）

【成立光明文学遗产研究院】 7 月 10 日，北语成立光明文学遗产研究院。该院与光明日报社合办，旨在推进以中华传统文化为基础的社会主义核心

价值观建设，促进中华传统文化的对外传播。研究院设立光明日报《文学遗产》专刊编辑部，《文学遗产》专刊 2015 年为每月 1 期，每月第 4 周出版，2016 年改为每半月 1 期。

（田列朋）

【成立语言障碍与脑科学 MEG 实验室】 8 月 6 日，北语成立语言障碍与脑科学 MEG 实验室。该实验室拥有世界领先的可对婴幼儿进行脑成像研究的设备，开展儿童的语言、心理和神经生理等领域研究。

（田列朋）

【举办《中国语言生活状况报告》十周年论坛】 10 月 15—16 日，北语

举办第二届中国语言生活学术研讨会暨《中国语言生活状况报告》十周年论坛。论坛采用会议访谈形式，围绕语言生活派、语言监测、语言皮书、华语研究、汉语盘点、语言战略、“一带一路”7 个议题展开讨论，回顾和总结十年来的学术成果，呼吁从国家战略高度研究语言问题，为语言时政研判及政府工作决策提供借鉴。论坛期间，还举行《中国语言生活状况报告》韩文版新书发布仪式，这是继 2013 年发布英文版之后推出的第二个外文版本。来自内地、香港、澳门以及新加坡和韩国的 200 名专家、学者参加论坛。

（田列朋）

【召开来华预科教育学术研讨会】 11月20—21日，北语召开全国首届来华预科教育学术研讨会。会议围绕“预科教育宏观研究”“预科课程、教材与教法研究”“预科生习得与测试研究”“预科生国别化教学、文化与管理研究”4个主题展开探讨和交流。来自全国各地高校100名代表参加会议。

（田列朋）

【举办首届国际汉语教材建设与创新国际研讨会】 12月12—13日，北语举办首届国际汉语教材建设与创新国际研讨会。会议邀请15名专家、10名教材主编及33名教材研究专家和学者就教材的理论建设，教材的国别化、本土化建设，孔子学院教材建设，教材资源库的建立与应用，各类型教材编写理念与实践，教材评估，网络化、数字化教材，少儿教材等的研发及文化如何在教材中落实等议题开展研讨。来自美国、韩国、丹麦等国家和地区高校及北京大学、中国人民大学等30所学校的100名代表参加会议。

（田列朋）

【发布2015年度中国媒体十大流行语】 12月21日，北语发布2015年度中国媒体十大流行语。本年度流行语包括6个类目，分别为：综合类、国内时政类、国际时政类、经济类、科技类以及社会生活类。其中，综合类为：抗战胜利70周年、“互联网+”、难民、亚投行、习马会、巴黎恐怖袭击事件、屠呦呦、“四个全面”、“大众创业万众创新”、互联互通共享共治。“2015年度中国媒体十大流行语”是基于国家语言资源监测语料库，利用语言信息处理技术，结合人工后处理提取、筛选而获得的。

（田列朋）

【与26个国家签订58份合作协议】 至年底，北语与26个国家签署各类合作协议58份。包括与美国北卡罗来纳中央大学言语治疗硕士联合培养项目、与葡萄牙波尔图大学学术合作备忘录、与韩国釜山外国语大学关于建立和运营世宗学堂的业务协议书、与埃及苏伊士运河大学关于“北京语言大学与苏伊士共同建立中埃学院”的补充协议等。

（田列朋）

中国传媒大学

党委书记　陈文申
校　　长　苏志武

【概况】 2015年，中国传媒大学占地面积43.87万平方米，学校产权建筑面积49.98万平方米。固定资产总值246548.40万元，其中，教学、科研仪器设备资产值59260.91万元。图书馆建筑面积40314平方米，藏书186.40万册，包括纸质图书152.50万册。全年教育经费投入99816.89万元，其中，国家拨款56599.92万元、自筹经费43216.97万元。网络信息点17740个，校园网出口总带宽2500Mbps，电子邮件系统用户19992个，数字资源量33720GB，管理信息系统数据总量2100.11GB。设置5个学部，19个学院，4个研究院，1个协同创新中心；开设84个专业，覆盖7个学科门类；一级学科博士点7个，博士学位授权点42个，一级学科硕士点18个，硕士学位授权点113个，专业学位授权点8个；博士后流动站7个。国家重点学科2个、国家重点培育学科1个、北京市重点学科7个；国家级、省部级重点实验室6个；国家级、省部级研究中心（所）12个。教职工2008人，其中，专任教师1123人，包括教授313人、副教授395人；博士生导师206人，硕士生导师487人；中科院院士、工程院院士1人。“长江学者奖励计划”特聘教授2人，“长江学者奖励计划”讲座教授2人，“国家百千万人才工程”人选4人，国家有突出贡献中青年专家3人，享受国务院政府特殊津贴专家74人，入选教育部“新（跨）世纪优秀人才支持计划”31人；中宣部“四个一批”人才2人，国家级教学名师奖2人，北京高校教学名师奖16人，全国优秀教师3人，北京市优秀教师33人。外籍教师29人。毕业生6530人，其中，学历教育全日制研究生1381人（博士生135人、硕士生1246人），普通本科生2275人，成人教育本专科生2003人（本科生1674人、专科生329人），网络教育本专科生871人（本科生664人、专科生207人）。本专科毕业生就业率96.91%，研究生就业率97.32%。招生6838人，其中，学历教育全日制研究生1588人（博士生163人、硕士生1425人），普通本专科生2524人（本科生2311人、专科生213人）、成人教育本专科生1560人（本科生1269人、专科生291人），网络教育本专科生1166人（本科生847人、专科生319人）。在校生24600人，其中，学历教育全日制研究生4507人（博士生762人、硕士生3745人），普通本专科生9183人（本科生8558人、专科生625人），成人教育本专科生4011人（本科生3370人、专科生641人），网络教育本专科生6899人（本科生5065人、专科生1834人）。留学生毕（结）业527人，招生600人，在校生778人。网址：www.cuc.edu.cn。

（赵钧）

【学校章程发布】 6月，《中国传媒大学章程》通过教育部核准发布。该章程分为序言和正文两大部分。正文部分包括总则、定位与使命、治理结构、教学科研机构、教职员工、学生、经费与资产、学校与社会、学校标识、附则10章，共计80条，是该校依法自主办学、实施管理和履行公共职能的基本准则和依据。

（赵钧）

【召开第二次党代会】 9月28至30日，中共传媒大学第二次党员代表大会召开。会议全面回顾、总结第一次党代会以来学校党的建设和各项工作取得的成就；分析面临的形势和问题，提出未来五年的奋斗目标，明确“十三五”期间学校发展的工作思路和主要任务；全面部署加强和改进党的建设和思想政治工作，对学校未来的发展起到重要的指导和推动作用。会议选举产生新一届党委和纪律检查委员会，通过关于党委和纪委工作报告的决议。

（赵钧）

【启动和推进全面深化综合改革】 10月，传媒大学制订全面深化综合改革工作方案。方案根据建设世界知名高水平传媒大学的总目标，立足于学校“三步走”战略，在“二次创业”和创建“双一流”的关键时期，提出影响学校未来发展的8个重要领域的44条改革任务和措施。其中，“资深教授”选聘和研究生导师选任制度改革已阶段性完成；深化学部制改革试点、“白杨学者”选聘等也取得进展。其他改革任务由相关单位部门按计划细化落实改革措施，制定具体实施方案，进一步明确改革的时间表和路线图。12月，该方案经教育部审核备案。

（赵钧）

【完成“十三五”规划编制工作】 至年底，传媒大学完成《中国传媒大学“十三五”发展规划（2016—2020年）》的编制工作。该规划由发展基础和环境，指导思想、主要目标和战略重点，发展任务和举措，规划实施和保障4部分组成。提出到2020年，学校综合实力全面增强，有若干学科或学科方向达到国际一流水平，学校的国际影响力显著增强，主要办学指标达到世界先进水准，基本实现学校的奋斗目标。

（赵钧）

中央财经大学

党委书记　傅绍林
校　　长　王广谦

【概况】 2015年，中央财经大学占地面积73.52万平方米，学校产权校舍建筑面积47.17万平方米。全年教育经费投入122694.45万元，其中，国家拨款73004.79万元、自筹经费49689.66万元。固定资产总值16.78亿元，其中，教学、科研仪器设备资产值1.04亿元。图书馆建筑面积3.85万平方米，藏书689万册，其中，纸质图书183万册、电子图书506万册。拥有计算机7676台。学校信息化经费投入4598.87万元，多媒体教室座位15652个，信息化设备资产16896.40万元，网络信息点39000个，校园网出口总带宽3600Mbps，电子邮件系统用户4592个，上网课程592门，数字资源量76000GB，管理信息系统数据总量37222GB。设置31个院（系、部）；开设50个专业，覆盖9个学科；具有一级学科10个，一级学科博士点4个，博士学位授权点31个，硕士学位授权点76个，专业学位授权点13个；博士后流动站5个，其中，博士后研究人员出站15人、进站32人、在站151人。国家重点学科2个、北京市重点学科7个。教职工1691人，其中，专任教师1146人，包括教授264人、副教授428人；博士生导师165人、硕士生导师604人。“千人计划”入选者1人，“跨（新）世纪百千万人才工程国家级人选”4人，“长江学者奖励计划”特聘教授2人，“长江学者奖励计划”讲座教授4人，享受政府特殊津贴专家31人，青年拔尖人才支持计划入选者4人，教育部新世纪优秀人才计划入选者55人。外籍教师27人，其中，教授7人、副教授4人。毕业生7532人，其中，学历教育全日制研究生1838人（博士生122人、硕士生1716人）、普通本科生2460人、成人教育本专科生2412人（本科生1414人、专科生998人）、非计划招生在职人员攻读硕士学位197人、研究生课程进修班625人。本科毕业生就业率93.10%。招生6227人，其中，学历教育全日制研究生1936人（博士生142人、硕士生1794人）、普通本科生2502人、成人教育本专科生1584人（本科生1033人、专科生551人）、非计划招生在职人员攻读硕士学位205人。高考北京地区本科提档线文科644分、理科670分。在校生19523人，其中，学历教育全日制研究生4992人（博士生678人、硕士生4314人）、普通本科生10040人、成人教育本专科生3988人（本科生2701人、专科生1287人）、非计划招生在职人员攻读硕士学位503人。留学生毕业157人、招生137人、在校生219人。学历留学生毕业77人、招生47人、在校生172人。网址：www.cufe.edu.cn。

（任婷）

【举办中国互联网经济发展论坛】 1月7日，中央财大举办中国互联网经济发展论坛。论坛研讨经济发展的“新模式”，中国经济发展的“新理论”，中国经济增长的“新引擎”等8个问题。会上，该校发布《互联网经济：中国经济发展的新形态》。国内专家学者100人参加论坛。

（任婷）

【发布“两岸四地”消费者信心指数】 1月8日、4月8日、7月8日和10月12日，中央财大分别发布2014年第四季度，2015年第一季度、第二季度和第三季度“两岸四地”消费者信心指数。消费者信心指数是消费者对经济形势各方面进行综合判断后得出的主观评价和心理预期。该指数取值在0～200之间，低于100表示受访者“信心不足”，指数高于100表明“有信心”。该指数由中央财大、首都经济贸易大学、香港城市大学、澳门科技大学和台湾辅仁大学等高校的相关研究人员合作编制，于2009年开始按季度发布，截至2015年年底，已完成27次发布。

（任婷）

【获批合作举办金融学博士学位教育项目】 2月，中央财大获批金融学博士学位教育项目。该项目由教育部批准，该校与荷兰蒂尔堡大学提亚斯商学院合办，项目学制四年，包括课程学习和博士论文写作2个环节，由金融学院和蒂尔堡大学教授联合授课和指导论文写作，授课地点在学院南路校区，第一期计划招生20人，2015年9月首批学生入学。

（任婷）

【学校章程发布】 3月11日，《中央财经大学章程》通过教育部核准发布。该章程由序言、总则和举办者与学校等11个部分组成，是该校依法自主办学、实施管理和履行公共职能的基本准则和依据。

（任婷）

【与两家企业签订合作协议】 3月25

日和5月10日，中央财大与两家企业签订合作协议。与中富投资集团协议规定，双方成立“中富投资战略研究中心”，开设“中富投资讲堂”，举

行“中富青年领袖大赛”，举办“中富投资论坛”，启动“产学研实习实践”的“融智计划”以及设立100万元“中富教育奖励基金”，用以定向资助经济学院，激励教师教书育人、奖励学生努力学习。与葛兰素史克（中国）投资有限公司协议规定，该公司将“积极应对与统筹治理人口老龄化”项目作为双方合作的首个资助项目，无条件提供1086万元资助该领域的研究和学术工作；并于五年内，向该校中国财政发展协同创新中心提供经费资助，用于中心“智库”建设、协同创新和人才培养工作，并重点支持中心根据中国国家重大战略需求制定的相关科学研究和人才培养计划，解决理论和现实问题。

（任婷）

【召开农业风险农村金融及农业保险国际会议】 6月7—9日，中央财大召开农业风险、农村金融及农业保险国际会议。会议就“大数据：技术和政策挑战”“农业经济中的数量金融研究”以及“农业保险费率厘定改进”等问题进行研讨。来自20个国家、地区的专家学者和业界精英120人参加会议。

（任婷）

【召开互联网和大数据金融研讨会】 6月11—12日，中央财大召开互联网和大数据金融研讨会。会议围绕互联网和大数据金融展开讨论，由主题演讲和学术论文分会、产业论坛三个环节组成，共同探讨互联网与大数据金融分析的方法和技术，展望互联网及大数据金融新的应用模式及发展趋势。来自国内外高校知名学者、产业界专家和该校师生80人参加会议。

（任婷）

【召开文化与经济论坛】 6月20日，中央财大召开首届文化与经济论坛。论坛以“信任与经济”为主题，以“信任”为切入点，对个人、家庭、企业和政府经济行为进行研究。来自国内外高校专家学者50人参加论坛。

（任婷）

【北京税务博物馆开馆】 9月19日，中央财大与市地税局、市国税局和朝阳区政府共同建设的北京税务博物馆开馆。博物馆位于朝阳区太阳宫体育休闲公园南侧，建筑面积2700平方米，展厅面积1400平方米，目前公开展示的文物与史料共2941件。

（任婷）

【召开全国中青年税收学术研讨会】

10月17—18日，中央财大召开全国中青年税收学术研讨会。会议分六个会场进行，分别以“税收与创新、产业结构转型”“地方税体系建设”“税制改革经验借鉴”“税收遵从与税收法制”“税制改革效应分析”“反避税与国际税收协调”为主题进行讨论，40名中青年学者作学术报告。来自25所高校和科研院所的50名中青年学者以及该校师生200人参加会议。

（任婷）

【举办中国政府战略与公共政策论坛】 12月6日，中央财大举办中国政府战略与公共政策论坛暨市长论坛。论坛分为开幕式、中国政府战略与公共政策论坛、中国市长论坛3个环节，并设“实践中的中国政府改革与创新”分论坛。来自国内专家学者、部分城市市长200人参加论坛。

（任婷）

对外经济贸易大学

党委书记 王玲
校　　长 施建军

【概况】 2015年，对外经济贸易大学占地面积34.20万平方米，学校产权建筑面积41.71万平方米。固定资产总值162134.93万元，其中，教学、科研仪器设备资产值15014.54万元。图书馆建筑面积24935.54平方米，藏书198.91万册，其中，纸质图书149.91万册、电子图书49万册/种。全年教育经费投入127976万元，其中，国家拨款63614万元、自筹经费64362万元。拥有计算机7511台，信息化设备资产16012.73万元，网络信息点25800个，校园网出口总带宽33000Mbps，电子邮件系统用户29174个，上网课程204门，数字资源量9000GB，管理信息系统数据总量100GB。设置研究生院及16个学院，并设有思政部、体育部和文化艺术教学部（系、部）；开设43个本科专业，覆盖经、管、文、法、理五大学科门类；一级学科博士点5个，一级学科硕士点8个，专业硕士学位授权点12个；博士后流动站4个，其中，博士后研究人员出站7人、进站17人、在站68人。国家级重点学科2个、北京市重点学科7个；国家重点实验室1个。教职工1656人，其中，专任教师1015人，包括教授235人、副教授427人；博士生导师143人、硕士生导师445人。有“长江学者奖励计划”讲座教授2人、“千人计划”入选者1人、“长江学者奖励计划”特聘教授1人、享受国务院政府特殊津贴专家37人。外籍教师51人，其中，教授6人、副教授10人。毕业生7242人，其中，学历教育全日制研究生1931人（博士生150人、硕士生1781人），普通本科生2031人，成人教育本专科生1153人（本科生583人、专科生570人），网络教育本专科生2127人（本科生1119人、专科生1008人）。本科毕业生就业率98.66%。招生8267人，其中，学历教育全日制研究生2132人（博士生132人、硕士生2000人），普通本科生2018人、成人教育本专科生1097人（本科生527人、专科生570人），网络教育本专科生3020人（本科生1321人、专科生1699人）。北京地区高考提档分数线文科648分，理科672分。在校生23988人，其中，学历教育全日制研究生4972人（博士生591人、硕士生4381人），普通本科生8379人，成人教育本专科生2123人（本科生1115人、专科生1008人），网络教育本专科生8514人（本科生4639人、专科生3875人）。留学生毕业738人，招生723人，在校生2415人。网址：www.uibe.edu.cn。

（曹亚红）

【召开互联网金融风险与信用体系建设研讨会】 1月20日，外经贸大召开互联网金融风险与信用体系建设研讨会。会议就近期互联网金融的众筹、第三方支付、网贷P2P平台、大数据金融等热点问题进行深入探讨和交流，肯定互联网金融为解决中小微企业融资问题提供更多渠道，并展望互联网金融的未来发展趋势。来自国内专家学者50人参加研讨。

（曹亚红）

【与商务部加强合作】 4月8日，外经贸大与商务部加强合作。商务部致函该校就双方合作做出明确规定，商务部依托学校理论教学资源，加强对中国特色社会主义对外开放理论体系的研究。双方重点围绕贸易强国、流通升级、市场一体化、自由贸易区、走出去等新时期商务战略体系构想，整合研究资源，提出战略内涵、实施路径、重大政策和保障措施。学校将承担部分课题，围绕世界经济发展形势、经济外交、内贸流通、对外贸易、利用外资、对外投资、多双边等领域的热点、焦点、难点问题开展研究，为党中央、国务院提供决策参考。学校将发挥学术优势，针对商务部2015年重点开展的16个专项，提供理论、数据支持和实施效果评估。商务部鼓励学校在制定谈判模版、主动设置议题等方面开展研究，推动中国参与和引领国际经贸规则制定，提升在全球经济治理中的影响力和话语权。

（曹亚红）

【举办中巴经济走廊的风险和挑战研讨会】 5月21日，外经贸大举办中巴经济走廊的风险和挑战研讨会。与会专家围绕“中巴经济走廊概况”“巴基斯坦国内政治以及对‘中巴经济走廊’的影响”“极端主义的发展，极端主义与新疆穆斯林分裂主义者的联系以及对基础设施互通合作的影响”“中巴经济走廊，美国新丝绸之路倡议以及印度：如何实现共同发展”“中巴经济走廊实施路线图”5个议题进行探讨。中国、巴基斯坦两国专家学者50人参加研讨。

（曹亚红）

【举办首届微课教学大赛】 5月28日，外经贸大举办首届微课教学大赛。15个教学单位共上报106个参赛作品，涵盖经、管、文、法4类学科门类。通过初赛、复赛和决赛，完成最终评审。

（曹亚红）

【举办暑期国际学术讲座】 7月7日，外经贸大举办暑期国际学术讲座。讲座邀请约克大学的保罗·施魏策尔（Paul Schweinzer）教授作题为《机制与机构设计（Mechanism and Institution Design）》的演讲。至8月，该校邀请国外知名高校和研究机构专家作暑期国际学术讲座14场。该校师生2000人次参加学习。

（曹亚红）

【召开知识产权与技术创新研讨会】 10月25日，外经贸大召开知识产权与技术创新国际研讨会。会议研讨知识产权和技术创新的经济学和实证研究、知识产权保护的法律和政策问题，对知识产权保护对专利申请、技术转移、贸易和投资的影响，中国企业创新的近况和原因，以及中国在新时期对知识产权的全球利益和主张提出观点。国内外专家学者100人参会。

（曹亚红）

【成立维多利亚大学商务孔子学院】 11月22日，外经贸大成立澳大利亚维多利亚大学商务孔子学院。该学院设在澳大利亚维多利亚大学，面向澳大利亚学生开展中国文化教学。这是该校第九所孔子学院。

（曹亚红）

【教学微格诊断室投入使用】 至年底，外经贸大教学微格诊断室投入使用。微格诊断室通过微格教学使教师更好地掌握课堂导入、教学语言、教学组织、教学多媒体、教学板书、教学评价等多项教学技能，有助于教师提高教学水平，提升课堂教学效果，促进学校人才培养质量的提升。

（曹亚红）

北京物资学院

党委书记 李石柱
院　　长 王旭东

【概况】 2015年，北京物资学院占地面积39.70万平方米、建筑面积23.59万平方米，固定资产总值62919.60万元，其中，教学、科研仪器设备资产值22222.38万元。全年教育经费投入41174.91万元，其中，国家拨款33199.74万元、事业收入6241.38万元、经营收入132.35万元，其他收入1601.44万元。图书馆建筑面积12578平方米，馆藏图书109.05万册，馆藏电子图书63.73万册。学校设有10个教学单位，设有26个本科专业及方向；拥有4个一级学科硕士学位授权点，2个专业硕士学位授权点；拥有2个北京市重点建设学科、2个国家级特色专业、3个北京市特色专业。建有国家级人才培养模式创新实验区、国家级高等学校实验教学示范中心、国家级及市级校外人才培养基地（6个）、北京市重点实验室、北京市哲学社会科学研究基地、北京市高校工程研究中心等教学科研机构。定期出版专业刊物1个。教职工663人，其中，专任教师418人，包括教授54人、副教授156人；硕士研究生导师117人，外籍教师2人（专职1人，兼职1人）。在国内外学术期刊发表论文694篇，其中，核心期刊论文164篇，《科学引文索引》(SCI)、《工程引文索引》(EI)共收录15篇。获国家实用新型专利授权80项。学校信息化建设网络信息点8000个，无线接入点375个，上网课程250门，电子邮件系统用户5200个，管理信息系统数据总量3000GB，数字资源量9000GB，信息化培训500人次，信息化工作人员10人。毕业生2329人，其中，学历教育全日制硕士研究生230人、普通本科生1309人、成人教育本专科生790人（本科生345人、专科生445人）。本科毕业生就业率97.94%。招生2367人，其中，学历教育全日制硕士研究生241人、普通本科生1490人、成人教育本专科生636人（本科生304人、专科生332人）。高考北京地区录取线理科527分，文科563分。在校生7899人，其中，学历教育全日制硕士研究生562人、普通本科生5994人、成人教育本专科生1343人（本科生629人、专科生714人）。留学生毕（结）业113人，招生109人，在校生113人。网址：www.bwu.edu.cn。

（艾洁）

【举办第三届中美物流教育论坛】 9月20—22日，物资学院举办第三届中美物流教育论坛暨国际化物流教学“种子老师”培训。论坛由物资学院、美国运输与物流协会、中美物流联合会发起，以“培养国际化物流人才，支撑丝路经济，服务跨境电商”为主题，20名“种子老师”参加国际化物流教学培训。来自物流领域专家学者、政府官员和高校师生共计100人参加论坛。

（胡瑞旺）

【智能物流创新实践基地挂牌示范性创新实践基地】 9月22日，物资学院“智能物流创新实践基地”挂牌“北京高校示范性创新实践基地”。该基地以“学校＋企业＋政府”多方联动资源共享为基础，以“重点学科＋特色专业＋实验室联盟”综合平台为支撑，为培养大学生创新实践精神、培养高度契合产业要求的特色应用型人才提供实践平台。

（胡瑞旺）

【成立西藏现代物流研究中心】 9月22日，物资学院西藏现代物流研究中心成立。中心以拉萨市委党校为平台，依托学院学科专业优势，聚焦西藏特别是拉萨市物流发展问题研究，共同促进西藏自治区现代物流与电子商务发展。

（胡瑞旺）

【召开北京危化品供应链安全防控体系建设学术研讨会】 10月20日，物资学院召开北京危化品供应链安全防控体系建设学术研讨会。研讨会就如何加强危化品供应链安全管理、建立综合网络监管平台、监控危化品流向流量和政府购买安全检查服务等问题展开研讨，就加强危化品供应链安全管理指导思想与解决路径提出意见和建议。会议认为，近年来我国每年运输危险货物2亿吨左右，大约有91%的安全事故发生在物流供应链的运输仓储环节，其突发性、复杂性和危害性的特点非常突出。来自国内专家学者共计50人参加研讨。

（胡瑞旺）

【举办第十届中国经济—法律论坛】 10月31日，物资学院举办第十届中国经济—法律论坛暨市场流通法制论坛。论坛围绕“推动贸易流通现代化、营造法治化营商环境”主题，与会专家就流通法制建设、物流法制建设、电子商务法制建设、信用建设与消费者保护等重大问题和热点问题发表专题演讲和讨论。来自高等院校、科研机构、行业协会、企业界、法律实务界等领域专家学者50人参加研讨。

（胡瑞旺）

【举办中国北京流通现代化论坛】 11月28日，物资学院举办中国北京流通现代化论坛。论坛旨在落实国家区域发展整体战略和产业布局调整优化的要求，发挥全国性物流节点城市和区域性物流节点城市辐射带动作用，推动区域物流协调发展，按照推动京津冀协同发展、环渤海区域合作发展要求，加快物流业一体化进程。国务院发展研究中心、北京大学等专家，分别以“全球流通格局变动与中国物流业中长期战略任务”“京津冀协同发展战略对策研究”“京津冀物流协同发展问题分析”“互联网零售模式下的创新物流”“武清区产业集聚发展模式借鉴”“对京津冀协同发展下北京物流疏解的理解以及北京物流现状”为主题发表主旨演讲。来自国内物流流通领域专家学者、京津冀物流企业、研究机构、高等院校、新闻媒体代表150人参加会议。

（胡瑞旺）

【举办期货论坛】 12月19日，物资学院举办第九届期货论坛暨程序化交易峰会。论坛以程序化交易为主题，就当前境内外程序化交易现状、程序化交易市场变革和创新、程序化交易在期货股票市场的应用等方面展开交流，并对交易模型的设计、开发与程序化交易相关问题进行研讨。国内期货行业代表、高校专家学者100人参加会议。

（胡瑞旺）

首都经济贸易大学

党委书记 柯文进
校　　长 王稼琼

【概况】 2015年，首都经济贸易大学占地面积42.50万平方米，学校产权校舍建筑面积39.68万平方米，非产权校舍建筑面积4.55万平方米。全年教育经费投入126530万元，其中，国家拨款110407万元、自筹经费16123万元。固定资产总值12.06亿元，其中，教学、科研仪器设备资产总值5.06亿元。图书馆建筑面积3.57万平方米，藏书190.05万册，包括电子图书1530GB。学校信息化经费投入1308.30万元，拥有计算机6735台，多媒体教室173个，信息化设备资产16433万元，网络信息点28637个，校园网出口总宽带2500Mbps，电子邮件系统用户4562个，上网课程184门，数字资源量25400GB，管理信息系统数据总量2048GB。设18个院系，41个本科专业，4个专科专业，10个硕士学位授权一级学科点，42个硕士学位授权二级学科点，4个博士学位授权一级学科点，18个博士学位授权二级学科点，4个博士后流动站。1个国家重点学科，3个一级省部级重点学科，9个二级省部级重点学科。国家实验室1个。定期出版专业刊物4种。教职工1513人，其中，专任教师857人。专任教师中，教授153人，副教授300人，讲师353人、助教29人；博士生导师66人，硕士生导师335人，“千人计划”入选者1人。另聘请外籍教师13人，其中，11人具有博士学位。毕业生5197人，其中，全日制研究生1052人（博士生43人、硕士生1009人），普通本专科生2375人（本科2258人、专科117人），成人教育本专科生1770人（本科1089人、专科681人）。本专科毕业生就业率99.01%，研究生毕业就业率97.39%。招生4941人，其中，全日制研究生1159人（博士生70人、硕士生1089人），普通本专科生2594人（本科2480人、专科114人），成人教育本专科1188人（本科689人、专科499人）。高考北京地区提档线本科第一批一志愿文科609分、理科605分。第二批一志愿提档线文科581分，理科550分。在校生17316人，其中，全日制研究生2974人（博士生318人、硕士生2656人），普通本专科生10139人（本科9805人、专科334人），成人教育本专科生4203人（本科2558

人、专科 1645 人）。留学生毕（结）业 439 人、招生 447 人、在校生 573 人。网址：www.cueb.edu.cn。

（刘江霞）

【校园网改版上线】 3 月，首经贸校园网改版上线。改版后，网站新增学生、教工入口；对部分原有栏目进行保留、新增和重整，设置页首和页尾两个导航区域；对部分栏目进行整合和调整，主导航栏新增加新闻资讯、院系设置、校园生活 3 个栏目；增加主页的固定内容展示区域篇幅、图片展示区域；网站采用 HTML5 技术，实现响应式显示效果，采用最新的自适应模式，除适合 Chrome、Firefox、Safari、IE6～9 等浏览器的显示，同时可以在 iPad 及任意 10 寸以上显示屏上获得最佳的显示效果；改善访客体验和搜索引擎优化；设置校内邮箱直接登录入口，点击弹出窗口可直接进行登陆。同时，该网站对搜索功能进行优化。

（刘江霞）

【与经济日报社签订合作协议】 4 月

10 日，首经贸与经济日报社签订合作协议。根据协议，双方共建文化与传播学院（经济新闻人才培养基地），共同组织有经验和具有较强研究能力的编辑记者与学校教师编写新闻传播案例教材和大学特色教材，共建精品课程、实习实践基地、实验中心，共同组织公益广告大赛，共同举办财经高峰论坛，还将依托基地共建新型研究平台和国家级研究智库，为中央及有关部门及时提供相关信息和决策建议。

（刘江霞）

【学校章程发布】 5 月 8 日，《首都经济贸易大学章程》通过市教委核准发布。该章程共 9 章 72 条，是该校依法自主办学、实施管理和履行公共职能的基本准则和依据。

（刘江霞）

【举办中国经济增长与周期论坛】 7月 4 日，首经贸举办中国经济增长与周期论坛。论坛以“新常态新转型——‘十三五’规划展望”为主题，与会专家学者分别从如何稳步进入新常态、经济结构变化与面临的挑战、“一带一路”建设、中国劳动力市场、可持续发展、中国“十三五”规划展望 6 个角度展开研讨。会上，该校发布《中国城市生活质量指数（2015）》。来自国际货币基金组织、哥伦比亚大学、佛罗里达大学以及中国社会科学院、国家统计局、北京大学等国内外高校、科研机构专家学者 200 人参加论坛。

（刘江霞）

【与上海总工程师协会签署协同创新战略合作协议】 7 月 20 日，首经贸

与上海总工程师协会就共同建设“特大城市经济社会发展协同创新中心”签署战略合作协议书。协议涉及双方在科学研究、人才培养、学术交流、研究人员互聘等领域开展实质性合作内容。双方将针对特大城市发展进程中的重大难题进行联合攻关，在产业布局、资源利用、环境保护、城市病破解等领域推进实质性、紧密型研究合作，成立“特大城市环境治理与应用技术研究协同创新团队”，各自推选 1 名首席专家负责协同合作工作的开展落实，完成重大项目的推进工作，推进研究成果的转化应用。在共同研究制约特大城市发展的重大难题，解决城市病等问题上进行实质性合作，为解决国家多年来未解决的发展难题贡献力量。

（刘江霞）

【召开“人民币国际化与中国黄金战略”研讨会】 9 月 18 日，首经贸召开“人民币国际化与中国黄金战略”

研讨会。会议分析人民币国际化的本质、内在规律和非金本位制下的黄金新定位、新作用，从政治、经济等多个维度，以历史、现实等视角探讨黄金在人民币国际化的战略意义以及新时期下的中国黄金战略。专家一致认为，黄金在货币国际化进程中发挥着不可替代的作用，人民币国际化不应忽视黄金这一重要因素，国家应该从战略高度重视黄金产业和市场的发展，增加黄金储量。来自政府、银行、黄金矿业、黄金投资机构及教育机构等单位领导和专家学者 130 人参加会议。

（刘江霞）

【召开全国无形资产理论与实务研讨会】 10 月 17 日，首经贸召开全国无形资产理论与实务研讨会。会议由该校与北京会计学会合办，采取主题报告和讨论形式，研讨无形资产和商誉评估、知识产权与科技成果、自主创新与企业核心竞争力等问题。来自相关领域专家学者 100 人参加会议。

（刘江霞）

【成立大数据与统计科学研究院】 10 月 24 日，首经贸成立大数据与统计科学研究院。研究院依托统计与大数据的结合，开展政府与高校、高校与高校之间在科研、培训、人才培养等方面的合作，实现大数据和学校统计学科的相互融合，带动学校经济、金融、管理等优势学科的共同发展。该院有教科研人员 30 人，其中，高级职称 15 人。

（刘江霞）

【实施全面深化综合改革】 10 月 29 日，首经贸实施全面深化综合改革。该校围绕人才培养、学科建设与科学研究、人才队伍建设、国际化办学、内部治理、资源配置、信息化建设 7 个方面开展包括提升人才培养质量、认真贯彻执行民主集中制、建立具有

学校特色的现代大学制度、落实学院办学主体地位、加强科研平台和科研团队建设等80项改革任务。

（刘江霞）

【与普洱学院签订合作协议】　11月25日，首经贸与普洱学院签订合作协议。根据协议，双方将采用“2＋2”“4＋3”等方式，共同合作培养本科、研究生层次的东盟国家来华留学生。该校负责对普洱学院在留学生教育、师资培养、科研和学科建设等方面提供进一步支持，助力普洱学院的发展。普洱学院负责凝练学校定位，以教师交流为途径，支持学院经管类学科建设。同时双方致力于围绕国家重点科研项目，加强科研工作合作，发挥好地区辐射交流作用。

（刘江霞）

【召开东西方文化的交流与影响研讨会】　11月28日，首经贸召开“东方

与西方：文化的交流与影响”国际学术研讨会。会议研讨世界文学与东西方文学研究的国际前沿、当代语言学及应用语言学发展趋势问题，介绍翻译研究的最新进展，设置2次大会主旨发言和3个分会场活动，6个分论坛活动。来自英国、美国、法国等8个国家的60所高校和科研院所的专家、学者以及该校研究生200人参加研讨。

（刘江霞）

【创业咖啡厅正式开业】　12月8日，首经贸卡摩创业咖啡厅开业。该咖啡厅由学校承担成本，学生独立运营管理的第一个大学生创业实践项目，位于学校博学楼2层，面向校内外开展经营活动。该校学生处负责前期咖啡厅运营团队的招募和评审工作，资产公司提供场地并负责后期运营团队的监管工作。

（刘江霞）

【校歌《远航》发布】　12月28日，首经贸发布校歌《远航》。该歌曲选用知名词作家张农科的作品《远航》为歌词，由著名作曲家舒楠谱曲，黑鸭子合唱组演唱。

（刘江霞）

【与境外高校新签署25项合作协议】

至年底，首经贸与境外高校新签署25项合作协议。新签协议中，13项校级协议、12项院级协议。该校重点开拓与非洲的埃塞俄比亚、坦桑尼亚和南非等国家的高校建立校际合作关系和招收留学生；与中东欧的波兰、匈牙利、白俄罗斯，南欧的西班牙，北欧的比利时等国家的高校开展校际合作交流。

（刘江霞）

【调整本科招生政策】　至年底，首经贸调整本科招生政策。该校在京投放招生计划层次增加，将为京籍考生本科提前批B、C段，一批次，二批次投放计划，生源受益面进一步扩大。调整主要变化为，一是为调剂上线考生可能出现的不均衡，首次预留招生计划（不超过计划1%），用于确保服从专业调剂的考生利益，一般提档不退档；二是原则上顺序志愿提档比例不超过120%，平行志愿提档比例不超过105%；三是在投档和分专业环节均认可加分，分数优先，不设专业级差，在分专业环节如果高考分数相同，首先参考数学成绩，参考顺序依次为数学、外语、语文、综合分数；四是取消英语口试要求，国际经管学院、华侨学院英文授课专业原则上录取有报考志愿的考生；此外，新增“外国语言文学类”大类招生，涵盖英语（经贸翻译）、英语（英法双语）、商务英语3个专业，考生入校一年后再根据兴趣及学习情况选择专业方向。

（刘江霞）

外交学院

院　　长　秦亚青
党委书记　袁南生

【概况】　2015年，外交学院占地面积35.23万平方米，学校产权校舍建筑面积169695平方米。全年教育经费投入24562.15万元，其中，国家拨款17255.67万元、自筹经费7306.48万元。固定资产总值2.40亿元，其中，教学、科研仪器设备资产值0.34亿元。图书馆建筑面积12746平方米，藏书75.50万册，其中，纸质图书56万册、电子图书19.50万册（电子图书1480GB）。拥有计算机1579台。学校信息化经费投入568.62万元，多媒体教室座位4394个，信息化设备资产3720万元，网络信息点5800个，校园网出口总带宽333Mbps，电子邮件系统用户4116个，上网课程294门，数字资源量24870GB，管理信息系统数据总量706GB。有9个教学单位、20个研究中心。开设10个专业，涵盖法学（含政治学）、文学、经济学3大学科门类；具有一级学科2个，一级学科博士点1个，博士学位授权点3个，硕士学位授权点11个、专业学位授权点3个；博士后流动站1个，其中，博士后研究人员进站2人、在站5人。国家重点学科2个、北京市重点学科4个、部级重点学科4个。教职工440人，其中，专任教师211人，包括教授48人、副教授86人；博士生导师15人、硕士生导师120人。外籍教师20人。毕业生543人，其中，学历教育全日制研究生256人（博士生16人、硕士生240人）、普通本科生287人。研究生课程进修班145人。本科毕业生就业率95.8%。招生730人，其中，学历教育全日制研究生296人（博士生23人、硕士生273人）、普通本科生361人、成人教育专科生73人。高考北京提档线文科639，理科657。在校生2142

人，其中，学历教育全日制研究生689人（博士生91人、硕士生598人），普通本科生1308人，成人教育专科生145人。留学生毕业79人，招生94人，在校生154人。网址：www.cfau.edu.cn。

（阚四进）

【召开中国国际关系学会年会】 1月12日，外交学院召开中国国际关系学会年会。年会围绕当前国际和地区形势、学会今后的建设和改革进行研讨。国务委员杨洁篪作国际形势与中国外交的形势报告。来自中国社会科学院、中国现代国际关系研究院、上海国际问题研究院等研究机构，以及清华大学、北京大学、复旦大学等高校专家学者100人参加会议。

（阚四进）

【颁发首届秋实奖学金】 4月1日，

外交学院颁发首届秋实奖学金。该奖学金由该院国际法系毕业校友捐资设立，用于奖励国际法系家庭困难且品学兼优的学生，每年奖励6人，每人6000元。

（阚四进）

【召开亚洲国家共建海上丝绸之路研讨会】 4月11日，外交学院召开亚洲国家共建“21世纪海上丝绸之路”研讨会。会议围绕“东南亚国家与21世纪海上丝绸之路”“南亚国家与21世纪海上丝绸之路”以及“理解21世纪海上丝绸之路”等议题分别从沿线国家和线外国家的角度发言，阐述各国对“21世纪海上丝绸之路”的看法及诉求。与会国家对“海上丝绸之路”持积极态度，希望借助“海上丝绸之路”实现本国经济发展。来自中国、印度等亚洲国家专家学者50人参加会议。

（阚四进）

【召开第12次党代会】 5月4—5

日，中共外交学院召开第12次党员代表大会。会议审议通过《中国共产党外交学院委员会工作报告》《中国共产党外交学院纪律检查委员会工作报告》和《关于外交学院党费收缴、使用和管理情况报告》，选举新一届党委委员和纪委委员。该院教职工党员代表、离退休党员代表、学生党员代表110人参加大会。

（阚四进）

【召开新兴国家与世界秩序国际研讨会】 9月9—10日，外交学院召开新兴国家与世界秩序国际研讨会。会议对世界秩序变革与新兴国家的地位、新兴国家发展中的成绩与问题、金砖国家合作动力和当前中国外交4个议题展开研讨，高度评价新兴国家为建设更合理的国际秩序所做出的努力，认为它们是推动现有国际秩序变革的新生力量。来自中国、美国、俄罗斯等7个国家专家学者50人参加会议。

（阚四进）

【庆祝建校60周年】 9月13—14日，

外交学院举办成立60周年校庆纪念活动。活动由纪念大会、文艺演出和系列学术活动组成。纪念大会上，外交部部长王毅在讲话中充分肯定外交学院60年来为中国外交事业做出的贡献，希望该校以60周年校庆为契机，争取为迈向世界强国的中国外交事业、为实现民族复兴的宏伟目标做出更大贡献。他勉励同学们坚定信念、继承传统、不断进步，力争成为文武双全、内外兼修、学贯中西的优秀外交人才。来自社会各界嘉宾、海内外校友和全院师生3000人次参加纪念活动。

（阚四进）

【召开国际秩序的构建研讨会】 9月14日，外交学院召开“国际秩序的构建：历史、现在和未来”研讨会暨首届全国外交与国际关系学院院长会议。会议邀请伦敦政治经济学院教授巴里·布赞、普林斯顿大学教授罗伯特·基欧汉、新加坡国立大学教授王赓武作主旨发言。三位嘉宾认为，武力与战争不应是国际体系变革的选项，和平与合作是当代国际秩序建设的唯一途径；来自全国近40所高校的外交与国际关系学院的院长还对当今国际秩序转型与中国外交面临的挑战进行讨论，并就外交学与国际关系学的学科建设、人才培养、学术交流等展开探讨。来自国内外专家学者100人参加会议。

（阚四进）

【举办第十届博士生论坛】 9月15日，外交学院举办中国国际关系学会第十届博士生论坛。论坛以“国际关系研究的发展与创新”为主题，收到论文50篇。来自北京大学、中国人民大学、复旦大学等国内高校博士生120人参加论坛。

（阚四进）

【举办多期援外培训班和香港培训班】

至年底，外交学院举办多期援外培训班和香港培训班。受外交部等委托共举办外国外交官等政府官员及学者培训班16期，培训来自60个国家的学员291人；举办两期香港公务员外交事务研习课程培训，学员共30人；举办第五届香港大学生外交之友夏令

营，培训学生 62 人。

（阚四进）

中国人民公安大学

党委书记　程琳（7 月 8 日免）
　　　　　樊京玉（7 月 8 日任）
校　　长　程琳（7 月 8 日免）
　　　　　曹诗权（7 月 8 日任）

【概况】　2015 年，中国人民公安大学有木樨地、团河两个校区，总占地面积 864718 平方米，建筑面积 631371.95 平方米。固定资产总值 252937.54 万元，其中，教学、科研仪器设备资产总值 17957.83 万元。图书馆建筑面积 43351 平方米，藏书 140.04 万册。拥有计算机 6247 台（含教学用计算机 4336 台）。网络多媒体教室 224 间，信息化设备资产 14377.43 万元，网络信息点 20000 个，校园网出口总带宽 2500Mbps，电子邮件系统用户 10000 个，上网课程 124 门，数字资源量 40000GB，管理信息系统数据总量 25000GB。有 15 个教学院（系、部）；开设 13 个本科公安专业，覆盖法学、工学 2 个学科门类；有 3 个一级学科博士后科研流动站，在站 4 人。有法学、公安学、公安技术 3 个一级学科博士学位授权点，法学、公安学、心理学、安全科学与工程、公安技术 5 个一级学科硕士学位授权点，法律、警务、安全工程和公共管理 4 个专业学位硕士授权点；有公安学、公安技术 2 个一级学科国家重点学科，国家级特色专业点 5 个，北京市重点学科 4 个，国家级实验教学示范中心 2 个，省部级重点实验室 2 个，北京市实验教学示范中心 1 个，国家级虚拟仿真实验教学中心 1 个，省部级研究机构 2 个。全校教职工 2228 人，其中，专任教师 639 人，包括教授 119 人、副教授 226 人；博士生导师 45 人、硕士生导师 223 人，享受国务院政府特殊津贴 28 人。外籍教师 1 人。毕业生 5304 人，其中，学历教育全日制研究生 500 人（博士生 21 人、硕士生 479 人），本科生 2074 人（包括二学位生 429 人），成人教育本专科生 2730（含校外）人。招生 5902 人，其中，学历教育全日制研究生 534 人（博士生 28 人，硕士生 506 人），本科生 2587 人（包括二学位生 427 人），成人教育本专科生 2781（含校外）人。在校（籍）生 16054 人，其中，学历教育全日制研究生 1377 人（博士生 92 人、硕士生 1285 人），本科生 9465 人（包括二学位生 1056 人），成人教育本专科生 5212（含校外）人。本科毕业生一次就业率 95%，北京生源高考提档线文科 583 分，理科 548 分。学校共承担各类高级警官进修及培训任务 11809 人，其中，培训时间在一个月以内的有 11647 人，培训时间在三个月至半年的有 162 人；承办港澳执法研修班 11 期，学员 215 人；承办外国高级执法官员研修班 4 期，为 60 名外国执法官员提供研修服务。网址：www.ppsuc.edu.cn。

（邓杰）

【与广东省 3 个地方公安局签订合作协议】　1 月 26 日、10 月 16 日和 11 月 13 日，公安大学分别与广东省惠州市公安局、珠海市公安局和中山市公安局签订合作协议。在人才培养、科学研究、实践教学等方面开展交流合作，珠海市公安局成为公安大学学科专业建设、科学研究、人才培养、师资队伍建设的战略支撑点，公安大学成为珠海市公安局的人才库、智库和领导干部培训、警务工作研究、高层次主题班举办的主阵地。

（邓杰）

【举办国家安全形势专题讲座】　3 月 20 日，公安大学举办国家安全形势专题讲座。国防大学战略研究所所长金一南将军作题为《国家安全形势与安全筹划》的专题讲座，分析当前中国国家安全面临的新形势和新挑战，阐述维护国家安全的新思路和新举措。该校师生 800 人参加学习。

（邓杰）

【举办美国国土安全部部长专题演讲会】　4 月 10 日，公安大学举办美国国土安全部部长约翰逊专题演讲会。约翰逊介绍美国国土安全部的职能架构、运作机制以及面临的挑战，回答学生关于反恐、追逃追赃、中美人才培养合作等问题。该校师生 500 人参加学习。

（邓杰）

【召开第五次学生代表大会】　4 月 25 日，公安大学召开第五次学生代表大会。会议听取并审议第五次学生代表大会提案工作报告和第十八届校学生会工作报告，审议并通过《中国人民公安大学学生会章程》，选举产生第五次学生代表大会委员会常务委员。学校师生代表共计 300 人参加代表大会。

（邓杰）

【第二期西藏少数民族民警专业证书班结业】　6 月，公安大学第二期西藏少数民族民警专业证书班结业。该班 2014 年 9 月开班，培训西藏民警 100 人，其中，刑事科学技术专业 49 人、网络安全保卫专业 51 人，学员主要来自西藏自治区 7 个地（市）公安处（局）和 55 个县级公安局，分别接受 23 门课程，共计 636 学时的专业培训。

（邓杰）

【承办公安部新警培训班】　9 月 9 日至 12 月 4 日，公安大学承办公安部新警培训班。培训内容包括学员理想信念和道德品行教育、警察职业养成教育和基础公安理论、基础法律法规、基础公安业务学习以及基础警务实战技能、机关工作技能、体能、心理行为训练等。公安部 81 名学员参加培训学习。

（邓杰）

【承办尼泊尔高级警官研修班】　10 月 7—16 日，公安大学承办尼泊尔高级警官研修班。校内研修期间，来自尼泊尔内政部的 20 名局、处级官员，重点就中国司法体制、警务运作机制、重大事件应急处置等进行研修。至年底，该校还承办公安部土耳其、埃及等国中高级警官研修班。

（邓杰）

【举办国际警务论坛】　10 月 20—22 日，公安大学举办国际警务论坛。论坛设置法治建设、队伍建设、执法合作建设、警察心理 4 个分论坛，国内外专家 80 人在各分论坛上发言。来自阿富汗、澳大利亚、加拿大等 18 个国家和地区的警务专家 120 人参加活动。

（邓杰）

【成立马克思主义学院】 11月12日，

公安大学成立马克思主义学院。学院为学校内设教学机构，承担学校马克思主义理论教学、研究、宣传和人才培养等工作，是全国公安院校第一个马克思主义学院。

（邓杰）

【成立公安党建研究所】 12月8日，公安大学成立公安党建研究所。研究所落实全面从严治党新要求，发挥党在公安工作中的坚强领导核心作用，围绕如何进一步创新思想政治工作方式方法、推动从严管理监督干部、推进纪律作风和反腐倡廉建设、完善党建工作体制机制、做实建强基层党组织、发挥党员先锋模范作用、强化群团组织功能等问题开展理论研究、政策分析、对策建议和实践调研。

（邓杰）

【承担公安部警官培训工作】 至年底，公安大学承担公安部警官培训工作。该校承办公安部警督晋升警监警衔培训班等7个常规培训班，公安机关警种部门领导干部研讨班等18个专题培训班，全国公安机关警务督察教育培训研讨班等17个业务培训班，重庆市公安局政委专题研修班等9个计划外培训班。共培训11809人。

（邓杰）

国际关系学院

党委书记 刘慧
院　　长 陶坚

【概况】 2015年，国际关系学院占地面积15.80万平方米，学校产权校舍建筑面积12.60万平方米。全年教育经费投入21041.32万元，其中，国家拨款18964.71万元、自筹经费2076.61万元。固定资产总值4.37亿元，其中，教学、科研仪器设备资产值0.56亿元。图书馆建筑面积5925平方米，藏书126.09万册，其中，纸质图书44.34万册、电子图书81.75万册。拥有计算机1885台。学校信息化经费投入1912.18万元，多媒体教室座位3998个，信息化设备资产3258.85万元，网络信息点4850个，校园网出口总带宽2560Mbps，电子邮件系统用户3019个，上网课程15门，数字资源量10000GB，管理信息系统数据总量590763.32GB。设置7个院（系、部）；开设10个专业，覆盖5个学科门类；具有一级学科3个，硕士学位授权点15个、专业学位授权点4个。北京市重点学科1个。教职工359人，其中，专任教师154人，包括教授27人、副教授77人；博士生导师5人、硕士生导师277人；享受政府特殊津贴专家5人。外籍教师9人，其中，教授1人、副教授1人。毕业生1009人，其中，学历教育全日制硕士研究生220人、普通本科生648人、成人教育本专科生141人（本科生100人、专科生41人）。研究生课程进修班264人。本科毕业生就业率90.59%。招生895人，其中，学历教育全日制硕士研究生288人、普通本科生563人、成人教育本专科生人44（本科生28人、专科生16人）；研究生课程进修班158人。高考北京地区提档线理科584分，文科595分。在校生2982人，其中，学历教育全日制硕士研究生549人、普通本科生2303人、成人教育本专科生130人（本科生97人、专科生人33）；研究生课程进修班392人。留学生毕业8人、招生10人、在校生10人。网址：www.uir.cn。

（任婉君）

【举办国家安全论坛】 1月10日，国

关学院举办第14届国家安全论坛。论坛以“国际安全：新变化、新特点、新趋势”为主题。来自国务院发展研究中心、中国社会科学院、中国人民大学等科研机构和高校专家学者70人参加论坛。

（任婉君）

【成立信息科技学院】 1月12日，国关学院成立信息科技学院。学院致力于培养从事智能信息处理，智能信息系统分析、设计、管理及评价等工作的高级专门人才；设有信息管理与信息系统1个本科专业，下设信息安全、智能信息处理，数据科学与工程3个专业方向；通信与信息系统、电子与通信工程和警务硕士（科技）3个硕士专业。有信息安全教研室、“北京大学－国际关系学院”信息技术联合实验室等9个主要实验室，以及中国信息安全测评中心等研究生实习基地。该院前身是2003年成立的信息科技系。

（任婉君）

【举办模拟博鳌亚洲论坛】 4月26日，

国关学院举办第五届模拟博鳌亚洲论坛。论坛以“教育·创业·创新”为主题，与会人员就如何培养创新思维、如何从思维导向实践、如何总结创业经验等问题展开讨论。来自国内政商学界专家学者50人参加论坛。

（任婉君）

【举办夏宫论坛】 6月27—28日，国关学院举办夏宫论坛。该论坛与美国玛瑞埃塔学院合办，以“创新教育，创造价值，服务社会——国际组织人才培养与发展”为主题，研讨“培养全球事务领导者的途径和方法”“中国人才的世界认同”“对全球化背景下国际商业关系管理的思考”等问题。来自中国、美国高校专家学者30

人参加论坛。

（任婉君）

【成立英语写作中心】　7月3日，国关

学院外语学院英语写作中心成立。英语写作中心是集教学、科研和服务于一体的工作平台，隶属外语学院，由学校长期从事英语写作教学和科研的教授领衔，邀请国内外知名专家做咨询顾问。

（任婉君）

【发行英文期刊】　7月4日，国关学院发行英文期刊《国际安全研究》（《International Security Studies》）。该期刊是以“安全”（Security）命名的英文学术期刊，由国际关系学院与社科文献出版社共同出版，主要刊登国内外学术界对于安全研究的一流原创成果，面向全球发行，每年发行2期。

（任婉君）

【召开世界和平与全球治理研讨会】

7月4—5日，国关学院召开“共享安全：世界和平与全球治理”学术研讨会。会议研讨“二战以来国际安全体系：变迁与发展”“联合国与全球治理机制：评估与反思”“当前重大国际安全难题：治理与前景”等6个议题。来自国内外80多家高等院校、科研机构、非政府组织专家学者170人参加研讨。

（任婉君）

【举办首期英语写作与翻译工作坊】

7月20—24日，国关学院举办首期英语写作与翻译工作坊。工作坊面向全国高校，邀请多位翻译界权威专家、优秀的一线翻译从业者和教师授课。全国26所高校的31名学生参加学习。

（任婉君）

【举办依法治国与国家安全论坛】

11月11日，国关学院举办依法治国与国家安全主题论坛。论坛研讨中国国家安全法制重构、网络情报共享和保护、网络空间安全、新国家安全法等问题。国内相关领域专家学者和该校教师170人参加研讨。

（任婉君）

【举办中国崛起与“一带一路”学术研讨会】　11月27日，国关学院举办中国崛起与“一带一路”学术研讨会暨CIR公开论坛。会议分为闭门研讨会和CIR公开论坛2个阶段。专家学者围绕“一带一路”主题，分别从“中国外交”“大国关系”“安全环境”及“相关领域建设”4个议题切入进行探讨与交流。CIR公开论坛以加强青年学生对中国“一带一路”战略的理解为主旨，邀请中国国际战略学会、中国社会科学院、清华大学等单位的专家学者，进行政策分析与问题研讨。来自中国人民大学、中国现代国际关系研究院等17所高校和科研机构的专家学者30人参加会议。

（任婉君）

北京体育大学

党委书记　杨桦
校　　长　池建

【概况】　2015年，北京体育大学占地面积75.52万平方米，学校产权建筑面积45.04万平方米。固定资产总值232334.40万元，其中，教学、科研仪器设备资产值22254.60万元。图书馆建筑面积5766平方米，纸质图书113.60万册、电子图书4719.50GB。拥有计算机4244台。全年教育经费投入57866.49万元，其中，国家拨款42629.59万元、自筹经费15236.90万元。学校信息化设备资产11664万元，网络信息点1170个，校园网出口总带宽2000Mbps，电子邮件系统用户1962个，上网课程20门，数字资源量9198.40GB，管理信息系统数据总量18GB。设置8个学院、5个教学系、2个中等专业学校；开设本科专业16个，覆盖教育学、文学、理学、医学、管理学5个学科门类，其中，国家级特色专业建设点3个、北京市特色专业建设点4个；拥有体育学一级学科博士学位授予点1个，一级学科硕士学位授权点4个，二级学科硕士学位授予点1个，以及体育硕士专业学位授予点和高校师资学位授予点；体育学博士后科研流动站1个，其中，博士后研究人员出站2人、进站9人、在站23人。有国家重点学科4个、省部级重点学科12个，省部级优秀重点学科2个，省部级重点实验室5个，省部级体育哲学社会科学重点研究基地1个，北京市高等学校工程中心1个，国家级实验教学示范中心1个，北京市高校实验教学示范中心2个。在职教职工1034人，其中，专任教师730人，包括教授146人、副教授223人；博士生导师61人、硕士生导师220人。毕业生4277人，其中，学历教育全日制研究生640人（博士生88人、硕士生552人），普通本科生1996人，成人教育本专科生1368人（本科生694人、专科生674人）；研究生课程进修班273人。本科毕业生就业率97.04%。招生4587人，其中，学历教育全日制研究生758人（博士生102人、硕士生656人），普通本科生2426人、成人教育本专科生1022人（本科生546人、专科生476人），非计划招生高等教育在职人员攻读硕士学位101人，研究生课程进修班280人。在校生14479人，其中，学历教育全日制研究生2419人（博士生392人、硕士生2027人），普通本科生9260人，成人教育本专科生2478人（本科生1224人、专科生1254人）；非计划招生高等教育学生中在职人员攻读硕士学位322人。全日制留学生毕业22人，招生46人，在校生122人。网址：www.bsu.edu.cn。

（牛文珺）

【设立职业发展与就业创业指导教研室】　3月12日，北体大设立职业发展与就业创业指导教研室。教研室负责学校《大学生职业生涯规划》《大学生就业指导》等课程的教学、教材建

设、师资队伍建设等相关工作。有教科研人员9人，包括高级职称2人。

（董健）

【举办全国艺术体育院校创业指导开放日】 3月19日，北体大举办全国艺术体育院校创业指导开放日活动。该活动分为3个部分：第一为创业师资培训，第二为有创业意愿的学生进行创新创业大讲堂活动，第三为“大学生优秀创业团队——创业沙龙”活动。来自北京地区和全国各地15所综合性院校、行业性院校200人参加活动。

（董健）

【出版《体育院校大学生职业发展与就业指导》】 3月，北体大出版高等教育体育学精品教材《体育院校大学生职业发展与就业指导》。教材由学校就业指导服务中心组织编写，北京体育大学出版社出版，注重教学内容的应用性和实践性，理论结合实际，引用真实而鲜活的案例讨论，贴近体育专业大学生的学习和生活，可以帮助学生更好地认识自我、了解社会、探索职场，引导他们根据自身特点和社会需求形成适合个人发展需要的就业取向，获得更好的职业机会，实现自己的人生理想。

（董健）

【学生获全国先进工作者称号】 4月28日，北体大2014级研究生西洛卓玛获全国先进工作者称号。西洛卓玛，女，藏族，1987年出生于林芝县，2005年成为西藏自治区竞技体育管理中心摔跤队运动员。2011年在土耳其举行的世界摔跤锦标赛中荣获女子自由式摔跤67公斤级世界冠军，这是西藏和平解放60年来，西藏诞生的首个竞技体育世界冠军。在2013年辽宁举行的第十二届全运会中荣获女子自由式摔跤63公斤级全国冠军，在2014年仁川亚运会中荣获女子自由式摔跤63公斤级亚军，在2015年卡塔尔首都多哈举行的亚洲摔跤锦标赛中荣获女子自由式摔跤63公斤级冠军。2010年，西洛卓玛进入北京体育大学竞技体育学院运动训练专业学习，2014年保送为研究生。

（董健）

【举办卓越讲堂】 5月8日，北体大举办卓越讲堂首场讲座。该校校长作

题为《深化学校体育改革——促进青少年身心健康、体魄强健》报告，阐释“充分认识学校体育在教育体系中的重要地位与价值”“我国学校体育的发展历程与现状”“深化学校体育改革，促进青少年全面发展”3个方面内容。该校师生1000人参加学习。

（董健）

【举办国际体能峰会】 9月19—21

日，北体大举办国际体能峰会。峰会研讨青少年运动能力发展特点与规律、高水平运动员的体能训练周期安排、运动损伤康复和预防训练新动向等问题。会议采取专家互动、冠军讲坛和专项体能会场等环节。来自国内专家学者和体育工作者共计200人参加活动。

（董健）

【残奥冠军班开班】 11月12日，北

体大首届残奥冠军班开班。该教学班经教育部批准，2015年起免试招收2008年及之后残奥会有关项目国际赛事冠军获得者进入运动训练专业本科学习。2015级残奥冠军班招收由乒乓球、游泳、举重和轮椅网球4个项目选拔而来，来自10个省市自治区12名优秀残疾人运动员，其中，男运动员9人、女运动员3人。

（董健）

中央音乐学院

党委书记 郭淑兰
院　　长 王次炤

【概况】 2015年，中央音乐学院占地面积6.48万平方米，建筑面积17.88万平方米。固定资产总值58490万元，其中，教学科研仪器设备资产值18056.59万元。图书馆藏书55.12万册，其中，图书11.39万册，乐谱17.07万册，期刊1.63万册，音像资料25.03万件。此外，新增巴赫文献17000件。拥有计算机1117台，多媒体教室27个，信息化设备资产5298.15万元，网络信息点4531个，校园网出口总带宽1500Mbps，电子邮件系统用户996个，上网课程61门，数字资源量2210GB，管理信息系统数据总量70.10GB。设有13个二级教学院系，1个音乐学研究所和1所附属中等音乐学校。有一级学科博士学位授权点1个，含二级学科4个。有一级学科硕士学位授权点1个，含二级学科6个。博士后流动站1个，进站3人，在站6人。教育部人文社会科学重点研究基地1个，国家级实验教学示范中心1个，国家人才培养模式创新实验区2个，北京市实验教学示范中心2个，国家非物质文化遗产研究与保护中心1个，“中国文联中国文艺评论基地”1个。有教职工587人，其中，专任教师281人，包括教授96人、副教授89人；博士生导师38人、硕士生导师150人。有“长江学者奖励计划”讲座教授1人、国家有突出贡献专家4人、享受政府特殊津贴专家45人。外籍教师28人，其中，教授23人、副教授1人。全日制毕业生504人，其中，本科生323人、硕士生155人、博士生26人；网络教育毕业生1069人，其中，本科生579人、专

科生 490 人。本科毕业生初次就业率 97.52%，硕士研究生初次就业率 98.06%，博士研究生初次就业率 100%，综合初次就业率 97.82%。招生 2056 人，其中，普通本科生 361 人，网络教育本专科生 1484 人（本科生 672 人、专科生 812 人），学历教育全日制研究生 211 人（博士生 29 人、硕士生 182 人）。在校生 8699 人，其中，学历教育全日制本科生 1551 人，研究生 661 人（硕士生 562 人、博士生 99 人），网络教育本专科生 6487 人（本科生 4542 人、专科生 1945 人）。网址：www.ccom.edu.cn。

（谢穗）

【召开太平洋地区音乐院校联盟高峰会议】　4 月 8—12 日，中央音乐学

院召开第二届“太平洋地区音乐院校联盟”（PAMS）高峰会议。会议以弦乐教学为主题，结合自身经验围绕主题进行研讨。会议期间，参会学校举办弦乐教学成果展演。来自中国、澳大利亚、美国等国家和地区 11 所音乐学院院长及音乐家参加活动。“太平洋地区顶级音乐院校联盟”2013 年由澳大利亚悉尼音乐学院和中国中央音乐学院发起组建，旨在加强太平洋地区音乐院校的交流，促进专业音乐教育的发展。

（谢穗）

【举办中美作曲家项目系列活动】　6 月 22 日，中央音乐学院举行中美作曲家项目系列活动开幕音乐会，刘延东出席并致辞。活动与美国作曲家管弦乐团联合举办，以艺术节、音乐会、读谱会等形式，为两国作曲家提供一个深入交流与合作的平台。两国音乐家、音乐爱好者共计 100 人参加活动。

（谢穗）

【学生获柴可夫斯基国际音乐比赛银奖】　7 月 2 日，中央音乐学院学生王传越

在俄罗斯莫斯科举行的第 15 届柴可夫斯基国际音乐大赛上获得银奖。王传越，该校声歌系在读研究生、男高音，是该校第七位在该项比赛获奖学生。柴可夫斯基国际音乐大赛始于 1958 年，与肖邦国际钢琴比赛、伊丽莎白女王音乐比赛并称为世界三大音乐比赛，被誉为古典音乐界的“奥林匹克”。

（谢穗）

【举办纪念抗战胜利专场音乐会】　8

月 26 日，中央音乐学院举办纪念中国人民抗日战争暨世界反法西斯战争胜利 70 周年专场音乐会。音乐会以“铭记历史、珍爱和平”为主题，分上下半场，演出《第七交响曲“列宁格勒”》和《黄河大合唱》2 部作品。音乐会采用 200 人的超大编制交响乐团以及 150 人的合唱团阵容。来自国内外音乐爱好者 500 人观看演出。

（谢穗）

【举办中国民族音乐节】　9 月 20—25 日，中央音乐学院举办首届中国民族音乐节。音乐节采取中国民族器乐创作、教学成果展演与学术交流于一体形式，举办 7 场音乐会、7 场学术讲座和 2 场专题展演活动。国内民族音乐专家学者、爱好者 500 人次参加活动。

（谢穗）

【庆祝建校 75 周年】　11 月 1—10 日，中央音乐学院举办建校 75 周年校庆系列活动。活动以“飞樂·超

樂”为主题，围绕学术活动展开，包括庆典大会、音乐会、大师班、学术讲坛、成果展览等内容。庆典大会上，美国茱莉亚音乐学院院长、耶鲁大学音乐学院院长和知名校友发表演讲，并对该校在新中国专业音乐教育的创建和发展过程中做出贡献的老一辈音乐家、音乐教育家予以表彰；音乐会由郎朗、吕思清、李心草等活跃在国内外音乐界的知名校友联合演出；教学成果展集中展示学校教学成果、科研成果、先进教学模式、世界级奖项等；艺术档案展则是以中央音乐学院老一辈杰出教授的艺术成果、艺术历程等内容为展示的核心，通过对不同时期、不同专业领域的 10 名艺术家的介绍，体现学校一直以来秉承的优良传统和教育理念。来自国内外兄弟院校代表、校友和该校师生 1000 人次参加活动。

（谢穗）

【收藏巴赫文献】　11 月 4 日，中央音乐学院图书馆收藏巴赫文献。该院接收巴赫珍贵文献捐赠共计 184 箱，约 17000 件，包含专著、文集、会议录、论文、乐谱手稿影印版、早期乐谱版本与音乐出版物等。该校图书馆将按照文献的收藏国际化标准对其进行整理及数字化保存，最终以实物和数据库的方式呈现给读者。

（谢穗）

【获 13 项金钟奖和 1 项金鸡奖】　11 月，中央音乐学院获得 13 项金钟奖和 1 项金鸡奖。在 13 项金钟奖中，该校钢琴系手风琴专业学生许笑男获得第十届“中国音乐金钟奖”手风琴比赛金奖。作曲系副教授郝维亚获得金鸡奖最佳音乐奖。

（谢穗）

中国音乐学院

党委书记 闫拓时
院　　长 赵塔里木（11月免）
　　　　　王黎光（11月任）

【概况】 2015年，中国音乐学院占地面积4.42万平方米，学校产权建筑面积4.99万平方米。固定资产总值64809.67万元，其中，教学、科研仪器设备资产值26693.89万元。图书馆建筑面积3351平方米，纸质图书30.90万册、电子图书1300GB。拥有计算机916台。全年教育经费投入30600.81万元，其中，国家拨款22144.04万元、自筹经费8456.77万元。学校信息化设备资产2551.99万元，网络信息点3600个，校园网出口总带宽85Mbps，电子邮件系统用户2000个，数字资源量3862.20GB，管理信息系统数据总量525GB。学校设有11个教学系、部，1个研究生院，1个继续教育学院，1所附属中等音乐专科学校；设16个本科招考方向，覆盖3个专业；有一级学科1个，一级学科博士点1个，博士学位授权点1个，硕士学位授权点1个和专业学位授权点1个；博士后流动站1个，其中，博士后研究人员进站4人、在站15人。北京市重点学科1个；国家级优秀教学团队1个，北京市优秀教学团队4个，国家级特色专业建设点3个，教育部人才培养模式创新试验区1个，北京市人才培养模式创新试验区2个，北京市哲学社会科学研究基地1个。教职工386人，其中，专任教师241人，包括教授50人、副教授75人；博士生导师24人，硕士生导师130人。国家级有突出贡献的中青年专家3人、享受政府特殊津贴专家39人、国家级教学名师2人、北京市教学名师9人、全国中青年“德艺双馨”教师3人。外籍教师11人，其中，教授9人、副教授2人。毕业生684人，其中，学历教育全日制研究生137人（博士生18人、硕士生119人），普通本科生261人，成人教育本专科生256人（本科生219人、专科生37人）；非计划招生高等教育在职人员攻读硕士学位30人。本科毕业生就业率96.07%。招生1081人，其中，学历教育全日制研究生152人（博士生18人、硕士生134人），普通本科生285人、成人教育本专科生552人（本科生527人、专科生25人）；非计划招生高等教育在职人员攻读硕士学位92人。高考北京地区本科提档线音乐学专业文科421分，理科396分；作曲与作曲技术理论专业文科368分，理科346分；音乐表演专业文科316分，理科297分；艺术管理专业文科527分，理科495分。在校生2847人，其中，学历教育全日制研究生445人（博士生56人、硕士生389人），普通本科生1325人，成人教育本专科生849人（本科生800人、专科生49人），非计划招生高等教育学生中在职人员攻读硕士学位228人。留学生毕（结）业25人，招生23人，在校生41人。网址：www.ccmusic.edu.cn。

（田婷）

【建立文化惠民演出指导基地】 5月28日，中国音乐学院文化惠民演出指导基地揭牌。基地是由中国华北剧院演出（区域）联盟、山东剧场院线与中国音乐学院共同发起，在中国华北剧院演出（区域）联盟和山东剧场院线的所属剧场建设文化惠民演出指导基地，在各省、地、市搭建传播民族传统文化、组织惠民演出、指导地方艺术人才开展创作的交流基地。

（田婷）

【举办首届学生创业比赛】 6月2日，

中国音乐学院举办首届学生创业比赛决赛。比赛于5月启动，共收到参赛作品22项，经过各系推荐、作品筛选、初赛，17个学生创业团队进入决赛，通过项目展示和现场答辩，评选出一等奖1个、二等奖2个、三等奖3个。

（田婷）

【建立乐器研发和教学实战基地】 6月24日，中国音乐学院与扬州市古筝协会合作建立的中国民族乐器研发基地和音乐科技系扬州教学实践基地揭牌。两个实践基地建立后，双方将按照建基地、立项目、重交流、办教育“四步走”合作方案，依托中国音乐学院的科技平台，对琴筝的形制和音律进行改革创新，培养扬州地区琴筝制造业的技术设计、研究制作人才，共同推动乐器教育事业和琴筝产业的发展。

（田婷）

【成立考级培训学院】 7月20日，中国音乐学院成立考级培训学院。考级培训学院是中国音乐学院的二级学院，作为正式编制纳入学院整体发展规划。考级培训学院的成立把考级鉴定和教育培训相结合，将更好地推动中国音乐学院考级事业的进一步发展，使中国音乐学院优质教育资源全面服务社会。

（田婷）

【冯文慈逝世】 8月4日，中国音乐学院教授、音乐史学家、音乐教育家，中国音乐史学会原会长，博士生导师冯文慈因病在北京逝世，享年89岁。冯文慈，笔名明柯，1926年4月22日出生于天津，1950年毕业于北平师范学院（今北京师范大学）音乐系，先后在北京师范大学、中央音乐学院、中国音乐学院从事音乐理论、中外音乐史的教学与研究工作。曾任中国音乐学院复院后首任音乐学系主任，《中华文明史》音乐学科主编。1992年获得国务院特殊津贴，2000年受聘音乐学重点研究基地首批学术专家，2013年获得第九届中国音乐金钟奖终身成就奖。他对乐律大师朱载堉原著《律学新说》《律吕精义》的点注，有力地推动中国古代音乐文献的整理和对朱载堉律学研究工作的开展。出版专著《中外音乐交流史》。

（田婷）

【举办艺术硕士专业学位教育设置和招生十周年专场音乐会】 10月15—21日，中国音乐学院举办纪念艺术硕士专业学位教育设置和招生十周年专场音乐会。活动共举办两场音乐会，是对学校艺术硕士培养工作的总结与回顾。自2005年教育部设置艺术硕士专业学位教育以来，作为第一批招收与培养单位，中国音乐学院在十年间共培养艺术硕士 653 人，为推动中国文化大发展大繁荣做出积极贡献。

（田婷）

【举办首届汉英音乐文论翻译学术研讨会】 10 月 23—24 日，中国音乐学院举办第一届汉英音乐文论翻译学术研讨会。研讨会共进行 14 场学术发言，参会代表围绕音乐文论汉英翻译中的词语问题、句法问题、规范问题、歌词及其他问题四个单元进行讨论，以案例研究为主探讨实用翻译理论。来自国内外相关领域专家学者 40 人参加研讨会。

（田婷）

【举办金湘作品音乐会及研讨会】 11

月 19—20 日，中国音乐学院举办金湘作品音乐会及研讨会。音乐会由中央歌剧院青年指挥家朱曼指挥，中央歌剧院管弦乐团、合唱团及中国音乐学院青年教师、部分艺术家共同演出。音乐会上演金湘作品《热瓦普恋歌》《杨贵妃》和《日出》三部歌剧选段，管弦乐队作品中的单乐章钢琴协奏曲《雪莲——木卡姆的春天》和琵琶与交响乐队的《琴瑟破》。“金湘作品研讨会”从金湘先生创作中的美学思想、声乐作品中的旋律和语言的关系、歌剧咏叹调、音乐发展贡献和启示等多个方面进行研讨，是对金湘先生的创作思想和所提出的理论与主张进行思考与总结。与会代表对金湘在指挥、创作、评论、教学等方面做出的贡献作出高度评价。来自国内作曲家、研究者以及中国音乐学院部分师生参加会议。

（田婷）

【举办第十届新生代作曲比赛】 12月 16 日，中国音乐学院举办第十届“新生代”作曲比赛决赛音乐会。比赛分为室内乐作品专场和艺术歌曲作品专

场，并特设附中学生作品奖。共有 24 部作品进入决赛，室内乐和艺术歌曲作品各 12 部，共决出一等奖 4 部、二等奖 6 部、三等奖 7 部及优秀奖 7 部。该比赛是该院为本校作曲系在读本、硕、博学生设立的赛事，创立于 2002 年，旨在促进作曲教学及学科建设与发展，激励学生学习与创作，加强实践教学。此次参赛作品风格多样，体现出“新生代”作曲比赛的创新性、艺术性、学术性，倡导风格多元化的宗旨。

（田婷）

【召开纪念安波诞辰 100 周年学术研讨会】 12 月 19 日，中国音乐学院召开纪念安波诞辰 100 周年暨中国音乐教育体系建设学术研讨会。研讨会分为安波历史研究和中国音乐教育体系建设两个议题。会议从安波的音乐贡献和学术精神以及由其倡导建设的中国民族音乐教育体系等视角出发，探讨安波的学术精神和中国音乐学院的学术传统。全国十余所音乐艺术院校校长、教授代表，以及师生 100 人参加研讨。安波（1915—1965），作曲家、音乐理论家、音乐教育家、音乐活动家。曾任大型音乐舞蹈史诗《东方红》编导和音乐组组长。1964 年，任中国音乐学院首任院长。安波的创作活动始于 30 年代末，创作歌曲 300 首，已发表 140 首；秧歌剧、歌剧等多部；论文 40 多篇。他的音乐作品已辑成《安波歌曲选》和《安波音乐作品选》。

（田婷）

【举办中国跨界民族音乐学术论坛】 12 月 28 日，中国音乐学院举办中国跨界民族音乐学术论坛。论坛主要从中国跨界民族音乐的理论与实践出发，围绕中国跨界民族音乐的理论构建以及东南亚、中亚和东北亚中国跨界民族音乐的田野实践两个议题展开讨论。来自国内专家学者 60 人参加论坛。

（田婷）

中央美术学院

党委书记　高洪
院　　长　范迪安

【概况】 2015 年，中央美术学院占地面积 332116.60 平方米，校舍总建筑面积 323526.65 平方米。学校固定资产总值 130246.926 万元，其中，教学科研仪器设备资产值 17824.77 万元。全年教育经费投入 68351.60 万元，其中，国家拨款 40001.60 万元，学院自筹经费 28350.00 万元。图书馆建筑面积 10342.94 平方米，藏书 47.55 万册。设有 8 个院（系），7 个科研机构；开设 20 个本科专业，覆盖 2 个学科门类；具有一级学科博士授权点 3 个，一级学科硕士授权点 6 个，国家级重点学科 1 个，北京市重点学科 2 个，2 个艺术硕士（MFA）专业学位硕士点，3 个博士后流动站；教职工 637 人，其中，专任教师 365 人。专任教师中正高级职称 113 人、副高级职称 142 人；博士生导师 34 人；硕士生导师 149 人。“长江学者奖励计划”特聘教授 1 人，中组部第十一批“千人计划”创新长期项目 1 人，国家有突出贡献专家 6 人，享受国务院政府特殊津贴专家 66 人，文化部优秀专家 4 人，中宣部“四个一批”人才 4 人，教育部“新世纪人才支持计划”26 人，教育部、人社部、科技部“百千万人才工程”国家级人选 1 人，教育部“优秀青年教师资助计划”1 人，人社部全国非物质文化遗产先进工作者 2 人，北京市教学名师 5 人。北京市“青年英才计划”10 人，聘请校外教师 287 人，其中，正高级职称 17 人，副高级职称 5 人，外籍教师 19 人。毕业生 1381 人，其中，学历教育全日制研究生 294 人（博士生 45 人，硕士生 249 人），普通本科学生 820 人，成人本专科学生 267 人（本科 172 人、专科 95 人）。招生 1269 人，其中，学历教

育全日制研究生 342 人（博士生 49 人，硕士生 293 人），普通本科学生 835 人，成人本科学生 92 人。在校生 5086 人，其中，学历教育全日制研究生 1080 人（博士生 168 人，硕士生 912 人），普通本科学生 3407 人，成人本专科学生 599 人（本科 362 人、专科 237 人）。本科毕业生就业率 98.40%。留学生毕业 36 人，招生 40 人，在校生 159 人。网址：www.cafa.edu.cn。

（李程）

【与法国高校签订合作协议】 1月29

日，中央美院与法国 KEDGE 商学院签订合作协议。根据协议，双方合办中法艺术与设计管理学院，校址位于上海市浦东临港主城区，该院负责师资、课程设置和管理，法方负责部分师资和课程建设。

（李程）

【举办纽约庆春节活动】 2 月 17—24 日，中央美院在美国纽约举办“欢乐春节·2015 年艺术中国汇”活动。活动以“艺术中国汇”为主题，以林肯艺术中心、帝国大厦、哈德逊河曼哈顿 84 号码头和纽约历史博物馆为主要活动场地，开展集传统元素、当代艺术、交响音乐、综合设计、创意衍生品为一体，将传统中国文化与当代语境相结合的系列活动。该校师生、当地华人华侨和外国友人 1000 人参加活动。

（李程）

【举办为劳模造像活动】 4 月 26 日，

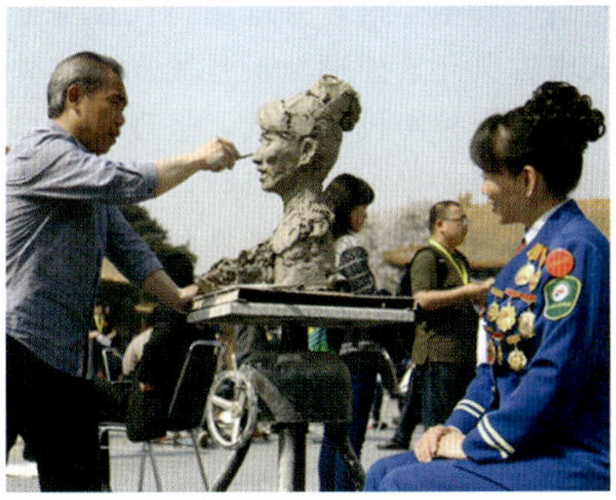

中央美院举办为劳模造像活动。该活动与北京市总工会合办，以“为人民服务·为劳模造像”为主题，该院师生 200 人在北京市劳动人民文化宫为北京市百名劳动模范代表现场造像。5 月 1 日，劳模风采——中央美术学院师生“为劳模造像”写生展在太庙艺术馆展出。

（李程）

【与市总工会签订协议】 4 月 26 日，中央美院与北京市总工会签订协议。根据协议，双方共建太庙艺术馆，依托该艺术馆开展艺术展览活动。该院负责艺术馆设计、展陈等工作，总工会负责提供场地和相关管理工作。

（李程）

【成立艺术管理与教育学院】 6 月 12 日，中央美院成立艺术管理与教育学院。该院是该校二级学院，教学方向涵盖艺术学、管理学、经济学与教育学等多个学科，培养复合型跨界人才，开展本科和研究生层次教学。该院有教职工 12 人，其中，专任教师 10 人。

（李程）

【成立丝绸之路艺术研究协同创新中心】 6 月 25 日，中央美院成立丝绸之路艺术研究协同创新中心。该中心以该校为牵头单位，联合政府机构、国内外相关科研院所、国内外高校和丝路沿线文物单位协同合作，以“丝路文明与审美形态研究”为总课题，分设“古代丝路文明与审美形态变迁研究”和“新丝绸之路美术创作研究”两个方向。

（李程）

【召开纪念徐悲鸿诞辰 120 周年座谈会】 6 月 26 日，中央美院召开纪念

徐悲鸿诞辰 120 周年座谈会。会议以“缅怀这位艺术巨匠，纪念他为中国美术事业做出的杰出贡献”为主题，与会专家从不同角度回忆和评价徐悲鸿生平事迹、高尚品格、艺术成就以及他为中国美术事业做出的巨大贡献。来自国内相关部门领导、专家学者 50 人参加座谈。

（李程）

【举办教师写生创作展】 7 月 7 日，中央美院举办“纪念中国人民抗日战争暨世界反法西斯战争胜利 70 周年：接力——中央美术学院教师写生创作展”。展览以“接力”为主题，展出该院 50 名教师创作的油画、水墨、水彩、雕塑、公共空间设计等不同类型作品 70 余件（组）。来自国内外艺术爱好者 500 人参观展览。

（李程）

【举办中蒙当代美术交流展】 10 月 20 日，中央美院在太庙艺术馆举办中蒙当代美术交流展。展览以“草原长调”为主题，展出中蒙两国 40 名艺术家绘画作品 200 件。来自国内外艺术爱好者 100 人参观展览。

（李程）

【中国画《新中国诞生》亮相国博】 11 月 26 日，中央美院教授唐勇力中国画作品《新中国的诞生》亮相中国国家博物馆。该作品由该院教授唐勇力历时 3 年创作完成，画高 4.80 米，宽 17 米，真实再现中央人民政府委员会 63 名委员在开国大典上的风采。毛泽东主席居中，半空一群群白鸽和天安门城楼悬挂的四个巨大红色宫灯相映成趣，画面气势宏大，民族风格浓郁。该作品是迄今为止国博收藏的最大的中国画作品，也是新时期体现中国气派、民族精神的代表性作品。

（李程）

【召开第二次党代会】 12月17—18

日，中共中央美院委员会第二次党员代表大会召开。会议选举产生新一届党的委员会和纪律检查委员会，通过《关于中国共产党中央美术学院第一届纪律检查委员会报告的决议》，报

告回顾梳理学校近百年发展历程，总结第一次党代会以来的工作，结合学校深化改革的总体部署和“十三五”规划的编制，提出未来发展方向和今后五年的工作任务。

（李程）

中央戏剧学院

党委书记　刘立滨
院　　长　徐翔

【概况】　2015年，中央戏剧学院占地面积25.99万平方米，学校产权校舍建筑面积14.71万平方米、非产权校舍建筑面积0.23万平方米。全年教育经费投入43803.61万元，其中，国家拨款35260.94万元、自筹经费8542.67万元。固定资产总值86755.79万元，其中，教学、科研仪器设备资产值20621.05万元。图书馆建筑面积10546.6平方米，藏书156.24万册，其中，纸质图书54.30万册、电子图书101.94万册。拥有计算机613台。学校信息化经费投入588万元，运营费用120万元，多媒体教室座位4083个，信息化设备资产2630.27万元，网络信息点4000个，校园网出口总带宽1024Mbps，电子邮件系统用户786个，数字资源量170101.14GB，管理信息系统数据总量800GB。设置10个系，2个教学部；开设7个本科专业，覆盖1个学科；有一级学科2个，一级学科博士点2个，博士学位授权点2个，硕士学位授权点2个和专业学位授权点1个；博士后流动站1个，其中，博士后研究人员在站3人。国家重点学科1个。教职工400人，其中，专任教师246人，包括教授58人、副教授76人；博士生导师39人、硕士生导师61人；享受政府特殊津贴专家12人。外籍教师10人。毕业生548人，其中，学历教育全日制研究生91人（博士生19人、硕士生72人）、普通本专科生455人（本科生308人、专科生147人），非计划招生高等教育在职人员攻读硕士学位2人。本科毕业生就业率95.77%。招生687人，其中，学历教育全日制研究生92人（博士生23人、硕士生69人）、普通本科生593人，非计划招生高等教育学生中在职人员攻读硕士学位2人。高考本科提档线，表演专业：话剧影视表演方向、音乐剧表演方向、歌剧表演方向280分，京剧表演方向、京剧音乐伴奏方向190分，舞剧表演方向230分；戏剧影视导演专业：戏剧影视导演方向435分，戏剧教育方向400分，演出制作方向440分，影视编导方向430分，影视制片方向410分；戏剧影视美术设计专业：舞台设计方向、舞台绘景方向、舞台灯光方向、舞台化装方向、舞台服装方向、舞台技术方向345分；戏剧影视文学专业：戏剧创作方向录取最低百分比0.85、电视剧创作方向录取最低百分比0.80；戏剧学专业：戏剧史论与批评方向、戏剧策划与应用方向录取最低百分比0.80；播音与主持艺术专业：广播电视节目主持方向350分。在校生2314人，其中，学历教育全日制研究生335人（博士生68人、硕士生267人）、普通本专科生1959人（本科生1862人、专科生97人），非计划招生高等教育在职人员攻读硕士学位20人。留学生毕业3人、招生9人、在校生19人。网址：www.chntheatre.edu.cn。

（连重）

【演出多部剧目】　4月14—28日，戏

剧学院表演系新疆班演出《青鸟》。《青鸟》写于1908年，是比利时著名剧作家梅特林克的代表作。本次演出由表演系教师指导，2011级表演系新疆班学生演出。至年底，该院表演系师生演出《奥赛罗》《永远活着的人》《瓦萨·日列兹诺娃》等剧目，导演系师生演出剧目《三姊妹》。

（连重）

【举办第十届社团文化节】　5月4—11日，戏剧学院举办第十届社团文化节。文化节以“社联十年·青藤相伴”为主题，举办包括电影《十二公民》点映、奔跑吧常青藤、戏曲扮装、“剪影回忆”等多种活动，并于5月11日在昌平校区举行文化节闭幕式晚会。该校社团文化节始于2006年，每年举办一届。

（连重）

【举办国际剧院团管理大师班】　6月

12—14日，戏剧学院举办第四届国际剧院团管理大师班。大师班由中国戏剧文化管理协同创新中心主办，以“戏剧、城市与生活”为主题，采取演讲和座谈形式，拓宽关注领域，延展戏剧管理，力图以多元化角度阐释戏剧与城市、生活之间愈发密切与复杂的关系，为剧院团的发展定位提供借鉴。来自英国皇家莎士比亚剧团、日本四季剧团、中国上海大剧院等11家机构高级管理者和学术专家和国内60家院团的负责人参加活动。

（连重）

【教授获布拉格演出设计奖】　6月22日，戏剧学院教授刘杏林获第13届布拉格国际舞台美术展（PQ2015）最佳演出设计奖。刘杏林获奖作品是昆曲《牡丹亭》，设计提炼中国传统建筑的基本元素，并运用当代视觉方式将古典元素处理至最佳境界。这种节制与把控的设计方式，呈现出典雅与优美间的平衡。刘杏林，该院舞台美术系教授，长期从事舞台设计领域教学研究工作，代表作《原野》《风声》《兄弟》，话剧交响剧诗《吁天》，小剧场话剧《情感操练》《爱情蚂蚁》，儿童剧《红领巾》，歌剧《运河

谣》《赵氏孤儿》《青春之歌》，舞剧《阿姐鼓》等。

（连重）

【开展四川江安暑期社会实践活动】

7月26—28日，戏剧学院开展四川江安暑期社会实践活动。活动由参观国立剧专江安史料陈列馆、召开座谈会和举办汇报演出组成。其中，27日，该院师生在竹都文化广场举办“勤学、修德、明辨、笃实”为主题的文艺晚会，演出《共和国之恋》《红灯记》《惊鸿舞》等剧目。该校师生20人参加实践活动。

（连重）

【举办首届演艺家论坛】 9月12—13日，戏剧学院举办首届演艺家论坛。论坛以“中国演艺业的发展方向和路径——为‘十三五’规划建言”为主题，研讨文化部“十三五”规划。来自全国14个省市演艺集团、剧院团及民营演出机构负责人30人参加论坛。

（连重）

【举办世界院校联盟国际大学生戏剧节】 9月19—27日，戏剧学院举办第四届世界戏剧院校联盟国际大学生戏剧节。戏剧节完成8场表演工作室活动和《罗密欧与朱丽叶》《阴谋与爱情》《一只马蜂》《赤脚青春》《派对》等13台演出。来自保加利亚、德国、日本、韩国、墨西哥、乌克兰和中国的13所院校师生参加活动。

（连重）

【召开纪念康多尔诞辰百年国际研讨会】 10月14日，戏剧学院召开纪念塔德乌什·康多尔（Tadeusz Kantor）诞辰百年国际研讨会。会议与波兰驻华大使馆合办，由纪录片放映与观后讨论、专题讲座组成。塔德乌什·康多尔，波兰著名戏剧导演、编剧、舞台设计师、画家、视觉艺术家、演员和戏剧理论家，一生致力于戏剧改革，他创造一种新的戏剧类型，拓展戏剧表现疆域，极大推动波兰战后艺术的发展，被认为是20世纪波兰最杰出的艺术家和戏剧改革家。

（连重）

【创办国际舞台美术联盟】 10月25日，戏剧学院创办国际舞台美术联盟。该联盟与国际戏剧协会（ITI）合办，内设包括舞台设计与体现、人物造型、灯光、多媒体、剧场技术、音响和文化遗产专家委员会，联盟通过各种活动形式包括竞赛、展览、工作坊、讲座、大师班和专著出版等，鼓励舞台美术专业人士在舞台艺术上的创作和学术交流。

（连重）

【举办亚洲传统戏剧工作室】 10月

26日至11月8日，戏剧学院举办第二届亚洲传统戏剧工作室。亚洲传统戏剧工作室是联合国教科文组织戏剧教育席位的项目之一，旨在传承亚洲传统戏剧艺术，保护亚洲各国文化的多样性。活动面向亚洲各戏剧高等院校，邀请日本、韩国、印度等国，采取工作坊教学形式，学习中国京剧、日本歌舞伎、韩国板索里、印度梵剧4个不同国家的传统戏剧表演方式。来自印度、韩国、中国的学生100人参加学习。

（连重）

【评选第五届学院奖】 10月27—30日，戏剧学院举办第五届国际戏剧学院奖（表演奖）评选活动。活动面向世界各国优秀剧院团，邀请国内外戏剧院校专家和知名艺术家11人担任评委，评出最佳主角奖、最佳配角奖、最佳新人奖和终身成就奖4个奖项。来自国内外65个剧团参加评选。该奖项2011年由该院设立，每年举办一届。

（连重）

【与英国盖德霍尔音乐戏剧学院签订合作协议】 12月11日，戏剧学院与英国盖德霍尔音乐戏剧学院签订合作协议。根据协议，双方合作开展表演专业双学位校际交流项目，该项目由两校共同制定培养方案，互认学分，学生将在两校各学习两年，成绩合格者将分别获得两校颁发的毕业、学位证书。该项目是中央戏剧学院培养国际化戏剧艺术人才的重要举措，也是学院继中俄表演专业双学位校际交流项目之后，再次在戏剧领域开展学历教育国际合作。之后5年里，学院将继续瞄准世界优秀艺术院校的优势专业，与相关院校开展合作，提升人才培养质量，努力建设“特色鲜明、世界一流”的艺术学院。

（连重）

中国戏曲学院

党委书记 龚裕
院 长 巴图

【概况】 2015年，中国戏曲学院占地面积86246平方米，总建筑面积95000平方米。固定资产总值69010.13万元。全年教育经费投入27438.76万元，其中，国家拨款24655.44万元、自筹经费2783.32万元。图书馆总建筑面积5723平方米，藏有纸质图书26.47万册，其中，中文图书26.18万册，西文图书2900册。电子图书190.64GB，中文期刊399种，外文期刊98种。设有京剧系、表演系、导演系、音乐系、戏曲文学系、舞台美术系、新媒体艺术系、国际文化交流系、基础部、附中10个教学单位，有“戏剧与影视学”“音乐与舞蹈学”2个一级学科硕士点，“艺术学理论”1个二级学科硕士点，有15个本科专业和27个专业方向。教职工440人，其中，专任教师270人。专任教师中教授51人，副教授88人；硕士生导师47人。毕业生700人，其中，学历教育全日制研究生74人，普通本专科生503人，成人教育本专科生 123 人（本科生 110 人、专科生 13 人）。本科毕业生就业率 95.23%。招生 708 人，其中，学历教育全日制研究生 90 人，普通本专科生 515 人、成人教育本专科生 103 人（本科生 69 人、专科生 34 人）。在校生 2598 人，其中，学历教育全日制研究生 319 人，普通本专科生 2064 人，成人教育本专科生 141 人（本科生 92 人、专科生 49 人），非计划招生高等教育在职人员攻读博士硕士学位 74 人。留学生毕（结）业 85 人，招生 85 人，在校 89 人。网址：www.nacta.edu.cn。

（张琳）

【召开京剧学国际学术研讨会】　5 月 22—24 日，戏曲学院召开京剧学国际学术研讨会。研讨以“京剧的文学、音乐与表演”为主题，研讨“京剧的文学脉络”“京剧音乐的历史演变”“京剧表演理论探讨”等 6 个问题，收到学术论文 70 篇。来自美国、英国、德国和国内专家学者 200 人参加研讨。

（张琳）

【召开第二次党代会】　10 月 23—24 日，中共戏曲学院委员会第二次党员代表大会召开。会议通过《关于党委工作报告的决议》和《关于纪委工作报告的决议》，选举产生第二届党委和纪委，确立之后五年的发展目标：到 2020 年，基本实现从教学型大学向教学研究型大学的战略转变；基本实现“民族特色鲜明、国内水准一流、国际影响广泛的戏曲艺术大学”的远期目标。

（张琳）

【举办青研班公演】　11 月 9—13 日，戏曲学院中国京剧优秀青年演员研究生班在梅兰芳大剧院公演。青研班上演《红娘》《红鬃烈马》《四郎探母》《群·借·华》《龙凤呈祥》传统骨子老戏。来自国内京剧爱好者 200 人观看演出。

（张琳）

【成立张火丁京剧程派艺术传承中心】　11 月 18 日，戏曲学院成立张火丁京剧程派艺术传承中心。该中心主要开展四个方面的工作：教学——传承程派艺术，举办程派艺术培训班，培养程派高级人才；实践——每年进行示范演出等，参加社会重大活动；创作——根据张火丁教授艺术特点，量身定做创作、改编或移植新剧目；科研——研究程派艺术及张火丁现象，申报相关科研项目。

（张琳）

北京电影学院

党委书记　侯光明
院　　长　张会军

【概况】　2015 年，北京电影学院占地面积 9.16 万平方米、学校产权建筑面积 11.26 万平方米。固定资产总值 78049.35 万元，其中，教学、科研仪器设备资产值 43209.67 万元。图书馆建筑面积 2417 平方米，藏书 92.13 万册，其中，纸质图书 42.82 万册、电子图书 49.31（3250GB）万册。全年教育经费投入 45015.26 万元，其中，国家拨款 31941.84 万元、自筹经费 13073.42 万元。学校信息化经费投入 200 万元，拥有计算机 2376 台，多媒体教室座位 1710 个，信息化设备资产 615.60 万元，网络信息点 3420 个，校园网出口总带宽 IPV6（1000Mbps）、IPV4（734Mbps），电子邮件系统用户 2964 个，数字资源量 8986.75GB，管理信息系统数据总量 1TB。设置 16 个院（系、部）；开设本科专业 15 个，专科专业 10 个，覆盖学科门类 3 个；具有一级学科 3 个，一级学科博士点 3 个，博士学位授权点 8 个，硕士学位授权点 8 个和专业学位授权点 2 个。博士后流动站 1 个。省、部级重点学科 1 个。教职工 516 人，其中，专任教师 278 人，包括教授 63 人、副教授 117 人；博士生导师 24 人、硕士生导师 170 人。享受政府特殊津贴专家 9 人。外籍教师 2 人，其中，教授 1 人、副教授 1 人。毕业生 1262 人，其中，普通本专科生 515 人（本科生 491 人、专科生 24 人），成人教育本专科生 312 人（本科生 208 人、专科生 104 人），学历教育全日制研究生 180 人（博士生 9 人、硕士生 171 人），非计划招生高等教育在职人员攻读硕士学位 104 人，进修及培训 151 人。本科毕业生就业率 91.68%。招生 1102 人，其中，学历教育普通本专科生 589 人（本科生 535 人、专科生 54 人）、成人教育本专科生 309 人（本科生 201 人、专科生 108 人），全日制研究生 204 人（博士生 25 人、硕士生 179 人）。在校生 3500 人，其中，普通本专科生 2165 人（本科生 2050 人、专科生 115 人），成人教育本专科生 704 人（本科生 490 人、专科生 214 人），学历教育全日制研究生 631 人（博士生 87 人、硕士生 544 人）。留学生毕业 51 人，招生 74 人，在校生 119 人。网址：www.bfa.edu.cn。

（程麒台　刘丽音）

【成立中国电影音乐研究院】　1 月 9 日，电影学院成立中国电影音乐研究院。研究院依托于学院录音系现有电影音乐创作教学经验和资源创立，将促进电影音乐学科建设，健全学校电影创作教学体系。

（程麒台　刘丽音）

【举办国际影视文化产业发展与投融资论坛】　5 月 27 日，电影学院举办国际影视文化产业发展与投融资论坛。论坛围绕影视文化产业的机遇与挑战、瓶颈与突破、案例与实战、借鉴与创新展开研讨。会上，该院与韩国 KBS 电视台共建中韩文化交流平台。来自国内外专家学者 100 人参加论坛。

（程麒台　刘丽音）

【举办“‘互联网＋’时代的中国电影产业和教育”论坛】　7 月 3 日，电影学院举办“‘互联网＋’时代的中国电影产业和教育”论坛。论坛研讨“互联网＋”时代下中国电影教育事业面临的新形势、新方向、新问题以及应对对策等问题。来自学界和业界的专家学者 50 人参加论坛。

（程麒台　刘丽音）

【举办世界著名电影院校校长论坛】

10月17—18日，电影学院举办世界著名电影院校校长论坛。论坛以“电影发展与人才培养”为主题，20个国家和地区的31名电影院校校长围绕主题作专题演讲。会议通过“北京共识”。来自国内外专家学者100人参加论坛。

（程麒台　刘丽音）

北京舞蹈学院

党委书记　王传亮

院　　长　郭磊

【概况】　2015年，北京舞蹈学院占地面积5.73万平方米，学院产权建筑面积13.45万平方米，非产权建筑面积1.26万平方米。图书馆建筑面积4383平方米，藏书25.36万册。固定资产总值31885.36万元，其中，教学、科研仪器设备资产值10654.14万元。全年教育经费投入29475.48万元，其中，国家拨款18477.71万元、自筹经费10997.77万元。有计算机741台。学校信息化经费投入1120万元，多媒体教室座位802个，信息化设备资产1962.78万元，网络信息点3200个，校园网出口总带宽210Mbps，电子邮件系统用户336个，数字资源量5000GB，管理信息系统数据总量470GB。设有10个系、1个教学部；开设本科专业5个，覆盖2个学科门类；具有一级学科1个，硕士学位授权点1个。北京市重点学科1个、部级重点学科1个。学院教职工418人，其中，专任教师225人，包括教授29人、副教授66人；附中教职工131人，其中，专任教师119人，包括副教授39人。硕士生导师61人。有“长江学者奖励计划”特聘教授、国家有突出贡献专家、享受政府特殊津贴专家等国家级专家13人。毕业生552人，其中，学历教育全日制硕士研究生49人，普通本科生302人，成人教育本专科生171人（本科生87人、专科生84人）；非计划招生高等教育在职人员攻读硕士学位30人。招生643人，其中，学历教育全日制硕士研究生60人，普通本科生312人、成人教育本专科生231人（本科生105人、专科生126人）；非计划招生高等教育在职人员攻读硕士学位40人。在校生2097人，其中，学历教育全日制硕士研究生171人，普通本科生1274人，成人教育本专科生552人（本科生273人、专科生279人）；非计划招生高等教育在职人员攻读硕士学位100人。本科毕业生就业率93%。高考提档线，舞蹈表演（中国古典舞方向、汉唐古典舞方向、中国民族民间舞方向、芭蕾舞方向）230分；舞蹈表演（音乐剧方向、国际标准舞方向）235分；舞蹈表演（现代舞方向）240分；舞蹈编导（舞蹈编导方向）265分；舞蹈学（舞蹈历史与理论方向）440分；戏剧影视美术设计（舞台美术设计方向、舞台服装与化妆设计方向、舞台灯光设计方向）350分；舞蹈编导（新媒体舞蹈方向）400分；舞蹈学（中外文化交流方向）485分。留学生毕业9人，招生9人，在校生17人。网址：www.bda.edu.cn。

（段晓萌）

【《黄河赋》获全国大学生艺术展演一等奖】　2月25日至3月2日，舞蹈

学院现代芭蕾作品《黄河赋》在全国第四届大学生艺术展演活动中获得表演一等奖。该作品是为庆祝党的十八大胜利召开而创作的，作品音乐借用鼓舞几代中国人的钢琴协奏曲《黄河》第四乐章《保卫黄河》，跨时代地反映当下新时期、新人物、新希望的舞蹈作品。整个作品以现代芭蕾动作语汇为本体，展现芭蕾的美感以及舞者的线条之美，呈现当代大学生朝气蓬勃、自强不息的精神面貌，表现出新时期中华儿女实现民族复兴中国梦的愿望。

（段晓萌）

【演出舞蹈诗《中华赋》】　7月16—18日，舞蹈学院演出舞蹈诗《中华赋》。该剧目是中国民族艺术传承与传播协同创新中心大型原创歌舞戏剧创作平台推出的首部原创作品，该院肖苏华教授担任总导演，刘震、张云峰任副总编导。

（刘洁）

【参与《胜利与和平》晚会演出】　9月

3日，舞蹈学院参与《胜利与和平》晚会演出。该院作为唯一的高校表演团队参加此项演出，参演《救亡进行曲》《山丹丹花开红艳艳》《太行山上》《到敌人后方去》《游击队之歌》《黄河·义勇军进行曲》等剧目。在京中央领导同志、部分国家元首政要、抗战老战士代表以及首都各界代表6000人观看演出。

（段晓萌）

【完成北京市中小学舞蹈教师培训项目】　11月27日，舞蹈学院完成北京市中小学舞蹈教师培训项目。该院面向北京市开展中小学舞蹈教师专业提升培训工作，本期培训15个区县中小学舞蹈教师80人。该项目自2013年开始，共对北京市747名中小学舞蹈教师进行总计1504学时培训。

（段晓萌）

【首届实验班举办汇报演出】　12月14日，舞蹈学院芭蕾舞表演人才实验班举办汇报演出。演出芭蕾创意工作坊“青春嘉年华”。该实验班由该院与中央芭蕾舞团合办，采取“2＋2”合作培养模式，共同搭建中国优秀芭蕾舞人才的教学与实践上下贯通的平台，完成芭蕾舞表演人才的共同培养。该班学生在本科四年的培养过程中，完成学院教学计划的同时，参加中央芭蕾舞团“走进芭蕾”等系列演出活动。

（张雯婷）

中央民族大学

党委书记 鄂义太
校　　长 黄泰岩

【概况】 2015年，中央民族大学占地面积38.10万平方米，规划新校区占地面积81万平方米，建筑面积59.20万平方米，教学行政用房20万平方米。资产总值34亿元，其中，教学、科研仪器设备资产共31485件，32610.50万元。全年教育经费投入10.85亿元（含附中6716.16万元），包括国家拨款75093.78万元（含附中5153.81万元）。图书馆建筑面积24500平方米，藏有图书211.60万册，电子图书222.90万余册。《中央民族大学学报》和《民族教育研究》是面向国内外发行的全国核心期刊。民族博物馆藏有3万余件珍贵民族文物。有23个学院，覆盖10个学科门类的64个本科专业、5个一级学科博士学位授权点、26个一级学科硕士学位授权点。拥有5个博士后流动站，国家级重点学科2个、省部级重点学科一级5个、二级17个，2个国家文科基础学科人才培养和科学研究基地，1个教育部人文社会科学重点研究基地，3个国家“985工程”哲学社会科学创新基地。教职工1973人，其中，专任教师1202人（教授、副教授691人，占专任教师总数57%）。学校还常年聘有60余名外籍专家任教。有“长江学者”特聘教授2人，“千人计划”特聘教授1人，“新世纪百千万人才工程”国家级人选10人，国家教学名师2人，北京市教学名师15人，教育部“新世纪优秀人才支持计划”人选56人，国家民委突出贡献专家11人，学科带头人、学术带头人134人，享受国务院政府特殊津贴122人。学校与33个国家和地区的150所大学和科研机构建立交流合作关系。毕业全日制研究生1267人（博士生151人，硕士生1116人），普通本科生2660人，成人教育本专科生3282人（本科生1595人，专科生1687人），非计划招生高等教育学生中在职人员攻读硕士学位43人。招生6014人，其中，学历教学学生中全日制研究生1637人（博士生240人，硕士生1397人），普通本科生2766人，成人教育本专科生1564人（本科生774人，专科生790人），非计划招生高等教育学生中在职人员攻读硕士学位47人。在校生21255人，其中，本科生11270人，硕士生、博士研究生4386人，少数民族预科生185人（本校），成人教育本专科生5367人（本科生3364人，专科生2003人），非计划招生高等教育学生中在职人员攻读硕士学位47人。留学生毕业276人，招生323人，在校生672人。网址：www.muc.edu.cn。

（周翊兰）

【官方微信公众平台上线】 4月20日，民族大学官方微信公众平台正式上线。该平台包含定期推送权威资讯、人物报道、深度解读、活动信息等内容，分为“民族·风”“民族·雅”“民族·颂”3个功能板块，做到官方资讯、校园服务信息、线上互动等功能的全面实现，并将同其他媒体一道形成互为补充的立体化宣传体系。

（周翊兰）

【《中国民族美术》杂志创刊首发】 5月20日，民族大学举行《中国民族美术》杂志创刊首发仪式。该杂志为季刊，是以民族美术为研究对象的艺术类专业期刊，由国家民族事务委员会主管、民族出版社和中央民族大学美术学院共同主办。内容涉及绘画、摄影、建筑、雕塑、设计、美术教育、工艺美术等多个领域，面向全国发行。

（周翊兰）

【开展民族文化进乡村活动】 5月24日，民族大学开展民族文化进乡村活动。该活动在房山区霞云岭乡堂上村开展，以“多彩民族共有家园”为主题，包括文艺演出、民族文化展览两部分内容。该校教师与学生300人参加活动。

（周翊兰）

【18项成果获民族问题研究优秀成果奖】 8月14日，民族大学共有18项成果获得国家民委第三届民族问题研究优秀成果奖。其中，《民族理论前沿研究》《民族地区公共文化建设研究》和《环境人类学》获得著作类成果一等奖。该奖项由国家民委主办，经过初审、专家评审、公示后，共评出第三届国家民委民族问题研究优秀成果奖获奖成果140项。

（周翊兰）

【召开孙英工作室专家指导交流会】 9月19日，民族大学召开孙英工作室专家指导交流会。交流会以思想政治理论为主题，围绕工作室工作目标、发展方向、建设思路、活动内容、成果推广、如何更好地贴近学生、如何提高学生的经典阅读兴趣等方面展开理论探讨与经验交流。来自市委教育工委、北京大学、清华大学等单位相关工作负责人和北京市第一批名师工作室主持人参加会议。“名师工作室”是在北京市教育工委的指导下，以高校思想政治理论课名师为主持人的，集教学、科研、培训等职能于一体的工作机构，孙英工作室是市委教育工委第二批北京高校思想政治理论课名师工作室。

（周翊兰）

【召开首届全国民族生态学大会】 9月19—20日，民族大学召开首届全国民族生态学大会。会议围绕民族生态学发展、研究及相关热点议题进行探讨，中国科学院、内蒙古师范大学和该校教授作题为《云南自然圣境与生物多样性保护》《新疆民族生态学传统知识》《内蒙古民族植物学研究》主旨报告，收到论文70篇。来自全国各地的专家、学者、管理人员及地方社区代表180人参会。

（周翊兰）

【召开中国国际象雄文化学术研讨会】 9月19—21日，民族大学召开中国国际象雄文化学术研讨会。会议与西藏民委合办，从历史、宗教、考古等多学科角度对象雄文化研究进行探讨。会议收到论文58篇。来自美国、法国、日本等国的专家学者250人参加会议。藏民族文化是中华文化的重要组成部分，而象雄文化对西藏文化的形成、演变和发展产生重大而深远的影响，但由于历史的断裂，导致象雄文明不为人知。由于开放性、包容性、创新性，它始终贯穿在整个青藏高原文化中，并没有消失，且已经成为藏族人民生产、生活、文化、宗教、艺术、医学等领域的血脉之根，甚至影响到其他民族和区域。

（周翊兰）

【召开少数民族语言信息结构研讨会】 10月22—25日，民族大学召开中国少数民族语言信息结构国际学术研讨会。与会专家学者就信息结构在各少数民族语言中的差异性及相关性问题进行探讨，该校教授作题为《中国少数民族语言信息结构研究的思考》主旨报告。来自6个国家和地区学者20人参加会议。

（周翊兰）

中国政法大学

党委书记　石亚军
校　　长　黄进

【概况】 2015年，中国政法大学占地面积446108.50平方米、建筑面积469512平方米。全年教育经费投入105867.84万元，其中，国家拨款67993.92万元、自筹经费37873.92万元。固定资产总值15.52亿元，其中，教学、科研仪器设备资产值1.83亿元。图书馆建筑面积24050平方米，藏书267.20万册，其中，纸质图书223.20万册、电子图书44万册。全年信息化经费投入230万元，拥有计算机（教学）1632台、多媒体教室255间，信息化设备资产7724.68万元，网络信息点14638个，校园网出口总带宽3000Mbps，电子邮件系统用户15180个，上网课程13门，管理信息系统数据总量107691GB。设置法学院等18个教学单位、诉讼法学研究院（教育部人文社会科学重点研究基地）等11个在编科研机构、资本金融研究院等3个新型研究机构、司法文明协同创新中心等7个协同创新中心；设有23个专业、34个博士学位授权点、78个硕士学位授权点、5个专业硕士学位授权点，具有3个博士学位授权一级学科、13个硕士学位授权一级学科、1个一级学科国家重点学科（法学）、1个一级学科北京市重点学科（政治学）、3个二级学科北京市重点学科、2个交叉学科北京市重点学科、14个校级重点学科、12个交叉学科建设项目；设有3个博士后科研流动站，全年博士后研究人员出站16人、进站37人和在站129人；具有国家级法学教育实践基地1个、国家人权教育与培训基地1个、国家级司法鉴定机构1个；教职工1662人，其中，教师951人（含教学科研岗位教师864人、辅导员87人），教学科研岗位教师中教授301人，博士生导师192人、硕士生导师806人，有博士或硕士学位的比例达89.58%，“长江学者奖励计划”特聘教授2人、享受政府特殊津贴专家44人（3人已故）、“全国杰出资深法学家”5人、“全国十大杰出青年法学家”9人（2人已故），入选国家“千人计划”1人、新（跨）世纪百千万人才工程3人、教育部“新世纪优秀人才支持计划”37人（3人调走），有教育部青年教师奖获得者2人、国家级教学名师奖获得者1人、宝钢优秀教师奖获得者16人、“长江学者和创新团队发展计划”创新团队1个。在校生15833人，其中，本科生8727人，研究生6110人，留学生996人。全日制毕业生4028人，其中，研究生2026人（博士生143人、硕士生1883人），普通本科生2002人（包含第二学士学位64人）。毕业生就业落实率96.35%。网址：www.cupl.edu.cn。

（陈泉廷）

【扩大博士研究生招生审核录取制试点范围】 3月，法大扩大博士研究生招生“申请审核制”的试点范围。该校共8个学院的12个专业开展试点，最终录取116人，占总招生计划的50%。

（陈泉廷）

【建立制度学研究中心】 4月12日，法大建立制度学研究中心。该中心主要进行法治制度研究、制度理论探讨、

制度体系构建等方面的研究。中心作为一个开放研究平台，将联合国内制度研究学者，逐步深入研究制度学理论体系，探索制度学学科建设，并致力推动制度学教育的开展。

（陈泉廷）

【《费青文集》首发】 5月24日，法大举行《费青文集》首发式。文集由法学院教师编辑，商务印书馆出版，共上、下两卷，汇集费青的大部分作品和详尽的平生大事等个人资料。费青，1907年出生于江苏吴江，1935年考取清华大学公费留学资格，赴德国柏林大学研究院攻读法律哲学。回国后，曾任云南大学、西南联合大学、复旦大学教授，东吴大学法律系主任、教务长。1949年后，曾任最高人民法院委员、政务院法制委员会委员、北京大学教授、法律系主任，北京政法学院教授、副教务长，著有《国际私法论》《法理学概要》《西方法律史》等，译著有《法律哲学现状》。

（陈泉廷）

【成立资本金融研究院】 6月18日，

法大资本金融研究院成立。该学院首创资本金融法务与监管的研究方向，重点培养懂法律与资本金融的复合型人才，同时发挥资本市场和国资改革智库作用，为中国金融立法和金融发展提供科学理论依据，解决中国资本市场发展与国资改革中的法律与金融结合的实际问题。

（陈泉廷）

【学校章程发布】 6月26日，《中国政法大学章程》通过教育部核准并发布。该章程共10章74条，内容涵盖总则，学校功能，组织机构，教职员工，学生，校友和校友会，学校与社会，资产、经费和后勤，学校标识，附则，为推进依法治校、构建现代大学制度提供制度保障。

（陈泉廷）

【戴铮逝世】 11月10日，法大原党组书记，北京政法学院筹办、复办的主要领导者，老红军戴铮，因病医治无效在北京逝世，享年97岁。戴铮，1918年2月生于河北蠡县，1952年8月被任命为北京政法学院（筹备）党组书记，同年11月担任北京政法学院党组书记、代理副院长，1953年3月起任中央政法干部学校党委副书记、公安部七局处长等职，1978年10月至1983年12月任北京政法学院复办筹备组负责人、学院党委副书记，1984年1月于中国政法大学离休。

（陈泉廷）

【罗大华逝世】 11月11日，法大教授，中国犯罪心理学、法律心理学创始人之一罗大华逝世，享年79岁。罗大华，1936年生于福建武平，1960年8月被分配到北京政法学院任教，1983—1999年担任学校犯罪心理学教研室主任，犯罪心理学研究中心主任，证据科学研究院专职教授，硕士、博士研究生导师，历任中国心理学会理事、常务理事；1983—2010年担任第一届至第七届中国心理学会法制心理专业委员会主任，1992年享受国务院特殊津贴。多年从事犯罪心理学、刑事司法心理学、证言心理学、罪犯矫治心理学等学科的研究与教学工作，共出版编著、译著60余部，发表论文50余篇，主编新中国第一本《犯罪心理学》教材。

（陈泉廷）

【与3所市属高校签订“双培计划”合作协议】 11月19日，法大与北方工业大学、北京第二外国语学院和首都经济贸易大学签订“双培计划”合作协议。协议约定，法大与市属高校沟通，为访学学生制定专门的培养方案；和市属高校共同实施培养计划，为访学学生提供优质教学资源；法大相关学院为访学学生安排专门的

辅导员；法大为访学学生办理“校园一卡通”，方便访学学生在校学习期间的生活，同时做好住宿、医疗等后勤服务保障工作。

（陈泉廷）

【发布两个评估报告】 12月14日，

法大发布《法治政府蓝皮书2015》和《法治政府评估报告2015》。《法治政府评估报告2015》依据《法治政府建设实施纲要》等规范性文件研发中国法治政府评估指标体系，以独立的第三方机构名义开始分步骤、连续性地对一定规模以上的地方政府的法治状况进行全面观察和评估；《法治政府蓝皮书2015》对当年度中国法治政府建设情况进行总体描述，并针对法治政府领域的重点、热点问题进行评述、梳理。

（陈泉廷）

华北电力大学

党委书记 吴志功
校　　长 刘吉臻

【概况】 2015年，华北电力大学占地面积97.93万平方米，学校产权校舍建筑面积104.15万平方米。固定资产总值318223.08万元，其中，教学、科研仪器设备资产值68383.45万元。图书馆建筑面积36932平方米，藏书238.50万册。全年教育经费投入174782.88万元，其中，国家拨款90594.63万元，自筹经费84188.25万元。拥有计算机16809台，网络多媒体教室345间，信息化设备资产值23486.01万元，网络信息点26011个，校园网出口总带宽7000Mbps，电子邮件系统用户28742个，上网课程98门，数字资源量483463GB，管理信息系统数据总量20750GB。学校设有直属学院10个，教学部2个，另设有国际教育学院、研究生院、继续教育学院、艺术教育中心和工程训练中心；开设本科专业63个；拥有一级学科博士学位授权点5个和二级学科博士学位授权点30个，一级学科硕士学位授权点23个和二级学科硕士学位授权点123个；博士后科研流动站5个，其中，博士后研究人员出站20人，进站17人和在站45人。学校拥有国家级重点学科2个、省部级重点学科25个，国家重点实验室1个，国家工程实验室1个、国家工程技术研究中心1个、教育部重点实验室2个、教育部工程技术研究中心1个、北京市重点实验室7个、北京市工程技术研究中心2个，另有北京市哲学社会科学研究基地1个。教职工2922人，其中，专任教师1801人，包括教授396人、副教授621人；博士生导师217人、硕士生导师893人；中国工程院院士2人、双聘院士5人。“千人计划”专家10人，国家“万人计划”科技创新领军人才1人，“万人计划”青年拔尖人才支持计划1人，国家教学名师获得者1人，“长江学者”特聘教授6人、国家有突出贡献专家7人，获国家“杰出青年科学基金”资助人员7人，入选国家“百千万人才工程”人员9人，“973计划”首席科学家5人，教育部“新世纪优秀人才支持计划”40人。外籍教师6人，均为教授。毕业生13996人，其中，学历教育全日制研究生2212人（博士生146人、硕士生2066人），普通本科生5215人、成人教育本专科生5115人（本科生3451人、专科生1664人），在职人员攻读硕士学位1185人，外国留学生269人。本科毕业生就业率97.45%。研究生就业率

98.3%。招生11992人，其中，学历教育全日制研究生2539人（博士生200人、硕士生2339人），普通本科生5476人、成人教育本专科生2302人（本科生1714人、专科生588人），在职人员攻读硕士学位1467人，外国留学生208人。在校生49984人，其中，学历教育全日制研究生7938人（博士生1110人、硕士生6828人）、普通本科生21852人，成人教育本专科生12808人（本科生8677人、专科生4131人），在职人员获取硕士学位7016人，留学生370人。网址：www.ncepu.edu.cn。

（王振华）

【2项成果获国家科技奖】 1月9日，电力大学2项科技成果获得国家科技奖励。刘吉臻教授为第一完成人、该校为第一完成单位的“大型超超临界机组自动化成套控制系统关键技术及应用”项目获国家科学技术进步二等奖。该项目通过自主创新，在大型超超临界机组复合建模理论与状态重构技术等方面取得重大突破，项目申请发明专利60项，包括已授权专利20项；获软件著作权46项；发表SCI收录论文22篇，EI收录论文23篇。项目先后通过科技部、国家能源局、中国电机工程学会组织的项目验收和技术鉴定。李成榕教授作为第三完成人、学校为第二完成单位参与的“气体绝缘装备特高频局部放电检测关键技术及其应用”项目获国家技术发明奖二等奖，这是该校首次获得国家技术发明奖。项目获授权发明专利18项、实用新型专利6项及软件著作权1项；发表SCI论文49篇、EI论文185篇；研发的SF6气体绝缘装备绝缘状态在线监测装置得到广泛应用。

（王振华）

【教授获中国青年女科学家奖】 1月16日，电力大学李永平教授获中国青年女科学家奖。该奖项由全国妇联、中国科协等单位共同设立，为表彰在基础科学与生命领域取得重大和创新性成果的青年女性科技工作者，每年评选一次，一次不超过10人。李永平是“长江学者奖励计划”特聘教授、国家杰出青年基金获得者，长期从事资源与环境系统风险分析与优化管理研究，曾获国际环境信息科学学会杰出青年科学家奖、教育部自然科学奖一等奖、教育部新世纪优秀人才、教育部海外优秀自费留学生奖。

（王振华）

【获批1个“973计划”项目】 4月，电力大学获批1个国家重点基础研究发展计划（“973计划”）项目。获批项目为“燃煤发电系统能源高效清洁利用的基础研究”，面向国家能源领域的重大需求，组织电力大学、西安交大、浙大、清华、华中科大及中科院物理所等国内一流的科研单位和团队，围绕燃煤发电能耗和污染物的发生机理、分布规律和相互作用机制凝练科学问题，从单元、过程和系统耦合的角度，发展高参数燃煤发电全工况高效热功转换、能源梯级利用和污染物协同控制的新理论、新方法，力争在燃煤发电系统高效利用关键技术上取得突破。

（王振华）

【与山西大学签订合作协议】 9月，

电力大学与山西大学签订合作协议。根据协议，双方将紧密围绕山西能源电力产业发展需求及山西大学发展的实际需要，开展能源电力学科领域的战略合作，在学科建设、人才培养、科技创新、合作交流及资源共享等重点领域，建立长期稳定的合作机制，推进全方位深层次的广泛合作；双方共同成立合作委员会，制定具体工作计划，组织、协调双方的合作事宜。

（王振华）

【成立中欧可再生能源创新中心】 11月16日，电力大学成立中欧可再生能源创新中心。该中心在国家能源转型的大背景下发起，提出以新能源技术创新为核心和出发点，开展同德国高校、科研院所和企业的合作；为该研究领域搭建教师访学、学生交流、博士联合培养、合作办学等方面

的平台；致力于设立中德创新学院，开展本硕博多层次合作项目；开展合作伙伴计划，鼓励学校同德国合作伙伴间的学术交流；举办高层次科研合作和校企合作，借助学校理事会平台，同德国大学、科研院所和企业开展高水平多边校企合作。

（王振华）

【成立能源互联网研究中心】 11月，电力大学成立能源互联网研究中心。该中心致力于整合校内外能源领域的优势科研力量，形成由经济管理、电气、能源与动力、可再生能源、信息与通信、人文社科等多学科、跨专业的科研团队，在科学研究、产业化和人才培养方面，对能源互联网的未来发挥重要的支撑作用。该中心邀请行业知名外部专家，组成学术委员会，并打造产学研平台，建立发展共赢激励机制，利用产业界对该校参与行动计划地位认可，发展与地方政府、企业间的研究基地、联合实验室、试点工程、产业孵化等新型合作模式。

（王振华）

【新增一名工程院院士】 12月7日，

电力大学刘吉臻教授当选中国工程院能源与矿业工程学部院士。刘吉臻，1976年毕业于华北电力学院热工测量及其自动化专业，1982年本校发电厂工程专业研究生毕业后留校任教。1989年和1994年在加拿大皇后大学做高级访问学者和访问教授。担任“新能源电力系统国家重点实验室”

主任，“973 计划”项目首席科学家。他是中国著名的火力发电控制专家，长期从事大机组建模、检测、控制理论与技术研究，带领团队攻克行业发展面临的多项关键技术难题，取得具有开创性、系统性的研究成果。2004 年成功研发国内第一套大型火电厂监控信息系统，2011 年成功研发国内最大容量 1000 兆瓦超超临界机组成套控制系统，2013 年成功研发世界首台 600 兆瓦超临界循环流化床机组控制系统。研究成果在工程中得到广泛应用，取得显著社会经济效益。刘吉臻获国家科技进步二等奖 2 项（排名第一），省部级科技进步奖 4 项。出版学术著作 5 部，发表《科学引文索引》(SCI) 论文 32 篇、《工程引文索引》(EI) 论文 118 篇；获授权发明专利 17 项；培养博士研究生 36 人、硕士研究生 68 人。

（王振华）

【1 个创新引智基地获批立项建设】 12 月，电力大学 1 个引智基地项目获教育部和国家外国专家局批准立项。该项目为“新型太阳电池的基础和应用研究创新引智基地项目”。基地依托该校在新能源科学与工程学科上的优势学科，通过与瑞士、英国、美国、日本、韩国、澳大利亚和西班牙等国著名科学家开展合作研究，优势互补，以稳定高效新型薄膜太阳电池为研究目标，着力解决关键材料的设计合成、关键器件的制备优化和光电过程的机理等科学问题，构筑完整研究体系，为国家实现薄膜太阳电池大规模应用提供科学依据和技术基础。

（王振华）

中华女子学院

党委书记 李明舜
院　　长 刘利群

【概况】 2015 年，中华女子学院占地面积 7.87 万平方米，学校产权建筑面积 10.73 万平方米，非产权建筑面积 1.16 万平方米。固定资产总值 32732 万元，其中，教学、科研仪器设备资产值 9863 万元。图书馆建筑面积 12614 平方米，藏书 121.20 万册/种，其中，纸质图书 62.70 万册，电子图书 58.50 万种。全年教育经费投入 23696.70 万元，其中，国家拨款 18028.53 万元，自筹经费 5668.17 万元。学校信息化经费投入 3731.49 万元，拥有计算机 3076 台，多媒体教室座位 4893 个，信息化设备资产 6019 万元，网络信息点 4800 个，校园网出口总带宽 1200Mbps，电子邮件系统用户 926 个，数字资源量 28617GB，管理信息系统数据总量 60GB。设有 7 个二级学院、4 个教学系和 2 个教学部。开设普通高等教育本科专业 21 个、高职专业 4 个，学科门类覆盖法、经、管、教、文、工、艺 7 个，具有一级学科 12 个，服务国家特需项目专业硕士学位授权点 1 个。教职工 395 人，其中，专任教师 304 人，包括教授 35 人、副教授 83 人；博士生导师 1 人和硕士生导师 36 人；有享受政府特殊津贴专家 8 人。外籍教师 12 人，包括教授 4 人，副教授 5 人。毕业生 2155 人，其中，学历教育全日制硕士生 30 人，普通本专科生 1616 人（本科生 1120 人、专科生 496 人），成人教育本专科生 509 人（本科生 1 人、专科生 508 人）。招生 1983 人，其中，学历教育全日制硕士生 43 人，普通本专科生 1682 人（本科生 1126 人、专科生 556 人）、成人教育专科生 258 人。在校全日制普通本专科生 6078 人（本科生 4534 人、专科生 1544 人）、成人教育本专科生 617 人。留学生招生 1 人，在校生 2 人。网址：www.cwu.edu.cn。

（王学美）

【召开“高参小”项目工作交流会】 1 月 15 日，女子学院召开北京市高校、社会力量参与小学体育美育发展工作交流会。6 所结对小学的校长、主任分别介绍各小学项目的开展情况，并对项目的开展给予肯定。该校在 6 所结对小学开设 9 大类 21 小类的课程，共有 16 名教师、76 名学生参与。

（王学美）

【与英国学校签订合作协议】 3 月 11 日，女子学院与英国赫尔大学斯卡伯罗教育学院签订合作协议。根据协议，双方将在学生学历教育、长短期交换、教师互访与互派，以及联合科研等方面展开合作。

（王学美）

【成立国家级社会学类校外实践教育基地】 3 月 18 日，女子学院国家级社会学类校外实践教育基地挂牌。该基地依托北京市朝阳区大屯街道文化服务中心，进一步整合实践教学环节，面向该院社会学类专业学生开展校外实践活动，从而提升学生的创新精神、实践能力、社会责任感和就业能力。

（王学美）

【举办性别平等与媒介责任研讨会】

3 月 20 日，女子学院与联合国教科文组织“媒介与女性”教席共同举办“性别平等与媒介责任”研讨会。研讨会以“性别平等与媒介责任”为主题，发布《女性新闻工作者遭受暴力和骚扰情况全球调查报告》。来自性别研究和媒体领域专家和学者 60 人参加会议。

（王学美）

【举办妇女口述历史研究研讨会】 5

月 19 日，女子学院举办全球背景下的妇女口述历史研究研讨会。研讨会围绕女性口述史的发展趋势，妇女口述历史与女权运动，妇女口述历史的专题研究以及少数民族妇女口述历史等议题展开讨论。会上，《妇女口述历史丛书》首发。来自国内外专家学者 90 人参加研讨。

（王学美）

【举行儿童家庭教育案例系列短片发布会】 6月1日，女子学院举办“爱的魔方：3～6岁儿童家庭教育案例”系列短片发布会。该系列短片是一项通过形象化家庭教育，构建良好亲子关系的主题公益计划。短片坚持“问题”导向，以3～6岁幼儿成长过程中家长育儿遇到的幼儿生活、学习和成长等方面的典型问题为切入点，以“案例故事化呈现＋专家演播室讲解”的表现形式，通过15个典型案例反映幼儿成长过程中出现的“不良共性”现象，剖析当前学龄前儿童家庭教育方面存在的问题，传达出正确的育儿观念与科学育儿方法，展示儿童教育研究与实践的最新成果。

（王学美）

【举办养老现状与养老政策研讨会】 7月16日，女子学院举办养老现状与养老政策研讨会。会议研讨中国老年产业的状况、全球化与国际老龄化政策的演变、农村养老困境、中国养老理念与实践特色、退休年龄新规等问题。来自国内相关领域专家学者50人参加研讨会。

（王学美）

北京信息科技大学

党委书记 郑君礼
校　　长 柳贡慧（7月免）
王永生（7月任）

【概况】 2015年，北京信息科技大学占地面积33.32万平方米，学校产权建筑面积33.12万平方米、非产权建筑面积0.66万平方米。固定资产总值11.45亿元，其中，教学、科研仪器设备资产值5.05亿元。图书馆建筑面积9661平方米，藏有纸质图书113.80万册、电子图书16.90TB。全年教育经费投入86447.57万元，其中，国家拨款70281.65万元、自筹经费16165.92万元。学校信息化经费投入1016.46万元，拥有计算机8477台，多媒体教室137间，信息化设备资产20277.93万元，网络信息点13000个，校园网出口总带宽1700Mbps，电子邮件系统用户37729个，上网课程1641门，数字资源量72562.18GB，管理信息系统数据总量68.73GB。现有5个校区，下设12个学院、2个中心以及体育部、研究生院和继续教育学院。开设本科专业36个，覆盖工、管、理、经、文5个学科门类，包括国家级特色专业建设点4个、北京市级特色专业建设点9个，在京第一批招生专业13个和1个类别（计算机类）；具有一级学科硕士点14个，二级学科硕士点43个，专业学位门类（工程硕士、工商管理硕士）2个、专业学位授权领域9个。拥有北京市重点学科3个、北京市重点建设学科9个；省部共建教育部重点实验室1个、北京市重点实验室5个、北京市哲学社会科学研究基地1个、原信息产业部重点实验室2个、北京市高校工程技术研究中心1个、机械工业重点建设实验室2个。国家级实验教学示范中心1个、国家级规划教材选题23套、北京市教学成果奖24项、北京市精品课程9门、北京市精品教材27本、北京市实验教学示范中心4个、北京市高等学校市级校外人才培养基地3个和市级人才培养模式创新试验区1个。新增国家自然科学基金项目20项、国家社会科学基金1项、国家级项目一级子课题5项、省部级项目27项。教育部卓越计划试点专业3个，教育部专业综合改革试点项目1个，国家级工程实践教育中心1个，国家大学生校外实践教育基地1个。教职工1357人，其中，专任教师857人，专任教师中正高级122人、副高级291人；兼职博士生导师21人、硕士生导师231人；双聘中国工程院院士4人、特聘教授2人、讲座教授3人、国家级优秀教学团队1个、教育部“创新团队发展计划”1个，新世纪百千万人才工程3人，全国优秀教师2人、北京市优秀教师11人、北京市级优秀教学团队8个、北京市教学名师11人、北京市海外高层次人才2人、北京市属高校长城学者4人、北京市属高校创新团队24个、北京市属高校拔尖创新人才15人、青年拔尖人才36人（含北京市教委）、北京市人才强教计划骨干教师107人。毕业全日制硕士研究生391人，普通本科生2543人，成人教育本专科生1296人（本科生466人、专科生830人）。应届本科毕业生就业率99.13%，硕士研究生毕业生就业率95.14%。招生4834人，其中，学历教育全日制硕士研究生414人，普通本科生2761人，成人教育本专科生1659人（本科生558人、专科生1101人）。高考北京地区提档线一批理科556分，二批理科533分、二批文科569分。在校生15716人，其中，学历教育全日制硕士研究生1169人，普通本科生10648人，成人教育本专科生3899人（本科生1418人、专科生2481人）。留学生毕业82人，招生118人，在校生155人。网址：www.bistu.edu.cn。

（李丝璐）

【获批国家级实验教学示范中心】 1

月8日，信息科大机械工程实验教学中心正式获批国家级实验教学示范中心。中心建设发展成效显著，在足球机器人等国内外大赛中表现突出，获得多项奖励。中心测控技术与仪器专业顺利通过中国工程教育专业认证，是信息科大第一个通过工程教育专业认证的专业。这是该校获批的第二个国家级实验教学示范中心。

（李丝璐）

【评选首届校长奖学金】 1月14日，信息科大首届“校长奖学金”评选结果揭晓。该校学生10人获奖，每人获得学校奖励1万元。该奖由学校设立，面向该校二年级（含）以上正式注册在籍且在校参加正常学习活动的国家计划内招录的全日制本科生，奖励对象为学业水平优异、综合素质特别突出的学生，采取学生本人申请、学院审核并公示、学校奖学金评审小组初评、校长办公会审定并公示的流程进行评选。

（李丝璐）

【举办首届研究生科技文化节】　3月

17日至6月3日，信息科大举办第一届研究生科技文化节。研究生科技文化节包含科学研究、文化艺术、体育休闲、活动宣传四个板块。该校师生1200人次参加活动。

（李丝璐）

【发布学校章程】　5月8日，《北京信息科技大学章程》经市教委核准正式发布。该校章程共包括总则，学校的使命和实现，组织机构，教职工，学生和校友，经费和条件保障，校训、校标、校庆日，附则8章内容，分别对学校的办学定位、服务面向、治理结构、基本管理制度和文化传承等内容做出明确表述。

（李丝璐）

【机器人特长班开班】　6月3日，信息科大机电工程学院牵头开办的机器人特长班开班。该特长班原计划招生60人，最终经选拔扩招到107人，学生涵盖5个学院13个专业，学生修满12个学分的课程，可获得特长班结业证书。该特长班抽调机电学院、光电学院、自动化学院、通信学院、计算机学院优秀师资开课。特长班是该校主动适应现代科技发展和社会需求，以及学生和人才市场需求，培养高素质应用型人才的具体举措。

（李丝璐）

【招收首批“双培计划”新生】　9月6日，信息科大首批“双培计划”新生入学。该校招收264名双培新生，涉及7个学院12个专业。报到之后学生将分别到清华大学、北京航空航天大学、北京邮电大学、北京理工大学、北京交通大学、北京科技大学6所学校学习，培养采取“3+1”的模式，前三年学生就读于相应的对接高校，第四年回到本校就读。

（李丝璐）

中国矿业大学（北京）

党委书记　徐孝民
校　　长　杨仁树

【概况】　2015年，中国矿业大学（北京）占地面积34.65万平方米，建筑面积54.53万平方米。固定资产总值133237万元，其中，教学、科研仪器设备资产值20775万元。全年教育经费投入84816万元，其中，国家拨款54964万元，自筹经费29852万元。图书馆建筑面积10027平方米，藏书87万册，电子图书60万册。学校信息化经费投入930万元，拥有计算机6003台，多媒体教室座位9783个，信息化设备资产6706万元，网络信息点20000个，校园网出口总带宽1400Mbps，电子邮件系统用户19000个，数字资源量4900GB，管理信息系统数据总量16.80GB。设有研究生院和12个学院；开设本科专业62个，覆盖理、工、文、管、法、经等多个学科门类；有1个一级学科国家重点学科，8个国家重点学科、1个国家重点培育学科、21个省部级重点学科；有16个一级学科博士点，35个一级学科硕士点，69个二级学科博士点，173个二级学科硕士点，10个硕士专业学位授权点；博士后流动站14个，其中，博士后研究人员出站32人、进站37人、在站120人。建有2个国家重点实验室、1个国家工程研究中心、2个教育部工程研究中心，1个北京市重点实验室。教职工906人，其中，专任教师640人，包括教授158人、副教授190人；博士生导师167人、硕士生导师249人；中国科学院院士1人，中国工程院院士8人。教师中有“长江学者奖励计划”特聘教授3人，国家杰出青年基金获得者7人，全国优秀教师2人，享受政府特殊津贴专家24人。毕业生5093人，其中，学历教育全日制研究生1532人（博士生191人、硕士生1341人），普通本科生1304人，成人教育本专科生1988人；非计划招生在职人员攻读硕士学位269人。招生4195人，其中，学历教育全日制研究生1705人（博士生273人、硕士生1432人），普通本科生1800人，成人教育本专科生256人（本科生151人、专科生105人）；非计划招生在职人员攻读硕士学位434人。在校生14096人，其中，学历教育全日制研究生4925人（博士生1199人、硕士生3726人），普通本科生6320人，成人教育本专科生850人（本科生419人、专科生431人）；非计划招生在职人员攻读硕士学位2001人。高考北京地区本科录取线理工科602分，文科599分。本科毕业生就业率98.57%，研究生就业率98.44%。留学生招生9人，在校生31人。网址：www.cumtb.edu.cn。

（朱家骏）

【教授当选为俄罗斯自然科学院外籍院士】　2月9日，矿大赵景礼教授当选俄罗斯自然科学院外籍院士。赵景礼曾留学莫斯科矿业大学并获得采矿工程博士学位，长期从事采矿工程领域的科学研究工作，依托其发明的错层位采煤方法和三段式回采工艺，创立回采巷道的三维立体化设计方法与在上覆岩层已垮落区布置卸压巷道的技术，在巷道设计理论、矿山压力控制理论以及工程实践中均取得重要突破。

（朱家骏）

【两个专业通过教育部工程教育专业认证】　3月18日，矿大采矿工程、安全工程专业通过全国工程教育专业认证。采矿工程、安全工程专业均为教育部、北京市特色专业，其中，安全工程专业于2008年通过全国工程教育专业认证，是中国第一个通过工程教育专业认证的安全工程专业，2011年通过有效期延长审核。

（朱家骏）

【3个市级校外人才培养基地项目通过验收】　3月26日，矿大3个市级校外人才培养基地项目通过市教委验收。分别是矿业类专业校外人才培养基地（依托单位：开滦（集团）有限责任公司），机电类专业校外人才培养基地（依托单位：中煤北京煤矿机械有限责任公司），土建类专业校外人才培养基地（依托单位：北京住总集团有限责任公司）。

（朱家骏）

【学校章程发布】 6月30日，《中国矿业大学（北京）章程》通过教育部核准发布。该章程分八章七十七条，内容包括序言、总则、组织机构、教职员工、学生、资产与经费、学校与社会、学校标识、附则9个方面内容。学校将以章程作为依法自主办学、实施管理和履行公共职能的基本准则和依据，按照建设中国特色现代大学制度的要求，完善法人治理结构，健全内部管理体制，依法治校、科学发展。

（朱家骏）

【举办科学道德与学风建设报告会】

10月10日，矿大举办科学道德与学风建设报告会。报告会邀请中国工程院院士、该校教授彭苏萍作题为《如何将自己打造成对社会有贡献的人》报告，指出青年学生要发扬光大中华民族的优秀传统，要有脚踏实地的精神和谦逊的态度，尊重他人的研究成果，将理想与现实结合起来，树立良好学风，思考如何将自己培养成对社会有贡献的人。

（朱家骏）

【举办中国国际矿山测量学术论坛】

10月16日，矿大举办中国国际矿山测量学术论坛。论坛研讨矿山测量、开采沉陷、三下开采、土地复垦、变形监测、数字矿山、遥感与环境监测等专题。论坛还编印论文集，收录论文70篇。来自国内专家学者100人参加论坛。

（朱家骏）

【与两家单位签订合作协议】 11月6日和17日，矿大分别与两家单位签订合作协议。与川煤集团协议规定，双方在人才培养、科技开发、共建研发平台等方面开展合作与交流，共同探索协同创新的路径，实现优势互补、互惠互利、共同发展。与萍乡市政府协议规定，在煤炭城市转型升级、科研助力新兴产业发展、校地联合人才培养等领域展开全面合作。

（朱家骏）

【新增1名工程院院士】 12月7日，矿大武强教授当选中国工程院能源与矿业工程学部院士。武强教授长期从事矿山水文和工程地质研究与工程应用工作，是中国矿山防治水领域学科带头人之一。在矿井水防治与利用理论和技术研发方面，取得多项重要成果。出版中英文专著11部，发表论文200余篇，含《科学引文索引》（SCI）44篇，《工程引文索引》（EI）130余篇，SCI引用284次；获国家科技进步奖二等奖2项，省部级一等奖10项；获国家授权发明专利19项，软件著作权25项，国际和香港专利申请11项；主编国标《煤矿防治水规定》与其《释义》及《煤矿防治水手册》工具书。取得的理论和技术成果已在中国30余个煤业集团100余个水害严重矿山得到成功应用，产生显著经济、社会、环境效益。

（朱家骏）

【启动“众创空间”】 12月22日，

矿大启动“众创空间”。“众创空间”是该校大力推进大学生就业创业工作，加强学校创新创业教育的重要举措，对推进创新人才培养、提升实践育人的质量具有重要意义。“众创空间”分为创业教育中心、创业咖啡、创业实践中心三部分，将秉承“大学生创新精神与创业技能培育、创新创业型人才培养、产学研合作与创业项目实践”三位一体的理念，不断改善创新创业硬件设施，提高创新创业服务质量，为大学生创新创业搭建良好平台。

（朱家骏）

中国石油大学（北京）

党委书记 蒋庆哲
校　　长 张来斌

【概况】 2015年，中国石油大学（北京）占地面积36.41万平方米，建筑面积48.47万平方米。固定资产总值157924.42万元，其中，教学、科研仪器设备资产值68483.53万元。全年教育经费投入164839万元，其中，国家拨款95996万元，占59%；自筹经费68843万元，占41%。图书馆建筑面积17994平方米，藏书108万册。学校拥有计算机10303台，网络多媒体教室127间，信息化设备资产值19693.53万元，网络信息点13000个，校园网出口总带宽1300Mbps，电子邮件系统用户15000个，上网课程50门，数字资源量327368GB，包括电子图书2280GB，管理信息系统数据总量20000GB。学校设有11个学院（部）以及提高采收率研究院、非常规天然气研究院、新能源研究院、中国能源战略研究院4个直属研究院，开设本科专业27个，拥有11个博士授权的一级学科，45个博士点，11个博士后流动站；33个硕士授权的一级学科，151个硕士点；4个专业硕士学位授予权，工程硕士授权点涵盖20个工程领域；拥有5个国家重点学科、2个国家重点（培育）学科、7个北京市重点学科。有教职工1389人，专任教师892人。在专任教师中，具有博士学位的教师占74.40%。专任教师中有海外（境外）学习经历累计一年以上的98人。教授232人，副教授317人，其中，博士生导师225人。有中国科学院院士2人，中国工程院院士2人，双聘院士5人，中组部“千人计划”入选者4人，“长江学者奖励计划”特聘教授9人，国家杰出青年基金获得者9人，国家“973”项目首席科学家5人，国务院学位委员会学科评议组成员4人，国家级教学名师1人，全国优秀教师4人，入选“新（跨）世纪百千万人才工程”国家级人选8人，教育部“长江学者和创新团队发展计划”创新团队3个，国家级教学团队3个，北京市优秀教学团队6个。聘用外籍教师11人，包括教授4人。毕业生15514人，其中，学历教育全日制研究生1911人（博士生180人、硕士生1731人），普通本科生1865人，成人教育本专科生3176人（本科生1661人、专科生1515人），网络教育本专科生8562人（本科生3377人、专科生5185人）；非计划招生在职人员攻读硕士学位363人。本科一次就业率91.73%，研究生一次就业率95.28%。招生14673人，其中，学历教育全日制研究生2248人（博士生278人、硕士生1970人），普通本科生1973人，成人教育本专科生1633人（本科生921人、专科生712人），网络教育本专科生8819人（本科生4091人、专科生4728人）。高考北京地区录取线理科类548，文史类579。在校生34584人，其中，学历教育全日制研究生6680人（博士生1142人、硕士生5538人），普通本科生7714人，成人教育本专科生3176人（本科生1444人、专科生1732人），网络教育本专科生17014人（本科生7296人、专科生9718人）。留学生毕业155人，招生138人，在校生637人。网址：www.cup.edu.cn。

（许博）

【举办中国石油工程设计大赛】　5月23—24日，石油大学举办第五届中国石油工程设计大赛。比赛选取页岩气作为主题，来自国内外49所高校及科研院所的3772支队伍报名参加，共提交有效作品1063份。经过各分赛区初审、复审，选出58支优秀团队入围全国总决赛，参加现场答辩。经过来自各石油企业、高校等知名专家的现场评审，共产生卓越杯1组、一等奖20组、二等奖37组、三等奖192组、鼓励奖239组、成功参赛奖579组；同时产生团体总分奖3个、优秀组织奖4个、优秀指导教师46人、先进个人13人。

（许博）

【学校章程发布】　6月，《中国石油大学（北京）章程》通过教育部核准发布。章程分为序言和正文两部分。正文部分包括总则、学校基本职能、治理结构、学生、教职工、办学条件与保障、学校标识与校庆日、附则9章，共计100条。该章程全文9700余字，是学校依法自主办学、实施管理和履行公共职能的基本准则和重要依据。

（许博）

【教学效果卓越奖颁奖】　9月30日，

石油大学举办首届教学效果卓越奖颁奖典礼。该奖项面向学校教师，是贯彻学校落实提高本科教育质量系列文件精神的重要举措，首批9人获奖。

（许博）

【成立大学生创新创业教育中心】　11月

16日，石油大学成立大学生创新创业教育中心。该中心开展创新创业教育教学改革研究与组织实施、培育孵化创业项目、师资队伍培训和师生相关表彰奖励工作。俞敏洪为中心首批创新创业教育首席导师。

（许博）

【新增1名工程院院士】　12月7日，石油大学李根生教授当选为中国工程院院士。李根生，博士生导师。国家杰出青年科学基金获得者和“973计划”项目首席科学家，先后获“孙越崎能源大奖”“中国青年科技奖”“百千万人才”国家级人选、“首都劳动奖章”等奖励和称号，享受国务院政府特殊津贴。近30年来他一直从事油气钻井和完井工程理论与技术研究，是中国油气钻井与完井工程领域的技术专家。他率领团队发展围压下自振空化射流基础理论，创新研发深井空化射流钻井系列技术，为解决深井提速重大难题提供技术支撑；开拓水射流完井增产理论与技术研究领域，发明水力喷砂射孔与分段压裂联作技术，为低渗透油气田开发提供一项有效技术；首创空化射流处理地层解堵技术，取得物理法处理地层解堵技术的突破。在石油工程中初步形成空化射流钻井、完井、压裂的应用技术体系。研究成果在全国陆上和海上20余个主要油气田试验和示范，生产效益显著，对推动中国油气钻完井工程（特别是深井钻井和低渗完井增产）的理论发展和技术进步做出重要贡献。他以第一作者发表学术论文75篇，合作出版专著2部，主编教材1部；已获授权国家发明专利18件、美国专利1件，登记国家计算机软件著作权10项；获国家技术发明奖二等奖1项、三等奖1项，国家科技进步奖二等奖2项，省部级科技进步奖一等奖7项、技术发明奖一等奖1项，中国专利优秀奖1项。

（许博）

【成立克拉玛依校区】　12月10日，

石油大学克拉玛依校区揭牌。该校区坚持高层次、应用型、国际化、合作共建的办学方针，面向全国招生。至年底，校区建成教学楼、学生宿舍、学生餐厅、学员公寓、体育馆、实训厂房等设施，计划于2016招生，9月正式开学。这是首所落地新疆的疆外教育部直属“211”高校，是石油大学在服务国家重大战略需求和区域经济发展道路上迈出的崭新步伐。10月

22日，教育部就《中国石油大学（北京）关于设立克拉玛依校区的请示》予以批复，同意石油大学建设克拉玛依校区。

（许博）

【举办辅导员沙龙】 12月30日，石油大学举办首届辅导员沙龙。沙龙以“辅导员职业发展与创新意识培养”为主题，参会辅导员围绕如何提升辅导员职业化、专业化能力，以及“互联网+”时代背景下如何创新学生工作手段和方式等内容进行交流和探讨。学校学生工作负责人及辅导员70人参会。

（许博）

【主楼图书馆阅览室投入使用】 12月，石油大学主楼图书馆阅览室投入使用。主楼图书馆阅览室位于学校办公综合楼主楼裙楼一层和二层，阅览面积2800平方米，集新书展示、自助借还、期刊阅览、电子图书借阅、自习阅览于一体，无线网络全覆盖，阅览座位近600个，每张阅览桌上都设有电源和台灯。阅览室引入座位预约系统，读者可自行预定自习座位的地点和时间。期刊区有7万余册过刊和939种现刊，其中，中文期刊879种、外文期刊60种，以及各类报纸78种。新书展示区在新阅览室二层，藏书5万册。至此，该校总阅览座位数达到1200个。

（许博）

【创办《石油科学通报》】 12月，石油大学创办《石油科学通报》。该学报由教育部主管，石油大学为主办单位，清华大学出版社有限公司为出版单位，国内连续出版物号为CN10－1405/TE，是公开发行的大16开中文季刊。期刊以发表石油地质与地球物理、石油工程、石油机械、石油化学与化工、石油经济、石油战略、石油文化等领域新思想、新成果，综合反映石油自然科学与社会科学多学科交叉基础研究进展，为石油科学研究者提供高水平的学术交流平台，推动石油科学创新发展为办刊宗旨。至此，该校主办4种学术期刊，分别是《石油科学通报》(中文版)、《石油科学》(英文版)、《古地理学报》中文版和《古地理学报》英文版。

（许博）

中国地质大学（北京）

党委书记 王鸿冰
校　　长 邓军

【概况】 2015年，中国地质大学（北京）占地面积52.58万平方米，学校产权校舍建筑面积57.84万平方米。固定资产总值20.58亿元，其中，教学、科研仪器设备资产值6亿元。图书馆藏书93.09万册。拥有计算机9758台。多媒体教室座位114间，信息化设备资产18088.30万元，网络信息点13500个，校园网出口总带宽5000Mbps，电子邮件系统用户28274个，上网课程215门，数字资源量110340GB，管理信息系统数据总量30.50GB。设置17个院（系、部）；开设40个本科专业；具有硕士学位授权一级学科点25个，硕士学位授权二级学科点（不含一级学科覆盖点）116个；博士学位授权一级学科点13个，博士学位授权二级学科点（不含一级学科覆盖点）59个；博士后流动站13个。2个国家一级重点学科、涵盖8个国家二级重点学科、省部级重点学科14个；国家重点实验室2个，国家工程研究中心1个。教职工1331人，其中，专任教师957人，包括教授216人、副教授338人；博士生导师183人、硕士生导师326人；中科院院士4人。“长江学者奖励计划”特聘教授3人、“千人计划”入选者4人、“国家杰出青年科学基金”获得者9人。外籍教师16人。毕业生33289人，其中，学历教育全日制研究生1892人（博士生314人、硕士生1578人）、普通本科生2050人、成人教育本专科生4341人（本科生2265人、专科生2076人）、网络教育本专科生24613人（本科生6361人、专科生18252人）；非计划招生在职人员攻读硕士学位393人。本科毕业生就业率94.80%。招生28168人，其中，学历教育全日制研究生2148人（博士生368人、硕士生1780人）、普通本科生2095人、成人教育本专科生2803人（本科生1797人、专科生1006人）、网络教育本专科生20607人（本科生7941人、专科生12666人）；非计划招生在职人员攻读硕士学位515人。在校生68847人，其中，学历教育全日制研究生6661人（博士生1633人、硕士生5028人）、普通本科生8477人、成人教育本专科生9357人（本科生6578人、专科生2779人）、网络教育本专科生41807人（本科生16263人、专科生25544人）；非计划招生在职人员攻读硕士学位2545人。留学生毕业9人、招生34人、在校生103人。网址：www.cugb.edu.cn。

（李媛媛）

【一基地获批市高校示范性校内创新实践基地】 2月，地大信息技术创新

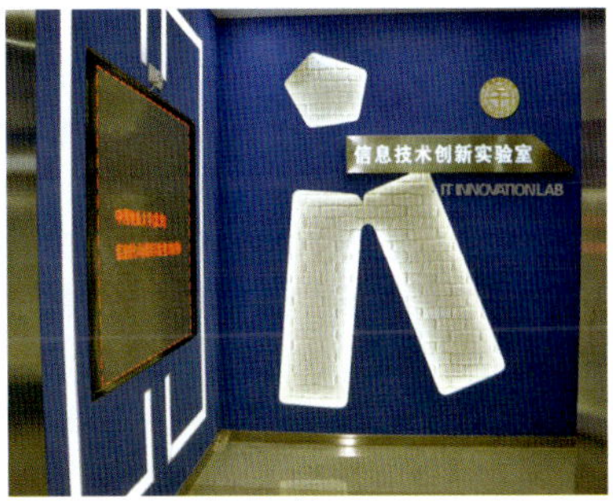

实践基地由市教委批准为北京高等学校示范性校内创新实践基地建设单位。该基地是地大重点建设的7个校内实践创新基地之一，秉承“培养学生的创新思维、创新行动、创新智慧，提升学生的创新素质”的宗旨，践行“学科交叉，优势互补，项目驱动，竞赛激励，实践创新，能力提升”的建设思路，是该校进行ACM/ICPC国际大学生程序竞赛、中国机器人大赛暨Robcup公开赛和全国大学生电子设计竞赛等学科竞赛培训的重要场所。基地开展大学生创新创业训练计划项目、实验室开放基金项目、创新实验班科研素质培训和自主应用系统研发等多种创新实践活动。

（李媛媛）

【审议并通过人事制度改革系列文件】 6月16日，地大审议并通过人事制度改革系列文件。该校审议通过《教师职称评审条例》《专业技术职称评审条例》《教师岗位聘任实施办法》《专业技术岗位聘任实施办法》《工勤技能岗位聘任实施办法》《职员任职条件与职级晋升暂行办法》。学校系列人事改革办法于7月16日开始实施。

（李媛媛）

【召开本科教学工作会议】 10月10日，地大召开本科教学工作会议。会议作题为《深化教学改革，提升教学质量，加快推进高水平研究型大学建设步伐》的报告。报告总结“十二五”以来学校教学工作取得的成绩，系统分析当前教学工作存在的问题，进一步理清教育教学改革和发展的工作思路，明确今后教学工作的主要任务与改革措施。全体校领导、学校教学督导员、教学单位负责人及相关人员、各职能部门和教学辅助部门领导等260名代表参加会议。

（李媛媛）

【思想政治教育学院更名为马克思主义学院】 10月23日，地大思想政治教育学院更名为马克思主义学院。更名后，该院将深化马克思主义特别是当代中国马克思主义的教育教学和研究宣传为根本任务，明确目标定位，加强科学研究，规范学科建设，深化教学改革，提高队伍素质，努力把马克思主义学院建设成为马克思主义理论教育教学、研究宣传和人才培养的坚强阵地。该校思想政治教育学院2009年6月成立。

（李媛媛）

【举办中意月球与深空探测论坛】 11月18日，地大举办中意月球与深空探测论坛。论坛以“日地空间系统探测的科学与技术”为主题；研讨中意两国月球与深空探测活动所取得的成果和最新进展，增强月球与深空探测领域在科学研究、技术发展和战略规划等方面的国际合作，促进中国更多的优秀青年人才与意大利相关领域专家和学者的交流与合作等问题。来自中国、意大利多所高校和科研单位的专家学者和学生100人参加论坛。

（李媛媛）

【4名教师获青年地质科技奖】 12月6日，地大4名教师获得第15届青年地质科技奖。其中，杨宇友获“金锤奖”，3名教师获“银锤奖”。该奖项由中国地质学会评选，全国共10人获“金锤奖”、40人获“金锤奖”。杨宇友，该校工程技术学院副教授，博士生导师。主持和主要参与国家自然科学基金等科研项目10余项；发表学术论文20余篇，以第一申请人申请专利17项，出版专著1部。建立盾构隧道开挖面破坏三维模型和非饱和土的流固耦合模型与蠕变流固耦合模型。

（李媛媛）

北京联合大学

党委书记　徐永利
校　　长　卢振洋

【概况】 2015年，北京联合大学占地面积40.32万平方米，学校产权校舍建筑面积49.60万平方米、非产权校舍建筑面积14.43万平方米。全年教育经费投入162021.89万元，其中，国家拨款137908.40万元、自筹经费24113.49万元。固定资产总值24.28亿元，其中，教学、科研仪器设备资产值8.98亿元。图书馆建筑面积37081.35平方米，馆藏纸质图书249.64万册、电子图书10000GB。拥有计算机21928台。学校信息化经费投入1625.25万元，多媒体教室座位32042个，信息化设备资产39144.88万元，网络信息点19400个，校园网出口总带宽4500Mbps，电子邮件系统用户27480个，上网课程5956门，数字资源量242042GB，管理信息系统数据总量283.63GB。设置14个院（系、部）；开设69个专业，覆盖10个学科；具有一级学科5个，硕士学位授权点10个。北京市重点学科6个。教职工2967人，其中，专任教师1555人，包括教授215人、副教授558人；硕士生导师156人。外籍教师59人，其中，教授5人、副教授3人。毕业生9383人，其中，学历教育全日制研究生48人、普通本专科生7199人（本科生5495人、专科生1704人）、成人教育本专科生2136人（本科生1479人、专科生657人）。本科毕业生就业率99%。招生9427人，其中，学历教育全日制研究生135人、普通本专科生6904人（本科生6062人、专科生842人）、成人教育本专科生2388人（本科生1598人、专科生790人）。在京录取二批本科提档线文史类528分，理工类495分。在校生29803人，其中，学历教育全日制研究生303人、普通本专科生24522人（本科生20650人、专科生3872人）、成人教育本专科生4978人（本科生2999人、专科生1979人）。留学生毕业554人、招生879人、在校生1173人。网址：www.buu.edu.cn。

（张树蕊）

【获考古发掘资质】 1月22日，联大获得中国考古发掘资质（考古发掘团体领队资质）。该资质由国家文物局认定。考古学科是联大优势学科，有6名考古发掘领队，在2012年教育部学科评估中获得全国第16名的成绩。

（吴中平）

【举办大使带你看世界专题讲座】 4月21日，联大举办“大使带你看世界”专题讲座。讲座邀请前驻希腊共和国、丹麦王国大使甄建国作题为《西方文明的摇篮——希腊的过去与今天》的报告，从希腊作家及希腊印象说起，结合不同历史时期代表希腊文明的神庙、古剧场、雕塑等的图片史料介绍希腊。该校师生150人参加学习。

（吴中平）

【与张家界市签订合作协议】 5月8日，联大旅游学院与张家界武陵源风景名胜区和国家森林公园管理局签订合作协议。根据协议，双方合作建立“智慧旅游”科研站，共同开展旅游人才培养，学校提供智力支持，地方提供必要物质保障。

（吴中平）

【举办第五届国际文化展】 5月15日，

联大举办第五届国际文化展暨“一带一路”上的文化与美食展。活动中，来自19个国家和地区的留学生通过图片、视频和特色食品等介绍自己国家的文化、历史和现状。该校师生1000人次参加活动。

（吴中平）

【校志学院篇出版】 6月15日，联大《北京联合大学志（2001—2010）学院篇》出版。该著作是《北京联合大学志（2001—2010）》下篇，记述2001年至2010年间联大的15所学院和期间撤销的5所学院以及廊坊分校的办学历程。全书共16章，180万字。该书上篇《北京联合大学志（2001—2010）学校篇》，已于2014年10月出版。

（吴中平）

【召开全球治理视野下的邪教研讨会】 8月15—16日，联大召开全球治理视角下的邪教研讨会。会议以“邪教全球治理”为主题，22名与会专家针对“邪教与身心问题”“邪教的变迁”“邪教与法律”“邪教与新媒体”等论题作学术报告。来自美国、英国和中国多所高校、研究机构及民间团体专家学者60人参加会议。

（吴中平）

【举办青年骨干教师研修班】 11月26—27日，联大举办青年骨干教师研修班。研修班以“青年教师的成长”为主题，邀请北京社科院、北京大学和社会培训机构专家作《文化、价值观与核心业务的创新发展》《青年教师如何更好地在团队中发展》《“以学员为中心”的教学方法与技巧》等专题报告。该校青年骨干教师50人参加学习。

（吴中平）

中国青年政治学院

院　　长　秦宜智（兼）
党委书记　倪邦文

【概况】 2015年，中国青年政治学院占地面积11.32万平方米，建筑面积17.29万平方米。固定资产总值19430.24万元，其中，教学科研仪器设备资产总值7377.18万元。全年教育经费投入26966.52万元，其中，国家拨款18233.51万元、自筹经费8733.01万元。图书馆建筑面积11000平方米，藏书702897册。设有9个教学院系、4个教学中心（部）、3个教学培训机构。有6个一级学科硕士授权点，1个二级学科授权点和3个类别的专业型硕士授权点。设有19个学术型硕士学位专业、5个专业型硕士学位专业。设有14个学士学位专业，其中，社会工作、思想政治教育、法学、政治学与行政学为教育部特色专业。教职工544人，其中，专任教师311人。专任教师中，正高职称43人、副高职称107人，有硕士生导师167人，享受国务院政府特殊津贴专家2人。毕业生2191人，其中，学历教育全日制研究生250人，就业率98.40%，普通本专科生1050人，就业率95.20%。成人教育本专科891人（本科401人、专科生490人）。招生1975人，其中，学历教育全日制研究生300人，普通本科1132人，成人教育本专科543人（本科184人、专科生359人），高考北京地区提档线文科591分，理科560分。在校生6845人，其中，学历教育全日制研究生775人，普通本科4370人，成人教育本专科1700人（本科744人、专科生956人）。留学生招生264人，在校生328人。网址：www.cyu.edu.cn。

（葛丹青）

【颁布本科辅修专业管理办法】 1月5日，中青院颁布《中国青年政治学院本科辅修专业管理办法》。该院在校四年制本科生修完第一学期全部课程，成绩合格且平均学分绩点在2.0以上，可以申请修读辅修专业。在主修专业学制规定学习年限内，修完辅修双学位专业培养方案规定课程及学分，成绩合格且绩点在2.0以上，可被授予辅修双学士学位。

（葛丹青）

【成立格但斯克大学孔子学院】 9月21日，中青院成立波兰格但斯克大学孔子学院。该院设在波兰格但斯克大学，面向波兰民众开展中国文化传播工作。

（葛丹青）

【举办中国法学青年论坛】 10月23

日，中青院举办第十届中国法学青年论坛。论坛以“完善中国特色社会主义法治实施体系”为主题。来自法学理论和实务部门的专家学者以及该院学生300人参加论坛。

（葛丹青）

首钢工学院

院　　长　白新（兼）
党委书记　黄吴兵

【概况】 2015年，首钢工学院占地面积16.75万平方米，建筑面积9.12万平方米。固定资产总值7216万元，其中，教学、科研仪器设备资产值4384万元。全年教育经费投入4927万元（无国家拨款）。图书馆建筑面积6400平方米，藏书34万册，电子图书600GB。信息化经费投入30.40万元，拥有计算机792台，多媒体教室85个，信息化资产1429万元，网络信息点4550个，校园网出口总带宽102Mbps，电子邮件系统用户600个，上网课程330门，数字资源量

7950GB，管理信息系统数据总量370GB。设有5个系部和1个继续教育学院，开设高职专业32个、成人专科专业7个、成人专升本科专业3个，有普通本科学士学位授予资格专业6个（1996年后未招生）。教职工267人，其中，专任教师194人，包括教授、副教授69人。毕业生1638人，其中，普通专科生1127人，成人教育本专科生511人（本科生80人、专科生431人）。专科毕业生就业率99.60%。招生1273人，其中，普通专科生1079人，成人教育本专科生194人（本科生32人、专科生162人）。北京地区高考提档线文科150分、理科150分。在校生3671人。其中，普通专科生3118人，成人教育本专科生553人（本科生67人、专科生486人）。网址：www.sgit.edu.cn。

（徐励　杨淑敏）

【召开专业设置对接区域产业座谈会】 1月8日，首钢工学院召开专业设置对接区域产业座谈会。会议邀请石景山区人社局、区科委、区总工会、区旅游委、区经信委、区国资委、区金融办、区工商联八家委办局的领导来校，就专业设置对接服务石景山区产业规划布局和经济社会发展、加快职业技能人才培养、实现高质量就业等议题交流座谈。院领导及相关人员共20人参加座谈。

（徐励）

【举办青年教师教学基本功比赛】 1月13—16日，首钢工学院举办青年教师教学基本功比赛决赛。决赛由系部选拔推荐的10名教师作现场教学演示，并从教学方案设计、微课制作评比与现场教学演示三个方面综合评价作为评分结果，最终信息工程系推荐的参赛教师获一等奖。200名师生现场观摩比赛。

（徐励）

【成立校企合作委员会】 3月20日，首钢工学院成立校企合作委员会。该委员会由首钢集团、首都航天机械公司、央视市场研究股份有限公司等15家合作企业和该校组成。成立大会上审议通过校企合作管理制度。

（徐励）

【校内建成食品快速检验室】 4月，首钢工学院建成食品快速检验室。该检验室可以对校内食堂采购的蔬菜、肉类、米面、油等食品的质量与卫生安全随时进行快速检测，并同步将检测结果上传给市教委数据中心。

（徐励）

【与联想集团签署校企合作协议】 5月20日，首钢工学院与联想集团教育培训事业部签署校企合作协议。校企双方将本着优势互补、合作共赢的原则，在IT领域的专业建设、师资培训、学生培养和技术合作研发等方面开展合作。先期共建综合创新实训基地、联想创新工作室，为在校生与企业技术人员搭建交流、互动平台，以及在企业工程师的指导下承接企业的一些研发和技术服务项目。

（徐励）

【中德IHK项目最后一届学生结业】 7月，首钢工学院参加中德合作IHK项目培养计划的2012级学生完成结业考试。考试仍采用德方出题、中德双方考官现场监考、共同阅卷评分的方式进行，经过理论笔试、实操考试和答辩等环节，全部通过考试并获取IHK职业资格证书。该项目由市教委组织，该院参与机电一体化师、技术制图师两个培养方向，自2010级开始，2012级学生是学校该合作项目的最后一届学生。

（徐励）

中国劳动关系学院

党委书记　屈增国
院　　长　李德齐

【概况】 2015年，中国劳动关系学院占地面积42.08万平方米，学校产权建筑面积19.06万平方米、非产权建筑面积6.03万平方米。固定资产总值5.30亿元，其中，教学、科研仪器设备资产值1.34亿元。图书馆建筑面积9800平方米，藏书7.88万册，新增藏书2.96万册；共订购期刊976种，报纸46种，电子图书133.79万种，包括本地镜像图书33.66万种，远程图书100.13万种，随书光盘6595片；电子期刊数据库9个，期刊种类1.96万种；其他类型数据库16个，试用及开放获取数据库30余个。全年教学经费1057.63万元，科研经费435万元，学生经费1199.92万元，教学仪器设备购置专项1453万元，教学建设经费100万元，本科教学工程400万元，校园无线网络建设392万元，校园网升级改造452万元，图书及电子资源购置307万元，数字图书馆特色资源平台建设250万元，气膜体育馆建设242万元。学校信息化经费投入4210万元，拥有计算机3970台，多媒体教室座位7640个，信息化设备资产1850万元，网络信息点11590个，校园网出口总带宽3.20Gbps，电子邮件系统用户620个，上网课程10门，数字资源量8500GB，管理信息系统数据总量490GB。校区设置11个院（系、部）；开设16个专业及覆盖6个学科；具有一级学科6个，硕士专业学位授权点1个。教职工472人，其中，专任教师287人，包括教授29人、副教授98人，硕士生导师39人，享受政府特殊津贴专家10人。毕业生2122人，其中，普通本专科生1815人（本科生1202人、专科生613人），成人教育本专科生523人（本科生127人、专科生396人）。本科毕业生就业率95.81%。招生2739人，其中，全日制硕士研究生29人、普通本专科生2167人（本科生1250人、专科生917人）；成人教育本专科生543人（本科生192人、专科生251人）。北京地区高考提档线本科理科511分、文科554分；专科理科156分、文科154分。在校生7643人，其中，全日制硕士研究生66人，普通本专科生6301人（本科生4663人、专科生1638人），成人教育本专科生1258人（本科生590人、专科生668人）。网址：www.ciir.edu.cn。

（张琛）

【与多家单位签订实践教学基地协议】 至年底，劳关学院与多家单位签订实践教学基地协议。该院与66289部队续签协议，相互成为思想政治教育实践基地和理论学习实践活动基地，与中国职工音像出版社、北京市总工会、北京市海淀区劳动人事争议仲裁院等机构签署协议，作为学校校外实践基地。至此，学校共与51家机构和企业签署实习基地协议。教学实习基地的建立为学生提供实践教学、实习、实训的平台。

（张琛）

【与民生银行签订合作协议】 至年底，劳关学院与民生银行电子银行部签署校企合作协议。根据协议，双方发挥校企各自优势，利用学校优质教育资源为企业和社会培养更多高素质、高技能的应用型人才，同时也为学生实习、实训、就业提供更大空间，并加强实验教学、入职员工心理辅导等方面的项目合作，进一步丰富校企合作内涵。

（张琛）

【完成教学硬件建设改造】 至年底，劳关学院完成教学硬件建设改造工程。该院完成涿州体育场音响、涿州实训中心改造二期、涿州校史馆建设等20余项建设、改造工程，总投入7889.59万元。

（张琛）

【出版多部学术论丛】 至年底，劳关学院出版多部学术论丛。该院共立项并资助出版青年学者文库3部、“十二五”规划教材6部；组织翻译劳动关系前沿译丛4部；中国工会劳动关系研究（2015）1部；中国劳动关系学院学者论丛——《劳动与发展（2015）》1部。

（张琛）

中国科学院大学

院　　长　丁仲礼
党委书记　邓勇

【概况】 2015年，中国科学院大学依托中国科学院各研究所的高水平科研优势和高层次人才资源，形成由京内4个校区、京外5个教育基地和分布全国的117个研究所（中心、园、台、站等）组成的“大学校”。玉泉路校区面积11.83万平方米，雁栖湖校区面积312.14万平方米，中关村校区面积5.68万平方米，奥运村校区面积3.98万平方米。有博士学位授权一级学科点40个，分布在教育学、理学、工学、农学、医学、管理学6个学科门类；硕士学位授权一级学科54个，硕士学位授权二级学科1个，分布在哲学、经济学、法学、教育学、文学、理学、工学、农学、医学、管理学10个学科门类，覆盖55个一级学科。本科专业6个，涉及10类专业学位授权点。177个博士后流动站。研究生指导教师14469人，其中，博士生导师6912人；中国科学院院士270人、中国工程院院士50人；海外高层次人才引进计划（千人计划）入选者281人；国家杰出青年科学基金项目获得者751人；“长江学者奖励计划”长江学者27人。分布在各研究所的5个国家实验室、84个国家重点实验室、185个中科院重点实验室、42个国家工程研究中心（实验室）。校部直属院系中心授课教师444人、研究所授课教师1487人、外聘授课教师347人。全日制研究生毕业9366人（博士生5054人、硕士生4312人），其中，来华留学研究生毕业99人；授予工程硕士专业学位1870人，授予工商管理硕士（MBA）专业学位158人。招收全日制研究生13793人（博士生6199人、硕士生7594人），其中，招收来华留学研究生362人。在职工程硕士专业学位研究生512人（工程硕士468人、工商管理硕士44人），非计划在职研究生同等学力60人（博士1人、硕士59人），录取本科生334人。在校研究生44464人（博士生22291人、硕士生22173人）；在校本科生665人；在校留学生研究生1102人（博士生762人、硕士生263人、进修生77人）。在职人员攻读研究生学位2728人（工程硕士2660人、工商管理硕士68人）。网络与云基础设施和教育信息化系统建设运维投入经费1848.50万元，其中，中科院育云工程建设经费451.20万元，中科院教育信息化系统运维经费160万元，网络升级改造及安全保障投入747.30万元，网络通讯费490万元；图书与数字文献资源建设投入409.50万元，其中，电子资源使用费258.10万元，图书期刊订购费151.40万元。图书馆提供的电子文献资源有中文数据库包括中文期刊数据库3个（中文电子期刊30691种）、中文图书数据库1个（中文电子图书35万册）、中文学位论文数据库2个（中文学位论文247万余篇）。外文期刊7777种、外文图书数据库3个（外文电子图书45210册）、外文工具书数据库2个（外文电子工具书722册）、外文学位论文数据库1个（外文学位论文40万余篇）、外文会议录数据库3个。另有二次文献数据库15个、工具事实型数据库10个、多媒体数据库1个。总计124个数据库（含NSTL订购，借助国家平台统一开通全文数据库50个）。此外，学校自主订购的数据库，可访问网络数据库100万册，本地26万种图书，7.52万种电子期刊以及1737.80万篇期刊会议及法律条文等文献。网址：www.ucas.edu.cn。

（张怡然）

【首届中丹硕士双学位毕业】 6月27

日，国科大中丹学院首届中丹硕士双学位学生毕业。中丹学院是在中国和丹麦两国友好合作的基础上，经教育部批准，由中科院与丹麦8所大学（丹麦哥本哈根大学、奥胡斯大学、南丹麦大学、奥尔堡大学、洛斯基勒大学、丹麦科技大学、哥本哈根商学院、哥本哈根信息技术大学）设立的中外合作机构，学院遵循科教融合的培养模式，实行中丹双导师制、双学位制。中丹学院的毕业生将获得国科大和丹麦合作大学的双学位。共有来自中国和丹麦的66名学生获得中丹两国硕士学位，其中，49名中方学生、17名丹方学生。

（赵宗一）

【成思危逝世】 7月12日，国科大教授、全国人大常委会原副委员长、著名经济学家成思危因病医治无效，在北京逝世，享年80岁。成思危，1935年6月11日出生于北京，湖南湘乡人，美国加州大学洛杉矶分校毕业，硕士学位，教授级高级工程师。曾任第九届、十届全国人民代表大会常务委员会副委员长，中国民主建国会第六届、七届、八届中央委员会主席，中华职业教育社第八届、九届理事会理事长。成思危是中国虚拟经济理论及应用的主要开拓者，构建虚拟经济的基本理论和方法体系，创立虚拟经济学科，并有效地推动虚拟商务学科的创建和发展。他积极研究和推动风险投资在中国的发展，开创性地运用复杂性科学的方法研究中国的改革与发展问题，在中国管理学界产生深远影响。9 月，成思危家人根据其遗愿，将其生前积蓄捐赠国科大教育基金会，设置“成思危基金”，设立奖教金，奖励师德高尚、教学科研成绩突出的教师，扶持青年教师和科研工作者；设立奖助学金，奖励和资助品学兼优、执着科研的学生。

（张怡然）

【与浙江通策控股签订合作协议】 7 月 24 日，国科大与浙江通策控股集团有限公司签订合作协议。根据协议，双方共建存济医学院，通策集团以向国科大教育基金会捐款的方式，支持国科大在雁栖湖校区建设存济医学院大楼，购置教学与科研设备；学校负责学院师资、人才培养等工作。

（王秀全）

【两弹一星纪念馆开馆】 9 月 12 日，

国科大两弹一星纪念馆开馆。纪念馆位于雁栖湖校区，分为中科院与“两弹一星”事业展厅、中科院“两弹一星”历史人物展厅、中科院早期学科历史展厅三部分。该馆于 2013 年开始建设，总投入 815 万元。

（严苑轩）

【与怀柔区政府签订合作协议】 12 月 8 日，国科大与怀柔区政府签订合作协议。根据协议，双方共建国科大附属北京怀柔医院，在科研教学、人

才引进、重点学科建设、科研成果转化等方面共同支持附属北京怀柔医院的发展建设，着力打造国家级临床重点专科，使医院在“十三五”末全面达到北京市区县领先、具有三级甲等医院水平的区域医疗中心。双方还将共同建设医学教学与科研实验室，实现“科研·教学·临床”深度融合的良性循环。

（王海峰　吴亮其）

【推进科教融合教育体制机制改革】 至年底，国科大推进科教融合教育体制机制改革。该校相继成立数学科学学院、物理科学学院、化学与化工学院等 13 个科教融合学院。科教融合学院，由一个中科院高水平研究所牵头承办，其他相关研究所参与承办。各科教融合学院的主承办研究所牵头，围绕学院整体组织框架、人才培养体系与课程设置、教研室建设以及岗位教授遴选等方面稳步推进学院建设。学院一般为“学院—教研室”或“学院—系”二级组织架构；国科大的校部专任教师均纳入教研室（系）管理，保证其在完成教学任务的同时，利用研究所的科研平台从事科研工作。

（陈俊佑）

中国社会科学院研究生院

院　　长　张政文
党委书记　黄晓勇

【概况】 2015 年，中国社会科学院研究生院占地面积 40.84 万平方米，建筑面积 7.10 万平方米。固定资产值 8361.79 万元。教育经费投入 34923.92 万元，其中，财政拨款 19681.89 万元，自筹经费 15242.03 万元。图书馆建筑面积 10700 平方米，藏书 39.60 万册，其中，中文图书 29.90 万册、外文图书 4.60 万册，中文期刊 4.10 万册、外文期刊 1 万册。有一级学科博士学位授权点 15 个、硕士学位授权点 17 个，二级学科博士学位授权点 103 个（含自主设置博士学位授权点 13 个）、硕士学位授权点 109 个（含自主设置硕士学位授权点 13 个），还有公共管理硕士、工商管理硕士、法律硕士、社会工作硕士、金融硕士、税务硕士、文物与博物馆硕士 7 个专业学位授权点。有北京市重点二级学科 5 个。在职教职工 133 人，其中，专任教师 14 人（含教授 3 人、副教授 7 人、讲师 4 人），外籍教师 5 人。院所属的 40 个教学系有指导教师 1430 人，其中，博士生导师 549 人、硕士生导师 881 人。授予学位 1151 人，科学学位研究生 533 人，其中，获博士学位研究生 300 人、硕士学位研究生 233 人（含以同等学力申请学位 71 人），专业学位硕士研究生 618 人。非学历教育课程进修班结业 876 人。至年底，研究生院共授予学位 13569 人，其中，博士学位 4454 人、硕士学位 5885 人、硕士专业学位 3230 人。毕业生就业率 87%。招生 1184 人，其中，科学学位研究生 625 人（博士生 445 人、硕士生 180 人），专业学位研究生 559 人（工商管理硕士 142 人、公共管理硕士 75 人、社会工作硕士 46 人、税务硕士 45 人、金融硕士 62 人、文物与博物馆硕士 45 人、法律硕士 144 人）。非学历教育课程进修班招生 1032 人。在校研究生 3207 人，其中，科学学位研究生 1928 人（博士生 1412 人、硕士生 516 人），专业学位研究生 1279 人。非学历教育课程进修班在校生 1931 人。港澳台研究生毕业 4 人，招生 11 人，在校生 59 人。外国留学研究生毕业 11 人，招生 4 人，在校生 32 人。网址：www.gscass.cn。

（李安）

【举办马克思主义学院博士生高峰论坛】 1 月 9 日，社科院研究生院举办首届马克思主义学院博士生高峰论坛。该论坛由社科院主办，研讨马克思主义学院建设、马克思主义中国化、

马克思主义理论人才培养等问题。社科院院长王伟光作题为《坚持马克思主义，发展马克思主义，不断推进马克思主义中国化》的报告。来自社科院、清华大学、中国人民大学等高校和国内科研机构专家学者和博士生100人参加论坛。

（李安）

【举办中芬社工交流活动】 5月3—

9日，社科院研究生院举办中芬社会工作学术交流活动。该院邀请芬兰国家社会工作大学联盟一行参加为期一周的社会工作博士生模块学习。芬兰方面派出3名教师和8名博士生参加学术交流活动，内容涵盖中芬社会工作跨民族研究、社会工作理论、社会研究方法、社区社会工作、老年社会工作、社会福利政策等领域。该项活动是研究生院与芬兰社工大学联盟签署的《中芬社会工作博士生联合培养计划》的重要内容。

（李安）

【举办文学全国博士生学术论坛】 5

月23日，社科院研究生院举办文学全国博士生学术论坛。论坛以“中国的道路，中国的故事”为主题，分为文学的当代使命、“中国梦”里的“文学梦”、文学在实现“文化繁荣”过程中的媒介作用3个选题方向。论坛面向全国文学研究领域的博士研究生征集优秀论文。经过专家评审组评审，最终遴选出50篇优秀论文。来自复旦大学、中国人民大学、浙江大学等高校博士生89人参加论坛。

（李安）

【中美金融管理硕士项目首期学生毕业】 6月14日，社科院研究生院与美国杜兰大学合办金融管理硕士项目首期学生毕业。项目作为含金量较高的精英教育课程，由中美教授共同授课，中英文双语教学，中美两地授课并考试。学位授予由中美两校共同审核通过，最终获得由美国杜兰大学授予的金融管理学硕士学位。

（李安）

【非洲国家经济与社会发展总统顾问研讨班开班】 10月15日，社科院研究生院举办非洲国家经济与社会发展总统顾问研讨班。该研讨班由商务部主办、该院承办，面向非洲国家部长级人员。来自非洲7个国家的13名官员参加研讨。

（李安）

中国农业科学院研究生院

院　　长 刘大群
党委书记 韩惠鹏

【概况】 2015年，中国农业科学院研究生院占地面积1.50万平方米，建筑面积4.30万平方米，固定资产总值8406万元，其中，教学、科研仪器设备2456台（套），设备总值5440万元。全年教育经费投入12155万元，其中，国家拨款8961万元、自筹经费3194万元。国家农业图书馆建筑面积31936平方米，藏有文献210万余册、33万余种国内外图书，订购中外文科技期刊4100余种，包括1100余种外文期刊是全国的孤本，拥有100余种国内外农业及生物科学电子数据库。该院研究生教育以其分布在全国18个省（市、自治区）的40个研究所为依托，涉及农学、理学、工学、管理学4大门类，涵盖17个一级学科，有10个博士学位一级学科学位授权点、53个二级学科博士学位授权点；13个硕士学位一级学科学位授权点，65个二级学科硕士学位授权点；另外还有2个专业学位授权资格。有中国农业领域仅有的农作物基因资源与基因改良国家重大科学工程和国家农业生物安全科学中心，6个国家重点实验室，32个农业部重点开放实验室，52个农科院重点开放实验室；16个国家农作物、畜禽改良中心，1个分中心；5个国家重点野外科学观测试验站，24个农业部野外台站；5个国家工程技术研究中心，5个国家工程实验室和工程研究中心；3个国家质检中心，35个部级质检中心；1座国家农作物种质资源长期库，10座中期库，12座国家农作物圃。有专业技术人员5573人，其中，正高级专业技术人员978人、副高级专业技术人员1552人，中国科学院院士2人、中国工程院院士9人，“千人计划”入选者8人，中央联系的高级专家（含退休人员）39人，人社部“百千万人才工程”国家级人选56人，享受国务院政府特殊津贴专家120人，科技部“创新人才推进计划”入选者14人和5个团队，中国青年科技奖获得者15人，全国杰出专业技术人才3人，中华农业英才奖获得者7人，农业科研杰出人才41人，专业技术二级岗位专家98人，“青年英才计划”入选者和候选人109人。有导师1842人，包括博士生导师610人。全日制研究生毕业808人，其中，博士182人、硕士626人，就业率95.17%，在京区科研单位中位居前列；授予学位1091人，其中，博士201人、学术型硕士491人、全日制专业学位硕士145人、非全日制专业学位硕士245人、同等学力9人。全日制研究生招生965人，招收硕士生710人、博士生255人；专业学位录取新生334人，包括农业推广硕士303人、兽医硕士31人。留学生招生60人，毕业39人。在校生4500人，其中，全日制在校生3000人，专业学位研究生1400人，留学生100人。

中文网址：www.gscaas.net.cn；英文网址：www.en.gscaas.net.cn。

（王仕龙）

【开通数字校园暨视频会议系统】 1月28日，农科院研究生院开通数字校园暨视频会议系统。该系统一期项目和视频会议系统建设完成55个数字地面教室，实现农科院院属单位全覆盖，初步达到远程视频教学和视频会议的预期目标。至年底，二期项目完成，数字校园各项教学管理功能全面实现，有效解决各培养单位因地域分散带来的教育资源碎片化问题，实现各研究所优质教育资源共享。

（王仕龙）

【实施培养点管理制度】 3月，农科院研究生院实施培养点管理制度。该院制订《中国农业科学院学位授权点管理办法》《关于公布培养点名单的通知》等文件，为研究所加强导师管理、强化研究生培养的过程管理提供抓手，有利于研究所加强对本所各学科专业研究生培养质量的自我监督和监测，有利于凝练学科、整合队伍，充分发挥学科特色和优势。

（王仕龙）

【举办大学生暑期夏令营】 7月13—17日，农科院研究生院举办大学生暑期夏令营。夏令营举办4场学术报告会，组织营员参观国家重大科学工程、国家农作物种质资源库、国家农业科技展示园以及国家级和省部级重点实验室。来自中国农业大学、华中农业大学、南京农业大学等40所高校的130名大学生参加活动。

（王仕龙）

【召开海峡两岸农业科研与教育研讨会】 7月20—24日，农科院研究生院举办第五届海峡两岸农业科研与教育研讨

会。研讨会与台湾大学合办，以“加强两岸交流，促进科教融合”为主题，设置大会主题发言、分组讨论、实地考察三个环节，与会专家围绕深化两岸农业科技合作展开讨论，并实地考察草原研究所沙尔沁牧草资源重点野外科学观测试验站和典型草原工作站。来自海峡两岸专家学者90人参加会议。

（王仕龙）

【开展社会实践系列活动】 7月27日至8月5日，农科院研究生院开展社会实践系列活动。该院组织学生分别到上海种业（集团）有限公司和黑龙江856农场，采取参观考察、学术报告、管理培训、座谈交流、农事实习、现场访谈形式，开展实践活动。该院学生30人参加活动。

（王仕龙）

【举办中比联合培养博士项目年会】

9月24—26日，农科院研究生院举办与比利时列日大学联合培养博士项目2015年年会。会议总结2015年中比联合培养博士项目工作进展，研究制定2016年中比联合博士项目工作计划，对2016年中比联合博士项目招生、中比学生和导师交流及续签协议等达成共识。中比项目管委会专家和中比联合培养博士生共66人参加会议。

（王仕龙）

【开展首批学位授权点自我评估工作】 11月20日，农科院研究生院开展第一批学位授权点自我评估工作。评估工作依据国务院学位委员会《学位授权点合格评估办法》标准，采取“分期分批评估、边评估边调整”的方式，涉及大气科学、生态学、农业工程等9个一级学科学术学位授权点。

（王仕龙）

【召开新时期研究生管理工作研讨会】

12月1日，农科院研究生院举办新时期研究生管理工作研讨会。会议就校园新媒体运营与管理、研究生奖助体系、研究生心理健康教育及咨询工作、党务工作、校园突发事件应对预案等方面问题进行交流和探讨。该院专家学者50人参加会议。

（王仕龙）

（本栏责任编校　张驰）

职业与成人教育

撑中国制造 成就出彩人
— 首届职业教育活动周 —
2015年5月 · 北京

综　　述

2015年是北京职业与成人教育全面谋划和推进改革之年，北京市职业与成人教育战线更新观念、锐意改革、大胆实践、勇于突破，为推进北京职业与成人教育转型升级、提质增效奠定坚实的基础。

职业教育工作

北京市职业教育认真贯彻《国务院关于加快发展现代职业教育的决定》精神，对接首都经济新常态，以聚焦改革、精心谋划、注重内涵、提升质量、整合资源、服务社会为指导，全面推进职业教育综合改革。

高等职业教育继续提升高职人才培养能力。为推动高等职业教育教学改革，促进人才培养质量提升，举办并参加多项比赛，取得优异成绩。举办会计技能等33个项目的高职院校技能大赛，来自28所院校1600余人参加决赛；选拔20所院校232名学生代表北京市参加全国职业院校技能大赛36个项目比赛，获得一等奖23项、二等奖33项、三等奖25项；组织北京市高职院校信息化教学大赛，选拔13项作品参加全国比赛，共获得一等奖7项、二等奖5项，各项比赛获奖率及获奖等级均位列全国前列。

中等职业教育继续坚持内涵发展，推进综合改革：一是加强顶层设计，谋划改革，制定实施《北京市关于加快发展现代职业教育的实施意见》。二是搭建人才培养立交桥，通过推进高端技术技能人才贯通培养试验、扩大“3＋2”中高职衔接试验、开展综合高中改革实验等形式，构建有北京特色的现代职教体系。三是深化校企合作，大力推进集团化办学，新成立北京现代服务职教集团和人力资源与社会服务职教集团。四是深入推进课程改革，提升职业教育教学质量，建立中等职业质量年报制度，探索以现代学徒制和胡格教育模式为代表的素养教育与技能培养相融合的职业教育模式。五是加强干部教师队伍建设，带领干部教师走进企业、开阔视野，与联想集团联合举办职业院校校长领导力高级研修班，举办北京市第一届中职学校班主任基本功大赛，组团参加全国大赛获得2个一等奖、2个二等奖、1个三等奖、3个单项奖，评选出紫禁杯优秀班主任41人。六是增强办学基础能力，指导第一批、第二批国家级中职示范学校深入推进后示范建设工作，完成第三批国家级中职示范校市级验收工作。七是加强信息化建设，促进职业教育向“互联网＋”转型。推进职业院校数字校园建设；改版北京职成教网，提升职业教育电子政务管理水平；组织教师信息化应用能力教学比赛，在全国比赛中获一等奖8个、二等奖2个、三等奖5个，市教委获最佳组织奖。八是狠抓职业素养和技能培养，提升学生综合素质。大力实施学生职业素养提升工程；大力开展技能比赛，举办市中职学校技能竞赛，承办三项全国竞赛，组团参加全国职业院校技能大赛获得一等奖16个、二等奖26个、三等奖41个。九是加强国际省际交流合作，促进职教开放发展。与德国巴登符腾堡州续签《职业教育合作备忘录》；推进京津冀职业教育协同发展，依托职教集团举办京津冀职业教育协同发展研讨会，探索三地职业教育合作模式。十是加强职教信息宣传，营造良好发展氛围。设立北京职业教育宣传月，承办首届全国职业教育活动周开幕式；高密度组织新闻媒体参与职教改革及各类活动宣传报道，扩大首都职业教育社会影响力；塑造2015年全国劳动模范段福生、“首都十大教育新闻人物”职业教育系统先进典型。

成人教育工作

实现继续教育内涵发展。组织开展2014年度质量报告工作，推进高校继续教育质量保障体系建设；继续完善北京高等学校继续教育状态数据平台功能，提高使用绩效，进一步提高继续教育信息化管理水平；完成对高校在京学历继续教育校外教学站的检查评估，进一步规范继续教育办学管理；组织开展第二届北京高校继续教育大学生英语口语竞赛，53所高校102支学生代表队参赛；加强继续教育优质资源建设与共享，启动北京高校继续教育微课程平台建设。

加强农村职业与成人教育，服务社会主义新农村和城镇化建设。继续开展“文化助乡”工程，对房山区西白岱村、怀柔区西台子村、密云县蔡家洼村3个文化村试点建设；大力实施农村实用人才培养和新型职业农民培育工程，举办农村成人教育干部教师培训班4期，培训368人，市级高级农村实用人才培训班5期，培训600人，培育新型职业农民1535人。与中国广播数字联盟、丰台社区学院共同搭建“安康社区”教育平台，积极推进社区教育发展。

学习型城市建设工作

一是加强政策法制研究，健全学习服务体系。开展《北京市终身学习促进条例》立法调研和起草准备工作，制定《北京市学习型城市建设行动计划》，重点实施首都市民终身学习示范基地建设、终身学习平台建设、学分银行建设、学习型组织培育、职工素质提升、新型职业农民培训、学习指导师培养、学习型城市京津冀协同发展八大工程。二是以评估为抓手，促进学习型城市建设与发展。组织专家对门头沟区建设学习型城市示范区和平谷区建设先进区工作进行视导、评估，促进两区完善工作机制，提升建设水平；积极发挥典型示范带动作用，在全市范围内评选出第六批100名市民学习之星，并通过媒体进行宣传。三是加强对外交流，扩大国际影响。组团赴墨西哥城参加第二届国际学习型城市大会，交流分享北京市建设学习型城市经验，全球12个城市被联合国教科文组织授予“国际学习型城市奖”，北京作为中国唯一城市代表获此殊荣。

（王东江　邵文杰）

总　　类

【开展高端技术技能人才贯通培养试验】　3月13日，市教委印发《关于开展高端技术技能人才贯通培养试验的通知》。自2015年起，市教委支持部分职业院校与示范高中、本科院校、国内外大企业合作，选择对接产业发展的优势专业招收初中毕业生，完成高中阶段基础文化课学习后，接受高等职业教育和本科专业教育（其中，本科教育通过专升本转段录取）。试验项目招生计划2270人，实际录取2009人。其中，提前招生计划1180人，录取考生1180人；统一招生计划1090人，录取考生829人。9月7日，市教委建立贯通培养试验院校联系制度。市教委、市政府教育督导室、北京教育科学研究院联合成立高端技术技能人才贯通培养试验项目院校领导小组，下设6个院校联系组，分别与6所试点中、高职院校建立定期联系制度，旨在加强对项目实施过程的跟踪和质量监测，扎实推进贯通培养试验工作。

（余俊　姚转珍　项明）

【与德国巴登符腾堡州加强合作】　3月和10月，市教委与德国巴登符腾堡州职业教育合作得到加强和拓展。3月，德国巴符州派团来访，北京市10所中等职业学校与德方学校签订合作意向书。10月，德国巴符州120余名政府官员和企业家组成代表团再次访问北京，双方就全方位推进两地职业教育合作，共建中德职业教育合作中心进行会谈并续签《职业教育合作备忘录》，约定在师资培训、人才培养、学生实习就业、实训基地建设等方面进行广泛深入的交流合作。

（吕轮超　余俊）

【召开北京电子信息职业教育集团理事大会】　4月24日，北京电子信息职业教育集团2015年理事大会在北京信息职业技术学院召开。会议增补理事单位授牌仪式，北京市财会学校、北京市商业学校、北京商贸学校、北京市供销学校、北京国际职业教育学校、北京市黄庄职业高中、北京现代职业学校和北京牡丹电子集团有限责任公司8家新单位加入集团，至此，职教集团理事单位达68家。会议总结职教集团上年八项重点工作，提出2015年工作要求和设想；邀请专家作题为《推动京津冀协同发展、加快产业协同创新升级》专题报告。来自北京市经济和信息化委员会、北京电子控股有限责任公司领导，职教集团60余家成员单位常务理事、理事代表等近100人参加大会。

（李岩　张钰喆）

【设立职业教育宣传月】　4月26日，市教委在北京市丰台区职业教育中心学校举办首届北京市职业教育宣传月启动仪式。活动主题为“知识启迪心灵，技能创造价值”，与2015年北京市中等职业学校技能比赛总开幕式合二为一。市教委将每年的4月15日至5月15日定为职业教育宣传月。活动期间，社区居民和中小学生走进职业学校亲身体验职业教育，现场观摩“物联网”和“智能家居”两个赛项的比赛。各区县、各院校均按照市教委统一部署，结合本地、本院校实际分别制订宣传方案，面向社会广泛开展校园开放日、职业体验、劳动模范进职校、优秀毕业生推介、技术技能竞赛等丰富多彩的宣传活动，全面展示北京职业教育取得的教育教学成果，引导社会、家长和学生客观、科学、全面了解职业教育。

（吕轮超　史晓光）

【开展“走进奔驰”活动】　5月7日，市教委开展“走进奔驰”活动。市教委委托北京现代制造职教集团，组织北京市23所中高职院校校长和骨干教师，走进北京奔驰汽车有限公司，听取奔驰公司介绍企业发展历程、企业文化和成就，以及“奔驰订单班”的校企合作模式、课程体系、教学方法、师资培训和学生实习等多方面内容，参观奔驰公司现代化的生产总装车间和北京奔驰技能大师工作室，近距离体验和感受奔驰汽车的高端技术、管理理念和企业文化。双方对进一步加强校企合作培养现代汽车制造职业人才进行专题交流。该项活动是市教委组织职业院校和大型企业开展的产教融合系列活动的第四场。自2014年9月以来，市教委积极搭建职业教育与大型企业深层次交流合作平台，依托职业教育集团在专业群上的集成优势，先后组织北京电子信息职教集团、北京现代服务职教集团、北京商贸职教

集团分别与用友集团、联想集团和方正集团等企业开展教产交流和校企对话，探索校企高端合作、产教深度融合的首都职业教育改革发展之路。

（吕轮超 胡雨）

【承办首届全国职业教育活动周开幕式】 5月10日，市教委在北京交通

运输职业学院承办首届全国职业教育活动周开幕式。活动周主题为“支撑中国制造，成就出彩人生”。李克强做出批示，指出：“加快发展现代职业教育，是发挥我国巨大人力优势，促进大众创业、万众创新的战略之举。”刘延东参加启动仪式并讲话。她强调要精心办好“职业教育活动周”，让全社会了解、体验和参与职业教育，共享职业教育发展成果。启动仪式后，刘延东等领导参观交通运输职院实训基地和北京市部分职业院校办学成果展。北京市7所职业院校参加成果展，其中，北京市自动化工程学校的3D打印、丰台区职业教育中心学校的物联网、北京电子科技职业学院的新能源汽车、昌平区职业学校的职业教育助农致富项目、北京市商业学校的高端现代服务专业、北京新媒体技师学院的学习岛等展示北京现代职业教育面向高端、服务经济社会发展的成果，体现职业教育活动周“支撑中国制造，成就出彩人生”的主题。教育部为加大职业教育宣传力度，把每年五月的第二周设为全国职业教育活动周，这是国家层面开设的首个全国性职业教育展示平台。

（吕轮超 苑媛）

【北京现代服务业职业教育集团首届理事会召开】 5月29日，北京现代服务业职业教育集团第一届理事会暨京津冀职业教育协同创新发展论坛在京召开。论坛由北京现代服务业职业教育集团主办，北京祥龙资产经营有限责任公司和北京市商业学校承办。来自教育部、市教委、北京现代服务业职业教育集团、北京祥龙资产经营有限责任公司有关领导，以及来自京津冀、上海、大连、云南等全国多地职业院校、相关企业、科研机构60余家单位120余名代表参加论坛。论坛分析目前全国及北京市职业教育的机遇和挑战。

（徐敏）

【参加全国职业院校学生技术技能创新成果交流赛获奖】 7月22日，教育部公布2015年全国职业院校学生技术技能创新成果交流赛获奖名单，市教委获优秀组织奖，北京市获得作品类一等奖4个、二等奖6个、三等奖7个，表演类一等奖1个、二等奖1个、三等奖1个。该比赛由教育部职业技术教育中心研究所主办，专家工作组对4300余件参赛作品和表演项目进行认真评判，评选出647件优秀作品奖、47个优秀表演奖、14个优秀组织奖。

（胡雨）

【现代职院划转城市学院】 7月，经市政府研究决定，北京现代职业技术学院划转至北京城市学院。划转后，现代职院建制撤销，成为城市学院职业技术学院。顺义区汽车技术职业高中和顺义区第一职业学校一同划转城市学院。学生全部并入城市学院。教师共计346人，其中，19人编制转入城市学院；176人在城市学院工作，人员编制留在顺义区；7人自主创业；3人自谋其他职业；11人申请退养；130人由区教委协调分流。现代职院杨镇校区资产由城市学院管理接收。校区占地面积31万平方米、建筑面积13.70万平方米，单体建筑16个，总投资6亿元。原现代职院成立于2003年8月，是经北京市人民政府批准、教育部备案的公办全日制普通高等职业院校。

（刘鸿瑞）

【4所院校成为首批现代学徒制试点单位】 8月5日，教育部办公厅公布首批现代学徒制试点单位，北京市4所院校入选首批现代学徒制试点单位。分别是北京电子科技职业学院、北京交通运输职业学院、北京财贸职业学院和北京市昌平职业学校。此外，北京社会管理职业学院依托中民民政职业能力建设中心，成为13家行业试点牵头单位之一。此次教育部共遴选165家单位成为首批现代学徒制试点单位和行业试点牵头单位，其中，试点地区（含计划单列市）17个、试点企业8家、试点高职院校100所、试点中职学校27所、行业试点牵头单位13家。

（王琴 胡雨）

【参加全国职业院校技能大赛】 9月

24日，教育部公布2015年全国职业院校技能大赛获奖名单。北京学生获得一等奖39个（中职组16个、高职组23个），二等奖59个（中职组26个、高职组33个），三等奖66个（中职组41个、高职组25个）。此外，4所学校作品在全国职业院校技能大赛中国优秀传统技艺表演赛获奖。比赛由教育部联合科技部、工信部等30家部委、单位共同举办，于6月2日至7月4日在北京、天津、河北等17个赛区举行，共设12个专业类别95个比赛项目（其中，中职组11个专业类，46个赛项；高职组12个大类，48个赛项），参赛选手逾万名。中国音乐学院附属中等音乐专科学校、中国戏曲学院附属中等戏曲学校、丰台区职业教育中心学校分别承办民乐、戏曲、物联网3个中职比赛项目。

（吕轮超 胡雨）

全国职业院校技能大赛中职组一等奖（北京）

艺术专业技能——民乐

中国音乐学院附属中等音乐专科学校 张佳昕

中国戏曲学院附属中等戏曲学校 陆嘉澍

中国音乐学院附属中等音乐专科学校 黄子扬

中央音乐学院附属中等音乐学校

陈佳丽
中央音乐学院附属中等音乐学校
黄紫沐
中国戏曲学院附属中等戏曲学校
朱晓雅
艺术专业技能——戏曲
北京戏曲艺术职业学院中专部
刘孟千一
北京戏曲艺术职业学院中专部
许周熠
北京戏曲艺术职业学院中专部
王韧
北京戏曲艺术职业学院中专部
冯小明
动画片制作
北京市昌平职业学校　马浩
北京市昌平职业学校　熊梦湾
酒店服务
北京市外事学校　常佳
汽车运用与维修——车身修复（钣金）
北京市昌平职业学校　谢景辉
数控加工技术——数控铣
北京金隅科技学校　顾江涛
沙盘模拟企业经营（团体）
北京市昌平职业学校
李茹宇　陈家东　李昂　周宁
（吕轮超）

全国职业院校技能大赛高职组一等奖（北京）

楼宇自动化系统安装与调试（团体）
北京劳动保障职业学院
李宏义　于琨　蒋泽晨
智能电梯装调与维护（团体）
北京劳动保障职业学院
贾玉晗　刘硕
注塑模具CAD/CAE与主要零件加工（团体）
北京工业职业技术学院
秦春花　杨忠岩　孙昊伦
自动化生产线安装与调试（团体）
北京电子科技职业学院
庞宇擎　李仲男
嵌入式产品开发（团体）
北京信息职业技术学院
张国庆　刘凡永　顾玉龙
北京电子科技职业学院
铁丽丽　秦奥运　刘焘
北京青年政治学院
韩朝皓　侯瑞　陈英昊
信息安全管理与评估（团体）
北京信息职业技术学院
王宪亮　刘鹏飞　何毅
北京青年政治学院
张世杰　李雪　张翠翠
北京电子科技职业学院
郝德璇　崔朝阳　蔡永福
电子商务技能（团体）
北京劳动保障职业学院
王意　孟涵　宋静　童杰
北京工业职业技术学院
李华鑫　贾天予　王健　杨忆
文秘速录（团体）
北京政法职业学院
杨囡　白硕　韩静　林思淼
1∶500数字测图（团体）
北京工业职业技术学院
鲍东东　王琦　吴天辉　杨修旺
汽车电气系统检修（团体）
北京交通运输职业学院
何家志　宋艳飞　原继永
汽车故障诊断（团体）
北京工业职业技术学院
庚春阳　刘青华　董会超
风光互补发电系统安装与调试（团体）
北京电子科技职业学院
郝春晖　沈金彪　苏成
计算机网络应用（团体）
北京信息职业技术学院
冯徽　方醒　张皓
4G全网建设技术（团体）
北京工业职业技术学院
张世一　王欣欣
中餐主题宴会设计
北京财贸职业学院　乌云塔娜
移动互联网应用软件开发（团体）
北京信息职业技术学院
刘元凯　于晓琦　马鑫
云计算技术与应用（团体）
北京信息职业技术学院
宋文博　史康奇　邓鑫
英语导游
北京财贸职业学院　路晓宇
（胡雨）

全国职业院校技能大赛中国优秀传统技艺表演赛获奖（北京）

中国音乐学院附属中等音乐专科学校
室内乐《平湖秋月》
北京舞蹈学院附属中等舞蹈学校
舞蹈集萃《星路》
北京戏曲艺术职业学院
戏曲联唱《绽新蕾》
北京市国际艺术学校
杂技《协奏·黑白狂想——男女技巧》
（胡雨）

【北京人力资源服务职业教育集团成立】　10月16日，北京人力资源服务职业教育集团成立大会在北京劳动保障职业学院举行。

来自京津冀区域政校企行及国外教育机构等92家集团成员单位代表和京劳职院教职工、学生代表及新闻媒体参加大会。该集团由北京劳动保障职业学院、天津职业大学、石家庄信息工程职业学院、北京人力资源服务行业协会等100家单位联合成立，定位于“服务区域、服务行业”，在集团内实现资源共享、互利共生，打造科学布局、协同推进、集约发展的协同职教体。集团通过“专业+产业”“教学+研发”“培养+就业”等链条，把集团内学校、企业等市场主体和人才培养的各环节有机联结并动态整合，推进中高职衔接、高职与本科衔接。集团将着力打造教师技能培训基地、员工业务培训基地、教师企业实践基地、学生顶岗实习基地、产学研合作基地和校内外实训基地“六大基地”，打造学生就业平台、学生创业平台、信息共享平台和资源共享平台“四大平台”，以政策咨询中心、技术服务中心、专家服务团为依托，推动职业教育向规模化、集约化、连锁化方向发展。此外，集团将开展京津冀院校师生访学项目，遴选优秀教师和学生，到集团所属院校或企业开展学习交流、实习实训等活动，促进“京津冀一体化”国家战略落实。12月29日，北京人力资源服务职教集团第一届理事大会召开，100家成员单位134名代表参加会议。会议通过《职教集团章程》《职教集团议事规则》和理事长、副理事长、常务理事单位名单，北京劳动保障职业学院作为职教集团理事长单位，牵头组织集团工作。

（彭雪松　胡雨）

【举办京郊职教联盟青年骨干教师教学和主题班会评优活动】 11月24日，京郊职教联盟青年骨干教师课堂教学评优和主题班会评优活动在密云县职业学校举行。来自延庆县第一职业学校、昌平职业学校、怀柔区职业学校、房山职业学校、房山区第二职业高中5所职业学校的评委和市级专家一行13人到密云职校，听取来自以上学校10名青年教师的专业课和主题班会活动，并进行专业点评。活动评出一等奖3个、二等奖4个、三等奖5个。

（陆洋林）

【市政府出台《关于加快发展现代职业教育的实施意见》】 11月24日，市政府印发《关于加快发展现代职业教育的实施意见》。实施意见结合京津冀协同发展战略，在适应首都城市功能定位、创新职业教育模式、建设现代职业教育体系等方面，明确北京市职业教育的战略地位、发展方向和支持重点，是制订“十三五”职成教育发展规划的重要依据，对于优化职业教育专业布局、激发职业院校办学活力、提升职业教育服务产业转型升级能力具有重要指导意义。实施意见提出的目标任务是到2020年，形成适应首都城市战略定位和经济社会发展需要，产教深度融合、中职高职衔接、职业教育与普通教育相互融通、学历教育与职业培训有机结合，体现终身教育理念，具有首都特色的国际一流现代职业教育体系。该实施意见由市教委牵头，在广泛调研、征求学校、区县教委及各相关委办局意见基础上，历时一年研究制定。

（吕轮超　余俊　华蕾）

【中国都市农业职业教育集团成立】

11月25日，中国都市农业职业教育集团正式成立。该集团由北京农业职业学院与首农集团联合发起，是农业部会同教育部共同组建中国现代农业校企联盟中第三个成立的集团。首批成员单位包括全国知名农业企业、相关院校、科研机构、行业协（学）会、出版单位以及新闻媒体等106家单位；集团下设都市农业研究中心、休闲农业专业工作委员会、宠物专业工作委员会等机构，将着重培养都市农业技术技能型人才，开展应用性研究，服务都市农业发展。集团成立当天召开理事选举会和理事长扩大会，各成员单位代表审议通过集团章程，表决通过集团组织机构。北京首都农业集团有限公司董事长、北京农业职业学院院长当选理事会理事长，中国农垦经济发展中心副主任、中央农业广播电视学校副校长、中国农业出版社副总编辑等35人当选副理事长。

（韩鸥　肖兵）

【五校入选首批职业院校数字化校园建设实验校】 12月8日，中央电化教育馆公布首批“职业院校数字校园建设实验校”名单，北京市3所中职学校、2所高职院校入选。分别是北京市昌平职业学校、北京市丰台区职业教育中心学校、北京市对外贸易学校、北京电子科技职业学院和北京信息职业技术学院。此次职业院校数字校园建设实验校遴选工作由教育部委托中央电化教育馆于2015年7月启动，经院校申报、教育主管部门审核，最终由专家组评审确定全国129所学校成为首批“职业院校数字校园建设实验校”。

（王琴　胡雨）

【实施学生职业素养提升工程】 至年底，市教委实施学生职业素养提升工程。通过开展“一校一品”德育品牌评审、“寻找身边的技艺达人”活动、中等职业教育学生职业礼仪大赛等系列活动，提升中职学生职业素养；评选出5名北京市优秀学生，5名北京市中小学生银帆奖，继续开展第11届文明风采竞赛活动。

（吕轮超）

高等职业教育

【举办市高职技能比赛】 5月，市教委举办2015年北京市高等职业院校技能大赛。大赛由北京劳动保障职业学院等13所高职院校承办，共有来自24所院校514支队伍参加市场营销技能等33个项目比赛，评出一等奖132人、二等奖255人、三等奖356人。选拔20所院校232名学生代

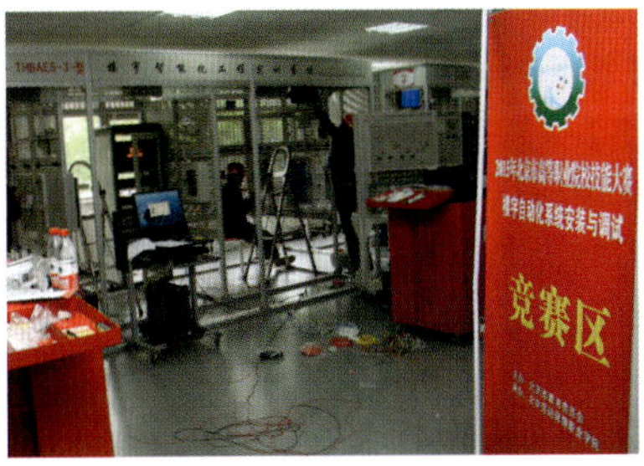

表北京市参加全国职业院校技能大赛36个项目比赛，获得一等奖23项、二等奖33项、三等奖25项。

（胡雨）

【北工职院与建筑大学联合办学签约】 6月17日，北京工业职业技术学院与北京建筑大学联合办学正式签约。根据协议，两校发挥各自优势，开展“高端技术技能人才贯通培养试验项目”。北工职院设立专项资金，提供教学资源，承担学生实践课程的教学任务；建筑大学协助、指导北工职院制订项目方案、课程标准、选用教材、开发校本教材，协助进行教室、实训室规划与建设等工作，指导北工职院高职教育阶段教学工作，接收试

验项目学生进入学校接受本科专业教育。协议期7年。

（谢光辉　白旭东）

【举办市高职院校信息化教学大赛】 7月，市教委举办北京市高职院校信息化教学大赛。大赛设置信息化教学设计比赛、信息化课堂教学比赛和信息化实训教学比赛三个项目，共评选出一等奖10项、二等奖14项、三等奖21项。选拔13项作品参加11月7—9日在南京高等职业技术学校举行的全国职业院校信息化教学大赛，获得一等奖7项、二等奖5项，北京代表队获优秀组织奖。

（胡雨）

高等职业学校

北京工业职业技术学院

党委书记　王伟

院　　长　陈建民

【概况】 2015年，北京工业职业技术学院占地面积24.01万平方米，产权校舍建筑面积20.80万平方米。全年教育经费投入33641.20万元，其中，国家拨款29630.82万元、自筹经费4010.38万元。固定资产总值83962.39万元，其中，教学、科研仪器设备总值56099.21万元。图书馆建筑面积19500平方米，藏有纸质图书62.30万册、电子图书4224GB。拥有计算机4729台，多媒体教室243间。学校信息化经费投入129.90万元，信息化设备资产3902.41万元，网络信息点3530个，校园网出口总带宽2GB，电子邮件系统用户718个，上网课程96门，数字资源量52428GB，管理信息系统数据总量69.50GB。设有5个二级学院和2个部，开设工程测量技术、机电一体化技术、通信技术和安全技术管理等高职专业27个，包括国家级重点专业5个、北京市重点专业7个。教职工499人，其中，专任教师362人，包括教授及教授级高级工程师34人、副教授及高级工程师以上149人；博士26人，硕士281人；“双师型”教师169人。聘请校外教师12人。毕业生2132人，其中，高职生1311人、中职生614人、成人教育专科生207人。毕业生一次就业率95.48%，一次签约率72.50%。招生1737人，其中，高职生1210人、中职生527人。高考北京地区提档线文科150分、理科150分，单考单招150分。在校生5998人，其中，高职生4536人、中职生1055人、成人教育专科生407人。网址：www.bgy.org.cn。

（谢光辉　白旭东）

【与首师大附中签约合作】 2月12

日，北工职院与首都师范大学附属中学签署战略合作协议。协议率先开启“北京市高端技术技能人才贯通培养试验项目”实施大幕。合作突破传统应试教育束缚，打破现行体制机制障碍，寻求实施素质教育新途径，探索优质高效育人新模式。同时，两校约定，本着“优势互补、资源共享、互利双赢、共同发展”原则，合作建立北京工业职业技术学院首师大附中合作教学部。

（谢光辉　白旭东）

【学生获全球CAM软件技能大赛第二名】 3月2—6日，北工职院学生参加第三届“Delcam杯”全球CAM软件技能大赛决赛获得第二名。该比赛在英国伯明翰Delcam总部举行，来自中国、俄罗斯、乌克兰、韩国、希腊等国家和地区选手参赛。北工职院机电工程学院学生赵志扬作为中国唯一选手赴英国参赛，完成零件设计和加工，获得总决赛第二名。

（谢光辉　白旭东）

【完成专业结构调整及布局优化】 3月16日，北工职院调整专业结构及布局。新成立文法与管理学院、体育部，同时成立文法与管理学院党总支、体育部直属党支部，撤销文法系、经济管理系。调整后，该校共有5个二级学院和2个教育部。

（谢光辉　白旭东）

【与市安监局签订战略合作框架协议】 4月30日，北工职院与北京市安全生产监督管理局签署战略合作框架协议，合作建立安全生产技术学院。合作本着“真诚合作、优势互补、相互支持、共同发展”原则，在发展战略、科技规划、技术标准、教育培训、技术研发、成果转化、学科建设和人才培养等方面实施全方位、宽领域、高层次的深度合作，进一步提升北京城市安全运行的保障水平。

（谢光辉　白旭东）

【与童玲公司签订校企合作协议】 5

月7日，北工职院与北京童玲体育文化有限公司签署合作创建“童玲乒乓球培训俱乐部”协议。俱乐部成立后，承担学生乒乓球教学任务，通过体教结合，招入乒乓球基础好、有发展潜力的学生，在国家级教练员的系统培养下，使学生成为乒乓球方面优秀人才，带动学校乒乓球运动的普及和体育健身活动开展。同时，合作培养学校高水平乒乓球优秀人才，提高乒乓球运动代表队的水平，合作创办乒乓球人才后备队培训基地，建立乒乓球国际交流培训平台，并适时承接全国、地区、高校和社会高水平乒乓球赛事。

（谢光辉　白旭东）

【完成社会培训 6800 余人次】　至年底，北工职院发挥国家级安全培训机构和北京市矿山安全生产培训基地作用，开展各类安全培训。依托设在该校的北京市职业院校“建筑类专业教师培训基地”和“新教师入职培训基地”，组织北京市职业院校师资培训；与北京军区、石景山区委区政府共同实施“强军育才工程”，推进军地融合式发展，为驻区部队现役士兵免费开展职业技能培训。至年底，共完成社会培训 6800 余人次。

（谢光辉　白旭东）

北京信息职业技术学院

党委书记　武马群
院　　长　武马群

【概况】　2015 年，北京信息职业技术学院占地面积 20.21 万平方米，产权校舍建筑面积 21.68 万平方米、非产权校舍建筑面积 0.14 万平方米。全年教育经费投入 41628.23 万元，其中，国家拨款 37261.44 万元、自筹经费 784.75 万元，预算外经费 3582.04 万元。固定资产总值 91708.31 万元，其中，教学、科研仪器设备总值 36719.17 万元。图书馆建筑面积 3686 平方米，藏有纸质图书 59.58 万册、电子图书 4508.10GB。拥有计算机 8357 台，网络多媒体教室 175 间。信息化设备资产 18814.27 万元，网络信息点 8143 个，校园网出口总带宽 1300Mbps，电子邮件系统用户 15123 个，上网课程 245 门，数字资源量 5665.70GB，管理信息系统数据总量 17600GB。设有 3 个校区、1 个密云办学点，9 个教学系、3 个教学部，开设软件技术、多媒体设计与制作、计算机信息管理、电子信息工程技术、模具设计与制造五个专业群，38 个专业，3 个研究中心。教职工 903 人，其中，专任教师 388 人，包括教授及教授级高级工程师 13 人，副教授及高级工程师以上 145 人；博士 17 人，硕士 218 人；“双师型”教师 246 人。聘请校外教师 94 人。毕业生 2815 人，其中，高职生 1914 人、中职生 386 人、成人教育专科生 515 人。毕业生一次就业率 99.06%，一次签约率 98.59%。招生 2335 人，其中，高职生 1758 人、中职生 347 人、成人教育专科生 230 人。高考北京地区提档线文科 150 分、理科 150 分，单考单招 150 分。在校生 6947 人，其中，高职生 5332 人、中职生 963 人、成人教育专科生 652 人。网址：www.bitc.edu.cn。

（李岩）

【签署三方合作办学协议】　4月19日，

信息职院与埃及 MEK 慈善基金会（Misr El Kheir Foundation，简称 MEK）、埃及苏伊士运河大学签署三方合作办学协议。根据协议，埃及苏伊士运河大学为信息职院提供一座专门教学大楼，建立信息职院在苏伊士运河大学的分院，合作双方选择合适的专业，完全以中国职业教育模式，举办中高级职业技术教育合作项目；信息职院负责提供专业授课计划、专业教育咨询以及专业课程教育质量保障体系。

（李岩　张钰喆）

【建设国家级专业教学资源库】　6月30日，信息职院经教育部批准成为国家级“职业教育计算机应用技术专业教学资源库”主持单位。项目预算总额 1100 万元，包括中央专项资金 550 万元、项目筹措资金 550 万元。该资源库围绕计算机系统维护、信息处理及大数据应用、嵌入式应用开发 3 个专业方向，以及计算机文化与信息素养课程模块，开发专业、课程、资格认证、科技竞赛、社会培训、技术服务等资源子库，旨在建设开放、冗余、易用、灵活的计算机应用技术专业教学资源库和智能型泛在学习平台。

（李岩）

【与多家高校签约合作】　6—12 月，

信息职院与多家高校签约合作。6 月 18 日，与北京交通大学举行留学生教育合作协议签约仪式。根据协议，外国留学生在信息职院学习三年专业课程，获得该院高职毕业证书，可以进入北交大学习对应的本科专业课程，修满规定学分、完成相关培养环节者可获得北交大学士学位；满足北交大研究生入学要求者可以继续进入该校研究生专业学习。12 月 22 日，该院与韩国高丽教育签署留学生教育合作协议。根据协议，双方联合设计充分体现该院办学特色的“语言强化班项目”，信息职院为韩国学生安排每周 30 学时汉语课程教学，韩国高丽教育作为该项目在韩国独家代理进行推广和招生。10—12 月，该院与台湾朝阳科技大学、台湾建国科技大学和台湾树德科技大学签署学术交流合作协议，约定双方可组团互访，互派教师、学生到对方学校进行学术访问、短期讲学、交流研修，相互交流科技论文、学术期刊等数据，共同举办学术研讨会活动。

（李岩　张钰喆）

【国家级中职学校专业带头人培训班开班】　10 月 12 日，“国家级中职学校专业带头人专业教学法和课程开发技术培训班”开班典礼在信息职院举行。学员包括 71 名中职学校专业带头人和 26 名中职学校专业骨干教师，来自天津、湖南、新疆、广东等全国 15 个省市。此期国培班“专业教学法和课程开发技术”专业为全国首创，由多名职业教育专家为学员授课，讲授内容涵盖职业教育宏观理念、国家专业目录、专业教学标准制定与实施、教学课程开发、生产性实训等。

培训为期 3 个月，学员共提交 21 套工作过程系统化课程开发方案、71 篇信息化教学论文、71 篇企业实践报告、71 套说课实践录像。

（李岩）

【获全国职业院校信息化教学大赛一等奖】 11 月 6—9 日，信息职院教师参加 2015 年全国职业院校信息化教学大赛高职组信息化教学设计赛项获得一等奖 1 个、二等奖 1 个。该大赛由教育部办公厅主办，共设信息化教学设计、信息化课堂教学和信息化实训教学 3 个项目，来自地方 37 个代表队和军事职业教育组共 989 件参赛作品参加比赛，其中，127 件参赛作品入围高职组信息化教学设计赛项全国总决赛。赛事采取先网络初评后现场决赛的方式进行，赛前完成教学设计，经网络初评入围决赛的参赛教师，决赛时按现场抽签顺序讲解教学设计并答辩。最终评出一等奖 25 个、二等奖 37 个、三等奖 65 个。

（李岩）

【与新加坡南洋理工学院续签合作协议】 11 月 17 日，信息职院与新加

坡南洋理工学院续签合作协议。根据协议，两校继续合作至 2018 年 12 月 31 日，南洋理工学院在该院设置北京研习基地，分批派遣学生进行学习与交流，每批 40 名学生和 1～2 名教师；该院每年选派两批学生到南洋理工学院进行文化交流活动，每批 24 名学生和 6～8 名教师；双方另行协商学习交流内容、计划及相关费用。2006 年，该院与南洋理工学院建立合作关系，9 年间共接纳 36 批南洋理工学院师生 1440 人到该院研习，信息职院派遣 12 批 360 名师生赴新加坡学习交流。

（李岩 张钰喆）

【举办首届大学生创业方案设计大赛】 12 月 18 日，信息职院举办首届“挑战杯”大学生创业方案设计大赛。比赛设团队项目展示、现场答辩、深度介绍三个环节。参赛项目涉及智能家居控制、特色物流配送、个性化图文设计、汽车驾驶辅助用品设计、互联网金融等多个领域，该院教学系派出 9 支代表队共 45 名学生参加比赛。最终决出一等奖 1 个、二等奖 2 个、三等奖 3 个。

（李岩）

北京电子科技职业学院

党委书记 张雅君
院　　长 王海平

【概况】 2015 年，北京电子科技职业学院占地面积 53.32 万平方米，产权校舍建筑面积 43.22 万平方米。全年教育经费投入 104933.09 万元，其中，国家拨款 91442.77 万元、自筹经费 13490.32 万元。固定资产总值 206769.43 万元，其中，教学、科研仪器设备总值 65236.46 万元。图书馆建筑面积 26613 平方米，藏有纸质图书 108.41 万册、电子图书 115 万册。拥有计算机 9646 台，多媒体教室座位 7140 个。学校信息化经费投入 1105.78 万元，信息化设备资产 21461.69 万元，网络信息点 24875 个，校园网出口总带宽 1024Mbps，电子邮件系统用户 921 个，上网课程 457 门，数字资源量 64499GB，管理信息系统数据总量 290GB。设有 3 个校区，26 个系部，开设生物技术及应用、数控技术、多媒体设计与制作和计算机网络技术等 44 个专业。教职工 973 人，其中，专任教师 575 人，包括教授及教授级高级工程师 27 人，副教授及高级工程师 239 人；博士 40 人，硕士 127 人；“双师型”教师 388 人。聘请校外教师 87 人。毕业生 3859 人，其中，高职生 2258 人、中职生 1478 人、成人教育专科生 123 人。毕业生一次就业率 98.63%，一次签约率 82.59%。招生 3518 人，其中，高职生 2606 人、中职生 900 人、成人教育专科生 12 人。高考北京地区提档线文科 150 分、理科 150 分，单考单招 150 分。在校生 9358 人，其中，高职生 6446 人、中职生 2815 人、成人教育专科生 97 人。网址：www.dky.bjedu.cn。

（王琴）

【学生赴培养基地实习】 3 月 2—27 日，电科职院 62 名学生分两批赴校外金融人才培养基地中国平安财产保险北京分公司实习两周。企业实习采用企业导师一对一现场辅导方式，为学生讲解机动车辆保险专业知识和新车续保、转保流程及出单步骤等。学生在实习中掌握中国平安车辆保险业务下单系统操作方法，提升专业素质和职业技能。实习期满时大部分学生通过企业面试，并进入企业兼职人才项目库。电科职院 2015 年与中国平安财产保险北京分公司合作建立校外金融人才培养基地。

（王琴）

【签署校企合作协议】 3—12 月，电

科职院与 7 家企业签署校企合作协议。3 月 12 日，与北京捷成世纪科技股份有限公司签署合作协议，合作举办捷成世纪影视制作定向班，2015 年正式招生。6 月 18 日，与捷迈（北京）医疗器械制造有限公司签署合作协议，双方共同组建“捷迈定向培养”企校合作工作组，合作开展科学研究和社会培训，学校根据捷迈公司需求定向培养人才。学校向捷迈公司颁发“北京电子科技职业学院实践基地”铜牌，并被授予“捷迈（北京）人才培养基地”铜牌。10 月 11 日，与北京艾百诺科技有限公司签署校企合作协议，公司提供横项科研经费 300 万元，支持学校生物工程学院教师开展科研成果转化，双方共享科研成果。合作为期 6 年，期满后公司投入的价值 100 万元的固定资产无偿赠予学校生物工程学院。10 月 15 日，与江苏汇博机器人公司签署校企合作

协议，双方在专业设置、实训基地建设和师资培养等方面合作。11月12日，与中华会计网校签署合作协议，面向在校生及校外人员合办会计从业资格培训班，网校提供教材及网络教学，电科职院教师负责面授课程。首期培训班于12月开班。12月，该校师生在第四届大学生科技创新作品与专利成果展示推介会上获金奖，并与哈希水质分析仪器（上海）有限公司签订共建“HACH技术服务中心”合作协议，与北京晨晓阳科技发展有限公司签订技术开发合同。

（王琴）

【成立基础学院】 4月10日，电科职院成立基础学院。基础学院承担该校高端技术技能人才培养项目基础教育阶段工作，负责全校基础课程的教学、科研工作和基础课各类培训基地的建设工作等。基础学院设外语教学部、数理教学部、语言与文史教学部、体育教学部；有教职工132人，包括专任教师126人。该学院前身是2012年10月成立的基础部。

（王琴）

【与市安监局共建安全生产职业技术学院】 4月30日，电科职院与北京市安全生产监督管理局签署战略合作框架协议，共同成立“安全生产职业技术学院”。根据协议，双方共同搭建北京市安全生产领域科研、人才培养、技术支撑与服务合作平台，在电科职院相关学院加挂市安全监管局统一制发的“安全生产职业技术学院”牌子，双方共同开展职业化安全生产实用技术人才培养、安全生产专项培训和安全生产科研攻关，市安监局提供政策支持和业务指导。颁牌活动在北京工业职业技术学院举行。

（王琴）

【与美国康明斯集团签署合作协议】 6月12日，电科职院与美国康明斯集团签署“康明斯公益性技术培训项目(TEC Beijing)”合作协议。根据协议，康明斯集团为电科职院提供汽车制造与汽车检测维修相关专业课程与软技能训练等非专业课程，提供康明斯柴油机拆装试验台、康明斯柴油机运行测试试验台等设备，在柴油机技术和软技能训练等方面提高师资水平。美国康明斯公司主要从事柴油发动机设计、制造、销售和服务，为世界500强企业，在柴油机技术方面处于全球领先地位。

（王琴）

【挂牌开发区公共图书馆】 6月15日，

电科职院与北京经济技术开发区签署共建公共图书馆战略合作协议。在原有高校图书馆基础上承载开发区公共图书馆服务职能，这是北京市政府部门首次以购买服务形式与高校共建公共图书馆。根据协议，2015年起，开发区管委会每年投入一定资金，购买公共图书馆职能范围内服务，协议有效期5年。该校图书馆对社会读者全年开放，为社会读者提供借还书服务和数字资源使用服务，统一管理亦庄书屋，根据开发区管委会、企业、居民需要，建设纸质和数字图书资源。10月27日，电科职院举行公共图书馆揭牌仪式，开发区公共图书馆正式启动运行。电科职院图书馆2013年9月9日开馆，馆舍面积约2.20万平方米，藏有纸质图书108万册，1300余个读者座位。3—12月，电科职院还开展多种面向开发区的文化服务活动。

（王琴）

【新实训楼群投入使用】 9月1日，电科职院新实训楼群投入使用。该楼群总建筑面积6万平方米，其中，地上4～5层，5.20万平方米；地下1层，0.80万平方米，工程结构为框架结构。楼群包括电子信息实训楼、机械与交通实训楼和生物工程实训楼三部分。共有19个机房，118个实验实训室，58个教室，67个办公室。楼群于2013年5月开始建设，工程费用2.10亿元。该工程获2014年度结构长城杯金质奖。

（王琴）

【开展高端技术技能人才培养项目】 9月14日，首届889名“2+3+2”高端技术技能人才贯通培养项目新生参加电科职院开学典礼。该项目采用“2+3+2”贯通培养模式，分为外培班和内培班两类。前5年在电科职院学习，第一个2年为基础教育阶段，采用北京市第三十五中学课程体系开展通识教育，并开设3门以上外语课供学生选学；中间3年为职业教育准备阶段，学习中国大学准备课程或国外大学先修课程，学校结合自身职业教育优势提供符合北京高精尖产业发展的26个专业方向；第二个2年为职业本科阶段，外培班学生经选拔进入德、法等国家相应大学并完成本科阶段职业教育后，获得中国教育部承认的国外本科毕业证书。出国学生将获得政府政策及资金支持。内培班学生通过转段考试进入北京工业大学、北京工商大学、北京信息科技大学、北方工业大学、北京服装学院5所院校对应专业完成本科专业教育后，获得本科毕业证书。根据市教委《关于开展高端技术技能人才贯通培养试验的通知》，电科职院与北京市第三十五中学合作，成为改革试点项目重点实施单位，承担首届1000名学生培养任务，其中，外培计划500人，通过中考提前批次录取；内培计划500人，通过中考统招批次录取。

（王琴）

【学生通过跨境电商人才认证】 9月20日，电科职院首批17名学生通过“阿里巴巴”跨境电商人才认证考试。6月，电科职院与全球最大电商平台“阿里巴巴”签订校企合作协议，在教学中引入“阿里系”课程及职业资格认证体制。7月8日，电科职院首批25名学生参加认证考试。“阿里巴巴”跨境电商人才认证是“阿里巴巴”开发的内部人才认证标准考试，认证考试设计基于跨境电子商务业务岗位技能，认证内容均来自一线业务。通过认证学生将优先获得阿里巴巴推荐，进入阿里巴巴平台从事跨境电子商务工作。

（王琴）

【与国外大学合作开展人才培养】 9月、11月和12月，电科职院分别与德、英、法签署合作协议。9月18日，电科职院与北京市第三十五中学、科隆汉斯贝克勒职业学院、南威斯特法伦应用科技大学、卡尔·杜伊

斯堡公益中心共同签署《中德合作备忘录》。根据协议，电科职院贯通培养外培班学生，完成中德合作备忘录中设定的各类准备课程并获得相应资格证书，即取得参与本项目德国（应用科技）大学指定专业方向入学资格，可进入德国（应用科技）大学本科工科类专业学习。11月12日，电科职院与英国哈伯亚当斯大学签署战略合作协议。根据协议，双方在课程和学分互认、教师互访、合作开展食品与生物技术领域科学研究、联合申请课题等领域进行合作；电科职院生物工程学院教师可去哈伯亚当斯大学进行为期3个月以上科学研究。12月23日，电科职院与北京市第三十五中学、法国大学科技学院院长联盟、友好华腾国际文化交流（北京）中心共同签署《北京市“高端技术技能人才贯通培养试验”项目中法合作协议书》。该协议继中德合作备忘录之后扩大合作范围。根据协议，贯通培养外培班学生完成中国阶段学习后，可进入法国大学科技学院接受本科阶段职业教育，经考核合格，获得由法国教育部签发、中国教育部认定的大学学士学位。

（王琴）

【首届彩尔班学生结业】 12月7—16

日，电科职院首届彩尔班39名学生进行结业考试。考试由德国彩尔集团总裁担任主席，德方教师及电科职院教师共同组成考评委员会，通过工艺编制考核、程序编制考核、理论知识笔试考核、实操技能考核、理论口试考核等多个环节，综合评价学生。首届彩尔班36名学生通过考试，获得德国彩尔切削技术职业资格证书。电科职院德国彩尔切削技术职业资格证书教学项目将德国优秀教育资源和教学方法融入该校机械制造专业人才培养方案，按照德国机械切削职业资格标准，对学生进行职业素养、专业知识和技能水平的教学和考核。通过德国彩尔集团组织的包含理论和实操内容的中期和结业2次考试的学生，将获得德国彩尔切削技术职业资格证书。6月15—21日，电科职院彩尔班39名学生全部通过中期考试，3名教师通过彩尔班考官培训，被德方聘为德国彩尔工业切削师考试考官。

（王琴）

【国家级教学资源库结题验收】 12月10日，电科职院承担的教育部职业教育民族文化传承与创新专业教学资源库项目通过验收。该项目2013年7月获教育部批准，电科职院为主持单位，包括电科职院牵头的中国传统金属及泥塑工艺美术子库等5个子库项目。电科职院承担的中国传统金属及泥塑工艺美术子库旨在以中国传统金属及泥塑工艺美术相关“非遗”项目为资源载体，应用数字媒体技术，“政校企行”共建大容量、共享型、互动式、持续更新的专业教学资源库，实现民族文化传承创新专业人才培养与非物质文化遗产传承对接，保存、传承、传播和创新中华民族传统文化。该校自2010年开始进行民族文化传承相关课程开发建设，中国传统金属及泥塑工艺美术子库项目参与院校20所、企业26家、机构13个，经费投入600万元。

（孙磊　王琴）

北京京北职业技术学院

党委书记　王恩成

院　　长　王玉山（10月免）

　　　　　　任武军（10月任）

【概况】 2015年，北京京北职业技术学院占地面积12.40万平方米，产权校舍建筑面积6.13平方米。全年教育经费投入5398.47万元，其中，国家拨款4331.93万元、自筹经费1066.54万元。固定资产总值22471.40万元，其中，教学、科研仪器设备总值6933.38万元。图书馆建筑面积8685平方米，藏有纸质图书7.40万册、电子图书140万册。拥有计算机864台，多媒体教室座位3100个。学校信息化经费投入185.46万元，信息化设备资产3007.54万元，网络信息点1059个，校园网出口总带宽100Mbps，电子邮件系统用户100个，上网课程2门，数字资源量3200GB，管理信息系统数据总量30GB。开设学前教育、建筑工程技术和护理学等16个专业。教职工216人，其中，专任教师142人，包括教授及教授级高级工程师3人，副教授及高级工程师41人；博士3人，硕士96人；“双师型”教师51人。聘请校外教师18人。毕业生655人，其中，高职生584人、中职生71人。毕业生一次就业率98.67%，一次签约率86.42%。招生778人，其中，高职生691人、中职生87人。高考北京地区提档线文科183分、理科171分。在校生2141人，其中，高职生1934人、中职生207人。网址：www.jbzy.com.cn。

（邢磊）

【举办首届读书节活动】 4月13日，

京北职院举办首届“书香校园·悦读人生”读书节活动。读书节持续至年底，包括“书香校园·悦读人生”条幅签名、“读书漂流”、读书沙龙、与怀柔六小共同开展“经典诵读”等活动，并在6月举办学院书签设计大赛，征集作品87幅，其中，14幅作

品入围。此外，还开通“京北学子”订阅号，作为读书活动线上宣传推广的主要媒介。

（李盛囡）

【学生志愿服务怀柔区各项重大赛事和活动】 4—10月，京北职院组织学生志愿服务怀柔区各项重大赛事和活动。包括2015年第五届北京国际电影节和嘉年华活动、第二届北京怀柔雁栖湖国际徒步大会和2015年长城马拉松活动，提供志愿服务达700人次。学生通过志愿服务开阔视野，提高服务认知度，也为怀柔区志愿服务建设提供保障。

（李盛囡）

【与宁波城市职业技术学院签约合作】 9月，京北职院与宁波城市职业技术学院签订合作协议。根据协议，两校在师资队伍建设、干部培养、专业建设、实习实训基地建设等方面深入开展合作。至年底，该院共派出8名中层干部到宁波城市职业技术学院进行挂职锻炼，并组织外派人员进行汇报，开展教育教学改革研讨。

（李玉华）

【完成各类社会培训7500人次】 至年底，京北职院完成各类社会培训7500人次。该院进一步加强服务怀柔区经济社会发展的教育培训能力，广泛联系怀柔区内机关企事业单位，与区内重点企业福田戴姆勒公司、怀柔区人力社保局、安监局、民政局、法制办、文化委、外事侨务办、加拿大木业协会等企事业单位合作开展各项职业素养和职业技能培训，全年累计培训7500人次，充分发挥高校服务地方经济社会的职能，创造良好社会效益。

（张引）

【加强教学督导促进教学质量】 至年底，京北职院加强教学督导促进教学质量。该院制订《教师课堂教学效果评价工作方案》，聘请3名校外督导对教学过程细化评价，及时反馈。听取近百名教师授课，并针对教师授课时反映出的备课认真程度、课堂教学内容设计和施教效果、教师工作态度、教师与学生在课堂上互动情况、学生学习积极性等方面进行分析和评议，促进教师提高教学质量。

（徐梅）

北京交通职业技术学院

党委书记 李卫东
院　　长 林海波

【概况】 2015年，北京交通职业技术学院占地面积20.38万平方米，产权校舍建筑面积9.70万平方米。全年教育经费投入10158.70万元，其中，国家拨款7907.50万元、自筹经费2251.20万元。固定资产总值18727.40万元，其中，教学、科研仪器设备总值3836.04万元。图书馆建筑面积2979平方米，藏有纸质图书14.52万册、电子图书13万册。拥有计算机838台，多媒体教室座位2900个。学校信息化经费投入60.87万元，网络信息点1640个，校园网出口总带宽120Mbps，上网课程30门，数字资源量7310GB，管理信息系统数据总量32GB。设有路桥系、汽车系、管理系、轨道交通系和基础部“四系一部”，开设18个专业，55个教学班。教职工248人，其中，专任教师97人，包括教授及教授级高级工程师2人，副教授级高级工程师24人；博士4人，硕士65人；“双师型”教师31人。聘请校外教师70人。毕业生701人。毕业生一次就业率95.29%，一次签约率72.18%。招生664人。高考北京地区提档线文科151分、理科150分。在校生638人。网址：www.jtxy.com.cn。

（陈晓燕）

【完成首批教师职业教育教学能力测评】 1月14日，交通职院第一批教师职业教育教学能力测评工作结束。测评工作历经两个月，共11名教师参加测评，经过录课、现场说课、现场评议、评委打分、结果公示等程序，全部通过测评，其中，3名教师总评分在85分以上，成绩优秀，其他8名教师成绩合格。教师职业教育教学能力测评旨在进一步促进教师把先进的职业教学理念落实到课程教学中，推动课程教学改革。

（裴冠全）

【举办学生技能竞赛】 3—6月，交通职院举办地铁科技文化节系列学生技能竞赛。其中，城轨系举办第三届地铁文化节之电工技能竞赛，来自2013级、2014级机电设备维修与管理专业、机电一体化技术专业、城市轨道交通控制专业、城市轨道交通车辆专业200名学生参赛，经过初赛、复赛，评出一等奖2人、二等奖3人、三等奖4人。地铁车辆塞拉门安装与调试竞赛以2013年、2014年全国职业技能大赛城市轨道交通运营与维护赛项为载体，通过塞拉门的机械装配、接线图识读和电气控制，锻炼学生专业技能和职业素养。2013级、2014级车辆专业6个参赛队18名学生参赛，最终产生一、二、三等奖各2个。

（刘亚磊　蒋志杰　杜洋）

【与三一重能签约合作】 4月9日，交通职院与北京三一重型能源装备有限公司签约合作。双方就机电一体化专业冠名“三一订单班”及班级招生人数等达成协议，同时就校企合作后的人才培养方式、课程建设等方面取得一致意见。

（刘亚磊）

【开展提升教学能力系列活动】 9—11月，交通职院开展“新教师课堂教学能力提升与展示”系列活动。活动主要包括近三年入职新教师工作会、关注教师成长活动、新老教师课堂教学研讨会、新教师课堂教学能力展示会、加强新教师课堂教学基本功检查五项内容。通过组织系列活动为新教师提供课堂教学展示和个性化辅导的机会，教师们交流课改的实践经验，分享课改收获，全面提高教师的教育教学水平。共42名教师参加活动。

（陈佳毅）

【心理咨询室建设完成】 11月，交通职院心理咨询室建设完成。心理咨询室主要涵盖心理咨询、团体辅导、沙盘游戏、心理减压、心理测量、预约接待等功能，引进多种心理专业设备，改善学院心理健康教育硬件设施，为大学生心理健康教育创设良好环境。

（王丽红）

【成为第一批BIM等级考试考点院校】 12月12日，交通职院完成第七期“全国BIM技能等级考试”一级考试工作。BIM技能等级考试是人力社保部教育培训中心与中国图学学会联合举办的全国性技能认证考试，是国内唯一由官方许可并组织的考试，该院是第一批获得BIM技能等级考试考点的职业院校。该院在11月5—7日举行全国BIM应用技能师资培训班，共有来自国内31所院校及行业单位的61人参加培训。

（郝焱）

【完善城轨实训中心建设】 12月，

交通职院城轨实训中心完成升级改造。经过前期调研、规划以及为期半年建设，城轨实训中心完成城市轨道交通车门、屏蔽门、道岔及信号系统、车辆运行软件等设备的调试与安装，改造轨道交通综控室，铺设大厅地面等。建设完成后，能够让学生更加直观地认知城轨行业设备，快速适应城轨工作要求。

（刘亚磊）

北京青年政治学院

党委书记 楚国清
院　　长 梁绿琦

【概况】 2015年，北京青年政治学院占地面积4.64万平方米，产权校舍建筑面积4.08万平方米、非产权校舍建筑面积2.26万平方米。全年教育经费投入20986.08万元，其中，国家拨款19550.66万元、自筹经费1435.42万元。固定资产总值33150.41万元，其中，教学、科研仪器设备总值14115.40万元。图书馆建筑面积2640平方米，藏有纸质图书47.76万册、电子图书39.30万册。拥有计算机3451台，多媒体教室座位3488个。学校信息化经费投入1182.19万元，信息化设备资产8119.19万元，网络信息点4210个，校园网出口总带宽650Mbps，电子邮件系统用户655个，上网课程652门，数字资源量40274GB，管理信息系统数据总量13450GB。设有2个校区，10个系部，7个研究中心，开设青少年工作与管理、学前教育和社会工作等22个专业。教职工340人，其中，专任教师247人，包括教授及教授级高级工程师16人，副教授及高级工程师以上101人；博士36人，硕士146人；“双师型”教师165人。聘请校外教师75人。毕业生1354人，其中，高职生1258人、成人教育专科生96人。毕业生一次就业率98.09%，一次签约率87.04%。招生1235人，其中，高职生1207人、成人教育专科生28人。高考北京地区提档线文科157分、理科157分。在校生3784人，其中，高职生3686人、成人教育专科生98人。网址：www.bjypc.edu.cn。

（黄冬冬）

【北京市万名社工培训结束】 1月12日，北京市万名社区工作者培训总结大会在北青院召开。会议回顾总结北京市万名社区工作者培训工作，部署下阶段社区工作者实务能力培训工作。市委社会工委、市委组织部、市民政局、市人力社保局，各区县社会工委、社会办相关领导，北京市“最美社工宣讲团”成员以及朝阳区社区工作者代表共200余人参加会议。北京市万名社区工作者培训于2012年12月启动，由市社会建设领导工作小组办公室与北青院共同举办，截至2014年年底，累计开办培训班次122期，参训人员3.40万余人，提前1年完成全市社区工作者轮训一遍的预定任务。

（黄冬冬）

【举办社会教育与青少年全面发展研讨会】 4月25—26日，北青院举办“社会教育与青少年全面发展”主题研讨会。会议围绕中国青少年社会教育的现状、特点、作用，青少年社会教育理论，共青团在青少年社会教育中的地位与作用等问题深入研讨。会议还就基地3个合作课题的进展、存在问题以及下一步课题如何开展进行探讨。来自中国教育科学研究院、北京师范大学等单位50余名专家学者参加会议。

（黄冬冬）

【举办圆明园论坛暨首都青年教师发展论坛】 4月28日，北青院举办第六届圆明园论坛暨首都青年教师发展论坛。论坛以“大道之行——中国共产党与中国社会主义”为主题，聚焦《大道之行》一书，邀请青年学者作专题汇报，提出当代青年学者的思考和建议。“圆明园论坛”是团市委发起的以推动学术研讨与合作、服务青年教师成长发展、促进城市经济社会发展为目的的学、官、产、媒多方洽谈、合作的综合性平台。

（黄冬冬）

【智慧校园平台上线】 5月12日，北青院智慧校园平台正式上线。智慧校园平台解决校内各应用系统的信息孤岛问题，包括统一身份认证、信息门户平台和数据中心标准建设等内容；减少数据多头收集情况，实现各项信息数据共享和资源整合，向社会展现学校信息化、数字化、集成化新风貌。

（黄冬冬）

北京农业职业学院

党委书记 崔砚青（7月免）
　　　　　李云伏（7月任）
院　　长 杜晓林

【概况】 2015年，北京农业职业学院占地面积81.22万平方米，产权校舍建筑面积36.09万平方米。全年教育经费投入51065.58万元（含体育馆建设经费1000万元），其中，国家拨款45592.15万元（含体育馆建设经费1000万元），自筹经费5473.43万元。固定资产总值65892万元，其中，教学、科研仪器设备总值11374万元。图书馆建筑面积6113平方米，藏有纸质图书48.29万册、电子图书4204GB。拥有计算机3733台，多媒体教室165间。学校信息化设备资产4357万元，网络信息点4500个，校园网出口总带宽630Mbps，电子邮件系统用户960个，上网课程66门，数字资源量8200GB，管理信息系统数据总量300GB。设有园艺系、畜牧兽医系、食品与生物工程系等9个系部以及国际教育学院、机电工程学院和继续教育学院，开设园艺技术、畜牧兽医和绿色食品生产与检验等40个高职专业。教职工859人，其中，专任教师404人，包括教授及教授级高级工程师22人，副教授及高级工程师以上130人；博士37人，硕士233人；“双师型”教师316人。聘请校外教师86人。毕业生1951人，其中，高职生1455人、中职生312人、成人教育专科生184人。毕业生一次就业率98.78%。招生1682人，其中，高职生1315人、中职生228人、成人教育专科生139人。高考北京地区提档线文科150分、理科150分，单考单招150分。在校生4903人，其中，高职生3864人、中职生680人、成人教育专科生359人。网址：www.bvca.edu.cn。

（肖兵）

【首批韩国研修班留学生结业】 1月15日，农职院首批14名韩国研修班留学生结业。该批学生来自韩国富川大学观光经营、实用摄影等专业，根据两校合作协议，研修为期4周，学生接受汉语综合、汉语口语、汉语听力、汉语写作四个模块的强化学习，同时参加茶艺、手工制作等文化活动，经考核合格可获得农职院颁发的结业证书。

（玄有福）

【拟定七项措施支持北京市低收入村发展】 3月，农职院会同市农委、市水务局拟定七项措施服务北京市低收入村人才培养及智力支持工作。包括在自主招生中给予会考成绩符合条件的低收入村考生免试进入涉农类专业学习（其他专业给予加分）的机会、制订低收入村人才培养及智力支持工作规划、实施低收入村人才培养及智力支持工作折子工程、加强低收入村低收入户需求调研、编写农村实用产业项目推广书、加强低收入村人才培养体系构建、加大低收入地区不同层次的人员培训力度等。

（肖兵）

【构建以育人为目标的新型职业农民培训模型】 4月，农职院运用以育人为目标的新型职业农民培训模型培训大兴区新型职业农民培育工程培训班学员。培训由下属市农广校、继续教育学院承办，335名学员获得结业证书。这一模型包括“三轮驱动”职业素质提升系统与“三维定位”职业路径规划系统。“三轮驱动”职业素质提升系统是由高素质、新理念、新技术组成的知识系统，围绕都市型现代农业生产、生态、生命、生活及示范五大功能定位，以“素质打根基，理念为引导，技术作保证”为原则，全面更新学员原有知识系统，突破“有理念，没有技术，心有余力不足；有技术，没有理念，发展视野受限”等素质提升瓶颈。“三维定位”职业路径规划系统从国家、社会、个人三个维度，为学员规划职业发展空间与具体路径，通过解读国家层面“谁来种地、粮食安全、农产品质量安全”等问题，明晰职业农民产生的历史背景与其担负的社会责任；通过解读社会层面的“资源集约化利用、发展新型经营主体”等问题，明确职业农民发展的载体；通过解读个人层面“与政府对接、与市场对接、向科研院所借力”等路径，帮助学员找到职业农民发展的路径。

（许璇）

【《十年跨越》出版】 4月，农职院党委书记所著《十年跨越》由高等教育出版社出版。全书共15万字，收入照片268幅，从写实角度出发，分思想建设、教学改革、师资队伍建设、科研服务、素质教育、硬件建设、校园文化、对外开放、政治保障、展望未来10个篇章，用61个专题翔实记录学院建院十余年来的发展历程。

（李秀华）

【学院章程获准发布】 5月8日，农职院学院章程获准发布。章程包含11章内容，全文1.10万字。农职院为北京市首批5所大学章程建设试点高校之一，起草编制工作于2013年12月启动。各高校以项目形式就高校章程制订工作中面临的章程的法律性质和法律关系、内容架构及内外部关系、制定审批程序等内容开展研究，分文献研究阶段、调查研究阶段、报告撰写阶段、专家论证阶段和完成报告阶段进行。

（赵章彬）

【赴京外开展“岗位轮动”教学实训】 6月15—28日，农职院畜牧兽医系组织学生赴京外开展“牛场生产技术”课程“岗位轮动”教学实训。该系牧医1311班33名学生分为两组，分别派往首农集团旗下首农畜牧河北滦县奶牛场和山东寿光奶牛场，学习犊牛培育、育成牛培育、成年牛生产与管理、疾病防控等岗位技能。两个实训点分别由1名专业教师与1～2名企业实践指导教师对学生进行全程跟踪管理，教学效果良好。

（张孝和）

【聘请企业专家组建大师工作室】 6月29日，农职院邀请企业专家担纲组建的4个大师工作室正式授牌。学院于2014年11月决定成立4个大师工作室，分别是由北京首农集团原党委副书记、董事长、副总经理范学珊领衔的奶牛健康养殖大师工作室，由北京首农畜牧发展有限公司党委书记、总裁张振新领衔的奶牛疫病防治大师工作室，由北京京林园林绿化工程有限公司总经理王超领衔的园林景观大师工作室以及由北京庞各庄乐平农产品产销有限公司董事长冯乐平领衔的经营管理大师工作室。工作室由学院提供经费支持，配备由系主任和相关教师组建的团队，分别落户畜牧兽医系、园艺系和经济管理系；工作室围绕专业人才培养方案制订、订单式人才培养、教材联合开发、专题研究、接收青年教师调研与实践以及学生实习实训等方面展开工作，进一步促进校企深度融合对接。

（张满清）

【全国首个农村群众文化组织员中专学历班毕业】 7月9日，农职院下属市农广校延庆分校实施的全国首个农村群众文化组织员中专学历班毕业。该班于2012年6月开办，依托“文化驻乡”工程平台，作为北京市构建市、区县、乡镇、村四级联动的群众文化活动共建格局的具体措施，政校共建探索出一套群众文化村级管理人才的选拔培养考核机制，为基层文化发展提供必要的智力支持与人才储备，打通社会主义新农村文化建设的最后一公里。该班376名学员来自延庆县15个乡镇276行政村，实现村级全覆盖。通过学制三年的进修与专业培训，学员系统学习应用文写作、计算机基础和图书管理等20余门课程，达到“六熟练”“六会”标准和目标，即，熟练掌握党员干部现代远程教育和文化信息资源共享站点的使用和管理技能、熟练掌握益民书屋的管理使用技能、熟练掌握数字影厅的管理及使用技能、熟练掌握本辖区内文物项目的确认及保护技能、熟练掌握广播系统的管理与使用技能、熟练掌握本辖区内非物质文化遗产项目的保护与传承技能以及会唱歌、会跳舞、会指挥、会计算机、会组织活动、会做群众工作。

（许璇）

【开展“六育人”评优表彰】 9月10日，农职院庆祝2015年教师节，表彰“六育人”优秀集体和先进个人。表彰评比工作于5月启动，围绕学生成人、成长、成才的需求，发现和树立一批身边“教书育人、管理育人、服务育人、环境育人、文化育人、资助育人”的好榜样、好典型、好做法，营造“全员、全方位、全过程”育人的良好氛围，培育良好的学风、教风和校风。评选范围包括院内外参与学生培养的企业、单位及师生员工（含在编和非编工作人员），设单位组织申报、评审小组推荐、师生参与评价以及领导小组审定等环节，收到申报192项（个人135项，集体53项，团队4项），涉及29个中层单位，最终评出67名先进个人和44个优秀集体。

（杨松）

【承办中国兰花大会】 9月29日至10

月10日，农职院与中国植物学会兰花分会、北京市园林绿化局、房山区政府联合承办第四届中国兰花大会。会议由市政府主办，累计接待游客近20万人次，新加坡、泰国、马来西亚等国家以及天津、河北、台湾等省市和地区共展出24个兰属400余个品种8万余株兰花。农职院负责组织国际学术研讨会，邀请国内外专家作专业学术报告；在主场馆布置国兰展厅，开展学生茶艺表演、压花展示并展出名贵稀有国兰品种；组织330名师生成立志愿服务团队，为大会提供礼仪、交通及安保服务；开放南校区部分实训场所，展示兰花品种及种植技术。

（肖兵）

【试行五年制高职学分制管理】 11月3日，农职院机电工程学院在2015级五年制高职中试行学分制管理。这一改革以调动学生学习主动性、积极性，培养学生职业能力，提高学生综合素质为目标构建管理制度体系；学分体系包含课程学分、个性发展学分和素质教育学分三个部分，在注重学生知识和技能培养同时，关注学生思想道德水平的提高和综合素养的养成。同时，实施弹性学制、学分银行制度以及学分互认制度。机电工程学院就此制定《学分制管理办法》《学籍管理办法》《学生素质教育学分实施细则》和《个性发展学分实施细则》等制度。

（杨学坤）

【举办首届大学生创业训练营】 11月16—24日，农职院举办首届大学生创业训练营。45名参训学员由各系、分院按在校生人数比例推荐，叁人教育科技有限公司特邀导师讲授企业模拟运营、沙盘模拟演练等课程，开展创业团队组建、创业测评以及创业交流等活动；学员完成便携式细菌培养箱项目、阳光农场农业循环项目两个创业项目设计并进行路演汇报，获得结业证书；活动同时组织参观用友软件园、孵化器，帮助学员了解企业文化，为创业打下良好基础。

（鲁微）

【成为北京市中小学生劳动教育基地】 11月20日，北京市中小学生劳动教育基地在农职院挂牌。10月18日至11月20日，农职院完成首期5批共7所实验校2700余名中学生“学农”教育任务。苟仲文、线联平、范伯元等先后到院指导工作。该校依据市教委《关于加强中小学劳动教育的意见》，开展中小学“学农”教育专项工

作。学院成立专门领导小组并下设办公室，投入300万元进行教室装修改造及购置课程耗材，提供南校区1号学生公寓由师生专用，并将餐厅三层设为专门就餐区域，提供优质的后勤服务保障。在课程设置方面，农职院突出特色，设置插花、压花、宠物驯养、冰激凌和蛋糕制作等特色课程以及田间劳动实践活动课程，抽调63名教师承担授课任务，每期培训7天。

（肖兵）

北京政法职业学院

党委书记 郑振远
院　　长 张景荪

【概况】 2015年，北京政法职业学院占地面积35.70万平方米，产权校舍建筑面积13.60万平方米。全年教育经费投入18630.02万元，其中，国家拨款15508.13万元，自筹经费3121.89万元。固定资产总值27106.99万元，其中，教学、科研仪器设备总值9282.22万元。图书馆建筑面积1.34万平方米，藏有纸质图书43.86万册、电子图书113367GB。拥有计算机3146台。学校信息化设备资产3894.75万元，网络信息点3611个，校园网出口总带宽400Mbps，电子邮件系统用户960个，上网课程137门，数字资源量351154GB，管理信息系统数据总量14189.57GB。设有5系1部、9个研究所、7个教辅机构和2个培训机构。开设23个专业，包括中央财政重点支持专业2个、市级教改试点专业1

个、市级高职示范专业 3 个。教职工 401 人，其中，专任教师 201 人，包括教授及教授级高级工程师 10 人，副教授及高级工程师以上 55 人；博士 18 人，硕士 137 人；“双师型”教师 135 人。聘请校外教师 49 人。毕业生 1518 人，其中，普通高职生 885 人、五年制高职生 333 人、中职生 300 人。毕业生一次就业率 95.32%。招生 1283 人，其中，普通专科生 909 人、五年制高职生 374 人。高考北京地区提档线文科 150 分、理科 150 分。在校生 3870 人，其中，普通高职生 3059 人、中职生 749 人、留学生 62 人。网址：www.bcpl.cn。

（李治建）

【华信中安国际安保及风险管理四级班开班】 3 月 18 日，政法职院澳大利亚华信中安安保及风险管理四级班、北京市职业教育分级制改革试验项目“华信中安安保管理四级班”开班。30 名安保人员参加培训，学习大型活动安保管理与实施、安保项目实施、应急突发事件处置、安保活动风险评估等内容。培训于 4 月 15 日举办结业典礼，澳大利亚康普利斯教育学院国际部与政法职院安全防范系分别宣读学员结业鉴定，并为学员颁发结业证书。此次开班是国内安保行业第一次聘请澳大利亚安保专家为保安员授课，是国内首次引入国际安保职业资格证书，也是首个由国际院校、国内院校、行业企业三方联办的安保企业培训班。

（李治建）

【与首都机场航空安保公司签约合作】

5 月 28 日，政法职院与北京首都机场航空安保有限公司签署战略合作协议。根据协议，双方共同开辟战略合作新天地，在高等职业学历教育、成人教育和职业培训等方面开展合作，助推平安北京、法治北京和中国特色世界城市建设。协议期 5 年。

（李治建）

【与 2 家单位联合签约合作】 7 月 23 日，政法职院与北京知识产权法院、国家专利复审委员会、北京市知识产权局、西城区人民法院和北京集佳知识产权代理公司 5 家政府、行业、企业单位举办知识产权管理专业人才培养研讨会，并与北京知识产权法院、国家专利复审委员会 2 家单位签署战略合作协议。协议约定，双方共同开展培养知识产权领域审判庭书记员工作；合作制订人才培养方案、开发课程教材、开展教学督导等工作；共建专业教学团队，互派专家教师，共同培养指导学生实习实训；合作开展知识产权应用法学研究，以志愿服务方式开展形式多样的知识产权法律服务；互通学术信息、交流成果，利用各自优质资源，建立法学教学、学术研究等最新信息沟通渠道。

（李治建）

【首都政法综治网入选年度中国最具影响力政务网站】 12 月 24 日，由中国信息化研究与促进网开展的“2015 年中国优秀政务平台推荐及综合影响力评估”结果揭晓，政法职院“首都政法综治网”入选“2015 年度中国最具影响力政务网站”，“北京政法”微博微信获得“2015 年度中国优秀政务新媒体”称号。中国政务平台综合影响力评估主要以“互联网+政务”视角，结合平台设计、版面布局、色彩搭配、网站访问、网民体验、搜索引擎、信息传播、社会舆情等方面全面考察平台的互联网综合影响力。

（李治建）

北京财贸职业学院

党委书记 韩宪洲（6 月免）
高东（9 月任）
院　　长 王成荣

【概况】 2015 年，北京财贸职业学院占地面积 26.82 万平方米，产权校舍建筑面积 14.23 万平方米。全年教育经费投入 34228.77 万元，其中，国家拨款 28230.35 万元、自筹经费 5998.42 万元。固定资产总值 57845.70 万元，其中，教学、科研仪器设备总值 21199.67 万元。图书馆建筑面积 12461 平方米，藏有纸质图书 74.96 万册、电子图书 60 万册。拥有计算机 6525 台，多媒体教室 151 间。学校信息化经费投入 873.46 万元，信息化设备资产 14982.98 万元，网络信息点 13490 个，校园网出口总带宽 530Mbps，电子邮件系统用户 8882 个，上网课程 154 门，数字资源量 26358.80GB，管理信息系统数据总量 2497.59GB。设有 3 个校区，10 个教学系部和二级学院。开设 29 个高职教育专业、2 个中专教育专业、3 个成人教育专业，包括 3 个国家级示范专业、4 个北京市示范专业、1 个北京市级教改试点专业。教职工 569 人，其中，专任教师 324 人，包括教授及教授级高级工程师 6 人，副教授及高级工程师以上 95 人；博士 30 人，硕士 201 人；“双师型”教师 223 人。聘请校外教师 108 人。毕业生 2007 人，其中，高职生 1841 人、中职生 64 人、成人教育专科生 102 人。毕业生一次就业率 99.09%，一次签约率 99.19%。招生 1845 人，其中，高职生 1433 人、中职生 370 人、成人教育专科生 42 人。在校生 5686 人，其中，高职生 4933 人、中职生 647 人、成人教育专科生 106 人。网址：www.bjczy.edu.cn。

（殷红）

【调整专业结构】 1 月 9 日，北财院印发《北京财贸职业学院专业结构调整与改革方案》，调整优化专业结构。至 7 月，实际招生专业（含方向）18 个，国际商务、税务、文秘 3 个专业暂停招生；旅游英语专业并入导游专业，广告设计与制作专业并入会展策划与管理专业，计算机网络技术专业并入物联网应用技术专业；电脑艺术设计专业更名为数字媒体艺术设计；金融与证券专业原设商业银行和证券两个方向，根据教育部高职院校 2014 年专业目录，将方向直接设为专业，专业名称为银行实务和证券与期货。至年底，新增 2 个新专业和 1 个专业方向，分别是空中乘务（航空服务与管理）、视觉传播设计与制作专业和税务会计（方向）。

（殷红）

【成立基础教育学院】　3月18日，北财院成立基础教育学院，撤销基础教学部。基础教育学院负责基础课教学研究与管理工作，对北京市高端技术技能人才贯通培养试验项目中第一阶段人才培养质量负有全面责任。保留原语文、数学、公共英语、计算机基础、体育5个教研室建制，教研室主任不变。原基础教学部五年制会计专业于7月底之前转入立信会计学院，原承担中专会计教学任务的专任教师以及相关班主任、辅导员转入立信会计学院。其他人员转入基础教育学院，岗位不变。

（殷红）

【《高职德育创新探索》出版】　5月18日，北财院《高职德育创新探索》由中国文史出版社出版。该书从理论探索、课题研究、特色经验、调研报告、人物风采五个方面介绍高职德育探索的特色经验和创新成果，入选教育部思想政治工作司《高校德育成果文库》。这是高职院校党建思政研究著作第一次入选该文库。该院在德育队伍建设中实施“思想引领、师德提升、实践锻炼、榜样示范、职业发展和健康幸福”六项计划，全面提升德育队伍工作水平。在2015年北京市高职院校思想政治理论课青年教师教学能手大赛中获得一等奖1个、二等奖1个；在全国高职高专院校思想政治理论课青年教师教学展示活动中获得一等奖1个。

（殷红）

【成立两个中心】　6月15日和19日，北财院分别成立学业辅导中心和首都传统技艺文化传播中心。学业辅导中心坚持“以学生为中心”工作理念，以满足高职学生个性化发展需求，促进学生个性化成长，指导、帮助学生顺利完成学业为目标，把指导学生学业发展与引领学生思想成长结合起来，重点推进顶岗实习期企业学业导师开展形式多样的辅导活动，实现学业辅导校内学习、企业实习全程覆盖。该院是北京首家成立学业辅导中心的高职院校。首都传统技艺文化传播中心由广告艺术学院发起成立并开展日常工作，是北京市首个关于北京传统技艺文化的专门研究机构，致力于促进北京优秀老字号企业的发展与技术进步，立足于服务京津冀文化创意产业集群，旨在打造高水平的首都传统技艺传承推广基地和传播交流中心。该院于2009年6月成立“北京老字号研究基地”和“北京市商业服务业中华传统技艺高技能人才培养基地”，以老字号研究和培养传统技艺高技能人才为使命，并首创“京商”概念，收集整理古代、近代京商资料600余万字。

（殷红）

【首次招收“高端技术技能人才贯通培养试验项目”学生】　7月，北财院首次招收“高端技术技能人才贯通培养试验项目”学生。项目计划招生400人，实际录取370人，包括财经类（国际会计专业和国际金融专业）190人、商贸类（国际连锁经营管理专业和现代物流技术与管理专业）116人、旅游类（国际休闲旅游策划与管理专业）64人。该院作为北京市三所高职试验院校之一，市教委批准在以上专业开展七年贯通培养试验，即：2年基础文化课程教育（潞河中学协作培养），3年专业课程及职业技能教育，2年本科阶段应用技能教育（合作院校培养）。培养模式分为国内培养计划（中考统招批招收）和国外培养计划（中考提前批招收）。前5年均由该院提供相对独立的教学、生活环境，完成学习任务且成绩合格者取得高等职业教育毕业证书；后两年通过专升本转段考试进入首都经济贸易大学或通过选拔升入国外合作院校（英国北安普敦大学、新西兰怀阿里奇里工学院、美国纽约州立大学联盟学校）接受本科阶段教育，完成学习任务且成绩合格者，取得普通高等教育本科层次（专升本）毕业证书或国外合作院校颁发的本科毕业证书。

（殷红）

【发布新版标准标志】　9月6日，北财院出台《学院视觉形象识别系统基础要素修订说明》，发布该院新版标准标志。该标志以原有LOGO为基础，增加同心圆图案及文字。中心图案由英文“财贸”（Finance and Commerce）和“学院”（College）的三个字头“F、C、C”组合而成。变形组合中的两个“C”和一个圆点合在一起既像卫星的运行轨迹，又像宇宙中的一颗卫星，寓意奔向现代化；中间的“F”好似火炬，照亮学子之心；右侧为一个变形的问号，寓意肩负“传道、授业、解惑”的重任。同心圆将中心图案紧紧环绕，形成视觉上的向心力，表达全院师生围绕中心工作，同心同德，凝心聚力，共促学校和谐发展的心愿。文字部分中文名称标准字体为欧阳中石先生题写的“北京财贸职业学院”，英文标准字体是英文Georgia字体。

（殷红　梁超）

【“中华老字号文化子库”通过验收】　12月10日，北财院“中华老字号文化子库”建设项目通过教育部验收。该项目以商务部认定的1128家中华老字号为基础，以百余家老字号的历史文脉、传承人物、核心品牌、非遗技艺、经营谋略、诚信服务等为主要内容，以梳理中华老字号历史文脉，保护非物质文化遗产；弘扬中华传统商业道德，提升学习者职业素养；推动中华老字号品牌创新发展，促进民族商业文化繁荣为宗旨。资源内容包括课程中心、三维数字馆、史料库、互动社区、教学方案五方面。现有资源总数6542条，电子书1351本，老字号案例116个，图片4146幅，视频649段，动画101个，演示文稿118个，习题1444道，在线课程8门，微课58个。至年底，上网注册学习人数7006人。

（殷红）

【成立“北财—探路者商学院”】　12月29日，北财院旅游系与易游天下国际旅行社（北京）有限公司签约成立“北财—探路者商学院”。双方达成协议在订单班人才培养、学生顶岗实习、校企互聘教师、社会服务、科研交流、企业在职员工内训、继续教育培训等方面实现一体化发展，有针对性地为企业培养一线实用型人才。该院于2012年4月成立第一家冠名商学院“北财·尚游汇商学院”，开始探索深化校企合作的创新模式。至年底，该院共成立5家企业冠名商学院。

（殷红）

【科研教研工作形成系列标志性成果】 至年底，北财院科研教研工作形成系列标志性成果。该院依托北京国际商贸中心研究基地、流通现代化与京商研究科技创新平台，聚焦流通现代化、京津冀协同发展、通州城市副中心建设和职教改革研究等新课题开展研究，举办“第十届京商论坛暨北京国际商贸中心研究基地学术论坛”。全年取得各类研究成果325项，其中，科研成果288项、教研成果37项。2项成果入选科技部《软科学要报》，2项课题获北京教育科学“十二五”2015年度规划课题立项资格，3项党建思政研究成果分获团中央、全国学联和全国高职高专党委书记论坛论文和优秀研究成果一等奖。新增6项省部级以上立项科研项目，参与科技部国家软科学1号重大项目研究和国务院批复的“北京市服务业开放综合试点”研究。8本教材入选第二批“十二五”职业教育国家规划教材，至此，该院入选“十二五”规划教材总数达到42本。

（殷红）

北京戏曲艺术职业学院

党委书记　刘宝华
院　　长　刘侗

【概况】 2015年，北京戏曲艺术职业学院占地面积2.71万平方米，产权校舍建筑面积3.06万平方米。全年教育经费投入13993万元，其中，国家拨款11852万元、自筹经费714万元，预算外695万元，其他单位拨款收入732万元。固定资产总值21420万元，其中，教学、科研仪器设备总值21058.70万元。图书馆建筑面积1998平方米，藏有纸质图书16.18万册、电子图书13.84万册。拥有计算机530台，多媒体教室座位40个。信息化设备资产772.40万元，网络信息点1800个，校园网出口总带宽100Mbps，数字资源量50000GB，管理信息系统数据总量2GB。设有7个教学系部，设京剧、地方戏曲、音乐、舞蹈、舞美、影视表演共六类专业18个专业方向，1个艺术研究中心，1个中型剧场。教职工357人，包括正高职称40人，副高职称29人；博士9人，硕士106人；兼职教师37人。毕业生294人，其中，高职生171人、中职生123人。毕业生一次就业率98.75%。招生322人，其中，高职生177人、中职生145人。高考北京地区艺术类提档线文科105分、理科105分。在校生1247人，其中，高职生499人、中职生748人。网址：www.bjxx.com.cn。

（杨楠）

【推出大型北京传统音乐作品音乐会】

1月10日，北戏推出大型北京传统音乐作品音乐会《燕落花枝》。《燕落花枝》音乐会是2011年教育部中央财政支持项目，经过一年的采风、挖掘、整理和论证，最终选取北京传统器乐曲吹打乐、弦索乐、戏曲音乐、宫廷音乐四种类型作为节目框架，以《北京民族民间器乐曲》和民间器乐曲为基础，加工演绎不同风格的北京传统器乐作品16首。3月18日，北戏召开《燕落花枝》北京传统乐曲音乐会专家座谈会，来自中国艺术研究院、中央音乐学院、首都师范大学等艺术研究机构的专家从音乐会选题、乐曲形式、音乐会特色等方面对音乐会提出修改意见。

（杨楠　陈明）

【建立北京曲艺传承人才培养基地】 4月11日，北戏与北京国粹艺术传承促进会共同建立北京曲艺人才培养基地。作为曲艺人才培养基地，北戏于2015年9月新开设曲艺专业，面向全国招收11～14岁中小学生，为北京曲艺艺术培养接班人搭建学历教育平台。北京曲艺人才培养基地落成后，促进会将与北戏联手，开发曲艺APP教学软件，将传统曲艺课程数字化整合，便于爱好者了解和系统学习。曲艺专业教师和学生也将以北戏为平台，共同开创北京鼓曲演出阵地，邀请全国著名曲艺演员定期进行交流会演，开拓北京鼓曲演出市场，为学生提供学习观摩机会，为学生毕业寻找更好出路。

（杨楠）

【举办“职教行动在北戏”系列活动】 5月31日，北戏在少儿戏剧场集中举行“职教行动在北戏”系列活动。活动包括庆祝少儿戏剧场成立2周年、北戏书馆成立1周年、系列京剧教育丛书《京剧大家绝艺录》等书籍首发式暨大型北京传统音乐会《燕落花枝》演出庆典。活动就学院近年来进行的全方位、多层面艺术职业教育活动进行深入总结，以探求艺术职业教育发展之路。

（杨楠）

【京津渝台四地艺术院校结盟】 6月10日，“京津渝台”四校合作联盟签约仪式在重庆举行。北戏与天津戏剧职业学院、台湾戏曲学院、重庆文化艺术职业学院正式成立联盟合作院校，以自身不同的办学特色，共同联手探索艺术人才培养新模式，力图实现课程资源、教学资源、师资建设、专业发展、管理合作等各类项目“共建、共享、共研”结盟发展。

（杨楠）

【举办3000名基层文化骨干培训工程】 7月14日至8月2日，北戏举

办“北京市3000名基层文化骨干培

训工程”第一期集训。来自全市16个区县、499名基层文化骨干参加培训。培训分两批进行，第一批音乐、戏曲培训班，培训学员238人；第二批舞蹈培训班，培训学员261人。培训开设公共课程和专业实践课程，使基层文化骨干学习了解中国公共文化方面的政策法规、首都公共文化发展现状，并通过不同专业的实践课程，掌握回到岗位后可面向广大群众普及的文化技能。

（杨楠　陈明）

【新编京剧《南海子》首演】 9月21日，由北戏制作演出、大兴区文化委员会出品的原创京剧历史剧《南海子》在大兴影剧院首演。该剧以大兴区著名旅游景区“南海子”为依托，以顺治与董鄂妃的爱情故事为主线，展现清朝顺治皇帝在大兴南海子的一段爱情故事，反映“锐意改革、倡导节俭、提倡满汉一家、民族团结”主题。《南海子》的创排以戏曲形式再现大兴区深厚历史和文化，将宣传大兴文化品牌与北戏教学实践紧密结合，探索“区校合作”新模式。9月28日，新编京剧历史剧《南海子》召开专家座谈会，专家们从剧情介绍、剧情衔接和舞台呈现等方面为演出提供建议。

（杨楠）

【参加北京大学生戏剧节获五项大奖】 10月26日，第五届北京大学生戏剧节在中央戏剧学院实验剧场落幕，北戏影视表演系原创话剧《少年少年》首次参加大戏节，获得优秀剧目奖、优秀男演员奖、优秀女演员奖、优秀组织奖和最佳造型奖五项大奖，成为此届大戏节获奖数目最多的院校。《少年少年》以留守儿童为题材，讲述一名城市问题少年被父亲带到老家农村，与一群孤独的留守少年由陌生到熟悉、由相互看不顺眼到互相扶持的情感经历。

（杨楠）

【大型原创舞剧《夕照》首演】 11月5日，北戏创编的大型原创舞剧《夕照》在北京民族剧院首演。该剧是2014年国家艺术基金资助项目，立足国际化审美标准，在舞台设计、音乐创作等各个方面，都将传统戏曲与创新相结合，将民族的与世界的相融合。

《夕照》改编自家喻户晓的传统戏曲和经典爱情故事《白蛇传》，用舞蹈独有的方式讲述千年蛇妖白素贞与书生许仙的浪漫爱情故事。

（杨楠　陈明）

【举办纪念荀慧生诞辰115周年暨荀派艺术研讨会】 11月7日，北戏（北京市艺术研究所）举办“纪念荀慧生诞辰115周年暨荀派艺术研讨会”。相关理论研究专家、荀派京剧表演艺术家、荀派传人等50余人参加会议。研讨会就荀慧生表演艺术、荀派艺术传承、荀派艺术与其他流派艺术的比较等议题展开研讨。

（杨楠）

北京经济管理职业学院

党委书记　项进
院　　长　姚光业

【概况】 2015年，北京经济管理职业学院占地面积85.80万平方米，产权校舍建筑面积13.20万平方米。全年教育经费投入28192.56万元，其中，国家拨款24897.45万元、自筹经费3295.11万元。固定资产总值31802.89万元，其中，教学、科研仪器设备总值8744万元。图书馆建筑面积8318平方米，藏有纸质图书50.96万册、电子图书42.60万册。拥有计算机3523台，多媒体教室座位200间。学校信息化经费投入1785.10万元，信息化设备资产9680.04万元，网络信息点6363个，校园网出口总带宽460Mbps，电子邮件系统用户1131个，上网课程142门，数字资源量20600GB，管理信息系统数据总量61.55GB。设有望京和固安两个校区，5个二级学院和2个系部，1个研究中心，开设国际商务、会计等22个专业及招生方向。教职工533人，其中，专任教师189人，包括教授及研究员9人，副教授及高级工程师49人；博士18人，硕士114人；“双师型”教师64人。聘请校外教师20人。毕业生3765人，其中，高职生3340人、成人教育专科生425人。毕业生一次就业率97.79%，一次签约率67.99%。招生1002人，其中，高职生862人、成人教育专科生140人。高考北京地区提档线文科150分、理科150分。在校生3449人，其中，高职生3073人、成人教育专科生376人。网址：www.biem.edu.cn。

（刘益宏）

【加强大学生思想政治工作】 3月，经管职院加强大学生思想政治建设。该院制定实施关于推进思想政治理论课程建设的工作方案和关于加强学生形势与政策教育的实施意见，进一步加强思政理论课建设；2篇论文分获首都大学生思政教育课题类优秀成果二等奖和三等奖。10月，接受市教育工委专家组对学院思政课建设情况的专项督查并得到高度评价。

（刘益宏）

【推进教育质量提高工程】 5月，经管职院制定实施《教师教学质量评价办法（试行）》。该办法共6部分，从学生、教师、教育督导员和教学等方面规范教师教学质量评价体系，从而实现加强教育教学质量监控、促进教育教学质量提升的目的。年内，1名教师获得第11届北京市教学名师奖。基础部1名教师在全国高职高专院校思想政治理论课青年教师教学展示活动中获大赛一等奖。2名教师在2015年“外研社杯”全国职业院校语文教师教学大赛中共获得4个一等奖和1个二等奖，是全国百余所参赛学院中最好成绩。会计学院2名教师在第二届北京市职业院校财经类专业教师微课大赛中分获第一名和第三名。

（刘益宏）

【完成教代会和工会换届】 7月10—11日，经管职院完成教代会和工会换届工作。二届五次教代会健全完善二届教代会常设主席团，选举产生第三届教代会代表。三届一次教代会，选举产生新的工会委员会和各专门委员会。年内，该院教职工之家被评为市教育工会先进职工之家，工会工作获得市教育工会2015年特色工作奖；基础部职工小家被评为市教育工会先进职工小家。

（刘益宏）

【与两家企业签约合作】 10月和12月，经管职院分别与两家企业签约合作。10月26日，与西门子（中国）有限公司签订战略合作伙伴协议。协议约定，双方在专业建设、人才培养、师资培训、共建实训中心、技能竞赛、实习就业等方面开展合作。协议期3年。12月，与北京燃气能源发展有限公司签订校企合作协议。根据协议，双方在专业建设、共建实训中心、毕业生就业、员工培训、技能提升等方面开展合作。协议期3年。

（刘益宏）

北京劳动保障职业学院

党委书记　李宗泽（6月免）
　　　　　卢琳（11月任）
院　　长　李继延

【概况】 2015年，北京劳动保障职业学院占地面积21.53万平方米，产权校舍建筑面积12.61万平方米。全年教育经费投入15702.67万元，其中，国家拨款14348.76万元、自筹经费1353.91万元。固定资产总值44410万元，其中，教学、科研仪器设备总值13738万元。图书馆建筑面积7105平方米，藏有纸质图书39.66万册、电子图书26万册。拥有计算机1992台，网络多媒体教室146间。学校信息化经费投入980.29万元，信息化设备资产1207万元，网络信息点2192个，校园网出口总带宽510Mbps，电子邮件系统用户300个，上网课程64门，数字资源量21000GB，管理信息系统数据总量270GB。设有亚运村和昌平西关两个校区，设置机电工程系、工商管理系、劳动经济管理系、安全工程系，基础部和实训中心。教职工236人，其中，专任教师183人，包括教授及教授级高级工程师6人，副教授及高级工程师以上60人；博士24人，硕士81人；“双师型”教师120人。聘请校外教师272人。毕业生1542人，其中，高职生980人、成人教育生562人。毕业生一次就业率99.39%。招生1666人，其中，高职生1057人、成人教育生609人。高考北京地区提档线文科150分、理科150分，单考单招150分。在校生5059人，其中，高职生3151人、成人教育生1908人。网址：www.bvclss.cn。

（彭雪松）

【国家级高技能人才培训基地建设项目通过终期评审】 3月13日，根据市人力社保局文件《国家级高技能人才培训基地建设项目北京劳动保障技师学院检查验收评价意见》，京劳职院通过国家级高技能人才培训基地建设项目终期评审。评价意见指出，京劳职院立足首都经济社会发展、产业调整振兴需求和学院工作基础，办学特色鲜明，国家级高技能人才培训基地建设项目指导思想明确，工作思路清晰，目标合理可测。建设项目紧密围绕公共设施安全技术、城市轨道交通运输与管理、电子商务、家政服务（老年健康服务）、楼宇自动控制设备安装与维护五个专业，构建较为完善的高技能人才培训体系，搭建基于移动互联技术的“云学习平台”，为社会培训各类技能人才共计21500人，包括高技能人才4699人，为首都经济社会发展和产业调整振兴做出应有贡献。

（彭雪松）

【与TAFE学院推进国际合作办学项目教学对接】 6月30日，澳大利亚西悉尼TAFE学院国际教育学院院长和海外事业拓展部经理访问京劳职院，就共同推进“澳洲职业资格教育与就业直通车”项目召开座谈会，两校与项目合作方香港清华同方国际教育事业部三方达成国际合作办学共识。项目由京劳职院教务处和清华同方负责总体协调，专业教学事务由中澳双方专业师资直接对接。经过讨论，三方达成以下共识：按照合作协议，清华同方加大招生力度，确保招生规模；清华同方授权京劳职院与西悉尼TAFE学院直接对接教学事宜；京劳职院与西悉尼TAFE学院于9月开学落实所有教学准备。

（彭雪松）

【教材获全国应用写作学会学术研讨会论著一等奖】 7月24—27日，全国应用写作学会第18届学术研讨会在吉林省延吉市召开，京劳职院主编的“十二五”职业教育国家规划教材《应用写作案例与训练》获大会唯一的著作类一等奖。该教材于2015年5月由北京师范大学出版社出版，以其内容的创新性和编排的富有特色获得好评。该研讨会由中国应用写作研究会和长春理工大学应用写作杂志社联合主办，全国各地40所院校和单位48名专家学者就全球化语境下如何实现应用文研究、教学和实践的突破和创新等问题交流研讨，会议评出著作类、论文等奖项。

（彭雪松）

【承办全国高校模拟集体谈判大赛】

10月24日，京劳职院承办2015第四届全国高校模拟集体谈判大赛。大赛由中国人力资源开发研究会劳动关系分会举办，京劳职院承办，中科软科技股份有限公司协办。来自中国人民大学、首都经济贸易大学、西北政法大学、中国劳动关系学院、上海工会管理职业学院等全国17所高校30支代表队、150余名师生参加大赛，为历届最多。大赛首次开设观摩席，陕西理工学院、河北政法职业学院师生作为嘉宾观摩比赛。大赛以“沟通、协商、博弈、共赢”为宗旨，目的是为劳动关系相关专业学生提供相互交流、学习平台。大赛分初赛和决赛两个阶段，决出一等奖3个、二等奖4个、三等奖4个。

（彭雪松）

北京社会管理职业学院

党委书记　邹文开
院　　长　邹文开

【**概况**】　2015年，北京社会管理职业学院占地面积60.39万平方米，产权校舍建筑面积8.97万平方米。全年教育经费投入40504.31万元，其中，国家拨款35103.89万元、自筹经费5400.42万元。固定资产总值27252.54万元，其中，教学、科研仪器设备总值5279.80万元。图书馆建筑面积3821平方米，藏有纸质图书28.19万册、电子图书9万册。拥有计算机1477台，多媒体教室座位5324个。学校信息化经费投入895万元，信息化设备资产2249.63万元，网络信息点1500个，校园网出口总带宽660Mbps，电子邮件系统用户3822个，上网课程116门，数字资源量14840GB，管理信息系统数据总量3840GB。设有河北燕郊和北京大兴两个校区，7个系，开设老年服务与管理、婚庆服务与管理、社区服务与管理等17个专业和专业方向，12个研究中心。教职工331人，其中，专任教师142人，包括教授及教授级高级工程师15人，副教授及高级工程师以上56人；博士32人，硕士192人；"双师型"教师123人。聘请校外教师47人。毕业生968人，全部为高职生。毕业生一次就业率98.45%。招生1356人，其中，高职生1283人、成人教育专科生73人。高考北京地区提档线文科150分、理科150分。在校生3556人，其中，高职生3421人、成人教育专科生135人。网址：www.bcsa.edu.cn。

（张冼）

【**发起成立中国社会工作学会**】　5月，社职院发起成立的中国社会工作学会在京成立。该学会经国务院批准，民政部登记注册，是社会工作领域的国家一级学术团体，从事社会工作专业教育研究、社会工作行政管理、社会工作实务，承接全国社会工作者职业水平评价相关工作和全国社会工作标准化技术委员会秘书处日常工作，面向社会开展社会工作服务评估。

（张冼）

【**承办全国职业院校民政职业技能大赛**】　5月，社职院承办第六届全国职业院校民政职业技能大赛。比赛由全国民政职业教育教学指导委员会、民政部职业技能鉴定指导中心主办，来自17所职业院校208名选手参加殡葬类六职业、礼仪主持人、孤残儿童护理员、灾害信息员和手语翻译员等10个职业竞赛，共产生特等奖13个、一等奖35个，17支代表队获得优秀组织奖。

（张冼）

【**举办首届轮椅服务与技术研讨会**】　10月，社职院举办第一届轮椅服务与技术研讨会。会议围绕欧美轮椅服务体系、轮椅评估适配技术、防压疮技术、站立的益处、SCI生活重建、轮椅服务实践、轮椅服务专业人员等议题展开讨论。会议与中国康复辅助器具协会轮椅车专委会共同发起，来自轮椅服务行业的生产厂商、服务厂商、康复医生、康复治疗师、轮椅用户、康复工程研究人员、辅助器具教育者等60余人参会。

（张冼）

【**举办首届中国社会工作职业教育论坛**】　11月，社职院举办首届中国社会工作职业教育论坛。会议围绕社会工作职业教育发展的机遇与挑战、社工标准化建设、专业价值观培养、职业教育新思维等主题展开讨论。来自全国各地高职高专院校的社工教育工作者以及社工机构的实务专家共100余人参会。

（张冼）

【**承办全国养老产业与职业教育高端对话活动**】　12月，社职院承办2015年第二届全国养老产业与职业教育高端对话活动。活动经教育部批准，由社职院承办，是深化产教融合、校企合作的重要途径，旨在建立和完善职业教育机构与养老服务行业企业的产教合作机制，搭建职业院校与行业企业之间沟通、交流和合作平台，为推进养老服务业发展提供多层次人才保障和智力支持。来自全国160家涉及老年教育的高等院校、职业院校、教育培训机构、养老服务行业组织、养老机构和相关部门共330余名代表参加活动。

（张冼）

【**承办全国首届遗体火化师职业技能竞赛**】　12月，社职院承办第五届全国民政行业职业技能竞赛暨全国首届遗体火化师职业技能竞赛。比赛由民政部人事司、中国就业培训技术指导中心、中国职工技术协会办公室主办，市民政局协办。竞赛分半决赛和总决赛两个阶段开展，竞赛内容包括理论知识、技能操作和职业能力展示三个方面。来自全国27个省（自治区、直辖市）54名选手参赛，共产生特等奖3个、一等奖12个。

（张冼）

【**成立审计监察处**】　12月，社职院成立审计监察处。审计监察处设处长1人、职工3人，主管内部纪检监察和审计工作，对学校所属内设机构的行政和经济活动履行监督、执纪、问责和评价职责，以促进完善学校内部工作机制。

（张冼）

【**完成民政职业技能鉴定15536人次**】　至年底，社职院完成民政职业技能鉴定15536人次。该校依托民政部职业技能鉴定指导中心，在全国31个省区市开展11项民政行业职业技能鉴定工作，共鉴定15536人次。

（张冼）

【**举办79期民政干部培训班**】　至年底，社职院依托民政部培训中心举办79期民政干部培训班。培训项目主要包括依托福利彩票公益金社会福利和社会工作人才培训项目，开展养老服务与管理、流浪未成年人保护等培训业务，承接新疆生产建设兵团民政工作高级研修班等高端精品培训，以及主动开展送教上门培训，满足老少边贫地区民政干部培训需求。全年共培训学员7906人。

（张冼）

北京体育职业学院

党委书记 徐建中
院　　长 徐建中

【概况】 2015年，北京体育职业学院占地面积8.57万平方米，产权校舍建筑面积8.57万平方米。全年教育经费投入4341万元，其中，国家拨款4091万元、自筹经费132万元、其他收入118万元。固定资产总值43192万元，其中，教学、科研仪器设备总值6380万元。图书馆建筑面积300平方米，藏有纸质图书14.88万册、电子图书2200GB。拥有计算机398台，多媒体教室座位826个。学校信息化经费投入48.40万元，信息化设备资产33.10万元，网络信息点318个，校园网出口总带宽100Mbps，数字资源量2200GB，管理信息系统数据总量2.91GB。设有3个校区，5个系部，竞技体育、运动训练、社会体育、体育保健和体育服务与管理5个专业。教职工140人，其中，专任教师65人，包括教授及教授级高级工程师2人、副高级职称28人；博士2人，硕士20人；"双师型"教师9人。聘请校外教师6人。毕业生208人，其中，高职生58人、中职生150人。毕业生一次就业率100%，一次签约率55.20%。招生203人，其中，高职生62人、中职生141人。自主招生最低分数线325分。在校生574人，其中，高职生145人、中职生429人。网址：www.bjtzhy.org。

（张文刚）

【开展送教下队满足运动队个性化教育需求】 2—7月，北京体职院开展

送教下队工作以满足运动队个性化教育需求。该校是市体育局举办的高职院校，教育主体运动员学生外出比赛和训练较多，为弥补课时数不足及运动队个性化教育需求，为摔跤队、女子排球队、跳水队量身打造英语口语、沟通技巧与能力训练和普拉提训练课程，开展送教下队活动。活动获得运动队高度认可和好评，教学反馈调查满意度均达100%。

（李建亚　徐国峰）

【完成校内实训教室建设】 3—9月，北京体职院完成校内实训教室建设。该校利用"2014—2015现代职业教育质量提升计划"项目资金，完成校内形体训练教室、体能训练教室和康复训练教室建设工作，并全部投入使用。实训教室开展健身指导、康复训练、体育经营与管理等教学活动，为运动员学生退役转型职业技能的培养提供保障。

（杨玉玲）

【参加全国高等体育职业院校教师职业技能大赛获奖】 7月18日，2015年全国高等体育职业院校教师技能大赛结束，北京体职院教师代表队参赛并获奖。该校教师在"说课""说专业"和"信息化教学课件制作"三个竞赛项目中，获得4个一等奖、1个二等奖、1个三等奖，以及团体第二名。该比赛由国家体育总局科教司、全国体育职业教育教学指导委员会联合举办。

（刘阳）

【完善教学质量监控制度】 9月，北京体职院完善教学质量监控制度，构建多元化质量监控体系。该校结合高等职业院校人才培养质量迎评工作，重新梳理教学质量监控与保障体系文件，结合运动员文化教育特点和近年来管理运行实践，修订操作性管理办法，完成《北京体育职业学院教学质量监控与保障体系建设方案》《北京体育职业学院评学办法》《北京体育职业学院主要教学环节质量标准》《北京体育职业学院实践教学质量环节标准》和《北京体育职业学院实践教学质量检查实施办法》等文件的制定与修订工作，进一步完善学院多元化教学质量监控体系建设工作。

（刘阳）

北京交通运输职业学院

党委书记 李怡民
院　　长 周正宇

【概况】 2015年，北京交通运输职业学院占地面积32.64万平方米，产权校舍建筑面积17.52万平方米、非产权校舍建筑面积0.37万平方米。全年教育经费投入30198.98万元，其中，国家拨款26153.48万元、自筹经费4045.50万元。固定资产总值35879.22万元，其中，教学、科研仪器设备总值14374.80万元。图书馆建筑面积5882平方米，藏有纸质图书39.77万册、电子图书470GB。拥有计算机2370台，多媒体教室座位8862个。学校信息化经费投入1458.14万元，信息化设备资产3284.62万元，网络信息点3318个，校园网出口总带宽220Mbps，电子邮件系统用户500个。设有6个校区，10个系部，开设城市轨道交通运营管理、汽车运用技术和公路运输与管理、道路桥梁工程技术等18个专业。教职工409人，其中，专任教师216人，包括教授及教授级高级工程师1人，副教授及高级工程师62人；博士4人，硕士88人；"双师型"教师172人。聘请校外教师12人。毕业生1433人，其中，高职生1195人、中职生210人、成人教育专科生28人。招生1977人，其中，高职生1227人、中职生697人、成人教育专科生53人。高考北京地区提档线文科184分、理科170分。在校生5518人，其中，高职生3275人、中职生2076人、成人教育专科生167人。网址：www.bjjt.edu.cn。

（苑媛）

【获"费斯托工具"最佳合作院校奖】 4月10日，交通运输职院在"费斯托工具"90周年庆典活动上获颁"费斯托工具最佳合作院校奖"。同时获奖的还有清华大学和上海市城市科技学校。这是费斯托工具系统技术公司自1997年入驻中国以来首次对合作院校颁奖。该校自2000年开始与费斯托公

司合作，作为费斯托公司资深合作院校，一如既往重视校企合作，借鉴企业经验，研究企业用人需求，积极推进职业教育改革和发展，推动相关专业教育教学改革，培养学生动手能力，为满足企业用人需求做出积极贡献。费斯托公司成立于1925年，是自动化技术领域的全球领先厂商，也是基础和高级技术培训的全球市场领袖，业务遍及全球200个行业，在全球250个国家和地区有1.67万名员工。

（苑　媛）

【承办滇西领导干部现代职业能力建设研修班】　4月13—17日，交通运输职院代表北京交通职教集团承办教育部第六期滇西领导干部现代职业能力建设研修班。研修班主题为“学习国家推进职业教育发展的重大政策，国内外发展职业教育方面产教融合、校企合作的典型经验；探讨政府、行业、企业、学校各方在现代职业教育体系建设中如何发挥各自作用”，开设6场专题报告、1场案例教学、2场现场教学和1场现场研讨共10堂课程。来自云南省有关部门、市县政府教育部门、市州县教育局、职业院校、云南省行指委、行业协会主要领导共98人参加。

（苑　媛）

【参加全国智能交通创意大赛获银奖】

6月24—26日，交通运输职院参加全国2015智能交通创意大赛获银奖。该校2名教师和4名学生组成绿色旋律队，以《基于高速公路免通监测的交通大数据应用研究》论文参赛，获得银奖。该论文以2012—2015年节假日免通期间北京市交通情况监测数据为基础，对春节、清明、“五一”“十一”4个节假日的监测内容进行横向对比，按年度进行纵向对比，发现存在问题，提出优化策略，并设计掌上高速APP模型。该大赛由全国交通运输职业教育教学指导委员会交通运输管理类专业指导委员会和深圳市智能交通行业协会主办，是国内交通类高等院校的创意、创新盛会，每年举办一次。

（苑　媛）

【参加全国汽车专业教师能力大赛获奖】　10月20—21日，交通运输职院参加2015“北京汽车杯”全国职业院校汽车专业教师能力大赛获奖。该校4名教师组成3支代表队参赛，全部获奖，其中，1人获汽车维修涂装赛项一等奖第一名，1人获汽车维修涂装赛项二等奖，2人获汽车营销团体赛项二等奖和最佳新车销售奖（单项冠军）。汽车维修涂装赛项2名教师获得受邀前往巴斯夫德国法兰克福总部培训一周的机会；一等奖获奖教师额外获得中国汽车工程学会颁发的汽车工程师认证，受邀前往上海参加2015年中国汽车工程学会年会，并获得授权免费参加由中国汽车工程学会组织的2016年所有培训课程。该赛事由教育部发起，中国汽车工程学会、中国职业技术教育学会主办，设置5个赛项，全国132支代表队参赛。

（苑　媛）

【与4所学校联合办学】　至年底，交通运输职院与石家庄市第三职业中专学校、涿州市职业技术教育中心、云南省丽江民族中等专业学校、呼伦贝尔市海拉尔区第一职业学校开展联合办学。联合办学采取“1+3”办学模式，学制4年（全日制），学生在合作学校就读1年，在交通运输职院就读3年，学生毕业取得交通运输职院（中专部）普通中专学历。该批共有学生84人，其中，74人就读“汽车运用与维修”专业（包括石家庄市第三职业中专学校30人、涿州市职业技术教育中心32人、呼伦贝尔市海拉尔区第一职业学校12人），云南省丽江民族中等专业学校10名学生就读“汽车整形与涂装”专业。学生就读过程中，合作双方共同协商制订教育计划、教学进度，实现“教学同步化，实训一体化”。该项联合办学是为响应北京市教委与石家庄市政府签署的教育合作框架协议。

（苑　媛）

【举办首次全院教师说课比赛】　至年底，交通运输职院举办首次全院教师说课比赛。比赛以系部、项目组为单位，利用7—9月重点抓教师现代教学理念、教学设计、教学实施能力提升工作。教师利用暑假做好教学设计和说课准备。新学年开学后，由教研组、教学项目组、系部组织全体教师开展系部说课比赛，并遴选出48名教师参加院级公开课比赛，最终评选出一等奖10人、二等奖16人、优秀奖21人。

（苑　媛）

【完成行业培训12641人次、职业鉴定考核63946人次】　至年底，交通运输职院完成交通行业职业培训12641人次、职业鉴定考核63946人次。该院举办的北京市交通运输职业技能鉴定所在原有鉴定项目基础上，新增公路收费及监控员、平地机操作工等7项技师职业技能鉴定项目，新增机动车检验工、机动车驾驶教练员、公路收费及监控员等5项高级技师职业技能鉴定项目，行业特有鉴定许可达到16个职业；学院承担的北京市道路运输从业人员考核工作新增爆炸品、剧毒品危险货物道路运输从业人员从业资格考核项目。截至12月31日，完成各类职业鉴定考核63946人次。同期，学院举办的北京市交通职业技能培训学校完成各级各类交通行业职业培训12641人次。

（苑　媛）

北京卫生职业学院

党委书记　董维春

【概况】　2015年，北京卫生职业学院占地面积13.08万平方米，产权校舍建筑面积8.55万平方米、非产权校舍建筑面积0.76万平方米。全年教育经费投入28122.74万元，其中，国家拨款25310.33万元、自筹经费967.83万元、经营收入和预算外收入1844.58万元。固定资产总值25132.56万元，其中，教学、科研仪器设备总值8795.52万元。图书馆建筑面积2596.70平方米，藏有纸质图书46.20万册。拥有计算机2683台，包括教学用计算机1627台。学校产权网络多媒体教室172间，非学校产权网络多媒体教室10间。学校网络信息点3124个，校园网出口总带宽100Mbps，电子邮件系统用户1138个，上网课程26门，数字资源量10807.60GB，管理信息系统数据总量2150.50GB。设有三个院区，开设护理、药学和医学检验技术等8个高职专业，药剂、医学生物技术和中医护理等12个中职专业。教职工635人，其中，专任教师284人，包括副教授及高级讲师99人；博士2人，硕士66人；“双师型”教师92人。聘请校外教师55人。毕业生2443人，其中，高职生283人、普通中职生2160人。招生1717人，其中，高职生761人、普通中职生956人。高考北京地区提档线文科283分、理科266分。在校生6201人，其中，高职生1645人、普通中职生4480人、成人中专全日制学生76人。网址：www.bjwszyxy.com。

（邢怡）

【走进法院体验生动法制课】 4月28日，卫生职院前往通州区人民法院旁听刑事案件审理。庭审过程由庭前准备、庭审开始、庭审调查、举证质证、法庭辩论、最后陈述6个阶段组成。200名学生参加学习。

（邢怡）

【首届高职生毕业】 6月18日，卫生职院举行首届三年制高职生毕业典礼。北京友谊医院等13家教学医院及合作企业嘉宾应邀参加典礼，学院领导、中层干部、相关专业教师代表、毕业班辅导员以及全体毕业生参加活动。280名毕业生于2012年9月入学，来自护理、药学和中药等7个专业。

（邢怡）

【召开学生素质教育活动表彰暨志愿服务启动大会】 6月19日，卫生职院召开学生素质教育活动表彰暨志愿服务启动大会。会议表彰以“加强学风建设、提升职业素养和专业技能”为抓手的综合素质提升工程和主题教育系列活动中表现突出的优秀个人842人，同时拉开学院师生新一轮志愿服务活动序幕。会上，学院与首都儿科研究所签订志愿服务协议书，约定平时周末每天派5～10人左右、寒暑假每天派30人左右的志愿者去医院进行引导、咨询、指导自助打印等适合学生能力的志愿服务工作。市医管局、市卫计委领导及20余家志愿服务合作单位参加大会。

（邢怡）

【成立体育工作委员会】 10月14日，卫生职院体育工作委员会成立。体育工作委员会由19人组成，设主任1人、副主任2人、委员16人，工作任务和职责是宣传落实有关体育工作的方针、政策；制订学院体育工作规划，并监督规划的落实；定期进行工作总结，督促、检查各部门开展体育活动；组织举办全院运动会以及其他群体性体育竞赛活动；积极参加市级以上体育竞赛活动，做好赛前训练工作；通过开展群众性体育活动，使广大师生员工树立爱国爱校以及终身体育意识；培养顽强拼搏、团结友爱的优良品德和遵纪守法的观念。

（邢怡）

中等职业教育

【概况】 2015年，北京市共有中等职业学校122所，其中，普通中等专业学校31所、成人中等专业学校11所、职业高中51所、技工学校29所。普通中等专业学校毕业生14644人，招生12129人，在校生47465人；教职工3514人，包括专任教师1963人；占地面积157.67万平方米，学校产权校舍建筑面积94.89万平方米；固定资产总值250166.90万元，其中，教学、实习仪器设备资产76242.81万元。成人中等专业学校毕业生10042人，招生9948人，在校生30412人；教职工618人，包括专任教师340人；占地面积19.17万平方米，学校产权校舍建筑面积11.03万平方米；固定资产总值12197.70万元，其中，教学、实习仪器设备资产3409.32万元。职业高中毕业生16715人，招生5031人，在校生18400人；教职工7098人，包括专任教师4745人；占地面积271.56万平方米，学校产权校舍建筑面积152.26万平方米；固定资产总值356160.58万元，其中，教学、实习仪器设备资产161940.98万元。技工学校毕业生13883人，招生13514人，在校生38057人；教职工3279人，包括专任教师1826人。

（吕轮超　胡雨）

【联合组建中国旅游中职教育七金联合体】 1月13日，由北京市外事学

校联合广东省旅游职业技术学校、四川省旅游学校、海南省旅游学校、苏州旅游与财经高等职业技术学校、沈阳市旅游学校组建的中国旅游中职教育七金联合体在广州成立。全国旅游职业教育教学指导委员会秘书长在会上讲话，来自全国各旅游院校和企业40余名领导参加会议。外事学校校长主持会议并签署合作协议。七金联合体由6所全国顶尖的旅游类职业学校强强联合，探索开展跨省教师互派，

合作开发旅游教学资源库，联合开展教科研活动和技能竞赛，共享优质教学资源，探索实习生托管模式。七金联合体将进一步探索打造学生交流平台、教师交流平台、优质资源共建共享平台、教科研平台和实习基地托管平台五个共建平台，积极引领全国旅游职业教育良性发展，为旅游教育的发展做出更大贡献。

（张朝辉）

【联合发起成立美发与形象设计专业全国中职教育联盟】 1月16日，由北京市实美职业学校联合上海市第二轻工业学校、广州市旅游商务职业学校、山东潍坊商业学校、成都现代职业学校发起的美发与形象设计专业全国中职教育联盟正式成立，成立大会在上海市第二轻工业学校举办。联盟由中国美发美容协会、全国美发美容职业教育教学指导委员会指导。联盟的性质是由在中国境内从事美发与形象设计教学的职教团体、企业、机构、学术机构等自愿组成的松散型民间专业教学联盟组织。其宗旨是通过长效灵活的联盟机制，积极探索美发与形象设计专业教学和市场营运发展道路，推动中等职业学校美发与形象设计专业教学的职业化、社会化、专业化程度不断提高。联盟组织机构本着“民主、平等、专业”的理念构建组织构架，以“轮值主席”为专业活动主持和召集单位，设“联盟执行委员会学校”为专项活动的审议和实施授权部门，另设“秘书处”为日常办事机构，主要负责联盟的日常联络和工作协调。其“轮值主席学校”由各联盟单位轮流担任；“联盟执行委员会学校”由联盟学校通过民主选举产生。联盟的基本活动是：每年定期举办一次“美发与形象设计专业全国中职教育联盟论坛”，每年不定期组织联盟成员共商美发与形象设计专业的发展大计、交流专业成果。

（周京红）

【新增29个中职专业】 2月28日，市教委同意部分中等职业学校2015年新增专业备案。市教委组织专家评议部分中等职业学校申报的2015年拟招生的新增专业（技能方向），经研究，同意北京市商业学校“老年人服务与管理”等15所学校的29个专业（技能方向）备案，从2015年起列入招生计划，同意北京金隅科技学校“休闲体育服务与管理”等2所学校的3个专业予以撤销。

（项明）

【举办校长领导力研修班】 3月29日

至4月1日，市教委与联想集团共同举办“转型变革、联想融合——北京职业院校校长领导力高级研修班”。来自42所职业院校（包括13所高职、29所中职）46名校长（书记）参加培训。培训紧贴经济新常态下的教育转型要求，培训思路另辟蹊径，力求创新；培训形式新颖多样，便于接受；培训内容针对性强，务实高效；培训手段现代化，真正做到实实在在的产教融合，以企业视角帮助职业院校校长解决办学中的困难，是市教委为促进校企深度融合，加强现代职业院校建设，依托高端企业对职业院校校长进行战略管理能力培训的一次有益尝试。

（吕轮超）

【遴选推荐全国职业院校示范专业】 3月，市教委根据教育部通知要求遴选推荐全国职业院校示范专业。市教委组织部分中高等职业院校申报全国职业院校健康服务类、养老服务类、民族文化传承类示范专业点，经过学校申报和市教委组织专家遴选，共推荐4所学校5个专业申报健康服务类示范专业点，推荐3所学校3个专业申报养老服务类示范专业点，推荐1所学校3个专业申报民族文化传承类示范专业点。

（项明）

【举办市中职学校技能比赛】 4月，市教委举办2015年北京市中等职业学校技能比赛暨全国职业院校技能大赛北京地区预赛。比赛共设12个专业大类69个赛项，共50余所职业院校万余名学生参加校级比赛，1740名

学生参加市级比赛。

（吕轮超）

【举办市中职学校信息化教学比赛】 6月24—25日，市教委在北京市昌平职业学校举办2015年北京市中等职业学校信息化教学比赛暨全国职业院校信息化教学大赛选拔赛。比赛包括信息化教学设计和信息化课堂教学两个赛项，共115个作品参赛，包括83个信息化教学设计作品、32个信息化课堂教学作品。信息化教学设计赛项以教师现场比赛方式进行，信息化课堂教学赛项以专家评审教学实录光盘形式进行。经过专家、大众评委和学生评选，56名教师的24份作品获得一等奖、83名教师的35份作品获得二等奖、75名教师的46份作品获得三等奖，6家单位获得优秀组织奖。根据比赛结果，推荐15件优秀作品代表北京市参加11月在南京举办的全国职业院校信息化教学大赛，获得一等奖8个、二等奖2个、三等奖5个，为历史最好成绩。

（项明）

【遴选推荐职业院校数字校园示范校】 7月，市教委遴选推荐职业院校数字校园示范校。市教委转发教育部《职业院校数字校园建设规范》，要求北京市各职业院校参照规范标准推进学校信息化建设，同时根据中央电化教育馆通知要求组织遴选推荐本市中、高等职业院校申报全国职业院校数字校园建设实验校。经过中央电化教育馆组织的专家评定，北京市3所中职学校、2所高职院校列入全国首批职业院校数字校园建设实验校。12月28日，5所职业院校负责人参加中央电化教育馆组织的首批数字校园建设实验校项目启动会，正式启动项目建设。

（项明）

【试点开展中职学校英语课程学业水平测试】 9—11月，市教委组织开展北京市中等职业学校文化基础课程学业水平测试工作。此项工作旨在探索建立北京市中职学校公共基础课程教学工作诊断与改进制度，提高北京市中等职业学校公共基础课程教学质量。2015年首批测试工作以英语课程为试点，在北京市商业学校、北京铁路电气化学校和北京市自动化工程学校等12所中职学校进行，测试内容为教育部《中等职业学校英语课程教学大纲》（2009年版）要求的基础模块教学内容，试点学校组织学生参加测试，采用纸笔测试方式，全市统一命题、统一测试时间、统一阅卷。此次测试成绩为全面了解北京市中等职业学校英语课程教学质量提供有效数据支撑，测试评价结果纳入北京市职业教育人才培养质量年度报告，面向社会公开发布，并为完善《北京市中等职业学校英语课程学业成就评价标准》及面向全市中职学校开展英语课程学业水平测试提供重要参考。

（项明）

【8所学校通过国家中职改革发展示范学校验收】 10月28日，教育部办公厅公布国家中等职业教育改革发展示范学校建设计划第二批项目学校验收结果，北京市8所学校通过验收，正式确定成为“国家中等职业教育改革发展示范学校”。8所学校分别是北京市信息管理学校、北京市工贸高级技工学校、北京市工业高级技工学校、北京市劲松职业高中、北京国际职业教育学校、北京市电气工程学校、北京市实用高级技术学校和密云县职业学校。

（胡雨　王为民　李婷婷）

【举办首届中职学校班主任基本功大赛】 11月9日，市教委举办首届中等职业学校班主任基本功大赛。16所学校的17名班主任参赛，经评委会评审，北京市商业学校、北京市昌平职业学校、密云县职业学校、北京市信息管理学校、北京市财会学校5所学校6人获得一等奖，入围集训队，并代表北京市参加全国中等职业学校班主任基本功大赛。

（吕轮超）

【完成第三批国家中职示范校市级验收工作】 至年底，市教委继续推进示范学校建设，完成第三批国家中等职业教育改革发展示范学校市级验收工作。在学校自查、总结基础上，市教委组织专家对项目学校进行书面评审、实地检查、综合评议和经费检查，7所学校全部通过验收。此外，市教委指导第一、二批中职示范学校深入推进后示范建设工作，在人才培养模式改革、教师素质提升、数字校园建设、创新创业教育、职教集团建设、中高职衔接等领域继续发挥引领示范作用。

（余俊）

【建立中职质量年报制度】 至年底，市教委出版《北京市中等职业教育质量年报》。年报制度由人才培养状态数据采集、学校人才培养质量年度报告、区县政府职业教育履责年度报告和北京市中等职业教育质量年度报告发布制度组成，面向社会定期公布中职学校人才培养质量状况数据。这是北京市落实教育部要求，率先在全国建立中等职业教育质量年报制度。

（张树刚）

国家重点中等职业学校

中央音乐学院附属中等音乐学校

【概况】 2015年，中央音乐学院附属中等音乐学校占地面积1.46万平方米，产权校舍建筑面积2.95万平方米。全年教育经费投入4437万元，其中，国家拨款3137万元、改善办学条件专项款300万元，自筹经费1000万元。固定资产总值4147万元，其中，教学、科研仪器设备总值840万元。图书馆建筑面积915平方米，藏有纸质图书1.54万册。拥有计算机226台，多媒体教室37间。学校拥有网络信息点520个，校园网出口总带宽100Mbps，数字资源量1000GB。开设6个专业，包括钢琴、小提琴和民乐等4个六年制专业。拥有中国少年交响乐团、少年民族管弦乐团、少年室内乐团、少年合唱团、少年管乐团和四季室内乐团。附属小学是附中六年制中专学历教育之外“学前培训班”，学制3年。教职工131人，包括专任教师100人、教辅人员31人。专任教师中研究生及以上学历61人，本科及以上学历占教师总数100%；高级专业技术职务10人、中级37人。聘请校外教师9人。毕业生154人。招生128人，其中，京籍学生25人。在校生862人（初中部473人、高中部389人），其中，京籍学生143人。网址：fuzhong.ccom.edu.cn。

（秦萌）

【设立行政奖教金和樊建勤奖学金】 1月，中央音乐学院附中设立行政奖教金和樊建勤奖教金。行政奖教金是为表彰学校行政及后勤保障人员所付出的辛勤劳动，以鼓励在工作中兢兢业业、认真负责、忠于职守、廉洁奉公、业绩突出的教师。樊建勤奖学金是该校已过世的钢琴教师樊建勤及其家属黄祖禧为促进附中钢琴教学事业发展，将两人积蓄100万元人民币捐给附中钢琴教研室，设立“樊建勤钢琴奖学金”，以每年的利息支付学生奖金，以奖励钢琴专业品学兼优学生。

（秦萌）

【完成PISA测试】 4月，中央音乐学院附中完成国际学生评估项目（PISA）测试。PISA是由经济合作与发展组织（OECD）统筹的学生能力国际评估计划，主要对接近完成基础教育的15岁学生进行评估，测试学生们能否掌握进入社会所需要的知识与技能，强化对考生知识面、综合分析、创新素养方面的考查。该校75名学生参与测试，测试结果良好。

（秦萌）

【举办校友艺术节】 5月26日至6月1日，中央音乐学院附中与中央音乐学院校友会共同举办第三届校友艺术节。艺术节由5场音乐会、10场大师班、2场讲座和3场比赛组成。艺术节的举办加强学校与校友之间联络，拓宽附中学生艺术视野，丰富附中校园文化，面向社会开放音乐会使更多听众了解专业音乐的魅力。

（秦萌）

【成立钢琴协作教研室】 6月，中央音乐学院附中成立钢琴协作教研室。该校为加强学科建设的顶层设计，提高人才培养质量，提高教育教学水平，经校长办公会讨论研究，决定对教学建设进行顶层管理设计，拟采取大学科制管理的模式加强学科建设和管理，大学科制的教研室设主任和副主任。首先以钢琴基础学科与钢琴伴奏学科合并进行实践，成立钢琴协作教研室，职责是研究如何与音乐更好地融合表现，从而大大提高表演者的艺术表现力。教研室共10人，设主任1人。

（秦萌）

【中提琴学生获国际比赛大奖】 9月5—13日和10月7—14日，中央音乐学院附中两名学生分别获得第22届奥地利勃拉姆斯国际音乐比赛第二名（第一名空缺）和德国柏林马克思·罗斯塔国际小提琴中提琴比赛第一名及最受观众欢迎的青年音乐家奖。第22届勃拉姆斯音乐比赛由奥地利佩沙赫勃拉姆斯组委会主办，经过三轮激烈角逐，该校学生获得全场最高分，也是获奖选手中唯一一名中国选手。马克思·罗斯塔国际小提琴中提琴比赛由德国柏林艺术大学举办，每三年一届，来自世界各地35名选手参加中提琴比赛，经过三轮角逐，该校学生获得所有评委及现场观众赞扬和认可，一举夺魁，是所有参赛选手中唯一一名中国人，也是年龄最小的获奖选手。

（秦萌）

【获国际青少年弦乐音乐家比赛金奖】 11月1—8日，中央音乐学院附中、附小7名大提琴选手参加莫斯科第12届国际青少年弦乐音乐家比赛包揽青年组金奖、少年组金奖和儿童组金奖。其中，获得青年组金奖的选手年仅14岁，是所在青年组众多选手中年龄最小的一位。此外，4名教师获得优秀指导教师奖，1名教师获得最佳钢琴伴奏奖。该比赛由柴可夫斯基音乐学院附属中央音乐学校举办，来自多个国家和地区100名选手参赛。

（秦萌）

北京市什刹海体育运动学校

【概况】 2016年，北京市什刹海体育运动学校占地面积3.37万平方米，产权校舍建筑面积4.74万平方米、非产权校舍建筑面积0.20万平方米。全年经费投入9339.94万元。图书馆建筑面积136平方米，藏有纸质图书6.46万册。固定资产总值20628.96万元（含基建），其中，教学、科研仪器设备总值1426.10万元。拥有计算机200台，多媒体教室座位150个。学校信息化经费投入54.90万元，网络信息点600个，校园网出口总带宽20Mbps，上网课程1门，数字资源量30GB。拥有7个运动班，7个运动队，开设武术、跆拳道、击剑、乒乓球等9个运动项目。教职工327人（含一线运动员），包括专任教练92人、教师26人、教辅人员4人。专任教师教练中具有研究生学历14人，本科及以上学历占教师总数100%；副高级专业技术职务28人、中级45人。聘请校外教师7人。运动班向一线运动队输送正编运动员1人、协议运动员22人。在校生680人。运动员年龄6～30岁。网址：www.bjschtx.com。

（严丽芬）

【获得两项羽毛球比赛世界冠军】 5月和8月，什刹海体校北京队专业运动员张楠获得两项羽毛球比赛世界冠军。分别是在5月10—17日广东举行的苏迪曼杯羽毛球比赛中夺得团体冠军，在8月10—16日印度尼西亚举行的世界羽毛球锦标赛上夺得混双冠军。张楠，1990年3月生于北京市，2001年到什刹海体校学习羽毛球专业，2004年入选北京羽毛球队。

（严丽芬）

【承接中韩拳击交流和京澳武术交流活动】 5月和8月，什刹海体校承接中韩拳击交流和京澳武术击剑交流活动。5月8日，承接“第22届北京·首尔友好交流大会”拳击交流部分。来自韩国首尔11名拳击运动员与该校拳击队在日常训练、友谊比赛、训练经验等方面进行交流。8月7—10日，承接“京澳青少年友好交流”武术击剑交流部分。活动为期4天，澳门体育发展局副局长带领澳门青少年运动员共42人来京交流，与北京市青少年运动队开展武术、击剑、网球、柔道4个项目的日常训练、友谊比赛、经验交流等活动，其中武术和击剑交流部分在什刹海体校进行。

（严丽芬）

【举办反兴奋剂知识讲座及培训】 8月20日，什刹海体校举行反兴奋剂知识讲座暨第一届全国青年运动会反兴奋剂教育资格准入制度培训。该校主管训练副校长及训练系列人员共150余人参加。培训聘请国家体育总局反兴奋剂中心专家主讲，内容涉及兴奋剂基础知识、危害、检查流程、兴奋剂违规经典案例分析及如何避免违规等方面，图文并茂，全面生动。培训结束后，第一届全国青年运动会全体人员参加反兴奋剂知识考试，签署反兴奋剂承诺书，填写反兴奋剂教育资格准入审批表，并进行宣誓。

（严丽芬）

【开设反兴奋剂课程】 9月，什刹海体校在中专年级开设《反兴奋剂》课程，并将其作为中专年级运动训练专业必修课程。该课程6学时，4学时为讲授课，1学时复习，1学时随堂考试。2015年秋季学期，中专一年级至三年级同时开设，自2016年秋季起在新中专一年级第一学期开设。

（严丽芬）

【获得2项亚太比赛冠军】 10月，什刹海体校高尔夫球运动员金诚夺得两项亚太比赛冠军。分别为10月1—4日在香港举行的亚太业余高尔夫球锦标赛男子个人冠军和10月22—25日在阿联酋举行的亚太男子业余高尔夫队际锦标赛男子个人冠军。金诚，1998年3月生于北京市，2014年到什刹海体校学习高尔夫球专业，2014年入选北京高尔夫球队。

（严丽芬）

【夺得9项全国比赛冠军】 至年底，

什刹海体校北京队专业运动员在全国比赛中共夺得11枚金牌。包括全国跆拳道锦标赛男子80公斤级冠军、74公斤级冠军、68公斤级冠军；全国跆拳道冠军赛男子58公斤级冠军、女子53公斤级冠军；全国男子散打锦标赛70公斤级冠军；全国羽毛球锦标赛男子单打冠军；全国高尔夫球团体赛女子个人、男子个人、男子团体、女子团体四项冠军。

（严丽芬）

【加强安全管理】 至年底，什刹海体校加强安全管理。为提高全体师生、员工安全意识，该校全年共进行消防安全培训10次，参与800余人次；开展疏散及灭火器使用演练8次，参与千余人次学生；举办预防青少年犯罪讲座1次。内容涉及发现初起火灾、扑救初起火灾、逃生自救能力等方面。

（严丽芬）

【调整上课时间】 至年底，什刹海体校调整上课时间。该校为满足专业队班学生继续升学需求，改变晚自习上课出勤率低、效果不佳的状况，调整中二、中三专业队上课时间，由原来周一、周四上午上课改为周一、周三、周四上午上课，取消专业队晚自习。上午没有训练任务的专业队、二级班学生及队里调整的学生周一至周五上午上课。

（严丽芬）

北京市商务科技学校

【概况】 2015年，北京市商务科技学校占地面积4.80万平方米，产权校舍建筑面积2.13万平方米、非产权校舍建筑面积2.68万平方米。全年教育经费投入4856.75万元，其中，国家拨款4739.51万元、自筹经费117.24万元。固定资产总值10997.78万元，其中，教学、科研仪器设备总值4760.89万元。图书馆建筑面积680平方米，藏有纸质图书12.95万册、电子图书11.54万册。拥有计算机1022台，多媒体教室座位2911个。学校信息化经费投入94.08万元，网络信息点1462个，校园网出口总带宽100Mbps，上网课程4门，数字资源量150GB。设有4个校区，5个系部，开设物流服务与管理、物联网和学前教育等8个专业，24个教学班。教职工129人，包括专任教师66人、教辅人员17人。专任教师中具有研究生学历17人，本科及以上学历占教师总数100%；高级专业技术职务27人、中级28人；“双师型”教师36人。聘请校外教师6人。毕业生294人，就业率98.30%，职业资格证书取证率100%。招生108人，其中，京籍学生99人。在校生304人，其中，京籍学生291人。网址：www.swkj.org.cn。

（王靖 郭瑞瑞）

【长风物流学院揭牌】 12月27日，

由商务科技学校与北京络捷斯特科技发展股份有限公司共同发起成立的混合所有制培训机构长风物流学院揭牌。校企双方领导签署长风物流学院战略合作框架协议，强强联合，共同探索现代学徒制在物流人才培养中的标杆性新模式。长风物流学院采用混合所有制实体办学，整合学校、企业多方资源，面向物流职业教育引进现代学徒制，开展学历和委培教育服务、企业中高端培训服务。

（王靖 郭瑞瑞 杨秀茹）

【共享型物流实训基地完成培训3万人时】 至年底，商务科技学校共享型物流实训基地共完成对全市14所职业院校471人、近3万人时的对外培训任务。包括仓储作业、运输作业、叉车等内容。此外，该基地还承办北京市中职学校“长风杯”现代物流技术技能比赛，11所学校参加，设叉车、单证、物流中心作业团体赛和物流运输中心作业团体赛4个赛项，商务科技学校获得2个一等奖、4个二等奖、2个三等奖。

（王靖 郭瑞瑞）

【各专业发挥社会服务功能】 至年

底，商务科技学校各专业充分发挥社会服务功能。学前教育专业师生利用业余时间为社区幼儿园开设绘本、手工、音乐、舞蹈等课程，还以“关爱与陪伴”为主题，做好智障儿童帮扶工作。影视专业教师带领学生下到社区，为社区老年人免费拍摄照片，为社区居民开设电影赏析、数码摄影培训、美术等课程。为周边学校开发“小记者”培训课程，拓展影视实训中心服务教学、服务行业、服务社会功能。

（王靖 郭瑞瑞 洪淑洁）

北京水利水电学校

【概况】 2015年，北京水利水电学校占地面积3.88万平方米，产权校舍建筑面积2.28万平方米。全年教育经费投入8381.56万元，其中，国家拨款7087.15万元、自筹经费1294.41万元。固定资产总值7083.57万元，其中，教学、科研仪器设备总值3219.95万元。图书馆建筑面积3242平方米，藏有纸质图书9.16万册。拥有计算机585台，多媒体教室座位1200个。学校信息化经费投入243.83万元，网络信息点546个，校园网出口总带宽200Mbps，上网课程63门，数字资源量50GB。设有4个系部，开设水利水电工程施工、工业与民用建筑和机电技术应用等11个专业，35个教学班。教职工152人，包括专任教师79人、教辅人员11人。专任教师中具有研究生学历9人，本科及以上学历占教师总数100%；高级专业技术职务31人、中级34人；"双师型"教师34人。聘请校外教师12人。毕业生389人，就业率96%，职业资格证书取证率62%。招生258人，其中，京籍学生223人。在校生1098人，其中，京籍学生1009人。网址：www.slsdschool.com。

（唐鸿妍）

【成立水专业大师工作室】　2月，水电学校成立水专业大师工作室。该校水工专业部聘请在校企合作中做出贡献、具有一定行业影响力的专家、劳动模范及技术标兵9人为水专业大师，成立大师工作室。大师工作室职责是对学校水专业人才培养方案的制订进行指导，协助学校进行实训基地建设，辅导青年教师开展职业生涯规划并进行业务指导，实施校企合作项目，开展专业教学标准或行业规范课题研究等。

（唐鸿妍）

【成立学校信息化团队】　3月，水电学校成立信息化团队。信息化团队由15名教师组成，来自计算机、水利水电工程施工和建筑工程施工等专业。信息化团队职责是带领年轻教师参加各类信息化培训，营造信息化教育教学氛围；代表学校参加各类信息化教学比赛，以赛促学；主持并参与信息化专项调研、申报及建设，探索学校信息化改革之路；将教学成果转化成数字资源，奠定建立水务信息化教学资源库的基础，探究信息化教学的发展途径等。年内，学校13名教师分别获得北京市教师信息化比赛三等奖、水利协会微课比赛一等奖等奖项，引领学校信息化教学发展。

（唐鸿妍）

【举办职教活动周】　5月，水电学校

举办职业教育活动周活动。活动以北京市职教宣传月为契机，围绕"崇尚技能，展示风采"主题，在一周时间内相继举办第二课堂、技能竞赛、企业专家和优秀毕业生报告会、校园开放日等活动，在校园内形成"劳动光荣、技能宝贵、创造伟大"职校氛围，推动学校和学生更好发展。

（唐鸿妍　张静）

【修订学校德育大纲实施意见】　5月，水电学校重新修订学校德育大纲实施意见。该校根据《中等职业学校德育大纲（2014年修订）》对学校德育大纲实施意见进行修订，基本保留原《大纲》框架体系及行之有效的内容，并在此基础上，根据党和国家在新形势下提出的新要求以及学校在实施原《大纲》时所获得的经验，修订完善学校德育大纲实施意见，增加第六部分德育评价，补充第五部分德育实施中对四年级顶岗实习"准职业人"教育的相关内容等。

（唐鸿妍）

【举办南水北调对口协作培训】　10

月11—23日，水电学校举办2015年北京市南水北调对口协作培训（第一期·河南水务班）。河南省30名水利系统干部和专业技术人员参加培训。培训依据《北京市南水北调对口协作规划》和《北京市南水北调对口协作工作实施方案》等文件要求，围绕水资源与河道生态保护、乡镇污水处理、城镇自来水供水等主题展开，设置南水北调中线工程概况、北京水资源管理和生态治河等12个专题，并安排密云水库等多个具有代表性的现场教学环节。培训特邀国务院南水北调工程建设委员会办公室专家、北京市水务局各系统单位相关领导和专家担任授课讲师。

（唐鸿妍　宋茜茜）

【承办鄂豫两省水源区水务系统职工专题培训】　至年底，水电学校继续承办鄂豫两省水源区水务系统职工专题培训。培训共4期，110人参加。培训包括北京水资源管理、水行政执法、河流水生态保护与修复理念和生态清洁小流域修复技术等内容。该校在培训管理、培训内容与形式上进行新的突破与创新：组建"一支管理团队"；实现培训形式、培训管理"两个突破"；完善培训管理体系和培训课程体系"两个体系"；搭建学员交流分享平台"一个平台"。

（唐鸿妍）

北京城市建设学校

【概况】　2015年，北京城市建设学校占地面积2.91万平方米，产权校舍建筑面积2.28万平方米。全年教育经费投入4301.07万元，其中，国家拨款3612.99万元、自筹经费688.08万元。固定资产总值27950.48万元，其中，教学、科研仪器设备总值2228.94万元。图书馆建筑面积240平方米，藏有纸质图书4.94万册。拥有计算机456台，多媒体教室座位227个。学校网络信息点223个，校园网出口总带宽40Mbps，上网课程2门，数字资源量30GB。全日制中专开设7个专业，28个教学班；成人大专开设7个专业，23个教学班；成人中专开设6个专业。教职工108人，包括专任教师72人、教辅人员9人。专任教师中具有研究生学历20人，本科及以上学历占教师总数100%；高级专

业技术职务 22 人、中级 41 人；“双师型”教师 26 人。聘请校外教师 21 人。毕业生 754 人，其中，全日制中专生 298 人、成人大专生 176 人、成人中专生 220 人、北京电大市建职大工作站 60 人。毕业生就业率 100%，职业资格证书取证率 97%。招生 304 人，其中，全日制中专生 150 人、成人大专生 44 人、成人中专生 98 人、北京电大市建职大工作站 12 人；京籍学生 117 人。在校生 1839 人，其中，全日制中专生 796 人、成人大专生 519 人、成人中专生 181 人、北京电大市建职大工作站 343 人；京籍学生 948 人。全年为市建筑行业从业人员开展岗位培训、技能鉴定考核共计 4000 人次。网址：www. bccs. cn。

（周晓凌）

【与自来水集团签约合作】 3 月 13 日，城建学校与北京市自来水集团就校企合作运行模式达成共识。双方商定校企共建订单班，招收基本素质较高的学生进入该班；教学过程贴近自来水集团工作岗位需求，特别是抢修、检测等岗位急需；企业提供实训场地，派出指导师傅；学校根据企业需求和学生状况对企业师傅如何指导学生进行培训等。校企建立互利双赢的合作模式，形成“人才共育、过程共管、成果共享、责任共担”的紧密型校企合作之路。

（周晓凌）

【举办学生校园文化艺术节】 4—6 月，城建学校举办学生校园文化艺术节。艺术节围绕“激扬青春、魅力校园”主题，举办摄影、书画、声乐和建筑文化讲座，开展十佳歌手、书画、摄影、征文、朗诵和乒乓球比赛。学生根据各自爱好报名参赛，展示才艺。艺术节共收到摄影作品 1000 余幅、征文 50 篇、书画作品 103 幅、小制作作品 30 份，共 70 余名学生报名参加乒乓球比赛，40 余名学生报名参加十佳歌手比赛。

（周晓凌）

【组织职业安全体验培训】 5 月和 10 月，城建学校组织职业安全体验培训。学校组织 27 名教职员工到大兴中建一局安全体验培训中心参加实景式安全体验培训；组织建筑工程施工专业 2014 级一个班学生参加安全帽冲击体验、安全带体验、洞口坠落体验、移动式脚手架倾倒体验和安全栏杆倾倒体验等安全教育。

（周晓凌）

【工会、教代会换届】 9 月，城建学校召开工会委员会和教代会换届大会。32 名代表参加会议，通过差额选举方式，产生第五届工会委员会和第五届教代会常设主席团、第五届工会经费审查委员会。

（周晓凌）

【新开设铁道工程施工与维护专业】 12 月，城建学校新开设“铁道工程施工与维护”专业获得市教委批复。该专业根据北京市行业建设发展特点，结合学校发展需要及专业优势而开设，面向北京市招生，学制 3 年，培养具备铁道工程施工、铁道工程维护技能的人才。

（周晓凌）

【提高社会服务能力】 至年底，城建学校提高社会服务能力。该校建材试验室通过市住建委的实验室能力认证评估以及市质监局的资质评审，新增 57 项试验参数。培训学校取得北京市建筑工人职业培训考核资质，具有砌筑工、测量放线工、钢筋工、抹灰工、管道工、通风工 6 个工种的初、中级工培训考核资质，其中，测量放线工具备初、中、高级考核资质。年内完成建筑行业管理岗位培训、技能岗位培训等 4000 人次。培训学校获得北京市民办培训 B 级机构资质。学校服务行业、服务社会能力进一步提高。

（周晓凌）

北京市自动化工程学校

【概况】 2015 年，北京市自动化工程学校占地面积 3.76 万平方米，产权校舍建筑面积 3.20 万平方米。全年教育经费投入 7641.24 万元，其中，国家拨款 6903.24 万元、自筹经费 738 万元。固定资产总值 15408 万元，其中，教学、科研仪器设备总值 10757 万元。图书馆建筑面积 680.40 平方米，藏有纸质图书 6 万册、电子图书 10 万册。拥有计算机 761 台，多媒体教室座位 2280 个。学校信息化经费投入 450 万元，网络信息点 431 个，校园网出口总带宽 120Mbps，数字资源量 2000GB。设有 35 个实训教室和实验室，建有综合实训楼，开设数控技术应用、计算机及应用和城市轨道交通运营管理等 18 个专业，47 个教学班。教职工 151 人，包括专任教师 95 人、教辅人员 15 人。专任教师中具有研究生学历 21 人，本科及以上学历占教师总数 100%；高级专业技术职务 24 人、中级 37 人；“双师型”教师 31 人。聘请校外教师 22 人。毕业生 498 人，就业率 96.18%，职业资格证书取证率 100%。招生 591 人，其中，京籍学生 552 人。在校生 2139 人，其中，京籍学生 1210 人。网址：www. zdhschool. com. cn。

（赵琳萍）

【开办校园技能俱乐部】 4 月 1 日，自动化学校举办第一次校园技能俱乐部活动。该校倡导各学科开办与学科相关的技能俱乐部，以提高学生综合技能。学校部分科室以“技能＋娱乐，进一步强化学生知识、提高学生素养”为核心思想，开展丰富多彩的技能俱乐部活动。其中语文组、德育组和专业组定于每周三第七节课开展技能俱乐部活动：语文组开展经典朗诵活动；德育组技能俱乐部对学生进行优秀美术、音乐作品欣赏和素描画、色彩画的基础知识和基础能力等方面训练；轨道专业组以城市轨道交通站控实训室设备中的 AFC 自动售检票系统设备操作为主，使学生学习并掌握钱箱更换、票箱更换、补票、补币等一系列操作技能，了解城市轨道交通 AFC 设备及行车设备使用情况，提高设备操作水平。

（鲍文慧）

【第二个志愿者班成立】 4 月 15 日，自动化学校信号 1401 班“学榜样做公益、携手传递正能量”志愿者班传

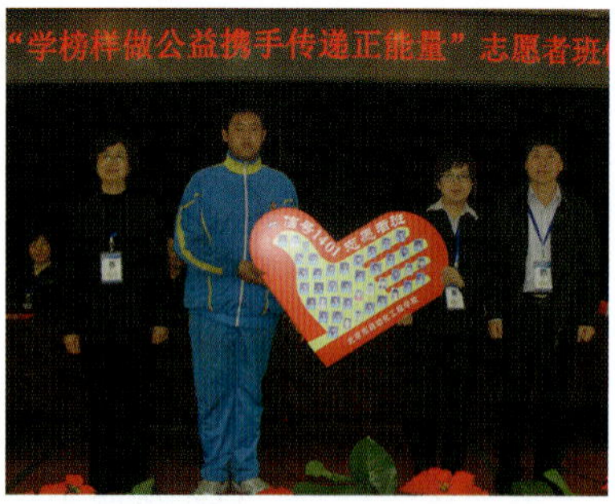

承仪式举行。学校领导班子全部参加，为志愿者班揭牌，并为学生志愿者佩戴志愿者胸卡和志愿者袖标，标志着该校第二个志愿者班成立。志愿者班立足校园、面向专业岗位，以“奉献、友爱、互助、进步”为宗旨，以“自愿参加，量力而行，讲求实效，持之以恒”为行动原则，在校内、校外开展各类志愿服务活动，同时带动身边更多学生投身志愿服务。

（柯肇萤）

【与美国埃尔金学院共建“3＋2＋2”国际合作班】　4月21日，自动化学校与美国埃尔金学院教育资源开发学院签署合作谅解备忘录，共建国际合作班。根据协议，双方交换教师参与长期或短期交流活动；两校共同建立“3＋2＋2”国际合作班。“3＋2＋2”国际合作班是指学生在自动化学校学习三年，成绩合格取得中专毕业证；在美国埃尔金学院就读两年制专科，成绩合格获得专科学历、副学士学位；在与美国埃尔金学院合作的美国本科院校学习两年，成绩合格获得本科学历、学士学位。9月，自动化学校正式启动国际班招生事宜。

（赵琳萍）

【举办首届京港地铁订单班学生技能竞赛】　11月20日，自动化学校首

届轨道专业京港地铁订单班学生技能竞赛决赛举行。学校校长、轨道专业主任、京港地铁信号维修经理、高级人力资源主管、培训部经理观看比赛。京港地铁高级信号维修工程师、轨道电工培训师、轨道转辙机培训师等地铁一线工程师担任评委。竞赛分为轨道电工与轨道钳工两个场次进行，其中，电工比赛内容为“电动机星—三角启动”，钳工比赛内容为“转辙机拆装”，共20人进入决赛，每队10人，5名裁判员对学生实操进行评判，最终评选出一等奖4人、二等奖8人、三等奖8人。

（李桃）

北京金隅科技学校

【概况】　2015年，北京金隅科技学校占地面积11.84万平方米，产权校舍建筑面积10.15万平方米。全年教育经费投入12633.19万元，其中，国家拨款11403.97万元、自筹经费1229.22万元。固定资产总值25320.23万元，其中，教学、科研仪器设备总值10535.86万元。图书馆建筑面积2082.94平方米，藏有纸质图书17万册、电子图书6.30万册。拥有计算机1430台，多媒体教室座位4200个。学校信息化经费投入617万元，网络信息点1970个，校园网出口总带宽140Mbps，上网课程30门，数字资源量8400GB。设有两个校区，机械与电气工程系、材料与建筑工程系、信息与管理工程系和基础教学部三系一部，开设数控技术应用、楼宇智能化设备安装与运行和建筑工程施工等27个专业，132个教学班。教职工287人，包括专任教师162人、教辅人员17人。专任教师中具有研究生学历38人，本科及以上学历占教师总数100％；高级专业技术职务68人、中级62人；“双师型”教师120人。聘请校外教师40人。毕业生1139人，就业率99.20％，职业资格证书取证率100％。招生543人，其中，京籍学生96人。在校生2864人，其中，京籍学生509人。网址：www.bjjyp.org.cn。

（陆娜）

【庆祝建校60周年】　5月30日，金隅学校举办教育教学成果展暨纪念建校60周年活动。学校师生与校友同台参加“合家欢庆”汇报演出，参观学校综合职业教育基地，了解学校发展简史、优良传统、教育教学成果、社会服务、毕业生风采等。来自市教委、金隅集团领导，新闻媒体、社会各界嘉宾、各届校友共2000余人参加。金隅学校原为北京建筑材料集团有限责任公司继续教育中心，始建于1955年，1978年改名北京市建筑材料工业学校，2008年改为北京金隅科技学校，是全国首批国家中等职业教育改革发展示范校。

（陆娜）

【开展中层干部培训】　8月18—20

日，金隅学校聘请联想教育培训事业部讲师团开展“中层高效执行力提升”主题培训。该校中层及以上领导37人参加培训。培训讲师通过理论讲授、案例教学、游戏互动、团队拓展等多种方式，让参训学员分享联想集团的优秀企业文化和成功管理经验，并亲身实践“建班子、定战略、带队伍”团队建设体验。培训打破传统培训模式，师生互动性强，学员参与度高，实现“跨界、交流、分享”。

（陆娜　张涛）

【金隅京港地铁校企合作订单班开班】　9月9日，金隅学校“金隅京港地铁订单班”开班。该订单班为学校与北京京港地铁有限公司合作开办，共同培养城市轨道交通人才。首班共17名学生。

（陆娜）

【承办航天九院职业技能竞赛】　11月17—19日，金隅学校承办中国航天科技集团第九研究院2015年职业技能竞赛惯性器件装配工比赛。比赛包括理论知识竞赛和惯性平台模型组装实操竞赛两项内容，来自航天九院下属6家单位17名技术骨干参赛，评出一等奖1个、二等奖2个、三等奖3个。

（陆娜）

北京市园林学校

【概况】 2015年，北京市园林学校占地面积7.49万平方米，产权校舍建筑面积2.28万平方米。全年教育经费投入4114.92万元，全部为国家拨款。固定资产总值11200.19万元，其中，教学、科研仪器设备总值1883.40万元。图书馆建筑面积1271.70平方米，藏有纸质图书4.40万册、电子图书7万册。拥有计算机538台，多媒体教室座位1640个。学校信息化经费投入363.57万元，网络信息点941个，校园网出口总带宽100Mbps，上网课程5门，数字资源量1.20TB。设有两个校区，开设园林技术、宠物养护与经营和景区服务与管理等8个专业，15个教学班。教职工100人，包括专任教师66人、教辅人员7人。专任教师中具有研究生学历17人，本科及以上学历占教师总数98.48%；高级专业技术职务19人、中级26人；“双师型”教师48人。聘请校外教师10人。毕业生136人，就业率97.66%，职业资格证书取证率95.08%。招生75人，其中，京籍学生75人。在校生440人，其中，京籍学生405人。网址：www.bjlas.com。

（赵乐乐）

【完成首届“3+2”中高职衔接试验班分段考试】 4月8日，园林学校园林技术专业2012级1班34名学生参加首届“3+2”中高职衔接试验班分段考试。考试内容包括文化基础课程、语文数学英语综合考核和专业课程考核。该校领导和北京农业职业学院相关领导分别到理论考试现场和花卉生产技术实操考核现场巡考。该班是2012年以来该校与农职院合作开展“3+2”中高职衔接项目后第一个到达分段层次的班级。学生通过考核，将取得中专毕业证书，并直接升入高职院校继续深造。

（赵乐乐）

【召开实训基地授牌暨校企合作工作会】 4月20日，园林学校召开实训基地授牌暨校企合作工作会。会上该校与颐和园、天坛公园等市公园管理中心所属14家单位签订“实训基地协议书”，并颁发“北京市园林学校实训基地”牌示。根据协议，校企在教师企业实践、学生顶岗实习、企业员工技能培训、聘请企业兼职教师等方面深入合作。

（赵乐乐）

【举办首届学生花卉盆栽组合比赛】

5月8日，园林学校举办首届学生花卉组合盆栽比赛。比赛面向该校园林专业，共组成10支队伍，每队5名队员参赛。要求在规定时间内，按照基质装配、花材脱盆、栽植、浇水、插标签、作品命名与说明及清理现场等工序，完成一个花钵的组合盆栽。此次比赛结合企业岗位需求，首次聘请市公园管理中心科技处、颐和园园林科技部、北京天卉苑花卉研究所3名行业专家担任评委，现场打分。最终评出一、二、三等奖共6组作品。

（赵乐乐 马春龙）

【举办第十届学生艺术节】 5月14—

15日，园林学校举办第十届学生艺术节。艺术节以“弘扬民族艺术，提升校园文化，展现美育成果，放飞青春梦想”为主题，结合纪念世界反法西斯战争暨中国人民抗日战争胜利70周年活动，组织经典诵读、插花叶画、创意手工、德育小品、民族艺术进校园等13项比赛活动，参与人数400余人，200人次在不同项目中获奖。

（赵乐乐 马春龙）

【建设“智慧校园”初显成效】 至年底，园林学校投资315.38万元完成多项信息化建设项目，“智慧校园”初见成效。硬件方面，完成教学楼16间教室多媒体改造，每个教室安装短焦投影机、电子白板以及可视化教学管理系统。硬件提升的同时，完成教学资源库、数字图书馆等5个软件平台建设。该校信息化建设逐步完善，“智慧校园”初见成效。

（赵乐乐）

【完成校园室内外环境建设工程】 至年底，园林学校投资273.30万元完成校园室内外环境建设工程。室外环境建设包括打造屋顶教学示范园、科普长廊翻新、校门粉刷、改造升级校园绿化面积2万余平方米，形成“一环二轴四区五园”校园环境布局。室内环境建设融合职教文化和企业文化，改造心理咨询室、插花室、导游实训室等9个理实一体化教室以及教学楼、实验楼内门厅与楼道的文化布置和牌示更新。

（赵乐乐）

【为行业开展培训鉴定】 至年底，园林学校为行业开展培训鉴定工作。培训项目包括中直机关花卉园艺师培训、市公园管理中心安全管理培训、石景山区园林绿化培训等。全年共完成各类培训5160人次。此外，组织行业绿化工、插花员、展览讲解员等职业技能鉴定13批次、638人。

（赵乐乐）

北京市商业学校

【概况】 2015年，北京市商业学校占地面积20.93万平方米，产权校舍建筑面积10.53万平方米、非产权校舍建筑面积1.44万平方米。全年教育经费投入12714.67万元，其中，国家拨款11416.13万元、自筹经费1298.54万元。固定资产总值25908.29万元，其中，教学、科研仪器设备总值8736.79万元。图书馆建筑面积3620平方米，藏有纸质图书10.50万册、电子图书8.40万册。拥有计算机3779台，多媒体教室130间。学校信息化经费投入273.92万元，网络信息点3100个，校园网出口总带宽100Mbps，上网课程65门，数字资源量 29509.02GB。设有 6 个校区，7 个专业系部，开设会计、珠宝玉石加工与营销和物流服务与管理等 19 个专业，108 个教学班。教职工 324 人，包括专任教师 219 人、教辅人员 29 人。专任教师中具有研究生学历 83 人，本科及以上学历占教师总数 98%；高级专业技术职务 54 人、中级 100 人；“双师型”教师 165 人。聘请企业兼职教师 90 人。毕业生 1133 人，就业率 99%，职业资格证书取证率 100%。招生 962 人。在校生 4491 人。网址：www.bjsx.com.cn。

（徐敏）

【新增两个办学专业首次招生】 9 月，商业学校新增市场营销（汽车营销）和老年人服务与管理两个专业首次招生。其中，老年人服务与管理专业是与北京劳动保障职业学院合作开办，开展“3＋2”中高职衔接办学，首批招生 8 人。市场营销（汽车营销）专业首批招生 17 人。

（徐敏）

【家长会在企业召开】 10 月 8 日，商业学校在北京西客站召开 2013 级交通班家长会。该校交通专业自 2013 年“春运”以来，累计为西客站输送志愿者近 500 人次，承担西客站“五一”劳动节、清明节、中秋节、“十一”国庆节、元旦、春节等节假期的志愿服务工作，大大缓解车站人员工作压力。此次请学生家长到企业开家长会，旨在让学生家长更加深入了解企业，进一步与学生沟通上下班时间和工作纪律，同时让企业进一步认可学校、认可学生。

（徐敏）

【与和田县职校签订对口支援协议】 12 月 10 日，商业学校在由教育部职成教司、民族教育司联合组织的教育部南疆对口支援全覆盖工作调研及签约工作会议上，与和田县职业技术学校签订《南疆职业教育对口支援协议书》。商业学校根据自身优势和和田县职业技术学校发展需要，以“软实力”建设为核心，把加强专业和课程建设、改善实验实训条件、加强师资队伍建设、全面提高教育教学水平摆在突出位置，全面增强和田县职业技术学校自我发展能力。

（徐敏）

【推出 12 门素养选修课】 至年底，商业学校开设 12 门全校性选修课。选修课涉及语言文学类、技术类、人文与社会、体育与健康、艺术类 5 个大类，包括电影及文学鉴赏、毛笔书法、韩语、日语、拳击、篮球、水墨画、宝石切磨与加工、珠宝饰品绳结编织、调酒、世界品牌文化鉴赏、演讲与朗诵等，旨在激发学生兴趣和创造力，使其知识储备更多元化，引导学生个性化发展和学有所长。

（徐敏）

【“师生之家”重装使用】 至年底，商业学校“师生之家”重装使用。该校按照市总工会《关于进一步加强和创新基层单位“职工之家”建设提高服务职工能力的意见》精神，在学校原有“师生之家”基础上，对其进行环境改造、功能拓展和设施升级，现设有读书阅读区、器械运动区、球类活动区、健身保健区、休闲娱乐区、书画写作区、学习研讨区等活动场地。此外，在校园新安装 20 余台饮水机，分布在各教学楼、实训楼、体育馆和办公区，作为原有开水房的辅助饮用水设备。

（徐敏）

北京铁路电气化学校

【概况】 2015 年，北京铁路电气化学校占地面积 14.06 万平方米，产权校舍建筑面积 6.89 万平方米。全年教育经费投入 12813.28 万元。固定资产总值 13169.52 万元。图书馆建筑面积 2122 平方米，藏有纸质图书 17.75 万册、电子图书 8.13 万册。拥有计算机 755 台，多媒体教室座位 7605 个。学校信息化经费投入 558.70 万元，网络信息点 832 个，校园网出口总带宽 360Mbps，上网课程 50 门，数字资源量 6215GB。开设电力机车运用与检修、城市轨道交通控制和供用电技术等 16 个专业，88 个教学班。教职工 226 人，包括专任教师 160 人、教辅人员 7 人。专任教师中具有研究生学历 31 人，本科及以上学历占教师总数 93.75%；高级专业技术职务 41 人、中级 65 人；“双师型”教师 77 人。聘请校外教师 20 人。毕业生 1404 人，就业率 98.50%。招生 940 人，其中，京籍学生 623 人。在校生 5023 人，其中，京籍学生 2424 人。网址：www.jtdx.com.cn。

（朱春然）

【学代会及工会换届】 4 月 16 日和 12 月 23 日，京铁电校分别召开第 19 次学生代表大会和第 11 次工会会员代表大会（第 8 次教代会）。学代会共 266 名学生参加（包括学生代表 253 人、学生会委员代表 13 人），听取和审议校学生会第 18 届委员会工作报告，差额选举产生第 19 届学生会委员 11 人。工会会员代表大会有 54 名会员（教工）代表参加，听取第 10 届工会委员会工作报告，以无记名投票、差额选举方式，选举产生新一届工会委员会委员 9 人；以等额选举方式，选举产生新一届经费审查委员会委员 3 人。

（朱春然）

【开展电力客服暑期社会实践活动】 8 月 31 日，京铁电校学生志愿者赴国家电网公司客户服务中心北方分中心参与“迎峰度夏”电力客服暑期社会实践活动结束。活动为期 57 天。社会实践中，学生们积极践行学校“尚德修身、精技立业”校训精神，在台风“苏迪罗”来袭、河南地区干旱、北京高温导致电力供应紧张，北方分中心话务量骤增的时段里，学生志愿者昼夜参与电话接听，及时解决客户问题。同时，学生们学习能力也得到提高，14 人被公司评为优秀员工，1 人被部门评为服务十佳，11 人被评为部门优秀员工，1 人获得部门业务综合考核第一名。

（朱春然）

【完成“3＋2＋2”贯通培养人才录取工作】 9 月，京铁电校完成“3＋2＋2”贯通培养人才录取工作。共录取“3＋2＋2”高端技术技能人才贯通培养学生 76 人，其中，最高分数 510 分，最低分数 430 分，平均分数 464 分，在校分 2 个教学班进行教学培养。同时，学校招聘“3＋2＋2”非在编专任教师 4 人（包括数学、物理、化学、英语教师各 1 人），招聘地理兼职教师 1 人，并安排专家对任课教师进行教学常规、教材及课标培训。该校根据市教委《关于高端技术技能人才贯通培养试验的通知》文件要求，与北京信息科技大学在轨道交通类专业合作实施“3+2+2”贯通培养试验。

（朱春然）

北京商贸学校

【概况】 2015年，北京商贸学校占地面积9.51万平方米，产权校舍建筑面积7.95万平方米。全年教育经费投入9239万元，其中，国家拨款8884万元、自筹经费355万元。固定资产总值25811万元，其中，教学、科研仪器设备总值12703万元。图书馆建筑面积3652平方米，藏有纸质图书7.83万册、电子图书21.30万册。拥有计算机2362台，多媒体教室70个、座位3150个。学校信息化经费投入482.26万元，网络信息点648个，校园网出口总带宽50Mbps，数字资源量19TB。设有4个系部，开设金融事务与管理、铁道运输管理、产品质量监督检验等15个专业，65个教学班。教职工182人，其中，专任教师87人、教辅人员31人。专任教师中具有研究生学历35人，本科及以上学历占教师总数100%；高级专业技术职务31人、中级50人；“双师型”教师77人。聘请校外教师23人。毕业生398人，就业率100%，学生技能鉴定取证率85%以上。招生456人，其中，京籍学生402人。在校生1780人，其中，京籍学生1305人。网址：www.bjsmxx.com.cn。

（刘杰）

【校园文化报《青果》创刊】 1月12日，商贸学校首份校园文化报《青果》创刊。该报涵盖时事通讯，班级信息，学生及青年教工的文学、书法、绘画、摄影作品展示等内容，以月刊形式发行。创刊一年来，充分展示中职学生风采，对丰富校园文化生活、加强校园文化建设、打造商贸文化新常态起到积极作用。

（刘杰）

【成立技能大赛委员会】 4月16日，商贸学校技能大赛委员会正式成立。该委员会主要负责各级、各类技能大赛的承办及参赛工作，旨在推进学校教育教学改革，切实加强专业技能型人才培养，展示学生积极向上、奋发进取的精神风貌和良好的职业技能，促进校际、校企之间交流与合作，真正实现“以赛促学、以赛促教、以赛促改”目的。

（刘杰）

【“优秀传统文化进校园”项目启动】 4月20日，商贸学校与恭王府博物馆签订合作协议，标志着“优秀传统文化进校园”项目正式启动。双方在协议中就开展多层次、多形式、多领域合作达成共识并确定社会教育、学术研究、人才培养、教学实践等合作内容。学校与恭王府博物馆的合作开创校企合作新形式，为加强学校德育教育、创设良好育人环境、培养学生爱国主义精神、提高职业文化素养提供广阔空间和机会。

（刘杰）

【举办首届就业“双选”会】 6月12

日，商贸学校举办首届用人单位、毕业生“双选”招聘会。包括招商银行、北京银行、中国银行、北京二商集团所属企业在内的34家重点用人单位参加招聘会，岗位涵盖金融、铁路、食品、动漫等领域。2012级毕业生近250人通过“双选”会100%达成就业意向。“双选”会为招聘方和应聘者提供面对面沟通了解的平台，是学校为学生搭建良好就业平台和提供更多优质服务的有益尝试，受到用人单位、学生和家长一致认可。

（刘杰）

北京市供销学校

【概况】 2015年，北京市供销学校占地面积4.21万平方米，产权校舍建筑面积3.23万平方米。全年教育经费投入4447.48万元，其中，国家拨款4186.45万元、自筹经费261.03万元。固定资产总值11333.80万元，其中，教学、科研仪器设备总值2371.07万元。图书馆建筑面积2642平方米，藏有纸质图书7.13万册、电子图书15万册。拥有计算机1068台，多媒体教室座位3967个。学校信息化经费投入126.80万元，网络信息点1000个，校园网出口总带宽100Mbps，上网课程28门，数字资源量202GB。设有2个校区，5个系部，开设计算机应用、城市轨道交通运营管理和会计等11个专业，66个教学班。教职工116人，包括专任教师64人、教辅人员9人。专任教师中具有研究生学历11人，本科及以上学历占教师总数100%；高级专业技术职务18人、中级33人；“双师型”教师40人。毕业生561人，就业率100%，职业资格证书取证率100%。招生287人，其中，京籍学生240人。在校生1421人，其中，京籍学生987人。网址：www.bjgx.com。

（陈文军）

【开展校园志愿者主题活动】 3月11日，供销学校校园志愿者主题活动“我志愿、我奉献”启动。学校领导、全体班主任以及全校41个班的学生志愿者组织共1200余名青年志愿者参加启动仪式。学校号召全体学生积极参加志愿者活动，大力弘扬“文明、友爱、互助、奉献”志愿者精神，从我做起，从现在做起，净化校园风气，树立文明新风，以个人品德营造“讲文明话、走文明路、办文明事、做文明人”教育活动氛围。至年底，共开展志愿活动20余次，3000余人次学生参加活动。

（陈文军）

【成立学前教育专业建设委员会】 3月26日，供销学校成立学前教育专业委员会。中国农业大学西校区幼儿园、意馨艺术幼儿园、太平桥东里幼儿园等10所幼儿培训教育机构负责人与供销学校教学副校长、招生就业副校长、学前教育系主任、专业教研室主任等32人参加成立大会。会议听取学前教育系专业建设工作情况汇报，各相关机构负责人就推动学前教育专业发展提出建设性意见。会议认为校企紧密合作，提高专业实力，整合师资课程资源，建立人才培养模式是学校与合作机构共同发展的正确抉择。会后，学校与多名企业负责人签订校企合作发展协议。

（陈文军）

【与西南物流公司签署校企合作协议】 4月1日，供销学校与西南物流中心有限公司签署校企合作协议。根据协议，校企双方共同成立“北京西南物流中心有限公司培训基地”和“北京市供销学校实习就业基地”；校企双方共同在物流服务与管理、电子商务专业2015级新生中组建“北京西南物流中心有限公司物流服务与管理、电子商务专业订单培养班”，学制三年至五年；学校与企业派员组成订单班培养小组，共同制订“订单班培养”教学计划、课程设置、实训标准；学校可指派教师到企业调研，见习、商定课程改革方案，企业可安排有经验的管理、技术人员到校授课；企业协助学校开发专业课程。

（陈文军）

中国音乐学院附属中等音乐专科学校

【概况】 2015年，中国音乐学院附属中等音乐专科学校占地面积26439平方米，产权校舍建筑面积22678平方米。全年教育经费投入3861.84万元，全部为国家拨款。固定资产总值11088.63万元，其中，教学、科研仪器设备总值3142.85万元。图书馆建筑面积400平方米，藏有中文图书18962册、中文音像4680套，外文图书4500册、外文音像2260套，电子图书资料240GB。拥有计算机150台，多媒体教室座位620个。学校信息化经费投入186.37万元，网络信息点380个，校园网出口总带宽40Mbps，数字资源量326GB。开设中国器乐演奏、声乐表演、作曲与音乐基础理论、键盘乐器演奏、管弦乐器演奏5个专业学科，1个文化课教研室，16个教学班。设有1个培训中心，拥有中国少年民族乐团。教职工88人，包括专任教师66人、行政教辅人员22人。专任教师中具有研究生学历30人，本科及以上学历占教师总数98.52%；高级专业技术职务14人、中级41人。聘请校外教师51人。毕业生114人，就业率100%。招生134人，其中，京籍学生27人。在校生577人，其中，京籍学生74人。网址：www.msccmusic.com。

（南秀渊）

【中国少年民族乐团赴美举办中国民乐春晚】 2月3日，中国音乐学院附中中国少年民族乐团赴美举办中国民乐春晚。应全美青年联合会、美国华人公共外交促进会和康奈尔现代音乐学院（Cornel School of Contemporary Music）邀请，中国音乐学院附中师生40人在美国洛杉矶和旧金山举办中国民乐春晚专场音乐会，演奏《幽兰逢春》《花梆子》和《打枣》等中国传统曲目，酣畅淋漓演绎国乐风华，得到当地音乐家、业内人士以及华人华侨们一致好评。

（南秀渊）

【举办首届校园话剧节】 6月1—10日，中国音乐学院附中举办首届校园话剧节活动。1—5日，各年级各班结合课本所学，精心准备节目，反复排练打磨，排演出14个小短剧参加活动。10日，6个经过遴选的优秀剧目进行决赛，高一（二）班排演的《新变色龙》获得第一名。话剧节充分激发学生原典阅读的兴趣，提高学生文学鉴赏能力。

（南秀渊）

【获胡琴小型作品展演比赛金奖】 12月9日，中国音乐学院附中作品参加2015“金胡琴杯”胡琴小型作品展演比赛获奖。其中，理作学科教师作品《风之旅》（胡琴与吉他四重奏）获得金奖，《安达卢西亚的初夏》（二胡与吉他）与作曲专业学生作品《雅歌》（二胡与扬琴）获得银奖。该活动由中国民族管弦乐学会胡琴专业委员会、中央音乐学院民乐系共同主办。

（南秀渊）

【师生编演《巴黎圣母院》音乐剧】 12月14日，由中国音乐学院附中独立出品的音乐剧《巴黎圣母院》校园版上演。该剧改编自法国作家维克多·雨果的同名著作，以演唱会形式在中国音乐学院及附中分别上演。音乐剧

所有演员均由该校师生共同担任。音乐剧经过重新配器和改编，将原版中的电声乐器全部替换成管弦乐队。乐队克服场地没有乐池的困难，在距离指挥十米以外的距离演奏，与演员们形成完美的默契。整个剧组平均年龄17周岁。近千名观众观看演出。北京晚报、北京青年报青春汇杂志、中国网等多家媒体对演出进行报道。

（南秀渊）

北京国际职业教育学校

【概况】 2015年，北京国际职业教育学校占地面积7.20万平方米，产权校舍建筑面积12.92万平方米。全年教育经费投入15482.15万元，其中，国家拨款14783.61万元、自筹经费698.54万元。固定资产总值18538.58万元，其中，教学、科研仪器设备总值2437.04万元。图书馆建筑面积1612平方米，藏有纸质图书26.31万册、电子图书26.10万册。拥有计算机2679台，多媒体教室座位6065个。学校信息化经费投入100万元，网络信息点889个，校园网出口总带宽145Mbps，数字资源量5900GB。设有5个校区，拥有四大类专业群，开设计算机网络技术、旅游服务与管理和中餐烹饪与营养膳食等15个专业，101个教学班。教职工416人，包括专任教师220人、教辅人员19人。专任教师中具有研究生学历28人，本科及以上学历占教师总数99.10%；高级专业技术职务73人、中级78人；“双师型”教师34人。聘请校外教师25人。毕业生669人，就业率98%，职业资格证书取证率87%。招生630人，其中，京籍学生469人。在校生2133人，其中，京籍

学生 1532 人。网址：www. bjive. net。

（戈萌）

【成为东城区青少年学院分院】 5 月 29 日，北京国职成为东城区青少年学院学区分院并接受授牌。授牌当日，该校为东城区中外籍学生 600 余人提供烹饪、插花等多门体验课程，观摩糕点制作、点钞验钞、3D 打印等活动，并参与多项游戏和文艺活动。东城区以学院制“1＋4＋8＋X”为依托（1 即东城青少年学院，4 指科技创新学院、体质健康学院、国际教育学院、文艺学院 4 个学院，8 指包括北京国职在内的 8 个学区分院，X 指依托各资源单位建立的课程中心和实践基地），为学生提供个性化成长空间，促进学生全面发展。

（刘燕）

【成为中小学和市民职业体验中心】

5 月和 11 月，北京国职分别成为东城区中小学职业体验中心和市民职业体验中心。学校更大范围开放校园，扩大职业教育优质资源利用效益，面向中小学生、社区居民开展职业体验和教育教学成果观摩活动，培养学生和居民职业兴趣和职业意识，扩大东城区职业教育影响力。该校经过广泛、深入调研，了解小学社会实践课、初中劳技课、高中通用技术课开设情况及实际需求，结合自身专业特点，推出 36 门课程供中小学校选择，使中小学生通过职业体验提高职业认知和实践能力，更好地规划人生。至年底，该校共为汇文一小、和平里四小、黑芝麻胡同小学、分司厅小学、新鲜胡同小学、史家小学分校、史家实验小学、北京市第一中学等中小学校师生授课 1624 节，累计接待学生 1755 人次。

（刘春玲　韩联　王蔓莉）

【文物保护技术专业正式开班】 9 月 6 日，北京国职文物保护技术专业开班。首批招收学生 20 人。文物保护技术专业得到故宫博物院大力支持，安排 14 名专家到校授课。学校还建成漆器修复实训室，建立电子书籍资源库，提供《故宫经典》等 300 余册，并组织学生多次参观北京故宫博物院、文物修复技艺展、文保科技部的修复工作室、端门的万寿庆典展和中国国家博物馆等。文物保护技术专业致力于培养具有良好职业道德和行为规范，适应现代文物保护工作需要，掌握文物保护技术学科基本理论、基本知识与基本方法，掌握文物保护、修复基本技能，能够在博物馆与文物保护机构从事文物保护与研究工作或专业管理工作的高素质技能型人才。

（王悦）

【成为和平里四小课程资源实践基地】 9 月 25 日，北京国职校长与和平里第四小学校长共同为“课程资源实践基地”揭牌，北京国职成为和平里四小课程资源实践基地。和平里四小 200 余名学生走进北京国职，进行“职业体验课”学习，课程涉及服装设计、绘画、服装表演、烹饪技巧等专业。

（冯雪梅）

【“市民花艺大讲堂”挂牌】 11 月 1 日，北京插花协会为北京国职授牌“市民花艺大讲堂”。北京插花协会与学校建立长期合作关系，定期举办公益讲座，更广泛地推广市民花艺交流；通过与插花协会密切合作，扩大学校在行业中的知名度，为学校师生提升花艺技能提供良好学习平台。

（李岚）

【插花花艺大师工作室揭牌】 12 月

15 日，“中国插花花艺大师王绥枝工作室”在北京国职揭牌。名师工作室设在该校，发挥名师的示范、辐射和指导作用，实现“资源共享、智慧生成、全员提升”目的。揭牌仪式上，园林绿化专业师生以毕业生作品展的形式布置会场，展示园林绿化专业学生学习成果。王绥枝，女，1948 年 1 月出生，1973 年开始从事插花花艺工作，现任中国插花艺术协会理事。多次在全国性插花展览或比赛中获奖，承担过国庆 50 周年天安门城楼、中山公园等大型庆祝活动的室内外花艺环境布置工作。

（李岚　兰天翔）

【获中国服装立体剪裁创意设计大赛金奖】 12 月，北京国职服装设计与工艺专业两名教师在首届“广德精准”杯中国服装立体剪裁创意设计大赛中分别获得创意立裁组、成衣立裁组金奖。其中，一名教师个人成绩在成衣立裁组位居榜首。两人还分别获得最佳人气奖和最佳造型奖两个单项奖。比赛由中国纺织服装教育学会、全国纺织服装职业教育教学指导委员会联合主办，自 9 月正式启动，以“技能展示、创意设计”为主题，分为成衣立裁和创意立裁两个赛项，每个赛项设金、银、铜奖和优秀奖、入围奖以及 4 个单项奖，来自全国 174 名选手参加比赛。

（刘燕）

北京现代职业学校

【概况】 2015 年，北京现代职业学校占地面积 2.63 万平方米，产权校舍建筑面积 0.85 万平方米、非产权校舍建筑面积 0.19 万平方米。全年教育经费投入 6985.81 万元，其中，国家拨款 6933.21 万元、自筹经费 52.60 万元。固定资产总值 6495.34 万元，其中，教学、科研仪器设备总值 4589.39 万元。图书馆建筑面积 737 平方米，藏有纸质图书 10 万册、电子图书 15 万册。拥有计算机 1100 台，多媒体教室座位 2100 个。学校网络信息点 4000 个，校园网出口总带宽 1000Mbps，上网课程 12 门，数字资源量 2.10GB。设有 2 个校区，开设会计、计算机应用和金融事务等 9 个专业，34 个教学班。教职工 135 人，包括专任教师 73 人、教辅人员 10 人。专任教师中具有研究生学历 1

人，本科及以上学历占教师总数100%；高级专业技术职务46人、中级46人；“双师型”教师40人。聘请校外教师1人。毕业生244人，就业率100%，职业资格证书取证率100%。招生105人，其中，京籍学生47人。在校生684人，其中，京籍学生290人。网址：www.bjmvs.com。

（白振）

【成为中小学职业体验中心】 5月15

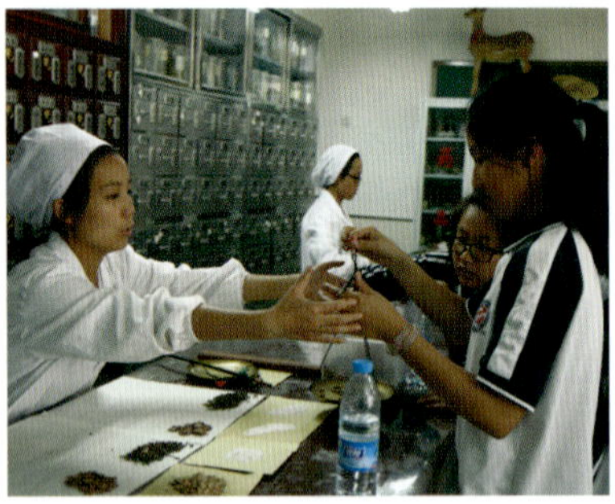

日，现代职校成为东城区中小学职业体验中心。该校依托学校专业建设、专业实训教室和专业教师资源，确定学校职业体验课程建设目标为“深入挖掘、差异发展、特色鲜明”，在天坛永定门学区内承担中小学职业课程开发中心、学生职业体验中心的新功能。29日，学校完成首次职业体验课程，形成职业岗位体验课程、生存技能体验课程、文化传承体验课程体系。9月，该校向天坛永定门学区全面开放职业体验课程。2015—2016学年度第一学期共为天坛东里小学、十一中学等11所中小学校师生授课494节，累计接待学生4810人次。学校职业体验课程总结会吸引20余家媒体到校采访报道，16家媒体转载相关视频资料。

（白振　郑頔）

【承担开放性科学实践活动课程教学任务】 9月，现代职校承担北京市初一年级开放性科学实践活动课程5个项目教学任务。分别是“逃离十万火急”“军情解码”“指尖的奥秘”“自制地动仪”和“身体中流淌的秘密”。截至12月26日，共完成86个课次，累计培训10个区县学生2116人次。

（白振）

【首批合作办学学生开学】 9月，现代职校与唐山第一职业中专合作办学的第一批电子商务班学生开学。首批学生4人，在校学习期间可以享受国家各项减免优惠政策，学习一年后在北京完成顶岗实习，毕业后，可获得在北京就业机会。该校于2014年9月与唐山一职达成合作办学协议，双方约定以学校结对互动发展为载体，相互学习、共建共享，促进两校内涵提升、特色发展，在专业建设、师资培养、学生管理、人才培养模式、教学改革、招生就业、国际化发展以及其他重大项目方面开展全方位互动合作。共建过程中实现重点领域突破，开展人才培养与课程体系改革，包括精品课程建设、教学互动平台建设、校本教材资源库建设、专业课试题库建设、远程教学技术利用。通过共建，完成唐山地区生源向现代职校的输送。协议期3年。

（白振）

北京市外事学校

【概况】 2015年，北京市外事学校占地面积2.50万平方米，非产权校舍建筑面积2.80万平方米。全年教育经费投入11031万元，其中，国家拨款10634万元、自筹经费397万元。固定资产总值4796万元，其中，教学、科研（实训）仪器设备总值4242万元。图书馆建筑面积600平方米，藏有纸质图书10.50万册、电子图书14.50万册。拥有计算机1000台，多媒体教室座位596个。学校信息化经费投入687万元，网络信息点900个，校园网出口总带宽100Mbps，上网课程8门，数字资源量10TB。设有1个校区，5个系部，开设高星级饭店运营与管理、中餐烹饪与营养膳食和旅游服务与管理等10个专业，25个教学班。教职工171人，包括专任教师144人、教辅人员27人。专任教师中具有研究生学历19人，本科及以上学历占教师总数100%；高级专业技术职务46人、中级65人；“双师型”教师64人。聘请校外教师8人。毕业生409人，就业率100%，职业资格证书取证率85%。招生202人，其中，京籍学生121人。在校生520人，其中，京籍学生427人。网址：www.bjwszg.net。

（张朝辉）

【与宁波外事学校签订战略合作协议书】 1月8日，外事学校与宁波外事学校在中国职业技术教育学会城市职业教育委员会年会上签订战略合作协议书。协议规定，两校互为学校战略发展合作方，双方在交流考察基础上，在办学理念、专业建设、师资培养、教育国际化、组织文化等方面进行深度共享。随后，北京市外事学校负责教育、教学、国际交流的干部到宁波外事学校参观交流。

（张朝辉）

【完成宣武门校区腾挪工作】 7月15日，外事学校完成宣武门校区（南址）腾挪工作。根据北京市核心城区人口疏散和职业教育改革需要，外事学校按照西城区教委规定，于7月15日将位于西城区前门西大街137号的南址教学区班级及教育设备设施腾挪完毕。至此，西直门（北址）教学区成为学校唯一教学区。

（张朝辉）

【首次开办国际英语实验班】 9月22日，外事学校2015级国际英语实验班正式开班。这是在该校与北京汉高集团多年合作基础上，双方本着与国际接轨，为学生提供更高英语学习平台的愿望首次携手开办国际班。汉高培训学校安排外籍教师授课、制订教学计划和评价标准。国际班基于学生现有英语基础，在口语、语法、阅读、写作等方面依据雅思相应留学英语标准进行教学设计，纯外教授课，利用课余时间学习。首届20名学员来自学校各个专业。

（张朝辉）

【首次为西藏兄弟学校开展骨干教师培训】 9月24日，外事学校接待西藏山南地区职业技术学校5名藏族教师来校考察学习。西藏山南地区职业技术学校是西藏自治区的国家中等职业教育改革发展示范学校，此次来校的5名教师有4人来自酒店专业、1人来自旅游专业。外事学校从课程设置到课程内容等各个方面进行充分商讨，协调各部门工作，共有9名市、区级骨干参与培训课程的讲授与交流，主题包括教学设计、教材开发、信息化大赛交流、专业课实践教学等方面。授课形式包括面授、考察等。培训为期一个月，共168课时。

（张朝辉）

【庆祝建校35周年】 12月7日和29日，外事学校举办建校35周年系列庆祝活动。7日，学校召开部分毕业生座谈会，回顾学校发展历程，为学校综合培养学生素质献计献策。51名毕业生参加座谈会，来自各大五星级饭店和国家机关企事业单位中层以上干部以及部分自主创业人员。29日，以“传承外事精神，续写外事辉煌”为题纪念学校建校35周年并开展2016年迎新年活动。外事学校前身为1980年北京市一五八中学与北京饭店联办的饭店服务职业高中班，1982年更名为北京市一五八中外事服务职业高中班，1983年改为北京市一五八中外事服务职业高中，1984年与原一五八中学职普分离，独立建制，1985年更名为北京市外事服务职业高中，1995年与北京市第三十二中学、北京市第一一三中学合并，2002年与北京市西城区商贸职业高中合并，2004年正式更名为北京市外事学校。

（张朝辉）

【完成教育部中职骨干教师国家级培训】 12月23日，外事学校受教育

部委托牵头承办的2015年中等职业学校高星级酒店运营与管理专业骨干教师国家级培训班结业。培训历时3个月，26名学员来自浙江、辽宁、四川等12个地区26所职业学校，教师任课专业包括礼仪、前厅、德育等10个专业。培训课程内容包括教学行动研究、专业教材开发、全国信息化教学大赛案例交流、酒店服务与管理专业课改教学实施等。培训以师资面授方式进行。教育部职教所教学室副主任、教育部职教所师资室主任、外事学校校长以及多名专业教师担任培训课主讲专家。培训在五星级酒店安排顶岗实习环节。

（张朝辉）

【尝试英语分层教学与考核改革】 至年底，外事学校英语组教师在高一年级尝试英语分层教学新模式。教师在课堂教学中依据学生不同的个性特征与心理倾向、不同的知识基础与接受能力，运用多种教学手段，唤醒学生英语学习兴趣，使各层次学生在活动中都有所收获，使英语教学更具实效性。为检验英语分层教学效果，采取“笔试＋口试”的期中考核方法，学生先以英语百词竞赛形式进行笔试内容考核，多种题型考查100个词汇，评选出个人一、二、三等奖以及优胜班级与优胜专业部。口试通过分层抽签进行，学生需面向全班学生展示，从而达到相互促进、相互学习、相互激励的目的。实践证明，在英语教学中，分层次教学能够确保教学过程中学生的主体地位，承认学生的个别差异，促使每个学生都能得到最优发展。

（张朝辉）

北京市实美职业学校

【概况】 2015年，北京市实美职业学校占地面积2.59万平方米，产权校舍建筑面积4.06万平方米。全年教育经费投入16591.21万元，其中，国家拨款16328.88万元、自筹经费262.33万元。固定资产总值10838.94万元，其中，教学、科研仪器设备总值6427.34万元。图书馆建筑面积598平方米，藏有纸质图书12.75万册。拥有计算机1459台，多媒体教室座位2340个。学校信息化经费投入15.71万元，网络信息点1006个，校园网出口总带宽1000Mbps，上网课程6门，数字资源量350GB。设有4个校区，开设学前教育、法律事务和数字媒体等5个专业，83个教学班。教职工382人，包括专任教师312人、教辅人员12人。专任教师中具有研究生学历41人，本科及以上学历占教师总数98.40%；高级专业技术职务86人、中级134人；“双师型”教师119人。聘请校外教师26人。毕业生694人，就业率97%，职业资格证书取证率100%。招生254人，其中，京籍学生238人。在校生1767人，其中，京籍学生894人。网址：www.bjsm.net。

（牛秉毅）

【成立首个首席班主任工作站】 2月28日，实美学校在2015年德育研讨会上成立首个首席班主任工作站。学校领导为工作站成员颁发聘任证书。首席班主任工作站职责是学习交流、提升水平；制订学年工作室计划，年末进行工作总结及成果展示；开展培训、定期研讨；以点带面，示范指导；课题引领，加强研究。首席班主任工作站将充分发挥其辐射作用，成为推动学校德育发展的助推剂和班主任交流展示的平台。

（石振灵）

【与贵阳女子职业学校共建交流】 6月30日，实美学校与贵阳女子职业学校共建交流。该校党委书记、副校长、教科研主任和美容美发与形象设计专业主任一行4人赴贵阳，与贵阳女子职业学校干部、教师进行深度交流。该校党委书记作《坚强师德修养》主题演讲，副校长作《互联网＋智慧校园》主题讲座，教科研主任和美容美发与形象设计专业主任分别参与贵阳女子职业学校教学干部教师的科研课题交流和美容美发与形象设计专业建设交流。两校于2014年8月签订合作办学协议书，在贵阳女子职业学校挂牌北京市实美职业学校贵阳分校。一年来，两校依据各自办学特点，在教育教学领域进行学术、教学方法与手段等方面交流与合作。

（周京红　綦京宏）

【举办“最炫实美人”青春风采展示活动】 12月28日，实美学校举办2015“最炫实美人”青春风采展示活动决赛暨汇报演出。该活动自10月29日开始，旨在丰富校园文化生活，为具有艺术梦想与表演才华的学生搭建展示自我的平台。活动面向北址全体在校生，分初赛、复赛、决赛三个阶段进行。决赛项目分为声乐类、器乐类、语言类、动作类四大项。表演形式多样，有独唱、组合演唱、协

奏、相声、小品，舞蹈等。为确保大赛公平公正公开，成立决赛评委会，由 20 人组成，包括教师评委 8 人、学生评委 12 人，均由各班选派一名代表。活动评出声乐类、器乐类、语言类、动作类一、二、三等奖，最佳台风奖、最佳气质奖、最佳表演奖、最佳风采奖以及集体类最佳组织奖、最佳实力奖。

（石振灵　马跃）

北京市财会学校

【概况】　2015 年，北京市财会学校占地面积 0.99 万平方米，产权校舍建筑面积 1.18 万平方米。全年教育经费投入 6336 万元，全部为国家拨款。固定资产总值 5603 万元，其中，教学、科研仪器设备总值 2331 万元。图书馆建筑面积 70 平方米，藏有纸质图书 6 万册、电子图书 10 万册。拥有计算机 812 台，多媒体教室座位 1350 个。学校信息化经费投入 128 万元，网络信息点 900 个，校园网出口总带宽 2560Mbps，上网课程 14 门，数字资源量 2000GB。设有一个校区，开设金融事务、会计和文秘 3 个专业，18 个教学班。教职工 116 人，包括专任教师 62 人、教辅人员 29 人。专任教师中具有研究生学历 6 人，本科及以上学历占教师总数 100%；高级专业技术职务 20 人、中级 34 人；“双师型”教师 25 人。毕业生 349 人，就业率 99.50%，职业资格证书取证率 100%。招生 76 人，其中，京籍学生 62 人。在校生 315 人，其中，京籍学生 231 人。网址：www. bjckxx. cn。

（马向燕）

【会计专业“3+2”中高职衔接获批】　3 月，财会学校会计专业与北京财贸职业学院会计专业“3+2”中高职衔接办学改革试点获得市教委批准备案。两校会计专业“3+2”中高职衔接办学改革试点于 1 月开始申报，经过充分研讨交流，挖掘各种教育教学优势，遵循学生职业成长规律、学习规律，将 5 年作为一体化培养时间，制订一体化人才培养方案，并按要求撰写一系列改革试点申报材料，经市专家小组集中评审、评委会评议、领导小组审议，得以批准备案。

（陈峰）

【完成校区调整】　7 月 1 日，财会学校完成校区调整工作。该校根据西城区职业教育改革会议精神，以及西城区教委相关安排，将学校原广外校区（红居街 20 号）交由北京市第四中学全权接管，双方责权自即日起交割。该校全体教职工在保证正常教育教学工作同时，克服时间紧、任务重、资产数量大的困难，于 6 月 30 日按时完成广外教学区腾退工作，现学校有西便门内大街 69 号校区一址。

（马向燕）

【获全国中职教师说课和技能比赛团体一等奖】　11 月 13—16 日，财会学校教师参加 2015 年全国中等职业学校财经类专业“创新杯”教师说课和技能比赛获得会计实务操作技能比赛团体一等奖和纳税实务操作技能比赛两个个人二等奖。该比赛由中国职业技术教育学会教学工作委员会主办、高教出版社承办，共有来自全国各省区市 24 个代表队 175 名选手参赛。比赛包括说课比赛和技能比赛，技能比赛下设会计实务操作技能比赛（三人团体赛）和纳税实务操作技能比赛（个人赛）两个项目。

（陈峰）

北京市实验职业学校

【概况】　2015 年，北京市实验职业学校占地面积 2.14 万平方米，产权校舍建筑面积 2.14 万平方米。全年教育经费投入 10452.44 万元，全部为国家拨款。固定资产总值 5408.65 万元，其中，教学、科研仪器设备总值 3411.46 万元。图书馆建筑面积 177 平方米，藏有纸质图书 9.16 万册、电子图书 2.58 万册。拥有计算机 1234 台，多媒体教室座位 3170 个。学校网络信息点 500 个，校园网出口总带宽 2560Mbps，上网课程 12 门，数字资源量 747.30GB。设有 2 个校区，开设中药、计算机平面设计和出版与发行等 7 个专业，31 个教学班。教职工 195 人，包括专任教师 141 人、教辅人员 54 人。专任教师中具有研究生学历 15 人，本科及以上学历占教师总数 98.58%；高级专业技术职务 44 人、中级 65 人；“双师型”教师 65 人。毕业生 354 人，就业率 99%，职业资格证书取证率 100%。招生 101 人，其中，京籍学生 101 人。在校生 588 人，其中，京籍学生 448 人。网址：www. bjsyzyxx. com. cn。

（郝昕蕊）

【开展“非物质文化遗产”系列宣传活动】　3—5 月，实验职校开展一系列“非物质文化遗产”宣传活动。3 月，中药专业开展“传承中医药文化——诵读经典，品香识药”主题活动。其内容包括：每日认教室内中药饮片，巩固专业知识；每天班级内燃药香，感悟“非遗”文化；每周诵读经典著作，丰富文化积淀。4 月 20 日，该校邀请北京皮影艺术剧团为师生表演皮影戏《孙悟空三打白骨精》和《龟与鹤》，让师生感受传统艺术的精湛。5 月 18 日和 25 日，组织师生参观中华老字号名店“瑞蚨祥”，店铺工作人员向师生们讲解店铺历史与传承以及中式服装的历史演变，并通过现场展示向师生介绍旗袍礼仪、职业服装搭配、色彩搭配以及丝巾搭配等。

（郝昕蕊　王森　王绿乡）

【接待法国外宾来访并签约合作】　4 月 30 日，在市教委举办的北京—巴黎教育合作签约仪式上，实验职校与法国巴黎艾斯田纳（ESAIG）学校签署校际交流协议。根据协议，双方在相互学习交流、教师培训、教育资源共享等多个方面进行交流与合作，以帮助双方学校师生学习并了解对方国家的教育体系，拓宽知识水平，培养学生的国际化视野和国际交往能力。此次合作签约是市教委与法国巴黎学区签署未来 3 年的合作框架协议，同时促成巴黎学区所属 5 所学校与北京市 5

所学校签署校际交流协议，实验职校与法国巴黎艾斯田纳学校是其中唯一的职业学校。28日，法国巴黎艾斯田纳学校校长来访，双方就各自教育体系、学校基本情况、办学规模、师资力量、专业情况、学生在校学习情况、学校管理情况等进行交流。

（郝昕蕊 董鲁平）

【中药专业教师赴四川学习交流】 6月27日至7月4日，实验职校中药专业教师一行15人赴四川学习交流。内容包括：调研西部地区最大的中药材市场、全球最大的虫草集散中心——荷花池药材市场；辨识青城山药用植物；参观成都中医药大学；走访四川省食品药品学校，参观实训室、药用植物园，并就教育教学、管理、课改等内容与该校专业教师进行座谈交流。

（郝昕蕊 王森）

【首次组织师生赴法国德国友好校交流】 11月1—7日，实验职校3名教师和12名学生一行赴法国德国友好校交流学习。师生依次参观走访两国企业、学校和文化场所。在德国，师生参观德国阿尔斯印刷传媒公司（ARS），了解个性化印刷的发展趋势；走进欧洲高等中学体验不同课程，并在音乐课上展示中国歌曲，在社会科学课堂上展示中国古画装裱技术。在法国，师生参观法国最古老最大的印刷企业莫里印刷集团（MAURY EUROLIVRES），从纸张准备到印张，再到成品书籍，学生领略从印刷到出版的全过程，感受大机械化生产的便利，以及对人工和成本的控制；学生走进艾斯田纳学校参观实训室，与法国学生交流，为法国学生介绍中国茶文化。七天行程中，师生分组住在当地寄宿家庭中，体验当地文化和生活。

（郝昕蕊 董鲁平）

【举办教师个人钢琴独奏会】 12月

4日，实验职校举办尹浩榕钢琴独奏会。学校教职工、学前教育专业学生和牛街社区领导聆听演奏会。尹浩榕，女，1974年4月生于吉林省长春市音乐世家，5岁开始学习钢琴，1995年毕业于东北师范大学音乐学院，2012年进入中央音乐学院研究生班主修钢琴表演专业，师从卞萌教授，1998年进入实验职校教授学前教育专业。她在校先后担任学前教育专业钢琴教学以及合唱、舞蹈伴奏工作，多次随校合唱团参加市区合唱比赛，取得佳绩。

（郝昕蕊 于和平）

北京市求实职业学校

【概况】 2015年，北京市求实职业学校占地面积9.62万平方米，产权校舍建筑面积3.10万平方米，非产权校舍建筑面积3.43万平方米。全年教育经费投入14417万元，其中，国家拨款13596万元、自筹经费821万元。固定资产总值27699万元，其中，教学、科研仪器设备总值10788万元。图书馆建筑面积6.42万平方米，藏有纸质图书16.82万册、电子图书0.99万册。拥有计算机3101台，多媒体教室座位6156个。学校信息化经费投入440万元，网络信息点2612个，校园网出口总带宽10Mbps，上网课程15门，数字资源量2900GB。设有6个校区，开设现代办公、金融事务和民航服务等14个专业，140个教学班。教职工462人，包括专任教师310人、教辅人员5人。专任教师中具有研究生学历20人，本科及以上学历占教师总数67%；高级专业技术职务92人、中级144人；“双师型”教师99人。聘请校外教师9人。毕业生1271人，就业率99.92%，职业资格取证率99.23%。招生1040人，其中，京籍学生307人。在校生2886人，其中，京籍学生1029人。网址：www.bjqszx.com。

（占福林）

【与新华航空集团签约合作】 1月7日，求实学校与中国新华航空集团有限公司签订校企合作协议。根据协议，学校根据新华航空集团要求为其提供完成地面服务实习工作的学生；新华航空集团为毕业生提供就业岗位；学校定期为新华航空集团提供培训场地、师资等；新华航空集团为学校提供企业专家进校园的培训。

（占福林）

【举办首届职业教育宣传周活动】 5月，求实学校学前教育专业在安贞里街道街心花园举办“全国职业教育活动周”宣传活动。活动采取现场咨询、发放宣传材料、学前教育学生专业技能展示等多种形式进行。学生表演小合唱《校园的早晨》、蒙古族舞蹈《筷子舞》、藏族舞蹈《姑娘走过的地方》、童话剧《小熊请客》并与家长共同跳《小苹果》舞，从而加深大家对职业教育和学前教育专业的认识。

（占福林）

【教代会及工会换届】 9月30日，求

实学校举行第五届教职工代表大会暨工会换届选举大会。各校区教代会代表共72人参会。会议讨论并通过《学校2015—2020年办学发展思路和工作设想》，选举产生新一届学校工会成员。

（占福林）

【扩大“3+2”中高职衔接改革】 9月，求实学校学前教育专业和信息技术专业被批准为中高职衔接办学改革试点专业。两专业分别与北京汇佳职业学院、北京信息职业技术学院开展“3+2”（3年中职、2年高职）中高职衔接改革试点一体化人才培养办学。继上年朝阳区3个专业被市教委批准为中高职衔接办学改革试点专业后，2015年，5个“3+2”试点专业计划招生191人。

（李联启）

【通过国家中职教育改革发展示范校建设省级验收】 11月11日，求实学校迎接国家中等职业教育改革发展

示范学校建设项目北京市教委、市人力社保局、市财政局联合省级验收。该校校长向验收专家阐述学校示范校建设过程及取得的成果，学校计算机专业主任和特色项目负责人分别代表示范校建设三个专业和一个特色项目详细汇报示范校建设发展历程，验收专家参观校园和示范校建设成果展室，走进实训室了解学校实训基地建设情况，并详细审阅学校示范校建设佐证材料。验收专家对该校国家级示范校建设工作给予充分肯定，并提出整改意见。

（占福林）

北京市劲松职业高中

【概况】 2015年，北京市劲松职业高中占地面积11万平方米，非产权校舍建筑面积11万平方米。全年教育经费投入15321.27万元，其中，国家拨款14998.15万元、自筹经费323.12万元。固定资产总值35708万元，其中，教学、科研仪器设备总值9186万元。图书馆建筑面积2400平方米，藏有纸质图书16.30万册、电子图书40万册。拥有计算机1276台，多媒体教室座位3220个。学校信息化经费投入490万元，网络信息点1680个，校园网出口总带宽1000Mbps，上网课程47门，数字资源量24000GB。设有5个校区，开设中餐烹饪、西餐烹饪和美容美发与形象设计等14个专业，87个教学班。教职工253人，包括专任教师199人、教辅人员13人。专任教师中具有研究生学历39人，本科及以上学历占教师总数100%；高级专业技术职务57人、中级98人；“双师型”教师66人。聘请校外教师30人。毕业生1041人，就业率98.70%，职业资格证书取证率94.10%。招生917人，其中，京籍学生284人。在校生2709人，其中，京籍学生965人。网址：www.jszg.com.cn。

（李婷婷）

【与乐成老年事业公司签约合作】 4月22日，劲松职高家政养老专业与乐成老年事业投资有限公司签署合作办学协议。根据协议，双方本着“资源共享、优势互补、互惠互利、共同发展”原则，在养老服务管理、社会工作和健康服务与管理等专业领域开展合作。合作内容包括招生就业、课程建设、教材开发、工学交替、附属养老机构、志愿服务等方面。

（刘杰　李婷婷　李联启）

【与二中院少年庭签约共建】 5月21日，劲松职高与北京市第二中级人民法院少年庭签署法制共建合作协议。根据协议，双方本着“资源共享、优势互补、互相学习、共同发展”原则，结成“法制共建”单位，在青少年普法教育、安全教育、社会实践以及未成年人保护、教育服务、文体交流等方面开展广泛合作，共同为推进青少年思想道德教育、青少年权益保护和社会治安综合治理发挥积极作用。

（韩荫华　李婷婷）

【获全国中职校教师教学技能大赛一等奖】 11月，劲松职高两名教师获

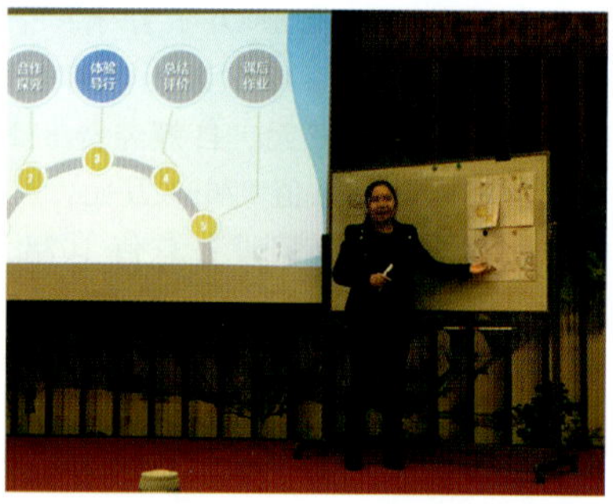

得“人教杯”全国中等职业学校教师教学技能大赛一等奖。比赛由中国职业技术教育学会和人民教育出版社联合主办，经全国各省、直辖市层层选拔出39名选手参加。选手于11月26日17时抽签确定参赛篇目，抽签当晚临时备课、制作教学展示课件，27日8点前拷贝课件到比赛电脑。比赛内容分为介绍总体教学思路、展示片段教学和现场问答三个环节。比赛旨在全面考评选手教学技能和临场发挥能力，具有较强挑战性和创造性。

（周晶晶　李婷婷）

北京市电气工程学校

【概况】 2015年，北京市电气工程学校占地面积11.76万平方米，产权校舍建筑面积8.39万平方米、非产权校舍建筑面积0.19万平方米。全年教育经费投入12668万元，其中，国家拨款11797万元、自筹经费871万元。固定资产总值20119.79万元，其中，教学、科研仪器设备总值8681万元。图书馆建筑面积1912平方米，藏有纸质图书13.58万册、电子图书15万册。拥有计算机1666台，多媒体教室座位6000个。学校信息化经费投入354万元，网络信息点1289个，校园网出口总带宽100Mbps，上网课程19门，数字资源量7000GB。设有5个校区，6个系部，开设制冷和空调设备运行与维修、楼宇智能化设备安装与运行和城市轨道交通车辆运用与检修等15个专业，73个教学班。教职工249人，包括专任教师167人、教辅人员16人。专任教师中具有研究生学历30人，本科及以上学历占教师总数97%；高级专业技术职务55人、中级72人；“双师型”教师73人。聘请校外教师49人。毕业生387人，就业率100%，职业资格证书取证率54%。招生843人，其中，京籍学生467人。在校生1987人，其中，京籍学生928人。网址：www.dqgc.com。

（王世兵）

【“职普携手——职业体验活动”签约】 1月23日，电气工程学校举办“职普携手——职业体验活动”签约仪式。该校智能环保、轨道交通、电子信息、现代园艺、法律事务和电气工程六大专业集群迅速发展，各专业配有现代化实习实训基地或农事体验园区，为开展中小学生职业体验活动提供专业师资和场地。学校经过广泛调研，设计职业指导、职业活动、科普知识和生活情趣4部分19类课程，与朝阳区30所基础教育学校签署《职业体验活动课程项目合作意向书》。学校利用职教资源，为中小学生开阔眼界、发现兴趣、培养个性、增强职业体验，开辟一条职普携手、提高素质教育创新之路。

（王世兵）

【开展教师基本功达标工程】 3月6日和13日，电气工程学校开展教师基本功达标工程。该校邀请市职教学会专家到校指导教师课程设计，学校以

学科为小组，开展教师说课活动。专技教师全员参与。活动分为文化基础课和专业课两组进行。说课结束后，专家、教学干部和教研组长逐一向说课教师反馈，并就教师说课过程中存在问题和不足展开研讨、提出改进方案。该校教师基本功达标工程于2014年9月启动，每个学期开展说课、评课活动，突出教学管理工作实效性。

（王世兵）

【开展国际化培训】 7月11—15日、17—22日，电气工程学校分两批次对专技教师进行国际化教育培训。这是该校首次大规模、大面积对一线专技教师进行国际化培训。通过国际化培训，教师了解芬兰职业教育“以学生为中心”理念在职业教学中的应用，加深教师对“以学生为中心进行教学”的理解和认识，拓展教师国际化教育视野，为探索新形势下职业教育国际化提供新思路、新方法。

（王世兵　施京梅）

【参加全国信息化教学大赛获两个一等奖】 11月8日，电气工程学校在全国职业院校信息化教学大赛中获得两个一等奖。其中，法律事务专业教师团队参赛作品《遗嘱继承的法律咨询服务》获得中职组信息化教学设计大赛一等奖；园林花卉专业教师团队参赛作品《新娘捧花设计制作》获得中职组信息化课堂教学比赛一等奖。这是该校选手继2013年获得国赛实训教学一等奖、2014年获得国赛实训教学二等奖之后又一好成绩。

（王世兵）

北京市丰台区职业教育中心学校

【概况】 2015年，北京市丰台区职业教育中心学校占地面积12.58万平方米，产权校舍建筑面积8.86万平方米。全年教育经费投入16260.56万元，其中，国家拨款15880.24万元、自筹经费380.32万元。固定资产总值23315.27万元，其中，教学、科研仪器设备总值15158万元。图书馆建筑面积760平方米，藏有纸质图书11.87万册、电子图书2万册。拥有计算机2310台，多媒体教室座位4200个。学校信息化经费投入1930.88万元，网络信息点600个，校园网出口总带宽130Mbps，上网课程24门，数字资源量25714GB。设有9个校区，19个系部，开设中餐烹饪与营养膳食、汽车运用与维修专业和学前教育等19个专业，124个教学班。教职工349人，其中，专任教师198人、教辅人员37人。专任教师中具有研究生学历34人，本科及以上学历占教师总数98.10%；高级专业技术职务60人、中级78人；“双师型”教师105人。聘请校外教师86人。毕业生1515人，就业率99.01%，职业资格证书取证率98.61%。招生1334人，其中，京籍学生241人。在校生3516人，其中，京籍学生835人。网址：www.ftzj.com。

（史晓光）

【参加职业教育活动周启动仪式】 5月10日，丰台职教中心校参加首届以“支撑中国制造、成就出彩人生”为主题的“职业教育活动周”全国启动仪式。该校以“互联网+家”为主题参与展示活动。刘延东发表重要讲话，并参观职业教育成果展。此次参观活动第一站在该校“丰职物联家”展示区，刘延东倾听学校物联网专业在此领域的建设成果，对学校研发出的物联网养老服务产品给予肯定。烹饪专业教师、非物质文化遗产面塑传承人李凯的面塑作品受到刘延东关注并希望将这一文化遗产在中职传承发扬。

（史晓光）

【参加全国职业院校学生技术技能创新成果交流赛获佳绩】 7月1—4日，丰台职教中心校作为北京市职业院校代表团成员参加2015年全国职业院校学生技术技能创新成果交流赛活动。学校选送16件学生作品参赛，获得优秀作品一等奖1个、二等奖1个、三等奖3个。交流期间该校教师

现场展示专业技能，受到参观者欢迎。该活动由教育部职业技术教育中心研究所和天津市教育委员会联合主办、天津职业大学承办。

（史晓光）

【承办全国电子商务运营技能竞赛北京复赛】 10月18日，丰台职教中心校在洋桥校区电子商务专业实训基地承办全国电子商务运营技能竞赛北京复赛。来自北京市中高职23支代表队参赛，该校25名学生获得北京市二等奖、一等奖和特等奖。比赛承办各方面事项服务到位，得到全国电子商务行业指导委员会、技术支持单位和各参赛院校一致好评。该比赛是全国电子商务行业指导委员会举办的行业大赛，以行业、企业岗位为标准，检验并全面提升电子商务专业学生网络应用与实践创新能力。

（史晓光）

【与阜平县职业技术教育中心签约合作】 12月24日，丰台职教中心校与河北省保定市阜平县职业技术教育中心签署《“电子商务人才培养”项目合作协议书》并进行互设分校授牌仪式。丰台职教中心校本着“扶贫先扶智、扶贫先扶技”思路，集学校及有关合作行业企业的力量和资源，为阜平县培训技术技能人才，提高其就业和创业能力，为推动老区经济发展提供有力的人才支撑。

（史晓光）

北京市黄庄职业高中

【概况】 2015年，北京市黄庄职业高中占地面积9.06万平方米，产权校舍建筑面积7.88平方米。全年教育经费投入12542.68万元，其中，国家拨款12188.51万元、自筹经费

354.17万元。固定资产总值9435.62万元，其中，教学、科研仪器设备总值7476.40万元。图书室建筑面积1600平方米，藏有纸质图书13.50万册、电子图书30万册。拥有计算机1490台，多媒体教室座位1890个。学校信息化经费投入2432.61万元，网络信息点1280个，校园网出口总带宽100Mbps，上网课程3门，数字资源量73728GB。设有4个系部，开设美容美发与形象设计和口腔修复与工艺等11个专业，15个专门化方向，47个教学班。教职工186人，包括专任教师122人、教辅人员4人。专任教师中具有研究生学历15人，本科及以上学历占教师总数100%；专业技术职称一级31人、中级44人、高级35人；“双师型”教师51人。聘请校外教师21人。毕业生478人，就业率99%，职业资格证书取证率97%。招生694人，其中，京籍学生462人。在校生1478人，其中，京籍学生655人。网址：www.huangzhi.net.cn。

（文昌敏）

【新增影视拟音、钟表维修专业】 3月，经市教委批准，黄庄职高新开办钟表维修和国内首个影像与影视技术（影视拟音制作方向）专业。两个专业招收应届初中毕业生或具有同等学力者，学制三年。至9月，影视拟音专业招生29人，钟表维修专业招生28人。影像与影视技术专业开设16门专业课程，培养拟音师、录音设备操作员等影视后期录音其相关行业专门人才。钟表维修专业开设14门专业课程，培养掌握中高档钟表维修职业岗位群必备专业知识、技能，从事中高档钟表维修设备维护、中高档钟表障碍检测与分析等方面专门人才。

（翟路　魏祯）

【学生代表首次赴台交流】 3月23—

28日，黄庄职高学生代表首次赴台湾交流。该校服装设计与工艺、中餐烹任与营养膳食和美容与形象设计专业师生代表21人赴台湾永平高级工商职业学校、明台高级中学、国立头城高级家事商业职业学校交流访问。双方师生交流专业技艺，探讨办学理念和模式、专业设置及内容等方面内容。9月22日，黄庄职高与台中私立明台高级中学联合举办“一根两枝”两岸民族传统文化服饰交流活动。活动以旗袍文化为主题。通过民族传统服饰和创意作品展演，促进两地学校民族传统文化服饰传承。双方签订友好合作交流协议书，协议约定双方本着“平等交流、相互支持、相互促进”原则，在学术研究、教育管理、教学研讨、技艺切磋等方面开展交流与合作。台湾明台高中师生和台湾旗袍协会嘉宾22人，以及市教委和石景山区台办、区教委、区文委相关负责人参加活动。

（曲颖　文昌敏　舒燕军）

【举办首次社团成果展】 4月28日，黄庄职高举办第20届体育文化节暨首次社团成果展示活动。霓裳社、“九擂”鼓乐团等32个社团分别以静态、动态、表演、竞技及宣传五种方式展示社团成果。活动首次使用微信扫码功能，经全校师生投票评选出霓裳社、舞蹈社等10个师生喜欢的优秀社团，于校内公示。32个社团课程包括体育健身类5个，美育、心育类6个，语言文学类5个，生活技巧类7个，专业技术类9个，共36名社团辅导教师，覆盖100%在校学生。

（刘荣）

【实施学部制办学模式改革】 9月1日，黄庄职高正式实施学部制办学模式改革。该校根据《北京市黄庄职业高中学部制改革实施方案》，按照专业发展领域设置教育、艺术、服务、技术四个学部。学部采取集体领导，主任委员负责制，设立由主任委员、学术管理主任、行政管理主任和教师代表组成的学部委员会，承担学部学术业务管理职责以及学校授权履行的行政管理职责。学部委员会主任委员为学部综合管理负责人，由学校副校级以上领导职务承担。

（文昌敏）

【发布学校章程】 10月13日，黄庄职高正式公布并实施《北京市黄庄职业高中章程》。章程经石景山区教育行政部门核准颁布，包括序言、总则、管理体制和治理机制、学生和教职工、财务和财产管理、附则5个章节，明确学校的举办者、法律地位、办学宗旨和办学职责。

（蒋鸿雁）

【通过示范校市级检查验收】 11月12日，黄庄职高迎接第三批国家中等职业教育改革发展示范项目学校市级验收。来自市教委、市人力社保局、市财政局的验收专家20人通过观看宣传片、听取汇报、查阅材料和视察校园评估学校建设成果，同意通过验收。经过两年建设期，学校全面完成预期786个建设任务，新增“培育和践行社会主义核心价值观”和“京津冀协同发展”两个主题项目，合计任务完成率101%，形成《活在中职学校的非物质文化遗产项目》和《引企入校，曹明工作室真帐教学》等6个典型案例。

（朱宁　古春燕）

北京市昌平职业学校

【概况】 2015年，北京市昌平职业学校占地面积16.87万平方米，产权建筑面积10.96万平方米、非产权建筑面积4.12万平方米。全年教育经费投入14570万元，全部为国家拨款。固定资产总值21849万元，其中，教学、科研仪器设备总值12230万元。图书馆建筑面积1646平方米，藏有纸质图书12万册、电子图书2TB。拥有计算机1245台，多媒体教室座位5000个。学校信息化经费投入2054万元，网络信息点2000个，校园网出口总带宽150Mbps，上网课程16门，数字资源量20TB。设有1个校区，6个系部，开设园林绿化、航空服务和汽车运用与维修等33个专业，103个教学班。教职工341人，包括专任教师213人、教辅人员22人。专任教师中具有研究生学历40人、北京市学科教学带头人1人；“双师型”教师107人。聘请校外教师44人。毕业生1293人，就业率100%，职业资格证书取证率95%。招生1046人，其中，京籍学生538人。在校生2776人，其中，京籍学生1556人。网址：www.cpvs.com.cn。

（彭天夫）

【中韩美容培训合作项目启动】 3月19日，中韩美容培训合作项目启动仪式在昌平职校举行。双方签订中韩美容社会培训合作项目框架协议，并表示在双方互信基础上，共同推广韩国美妆产业最新理念和技术，以培养国际化技术技能人才为目标，共建紧密合作体系，拓展社会培训项目，不断提升昌平职校美容美体专业的行业影响力。仪式后，韩国专家为学校美容美体专业教师和学生进行化妆、美发、美体的主题培训。

（李建宇）

【校长获全国先进工作者称号】 4月28日，在2015年庆祝“五一”国际劳动节暨表彰全国劳动模范和先进工作者大会上，昌平职校校长段福生获得2015年全国先进工作者称号。段福生经由昌平区、北京市层层推选等程序入选。全国劳动模范和先进工作者表彰大会每五年举办一次，2015年共904人获全国先进工作者称号。

（李晨）

【蝴蝶兰生活梦工坊揭幕】 5月23日，昌平职校与上海湾朵投资发展有限公司联手打造的文创休闲园区“蝴蝶兰生活梦工坊”揭幕典礼暨校企合作签字仪式在昌平职校举行。双方签署合作协议，中国花卉协会副秘书长、昌平区人大常委会副主任为“蝴蝶兰生活梦工坊”揭牌。200余人参加活动。“蝴蝶兰生活梦工坊”旨在通过市民、学生、家庭、团体等多主体的参与，以及教育、审美、科普、休闲、生态文化等多种形态的体验式经营，实现双方的社会、经济、生态和文化等多维度功能，探索建立企业与个人、家庭、环境、社会深度融合与互利共赢的新业态、新机制。园区内设置有蝴蝶兰生产流程区、换盆体验区、水草（水苔）展示区、盆器选购区、兰花选购区、DIY组盆教学区、兰花生活摆放展示区、昌平职校兰花品种展示区、盛世京兰成果展示区、蝴蝶兰衍生产品展示区等教育与休闲展区。

（张文琳）

【与乐多港公司签订校企合作框架协议】 6月9日，昌平职校与北京乐多港发展有限公司校企合作框架协议签字仪式暨实训基地揭牌仪式举行，正式开始双方全面合作。双方签订校企合作框架协议，昌平区旅游委主任和区教育工委书记共同为昌平职校（乐多港）实训基地揭牌。根据协议，校企双方成立订单班，共建实习实训基地，企业为学生实习就业提供条件，学校为企业职工提供各类培训；校企双方还将在科研、学术领域进行广泛合作。协议期3年。

（闫振义）

【王非篮球训练基地揭牌】 7月27日，王非篮球训练基地在昌平职校揭牌。王非篮球训练营创始人王非、著名篮球运动员郑海霞以及耐克中国体育市场部篮球总监、昌平区体育局副局长、昌平区教育工会主席和昌平职校校长参加揭牌仪式。该基地设在昌平职校，承担培养篮球运动人才、发展群众体育等职责。

（蒙宝霞）

【开设职业素养课程】 9月24日，昌平职校“职业素养”课程项目启动。该项目是学校与深圳鹏威管理咨询有限公司合作开展，旨在帮助学生在入职前养成相应的职业素养，提升学生个人价值，培养学生成为优秀的职业人。启动会上，校企双方领导共同为12名项目核心团队教师颁发讲师聘书。本学期《职业素养》课程选择9个实验班，每星期2个课时，教学内容分为成长导航、形象与礼仪、时间伴我成长、沟通创造价值和团队合作5个模块，由公司讲师和学校教师共同承担授课任务，开发符合学生特点的“基于岗位胜任力的”职业素养系列课程，以提高学校整体育人质量和育人成效。10月23日，学校“职业素养教育”特色研究会成立，在此研究会下6个系分设特色研究会。

（邢予）

【开展首次初中开放性科学实践活动】 11月28—29日，昌平职校接待首批参加北京市初中开放性科学实践活动的80名初一学生。学生分别在主校区及农业文化园区体验民航安全检查活动、汽车电路喇叭与检测、种苗生产、植物组织培养、植物病虫害防治5门课程，锻炼动手动脑和分析解决问题的能力，体验知识的生成过程，学习如何将知识应用到生活中去。北京市初中开放性科学实践活动是市教委整合广义教育资源，对基础教育治理方式的一种变革。昌平职校经过前期申请和审批，成为全市200余家资源单位之一，并根据市教委相关要求，在各系征集活动项目，经过筛选、评审、答辩，共5门课程通过评审，初中生可根据各自兴趣爱好进行选择。

（冯舒芳）

【京东职教农村电商合作发展大会召开】 12月16日，京东职教农村电商合作发展大会在昌平职校召开。会上，市农委与京东集团签署《互联网+都市现代农业战略合作框架协议》，并为“京东农村电商生态中心”揭牌。会议还举行“教育部现代学徒制试点单位”授牌仪式。昌平职校于8月成为教育部现代学徒制全国27所中职试点学校一员，学校将与京东集团合作，在电子商务专业积极探索现代学徒制，校企共同培养电商产业人才，为“互联网+”都市现代农业战略实施提供人才支撑。由昌平职校牵头发起成立“全国职业院校京东电商产教联盟”。

（王于）

【举办首届“昌职杯”创新创业大赛】

12月17日，昌平职校举办首届“昌职杯”创新创业大赛。学校各系部依托所学专业优势，结合学生兴趣与特长，组成6个创业团队，各团队代表通过幻灯片展示，讲述创业理念和创业方案，并回答评委教师的询问。比赛评出一等奖1个、二等奖2个、三等奖3个。来自用友新道科技有限公司等企业代表、学校领导、6个系室主任及部分师生参加活动。

（焦志菲　龚紫儒　李松）

北京市大兴区第一职业学校

【概况】　2015年，北京市大兴区第一职业学校占地面积18.47万平方米，产权校舍建筑面积8.54万平方米。全年教育经费投入8894.99万元，其中，国家拨款8796.35万元、自筹经费98.64万元。固定资产总值24229.60万元，其中，教学、科研仪器设备总值8372万元。图书馆建筑面积1900平方米，藏有纸质图书8.26万册、电子图书35.10万册。拥有计算机1153台，多媒体教室座位2475个。学校信息化经费投入907.90万元，网络信息点66个，校园网出口总带宽100Mbps，数字资源量2031.50GB。设有一个校区，3个系部，开设动漫游戏、机电技术应用和航空服务等8个专业，21个教学班。教职工215人，包括专任教师141人、教辅人员38人。专任教师中具有研究生学历6人，本科及以上学历占教师总数99%；高级专业技术职务66人、中级78人；“双师型”教师40人。聘请校外教师8人。毕业生313人，就业率96%，职业资格证书取证率62%。招生139人，其中，京籍学生13人。在校生358人，其中，京籍学生68人。网址www.dxyz.com.cn。

（李辉）

【举办职业教育活动周】　5月13日，大兴一职职业教育活动周启动。活动主题为“支撑中国制造，成就出彩人生”，包括专业技能展示（比赛）和校企合作座谈会。来自市委办公厅机关招待所、信驰通科技等10家企业领导分别参观三系各专业学生技能展示（比赛）；校企合作座谈会围绕“结合企业及行业的用工标准，学校在培养学生素质、专业课程设置、实习生管理等方面，如何改进和提高”“根据企业对本行业及相关行业的市场预测，学校应开办哪些新专业”等问题展开讨论。学校还开放校园，组织大兴区初中校师生走进学校，全面了解职业教育。

（李辉）

【举办作业展】　5月25日，大兴一职举办综合系作业展。学校以综合系

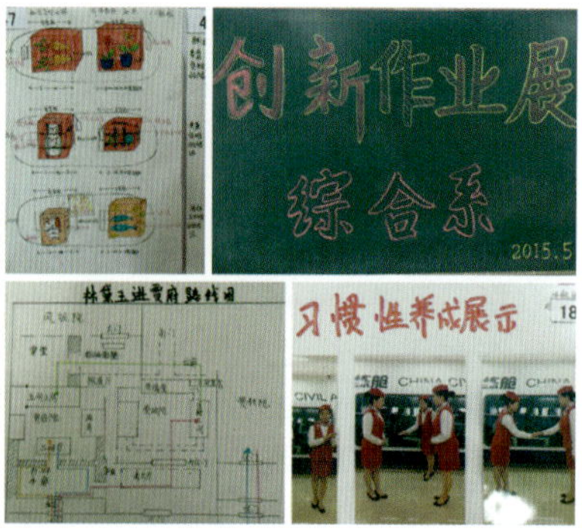

为试点进行“更新教学理念，创新作业模式”的作业改革，作业展于园艺实训基地东、西展示厅展出。作业改革提倡“综合性、大作业、作品式”模式，鼓励教师勤练技能，大胆创新，作业形式丰富多彩，不拘一格。活动要求专业课教师结合专业特点，体现动手能力，展示职业技能特点，把作业展示与技能展示有效结合，相互促进；文化基础课教师要开动脑筋、积极探索、大胆创新作业模式，以展示阶段性学习成果。作业形式包括绘制园林制图，电商网店设计方案，礼仪姿势图片，数学几何图形及参数标注，英语漫画会话、图形单词，语文的文字插图和职业生涯设计手抄报等。作业展共展出229幅作品，前来参观的师生可以为喜欢的课业作品投票。

（李辉　刘向东）

【举办“勿忘国耻”系列活动】　10—11月，大兴一职举办“勿忘国耻”系列活动。活动包括“勿忘国耻，缅怀先烈，实现梦想”学生演讲比赛和“勿忘国耻、圆梦中华”合唱比赛。14个班级的选手参加演讲比赛，评出一等奖6人、二等奖7人、三等奖13人；14个班级参加合唱比赛，评出一等奖3个、二等奖5个、三等奖6个。学校领导、各系室主任和全体在校学生参加活动。

（李辉）

【举办班主任团队管理进阶特训营】　12月14—17日，大兴一职举办班主任团队管理进阶特训营。训练营与联想教育培训事业部合作举办，将企业培训经验引入中职班主任团队培训，启发班主任转换视角与角色定位。培训以小组讨论、角色扮演、实战演练等多种形式开展，经过“头脑风暴—启发感悟—案例分析与总结”等阶段，突破班主任的传统思维模式。培训力求多维度解决管理中遇到的各种疑难和困惑，落实“班级管理是沟通的过程、是管理的过程、更是带团队的过程”理念。

（李辉）

北京市怀柔区职业学校

【概况】　2015年，北京市怀柔区职业学校占地面积22.68万平方米，产权校舍建筑面积22.68万平方米、非产权校舍建筑面积4.99万平方米。全年教育经费投入9242万元，全部为国家拨款。固定资产总值1.44亿元，其中，教学、科研仪器设备总值3300万元。图书馆建筑面积500平方米，藏有纸质图书7.60万册、电子图书8万册。拥有计算机450台，多媒体教室座位1600个。学校信息化经费投入340万元，网络信息点490个，校园网出口总带宽100Mbps，上网课程5门，数字资源量10TB。设有2个校区，4个系部，开设机械加工技术、汽车运用与维修和计算机动漫与游戏制作等16个专业，37个教学班。教职工231人，包括专任教师167人、教辅人员35人。专任教师中具有研究生学历6人，本科及以上学历占教师总数96.40%；高级专业技术职务65人、中级49人；“双师型”教师84人。聘请校外教师7人。毕业生131人，就业率100%，职业资格证书取证率97%。招生204人，其中，京籍学生69人。在校生1630人，其中，京籍学生1060人。网址：www.bjhrzyxx.cn。

（王文涛）

【与培训学校合作办学】　1月5日，怀柔职校与北京怀柔京实职业培训学校签订合作办学协议。该校对京实职业培训学校在业务上进行指导，按照培训需求提供相应指导教师，参与培训工作并提供所需的场地、设施，与京实职业培训学校共同开发培训项目。同时，监督京实职业培训学校依法合规开展培训工作。京实职业培训学校负责学员进修和培训场地、聘请专家等工作，并通过师带徒形式负责

职业学校实训学生的技能训练、安全生产、工作期间内的管理。合作办学发挥双方资源优势，为学生实习实训、社会培训、技能考证、“双师型”教师培养创造良好条件。

（缐全秋 王腾飞）

【举办社会文艺中专班】 4月27日，怀柔职校农广校分校在雁栖镇“社会文化艺术”中专班开班。分别在范各庄村和柏泉山庄社区开设两个“社会文化艺术”中专班，共招收农民学员56人。学员在“文化驻乡”工程专家指导下，学习促进家庭和睦、乡村和谐等内容。

（王文涛）

【“倭瓜变金瓜”在线模块课程通过验收】 11月10日，怀柔职校农广校“storyline”在线学习模块“倭瓜变金瓜”开发工作通过中央农广校指导验收。来自中央农广校和美国远程教育联盟成员校相关负责人，以及怀柔区教委、怀柔职校相关领导和模块开发小组成员参与验收工作。验收专家听取怀柔农广校汇报“倭瓜变金瓜”在线学习模块开发背景、组织落实、课程开发推进、项目成果、开展试点、体会感受等，观看在线学习模块开发组组长现场演示，了解模块的构成、设计意图、采用的信息化手段、具体操作方法等，同意通过验收。

（王文涛）

【与丰宁职教中心结对互助】 至年底，怀柔职校与丰宁满族自治县职业技术教育中心开展结对互助。怀柔职校与丰宁职教中心在教师培训、学生技能交流、优质教学资源、办学设备等方面形成资源共享，实现互帮互助良好局面。9月，怀柔职校干部教师一行5人到丰宁职教中心交流学习，双方在学校管理策略、教育教学策略、校园文化建设等方面进行深入探讨；10月，丰宁职教中心邀请怀柔职校20余名汽修机电系优秀学生及10名教师到丰宁职教中心学习交流，两校学生在优秀教师指导下完成学习任务。11月，怀柔职校培训部与丰宁职教中心培训部共同完成40人的农村实用人才技能培训。

（王文涛）

【改革学前教育艺术活动实践课】 至年底，怀柔职校改革学前教育专业艺术活动实践课考核模式。通过艺术考核和专业技能竞赛提高学生职业技能。艺术活动实践课包括手工艺术、口语艺术、美术艺术、表演艺术四项。学生考核、评比统一在专用教室进行，由专业教师、教务处教师做评委，对学生作品、表演统一打分评比。同时，对获奖学生进行精神、物质方面奖励。

（缐全秋 王腾飞）

北京市平谷区第一职业学校（北京市平谷区职业学校）

【概况】 2015年11月，北京市平谷区第一职业学校更名为北京市平谷区职业学校。学校占地面积4.99万平方米，产权校舍建筑面积4.46万平方米。全年教育经费投入5514.45万元，全部为国家拨款。固定资产总值9065.83万元，其中，教学、科研仪器设备总值4780.26万元。图书馆建筑面积696平方米，藏有纸质图书4万册、电子图书100万册。拥有计算机578台，多媒体教室座位1360个。学校信息化经费投入189.46万元，网络信息点1794个，校园网出口总带宽全区共享800Mbps，上网课程10门，数字资源量100GB。设有南北2个校区，8个教研组，开设机械制造与控制、汽车运用与维修和计算机网络技术等8个专业，15个教学班。教职工177人，包括专任教师80人、教辅人员97人。专任教师中具有研究生学历2人，本科及以上学历占教师总数83.60%；高级专业技术职务59人、中级62人；“双师型”教师68人。毕业生106人，就业率95%，职业资格证书取证率77%。招生64人，其中，京籍学生64人。在校生290人，其中，京籍学生290人。网址：www.pgyz.cn。

（贾爱兵）

【开展微课视频制作活动】 3月18日，平谷一职召开“微课”制作启动会。会议讲解微课视频拍摄基本知识及技巧，就“微课的后期制作”进行深入讲解。活动要求每名骨干教师制作微课视频。4月20日，该校召开“微课”交流、研讨会，教师汇报“微课”录制进展情况，来自市、区职成教研中心的专家进行有针对性的指导。7月，推选12份微课视频材料参加2015年北京市农村成人教育自编教材和微课评选活动，获得一等奖2个、三等奖4个。

（李翠敏）

【与6家企业建立长期合作关系】 3—6月，平谷一职与6家企业建立长期合作关系。分别是平谷区第二幼儿园、北京金利泰合汽车销售服务有限公司、SMC中国有限公司、北京宜泽天成广告有限公司、北京雨燕楼餐饮有限公司和北京浩海创新科技有限公司。合作内容包括企业根据学校教学需要委派技术人员、管理人员到校授课，在课堂中渗透现代企业员工素质要求，导入企业文化；学生毕业后可根据在校成绩及表现与公司签订工作协议等。

（蔡三奇）

【扩大开办中高职衔接班】 5月11日，平谷一职与北京经济管理职业学院就办学政策、录取方式、职责范围达成协议。根据协议，平谷一职计算机网络技术专业、美术设计专业分别与经管职院的计算机网络技术、应用技术两个专业采取“3+3”中高职衔接的方式招生，即学生在平谷一职读完三年获得中职学历，后三年就读于经管职院对口专业获得大学专科学历。自此，该校实现5个专业中高职衔接招生的新办学模式，包括与北京劳动保障职业学院在机制、数控专业的“3+2”衔接，以及与北京培黎职业学院在学前教育专业的“3+3”衔接，为更多中职毕业生就读高等职业院校打开通道，实现中职教育可持续发展。

（蔡三奇）

【首届综合高中班分流工作完成】 9月，平谷一职完成首届综合高中班分流工作。该校在统计每个学生历次考试成绩以及任课教师评价的基础上，通过调查问卷形式进行摸底调查，并与每名学生及家长进行交流沟通，制订分流方案。经过学生与家长共同填写分流意向表并现场核实，计算机应用技术和汽车运用与维修两个综合高中班64人中17人进入计算机、汽修、学前教育等专业的普通职高班学习，毕业时考取相关行业职业技术等级证书或资格证书，直接就业；28人继续参加普通高中文科班学习，参加普通高考；19人参加数控加工技术“3+2”大专班学习，毕业后获得大学专科学历。

（李震生）

【学校更名】 11月11日，北京市平谷区第一职业学校正式更名为北京市平谷区职业学校。平谷一职前身为创建于1988年9月15日的平谷县职业教育中心，1992年1月10日更名为平谷县第一职业高中，2002年更名为平谷区第一职业学校，2015年更名为平谷区职业学校，是一所公立国家级重点中等职业学校。

（贾爱兵）

【开展社会培训】 11月23日至12月10日，平谷职校为滨河社区开展社会培训4次。培训面向滨河社区下岗失业妇女和农村进城务工女性，其中，2次培训国画绘画技能，2次培训烹饪技巧。共110人次参加培训。

（贾爱兵）

【多举措提高学生综合素养】 至年底，平谷职校采取多种措施规范学生日常行为，注重学生养成教育。该校设立班级文明监督岗，每天每班至少2人值勤，对学生中不文明行为进行监管；实行学生会干部轮流值勤制度并定期培训、考核，提高学生自我管理能力；每两周开展一次志愿服务活动，大力弘扬雷锋精神，培养学生爱心和奉献精神；每两周举办一次国学讲座，依托传统文化的传承提高学生综合素养。3月4日，召开“弘扬雷锋精神，做光荣志愿者”活动启动仪式，发表“弘扬雷锋精神，做光荣志愿者”倡议书，学生志愿者代表交流过去一年开展志愿服务活动的经验及感言，学校党支部书记为志愿者代表佩戴志愿者标牌，会后，网上实名注册的136名学生志愿者按照报名项目参加志愿服务活动。该校还组建并运行校园电视台，自3月开始学生自己采访、编辑，并在校园电视台播放校长访谈、校园新闻、防霾知识、校园师生技能大赛等各种长短片，锻炼各方面综合能力。

（贾迎春　徐凤群）

密云县职业学校
（北京市密云区职业学校）

【概况】 2015年12月15日，密云县职业学校更名为北京市密云区职业学校。学校占地面积13.60万平方米，产权校舍建筑面积7.20万平方米。全年教育经费投入8997.20万元，全部为国家拨款。固定资产总值19803.20万元，其中，教学、科研仪器设备总值8685.70万元。图书馆建筑面积4155平方米，藏有纸质图书6.60万册、电子图书1550GB。拥有计算机1272台，多媒体教室座位2250个。学校信息化经费投入300万元，网络信息点1800个，校园网出口总带宽1000Mbps，上网课程22门，数字资源量3000GB。设有3个校区，6个系部，开设旅游服务与管理和美容美发与形象设计等13个专业，55个教学班。教职工236人，包括专任教师151人、教辅人员54人。专任教师中具有研究生学历11人，本科及以上学历占教师总数98%；高级专业技术职务55人、中级61人；“双师型”教师60人。聘请校外教师10人。毕业生760人，就业率99%，职业资格证书取证率100%。招生277人，其中，京籍学生274人。在校生1150人，其中，京籍学生1143人。网址：www.myzhiye.cn。

（陆洋林）

【统军庄校区生态实训餐厅投入使用】

1月7日，密云职校统军庄校区生态实训餐厅正式投入使用。中餐烹饪专业2013级学生在这里进行为期三周的实习实训活动。该餐厅总建筑面积2900平方米，其中设450平方米的烹任实训操作间、13个餐饮服务实训室和4个茶室，可同时容纳180人用餐；中间大厅近1200平方米，种植各种热带绿植，另有小桥流水分布环水系。

（陆洋林）

【与联想集团合作开展教学和管理“高尔夫”培训】 2月26—28日，密云职校开展教学与管理“高尔夫”培训。培训为期3天，分为教学“高尔夫”和管理“高尔夫”两个班，每班45人，校领导、中层干部、专业室主任、骨干教师和部分班主任参加培训。这是该校首次引入“企业培训”模式对教师和管理层进行“不一样的教育教学培训”。教学和管理“高尔夫”的理念是通过对学校教师和管理者的训练使其授课和管理更加专业，提升教师的课堂驾驭能力和干部的管理能力，使课程和管理朝“艺术化”方向发展。来自联想集团教育培训事业部的资深专家把联想集团严谨且富有激情的企业管理文化与学校教育教学规律紧密结合在一起，以角色扮演、讲故事、视频实录、案例分享等新颖的形式开展教学，寓教于乐，学中做、做中学，做学结合，使受训者深受启发与教育。

（陆洋林）

【两个专业入选中高职衔接试点】 3月22日，密云职校学前教育专业、数控技术应用专业被市教委认定为2015年“3+2”中高职衔接办学改革试点项目。其中，学前教育专业与北京汇佳职业学院学前教育专业对接，数控技术应用专业与北京信息职业学院加工制造专业对接。

（黄维国）

【开展“互联网+”助推密云民俗旅游推广项目】 4月23日，密云职校举行密云县“互联网+”助推密云民俗旅游推广项目启动仪式。该校介绍项目实施背景，希毕迪（北京）教育科技有限公司介绍项目目标和计划，密云县旅游委领导介绍密云民俗旅游发展情况。该项目充分发挥互联网营销人才培养基地的作用及专业优势，以助推密云民俗旅游项目为依托，把专业做精做强。

（陆洋林）

【教师赴湖北十堰竹溪职校交流学习】 6月24—27日，密云职校干部、教师一行9人到湖北省竹溪县职业技术学校进行交流学习。两校在中等职业教育国家改革发展示范校建设中就人才培养模式、课程体系改革、师资队伍建设、校企合作、工学结合的运营机制、信息化建设等方面进行经验交流。双方就教育教学资源如何实现共建共享等问题进行洽谈协商，并签订对口协作协议书。

（陆洋林）

【与商鲲教育集团合办高铁乘服员培训班】 10月15日，密云职校与商鲲教育集团共同举行“高铁乘服员培训班”新生军训暨开学典礼。来自商鲲教育集团总部及其他联办校的34名领导参加典礼，观看学员军训汇报及文艺表演，表彰优秀学员。此届培训班为高铁乘服员专业，共有来自内蒙古、河北、辽宁等省市的102名学员，全部由商鲲教育集团定向招生，培训6个月，密云职校负责技能课程培训工作。

（陆洋林）

【开展职业体验课程项目】 10月21

日，密云职校职业体验课程项目正式启动。该校统军庄校区迎来北京市密云县十里堡中学近200名学生，是职校“中小学生职业体验”首批实践者。学生动手操作“丈量土地”，观察认知植物，了解不同种类植物的习性；感受中华茶艺，学习制作面点，掌握和面技巧。学生通过职业体验活动了解职场环境，积累生活经验，树立正确的劳动价值观。

（陆洋林）

【与北京电信共建呼叫中心人才培训基地】 11月10日，密云职校与北京电信发展有限公司共同举办“呼叫中心人才培训基地”揭牌仪式。双方领导为“呼叫中心人才培训基地”揭牌。培训基地设在学校。校方充分利用师资、设备和场地资源优势，发挥改革发展示范校引领作用，为企业培养技能型人才服务；企业大力推动人才培训基地合作力度，为在校毕业生提供实习就业等机会。北京电信发展有限公司自2008年开始与密云职校合作，每年建立订单班，设立企业奖学金，校企合作密切。

（陆洋林）

延庆县第一职业学校

【概况】 2015年，延庆县第一职业学校占地面积12.08万平方米，产权校舍建筑面积7.08万平方米。全年教育经费投入8292.62万元，其中，国家拨款8274.12万元、自筹经费18.50万元。固定资产总值12470.80万元，其中，教学、科研仪器设备总值5538.80万元。图书馆建筑面积1878平方米，藏有纸质图书5.20万册、电子图书4.50万册。拥有计算机734台，多媒体教室座位2200个。学校信息化经费投入1127.67万元，网络信息点1132个，校园网出口总带宽270Mbps，上网课程68门，数字资源量3000GB。设有1个主校区，7个系部，开设中餐烹饪、汽车运用与维修和美发与形象设计等22个专业，71个教学班。教职工261人，包括专任教师183人、教辅人员47人。专任教师中具有研究生学历7人，本科及以上学历占教师总数98.90%；高级专业技术职务88人、中级87人；“双师型”教师74人。聘请校外教师12人。毕业生920人，就业率98.60%，职业资格证书取证率98.28%。招生365人，其中，京籍学生198人。在校生1487人，其中，京籍学生628人。网址：www.yqyz.org.cn。

（卫秀宗）

【举办专业技能展示节】 5月12—13日，延庆一职举办第11届专业技能展示节。学校19个专业参与技能展示节，围绕“奋斗的青春最美丽”主题，共设置室内展区8个、室外展区15个。各专业展示区均设立体验区和招生咨询服务区，并为参观者提供饮水、休息、指路、问询等周到服务，让参观者充分感受职业教育魅力，

为学校招生宣传奠定基础。

（卫秀宗）

【举办养生保健服务人员培训】 6月5日，延庆县社会性独立养生保健服务机构从业人员培训班在延庆一职开班。该培训班是学校与延庆县卫计委首次合作。培训学员106人，分5期培训，每期培训20天。培训根据学员和行业特点采用“轮流学习”方式，年底完成全部培训内容。学习内容包括预防保健理论知识和保健推拿、足疗等技能。培训结束后，所有学员参加由延庆县人力社保局组织的中医保健按摩师鉴定考试，通过考试的学员可获得初级中医保健按摩师国家职业资格证书。

（卫秀宗）

【承担河南职业中专骨干教师培训】 6月16日，延庆一职承担河南省内乡县职业中等专业学校骨干一行11人培训任务。培训历时7天，采取互动研讨、观摩教学、参观实训室、座谈交流等方式，内容涉及信息化教学、教学能力提升、教师素质培养、德育管理、专业建设等。内乡县是延庆县“南水北调”对口支援单位，此次培训活动为两县职业教育交流与合作提供平台。

（卫秀宗）

【助力世界马铃薯大会】 7月9日，

“别把土豆不当干粮”暨马铃薯主食

化科普知识进社区活动在延庆一职举行。该活动由2015北京世界马铃薯大会筹备办、延庆一职和儒林街道联合主办。活动中，社区居民参观学校烹饪专业实训室和用土豆制作的菜品，观摩土豆菜品的现场制作过程，学校专业教师对选手的菜品进行专业评价打分。共6名选手获奖。

（卫秀宗）

【通过示范校建设省级验收】 11月13日，延庆一职通过国家中等职业教育改革发展示范学校建设省级验收。来自行业、企业的专家通过观看学校示范校建设成果专题片、听取项目总结报告、查看佐证材料、实地参观实训室等形式，对学校两年来示范校建设任务完成情况进行全面检查。专家组对学校富有特色的人才培养模式、课程体系建设以及校企合作办学模式给予充分肯定，一致同意通过验收。

（卫秀宗）

成人高等教育

【概况】 2015年，北京市共有独立设置成人高等学校19所，学校产权占地面积129.48万平方米，学校产权校舍建筑面积89.96万平方米；固定资产总值29.19万元，其中，教学、科研仪器设备值3.64万元。教职工3332人，其中，专任教师1542人。成人高等教育学历毕（结）业生95277人（含普通高校举办的函授、夜大学、成人脱产班学生87278人），其中，本科生54281人、专科生40996人；招生74980人（含普通高校举办的函授、夜大学、成人脱产班学生67693人），其中，本科生43247人、专科生31733人；在校生204311人（含普通高校举办的函授、夜大学、成人脱产班学生185898人），其中，本科生126129人、专科生78182人。

（胡雨）

【成立老年开放大学】 1月28日，由国家开放大学主办，全国老龄工作委员会办公室、民政部中国社会福利协会、人社部职业技能鉴定中心协办的老年开放大学正式揭牌成立。老年开放大学整合适合老年人学习需要的学习资源，开发书法、绘画、电脑等培训项目；开发老年人学习网和养老服务从业人员培训平台，研发“爱老帮、学乐堂”等手机APP，2.50万人注册，总访问量突破200万人次；开展首批家政服务培训，培训3万人次。老年开放大学是以现代信息技术为支撑，面向老年人和养老服务从业人员开展学历与非学历教育的新型老年大学。

（孙明博）

【市属高校新增学历继续教育专业28个】 6月11日，北京14所市属高校新增学历继续教育专业24个。新增专业中，本科专业（含高起本、专升本）8个、专科专业16个，同时撤销12个不符合北京经济社会发展需求的专业。新增专业自2015年起开始招生，撤销专业自2015年起停止招生。

（陈雷）

【举办继续教育大学生英语口语竞赛】 10月12日，市教委公布2015年第二届北京高等学校学历继续教育大学生英语口语竞赛获奖结果。比赛由市教委主办，对外经济贸易大学承办，面向北京普通高等学校（含独立设置高职学院）和独立设置成人高校的本、专科学历继续教育在籍大学生，北京53所高校102个代表队、306名学生报名参加英语专业本科组、英语专业专科组、非英语专业本科组和非英语专业专科组四个组别竞赛。经校内选拔、初赛和决赛三个阶段，各组别分别评出团体奖，个人一、二、三等奖和优秀奖以及优秀指导教师奖；4所高校获评竞赛最佳赛场；另评出竞赛贡献奖和竞赛组织奖。

（胡雨）

【第14届中国国际远程教育大会召开】 11月26—27日，第14届中国国际远程教育大会在京召开。会议由国家开放大学和中国教育学会、中国高等教育学会、教育部在线教育研究中心、全国高校现代远程教育协作组指导，《中国远程教育》杂志社主办。会议以“学习的革命：突破口与制高点”为主题，聚焦“互联网＋”带来的学习革命，重点研讨寻找突破口的路径和抢占制高点的方式。与会专家学者围绕大会主题进行主题发言。作为大会重要组成部分，国家开放大学举办“试点再认识——开放大学与广播电视大学校长高峰论坛”及“基层电大探索与创新高峰论坛”。与会发言嘉宾分别就“开放大学建设应聚焦的若干目标”“开放大学建设整体推进应聚焦的实践问题”“完全学分制‘互联网＋’助飞开放大学建设试点”“地市级电大转型发展的思考”和“融入学习圈”等主题畅谈研究心得或办学实践。

（孙明博）

【《北京高等学校继续教育质量报告（2014）》发布】 11月，市教委与北京高校继续教育质量报告编委会共同编纂完成《北京高等学校继续教育质量报告（2014）》并发布。质量报告由总报告和29所高校继续教育年度报告及32所高校继续教育年度报告摘编等材料和文献组成，总报告结合北京高校继续教育状态数据平台提供的数据，总结和梳理上年北京高校继续教育取得的成绩和需要进一步改进的工作。该项工作开始于2014年12月。

（陈雷）

【完成学历继续教育校外教学站检查评估】 12月28日，市教委公布2015年高等学校在京学历继续教育校外教学站检查评估结果。在各校外教学站自查基础上，根据新修订的评估指标体系和工作程序，通过实地检查、集中汇报、质询、指导，经专家组综合评议提出评估结果建议，市教委确认，83个校外教学站检查评估结果合格，8个申请设立校外教学站通过评估；6个校外教学站复评合格；1个校外教学点因管理等方面原因申请撤销。另有1个教学站申请延期复评，2个教学站未申请复评。

（胡雨）

独立建制成人高等学校

国家开放大学

校　　长　杨志坚
党委书记　李凌

【概况】　2015年，国家开放大学占地面积1.55万平方米，产权校舍建筑面积8.75万平方米。全年教育经费投入36167.84万元，其中，国家拨款7769.20万元、自筹经费28398.64万元。固定资产总值111601.82万元，其中，教学、科研仪器设备总值2933.77万元。图书馆建筑面积13920平方米，藏有纸质图书10.95万册、电子图书320.30万册。拥有计算机1926台，多媒体教室座位135个。学校信息化经费投入921.14万元，信息化设备资产6514万元，网络信息点4050个，校园网出口总带宽700Mbps，电子邮件系统用户1370个，上网课程1246门，数字资源量20750GB，管理信息系统数据总量2500GB。设有五棵松校区、复兴门校区和魏公村校区。开设136个专业。教职工515人，其中，专任教师157人，包括教授16人、副教授79人。体系毕业生858334人，其中，专科生608355人、本科生249979人。招生893373人，其中，专科生639762人、本科生253611人。在校生3503872人，其中，专科生2493119人、本科生1010753人。全年培训64682人次。网址：www.ouchn.edu.cn。

（孙明博）

【与广东省总工会合作实施“助力计划”】　3月25日，国家开放大学与广东省总工会签署《关于开展“千万职工大培训行动”教育合作协议》。根据协议，双方合作开展国家开放大学“新型产业工人培养和发展助力计划”，共同探索基于终身学习理念下的新型产业工人培养新模式。双方在专业建设、课程建设和人才培养等方面开展合作，并适时启动企业定制等专项试点，更好地适应广东省企业转型升级和职工成长发展需求。通过学分银行制度，实施职工学习和工作成果的认证、积累与转换试点，共同探索搭建在职职工终身学习立交桥的方法和路径。合作双方共同制订“助力计划”学习中心建设方案，依托企业及其他相关机构，采取自建、合建等方式建设国家开放大学（广州）实验学院学习中心，并由其具体承担合作项目的组织实施。国家开放大学“助力计划”自2014年启动以来，为9631家企业职工提供各类教育服务，并在超过30家企业中设立学历教育企业考点，还为1322家企业部署“企业学习服务平台”，将各种补贴及服务直接送到职工身边。“助力计划”已经成立首家企业大学——万宝现代企业大学。

（孙明博）

【3人获全国劳模和先进工作者称号】　5月1日，国家开放大学3名学生在庆祝“五一”国际劳动节暨表彰全国劳动模范和先进工作者大会上获得全国劳模和先进工作者称号。其中，2008春季工商管理专科学生程辉武、2008秋季乡镇企业管理专科学生顾卫林获得“全国劳动模范”荣誉称号，2001秋季法律专科学生吕伟兴获得“全国先进工作者”荣誉称号。

（孙明博）

【举办成立三周年系列活动】　6—7月，国家开放大学举行学校成立三周年系列活动。校长发布学校建设进展报告，学校通过举办国家开放大学成立三周年成果展、“六网融通”信息技术应用秀等系列活动，展示学校成立三年来改革发展成果。来自学校22个部门65个项目参加展示。国家开放大学于2012年在中央广播电视大学和地方广播电视大学基础上组建，是教育部直属的，以现代信息技术为支撑，办学网络立体覆盖全国城乡，学历教育与非学历教育并重，面向全体社会成员，实施远程开放教育的，没有围墙的新型大学。

（孙明博）

【8704人获得奖学金】　7月17日，国家开放大学2014年度奖学金评审工作结束。8704名学生获得奖学金，其中，7530人获得学校奖学金、524人获得“希望的田野”奖学金、96人获得残疾人教育阳光奖学金、554人获得士官奖学金。奖学金获得者来自41所省级电大和国家开放大学实验学院、西藏学院、八一学院、总参学院、空军学院、残疾人教育学院，分布在1458个教学点，涵盖64个专业。国家开放大学奖学金获得者中有本科学生3640人、专科学生3890人，包括696名少数民族学生。

（孙明博）

【召开第三届教代会】　7月21日，国家开放大学召开第三届教职工代表大会。84名教代会代表、18名特邀代表参加会议、45人列席会议。会议听取第二届教代会执委会工作报告、国家开放大学建设进展报告、《国家开放大学章程》、老年开放大学建设进展情况说明，并进行讨论，提出意见和建议。会议经过投票选举产生第三届教代会执委会、提案工作委员会、财经与福利工作委员会。11月9日，国家开放大学党委召开扩大会，审议通过教代会执委会起草的《国家开放大学教职工代表大会执行委员会议事规则》《国家开放大学教职工代表大会提案工作委员会工作规则》和《国家开放大学教职工代表大会生活福利委员会工作规则》。

（孙明博）

【学校增列为学士学位授权单位】 7月22日，第四届北京市学位委员会召开第三次会议，全票通过国家开放大学及其专业增列为学士学位授权单位和法学、会计学、工商管理、计算机科学与技术、汉语言文学5个专业学士学位授权点。申报工作于2014年启动，2015年4月25日开展试评估工作。获得学位授予权是国家开放大学整体转型进程中的重要内容。

（孙明博）

【《中国远程高等教育发展研究报告》（2013）获奖】 9月9日，由国家开放大学校长主编的《中国远程高等教育发展研究报告》（2013）获得第四届中国大学出版社图书奖“优秀学术著作奖”二等奖。该报告由国家开放大学教育研究院组织策划、近20名国内远程高等教育领域专家和中青年学者共同撰写，中央广播电视大学出版社出版。全书共33万字，分为概述、专题、趋势三大部分，着眼于远程高等教育发展现实，涉及中国远程高等教育领域主要热点，对远程高等教育发展重大问题和难题破解进行独到分析和学术探讨，对远程高等教育可持续发展提出具有对策性的建议，并探索可行的解决途径，在国内同类研究中处于领先水平。该报告是国家开放大学教育研究院项目“中国远程高等教育发展研究”年度系列报告之一，已出版2012年度、2013年度和2014年度报告。该系列报告曾入选“十二五”国家重点出版规划项目（学术类图书）。

（孙明博）

【安徽特殊教育学院成立】 9月25日，国家开放大学安徽特殊教育学院揭牌仪式暨首届新生开学典礼在合肥举行。安徽省政协副主席为学院揭牌。国家开放大学安徽特殊教育学院由安徽电大（国家开放大学安徽分部）与安徽省残联共同申报建设，开设社会工作、网络营销等专科专业。学院致力于打造一所残疾人能够就近方便学习、深造的学院，帮助残疾人掌握一技之长，实现大学梦，从而让其更加自尊、自信、自强、自立，从根本上帮残助残。共有来自合肥、淮南两地114名残疾人经过选拔成为特教学院首批新生。本届学员3年学费全免，并享受相应生活补助。

（孙明博）

【7门课程开展网络教学团队试点】 10月14—16日，国家开放大学在网络教学团队试点工作会上选出7门课程开展网络教学团队试点。7门课程分别是经济数学基础、政治学原理、公司财务、人体生理学、媒体辅助英语教学、混凝土结构设计原理、计算机辅助设计课程。会议研讨《2015年秋季学期国家开放大学网络教学团队建设试点工作方案》，对网络教学团队建设2015年秋季试点工作做出具体安排。网络教学团队是国家开放大学“六网融通”人才培养模式改革重要组成部分，国家开放大学将以课程为基本单元，通过重构职责分工、革新服务模式、促进教师发展、提升教学质量几方面稳步推进网络教学团队建设，探索网络教学团队的长效运行机制。

（孙明博）

【与中央人民广播电台签约实施老年“乐学行动”】 10月27日，国家开

放大学与中央人民广播电台战略合作签约。双方决定通过深入挖掘“互联网+老年教育”的广泛应用，不断开拓社区教育和兴趣培训形式，以需求为导向、以互联网技术为依托、以和谐社区文化建设为主旨，集中精力打造学有所乐、学有所悟的老年教育工程“乐学行动”。通过国家开放大学旗下的老年开放大学和中央人民广播电台老年之声合作，在老年公共文化服务、社区公益教育活动、品牌合作及产品研发推广等方面开展广泛而深入合作。“乐学行动”第一个内容是国家开放大学与中央人民广播电台在2015年第四季度举办“我为爸妈解决一个难题”有奖征集大赛，从征集并解决迈入“互联网+银发时代”的老年人最迫切需要掌握的知识入手，积极为老年朋友发声。

（孙明博）

【出台指导意见大力发展非学历教育】 11月16日，国家开放大学印发《国家开放大学关于大力发展非学历教育的指导意见》。意见指出国家开放大学非学历教育到2020年要取得五项阶段性成果：一是通过新建、共建、购买等方式，非学历教育项目基本覆盖中国现有产业大类，每年培养培训总规模达到1000万人次；二是形成若干个具有较高社会知名度和美誉度，具备较强市场竞争力和影响力的非学历教育项目，初步形成具有国家开放大学特色的独有品牌；三是在整个办学体系内，形成适应非学历教育事业发展的管理体制、运行机制、业务模式和制度规范，灵活开放、运转有序；四是国家开放大学逐步成为非学历教育市场的重要参与者和整合优质教育资源的平台，对各级各类社会机构的资源吸纳和服务能力得到明显提升；五是国家开放大学非学历教育以互联网和移动互联网为主要支撑和基本特征，技术与教育深度融合，基本呈现出新的运营和服务模式。《意见》提出发展非学历教育的主要原则，还针对推进分类管理、创新体制机制、发挥系统优势、强化规范管理、促进协同发展、扎实推进实施提出明确要求。

（孙明博）

【推出首门移动学习课程】 11月25日，国家开放大学首门移动学习课程“现代汉语专题”接受专家审定并通过验收。“现代汉语专题”移动学习资源的开发历时两年，将专科现代汉语所需学习的内容拆分为5个模块，分别开发独立的手机软件（APP）。学习者可以根据自己需求和兴趣安装自学。

（孙明博）

【推进继续教育学习成果认证与转换试点工作】 12月15日，国家开放大学召开继续教育学习成果认证、积累与转换试点工作推进会。国家开放大学学分银行信息平台及新版门户网站同步开通。6所开放大学共同发起《加快推进学分银行建设联合行动倡议》。继续教育学习成果认证、积累与转换制度从前期的顶层设计及局部

探索，正式转入全面试点阶段。此次试点由教育部职成司委托国家开放大学组织实施，地方开放大学和广播电视大学、有关部委行业、院校及培训机构共同开展。试点充分利用“国家继续教育学习成果认证、积累与转换制度的研究与实践”项目成果，主要内容包括学习成果互认联盟建立、认证单元（标准）制定、标准应用、资源共享与学分互认、学分银行信息平台之间以及与异构系统的互联互通、学习成果认证服务体系建设、学分银行服务于学习型组织建设等，同时还专门设计针对教师、农民、士官和老年人等特定人群终身教育学分银行建设项目。该项目开展以来，在全国建立 47 个国家开放大学学习成果认证分中心（认证点），覆盖 30 个省市地区、14 个行业。国家开放大学学分银行已完成 300 余万在籍生的数据梳理、分类和导入，并为其建立学分银行账户。

（孙明博）

【举办 25 期骨干教师高级研修班】 至年底，国家开放大学共举办 25 期骨干教师研修班。研修对象除专业教师外，拓展到学习中心校长、管理人员、服务人员（班主任）、科研人员和技术人员。研修内容上，初步形成围绕国开战略发展和业务需求的课程体系。研修模式上，借鉴和引入企业培训效果较好的团队引导、跨界学习、主题工作坊等形式。研修运营上，逐步沉淀出契合骨干教师研修需求的动态师资库。来自全国各地 1640 名骨干教师参与研修并获得结业证书，学员满意度高达 92%。

（孙明博）

北京教育学院

党委书记 杨公鼎
院　　长 李方（3 月免）
何劲松（3 月任）

【概况】 2015 年，北京教育学院占地面积 9.59 万平方米，产权校舍建筑面积 15.65 万平方米。全年教育经费投入 24635.70 万元，其中，国家拨款 18895.40 万元、自筹经费 5740.30 万元。固定资产总值 28683.02 万元，其中，教学、科研仪器设备总值 3514.36 万元。图书馆建筑面积 2961.80 平方米，藏有纸质图书 67 万册、电子图书 1668.20GB。拥有计算机 2085 台，多媒体教室座位 4300 个。学校信息化经费投入 580.50 万元，信息化设备资产 434.60 万元，网络信息点 1400 个，校园网出口总带宽 1000Mbps，电子邮件系统用户 676 个，上网课程 140 门，数字资源量 3100GB，管理信息系统数据总量 0.80GB。设有黄寺校区、文兴街校区和中轴路校区等 5 个校区。设有 21 个教学系，开设 19 个专业，覆盖 4 个学科。教职工 557 人，其中，专任教师 252 人，包括教授 14 人、副教授 96 人。聘请校外教师 64 人，其中，教授 2 人、副教授 7 人。毕业生 827 人，其中，专科生 561 人、本科生 266 人。招生 725 人，其中，专科生 284 人、本科生 441 人。在校生 2563 人，其中，专科生 1532 人、本科生 1031 人。全年培训 54185 人次。网址：www.bjie.ac.cn。

（刘琳）

【承办西澳大学汉语培训项目】 1 月 5 日，2015 年澳大利亚西澳大学汉语培训项目在教育学院开班。西澳大学 126 名大学生在京进行为期 1 个月的汉语和中国文化学习。教育学院自 2005 年起承办该短期培训项目，截至 2015 年年底，共培训西澳大学留学生 600 余人。

（刘琳）

【举办初中青年教师教学技能培训展示比赛】 1 月 17 日，初中青年教师

教学技能培训展示比赛在教育学院举行。该活动由教育学院与中国教育技术协会微格教学专业委员会主办，教育学院朝阳分院、丰台分院协办。参加展示的 260 名教师来自全市 11 个区县，全部接受过教师微格教学技能培训，涉及语文、数学、英语、体育、信息技术、劳动技术等 16 个学科。评委共 45 人，由教学技能专家、学科教研员和初中学科优秀教师组成。通过比赛，47 名教师的教学展示被评为一等奖。

（刘琳）

【连续第五年举办积极心理教育大讲堂】 4 月 11 日，2015 年积极心理教育大讲堂在教育学院开班。该培训主题为“树立积极心理教育的理念，提升积极乐观的情绪”，旨在使学员系统学习积极心理学理论，转变心理教育视角，提升自我积极情绪，将积极情绪的内容与培养方法设计到心理学科课程中，探索心理咨询与辅导工作新机制。培训为期 8 个月，共 200 课时。参训学员是来自 16 个区县的 168 名中小学学科教师和心理教师。培训课程分为积极心理理论专题学习、积极心理课程实践研修、积极心理视角问题转化、网络学习、成果提炼与汇编等模块。该项目自 2011 年启动。

（刘琳）

【承办区县师资培训】 5 月 16 日和 7 月 14 日，教育学院分别承办东城和顺义师资培训。5 月，东城区教委与东城区教师研修中心委托教育学院举办的东城区中等职业学校青年教师培训班开班，培训主题为信息时代环境下中职学校青年教师教育教学能力的提升。参训学员共 50 人，均为东城区中职学校各学科青年教师，年龄在 35 周岁以下。培训模块分为师德培训、教学教法培训、信息化培训三个部分，为期 1 年，共计 180 课时。7 月，教育学院承办的 2015 年顺义区幼儿园业务园长、教师培训开班。顺义区 43 名业务园长和 44 名新幼师分别参加为期 8 个月和 1 年的培训。业务园长培训班旨在帮助业务园长提升教学管理水平；教师培训班旨在使非学前教育专业的幼儿园教师掌握现代幼儿教育理念，提升保育教育能力。

（刘琳）

【开展“寻找身边的榜样”主题活动】 5 月 25 日，教育学院启动以“寻找身边的榜样”为主题的大型思想政治教

育活动。活动旨在通过在全院教职工范围内寻找、树立和学习先进典型，持续传承学院文化，弘扬学院精神，在学院培育和践行社会主义核心价值观。活动历时8个月，各党总支在院党委统一部署下，动员本总支所属各部门（二级学院）教职工，主动发现，积极挖掘，采用组织推荐、群众推荐、团队或个人自荐等形式寻找身边的榜样（团队或个人），同时征集榜样人选的感人故事、典型事迹稿件。经过评审，43篇征文获奖，包括一等奖15篇、二等奖14篇、三等奖14篇；12个优秀团队和12名优秀个人被评选为“教院榜样”。

（刘琳）

【承办教育部培训项目】　6月10日和10月13日，教育学院承办的两个教育部培训项目分别开班。6月，“中小学校长国培计划”名校长领航北京教育学院班启动。教育学院作为全国名校长领航工程8家培养单位之一，确定“夯实专业功底，助力名校长领航”培养主题，推行双导师制，实施个性化培养，帮助参训校长深知真教育、研究真问题、提炼真思想、实践真创新、展示真成果、领航真示范。该项目自2015年6月起至2018年5月止，学院承担来自中部、东部、西部三个地区8名校长培养任务，分为启航、护航、领航三个阶段。10月，2015年教育部“边远贫困地区农村校长助力工程”在教育学院开班。培训为期25天，50名学员参加培训，均为来自中西部边远贫困地区的中小学校长。该培训以“因地制宜建设学校特色”为主题，分为“铺垫与准备”“集中培训”“跟岗影子学习”“学校特色建设方案制订”和“返岗实践”五个阶段，旨在指导学员围绕当前农村学校特色建设中存在的现实问题，开展有针对性的理论研究和实践学习，设计出符合学员所在学校实际情况的学校特色建设改进方案，使农村学校面貌有所改变。

（刘琳）

【开展新任教师培训试点】　8月18—27日，教育学院在昌平区和顺义区组织新任教师集中培训。共培训幼儿园、小学、初中、高中四个学段24个学科857人。该培训目标包括提升

职业认知、学会教育教学、胜任教师岗位三个方面。培训内容为认识学校、认识教师、认识学生、认识学科、认识课堂五个方面。新教师培训面向中小幼各学科新任教师开展，至2015年6月结束，共360学时。培训团队还以幼儿园教师和小学教师为对象研制2.5年成人本科层次应用型教师教育人才培养实验项目方案。

（刘琳　陈红）

【承办“国培计划”四大类示范性项目】　9月10日，“国培计划（2015）”

体育美育骨干教师培训项目北京教育学院小学体育班（第一期）100名学员到教育学院参加培训。至11月底，该院共承担体育美育骨干教师培训项目、骨干班主任教师研修项目、一线优秀教师培训技能提升研修项目、培训团队研修项目四大类项目11个培训班、723名学员的培训任务。培训均为期10天，主题、形式各异。

（刘琳　赵苏杭）

【召开附属校联盟课程计划研讨会】　10月28日，教育学院召开学院附属实验学校联盟课程计划研讨会。来自教育部，市、区教委领导，教育学院、北京大学、清华大学、北京师范大学、国家教育行政学院等高校专家教授以及该院附属实验学校校长共400人参加会议。会议以“走向学校课程的未来时代”为主题，5所附属实验联盟校进行15节课堂教学展示。该院副院长作主旨报告《走向学校课程的未来时代》，提出建立在实践总结基础上的“三元全息课程”新概念。附属大兴实验小学、附属中学、附属海淀实验小学、附属丰台实验学校、合众美华（Artybright）教育投资有限公司负责人先后发言，分别介绍课程建设方面的实践探索。大会正式发布“三元全息课程”启动宣言。以教育学院附属实验学校联盟为主体的“未来教育研究院”正式成立，该院副院长任研究院首任院长。

（刘琳）

【成立学生发展研究中心】　11月20日，教育学院召开“学生发展研究中心”启动暨座谈会。该院领导及4所基地校校长、所在区县教委主管领导共20人参加会议。会议宣布成立学生发展研究中心。该中心旨在使学生研究工作能够系统推进、全面开展、深入持久，实现“为教育发展服务、为社会服务、为学生发展服务”目标，同时搭建学院学生发展研究的重要学术平台。该院教授担任学生发展研究中心主任，4名基地校校长任“特聘研究员”。

（刘琳）

【举办首次英语教育戏剧工作坊活动】　11月24日，教育学院联合卓美教育公司举办首次英语教育戏剧工作坊活动。来自全市15个区县的小学英语骨干教师、教研员及学院教职工共110余人参加活动。活动以全英文方式进行，穿插专题讲座、课堂体验、戏剧实践和讨论问答等环节。该活动由英语教育戏剧专家南希·逊（Nancy Soon）主讲。

（刘琳）

【北京市中学英语教师培训项目结业】　12月23日，教育学院在通州区潞河中学举行北京市中学英语教师培训成果展示交流暨结业典礼。2015年，教育学院承担“绿色耕耘”培训、市级骨干教师培训、城乡一体化培训等项目中的中学英语教师培训项目共7个班183人的研修任务。举办该活动旨在更好地展示培训成果，促进学员之间深度学习与交流，发挥培训辐射作用。小学项目结业仪式于次年1月7日在平谷区第八小学举行，共6个培训班约180名小学英语教师结业。

（刘琳）

北京开放大学

党委书记 沈玉宝
校　　长 胡晓松（7月免）
　　　　　黄先开（10月任）

【概况】 2015年，北京开放大学占地面积2.61万平方米，产权校舍建筑面积4.56万平方米。全年教育经费投入20871万元，其中，国家拨款11081万元、自筹经费9790万元。固定资产总值14122.23万元，其中，教学、科研仪器设备总值7942.80万元。图书馆建筑面积1900平方米，藏有纸质图书4.62万册、电子图书1239.26GB。拥有计算机1840台（包括教学用计算机1395台），多媒体教室42间。学校信息化设备资产5044.90万元，网络信息点3100个（包括无线接入100个），校园网出口总带宽1260Mbps，电子邮件系统用户13216个，上网课程892门，数字资源量32522.97GB，管理信息系统数据总量3600GB。设有3个校区，47个分校（学院）、学习中心、教学点、工作站。设有8个学院，开设16个本科专业，涵盖7个一级学科；27个专科专业，涵盖11个大类。教职工290人，其中，专任教师111人，包括教授6人、副教授29人。聘请校外教师288人，其中，教授5人、副教授54人。毕业生14819人，其中，专科生10048人、本科生4771人。招生13470人，其中，专科生8201人、本科生5160人，“一村一名大学生计划”109人。此外，电视中专招生270人，推进汉语国际教育教学招收短期培训留学生216人。在校生84559人，其中，中专生328人、专科生53899人、本科生30332人。网址：www.bjou.edu.cn。

（高玉英）

【组织第八期小学数学教师网络研修项目】 3—12月，北京开放大学完成第八期北京市小学数学教师网络研修项目。学员为延庆、平谷、顺义以及东城区的一线小学数学教师，共835人。研修探索线上线下相结合的教师网络研修模式，研修过程实现基于数据分析的学情监测和学习支持服务。3月，北京开放大学在延庆教委召开“北京市小学数学教师专业发展网络培训”项目第八期启动会。该项目是北京开放大学受市教委委托的市级教师培训项目，研修注重线上研修与线下教研活动的整合，创设网络研修、在线导学、线下教研、专家答疑、微信研修等多种机制，通过跨部门、跨机构的合作，探索基于网络的混合式教师培训新模式。该项目自2011年启动，北京地区小学数学教师参训学员达6600余人，覆盖京郊各区县，教师足不出户即可享受优质教育资源，提升执教能力。

（高玉英）

【为农家女学校捐书】 5月20日，

北京开放大学在昌平开展为北京农家女实用技能培训学校捐书活动。捐书仪式上，学校鼓励农家女学校学生好好学习、多读书，并围绕读书征文主题“阅读点亮中国梦”与农家女交流，指导撰写征文。捐书活动是该校2015年世界读书日系列活动之一，共捐赠征集的图书520册、图书馆过刊90种、北京市民终身学习课程目录5套、资源光盘14套以及职工捐赠的笔记本等。北京农家女实用技能培训学校是一所专门为全国贫困地区贫困家庭女青年免费开展实用技能培训的公益学校。

（高玉英）

【“京学网”参加全国职业院校创新成果交流展】 7月2—4日，2015全国职业院校学生技能创新成果交流会在天津国际经济贸易展览中心举办，北京开放大学承建的北京终身学习网（“京学网”）作为北京终身学习服务的品牌成果参加交流展。在“京学”体验学习区，通过展板、大屏幕播放精品课程和专题片、发放京学宣传品和课程光盘等方式，展示“京学网”服务终身学习的理念和智慧学习系统对个性化终身学习的支撑。观众现场体验“京学网”在线课程，通过手机扫描“京学”二维码，即可现场下载安装“京学”移动端APP，实时体验移动学习。“京学网”是由市政府支持，北京市建设学习型城市工作领导小组办公室直接领导，北京开放大学承建主办，面向全民终身学习，提供公益性课程和学习服务的开放学习平台，以个性化定制学习服务为核心，汇聚优质教育资源，创新学习探索模式，借助互联网，建立终身学习链接，共建智慧学习系统，提供个性化学习的定制服务、社区教育服务、学校教育的延伸服务、特定职业群体的大规模网络培训。“京学网”列入2015年市政府为百姓办实事折子工程，通过与各区社区学院、社区教育中心、职业院校合作，实现与京学网的互联互通。

（高玉英）

【联合举办全科式社工人才培训】 9月23—25日，北京开放大学与北京市丰台区社区学院联合举办第一期“全科式社工人才”培训班。培训旨在更好地服务社区教育，为基层社区培育一批能够带领居民群众依法开展自治的社会化、职业化、专业化、规范化的“全科式社工人才”。培训邀请专家讲授政治理论、市场经济、社会治理、城市化建设、法律法规、社区业务等知识。培训期间，还组织学员参观北京市海淀区北太平庄街道温馨家园。通过理论学习、优秀社区实地考察方式，对丰台区“新花园”辖区社工及社区工作者进行培训，同时进行业务知识交流。来自丰台区新村、花乡、园区三个街道办事处的社工人员及其下辖居委会的社区工作者共130人参加培训。

（高玉英）

【开展首届系统教师教学基本功比赛】

9月24日，北京开放大学举办首届系统教师教学基本功比赛颁奖大会。海淀分校、石景山分校、大兴分校、延庆分校和医药学院5所分校获得优秀组织奖。分校组18名教师、市校组11名教师获奖，其中8名教师获得单项奖。比赛分初赛和决赛两部分，共415名教师参加初赛，29名教师进入决赛。4月15—16日举行决赛，分说课、讲课、问答三个环节，两组评委通过10分钟Moodle平台教学设计思路展示、20分钟课堂教学展示、随机抽题的基本素质测试对参赛选手进行综合评价，另外新增两组学生评委与比赛选手进行互动，并对参赛选手进行打分及点评。

（高玉英）

【学报更名】 10月，北京开放大学学报《北京广播电视大学学报》正式更名为《开放学习研究》（双月刊）。《开放学习研究》以“关注传播国际开放学习的前沿新知，提炼推介本土远程教育的创新实践”为宗旨，进一步提升学术品位和学术影响力，促进远程教育和开放学习领域的理论与实践研究、学术交流和服务开放大学建设。12月，该刊入选2015《中国学术期刊影响因子年报》统计源期刊，获得统计刊源证书。《北京广播电视大学学报》（16开，双月刊）创刊于1996年，是市教委主管、北京广播电视大学主办的学术期刊，是以教育学及社会科学、自然科学相关学科的研究为主要内容的大学综合性学术理论期刊。

（高玉英）

【举办教师专业能力建设工作坊】 11月4—6日，北京开放大学举办教师专业能力建设工作坊。工作坊围绕远程教育理论与实践前沿、教学基本能力与课程设计、教育科研方法与能力建设、团队建设活动四个主题展开，通过专家报告、讲课视频观摩以及各类团队活动，对远程教育改革发展的新趋势和动向、教学设计的思路与方法、讲好面授辅导课的经验与技巧、教师的职业发展、科学研究的基本方法进行研讨和学习。来自校本部及基层教学单位120余名教师参加工作坊。

（高玉英）

北京宣武红旗业余大学

【概况】 2015年，北京宣武红旗业余大学占地面积7415平方米，产权校舍建筑面积11015平方米。全年教育经费投入3357.12万元，其中，国家拨款2782.60万元、自筹经费179.43万元、预算外收入395.09万元。固定资产总值1479.05万元，其中，教学、科研仪器设备总值90.65万元。图书馆建筑面积300平方米，藏有纸质图书6.50万册、电子图书4800册。学校信息化经费投入117万元，信息化设备资产379.89万元，网络信息点600个，校园网出口总带宽110Mbps，上网课程52门，数字资源量82GB，管理信息系统数据总量108GB。设有1个校区，5个教学系部，开设17个专业，覆盖12个学科。教职工89人，其中，专任教师48人，包括教授2人、副教授11人。兼职教师56人，包括教授6人、副教授20人。专科学历毕业生205人、招生387人、在校生771人；北京理工大学继续教育学院红大教学站毕业生77人、招生43人、在校生109人；北京交通大学继续教育学院毕业生328人、招生169人、在校生1014人；北京师范大学继续教育学院毕业生40人、招生10人、在校生86人。全年培训19270人次。网址：www.hqdx.com。

（王晋）

【举办公务员系列培训班】 3—12月，红旗业大分别为西城区白纸坊街道、金融街街道、区体育局、区残联等单位举办公务员培训班。培训以提升干部政治素质和业务水平为目的，采用专题讲座、拓展训练、实践考察等方式，培训内容包括理论水平、应急管理、警示教育、团队协作等。来自西城区白纸坊街道、金融街街道、区体育局、区残联4个单位共400余名干部参加培训。

（王晋）

【挂牌广外社区家长学校】 6月3日，红旗业大正式挂牌成为西城区广外街道社区家长学校。学校利用自身场地，着手打造社区家教师资队伍，以研究助推家庭教育工作，联合辖区各校共同开展家庭教育。成立社区家长学校是该校拓展社区教育功能，构建具有西城特色的终身教育体系又一创举。

（王晋）

【举办学习型社区建设工作推进培训会】 7月6日和12月2日，西城区2015年学习型社区建设工作推进培训会在红旗业大召开。培训内容主要包括学习型城市建设、学习型社区评估、学习型社区建设经验介绍、社区治理创新等方面。来自全区15个街道256个社区相关负责人分两批参加培训。

（王晋）

【签署职业教育合作协议】 9月21日，红旗业大与中国老教授协会职业教育研究院签署合作协议。根据协议，红旗业大与中国老教授协会职业教育研究院在职业教育方面开展全方位合作。合作内容包括联合招生、教学管理、课程建设等方面。

（王晋）

北京市总工会职工大学

【概况】 2015年，北京市总工会职工大学占地面积2.07万平方米，产权校舍建筑面积2.87万平方米。全年教育经费投入3043万元，其中，国家拨款2286万元、自筹经费757万元。固定资产总值4218万元，其中，教学、科研仪器设备总值449万元。图书馆建筑面积950平方米，藏有纸质图书6.63万册、电子图书8万册。拥有计算机714台，多媒体教室座位2432个。学校信息化经费投入187万元，信息化设备资产659万元，网络信息点350个，校园网出口总带宽40Mbps，电子邮件系统用户205个，上网课程254门，数字资源量80GB，管理信息系统数据总量870GB。设有工会理论与职工教育研究所、素质工程工作部、继续教育部、职业技能培训部等教学科研机构及9个职能教辅部门。设有1个教学系，开设21个专业。教职工110人，其中，专任教师54人，包括教授2

人、副教授6人。聘请校外教师104人。毕业生679人，其中，党校研究生班41人、北京开放大学30人、成人高考608人。招生442人，其中，党校研究生班36人、北京开放大学169人、成人高考237人。在校生1866人，其中，党校研究生班106人、北京开放大学350人、成人高考1410人。全年培训工会干部13562人。网址：www.ghgy.com.cn。

（杜雅楠）

【第四批首都农民工大学生助推计划开学】 3月7日，市总职大第四批“首都农民工大学生助推计划”新生开学。市总职大录取328人，涉及近百个企事业单位。涵盖建筑工程管理、人力资源管理、工商企业管理、物业管理、会计电算化、市场营销6个专业，其中物业管理专业为2015年新设专业。学员每周六周日上课，经过2.5年业余学习，毕业后可获得国民教育序列的专科毕业证书。该计划由北京市总工会推出，是为农民工学员提供的定制化教育项目，是由工会、行业（企业）和教育机构共同搭建的农民工教育服务平台。

（杜雅楠）

【首都园林绿化行业职工技能培训基地授牌成立】 3月20日，首都园林绿化行业职工技能培训基地授牌仪式举行。百望山森林公园、八达岭林场、共青林场、大东流苗圃、黄垡苗圃5家单位成为首都园林绿化行业首批职工技能培训基地。基地围绕首都园林绿化行业涉及的各个工种，由市总职大和林业干部学校每年制订培训计划，以国家职业资格证书和新兴行业职业能力认证证书为依托，培养高技能人才。5家职工技能培训基地是市园林绿化局的直属单位。

（杜雅楠）

【“学分银行计划”项目通过检查评估】 5月，市总职大“学分银行计划”项目燃气集团教学站、燕山石化公司教学站、北京现代教学站、北汽福田教学站分别接受市教委对高等学校在京成人高等教育校外教学站的检查评估。至年底，“学分银行计划”项目完成第九级招生。2015年该项目在北汽福田汽车股份有限公司等企业共录取202人，涉及汽车制造与装配技术、城市燃气工程技术两个专业。“学分银行计划”是市教委于2006年推出的高等学校教育教学改革立项项目，是校企合作的学历教育项目。该项目共与北京燕山石化公司、北汽福田汽车股份有限公司、北京燃气集团公司等7家大型企业开展过成人高等职业教育合作办学工作，共录取2302人，毕业1606人。

（杜雅楠）

【开展职工读书系列活动】 6月8日至7月31日，市总职大组织开展职工读书系列活动。该校素质工程指导委员会办公室以通用能力专版教材《工会在身边》为参考组织职工读书系列活动，活动以“工会在身边”为主题，包括知识竞赛、主题征文、网上点赞等。知识竞赛活动通过报纸、网络答题，共吸引全市81875名职工参与。活动期间共收到征文1000余篇，为使征文活动成果得以展示，特组建评审组对征文进行集中评审，评出优秀征文109篇，并上传至素质工程“学习超市网”，由职工在网上投票评选最喜爱的作品，投票职工人数3万人次。

（杜雅楠）

【继续教育学生获得学士学位】 9月19日，市总职大继续教育部2013级行政管理本科专业9名学生获得首都经济贸易大学行政管理专业学士学位。此次学位申请的组织工作，体现该校与普通高校在学历教育层次上的深度合作，学校办学水平得到进一步提升。

（杜雅楠）

【拓展科学家（专家）走进职工创新工作室项目】 至年底，市总职大拓

展科学家（专家）走进职工创新工作室项目。该校素质工程指导委员会办公室联合北京市职工技术协会在全市400余家市级职工创新工作室中，征集30家有典型示范性、带有创新项目的市级职工创新工作室，涉及区县工会和工业国防、建筑业、服务业、交通运输业、政法文卫5大产业工会。参与指导职工创新工作室的科学家、专家共120人，其中，院士2人、教授20人（含6名博士生导师）、研究员10人、教授级高级工程师58人、高级工程师30人。创新成果涵盖现代禽业养殖、食品加工、城市环境保护、电子装备制造、汽车制造、光缆通信、北京市非物质文化遗产天坛神乐署雅乐文化的传承与创新等数十个领域。其中，北京七星华创电子股份公司牟昌华创新工作室“CS100气体质量流量控制器研发”和北京京仪椿树整流器有限责任公司刘军创新工作室“智能高效晶体生长电源系统开发”技术项目实施后，每年为企业创造价值上千万元。

（杜雅楠）

【开发三门新教材】 至年底，市总职大共开发《2015年开发创新思维训练》《工作安全》和《职业健康》三门新教材，并同步录制教学视频，供职工在线学习使用。至年底，该校首都职业素质建设工程通识课程专版教材达到32门，认定企业自主开发课程110门。

（杜雅楠）

【发放首都职工数字图书阅览卡】 至年底，市总职大首都职工素质建设工程指导委员会办公室向各区县、局总公司、金融工会、教育工会等95家单位发放数字图书阅览卡2万张。向困难企业、困难职工累计配发图书5万余册。广大职工可通过图书阅览卡阅读职工数字图书馆拥有的71986册电子图书、114种数字报纸、123种电子期刊、1055卷工具书和213册年鉴。至年底，浏览该校数字图书资源的职工超过60万人次。

（杜雅楠）

【开展技术工人职业培训】 至年底，市总职大面向北京市企事业单位深入开展“技术工人职业培训”活动。与中国建筑第二工程局有限公司、北京市住总集团、北京市园林绿化局、首农集团三元食品股份有限公司等近百家企业合作，全年参训优秀技术工人1500人，涵盖智能楼宇管理、森林病

虫害防护、急救护理、高端餐饮等专业。经过系统培训后，参训企业学员的岗位技能水平得到不同层次提升，其中，急救护理专业 200 名参训学员全部取得“ICU 专科护士资格”证书；100 名智能楼宇管理专业学员参训后，报考相应国家职业资格等级认证考试。

（杜雅楠）

【培训工会干部 13562 人次】 至年底，市总职大培训工会干部 13562 人次。全年共举办各层次、各类别培训班 67 期，包括北京市总工会 2015 年教育培训计划内班次 28 个，培训人数 4938 人；北京市总工会对口支援培训项目 4 期，培训人数 220 人；计划外班次 28 个，培训人数 6197 人；全国总工会计划内班次 6 个，培训人数 357 人；送教上门项目 23 个，培训人数 1850 人。

（杜雅楠）

北京市西城经济科学大学（北京市西城区社区学院）

【概况】 2015 年，北京市西城经济科学大学（北京市西城区社区学院）占地面积 4.10 万平方米，产权校舍建筑面积 2.10 万平方米、独立使用占地面积 2.10 万平方米。全年教育经费投入 8649.46 万元，其中，国家拨款 8070.93 万元、自筹经费 578.53 万元。固定资产总值 1542.80 万元，其中，教学、科研仪器设备总值 673.90 万元。图书馆建筑面积 1500 平方米，藏有纸质图书 10.70 万册。拥有计算机 868 台，多媒体教室 36 个。学校信息化经费投入 27.47 万元，信息化设备资产 868.80 万元，网络信息点 1 个，校园网出口总带宽 30Mbps，电子邮件系统用户 145 个，上网课程 46 门，数字资源量 110GB，管理信息系统数据总量 20GB。设有 4 个校区，4 个教学系，开设 12 个专业，覆盖 7 个学科。教职工 137 人，其中，专任教师 60 人，包括副教授 19 人。毕业 752 人。招生 572 人。在校生 1281 人。中央民族大学远程与继续教育学院西城经科大教学站毕业 53 人、在校生 40 人。中国传媒大学远程与继续教育学院西城经科大教学站毕业 383 人、在校生 1040 人。全年开设 27 个项目培训 8524 人。网址：www.xcjkd.org。

（何伶）

【组织实践教学成果展示】 9 月 15—22 日，西城经科大组织实践教学成果展示。该校 22 名教师展示所担任课程中实践教学的完成情况，包括实践教学过程的方案设计、手段应用、实施环节等。专任教师和教辅人员 52 人参加观摩学习，学术委员会成员 15 人作为评审员，根据《实践教学完成情况评分标准》中数量和质量两项指标逐项打分，共计 100 分，其中，数量指标 60 分（网络教学资料、学生实践作业等），质量评价 40 分（实践课内容和目的安排科学有效等），评审员在教师展示过程中可提出问题，请教师给予阐述说明，最终评出 5 名优秀教师并给予奖励。2013 年，该校在教学计划中增加实践教学课时的比重，约占教学计划 30%，并制定《实践课程实施管理暂行规定》和《实践课设计及进度检查表》，目前实践课形式有任务引领法、现场教学、小组合作、多媒体展示、分组对抗式、聘任实践教学顾问指导教学等，把实践课迁移到工作岗位或模拟环境中，理论知识与实践应用相结合，做到学以致用。

（何伶）

【举办第五届社区专场音乐会】 11

月 25 日，西城经科大举办第五届社区专场音乐会。该校交响乐团为社区居民演出《红旗颂》《红色娘子军》《黄河大合唱》等 11 首红色经典曲目。来自西城区各街道 350 余名市民观看演出。社区专场音乐会于 2010 年启动，是该校与西城区教委、西城区文明办作为西城区市民学习周的一个品牌项目，每年举办一届，目的是丰富社区市民文化生活，提升市民综合素质。

（何伶）

【校外教学站检查评估合格】 12 月 18 日，西城经科大校外教学站检查评估合格。该校根据市教委新修订的评估指标体系和工作流程进行自查，并接受市教委专家组实地检查、集中汇报、质询和指导，目的是纠正各种不规范办学行为，维护校外合作办学秩序，以评促改，以评促建。经专家组综合评议，西城经科大北京市实美职业学校校外教学点、中国传媒大学远程与继续教育学院西城经科大教学站为合格教学站。

（何伶）

【4 个培训项目首批开班】 至年底，西城经科大 4 个培训项目首批开班。该校开设社区工作者骨干人民调解专项能力班、环卫中心干部培训班、妇女儿童发展中心干部培训班、人事干部视频编辑培训班 4 个，面向西城区事业单位的公务员，以学校专任教师授课为主，采用面授、讲座的形式，开设民事诉讼案例庭审观摩、调解中法律知识的运用技巧、视频编辑、绘画和艺术设计的知识与作品赏析、摄影基础和艺术提升等 20 门课程，组织依法治国与法制思维、心理调节与减压、工作场所的礼仪与沟通技巧等 6 场讲座，共计 222 课时，284 人参加培训，其中 2 个培训班还进行分组讨论和结业考试，155 人获得结业证书。

（何伶）

【西城区市民终身学习成果认证制度实施 5 年】 至年底，西城经科大承办的西城区市民终身学习成果认证制度实施 5 年。2015 年认证点数量达 105 个，覆盖 45 个社区街道，注册个人学习账户 83476 个，包括退休人员、在职人员、中小学生等 8 个人群类别。学习型西城网络在线访问量

3447898人次。组织认证单位工作总结会议和认证兑换与学分课程建设工作会议，举办认证管理员培训和学分课程任课教师培训，建立市民学习圈与在线积分超市学习平台和208人的普及宣传志愿者队伍。开设68门课程和10门积分兑换实物课程，对4337名持卡学员进行积分兑换，表彰10名优秀学分任课教师和155名优秀认证学员。制定《西城区市民终身学习成果认证制度管理规定》《西城区市民终身学习成果认证制度用户手册》和《认证管理员账户积分奖励办法》，从制度上完善认证点工作职责和工作流程。该认证制度于2011年启动，是西城区学习型城市示范区建设工作中的示范项目之一，由该校协助区政府承办市民参与终身学习的教学服务工作。

（何伶）

【组织学生实践教学活动】 至年底，西城经科大组织学生实践教学活动。其中，带领2014级工商管理专业学生到西城区人民法院旁听法官依法审案的过程，并聘请法官做实践教学法学顾问；组织行政管理专业约30名学生赴密云县蔡家洼村参观新农村建设，要求学生完成一篇社会调查报告作为实践课作业；开展纪念中国抗日战争暨世界反法西斯战争胜利70周年征文比赛，共20篇，评出奖项给予奖励。

（何伶）

农村成人教育

【继续开展“文化助乡”工程】 至年底，市教委继续开展“文化助乡”工程。对房山区张坊镇西白岱村、怀柔区琉璃庙镇西台子村、密云县巨各庄镇蔡家洼村3个文化村试点建设。北京市于2014年确定上述3个文化试点村，将农民艺术节“乡村大舞台”的优秀成果、先进理念和经验送到基层，组织全市专业艺术团体和专业艺术院校文化志愿者20余人成立3支文化志愿者团队，帮助乡村改编、提高、创作属于自己的原创文艺作品，并辅导农民自编自演，鼓励农民走上舞台展示风采，带动和培训近300名农民走上舞台进行才艺展示。

（陈斌　胡雨）

【搭建“安康社区”教育平台】 至年底，市教委搭建“安康社区”教育平台。该平台与中国广播数字联盟、丰台社区学院共同搭建，推进社区教育发展。

（陈斌）

【实施农村实用人才培养和新型职业农民培育工程】 至年底，市教委实施农村实用人才培养和新型职业农民培育工程。开展新型职业农民学历教育的大纲制定、课程改革、教材编写、课件制作等工作，举办农村成人教育干部教师培训班4期368人，市级高级农村实用人才培训班5期600人，培育新型职业农民1535人。

（陈斌）

学习型城市建设

【举办北京市建设学习型城市工作骨干研修班】 4月21—22日，市教委、

联想集团和朝阳社区学院共同举办北京市建设学习型城市工作骨干研修班。这是市教委在“转型变革、联想融合——北京职业院校校长领导力高级研修班”基础上，依托跨国高端企业对从事学习型城市工作骨干进行一次“头脑风暴”的崭新尝试。培训将以往行政主导式培训改为企业主导式培训，引入联想集团培训力量，将企业成功经验和管理模式融入学习型城市建设中，真正实现现代企业发展与学习型城市建设相融合。以开放式、互动式的组织学习与集体行动为主，从如何建立学习型团队、联想管理三要素与管理艺术来开创学习型城市新局面等问题进行分享式学习。来自16个区县和燕山地区主管学习型城市建设领导、教委主管职成教副主任、职成科（社教科）科长、社区学院院长、社教中心主任、成教中心主任、各区县学习型城市工作骨干、市建设学习型城市专家组成员以及41所职业院校中高职院校校长（书记）共180余人参加培训。

（胡雨）

【评选第六批首都市民学习之星】 4—9月，北京市建设学习型城市工作领导小组开展第六批首都市民学习之星评选活动。各系统、驻京各高等院校、各区县共推荐报送271人参加评选，经专家评审，最终认定100人为第六批“首都市民学习之星”，并在北京市第十一届全民终身学习活动周开幕式上给予表彰。

（陈敬文）

【获国际学习型城市奖】 9月，北京市在第二届国际学习型城市大会上获“国际学习型城市奖”。北京市组团赴墨西哥城参加第二届国际学习型城市

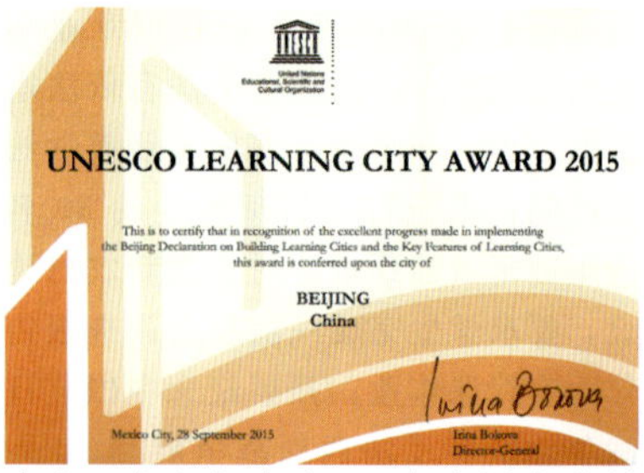

大会，会上与来自90余个国家的城市代表交流分享北京市建设学习型城市经验，全球12个城市被联合国教科文组织授予“国际学习型城市奖”，北京市作为中国唯一城市代表获得该奖项。

（陈敬文）

【市成教学会社区教育工作委员会成立】 10月27日，北京市成人教育学会社区教育工作委员会成立大会暨揭牌仪式在北京市西城经济科学大学举办。该工作委员会是由市成教学会主办的成人教育性质社会团体，会员由北京市朝阳区职工大学、北京宣武红旗业余大学、北京市丰台区职工大学、北京市海淀区职工大学、北京市崇文区职工大学、北京市东城区职工业余大学、北京市石景山区业余大学、北京市西城经济科学大学8所成人高校和西城区新街口社区教育学校等12所社区教育学校组成，协助政府承担学习型城区建设任务。西城经科大校长任理事长，设副理事长1人、秘书长和副秘书长各1人。

（何伶）

【举办北京市全民终身学习活动周】 11月10日，2015年北京市第11届全民终身学习活动周开幕式暨海淀区职业教育发展高峰论坛在海淀区中关

村国家自主创新示范区展示中心举行。活动以“知识启迪心灵，技能创造价值”为主题，表彰2015年首都市民学习之星，并通过视频对入选事迹进行展播。同期举办的高峰论坛突出创新创业教育、“互联网＋”职业教育等内容。教育部职成司副司长就《国家职业教育的改革与创新思路》作主题演讲，市发展改革委副主任就《京津冀协同发展背景下北京职业教育发展趋势与政策》作演讲，海淀区教委主任就《重构海淀区职教体系，服务核心区经济发展——海淀区职业教育总体发展思路》作主题演讲。市教委、市发展改革委、市人力社保局、首都精神文明办等单位有关领导，来自各行各业代表以及关注职业教育发展的人士400人参加开幕式。全市共有80万人参加学习周活动。

（陈敬文）

【举办首届全国“传统文化进社区”微视频大赛】 11月17日，首届全国“传统文化进社区”微视频大赛在厦门落幕。大赛由国家开放大学、中国音乐学院、厦门市沧海区政府、教育部社区教育研究培训中心和国家社科基金“十二五”重点课题“中华优秀传统文化教育研究”课题组主办，于6月启动，旨在建设优秀传统文化传承体系，弘扬中华优秀传统文化，创建学习型和谐社区。活动共收到200余家单位提交的微视频作品513部，作品种类多样、内容丰富，涵盖国学经典、传统道德、民俗文化等9大分类80余种表现形式。其中，25件作品入围决赛，最终决出一等奖5个、二等奖10个、三等奖15个。

（孙明博）

【认定门头沟区为市学习型城市工作示范区】 12月10日，市建设学习型城市工作领导小组办公室组织专家对门头沟区建设学习型城市工作示范区工作进行全面评估。专家组在听取门头沟区领导关于创建工作的总体汇报、对主要领导进行个别访谈、与相关单位人员座谈、查阅有关档案材料、组织示范项目答辩等环节后，认定门头沟区为“北京市建设学习型城市工作示范区”。门头沟区在创建学习型城市工作示范区所做的工作中形成“社会治理、以人为本、以文化人”创建经验，值得借鉴。

（陈敬文）

【认定平谷区为市学习型城市工作先进区】 12月24—25日，市建设学习型城市工作领导小组办公室组织专家对平谷区创建学习型城市先进区工作进行全面评估。专家组在听取平谷区领导关于创建工作的总体汇报、对主要领导进行个别访谈、与相关单位人员座谈、查阅有关档案材料、实地考察等环节后，认定门头沟区为“北京市建设学习型城市工作示范区”。

（陈敬文）

（本栏责任编校　胡雨）

民办教育

综　　述

2015年，北京民办教育系统坚持加强监管，促进民办学校规范办学，增强服务，引导民办学校内涵发展，全力维护民办学校安全稳定。

加强调研，引导民办高校转型发展。

一是通过召开区县、学校、专家学者的相关座谈会，了解基层单位及学校的实际问题及困难，征求对于北京民办教育发展的意见建议，梳理分析，作为制定相关政策的依据和基础。二是设立“社会力量兴办教育鼓励政策研究”“优化北京民办非学历高等教育机构管理研究”和“教育领域新兴服务业发展机制与政策研究”等专项课题，加强宏观政策分析和理论研究力度，做好对北京市民办教育发展及学校转型发展的顶层设计。三是做好年度民办教育发展促进项目资金的拨付及实施工作。发放民办教育发展促进项目资金8235.43万元，共涉及23个学校100个子项目。重点支持6所学历院校建设14个重点特色专业；12所学历院校重点建设8个实验室、43个实训基地；支持18所民办高等教育机构建设3个实验室、12个实训基地项目；在校园安全建设项目上资助16所民办高校。四是积极配合立法调研工作，认真接待全国人大立法委员会对于《民办教育促进法》修法工作的调研，提出对于《教育法》《高等教育法》《民办教育促进法》的修改建议，对民办教育分类管理等工作提出建议。

加强规范管理，促进依法办学。

一是落实行政审批制度改革要求，梳理处室的行政许可及其他行政权力事项，整理行政权力清单，进一步规范各项行政许可事项办理流程。按市编办要求，将所有行政许可事项录入审批系统平台。二是依法开展2014年度民办高校办学状况年度检查，根据年检情况发布招生信息。在办学许可证年检工作基础上，为民政局对学校的法人年检出具初审意见。三是坚持做好招生简章及广告备案工作，通过开展网络监测工作对学校招生活动进行动态监管，全年开展网络监测5次，集中复检3次。四是依法做好行政许可及备案工作。完成学校变更名称事项1项，8所学校决策机构组成人员变更备案，并指导北京工商学院、前进大学等学校做好终止办学的相关工作。五是完成23所学校的办学许可证有效期延续工作，继续推动民办学校规范名称工作。六是认真做好信访投诉处理工作。约谈北京吉利学院、现代管理大学、北京明园大学有关领导，深入处理反映现代管理大学“现代软件学院”违规办学问题的信访件，督办北京工商管理专修学院、首都师范大学科德学院、现代管理大学及时处理家长投诉退费问题。办理北京民族大学原办学人要求申请公开北京民族大学信息事宜，调查处理北京科技经营管理学院董事长投诉原董事长侵占北京科技经营管理学院财务问题并进行回复。

加强党建指导，确保办学方向。

一是完善党建工作指导、服务和保障机制，加强基层党组织建设，组织民办高校参加第二届全国民办高校党建工作论坛，加强基层服务型、创新型党组织建设。二是贯彻落实中央、市委关于发展党员工作精神，按照“控制总量、优化结构、提高质量、发挥作用”总要求，做好发展党员工作。在严格坚持标准和程序的基础上，协调市委组织部增加民办普通高校发展党员的下达计划。完成中组部民办高校党的建设有关调研和情况统计工作，完成教育部思想政治工作司高校基层党组织和党员队伍状况统计工作。三是召开第三届民办高校督导专员兼党建工作联络员换届大会，进一步完善民办高校督导专员兼党建工作联络员服务工作机制，充分发挥其在指导党建工作、监督学校、规范办学、促进学校健康发展等方面的作用。15人被聘任为第三届民办高校督导专员兼党建工作联络员，督导联络工作已覆盖67所民办高校。

加强维稳安全，确保安全稳定。

一是指导民办高校做好全国“两会”安全稳定工作，关注国内外形势和各阶段工作特点，积极做好重大会议、重大活动和敏感时期民办高校安全稳定工作。二是加强调研，摸清规律，积极主动做好民办高校安全稳定工作，创建平安和谐校园，确保师生健康成长。深入一线，指导民办高校搞好隐患排查整治，严格落实各项制度，打牢安全稳定基础。加强民办高校保卫处长和新入职保卫干部培训，提高保卫干部队伍能力素质。三是处理突发性的安全稳定事件。

至年底，北京市共有各级各类民办学校830所，毕业生8.12万人，招生8.76万人，在校生31.31万人；教职工5.08万人，包括专任教师2.67万人。其中，民办幼儿园574所，毕业3.46万人，招生5.15万人，在园13.96万人；教职工2.61万人，包括专任教师1.28万人。民办小学60所，毕业1.03万人，招生0.74万人，在校生6.73万人；教职工0.25万人，包括专任教师0.18万人。民办初中25所，毕业0.81万人，招生0.78万人，在校生2.44万人。民办普通高中68所，毕业0.60万人，招生0.29万人，在校生1.23万人；教职工1.03万人，包括专任教师0.65万人。民办中等职业教育学校22所，毕业0.18万人，招生0.04万人，在校0.24万人；教职工0.11万人，包括专任教师0.06万人。民办普通高校15所，毕业2.03万人，招生1.77万人，在校6.71万人；教职工0.62万人，包括专任教师0.33万人。其他民办高等教育机构66所，结业8.69万人，注册学生11.23万人；教职工0.46万人，包括专任教师0.17万人。在教育行政部门注册的民办职业技术培训机构1136所，注册学生110.73万人；教职工3.12万人，包括专任教师1.47万人。

（韩宝来）

民办教育管理

【西城完成民办学校年检】　1—3月，西城区教委完成321所民办学校年检审核工作，通过率81%。合格学校统一换发《民办学校办学许可证》。至12月，西城区共有民办学校269所，其中，民办幼儿园15所、民办中学1所、民办小学1所（资质待完善，尚未发证）、民办非学历培训学校252所。教职工5683人，年招生人数约82万人，结业人数约59万人，年纳税6100余万元。

（王竞艳）

【朝阳做好自办学校师生分流安置工作】　3月，朝阳区孙河乡政府关停取缔华成学校、沙子营学校和育星园3所未经批准自办学校。为确保区域社会稳定，朝阳区教委将上述3校师生1700人做分流安置，由北京市朝阳区百年实验学校接收401名学生，其余1299名学生分别返乡或就读于其他区县学校。

（侍媛）

【民办高校招生简章和广告备案】　3—12月，市教委开展民办高校招生简章和广告备案工作。备案程序包括网络预审、纸质备案材料初审、备案材料复审和备案材料公示等。完成68所学校的招生简章和广告备案工作，备案率99%。民教协会受市教委委托，主要负责备案材料网络预审、纸质材料初审、备案材料公示工作。

（王蕾）

【举办民办学校学生公益环保创意大赛】　5月20日，“绿色北京梦，我们在行动——北京民办学校学生公益环保创意大赛”颁奖典礼在北京教育考试院举行。来自20余所学校200余名学校领导、教师和获奖学生代表聚集一堂，共同分享200余件环保创意作品。该比赛由北京民办教育协会组织，历时7个月，经历校内环保宣传与环保行动、校内作品初赛、集中复赛评审三个阶段，最终评出策划类、设计类青年组、设计类少儿组三大类奖项。北京中加学校学生作品获得策划类一等奖，首都师范大学科德学院学生作品获得设计类青年组一等奖，北京市石景山区金色未来培训学校学生作品获得设计类少儿组一等奖。共有36所学校参与大赛的校园宣传与初赛活动，各校共开展环保宣传105场，开展各类校内外环保活动47场，举办校内预赛11场，总参与人数5万余人。

（胡雨）

【公布民办高校年检结果】　6月10日，市教委公布2014年度民办高校办学状况年度检查结果。共有83所学校参加年检，72所学校年检结论为通过，3所学校基本通过，4所学校暂缓通过，4所学校不通过。对于年检结论为通过的学校，准予在2015—2016学年招生；对于年检结论为基本通过的学校，要求在一年内限期整改，积极制订转型发展规划，接受市教委专家组对学校的办学指导，在整改期间准予招收非全日制学生；对于年检结论为暂缓通过的学校，要求在一年内限期整改，整改期间暂停招生活动，学校应针对目前存在的问题认真整改，并制订切实可行的方案和措施，在整改期限内达到要求，准予恢复招生；对于年检结论为不通过的学校，要求停止招生活动，加紧处理存在的问题，切实维护学校的安全稳定。

（崔晶）

【西城举办民办学校校长资格培训】　6月15日，西城区教委举办民办学校校长资格培训。培训共5天，课程包含法律法规（劳动法、合同法、民促法）、学校管理（档案管理、财务管理、校园安全管理）、技能知识（现代管理技术、管理心理学）等。最后经考试和结业论文合格后，获得由西城区教委颁发的“西城区民办教育培训机构校长任职资格证书”。新任校长和未取得校长任职资格证校长80人参加培训。

（王竞艳）

【朝阳民办学校集体协商行业工资】　6月17日，朝阳区民办学校工会联合会召开2015年民办学校行业工资集体协商会议。会上，工会代表和民办学校代表依据法定程序，就《朝阳区民办学校行业工资专项集体合同（草案）》及《补充协议书（草案）》相应条款达成共识：朝阳区民办学校行业最低月工资标准高于本市最低月工资标准8%；朝阳区民办培训学校教师每月按课时计算薪酬，每小时课时费不低于60元。朝阳区民办学校工资集体协商工作从2013年开始，以工会为主、各方参与、平等对话、规范运作，转变工资决定机制，形成民办学校工资分配正常增长机制。至6月底，民办学校工会联合会组织民办学校签订工资专项集体合同，涵盖258所学校教职工12942人。

（赵光　郑雅）

【举办民办高校转型发展高峰论坛】　6月25—26日，北京汇佳职业学院与北京科技职业学院联合举办“2015年北京民办高校转型发展高峰论坛”。论坛以“立足高精尖，服务京津冀”为主题，旨在研讨民办教育发展方向和路径，问诊民办教育现状和存在问题，为民办院校在困境中突围发展提供可资借鉴的经验。来自北京市民办高校校长、举办者和市教委、中国民办教育协会、北京民办教育协会等单位领导、专家、学者80人参加论坛。会议从不同角度剖析民办教育发展面临的形势和困难，共同就北京民办高校的转型发展建言献策，研讨北京民办高校转型发展面临的机遇与挑战。论坛达成“转型发展是民办高校走出困境的必由之路；民办高校发展应坚持内涵建设、特色建设、品牌建设的发展思路；民办高校转型发展必须借助于教育信息化”等六点共识。

（李旭昌）

【东城完成民办学校评价】　6月30日，东城区教委完成上半年65所民办学校办学水平综合评价。区教委、区社会力量办学协会、会计师事务所人员组成评价工作组，先后听取校长自查汇报，查阅学校行政、教学、财务方面有关资料，对照《东城区民办学校评价指标体系》评分，开展教职工、学员访谈、问卷调查，最后向学校反馈评价意见。评价工作标志2012年7月以来的东城区民办学校评价工作全部完成。

（马丹 李银姬）

【朝阳民办学校教师首次评选骨干】 7月，朝阳区教委首次组织民办中小学、幼儿园教师参加全区骨干教师评选工作。评选标准参照同级同类公办学校（园）。评选出区级骨干教师34人。

（侍媛）

【3所职业学校划转城市学院】 7月，经市政府研究决定，北京现代职业技术学院连同顺义区汽车技术职业高中和顺义区第一职业学校整体划转至北京城市学院。北京现代职业技术学院建制撤销，按照“整合资源、发挥优势、提升质量、服务发展”总体思路，学院人员、资产等整体划转城市学院管理。该举措旨在落实首都城市功能定位，疏解北京非首都功能，降低中心城区人口密度，调整优化市高等教育布局结构，提升职业教育人才培养重心。

（丁建 单增安）

【评选北京民办教育园丁奖】 9月10

日，“2015第九届北京民办教育园丁奖”颁奖典礼举行。该评选由北京民办教育协会、北京教育评估院和新京报社共同举办，共有150所学校400名教师申报参选。经过单位推荐、专家评选、媒体公示三个阶段，最终评出北京民办教育优秀校长30人、优秀教师50人、优秀教育工作者50人、优秀教研团队20个。

（徐杉 王蕾）

【评选优秀民办中小学】 10月10日，北京民办教育协会、北京教育科学研究院联合召开2015年北京市优秀民办中小学评选表彰大会。会议为获奖者颁奖。市教委、北京民办教育协会等单位有关领导，各区县教委相关负责人，专家评审组成员和获奖者代表共计150人参加会议。此次评选范围覆盖全市民办普通中小学，共收到130余所学校提交的各项申报材料400余份。经过初评、复评、公示等阶段，共评选出优秀民办中小学校10所、民办中小学优秀教师70人、民办中小学优秀教育工作者30人。评选过程中专家、同行共同参与，顺应管办评分离改革的方向和趋势。

（丁秀棠 王蕾）

【平谷公办园与民办园签约“手拉手”】 10月23日，平谷区教委举办公办园与民办园“手拉手”签约仪式。会议解读《平谷区教委关于进一步提升民办幼儿园办学质量实施方案》和《平谷区教委公办园与民办园“手拉手”活动协议书》。4所市级示范园、4所一级一类园与22所民办园签订“手拉手”协议书。根据协议，“手拉手”园所在教育教学、教研等方面广泛开展活动。

（吴玉仙）

【举办民办教育国际论坛】 10月25

日，北京民办教育协会联合中国教育国际交流协会举办第三届民办教育国际论坛。论坛在北京城市学院举办，主题为“民办教育国际化发展之路”，内容包括“教育与城市发展”“市场与机遇”“创新创业”等方面。论坛现场举办中外高校合作项目洽谈活动，主要涵盖学科专业建设、课程教材开发、师资培养、学生交流以及其他各类项目的国际交流与合作。该论坛由中国教育国际交流协会主办，中国教育国际交流协会民办教育国际交流分会、北京民办教育协会承办。来自全国近百所民办高校和美国、英国、加拿大、澳大利亚等国近40所高校代表150人参加论坛。

（王蕾 刘鸿瑞）

【顺义完成17所民办园年度考核】 11月18—25日，顺义区教委、区妇幼保健院、区民政局等部门组成考核小组，对全区17所民办幼儿园进行年度考核。考核内容涉及依法办园、财务管理、食堂及安全、教学管理、卫生保健、工会工作六个方面。考核结果表明：各民办园能够坚持依法办园、保障教职工合法权益，财务管理规范，办园条件逐年改善，教育教学质量有所提高，保教活动丰富多彩，卫生保健符合要求，安全保卫方案翔实、设施齐备。

（陈静）

【召开第七届中国民办教育发展大会】 11月29日，第七届中国民办教育发展大会在京召开。会议主题为“适应新形势，推动改革创新，提高教育质量”。会议由全国人大常委、全国人大法律委员会副主任委员李连宁，国家教育咨询委员、中国民办教育协会首任会长陶西平作专题报告，各级各类民办学校、地方政府、地方民办教育协会分别介绍适应新形势，推动改革创新，提高教育质量的典型经验。会议由北京教育科学研究院参与协办。来自全国人大常委会、中国民办教育协会、全国人大法律委员会、教育部发展规划司、市教委、北京教育科学研究院等相关领导，以及全国民办教育界代表共计800人参加会议。

（丁秀棠）

【大兴民办学校工会联合会成立】 12月29日，大兴区民办教育服务中心召开大兴区民办学校工会联合会成立暨第一次代表大会。会议审议通过《大兴区民办学校工会联合会第一次代表大会选举办法（草案）》，按照规定程序选举产生工会联合会委员会、女职工委员会和经费审查委员会。通过投票选举产生联合工会主席。会议提出，让工会联合会成为群众可以依靠的组织；坚持依法开展工作，加强民主管理，保证职工合法权益；通过民办学校工会联合会不断探索学校发展的规律和特点，促进学校整体发展。区教委工会和各民办校园工会代表参加会议。

（宋丽红）

民办高等学校

北京城市学院

【概况】　2015年，北京城市学院占地面积76.36万平方米，产权校舍建筑面积33.39万平方米、非产权校舍建筑面积3.57万平方米。全年教育经费投入66399.76万元。固定资产总值92215.31万元，其中，教学、科研仪器设备总值17959.79万元。图书馆建筑面积2万平方米，藏有纸质图书144.98万册、电子图书485.80GB。拥有计算机6846台，多媒体教室座位25440个。学校信息化设备资产6968.85万元，网络信息点3154个，校园网出口总带宽1700Mbps，电子邮件系统用户1200个，上网课程273门，数字资源量31851.60GB，管理信息系统数据总量48.80GB。拥有校内专业实训室12502.70平方米、综合实训室9258平方米，校外实训基地180个。设有12个直属院（系），开设92个专业，其中，本科47个、专科45个。教职工1744人，其中，专任教师857人，包括正高级职称58人、副高级职称216人。聘请校外教师1038人，包括正高级职称47人、副高级职称260人。毕业生6941人，其中，学历教育全日制普通本科生4388人、专科（高职）生2492人，硕士研究生61人。招生6542人，其中，学历教育全日制普通本科生5152人、专科（高职）生1046人，硕士研究生126人，成人教育本科生218人。全日制学历教育高考招生北京地区本科第二批次录取分数线理科488分、文科513分；本科第三批次录取分数线理科447分、文科474分。在校生23174人，其中，学历教育全日制普通本科生18721人、专科（高职）生4038人，成人教育本科生218人，硕士研究生197人。网址：www.bcu.edu.cn。

（刘鸿瑞）

【创建欧洲大陆地区首个中医药特色孔子学院】　3月，城市学院与圣马力诺大学联合创建欧洲大陆地区首个中医药特色孔子学院。这是北京第一所由民办学校、职业院校与国外大学联合成立的孔子学院。

（刘鸿瑞）

【成立工艺美术系】　3月，城市学院成立工艺美术系。该系下设2个研究生专业方向（中国传统工艺美术、首饰设计）、6个本科专业（非遗漆艺、非遗雕刻、文物修复、书法学、珠宝鉴定与经营、珠宝首饰设计）与2个专科专业（珠宝鉴定师、首饰设计师），可授予艺术硕士专业学位、管理学学士、艺术学学士学位。

（刘鸿瑞）

【院长获“全国劳动模范和先进工作者”称号】　4月，中共中央、国务院公布全国劳动模范和先进工作者名单，城市学院院长刘林获得“全国劳动模范和先进工作者”称号。刘林，1972年生，原籍天津，中共党员，教育学博士，教授，国务院政府特殊津贴专家。1995年从中国人民大学毕业后到校工作，2006年1月任党委书记、常务副校长，2009年1月起任党委书记、校长。2001年被评为教育部全国招生工作先进工作者，2003年获北京市“五四”奖章和“北京市优秀教师”“全国优秀教育工作者”称号，2006年获“北京市十大杰出青年”称号，2010年获北京市劳动模范，2011年获中国青年“五四”奖章。2012年当选为党的十八大代表。

（刘鸿瑞）

【北京非物质文化遗产技艺传承协会成立】　4月，北京非物质文化遗产技艺传承协会在城市学院成立。该协会由城市学院与传统表演艺术、工艺美术、书法、传统中医药、传统老字号等非遗项目代表人士发起，旨在凝聚文化、经济、教育等各界热心非物质

文化遗产传承人士力量，为非物质文化遗产的传承、教育、保护与发展服务，为传承优秀中华文化贡献力量，是经北京市社会团体登记管理机关核准登记的非营利性社会团体。协会设会长1人，有会员290余人、会员单位10家。

（刘鸿瑞）

【成立全国首个公共政策与立法第三方评估研究中心】　6月，城市学院成立公共政策与立法第三方评估研究中心，这是中国首个公共政策与立法第三方评估研究机构。该研究中心设主任1人，有研究人员4人，承担学术研究、政策研究、应用研究和服务实践等任务。

（刘鸿瑞）

【召开第二次党代会】　11月，中共北京城市学院第二次代表大会召开。该校139名党员代表参加会议。大会听取学校第一届党委工作报告，选举产生中共城市学院第二届委员会和第二届纪律检查委员会。

（刘鸿瑞）

【校企合作成立韩红艺术研修学院】　12月，城市学院与华录娱乐公司合作成立“韩红艺术研修学院”。城市学院校长与韩红共同为该学院揭牌，旨在发展音乐培训教育。

（刘鸿瑞）

【签署7个战略合作协议】　至年底，城

市学院与7家单位签署合作协议。签约单位分别为北京人力资源服务行业协会、北京医药行业协会、北京金达威活性炭科技有限公司、中国天津人力资源开发服务中心、北京麦当劳食品有限公司、北京爱云路科技有限公司和北京夏岩文化园林艺术集团，合作内容主要涉及人才培养、师资交流、行业研究、实习实训基地等方面。

（刘鸿瑞）

北京北大方正软件技术学院

【概况】 2015年，北京北大方正软件技术学院占地面积38.66万平方米，产权校舍建筑面积6.74万平方米、非产权校舍建筑面积5.17万平方米。全年教育经费投入5354.49万元，其中，国家拨款302.46万元、自筹经费5052.03万元。固定资产总值18492.16万元，其中，教学、科研仪器设备总值4830.12万元。图书馆建筑面积2050平方米，藏有纸质图书34.17万册、电子图书12.50万册。拥有计算机3688台，多媒体教室座位2240个。学校信息化经费投入81.86万元，信息化设备资产55.57万元，网络信息点3260个，校园网出口总带宽120Mbps，电子邮件系统用户350个，上网课程6门，数字资源量2300GB，管理信息系统数据总量62GB。拥有校内专业实训室66个、综合实训室14个，校外实训基地96个。设有8个院，开设23个专科专业。教职工286人，其中，专任教师180人，包括教授10人、副教授34人。聘请校外教师38人，包括教授7人、副教授13人。毕业生994人，全部为专科（高职）生。招生1248人，全部为专科（高职）生。全日制学历教育高考招生北京地区提档线理科150分、文科150分。在校生3338人，全部为专科（高职）生。网址：www.pfc.edu.cn。

（张建红）

【3个专业获批中高职衔接改革试点项目】 3月3日，北大方正软件学院3个专业获批成为北京市“3+2”中高职衔接改革试点项目。分别是与北京市劲松职业高中衔接的计算机动漫与游戏制作专业、与北京市丰台区职业教育中心学校衔接的航空服务专业、与北京市信息管理学校衔接的计算机网络技术专业。其中，动漫设计与制作专业和民航商务专业为新增专业。

（张建红）

【首批学生赴国外学校交流学习】 3月和8月，北大方正软件学院两批学生赴国外合作院校交流学习。3月，15名学生赴加拿大堪那多学院交流学习，为期40天。其中，5人进入商务管理专业、5人进入办公行政管理专业、3人进入航空机电维修专业、2人进入生物科技专业学习。双方于2014年11月签署合作备忘录，堪那多学院为北大方正软件技术学院学生提供奖学金项目，并为有意向到堪那多学院学习的学生开放免学费的短期交流生项目。8月，9名学生前往英国奇切斯特大学开展为期一个月的交流学习。北大方正软件学院2014年5月14日与奇切斯特大学签订理解备忘录，11月28日与英国大学中心签订合作协议，正式开始合作。此次交流学习为双方首期合作。

（张建红）

【首批护理专业学生进入医院顶岗实习】 6月15日，北大方正软件学院

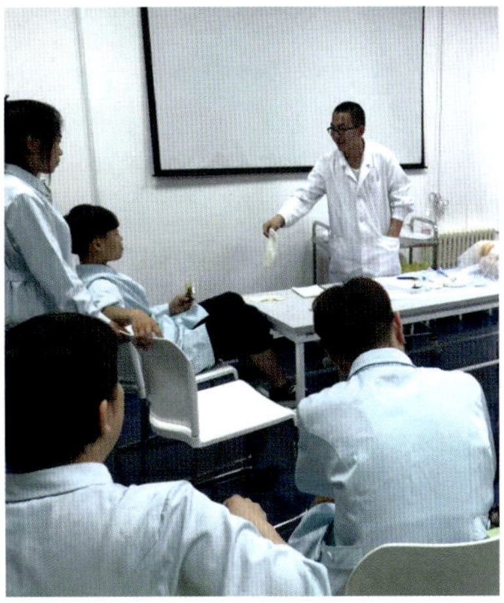

2013级护理专业242名学生全部进入医院顶岗实习。实习为期8—10个月，主要进入北京大学第三医院、北京大学国际医院、首都医科大学附属北京友谊医院、首都医科大学附属北京佑安医院、北京中医药大学东直门医院、清华大学第一附属医院、北京航天总医院和天津市第一中心医院实习。各医院采用“以实习带就业”方式，安排学生在内科、外科、急诊科、皮肤科等基础科室进行分科轮转。

（张建红）

【与美国康区卡斯塔学院签署合作协议】 9月，北大方正软件学院与美国加利福尼亚州康区卡斯塔学院签署合作协议。根据协议，双方开展短期交流等校际合作，助力北大方正软件学院迈向国际化。协议期3年。

（张建红）

【825人次获得奖助学金】 12月2日，北大方正软件学院颁发2014—2015年度奖助学金。该学年度共825人次获得各类奖、助学金。其中，2人获得国家奖学金、80人获得国家励志奖学金，147人获国家一等助学金、193人获国家二等助学金；2人获学院特等奖学金、77人获学院一等奖学金、138人获学院二等奖学金、183人获学院三等奖学金、3人获学院突出贡献奖。同时，表彰学院优秀学生干部124人和优秀班集体9个。

（张建红）

北京经贸职业学院

【概况】 2015年，北京经贸职业学院占地面积10.57万平方米，产权校舍建筑面积5.06万平方米。全年教育经费投入2852万元，其中，国家拨款536万元、自筹经费2316万元。固定资产总值14129万元，其中，教学、科研仪器设备总值1656万元。图书馆建筑面积610平方米，藏有纸质图书24万册。拥有计算机1206台，网络多媒体教室47个。学校信息化经费投入142万元，信息化设备资产908万元，网络信息点280个，校园网出口总带宽100Mbps，上网课程4门，管理信息系统数据总量4.80GB。拥有校内专业实训室21个、综合实训室9个，校外实训基地14个。设有3个系和1个二级学院，开设19个专业，招生13个专业。教职工200人，其中，专任教师82人，包括副高级以上专业技术职务或高等级职业资格11人。毕业生632人，其中，学历教育全日制高职生584人、非学历教育学生48人。招生478

人，其中，学历教育全日制高职生412人、非学历教育学生66人。全日制学历高职教育高考招生北京地区提档线理科150分、文科150分。在校生1857人，其中，学历教育全日制普通高职生1630人、非学历教育学生227人。网址：www.csuedu.com。

（徐杉）

【聘任首届学生院长助手】 3月18日，

经贸职院举行首届学生院长助手聘任仪式。院长向4名首届学生院长助手颁发聘书。学生院长助手职责是及时反映学生学习生活情况、合理诉求并提出意见和建议，对学校办学工作理念、工作安排和重要活动在学生中发挥宣传带动作用，通过各种灵活有效的方式履行职责。聘任学生院长助手是学生参与学校建设和管理的一种形式，是学校民主管理的重要内容。

（徐杉）

【签署校企合作办学协议】 3月25日，经贸职院与中经智业（北京）信息科技有限公司暨“NITE物联网实训基地建设项目运营中心”签订校企合作办学协议。双方就计算机应用技术（物联网技术）专业校企合作定向培养人才达成共识，约定在课程建设、人才培养和学生就业创业等方面开展合作。协议期3年。

（徐杉）

【签订学生就业实训基地合作协议】 5月13日，经贸职院国际经济贸易系与北京麦当劳食品有限公司签订学生就业实训基地合作协议。根据协议，麦当劳公司每年定期派相关人员为国贸系国贸实务、国际金融、商务英语（幼儿教育方向）等专业学生作2～3场专题职业规划讲座，并提供到麦当劳各门店实习、就业机会。

（徐杉）

【学生企业首批入驻大学生创业园良乡园】 11月2日，经贸职院学生霍俊男创办的企业首批入驻北京大学生创业园良乡园。霍俊男是该校2013级国际贸易系学生。在学校就业办支持和教师指导下，霍俊男在校期间创办企业“北京琛视商贸有限公司”，得到学校创业基金资助和奖励。

（徐杉）

【迎智大学生实战营揭牌】 11月19日，经贸职院与迎智教育科技集团合作创立的CTC实战营揭牌。双方约定在就业创业培训、优秀项目投资、创业点子优化、就业服务等方面实行对接。CTC实战营项目是建立大学生创业就业第二课堂，由在校大学生参加项目运营，帮助学生积累职场经验，为学生提供就业创业渠道和资源，创设全新的“教学＋人文＋实践”创业实践服务平台。

（徐杉）

【实现志愿者全员网上注册及志愿服务活动网络计时】 至年底，经贸职院实现志愿者全员网上注册及志愿服务活动网络计时。学校志愿者服务队还建立微信公众号“北经贸志愿者”。全年参加各类志愿服务学生达2500余人次，志愿服务总时长超过28000小时。经贸职院志愿者服务队再次被评为房山区优秀志愿服务组织，27人被评为市、区级优秀志愿者。

（徐杉）

北京经济技术职业学院

【概况】 2015年，北京经济技术职业学院占地面积22.37万平方米，产权校舍建筑面积8.81万平方米、非产权校舍建筑面积8.02万平方米。全年教育经费投入1436.11万元，其中，国家拨款439.04万元、自筹经费997.07万元。固定资产总值19922.99万元，其中，教学、科研仪器设备总值1518.87万元。图书馆建筑面积0.29万平方米，藏有纸质图书22.10万册、电子图书33万册。拥有计算机1087台，多媒体教室座位4580个。学校信息化经费投入71.30万元，信息化设备资产420万元，网络信息点800个，校园网出口总带宽80Mbps，电子邮件系统用户200个，上网课程26门，数字资源量1400GB，管理信息系统数据总量50GB。拥有校内专业实训室42个、综合实训室6个，校外实训基地25个。设有6个系部和1个继续教育部，开设15个专科专业。教职工189人，其中，专任教师102人，包括教授6人、副教授19人。聘请校外教师16人，包括教授2人、副教授5人。毕业生459人，全部为学历教育全日制专科（高职）生。招生474人，全部为学历教育全日制专科（高职）生。全日制学历教育高考招生北京地区提档线理科150分、文科150分。在校生2092人，其中，学历教育全日制专科（高职）生1562人，非学历教育学生530人。网址：www.bibt.edu.cn。

（吴成立）

【学生参加两会接待服务】 3月3日和15日，经济职院学生参加2015年第12届全国人民代表大会第三次会议和政协第12届全国委员会第三次会议接待服务。旅游管理系通过深化校企合作实现“一零、二融、三订”人才对接办学模式，与北京首都大酒店等多家企业形成“订单式培养”合作关系，具体方法一是与用人单位共同确立培养目标，实施教学计划；二是供需双方签订用人及人才培养协议，形成委托培养关系；三是明确双方职责，保证按需培养人才，学以致用；四是通过参加技能大赛，把经过企业锻炼的技能和在实践中重新提炼出的新方法、新手段展示出来。

（王雪燕）

【举办首届辅导员说课技能大赛】 4月

28日，经济职院举办首届辅导员主题班会说课技能大赛。25名辅导员依次上台，说课内容涵盖青春梦想、感恩教育、生命安全教育和诚信教育等班

会主题。通过说主题、说教法、说学法及说课活动程序，展现课程设置思路、班会开展计划和教师基本功，增强思政工作针对性和实效性。

（索桂芝）

【评定教师专业技术职称】 5月22日，经济职院开展校内教师职称评审工作。该校从教师自身发展需要和学校实际情况出发，邀请10名校外专家一同参与评审，经过学院教师职称评审委员会研究，评定71名专任教师的专业技术职称，其中，1人获得教授职称、13人获得副教授职称、33人获得讲师职称、24人获得助教职称。

（刘丽霞）

【自设航空服务专业获准招生】 6月，经济职院增设“航空服务”计划外招生专业经市教委批准招生。该校整合优势教育资源及就业资源，在航空服务专业计划内招生基础上，增设“航空服务”计划外招生专业，力求通过专业化学习，培养一批服务水平过硬、综合素质强的实用型人才，既满足民航市场强劲需求，又为渴望在民航系统发展的学生提供优质学习机会及就业机会。2015年实际招生530人。

（王辉）

【与民航管理干部学院联合办学】 7月7日，经济职院与中国民航管理干部学院就“航空服务”自设专业正式签署联合办学协议。双方约定在课程建设、人才培养、教学管理、创业就业等方面开展全面合作。此次联合办学旨在扩展办学空间，深化教育资源合作，创新人才培养机制，完善职业教育体制，加快建设现代职业教育体系，全面提高人才培养质量，增强职业教育服务京津冀经济社会发展能力。

（王辉）

【获创新创业项目经费】 10月25日，经济职院获得2015年度民办教育发展促进项目（民办高校大学生职业发展与就业指导课程提升）经费7.40万元。该院创新创业项目组成员赴上海建桥学院、义乌工商学院和用友软件园实地考察，完成创新创业工作报告，加快创新创业基地建设和创业实践及课程体系建设，达到引导大学生转变就业观念、增强创新意识、提高创业能力的目的。

（索桂芝）

北京汇佳职业学院

【概况】 2015年，北京汇佳职业学院占地面积24.50万平方米，产权校舍建筑面积8.42万平方米。全年教育经费投入5903万元，其中，国家拨款914万元、自筹经费4989万元。固定资产总值7884.83万元，其中，教学、科研仪器设备总值2541.27万元。图书馆建筑面积5745平方米，藏有纸质图书24.15万册、电子图书160GB。拥有计算机822台，多媒体教室51个。学校信息化经费投入310万元，信息化设备资产1099.38万元，网络信息点349个，校园网出口总带宽100Mbps。拥有校内实训室24个、校外实训基地42个。设有3个系，1个学院，开设13个专业。教职工201人，其中，专任教师80人，包括教授5人、副教授12人。聘请校外教师148人。毕业生986人。全日制学历教育高考招生北京地区提档线理科150分、文科150分。在校生2768人。网址：www.hju.net.cn。

（李旭昌）

【举办系列校园活动】 3—12月，汇

佳职院依托专业资源优势举办体育节、艺术节、动漫节等系列校园活动。活动以“激扬创新精神、聚力青春梦想”为主题，旨在丰富校园文化生活，拓宽大学生职业素养和艺术素养教育的形式和内容。体育节开展篮球赛、足球联赛、高尔夫技能比赛、健身操比赛、啦啦操比赛、趣味运动会等10项活动，师生2500人次参加。艺术节举办辩论赛、合唱比赛、学前教育专业五项技能大赛及艺术讲座等11项活动，5000人次参与活动。动漫节开展配音大赛、动漫游戏对抗赛、摄影日记美拍赛及3D动漫影片展播等14项活动。每项比赛评出一、二、三等奖各1名。此外，还举办“卡通动漫美食街美食秀”公益活动。活动倡导绿色、健康、安全的饮食观念，将美食与动漫元素有机结合，期间举行品尝会、展销会和体验活动。文化创意系20名师生现场制作培根、蛋糕、冰激凌等造型各异的创意美食，吸引3000名师生前来品尝、参与。美食秀公益活动共募集资金5000元，全部用于资助该校贫困学生和昌平区十三陵温馨老年公寓的老人。

（李旭昌）

【开展教学质量月活动】 11月，汇佳职院开展“教学质量月”活动。活动旨在营造优良的校风、教风和学风，形成重视教学、研究教学、服务教学、保障教学的良好氛围，夯实提高人才培养质量的基础，促进教师专业发展和学生成长成才。活动分宣传动员、组织实施、总结交流三个阶段，将检查课堂教学、诊断课堂教学、研讨课堂教学、欣赏课堂教学、指导课堂教学等环节贯穿在活动全过程。活动期间开展教学公开课、教学示范课、教学专题研讨会6次，加强教师间学习交流，有效提高教师职业素养和教学技能。通过强化教学检查督导，建立完善教学监控体系、评教评学制度、教学管理等规章制度，进一步规范教学秩序，促进校风、教风和学风建设。

（李旭昌）

【开展3D打印技术体验活动】 11—

12月，汇佳职院举办3D打印技术体验活动。活动依托该院文化创意系3D打印技术实训室的丰富资源，以“体验3D打印，畅想科技未来”为主

题，旨在培养大学生动手能力、创造能力和创新能力。活动现场，技术人员现场讲解3D打印机工作原理和3D打印技术发展和应用；指导学生实际体验各类3D打印设备、三维扫描仪。参加活动的师生在技术人员指导下，尝试利用计算机设计作品并用3D打印机打印成产品。该院2000名师生参加活动。

（李旭昌）

【参加全国三维数字化创新设计大赛获奖】　12月，汇佳职院文化创意系学生6部作品在全国三维数字化创新设计大赛上获奖。其中，数字表现设计大赛类1部作品获特等奖、3部作品获二等奖，数字化建筑设计大赛类1部作品获一等奖、1部作品获三等奖。该比赛由国家制造业信息化培训中心主办，分宣传动员与大赛报名、初赛选拔/复赛作品提交、赛区选拔/复赛评审和全国现场总决赛与颁奖盛典四个赛程，来自全国各地563支团队、1700余名选手参加现场总决赛。

（李旭昌）

北京吉利学院

【概况】　2015年，北京吉利学院占地面积66.11万平方米，产权校舍建筑面积43.97万平方米。全年教育经费投入865万元，全部自筹。固定资产总值84656.04万元，其中，教学、科研仪器设备总值8036.33万元。图书馆建筑面积2.27万平方米，藏有纸质图书66.80万册、电子图书13万册。拥有计算机3834台，网络多媒体教室229间。学校信息化设备资产379.95万元，网络信息点4096个，互联网出口总带宽1400Mbps，电子邮件系统用户571个，上网课程21门，数字资源量800GB，管理信息系统数据总量1426GB。设有10个二级学院，开设高职专业32个、本科专业9个。教职工458人，其中，专任教师241人，包括正高级教授30人、副高级教授72人；博士15人，硕士101人；“双师型”教师58人。聘请校外教师55人。毕业生3120人，其中，高职生1919人、非学历教育学生1201人。毕业生一次就业率79.04%。招生1150人，其中，高职生807人、本科生343人。在校生4377人，其中，高职生3868人、本科生509人。

（刘新锐　吕其永）

【健康产业学院介护培训基地落成】　1月28日，吉利学院健康产业学院与中国老龄发展基金会共同打造的中国首个康复介护实训基地落成并交付使用。基地占地面积1000平方米，总投资500万元，可容纳100～150名学员同时开课。在加强职业教育同时，面向社会需求，积极探索各方面资源整合，构建健康养老服务业核心竞争力，在中国养老产业和健康产业发展上创出一条新路。基地技术合作方是日本读卖理工大学老年福祉学院及日本老年福祉协会。

（白文娟　吕其永）

【与韩国希杰集团签署战略合作协议】　3月16日，吉利学院与韩国希杰（CJ）集团签署战略合作协议。双方约定合作设立CJ烘焙教室与简易卖场，推广韩国饮食文化，培养中国学生技能。韩方负责师资、设备、烘焙技术与原材料，中方负责提供基础场地、选拔学员。通过项目合作，在实践中拓展学生技能，让其更加适应社会发展需要。

（张菲南　吕其永）

【通过市级校外人才培养基地项目验收】　3月26日，吉利学院市级校外人才培养基地“浙江吉利控股集团有限公司”通过市教委“北京高等学校市级校外人才培养基地项目验收”。近年来，该校发挥企业办学优势，与吉利集团紧密合作，力推产教协同计划，认真培养GM1000学生，不断加强校企合作，进一步增强校企合作深度和广度，丰富合作内涵，增强实践实习条件，积极构建有利于学生实践能力、创新能力和创业能力培养的实践教学体系，促进实践教学条件改善，强化实践教学师资队伍建设，提高人才培养质量。

（马丽雅　吕其永）

【举办千人瑜伽汇】　6月21日，吉利学院与印度驻华大使馆联合主办国际瑜伽日千人瑜伽汇。印度驻华大使与印度知名瑜伽大师到校观看1500名师生瑜伽表演。该校是中国最早成立瑜伽研究机构的大学，为传授纯正瑜伽，推广印度瑜伽文化精髓，由印度政府瑜伽部首次派出国家级瑜伽大师到校培训。

（崔凯　吕其永）

【吉利星车队举行新车发布会】　9月23日，吉利学院举行2015中国大学生方程式汽车大赛校园行暨吉利学院吉利星车队新车发布会。吉利星车队展示新车“博速”赛车。“博速”赛车全身黑色为碳纤维制造，中间用蓝色线条装饰，与吉利汽车品牌颜色相呼应；车前翼与尾翼有所改进，不仅增加赛车速度而且使赛车外形更具设计感。赛车最高速度可达140～160千米每小时，为吉利星车队于2015年4月开始自主研发与制造。

（叶文杰　吕其永）

北京科技职业学院

【概况】　2015年，北京科技职业学院占地面积167.80万平方米，产权校舍建筑面积69.60万平方米。全年教育经费投入319.17万元，其中，国家拨款70万元，自筹经费249.17万元。固定资产总值152278万元，其中，教学、科研仪器设备总值3829.70万元。图书馆建筑面积1.90万平方米，藏有纸质图书65.80万册、电子图书59万册。拥有计算机1100台，多媒体教室座位610个。学校信息化经费投入124.50万元，信息化设备资产1264万元，网络信息点980个，校园网出口总宽带400Mbps，电子邮件系统用户673个，上网课程19门，数字资源量4234.36GB，管理信息系统数据总量162GB。拥有沙河、八达岭两个校区，有校内专业实训室36个，综合实训室20个，校外实训基地24个。设有4个直属二级学院，开设18个专科专业。教职工375人，其中，专任教师82人，包括教授及教授级高级工程师7人，副教授及副教授级高级工程师、高级讲师29人。聘请校外教师45人。学历教育全日制高职（专科）毕业生893人，非学历教育结业生242人。学历教育全日制高职（专科）招生973人，非学历教育招生246人。全日制学历教育高考招生北京地区提档线理科 150 分、文科 150 分。在校生 2563 人，其中，学历教育全日制专科（高职）生 1957 人，非学历教育学生 606 人。全年开展长短期培训班，培训人数 6000 人。网址：www.5aaa.com。

（树玉森　王枫　李爱东）

【五项举措吸引北京生源】　3 月 14 日，北科院实行五项举措吸引北京生源。一是合理设置与规划招生专业，初定 18 个专业近 30 个专业攻读方向；二是进一步修订专业人才培养方案，按照北京市城市功能定位四大目标，选准培养人才切入点，使毕业生能切实有效地为区域经济发展服务；三是加强课程建设，明确专业课主干地位，配以扎实的实习实训以消化专业理论，提高专业动手能力；四是统筹并规划好现有教学资源，做到物尽其用，器尽其利，对需要新配或使旧设备修复增效的，列入年度预算，限期完成并投入使用；五是全方位监控、提升教育教学质量。从专业建设、课程改革、课堂教学方法与教学手段现代化追求以及考试环节、考试内容的改革要求等方面出发，制订教育教学质量提升的可操作性方案，并予以全面实施。至 10 月，新招收北京生源学生 835 人。

（树玉森　李爱东）

【开展教学管理过程创新实验】　4 月 15 日起，北科院开展教学管理过程创新实验。该实验任务由 4 名高级职称老教师与 7 名上年被评为教学能手的中青年教师共同承担。实验依据“适应北京需要、创立质量、特色”新要求和针对学生中厌学与教师应付式施教的现象提出。重点是鼓励改进旧的课堂教学管理模式，创新学生爱听获多的优质课模式。实验涉及物流信息管理、蒙台梭利教学法、北京旅游与导游、航空英语、DV 创作训练等 11 个专业 22 门核心课程，实验受众 1600 人，占在校生 55%。经过半年分头实验，总结出五项可行性实验成果：一是允许教师联系实际剔除课本内容1/3 再嵌入鲜活案例；二是多媒体教学尽量压缩取精，不能取代口授与动手演示；三是要求教师对课堂提问等互动环节里涉及学生的表现打印象分；四是将原 90 分钟一节课内容分解为两节各 45 分钟内执教，以利于注意力调整；五是将平时成绩所占课程结业成绩的比重再提 10%。以上全部列入学校《关于加强教学管理的规定》（修订稿），并于 9 月推广到全校实行。

（树玉森　李爱东）

【开展学生综合素质测评活动】　4 月 26 日，北科院大学生综合素质测评试点活动完结。测评试点活动以该校 2014 年发布的《北科院大学生素质测评意见》为指导，测评方法是各取单项分再综合折算出最后得分，评分依据是开学以来综合表现与上学期各学科成绩，测评试点单位为技术应用学院。测评试点自 3 月 26 日开始，以班级为单位实施，采取自报公议的办法，对班级每个人进行 5 个方面 16 个具体指向分别评分，再结合专项突出成绩优良表现及明显不良表现予以加分与减分，从而得出个人的综合测评最后分值，并得到本人认可后（不认可者可自行提出申诉，再行审议）签字，在班级内排名公示。试点表明，测评活动有力有效地促进好学上进之风进一步形成，有助于班级乃至全校比学赶帮活动常态化。该校决定每年在全校范围内开展两次测评活动，形成直接的潜在性心理驱动，有力矫正民办高校大学生上进心自觉性不同程度欠缺的问题。

（树玉森　李爱东）

【污水处理厂竣工】　6月，北科院污水处理厂工程竣工并交付使用。该工程自 4 月 15 日画线开工，占地面积 960 平方米，建筑面积 170 平方米，总造价 780 万元，由国家支持与学校自筹共同解决。污水处理厂可日处理污水 600 吨，达到设计能力要求。

（树玉森　李爱东）

【开设“零学费”班】　9 月 3 日，北科院国际语言文化学院旅游管理专业“零学费班”正式开班。34 人报到入班，学习 2 年，学成后能在联办单位大宅门与唐宫两家酒店定向安排工作。这是一个面向农村、面向西部地区招生的改革惠民班，是北科院第一次实行“企业掏钱、北科培养、定向用人”新模式办班，家庭经济困难学生不花钱就能取得高职高专学历并顺利就业。

（树玉森　李爱东）

【召开第二次党代会】　9 月 15 日，中共北科院第二次党员代表大会召开。76 名党员代表及 6 名特邀代表共计 82 人参会。会议听取第一届党委作《为把北科院办成北京需要的精品大学而奋斗》工作报告以及党费收缴与使用情况报告，以差额选举方式产生第二届中共北科院委员会。会议通过以全校党员名义发出的倡议书。

（树玉森　王枫）

【推进结构性改革转化过剩教育资源】　11 月 8 日，北科院对推进结构性改革转化过剩教育资源工作进行五年期总结。改革基于 2010 年以来在校生数锐减至峰值 1/5 的危机当口，由校董事会、校长办公会、党委会联合提出，并制定“关于转化过剩教育资源行动计划”路径图。5 年来，学校陆续起用闲置校舍 28 万平方米以及价值 1 亿余元的教学设备，每年平均可获取 800 万元以上资金用来反哺北科院办学。具体举措包括：运用校舍硬资产投入吸引地方和社区加盟，建成一所周边急需的大型幼儿园；在校内开办老年大学；为市区大型企业培训中心承应首都疏解功能转来此地继续办学，已签署两家长期租赁校舍、宿舍的合同；在严格评估论证基础上发展联设二级学院，目前已有 9 个不同专业培训项目的法人教育培训机构来此立足，联设以一年一签的协议为准绳，确定在招生与教学以及安全方面接受北科院统一管理，实施租赁与有偿服务；校内成立继续教育学院，鼓励在校生学习第二专业，为毕业生留校深造提供辅导与住宿条件；设立校企合作事业部，走出去接受培训订单，再聘校内外专家讲师施教，补长非学历教育短板。

（树玉森　李爱东）

【智障康复教育专业获批】　11 月 25 日，北科院申报的“智障康复教育专业”获得市教委批准。该专业于2016年招生，首期开班拟招收爱心和事业心强并具备中等学历的女青年40人，围绕自闭症康复要求设置课程，学制三年，其中，安排一年左右时间在康复医疗机构实习，毕业后颁发高职大专毕业证书及助理康复师等技能证书。

（树玉森　李爱东）

【三举措提高学生听课率】　至年底，北科院采取三项措施提高学生听课率。一是召开问题导向的教学工作研讨会，要求教师当好课堂管理第一责任人，凡对课堂纪律掌控乏力、秩序混乱的视为教学事故；同时确定每年4月和10月各开展一次全校性教学观摩活动，遴选出优质课执教者参加全校教师技能大赛；二是以文件规定，凡学生请假缺课三分之一或旷课三次以上者，取消该课程考试或考查资格；三是加强督导，实行专职督导员上课期间全方位全程督导并与班主任随堂听课相整合。三项举措坚持实行一个学期以来，全校学生平均到课率、听课率分别提高2%及3.60%，达到94.40%和92.50%。期末评出善教善导教学能手5人及入围优秀者15人，同时有31名学生被宣布取消1门课及以上的考试资格。

（树玉森　李爱东）

北京培黎职业学院

【概况】　2015年，北京培黎职业学院占地面积49.09万平方米，产权校舍建筑面积8.92万平方米、非产权校舍建筑面积6.20万平方米。全年教育经费投入4240万元，其中，国家拨款321万元、自筹经费3919万元。固定资产总值6477万元，其中，教学、科研仪器设备总值3117万元。图书馆建筑面积0.84万平方米，藏有纸质图书30.84万册、电子图书24.90万册。拥有计算机1810台，多媒体教室座位2300个。学校信息化经费投入219.20万元，信息化设备资产127.38万元，网络信息点2680个，校园网出口总带宽150Mbps，上网课程25门，数字资源量500GB，管理信息系统数据总量125GB。拥有校内专业实训室49个，校外实训基地44个。设有7个系，开设23个专科专业。教职工312人，其中，专任教师145人，包括教授10人、副教授61人。聘请校外教师66人，其中，教授3人、副教授1人。专科（高职）毕业生961人。专科（高职）招生868人。全日制学历教育高考招生北京地区提档线理科150分、文科150分。专科（高职）在校生2862人。网址：www.bjpldx.edu.cn。

（赵晓颖）

【与台湾高校签署合作协议】　3月18日，培黎职院与台湾朝阳科技大学签署合作补充协议。根据协议，培黎职院学生前往台湾朝阳科技大学研修，所修学分给予置换；制订访问学者计划，针对合作班，培黎职院派教师或研究人员到对方学校做访问学者或客座教授，与对方教师合作研究课题；对方学校指派高水平教师承担合作项目中的教学任务。

（聂军）

【举办首届职业生涯大赛】　4月20日

至6月16日，培黎职院举办首届职业生涯规划大赛。1052名学生参赛，经过初赛、复赛、半决赛和决赛四个阶段，10名选手进入决赛。决赛分为“职业生涯规划演讲”和“职场情景模拟问答”两个环节。最终评出一等奖1人、二等奖2人、三等奖7人。

（冯兴鹏）

【实施首届职业生涯导师计划】　4月24日，培黎职院启动首届职业生涯导师计划。该计划是通过发挥教师和学生两方面积极性、创造性和内在潜力，构建满足不同学生多样化发展需要，强化学生人生规划和终身发展素养，实施学业指导与成长指导同步的一体化教育教学管理培养模式。该计划关注学生整体成长发展，关注学生精神生活质量与个性化学习，关注学生视野的拓宽和实践能力的提升。通过实施该计划，使教师从学生的“学业导师”转变为“人生成长导师”。培黎职院聘请工作经验丰富的业界资深人士40余人，选拔校内教学或管理骨干20余人担任职场导师，指导学生300余人。导师以讲述职场经历、一对一职场指导、参与职场培训、提供实习岗位、职场观摩等方式，引导学生树立正确的成才观、就业观和职业生涯规划意识；引领学生了解行业，熟悉和体验职场，增强职场经验和社会阅历，完善个人职业生涯规划。

（蔡蓓蓓　冯兴鹏）

【党委换届】　6月19日，培黎职院举行党委换届选举。中共培黎职业学院委员会召开第二届全体党员大会，会议进行第二届党委会换届，会议采用无记名投票差额选举的办法，产生第三届党委会名单。新一届党委会有7名委员，由学院主办方代表、学院主要领导、教职工代表、学院专任教师、工会职工代表组成。

（田淑芹）

【汽车专业“3＋2”中高职衔接合作项目揭牌】　11月16日，由培黎职院与延庆县第一职业学校共建的汽车专业“3＋2”中高职衔接合作项目在延庆一职正式揭牌。两校发挥各自优势、互相学习、与行业企业密切合作，联合培养汽车技术服务与营销高技能人才。揭牌仪式上，培黎职院向延庆一职学生、家长介绍“3＋2”中高职衔接专业入学资格、学习内容、就业岗位以及专业优势。

（金若沙）

【584人次获得国家及校级奖助学金】　至年底，培黎职院共584人次获得国家及校级奖助学金，奖金金额152.54万元。406人次获得奖学金和助学金，其中，2人获得国家奖学金，奖金金额1.60万元；72人获得国家励志奖学金，奖金金额36万元；332人获得国家助学金，奖金金额105.60万元。178名学生获得校级奖学金，奖金金额9.34万元。

（李钧陶）

北京艺术传媒职业学院

【概况】 2015年，北京艺术传媒职业学院占地面积11.15万平方米，产权校舍建筑面积4.49万平方米、非产权校舍建筑面积0.5万平方米。全年教育经费投入315万元，其中，国家拨款90.90万元、自筹经费224.10万元。固定资产总值3000万元，其中，教学、科研仪器设备总值820.15万元。图书馆建筑面积0.17万平方米，藏有纸质图书15万册、电子图书20万册。拥有计算机916台，多媒体教室座位9个。学校信息化经费投入120万元，信息化设备资产542.90万元，网络信息点15个，校园网出口总带宽100Mbps，电子邮件系统用户200个，上网课程6门，数字资源量500GB，管理信息系统数据总量200GB。拥有校内专业实训室10个、综合实训室6个，校内实训基地1个。设有10个学院，开设13个专科专业及方向。教职工156人，其中，专任教师83人，包括教授13人、副教授20人。聘请校外教师36人，其中，教授32人、副教授4人。毕业128人，全部为专科（高职）生。全日制学历教育高考招生北京地区提档线理科150分、文科150分。在校生515人。网址：www.bjamu.cn。

（吴博）

【举办教师试讲说课评选活动】 5月21日，艺术传媒职院举办第17轮教师试讲说课评选活动。该活动旨在提升青年教师教学能力，特别是艺术实践学科教学，促使学院艺术传媒类专业形成特色。全院15名青年教师参赛，校外专家团队担任评委，经过初赛和决赛阶段，3名教师获奖，2名教师获鼓励奖。

（吴博）

【设立“播种班”】 9月，艺术传媒职院“播种班”学生入学。40名学生均来自西藏（36人）和新疆（4人）少数民族贫困家庭，经当地民政等部门对其建档立卡，严格审核，通过高招办录取成为该校“播种班”学生。学院不但免除这些学生三年学费，还每人每月给予一定生活补助，并免费赠送一套床上用品、暖壶、脸盆及一套室内清洁用品。年内，学院还资助60名广西高中学生和60名山西高中学生免学费就读。

（吴博）

【邀请校外专家听课】 11月27日，艺术传媒职院邀请校外专家到校听课，检验学院推进“有效教学”及教学管理成效。专家分组听取授课教师课堂教学，对参与教学检查的教师进行点评和交流。专家还听取学院期中工作汇报，对汇报做出点评，对学院建设、教学管理等方面给出建议。该校自高职成立以来，邀请校外专家到校听课33轮，专家督导检验学院有效教学工作实现常态化。

（吴博）

首都师范大学科德学院

【概况】 2015年，首都师范大学科德学院占地面积28.27万平方米，建筑面积16.62万平方米，河北易县实习实践基地99.83万平方米。全年教育经费投入36838万元。固定资产总值82411万元，其中，教学科研仪器设备总值6248万元。图书馆建筑面积1.10万平方米，藏有纸质图书53万册、电子图书5000GB。拥有计算机1767台，多媒体教室座位6055个。学校信息化经费投入924万元，信息化设备资产6279万元，网络信息点14400个，校园网出口总带宽1.50G，拥有校内实训室34个、校外实训基地100余个。设有4个学院，开设25个本科专业。教职工391人，其中，专任教师236人，包括教授35人、副教授65人。毕业生1095人。招生1015人。全日制学历教育高考招生北京地区提档线理科452分、文科477分，艺术理科321分、艺术文科342分。在校生4401人。网址：www.kdcnu.com。

（张娜）

【校企合作开课】 5月20日，中央新影电视艺术研究院承担的课程在科德学院首次开讲，标志着双方校企合作正式开展。中央新影电视艺术研究院承担该校“影视作品鉴赏”课程，由

中央新影电视艺术研究院安排一线电影导演、编剧、剪辑师、摄影师承担教学任务，分为若干主题单元授课。双方于2014年12月签署校企合作协议，共建首师大科德学院传媒学院。双方共同组建理论知识与实践经验紧密结合的教学团队，共同设计开发与行业发展现状紧密结合的优秀课程，探索培养应用型影视人才新模式。

（张娜）

【环境艺术设计专业系列教材出版】 6月，科德学院艺术设计学院主持编写的“高等院校环境艺术设计专业系列教材”由清华大学出版社出版。该系列教材以“艺术观”的独特视角，全面而系统地对相关专业内容进行艺术设计特色的论述，侧重艺术的技能培养与艺术修养的提高，包括《中国建筑艺术简史》《欧洲建筑艺术简史》《园林设计》《室内设计》《景观设计》《展示设计》《环境艺术设计手绘表现技法》《钢笔建筑画技法》八册教材。

（张娜）

【中国高校影视学会微电影专业委员会成立】 10月17日，中国高校影视学

会微电影专业委员会成立，并在科德学院召开第一届理事会第一次会议。会议决定将微电影专业委员会秘书处常设在科德学院。来自清华大学、南京艺术学院、华侨大学等近50家国内知名院校领导、专家汇聚该校，共

商微电影产业和教育发展大计。中国高校影视学会是国内影视教育界唯一的国家一级学会，微电影专业委员会理事会的宗旨是创作，是利用学会这个一流平台将国际大学生微电影盛典活动在各地高校生根发芽，逐步在全国形成若干个创作基地，为盛典的纵深发展铺平道路。

（张娜）

【无人机航拍中心成立】 11月20日，科德学院无人机航拍中心暨航拍总队揭牌成立。航拍中心拥有精灵3、精灵4和S1000等无人机设备，可满足学校培训、教学及影视、宣传片、各类大型活动等无人机航拍需求。航拍总队有队员36人，由来自该校各专业的航拍爱好者组成，承担校内外各类航拍任务。航拍中心专业教师全部具有中国航空器拥有者及驾驶员协会（AOPA）认证的教员资格，通过与中央新影集团、中国传媒大学、蓝天飞扬科技公司等单位资源整合配置，引进专业教师、教学资源，形成一套集理论、实践于一体的完整教学体系，致力于提高学生专业动手能力，拓宽就业渠道，也为该校加强学校内涵建设、推动优势学科快速发展、创新人才培养模式进行有益探索。

（张娜）

【获全国商科院校技能大赛16项奖项】

12月5日，科德学院学生在第九届全国商科院校技能大赛（CBSC）中获得16项奖项。其中，一等奖1项、二等奖7项、三等奖8项，获奖学生44人次。此外，该校还获得“会展专业竞赛最佳院校组织奖”，艺术设计学院4名教师获得优秀指导教师奖。该比赛由中国商业联合会主办，来自全国66所设置会展类专业高等院校的120支队伍500余名师生参赛。

（张娜）

北京工商大学嘉华学院

【概况】 2015年，北京工商大学嘉华学院占地面积36.49万平方米，产权校舍建筑面积11.16万平方米、非产权校舍建筑面积6.53万平方米。全年教育经费投入16595.83万元，其中，国家拨款1804.02万元、自筹经费14791.81万元。固定资产总值51798.13万元，其中，教学、科研仪器设备总值3976.94万元。图书馆建筑面积2882平方米，藏有纸质图书61.41万册、电子图书100万册。拥有计算机2216台，多媒体教室座位4135个。学校信息化经费投入162万元，信息化设备资产337万元，网络信息点2500个，校园网出口总带宽1024Mbps，上网课程25门，数字资源量125GB，管理信息系统数据总量10GB。拥有校内专业实训室19个、综合实训室11个，校外实训基地144个。教职工390人，其中，专任教师288人，包括教授38人、副教授80人。聘请校外教师38人，其中，教授10人、副教授17人。毕业生1344人。招生1198人。全日制学历教育高考招生北京地区提档线理科452分、文科477分。在校生4888人。网址：www.canvard.edu.cn。

（张雷）

【完成“五个专项”评选工作】 5月15日，嘉华学院“五个专项”评选工作大学生网络投票活动结束。评选活动以大学生视角评选出最受欢迎的教师、最具影响力的学业导师、最知心的德育导师、最具爱心的辅导员和最暖心的宿管员五个专项，评选面覆盖专职教师、学业导师、德育导师、辅导员和宿管员五类人员。10005人次学生参与投票，评出最受欢迎的教师10人、最具影响力的学业导师5人、最知心的德育导师1人、最具爱心的辅导员4人、最暖心的宿管员4人。

（张雷）

【与董陶窑共建大学生实习实践基地】 5月26日，嘉华学院与董陶窑陶瓷制作技术研究所签约共建大学生实习实践基地。根据协议，学校负责提供先进的产品研发、管理理念和优质生源，

对方负责提供实习实践场所和成熟的工艺技术标准。

（张雷　赵晏）

【与英国多所大学签约合作】 6月，嘉华学院与英国爱丁堡龙比亚大学、哈德斯菲尔德大学、赫尔大学、朴次茅斯大学签署国际合作办学协议。根据协议，双方在国际交流、国际学院与外方学校互派教师讲学与进修等方面开展合作。此外，12月17日，该校校长一行应邀访问英国南威尔士大学，双方在金融与会计、金融与投资、市场营销3个专业方向联合开展硕士研究生办学项目达成共识，并共同签署《北京工商大学嘉华学院与南威尔士大学国际化教学合作备忘录》。

（张雷）

【获批市级校外人才培养基地】 10月29日，嘉华学院与北京石油化工学院、中国矿业大学（北京）和北京注册会计师协会合作创建的“北京高等学校市级校外人才培养基地”揭牌。该基地由北京石油化工学院主持，设在北京工商大学嘉华学院、北京石油化工学院、中国矿业大学（北京）和北京注册会计师协会，承担学生岗位技能培训、实践教学和科研职责。

（张雷）

【成立家校联盟】 12月26日，嘉华学院“家长嘉华共携手，家校联盟育精英”家校联盟成立。500余名2015级新生家长参加活动。家校联盟主旨在于团结全校学生家长，坚持家校沟通与合作，让家长充分参与学校管理，有效体现家长对学校教育教学工作的知情权、评议权和参与权；完善学校、家庭、社会三位一体的教育体系，营造良好绿色育人环境。成立家校联盟是该校2015年“新生工程”重要举措之一，也是该校“家校沟通平台”在内容上的延续和升华。

（张雷）

北京邮电大学世纪学院

【概况】 2015年，北京邮电大学世纪学院占地面积33.30万平方米，非产权校舍建筑面积15.67万平方米。全年教育经费投入3194.35万元，全部自筹。固定资产总值8123.47万元，其中，教学、科研仪器设备总值4456.83万元。图书馆建筑面积1.55万平方米，藏有纸质图书60.23万册、电子图书26.40GB。拥有计算机2109台，网络多媒体教室77个。学校信息化经费投入180万元，信息化设备资产2655.67万元，网络信息点5000个，校园网出口总带宽700Mbps，电子邮件系统用户438个，上网课程18门，数字资源量107.50GB，管理信息系统数据总量550GB。拥有7个院级实验教学中心，86间实验室；校内实训基地5个，校外实训基地81个。设有8个教学单位，开设17个本科专业。教职工426人，其中，专任教师283人，包括教授29人、副教授60人。聘请校外教师46人，其中，教授2人、副教授5人。毕业生1291人，其中，学历教育全日制普通本科生1263人、非学历教育学生28人。招生1261人，全部为学历教育全日制普通本科生。全日制学历教育高考招生北京地区提档线理科450分、文科464分。在校生5128人，其中，学历教育全日制普通本科生5101人、非学历教育学生27人。网址：www.ccbupt.cn。

（杜函蔚）

【赴北邮访学协议正式实施】 1月，世纪学院与北京邮电大学签订《北京邮电大学关于接受世纪学院优秀学生的访学协议》。根据协议，北邮每年接收世纪学院品学兼优学生开展为期一年的访学交流。7月，首批赴北邮访学的26名学生报到入学。

（杜函蔚）

【国际创业课程结业】 3月，世纪学院开设的“科技的商业化管理”国际创业课程结业。开设该课程是为进一步开阔学生国际化视野，提升学生创业整体水平，特邀英国企业家多米尼克·马罗科（Dominic Marrocco）到学院授课。课程于2014年5月开课，共40名学生，经过36课时全英文学习，6名学生取得优秀成绩并获得结业证书。

（杜函蔚）

【甲骨文工程实践教育中心成立】 4月，世纪学院与甲骨文公司合作建立的工程实践教育中心正式成立。该实践教育中心设在学院计算机科学与技术系，学校负责提供人力资源，公司负责提供培训、软件等教育资源，中心为学生搭建O2O实训教育云平台，为教师提供学习和熟悉大型数据库与网络开发环境的条件，促进学院专业建设和工程教育开展。

（杜函蔚）

【与北汽汽车研究院工会签订项目合作协议】 8月，世纪学院与北京汽车股份有限公司汽车研究院工会签订项目合作协议。根据协议，双方合作开展“汽车技术多媒体培训系统—总装篇v1.0版”项目。这是学院首次与世界500强企业开展项目合作。通过合作，推动学院产学研一体化的教育战略，进一步探索工程教育应用型人才培养的教育理念。年内，学院先后与中国邮政储蓄银行股份有限公司北京分行、北京神州泰岳软件股份有限公司、新道科技有限公司、北京通畅电信规划设计院、珠海经济特区丹田集团有限公司等企业签订协议，校企合作更加深入。

（杜函蔚）

【庆祝建院10周年】 9月，世纪学院庆祝建院10周年。院庆期间，相继举办应用型人才培养暨国际工程教育论坛、校史馆揭幕、“十年磨砺风雨铸，征程未洗再出发”教学汇报展、北京地区独立学院图书馆发展研讨会、校友返校等系列活动，对内总结10年办学

成果、加强师生凝聚力和归属感，对外扩大社会影响力、树立学院品牌特色。世纪学院于2005年4月成立，是经教育部批准，由北京邮电大学与北京学涵教育科技有限公司按照新机制和新办学模式合作举办的全日制本科普通高校，是教育部直属高校在京举办的第一所独立学院。学院立足于电子信息领域，以通信工程、电子信息工程等电子信息类专业为重点，以数字媒体类专业为特色，建成涵盖工、管、文、艺4个学科的专业理论教学体系、实践教学体系和素质教育体系。

（杜函蔚）

【出台创新创业教育改革实施方案】 10月，世纪学院正式出台《北京邮电大学世纪学院创新创业教育改革实施方案》。方案旨在进一步增强学生创新精神、创业意识和创新创业能力。年内，学院加强创新创业教育，先后建立大学生科技创新基地，并在基地框架下与河南华星粉业集团签订技术服务合同；共资助学生科技创新项目58项，其中结题52项；与极客学院联合打造创新创业与网络教育基地；“机电与信息融合应用创新实践基地”被评为2015年度北京高等学校示范性校内创新实践基地；在KAB创业教育年会上获得“大学生KAB创业教育基地”称号并加盟中关村互联网教育基金。

（杜函蔚）

【与法国里尔教育集团签署姊妹院校协议】 11月，世纪学院与法国里尔教育集团签订姊妹院校协议。根据协议，双方在教师和学生互换交流、联合授予学位以及攻读工程师学位等方面开展一系列合作，为中法项目学生在学业上升通道方面搭建更宽广平台。年内，学院积极开展国际交流与合作，先后派出50名教师和学生赴国外学习

交流；美国麻省州立大学洛威尔分校计算机学院在学院选拔赴美攻读硕士学位和硕博连读学生；与日本京都计算机学院合作举办的软件工程专业本科教育项目通过教育部评估。

（杜函蔚）

北京工业大学耿丹学院

【概况】　2015年，北京工业大学耿丹学院占地面积32.20万平方米，产权校舍建筑面积20.90万平方米。全年教育经费投入16005.08万元，其中，国家拨款1631.33万元、自筹经费14373.75万元。固定资产总值8465万元，其中，教学、科研仪器设备总值2872万元。图书馆建筑面积9028平方米，藏有纸质图书63万册、电子图书3450GB。拥有计算机2920台，多媒体教室座位7800个。学校信息化经费投入200万元，信息化设备资产2415万元，网络信息点8500个，校园网出口总带宽510Mbps，电子邮件系统用户6400个，数字资源量6500GB，管理信息系统数据总量40GB，上网课程8门。拥有校内专业实训室37个、综合实训室25个，校外实训基地86个。设有6个系，开设24个本科专业。教职工573人，其中，专任教师272人，包括教授39人、副教授80人。聘请校外教师80人，其中，教授7人、副教授27人。毕业生1449人，全部为学历教育全日制普通本科生。招生1354人，全部为学历教育全日制普通本科生。全日制学历教育高考招生北京地区提档线理科452分、文科477分。在校生5572人，全部为学历教育全日制普通本科生。网址：www.gengdan.edu.cn。

（管书艳）

【举办全球商业领袖北京论坛】　4月

16日，耿丹学院举办“2015全球商业领袖——北京论坛”。论坛特邀嘉宾就“移动互联网时代民营企业的营销创新”主题进行演讲，重点探讨在全球经济一体化环境中的营销模式，中国民营企业自身所面临的转型和传承问题，以及民营企业营销传播面临的挑战和肩负的历史使命，并提出一系列意见和建议。来自全国各地近400名企业家及学界专家参会。

（管书艳）

【庆祝建校10周年】　4—5月，耿丹学院庆祝建校10周年。学院开展校友返校、学术交流、摄影大赛等一系列活动。5月17日，举办10周年校庆文艺晚会，以“成长、感恩、奋斗”为主题，200余名在校师生通过精彩表演回顾学院10年成长历程。耿丹学院成立于2005年7月，以中国早期教育家、革命家、留英博士耿丹烈士的名字命名。学院秉承“不以营利为目的”公益性办学理念，学科专业设置以工科为背景，课程设置充分体现多学科交叉，培养具有创新精神的复合型、应用型高级专门人才。

（管书艳）

【与多家企业建立校企合作关系】　4—12月，耿丹学院分别与北京金蝶软件园、都普联合规划设计院、上海铂利德钻石有限公司、日本手冢治虫公司、新西兰HuHu动画中国分公司签署校企合作协议。根据协议，除校内实训实验室建设和使用外，校外企业实操经验也纳入学生培养全过程，力争让学生通过4年学习成为受社会和企业肯定的人才。

（管书艳）

【推行“班导师”制】　9月11日，耿丹学院正式推行“班导师”制。学院以班级为单位设立班导师，总共配备班导师101人，其中，基础部教师23人，各系部专业教师78人。班导师工作要点是：新生班导师每两周至少召开一次主题班会，其他年级班导师每月至少召开一次班会；每周要有两个小时在校内固定时间、固定地点接待本班学生，帮助学生解决实际困难和问题；每月与学生面谈或集体指导不少于一次，对每个学生的个别辅导每学期每人至少一次；建立班学生群、家长群，与学生、家长及时沟通，回复学生、家长邮件或微信等方式互动不超过48小时。

（管书艳）

【获中国机器人大赛一等奖】　10月，耿丹学院机械工程系5名学生参加“2015年中国机器人大赛暨Robocup中国公开赛（贵阳）”获得矿物搬用机器人比赛一等奖、助老服务机器人比赛一等奖和陆空勘探机器人比赛二等奖。该比赛是由中国自动化学会、科技部高技术研究发展中心等单位主办的国内影响力最大、参与人数最多的全国性大学生机器人竞技学术活动，设12个大项、100个子项，来自全国300余所高校400余支队伍参赛。

（管书艳）

【召开第一届学生代表大会】　11月4日，耿丹学院召开学生代表大会常务委员会第一次会议。来自6个系代表团、140余名学生代表参会，20余名各学生组织代表列席会议。会议听取第九届学生会工作报告，审议通过《北京工业大学耿丹学院学生代表大会章程》（试行稿）和《耿丹学院学生代表提案工作方法》（试行稿），选举7名学生为第一届学代会常务委员会成员，选举11名学生为学院学位评定委员会、教学指导委员会、学术委员会、学生工作指导委员会和申诉委员会学生委员。

（管书艳）

北京第二外国语学院中瑞酒店管理学院

【概况】　2015年，北京第二外国语学院中瑞酒店管理学院占地面积17.65万平方米，产权校舍建筑面积10万平方米。全年教育经费投入11370万元，其中，国家拨款861万元、自筹经费10509万元。固定资产总值3.98亿元，其中，教学、科研仪器设备总值2409万元。图书馆建筑面积7676平方米，藏有纸质图书39.73万册、电子图书20076.52GB，单独建设的行业特色文献资源库1个。拥有计算机611台，多媒体教室座位4800个。学校信息化经费投入2463万元，信息化设备资产2463万元，网络信息点6000个，校园网出口总带宽600Mbps，电子邮件系统用户10000

个，数字资源量8000GB，管理信息系统数据总量12000GB。设有品酒实验室、中西食品制作实验室、多媒体实验室、语音实验室和计算机中心。开设酒店管理、酒店管理（酒店财务管理方向）专业。教职工401人，其中，专任教师223人，包括副高级以上专业技术职务76人。兼职教师10人，包括副高级以上专业技术职务2人。毕业生815人。招生891人。全日制学历教育高考招生北京地区提档线理科432分、文科457分。在校生3768人。网址：www.bhi.edu.cn。

（冯力谨）

【《酒店评论》杂志创刊】 1月，中

瑞学院《酒店评论》杂志创刊。该杂志由学院酒店业研究中心组织编写，为季刊，包括啄木鸟、专题和名家等栏目，以酒店投资人、从事酒店业的中高级管理者、相关管理及研究人员、酒店职业教育者为目标读者，主要探索研究国内外酒店行业的热点问题。

（李双双）

【成立学生护校队】 5月21日，中瑞学院学生成立护校队（CSC）。护校队为学生社团，主要职责是参与校园安全管理服务，协助创建和谐、稳定、文明校园环境。护校队共有队员69人。

（陈德满）

【推广“不做课堂低头族”活动】 6

月8日，中瑞学院“不做课堂低头族”活动开始由试点班级推广至全校。活动以引导和鼓励大学生上课专心听讲，避免学生因上课使用手机影响课堂学习效率为目的，每间教室内都配备手机收纳袋，上课前教师会建议学生自觉将手机设置为静音状态并放置在收纳袋中，课程结束后学生可自行领取手机。

（闫中华）

【确立学院核心价值观】 6月，中瑞学院确定学院核心价值观。经全院师生提案、投票，校园文化建设领导小组研究决定，学院现阶段核心价值观定为“尊重、专业、责任”。

（摆志靖）

【完成实操教学教材编修】 7月，中瑞学院酒店管理系完成实操教材编修工作。15名教师历时80天，完成客务、餐饮、厨房等共15本教材编修。教材共约120万字，分为原理、实操、管理三个部分，知识体系界限分明又相互补充，层层递进。教材在内容选择上一方面侧重于从酒店业工作经验中提取理论要素，搭建理论体系，另一方面详细介绍酒店相关部门工作流程和管理要点；教材使用语言兼顾“90后”学生特点，力求简练又不失风趣。

（齐娜）

【出版第一本自编教材】 9月，中瑞学院自编教材《酒店管理信息系统与电子商务》一书由中国轻工业出版社出版。该书由学院酒店管理系教师于2011年底开始编写，2012年完成，并经3年试用和著名国际酒店集团行业专家评审后出版，是该院第一本正式出版的自编教材。全书共30万字，从酒店管理信息系统的结构设计到酒店行业应用中出现的问题及解决方案均进行细致介绍。该书被喜达屋（中国）酒店集团指定为所属酒店IT部门培训专用教材。

（齐娜）

【学生自主举办酒店业青年领袖峰会】 10月23日，中瑞学院学生自主举办的第五届亚洲酒店业青年领袖峰会（YHS Asia）闭幕。峰会持续3天，邀请亚洲14所高校62名学生代表参加。亚洲各地区学生代表以此次峰会为平台讨论酒店和旅游业的发展与未来，碰撞创新思维的火花，展现行业未来新生力军的风采。

（郑鸿玮）

【中网高端服务人才培养基地挂牌】 12月9日，中瑞学院举行中网高端服务志愿者总结大会暨“中国网球公开赛高端商务服务人才培养基地”挂牌仪式。2015年该院共有164名学生参加中国网球公开赛高端服务志愿者工作，26名学生分别获得志愿者金、银、铜奖。该院是唯一与中网合作的高端商务服务人才培养基地。

（摆志靖）

【党总支换届选举】 12月23日，中瑞学院召开第二届全体党员大会。会议以无记名差额投票方式选举产生新一届党委会。同日召开新党委第一次委员会议，采取无记名等额选举方式产生书记、副书记，并对党委委员进行具体责任分工。

（刘曙明）

中国信息大学（北京网络职业学院）

【概况】 2015年10月，中国信息大学更名为北京网络职业学院。学校占地面积20.01万平方米，非产权校舍建筑面积9.09万平方米。全年教育经费投入141万元，全部自筹。固定资产总值3421万元，其中，教学、科研仪器设备总值1814万元。临时图书馆建筑面积1500平方米，藏有纸质图书12.17万册、电子图书130万册。拥有教学用计算机1095台，多媒体教室24个。学校信息化经费投入53万元，网络信息点1500个，校园网出口总带宽150Mbps，管理信息系统数据总量20GB。拥有实验室24个、实训基地5个。设有4个系，开设5个专业。教职工85人，其中，专任教师32人，包括教授2人、副教授6人。兼职教师22人，包括副教授8人。结业生112人。招生85人。在校生524人。网址：www.cieu.org.cn。

（黄明玥）

【改进“德育导师制”】 4月，信大改进“德育导师制”。该校自2008年9月实行德育导师制，形成一套较完善的学生管理制度，因近两年学生人数大幅度减少，按专业分班人数最少德育班只有6人，德育导师无法组织学生活动，工作效率下降，评价标准

不能反映实际工作质量，造成管理资源浪费。为改善现状，学校打破德育班级专业、年级界限，以每班100人为上限，确定全校德育班级数量，并优选6名德育导师负责班级管理，学生每学期可以选择1次德育班。由学生处统一管理评价德育导师工作。

（黄明玥）

【专业设置调整】 5月，信大调整专业设置。该校结合自身教学经验、师资、办学场所、实验实训设备等软硬件条件，以培养计算机网络人才为主，构建计算机网络、文化传播、商贸管理三大专业群，设置计算机应用技术、网络系统管理、电子商务、电视节目制作和视觉传达艺术设计5个专业。

（黄明玥）

【学校更名并开办高职教育】 10月，信大经市教委批准开办高职教育，并更名为北京网络职业学院。学校于6月向市教委递交关于申办高等职业教育学院的论证报告，经4轮专家组进校考察论证，获批更名为北京网络职业学院，开办高职教育。网络职业学院属专科层次普通高等学校，主要开展高等职业教育。该校于1993年成立，由国家信息中心创办，2003年6月，为适应民办高等学校办学体制及政府机构职能转变需要，学校改制重组，举办者由国家信息中心变更为北京国信大教育发展有限公司。

（黄明玥）

民办高等教育机构

北京人文大学

【概况】 2015年，北京人文大学占地面积11万平方米，非产权校舍建筑面积3.50万平方米。全年教育经费投入351万元，全部自筹。固定资产总值5871万元，其中，教学、科研仪器设备总值821万元。拥有计算机156台，多媒体教室座位660个。学校信息化设备资产805.60万元，网络信息点800个，校园网出口总带宽100Mbps，电子邮件系统用户500个，数字资源量1000GB，管理信息系统数据总量500GB。拥有校内专业实训室18个，校外实训基地11个。设有8个学院，开设35个专业。教职工67人，其中，专任教师28人。兼职教师39人。毕业生415人。招生352人。在校生1259人。网址：www.bjrwdx.com。

（张秦）

【成立三位一体工作小组】 4月，人文大学成立教学、学生管理、招生“三位一体”工作小组。三位一体小组由学校教学人员、管理干部、招生教师9人组成，互相协作、加强沟通、共同开展各项工作。小组定期组织召开教师座谈会、学生代表座谈会，听取学校教学环节的各类问题，及时协调解决；深入班级，与学生一起听课、交流，掌握学生思想动态和对学校教学工作的评价和意见，确保学生得到一流的教学、管理服务。

（张秦）

【开展司法考试培训】 4—9月，人文大学与北京海天教育集团合作开展司法考试培训项目。培训针对北京及周边区域法律专业在校大学生、毕业生，开展司法考试考前培训。培训共举办2期，培训300余人次。

（张秦）

【完善人才培养方案及目标】 至年底，人文大学完善专业人才培养方案。该校根据学校发展形势和市场需求，着重深化学校教育教学改革，立足培养技能型、应用型人才，着力打造学校特色品牌专业。以“突出实践性教学环节，增强学生实际操作能力”为指导思想，体现“理论够用、实践为重”原则，着力培养面向生产、建设、服务、管理第一线岗位的技能型、应用型人才。

（张秦）

【大力发展国标舞专业品牌】 至年底，人文大学大力发展国标舞专业。该校国际舞蹈学院利用其专业特长及教学优势，先后为延庆区部分小学、中学开办国标舞兴趣班，促进延庆区基础教育课外文化活动的发展；主办2015年张家口市张北县国际标准舞蹈公开赛（该比赛为中国标准舞总会认证赛事），促进当地文化产业和谐发展。学院学生还多次参加国标舞总会的部分公开赛，获得奖项和荣誉，取得良好社会效益。

（张秦）

北京工商管理专修学院

【概况】 2015年，北京工商管理专修学院占地面积14.01万平方米，产权校舍建筑面积0.14万平方米、非产权校舍建筑面积11.55万平方米。全年教育经费投入186万元，全部自筹。固定资产总值18867万元，其中，教学、科研仪器设备总值1103万元。图书馆建筑面积1876.50平方米，藏有纸质图书5.80万册。拥有计算机1108台，多媒体教室座位5838个。学校信息化经费投入30.07万元，信息化设备资产9.60万元，网络信息点95个，校园网出口总带宽200Mbps，电子邮件系统用户200个，上网课程247门，数字资源量35GB，管理信息系统数据总量9GB。拥有校内专业实训室8个、综合实训室2个，校外实训基地106个。设有7个院，开设22个专业。教职工180人，其中，专任教师76人，包括教授6人、副教授19人。兼职教师20人，包括教授1人、副教授5人。结业生702人。招生429人。在校生1478人。网址：www.bjuba.com.cn。

（崔友芝）

【执行新的员工工作手册】 3月，北工商执行新的员工工作手册。新手册分九章92节，包括组织结构与部门职责、人力资源管理、财务管理、总务管理、教学管理、学务管理、就业服务、安全稳定和运行管理等内容，全方位、立体化地规范在校教职员工工作各个方面。为使全体教职员工尽快熟悉《工作手册》相关知识，学院开展《工作手册》考试活动，保证新《工作手册》落地实施。

（崔友芝）

【党总支换届】　9月11日，北工商党

总支举行换届选举党员大会。共73名党员代表参加大会。会议听取上届党委书记工作报告，采取无记名投票方式，差额选举5人为新一届党总支部委员会委员。

（崔友芝　韩迅）

【举办学生成长笔记展览】　11月10—24日，北工商举办学生成长笔记展览活动。学生成长笔记展内容丰富，学生认真写出自己入学后在学习上、生活上的感悟和体会，感恩父母，感恩学校，以及对自己的目标、理想、憧憬落实在具体行动上或思想上的深刻认识。全校学生积极参与活动，共展出学生笔记96份。

（崔友芝）

现代管理大学

【概况】　2015年，现代管理大学占地面积32万平方米，产权校舍建筑面积8.20万平方米。全年教育经费投入1178.07万元，全部自筹。固定资产总值3554.43万元，其中，教学、科研仪器设备总值2240.32万元。图书馆建筑面积0.90万平方米，藏有纸质图书11.80万册。拥有计算机1050台，多媒体教室25个。学校信息化经费投入44.13万元，网络信息点1300个，校园网出口总带宽100Mbps，电子邮件系统用户330个，上网课程43门，数字资源量2000GB，管理信息系统数据总量300GB。拥有校内专业实训室11个、综合实训室5个，校外实训基地6个。设有16个院，开设31个专业。教职工572人，其中，专任教师175人，包括教授17人、副教授40人。兼职教师171人，包括教授4人、副教授19人。结业生552人。招生527人。在校生3080人。网址：www.mau.edu.cn。

（姚晓薇）

【首批韩语培训班学生赴韩学习】　3月9日，现代管理大学首批韩语培训班学生赴韩国国立忠北大学语言研修班学习。首批学生共6人，到韩国学校学习12个月，完成学业经考核合格后可进入韩国国立忠北大学等高校本科学习。该校自2013年以来与韩国多所大学建立合作关系，是韩国国立忠北大学北京办事处、韩国朝鲜大学北京办事处、韩国韩南大学韩国语学习中心、韩国映像大学韩国语学习中心，并受韩国学校委托开展对韩交流事宜。学校韩语培训教学活动和教学成果等均得到以上学校认可。第二批13名学生于12月赴韩进行语言研修。

（王静月）

【与长安汽车北京公司签约合作】　4

月28日，现代管理大学与长安汽车北京公司签订校企战略合作协议。合作以组建“长安班”方式进行，实行“2+1”职业教育定向培养。学生在校学习2年后，再进入企业训练1年，充分发挥校企两个育人环境的优势，使专业与岗位对接、教学过程与生产流程对接、培养人才与用人企业对接。

（姚晓薇）

【新增三种类型培训班】　5—12月，现代管理大学新增三种类型培训班。分别是计算机软件技术培训班、高铁乘务人员培训班和保安培训班。其中，计算机软件技术培训班完成5期，培训426人次；高铁乘务人员培训班完成4期，培训365人次；保安培训班完成6期，培训511人次。

（侯丽洁）

北京八维研修学院

【概况】　2015年，北京八维研修学院占地面积2.70万平方米，校舍建筑面积3.60万平方米。全年教育经费4846.20万元，全部自筹。固定资产总值3887.13万元，其中，教学、科研仪器设备总值1303.89万元。图书馆建筑面积0.60万平方米，藏有纸质图书6万册、电子图书20万册。多媒体教室座位120个。年度信息化经费投入201万元，信息化设备资产903万元，网络信息点80个，校园网出口总带宽20Mbps，电子邮件系统用户238个，数字资源量500GB，管理信息系统数据总量21GB。拥有校内专业实训室8个，校外实训基地4个。设有9个二级学院，14个专业。教职工342人，其中，专任教师220人，包括教授9人、副教授22人。结业生1650人。招生2050人。在校生3818人。网址：www.baway.org.cn。

（贾汉明）

【实施新课程体系】　3月，八维研修学院开始实施12.0课程体系。该课程体系在11.0体系基础上增加大学数学和大学语文课程，对专业基础课进行部分调整。12.0课程体系立足于培养领袖型人才，高度重视培养学生学习能力、创新能力和领导能力，不仅考虑知识和技术层面的衔接，更注重传授学习方法和提升学习能力。

（贾汉明）

【成立校务委员会和学管处】　7月，八维研修学院成立校务委员会和学生管理处。校务委员会有成员9人，包括院长、副院长及部分二级学院院长，其主要职责是起草、讨论与审定学校教育、教学、管理制度，监督、检查学校相关工作，对学校重大决策提出建议和改进性意见，负责专项工作的研究。学生管理处有成员3人，其主要职责是培训班主任，协助学院班主任做好学生自主管理工作（包括学习自主管理、纪律自主管理、卫生自主管理、安全自主管理、宿舍自主管理），帮助学院提高“四率一值”数据（“四率”指成材率、出勤率、违纪率和未异常率，“一值”为成才分数）。

（贯汉明）

【云计算实验室投入使用】 8月，八维研修学院云计算实验室投入使用。该项目是市教委发展促进资金资助的2014年教育教学改革建设项目，其中，发展促进资金投入100万元、自有资金投入20万元。云计算实验室投入使用后，可为学生提供真实的实训环境，加深学生对云计算知识的理解，提升学生动手能力和项目实战能力，提高学生综合专业水平和就业能力，是学生掌握云计算核心技术、教师提高教学科研能力、学校课程体系开发和教材建设的重要场所。年内，该校为社会输送500余名具有云计算系统知识和技能的急需人才，平均就业薪资提升1000元。

（贯汉明　杨卓彪）

北京现代音乐研修学院

【概况】 2015年，北京现代音乐研修学院占地面积6.60万平方米，产权校舍建筑面积7.21万平方米。全年教育经费投入9000万元，全部自筹。固定资产总值27310万元，其中，教学、科研仪器设备总值7810万元。图书馆建筑面积0.15万平方米，藏有纸质图书11.46万册、电子图书20万册。拥有计算机485台，多媒体教室座位1800个。学校信息化经费投入82万元，信息化设备资产670万元，网络信息点1423个，校园网出口总带宽300Mbps，电子邮件系统用户400个，数字资源量4580GB，管理信息系统数据总量13GB。拥有350间国际标准琴房、32个舞蹈练功厅、8个音频工作站、6个视频工作站、16个MIDI工作室及双排键工作室，以及影视节目制作中心、动画制作中心、电子图书馆及网络管理中心。设有6个系，开设22个专业。教职工496人，其中，专任教师229人，包括教授10人、副教授8人。兼职教师79人，包括教授21人、副教授29人。结业生1107人。招生1337人。在校生4558人。网址：www.bjcma.com。

（王金君）

【校企联盟签约】 10月20日，北音举办“创天下”2015北音校企联盟签约仪式暨秋季校园招聘会。北音与罗兰盛世、北京山水文园集团、北京天桥艺术中心、中科汇金数字科技（北京）有限公司等20家企业签订“校企联盟、众创就业”校企合作协议。根据协议，校企双方在学生实习、实践和就业指导等方面开展合作。至此，学院与近500家用人单位达成“校企联盟”合作协议，成为学生求职就业主要渠道。

（王金君）

【举办北京现代国际鼓手节暨爵士鼓教育发展论坛】 10月23日，北音举办第三届北京现代国际鼓手节暨爵士鼓教育发展论坛。该活动依托北音的爵士音乐教育平台，由北音主办，美国大使馆、美国洛杉矶音乐学院、爵士乐海外教育协会、功学社集团等国内外业界知名机构协办。此届鼓手节新增北京现代中国职业鼓手大赛、爵士鼓教育发展论坛、中国首届打击乐经理人高峰论坛、中国打击乐器材设备展等活动项目。活动邀请到世界级鼓手、国内外打击乐专家、学者、学科带头人30余人，《中国日报》《通州时讯》、通州电视台等媒体进行现场报道，视友网全程网络同步直播。

（王金君）

【举办首届微课制作比赛】 11月，北音举办首届微课制作比赛。来自各二级学院及附属中专的12名教师参加比赛，课程类型涵盖学院各专业的核心课程、技能类课程及专业基础课程。参赛教师对参赛课程经过说明、阐述、演示，评审组从教学策划、教学效果、微课制作三个方面综合考量，最终由监审组监审评定，4人获教学设计奖、2人获微课制作奖。

（王金君）

【国家音乐产业人才培养基地及实用人才培训中心挂牌】 12月16日，国家音乐产业人才培养基地、实用人才培训中心在北音正式挂牌。中心职责是突破传统艺术教育模式，走教、产、研相结合的道路，使学生专业能力与市场需求接轨，承担向社会输送适应全国音乐产业发展的应用型技术人才，并为国家音乐产业促进工作委员会与北音的合作提供更广阔平台，双方通力合作，为社会、为音乐企业提供更多的实用型复合型人才。

（王金君）

民办中小学幼儿园

北京市二十一世纪实验幼儿园

【概况】 2015年，北京市二十一世纪实验幼儿园为日托制民办园。占地面积1.75万平方米，校舍建筑面积1.27万平方米。全年教育经费投入3166万元，全部自筹。拥有琴房、电教室、舞蹈厅等专用教室7个，普通教室31个。教职工264人，其中，教师191人，专科以上152人，中级职称以上10人；保育员63人，专科以上15人。开设32个教学班，其中，蒙氏托班2个、蒙氏小班5个、蒙氏中班5个、蒙氏大班2个；国际班3个，小班5个、中班5个、大班3个、蒙氏班2个。幼儿入园405人、离园263人、在园1199人。网址：www.bjkid.com。

（成雪娇）

【成立幼教集团世纪青智会】 4月24日，二十一世纪幼教集团世纪青智会成立。青智会是集团群众性青年组织，以联谊交流、志愿服务、艺术团等形式开展活动，致力于搭建集团内部青年交流、展示、发展的平台，发现、培养、选拔优秀青年人才，使其成为未来教学、管理骨干。首届世纪青智会拥有会员 47 人，每半年举办一次活动，研讨幼教领域职业发展工作，聘请专家讲座。成立大会上，全体会员举行入会宣誓，2 名会员代表发言，审议通过《世纪青智会章程》，选举青智会首届会长及秘书长，听取“百看早教”（BABYCAN）在线亲子游戏动画库创始人《幼儿教师职业发展》讲座，分享幼儿教师的成长故事及教师专业化发展和家长工作的经验和技巧。有关领导及首届世纪青智会京内会员 60 人参加会议。

（成雪娇）

【举办单词宝宝英语大赛】　4 月 27—

29 日，二十一世纪幼儿园玉海园举办单词宝宝英语大赛。比赛以“展示你我，学习真有趣（Show you show me! Learning is fun!）”为主题，旨在创造浓厚英语文化氛围，激发幼儿学英语、用英语兴趣，给幼儿更多展示自我的机会和空间。比赛根据不同年龄段设置“我会说（I can say）”“拼图（Puzzle）”“我做你说（Do and say）”“探索发现（Seek and destroy）”“快速阅读（Super reader）”“我会唱（I can sing）”“自然拼读（Phonics）”和“我会看图说话（I can describe）”等项目，设有单项幼儿奖、小组奖以及集体奖等奖项，由该园中外教师担任主持人。全园 400 名幼儿参加英语大赛活动，90 名幼儿参加个人赛，每个年龄段 2 名幼儿获单项奖，每个小组均获小组奖，18 个班获活动集体奖。

（成雪娇）

【启动“老少惠亲”活动站】　7 月 6 日，二十一世纪幼儿园启动“老少惠亲”活动站。“老少惠亲”活动站公益项目是在海淀区团委、区志愿服务联合会指导下，具有专业性、创新性和实践性的家庭教育服务公益项目，通过组织专业志愿者，传播先进育儿理念，重点科学指导 0～3 岁婴幼儿的家庭教育，以实现儿童、家庭和社会和谐发展。该园通过申报获得批准，活动站位于四季青乡曙光花园望河园（二十一世纪幼儿园曙光园）内多功能厅，建筑面积 150 平方米，配备多媒体设备，可同时接待 50 组家庭活动；每月定期组织 2 次活动，每次活动在周末，面向社区家庭老人和婴幼儿看护者，学习科学育儿知识及早期教育系列课程，举办系列家庭教育讲座，开展家庭亲子活动。启动仪式后，举办《携手共建家庭教育共同体》家庭教育主题讲座，以家庭教育故事为案例，介绍国内外家庭教育理念。有关领导、活动站志愿者团队代表、社区家长及幼儿共计 100 人参加活动。

（成雪娇）

北京市大兴区十一建华实验幼儿园

【概况】　2015 年，北京市大兴区十一建华实验幼儿园为日托制民办园。占地面积 9000 平方米，校舍建筑面积 4700 平方米。全年教育经费投入 1305 万元，全部自筹。固定资产总值 240 万元。拥有专用教室 4 个，普通教室 15 个。开设教学班 15 个，其中，小班 5 个、中班 6 个、大班 4 个。教职工 82 人，包括专任教师 36 人、保育员 19 人、保健医 4 人。幼儿离园 145 人、入园 158 人、在园 481 人。

（李晓静）

【开展自主小社会活动】　3—6 月，十一建华幼儿园大班年级组开展小社会活动。活动打破班级界限，设置照相馆、小医院、超市、银行等十余个活动区，共有 5 个班级 156 名幼儿参与。活动首次使用与真实人民币等价的建华币，幼儿可以选择在不同的职业场所挣取工资或进行消费。建华币的流通使幼儿开始主动计算自己的“财产”，制订挣钱和消费计划；各职业场所“工作人员”积极想办法吸引顾

客，增加收入。另外，小社会还增设市政府，并通过演讲、投票的方式选举出第一任小市长。小市长任职后处理过职员工资太低、活动区秩序混乱等问题。

（张秀超）

【编纂卫生保健宣教资料】　3—7 月，十一建华幼儿园保健室编纂卫生保健宣教资料。保健室对历年培训资料进行整理和汇编，编纂完成3本卫生宣教手册。其中，《教师学习手册——卫生保健》是培训参考资料，内容包括疾病、防护、消毒、教育、安全、养护六大篇，涵盖传染病防控、疾病常识、五官保健、家庭急救、园内卫生消毒、保育工作、班级常规工作、营养常识、健康教育、意外防护等全面卫生保健知识；《急救手册》是伤害预防宣传手册，配合社区健康教育宣传活动，将伤害预防基础常识和急救措施汇编成小册，便于发放和传阅；《保育卫生清洁工作手册》是作为新保育学习、老保育温故知新的实用手册，内容包括工作工具准备、工作要求、工作程序等，配有班级环境指示照片，清晰准确全面地展现卫生消毒工作。

（刘婷婷）

【实施保育员分层管理】　3—12 月，十一建华幼儿园保健室对保育员实施分层指导与管理。保健室按照级档评定对 21 名保育员实行分层指导，内容包括进餐、盥洗、如厕、户外、卫生消毒等环节。在指导中建立具有连贯性、随机性的模式，定期通报各年级常规情况，充分利用保育组长入班抽查指导以及召开年级常规培训，结合月度考评制定鼓励机制。累计入班指

导 60 余次，使保育员看待保健医的身份由监督者逐渐转变为指导者、帮助者。年内，保健室对保育员共进行 2 次实操技能考核、2 次专业知识考核，各级档保育员平均成绩均超过 85%。

（刘婷婷）

【与社区合作成立早教活动站】 4 月

27 日，十一建华幼儿园与香海园社区合作成立香海园社区早教活动站。活动站以提升社区 0～3 岁婴幼儿家庭的早期教育水平为宗旨。自活动站成立以来，每月都组织丰富多彩的早教活动，包括戏剧宝贝亲子运动会、亲子阅读活动、入社区表演、社区亲子游戏、入户指导、亲子阅读座谈、社区宣传资料发放等。累计有 160 名婴幼儿、300 余名家长参与活动。

（哈敬）

【开展同课异构教研活动】 11—12 月，十一建华幼儿园开展同课异构教研活动。由集体教育活动“颜色变变变”出发，先后有 4 名教师（包括 2 名经验级教师和 2 名新教师），根据颜色混合这一主题分别组织 5 次不同的“颜色变变变”活动。全园 30 名教师参与看课、评课，磨砺精品课程，提升教学教研水平。

（吴颖）

北京市平谷区第五幼儿园

【概况】 2015 年，北京市平谷区第五幼儿园为日托制民办园。占地面积 2 万平方米、校舍建筑面积 1 万平方米。全年教育经费投入 608 万元，其中，国家拨款 40 万元、自筹经费 568 万元。固定资产总值 781 万元。图书室藏书 2 万册，包括电子图书 0.10 万册。拥有亲子室、舞蹈室、多功能厅等专用教室 7 个，普通教室 23 个。拥有计算机 22 台，多媒体教室座位 150 个。学校信息化经费投入 1 万元，校园网出口总带宽 100Mbps，数字资源量 200GB。教职工 130 人，包括教师 77 人，保育教师 23 人；专科及以上学历 66 人。保健员 5 人，均为专科以上学历。开设 23 个教学班，其中，亲子班 1 个、小班 7 个、中班 6 个、大班 9 个。幼儿入园 240 人、离园 260 人、在园 860 人。网址：pgd-wyey.zgyey.com。

（武春晓）

【开展系列教研活动】 3—7 月，平谷五幼开展转变思想系列教研活动。活动打破以往传统讲授模式，利用多媒体设备，采用实物操作、生活体验联想、经验重组再现、小组合作探索、自主创新等多种方法，对教师进行培训，旨在让教师多角度、多层次、多途径发现教育的方法，体验教育的意义。该园 69 名教师持续参加教研活动。

（孙文亚）

【举办民间舞蹈考级活动】 7 月 10 日，

平谷五幼举办中国民族民间舞蹈四级等级考试活动。活动由中国民族民间舞蹈考级中心考官监考。考级曲目为：四级《踢毽子》、三级《小小服装设计师》、二级《小红扇》、一级《小画家》。共 152 名幼儿参加考级。其中，4 名幼儿通过四级考试，25 名幼儿通过三级考试，41 名幼儿通过二级考试，82 名幼儿通过一级考试。

（孙文亚　王春艳）

【举办家庭教育讲座】 10 月 15—16 日，平谷五幼举办家庭教育讲座。北京六加一教育咨询中心讲师团核心讲师以“开启孩子幸福的一生”为题，从幼儿礼仪品格教育、如何从小培养幼儿良好生活习惯等方面对家长和教师进行培训。全园家长、教师 921 人聆听讲座。

（孙文亚）

北京第二实验小学怡海分校

【概况】 2015 年，北京第二实验小学怡海分校占地面积 7500 平方米，建筑面积 1.31 万平方米，运动场地面积 1360 平方米。全年教育经费投入 2558 万元，其中，国家拨款 1293 万元、自筹经费 1265 万元。固定资产总值 985 万元。图书馆（室）藏书 2.50 万册，电子图书 0.20 万册。拥有计算机 115 台，多媒体教室座位 72 个。校园网出口总带宽 50Mbps，数字资源量 7000GB。信息技术课程 1 课时/周。普通教室 50 个、专用教室 11 个。教职工 186 人，其中，副高级职称 4 人、中级职称 47 人。专任教师 126 人，本科及以上学历 94 人。开设教学班 52 个。毕业 133 人、招生 225 人、在校生 1283 人。网址：www.yhxx.org。

（毛法茹）

【研发校本教材】 5 月，实验二小怡海分校研发校本教材。该校各科骨干教师共同研发音乐、舍宾、书法等 11 门校本教材。此套校本教材突出发现个性、发展个性、成就个性的目的。9 月，该校一年级学生开始使用此套教材。

（毛法茹）

【开展“一带一路”社会实践活动】

8月，实验二小怡海分校将“一带一路”国家战略引入学校五年级国际班课堂。课程以主题探究的形式，学生在教师带领下，围绕主题搜集资料、汇总问题、分组研究、交流分享，完成研究报告。从古代丝绸之路对社会和人类的贡献到当今“一带一路”的构想和举措，从学校在推进“一带一路”战略实施中做的贡献到“我能为一带一路”做些什么，学生主动收集资料，分析整理，完成有独立认识、有思考价值的研究报告。通过活动，培养学生的探究意识和合作能力。

（毛法茹）

【获得个性化学习应用成果展示活动一等奖】 11月，实验二小怡海分校教师参加2015全国新技术支持下的个性化学习应用成果展示活动获得一等奖。该活动由中国教育技术协会中小学专业委员会举办，展示来自全国各地遴选的中小学、幼儿园和特殊教育学校共112节精彩课例，经过专家评审，88节课例获一等奖。

（毛法茹）

北京市第八中学怡海分校

【概况】 2015年，北京市第八中学怡海分校占地面积2.48万平方米、建筑面积3.40万平方米，体育场（馆）面积1.27万平方米。全年教育经费投入6134万元，其中，国家拨款2087万元、自筹经费4047万元。固定资产总值1429万元。图书馆（室）藏书3.50万册，电子图书30GB，订阅杂志、报刊195种。普通教室40个、专用教室8个、实验室13个。拥有计算机230台，多媒体教室座位1500个。学校信息化经费投入230万元，校园网出口总带宽50Mbps，数字资源量1500GB，“信息技术”课程2课时/周。教职工151人，其中，高级职称45人、中级职称57人。专任教师102人，包括特级教师1人，本科及以上学历13人。开设教学班39个，其中，初中班27个、高中班12个。毕业335人，其中，初中266人、高中69人；招生341人，其中，初中242人、高中99人；在校生1074人，其中，初中811人、高中263人，包括寄宿生507人。高中录取分数线467分（丰台区），应届高考本科上线率100%。网址：www.yh8z.com。

（余梦）

【举办首届科技文化节】 5月17日，八

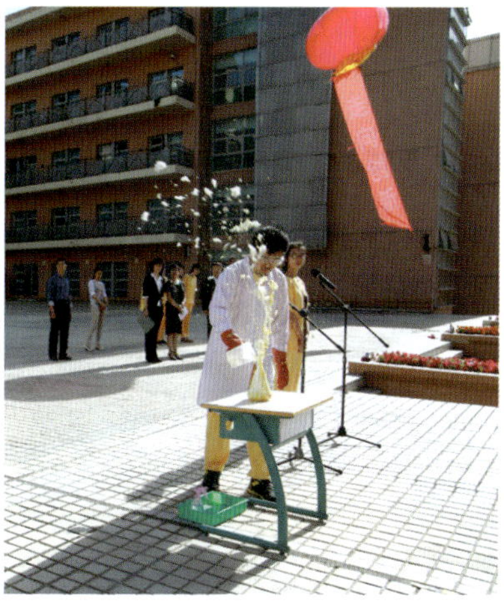

中怡海分校第一届科技文化节开幕。开幕式上，高二年级学生进行化学魔术表演，全体师生观看自制火箭发射腾飞。科技文化节以“走近科学，走向创新”为主题，为期30天，包括科学家走进怡海、启动太空营项目和成立少年科学院等活动。

（王敏）

【学生代表中国赴美参加Y—Plan项目交流】 5月24日，八中怡海分校

高二学生参加由美国加州伯克利分校倡导的全球社区规划项目（Y—Plan）北京地区选拔赛。该校学生在北京市9支参赛队伍中脱颖而出，成为唯一一支北京地区代表队，并于7月与上海一支胜出队伍共同代表中国赴美国伯克利大学，与全球20个国家学生代表共同交流。

（金玫）

【获市民办中小学优秀学校称号】 10月10日，北京市民办中小学评选表彰大会召开，八中怡海分校获得民办中小学“优秀学校”称号。该校2名教师获民办中小学“优秀教师”称号，1人获民办中小学“优秀教育工作者”称号。该评选活动由北京民办教育协会、北京教科院研究所与北京民办教育协会基础教育分会联合组织开展，历时一年，共评选出北京市“优秀民办中小学校”10所。此外，该校幸福教师工作室——教科研核心组还获得“第九届北京民办教育园丁奖”优秀教研团队奖。

（余梦　金玫）

北京市礼文中学

【概况】 2015年，北京市礼文中学占地面积13360平方米，建筑面积3974平方米，运动场地面积3378平方米。全年教育经费投入709万元，其中，自筹经费443万元。固定资产总值266万元。普通教室24个、专用教室2个、实验室2个。拥有计算机88台，多媒体教室座位48个。学校信息化经费投入6万元，校园网出口总带宽10Mbps，数字资源量10GB，“信息技术”课程2课时/周。教职工55人，其中，高级职称2人、中级职称10人。专任教师27人，本科及以上学历27人。高中教学班15个。毕业195人。招生117人，包括寄宿生49人、外省市借读生25人。应届高考本科上线率42.50%。在校生483人。网址：www.liwen.org/beijing。

（张秀芬）

【开展远离毒品社会实践教育活动】 4月17日，礼文中学在大兴天康戒毒所开展“珍爱生命——未成年人远离毒品”社会实践教育活动。活动是与民盟北京市委、天康戒毒康复所、民盟石景山区工委联合举办，百余名学生参加活动。活动通过组织高一年级学生走进戒毒康复所，观看《与死神共舞》专题教育片，聆听戒毒所警官“防毒”教育，参观戒毒所治疗室，让青少年对各种毒品有初步认识，深刻认识到毒品的危害，主动远离毒品。

（张秀芬）

【到法院开展法制教育】　5月26日，礼文中学组织38名师生到石景山法院开展法制教育。师生参加石景山区教委、石景山法院少年庭共同召开的未成年人保护工作联席会；石景山区所有中小学德育校长与师生共同参观石景山法院，观看少年庭举办的未成年人保护工作联席会图片展，听取少年法庭庭长的案例报告，并模拟法庭审判过程。

（张秀芬）

【开展暑期教师培训】　8月3—6日，礼文中学开展暑期教师培训活动。培训采取理论学习、上机操作与交流研讨等方式，围绕“翻转式生本学堂”教学模式，举办微视频制作、试卷平台资源建设、教学资料上传、课程大纲编写等相关讲座。依托学校开发的“能力天空”“慧学云”技术平台，培训教师通过“微课助学、合作互学、重点导学、评价促学”的课堂教学环节和“精准命题、科学诊断、深度分析、巩固提升”的课后自学巩固环节，将信息技术与教学深度融合，实现个性化学习。

（苏由由）

北京市海淀外国语实验学校

【概况】　2015年，北京市海淀外国语实验学校占地面积20.01万平方米，建筑面积8.22万平方米，运动场地面积4.15万平方米，体育馆面积0.56平方米。全年教育经费投入21077万元，其中，国家拨款122万元、自筹经费20955万元。固定资产总值4608.42万元，包括教学仪器资产值779.42万元。图书馆藏书4.93万册，电子图书900GB。普通教室121个，网络多媒体教室143个，专用教室138个，实验室7个。拥有计算机756台。学校信息化经费投入80万元，信息化设备资产10万元，校园网出口总带宽550Mbps，数字资源量2000GB，“信息技术”课程1课时/周。教职工739人，其中，高级职称47人、中级职称118人。专任教师355人，本科及以上学历324人。开设教学班121个，其中，小学班70个、初中班27个、高中班24个。毕业797人、其中，小学353人、初中267人、高中177人。招生804人，其中，小学346人、初中335人、高中123人。在校生3741人，其中，小学2353人、初中887人、高中501；包括寄宿生3741人。高中录取分数线516分（本区），应届高考本科上线率100%。网址：www.bjfles.com。

（郭莹霞）

【中学部成立教师“悦读会”】　4月2

日，海淀外国语学校中学部成立教师“悦读会”并开展首次读书活动。“悦读会”由中学部教师发起，以寻找教师幸福生活的途径、提高个人品位、促进专业发展为宗旨，采取开放性学习形式，本学期共安排10次读书活动，阅读《教学勇气：漫步教师心灵》《为何家会伤人》《一个人的朝圣》《中国文化精神》和《老子他说》5本书。首次活动15名成员参加，共同阅读《教学勇气：漫步教师心灵》一书，并就书中话题进行分组讨论、小组汇报和个人感悟分享。

（张立平）

【学生赴青川参加社会实践活动】　5月6—28日，海淀外国语学校高一学生赴四川省青川县参加社会实践活动。实践活动地点为该校在青川县的6所中小学实验基地，内容包括完成助教活动、体验寄宿家庭生活、了解当地风土人情、了解当地历史文化、撰写社会实践报告。除完成指定任务外，还利用休息时间承担运动队培训任务，开展义工活动。活动期间，高一（1）班现场募捐4000元资助贫困生，高一（4）班学生开展捐一天零花钱奖励当地优秀生。学校高一年级全体学生215人参加活动。

（窦莲芸）

【举办大文科知识竞赛】　6月11日，海淀外国语学校举办高中大文科知识竞赛活动。该活动面向高一、高二年级学生，初赛以班级为单位选拔优秀选手组成参赛队，每队4名选手。决赛活动设4个环节，分别为必答题、抢答题、理科趣味题和自由回答题，必答题环节前现场抽取4名学生分别加入4支进入决赛的队伍。经过角逐，高二（1）班获得一等奖。265名学生参加活动。

（李京霖）

北京市二十一世纪国际学校

【概况】　2015年，北京市二十一世纪国际学校占地面积8.80万平方米，校舍建筑面积5.16平方米，运动场地面积1.43万平方米。全年教育经费投入13235万元，其中，国家拨款1210万元、自筹经费12025万元。固定资产总值36709.20万元，其中，教学仪器资产值2300万元。图书馆藏书4.03万册。普通教室80个、专用教室24个、实验室6个、多功能报告厅3个、钢琴房14个。拥有计算机1089台，多媒体教室19个、座位879个。学校信息化经费投入300万元，网络信息点410个，校园网出口总带宽120Mbps，数字资源量11TB，“信息技术”课程8课时/周。教职工367人，包括副高级职称22人、中级职称80人。专任教师218人，包括特级教师3人、北京市学科教学带头人2人、市级骨干教师2人；外籍教师19人；本科及以上学历257人。开设教学班74个，其中，小学班37个、初中班19个、高中班18个。毕业352人，其中，小学102人、初中134人、高中116人。招生525人，其中，小学189人、初中150人、高中186人。在校生1859人，其中，小学982人、初中424人、高中453人；寄宿生1647人。网址：www.21cis.com.cn。

（张娜）

【小记者采访两会代表】　3月1日和10日，二十一世纪国际学校高中部小记者采访第十二届全国人民代表大会第三次会议和政协第十二届全国委员会第三次会议代表。高中部小记者团记者共 8 人，分批次采访教育界、文艺界等领域 5 名委员和代表，分别为中国音协主席、中央音乐学院民乐系教授、西安建筑大学副校长、广西社会主义学院院长、江西师范大学文化研究所所长。

（张 娜）

【命名雷锋班和“少年孔子班”】 3月

5日和6月1日，二十一世纪国际学校分别命名“雷锋班”和少年孔子班。小学部三年级（4）班被命名为“雷锋班”，聘请“雷锋班”第 17 任副班长为校外辅导员。“少年孔子班”由学校与北京语言大学孔子学院共同命名，为小学部二年级（5）班，聘请北语专家担任少年孔子班校外辅导员。

（张东方）

【展示绘本教学课堂】 4 月 23 日，二十一世纪国际学校小学部展示绘本教学课堂。该校教师执教两节绘本教学示范课，师生共读《不要和风开玩笑》和《亲爱的小鱼》绘本，从封面、故事情节、图画中的小秘密、精彩语句朗读、故事片段表演、故事内容总结回顾、用小诗展示并让学生模仿练说等环节，训练学生的倾听、发现、思考与表达能力。课后，作课教师分别阐述本节课设计意图及备课思路，并展示学生读写绘画作品。二里沟学区干部教师及该校教师 12 人观摩展示活动。

（张 娜）

【游戏闯关替代期末考试】 6 月 29—30 日，二十一世纪国际学校小学部低年级用游戏闯关替代期末考试。游戏闯关活动设立语文、英语、数学三个系列，由学生所在班级教师担任

裁判员。语文考核内容包括词语乐园、背诵广场、火眼金睛、我爱朗读、脱口秀、生字开花等项目，学生需完成认读词语、背诵古诗、给词语分类、朗读课文、现场用指定词语说话、用给出的母体偏旁组字等环节，考查学生在识字、写字、朗读、说话等方面综合素质。英语考核游戏符合学生心理特点，把主题设为环游外太空，学生手持闯关卡，通过观看平板电脑中的单词图片，在一分钟内读出单词；随机抽取交际语问题，根据平板电脑中显示问题图片，回答提问；抽取五彩波波球，选取小学定位式教育（Elementary Placement）故事中诵读的文段，并根据文段内容进行表演。在环游太空过程中完成综合评估，并将即兴表达、表演能力纳入其中。数学考核突出“好玩儿”，在“神奇的旅行”中，用所学知识解决旅行中的问题，分为“旅行前的准备”“出发及到达时间”“美丽的公园”“神奇之门”4 个环节。学生在准备旅行所需物品中学习变换正确的单位长度；通过出发时间和到达时间，认识时刻，计算经过时间；通过分小组，解决生活中的除法问题；选择游览地点，确定方向和位置；通过在公园里的所见所闻，考核与图形相关的知识；通过破解“神奇之门”的密码，考核与生活中的大数相关的知识运用，考察学生数与代数、图形与几何、统计与概率、综合实践等综合能力。该校一、二年级学生 325 人参加游戏闯关。

（张 娜）

【高中毕业生全部升入海外高校】 7 月，二十一世纪国际学校 2015 届高中毕业生全部升入海外高校。该校共有 116 名应届高中毕业生，经申请，全部被美国、英国、加拿大、澳大利亚等国家高校录取，其中，38%升入美国排名前 50 的高校。

（张 娜）

北京市海嘉双语学校

【概况】 2015 年，北京市海嘉双语学校占地面积 4.58 万平方米，建筑面积 3.33 万平方米，体育场（馆）面积 1.35 万平方米。全年教育经费投入 72 万元，全部自筹。固定资产总值 8040 万元。图书馆（室）藏书 9 万册，订阅杂志、报刊 1 种。普通教室 57 个、专用教室 37 个。拥有计算机 401 台，多媒体教室座位 46 个。学校信息化经费投入 17.50 万元，校园网出口总带宽 100Mbps，数字资源量 150GB，“信息技术”课程 2 课时/周。教职工 245 人，其中，高级职称 4 人。专任教师 155 人，本科及以上学历 132 人。开设教学班 57 个。毕业 91 人。招生 264 人。在校生 1005 人。网址：www.bibachina.org。

（杜 宇）

【举办中文阅读月活动】 5 月，海嘉双语学校小学部举办中文阅读月活动。学校开展图书投票、图书推荐、创作绘本、集体写书、班级研读等丰富的阅读活动。教师变换各种教学方法，循循善诱地让学生爱上阅读，帮助学生养成良好阅读习惯。活动期间，学生阅读量超过 5000 万字。

（张 颜）

【成为 IB 世界学校】 8 月，海嘉双语学校正式成为被国际文凭组织（IBO）认证的 IB 世界学校。学校可以开办大学预科课程 IBDP。9 月开始，11 年级学生进入大学预科课程的学习。

（张 颜）

【开办词汇学习家长工作坊】 9 月 21 日，海嘉双语学校开办英语词汇学习家长工作坊。教师组织二年级家长以唱歌的方式学习元音字母“O”的长短音发音方法，这种寓教于乐的学习技巧是海嘉学生在课堂上学习单词真实场景的再现。“家长个人发展课程”

不仅能够鼓励家长协助孩子在家里学习单词，更重要的是让家长深入理解“单词学习技巧”的意义，通过学习元音发音和字母形态，让学生逐渐从学习单词发展成自信的阅读者。

（张颜）

【举办冬季音乐盛典】　12月11日，

海嘉双语学校在北京会议中心举办2015冬季音乐盛典。小学部到高中部全体学生、家长和教职工共同呈现一台海嘉大家庭音乐盛宴。盛典包括歌剧表演、清音合唱和摇滚乐演奏等内容，参演学生和家长、教职工共约900人，观众近2000人，在节目质量、表演人数、观众数量等方面均创学校历史记录。

（张颜）

北京市新英才学校

【概况】　2015年，北京市新英才学校占地面积12万平方米，建筑面积11.70万平方米，体育场（馆）面积0.50万平方米。全年教育经费投入15861万元，全部自筹。固定资产总值51850万元。图书馆（室）藏书8万册，电子图书11万册，订阅杂志、报刊180种。普通教室95个、专用教室15个。拥有计算机800台，多媒体教室座位3240个。学校信息化经费投入500万元，校园网出口总带宽100Mbps，数字资源量2000GB，“信息技术”课程50课时/周。教职工709人，其中，高级职称27人、中级职称61人。专任教师360人，本科及以上学历338人。教学班99个。毕业194人（初高中）。招生635人。在校生2214人，包括寄宿生1850人。网址：www.bjnewtalent.com。

（朴玉梅）

【与陕西师大外国语学院签约合作】　7月8日，新英才学校与陕西师范大学外国语学院签署《关于陕西师范大学外国语学院本科生实习基地建设的合作协议》。根据协议，双方共建本科生实习基地，共同开展人才培养、科研合作和学生就业实践等方面合作。协议期5年。

（赫英贺）

【合唱团赴维也纳参加世界和平合唱节】　7月21日，新英才学校“风铃草”童声合唱团赴奥地利维也纳参加第六届世界和平合唱节活动。这是该校合唱团第四次登上世界和平合唱节舞台。其间，合唱团前往意大利阿巴诺参加“中意友好交流”活动。

（赫英贺）

【国际奥尔夫中国实践基地落户学校】

10月13日，国际奥尔夫中国实践基地落户新英才学校。新英才学校正式成为中国地区首家也是唯一国际奥尔夫教育实践基地。基地承担奥尔夫教育师资培训、奥尔夫教材《儿童音乐与舞蹈》的课堂实践以及承办亚太地区奥尔夫高峰论坛等任务，学校将在艺术教育上更加专业地挖掘学生音乐潜能，培养优秀音乐人才。

（赫英贺）

【举办新书发布会】　11月20日，新英才学校举办《走向世界的新英才（2014）》新书发布会。该书共18.20万字，记录新英才剑桥国际中心2014届毕业生的成长之路、追梦之路。发布会上，该书主编、学校校长与现场师生、家长互动交流，分享心得与教育智慧。

（赫英贺）

北京市私立汇佳学校

【概况】　2015年，北京市私立汇佳学校占地面积9.35万平方米，建筑面积10.48万平方米，运动场地面积4.12万平方米。全年教育经费投入23274万元，全部自筹。固定资产总值25399万元，包括教学仪器资产2005万元。图书馆（室）藏书5.35万册，电子图书24.20万册，订阅杂志、报刊113种。拥有计算机500台，多媒体教室113个、座位2000个，普通教室3个，专用教室2个，实验室3个，专用钢琴房125间、钢琴200架。学校信息化经费投入1200万元，校园网出口总带宽200Mbps，数字资源量200GB，“信息技术”课程10课时/周。教职工434人，其中，高级职称26人，中级职称32人；专业教师140人，外籍教师66人；本科及以上学历202人。开设教学班92个，其中，小学班41个，初中班21个，高中班30个。毕业504人，其中，小学120人，初中214人，高中170人。招生477人，其中，小学126人，初中137人，高中214人。在校生1866人，其中，小学826人，初中479人，高中561人；寄宿生1825人。高中升学率100%。网址：www.huijia2000.com。

（李尔京）

【举办爱因斯坦节】　3月12日，汇佳学校初中部举办爱因斯坦节。爱因斯坦节又称“πDay”，活动包括5个部分：开展以班级为单位的3.14km接力赛并完成小数点后20位圆周率值；全体学生组成“π”造型；年级背π活动，并挑选背诵最多的最强记忆者；班级2分钟背π接龙限时活动；数学词汇瞬间记忆比赛，评选记忆最

多最准的学生为最强大脑。教师为学生介绍“πDay”由来。470名学生参加活动。2015年3月14日上午9点26分53秒，是100年出现一次的“πDay”时间日。

（李尔京）

【举办模拟联合国会议】 5月21日，汇佳学校中学部举办第十届汇佳模拟联合国会议。学生分别模拟各国家外交代表和新闻工作者。会议围绕“和平与冲突”议题，学生代表两个国家集团分别介绍决议草案，经过“各国代表”投票表决后，选出最终草案。会议设置“最佳CP奖”“最佳着装奖”“最沉默奖”“最具潜力模联人”“最佳游说奖”“最优秀女代表”奖项，分别颁发给获奖学生。该校模拟联合国会议于2006年举办，每年一次。

（李尔京）

【四项基建工程完工】 5—11月，汇佳学校完成四项基建工程。包括中学部教学楼改造装修、四号学生公寓改造装修、锅炉房煤改气工程和游泳馆气膜工程。中学部教学楼改造装修工程包括室内装修、机电安装、新风系统安装、智能控制系统安装、外墙保温系统及卫生间加建。建筑面积7600平方米，总造价1300万元。学生公寓改造装修工程包括室内装修、机电安装、新风系统安装、智能控制系统安装、外墙保温系统及阳台封闭。建筑面积6200平方米，总造价1300万元。锅炉房煤改气工程11月15日正式投入使用，将5台燃煤旧锅炉更换为5台燃气新锅炉，铺设热力管线2000米，总造价3500万元。游泳馆气膜工程11月15日完成，将原有室外游泳池加装气膜，包括空调、新风、PM2.5控制、泳池水加热恒温26℃等。建筑面积2046平方米，总造价570万元。

（李尔京）

【举办“科学集市”实验展示】 6月18日，汇佳学校高中部举办第四学科“科学集市”实验展示。第四学科实验是物理、化学、生物三个学科的小组探究活动，培养学生展示和交流科技项目、活学活用自然科学知识和举一反三的能力。活动以“变化”为主题，共16个小组参展。学生研究项目涵盖生物学、物理学、机械学、计算机科学等多个学科，通过对食品安全、能源利用、环境保护、人体健康的探究，加深学生对课内理论知识的理解。评委教师、学生进行现场综合评价，评出冠亚季军以及优秀奖、最佳创意奖、最受欢迎奖。170名学生参加活动。

（李尔京）

北京王府学校

【概况】 2015年，北京王府学校占地面积10万平方米，建筑面积6.90万平方米，体育场（馆）面积3420平方米。全年教育经费投入17479.44万元，全部自筹。固定资产总值4757.45万元。图书馆藏书22万册，订阅杂志、报刊9种。普通教室61个、专用教室21个、实验室9个。拥有计算机819台，多媒体教室座位1725个。学校信息化经费投入229万元，校园网出口总带宽1500Mbps，数字资源量1TB，“信息技术”课程1课时/周，AP计算机课程6课时/周。教职工321人，其中，高级职称9人、中级职称3人。专任教师150人，包括外籍教师36人；本科及以上学历267人。教学班46个。毕业285人。招生395人。在校生503人，全部为寄宿生。网址：www.bjroyalschool.com。

（尹秀琳）

【参加青少年国际志愿者活动】 1月27日，王府学校组织学生一行22人赴泰国参加青少年国际志愿者活动。活动由王府学校与中国科学教育促进会共同主办，为期12天，包括泰国少数民族援助活动、泰国热带动植物科考活动和泰国皇室建筑考察等内容，其间，有植物专家全程讲解活动中所涉及的野生动物、热带植物与海洋科学等相关知识。学生们在活动中了解泰国的生态环境、人文习俗及经济特点，并在援助活动中克服艰苦生活条件，顺利完成志愿活动。

（赵荣）

【参加中学生化学竞赛获一等奖】 1月31日，王府学校学生参加由英国皇家化学学会（RSC）在中国举办的第二届“Top of the Bench”中学生化学竞赛获一等奖。该比赛要求高一至高三不同年级4名学生组成团队参赛。由英国皇家化学学会命题和评审，分笔试预赛和实验决赛。全国60支预赛优秀队伍进入决赛，王府学校参赛队获团体一等奖。英国皇家化学学会官方对结果予以认证（获奖证书和进入决赛证明由英国皇家化学学会授权颁发），优胜者有机会获邀参加英国国际顶级中学生科学论坛。“Top of the Bench”化学竞赛至今有20年历史，是英国中学历史最长、覆盖范围最广、最受欢迎的理科竞赛之一，为适应中国国际学校学生水平和组织形式，英国皇家化学学会基于“Top of the Bench”比赛形式和命题规则，专门针对中国地区学生组织“化学新星挑战赛”。

（张珊）

【完成公民领袖项目】 5月，王府学

校完成Change maker公民领袖项目。该项目持续一年，是学生把最初想法变成现实的项目，找到自己兴趣点的学生在教师指导下完成文书写作和项目实践。项目分前期实地问卷调查、课程指导、成果展示、后期反馈改进和项目文书写作五个部分，极大培养

学生的创新思维、社会认知能力、团队协作能力及果断的行动力。全校共20余名学生报名参加。项目完成后，学校组织项目成果展示，展出“少数民族文化研究项目”“食堂改善项目”“王府APP项目研究”和“垃圾分类与回收项目”。项目成果以文字、幻灯片和小型模具形式展现，吸引全校师生参观。

（王姗姗）

【完成中美交换生项目】　7月，王府

学校与美国合作校互派的交换生经过一年课程学习，完成学业。2014年8月底，王府学校原高一年级学生6人赴美国合作高中就读，在美国高中完成高二学年的学业。同时，来自两所美国学校的7名高中生入读王府学校高二年级，分别在王府学校完成一学期和一学年的课程。

（雷延年）

【推行导师制项目】　10月14日，王府学校导师制项目计划正式启动。项目组委会由王府校区总校长、执行校长和各教研组长共9人组成。以各教研组长为首，与组内其他教学经验丰富的教师肩负起帮助新进青年教师快速成长、优化教学方法、迅速提高教学能力的责任。共有导师23人、学员26人参加该项目。导师制具体实施分为两个阶段，第一阶段是学员成长阶段，通过导师和学员参与听课、评课以及例会、平时指导的方式帮助学员快速融入王府大家庭并提高专业素养；第二阶段是通过开题和结题，观看对比学员教学视频，采用公开投票的方式评选优秀学员，总结验收项目成果。

（张识威　姜天洋）

北京市中芯学校

【概况】　2015年，北京市中芯学校占地面积2.68万平方米，建筑面积2.01万平方米，体育场（馆）面积1.40万平方米。全年教育经费投入3240.16万元，其中，国家拨款63.70万元、自筹经费3176.46万元。固定资产总值1442.46万元。图书馆（室）藏书3.60万册，订阅杂志、报刊115种。普通教室67个、专用教室13个。拥有计算机191台，多媒体教室座位1000个。学校信息化经费投入346.11万元，校园网出口总带宽74Mbps，数字资源量10GB，“信息技术”课程1课时/周。教职工175人，其中，高级职称4人、中级职称19人。专任教师133人，包括特级教师1人；本科及以上学历128人。教学班49个，其中，小学班40个、中学班9个。毕业生98人，其中，小学71人、初中27人。招生284人，其中，小学222人、初中62人。在校生1211人，其中，小学1041人、初中170人。网址：bjsmic-school.com。

（马苗苗）

【举办十周年校庆暨中华文化节】　5

月29日，中芯学校举办建校十周年庆典暨中华文化节活动。来自大兴区教委、北京经济技术开发区社会发展局、中芯国际（北京）公司、上海市民办中芯学校等单位领导参加活动并致辞，中芯往届毕业生和家长代表发言。庆典活动和演出结束后，学生开展“国际日·中华文化节”活动，包括中国文化展示、美食节和“时间囊”活动等内容。共2000名教师、学生和家长参加活动。中芯学校成立于2005年，是由中芯国际集成电路制造有限公司投资兴办的九年一贯制民办学校。

（马苗苗　苗刚）

【举办外教英语夏令营】　7月13—31日，中芯学校与美国达拉斯浸信大学合作举办第九届外籍教师英语夏令营。夏令营面向该校学生及社会适龄学生，在正规教学基础上，穿插戏剧、音乐、游戏和体育等活动，培养学生良好品格、沟通能力、合作能力、领导能力和动手能力。夏令营还为五年级至九年级特设篮球课程。夏令营由13名美国籍教师授课，13名大学生助教协助。一年级至九年级共设12个班，205名学生参加夏令营。

（马苗苗）

【安装新风机】　11月1日，中芯学校投入百余万元为中小学各班安装新风机106台。新风机覆盖全校各教室、实验室、活动室和图书馆共84个房间，较好解决学生因空气质量停课、停学问题。安装新风机也为北京市中小学在红色空气预警情况下保证学生正常上课开辟先河，新浪网及中央电视台对此事进行报道。

（郭悦沙）

【成为空气重污染红色预警试点学校】　12月18日，北京市空气重污染应急指挥部启动雾霾红色预警，中芯学校经大兴区教委批准，成为新区唯一雾霾红色预警下的试点学校。预警期间，学生可以自愿正常到校上课。经多方测量和统计，户外空气质量高达350时，教室内空气质量可以保证并维持在100以下，“停课不停学”期间学生出勤率达60%。

（马苗苗）

（本栏责任编校　胡雨）

德育体育美育

共筑中国
承炎黄

综　述

2015年，中小学德育、体育、美育工作紧紧围绕社会主义核心价值观，立德树人根本任务，注重弘扬中华民族传统文化。深入推进高参小项目和课外活动计划，着力构建统筹资源协同育人的长效机制。高等学校、社会力量支持中小学体育美育发展（高参小项目）工作实施一年多，支持高校增至21所，社会力量单位增至11个，参与小学扩大至161所、遍布15个区县。面向全体中小学生，蓬勃开展全市体育、卫生、艺术、科技、校外、国防和军训活动200余项，每项活动参与人次在几百、几千到几万不等，活动范围从北京延伸至全国、从国内跨越大洋延伸至3个国家。

德育工作

中小学德育以贯彻落实《北京市中小学培育和践行社会主义核心价值观实施意见》为重点，以主渠道育人、品牌活动、实践养成为抓手，推动社会主义核心价值观教育在中小学落细落小落实。

加强顶层设计，形成横向贯通、上下联动的工作体系。落实市政府印发的《北京市中小学培育和践行社会主义核心价值观实施意见》，实现两个贯通。一是系统内和系统外的贯通。系统内，行政、教研、科研和宣传等相关部门人员组成工作组，分工合作，协同推进区域中小学社会主义核心价值观教育工作。系统外，建立联席会制度，市委宣传部、文明办、妇联、团市委等12家委办局以社会资源整合利用为重点，共同推动实践育人。二是学校工作各个环节的贯通，校长作为第一责任人将社会主义核心价值观融入学校教育教学和管理全过程，发挥学校主阵地，课堂主渠道和管理保障作用。

指导区县和学校细化工作任务，结合实际研究落实举措，强调各项举措具有可操作性和可检测性。各区县制定工作方案，各中小学校研究制定行动计划。

抓实教育活动，探索社会主义核心价值观教育的有效途径。在小学开展“社会主义核心价值观新童谣”创编和传唱、讲美德故事和舞台剧展演等活动；初中开展时事辩论赛、时事述评、寻找身边道德榜样、迈好青春第一步等主题活动；高中开展“发现身边的美”微电影征集和展播、中学生社会实践挑战赛、模拟联合国、十八岁成人礼等活动。这些具有首都特色的品牌活动，成为中小学社会主义核心价值观教育的有效途径。

拓展教育资源，丰富教育载体。圆满完成中小学“四个一”活动全年的工作任务，开展主题活动，并结合活动大力加强公共文明教育，不断提升“四个一”活动质量和活动效果。

依据《北京市中小学生社会大课堂资源管理办法》和《关于进一步加强中小学生社会大课堂工作的意见》，增加市级大课堂资源单位，不断丰富教育资源。落实《北京市教育委员会北京市文物局关于开展“博物馆之春”活动的通知》，开展北京市中小学生社会大课堂学习成果评选展示活动，引导学生走进博物馆及各类资源单位，引导学生采取健康向上的学习、休闲方式。

完成第二批优秀影片和连环画进校园工作，指导区县和学校有针对性地集中组织学生或指导学生自主欣赏影片和连环画，通过形象化的、学生喜欢的、易于接受的方式，对学生进行社会主义核心价值观教育。

聚集各方力量，形成教育合力。联合北京师范大学开展社会主义核心价值观教育行动研究，建立百余所中小学实验校，开展专题培训和实践研究。依托《北京教育》期刊，宣传报道近百所中小学校的社会主义核心价值观教育实践经验，为中小学提供成功的示范案例。联合民政局、团市委制定印发《北京市中小学开展志愿服务工作的意见》，加强对中小学志愿服务工作指导，建立健全长效工作机制，推动中小学生公益慈善和志愿服务工作深入开展。

与市总工会联合开展“劳模进校园”等系列教育活动。联合首都文明办开展“我们的节日”、暑期文明出游等教育活动。与首都文明办联合启动中小学文明校园创建活动。

委托北京教育科学研究院充分利用互联网等高科技手段的优势，加强北京市网上家长学校建设，开发网络课程，整合社会与学校优质教育资源，创新公共服务模式。

与北京市教育学会联合启动“伴随成长、父母学院”项目，面向全市小学一年级学生家长，每周发送彩信，并通过微信公共账号以及北京数字学校网站同步发布的方式，免费为家长提供家庭教育指导和服务。

强化引导与管理，推动工作持续开展。对全市各区县德育主管领导、德育管理干部、大课堂主管领导以及大课堂主要负责同志开展调研，召开德育科长会和大课堂管理人员年度总结会，明确工作思路及方向。加强班主任队伍建设，充分发挥优秀班主任的示范引领作用，推进全市班主任队伍整体素质的提升。制定北京市中小学生践行社会主义核心价值观文明行为规范要求，引导学生在日常学习生活中践行社会主义核心价值观。

对义务教育阶段24个学科德育指导纲要作全面修订，落实《北京市中小学部分学科教学改进意见》，开展课堂教学精品课例和案例研究，探索社会主义核心价值观融入学科教学的有效策略。

将社会主义核心价值观教育工作情况作为干部联系基层的重点内容，对全市各区县社会主义核心价值观教育工作进行专题视导，全面掌握区县和学校社会主义核心价值观教育开展情况。

召开“北京市中小学社会主义核心价值观教育工作推进会”，总结交流工作经验，明确发展方向，研究部署下一步重点工作。

学校体育工作

全面落实各项政策措施，科学修订《2015年北京高水平运动员统一测试标准》，顺利完成体育特长生测试工作，指导培养基地学校有序开展课余体育训练评估检查。落实具体措施，形成改革创新增长点。首次在中考体育考试男生1000米跑和女生800米项目中引入仪器设备，进一步促进体育考试公平公开，并为2016年初中毕业体育考试改革做好准备工作。

蓬勃开展阳光体育比赛和运动，举办常规性体育竞赛活动98项，参与人次近15万；在联赛、锦标赛、比赛的基础上，开展冬奥知识进校园、北京市中小学生冰雪节等10余项精彩赛事活动，推进冰雪项目和冰雪文化进校园。

以校园足球为突破口促进体育运动的推广普及。建立健全校园足球工作机制，探索构建北京市“1346”青少年校园足球发展的特色模式。成立北京市青少年校园足球工作领导小组，配套成立北京市青少年校园足球协会、北京市青少年校园足球培训基地、北京市校园足球运动发展研究中心、北京市校园足球文化研究与传播中心，以及北京市校园足球专家、学者顾问团。建设34所全国校园足球特色学校和200所北京市校园足球特色学校，校园足球引领和带动能量进一步增强。

加强《国家学生体质健康标准》测试数据分析，继续开展学校体育评估和年度报告工作，完善评价监测机制，促进学生体质健康水平的提升。《国家学生体质健康标准》测试数据上报学校和上报学生100%覆盖。

艺术教育工作

启动实施《北京市关于加强学校美育工作的实施意见》。加强督导检查和宏观指导，加强调研分析，完善艺术素养测评体系，夯实学校美育基础工作，继续推进高参小项目和课外活动计划，着力提高学生的审美和人文素养。

举办第18届北京学生艺术节，70万人次参与活动；民族、高雅艺术进校园完成1000场演出；大学生戏剧节、舞蹈节等品牌活动的参演学校和学生人数再创新高。全国大学生文艺展演活动上教育部将我市再立典型；举办阳光少年系列活动7大类225项，专场展演5个，参与学生5000人，“微电影”比赛征集作品156部。

评审和验收金帆艺术团、金鹏科技团，重新命名金帆艺术团承办校113个和金鹏科技团承办校65个，以评促建提升高水平社团的示范、引领、辐射能力。

校外教育工作

坚持以培养学生创新精神、实践能力和社会责任感为宗旨，整合优化校外活动。深入14个区县开展校外教育专项调研和座谈，北京市第十五届课外、校外教育理论研讨会论文征集221篇；“十二五”期间57个校外课题完成评选。

促进城乡资源共享交流，为中小学生参加课外、校外实践活动创造更广阔平台、提供更优质的服务。加强农村地区校外教育的场地建设，新建乡村学校少年宫25个、市级乡镇活动站35个，建立校外教师培训基地13个，组织城区15个校外教育机构和20多个乡镇校外活动站牵手联系，有效地促进城乡校外教育均衡发展。

学校卫生教育工作

完善顶层设计，推动改革深化。继续开展防近视控肥胖系列工作和中小学体育课运动负荷卫生监测，制定《北京市中小学生肥胖分级警示标准（试行）》和《北京市中小学体育课运动负荷及效果评价与监测方案》。完成《北京市中小学校卫生防病工作规划（2011—2015年）》，实施学校控烟措施，开展学生性健康和形体健康教育实践活动，开展高校大学生艾滋病防控宣传教育工作，做好中小学健康教育专项宣传。

组织多种多样的学生活动，优化内容形式提升趣味、引入专业力量提升品质、融合文化元素提升内涵、鼓励家庭参与提升效果。开展“我和家长一起锻炼·我的家庭锻炼日记”摄影大赛、中小学健康月活动，聘请专家进校园送健康知识。

国防教育工作

研究出台《北京学生军训基地管理办法》，修订学生军训大纲，纳入应急抢险、禁毒、防艾等内容。重点开展高校及高中野营拉练工作，扩大开展军事特训营试点范围。协同相关部门开展海洋意识教育等活动，做好专项国防教育培训，确保国防教育有效开展。北京市学生海洋意识教育年系列活动覆盖近6万人次，北京高校军事特训营被《北京日报》、北京电视台深度报道。

（商学丰　孙晓楠）

德　育

德育工作

【召开中小学社会主义核心价值观融入课堂教学推进会】　1月9日，市委教育工委、市教委、北京教育科学研究院联合召开北京市中小学社会主义核心价值观融入课堂教学推进会。会议展示初中地理《中国人在南极》现场课，交流小学、初中和高中不同学段、不同学科的课例说课。以课堂教学实施、课程内容研究、资源建设和活动推进等不同角度呈现中小学校发挥课堂教学主渠道的育人作用。各区县委教育工委书记、教委主任、中小学主管主任、中小学教研室主任、中小学校长代表350人参加会议。

（冯雪）

【“国学诵读”服务覆盖全市小学生】　1月30日，市教委联合市委宣传部、北京广播电视台，基于歌华有线云平台能力与移动互联网服务模式面向全市小学生正式启动“国学诵读”公共教育服务项目。“国学诵读”服务与当前培育和践行社会主义核心价值观，弘扬中华优秀传统文化的工作重点相吻合，也是北京市转变基础教育供给方式，丰富基础教育供给内容，改善基本公共教育服务体系的又一项尝试和突破。"国学诵读"以寓教于乐的形式培育学生社会主义核心价值观，弘扬优秀传统文化，深受学生和家长的喜爱，引起社会高度关注和媒体广泛报道。截至12月31日，北京市注册学生228994人，创作诵读作品2802565篇，诵读作品累计访问量33308634人次。

（周凯）

【组织参加"少年传承中华美德"系列活动】 1—7月，市教委组织900所中小学学生共计45万人参加"少年传承中华美德"之"墨香书法展示"活动。活动报送参赛书法作品45万幅，经区县选拔、专家评审，共79幅作品代表北京市参加教育部评比，市教委被教育部授予优秀组织奖。6月，市教委从东城、西城、海淀3个区遴选出小学、初中、高中参赛视频各3部，报送央视教育频道参加"少年传承中华美德"之"小小百家讲坛"活动。9月22日，市教委组织西城区学生500人参加教育部举办的2014—2015年度"人教墨香"全国中小学生优秀书法作品观摩活动开幕式。

（陈彦舟）

【开展网上冬令营和夏令营活动】 2—3月和7—8月，市教委分别开展网上冬令营和夏令营活动。市教委在北京市中小学数字德育网面向全市中小学生设中小学冬令营和夏令营专栏。冬令营开设学讲话、树信念；读经典、传美德；赏影片、陶情操；看榜样、学事迹；我参与、我实践5个栏目。夏令营开设铭记历史，爱北京爱家乡，书海泛舟，幸福成长，我参与、我实践5个栏目。引导中小学生热爱祖国，弘扬爱国主义精神，学习传统文化，培育和践行社会主义核心价值观。

（商学丰）

【总结全市"国学诵读"寒假活动】 3月16日，北京市"国学诵读"寒假活动总结表彰会在顺义区召开。表彰会上，"诵读小达人"向全市中小学生发起"读国学、看国学、谈国学、用国学"的倡议，6个区县获"国学诵读区县组织奖"，50所学校和45名教师分别获得"国学诵读学校组织奖"和"优秀指导教师奖"，103名"诵读小达人"和10个"最佳亲子诵读家庭"受到表彰。市教委领导及顺义中小学代表100人参加活动。

（沈浩发）

【举办纪念抗日战争胜利70周年系列活动】 5月15日，北京市少年宫主办"勿忘国耻·童心筑梦"——北京市少年宫纪念中国人民抗日战争胜利暨世界反法西斯胜利70周年主题教育活动。活动包括北京周口店猿人遗址取火、"70"数字火炬传递、会场仪式、参观卢沟桥公园、拓展实践活动5个板块。学生450人参加活动。7月7日，市委组织部、市委宣传部、团市委联合主办纪念中国人民抗日战争暨世界反法西斯战争胜利70周年集体宣誓活动。来自全市各个领域的300余名共产党员与房山区700余名共青团员、少先队员参加活动。9月8日，市教委举办"上好爱国主义教育第一课"暨纪念中国人民抗日战争胜利70周年活动。组织中学生参观中国人民抗日战争纪念馆，向抗日先烈敬献鲜花，开展"不忘国耻，圆梦中华"主题演讲等系列活动，师生400人参加活动。

（乔超新 姜爱林 冯雪）

【14人当选市优秀学生】 5月15日，市教委授予14名学生2014—2015学年度"北京市优秀学生"称号。市教委在高中阶段（包括普通高中、职业高中、技工学校、中等专业学校）应届毕业生中按照万分之一比例评选北京市优秀学生。根据教育部和北京市评选省级优秀学生的文件精神开展评选，经学校和区县推荐，市教委组织初审和复审，听取市教委有关处室以及人大代表、政协委员的意见，报市教委主任办公会审议通过，并在学生本人所在学校公示无异议后，认定评选结果。

（冯雪）

2014—2015学年度
北京市优秀学生名单

高梧桐	北京汇文中学
刘乐章	北京市第十二中学
韦铭杰	北京师范大学附属中学
侯欣雨	北京市第四中学
王天宇	北京市延庆县第一中学
罗羽菲	北京市陈经纶中学
张戎捷	北京市第一〇一中学
赫锁琳	北京市怀柔区第二中学
高健翔	北京师范大学良乡附属中学
李亿成	北京市求实职业学校
李书瑶	北京国际职业教育学校
丁云森	北京金隅科技学校
高苗	北京市供销学校
于丰	北京市商业学校

（冯雪）

【启动节能环保低碳大篷车进校园活动】 5月20日，市教委、市发改委联合主办"2015节能环保低碳大篷车进高校暨创业大赛"启动活动。活动在北京工业大学举行，内容包括节能减碳、污染减排——百名大学校长专题培训会；低碳环保常识和理念展示宣传；20多家低碳环保新技术、新产品企业与百名校长交流洽谈；创业大赛活动启动和宣讲；变废为宝创意作品展示和互动体验；绿色消费大调查宣传等。活动现场，教师和学生在大

举办纪念抗日战争胜利70周年系列活动

篷车前观看节能环保低碳知识图片，“应对气候变化”“PM2.5的危害”等宣传片。4月7日，由市发改委牵头举办的“2015北京市节能环保低碳大篷车巡游活动”正式发车，10辆液化天然气或纯电动的“大篷车”同时出发，走进社区、学校、企业园区、政府机构、农村、商场超市、建设工地、交通场所以及休闲场所，为沿途受众宣传节能低碳环保理念、传播环境保护和生态安全知识、提供特色节能环保低碳系统解决方案。

（常勇）

【小人书大梦想连环画进校园】 5月22日，市教委、北京教育科学研究院共同举办“小人书 大梦想——连环画进校园”展示活动。活动分为3个部分：首先参观育才学校开展的班级阅读分享交流会和校园文化；随后参观主题班会课——“我和小人书的故事”和品德与社会课——“艺术世界的发展与变化”；最后参观“小人书大梦想 培育和践行社会主义核心价值观”汇报活动。来自市教委、西城区教委的相关领导，北京教科院、人民美术出版社参与连环画进校园工作的相关领导和教师，全市实验校干部、教师和学生代表共计300人参加展示活动。

（冷雪玲）

【“纪念抗日战争暨世界反法西斯战争胜利70周年主题专区”上线】 5月28日，“纪念抗日战争暨世界反法西斯战争胜利70周年主题专区”启动仪式在东城区史家小学举行，荀仲文等领导为专区上线活动揭幕。该专区为市委教育工委、市教委联合市委宣传部为缅怀抗战先烈的光辉业绩，弘扬爱国主义精神，指导歌华有线公司基于歌华有线云平台设计制作。内容包括3D抗战馆、百部电影、闯关竞答、抗战档案、优秀作品5个栏目，让用户足不出户就能身临其境参观体验中国抗日战争纪念馆，观看百部抗战大片。

（周凯）

【专项视导中小学社会主义核心价值观教育工作】 5—6月，市教委专项视导各区县社会主义核心价值观教育工作。视导工作由市教委联合北京师范大学、北京教育科学研究院共同开展，采取区县交叉参加的形式，最终形成视导材料。通过视导了解到，各区县及中小学校均结合实际制定落实《北京市中小学培育和践行社会主义核心价值观实施》的推进方案，发现学校推进过程中的典型经验及存在问题，为下半年全市中小学社会主义核心价值观教育推进会确定方向。

（冯雪）

【组织3次资源单位示范活动】 5—9月，北京市中小学生社会大课堂管理办公室组织3次资源单位示范活动。5月26日，组织“了解永定文化，走进琉璃故乡”主题活动，包括参观琉璃烧制过程，欣赏全国仅有两处的“九狮壁”，了解京西文化，体验拉胚制作4个环节，1000余名学生参加。6月，组织“走进冬奥会”优质资源单位示范性活动，带领学生走进乔波滑雪馆参加滑雪中的科技讲座，了解冬奥会历史，体验室内滑雪，4所学校1000余名学生参与。4至9月，组织10期“牵手美丽七彩蝶，共创生态新北京”优质资源单位示范性活动，参与学生2200人次。

（高付元）

【启动中华优秀传统文化素养提升项目】

6月5日，市教委启动中华优秀传统文化素养提升项目。启动仪式上，市教委介绍北京市中小学中华优秀传统文化素养提升项目的实施背景、价值意义、主要内容和活动安排。北京大学楼宇烈为培训班学员作中华优秀传统文化大讲堂第一讲。中华优秀传统文化素养提升项目面向全市小学教育行政管理部门领导和百所实验学校管理干部举办中华优秀传统文化大讲堂，开展中华优秀传统文化通识培训，面向百所小学项目实验学校的200余名学科教师开展书法、经典、蒙学等专题培训。至年底，共举办6次中华优秀文化大讲堂，组织书法研修、经典研读、蒙学研修等专题培训班9班次，300余人参加培训。

（陈德时）

【22个项目入选第八届高校校园文化建设优秀成果】 6月10日，教育部公布第八届高校校园文化建设优秀成果评选结果。经各地教育工作部门及高校报送，教育部思想政治工作司组织专家评审和公示，共评出特等奖10项、一等奖30项、二等奖60项、优秀奖106项。北京地区高校22个项目入选，其中，特等奖2项、一等奖6项、二等奖7项、优秀奖7项。

（贯爽）

第八届高校校园文化
建设优秀成果评选
获奖名单（北京地区）

特等奖

北京大学《砥砺高尚品行 践行核心价值——北京大学将社会主义核心价值观塑造为校园文化灵魂》

清华大学《大力促进学生理论社团发展 着力培养社会主义合格建设者和可靠接班人——清华大学学生理论社团探索与实践》

一等奖

北京化工大学《青春榜样谱向上乐章 目标引领扬向善力量——北京化工大学实施“校园青春榜样”工程 践行社会主义核心价值观》

北京外国语大学《以阅读涵养中外人文精神——北京外国语大学推广“静水深流”阅读文化》

中国人民大学《悦读史学经典 培养厚重人才——人民大学奏响弘扬传统文化主旋律》

中国农业大学《科技小院大舞台 服务三农育英才——中国农业大学研究生科技小院实践活动》

中国地质大学（北京）《志愿服务托起学子中国梦——中国地质大学（北京）扎实开展学生志愿活动》

北京工商大学《“十乡百村千人行”暑期社会实践项目》

（张晓兰）

【举办百部优秀少儿影片进校园推进会】 6月18日，市教委、北京教育科学研究院共同举办“电影季·电影有约——百部优秀少儿影片进校园”推进会。石景山区教委、北京市高井中学和北京市石景山外语实验小学作交流发言，学生影视剧社团展示影视教育成果，市教委对各区县优秀学生观后感获奖者和指导教师进行表彰。来自市教委、北京教科院的相关领导，各区县项目负责人，实验学校德育干部、教师和学生代表共20人参加会议。

（秦廷国）

【史诗话剧《宛平人家》在十二中首演】 6月28日，史诗话剧《宛平人家》在北京市第十二中学首演。苟仲文观看首演。该剧为纪念中国人民抗日战争暨世界反法西斯战争胜利70周年，由丰台区政府、市文联、丰台区教委、一九九八国际青年剧团等联合制作，讲述1937年“七七事变”，宛平城内老工人岳全勇、农民牛在田、商人孟养斋三户人家以及宛平简易师范学校师生在日寇围困下，与国民党二十九军将士及共产党领导下的民先队奋起抵抗的悲壮故事。剧中宛平县简易师范学校是十二中的前身，十二中创客中心师生制作首演纪念品“卢沟醒狮”模型。该剧还在民族文化宫和国家大剧院上演。

（王连东）

【加强大中小学毒品预防教育工作】 6月29日，市委教育工委、市教委、市教育督导室联合印发《关于加强大中小学毒品预防教育工作的通知》。市教委全面加强大中小学生毒品预防教育，坚持从源头治理，不断创新大中小学开展毒品预防教育的形式，增强教育效果。通知提出5点意见：充分认识禁毒工作的严峻形势，进一步增强开展毒品预防教育的责任感；充分发挥学校教育的优势，积极推动毒品预防教育进课堂；充分整合教育资源，推动毒品预防教育的深入开展；重视动员社会力量，协同学校开展预防宣传教育；加强监督管理，严防在校学生滋生吸毒行为。

（沈柳莺　向姣姣　华蕾）

【举办4类资源联盟活动】 6—12月，北京市中小学生社会大课堂管理办公室举办4类资源联盟活动。6—11月，主办图书馆类联盟活动之小小百家讲坛活动11场，活动设置不同主题，学生自主选择，分享阅读经历、感受、收获，参与学生近5000人。11月20日，举办“中小学生‘中国梦，少年情’书画大赛颁奖及优秀作品展览”艺术类联盟活动，共收到学生绘画、书法和剪纸作品709幅，评出一等奖38幅、二等奖68幅、三等奖106幅，指导奖70人，参与学生1000余人。至12月，举办名人故居类联盟活动，开发“名人名居名树”系列课程和相关培训教材，制作展板进10所学校，培训学生讲解员，每校培训5～6人，涉及学生5000人；开展参观、讲座、课程活动，参与人数2000余人。至12月，举办科研院所类联盟活动，组织学生周末、假期参观中科院，体验挖化石活动，听科普讲座等，共5500名学生参加活动。

（高付元）

【52家单位入选社会大课堂市级资源单位】 8月24日，市教委公布52家北京市中小学生社会大课堂第五批市级资源单位。经资源单位自主申报，区县教委审查并推荐，北京市中小学生社会大课堂办公室资格审核，专家评审组进行资料审阅、汇报答辩和实地考察，确定中国工程院、北京中华民族博物院等52家单位为北京市中小学生社会大课堂第五批市级资源单位。

（冯雪　高付元　邱小培）

【发布中小学开展志愿者服务意见】 8月28日，市教委、市民政局、团市委、市志愿服务联合会联合发布《关于北京市中小学开展志愿者服务的意见》。意见提出“积极创新中小学志愿服务与慈善工作体制”“力争实现中小学生100%成为实名注册志愿者”；以创新中小学志愿者与慈善工作体制，实现中小学志愿服务管理工作的科学化、制度化、规范化、信息化为目标；遵循自愿、诚信、公益原则。工作内容包括：在中小学开设志愿服务课程，成立校级志愿者组织，动员中小学生注册成为实名志愿者，进一步开发适合中小学生的志愿服务项目及实现中小学生志愿服务记录信息化管理等；要求进一步提高对中小学生参与志愿者服务重要意义的认识，做好宣传工作典型、完善考评激励机制、提供经费保障等工作。

（向姣姣　孙晓楠）

【修订义务教育阶段学科德育指导纲要】 8月，市教委印发《北京市义务教育阶段学科德育指导纲要（小学修订版）》和《北京市义务教育阶段学科德育指导纲要（中学修订版）》。修订后的学科德育指导纲要将习近平总书记系列重要讲话精神和中央、市委市政府关于培育和践行社会主义核心价值观的意见及相关要求融入、落实到相关学科；增加教学策略与活动建议，为教师教学设计与实施提供有效抓手；开展课堂教学精品课例和案例研究，探索社会主义核心价值观融入学科教学的有效策略。

（王昱人）

【召开北京市中小学生社会大课堂工作推进会】 9月17—18日，北京市中小学生社会大课堂工作推进会在密云县召开。全体与会人员走进爱斐堡青少年实践基地、首云铁矿、蔡家洼学生实践基地、三烧食文化与科技教育基地，对密云县市级社会大课堂资源单位的基础设施、课程资源、活动流程、接待服务等工作进行全方位了解，并提出进一步发展建议。

（黄维国）

【举办“抗战故事会”活动】 9月24日，北京市中小学生社会大课堂管理办公室与千龙网合作举办“抗战故事会”活动。北京市大峪中学、赵登禹学校、平谷区第三中学等学校的学生代表，演绎《平西战歌》《神枪王》《硬汉子于金量》等抗日战争故事。北京市12所中小学65名学生参加。

（高付元）

【举办首届全国中小学生电影周】 10月11—18日，北京电影学院举办首届全国中小学生电影周。电影周以“纪念中国人民抗日战争暨世界反法西斯战争胜利70周年”为主题，面向全国中小学生，由推荐影片评选活动、影片展映活动、中小学生微电影和影评征集活动以及电影教育论坛4个活动组成。电影周旨在充分发挥优秀影片对中小学生进行核心价值观教育和素质教育的重要作用。来自国内专家学者和中小学生近1000人参加活动。

（程麒台　刘丽音）

【展示“学科德育精品课程”】　10月25日至12月20日，市教委开展中小学“学科德育精品课程”征集展示活动。活动面向全市中小学，共报送课例1500节。经评审，市教委上报推荐课例至教育部，参加全国评审与展示。开展跟进性研究与培训，将精品课例资源发布在北京市数字学校网上，供广大教师借鉴使用。

（王昱人）

【举办读城活动】　10月28日，北京市中小学生社会大课堂管理办公室承办首都博物馆“读城——追寻历史上的北京城池”活动。活动包括纸艺展陈、视频短片、幻影成像、体验活动等环节。丰台区丰台第二中学、北京师范大学朝阳附属中学、大兴区第三中学、北京景山学校远洋分校近200名师生参加。

（高付元）

【举办“名家带我读经典”活动】　11月10日，“名家带我读经典”活动启动仪式在北京市第一〇一中学举行。白岩松、周国平等读书嘉宾带领学生诵读“琥珀经典文丛”中的《小王子》精彩片段，并分享读书心得；中国人民大学附属中学、一〇一中学生分别表演话剧《茶馆》片段和朗诵《少年中国说》《永远飘扬的红头巾》。长江新世纪集团向4所参会学校分别捐赠琥珀经典图书集（含20部外国名著）各1套。四校师生800人参加活动。活动由琥珀经典文丛编辑部举办，还将走进全国各地的社区和学校，与学生一起诵读经典。

（张欣　华蕾）

【召开中小学社会主义核心价值观教育工作推进会】　11月11日，市委教育

工委、市教委召开北京市中小学社会主义核心价值观教育工作推进会。会议从“加强顶层设计、抓实教育活动、拓展教育资源、聚集各方力量和强化引导与管理”5个方面总结中小学推动社会主义核心价值观教育工作取得的成效，并针对进一步做好中小学社会主义核心价值观教育工作提出3点意见：一是提高认识，认真学习近平总书记关于培育和践行社会主义核心价值观的一系列重要论述；二是突出重点，深入推进中小学社会主义核心价值观教育工作；三是注重实效，确保社会主义核心价值观教育效果在学生身上有所体现。各区县教委主任、主管主任，教科研部门负责人及中小学校长和教师代表共300人参加会议。10月10日，在全国中小学社会主义核心价值观教育经验交流暨德育工作会议上，线联平介绍北京市开展社会主义核心价值观教育的举措和经验，并以“视频看现场”的方式观摩北京市第十九中学等7所学校的经验做法。

（商学丰）

举办读城活动

【举办普通中小学毒品预防教育交流与专题培训】　12月3日，市教委在北京市第九十六中学举办2015年度北京市普通中小学毒品预防教育交流与专题培训。活动交流学习东城区教委和九十六中学生毒品预防教育工作的经验与做法。市禁毒教育基地专家作如何上好禁毒教育专题课的辅导报告。活动公布2015年度北京市中小学毒品预防专题教育优秀教学课例及学生作品评选结果，参观主题为“美好人生·远离毒品·青少年学生防毒行动”的学生作品展。16个区及燕山地区教委、教研部门负责人、教研员、部分中学骨干教师代表共150人参加活动。

（沈柳莺　向婕婕）

【召开中小学原创绘本系列活动培训会】　12月15日，市教委在北京市育才学校召开中小学原创绘本系列活动培训会。活动旨在引导中小学生通过亲手创作绘本，围绕二十四字社会主义核心价值观和习近平总书记十六字要求，结合中小学生学习和生活实际，反映校园、社区和北京的新变化；寻找感动自己的人，发现从身边做起，从小事做起，爱好环境、遵守公德、诚实守信、关心他人、服务社会、积极践行社会主义核心观的人和事，加深对社会主义核心价值观的理解和认同。

（王昱人）

【展示社会大课堂学生学习成果】　12月26日，市教委举办北京市中小学生社会大课堂学习成果展示及颁奖活动。活动分中学生组和小学生组，入围的8个项目展示学生以个人、家庭、小组、学校等形式走进不同种类的博物馆及资源单位后，学生的成果和收获。经过学校申报、区县初审、市级评审，评出北京市中小学生社会大课堂学生成果一、二、三等奖313项，包括一等奖54项；教师优秀活动方案一、二、三等奖199项，包括一等奖34项。

（商学丰　高付元）

【优秀少儿影片和连环画进校园】　至年底，市教委开展优秀少儿影片和

连环画进校园工作。通过北京市中小学数字德育网向全市中小学生推送第二批优秀少儿影片464部，向全市小学配送第二批连环画（每校6套，每套200册）。通过开展“我最喜欢的十部电影”评选、看连环画讲故事等活动推进工作。组织专题培训，通过专家授课、学校经验分享的方式，推进优秀少儿影片和连环画进校园工作的具体实施。3—10月，先后在北京第一师范学校附属小学、北京市育才学校小学部、北京市高井中学举办连环画和少儿影片进校园系列展示活动。寒假前，市教委为全市每所小学配发人民美术出版社出版的7套连环画，通过政策引领、专题培训、活动推进等方式，推进小学连环画阅读工作。

（王昱人　谢歆）

【完成2015年中小学生“四个一”活动】 至年底，市教委在全市范围内开展中小学生“四个一”活动。活动组织学生参加天安门广场升旗仪式，分别走进国家博物馆、首都博物馆和中国人民抗日战争纪念馆。统筹安排全市各区活动计划，全年共组织28.2万名学生参加活动。市教委重点建立健全事前培训、多部门会商、视导监控、快速反应等多项工作机制。为进一步提升活动教育效果，联合国家博物馆和中国人民抗日战争纪念馆分别开发《认知》《铭记》等博物馆课程学习材料，联合首都博物馆举办“寻城记”主题实践活动和由学生参与制作的《读城》专题展览。

（冯雪）

专门教育

【概况】 北京市有工读学校6所，分别隶属于东城、西城、朝阳、海淀、丰台和门头沟区教委管理。在校学生572人（义务教育阶段），教职工288人，包括专任教师197人。

（沈柳莺）

【海淀寄读学校与舞蹈培训学校签约】 3月9日，北京市海淀寄读学校与北京市海淀区校园舞蹈文化艺术培训学校签署合作协议。根据协议，培训学校派出舞蹈教师1人，承担寄读学校舞蹈社团教学工作，寄读学校2名教师辅助管理。校舞蹈社团成立于2014年3月，有学生32人，其中，男生17人、女生15人。每周一、周三12时至14时上课。

（王红侠）

【海淀寄读学校庆祝校园电视台开播10周年】 4月22日，北京市海淀寄读学校庆祝校园电视台开播10周年。活动设10年经历回顾、节目表演、创意颁奖等多个环节，播放《与青春相伴的3652天》视频短片、4个栏目组的工作趣事和寄语短片，以栏目组为单位表演歌舞《隐形的翅膀》、小品《我们的呼号》节目，颁发“最受观众喜爱的栏目”“主持金话筒奖”及“最贪心奖”“最有勇气奖”“最柔情奖”“最佳COSER奖”“最纯爷们奖”等奖项。全校师生共408人参加活动。

（郭俊峰）

【海淀寄读学校庆祝建校60周年】 5月20—21日，北京市海淀寄读学校庆祝建校60周年。举办“中国工读教育60年、北京市海淀工读学校60年成果展示会”；举行以“开往未来的列车”为主题的文艺会演；与中国预防未成年人犯罪研究会、中国教育学会工读教育分会联合举办“挑战与梦想——为偏差行为未成年人提供适合的教育和支持”国际研讨会，设“偏差行为的矫正”“适合学生的课程体系”“专门学校社会职能的发挥”3个分论坛；展示语数英物化、科技、心理、政治等12个学科教学公开课，开放古代兵器制作、中医保健按摩、趣味心理等19门校本课程，表演机器人对抗赛、四旋翼飞机秀、纸风筝的制作与放飞等。教育部、市教委、区教委相关负责人，以及该校师生共300人参加活动。

（郭俊峰）

【评选专门学校学科教师优秀教育设计】 5月22日，市教委举办第三届专门学校学科教师优秀教育设计评选活动。组织专门教育学校学科教师53人参加活动，各学科教师分成7个组，通过教学设计说课及答辩环节，评出一等奖15人、二等奖16人、三等奖20人。市教委、基础教育研究中心精选2012—2015年三年优秀学科教学设计案例42篇，与专门学校9个学科教学指导建议汇编成册，为专门学校组织学科教学活动提供指导与典型示范。

（沈柳莺）

【开展专门教育学校发展评价试点工作】 5月29日至6月19日，市教委开展专门教育学校发展评价试点工作。专家组通过数据信息采集、学校自评、组织专家组外评、现场反馈等环节，从软件、硬件和办学特色所涉及的学生发展、课程教学、规划与管理、教师队伍、教育活动、办学条件及特色服务7个三级指标所体现的学校建设与教育教学及管理等相关工作，诊断学校发展中存在的主要问题，指导学校制定可行的发展规划。7月，召开专家组会，以试测学校为样本总结试点工作。

（沈柳莺）

【东城古城职高开展跨校师徒结对】 6月4日，东城区古城职业高中举办东城区为专门学校送课暨跨校师徒结对启动仪式。为北京市第一中学、北京市第二十四中学、北京市第二十七中学、北京市第六十五中学、北京市第一二五中学、北京市广渠门中学共10名教师颁发“专门学校学科指导教师”聘书。古城职高1名教师与一中思想品德教师拜师结对，古城职高3名教师与二十四中语文、英语、地理教师分别拜师结对，古城职高1名教师与二十七中数学教师拜师结对，古城职高3名教师与六十五中生物教师、美术教师、班主任分别拜师结对，古城职高1名教师与一二五中语文教师拜师结对，古城职高1名教师与广渠门中学心理教师拜师结对。启动仪式后，进行课程讲座和听评课互动。市教委、东城区教委相关负责人，一中校长，兄弟学校教师及古城职高全体教职工参加活动。

（商彦芬）

【东城古城职高开展法制专题教育】 7月7日，东城区古城职业高中开展法制专题教育。该校邀请北京市第一中级人民法院少年庭法官作讲座，通过案例分析抢劫、故意伤害和杀人等刑事犯罪发生的各类原因，以及由此付出的代价和为家庭带来的严重伤害。该校8个班级的150名学生参加专题教育。

（商彦芬）

【培训专门学校学科教师】 11月13日，市教委举办北京市专门学校学科教师培训活动。北京教育科学研究院就北京市中小学学科改进意见、《北京市实施教育部〈义务教育课程设置实验方案〉的课程计划（修订）》起草的背景、基础教育改革的基础特点、世界范围关于学生发展核心素养要素特点分析、北京市学科教学改进意见在教学实施中的7个必须关注的变化和要求，以及与学科教学改进相配套的义务教育课程设置方案中综合实践课程的开设与实施，对专门教育学校的学科教师代表进行全面、系统、专业的培训。6所专门教育学校的学科教师110人参加培训。

（沈柳莺）

【召开专门学校教学工作专题研讨会】 11月13日，市教委召开专门学校教学工作专题研讨会。会议研讨交流落实学科教学改进意见和义务教育课程设置实施方案工作进展情况、如何结合专门学校实际组织实施学科教学改进工作，研究制定义务教育阶段课程设置学校实施方案。6所专门学校校长及所在区县教委的主管科室负责人、市教研相关部门负责人共24人参加研讨会。

（沈柳莺）

体　育　卫　生

体　育

【举办中小学生乒乓球冠军赛】 1月29日至2月2日，市教委、市体育局联合举办2015年北京市中小学生乒乓球冠军赛。比赛设7个项目，56个组别。来自15个区县167所中小学校的542名学生参加比赛，决出冠、亚、季军共168人，其中，西城区、海淀区、昌平区的运动员成绩较为突出。比赛由北京学生活动管理中心、北京市乒乓球运动协会承办。

（李铮）

【开展校园足球系列活动】 2月6日至10月11日，市教委开展校园足球系列活动。2月，开展中小学校园足球等教学课例征集及评选活动，共征集普通课例100节、足球课例113节，累计举办各类现场展示交流活动1000余场。7月11—20日，举办2015“百队杯”暑期校园足球嘉年华，包括足球啦啦队和花式足球展示，趣味超大足球比赛，足球保龄、九宫格、桌上足球大PK等游戏。9月1日，开展校园足球教学课例视频录制及推广活动，录制足球游戏200例、足球微课16节，采取讲练结合、快慢结合的形式，方便教师借鉴和学生学习。启动北京市校园足球海外引智计划，10月10日，首批来自阿根廷的足球青训专家5人到东城区、朝阳区、通州区、顺义区、昌平区的5所中小学开展为期40天的教学培训工作。10月11日，启动2015年北京市校园足球培训计划，16个区县的中小学体育教师500人参加培训。

（张志华）

【清华附中获得中国高中篮球联赛冠军】 4月14日，清华大学附属中学高中代表队分别获得2014—2015中国高中女子篮球联赛全国总决赛全国总冠军和中国高中男子篮球联赛全国总决赛全国总冠军。其中，女子篮球队在决赛中59:58战胜石家庄第二中学队，实现“三连冠”；男子篮球队在决赛中88:56战胜北京四中，获得“九连冠”。在3月11日和27日进行的2014—2015年度中国高中篮球联赛（北区赛）比赛中，清华附中男、女篮球队分别以90:52和67:61战胜各自对手，夺得北方赛区冠军挺进决赛。3月18日，清华附中在2014—2015年度中国初中女子篮球联赛总决赛上获得亚军，实现历史突破。8月22日，清华附中还获首届“阿迪达斯”中国高中男子3×3篮球联赛总冠军。

（李铮）

【举办中国高中男子3×3篮球联赛（北京赛区）】 4月26—29日，市教委举办“阿迪达斯”中国高中男子3×3篮球联赛（北京赛区）比赛。共有来自16所高中的32支代表队参加比赛，清华大学附属中学和北京市第四中学分别获得冠亚军，并代表北京赛区参加中国高中男子3×3篮球联赛北区决赛。比赛由北京学生活动管理中心承办。

（李铮　孙晓楠）

【市少年宫举办首都少年儿童游戏达人赛】 4—8月，北京市少年宫举办首

都少年儿童“游戏达人赛”。活动前期，市少年宫面向全市中小学征集优秀游戏，组织优秀学校代表队进行展示。8月17日，举办首都少年儿童“游戏达人赛”决赛，来自房山、昌平、石景山、门头沟区12支学校代表队展示花样跳绳、滚铁环、抖空竹等10余种游戏项目。

（乔超新）

【举办小学生排球比赛】　5月9日，市排球协会、市中小学体育运动协会联合主办2015年北京市小学生排球比赛。比赛采用每球得分、30分一局决胜制，共92场，设小学一年级组、小学二年级组、小学三年级组、小学四年级组、小学五年级组、小学六年级组、超级组7个组别。北京市西城区厂桥小学获男子五年级组和六年级组第一名，北京市西城区浸水河小学获男子四年级组第一名，北京市八一学校获男子三年级组第一名，北京市西城区黄城根小学获女子三年级、四年级、五年级、六年级和超级组第一名。

（李铮）

【举办首都高校学生田径运动会】　5月15—18日，市教委、市体育局联合举办首都高等学校第53届学生田径运动会。比赛分为甲、乙、丙3个组别，设置116个项目。69所高校的1500名运动员参加比赛。清华大学获得男子甲组团体总分、女子甲组团体总分和甲组团体总分第一名；北京体育大学获得甲B组团体总分第一名，北京建筑大学获得男子乙组团体总分和乙组团体总分第一名，对外经济贸易大学获得女子乙组团体总分第一名。比赛还打破3项赛会纪录，其中，北京大学、清华大学分别以3分10秒91、3分11秒53的成绩打破男子4×400米接力的赛会纪录；北京大学以39秒98的成绩打破男子4×100米接力的赛会纪录。运动会由市大学生体育协会、北京体育大学承办。

（李铮）

【连续六年获得棒球“钻石杯”比赛总冠军】　6月5—7日，北京市获得2015年全国青少年棒球发展计划“钻石杯”总决赛冠军。北京市派出海淀区上地实验学校参加比赛，在预赛中两战全胜，决赛中战胜上海队获得冠军，荣获六连冠。比赛由全国棒球发展计划办公室主办。

（李铮）

【参加世界中学生田径锦标赛】　6月28日至7月2日，北京中学生参加2015年世界中学生田径锦标赛暨第二届亚洲中学生田径锦标赛。中国中学生国家队由12名中学生组成，队中6人是清华大学附属中学的学生。中国国家队取得9金1银2铜，位居金牌榜首位，清华附中运动员取得4金1银1铜的优异成绩。比赛在武汉举行，主题为“一起奔跑、一起欢笑”，来自29个国家和地区的中学生代表队参加比赛，运动员、教练员及各级官员共计600余人。

（李铮）

【举办第32届“百队杯”足球赛】　7月11—18日，市足球运动协会、《北京晚报》、北京电视台体育节目中心和北京学生活动管理中心共同主办第32届北京晚报·体育之窗百队杯足球赛。比赛在赛制组织上向规范化、专业化靠拢，将年龄划分由原来的按小学、初中和高中组分，调整为每两年为一个年龄段，划分6个组别，符合国际足联的青少年培训年龄划分。405支球队参赛，比赛659场。比赛新设足球嘉年华活动，以足球游戏为主，分为道具类、体验道具类和非道具类游戏等20余个项目，近万人次的学生和家长参与体验。百队杯足球赛创始于1984年。

（李铮）

【举办校园足球五人制比赛】　7月13—16日，市教委、市体育局联合举办2015年北京市校园足球五人制比赛暨“谁是球王”青少年校园足球竞赛活动（北京赛区）。比赛设高中组、初中组和小学组3个组别，共有来自全市的52支代表队报名参赛。中央民族大学附属中学、北京市西城代表队分别获各组别冠军。比赛由北京市青少年校园足球工作领导小组办公室、北京学生活动管理中心共同承办。

（李铮）

【举办青少年体育文化节活动】　7月13—18日，市教委、市体育局联合举办2015年全国青少年“未来之星”阳光体育大会北京分会场北京市青少年体育文化节活动。文化节设滑冰、拓展、啦啦操和民族传统体育等活动。活动通过最美瞬间、最美宿舍及最佳表现，评选出最靓之星10人、理容小能手6人、最佳学员19人。16个区县19所小学的小学生代表195人和教师37人参加活动。活动由北京学生活动管理中心承办。阳光体育大会由国家体育总局、教育部、共青团中央主办。

（李铮）

【获得全国中学生田径锦标赛省市团体总分第一名】　8月1—4日，北京市中学生参加2015全国中学生田径锦标赛。北京市16所奥林匹克基地学校和9所田径传统校报名参赛，在全部4个组别62个项目角逐中，北京代表团以841分获得省市团体总分第一名。其中，清华大学附属中学以174分获得学校团体总分第一名，北京市顺义区杨镇第一中学分别以 41 分、59 分和 104 分获得高中男、女及团体 3 项团体总分第一名。比赛由中国中学生体育协会、中国田径协会主办，巴彦淖尔市政府、杭后旗政府承办，共有来自 25 个省市的 200 个会员单位，200 名教练员，120 名裁判员，1700 名运动员参加比赛。该赛事是规模最大、人数最多、水平最高的全国中学生单项体育赛事，每年举办一次。

（李铮）

【举办国际青少年足球邀请赛】　8 月 3—8 日，2015 北京国际青少年足球邀请赛在中国人民大学附属中学三高足球基地和中国残疾人体育运动管理中心举行。比赛设高中男子组、初中男子甲组、初中男子乙组、小学男子甲组、小学男子乙组、小学女子组 6 个组别。国内外中小学 52 支青少年球队，包括澳大利亚、阿联酋、印度等 9 支国际青少年足球队，天津、湖南、新疆等 7 支外省市青少年球队参加比赛。中国人民大学附属中学、A. SRoma（意大利罗马）、新疆乌鲁木齐市第 117 中学、新疆乌鲁木齐市第五小学、中国人民大学附属小学、北京市通州区潞城镇中心小学分别获得高中男子组、初中男子甲组、初中男子乙组、小学男子甲组、小学男子乙组、小学女子组冠军。

（张志华）

【景山学校获全国中学生排球锦标赛冠军】　8 月 5—11 日，北京市景山学校获 2015 年全国中学生排球锦标赛男子组冠军。比赛由中国中学生体育协会、中国排球协会主办，分小组赛、交叉赛和名次赛 3 个阶段进行，第一阶段实行三局两胜制，第二、三阶段实行五局三胜制。全国各省市的 52 支参赛队，800 多名运动员、教练员和领队参加比赛。全国中学生排球锦标赛是全国中学生高水平大型赛事，自 2004 年开始每年一届。

（李铮）

【开展学生奥林匹克教育观赛活动】　8 月 22—30 日，市教委组织中小学生参与 2015 年北京国际田联世界田径锦标赛观赛活动。暑期，16 个区县及燕山教委和 16 所田径基地校，以社会实践形式组织37951名中学生开展

奥林匹克教育观赛活动，占在校学生总数 11%。发放教育计划门票 167000 张，以亲子活动方式，通过现场观赛增进家长与学生间情感交流，激发学生潜能，促进学生身心健康成长；为 16 所基地校提供 5000 张学习门票，由教练员结合训练难点，进行现场技术纠正，帮助学生掌握技战术应用。

（李铮）

【举办中小学生足球联赛】　9—11 月，市教委、市体育局联合主办 2015 年北京市中小学生足球联赛。比赛设高中男子组、初中男子组、中学女子组、小学男子甲组、小学男子乙组和小学女子组共 6 个组别，共 124 支代表队参加比赛。历经小组循环赛、淘汰赛等环节，共举办比赛 500 余场次。最终，北京市八一学校、中国人民大学附属中学、清华育才实验学校、北京市海淀区实验小学、北京市海淀区七一小学、北京市昌平区东小口中心小学分别获得各组别冠军。比赛由北京学生活动管理中心承办。比赛首次在四强赛之后设主客场比赛，同时开展快乐足球大本营活动。

（李铮）

【举办第 53 届中学生田径运动会】

10 月 9—11 日，市教委和市体育局联合举办阳光体育第 53 届北京市中学生田径运动会。比赛以区县为单位组队参赛，分初中组和高中组，设 17 个项目。3 人（队）打破 3 项赛会纪录。海淀区、西城区、丰台区分获城区组团体前三名，顺义区、通州区、大兴区分获郊区组团体前三名。运动会在顺义牛栏山第一中学举办，16 个区县的 768 名运动员参加运动会。

（李铮）

【举办秋季大学生田径运动会】　10 月 17—18 日，市教委举办首都高等学校第七届秋季学生田径运动会。比赛分为甲组、乙组、丙组，有男子甲组、乙组、丙组各 15 项；女子甲组、乙组、丙组各 14 项以及趣味项目比赛。清华大学、中国人民公安大学、北京交通职业技术学院分别获男子甲、乙、丙组团体总分第一名，中国石油大学、北京农学院、北京语言大学分别获女子甲、乙、丙组团体总分第一名，北京工业大学耿丹学院获趣味项目团体总分第一名。来自 47 所高校的 1800 余名运动员参加比赛。比赛由市教委主办，北京市大学生体育协会和北京工业大学耿丹学院承办。

（李铮　管书艳）

【大众汽车幼儿足球种子计划启动】　10 月 24 日，大众汽车“幼儿足球种子计划”在北京 5 家试点幼儿园启动。教育部相关人员、大众汽车集团（中国）首席执行官出席仪式，并向 5 家试点幼儿园颁发授权书。国际著名青少年足球训练专家作大会发言，介绍活动的目的与价值，并带领小朋友进行现场体验与展示。部分幼儿园园长、家长代表，多家媒体出席活动。5 家试点幼儿园分别是北京市第一幼儿园、丰台区丰台第一幼儿园、丰台区丰台第六幼儿园、北京光明幼儿园朝阳分园和北京海嘉西奥中心幼儿园。大众汽车集团（中国）为积极推动中国青少年足球的发展，推出一系列针对不同年龄段孩子的足球项目，该计划是青少年足球项目的一部分，针对 2～6 岁儿童，把全新的足球训练理念引入幼儿园。

（蔡涛）

【人大附中蝉联全国中学生足球锦标赛男子组冠军】　10 月 28 日，中国人民大学附属中学获 2015 年中国中学生足球锦标赛男子组冠军。决赛

中，人大附中以 2:0 战胜厦门二中，并获最佳领队、最佳教练员、最佳运动员、最佳守门员称号。人大附中足球队由高二、高三 19 名学生组成。比赛由中国中学生体育协会主办，全国 22 所中学的 23 支队伍 400 余名学生参赛，其中，男子组 15 支、女子组 8 支队伍。7 月 26 日，人大附中获 2014—2015 中国高中男子校园足球联赛全国总决赛亚军。

（李铮　宫润峰）

【举办中小学生乒乓球联赛】　11 月 1

日，市教委、市体育局联合举办北京市第九届“和谐杯”乒乓球比赛暨北京市中小学生乒乓球联赛决赛。比赛设小学男子甲组、小学男子乙组、小学女子甲组、小学女子乙组、初中男子组、初中女子组、高中男子组、高中女子组、亲子组 9 个组别。11 个区县 67 所学校 134 支学校代表队和 55 个家庭队，近 600 名中小学生运动员参加比赛。北京市大兴区亦庄镇第一中心小学获得小学男子乙组的冠军，中国人民大学附属小学获得小学女子乙组冠军，北京市海淀区万泉河小学获得小学男子甲组、小学女子甲组冠军，北京市顺义区杨镇第二中获得初中男子组冠军，北京市三帆中学获得初中女子组冠军，北京市第六十六中学获得高中男子组、高中女子组冠军。北京学生活动管理中心、北京市第五中学、怀柔区第三小学等 25 个单位获优秀组织奖。比赛由北京学生活动管理中心承办。

（李铮）

【举办中国初高中篮球联赛（北京赛区）】　11 月 7 日，市教委举办 2015—2016 年中国初高中篮球联赛（北京赛区）比赛。比赛设初中男子、女子和高中男子、女子共 4 个组别，7 个区县 28 支学校代表队近 500 名中学生运动员参加比赛。北京市中关村中学和北京市东直门中学分获高中男子、女子组冠军，清华大学附属中学和北京市第三十五中学分别获得初中男子、女子组冠军。比赛由北京学生活动管理中心、海淀区教委承办。

（李铮）

【启动青少年“迎冬奥”系列活动】

11 月 9 日，市教委举办 2015—2016 学年度北京市百万青少年“迎冬奥”系列活动启动式。系列赛事和活动包括北京市中小学生冰球联赛，北京市青少年花样滑冰锦标赛，北京市中小学生滑雪比赛，冬奥知识进校园，北京市中小学生冬季运动会，北京市中小学生冰雪节、冰雪季、嘉年华，奥林匹克教育冬令营，“迎冬奥”征文、绘画及摄影征集等。活动与北京奥运城市发展促进会、市体育局、团市委联合主办。教育部、国家体育总局、市教委、市体育局、团市委及 16 个区县教委负责人参加启动仪式。

（李铮）

【举办中小学生武术冠军赛】　11 月 28 日，市教委、市体育局举办 2015 年北京市中小学生武术冠军赛。比赛分为南拳、长拳、太极、对练共 10 项，设小学、初中、高中 3 个组别。来自 78 所中小学和体校的 417 名学生参赛。

（李铮）

【举办中小学生健美操比赛】　11 月 29 日，市教委、市体育局联合举办 2015 年北京市中小学生健美操比赛。比赛设小学男子、女子，初中男子、女子，高中男子、女子共 6 个组别。小学组设团体比赛 2 项、单项比赛 9 项，北京市海淀区中关村第一小学、中国人民大学附属中学实验小学、北京市海淀区羊坊店中心小学获得小学甲组团体前三名，北京市海淀区七一小学、北京市中关村第一小学、北京市海淀区万泉小学获得小学乙组团体前三名；初中组设团体比赛 2 项、单项比赛 10 项，北京市第一〇一中学获得初中甲组团体冠军，中国人民大学附属中学获得初中乙组团体冠军；高中组设团体比赛 2 项、单项比赛 10 项，人大附中获得高中甲组团体冠军，一〇一中获得高中乙组团体冠军。5 个区县 27 所小学、9 所中学中小学生 349 人和教练员 40 人参加比赛。活动由北京学生活动管理中心承办。

（李铮）

【举办中小学生足球“冠军杯”比赛】　11—12 月，市教委、市体育局联合主办 2015 年北京市中小学生足球冠军杯赛。比赛采取集中赛制，16 个区县的男、女共 59 支队伍参加比赛。中国人民大学附属中学、西城区回民小学、北京市海淀体育运动学校、海淀

举办中小学生健美操比赛

区永丰中心小学分别获高、初中男子组，小学男子甲组，小学男子乙组，小学女子组冠军。比赛由北京学生活动管理中心、人大附中三高足球训练基地协办。

（李铮）

【举办中小学生跆拳道冠军赛】 12月5日，市教委、市体育局联合举办2015年北京市中小学生跆拳道冠军赛。比赛采用单败淘汰制，分为高中男子组、高中女子组、初中男子组、初中女子组、小学男子组、小学女子组6个组别，8个级别。来自67所中小学和体校的245名学生参赛。比赛由北京市中小学体育运动协会等单位承办。

（李铮）

【举办中小学生游泳冠军赛】 12月12日，市教委、市体育局联合举办“水立方杯”2015年北京市中小学生游泳冠军赛。比赛设高中男子组、高中女子组、初中男子组、初中女子组、小学男子组、小学女子组6个组别，5大项，20小项。来自68所中小学和体校的300名学生参加比赛。比赛由北京市中小学体育运动协会等单位承办。

（李铮）

【遴选200所校园足球特色学校】 至年底，市教委遴选200所校园足球特色学校。其中，小学113所、初中25所、高中7所、完全中学8所、九年一贯制学校14所、十二年一贯制学校33所，34所学校为全国校园足球特色学校。此次遴选经过学校申报、区县推荐、市级遴选等程序。足球特色学校把足球纳入常规体育课程，每周至少上一节足球课。市教委对特色学校给予政策、经费等方面的支持，推动特色学校在足球普及、课程建设、教师培训、文化发展、竞赛活动、对外交流、人才输送、条件保障等方面的发展。

（张志华）

国防教育

【举办高校军事教师培训暨学生军训工作会】 3月30日至4月2日，市教委召开普通高等学校军事教师培训班暨北京市学生军训工作会。培训内容涉及教育教学方法和理论等方面，来自78所院校118名教师参加学习。学生军训工作会议部署2015年学生军训工作，教育部、总参动员部、北京军区、北京卫戍区、空军指挥学院、市教委有关领导，区县教委、区县武装部、各高校武装部领导及培训班人员共217人参加会议。

（徐春生）

展示高校国旗仪仗队风采

【集训学生军训派遣军官】 4月7—9日，市教委举办组织集训北京市学生派遣军官。全市80名派遣军官参加集训，内容涉及军训新理论、新方法、新标准。北京军区动员部副部长、北京市军训办主任、国防大学军训办主任全程参加指导。

（徐春生）

【举办两期军事理论教师培训班】 5月26—29日和11月10—14日，市教委分别举办第10期和第11期北京市军事理论教师培训班。第10期有高中阶段学校的145名军事教师参加学习，第11期有高中阶段学校的67名军事教师参加学习。

（徐春生）

【举办兵棋推演大赛】 5月30—31日，北京高校国防教育协会和南征兵推信息技术研究院联合组织的北京高校学生第二届兵棋推演大赛在清华大学举行。分为红蓝两个战队，共30场比赛。12所高校的16支队伍经过对决，清华大学队获得第一名，北京中医药大学队获得第二名，华北电力大学队、北京信息科技大学队获得第三名。兵棋以装甲机械化部队陆上作战为主，空中作战飞机、海上舰艇等作战力量相配合，检验新时期大学生的军事理论素养及国防知识储备。

（徐春生）

【展示高校国旗仪仗队风采】 9月19日，北京高校国防教育协会主办第六届北京高校国旗仪仗队风采展示活动。活动以“铭记历史传播红色信仰，爱我国旗展示青春风采”为主题，设置队伍文化建设成果展示和检阅式比赛2个环节，展现北京高校大学生国旗仪仗队的良好形象。北京航空航天大学、北京化工大学、清华大学等7支队伍获得风采展示活动一等奖；北京农学院等9支队伍获得二等奖；中国地质大学（北京）等10支队伍获得三等奖。该比赛新增“最佳旗手”和“最佳带队班长”2项个人奖项。26支大学生国旗仪仗队参加活动。

（徐春生）

【举办高校学生军事特训营活动】 9月

21日，市教委主办北京高校学生军事特训营活动。学生自愿报名，披挂挎包、水壶、子弹袋、手榴弹、工兵镐、工兵锹、防毒衣、防毒面具、95式仿真枪共50斤装备，在20公里的徒步中完成6个科目的军事训练，包括躲避敌照明、应对小股敌人袭扰、炮火阻拦、通过染毒地带、防敌卫星侦察以及防敌空袭。该活动由北京高校国防教育协会和北京康庄611军训基地联合举办。

（徐春生）

【启动海洋意识教育年主题系列活动】 9月24日，市委教育工委、市教委在北京市第五十五中学举行2015年北京学生海洋意识教育年主题系列活动启动式。该活动以“海洋，我们的家园”为主题，包括海洋知识网络竞赛、海洋大讲堂、海洋日宣传活动、国防教育周宣传活动、海洋主题绘画摄影展览、航海模型拼装比赛、动态模型对抗赛、评选海洋意识教育基地校、海洋拓展训练营等。活动由市教委、市委教育工委与海军政治部、国家海洋局宣教中心、市委宣传部、首都文明办、团市委联合主办。

（徐春生）

【举办中小学生定向越野锦标赛】 10月24—25日，市教委举办2015年北京市第13届中小学生定向越野锦标赛。比赛分个人赛与团体赛，共设小学男子甲组、小学女子甲组、小学男子乙组、小学女子乙组4个组别。94所

中小学1100人参加比赛。比赛由市教委与市体育局联合主办，市中小学体育运动协会、海淀区教委、中国地质大学附属中学和北京市海淀区九一小学共同承办。

（李铮）

【举办学生军训30周年理论研究论文报告会】 12月14—18日，市教委举办北京市普通高等学校军事理论课调讲暨学生军训30周年理论研究论文报告会。高校军事教师19人参加调讲，9人获得协作教学任课资格。5月28日，市教委、北京卫戍区司令部、北京卫戍区政治部联合印发《关于开展学生军事训练30周年理论研究暨学术交流的通知》，决定在全市范围内开展学生军事理论研究和学术交流活动。活动共收到来自全市20所高校，7个区县120余名军事课教师、人武干部、辅导员撰写的论文98篇。评出一等奖14篇、二等奖24篇、三等奖34篇。

（徐春生　孙晓楠）

【举办职业院校国防教育演讲比赛】 12月26日，北京农业职业学院举办第二届北京市职业院校国防教育演讲比赛。比赛以“铭记历史、珍爱和平”为主题，分为高中组、中职组2个组别。参赛选手30余人，经过角逐，北京财贸职业学院和北京市自动化工程学校分获高中组、中职组一等奖。各参赛单位教师与学生代表200人观看比赛。

（徐春生）

学校卫生

【举办首届摄影大赛评选活动】 6月，市教委与市卫计委共同举办首届摄影大赛评选活动。活动以“我和家长一起锻炼”为主题，征集作品12277幅，经专家组评选，153幅作品获奖，并从中推荐60幅作品参加大众网络评选，评出特等奖10人、一等奖20人、二等奖30人、三等奖93人。活动旨在引导家长积极参与学生健康管理工作，打造“家校携手共促健康”的防病理念。

（宋玉珍）

【8所学校入选首批全国中小学心理健康教育特色学校】 9月10日，北京市8所学校入选首批全国中小学心理健康教育特色学校。经省级教育部门审核推荐，专家综合评审，确定205所中小学校为首批全国中小学心理健康教育特色学校。其中，北京市属中小学校8所，分别为：中国人民大学附属中学、北京市第四中学、北京师范大学附属实验中学、北京市第十九中学、北京市东直门中学、首都师范大学附属苹果园中学、北京市丰台区丰台第一小学、北京市西城区黄城根小学。

（商学丰　郭喜青）

【开展首届中学心理健康教师基本功培训与展示活动】 9月23日至12月26日，市教委开展中学心理健康教师基本功培训与展示活动。活动以“心理健康教育课的设计与实施”为主题，包括心理健康课的教学设计、教学录像课、现场教学片断、现场答辩等内容。活动分为评估工具和标准研制、区县全员培训与展示、市级优秀教师培训、市级展示4个阶段。教师106人参加活动。

（商学丰）

【举办中小学校健康月系列活动】 9—10月，市教委和市卫计委联合举办中小学校健康月系列活动。包括上好一堂“防近视控肥胖”主题健康教育课、开展一次加强锻炼预防肥胖和近视的主题宣传活动、指导学生家长根据《北京市中小学健康管理家校合作系统》进行家庭健康管理。全市中小学生参加活动。

（宋玉珍）

【举办第九届《国家学生体质健康标准》测试赛】 10月23—25日，市教委举办北京市中小学生第九届《国家学生体质健康标准》测试赛。测试赛设9个奖项，其中，测试得分设4个奖项，

正常体重检出率、良好视力检出率、及格等级以上比例和良好等级以上比例各设1个奖项，设优秀组织奖1项。16个区县和燕山地区379所中小学校的7480名学生参加测试赛。

（张志华　沈俊楠）

【检查高校控烟工作】　11月，市教委与市卫计委、市爱卫会联合检查高校控烟工作。检查组分8个小组，根据《全国高等院校无烟学校评估验收计分表》，以听取汇报、查阅资料、询问教职员工和现场实地检查等形式，评估检查77所普通高校的控烟工作。其中，74所学校达标、3所学校不达标。

（宋玉珍）

【评选健康大讲堂优秀课程】　至年底，市教委和市卫计委共同举办专家进校园健康大讲堂优秀课程评选活动。经三轮评审，从各区推荐的152节优秀课程中评选出精品课程一等奖10个、二等奖20个、三等奖30个。一等奖的精品课程和6名市级专家的示范课程被刻录成盘，用于视力不良

及肥胖防控的宣传教育。截至12月31日，全市共有400名专家讲授1336节健康教育大讲堂。

（宋玉珍）

艺术与校外教育

艺术教育

【召开中学音乐非物质文化遗产研讨会】　1月6日，北京教育科学研究院召开北京市中学音乐学科非物质文化遗产研讨会。邀请国家级非物质文化遗产"西太平鼓传承人"高洪伟讲解京西太平鼓文化及历史，介绍非物质文化遗产对北京市音乐教育的重要性；音乐教师参加培训活动对课堂教学的重要性；在教学中让学生了解、掌握本民族、家乡的民族民间艺术对培养学生热爱家乡情感的重要性。各区县中小学音乐教研员及部分骨干教师共120人参加活动。

（徐春生　沈俊楠）

【评审金帆艺术团和金鹏科技团】　2月16日，市教委公布2014年北京市学生金帆艺术团、北京市学生金鹏科技团评审认定结果。根据《北京市学生金帆艺术团管理办法》和《北京市学生金鹏科技团管理办法》，市教委对金帆艺术团、金鹏科技团开展评审与认定工作。经2015年第三次主任办公会议审议通过，金帆艺术团合格学校89所、限期整改学校5所；金鹏科技团合格单位62个。11月2日，市教委公布2015年北京市学生金帆艺术团、北京市学生金鹏科技团复审合格名单。专家组通过实地听取学校工作汇报、查阅资料及档案、考察校园环境、观摩社团活动、与学校教师座谈等方式，重点就学校落实整改意见所采取的措施和效果进行评审，最终，认定7所学校承办的北京市学生金帆艺术团、北京市学生金鹏科技团复审合格。

（邱小培　华蕾）

大学生艺术团出访

【大学生艺术团出访】　2月22—26日，受文化部、市教委及北京学生活动管理中心委托，北京物资学院管乐团代表北京大学生艺术团赴澳大利亚参加春节系列活动。参加悉尼春节花灯大巡游活动，并赴墨尔本等地参加当地春节文化交流活动。"欢乐春节"是文化部"关于大力推动当代中国文化走出去"的重要品牌项目，旨在提升中国文化开放水平，推动中华文化走向世界，并展现中国青少年良好的精神风貌。截至2014年，涉及82个国家和地区的144个城市320项各类文化活动。自2010年，澳洲春节板块成为"欢乐春节"重要的组成部分之一，其中，悉尼中国农历新年系列庆祝活动是亚洲以外全球最大规模的春节活动。

（徐春生）

【举办学生艺术节】　3—12月，市教委举办北京市第18届学生艺术节。活动分为2个阶段，一是学校、区县开展活动，引导学生积极参与，开展器乐、舞蹈等市级展演活动；二是市级集中展演活动阶段，加强区域、学校间的相互交流和学习，举办青少年周、音乐嘉年华、校外艺术展演、舞蹈项目交流等活动。活动由北京学生

活动管理中心承办。

（徐春生）

【金帆艺术团赴英国参加爱丁堡艺术节】　8月7—18日，市教委派出金帆

艺术团赴英国参加2015年爱丁堡国际艺术节。应英国伦敦文化教育委员会、爱丁堡边缘艺术节组委会邀请，经文化部同意，海淀区中关村第二小学的金帆舞蹈团和交响乐团一行153人赴英国参加活动。代表团在伦敦大剧院和爱丁堡PLAY HOUSE剧院演出融合东西方艺术形式的大型童话舞剧《野斑马》。大伦敦地区14个市的市长和爱丁堡市市长、爱丁堡艺术节评委等分别观看演出；参加爱丁堡国际军乐节，身着各种动物造型服装的小演员在军操广场上翩翩起舞。此次出访实现3项第一：第一次以文化部组派的最大规模少儿学生艺术表演团体的身份参加爱丁堡艺术节；第一次由9～12岁的小学生以舞蹈和交响乐结合的形式在伦敦大剧院和欧洲最大的剧院PLAY HOUSE演出完整的舞剧；第一次在世界范围内有少儿学生艺术表演团体登上爱丁堡国际军乐节的舞台。

（徐春生）

【举办“国戏杯”学生戏曲大赛】　9—11月，市教委举办第六届“国戏杯”学生戏曲大赛。比赛以“传承国粹艺术，弘扬民族精神”为主题，分为小学组、中学组、大学组3个组别，采取个人及集体2类比赛形式。参赛作品包括京剧、昆曲、评剧等十余个剧种、近百个风格流派。11月30日，中国戏曲学院举办戏曲大赛颁奖晚会。经初赛、复赛、决赛，评出个人一等奖32人、二等奖44人、三等奖63人，集体一等奖22个、二等奖26个、三等奖35个，优秀组织奖59个，指导教师奖106人。比赛由中国戏曲学院、北京学生活动管理中心共同承办。全国200余所大中小学校及相关单位2000人参赛。

（邱小培　张琳）

【举办北京市阳光少年艺术节展演】　10月17—18日和24—25日，市教委举办2015年北京市阳光少年艺术节展演活动。活动分为器乐、舞蹈、戏剧、朗诵、声乐5大专场。经专家评选，评出一等奖49个、二等奖71个、三等奖65个，43个校外教育机构的186个节目参加市级展演，活动由北京学生活动管理中心承办。

（徐春生）

【国际大学生微电影盛典举办】　10月18日，首都师范大学科德学院承办2015第四届国际大学生微电影盛典。该活动由中国高等院校影视学会、团市委、银川市政府、中国社会科学院新闻与传播研究所、中央新影集团、中国教育电视台、中国文化信息协会、首都师范大学科德学院共同主办。盛典以“新世代、新媒体、新生活”为主题，结合互联网和新媒体元素，探讨微电影的发展与未来，共收集到来自10个国家和地区的2500部独具特色的微电影精品。

（张娜）

【大学生戏剧节颁奖】　10月26日，第五届北京大学生戏剧节闭幕式暨颁奖晚会在中央戏剧学院举办。从37所高校的61台剧目中选拔17台参赛剧目及5台邀请剧目，演出29场，题材涉及大学生生活、理想、社会、人生观等，观演14500人次。经评委会22人评选，评出剧目奖、导演奖、编剧奖、舞台设计奖、人物造型奖及男女演员奖等20个奖项。10月16至26日，第五届北京大学生戏剧节在中央戏剧学院举办。戏剧节包括戏剧夏令营、戏剧工作室、名师进校园等活动。活动由市委教育工委和市教委联合主办，北京学生活动管理中心和中央戏剧学院共同承办。

（徐春生　连重）

【举办首都学生梦想大舞台】　10—12月，市教委举办2015年首都学生梦想大舞台。活动包括舞蹈、器乐、合唱等专场演出，其中，器乐演出12场、合唱演出6场、舞蹈演出1场，共有学生6000人参加活动。该活动原为首都学生演出季，由北京学生活动管理中心承办，已连续举办9年。

（徐春生）

【举办大学生舞蹈节】　11月14—21日，市教委举办2015北京大学生舞蹈节。舞蹈节以舞剧、专场展演、论坛等形式开展，包括舞剧节目10部、舞蹈展演节目89个。经过专家评审，评出一等奖25个、二等奖31个、三等奖26个、纪念奖7个，优秀节目创作奖19个，优秀组织奖14个，精神风

举办北京市阳光少年艺术节展演

貌奖 5 个。舞蹈节增加大量参与性大、创新点多、观赏性强的活动内容，62 所高校参加活动。该活动由北京学生活动管理中心、北京舞蹈学院、清华大学、北京航空航天大学、首都师范大学共同承办。

（徐春生）

【参加全国校园影视评比】 12 月 5 日，在全国校园影视教育培训研讨会暨第 12 届中国中小学优秀校园影视奖颁奖活动中，北京获得 10 个一等奖。该赛事由中央电教馆和中国教育电视协会共同主办，报送作品数量为历届最多，全国各地作品均经过省市两级的评审选送，还由全国 10 余个省市电教馆的 20 余名代表进行初评及终评两轮评审过程，最终确定各奖项归属。北京教育网络和信息中心组织北京市各相关单位参赛，北京市获得 10 个一等奖、13 个二等奖、16 个三等奖。

（马东）

【“鹂鸣春晓”全国作曲比赛举办】 12 月 6—13 日，中国音乐学院附属中学举办第三届“鹂鸣春晓”全国作曲比赛。比赛分为初赛、复赛和决赛 3 个环节，最后以颁奖音乐会的形式展示大赛优秀作品。组委会共收到来自中央音乐学院附中、中国音乐学院附中、上海音乐学院附中等国内 9 所音乐学院附中学生创作作品 90 余部，包括声乐作品（艺术歌曲）、钢琴、室内乐 3 种体裁。根据初赛、复赛、决赛 3 项成绩按比率总和，分别评出 3 种体裁的一、二、三等奖。3 种体裁的一等奖获奖者各 1 人，其中，中国音乐学院附中 1 人、上海音乐学院附中 2 人。

（南秀渊）

【第 15 届全国校园原创音乐作品大赛举办】 12 月 16 日，北京现代音乐研修学院举办第 15 届全国校园原创音乐作品大赛。比赛自 10 月 26 日开始报名，截至 11 月 16 日，歌曲作品组共收到有效投递作品 356 首，来自中国传媒大学、武汉音乐学院、加拿大温尼伯大学等 55 所院校，腾讯科技有限公司、北京八零八二音频科技有限公司、江苏人民广播电台、神华集团等 28 所单位以及自由创作人。21 首作品进入决赛，最终评出一等奖作品 2 首、二等奖作品 6 首、三等奖作品 6 首。比赛由北音主办，14 年来，向华语乐坛输送大批优秀原创作品和音乐创作人，成为各大唱片公司、著名音乐人招贤纳士以及寻找好歌曲的重要平台。

（王金君）

【第七届全国校园混音大赛举办】 12 月 19 日，北京现代音乐研修学院承办第七届全国校园混音大赛。比赛共吸引来自国内 80 余所高等院校 1500 余名选手参赛，收到有效作品 270 首，为历年最多。经过初赛、复赛评审，诞生校园组、职业组前 10 强，最终选拔前 6 强到北音参加决赛。决赛现场，参赛选手在规定时间内独立完成由组委会指定的音乐作品的缩混，评委秉承公平、公正、公开原则评选出各组前三名。该大赛由中国录音师协会主办。

（王金君）

【校园音舞诗画《你好，北京》演出】 12 月 24 日，市教委举办校园音舞诗画《你好，北京》展示活动。该剧目由北京市学生金帆艺术团师生共同创编，在清华大学举办两场演出。剧目围绕践行社会主义核心价值观，以世界的北京、中国的北京、北京的北京为叙事主线，以自然的北京、文化的北京和情感的北京为艺术和情感主线，以北京基础教育为视点，从世界、中国、北京等不同的视角，用递进的方式，展示北京开放的城市态度、厚重的东方文明。中小学师生、部分高校学生和校外机构师生 3500 人观看演出。

（徐春生）

【高雅艺术进校园】 至年底，市教委举办高雅艺术进校园活动。中央芭蕾舞团、国家话剧院、人民艺术剧院等艺术院团为学生演出，同时中国音乐学院、中央民族学院、首都师范大学等高校也积极参与演出活动。演出形式活泼新颖，不拘一格，包括器乐、舞蹈、合唱、话剧等内容。为弘扬优秀民族文化，还组织民乐专场、民族民间舞专场等。活动共举办 18 场专场演出。活动由北京学生活动管理中心承办。

（徐春生）

【民族艺术进校园】 至年底，市委宣

传部、市文化局、市教委联合举办 2015 年民族艺术进校园活动。活动通

校园音舞诗画《你好，北京》演出

过少儿艺术、戏曲精粹、经典歌舞乐3个板块展示民族艺术进校园活动的演出形式和活动内容。30家艺术团体参与活动，演出596场，包括中小学演出400余场，大学演出90余场，专场演出65场。演出涉及昆曲、现代舞、皮影戏、话剧等艺术形式。该活动由北京学生活动管理中心承办，已连续开展10年。

（徐春生）

科技活动

【举办中小学生金鹏科技论坛】 1月

31日，市教委举办第15届北京市中小学生金鹏科技论坛项目答辩活动。活动设小学、初中、高中3个组别，邀请中国科学院、中国教育科学研究院、清华大学、北京师范大学等单位的16名专家参与评审工作，涉及工程类、社会科学、自然科学、教育研究等多个领域。16个区县的183个项目355名学生参加8个场次的答辩。小学组获奖项目161个，包括一等奖30个；中学组获奖项目152个，包括一等奖29个；高中组获奖项目83个，包括一等奖17个。论坛自2014年9月启动，16个区县386所学校的学生参与活动，共征集区级优秀研究项目1800个。

（卢婷）

【举办翱翔计划冬令营】 1月31日至2月1日，北京理工大学附属中学承办北京市翱翔计划物理与地球科学基地冬令营。北京市第十二中学、北京师范大学附属中学、北京市第三十五中学、北京理工大学附属中学4所物理与地球科学基地学校学生40人参加，本次冬令营根据学员情况，确定开设《物理学史》《物理经典实验TOP10》《粉体技术专题讲座》《人机交互技术新发展》《物理数字化实验探究》《电子电路实验探究》等10余门选修课程，邀请北京航空航天大学教授，中国科学院软件所专家以及4所基地校翱翔导师授课。

（王雰　彭警）

【举办市青少年科技创新大赛】 3月

27—29日，市科协、市教委、市科委、市知识产权局、海淀区政府联合举办第35届北京青少年科技创新大赛。比赛以“发现创新责任”为主题，设封闭答辩与评审、公开展示与交流、科普报告会、中外教师论坛、颁奖晚会、高校参观体验、创客体验、领航——北京青少年科技创新“十二五”回顾展、颁奖晚会等环节。30万人参加初赛，经学校推荐、区县评审，共有1859项优秀学生竞赛作品参加市级初评，197个学生项目和18个教师项目进入终评答辩，与来自13个国家和香港、澳门、台湾3个地区的23支代表队共93人，34个国际项目同台竞技。决赛按照13个学科进行公开展示和答辩，现场评出中学生科技成果项目一等奖97项、二等奖190项、三等奖258项，其中，境外项目评选出一等奖10项、二等奖15项、三等奖9项，10项青少年科技实践活动及83幅少年儿童科学幻想绘画参加终评展示。比赛由北京青少年科技中心、海淀区教委和北京市第一〇一中学等单位共同承办。

（孙晓楠）

【10人获第13届“市长奖”】 3月29日，第13届“北京青少年科技创新市长奖”评选结果公布。评选由市科协、市教委和市科委共同组织，经资格审查、初评和终审答辩，专家组从12名终评候选人中评出获奖者10人。“北京青少年科技创新市长奖”于2003年设立，每年评选一次，每届评选获奖者5人。2008年起增设“市长奖”提名奖，每届评选获奖者5人。2013年起每届评选市长奖获奖者10人。

（孙晓楠）

第13届“北京青少年科技创新市长奖”

刘梦琪	北京市第四中学
师悦	北京市第八中学
杨永健	北方交通大学附属中学
杨键钊	北京市第四中学
沈文琦	北京市第八十中学
李一锦	中国人民大学附属中学
苗香	清华大学附属实验学校
赵星	北京市第一〇一中学
柴雨稷	北京市第五中学
陶安	中国人民大学附属中学

（孙晓楠）

【举办北京市“小创客”培育现场会】 6月4日，北京市“小创客”培育现场会在北京市京源学校举行。会议由市教委和市科委主办，北京教育科学研究院和北京青少年科技创新学院承办，石景山区教委和京源学校协作体协办。会议设7个分会场展示石景山区中小学生在科技、艺术和文学方面的创新成果。其中，“发光式莫尔斯码电报机”“家庭智能物流快递箱”等学生创意作品，有“不同环境下昆虫群落的关系”“部分沉积岩特点”等拓展学生视野的游学研究课题，还有风筝制作、陶艺、美术写生等人文艺术创意课堂。会上，京源学校作《创客，从实践中走来》主题发言。北京市各区县代表280人参加活动。

（王贤鑫）

【举办青少年翱翔科学论坛数学与信息科学领域分论坛】 6月15日，中国人民大学附属中学举办第七届北京青少年翱翔科学论坛数学与信息科学领域分论坛。论坛由市教委、市科委指导，北京教育科学研究院、北京青少年科技创新学院主办，海淀区教委和中国人民大学附属中学承办，北京市第二十二中学、北京市第十五中学、北京师范大学第二附属中学、北京市陈经纶中学、北京市八一学校等协办。论坛分主会场及 7 个分会场，来自人大附中、北师大二附中等学校 69 名翱翔学员作汇报，共 56 篇探究性作品参与评价，由北京大学、清华大学、中国科学院、东城区教师研修中心等高校，科研院所的专家和中学特级教师组成评审专家团队，从选题适切性，文献资料的搜集与分析，调查样本的选取、研究方法、结论的推断等方面进行评审。来自清华大学、北京大学、中科院等高校和科研院所领导、专家，“翱翔计划”培养基地、课程基地、生源基地的领导、工作负责人、指导教师代表，数学与信息科学领域第七批学员及家长代表，论坛协办校部分师生及大学生志愿者等 300 人参加论坛。

（王璐）

【组织参加第 13 届全国中小学信息技术创新与实践活动】　7 月 15—22 日，北京教育网络和信息中心组织北京市中小学师生参加第 13 届全国中小学信息技术创新与实践活动。52 个学生项目获奖，其中，一等奖 17 个、二等奖 24 个、三等奖 11 个。175 个教师项目获奖，包括恩欧希大奖 10 个。

（潘东庭）

【举办第 33 届学生科技节】　7 月 25

日，市教委、市科委、市体育局、市科协共同主办的北京学生科技文化夏令营暨第 33 届北京学生科技节开幕式在北京市第八十中学举行。科技节以“同在蓝天下，共筑科技梦”为主题，举办为期 5 天的夏令营，参与航模制作及飞行体验、创客马拉松、科普大讲堂、科学实验秀、创新思维大挑战和野外拓展、科技参观考察等多项活动。16 个区县和燕山地区师生代表及外来务工人员子女共 600 人参加活动。

（卢婷）

【参加全国青少年科技创新大赛再获佳绩】　8 月 20—24 日，北京市中小学师生参加第 30 届全国青少年科技创新大赛。其中，11 个项目获青少年科技创新成果项目一等奖，3 个作品获青少年科技创意作品一等奖，4 个项目获科技辅导员创新项目一等奖，31 个项目、中小学师生和学校获各类专项奖，11 个项目获少年儿童科学幻想绘画一等奖，5 个项目获优秀科技实践活动一等奖。专项奖中，北京市第四中学李雪莱参赛项目“多自由度铺轨道板机器人”、北京大学附属中学吴梦迪参赛项目“利用新型 H 型双反应室系统对两株原油降解菌相互作用的探究”、北京市第二中学王安然参赛项目“水滴激发式多普勒效应演示器的研究”获得高士其科普奖；北京市第二中学张博雅参赛项目“不同诱导条件下秀丽隐杆线虫（C. elegans）休眠深度差异研究”获得高士其科普奖、英特尔英才奖、星光创新思维奖和中鸣科学奖；中国人民大学附属中学李思民参赛项目“幼苗生长参数记录仪”获得香港城市大学科技创新奖和星光创新思维奖；北京师范大学附属中学王月林参赛项目“北京城区自行车路网现状调查与改进研究”获得北京公益学学会科技创新奖、星光创新思维奖和中鸣科学奖；北京市第一〇一中学肖雨涵参赛项目“胡杨泪抑菌作用的初步研究”获得星光创新思维奖特等奖和博通大师奖；中国人民大学附属中学曹沛晴参赛项目“基于手机交互的自主停车演示系统”获得星光创新思维奖和 Bull. B 创意奖金奖；北京市第一〇一中学张晨冰和楼临风参赛项目“天然植物色素提取及染色的应用研究”获得中鸣科学奖和星光创新思维奖；中国人民大学附属中学林家宁参赛项目“智能手机大气能见度测量方法”获得数码港信息科技耀星奖；北京市第一〇一中学王天时参赛项目“基于安卓平台的手机安全驾驶系统”获得软件程序应用创新奖；北京市朝阳区安贞里第二小学参赛活动“《小汽车 大梦想》创新在我身边青少年科学调查体验活动”获得十佳科技实践活动奖；北京代表队曹沛晴、李雪莱、王天时、陈禹澄、史心茗获得互动百科“创新人才”专项奖；北京市东城区崇文青少年科技馆陈晓玲、北京市宣武青少年科技馆毕欣获得“十佳科技辅导员”称号；北京景山学校陈禹澄获得“十佳科技创意之星”称号；北京市密云县大城子中心小学、北京市第八中学获得“十佳科技教育创新学校”称号。比赛共设青少年创新成果竞赛项目奖、科技辅导员创新项目奖、青少年科技创意作品奖、少年儿童科学幻想绘画奖、优秀科技实践活动奖、专项奖 6 个奖项。来自全国 31 个省、直辖市、自治区，新疆生产建设兵团和香港、澳门特别行政区共 34 个代表队青少年 300 余人、科技辅导员 100 余人参加大赛。同时，来自印度、德国、瑞典、丹麦、泰国、韩国、巴西、日本等 12 个国家的 57 名国外青少年受邀参加终评阶段的展示和交流活动。比赛由中国科协、教育部、科技部、环境保护部、体育总局、自然科学基金会、共青团中央、全国妇联和香港特区政府共同主办。

（孙晓楠）

第 30 届全国青少年科技创新大赛青少年创新成果竞赛项目一等奖

北京市西城区黄城根小学

潘旻佳　几种市售活性乳酸菌饮料的活菌含量测定及分析

北京市第二中学分校

王安然　水滴激发式多普勒效应演示器的研究

北京市第一〇一中学

常婧琦　刘璟璇　牛源　金黄色葡萄球菌耐药性与耐药基因图谱的研究

中国人民大学附属中学

李思民　幼苗生长参数记录仪

汪润民　台风涡旋北移过程科氏力偏差和内力函数模型建立与分析

李昂　新有丝分裂调控因子 Prp19 的功能研究

吴凯达　线虫（C. elegans）胞质分裂缺陷的 Q 神经细胞命运研究

北京市第四中学

李雪莱　多自由度铺轨道板机器人

北京大学附属中学

吴梦迪　利用新型 H 型双反应室系统对两株原油降解菌相互作用的探究

北京师范大学附属中学

王月林　北京城区自行车路网现状调查与改进研究

北京市第二中学

张博雅　不同诱导条件下秀丽隐杆线虫（C. elegans）休眠深度差异研究

（孙晓楠）

【35 人获明天小小科学家奖】 10 月 26 日，第 15 届“明天小小科学家”奖励活动颁奖典礼在北京市第三十五中学举行。北京市学生 37 人参加终评，北京市第四中学于惠然获“明天小小科学家”称号，研究项目为“高精准度和声编曲软件的设计与开发”，并获 5 万元奖金；北京队 9 人获一等奖、16 人获二等奖、9 人获三等奖。活动共有高中学生 719 人报名参加。经资格审查和专家初评，共有来自全国 18 个省区及港澳地区学生 100 人进入终评，其中 4 人弃权。经过研究项目问辩、综合科学素质面试以及知识水平测试等环节的考查，评出“明天小小科学家”称号获得者 3 人，另评出一等奖 12 人、二等奖 35 人、三等奖 46 人。活动由中国科协、中国科学院、中国工程院、国家自然科学基金委员会和香港周凯旋基金会共同主办。

（孙晓楠）

【举办学生机器人智能大赛】 11 月 28—29 日和 12 月 5—6 日，市教委举办 2015 年北京市学生机器人智能大赛。比赛以“激情创造、挑战未来”为主题，设置与国际接轨的 FLL 机器人技术挑战赛、FTC 机器人工程挑战赛、VEX 机器人工程挑战赛 3 个项目，及自主研发的机器人工程挑战赛、人形机器人控球对抗赛 2 个项目。15 个区县及燕山地区的 296 所学校和校外单位组成 560 支参赛队参加比赛，参赛师生共 2700 人。比赛由北京学生活动管理中心、海淀区教委承办，海淀区青少年活动管理中心及北方交通大学附属中学协办。

（卢婷）

【举办中小学生创客秀】 12 月 12 日，市教委举办的首届北京市中小学生创客

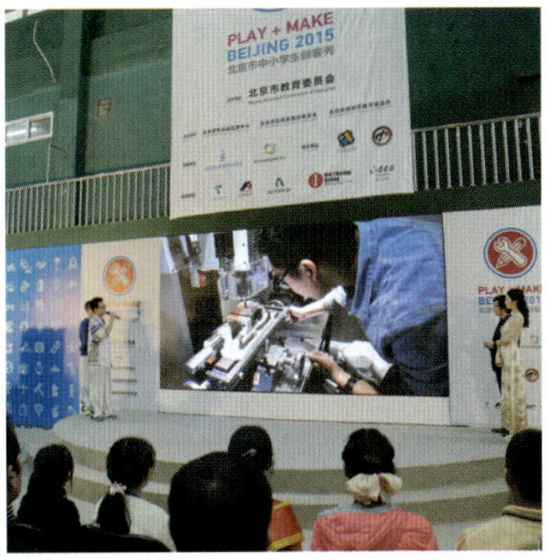

秀活动在北京市第八十中学开幕。活动以“实践、创新、智造”为主题，包括竞赛和展示两部分，为期 2 天。竞赛项目分为创客秀场和创客挑战，展示部分包括“F1 在学校”科技竞赛展示和创客教育论坛。市政府、市教委、市科委、市科协等单位领导出席开幕式，来自 15 个区县的小创客，高校、科技企业和新闻媒体代表等共计 1500 人参加活动。该活动由北京学生活动管理中心、东城区教委、西城区教委承办。

（卢婷）

【评选第七届科学建议奖】 12 月 24 日，市教委公布 2015 年北京市中小学生科学建议奖获奖名单。活动共征集 1200 名中小学生提出的 876 条建议，内容涉及京津冀协同发展、环境治理、城市建设、卫生健康等方面。与以往建议相比，此次的建议更加联系实际、贴近生活、富有创意，体现出中小学生关心社会的责任意识和解决问题的科学精神。评选开始于 6 月，经过复评合议及终评答辩，评出科学建议奖 13 人、科学建议提名奖 12 人。

活动由北京学生活动管理中心承办。

（卢婷）

第七届北京市中小学生科学建议奖

李逸佳

北京市顺义牛栏山第一中学

关于提高京津冀社会保险报销效率的建议

吴题

北京市海淀区中关村第二小学

关于提升五道口道路通行效率的建议

冯浩翔

北京第二实验小学

关于在北京门头沟灰峪村建设化石保护与科普示范村的建议

滕伟

北京师范大学朝阳附属中学

关于北京地铁站增设中小学生公交卡充值业务的建议

胡晓轩

北京市海淀区万泉小学

关于市政部门改进过街天桥上提示盲道的防滑性能的建议

举办学生机器人智能大赛

张植

北京市陈经纶中学

关于改善北小河水质的建议

李如一

北京市陈经纶中学分校实验学校

关于公共场所健身器材既“尊老”又“爱幼”的建议

闫格林　陈辰　黄玉祥

北京市海淀区第二实验小学

关于在北京市公园娱乐用水水域设置健康风险警示牌的建议

殷梓盛　霍华美

北京第二实验小学

关于儿童食品不得混装玩具的建议

王超

北京市第六十五中学

关于加强北京市地铁站进站口文化建设的建议

（邱小培）

校外教育

【首届中美高中生模拟联合国大会举办】 2月2—3日，首届联合国总部中美高中生模拟联合国大会在北京市第一〇一中学举办。学生分别扮演40个国家外交官，分为安全理事会、联合国大国第一委员会2个会场，围绕利比亚问题演讲、辩论、磋商，并通过决议。中国人民大学附属中学、内蒙古呼和浩特市第二中学等11所高中80人和美国史岱文森高中、罗斯林中学等高中40人参加活动。该活动由中国前外交官联谊会、中国联合国协会、联合国教科文组织世界遗产青少年教育中心、美中国际教育学会主办，北京圣陶教育发展与创新研究院与一〇一中承办。

（张欣）

首届中美高中生模拟联合国大会举办

【市少年宫举办首都少年儿童图文大赛】

3月20日至6月1日，北京市少年宫举办首都少年儿童图文大赛。活动以“传奇丝路，魅力神州”为主题，通过图文配合的形式表现丝路文化、丝路风光、丝路服饰、丝路美食；展现历史故事、历史人物、历史古迹。来自全市的1000余名中小学生参加活动。

（乔超新）

【举办全国中小学生安全教育日主题活动】 3月30日，“我安全、我健康、我快乐”中小学生安全教育日主题活动在北京小学举行。活动观摩北京小学学生应急疏散演练和安全主题节目，观看环保部、河南影视集团、湖南卫视等单位制作的安全教育科教片和防雾霾宣传片花絮，启动第三届全国中小学生安全知识网络竞赛。北京小学学生代表向全国中小学生发出安全倡议。公安部、交通运输部、国家卫生计生委等主办单位向全国中小

学生赠送图书、光盘、画册等安全教育资源。教育部、公安部、北京市政府等主办单位代表和北京小学师生参加主题活动。活动由教育部、公安部、北京市政府等部门主办。

（吕迎国）

【调研校外教育机构管理和改革现状】 3—5月，北京市校外教研室开展校外教育机构管理和改革现状调研。调研组采取听汇报、实地考察、座谈访谈、专业咨询的方式，调研朝阳区、门头沟区、西城区、密云县等6个区县及部分校外教育机构。就深化教育改革背景下，校外教育机构功能与任务的变化；校外教育机构在素质教育中的定位与发展趋势；新形势下校外教师专业素质要求、面临的问题与对策3部分内容进行探讨。调研结果显示本市校外教育管理和改革存在的问题主要有：校外教育机构在城乡之间、区域之间的数量、分布还不够均衡，水平和规模难以满足首都教育改革新要求，不利于校外教育改革措施的整体推进；校外教育业务研究、政策研究队伍明显不足，不利于校外教育科学发展长效机制的形成；校外教育经费投入不足，国际化、信息化建设不够，不利于首都校外教育在素质教育综合改革中发挥作用。建议进一步明确校外教育功能定位和改革任务，各级行政管理部门要做好规划、计划，制定措施，落实各项改革任务。

（周立奇　侯利伟　李蔓）

【开展阳光少年活动】 3—12月，校外教育协会组织开展第十届（2015）北京阳光少年活动，共有120家单位组织中小学生活动3813项次，参加学生231万人次。协会组织专家组对活动组织情况进行评审，评选出周口店北京人遗址博物馆、西城区金融街少

年宫等69家优秀组织单位，并在协会工作总结表彰会上予以表彰。4—9月，市教委举办第十届（2015）北京阳光少年系列比赛活动。活动以“阳光少年快乐成长”为主题，包括绘画、书法、摄影、电脑漫画、微电影等项目。经专家评选，绘画类一等奖22人、书法类一等奖7人、摄影类一等奖10人、电脑漫画类一等奖8人、微电影类一等奖3部。其中，59部微电影影片参加首届全国中小学生电影周，26部影片入选“百部优秀微电影片”，3部影片入选电影周“中小学生十佳原创微电影”。

（崔向红）

【举办全国“孙敬修杯”儿童故事邀请赛】 4月1日至10月31日，北京市少年宫举办第19届“孙敬修杯”儿童讲故事比赛邀请赛。活动以“传承中华美德·故事伴我成长”为主题，新增诗歌、故事剧目表演及语言教育、教学工作研讨等环节。评出特等奖14个、一等奖63个。共有来自全国各省及北京市的50余支代表队近千名少年儿童参加。

（王鹏）

【举办中小学生植物栽培大赛】 4月13日至10月31日，北京学生活动管理中心主办北京市中小学生植物栽培大赛。16个区县482所学校61222名学生参加比赛，参赛学生体验培育植物的全过程，包括集中培训、配发种子、种植体验等多个环节。经过学校初评、市级复赛等程序，评出一等奖1177人、二等奖2034人、三等奖10826人，710名教师获得“优秀辅导教师”称号。12月4日，“播种绿色实践成长”2015年北京市中小学生植物栽培实践活动顺义区总结表彰会在后沙峪中心小学举行。会议总结中小学生植物栽培实践活动，表彰优秀辅导教师39人和优秀学生536人。全区30多所学校干部、教师参加。

（马凯　魏红艳　张岩）

【举办中小学生纸飞机比赛】 4月18—19日，市教委举办第二届北京市中小学生纸飞机比赛。比赛要求运动员在8分钟内，使用竞赛组织单位统一提供的2张标准A4纸（70克）现场制作2架纸飞机，纸张只能折叠，不能撕、胶粘、剪、订、悬挂重物。要求飞机机翼（翼展）距离须大于4cm。比赛分为纸折飞机直线距离、留空计时、悬浮接力、五环靶标4个项目，设小学、初中、高中3个组别。北京第三聋人学校小学、初中及北京市第十八中学南口学校分别获得小学、初中、高中团体总分第一名；北京市第三聋人学校、北京市健翔学校、北京市延庆第二小学、北京市赵登禹学校、北京市育鸿学校、人大附中西山学校、北京农业大学附属中学、北京市第十五中学南口学校、北京市第十九中学分别获得小学、初中、高中男女掷远及留空项目的个人冠军。14个区县112所中小学702名学生参加比赛。该活动由北京学生活动管理中心、海淀区教委承办，海淀区青少年活动管理中心和北京第十九中学组织实施。

（卢婷）

【举办中小学生观鸟比赛】 4月25日，市教委在奥林匹克森林公园南园举办2015年北京市中小学生观鸟比赛（实地观测项目）。比赛设置小学组和中学组，分两天进行，经过前期选拔，共50余支代表队参加决赛。比赛为团体赛，参赛队员须在规定的时间、地点将观察到的鸟记录在记录册上，组委会根据各队记录鸟种的数量进行评比。评选出小学组一等奖3个、二等奖10个、三等奖9个；中学组一等奖2个、二等奖5个、三等奖7个。比赛由东城区青少年科技馆承办，北京观鸟会协办。

（卢婷）

【北京模拟联合国大会召开】 5月7—10日，外交学院举办北京模拟联合国大会。会议以“青年视界、大同远景”为主题，下设3个英文委员会、1个中文委员会、1个法文委员会和1个主媒体中心。来自国内外68所大学和高中的学生350人模拟代表不同国家，根据联合国议事规则探讨国际热点，共话联合国与中国模拟联合国的大同远景。

（阚四进）

【举办首都高校模拟外交谈判大赛】 5月24日，外交学院主办第三届首都高校模拟外交谈判大赛。选手深度模拟伊核问题四方谈判，最终，外交学院获一等奖、北京大学获二等奖、清华大学和国际关系学院获三等奖。北京大学、清华大学和外交学院等11所高校20支代表队共60人参赛。

（阚四进）

【召开校外教育工作座谈会】 6月15日，市教委召开北京市校外教育工作座谈会。会议围绕校外教育工作管

举办中小学生观鸟比赛

理及改革现状、当前热点问题及今后改革工作建议进行研讨。从不同角度总结校外教育发展成果，展示区县校外教育改革进展成效，交流对校外教育改革的认识，明确做好校外教育工作的思路。区县教委主管主任、体美科（校外办）科长、区县校外教育机构负责人及校外教研室、校外教育协会有关人员共80人参加会议。

（崔向红）

【举办第二届小学生绿色创新挑战赛】

6月27日，北京教育科学研究院、国际青年成就中国部共同举办北京市第二届小学生绿色创新挑战赛。活动主题为“未来城市·绿色畅想”，选手们结合在课堂上学到的城市发展、资源保护、垃圾处理等可持续发展专业知识，设计出各种高科技、超前沿、在未来城市生活中可能应用的环保产品。来自东城、朝阳、丰台、门头沟、大兴、密云等区县的国际课程项目负责人、项目实验学校领导以及学生代表共计120余人参加活动。

（武泽钰）

【举办中国儿童青少年计算机表演赛北京赛】　7月13日，北京学生活动管理中心举办中国儿童青少年计算机表演赛北京赛区决赛。比赛按年龄将参赛选手分为5组，分别为学前组、小学低年级组（小学一至三年级）、小学高年级组（小学四至六年级）、初中组、高中组。竞赛内容包括计算机网络基础类、多媒体制作类、高端作品类。东城区、朝阳区、昌平区等区县86名中小学生参加比赛。经过初赛、复赛、市级决赛，评出特等奖12人、一等奖53人、二等奖25人，特等奖获得者晋级全国比赛。

（张文龙　孙雷）

【建设35个市级乡镇活动站】　10月23日，市教委公布2015年市级乡镇校外活动站名单。该评选依据《北京市乡镇校外活动站及乡村学校少年宫管理办法（暂行）》，经区县教委组织学校申报，市教委评审小组审核，确定35所学校为市级乡镇校外活动站。市教委组织城区15个校外教育机构与20余个乡镇校外活动站建立联系，利用城区校外教育机构资源优势，支持乡镇校外活动站的管理建设、师资培养和活动辅导，以达到“优势互补、资源共享、互动双赢、共同发展”的目的。

（崔向红）

2015年市级乡镇
校外活动站名单

门头沟区
　北京市门头沟区清水中心小学
房山区
　北京市房山区十渡中心小学
　北京市房山区石楼镇石楼中心小学
　北京市房山区张坊镇张坊中心小学
　北京市房山区佛子庄乡中心小学
　北京市房山区史家营乡史家营中心小学
　北京市房山区南窖乡南窖中心小校
　北京市房山区大安山乡大安山学校
　北京市房山区蒲洼乡蒲洼中心小学
　北京市房山区霞云岭乡霞云岭中心小学
通州区
　北京市通州区马驹桥镇中心小学
　北京市通州区永顺镇中心小学
大兴区
　北京市大兴区北臧村镇中心小学
　北京市大兴区榆垡镇第一中心小学
　北京第二实验小学大兴实验学校
　北京市大兴区黄村镇第三中心小学
顺义区
　北京市顺义区第八中学
昌平区
　北京市昌平区沙河中心小学
　北京市昌平区下庄学校
　北京市昌平区崔村中心小学
　北京市昌平区霍营中心小学
　北京市昌平区平西府中心小学
怀柔区
　北京市怀柔区喇叭沟门满族乡中心小学
　北京市怀柔区琉璃庙镇中心小学
　北京市怀柔区桥梓镇中心小学
平谷区
　北京市平谷区黄松峪学区
　北京市平谷区刘家店学区
　北京市平谷区镇罗营学区
　北京市平谷区东交民巷小学马坊分校
密云县
　密云县西田各庄镇中心小学
　密云县十里堡镇中心小学
延庆县
　延庆县大榆树中心小学
　延庆县珍珠泉中心小学
　延庆县大庄科中心小学
　延庆县靳家堡中心小学

（邱小培）

【开展“圆梦蒲公英”暑期主题活动】　至年底，市教委开展2015年北京市“圆梦蒲公英”暑期主题活动。包括乡村学生看县城活动、走进科学世界活动、品味经典阅读活动、追寻红色记忆活动。组织爱国主义、科技、艺术、体育、社会实践等主题活动273项，参与单位630家，青少年学生6万人参加活动。

（崔向红）

（本栏责任编校　孙晓楠　邱小培）

科学研究

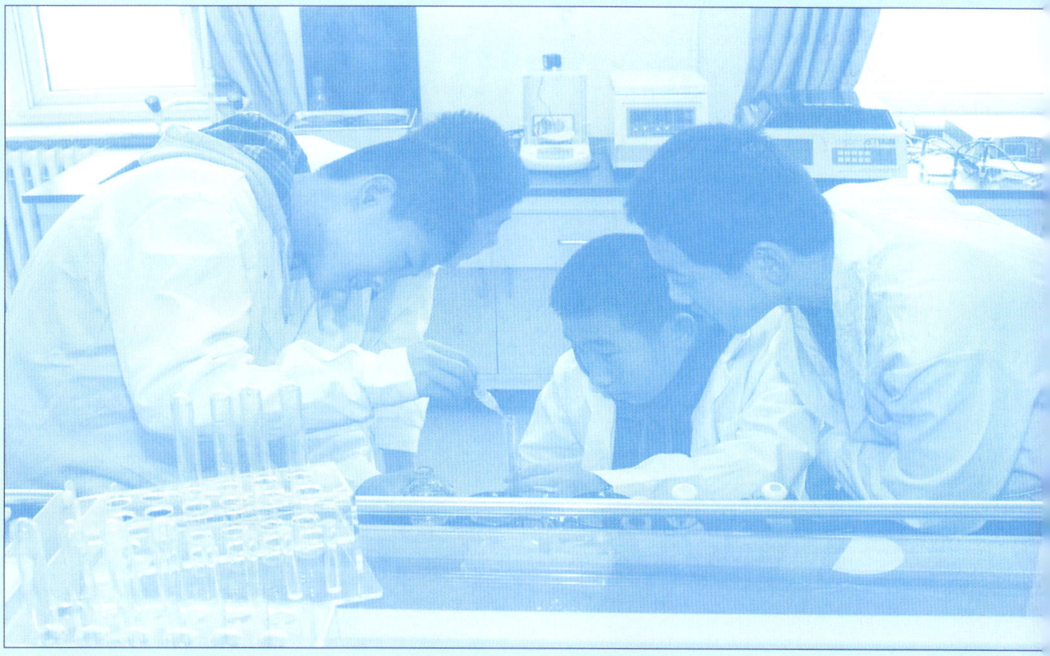

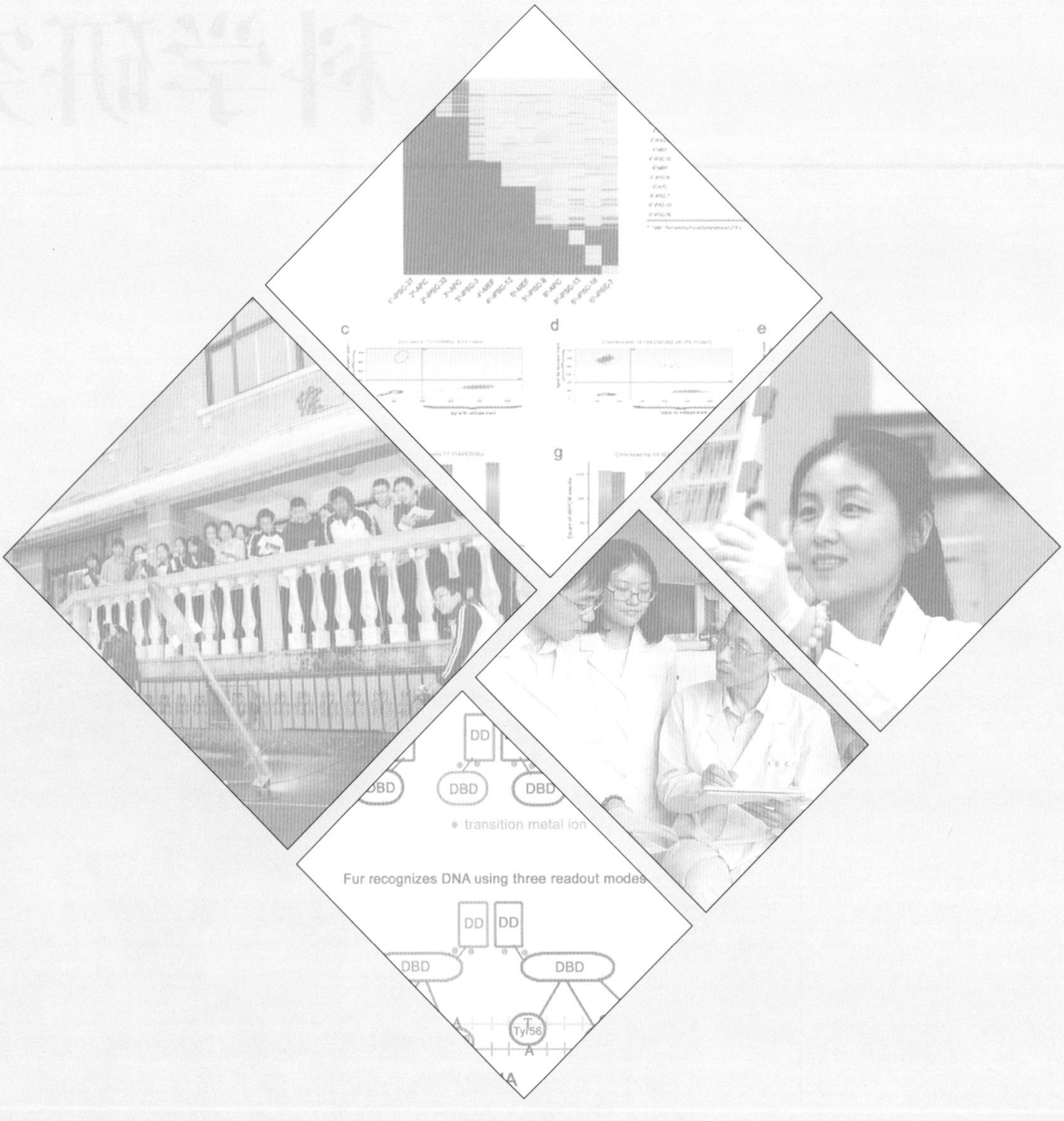

c
d
e
g
DD
DBD
transition metal ion
Fur recognizes DNA using three readout modes
Tyr56

综　　述

2015年，北京地区高校开展科研活动的单位共115个，北京地区高校及附属医院共有教学与科研人员110493人，包括科研活动人员80740人；科研经费总投入245.2亿元；承担研究项目99929项；发表学术论文118985篇、出版著作5541部；获省部级及以上奖励749项；现有研究机构876个，当年经费内部支出99.6亿元，年末固定资产原值182.1亿元。

科技人员及投入

北京地区72所设有理工农医类高校（含25所附属医院）共有教学与科研人员74292人，包括具有教授职称8292人，具有高级职称18877人（不含教授）；研究与发展人员39312人；科技经费投入共223.4亿元，包括政府资金投入154.4亿元，企事业单位委托投入63.6亿元。市属42所设有理工农医类高校（含16所附属医院）共有教学与科研人员32088人，包括具有教授职称1526人，具有高级职称6775人；研究与发展人员13503人；科技经费投入共27.4亿元，包括政府资金投入20.2亿元，企事业单位委托投入6.2亿元。

科技活动

北京地区72所设有理工农医类高校（含25所附属医院）共有科研活动机构687个；开展科技课题61907项，其中，研究与发展课题54221项，R&D成果应用及科技服务课题7686项；派遣进修访问学者4840人次，接受进修访问学者4957人次；出席国际学术会议35176人次，交流论文16117篇。42所市属设有理工农医类高校（含16所附属医院）共有科研活动机构132个；开展科技课题9554项，其中，研究与发展课题9175项，R&D成果应用及科技服务课题379项；派遣进修访问学者747人次，接受进修访问学者583人次；出席国际学术会议7740人次，交流论文2697篇。

科技产出

北京地区高校共出版科技专著509部，大专院校教科书565部，编著316部；发表学术论文85613篇，包括在国外学术刊物发表33115篇；SCI收录论文（科学引文索引）26904篇、EI（工程索引）22792篇、ISTP（科技会议索引）5992篇；鉴定成果183项，获奖成果430项，包括国家级奖72项，省部级奖325项。市属高校出版科技专著163部，大专院校教科书199部，编著103部；发表学术论文17371篇，包括国外学术刊物发表5112篇；SCI收录论文（科学引文索引）3382篇、EI（工程索引）2048篇、ISTP（科技会议索引）1166篇；鉴定成果17项，获奖成果65项，包括国家级7项，省部级38项。

科技推广

北京地区高校共签订技术转让合同938项，总金额9.6亿元，实际收入7.4亿元；专利出售302项，合同金额3.5亿元，实际收入2.8亿元；申请专利13356项，授权9207项，包括申请发明专利10789项，授权7157项。市属高校签订技术转让合同161项，总金额1.0亿元，实际收入0.5亿元；专利出售24项，合同金额1579.5万元，实际收入1491.7万元；申请专利2278项，授权1733项，包括申请发明专利1658项，授权1146项。

社科人员及投入

北京地区90所设有人文社科全日制普通本科高校共有人文社会科学活动人员36201人，包括研究与发展（R&D）人员41428人；52所市属高校人文社会科学活动人员13960人，包括研究与发展（R&D）人员11818人。北京地区高校共筹集人文社科研究经费21.9亿元，其中，政府资金13.8亿元，企事业单位委托经费5.8亿元，其他资金经费2.3亿元；市属高校当年筹集社科研究经费4.6亿元，包括政府资金3.5亿元，企事业单位委托经费0.92亿元。

社科活动

北京地区90所设有人文社科全日制普通本科高校共有在研人文社科课题38022项，当年投入人员折合8254.8人/年，拨入经费14.8亿元；举办学术会议1375个，参加学术会议36073人次，提交论文11868篇；受聘讲学派出3389人次，来校受聘讲学5223人次。进修学习派出2527人次，来校进修学习2531人次。合作研究课题1188项。市属高校当年在研课题9183项，当年投入人员折合2356人/年，拨入经费2.4亿元；市属高校当年举办学术会议245个，参加学术会议6698人次，提交论文2043篇。受聘讲学派出704人次，来校讲学1550人次；进修学习派出1238人次，来校进修学习578人次；合作研究课题259项。

人文社科研究成果

北京地区90所设有人文社科全日制普通本科高校共发表学术论文33372篇，出版著作4151部，获奖成果247项。市属高校发表学术论文9319篇，出版著作1201部，获奖成果17项。

其他

北京地区高校及其他教育单位在国家科技奖、教育部科技奖中表现突出。其中，北京高校20项成果以第一完成单位（人）获得国家科技奖。包括清华大学1项成果获得国家自然科学奖一等奖，5所高校6项成果获国家自然科学奖二等奖，6所高校7项成果获国家技术发明奖二等奖，4所高校6项成果获国家科学技术进步奖二等奖。北京高校（含附属医院）73项成果以第一完成单位（人）获2014年度高等学校科学研究优秀成果奖（科学技术）。其中，6所高校7项成果获得自然科学奖一等奖、8所高校20项成果获得自然科学奖二等奖；5所高校5项成果获得技术发明奖一等奖、6所高校7项成果获得技术发明奖二等奖；7所高校13项成果获得科技进步奖一等奖、10所高校18项成果获得科技进步奖二等奖；清华大学两项成果获科学技术进步奖（推广类）二等奖；北京师范大学1项成果获专利奖二等奖。

中国科学院、中国工程院2015年共增选院士131人。北京地区高校9人当选中国科学院院士，其中，数学物理学部2人、化学部1人、生命科学和医学学部1人、信息技术科学部3人、技术科学部2人。10人当选中国工程院院士，其中，信息与电子工程学部1人，化工、冶金与材料工程学部2人，能源与矿业工程学部2人，土木、水利与建筑工程学部1人，环境与轻纺工程学部3人，农业学部1人。

（张豫　张晓兰）

总　　类

【20项成果获国家科技奖】　1月9日，

在2014年度国家科学技术奖励大会上，北京高校（含附属医院）20项成果（通用项目）以第一完成单位（人）获得国家科技奖。其中，清华大学的“网络计算的模式及基础理论研究”获国家自然科学奖一等奖，首都师范大学等5所高校的“微分流形的集合拓扑”等6项成果获国家自然科学奖二等奖。清华大学等6所高校的“调控光线行为的三维自由光学曲面构建及其在半导体照明中的应用”等7项成果获国家技术发明奖二等奖。北京大学等4所高校的“移植后白血病复发及移植物抗宿主病新型防治体系建立及应用”等6项成果获国家科学技术进步奖二等奖。该奖项由国务院设立，2014年度共评选出自然科学奖一等奖1项、二等奖45项；技术发明奖（通用项目）一等奖1项、二等奖53项；科学技术进步奖特等奖1项、一等奖14项、创新团队奖3项、二等奖136项。

（张晓兰）

2014年度国家自然科学奖一等奖（北京高校）

清华大学
　网络计算的模式及基础理论研究

（张晓兰）

2014年度国家自然科学奖二等奖（北京高校）

北京大学
　复杂流体的数学理论和计算方法
清华大学
　低维材料中新奇量子
　多孔介质与微/纳结构中热传递机理研究
北京理工大学
　分布式协同控制的混合智能优化与稳定性
北京协和医学院—清华大学医学部
　遗传病致病基因和致病基因组重排的新发现
首都师范大学
　微分流行的几何拓扑

（张晓兰）

2014年度国家技术发明奖二等奖（北京高校）

清华大学
　调控光线行为的三维自由光学曲面构建及其在半导体照明中的应用
北京交通大学
　标识网络体系及关键技术
北京航空航天大学
　可视素材内容驱动的虚拟场景生成技术及应用
　机载高精度位置姿态测量系统关键技术及应用
北京科技大学
　高性能铜铝复合材料连铸直接成形技术与应用
北京建筑大学
　防腐高效低温烟气冷凝余热深度利用技术
中国石油大学（北京）
　基于巨磁阻效应的油井管损伤磁记忆检测诊断技术及工业化应用

（张晓兰）

2014年度国家科学技术进步奖二等奖（北京高校）

北京大学
　移植后白血病复发及移植物抗宿主病新型防治体系建立及应用
　原发恶性骨肿瘤的规范化切除及功能重建的系列研究
清华大学
　复杂装备跨生命周期数据管理平台关键技术
　基于路感跟踪的高性能电动助力转向系统关键技术及应用
北京邮电大学
　星地融合广域高精度位置服务关键技术
北京体育大学
　中国游泳运动训练的关键技术突破与创新

（张晓兰）

【北邮1名外籍专家获国际科学技术合作奖】　1月9日，北京邮电大学“111”基地学术大师若列斯·伊万诺维奇·阿尔费罗夫院士在2014年度国家科学技术奖励大会上获得国际科学技术合作奖。若列斯·伊万诺维奇·阿尔费罗夫，俄罗斯科学院副院长、俄罗斯科学院圣彼得堡大学校长，诺贝尔奖获得者、北邮“111”

基地学术大师、信息光子学与光通信国家重点实验室名誉主任、信息光电子学与纳异质结构中俄联合实验室主任，是异质结构物理学的创立者，是低纬（纳）异质结构研究的倡导者和领军人物。9 月 29 日，阿尔费罗夫获得 2015 年度中国政府“友谊奖”。

（吴昊）

【73 项成果获教育部科技奖】 2 月 16 日，教育部公布 2014 年度高等学校科学研究优秀成果奖（科学技术）名单，北京高校（含附属医院）73 项成果以第一完成单位（人）获奖。其中，6 所高校 7 项成果获得自然科学奖一等奖、8 所高校 20 项成果获得自然科学奖二等奖；5 所高校 5 项成果获得技术发明奖一等奖、6 所高校 7 项成果获得技术发明奖二等奖；7 所高校 13 项成果获得科技进步奖一等奖、10 所高校 18 项成果获得科技进步奖二等奖；清华大学两项成果获科学技术进步奖（推广类）二等奖；北京师范大学 1 项成果获专利奖二等奖。该评选由教育部主办，共评出自然科学奖一等奖 42 项、二等奖 87 项；技术发明奖一等奖 20 项、二等奖 23 项；科学技术进步奖一等奖 39 项、二等奖 78 项；科学技术进步奖（推广类）二等奖 3 项；专利奖二等奖 2 项。

（张晓兰）

2014 年度教育部
自然科学奖一等奖
（北京高校）

北京大学
- 新型低功耗多栅 MOS 器件的实验与理论研究

清华大学
- Ahlfors 等周不等式的精确化
- 多组分同时分析的方法研究

北京交通大学
- 列车运行组织优化理论与方法

北京航空航天大学
- 关键摩擦副机械零部件激光熔覆特种耐磨涂层及磨损特性研究

北京理工大学
- 超快激光微纳制造机理及方法的基础研究

北京科技大学
- 纳米氧化物基能量转换器件应用基础研究

（张晓兰）

2014 年度教育部
技术发明奖一等奖
（北京高校）

北京大学
- 特种液晶材料及调光膜制备技术

清华大学
- 专用项目（略）

北京航空航天大学
- 运动座载设备协调控制关键技术及应用

北京理工大学
- 交互式显示关键技术及应用

中国石油大学（北京）
- 复合离子液体催化碳四烷基化生产高品质清洁汽油新技术

（张晓兰）

2014 年度教育部
科技进步奖一等奖
（北京高校）

北京大学
- 难治性不孕不育诊治问题的临床研究
- 华北大气污染跨省域输送—转化机理及预报—联控技术

清华大学
- 闭环智能控制的混凝土结构理论与关键技术
- 普适计算关键技术及支撑平台
- 城市循环经济发展共性技术开发与应用
- 区域大气污染源高分辨率排放清单关键技术与应用

北京理工大学
- 爆轰合成超细金刚石的机理、工艺、特性及应用研究

中国农业大学
- 北方草原合理利用技术体系创建与应用

北京协和医学院
- 适宜国情的艾滋病抗病毒治疗和免疫重建研究
- 抗肿瘤新药临床评价研究技术平台的建立及推广应用
- 中草药 DNA 条形码生物鉴定体系

首都医科大学
- 缺血性脑血管病复发风险评估与防治优化新策略

中国石油大学（北京）
- 陆相断陷盆地流体活动与油气成藏

（张晓兰）

【45 项成果获市科学技术奖】 2 月 27 日，市委、市政府召开 2014 年度北京市科学技术奖励大会，北京高校（含附属医院）45 项成果以第一完成单位（人）获得北京科学技术奖。其中，6 所高校 8 项成果获得科学技术奖一等奖、12 所高校 16 项成果获得科学技术奖二等奖、10 所高校 21 项成果获得科学技术奖三等奖。该奖项由市委、市政府组织颁发，共有 220 项成果获奖，其中，一等奖 30 项、二等奖 60 项、三等奖 130 项。

（张晓兰）

2014 年度北京市
科学技术奖一等奖
（北京高校）

清华大学
- 油气管道缺陷在线检测关键技术与应用
- 面向海量语音数据的识别、检索和内容分析技术研发及应用

北京工业大学
- 新型太阳能高效热利用技术的研发与产业化
- 变极性等离子弧穿孔立焊的关键技术研究与应用

北京航空航天大学
- 国家高性能计算应用服务环境关键技术及应用

北京科技大学
- 废旧电子电器处置和资源化技术及其工业化应用

中国农业大学
- “农大 3 号”小型蛋鸡配套系培育与应用

首都医科大学
- 缺血性脑血管病医疗质量评价与防治优化体系的建立和临床应用

（张晓兰）

【28 个项目入选“973 计划”】 3 月 6 日，科技部公布“国家重点基础研究发展计划（简称‘973 计划’）2015 年项目”名单，北京地区高校 28 个

项目入选。其中，“973 计划”农业科学等 9 个领域项目 15 个，蛋白质研究等 6 个重大科学研究计划项目 7 个，青年科学家专题项目 6 个。2015 年度，科技部共批准“973 计划”农业科学等 9 个领域项目 81 个、蛋白质研究等 6 个重大科学研究计划项目 37 个，青年科学家专题项目 34 个。“973 计划”1997 年设立，1998 年组织实施，旨在开展面向国家重大需求的重点基础研究。2006 年增设“国家重大科学研究计划”，开展包括蛋白质研究、量子调控研究、纳米科学研究、发育与生殖研究、全球变化研究和干细胞研究等 6 大领域的研究。2012 年，增设“青年科学家专题”，面向项目负责人和参加人员年龄不超过 35 岁的科学家开展重点领域科学研究。

（张晓兰）

“973 计划”农业科学等 9 个领域立项项目（北京高校）

北京大学
- 基于视觉特性的视频编码理论与方法研究
- 非结构数据的统计学习：数学基础及算法
- 睡眠脑功能及其机制研究
- 基于惰性体系的新一代化学转化
- 基于开源生态的网构化软件开发原理和方法

清华大学
- 可延展柔性无机光子/电子集成器件的基础研究
- 面向城市管理的三元空间大数据计算理论与方法
- 高储能密度无机电介质材料的关键问题

北京交通大学
- 高水压越江海长大盾构隧道工程安全的基础研究

北京理工大学
- 新型高性能二次电池的基础研究

北京化工大学
- 高性能轮胎橡胶材料制备科学与关键技术

中国农业大学
- 作物高产高效群体与关键生态因子的匹配及其调控

华北电力大学
- 燃煤发电系统能源高效清洁利用的基础研究

中国石油大学（北京）
- 陆相致密油高效开发基础研究

中国地质大学（北京）
- 中国西南特提斯典型复合成矿系统及其深部驱动机制

（张晓兰）

蛋白质研究等 6 个领域重大科学研究计划立项项目（北京高校）

北京大学
- 基于蛋白质调控网络的系统生物学研究
- 高迁移率半导体及新型二维电子材料的新有序态
- 难溶性药物口服纳米制剂的转运机制及临床转化研究

清华大学
- 真核生物跨膜运输蛋白的结构与机理研究
- 宏观量子态的表面与界面调控
- 肠道黏膜免疫系统发育及其相关疾病的调控机制

北京师范大学
- 地球工程基础理论和影响评估研究

（张晓兰）

青年科学家专题立项项目（北京高校）

北京大学
- 富营养化湖泊中 POPs 在底栖—浮游耦合食物网中的传递行为和机制
- 模型驱动的奖赏记忆相关脑区的功能整合研究

清华大学
- 大数据群体计算的基础理论与关键技术
- 过渡金属氧化物薄膜及相关异质界面电磁特性的量子调控
- 柔性能源存储纳米材料中的关键科学问题

北京理工大学
- 玻璃微纳阵列高效超精密模压制造基础研究

（张晓兰）

【开展哲学社会科学研究基地建设验收】 3 月，市教委、北京市哲学社会科学规划办公室开展北京市哲学社会科学研究基地三年周期建设情况验收。经检查，专家组认定“北京社会建设研究基地”等 8 个研究基地验收结果为优秀，“首都高等教育发展研究基地”等 4 个研究基地验收结果为合格。专家组同时向各个高校反馈相关意见，要求各研究基地在学术委员会或专家委员会论证的基础上，围绕研究基地的研究领域，结合新的形式和研究基地发展目标，认真规划和建设下一个建设周期的重点研究方向。

（张晓兰）

北京市哲学社会科学研究基地建设项目验收结果

优秀
- 北京社会建设研究基地（中国人民大学）
- 北京交通发展研究基地（北京交通大学）
- 北京社会管理研究基地（北京工业大学）
- 北京企业低碳运营战略研究基地（北京科技大学）
- 首都流通业研究基地（北京工商大学）
- 首都卫生管理与政策研究基地（首都医科大学）
- 首都国际文化研究基地（北京语言大学）
- 法治政府研究基地（中国政法大学）

合格
- 首都高等教育发展研究基地（北京航空航天大学）
- 北京出版产业与文化研究基地（北京印刷学院）
- 北京基础教育研究基地（首都师范大学）
- 北京对外交流与外事管理研究基地（外交学院）

（张晓兰）

【第二批 8 个创新中心通过论证】 6 月 4 日，市教委组织召开第二批北京高校 2011 协同创新中心论证会，8 个北京高校协同创新中心获得培育。经各单位申报、专家评审等程序，市教委认定由北京农学院牵头的“林果业生态环境功能提升协同创新中心”等8个项目成为第二批北京高校2011协同创新中心，其中，区域发展型项目5个、行业产业型项目2个、文化传承型项目1个。根据相关规定，各创新中心按照《北京市属高等学校“2011计划”实施方案》要求开展建设工作，市教委按年度投入经费支持。

（高飞）

第二批北京高校
2011协同创新中心名单

林果业生态环境功能提升协同创新中心（北京农学院）
首都清洁能源供应和使用安全保障技术协同创新中心（北京石油化工学院）
绿色印刷与出版技术协同创新中心（北京印刷学院）
京津冀体育发展协同创新中心（首都体育学院）
智能物流系统协同创新中心（北京物资学院）
首都对外文化贸易与文化交流协同创新中心（北京第二外国语学院）
旅游信息化协同创新中心（北京联合大学）
北京市电力节能关键技术协同创新中心（北方工业大学）

（高飞）

【开展创新能力提升计划中期检查】 6月8日至7月1日，市教委对2013年度市属高校创新能力提升计划53个项目开展中期检查。市教委组成专家组，要求各项目负责人提交《市属高校创新能力提升计划项目中期检查报告》，并通过审阅报告、听取项目负责人汇报、提问评议等程序，认定53个项目全部通过中期检查，进入下一阶段资助。经检查，专家组认为提升计划项目呈现三大特点：一是研究重心由理论转向应用，由单一技术转向成套设备，实现传统制造业向高精尖智能制造的升级转化；二是协同创新培育科研团队，加强团队协作和成果转化的能力；三是高精尖的研究项目为培养创新型人才搭建平台。

（高飞）

【开展中央在京高校重大成果转化项目中期检查】 6月9日至7月17日，市教委对2014年度15个中央在京高校重大成果转化项目开展中期检查。检查要求项目承担单位项目负责人提交《中央在京高校重大成果转化项目中期检查报告》，带有标注的成果汇编，以重大成果转化项目为基础、新承担的国家重大科研任务的证明材料。市教委通过组织专家审阅报告、听取项目负责人汇报以及提问评议等程序，认定15个项目全部通过中期检查，进入后期资助。经检查，专家组认为中央在京高校重大成果转化项目实施成效显著：一是围绕首都核心功能定位以及京津冀一体化发展开展全方位政策研究；二是推进新材料、新技术交流融合与应用转化，服务首都生物医药与食品安全；三是围绕国家装备制造发展需求，在关键技术和成果转化上有所突破。

（高飞）

【召开高校特色教育资源库项目工作会】 6月17日，市教委召开在京高校特色教育资源库项目工作会。会议强调高校特色教育资源库项目建设应从资源应用角度，加强内容短小精悍、思路新颖，在教学、科研、公众方面应用创新的原创精品主题资源包开发。要求各高校按照2016年特色教育资源库建设项目指南，认真做好2016年度项目申报工作。北京市属高校科研处负责人、信息中心负责人、2015年度项目负责人共50人参加会议。2015年，北京市属高校特色教育资源库建设项目调研北京高校特色资源知识产权问题，同时完善项目管理流程和文件，完成北京工业大学等8所高校此项目的申报、中检及验收工作。至年底，高校特色教育资源库已建设457个涵盖服装、电影等11个领域的主题资源包，整合图片212.8万张、音视频9.2万个、文字6272.5万字、网页设计13.9万个。其中，市教委《北京高等学校特色资源共建共享机制的设计与实践》、北京服装学院《传承服饰文化建设特色鲜明的服装艺术教育资源库》入编2015年度全国教育信息化建设与应用典型案例。市属高校同时发表一批特色资源建设学术论文，提炼40余个应用案例，丰富高校特色资源库建设经验。

（张豫）

【24个项目入选创新能力提升计划】 9月23日，市属高校24个项目入选2016年度“市属高校创新能力提升计划项目”。经项目申请，学校推荐、专家评审等程序，市教委确定2016年度市属高校创新能力提升计划资助项目24个，其中，科技类项目14个、人文社科艺术类项目8个。

（高飞）

2016年度北京市属高校
创新能力提升计划项目

北京工业大学
人眼安全微型测距激光器产业化研究
电动车用耐高温钕铁硼永磁的研发及产业化
北方工业大学
微阵列相机动态场景的超分辨率和测量研究及其产品开发
北京工商大学
天然使用色素生产与应用关键技术的开发与产业化
北京服装学院
京津冀协同发展的旧衣物回收及资源利用体系研究
北京建筑大学
养老护理机器人研制与产业化
北京建筑大学
基于新型多源传感器技术的城市建筑与结构自动测量及转化
北京石油化工学院
危险化学品仓库安全储备状态检测及预警关键技术研究及示范应用
北京农学院
青贮玉米新平中产业化关键技术研究
肉牛全基因组选择技术体系构建和应用
首都医科大学
脊髓损伤后膀胱功能中间智能膀胱刺激器的研发
场电位动作电位同步采集超高频脑电图装置开发及应用研究
首都师范大学
北京市在校大学生创新创业能力的调研评估与促进策略研究
首都体育学院
北京市市民体育健身组织、健身参与和需求现状研究

北京第二外国语学院

一带一路战略背景下首都资本输出汇总的海外投资风险研究

北京物资学院

基于物联网技术的食品冷链物流共同配送

首都经济贸易大学

京津冀产业协同发展研究

中国音乐学院

交互式新媒体音乐技术的创新与应用研究

中国戏曲学院

舞台虚拟导演创作系统软件二期研发

北京电影学院

利用大数据提升首都影视产业竞争力的研究与应用

北京舞蹈学院

舞蹈的脑科学研究——基于舞蹈与人及社会的发展

北京信息科技大学

高精度大尺寸三维视觉测量仪器开发与应用

电气设备故障谐波诊断仪与处理系统

北京联合大学

北京市知识产权商用化运营机制及政策研究

（高飞）

【召开高教重点研究机构联盟会议】 9月28日，北京教育科学研究院组织召开首都高等教育重点研究机构联盟2015年度会议。会议探讨“‘十三五’时期北京高等教育的改革与发展”情况。市教委、北京教科院、北京大学、清华大学等12家在京高校、科研单位、高等教育研究机构的相关领导、负责人和代表参加会议。

（孙毅颖）

【4个项目入选中央在京高校重大成果转化项目】 9月29日，市教委公布2016年度中央在京高校重大成果转化资助项目名单。经项目申请、学校推荐、专家评审等程序，市教委最终确定对清华大学的“盐碱地综合改良与利用产业化示范”、北京师范大学的“锂离子动力电池隔膜的中试及产业化”、北京航空航天大学的“列车弓网运行状况在线动态检测系统”、对外经济贸易大学“北京市英汉双语国家标准在线翻译与服务平台”4个重大成果转化项目给予支持。其中，科技类项目3个、人文社科艺术类项目1个。

（高飞）

【北邮先进信息网络北京实验室获批】 10月16日，北京邮电大学先进信息网络北京实验室获得市教委批准建设。该实验室拥有由院士、教授、副教授、高级工程师、讲师、博士/硕士研究生组成的研究队伍，下设柔性架构信息网络研究中心、高效传输信息网络研究中心、智能融合信息网络研究中心、节能可靠信息网络研究中心、仿真测试研究中心5个研究中心。研究室以服务国家和北京经济社会发展为建设目标，在柔性架构、高效传输、智能融合和节能可靠等方面开展创新性研究。

（吴旻）

【启动高校“高精尖计划”】 10月23日，市教委召开北京高校高精尖创新中心建设计划启动大会。会议向首批认定的13个北京高等学校高精尖创新中心授牌。苟仲文出席启动仪式并讲话。市教委3月13日印发《北京高等学校高精尖创新中心建设计划》，将中央在京高校、北京市属高校和国际创新资源等多方力量有效整合，建立国内与国外创新资源深度融合、科研与应用相互促进、科技创新与人才培养有机结合、部属院校与市属院校共同发展的长效机制。按照计划，市教委集中力量建设20个左右的高精尖中心，实施50个左右的高精尖项目，力争在重点领域的关键核心技术上取得大的突破，产出一批有影响力的成果，切实解决重大问题，造就一批杰出人才，成为在国内外具有重大影响的科技创新和人才培养基地。市财政将持续稳定地对高精尖中心进行滚动支持，5年为一周期，每年每个中心给予5000万元至1亿元的经费投入，根据中心建设的实际需求安排预算，原则上不低于70%的经费用于聘任国内外高端人才（其中，不低于50%的经费要用于引进国际顶尖创新人才，不低于20%的经费要用于引进京外人才）。市教委于8月28日印发文件认定第一批北京高等学校高精尖创新中心。

（高飞　华蕾）

启动高校“高精尖计划”

第一批北京高校高精尖
创新中心名单

北京大学

工程科学与新兴技术高精尖创新中心

中国人民大学

北京高校思想政治理论课高精尖创新中心

清华大学

未来芯片技术高精尖创新中心

结构生物学高精尖创新中心

北京工业大学

北京未来网络科技高精尖创新中心

北京航空航天大学

大数据科学与脑机智能高精尖创新中心

北京理工大学

智能机器人与系统高精尖创新中心

北京化工大学

软物质科学与工程高精尖创新中心

中国农业大学

食品营养与人类健康高精尖创新中心
首都医科大学
人脑保护高精尖创新中心
北京师范大学
未来教育高精尖创新中心
首都师范大学
成像技术高精尖创新中心
中央美术学院
视觉艺术高精尖创新中心

（高飞）

【批准2015年度教育教学改革立项项目】　11月30日，市教委批准2015年度教育教学改革立项项目。经学校申请和专家评议，市教委批准"'互联网+'时代软件创新创业人才培养模式研究"等243个项目为2015年度北京高等学校教育教学改革立项面上项目，"'一带一路'背景下'非通用语+'外语人才培养教学改革"等11个项目为2015年度北京高等学校教育教学改革立项重点项目，"京津冀高校协同培养印刷与包装专业创新创业人才的研究"等12个项目为2015年度北京高等学校教育教学改革立项联合项目。"十二五"期间，市教委批准立项841项，包括重点项目34项，联合项目49项。

（赵晓琳）

【成立北京高校科技成果转化服务众筹联盟】　12月5—6日，北京高校科

技成果转化服务众筹联盟成立大会召开。会上，联盟发布20余项科技成果，并重点推介北京信息科技大学的N+U项目、中国矿业大学（北京）的矿山机器人等项目。该联盟由北京市校办产业管理中心推动，由10所高校发起成立联盟整合项目库、专家库、创投资金等多方资源，作为北京高校科技产业协会的二级分会运行，并以购买服务的方式与第三方财务、法律服务机构签订服务协议，为高校科技成果转化服务平台建设服务。校办产业管理中心针对联盟编印《智库2015—北京高校科技成果转化与产业化推介项目选编》和《科技成果转化服务手册》。

（宋慧宇）

【9人当选中科院院士】　12月7日，中国科学院公布2015年增选院士名单，北京地区高校9人当选中国科学院院士。其中，数学物理学部2人、化学部1人、生命科学和医学学部1人、信息技术科学部3人、技术科学部2人。2015年中国科学院共选举产生中国科学院院士61人、中国科学院外籍院士12人。

（张晓兰）

中国科学院2015年当选院士名单（北京高校）

数学物理学部
北京大学
张平文　谢心澄
化学部
北京大学
席振峰
生命科学和医学学部
清华大学
李蓬（女）
信息技术科学部
北京大学
黄如（女）
清华大学
陆建华
北京航空航天大学
房建成
技术科学部
北京大学
俞大鹏　倪晋仁

（张晓兰）

【11人当选工程院院士】　12月7日，中国工程院公布2015年增选院士名单，北京地区高校11人当选中国工程院院士。其中，机械与运载工程学部1人，信息与电子工程学部1人，化工、冶金与材料工程学部2人，能源与矿业工程学部2人，土木、水利与建筑工程学部1人，环境与轻纺工程学部3人，农业学部1人。2015年中国工程院共增选中国工程院院士70人，外籍院士8人。

（张晓兰）

中国工程院2015年当选院士名单（北京高校）

机械与运载工程学部
北京航空航天大学
王华明
信息与电子工程学部
清华大学
吴建平
化工、冶金与材料工程学部
北京科技大学
谢建新
北京化工大学
陈建峰
能源与矿业工程学部
华北电力大学（北京）
刘吉臻
中国矿业大学
武强
土木、水利与建筑工程学部
北京工业大学
彭永臻
环境与轻纺工程学部
北京大学
张远航
清华大学
贺克斌
北京师范大学
杨志峰
农业学部
中国农业大学
沈建忠

（张晓兰）

【482个项目入选2016科研计划项目】　至年底，市教委完成2016年科研计划项目审批。经过项目申请、学校初选推荐、市教委评审等程序，共批准来自32所高校的科研项目482个。其中，"科技发展计划"重点项目32个、面上项目249个，"人文社会科学研究计划"重点项目31个、面上项目170个。批准项目资助经费总额6349万元，其中，"科技发展计划"项目经费5023.5万元、"人文社会科学研究计划"项目经费1325.5万元。

（翟昊）

2016年度科技发展计划重点项目

北京工业大学

高稳定性透明掺钴硫系复合材料的制备及中红外辐射研究
二氧化钛纳米管阵列固载双金属催化剂的研究
室温钠离子电池用P2型钛基固溶体氧化物电化学反应机制研究
双光束激光深熔焊接钢/铝异种合金新工艺及机理研究
全工况无节气门直喷氢气分层引燃稀薄汽油一空气混合气的机理及控制策略研究
半导体激光阵列光谱组束高功率高亮度窄谱宽光纤耦合输出研究
HEVC标准框架下移动3D视频编码关键技术研究
连续太赫兹波全场衍射相衬成像方法研究
基于“溯源一矢量”分层的物联网感知大数据存储及查询技术研究
基于行为认知的机器学习模型及其在智能服务机器人环境认知中的应用
高性能硅基雪崩光电二极管研制
基于多模态数据的广义分层二部图推荐算法
自复位预制拼装RC双柱桥墩抗震性能、分析模型和设计方法

北京印刷学院

非热等离子体去除医药废液中抗生素的机理研究
微细墨滴在纸张微纳孔涂层表面的渗吸铺展行为及其调控机理

北京农学院

液体热电转换材料
MiRNA-18b/IGF-I对猪体外受精胚胎细胞增殖及发育的调控机制
牛胚胎源IFNτ及其受体体外调节子宫源Integrinαvβ3差异表达的研究
赤霉素受体基因LsGID1在叶用莴苣抽薹开花过程中的功能分析

北京信息科技大学

基于2D-3D融合模式的蛇形臂机器人视觉定位检测方法研究
微小磨粒在线检测信号测量与识别方法研究

首都医科大学

EMT/MET在石英致肺纤维化早期的作用及miRNA网络调节机制研究
miR-181c-TRIM2通路在慢性脑缺血/低氧致认知功能障碍中的作用机制研究
JNK信号通路异常激活在妊娠期糖尿病患者脂联素表达降低中的作用及分子机制
低氧激活巨噬细胞炎症小体促进动脉粥样硬化发生发展的分子机制
神经肽Y及其受体在抑郁症发病和诊治中的作用机制探讨
局部低温控制非人类灵长类动物皮层癫痫的机制研究
血管平滑肌特异性长链非编码RNA-lncVSM促进自发性高血压进展的机制研究
帕金森病伴发快速眼动睡眠期行为障碍神经免疫炎症机制的研究
弛豫性能增强的双模态碳酸锰纳米粒用于磁共振/光学成像
高效低毒地塞米松设计、合成、评价及机理研究
芪卫颗粒调控内质网稳态失衡保护糖尿病肾病足细胞损伤作用机制研究

（翟昊）

2016年度人文社会科学研究计划重点项目

北京工业大学

北京市战略性新兴产业的资本配置效率研究
基于物质流分析的北京市物质代谢趋势及减物质化措施研究
大数据时代北京文化创意产业知识产权保护研究
以学生职业发展能力为导向的工程硕士质量评价标准的研究与实践

北京工商大学

北京市零售业领先用户参与服务创新的管理研究
混合所有制、董事会治理结构和治理机制

北京服装学院

纤维时尚应用推广研究
城市垃圾减量视角下废旧纺织品回收及再利用体系研究

北京印刷学院

传统媒体与新媒体融合发展的实现路径研究

首都医科大学

整合式老年居家照护发展模式的研究与实践
隐喻对医学英语词汇语义影响的研究

首都师范大学

北京艺术品市场发展战略研究
北京市残疾人精准脱贫的路径与政策研究
里耶秦简编年考证（第一卷）
北京市学习型学校组织建设研究——基于北京市中小学的面板数据分析

首都体育学院

北京申办冬奥会背景下首都体育旅游产业拓展与践行路径研究

北京第二外国语学院

俄罗斯戏剧复兴对北京戏剧院团发展的启示
聋哑生空间概念及语言生成的认知神经机制研究

北京物资学院

经济新常态下北京市知识密集型服务业演化及升级研究

首都经济贸易大学

北京市高校青年教师职业幸福感与绩效提升的跨层次路径研究
社会媒体情境下京津冀跨域突发事件应急决策支持体系研究
北京居民生存压力的缓解途径与社会信心的形成机制研究
新媒体语境下北京影视文化产业的创新力与传播力研究
道德性伦理学及其对我国高校德育理论建设的借鉴意义研究

中国戏曲学院

民国时期戏曲文化转型与嬗变研究

北京电影学院

“互联网+”背景下首都影视业的产业链重构研究

北京舞蹈学院

中国民族民间舞蹈生存现状调查（青海地区）

北京联合大学

京津冀生态文明建设中企业区域合作的博弈分析
北京市属高校本科毕业实习现状调查及改进策略研究

北京青年政治学院

现代性视野中的新时期儿童戏剧研究

北京劳动保障职业学院

中外首都圈职业教育比较研究

（翟昊）

科　研　成　果

【协和医学院先天性脊柱侧凸病因学研究获突破】　1月8日，北京协和医学院先天性脊柱侧凸病因学研究取得的最新成果。该成果在《新英格兰医学杂志》（NEJM，影响因子54.42）以原创性论著（Original Article）形式在线发表。该院邱贵兴院士和复旦大学教授张锋率领的团队采用先进的“比较基因组杂交芯片”技术，在国际上首次解析先天性脊柱侧凸患者的全基因组拷贝数变异，发现散发先天性脊柱侧凸患者的基因组16p11.2区域内存在大片段的DNA缺失，基因测序分析将缺失区域内的TBX6基因确认为致病基因，并首次提出“TBX6相关性先天性脊柱侧凸”（TBX6 - associated congenital scoliosis）这一概念。该研究从临床实际需求出发，揭示先天性脊柱侧凸最重要的致病模式，为先天性脊柱侧凸早期诊断及遗传咨询提供理论依据，是转化医学的一次成功实践。

（贺晶）

【农大研究成果在《自然》发表】　1月8日，中国农业大学工学院副教授肖红伟撰写的《经济繁荣背后的污染之痛》（Pollution：uncouple from economy boom）在《自然》（Nature）发表。该成果基于对中国城市空气质量研究，提出由于温室气体排放的效应是全球性、长期的，压力主要来自国际社会；而空气污染则更多的属于地区范畴、时间效应短，压力来自受污染地区居民和舆论的关注，这导致二者缺乏政策协调、产生矛盾；呼吁减少温室气体排放应和防治大气污染协调进行。

（孙桂凤）

【清华网络计算的模式及基础理论研究获国家自然科学一等奖】　1月9日，清华大学“网络计算的模式及基础理论研究”项目获国家自然科学奖一等奖。该项目由张尧学院士科研团队完成，在国际上率先提出透明计算的新概念，该计算模式把单机总线扩展到网络带宽，从而实现一个自治域内所有计算机的存储器和CPU的统一虚拟管理，实现在自治域网络环境下的计算、存储和管理分离；创造性地提出“流式计算”方法，把操作系统和应用程序转变为能让用户随时随地获取的服务，由服务器统一管理与维护，极大地简化用户终端，使其小巧轻便且操作简易，同时可以快速获得大规模数据服务。该研究突破冯·诺依曼结构局限，成功研制出具有独立知识产权的超级操作系统和一系列具有原创性与系统性的重大创新成果，对促进我国计算机及相关产业转型升级发展具有重要意义。

（张晓兰）

【北理工分布式协同控制的混合智能优化与稳定性获国家自然科学二等奖】　1月9日，北京理工大学“分布式协同控制的混合智能优化与稳定性”项目获得国家自然科学奖二等奖。该项目深入研究多自主体系统结构与协调规划性能以及状态稳定性之间的相关性，形成面向分布式协同控制的混合智能优化与稳定性分析的理论与方法，从系统与控制理论角度极大促进协同控制研究的发展。

（任峻峰）

【农学院西瓜优异抗病种质创制与京欣系列新品种选育及推广获国家科技进步二等奖】　1月9日，北京农学院“西瓜优异抗病种质创制与京欣系列新品种选育及推广”项目获得国家科技进步奖二等奖。该项目由农学院教授王绍辉、研究生孙宏贺参与完成，培育出北京市或国家审定品种3个，获得植物新品种权1项、发明专利2项，发表论文53篇，包括《科学引文索引》（SCI）论文9篇，其中西瓜基因组论文在《自然遗传学》上发表。该项目通过与京研益农（北京）种业科技有限公司合作，累计销售京欣系列西瓜良种22.5万千克，创产值1.12亿元。京欣系列西瓜品种2011—2013年推广557万亩，累计推广984.72万亩，新增经济效益69.4亿元，在华北、华东等西瓜主产区占有率60%以上，实现品种更新换代，直接与社会经济效益显著。

（王磊）

【清华揭示阿尔茨海默氏症致病蛋白结构】　1月31日，清华大学阿尔茨海默氏症致病蛋白三维结构研究入选中国十大科技进展。该校施一公研究组在世界上首次揭示与阿尔茨海默氏症（又称老年痴呆症）发病直接相关的人源γ分泌酶复合物（γ - secretase）精细三维结构，为阿尔茨海默氏症的发病机理提供重要线索。相关成果以长文形式在线发表于《自然》期刊。

（许亮）

清华揭示阿尔茨海默氏症致病蛋白结构

【清华首获人源葡萄糖转运蛋白结构】

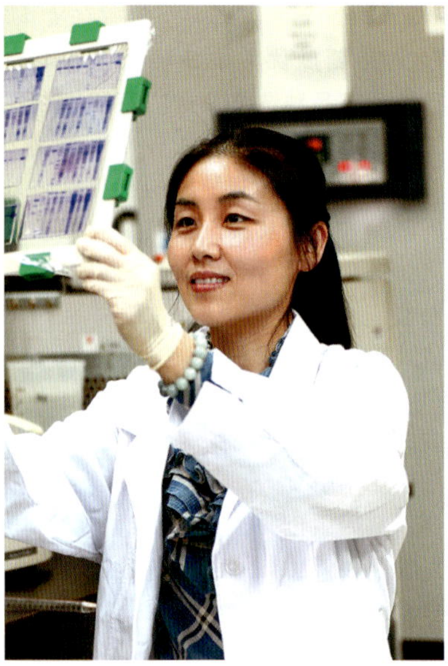

1月31日，清华大学人源葡萄糖转运蛋白结构研究入选2014年中国十大科技进展。该校颜宁研究组在世界上首次解析人源葡萄糖转运蛋白GLUT1的晶体结构，初步揭示其工作机制及相关疾病的致病机理，对于人类进一步认识生命过程具有重要的意义。该成果在《自然》杂志发表，对于癌症和糖尿病的研究有重大意义。

（许亮）

【北大利用极体高通量测序结果精确推演出母源基因组信息】 2月10日，北京大学“利用极体高通量测序结果精确推演出母源基因组信息”项目入选2014年度中国科学十大进展。该项目由该校生命科学学院研究组与北京大学第三医院研究组合作完成，研究团队对卵细胞成熟、受精过程出现的独特结构“极体”的全基因组测序推断出在受精卵中母源基因组的情况，从而选择出一个正常的胚胎进行移植，利用这一技术既能够检测染色体异常，也能够检测与遗传疾病有关的基因序列变异，这项技术有可能使试管婴儿的活产成功率大幅提高。

（刘语潇）

【农大揭示基因突变影响诱导多能干细胞安全性】 2月18日，中国农业大学基因突变影响诱导多能干细胞安全性研究成果在《自然—通讯》（Nature Communications）在线发表。该成果由田见晖课题组和同济大学、中科院相关课题组联合完成，首次揭示诱导重编程过程中基因突变降低诱导多能干细胞（iPS细胞）的发育潜能。

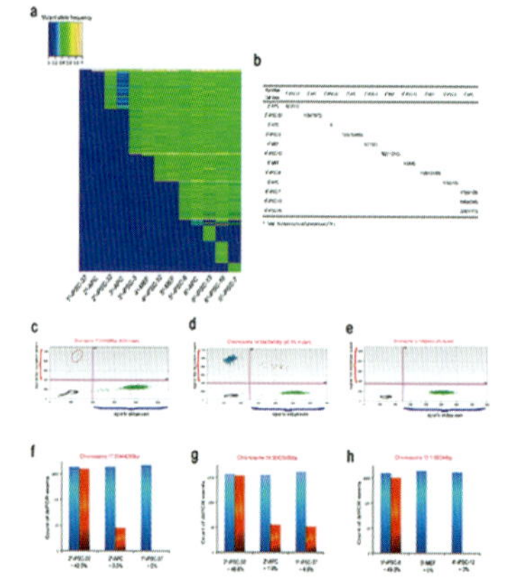

课题组通过研究，获得可连续六代重复诱导的iPS小鼠，为探明重编程过程中基因突变、iPS细胞的安全性提供模型，研究发现iPS重复诱导后小鼠活力逐步减弱直至死亡，进一步发现诱导重编程会产生大量单核苷酸突变（SNV）并进入生殖系，导致小鼠活力下降。该研究首次证实诱导重编程产生的SNV存在安全隐患，为iPS细胞的安全性评价提供理论依据。

（孙桂凤）

【法大发布中国司法文明指数报告】 3月2日，中国政法大学发布《中国司法文明指数报告2014》。该报告通过对9个省市司法文明状况实地动态监测，从普通人的视角，调查和评估可能影响人民群众日常生活的司法文明状况，展现司法文明程度的综合指标。报告以直接调查数据为基础，用直观图形呈现，反映普通民众和法律职业群体对本地司法文明发展的满意程度。“司法文明指数”是由司法文明协同创新中心项目组开发的、用以显示各地司法文明程度的一种量化评估工具。

（陈泉廷）

地大命名恐龙新属种綦江龙

【农大发现结肠癌的新元凶】 3月30日，中国农业大学发现结肠癌新元凶。该成果由生物学院于政权课题组完成，于《自然—通讯》（Nature Communications）杂志在线发表。课题组研究发现诱发结肠癌的一个新元凶MSI2蛋白质，打破传统认为Wnt/β－catenin信号通路是介导APC突变引起结肠癌发生唯一途径的观点。该研究可能会带来新的癌症治疗方法。

（孙桂凤）

【协和医学院发布全人源抗H7N9禽流感病毒中和抗体研究结果】 3月30日，北京协和医学院在《自然—通讯》（Nature Communications）杂志刊出全人源抗H7N9禽流感病毒中和抗体的研究结果。该课题从恢复期患者的淋巴细胞中克隆出抗体编码基因，利用抗体库技术，通过再造，筛选出针对H7N9禽流感病毒的“全人源抗体”。在此基础上，进一步通过表达抗体的细胞学筛选等实验获得多株具有针对H7N9禽流感病毒中和活性的抗体。其中，2株中和抗体在小鼠的动物实验中成功地保护实验小鼠抵御H7N9禽流感病毒致死剂量的攻击。随后，又对这2株保护性较好的中和抗体，相继开展抗体关键性中和位点的定位、病毒在实验动物体内及培养细胞中针对中和抗体产生逃逸突变等研究。此类研究为H7N9禽流感病毒疫苗和预防治疗药物的研发提供重要基础。

（张华）

【地大命名恐龙新属种綦江龙】 3月，中国地质大学（北京）教授张建平、博士生邢立达等国内外学者在美国《古脊椎动物杂志》（Journal of Vertebrate Paleontology）上发表论文命名一个恐龙新属种綦江龙。綦江龙发现于重庆綦江区北渡河坝村一社，距綦江城区约7千米，复原后体长约16米。经研究，綦江龙属于马门溪龙类，其颈部可达体长的一半。该发现丰富晚侏罗世马门溪龙类的分异度，代表中国南方晚侏罗世长颈恐龙的一个新属种。綦江龙为亚洲蜥脚类恐龙增添新的内容，对研究全球蜥脚类恐龙的演化有着重大意义。

（李媛媛）

【地大成果在《地质与地球科学评论》发表】 3月，中国地质大学（北京）教授李亚林在《地质与地球科学评论》（Earth－Science Reviews）以第一作者和通讯作者发表题为“Propagation of the deformation and growth of the Tibetan－Himalayan orogen：A review”的论文。李亚林科研团队通过对喜马拉雅－西藏造山带中生代晚期以来地壳变形和隆升作用时空关系研究，提出自从印度－欧亚大陆碰撞以来，在喜马拉雅－西藏造山带发生～1630千米的地壳缩短，其中＞1400千米的缩短量由大型逆冲构造带引起，这些大型逆冲构造带表现出由高原内部向外扩展的特点，并导致地表隆升；高原地貌形成经历初始高原、原型高原和近代高原三个演化阶段。原型高原经历三个快速生长阶段，现今喜马拉雅和青藏高原仍处于快速生长阶段，未来高原规模比现今范围还要广阔。该项研究从地壳变形角度深化对喜马拉雅－西藏造山带演化过程的认识，并且对深入了解喜马拉雅和青藏高原隆升过程和动力学机制具有重要的启示作用。

（李媛媛）

【协和医学院揭示结核分枝杆菌潜伏感染现状】 3月，北京协和医学院成果揭示中国全人群结核分枝杆菌潜伏感染现状。该院病原所牵头在中国开展全球最大规模的结核分枝杆菌感染的流行病学调查，通过对全国不同结核病疫情的东、中、西部地区4个现场共计约2万多乡镇人口（≥5周岁）开展问卷调查、结核菌素皮肤试验（TST）、γ-干扰素释放试验（IGRA）平行检测以及影像学筛查等研究，经性别和年龄校正并排除卡介苗接种和非结核分枝杆菌感染等干扰，推测得出中国结核分枝杆菌的潜伏感染率约为15%～18%。该研究提示以前所有关于中国结核分枝杆菌潜伏感染的报告均过高地估计中国结核分枝杆菌的感染状况，同时也为在中国开展结核分枝杆菌潜伏感染控制的可行性提供重要数据支持。同时该研究详细分析、比较不同检测方法以及不同干扰因素的影响，为今后中国（包括全球其他国家）结核分枝杆菌潜伏感染的界定标准等提供重要参考依据。

（张华）

【清华简第五辑成果发布】 4月9日，

清华大学举办《清华大学藏战国竹简》（伍）成果发布会。清华简第五辑整理报告共收入6篇战国竹书，除《命训》见于今本《逸周书》外，其他5篇皆为传世文献未见之逸篇。此批文献的整理公布将为历史学、文献学等领域的研究提供宝贵研究资料。

（许亮）

【农科院研究生院成果发表】 4月13日，中国农科院蔬菜花卉研究所2012级在读博士生郭兆以第一作者在《公共科学图书馆·遗传学》（PLoS Genetics）发表题为《丝裂原活化蛋白激酶信号途径改变小菜蛾中肠碱性磷酸酶和ABC转运蛋白超家族中C类亚家族基因的表达量并导致其对苏云金芽孢杆菌产生的Cry1Ac毒素形成抗药性》（MAPK signaling pathway alters expression of midgut ALP and ABCC genes and causes resistance to Bacillus thuringiensis Cry1Ac toxin in diamondback moth）研究文章。该研究发现MAPK（丝裂原活化蛋白激酶）信号途径反式调控ALP（碱性磷酸酶）和ABC转运蛋白导致小菜蛾对Bt杀虫剂的高抗性。研究结果对开发早期的Bt抗性分子检测技术，制定针对Bt杀虫剂或转Bt基因植物的抗药性治理策略具有重要的理论与实践意义。

（王仕龙）

【人民大学发布软件正版化实施效果评估报告】 4月29日，中国人民大学发布《中国软件正版化实施效果评估报告》。报告由该校国家版权贸易基地和中国人民大学创意产业技术研究院组织编撰，全面评估中国软件正版化工作的实施效果，为软件正版化工作提供政策建议。报告从投入产出对比的角度，构建2个一级指标、7个二级指标、22个三级指标组成的评估体系，通过定量与定性研究相结合的方法，分析2001—2013年中国软件正版化工作的经济影响、社会影响和国际影响。

（万静）

【北师大完成3万亿粒子数宇宙中微子数值模拟】 5月，北京师范大学完成3万亿粒子数的宇宙中微子和暗物质数值模拟。该校天文系张同杰团队在国家超级计算广州中心“天河二号”上，共计运算50余个小时，成功地运行含有中微子和暗物质的3万亿粒子数的宇宙学数值模拟。该项研究是美国阿贡国家实验室米浪（Mira）超级计算机2014年进行的1.07万亿粒子数数值模拟的两倍多，揭示宇宙大爆炸1600万年之后至今约137亿年漫长演化进程。

（李敏）

【协和医学院脊髓灰质炎灭活疫苗上市】 6月30日，北京协和医学院首个Sabin株脊髓灰质炎灭活疫苗的新产品上市。该疫苗1983年开始研发，经过三代科学家30年的科研攻关，2000例临床实验研制而成。相比国外进口的注射用脊髓灰质炎灭活疫苗，该产品生产安全系数提高，生产成本更加低廉，适合在发展中国家生产和使用。疫苗的年产量能够达到每年1500万至2000万剂量，可满足全国新生儿一剂接种需求。二期生产线预计将于2016年底建成，产能为每年6000万剂量，投产后可满足全国新生儿全程接种需求。

（贺晶）

【农大发表作物开花期 HD1 基因平行驯化研究成果】　7 月 7 日，中国农业大学关于作物开花期 HD1 基因平行驯化的研究成果在《分子生物学与进化》（Molecular Biology and Evolution，5－Yr impact factor：11.667）在线发表。国家玉米改良中心林中伟课题组综合使用图位克隆法、比较基因组分析、关联分析等方法对作物中的一个开花期基因 HD1 深入分析，发现同源基因在不同作物驯化过程中分别固定高频、低频甚至稀有的功能性位点，这可能是作物驯化综合特征共有分子基础的代表性特征之一。该研究为开展作物比较功能基因学的研究提供重要借鉴。

（孙桂凤）

【中央财大发布传媒投资发展报告】　7 月 10 日，中央财经大学发布《中国传媒投资发展报告（2015）》。该书由谭云明、张向东组织编写，包括总报告、传统媒体投资篇、新媒体投资篇、传媒投资专题篇、传媒投资经典案例篇 5 部分内容。报告对 2013—2015 年度文化传媒投资现象、现状描述分析，勾勒出中国传媒投资的特点、规律、方向和投资动向。

（任婷）

【市教委发布高等教育质量报告（高职）】　7 月 10 日，市教委、北京教育科学研究院发布《北京高等教育质量报告（高职 2014）》。报告共计 30 万字，内容包括总报告、专题报告和院校报告。该书总结 2014 年北京高等职业教育质量建设经验和成效，专题总结北京市“开展地方政府促进高等职业教育发展综合改革试点”项目和“北京高职院校职业教育集团建设情况”，同时反映北京 25 所独立设置高等职业院校质量建设情况。

（孙毅颖）

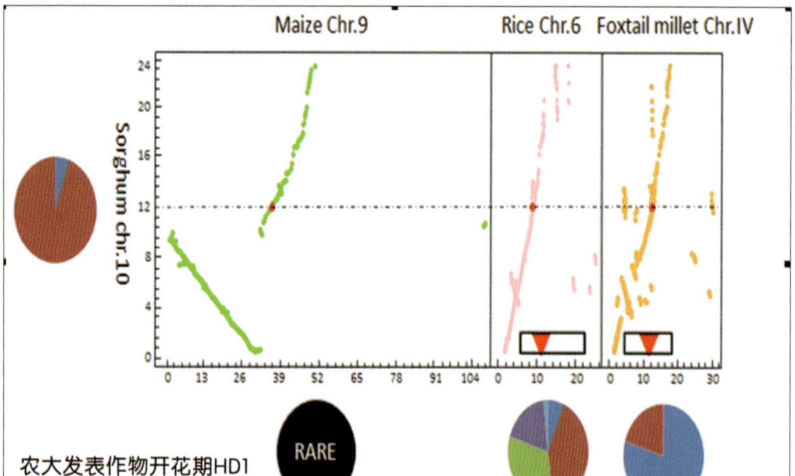

农大发表作物开花期HD1基因平行驯化研究成果

【市教委发布高等教育质量报告（本科）】　7 月 15 日，市教委、北京教育科学研究院发布《北京高等教育质量报告（本科 2014）》。报告共计 18 万字，内容包括本科高等教育“质量分析报告”“重大教学改革与成效专题”“教育教学改革典型案例”以及“政策、文献与信息”等内容。报告总结 2014 年北京本科高等教育质量建设情况，专题分析 2014 年北京地区高校获得国家级教学成果奖、“北京学院”的建设与发展、北京高校专业群建设项目情况。

（孙毅颖）

【农大铁吸收调控蛋白的金属离子激活和操纵子识别的分子机制成果发表】　7 月 19 日，中国农业大学铁吸

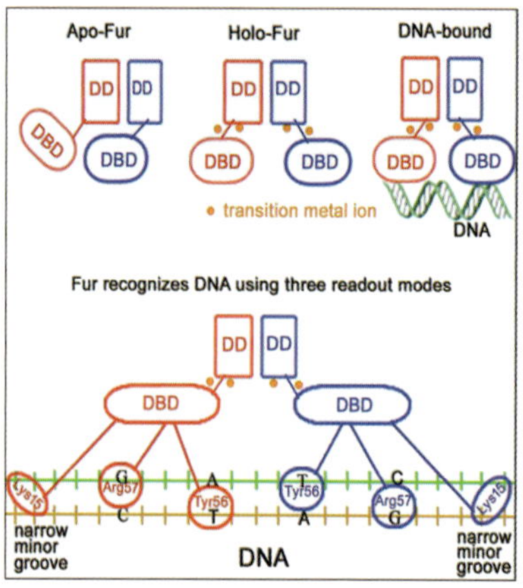

收调控蛋白的金属离子激活和操纵子识别的分子机制成果在《自然—通讯》（Nature Communications）在线发表。该校生物学院教授李颖和陈忠周实验证实 Fur 通过识别 DNA 碱基特异性和构象两种方式共同定位目的序列的识别机制，并发现金属离子通过稳定 DNA 结合结构域来激活 Fur，证明这种激活－识别机制在细菌中保守存在。研究还发现供试菌株 Fur 特有的 3 个含硫氨基酸残基为氧敏感结构域。当 3 个氨基酸被置换后，菌株对氧气的敏感性显著降低。趋磁细菌从环境中吸收大量的铁，合成有质膜包被的磁小体，这是理想的生物纳米材料，经化学或生物学修饰，可用于痕量病原物免疫检测、构建基因发送系统及载药应用于肿瘤靶向治疗等。

（孙桂凤）

【清华三颗 MEMS 技术试验卫星发射成功】　9 月 20 日 7 时 01 分，清华大

学三颗 MEMS 技术试验卫星发射成功。长征六号运载火箭以一箭二十星的方式将该校研制的 MEMS 技术试验卫星（即“集成微系统技术试验卫星”）顺利发射升空。截至 9 月 20 日中午 12 点，卫星已成功实现星箭分离，收到下行遥测信号。MEMS 技术试验卫星包括三颗卫星，分别是 1 颗主卫星“纳星 2 号”，即 NS－2 纳型卫星；2 颗子卫星“紫荆 1 号”和“紫荆 2 号”，即 ZJ－1 皮型卫星、ZJ－2 皮型卫星。上述纳/皮型卫星由精密仪器系尤政院士团队研制，是真正意义的大学卫星，卫星研制、测控的全过程都有研究生参与。这是自 2001 年学校自主研发卫星以来，独立或与其他单位协同合作发射的第 7 颗卫星。

（许亮）

【北航研制新型临近空间飞艇】 10月13日，北京航空航天大学研制的中国首个新型临近空间飞艇在内蒙古锡林浩特市巴彦宝拉格机场解缆升空。该临近空间飞艇由武哲科研团队研制，能够实现与卫星、海洋、地面等系统的互通互联，有效衔接多种信息系统，成为推进中国“一带一路”战略构想周边沿线空间安全信息保障的重要平台。

（田贵双）

【人民大学发布文化产业发展和文化消费指数】 10月31日，中国人民大学发布“中国省市文化产业发展指数（2015）”和“中国文化消费指数（2015）”。文化产业发展指数使用年度统计数据及调研数据，以综合指数、生产力指数、影响力指数和驱动力指数四大指标，计算全国各省、市、自治区的文化产业发展情况。结果显示，中国各省市文化产业总体保持持续稳步增长，各省市综合指数排序与2014年相比有小幅变动，上海、北京、江苏名列前三甲。文化消费指数通过对全国31个省市各类人群的文化消费数据进行分析计算得出。指数结果显示，中国文化消费综合指数由2013年的73.7增至2015年的81.2，平均增长率5%。文化消费环境、文化消费能力、文化消费水平指数等一级指标均呈上升趋势。

（万静）

【外经贸大发布外商投资发展报告】 11月10日，对外经济贸易大学发布《中国外商投资发展报告（2015）》。报告围绕“国际规则变迁下的外商投资”主题，回顾2014年中国外商直接投资的基本情况，并就“国际国内投资规则的变迁”“自贸试验区与FDI、FDI与新常态”“‘一带一路’战略构想与FDI”等问题展开论述。

（曹亚红）

【石油大学油气复合成藏机制与富集规律项目通过验收】 11月23日，中国石油大学（北京）“973项目”“中国西部叠合盆地深部油气复合成藏机制与富集规律”通过科技部验收评审。项目历时5年，在叠合盆地深部叠复连续型油气成因模式、塔里木盆地深部有效碳酸盐岩储层的形成机制与发育模式和叠合盆地深部有效碎屑岩储层成因机制3个方面取得创新性成果和认识。在指导勘探实践中，预测深部有利领域6个，指出深部最有利区带16个，成果和技术对塔里木和新疆油田发现32.5亿吨油气储量起到重要的支撑作用。

（许博）

【北师大发布民生发展报告】 11月26日，北京师范大学发布《2015中国民生发展报告》。报告以“法治民生”为主题，围绕法治教育、法治就业、法治收入、法治医疗、法治养老、法治住房、法治环境、法治民生安全领域，探讨法治在民生保障、改善和发展上的作用，提出“全面依法治国，首在法治民生”的观点。报告运用中国民生发展指数3.0版，对全国35个省会城市及计划单列市进行民生发展指数测算和排序，并首次对293个地级以上城市民生发展指数进行测算并排名，首次测算出全国民生发展地级城市100强。

（李敏）

【电力大学1项成果获美国专利授权】 11月，华北电力大学陈宏霞和徐进良研究成果获美国国际专利局授权。该成果为“Internal Liquid Separating Hood Type Condensation Heat Exchange Tube”（PCT专利号：PCT/CN2012/00274、美国专利号：13/984，659），属于强化传热技术领域。该技术基于对冷凝基本物理过程和相变传热本质的认识和研究，提出一种新型高效的冷凝换热管，其结构可在整个换热管内人为分区，使换热液在管内中心区域流动，相变气相被重新分配到紧贴换热壁面的环形间隙内，从而保证沿整个管长方向上的薄液膜换热。该项技术显著提高冷凝传热系数，从根本上解决冷凝传热中沿管长方向形成厚液膜使传热恶化的技术难题。

（王振华）

【中央财大发布人力资本报告】 12月12日，中央财经大学发布《中国人力资本报告2015》。报告基于“中国人力资本的测量及人力资本指标体系的构建”项目，在2014年报告的基础上，把人力资本计算扩展到1985—2012年；增加Mincer方程估算的微观数据库，教育回报率采用二次拟合代替原来的线性拟合；改进增长率计算方法；重新估算1985—2012年全国及各省的固定资本存量和1985—2012年各省生活成本调整指数；基于估算的每年人口数据，增加劳动力人口平均年龄、平均教育程度和高中以上人口比重结果。该人力资本报告主要内容包括1985—2012年间全国各省人力资本数据，人力资本的区域分布及发展趋势，教育、城镇化和老龄化对人力资本影响，特别是人力资本的地区差距等内容。

（任婷）

【人民大学发布中国发展指数】 12月22日，中国人民大学发布中国发展指数（2015）。中国发展指数（RCDI）由该校中国调查与数据中心编制，已连续发布10年，旨在弥补GDP指标的片面性，全面测量国家与地区发展。该指数由健康、教育、经济、社会环境4个分指数和15个指标构成。发展指数结果显示，尽管近期经济增速下行，但中国发展指数整体上行，发展结构进一步优化。同时，中国民众对未来发展整体信心坚定，2015年得分为80.9（满分100分），相对于2014年（80.6分）和2013年（79.8分）略有提升。

（万静）

北航研制新型临近空间飞艇

教育科学研究

【237 项课题入选市教育科学规划课题】 1月16日，北京市教育规划领导小组确定237项课题入选市教育科学规划课题。领导小组共收到申报材料1020项，审查合格材料1008项，经评审专家评议、北京市教育科学规划领导小组审批，最终立项课题237项，其中，重大课题1项、优先关注课题13项、重点课题29项、校本研究专项课题44项、青年专项课题31项、一般课题119项。

（庞立场）

【组织学习方式系统变革交流研讨】 1月23日和5月29日，北京教育科学研究院分别召开“首都基础教育学习方式系统变革项目总结交流会”和“北京市中小学生学习方式系统变革研讨会”。“首都基础教育学习方式系统变革项目总结交流会”以“聚焦学习方式，深化课程改革”为主题，与会单位代表从区域引领、学校设计、教师研究三个层面分享研究经验。会议强调，学习方式变革的场域要还原课堂要素，明晰变革的着力点。会议认为，“首都基础教育学习方式系统变革项目”对传统课程施工改造，教师、学生、知识、关系、技术多维交互，得以了解学生，了解学习过程，给教育带来自信。全市各区县教委、区县教研相关负责人，北京教科院实验学校校长、教师代表260余人参加会议。“北京市中小学生学习方式系统变革研讨会”在朝阳芳草地国际学校双花园校区举办。芳草地学校呈现语文、数学、英语、音乐、书法、品社、综合实践、体育8个学科8节IPAD观摩展示课。该校课前利用技术平台采集数据关注学生微观表现，为学生提供个性化教学。与会人员围绕“基于过程性数据的学情分析与传统的学情分析的区别”“了解学生学习起点数据对教学设计的影响”“过程性数据的即时获得如何影响课堂教学”“数据采集与应用进入常态化课堂的瓶颈”问题开展交流研讨。此次研讨会是继总项目组前两次“即时交互”“以微课为载体的翻转课堂”研讨主题后的又一次突破，项目以“学习过程数据采集”为核心开展研究，通过数据的分析使得因材施教科学化。市教委、北京教科院、北京市教育和网络信息中心、中国教育科学研究院、北京师范大学相关负责人和专家，以及各区县学习方式变革项目组负责人，教师代表共300人参加会议。北京教科院另于3月31日召开学习方式系统变革项目2015年度工作推进会，会议总结2014年度项目工作并部署2015年度工作任务。各项目资源单位以及全市16个区县及燕山地区学习方式项目负责人50人参加会议。

组织学习方式系统变革交流研讨

（武泽钰）

【召开初中道德赋能研讨会】 2月27—28日，北京教育科学研究院召开“北京市初中生道德赋能教育实验项目”2015年寒假培训研讨会。会议结合研究方案和计划制定开展交流，与会人员对灵性感知能力、目标意识、语言表达力以及服务等问题进行讨论。北京教科院相关研究人员和实验学校德育干部、教师、各区项目负责人50人参加会议。“北京市初中生道德赋能教育实验项目”2010年3月立项，由北京教科院与香港全球文明中心合作。该项目注重激发青少年的自身潜能，关注社会环境对青少年道德的影响，探讨智慧、关爱、纪律、服务等基本道德教育的内涵、意义及实施途径，力求改变和引导学校和教师的德育理念和育人思路。北京教科院另于8月30—31日召开“北京市初中生道德赋能教育实验项目”2015年暑期培训研讨会。会议对道德赋能研究框架元素关系、认识自我和自律、语言表达力和名著阅读、学生赋能、家长赋能以及服务等问题讨论交流。北京教科院实验学校德育干部和教师50人参加会议。

（秦廷国）

【课程资源整合实践研讨会召开】 6月25日，北京教育科学研究院召开“扬传统文化风帆，育七彩艺术少年”北京市课程资源整合实践研讨会。会议听取中国人民大学附属小学书法课“相同笔画在字中的变化”、艺术课

"故乡的原风景"，观看学校艺术教育宣传片《七彩艺术造就学生绚丽人生》，听取学校七彩艺术课堂、七彩艺术社团活动开展情况及取得艺术成果的介绍。研讨会由人大附小承办，各区干部教师300人参加会议。

（关旻）

【49项课题入选全国教育科学规划课题】 6—7月，北京地区高校及教育单位49项课题入选"全国教育科学研究'十二五'规划2015年度课题"。部属高校27项课题入选，其中，国家重大课题1项、国家重点课题2项、国家一般课题10项、国家青年课题8项，教育部重点课题6项。市属高校及市其他教育单位22项课题入选，其中，国家重点课题1项、国家一般课题3项、国家青年课题4项、教育部重点课题9项、教育部青年课题5项。

（庞立场 张晓兰）

全国教育科学"十二五"规划2015年度课题立项名单

国家重大课题
北京师范大学
"一带一路"战略中扩大教育开放研究
国家重点课题
首都师范大学
京津冀教育协同发展研究
北京大学
地方高校转型发展研究
中央民族大学
民族地区依法实施双语教育政策和模式研究
国家一般课题
北京师范大学
管办评分离下社会第三方参与教育评价的机制与模式比较研究
京津冀教育协同发展的政策研究
青少年科技创新能力培养研究
促进儿童动作发展及影响因素的教育干预研究
随班就读教师融合教育素养及提升模式研究
北京大学
"互联网+"新型知识生产：基于企业MOOC建设我国企业知识共享体系的战略研究
北京教育学院
北京市城乡学校一体化管理模式和典型案例研究
北京科技大学
我国高校大学生资助管理评估研究
中国政法大学
走神的心理结构、个体差异及其与元认知的关系
首都师范大学
教科书评价的理论与实践
中国人民大学
大学教师参与大规模开放在线课程（MOOCs）的专业能力需求、阻碍因素与因应策略
北京理工大学
研究型大学翻转课堂有效教学实证研究
北京市第十二中学
普通高中创新人才培养的实践研究
国家青年课题
中央民族大学
内地新疆高中班教育政策实施效果及其提升策略研究
民族地区双语教育对学生认知、情绪及社会化发展的影响
北京物资学院
产业链视角下京津冀高等教育协同发展模式及对策研究
北京师范大学
多水平认知诊断模型：大规模教育评估中的个体和群体诊断
卓越教师精神成长史研究
首都师范大学
城市群高等教育协同发展的评价体系及推进策略研究
教师教育者的身份认同及其专业发展研究
北京体育大学
创新驱动发展战略背景下本科生批判性思维教学的理论与实证研究
中国矿业大学
基于大学生公益创业能力提升的社会支持体系研究
中国青年政治学院
高校教师收入分配：工资和养老保险互动机制研究
清华大学
治理视角下研究生教育省级统筹权研究
中国人民大学
美国营利性高等教育的法律规制与司法实务研究
教育部重点课题
北京开放大学
高等教育质量标准国际比较研究
北京师范大学
美国研究型大学章程研究
借鉴与创新：哈佛大学翻转课堂教学模式与创新应用的实证研究
促进研究生课堂学习共同体形成的案例研究
首都师范大学
京津冀协同发展背景下的首都高等教育多样性研究
中央财经大学
基于语义维基与社交网络融合的网络教育资源知识聚合与知识服务研究
北京邮电大学
基于大数据处理的智能学习系统的研究与实践
北京联合大学
基于产业链、教育链融合的职业教育区域合作机制创新研究
首都体育学院
校园足球身体运动功能进阶训练方法研究
中国农业大学
高等教育评估的网络治理机制研究
中国人民大学附属中学
拔尖创新人才早期培养研究
北京市昌平区第一中学
新课程改革背景下的教师身份认同研究
北京市芳草地国际学校富力分校
国际学校的多元文化教育研究——以北京市芳草地国际学校为例
北京市第一六六中学
中小学生健康素养的分析与对策研究
教育部青年课题
北京体育大学
现代性视角下教育学知识的科学化探究
北京联合大学
现代学徒制中利益相关者收益分配机制研究

北京经济管理职业学院
　“互联网＋”时代的高职教育课堂教学重构与创新
北方工业大学
　京津冀大学生体质健康服务体系构建与发展研究
中国人民大学附属中学
　基于移动互联技术的互动式学习模式的实践研究
　数学教育视角下的影子教育研究

（张晓兰）

【举办文明行为规范教育表彰会】 7月6日，北京教育科学研究院举办北京市中小学生文明行为规范教育研讨表彰会。会议邀请中小学教师代表对中小学生文明行为规范教育问题深入研讨，来自5个区的10名获奖教师代表做大会交流发言。会议同时表彰项目研究先进区县和教师。北京市中小学生文明行为规范教育研究项目2014年6月启动，主要针对北京市中小学生文明行为规范教育开展深入研究，项目为期一年，经费总投入5万元，其研究成果《首都中小学生文明行为规范和解读》入选首都文明办主编的《公共文明行为规范研究》一书。全市各区县项目负责人、教师代表40人参加会议。

（刘韬）

【举办小学生综合素质评价论坛】 10月28日，北京教育科学研究院分别举办“北京市小学生综合素质评价教师论坛”和“北京市小学生综合素质评价校长论坛”。其中，教师论坛邀请部分学校教师代表分别作题为《评语“走心”，助推育人》《评之有方，评亦无价》《彩色评语》《在班级文化建设中彰显评价魅力》《家校协同评价，共促孩子良好习惯的养成》《创新评价，人人闪光》《综合实践活动课程中的学生自主评价》专题发言，与会人员就发言内容与发言人互动交流。来自全市各区县教科所研究人员、学校教师代表500人参加论坛。校长论坛邀请海淀区红英小学唐家岭校区、石景山区实验小学、朝阳区实验小学罗马嘉园分校、北京小学走读部、平谷区第二小学、丰台区第五小学校长及相关负责人介绍学校综合素质评价及相关评价开展情况。全市各区县教委、教科所、学校领导500余人参加论坛。

（卢迪）

【举办中学生综合素质评价论坛】 10月28日，北京教育科学研究院举办“北京市中学生综合素质评价教师论坛”和“北京市中学生综合素质评价校长论坛”。其中，教师论坛对当前学生综合素质评价改革的总体情况进行说明，邀请门头沟区新桥路中学、北京育才学校通州分校、首都师范大学附属中学大兴北校区、北京市第九十七中学、顺义区第一中学、北京市育英学校、昌平区第五中学的7名教师以实践为基础，介绍开展综合素质评价工作的思考和经验。市教委、北京教科院及区县中教科、教科所负责综合素质评价的教师和部分中学教师代表500余人参加论坛。校长论坛邀请朝阳区、延庆县、密云县、顺义区、怀柔区和东城区的6名学校领导做典型发言。会议同时介绍近期教育部考试招生制度改革工作推进会主要精神和北京市计划发布的学生综合素质评价文件基本情况。市教委、北京教科院，各区县教委中教科、高中科分管综合素质评价工作相关人员，各区县教科所所长，初中、普通高中校主管学生综合素质评价的校领导代表以及项目组成员共计500人参加论坛。

（卢迪）

举办北京教育论坛

【召开地方课程开发项目研讨会】 10月29日，首都特色地方课程开发与管理模式实验研究项目——走进海淀研讨会在清华大学附属中学召开。会议以“落实新《课程计划》，建设精品课程”为主题，通过课堂展示、经验交流、专家点评和领导讲话等环节，展示海淀区域和学校地方课程建设与实施成效，并围绕“地方课程的价值定位”“地方课程的规划、开发、实施、评价‘四维’精品化建设方向”等问题交流研讨。会议由北京教育科学研究院和海淀区教师进修学校课程改革办公室主办，清华附中承办。全市16个区县的行政、教研、科研部门和学校代表，以及海淀区各中学课程主管领导和教师共300余人参加会议。

（武泽钰）

【举办课外校外教育理论研讨会】 10月，北京市校外教研室召开北京市第15届课外、校外教育理论研讨会。会议以“校内外融合育人”为主题，包括大会交流研讨、专题讲座三项内容。市、区校外教育研究室主任、一线教师以及国家博物馆等社会场馆、校外教育机构代表100人参加会议。

（周立奇　李蔓）

【举办北京教育论坛】 11月21—22日，第二届北京教育论坛召开。论坛采取“1＋3”方式举办，以“面向2020的教育创新”为主题，设“区域教育一体化与京津冀协同发展”“学生核心素养与教育综合改革”“可持续发展教育”三个分论坛。论坛邀请20余名国内知名教育专家学者作报告，邀请国家教育咨询委员会陶西平、国家教育发展研究中心张力、中国教育科学研究院田慧生等专家作主旨演讲。论坛由北京教育科学研究院主办，国家教育发展研究中心重点支持。联合国教科文组织协会世界联合会、国家教育咨询委员会、国家教育发展研究中心、中国科学院、中国教育科学研究院等单位以及全国15个省市和台湾地区的教科院（所）、高等学校、相关科研机构的专家学者、一线教育工作者700人参加论坛。

（姜继军）

【召开学校影响力大会】 12月7—8日，北京教育科学研究院召开“学校影响力2015”大会。会议设一个主论坛、三个分论坛。主论坛邀请专家作《学生核心素养及其培养——校长领导力与教育治理》《学校发展：怎样的路径，怎样的行走》两个报告；分论坛包括“高中特色分论坛”“科研创新分论坛”和“学校发展新常态分论坛”，分别展示5所项目学校的特色建设成果，考试与管理改革、科研人员培训与论文撰写的研究成果和九年一贯制、名校办分校的分析和案例成果。各区县教科研部门以及项目学校240余人参加会议。

（佟德）

教育教学研究

【举办校外实践活动课程观摩推进会】 1月8日，北京教育科学研究院在国家博物馆举办校外实践活动课程观摩推进会。会议观摩“汉字的起源与统一”“图案化的汉字”“无处不在的声音”“一方水土一方人”“承坐之间”“鼎盛中华”“摹写自然”7个主题课程活动。国家博物馆社教部主任围绕课程设计定位、课程体系、课程表等方面，介绍国家博物馆研制开发校外实践活动课程的思路、方法与经验，东城区史家胡同小学校长介绍作为实验学校与国家博物馆合作开发博物馆课程的经验体会。全市各区县教研员、资源单位人员、实验学校教师共140人参加会议。

（沈俊楠）

【举办高中通用技术金工培训】 1月14日和21日，北京教育科学研究院举办北京市普通高中通用技术金工培训。培训内容包括金蝉脱壳、九连环两种线材金工作品，小簸箕薄板板材作品以及金属马扎的制作。全市各区县教师50人参加培训。

（沈俊楠）

【召开高三语文复习研讨会】 1月22日，北京教育科学研究院召开2015年北京市高三语文复习研讨会。会议围绕实施《北京市中小学语文学科教学改进意见》背景下的高三语文试题展开研讨。与会人员介绍北京市语文教学改革的发展方向和基本要点，高三教学工作的作用、定位，以及高三教学工作的措施、建议，并就高三期末的复习思路和做法探讨交流。全市各区县高中教研员50人参加会议。

（沈俊楠）

【召开中小学课程教材建设工作会】 3月17日，北京教育科学研究院召开2015年北京市中小学课程教材建设工作会。会议向各区县说明当前课程改革的背景以及《北京市义务教育课程设置实验方案调整意见（试行）》的主要内容。同时结合课程改革新背景明确下一步工作发展方向，提出要积极推进“三级课程、国际课程、传统教材和数字课程资源”四大领域的研究和发展，促进研究项目在各区县、学校的推进。北京教育科学研究院、16个区县及燕山地区相关领导，教研部门、课程部门负责人90余人参加会议。

（武泽钰）

【召开高中生涯规划电子教材启动会】 4月10日，北京教育科学研究院召开《高中生涯规划与管理》电子教材启动会。会议内容包括生涯电子教材特点及优势介绍；生涯电子教材实验方案说明；针对实验方案进行研讨及答疑。北京教科院相关负责人及有关研究人员、骨干教师、研发公司有关领导和技术人员60人参加会议。

（武泽钰）

【举办思想品德教学观摩研讨会】 4月16日，北京教育科学研究院举办“关注学习过程，提升学科能力素养”教学观摩与研讨会。会议分享来自一线学校的课程改革与教学方式改革的经验与做法，并分7个分会场同步观摩由北京十一学校7名思想品德、思想政治学科教师执教的研究课。全市16个区县及燕山地区教研员、骨干教师300人参加会议。

（沈俊楠）

【开展中小学课程教材资源网应用研讨】 4月20日，北京教育科学研究院召开北京市中小学课程教材资源网上线及应用研讨会。会议介绍网站整体建设情况、演示网站内容和电子教材客户端。按照计划，网站开通后，课程中心会同各区县开展相关推进工作，致力于丰富优质课程教材资源。市教委、北京教科院、教育网络和信息中心相关领导，以及16个区县及燕山地区首都特色资源建设项目和学习方式项目负责人、北京数字学校、网站建设技术支持单位70余人参加会议。

（武泽钰）

【举办信息技术学科网络听评课】 4月23日，北京市小学信息技术学科网络听评课展示活动在顺义区石园小学举行。顺义区石园小学、建新小学教师现场授课，同时通过网络直播，北京市各区县信息技术学科教师登录网络看课、评课。活动实现北京市跨区域网上同步直播、实时评课，是顺义区信息技术学科教学的一次创新性尝试。北京教育科学研究院、北京教育学院专家，以及各区县68名教师参与网络听评课。

（邵明珠）

【四区联合教研】 5月6日，怀柔、平谷、房山、门头沟四区教委在怀柔区第二中学联合举办首届“京山杯”小学课堂教学交流活动。活动中，来自不同区县的4名语文教师进行课堂教学展示，与会校长、专家对教学活动进行现场点评，并以聚焦课堂教学、提升教育质量为主题交流研讨。四

区通过组织干部交流、教学展示、实地调研等活动，建立区县、校际、教师等多层次的交流平台，共同探索提高教育教学质量的工作机制和有效措施，进一步实现首都基础教育优质、均衡发展。10 月 21 日，由平谷区教委主办的“落实新课程计划、我们在行动”——平谷、怀柔、房山、门头沟四区第二届“京山杯”小学教育论坛活动在平谷区教工休养院举行。怀柔、平谷、房山、门头沟四区教委领导、小教科长、语文教研员、各小学校长 160 余人参加活动。

（缑金秋　孙荣菊）

【举办主题教学活动】 5 月 9 日，北京教育科学研究院举办“今天我们这样教学”主题活动。活动分成 12 个组开展教学展示，包括语文、数学、英语等 13 个学科，要求各教学展示教师做 15 分钟现场说课，与会专家开展现场质询和指导。北京教科院、丰台区教委相关负责人，北京教科院各实验学校教师 100 余人参加活动。

（佟德）

【举办小学语文教学观摩活动】 5 月 12—15 日，北京教育科学研究院举办北京市第二届小学语文教学观摩活动。活动包括“声律启蒙”国学诵读、“少年中国梦”舞蹈演出等内容，20 名语文教师开展课堂教学展示。活动由北京教科院主办、密云县教委承办。全市各区县语文教师 2000 人次参加活动。

（沈俊楠）

【研讨交流德育课程】 5 月 20 日，北京教育学会中学政治课教学研究会举办“内化于心外化于行——德育课程培育和践行社会主义核心价值观教育”研讨交流活动。活动包括课堂观摩、主题交流、专家点评共三个环节。北京汇文中学呈现4节政治研究课，分别是《担当自己的责任》《法眼观“微”——权利义务有约》《政府的威信从何而来》和《诗意——文化传承与创新专题复习》。4 节研究课重在观点教育，引导学生加强观念认识、体验内化、践行反思。各区县教研员及骨干教师代表 140 人参加研讨。活动与北京教育科学研究院合作举办。

（马亚莉）

【召开中学器乐教学研讨会】 5 月 27 日，北京教育科学研究院召开 2015 年北京市中学器乐教学研讨会。研讨会以“中学器乐教学的形式、内容与方法”为主题，邀请北京市鲁迅中学教师做《金孔雀与凤尾竹》传统单一音色教学乐器的器乐教学课例，北京市第一五六中学教师做《森吉德玛》传统多音色乐器的器乐教学课例，北京市第四中学教师做《校园 iPad 乐队的组建》教学课例介绍。研讨会梳理中学器乐教学定位、目标、内容与方法，帮助教师明确器乐教学方向，提高对器乐教学作用的认识程度。全市各区县中学音乐教研员和骨干教师 170 人参加会议。

（沈俊楠）

【举办小学语文阅读教学研讨】 6 月 5 日，北京教育科学研究院举办北京市小学语文主题阅读教学研讨活动。活动介绍主题阅读教学的研究历程，邀请教师做《和谐共处》《动物的互惠互助》《诗中的春天》《精心创造的生活》《成功的必经之路》5 节研究课。活动由平谷区教育研修中心小语室和北京绿谷小香玉艺术学校共同承办。全市各区县教研员和各校副校长，教务主任和骨干教师代表 500 人参加活动。

（沈俊楠）

【部署中小学课程资源网实验工作】 6 月 15 日，北京教育科学研究院召开北京中小学课程教材资源网重点实验区县工作部署会。会议介绍北京中小学课程教材资源网情况并就重点工作进行部署。中小学课程教材资源网重点实验区县包括东城、朝阳、门头沟 3 个区。市教委、北京教科院、北京教育网络和信息中心、北京数字学校单位相关负责人，实验区县教委、教研及信息中心负责人、首都特色课程资源建设项目及学习方式项目负责人、部分北京教科院实验学校校长及教师代表 50 人参加会议。

（武泽钰）

【举办社区教育特色课程总结交流活动】 7 月 9 日，北京教育科学研究院举办 2015 年北京市社区教育特色课程教学大纲、教材评选活动总结交流会。会议总结 2015 年北京市社区教育特色课程、教材评选活动情况，为获得教学大纲和教材一等奖获得者及组织奖获奖单位颁发获奖证书和奖牌，获奖代表以“如何开展社区教育课程教材建设”为主题做大会交流发言。市教委、北京教科院领导及各区县教委职成科、社教科负责人，各有关社区学院、社区教育中心和职业院校获奖教师 102 人参加会议。

（刘海霞）

【3 人获物理教学改革创新一等奖】 8 月 19—22 日，北京 3 名教师获得全国中学物理教学改革创新大赛一等奖。经过区县和市级选拔，来自清华大学附属中学永丰学校的张林、北京市丰台路中学的鲍建中、北京市第二中学的石江春、通州区永乐店中学的杨旭升 4 人代表北京参加全国中学物理教学改革创新大赛。其中，张林的“杠杆与生活”、鲍建中的“神奇的感应开关”、石江春的“电容器电容”获得一等奖，杨旭升的“机械波的形成与传播”获得二等奖。全国中学物理教学改革创新大赛由中国教育学会物理教学专业委员会组织，全国 29 个省市自治区的 118 名物理教师参加比赛，其中，获得一等奖 48 人、二等奖 48 人、三等奖 22 人。

（沈俊楠）

【开展社区教育课程教学大纲培训】 9 月 29 日，北京教育科学研究院举办 2015 年北京市社区教育课程教学大纲开发培训会。会议从研究内容与方法、研究结论与对策、成果与影响、改进与完善等方面介绍课题研究有关情况。市教委、北京教科院相关领导，各区县教委职成科、社教科负责人和参与北京市社区教育教学大纲开发的相关教师、指导专家 90 余人参加会议。

（沈欣忆）

【举办文化艺术校外实践观摩会】 10 月 14 日，市教委、北京教育科学研究院共同举办文化艺术类校外实践活动课程实施观摩会。观摩会开展校外实践活动课程教学展示，与会人员听取题为《如何开发、实施九年贯通式实践活动课程》及《如何基于校外资源开展混合式课程学习》的经验介绍，邀请中华民族博物院专家就“校外实践活动课程的开发与实施”问题做经验分享。各区县教委、教研、实验学校、课程资源单位共230人参加会议。

（沈俊楠）

【举办中小学生涯教育培训会】 10月15日，北京教育科学研究院举办中小学生涯教育培训会。培训会邀请生涯咨询专家古典以《如何做好中学生涯教育》为题，介绍生涯、生涯流派与系统，以及中学生涯教育内容。各区县教研部门负责人、学校生涯教育负责人和教师共计120人参加培训。

（朱凌云）

【举办初高中教学衔接专题研讨】 10月16日，北京教育科学研究院举办初高中教学衔接专题研讨活动。活动以《辛亥革命》为题，进行初、高中两个学段及高中学段内高一、高三两个年级不同教学侧重点的研究与教学实践。来自全市16个区县及燕山地区教研员以及一线教师150人参加活动。

（沈俊楠）

【举办理例结合教学展示交流】 10月16日，北京教育科学研究院举办理例结合教学展示交流活动。活动探讨思想品德与思想政治课堂教学中理论逻辑与生活逻辑关系问题。全市47名德育课教师分初中、高中两个会场进行现场教学展示。与会人员围绕学科专业理论、学科教学实施等方面，结合具体案例开展理例关系的研究探讨。全市16个区县及燕山地区中学德育课程教研员和骨干教师共计260人参加活动。

（沈俊楠）

【举办小学科学教学改革报告会】 10月17日，北京教育科学研究院举办“探讨小学科学教学改革与创新”主题专家报告会。会议邀请英国科学教育协会前任主席鲍勃·基布尔（Bob·Kibble）作题为《关于科学教学的改变和发展趋势》报告，报告阐述“关于社会（建构）学习和学习者的声音”等内容。全市各区县科学教师200人参加会议。

（沈俊楠　马亚莉）

【组织高中生涯课程教材跨区研讨】 10月22日，高中生涯规划与管理课程教材跨区研讨会在延庆县第一中学召开。会议由延庆、东城、顺义、朝阳四区共同举办，与会人员研讨生涯课程教材的实施方式以及教学方法。会议展示11节高中生涯课程。北京教育科学研究院、北京工商大学相关专家，高中生涯规划与管理课程教材市项目组成员，各区县教委中教科、教科研中心负责人以及各区县实验校骨干教师110余人参加活动。

（武泽钰）

【参加化学创新实验研讨会获奖】 10月27—30日，北京8个化学实验课程参加全国第十二届化学创新实验研讨会化学创新实验展示获奖。其中，北京师范大学实验中学梁凯《多用途气体定量反应装置》，昌平区南口中学张霞、昌平区教师进修学校王环峰《水的净化演示实验改进》，北京十二中罗敏、梅育青《产气速率定量装置》，通州区张家湾中学王姝玮《电解实验的创新应用》4个实验获得全国一等奖。另有顺义牛栏山第一中学王静怡的《氯气的彩袋魔术》等4个实验获全国二等奖。全国第十二届化学创新实验研讨会由中国教育学会化学教学专业委员会主办，28个省市的203个实验参加展示。

（沈俊楠）

【召开高中体育课程改革研讨会】 10月28日，北京教育科学研究院召开北京市高中体育与健康课程改革研讨会暨特级教师马凌工作站研讨会。会议分为教学展示、交流研讨和“潞河体育文化论坛”三个部分。潞河中学11名体育教师分别做田径（必修）、体操（必修）、健美操（选项）、篮球（选项）等11节课的现场展示，马凌结合目前正在进行的高中课标修订工作介绍北京市高中课改取得的成果和经验。通州区教委、教师研修中心相关人员，中国教育学会体育与卫生分会、首都体育学院9名北京市特级教师及区县体育教研员、青年骨干教师、通州区全体高中体育教师300人参加活动。

（沈俊楠）

【举办高中通用技术课堂观摩展示】 10月28日，北京教育科学研究院举办2015年北京市普通高中通用技术课堂教学观摩展示会。展示会以“高中通用技术——学生技术实践项目开发与有效实施的教学研究”为主题，昌平教师进修学校教师介绍昌平区“通用技术课堂教学中——学生技术实践项目开发与有效实施策略的实践研究”课题研究情况，昌平区前锋学校教师简要介绍区域典型技术实践项目《钥匙扣的设计与制作》，并做《优化设计方案》和《攻丝及螺丝加工》两节观摩展示课。与会人员就通用技术课程建设的有效做法及问题交流研讨。各区县通用技术教学员和教师100人参加会议。

（沈俊楠）

【跨区县联合教学研讨】 10月30日，北京市初中生物跨区县联合教学研讨活动在怀柔区第四中学举行。活动观摩顺义牛栏山第一中学、北京景山学校大兴实验学校、密云县第六中学和怀柔区第四中学的四节公开课。与会教师根据兴趣和需要自由选择听课。四名主讲教师说课后，北京教育科学研究院教研员和其他四区教师进行点评。北京教科院教研员及来自全市的初中生物教师130余人参加活动。

（缐金秋　刘会伶）

【9个教学片获历史教学评比一等奖】 10月30日至11月1日，北京市9个历史教学片获得中国教育学会历史教学专业委员会全国年会教学片评比一等奖。北京市共送评10个教学片段，其中，《殖民扩张与殖民地的反抗》（魏龙环）、《镜鉴商周—甲骨文与青铜器》（倪晶）、《独立宣言》（梁爽）等9个教学片获得一等奖。中国教育学会历史教学专业委员会全国年会每年举办一次，包括教学展示、优秀教学片评比等环节，全国历史教师和教研员2000人参加会议。会议共收到历史教学短片270余个，其中，一等奖130余个、二等奖140余个。

（沈俊楠）

【两人获全国中小学实验说课一等奖】 10月31日至11月2日，北京两名教师在第三届全国中小学实验教学说课活动中获得一等奖。经过评比选拔、择优推荐，全国各省（自治区、直辖市）及新疆生产建设兵团286名教师参加现场说课。说课包括小学科学、中学物理、中学化学、中学生物四组。经专家预评和现场评审，以及评审委员会和组委会研究，最终评出一等奖87名、二等奖113名、三等奖86名。北京市通州区第二中学商允菊、北京师范大学附属实验中学王卫红分别获得中学生物初中组、高中组一等奖。

（沈俊楠）

【小学语文优秀传统文化走进校园】 11月3日，北京教育科学研究院举办小学语文优秀传统文化走进校园活动。活动邀请两名教师做《望庐山瀑布》《春夜洛城闻笛》展示研究课，与会人员就校本课程研究成果的展示及“语文教学创新论坛”研讨交流。北京教科院、朝阳区教委及各区县小学语文骨干教师300人参加活动。

（沈俊楠）

【在初中信息技术课展评中获奖】 11月3—6日，北京5名初中信息技术学科教师在2015全国初中信息技术优质课展评活动中获奖。其中，北京东直门中学赵俊芳、北京师范大学附属中学周思博获特等奖，西城区实验学校马寅春获一等奖，另有两人获二等奖。2015全国初中信息技术优质课展评活动由中国教育技术协会信息技术教育专业委员会举办，包括基本功竞赛、展示课、示范课3个环节，来自全国27个省市自治区及新疆生产建设兵团的123人参赛。

（沈俊楠）

【召开高中作文教学研讨会】 11月12日，北京教育科学研究院召开北京市高中作文教学研讨会。会议邀请昌平区前锋学校3名教师分别做高一、高二、高三年级3节研究课，市教科院教研员做点评并就高中作文教学、高中考试改革作专题讲座。昌平区教委、昌平区前锋学校等相关负责人和部分区县高中语文教研员、教师200人参加会议。

（沈俊楠）

【举办初中劳技教学意见解读会】 11月13日，北京教育科学研究院举办北京市初中劳动技术学科教学指导意见解读会。会议从课程性质与价值、课程目标、课时安排、课程内容与要求、实施建议五方面解读《北京市初中劳动技术学科教学指导意见》，各区县教研员及教师代表就开课模块、教学案例、操作载体、试验室配置、耗材配置等问题研讨交流。全市各区县初中劳动技术教研员及教师60人参加会议。

（沈俊楠）

【召开新课程计划研讨会】 11月13日，北京市落实义务教育新课程计划系列研讨会（之四）——暨“遨游计划”课程创新展示活动在北京市第四中学召开。会议以“多元课程，自主选择”为主题，包含听课和集中交流两部分内容。听课部分展示特色英语类、综合研究类、实践体验类共41节选修课程；集中交流部分介绍四中恢复初中建校十年来课程建设方面的情况。活动由市教委、北京教育科学研究院主办，四中承办。市教委、中国教育科学研究院、北京教科院、四中等单位相关负责人，以及各区县中小学校长、教师共400人参加活动。

（武泽钰）

举办开放性科学实践展示会

【召开中职创新成果展评会】 11月16日，北京教育科学研究院召开2015年北京市中等职业学校技术技能创新成果展评会。会议组织高职组、中职组两组专家分别对54份成果作品开展评审，经专家组初评、复审等程序，共评出一等奖6个、二等奖10个、三等奖19个。北京市中等职业学校技术技能创新成果展评会由市教委主办，每年举办一次，面向全体中高职在校生，要求在校学生提供技术技能创新成果作品。

（禹治斌）

【举办语文德育实施培训会】 11月17日，北京教育科学研究院举办北京市语文学科德育实施培训会。会议听取《语文学科德育实施策略》专题报告，结合2015年北京市德育课例《滕王阁序》，根据课标和北京市《高中语文学科德育指导纲要》精神，邀请北京教育学院石景山分院教研员开展课例点评。全市中学语文教师100人参加会议。

（沈俊楠）

【举办初中语文学科现场会】 11月18日，北京教育科学研究院举办的北京市初中语文学科“整合校内外资源，促进学生综合发展”现场会在延庆县第三中学举行。延庆三中教师以校园文化景观“兰亭园”为学习资源，做“雅园启心智、文化陶情操”语文实践活动课；延庆县第四中学教师整合课文《化石吟》和“延庆地质博物馆”资源，做“对话——走进博物馆、走进化石”现场课。与会人员听取延庆县题为《基本功培训成系列，课堂改革成常态》的教研工作汇报。全市16个区县语文学科教研员和教师代表300人参加会议。

（沈俊楠）

【举办开放性科学实践展示会】 11月19日，市教委、北京教育科学研究院举办的开放性科学实践活动现场展示会在北京市第八十中学举行。会议分为课堂活动展示、大会汇报交流和学生成果展示三部分。与会人员观摩物理、化学、生物、地理等学科课堂活动展示，听取朝阳区教研中心负责人、北京市第八十中学校长题为《行政推动，专业引领，推进开放性科学实践活动课程有序、有效实施》和《创造一片天空，伴你翱翔》的专题汇报。“开放性科学实践活动”通过不同于传统课堂的实践活动方式焕发课堂活力，唤醒学生创造力和想象力，增强学生探究和创新意识，培养学生的科学精神、创新精神，提升学生“动手＋动脑”的实践能力。各区县教研员及教师代表400人参加会议。

（沈俊楠）

【举办音乐德育纲要成果交流活动】

11月24日，北京教育科学研究院举办北京市中学音乐学科德育指导纲要成果交流培训活动。活动介绍音乐学科德育指导纲要的修改过程、意义和中学音乐学科德育指导纲要的研制成果，就德育指导纲要的体例和内容以及实施建议分析说明，并向与会者介绍中学音乐优秀德育案例在选择德育点、音乐学科实施德育的教学方法、充分利用社会教育资源进行德育等方面的特点和经验。各区县中学音乐教研员和教师共计60人参加培训。

（沈俊楠）

【举办小学语文教学改进意见培训】

11月25日，北京教育科学研究院举办小学语文教学改进意见培训会。会议对市教委《北京中小学教学改进意见》进行解读，邀请北京教科院小学语文教研室主任从改进意见出台的背景、改进意见的具体说明、教学中的落实途径三方面对与会人员进行培训。《北京中小学教学改进意见》2014年颁布，就改进中小学语文教学提出21条意见。全市各区县教研员、小学语文骨干教师100人参加培训。

（沈俊楠）

【举办思想品德德育纲要培训会】

11月27日，北京教育科学研究院举办北京市思想品德学科德育指导纲要培训会。会议介绍思想品德学科德育指导纲要修订的背景、主要内容、教学建议等问题。各区县中学德育课程教研员和骨干教师70人参加培训。

（沈俊楠）

【召开基础教育课程教材改革总结会】

11月27日，2014—2015学年度北京市基础教育课程教材改革实验工作总结会召开。会议以“公平、立德、改革”为主题，总结“十二五”期间基础教育课程改革的成果和经验，明确“十三五”课改的主要方向、重点任务和具体思路。与会人员听取题为《教育改革中的校长和教师》的专题报告。大会同时邀请北京教育科学研究院、北京教育考试院、北京市教育督导与评价中心等单位相关人员围绕课程教材、教学改进、中高考改革、综合素质评价、教育新地图中的办学体制改革等问题做相关说明，邀请大兴区教委、清华大学附属小学、北京第一六六中学等单位代表分别就“落实新课程计划推进区域教育综合改革”“基于核心素养的‘1＋X课程’的深化与创新”“融通教育要素润泽多彩生命”等主题作交流发言。会议同时表彰2014～2015学年度基础教育课程改革优秀课堂教学设计、优秀课改论文、综合素质评价工作先进单位和先进个人，表彰北京市基础教育课程建设先进单位、课程建设优秀成果，第二届原创优质课程辅助资源。市教委、北京教科院、北京教育学院、北京教育考试院、北京师范大学、首都师范大学单位负责人，各区县中小学主管主任、中小教科长、教科研部门负责人，中小学校长、教师代表，以及相关媒体记者700人参加会议。

（武泽钰）

【举办《红岩》主题教学现场会】

11月27日，北京教育科学研究院、中国人民大学附属中学、海淀区教师进修学校共同举办《红岩》主题阅读现场会。会议介绍人大附中开展名著阅读的经验做法，人大附中教师和学生以朗诵、访谈、配音、展示读书笔记等方式呈现阅读《红岩》所取得的成果，该校语文特级教师对学校如何开展立体阅读、深度阅读作进一步阐释。市委、市教委、北京教育科学研究院等单位领导专家以及各区县语文教研员及教师600人参加会议。

（沈俊楠）

【举办中小幼教育教学视频评优】

11月，北京教育网络和信息中心公布2015北京市中小幼教育教学视频评优结果。各区县共送交434件作品参加评比，其中，教育教学类133部、专题类99部、校园电视类27部、文艺类55部；摄影类120部。通过专家评委评比，评出教育教学类一等奖4个、二等奖16个、三等奖39个；专题类一等奖5个、二等奖12个、三等奖28个；校园电视类一等奖2个、二等奖3个、三等奖9个；文艺类一等奖3个、二等奖6个、三等奖18个；摄影类一等奖4个、二等奖13个、三等奖29个。作品的整体水平比上年有明显提高。活动开始于5月。

（马东）

【举办初中英语标准教学指南培训会】

12月1日，北京教育科学研究院举办北京市初中英语学科能力标准与教学指南培训会。会议介绍初中英语学科能力标准与教学指南的研究背景、研究过程和成果，总结2001年《英语课程标准》颁布以来北京市初中英语教学改革取得的成效和存在的问题，并提出教学改进意见。各区县教研员和一线教师200人参加培训。

（沈俊楠）

召开基础教育课程教材改革总结会

【召开高中物理课堂研讨会】 12月1日，北京教育科学研究院召开的“北京市高中物理以整合促发展课堂教学研讨会”在北京市第八中学举行。研讨会探讨通过整合教学内容并实施教学促进物理核心素养教学的有效性。与会教师观摩《牛顿第二定律》《自由落体运动》两节“课程整合”观摩课，听取物理教育专家的课程点评和题为“三维目标与核心素养”的微讲座。全市各区县物理教师200人参加会议。

（沈俊楠）

【召开化学学科能力发展研讨会】 12月2日，北京教育科学研究院召开促进学生化学学科能力发展教学研讨会。会议围绕初中化学课程中促进学生学科能力发展的教学策略，展示北京市第五十中学两名初中教师《地球上碳都到哪里去了——二氧化碳的性质》研究课。研究课重点展示学生获取信息能力、实验与探究能力、解决实际问题能力的培养。课后，北京教科院化学教研室介绍化学学科能力及教学策略的研究情况，并以研究课为例，分析在课堂教学中促进学生能力发展的基本教学策略。16个区县及燕山地区初中化学教研员和教师200人参加会议。

（沈俊楠）

【举办全市小学语文联片教研】 12月2日，“推进阅读与表达工程提升学生综合素养”——北京市小学语文联片教研活动在密云县太师屯镇中心小学举行。活动由密云县教委和北京教育科学研究院联合举办。联片教研活动交流密云县小学语文“阅读与表达工程”工作经验，展示太师屯中心小学三节语文课。顺义、怀柔、平谷三区教研中心语文教研室成员及部分骨干教师，密云县教师研修学院及密云县小学语文教学干部共计130人参加活动。

（黄维国）

【开展社区教育课程建设总结培训】 12月15日，北京教育科学研究院举办北京市社区教育课程建设项目总结培训会。会议从项目内容、成效与特色三个方面总结2015年度社区教育课程建设项目的实施情况与效果，并从社区教育发展历史，终身教育新理念和首都社区教育发展方向三个方面开展培训。市教委，相关区教委职成科（社教科）、职成教研中心、社区教育学院、社区教育中心及相关职业院校负责人及骨干教师150人参加培训。

（沈欣忆）

【举办幼儿园园本课程交流会】 12月18日，北京教育科学研究院举办北京市幼儿园园本课程经验分享交流会。活动中，各与会幼儿园代表分享园本课程建设的过程、成果和经验。中华女子学院幼儿园、西城区三义里第一幼儿园、延庆县第二幼儿园等10所幼儿园参加活动。

（张霞）

【开展小学英语教学观摩研讨活动】 12月18日，北京教育科学研究院、北京师范大学共同举办小学英语教学观摩研讨活动。活动分享北师大小学英语特色样板校和小学英语教师行动研究项目的研究成果，与会人员就小学英语阅读教学、小学英语学科实践活动、小学英语戏剧课程的开发以及北京版教材的使用等热点问题交流探讨。16个区县及燕山地区教师150人参加活动。

（沈俊楠）

【开展小学青年教师微格教学技能评比】 12月26日，北京市小学青年教师微格教学技能展示评比活动在北京教育学院举行。活动要求参赛选手撰写微格教案，并根据教学设计进行说课，同时围绕一个教学片断展示提问和讲解技能。来自西城、朝阳、海淀等13个区的362名青年教师参加评比。选手们分18个赛场进行展示，涉及10个学科。各区教师培训部门推荐的学科教研员、特级教师、骨干教师以及教学技能专家作为评委参加活动。

（刘琳）

【推进网上家长学校课程建设】 至年底，北京教育科学研究院召开研讨及培训会推进网上家长学校课程建设工作。1月28日，北京教科院召开北京市网上家长学校2015年寒假课程团队研讨会。会议交流2014年参与网上家长学校建设工作的经验与感受，对2015年工作提出设想和建议，强调2015年网上家长学校建设要按照市教委的要求完成小学1～3年级家长专题指导课程的开发。全市网上家长学校课程团队、优秀班主任、优秀家长、实验教师代表，寒假课程团队实验区县、实验学校负责人40余人参加会议。6月19日，北京教育科学研究院举办北京市网上家长学校课程建设工作推进会。会议就网上家长学校课程建设工作进行部署，并做网上家长学校学习资源开发专题写作方法培训。各区县项目负责人、网上家长学校课程建设承担学校负责人共100人参加会议。北京教科院另于11月12日举办北京市网上家长学校专题课程开发培训暨博客表彰研讨会。会议对北京市网上家长学校专题课程开发做专题培训，表彰北京市第四届中小学博客大赛优秀博客。北京教科院相关人员及各区项目负责人、网上家长学校专题课程开发实验学校项目负责人和教师代表、博客获奖教师代表110人参加会议。

（刘韬）

（本栏责任编校　张晓兰）

师资建设

38+19
38
+19
57
38+19=57
38
+19
57
38+19=57
38
+19
57
38+19=57
38
+19
57
38+19=57
38
+19
57

综　　述

2015年，北京教育人才人事工作落实教育中长期规划纲要，全面深化首都教育综合改革，坚持“优先建设、优势引领、优质提升、优化机制”的人才工作方针，深化人事制度改革，按照分类、分层原则，努力培养和造就一支师德高尚、业务精湛、结构优化、充满活力的高素质、创新型、国际化教育人才队伍，全面完成“十二五”规划各项任务，为建设中国特色和谐宜居之都提供人才和智力支持。

开展分层培养，突出高端引领，促进干部教师专业化发展

全面促进高校教师的专业化发展。继续对近三年批准引进的7名高层次人才、81名特聘教授、100名长城学者、50个创新团队、500名青年拔尖人才、2000名青年英才给予资助培养。选派近百名优秀青年教师到北京大学、清华大学等教师发展基地进行为期一年的研修，进一步充实人才后备力量。继续做好国家“千人计划”和北京市“海聚工程”人选的推荐、报送以及引进海外高层次人才规划工作。选派市属高校90名研修学员到各教师发展基地开展为期一年的研修工作。

着力打造职业院校骨干教师队伍。继续实施“北京市职业院校教师素质提高工程”，依托全市15个职业院校教师培训基地，开展32个专业教师培训项目和6个教师培训试点项目；对选拔的职教名师、专业带头人、优秀青年骨干教师给予资助培养，并进行中期检查。

全面提升基础教育教师的综合素质。继续实施“北京市中小学名师发展工程”，对140多名中小学名师培养对象进行专项培训，设立“北京市中小学特级教师研修工作室”，为17名特级教师设立研究课题，加强北京市中小学高层次人才队伍建设。继续实施面向农村中小学教师的远郊区县区域教育合作项目、京郊教师“绿色耕耘”培训、农村地区小学数学教师专业发展培训、中小学英语教师“歆语工程”培训、提升农村小学英语教师教学能力培训、老教协农村支教、农村幼儿园转岗教师培训等项目，2015年累计培训8000余人。加大“北京市特级教师京郊行”活动的力度，全年共选派特级教师37人赴5个远郊区县22所中小学进行示范课、听评课和讲座，辐射教师近3000余人。启动“北京市中小学教师信息技术应用能力提升工程”，印发《北京市中小学校校本培训意见》，并组织开展北京市中小学校本培训示范校的遴选工作。

努力提升中小学校长、幼儿园园长管理能力和水平。继续实施中小学名校长发展工程。对23名中小学校长培养对象进行专题培训。启动第一期幼儿园名园长工程，科学设计培训课程，深入实践跟岗学习。积极引进境外优质培训资源，对中小学校长进行卡内基领导力和沟通能力专项培训，收到良好效果。继续开展京苏粤优秀中小学校长联合培训，共选派40名中小学校长参加培训。

围绕重点难点，健全管理制度，提高教师队伍建设水平

建立健全师德建设长效机制。根据上级文件和要求，市教委组织研制《北京市关于建立健全市属高校师德建设长效机制实施办法》和《关于建立健全北京市中小学师德建设长效机制实施办法》，从根本上遏制和杜绝师德失范现象的发生，切实提高北京师德建设水平，全面提升各级各类学校教师师德素养。

切实加强乡村教师队伍建设。按照市委、市政府要求，市教委牵头研制《北京市〈乡村教师支持计划（2015～2020年）〉实施办法》，采取切实措施加强北京市乡村教师队伍建设，完善乡村教师补充机制，优化优质教师资源配置，不断提高乡村教师待遇，进一步缩小北京市城乡师资水平差距。

促进义务教育优质均衡发展。组织研制《北京市关于进一步推进义务教育学校校长教师交流轮岗的指导意见》，遵循“以人为本、政策引导、合理流动、提高质量、因地制宜”的原则，以区县教育行政部门均衡配置区域内师资力量为重点，推进校长教师交流轮岗制度化建设，促进义务教育优质均衡发展。

加强和改进师范生教育与管理。结合北京市实际，研究制定《北京市加强和改进师范生教育与管理的意见》，加强和改进师范生的教育与管理，推进师范生教育内涵式发展，全面提高师范生教育质量，建立健全师范生管理机制，培养高素质专业化教师队伍。

坚持积极稳妥，提高服务水平，扎实推进教育人事制度改革

积极推进中小学教师资格考试改革试点。以建设高素质中小学和幼儿园教师队伍为宗旨，以促进教师专业化发展为导向，稳步推进中小学教师资格考试改革试点，完善并严格实施教师职业准入制度，严把教师职业入口关，努力吸引优秀人才从教，不断提升教师队伍整体素质。进一步完善北京市中小学教师资格考试改革试点工作的意见。

积极推进职称制度改革。按原职称评审办法，组织各区完成2014、2015两年教师的职称评审工作，并提高职称结构比例，增加书法等学科系列，实现教师职称评审的平稳过渡；研究调整高校、高职院校、成人学校提高教师职称结构比例，完成市级负责的职称评审工作。进一步完善《北京市深化中小学教师职称制度改革扩大试点实施方案》《北京市中小学教师职称（职务）水平评价标准及条件》《北京市中小学教师职称（职务）评审试行办法》，同时完成评委会换届和学科设置调整。

完善机构与人员编制管理。按照两委一室推进教育综合改革的部署和要求，撤销基层联络处、民办教育

处，市政府教育督导室内设机构调整并增设为：综合处、督政处、学校督导处、专项督导处、督学管理与信息化处、评估与监测处。推进成立北京市人民政府教育督导委员会，建立健全高效、权威的、相对独立的教育督导机构。

提高人事管理工作水平。组织开展“中小学教师职称制度改革专题培训”，系统介绍北京市事业单位专业技术人员职务评聘情况，总结交流中小学教师职称制度改革试点工作经验。组织市属各高校人事干部开展高校教师职称制度改革专题培训。

（杨江林）

总　类

【98 人入选教育部长江学者】 1 月 16 日，教育部公布 2013、2014 年长江学者特聘教授、讲座教授名单，北京高校 98 人入选。其中，特聘教授 86 人、讲座教授 12 人。该评选由教育部组织实施，经学校推荐、通讯评审、会议答辩、人选公示、评审委员会审定、签订聘任合同等程序，确定北京大学段慧玲等 287 人为 2013、2014 年度教育部长江学者特聘教授，北京大学 Philippe Ciais 等 91 人为长江学者讲座教授。

（张晓兰）

2013、2014 年度长江学者特聘教授（北京高校）

北京大学

段慧玲 范辉军 傅绥燕 韩世辉 侯仰龙 黄清华 刘国恩 刘海超 刘俏 刘运全 陆正飞 王博 王辉 王奇生 王新强 王正毅 吴飙 吴晓磊 谢立中 谢晓非 徐东升 许晨阳 张路

清华大学

陈劲 陈靖 韩林海 林章凛 舒继武 苏竣 田煜 王书肖 王训 颜宁 杨之曙 张扬军 郑力 朱纪洪

中国人民大学

郝立新 任剑涛 沈卫荣 孙郁 汪昌云 王轶 喻国明 岳希明 张志铭 朱信凯

北京交通大学

高亮

北京工业大学

乔俊飞

北京航空航天大学

曹先彬 丁水汀 丁希仑 龙卫球 宋凝芳 徐立军

北京理工大学

曲良体 王美玲

北京科技大学

张立峰

北京化工大学

徐福建

中国农业大学

段留生 江正强 田见晖 杨淑华

北京协和医学院

黄波 荆志成 王健伟 张烜

首都医科大学

曹彬 吉训明

北京师范大学

薄志山 崔保山 李运富 刘勇 沈珍瑶 吴向东

首都师范大学

李华瑞

北京语言大学

华学诚

中国政法大学

于志刚

华北电力大学

李永平

中国石油大学（北京）

曾联波 金衍

中国地质大学（北京）

韩贵琳

中国科学院大学

方忠 胡文平 汪寿阳 张平

（张晓兰）

2013、2014 年度长江学者讲座教授（北京高校）

北京大学

Philippe Ciais 吴军桥 许春辉

清华大学

谭勇 王印海 杨昆

北京交通大学

刘小平

北京科技大学

梅建军

北京化工大学

仲伟虹

中国农业大学

Joerg Kudla

首都医科大学

王强

北京外国语大学

黄衍

（张晓兰）

【42 人入选中青年科技创新领军人才】 2 月 26 日，科技部公布 2014 年“创新人才推进计划”入选名单，北京高校（含附属医院）42 人入选该计划“中青年科技创新领军人才”。经申报推荐、形式审查、专家评议和公示等环节，北京中医药大学丁霞等 43 人入选。计划同时公布科技创新创业人才、重点领域创新团队和创新人才培养示范基地。北京高校另有 7 个团队入选重点领域创新团队。创新人才推进计划由科技部开展并组织实施，2014 年共确定 306 名中青年科技创新领军人才、213 名科技创新创业人才、52 个重点领域创新团队和 33 个创新人才培养示范基地入选该计划。

（张晓兰）

中青年科技创新领军人才（北京高校）

北京大学

方方 刘运全 李若 陈鹏 侯仰龙 施章杰 高毅勤 郭红卫 魏丽萍

清华大学

王亚愚 刘冬生 刘辛军 祁海 孙宏斌 杨殿阁 季向阳 高喆 康重庆 温宗国 樊健生

北京工业大学

李冬 李建荣

北京航空航天大学

孙志梅 魏振忠

北京理工大学

曲良体 邱丽荣 姚裕贵

北京科技大学

张立峰 吕昭平

北京邮电大学

陶小峰

中国农业大学

刘西莉 刘学军 江正强 金危危

北京林业大学

许凤

首都医科大学

吉训明

北京中医药大学

丁霞

华北电力大学

毕天姝 李永平

中国矿业大学

聂百胜

中国石油大学（北京）

金衍

中国地质大学（北京）

朱弟成

（张晓兰）

重点领域创新团队
（北京高校）

北京大学

大气复合污染防治创新团队

稀土化学与功能分子固体材料创新团队

白血病新诊疗方法创新团队

极端光学研究创新团队

北京航空航天大学

智能交通技术创新团队

先进惯性仪表与系统技术创新团队

中国农业大学

食品非热加工创新团队

（张晓兰）

【招聘农村中小学音体美教师358人】 3月，市教委开展2015年北京市公开招聘农村中小学音、体、美等学科教师工作。此次招聘面向北京地区全日制普通高校本科及以上学历应届毕业生，要求非北京生源毕业生符合进京落户条件。招聘范围包括北京市10个远郊区县和朝阳区、海淀区、丰台区的农村地区中小学，主要招聘音乐、体育、美术、历史、地理学科教师。招聘按照“一次考试，一次补充调剂”方式组织实施，经过报名、资格审查、笔试、面试等程序，共招聘农村中小学音、体、美等学科教师358人。全市应届毕业生2700人报名参加考试。

（房卫青）

【134人获市劳动节表彰】 4月29日，

北京市召开庆祝“五一”国际劳动节暨表彰劳动模范和先进工作者大会。市委市政府共表彰1153名劳动模范和先进工作者，北京教育系统134人获得表彰。

（张晓兰）

【市教委直属事业单位招聘57人】 4月，市教委组织开展直属处级事业单位2015年公开招聘工作。市教委17个直属单位89个职位公开招聘社会人员及2015年普通高校应届毕业生，经过报名、资格审查、笔试、面试等程序，共招聘57人。

（房卫青）

【总结特级教师评选工作】 5月15

日，市教委召开北京新一批特级教师评选工作总结会。会议宣读市教委、市人力社保局《关于授予许美琳等248名同志北京市特级教师荣誉称号的决定》，听取线联平总结讲话。2014年底，市教委完成新一批北京市特级教师评选工作，共评选北京市特级教师248人，这是自1956年北京市开展特级教师评选工作以来人数最多的一次。此次评选采取倾斜政策，使学前教育、特殊教育、职业教育和农村地区的特级教师数量实现重大突破。

（张晓兰）

【举办校外教育机构教师专业评展活动】 5—9月，北京市校外教研室举办校外教育机构教师专业评展活动。16个区县的133名教师报送专业实践活动、社会实践活动、主题群众活动材料参赛，内容涉及民乐、舞蹈、西乐、科体英、声表、科普、书画一、书画二、群文一、群文二共10个类别。经过现场活动演示、评选等环节，评出一、二、三等奖。

（周立奇 李蔓）

【制定特级教师评选办法】 6月4日，市教委、市人力社保局联合印发《北京市特级教师评选办法》。文件明确本市幼儿园、中小学、区县教师培训基地、教学研究机构、少年宫（含少年之家，青少年科技馆、站）、职业高中、特殊教育学校、工读学校的在职在岗教师均可参加评选。评选周期3年一次，由市教委、市人力社保局组织开展。文件同时明确评选条件、评选名额，规定参评人员需经个人申报、单位推荐、区县遴选、评选委员会评审局等程序。该办法自2015年7月15日起施行。

（张晓兰）

【修订北京市特级教师管理办法】 6月4日，市教委、市人力社保局、市财政局印发《北京市特级教师管理办法（修订）》。新管理办法包括总则，特级教师称号、适用范围，特级教师的职责，特级教师的待遇，特级教师的使用与考核，特级教师称号的撤销，附则7部分。规定2016年1月1日起，调入北京市的外省市特级教师不再执行重新认定为北京市特级教师的有关政策，须参加北京市的特级教师评选。本办法自2015年7月15日起施行，同时废止原管理办法。

（张晓兰）

【制定学前教育先进集体及个人评选办法】 7月2日，市教委、市人力社保局联合印发《北京市“辛勤育苗”学前教育工作先进集体和先进个人评选表彰暂行办法》。文件明确“辛勤育苗”学前教育工作先进集体评选范围包括本市行政区域内通过审批设立的各种形式的学前教育机构以及关心、扶持学前教育事业发展的相关部门，先进个人评选范围包括全市学前教育系统的所有工作人员。评选活动5年开展一次，表彰先进集体150个、先进个人500人。该评选由市教委、市人力社保局成立工作领导小组负责组织实施。

（张晓兰）

【84人入选市高等学校教学名师】 7月28日，市教委公布第11届北京市高等学校教学名师奖获奖名单。经学校推荐、现场教学观摩课评价、评审专家组评议、评审委员会投票、市教委审核并公示，共有北京大学平新乔等84名教师入选第11届北京高等学校教学名师奖。

（张晓兰）

【评选校外教育活动资料】 8月，北京市校外教研室组织校外教育活动资料评选活动。活动共收到资料81份，项目涉及书画、科技、舞蹈、器乐、表演、声乐、宫本、文化等类别，经过初评和终评等程序，评出一等奖23人、二等奖18人、三等奖25人，推出3本教材学材为市级推广资料。该比赛与前三届相比，资料体现出种类广、数量多、质量高等特点，教材学材体例更规范。

（周立奇　乔琮）

【1人获“教书育人楷模”称号】 9月，北京市通州区培智学校教师李银环获2015年教育部“全国教书育人楷模”称号。李银环，女，汉族，1968年8月出生，中共党员，从事特殊教育25年，致力于残障儿童教育研究，曾获全国“五一劳动奖章”、全国先进工作者、首都未成年人思想道德建设先进个人等荣誉。2012年，李银环获得北京市人民教师奖，用大部分奖金设立学生专项奖金“白天鹅”奖。经过各省推荐、媒体展示、公众投票、组委会推选、教育部认定等程序，全国共有10人获2015年“全国教书育人楷模”称号。此评选活动每年一次。

（张晓兰）

【7个团队入选教育部创新团队】 10月12日，教育部公布2015年“创新团队发展计划”滚动支持名单，北京高校7个团队入选。滚动支持团队的资助期限为2016年1月至2018年12月，自然科学领域资助经费300万元，哲学社会科学领域150万元，中央部属高校由学校自筹经费支持，地方所属高校由主管部门和学校共同支持。共有来自安徽农业大学的“茶树次生代谢与茶叶质量安全”等64个团队入选该计划。

（张晓兰）

2015年教育部
“创新团队发展计划”
滚动支持名单（北京高校）

北京大学
风湿病的发病机制、免疫诊断及治疗
载体给药系统的分子药剂学研究
北京理工大学
电化学关键技术与化学电源
北京科技大学
低维功能材料
中国农业大学
畜禽分子育种技术
北京师范大学
土壤水文与土壤侵蚀
首都师范大学
几何拓扑

（张晓兰）

【家长教师协会成立十周年】 12月2日，北京教育科学研究院、现代教育报社共同举办“家校协作，为了儿童——北京市家长教师协会建立10年经验总结大会”。大会介绍北京市家长教师协会建设10年来的思考、行动与经验，邀请石景山区教委介绍石景山区家长、教师、社区联合委员会的工作情况，邀请北京市京源学校介绍学校家校合作的基本情况。房山区行宫园学校现场表演情景剧《我们班的家委会》。大会设校长论坛、教师与家长论坛、家长圆桌等三个分论坛，分别从“家长教师协会建设与学校发展”“教师家长合作的思与行”“家长教育与学生成长”三个角度开展研讨。来自朝阳区白家庄小学、通州区第一实验小学、门头沟区新桥路中学等单位教师、家长代表分享经验。与会人员听取《家校合作与学校发展》专题学术报告。会议同时为北京市第四届学校、家庭、社会协同教育暨北京市第一届家庭教育征文获奖人员颁奖。各区县教委和学校干部、德育主任和家长代表150人参加会议。北京市于2005年倡导中小学校成立家长教师协会，目前全市76%的学校成立该组织。该组织由教师、家长和社区人士通过自荐、选举等方式组成，旨在加强学校与家长之间的沟通，促进家长之间的团结互助，引导家长正当、有效、理性的参与学校教育管理，形成家校间互动的、常态的沟通态势，积极推进学校和家庭之间教育合作伙伴关系的形成。

（赵澜波）

【举办中国班主任圆桌论坛】 12月

19—20日，北京教育科学研究院、班主任杂志社共同举办第三届“中国班主任研究”圆桌论坛。论坛以“聚焦中国班主任政策”为主题。与会代表围绕主题，就“政策、理论和实践三者的关系”“班主任、班级和学校的发展走向”等问题开展分析讨论。来自华东师范大学等12所高校，上海市松江区教师进修学院，深圳市光明新区教育科学研究中心，北京市部分区县教科所、教师进修学校、教育研究考试中心和中小学校，《班主任》《教育科学研究》《班主任之友》《中国德育》等杂志社以及华东师范大学出版社、北京源创一品文化传播有限公司等单位相关人员45人参加论坛。该论坛于2013年创办，定位为小规模、研究性、专业性的高端学术交流论坛，旨在提高中国班主任研究的专业性和学术性，培育中国班主任研究的专业团体和专业文化，促进中国班主任研究与国际教育学术的开放、平等和创造性的对话。

（曲怀志）

【成立心理健康名师发展研究室】 12月24日，北京教育科学研究院北京市中小学心理健康教育名师发展研究室揭牌成立。该研究室以丰台区为试点，以促进北京市心理健康教育教师专业发展为目标，旨在形成心理健康教育教师发展共同体。研究室办公地点设在北京教育学院丰台分院，挂靠北京教育科学研究院德育研究中心。研究室设主任1名（北京教科院德育中心任命并由该中心人员兼任）、副主任一名（丰台区青少年心理健康教育中心人员兼任、由教科院德育研究中心聘任）。研究室成员（首批12名）以丰台区专职心理教师和教研员为主，其他区县为辅，按照入室条件选拔。北京教科院、丰台区教委和中小学心理健康教育教师以及部分区县代表200人参加揭牌活动。

（郭喜青）

【9人入选“双千计划”】 12月30日，教育部、中央政法委公布高等学校与法律实务部门人员互聘“双千计划”2015年度入选人员名单。本年度共确定北京市海淀区人民法院李颖等256名法律实务部门专家、北京大学王锡锌等232名高校教师入选该计划，其中，北京高校教师9人受聘法律实务部门，同时聘用法律实务部门专家14人。“双千计划”由教育部、中国政法委组织开展，是在法学高校和法律实务部门之间的互聘制度，2013年开始施行，旨在推动法律人才教育培养，改善法学教育界和法律实务部门之间脱节情况。

（张晓兰）

高等学校与法律实务部门人员互聘“双千计划”2015年度高校派出人员名单（北京高校）

王锡锌　北京大学（最高人民法院）

刘广三　北京师范大学（最高人民法院）

李璐玲　首都经济贸易大学（北京市东城区人民法院）

李荣　中央民族大学（北京市大兴区人民检察院）

王琪　中央民族大学（北京市大兴区人民检察院）

栗峥　中国政法大学（北京市朝阳区人民检察院）

王学棉　华北电力大学（北京市昌平区人民法院）

李卫红　中国青年政治学院（北京市密云县人民检察院）

林维　中国青年政治学院（最高人民法院）

（张晓兰）

高等学校与法律实务部门人员互聘“双千计划”2015年度高校接受人员名单（北京高校）

李颖　北京市海淀区人民法院（清华大学）

马民鹏　北京市海淀区人民法院（清华大学）

杨德嘉　北京市海淀区人民法院（清华大学）

张弓　北京市海淀区人民法院（清华大学）

赵鹏　北京市人民检察院第一分院（清华大学）

何通胜　北京市第三中级人民法院（北方工业大学）

吉罗洪　北京市第一中级人民法院（北方工业大学）

殷华　北京市海淀区人民法院（北京工业大学）

张涛　北京市通州区人民法院（北京工业大学）

张康林　北京市通州区人民政府法制办公室（北京工业大学）

杨永华　北京市大兴区人民检察院（中央民族大学）

陈忆九　司法部司法鉴定科学技术研究所（中国政法大学）

鲁为　北京市海淀区人民法院（中国政法大学）

（张晓兰）

【投入20537.26万元开展教育人才培养】 至年底，市财政本级拨款20537.26万元开展教育人才培养工作。其中，高校8000万元，中小学、幼儿园教师9673.26万元，中小学校长、幼儿园园长2864万元。此项投入旨在保证对各级各类学校人才培养培训力度。

（纪奇明）

【开展直属单位及农村中小学公开招聘】 至年底，北京市教育系统人才交流服务中心协助市教委完成直属事业单位及农村中小学公开招聘工作。组织开展直属事业单位及农村中小学公开招聘活动10场，服务参考人员4932人次。完成市教委直属事业单位57人的招聘工作；完成各区县教委中小学358名教师岗位的招聘工作。同时中心整理编印《北京市教育系统公招服务手册》。

（侯文磊）

【接收安置军转干部53人】 至年底，市教委安置军转干部共计53人。经岗位申报、网上审核、组织面试等程序，市教委通过双向选择、指令派遣的方式接收安置军队转业干部共计53人。

（房卫青）

师资管理

【举办如何成为高效能教师讲座】 3月12—13日，北京教育科学研究院、中国青年出版社北京中青文化传媒公司、卓越教师网共同举办如何成为高效能教师专题讲座。讲座邀请美国教育家黄绍裘和黄露丝·玛丽主讲，介绍38年来全美最前沿的教育研究成果和百名成功教师的教学智慧与真实案例。全市各区县教师、教研员1500人参加活动。

（沈俊楠）

【全国校园足球培训办公室成立】 3月25日，全国青少年校园足球培训工作办公室在北京教育学院挂牌成立。受全国青少年校园足球工作领导小组委托，教育学院将全国青少年校园足球培训工作办公室挂靠于体育与艺术学院，主要围绕当前校园足球培训主体工作，重点抓培训调研、专家论证、校长研讨、培训方案策划、培训资源库建设、培训档案管理、培训宣传报道的落实，并协调培训承担单位进行培训绩效督导及培训服务等工作。6 月 27 日，2015 年全国青少年校园足球中小学校长国家级专项培训首个培训班在教育学院开班。根据教育部 2015 年青少年校园足球工作计划部署和师资培训安排，该院作为全国唯一一所承担校长培训工作的高等院校，在 6—7 月对全国 32 个省区 2000 名中小学校长（含 200 名红军小学校长）进行短期集中培训。培训分为 7 个批次，包括小学校长 3 期、初中校长 3 期和高中校长 1 期，每期均为 5 天。培训内容包括解读国家关于青少年校园足球的相关政策规划，介绍国内外青少年足球发展动态趋势，讲解创建足球特色学校的基本要求，介绍校园足球教学、训练和竞赛管理等方面的改革创新举措，观摩和交流校园足球工作案例和经验等模块。来自荷兰、德国的足球专家受邀参与该培训。

（刘琳）

【开展干部教师“国内访学计划”】 3 月 27 日至 12 月 30 日，北京教育学院开展第五期 2015 年北京市中小学干部教师“国内访学计划”。经过 10 个月的理论学习、深度访学与课题研修，本期干部班和教师班共 45 名学员结业。该项目 2011 年启动，通过与北京市国际学校合作，共同设计课程，安排学员到国际学校现场学习，同时围绕国际学校组织管理、课程设置、学生社团活动和教师发展方式等专题开展研究和探讨。

（刘琳）

【举办职业院校校长领导力高级研修班】 3 月 29 日至 4 月 1 日，市教委、联想集团共同举办北京职业院校校长领导力高级研修班。该班以“转型变革、联想融合”为主题，中、高职校长混编分组，采用体验式教学、互动研讨等方式开展培训。此次培训改变过去的行政主导式为企业主导式，引入联想集团的培训力量，强调把企业的成功经验和管理模式融入学校管理中，实现产教融合。来自 42 所职业院

校（13 所高职、29 所中职）的 46 名校长（书记）参加培训。

（张晓兰）

【举办中小学生社会大课堂信息工作培训】 3—4 月，北京市中小学生社会大课堂管理办公室召开资源单位信息工作培训会 8 次。活动内容包括征集社会大课堂资源单位活动，介绍社会大课堂门户网站信息发布方法、社会教育实践活动预约流程与操作、社会大课堂数据采集无线终端使用及注意事项等。培训要求每家单位配备一台 pos 机，用于学生参加活动记录信息。16 个区县大课堂和 500 余家资源单位参加培训。

（高付元）

【开展中小学校长培训】 4—11 月，市教委面对中小学校长组织开展北京市中小学校长境外高端资源引进培训和北京市中小学校长情商与领导力卡内基专项训练。其中，北京市中小学校长境外高端资源引进培训项目于 10 月 19 日开班，为期 3 周，全市 47 名校长参加封闭培训。通过境外知名专家讲座、分组活动等形式，学员接触到国际教育前沿的理论和实践成果，开创中小学校长培训新模式。北京市中小学校长情商与领导力卡内基专项训练项目于 4—11 月在全市 16 个区县分别举办，该项目共培训校长 486 人，效果良好。

（高新民）

【举办开放科学实践教师培训】 4—12 月，北京教育科学研究院举办初中开放性科学实践活动教师培训。北京教科院依据《北京市初中开放性科学实践活动项目手册》《北京市初中开放性科学实践活动培训手册》，分区县组织 21 场体验式教师培训。活动累计培训教师 800 余人。

（沈俊楠）

【举办教学能力提升专题交流会】 5 月 6 日，市教委、北京教育科学研究院举办北京市小学教师教学能力提升专题交流会。会议分为专题发言、现场课和专题报告三个单元。来自平谷、海淀、东城的 4 名教研员代表先后作专题发言，东城区史家胡同小学教师作数学现场课《图形的旋转》，特级教师吴正宪对本课进行点评并作题为《从“教研视角”——看教师教学能力提升》的专题讲座。会议由东城区教委、东城区教师研修中心和史家教育集团共同承办。全市 16 个区县及燕山教委小教科长、教研部门小教研负责人、学校主管教学干部，以及市、区骨干教师代表 200 余人参加会议。

（沈俊楠）

【启动中小学教师信息技术提升工程】

5 月 9 日，北京市中小学教师信息技术应用能力提升工程在北京教育学院启动。启动仪式上，北京市中小学信息技术应用能力提升工程网站正式启用。北京市中小学教师信息技术应用能力提升工程首年度培训以丰台区为试点开展，9 月 22 日至 24 日举办辅导教师培训，215 名中小学各学科教研员、学校骨干教师参加；10 月 26 日启动全员培训，包括参训学校 142 所、参训教师 9538 人，开展网络研修和校本实践 50 学时。截至 12 月 28 日，共有 8971 人登录网站学习，网络研修结业人数 8862 人，参训率 94.05%，网络研修结业率 92.91%，线下校本实践有成绩人数 9169 人。该培训共建区域学科班级 196 个，产出案例反思及资源包作业 17725 份，参与活动数 38030 条，辅导教师发起活动共 1347 个。本轮提升工程依据教育部有关中小学教师信息技术应用能力的标准体系，整合首都信息技术教育优质资源，深入研究全市中小学

信息技术条件配备与教师的应用情况，完善北京市中小学信息技术应用能力培训的系统设计，计划在2017年底完成全市中小学教师的新一轮全员培训，并在“十三五”期间探索全市中小学教师信息技术应用能力培训的常态化机制。

（刘琳）

【加强中小学教师校本培训】 5月13日，市教委印发《关于加强中小学教师校本培训工作的意见》。文件明确校本培训的性质和意义，指出校本培训是促进教师专业发展的重要途径。文件要求校本培训要遵循立德树人的根本要求、紧密结合学校实际和发展规划，坚持整体性、针对性、时效性、开放性原则。文件同时强调，校本培训实行统一领导，分级管理。市教委负责全市中小学教师校本培训的宏观管理、各区县教委负责本区县中小学校本培训规划的制定、中小学校长是校本培训工作的第一责任人。文件要求在年度公用经费预算总额的5%经费中优先保证校本培训，并合规有效使用。

（崔亚超）

【发挥家长教师协会作用研讨会召开】 5月14日和6月19日，北京教育科学研究院举办“社会、学校、家庭协同教育研究——家长教师协会运行机制的准实验研究”研讨会。5月14日的研讨会以“发挥家长教师协会作用，陪伴学生成长”为主题，在北京育才学校举行，包括分会场活动和大会交流两个阶段。在分会场活动中，北京育才学校高一（1）班班级家长教师协会组织“现代家庭教育方式探索”主题辩论会，高二年级家长教师协会举办“移动互联网时代下的学生成长”主题研讨活动。大会交流中，育才学校汇报该校家校合作工作和课题进展情况，高一和高二年级的家长代表、教师代表和社区代表分别就参与家长教师协会工作的体会汇报交流。朝阳区、石景山区、房山区、平谷区、门头沟区教委相关人员和16个区县课题负责人，实验校教师150人参加会议。6月19日研讨会以“携手共筑育人梦，友善协作赢未来”为主题，现场观摩6个年级家长教师协会组织的活动并开展大会交流。各区县课题负责人、实验校教师、家长共计170余人参加会议。

（赵澜波）

【举办校园足球初级教练员研训班】

5月20—24日，京师足球学校首期校园足球初级教练员研训班在北师大燕化附中举行。培训班由北师大主办，燕山教委承办。来自全国各省市70余名学员和燕山所有体育教师参加培训。培训班采取理论与实践相结合方式，通过专题讲座、实践指导等方式，开展教材教法分析、足球教学方法与实践、基础战术和策略、校园足球联赛组织管理等方面培训。培训班还邀请国外足球专家讲授欧式足球实训、教学技能、足球理论知识等课程。经过5天学习，燕山地区11人取得培训班结业证书，其中，5人获得初级教练员资格。

（孙景泉）

【开展干部培训总结验收】 6—12月，市教委组织开展“十二五”干部教育培训工作总结验收。市教委人事处、北京市普教系统干部培训中心、北京教育学院有关人员组成验收专家组，通过各区县自评自查、工作组分区县检查等方式对全市16个区县“十二五”期间干部教育培训工作总结验收。经过评阅自查报告，进入区县召开座谈会、查阅资料、分组访谈等程序，专家组认为，“十二五”期间，北京市高度重视干部培训工作，把干部培训作为一项战略性、基础性工作来抓；加大经费投入力度，精选培训内容，构建开放、多元、专业的培训体系；创新培训模式，注重培训工作针对性和科学性的统一，分岗、分类、分层开展干部培训工作；注重培训机构自身建设，坚持研训一体，提升干部培训工作的质量。“十二五”期间，市教委通过“首都名校长、教育家发展工程”“中青年骨干校长高级研修工程”“农村校长高级研修工程”等46个项目，市级层面累计培训各类干部10540人次，包括校长2265人次，副校长2949人次，书记165人次，幼儿园园长237人次，教育行政及直属单位干部87人次，培训者840人次。受训干部中5088人次参加高研培训。市级财政累计投入培训经费0.74亿元。各区县教育干部培训部门在“十二五”期间，培训各类干部总计58138人次。其中，完成任职资格培训2409人，提高培训37858人次，高研培训1283人次，幼儿园园长培训765人，其他（短期、校级及中层干部等各类人员）培训15823人次，各区县共计投入经费2.55亿元。

（高新民）

【人大附中召开双师教学年度总结会】

8月24日，中国人民大学附属中学召开“中央财政支持社会组织示范项目（2015）——中小学‘1+1’慕课教育救助”培训会暨双师教学项目总结会。来自全国15个省市、贫困区县近60所乡村学校120名教师参加培训及总结会。“双师教学”项目2013年启动，由人大附中、友成基金会、创新人才教育研究会、国家基础教育资源共建共享联盟共同主办，是用互联网把优质教育资源送到贫困地区的学校公益性项目。该项目2014年、2015年成为中央财政支持社会组织参与社会服务的教育救助试点项目。“双师”指每个乡村试点班有两个教师一起开展教学活动，人大附中教师负责远程网络主讲，项目学校教师通过与远程网络主讲教师合作，复讲复练、答疑等。该项目采取网络培训和现场培训两种方式，人大附中教师录制授课视频网上共享，参与该项目外地教师可根据需要，选择人大附中教师网络课，同步给学生共上一节课；

定期来京参加现场培训，共同交流学习收获。该项目已覆盖国家级贫困县的100余所乡村学校。

（王军）

【90人进入教师发展研修基地学习】 9月，北京市属高校教师90人进入教师发展研修基地学习。学员通过集中学习、导师带教、学员助教等方式，学习优秀教育教学专家的教学思想和教学科研方法，丰富教学科研实践，提升教学能力和科研能力。研修时间一年，分为脱产学习和半脱产学习两个阶段。市教委在北京大学、清华大学、北京师范大学、中国人民大学、北京外国语大学和北京交通大学6所部属高校设立教师发展基地，至年底，累计542人参加基地研修。

（纪奇明）

【举办青少年校园足球体育教师培训】

10月11日，2015年北京市青少年校园足球中小学体育教师培训项目在北京教育学院开班。该培训以匡正足球发展、建设校园足球文化为理念，以修炼足球技能水平、提高足球教学质量为主线，旨在全面提高体育教师的足球专业素质和业务能力。培训包括专家对话、技能修炼、观摩研讨环节，邀请阿根廷、荷兰外籍足球教练，足球评论员、国际级裁判等担任理论讲师。培训班安排学员赴北京市第五十四中学等足球传统学校观摩，并由外籍教练现场开展足球训练与讲解。培训班为期5天，全市16个区县及燕山地区选派500名体育教师参加培训。

（刘琳　张志华）

【举办应用信息技术与提升培训】 10月13日至11月3日，北京教育网络和信息中心举办中小学教师应用信息技术与提升培训。网络信息中心应用线上与线下（OTO）的现代远程教育手段，根据“讲授、实践、体验、研究”实验理念，开展探究式培训。培训共计50课时，其中，面授30课时、网授20课时。经综合考核，合格率90%以上。来自东城、西城和平谷等区县290名市级学科骨干教师和111名普通教师参加学习，参加人数超过项目申报时预计的45%。

（覃祖军）

【举办心理健康教育基本功培训展示活动】 10月15日，首届北京市中学心理健康教育教师基本功培训与展示启动暨培训会在北京教育学院召开。该培训与展示活动旨在丰富和创新心理健康教师培训方式，为心理教师搭建共同学习、展示交流的平台。活动以“心理健康教育课的设计与实施”为主题，主要包括心理健康课的教学设计、教学录像课、现场教学片断、现场答辩等内容，分为评估工具和标准研制、区县全员培训与展示、市级优秀教师培训、市级展示四个阶段。其中，在教学设计与教学录像课展示中，专家评委对来自北京市16个区县及燕山地区的62名优秀心理教师的教学设计和教学录像课打分评价，选出30人进行市级现场展示，并评选出一等奖10名、二等奖20名、三等奖32名、优秀奖44名、优秀指导教师44人。

（刘琳）

【举办小学劳技教师技能竞赛】 11月7—8日，北京市教育学会举办北京市2015年小学劳动技术教师技能竞赛与展示活动。竞赛内容包括金工、木工、泥工、编制和纸工。活动共评选出一等奖10人、二等奖30人、三等奖50人。全市教师300人参加比赛。

（边群英）

【开展干训工作总结评估】 11月12日，“十二五”北京市普教系统干部培训检查评估阶段专家总结会在北京教育学院召开。总结会上，专家组立足全市干部培训工作的发展，对检查评估情况通报和分析，对各区县干训工作的成绩和亮点客观评价，对存在问题进行深入分析并提出合理建议。评估专家组于10月15—30日，深入各个区县，通过听取汇报、专家质询、查阅档案材料、召开学员和培训者座谈会、专家讨论并反馈意见五个环节，对全市16个区县“十二五”期间的教育干部培训工作进行全面总结评估。

（刘琳）

【举办中小学体育教师培训】 11月12日，北京教育科学研究院举办中小学体育与健康学科能力标准与教学指南解读培训会。培训会解读《学科能力标准与教学指南：中小学体育与健康》的研制目的、过程与内容，要求各区中小学体育教研员和一线体育教师认真研究体育学科能力标准及教学要求，积极开展教学实践，切实根据不同年龄阶段中小学生的身心特点合理安排教学内容，促进本市中小学生的体能增长和运动技能掌握。全市16个区县及燕山地区中小学体育教师和体育教研员200人参加培训。

（沈俊楠）

【举办中小学心理健康教育培训会】 11月12日，北京教育科学研究院举办中小学心理健康教育培训会。培训会邀请西城区教育研修学院、北京交通大学、怀柔区教育科学研究所教师围绕沙盘游戏辅导在学校心理教育中的应用、学校开展幸福教育的相关理念与方法、利用健脑操对学生进行个体心理辅导的策略和方法等问题作业务报告。与会人员积极参与体验并讨论。各区县教研部门负责人、心理健康教育负责人、教师90人参加培训。

（朱凌云）

【承办乡村学校少年宫教师培训】 11月17—19日、24—25日，北京校外教育协会承办乡村学校少年宫教师培训。培训活动为期五天，面向北京市乡村学校少年宫（乡镇校外活动站）管理者、骨干教师，设立专家讲座、乡村学校少年宫经验交流、观摩校外教育实践基地和特色课程等活动内容，并向25个全国乡村学校少年宫和35个市级乡镇校外活动站颁发牌匾。培训活动由首都精神文明办、市教委、市财政局主办，校外教育协会组织承办。来自全市67家乡村学校少年宫和133家市级乡镇校外活动站的管理者共180人参加学习。

（王媛媛）

【中小学书记高研班结业】 12月16日，北京市“十二五”第五期中小学书记高级研修班成果展示暨结业典礼在北京教育学院举行。该班以“中小学服务型党组织建设的基本理论与特色实践”为主题，3月开班，34名中小学书记参加学习并结业。在理论专题讲座阶段，项目组根据形势要求和学员需求，邀请10余名高校和科研院所的学者专家作专题辅导。在特色观摩阶段，研修班学员相继到4所本班学员所在校、4所北京市中小学党建示范点学校、3家社会党建单位开展校际互访、党建示范点观摩和社会党建观摩等实践研修活动。在课题研究指导和特色案例提炼阶段，项目组邀请多名资深党建专家，从课题确定、文献收集、计划制定、方法选择、过程推进、成果撰写等方面，对学员开展系统、持续、深入的课题研究辅导。全体学员12月2日完成课题研究论文答辩。

（刘琳）

【完成中小学教师公共必修课培训】 12月24日，北京教育学院召开公共必修课培训总结会，北京市“十二五”中小学教师公共必修课培训结束。北京市“十二五”中小学教师公共必修课培训面向全市中小学教师，主要培训内容包括《教师职业理想与道德》和《学科教育心理学》两门公共必修课。该项目2011年6月开始编写两门公共必修课的教材，同时开发网络课程。2012年11月在西城区（北片）和燕山地区启动试点培训工作。经过六期正式培训（包含两期补修培训），完成全市中小学教师两门公共必修课的全员培训任务，共计培训137962人次。培训达到预期的培训效果，《教师职业理想与道德》培训合格率为94.76%，《学科教育心理学》合格率为92.28%。会上，全市44名师德辅导教师、77名心理辅导教师获得优秀辅导教师荣誉称号，西城、海淀、通州、昌平、石景山、房山、门头沟7个区县教师培训机构获得组织管理先进单位称号。

（刘琳）

【举办优质教育资源统筹体验式培训】 至年底，市教委举办北京市优质教育资源统筹中小学干部教师体验式培训。市教委依托北京大学附属小学、清华大学附属小学、东城区史家胡同小学、北京第二实验小学、北京市三帆中学5所学校，开展体验式教师培训项目。培训对象以郊区学校教学负责人、青年骨干教师为主，采用全脱产“一对一跟岗式”学习，为期一学期。首批参训教师共75人，各所培训学校设置培训主题内容，包括“史家小学双向选择与一对一结对培训”“实验二小教师跟岗培训”“北大附小班主任与特色活动课培训”等。

（周凯）

【开展中小学教师培训】 至年底，市教委开展市级层面中小学教师培训项目40个。市教委按照“面向全体、突出骨干、倾斜农村、服务急需”的培训思路，开展针对高层次人才、农村地区以及提升教师学科素养的培训。40个培训项目财政总投入7090万元，累计培训教师6万余人。其中，在高层次人才培养方面，继续依托北京师范大学、北京外国语大学、首都师范大学和北京教育学院，通过学术导师和实践导师的双导师制，制订个性化的培养方案，第一批68名学员按期结业，同时开展第二批75名和第三批77名名师培养对象的培养；依托北京师范大学设立北京市中小学教师引进外国优秀培训团队培训，通过邀请欧美和中国香港地区的优秀基础教育教师来京，对小学英语、初中数学和理化生共120名优秀骨干教师开展高端培训；依托首都师范大学开展特级教师工作室和教研员培训。在农村教师培训方面，通过跟岗研修、送教下乡和远程培训等模式，对10个远郊区县和燕山地区的学科教师开展有针对性的培训，特别是加大“北京市特级教师京郊行”的力度，提升参训教师教育教学中解决实际问题的能力。

（崔亚超）

【开展幼儿园教师培训】 至年底，市教委组织开展4个市级层面幼儿园教师培训项目。4个培训项目包括幼儿园市级学科教学带头人和骨干教师培训、农村转岗教师培训、新入职教师培训、“理解幼儿，促进情绪和社会技能发展”幼儿园骨干教师培训。累计培训1004人次。

（崔亚超）

职称评定与资格认定

【重新认定特级教师58人】 2月18日，市教委重新认定外省市调入北京市特级教师58人。经北京市特级教师重新认定专家组评议，市教委审核，同意认定清华大学附属小学王玲湘等58人为北京市特级教师。新认定教师从1月1日起享受北京市特级教师待遇。

（崔亚超）

【授予248人特级教师称号】 2月28日，市教委、市人力社保局印发《关于授予许美琳等248名同志北京市特级教师荣誉称号的决定》。经北京市特级教师评选委员会评选、公示，并报市政府批准，授予许美琳等248人“北京市特级教师”荣誉称号。新认定特级教师从1月1日起享受有关待遇。

（崔亚超）

【组织中小学、幼儿园教师资格考试】

3月22日、10月18日、11月1日，市教委组织3次中小学、幼儿园教师资格考试。3月22日和10月18日，市教委分别委托北京教育学院、北京市幼教师资培训中心组织上下半年两次北京市2015年中小学和幼儿园教师资格考试。该考试分别面向申请中小学、中等职业学校及幼儿园的非师范教育类专业考生，采用闭卷笔试方式，设立教育学（幼儿教育学）和教育心理学（幼儿心理学）两个科目。其中，下半年为过渡补考，面向对象为北京市中小学教师资格考试改革之前，参加市教委组织的申请教师资格认定教育学（幼儿教育学）、教育心理学（幼儿心理学）两门课程考试，持有其中一门及以上课程合格成绩证书的人员（自 2016 年起毕业的本科和专科毕业生除外）。两次考试报名 37597 人，参加考试 31715 人，设考点 56 个、考场 1100 个。其中，27580 人参加教育学、教育心理学考试，4135 人参加幼儿教育学、幼儿心理学考试。上半年中小学教师资格考试双科合格 3953 人、教育学单科合格 2616 人、教育心理学单科合格 1757 人，下半年单科补考教育学合格 733 人、教育心理学合格 623 人；上半年幼儿园教师资格考试双科合格 562 人、幼儿教育学单科合格 467 人、幼儿心理学单科合格 434 人，下半年单科补考幼儿教育学合格 147 人、幼儿心理学合格 216 人。按照国家和教育部教育体制改革的总体要求，2015 年下半年北京市中小学（含幼儿园）教师资格考试纳入教育部改革试点。11 月 1 日，市教委委托北京教育考试院组织北京市首次教师资格国考笔试，共报名考生 16493 人，实际参加考试 12499 人，在全市 12 个考点 550 个考场进行，合格考生 4924 人。笔试合格考生可参加面试。

（崔亚超　刘琳）

【认定教师资格 18893 人】　6 月和 11 月，北京市 18893 人通过教师资格认定。全市各级教师资格认定机构和依法接受委托的普通高等学校共受理教师资格认定申请 21850 人，通过教育教学能力测试等环节，共认定 18893 人。其中，市教委和依法接受委托的普通高等学校共认定 8134 人，包括高级中学教师资格 4181 人、中等职业学校教师资格 382 人、中等职业学校实习指导教师资格 8 人、高等学校教师资格 3563 人；区县教委共认定 10759 人，包括幼儿园教师资格 5033 人、小学教师资格 3472 人、初级中学教师资格 2254 人。

（崔亚超　刘琳）

【中专教师 62 人晋升专业技术职称】　9 月 20 日，北京市中等专业学校 62 人晋升专业技术职称。本年中等专业学校教师共 88 人申报晋升专业技术职称，其中，申报高级讲师 47 人、高级实验师 2 人、讲师 29 人、助理讲师 8 人、实验师 2 人。经教师高、中级职务评委会召开评审会议认定，共 62 人晋升专业技术职称，其中，高级讲师 28 人、高级实验师 1 人、讲师 23 人、助理讲师 8 人、实验师 2 人。

（陈静）

【开展过渡期特级教师认定工作】　10 月，北京市组织开展《北京市特级教师管理办法（修订）》颁布后过渡期首次外省市引进特级教师重新认定工作。经北京市特级教师重新认定专家组评议，市教委审核并经 2015 年第 23 次主任办公会讨论通过，同意认定冯丽芳等 77 人为北京市特级教师，从 2016 年 1 月 1 日起享受北京市特级教师待遇。市教委于本年 6 月印发《关于外省市调入北京的特级教师重新认定的过渡办法》，文件明确对 2015 年 12 月 31 日（含）前调入（人事关系办理完毕）北京市的未参加过重新认定或以往重新认定未通过的外省市特级教师分别于 2015 年 10 月和 2016 年 1 月开展两次重新认定工作。按照《北京市特级教师管理办法（修订）》的有关规定，自 2016 年 1 月 1 日起调入北京市的外省市特级教师不再执行重新认定为北京市特级教师的有关政策，须参加北京市的特级教师评选，方可享受特级教师待遇。

（崔亚超）

【高校教师 250 人晋升专业技术职务】　12 月 9 日，北京市高等学校 250 人晋升专业技术职务。本年共有 338 人申报晋升高校教师、科研（含高校教育管理研究）两个系列专业技术职务。经高校教师职务专业学术评议委员会评议审定，共有 250 人晋升专业技术职务，其中，晋升正高级专业技术职务 58 人、副高级职务 166 人、中级职务 26 人。

（陈静）

【中小学教师 343 人晋升专业技术职称】　12 月 27 日，北京市中学（小学）教师（管理）343 人晋升专业技术职称。各区县共推荐申报中学（小学）教师（管理）高级职称 345 人，经中学（小学）教师（管理）高级职务评委会召开评审会议认定，343 人晋升专业技术职称。

（陈静）

（本栏责任编校　张晓兰）

学生管理

综　述

2015年，北京市学生工作继续坚持“完善机制、提高质量”的指导思想，创新工作思路，重点提升高校毕业生就业创业、学籍学历管理和大学生征兵工作质量，各项工作进展有序并取得新突破。

毕业生就业创业工作

完成工作任务和目标。市教委在深入落实高校毕业生就业创业政策同时，努力拓宽毕业生就业渠道，加强毕业生创新创业教育，注重内涵发展，总体进展平稳顺利，毕业生就业创业状况与上年同期基本持平，完成年初制定的工作任务和目标。

完善北京高校大学生创新创业政策体系。一是制定印发《北京高校高质量就业创业计划》，明确北京高校就业创业工作的目标任务与重点工作。二是研究制定《北京高校示范性创业中心建设标准》，明确示范性创业中心的建设要求和建设标准，发挥示范性中心的辐射带动作用。三是研究制定《北京高校大学生就业创业项目管理办法》，建立对高校推进工作情况以及工作机制、经费配套、经费支出等的督查机制，促进北京地区大学生创业项目科学化、规范化管理。

构建北京高校大学生创业园孵化体系。科学规划、统筹资源、合理布局，构建“一街三园”北京高校大学生创业园孵化体系，为大学生创业免费提供场地支持和项目孵化服务。一是与中关村管委会、海淀区共同建设“中关村大学生创业一条街”，创建“北京高校大学生创新创业服务中心”，计划年内投入运营，为学生创业提供咨询、辅导、培训、融资、交流等全方位服务；二是在中关村核心区、中关村软件园和良乡高教园区分别建设三个市级“大学生创业园”。良乡园建设基本完成，有37支创业团队正式入驻；中关村软件园、就业创业大厦进入全面建设阶段；三是鼓励高校充分发挥自身资源优势，加强高校科技园、创业园、创业孵化基地建设，在校内为大学生创新创业实践活动提供场地。

加大北京高校大学生创新创业支持。一是支持示范性创业中心建设。开展北京高校示范性创业中心建设工作，力争通过2～3年，建成一批示范性创业中心，带动北京地区高校整体提升创业教育、创业服务和工作水平。至年底，支持20所北京高校开展示范性创业中心建设，每所高校给予50万元建设资金支持。二是加大大学生优秀创业团队支持力度。开展“北京高校大学生创业优秀团队”评选工作，为优秀创业团队提供资金支持，并优先推荐入驻北京高校大学生创业园。评选大学生优秀创业团队100个、创意团队100个，支持资金由上年的1300万元增至3200万元。三是加大高校大学生创业教育培训力度。通过北京高校毕业生就业指导中心及有关高校组织学生创业培训，通过创业讲坛、创业大赛、社团活动等第二课堂活动，丰富学生的创业知识和创业体验，传播普及创新创业理念。

切实提升北京高校毕业生就业服务水平。依托北京高校毕业生就业指导中心，为2015届毕业生举办双选会121场，提供就业岗位近30万个。其中，北京大学生就业之家举办双选会56场；联合北京地区有关高校举办校园联合双选会65场，重点帮扶高职类、郊区县、少数民族、市场薄弱等院校。投入110万元专项经费用于困难群体毕业生就业帮扶工作，开展校园培训活动113场，参训学生1.22万人次；编发《成功就业》手机报13期，发送量67万人次；开通2个就业指导微信公众账号，每个工作日向5万名关注用户推送就业资讯4～5条。截至10月31日，2015年北京地区高校的19910名困难群体毕业生就业率为97.7%，高于全员平均就业率96.8%。

学籍学历管理工作

做好日常学籍管理工作。重点提升新生学籍电子注册、学年电子注册、学历证书电子注册集中办理工作，提高服务质量。

为全面反映北京高校学生学籍学历管理与毕业生就业的发展情况，为教育行政部门及高校改革提供决策参考，推动首都高等教育综合改革深入发展，自本年起，市教委每年编发《2014年北京地区高校学生学籍学历与就业情况发展报告》，这是为全面掌握首都高等教育规模和结构的一项创新举措。

大学生征兵工作

完善体制机制，征兵工作迈上新台阶。一是建立军地协作机制。市教委与高校武装部门、兵役机关、公安等部门建立协作机制，先后召开北京大学生征兵工作调研座谈会、北京高校大学生征兵工作动员部署会、宣传周启动仪式、文化审查培训会、动员大会等，确保北京市大学生征兵工作高效有序开展。二是促进高校理顺内部征兵工作机制，促进高校武装、就业、学生、招生、教务等部门分工协作，形成合力。三是将征兵工作纳入北京市高校党建考评范围，凝聚政校齐抓共管征兵工作合力，推进北京市大学生征兵工作的开展。

强化宣传动员，激发应征热情。一是细分征兵政策，汇编成文、印刷成册、公布于网。印制《高校征兵工作法规汇编》印发至各高校。二是树立典型，集中宣传。将5—6月定为政策宣传月，多次组织开展优秀大学生士兵先进事迹报告会，举办“大学生进军营”活动，参观某红军团，积极营造参军报国无限光荣的浓郁氛围。三是充分利用微信、微博“两微”平台宣传征兵政策，针对性地推送优惠政策、先进事迹等，最大程度调动大学生参军积极性。

服务大学生士兵，抓好政策落实。开展高校征兵工作调研，切实解决高校大学生征兵工作中存在的实际问题，进一步完善退役大学生士兵退伍返校就业流程；进一步落实大学生士兵的升学工作。

（沈聪伟）

总 类

【发布高校学生学籍学历与就业情况发展报告】 1月，市教委发布《2014年北京高校学生学籍学历与就业情况发展报告》。该报告主要分为两部分：一是北京高校学生学籍学历情况发展报告，包括当年新生、在校生及毕业生按学历层次、学校类型、生源、性别等维度的分布情况和每所高校的具体数据，数据来源于北京地区高等教育学籍学历电子注册数据，包括新生学籍电子注册、在校生学年电子注册和毕业生学历证书电子注册数据，数据采集时间为当年12月31日；二是北京高校毕业生就业情况发展报告，包括当年毕业生生源、就业去向的总体情况和每所高校的具体数据，数据来源于北京地区高校毕业生就业数据库，数据采集时间为当年10月31日。报告全面反映北京高校学生学籍学历管理与毕业生就业的发展情况，为教育行政部门及高校改革提供决策参考，推动首都高等教育综合改革深入发展。报告自2015年起，每年发布一次。

（张宪国）

【发布两年度北京地区高校毕业生就业质量年度报告】 1月和12月，市教委分别发布《2014年北京地区高校毕业生就业质量年度报告》和《2015年北京地区高校毕业生就业质量年度报告》。根据教育部通知要求，2014年起，各省市、各高校要按照要求发布毕业生就业质量年度报告，客观反映毕业生就业的基本情况、主要特点、相关分析、发展趋势以及对教育教学的反馈等。基本情况包括毕业生的规模、结构、就业率、就业流向等；主要特点包括促进毕业生就业的政策措施、指导服务等；相关分析主要对毕业生就业状况的数据分析、结论总结等；发展趋势主要是对毕业生就业的趋势性研判；对教育教学的反馈主要是就业状况对招生、专业设置、人才培养等方面的影响。

（张海涛）

【实施高校高质量就业创业计划】 3月4日，市教委印发《北京高校高质量就业创业计划》。该计划面向北京地区各高等院校，促进毕业生高质量就业创业，加大创新创业人才培养力度，强化就业创业服务。计划明确提出将着力构建“一街三园”的北京高校大学生创业园孵化体系；并将搭建一个高效的在线指导咨询服务平台，以切实提高大学生就业创业指导水平；还将探索建立高校毕业生就业和重点产业人才供需协调机制，构建高校与政府部门、行业协会的协同育人机制。“一街三园”大学生创业园孵化体系一是市教委与中关村管委会、海淀区共同建设“中关村大学生创业一条街”，建立“北京高校大学生创新创业服务中心”，为学生创业提供咨询、辅导、培训、融资、交流等全方位服务。二是在中关村、良乡及沙河高教园区等地分别建设三个市级“大学生创业园”。至年底，良乡园建设基本完成，37支创业团队正式入驻；中关村软件园、就业创业大厦进入全面建设阶段。三是鼓励高校充分发挥自身资源优势，加强高校科技园、创业园、创业孵化基地建设，在校内为大学生创新创业实践活动提供场地，力争形成定位准确、布局合理、功能齐全、市校两级互动互补的创业园孵化体系。

（兰建华 侯文磊）

【印发北京地区高校示范性创业中心建设标准】 5月5日，市教委制定并印发《北京地区高校示范性创业中心建设标准》。该建设标准对组织领导、基本条件、队伍建设、教育引导、创业指导、创业服务、信息化建设、工作实绩、理论研究、工作特色10个方面提出具体建设标准，明确示范性创业中心建设要求和建设标准，提升工作针对性和效果。

（兰建华 王子辰）

【救人溺亡学生被追授“见义勇为”称号】 7月13日，密云职校计算机专业室1303班学生谭兴因勇救落水青年不幸身亡，被北京市民政部门追授“见义勇为”称号。谭兴，1998年8月生于北京市，2014年进入该校计算机与数码产品维修专业学习，2015年5月30日在密云开发区鸭子湖勇救落水青年不幸身亡。

（陆洋林）

【印发高校大学生就业创业项目管理办法】 7月29日，市教委、市财政局印发《北京高校大学生就业创业项目管理办法》。该办法根据北京市支持中央共建有关政策、国家有关财经法规以及“北京高等学校高质量就业创业计划”实施要求，确保就业创业项目及项目经费科学化、规范化管理，提高资金使用效益。市教委通过与地方政府、高等学校的合作，为大学生就业创业提供场地、经费、服务等多方面支持，增强大学生的就业创业意识，整体提升北京地区大学生就业创业服务能力的项目。办法自9月1日起施行。

（兰建华）

【高等教育培养毕业生231005人】

至10月31日，北京地区普通高等学校、研究生培养单位共培养毕业生231005人。其中，北京生源毕业生68801人，占毕业生总数29.78%，就业人数67354，北京生源毕业生就业率97.9%。按照毕业去向统计显示，升学4660人、出国5171人、拟继续升学67人、拟出国60人、申请暂不就业6人。扣除上述各种情况，实际参加就业人数58837人，占毕业生总数85.52%。按教育部统计口径，截至10月31日，毕业生就业率96.84%，其中，研究生96.77%、本科生96.95%、高职（专科）96.61%。北京地区各高校家庭经济困难等特殊困难毕业生约2万人，就业率97.7%，高于整体就业率。北京地区高校毕业生到西部地区就业约1.06万人，基层就业2.26万人。

（张海涛）

【召开毕业生就业工作会】 12月22日，

市教委、市人力社保局联合召开北京市2016年毕业生就业创业工作会。会议总结2015年北京地区高校毕业生就业创业工作，肯定各高校的毕业生就业创业工作成绩，并部署2016年毕业生就业创业工作。会议对各高校2016年毕业生就业创业工作提出明确要求：继续加强毕业生就业创业工作的领导、加快推进高等教育综合改革、加大创新创业工作力度、强化就业服务工作、做好高校毕业生就业质量年度报告发布工作。各高校和科研单位毕业生就业工作部门，各区县人力社保局，市政府各委办局、总公司，各有关单位人事部门负责人共360人参加会议。

（张海涛）

【编制毕业生就业状况和用人单位调查报告】 至年底，北京高校毕业生就业指导中心完成《2015年北京地区高校毕业生就业状况调查报告》和《2015年北京地区高校毕业生用人单位调查报告》。报告根据北京93所高校11.8万名应届毕业生问卷调查展开研究，以院系（校）、专业大类、学科门类为主要分析维度，重点在毕业生规模与结构、就业去向、就业质量相关的关键指标分析、自主创业、就业工作特色5个方面进行系统分析，报告增加生源分布、薪酬数据、创业比例等内容。同时中心为20所高校编制就业质量报告提供指导服务。

（侯文磊）

【完成全年学生卡发放工作】 至年底，市教委完成学生卡发放工作。全市中小学学生卡发放工作对新入学学生免费发放学生卡，对丢卡的学生进行补制和发放，全年共发放证件卡42万张，学籍卡30万张。

（周凯　刘杨玉倩）

学 籍 管 理

【成人高等教育新生学籍电子注册】 4月，市教委完成成人高等教育新生学籍电子注册工作。市教委共审核注册76所成人高等教育学校新生78352人，比上年减少15554人。其中，本科45125人，专科33227人。

（张道明）

【本专科毕业生学历证书电子注册】 7月，市教委完成普通高等教育本专科毕业生学历证书电子注册工作。市教委共审核注册92所普通高等教育学校（按教育部国标代码计算）毕业生学历证书154325本，比上年增加5463本。其中，本科116115本、专科（含高职）37412本、第二学士学位798本。

（张道明）

【成人高等教育学历证书电子注册】 7月，市教委完成成人高等教育毕业生学历证书电子注册工作。共审核注册81所成人高等教育学校毕业生学历证书98039本，比上年增加1690本。其中，本科56489本、专科41620本。

（张道明）

【网络高等教育学历证书电子注册】 7月，市教委完成网络高等教育毕业生学历证书电子注册工作。市教委共审核注册17所高校网络教育学院毕业生学历证书217857本，比上年增加39738本。其中，本科84764本、专科133093本。

（张道明）

【研究生教育毕业生学历证书电子注册】 7月，市教委完成研究生教育毕业生学历证书电子注册工作。市教委共审核注册138个研究生培养单位毕业生学历证书85352本，比上年增加2978本。其中，博士17067本、硕士68285本。

（张道明）

【普通中等专业教育学历证书电子注册】 7月，市教委完成普通中等专业教育学历证书电子注册工作。市教委共审核注册40所普通中等专业学校毕业生学历证书15445，比上年增加423本。其中，毕业证书15232本、结业证书213本。

（张海涛）

【本专科新生学籍电子注册】 11月，市教委完成普通高等教育本专科新生学籍电子注册工作。市教委共审核注册93所普通高等教育学校（按教育部国标代码计算）新生156830人，比上年减少434人。其中，本科生124484人、专科（高职）生30055人、第二学士学位809人、预科生1482人。

（张道明）

【网络高等教育新生学籍电子注册】 11月，市教委完成网络高等教育新生学籍电子注册工作。市教委共审核注册17所高校网络教育学院新生309010人，比上年增加41809人。其中，本科生122720人、专科生186290人。

（张道明）

【研究生教育新生学籍电子注册】 11月，市教委完成研究生新生学籍电子注册工作。市教委共审核注册145个研究生培养单位新生102659人，比上年增加3623人。其中，博士生21998人、硕士生80661人。

（张道明）

【普通中等专业教育新生学籍电子注册】 11月，市教委完成普通中等专业教育新生学籍电子注册工作。市教委共审核注册40所普通中等专业学校新生11901人，其中，北京生源共计8186人。

（张海涛）

毕业与就业

【选拔金融职场新秀】　4—9月，人才交流中心联合北京市金融局北京市金融发展促进中心举办金融职场新秀选拔活动。该中心组织多家金融机构针对21所高校财经专业毕业生开展“金融职场新秀选拔活动”，北京赛区共计3000名毕业生参加选拔活动。比赛展现青年的创意和活力，促成部分企业和毕业生现场签约。通过选拔活动加深学生和企业之间的相互认知，有利于企业选拔人才、搭建校企交流平台。

（侯文磊）

【召开高校毕业生就业创业工作推进会】　5月19日，市教委、市人力社保局联合召开北京市高校毕业生就业创业工作推进会。会议传达国务院全国就业创业工作电视电话会议精神，分析形势，明确重点，深入推进北京市高校毕业生就业创业工作。会议要求，各区县、各高校、各有关部门要

按照市委市政府要求，抓紧毕业生离校前的一个月，着重从四方面推进高校毕业生就业创业工作：一是着力促进配套政策落地、二是深入开展就业服务工作、三是积极搭建大学生创新创业平台、四是大力实施好基层就业项目。各高校和科研单位毕业生就业工作部门、各区县人力社保局、各公共就业和人才服务机构部门、市属各主要用人单位负责人共计280人参加会议。

（张海涛）

【召开北京地区高校毕业生就业工作会】　6月5日，市教委在北京航空航天大学召开北京地区高校毕业生就业工作会。工作会议通报当前毕业生就业创业工作进展情况，布置毕业生就业手续办理和毕业生离校工作。北京地区各普通高校、科研单位毕业生就业工作负责人和业务骨干共计180人参会。

（张海涛）

【调整就业交流研讨组分组】　10月，市教委调整高校毕业生就业交流研讨组分组。为进一步提升就业交流研讨组的工作效率，听取高校建议，对各交流研讨组进行重新调整，并确定各组召集人。

（张海涛）

【举办121场毕业生双选会】　至年底，北京市教育系统人才交流中心共举办各类双选会121场。服务用人单位10705家次，服务参会毕业生13.6万人次。为完善京外分市场建设，中心举办天津市用人单位进京专场双选会，与河北、天津高校毕业生就业服务部门联合举办首场京津冀学前教育类毕业生及用人单位对接招聘活动，为京津冀高校毕业生就业工作协同发展提供有益探索。

（侯文磊）

大学生创业工作

【共建北京高校大学生创业园（良乡园）】　1月20日，市教委与房山区政府签约共建北京高校大学生创业园（良乡园）。该创业园是北京市构建的“一街三园”大学生创业园孵化体系的首个市级高校大学生创业实践及孵化基地，在毕业生毕业两年内为创业学生提供免费的创业场地和全方位创业配套服务。来自北京市80余所高校的就业创业部门负责人参加签约仪式。6月15日，市教委举办“北京高校高质量就业创业计划”启动会暨北京高校大学生创业园（良乡园）启动

仪式。北京高校大学生创业园（良乡园）正式投入使用，预计容纳120个团队入驻，首次入驻37支优秀创业团队。

（兰建华）

【共建北京高校大学生创业园（软件园）】　10月15日，市教委与中关村

软件园签署共建北京高校大学生创业园（软件园）签约仪式。北京高校大学生创业园（软件园）是北京市构建的“一街三园”大学生创业园孵化体系的第二个创业园。创业园位于海淀东北旺中关村软件园区内，主要孵化软件及信息技术服务业、通讯等信息技术（IT）行业的创业项目，重点支持“互联网+”大学生创业项目。创业园在毕业生毕业两年内为创业学生提供免费的

创业场地和全方位创业配套服务。

（兰建华）

【参加大学生创新创业大赛获奖】 10月19—21日，北京高校九支参赛队参加首届“互联网+”大学生创新创业大赛获奖。九支参赛队分别获得金奖4项，银奖4项，铜奖1项，其中，北京航空航天大学Unicorn无人直升机系统与浙江大学参赛项目并列冠军。首届中国“互联网+”大学生创新创业大赛以“互联网+”成就梦想，创新创业开辟未来为主题，参赛项目主要包括“互联网+”传统产业、“互联网+”新业态、“互联网+”公共服务和“互联网+”技术支撑平台四种类型。经过校级初赛、省级复赛，300支优秀团队入围全国总决赛，经评审，最终将决出金奖34项、银奖82项、铜奖184项，从金奖团队产生冠、亚、季军，并同时评选出集体奖和优秀组织奖。

（王子辰）

【共建北京高校大学生就业创业大厦】 12月16日，市教委与北京理工大学举办建设“北京高校大学生就业创业大厦”签约仪式。签约仪式标志着北京市构建的“一街三园”大学生创业园孵化体系的第三个创业园正式启动。创业大厦位于中关村核心区的北京理工大学科技广场内，大厦建成后主要用于北京高校大学生的就业创业服务，北京高校毕业生就业指导中心也将搬到此处。就业服务包括就业人员培训、就业双选会、就业咨询等；创业服务主要是培育处于种子期、初创期、生存期的大学生创新创业项目，为大学生创业团队免两年场地费，并提供创业导师辅导、法律、财务、投资等服务项目，将其打造成集创业孵化、就业创业指导、行政办公、政策咨询、就业招聘、培训交流等多项功能于一体的标志性建筑。北京高校毕业生就业指导中心将迁入。

（兰建华　王子辰）

【评选北京地区高校大学生创业优秀团队】 至年底，市教委公布北京地区高校大学生创业优秀团队名单。经高校选拔推荐、专家评审、评审委员会审定和社会公示等程序进行评选。2015年创业团队申报数量比上年增长4倍，共有52所高校报送545个团队参加优秀创业团队复核。经过4次复核评审，最终363支创业团队获得北京地区高校优秀创业团队称号，共获得3000万元的资助奖励。该评选由北京高校毕业生就业指导中心承办。市教委实施北京高校高质量就业创业计划，继续加大学生创业资金投入和场地保障，对大学生创业优秀团队给予全方位支持。该评选申报对象为普通高等教育全日制在校大学生创办的企业或创业团队、北京地区高校2015届毕业生创业团队，被评选为北京地区高校大学生创业优秀团队可获得资金及场地支持。

（兰建华　侯文磊）

征兵工作

【组织退役大学生士兵专场招聘会】 5月12日，市教委与市征兵办共同在北京市高校毕业生就业指导中心召开退役大学生士兵定向招聘会。共为1070名符合条件的退役大学生士兵提供2210个定向招录岗位，其中，公务员岗位90个、事业岗位133个、国企岗位590个，非公经济组织岗位1397个。

（孙世光）

【部署北京地区高校征兵工作会】 5月29日，市教委与市征兵办召开2015年北京地区高校征兵工作动员部署会。会议介绍2015年征兵工作的新情况以及新政策，进一步明确各高校任务及职能分工。90余所高校征兵工作主要负责人、相关委办局等参会。

（孙世光）

【夏秋季征兵工作动员大会召开】 6月26日，市教委与市征兵办联合召开

北京市2015年夏秋季征兵工作动员部署大会。会议总结2014年征兵工作情况，宣读《关于表彰2014年度高校征兵工作先进单位的通报》，西城、朝阳和海淀等7个区征兵办公室以及北京化工大学、北京科技大学等20所高校受到表彰。会议介绍2015年征兵工作的新情况以及新政策，进一步明确各高校任务及职能分工。近些年，国家、军队和北京市相继出台一系列优惠政策，吸引大学生参军。2015年，教育部增设专项研究生招生计划等6项新举措，进一步鼓励大学生参军入伍。

（孙世光）

2014年度高校征兵工作先进单位

北京交通大学
北京科技大学
北京化工大学
北京工商大学
北京印刷学院
北京体育大学
北京工业职业技术学院
北京信息职业技术学院
北京电子科技职业学院
北京科技大学延庆分校
北京京北职业技术学院
北京工业大学分校
北京联合大学
北京城市学院
北京农业职业学院
北京政法职业学院
北京戏曲艺术职业学院
北京工业大学耿丹学院
北京经济管理职业学院
北京劳动保障职业学院

（孙世光）

奖贷助学

【发放第17届宏志奖学金】 5月，市教委完成第17届普通高中宏志奖学金评选工作。评选采取报名推荐、民主评议、材料审核、公示程序，面向普通高中在校生中城乡低保家庭、低收入家庭子女，享受社会优抚待遇家庭子女、烈士子女及经民政部门认定的其他困难家庭子女，要求在校期间品行良好、关心集体、乐于助人、学业成绩及学生综合素质评价优良。至年底，全市共资助学生3204人，每人奖励金额800元。普通高中宏志奖学金评选活动始办于1997年，每年评选一次，至2015年，北京市享受宏志奖学金学生共计50394人。

（周晓宇）

【两名学生获罗德奖学金】 12月7日，清华大学和北京大学两名学生获得罗德奖学金。两人分别是来自清华大学英语语言与文学专业的任娜瑛和北京大学法律系的张婉愉。罗德奖学金(Rhodes · Scholarships)1902年创设，得奖者被称为“罗德学者”(Rhodes · Scholars)，被视为全球学术最高荣誉之一。奖学金评审每年11月在18个国家和地区开展，包括美国、德国和加拿大等国家和地区，选取80名全球刚毕业的本科生去英国牛津大学攻读硕士或博士学位。中国4名学生首次获得该奖学金，其中，北京2人。

（王子辰）

【完成资助资金足额拨付】 至年底，市学生资助管理中心落实资助政策，完成各项资助资金的足额拨付工作。全市从学前到研究生教育的各类奖、助、贷、勤、补、免达20项，年受助学生（含义务教育“两免一补”）291万人次，资金达13.23亿元。其中，中央财政8810万元、市财政90530万元、区级财政33008万元。

（罗芳）

【市属高校研究生接受奖助学金36024.7万元】 至年底，北京市属高校研究生接受各类奖学金、助学金36024.7万元。其中，国家奖学金1566万元，共736名博士研究生和硕士研究生获此奖励，其中，博士94人，硕士642人；学业奖学金12650万元，奖励支持23528名研究生更好地完成学业，获奖人数比上年增长62.5%；国家助学金21808.7万元，29626名研究生受益，受助金额比上年增长59.93%。

（罗芳）

【市属高校本专科生获得各类奖助补金1.82亿元】 至年底，北京市属高校本专科生获得各类奖助补金1.82亿元。其中，国家奖学金338.4万元，423名学习优异、全面发展的学生获得。国家励志奖学金4258.5万元，8517名家庭经济困难大学生获得。北京市国家助学金6757.56万元，44386名家庭经济困难大学生受助。高校（含中央在京）饮水、洗澡、电话补1604.69万元，86740名困难大学生（包括63071名中央部委院校困难大学生）受助。校内贷款贴息平均每季度5624笔，173.42万元；风险补偿金87.6万元，发放贷款2216笔，比上年缩减19%，发放贷款总金额1251.38万元，占上年发放贷款总金额的82%。生源地贷款贴息和风险补偿金放贷9.57万元，49人获贷，风险补偿金4.08万元，贷款贴息5.49万元。服义务兵役学费补偿贷款3661.64万元，惠及2888名学生（根据本年上报教育部的报告）。退役士兵学费资助16.32万元，惠及23名学生。边远山区就业学费补偿贷款代偿72.63万元，惠及138名学生。此外，各校开通绿色通道，报到新生84076人，其中，家庭经济困难新生13348人，通过绿色通道入学新生5148人；全市共为困难新生缓交学费2979万余元，发放生活补贴91.6万元，提供学习生活用品价值140.58万元，报销路费11.75万元。

（罗芳）

【中职学生获得各类奖助补金1.6亿元】 至年底，中等职业教育学生获得各类奖助补金1.6亿元。其中，市政府奖学金861.8万元，奖励4309人；国家助学金3054.6万元，1.66万名学生受助；免学费资金1.218亿元，惠及城乡低保、城乡低收入家庭学生、涉农专业学生、革命烈士子女、孤儿、重残人家庭子女、残疾学生以及农村学生共53400人。

（罗芳）

【获得各类助学及减免金6.18亿元】 至年底，北京市普通高中、义务教育及学前教育学生获得各类助学金及减免金6.18亿元。其中，普通高中受助学生5134人次，国家助学金478.16万元，减免学费和寄宿生寄宿费383.33万元，本年统计数据中增加“免学费及住宿费”一项。非教育部门及民办机构的义务教育免杂费19372.324万元，惠及学生112.8万人。免教科书费（含循环使用教科书）18117.746万元，惠及学生112.8万人。生活学习补助资金5734.4768万元，惠及学生5.18万人。免借读费17123.82万元，惠及31.9万人。学前教育资助904名幼儿，减免保育费562.12万元。

（罗芳）

（本栏责任编校　王子辰）

招生与考试

体育会考

综　述

2015年，北京教育考试工作始终坚持考试招生安全第一要务，紧紧围绕深化考试招生制度改革主线，持续推进管理与服务双轮驱动，以和谐促发展，以文化聚人心，完成各项工作任务，有力地推动首都教育考试招生事业科学发展。

守住安全生命线，实现“平安考试”“阳光招生”工作目标

普通高等学校招生考试工作以“平安高考”为目标，以促进公平和提高质量为重点，落实教育部和市委市政府有关高考工作的一系列指示精神，深入推进高校考试招生改革，进一步提高人才选拔水平，依法治考从严治招，全面实施“阳光工程”，切实维护公平公正。高考工作坚持严格标准，规范管理，顺利组织10项单独考试招生任务。全年参加考试6.8万人，实际录取6.2万人，录取率91.2%，其中，本科录取率71.8%，比上年增长5个百分点。

高级中等学校招生考试积极应对改革“多重压力”，实施精细管理，为考生提供更多发展通道，进一步促进义务教育公平公正和均衡发展。全年参加考试8.5万人，其中，具有升学资格7.3万人，共录取考生7.1万人，录取率97%。

研究生招生考试强化内部管理，坚持人防技防并举，顺利完成硕士生入学考试、同等学力全国统考、专业学位全国联考、博士生和港澳台招生等工作。全年报考43.6万人，录取103403人，其中硕士生录取率比上年增长8%。特别是由于教育部学位中心在2016年后，不再组织在职人员攻读硕士专业学位全国联考后，报考人数激增、考位数量严重不足，面对这一困难，经过多方努力协调，新增北京化工大学考点，圆满完成专业学位全国联考收官之考。

成人高等学校招生考试坚持三级巡视机制，加大考试巡视和督导力度，积极采取人脸识别系统、二代身份证鉴别仪和金属探测器等有效技术，不断强化技术防范体系，有效防范替考等舞弊现象。学士学位英语统考中，首次采用在考生答题卡上粘贴考生信息条形码的新举措，进一步提高工作效率。全年成人高考报考5.7万人，录取4.6万人；成人本科学士学位英语报考16.6万人，及格率为26.5%。

高等教育自学考试以35周年纪念为契机，在确保各项考试任务完成的同时，总结凝练发展成果，纪念访谈文章《自学考试如何服务区域发展（前沿访谈）——访北京教育考试院党委书记、院长钱军》被《人民日报》刊载，在全国同行引起较好的共鸣和反响，并强化安全意识。全年共开考99个专业、1044门次课程，报考47.8万科次，考生14.6万人次，组织网上阅卷29万份，有4428名考生成功申报并进入论文写作和实习考核阶段，3666人获得学士学位。同时，自考命题通过调整命题管理组织形式，优化命题工作流程，稳步提高命题管理水平，全年承担自学考试命题工作共计5次，392科次，命制试卷786套。

社会考试注重规范管理，顺利完成新承接的北京市中小学教师资格考试、北京市国家司法考试两项考试，确保考试过程安全平稳、公平公正。主动与河北省教育考试院沟通联系，成功在张家口独立设置北京英语口语证书考试考点，取得良好效果。全年新增72个考点，报名16万人次，发放证书4.3万份。

完成北京地区全国大学英语四、六级考试和全国英语等级考试等10个考试项目考务组织工作，考生报名52.8万人次，命制试题7套，组织和参与评卷134.7万余份。围绕教师、高等职业教育学生、社会考生三大群体组织各种考试9780人次，发放证书5000余份。

把握重点难点，推动考试招生制度改革新进展

围绕改革方案制定，广泛深入开展学习调研，对深化考试招生制度改革进行全面设计和系统规划；按照“能改早改、循序渐进”的总要求，推进各项改革举措精准入位，改革取得初步成效。

《北京市关于深化考试招生制度改革的实施方案》经市政府常务会议、市委常委会审议通过，改革的路线图、任务书、日程表已经明确，引领今后改革发展方向。

考试命题得到好评。高考、中考命题改革以问题为导向，注重发挥考试对教学的导向作用，为考生水平发挥和个性展示搭建平台。高考北京卷特色更加鲜明，突出政治责任，强调对考生进行社会主义核心价值观的引领和培育，加强对中华民族优秀传统文化的考查；试题侧重考查对考生终身发展有用的能力，强调基础性和综合性，更加灵活开放，具有鲜明的时代特征和应用功能。中考命题以“激励式”为命题理念，以发现学生的亮点和能力为目标，让不同能力水平的考生都能发挥自己的能力水平，让学生更有成就感；考核范围更加广泛，社会热点和社会大课堂的内容以问题的形式呈现在试题中，扩展学生求知空间，促进课堂内外、学校内外教育活动的结合。自考命题积极推进管理体制机制改革，调整全国自考统考命题的组织形式，将原有的由考试院内相关处室直接组织，调整为由主考校承担相应的命题教师组织管理责任，既调动主考校的工作积极性，也充分发挥主考校在命题组织方面的优势。

高考高招改革卓有成效。高考高招实行7项改革，特别是考后知分填报、实行“大平行”志愿、设立“双培计划”和“外培计划”、规范和减少高考加分项目等改革举措，突出以考生为本，增加考生选择机会，降低志愿填报风险，维护教育公平公正，得到考生和家长认可。在2015年本科招生中，与往年相比，取得以下成效：一是计划完成情况好。本科一批

第一次投档后，仅剩余计划 169 个。369 人参加一本线上征集志愿填报，录取 164 人；二是高分落档的现象大为减少。三是考生志愿梯度较为科学合理。在 6 个平行志愿中，本科一批前 4 个志愿高校的满足率接近 80%，最后一所志愿高校的满足率仅 9%。四是招生高校对生源情况满意。部分一本高校增加在京招生计划，增加的计划数达到 1547 人。

中考中招改革大力推进。中考中招实现 10 项改革，如进一步扩大优质高中名额分配比例，以优质高中校为单位，将本校 2015 年名额分配计划比例由上年的 30%提高至 40%左右，进一步增加优质教育资源供给；规范跨区县招生计划，进一步促进教育公平；开展高端技术技能人才贯通培养试验，更好适应首都经济社会发展，满足首都产业转型升级对高端技术技能人才的需要；建立市级优质教育资源统筹工作机制，加强市级对优质高中教育资源的统筹力度，进一步加强市级对优质高中教育资源的统筹力度，促进义务教育均衡发展；以及规范特长生招生范围和计划比例、扩大中高职衔接（3+2）实验规模、减少和规范中考加分项目等，均取得较好的改革成效，为 2018 年新中考改革打下较好基础。

成人高考、自学考试和社会考试改革逆境中实现新发展。成考成招改革方面，继续推进“专升本免试入学”“英语科目替代”及“校企合作”三项改革试点工作。“专升本免试入学”新增首都师范大学试点，试点院校扩大至 5 所，共推荐免试生 796 人。“校企合作”试点项目今年新增首钢工学院试点，试点院校扩大至 9 所，试点项目报名 1463 人，根据校企合作方案录取 1238 人。经市教委批准，新增北京教育学院在部分区县的优秀教师中进行二学历成人专升本推优免试试点工作，报名人数 33 人。

自学考试改革方面，深入推进专业课程改革，搭建与北京理工大学网络教育沟通衔接的框架；继续推动考试评价多元化，扩大过程学习指导与评价和学习成果认证内容；研究制定证书课程的“剥离方案”。通过一系列举措，下半年的自学考试报考笔试课程科次，与上年同期相比增加 3561 科次，增长 2.0%，改变过去两年同期连续下降的趋势（2013 年同期减少 1791 科次，下降 0.9%；2014 年同期报考科次减少 1094 科次，下降 0.6%），同时注册新生人数 14186 人，与上年同期相比增加 1264 人，增长 8.9%，在全国各地报考人数逐年下降的情况下，实现一定增长。

社会考试改革方面，不断拓展新的考试项目，完成新承接的北京国家司法考试、全国教师资格考试等任务。进一步转变职能，提前谋划高考英语听说改革研究和考场建设项目研究工作，积极拓展中外合作项目，激发新的活力。

此外，成自社三考联动取得新进展，制定完成《学习成果认证操作手册》，包括社会考试项目中的北京英语口语证书考试、全国计算机等级考试、三一英语口语考试，都可以替代成考和自考的相关课程，为进一步搭建终身学习“立交桥”打好基础。

信息化建设，加强网络和信息安全防范

加强北京市电子巡查指挥系统建设，完成 17 个考区的高清视频会议升级改造工作，实现视频会议高清化、链路保障多元化，为各类考试招生的平稳实施提供技术支撑和保障；加强考试期间信息安全防范，迅速处理攻击网站等突发事件，确保考试招生各项工作安全顺利。突出加强信息安全管理，发布《北京教育考试院关于调整信息化领导小组和工作小组职能及成员的通知》，针对安全专项检查发现的网络与信息安全问题，进行逐个整改落实，完成第二阶段现场核查及安全整改落实工作，整改率 100%。加大科技防控作弊的力度，对试卷分发、保管、押运的全过程实行全程监督“六小时”回放制度；在试卷运输中，使用 GPS 全程定位，保证安全；考试期间，积极与市无线局协作对考场及周边进行无线电监控，并在考场中布设手机信号屏蔽仪，使用身份证识别仪等器材。

（蒋来）

总　类

【召开市招考委年度首次会议】 3 月 26 日，北京市招生考试委员会第一次会议在市政府召开。会议由市政府秘书长主持，苟仲文出席会议。会议听取 2015 年高招工作汇报，审议并通过《北京市 2015 年普通高校招生工作规定》。市招考委成员单位相关负责人参加会议。

（卢杰）

【首次组织实施体育单招文化课统一考试】 4 月 25—26 日，北京市首次组织运动训练、武术与民族传统体育专业招生文化课统一考试。该项考试安排在北京市陈经纶中学进行，共有 615 人参加考试。

（卢杰）

【召开教育考试招生工作电视电话会议】 5 月 14 日，2015 年北京市教育考试招生工作电视电话会议在京召开。会议共设立市政府主会场、北京教育考试院分会场和各区县分会场。会议由市政府副秘书长主持，苟仲文出席会议并讲话。他提出要认清形势强化担当，增强危机感和责任感；要依法治考、从严治招，狠抓各项工作落实的要求。同时来自市教委、市公安局、市国家保密局、市无线电管理局、朝阳区和北京理工大学负责人分别发言，对全市教育招生考试工作进行动员和布置，并提出工作要求。各区县招考委委员、区县教育考试局际联席会议成员单位负责人，在京高校领导和招生办主任共计 300 人参加分会场会议。

（卢杰）

【召开国家教育考试局际联席会议】 5月25日，市政府召开北京市国家教育考试局际联席会议。会议听取北京市2015年高考准备工作情况的汇报，并逐项检查高考安全各项保障工作的落实情况。市政府秘书长主持会议。教育、公安、交通、供电、保密、卫生、住建委、气象、公交、城管、无线电、应急办和新闻宣传13个职能部门相关负责人参加会议。

（卢杰）

【调整高考志愿填报方式】 6月25—29日，北京市组织完成考生填报高考志愿的工作。全市将本科和单考单招志愿填报时间从考前调整到高考成绩公布后进行。同时，将本科普通批志愿设置由“平行志愿组”方式调整为大平行方式，考生可以分别填报6所平行志愿高校。本科提前批分为A、B、C三段，按顺序依次录取。对高校自主招生选拔、高水平艺术团和高水平运动队等特殊类型招生单独设置特殊类型志愿。截至6月29日晚八点志愿填报结束，全市共有49149名统考考生完成本科志愿填报工作，1072名单考考生完成志愿填报工作。

（卢杰）

【首次实施双培和外培计划】 6月，北京市2015年普通高校招生首次实施“双培计划”和“外培计划”。“双培计划”是由市属高校与在京中央高校共同培养优秀学生的一项举措。市属高校每年将输送2000余名优秀学生，按照“3+1”“1+2+1”式等培养机制，到20余所中央高校的110个优势专业中，进行为期2～3年的中长期访学；同时，每年遴选部分学生，输送到在京中央高校开设的、北京社会急需的专业中，开展为期1年的短期访学，或者修习辅修专业。“外培计划”是由市属高校与海外境外知名高校共同培养优秀学生的一项举措，市属高校每年将输送部分学生到海外境外开展为期2年左右的访学活动。“双培计划”的中长期访学项目和“外培计划”的大部分名额列入市属高校高考招生计划，面向北京生源，分配到各区县，并适度向远郊区县倾斜；其他部分采取在校内学生中遴选的方式。年内，“双培计划”和“外培计划”的招生嵌入高考招生体系，安排在本科提前批次进行招生，北京地区考生可以根据自身情况进行志愿填报。17所高校参加“双培计划”招生，招生计划2008人，实际录取1362人；12所高校参加“外培计划”招生，招生计划420人，实际录取359人。

（卢杰）

【扩大农村地区专项招生】 6月，市教委扩大城市发展新区和生态涵养发展区农村专项计划。市教委在地方农村专项招生中，计划人数从2014年的30人扩大至200人，招生院校从3所市属高校扩大至所有市属本科一批招生院校。专项计划调整提高市农村考生升入本科一批比例。

（张桓）

【改革中考中招政策】 至7月，北京市改革2015年高级中等学校招生考试录取政策。改革措施包括进一步扩大优质高中名额分配比例，以优质高中校为单位，将本校2015年名额分配计划比例由上年的30%提高至40%，进一步增加优质教育资源供给；规范跨区县招生计划，进一步促进教育公平；开展高端技术技能人才贯通培养试验，更好适应首都经济社会发展，满足首都产业转型升级对高端技术技能人才的需要；建立市级优质教育资源统筹工作机制，加强市级对优质高中教育资源的统筹力度，进一步加强市级对优质高中教育资源的统筹力度，促进义务教育均衡发展；以及规范特长生招生范围和计划比例、扩大中高职衔接“3+2”实验规模、减少和规范中考加分项目等，均取得较好的改革成效。

（蒋来）

【高考高招实施五项改革】 至8月，北京市2015年普通高等学校招生考试实施五项改革措施。主要包括：改进招生计划分配方式，区和生态涵养发展区农村专项计划，首次在市属高校实施“双培计划”和“外培计划”招生。二调整志愿设置及志愿填报时间。三调整自主选拔等特殊类型招生录取方式。四减少和规范高考加分。五深化考试内容改革。改革主要遵循的原则：一是育人为本。把促进学生健康成才作为改革的出发点和落脚点，扭转片面应试教育倾向，坚持正确育人导向，深入推进素质教育，培养德智体美全面发展的社会主义建设者和接班人。二是公平公正。把促进公平公正作为改革的基本价值取向，加强宏观调控，健全体制机制，完善规章制度，切实保障高考机会公平、程序公开、结果公正。三是科学高效。增加学生选择权，促进高校科学选才，完善政府监管机制，确保高考工作高效、有序实施。四是稳步实施。适应社会发展的需要，充分考虑社会的接受程度和可操作性制定改革方案，稳妥推进，分步实施。

（卢杰）

【推进高职分类考试招生改革】 至9月，市教委推进高职院校分类考试招生改革。市教委健全“文化素质+职业技能”考试招生方式，推进单独招生、高职自主招生等高等职业院校分类考试招生改革。推进高等职业院校单独招生，单考单招报名6380人，计划招生1367人，实际录取855人。扩大高职自主招生院校和招生规模，增加2所自主招生院校，分别是北京青年政治学院和北京科技大学延庆分校；下达招生计划11145人（包括招收农村户籍考生5523人），实际招生10346人。高职分类招生录取人数占高职录取总人数的40%。

（张桓）

【市属高校研究生招生保持适度增长】 至9月，北京市属高校完成年度研究生招生录取工作，研究生招生规模继续保持适度增长。市属高校实际录取研究生11828人，比上年增长9%，其中，博士798人，比上年增长2.7%；硕士11030人，比上年增长9.5%。按照教育部安排，本年市属高校研究生招生计划17273人，其中，博士生招生806人、硕士生招生10956人、全日制专业学位硕士招生5511人。市属高校承担“少数民族高层次骨干人才”研究生培养任务，招生规模165人，其中，博士研究生10人、硕士研究生155人。

（卜薇）

【召开纪念北京自学考试制度建立35周年研讨会】 11月18日，北京市召开纪念北京市高等教育自学考试制度建立35周年专家研讨会。会议研讨北京市自学考试如何立足于“互联网+”的时代、立足于“京津冀一体化”协同发展以及专业设置、课程改革、评价方式等内容。来自市教委，北京教育考试院，部分主考学校、合作开考单位、区县考试中心相关领导及负责人40余人参加会议。10月29日，《人民日报》刊登题为《自学考试如何服务区域发展——访北京教育考试院党委书记、院长钱军》的文章，纪念北京高等教育自学考试制度建立35周年。

（穆松）

【243名进城务工人员随迁子女在京参加高考】　12月，北京市继续实施进城务工人员随迁子女在京参加高职招生考试政策。全市共有422名考生提出申请参加考试，经过审核，共有符合条件的考生245人，参加高考报名243人。

（卢杰）

【加强信息化建设】　至年底，北京市加强信息化建设。加强北京市电子巡查指挥系统建设，完成17个考区的高清视频会议升级改造工作，实现视频会议高清化、链路保障多元化，为各类考试招生的平稳实施提供技术支撑和保障；加强考试期间信息安全防范，迅速处理攻击网站等突发事件，确保考试招生各项工作安全顺利。突出加强信息安全管理，发布《北京教育考试院关于调整信息化领导小组和工作小组职能及成员的通知》，针对安全专项检查发现的网络与信息安全问题，进行逐个整改落实，完成第二阶段现场核查及安全整改落实工作，整改率100%。加大科技防控作弊的力度，对试卷分发、保管、押运的全过程实行全程监督“六小时”回放制度；在试卷运输中，使用GPS全程定位，保证安全；考试期间，积极与市无线局协作对考场及周边进行无线电监控，并在考场中布设手机信号屏蔽仪，使用身份证识别仪等器材。

（蒋来）

高级中等学校招生

【概况】　2015年，北京市高级中等学校招生学校380所，招生计划87585人，比上年增加3826人。示范高中73所，招生计划28032人，比上年增加1708人；一般高中209所（含14所开设综合高中班职高学校），招生计划28915人，比上年增加1396人；中专、技校、职业高中和五年高职等职技类学校112所，招生计划30638人，比上年减少182人。参加提前招生学校共122所，招生计划14094人，名额分配招生学校99所，招生计划12238人，统一招生学校345所，招生计划61696人（含名额分配返回部分剩余计划）。全市报名考生90924人，比上年增加1629人，其中，本市考生71844人比上年增加3091人、外地户籍考生19080人比上年减少1462人。全市共有84506名考生完成网上报考信息的填报工作，应届考生83760人，往届考生746人；有升学资格考生73452人，比上年增加3111人。在具有参加名额分配录取资格的69748人中有44874人填报名额分配和市级统筹志愿。全年共录取考生71296人，完成招生计划的81.40%，录取率97.0%。提前录取考生11417人，完成招生计划的81%；名额分配录取考生11582人，完成计划的94.6%；统一招生录取考生48297人，完成招生计划的78.3%。全年继续开展“名额分配”工作，以优质高中校为单位，将本校2015年名额分配计划比例由上年的30%提高到40%左右。参加“名额分配”的优质高中共89所，比上年增加6所，名额分配计划9996人，录取考生9788人，完成招生计划的97.92%。全年全市共有8052名考生获得加分和优先照顾录取资格。

（赵永生）

【完成志愿填报】　3月25日，2015年

北京市高级中等学校统一招生报考及志愿填报工作完成。5月22—26日，84505名考生完成网上报考信息填报，其中，具有升学资格考生73450人、申请在京借考的非京籍考生11055人，分别占报考总数的86.92%和13.08%。3月2—8日，考生通过登录北京教育考试院网站报名系统完成报名信息的核对工作。

（赵永生）

【增加市级统筹录取考试】　4月，市教委决定2015年高级中等学校招生增加市级统筹录取方式。为加强市级对优质高中教育资源的统筹力度，扩大普通高中优质教育资源，中招名额分配批次增加三类市级统筹录取方式：第一类是中国人民大学附属中学、北京市第四中学等10所优质高中的跨区县招生计划；第二类是部分优质高中新建或扩建校区或城乡一体化学校的招生计划；第三类是部分艺术、体育类高校与普通高中联合培养的专业招生计划。计划招生总数2242人，实际完成1794人，完成比例80.02%，平均录取分数线511分。在实际招生人数当中，重点面向郊区县招生1050人，占总招生比例的58.53%。

（周凯）

【完成中招统一招生加试】　5月2—3日，北京市完成2015年高级中等学校统一招生加试工作。共有28所加试学校在统一规定时间内对参加加试的考生进行加试。各加试学校通过登录北京教育考试院网站，进入全市加试系统，将加试合格考生数据上报北京考试院。

（赵永生）

【完成考生加分资格审核】　5月8日，北京市完成2015年高级中等学

校统一招生加分资格审核工作。全市共有 8052 名考生获得加分和优先照顾录取资格。在录取时按招生考试成绩加 20 分给予照顾的有：烈士子女考生；现在驻国家确定的三类（含三类）以上艰苦边远地区、西藏自治区，解放军总部划定的二类（含二类）以上岛屿和在高风险、高危害岗位连续工作 3 年以上（含已工作并将连续工作 3 年以上）军人的子女，以及有子女后曾在该地区和岗位累计工作 5 年以上军人的子女。在录取时按招生考试成绩加 10 分给予照顾的有：因公牺牲人民警察子女和一级至四级残疾人民警察子女；见义勇为人员、因见义勇为死亡和一至四级伤残人员的子女；现在担任战备值班任务的师以下战斗部队连续工作 3 年以上（含已工作并将连续工作 3 年以上），以及有子女后曾在担任战备值班任务的师以下战斗部队工作累计满 5 年的军人的子女；现在驻国家确定的一类、二类艰苦边远地区以及解放军总部划定的三类岛屿部队连续工作 3 年以上（含已工作并将连续工作 3 年以上）军人的子女，以及有子女后曾在该地区和岗位累计工作 5 年以上军人的子女；因公牺牲军人的子女和一至四级残疾军人的子女；在军事训练和执行非战争军事行动任务中荣获二等功或战时荣获三等功以上奖励的军人的子女。录取时按招生考试文化课科目每科加 1 分给予鼓励或照顾的有：归侨（华侨）子女考生；台湾省籍考生；少数民族考生。

（赵永生）

【787 人参加中考体育特长生现场考试】 5 月 9 日，北京市完成 2015 年高级中等学校招生体育特长生现场考试。统一测试工作在首都体育学院进行，测试工作由北京教育考试院负责组织实施。787 名考生参加测试，测试合格考生 742 人，合格率 94.28%。

（赵永生）

【82429 人参加中考体育现场考试】 5 月 20 日，北京市完成高级中等学校招生体育现场考试。全市共有 82429 名考生参加中考体育现场考试。北京教育考试院对体育现场考试在考务人员资质、考试器材、考务规范和信息化管理等方面进行进一步规范，并统一制作体育考试规范培训光盘。

（赵永生）

【84029 人参加中考文化课考试】 6

月 24—26 日，北京市完成 2015 年高级中等学校统一招生文化课考试。84029 名考生在 187 个考点的 2885 个考场参加中招文化课考试。24—28 日，中考网上评卷扫描工作完成，共扫描中考答题卡 60 万张。7 月 3 日，发布中考成绩。

（赵永生）

【召开中考录取工作布置会】 7 月 3 日，北京市召开 2015 年北京市高级中等学校录取工作布置会。会议对 380 所参加招生学校提出录取工作要求、录取日程安排及工作程序，同时对学校进行网上录取系统的培训，详细讲解系统的使用方法和注意事项。市教委及有关处室负责人参加会议。

（赵永生）

【提前招生录取 11417 人】 7 月 11 日，北京市完成 2015 年高级中等学校提前招生录取审批工作。122 所提前招生学校到北京教育考试院办理录取手续。考生录取通知书由邮局统一邮递。提前招生学校计划招生 14094 人，共录取考生 11417 人，完成计划的 81.00%。7 月 5—7 日，提前招生学校举行专业加试。

（赵永生）

【中招录取 48297 人】 7 月 26—28 日，北京市完成 2015 年高级中等学校统一招生录取审批工作。全市参加统一招生学校计划招生 61696 人，实际录取 48297 人，完成计划的 78.28%。7 月 16 日，招生学校办理“名额分配”录取审批手续。名额分配计划 12238 人，录取考生 11582 人，完成计划的 94.64%。7 月 19 日，参加特殊学生录取的 65 所普通高中到北京教育考试院办理资格审核手续，共招收特殊学生人 3757 人。9 月 2 日，119 所补录学校到北京教育考试院办理录取审批手续，录取死档考生 1228 人。

（赵永生）

【完成外省考生审核备案】 10 月 31 日，北京市完成外省考生审核备案工作。经批准招收外省市新生的中等专业学校登录北京教育考试院中招信息管理服务平台，录入招收外省市考生信息。12 所中专学校招收外省市考生 1642 人办理审核备案手续。

（赵永生）

【完成外省录取新生户口迁京审核及备案】 10 月 31 日和 12 月 2 日，北京教育考试院分别完成外省考生审核

82429人参加中考体育现场考试

备案工作和为经批准招收外省市新生的中等专业学校办理外省市新生户口迁京审核手续。北京考试院共为12所中等专业学校招收的1642名外省市考生办理审核备案手续；为经批准招收外省市新生的中等专业学校办理外省市新生户口迁京审核手续，共办理户口迁京1145人，占审核备案新生69.73％。

（赵永生）

【召开中考体育考试工作总结会】 12月7日，市教委与北京教育考试院联合召开2015年中考体育考试总结暨2016年工作推进会。会议布置2016年中考体育考试有关工作，并提出要求。北京考试院总结2015年体育现场考试工作，并重点解读新修订的《北京市中考体育现场考试考务管理规定（试行）》。

（赵永生）

【召开中招总结会】 12月17日，市教委与北京教育考试院联合召开2015年北京市中考中招工作工作总结会。会议宣布2015年目标管理评比结果，并明确提出2016年工作指导思想和重点抓好的工作。来自市教委相关处室、市人力社保局、市体检中心和16个区县考试中心、中招办的负责人参加会议。

（赵永生）

高中毕业会考

【概况】 2015年，参加北京市高中毕业统一会考（不含自主会考和替代科目考试）的总人数为161858人，共报考9个学科483828科次。103876人报名参加2015年春季高中会考，报考9个学科360814科次。自主会考和替代科目考试学校的16898人同期参加40418科次的考试。57982人报名参加2015年夏季高中会考，报考9个学科123014科次。自主会考及替代科目考试学校的21035人同期参加59453科次的考试。

（赵永生）

【103876人参加春季高中会考】 1月14—16日，2015年北京市春季高中会考举行。全市共有103876人报名参加9个学科的会考。其中，普通高中考生102673人、职技类学校考生1182人、社会考生21人，共报考科次360814科次。全市共设105个考点，12465个考试场次。

（赵永生）

【完成春季会考集中评卷】 1月24—29日，2015年春季会考全市集中评卷工作完成。该项评卷工作由北京教育考试院组织，共选聘教师372人，评阅试卷总量360814份。

（赵永生）

【验收自主会考成绩】 3月3日，北京教育考试院验收2015年春季自主会考和替代科目考试学校的考试成绩。全市共接收27所学校14387名学生35061科次的自行组考成绩；26所学校2175名学生4358科次的替代科目成绩。

（赵永生）

【公布违纪考生处理意见】 3月5日，北京教育考试院处理在2015年春季高中会考过程中违规的56名考生。根据《国家教育考试违规处理办法》，6名违纪考生的单科考试成绩记零分、42名作弊考生当次报考的各科考试成绩记零分、8名考生因严重作弊给予暂停参加会考考试1年（2次）的处理。7月23日，处理在2015年夏季高中会考中违规的69名考生。其中，4名违纪考生取消其单科考试成绩；62名作弊考生取消其本次报考的各科考试成绩；3名严重作弊考生取消其本次报考的各科成绩，暂停参加高中会考考试1年。

（赵永生）

【核发高中会考合格证】 5月28日，北京教育考试院完成2015年《北京市普通高中会考合格证》核发工作。全市共核发会考合格证54887份。其中，应届生54056人、往届生778人、职技类24人、社会类29人。全市普通高中高三年级学生共计66251人，合格率为81.6％。

（赵永生）

【57982人参加夏季高中会考】 7月8—10日，2015年北京市夏季高中会考考试举行。全市共设考点101个，4277个考试场次。共有57982人报名参加9个学科的会考。其中，普通高中在校生55184人、往届生1424人、职技类考生1350人、社会考生24人，报考123014科次。同时，全市21所自主会考学校的18796名学生参加自主会考考试，共计56017考试科次；29所替代考试学校的2239名学生参加替代科目考试，共计3436科次。

（赵永生）

【完成夏季会考集中评卷】 7月15—20日，北京市完成2015年北京市夏季高中会考评卷工作。评卷工作由北京教育考试院组织，选聘评卷教师151人，阅评试卷总量123014份。

（赵永生）

【补发高中会考合格证】 9月25日，北京教育考试院补发北京市高中会考合格证。全市共补发“北京市高中会考合格证”2342份。其中，普高类合格证2341份、职技类1份。

（赵永生）

【召开高中会考自主命题学校命题研讨会】 10月30日，北京教育科学研究院召开高中自主会考命题学校命题研讨会。会议分析全国考试招生制度改革、北京市教育领域综合改革以及考试改革的实践，解析政治学科、2015年春季、夏季会考试题，阐述政治学科考试改革思路，针对教学中存在的问题提出改进意见。来自北京市第二中学、北京市广渠门中学、北京市景山学校、北京师范大学附属中学、北京师范大学第二附属中学等22所学校教研组长参加会议。

（沈俊楠）

【95523人报考2016年春季会考】 12月4日，北京市完成2016年春季报名报考统计工作。全市共有95523人报名参加会考，报考331316科次。

其中，普高类学生 94315 人参加 9 个学科的会考，报考 328373 科次；职技类学生 1179 人及社会类学生 29 人参加会考，报考 2943 科次。全市共设考点 102 个。同时，21 所自主会考学校的 14660 人参加自行组考，32 所替代科目学校的 2186 人参加替代科目的考试。11 月 9—20 日，北京市完成 2016 年春季高中会考网上报考工作，由各区县组织各类学校进行。

（赵永生）

【召开会考考务工作会及总结会】 12 月 17—18 日，市教委、北京教育考试院召开 2016 年春季高中会考考务工作会。会议讲解 2016 年春季高中会考考务工作要求。同时召开 2015 年高中会考工作总结会，宣布 2015 年目标管理评比结果，并明确提出 2016 年工作指导思想和重点工作。来自市教委有关处室、市人力资源和社会保障局、市体检中心和 16 个区考试中心、中招办的负责人 100 余人参加会议。

（赵永生）

普通高等学校招生

【概况】 2015 年，全国共有 722 所高等学校在北京招生。全市共有 67816 人报名参加 2015 年普通高等学校招生考试，录取 62223 人，高考升学率稳定在 80％以上。在统招部分中，报名 61436 人，计划招生 49324 人，实际录取 51022 人，比计划增加 1698 人。其中，文史类录取 15586 人，占录取总数 30.55％；理工类录取 35436 人，占录取总数 69.45％。在高职单独招生部分中，报名 6380 人，计划招生 1367 人，实际录取 855 人，比计划减少 512 人。全市共有 27 所高职院校实施自主招生改革，计划招生 11145 人，实际录取 10346 人，比计划减少 799 人。

（卢杰）

【5442 人参加美术类专业统一测试】 1 月 3 日，北京市完成 2015 年美术类专业统一测试。考试在北京工业大学、首都师范大学、北京城市学院 3 个考点进行。共有考生 5795 人报名，实际参加考试 5442 人，缺考率 6.09％。考试依照《北京市 2015 年美术类专业统一考试实施办法》和《北京市 2015 年美术类专业统一考试考试大纲》等文件实施。1 月 4—14 日，美术类专业统一考试评卷工作在首都师范大学和北京服装学院进行。经评定，2015 年全市共有考生 5157 人取得美术统考合格资格，占实考人数的 94.76％，包括取得本科合格资格 3960 人，占取得合格资格考生 76.79％。

（卢杰）

【1021 人参加艺术特长生统一测试】 2 月 3—4 日，北京市完成 2015 年艺术特长生统一测试工作。测试在清华大学举行，共设置声乐、管乐、弦乐、键盘、民乐、舞蹈、书画、戏剧 8 大类 55 个小项，1021 名考生参加测试。895 名考生取得合格等级成绩，通过率 87.66％。不合格考生 126 人，占实考人数的 12.34％。

（卢杰）

【327 人参加高校高水平运动队招生统一测试】 3 月 28 日，北京市完成 2015 年高校高水平运动队招生全市统一测试。此项测试在北京体育大学进行，测试项目为田径、篮球、排球、足球、乒乓球、游泳、健美操、武术、羽毛球、跆拳道、网球、棒球、垒球 13 个项目。共有 374 人报名参加考试，实际测试 327 人。经测试，达到合格等级考生 295 人，合格率 90.21％；不合格考生 32 人，不合格率 9.79％。47 人自动放弃测试。

（卢杰）

【27 所高校完成高职自主招生 10346 人】 3 月，北京市部分高校完成高职自主招生考试工作。参加自主招生改革试点的高校共有 27 所，计划招生 11145 人。全市共有 11848 人报名参加考试。4 月完成该项考试的录取工作，全市共录取考生 10346 人，比计划减少 799 人。

（卢杰）

【减少和规范高考加分】 4 月 7 日，市教委、市民委、市公安局、市体育局、市科协联合印发《关于调整和规范高考加分工作实施方案的通知》。文件要求，从 2015 年起，取消体育、艺术等特长生、市三好学生、市优秀学生干部加分项目。2016 年少数民族考生加 5 分投档，仅适用于北京市属高校招生录取。从 2017 年起，少数民族考生加分范围调整为“从边疆、

5442人参加美术类专业统一测试

山区、牧区、少数民族聚居地区在高中教育阶段转学到本市的少数民族考生”，加分分值为5分，仅适用于北京市属高校招生录取。文件同时规定其他高考加分项目和分值，自2015年5月8日起施行。

（张桓　卢杰）

【1334人参加体育专业测试】 4月11日，北京市完成2015年普通高等学校体育教育、社会体育、休闲体育专业测试工作。此次测试在首都体育学院举行，测试项目为田径、篮球、排球、足球、体操、艺术体操（女）、武术、游泳和乒乓球等。全市共有1334名考生参加考试。经测试，成绩90分（含）以上45人，80分（含）以上195人，70分（含）以上375人，70分以下959人。

（卢杰）

【40471人参加外语口试】 4月11—12日，北京市完成2015年普通高校招生外语口试工作。此次口试在北京外国语大学、北京语言大学、中国传媒大学、对外经济贸易大学、首都师范大学、北京第二外国语学院6个考点进行，共有考生40471人参加外语口试。

（卢杰）

【204人参加等级运动员统一测试】 4月18日，北京市完成2015年等级运动员统一测试工作。测试在首都体育学院进行，测试项目有田径、游泳、足球、篮球、排球、乒乓球、羽毛球、武术、跆拳道、健美操10项，共有251人报名测试，204人参加测试，缺测47人。经测试，180人合格，合格率88.24%；71人不合格，不合格率11.76%。

（卢杰）

【2770名高职生升入本科学习】 4月，北京市完成2015年选拔高等职业教育（专科层次）优秀应届毕业生进入本科阶段继续学习的试点工作。3月28日，45所高校推荐的4713名专科毕业生在中国劳动关系学院、北京联合大学、北京城市学院和北京工业大学通州分校4个考点参加“高职升本科”文化课考试。全市共有15所高校参加招生，计划招生2792人，实际录取2770人。

（卢杰）

【深化高考考试内容改革】 至5月，北京市深化2015年普通高等学校招生考试内容改革。考试命题注重“稳中求进，进中求变”，以素质教育为导向，以改革创新为动力，更好地考查学生的综合素质和学习能力，促进知识与技能、过程与方法、情感态度和价值观三维课程目标的实现，突显首都基础教育整体质量和学生个性化发展水平，突显中学教育在学生终身发展中的重要作用。主要特点：一是立德树人，弘扬社会主义核心价值观。二是植根传统，融入中华优秀传统文化。三是贴近生活，突出应用性和实践性。四是考查能力，突出灵活性和创新性。

（卢杰）

57494人参加高校招生考试

【57494人参加高校招生考试】 6月7—8日，北京市2015年普通高等学校招生考试在17个考区举行。考试共设立考点101个，考场2032个。57494人参加考试。6月9—23日，北京市2015年高考评卷工作在北京大学、清华大学、北京师范大学、首都师范大学、北京第二外国语学院和北京工业大学6个评卷点进行。2015年参加普通高考统考考生共有55785人，高职单考考生1709人，共计扫描考生答题卡约36万余张，累计评阅试卷22.8万余份。全市参加评卷的教师共计1185人。

（卢杰）

【完成高校招生计划汇总】 6月11日，北京市完成2015年普通高校招生计划汇总工作。全年在京招生高校共722所，计划招生61836人。包括统考统招计划49324人（不含艺术类招生计划和其他单独招生计划），高职单考单招和师资班单招计划1367人。在统考统招计划中，按科类分：文史类计划14443人，占计划总数的29.28%；理工类计划34881人，占计划总数的70.72%。按学历层次分：本科计划37966人，占计划总数的76.97%；专科计划11358人，占计划总数的23.03%。按学校所在地域分：在京院校招生计划39614人，占计划总数的80.31%，其中在京部委院校招生计划为5381人，占招生计划总数的10.91%，市属市管院校在京招生计划为34233人，占招生计划总数的69.40%，外埠院校招生计划9710人，占计划总数的19.69%。

（卢杰）

【确定普通高校最低录取控制分数线】 6月23日，北京市招生考试委员会2015年第二次会议确定北京市普通高校招生各批次录取最低控制分数线。本科一批文科579分，理科548分；本科二批文科527分，理科495分；本科三批文科477分，理科452分；艺术类本科文科342分，理321分；专科（三科总分）文科150分，理科150分；体育教育、社会体育、休闲体育专业成绩70分，文化课成绩文科350分，理科350分；高职单招分数线为150分；艺术高职分数线为105分。

（卢杰）

【调整特殊类型招生录取方式】 6月，北京市调整2015年普通高等学校自主选拔等特殊类型招生录取方式。将高校自主招生选拔时间从考前调整为考后；单独设置高校自主招生选拔、高水平艺术团和高水平运动队招生特殊类型志愿，考生可填报1所志愿高校，录取安排在本科提前批次录取结束之后本科一批录取开始之前进行；取得资格认定的考生，须将资格认定高校填报在该志愿中，方能享受相关特殊类型招生政策。

（卢杰）

【调整高招计划分配方式】 6月，北京市调整2015年普通高等学校招生计划分配方式。一是扩大城市发展新区和生态涵养发展区本科农村专项计划，将招生人数从上年30人扩大到200人，招生院校从3所市属高校扩大至所有市属本科一批招生院校。二是首次在市属高校实施“双培计划”和“外培计划”招生，招生计划2428人，名额按区县分配。“农村专项计划”是北京市为响应国家关于实施面向贫困地区定向招生专项计划的要求而制定的招生政策，具体是指北京市属本科一批招生院校根据市教委审核下达的计划数，面向在北京市城市发展新区或生态涵养发展区就读的农村户籍考生所进行的招生，农村专项计划的录取工作将安排在本科提前批次进行。2014年，北京市首次在首都师范大学、首都经济贸易大学和北京建筑大学3所市属高校实施“农村专项计划”，招收学生30人。

（卢杰）

【高考统一招生录取51022人】 7月6日至8月13日，北京市完成2015年普通高等学校招生录取工作。其中，统考统招部分计划招生49324人，实际录取51022人，比计划增加1698人；统考录取率83.05%。高职单独考试招生部分计划招生1367人，实际录取855人，比计划减少512人。2015年录取工作的主要做法和特点一是招生录取纪律要求落在实处；二是“双培计划”“外培计划”招生改革顺利实施；三是大平行志愿改革实现预期目标；四是个性化招生服务成效显著。根据计划完成情况，北京市先后在本科二、三批考生填报志愿录取结束后，分别实行线上征集志愿录取和降分征集志愿录取工作。

（卢杰）

【召开全国英语高考研讨会】 10月31日至11月3日，北京市召开2016年全国英语高考研讨会。会议由国家基础教育实验中心外语教育研究中心举办。会议从教学理念、教学要求、课程设置、教学目标及教学评估方式等方面阐释研讨会的意义；听取怀柔区教委主任介绍怀柔教育近年来的发展情况；就教学改革的方向、教师现状及其培养，教学模式，学习者因素，教材，教育技术及教学评估等领域开展交流。各地优秀教师分别针对书面表达、阅读理解和短文改错的教学和训练进行专项汇报。全国各省市、自治区的高中外语教研室主任，从事高中英语教学和管理一线的教师以及专家学者共计600人参加会议。

（缐金秋　韩晓阔）

【61222人报名参加2016年高考】 11月30日，北京市完成2016年普通高等学校招生考试报名工作。61222人报名，比上年减少6594人，下降9.72%。其中，全国统考报名55680人，比上年减少5756人，下降9.37%；高职单考单招报名5542人，比上年减少838人，下降13.13%。应届生58557人，占报名人数的95.65%，往届生2665人，占报名人数的4.35%。男生29315人，占报名人数的47.88%，女生31907人，占报名人数的52.12%。城镇考生45930人，占报名人数的75.02%，农村考生15292人，占报名人数的24.98%。在全国统考报名人数中，文史类考生18425人，比上年减少1192人，下降6.08%，理工类考生37255人，比上年减少4564人，下降10.91%。

（卢杰）

【1036人参加2016年艺术特长生统一测试】 12月12—13日，北京市完成2016年艺术特长生统一测试工作。此次测试在清华大学举行，测试过程实施全程摄像，共设置声乐、管乐、弦乐、键盘、民乐、舞蹈、戏剧7大类57个小项，考试报名1181人，实际测试1036人，缺考145人。其中，856人次取得合格等级成绩，通过率82.63%；不合格考生180人次，占实考人数的17.37%。

（卢杰）

【召开高招工作总结研讨会】 12月22—23日，北京市召开2015年北京市普通高校招生工作总结研讨会。会议总结北京市2015年普通高校招生工作，表彰2015年北京市普通高校招生考试区县目标管理一等奖的17个考区、147名优秀评卷教师、12名先进工作者、获得高考工作特殊贡献奖的19所院校，研讨进一步做好2016年普通高校考试招生工作。市教委委员参加会议，解读《北京市关于深化考试招生制度改革的实施方案》。来自各区县考试中心主任、高招办主任，各高等学校招生办主任150人参加会议。

（卢杰）

高考统一招生录取51022人

研究生招生

【概况】　2015年，北京市研究生（博士生、硕士生）招生规模为103076人，比上年增加5613人，增长5.76%。硕士研究生招生规模为81131人，比上年增加5015人，增长6.59%，其中学术型专业46067人，专业学位35064人；博士生招生规模为21945人，比上年增加598人，增长2.80%。全国报考北京硕士生招生单位的考生227972人，比上年231959人（不含推免考生）减少3987人，下降1.72%，其中报考学术型专业的考生129959人，占57.01%；报考专业学位的考生98013人，占42.99%。北京80家招生单位（不含解放军在京单位）招收博士生，考生报名62100人，比上年61868人增加232人，增长0.37%。北京硕士生单位（不含军队院校）共招收硕士生80799人，比上年74815人增加5984人，增长8.0%。其中全日制专业学位硕士生36143人，比上年33019人增加3124人；招收博士生22035人，比上年21617人增加418人。2015年，北京地区非全日制攻读硕士学位全国考试报考人数57661人，比上年增加7372人，增长14.66%；报考79284科次比上年增加9672科次，增长13.89%。

（李青文）

【完成硕士研究生评卷工作】　1月

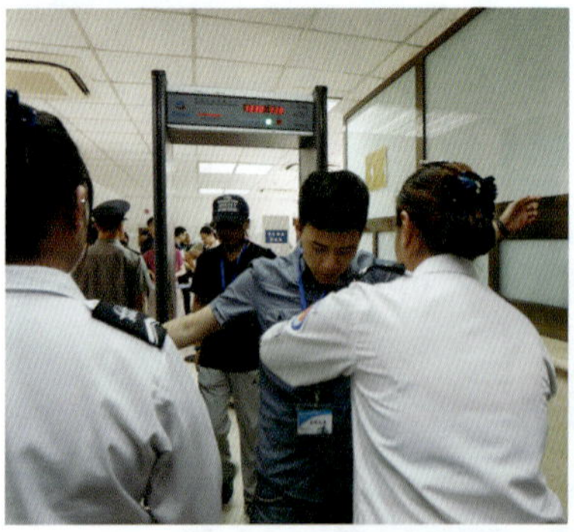

19—29日，北京教育考试院完成2015年硕士研究生的评卷工作。北京硕士生入学考试全国统考11个科目的进行网上评卷，4个评卷点共评阅试卷43万份。

（李青文）

【27283人参加同等学力申请硕士学位全国统考】　5月31日，北京地区2015年同等学力人员申请硕士学位外国语水平和学科综合水平全国统一考试举行。全市共设8个考点，732个考场。3月1—25日，2015年同等学力人员申请硕士学位外国语水平和学科综合水平统一考试进行网上报名。网上缴费于4月2日截止。北京市共有考生27283人报名，比上年增加1208人，增长4.63%；共报考42845科次，比上年增加3272科次，增长8.27%。

（李青文）

【录取硕士研究生80799人】　6月，

北京市完成2015年硕士研究生录取工作。除军队院校以外，北京142个高等学校、科研机构共招收硕士生80799人，比上年74815人增加5984人，增长8.0%。招收全日制专业学位硕士生36143人，比上年33019人增加3124人，增长9.46%。

（李青文）

【录取博士研究生22035人】　7月，北京市完成2015年博士生录取工作。共有北京高等学校、科研机构（不含解放军在京单位）80家招生单位，录取博士生22035人（含北京大学、清华大学弹性计划增量录取252人），比上年21617人增加418人，增长1.93%。教育部下达招生规模21945人（含少数民族骨干计划），比上年21347人增加598人，增长2.80%。

（李青文）

【新增1个在职攻读硕士学位全国联考考点】　9月，北京市新增北京化工大学为在职人员攻读硕士专业学位全国联考考点。由于国务院学位办从2016年起不再组织在职人员攻读硕士专业学位全国联考，改为纳入全国研究生统一入学考试，本年报考人数激增，造成北京市考位数量不足。新增北京化工大学考点后，全市共有9个考点，解决全部考生的考场安排问题。

（李青文）

【87852人报名参加2016年硕士生入学考试】　10月10—31日，2016年全国招收攻读硕士学位研究生统一入学考试进行网上报名。11月9—12日，北京57个报考点组织考生进行现场确认，共确认87852人考生在京参加考试，比上年减少3327人，下降3.65%。其中，报考京内140个招生单位的考生80952人，占在京参加考试考生人数的92.15%；报考外埠420个招生单位的考生6900人，占7.85%。2016年全国报考北京招生单位的考生243420人（不含推免考生），比上年增加15448人。其中，报考学术型专业的考生130635人，占53.67%；报考专业学位的考生112785人，占46.33%。

（李青文）

【30378人参加在职攻读硕士学位全国联考】　10月25日，北京地区2015年在职人员攻读硕士学位全国联考考试举行。全市共设9个考点，1028个考场。6月23日至7月13日，北京地区完成2015年在职人员攻读硕士学位全国联考报名。全市共有5个报名点。7月12—15日，进行此项考试的现场确认，共确认考生30378人，报考36439科次，比上年增加6164人，增长25.46%。

（李青文）

【87696人参加2016年硕士研究生招生考试】　12月26—28日，北京地区2016年全国硕士研究生招生考试举行。北京市共设置57个考点，3018个考场，应试考生87696人。

（李青文）

成人高等学校招生

【概况】 2015年，在京招生成人高等学校共有86所。其中，市属院校46所、部（委）及外埠院校40所。全市报名确认考生共有57311人，参加考试的考生56413人，比上年减少12171人。其中，高中起点专科23104人，比上年减少7268人；高中起点本科5036人，比上年减少1470人；专科起点升本科28273人，比上年减少3968人。招生专业1559个（含单考单招专业7个），比上年1654个减少95个，其中，市属高校招生专业699个，比上年减少8个，部属高校招生专业860个，比上年减少87个；按专业层次分，高起专专业数873个，比上年减少64个，高起本专业数156个，比上年减少3个，专升本专业数530个，比上年减少28个，单考单招专业7个，比上年减少1个。北京市招生计划总数为45460人，比上年57799人减少12339人，下降21.35%；其中，高中起点专科计划18516人，占计划总数的40.73%，高中起点本科计划3848人，占计划总数的8.46%；专科起点本科计划23096人，占计划总数的50.81%。单考单招计划1208人，比上年增加97人。实考考生51702人，缺考考生4716人；实际录取新生46344人（不含单考单招），录取率89.64%。其中，高中起点本科专业共录取新生3851人、专科起点升本科专业共录取新生23240人、高中起点专科专业共录取新生19253人、单考单招共录取1354人。举行北京地区成人本科学士学位英语统一考试，上半年61所院校，共有83629人报考，实考考生56989人，缺考考生26640人，缺考率31.85%，及格率27.35%；下半年58所院校，共有82020人报考，实考考生52301人，缺考考生29773人，缺考率36.30%，及格率25.49%。

（陈进生）

【56989人参加上半年成人本科学士学位英语考试】 3月20日，北京市完成上半年北京地区成人本科学士学位英语统一考试及报名等相关工作。全市共有61所院校的83629人报考，其中，北京考生51807人，占全部考生61.95%；外埠考生31822人，占全部考生的38.05%。成考考生38911人，占46.53%；电大考生20829人，占24.91%；网络学院考生23827人，占28.49%；其他考生62人，占0.07%。5月9日，举行上半年北京地区成人本科学士学位英语考试。全市共设考点89个，考场2835个，其中，本市考点45个、考场1752个、外埠考点44个、考场1083个。实考考生56989人，60分以上15586人，及格率27.35%；缺考考生26640人，缺考率31.86%。扫描试卷答题卡共83629份，包括北京考点答题卡35799份、外埠考点答题卡21190份；主观题评阅试卷共56989份。并于6月1日起下发考生成绩与成人本科学士学位英语考试合格证书。

（陈进生）

【成人高校招生专业减少95个】 8月20日，北京市完成成人高校招生专业核对汇总工作。共有86所高校在京招生比上年减少2所。招生专业1559个比上年减少95个。其中，市属高校招生专业数699个比上年减少8个，部属高校招生专业数860个比上年减少87个；按学习形式分，脱产专业数76个比上年减少3个，业余专业数1394比上年减少94个，函授专业数89个比上年增加2个；按专业层次分，高起本专业数156个比上年减少3个，高起专专业数873个比上年减少64个，专升本专业数530个比上年减少28个。单考单招专业7个比上年减少1个。

（陈进生）

【成人高校招生考试报名比上年减少12171人】 8月31日至9月5日，北京市完成成人高校招生考试网上报名工作。全市共有61943人报名参加考试。9月9—14日，经现场确认，确认考生57311人，参加考试的考生共有56413人。报高起专23104人比上年减少7268人，下降23.93%；报高起本5036人比上年减少1482人，下降22.74%；报考专升本28273人比上年减少3968人，下降12.31%。专升本免试生898人。本市共有考生

成人高校招生考试报名比上年减少12171人

20471人，占所有考生的35.72%。其中，高中起点7029人、专升本13442人；外埠、港澳台及军人考生为36840人，占所有考生的64.28%。其中，高中起点21111人、专升本15729人。教育部学信平台验证的专升本考生共有28273人，通过验证27105人，占95.87%，未通过验证1168人，占4.13%，未通过考生确认现场签订《保证书》。

（陈进生）

【52301人参加下半年成人本科学士学位英语考试】 9月16日，北京市完成下半年北京地区成人本科学士学位英语统一考试报名等相关工作。共有58所学校的82020人报考，其中，北京考生51511人，占全部考生的62.80%；外埠考生30509人，占全部考生的37.20%。全部考生中成考考生39469人，占48.12%；电大考生16877人，占20.58%；网络学院考生25674人，占31.30%。11月7日，举行下半年北京地区成人本科学士学位英语考试。考试共设考点87个，考场2772个，其中，本市考点43个，考场1735个；外埠考点44个，考场1038个，应考人数82020人，实考人数52301人，及格13333人，及格率为25.49%，缺考考生29773人，缺考率36.30%。其中，北京考点缺考率35.25%、外埠考点缺考率38%。共扫描试卷答题卡82020份，包括北京考点答题卡33353份、外埠考点答题卡18948份；主观题评阅试卷共52301份。并于12月1日起下发考生成绩与合格证书。

（陈进生）

【完成成人高校招生统考及阅卷工作】 10月24—25日，北京市完成成人高校招生全国统一考试。本次考试共设17个考区，93个考点，1988个考场，实考考生51702人，确认违规考生146人，其中，违纪考生17人，违纪人数比例0.33%；作弊考生129人，作弊人数比例0.25%。按照教育部《国家教育考试违规处理办法》，依据《北京教育考试国家教育考试考生违规办法实施细则》的规定，对违规考生做出相应处理。10月26日至11月10日，完成本次考试的阅卷工作。北京师范大学、首都师范大学、北京教育学院和北京开放大学4所高校共评阅19科17.2万份试卷。11月13日，成人高校招生统考考试成绩通过北京教育考试院网站发布。

（陈进生）

【成人高校招生计划比上年减少12339人】 11月20日，北京市完成成人高考计划编制工作。共有86所院校在京招生，招生计划总数为45460人，比上年57799人减少12339人，下降21.35%；其中，高中起点专科计划18516人，占计划总数的40.73%，高中起点本科计划3848人，占计划总数的8.46%；专科起点本科计划23096人，占计划总数的50.80%。单考单招计划1208人比上年增加97人。

（陈进生）

【划定成人高校招生录取最低控制分数线】 11月25日，经报请北京市招生考试委员会批准，北京市成人高校招生录取的最低控制分数线为：高中起点专科，文史外语类：140分；艺术类：100分；理工类：135分；体育类：115分。高中起点本科，文史外语类：195分；艺术类：130分；理工类：150分；体育类：130分。专科起点升本科，文史中医类：186分；艺术类：141分；理工类：108分；经济管理类：112分；法学类：175分；教育学类：140分；农学类：145分；医学类：157分。

（陈进生）

【成人高校招生录取46346人】 12月1—17日，北京市完成成人高校招生考试录取工作。招生原始计划45460人（不含单考单招计划），共录取考生46346人（不含单考单招），录取率89.6%，比原始计划45460人增加886人。其中，高中起点本科及专升本专业共录取新生27093人，比原始计划26944人增加149人；高中起点专科专业共录取新生19253人，比原始计划18516人增加737人。单考单招共录取考生1354人。北京市属成人高等教育招生规模较上年有所减少。市属成人高等教育实际招生25888人，比上年下降9.4%，其中，本科（含高中起点本科和专科起点本科）实际招生11114人，比上年下降11%，专科（高职）实际招生14774人，比上年下降8.1%。

（陈进生　卜薇）

高等教育自学考试

【概况】 2015年，北京教育考试院共组织高等教育自学考试大规模考试4次。全市共有14.6万人报考47.8万科次，注册新生3.2万人；开考专业总计99个，其中，专科专业52个、本科专业47个。在全部99个专业中，面向社会开考的专业有66个，行业或部门委托开考的专业33个（包含学历非学历相结合的“双证书”专业23个）；非学历证书项目15个，各级证书32种。北京考试院全年共评阅试卷293672万份；共有毕业生6744人，其中，本科毕业生3869人、专科毕业生2875人，3764人获取学士学位。

（穆松）

【58482人参加4月自学考试】 4月18—19日和25—26日，北京市组织完成4月高等教育自学考试。全市共有58482名考生报考179061科次，注册新生15317人。此次考试采用笔试的方式进行，共开考103个专业，423门课程。自学考试在全市17个考区同时进行，共设立考点94个、考场1478个。

（穆松）

【举行两次自学考试非学历证书考试】 5月16—17日和11月14—15日，北京市组织完成两次高等教育自学考试非学历证书考试。上半年开考46门课程，涉及14个证书，共有13786名考生报考37988科次。下半年开考

45门课程，涉及14个证书，共有12875名考生报考35875科次。

（穆松）

【57145人参加10月自学考试】　10月17—18日和24—25日，北京市组织完成10月高等教育自学考试。共有57145名考生报考183031科次，注册新生14186人。考试采用笔试方式进行，共开考92个专业、435门课程。考试在17个考区同时进行，设立考点84个、考场1472个。

（穆松）

【自学考试业务管理系统（一期）项目通过终验】　11月16日，北京市高等教育自学考试业务管理系统（一期）项目通过终验。专家组认为：该项目按要求完成开发，实现基础平台管理、考生中心、集体单位业务系统、自考门户、专业计划查询等模块的开发，软件功能测评和安全测评符合设计需求，项目开发过程管理规范，经费使用合理，文档齐全，完全符合有关管理规定。

（穆松）

【自学考试6744人毕业】　至年底，北京市高等教育自学考试共有毕业生6744人。其中，本科毕业生3869人、专科毕业生2875人，3764人获取学士学位。

（穆松）

社　会　考　试

【概况】　2015年，北京教育考试院6个考试项目共组织考试10次，报名160346人，报考169633科次，与上年（5个项目124645人）相比，增长28.64%。北京英语口语证书考试（BOEC）报考人数12590人，比上年17514人减少4924人。全国计算机等级考试（NCRE）报考人数95053人，比上年100604人减少5551人。全国计算机应用技术证书考试（NIT）报考人数1585人，比上年3913人减少2328人；中国书画等级考试（CCPT）报考人数1967人，比上年2301人减少334人。北京市国家司法考试报考人数32658人，报考130632科次。北京市中小学教师资格考试报考人数16493人，报考39001科次。

（徐卫红）

【举办两次全国计算机等级考试】　3月21—24日和9月19—22日，北京教育考试院举办两次全国计算机等级考试。同时考试院协助教育部考试中心完成一二级新考试系统的测试工作，两次考试的测试点都设在北京林业大学。全市共有报名人数95053人。其中，3月考试报名50262人、9月考试报名44791人。从报考级别情况看，一级考生33762人，占考生总数的35.52%；二级考生56329人，占考生总数的59.26%；三级考生4136人，占考生总数的4.35%；四级考生826人，占考生总数的0.87%。全市共有33573人取得合格证书，取证率35.32%。

（周德松）

【举办两次中国书画等级考试】　5月23—24日和11月14—15日，北京教育考试院举办两次中国书画等级考试。该考试设书法、硬笔书法、素描、动漫画、色彩、国画人物、国画花鸟和国画山水8个科目，其中书法、硬笔书法分9个级别，素描、动漫画、色彩、国画人物、国画花鸟和国画山水分6个级别。全市共有1967人报名考试，其中，书法1017人、硬笔书法188人、素描271人、色彩237人、动漫画77人、国画山水12人、国画花鸟164人、国画人物1人。

（姜树昕）

【举办两次北京英语口语证书考试】　5月23—24日和11月21—22日，北京教育考试院举办两次北京英语口语证书考试。全年共报名12590人，其中，初级7879人、中级4120人、高级591人。共发放证书6999份，其中，初级4377份、中级2325份、高级297份。2015年新增考点一个，培训新考官9人。

（姜树昕）

【举办两次全国计算机应用技术证书考试】　6月13—14日和12月19—20日，北京教育考试院举办两次全国计算机应用技术证书考试。该考试采用系统及题签考试方式，累计开考文字处理、电子表格和演示文稿制作等共计13个模块。全年共有1585人报名考试。并于12月份考试对软件版本进行全面升级。

（金辉）

【首次举办北京市国家司法考试】　9月19—20日，北京教育考试院首次举办北京市国家司法考试。此项考试是按照市教委文件要求，首次接受市司法局委托，承接司法考试考务组织工作。考试共分4个科目。全市共设5个考区，57个考点、1089个考场，32658名考生。

（姜树昕）

【首次举办中小学教师资格考试】　11月1日，北京教育考试院首次组织北京市中小学教师资格考试（笔试）。考试是北京市教师资格考试改革试点工作正式启动后由省考转向国考的首次组考。16493人报名参加39001科次的考试。从报考类别看，报考幼儿园类别的考生2559人，占考生总数的

15.52%；报考小学类别的考生5848人，占考生总数的35.46%；报考初中类别的考生2863人，占考生总数的17.36%；报考高中类别的考生4654人，占考生总数的28.28%；报考中职文化课类别的考生77人，占考生总数的0.47%；报考中职专业课类别的考生466人，占考生总数的2.83%；报考中职实习指导类别的考生26人，占考生总数的0.16%。本次考试全市共设12个考点，1332场次，实考人数12699人，缺考人数3794人，缺考科次9739科次，缺考率25%。笔试合格人数4924人，通过率38.77%。

（全辉）

中外合作考试

【概况】 2015年，北京教育考试院举办中英合作英语口语等级考试（GESE）84场，英国剑桥英语教学能力证书考试（TKT）17场。全市共有6015名考生参加考试。全年共组织托福、GRE考试36场，考生人数1771人。举办英国剑桥英语教学能力（TKT）考前培训，北京地区成人学士学位英语考试考前培训共5期，200人参加培训。

（庞博）

【举办中英合作英语口语等级考试】 至年底，北京教育考试院举办中英合作英语口语等级考试（GESE）。全年共举办考试84场。全市共有4943名考生参加12个级别的考试，总体通过率67.9%。

（庞博）

【举办英国剑桥英语教学能力证书考试】 至年底，北京教育考试院举办英国剑桥英语教学能力等级考试（TKT）17场。全市共有1072名考生参加6个证书的考试。其中，证书一241人、证书二174人、证书三220人、CLIL证书395人，YL证书27人，KAL证书15人。所有人均获得成绩证书。

（庞博）

【举办多种英语培训班】 至年底，北京教育考试院举办多种形式的英语培训班。全年举办英国剑桥英语教学能力（TKT）考前培训，北京地区成人学士学位英语考试考前培训共5期。共有200人参加培训。

（庞博）

社会委托考试

【概况】 2015年，北京教育考试院完成10个考试项目29个科目101考次，581199人的考务组织工作；发放各类考试合格证书及成绩单70065份。完成4个科目7套试卷的命题工作；组织评阅试卷1346699份。全年为40010名考生提供雅思考试服务。社会委托考试由北京教育考试院直属单位北京市考试指导中心完成。

（胡泊）

【8090人参加全国英语等级考试】 3月和9月，北京地区8090人参加全国英语等级考试（PETS）。3月，3992人参加考试；9月，4098人参加考试。考试工作由北京教育考试院承办。

（胡海）

【1524人参加国家公派留学人员全国外语水平考试】 5月和11月，北京地区共有1524人参加国家公派留学人员全国外语水平考试（WSK）。5月，考生共计779人；11月，考生共计745人。考试组织工作由北京教育考试院承办。

（胡海）

【518711人参加全国大学外语四六级考试】 6月和12月，北京地区518711人参加全国大学外语四级、六级考试。6月，考生共计271274人，其中，参加英语四级考试121085人、英语六级考试148465人，日语四级363人，日语六级77人，德语四级344人，德语六级50人，俄语四级129人，俄语六级64人，法语四级697人；12月，考生共计247437人，其中，参加英语四级考试93871人、英语六级考试153566人。考试组织工作由北京教育考试院承办。

（胡海）

（本栏责任编校　张晓白　杨少川）

交流与合作

入学

综　述

2015年，市教委各部门深入学习党的十八大，十八届三中、四中、五中全会和习近平总书记系列重要讲话精神，通过实施引进来和走出去战略，大力推进首都教育对外开放，促进首都教育的现代化和国际化发展，努力提高对外交流合作的质量和效益，推动首都教育外事工作创新发展。

国际交流与合作

优化首都教育对外交流格局，对外交往不断深入。2015年，市教委根据把北京建设成为国际一流的和谐宜居之都的要求，围绕首都友城工作，充分利用友城合作渠道，积极推动双边教育交流。市教委共接待来自美国、英国、法国、阿根廷等国家和地区的访问团组76个1595人次，派出因公出国（境）团组59个340人次。通过这些接待和出访工作，市教委与法国巴黎学区、加拿大不列颠哥伦比亚省教育部、美国马里兰大学、伦敦艺术大学等10个外国教育部门和高校签署合作备忘录，优化教育对外交流的区域布局，为对外交往奠定更加坚实的基础。

圆满完成国家重大活动的服务保障工作。适应中央及全市外交礼宾的改革要求，2015年，市教委组织全市少年儿童2400人次圆满完成党宾国宾的礼宾献花任务。其中，在中国人民抗日战争暨世界反法西斯战争胜利70周年纪念活动期间，共组织10所学校的39名学生，完成35批次46人次的党宾国宾的机场礼宾任务。作为亚信非政府论坛首次年会北京市服务保障工作领导小组成员单位之一，会同团市委，从北京大学、清华大学等7所高校选拔101名志愿者，参与亚信年会志愿服务，圆满完成大会志愿者的招募、选拔、培训和管理相关工作。根据教育部要求，组织9所高校及中学的1000名首都学生参加中俄青年友好交流年闭幕式暨中俄媒体交流年开幕式活动，圆满完成国家重大活动的服务保障工作。

围绕首都教育综合改革深化教育国际合作。市教委积极推动北京市教育外事系统贯彻落实首都深化教育综合改革。一是搭建高层对话平台，市委常委、教育工委书记苟仲文率团访问英国、德国、意大利的政府部门和知名高校，宣传首都教育综合改革情况，推介“外培计划”和“高端技术技能人才贯通培养计划”。二是加强机制建设，市教委与意大利米兰理工大学等5所知名高校签署合作备忘录，探索建立输送首都高校、职业院校优秀学生赴外交流学习机制，培养国际化创新型人才。三是助力校园足球计划，市教委与阿根廷布宜诺斯艾利斯教育局就足球教师合作事项达成共识并签署合作协议，2015年10月5名足球教练到岗任教。四是加强指导和培训，市教委积极推动“高校聘请外籍教师支持中小学英语教学项目”的深入开展，与市外专局、市公安局搭建审批绿色通道，加强对参与项目学校的指导与培训工作。

搭建首都教育高层次对外交流平台。为满足首都建设“国际交往中心”要求，市教委着力开展教育高层次对外交流平台建设。一是与北京师范大学联合举办“金砖国家大学校长论坛”。该论坛以“创新、变革和大学责任”为主题，来自金砖国家50余所知名大学近300名代表参会。论坛发表《金砖国家大学校长论坛——北京共识》，并成立“金砖国家大学联盟”，为金砖国家高等教育的交流与合作搭建平台。二是市教委与北京大学联合举办2015年北京论坛，论坛以“文明的和谐与共同繁荣－不同的道路和共同的责任”为主题，400余位中外嘉宾学者出席活动并就论坛主题进行探讨。三是市教委与市台办联合主办首届京台基础教育校长峰会，峰会以“面向未来的基础教育”为主题，来自京台两地的200余名中小学校长围绕办学理念与学校管理、队伍建设与专业发展等问题进行交流。

举办中外学生人文交流系列活动。在中美、中英、中俄等人文交流机制的框架下，加强中外青少年的交流工作。一是联合文化部，组织237名首都师生赴澳大利亚、英国、希腊开展文化交流活动，与当地学校进行对口交流，向当地人民展示中国传统文化和首都青少年的优良风貌。二是举办国际学生北京夏令营、北京－首尔青少年体育交流大会、北京－世宗青少年艺术交流活动等中外学生交流活动。三是加强机制建设，4所北京市中小学校获批中美“千校携手示范校”，2所北京市中小学入选首批“中英伙伴学校交流计划”，为中美、中俄、中英人文交流机制建设做出积极贡献。

推动来华留学内涵发展。根据全国留学工作会议精神，市教委积极谋划，采取措施增强首都来华留学吸引力。一是统一思想，凝聚共识。在首都教育系统传达会议精神，把来华留学工作纳入市教委外事重点工作谋划部署。二是合理规划，明确目标。进一步明确2020年北京留学生工作的发展目标，使北京成为留学生的主要目的地城市。三是统筹管理，创新机制。推进在高校与中小学之间、高校校际之间建立联合招生机制，鼓励高校创新培养模式，联合市公安局推动外国留学生在京校外实习工作的落实。四是分类指导，规范管理。要求各级学校将留学生发展规划纳入学校整体发展规划和评估体系中，将全市所有接受外国学生的中小学校纳入资质管理范畴。五是加强宣传，强化培训。通过多种形式走出去推介首都教育资源，同时定期组织留学生管理工作专项培训。

汉语推广工作取得新成效。充分发挥首都优势，努力助推中华文化走向世界，推动世界各国文明交流互鉴，提升首都教育国际竞争力与影响力，汉语推广工作取得新成效。10月，习近平总书记为全球第1000所孔子课堂——北京八一中学和英属地泽西岛奥特利尔中学在伦敦举办的奥特利尔中学孔子课堂揭牌。在12月召开的 2015 年孔子学院大会上，北京市教委被评为先进中方合作机构，国务院副总理刘延东为获奖单位颁奖。目前，北京市属学校已在 9 个国家和地区开设 21 所孔子学院和 48 个孔子课堂。北京地区各院校、机构已在全球 50 多个国家和地区开设 128 所孔子学院和 101 个孔子课堂。

积极推动首都教育服务贸易发展。根据市政府统一部署，作为北京市服务业扩大开放综合试点工作领导小组成员单位之一，市教委积极推动首都教育服务贸易发展。一是研究制定北京市教育系统服务业扩大开放的实施方案和三年工作计划。二是支持在我国境内合法设立的外国机构、外资企业按照相关法律法规在京设立外籍人员子女学校，在广泛调研的基础上，研究起草《北京市外籍人员子女学校管理办法（草案）》。三是支持首都高校引入境外优质教育资源，与世界知名高校合作办学，2015 年支持 5 所高校与美国、英国、法国、澳大利亚、意大利的 7 所知名高校申报合作办学项目。四是助力大学生创业创新，市教委完成第十届中国北京国际文化创意产业博览会接待任务。五是响应“大众创业、万众创新”的号召，启动北京市自费出国留学中介服务资格的审批工作。

港澳台侨交流与合作

全面加强与港澳台地区教育合作交流。为服务中央人心回归工作大局，根据市委市政府的统一部署，2015 年，市教委全面加强北京与港澳台地区的教育合作交流。一是以“京港澳姊妹校”和“京台结对校”为抓手，通过新设资金、统筹资源等手段，深入推进两岸三地的基础教育交流。二是做好在京港澳台侨学生国情教育工作，组织开展在京高校港澳台侨学生西部行、港澳台侨学生迎新会等活动。三是品牌活动做大做强，举办 2015 京港澳学生交流夏令营、2015 京澳科技夏令营、台湾阿里山夏令营等学生交流品牌活动，规模不断扩大，内容更加贴近学生需求。四是发挥民间交流作用，支持市港澳台交流中心新设“体验北京—香港学生访京计划”，支持北京高校港澳台侨学生教育管理研究会赴台湾开展交流。五是加强涉台基地校工作，联合市台办，以 31 所涉台基地校为抓手，带动全市基础教育的对台交流工作。六是加强政策业务培训，分主题分类别组织涉港澳台工作人员的政策业务培训。

境外办学

目前北京市共有 6 所学校与 7 个国家和地区的 12 所学校合作开展境外办学项目 13 个，2 所学校在境外独立开展办学机构。其中，境外办学机构涉及幼儿园、小学、初中、高中四个阶段；境外办学项目中，学历项目 13 个，其中，硕士项目 4 个、本科项目 8 个、中专项目 1 个；涉及中文、中医、体育、音乐、法律、教育等 11 个专业。

自费出国留学中介机构

2015 年，适应形势发展需要，市教委依法履职，规范管理严格各项受理、审批程序，为 38 家留学中介服务机构办理相关《资格认定书》变更或延期手续。根据教育部关于做好《自费出国留学中介服务机构审批权下放有关事项的通知》的要求，市教委结合北京市的具体情况，以及自费出国留学工作中的新动向和新问题，与市工商局联合发布《北京市自费出国留学中介服务机构认定和监管办法》，并着手开展此项工作的受理与审核工作。2015 年，共有 138159 人次通过北京市的 71 个自费出国留学中介机构的服务出国留学。

（吉晓喆）

总　　类

【哥斯达黎加总统访问人民大学】　1 月

6 日，中国人民大学接待哥斯达黎加共和国总统路易斯·吉列尔莫·索利斯·里韦拉访问。索利斯一行参观校园，与师生座谈，并发表题为《拉丁美洲：其纷繁的国际关系以及中国和哥斯达黎加在其中的角色》的演讲，就哥中关系、拉美研究等话题与在场师生进行深入交流。演讲前，索利斯总统被授予人民大学名誉博士学位，并被人民大学拉美研究中心聘为名誉顾问。

（万静）

【厄瓜多尔总统访问清华】　1 月 7 日，厄瓜多尔总统拉斐尔·科雷亚访问清华大学并发表演讲。科雷亚在演讲中介绍新型厄瓜多尔经济模式，分享厄瓜多尔在消除贫困、促进就业、实现社会公正等方面的举措和经验，并分析当今社会面临的挑战，强调发展不仅仅是追求经济数字的增长，还要减少贫困，增加人民的收入和他们的幸福感。

（许亮）

【亚美尼亚总统访问北大】　3 月 27 日，亚美尼亚共和国总统谢尔日·萨尔基相访问北京大学并发表演讲。萨尔基相在演讲中表示，中国在精心保护自己的历史文化传统的同时致力于改革开放，选择正确的国家发展道路，成为当今国家发展的典范。中国积极参与世界政治经济发展进程，维护世界的和平与安全，为世界发展做出突出贡献。在中国的帮助下，亚美尼亚克服社会过渡时期的诸多困难。中国也一直是亚美尼亚外交最重要、最优先的方向之一，亚方坚定奉行一个中国政策，支持丝绸之路经济带的提议，将学习中国在自贸区建设方面的经验，拓展两国经济合作的空间，并将在亚美尼亚推广中文教育，加强两国人文领域交流。亚美尼亚的外交政策致力于维护自身安全和世界和平，平衡周边关系，重视国家间在安全领域的合作。访问过程中，该校授予谢尔日·萨尔基相名誉教授称号。

（刘语潇）

【博鳌亚洲论坛分论坛举办】　3月28日，博鳌亚洲论坛分论坛在外交学院举办。分论坛以“东盟共同体：一体化的新起点”为主题，研讨东盟共同体建设、中国与东盟关系等议题。马来西亚前总理巴达维、中国外交部部长王毅发表主旨演讲。来自国内外政府官员、专家学者80人参加。

（阚四进）

【乌干达总统访问外交学院】　3月31日，乌干达共和国总统约韦里·卡古塔·穆塞韦尼访问外交学院并发表演讲。穆塞韦尼在演讲中介绍非洲的历史、文化，以及在发展中遇到的问题和挑战。他强调，中非合作涉及经贸、投资、旅游、科技等领域，中国与非洲在国际事务中应相互支持，非洲可通过与中国合作寻求发展瓶颈的解决之道。穆塞韦尼还回答学生关于中国对非政策，乌干达和非盟的关系等问题。该院100余名师生代表参加活动。

（阚四进）

【泰王国诗琳通公主访问北大】　4月4日，泰王国诗琳通公主殿下访问北京大学。诗琳通一行参观对外汉语教育学院，参加“泰学研究在中国——庆祝中泰建交40周年暨玛哈扎克里·诗琳通公主殿下60华诞”学术研讨会，出席该校与朱拉隆功大学续签校际学术交流协议及合建孔子学院协议仪式。

（刘语潇）

【科菲·安南访问北大】　4月21—22日，联合国前任秘书长科菲·安南访问北京大学并发表演讲。科菲·安南一行与北京大学学者和学生代表围绕“世界秩序的几个要点”进行座谈。该校向其颁发“北京大学‘大学堂’顶尖学者讲学计划”铜牌及证书。安南发表题为“构建更加和谐的世界秩序”的主题演讲。

（刘语潇）

【赤道几内亚总统访问外交学院】　4月28日，赤道几内亚共和国总统特奥多罗·奥比昂·恩圭马·姆巴索戈访问外交学院并发表演讲。奥比昂在演讲中回顾两国关系的历史，强调中国是赤道几内亚真正的朋友，中国在经济发展和人才培养等方面为赤道几内亚提供慷慨无私、不附加任何政治条件的帮助，两国在各领域的合作符合两国人民的利益，他对两国关系的未来充满信心。演讲后，奥比昂总统回答学生关于中国企业到赤道几内亚投资、中国年轻一代到非洲工作、中非合作论坛等问题的提问。活动中，外交学院向奥比昂颁发外交学院名誉教授聘任证书。该院师生代表500人参加活动。

（阚四进）

【中国国民党主席朱立伦访问北大】　5月4日，中国国民党主席朱立伦访问北京大学并与师生代表座谈。朱立伦在座谈中回忆20年前在北大执教往事，鼓励学生走出校园，走向世界。访问期间，朱立伦一行与北大就人才培养、合作交流等问题进行会谈。

（刘语潇）

【印度总理访问清华】　5月15日，印度总理纳伦德拉·莫迪访问清华大学并发表演讲。莫迪指出，中印两国在很多方面都反映出相同的愿景，拥有相似的挑战和机遇，彼此的成功能够给对方以启发。他希望两国人民携手共进，坚持互信，步调统一，迎接两国关系更光明的未来。

（许亮）

【举办首都学生外语展示系列活动】　6月18日，市教委举办第四届首都学生外语展示系列活动。该活动面向小学生、初中生和高中生，分别以童话剧表演和演讲的比赛形式进行。小学组参赛学校265所，涉及北京市16个区县的学校。初中组参赛学校为126所，覆盖14个区县的学校。高中组参赛学校为14个区县的115所学校。参加师生共计18500余人。与上年相比，本次活动注重考察学生的外语实际应用能力。

（刁文淇）

【比利时国王访问吉利学院】　6月23日，比利时国王菲利普携王后访问北京吉利学院。这是外国元首第一次在对中国进行国事访问时到访民办高等院校。比利时国王夫妇参观学校汽车学院学生设计的赛车，听取吉利星车队队员从技术、外观等方面介绍竹子节能车、诺亚和GSF—1方程式赛车。国王夫妇进入图书馆观看学校师生的纯绘画、手绘、雕塑、环艺、平面设计和摄影等艺术作品，对师生的才华及创作热情给予高度赞扬。国王夫妇接受学生赠送的作品，并在学校种下一棵象征两国友谊的雪松。2015年是中国—比利时及中国—欧盟建交40周年，作为中比、中欧建交40周年纪念活动重要组成部分，比利时国王及王后于6月20日起对中国进行国事访问。

（孙建美　吕其永）

【东城承办联合国教科文组织成立70周年庆祝活动开幕式专场演出】　7月22日，东城区教委承办联合国教科文组织协会世界联合会第九次代表大会暨联合国教科文组织成立70周年庆祝活动开幕式专场演出。40余个国家教科文组织出席，北京市第二中学、北京市第五中学分校、北京市第五十中学、北京市一七一中学、北京市东城区史家胡同小学、北京市东城区东四九条小学、北京市东城区东交民巷小学、北京市东城区少年宫等单位400余名学生参加演出，旨在展现中国青少年风采，弘扬中国优秀民族文化，诠释教科文组织“促进教育、科学、文化的国际合作，各国人民之间相互了解，维护世界和平”的主旨。

（伊传锦　李银姬）

【东帝汶民主共和国总统访问昌平职校】　9月4日，北京市昌平职业学校农业文化园区接待东帝汶民主共和国总统塔乌尔·马坦·鲁瓦克先生一行。陪同鲁瓦克总统夫妇到访的有东帝汶外交与合作部长埃尔纳尼·科埃略、东帝汶驻中国大使维基·重女士等。该校通过文字和图片简要介绍昌平区基本情况、学校办学情况及校企一体、教产对接的育人情况。“昌平天使”“昌平爵士”等9个由学校自主研发的蝴蝶兰品种及中共中央政治局委员、国务院副总理刘延东命名的“盛世京兰”吸引客人。中东双方共同种植一棵白皮松，象征双方友谊长存、生生不息，一起迎接更美好的未来。

（王于）

【格鲁吉亚总理访问外经贸大】　9月11日，对外经济贸易大学接待格鲁吉亚总理伊拉克利·加里巴什维利（Irakli Garibashvili）一行访问。加里巴什维利一行参观学校、与学校师生座谈，并发表题为“发展丝绸之路伙伴关系——格中合作与远景展望”的演讲，表示发展对华关系是格鲁吉亚对外关系的优先方向，希望加强两国高校的交流合作，共同培养优秀人才。

（曹亚红）

【规范管理自费出国留学中介服务】　9月30日，市教委、市工商局联合印发《北京市自费出国留学中介服务资格认定和监管办法（试行）》。办法分7章35条，对自费出国留学中介服务机构的申办条件与资格认定、经营和管理、变更与终止、备用金的使用与管理和监督管理等方面做出明确规定。自费出国留学中介服务实行行政许可制度，经批准的中介服务机构，由市教委颁发《资格认定书》，未经市教委资格认定，任何机构和个人不得在北京市从事中介服务活动。办法自2015年12月1日起施行。至年底，市教委为38家留学中介服务机构办理相关《资格认定书》变更或延期手续。年内，共有138159人次通过北京市的71个自费出国留学中介机构的服务出国留学。

（任军　华蕾）

【塞浦路斯总统访问人民大学】　10月

15日，中国人民大学接待塞浦路斯总统尼科斯·阿纳斯塔西亚迪斯访问。阿纳斯塔西亚迪斯一行参观校园，与师生座谈，并发表题为《塞中两国关系和未来长期友好》的演讲。演讲前，阿纳斯塔西亚迪斯总统被授予人民大学名誉教授。

（万静）

【金砖国家大学校长论坛举办】　10月17—18日，金砖国家大学校长论坛在北京师范大学举办。论坛由市教委与北京师范大学联合主办，以“创新、变革和大学责任”为主题，围绕在世界大发展、大变革、大调整的时代背景下的大学责任展开讨论。来自金砖国家50余所知名大学的校长、知名学者、企业家及有关国际组织代表和各界领袖等近300人参会。论坛发表《金砖国家大学校长论坛——北京共识》，并成立“金砖国家大学联盟”，为金砖国家高等教育的交流与合作搭建平台。教育部部长袁贵仁、巴西驻华大使、俄罗斯驻华大使、印度驻华大使、南非驻华公使，市教委、北京师范大学领导参加论坛。

（吉晓喆）

【爱尔兰教育与技能部部长访问北外】　10月23日，北京外国语大学接待爱尔兰教育与技能部部长简·奥苏利文一行访问。奥苏利文一行参加“中国爱尔兰研究学术网络”网站发布仪式，并发表演讲。访问期间，该校与爱尔兰大学签订《北京外国语大学与都柏林大学合作谅解备忘录》《北京外国语大学与都柏林大学学生交换协议备忘录》《北京外国语大学与都柏林圣三一大学合作谅解备忘录》。

（杜政俊）

【举办北京市民讲外语游园会】　10月

24—25日，市教委联合市外办共同主办2015年北京外语游园会——国际语言文化交流展示区活动。活动在北京朝阳公园举行，内容在多语言文化节目展演的基础上，设立英语、法语、西班牙语、德语和韩语5个外语交流互动区，通过展板形式向市民介绍5个语种相关国家的语言、城市、文化等知识，并设置有奖竞答活动。共有来自北京市22所中小学校的中外师生400余人参加演出，参与市民千余人次。该活动由北京市国际教育交流中心和北京市民讲外语活动组委会办公室承办。

（刁文淇）

【北京论坛举办】　11月6—8日，市教委与北京大学联合主办北京论坛

金砖国家大学校长论坛举办

(2015)。论坛恰逢世界反法西斯战争胜利70周年与联合国成立70周年，主题设置为“文明的和谐与共同繁荣——不同的道路和共同的责任”，旨在推动亚太地区乃至全球学术发展，并为世界的和平发展与文明的繁荣进步做出贡献。开幕式上，教育部副部长杜占元致辞，联合国秘书长潘基文通过视频致辞，论坛还邀请联合国前副秘书长、联合国—阿盟叙利亚危机前联合特使拉赫达尔·卜拉希米作特邀报告。在主旨演讲环节，美国艺术与科学院院士、哈佛大学讲席教授柯伟林，英国政府国际发展部首席经济学家、牛津大学教授斯帝文·邓，北京大学历史系教授、英国皇室历史学会通讯会士钱乘旦分别发表主旨演讲。论坛共设5个分论坛、2个专场和1个学生论坛，分别探讨“一带一路”、文明交流、社会创新、艺术史、城镇化、国际关系与生态保护等议题。400余名中外嘉宾学者出席活动并就论坛主题进行探讨。北京论坛创办于2004年，由北京大学、市教委和韩国高等教育财团共同主办，每年举办一次，迄今共有来自世界70余个国家和地区的4000名政要和知名学者参加论坛。北京论坛以“文明的和谐与共同繁荣”为总主题，以北京雄厚的文化底蕴为依托，致力于推动全球人文社会科学共性问题的研究，以促进世界范围内的学术发展和社会进步。

（吉晓喆）

【4所中小学校获批中美“千校携手”示范校】 11月19日，教育部公布首批中美“千校携手”项目示范学校名单。北京市共4所中学入选，分别是中国人民大学附属中学、北京市海淀区七一小学、北京第二实验小学和北京景山学校。全国共有21所学校入选。该计划作为第五轮中美人文交流高层磋商联合成果的内容，由刘延东与美国国务卿克里于7月在北京正式宣布启动。项目以“千校携手，热爱自然，绿色生活”为主题，鼓励双方学校发挥主动性，开展师生交流、学术交流、环境保护等相关活动。在中美人文交流机制框架内，遴选中美1000所中小学共同参与中美人文交流。项目由教育部主办，全国妇联、团中央协办，中国教育国际交流协会具体承办。

（吉晓喆）

【阿塞拜疆总统访问人民大学】 12月

11日，中国人民大学接待阿塞拜疆总统伊利哈姆·阿利耶夫访问。阿利耶夫一行参观校园，并就共建丝绸之路经济带、连接欧亚经济发展、共同反对恐怖主义与分裂主义、实现区域和平等话题与该校师生进行交流。阿利耶夫总统被授予人民大学名誉教授。

（万静）

【组织实施国内访学计划】 至年底，市教委组织实施国内访学计划。访学计划借鉴国际先进的教育理念，旨在帮助公办学校与外籍人员子女学校开展人员交流，使一线教师不出国门，就可以亲身体会国外教育理念和教学模式。共选派北京市中小学校的45名骨干教师到北京市的8所外籍人员子女学校进行为期1个月的交流学习。访学计划现已成功举办4期。

（任军）

【与10个外国教育部门和高校签署合作备忘录】 至年底，市教委与10个外国教育部门和高校签署合作备忘录。分别是法国巴黎学区、加拿大不列颠哥伦比亚省教育部、美国马里兰大学、伦敦艺术大学等，主要优化教育对外交流的区域布局，探索建立输送首都高校、职业院校优秀学生赴外交流学习机制，培养国际化创新型人才，为对外交往奠定更好的基础。

（吉晓喆）

【完成多项国家重大活动的服务保障工作】 至年底，市教委完成多项国家重大活动的服务保障工作。根据中央及北京市外交礼宾的改革要求，市教委组织北京市少年儿童2400人次完成党宾国宾的礼宾献花任务，其中，在中国人民抗日战争暨世界反法西斯战争胜利70周年纪念活动期间，共组织10所学校的39名学生，完成35批次46人次的党宾国宾的机场礼宾任务。作为亚信非政府论坛首次年会北京市服务保障工作领导小组成员单位之一，会同团市委，从北京大学、清华大学等7所高校选拔101名志愿者，参与亚信年会志愿服务，圆满完成大会志愿者的招募、选拔、培训和管理相关工作。组织9所高校及中学的1000名首都学生参加中俄青年友好交流年闭幕式暨中俄媒体交流年开幕式活动。

（吉晓喆）

【组织境外教育展及说明会】 至年底，

市教委组织境外教育展及说明会。北京市50所大中小学72名代表组成的3个团组先后赴巴西参加国际教育展，赴秘鲁、德国、法国、马来西亚、泰国举办北京教育说明会。通过参加教育展和举办说明会宣传推介北京教育资源，为境内外院校搭建交流平台，提供合作机会。

（郑静慧　刁文淇）

【举办中外学生人文交流系列活动】 至年底，市教委举办中外学生人文交流系列活动。在中美、中英、中俄等人文交流机制的框架下，加强中外青少年的交流工作。联合文化部，组织237名首都师生赴澳大利亚、英国、希腊开展文化交流活动，与当地学校对口交流，向当地人民展示中国传统文化和首都青少年的优良风貌。

（张明）

【举办中小学生多语种进校园活动】 至年底，市教委举办“问候全世界”中小学生多语种进校园活动。该活动共在5个区22所学校开设44个教学班，开展德语、法语、西班牙语三个语种的教学，共有学生1200余人参加学习。多语种进校园活动在教师配置、教学方法探索、特色教材使用、成果展示等方面已经过6年的发展。

（刁文淇）

国际交流与合作

中外合作办学

【概况】　2015年，北京市中外合作办学机构有21个，其中，硕博教育机构1个、本硕教育机构2个、硕士教育机构2个、本科教育机构1个、专科教育机构2个、中等学历教育机构5个、学前教育机构3个、非学历高等教育机构3个、培训机构2个。北京市有中外合作办学项目118个，其中，培训项目5个、学历项目113个，包括博士项目4个、硕士项目32个、本科项目31个、高职项目17个、中等学历项目26个、职业高中项目3个。

（刘斯）

【北语成立东京学院】　4月1日，北京语言大学东京学院在日本东京成立。东京学院实行学历教育，是中国教育部认可的大学，学生在此完成学业后可获得北京语言大学的毕业证书和学位证书。东京学院将与北语国内校区实行无缝对接，在东京学院上学的学生，可选择本科4年在东京学院完成全部学业，也可选择“1+3”“2+2”或“3+1”等方式到北语留学，修读各种长短期课程。东京学院还将与日本其他各大高校合作，日本学生在此选修的学分，也将被其母校认可。

（田列朋）

【规范中外合作办学管理工作】　至年底，市教委规范中外合作办学管理工作。工作主要从继续做好本科以上层次机构和项目评估工作；做好高职高专中外合作办学试点评估工作；对全市学校开设国际课程情况进行调研；研究调整北京市中外合作办学指导意见等4方面进行。

（刘斯）

【6所学校与境外12所学校开展境外办学项目】　至年底，北京市共有6所学校与7个国家和地区的12所学校合作开展境外办学项目13个，2所学校在境外独立开展办学机构。境外办学机构涉及幼儿园、小学、初中、高中4个阶段；境外办学项目中，学历项目13个，包括硕士项目4个、本科项目8个、中专项目1个，涉及中文、中医、体育、音乐、法律、教育等11个专业。

（刘斯）

【批准8个高职中外合作办学项目】　至年底，市教委批准8个高职中外合作办学项目（含续办5个）。8个项目分别是：北京财贸职业学院和英国北安普顿大学合作举办会计专业高等专科教育项目（续办）；北京财贸职业学院和英国北安普顿大学合作举办金融专业高等专科教育项目（续办）；北京农业职业学院与美国卡比奥尼拉社区学院合作举办旅游管理专业高等专科教育项目；北京农业职业学院与加拿大圣力嘉应用艺术与技术学院合作举办会计专业高等专科教育项目（续办）；北京农业职业学院与加拿大圣力嘉应用艺术与技术学院合作举办国际经济与贸易专业高等专科教育项目（续办）；北京财贸职业学院与新西兰怀阿里奇理工学院合作举办旅游管理专业高等专科教育项目；北京财贸职业学院与美国纽约州立大学坎顿技术学院合作举办会计专业高等专科教育项目；北京政法职业学院与澳大利亚新南威尔士州TAFE北悉尼学院合作举办法律事务专业高等专科教育项目（续办）。

（刘斯）

【批准7个高中中外合作办学项目】　至年底，市教委批准7个高中中外合作办学项目的续办申请。7个项目分别是：中国人民大学附属中学、中国人民大学附属中学分校与美国波利国民学校合作举办中美国际高中课程合作项目（续办、变更）；首都师范大学附属中学与美国捷门棠中学合作举办中美国际高中课程合作项目（续办）；北京市十一学校与美国犹他州万山赤中学合作举办中美国际高中课程合作项目（续办）；北京市二十一世纪国际学校与美国费尔蒙特学校合作举办中美国际高中课程合作项目（续办）；中国人民大学附属中学、中国人民大学附属中学分校与英国惠灵顿中学合作举办中英课程高中项目（续办、变更）；中国人民大学附属中学、中国人民大学附属中学分校与英国惠灵顿中学合作举办国际文凭课程高中教育项目（续办、变更）；北京市第二十五中学与加拿大新斯高沙省谢尔伯尼地区高中合作举办中加英文高中课程项目（续办）。

（刘斯）

【批准3个中外合作办学机构续办】　至年底，市教委批准3个中外合作办学机构续办。其中高职中外合作办学

北语成立东京学院

机构1个，即北京青年政治学院泰尔弗商务分院，由北京青年政治学院与加拿大博莱特学院泰尔弗商学院合作举办；高中中外合作办学机构1个，即北京王府学校，由北京法政实业集团有限公司与美国凯莎通高级中学合作举办；非学历中外合作办学机构1个，即北京勤思英语学校，由北京市朝阳区兰贵子培训学校与英国伦敦语言联合学校合作举办。

（刘斯）

【14个高校中外合作办学项目获批】 至年底，北京市有14个高校中外合作办学项目获教育部批准。项目分别是：华北电力大学与英国斯莱斯克莱德大学、英国曼彻斯特大学合作举办电气工程及其自动化专业本科教育项目；中国农业科学院研究生院与荷兰瓦赫宁根大学合作举办农业与生命科学博士教育项目；北京邮电大学世纪学院与法国勒芒材料和机械高等工程学院合作举办机械自动化专业本科教育项目；清华大学与美国苏富比艺术学院合作举办艺术管理硕士研究生教育项目；清华大学与美国天普大学合作举办法学硕士学位教育项目；北京化工大学与美国石溪大学合作举办管理科学与工程硕士研究生教育项目；北京交通大学信息管理与信息系统本科教育项目和软件工程硕士学位教育项目变更中外合作办学地址；清华大学与法国国立民航大学合作举办航空管理（机场管理）硕士学位教育项目；清华大学与法国国立民航大学、法国国立路桥大学合作举办高级管理人员工商管理硕士（航空管理专业）学位教育项目；清华大学与澳大利亚国立大学合作举办管理硕士学位教育项目；北京语言大学与英国诺丁汉特伦特大学合作举办文化遗产管理硕士教育项目；北京国家会计学院与美国天普大学合作举办审计（IT审计方向）硕士学位教育项目；中国传媒大学与英国威斯敏斯特大学继续合作举办国际媒体商务硕士学位教育项目；北京化工大学与意大利热那亚大学合作举办工业设计专业本科教育项目。另有中国人民大学与香港理工大学合作举办管理学博士学位教育项目，1个京港合作办学项目获批。

（刘斯）

【3所高校获批变更合作办学机构】 至年底，北京市3所高校获批合作办学机构的新申请或延期、变更申请。分别是：中国传媒大学国际传媒教育学院变更外方合作办学者；华北电力大学与英国曼彻斯特大学合作举办华北电力大学华曼国际能源学院；中国政法大学中欧法学院延期并变更相关机构信息。

（刘斯）

友好往来

【人民大学成立“一带一路”经济研究院】 5月24日，中国人民大学成立“一带一路”经济研究院。研究院将依托该校人文社会科学基础和经济学学科实力，邀请校内外相关机构的专家学者担任兼职教授或研究员，同时聘请来自“一带一路”国家的相关机构及知名专家学者参与国际合作研究，共同开展“一带一路”战略重大经济问题的研究。

（万静）

【举办国际学生北京夏令营】 7月14—23日，市教委举办第五届国际学生北京夏令营。夏令营以感受中国为主旨，通过讲述结合视听的形式，帮助第一次来华的外国中学生全面正向地了解中国。包括中国与世界、中国人的生活、中国的文化、中国的艺术和国际友谊之夜等多项主题活动。该活动由北京市国际教育交流中心承办。开营仪式上，线联平致辞。来自教育部、孔子学院总部、国家汉办、市教委、市财政局、市政府外办等相关领导出席开营式。共有来自4大洲21个国家的632名国际师生参与活动，本年新增丹麦、以色列两个国家。国际营连续举办5年，吸引来自39个国家的近5000名师生来京交流。

（郑静慧 刁文淇）

【组织中华文化小使者交流活动】 7

月16日至8月13日，市教委组织中华文化小使者交流活动。15个区县25所中学的师生253人分8个团组赴美国、加拿大、英国和俄罗斯，开展文化交流活动。活动由北京市国际教育交流中心承办。

（郑静慧）

【组织首都高校学生赴境外教学实习】 7—10月，国际教育交流中心组织首都高校学生赴境外教学实习。中国传媒大学、首都师范大学、北京语言大学、北京第二外国语学院、北京工业大学耿丹学院、首都经济贸易大学的100名对外汉语专业学生，分别到马来西亚、新加坡、韩国、美国等国家

举办国际学生北京夏令营

40余所大中小学和培训机构参加教学实习活动。

（郑静慧　刁文淇）

【北语成立“一带一路”研究院】 9月22日，北京语言大学“一带一路”研究院（西南）和华文学院（西南）在临沧揭牌。揭牌仪式上，北京语言大学与滇西科技师范学院签署合作共建框架协议。两个学院旨在服务国家“一带一路”战略，整合北语在国际关系、区域与国别研究领域的资源优势以及国际化发展经验，整合滇西科技师范学院面向南亚、东南亚的国门高校优势，以及华文教育基地和小语种人才建设基地优势，充分发挥临沧在“一带一路”建设中的区位优势和重要作用。

（田列朋）

【举办北京—首尔青少年体育交流大会】 10月28日至11月1日，市教委联合首尔特别市教育厅共同主办的第16届北京—首尔青少年体育友好交流大会在首尔举办。北京代表团共有33人参加，其中，工作人员4人、北京市广渠门中学篮球队选手10人、北京市回民学校足球选手15人，每校

教练和带队教师各1人。双方开展篮球和足球项目的比赛，充分发扬“重在参与、永不放弃、永不气馁、永不低头”的体育竞技精神。双方以体育比赛的形式，进一步拉近两国青年学生之间的感情，为推动北京和首尔两市教育合作交流做出贡献。该活动由北京市国际教育交流中心承办，是市教委与首尔特别市教育厅友好交流的传统项目和品牌项目，已有约1100名中韩学生参与。

（郑静慧　刁文淇）

【民大召开“一带一路”及外语非通用语种人才培养讨论会】 10月29日，中央民族大学召开“一带一路”及外语非通用语种人才培养讨论会。会议围绕学科建设、专业调整等相关问题进行交流探讨，会议认为学校亟须加强现有涉及外语非通用语言类专业建设，创新优势特色学科及外语非通用语种人才培养机制。该校相关负责人和专家学者50人参加研讨。

（周翊兰）

【举办北京—世宗青少年艺术交流活动】 11月3—7日，市教委联合韩国世宗特别自治市教育厅共同主办的第二届北京—世宗青少年艺术交流活动在世宗举办。北京市八一中学和北京市中关村中学的学生与韩国世宗市学生代表进行音乐、舞蹈、武术等方面的艺术交流。

（郑静慧　刁文淇）

中非友谊知识竞赛举办

【北语召开伊斯兰国家发展与“一带一路”建设研讨会】 11月8日，北京语言大学召开伊斯兰国家发展与“一带一路”建设研讨会。会议就“一带一路”沿线国家的发展以及中国“一带一路”战略建设等话题开展开放、多元研讨。研讨期间，17家国内高校及社会研究机构共同倡议成立“一带一路沿线国家研究智库联盟”，并发布《“一带一路”沿线国家研究智库联盟倡议书》。来自传媒、文化、哲学、国际关系等不同领域的海内外专家学者100人参会。

（田列朋）

【中非友谊知识竞赛举办】 11月22日，北京语言大学举办首届“汉语桥——中非友谊知识竞赛”总决赛。比赛以“中非情·青年志”为主题，分为网络预赛、过桥赛、半决赛和决赛4个环节。来自非洲37个国家和全国30所高校103名中非青年参加。比赛作为中非论坛预热系列活动中一场教育文化界盛事，由孔子学院总部（国家汉办）、中非合作论坛中方后续行动委员会秘书处及北语共同举办。

（田列朋）

【开展职业院校学生赴韩国学习项目】 至年底，市教委开展职业院校学生赴韩国学习项目。项目内容包括：选派中职学生1名参加与韩国驻华使馆合作举办的2015年首尔市教育厅奖学金计划项目，赴韩国进行为期三年的职业技能学习；选拔1名学生参加韩国2015年友好城市职业培训项目，赴韩国进行为期10个月的绿色汽车或珠宝设计专业的学习；选拔3名学生参加北京市与首尔市合作举办的职业教育合作项目，赴韩国进行为期10个月的网页编程专业学习。

（张明）

【完成中韩初中生交流互访活动】 至年底，市教委完成教育部中韩初中生交流互访活动。一年中两地青少年实现互访，通过一起学习、一起生活，增进两地青少年的相互了解。上

半年，市教委选派4所中学85名初中生访问韩国，下半年接待韩国4所中学88名初中生回访北京。

（张明）

外国学生教育与管理

【举办北京市中小学外国学生多元文化节】 3—12月，市教委举办2015年北京市中小学外国学生多元文化节。文化节包含书画、作文作品征集评选，中国文化体验系列课程，远郊区县交流，诗文朗诵大会等内容。其中，中国文化体验课程包括中国书法、国画、茶艺、烹饪、古琴、风筝、木工制作体验等内容。活动贯穿全年，由北京国际教育交流中心承办。20余所中小学组织的来自韩国、美国和俄罗斯等30余个国家的3000名外国中小学生参与活动。

（郑静慧　刁文淇）

【开设高校留学生中国国情大课堂】 4—12月，国际教育交流中心举办北京市高校外国留学生中国国情大课堂活动。大课堂活动以讲解、赏析、体验等方式介绍中国国情和传统文化，内容包括书法、国画、茶艺、太极拳、中国菜烹饪等文化课程培训，以及什刹海体校和国家大剧院的参观体验活动。来自北京大学、北京师范大学、北京语言大学、北京外国语学院、对外经济贸易大学、首都师范大学等30余所高校的2020名留学生参与活动。

（郑静慧　刁文淇）

【举办北京高校外国留学生汉语之星大赛】 6月19日，市教委联合市语委办主办的第六届北京外国留学生汉语之星大赛决赛在北京电视台举行。经过汉语即兴演讲、中文知识抢答、汉语微辩论3个环节评比，选出10名“汉语之星”。北京电视台对赛事进行全程录制。国家汉办、国家留学基金委、市教委等有关单位领导和嘉宾出席活动，并为获奖选手颁奖。比赛于3月启动，30余所高校980余名留学生参与活动，经过海选、初赛、复赛、半决赛、决赛5个环节进行评比。比赛自2009年以来，共举办6届，吸引来自世界众多国家的4000名外国留学生参加。

（郑静慧　刁文淇）

【扩大外国留学生接收规模】 至年底，市教委扩大外国留学生接收规模。通过加大对北京市留学环境的推介力度，深入基层调研，指导高校采取有效措施，加大对北京市外国留学生奖学金项目的支持力度，接收外国留学生学校规模进一步扩大，高校达到89所，中小学达到110所。至年底，全年在北京市高校和中小学学习的外国留学生达到10.06万人次，其中，高校94164人次、中小学6389人次，高校学历生比例达到38.4%。

（刁文淇）

【完善来华留学课程体系建设】 至年底，市教委完善来华留学课程体系建设。建设工作包括在北京市40所院校开设384个英文授课项目。其中，学历项目352个、非学历项目32个，涉及293个专业。

（刁文淇）

【加大外国留学生奖学金支持力度】 至年底，北京市加大外国留学生奖学金支持力度。北京市为吸引更多优秀外国学生来京留学，投入7000万元奖学金，共使5300余名留学生受益。自2006年北京市外国留学生奖学金设立以来，10年间共投入5.05亿元，共有3万余名学生通过奖学金资助到北京市高校就读。

（刁文淇）

【94名留学生获中国政府奖学金】 至年底，北京高校共有94名外国留学生获得中国政府奖学金全额奖学金——支持地方奖学金。该奖学金须经过市教委推荐和国家留学基金委审核同意。获奖学生分别在北京30所高校的63个专业学习，其中，硕士59人、博士35人。

（刁文淇）

【规范中小学外国学生管理】 至年底，市教委规范中小学外国学生管理。结合全市新的学籍管理办法及2015年义务教育阶段入学工作意见的新要求，市教委指导各区县在原有107所中小学基础上增加一批学校，接受外国学生，将全市接受外国学生的中小学校全部纳入资质管理范围，并启动集中评审工作。

（刁文淇）

【加强外籍人员子女学校日常管理】 至年底，市教委继续加强对外籍人员子女学校的工作指导与服务，组织业内人士研究起草《北京市外籍人员子女学校审批和管理实施办法》。就进一步加强学校日常管理、严格招生条件、通过年度办学信息采集及召开学期会等形式了解学校办学状况，提出工作要求，指导学校做好空气重污染应急防控工作，保障学校教学秩序和校园安全。2015年，北京有17所外籍人员子女学校和4所驻华使馆学校通过年度审核。新增核发“北京意大利使馆学校”办学许可证，撤销“北京瑞典学校”。协调市编办、市民政局等有关部门研究解决北京法国学校等5所学校法人登记问题，配合市财政局、地税局研究解决外籍人员子女学校税收问题。指导学校规范办学，有序发展；妥善处理学生家长对学校

举办北京市中小学外国学生多元文化节

的投诉问题。

（任军）

国际汉语教育

【培训境外汉语教师】 3—12月，市教委举办境外汉语教师培训班。聘请北京高校汉语教学专家担任授课教师，授课内容涵盖汉语教学理论、实践等。学员还深入北京大中小学、职业学校的汉语课堂了解北京教育环境。共有来自巴基斯坦、泰国、马来西亚、南非、埃塞俄比亚、日本、印尼、俄罗斯、印度尼西亚等国家汉语教师300余人参加培训。

（郑静慧　刁文淇）

【北语建立全球首家电视孔子课堂】

8月4日，北京语言大学与埃及尼罗电视台合作建立全球首家电视孔子课堂。该课堂是海外第一个通过卫星电视形式教授汉语的孔子课堂，面向22个阿拉伯国家的亿万观众。北语为孔子课堂提供包括智力、教学在内的全方位支持与帮助。

（田列朋）

培训境外汉语教师

【北语举办首届汉语测试高峰论坛】 12月5—6日，北京语言大学举办首届汉语测试高峰论坛。论坛以专家报告、同行点评、互动研讨的方式梳理汉语测试学科的历史脉络，探讨学科的发展方向，论坛分3个阶段进行。第一阶段的主题为学科历史与未来，第二个阶段主要面向汉语作为第二语言的标准与测试，第三阶段的报告集中在汉语作为母语的研究领域。来自国内30家单位的100名代表参加。

（田列朋）

【建设孔子学院及课堂并获荣誉称号】 12月6日，市教委在上海举办的第10届孔子学院大会上获得国家汉办授予的“先进中方合作机构”荣誉称号，国务院副总理、孔子学院总部理事会主席刘延东颁奖。与往年相比，北京市属高校、中小学新增孔子学院1所，新建孔子课堂3个。截至年底，北京市属学校已在9个国家和地区开设孔子学院21所、孔子课堂48个。北京地区各院校、机构已在全球50多个国家和地区开设孔子学院128所和孔子课堂101个。10月，国家主席习近平访英期间为北京市八一中学和英属地泽西岛奥特利尔中学在伦敦承办的奥特利尔孔子课堂揭牌，这是全球第1000所孔子课堂。

（刁文淇）

【举办驻华使馆官员汉语学习课堂】 至年底，市教委举办驻华使馆官员汉语学习课堂。共有258名使馆官员参加学习，内容包括汉语学习、文化体验和专题讲座等。驻华使馆官员汉语学习课堂连续举办五届，共有97个国家的827名驻华使馆官员参加汉语学习课堂。

（郑静慧　刁文淇）

【举办对外汉语教学培训】 至年底，北京市国际教育交流中心举办系列对外汉语教学培训。该培训面向首都高校汉语国际教育及相关专业学生，邀请北京语言大学、北京大学、中央民族大学等高校的对外汉语教学专家及中国非物质文化遗产传承人授课，课程内容涵盖汉语本体知识、二语习得教学法、中华文化、现代教育技术等方面。10余所高校的500余名对外汉语相关专业学生参加培训。

（郑静慧　刁文淇）

【完成汉语教师和志愿者的招募及派出任务】 至年底，北京市国际教育交流中心协助国家汉办完成15个汉语教师招募及志愿者派出项目。全年协助招募汉语教师及志愿者119人，招募教师及志愿者主要来自首都师范大学、北京第二外国语大学等市属高校及中小学。其中，国际教育交流中心派出赴泰国志愿者11人，主要负责在当地进行汉语教学及中国文化传播工作。

（郑静慧　刁文淇）

【完成北京汉语网相关宣传推广工作】 至年底，市教委完成北京汉语网相关宣传推广工作。共发布汉语国际推广新闻、留学生一站式服务信息2400余篇；中国文化信息1700余条；组织开展在京高校留学生、中小学汉语教师线下中国文化沙龙活动48次；组织创作、上传发布完全由北京市一线教师原创的国际汉语图文教学课件和多媒体教学课件300余项，并据此在全市有外籍学生的中小学国际汉语教师中开展对新创课件的投票、交流和评选活动。

（刁文淇）

【指导高校完成孔子学院奖学金生管理工作】 2015年，市教委完成指导首都师范大学等6所市属高校开展孔子学院奖学金宣传、招生和材料审核上报工作。共完成招收孔子学院奖学金生105人，其中，汉语国际教育硕士20人，汉语国际教育本科10人，一学年研修生45人，一学期研修生30人。

（刁文淇）

引智培训及因公派出

【聘请外国文教专家7000人次】 至年底，北京市聘请外国文教专家7000人次，聘请单位达到665个。专家主要从事高等教育、中小学英语教学工作。

（张明）

【派出出国（境）培训团组】 至年底，市教委派出出国（境）培训团组2个，涉及双语教学能力、中学教育管理，以及各专业骨干教学培训等项目，共30人赴境外参加教育管理和教学专业培训，取得良好效果。

（张明）

【国家公派出国留学】 至年底，市教委共受理各类国家公派出国申请286人，录取166人。其中，国家公派高级研究学者及访问学者（含博士后）项目申请人数为126人，录取44人，包括访问学者40人、博士后4人；美国38人、英国3人、荷兰2人、澳大利亚1人。国家建设高水平大学公派研究生项目申请65人，录取48人，包括博士生19人、联合培养博士生29人；美国15人，德国8人，澳大利亚6人，英国4人，加拿大3人，瑞士、荷兰、瑞典、比利时各2人，日本、法国、芬兰、意大利各1人。艺术类人才培养特别项目申请14人，录取10人包括硕士生5人、访问学者5人；英国4人、美国3人、意大利2人、德国1人。公派硕士研究生项目申请15人，录取5人，美国4人、英国1人。国外合作项目，日本政府文部科学省博士生奖学金项目申请4人，录取1人。高等教育教学法项目申请62人，录取58人，此项目是培训项目，期限为3个月，录取人员国别：澳大利亚18人，加拿大40人。

（任军）

【规范因公出国（境）管理】 至年底，市教委加强因公出国（境）管理工作，因公出访规模、经费及党政干部额度严格控制在规定标准内。全年共派出因公出国（境）团组59个340人次，包括赴境外培训团组3个34人次。出访内容以签署合作协议、洽谈合作项目、推介北京教育、参加国际会议、国际比赛、执行汉语国际推广任务和合作交流任务为主，培训涵盖学前教育、专业教师培训项目。

（张明）

【完成因公出国（境）量化管理任务】 至年底，市教委完成北京市关于2015年因公出国（境）团组数、人数压缩的量化管理任务。市教委梳理2015年度因公出访团组情况，制定相关最新规定的落实措施，完善因公出国（境）管理制度。完善计划核定、任务审批、人员选派、证照保管、经费审核、纪律监督和绩效评价等关键环节。加强教育，认真执行专办员制度和行前教育制度。年内，市教委自组团团组数、人数和出访经费均按有关规定严格控制在规定的额度内。

（张明）

港澳台侨交流与合作

【概况】 2015年，北京市具有接收港澳台侨学生资质的高校和科研院所共有56所。在京高校就读的港澳台侨学生4556人，其中，香港学生1734人、澳门学生777人、台湾学生2009人、侨生36人。市教委举办多项港澳台教育交流合作活动。与市台办联合主办首届京台基础教育校长峰会；联合市委教育工委、市台办、团市委主办第16届京台青年交流周；联合市台办、市旅游委邀请台湾中小学校长及教育界人士70人访问北京，推介北京教育；与市港澳办共同推进京港青少年交流活动；与市侨办共同完成“中国寻根之旅”接待工作；支持市港澳台交流中心新设体验北京—香港学生访京计划，支持北京高校港澳台侨学生教育管理研究会赴台湾开展交流。全年加强与业务主管部门之间的联席会议制度，与教育部港澳台办公室、市港澳办、市台办、市侨办等部门开展定期交流，共同研究推进两岸三地教育交流合作。

（刁文淇）

【启动寰宇暑期实习计划】 6月，市教委联合香港中文大学共同举办“香港与内地高校师生交流计划项目——首都医科大学临床见习项目”。此次活动在首都医科大学举行，共有40名香港中文大学学生参与交流活动。活动以“北京精神”为主线，以“了解社会，认识职业，学习方法，收获成长”为目标。通过活动的实施，加强香港学生对北京教育、文化和社会生活的了解和认识，促进京港两地学生之间的交流。

（吉晓喆）

【举办京港澳学生交流夏令营】 7月

16—23日，由市教委、香港特别行政区政府教育局、澳门特别行政区教育暨青年局共同主办，北京市港澳台教育交流中心承办的“2015青春港澳行——京港澳学生交流夏令营”在北京成功举办。三地教育主管部门领导出席开营仪式。市委教育工委常务副书记张雪致辞，教育部港澳台事务办公室常务副主任赵灵山授营旗。本次夏令营共有325名港澳师生和300名北京师生参加，一起开展为期8天的交流活动。

（郑静慧　刁文淇　刘斯）

【建立教育交流对话机制】　7月18日，市教委领导会见香港教育局局长吴克俭一行。双方就深化两地教育行政部门的官方交流、加强两地青少年交流等内容达成共识。

（刘斯）

【举办北京学生台湾阿里山夏令营】

7月26日至8月1日，市教委举办2015北京学生台湾阿里山夏令营。活动在台湾举行，北京师生117人参加活动，拜访嘉义高中、台湾大园国际高中、台湾双溪高中、台湾大学、台湾清华大学等著名高校与知名中学，通过参访台湾学校，与台湾学子互动，参访台湾经典历史景点，了解台湾学习方式、校风以及文化的养成教育，并从环境、地点、人文等感受台湾不一样的文化，扩大视野，增进多元学习思维及未来创作能力。活动由北京市港澳台教育交流中心承办，旨在加强两岸优秀青少年学生的交流，增进彼此的友谊，培养台湾青少年对祖国的认同感，展示大陆的优质教育资源和丰富的文化资源。

（郑静慧　刁文淇）

【举办北京—澳门中学生科技合作交流活动】　7月27—31日，市教委联合澳门教育暨青年局、澳门科学馆股份有限公司主办北京—澳门中学生科技合作交流活动。活动在澳门举行，共有来自北京、澳门两地各5所学校师生80人参加此次交流活动。该活动由北京学生活动管理中心承办，北京教育网络和信息中心提供技术支持，旨在加强京澳两地的科技、教育和文化交流。

（刘斯）

【北科大主办海峡两岸绿色材料及绿色制程论坛】　9月2—4日，北京科技大学主办第四届海峡两岸绿色材料及绿色制程论坛。该论坛与台湾成功大学合办，研讨绿色材料及绿色制程相关问题，中国金属学会、东北大学和中国钢铁工业协会等单位5名专家作“关于钢铁工业绿色发展下现代钢铁流程和生态钢铁产品”“优质中厚板产线的关键共性技术”“红土镍矿的半熔融态还原新工艺研究”等5场主题报告。来自两岸20余所高校、科研院所及企事业单位100人参加论坛。

（金剑苞）

【开展北京高校港澳台学生国情教育活动】　9月6—15日，市教委主办北京

高校港澳台学生赴西部文化之旅活动。北京师生访问西北师范大学、青海大学、西北师范大学附属中学，听取关于学校发展、当地历史以及经济发展的讲座。该活动由北京市港澳台教育交流中心承办，北京市港澳台侨学生教育管理研究会协办。共有中国政法大学等9所北京高校的港澳台师生76人参加赴甘肃、青海交流活动。

（郑静慧　刁文淇）

举办北京学生台湾阿里山夏令营

【举办北京高校港澳台侨学生迎新联欢会】　9月25日，市教委联合北京市港澳台侨学生教育管理研究会共同举办2015北京高校港澳台侨学生迎新暨中秋联欢会。活动在北京服装学院举办，来自清华大学、北京外国语大学、北京电影学院等29所北京地区高校的近500名港澳台侨学生代表参加联欢会。该活动始于2010年，是北京高校港澳台侨学生一年一度的联欢盛会，是市教委、北京市港澳台侨学生教育管理研究会共同主办的品牌活动，旨在弘扬中华传统文化，加深港澳台侨学生与内地学生之间的互动和交流，增强港澳台侨学生的爱国意识。

（刁文淇）

【首届京台基础教育校长峰会在京召开】　10月26日，市教委、市政府台湾事务办公室、西城区政府主办的首届京台基础教育校长峰会在京召开。会议围绕办学理念与学校管理、队伍建设与专业发展等问题开展交流。荀仲文出席并讲话。来自北京、台湾两地的200余名中小学校长参加会议。京台中小学校际间交流合作有多年历史，部分学校合作长达十几年。深化京台中小学校校际沟通与联系，凝聚两地教育智慧，发挥各自优势开阔思路、拓宽视野，是京台两地中小学的现实需求也是未来发展方向。

（华蕾　吉晓喆）

【举办香港学生北京访学计划】　11月7—11日，市教委举办首届体验北京——香港学生北京访学计划。香港访学团师生分两组分别前往北京市第五十中学和北京市第一零九中学，走进语文、数学、化学、生物课堂随堂听课，并与北京学生代表交流。活动期间，香港师生在天安门广场观看升旗仪式；先后前往卢沟桥、中国人民抗日战争纪念馆、中国航空博物馆等爱国主义教育示范基地；游览长城、故宫、鸟巢、水立方等北京著名风景名胜；体验京剧、功夫等中国传统艺术；游览胡同、走访北京家庭。该项目由北京市港澳台教育交流中心承

办。来自香港 6 所学校的师生 108 人参加活动。

（郑静慧）

【启动航天育种计划】　11 月 17—19 日，东城区教委与中国航天科技集团国防科技生产力促进中心、香港联合国教科文组织协会、云南省腾冲市政府共同召开京港滇“航天育种计划”年会暨航天科技青少年教育联盟成立大会。会上，京、港、滇三地与国防科技生产力推广中心共同签约成立航天科技青少年教育联盟，参会领导为京、港、滇三地 21 所学校颁发会员校证书。会议宣读联盟章程草案、联盟 2015—2016 年工作计划。“航天育种计划”通过航天育种科学实验，学习航天育种知识，引导广大师生关注航天科技，关心国家未来。航天科技青少年教育联盟将以“航天育种”活动等一系列航天科技教育实践活动为载体，搭建北京（东城）、香港、云南（腾冲）三地教育交流合作的新平台。三地代表 100 人参加会议。

（李银姬）

区域交流与合作

【举办三地中小学阅读指导活动】
4—10 月，市教委举办“我爱家乡”——京·宁·蓉三地中小学生诵读活动暨第五届“书香燕京——北京市中小学阅读指导活动”。活动通过互联网远程同步的形式，实现三地中小学生共同诵读迎接“4·23”世界读书日，向区县、学校发放《我爱家乡——第五届书香燕京百部阅读推荐书目》2000 份。16 个区县 608 所中小学校师生撰写征文 93270 篇。评出一等奖 1062 篇、二等奖 5072 篇、三等奖 7242 篇。活动评选出区组织先进单位 16 个、区组织先进个人 69 人；学校组织先进单位 243 个、学校组织先进个人 485 人、优秀辅导教师 876 人；区突出贡献奖 4 个，学校组织突出贡献奖小学、中学各 25 所。

（陆小红）

【京苏粤浙首期中小学卓越教师高级研修班结业】　5 月 29 日，京苏粤浙东部卓越教师发展计划首期中小学卓越教师高级研修班在京结业。该项目由北京、江苏、广东、浙江四省市教育行政部门共同支持助推，133 名学员历时近一年完成 4 个阶段学习。北京阶段培训的研修主题是“跨区域文化背景下的教师教学风格凝练”，以“让骨干教师成长为卓越教师”为研修目标，为期 7 天。培训模块分为理论研修、名校参访、跟岗学习、总结展示 4 个部分。学员共完成 2 场全员通识培训，分小学语文、小学数学、小学英语 3 组进行学科通识培训，到 4 所北京市小学名校参观访问，在 2 所北京农村地区小学进行跟岗学习，并通过学员论坛进行培训成果展示。10 月 19 日，该项目第二期研修班在南京开班。按照京津冀协同发展总体思路，北京市在招生中将河北省纳入其中，吸收由唐山市教育局选派的 9 名唐山学员，形成“4+1”培训模式。

（刘琳）

【参与京津沪冀交通职教集团联盟高层论坛】　5 月和 11 月，北京交通运输职业学院代表北京交通职业教育集团参加分别在天津和上海举行的京津沪冀交通职教集团联盟高层论坛活动。其中，上海论坛举办于 5 月，北京交通职业教育集团作《“互联网+”与行业变革之下的法律思维》和《“互联网+”对汽车后服务企业的机遇与挑战》专题讲座；天津论坛举办于 11 月 26—27 日，主题为“高职院校章程建设及未来五年联盟发展与展望”，北京交通职业教育集团作《落实京津冀协同发展要求，推进交通职业教育内涵集约发展》主题发言。

（苑媛）

【直辖市教育关工委协作组会议召开】
10 月 12—14 日，直辖市教育系统关工委协作组会议在京召开。会议围绕“贯彻落实中国关工委成立 25 周年暨先进表彰大会精神，坚持服务青少年的正确方向，进一步提升中小学关工委工作”交流研讨，达成共识。教育部关工委、市委教育工委和北京、天津、上海、重庆教育系统关工委代表 30 余人参加会议。

（张兴华）

【举办京津沪冀职教集团主题实践冬令营】　12 月 25—28 日，京津沪冀职教集团“秀出交通职教学生出彩人生”主题实践冬令营活动在北京举行。北京交通运输职业学院代表北京交通职教集团承办该活动。活动以“职业梦想”为主题，内容包括“职业之旅”“友谊之旅”“爱国之旅”等多项主题实践教育活动，突出联盟的育人性、交流性、合作性，全面提升四地学生综合素养。河北交通职业技术学院、天津交通职业学院、上海交通职业技术学院及北京交通运输职业学院各选派 10 名，共 40 名青年学生参加活动。

（苑媛）

举办京津沪冀职教集团主题实践冬令营

对 口 支 援

【服装学院举办和田地区服装专业人才培训班】　3—6 月，北京服装学院承办新疆和田地区服装专业人才培训班。培训班由和田地区经信委、北京经信委主办。培训班分为服装设计与工艺专业和服装生产与营销管理专业两个班，为学员讲授服装学科的基本理论和基本知识、服装生产现场管理和市场营销基本知识等，并进行服装设计方法、成衣生产工艺等方面的基本训练，使学员成为具有服装设计及生产管理等方面专业技能、能够到服装企业生产一线从事服装生产技术工作的应用型人才。来自和田地区服装专业人才参加学习。

（付佳）

【电科职院对口支援西藏职院】　4 月 14 日，北京电子科技职业学院召开对口支援西藏职业技术学院 2015 年工作会议。电科职院等 4 所院校分别与西藏职院签订“对口支援西藏职业技术学院 2015 年度行动计划”，从师资建设、专业建设、课程建设、实习实训室建设、教学资源库建设等方面支持西藏职院建设。2011 年，教育部确定，西北农林科技大学为组长校，与天津职业技术师范大学、深圳职业技术学院和电科职院组成工作队，每年在 4 个支援单位轮流召开工作会议，对口支援西藏职院建设。西藏职院隶属西藏自治区教育厅，2008 年被国家教育部、财政部确定为国家 100 所示范性高等职业院校，占地面积 29.28 万平方米，教职工 367 人，有农林、畜牧、电力、建筑、电子、财经、旅游、艺术 8 类 32 个专科专业。

（王琴）

【电气工程学校对口援建南阳信息工程学校】　4 月 16 日，北京市电气工程学校与河南省南阳信息工程学校签署对口支援建设合作协议。这是南水北调中线工程北京市与渠首校校对口援建合作项目之一。根据协议，双方本着“相互学习、加强交流、共同提高”原则，通过多种合作方式，在专业内涵发展、师资队伍建设、课程体系改革、实训基地建设等方面加强合作。电气工程学校充分发挥办学优势和示范作用，推动优质资源共享，帮助援建学校提升教育教学质量。

（王世兵）

【赴拉萨北京实验中学支教】　5 月 6—11 日，北京教育科学研究院组织高中思想政治、语文、数学、英语、物理、化学、生物、历史和地理 9 个学科教研员赴拉萨北京实验中学开展支教工作。教研员深入拉萨北京实验中学课堂，听、评课 56 节，并与学科教研组教师进行交流，为拉萨市近 600 名高中教师分学科举办讲座 9 场，并针对教师们关心的高考问题、教学新理念、教学新方法与模式等问题进行交流。

（沈俊楠）

【举办京藏两地三校同上一节政治课活动】　5 月 13 日，北京教育科学研究

院、北京市教育学会、北京市朝阳区中学教研室等单位共同举办北京、西藏两地三校同上一节政治课活动。北京陈经纶中学特级教师张洁作《味道》专题课，通过网络使拉萨北京实验中学、北京市顺义牛栏山第一中学两地三校学生同上一节课。课堂上学生进行互动交流，陈经纶中学师生介绍北京特色饮食烤鸭，牛栏山一中师生介绍顺义特色美食槐花饺子，拉萨北京实验中学师生介绍西藏特色美食酥油茶。活动打破时空和地域界限，挖掘汉族和少数民族的不同文化资源，提高课堂教学的真实性和可信性。北京 16 个区县及拉萨市北京实验中学教师共计 200 人通过网络开展教学观摩及实时评课、互动交流。

（沈俊楠　马亚莉　许坤）

【支援巴东幼儿玩教具 600 套】　5 月 16 日，北京市教育技术设备中心完成向湖北巴东县捐赠价值 12 万元玩教具 600 套的工作。中心受市教委委托组织北京大宾教育科技发展有限公司进行捐赠，并组织教师前往巴东开展教师培训工作。捐赠仪式在巴东举办，并邀请专家作题为《海峡两岸文化创意交流——游戏、互动、探索与分享》和《艺动创意，激发想象——快乐候童玩美劳 DIY 活动》的专题讲座。同时支教教师与 60 余名巴东幼教工作者探讨幼儿园开展童玩美劳儿童课程的方法。

（赵文强）

【和田及拉萨中小学生夏令营举办】

6—8 月，北京学生活动管理中心承办新疆和田、西藏拉萨中小学生夏令营活动。夏令营邀请少数民族中小学生参观京城名胜古迹、自然奇观，参加科技体验、动手实践活动，观看天安门升旗仪式，共接待来京师生 230 人。6 月 1—8 日，以“感恩祖国圆梦北京”为主题，接待第五届拉萨中小学生夏令营师生 60 人；7 月 20—27 日，中心以“热爱祖国，感受北京”为主题，接待新疆和田中小学生民族团结夏令营师生 170 人。

（吴文　乔超新）

【教育学院培训新疆中小学干部教师1349人】 6月19日，新疆少数民族双语骨干教师培训、和田地区双语骨干教师培训项目的156名学员结业。至此，北京教育学院受教育部和市委、市政府委托累计培训新疆中小学干部教师1349人，其中，新疆少数民族双语骨干教师培训项目共7期855人，和田地区干部教师培训项目共9期466人，阿勒泰地区中小学校长培训项目28人，完成历时10年的教育援疆任务。结业的两个培训项目学员分别于2014年9月、10月来京脱产学习，经过近一年的汉语课、专业课进修和下校教学实习，全面提升双语教学能力和学科素养。北京教育学院秉承“真情培训、科学培训、有效培训”的培训理念，以双语教育研究和双语教师有效性培训为先导，以提升双语教学能力为核心，构建多元化培训模式，着力把新疆双语、和田双语培训项目打造为汉语语言、学情调研、资源开发、校本示范和民族团结的培训班。培训开设汉语课、专业课千余课时，并组织学员以小组形式深入教育学院附中、黄城根小学、人大附小等21所北京市中小学一线课堂，开展7周左右的教学实习，“零距离”体验北京优质教育。

（刘琳）

【国学诵读进拉萨】 8月21日，市教

委、拉萨市教体局、拉萨市广播电视台、北京歌华有线电视网络股份有限公司在拉萨市共同签署《“国学诵读进拉萨”教育合作框架协议》。根据协议，合作各方计划发挥各自优势，共同将北京市“国学诵读”创新服务覆盖到拉萨，使拉萨全市小学生能够通过广播、电视、移动客户端、台式计算机等多途径，感受国学魅力，学习中华古典文化，同时两市还将以多种形式开展传统文化教育交流活动。“国学诵读”是由市教委联合市委宣传部、北京广播电视台，基于歌华有线云平台与移动互联网模式，面向全市中小学生推出的公共教育服务项目，是北京市转变基础教育供给方式，丰富基础教育供给内容的又一项新的尝试与突破。

（华蕾　周凯）

【举办新疆和田地区对口支援培训项目】

9月15日和10月14日，2015新疆和田地区对口支援校长、园长两个高级研修班和双语骨干教师培训班分别在北京教育学院开班。校长、园长高研班均历时15天，共计150学时。学员为新疆和田地区35名中小学校长和30名幼儿园园长。通过专题报告、参观考察、研讨交流等环节，学员聆听教育行政部门领导、高校学者的专题讲座，走进北京市知名中小学校、幼儿园，结合培训内容开展小组和论坛交流，促进相互学习、经验分享、共同成长。双语骨干教师培训班为期一年，新疆和田地区49名少数民族双语骨干教师进行脱产学习。该培训使得全体少数民族学员在思想政治与职业道德、专业知识与学术水平、教育教学能力与教育科研能力等方面的综合素质有明显提高，使之成为教育观念先进、“双语”教学能力过硬、掌握现代教育技术、具有终身学习能力和教育创新能力，能在新疆和田地区教育改革中起示范作用的骨干教师。该项目为第五期新疆和田地区双语骨干教师培训。培训均由北京教育学院承办。

（刘琳）

【东城与青海黄南州签署合作协议】 9月24日，东城区教委与青海省黄南藏族自治州教育局签署区域合作交流协议。其中，区教委和黄南州教育局签署合作交流协议，黄南州中学与北京汇文中学签署校际间合作交流协议书。两地将通过教师培训、送教上门、信息资源共享、论坛开展教育交流与合作。区委教育工委、区教委、青海黄南州教育局有关领导参加仪式。

（安欣　李银姬）

【举办北京·十堰教育对口协作校长、园长高级研修项目】 10月9日至11月5日，北京教育学院首次举办北京·十堰教育对口协作校长、园长高级研修项目。参加该培训的40名学员为南水北调水源地湖北十堰市的中小学校长、幼儿园园长。项目设计基于学员培训需求，注重实践活动创新课程及学习过程的自我反思与研修后的行动转化。学员们完成为期一周的集中面授、为期4天的跟岗研修、为期一周的下园下校观摩和结业展示等培训任务，并参观北京南水北调工程

教育学院培训新疆中小学干部教师1349人

一线。

（刘琳）

【政法职院承办南水北调对口协作社区管理人才培训班】 11月30日至12月18日，北京政法职业学院培训中心承办河南省南水北调对口协作社区管理人才培训班。培训班是为贯彻落实国务院开展南水北调对口协作工作精神，切实做好南水北调丹江口库区及上游地区对口协作地区干部人才来京培训工作，按照北京市支援合作办法、市委政法委与河南省发改委协商的有关工作安排进行的。共有25名来自河南省南水北调水源地三市六县的社区（社会）工作管理部门及街道（乡镇）社区管理干部学员参加培训。培训通过授课、现场教学、专题研讨等多种方式有针对性地对社会工作价值和方法、社区治理、社会服务与社会组织、反贫困与社会工作等内容进行集中培训，并组织学员现场考察北京市在社会治理和社会服务领域的先进典型。

（李治建）

【东城接待新疆教育厅调研综合高中试点】 12月8日，东城区教委召开新疆维吾尔自治区综合高中试点项目考察组调研工作会。新疆维吾尔自治区教育厅、新疆教育科学研究院、乌鲁木齐市第六十九中学、喀什地区疏附县第二中学、阿克苏地区沙雅县第二中学有关干部参加会议。会议听取中央工艺美术学院附属中学、崇文门中学、一六五中职普融通工作，介绍东城区职普融通政策措施、课程资源整合、课程设置。新疆考察组成员与东城区学校座谈研讨师资配置、学生管理和招生模式等问题。

（杨学银　李银娅）

【开展与受援地区的交往交流活动】 至年底，市教委组织开展与受援助地区的交往交流活动。市教委安排250名新疆和田、西藏拉萨和青海玉树中小学师生来京参加民族团结夏令营活动；组织50名北京师生赴和田参加夏令营活动；继续在内地新疆高中班、内地青海玉树班和内地西藏班开展“民族一家亲”活动；通过网络视频在北京与和田11对学校小学生之间开展“阿达西”双语交流活动。

（付浩奎）

【受援地多渠道共享优质教育资源】 至年底，市教委通过多种渠道让受援地共享首都优质教育资源。市教委组织首都100余所大中小幼学校与受援地区学校开展校际间“手拉手”结对帮扶工作。通过北京教育对口支援与合作网远程共享首都优质课程资源和培训资源，受援地区开放视频课程2000余节，并对部分民族地区开设民族语言课程。为湖北十堰、巴东、河北唐山和四川什邡等地设立优质教育资源共享校，提供北京数字化优质教育资源共享服务。

（付浩奎）

【招收少数民族学生来京就读】 至年底，北京和田高中班、玉树高中班和玉树中职班持续招收少数民族学生来京就读。其中，和田高中班连续第五年招收100名和田高中学生来京就读，2015年在校生400人；玉树高中班连续第三年招收玉树州高中生来京就读，2015年在校生340人；玉树中职班连续第三年招收玉树中职生来京学习，2015年在校生216人。市教委安排北京市属高校定向和田地区和玉树州招生84人。

（付浩奎）

【开展干部教师支教活动】 至年底，市教委选派优秀教师到西藏拉萨、新疆和田开展支教工作。市教委通过自主报名、单位推荐等方式，选派92名优秀干部教师赶赴西藏拉萨、新疆和田开展支教工作，其中，援藏（对口支援西藏拉萨北京实验中学，为期两年）教师41人，援疆（对口支援和田地区和新疆生产建设兵团第14师，为期一年）教师47人。在对口支援工作中，市教委全面接管拉萨北京实验中学的教学与管理工作，示范引领当地教育教学，努力探索办群众家门口的“内地西藏班”新途径。市教委同时协调安排30名优秀教师分别赴青海省玉树藏族自治州、湖北省十堰市、陕西省宁陕县和内蒙古乌拉盖县等地开展短期送教讲学活动。

（付浩奎　高新民）

【培训受援地干部教师1100余人次】 至年底，市教委为受援地区培训干部教师1100余人次。市教委安排北京教育学院、首都师范大学和北京师范大学等单位，举办19个班次，培训受援地区干部教师1100余人次。同时承接16名新疆和田地区干部教师、20名西藏拉萨市中小学校长和89名河北邯郸市教育管理干部到北京市学校挂职交流。

（付浩奎）

【完成51个教育援助项目】 至年底，市教委完成教育援助项目51个。51个项目包括新疆11个、西藏4个、青海8个、内蒙古4个、河南2个、湖北13个、河北唐山2个、四川什邡4个、陕西1个。涉及干部教师培训、支教挂职、交流交往、资源共享和异地办班等。

（付浩奎）

（本栏责任编校　杨少川　孙晓楠）

京津冀教育协同发展

京津冀红十字节少年

“中都杯”第七届物流文化节
——暨京津冀物流文化节

业大学 天津
京津冀协同创新

综　　述

2015年，市教委按照中央和市委市政府的总体部署，认真落实《京津冀协同发展规划纲要》。教育作为服务区域经济社会发展、培养人才、促进创新的重要渠道，京津冀教育协同发展是京津冀协同发展的重要内容和推动力量，又对京津冀一体化的科学和持续发展具有重要的保障和支撑作用，其协同水平直接决定和间接影响着京津冀协同发展的进程。京津冀教育既集聚全国顶尖的优质教育资源，又是区域人才与科研成果的供给者，不仅肩负着建设教育强国、世界一流大学、一流学科的重任，还要为区域经济社会协同发展提供有力的支撑与服务。市教委高度重视，综合施策，在严控增量、调整存量、优化布局上下工夫，积极稳妥地推进部分教育功能疏解，取得良好效果。有关工作情况如下：

严格控制总量

严格执行本市新增产业禁限目录，对高等教育和中职教育没有新增学校、没有新增占地、没有扩大办学规模。继续压缩市属高校和普通中专招生规模，尤其是大幅压缩京外招生规模，2015年市属高校招生总规模压缩2500人，压缩市属高校京外招生规模5100人，压缩京外招生总规模的幅度达到16%。压缩中职学校京外招生规模1300人，严格控制中等职业学校招收京外生源，2015年压缩普通中专学校京外招生规模1700人，压缩幅度达到45%。实现学校“瘦身健体”，推动学校进一步明确定位、凝练特色，提升为区域经济社会发展服务的能力。通过深化教育综合改革，促进义务教育优质均衡发展，使优质学校入学机会更加公平。

有序疏解存量

推动中心城区部分市属高校向郊区疏解。北京城市学院在整合原北京现代职业技术学院办学资源的基础上向顺义疏解，9月，实现4010名新生和中关村校区1050名在校生入驻顺义校区，既优化高等教育布局，完善从中职到研究生教育的一体化办学体系，又积极对接服务顺义区经济社会发展，构建区域与高校融合发展的新局面，形成高校向外疏解的成功范例。推动北京工商大学向良乡校区转移530名本科生，实现本科新生全部转移到新校区。9月，推动北京建筑大学向大兴校区转移学生1100人。各高校年度疏解任务顺利完成。加快推动北京信息科技大学昌平校区的征地拆迁工作。根据沙河和良乡两高教园区规划方案，支持入驻园区高校的新校区建设，争取学校主管部门支持，推动将学校本科生基本教学功能和部分实验室向新校区转移。

着力发展副中心教育

按照加快建设北京城市副中心的要求，开展副中心教育配套建设研究，加大市级教育资源统筹力度，引导东城、西城、海淀与通州联动提升城市副中心教育发展水平。指导通州区优化教育布局规划，稳步发展学前教育，加强配套中小学建设，通过城乡一体化建设和名校办分校等措施扩大通州优质教育资源。

密切加强协同

在教育部统筹下，密切与津冀教育部门的沟通。与河北省教育部门签订教育协同发展框架协议，构建起京冀两地建立教育协同发展对话与协作机制，开启教育主管部门协同发展的新篇章。明确提出双方建立协同发展联席会议制度，定期会商两省市教育协同发展的顶层设计，协调解决两省市教育协同发展面临的热点、难点问题。积极推动教育部与三省市教育部门组建京津冀教育协同发展联席会议制度，搭建教育协同发展的对话平台，着重在高等教育、职业教育和基础教育领域开展沟通合作。

建立高校联盟，推动高等教育资源共享。高等教育作为促进经济增长和引领社会发展的重要动力，在京津冀协同发展中发挥着重要的人才和智力支撑作用。京津冀高等教育协同发展直接影响着京津冀协同发展的进度与成效，关系到重大国家战略的实施。因此，为实现国家“十三五”规划要求，深入贯彻落实京津冀教育协同发展国家战略，京津冀高等教育肩负着不容推卸的责任和使命。市教委推动北京工业大学、天津工业大学、河北工业大学三校联合成立“京津冀协同创新联盟”，通过师资共享、联合培养、智库建设、产学研合作等方式开展深度合作。推动北京建筑大学、天津城建大学、河北建筑工程学院合作成立京津冀建筑类高校协同创新联盟，在人才培养、科技研发与成果转化、学科发展与人才队伍建设以及智库建设等方面进行深度合作。

建设职教集团，优化职业教育布局结构。京津冀职业教育的协同发展对于培养大批基础素质高、应用能力强的人力资源，直接服务区域产业协同发展具有重要作用。市教委围绕职业教育合作办学、组团发展的思路，推动北京财贸职业学院、天津商务职业学院、河北商贸学校“联盟”成立北京商贸职教集团，成为首个跨京津冀的职教集团。目前，北京的8个职业教育集团已经与天津、河北的同类型院校实现“串联”，共同研究教学方案，还将与企业沟通，让人才培养满足企业需求。

加强资源共享，扩大基础教育辐射范围。基础教育为社会发展提供基本的公共教育服务，是国民教育发展的基石。基础教育协同发展对实现京津冀教育协同发展战略目标和推动京津冀教育协同发展具有重要作用。目前，京津冀基础教育发展严重不均衡，区域发展差距大，问题突出，面临着繁重而艰巨的发展任务。市教委发挥北京优质教育资源优势，推动与天津合作。推动北京市十一学校与天津市北辰区合作，支持北辰区建设现代化、高水平九年一贯制学校。支持北京第二外国语学院和天津蓟县合作，北京第二外国语学院将在蓟县建设校区，开展实习培训、中小学及幼教部等方面的合作。

（孙运科　李军凯）

总　　类

【京津冀钢铁行业节能减排产业技术创新联盟成立】 4月11日，京津冀钢铁行业节能减排产业技术创新联盟成立。联盟在科技部社发司、北京市科委、天津市科委、河北省科技厅指导下，由京津冀区域钢铁行业节能减排领域的知名高等院校、科研院所、工程公司、装备制造生产企业、大型钢铁生产企业以及科技、金融服务机构等单位，本着“自愿、平等、互利、共赢”的原则自愿联合发起成立。北京科技大学为理事长单位。联盟依托北科大科研优势，在三地科技主管部门的推动下，整合三地钢铁生产企业、节能减排相关机构、高校院所和金融机构等全链条资源，将“科技促进产业聚集”作为开展联盟工作的主线，着力搭建“政产学研金用”产业融合发展平台，促进科技成果在京津冀区域的快速产出、转移、落地和产业化，实现钢铁行业产品升级、资源综合利用以及污染排放达标治理，打造一条京津冀钢铁行业的生态价值链。

（金剑芑）

【签订京津冀语言文字事业协同发展协议】 6月4日，市语委与天津市、河北省语委共同举办京津冀语言文字工作协同发展座谈会并签订《京津冀语言文字事业协同发展战略协议书》。该协议立足于谋划京津冀语言文字事业协同发展大局，以整合优势资源为重点，以构建跨区域战略合作机制为抓手，从指导思想、基本原则、合作内容等方面提出明确目标和要求。协议明确指出，京津冀将在统筹规划区域语言文字事业发展新布局、推进现代语言文字服务体系的探索与建设、加快语言资源的保护与传承、促进语言文字科研项目互通与合作、强化语言文字人才的交流与培训、推动语言文字应用领域融合与发展、加强语言文字展览协作与共享、建立语言文字工作联席会议制度8个方面协同发展。会上，北京、天津、河北相关负责人分别介绍本地区贯彻落实语言文字事业规划纲要的情况和典型经验，提出下一步推动协同发展的重点工作及设想。教育部相关部门领导参加签订仪式。

（邓鸿）

【传达京津冀协同发展纲要精神】 6月16日，市委教育工委、市教委召开传达中央《京津冀协同发展规划纲要》和郭金龙讲话精神专题会。会议传达《京津冀协同发展规划纲要》的要点和郭金龙在全市领导干部会上的讲话精神，要求教育系统要把学习贯彻纲要作为重大政治任务和中心工作，深入领会纲要的各项要求和郭金龙重要讲话的精神实质，切实统一思想认识，增强工作的自觉性和主动性，认真完成好京津冀协同发展各项任务。两委领导和各处室负责人共计60人参加会议。

（汪天逸）

【举办京津冀红十字青少年交流营】

7月15日，京津冀三地红十字会共同举办2015年京津冀红十字青少年交流营。活动以“携手同行、人道追梦”为主题，分别举办红十字青少年工作经验交流、应急救护技能知识竞赛、探索人道法活动同伴教育等活动，并参观北京市红十字会会史馆和999紧急救援中心。来自京津冀三地市区（县）20余所中学的红十字青少年120人参加活动。

（李胜华）

【签订京冀两地教育协同发展对话与协作机制框架协议】 10月，市教委与河北省教育厅签订《京冀两地教育协同发展对话与协作机制框架协议》。根据框架协议，双方建立协同发展联席会议制度，定期会商两省市教育协同发展重要事项，协调解决两省市教育协同发展面临的热点、难点问题；组建协同发展研究机制，由两省市教育研究机构牵头，相关部门、院校、行业、企业为成员单位，围绕推进京冀两地教育协同发展的重要政策、重大问题开展课题研究。框架协议规定两地组织开展协同发展研究交流活动，围绕两地联合办学、异地办学、学科专业建设、资源共建共享、干部教师培训挂职、科技协同创新、产教融合、人才培养与需求对接等领域，开展交流。京冀两地18所高校、26个科研院所共同参与。

（李军凯　孙晓楠）

【推进教育领域非首都功能疏解】 至

年底，市教委会同相关部门积极推动教育领域非首都功能疏解。具体包括，北京建筑大学实现1100名本科生疏解至大兴校区；北京工商大学向良乡校区疏解530名本科生，实现本科新生全部疏解到新校区；北京城市学院实现4010名新生和中关村校区1050名在校生入驻顺义校区；引导西城区推动4所中职学校向昌平搬迁取得积极成效。

（孙运科）

【推动京津冀教育协同发展】　至年底，市教委推动教育部与三省市教育部门建立京津冀教育协同发展联席会议制度，搭建教育协同发展的对话平台。与河北省教育厅和石家庄市政府签署《教育合作框架协议》，启动北京—唐山优质教育资源合作项目。推动北京工业大学、北京建筑大学等高校与津冀高校组建联盟，加强校际合作。推动部分职业院校开展跨区域合作和优质基础教育资源向津冀辐射。

（姚林修）

基　础　教　育

【参加京津冀小学数学学科教学研究协作会】　1月27日，北京教育科学研究院组织参加京津冀第一届小学数学学科教学研究协作会。会议在河北省唐山市丰南区举行，北京、天津及河北省内各地市小学数学学科骨干教师300余人参加会议。会议旨在深入落实北京教育论坛——“区域教育一体化与京津冀教育协同发展”论坛的有关内容，推进小学数学学科教学研究协作，北京教科院教授、天津市教科院教授作讲座。京津冀三地学科教研员分别介绍正在开展的集体教研活动项目和未来可能实现三地持续开展合作的教研活动的方式方法；达成三地小学数学教研员、教师可以互相派人参与对方教研活动、课题研究的共识；展示北京市朝阳区实验小学和唐山市丰南区胥各庄小学两名教师的同课异构课程。会议由河北省教育学会主办，唐山市丰南区教育局、唐山市丰南区胥各庄小学承办。

（李军凯　孙晓楠）

【举办京津冀“欢乐足球在校园”小足球节】　6月17日，2015京津冀“欢乐足球在校园”小足球节在北京市大兴区第十小学举行。来自京津冀地区16支校园足球代表队近400名学生上演《空当接龙》《翻山越岭》《五星上将》等足球游戏大比拼。与会领导为球队颁发奖杯，为所有队员颁发奖牌。大兴十小球队参加活动并获优秀奖。活动由中国关心下一代工作委员会作为指导单位，京津冀三地关心下一代工作委员会联合相关部门共同主办，大兴区教委、大兴区关工委、大兴区体育局承办。

（张改芹）

【举办京津冀三地环保夏令营活动】

8月8—14日，北京市少年宫举办“穹顶之下　绿色梦想”——京津冀三地青少年环保之旅夏令营。活动以“京津冀协同发展，环境保护我先行”为主线，举办天津站参观天津中新生态城、七里海湿地，绿色环保挑战赛；石家庄站参观忽忽水生态景区与平山西柏坡革命教育基地；北京站参观市少年宫植物园、植物展厅，环保小议员分享交流等活动。让青少年儿童在活动中树立环境保护意识，养成良好行为习惯，在生活中践行环保宣言。三地师生40人参加活动。

（乔超新）

【签署高中教育发展联合协议】　10月23日，“2015京津冀高中校长论坛”在河北省石家庄市第二中学举行，北京、天津、河北三地教育学会共同签署《京津冀一体化高中教育发展联合协议书》。协议规定，三方共同就普通高中教育改革与发展中的重点与难点、经验与探索进行区域间的情况通报、信息交流，并选择和确定有关项目开展合作。论坛由中国教育学会高中教育专业委员会、北京圣陶教育发展与创新研究院联合主办，河北省石家庄市教育局和石家庄二中共同承办。来自国家教育咨询委员会、教育部教育发展研究中心、京津冀教育协同发展创新中心等单位的相关领导，以及京津冀地区专家、校长共300人参加活动。

（李军凯　孙晓楠）

【京津冀首届作文研讨会召开】　10月23日，京津冀首届“高中作文与逻辑思维”研讨会在延庆召开。北京市延庆县第一中学、天津实验中学、河北车轴山中学教师现场分别作课“运用类比思维写2015年北京高考作文——深入灵魂的爱”“运用选言思

京津冀首届作文研讨会召开

维写2013年天津高考作文——辨而知之”“运用假言思维写2015年全国一卷作文——致小陈的一封信”。京津冀专家、教师通过3节现场课，对运用逻辑思维提升高中作文品质议题展开研讨。京津冀专家、中学相关领导、教师代表300人参加会议。

（赵文新）

【举办京唐优质教育资源合作启动仪式】　10月28日，北京—唐山优质教育资源合作启动仪式在曹妃甸举行。市教委、北京教育科学研究院、北京景山学校等领导参加仪式。北京数字学校（唐山）服务平台正式启动，唐山市1470所中小学，1.2万名教师及教研人员拥有登录账号，占中小学教师总数的20%，近80万名中小学生将从中受益。该项合作依据北京市政府与河北省政府《共同打造曹妃甸协同发展示范区框架协议》要求开展。仪式上，北京景山学校、曹妃甸区、投资集团共同签署合作办学协议。三方本着诚实守信、真诚合作、互惠共赢的原则合作办学，旨在推动教育均衡发展，为曹妃甸和京冀地区基础教育事业的优质均衡发展做出贡献。北京教育科学研究院与唐山市教育局共同签署“北京—唐山优质教育资源合作框架协议”，为推进京唐优质数字化教育资源的共享与合作奠定坚实的基础。正式启动“北京数字学校平台系统”，标志京唐教育步入紧密合作、协同发展的崭新阶段。12月，北京数字学校人员在市教委、北京教育科学研究院整体安排下，带领技术团队走进唐山市，为下辖的19个区县和7所市属中小学120名教师代表开展北京数字学校云课堂微课教学培训。北京数字学校面向一线教师设计“零基础，一小时学会微课教学”的培训课程，指导教师开展“翻转课堂”“微课教学”等线上与线下结合、穿越边界的新教学服务。

（沈俊楠　华蕾）

【举办京津冀中小学生诵读演讲辩论赛】　12月12日，京津冀中小学生诵读演讲辩论赛在朝阳区芳草地国际学校双花园校区举行。活动针对不同学段学生的特点，分别设计小学生诵读、初中生演讲和高中生辩论环节，邀请北京语言大学、中国语文现代化学会、首都师范大学等单位专家学者担任评委。经过角逐，朝阳区芳草地国际学校获得小学生诵读比赛一等奖，北京市顺义牛栏山第一中学获得初中生演讲比赛一等奖，天津市第四十二中学、河北省石家庄第二中学、北京师范大学附属实验中学和中国人民大学附属中学获得高中辩论邀请赛优胜奖。朝阳区语委办、芳草地国际学校获得优秀组织奖。此次活动旨在纪念《中华人民共和国国家通用语言文字法》颁布15周年，落实京津冀语言文字事业协同发展战略协议。教育部、市教委领导，北京市、天津市和河北省语委办负责人以及三地参赛学生150余人参加活动。

（邓鸿）

【东城与保定签署京津冀幼儿园协同发展协议】　12月17日，东城区和河北省保定市京津冀幼儿园协同发展协议签约仪式在北京市第一幼儿园举办。根据协议，东城区负责优质教育资源的输出，与保定市幼儿教育共促共进。保定市教委希望与具有优质教育资源的幼儿园携手，提升幼儿园的管理及教育教学水平。

（张昊歆）

高　等　教　育

【首经贸成立京津冀大数据研究中心】　4月16日，首都经济贸易大学成立京津冀大数据研究中心。中心为该校与龙信数据有限公司合办，致力于打造智库型产学研创新共同体，运用大数据思维，对京津冀区域多纬全量数据进行深入挖掘分析，运用现代化、可视化技术手段，向政府、企业和理论工作者提供决策服务、资讯服务和数据服务。

（刘江霞）

【举办京津冀物流文化节】　5月6日，第七届物流文化节暨京津冀物流文化节在北京物资学院举行。文化节以“京津冀物流文化”为主题，包括物流博物馆设计方案大赛、物流企业

沙盘模拟经营大赛、物流争霸活动等10项主题活动。来自物流领域专家学者、11所高校师生和28家物流企业代表参与活动。

（胡瑞旺）

【京津冀工业大学成立协同创新联盟】

6月14日，北京工业大学、天津工业大学、河北工业大学三校签约成立“京津冀协同创新联盟”。联盟旨在促进京津冀三地工业技术的发展，联盟的合作制度主要包括以下几个方面：联盟高校将联合建立创新人才培养基地，开展拔尖创新人才选拔培养与试验，联合开展教改研究与教材建设，共同组织学生开展生产实习、毕业设计、创业教育等活动；联盟高校共同构建国际化资源开放实验平台，凝聚成为具有国际影响的区域特色鲜明的学科群，实现优质师资共享；联盟高

校共建“京津冀协同创新中心”；联盟高校联合建立多学科组成的高端智库和开放式研究机构，并且围绕京津冀协同发展中的重大需求，联合申报和承担国家重大研究项目、国际科技合作项目。联盟高校设立工作领导小组，领导小组为联盟最高权力机构。该小组由联盟成员学校校长组成，小组主席实行三校校长轮值制度，任期1年。这是第一次以地方高校联盟的方式，服务国家重大发展战略。

（苏雅洁　孙晓楠）

【京津冀心血管疾病精准医学联盟成立】 7月5日，京津冀心血管疾病精准医学联盟在首都医科大学成立。该中心针对目前发病率及死亡率持续增加的心血管疾病，整合京津冀三地临床和科研资源，加强合作、协同创新，实现三地心血管疾病科研及临床资源布局的整合与优化，以三地心血管医学临床、科研单位为基础，北京市心血管重大疾病协同创新中心为依托，实现京津冀区域协同，建立心血管疾病精准医学研究体系。

（方海侠　王于英）

【举办物联网技术发展与智慧京津冀论坛】 9月15日，物联网技术发展与智慧京津冀论坛在北京信息科技大学举行。论坛围绕“京津冀一体化与智能机器人”展开研讨，从工业机器人、服务机器人、特种机器人三个主要方面论述京津冀一体化的智能化需求与应用方式。来自三地专家学者50人参加论坛。

（李丝璐）

【京津冀协同发展联合创新中心成立】 9月16日，京津冀协同发展联合创新中心在北京大学成立。该中心由北大牵头，南开大学、清华大学、河北经贸大学和首都经济贸易大学作为主要协同合作单位，依托高校研究基础和学科优势，融合相关研究机构的优质资源，创新研究组织模式，形成跨学科、跨领域、跨区域的创新团队，主要面向京津冀协同发展国家重大需求，瞄准世界区域科学学术前沿，开展区域发展科学研究、学科建设和人才培养，探索提升高校协同创新能力的体制机制，力争成为世界一流、中国特色的区域科学中心和国家新型智库。

（刘语潇）

【京津冀体育健身休闲发展协同创新中心成立】 10月9日，首都体育学院牵头的京津冀体育健身休闲发展协同创新中心成立。该中心由市教委批准，是唯一获批地方政府“协同创新中心”的体育类院校，以“协同创新”“全民健身”和“京津冀协同发展”三个国家战略的结合为出发点，由承德市政府、北京市体育局、天津市体育局、河北省体育局、天津体育学院、河北体育学院、河北民族师范学院、河北省旅游职业学院、中国人民大学调查与数据中心、零点研究咨询集团、河北畅达集团等共同组建。

（李丹阳）

【京津冀信息服务协同创新共同体协议签订】 10月30日，北京大学与南开大学、河北大学签订共建京津冀信息服务协同创新共同体协议。根据协议，三校将在资源共建共享、协同服务创新、专业人才培养、事业发展规划等方面开展合作，探讨“一带一路”、文明交流、社会创新、艺术史、城镇化、国际关系与生态保护问题。来自国内外的专家学者共400人参加论坛。

（刘语潇）

【农学院召开京津冀农林高校协同创新研讨会】 11月21日，北京农学院召

开京津冀农林高校协同创新研讨会。会议围绕京津冀协同发展战略背景下三地农林高校的协同创新与发展问题进行探讨，会议决定由该校牵头成立京津冀农林高校协同创新联盟。来自中国农业大学、天津农学院、河北农业大学等9所高校相关部门负责人90人参加研讨。12月22日，京津冀农林高校协同创新联盟成立。联盟由中国农业大学、北京林业大学、北京农学院、天津农学院、河北农业大学、河北工程大学、河北科技师范学院、河北北方学院和北京农业职业学院共9所高校组成，旨在对应国家区域发展战略和京津冀社会需求，聚焦生态农业、都市园艺、水产养殖等领域，增强农林高校服务区域经济社会发展的能力；进一步贯彻落实国家京津冀协同发展战略，探索建立三地涉农高校在人才培养、学科建设、科学研究、人才队伍建设和社会服务方面的协同创新机制。联盟由各校校长组成战略合作领导小组，北京农学院、天津农学院、河北农业大学担任理事长单位，其余6所院校为理事单位。联盟将每年举行一至两次校际间管理体制机制创新、管理经验和服务地方经济建设的交流、研讨。

（王磊　王东启）

【举办京津冀高校后勤协同发展论坛】 11月27日，北京市高等教育学会与天津市高校后勤协会、河北省高校后勤分会联合举办京津冀高校后勤协同发展论坛。论坛提出京津冀高校后勤应突破区域观念束缚，破除体制机制障碍，开展广泛交流与合作，互惠互利、协同发展。高校后勤作为高等教育事业重要组成部分，是高校教学、科研等一切活动顺利开展的基础和保障，直接影响高校人才培养、科学研究、社会服务和文化传承创新功能的质量和成效。来自京津冀三地105所高校管理人员，企业代表，三地高校企业协会人员参加会议。

（刘晖）

【举办京津冀协同创新与交通一体化高层论坛】 11月29日，北京交通大学召开京津冀协同创新与交通一体化高层论坛暨轨道交通互联互通座谈会。会议邀请国家发改委、科技部、中国铁路总公司、中国城市轨道交通协会、北京交通大学以及京津冀三地交通管理、建设与运营部门的有关专家学者、企业界代表和建设管理部门负责人交流研讨，就如何贯彻落实《京津冀协同发展交通一体化规划(2014—2020年)》要求，如何建设轨道上的京津冀，以及如何实现轨道交通的互联互通等问题展开讨论。来自国内专家学者50人参加座谈会。

（高杰）

职 业 教 育

【签署京冀职业教育协同发展框架协议】 5月，市教委与河北省教育厅签署《京冀职业教育协同发展框架协议》。根据协议，两地在职业教育领域开展合作，包括建立职业教育协同发展联席会议制度，由两地教育行政部门分管职业教育负责人任联席会议主要负责人，相关处室负责人任成员，教育科学研究院（所）和职业教育学会共同参与，每年至少召开一次；推进跨两地的职业教育联盟建设和发展，按照“点、线、面、团”的原则合理布局，搭建协同发展促进平台；开展职业人才联合培养、联合招生试点项目，开展技术技能人才联合培养实验，试点招收的学生在京接受为期一年的专业核心课程学习或实习实训，结对院校共同制定人才培养方案和教学计划并组织实施；组织开展两地职业院校干部、教师交流互访活动，组织开展两地职业院校之间校长、中层管理干部挂职，教师教学观摩、交流互访活动，定期联合开展校际之间的教研活动；加强信息化建设合作，共建共享数字化教学资源。

（李军凯　孙晓楠）

【培训京冀两地新型职业农民】 10月19日，北京市怀柔区职业学校牵头举办的“民俗旅游接待服务质量提升”培训班在河北省承德市满族丰宁自治县开班。该班于10月19—23日在丰宁、北京、天津三地培训，内容包括都市型现代观光农业趋势、“互联网＋”时代的农民创业、怀柔丰宁农民合作交流等。培训以专题讲座、现场教学、小组座谈交流等形式为主。培训打破地域限制，为怀柔、丰宁两地的新型职业农民搭建学习交流合作平台。怀柔和丰宁两地的40名新型职业农民学员参加培训。至年底，怀柔职校与丰宁满族自治县职业技术教育中心开展多对结对互助。怀柔职校与丰宁职教中心在教师培训、学生技能交流、优质教学资源、办学设备等方面形成资源共享，实现互帮互助良好局面。

（缑金秋　王腾飞　王文涛）

【举办首次京津冀一体化农业发展培训】 10月，北京农业职业学院下属市农广校举办首次京津冀一体化农业发展培训——民俗旅游接待服务质量提升培训班。培训为期5天，由怀柔区农广校和河北丰宁县农广校具体承办，两地共40名农村实用人才参加。培训课程设计针对民俗旅游业产业发展和学员实际需求，安排“创意休闲农业、‘互联网＋’的应用”等系列专题讲座，组织学员到天津市蓟县毛家峪“长寿村”进行现场教学。通过理论阐述、案例分析、现场演练、座谈交流相结合的方式，提升两地民俗接待及观光旅游从业人员思想意识和接待水平，助推“京津冀一体化”项目快速发展。

（张新华）

【京津冀电子信息职业教育协同发展研讨会召开】 11月22—23日，京津冀电子信息职业教育协同发展研讨会在北京信息职业学院召开。研讨会由北京、天津市教育科学研究院职业教育与成人教育研究所，河北省职业技术教育研究所与北京电子信息职业教育集团联合举办。会议分析新形势下职业教育面临的机遇和挑战、北京市职业教育发展方向、京津冀职业院校协同发展具体措施。与会代表研讨京津冀职业教育协同发展的思路、途径及需要的政策。与会代表考察北京信息职业技术学院东校区并听取《信息化与职业教育现代化》专题报告。京津冀30余家职业院校的60余名代表参加会议。

（李岩）

【金隅学校与保定市职教中心签约合作】 12月1日，北京金隅科技学校

与河北省保定市职业教育中心签署合作办学协议，标志京冀两地职业学校开启合作新纪元。来自市教委、保定市教育局、金隅集团有关领导及两校主要领导参加签约仪式。根据协议，两校在专业建设、师资队伍建设和招生就业等方面开展合作，助推京津冀职教发展，助推两地经济发展。

（陆娜）

【京津冀艺术职业教育协同发展联盟成立】 12月18日，北京戏曲艺术职业学院与天津艺术职业学院、河北艺术职业学院、石家庄市艺术学校在北京成立“京津冀艺术职业教育协同发展联盟”。四校签署《京津冀艺术职业学院（校）协同发展框架协议》。成立该联盟旨在推动京津冀在戏曲、曲艺、音乐、舞蹈、美术等方面艺术人才的培养，提升艺术职业院校服务社会的功能。作为联盟成立系列活动，12月6—9日，北戏携舞剧《夕照》、京剧《中华美德故事汇》和评剧《花为媒》三台剧目赴天津海河剧院演出，为天津观众全面呈现学院近三年教学成果，拉开京津冀艺术职业教育协同发展大幕。12月22—24日，天津市艺术职业学院白派班学生在北戏少儿戏剧场上演经典折子戏。

（杨楠）

（本栏责任编校　孙晓楠）

区县教育

东　城　区

总　类

【召开班主任大会】 1月7日，东城区教委在史家胡同小学召开“润德成长筑梦同行”第二届小学班主任工作大会。会议总结上年“亲师、润德、奠基、成长”主题班会观摩与展示活动经验，反思学年度班主任基本功大赛情况。表彰班会观摩与展示活动、班主任基本功大赛获奖代表和单位，“紫禁杯”优秀班主任，“学生喜爱的班主任”。会议提出“以德为先　专业发展追求卓越全面提升”工作要求。市教委、市教育学院、区教委有关领导，全区小学校长、德育主管领导、骨干班主任300人参加会议。

（王军　李银娅）

【召开外事工作会】 1月7日，东城区教委召开外事工作总结及部署会。会议听取史家胡同小学、景山学校出访工作和学校接待工作经验，表彰第二届教育系统国际交流与合作论文和案例评比获奖单位和个人；解读国际理解课程相关知识、教育系统因公出国（境）及赴台组团出访任务申报要求、当年对外交流与合作工作计划。会议作《行不言之教　兑青春梦想》主题报告。教育系统各单位负责人180人参加会议。

（王贞伟　李银娅）

【中国社科院支持五中发展】 1月19

日，中国社会科学院与东城区教委签约，支持建设北京五中教育集团。双方将在师资培训、学科建设、学生活动指导、教育科研、大学生（研究生）实践教育基地领域开展全面深度合作。在支持框架下，社科院将与五中合作建设人文社会科学实验基地，共同举办人文实验班，在一中建立中国社会科学院附属学校。在师资培训方面，社科院将全面开放科研优势资源，为集团学校提供师资培训服务。社科院将抽调专家学者进驻五中教育集团校，参与人文学科综合性发展规划、日常教学与管理创新等工作。社科院、东城区教委与五中教育集团合作成立“中国社会科学院—北京市第五中学教育集团教育综合改革工作领导小组”，为整合三方资源提供组织保障。五中教育集团下辖五中、五中分校、一中、国子监中学、方家胡同小学、东四十四条小学、北京市外国语学校7所学校。

（陆瑾　李银娅）

【召开综合改革推进会】 2月3日，东城区教委召开东城区教育综合改革推进部署会。会议总结上年工作并部署当年工作要点，解读当年义务教育综合改革实施方案；挂牌成立五中教育集团、二中教育集团、史家教育集团和广渠门中学教育集团4个教育集团及东城区青少年学院。会上，9对18校次改革任务校签订合作协议，结成深度联盟校。区政府有关领导和全区中小学校长等400人参加会议。

（李银娅）

【成立心理健康顾问团】 3月25日，东城区教委成立学区心理指导顾问团。顾问团队由中科院、北师大和首师大等单位心理学研究人员组成。顾问团队按学区配备，每个学区2名顾问，八大学区共计16人。顾问团队将通过多种形式对学校心理健康工作予以指导，具体包括接受学校心理教

师电话或网络咨询，定期对心理教师开展心理咨询专业督导，组织学生或家长讲座，处置心理应激事件。顾问团队将与中科院心理研究所共同开发心理健康教育培训课程，指导中小学教师掌握心理健康理论、提升工作技巧。年内，心理健康顾问团举办班主任心理课程班，中小学教师160人参加学习。

（薛凌瑶　李银娅）

【举办儿童节主题活动】 5月29日，东城区教委举办“多彩童年快乐成长”庆祝“六一”国际儿童节主题系列活动。活动启动仪式在北京国际职业教育学校北京站校区举行，8个学区同时设立分会场。启动仪式上，设在各学区的8个青少年学院学区分院授牌成立，来自前门小学、崇文小学、黑芝麻胡同小学等中外籍学生600人现场体验烹饪、插花等多门课程，观摩糕点制作、点钞验钞、3D打印等展示活动，并参与多项有趣的游戏和文艺活动。活动是东城区以学院制“1+4+8+X”为依托，即在青少年学院统领下，科技创新学院、体质健康学院、国际教育学院、文艺学院和八大学区分院，连同众多校外单位及资源单位为全区少年儿童举办的节日活动。

（薛凌瑶　李银娅）

【举办师德报告会】 9月18日，东城区教委在西总布小学召开“我们的价值观”优秀教师首场师德报告会。会议围绕教育教学中的突出贡献、智慧教师的育人故事和身边的师德榜样，听取一幼、汇文一小、一零九中、广渠门中学和国际职业教育学校教师师德报告。会议由东四、朝阳门、建国门学区承办。各学区党支部协作组负责人和学区成员校教师代表50人参加会议。

（蒋仁超　李银娅）

【召开教育工作会】 10月24日，东城区教委召开“深化改革提高质量”教育工作会。会议围绕学区制综合改革开展研讨，交流学区工作委员会运行、九年一贯制学校建设、教育集团一体化建设等经验。会议为19名新认定特级教师颁发荣誉证书，表彰义务教育均衡发展国家级验收工作中完成迎检任务的13所中小学校。会议提出：要进一步完善学区制的体制、机制建设，全面提高教育质量，在建设国际化、现代化教育首善区的进程中取得新的成绩。会议设中学、小学、学前、职成和校外教育分论坛。区政府等有关领导，区人大代表、政协委员及民主党派代表，教育系统代表700人参加会议。

（李银娅）

【举办首届法律顾问普法讲堂】 11月

6日，东城区教委举办首届东城学区法律顾问普法讲堂开班仪式暨“预防和处理校园伤害事故”专场讲座。会议进行开班动员，提出要求：要规范开展依法治教，运用法律武器维护学校、师生的合法权益。随后，明仁律师事务所举办“校园伤害事件相关法律简介及校方过错分析”专题讲座。市教委、区教委有关领导，全区小学、幼儿园、校外单位主管法治工作领导100人参加学习。

（关英　李银娅）

【举办全民终身学习周】 11月6日，东城区教委在东城区职业大学举行全民终身学习活动周开幕式。会议宣读终身学习活动周方案，表彰9名区级市民学习之星、45名优秀市民学习指导教师，为5所职成学校8个校区颁发“市民职业体验中心”铜牌，向市民学习基地、中心、街道颁发社区教育课程大纲汇编。会议宣布启动“东城·学网”。市教委、区教委有关领导，

街道、市民学习基地负责人，获奖代表和市民代表等200人参加会议。学习周期间，东城区举办棋类比赛、书画展、中老年市民计算机应用能力竞赛等活动。

（陈红　李银娅）

【召开课改专题报告会】 12月10日，东城区教委召开课改专题报告会。会议听取北京教科院“学生核心素养及其培育”专题报告。报告指出，教育改革要把握两个关键，一个是“互联网＋教育”，一个是课程改革；在课改过程中要始终贯彻“培育和践行社会主义核心价值观”的核心，校长要做好课程顶层设计，研修人员要走在改革前列，帮助学校构建适合学生成长与发展的课程。区教委有关领导，中小学和职教学校校长等500人听取报告。

（杨学银　李银娅）

【与邯郸签署教育合作协议】 12月25日，东城区教委与河北省邯郸市教育局签署教育合作框架意向书。双方支持所属各级各类学校之间结为友好学校，邯郸市定期选派教育行政干部、学校校长和优秀骨干教师到东城区教委和学校挂职培训、跟岗学习，并邀请东城区名校长、名师到邯郸市开展专题讲座、示范课、教学指导等系列活动。邯郸市也将为东城区各级各类学校提供德育教育和社会实践基地。邯郸市教育工委、教育局、邯郸市政府、东城区教委有关领导参加签约仪式。

（安欣　李银娅）

【举办校外教育科研月】 12月25日，东城区教委举办“融和与创新——综合教育改革背景下的校外教育活动与课程”校外教育科研月主题论坛。论坛围绕“融和与创新”“活动与课程”作主题发言，阐述校外教育科研月主旨和活动成果。课程专家以《和而不同，创新发展》为题介绍学校课改及综合实践课程建设情况，国家博物馆介绍与史家胡同小学联合开发课程过程中构建双师制教育的特有模式，区少年宫等3名教师代表分享研究成果。市学生活动管理中心、区教委领导，全区校外教育机构教师近200人参加论坛活动。

（李银娅）

学前教育

【概况】 2015年，东城区幼儿园51个（教育部门办园23个、单位自办园13个、集体办园9个、民办园6个），收托幼儿14464人。教职工2437人（专任教师1473人）。北京市示范园21个，市级早教示范基地25个。

（李银娅）

【启动第二期学前三年计划】 1月1日，东城区教委启动第二期学前教育三年行动计划。其主要目标是发挥政府的主导作用，依托街道和社会力量，按照“保基本、广覆盖、多样化、分梯次、促优质、可持续”基本原则，拓宽办园路径，扩大办园规模，丰富办园模式，给家长多样化选择，实现学前教育的统筹规划、合理布局和可持续发展。至年底，通过名园办分园、与职业学校联盟开办半日班等形式，积极扩充学前教育资源，共增加学位1000余个。

（吴瑞华　李银娅）

【成立“3＋4”行动小组】 3月12日，东城区教委建立0～6岁学前教育一体化服务体系。该体系依托三所社区幼儿教育服务中心（东四五条幼儿园、前门幼儿园、北空育翔幼儿园）和四所市级早教基地园（东华门幼儿园、东城二幼、大方家回民幼儿园、新中街幼儿园）成立“3＋4”行动小组。年内，行动小组开设6个全日班、4个半日班、12个小时班，为街道社区1.5岁至3岁共386名婴幼儿提供不同时段、多种类型的早教指导与服务；举办5场名家大讲堂，17个街道40个社区近千个家庭听取讲座；开办9期“妈妈大本营”（“奶爸

俱乐部”）和10期“爷爷奶奶课堂”培训，涉及9个街道84个社区，388人参加培训；编辑出版家庭早教指导用书《家庭用品翻翻乐》。此项目系2015年区政府实事项目之一。

（吴瑞华　李银姬）

【举办区域游戏展评】 3—6月，东城区教委举办第五届“童心杯”区域游戏展评活动。在各类型幼儿园评选推荐基础上，176名教师参加区级评审。活动首次以班级教师团队为参赛单位，关注各类园所的持续发展和不同层面教师整体素质的提高。活动共评选出一等奖26人，二等奖48人，三等奖102人；56名业务干部获指导教师奖。

（吴瑞华　李银姬）

【新增5所市级示范园】 6月12日，东城5所幼儿园通过市教委评审验收，全区市级示范园由16所增至21所。5所幼儿园是安监局幼儿园、林业局幼儿园、卫生局三幼、崇文幼儿园、北京市第一幼儿园海晟实验园。

（连玉华　李银姬）

【开展读书交流】 至年底，东城区教委开展学前教育系统“深入贯彻《指南》，书香伴成长”主题读书交流活动。活动分为四个阶段：启动布置、园级学习与交流、学区小组交流展示、区级总结展示。其中，65名教师被推选参加学区小组交流展示，10名教师参加区级总结展示。

（杨巍　李银姬）

基础教育

【概况】 2015年，东城区小学63所，教学班1555个，在校生52972人，教职工4676人（专任教师3787人），小学入学率100%，巩固率100%，毕业及格率100%。中学43所（初中7所、高中4所、完全中学27所、九年一贯制学校2所、十二年一贯制学校3所），教学班1216个（初中661个、高中555个），在校生38122人（初中21579人、高中16543人），教职工6504人（专任教师4754人），初中入学率100%，巩固率100%。工读学校1所，在校生130人，教职工54人（专任教师29人），教学班3个。特殊教育学校2所，教学班28个，在校生229人，教职工118人（专任教师95人）。校外教育单位8个，教职工332人。中小学教师学历合格率100%。教育部门办学校占地总面积1281195.6平方米，建筑面积1417502.14平方米，图书馆（室）藏书4611773册。全年教育经费总投入59.96亿元，其中，国家拨款57.53亿元，自筹经费2.43亿元。

（李银姬）

【对话国际科学大师】 1月13日，

东城区教委在广渠门中学召开“对话国际科学大师”主题报告会。邀请美国诺贝尔奖得主艾兰·黑格尔作现场交流。活动中，师生代表与科学大师互动交流，探讨感兴趣的科学话题。市人力社保局、北京国际人才交流协会、市外国专家与外国人就业事务中心等领导，广渠门中学、花市小学、板厂小学师生代表300人参加会议。

（周末　李银姬）

【举办研究性学习教学观摩】 1月13日，东城区教委在五中分校召开北京市初中研究性学习教学观摩研讨会。会议交流研究性学习课程开设成果，观摩初一年级“研究性学习选题指导”课和初二年级实验探究指导课“人工释放螳螂对环境害虫防治作用的研究”。五中分校、一六五中和二十四中分别进行说课展示。会议对开展研究性学习课程的推进进行交流研讨。东城区、海淀区特级教师、骨干教师和教研员100人参加会议。

（李银姬）

【召开作业管理与分析研讨会】 1月23日，东城区教委召开基于技术支持下的作业管理与分析研讨会。会议旨在探索新型学生作业管理模式和基于数据分析的学生学习指导模式。会议指出，要充分认识信息技术的快速发展所带来的学习、教学方式的迅速转变；学校要充分利用信息技术手段强化教学点对点的针对性，切实提高教育教学质量。区教育研修学院、北京知识印象科技有限公司、二十二中、东直门中学分别作交流发言。教育部、市教委等领导，全区中学教学管理干部、骨干教师60人参加会议。

（李银姬）

【举办连环画阅读活动】 1月29日，东城区教委在一师附小举办“开展连环画阅读，培育和践行社会主义核心价值观”主题教育活动。活动中，一师附小诵读《论语》《将进酒》等国学经典，展现学校以连环画阅读为载体，传承中国优秀传统文化、培育和践行社会主义核心价值观的经验。市教委向学生代表赠送连环画，并倡议通过阅读连环画，了解中国优秀传统文化、学习英雄人物及先进人物。市教委、区教委有关领导，全区小学校长、德育干部和学生代表400人参加活动。

（王军　李银姬）

【开设国际理解课程】 3月3日，东城区教委召开国际理解课程说明会。会议阐述国际理解课程开设的必要性和重要性，介绍该区自主研发的“世界公民”选修课程。该课程是面向初中学生开发的第一个国际理解课程，分为国际组织、世界多元文化、全球问题和世界公民素养4大模块。“世界公民”课程于3月9日正式对4所实验校学生开放。课程采取讨论、活动、情境创设等多种形式展开，课时安排14周。景山学校、五十中、一零九中和二十五中学4所实验校教学工作负责人参加会议。

（李银姬）

【举办小主持人大赛】 4月11—12日，东城区教委举办“校园金话筒”第六届中小学生主持人大赛。活动设小学中年级组、小学高年级组和初中组、高中组四个组别，经校级选拔推荐，73所中小学校218名学生参加区级比赛。比赛设自我介绍、自我表达、即兴问答三个环节，最终分组评出“十佳金话筒”获得者。

（伊传锦　李银姬）

【召开混合式课程教学研讨会】 4月16日，东城区教委在五中召开“整合资源提高课堂效率”北京数字学校混合式课程教学研讨会。会议分为课程展示、学生社团展示和研讨三部分。五中通过6节国家课程7节校本课程，汇报利用信息技术转变课堂教与学方式，为学生提供个性化、可选择的课程等方面工作。会议听取《建设一所充满精气神的学校》主报告。会议肯定五中“精、气、神”办学理念，并就推进学科改进和混合式课程教学提出要求。北京教科院、北京数字学校等专家，全区40所中学和全市20所数字学校研究基地校代表220人参加会议。

（杨学银　李银娅）

【举办读书日主题活动】　4月23日，东城区教委在东交民巷小学召开“漫步语林，徜徉经典，陶冶情操”首届书香文化节之小学落实社会主义核心价值观融入课堂教学交流研讨会暨第20个“世界读书日”主题活动。东交民巷小学、前门小学等学校以“阅读”为主题展示课程，并交流阅读活动经验。活动为市级“国学经典诵读”先进单位、先进教师及区级书香校园颁奖授牌，向全区小学生发出倡议，呼吁成为一名爱读书的好少年。活动借助视频会议系统进行全程网络视频直播。市、区领导和各小学教学干部80人参加现场活动。

（刘哲　李银娅）

【成立红领巾学校】　5月27日，东城区教委举行红领巾学校成立暨“红领巾小分队在行动”启动仪式。会议为和平里学区红领巾小分队授旗，为东城区红领巾学校揭牌，交流黑芝麻胡同小学、金台书院小学等红领巾小分队特色活动。和平里四小少先队代表发起倡议，呼吁队员们在“六一”期间和家长一起走进社区参与小分队活动，积极参与红领巾学校各项活动。市少工委、团区委、区少工委等领导，安外三条小学、金鱼池社区和各小学代表300人参加会议。

（胥丹丹　李银娅）

【举办首届国防知识竞赛】　6月13日，东城区教委举办“希望谷杯”首届中小学生国防知识竞赛。竞赛活动开通网络平台题库，内容涉及反法西斯战争中国地区历史、国防理论、党史、军史、时政要闻等，提倡全区学生全员参与。经过校级选拔，共有24支代表队100余名中小学生入围区级决赛。最终评出一、二、三等奖共120人。获奖学生代表于7月12—15日参加“国防教育夏令营”体验活动。

（伊传锦　李银娅）

【总结特色地方课程开发工作】　6月15日，东城区教委在史家小学分校召开首都特色地方课程开发与管理模式实验研究走进东城研讨会暨东城区“蓝天工程”博览课教材实验总结会。会议听取东城区“实施‘学院制’综合改革，构建具有东城特色的地方课程体系”报告，史家小学分校作《“蓝天”筑梦》交流发言并展示5节“蓝天工程”博览课。会议肯定东城区地方课程管理建设理念并提出新要求。北京教科院、市教育学会、中国国家博物馆等领导，各区县教委和学校代表140人参加会议。

（伊传锦　李银娅）

【举办好少年班会活动展示】　6月23日，东城区教委在金台书院小学举办“学习美德事迹　争做三爱好少年”班会展示活动。艺美小学和金台书院小学分别作“美德少年在心中”“红领巾颂美德，心相连手相传”主题班会展示，金台书院小学作工作汇报。与会人员观看金台书院小学腰鼓、空竹、踢毽、京剧、剪纸课外活动展示。活动强调推进“做一个有道德的人”主题活动，发挥学校育人主阵地作用，传播“孝老爱亲，助人为乐，自立自强，诚实守礼，勤奋好学”的传统美德。全区德育干部、师生代表150人参加活动。

（高翔　李银娅）

【举办民族团结教育周】　9月28日，

东城区教委在五中分校附属方家胡同小学举行“民族课程放异彩　爱我中华谱新篇”——东城区第九届中小学民族团结教育周主题活动。活动通过民族器乐演奏、民族歌舞表演、抗战歌曲演唱、抗战诗歌朗诵，集中汇报民族团结教育成果。活动中，回民小学、回民实验小学将学校民族教育研究与实践成果集作为课程资源包赠送给区域中小学校。市民委、市教委、区政府等领导和全区中小学民族教育工作者、学生代表300人参加活动。

（刘哲　李银娅）

【交流展示鼓号队活动】　11月3日，

东城区教委在地坛体育馆举行“红领巾相约中国梦——我们是共产主义接班人”区少先队鼓号队交流展示活动。板厂小学、艺美小学、革新里小学、安外三条小学、景山学校、新鲜胡同小学鼓号队分别进行展示。曲目包括《do re mi》《春天在哪里》《红星歌》等作品。市少工委、团区委、区教育督导室等领导，西城、海淀、丰台等区有关领导，全区大队辅导员及队员代表500人参加活动。

（胥丹丹　李银娅）

【举办文化建设论坛】　11月26日，东城区教委在二中分校召开学校文化建设中学校长论坛。会上，二中分校、五中分校、五十五中等学校交流发言，北师大有关专家作现场指导。区教委领导和全区中小学代表参加会议。文化建设校长论坛是市级文化建设示范校创建工作内容之一。12月，东城区召开小学第三批市级文化建设示范校创建工作推进工作会，总结中小学文化建设前期成果，对申报学校提出改进建议。

（李银娅）

【验收高中开放式重点实验室】　12月1—3日，东城区首批建成使用的8个北京市高中开放式重点实验室接受北京市验收。验收主要内容包括听取学校实验室建设汇报、现场考察、专家提问交流等。验收由市教委统一组织。至 2015 年，东城区 11 所学校的开放式重点实验室建设方案通过专家评审。在市区两级经费支持下，8 所学校完成实验室建设，涵盖化学生命科学领域、信息技术领域、物理与地球领域等。

（杨学银　李银娅）

【召开综合素质评价工作会】 12 月 4 日，东城区教委召开学生综合素质评价工作总结会。会议主题为“以评价促进学生综合素质发展”，听取东直门中学、景泰小学、府学胡同小学经验报告，交流一师附小、一七一中、工美附中创新经验。会议倡导积极发挥教育督导评价作用，为学校提供必要的业务指导；倡导学校为学生综合素质评价工作做好顶层设计，推动该区学生综合素质评价工作高效、有序开展。市教委、教育督导与教育质量评价研究中心、区教委有关领导，全区中小学校负责综合素质评价工作主管干部 200 人参加会议。

（高翔　李银娅）

【启动“学院日”课程】 12 月 4 日，东城区教委在和平里四小举行小学“学院日”课程启动仪式暨第 11 届小学课改培训月活动。会议宣布启动“学院日”课程，推出《东城区青少年学院小学“学院日”课程资源目录》。“学院日”课程按照试点、试运行、全面实施的“三步走”推进，试点阶段为当年 12 月 4 日到下年 1 月，试运行阶段为下年 3 至 7 月，全面实施阶段自下年 9 月起。课程资源目录涵盖“四大学院”课程 235 门、“蓝天”工程资源单位课程 54 门、职业体验课程 114 门、校本精品课程 144 门，共计 547 门课程。市教委、市课程教材发展研究中心、区政府等领导，全区小学校长和教育、教学主管干部近 100 人参加现场活动。

（刘哲　李银娅）

【举办校外教育成果展】 12 月 11 日，东城区教委召开校外教育联席会并举办成果展示活动。会议听取当年校外教育工作总结，交流文化委、东花市街道、明城青少年活动中心经验，对各校外教育成员单位提出具体工作要求。当日，区教委举办北京市阳光少年艺术节东城区校外教育成果展示，

通过艺术表演、作品展览、科技成果三个板块，展示东城区校外教育成果。区政府、区教委，以及区各委办局、街道主管领导参加会议并观摩成果展。12 月，东城区教委举办校外教育科研月。

（周末　李银娅）

【举办美育微论坛】 12 月 30 日，东城区教委在东师附小校区举办“学校文化建设中美育元素与教育价值研究”主题微论坛。会议交流“学校文化建设”研究分会会员学校特色发展经验。会议提出，“学校文化建设”课题研究要传承学校历史文脉，要追求“以文化人”的境界，要有体现学校办学理念、办学特色的文化主题。市中小学美育研究会、区美育研究会、区教委有关领导和专家，东城“学校文化建设”研究分会会员校代表 50 人参加会议。

（高曌　李银娅）

职业与成人教育

【概况】 2015 年，东城区职业高中 6 所（教育部门办 3 所、民办 3 所），在校生 3514 人（职业高中 2444 人，成人中专 1070 人），教职工 698 人（专任教师 366 人），专任教师学历合格率 100%。成人高等教育学校 4 个，教职工 211 人（专任教师 81 人）。

（李银娅）

【召开专业论证工作会】 1 月 28—29 日，东城区教委在北京国际职业教育学校召开区中等职业学校专业论证工作会。会议论证 26 个专业建设方案，每个专业 20 分钟，其中 15 分钟由专业负责人陈述专业建设方案，5 分钟由专家质询。市职业教育专家，东城区 4 所职业学校校长、教研员等 80 人参加会议。

（覃玉玲　李银娅）

【调研成人教育学校】 3 月 1 日，东城区教委调研东城区职业大学、东城区职工大学、北京开放大学东城分校、北京开放大学崇文分校。内容涉及学生情况、专业建设情况、教职工基本情况及办学条件等。调研结果显示：成人教育学校师资配备较合理，学历水平达到要求，专业设置合理，硬件条件基本满足在校生的专业学习需求。

（杨成莲　李银娅）

【举办职业教育宣传月活动】 5 月 15 日，东城区教委在北京国际职业教育学校北京站校区举行职业教育宣传月活动暨东城区中小学职业体验中心授牌仪式。会议听取全国劳动模范和技师职业生涯报告，为 4 所职业学校颁发“东城区中小学职业体验中心”铜牌。在学生职业体验环节，国际职业教育学校北京站校区 4 个专业为五十四中学生提供 14 个职业体验岗位，为汇文一小学生提供 9 门社会实践选修课程。东城区职业学校和五十四中、汇文一小师生参加活动。

（覃玉玲　李银娅）

【举办信息化教学比赛】 5 月 23 日，东城区教委举办全区中等职业学校信息化教学比赛暨北京市中等职业学校信息化教学比赛选拔赛。比赛设信息化教学设计和信息化课堂教学 2 个项目，4 所职业学校 30 名选手参加比赛。信息化教学设计比赛采用现场比赛方式，参赛教师赛前完成教学设计，赛时讲解信息技术在教学过程中的运用及教学实际效果 10 分钟，答辩 5 分钟。信息化课堂教学比赛采取上交 DVD 光盘视频评审的方式，参赛教师根据教学设计进行不超过 45 分钟的实际课堂教学，录制成光盘提交参加评审。最终评选出一等奖 5 人、二等奖 9 人、三等奖 14 人。

（覃玉玲　李银娅）

教育督导

【概况】 2015 年，东城区教育督导室设有督政科、督学科；公务员编制

10人，实有6人；主任、副主任4人，专职督学6人，见习督学2人，兼职督学36人。教育督导室是区政府行使教育督导职能的专门机构，代表本级人民政府主管本行政区域内的教育督导工作。主要职能：领导、组织实施本区的教育督导工作；对本区相关委、办、局、街道办事处贯彻执行有关教育的法律、法规、方针、政策情况和领导、管理、配合实施素质教育职责履行情况，对本区教育行政部门领导、管理教育工作的情况，对本区各级各类学校、教育单位全面实施素质教育的履行情况进行监督、检查、评估和指导。

（李菊）

【开展学区制综合改革评价】　3月6日，东城区教委、区教育督导室与北京教科院教育督导与教育质量评价中心签约，委托评价研究中心对东城区学区制综合改革开展评价实践研究。至年底，评价研究中心检测数据显示：社会各界对东城区教育改革政策背景环境评价为好的达到89.2%，其中校长领导力认可度93.1%，学校文化融合认可度90.5%；94.3%的家长认为改革减轻小升初压力，改革赞同度93.1%，落实就近入学政策满意度93%，教师对改革的知晓度93.6%，改革促进普通校发展的认可度90.5%。

（李菊　李银姬）

【通过义务教育均衡发展验收】　4月

28日，东城区接受义务教育均衡发展国家级评估专家组督导评估。评估由国务院督导办公室组织。评估组观看专题东城区义务教育均衡发展宣传片《聚势·行远》，听取东城区工作汇报，查阅档案，召开座谈会，查验调查问卷674份。评估组考察景山学校、一七一中、东直门中学10余所学校，听取校长办学理念介绍，查看办学达标、特色建设，观看课外活动展示。评估组对东城区推进义务教育优质均衡发展取得的显著成效和成功经验给予高度评价和充分肯定。

（李菊　李银姬）

【完成国务院专项督查】　10月14日，东城区接受国务院督导办公室“教育领域重要指标和任务”完成情况专项督查。督查组观看东城区教育宣传片，听取专项工作汇报，召开干部、教师代表、家长代表座谈会，就学校招生工作、学生就近入学、困难学生补助等问题听取意见。督查组实地检查一七一中、文汇中学、和平里四小优质教育资源带学校，全面了解该区“教育领域重要指标和任务”完成情况。专项督查组对东城区在落实“教育领域重要指标和任务完成情况”工作中取得的显著成效和成功经验给予高度评价和肯定。

（李菊　李银姬）

中共东城区委教育工委

书　　记　冯洪荣

东城区教育委员会

主　　任　冯洪荣（12月免）
　　　　　周玉玲（12月任）

东城区政府教育督导室

主　　任　付蕤

西　　城　　区

总　　类

【城市学校少年宫挂牌】　1月15日，西城区首批城市学校少年宫颁牌仪式在育才学校举行。会上，区教委为五路通小学、雷锋小学、红莲小学等15所首批“西城区城市学校少年宫学校”授牌，西城区城市学校少年宫信息服务平台同时启动。“城市学校少年宫计划”将校外教育引入小学，学生不出校门，课后免费参加艺术、科技和体育活动。首批项目建设学校分别与12家少年宫、科技馆对接，市、区两级政府共投入1638万元，改善学校硬件设施和环境，全面开设兴趣小组和社团活动。市教委、区政府、区教委领导，以及有关学校和校外教育机构代表参加颁牌仪式。至年底，项目推出“时代小先生”“安全自护进校园”“书香·传爱”等10个系列活动。

（兰静）

【值守首都少年先锋岗】　4月27日至5月17日，西城区团教工委组织全区21所学校初一年级学生400余人参加值守“首都少年先锋岗”活动。所有站岗少先队员均要接受岗前培训，学习英雄事迹，了解五星红旗、人民英雄纪念碑的含义。站岗后，少先队员代表撰写站岗体会，深化首都少年先锋岗活动的教育效果。参加活动学生还瞻仰毛主席纪念堂，参观天安门城楼，接受爱国主义和革命传统教育。此外，10月还组织全区中学初二师生共计9000人参加天安门升旗仪式观摩活动。

（罗李立　李蕾）

【制定信息化项目管理办法】　4月，西城区教委制定《北京市西城区教育系统信息化项目管理办法（试行）》。该办法分为总则、项目安排、项目建设与管理等7章共38条。明确纳入管理的项目范围和项目建设中各阶段管理基本原则、必要程序和管理要点。该办法通过梳理和完善教育系统信息化项目全流程管理的程序、规范和职责，制定统一管理规程和协调机制，进一步推动教育信息化建设工作。此前，西城区教委在3月还印发《关于加强西城区教育系统网站管理的通知》，加强各单位网站监督检查。

（洪文渊）

【举办“劳模话家风”活动】 5月8

日，西城区教育工会举行首场“劳模话家风”报告会。教育系统10名劳模从不同方面阐述自己在家风家教中所收获的情感体验和精神成长历程。至年底，区教育工会面向教育系统会员开展“家风大家谈”系列活动。

（李彦）

【举办先锋团校和中学生业余党校】 7月11—12日，西城区第五期中学生业余党校和第五期少年先锋团校培训班分别举行。培训内容围绕党史团史、理想信仰、青年责任等展开。同时，将研究性学习、志愿服务活动、假期社会实践与党团校学生培养结合，指导学生利用假期开展实践体验，提交研究性学习报告。全区各中学推荐的280名业余党校学员和300名少年先锋团校学员参加培训。

（罗李立）

【评选大课堂优秀学习成果】 7—10月，西城区教委完成中小学生社会大课堂学生及教师作品征集评选工作。共收到学生作品120份，评出一等奖19名、二等奖33名、三等奖69名，收到教师作品70份，评出一等奖29名、二等奖29名、三等奖13名。同时配合市教委完成市级社会大课堂作品评选展示，被评为优秀组织单位。6月，西城区教委评审验收首批社会大课堂资源单位，10家区级社会大课堂资源单位挂牌。

（王笑菲）

【保障阅兵工作顺利进行】 9月，在庆祝反法西斯斗争胜利70周年阅兵观礼活动中，西城区教委采取措施保障阅兵工作顺利。西城区教委共承担以下任务：10名教育系统劳模和20名教委机关干部、27名学生参加阅兵观礼，育才学校80名六年级学生参加人民大会堂活动，90名教委机关干部参加阅兵服务保障，一六一中南校址作为7万只气球充气场地，6所学校校区作为停放车辆场地，三十五中新址作为西城区人员集结场地。西城区教委在阅兵前期向所属各单位下发工作通知，要求各单位开展各项排查整治工作，确保“大事不出、小事减少、管理严格、秩序良好”。

（杨海蓉 吕迎国）

【举办创建国际生态学校专题培训】 10月28日，西城区创建国际生态学校专题培训会在十五中召开。会议由环境保护部宣传教育中心主办，西城区教委承办。培训中，环保部专家作《教育令世界更美好》《如何创建国际生态学校》讲座，有关专家现场交流案例教学。西城区教委表示，从教育教学、绿化美化校园、节能降耗、废品回收等多方面开展创建国际生态学校工作，把环境意识、生命意识和生态文明转化为校园文化的重要元素，渗透到每位师生心灵深处。国家环保部宣教中心、西城区政府等领导，全区中小学科技教师代表150人参加培训。国际生态学校项目是国际环境教育基金会（FEE）在全球开展的5个环境教育项目之一，旨在通过课堂学习和校内外行动，提升学生对可持续发展问题的意识。创建共包括建立生态学校委员会、开展环境评审、制定行动计划等7项标准。

（白羽）

【完成教育收费专项督查工作】 11月26日，北京市治理教育乱收费局际联席会办公室专项督查西城区秋季教育收费工作。督查组听取区教委汇报，检查十四中和长椿街幼儿园2014年秋季以来财务账目和教育收费相关资料、收费公示栏。督查组对两个单位收费情况给予充分肯定，同时指出不足，提出改进意见和建议。此前，区教委对各学校、幼儿园教育收费情况进行自查和抽查。

（康彦 苗志红）

【校外教育成果显著】 12月12日，西城区教委参加“阳光下的别样风景——北京市校外教育成果展示活

动”，西城区教委所属6家少年宫、科技馆展示民乐、舞蹈、科技等节目。西城区校外教育机构中9个单位被授予“北京市阳光少年优秀组织奖”，7人被授予“北京市校外教育先进个人”称号，4个单位被授予“北京市校外教育先进集体”称号。在校外教师专业技能展评活动中，西城区9人获得一等奖。年内，西城区校外教育成果显著。第15届中国青少年机器人竞赛中，西城区学校获得8个一等奖。第30届全国青少年科技创新大赛中，西城区学生获得4项一等奖。第35届北京青少年科技创新大赛中，西城学生获得3项“北京青少年科技创新市长奖”，1名教师获得“十佳科技教师奖”，在科技创新成果竞赛中获得一等奖33项。北京市中小学生金银帆奖评选中，1名学生获得金帆奖，32名学生获得银帆奖。第15届“明天小小科学家”评选中，1人获得“明天小小科学家”称号，3人获得一等奖。北京市第18届学生艺术节上，获得金奖18个，银奖15个。

（傅晓月 马志洪 芦炳杉）

【“高参小”教学成效显著】 至年底，“北京高等学校、社会力量参与小学体育美育发展工作”在西城区全面展开。西城区31所小学与13所高等院校、专业院团合作，制定符合实情的培养计划并组织实施，取得显著成效。联合大学牵手合作小学举办专场文艺演出，北京电影学院为牵手小学举办话剧专场汇演，中央音乐学院为牵手小学举办专场音乐会。中国戏曲学院在福州馆小学社团、美术课指导中融入戏曲元素，社团活动惠及一至五年级。回民小学在中央民族大学协助下举办特色运动会。红莲小学地域文化节在北京舞蹈学院舞蹈课程帮助下收获显著。

（白羽）

【规范管理志愿服务活动】 至年底，西城区教委依托“志愿北京”信息平台，实现全区中学志愿服务组织体系的再构建、志愿服务项目的逐级审批、志愿活动时长认定与市级的有效对接。年内，团教工委下属志愿服务团队50个，报名及正式志愿者7587人，通过信息平台发布志愿服务项目共计230个。志愿服务活动项目发布、上级审批、志愿者招募、服务时长登记、活动结项实现规范管理。

（罗李立）

【推进教委政府信息公开】 至年底，西城区教委推进教委政府信息公开工作。区教委信息公开专栏开通行政处罚、行政审批和重大领域二级目录，调整法律法规目录中行政许可信息，增加行政审批、行政处罚和机构设置政府信息，补充教委领导信息、年度计划和总结，保持同教委门户网站实时信息同步。确保工作动态每月不少于10条信息，重大领域每月不少于1条信息。至年底，新增和调整政府信息150条。

（岳鹏）

【学生资助2896.6万元】 至年底，西城区各学段各项减免金额2896.6万元，涉及学生90939人次，占2014年底学生总数120148人的75.7%。其中义务教育阶段学生享受减免政策全覆盖，涉及减免金额2419.5万元。学前教育、高中教育、职业教育家庭经济困难（低保、低收入、残疾、烈士子女等）享受减免477.1万元，其中，学前教育11.7万元；高中教育140万元；职业教育325.4万元。各项减免金额中，市级投入资金1474.7万元，区级投入1422万元。此外，部分学校校内奖助学生156人，共计7.05万元。

（王栋）

学前教育

【概况】 2015年，西城区共有幼儿园69所，其中，区教育部门办园25所、集体办园10所、其他部门办园13所、地方企业办2所、部队办3所、民办园16所。离园幼儿4659人，入园幼儿5879人，在园幼儿17127人。教职工3093人，其中，专任教师1816人。全区市级社区早期教育示范基地幼儿园32所。年内，三义里第一幼儿园、中国儿童中心实验幼儿园通过市级示范园评选，全区市级示范幼儿园共19所。西城区红山幼儿园、信和幼儿园通过一级一类验收，全区一级一类幼儿园43所。

（王丽萍）

【交流教学班组长工作经验】 1月6日，西城区教委召开幼儿园教学班组长工作经验交流会。会议听取7名幼儿园教学班组长工作经验报告。区教委作专题报告，讲解幼儿园班组长工作存在的问题、班组长的应知应会、当好班组长应把握的问题三个方面问题。区教委、教育研修学院领导和幼儿园保教干部、教学班长等300人参加会议。

（王丽萍）

【考核验收57所幼儿园】 4—12月，西城区教委完成幼儿园考核验收工作。考核涉及不同办园体制、不同级类的57所幼儿园，按照市级示范园验收标准和市分级分类考核验收细则，围绕幼儿园管理、队伍建设、办园条件、保教、科研、早教、卫生保健7个方面进行。考核组全面检查分析幼儿园的整体建设情况，帮助各幼儿园总结成绩和经验，查找问题和不足，提出改进意见，指出努力方向。

（王丽萍）

【召开提升街道园质量工作会】 5月

12日，西城区教委召开提升街道园质量工作会。会议分析学前教育工作形势，要求街道园建设要统一思想、提高认识、团结协作、合作共赢、统筹协调、破解难题。会议宣布10对示范园和街道园“手拉手”名单，解读提升街道园质量“手拉手”工作方案。区教委领导和全区各街道园园长、“手拉手”示范园代表27人参加会议。

（王丽萍）

【举办儿童营养厨艺大赛】 7月3日，

西城区教委召开儿童营养厨艺大赛总结表彰会。会议观看比赛过程短片，展示全能奖、单项奖获奖面点作品，为获奖厨师颁发证书。比赛采取各幼儿园组织初赛、示范园牵头分片组织小组复赛、区统一组织决赛方式进行。经初赛和复赛评选，16个单位32人参加决赛，最终评选出厨艺全能奖8人，单项奖24人，表扬奖63人，组织奖16个。

（王丽萍）

【半日评优活动颁奖】 11月20日，西城区教委召开第三届“西城杯”幼儿教师半日评优活动颁奖暨第四届名师工作室拜师活动大会。会议总结“西城杯”幼儿教师半日评优活动，为获奖教师颁发证书，听取获奖人员代表经验报告。评选活动3月开始，采取幼儿园初赛、示范园牵头分片组织小组复赛、区统一组织决赛方式进行。活动表彰特等奖4人、一等奖18人、二等奖26人、三等奖37人。区教委领导、获奖教师和名师工作室主持人230人参加会议。

（王丽萍）

【举办课程领导力论坛】 12月10日，西城区教委和北京教育学院宣武分院举办园长课程领导力论坛暨沙龙班结业仪式。会议总结园长沙龙班培训工作，为沙龙班学员颁发结业证书。该班始自2013年6月，培训主题是幼儿园规范化建设及干部教师的培养，全区24名园长参加培训。北师大、学前教育杂志社专家，以及区教委领导、幼儿园代表230人参加会议。该活动是西城区教育科研月活动内容之一。

（王丽萍）

【新增 2 所幼儿园】　至年底，西城区教委审批威廉和玛丽小规模民办幼儿园。该园可开设教学班 6 个，招收幼儿 150 人。新建西城区广安幼儿园，该园系西城区教委办园，拟于 2016 年 9 月开学。年内撤销 1 所幼儿园。10 月 14 日，西城区民政局批复撤销西城区瑞思玛特幼儿园。该园建于 2012 年，办园地址新街口北大街 3 号（星街坊 4 层）。因户外场地未能解决，幼儿园董事会申请停办。

（王丽萍）

基础教育

【概况】　2015 年，西城区教育部门办小学 59 所（不含一贯制学校小学部）、民办 1 所。招生 13074 人，毕业 7789 人，在校生 69252 人，在校生中北京市户籍学生 53228 人。教职工 5124 人，其中，专任教师 4950 人（含一贯制学校小学部）。小学入学率、巩固率、毕业率均为 100%。中学 43 所，其中教育部门办学 41 所（含北师大附中 4 所）、民办 1 所、其他部门办学 1 所。招生 14925 人（初中 7857 人、高中 7068 人），毕业 16324 人（初中 8688 人、高中 7636 人），在校生 46461 人（初中 25236 人、高中 21225 人），在校生中北京市户籍学生 40408 人（初中 19991 人、高中 20417 人）。初中入学率、巩固率、毕业及格率 100%，应届毕业生高考上线率（本科）93.85%。教职工 7996 人（含一贯制学校小学部），专任教师 6064 人（初中 2906 人、高中 3158 人）。特殊教育学校 3 所，结业 110 人，招生 42 人，在校生 394 人，另有小学随班就读学生 136 人，初中随班就读学生 126 人，开设教学班 50 个，教职工 227 人，其中专任教师 197 人。校外教育单位 12 个，教职工 308 人，其中专职辅导员 175 人。中、小学专任教师学历合格率 99.8%。中小学占地面积 189.53 万平方米、建筑面积 197.34 万平方米，图书馆（室）藏书 646.04 万册，固定资产 325712 万元。全年教育经费投入 692727 万元，其中，国家拨款 677205 万元，自筹经费 15522 万元。

（杨海蓉）

【研讨中学毕业年级教学质量】　2 月 25—26 日，西城区教委召开中学教学质量研讨会。西城教育研修学院、北京教育学院宣武分院毕业年级学科教研员结合期末考试相关数据解读全区中学教学质量。会议强调，面对教育综合改革和考试改革，要处理好改革与质量、教研与教学、教学与管理、教与学等关系。行政、教研、学校要达成共识，形成合力，通力合作。会议要求教研员要加强学习，不断提升自身素质，保持学术独立，提高学术水平，引领全区教师的专业发展。会议针对中学毕业年级复习备考工作、教师专业发展、学校评价等提出具体的指导意见。区教委领导、教研员和中学代表 50 人参加会议。

（王贞茶）

【调研特色学校】　4 月 8 日、14 日和 21 日，西城区教育研修学院、北京教育学院宣武分院联合开展特色学校调研工作。调研组分别考察红莲小学、力学小学、顺城街第一小学，通过参观校园、学校汇报、查阅档案、随堂听课了解学校办学特色、教育教学管理亮点、课堂教学现状。调研组就学科教学现状、学校办学特色、教育教学管理提出发展建议。

（曹琼）

【6 人破 7 项区田径纪录】　4 月 11—12 日，2015 年西城区中小学生田径运动会在月坛体育场举行。108 所中小学、职高校 1216 名学生参加比赛。比赛设置 6 个组别，共 66 个比赛项目。运动会上，6 人 7 次打破 7 个项目区中小学田径运动会纪录。

（刘瑶）

【评比青春健康教育心理剧】　4—12 月，西城区教委开展中学青春健康教育校园心理剧评比。比赛由各学校选取效果显著的优秀心理剧作品录制成视频资料，提交光盘参加区级评比。专家团队依据评价标准对评比产生优秀成果进行表彰、奖励，并面向全区中学进行推广。共收到学生作品 45 个，评选出区级初中优秀作品 12 个，高中优秀作品 18 个。

（李蕾）

【举办残疾学生才艺展示】　6 月 11 日，西城区教委在北京启喑实验学校举办第四届“全纳杯”学生才艺展示活动。活动主题是“我的校园生活自制小报作品征集”，24 所中小学残疾学生参加比赛，其中小学 15 所，中学 7 所，特教学校 2 所。提交小报作品 75 件，最终评选出一等奖作品 30 件，二等奖作品 45 件。

（姚兰）

【评选优秀教学管理案例】　6 月 25 日，西城区教委召开小学 2015 年评选教学管理案例评选总结会。会议总结案例征集评选工作，交流获奖案例。本次案例征集活动 1 月开始，围绕“提升质量”内容征稿。经过学校征集、专家评审等环节，共征集案例 149 篇，评选出一等奖 35 篇，二等奖 40 篇，三等奖 74 篇。

（曹琼）

【完成义务教育阶段招生】　至 7 月，西城区教委完成 2015 年义务教育阶段招生工作。初中入学工作依据《北京市西城区教育委员会关于西城区 2015 年义务教育阶段入学工作的意见》以及招生计划要求，5 月上旬完成九年一贯制直升入学、小学对口直升入学、推荐派位入学录取工作。其中，九年一贯制直升人数 348 人，对口直升人数 146 人，推荐派位入学人数 976 人；5 月下旬完成特长生入学、特色校入学录取工作，录取 847 人；5 月底完成民办校入学工作；6 月 15 日，5774 名学生参加学区派位入学，约占西城区升学人数的 73.64%；7 月初，41 所中学完成初中学区派位录取工作，共录取新生 7841 人，其中京籍 5901 人，非京籍 1940 人，比上年减少 843 人。小学入学工作依照要求，5 月进行学龄人口信息采集工作，共采集儿童 13132 人，其中京籍儿童 11169 人，非京籍儿童 1963 人；5 月中旬完成集体户口、非本市户籍按市民对待等特殊情况资格认定工作，其中，集体户口 613 人，市民对待 276 人，无户口、外籍等特殊类人群 132 人，共计 1021 人；5 月中下旬进行非京籍“五证”审核工作，审核通过人数 1899 人。5 月底，寄宿学校入学、民办学校入学录取完成，其中寄宿学校录取学生 210 人，民办学校录取学生219人；7月初小学录取工作完成，全区62所小学（含一所民办学校亚太实验学校）共计招生13074人，其中非本市户籍2006人，外籍23人。

（袁伟）

【修订九年义务教育课程计划】　8月，西城区教委印发《西城区九年义务教育课程计划（修订）》。修订后的课程计划明确学科实践活动学时，设置综合性艺术学科，提出跨学科综合学习、学段衔接、实践活动等方面的要求。至年底，西城区教委围绕义务教育课程计划举办四场交流活动，交流学校课程方案的特点、亮点及相关思考。

（王贞茶）

【名人专家讲“开学一课”】　9月6日，西城区“开学一课”以“价值的传承”为主题，首先在北京八中开讲，开国中将韩伟之子、红军人物研究会宣传联络组副组长韩京京为学生讲述中流砥柱——中国共产党在抗日战争中的地位和作用。天体化学与地球化学家、中国月球探测工程首席科学家、中国科学院院士欧阳自远，中国工程院院士、机械电子工程专家尤政等社会各界的名人、学者、专家分别走进一五六中、五十六中、四中、七中、鲁迅中学、三十九中、三十一中、四十四中为学生讲述各自经历和人生感悟，启迪学生思考人生的价值和人生的选择。

（胡婷婷）

【发布《新生入学手册》】　9月23日，西城区教委召开《西城区中学新生指导手册》发布暨“新生教育的有效指导”专题交流会。会议介绍《西城区中学新生指导手册》丛书编写情况，向学校赠送第一批丛书，编写学校代表交流编写和使用情况的经验及体会。各中学德育校长及教师代表近百人参加会议。年初，西城区教委组织学校编写《西城区中学新生指导手册》，至9月初，全区共有7所学校完成11册编写工作。

（李蕾）

【初一年级启动开放性科学实践】　9月，西城区教委组织全区中学启动初一年级开放性科学实践活动。活动通过市教委网上课程平台，采用自主选课、团体预约和送课到校三种方式选择资源单位发布的课程。每生每学期完成5个实践活动项目，每次活动计1分。

（王贞茶）

【成立融合教育中心】　10月28日，西城区融合教育中心成立暨特殊教育发展研讨会在北京启喑实验学校召开。会议宣布成立西城区融合教育中心的决定，为融合教育中心揭牌。西城区融合教育中心主要任务是培训特殊学校教师，促进其专业发展，同时指导全区随班就读教师开展教研。教育部、市教委、西城区政府领导以及融合教育领域知名专家代表、各中小学主管干部等200人参加会议。

（姚兰　王玉玲　李晓娟）

【举办中小学课堂评优活动】　11月4日，西城区教委在北京小学召开第十二届“西城杯”小学课堂教学评优活动“校际阶段”启动暨培训会。“校际阶段”评优活动以教育集团校、优质特色校和附小直升校三种办学模式的单位为组织单位，开展16场说课交流，最终评选出“校际阶段”说课一等奖193人，二等奖168人。本届“西城杯”以“精选教学内容构建乐学课堂促进学生发展”为主题，按照校级、校际、区级三个阶段推进。中学评优活动共涉及16个学科，44个学校1166名青年教师参加评选。

（曹琼　王贞茶）

【表彰中学优秀班主任】　11月19日，西城区教委召开2015年西城区中学优秀班主任表彰暨班主任工作研讨会。会议作《营造高雅的班级文化，建设文明向上的班集体》主题报告，表彰区级优秀班主任93人，其中，北京市“紫禁杯”优秀班主任特等奖1人、一等奖9人、二等奖9人。区教委领导和中学德育校长、首席班主任、年级组长及优秀班主任代表320人参加会议。

（李蕾）

【举办中学生论坛】　12月7日，西城区教委在三十五中举办“关注社会、彰显责任、践行核心价值观”2015年西城区中学生论坛。会议现场播放7名学生的时事评论短片，邀请4名学生代表发表主题演讲。活动聘请民俗专家等嘉宾就学生的话题进行点评。来自全区各中学的德育干部、师生代表参加活动。

（李蕾）

【举办中学生思想道德法律知识竞赛】　12月13日，第十六届“西检杯”中学生思想道德法律知识竞赛在四中结束。比赛由西城区检察院、区教委、共青团西城区委联合举办，包括微视频、线上答题和法制短剧三项内容。其中，26队参加法制短剧预赛，9队进入决赛并现场展演，最终，十五中获得一等奖。30余个法制微视频报名参加微视频预赛，10个优秀作品进入决赛，并在“西城未检”微信公众号由公众投票评选。最终，六十六中作品《歧途》获得一等奖。微信在线答题以“西城未检”微信公众号为平台，连续一个月以“每日法律知识问答”形式进行，并每天抽取幸运选手进行有奖互动。

（罗李立）

【举办学生科技节】　12月16日，

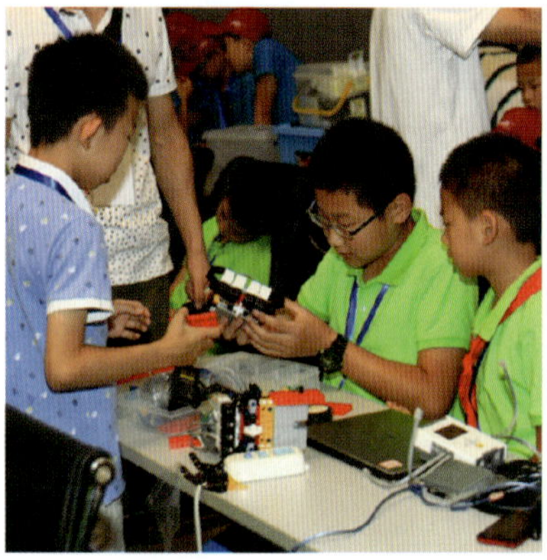

2015年西城区学生科技节结束。科技节以“快乐科技，梦想启航”为主题，各校按照“面向全体、坚持公益、鼓励创新、发展特色”活动宗旨，结合实际情况和学生年龄特点，创造性开展各类科技活动。其间，共举办区级竞赛11项、科普活动10项。全区共有103所中小学近十万人次参加学生科技节活动。

（马志洪）

【举办小学特色学校校长论坛】　12月23日，西城区教委举办小学特色学校校长论坛。会议邀请西城区特色小学校长报告学校文化建设、课程构建、队伍发展等方面的特色与亮点工作经验。会议认为学校特色贯穿于教育教学活动中，需要从学校实际出发，长期持续推进。区教委领导和西城区特色小学、特殊教育学校校长30

人参加会议。年内，西城区特色小学共19所。

（曹琼）

【优化中学布局结构】 至年底，西城区教委初步完成全区中学教育资源优化布局，进一步促进均衡发展。一是调整合并，涉及四中与六十三中合并，八中与八中分校、一五四中合并，十五中与一四零中合并，六十六中与广安中学合并，育才学校与宣武分院附中合并，徐悲鸿中学与徐悲鸿初中部合并，三帆中学与裕中中学合并。二是学校承办，其中，北师大附中承办六十二中，更名为师大附中分校；北师大二附中承办西城区实验学校，更名为北师大二附中西城实验学校；北师大实验中学承办华夏女中，更名为北师大实验华夏女子中学。

（王贞茶）

职业与成人教育

【概况】 2015年，西城区有4所职业高中学校和1个专门教育职高部：北京市外事学校、北京市实美职业学校、北京市财会学校、北京市实验职业学校，北京启喑实验学校职高部。共开设高星级饭店运营与管理、中餐烹饪与营养膳食、学前教育等40个专业。4所职业高中共毕业1813人，招生569人，在校生3131人。教职工867人，其中专任教师652人。专任教师中高级专业技术职务515人，特级教师1人，市级学科带头人1人，市级骨干教师2人，区级学科带头人35人、区骨干教师114人。学校占地面积63141平方米、建筑面积87025平方米。图书馆藏书369810册，固定资产总值24686万元，全年教育经费投入44920万元，其中，国家拨款44219万元、自筹经费701万元。全区成人教育学校3所，开设专业48个，在校生6844人，毕业生1968人，招生1813人。成人学校占地面积27411平方米，总建筑面积39482平方米。年内，西城区学习型城区建设工作稳步有序推进。市民终身学习成果认证制度认证点扩展至105个，认证学员至8万余人，市民终身学习服务基地扩展至61家，继续创建学习型党组织、街道社区、学校等八大系统，启动第二批学习型社区建设工作示范社区申报评定，全年市民教育培训126万人次。

（王娜娜　王珍）

【召开终身学习服务基地建设会议】 3月26日，西城区教委召开2015年西城区市民终身学习服务基地建设工作会议。会议明确2015年市民终身学习服务基地的三项重要工作，一是继续扶持服务基地的品牌和课程，二是进一步扩大服务基地数量和规模，三是开展微课程建设。至年底，新挂牌成立北京满堂香国际茶文化发展有限公司“悦茶会”、北京通信电信博物馆、西城区广外地区社区教育学校、北京外事学校、北京实美职业学校市民终身学习服务基地，扩展基地总数达到61家。

（王珍）

【举办职高课程体验活动】 4月11日，西城区教委面向初中学生及家长举办职业学生专业展示活动及职业教育咨询活动。活动邀请初中学生走进职业学校，体验职业课程，并解答职业教育招生、就业等问题。4所职业高中参加活动，初中学生和市民200人参与体验。

（王娜娜）

【社区教育协会召开会员代表大会】 4月24日，西城区社区教育协会召开第四届会员代表大会。会议以举手表决的方式通过第四届社区教育协会理事名单和监事名单。会议选举产生第四届社区教育协会会长、副会长、秘书长、监事会监事长。社区教育协会会员68人参加会议。

（王珍）

【召开学习型城区建设大会】 4月27日，西城区政府召开2015年精神文明建设暨学习型城区建设大会。会议作学习型城区建设工作报告，表彰学习型城区建设先进单位和先进个人。会议提出，以推进“书香西城”为切入点，抓好内容创新、方式创新、载体创新；把开展全民阅读作为推动精神文明建设与学习型城区建设的重要抓手，让学习成为西城人的一种终身持守的自觉习惯。西城区各委办局、人民团体、直属事业单位，各街道，中央市属驻区单位代表近300人参加会议。

（王珍）

【成立社区家长学校】 6月3日，西城区教委召开社区家长学校建设推进会。会议宣读西城区15所社区家长学校名单，为社区家长学校授牌。宣布成立社区家长学校专家师资库，并为专家颁发聘书。会议交流展览路社区教育学校、陶然亭天桥地区社区教育学校开展社区家庭教育工作经验。市教委、区教育督导室、区教委领导，全区15个街道办事处代表等100人参加会议。

（王珍）

【举办“卓越妈妈”公益大讲堂】 11月1日，首期西城区社区家长学校“卓越妈妈”公益大讲堂开课。讲堂由西城区教委主办，陶然亭天桥、大栅栏椿树、牛街广内社区家长学校联合承办。课程旨在帮助孩子平稳度过幼小衔接，指导市民了解孩子需求并提供解决方法。学员主要来自实验一小、北京小学、康乐里小学等学校一年级的学生家长。“卓越妈妈”课程由资深教育专家团队结合家庭教育现状数据分析及家教需求而研发。

（王珍）

【举办市民学习周】 11月6日，西城区教委举办第十三届市民学习周开幕式暨学习型城区建设与社区治理创新论坛。会议播放《兴学润智蕃秀西城》宣传片，表彰市民学习之星等获奖代表，为新增市民终身学习成果认证点和市民终身学习服务基地颁牌，向西城区中小学和社区教育学校赠送《西城区社区家长学校活动手册》。中国成人教育协会、市教委代表和区领导，相关委办局和街道、学校代表160人参加会议。西城区第十三届市民学习周共举办活动26场。

（王珍）

【举办职业教育进社区活动】 11月25日，“职业教育携手社区，共绘人生精彩之梦”职业教育进社区活动在北京市外事学校举办。会议总结职业教育进社区活动，表彰北京市和西城区社区教育特色课程教学大纲和教材评选活动获奖者，为西城区职业教育进社区示范项目优秀教师颁发证书。外事学校、西城区青少年科技馆、宣武青少年科技馆等6所职业技能培训基地现场开设体验活动。区教委领导和6所培训基地校负责人，以及部分教师和居民代表近百人参加会议。该项目2012年由区职业与成人教育中心牵头启动。

（王珍）

【评选成人教育优秀论文】　11月，西城区教委开展2014—2015年成人教育优秀论文评选。全区共有50余篇论文参选。最终，评选一等奖9篇，二等奖16篇。

（王娜娜）

【总结终身学习成果认证工作】　12月22日，西城区教委召开市民终身学习成果认证制度工作总结会。会议总结2015年市民终身学习成果认证工作，交流广外街道、椿树街道、大栅栏街道等认证单位工作经验。会议表彰10名优秀学分课程任课教师，奖励全年获得较高学分的认证优秀学员155人，为4337名一般持卡学员实施积分兑换。全区各认证单位约150人参加会议。2015年，西城区市民终身学习成果认证单位105家，注册个人学习账户83476人。

（王珍）

【优化专业结构】　至年底，西城区教委积极推进职业教育专业调整。职业高中将40个招生专业调到16个，重新申请“3+2”专业4个（酒店专业、会计专业、平面设计专业、中药专业），同时积极推进学前教育与首都师范大学合作。依据西城区职业教育发展规模及教育资源统筹，腾退5个职业教育校址（广外校区、西便门校区、红居街校区、宣武门校区、小市口校区），用于基础教育。

（王娜娜）

【承办多项技能比赛】　至年底，西城区职业学校承办北京市多项技能比赛。其中，北京市外事学校承办中等职业学校酒店服务与管理专业技能大赛，北京市实美职业学校承办美容美发技术技能比赛，北京市财会学校承办中等职业学校职业英语技能比赛，北京市实验职业学校承办北京市中等职业学校“金象杯”中药传统技能竞赛、2015年医药行业药师、中药师岗位竞赛等比赛。

（王娜娜）

教育督导

【概况】　2015年，西城区教育督导室专职督学18人（其中公务员编制12人），兼职督学32人。年内，区教育督导室落实责任督学挂牌督导制度，在全区所有中小学校开展经常性督导。配合区委教育工委和西城区教委，做好各项准备工作，完成义务教育均衡发展国家级达标区县验收工作和北京市校外教育督导检查。综合督导11所中小学校全面实施素质教育工作，综合督导4个街道办事处履行素质教育目标责任，综合督导评价4所非学历民办教育培训机构，综合督导3所社区教育学校，随访督导10个委办局、1所中学、1所社区教育学校、1个区教委直属单位。

（王锦红）

【通过义务教育均衡发展国家级评估】　4月28日，国家评估检查组评估检查西城区开展义务教育均衡发展工作。督导检查组观看西城区专题片《校校精彩人人成功》，听取区政府汇报，了解西城区全面推进义务教育优质均衡发展的情况。督导检查组查阅档案资料，进行问卷调查，并分别召开人大代表、政协委员，学校校长，教师和家长座谈会，分三组实地检查12所学校。5月7日，督导检查组向西城区反馈督导检查意见，对西城区基础教育综合改革和推进义务教育均衡发展工作给予肯定和高度评价，认为西城区达到国家规定的义务教育发展基本均衡区县评估认定标准。

（王锦红　曹琼）

【接受北京市校外教育督导检查】　11月26日，西城区教育督导室接受北京市校外教育督导检查。督导组听取区政府《创新转型、融合发展，办人民满意的西城校外教育》工作汇报，查阅档案资料，分别召开相关委办局、教委相关科室负责人、校外教育机构、学校四个座谈会，实地考察西城区青少年科技馆等单位。督导组希望西城区进一步发挥起点高、名校多、品牌多、优势教育资源密集的优势，进一步梳理、总结、归纳西城区校外教育的经验，在北京市乃至全国发挥示范引领作用。区政府、有关委办局及15个街道办事处领导，部分中小学校、校外教育机构和社会机构代表参加汇报会。

（王锦红　傅晓月）

【开展教育执法自查】　11月，西城区教育督导室开展2015年教育法律法规执行情况自查自评工作。自查重点内容一是贯彻执行义务教育相关法律法规和规范性文件情况；二是贯彻执行《北京市实施〈职业教育法〉办法》情况。区教育督导室结合相关单位自查报告，全面总结落实教育法律法规中突出的成绩及经验，形成自查报告并报送市政府教育督导室。

（王锦红）

【评审“十二五”教育督导课题】　12月，西城区教育督导室指导基层单位完成“十二五”时期教育督导与评价课题结题工作。制定区级评审方案，组织专家，完成结题课题报告评审。共评审19个课题，评出一等奖3个、二等奖4个、三等奖6个。

（王锦红）

【完善责任督学挂牌督导】　至年底，西城区教育督导室继续推进中小学责任督学挂牌督导工作。主要工作包括完善体制机制，规范各项工作；选聘督学队伍，加强督学培训；开展经常性督导，随时了解学校办学情况；承担监测任务，实施质量监测；与督学责任区建设结合，开展专项调研；畅通沟通渠道，落实电话值班制度。

（王锦红）

【完成实施素质教育自评工作】　至年底，西城区教育督导室完成全区中小学校、中等职业学校和幼儿园每学年一次的全面实施素质教育自评工作。自评重点包括培育和践行社会主义核心价值观，教师队伍建设，教学常规管理，科技、艺术教育及体育工作，资产、设备管理等教育重点工作和热点问题。在自评基础上，组织全体督学以责任区为单位审阅学校自评报表，评审情况通过挂牌责任督学向学校反馈。

（王锦红）

【完成“减负”专项督导】　至年底，西城区教育督导室完成义务教育阶段59所小学和47所中学“减负”工作专项督导。督导包括两方面：一是学校落实九年义务教育课程计划情况；二是学校落实市、西城区教委减轻学生过重课业负担的情况。督导主要通过听取主管领导汇报、访谈、查阅档案资料以及通过网络平台进行问卷调查等多种方式进行。

（王锦红）

【督导非学历民办教育机构】 至年底，西城区教育督导室完成非学历民办教育培训机构督导。督导依据《西城区非学历民办教育培训机构综合管理督导评价方案（试行）》，检查巨人文化艺术培训学校、ABC培训学校、天童美语培训学校、新月驾驶员培训学校4所学校。督导内容包括办学方向、办学条件、学校管理、办学绩效和办学特色五个方面。督导后分别汇总分析收集的信息，形成评价意见，并向被督导单位进行督导回复。

（王锦红）

【综合督导11所中小学】 至年底，西城区教育督导室会同区委教育工委、区以及相关直属单位综合督导11所中小学。督导依据《北京市区县政府、教委、学校（教育机构）全面实施素质教育评价方案》进行。督导后汇总分析收集的信息，肯定学校近三年工作中取得的主要成绩，同时指出学校工作中存在的主要问题并针对问题提出具体建议，形成督导评价意见。并分别召开督导反馈会，向被督导学校（幼儿园）进行督导回复。年内，西城区教育督导室综合督导4个街道办事处、3所社区教育学校。

（王锦红）

中共西城区委教育工委

书　　记　韩星桥

西城区教育委员会

主　　任　丁大伟

西城区政府教育督导室

主　　任　牟东棋

朝　阳　区

总　类

【成立大师工作室】 1月22日，朝阳区教委成立首批体育、艺术、科技大师工作室。工作室分别以原北京国安队足球教练金志扬，中国著名指挥家杨鸿年，著名二胡演奏家、中国音乐学院副院长宋飞，中国人民解放军军乐团团长于海，著名舞蹈理论家和评论家冯双白，北京理工大学教授焦文俊，北京市一级民间艺术大师王燕，北京美术教育研究会理事长赵一唐，全国羽毛球“十佳”运动员董炯，北京市曲艺团优秀相声演员李伟健命名，并聘其为导师。

（王新颖）

【“朝教e社区”微信平台启用】 1月，“朝教e社区”微信平台投入使用。平台以家庭教育为主要内容，由资讯快报（教育信息、学校活动信息、活动预告、对话成长）、家长课堂（萌宝驾到、小豆包成长记、家有儿女初长成、青葱岁月）、成长故事（家庭教育故事征文选登）等栏目组成，内容每周更新。截至12月，用户3000人。

（李雪）

【组建教育网络电视中心】 1月，朝阳区教委组建教育网络电视中心。该中心为临时性常设机构，与区教委宣传教育中心合署办公，统一管理。中心主要任务是负责朝阳区教育网络电视节目播出平台建设、播出节目制作和中心日常运行管理，将中心建设成为具备宣传和教育双重功能的对外宣传教育品牌媒体。9月，朝阳区教育网络电视平台上线试运行，至12月底，累计制作发布240期节目。

（陈璐　刘伦）

【设立自办学校片区管理员】 2月，朝阳区社会力量办学管理所针对全区自办学校（托幼场所）数量较多的实际情况，成立片区管理员队伍。首批片区管理员共5人，负责分布在朝阳区22个街乡11所自办学校及360所自办托幼场所的安全监管工作。至年底，查出安全隐患2123项，整改1603项，实现对区域内自办学校及托幼场所的安全管理。

（姜彤）

【规范外籍教师管理】 3月5日，朝阳区教委举办“百名外教在朝阳”开学典礼暨培训会。会议针对新、老外籍教师进行分组培训，向新聘任外教介绍中国传统师德、北京生活指南，同时介绍各种规章制度。来自10余个国家100名外籍教师，以及相关部门和外教工作所在学校负责人共300人参加会议。朝阳区109所学校参与实施“外教口语项目”，共涉及1000余个班级外教进课堂工作。

（韩庆）

【13人获评北京市先进工作者】 5月7日，北京市日坛中学教师张滨滨等13人被评为2015年北京市先进工作者。同时北京市第八十中学被评为全国五一巾帼标兵岗，朝阳外国语学校数学教研组、朝阳区星河实验小学数学教研组被评为北京市模范集体，北京市陈经纶中学被评为北京市模范职工之家，朝阳区平房小学被评为北京市模范职工小家。

（赵光）

【承办中国教育国际化研讨会】 5月24—25日，朝阳区教委承办第五届中国教育国际化研讨会。会议由教育部教育发展研究中心主办，主题是“教育国际化的区域推进方略与学校探索实践”。会议发表“世界教育：2030年目标”“中外合作办学应加强质量建设”专题报告，开设区域教育国际化论坛、基础教育国际化论坛、高等教育国际化论坛和民办教育国际化论坛四个平行会场，各地教育局局长、校长和专家30人作专题报告。教育部、国家教育发展研究中心、市教委等单位领导，全国20多个省、市、自治区代表500人参加会议。

（韩庆）

【组建优秀青年教师人才库】　6月，朝阳区教委遴选优秀青年教师97人，初步建立优秀青年教师人才库。后备人才通过面试答辩遴选。全区各学校推荐300人申报评选。经专家下校听课、师德评价，141人参与答辩。答辩评委专家组由朝阳分院培训教师、教研中心教研员、基层学校教育教学干部、区特级教师、市级学科带头人组成，并按照学科学段分为10个专家评委组。经综合素质和发展潜质多方面考察，最终遴选出具有扎实基础和发展空间优秀青年教师。

（王志斌）

【加强民办学校信息数据监管】　10月，朝阳区教委加强民办学校信息数据监管，为33所民办中小学、162所民办幼儿园安装安防监控系统。安防系统接入朝阳教育城域网，实现与教委、公安分局互联互通。同时改进学籍管理（CMIS）数据库系统，完善校舍和设施设备情况、教职工情况、学生在学情况三大基础数据库，确保数据库信息内容准确、及时更新。

（侍媛）

【与昆明市呈贡区政府合作办学】　11月20日，北京青苗国际双语学校和昆明市呈贡区政府举行合作办学签约仪式。依据协议，青苗国际双语学校在昆明市呈贡区开办呈贡青苗国际双语学校。该项目是朝阳区与昆明市系列教育合作交流项目之一，朝阳区50所学校计划与昆明学校开展“手拉手”教育合作交流。

（王静）

【做好学生资助资金拨付工作】　12月，朝阳区教委完成学生资助年度工作，各项补助资金按时拨付到位。全区共资助学生155881人次，总金额3026.78万元。其中，学前教育阶段资助幼儿83人，资助总额26.60万元。义务教育阶段资助152560人次，总金额2496.82万元。普通高中阶段学生资助114人，金额32.67万元。职业高中教育阶段学生资助3124人，金额470.67万元。

（马恬静）

【创新审计工作模式】　至年底，朝阳区教委通过创新审计工作，实现一次入校完成3项审计工作。共全面审计9个学区，涉及91所小学财务收支审计、51校整合资源学校审计、31名校长离任经济责任审计，分别形成不同性质审计报告。同时，朝阳区教委按照“审计全覆盖”指导思想，对拨付至民办学校幼儿园的专项资金开展审计。共审计177个单位4.24亿元资金。审计发现各单位财政资金使用及管理情况较往年有所提高，但是在发票管理、现金使用、政府采购等方面仍然存在问题。

（李庆春）

【接收教育配套学校】　至年底，朝阳区教委接收7所教育配套学校。分别是：东坝单店西村光华木材厂限价商品房项目、南二街限价商品房项目、朝阳新城EF组团项目、太阳宫A区项目、崔各庄京旺家园项目、王四营官庄新村农民回迁安置房及配套设施项目、来广营乡土地储备B1—B3组团项目。7所配套学校占地面积共48750平方米，建筑面积共28647.65平方米，学校规模114个教学班，学位3960个。

（赵影）

学前教育

【概况】　2015年，朝阳区共有幼儿园214所，其中，教育部门办园33所，其他部门办园61所，民办幼儿园120所，开设2555个教学班。幼儿离园15750人、入园27123人、在园66518人。教职工12365人，其中，教师6554人。全区北京市示范园22所，市级早教示范基地68个，一级一类园86所。

（郝晋）

【召开信息管理系统培训会】　3月12日，朝阳区教委召开“2015年学前教育信息管理系统培训会”。会议就幼儿管理及招生、幼儿园考核、数据采集等三大子系统进行全面系统培训，全区各类型注册幼儿园310名信息化负责人参加培训。

（郝晋）

【举办质量评估跟进指导培训】　4月22日，朝阳区教委举办学前教育质量评估跟进指导培训会。会议聘请西城区教研中心学前教育教研室主任、北京市特级教师、北京市名师工作坊导师沈心燕，以“研生、研学，让幼儿成为主动的学习者”为题举办专题培训。全区265所各类型幼儿园业务园长或保教主任参加学习。

（郝晋）

【考核幼儿园发展创新项目】　6月29至30日，朝阳区教委成立考核小组集中考核幼儿园发展创新项目。考核分三组进行，涉及18所幼儿园36个发展创新项目。考核程序包括集中陈述、专家提问、考核小组评价，最后由专家根据各园陈述、答辩以及提交材料综合评价，给出考核结果。

（郝晋）

【启动第二期学前三年行动计划】　9月1日，朝阳区区长办公会通过《朝阳区第二期学前教育3年行动计划（2015—2017年）》。该计划确立未来3年学前教育发展目标、任务及措施。其中，主要任务是提升学前教育质量，为适龄儿童提供“公益普惠、优质多样”的学前教育服务。主要措施：第一，扩充资源，增加学位，努力解决户籍适龄儿童“入园难”问题。第二，调整结构，完善机制，保障各级各类幼儿园正常运转。第三，规范办园行为，鼓励特色办园，促进民办园健康发展。第四，拓宽渠道，创新模式，提高师资队伍专业水平。第五，加强监管，提升质量，促进学前教育内涵发展。

（郝晋）

【参加幼儿教师教育活动展示】　12月，朝阳区教委参加北京市幼儿教师教育活动展示活动。20名参展教师全部获奖，其中，3人获得特等奖，5人获得一等奖，8人获得二等奖，4

人获得三等奖。

（郝晋）

【举办学前教研展示活动】　12月，朝阳区教研中心10个教研组在教育部门办幼儿园分别举办不同领域开放展示活动。参加展示活动的10所幼儿园立足园本特色，围绕各领域研究重点，通过不同形式展示阶段性教研成果。全区幼儿园教师1500人观摩展示活动。

（赵艳玲）

【早期指导项目扩大服务家庭】　至年底，朝阳区"0～6岁儿童社区早期教育指导与服务"项目新增服务家庭19743个。全年使用项目平台家庭累计13万次以上。该项目每周一期更新信息，为新生儿健康和学前儿童家庭教育服务。2012年，朝阳区实施"0～6岁儿童社区早期教育指导与服务"项目。项目的"伴随成长每周一信"彩信，包括营养饮食、护理保健、心智发展等8项内容，为家长提供专业育儿指导。家长可以编写"姓名＋孩子生日"至13611076390短信平台申请开通服务。

（李雪）

基础教育

【概况】　2015年，朝阳区小学86所（不包括40所一贯制学校），教学班3738个，在校生134132人，教职工19660人，其中，专任教师16985人。小学入学率100%，巩固率100%，毕业及格率100%。中学72所（初中20所、高中1所、完全中学11所、九年一贯制学校27所、十二年一贯制学校13所），教学班1791个（初中1328个、高中463个），在校生48216人（初中35500人、高中12716人），教职工9999人，其中，专任教师8684人；初中入学率100%，巩固率100%。工读学校1所，在校生40人，教学班4个。特殊教育学校1所，教学班19个，在校生158人，教职工68人。特教学校、小学附设特教班7所，在校学生243人。全区残疾儿童入学率100%。校外教育单位1个，教职工117人。中小学教师学历合格率100%，高级专业技术职务教师1975人（小学239人、初高中1736人）。教育部门办学校占地总面积3916477平方米，建筑面积2425405平方米，纸质图书藏书752.46万册。全年教育经费总投入717714.88万元，其中，国家拨款711374.91万元，自筹经费6339.97万元。

（张清军）

【新成立两所学校】　1月，朝阳区教委成立北京景山学校朝阳学校。学校属于来广营地区金茂府教育配套学校，九年一贯制，全额拨款事业单位。学校建制36个教学班（初中班12个、小学班24个）。7月，成立北京市陈经纶中学崇实分校，学校属于官庄农民新村教育配套学校，九年一贯制，全额拨款事业单位。学校建制18个教学班（初中班6个、小学班12个）。

（张志达）

【举办高中校长课程领导力论坛】　2月2日，朝阳区教委举办朝阳区普通高中校长课程领导力论坛。论坛主题是"我国基础教育未来发展新特征研究"，北师大教授和区内6所项目学校校长围绕办学定位、培养目标、课程等校长领导力研究中存在问题与困惑作总结汇报。区教委总结报告强调课程改革在促进全区教育内涵发展中作用，特别是在未来5年规划中占据重要地位。区内普通高中校校长30人参加会议。

（王圆圆）

【举办青年教师风采展示活动】　3月14日，朝阳区教育系统首届青年教师风采大赛展示活动在清华附小商务中心区实验小学举办。区内35岁以下青年教师代表参加本次活动，展示活动由"憧憬·梦想""成长·希望""青春·阳光""传承·发扬"四幕串联而成，呈现青年教师成长历程，展示区青年教师的良好师德风貌、精湛专业技能水平。

（郭锐）

【启动"智慧校园"实验校工作】　3月25日，朝阳区"智慧校园"实验校建设项目启动会在朝阳区实验小学召开。该项目以教与学方式变革为核心，以减负提质为根本，进一步推进信息技术在课堂教学中的应用。会议印发《朝阳区信息化建设指导意见》。"智慧校园"实验校共122所。区教委和实验学校代表参加会议。

（张清军）

【开展儿童阅读日主题活动】　4月10日，北京市"激发阅读动力书香伴我成长"专题研讨会暨朝阳区第八届儿童阅读日主题活动在楼梓庄小学举行。活动中，该校展示课内导读课外阅读分享、学生导读与分享、形体阅读等10节不同模式"习作教育"阅读课。"习作教育"充分利用图书馆资源，开发多种阅读课教学模式，探索分级阅读途径，激发学生阅读动力。来自全市122个单位135人参加会议。楼梓庄小学是北京市习作教育实践研究首个小学基地校。

（王鸿雁）

【25所学校入选文化建设示范校】　4月17日，在北京市第二批中小学学校文化建设示范校创建活动总结会上，朝阳区25所中小学被认定为第二批中小学学校文化建设示范校。至此，朝阳区37所学校入选文化建设示范校，占到全市八分之一。

（陈璐）

【举办中学生汉字听写比赛】　4月25日，朝阳区语委办举办"世界读书日"主题活动暨中国汉字听写大会全国巡回赛朝阳区选拔赛。人大附中朝阳学校、陈经纶中学分校等9所学校45名中学生参赛。最终，人大附中朝阳学校、陈经纶中学分校获团体一等奖，并代表朝阳区参加汉字听写大会北京赛区选拔赛。

（韩志波）

【评选中小学优秀主题班会】　4—11月，朝阳区教委在中小学开展主题班会评优活动。经过校级评优、学校推优，小学推出610节，中学推出305节主题班会参评。微型班会中学评出一等奖7个、二等奖19个、三等奖39个；主题班会中学评出一等奖25个、二等奖71个、三等奖94个。微型班会小学一等奖46个、二等奖206个、三等奖318个。

（乔春江）

【评审小学素质教育示范校】　5月13日，朝阳区教委召开第四批小学区级素质教育示范校专家评审会，17所学校参加评审工作。经学校汇报、专家提问，专家打分、集体评议等流程汇总信息，13所学校通过评审。至此，全区共有小学示范校69所。

（乔春江）

【实施阳光校园光伏屋顶发电工程】 6月，朝阳区教委实施阳光校园光伏屋顶发电工程。为垡头小学等14校安装光伏屋顶发电设备。工程总投入1881.17万元，可节约市电用量1881170千瓦时。

（崔屹）

【检查“听课评课记录本”】 7月6—7日，朝阳区教委检查120所小学、直属校和一贯制学校德育干部“听课评课记录本”。经评委会评选，113所学校德育干部“听课评课记录本”被评为优秀。此次评选结果显示：德育干部听评课记录达标完成，三种课型均衡且能够覆盖全学科，听课目的及指导建议针对性强，听课记录真实，但在对听课后给教师提出教学建议方面指导力度不够。

（乔春江）

【评选优秀班主任工作室】 7月7日，朝阳区教委开展小学第三届、中学第一届优秀班主任工作室评选。经学校自主申报、教委初审、复审、专家评议，在全区上报23个班主任工作室中评出20个优秀班主任工作室。

（乔春江）

【7所学校更名】 7月，朝阳区机构编制委员会批准，7所学校更名。其中，小红门中心小学更名为“北京市朝阳实验小学南校”；垂杨柳第四小学更名为“北京市朝阳区垂杨柳中心小学金都杭城分校”；北苑中学更名为“北京市朝阳外国语学校北苑分校”，该校为九年一贯制学校；虎城中学更名为“北京工业大学附属中学英才分校”，该校为九年一贯制学校；枣营中学更名为“北京市第八十中学枣营分校”，该校为九年一贯制学校；中旅附中更名为“北京市日坛中学实验学校”；大望路中学更名为“北京市中央商务区实验学校”。

（张志达）

【32所学校合并】 7月，朝阳区机构编制委员会批准，32所学校合并。其中，垡头中学并入华侨城黄冈中学；垡头小学、垡头二小并入首师大附属朝阳实验小学；肖村小学并入牌坊小学；双桥第一小学并入朝阳区第二实验小学；定福庄第四小学、大黄庄小学并入传媒附小；八里桥小学、瑞祥民族小学并入二外附中，整合后该校为十二年一贯制学校；东坝中心小学并入九十四中朝阳新城分校，整合后该校为九年一贯制学校；慧忠北里第二小学并入安慧里中心小学；安苑北里小学、小关北里小学并入化大附中，整合后该校为十二年一贯制学校；望欣园小学并入陈经纶中学分校，整合后该校为九年一贯制学校；望花路小学并入望京南湖中园小学；驼房营小学并入酒仙桥中心小学；育人学校并入八里庄中心小学；劲松第二小学并入劲松第四小学；劲松第一小学并入垂杨柳中心小学；针织路小学并入呼家楼中心小学；永安里小学、光华路小学并入清华附小CBD实验小学；一一九中并入日坛中学；信工附中并入中科院附属实验学校，整合后该校为十二年一贯制学校；安华里第一小学、安贞里第一小学、安贞里第二小学并入五路居一中，整合后该校为九年一贯制学校；北苑小学并入朝阳外国语学校北苑分校；平乐园小学、沙板庄小学并入工业大学附属中学英才分校；枣营小学并入八十中学枣营分校；大望路小学并入中央商务区实验学校。

（张志达）

【印发义务教育课程设置方案】 8月20日，朝阳区教委印发《北京市朝阳区义务教育课程设置方案（试行）》。该方案从指导思想、课程原则、课程内容、课程安排和课程说明等方面，指导学校以立德树人为核心，通过课程大力培育和践行社会主义核心价值观，传承和弘扬中华优秀传统文化。设置方案明显变化一是突出课程导向性，二是增加课程开放性，三是扩大课程自主性。

（张丽娟）

【调研特殊学生送教上门需求】 9—10月，朝阳区特教中心和区残联针对区特殊学生送教上门教学需求开展入户调研工作。调研通过学生评估、家长访谈、问卷调查方式，全面了解送教上门学生基本情况、残障类型、障碍等级、教育需求，为合理安排送教内容、送教形式、统筹师资队伍管理奠定基础。调研共涉及34个街乡，90名学生。

（韩萍）

【承接远郊区县学生游学项目】 9—12月，中科院附属实验学校和人大附中朝阳学校分别承担“远郊区县学生到城区学校游学项目”。两校共接待密云县7所学校336名学生。密云学生在两所学校游学一周，其间，编班听课、参与社团活动，参观国家博物馆、国家大剧院、天文馆等校外教育基地。游学项目是对北京市义务教育课程实施方案提出10%课时用于开展校内外综合实践活动课程内容之一。

（张清军）

【检查学校课程表作息时间表】 10月23日，朝阳区教委开展义务教育学校课表、作息时间表检查，落实市区义务教育课程设置方案规定和学科改进意见要求。该检查规范学校办学行为，确保学校开齐、开足国家三级课程，完善课程设置监控反馈机制。检查结果显示，153所学校课程设置方案和作息时间表全部符合要求。

（张清军）

【选拔第九批“翱翔计划”学员】 10月，朝阳区教委完成第九批“翱翔计划”学员推荐和选拔工作。学生网上报名共324人，创历史新高，报名方向分布数学与信息科学、物理与地球科学、化学与生命科学、人文与社会科学4个培养领域。经评审，17所普通高中校的24名学生入选第九批“翱翔计划”。

（王圆圆）

【召开名师工作特色展示现场会】 11月13日和17日，朝阳区教委两次召开“做一名幸福的班主任”2015年班主任名师工作特色展示现场会。现场会分别在区教委和北京市润丰学校举行。北京市华侨城黄冈中学朱艳玲（田欣班主任工作室）、北京市求实职业技术

学校张雪梅（权福苗班主任工作室）、北京化大附中许春英（国佳班主任工作室）、北京市陈经纶中学陈旭（赵修瑞班主任工作室）4名班主任分别以“真诚与实干，用爱与示范陪伴学生成长”“用幸福陪伴培养学生的自信，让学生自主发展”“用阅读导航，用责任激励，让学生在希望中成长”“引导学生与自我、与社会、与生活开展深度对话，不断发现更好地自己”为主题，利用报告、访谈、视频等形式展示班主任工作技巧。全区中小学代表620人参加会议。

（乔春江）

【实施义务教育学区化管理】 11月

27日，朝阳区教委召开推进义务教育学区化管理工作启动大会。会议做《关于实行义务教育学区化管理的工作意见（试行）》解读并部署相关工作。会议标志朝阳区义务教育学区化改革启动。义务教育学区化改革主要内容是：构建党政督学研“五位一体”学区治理体系，通过规划区域发展、推进资源共享、统筹教育教学研究、构建特色人才培养体系，实现区域义务教育均衡与优质。朝阳区教委、直属单位、中小学校领导680人参加会议。2014年启动义务教育学区化建设以来，朝阳区通过资源布局调整，初步建立15个义务教育学区。

（张清军）

【成立小海棠青少年传媒学院】 12月

15日，朝阳区教委召开北京市红领巾通讯社朝阳分社年度表彰会暨青少年传媒学院启动仪式，全区红领巾小记者200人参加活动。会议表彰18所北京市红领巾通讯社优秀校园记者站，宣布成立“小海棠青少年传媒学院”。小海棠青少年传媒学院主要任务是带领青少年走进社会，认识与了解社会，在社会舆论阵地中建立属于青少年的根据地，切实服务青少年成长，传递正能量。学院开设新闻基础、视觉传播、语言传播、综合播报四大课程板块，同时定期根据课程内容开展相应实践活动，全市青少年自愿报名参加学院学习。

（张弛）

【评选教育系统各类骨干人员】 12月，朝阳区教委完成2015年度各类骨干人员评选和认定工作。经过基层学校初评、教委评选工作小组办公室审核、学科专家组复评、评审工作小组审议、评选领导小组研究批准，共评选出2015年度区教育系统学科教学骨干人员3489人，班主任骨干人员654人。年内，完成春、秋两季教师资格教育教学能力测试工作，全年参加能力测试人员共计857人，测试成绩合格者655人。

（郝荣利　金萌）

【开展教育教学质量监控活动】 12月，朝阳区教委开展普通高中教育教学质量监控活动。监控内容包括教育教学两个方面，方式为学校前期诊断性监控和教委科室、教研中心随机下校视导相结合。监控覆盖全区30所普通高中校。监控报告显示：各校都能够按照区教委要求，以促进教师专业发展为目的，以诊断和解决教育教学中的实际问题为重点，自查的方式、内容、对象和标准具有较强的针对性和导向性，并且能够自主创新开展自查工作。

（王圆圆）

【举办社会实践挑战赛】 12月，朝阳区教委举办“关注社会，彰显责任，践行核心价值观”主题社会实践挑战赛。挑战赛以志愿服务、生态环保、公益活动、弱势群体帮扶、社会现实问题调查、创业游学为方向，重点突出学生志愿服务和奉献社会精神。全区22所公立普通高中校参加比赛，通过实践报告评选，最终推出一等奖5人，二等奖10人，三等奖21人。

（王圆圆）

【专项检查安保工作】 12月，朝阳区教委开展全区安保工作专项检查，重点是寄宿制学校安保安工作。专项检查小组巡查区内48址寄宿制学校安全情况，其中4所有安全隐患学校被要求限时整改。检查84所学校保安员持“三证”上岗情况，结果显示有个别学校保安存在“三证”不齐、管理不到位问题。抽查79校址中3596个摄像头，逐一梳理监控设施运转不良问题，并限时整改。

（吴桂全）

职业与成人教育

【概况】 2015年，朝阳区职业高中4所，开设专业49个，教学班294个。毕业2975人，招生2513人，在校生7692人。教职工987人，其中，专任教师757人、教辅人员230人。专任教师中，高级专业技术职务教师223人。藏书46.17万册。拥有计算机5069台。固定资产总值88394万元。全区职业高中占地面积337050平方米，产权建筑面积237696平方米。各级各类成人学校1所。其中，北京市朝阳区职工大学设有和平里、和平西街、双龙南里和首都机场4个教学区。设有4个教学系，开设36个专业。教职工127人，其中，专任教师30人。学校学历教育毕业生897人（职大247人、电大650人），在籍生4494人（职大494人、电大4000人）。非学历教育培训25000人次。占地面积34700平方米，产权建筑面积10400平方米。

（李联启）

【评选职业学校校园之星】 1月18日，朝阳区教委举行“践行社会主义核心价值观，做青春出彩职高生”第八届“校园之星”表彰暨明星社团教育展示活动。会议表彰12个区级校园之星和10个明星社团，并进行社团展示活动。区教委和职业学校代表参加会议。

（李联启）

【调整职业高中成人中专招生】 4月，朝阳区教委决定分期分批逐步停止成人中专招生专业。年内停止劲松职高、求实职业学校、电气工程学校18个专业成人中专招生，职业高中成人中专招生专业从52个减少至34个。

（李联启）

【设立职业教育及康复培训实验基地】

5月15日，“北师大特殊教育研究所职业教育及康复培训实验基地”揭牌仪式在朝阳区安华学校举行。朝阳区同北师大特殊教育研究所、北京教科文组织协会共同建设“残疾人职业教育及孤独症儿童康复”实验基地，旨在通过早期干预及职业教育支持，加强残疾学生职业技能和就业能力培养，树立自尊、自信、自立、自强的精神，让残疾人更好地融入社会，实现有尊严、有品质地生活。

（李联启）

【北京市技能大赛获奖】 5月16日，2015年北京市中等职业学校烹饪专业技术技能大赛中，劲松职高取得好成绩。本次比赛设中餐热菜、中餐面点、中餐三个项目，评出一等奖8个、二等奖17个、三等奖25个，来自北京市劲松职业高中、北京市丰台区职业教育中心学校等8所学校共82名选手参加本次大赛，劲松职高参赛的十二名选手全部获奖，其中一等奖3个，二等奖5个，三等奖4个。

（李联启）

【入选市级特色课程特色教材】 6月23日，北京教科院认定北京市劲松职业高中《二十四节气与养生课程教学大纲》等9个课程大纲为北京市社区教育特色课程教学大纲，北京市朝阳区社区学院作《家庭教育系列教材》等17本教材为北京市社区教育特色课程教材。朝阳区获奖教学大纲和教材居全市前列，同时朝阳区教委获优秀组织奖。

（李雪）

【职业院校信息化教学大赛获奖】 9月，朝阳区教委参加北京市职业院校信息化教学大赛获得优秀组织奖，参赛教师获得3个一等奖、7个二等奖。12月，在教育部举办全国职业院校信息化教学大赛中，电气工程学校教师王霖和张燕获得一等奖。

（李联启）

【举办全民学习活动周】 10—11月，朝阳区教委举办“知识启迪心灵，技能创造价值”全民终身学习活动周系列活动。活动开幕式上，朝阳区教委自主研发互联网教育平台“朝阳e学习”APP上线运行。活动周期间，全区举办社区教育工作者培训、成语竞赛，各街乡举办学习、研讨、专题报告等活动，全区共举办学习活动近450场，累计参与3万人次。

（李雪）

【举办成语文化龙门阵竞赛】 11月8日，朝阳区教委、区语委办公室和区社区教育领导小组办公室联合举办第二届“老少共圆中国梦——成语文化龙门阵竞赛”。比赛以家庭为单位，体现老少同台、学习成语、传承文化的特点。经各街乡、学校推荐，51支代表队参加复赛，6支队伍进入决赛。决赛还特别邀请东城区、西城区代表队参加。最终比赛评出特等奖和一至三等奖。

（韩志波）

【验收中职精品课程建设】 12月，朝阳区教委完成中职精品课程建设评审验收工作。验收采用专家网上评审和现场评审两种形式，验收16门中职精品课程。经过专家评审，16门中职精品课程全部通过评审。此项工作2014年启动，通过实施教学文件准备、教学方案设计、教学资源开发、课程教学实施、课程网络发布、评审答辩，形成16门课程。

（赵艳玲）

教育督导

【概况】 2015年，朝阳区政府教育督导室有专职督学21人，兼职督学146人，督政兼职督学25人。主要负责对区内幼儿园、中小学、职业高中、成人教育等各类学校的办学方向、管理水平和教育质量进行监督、检查、评估和指导；对区有关委办局、街道办事处和地区（乡）落实教育法律法规职责和实施素质教育目标责任落实情况进行监督检查；对区有关行政部门领导和管理教育工作情况实施督导；对教育工作中重大问题进行调查研究，提出意见和建议。

（苏纪玲）

【通过义务教育均衡发展国家级验收】

4月28日，国家教育督导检查组领导和专家检查验收朝阳区义务教育均衡发展情况。检查组听取区政府推进义务教育均衡发展情况工作报告，通过观看区义务教育均衡发展专题片、查阅档案资料、召开座谈会等全面检查义务教育均衡发展工作。检查组对朝阳区推进义务教育均衡发展工作给予高度评价，认定朝阳区高质量通过国家级验收。

（苏纪玲）

【市区联合督导师资队伍建设】 6月9日，市教育督导室联合朝阳区教育督导室，专项督导劲松职业高中师资队伍建设。督评组听取学校关于师资队伍建设工作汇报，深入课堂听课，查阅相关文档材料，进行教师和学生座谈。督导组认为劲松职业高中重视师资队伍建设，师资结构合理、考评机制完善、双师队伍建设成效显著，也存在专业师资后备力量略显不足问题。这是朝阳区首次实施市区联合专项督导。

（苏纪玲）

【成立教育质量评价研究中心】 6月15日，朝阳区教育督导与教育质量评价研究中心成立。其主要职责是：研究教育督导与教育监测评价理论，为相关部门提供理论和信息咨询服务；研究开发教育质量监控、评价标准与工具，参与教育督导与质量评价工作，承担区政府教育督导室委托建立和管理维护朝阳教育督导与教育评价相关数据库等工作。该中心共有专职督学12人。

（苏纪玲）

【启动第四轮素质教育综合督导】 7

月7日，朝阳区教育督导室召开朝阳区普通中小学校全面实施素质教育第四轮综合督导启动大会。会议部署第四轮综合督导工作，提出运用信息化平台提高督导工作实效性、针对性和便捷性工作思路。第四轮综合督导工作为期5年，涉及学校154所。11月2—3日，朝阳区教育督导室分别对劲松三小和劲松一中全面实施素质教育情况进行督导试评。

（王茜）

【调研街道素质教育工作】 11月10—13日，朝阳区教育督导室调研大屯街道、三里屯街道、东湖街道和麦子店街道落实素质教育责任情况。调研人员与街道领导和相关科室成员交流研讨，提出深化落实素质教育工作意见和建议。调研过程中，督评组人员还实地考察大屯街道邻里中心、三里屯街道文化服务中心、东湖街道望京西园社区、麦子店街道国际社区服务中心、枣北社区服务中心。

（苏纪玲）

【接受北京市校外教育专项督导工作】 11月25日，北京市校外教育评估组专项督导检查朝阳区校外教育工作。评估组听取朝阳区《发挥区域优势，构建资源网络大力推动朝阳校外教育发展》工作汇报，召开相关委办局、教委科室、校外教育机构、中小学校长4个座谈会，分三组实地考察区劲松四小、陈经纶中学保利分校、芳草地教辅中心。评估组对朝阳校外教育工作给予充分肯定。

（苏纪玲）

【完成街乡教育责任督导考核】 12月15—28日，朝阳区教育督导室完成街道、地区（乡）督导考核评价年度工作。其中，街道办事处督导考核采取审阅报告、网上查阅档案、教委科室评价和督导室日常考核评价相结合方式收集督导评价信息。地区（乡镇）督导考核突出重点指标落实情况评价，增加分6个片区听取汇报并实地考察等考核环节，最终形成督导考核结果和考核回复意见。

（苏纪玲）

【完成职业高中素质教育综合督导】 12月，朝阳区教育督导室完成第二轮职业高中全面实施素质教育综合督导。督导室创新本轮综合督导方法，将综合督导任务与日常专项督导工作整合，变终结性督导为发展性督导，采取听课、听取汇报、查阅档案材料等方式全面收集信息，形成书面督导回复意见。第二轮综合督导工作共督导4所职业高中。2014年9月，北京市启动第二轮职业院校全面实施素质教育督导评价工作。

（苏纪玲）

中共朝阳区委教育工委

书　　记　周炜

朝阳区教育委员会

主　　任　孙其军（7月免）
　　　　　肖汶（8月任）

朝阳区政府教育督导室

主　　任　王世元

丰　　台　　区

总　　类

【学生社团建设实现突破】 4月2日，丰台区教委召开金鹏科技团、金帆艺术团命名大会。翠林小学舞蹈团被市教委命名为金帆艺术团，东高地三小科技团被命名为金鹏科技团。至此，丰台区金帆艺术团承办校5所，金鹏科技团承办校4所。

（杨采芳）

【举办网络文明主题团日】 5月4日，

丰台区教委举办纪念“五四”运动96周年“争做向上向善好青年，争做文明守法好网民”主题团日活动。活动首先由6名青年教师与6名学生发表网络文明演讲，随后任命校长小助理，团中央书记处代表为10名校长小助理颁发绶带。会议还邀请中国青年五四奖章代表作《发扬五四精神做向上向善好青年报告》。团中央书记处、市志愿服务指导中心、丰台区委等领导，芳星园中学全体师生400人参加活动。

（黄菊）

【制定义务教育均衡发展整改措施】 7月6日，丰台区教委根据教育部义务教育均衡发展专家督导组评估意见，制定义务教育均衡发展整改措施。针对学校布局、学科教师配备、教师培训及经费等方面存在的问题，区教委提出进一步促进义务教育优质均衡三大举措。一是合理布局，加强资源统筹，持续扩大优质教育资源规模，满足人民群众就近上好学的愿望；二是加大教师培训力度，整体优化教师结构，盘活区域教育资源，推动教育优质均衡发展；三是推进招生考试制度改革，促进学校内涵发展，全面提升教育质量。

（孙峰）

【推动养老金并轨改革】 8—12月，丰台区教委完成事业单位养老金并轨改革前各项津贴补贴情况调查统计和工资调整工作，工作包括调整工资标准和养老保险并轨改革培训、基层报表审核、个人入档表格填写以及更换。教育系统在职职工11911人纳入工资调整和养老并轨改革，自2014年10月缴纳个人养老保险，共补缴养老保险金11723万元。退休人员8098人、离休人员90人同时参加工资调整和养老并轨改革，分别补发2996万元和51万元。

（林宇）

【获评全国少先队优秀】 10月，共青团中央、教育部、全国少工委表彰300名全国优秀少先队员，297名全国优秀少先队辅导员，398个全国优秀少先队大、中队集体，丰台区获得4项表彰。其中，十八中附属实验小学少先队大队、丰台第一小学三（2）汽博中队、舞蹈学院附中丰台实验小学大队辅导员胡春凝、北大附小丰台分校少先队员季文俊，被授予全国优秀少先队集体、全国优秀少先队辅导员、全国优秀少先队员称号。

（李晓季）

【开展宪法系列宣传活动】 10—12月，丰台区委教育工委、区教委开展教育系统“增强宪法意识，弘扬宪法精神”系列宣传活动。活动包括发放宪法字帖、模拟法庭展示、宪法征文演讲比赛、宪法书画大赛。活动得到学校积极响应，共报送作品200余件。12月3日，区委教育工委、区教委举办丰台区教育系统2015年宪法系列宣传活动颁奖仪式暨成果展示。各中小学法制联络员及获奖学校、学生、教师代表参加活动。

（张晓莞）

【完成两委一室编制调整】 11月6日，丰台区委教育工委、区教委召开教委机关和直属单位全体会，宣布区委教育工委、区教委、区政府教育督导室主要职责、机关内设机构和人员编制调整方案。调整后区委教育工委、区教委有16个内设机构以及机关党委、教育工会、团工委（少工委办公室），督导室下设2个内设机构。其中，增设机构2个：教育督导室下设督政综合科、督学科。合并机构3个：合并区教委办公室、区委教育工委办公室，成立两委办公室；合并团工委、少工委，成立团工委（少工委办公室）；合并人事科、师训科，成立人事科。更名和职能调整机构3个：小教科更名为基础教育一科；中教科更名为基础教育二科；机关党总支升格为机关党委。调整后编制总数、科级职数均不变，两委一室行政编制93人，其中正科级职数23人，副科级职数8人。

（杨璐）

【与保定教育局协同发展合作】 12月24日，丰台区教委与保定市教育局签署推进职业教育协同发展框架协议书，丰台区职教中心学校与阜平县职业技术教育中心签署“电子商务人才培养”项目合作协议，并进行互开分校的授牌仪式。两地将发挥各自资源优势，在产业、人才、科技、创新发展空间和合作平台方面，开展全方位、宽领域和多层次的区域合作。丰台区将从资金、智力、技术和资源方面服务和支持阜平经济发展和脱贫工作。双方通过校际之间的合作和交流，依靠丰台区职教中心学校师资优势，为阜平县培养一批急需的电子商务人才。

（林京秋）

【扩大优质教育资源】 至年底，丰台区教委坚持以优质教育资源的重组和整合为切入点，继续采取布局调整、资源整合策略，内升外引、优质发展，集群集团、机制推进，内涵发展、质量提升四大策略和调整招生政策等方式扩大优质教育资源的覆盖面和供给量。全年完成十二中、十八中、丰台八中、丰台一小、丰台五小、芳古园小学、西罗园五小、东高地三小8所区内优质学校集团化办学进程，完成15个教育集团的挂牌工作。至年底，通过区内名校集团化办学方式扩大优质教育资源共涉及24所学校58址。

（樊凌）

【接收3所小区配套学校及幼儿园】

至年底，丰台区教委共接收3所小区配套建设的学校及幼儿园的产权。分别是：张仪村西城定向安置房项目配套幼儿园一所；张仪村西城定向安置房项目配套九年一贯制学校一所；福海棠华苑配套幼儿园一所。

（高娟）

学前教育

【概况】 2015年，丰台区托幼园139所，其中，教育部门办27所，集体办园31所，民办57所，其他部门办园24所。离园幼儿11092人，入园幼儿14219人，在园幼儿41724人。教职工6476人，其中，专任教师3521人；学前三年教育普及率100%。全区北京市一级一类幼儿园49所。

（陶慧贤）

【新增3所市级示范园】 4月23—30

日，育英幼儿园、丰台第六幼儿园、西罗园幼儿园迎接北京市验收组验收。3所园在园所管理、教育质量、卫生保健工作方面达到示范幼儿园标准，

被认定为北京市示范幼儿园。至此，丰台区有北京市示范幼儿园 15 所。

（李艳红）

【新增 1 所一级一类幼儿园】 5 月 28 日，榆树庄艺术幼儿园晓月分园迎接丰台区验收组验收。幼儿园在园所管理、教育质量、卫生保健工作方面达到北京市一级一类幼儿园标准，被认定为北京市一级一类幼儿园。

（李艳红）

【举办“创新杯”教学活动设计赛】 10 月 30 日，丰台区教委、教育学院丰台分院举办第二届“创新杯”教学活动设计赛。比赛分东片、中片、西片三组进行。全区 62 名市、区骨干教师参加比赛，每人参赛评比时间总计 8 分钟，其中，教学设计说明 5 分钟，说课模拟教学片段 3 分钟。最终，评出一等奖 18 人，二等奖 18 人，三等奖 8 人。

（宗文革）

【教育活动获奖】 10—11 月，丰台区 11 名教师参加“北京市教育活动评优”活动，全部获奖。其中，2 人获得特等奖，3 人获得一等奖，3 人获得二等奖，3 人获得三等奖。

（李艳红）

【召开丰台二幼办学研讨会】 12 月 9 日，丰台区委教育工委、区教委召开丰台第二幼儿园办学实践研讨会。研讨会全面展示丰台二幼在园本课程设置、区域活动组织、幼儿园室内外设计、园所管理文化、家园共育方面取得的经验，交流丰台二幼的至乐教育文化理念。丰台二幼在 28 年的办学实践过程中，创设美好开放的园所环境、建设乐学有爱的教师队伍，形成互助共生的家园体系，创建“关注生命，立足生长，源于生活，富有生趣”园本课程，并以此为载体培养幼儿健全的心智、良好的学习品质和积极的生活方式。来自全国 200 名幼儿园园长参加会议。丰台二幼办学实践研讨会是丰台区“十二五”期间重点打造的 14 场办学实践研讨会的收官之作。14 场办学实践研讨会分别为：丰台五小（2011 年）、首师大附属丽泽中学（2012 年）、丰师附小（2013 年）、芳古园小学（2013 年）、丰台一幼（2013 年）、职教中心校（2013 年）、草桥小学（2014 年）、赵登禹学校（2014 年）、丰台区青少年活动中心（2014 年）、方庄二幼（2014 年）、方庄三幼（2014 年）、新发地小学（2015 年）、长辛店学校（2015 年）、丰台二幼（2015 年）。

（杨璐）

基础教育

【概况】 2015 年，丰台区小学 77 所，教学班 2028 个，毕业 9435 人，招生 10505 人，在校生 69114 人，在校生中，北京市户籍学生 30206 人；教职工 4824 人，其中，专任教师 4214 人；小学入学率 100%，巩固率 100%，毕业及格率 100%。中学 46 所（初中 14 所、高中 4 所、完中 12 所、一贯制学校 16 所），教学班 921 个（初中 639 个、高中 282 个），毕业 8042 人（初中 5511 人、高中 2531 人），招生 9100 人（初中 6488 人、高中 2612 人），在校生 28000 人（初中 20030 人、高中 7970 人）；在校生中，北京市户籍学生 17148 人（初中 9882 人、高中 7266 人）；初中入学率 100%，巩固率 100%，毕业合格率 99.87%，高中入学率 94.02%；教职工 5424 人，其中，专任教师 4097 人。特殊学校 1 所，13 个教学班，招生 20 人，在校生 160 人，教职工 37 人，其中，专任教师 33 人。特殊教育残疾儿童入学率 97.6%，巩固率 100%，毕业率 100%。校外教育单位 4 个，教职工 263 人，其中，专任教师 199 人。全区中小学专任教师学历合格率 100%，特级教师 50 人（全部为中学教师），高级专业技术职务教师 1126 人（小学 50 人、初中 580 人、高中 496 人）。中小学占地面积 198.87 万平方米，建筑面积 114.38 万平方米，图书馆藏书 414.33 万册，固定资产总值 224646.94 万元。2015 年全年教育投入 416239 万元（含职业教育 20714 万元、成人教育 2841 万元），其中，国家拨款 404934 万元，自筹经费 11305 万元。

（陶慧贤）

【编制中小学生游学导览手册】 3—9 月，丰台区教委编制《丰台区中小学生游学导览手册》（第一册）。手册系统介绍社会大课堂课程资源，为学校集体组织、学生个体开展学科教学、研究性学习、社区服务和社会实践活动提供资源支撑，引导学生从活动主题、活动目标、活动内容、活动评价方面深入学习，并对学习效果进行更为生动和全面的评价。第一册内容涉及北京市档案馆、世界花卉大观园、丰台科技馆、北京汽车博物馆、中国园林博物馆五家资源单位，发放至全区中小学所有班级。

（刘建）

【实施优秀传统文化教育项目】 5 月 21 日，丰台区中学中华优秀传统文化教育项目在丰台二中启动。项目由丰台区教委组织实施。具体内容是以弘扬中华优秀传统文化，推动中华优秀传统文化教育教学实践为宗旨，融传统文化教育于学科教学和校园文化中，探索当前教育背景下中华优秀传统文化教育区域模式，提高中学教育管理者、骨干教师、学生的传统文化素养。丰台区参与项目学校共 12 所。

（余琴）

【举办体育学科信息化教学研讨课】 6 月 24—25 日，教育学院丰台分院举办“体育学科信息化教学”研讨课。研讨课通过心率曲线随时观察学生的心率情况，判断学生的运动量是否适中，通过“间歇性训练法”，教会学生自己控制自己的心率，将运动强度保持在适当的水平上，最终树立“终身体育”“健康体育”的观念。课程在信息化手段的使用上，采用三种方法。一是学生佩戴心率带、心率表，搜集、整理、调整、反馈学生运动心率信息。第二，随时记录学生心率值，利用软件生成运动心率曲线图，展现学习训练效果。第三，基于校园无线网络平台实时传输学生活动过程，教师纠正指导动作。

（王恩）

【召开生态教育专题研讨会】　7月14日，丰台区教委召开“十三五”时期构建和谐教育生态专题研讨会。会议举办“教育生态理论及其实践指向”专题培训，交流教育生态有关理论和实践经验。会议提出要以各个学校发展为基础，促进集群的发展；集群之间不仅有资源共享，更要实现学校、集群、全区教育三个层次的文化传承。北京教科院、区教委领导和相关科室、部门负责人，基层学校校长代表等40人参加会议。

（陶慧贤）

【实施小学“课程计划研究项目”】　9月25日，丰台区教委、区教科所召开“丰台区小学落实北京市课程计划项目研究”启动会。该项目以项目研究为带动，引导干部教师通过课程开发实践来提升课程意识，提高课程开发建设力，促进区、校课程建设的整体发展。丰台一小、丰台五小、北京教科院丰台实验小学、北京小学万年花城分校、新发地小学、纪家庙小学、长辛店中心小学7所学校参与项目研究。

（李冉）

【研讨百年老校文化建设】　9月29日，丰台区教委在首经贸附小召开“百年老校文化建设与提升项目”研讨会。年初，丰台区引入高校资源和社会资源，共同开展“丰台区百年老校文化建设与提升工程”项目。项目校包括铁十一小、纪家庙小学、卢沟桥一小、扶轮小学、看丹小学、长辛店一中、首经贸附小、六圈小学、十二中、南苑一小、长辛店一小11所学校。项目旨在充分挖掘百年老校的文化内涵，积极引领各校总结自己的办学思想、办学理念，实现百年文化的传承、创新和发展。

（李冉）

【推进中小学文化建设】　10月27日，丰台区教委召开中小学学校文化建设推进会。会议邀请北京教育学院《学校文化建设的解构与建构》主题讲座，听取丰台八小，清华附中丰台学校文化建设经验，观摩清华附中丰台学校传统文化展示。北京教育学院、区教委领导和全区中小学校长130人参加会议。

（余琴）

【交流社会主义核心价值观项目成果】　11月27日，丰台区教委、区教科所举办“践行社会主义核心价值观，融入学校教育教学全过程”交流展示活动。活动分为两个部分：第一部分是课堂教学展示，通过三节课和一节班会展示芳城园小学将社会主义核心价值观融入课堂的情况；第二部分是主题交流，听取芳城园小学践行社会主义核心价值观工作经验，交流教学故事。北京教科院、丰台区教委领导，以及丰台区小学德育干部90人参加展示交流会。

（简作军）

【展示综合实践活动课程】　12月4日，北京教科院、丰台区教委召开“每一个生命独特绽放”主题研讨会，推广“学科+”综合实践活动课程。会议通过课堂展示交流丰台五小等3所学校课程建设成果。其中包括语文与传统文化相融合的“走进月文化，古今共婵娟”课程，数学与实践探究相融合的“测量开放空间的长和宽”等。会议听取北京教科院丰台实验小学“每个生命独特绽放”课程体系报告。一是基于学科的“学科+”实践活动课程，更加注重学科性及学科能力的培养；二是基于主题的“学科+”实践活动课程，取消学科概念，

将所有学科内容整合到新的学习领域，形成探究主题。北京教科院、区教委、北师大领导和专家，丰台区小学代表200人参加会议。

（李冉）

【通过学校卫生防病规划终期考评】　12月9日，丰台区教委通过市教委、市卫计委《北京市中小学校卫生防病工作规划（2011—2015）》工作终期考评。丰台区为迎接终期考评总结整理5年以来的学校卫生工作经验和成果。2011年丰台区体卫中心和区疾控中心积极推动保护视力，健康体重专项行动，联合举办由全区中小学生参加的“保护视力从我做起”眼保健操大赛，推进课桌椅调试指导转盘的使用，配合区教委完成1万套小学低年级标准课桌椅配备工作，全区小学低年级课桌椅符合率得到显著提高。2013年起，丰台区实施学生肥胖干预项目试点工作，并在全区各学校逐步推广。

（李爱军）

【继续调整教育布局】　12月18日，丰台区教委通报年度学校教育布局调整情况。其中，撤并学校4所。一是南苑第四小学撤并到东高地第三小学，办学地址不变。二是蒲黄榆第三小学撤并到芳古园小学，办学地址不变。三是西罗园第四小学撤并到西罗园第五小学，办学地址不变。四是丰台区实验小学撤并到北京市丰台区丰台第五小学，办学地址不变。设立学校9所，分别是：北京教科院丰台学校（九年一贯制学校）、十二中学附属实验小学、丰台第二中学附属实验小学、十八中学附属实验小学、一诺童话幼儿园（民办）、乐嘟嘟实验幼儿园（民办）、丰台区二十一世纪实验幼儿园（民办）、星空俊才实验艺术幼儿园（民办）、东方剑桥顶秀欣园幼儿园（民办）。变更学校名称13所：丰台区王佐学校，更名为中央民族大学附属中学丰台实验学校；教育学院丰台附属实验学校，更名为北京教育学院附属丰台实验学校；洋桥学校更名为十二中洋桥学校；丰台路中学更名为北京教育学院附属丰台实验学校分校；左安门中学更名为十八中左安门分校；万柳园小学更名为丰台第五小学万柳分校；长辛店第九小学

更名为丰台一小长辛店分校；丰台区六圈小学更名为丰台八中附属小学；石榴庄小学更名为北京教科院丰台第二实验小学；南宫中心小学更名为北大附属小学丰台分校；翠林小学更名为北京舞蹈学院附中丰台实验小学；六里桥小学更名为海淀区实验小学丰台分校；丰台区教育科学研究所更名为丰台区教育科学研究院。

（陶慧贤）

【推广科研成果】　12月22日，丰台

区教科所在赵登禹中学召开第15届科研成果推广会。会议宣读表彰决定，表彰一等奖8项、二等奖31项、三等奖70项、表扬奖83项。会议交流学校研究成果，对科研工作提出新的要求，希望各校将科研工作纳入“十三五”校本研训计划。区教科所领导和幼儿园、小学、中学科研负责人及十五届科研成果获奖者180人参加会议。

（王红燕）

【总结小学生阅读素养培养成果】　12月24日，丰台区教委召开“提高小学生阅读素养项目”总结交流会。会上，10所项目学校交流项目进展情况。该项目年初启动，主要内容包含两个方面，一个是社会资源合作单位根据学校需要，站在专业的角度帮助、指导学校选定图书，并在规定时间内配备到位，另一方面是以学校为主体，社会资源合作单位提供资源帮助学校开展活动。丰体时代小学、十八中附小、丰台二小、看丹小学、阳春小学、靛厂小学、西马金润小学、丰台七小、北京小学万年花城分校、长辛店一小10所学校参与项目。

（李冉）

【加强薄弱校教师队伍建设】　至年底，丰台区教委推进“牵手工程”和“蒲公英工程”，加强薄弱校教师队伍建设。全年16对学校签署校际合作协议书，16名骨干教师到农村校或基础薄弱校全职支教一年。2013年区教委实施“牵手工程”和“蒲公英工程”。“牵手工程”即建立校际之间教师交流平台。市区级示范校、素质教育优质校要与1～2所农村校和基础薄弱学校结成对子，开展对口支援工作。“蒲公英工程”即建立骨干教师流动支教平台，发挥特级教师、市级学科带头人、市区校级骨干教师的引领辐射作用，组织部分城镇校的特级教师、市级学科带头人、市区校级骨干教师到农村校和基础薄弱学校全职支教一年，支持所在学校开展教师队伍建设。

（林宇）

职业与成人教育

【概况】　2015年，丰台区职业高中5所，开设专业24个，教学班119个。毕业1473人，招生862人，完成招生计划51.84%，在校生2970人。教职工646人，其中，专任教师395人。专任教师学历合格率93.42%，高级专业技术职务84人。学校占地面积125939平方米，学校建筑面积74477.3平方米，图书馆藏书129405册，电子图书314GB，固定资产总值20884.33万元。全区各级各类成人学校8所。其中，成人高校（社区学院）1所，开设27个专业，毕业346人，招生443人，在校生1427人。教职工89人，其中，专任教师68人。乡办成人校1所。社会力量办学单位194所，全年培训136628人，教职工7256人，其中，专任教师3229人。

（陶慧贤）

【评选市民学习之星】　4月8日，丰台区启动第六届首都市民学习之星评选工作。评选采取个人自荐、社会举荐、组织推荐三种形式，全区各行业系统、各街道（乡镇）在单位内部初选，共上报参评人员18人。经区建设学习型城区工作领导小组办公室评审专家组评审，推选13人代表丰台区参加北京市第六届首都市民学习之星的评选工作。11月，丰台区4人被北京市建设学习型城市领导小组批准为第六届首都市民学习之星。

（林京秋）

【召开职业教育改革与实践研讨会】　4月16日，教育学院丰台分院召开关于中等职业教育改革与发展的思考研讨会。研讨会以职业院校人才培养的转型升级为主题，分为交流研讨和专题报告会两个环节。市教委、区教委领导，以及丰台区职业学校教师、教研员200人参加会议。

（王恩）

【首次评选学习中心示范点】　4月，丰台区建设学习型城区工作领导小组办公室评选首批“市民学习中心示范点”。依据《丰台区“市民学习中心示范点”项目建设方案》，市开放大学、区级专家及相关单位组成丰台区“市民学习中心示范点”建设项目评审专家组。专家组利用《丰台区市民学习中心示范点评估指标体系分值表》，现场评估21个申报单位，经评估，马家堡街道等10个单位入选丰台区首批“市民学习中心示范点”。

（林京秋）

【举办信息化教学比赛】　4—6月，

教育学院丰台分院举办2015年“丰台区职教系统信息化教学比赛”。教学比赛分为信息化教学设计、信息化课堂教学实录课两类。其中，教学设计竞赛包括预赛和区级比赛两个环节。预赛为教学设计评选，19组选手参加比赛。区级比赛为教学说课大赛，经预赛，9组教师参加比赛，分属中职数学、英语、德育、计算机基础、学前教育和公共艺术学科。通过比赛，4组信息化教学设计与3组信息化课堂教学实录课代表丰台区参加北京市的中职学校信息化教学大赛。

（王恩）

【举办“建设美丽丰台”主题教育】 5—11月，丰台区建设学习型城区工作领导小组办公室在全区21个街乡镇组织开展“实施文化工程，建设美丽丰台”主题教育。活动包括四个子项目活动，分别是“美丽丰台健康生活”“志愿奉献美丽生活”“携手共建美丽校园”“美丽丰台美丽人生”。各街乡镇、社区村通过组织健康大讲堂、志愿者服务风采、共建校园特色文化及主题教育视频制作等形式开展活动，全区21个街乡共进行66项次子项目活动。

（林京秋）

【举办“师慧杯”教学技能竞赛】 12月24日，丰台职业教育第六届“师慧杯”教师教学技能竞赛决赛结束。竞赛2014年启动，经过学校初赛、区级复赛，15名教师参加公共基础课程和专业课程两组决赛。12月5日公共基础课程组7名教师参加决赛，参赛教师现场展示教学片段并答评委询问。专业课程组决赛是由参赛教师在专业教室或实训基地给专业学生上一节贯穿理实一体教学理念的专业课程，课后进行答辩。最终，15名教师获奖。

（刘小强）

教育督导

【概况】 2015年，丰台区政府教育督导室推进管办评分离综合改革，深化督导体制改革，内部首次设立督政综合科、督学科，公务员编制4人。成立丰台区教育督导与教育质量评估监测中心，人员编制由丰台教科所管理，到岗13人。划设8个督学责任区，每个责任区设置1名专职督学任站长。落实中小学校责任督学挂牌督导工作，为109所中小学聘任10名专职、17名兼职挂牌责任督学。

（徐晶）

【成立教育督导中心】 3月3日，丰台区教育督导室召开“丰台区教育督导与教育质量评估监测中心”成立暨新任挂牌责任督学颁牌大会。评估监测中心主要承担督学责任区管理、经常性督导和教育质量评估监测研究相关工作，设立督学工作室和督学评估室，其人员编制由区教科所管理。会议还为新聘任的27名中小学挂牌责任督学颁发聘书和标牌。区委教育工委、区教委、区教育督导室领导，全区中小学校长及相关科室部门负责人150人参加会议。

（徐晶）

【通过国家义务教育均衡发展评估】

4月29日，丰台区接受国家教育部义务教育均衡发展专家督导组评估。评估组由国家督学6人组成。在听取丰台区汇报，观看义务教育均衡发展专题片后，评估组查阅相关资料253盒，考察15所中小学。评估组对丰台区实施教育集群发展，实现优质教育资源实质性扩大、深化教育综合改革、促进义务教育均衡发展的探索和实践予以充分肯定。经过评估组认真考核考察，丰台区被教育部认定为基本达到义务教育均衡发展区（县）。

（孙峰）

【完成义务教育阶段质量监测工作】 6月18日，丰台区20所样本校600名学生、20名校长和202名教师接受2015年国家义务教育质量监测。监测对象为2014至2015学年度的四年级和八年级学生（不含特教学校的学生），样本校校长及2014—2015学年度四年级和八年级的数学、体育和班主任教师。监测内容是义务教育阶段学生数学学业质量、体育与健康状况，以及课程开设、条件保障、教师配备、学科教学和学校管理等相关影响因素。丰台区是2015年国家质量监测的样本区。

（徐晶）

【完成义务教育学校绩效考核工作】 9月，丰台区教育督导室完成义务教育学校绩效考核工作。经学校自评及科室评价，考核领导小组研究决定，年度绩效考核良好等次学校35所，其中，中学11所，小学24所。本年义务教育学校绩效考核指标体系在《丰台区2014年义务教育学校考核评价指标体系》基础上进行调整。

（徐晶）

【首次开展中小学体育工作专项督导】 10—12月，丰台区教育督导室首次开展中小学体育工作专项督导。督导涉及全区109所中小学校，督导重点涉及体育工作及三年行动计划落实情况。通过听取汇报、查阅资料、教师座谈等督导途径，督导组收集各类信息，形成丰台区体育工作专项督导报告。督导报告认为，丰台区学校体育工作机制完善，体育制度健全，重视教师发展，狠抓课堂实效，重视体育课程建设，开发多彩体育活动，重视学生体质健康，建立家校联动机制，注重课题引领，探索有效策略，突出特色打造，创建体育品牌。全区学生体质健康水平还有较大提升空间，师资队伍建设、课堂教学管理、课程开发品质、体育设施配置方面还需进一步完善。

（徐晶）

【随访督导校外教育机构】 11月4—5日，丰台区教育督导室会同区教委组成随访督导小组，随访督导东高地科技馆、劳技中心、青少年活动中心、云岗青少年科技站区属四家校外教育机构。督导重点了解各校外教育机构全面实施素质教育情况、培育践行社会主义核心价值观情况以及迎接北京市校外教育专项督导准备情况。随访督导小组通过听取校外教育机构负责人工作汇报及查看办学条件和教学活动情况，收集信息，以随访督导记录表形式，向被督导单位分别反馈督导意见，并综合整理各校外教育机构情况，形成“丰台区校外教育机构随访督导报告”。

（徐晶）

【设立督政综合科督学科】 11月6日，丰台区教委机关全体会解读机关内设机构调整方案，宣布区教育督导室设立督政综合科、督学科。督政综合科负责全区督政工作及督导室综合工作，督学科负责全区督学工作。

（徐晶）

【完成中小学教育满意度调查】 11月26日，丰台区教育督导室召开丰台区2015年学校教育满意度调查工作总结会。本年调查工作共安排专兼职督学30人参加，发放问卷总数10855份，回收有效问卷总数10753份，有效回收率99.1%。工作满意度总体得分87.5分，为比较满意水平。各学段得分情况，小学得分89.3分，初中得分85.1分，普通高中得分77.8分。丰台区学校总体、小学、初中、普通高中的满意度得分均高于比较满意水平（75分），其中小学得分最高，高于比较满意水平14.3分。2011—2015年丰台区学校总体、小学、初中、普通高中满意度得分基本呈逐年提高趋势。与2014年相比，学校总体、小学、初中得分提高幅度最大，均提高2.6分。全区中小学校主管校长、专职督学等110人参加会议。

（徐晶）

【开展校企合作专项督导】 11月26日，丰台区教育督导室联合市政府教育督导室专项督导丰台区职业教育中心学校校企合作工作。督导组通过参观校区、听取校长汇报、查阅资料与相关企业代表座谈，检查学校产教融合、校企合作开展情况，全面了解学校有关工学结合的办学思想、理念、制度及实施效果。督导组对校企合作工作给予高度肯定，并就发展方向提出建议。

（徐晶）

中共丰台区委教育工委

书　记　宋金忠（4月免）
　　　　狄涛（4月任）

丰台区教育委员会

主　任　张立新（11月免）
　　　　张洋（11月任）

丰台区政府教育督导室

主　任　狄涛

石　景　山　区

总　类

【召开德育工作大会】 1月16日，

石景山区教委召开德育工作大会。会议发布德育工作总报告，并从“以社会主义核心价值观为引领，以法治教育为依托，以规范管理为抓手，以德育课程为载体，以队伍建设为支持，以德育科研为引领，以多方协同为助力，以评价展示为激励”八方面部署下一步全区德育工作思路和主要任务。会议表彰8名区级“首席班主任”、11名区级“十佳班主任”、43个区级“优秀年级组”、27名区级“资深班主任”、88名区级“优秀班主任”、54名区级“学生喜爱的班主任”、43名区级“优秀导师”、100名区级“德育先进工作者”。全区教育工作者代表120人参加会议。

（金清苗）

【入选可持续发展教育国家实验区】

1月28日，石景山区举行第三期可持续发展教育专家工作室结题会暨可持续发展教育国家实验区授牌仪式。会议总结、部署石景山区推进可持续发展教育工作，九中、首师大附属苹果园中学、高井中学、六一小学交流可持续发展工作经验。会议发布《全面推进石景山区可持续发展教育国家实验区建设行动计划（2015—2020）》，为“中国可持续发展教育国家实验区”“石景山可持续发展教育专家工作室”授牌。区教委领导和中小学代表100余人参加会议。2015年1月，石景山区被中国联合国教科文组织全国委员会授予“中国可持续发展教育国家实验区”称号。

（富然）

【交流可持续发展教育经验】 3月27日，石景山区教委召开第四期可持续发展教育专家工作室启动会暨可持续发展教育实验学校经验交流会。会议解读《全面推进石景山区可持续发展教育国家实验区建设行动计划（2015—2020年）》，进行第四期专家工作室动员，宣布成立第四期可持续发展教育专家工作室。苹果园中学、教育学院分院附校、六一小学，以及广东佛山东鄱小学分别交流可持续发展教育经验。教育部、北京教科院领导，有关区县可持续发展教育项目负责人，石景山区和广东、上海两地实验学校校长等100人参加会议。

（钱玉玉　马强）

【举办教育教学研讨月】 4月2日，石景山区教委召开第九届教育教学研讨月启动大会。会上，京源学校小学部做绘本阅读、童话阅读、英语童话剧等5节优质课程展示，并作《跨学科校本实践促进学生综合能力的提升》专题发言。区教委领导和中小学代表参加会议。研讨月期间，全区共推出各级各类活动共计217项，其中区、校组织活动113项，科研带题授课47项，德育心理活动7项，学科教研活动50项。

（薛强）

【成立北大附中北大附小石景山学校】 5月7日，石景山区教委与北大附小、北大附中签署协议，合作举办北京大

学附属中学石景山学校、北京大学附属小学石景山学校。北大附中石景山学校在原励耘实验学校校址上合作举办，并逐步办成拥有初、高中的6年制学校。北大附小石景山学校在原六一小学校址上合作举办。两校采取“国有联办、协议管理、整体委托、自主办学”合作方式，合作期20年，合作期满达到北京市优质学校水平。在办学支持上，石景山区每年各给予北大附中、北大附小合作办学经费350万元。在发展建设上，石景山区将另行规划并建设占地面积不少于60亩的新校区交付北大附中石景山学校办学使用。新校区完成后，再对现有学校改扩建。7月3日，北大附中石景山学校、北大附小石景山学校正式揭牌。

（魏莉）

【举办模拟联合国大会】 5月16—17

日，石景山区教委举办第七届模拟联合国大会。大会以“善待地球，和谐发展；继往开来，不忘初心”为主题，来自全区6所高中学校的236名学生代表参加活动。本届大会分设安全理事会、经济与社会理事会、环境规划署、《申根协定》执行委员会和世界卫生组织五个委员会，特别增设“地球村展示活动”。石景山区中学生模拟联合国协会成立于2009年，旨在为青年学生搭建收获知识、锻炼能力、拓宽视野、合作交流的平台。

（金清苗）

【举办第六届武林大会】 5月29日，

2015年武术进校园项目展示活动暨“石景山区中小学第六届武林大会”在石景山区金顶街第二小学举行。活动由石景山区教委主办，金顶街第二小学与山东莱州中华武校联合承办。比赛包括功夫足球、武扇等集体项目，太极拳、武术操、五步拳等规定项目，以及刀术、棍术等自选项目。全区22所中小学校600名学生参加比赛。石景山区武术进校园项目2007年9月启动。2015年，武术课程覆盖试点校23所，参与教学班级180个，涉及学生8000人。

（周冬）

【启动教师阅读工程】 9月18日，石景山区教委在石景山区实验小学举行教师阅读工程启动仪式。“教师阅读工程”将依托教研部门的专业引领，在全区教师中开展“阅读经典增长智慧”读书活动，为教师阅读搭建交流平台，及时总结推广教师阅读的典型经验和阶段性成果。在阅读与实践中，促进教育教学的改革创新，促进教师朝着学者型、研究型、智慧型发展，在全区范围内营造“多读书、读好书、好读书”的良好氛围。

（李强）

【首期书记工作室成立】 10月30日，石景山区教育系统第一期书记工作室举行成立仪式。首期成立5个书记工作室，工作室运行周期为两年，建设以优秀书记为主持人的工作室核心、多名书记共同研修的研究小组，以“坚持社会主义办学方向、加强党务干部队伍建设、促进基层党建工作创新”为建设目标，打造一批基层组织建设的精品工程和特色品牌。

（李冬青）

【举办首届科技嘉年华】 11月12日，石景山区首届学生科技嘉年华活动在石景山区青少年活动中心举行。活动由区教委主办，区青少年活动中心承办，区科协、区科委协办，以“科技成就梦想”为主题。活动分别在露天展位区和剧场演出区举行。在露天展位区，以八大教育集团为单位，集中展示各集团成员校近三年在科技教育方面的特色和成果。在剧场演出区，各学校进行与科技有关的各类精彩展示，包括魔术秀、科学π实验秀、科普剧展演等。

（王蕾）

【承办家长教师协会建设总结会】 12月2日，“家校协作，为了儿童”北京市家长教师协会建设10年总结研讨会在京源学校召开。会议由市教委、北京教科院德育研究中心、现代教育报主办，石景山区教委、教育学院石景山分院协办。研讨会开设校长、教师和家长以及家长圆桌会议三个论坛，围绕“家长教师协会建设与学校发展、师家合作的思与行以及家长教育与学生成长”展开讨论。北京市16个区县的科研人员、项目实验校负责人、班主任和家长代表参加会议。

（金清苗）

【加强教育人才队伍建设】 至年底，石景山区教委加强教育人才队伍建设。年内，制定实施石景山区中小学（幼儿园）校长队伍建设中长期发展规划，持续推进第二期“名校长”工作室、第四期“校长成长工作室”工作，第三期可持续发展教育专家工作室项目圆满结题。选派40名优秀校长参加国家级、市级研修项目培训和区级高端培训，完成首期青年硕士人才培训项目，启动干部双向交流挂职锻炼工作。8名教师被授予“北京市特级教师”荣誉称号，18个单位被评为区级“教育先进单位”，193名教师被评为区级“优秀教育工作者”，10个单位被评为区级师德先进单位，15名教师被评为区级师德标兵，69名教师被评为区级师德优秀教师。

（胡敏敏）

【完成十项教育实事】 至年底，石景山区教委牵头完成年度十项教育实事。一是多途径增加优质教育资源。与北京大学、北方工业大学、北京教科院等高校和科研机构合作，共建北大附中石景山学校、北大附小石景山学校、北方工大附属学校、北京教科院附属石景山学校。组建苹果园、京源教育集团，成立京西小学教育联盟。推进优质校办分校，增设爱乐实验小学和京源学校小学部新校区、实验小学和外语实验小学分校。二是推进义务教育阶段招生制度综合改革。小学入学全面实施单校划片与学区内计算机派位相结合，90%以上适龄儿童实现就近入学。小升初采取分批次计算机派位与对口升学相结合，82%小学京籍毕业生对口直升优质初中。三是实施《石景山区第二期学前教育行动计划》，制定《小区配套幼儿园建设和管理实施办法》，年内新增学前教育学位900个。严格治理未经审批自办幼儿园，关停非法幼儿园11个。四是加强校长教师队伍建设。实施《石景山区中小学（幼儿园）校长队伍建设中长期发展规划（2015—2025年）》，推进第三期“名教师”培养工程，设立专项经费，邀请北京考试院中高考命题专家面向全体教师开展日常性教研。五是加快重点工程建设和办学条件提升。六是完善教育行政管理体制和工作机制。与北京教育考试院合作开展学生学业水平监测，与北京教科院合作开展学校满意度调查，继续引入第三方教育审计。七是持续推进平安校园建设，投入1034万元完善校园人防、技防、物防体系。八是加强学校特色建设，完成第二批7所北京市文化建设示范校建设。九是推进教育信息化建设，进一步提升教育信息化水平。十是提高学生营养餐质量。公开招标营养餐公司，引入第三方进行师生满意度调查。加快学校食堂建设，完成5所学校食堂改造。2011年起，石景山区政府开始实施年度教育实事项目。实事项目通过区政府发文方式下达，区政府督查室按时间节点督查考核。

（魏莉）

学前教育

【概况】 2015年，石景山区各级各类幼儿园53所（公办园18所、民办园35所），离园幼儿2842人，入园幼儿5113人，在园（班）幼儿14853人。全区幼儿园教职工2257人，其中，专任教师1205人。幼儿园占地面积230007.2平方米，建筑面积134844.3平方米。全区市级示范园6所，一级一类幼儿园16所，市级早期教育示范基地16所，市级特殊儿童教育示范基地6所。

（黎铮）

【召开学前系统工作会】 3月11日，石景山区教委召开2015年学前系统工作会。会议布置全年重点工作，即从常规业务工作、绿色活动课程、队伍建设三个方面持续推进工作，全面实施《石景山区第二期学前教育三年行动计划》，继续加强常规管理，促进园所内涵发展。全区各级各类幼儿园干部、教师130人参加会议。

（黎铮）

【召开学前系统师德工作会】 4月13日，石景山区教委召开2015年师德工作会。会议要求幼儿园高度重视师德建设工作，对于出现师德问题的教师采取零容忍态度，做好幼儿园安全管理工作，确保幼儿园活动区域无监控死角，保证幼儿在园一日生活的安全与质量。全区各类型幼儿园园长50人参加会议。

（谭春林）

【组织半日评优活动】 5—6月，石景山区教委组织全区幼儿园教师半日评优活动。11所幼儿园24名教师参加评选，评选组专家依据《幼儿教师教育展示活动评价标准》推选出参加市级竞赛教师4名。最终获得市级一等奖1人，二等奖1人，三等奖2人。

（谭春林）

【推进绿色活动课程项目】 9月14日，石景山区教委召开“学前绿色主题活动课程实践研究”项目推进工作会。会议通过研讨、观摩等交流研究过程中的问题，部署下学期绿色活动课程主要工作。各实验园所项目负责人、

实验班教师46人参加会议。2011年，石景山区开展“学前绿色主题活动课程实践研究”，并进入课程实践检验环节，课题组编纂完成《那一抹绿，芬芳满园——石景山区学前绿色活动课程实践与感悟》。

（黎铮）

【启动后备力量培训项目】 9月23日，石景山区教委启动2015年学前业务管理后备人才教科研骨干教师培训项目。此项目旨在加大幼儿园业务管理后备人才的培养力度，提高学前教育队伍专业素养。全区各类幼儿园教科研骨干教师、业务园长50人参加项目培训。

（黎铮）

【展示青年教师教学能力】 11月17日和12月4日，石景山区教委举办第12届“萌芽杯”幼儿园青年教师教学能力展示活动。活动分为故事讲述及边弹边唱两组，参赛教师通过技能展示及微格课展示教学能力。全区53所幼儿园83名教龄在10年以下的青年教师参加活动。

（黎铮）

【考核民办园工作】 12月4日，石景

山区教委召开民办幼儿园考核交流会。会议以“监管、规范、提升”为主题，总结民办幼儿园年度考核工

作，34 所民办园分三组交流工作经验。年内，全区 33 所民办幼儿园接受园所管理、教育、保育工作年度考核，合格 33 所。区教委领导和全区民办幼儿园代表参加会议。

（谭春林）

基础教育

【概况】 2015 年，石景山区小学 41 所（其中一贯制学校小学部 12 个），教学班 748 个，毕业生 3058 人，招生 3866 人，在校生 23780 人（其中外省市户口借读生 11814 人）；小学入学率 100%，巩固率 100%，毕业及格率 100%。中学 25 所，其中，初中 9 所，高中 2 所，完全中学 3 所，一贯制学校 11 所；教学班 448 个（初中 289 个、高中 159 个）；毕业生 4517 人（初中 2894 人、高中 1623 人），招生 3933 人（初中 2417 人、高中 1516 人），在校生 13036 人（初中 8316 人、高中 4720 人），在校生中外省市户口借读生 4932 人；初中入学率 100%，普通高中入学率 96.99%，高考录取率 89.3%。中小学教职工 4175 人，其中专任教师 2771 人。特殊教育学校数 1 所，11 个教学班，招生 7 人，结业 11 人，在校 87 人；教职工 34 人，其中专任教师 28 人；残疾儿童入学率 100%，巩固率 100%，结业率 100%。校外教育单位 3 个，教职工 181 人，其中专任教师 50 人。全区小学教师学历合格率 99.6%，初中教师学历合格率 96.1%，高中教师学历合格率 99.8%，中小学高级技术职务教师 315 人。全区中小学图书馆藏书 1813221 册，固定资产总值 242179.65 万元。全年教育经费投入 236395.53 万元，其中，国家拨款 208225 万元，自筹经费 28170.53 万元。

（施爽）

【评选基础教育课程建设优秀成果】 1—4 月，石景山区教委评选基础教育课程建设优秀成果。11 所学校申报课程建设先进单位，10 所学校被评为区级课程建设先进单位，其中九中获推荐参加市级课程建设先进单位评选。全区各中小学共提交课程建设优秀成果 61 项（小学 23 项、中学 38 项），其中 48 项获区级课程建设优秀成果奖，10 项被推荐参与市级课程建设优秀成果评选。

（王贤鑫）

【分析初三高三教学质量】 3 月和 5 月，石景山区教委分别召开会议分析高三、初三教学质量。3 月 5 日，石景山区召开高三年级期末质量分析会。基础教育研修中心分析期末质量监控整体情况，各学科教研员分析各校具体情况，内容涉及期末质量监控的基本情况、试题命制思路、数据反映出的教学问题以及教学改进建议。质量分析会采用学科教研员与学校领导一对一交流的方式进行。5 月 14 日，石景山区召开初三年级模拟测试质量分析会。中考五科教研员分学科对数据作分析报告，并提出“关注考试政策变化、关注基础知识的宽度”等复习建议。

（周冬）

【举办随班就读教师系列培训】 3—12 月，石景山区教委举办随班就读教师系列培训。培训邀请北京市随班就读专家举办专题讲座 3 次，分别是“融合性教学设计”“融合性教学实施”“随班就读课堂教学策略”。石景山区随班就读工作室成员参加培训。

（周冬）

【举办绘画书法篆刻工艺“四联展”】 5 月 25 日至 6 月 12 日，石景山区教委与区精神文明办联合组织第 29 届中小幼师生“四联展”活动。“四联展”包括绘画、书法、篆刻、工艺四大类艺术作品，经评选，全区 1887 幅学生作品、472 幅教师作品获奖。获奖作品全部在全区 9 个街道 108 个社区的 810 块橱窗中陈列展示。

（王贤鑫）

【召开课程建设研讨会】 5 月 28 日，石景山区教委召开“市区校联动整体推进三级课程建设促进学校内涵与特色发展——走进石景山区课程建设研讨会”。会议听取石景山区教委关于区域课程建设工作报告，以及金顶街二小“金色童年课程体系建构与实践探索”经验报告，观摩以“快乐的一天”为主题的学生课程学习展示。专家认为，清华附小“1+x 主题教学”在金顶街二小落脚并得到深化，“金色童年”课程建设特色鲜明。来自全市中小学的领导、教师共 200 人参加会议。

（王贤鑫）

【举办经典诵读展示活动】 5 月，石景山区教委以“书香校园”建设为主题举行经典诵读分片展示活动。五里坨、金顶街、苹果园、永乐、古城五个协作区 43 所学校展示 54 项阅读成果。诵读内容以国学经典、红色经典为主，将诵读、表演、书法、舞蹈等形式有机结合。全区共千余名师生参与活动。

（王贤鑫）

【评选优质课程资源】 5—7 月，石景山区教委联合教育学院石景山分院开展首都特色优质原创课程辅助资源评选工作。全区中小学共上报课程辅助资源 719 项。经专家评审，评选一等奖 147 项，二等奖 206 项，三等奖 80 项。

（王贤鑫）

【展示素质教育成果】 6 月 19 日，

石景山区教委举行体育、艺术、科技教育表彰暨成果展示活动。活动以“健体、创美、阳光、快乐”为主题，展示管乐、歌舞、快板、京剧等学生艺术节获奖节目，并对石景山区学校体育、艺术、科技教育工作中涌现出的先进集体 64 个、先进个人 96 人进行表彰颁奖，集中表彰区域体育、艺术、科技教育丰硕成果。区教委领导和中小学代表 330 人参加会议。

（王蕾）

【召开游学项目区县学校对接会】 7 月 8 日，石景山区教委召开“游学项目区县学校对接会”。石景山区、门头沟区教委和项目学校相关负责人参加会议。会议研讨京源学校项目方案，对游学项目的学校批次、学生数量、课程设置、人员安排、经费使用做出具体安排。10—12月，门头沟区3所学校135名学生分4个批次到京源学校进行为期一周的学习体验，包括国学、京剧、定格动画等校本课程，定向越野、科学公园（莲石湖科学探索）等特色学科实践活动。

（薛强）

【制定义务教育课改新方案】 8月，石景山区教委印发《石景山区实施北京市〈义务教育课程设置实验方案〉的课程计划（修订）》，9月7日正式实施。修订后的课程计划主要特点是更加注重课程整合与学科实践活动的开展，注重长短学时的灵活设置和整合及大作业设计。

（王贤鑫）

【教科研部门支持中小学发展】 10月23日，石景山区教委召开教科研部门支持中小学发展项目联席会。会上，区教委、教育分院和2所项目学校交流项目进展情况，制定下学期工作计划。2015年，教育分院中小学教研、科研及德育心理部门共47名研修员进驻北京教科院石景山学校和北方工大附校两所基地校。研修员共上示范课115节，听、评课364节，进行专题讲座72次，组织专题研讨205次，帮助学校提升办学理念，推进学科建设，深化教学研究。

（薛强）

【举办教育教学培训与展示】 10—11月，石景山区教委举办第十三届教育教学培训与展示活动。活动以工作年限1至5年的青年教师为主体，分德育类展示、学科类展示和小学劳技展示三个领域，从教学设计和课堂教学展示两个方面对参赛教师进行评审。各中小学共上报展示课349节，其中，小学192节，中学157节。最终分教学设计类、课堂教学类评出一、二、三等奖。获奖成果编入石景山区第十三届教育教学展示活动“优秀教学设计集”，收录中学教师优秀教学设计19篇，小学教师21篇。

（薛强）

【民办教育机构参与中小学教改】 11月19日，石景山区教委召开民办教育机构参与中小学学科教学改革联席会。会议根据市教委项目评估方案，修订区级项目经费使用管理办法，对项目学校的效绩监控、组织管理、考核制度、档案留存提出进一步要求。会上，全区10所项目学校交流项目经验。2015年，石景山区民办教育机构参与中小学学科教学改革项目课程6054节，其中，小学5546节，中学508节。

（薛强）

【举办经典阅读论坛】 12月17日，石景山区教委举办经典阅读论坛。论坛以“读经典的书，做有根的人”为主题，展示《会飞的教室》《世说新语》《欧亨利短篇小说》三部经典著作的导读课，并开展《城南旧事》《平凡的世界》《红楼梦》三部经典著作的跨学段阅读研讨。区教委领导和中小学代表150人参加会议。

（王贤鑫）

【召开基础教育课程改革总结会】

12月29日，石景山区教委召开基础教育课程改革总结会。会议总结2014至2015学年度区域基础教育课程改革整体情况，并从立德树人、加强课程整体设计与创新实验、加强考试评价研究等方面部署下一阶段主要工作。会议总结第十三届教育教学设计和课堂教学培训与展示活动，表彰市、区基础教育课程改革建设的先进单位及个人。石景山区教育行政、教研、科研等相关部门人员和全区各中小学代表200人参加会议。

（王贤鑫）

职业与成人教育

【概况】 2015年，石景山区职业高中2所，占地面积9.06万平方米，产权校舍建筑面积7.88万平方米。开设美容美发与形象设计、计算机动漫与游戏制作和口腔修复与工艺等11个专业，15个专门化方向，47个教学班。教职工186人，其中，教辅人员4人、工人6人。专任教师122人，高级技术职务35人；“双师型”教师51人；聘请校外教师21人。招生694人，在校生1478人，毕业生478人，学生职业资格证书取证率97%，就业率99%。年内，石景山区属成人高校有石景山业余大学、开放大学石景山分校2所，两校合署办学统一管理。教职工117人，其中专任教师30人（副教授10人）。学校划分八角、八大处2个校区，合计占地面积1.21万平方米，建筑面积2.05万平方米。固定资产13047.58万元，藏有纸质图书13.98万册。区业大开设经济管理、市场营销、人力资源管理等12个专业，毕业318人，招生444人。北京开放大学石景山分校开设法学、工商管理、行政管理等18个专业，毕业573人，招生729人。奥鹏远程学历教育毕业49人，招生65人。全年培训22408人次。石景山区社区学院（市民学校总校）1所，街道社区教育中心（市民学校中心校）9所，市民学校（设在居委会）145个。区教委下派社区专职教师15人，登记在册社区教育志愿者4073人。全年，完成各类社区教育市民培训532232人次。

（姜玮）

【举办“市民文化生活水仙节”】 2月4日，石景山区教委、石景山社区学院主办的石景山区首届“市民文化生活水仙节”闭幕式在北京市黄庄职业高中举行。文化节以“学习丰富生活，动手创造未来”为主题，包含雕刻、养护、造型、评比与展示五个阶段。活动提升市民文化生活内涵，弘扬民间民俗文化，打造石景山区市民文化生活品牌，展示石景山区“高端绿色发展”新成果。相关单位领导、园林专业专家与9个街道市民代表参加闭幕式。

（戎梅）

【成立“职成融通校企合作”项目组】 4月14日，石景山区教委与用友新道公司召开专业建设校企合作研讨会。区教委、用友新道公司领导，以及黄庄职高、北京开放大学石景山分校代表60人参加会议。会议研讨会计专业建设等内容，宣布成立石景山区“职成融通校企合作”项目组。该项目组旨在通过校企合作，创新推进职业教育与成人教育融通发展，为区域经济社会发展输送优质人才。

（姜玮）

【举办首届职业教育宣传周】　5月16日，石景山区首届职业教育宣传周暨北京市黄庄职业高中教学开放日活动在黄庄职高举行。活动由区教委、区人保局、全国美容美发职业教育教学指导委员会共同主办。活动中，黄庄职高向学生和家长重点推介“3＋2”五年制高职班、海外留学绿色通道，以及新开办的影像与影视技术（影视拟音制作方向）和钟表维修专业。市教委、区教委领导参加活动。

（文昌敏）

【举办社区学习节】　7月3日，以“健康·时尚·快乐”为主题的石景山区第十一届社区学习节开幕式在石景山区教委举行。会议表彰3名首都市民学习之星、11个区级市民学习品牌、30名区级学习之星，举办“文明旅游从我做起”倡议活动，以及“做幸福的石景山人”市民文化生活作品展。石景山区文明办、区总工会、区教委等建设学习型城区工作领导小组成员单位相关领导参加开幕式活动。

（戎梅）

【业大获区教育先进单位称号】　9月9日，在石景山区第31个教师节暨表彰大会上，石景山区业余大学被评为石景山区教育先进单位，王群建等5名老师被评为优秀教育工作者。2014至2015年度，业余大学全体教职工不断深化教育创新，拓展教育服务内容，提升教育服务内涵，全年学历教育在校生4694人，非学历教育年培训人数2万余人次，为区域经济发展培养大批应用型人才。

（姜玮）

【举办首个残疾人学历班】　9月，北京开放大学石景山分校举办残联定向班新生开学典礼。残联定向班是石景山分校首次专门针对区残疾人举办的高等学历教育班，共有学生30人，其中专科层次26人，本科层次4人，涵盖行政管理、会计学、商务英语三个本专科专业。

（姜玮）

【举办全民终身学习周】　11月18—24日，石景山区教委举办第十一届全民终身学习周。开幕式上，建设学习型城区工作领导小组表彰首都市民学习之星、各类学习型组织和个人，以及各类市民活动获奖者。同时，举办“一街一品”特色社区教育课程教材发布会。本届全民终身学习周活动主题为“学习引领时尚，创新开创未来”。活动期间，各单位、街道（社区）通过各类学习教育、成果交流活动，倡导全民学习，促进全区营造良好的学习氛围。

（戎梅）

【举办首届市民魔方大赛】　11月19日，石景山区社区骨干市民魔方培训活动在石景山社区学院举办。培训重点学习三阶魔方的还原方法，在结业式上举办学习魔方比拼赛。来自9个街道的50名社区骨干市民参加培训。

（戎梅）

教育督导

【概况】　2015年，石景山区政府教育督导室围绕全区教育中心工作，坚持依法督导，督政与督学相结合，促进区域教育科学发展，办人民满意的教育。年内，完成《石景山区全面实施素质教育评价指标体系》修订，综合督导6所幼儿园、7所小学、1所民办培训机构；随访督导2所；督导回访1所。研制校外教育督导评价工具，完成首次校外教育机构年度工作自评；完成区青少年活动中心及3所少年之家随访督导。加强督学责任区挂牌督导工作，对辖区内责任督学挂牌督导学校进行全面调整；增聘13名责任督学。组织指导责任督学完成全区义务教育阶段学校减轻学生过重课业负担的督导监测；完成“护校安园”行动落实情况、初中开放性科学实践活动情况、新课程计划的实施情况、空气重污染红色预警指令执行情况的专项督导。开展政府履行教育职责督导，实行督政责任督学制度。制定《迎接“义务教育均衡督导评估”工作实施方案》，完成国家级“义务教育均衡发展达标区县督导验收”迎检工作。会同区教委完成“人民满意学校”测评工作。加强教育督导制度建设，编印《石景山区教育督导工作制度汇编（讨论稿）》。至年底，区政府教育督导室专职督学5人，兼职督学14人，责任督学24人，特约督学16人，挂职督学1人。

（王桂洋）

【加强挂牌督导工作】　3月，石景山区教育督导室对辖区内责任督学挂牌督导学校进行全面调整，并重新制作安装“责任督学公示牌”。调整后，将黄庄职业高中纳入到督学责任区，配备责任督学。全区增聘13名责任督学，责任督学总数增至26人，由每名责任督学负责3～5所学校，改为2人负责；公示电话除原有责任督学的办公电话外，新增区教委服务大厅的来访接待电话。

（王桂洋　李晓钧）

【随访督导4所校外教育机构】　4月9—10日，石景山区教育督导室分别对区青少年活动中心及3所少年之家校外教育工作进行随访督导。主要内容包括单位落实《石景山区校外教育机构全面实施素质教育评价指标体系》《石景山区学校（教育机构）全面实施素质教育综合督导评价实施细则》情况；一年来校外教育工作的经验、亮点、特色、成绩；校外教育工作存在的问题及解决思路等。随访督导督促相关单位规范管理，按照评价要素查漏补缺、落实改进相关工作。

（厉丽　刘国峰）

【接受义务教育均衡发展评估验收】

4月29日，石景山区接受国家义务教育基本均衡发展督导评估验收。国家督导评估组听取区政府工作汇报，查阅档案资料，分组召开座谈会，实地检查12所中小学（6所中学、6所小学）。国家督导评估组对石景山区在推进义务教育均衡发展方面所做的工作给予充分肯定。为迎接国家督导评估组评估，3月10日石景山区教育督导室召开“石景山区迎接国家级义务教育均衡发展达标验收工作培训会”，3月30日和4月1日，分别在金顶街第二小学和实验小学组织迎接评估实地考察模拟演练。

（王桂洋 荆林）

【随访督导相关委办局】 4—12月，石景山区教育督导室开展“走进委、办、局”系列随访督导。其间，通过听取教育执法情况汇报，查阅档案材料，进行个别问询访谈和座谈交流等形式，分别对金顶街街道办事处、区人力资源和社会保障局、区机构编制委员会办公室等10个责任单位的教育执法和全面实施素质教育工作情况进行随访督导。督导内容包括单位教育执法和全面实施素质教育工作的组织机构及其运转情况，教育执法和全面实施素质教育工作目标责任落实情况，教育执法和全面实施素质教育工作的经验等。本年，石景山区启动“走进委、办、局”系列活动，计划在3年内完成全区38个相关责任单位随访督导。

（厉丽 刘国峰）

【开展人民满意学校测评】 5月28日至6月2日，石景山区教育督导室会同区教委对辖区内所有公办学校及6所民办学校教育工作满意度进行问卷调查。调查分两部分进行，一是委托北京教育科学研究院培训中心设计问卷，分别从各学校随机抽取25%的学生家长进行测评，并就调查结果进行统计分析，完成全区总调查报告和各学校的调查报告；二是由区政府教育督导室联合区教委对其他75%的学生家长，以及小学四年级以上学生（高三除外）进行问卷测评。

（王桂洋）

【综合督导7所小学】 5—11月，石景山区教育督导室完成7所小学综合督导。在前期完成对学校校级干部民主测评，教职工、学生问卷调查，召开家长、学生座谈会，汇总分析测评数据的基础上，综合督导组通过听取校长工作汇报、巡视校园环境、听推门课等方式，分别完成7所小学全面实施素质教育情况综合督导评价，并完成督导意见回复。

（荣卫东 蒋景明）

【综合督导民办教育】 6月26日，石景山区教育督导室完成升华培训学校综合督导评价。督导组通过听取学校工作汇报、巡视教育教学环境、深入课堂听课、与干部教师个别访谈、查阅档案了解学校的办学现状，就相关办学工作与校方领导进行沟通与交流。升华培训学校是以建筑类、财会类培训为主的民办培训学校。5月22日和28日，随访督导华夏英才培训学校和古城旅游服务培训学校两所民办学校。

（厉丽 刘国峰）

【综合督导6所幼儿园】 6—11月，石景山区教育督导室完成6所幼儿园综合督导。其间，听取园长工作汇报，观看幼儿园集体教育活动和户外活动，分组查看档案，并与幼儿园干部、教师深入交流。区妇幼保健中心、会计核算中心等单位领导参加督导活动。

（荣卫东 厉左艺）

【接受教育督导工作督导检查】 12月28日，石景山区教育督导工作接受市教育督导室督导评价。督导组听取区教委《履行教育督导职责，推进区域教育科学发展》工作汇报，指出对教育督导工作进行督导，一是要督促区县政府重视督导工作；二是督促区县政府重视督导职责履行；三是督促区县创新教育督导工作，切实夯实教育督导基础。区教育督导室负责人参加汇报会并进行答疑。

（王桂洋）

【编印教育督导工作制度汇编】 至年底，石景山区教育督导室整理编印《石景山区教育督导工作制度汇编（讨论稿）》。汇编分为工作职责、工作制度、工作流程三个部分，包涵督导室及科室等4项工作职责，督学聘任管理办法及督学学习培训制度、督导结果反馈和公布制度等12项工作制度，以及学校综合督导、教育执法督导2个工作流程。

（王桂洋）

中共石景山区委教育工委

书　记 叶向红

石景山区教育委员会

主　任 郝显军

石景山区政府教育督导室

主　任 李秀兰

海　淀　区

总　类

【成立12个劳模创新工作室】 5月19日，海淀区教育工会在八一学校举行劳模创新工作室授牌仪式。会议宣读《关于成立海淀区劳模创新工作室的决定》，为12名劳模颁授“劳模创新工作室”铭牌，劳模代表及劳模创新工作室学员代表发言。中国教科文卫体工会、海淀区委教育工委、区总工会、区教育工会以及区教育系统29名在职劳模，12个劳模创新工作室所在单位代表等80人参加仪式。劳模创新工作室旨在发挥劳模示范、引领和辐射作用，用榜样力量激励和引领教职工，培养创新意识，提升专业素质，促进成果转化。12名劳模来自海淀区中学、小学、幼儿园和民办学校，涵盖教育教学管理、数学、物理、生物、信息、音乐多个学科，其团队成员来自46个单位共80余人。按照有劳模领衔、有创新团队、有攻关项目、有场地设施、有经费保障、有创新成果“六有”目标，海淀区教育工会将从资金、人力、政策等方面给予劳模创新工作室支持。

（宋亚甫）

【敬德书院举办春秋季论坛】 5月19

日和9月28日，海淀区敬德书院先后举办春季、秋季论坛。5月，举办“儒家文化与家庭教育”春季论坛，北大、清华、中国社科院等10名专家学者围绕儒家家庭伦理观及传统家庭教育思想对现代教育的启示发言。9月，举办“敬德书院周年纪念暨2015年秋季论坛”，台湾学者冯沪祥在论坛上作“儒家文化与家风家训”讲座，中央党校、中国教科院、人大附中、一〇一中学专家学者发表“儒家文化与家风家训”演讲。敬德书院与北京大学儒学研究院、清华大学中国礼学研究中心、中国人民大学孔子研究院、北京师范大学经典教育研究中心、海淀区委党校签署研究或实践基地合作协议书，同时，书院聘任11名在京高校国学研究专家担任新一届学术委员。海淀区领导、敬德书院学术委员以及其他专家学者、海淀区部分中小学校长100人参加活动。

（宋亚甫）

【制定体育工作三年行动计划】 5月，海淀区教委制定《中小学体育工作三年行动计划（2015—2017年）》。主要内容一是实施三项工程行动，即场地设施建设行动、强化教师队伍行动、快速提升提质行动。开展“海淀区雾霾、风雨体育场所建设工程”，三年内50%以上的学校拥有防雾霾、风雨体育场所。体育教师三年内100%达到本科学历，20%达到硕士学历，1%达到或正在攻读博士学位。建立海淀区《国家学生体育健康标准》监测中心和学生体质健康信息发布平台，对海淀区所有学生进行体质健康标准测试。二是落实六项措施，即强化行动机制、提高教学质量、强化课外锻炼、联动家庭社会、运动竞赛争光、安全教育保障六项措施。推进“管、办、评”分离的管理模式，健全海淀区中小学体育专项督导工作站。保证足球体育教学，落实“一校一品”体育课程，推广“海淀区小学生武术基本动作操”“海式躲避球”等特色群体活动项目。建立田径、游泳、三大球等十大体育集团，每年30%的学生有机会参加各种体育竞赛，为每名学生投保校方无过失责任险。三是加强保障机制，建立评价奖惩机制等保障机制，保证中小学体育工作三年行动计划落实到位。

（宋亚甫）

【表彰“四有”教师】 9月9日，海淀区召开教师节庆祝会，表彰1256名“四有”教师（有理想信念、有道德情操、有扎实知识、有仁爱之心）。与会领导为“四有”教师代表颁发荣誉证书，海淀区实验小学20名少先队员献辞，五一小学、清华附中、培智中心学校“四有”教师代表交流从教经验，最后，100名新任教师代表在市劳动模范、海淀区民族小学马万成校长带领下宣誓。与会者还观看专题片《做党和人民满意的“四有”教师》。海淀区委区政府领导、相关委办局、各街镇负责人以及教育系统各单位代表400人参加活动。

（宋亚甫）

【发放海淀区教师证】 9月10日，

海淀区教委发放“海淀区教师证”。该证由海淀区委教育工委和海淀区教委印制，专门发放给全区中小学校、幼儿园、中等职业学校、校外教育机构、教（科）研机构中具有教师资格证的在职在岗教师，共计2.2万余人。证件尺寸、材质与居民身份证类似，正面印有持证人1寸免冠照片，注有姓名、性别、证件编号等教师基本信息，背面印有“四有教师”要求，发证机关名称和二维码标识。通过手机扫描证件背后的二维码，二维码所包含的教师个人身份信息就可以显示在手机上。持“海淀区教师证”可在游览区内公园、部分商场购物、医疗绿色通道等享受优惠服务。

（宋亚甫）

【成立33个教职工俱乐部】 9月25日，海淀区委教育工委、区教委成立33个教职工俱乐部。教职工俱乐部由区教育工会组织，全体教职工自愿参加。33个俱乐部包括乒乓球、瑜伽、长走长跑等受教职工喜爱的项目，由学校（单位）承办。各承办校负责提供活动场地、器材设施，聘请专业教练，区教育工会根据教职工报名人数，为各俱乐部下拨专项经费。各俱乐部每周活动1次。

（宋亚甫）

【推进学区制改革】 至年底，海淀

区教委推进学区制改革。2014年下半年，《海淀区学区制改革方案》出台，依据街镇行政区划界限，将122所小学、77所中学划分为17个学区，对应29个街镇。2015年5月15日，羊坊店学区委员会与学区管理中心、温泉苏家坨学区委员会与学区管理中心揭牌成立。学区委员会由学区内各校党政正职，所在街道（镇）办事处、社区委员会代表，周边单位代表，以及家长代表组成。羊坊店学区委员会共有26名委员，温泉苏家坨学区共有34名委员。学区管理中心下设发展规划部、教育教学部和资源统筹部。7月，海淀区学区制改革领导小组在羊坊店学区召开试点工作总结会，总结试点工作4个初步成效，提出改革建议。11月学区制改革进入全面实施阶段，全区各学区开始筹建工作。

（宋亚甫）

学前教育

【概况】 2015年，海淀区托幼园所160所，其中，教育部门办幼儿园14所，地方企业办园2所，事业单位办园25所，部队办园36所，集体办园22所，民办园43所，其他部门办园18所。教学班3000个，入园幼儿21338人，离园幼儿15453人，在园幼儿60442人，其中非本市户籍幼儿11536人，占在园幼儿总数的19.1%；教职工9943人，其中，专任教师4917人。全区幼儿园藏书96.32万册。幼儿园总占地面积87.63万平方米，校舍建筑面积58.55万平方米（含租借面积12.93万平方米）。2015年，海淀区学前教育规模进一步扩大，在园幼儿比上年增长4.2%。全区通过以租代建等形式，建设海淀区民族幼儿园、上庄中心小学附设幼儿园，多方式增加入园学位，新增2000个入园学位。年内新增8所市级早教示范基地。

（宋亚甫）

【立新幼儿园承办中关村科技环保分园】 1月15日，海淀区立新幼儿园承办中关村科技环保园分园。该分园是中关村环保科技示范园公租房项目配套园，占地面积3000平方米，年内开设8个教学班，收托幼儿160人。立新幼儿园按照高品质办园思路，在整体规划、师资培训和校园文化建设等方面，沿袭立新幼儿园生活课程，确定分园“生活中成长，阳光下绽放”特色环保教育课程体系。

（宋亚甫）

【召开幼儿园园长会】 3月5日，海淀区教委召开幼儿园园长工作会。会议总结2014年工作，部署2015年学前教育发展思路及重点工作，会议就推进实施二期三年行动计划，规范幼儿园管理，加强干部教师队伍建设，推进婴幼儿社区早期教育提出具体目标、任务和落实措施。会议就落实2015年学前教育工作，从创新管理手段和方法、创新人才培养合作模式、创新学前教育管理机制、创新学前教育发展机制四个方面提出新要求。全区幼儿园园长160人参加会议。

（宋亚甫）

【启用适龄儿童信息采集服务系统】 4月20日，海淀区教委启用幼儿园适龄儿童信息采集服务系统。该系统可监控全区入园适龄儿童的分布及入园需求状况，为家长报名入园提供便捷的服务。系统具有三大服务功能：①通过适龄儿童信息采集，区教委实时监控海淀区生源数据，实现招生工作科学管理。②为家长提供幼儿园基本信息查询、幼儿入园信息采集、报名意向选择功能，凡符合入园条件适龄儿童均可网上报名。③提供录取状态查询功能，实时了解幼儿园招录进程和结果。至5月22日，全区2.5～3周岁婴幼儿家长完成适龄儿童信息采集及入园意向填报工作。

（宋亚甫）

【启动“蓓蕾工程”项目】 5月28日，海淀区教委启动早期教育“蓓蕾工程”项目。该项目由区教委与区妇联联合举办，常青幼儿园承办，属于跨部门合作推进的公益性社区早教项目。项目通过海淀区155所幼儿园与570个社区和80个村的家长学校结成对子，形成一所幼儿园服务多个社区的“1+X”早教服务和指导模式，构建起区级层面、社区层面、幼儿园层面三位一体的早期教育服务网络。其具体合作模式是幼儿园提供专业资源，各社区提供场地、家长学校、志愿者资源等。

（宋亚甫）

【召开教研培训工作会】 9月16日，海淀区教委召开全区幼儿园教研培训工作会。会议解读本学期幼儿园教研培训工作计划，介绍业务管理者研修项目、五大领域骨干教师研修项目及区域游戏课程建设研究等重点工作，开展幼儿园课程建设主题培训，报告“海淀区幼儿园区域游戏课程建设研究项目”阶段成果。区学前教研员、幼儿园业务干部、骨干教师以及来自北师大学前教育研究所霍力岩教授及研究团队、其他省市国培班幼儿教师400人参加会议。10月，海淀区教委还举办第三期幼儿园科研专项培训。

（宋亚甫）

【举办早期教育专题培训】 11—12月，海淀区教委举办早期教育专题培训。培训主题为“创优早期教育活动，助推教师专业成长”。培训分为专家讲座、教师活动案例展示及工作室成员早教经验交流分享三种形式，内容包括早期教育理论、0～3岁婴幼儿身心发展规律、早教活动实践经验分享及家长有效指导等。海淀区83所市区级早教示范基地、专兼职教师及负责人300人参加培训。

（宋亚甫）

【总结第二期行动计划年度工作】

12月25日，海淀区教委召开2015年度实施“海淀区二期学前教育三年行动计划”工作总结会。会议围绕二期行动计划年度目标任务，总结统筹资源、创新管理理念和手段、扩大办园规模、提升保教质量、完成年度学位增长的目标完成情况，表彰年度工作先进集体和个人。市教委领导对海淀学前教育取得的成绩给予肯定，希望海淀区围绕扩充学位的中心任务，抓住保教质量重点工作，积极创新，办精办好幼儿园。市教委、北京教科院、海淀区教委领导，全区幼儿园园长和教师代表200人参加会议。

（宋亚甫）

基础教育

【概况】 2015年，海淀区小学118所（含21个一贯制学校小学部），其中区属公办小学97所，其他部门办小学9所，民办小学12所；教学班4211个，毕业19032人，招生28272人，在校生155573人；在校生中，非本市户籍学生54009人；教职工7871人，其中，专任教师7300人；小学入学率100%，巩固率100%，毕业及格率100%。中学78所（初中8所、高中3所、完中46所、九年一贯制学校7所、十二年一贯制学校14所）；教学班2946个（初中1705个、高中1241个），毕业32072人（初中18744人、高中13328人），招生32105人（初中18553人、高中13552人），在校生97831人（初中57378人、高中40453人）；在校生中，非本市户籍学生21430人（初中16920人、高中4510人）；初中入学率100.2%，巩固率100%，毕业率100%；初中毕业升学率98.5%，应届高考录取率84.95%；中学教职工13552人，其中，专任教师10471人（含一贯制学校小学部）。特殊教育学校3所，教学班67个，结业97人，招生53人，特殊教育在校学生1193人（特殊教育学校560人、义务教育阶段随班就读学生633人，小学398人、初中235人）；教职工310人，其中，专任教师226人。工读教育学校1所，开设教学班15个，离校165人，入校140人，在校生279人；教职工81人，其中，专任教师70人。校外教育机构580个，有金鹏科技团8个，市级科技示范校27所，市级艺术教育特色校36所，北京学生金帆艺术团31个（承办校25所），金帆书画院12个。教职工343人，其中，专任辅导员（教师）217人。中小学教师学历达标率99.77%，其中，小学教师达标率99.6%，初中教师达标率99.8%，高中教师达标率99.9%。特级教师170人，其中，小学18人、中学148人、职高2人、幼儿园2人。高级专业技术职务教师2749人，其中，小学106人、初中1154人、高中1489人。全区中小学图书馆藏书997.88万册。学校总占地面积527.21万平方米，总建筑面积346.69万平方米，固定资产总值107.29亿元。全年教育经费投入107.72亿元，其中，国家拨款106.00亿元，自筹经费1.72亿元。

（宋亚甫）

【15名中学生成为飞行驾驶员】　3月21日，五十七中举行飞行员颁照典礼暨航空素质教育成果汇报，15名学生获得民用航空器驾驶员执照。中国民航局、市政府、市教委、海淀区教委、中国航空器拥有者及驾驶员协会（中国AOPA）领导，航天员景海鹏等参加仪式。2012年，经市教委批准，该校与中国航空器拥有者及驾驶员协会建立全国首个“飞行员特长早期培养实验班”，经过3年学习，15名学生通过考试成为飞行驾驶员。

（宋亚甫）

【举办首届科研种子教师论坛】　4月17日，海淀区教委举办首届科研种子教师论坛。论坛由立新学校承办，围绕“科研促发展”主题，设立“科研促学校发展”“科研促教师发展”“科研促教学发展”三个微论坛，9所学校种子教师分别从学校科研管理、课题研究促进教师专业发展以及科研在整合课程资源、改革评价方式、优化作业设计方面交流经验，海淀教研员现场点评教师发言。来自海淀区各中小学校科研种子教师和学校教科室主任350人参加活动。

（宋亚甫）

【举办资源教师技能提升研修】　5月14—15日，海淀区教委举办资源教师技能提升研修。研修活动由特殊教育管理中心主办，分为理论学习和案例分享两部分。理论学习部分邀请北师大教授举办《情绪行为评估》讲座，从情绪行为问题的定义、评量和干预三个方面帮助教师正确理解与运用情绪行为评量工具；案例分享部分，培智中心学校2名教师分享情绪行为的干预和青春期教育实践经验，农大附中、清河中学、六十七中等资源教师分享案例经验。海淀区教师50人参加培训。

（张俊贤）

【召开程翔教育教学实践研讨会】　5月27日，海淀区委教育工委、区教委召开程翔语文教育教学实践研讨会。会议由一〇一中学承办。会议现场观摩程翔语文课《锦瑟》，听取程翔《探索学理观照下的语文教学之路》报告。他认为语文教师的专业价值体现在代表教师最高教学水平并取得明显教学效果“课堂作品”上。教师具有职业的觉醒，才能认识到教学的意义，才不会产生职业倦怠。北师大教授郑国民作点评，对程翔做有灵魂的语文教育的精神给予高度评价。海淀区委教育工委、区教委领导，全区中小学校长和教师代表700人参加会议。程翔，语文特级教师，全国优秀教师，一〇一中学副校长。

（张欣）

【学府苑小学更名】　5月29日，海淀区学府苑小学更名为中国农业大学附属实验小学。该校是北京市高校支持海淀区中小学发展项目内容之一，更名后区属公办校性质不变，具有独立法人地位，享受与其他区属公办学校同等待遇，承担区教委指定范围的义务教育任务。学府苑小学成立于1952年，占地筑面积9059平方米，建筑面积5610平方米，在校生958人，教职工69人。

（宋亚甫）

【开展少先队活动课展评】　6月17日，海淀区开展少先队活动课展评活动。该活动为北京市少先队活动海淀区专场，在首师大附属小学玉泉校区举行。活动课围绕社会主义核心价值观教育主题，内容涉及中华传统文化、理想信念教育、集体主义观念等方面。共有150节活动课参评，12节入选展评活动。专家评价认为海淀区少先队活动课贴近生活，形式新颖，符合少先队员年龄特点，能够有效突出少先队的组织性和政治性。

（宋亚甫）

【初中就近入学比例90%】　6月29日，海淀区2015年初中入学比例达到90%。海淀区参加升学的小学毕业生1.8万余人，最终通过电脑派位、对口直升等方式就近入学比例高达90%，比2014年提高7个百分点。年内，海淀区通过新建、扩建及承办等方式，持续扩大优质教育资源，新增优质中学学位3000余个。

（宋亚甫）

【成立8对九年一贯对口招生校】　6月，海淀区教委成立8对九年一贯对口招生学校。当年入学的小学一年级学生，6年以后将按照40%或50%的比例升入对口中学。8对学校分别为：民族小学对口直升交大附中，双榆树一小对口直升中关村中学，培英小学对口直升育英中学，八里庄小学对口直升首师大附中，和平小学（温泉中心小学）对口直升一〇一中学温泉校区，北医附小对口直升北医附中，万泉小学对口直升理工附中，九一小学对口直升北医附中。此政策调整过程中，小学和中学仍保留独立建制，不涉及人事调整。

（宋亚甫）

【采集教师心理健康数据】 7月1日，海淀区教委完成教师心理健康测试，采集82.6%教师心理健康数据。海淀区教科所与北师大认知与学习评价中心依据测试结果，采取科学数据分析方式，撰写7份区域反馈报告、163份学校报告和1万余份个人报告，并提出改进建议。2014年海淀区启动为期三年的“中小学教师心理健康提升项目”，该项目采取科学测评——分层反馈——整体规划——分层改进——效果验证推进模式，建构中小学教师心理健康监测与促进机制。

（宋亚甫）

【召开李冬梅教育教学实践研讨会】

7月7日，海淀区委教育工委、区教委召开李冬梅教育教学实践研讨会。研讨会由北大附中承办，主题为“技能·素养·智慧·创新”。会议播放李冬梅个人教学研究纪录片，听取李冬梅报告。她认为教学研究是提升教学水平的必由之路，是名师之基础。只有靠教学研究，发现问题，解决问题，才能登上教育事业的新高度、新境界。只要认真去做，每个教师都能提高自己的研究能力。报告后，首师大教授与李冬梅共同主持“互联网时代的信息技术学科的发展与创新”论坛。海淀区有关领导、专家及一线教师800人参加会议。李冬梅，北大附中信息技术特级教师、学校课程委员会主任、校长助理，首都师范大学硕士生导师，北京教育学院兼职教授。

（宋亚甫）

【中科院附属玉泉小学揭牌】 9月7日，海淀区教委与中科院行政管理局合作建设玉泉小学协议签字，中国科学院附属玉泉小学揭牌。根据中科院行政管理局与海淀区教委合作协议，双方联合举办玉泉小学，加挂“中国科学院附属玉泉小学”校牌。合作后，中科院提供1200余平方米用房用于改善玉泉小学办学条件，并将在科技教育、人才培养等多方面给予学校支持；区教委将进一步加大对玉泉小学的支持力度，力争将其建成百姓认可的新名校。学校挂牌后，依据市区招生政策、参照相关大学子弟学校入学招生办法，积极解决中国科学院职工子女的入学需求。1960年，罗荣桓元帅在今国防大学2号院创办中国人民解放军政治学院附属玉泉小学。1964年划归海淀区管理，更名为海淀区玉泉路小学。1967年中国科学技术大学附属小学并入玉泉路小学，同年学校整体迁至金沟河路。1982年学校更名为“北京市海淀区玉泉小学”。2006年海淀区金沟河小学和采石路小学先后合并到玉泉小学。

（宋亚甫）

【召开首届中学教育工作会】 9月24—25日，海淀区教委组织召开首届中学教育工作会。会议围绕“课程方案优化与课程建设”“学科能力提升与学习设计”“综合实践活动课程实施与资源建设”“核心价值观教育与课程整合”专题分组研讨。会议听取《深化教育改革、创新育人模式、提高办学质量》主题报告，12所中学展示育人成果。会议强调，利用三级联动深度教研满足教师共性与个性需求，深入研究学生和学法、教法，基于区域各类项目平台推动学校内涵发展。海淀区委教育工委、区教委等领导，各中学以及区教委相关直属单位代表450人参加会议。

（宋亚甫）

【召开资源教室评估总结会】 10月9日，海淀区教委召开资源教室评估总结培训会。会议总结海淀区第五批资源教室评估情况，解读《海淀区特殊教育学校学生双学籍实施细则（征求意见稿）》，表彰2015年度示范资源教室、优秀资源教室。海淀区教委、区特殊教育管理中心、特殊教育学校及中小学资源教室学校领导教师100人参加会议。海淀区融合教育已覆盖全区内140余所中小学，其中，67所中小学建有资源教室、配备专职资源教师，并建立以区特殊教育支持中心为主导的巡回指导制度，持续给予资源教师和资源教室以专业支持。

（张俊贤）

【今典小学更名为邮电大学附属小学】 10月18日，今典小学更名为北京邮电大学附属小学。2014年8月，海淀区教委与北京邮电大学启动共同建设今典小学项目，一年中，双方发挥教育资源优势，通过多种途径帮助今典小学提升管理水平。今典小学原名海淀区打钟庙小学，建校于1951年，位于海淀区红联北村83号，2000年10月更名为北京市海淀区今典小学，2003年8月，文慧园小学、明光村小学并入今典小学。学校占地面积27305平方米，建筑面积14292平方米，教职工80人，在校生1312人。

（宋亚甫）

【召开中关村二小办学实践研讨会】

10月22日，海淀区委教育工委、区教委召开中关村二小教育家办学实践研讨会。会议由中关村二小承办，以“聚力·绽放”为主题。中关村二小校长杨刚作题为《桃红李白心暖花开》主题演讲，从凝心聚力的家园文化和以人为本的办学实践两个方面介绍“家园梦想”的教育理想、教育追求和教育智慧。区委教育工委、区教委领导，各中小学书记校长、学生家长代表等500人参加会议。

（张苗）

【总结交流校园文化建设经验】 11

月5—10日，海淀区教委举办中小学校园文化建设总结交流活动。活动包

括总结会、学校开放活动两部分。总结交流会听取《建设魅力校园文化办好人民满意学校》主报告，中关村中学、首师大附小介绍校园文化建设特色与经验。会议认为校园文化建设是学校特色发展的需要，也是展现学校办学理念、办学特色的重要平台。海淀区委、区教委领导，各中小学、幼儿园代表400余人参加会议。校园文化开放活动分别在教师进修学校附属实验小学、科技大学附属中学、十一学校一分校、五一小学、和平小学和北京实验学校6所学校举行，1000名干部教师参加交流学习。“十二五”期间，海淀区总投入4.5亿元专项资金，全面推动中小学校园文化建设工作，34所中小学成为“北京市中小学学校文化建设示范校”。2015年，海淀区有校园文化墙、校园雕塑和校史馆（厅、角）的学校比例与2012年相比，分别从24%、17%、13%提高到100%、81%、74%。

（宋亚甫）

【召开中小学体育工作会】　11月11日，海淀区教委召开中小学体育工作会。会议印发《中小学开展冰雪运动实施意见》《中小学足球三年行动计划》等文件，明确未来几年海淀区中小学体育教学的方向，冰雪运动将作为一项重点逐步引入中小学。会议围绕“如何看待体育工作在学校教育教学中的地位”“正确把握体育工作中应该遵循的原则”“明确知道体育工作中的重点方面”等问题，对全区中小学体育工作全面可持续发展提出希望和要求。海淀区学校校长教师400人参加会议。

（宋亚甫）

【举办首届中小学校园足球联赛】　11月17日，海淀区教委举办首届中小学校园足球联赛。联赛采用南北分区赛制，分区赛前两名将进行最后的总决赛。共有69所学校97支球队参加男子小学、初中、高中和女子小学、中学五个级别比赛。开幕式在海淀区实验小学苏州街校区举办。

（宋亚甫）

【召开小学教育工作会】　12月23日，海淀区教委召开2015年小学教育工作会。会议主报告围绕“深化教育改革办好人民满意学校”主题，分析教育发展形势和海淀区小学工作情况。海淀区教师进修学校、区教科所从教研、科研等角度总结小学教学工作，农科院附小、石油附小、五一小学、人大附小4所学校分别交流学校办学经验。海淀区政府、教育系统领导，各小学书记、校长、教学副校长500人参加会议。

（宋亚甫）

【举办高中课改系列论坛】　12月，海淀区教委举办高中课改“致思·问行”系列论坛。该系列论坛从2015年至2017年，分四个阶段开展。第一阶段2015年12月研讨“核心素养与课程建设”、第二阶段2016年4月研讨“教与学的改进与质量评估”、第三阶段2016年11月研讨“管理优化与资源开发”、第四阶段2017年4月研讨“学校新课程方案交流”。12月3日，区教委召开系列论坛启动会。会议通过对高中阶段课程设置、学业水平和非学业水平等方面分析，论述高中课改的必要性；12月16日、23日和29日，分别在北大附中、人大附中及首师大附中召开研讨会，交流学校特色课程建设经验及育人成果，全区中学干部教师近千人次参加活动。

（宋亚甫）

【继续调整中小学布局】　至年底，海淀区教委继续进行中小学布局调整。年内，海淀区加大学校建设和资源整合力度，实现优质教育资源覆盖面进一步扩大。建成一〇一中学温泉校区、中关村三小万柳北校区、红英小学六里屯校区3所新校。与中科院合作建设中关村中学和玉泉小学，玉泉小学加挂中科院附属玉泉小学校牌；与北京邮电大学合作建设今典小学，今典小学加挂北京邮电大学附属小学校牌；与北京教科院合作建设育英中学，育英中学加挂北京教育科学研究院实验学校校牌；与首师大合作，建成首都师范大学附属玉泉学校。合并或者承办、更名学校包括：红山小学并入中关村三小，成为中关村三小红山校区；北洼路小学并入海淀区实验小学，成为海淀区实验小学北洼路校区；向东小学和艺师附小并入农科院附小；陶行知中学并入交大附中，成为交大附中东校区。由交大附中承办一〇五中学，更名为交大附中第二分校；八一学校承办六十七中学，更名为八一学校附属玉泉中学；由北大附中承办北医附中；万寿寺中学、万寿寺小学分别更名为北外附中、北外附小，魏公村小学并入北外附小。理顺北部地区学校管理体制机制，推进北部地区小学设置独立法人资格工作，对北部地区学校进行资源整合和独立法人设置工作。将白家疃小学、东埠头小学等8所非独立法人建制的小学并入翠微小学、和平小学等8所独立法人建制的学校；将红英小学、唐家岭小学、白水洼小学等7所非独立法人建制的学校分别合并为3所独立法人建制的小学；将农大附小、西二旗小学等两所非独立法人建制小学设置为独立法人建制学校。

（宋亚甫）

职业与成人教育

【概况】　2015年，海淀区有中等职业学校11所，其中，普通中专6所，成人中专3所，职业高中2所，其他学校附设中职班7所（不计校数）。中等职业教育在校学生8769人，其中，普通中专学校在校生4186人，成人中专学校在校生526人，职业高中在校生2739人，其他学校附设中职班在校生1318人。中等职业学校毕业3880人，招生2790人，教职工1123人，专任教师709人，外聘教师168人。其中，职业高中在校生2223人，招生831人，毕业1594人，教职工634人，专任教师461人。全区职业高中占地面积142797平方米，建筑面积158601平方米。各类民办教育培训机构435家，年度招生97万人，结业92.3万人，教职工34234人，专任教师11976人。成人教育学校包括中关村社区学院，以及10个社区教育中心，674个市民学校。全年累计开展各级各类社区教育培训84万人次。

（宋亚甫）

【创办学生自主创就业平台】　4月25日，海淀区信息管理学校与360同城帮、中盈创信（北京）科技有限公司三方共同创办北京市职校学生自主创就业平台。启动仪式上，27 所中高职院校和技工学校共同签署就业平台校企合作协议。就业平台由互联网公司、培训管理机构及职业教育学生共同组成，为泛计算机类产品服务请求与服务提供者提供交流平台。合作企业负责标准制定、流程管理、人员培训，并将因服务产生利润的绝大部分直接与服务者（即职教学生）挂钩。

（王天蛟）

【举办职业教育发展高峰论坛】 11

月 10 日，海淀区举办 2015 年北京市全民终身学习活动周开幕式暨海淀区职业教育发展高峰论坛。论坛在海淀区中关村国家自主创新示范区展示中心举行，以“知识启迪心灵、技能创造价值”为主题，听取《国家职业教育的改革与创新思路》等 7 个主题演讲。北京市全民终身学习活动周开幕式上，表彰 10 名首都市民学习之星代表。来自市委、市政府相关委办局、市建设学习型城市工作领导小组各成员单位、各区县教育机构、河北张家口职业教育机构代表 400 人参加会议。

（宋亚甫）

【4 人当选首都市民学习之星】 11 月，海淀区 4 人当选 2015 年首都市民学习之星。该评选由北京市建设学习型城市领导小组办公室组织。评选采取个人自荐、社会举荐、部门推荐方式，经专家评审产生。全市共评选出 100 名学习之星。

（宋亚甫）

【信息学校通过教改示范校验收】 11 月，北京信息管理学校通过国家中等职业教育改革发展示范学校建设计划第二批项目学校验收。根据教育部办公厅、人力资源社会保障部办公厅、财政部办公厅公布结果，北京市信息管理学校以北京市第一名的成绩通过验收，被正式确定为“国家中等职业教育改革发展示范学校”。

（肖文）

【完成三校合并工作】 至年底，海淀区教委完成北京市信息管理学校、北京市商务管理学校、海淀区艺术职业学校三校合并工作。2013 年 9 月起，根据区教委工作部署，三所学校启动整合工作，合并成立新的信息管理学校。合并后北京信息管理学校成为海淀区唯一一所中等职业学校，共有紫竹桥、中关村、清河、翠微、远大路、花园路、西苑、蓟门桥、甘家口 9 个校区，占地面积 13.86 万平方米，建筑面积 14.6 万平方米。开设信息技术、媒体艺术、数码技术、现代服务、金融商贸、学前和艺术教育 6 大专业群 23 个专业，其中计算机应用为国家级示范专业，计算机网络和动漫游戏专业被评为北京市示范性专业，商务英语、动漫游戏等 5 个专业被评为市级示范或骨干特色专业。教职工 518 人，在校生 2838 人。

（肖文）

【开展各类社区教育活动】 至年底，海淀区开展各类社区教育活动。全年参加各种社区培训和活动近 2.6 万人次；区教委完成 100 门社区教育课程体系的设计和框架结构的搭建，并邀请 1000 名优秀志愿者进入社区教育人才库。职工素质培训 1.3 万人次。开展北部新区农民培训，其中，职业技能培训 510 人，精神文化素质培训 1100 人次。接受职业技能培训农民均获得职业资格证书，75%以上实现转岗再就业。印发《关于继续开展“送教下乡”工作的通知》，组织、指导职成院校开展送教下乡活动。职成院校为农村干部和居民开设近百种培训课程，举办培训班 40 个，培训农村地区 870 人。

（宋亚甫）

教育督导

【概况】 2015 年，海淀区教育督导室兼职督学 276 人。结合学区制改革，全面推进责任督学挂牌督导工作，确定 17 个督学责任区，确保责任督学挂牌督导工作有序开展。探索动态督导与评价管理机制，制定挂牌督导工作指南及实用手册。完成国家级义务教育均衡发展达标区县验收、国家基础教育质量监测、秋季开学工作暨“护校安园”行动落实情况督导检查、学前教育发展状况监测统计、校外教育督导评价工作。印发《关于建立海淀区学科总督学制度的实施意见（试行）》，在国内率先实施学科总督学制度。探索学科督学管理模式，落实三级督学例会制，试行学科督导日制度。制定督学队伍三年发展规划和培训计划，设置督德督风类、通识岗前类、实践技能类和研究拓展类四个模块培训课程，打造多层次、立体式培养体系。

（宋亚甫）

【完成社会满意度调查】 1 月 29 日，海淀区教育督导室完成 2014 年度海淀区义务教育学校社会满意度调查。该项工作由中关村创新研修学院承担，调查抽样数量共计 10.2 万个，综合使用电脑、手机、平板电脑和纸质问卷等多种手段，并使用交叉评价、语义分析等大数据处理方法对 20 多万条主观评价数据进行分析。最终形成全区满意度调查总报告、学段报告和学校报告等项目成果。

（宋亚甫）

【接受义务教育均衡发展国家级评估】

4 月 28—29 日，海淀区接受国务院教育督导委员会义务教育均衡发展督导评估。督导组全面了解城区学校、城乡接合部学校以及农村学校等各级各类学校义务教育均衡发展现状，并对学校发展给予充分肯定。督导组认定，海淀区义务教育均衡发展通过国家级评估认定。

（宋亚甫）

【督导调研 17 所幼儿园】　5—6 月，海淀区教育督导室联合区教委督导调研 17 所不同类型幼儿园。督导调研通过实地考察、座谈访谈、查阅资料、听取汇报，了解各类型幼儿园对学前教育督导的需求及幼儿 2 小时户外活动情况、幼儿一日生活情况、师资培训情况。在督导调研基础上，督导室对幼儿园督导工作原则、依据、程序及督导工具等进行研究，形成具有海淀特色的评价指标体系。

（宋亚甫）

【专项调研特教发展情况】　6 月 4 日至 7 月 1 日，海淀区教育督导室开展特殊教育发展情况专项调研。调研组先后督导调研第三聋人学校、培智中心学校及海淀区特殊教育管理中心、盲人学校，分别听取发展情况汇报，参观校园环境、康复训练专业教室，走进课堂观摩师生教学。海淀区特殊教育督学、职业教育督学和部分责任督学 30 人次参加调研。

（宋亚甫）

【接受防止“小学化”现象督导】　6 月 30 日，海淀区教委接受市教育督导室、市教委联合开展的关于规范幼儿园保育教育工作防止和纠正“小学化”现象专项督导检查。检查分两组实地考察四季青育红幼儿园、海军总医院幼儿园、英才美丽园幼儿园、核工业第二研究设计院幼儿园，听取幼儿园专题汇报，实地观摩各幼儿园教育教学活动，并召开干部、教师座谈会。检查组认可和肯定海淀区工作，认为各园能落实以游戏为基本活动，进行科学保教的理念，并贯穿在教育实践中。

（宋亚甫）

【启动督学文化素养提升工程】　6 月，海淀区教育督导室启动督学中华优秀传统文化素养提升工程。该工程采用“菜单预约”培训模式，事先提供 20 多门课程征求意见，选取督学愿望比较集中的 6 门课程开展培训。首届培训班采取小班化教学、专题讲座与动手体验相结合形式，6 门课程包括中国书法、茶艺体验、花卉文化等，每门课程 10 学时，共 60 学时。100 名督学参加学习。

（宋亚甫）

【首批聘任 25 名学科督学】　7 月 8 日，海淀区教育督导室首批聘任 25 名学科督学。首批试点范围包括中小学语文、中学物理、小学科学 3 个学科，聘任包括特级教师、市级学科带头人、市级骨干教师在内的 25 名教师任学科督学，同时聘请 6 人担任语文、物理、科学学科总督学。学科总督学主要负责对学校学科教学工作进行督导，其工作职责是了解学校课程改革，评估教师执行课程标准情况；进行学科质量评价，加强教学专业指导与引领。

（宋亚甫）

【出版督导工作文集】　9 月 30 日，海淀区教育督导室编辑出版督导工作文集。文集包括《海淀区责任督学挂牌督导工作指南》《海淀区责任督学挂牌督导工作实用手册》《海淀区督学队伍建设与发展》《海淀区督学培训课程与教材》《海淀区责任督学挂牌督导工作报告选编》《海淀区责任督学挂牌督导工作实践案例选编》共 6 册。

（宋亚甫）

【举办校外教育督导专项培训】　11 月 26—27 日，海淀区教育督导室首次举办校外教育督导专项培训。培训委托北京市督学研修中心举办，内容涉及校外教育督导政策与督导标准、常用评价理论与方法、教育督导实操技术等，并专题研修《海淀区校外教育督导指标体系》。海淀区首批校外教育督学 17 人参加培训。

（宋亚甫）

中共海淀区委教育工委

书　　记　张卫光（4 月免）
　　　　　尹丽君（4 月任）

海淀区教育委员会

主　　任　尹丽君（6 月免）
　　　　　陆云泉（6 月任）

海淀区政府教育督导室

主　　任　王建忠

门　头　沟　区

总　类

【召开教育系统期末总结会】　1 月 19 日，门头沟区教委召开教育系统期末总结会。会议回顾教育教学改革成果，展望未来门头沟区教育发展愿景。会议邀请市教委领导和十一学校校长作《当前教育政策与发展形势的报告》和《依法治校与学校治理能力建设的报告》讲座，明确下一步工作目标。区教委机关干部、全区中小学幼儿园代表 500 人参加会议。

（李师）

【印发经济责任审计实施办法】　1 月 19 日，门头沟区教委印发修订完善的《教育系统单位领导干部经济责任审计实施办法（试行）》。办法明确相关科室在经济责任审计工作中的职责，从 2015 年起对基层单位行政正职领导干部每六年轮审一次。文件从制度上强化领导干部经济责任审计工作机制，对内部审计工作提出新的要求。

（邓建民）

【举办“打开艺术之门”演出】　1 月 26—29 日，门头沟区教委举办“打开艺术之门”演出季活动。演出以“政府购买社会服务”形式邀请北京爱乐管弦乐团为学生举办室内乐专场演出。演出每天 3 场共计 12 场，全区 7 至 9 年级学生 4605 人观看演出。

（王曦）

【调整部分事业机构设置】　2 月和 5 月，门头沟区教委调整部分事业机构设置。2 月 13 日，区教委房管所、区教工招待所整合为区教委房管所（挂“北京市门头沟区教工招待所”牌子），撤销北京市门头沟区教工招待所编制。调整后，房管所为区教委所属相当正科级全额拨款事业单位，核定事业编制33人，科级领导职数1正2副。同时，撤销区教委生产劳动教育办公室。5月7日，门头沟区教委撤销“北京市门头沟区老师培训中心”、撤销“北京市门头沟区计算机培训中心”、撤销区社区学院（区市民学校）加挂的“北京市门头沟区农民科技教育培训中心”牌子。摘牌后，核定区社区学院（区市民学校）事业编制48人。

（肖新）

【入选“全国文明单位”】 3月2日，全国精神文明建设工作表彰大会上，门头沟区教委被授予“全国文明单位”称号。这是门头沟教委首次获得这一荣誉。全国文明单位评选活动由中央文明委组织，每3年评选表彰一次。此次表彰全国文明城市34个、文明村镇1159个、全国文明单位2242个。

（赵盈春）

【召开教师节表彰暨人才工作会】 9月9日，门头沟区教委召开庆祝2015年教师节表彰大会暨人才工作会。会议总结“十二五”期间门头沟区教育人才工作。区领导为新评选的特级教师、2015年十大魅力教师、6个卓越团队和30年教龄教师颁奖。区领导、区教委机关科室负责人，各基层单位代表及受表彰人员400人参加会议。“十二五”期间，门头沟区教育人才工作围绕教育综合改革，通过引进和培育优质教育资源，加大教育人才的培养力度，有力推进着门头沟区教育质量的进步。“十三五”期间，教育人才工作将加大入职招聘力度，改革人才入职模式，开展人才培养系列工作，为构筑京西教育高地提供人力资源保障和支持。

（李师）

【举办推广普通话宣传周】 9月21日，门头沟区语委举办第18届推广普通话宣传周活动。宣传周依据“紧扣主题”“创新形式”“厉行节约”活动要求，在大峪二小举办“语言文化知识猜谜会”。猜谜会搜集整理语言文字法知识、成语知识、歇后语知识等语言文化知识，以及纪念抗战胜利70周年抗战歌曲联句，制作谜语726条。有关领导和市民学生1000人参加活动。

（陈菊新）

【签订“高参小”合作协议】 12月23日，大峪一小、大峪二小与中央民族歌舞团签订高校参与小学体育美育特色发展项目合作协议。协议规定中央民族歌舞团利用自身资源，围绕文化建设、学科教学、社团发展、教师培养、理论研究五个方面，支持两所学校美育特色发展，合作期限5年。

（张娅）

学前教育

【概况】 2015年，门头沟区幼儿园28所，其中，教育部门办园18所（包括3所独立法人幼儿园和15所小学附属幼儿园），地方企业办园1所，民办园9所，另有2所小学附设学前班5个，学位6560个。离园幼儿1521人，入园幼儿2418人，在园幼儿5943人（其中公办园在园幼儿2929人）。幼儿园教职工907人，其中专任教师519人。市级示范园2所，一级一类幼儿园2所，一级二类幼儿园3所，二级二类幼儿园7所，北京市社区儿童早教示范基地8所，特殊教育基地4所，常住适龄幼儿入园率达到98.4%。

（何苗）

【总结双优评比工作】 1月27日，门头沟区教委召开区级学前教育双优评比总结表彰会。会议以《夯实基础，提升素质，促进教师专业成长》为题，全面总结区级双优评比工作。会上，区研修员选取获奖的两个教学活动录像，具体分析教学活动的特点。全区27所幼儿园园长、保教主任、获奖教师和学前研修员等190人参加会议。全区教师85人参加区级学前双优评比活动，最终52人分获一、二、三等奖。

（何苗）

【与红黄蓝幼儿园合作办学】 3月16日，门头沟区教委与红黄蓝幼儿园签订办学合作协议。红黄蓝幼儿园将承办永定镇东辛房地区的永升嘉园幼儿园，幼儿园占地面积3500平方米，建筑面积5094.46平方米，办学规模为12个教学班，可接纳360名幼儿。新幼儿园预计2016年交付使用。红黄蓝幼儿园是红黄蓝教育机构旗下知名教育品牌，以培养“健康快乐、有竞争力的儿童”为办园理念，在全国拥有1000多家早教机构和300余所幼儿园。

（何苗）

【举行绘本与教学工作坊培训】 3月19日，门头沟区教委在区幼儿园举办“绘本与教学工作坊”培训。培训为期一天，中科院心理研究所教授解读绘本讲读、肢体动作模仿、美术创作等内容。培训是区教委“绘本与幼儿园课程”系列培训之一，帮助幼儿园教师挖掘绘本教育价值，将绘本资源转化为教学活动，促进幼儿全面发展。全区24所幼儿园代表50人参加培训。

（何苗）

【两所幼儿园晋升级类】 4月29日和6月23日，门头沟区两所幼儿园晋升级类。4月29日，市教委专家组成员到城子幼儿园进行市级示范园评估验收。验收专家通过家长调查问卷、实地看园所环境、查看教育教学实践、查看档案材料、听取园长汇报了解园所发展情况。最终，城子幼儿园通过市级示范园验收。这是门头沟区继2005年区幼儿园晋升后的第二所市级示范园。6月23日，龙泉大地幼儿园通过市教委验收晋升一级一类幼儿园。龙泉大地幼儿园属于政府委托办园，2013年6月开园。

（何苗）

【召开管理故事撰写培训会】 9月2日，门头沟区教委举办“幼儿园管理故事撰写”专题培训。培训邀请北京市特级教师、丰台一幼园长主讲。讲座以“故事中的智慧，管理中的感悟”为题，通过小故事讲解幼教工作的感悟和收获。培训作为全区幼儿园管理干部的“开学第一课”，为管理干部撰写管理案例打下基础。全区各类幼儿园及部分小学管理干部、青年教师140人参加培训。

（朱继文 何苗）

【两所新幼儿园开园】 9月16日和10月13日，大峪一小附属幼儿园和京师实验小学附属幼儿园开园。大峪一小附属幼儿园位于永定镇曹各庄地块，占地面积9391.61平方米，建筑面积7181.43平方米。班级活动室18个，学位540个。京师实验小学附属幼儿园是门头沟区与北师大合作项目。该幼儿园位于中门寺南坡小区，占地面积3036平方米，可容纳9个班级，学位270个。

（何苗）

【举办幼小衔接研讨会】　10月29日，门头沟区教委在龙泉雾小学召开“放眼新九年，构建家校园一体化育人模式”交流会。会议听取龙泉雾小学工作汇报，交流学校三年来机制建设、课程建设和环境氛围建设的方法策略和成绩，重点介绍学校以传统文化为主线，育人目标、课程建设、家校共育的一体化研究与实践。会议观摩该校幼儿园大班和一年级的两节教育活动展示。区教委、区教师进修学校相关负责人，各小学、幼儿园领导以及家长代表参加活动。

（何苗）

【完成政府委托办园考核】　至年底，门头沟区教委开展委托办园落实协议约定及承诺情况专项考核，认真总结政府委托办园取得成绩及存在问题，并及时向委托办园举办者进行反馈。联合业务部门、教研部门深入三所委托办园对整改情况进行跟踪指导，对园所规划、发展思路、干部队伍建设、教师队伍培养等方面工作进行专门诊断，共同研讨整改措施并督促落实，推动委托办园优质特色发展，落实协议约定。6月，委托办园中的龙泉大地幼儿园被评为北京市一级一类幼儿园。

（范千）

基础教育

【概况】　2015年，门头沟区小学22所，开设教学班381个，毕业1549人，招生2223人，在校生11747人，在校生中北京市户籍学生7785人；教职工1140人，其中，专任教师930人。中学16所，开设教学班241个（初中162个、高中79个），毕业2264人（初中1531人、高中733人），招生2292人（初中1446人、高中846人），在校生6916人（初中4605人、高中2311人），在校生中，北京市户籍学生5587人；初中入学率98.12%，巩固率99.8%，毕业及格率100%，升学率98.6%，高中应届毕业生高考录取率93.71%。教职工1275人，其中，专任教师858人。特殊教育学校1所，毕业4人，招生5人，在校生68人。教职工25人，其中，专任教师21人。校外教育单位5个，教职工114人，其中，专任教师55人。工读学校1所，教职工43人，其中，专任教师29人。全区中小学专任教师学历合格率100%，高级技术职务教师746人（小学526人、中学220人）。中小学占地面积44.71万平方米，建筑面积40.76万平方米，图书馆藏书104.21万册，固定资产总值62813.92万元。全年教育经费总投入162961.13万元，其中，国家拨款159039.46万元，自筹经费3921.67万元。

（周文涛）

【人大附小京西分校创新考试形式】　1月23日，人大附小京西分校一年级学生进行语文、数学两个学科期末考试——亲子期末闯关。学生在家长陪同下，自由选择闯关顺序，完成入学以来的第一次期末闯关。其中，数学分为“我是计算小能手”“我能解决实际问题”“我敢向难题挑战”三关，语文分为“我会写”“我会背”“我会说”三关。学生们兴趣盎然，像完成智力游戏一样，迎接每一关带来的惊喜和挑战。闯关结束后，可以凭成绩单赢取奖品。

（何苗）

【表彰优秀中学生】　4月9日，门头沟区教委举行2014—2015学年优秀中学生表彰会。28名年度“优秀中学生”、232名年度“单项标兵”受到表彰。会上，各校代表以歌曲、诗歌、戏剧等形式进行青春风采展示。区教委领导，各中学德育主管领导，新桥路中学宏志生，中小学优秀学生代表共250人参加活动。

（王艳）

【举办首届融合教育特奥会】　4月10日，门头沟区教委在育园中学举办第一届融合教育特奥运动会。特奥会根据学生身体和年龄特点，设立托球跑、钻山洞等11个特奥竞技项目，31名选手参与比赛。运动会还特别设立脚踏车接力、过河两个互动项目，由特殊教育学生和普通学生志愿者共同参与完成。区特殊教育学校学生和育园中学师生志愿者参加运动会。

（何苗）

【3所学校更名】　4月22日和5月11日，门头沟区3所学校更名。4月，河南街小学更名为“北京市第八中学京西附属小学”。5月，西辛房中学更名为“北京市门头沟区京师实验中学”，坡头中学更名为“北京市门头沟区大峪中学西校区”。更名后，上述学校原机构性质、人员编制和经费形式不变。

（肖新）

【举办连环画故事大王比赛】　5月15日，门头沟教委举办小学生连环画故事大王比赛。赛前，各学校组织学生开展优秀影片观影及连环画阅读系列活动，通过校内选拔，各校推荐1名优秀学生参加区级比赛。区级比赛中，参赛选手通过讲故事塑造影片或连环画中角色和形象。比赛评出连环画故事大王。区教委领导和各小学主管领导、参赛学生及家长代表80人观看比赛。

（何苗）

【召开中学生综合素质评价工作会】　5月21日，门头沟区教委在军庄中学召开“在评价中阳光成长——践行社会主义核心价值观中学生综合素质评价工作现场会”。会议展示军庄中学综合素质评价工作成果，军庄中学汇报学校育人文化和办学理念，各校德育主任研讨综合素质评价工作具体问题。区教委提出，综合素质评价要与育人理念、办学目标结合在一起，全员育人；要与学校整体工作结合，以评价引领学生正向成长。区教委领导及各中学德育领导、班主任代表共50余人参加活动。

（王艳）

【举办校园危机事件干预培训】　5月22—23日，门头沟区教委联合首师大举办“校园危机事件管理与干预”培训班。培训班邀请首师大专家讲授校园危机事件的处理流程、危机事件后的心理干预等内容。全区中小学幼儿园安全主管领导、德育主任等110人参加培训。会后，参加人员在本校举办二级培训，提升学校应对危机的管理水平。

（王冬冬）

【开展语文课程建设研讨活动】 5月28日，军庄中心小学与琉璃渠小学邀请山东省名师张云杰来校举办语文课程指导。研讨活动观摩琉璃渠小学、军庄中心小学两名教师现场课，张云杰结合现场课，讲解古诗文教学要点。军庄中心小学、琉璃渠小学，门头沟区其他捆绑发展校成员共50人参加活动。该活动是门头沟区捆绑发展校共同教研活动之一。

（何苗）

【评选优秀教研组】 5月，门头沟区教委举办第一届中学优秀教研组评选活动。全区共有21个教研组参评，经过材料上报审核、专家评审、集体评议等环节，最终，11个教研组被评为2015年区级中学优秀教研组。

（邵华）

【新成立两所学校】 6月4日，门头沟区教委成立北京景山学校京西实验学校和北京市第八中学京西校区。两校为门头沟区教委所属全额拨款事业单位。景山学校京西实验学校（待建），建设地点位于门头沟城子C地块04街区中部，占地面积79352.91平方米，建筑面积79559平方米，计划建设78个教学班。八中京西校区位于门头沟区东辛称C地块，梧桐苑小区北侧，占地面积73333.46平方米，建筑面积63994.46平方米，规模54个班。

（肖新）

【举办首届安全微课比赛】 6月10日，门头沟区教委举办首届中小学、幼儿园教师安全教育微课教学比赛。比赛要求参赛教师围绕安全教育某个知识点或教学环节开展简短完整的教学活动。全区31所学校参加比赛，最终评出一等奖6名，二等奖9名，三等奖16名。

（王冬冬）

【举办首届英语夏令营】 8月，门头沟区教委联合北京市国际教育交流中心举办首届英语夏令营。夏令营在雁翅基地举办，30名外籍教师、30名本区英语教师担任授课教师。课程选用《空中英语》面向中学生开发的课程材料，采用主题式对话教学与情景式教学，内容贴近中学生生活，通过课堂讲授、分组讨论、小组活动等方式强化学生英语听说等综合运用能力。经选拔，门头沟区新高二学生300人参加活动。

（邵华）

【召开首届中学生模联大会】 10月25日，门头沟区教委在大峪中学召开首届门头沟区中学生模拟联合国大会。活动分设联合国大会第一委员会、亚太经合组织和世界卫生组织三个会场，设有“国际互联网迅速发展下的网络安全”“共建面向未来的亚太伙伴关系——推动区域经济一体化”以及“全球疫病防控——埃博拉疫情”三个议题。全区11所学校的200多名学生代表、志愿者、指导教师、德育干部参加大会。

（王艳）

【实施学生赴城区游学项目】 10—12月，门头沟区教委实施远郊区学生赴城区游学项目。按照市教委工作安排，门头沟区教委与东城区、石景山区教委对接，潭柘寺中学、军庄中学、妙峰山民族学校、王平中学、斋堂中学、清水中学作为项目派出校，广渠门中学、京源学校作为承接方，合作共同制定游学方案。游学每期5天，活动内容包括体验承接学校的特色课程，同时依托城区优质的教育资源，前往科技场馆、科研院所等开展科学及社会实践活动，派出校学生食宿安排由承接学校统一安排，费用由财政专项资金支付，保障活动的有效开展。至12月，门头沟区学生214人参加游学项目活动。

（裴军）

【开展捆绑发展校交流活动】 11月18日，京师实验小学、付家台中心小学干部教师11人到大台中心小学教研交流。活动观摩大台中心小学两名教师现场课，观看大台小学教师成长纪录片，并就青年教师成长开展互动研讨。京师实验小学、付家台中心小学、大台中心小学是门头沟区捆绑发展校。学校以“蓓蕾工作室”“毛竹工作室”为依托，促进城镇和山区教师交流。

（何苗）

【召开文化建设示范校创建现场会】 11月26日，门头沟区教委在大峪中学分校召开创建北京市第三批中小学学校文化建设示范校活动现场会。会议听取学校《践行尊重教育，打造“三优”校园》工作汇报，总结文化建设工作经验。北师大专家点评认为大峪中学分校“尊重教育”文化内容丰富、涵盖全面，并就下一步工作提出建议。区教委领导和全区中小学代表100人参加会议。

（裴军）

【举办电子与信息创意实践活动】 11月27日，门头沟区教委举办第33届学生科技节中小学生电子与信息创意实践活动。活动包括面包板电路实验与测量、电子设计自动化与仿真、电路制作、太空运矿、现场编程五个竞赛项目。来自大峪一小等5所学校20支代表队100人参加比赛。科技节共开设头脑创新思维（DI）校园嘉年华、中小学生航空模型比赛、创客体验活动等十余项科技活动项目。科技节开幕式上，区教委表彰门头沟区科技教育示范学校和第32届门头沟学生科技节先进个人、优秀科技教育工作者和优秀科技辅导教师。

（张娅）

【举办中学生戏剧节展演】 11月29日，门头沟区教委举办“走上我们的舞台——门头沟区首届中学生戏剧节展演”。展演活动由全区中学语文教师带领学生编创剧本、导演设计，共表演《雷雨》《红楼梦》《红岩诵》等7出经典剧目节选。全区中小学代表500人观看演出。

（邵华）

【举办文化建设示范校展示活动】 12月2日，大峪一小举办北京市第三批文化建设示范校展示交流活动。活动中，大峪一小展示校园环境文化，展示5节国家课程、1节地方课程、4节普及课程和20节发展课程。课程体现学校“变教为学，以学促思”教学方式。在校长论坛上，大峪一小等4所学校交流学校文化建设经验。会议提出坚持以促进学生成长作为打造学校文化的立足点，继续抓好课程和班级两个现场推进班级文化建设，同时以传承、挖掘、创新、规划的思路完善学校文化建设体系。北京教育学院、区教委、区教师进修学校等领导，全区中小学代表参加活动。

（何苗）

【创新基地开展课程实践】　至年底，门头沟区教委整体设计区级学科实践活动，支持鼓励区内四个教育基地、学校和资源单位合作开发实施。各学校通过利用基地课程落实新课程改革实践方案，使学生获益。其中，育园小学四年级师生在琉璃渠中小学劳动艺术教育基地，开展基地实践课程与美术、语文学科的综合实践。北京八中京西附小结合学校“动物主题综合课程”，带领学生前往莲石湖公园，进行主题综合实践课——“寻找昆虫的足迹”。

（何苗）

职业与成人教育

【概况】　2015年，门头沟区职业高中1所（门头沟区中等职业学校），开设中餐、幼儿教育、汽车运用与维修等6个专业，13个教学班。毕业生340人，就业率95%，职业资格证书取证率85%。招生22人，在校生182人。教职工142人，其中，专任教师84人、教辅人员49人。专任教师中，高级专业技术职务22人、中级40人。学校占地面积2.23万平方米，产权校舍建筑面积1.94万平方米，固定资产总值6268.13万元，图书馆藏书4.46万册。全年教育经费投入3542万元，其中，国家拨款3487万元、自筹经费55万元。高等成人教育学校1所（北京开放大学门头沟分校），开设专业14个，学历教育在校生1400人。教职工32人，其中，专任教师16人。外聘教师60人。教育经费投入783万元，其中，国家拨款480万元、自筹经费303万元。社区学院教职工46人，其中，管理人员4人，专任教师36人，工人6人。全年教育经费投入1548.05万元。

（范千）

【入选国家级残疾人职业培训基地】　1月28日，门头沟区中等职业学校参加门头沟区青壮年扫盲班试点培训成果展示赛。赛后，区残联向中等职业学校授予铜牌，标志着中等职业学校入选第二批“国家级残疾人职业培训基地”。残疾人职业培训基地由中国残疾人联合会认定，是各地依托职业院校、特殊院校设立，为残疾人提供高质量、规范化职业培训服务，在本地具有一定影响和示范作用的残疾人职业技能培训机构。基地是残疾人职业培训的示范窗口，带动和辐射各级各类残疾人职业培训基地规范发展。

（范千）

【开放大学门头沟分校揭牌】　3月21日，北京开放大学门头沟分校揭牌仪式暨2015年春季新生开学典礼举行。按照北京开放大学更名工作安排，门头沟区电大作为北京开放大学的基层办学单位，已完成由电大变为开放大学的更名审批工作，成为“北京开放大学门头沟分校”。门头沟分校现有在校生约1500人。

（范千）

【首批残疾人中专生毕业】　4月22日，开放大学门头沟分校残联培训基地举行2015年春季电视中专毕业典礼。区教委、区残疾人就业中心、门头沟电大主管领导及本届毕业生、导学教师参加典礼。本届毕业生共12人，2013年入学，学习课程包括市场营销学、工业企业管理、语文、英语、数学、工商行政管理概论、现代管理学、国家税收、哲学基础、统计学、经济法等，共18门1440课时。这是电视中专首批残疾人毕业生。

（范千）

【艺术教育进社区下农村】　6—10月，门头沟区社区学院实施艺术教育进社区下农村工程。该工程在军庄镇及龙泉镇共计演出8场，吸引观众千余人次。演出期间，来自社区学院百灵艺术团艺术家为观众表演民乐合奏、独唱对唱、舞蹈表演等，促进农村精神文明建设。

（范千）

【入选学习型城市示范区】　12月10—11日，市建设学习型城市工作领导小组办公室全面评估门头沟区建设学习型城市示范区工作。专家组认为，门头沟区教委发挥学习型城市领导小组办公室的作用，打造“一统两翼”示范项目，即以干部大培训为统领，构建大教育培训体系；以文化人，全面提升新市民素质；以学治理，激发组织活力，创新社会治理。经专家组审议，市建设学习型城市工作领导小组认定门头沟区为“北京市建设学习型城市工作示范区”。

（范千）

【教师基本能力竞赛活动获奖】　至年底，门头沟区农村成人教育教师参加评比多次获奖。参加北京市农村成人教育自编教材评比，《黄芩种植与加工》获得一等奖；参加北京市农村微课评选活动，7件微课作品获得二等奖，5件微课作品获得三等奖；参加“以老带新”工作室干部及教师基本能力竞赛活动获得1个一等奖，1个二等奖，1个三等奖。

（范千）

教育督导

【概况】　2015年，门头沟区政府教育督导室围绕督学、督政、监测三大职能，不断完善督导评价工作方案，不断优化督导工作方式，充实督导评价工作体系，深入落实“实施素质教育评价方案”，认真组织教育执法自查自评，深入探索责任督学挂牌督导工作，扎实开展督导调研检测，全面提高督导工作水平，促进本区教育健康发展。

（陈菊新）

【通过义务教育均衡发展国家验收】　4月28—29日，门头沟区接受教育部国家督导评估专家组义务教育均衡发展情况督导评估。专家组听取区委区政府义务教育均衡发展工作汇报，实地督导检查大峪一小、龙泉小学、王平中学等15所中小学校。经检查，国家督导评估专家组肯定门头沟区推进义务教育均衡发展工作。

（陈菊新）

【完成学前教育纠正小学化自查工作】　5月21日至6月9日，门头沟区教育督导室配合行政部门，完成防止和纠正幼儿园“小学化”现象专项督导检查。在幼儿园自查基础上，区教育督导室督导检查22所幼儿园（包括3所独立公办园、9所小学附属园、1所企业办园、9所民办园）。最终完成自评报告并上交市教育督导室。

（陈菊新）

【调查学生学习生活状况】　5月22日，市教育质量评价研究中心抽样调查门头沟区义务教育阶段五年级和八年级学生的学习生活状况。抽样学校包括小学11所，中学9所。结果显示，门头沟区中小学生课业负担适中，学习状况良好。

（陈菊新）

【完成义务教育学科监测工作】　6月18日，门头沟区教育督导室完成全区21所中小学校国家义务教育学科监测工作。该项工作先后召开四次专门会议，针对21所样本校副校长（或负责本次监测工作的教学主任）、责任督学、数学监测员、体育监测员184人进行培训。共监测四年级和八年级的数学、语文、体育等三个学科。

（陈菊新）

【推进挂牌督导工作】　6月，门头沟区教育督导室采取措施推进挂牌督导工作。责任督学坚持按照经常性督导计划每月重点完成2个专项的督导任务。内容包括学校校务管理和制度执行情况，学生学习、体育锻炼和课业负担情况，课程开设和课堂教学情况，教师师德和专业发展情况，教育资源配置、管理、使用和开发情况，校园安全情况。同时，依据“教育督导专线”来电内容，开展随访督导，为群众排疑解难。8名督学累计下校838人次。

（陈菊新）

【专项督导非义务教育单位】　10月22—25日，门头沟区教育督导室专项督导非义务教育单位。督导针对机构功能定位与发展愿景、环境布置与文化建设、制度建设与常规管理、队伍建设与专业发展、工作绩效与发展特色五个方面工作开展全面检查，有效促进非义务教育机构的精细化管理水平提升，填补督导工作空白。专项督导共检查区教师进修学校、育园中学、北京开放大学门头沟分校等17个非义务教育单位。

（陈菊新）

【实施素质教育综合督导】　12月1—3日和12月15—17日，门头沟区教育督导室完成实施素质教育综合督导。督导依据新修订的《门头沟区落实〈北京市普通中小学（幼儿园、职业院校、特殊教育学校、校外教育机构）全面实施素质教育评价指标体系〉（修订）实施细则》及《门头沟区学校（教育机构）全面实施素质教育综合督导评价实施办法》进行，共督导检查12所初中学校。通过随堂听课、调查问卷、师生家长座谈、干部评课访谈和查阅资料，督导组全面掌握各校落实素质教育情况，形成督导报告并公开。

（陈菊新）

【完成教育法律法规执行情况自查】　12月1—15日，门头沟区教育督导室完成教育法律法规执行情况的自查工作。自查共涉及教委4个部门和全区39个单位，自查重点是职业教育、体育健康教育规划，开展社会主义核心价值观教育，落实有关职业教育和体育健康教育法律法规，最终形成《门头沟区2015年教育法律法规执行情况的自查报告》。自查结果显示，全区按照国家课程计划开齐课程，开足课时，上好体育与健康课，推行“阳光一小时”体育活动。通过“市区校承接、校内外协调、家校社协作、课内外并重、知情意行统一”等五项教育途径，实现教育活动“幼小中各个学段、家校社相关主体、教育教学后勤服务”等诸多环节的全覆盖。

（陈菊新）

【专项检查学生课业负担状况】　12月，门头沟区教育督导室针对群众关心的教育质量和减轻中小学过重课业负担问题，开展“教学改进措施”和“减负”工作专项督导调研。调研涉及38所学校。结果显示，全区学校积极投身课改，课堂教学效率明显提高，学生课业量适中。

（陈菊新）

中共门头沟区委教育工委

书　　记　何渊（8月免）
　　　　　　李永生（8月任）

门头沟区教育委员会

主　　任　李永生

门头沟区政府教育督导室

主　　任　杨玉柱

房　山　区

总　类

【11人被评为特级教师】　2月28日，经北京市特级教师评选委员会评选、公示，并报市政府批准，房山区教师11人被评为“北京市特级教师”。至此，房山区在职在岗特级教师16人。本年，全市共评选出248名特级教师。

（姜爱林）

【合作举办黄城根小学房山分校】　3月12日，房山区教委、西城区教委、黄城根小学三方签署合作办学协议。依据协议，房山、西城两区将本着优势

互补的原则，借助黄城根小学优质教学资源，充分发挥自身教育教学经验，共同把黄城根小学房山分校办成一所高起点、高质量，有一定影响力的优质学校。学校由房山区教委、西城区教委、黄城根小学共同管理，系

隶属房山区教委的全额拨款事业单位。管理上与黄城根小学"同形、同构、同质""同步校本课程、同享传统活动"。9月6日，黄城根小学房山分校开学。学校位于房山区长阳镇长政北街11号，占地面积11077平方米，教职工23人，学生178人，6个教学班。

（姜爱林）

【获"一区一城"建设先进单位称号】 3月，房山区教委在全区2014年度综合考核中获得"一区一城"建设先进单位称号。考核经区考核领导小组审核后，区委、区政府研究决定，对全区14个"一区一城"建设先进街道、乡镇，55个"一区一城"建设先进单位等先进予以表彰。在房山区教育系统单位中，14个单位获得文明单位标兵荣誉称号，9个单位获得文明单位荣誉称号。

（姜爱林）

【强化春游安全管理】 3—5月，房山区教委采取措施强化中小学春游安全管理。一是充分利用区内现有的德育基地和旅游资源，开展形式多样春游活动。二是严格履行申报审批手续。学校须将组织活动的申请报告上报，经教委审批后方可组织活动。三是加强集体活动车辆安全管理。要求组织春游或集体外出的学校必须与租用车辆单位签订安全责任书。四是坚持安全责任制度。校长作为第一责任人，活动中要精心安排，责任到人。五是做好宣传教育。利用广播、校会等各种途径引导学生"安全游、绿色游、知识游"。

（姜爱林）

【承办"缅怀先烈"宣誓活动】 4月3日，房山区"铭记历史缅怀先烈"青少年庄严宣誓活动在平西烈士陵园举行。活动由区委宣传部主办，团区委联合区委教育工委、区民政局承办，房山区部分青少年学生代表、团队干部、青年教师党员代表250人参加活动。少先队员代表、中学生团员代表、青年党员代表一同诵读祭文《致在战争中牺牲的平西烈士》。随后全体人员向烈士默哀一分钟。少先队员代表、中学生团员代表、青年党员代表先后重温入队、入团、入党誓词。最后，全体人员有序的瞻仰平西抗日烈士纪念碑，祭扫烈士墓。

（姜爱林）

【合作举办十二中朗悦学校】 4月8

日，房山区教委与丰台区教委、北京市第十二中学、北京金地惠达房地产开发有限公司举行合作办学签约仪式。四方合作举办九年一贯制学校——北京市第十二中学朗悦学校。协议规定，朗悦学校为隶属于房山区教委的全额拨款事业单位。房山区教委负责朗悦学校的行政管理及办学经费。丰台区教委负责将十二中引入房山区长阳镇，并与房山区教委共同监督指导合作办学相关事宜。十二中负责朗悦学校教育教学工作，将朗悦学校作为本部的一个校区，实施"一体化管理"，即课程计划管理、教学过程管理、评价与考试管理、教研科研管理、干部教师培训管理。金地惠达房地产公司负责朗悦学校建设工程质量。9月8日，北京十二中朗悦学校开学。学校位于长阳镇地铁房山线理工大学站5号地，总建筑面积26423平方米，占地面积29359平方米。学校规划小学部24个班、中学部12个班，现有一至三年级和七年级学生共211人。

（姜爱林）

【签订气象防灾减灾合作协议】 7月16日，房山区教委、区气象局签订气象防灾减灾合作框架协议。根据协议，双方将本着"优势互补、资源共享、服务社会、共同发展"的原则，建立学校气象防灾减灾联动工作机制。遇灾害性、关键性、转折性以及突发性天气发生时，区气象局在第一时间为区教委系统应急管理人员提供气象预警预报服务。此外，区气象局将充分发挥部门优势，进一步加强对中小学、市民学校关于气象科学和防灾减灾的科普知识宣传。

（姜爱林）

【举办领导力提升培训】 8月28—30日，房山区委教育工委在国家教育行政学院举办"打造优秀团队，深化教育改革"领导力提升培训。培训分为团队领导力和实践两大板块。团队领导力的核心课程由北京教科院研究员主讲。实践课程由清华附中校长和日坛中学原党总支书记主讲。培训还安排现场互动、廉政知识测试和研讨交流等内容。房山区"两委一室"领导班子成员，各基层单位党政正职及相关人员参加培训。

（姜爱林）

【关工委捐赠《百花山下游击战》】 9月1日，房山区教育系统关工委举办《百花山下游击战》捐赠仪式。会议介绍《百花山下游击战》一书的写作背景、出版意义等，书籍作者张成基亲属向与会学校代表赠书400册。该书为抗战老兵、原房山区人大常委会主任张成基所著。图书以客观的立场、翔实的史料，记述房山和门头沟两区1937—1945年间的大事及张成基本人亲历的战斗故事，讲述中国共产党团结和领导平西地区广大人民群众创建平西抗日根据地历史故事。

（姜爱林）

【成立学科名师工作室】 9月10日，房山区教委召开名师队伍建设启动大会。会议介绍房山区第一批名师工作室的概况，为首批16个学科名师工作室授牌，为特聘专家代表颁发聘书，组织参观新建的各学科工作室。房山区首批学科名师工作室16个，其中，中学12个、小学3个、职业高中1个。工作室实行主持人负责制，主持人共17人，由特级教师和特别优秀的北京市学科教学带头人组成。成员共173人，主要是由三类成员组成：一是以特级教师和市级学科教学带头人为发展方向的拔尖教师；二是以市级骨干为发展方向的教师；三是以骨干教师为发展方向的青年新秀。每个工作室配备1名同学科教研员作为工作室成员，同时担任工作室的组织管理工作。工作室预期的目标是在"十三五"期间，全区新增10个以上工作室，培养百位名师，打造千名骨干，每个工作室培养出1名特级教师。

（姜爱林）

【共建教育综合改革实验区】 9月18

日，房山区政府与中国教育科学研究院签约共建教育综合改革实验区。协议规定，房山区政府与中国教科院建立战略合作伙伴关系，共同推进房山区教育综合改革。中国教科院通过建立校长及教师培训基地、推进现代学校制度建设、探索中外合作办学等措施，为房山区提供高水平科研服务和长期智力支持，协助房山区在推进教育国际化方面做好顶层设计，规划发展路径，提供资源支持。中教科院计划在全国建立20个教育综合改革实验区，房山区是北京唯一的教育综合改革实验区。

（姜爱林）

【与北工商签署教育合作协议】 12月23日，房山区政府与北京工商大学签署教育合作协议。根据协议，双方将密切合作，加强研究和实践，依托北工商教育资源优势，为房山区基础教育可持续发展提供政策咨询和学术支持，为北工商师生提供实践基地和成果转化基地。同时，将房山区良乡三中命名为“北京工商大学附属中学”，良乡中心小学命名为“北京工商大学附属小学”。签约仪式上，张雪等领导共同为北京工商大学附属中学、北京工商大学附属小学揭牌。

（姜爱林）

【加强学校食品安全管理】 至年底，房山区教委加强学校食品安全管理。一是召开中小学校长专题会议，明确校长为学校食品安全第一责任人，具体从业人员为直接责任人。二是组织学校食品安全卫生排查，严格筛查学校食堂、超市、自备水源、二次供水设施、食堂蓄水池、食品存放，发现问题，及时整改。三是完善各学校食品安全管理机制和应急处理预案，强化应对处理能力。四是组织专业人士检查配餐和食品供应单位，严格监督校外食品加工流程。五是利用健康教育课、主题班会、墙报等平台，宣传食品安全知识。六是加强长效管理，完善学校食品卫生安全责任制、事故倒查制度和突发事件应急处理预案，加强人员配备和物资保障。

（姜爱林）

【教育教学质量持续攀升】 至年底，房山区教育教学质量持续攀升。全区义务教育入学率、巩固率和完成率均在99.9%以上，高中阶段普及率达到99.1%，高考升学率增长至97.98%，连续12年超过市平均水平，在全市远郊区县名列前茅。其中，本科升学率提高到79.48%，同比增长7.62个百分点。文史类考生最高分为648分，理工类考生最高分为705分，文理科最高分均位于全市郊区乃至全市前列，全区600分以上考生共有161人，比2014年增加83人，教育质量得到持续提升。

（姜爱林）

学前教育

【概况】 2015年，房山区托幼园所97所，其中，教育部门办园35所，集体办园5所，其他部门办园3所，社会办园54所。园舍建筑面积290704平方米，占地面积498710平方米。离园幼儿8402人，入园幼儿9905人，在园幼儿28555人。教职工4232人，其中，专任教师2634人。学前三年儿童入园率98.8%。

（姜爱林）

【召开学前教育工作会】 2月28日，房山区教委召开2014—2015学年度第二学期学前教育工作会。会议总结2014年学前教育工作，部署2015年重点工作，解读区教师进修学校教研工作计划，具体布置卫生防病及食品安全工作。区教委领导，各乡镇代表和幼儿园园长200人参加会议。

（姜爱林）

【西潞中心园通过示范幼儿园验收】 5月8日，西潞街道办事处中心幼儿园接受北京市示范幼儿园验收。验收为期一天，验收专家组问卷调查幼儿园幼儿家长，观摩幼儿园环境创设、区域活动、教育活动及户外活动，查阅相关档案资料，听取幼儿园工作汇报。验收专家组对西潞街道办事处中心幼儿园给予高度评价。西潞街道办事处中心幼儿园2010年正式开园，占地面积4298平方米，建筑面积2745平方米，在园幼儿282人。2011年被评为北京市社区儿童早期教育示范基地，2012年晋升为北京市一级一类幼儿园。

（姜爱林）

【召开安全警示工作会】 6月10日，房山区教委召开房山区幼儿园安全警示教育工作会。会议要求树立风险意识，完善并落实各项规章制度，定期排查安全工作隐患，做到警钟长鸣，避免体罚、变相体罚等各类安全事件发生。区教委、区教育工会领导，全区各乡镇教委教育助理、各幼儿园园长100人参加会议。

（姜爱林）

【抽查校园安全工作】 6月12日至6月底，房山区教委联合区消防支队、区安监局、区食药局抽查校园安全工作。检查重点包括安全基础、安全教育、消防安全、建筑质量安全、用电安全和特种设备安全。抽查共检查幼儿园45所。此前，区教委要求以“校园自查、属地检查、分片督查、联合指导检查、领导带队抽查”方式，在全区寄宿制学校、幼儿园范围内开展安全大检查活动。

（姜爱林）

【多举措推进村办幼儿园建设】 至年底，房山区教委多举措推进村办幼儿园建设。一是明确划分区、乡政府办学、管学责任，将各乡镇政府推动乡镇中心园建设情况纳入区委、区政府对各乡镇考核评价中。二是区相关部门统筹协调，简化流程，优先确保幼儿园项目建设有序推进。三是深入调研，合理布点，确保幼儿上下学距离不超过10公里。四是新建托幼园所11所，新增学位2550个，实现农村地区公办园全覆盖。五是实施园所级类管理，加强干部教师培训，提高幼儿园整体办园水平。

（姜爱林）

基础教育

【概况】 2015年，房山区小学101所，毕业5456人，招生7830人，在校生44813人，教职工3405人，其中，专任教师2917人；小学入学率100%，巩固率100%，毕业及格率100%。占地面积1402343平方米，校舍建筑面积467804平方米，固定资产总值76195万元，其中，仪器设备总值21055万元。房山区中学42所（初中22所、完全中学9所、高中4所、九年一贯制学校6所、十二年一贯制学校1所），毕业7585人（初中5047人、高中2538人），招生7168人（初中4368人、高中2800人），在校生22583人（初中14464人、高中8119人），教职工3959人，其中，专任教师2716人。占地面积1668104平方米，建筑面积735923平方米，固定资产总值112915万元，其中，仪器设备总值25464万元。特殊教育共设有小学附设特教班2个，在校生36人。中小学专任教师学历合格率100%，高级专业技术职务教师252人（小学47人、初高中205人）。教育系统图书藏书358万册，中小学图书藏书341万册。全年教育经费总投入28.58亿元，其中，自筹经费840万元。

（姜爱林）

【宣传消费者权益保护法】 3月13日，房山区教委在晨曦中学举行2015年消费者权益保护法进校园活动启动仪式。区教委、区工商局、区食药局、区消协有关领导及各工商所、17所消费教育学校师生近200人参加活动。活动全面总结近年来全区中小学消费教育工作，表彰“科学消费，伴我成长”主题征文的获奖单位和个人。与会领导为学生代表颁发《科学消费伴我成长消费维权教育读本》。

（姜爱林）

【发放宏志生助学金】 3月17日，房山区民政局、区慈善协会在房山中学举行宏志生助学金发放仪式。活动中，区民政局、区慈善协会向宏志班捐赠助学金15万元。2005年，房山区人大通过“创办宏志班”代表议案，同年9月，房山中学成立房山区第一个宏志班。自2012年起，区民政局、区慈善协会连续三年为宏志班学生捐赠助学金，累计捐赠助学金64万元，受助学生180人次。

（姜爱林）

【宣讲“最美”学生事迹】 3月24日，

房山区教委举行第二届“最美”学生事迹宣讲活动启动仪式暨迎接团中央互检互学活动启动仪式。会议观摩“最美”学生系列活动宣传片和“最美”学生事迹舞台剧，通过主持人对首届区级“最美”学生现场访谈，宣传先进事迹。团中央、天津团市委、房山区政府等领导，全区各中小学代表以及6所学校师生800人参加活动。首届“最美”学生评选工作2014年2月启动。

（姜爱林）

【举办国家体质健康标准测试赛】 3

月28—29日，房山区举办2015年中小学国家体质健康标准测试赛。活动由区教委主办，长沟中学和同方健康科技公司承办。测试赛设有小学、中学、高中三个组别，全区81所中小学、95支代表队近2000名中小学生参赛，参加测试的学生统一从教委学籍管理库中随机抽取，均为小学四年级、初中一年级或高中一年级的学生。测试赛涉及身高、体重、肺活量、1分钟跳绳、50米跑、1分钟仰卧起坐、坐位体前屈、立定跳远、引体向上、800米及1000米跑多个测试项目。

（姜爱林）

【举办“读书伴我成长”成果展】 4月2日，房山区教委在阎村中心校举行“读书伴我成长”红色经典阅读活动2014年成果展暨2015年活动启动仪式。会议通过影片回顾2014年活动，通过诗朗诵、成语故事表演、亲子诵读展示红色经典阅读活动成果。会议表彰2014年活动先进。团区委、区文明办、区教委等领导，以及各小学代表参加活动。

（姜爱林）

【举办首届汉字读写展示活动】 5月8日，房山区首届“展示汉字魅力，弘扬中华文化”系列活动之学生汉字读写展示活动落下帷幕。活动由区语委办主办，分区级遴选和区级展示两个阶段。区级遴选活动于4月15日和16日在实验中学举行，设有小学组、初中组、高中组，共有115支代表队总计691名选手参加，18支队伍获得参加区级展示活动资格。5月5日和8日，房山五中、房山中学承办小学组、初中组、高中组的区级展示活动，活动设有认读、听写、抢答和改错4个环节。经过评委评选，房山五中代表队将代表房山区参加第三届“中国汉字听写大会”北京选拔赛。

（姜爱林）

【总结教师工作站工作】 5月20日，房山区教委举行吴正宪小学数学教师工作站房山分站阶段总结暨语文、英语工作站启动仪式。会议播放房山分站阶段工作总结专题片，听取阶段性总结及研修成果汇报，分数学、语文、英语三组观摩课例展示。会议为房山区小学语文、数学、英语工作站揭牌，为特聘专家组颁发聘书，为12所语文学科基地校、8所英语学科基地校颁牌。市教委、北京教科院、区教委领导，部分小学校长、学科教师以及来自顺义、平谷、大兴、门头沟区代表100人参加活动。吴正宪小学数学教师工作站房山分站2012年9月27日成立，在全区范围内选取49名数学教师作为核心组教师、选取7所学校作为工作站基地，确立总站指导、分站实施、校校联动、师师互动的研修机制。

（姜爱林）

【召开课外活动工作推进会】 6月3日，房山区教委召开义务教育阶段课外活动工作推进会。会议观摩窦店中心小学课外兴趣小组活动成果集中展演汇报，观看《房山区课外活动掠影》专题片，听取房山区义务教育阶段课外活动作工作报告，交流有关学校课外活动典型经验。北京教科院、区教委领导，全区各中小学校长、主管副校长及区少年宫全体干部教师200人参加会议。会议由区教委校外教育办公室、区少年宫和窦店中心小学承办。近年来房山区教委在全区中小学体育、艺术、科技三大领域普及217项课外活动，形成合唱、民乐、管乐、书法、舞蹈、校园足球一批特色项目和特色学校。

（姜爱林）

【2015级新疆内高预科班开班】 9月6日，北师大良乡附中举行2015级新疆内高预科班开班仪式，学校校级干部、内高预科班教师及新生参加活动。房山区2012年9月开始承担四年制新疆班教育教学任务，本年内高班入学新生86人，至此，共有4个年级8个班294名新疆学生在北师大良乡附中就读。为做好新疆内高班工作，房山区成立由区委领导任组长，区教委、区财政局、区公安分局等相关单位共同组成的专项工作领导小组。北师大良乡附中制定《“内高班”筹备工作方案》，确保内高班学生学习生活顺利、幸福、快乐。

（姜爱林）

【创作抗战系列微电影】 11月6日，房山区教委召开纪念中国人民抗日战争胜利70周年暨“铭记历史，圆梦中华”青少年抗战系列微电影创作活动展映表彰会。会议观看《爷爷的演讲》《不朽的歌》《等不到的婚约》和《战火中的诗篇》4部微电影精彩片段，为“最佳编剧奖”“最佳指导教师奖”“最佳演员奖”“最佳家长志愿者”“特殊贡献奖”颁奖。市教委、北京教科院、区教委领导，以及全市各区县团教工委代表，房山区中小学代表参加会议。7月，区教委联合区文委、区广电中心、区文联在全区范围内组织开展首届区教育系统青少年微电影大赛。大赛共收到30余所学校50多部青少年原创剧本作品。通过评审，遴选出4部原创剧本作为后期微电影拍摄脚本。4部剧的剧中原型均为平西抗日战争中部分英烈。

（姜爱林）

【召开山区小学发展研讨会】 11月16日，房山区教委召开山区小学发展研讨会。会议研讨“什么是好的教育，如何使山区教育成为好的教育”“结合教育综合改革形势，山区教育如何发展”“如何破解山区教育发展难题，发挥优势，切实助推教育发展”等问题。会议指出，要从山区教育发展优势入手，认真思考发展路径，坚定发展山区教育的理想信念；进一步为教师发展搭建良好的平台，促进教师专业化发展；创设山区教育发展机制，打通管理壁垒，多措并举切实助推房山区教育实现优质均衡发展。区教委领导，8个山区乡镇主管教育领导、教育助理和小学校长等参加会议。

（姜爱林）

【展示中小学生课外活动成果】 12月3日，房山区教委举办2015年中小学生艺术展演暨课外活动成果展示活动。活动分为“溯源篇·龙乡新韵”“成长篇·向阳成长”“梦想篇·龙腾逐梦”三个篇章，共表演18个节目，其中涵盖中国鼓、民乐、管乐等艺术类节目，以及诵读、书法、武术等特色表演类节目。活动期间，与会领导为“2015年房山区中小学生十项才艺系列大赛优秀选手”“艺术教育先进集体”“艺术教育先进个人”奖项获得者颁奖。北京教科院、房山区领导，全市各郊区县代表，全区各中小学校长及师生代表参加活动。

（姜爱林）

【研讨石楼镇教育发展模式】 12月15日，房山区教委召开石楼镇教育发展模式研讨会。会议听取广渠门中学房山分校城乡一体化合作项目建设情况汇报，讲解石楼地区与广渠门教育集团全方位合作思路。广渠门教育集团、区教委、石楼镇有关领导，以及石楼镇域内各学校负责人参加会议。石楼中学2013年3月被市政府确定为城乡新区一体化学校，与广渠门中学合作实施城乡一体化项目，石楼中学更名为北京市广渠门中学房山分校。为加快推进优质资源辐射作用，石楼镇将石楼中心幼儿园、石楼中心校、石楼中学、夏村中学、石楼成人学校及房山中学组建为石楼学区。石楼学区作为广渠门教育集团的一个分支，以一体化的方式接受广渠门教育集团的指导和管理。

（姜爱林）

【落实学生减负工作】 至年底，房山区教委落实学生减负工作。一是建立校长负总责的工作机制，成立工作小组、督查小组，做到职责明确。二是严格执行课程计划，严格控制周课时总量。三是严格控制学生在校时间，加强学校负责人上下学执勤。四是学校与教师签订减负工作责任书，严禁违规补课、介绍学生到辅导班补习班上课、向学生推荐教辅材料，体罚或变相体罚学生。五是严格考试与评价，不组织选拔性考试，不通过考试对班级、教师、学生进行比对排名。六是严格控制作业量，预留作业需提前一周上报学校教务部门审核，并接受家长监督。

（姜爱林）

职业与成人教育

【概况】 2015年，房山区中等职业高中4所，毕业生838人，招生194

人，在校学生767人。教职工419人，其中，专任教师284人。职业学校占地面积157465平方米，建筑面积85614平方米，固定资产总值19933万元。中等专业学校4所，在校生14343人，教职工648人，其中，专任教师425人。学校占地面积218706平方米，建筑面积151915平方米，固定资产总值40433万元。职业技术培训机构526所，结业生160753人，注册学生150586人，教职工909人，其中，专任教师555人，学校占地面积391505平方米，建筑面积117931平方米，固定资产总值5731万元。农村成人文化技术培训学校487所，结业生129705人，注册学生115561人，教职工158人，其中，专任教师125人，学校占地面积216718平方米，建筑面积62240平方米，固定资产总值2601万元，其中，教学、实习仪器设备资产值713万元。其他培训机构39所，结业生31048人，注册学生35025人，教职工751人，其中，专任教师430人，占地面积174787平方米，建筑面积55691平方米，固定资产总值3130万元，其中教学、实习仪器设备资产值2045万元。

（姜爱林）

【召开职成教育工作会】 2月28日，房山区教委召开2015年职成教育工作会。会议总结2014年职成教育工作，并部署2015年重点工作，部署迎接义务教育均衡发展达标区县国家级验收工作。区教委领导，全区各职业学校、社区成人学校校长，乡镇教育助理参加会议。

（姜爱林）

【接受农村职成教育示范区复检】 11月3日，房山区召开迎接国家级农村职成教育示范区抽查复检工作会。教育部专家组听取创建工作自评报告，实地考察职成教育三级网络代表暨区成教中心、阎村镇社区成人职业学校、西潞街道办事处社区成人职业学校、拱辰街道北关东路社区市民学校，查阅工作档案材料。专家组对房山职成教育工作给予高度评价，认为房山职成教育工作有创新、有特色、有经验、有成果，成绩显著，达到国家级农村职业教育和成人教育示范区县创建标准。

（姜爱林）

【通过示范性乡校验收】 11月4日，房山区张坊镇社区成人职业学校、良乡镇社区成人职业学校接受北京市示范性乡镇成人学校评估验收。专家组在两所学校分别观看学校发展专题片、听取学校负责人的自评报告及自评分说明，实地察看学校的专业功能教室、实训基地等，查阅学校的档案资料，分组召开学校管理人员、教师座谈会，并就相关情况与学校负责人进行交流。专家组经过合议分别对两所学校的情况进行现场反馈，一致对两所学校取得的成绩给予充分肯定，认为在乡镇街道、区教委等部门的高度重视及大力支持下，学校的办学条件得到有效改善，在软、硬件建设上达到配置标准。评估专家组12人参加评估验收。

（姜爱林）

【举办全民终身学习活动周】 11月19日，房山区教委举办第十一届全民终身学习活动周暨房山区创建“书香家庭”活动启动仪式。会议部署全民终身学习活动周工作，为“家庭教育指导站示范点”授牌，并为“学习型家庭”赠书。会议还邀请北师大专家举办家庭教育讲座。活动周由学习型房山建设工作领导小组主办，以“全家共学习，亲子共成长”为主题。学习型房山建设各专门工作组负责人，全区各乡镇、中小学、学习型家庭和学生家长代表近400人参加会议。

（姜爱林）

【助推职业教育取得新突破】 至年底，房山区教委采取措施助推职业教育取得新突破。实施技术技能型人才贯通培养，实现汽车运用与维修专业等3个专业的中高职衔接，职业人才发展通道得到有效拓宽。与中国北车轨道交通装备产业园等13家企业签署校企合作协议，校企合作单位总数达到120家，与企业就人才培养模式、学生实训及就业等方面开展有效合作，完成订单式培养150人，形成校企合作共赢，协同发展的局面。成立名师教师工作室，搭建教师专业成长平台，有效带动专业教师成长。强化学生技能培养，共24人次在市职业技能大赛中获得奖项，人才培养质量得到进一步提升。

（姜爱林）

【开展各类社会培训】 至年底，房山区成教中心广泛开展各类社会培训，提升服务区域经济能力。全年开展新型农民培养基地、农村富余劳动力转移基地建设，承担农村劳动力转移培训、民俗旅游培训、星级宾馆服务人员培训等，累计培训9000余人次，为房山区产业结构调整、五大园区建设和新农村建设培养大批实用型、技能型人才。

（姜爱林）

【实现学习型房山建设新拓展】 至年底，房山区实现学习型房山建设新拓展。房山区以“学通房山”为目标，制定学习型房山建设“十三五”规划，明确服务创新型房山的新任务。认定学习型先进家庭100个，培育学习型组织示范点20个。评选出2个学习基地、2个学习超市、4个学习品牌、66名区级学习之星和2名市级学习之星。举办以“全家共学习、亲子共成长”为主题的第十一届全民终身学习周活动，有效促进学校教育和家庭教育工作。

（姜爱林）

教育督导

【概况】 2015年，房山区教育督导室以科学发展观为指导，坚持从区域教育发展的大局出发，坚持督政与督学并重、监督与指导并行、督导与服务并举的原则，进一步构建督政、督学与评估监测“三位一体”的教育督导评估体系。全年共完成对23个乡镇（街道）年度教育工作的综合督导评估。围绕区教委年度重点工作，突出学科和教学改革重点，全年共完成对全区189个教育单位实施素质教育工作的综合督导评估。

（姜爱林）

【召开综合评价总结表彰会】 1月27日，房山区教委召开综合评价总结表彰暨期末工作会。会上，区教育督导室宣读房山区2013—2014学年度全面实施素质教育综合评价表彰决定，为获奖单位颁奖。区教育督导室、区教委领导，各基层单位党政正职200人参加会议。

（姜爱林）

【总结乡镇（街道）综合督导工作】 4月8日，房山区教育督导室召开2014年乡镇（街道）教育工作综合督导评价总结表彰会。会议总结2014年督评乡镇（街道）教育工作，部署2015年督评重点工作。会议宣读2014年度教育工作先进乡镇（街道）的表彰决定，为16个先进乡镇（街道）单位颁发铜牌。区教育督导室、区教委领导，各乡镇（街道）主管教育工作领导和教育助理共46人参加会议。

（姜爱林）

【通过义务教育均衡发展国家验收】

4月，房山区一次性通过义务教育均衡发展达标区县国家级验收，义务教育均衡发展实现新突破。国家督导评估专家组对房山区义务教育均衡发展水平给予高度评价和充分肯定，指出房山区各项指标均已达到国家相关规定的标准，在义务教育均衡发展方面切实取得显著成效，为首都实现义务教育均衡发展做出重要贡献，同时，也为首都实现义务教育优质均衡发展奠定坚实基础。

（姜爱林）

【召开小学督导工作总结会】 11月5日，房山区教育督导室召开小学督导工作总结会。会议听取各督学汇报，从队伍建设和行政管理、教学和安全工作、德育和体美卫工作、听评课、师生座谈会方面，总结小学督导工作基本情况、主要亮点、存在问题和改进措施。会议指出，全区小学在学校文化建设、环境改善、班主任队伍建设、学生习惯、课堂研究、课程开发、课外活动等领域都有很大突破，但在儿童主体探究、新课程改革等方面还有待探讨和研究。年内，区教育督导室完成39所公办小学素质教育综合督导任务。区教育督导室和全体专兼职督学参加会议。

（姜爱林）

【总结幼儿园素质教育评价督导工作】 12月1日，房山区教育督导室召开公办幼儿园全面实施素质教育评价督导总结会。会上，督学代表针对全区38所公办园在规划制定与实施、干部队伍建设、教职工队伍建设、保教工作、卫生保健工作、后勤工作、安全工作、幼儿发展水平、园所发展水平九个方面取得的成绩与共性问题进行全面分析与总结。学前督导组负责人汇总各督学意见后，全面总结公办园素质教育评价督导情况。区教育督导室领导，学前教育督学，有关幼儿园代表参加会议。

（姜爱林）

【召开初中督导组工作总结会】 12月2日，房山区教育督导室召开初中督导组工作总结会。会议总结全区初中督导工作。全年初中综合督导工作聚焦全区年度重点工作，聚焦基础教育综合改革，聚焦课堂教学，聚焦学生综合素质提升，共随机听课108节（非中考学科38节）、个别访谈508人次（师生）、问卷调查508份（师生），现场口头向各单位反馈意见和建议628条（其中督导组432条，教师、学生196条），挖掘亮点608条。区教育督导室领导，初中组专兼职督学参加会议。

（姜爱林）

【接受特殊教育专项检查】 12月18日，房山区接受北京市特殊教育工作督导检查。督导组查阅档案资料，分别召开相关委办局、教委相关科室负责人以及学校校长座谈会，对区特教中心和闫村中心校随班就读情况进行实地考察，听取校长的工作汇报，分别召开教师座谈会，并对学生和教师进行问卷调查。督导组肯定房山区特殊教育工作成绩，就全区特殊教育工作再上新台阶提供建议。

（姜爱林）

中共房山区委教育工委

书　记　杜成喜

房山区教育委员会

主　任　郭志族（2月免）

　　　　顾成强（2月任）

房山区政府教育督导室

主　任　米忠诚（12月免）

通　州　区

总　类

【与首师大合作办学】 3月31日，通州区政府与首师大签署合作办学协议。协议规定，首师大利用通州校区土地资源，举办首师大附中（通州校区），举办定位于与“北京城市副中心”地位相适应的基础教育名校；通州区利用自身条件和优势为首师大提供基础教育研究基地和培训基地，为

学科教学研究和培训给予经费、人员等方面支持和配合。协议暂定期限五年。通州区教委与首师大附中合作协议涵盖办学定位、办学目标、办学模

式、办学规模、招生和学籍管理 5 条，其中，办学规模 66 个班（初中 36 个班、普通高中 30 个班）。

（勾庆祥）

【劳模进校园宣讲】 5 月 4 日，通州

区委教育工委、区教委、区教育工会在运河中学举办教育系统劳模标兵进校园先进事迹宣讲会。漷县镇中心小学魏敬、潞河中学赵月灵、教师研修中心曹春浩、运河中学张佳春、培智学校李银环分别以“让青春在教育事业中闪光”“感受责任用心教育”“用智慧点亮人生用智慧启迪梦想”“健步走在通州基础教育的跑道上”“做照亮折翼天使心灵的红烛”为主题进行宣讲。该活动以“劳模进校园，共话教育梦”为主题，年内分别在运河中学、马驹桥中心小学、培智学校举行 3 场宣讲会，18 家单位千余名干部教师现场听取劳模先进事迹。

（郭薇）

【举办校长任职资格培训班】 5 月 5 日，通州区委教育工委、区教委举办中小学校长任职资格培训班。学习内容有政治思想与职业道德、教育政策法规、教育理论与实践、中外教育思想史、学校管理理论与实践、心理学基本理论与应用。培训以半脱产集中培训为主，自学研修为辅，每周一天集中学习。培训为期一年，累计不少于 360 学时，其中必修课程不少于 300 学时。该区中小学、职业学校、成人学校、教委直属单位 79 名学员参加学习，其中校级干部 35 人，副校级后备干部 44 人。

（王蕾）

【支教翁牛特旗】 8 月 27—29 日，通州区教师研修中心研修员赴内蒙古赤峰市翁牛特旗支教。活动通过专题讲座、课例引领方式举办培训，翁牛特旗教育部门分科集中 2000 名教师听讲。通州区教师 5 人参加讲学，覆盖中学语文、数学、英语，小学数学、语文学科。

（刘殿金）

【举办新教师岗前培训】 8 月 27—29 日，通州区教委举办 2015 年新教师岗前集中培训。培训讲解《2015 年通州区中小学新任教师岗前培训实施方案》，解读聘任合同、职称评定、考核等相关工作。培训还举办职业道德、法律法规、课堂教学基本技能等通识性培训。全区 607 名新教师参加培训。

（王靖）

【召开教师节庆祝大会】 9 月 8 日，

通州区教委召开教师节庆祝大会。会议宣读通州区 50 名骨干研修员、341 名青年骨干教师认定决定。本届骨干研修员任期为 2015 年 9 月至 2018 年 8 月，区级青年骨干教师任期为 2015 年 7 月至 2018 年 6 月。会议表彰通州区“优秀教师”70 人、“优秀教育工作者”29 人。会议向教育工作者表示节日祝贺，并提出优化教育布局、创建教育品牌、提升教师素质等教育发展策略。市委教育工委、市教育督导室、区政府领导，区属各委办局和各乡镇、街道代表，教育系统基层单位干部教师代表共 400 人参加会议。

（勾庆祥）

【举办教职工运动会】 9 月 26 日，通州区教委在永乐店中学举办第七届教职工运动会。来自通州区教育系统普教、成教、职教的 114 个单位、3000 余名教职工运动员参加竞赛。运动会设有田径、踢毽子、龙卷风跑等 50 个项目，其中，1700 名教师分别参加广播操、太极扇及韵律操表演。最终，潞河中学获得男子团体总分、团体总分第一名；梨园镇中心小学获得女子团体总分第一名。

（刘森）

【教育教学成果奖颁奖】 11 月 25 日，通州区教委召开第三届教育教学成果奖表彰会。会议作《第三届通州区教育教学成果奖评审工作报告》，宣布《关于表彰第三届通州区教育教学成果奖的决定》，与会领导为获奖教师和单位颁奖。本届成果奖评选共征集上报 296 项教育教学成果，经鉴定、评审，评出一等奖 20 项，二等奖 75 项，三等奖 96 项，优秀组织奖 11 项。区教委领导和全区中小学代表、获奖单位代表参加会议。

（闵树明）

【完善学生资助政策体系】 至年底，通州区教委形成“奖、助、贷、补、免”五位一体学生资助政策体系。义务教育阶段实现“两免一补”，公办农村寄宿制学校农村户籍寄宿学生实现“三免一补”。全区接受“两免一补”学生 18 万人次，累计金额 1586 万元。

（王向华）

学前教育

【概况】 2015 年，通州区幼儿园 138 所，入园幼儿 11229 人，离园幼儿 6742 人，在园幼儿 28817 人。其中，教育部门办园 43 所，在园幼儿 10221 人。民办幼儿园 38 所，在园幼儿 10584 人。其他部门办园（含村办）57 所，在园幼儿 8012 人。全区幼教职工 4292 人。其中，园长 187 人，专任教师 2519 人，保育员（含保健医）900 人，其他 686 人。专任教师中，本科学历 449 人，专科 1591 人；高级教师职称 10 人。全区一级一类园 12 所（包含 1 所市级示范园），北京市早期教育基地 8 个，北京市学前儿童特殊教育基地 4 个。

（勾庆祥）

【红杉溪谷幼儿园建成使用】 3 月 23 日，通州区红杉溪谷幼儿园建成投入使用。该园位于通州运河商务核心区辐射范围，朝阳北路的东延长线上，系生活小区配套教育设施。园所属于通州区教委管理的公办幼儿园，占地面积 4100 平方米，建筑面积 3300 平方米，设有 12 个教学班。

（宋丹丹）

【教工幼儿园师徒结对】　4月10日，

通州区教工幼儿园举行师徒结对活动。该园9名区级骨干教师与13名近3年入园的青年教师结“师徒对”，共同签署《师徒结对协议书》。活动宣读师徒结对细则，提出师傅要做到“带师魂、带师德、带师能”，尽职尽责；徒弟应“学思想、学本领、学做人”，全面发展。

（姚辰）

【评选最喜爱的老师】　5月27日，通州区幼儿园“孩子最喜爱的老师”评选活动揭晓，3名教师获奖。该评选活动4月下旬启动，分为“宣传发动”“家长投票”“量化评分”和“表彰活动”四个阶段进行，共发放家长问卷384张，回收有效问卷366张。

（袁伟）

【举办意外伤害急救方法培训】　6月5日，通州区新通幼儿园举办“幼儿意外伤害急救方法”培训。培训由园保健医主讲，通过讲座、模拟操作等形式，讲解高热惊厥、鼻出血、异物吸入等常见突发事故的诱因、症状及紧急处理方法和预防措施。该园教师16人参加培训。

（郑荣立）

【举办幼儿园园长培训班】　6月9—12日，通州区举办幼儿园园长素质提升培训班。来自通州和内蒙古翁牛特旗幼儿园园长141人参加培训，其中，翁牛特旗幼儿园园长31人。培训采取集中讲座方法进行，邀请市学前教育专家和优秀幼儿园园长分别举办幼儿教育理念讲座和幼儿园管理方法讲座。

（刘莉）

【两所幼儿园通过一级一类验收】　10月和12月，北京市幼儿园分级分类验收专家组实地检查验收新苗幼儿园、梨园地区中心幼儿园。专家组按照听取汇报、查阅档案、实地考察、座谈等流程，对幼儿园的管理工作、设施设备、玩教具材料、人员条件等进行仔细检查。经过验收，两所幼儿园通过北京市一级一类幼儿园验收。

（陈康康）

基础教育

【概况】　2015年，通州区小学84所（公办校75所、厂办校1所、民办校8所），教学班1689个。招生10640人，毕业7403人，在校生62141人，在校生中北京市户籍学生29833人。教职工4092人，其中，专任教师3630人。中学41所（完中11所、高级中学1所、初中15所、九年一贯制学校和十二年一贯制学校14所）。教学班801个（初中532个、高中269个），招生8536人（初中5567人、高中2969人），毕业7796人（初中5149人、高中2647人），在校生25541人（初中17122人、高中8419人），在校生中北京市户籍学生17871人（初中10405人、高中7466人）。教职工4711人，其中，专任教师3530人。特殊教育学校1所，在校生123人。校外教育单位1个，教职工76人。教育部门办中小学专任教师学历合格率99.97%，高级教师607人。中小学占地总面积3210909.45平方米，总建筑面积1404520.06平方米，固定资产总值247036.23万元，图书2999105册，信息化数字资源量47865.02GB。全年教育投入25.89亿元，其中，国家拨款24.41亿元，自筹经费1.48亿元。

（闵树明）

【召开课堂教学评优总结表彰会】　1

月7日，通州区教委召开第八届小学“秋实杯”课堂教学评优活动总结表彰会。会议表彰20名“秋实杯”一等奖获奖教师、39名优秀指导干部、20个“秋实杯”先进集体、8所特别贡献学校，观摩中山街小学《平行四边形面积》和北京小学通州分校《白杨》优秀课例展示。区教委领导和全区小学代表参加会议。

（闵树明）

【评选课程辅助资源奖】　1月19日，通州区教委召开“首都特色原创优质课程辅助资源”征集评审活动总结表彰会。会议表彰258项成果，其中，一等奖57项、二等奖93项、三等奖108项。该活动依据市教委要求进行，目的是加强首都课程辅助资源建设，逐步解决北京市义务教育课程教材配套资源建设低水平重复，优质、特色资源匮乏等问题，促进课程辅助资源建设更适应义务教育课程教材改革与发展的总体要求。通州区2014年3月启动评选工作。

（刘森）

【编印《常礼举要》讲义】　3月12日，通州区第二中学编印完成《常礼举要》讲义。该讲义梳理中华民族的各种传统礼仪，从中选择和学生相关的12个方面147个条目编辑成册。讲义印制80册，发到班主任手中，通过班会对学生进行礼仪常识教育。

（贾春玲）

【实施现代学校建设项目】　3月17日，通州区教委与中国教科院签署“现代学校建设项目实验委托协议”。依据协议，中国教科院基础教育研究中心组成专家组，全面负责、具体指导通州区7所项目学校实验工作，梳理学校办学理念，明确学校目标定位，重点探索学校育人模式、课程体系、管理制度、校园文化等，最终形成学校发展模式的整体建构。通州区教委与中国教科院领导，全区中学代表80人参加签约仪式。

（代维）

【心理健康辅导站揭牌】　3月26日，通州区未成年人心理健康辅导站揭牌仪式在通州区教师研修中心实验学校举行。辅导站位于实验学校厚德楼二层，由区教委、区教师研修中心负责日常事务管理。辅导站服务对象的主体是18岁以下未成年人，为他们提供专业的心理健康服务，并为全区心理教师提供交流、学习、服务的平台。辅导队伍由专职辅导员、心理志愿者及特聘专家组成，通过电话、网络或面询等方式，为未成年人提供心理咨询服务。

（王蕾）

【新增5个高端引领培养工程工作站】 4月18日，通州区教育高端引领培养工程总结展示暨新站揭牌仪式在教师研修中心举行。会议展示第一批11个学科工作站教育教学成果，为第二批中学政治、中学地理、通用技术、小学语文、小学英语5个学科工作站揭牌。上年初，通州区教委、北京教科院合作实施教育高端引领培养工程，邀请11名特级教师和学科研究员成立美术、数学等11个学科工作站。新的工作站仍由北京教科院选派5名特级教师组成专家团队，指导、示范、引领工作站教师专业成长。区教师研修中心聘任5名研修员为站长，在专家指导下具体实施教师引领培养工作。每个工作站核心成员5人、拓展成员10人、发展成员5人，成员覆盖通州区各类学校。工作站将利用3年时间，提升成员的学科研究力、领导力、指导力和影响力，培养学科领军人。

（王靖）

【举办中小学生田径运动会】 4月24—26日，通州区教委在张家湾中学田径场举办"阳光体育"2015年通州区中小学生田径运动会。来自全区64所中小学1064名运动员参加比赛。运动会设高中组、初中A组、初中B组、小学A组、小学B组5个组别，经比赛，共有21人打破12项运动会纪录。

（杨晶晶）

【张家湾新增2处校外教育基地】 5月8日，通州区张家湾镇教委办在镇政府协调下增2处镇级校外教育基地。两处基地分别为北京唐人坊文化发展有限公司、北京华兴青铜器厂，均为中国非物质文化遗产的代表。至此，该镇开发青少年校外教育基地15处，其中，市级1处，区级校外教育基地6处，镇级校级校外教育基地8处。这些校外教育基地为全镇6000余名中小学生提供丰富的教育资源。

（高起刚）

【举办足球展示观摩活动】 5月14日，通州区教委在潞城中心校胡各庄小学举办校园足球文化节展示观摩活动。活动包括足球技能与足球游戏展示和经验交流、专家点评两部分内容。展示活动中，潞城中心校小足球队展示足球运动技能，胡各庄小学展示快乐足球游戏和师生联合对抗赛。经验交流活动中，会议观看潞城中心校足球队发展成长专题片，听取该校《发挥校园足球育人功能提高办学品质》经验介绍，北京教育学院教授对活动进行点评。北京教育学院专家、女足名将刘爱玲，以及通州区教委领导、全区足球研修班学员等70人参加活动。

（张金玲）

【举办童谣伴我成长节目展演】 5月22日，通州区漷县镇中心小学举行"核心价值观托举中国梦"优秀童谣进校园暨"童谣伴我成长"节目展演。活动推出童谣诵读《古镇谣》、情景剧《童谣伴成长》、童谣快板《文明礼仪我先行》等12个节目，与会领导还向学生代表赠送《通州区优秀童谣集锦》。来自全区中小学、幼儿园师生代表400人参加活动。漷县镇中心小学为了进一步加强未成年人思想道德建设，由学校老师和学生共同创编童谣，把童谣引入课堂，纳入课程，以学、说、书、画等方式，将童谣渗透到学校教育的各个领域。

（郑亚丽）

【完成高考中考工作】 6月7—8日，通州区3124名考生完成全国统一高考。本年考生比上年减少660人。高考共设潞河中学、运河中学、通州二中和通州四中4个考点，合计109个考场。6月24—26日，完成初三毕业生中考。共设潞河中学、通州二中、三中、四中、六中等14个考点，共计171个考场，报名考生人数4955人，比上年增加89人。

（闵树明）

【获全国青少年业余篮球联赛亚军】 7月25—30日，通州区北苑小学男子篮球队参加第四届CAAU全国青少年业余篮球比赛，获得亚军。北苑小学篮球队与新疆、湖北、内蒙古、香

港以及北京东方启明星俱乐部6支地区篮球代表队参加比赛。最终北苑小学篮球队和新疆地区代表队进入决赛，新疆队以4分的微弱优势获冠军。比赛由中国青少年业余体育联合会主办、北京东方启明星体育文化俱乐部承办。此前，来自全市各个区县20支代表队参加北京赛区比赛，北苑小学篮球队四场全胜获得小学男子组冠军，代表北京参加全国总决赛。

（黄秀梅）

【举办足球进校园展示会】 11月18日，第四届通州区"阳光体育"中小学生体育节暨通州区校园足球进校园展示大会在育才学校通州分校举行。会上，通州区校园足球协会揭牌，12名前国安俱乐部足球明星同通州区小队员们进行足球友谊赛，来自全区17所学校的300名师生进行足球技能、足球游戏展示。本年，通州区13所学校被认定为市级足球特色校。

（刘森）

【涉台教育基地授牌】 11月25日，通州区青少年涉台教育基地授牌仪式暨台湾形势专题报告会在贡院小学举行。会议为潞河中学、贡院小学、教师研修中心实验学校3所区级涉台教育基地授牌，区台办赠送3所基地校涉台图书共计1.5万元，贡院小学校长介绍开展创建青少年涉台教育基地的情况。会议还邀请两岸关系协会创新中心专家举办台湾形势专题报告。有关领导和全区中小学德育干部、师生代表200人参加会议。

（刘森）

【举办副校级干部集中培训】 12月16—25日，通州区教委在通州区教师研修中心举办副校级领导干部集中培训。培训分两期进行，每期培训三天半，培训对象是教育系统中小学、职业学校、成人学校副校长，幼儿园副

园长和直属单位副校级干部。培训以城市副中心背景下副校级干部素质提升为主题，分为理想信念、管理素养和实践能力三个模块。课程包括：坚定理想信念提升履职能力、践行社会主义核心价值观、领导干部的政务礼仪素养提升、领导干部廉洁自律、政务礼仪知识提升、校园安全事件处理与案例研讨和管理干部应对学校突发事件的策略。全区215名副校级干部参加学习。

（张凤仙）

职业与成人教育

【概况】 2015年，通州区职业高中3所，其中，教育部门办1所、民办2所，开设专业6类。招生147人，毕业613人，在校生352人。教职工160人，其中，专任教师137人。职业高中学校占地总面积179808平方米，建筑总面积48982.57平方米，图书室藏书88299册，固定资产总值6361.57万元。成人教育单位12个，其中，成人教育中心1个、区教委辖管乡镇成人学校11个。开设外语、计算机、农业技术、驾驶、文明素质等培训科目。教职工43人（不含外聘教师），其中，专任教师28人。区教委辖属乡镇成校占地总面积69001平方米，建筑总面积16108平方米，图书馆藏书46284册，计算机459台，固定资产总值638.49万元。

（勾庆祥）

【举办计算机培训班】 3月17日，通州区张家湾成人文化技术学校举办农村初级计算机培训班，来自该镇三间房村的40名村民参加培训。培训内容包括计算机基本知识、软硬件初步认识、常用软件使用等。培训集中上课，为期3个月，共计24次96课时，结课合格颁发校培训结业证。

（李长杰）

【举办面点培训班】 3月19—28日，通州区永乐店成人文化技术学校举办面点制作培训班。培训班聘请区职业教育中心面点专业技师授课，学员动手制作，教师巡视指导教学。结业时学员掌握8～10种面点食品制作

方法。80名农民学员参加学习。

（徐卫民）

【漷县乡校入村培训】 3—12月，通州区漷县成人学校4名干部教师进村为农民举办培训。该校教师累计走进21个村庄和3个社区，利用村成人学校举办“家庭芽苗种植”“蔬菜病虫害综合防治”“农产品市场营销”等近百期培训，从活动中直接受益的农民达3000人次。

（李旭东）

【召开职成教融合发展推进会】 5月5日，通州区教委在张家湾成人学校召开职成教育融合发展推进会。会议听取新城职业学校职成融合发展以及职业教育基地建设思路报告，为全区11个乡镇职业教育基地颁牌，交流乡镇政府和成人学校职成教育经验。会议提出，积极探索新常态下职业教育发展思路，充分调动社会、企业等多方资源和积极性，为劳动力就业做好培训储备，把培训市场的需求融入职业教育培训的全过程。市、区教委领导和各乡镇代表等近百人参加会议。

（杨海涛）

【永顺成人学校举办文体教育培训】 6—11月，通州区永顺成人文化技术学校利用学校书法、国画、合唱、舞蹈、科普体验专用教室举办文体教育培训。该校与周边社区居委会合作，选派学校教师定项目组织合唱、舞蹈、健美操、象棋、书法、乒乓球、羽毛球、趣味运动。每天来到学校参与活动居民最多时达300人，累计活动居民6000人次。

（杨兆虎）

【举办征文演讲表彰大会】 7月7日，通州区建设学习型组织办公室召开“悦学习越精彩”征文演讲活动表彰会。会议表彰征文演讲获奖单位和个人，为获奖代表颁发证书。5名获奖代表现场进行演讲展示。区教委、区文化委领导，以及全区各街道办事处、各乡镇委办局代表和获奖选手百余人参加会议。3月，通州区建设学习型新城区工作领导小组办公室在全区范围内开展“悦学习越精彩”群众性征文和演讲比赛活动。

（王占利）

【举办全民学习周活动】 11月13日，通州区教委举办第十一届全民学习周启动仪式。会议部署学习周的任务、内容和具体措施，认定表彰7家创建学习型机关先进单位，6家创建学习型学校（幼儿园）先进单位，2家学习型医院先进单位，1家学习型企业先进单位，10名第六批“通州区市民学习之星”。会议还表彰“学习型学校风采展示”获奖学校、“学习·创新·发展”终身学习征文和“我的社区教育故事”征文获奖人员。开幕式上还进行社区教育成果展示。区政府领导和有关单位代表、获奖人员代表参加会议。本届学习周主题是“知识启迪心灵，智能创造价值”，共安排活动47场。

（姜梦笔）

【6所市级示范校接受复查】 11月17日，通州区6所市级示范成人学校接受市教委专家组复查。专家组集中听取通州区教委“示范成人学校在巩固中发展”情况汇报后，组成3个组分别到复查张家湾、于家务、马驹桥、台湖、漷县、永乐店6所市级示范学校。复查按照听汇报、看硬件、阅档案、询问的流程进行。专家组成员对各校“镇党委、政府高度重视，办学宗旨体现充分，任务功能工作亮点突出”给予充分肯定。

（姜梦笔）

【马驹桥成人学校文化育人】 12月20日，通州区马驹桥成人文化技术学校文化育人行动结束。该行动依年度四季安排推进，分别定位“体美季、科艺季、道德季、健康季”。体美季开展书法、绘画、舞蹈、乒乓球、台球5项7个培训班，培训2000人次；科艺季面向辖区少年儿童举办文艺及才艺表演、工艺科技制作、摄影作品以及软硬笔书法绘画展示四大类活

动；道德季举办4期镇级道德讲堂活动，8期村级道德讲堂活动，2场道德教师专题讲座，直接培训各类人员1200人次；健康季开展健康知识宣传，通过举行“公益义诊及健康大讲堂”“中小学及幼儿园健康医生服务”等活动，直接受众6000余人。该行动上年12月启动，历时1年。

（张春海）

教育督导

【概况】 2015年，通州区政府教育督导室设1室（办公室）2科（督政、督学），由7人组成，全部具有大学本科学历。另聘40名兼职督学，其中，中小学兼职督学18人，学前教育兼职督学11人，乡镇教育兼职督学11人。年内，实施“走出去、请进来、常态化”工作机制，参加市里组织的督学大讲堂、专职督学轮训等相关培训，聘请市督导专家举办专题培训，累计受训人数160人次。重新修订通州区《关于学校（教育机构）全面实施素质教育学年度考核工作意见（修订）》，制定《关于落实〈通州区中小学校责任督学挂牌督导工作实施方案〉的通知》。完成乡镇政府、街道办事处落实素质教育责任目标年度考核，综合督导素质教育责任目标工作落实情况，完成社区教育、学习型组织建设情况专项督导，完成九年义务教育实施情况监测统计数据上报工作和义务教育均衡发展国家级督导检查工作等。

（曹海英）

【接受市教育督导室检查视导】 3月11日，市教育督导室检查视导通州区接受国家义务教育均衡发展迎检准备情况。检查组听取区教育督导室迎检方案和落实情况汇报，实地考察北京育才学校通州分校，通过观看宣传片、察看校园环境、校园文化建设等方式了解学校各项工作组织保障和落实情况，并给予细致指导。检查组对通州区迎检工作给予肯定并提出更高要求和期望。

（曹海英）

【接受开学工作专项督导】 3月20日，通州区接受国家教育督导组春季开学专项督导。督导组实地走访北京工业大学实验学院、北京小学通州分校、民族幼儿园、北京市第二中学通州分校、通州区教师研修中心、北京市史家小学通州分校，检查开学条件保障、学校安全工作、规范办学行为等。督导组听取校长开学初各项工作汇报，对通州区开学期间各项工作给予充分肯定。

（曹海英）

【综合督导幼儿园】 6月16至18日，

通州区教育督导室完成幼儿园综合督导年度工作。专兼职督学17人分成4个督导小组，综合督导民族幼儿园、张家湾镇中心园、东里幼儿园素质教育工作。通过听取园长工作报告、深入班级观看幼儿室内外活动、深入各部门实地考察、查阅档案材料、召开教职工座谈会，发放教职工调查问卷，家长调查问卷、个别访谈，督导组广泛收集信息。各小组通过讨论，完成小组评价意见，并进行量化打分，向幼儿园回复督导意见。

（曹海英）

【召开责任区挂牌督导工作总结会】 7月7日，通州区教育督导室召开督学责任区挂牌督导工作总结会。会上，各督学责任区组长汇报督导内容、督导工作中发现的问题及建议，责任督学就督导实践问题召开讨论。会议情况表明，2015年上半年，责任督学共下校414校次，接听家长来电58人次，其中多数为家长咨询小学入学问题，共解决问题58项。

（曹海英）

【完成8所中学综合督导】 10月13—28日，通州区教育督导室完成8所学校全面实施素质教育综合督导评价工作。其间，通过听取校长工作报告，进入课堂听课，查阅档案材料，实地考察校园文化和硬件设施，召开相关人员座谈会，组织教职工调查问卷、学生调查问卷、个别访谈，广泛收集信息，督导检查学校发展规划、队伍建设、教育管理、发展绩效、创新与特色，并完成督导报告。

（曹海英）

【督导乡镇街道教育工作】 11月3—18日，通州区教育督导室综合督导4个街道办事处、11个乡镇落实素质教育责任目标工作情况。督导组通过听取乡镇政府、街道办事处主管领导关于落实素质教育责任目标开展工作情况汇报、与相关人员座谈交流，查阅档案材料，实地察看成人学校、幼儿园建设、社区活动中心、校外教育活动场所，全面了解各乡镇、街道落实素质教育责任目标情况。督导检查表明，各单位呈现“统筹协调各类教育优质均衡发展，根据本地区社会、经济发展总体规划制定教育事业发展规划和年度计划”等5个方面特点。督导组提出“落实十八届五中全会精神，在京津冀一体化大方向上创出新常态、新特色”等3点建议。

（曹海英）

【接受市教育督导室督导评价】 12月28日，通州区教育督导工作接受市教育督导室督导评价。通州区从“加强领导，完善机制，保证教育督导持续健康发展”“多措并举全面落实素质教育”“督导评价助推区域教育发展”“面对新要求，不断提升教育督导整体水平”四个方面汇报通州区教育督导工作开展情况。市教育督导室肯定通州区教育督导工作的成绩，同时提出要督促区县政府重视督导工作，认真履职，扎实有效开展督导工作等具体要求。

（曹海英）

中共通州区委教育工委

书　记　张绍武（11月免）
　　　　张立芳（12月任）

通州区教育委员会

主　任　张绍武

通州区政府教育督导室

主　任　李少杰

顺　义　区

总　类

【举办拔尖创新人才早期培养论坛】 3月27日，顺义区教委举办“城乡联动”教育改革重点课题“顺义区青少年科技、艺术拔尖创新人才早期培养的机制与模式研究”成果论坛。会上，课题组交流优秀研究经验和案例，举办科技、艺术拔尖创新人才早期培养现状、培养模式创新等主题探讨，对课题研究提出建议，交流少年科技、艺术拔尖创新人才教育新理念。顺义、密云、怀柔、通州、燕山、大兴、平谷校外教育机构领导及专业教师共计120人参加会议。

（左晓茹　秦连红）

【孔凡艳被评为全国先进工作者】 5月8日，顺义区教育研究考试中心孔凡艳被评为全国先进工作者。孔凡艳，顺义区教育研究考试中心教研员、中学高级教师。主持的研究项目获得北京市基础教育教学成果一等奖，撰写北京教育丛书《依托学案助力自能阅读》，执教的“名师风采课”《丰碑》在中国教育电视台播出，撰写论文市级以上获奖、发表100余篇。同时，东风小学刘金广、仁和中学陈水连、石园小学陈春芳被评为北京市先进工作者，杨镇一中新疆班被评为北京市模范集体。

（黄杰）

【总结北师大综合改革项目】 5月9日，顺义区教委召开“北师大——顺义区教育综合改革合作项目”总结交流会。会议全面总结教育综合改革合作项目进展。18所实验校以特色学校建设、德育课程一体化、有效教学三个子项目为汇报单位，采用现场对话、亮点展示、微视频等多种形式总结汇报项目成果。全区80所中小学校300人参加会议。2011年11月，顺

义区教委与北师大教育管理学院签署合作协议开展教育改革实验，确定每3年为一个周期。经过自愿申报、教委确定的方式，20所学校参与项目研究。三年来，在高校专家的指导下，分别在文化建设、特色发展、课程体系建设、课堂教学改革以及德育课程建设方面，取得阶段性突破，达到预期目标。

（贾立新　刘艳茹）

【启动第四期名师工作室】 5月16

日，顺义区第四期名师工作室启动大会在牛栏山一中举行。各中小学校长、幼儿园园长和新老名师工作室主持人及其成员、中小学教师代表500人参加会议。会上为第四期23个名师工作室授牌。本年，顺义区共启动第三、第四期44个名师工作室，参训学员564人。

（方树东）

【表彰彩虹读书行动先进】 5月17日，顺义区教委在牛栏山一中召开彩虹读书总结表彰展示交流会。会议表彰书香校园31所、书香教研组42个、书香教师350名、书香学生200名。会议指出，以彩虹读书行动计划为抓手，进一步营造书香校园，大兴读书之风，为学习型顺义建设做出新贡献。区教委、区社区教育中心领导，各中小学代表参加会议。

（徐振阳）

【举办“六一”儿童节游园活动】 5

月29日，顺义区庆祝“六一”国际儿童节游园活动在北京国际鲜花港举行。来自区内小学、幼儿园、少年宫的近万名师生代表和家长代表参加活动。其中，特色项目学校、少年宫等36家单位700余名学生参与展示互动活动。展示活动共分艺术、科技、游戏等五大类项目。活动为学校展示特色、学生展示特长等搭建平台，有力促进教育多样化发展。每年一次的庆“六一”儿童节游园活动是顺义区教育系统品牌活动之一。

（徐振阳）

【多举措打造平安校园】 9月，顺义区教委多举措打造平安校园。一是开学前各学校园所自检，范围包括宿舍、食堂、图书馆等场所以及体育器械、车辆等物品，做到全面、细致、不遗漏。二是做好学期初常规安全检查。按照领导包片、科室包镇原则，对系统内所有中小学、幼儿园开展安全工作检查。每校一张检查记录表，内容包括“假期师生安全情况”“校园周边安全情况”“维稳工作情况”等。针对个别问题，及时发现、及时处理，不留隐患。三是上好开学第一课。特别是针对新入学的各年段新生，通过班会、电子屏提示等方式，使之熟悉校园环境，尽快适应新场所，强化安全意识与规则意识。

（徐振阳）

【召开教育系统食品安全培训会】 10月27日，顺义区教委联合食药监管局召开教育系统食品安全培训会。会议解读《学校开展食品安全自查的12项内容》，要求各单位严格查验餐饮服务许可证、健康证和承包人营业执照，严格履行承包合同签订和备案程序，落实教委大宗食品原材料集中采购工作规定和校（园）长、主管领导、食堂管理员三级职责，进一步加强食堂环境卫生、食堂从业人员培训、进货台账和索证索票以及小饭桌安全管理等常规工作。会上，牛栏山一中交流大型活动食品安全保障工作经验，区食药监管局、区烹饪协会讲解《中华人民共和国食品安全法》和食堂操作规范。80余家寄宿制学校、开办小饭桌的学校和幼儿园主管领导、食堂管理员等百余人参加培训。

（单继荣）

【教研中心迁址】 11月，顺义区教育研究考试中心迁址。新址位于裕龙花园三街1号，占地面积13200平方米，地上建筑面积20000平方米，建筑内部结构规划合理，能同时满足各类教师2000人同时培训。

（孙东昊）

【通过区县教师培训机构评估验收】 12月8日，顺义区接受北京市“十二五”区县教师培训机构建设评估验收。经实地检查，验收组一致认为顺义区教师培训工作管理有据，组织有序，实施有效，保障有力，教师培训机构建设通过验收。“十二五”期间，顺义区组建各类培训班850个，培训教师7010人，中小幼教师“十二五”继续教育达标率99.43%，学员满意率91.3%。

（侯庆辉）

【支持民办教育发展】 至年底，顺

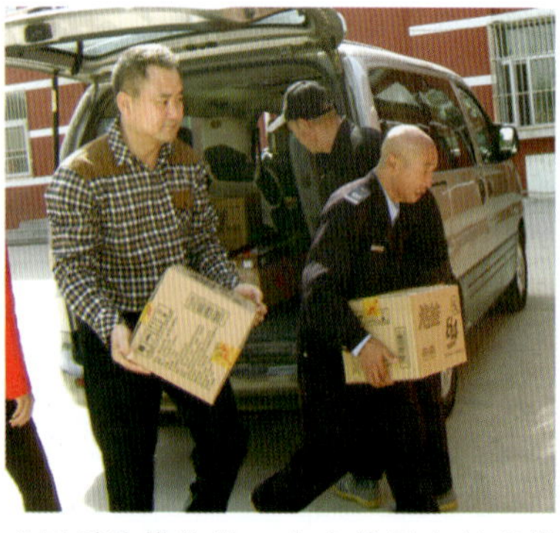

义区采取措施进一步支持民办教育发展。一是根据相关政策，积极争取市区两级资金，为民办学校下拨随迁子女义务教育阶段专项金356.8万元，义务教育阶段学生杂费补贴160.1万元，课本费补贴140.48万元；二是投资15万元奖励考核优秀的民办园、民办校，用于购买玩教具、图书、改善教学环境；三是为民办校优秀班主任、骨干教师下拨1.8万元奖励津贴，用于鼓励民办校优秀教师；四是为引导民办学校做好卫生防疫工作，有效地避免食源性及其他传染病的发生，投资4000元为各校配2000瓶“84”消毒液。

（陈静）

【与高校联合开展教师培训】 至年底，顺义区教委与高校联合开展教师培训。一是组织教师参加北京教育学院举办的绿色耕耘专项培训，采取单独在顺义组班培训的方式，先后举办高中物理、高中生物、小学心理上岗班等7个绿色耕耘培训班，培训学员263人。二是与北京教育学院合作，对2015年新参加工作中小幼教师进行为期一年的新教师培训，培训学员319人。同时与北京教育学院合作开展中小学新任班主任培训，全区新任班主任进行为期一年的培训，培训学员72人。三是与首师大合作举办小学信息技术教师专项培训班1个，举办启动中小学专题培训项目6个，共培训学员625人。

（李树栋）

学前教育

【概况】 2015年，顺义区幼儿园96所（不含3所小学附设幼儿园），其中，教育部门办园55所、集体办园25所、民办园14所、其他部门办园2所。离园幼儿6030人，入园幼儿8654人，在园幼儿22749人；教职工2672人（教育部门办园1880人），其中，专任教师1461人（教育部门办园943人）。教育部门办园专任教师学历合格率100%，市级骨干教师6人。学前三年教育普及率95.8%，0～3岁幼儿受教育率95%。年内，西辛幼儿园通过“北京市示范幼儿园”验收，2所幼儿园通过一级一类验收。至此，全区一级一类幼儿园37所（教育部门办园36所），北京市示范园8所，市级早教基地24所。年内教育系统公办幼儿园全年教育经费投入51799.61万元，其中，国家拨款51707.09万元，自筹经费92.52万元。

（单小红　徐冉）

【举办“我为妈妈献才艺”活动】 3—5月，顺义区教委与区妇联、区广电中心合作开展首届“我为妈妈献才艺”活动。全区50所公办幼儿园百余名幼儿参加现场展演录制，幼儿通过绘画、讲故事、说相声、乐曲独奏、歌舞、童话剧表现自己的喜好、才艺，为妈妈献上一份爱心礼物。5月母亲节期间，举办节目汇演并在顺义电视台播出。

（单小红）

【防止和纠正小学化现象】 3—6月，顺义区教委采取措施防止和纠正“小学化”现象。一是制定《顺义区“防止和纠正小学化现象”实施方案》；二是加强组织领导，针对“小学化”现象展开学习讨论；三是开展幼儿园保教自查工作，制定切实可行整改方案；四是由教育督导室牵头开展防止和纠正“小学化”现象专项督导工作。在北京市防止“小学化”专项督导工作中，市级专家组督查张镇中心幼儿园等4所幼儿园，了解全区落实防止“小学化”工作情况。市级专家组对顺义区工作给予高度评价。

（单小红）

【加强幼儿园信息化建设】 4—6月，顺义区教委多举措加强幼儿园信息化建设。一是与土星教育科技有限公司合作建设“土星网——幼儿园家园共育网络服务平台”。平台包括电子安全门禁系统、家园互动短信平台、交互式园所网站、幼儿园职能办公系统、多媒体教学资源五大功能模块。二是推进“学前教育数字图书馆”配备，做到公办幼儿园全覆盖。图书馆提供图书、期刊、音频、视频、儿童绘本、图片、教学实践七大类数字信息资源。

（单小红）

【展评音乐教学基本功】 5—6月，顺义区教委开展幼儿教师“音乐教学基本功”展评活动。活动分为音乐教

学活动展示、教师自我反思、与专家互动三个环节。展评活动注重考评教师对艺术领域幼儿学习特点掌握，对本班幼儿发展现状和发展需要的观察了解，以及对教学内容的分析和自身的音乐素养。展评活动推选优秀音乐教育活动12个，其中，3个活动在全区展示观摩。全区共有49名幼儿教师骨干教师参与活动。

（单小红）

【实行新的园所考核办法】 6月，顺义区教委实行新的园所考核办法。新的考核办法共17条，内容包括环境、活动和教师与幼儿等。特点是鼓励幼儿园以幼儿发展为本，遵循幼儿发展规律，不断优化幼儿一日生活。形式上将原有的半日活动的检查，调整为“两小时教育活动展示”，评价标准上将半日活动质量评价调整为“以尊重幼儿年龄特点和学习方式”为原则的活动创新评价。年内，考核共评选优秀教育活动一、二、三等奖共19个，贯彻“指南”优秀园所12个。

（单小红）

【整理学前教育经验成果】 6—12月，顺义区教委整理编印学前教育经验成果集3册。6月，编印幼儿教师文集《星火集》。内容为学前教育工作者在实践研究中的经验思考。12月编印案例集《我们在路上》，编印征文集《守望》。文集向全区各级各类幼儿园发放。

（单小红）

【采取措施缓解新生入园焦虑】 9月，顺义区幼儿园采取措施缓解新生入园焦虑。一是召开新生家长会，向家长介绍卫生保健、安全保障等多方面注意事项。二是通过微家园平台，向家长推送育儿知识，引导家长正确帮助幼儿度过焦虑期。三是向家长发放调查问卷，帮助教师了解幼儿生活习惯、特殊需求等相关问题。四是组织小班教师为家长建立QQ群，通过群组传送幼儿在园活动情况的照片，让家长及时了解幼儿在园状态。五是小班幼儿下午提前离园，让幼儿逐渐适应在园生活。六是大班幼儿自愿报名每班选出三名能力较强的幼儿扮演卡通动物，在门口迎接小班小朋友。

（张婷婷　魏海东）

【新增学位3660个】 至10月，顺义区新增幼儿园学位3660个。一是接收裕龙二区、仁和花园一区、香悦四季西区、金宝城、浅山香邑配套幼儿园和新增北小营二幼，增加学位1440个；二是改造原西辛小学宿舍区为西辛幼儿园分园，改造原光明小学旧址为东兴幼儿园，增加学位480个；三是建北幼儿园、杨镇中心幼儿园等8所园扩班10个，增加学位300个；四是新增前俸伯幼儿园、木林镇贾山村园和马坊幼儿园、李桥镇李桥村园和头二营村园、北小营镇大胡营幼儿园和赵全营燕华营幼儿园7所村办园，增加学位1440个。

（李美麒　陈树环）

【举办学前教师分层培训】 至年底，顺义区教委举办学前教师分层培训。一是依托“农村幼儿园园长培训项目”加强干部培训。二是结合冯军名教师工作室“五大领域中心组”活动，加强骨干教师培养，开展“幼儿园区域活动的有效性”“科学有效的过渡环节”专题研究。三是以市学前教育学会重点研究课题“非专业教师素养培养的研究”为引领，举办新教师、3年至5年成长期教师培训班，举办新教师“我的研究故事”演讲活动，共上交100余篇“教育故事”征文，其中推荐48名新教师参与演讲比赛。

（冯军）

基础教育

【概况】 2015年，顺义区小学46所（不含一贯制学校小学部），其中，教育部门办学43所，民办小学3所，另有9所一贯制学校小学部。教学班1225个（一贯制学校小学部123个班）；毕业5254人，招生7515人，在校生42784人；教职工3196人，其中，专任教师3110人；小学入学率100%，巩固率100%，毕业率100%，及格率100%。中学32所（不含职高附设班），其中，初中17所、完中2所、高中4所、九年一贯制3所、十二年一贯制学校6所；教学班766个（初中456个、高中310个），毕业9132人（初中5340人、高中3792人），招生8860人（初中4971人、高中3889人），在校学生26785人（初中15589人、高中11196人），在校生中北京市户籍20453人（初中10373人、高中10080人）；初中入学率100%，巩固率100%，毕业率100%，及格率100%；高中入学率86.4%，毕业合格率86.69%，应届毕业生高考录取率79.4%；学校教职工4792人，其中，专任教师3074人。特殊教育学校2所，开设21个班，结业8人、招生10人，在校生192人，其中，小学生156人，中学生36人。教职工133人，专任教师84人；残疾儿童入学率100%、巩固率100%。公办中小学专任教师学历合格率100%，北京市特级教师37人（小学3人、中学34人），高级专业技术职务教师908人（小学20人、中学888人）。全区中小学总占地面积3178802平方米，总建筑面积1370623平方米。图书馆藏书253.91万册，固定资产总值237678.63万元。全年教育经费投入244620.71万元，其中，国家拨款244078.48万元，自筹经费542.23万元。

（李欣　徐冉　李君美）

【举办小学任课教师学科考核】 1月10日，顺义区教委开展小学任课教师学科课程标准理解与应用考核活动。考核涉及语文、数学、英语等13个学科，设置68个考场，分4个考点同时进行。该考核是 2014 年暑假启动的教师基本功培训检验环节，是国家课程标准修订后的一次学习、理解与应用的综合测试。全区 2300 余名小学教师参加考核，优秀 810 人，不合格及缺考 3 人，其余全部合格。

（王志良）

【认定攀登英语学习实验基地】 1 月 13 日，顺义区教委在建新小学举行“攀登英语学习实验海外专家走进顺义”暨基地校认定授牌仪式活动。活动推出建新小学、光明小学、裕达隆小学 3 节英语展示课，并由来自加拿大的外籍教师克里斯蒂现场进行点评。会议为 9 所学校颁发攀登英语学习实验基地校证书。会议由北师大、区教委、区教研中心联合举办，来自 9 所攀登英语基地校英语实验教师 200 人参加会议。

（吕婷）

【双兴小学成立中国合唱协会工作室】

4 月 22 日，中国合唱协会为双兴小学授牌，成立中国合唱协会工作室。工作室主要任务是通过名师培养、教材创编、社团辅导、课堂教学、文化建设多方面指导帮扶学校。工作室聘请中国合唱协会专家为导师，每周三、五到校授课。2014 年 6 月，中国合唱协会与双兴小学签订参与学校体育、美育特色发展项目协议，全方面参与学校教育教学工作。授牌仪式进一步深化学校与中国合唱协会的合作。

（卢京　王海红）

【通过健康促进学校评估验收】 5 月 6 日，牛栏山第三小学代表顺义区新建学校接受北京市健康促进学校评估验收检查。检查验收分为区县汇报和学校汇报、现场查阅资料、评估三项议程。顺义区详细介绍创建健康促进学校的具体做法，受到专家一致好评，并通过评估验收。至此，全区中小学校全部完成北京市健康促进学校创建工作，健康促进学校创建率 100%。

（梁芳）

【举办骨干教师示范课】 5 月 6—15 日，顺义区教委举办“生命课堂”小学实践与探索学科骨干教师示范课展示。活动涵盖语文、数学、英语等 14 个学科，通过同课异构、现场作课形式，展示骨干教师教学方法。授课内容按照各学科研究主题由区教研室统一规定范围，教师根据任教年段选择确定。全区共有 90 名区级园丁新星、学科带头人、市级骨干教师、市级学科带头人在全区展示，334 名区级骨干教师在校内展示。

（黄秋凤）

【召开弘扬传统文化现场会】 5 月 7 日，顺义区教委在双兴小学召开弘扬优秀传统文化现场会。活动通过校园文化、国学经典课堂、德育践行活动、传统社团建设展示，全方位展示学校“读国学、诵经典、习美德”校本课程成果。双兴小学 2010 年就将传统文化教育作为学校的办学特色，提出“雅正教育”的核心教育理念，将培育具有中国优秀传统文化基因的当代“雅正少年”作为育人目标。在实践中以人为本，立足学生长远发展，秉承“为学生一生发展奠基”的宗旨，引导学生在诵读中华经典中陶冶情操，积淀文化底蕴，养成良好阅读习惯。全区 40 余所小学德育干部参加活动。

（沈浩发）

【举办首届青少年机器人巡回赛】 5

月 22 日至 9 月 25 日，顺义区教委在北石槽中心小学举办首届青少年机器人巡回赛。赛事共三站，分为北石槽中小站、双兴小学站、顺义一中站，设单项赛和挑战赛两个项目。单项赛主要比拼解决方案的新奇和实用性，挑战赛主要考验学生综合解决问题的能力。全区 16 所中小学校 100 余名选手参加比赛。年内，青少年机器人竞赛由“一年一赛”改为“一年多赛”的巡回赛。

（张立平　周仕磐）

【召开推进课外活动现场会】 6 月 2 日，顺义区教委在后沙峪中心小学召开推进中小学生课外活动计划现场会。与会人员分组观摩该校小提琴、足球、机器人等 48 个社团活动展示，听取区少年宫等单位典型经验。会议提出，要提高认识、转变观念，有设计、有布置、有规划开展课外活动，全面提升学生综合素质。区教委、教研中心有关领导，各中小学代表和后沙峪中心小学师生 2000 人参加会议。

（刘美坤　张岩）

【举办小学教学干部培训班】 6 月 5 日，顺义区小学教学干部培训班结业检测在顺一中附小举行。测试分全员综合检测、分组现场听课、学员评课与专家议课三个阶段进行。全班 44 名学员参加检测，最终评出优秀学员 15 名。2014 年 5 月，顺义区教委举办小学教学干部培训班。培训班为期一年，共 300 课时。

（刘艳茹）

【举办特教评优课】 6 月 26 日，顺义区教委举办第九届特教专职教师评优课活动表彰活动。该活动历时一个月，比赛内容包括教学设计评比、课堂教学评比、个别化教育计划评比三项。活动特点一是专业性增强；二是情境化、游戏化、结构化、生活化教学模式得到推进；三是集体—小组—个别—集体教学流程运用比较熟练，课堂教学呈现出结构化的有序；四是整体—分化—统整的教学结构慢慢被教师熟知，并在教学中体现；五是资源教师逐渐清晰学科补救、康复训练课的基本结构，并体现个别化教育计划的落实。特教学校全体任课教师及全区随班就读学校资源教师参加活动，最终 9 名教师获一等奖，20 余名教师分获二、三等奖。

（赵恺）

【小学剩余学位“电脑派位”】 6 月 27 日，顺义区教委将城区和新城地区小学剩余学位采取现场“电脑派位”

形式招录符合条件的非京籍学生。该工作委托龙诚公证处公证，区人大代表和政协委员具体操作，区电视台、电台、报社及纪检等部门人员现场监督。城区和新城地区3所学校剩余的51个学位，通过电脑派位招录租住在城区的符合条件非京籍学生，未获得派位学生由乡镇地区11所有剩余学位学校安排接收。派位结果在区教委官网发布。至6月30日，顺义区2015年小学新生入学招生工作结束。全区公办小学一年级招生6676人，其中京籍学生4760人，符合条件的非京籍学生1916人。7月3日起，各小学发放纸质入学通知书。

（李东山）

【举办校园足球教练员培训】 8月27—28日，顺义区教委举办校园足球教练员培训。培训班邀请欧洲足球青训专家霍斯特文讲解3对3足球与4门足球等创新游戏的规则和方法。霍斯特文还在南彩二小足球运动员配合下，为学员展开实地培训与指导。来自全区74所中小学校的校园足球教练近百人和南彩二小学生足球队员参加培训。

（李广文）

【市田径运动会获得好成绩】 10月

9—11日，北京市第53届中学生田径运动会在牛栏山一中举行。16个区县组队参赛，顺义区派出48名运动员参加。经过角逐，顺义区共获金牌21枚，银牌20枚，铜牌14枚，金牌、奖牌总数均居全市第一。同时，顺义区以641.5分获团体总分第一名，并分别以359分和282.5分获高中组、初中组团体总分第一名，获得优秀组织奖和体育道德风尚奖。另有1人打破高中女子组100米市运会纪录，4人打破高中男子4×100米接力市运会纪录。

（李广文）

【展示小学劳技骨干教师技能】 10月10日，顺义区教委举办小学劳技骨干教师技能展示活动。全区11名劳技骨干教师从实际操作和创意设计两环节参加展示。实际操作环节，教师展示纸工、编结、泥塑、金工和木工五个门类操作；创意设计环节，教师将生活实际与材料特点紧密结合设计出造型各异、功能突出的木工作品。顺义区10余所学校干部教师观摩展示活动。

（陈静　翟万盈）

【舞蹈活动基地授牌】 10月19日，

顺义区教委、区文联为板桥中心小学颁发“顺义区舞蹈活动基地”铭牌。该校以舞蹈活动为课外教育特色。2012年4月，学校开展赵全营镇非物质文化遗产“凤阳歌”的训练和学习。经过继承和发展，该项活动成为学校校本课程。学校成立由36人组成的精品秧歌队和120人组成的传承表演队，以“绿港阳光凤阳歌”社团名义，开展民族特色舞蹈活动。

（陈青峰）

【举办中小学生橄榄球嘉年华】 11月17日，首届顺义区中小学生橄榄球嘉年华在顺义八中举行。赛事由顺义区教委主办，北京天维十方国际体育文化传播有限公司协办，顺义区八中和双兴小学承办。赛事采用国际触式橄榄球最新规则，分为小学组、初中男子组、高中女子组、高中男子组四个组别进行比赛。经过13场比赛，马坡中心小学、北京四中顺义分校、顺义二中、顺义九中分别获得小学组、初中男子组、高中女子组、高中男子组冠军。全区共有近200余名学生参加比赛。

（李广文）

【举办首届中小学生创客秀】 11月18日，顺义区教委在少年宫举办首届“绿港小创客”顺义区中小学生创客秀教育活动。该活动以学生为主体，以生活为背景，以展示校园文化为宗旨，比赛内容涉及科技创新、交互玩具、文化创意、手工艺造四大类。全区20所中小学校180余名学生参加比赛。

（任立春）

【启动优秀传统文化“行知”项目】 12月25日，顺义区教委举办小学中华优秀传统文化“行知”计划项目启动仪式。该项目由北师大继续教育与教师培训学院主持，双兴小学等8所学校为研究基地校。项目主要内容是研究和实施中华优秀传统文化教育。北师大将负责学校干部教师的培训，走进学校实地指导。区教委领导和8所基地校代表、项目负责人等30人参加会议。

（黄秋凤）

【完成52校桌椅更新工作】 至年底，顺义区教委完成52所中小学部分年级课桌椅更新工作。新款课桌椅为ABS与PP材质的机械升降桌椅，设计符合人体工程学原理，外形美观且能够与现代化教育教学整体环境融为一体。新款课桌椅通过机械摇臂升降方式，操作简单，每班只需一把通用工具就能完成调节高低的工作。更新涉及新小学二年级、初中二年级以及部分高中二年级学生，共更换课桌椅10000套。

（马骏）

【推进生本教育研究】 至年底，顺义区教委深入推进生本教育实践和研究。一是制定《顺义区生本教育研究与实践项目实施方案》，规定教研员每周至少到一所生本实验校听研究实践课一至二节，每月由一所实验校主持组织一次主题研讨活动。二是发布《生本课堂教学常规指导意见》，从备课、上课、练习和巩固、测验和考试四个环节提出生本教育指导意见。年内，全区41所学校申报生本教育实验校，其中，高中2所，初中8所，小学31所，形成小学、中学两个生本课堂研究共同体。区教研中心开通生本教育微信号，编印生本教育简报，组织专题征文评选，全年组织研究课120节。

（陈惠明）

【采取措施提升高中教师队伍建设】至年底，顺义区教委采取措施提升高中教师队伍建设。一是实施教师专业发展专家引领模式，邀请学科专家解读国家政策、教育法规、课程改革纲要、教学理念、课程标准；二是探索教师专业发展多元化培训模式，开展形式多样的教研活动；三是开展教师专业发展交流合作模式，以教学论坛开展交流合作，精编课例集为教师交流提供范例；四是搭建教师专业发展分级教研模式，建立三级教研平台；五是抓实教师专业发展常态训练模式，每年举办一次全区教师基本功大比拼；六是构建教师专业发展的标杆导航模式，注重“名师工程”建设，充分发挥校内外各级各类教育名家、优秀教师的榜样示范作用。

（张宝义）

职业与成人教育

【概况】　2015年，顺义区中等职业学校7所（含3所附设中职班），其中，教育部门公办2所，民办4所，其他部门办学1所。毕业505人，招生563人，在校生1964人。中等职业学校总占地面积115183平方米，总建筑面积69841平方米，固定资产总值6880.46万元。年内全区公办中等职业学校全年教育经费投入10231.42万元，其中，国家拨款10193.84万元，事业收入及其他收入37.58万元。各级各类成人学校486所。其中，成人学历教育学校4所，各层次学历教育招生3428人，在校生12805人，全年各级各类培训17项，培训14700人次，开设160个教学班；普通教室68个；学校占地面积48435.57平方米，建筑面积50502.66平方米，体育场馆面积8000平方米，固定资产总值6819万元；教职工126人，其中，高级职称26人。社区学校6所，农村成人教育学校（乡校及村校）445所，民办成人培训学校31所，均无专职教师。

（李欣　贾变变）

【南彩镇举办干部培训】　3月23日，

开放大学顺义分校举办“南彩镇2015年干部集中培训”。培训设置领导科学与艺术、古代交友之道与现代人际交往、行政执行力建设、创新思维与创新管理5个专题，为期5个半天。南彩镇全体机关干部及南彩镇各村委会干部200人参加培训。

（贾变变）

【推进“绿港书香”全民读书活动】4月，顺义区学习型社会领导小组办公室三项措施开展“绿港书香”全民读书活动。一是实施四项全民读书行动计划，即“读书与创新行动计划”“读书与素质提升行动计划”“读书益智行动计划”“彩虹读书行动计划”。二是组织各单位举办读书日等活动，通过快乐阅读传承经典，将读书生活化。三是利用网络平台营造氛围，推荐经典电子书和电子期刊。

（贾变变）

【召开班级管理专业化研讨会】　10月15日，开放大学顺义分校召开“班级管理专业化”研讨会。会议探讨班级管理专业化管理过程中存在的问题，具体分析项目实施效果。结果显示：按专业课程统计及格率，上学期学校194门课程中170科有所提升；按专业统计班级毕业率，13个毕业班中10个班有提升。会议对实施效果给予肯定。班级管理专业化即班级管理按照专业进行分块管理，教学按照课程进行分组实施，并重点围绕提高及格率和毕业率对各专业负责人及班主任制定12个相关考核指标。上半年，开放大学顺义分校实施班级管理专业化管理实验。

（张静　崔旭红）

【顺义学习网点击量突破850万次】至12月，顺义学习网共注册用户5万人，总点击量突破850万次。顺义学习网作为顺义区基层远程教育平台，通过到深入各乡镇、街道及各单位开展网站功能介绍和使用培训，发放宣传手册和学习卡等措施大力宣传推广。近40家单位在学习网上建立子平台，并利用平台展示创建成果，实时查看本单位员工学习情况。学习网建立20个不同类型学习圈子，用户7000余人。

（贾变变）

【开展社区教育培训活动】　至12月，顺义区25个乡镇、街道共开展培训课程1058次，培训79102人次，培训总时长达172298分钟，约合2872小时。其中爱国、党政教育培训开展89次，文体培训开展115次，法制教育培训开展140次，幼儿、青少年教育培训开展113次，环境保护培训开展72次，健康教育培训开展282次，就业培训开展100次，其他教育培训（安全消防、兵役、理财、安全生产、和谐家庭、狂犬预防等）开展147次，合计1058次。

（贾变变）

教育督导

【概况】　2015年，顺义区教育督导室全面推进素质教育，依法履行教育督导室的职责。一是完善中小学责任督学挂牌督导机制，形成专业督学引领、行政督学护航、“双轮驱动”优势互补的格局。二是完善开放式督导，促进学前教育个性化发展。其中，新建园开展综合督导，示范园（一级一类园）继续开放式督导。三是健全督学责任区制度，完善中小学挂牌督导任务。4月28日接受“义务教育均衡发展国家督导评估”，获98分位列北京市第一名。四是实施诊断性督导，完成牛栏山一中、顺义二中课程改革与特色建设专项督导，推进高中特色发展。五是推进特殊教育和校外教育优质发展。年内修订《特殊教育全面实施素质教育评价方案》。11月12日，北京市校外教育工作督导检查肯定顺义区把校外教育和校内教育放在同等重要的地位，校内外融合共同育人的做法。

（王跃文）

【教育督导室调整机构】 3月，顺义区教育督导室调整机构设置。根据区编办批复，区教育督导室设立综合科、督政科、督学科，正科级领导职数3人。综合科承担教育督导室办公室日常工作，负责教育督导室政务工作等，负责校外教育、特殊教育等专项督导检查工作，对应市教育督导室综合处、督学管理与信息化处及专项督导处（部分）。督政科负责对区政府有关部门和镇政府（街道办事处）履行发展教育职责的督导工作，镇（街道）教育发展水平综合督导评价，社区教育、成人教育和民办教育等专项督导检查工作，对应市教育督导室督政处及专项督导处（部分）。督学科负责各级各类学校规范办学行为督导检查工作、质量监测等，对应市教育督导室学校督导处、评估与监测处。

（王跃文）

【通过义务教育均衡发展国家级验收】

4月28—30日，国家教育督导检查组到顺义区进行义务教育均衡发展国家级验收。督导检查组肯定顺义区“校校有特色、生生有特长”的办学方针，认为顺义区在硬件上坚持城乡统筹，城乡学校办学条件得到无差别化全面提升。在软件上通过联盟组团机制促进干部教师交流，促进资源共享。在入学机会上，来京务工人员随迁子女与本市户籍学生享受平等免试就近入学政策。

（王跃文 徐振阳）

【完成幼儿园专项督导】 5月19日至7月2日，顺义区教育督导室协同区教委完成幼儿园专项督导。督导组检查49所教育部门举办幼儿园。结果显示，全区幼儿园园所管理规范，干部教师对防止小学化现象认识到位。在幼儿园大班教学中，把培养孩子的有意注意和自立能力作为重点，通过开展“走进身边小学”等系列活动，做好幼小衔接工作。

（王跃文）

【开展成人教育专项督导检查】 6月16日，顺义区教育督导室开展成人教育专项督导检查。督导组检查开放大学顺义分校、市农广校顺义分校、广播电视中专顺义分校、顺义区成人教育学校4所学校。督导组认为，各学校努力推进各项工作，改革中创新发展，管理更规范，教学效果更实效，社会影响力更广泛，学员满意度更高，为经济社会发展做出贡献。

（王跃文）

【接受“护校安园”行动督导检查】 9月22日，顺义区接受国务院教育督导委员会2015年秋季开学暨“护校安园”行动督导检查组督导检查。检查内容包括开学条件保障情况、“护校安园”行动落实情况、学校安全管理情况等。检查组听取顺义区工作汇报，督导检查牛栏山第二幼儿园等教学单位，肯定顺义区高标准、高质量、高水平完成2015年秋季开学暨“护校安园”行动。

（王跃文）

【入选责任督学挂牌督导创新区县】 9月，市教育督导室评估认定顺义区中小学校责任督学挂牌督导创新区县创建工作。专家组对顺义区责任督学挂牌督导情况进行量化评分，认为顺义区高度重视中小学校责任督学挂牌督导工作，工作机制和制度健全，各项措施落实到位，责任督学工作成效显著，符合北京市中小学校责任督学挂牌督导创新区县评估标准。

（周晓娟）

【聘任新一届兼职督学】 11月10日，顺义区义务教育均衡发展督导验收总结表彰暨督学换届大会宣布聘任66人为顺义区政府第八届兼职督学，聘任7人为顺义区政府第八届特约教育督导员。会议为兼职督学、特约教育督导员颁发聘书。新一届兼职督学、

特约教育督导员任期三年（2015年11月至2018年11月）。兼职督学和特约督导员参与教育督导工作，具有与专职督学同等职权。

（王跃文）

【接受校外教育工作督导检查】 11月12日，市教育督导室督导检查顺义区校外教育工作。督导组听取顺义区教委《科学谋划促发展，深度融合树品牌，全面推进校外教育优质发展》情况汇报，召开四次座谈会，分三组实地考察牛栏山一中、石园小学和区少年宫。督导组肯定顺义区把校外教育和校内教育放在同等重要的地位，校内外融合共同育人。希望顺义区政府进一步统筹、协调、调动区域内社会资源，为学生健康成长提供更全面服务。

（王跃文）

【专项督导新课程改革】 11月26日和12月3日，顺义区完成24所学校义务教育阶段新课程改革实施与“减负”专项督导。督导内容包括三方面。一是新课程改革实施情况，重点查看学校落实课程改革的理念、课程管理、课程设置、实施和评价情况；二是学校减轻学生过重课业负担的情况；三是学生宿舍管理、校园周边环境、食堂管理及食品安全情况等。

（王跃文）

中共顺义区委教育工委

书　　记　冯义国（3月免）
　　　　　刘克祥（3月任）

顺义区教育委员会

主　　任　刘克祥

顺义区政府教育督导室

主　　任　李卫国

昌　平　区

总　类

【规范干部选拔任用】 3月9日，昌平区委教育工委制定《昌平区教育系统领导干部选拔任用工作意见》。意见中对干部选拔任用程序进行具体规定，增加中层干部选任的具体程序要求，取消“年龄在男57岁、女52岁以上的干部，原则上不再担任实职，享受相当待遇（受党纪政纪处分等情形者除外）”的任职规定。明确干部选拔任用“十不准”工作纪律，提出加强干部的常态考察和任期考察的工作措施。全年初审基层单位拟调整干部154人，经过严格考察，全年新任职校级干部43人（包括名校引进校级干部7人），任职中层干部54人；5名正校级干部进行轮岗交流任职。

（李海英）

【与政法大学合作共建】 4月21日，

昌平区教委与中国政法大学民商经济法学院举行合作共建签约仪式。依据协议，双方合作举办“法制课堂”、大学生中学挂职锻炼、“正青春·大学生宣讲团进校园”等活动。双方确定，昌平二中为共建试点学校，首批建立“法制课堂”，聘任两名挂职大学生任团委副书记，任期一年。会议还为首批大学生宣讲团成员13人颁发聘书。昌平区教育督导室、区教委高校协调服务办公室、区教育团工委领导，昌平二中和政法大学师生代表30人参加会议。

（张威）

【召开中小学卫生工作会】 9月23日，昌平区教委、区卫计委联合召开中小学校卫生工作会。会议表彰2013至2014年学校卫生工作先进集体和先进个人、中小学生“我和家长一起锻炼——我的家庭锻炼日记”摄影大赛获奖集体和先进个人、小学生第二届健康素养绘画比赛获奖集体和先进个人。会议举办中小学校卫生防病工作规划培训，布置2015年中小学校健康月活动，解读昌平区2015年学校卫生视导及终期考评标准，举办晨午检网络报告系统使用培训。全区中小学、幼儿园卫生工作主管领导及校医200人参加会议。

（赵红良）

【完成秋季教育收费专项检查】 10月12—23日，昌平区教委完成秋季教育收费专项检查。区教委制定召开区治理教育乱收费局际联席会议并研究制定检查工作方案，在各中小学幼儿园自查自纠基础上，组成3个检查组检查全区30所公办中小学和4所民办中小学幼儿园。检查过程包括听取学校收费工作汇报、学生问卷调查、查看财务账簿、查阅相关档案资料。通过检查，清退违规收费金额35.33万元。

（黄菊芳）

【学生联合会成立】 10月17日，昌平区学生联合会成立大会暨第一次代表大会在北师大昌平附属学校召开，全区38所中学107名学联代表参加会议。会议报告昌平区学联的目的、性质、组织机构、创建过程，选举产生昌平区学联第一届常务委员会。昌平区学联共设7个部门（主席团、秘书处、学习部、生活部、文体部、外联部、宣传部），下设7个分会。自2014年4月，各基层学校陆续开展校内初选工作，共选举出学联代表280人。各分会先后召开片级学联成立大会，通过个人演讲、才艺展示、现场应答等层层选拔，完成选举工作，共选举出42名学联分会各部部长。

（张威）

【出版“十二五”成果集】 10月，昌平区教育学会完成《走在求索的路上——新课改理念下的实践研究》出版工作。此书分上下两册，收录“十二五”期间立项课题成果162项，包括论文、教学设计、案例反思、开题、结题报告。全书60万字，北京出版社出版。2014年下半年区教育学会启动“十二五”优秀教科研成果集编辑出版工作。

（刘淑明）

【承办全国首届艺术教育研讨会】 11月5日，全国首届艺术教育研讨会开幕式在马池口中心小学举行。会议听取《解读艺术教育前沿》主题报告，观摩马池口中心小学艺术教育课和主题心理辅导课。近几年，马池口中心小学高度重视艺术教育的发展，共开设有艺术类课程13门。舞蹈家陈爱莲、书法家郭石夫、歌唱家李元华等国内艺术家，以及来自全国21个省市的近300名教育工作者参加会议。会议由中国社会艺术协会艺术教育专业委员会主办，会期为11月5—8日，在昌平会期为1天。

（左红霞）

【教科研部门支持中小学发展】 12月21日，昌平区教委制定《昌平区教科研部门支持中小学发展项目管理办法》和《昌平区教科研部门支持中小学项目工作方案》。项目为期一年，发挥市、区两级教科研力量，帮助项目学校提升教师素质、课堂教学、课程建设、校园文化等软件建设，扩大优质教育资源，促进基础教育均衡发展。昌平区教师进修学校和南邵中学为首期试点单位，市财政提供项目资金200万元，支持区教研员在南邵中学兼课、作示范课和研究课，组织南邵中学教师培训、培养骨干教师，帮助南邵中学健全研修制度，并开展教育教学改革研究。

（张海力）

【教育年鉴出版十周年】 12月23

日，昌平区教委召开《昌平教育年鉴》十周年暨2015教育史志工作会。会议总结昌平十年史志工作，部署2016年教育史志工作；表彰支持教育史志工作的好校长、教育史志工作先进集体和先进个人、昌平教育年鉴优秀条目（照片），交流基层学校史志工作。区教委领导，昌平区中小学、幼儿园、直属单位代表260人参加会议。《昌平教育年鉴》自2006年连续出版，每年一卷。本年，教育年鉴设一级目26个，二级目65个，参与组稿136个单位。

（韩玉霞）

【认定教师资格】 至年底，昌平区教委完成教师资格认定工作。春季认定包括师范类院校应届毕业生和社会网报两类。其中，师范类院校集体办理直接认定，汇佳职业学院和昌平职业学校学前教育专业应届毕业生693人通过认定。社会网报496人，现场确认470人，其中，参加教育教学能力测试总数462人，455人取得证书，3人补办。春季认定总数1148人。秋季，社会网报203人，现场确认184人。其中，178人参加教育教学能力测试，177人取得证书。

（任蓉）

【完成学生健康体检】 至年底，昌平区中小学卫生保健站完成全区中小学生体检，并为全部学生建立健康档案。体检结果（2015年8月数据）显示：2014至2015学年度学生视力不良检出率58.09%，比上一学年度下降2.08个百分点。学生肥胖检出率17.91%，与上一学年度持平。学生贫血检出率5.14%，比上一学年度上升2.26个百分点，其中，初中、高中上升明显。学生沙眼检出率0.05%，两学年度相比下降0.09%。学生恒牙龋齿患病率10.33%，与上一学年度相比，小、初、高中学生龋患率分别下降1.48%、3.05%、2.75%。

（李媛媛）

学前教育

【概况】 2015年，昌平区幼儿园135所，其中，区教委直属园26所，学校附属园5所，农村镇中心园14所，企业或单位办园6所，部队办园8所，社区、村办园30所，民办园46所。教学班971个，离园幼儿6077人，入园幼儿9543人，在园幼儿25854人。教职工4682人，其中，专任教师2512人，专任教师中，专科以上学历2293人，占91%；中学高级教师13人、幼儿园高级教师213人，幼儿园一级教师391人。全区北京市示范幼儿园6所，北京市一级一类幼儿园28所，二级二类幼儿园19所，市级早教基地12所。年内新建、改扩建8所幼儿园，新增学位1620个。

（谷长志）

【交流民办园办园经验】 1月20日，昌平区教委在滨河幼儿园召开民办幼儿园办园经验交流会。会上，考核优秀的8所民办园园长汇报办园经验，交流幼儿园办园理念和队伍建设等情况，组织参观滨河幼儿园室内外环境创设。会议提出为民办园搭建相互学习、交流的平台。区教委领导、民办园园长18人参加会议。

（刘冬梅）

【成立学前教育专家组】 2月2日，昌平区教委成立学前教育专家组。专家组由9名市级骨干、19名区级学科带头人、8名区级骨干教师组成。其职责是在全区示范园评选、级类晋升、市级评优等工作上起到指导、引领作用。

（刘冬梅）

【两所幼儿园通过示范园验收】 4月17日和4月30日，昌平区滨河幼儿园、北京昌房幼儿园分别通过市级示范幼儿园验收专家组验收。专家组由17名特级教师组成。通过查看园所环境、班级半日活动、各项档案等工作，专家组对两所幼儿园给予高度评价和认可，认定两所幼儿园通过市级示范园验收。至此，全区市级示范幼儿园达到6所。

（刘冬梅）

【百善镇中心幼儿园开园】 5月27

日，昌平区百善镇中心幼儿园正式开园。幼儿园2014年6月13日设立，教职工15人。该园以“善德育人”为办园宗旨，以“以善为本、立德树人”为办园理念，以“在善德中成长，播种和谐希望”“在和谐中成长，彰显善德风采”为办园目标。幼儿园下设百善镇孟祖村分园和上东廓村分园。年内，两所分园分别设有一个小班，共38名幼儿。

（邹雪）

【小汤山镇西官庄分园开园】 9月7日，昌平区小汤山镇中心幼儿园西官庄分园开园。该园位于小汤山镇西官庄村64号院，园所占地面积1520平方米，建筑面积600平方米，固定资产总值160万元，由小汤山中心幼儿园统一管理。园所主要设施包括多功能活动大厅、阅览室、图书室、备课室以及专用办公用房。教职工11人，其中，专职教师9人，专科以上学历9人，中级职称1人；保健员1人。年内招收大、中、小各1个班级，幼儿76人，其中，小班25人、中班26人、大班25人。

（赵秀玲）

【举办区级示范园开放活动】 10月30日，昌平区教委举办区级示范园开放活动——走进长陵中心幼儿园。与会教师观摩该园园所环境、班级环境、半日活动，听取园长汇报，观看教师和幼儿社交礼仪及茶文化等特色展示。活动中，区教委从一园一品、顺应幼儿成长规律、培养幼儿良好习惯等方面对幼儿园办园方向及教育教学质量提出要求。全区各级各类幼儿园园长、业务园长及教师 200 人参加活动。

（刘冬梅）

【举办村办园开放活动】 11 月 5 日，北京市村办园开放活动在百善镇孟祖村幼儿园举行。活动包括观看园所文化宣传片，交流百善镇孟祖村幼儿园善德育人与中华传统特色文化，观摩 3 节集体教学活动，参观园所环境及班级环境。全市 27 所幼儿园园长参加活动。

（刘冬梅）

【总结“十二五”继续教育工作】 12 月 23 日，昌平区教委召开北京市幼儿园继续教育第二工作区“十二五”工作总结会。会议以《区县继教联动，资源共享，同赢共好》为题总结第二工作区继续教育工作。昌平、怀柔、延庆、西城分别交流各自工作经验。会议对各区工作给予肯定，并对“十三五”工作提出“绿色发展，强调共享”的新期望。延庆、怀柔、西城、昌平区幼儿园继续教育负责人 8 人参加会议。北京市幼儿园继续教育第二工作区由昌平区、怀柔区、延庆县、西城区组成。

（崔云松）

【开展学历培训工作】 至年底，北京教育学院和昌平区教师进修学校联合举办学历教育培训。学历班包括 2013 级幼儿艺术教育专科和 2015 级学前教育本科两个专业，分别开设幼儿教育心理学、幼儿教育管理学、幼儿体育等课程。其中，2013 级学员 27 人，2015 级学员 33 人。12 月，2013 级幼儿艺术教育专科班 33 名学生毕业取得专科学历。

（刘鑫）

基础教育

【概况】 2015 年，昌平区小学 53 所（公办 38 所、民办 15 所）；毕业 7264 人，招生 7918 人，在校生 53910 人；小学入学率 100%，巩固率 100%，毕业率 100%。中学 53 所，毕业 8586 人（初中 5521 人、高中 3065 人），招生 7076 人（初中 5100 人、高中 1976 人），在校生 22450 人（初中 15764 人、高中 6686 人）；初中入学率 100%，巩固率 100%，毕业及格率 100%。特殊教育学校 2 所（公办 1 所、民办 1 所），结业 25 人，招生 25 人，在校生 80 人，开设教学班 12 个；教职工 49 人，其中，专任教师 29 人。校外教育单位 1 个，教职工 44 人，其中，专任教师 30 人。全区中小学教职工 8877 人，其中，专任教师 6994 人。中小学教师学历合格率 100%，特级教师 22 人（小学 5 人、中学 17 人），高级专业技术职务教师 1212 人（小学 144 人、中学 1068 人）。中小学占地总面积 324.06 万平方米，校舍建筑面积 128.92 万平方米，图书馆藏书 312.60 万册，固定资产总值 17.51 亿元。全年教育经费投入 26.84 亿元，其中，国家拨款 26.50 亿元，自筹经费 0.34 亿元。

（马鑫）

【小学招生办公室正式办公】 4 月 15 日，昌平区教委小学招生办公室对外办公。为满足家长咨询需求，办公室面向社会公布两部电话：69708814 和 69708824，由公办中小学招生主管教师轮流接听。咨询主要内容是昌平区“五证”审核政策等。招生期间，每天接听 200 个以上咨询电话。

（刘裕勤）

【成立杨广馨特级教师工作站】 4 月

22 日，昌平区举办“杨广馨特级教师工作站走进昌平区马池口中心小学”现场会。会议由北京教科院主办，昌平区教师进修学校和马池口中心小学承办，来自全市及昌平区的有关领导、美术教师、学生 220 人参加活动。会上，杨广馨为马池口中心小学“杨广馨特级教师工作站”揭幕，报告教师工作站概况。工作站活动内容以开展多种形式教师研修与培训活动为主，同时加工、开发、传播教学资源，与一线教师分享书法教学成果，促使他们在全市小学专业发展中发挥积极作用。会议听取马池口中心小学经验报告，观摩该校美术资源整合活动课《动态之美》。

（左红霞）

【联合视导16所学校】 4月和11月，

昌平区教委联合区教师进修学校、中小学教育技术装备中心联合视导 4 所中学、10 所小学、2 所一贯制学校。视导增加新的课程方案落实情况、区级重点项目开展情况两项重点工作，关注学校在研究过程中的创新举措及典型经验，并及时推广。视导工作引领学校关注学校全面工作，关注教育教学过程性常态管理工作，规范日常教育教学行为。视导组听取 16 所学校校长汇报、走进课堂听课 690 节、发放学生问卷 320 份、访谈一线教师 96 人。视导组撰写 6 万字反馈报告，针对学校发展进行诊断，提炼优势，发现问题，促进学校内涵发展。

（孙元伟）

【德育专家讲师团举办讲座】 5 月 13 日，昌平区中小学德育专家讲师团在上苑中心小学举办讲座。讲师团成员城关小学绍红英以《教育路上快乐徜徉》为题，从爱心、故事、共育三个方面介绍带班经验。南口镇小学任立平以《我和四班同学们的故事》为题，以案例和班级循环日记的形式列举教育故事，展示主题班队会活动内容，针对如何写教育案例进行具体指导。上苑中心小学教师 50 人听讲。德育专家讲师团 4 月成立，这是讲师团开展的第一次活动。

（安凯杰）

【举办优秀协作组展示活动】 5 月 13 日，昌平区教委、区教师进修学校在南口镇小学举办优秀协作组展示交流活动。活动展示南口片协作组工作成果，交流分享经验，推动昌平区联片协作工作纵深发展。活动包括参观协作组8所学校特色展板及学生作品，观摩8所学校分别承办的美术、语文、英语、数学、品社、科学学科协作组教研活动，交流南口片协作组活动经验。会议对南口片协作组的实践研究给予肯定，对全区协作组建设提出要求。区教委领导、全区小学校长和教学干部以及内蒙古太仆寺旗代表150人参加会议。

（王凤云）

【编印幸福教育校本教材】 5月，七里渠中心小学幸福教育校本教材《幸福成长》完成出版印刷工作。《幸福成长》共两册，一册面向小学五年级学生，教材名称为《向着幸福出发》；一册面向小学六年级学生，教材名称为《做幸福的自己》。两册教材分别设“幸福认识”“正确认识自己”“投入地学习”“情绪管理”“考试应对”“做乐观的人”“幸福修炼”七个板块，引导学生习得乐观，提高幸福指数。该教材是昌平区教育科学“十二五”规划课题“农村小学开展幸福教育的实践研究”成果。2012年9月学校开始编写工作，教师11人参与研究，共投入资金10万元。

（刘承恩）

【巩华学校成立】 7月8日，北京市昌平区巩华学校成立。该校为昌平区教委直属小学，区教委所属区财政全额拨款事业单位，区财政全额拨款事业编制110人。学校教学建制36个班，开办资金50万元。办学地址位于昌平区沙河镇顺沙路路松街，服务对象为新迁入巩华家园、丰善小区、五福家园、彩河、满井等地区的适龄儿童，同时原沙河中心小学在百善学校上学的学生、教师一并划归到巩华学校。学校基建工程2013年9月开工，总投入8697万元。年内，学校开设一年级至六年级教学班24个，招生116人，在校生694人。

（王书奎）

【引入民办教育机构委托办学】 7月20日，黑山寨学校和新东方学校昌平校区合作开展民办教育机构委托办学项目。10月23日，流村中学、十三陵中学、下庄学校、长陵学校、崔村中学和南邵中学6所学校加入项目组。根据合作协议，新东方学校昌平校区每周派送教师到黑山寨学校授课；7所项目学校学生可利用假期和周末自行到新东方学校昌平校区插班学习，费用由项目资金支付；新东方学校优秀教师为全区初中教师举办新课程计划培训和中高考改革培训。

（张海力）

【开展初中综合社会实践活动】 9月，

昌平区初一学生全面实施新课程计划，初中各学科10%课时用于学生综合实践活动。各初中校按照区教委要求，制定本校课程实施方案，借助综合素质提升工程、四个一活动、校本课程等落实综合实践活动要求。综合社会实践活动是中考改革配套政策之一，主要针对思想品德、历史、地理三个学科，围绕32个考核要点62个主题展开。要求三年内累计完成30个实践活动，满分30分，活动得分经过折算最终计入三个学科的中考原始成绩。

（张海力）

【开展初中开放性科学实践】 10月21日，昌平区教委印发《昌平区初中开放性科学实践活动工作方案》。开放性科学实践活动是落实新课程计划中关于物理、化学、生物、地理四个学科10%课时用于综合实践活动要求的具体举措。活动面向初一学生，要求每学期完成5个综合实践活动，初中三年完成30个，计30分，最后计入中考原始成绩。截至11月13日，全区初一5150名在籍学生参与活动，完成活动预约19159人次。

（张海力）

【举办首届校园足球嘉年华】 11月18日，昌平区首届校园足球嘉年华活动在大东流中学举行。活动以庙会形式举办，设足球九宫格、颠球争霸赛、桌上足球赛、球衣DIY、亲子足

球、足球保龄、足球知识抢答赛、击鼓颠球、踢球超音速、运球绕桩项目。活动还邀请足球明星讲述中国、北京的足球发展历程，并与学生现场互动。活动中，“昌平区校园足球联盟”宣布成立。原中国国家队足球运动员李公一、原国安运动员南方，昌平区教委领导，昌平区10所中小学代表100余人参加活动。

（张莉）

【两校通过开放式重点实验室验收】 12月8日，北京市开放式重点实验室验收组验收昌平一中、昌平二中开放式重点实验室建设。专家组检查昌平一中的京北分子与细胞生物学实验室、昌平二中的稀土材料化学实验室，听取学校关于实验室建设过程及课程研发和实施情况汇报，检查实验室建设进度，查阅验收材料。专家组认为两校通过北京市开放式重点实验室验收。

（彭博）

【高校和附属学校开展教学交流工作】 至年底，昌平区6所大学附属中学、小学和4所高校开展教学交流工作。课程建设方面，大学帮助对口附属学校开展课程建设工作。其中，华北电力附中、附小借助大学资源，开设跳绳、田径、篮球等课程；北京农学院附小借助农学院资源开发插花、植物栽培等课程；政法大学附属学校成立辩论队和法学社团。学生活动方面，附属学校学生参加高校专家讲座、社团活动、名家讲堂等。改善办学条件方面，6所附中、附小利用市级项目引导资金1400余万元。师资培训方面，高校面向附属学校教师开展远程培训，向对口附属学校派送外教支持学校英语教学工作，大学和附属学校共享大学图书馆资源。

（张海力）

职业与成人教育

【概况】　2015年，昌平区公办职业高中1所（北京市昌平职业学校）。毕业1293人，招生1046人，在校生2776人。教职工341人，其中，专任教师213人。学校占地面积16.87万平方米、建筑面积13万平方米。图书馆藏书12万册，馆藏电子图书2TB。固定资产总值21849万元。全年教育经费投入14570万元，均为国家拨款。昌平区成人教育单位21个，其中，成人教育中心1个，乡镇成人学校20个。教职工41人（不含外聘教师），其中，专任教师35人。昌平成教中心占地面积437.9平方米，建筑面积774.4平方米，使用面积698平方米；乡镇成人学校总占地面积1.59万平方米，总建筑面积1.98万平方米，图书馆藏书36万册，计算机389台，固定资产总值260万元。全年教育经费投入1687万元，其中，国家拨款1460万元，自筹经费227万元。2015年，学历教育共有专科、本科在校生3365人，招生896人；农民中专班毕业12个班740人，新招3个班106人。成人教育单位开设社会化考试7类，参加考试7492人，开展京津冀一体化农民培训5期共330人，城乡市民教育大讲堂培训16424人次。

（王颖）

【举办文玩核桃种植培训班】　4月17日，昌平区农广校举办文玩核桃栽培种植班。培训班采取“固定课堂+田间课堂”模式，一堂理论课、一堂田间课交替进行。培训结合农时，按照学校自编培训规范，从文玩核桃种植与管理入手，涉及建园育苗、土肥水管理、树体管理等栽培种植全方位知识。昌平区40名种植户参加培训。

（仝月）

【创建“互联网+农业”合作模式】　9月22日，昌平区农广校与营坊昆利合作社共同筹备创建“互联网+农业”果品销售模式，将合作社自产苹果等农副产品通过微信等网络模式推广销售。第一期微信公众号主要介绍昌平苹果“福地”资源及网络购买渠道，引起社会广泛关注。至年底，合作社在农广校技术人员的支持与指导下，开通淘宝店铺、微店、微信公众号等，并举办优惠活动。

（高燕）

【举办农民教育知识竞赛】　11月4

日，昌平区教委举办“新农杯”农民教育知识竞赛。百善镇、兴寿镇、南口镇、马池口镇、小汤山镇、崔村镇6个参加2015年农民教育大讲堂的镇参加比赛。比赛内容分为新型职业农民知识、生态家园知识、传统文化知识、基础农业知识和法律法规知识五部分。评出一等奖1个，二等奖2个，三等奖3个。“新农杯”系列竞赛活动已连续举办10年，逐步树立昌平区学习品牌。

（王颖）

【举办第五届“花”文化艺术节】　11月5日，昌平职业学校、昌平区花卉协会联合举办第五届“花”文化艺术节。艺术节展区位于昌平职业学校职业教育农业文化园区，分三个部分，分别为5000平方米综合体验馆，60栋中高档温室花卉展和1700平方米的蝴蝶兰文化“梦工坊”。市民可在展区中欣赏2500余盆独特造型的菊花，500余支昌平职业学校研发的新品种蝴蝶兰，以及各类绿植5000盆，绢花2500支。展区还设有体验环节，市民可以亲身体验植物微景制作、水培制作、花艺插花等活动。市民9600人参加活动。

（张文琳）

【“职成教联盟”举办评优课】　11月24日至12月3日，昌平区教委协助市教委举办“京郊职成教联盟”中青年骨干教师课堂教学评优活动。昌平区、怀柔区、密云县、延庆县、房山区6所职校12名教师参加活动。经专家听课、评分、合议，1人获一等奖，2人获二等奖。同期举办“京郊职成教联盟”主题班会评优活动。6所职校12名教师参加活动，经专家评比，1人获一等奖，2人获二等奖，1人获三等奖。“京郊职成教联盟”由昌平区、怀柔区、密云县、延庆县、房山区5个区县职业学校组成。

（王颖）

【评选学习型社区先进单位】　11月，昌平区建设学习型城区工作领导小组办公室开展学习型社区先进单位评选工作。评估小组在调研视导8镇12个社区基础上，综合社区情况调查表、自评分表、自评报告、档案材料，报经学习型城区工作领导小组研究决定，认定10个社区为2015年学习型社区先进单位。

（王颖）

【举办市民教育大讲堂培训】　至年

底，昌平区教委继续开展“城乡市民教育大讲堂培训”。培训范围包括全区20个镇街的35个行政村和50个社区。依据《昌平区2015年城乡市民教育大讲堂工作实施方案》，昌平职业学校培训部和成教中心（电大、农广校、社区学院）两所培训学校根据前期调研情况制定培训实施计划和课程安排。培训课程内容有衍纸画、广场舞、交谊舞、葡萄酒品鉴、有机蔬菜家里种、串珠编织、果树种植。全年共培训社区市民16424人次。活动已连续开展8年。

（王颖）

教育督导

【概况】　2015年，昌平区教育督导室坚持督政与督学相结合、以督学为主的工作思路，完成北京市义务教育实施情况及均衡发展状况监测统计，通过国家教育督导委员会对本区义务教育发展基本均衡国家认定，完成17所学校五年级、八年级共1120名学生生活状况调查，完成国家对本区21所学校的义务教育质量监测，完成学前教育状况监测统计，组织全区20个镇政府（街道办事处）开展全面实施素质教育年度自评。完成16所中小学校、6所幼儿园素质教育综合督导检查。全年开展经常性督导530校次，下校督导检查1675人次，挂牌督导覆盖全区114所公办学校（包含完小、村小）。组织督学参加市、区两级督学业务培训11次，参与培训141人次。本年度，教育督导室设副主任2人，专职督学2人，兼职督学95人。

（陈敏）

【完成义务教育监测统计】 1月，昌平区教育督导室完成北京市义务教育发展均衡监测统计工作。统计报表统计全区109所完小以上学校的学生基本情况、义务教育经费保障情况、干部教师队伍建设、学生体育及体质健康基本情况以及民办学校情况。区教育督导室汇总相关数据并上报市教育督导室。

（苏凤兰）

【通过义务教育基本均衡国家认定】

4月29日，昌平区教育督导室接受国家义务教育基本均衡发展督导评估。昌平区政府从强化政府职责、确保义务教育优先发展、切实兜住底线、实施名校工程、加强教师队伍建设、深化素质教育方面汇报昌平区推进义务教育均衡发展工作，评估专家组查阅档案资料，召开座谈会，实地考察15所学校。评估专家组肯定昌平区“科教兴区”战略、“引优培优”举措、“抱团发展”经验，认定昌平区通过国家义务教育发展基本均衡县（区）督导评估认定。

（苏凤兰）

【部署经常性督导工作】 5月6日，昌平区教育督导室召开挂牌督学工作会。会议部署本学期经常性督导工作。主要内容包括四项任务：对义务教育学校开展减负督导监测；对下半年接受素质教育区级综合督导的22所学校（园所）进行问卷调查与统计；将素质教育区级综合督导意见的整改落实纳入督学责任区经常性督导范畴，要求督学责任区结合学校整改清单的时限和具体措施，适时回访整改落实情况和进度；继续实行挂牌督导周报告制度，及时反馈家长和社会所反映的入学问题，促进相关问题解决。区教育督导室领导和挂牌督学共18人参加会议。

（陈敏）

【完成教育部义务教育质量监测工作】 6月18日，昌平区教育督导室完成教育部义务教育质量监测工作。检测涉及21所中小学，600余名四年级和八年级学生参加数学和体育与体质健康状况及相关影响因素测试。为保证测试工作，区教育督导室印发《组织工作手册》《现场操作手册》明确工作职责。本次监测工作中，昌平区被评为国家义务教育质量监测实施优秀区级组织单位。

（苏凤兰）

【召开教育督导工作会】 9月24日，昌平区教育督导室召开教育督导工作会。会议回顾上半年7项主要工作，面向12个督学责任区部署安排下半年5项重点工作，就中小学新课程一体化改革工作的评价要素和检查标准举办专题讲座。会议通报义务教育均衡发展国检筹备及评估结果情况，向8个督学责任区督导组31名责任督学颁发荣誉证书。区委教育工委、区教育督导室领导，全区12个督学责任区60名督学参加会议。

（陈敏）

【完成学前教育监测统计】 9月，昌平区教育督导室完成北京市学前教育监测统计工作。统计报表涉及学前教育基本情况、分布情况、适龄儿童入园情况、建设情况、教育经费投入情况、分级分类情况以及教师结构情况共7张。区教育督导室制订工作方案，为相关委办局、镇街政府以及教委相关科室梳理并印发工作任务清单，对各部门上报的数据进行汇总并上报市教育督导室。

（苏凤兰）

【督导检查全面实施素质教育工作】

10月13日至11月5日，昌平区教育督导室与区教委组成联合督导组完成全面实施素质教育工作综合督导检查。督导对象包括15所中小学校、6所幼儿园、1所特殊教育学校，督导检查范围起自2012年，并首次将特殊教育纳入督导范畴。到年底，向被督导单位下发正式督导意见，并要求学校（园所）根据督导意见列出“整改任务清单”，明确整改时限、整改措施和具体责任人。同时，将督导意见的整改落实情况纳入经常性督导工作范畴，由责任区督学负责继续追踪落实，直至整改到位。

（陈敏）

【完成教育执法情况自查自评】 12月，昌平区教育督导室联合区发展改革委、区文化委、区教委等部门完成教育执法情况自查自评工作。本年教育执法情况检查以贯彻执行义务教育相关法律法规和规范性文件，以及贯彻执行《北京市实施〈中华人民共和国职业教育法〉办法》情况为重点。全区6家单位依据市教委要求完成自查。区教育督导室在各单位自查基础上汇总完成昌平区自查报告上报市教育督导室。

（苏凤兰）

中共昌平区委教育工委

书　记　隋彦玲

昌平区教育委员会

主　任　李成旺

昌平区政府教育督导室

主　任　刘淑华

大　兴　区

总　类

【开通“兴教时讯”微信平台】 1月4日，“兴教时讯”微信平台开通。该公众号由区教委主办。3月，公众号与爱我大兴社区网（爱我大兴社区手机报、爱我大兴社区微信公众号）达成合作协议，对“兴教时讯”微信公众号进行改版，美化页面、丰富栏目、完善内容，每天推送1期、每期5条左右。至年底，共计推送171期，推送信息848条。

（周稳）

【教育网资源实现统一存储】 3月24日，大兴区教育网资源统一存储建设项目通过专家验收。至此，大兴区教育网资源统一存储建设工作顺利完成。该项目为区中小学教师云盘系统提供1PB存储空间，实现教师教学资源的统一存储。教育网由区教育信息中心承建。

（瞿涛）

【成立红领巾通讯社记者团】 3月

26日，大兴区少工委在二中亦庄学校举办红领巾通讯社活动基地和红领巾通讯社记者团成立仪式。活动宣布二中亦庄学校成立大兴区红通社活动基地，并举行揭牌仪式。同时，红领巾通讯社记者团成立，与会领导为记者团授予团旗和团徽。首批记者团成员共83人，由全区23所校园记者站推荐入选。仪式后，北京少年报记者为记者团小记者举办培训。区教委、区少工委、北京市红领巾通讯社领导，全区23所红通社校园记者站代表、大队辅导员代表共200人参加活动。

（王倩倩）

【在职校级干部研究生课程班结业】 9月13日，大兴区在职校级干部研究生课程班举行结业仪式。仪式宣读“结业学员”名单，为学员代表颁发结业证书。课程班2013年7月开班，课程设置包括学位公共课、专业必修课、选修课及实践课，共344课时。在职校级干部61人参加学习，其中，60人结业。

（常宝娟）

【举办新任职校长培训班】 9月23日，大兴区教委举办新任职校长（园长）培训班。培训班为期一年，开设6门课程，分别举办8个专题讲座，共120课时。区内2014、2015年新任职校长（园长）22人参加培训。

（王新民）

【开展“劳模进校园”活动】 10月，大兴区教育工会举办“劳模进校园”活动。各校通过举办一次启动仪式、举办一场劳模事迹报告会、邀请劳模参加一次主题班会、进行一次校外教育活动、读一本好书、开展一次征文演讲比赛、聘请一位校外辅导员“七个一”活动，引导师生学习身边的榜样和劳模。活动共聘请12名全国、市级劳模走进校园56次，教师和学生1万余人参与活动。

（刘春梅）

【举办少先队小干部技能竞赛】 11月13日，“我的梦中国梦”大兴新区少先队小干部技能大比拼活动在北京第二实验小学大兴实验学校举行。活动包括笔试环节“队知识我通晓”、情景问答“队活动我来搞”和“队礼仪我践行”、才艺展示环节“DIY技能秀”。经过八大协作区初赛，评选出25名优秀小干部参加区级复赛。

最终评选出一等奖6人、二等奖9人、三等奖10人。

（王倩倩）

【举办辅导员说课展示】 12月17日，大兴区少工委开展“聚焦活动课我说我精彩”2015年大兴区少先队活动课说课展示活动。活动分为现场说活动课、专家点评、现场表彰颁奖三部分。经全区各校推荐、协作区评选，评选出区级一等奖6人、二等奖12人。

（王倩倩）

学前教育

【概况】 2015年，大兴区有各类幼儿园77所，其中公办幼儿园41所（区教委直属幼儿园14所、镇中心幼儿园27所），部队、企业园3所，民办园33所；收托幼儿28370人（外省市7913人），入园11181人，离园7534人；教职工3022人，其中，专任教师1746人。小学附设学前班18个，收托幼儿1710人（外省市597人）；学前教育普及率92.5%。2015年，全区北京市示范幼儿园5所，一级一类幼儿园16所，一级二类幼儿园16所，二级二类幼儿园10所，北京市社区早期教育基地8所。

（徐敏）

【召开学前教育工作会】 1月30日，大兴区教委召开2015年大兴新区学前教育工作会。区教委作《夯实基础提升质量改革创新——推动新区学前教育事业稳步健康发展》工作报告，部署2015年重点工作。会议表彰2014年先进单位和个人，就2015年工作提出做好四项工作，即加强队伍建设、课程建设、幼小衔接和安全管理工作，促进园所长足发展，为幼儿终身发展和后继学习奠基。区教领导和各类型幼儿园园长以及获奖教师代表等130人参加会议。

（徐敏）

【启动五大领域课程培训】 3月13

日，大兴区教委举办幼儿园第二期五大领域课程推进项目培训。培训历时四天，分别邀请市级专家、优秀园长和区级教研员就幼儿园健康、语言、社会、科学和艺术五大领域的目标、价值及教育建议及实施策略等方面进行讲解。区教委、教师进修学校领导和各类型幼儿园150人参加培训。

（徐敏）

【召开幼小衔接经验交流会】 4月23日，大兴区教委、大兴区教育品质提升促进工程之学段衔接工作建设项目在大兴九幼召开大兴区幼小衔接经验交流现场会。活动分为现场观摩、专题汇报和专家讲座三部分。区内幼小衔接项目园课题负责人、项目校教师代表及部分直属园业务园长50人参加会议。2014年，大兴区教委、北师大实施大兴区教育品质提升促进工程之学段衔接工作建设项目，旨在已有的中小幼衔接工作基础上，形成《学段衔接工作指南》、开发学段衔接课程；同时指导学校教师掌握学生发展的阶段性和连续性特点，做好学段衔接工作。

（徐敏）

【完成“十二五”继续教育考核】 5—6月，大兴区教师进修学校完成“十二五”幼儿园继续教育考核验收工作。考核小组先后实地检查42所幼儿园，通过查阅资料、现场查看、教师座谈、抽查核实，检查与核实“十二五”继续教育公共必修课、专业必修课和园本培训方案、总结、教师学习笔记、作业、园本培训，对该工作开展好的园所给予肯定，对存在不足给予全面指导。

（刘玉华）

【乡镇幼儿园转岗教师培训结束】 6月25日，大兴区乡镇幼儿园教师转岗培训结束。该培训班为期一年，开设专业理论与师德、专业知识与能力、技能技巧和实践研修四个方面课程510课时。培训采取讲座与实践研修相结合的培训方式，聘请市级、区级专家和少年宫专职教师培训指导。区内43名幼儿教师参加培训。

（刘玉华）

【举办学科带头人骨干教师培训】 7月3日，大兴区教委举办幼儿园学科带头人和骨干教师培训。培训邀请北京教科院举办《基于教师观察的活动区游戏指导》专题讲座，诠释活动区的重要意义和教师观察的重要作用，内容涉及幼儿社会性发展、自主学习、教师有效指导及早期阅读等。区内幼儿园学科带头人和骨干教师160人参加活动。

（刘玉华）

【榆垡第二中心园迁址】 8月30日，大兴区榆垡镇第二中心幼儿园迁入新址首开菩瑅墅小区内。该园原址在榆垡镇南各庄村，新址占地面积3400平方米，建筑面积3108.9平方米。年内，幼儿园开设8个教学班，在园幼儿267人，教职工49人，其中，教师30人。

（张静）

【大兴二幼设融汇分园】 9月1日，

大兴二幼成立融汇分园。新园位于黄村镇华佗路1号院20号楼，占地面积4428平方米，校舍建筑面积3542平方米，绿地面积1328平方米。室外活动场地342平方米。年内，幼儿园开设3个班级，在园幼儿94人，教职工15人，其中，教师6人。

（于艳辉）

【采育第二中心园迁入新址】 9月1日，大兴区采育第二中心幼儿园迁入新址采育镇大皮营三村。该园原址在采育镇潘铁营村，新址占地面积6753.86平方米、建筑面积3785.16平方米。拥有专用教室2个，普通教室12个，教室内设有表演区、建筑区和美工区、教学区。教职工64人，其中，教师53人。年内，幼儿入园181人、离园98人、在园401人，开设10个教学班。

（张静）

【首师大附属园分园开园】 9月1日，首都师范大学学前教育学院附属幼儿园分园开园。该园位于西红门镇宏业路2号院，占地面积4160.69平方米，建筑面积3108.12平方米，绿地面积1252平方米，室外活动场地1120平方米。幼儿园开设3个班级，在园幼儿70人，教职工19人，其中，专任教师10人。

（李梦蝶）

【园长赴华东师大培训】 11月30日至12月12日，大兴区教委组织园长高研班赴华东师范大学异地培训。培训形式包括专家讲座、园所参观、小组研讨等，培训内容包括园长管理素养、园长专业发展标准、幼儿早期读写教育、幼儿艺术教育、幼儿心理健康教育、幼儿教师心理健康、家园合作共育。全区公办园园长和副园长共51人参加培训。

（徐敏）

【实施教育质量提升项目】 12月24日，大兴区教委在大兴一幼召开幼儿自主发展课程建设与区域学前教育质量提升项目启动会。会议解读《大兴区幼儿自主发展课程建设与区域学前教育质量提升项目实施方案》，听取大兴九幼和庞各庄镇中心园课程建设汇报，举办专题讲座。区内一级以上幼儿园园长及业务园长90余人参加会议。该项目由区教委立项实施，分设生活课程、区域课程、主题课程三个子项目，研究目标是形成大兴区幼儿自主发展课程体系，以课程文化推动园所文化建设。大兴区38所幼儿园参与项目实验。

（徐敏）

【举办业务干部听评课活动】 12月30日，大兴区教委在大兴一幼举办幼儿园业务干部学习与发展共同体听评课活动。活动分为三部分，第一部分区级骨干教师执教大班科学活动“拼接小书架”，第二部分业务干部、教师互动点评，第三部分举办专题讲座《如何听课评课》。全区业务干部学习与发展共同体成员120人参加活动。

（吕艳静）

基础教育

【概况】　2015年，大兴区小学98所，教学班1700个，毕业6965人，招生10866人，在校生59270人，在校生中北京市户籍27560人；教职工4074人，其中，专任教师3930人（含九年一贯制学校）；小学入学率100%，巩固率100%，毕业及格率100%；北京市特级教师10人、学科带头人6人、骨干教师67人。中学44所（初中22所、完全中学10所、九年一贯制学校8所、十二年一贯制学校4所），教学班783个（初中552个、高中231个）；毕业生8797人（初中5566人、高中3231人），招生7820人（初中5324人、高中2496人），在校生25222人（初中17166人、高中8056人），在校生中北京市户籍17161人（初中10456人、高中6705人）；初中入学率100%，巩固率99.95%，毕业及格率100%；高中入学率64.87%，毕业及格率92.2%，应届毕业生高考录取率97.18%；教职工5000人，其中，专任教师3486人（初中2428人、高中1058人）。全区中小学占地面积143.42万平方米，建筑面积317.04万平方米，图书馆藏书334.35万册。全年教育经费总投入27.20亿元，其中，国家拨款26.35亿元，自筹经费0.85亿元。

（孙严　杨清华）

【举办陶瓷文化体验活动】　1月25日，大兴区校外办、大兴少年宫联合举办“品瓷韵，尚古风”——大兴区第一届学生陶瓷文化体验活动。该活动是大兴区学生传统文化系列体验活动之一。活动内容包括陶瓷观赏（赏瓷）、陶瓷体验（做瓷）、作品展示（展瓷）、学生谈感受（说瓷）、专家点评（评瓷），其间，组织参观制瓷车间，了解陶瓷制作过程并欣赏陶瓷作品。区内200名学生参加活动。

（刘秀梅）

【实施小学教师专业能力提升工程】　1月，大兴区中小学综合实践活动基地启动小学学科教师专业能力提升工程。该工程经历三个阶段：学习和准备阶段、组织与培训阶段、统一笔试和现场展示评优阶段。分别以专题讲座、印发辅导材料、教师自主学习、统一笔试和现场展示评优等形式开展。至年底，基地共举办19次活动。该基地位于采育镇大同营村北，占地总面积35132平方米，设有室内和室外两大活动区，可同时容纳200人参加实践活动。

（孟祥宾）

【育英学校大兴分校揭牌】　2月27日，北京育英学校大兴分校揭牌仪式在兴海学校举行。兴海学校继续保留原“北京市大兴区兴海学校”校名，增加“北京市育英学校大兴分校”校名。2014年10月，海淀区教委、大兴区教委签署合作办学协议，合作建设大兴分校。育英学校在保持原学校建构不变的情况下，输出办学理念，每年派送管理干部、优秀教师，同时从教学、课程、校园文化方面入手，全方位帮扶兴海学校发展。

（王鹤）

【举办心理健康特色校开放活动】　3月27日，大兴区教委举办中学“走进心理健康特色校系列活动”之走进兴华中学。活动中，兴华中学作《拓宽心理教育渠道，营造和谐校园氛围》报告，展示生涯规划课“性格自我探索”和“我的职业早规划”社团活动课。区教师进修学校教研员对两节课进行点评。区内中学心理健康教师、德育干部50人参加活动。

（孙会波）

【开展区级研究课】　4月1日，大兴区中学地理名师工作室在大兴一中开展区级研究课活动。区级地理学科带头人作“不同等级城市的服务功能”研究课。该课采用翻转课堂教学方式充分发挥学生学习主体作用，课堂从案例入手，通过对比分析榆垡镇、大兴区和北京市三个不同等级城镇的医疗资源、合肥市和黄山市服务职能差异、石家庄与乌鲁木齐服务范围的差异等案例落实教学重点，鼓励学生用变化的视角看待地理事物。区内地理教研员、工作室成员及全区高一地理教师等28人参加活动。

（逯秀滨）

【举办小学领导干部听评课活动】　4月10日，大兴区教委与区教师进修学校在大兴五小举办大兴区小学领导干部听评课系列活动暨音乐学科读懂学生读懂课堂唱歌教学研讨会。活动观摩大兴八小、海淀建华实验学校两节音乐现场课，依据《小学音乐课堂教学评价方案》现场填写《教学主任课堂教学听课评价表》，以书面形式进行现场评课。活动还邀请北京市特级教师现场进行点评。全区各校教导主任以及音乐学科带头人骨干教师100余人参加活动。

（于淑清）

【举办校园足球“联盟杯”赛】　4月

11日，大兴教委举办“我运动、我快乐、我健康”2015年大兴区中小学校园足球“联盟杯”赛。比赛设有中学男子组、小学男子甲组、小学男子乙组、小学女子甲组与小学女子乙组共五个组别，37支代表队近500名球员参加比赛。比赛采取循环赛，赛程分为两个阶段共2个月，周六、周日进行，共126场，最终决出各组冠军。比赛由区教委与区体育局主办。

（李晶）

【骨干教师赴京外高校培训】　4月13—24日，大兴区数学骨干教师赴东北师大培训。培训听取19个专题讲座，参观吉林大学附属小学和东北师范大学附属中学，跨学科、跨学段观摩11节现场展示课。区内59名数学骨干教师参加培训，并全部获得结业证书。培训将小学、初中、高中学段融合共同研修，旨在沟通数学基础教育各阶段教学和知识间联系，提升数学教师专业素养和教学水平。

（李金艳）

【举办骨干班主任培训】 4月15日，大兴区教委召开中小学骨干班主任培训启动会。会议解读中、小学骨干班主任培训细则及具体要求，宣读中小学骨干班主任培训方案，为中、小学骨干班主任代表颁发证书，举办《让教室成为价值引领的地方》指导讲座。186名新一届中小学骨干班主任参加会议。中小学骨干班主任培训为期3年，以集中培训与分组研修相结合，专题讲座与交流研讨相结合，专业引领与实践反思相结合为原则，强调过程性反思、分享与反馈，以班主任专业化素养和能力培养等方面为主要培训内容，同时强调发挥其辐射职能带动全区班主任整体发展。培训计划2017年结束。

（贾富华）

【实施小学骨干教师管理评价机制】 4月21日，大兴区教委在教师进修学校召开小学骨干教师管理评价机制启动会暨教学主任实务培训活动。会议宣布实施小学骨干教师管理评价机制，重点解读从骨干教师六点职责和六点权利。会议邀请美国波士顿尼德姆学区教育代表团举办美国小学跨学科学习方式讲座。全区各小学教学主任及新一届骨干教师代表120人参加会议。

（龚常玉）

【健康促进学校通过市级验收】 5月7日，北京第二实验小学大兴实验学校代表大兴区接受健康促进学校市级验收工作。实验二小大兴实验学校代表学校做《在健康理念引领下培育理想少年》工作汇报，区卫生计生委以《部门联动，以点带面—稳步推进健康促进学校工作深入开展》为题，汇报两年来区级健康促进学校开展情况。验收组分组查看学校工作档案，现场检测学校教育教学环境，检查学生眼保健操和十项卫生行为。验收组对大兴区健康促进学校工作给予肯定和评价，认定大兴区20所学校通过市级验收。至此，大兴区市级健康促进学校83所。

（李影）

【召开区级课程改革研讨会】 5月20日，大兴区教委在北京第二实验小学大兴实验学校召开“基于学校课程建设助推学校内涵发展”区级课程改革研讨会。会上，区教师进修学校以《以课程体系建设为载体，实现学校发展的系统性突破》为题，总结课程建设工作。大兴实验学校作公开课8节，并汇报学校理想课程体系建设与实施经验。会议提出课程建设一体化、结构化、体系化，重视整体布局谋篇的课程建设思路。大兴区各小学教导主任和课程建设项目学校负责人100余人参加会议。

（何艳萍）

【举办体育教师专业技能赛】 5月28日，大兴区教委分别举办中学和小学体育教师专业技能比赛。中学比赛设集体项目和个人项目两大类。集体项目包括两套广播操和两套武术操。全区29所学校105名体育教师参加集体项目的比赛。个人项目包括田径、体操、武术等技能项目和说课，全区38名青年教师参加个人技能比赛。小学比赛包括必做项目和专业技能两部分。必做项目要求所有参赛教师完成两套广播操和两套武术健身操。专业技能比赛由教师根据自身专业特点选择田径（跳高、跳远、跨栏跑）、武术（形神拳、健身短棍）、体操（双杠、技巧）和健美操中的一项进行比赛。区内47名小学体育教师参加活动。经比赛，推荐9名教师参加全市体育教师专业技能比赛。

（梁吉涛　逯秀滨）

【召开优秀传统文化教育研讨会】 6月19日，大兴区教委在北京市第二中学亦庄学校召开北京市中华优秀传统文化教育市、区、校联动研讨会暨大兴区中华优秀传统文化教育项目阶段总结推进会。会议以“端午行吟，课显华彩”为主题，分为学校展示和交流研讨两个阶段。学校展示部分分为吟诵篇、教学篇和采访篇。交流研讨中，交流《穿越边界的中华优秀传统文化教育的教与学》《大兴区中华优秀传统文化教育阶段总结与继续推进展望》等经验。北京教科院课程中心、区教委领导，全市各区县代表和教师300人参加会议。

（贺争光）

【国家教育行政学院附属实验学校成立】 6月24日，国家教育行政学院附属实验学校挂牌成立。该校位于大兴区黄村镇三合北路1号，是大兴区

教委所属的九年一贯制公办学校，也是国家教育行政学院与大兴区教委合作办学成果。学校占地面积31631.28平方米，建筑面积30458平方米，教学及辅助用房面积9649.14平方米，学生运动场馆面积9938.74平方米。办学规模为48个班（小学30个班、初中18个班），学位1920个。年内小学阶段在校生107人，中学在校生89人。专任教师24人，其中，研究生学历教师14人。

（唐超超）

【教育学院大兴附小成立融汇校区】 7月，北京教育学院附属大兴实验小学融汇校区成立。学校位于北京市大兴区天宫院融汇小区。占地面积14400平方米，建筑面积11520平方米。操场面积3500平方米。年内招生75人，开设教学班3个。教职工14人，其中，专任教师13人。学校普通教室24个，阅览室3个、科学实验室1个，音乐、美术、书法、舞蹈和计算机专用教室9个。

（张静）

【榆垡镇第二中心小学迁入新址】 9月1日，大兴区榆垡镇第二中心小学迁入新址。学校原校址在榆垡镇南各庄村北，现址为榆垡镇南张华村北，与原榆垡镇第二中心小学南张华完小合并组建。学校占地面积13178平方米，校舍建筑面积1727平方米、绿地面积3884平方米。学校一至六年级共6个教学班，学生84人，教职工28人，其中，教师27人。

（张静）

【北师大大兴附中东校区成立】 9月1日，北师大大兴附中东校区成立。该校是一所九年一贯制学校，占地面积21813.58平方米、建筑面积17398.39平方米，可容纳36个教学班。年内，小学部开设两个教学班，招收一年级小学生52人；中学部开

设 3 个教学班，招收初一年级学生 90 人。学校教职工 49 人，其中，专任教师 23 人。

（张静）

【完成中小学录课室建设】 9 月 25 日至 12 月 31 日，大兴区中小学录课室及评价学习系统建设项目完成。项目具备功能数据实时切换与录播等功能，电教管理人员通过网络可远程控制录制端的操作，满足各级精品课、评优课、区级公开课、讲座、研究课的录制，实现远程视频教学。该项目由 8 家公司中标承建，共为 23 所学校安装设备，总投资 1930 万元。

（冯春辉）

【举办中小学生月末舞台秀】 11 月

24 日，大兴区中小学生月末舞台秀之民俗特色展示活动在大兴区第十小学举行。活动由大兴区校外办主办。活动分为动态民俗活动展示和静态民俗活动展示两部分，采取先选报光盘、照片评选，再进行区级展示的形式进行。全区 25 所中小学报名参加，最终评选出 14 所学校近 500 人参加区级现场展示。其中，8 所学校参与动态民俗活动展示，项目包括民族大鼓、武术、太极扇、扁鼓、抖空竹、腰鼓、打花棍。6 所学校参与静态民俗活动展示，项目包括剪纸、面塑、葫芦彩绘、泥塑。最终，8 所学校获得动态项目展示最佳表演奖，6 所学校获得静态展示最佳表演奖。

（刘秀梅）

【举办小学课堂教学比赛】 11 月 24 日至 12 月 4 日，大兴区教委举办小学教师“卓越杯”课堂教学比赛。比赛以协作区为单位进行，参赛教师均为各学科骨干教师。经过协作区选拔，语文、数学、英语等 13 个学科共 127 节课参加区级作课评比，最终 44 人获一等奖，46 人获二等奖，37 人获三等奖。

（宁书平）

【组织优秀学校参观访学活动】 12

月 2 日，大兴区教委举办走进北京市优秀实验学校参观访学活动。活动以萃取北京市优质学校课程建设与文化建设经验，促进学校课程建设与学校特色文化建设。活动考察房山区良乡第三小学、海淀区培星小学等。大兴区教委、区教师进修学校、小学课程体系建设项目校和特色文化建设项目实验校负责人等 40 人参加活动。此前，11 月 24 日，大兴区教委组织区中学课程干部走进北京中学，参观北京中学文化建设，观摩校本课程，学习学校课程体系构建经验。

（孙严　韩尚庆）

【大兴八中与北京八中深度合作】 12 月 11 日，大兴八中与北京八中签署签订深度合作办学协议。协议主要内容是：北京八中为大兴分校提供学校品牌、教育教学指导、师资培训、课程建设等无形资产，保证分校办学质量。2005 年 6 月，在市发展改革委、市教委举办的第三批“名校办分校”挂牌签约仪式上，大兴八中成为北京八中大兴分校。合作 10 年来，两校在学科教研、集体备课、干部培训、心育中心建设及资源共享等方面有着良好的合作。

（张鸿雁）

【举办首届中学教学交流周】 12 月 15—17 日，大兴区综合实践活动展示交流会即首届教学交流周活动在大兴三中和大兴五中举行。活动分别安排两节综合实践活动。大兴一中、北师大附中等 15 所学校展示学校综合实践课程。区教委要求各校在充分分析学校现状的基础上，量身定做适合学生发展的课程，通过实践、总结、再实践，不断提高课程质量。区内各中学教学干部 40 人参加活动。

（韩尚庆）

职业与成人教育

【概况】 2015 年，大兴区职业高中 2 所，开设专业 9 个，教学班 36 个，毕业生 895 人，招生 230 人，完成招生计划 68%，在校生 619 人，其中，北京市户籍学生 160 人。学生就业率 99%，参加高考录取率 100%；教职工 463 人，其中，专任教师 310 人；专任教师中，高级技术职务 108 人。全区各级各类成人学校 531 所，其中，成人综合院校（社区学院）1 所，教职工 96 人，其中，专任教师 76 人。教职工中本科及以上学历 90 人，高级技术职务 9 人。另聘请校外教师 27 人。镇成人学校 14 所，村成人学校 516 所。成人学历教育招生 1482 人，毕业 2862 人，在校生 4644 人。全年职成教育学校开展各类培训 17.5 万人次，其中，职业技能培训 4954 人，取得证书 3145 人。

（宋薇）

【举办职教学生演讲竞赛】 1 月 6 日，大兴区教委举办职业学校学生“爱国敬业”主题演讲竞赛决赛。在学校评比筛选基础上，推荐优秀选手和作品参加区级决赛。两所学校近 400 名学生参加校级初赛，38 名学生参加区级比赛，最终评出一等奖 4 人，二等奖 12 人、三等奖 11 人。

（王秋萍）

【完成农民文化素质提升培训】 3 月 31 日，大兴社区学院完成农民文化素质提升工程培训工作。该培训是市级政府购买公共服务项目之一，由安定镇、西红门镇、庞各庄镇、北臧村镇、瀛海镇、青云店镇 6 所成人学校面向各镇拆迁上楼农民和失地农民开展文化知识教育和实用技能培训。工程 2014 年 9 月 1 日起实施，累计开设课程 38 门，培训农民 500 人。

（李苒）

【举办职成教育宣传月】 4 月 15 日至 5 月 15 日，大兴区教委在全区开展职成教育宣传月。依据市教委关于开展职业教育宣传月活动要求，区教委把每年4月15日至5月15日定为职业教育宣传月。宣传月中，学习与宣传并举、服务与创新并举、融通与合作并举，共举办活动157项，全面展示职业教育教育教学成果。

（宋薇）

【开展金属画文化下乡活动】　9月16日，大兴区礼贤成人学校开展为期半年的易拉罐金属画文化下乡活动。该项目以易拉罐为基础材料，通过刻画、修剪、装裱后制作工艺品。文化下乡活动在黎明、东安、昕升、宏升、中心5个村举办，每期培训20天，350人参加学习。礼贤镇成人学校2009年开始实施金属画培训项目，共组织开展金属画培训班10期，培训人数500人，实现就业350人，就业率70%以上。

（张锦辉）

【举办中青年教师信息化培训】　10月28日，大兴区教委举办职业学校中青年教师信息化能力提升培训班。该班培训为期6周，共60学时，通过集中授课、网络研修、现场考核等形式展开。培训内容包括办公软件理论与操作使用、图像及音视频素材处理、教学课件及微课制作等。职业学校54名教师参加学习。

（王秋萍）

【大兴二职入选青少年校外活动基地】　12月17日，大兴二职青少年校外活动基地接受专家评审。专家组听取学校基地筹备工作汇报，内容包括青少年校外活动基地基本情况、功能定位、学校优势、设备完善、环境升级改造、活动项目演练效果。经评审，专家组认为，职业学校在教育系统内有其特殊的教育资源优势，学校在保持实践课程专业性的前提下可以增加课程趣味性和生活化元素。专家组认定，大兴二职通过评审，入选大兴区中小学生社会大课堂资源单位。大兴二职为做好青少年校外活动基地的建设工作，开发出四大类15个可供中小学生进行校外活动的项目。

（史玉玲）

【“父母大学”开学】　12月31日，大兴区“父母大学”开学暨“兴学网”开通。“父母大学”暨“兴学网”

由区教委主办，大兴区社区学院承办，以“构建终身教育体系，助力大兴新区发展”为理念，以向全区各党政机关、企事业单位、乡镇街道及社区居民提供优质、丰富的学习资源为宗旨，以协助推进学习型大兴为目标。“父母大学”依托“兴学网”采取网络授课形式举办，为大兴区学生家长提供新的育人知识学习平台。市教委、区政府、区教委以及有关学校代表140人参加开通仪式。

（宋薇　李苒）

教育督导

【概况】　2015年，大兴区教育督导室完善督学、督政、监测评估三位一体的教育督导体系，推进责任督学挂牌督导与督学责任区建设，组建督学资源库，研究制定责任督学管理办法，不断提高教育督导工作规范化、专业化水平。接受国家义务教育发展基本均衡发展督导检查，并获得督导组好评。推进中小学校责任督学挂牌督导工作，申报并通过北京市责任督学挂牌督导创新区县评估验收，接受市教育督导室社区教育随访督导和校外教育专项督导。对14个镇政府、5个街道办事处履行教育职责情况督导考核。分别开展三项专项督导：一是中小学“培育和践行社会主义核心价值观”专项督导；二是中小学“义务教育阶段推行中小学生课外活动计划”专项督导；三是幼儿园规范保育教育工作防止和纠正“小学化”现象专项督导。

（王建春）

【评选优秀研究课题】　1—3月，大兴区教育督导室、区督导与评价研究室联合举办督评课题评选活动。活动评审范围是市教育评价与督导研究会立项课题，或本区教育督导部门和教育科研部门推荐课题。经评审，共评出一、二、三等奖和优秀组织奖。大兴区督导与评价研究室2014年9月1日成立，设在区教师进修学校，行政上由区教育督导室领导，业务上由教师进修学校领导。主要职能是开展区域教育督导评价课题研究工作，促进学校规范办学；开展区域性教育督导与评价研究工作；承担大兴区小初高三个学段的学生综合素质评价管理与研究。

（李盛琦）

【通过义务教育均衡发展国家督导】

4月29日，国家督导组督导评估大兴区义务教育基本均衡发展工作。督导组听取区政府推进义务教育均衡发展汇报，查阅档案资料，分四组与人大代表和政协委员、学生家长代表、校长代表、教师代表座谈，并随机考察15所学校。反馈意见中，督导团专家肯定大兴区推进义务教育优质均衡发展工作扎实、富有成效。

（王建春）

【完成科研工作视导】　5月5—8日，大兴区教师进修学校科研室完成小学科研室科研工作视导。38所学校科研主任、18名科研骨干班学员组成视导组，共视导10所小学。视导工作通过听研究课、汇报交流，指导学校课题研究；研讨学校科研机构设置、硬件建设等内容。最后，科研室完成学校科研视导报告，并反馈学校。至此，大兴区“十二五”期间小学科研视导工作全部完成。

（王芳）

【接受学前教育专项督导】　6月24日，市教育督导室专项督导大兴区幼儿园防止和纠正“小学化”现象工作落实情况。督查组分为两组，分别检查6所幼儿园。检查内容包括查看园所室外环境、班级环境、幼儿一日作息时间表、月计划、周计划和日计划，听取园长防止和纠正“小学化”现象工作情况汇报。督查组肯定各园防止和纠正“小学化”现象工作，就后续工作提出建议。

（王建春）

【印发素质教育综合评价方案】 9月21日，大兴区教育督导室印发《大兴区全面实施素质教育综合评价方案（试行）》。该方案涉及全区所有中小学、幼儿园、职业学校、成人学校，以及13个无学生单位、14个镇教委、8个街道办事处，内容包括主体评价方案、督导室综合评价指标体系、主体自评指标体系，内容修改、分值计算。区教育督导室将以该方案为依据，对系统内各学校、各单位开展综合督导评价，评价结果作为区教委研究教育工作、考核单位主要干部、单位绩效考核及各学段总结会表彰先进的重要依据。

（王建春 李盛琦）

【接受社区教育随访督导】 11月4

日，市教育督导室随访督导大兴区社区教育工作。督导组专家查看社区教育档案，听取区政府汇报。督导组对大兴社区教育工作给予肯定，认为区委、区政府高度重视社区教育，社区教育成绩显著，取得良好效果。同时提出，进一步提高对社区教育工作重要性的认识，努力满足市民终身学习需求，提高市民文化素质、道德素质；加强统筹领导，加大对社区教育工作的投入，充分发挥社区教育委员的载体作用。

（李苒）

【入选责任督学挂牌督导创新区县】 11月19日，市教委、市教育督导室联合发出通知，授予大兴等五个区为“北京市中小学责任督学挂牌督导创新区县”。10月23日，市教育督导室对大兴区责任督学挂牌督导创新区进行验收。验收组对大兴区责任督学挂牌给予肯定。

（王建春）

中共大兴区委教育工委

书　记　荣俊艳

大兴区教育委员会

主　任　荣俊艳

大兴区政府教育督导室

主　任　李广成

怀　柔　区

总　类

【召开寒暑假教育工作会】 2月27

日和9月5日，怀柔区教委分别召开2015年寒假、暑假教育工作会。寒假工作会印发《关于进一步推进中小学培育和践行社会主义核心价值观工作的实施意见》《推进中小学校体育工作三年行动计划（2015—2017）》。暑期教育工作会肯定教育系统2015年上半年顺利通过国家级义务教育均衡发展评估认定、学区制改革及中高考取得优异成绩等工作，并提出三点要求：一是抓好干部队伍和教学队伍建设，继续细化干部考核评价体系。二是稳步推进教育改革，推行学区校捆绑考核等改革。三是巧抓机遇，抓住当前京津冀一体化协同发展重大机遇，争取全区教育水平取得跨越式发展。教育系统有关领导和全区教育单位代表参加会议。

（缐金秋 夏海燕）

【5名教师入选特级教师】 2月，市教委公布特级教师评选结果，怀柔区5名教师入选“北京市特级教师”。他们分别为怀柔区第一中学欧阳立英、怀柔区第一中学刘宇红、怀柔区教科研中心赵兰香、怀柔区第三中学孙林晖、怀柔区第五中学王长青。至此，怀柔区在职特级教师7人。

（缐金秋 李春霜）

【道德模范王万仁去世】 3月10日，北京市道德模范、首都师范大学附属红螺寺中学退休教师王万仁，因病辞世，享年76岁。王万仁，男，1939年9月出生，北京市西城区人，1965年毕业于北京师范学院，大学学历，1967年来怀柔工作，在红螺寺中学工作、生活37年。王万仁一生致力于教育事业，50年来，先后荣获怀柔区先进工作者、北京市普教系统先进工作者、首都十大年度教育新闻人物特别荣誉奖、北京市扶贫济困春风行动使者、首都十大道德模范等多项荣誉。1999年至今，先后捐出71万元设立“红螺学子”和“红螺园丁”奖励基金。

（缐金秋 代淑芬）

【对口支援河南卢氏县】 5月11—16日，怀柔区教委援教组到河南省三门峡市卢氏县开展对口援教工作。援教工作包括对口学校教师送课、校长送讲、领导研讨等。其间，怀柔区教委与卢氏县教体局签署五年援助规划框架协议。一是在师资培训方面，怀柔每学年组织优秀教师到卢氏县对接学校兼职支教。卢氏县每年按学科、分批次安排教师到怀柔区学习交流。二是在学生培养方面，利用“夏令营”“文化节”等活动，加强两地学生互动交流。三是在教研教改方面，怀柔四所学校帮助卢氏县对接学校制定和实施教学改革。四是在改善办学条件方面，怀柔四所学校向对接学校提供教育教学设备援助。怀柔区援教工作是怀柔区政府与卢氏县政府南水北调对口协作发展战略框架协议的具体措施之一。至年底，怀柔区教委赴河南送教5个批次，派出教师60人，送教44节，受训教师达6000人次。

（缐金秋　梁立红）

【成立教育系统宣讲团】　7月，怀柔区教育工委成立“怀柔区教育系统教师宣讲团”。宣讲团通过全区宣讲比赛选拔具备写作基础、思辨能力强、宣讲工作热情高的宣传骨干7人组成。10月起，宣讲团在全区39所中小学校宣讲，受众1万余人。宣讲中，宣讲员围绕“培育和践行社会主义核心价值观”和“弘扬抗战精神和爱国主义精神”主题，以生动鲜活的身边人、身边事，诠释社会主义核心价值观的实质内涵。

（缐金秋　夏海燕）

【举办“共庆建队日”主题队日】

10月13日，怀柔区少工委举办“共庆建队日添彩文明城”主题队日活动。活动中，90岁高龄的怀柔区抗战老兵赫守云讲述亲身经历战火硝烟，激励少先队员们树立爱国爱党爱家的理想信念。随后，举行一年级新生入队仪式。团市委、区委宣传部、区教委领导，各基层单位干部师生600人参加活动。

（缐金秋　夏海燕）

【扩大国际教育合作交流】　至年底，怀柔区教委积极组织国际交流，扩大教育对外开放。一是深化与美国洛杉矶联合学区第五学区的交流合作，分别于2月和8月组织5所中学和3所小学165名学生赴美国友好校交流。二是接待美国卡士奇大学师生来访，举行艺术交流展示、教育教学研讨等活动。三是与韩国首尔城东区和加拿大高贵林学区国际学校建立教育合作关系，搭建国际教育合作的新平台。

（缐金秋　夏海燕）

学前教育

【概况】　2015年，怀柔区幼儿园67所（含4所小学学前班），开设教学班341个，离园幼儿3268人，入园幼儿4441人，在园幼儿9523人。教职工1338人，其中，专任教师761人。全区学前三年教育普及率100%，北京市示范性幼儿园2所，北京市一级一类园8所，二级二类园17所，北京市社区早期基地5个。

（缐金秋）

【召开学前教育工作会】　3月17日，怀柔区教委召开2015年学前教育工作会。会议总结2014年学前教育工作，解读2015年学前教育工作计划及2015年学前教研室工作计划。四位园长代表分别从管理能力、资源互动、发展方向、规范教学四个方面交流经验。会议要求做好教师的教育、管理、聘任工作；做好教学管理工作、禁止小学化、成人化。区教委领导和全区幼儿园代表90人参加会议。

（缐金秋　黄楚婷）

【举办农村幼儿园园长培训班】　3月24—26日，“北京市农村幼儿园园长培训项目”怀柔区培训班在怀柔镇中心幼儿园举办。培训邀请首师大、北京教科院分别作题为《转变——新人类教育的理论与实践》《主题课程建构》《国际视野下的学前教育思考》和《幼儿园的文化环境建设与教育》4场讲座。怀柔区学前教育教研员、全区各级各类幼儿园园长、业务骨干80人参加培训。

（缐金秋　韩爱萍）

【举办综合实践活动培训】　4月15日，怀柔区教科研中心举办“亲近自然快乐成长”综合实践活动课程培训。培训讲解综合实践课程的意义、内涵、课程定位、基本理念，明确幼儿活动内容的选择要点是选择幼儿感兴趣的活动，贴近幼儿生活的活动，而且要注重提供机会，让幼儿在体验中学习，发挥幼儿主体作用。怀柔区学前教研室全体教研员和幼儿园业务干部及教师60人参加培训。

（缐金秋　韩爱萍）

【市级示范园举行开放活动】　5月，

怀柔区教委举办市级示范园半日开放活动。怀柔一幼、二幼两所示范园向全区幼儿园开放，为全区幼儿园园长、教师搭建学习平台。开放内容包括生活环节、区域活动、集体教育活动、户外体育活动、环境创设。全区36所幼儿园代表参加观摩。

（缐金秋　黄楚婷）

【怀柔四幼开园】　9月28日，怀柔区第四幼儿园开园。该园位于迎宾北路11号，2014年5月开工建设，占地面积8100平方米，建筑面积12301平方米，包括幼儿活动及辅助用房、室外工程等，可容纳25个教学班750名幼儿。该园教职工32人，首次招生4个小班，61名幼儿。

（缐金秋　刘雪佳）

【举办幼师专业能力提高班】　10月23日，怀柔区教科研中心举办幼儿教师专业能力提高班。该班每周一次，2016年6月结束，共240课时。培训班通过专题讲座、参观实践，对学员进行专业能力、技能技巧、实践操作等方面培训。全区幼儿教师52人参加培训。

（缐金秋　宋博阳）

【举办语言领域实践研讨活动】　11月26日，怀柔区教科研中心在怀柔一幼举办“在自主游戏中支持幼儿主动交流”研讨活动。活动分为核心理念引领、入班观摩、经验分享、研讨交流四部分。在理解和认识活动主题中的核心概念“自主游戏”“支持”“主动交流”基础上，研讨活动观摩怀柔一幼语言活动《好玩的雪》《好玩的游戏》，听取怀柔《在自主游戏中支持幼儿的主动交流悟》主题汇报，并现场交流研讨。全区幼儿园业务干部和教师60人参加活动。

（缑金秋　周海玉）

基础教育

【概况】　2015年，怀柔区小学24所，教学班470个，毕业2143人，招生2926人，在校生16983人，在校生中北京市户籍学生11031人；教职工1565人，其中，专任教师1268人；小学入学率100%，巩固率100%，毕业及格率100%。中学23所（初中14所、高中4所、九年一贯制学校4所、完全中学1所），教学班373个（初中252个、高中121个），毕业3312人（初中2116人、高中1196人），招生3265人（初中1830人、高中1435人），在校生10294人（初中6081人、高中4213人），在校生中北京市户籍学生8436人（初中4569人，高中3867人）；教职工2388人，其中，专任教师1422人；初中入学率100%，巩固率100%，毕业及格率100%；高中入学率67.62%，毕业及格率77.61%。特殊教育学校1所，开设教学班6个，毕业4人，招生11人，在校生68人；教职工33人，其中，专任教师24人。残疾儿童入学率100%，巩固率100%，结业率100%。校外教育单位1个，教职工37人，其中，专任教师28人。中小学专任教师学历合格率小学99.5%、初中98.6%、高中98.8%，高级专业技术职务教师831人，特级教师7人（学前1人、小学2人、中学4人）。全区中小学藏书120.30万册，学校占地面积123.05万平方米，建筑面积60.48万平方米，固定资产总值134.45亿元。全年教育经费投入3.09亿元，全部为国家拨款。

（缑金秋）

【总结体育卫生科技艺术工作】　1月23日，怀柔区教委召开2014年学校体育卫生科技艺术教育工作总结表彰会。会上，播放2014年学校体卫艺、科技工作专题片，表彰学生《国家学生体质健康标准》测试赛先进单位，交流怀柔实验小学、渤海中学和怀柔一中典型经验。会议肯定学校体卫艺、科技教育成绩，对今后工作提出四点要求：一是把学校体卫艺科技工作作为“一把手工程”真抓实干；二是立足课堂，因地制宜；三是通过多种措施加强教师队伍建设；四是精选1～2个体育、艺术、科技项目，努力打造成学校特色。怀柔区教委领导，中小学校长等100人参加会议。

（缑金秋　申建勋）

【举办校医培训】　3月13日，怀柔区教委召开2015年中小学校医培训会。会议针对春、秋季常见传染病防控，以及新形势下如何做好学校卫生工作举办培训，同时解读《体育工作三年行动计划（2015—2017）》卫生工作要求。针对改善学生近视和肥胖状况，会议提出加强防近视控肥胖工作督查指导，协助学校梳理工作机制，聘请市区级卫生专业人员为师生提供有针对性的指导帮助。各中小学校医50人参加培训。

（缑金秋　崔文磊）

【举办科技创新培训】　3月20日至11月26日，怀柔区教委、区科委、区科协举办科技教师科技创新系列培训。培训每周五下午，针对青少年科技创新薄弱环节聘请各领域专家为全区中小学科技教师举办辅导培训。培训内容涉及物理、天文、生物等十多个科学领域。培训以分学科集中培训以及专家重点指导相结合的形式，总计20次。全区30余所中小学校30余名科技教师参加学习。

（缑金秋　路铭宇）

【体育俱乐部评选获得好成绩】　3月26日，在2014年北京市青少年体育俱乐部评选活动中，怀柔区获得好成绩。其中，怀柔一中育英青少年体育俱乐部获市级一等奖，获得奖励3万元；怀柔镇中心小学扬帆青少年体育俱乐部获市级二等奖，获得奖励2万元；怀柔一小青少年体育俱乐部、实验小学阳光青少年体育俱乐部及怀柔二中青少年体育俱乐部获市级三等奖，分别获得奖励1万元。按照北京市体育局工作安排，每两年对北京市范围内的学校青少年体育俱乐部进行实地评估检查和满意度调查。本次全市203所学校参加检查。

（缑金秋　李佳骏）

【女子舞龙队获全国冠军】　4月24日，第三届中国中学生舞龙舞狮锦标赛在湖南师范大学附中星城实验中学举行。怀柔区北房中学女子舞龙队代表北京市参赛，获得冠军，这是北房中学女子舞龙队继2014年“全国中学生舞龙锦标赛”再次夺冠。比赛由中国中学生体育协会主办，中国大学生体育协会舞龙舞狮分会等单位承办，来自全国各地12支代表队，参加教学双龙、规定套路、自选套路等舞龙竞赛项目。

（缑金秋　刘丽华）

【全国未来工程师赛夺冠】　5月17—

23日，在第十届全国青少年未来工程师博览与竞赛上，怀柔区中小学生获得7个金奖，2个一等奖，10个二等奖，9个三等奖，综合成绩全国第一。来自全国10余省市的1000名学生参加比赛。怀柔区第二小学等7所学校45名学生代表北京市参加创意微拍、过山车、木梁承重、投石车、跨海负重飞行项目比赛。

（缑金秋　杨海舰）

【召开传统文化进课堂现场会】　5月20日，怀柔区教委主办的“怀柔区中学社会主义核心价值观展示活动暨传统文化进课堂”现场会在怀柔三中召开。会议观摩两节社会主义核心价值观展示课、两节中华优秀传统文化推进课，听取学校培育和践行社会主义核心价值观经验。会议要求学习借鉴典型经验，进一步提高全区中小学社会主义核心价值观教育的针对性和实效性。怀柔区教委领导及各中学校长、部分学科教师及学生家长代表共计200人参加现场会。这是怀柔区2014年12月后，第二次组织核心价值观教育推进活动。

（缐金秋 申建勋）

【《音乐大师课》走进怀柔山区校】 6月11日，北京电视台《音乐大师课》公益课堂暨“相约红领巾同唱中国梦”主题队日活动在长哨营小学举行。活动由北京电视台、北京市少工委主办，怀柔区委教育工委、区教委承办。活动课在少年先锋队队歌中拉开序幕，长哨营小学、喇嘛沟门小学少先队员表演具有满族特色的杨木杆舞、腰铃舞、二魁摔跤。活动中，北京电视台主持人栗坤、王旭东，著名音乐人科尔沁夫被怀柔区教委聘为“2015年怀柔区少先队志愿辅导员”。《音乐大师课》以音乐课堂和汇报表演的形式，在优秀音乐人辅导下，组织青少年传唱经典歌曲。

（缐金秋 刘煜）

【举办“抗日英雄”演讲比赛】 7月

3日，怀柔区教育工委、区教委举办“我们的价值观，怀柔抗日英雄”演讲比赛。全区中小学39名选手参加中小学两个组别比赛。中学组以“我们的价值观”为主题，小学组以“怀柔抗日英雄”为主题。演讲比赛评出一等奖8人，二等奖12人，三等奖19人。

（缐金秋 董鹏征）

【中高考实现新突破】 7月，怀柔区中高考实现新突破。其中，高考本科上线率80.3%，比2014年提高13.1个百分点，历史上首次突破80%大关；全区600分以上67人，比2014年增加31人；理科最高分688分，文科最高分639分（含加分）。中考考生共1827人，最高分575分，570分以上4人，高分段560分以上38人。中考及格率87.85%，比2014年提高1.94个百分点；优秀率44.99%，比2014年提高6.41个百分点；平均分458.78分，比2014年提高10.76分。

（缐金秋 申建勋）

【再获全国独轮车赛冠军】 8月3—7日，在第14届全国独轮车锦标赛上，怀柔区教委独轮车队以总分1109分，领先第二名619分的优异成绩夺得团体总分第一名。39名参赛队员共获得51枚金牌，38枚银牌，33枚铜牌，奖牌总数122枚，获得独轮车技巧团体表演第一名，独轮车篮球比赛第三名，被组委会评为最佳组织奖和卓越贡献奖。怀柔区轮车队由庙城学校、怀柔三中、怀柔四中、怀柔五中、怀柔镇小学、第六小学学生组成。这是时隔11年怀柔区独轮车代表队再次夺得全国冠军。比赛在四川省成都市双流县举行。

（缐金秋 张丽丽）

【怀北学校迁入新校址】 9月7日，怀北学校迁入新校址怀北庄村248号。新校址建设工程2012年启动，占地面积21660平方米，建筑面积18879平方米，包括教学楼、科技楼、体育馆、综合楼、宿舍楼、阶梯教室和食堂共11个项目，项目总投资8318.3万元。新址可容纳27个教学班，1080名学生就读。学校原址怀北庄村南。

（缐金秋 杨华）

【举办小学课程设置培训】 9月30日，怀柔区教委召开课程设置培训会。会议举办《新课程设置的认识与思考》主题讲座，内容涉及新课程方案的思想、课程方案的变化、如何做好方案中的实践活动课程等。培训要求各学校认真做好新课程实施方案，做好全体教师学习计划，科学合理开展学科实践活动。怀柔区小学教学副校长、教学主任40人参加会议。

（缐金秋 刘久磊）

【科学家演讲团举办科普报告】 10月14日，怀柔区教委邀请北京市科学家演讲团举办科普知识报告。怀柔二小等5所学校500名学生听讲。科普报告会内容涉及生物、航天、科学故事、地理等领域。科学家演讲团由市科协组织全市各研究领域顶级专家组成，面向全市中小学校开展演讲活动。活动已在怀柔区举办多次，每年安排全区多所学校参与。

（路铭宇 吴颖）

【红螺寺中学成立“221”工作室】

11月19日，首师大附属红螺寺中学举行“221”工作室启动仪式。工作室聘请首都师范大学专家为7个工作室导师，每月至少到校1次，对教师进行教育教学理论、课程建设与教育教学研究、教育教学著作研读等方面的指导。工作室首批学员30人。区教委、首师大领导和导师，红螺寺中学干部教师40人参加启动仪式。“221”工作室是指建设骨干教师和班主任两支队伍，促进课程建设质量和教育管理质量两个提升，在专家的引领下实现办学质量上新台阶的目标。

（缐金秋 代淑芬）

【召开小学教师教学特点研讨会】 11月27日，怀柔区教委在怀柔镇中心小学召开小学教师教学特点研讨会。与会人员观摩两节示范课。课后，两所学校教学副校长点评课程教学特点，并组织研讨。特级教师贾宏斌点评认为，教师要为学生阅读和写作提供良好的方法指导，并在课堂中落实价值观的要求；要明确目标，提供适合学生的素材，关注不同学生的差异，营造以学生为主体的学堂。区教委、区教科研中心等领导和全区小学校长、骨干教师120人参加会议。

（缐金秋 赵振芬）

【举办国学讲座进校园活动】 11月，怀柔区教委和区文委联合开展国学讲座进校园活动。活动共举办11场，其中，小学6场，中学5场。小学邀请人大教授作《中国学、中国梦、了解和学习中国文化》国学知识讲座。中学邀请中国政法大学教授举办儒家道德修养讲座，从修身之道、中庸之道两个方面阐释儒家文化精髓。全区11所中小学师生2000余人参与学习。活动采取向社会购买服务的方式开展，委托北京新博苑教育咨询有限公司实施。

（缐金秋　蒋亚凤）

【举办初中戏剧节展演】　12月1日，

怀柔区首届中学生戏剧节展演在怀柔四中开幕。活动由怀柔区教科研中心主办，怀柔四中承办。该活动历时三个月，以学区为单位进行戏剧初赛，最终从各学区选拔出10个话剧作品参加复赛展演。经评委现场打分，最终评出一等奖2个，二等奖3个，三等奖5个。

（缐金秋　王金菊）

【三项措施探索教学改革】　至年底，怀柔区教委强化三项措施，探索教育教学改革，提升教育教学质量。一是关注学段衔接，结合学生各学段教育实际整体设置课程。二是控制周学时总量、扩大学校自主权。鼓励学校根据学科、课型开展长短课、大小课相结合的课程实验。三是突出实践课程，注重学科资源整合，学科实践活动课程占各学科平均学时10%。

（缐金秋　夏海燕）

【四项措施加强安全教育】　至年底，怀柔区教委强化四项措施加强学校交通安全教育。一是畅通课堂主渠道，把交通安全教育纳入德育与安全教育内容。二是畅通校外活动渠道，开展形式多样的“交通安全进学校”活动，增强广大师生交通安全意识。三是畅通社会宣传渠道，形成家庭、学校、社会共同参与交通安全教育的良好氛围。四是畅通警校联合共建渠道，严格执行警校共建制度，协调警力维护学校门前的交通秩序。

（缐金秋　夏海燕）

职业与成人教育

【概况】　2015年，怀柔区职业高中2所。毕业611人，招生255人，在校生1545人。教职工438人，其中，专任教师254人。各级各类成人教育学校398所，其中，镇乡成人文化技术培训学校14所，教职工53人（专任教师38人）；村级成人文化技术培训学校298所，教职工373人（专任教师322人）；社会力量办学86所，教职工1125人（专任教师436人）。农村成人文化技术培训学校占地面积31500平方米，建筑面积30650平方米，固定资产总值1880万元；社会力量办学占地面积33350平方米，建筑面积28700平方米，固定资产总值430万元。怀柔区社区教育中心是怀柔区教育系统成人教育管理与培训机构，教职工22人，兼职教师45人，占地面积11300平方米，建筑面积8210平方米。

（缐金秋）

【举办职业技能赛】　1月8—12日，2015年怀柔区职业技能大赛举办。大赛由怀柔区教委主办，怀柔区职业学校承办。比赛涉及汽车运用与维修、旅游服务与管理、学前教育三大专业，共计12个项目。评委由行业、企业专家和职业学校专业课教师组成，以北京市职业院校技能大赛标准为依据，按每个专业参赛选手的人数确定获奖比例，一等奖10%，二等奖20%，三等奖30%。全区236名选手参加比赛，最终评出一等奖1名、二等奖3名、三等奖13名。

（缐金秋　王开丽）

【举办学习型新村培训】　1—9月，怀柔区创建学习型领导办公室举办申报学习型新村先进单位培训。培训内容主要为“三个一”，即一节党课，为党员和积极分子讲党课，一节普法宣传课，为广大村民讲解法律知识，一节身心辅导课，针对中老年人心血管疾病预防塑造阳光心态。先后在13个村举办39场培训活动，1800人次听讲。

（缐金秋　孟宪敏）

【举办新型职业农民培训班】　3月20日，怀柔农广校在怀柔镇成人学校举办“新型职业农民培育”培训班。该培训班6月底结束，聘请区农委、区农业局专家为专业培训顾问，聘请三名行业专家聘为专业讲师，共培训15次，主要课程为市场营销、现代农业发展趋势、农家院经营、现场教学等内容。怀柔区新型职业农民学员60人参加学习。

（缐金秋　于占香）

【举办社会文化艺术中专班】　4月8日，怀柔农广校在雁栖镇举办“社会文化艺术中专班”。文艺中专班招雁栖镇农民学员56人，聘请专业教师授课。课程包括应用文写作、计算机应用基础、法律基础与农村法规、礼貌礼仪、音乐基础知识、舞台艺术、声乐、器乐、舞蹈、戏剧基础、群众文化管理、化妆与着装、生活保健、新农村文化建设、农业创业指导等，共1200课时，修满103学分，获中专学历。

（缐金秋　于占香）

【举办家庭教育小学骨干班主任培训】　4月15日，怀柔区教委举办家庭教育小学骨干班主任第一期培训。培训邀请首师大教育科学院专家主讲，旨在帮助班主任做智慧型教师，提高班主任有效沟通能力，并以点带面推动全区家长学校工作。首期培训班面向20所小学家庭教育骨干班主任，历时一学期，共8讲。

（缐金秋　彭兴龙）

【举办群众文化演出】　6月9日，怀

柔区农广校在琉璃庙镇西台子村举办“欢庆在大地的舞台上”群众文化演出活动。活动内容包括摄影之家挂

牌、乡村大舞台走进基层暨文化试点村汇报演出、品味国家级非物质文艺遗产——敛巧饭三部分内容。西台子村是“北京市农村文化试点村”，农广校挖掘西台子村传统文化内涵，结合当地生产生态资源和产业特色，开展“文艺助跑、文化带村、产业富民”帮扶活动，促进西台子村级文化和精神文明建设。

（缐金秋　于占香）

【举办全民终身学习活动月】　11月6日，怀柔区2015年全民终身学习活动月启动仪式在妇女儿童活动中心举行。会议表彰2015年学习型家庭、学习之星、平安家庭建设之我见优秀征文。会议还举办技能创作价值讲座、巧娘钩织展演、亲子绘本故事会。怀柔区相关部门负责人以及市民代表、学习型家庭代表、平安家庭代表200人参加会议。

（缐金秋　孟宪敏）

【农广校开发在线学习模块】　11月

10日，怀柔区农广校在线学习模块“倭瓜变金瓜”开发工作通过专家组验收。专家组对该校在线学习模块予以充分的肯定，认为项目组从农民的需要为出发点进行设计，结构合理，图文并茂对学习者有吸引力，同时指出模块内容多等问题。12月，“倭瓜变金瓜”模块在线教学首先在雁栖镇官地村试点培训，20名学员参加学习。该在线学习模块是怀柔区农广校在农民培训工作中探索的新模式，促进该村民俗旅游接待户开发新菜品，实现倭瓜变金瓜的目的。

（缐金秋　于占香）

【完成山区农民生态环境涵养培训】　11月，怀柔社区教育中心完成“山区农民生态环境涵养培训”项目。该项目是市教委2014年委托怀柔社区教育中心实施的教育培训项目。项目培训形式包括：生态环境讲座，先后在杨宋镇、喇叭沟门乡等8个镇乡30个村培训31场；环保培训进校园活动，走进中小学举办环保培训；面向中小学生举办环保征文和绘画竞赛；利用旅游区发放环保宣传品，组织景区环保知识宣传活动；举办生态环境涵养宣传赶大集活动，先后在长哨营乡、汤河口镇、宝山镇组织环保宣传赶大集，通过听环保知识讲解等形式宣传环保知识。培训项目根据怀柔区实际情况，形式灵活、内容新颖，得到相关部门和社会各界肯定。

（缐金秋）

【创新职业教育办学模式】　至年底，怀柔区教委创新职业教育办学模式适应现代经济发展对高素质技术技能型人才培养的需求。一是建立校企密切合作运行机制，与北汽福田汽车厂、北京金台有色加工厂签订学生顶岗实习方案。二是分别与北京经济管理学院、北京交通运输学院、北京汇佳职业学院签订合作办学协议，构建中高职相衔接的一体化办学模式。三是制定区、校两级技能大赛表彰奖励办法。2015年怀柔学生在市级专业技能大赛中获得1个一等奖、3个二等奖、13个三等奖。

（缐金秋　夏海燕）

【加强职业教育合作办学】　至年底，怀柔区教委三项措施加强职业教育合作办学工作。一是与昌平、密云、延庆、房山结成京郊职成教体系建设联盟，探索现代职业教育体系建设。二是推进“京津冀”协同发展，与丰宁满族自治县签署战略合作框架协议，职业学校与丰宁职教中心在教师培训、学生技能交流、优质教学资源、办学设备等方面资源共享。三是与河南省三门峡市卢氏县结成南水北调对口协作关系，职业学校与卢氏县职业高中签约对口帮扶，带动双方教育共同发展。

（缐金秋　梁立红）

教育督导

【概况】　2015年，怀柔区教育督导室创新督导方式，召开义务教育均衡发展达标验收现场会，完成均衡化评估认定工作。申报全国中小学校责任督学挂牌督导创新区县，12月，被市教委、市政府教育督导室认定为“北京市中小学校责任督学挂牌督导工作创新区县”。转变工作作风，抓好常规督导随访工作和学校自评工作，评出自评工作优秀校8个。创新督导机制，将按区域划分的督学责任区调整为与学区制相协调的督学责任区。完成教育法律法规执行情况督导检查和执法报告，完成减轻中小学课业负担、义务教育实施情况与义教均衡状况监测工作。完成初中开放性科学实践的督导检查，参与并协助做好部分幼儿园的专项督导工作。组织完成社会满意度调查和“义务教育阶段学生学习生活状况调查数据抽样”工作。修改、完善、整理规章制度工作，形成制度汇编。

（缐金秋）

【通过义务教育均衡发展国家督导】

4月29日，国家督导评估专家组督导评估怀柔区义务教育均衡发展工作。督导评估组听取区政府汇报，查阅相关档案资料，并分别与区人大代表政协委员、中小学校长、教师、家长代表座谈，实地评估15所义务教育中小学校。督导评估组认为，怀柔区认真履行政府职能，不断优化教育布局，加大师资培训交流，引进优质教育资源，深化教育改革，促进教育优质均衡发展。4月30日，北京市16个区县全部通过全国全国义务教育均衡发展督导评估。

（缐金秋　夏海燕）

【召开教育督导工作研讨会】　9月9日，怀柔区教育督导室召开2015年教育督导工作研讨会。会议讨论通过教育督导室日常管理工作各项制度，确定拟聘新任兼职督学人选等具体事宜。会议结合市教育督导室六个职能处室对本区督导室工作提出具体要求，明确对接专职督学。会议要求改革创新教育督导（随访督导、挂牌督导）工作新思路；立足本职、着眼大局服务于全区教育事业。全体专职督学及部分兼职督学30人参加会议。

（缐金秋　赵冬梅）

【通过挂牌督导创新区县评估】　10月22日，市教育督导室评估组评估指导怀柔区申报“全国中小学校责任督学挂牌督导创新区县”完成情况。评估组查阅申报创新区县的档案材料，召开校长、责任督学座谈会，查看挂牌督导的办公设施等，全面了解“责任区挂牌督导工作”完成及创新情况。评估组对怀柔区责任督学挂牌督导创新区县申报工作给予肯定，并提出具体建议。11月，怀柔区通过市教委、市教育督导室专家组评估认定，12月，被市教委、市政府教育督导室认定为“北京市中小学校责任督学挂牌督导工作创新区县”。

（缐金秋　夏海燕）

【联合督导检查健康促进校工作】　10月26日，怀柔区健康促进学校联合督导组督导检查桥梓中学健康促进工作。督导组听取学校工作汇报，查看档案资料、环境建设、硬件设施建设、控烟工作、传染病及常见病防控措施等各方面情况。督导组对学校健康促进工作给予高度评价，认为学校工作机构健全、环境硬件达标、文档材料齐全、宣传工作全面到位、健康理念宣传深刻。

（缐金秋　安爽）

【召开素质教育督导评价培训会】　11月20日，怀柔区教育督导室召开全面实施素质教育督导评价工作培训会。培训邀请市教育督导室举办“加强教育督导促进教育发展”专题培训，重点讲解《北京市全面实施素质教育评价指标体系》，分析《怀柔区全面实施素质教育评价方案》，对基层单位落实评价方案、做好自评工作、促进教育发展等内容进行辅导。怀柔区校（园）长、教育督导工作主管干部、全体专兼职督学等150人参加培训。

（缐金秋　黄琳娜）

【召开“减负”监测工作培训会】　12月18日，怀柔区教育督导室召开责任督学“减负”监测工作培训会。责任督学共同观看市教育督导室减轻学生过重课业负担督导检测系统网上填报的操作视频，听取检测系统数据填报讲解，研讨如何做好师生问卷等具体内容。会议要求责任督学组织学校做好充分准备，保证数据准确，保障问卷调查工作顺利完成。区教育督导室全体人员及18名挂牌督学参加学习。

（缐金秋　赵冬梅）

中共怀柔区委教育工委

书　　记　张福利

怀柔区教育委员会

主　　任　李连鑫

怀柔区政府教育督导室

主　　任　张福利

平　　谷　　区

总　　类

【研修员异地培训】　4月11—21日，平谷区教育研修中心组织研修员赴江苏大学封闭培训。培训理论讲座、实地考察、研讨交流为主要形式，内容包括教研、科研、培训管理、教师心理调适和现代教育技术。区教育研修中心领导及研修员60人参加培训，全部取得结业证书。

（张东安　吴玉仙）

【与北京教科院合作办学】　4月21日，平谷区教委与北京教科院签署合作举办北京教科院平谷实验学校框架协议。协议明确，在平谷金海湖镇合作建立全日制九年一贯制公办学校——

北京教育科学研究院平谷实验学校；北京教科院在平谷三中和平谷一小建设项目实验学校，对两所学校的发展予以专业指导与支持；双方共同建设教研基地，共同开展科研和人才培养、交流工作。

（张东安　吴玉仙）

【举办刘永胜专题报告会】　4月22

日，平谷区教委举办刘永胜校长“如何有效进行教师评价”专题报告会。报告会围绕“好教师的标准是什么”，介绍国内知名专家提出的相关理念和方法，提出教师要树立正确的评价观。会上，区教委指出要把教师评价工作与当前教育综合改革有机结合，进行深入的研究与落实。要求各校结合讲座内容在本学期内修改完善学校教师评价方案。区教委领导和各校（园）领导干部300人参加会议。年内，平谷区教委3次举办刘永胜校长专题报告会，研讨“学校核心文化理念”“做个善于思考的校长”等问题。

（张东安　吴玉仙）

【举办少年儿童风采展示】　5月29日，平谷区少工委举行2015年“双十佳表彰”暨“少年向上幸福成长”少年儿童风采展示活动。会议表彰“十佳少先队员”和“十佳少先队辅导员”，举办少先队工作成果展，绿谷小香玉艺术学校等8所学校少年儿童表演舞蹈、戏曲、情景剧等节目，25所小学红领巾社团进行“我是绿谷环保小先锋”义卖活动。会议前，与“十佳少先队员”和“十佳辅导员”座谈，并听取少年儿童活动汇报。区领导和全区小学师生代表参加活动。

（张东安　吴玉仙）

【成立教育新闻中心】　6月，平谷区机构编制委员会同意区教委《关于撤销平谷区乐谷艺术中心组建平谷区教育新闻中心的请示》。平谷区教育新闻中心属于科级财政补助事业单位，核定事业编制7人，科级干部职数1正1副。现有人员7人，其中，副高级职务2人，中级职务4人，初级职务1人。中心主要负责教育系统典型和重点工作的宣传、组织、策划，负责媒体沟通、采访接待、网络舆情监测、教育舆情网络评论员管理、网络突发事件应对、教育新闻宣传、新媒体宣传平台建设与维护、平谷电视台教委记者站工作，负责为“两委一室”制作教育专题片制作。

（张东安　吴玉仙）

【总结“五好小公民”教育读书活动】　7月7日，平谷区教委举行“少年向上，真善美伴我行”——“五好小公民”主题教育读书活动总结表彰暨展示大会。会议组织观看读书活动总结视频，表彰教育读书活动7个先进单位、60名先进个人和105名获奖学生，并颁发荣誉证书，9名学生从真善美的不同角度进行演讲展示。区教委领导和各学校关工委负责人、老教师、学生代表400人参加会议。该活动始于2012年5月，包括阅读《少年向上，真善美伴我行》读本、社会实践、演讲比赛等内容。

（张东安　吴玉仙）

【举办百姓故事宣讲报告会】　7月8日，平谷区委教育工委举办“我们的价值观”和“京华英雄”百姓故事宣讲首场报告会。来自平谷一小、东交民巷小学马坊分校、黄松峪中学、马坊第二学区、平谷四小等学校的7名教师分别进行“我们的价值观”宣讲；来自平谷三中、平谷中学、峪口中学的3名教师分别进行“京华英雄”宣讲。活动展示平谷教育人积极奋进、崇德向善精神风貌，倾诉家国情怀，彰显民族正气。平谷区委领导，教育系统基层单位书记和一线教师代表600人听取宣讲。

（张东安　吴玉仙）

【成立驻校“法官工作室”】　9月24日，平谷区首个驻校“法官工作室”在平谷五中挂牌成立。“法官工作室”通过法官入驻学校的形式，加强对青少年的法制宣传教育。“法官工作室”首批法官团队成员由区法院庭长、助理审判员3人组成。工作室每月确定一天为“法官工作日”，法官团队进校指导师生开展“模拟法庭”、法制教育专题报告会、法律知识竞赛、法律板报巡回展。

（张东安　吴玉仙）

【部分中小学幼儿园更名】　11月11日，平谷区机构编制委员同意平谷区教委《关于所属部分中小学校幼儿园更名的请示》。其中，刘家河联办中学更名为平谷区刘家河中学，平谷区第一职业学校更名为平谷区职业学校，金海湖第一小学更名为金海湖学校，金海湖第二小学更名为靠山集中心小学，平谷区第十小学（未招生）更名为北京市第一师范学校附属小学平谷分校，平谷区幼儿园更名为平谷区第一幼儿园，原各乡镇的学区均更名为乡镇中心小学，原学区所属幼儿园更名为乡镇中心幼儿园。单位更名后其机构规格、经费形式、主要职责、人员编制、领导职数均不变。1990年以来，平谷区乡镇小学管理机构称为“中心校”，中心校所在的小学称为“中心小学”。2001年，乡镇“中心小学”统一更名为“学区”，2015年11月11日又取消“学区”，恢复“中心小学”名称。

（张东安　吴玉仙）

【首次表彰教育科研成果】　12月23日，平谷区教委召开首届优秀教育科研成果暨优秀课程建设成果表彰交流会。会议表彰首届优秀教育科研成果获奖教师、2014—2015学年度市区级课程建设优秀成果获奖教师、市区级地方课程及校本课程优秀教学设计获奖教师。会议宣读平谷区“十三五”教育科研发展规划，发布平谷区“十三五”教育科研课题指南，布置平谷区中小学校本课程调查问卷工作。区委教育工委、区教委领导，全区中小学、职业学校、幼儿园负责人200人参加会议。

（张东安　吴玉仙）

学前教育

【概况】　2015年，平谷区幼儿园60所，其中，教育部门办园5所，集体办园34所，民办园21所。园所占地面积151814平方米。离园幼儿2779人，入园幼儿3354人，在园幼儿9158人。教职工1385人，其中，专任教师688人。学前三年教育普及率99%。全区北京市示范幼儿园4所，一级一类幼儿园4所，一级二类幼儿园5所。

（张东安　吴玉仙）

【开展半日开放活动】　4—6月，平谷区教委分别组织4所市立幼儿园、2所乡镇园面向全区开展半日开放活动。活动中，来自全区各幼儿园代表600人次观摩幼儿园室内外环境、区域活动、班级教学、园本教研、小剧场表演、户外器械活动。开放活动搭建园所交流平台，实现优质教学资源共享。

（张东安　吴玉仙）

【启动幼儿健康知识传播行动】　5月29日，平谷区中小学卫生保健所在平谷第一幼儿园召开幼儿健康知识传播行动启动会暨《影响孩子一生的健康书》赠书仪式。会上，保健所医师带领幼儿和教师学习六步洗手法，区疾控中心向4所市立园赠送130套《影响孩子一生的健康书》。会议要求各幼儿园教师要读好、学好教育丛书，发挥丛书的最大教育价值，帮助孩子从小掌握正确的健康知识，养成良好的健康习惯。区卫计委、区教委领导，4所市立园代表50人参加活动。

（张东安　吴玉仙）

【召开幼儿园领导干部工作会】 9月15日，平谷区教委召开新学期幼儿园领导干部工作会。会议总结上学期工作，部署新学期重点工作。要求各幼儿园以《平谷区第二期学前三年行动计划（2015—2017）》为依据，全面规划园所发展前景，进一步规范办园行为；加强教研基地建设，建立公办园与民办园“手拉手”管理机制，全面提升保教质量。会议同时强调关注新毕业生、非师范类教师、转岗教师、社会用工人员的发展，加强队伍建设。区教委领导，市立园园长、乡镇幼教主任等38人参加会议。

（张东安　吴玉仙）

【专题研讨园所环境创设】 11月26日，平谷区教委举办“园所环境创设与管理”专题研讨活动。会议邀请北京市名园长吴欣萍讲述园所环境的整体设计与规划、环境创设与园所文化有机融合、环境创设中注意事项。吴欣萍提出环境创设管理理念：洁净而不限制、丰富而不凌乱、紧凑而不失和谐、理性而不失温馨、优美而不失儿童的气息。会上，南独乐河幼儿园介绍办园理念、办园特色和环境创设的总体思路，吴欣萍现场点评并提出建议。区教委领导、各幼儿园园长及乡镇幼教主任50人参加会议。

（张东安　吴玉仙）

基础教育

【概况】 2015年，平谷区小学42所，教学班572个，毕业2206人，招生3030人，在校生17314人，在校生中北京市户籍学生14138人；教职工2261人，其中，专任教师1488人；小学入学率100%，巩固率100%，毕业及格率100%。中学18所（初中12所、完中2所、九年一贯制2所、高级中学2所），教学班342个（初中211个、高中131个），毕业4276人（初中2372人、高中1904人），招生3420人（初中1850人、高中1570人），在校生10940人（初中6109人、高中4831人），在校生中，非本市户籍学生1774人（另有按本市户籍对待的非本市学生31人）；初中入学率100%，巩固率100%，毕业及格率100%；高中入学率98.4%，应届毕业生高考录取率77.97%。教职工3203人，其中，专任教师1598人（初中984人、高中614人）。特殊教育学校1所，开设教学班17个，在校生151人，招生10人，毕业10人。教职工70人，其中，专任教师56人；残疾儿童入学率100%，巩固率100%，结业率100%。全区中学教师学历合格率100%，小学教师学历合格率98.4%；特级教师7人（小学1人、中学6人），高级专业技术职务教师1271人（小学104人、中学教师1167人）。中小学校舍总占地面积64.01万平方米，总建筑面积29.23万平方米，固定资产总值7.04亿元。全年教育经费投入24.25亿元，其中，国家拨款23.82亿元，自筹经费0.43亿元。

（张东安　吴玉仙）

【评比中小学科技发明成果】 1月9日，平谷区中小学科技发明评比活动结束。47所参赛学校共上交小发明作品116件，评出一等奖24人、二等奖24人、三等奖35人。获一等奖的优秀作品代表平谷区参加北京青少年创新大赛。

（张东安　吴玉仙）

【举行师徒结对启动仪式】 3月4日，平谷区教育研修中心举行中学骨干教师脱岗培训班师徒结对启动仪式。中学骨干教师脱岗培训班分三个阶段：通识培训、学科专业培训和“以骨带教”。其中，“以骨带教”阶段以师徒结对为主要培训形式。培训实行“双导师制”，即学员由学科教研员和师傅共同指导，开展听课、评课、教学设计撰写、课题研究。在启动仪式上，46名培训班学员与培训基地（二中、三中、四中、五中、七中、东高村中学）骨干教师结成一对一师徒。本学期，徒弟将走进培训基地全天追随师傅跟岗学习。全区各培训基地教学副校长、指导教师、学科教研员和脱岗培训班全体学员100人参加活动。

（张东安　吴玉仙）

【聘请专家指导课程建设】 3月18日，平谷区教委聘请北京教科院专家到大兴庄学区指导课程建设。北京教科院专家参观校园环境，听取校园文化讲解，观看学校专题片，针对“一日品质提升课程”建设进行点评，对课程价值定位、重心及特色、课程结构及课程实施提出建议，鼓励学校将课程建设形成有规划、有实施、有效果的农村地区特色课程。

（张东安　吴玉仙）

【举办“墨香书法展示”赛】 3月19日，平谷区2014—2015年度中小学生“墨香书法展示”大赛结束。30所小学20所中学438件作品参赛，作品分为硬笔书法和软笔书法两类，包括楷、行、草、隶、篆多种书体。经专家评委集体评审，评出一等奖89件、二等奖89件、三等奖132件。6月区教委在青少年活动中心展示获一、二等奖的作品。

（张东安　吴玉仙）

【举办“幸福杯”青年教师大赛】 3月29日，平谷区教委举办第二届“幸福杯”青年教师大赛。比赛每两年举办一届，本届主题为“幸福教育青春梦想”，比赛内容包括展示类和基本功竞赛两部分。其中，展示类竞赛共有255名教师参加，比赛项目包括脱口秀达人、主持人大赛、才艺大闯关三项，参赛选手任选其中一项展示。基本功竞赛有232名教师参加，比赛项目分为才艺展示和基本功两大部分。才艺展示分值占30%，包括舞蹈、乐器、演唱、手工制作、脱口秀、主持6项内容，教师可任选其一；基本功分值占70%，即按学科说课展示。比赛评出一等奖46人、二等奖70人、三等奖116人。

（张东安　吴玉仙）

【学大教育举办高考复习讲座】 4月3日，平谷区教委以购买社会服务方式邀请学大教育举办高考专题讲座。讲座利用周日举办6次，以专家串讲方式进行。讲座提前在三所高中校公示，高三学生可自主选择参与。讲座后，区教委分别对教师、家长和学生的反馈进行数据统计。结果显示师生比较满意，认为对高考成绩的提高有帮助。

（张东安　吴玉仙）

【举办绑腿跑比赛】　4月9日，平谷区教委在夏各庄中学举办阳光体育2015年平谷区第八届中小学生勇敢小伙伴绑腿跑比赛。27所小学10所中学600名学生参加比赛。最终，平谷八小等获得小学组前八名，黄松峪中学等获得中学组前六名。

（张东安　吴玉仙）

【举办校园足球联赛】　4月9日至5月14日，平谷区教委举办阳光体育2015年中小学校园足球联赛。比赛以循环赛方式，分两个阶段进行。小学29个队、初中男子11个队、初中女子9个队、高中男子3个队共1100名学生参加第一阶段循环赛。比赛在9个赛场同时举行共83场。每个小组前1至2名代表队参加第二阶段循环比赛（高中组除外），共计33场。最终，比赛评出高中组2名、初中组前6名、小学组前8名。

（张东安　吴玉仙）

【举办艺术节展演】　4月24日，平谷区教育系统2015年“桃花大舞台”暨第十八届学生艺术节优秀节目展演活动在世纪广场举行。来自19所中小学的380名学生参加演出，表演歌曲、器乐、舞蹈等18个节目。区教委领导和中小学代表1000人观看演出。“桃花大舞台”是平谷区文化活动品牌，由各文艺团队轮换演出。

（张东安　吴玉仙）

【安装教学测评系统】　4月，平谷区教委为20所中小学安装教学测评系统。教学测评系统能智能处理试卷前后顺序颠倒、试卷上下倒置等问题，考完10分钟就能阅卷，阅卷完10分钟就能出分析报告，可以大幅节省阅卷时间。为熟练应用系统，区教委邀请北京金山顶尖科技股份有限公司专业人员举办网络阅卷、考试数据分析软件、阅卷平台使用培训，63名教师参加学习。

（张东安　吴玉仙）

【举办“走进新教材”研讨】　5月11日，“走进新教材，落实新课标，与专家对话，对话教材，对话课堂”观摩研讨活动在东高村学校举行。活动由北京教科院与区教委联合举办。与会人员听课21节，课后任课教师与专家共同展开研讨。东高村学校是平谷区唯一的“新京版教材基地校”。北京教科院、区教委领导和课题研究相关校教师200人参加活动。

（张东安　吴玉仙）

【展示青年教师风采】　5月13日，平谷区教委在平谷五中举办第二届“幸福杯”青年教师风采展示活动。232名青年教师参加器乐组合、舞蹈组合、歌剧等10类节目展示，其中46人获得一等奖，70人获得二等奖，116人获得三等奖，18个单位和18名个人分别获得大赛优秀组织奖和优秀组织者。

（张东安　吴玉仙）

【平谷六小与城区学校共建】　5月15日，平谷区第六小学与东城区西中街小学开展城乡友好学校揭牌签约仪式及听评课活动。两校校长互赠学校特色礼物，聘请两区体育教研员为城乡友好学校体育学科指导专家。仪式后，两校教师进行数学、体育学科展示交流课活动。北京教科院、区教委、东城区教师研修中心代表，两校领导、教师40人参加活动。

（张东安　吴玉仙）

【举办小学语文教师特色培训】　5月28日，平谷区教委联合《中国教师报》、华师教育研究院在平谷二小举办小学语文教师特色培训项目启动仪式。与会人员观看门头沟龙泉小学录像课《圆明园的毁灭》，听取龙泉小学《互动反馈技术在语文学科中的有效运用》主题报告。启动仪式后，项目组举办首次培训“互动反馈技术在语文学科中的有效运用”。区教委领导、全区小学语文骨干教师等300人参加活动。小学语文特色培训项目与华师教育研究院联合举办，为期一年，每月一次培训。培训邀请全国名师讲解语文课程标准、小学语文课程建设、京版教材解读与运用等。年内，该项目还先后举办“说课标、说教材”“学科单元整合与读写结合”“读写结合教学观摩”“古诗文体教学”专题培训。

（张东安　吴玉仙）

【验收第四批特色学校】　6月24—25日，平谷区教委开展小学第四批特色学校验收工作。平谷教委和区教育研修中心组成评价组，分别检查黄松峪学区、夏各庄学区、王辛庄第二学区、绿谷小香玉艺术学校。评价组通过深入课堂听课、巡视校园环境和文化建设、师生座谈、听取校长汇报、看特色成果展示，了解学校特色建设开展情况及实际效果，发现典型经验及存在问题，并通过现场反馈提出改进意见和建议。最终，4所学校全部通过验收。至此，平谷区四批共认定小学特色学校12所。

（张东安　吴玉仙）

【法制宣传教育基地揭牌】　7月1日，平谷区青少年法制宣传教育基地揭牌仪式在峪口中学举行。市司法局、团市委、平谷区委领导共同为教育基地揭牌。与会人员还参观学校法制宣传教育长廊、青少年模拟法庭，观摩初二年级“远离违法——做遵纪守法中学生”主题班会课。法制宣传教育基地由平谷区法制宣传教育领导小组办公室、区司法局、团区委、区教委、峪口中学共同建设，用图文并茂、生动灵活的方式向青少年宣传法律知识，培养青少年学法、遵法、守法、用法的意识和能力。

（张东安　吴玉仙）

【组建高中学科中心备课组】　9月18日，平谷区教育研修中心与北京教育学会初中教育研究分会签订组建高中学科中心备课组协议。根据协议，初中教育研究分会选派9名特级教师作为平谷区高考九大学科中心备课组组长，通过定期开展活动促进全区高中骨干教师专业成长。协议期限三年。至年底，备课组每周三开展听课、评课及备课活动。

（张东安　吴玉仙）

【平谷五中与城区学校对口帮扶】　9月18日，平谷五中与北京市广渠门中学签订对接帮扶签约协议。双方合作内容一是两校高中同步开展教学活动。根据广渠门中学的课程设置和学期工作安排，平谷五中相关教师同步参与广渠门中学集体备课、课堂教学、教研活动、考试分析。二是平谷五中在高三年级遴选35名学生到广渠门中学进行为期一年的游学。帮扶协议期限为三年。

（张东安　吴玉仙）

【举办小学生航模比赛】　10月27日，平谷区教委在平谷七小举办小学生"放飞梦想"波音航空模型比赛。来自7所学校90名参赛选手参加比赛，比赛项目包括S橡筋动力模型飞机、弹射仿真模型、牵引模型滑翔机、创新设计弹射模型、学生自制"风火轮"竞速项目和创新设计电动模型滑翔机6项。经过角逐，南独乐河学区、平谷七小获得团体冠军，单项成绩冠、亚军选手将参加市级航模竞赛。

（张东安　吴玉仙）

【研讨小学体育美育特色教育】　10月28日，平谷区教委在大兴庄学区举办小学体育美育特色教育项目阶段性座谈研讨活动。培训邀请美籍足球教练汤姆·拜尔为全区中小学体育教师上足球训练观摩课。课后，平谷八小等5所实验校分别介绍开展足球活动的基本情况，对今后工作提出意见和建议。会议提出推动校园足球项目，做到足球进校园、进课堂；组建高素质教练员队伍，梯队培训体育教师参与活动，做到教练员有管理、有培训、有评价；建立区域足球赛制，做到天天有训练、周周有集训、月月有比赛、年底有总决赛。市教委、区教委领导，全区小学体育教师60人参加活动。

（张东安　吴玉仙）

【完成锅炉煤改电工程】　11月15日，平谷区教委完成农村中小学冬季取暖自烧锅炉煤改电工作。为配合清洁空气行动，教育系统从10月19日开始启动中小学自烧锅炉煤改电工程，改造山东庄中学等23所中小学锅炉房。正式供暖前设备全部安装调试完毕。经过检查评测，电锅炉运转正常，效果良好，有效控制污染物和碳排放量。

（张东安　吴玉仙）

【开设滑雪课程】　12月14日，平谷

区教委组织全区五年级小学生在渔阳滑雪场接受滑雪培训。至2016年3月，每周一至周五下午2点至5点，学校和渔阳滑雪场安排学生接受培训，要求每名学生通过不少于5次的集中训练，掌握基本滑雪技能。全区29所小学2709名五年级学生参加学习。

（张东安　吴玉仙）

职业与成人教育

【概况】　2015年，平谷区职业教育学校1所，设置专业8个，开设教学班15个。毕业106人，招生64人，在校生290人。教职工177人，其中，专任教师80人。学校占地面积49949平方米，建筑面积33269平方米，固定资产总值7461.05万元。各级各类成人学校286所，开设专业34个。毕业1059人，招生617人，在校生2884人。教职工732人，其中，专任教师345人。成人学校占地面积614083平方米，建筑面积95340平方米，固定资产总值9842.7万元。

（张东安　吴玉仙）

【召开创建学习型区县培训会】　1月8日，建设学习型平谷工作领导小组办公室举办创建北京市学习型区县先进区培训会。会议邀请北京市有关专家分别举办"学习型城市建设理论"和"学习型城市建设指标体系"讲座，并对档案资料收集整理工作进行指导。会上，建设学习型平谷领导小组办公室对创建工作提出具体要求。全区65个创建学习型平谷成员单位负责人参加培训。

（张东安　吴玉仙）

【召开顶岗实习现场招聘会】　1月12日，平谷第一职业学校召开2012级学生顶岗实习安全教育和现场招聘会。会议总结近年来学生在实习单位的表现，提醒学生重视往届学生实习中的问题并引以为戒，强调实习期间安全问题和注意事项。会后学生按照自己选择参加企业招聘面试。截至18日，50名毕业生中42人落实实习岗位。

（张东安　吴玉仙）

【"以赛代训"培训新型农民】　1月18日，平谷区农广校采取"以赛代训"形式培训农民桃树冬季修剪技术。培训初将35名学员随机分成7组，由组员推选组长，裁判在比赛前随机选取一株待修剪桃树，组长与组员们协商修剪方案，在30分钟内用红色、黄色、绿色布条将修剪的枝条标记出来（分别代表疏除、疏除待定和长久保留三种含义）。比赛结束后组长介绍修剪方案制定过程和操作方法，最后由专业教师评价修剪的合理性并给出分数。根据分数排出名次，排名前三的小组发放奖品。

（张东安　吴玉仙）

【开办"3+3"模式试验班】　5月，平谷第一职业学校开办"3+3"模式试验班。该实验班与北京经济管理职业学院合作举办，平谷一职计算机网络技术专业和美术设计专业学生在校学习三年获得中专学历后，就读于北京经济管理职业学院对口专业并获得大专文凭。此外，平谷一职还将与北京劳动保障职业学院机制专业、北京培黎职业学院学前教育专业开办"3+3"试验班。

（张东安　吴玉仙）

【第一届综合高中班分流】　6月20日，平谷区第一职业学校第一届综合高中班分流工作完成。综合高中班共有学生63人，下学期27人进入普通

高中班学习（全部为文科），两年后他们将参加普通高考；19人参加“数控加工技术3+2”大专班学习，毕业后获得大学专科学历；17人进入计算机、汽修、学前教育专业等普通职高班学习，毕业时考取相关行业职业技术等级证书或资格证书直接就业。

（张东安　吴玉仙）

【评选居民学习品牌】 6月，建设学习型平谷工作领导小组开展第五批“平谷区居民学习品牌”评选工作。平谷工商管理分局等5个单位申报评选。经过专家考察评选，最终认定平谷工商管理分局绿谷维权大讲堂、区职业技能公共实训中心实用技能培训为平谷区居民学习品牌。至此，平谷区评选出17个区级学习品牌，其中，镇罗营镇数字化学习港、王辛庄镇绿谷蜂农学习港被评选为“首都市民学习品牌”。

（张东安　吴玉仙）

教育督导

【概况】 2015年，平谷区政府教育督导室设主任1人，专职督学5人，兼职督学35人。年内，区教育督导室以加强教育督导队伍建设，提高督导人员专业化水平为重点，组织专兼职督学参加各项培训活动。完成本区义务教育均衡发展验收及教委直属单位、中小学的评价工作，顺利通过全国义务教育均衡发展督导评估。

（张东安　吴玉仙）

【召开义务教育均衡发展验收工作会】 3月6日，平谷区教育督导室召开“进一步做好国家级义务教育均衡发展达标区县验收工作”会议。会议针对宣传片的制作、档案的整理、入校检查等各项工作提出具体要求，对责任督学迎接验收进行指导性培训，宣讲责任督学“五知道”（知道挂牌督导学校情况，知道市、区县、学校推进均衡发展工作措施与成效，知道近一两年来北京市推进义务教育发展的改革政策与措施，知道责任督学挂牌督导任务、职责与要求，知道评估认定重点和迎检任务）。相关委办局、区教委直属单位及各中小学校的主要领导120人参加会议。

（张东安　吴玉仙）

【接受义务教育均衡发展检查】 4月29日，全国义务教育均衡发展督导评估检查组督导检查平谷区义务教育均衡发展情况。检查组观看平谷区推进义务教育均衡发展宣传片，听取区政府《落实教育发展主体责任持续推进义务教育均衡发展》工作汇报，查阅义务教育均衡发展工作档案，分四组分别与人大代表和政协委员、校长代表、家长代表、教师代表座谈。检查组分三组到检查评估8所小学7所初中。检查组充分肯定平谷区义务教育均衡发展工作，认定平谷区通过全国义务教育均衡发展督导评估。

（张东安　吴玉仙）

【评价区教委直属单位】 10月26—30日，平谷区教育督导室督导评价区教委直属单位。督评组由13名专兼职督学组成，通过听取各单位领导汇报，查看档案、审阅各单位自评报告，问卷座谈，督导评价9个教委直属单位2014年至2015学年度履行职责情况。同时，督评组通过问卷调查，广泛征求对各单位工作的意见和建议。

（张东安　吴玉仙）

【督导中学素质教育】 11月9日至12月8日，平谷区教育督导室专职督学、兼职督学14人完成18所中学和1所职业学校督导工作。督评组听取校长关于全面实施素质教育工作情况的汇报，分组听课共106节，与干部、教师座谈152人次，学生、家长座谈228人次，发放并回收学生、教师、家长问卷1085份，同时查阅相关档案资料，实地考察学校硬件设施情况。最后，区教育督导室召开会议全面总结进校督导工作。

（张东安　吴玉仙）

中共平谷区委教育工委

书　　记　李正

平谷区教育委员会

主　　任　徐素芝（2月免）
　　　　　李学东（2月任）

平谷区政府教育督导室

主　　任　王福胜

密　云　县（区）

总　　类

【举办共筑中国梦主题教育活动】 1月5日，密云县教委团工委、县教委联合启动“传递青春正能量，共筑美丽中国梦”主题教育活动。活动要求各校利用班、团队课（校会），通过学习榜样人物，牢记和理解习近平总书记“记住要求、心有榜样、从小做起、接受帮助”16字要求。至年底，全县中小学组织学生观看励志片，鼓励学生用行动编织青春梦想，争做美丽少年。

（黄维国）

【教育云平台项目进展顺利】 2月，密云县教育云平台项目数据中心基础环境建设完工。教育云平台项目始自2014年，总投资2660万元，包括数据中心基础环境建设、软件应用项目建设、网络环境改造、数字化校园应用等项目，预计2018年完工。该项目在原有教育城域网基础上，提升网络性能，扩建云教育数据中心，综合区域内基础设施资源，实行集中调度管控，统一建设数字校园建设的共性应用，实现教育资源共建共享。业务层面，云服务平台包括教与学应用服务、管理应用服务、教研应用服务和生活应用服务；技术层面，云服务平台由软件公共服务、学校自建个性化应用服务两大部分组成，二者有机结合，构成一个整体。

（黄维国）

【举办推广普通话宣传周】　9月14—20日，密云县语委举办第18届推广普通话宣传周。活动围绕“依法推广普通话，提升国家软实力”宣传主题，向市民宣传语言文字法律法规、方针政策和语言文字规范标准知识，共发放语言文化地图和书籍5000册。20个镇街、16个委办局和全县中小学参加活动。

（黄维国）

【承办全国第六届阳光教育论坛】　10月15—16日，“开展课堂文化建设，构建自主多彩的校园生活”2015年全国第六届阳光教育论坛在密云县第二小学举办。会议由中国阳光教育研究院、全国阳光教育联盟主办，密云县教委协办，首师大首都基础教育发展研究院协办。会议旨在推广密云县践行阳光教育理论的经验成果，通过专家报告，走进密云6所学校以及中小学同课异构等形式，展示密云阳光课堂教学文化，探讨教育发展途径。来自全国各地的26名教师参加8个学科课堂教学同课异构展示，8所学校作阳光教育经验介绍。全国40所阳光教育联盟校、30所北京市学校，密云县各中小学、幼儿园代表256人参加论坛相关活动。

（黄维国）

【接待20家媒体集体采访】　11月3日，密云县教委接待新华社、《人民日报》、中央电视台等19家媒体集体采访。采访活动走进朝阳实验小学密云学校、东邵渠中学，以“改革——更多获得感”为主题，从密云教育均衡发展、教育加工能力以及学生实际获得等方面进行深度采访。县教委领导分别从干部教师队伍建设、中学教育、小学教育、校外教育方面，介绍教育改革措施和成果；两所学校干部教师、家长、学生代表分别就学校改革发展情况、办学特色等接受访谈。

（黄维国）

【获评全国先进工会组织】　11月，密云县教育工会被全国总工会、全国教科文卫体工会评为“全国教科文卫体系统先进工会组织”。密云县教育工会围绕中心工作和教育改革发展大局，充分发挥桥梁和纽带作用，推进“阳光教师工程”，把工会建设成广大教职工信赖的“职工之家”，当好教职工信赖的“娘家人”。

（黄维国）

【启用远程视频会议系统】　12月4日，密云县教委利用远程视频会议系统举办“基于国际视野下的教育理解”论坛。视频会议系统实现各分会场与主会场之间音视频数据实时交互，使会议精神第一时间传递到各基层单位。全县中小学领导、教研组长、备课组长以及教委机关全体工作人员在视频会议室（教室）收看论坛实况。

（黄维国）

【推广中小学冰雪运动项目】　12月

11日，密云区教委印发《中小学生冰雪运动项目实施方案》。该文件明确，加大冰雪运动人才引进力度，聘请专业运动员、教练员，传授适用于不同年龄学生的训练方法。编订冰雪运动教学地方教材，各学段根据学生身心特点选择相应的教学内容。建立校、县、市三级联赛机制，发现、培养和选拔冰雪项目优秀运动员。鼓励各校申报冰雪运动科研课题，开展冰雪运动教学研究和科研探索，推动学校冰雪运动深入发展。与体育院校、冰雪运动团体、社会体育机构合作，依托课外活动和社会实践活动，积极开展校内外冰雪运动。加强与南山、云佛山等滑雪场合作，开展适宜的雪上运动项目。

（黄维国）

【举办以案释法进校园活动】　12月11日，密云县教委与县法宣办、县司法局联合举办“律师以案释法进校园”宣讲活动启动仪式。该活动邀请“青春船长”普法志愿团队到密云中小学进行巡回法律宣讲，密云区律师特别是村居公益律师将到包片镇街中小学进行法律宣讲。市法制宣传教育领导小组、市司法局等领导，全县中小学法治工作干部及师生代表300人参加启动仪式。

（黄维国）

【县教委更名为区教委】　12月26日，北京市召开密云区、延庆区成立大会，宣布密云、延庆撤县设区。据此，密云县教委更名为密云区教委。11月17日，市政府办公厅公告，经国务院批准，撤销密云县、延庆县，设立密云区、延庆区。撤县设区后，其行政区域与之前相同。至此，北京市最后两个县改为市辖区。

（黄维国）

【三项举措提升师资素质】　至年底，密云区教委采取三项举措促进师资素质整体提升。一是民主选拔、任用一批新干部，通过民主推荐、测评、访谈等程序，调整、聘任干部27人。二是引进、交流一批教师，招聘新教师195人，回本县、外区县调入教师43人，轮岗交流142人，培训干部教师5000人次。三是培养、树立一批典型，组织开展师德宣讲、“网络名师”宣传、师德表彰等活动，通过挂职锻炼、外出讲学、著书立说，以及校长研究工作室、名师工作室建设，助推优秀校长、骨干教师快速成长。

（黄维国）

学前教育

【概况】　2015年，密云县（区）幼儿园70所，比上年增加2所。幼儿园中教育部门办园49所，集体办园2所，企业办园3所，民办园16所。幼儿班438个，比上年增加30个，增幅7.4%。离园幼儿3636人，入园幼儿4161人，在园幼儿11316人。教职工1828人，其中，专任教师996人。幼儿园占地面积24.93万平方米，园舍建筑面积5.90万平方米。

（黄维国）

【两园通过市级示范园验收】　5月7—8日，北京市级示范园验收组评估验收密云县第三幼儿园、第六幼儿园。验收组围绕办园条件、园所管理、队伍建设等七方面内容，通过调查问卷、查看环境、查阅资料、看半日活动、随机访谈、与幼儿互动、听取园长汇报、座谈答辩，全面检查幼儿园各项工作。6月14日，第三幼儿园、第六幼儿园经市教委批准为“市级示范园”。至此，密云县市级示范幼儿园3所。

（黄维国）

【展示聚焦幼儿优化管理成果】 5月

21日，密云县教委举办“聚焦幼儿优化管理”展示观摩暨走进第三幼儿园活动。活动通过参观园所环境、看资料、听取园长工作汇报，了解第三幼儿园在创设立体多用发展环境、创建科学管理模式、提升干部教师队伍综合素养、建立三位一体育儿机制、促进保教质量稳步提升、构建师幼健康发展绿色乐园方面的典型经验和有效做法。县教委领导，各镇中心园、县城地区园长及教师代表参加活动。

（黄维国）

【指导民办园早教工作】 11月20日，密云县教委、县教师研修学院相关人员到汇佳幼儿园指导早教工作。指导组听取园长关于早期教育工作开展情况介绍，查看早教工作资料、活动场地，并逐项一对一指导。指导组要求汇佳幼儿园从早教工作管理、人员硬件条件、早教活动组织、早期教育教研、早期教育保健方面，明确需要调整完善的项目，积极推进社区早期教育示范基地验收准备工作。

（黄维国）

【完成民办园年度考核】 11月23日至12月3日，密云县教委、县卫计委联合对嘉士博幼儿园等13所县城地区民办幼儿园进行年度考核。在幼儿园自查基础上，考核小组通过听汇报、看活动、转环境、查资料，综合评定幼儿园管理、保教、财务、卫生保健工作，并对相关工作进行针对性指导。本年，密云县民办幼儿园考核工作分层实施，县城地区民办园由县教委和县卫计委共同考核；各镇民办园参照县级考核工作，由所在镇中心小学负责组织。

（黄维国）

【入选视觉艺术教育示范园】 12月15日，在宋庆龄基金会主办的第三届儿童艺术教育与项目教学国际论坛活动中，密云县第二幼儿园、第五幼儿园、穆家峪中心幼儿园被认定为首批“大手拉小手，非遗传后人”儿童视觉艺术教育项目示范园。该评选由中国宋庆龄基金会主持，全国共30所。“十一五”期间，密云县引入儿童无稿创意剪纸项目，以密云县第二幼儿园、第五幼儿园、穆家峪中心幼儿园为代表的一批幼儿园，开展幼儿无稿创意剪纸教学研究活动，继承并发扬中国传统文化，引领幼儿在剪纸活动中大胆创作、学习审美，养成做事专注、独立思考的好习惯。

（黄维国）

【举办规范办园新常态展示】 12月25日，密云县教委举办“文化引领聚焦幼儿，建立规范办园新常态”展示观摩暨走进信远阳光幼儿园活动。与会人员通过参观园所环境、看活动、听取园长工作汇报、听取教师代表成长经历，了解信远阳光幼儿园在“研文化谋发展、强管理重常态、抓队伍强素质、研课程促提高”方面的有效做法。县教委领导和各镇中心园、城区幼儿园园长及教师代表参加活动。

（黄维国）

基础教育

【概况】 2015年，密云县（区）小学40所（其中少数民族学校4所），教学班628个，毕业2755人，招生3761人，在校生22145人，在校生中北京市户籍学生17568人；教职工2060人，其中，专任教师1524人。中学23所，教学班435个（初中283个、高中152个），毕业5264人（初中3317人、高中1947人），招生4465人（初中2536人、高中1929人），在校生14113人（初中8390人、高中5723人），在校生中北京市户籍学生12860人；教职工2736人，其中，专任教师1708人。全县中小学占地面积150.98万平方米，建筑面积49.04万平方米，固定资产总值97728.86万元，图书馆藏书89.04万册。全年教育经费投入21.31亿元，全部为国家拨款。

（黄维国）

【举办管理干部能力提升培训】 1月24—25日，密云县教委依托“中小学校长研究工作室”，举办中小学管理干部能力提升培训。培训邀请北京市中小学名校长工作室成员讲解教育综合改革大背景下课堂教学改革、加强教育教学管理、强化队伍建设等内容。活动中，中小学校长研究工作室13所成员校围绕“聚焦课堂，问题改进”主题，汇报一年来工作进展情况。全县中小学干部95人参加学习。

（黄维国）

【举办德育干部寒假培训班】 1月29日，密云县教委举办中小学团队干部和小学德育干部寒假培训班。培训班讲授运用网络微博新媒体进行宣传工作的方法和技巧，从教育的规律和特点着眼，讲解实施社会主义核心价值观教育的载体、途径、主要原则和方法。讲座结束后，全体学员围绕培训内容、结合工作实际展开讨论。全县中小学团队干部和德育干部146人参加学习。

（黄维国）

【举办校本培训专题研修】 1月31日至2月1日，密云县教委举办中小学“校本培训工作”寒假专题研修。活动分别邀请西城区自忠小学、鲁迅中学、广渠门中学校长、五中分校校长主讲，内容涉及“学习培训实践提升”“新教育常态下学校管理”“基于课程改革下的校本培训”等，讲解班主任专业化发展策略、校本培训设计、教师队伍建设、课程建设思路和方法。北京教育学院教授举办“如何系统设计校本培训方案”讲座，借助案例讲解校本培训含义、方法以及提高校本培训的有效策略。县教委领导，密云二小等5所校本培训基地校代表，各中小学主管领导等120人参加培训。

（黄维国）

【视导高三年级教学】　3月9日、12日和16日，密云县教委、县教研中心分别走进首师大附属密云中学、北师大密云实验中学、密云二中视导高三年级工作。视导重点指导高三教育教学工作，提高备考效率。县教委领导对学校注重方向引领、教师注重知识落实、团队注重沟通协作等做法给予肯定，同时提出三点要求：一是关注学生，充分挖掘学生思维过程，重点关注临界生；二是关注学生存在的主要问题，优化教学设计；三是关注考试，科学做好试卷讲评工作。

（黄维国）

【举办跟岗培训论坛】　3月14日，密云县教委举办“与光明同行——小学校长研究工作室成员赴光明小学跟岗培训论坛”。会上7名赴光明小学跟岗培训干部结合学习感受，交流课程改革与建设等方面学习体会，小学校长研究工作室导师就跟岗干部培训体会进行点评。2014年12月，密云县教委组织“小学校长研究工作室”成员和部分管理干部赴北京光明小学进行为期一周的跟岗培训。

（黄维国）

【举办校园足球培训】　3月19日，密云县教委举办中小学校园足球培训。培训邀请国奥越野足球俱乐部教练团队举办“中国足球改革的背景”“校园足球的发展现状与前景”“校园足球在中国足球运动发展中的重要性”讲座，结合全县中小学足球分区赛，就赛事组织、足球礼仪、足球竞赛规则等进行专题培训。全县中小学体育教师145人参加培训。

（黄维国）

【参加全市中小学生观鸟比赛】　4月

25—26日，密云县学生参加“第三届北京市中小学生观鸟比赛”。密云县各中小学共获得市级一等奖321项，市级二等奖1341项，市级三等奖1551项，17所中小学由于成绩突出获优秀组织奖，密云县参与率和获奖率均列全市第一。比赛由市教委举办，分为“实地观测”和“网络答题”两部分。其中，实地观测活动共有60支队伍200余名学生同场参加，密云县有6所中小学24名学生参加。

（黄维国）

【孟大鹏工作室成立】　5月5日，中国合唱协会“孟大鹏工作室”授牌仪式在巨各庄中心小学举行。工作室由中国合唱协会和密云县教委合作成立，聘请中国合唱协会副理事长、童声委员会主任、中央少年广播合唱团常任指挥孟大鹏主持。巨各庄中心小学同时聘请孟大鹏为学校美育工作名誉校长。“孟大鹏工作室”的教师全部来自中国合唱协会，每周一、每周五到校上课，从名师培养、教材创编、社团辅导、课堂教学、文化建设多方面指导帮扶中心小学，同时参与学校合唱教室改造等工作，带动学校艺术教育工作深层次、高质量发展。

（黄维国）

【举办“科乐思”创新大赛】　5月24

日，密云县青少年宫与萃智俱乐部联合举办首届密云县中小学生“科乐思”创新大赛。大赛分为“主题构建”“小车竞速”“快乐搭高”三大项目。“主题构建”环节要求选手以“水”为主题现场展示各种模型的创意搭建；“小车竞速”环节要求选手现场制作小车，比拼速度；“快乐搭高”环节要求选手在规定时间内运用指定材料进行创意搭高，比拼高度。14所中小学200名学生参加活动。

（黄维国）

【普及水上交通安全知识】　5月25日，密云县教委与县交通局在南菜园小学联合举办“水上交通安全伴我成长”水上安全知识进校园活动。活动中，县交通局专业人士举办水上安全知识讲座，讲解水上交通安全注意事项和防溺水、水上急救等方面知识。随后，有关领导向学生发放《小学生水上交通安全教育读本》《游客乘船安全知识》等宣传手册，倡导学生积极宣传水上安全知识。这是密云县首次举办水上安全知识宣传教育活动。

（黄维国）

【举办“相约中国梦”主题队日】　6月1日，密云县教委团工委组织全县各小学少先队举办“红领巾相约中国梦”主题队日活动。活动旨在弘扬社会主义核心价值观，引导少年儿童从小树立“中国梦”远大理想。各学校通过组织开展主题歌咏比赛、知识竞赛、革命传统教育、社会主义核心价值观童谣传诵、亲子运动会、学生综合素质展示、社团文艺汇演，丰富少年儿童节日生活。全县13248名学生参加活动。

（黄维国）

【名师工作室成员赴天津讲学】　6月9—10日，密云县教委组织名校长、名师工作室15名校长、教师赴天津塘沽徐州道小学、向阳第三小学讲学。其间，小学名校长工作室的三名校长与塘沽两所小学校长围绕“校长领导力的实践与思考”主题，就学校文化建设、课程管理以及对管理的再认识等问题交流研讨。小学语文、数学、英语、科学名师工作室教师与塘沽小学教师，开展同课异构和学科教学主题交流活动。

（黄维国）

【成立杨敏舞蹈工作室】　6月11日，密云县教委与中央民族大学合作成立“杨敏舞蹈工作室”。工作室主要任务是坚持普及与提高相结合原则，采取多种形式，指导学校舞蹈社团及艺术团、舞蹈特色校及舞蹈课程；引领和培养县域内骨干教师，并辐射普通学校教师，提升教师舞蹈辅导水平。8月25—28日，“杨敏舞蹈工作室”在密云县青少年宫举办暑期舞蹈培训班，来自全县中小学、幼儿园、职业学校73名教师参加培训。

（黄维国）

【总结中学阅读工程成果】　6月22日，密云县教委举办“读经典传美德”中学阅读工程展演活动，总结阅读工程开展情况。活动总结中学阅读工程，表彰征文活动获奖学生，12 所学校通过课本剧、话剧、相声、评书、诗朗诵共 14 个节目，展示学生阅读成果。全县 23 所中学代表参加活动。

（黄维国）

【总结吴正宪数学教育推广活动】 7 月 1 日，密云县教委举办吴正宪儿童数学教育思想推广研究基地阶段总结活动。活动观摩密云六小、十里堡中心小学、密云三小展示课，听取太师屯中心小学、檀营小学典型经验，报告吴正宪儿童数学教育思想推广研究基地成立以来活动情况。会上，吴正宪肯定密云县小学数学课堂、教学理念、学生学习过程发生的诸多变化，希望研究基地能够为更多的教师提供展示平台和成长空间。全县各小学副校长、教学干部和骨干教师 80 人参加活动。

（黄维国）

【举办民族精神教育季】 7—9 月，密云县教委面向全县小学开展“民族精神教育季”系列活动。一是开展“美丽少年铭记历史共铸中国梦”纪念抗日战争胜利 70 周年书法、绘画、原创童谣作品征集活动；二是开展“学革命人物，做有志少年”暑期“四个一”实践活动；三是开展读红色经典过暑假活动；四是以举行开学典礼、上好开学第一课、组织师生观看阅兵式为契机，纪念抗战胜利；五是结合“九一八”纪念日开展形式多样的纪念活动；六是与县关心下一代协会联合向全县小学生发放《密云地区抗日斗争故事》《激情岁月——纪念抗日战争胜利七十周年专辑》，结合学校阅读表达提升工程，鼓励学生了解密云抗战历史；七是组织城内部分小学六年级学生观看以英雄母亲邓玉芬为原型创作的评剧演出。全县共有 41000 人次小学生参加校级活动，近 1100 人次在县级评选中获奖。

（黄维国）

【召开校外实践基地现场会】 8 月 15 日，密云县教委举办“利用社会资源丰富中小学校外实践活动课程开发与利用”现场会暨走进美丽乡村蔡家洼基地活动。会议邀请北京市中小学生社会大课堂活动管理办公室、东城区府学胡同小学专业教师举办校外实践活动设计培训，听取蔡家洼实践基地实践课程资源开发情况，参观蔡家洼工业园区、农业科技示范园区、科技展馆等学生实践基地。全县中小学校长、副校长 123 人参加会议。

（黄维国）

【防控近视率见成效】 8 月，密云县教委监测数据表明，密云县中小学近视率呈逐年下降趋势。2012—2015 年，小学近视率分别为 33.23%、32.95%、32.28%，中学分别为 56.26%、55.86%、55.28%。2012 年起，密云县把近视新发率作为减负监控的重要指标，并与学校考核评优挂钩。

（黄维国）

【表彰中学优秀教备组】 10 月 14 日，密云县教委召开中学优秀教备组表彰会。会议表彰 51 个县级优秀教备组，听取西田各庄中学、密云三中、首师大附属密云中学优秀教研组长典型经验。会议提出优秀教研组、备课组应具备的三个主要特征：一是要有团结向上的组内文化，二是要有主题突出的组内活动，三是要有非常显著的教学效果。县教委领导和全县中学代表 124 人参加会议。

（黄维国）

【举办“走进京剧”系列教育】 10

月 19—20 日，密云县小学生“走近京剧，认识国粹”系列教育活动之“京剧——堂课”在密云二小和北交大附中密云分校礼堂举行。6 所学校 3600 名师生在京剧艺术家引领下，通过聆听、体验、欣赏、互动，了解京剧乐队、服饰、行当、表演形式，观赏《三岔口》《拾玉镯》等经典片段。活动讲解与表演相结合，艺术家表演与学生展示、集体学唱、互动体验相结合，通俗易懂。

（黄维国）

【入选全国体育工作示范校】 10 月，密云县 8 所学校入选首批全国学校体育工作示范校。8 所学校分别是密云不老屯、十里堡、果园、溪翁庄、北庄 5 所小学，密云五中、七中、二中 3 所中学。“示范学校”由教育部评选，是学校体育工作达到《中小学校体育工作评估指标体系》优秀标准，成效突出、富有特色的学校。

（黄维国）

【召开小学农村寄宿制工作现场会】 11 月 13 日，密云县教委在石城中心小学召开小学农村寄宿制学校生活教育与生活管理现场推进会。会议听取石城中心小学住宿生活介绍，实地参观住宿区、浴室、食堂、宿管办，查阅住宿管理评价相关档案，交流高岭中心小学、北庄中心小学、太师屯中心小学寄宿管理经验。来自全县 16 所寄宿小学的寄宿管理工作主管领导参加会议。

（黄维国）

职业与成人教育

【概况】 2015 年，密云县（区）职业高中 1 所，分为 3 个校区。职业高中开设 13 个专业，成人非全日制中专开设 2 个专业。职业高中毕业 671 人，招生 228 人，在校生 1049 人。教职工 236 人，其中，专任教师 151 人。学校占地面积 136047 平方米，校舍建筑面积 58965 平方米。全区各类成人学校 390 所，年培训 16 万人次，学历教育开设 19 个专业，毕业 883 人，招生 832 人，在校生 2964 人。教职工 132 人，其中，专任教师 55 人。成人学校占地总面积 135000 平方米，建筑面积 31300 平方米，固定资产总值 2530 万元。

（黄维国）

【举办芽苗菜种植大赛】 2 月 4 日，密云县社区教育中心联合溪翁庄镇教委在荞麦峪村举办芽苗菜种植大赛。比赛要求按规定程序在规定时间内完成比赛项目，以完成时间和质量作评比标准。经评选，7 人获得一等奖。

据统计，全县有 3 个镇的 300 名学生参加芽苗菜种植培训。

（黄维国）

【现代服务专业实训基地建成】 2月，

密云县教委投资 1900 万元在密云县职业学校统军庄校区建成现代服务专业实训基地。基地建筑面积 2900 平方米，设 13 个餐饮服务实训室、4 个茶室、1 个烹饪实训操作间，可同时为 180 人提供用餐服务。

（黄维国）

【召开职成教育工作研讨会】 3 月 6 日，密云县教委召开 2015 年职成教育工作研讨会。会议交流、研讨、部署 2015 年职成教育重点工作，布置农民学历教育招生及相关工作。会议要求各单位以服务县域经济和社会发展为目标、以深化职成教育综合改革为动力、以提高各类人才培养质量为主线，加快建设现代职业教育体系，健全终身学习服务体系，抓好学习型密云建设。全县职业学校、社区教育中心负责人、各镇街教委副主任参加会议。

（黄维国）

【加强乡土教材建设】 3 月 31 日，密云县职业学校在古北口镇成人学校举办民俗旅游自编培训教材赠书仪式。县教领导参加活动并讲话，要求学员学好、用好农民培训乡土教材，将所学知识转化为生产经营能力，加快致富奔小康的步伐。近年来，密云县教委大力加强成人教育学习资源建设，围绕密云水库鱼街和古北水镇编写完成《密云水库鱼致富经》《舌尖上的健康》《面点制作》等乡土教材。

（黄维国）

【验收学习型居委会】 5 月 5—12 日，密云县学习办评估验收学习型村（社区）居委会。评估组通过听取自评报告、查看学习环境、查阅档案资料、召开座谈会等形式，对学习型村（社区）居委会创先工作进行全面检查。经评估，全县认定学习型村居委会 17 个，学习型社区居委会 3 个。

（黄维国）

【举办职教联盟观摩示范课】 5 月 29 日，密云县职业学校举办京北职教联盟高级教师观摩示范课。活动推出该校两节示范课，北京教科院专家作点评，就教学中需要注意的问题提出指导性意见与建议。京北职教联盟成员单位代表 52 人参加活动。京北职教联盟是由昌平区、怀柔区、密云县、延庆县 4 个区县组成的职业教育联合体。

（黄维国）

【通过国家中职示范校验收】 11 月 15 日，密云县职业学校入选“国家中等职业教育改革发展示范学校”。该校 2011 年被确定为国家中等职业教育改革发展示范学校第二批项目建设校以来，按照国家示范校建设标准及项目任务书的要求，加强客户信息服务、数控技术应用、旅游服务与管理等重点专业建设，突出抓好校园文化、劳动力培训 2 个特色项目。

（黄维国）

【专家入户培训新型职业农民】 12 月 11 日，密云县社区教育中心举行新型职业农民培育——生猪养殖中专班专家入户指导工作启动仪式。社区教育中心介绍新型职业农民培育工作开展情况，解读具体实施方案，向来自北京农职院、北京六马养猪科技有限公司 7 名专家颁发聘书。按照方案，专家将根据学员的实际需求，在未来的两年里开展入户指导、示范教学和远程服务等工作。

（黄维国）

教育督导

【概况】 2015 年，密云县（区）教育督导室编制 5 人，在岗 5 人，兼职督学 21 人。年内，根据教育改革和教育督导工作的新任务、新要求，密云县教育督导室认真开展督政、督学、监测等教育督导工作。接受义务教育均衡评估国家验收和幼儿园保教工作、校外教育市级验收，完成教育工作社会满意度调查、学校素质教育督导等工作。

（黄维国）

【通过义务教育均衡发展国家验收】 4 月，密云县通过国家义务教育均衡发展评估验收。督导专家组认为密云县在推进义务教育优质均衡发展方面推出的一系列综合改革措施取得显著成效；在坚持以缩小城乡校际差异为重点，不断完善“以县为主”的教育管理体制，促进全县义务教育在均衡中实现优质、特色发展。为迎接国家义务教育均衡发展评估，县教育督导室组织全县相关委办局参加市级迎检准备会议，组织县人大代表、政协委员参加评估验收座谈会，确保各相关部门迎检工作落实到位。

（李广栋）

【幼儿园保教工作接受市级督查】 6 月 24 日，市教育督导室专项督导检查密云县幼儿园防止和纠正“小学化”现象落实情况。督导组通过听取园长汇报、查看档案、深入班级指导等方式，实地检查指导第七幼儿园、第九幼儿园、经济开发区幼儿园、穆家峪镇前栗园幼儿园、育新幼儿园，全面了解规范保教工作典型经验和有效做法。近两年来，根据国家、北京市相关精神，密云县制定《关于规范幼儿园保教工作，防止和纠正小学化倾向实施方案》等文件，通过常规保教工作视导、素质教育评价、级类验收、不定期入园抽查等多种形式，规范县域各类型幼儿园保教工作。

（李广栋）

【完成教育工作社会满意度调查】 9 月，密云县教育督导室完成教育工作社会满意度调查总报告和学校幼儿园分报告并下发相关单位。本年度，各类学校满意度综合得分 91.3 分。自 2014 年起，县教委、县教育督导室委托北京教科院开展区域教育满意度调查工作，调查结果纳入教育系统单位绩效考核主要指标。

（李广栋）

【督导评价学校素质教育】 9 月，密云县教育督导室完成全县中小学、幼儿园素质教育工作督导评价。督导组由县教委主管科室、直属单位相关人员组成，分两组检查学校 64 所。通过听取工作汇报，查阅档案资料，召开教师、学生代表座谈会，督导组全面了解学校、幼儿园素质教育工作实施情况。根据实地督导评价和行政部门日常考核，督导组撰写督导报告，该督导评价结果是学校、幼儿园年度绩效考核的主要依据。

（李广栋）

【校外教育接受市级督导检查】 11 月 11 日，市教育督导室督导评估密云县校外教育工作。督导组观看密云县校外教育工作专题片，听取校外教育工作督导评估自评报告，查阅相关档案资料，与校外教育机构、中小学校代表等座谈，并实地查看青少年宫、北交大附中密云分校、东邵渠中心小学校外教育硬件设施建设及使用情况。督导组认为原则，密云县政府高度重视校外教育工作，保障有力，机制健全、亮点突出、成效显著。

（李广栋）

【召开素质教育工作汇报会】 12 月 8 日，密云县教育督导室召开镇、街素质教育综合督导评价汇报会。会上，20 个镇政府，街道、地区办事处主管领导汇报 2015 年辖区素质教育工作取得成绩及进展情况。汇报内容包括制度机制、学前教育工作、义务教育工作、成人教育工作 4 个一级指标，以及 8 个二级指标，每个指标赋予相应分值，共计 100 分。最终，县教育督导室依据汇报和日常检查，为各镇政府、街道做出打分评定。

（李广栋）

中共密云县（区）委教育工委

书　　记　张文亮

密云县（区）教育委员会

主　　任　杨华利

密云县（区）政府教育督导室

主　　任　王树生

延　庆　县（区）

总　　类

【召开优秀班主任表彰会】 1 月 16 日，延庆县教委以利用远程互动教研平台召开优秀班主任表彰会。会议表彰市级紫禁杯优秀班主任 11 人、县级“八达岭长城杯”优秀班主任 116 人、市级“学生喜爱的班主任”5 人、县级“学生喜爱的班主任”24 人。“八达岭长城杯”优秀班主任代表 3 人和学生喜爱班主任代表 1 人进行典型发言。八达岭特区、延庆县教委、县教科研中心领导，各校主管德育领导及受表彰优秀班主任等 270 人参加表彰会。“八达岭长城杯”优秀班主任奖励基金由延庆县八达岭特区赞助设立，自 1991 年起，每年评选一次。

（张美丽）

【召开教育系统宣传工作会】 3月18 日，延庆县教委召开宣传工作会。会议总结上年新闻信息和史志年鉴工作；通报教育新闻宣传工作考核结果，表彰先进个人，部署年度工作。会议要求继续以《延庆教育信息》、延庆教育网、《延庆教育》电视栏目、

延庆教育微信公众号等为平台，加大宣传力度；加强史志和年鉴编辑工作，完成《教育志》《延庆年鉴》《学校志》资料收集、统计、上报和完善工作。县教育系统各单位主管领导、学校史志年鉴撰稿人、网络发言人等 210 人参加会议。

（赵文新）

【评选师德标兵】 4—10 月，延庆县教委开展“践行社会主义核心价值观争做‘四有’好教师”师德标兵评选。评选面向基层单位一线教育教学工作教师，以“优中选优，群众公认”为原则，经学校推荐、专家初审、现场评审等环节，评出教育系统师德标兵和师德标兵提名奖各 10 人。

（张美丽）

【召开“检教共建”联席会】 5 月 21 日，延庆县教委与县检察院召开“检教共建”第一次联席会议。双方就“检教共建”工作内容、方式进行研讨，并签订“检教共建”工作协议书。协议规定：成立“检教共建”工作领导小组，双方各确定 1～2 名工作人员为联络员，建立重点项目跟踪、信息通报等制度；共同开展专题调查和预防对策研究，加强涉校案件法律监督以及在校未成年人教育合作；明确法制校长职能定位，法制校长要承担起学校法律顾问职责，要协助维护学校正常教学、生活秩序，对有严重不良行为、违法行为学生进行帮教工作，协调有关部门加强校园周边综合治理。县检察院和延庆县教委相关人员 20 人参加会议。

（高天学）

【教育网开设影像教育栏目】 5 月，

延庆教育网开设“影像教育”栏目。栏目以图片为主，配以简洁文字，展示相关教育事件，每期一个固定主题。栏目位于延庆教育网首页右下方，并在延庆教育微信公众号同步更新。

（张美丽）

【评选优秀班主任】 5—9月，延庆县教委评选优秀班主任。依据2015年北京市“紫禁杯”、延庆县“八达岭长城杯”优秀班主任评选方案，各校推荐133人参加县级评审，最终评出县级“八达岭长城杯”优秀班主任一等奖49人，二等奖66人，推荐长城杯优秀班主任一等奖获奖教师参加市级评选，获得“紫禁杯”优秀班主任特等奖3人、一等奖5人、二等奖4人。

（张美丽）

【与新东方教育科技集团合作】 8月17日，延庆县教委与北京新东方教育科技集团签署教育合作协议。合作期间，新东方教育科技集团派出学科优秀教师，为延庆高考9个学科、中考5个学科教师开展学科培训；面向高三年级全体学生开展英语系列培训；面向高三学生开展高考9个学科考前应考策略指导；面向延庆中小学生提供网络微课程资源。延庆县政府以政府购买服务方式，向新东方教育科技集团支付相关项目费用。协议合作期限三年，从2015年9月到2018年7月。2012年北京新东方教育科技集团开展支援延庆教育行动，新东方20名教师授课494学时，延庆县参训教师4700人次，学生40400人次。

（赵文新）

【入选校园足球全国试点】 8月，延庆县被教育部认定为全国青少年校园足球试点区县。全国共认定38个区县，北京市只有延庆1个县。延庆康庄小学和延庆四小还被教育部认定为全国青少年校园足球特色学校。2014年5月，延庆教委全面启动校园足球工作，校园足球“延庆模式”初步形成，成为全国第一个全面普及校园足球的地级市区县。

（赵文新）

【教师节表彰先进】 9月10日，延庆县教委召开教师节庆祝会议，表彰教育系统先进个人161人（延庆名师14人、延庆县优秀教师103人、延庆县优秀教育工作者44人），先进单位10个。先进个人评选范围包括各中小学、幼儿园、职（成）学校、教科研机构、校外教育机构和其他教育机构中从事教育教学、科学研究、管理服务工作并取得显著成绩教师和教育工作者。

（张美丽）

【制定绩优奖发放办法】 9月，延庆县教委制定《延庆县教委关于绩优奖发放办法（试行）》。根据多劳多得、优绩优酬分配原则，向取得突出成绩单位、团体和个人倾斜。资金每年从绩效工资总量中提取。绩优奖每学年对教育教学成绩突出和服务保障有力学校和单位、获市级及以上表彰集体、荣获县级及以上荣誉称号先进个人、代表延庆县教育系统参加延庆县及以上各种比赛竞赛获奖人员、援疆援藏教师进行奖励。

（张美丽）

【完成第七轮校长负责制验收】 10—12月，延庆县教委完成第七轮校长负责制任期目标验收工作。验收工作组通过查看校园环境，召开教职工会议，民主测评，查阅档案，检查66所中小学和幼儿园与直属单位。依据验收评分情况，23个单位考核等级为A，43个单位考核为B。第七轮校长负责制任期目标自2011年1月开始实施，2015年12月期满。

（张美丽）

【举办首届青年教师风采赛】 11—12月，延庆县教委举办首届青年教师风采展示大赛。青年教师127人参加演讲、才艺展示初赛，36人进入复赛进行教学基本功展示。根据初赛和复赛总成绩，7人晋级决赛。通过演讲、才艺和教学基本功3项综合展示，评出一等奖1人，二等奖2人，三等奖4人，最具潜力奖5人。

（张美丽）

【延庆县教委更名】 12月31日，延庆县教委按照延庆撤县设区统一安排，更名为延庆区教育委员会。12月26日，北京市召开密云区、延庆区成立大会，宣布密云、延庆撤县设区。延庆县教育委员会2001年10月18日组建。

（高天学）

【开展教师岗位交流工作】 至年底，延庆区全职交流教师38人、兼职交流教师21人到对口川、山区任教，30人从农村学校到县城学校、幼儿园挂职培训。延庆县教委2010年6月制定《中小学幼儿园教师交流工作意见》，至本年，县城学校、幼儿园共选派全职交流教师224人、兼职交流教师42人到农村学校任教，其中，市级骨干教师8人、县级骨干教师82人；农村学校共选派教师104人到县城挂职培养。

（张美丽）

【评选延庆名师】 至年底，延庆区教委第五届“延庆名师”评选工作授予14人“延庆名师”荣誉称号。至此，共评出延庆名师53人。评选以“师德的楷模、教育的专家、育人的模范”为标准。延庆县委、县政府自2007年开始启动“延庆名师”培养工程，每两年评选一次。

（张美丽）

【实现教育经费三个增长】 至年底，延庆区实现教育经费三个增长。延庆县财政经常性收入285910万元，比上年的271376万元增加14534万元，增长5.36%。教育经费收入157861.6万元，比上年的153822.6万元增加4039万元，增长2.63%。公共财政教育支出138646.5万元，比上年137619.9万元增加1026.6万元，增长0.75%，但低于财政经常性收入增长幅度。同时，全县各类生均公共财政教育事业费和生均公用教育事业费继续增长。

（赵文新）

学前教育

【概况】 2015 年，延庆县（区）有托幼园所 52 所。其中，教育部门办园 35 所（直属园 9 所、乡镇中心园和校办园 26 所），民办园 15 所，集体办园 2 所；另有小学附设幼儿班 1 个。教学班 178 个，离园幼儿 1849 人，入园幼儿 2288 人，在园幼儿 5327 人。教职工 691 人，其中，专任教师 524 人。幼儿入园率 93%。年内，延庆县第五幼儿园和康庄幼儿园通过北京市社区儿童早期教育示范基地验收。至年底，全县有北京市示范园 3 所、一级一类园 8 所、一级二类园 6 所，北京市社区儿童早期教育示范基地 15 所。

（高天学）

【召开刘胤教育实践研讨会】 1月15

日，延庆县教委在延庆三幼召开“追寻幼教梦想，根植科研沃土”刘胤教育实践研讨会。参会人员观摩刘胤“破译电话号码”教学活动，观看刘胤教育教学活动专题片，听取刘胤关于教育实践主题汇报和延庆三幼的交流报告。刘胤是延庆三幼教师，延庆县幼教第一位“全国优秀教师”，曾获“北京市优秀教师”“市级骨干教师”“北京市青年岗位能手”等荣誉和称号。

（高天学）

【成立学习故事工作室】 3 月 17 日，延庆县教委在延庆三幼成立学前领域“学习故事工作室”。工作室由市级学科带头人刘胤承担主持人，8 名骨干教师为工作室成员。工作室围绕“学习故事”展开专项研究活动。“学习故事工作室”与“五大领域工作室”并行，由延庆县教科研中心统一管理并进行业务引领。2010 年，延庆县教科研中心成立学前教育健康、语言、社会、科学、艺术五大领域工作室，作为培养幼教师资，提高教学质量重要载体。

（高天学）

【召开防止“小学化”现场会】 4 月 2 日，延庆县教委在延庆三幼召开防止和纠正幼儿园“小学化”倾向现场会。与会人员观摩该园大班数学活动课，进行现场研讨，分析教授内容、教育方法和途径方面存在的小学化倾向和问题，并提出纠正方法和改进举措。全县幼儿园以及小学业务干部 65 人参加会议。

（高天学）

【举办农村园长培训班】 4 月 16 日，延庆县教委举办第二期农村园长培训班。培训为期 1 年，通过现场教研、专家现场指导、举办专题讲座等方式进行。延庆县 8 所直属园 20 名业务干部和 4 名学前教育研训员参加培训。农村园长培训班是延庆教育科学研究中心与首师大学前教育学院合作项目之一，2014 年举办第一期。

（高天学）

【展示“体验育人”特色成果】 6 月 18 日，延庆县教委在延庆一幼举办“体验育人”特色展示活动。延庆一幼以“建设体验育人园所特色的实践探索”为题作专题报告，与会人员分组观摩体验文化、体验课程、体验游戏，参观宝贝探秘科学体验园、图书王国幼儿阅览室、宝贝菜园种植园地等体验设施。两名“拉手园”园长和首师大专家，认为延庆一幼“体验育人”理念切合幼儿成长与发展规律，突出园所精神文化和教育理想。市学前教育专业委员会领导，来自丰台区、西城区、内蒙古等地幼儿园干部教师以及延庆县园长、教研员 110 人参加活动。

（高天学）

【永宁幼儿园开设分园】 7 月，民族幼儿园改为永宁幼儿园分园。民族幼儿园开设 1 个混合班，在园幼儿 20 人。永宁幼儿园 2012 年 8 月 30 日开园，由永宁中心小学附属幼儿园改建而成，位于具有一百多年历史的缙山书院，可接收 300 名幼儿入园。

（高天学）

【启动新入职教师网络培训】 11 月 7 日，北京市幼儿园新入职教师网络研修项目在延庆县启动。根据北京市统一要求，全市三年来新入职幼儿教师将接受网络培训。学习“幼儿教师职业与专业发展需求”“陈鹤琴教育思想与实践”“班级管理与一日生活常规”等内容，共 108 学时。延庆县新入职幼儿教师 105 人参加培训。

（高天学）

【举办教师基本功比赛】 12 月，延庆县（区）教委举办第十届“童心杯”幼儿教师基本功大赛。31 所幼儿园 65 名教师参加比赛。比赛包括理论考核、半日活动计划制定、过渡环节说录像课（DV）三项内容，包括单项奖和全能奖。延庆从 2005 年开始举办“童心杯”幼儿教师基本功大赛，每年一届。

（高天学）

基础教育

【概况】 2015 年，延庆县（区）小学 28 所（中心校 24 所、完小 4 所），教学班 441 个，招生 2097 人，在校生 12118 人（其中，外省市户口借读生 2234 人），毕业 1649 人；教职工 1342 人，其中，专任教师 1262 人。小学入学率 100%，巩固率 100%，毕业及格率 100%。中学 21 所（初中 12 所、完中 2 所、高中 2 所、一贯制学校 4 所、体育运动学校 1 所）；教学班 323 个（初中 210 个、高中 113 个）；毕业 3759 人（初中 2449 人、高中 1310 人）；招生 2894 人（初中 1545 人、高中 1349 人）；在校生 9700 人（初中 5790 人、高中 3910 人），在校生中外省市户口借读生 639 人。初中入学率 100%，巩固率 99.74%，毕业合格率 99.84%；高中入学率（初中升学率）99.03%，毕业合格率 94.86%，普通高考专科以上录取率 98.12%；教职工 2173 人，其中专任教师 1263 人。特殊教育单位 1 个，教学班 7 个（小学班 5 个、初中班 2 个），在校生 74 人（小学 40 人、初中 34 人），教职工 30 人（专任教师 24 人），残疾儿童入学率

100%。校外教育单位2个，教职工64人（专任教师43人）。中小学教师学历合格率99.76%（小学100%、初中100%、高中98.70%）。市级特级教师8人，高级教师318人（小学11人、初中149人、高中158人）。全县中小学图书馆藏书139.72万册，校舍总占地面积127.75万平方米，总建筑面积46.54万平方米。固定资产总值140073.5万元。全年教育经费总投入15.79亿元。

（李晶华 高天学）

【召开“减负提质”现场会】 1月8日，延庆县教委在延庆一小召开减轻小学生过重课业负担，提高教育质量现场会。与会者观摩延庆一小语文、数学、英语等9个学科12节“减负提质”主题研讨课；延庆一小汇报该校近年来在减轻学生课业过重负担，促进学生健康成长方面所做的探索及成效，该校3名骨干教师分别从教学、作业设计、评价三个方面进行交流发言。延庆县教委要求各校干部在减负工作中要有新要求、新举措，注重机制建设、注重过程评价、注重平时管理，切实减轻过重课业负担，促进学生健康成长。全县小学校长、教学干部、部分学科骨干教师及小学研训员60人参加会议。

（高天学）

【举办京冀跨区域教研】 1月23日，延庆县教委在姚家营中心小学举办京冀跨区域教育实践研究活动。活动以“战略合作校英语学科课例研修”为主题。延庆姚家营中心小学、东城区东总布小学、怀来县北辛堡镇中心小学3所学校签约建立“京冀跨区域优质教育资源共建共享战略合合作校”，建立跨区域优质教育资源共建共享机制。河北省怀来县教育局、东城区教委、延庆县教委领导和有关学校代表参加活动。

（高天学）

【成立高中教育集团】 3月25日，延庆县成立高中教育集团。该集团是具有办学自主权的实体运作合作组织，不具有事业单位法人资格，属校际间合作互助共同体，下设管理委员会和执行委员会，由一中、二中、三中和五中延庆4所高中学校组成，延庆一中为牵头学校。成立高中教育集团，标志延庆教育形成“一三五四”学区制改革布局（即高中组建一个教育联盟，初中建成三个学区，小学建成五个学区，幼儿园建成四个学区）。

（赵文新）

【首次评选微德育视频】 3月，延庆县教委举办首届中小学微德育视频评选。全县共上交宣传教育类、课程建设类、学生榜样类等七大类61件作品。经教育目标清晰、主题突出、内容完整、声画质量好方面评选，评出一等奖17件、二等奖20件、三等奖24件。微德育是新时代学校德育一种新形式，即时渗透式德育，其核心是以学生体验为出发点和落脚点，涉及道德、思想、心理、人生观教育。微德育视频就是以视频方式，通过学生自己示范，对全校学生产生潜移默化影响。

（张美丽）

【评选十佳美德少年】 3—5月，延庆县教委和县委宣传部、县文明办等5个单位联合举办十佳美德少年评选活动。活动面向全县中小学生评选诚实守信、敬业奉献、孝老爱亲、热心公益等方面表现突出者。经校级推荐、县级初评、媒体展播和最终评选，评出“十佳美德少年”称号获得者和“十佳美德少年”提名奖获得者各10人。

（张美丽）

【举办汉字听写大赛】 5月5—6日，延庆县语委办举办中学生汉字听写大赛决赛。经初赛全县18所中学8个代表队48名学生进入决赛。决赛设“给指定汉字写出汉语拼音”“找出错别字并写出正确汉字”“指出词语解释错误的一项”“写出同音的两个词语”“根据读音和意思写词语”五个环节。评委由延庆县教科研中心初中、高中语文教研员，以及中学高级教师担任，设置监审组全程监审。比赛评出一等奖1人、二等奖3人、三等奖4人。

（吴铁华）

【举办智慧课堂展示活动】 5月20日，延庆县教科研中心在延庆三小举办智慧课堂推进展示活动。活动以“打造灵动课堂，培育智慧生命”为主题，展示语文、数学、英语、品社4个学科8节课，主讲教师交流在智

慧课堂中培养学生思辨能力的经验与做法；县教科研中心就延庆三小智慧课堂建设给予肯定，并对全县语文教学提出要求：加强对学情的研究，关注学科本质、教学内容板块的研究。全县40名教师参加活动。“智慧课堂”是教师在课堂教学活动中，依据三维目标全面落实新课改理念，将知识转化为能力传授给学生，使学生在学会知识的同时获得能力，进而不断提升学生思维品质的教学过程。

（高天学）

【召开朱爱云特色教学研讨会】 6月9日，延庆县教委在十一学校召开朱爱云特色教学研讨会。参会人员观看朱爱云成长历程专题片，观摩朱爱云五年级语文课《桥》，并听取其教学思路介绍。会上，十一学校校长、青年教师代表分别作专题汇报，北京教科院教研员结合朱爱云课堂教学举办专题培训。延庆县教委领导和小学、幼儿园代表80人参加会议。朱爱云，延庆十一学校教师，1995年毕业于延庆县师范学校，2012年被评为延庆县名师。

（高天学）

【举办首届社团嘉年华】 6月14日，延庆县教委举办第一届中小学生社团嘉年华活动。活动以“炫彩社团行、青春中国梦”为主题，分设社团、民俗文化、手工技能等7个展区和歌曲舞蹈器乐、民俗艺术体育、话剧小品相声3个专场。各社团通过展板、表演、现场互动等形式介绍社团相关情况，观众在展板上为喜欢社团点赞，评出人气社团10个和精品社团10个。29所中小学校98个社团和课外活动项目参加展示，49个表演节目进行展演；参与舞台表演学生550人，

参与展示学生350人，观众3000人。

（张美丽）

【延庆四小成立特级教师工作站】 6月24日，杨广馨特级教师工作站延庆四小分站揭牌成立。工作站以“小学美术课程资源开发与利用”为主题开展活动，并指导延庆县美术教师在教学设计中发掘、研究、使用和发挥当地教学资源，合理整合、利用白板技术在美术教学中应用。北京教科院、延庆县教委领导和延庆县小学美术教师30人参加活动。

（高天学）

【启动学校三级课程整体建设】 7月，延庆县教委启动学校三级课程整体建设。依据《三级课程整体建设一体化课程方案》，整体建设具体内容包括扩大县级和学校课程建设自主权，发挥课程整体育人价值；倡导课程建设创新实验，探索建设学科间、学科内的综合性课程；深化延庆县“智慧课堂”建设，关注学生生命的价值和意义；进一步改进教与学方式，注重体验、合作、探究等学习方式变革和学生的实际获得，加强校内外综合实践活动课程建设。

（高天学）

【认定园艺知识宣传示范校】 9月22日，延庆县教委认定延庆一中、延庆二小等10所学校为“园艺知识进校园”示范校。2019年中国北京世界园艺博览会将落户延庆县。示范校通过开展“我游生态家园”“我家住在生态家园”“世园小使者”等主题教育实践活动，普及园艺博览会知识。

（张美丽）

【宏志班获资助】 10月22日，延庆二中举行“宏图励志”奖学金发放仪式，该校6个宏志班中品学兼优宏志生90人获得奖励，每人2000元。奖学金由市慈善协会资助18万元设立。延庆二中宏志班成立于2004年9月，是京郊第一个宏志班。

（赵文新）

【召开教育科研年会】 10月27日，延庆县教委召开教育科研年会。会议以“科研助力教育改革”为主题，总结教育科研工作，表彰县级科研先进校和在国家、市、县论文评比中获奖教师，以及在市级以上刊物发表文章教师。会议发布2015—2016学年延庆

县教育科研课题指南。会上，有关学校代表分别以“在教学中研究在研究中成长”“快乐的研究灵动的发展”等为题交流展示科研成果。延庆县教委领导、中小学、幼儿园科研骨干教师等200人参加会议。

（张美丽）

【完成两所学校续建工程】 10月，延庆县教委完成两所学校续建工程。其中，延庆一中文体楼建设工程建筑面积7280平方米，地上三层局部四层，地下二层，总投资5365万元；延庆七中风雨操场建设工程建筑面积3487平方米，地上一层及局部二层，地下一层，投资2508万元。两项工程均为框架结构，2014年3月开工。

（赵文新　魏然）

【举办语文戏剧节】 12月24日，延

庆县初中语文戏剧节展演暨颁奖典礼在延庆三中举办。全县17所学校45个作品参加戏剧节演出，经过初评、复评，18个作品获得一等奖。会上，延庆三中《丑小鸭》、四中《汪李相会》、旧县中学《三打白骨精》等16个节目进行展演。此前，在11月26日延庆县举办首届高中语文话剧节目展演。

（赵文新）

【建立共青团协作区】 至年底，延庆县（区）教委实施共青团协作区工作模式。按照城、川、山区学校教育资源相结合原则，全县中学依据地域分布，划分四个协作区，每个协作区第一个学校为协作区牵头学校，各成员学校共同探讨本协作区共青团工作，制定工作计划，并对工作中热点、难点问题集中研讨解决，每年至少开展一次教育活动。

（张美丽）

【高考成绩郊区县排名第一】 至年底，延庆高考成绩在北京10个郊区县排名第一。延庆区高考本科上线1086人，上线率87.23%，同比提高14.96个百分点，一本上线率30.52%，首次突破30%。高考录取1464人，录取率98.12%，同比提高2.02个百分点，连续8年超过市录取率。其中本科录取987人，录取率79.28%，同比提高16.73个百分点，超市本科录取率7.48个百分点。135人被34所“211工程”院校录取。延庆一职在高考单独考试招生中135人被录取，录取率100%，同比提高1.22个百分点。

（赵文新）

【确定7所冰雪项目学校】 至年底，延庆县（区）教委确定7所冰雪项目学校。根据学校体育工作理念、体育活动内容、成绩等方面，确定延庆四幼（轮滑）、延庆二小（滑雪）、延庆四小（滑冰）、延庆二中（滑冰）、八达岭小学（滑雪）、八达岭中学（滑雪）、张山营学校（滑雪）为冰雪项目学校。延庆是2022年冬奥会举办地点之一，延庆县教委提出冬奥项目进校园“十百千万”工程，即十年时间开展百项活动宣传，千项冬奥知识，培养万名冰雪技能的学生。

（赵文新）

职业与成人教育

【概况】 2015年，延庆县（区）职业高中1所，开设专业22个，教学班71个，毕业920人，招生365人，在校生1487人；教职工261人，其中，专任教师183人。学校占地面积12.08万平方米，建筑面积7.08万平方米。固定资产总值12470.8万元。全年教育经费投入8292.62万元，其

中，国家拨款 8274.12 万元，自筹经费 18.5 万元。县级成人学校 3 所，开设专业 29 个，招生 3204 人，在校生 7823 人，教职工 156 人，其中，专任教师 92 人，全年学历教育毕业 3023 人，各类培训结业 8 万人次。乡镇、街道成人学校 15 所（其中市级示范性乡镇成人学校 6 所），市级示范村成人学校 35 所，全年开展各类培训 17 万人次。县级成人学校占地总面积 2.28 万平方米，建筑总面积 2.01 万平方米，固定资产总值 6764.35 万元。全年教育经费投入 4571.54 万元，其中，国家拨款 4530.74 万元，自筹经费 40.8 万元。

（吴铁华）

【举办农业技术知识竞赛】 1 月 15 日和 12 月 12 日，延庆职教中心举办两次农业技术知识竞赛。1 月举办苹果管理技术知识竞赛。比赛分为“小试牛刀”“集体智慧”“眼疾手快”“同舟共济”以及现场答题 5 个环节；内容涉及果树修剪、土壤肥料、病虫害防治、果品采收储存。评出一等奖 1 个，二等奖 2 个，优秀组织奖 3 个。12 月举办新型职业“农民杯”实用技术知识竞赛，9 个乡镇新型职业农民培训班学员 45 人参加比赛。自 2006 年，延庆县职业技术教育中心共开办 81 个果树中专班和 43 所田间学校，培训农民 6000 人。

（吴铁华）

【召开成教工作现场会】 7 月 7 日，

北京市成人教育工作现场会暨延庆县第五届成人教育工作现场会在延庆县大庄科乡召开。与会人员观看社区教育中心老年教育向农村延伸项目展示、职教中心农民文艺中专班学员汇报演出、民俗旅游培训成果展示，听取延庆农民文艺中专班、“两校合一”办学模式、“双师合作型”教学模式等六项特色工作汇报。会议认为延庆教育经验可以供各区县职成教育工作者借鉴并在全市推广。市教委、北京教科院、市农职院和市农广校以及全市 10 个远郊区县 80 人参加会议。

（吴铁华）

【成立社区教育志愿服务队】 7 月 8

日，延庆社教中心成立“创建文明城市、建设美丽延庆”社区教育志愿服务队。服务队包括文明、外语、医疗、法律 4 个志愿分队，共 112 人。每一服务队围绕社区教育内容，结合各队特长对提升全县人民文明素质、文化水平和生活质量进行服务引导。

（吴铁华）

【举办全民终身学习活动周】 11 月 5 日，延庆县教委在延庆一职举行全民终身学习活动周启动仪式。活动主题是“知识启迪心灵，技能创造价值”，突出创新产业、互联网产业、职业教育成果展示，宣传职成教育、社区教育服务区域经济社会发展的功能定位。学习活动周期间，县各街道、乡镇、成员单位、创建单位、学习基地面向不同群体举行内容丰富、贴近百姓的各种学习活动。县学习办等相关单位领导和 9 个牵头单位、各街道、乡镇、终身学习服务基地等单位负责人共 160 人参加活动。

（吴铁华）

【农民中专班招生列全市首位】 至年底，延庆职教中心招收社会文化艺术、农村经济管理、园林技术等专业中专班 25 个，学员 1067 人。延庆农民中专班招生人数位列全市首位，占全市学生总数 50%。年内，延庆职教中心承担新招收农民中专班学员 800 人任务，是延庆教委承担的政府实事工程。

（吴铁华）

【评估学习型组织】 至年底，延庆学习办完成 20 个创建学习型组织申报工作，并对申报单位进行学习型组织创建工作辅导 10 次。共评选出“延庆县创建学习型组织先进单位”9 个，“延庆县学习型家庭”42 户，“延庆学习之星”24 人，“延庆县市民学习品牌”5 个。

（吴铁华）

【开展惠民工程】 至年底，延庆职成教育继续开展系列惠民工程。共培训 3215 人次，其中，“世园延庆外语同行”培训项目，5 所学校 10 个社区 3 个机关单位人员培训 1500 人次参加培训。民俗旅游接待提升培训项目举办培训班 34 期，学员 615 人。老年教育向农村延伸项目，涉及 4 个乡镇和 4 个村，培训人次 1100 人次。

（吴铁华）

教育督导

【概况】 2015 年，延庆县（区）教育督导工作按照管办评分离的要求，坚持督政与督学并重，围绕群众关注的教育热点、难点问题，开展教育综合督导和专项督导。完成国家级义务教育基本均衡达标督导评估工作；开展教育执法和全面实施素质教育情况自查工作，综合督导全县 18 所中小学校、幼儿园、职业学校、校外教育机构学校；开展防止和纠正幼儿园“小学化”现象专项督导；总结、分析、通报、使用市县教育工作群众满意度调查结果；完成延庆县义务教育实施与均衡发展状况、学前教育发展状况、减负督导监测统计工作。年内，督导室共有工作人员 6 人，其中主任 1 人，责任督学 2 人，借调专职督学 3 人。另有兼职督学 28 人。

（李晶华　李树敏）

【聘任21名专兼职督学】 2月26日，

延庆县教育督导室聘任21人为延庆县政府专兼职督学。专兼职督学的工作职责是：检查国家教育法律、法规和规章的贯彻落实情况；指导学校按照教育方针和教育教学规律办学；撰写教育督导报告；参与研究制订教育督导文件；对教育决策提出咨询建议；完成县政府教育督导室交办的其他任务。

（李晶华　李树敏）

【通过义务教育均衡发展督导】 4月29日，国家督导评估专家组督导评估延庆县义务教育基本均衡工作。督导评估专家组听取延庆县政府工作汇报，查阅义务教育均衡工作档案，召开4次座谈会，实地督导15所中小学校。最终延庆县通过国家级义务教育均衡评估验收。2010年，延庆县与全市同步初步实现基本公共教育服务均等化、率先基本实现教育现代化的发展目标。2012年，延庆县通过北京市第一批义务教育发展基本均衡区县评估验收。

（李晶华　李树敏）

【通报教育工作满意度情况】 5月，延庆县教育督导室通报2014年教育工作群众满意度调查情况。延庆县家长对延庆县教育工作的满意度综合评价得分为88.8分，处于“比较满意”到“满意”之间，偏于“满意”，高于市平均水平。与上年相比，延庆县家长对延庆县教育工作总体的满意度得分提高3.9分。

（李晶华　李树敏）

【完成三项监测统计】 6—12月，延庆县教育督导室完成三项监测统计工作。6月和12月，延庆县政府督导室分别完成2014—2015第二学期和2015—2016第一学期“减负”督导监测报告及数据网上填报工作。9月，完成北京市学前教育监测统计工作。12月，完成九年义务教育实施情况和义务教育均衡发展状况监测，监测重点包括学校教学及辅助用房面积、体育运动场馆面积、教学仪器设备值、学生拥有计算机台数、学校图书册数、师生比、高于规定学历教师数、中级及以上专业技术职务教师数。

（李晶华　李树敏）

【完成素质教育综合督导】 10月12

日至11月4日，延庆县教育督导室完成中小学幼儿园素质教育综合督导。在各校自评基础上，督导组通过听取校长汇报、实地查看、听课、座谈、问卷调查，分别督导评估7所小学、7所中学、3所幼儿园（其中1所民办园）、1所校外教育机构素质教育工作。督导组了解各校办学情况，发现各校亮点及不足，并针对每所学校检查情况撰写回复意见，促进全区素质教育工作全面实施。

（李晶华　李树敏）

【检查教育法律法规执行情况】 11月24日至12月10日，延庆县政府办公室、县教育督导室牵头组织全县45个委办局、18个街乡开展教育法律法规执行情况督导自查工作。县教育督导室根据乡镇（街道）、相关委办局特点，分层制定关于“义务教育相关法律法规和规范性文件执行情况”“职业教育法执行情况”等自查细则。在各单位自查基础上，县教育督导室对全县各相关职能单位履行教育法律法规职责，全面实施素质教育情况做出客观分析和工作总结。

（李晶华　李树敏）

中共延庆县（区）委教育工委

书　记　王建军（2月任）

延庆县（区）教育委员会

主　任　魏旭斌

延庆县（区）政府教育督导室

主　任　王书忠

燕　山　地　区

【概况】 2015年，燕山地区托幼园所7所，离园幼儿425人，入园幼儿746人，在园幼儿1725人。市立园教职工183人，其中，专任教师112人。小学7所，96个班，毕业584人，招生618人，在校生3379人。小学入学率100%，巩固率100%，毕业及格率100%。教职工291人，其中，专任教师256人。中学5所（初中4所、高中1所），教学班96个（初中68个、高中28个），毕业932人（初中597人、高中335人），招生931人（初中559人、高中372人），在校生3235人（初中2215人、高中1020人）。初中入学率100%，巩固率100%，毕业合格率100%。高中入学率100%，毕业及格率100%，应届毕业生高考录取率100%。教职工426人，其中，专任教师375人。特教班2个，在校生37人；残疾儿童入学率89%，巩固率100%，毕业率100%。校外教育单位1个，教职工25人，其中，专任教师10人。中小学教师学历合格率100%，高级技术职务教师98人（小学4人、中学94人）。中小学图书馆藏书389226册，校舍总占地面积20.28万平方米，总建筑面积10.31万平方米，固定资产26314.31万元。

（徐天宇）

【召开教学工作会】 1月26日，燕山教委召开2014—2015学年教学工作会。会议分别就2014年秋季教学视导工作、第二届燕翔杯青年教师优课大赛和燕山地区地方、校本课程实施情况进行汇报总结，表彰2014年教学工作优秀组织单位、课改优秀成果，宣读《燕山教委关于转发北京市基础教育部分学科教学改进意见的通知》，要求各中小学务必按照通知要求，切实做好基础教育学科改进工作。会议对燕山中小学2014年取得的各项成绩给予充分肯定，希望教育工作者在教育教学过程中要有新思维，探索新方式，不断提升教育教学水平，使燕山的教育教学水平再上新台阶。燕山教委领导和各中小学校长、教学副校长及骨干教师代表共110人参加会议。

（元丽平）

【召开教学计划工作会】 3月3日，燕山教委召开中小学教学、继续教育计划工作会。会议分为集中会议和分部门会议两个阶段。在集中会议阶段，会议宣讲2015年继续教育工作计划，就学期科研工作提出补充意见。会议要求学校要把教学工作放在各项工作的重中之重，校长要抓教学，把主要精力放到课堂教学中，去发现问题解决问题。要求相关部门分学段研究质量监控工作，在不给学生增加过重负担的原则下，科学、合理安排考试工作。集中会议结束后，中小学分别召开教学工作部署会，解读本学期工作计划，并结合地区教学工作现状及发展路径就学校工作提出明确要求。燕山地区教委领导，高、中、小三个学段教学副校长、教学主任等30人参加会议。

（来淑英　元丽平）

【开展“减负”督导随访】 3月26—27日，燕山教育督导室会同燕山教委、教研中心走进学校开展“减负”工作督导随访。督导组检查羊耳峪小学、东风小学，走进课堂听教师常态课，听课后查看学生作业，分别与部分教师、干部交流，了解学校“减负”工作情况。通过随访，督导组对两所学校从课堂教学入手，转变教师观念，提质减负提高课堂效率的做法予以肯定。

（张艳平）

【举办学生艺术节】 4月15日，燕山教委举办第十八届学生艺术节集体项目展演。集体项目展演分器乐和舞蹈两个项目。其中，4所学校管乐团和民乐团参加器乐表演，5所小学、5所中学10个参赛单位参加舞蹈展演。燕山教委领导、教委直属单位和各中小学领导参加活动。第十八届学生艺术节为期5个月，个人和集体项目共设立24比赛项目，10所学校1200名学生参与活动。评出个人项目一等奖102人，集体项目中燕山向阳小学代表燕山地区参加北京市艺术节展演，获得市级银奖。

（刘海霞）

【星城幼儿园晋升一级一类】 4月15日，燕山教委举办星城幼儿园晋升北京市一级一类幼儿园颁牌仪式。活动中，燕山教委领导为星城幼儿园颁发北京市一级一类幼儿园的奖牌和奖状，表彰在验收中表现突出的班级和教师个人，教师、家长代表分别发言，幼儿进行汇报表演。燕山办事处、燕山教委领导和各幼儿园代表及星城幼儿园全体教师参加活动。2014年10月，星城幼儿园通过一级一类幼儿园检查验收。

（刘红伟）

【调研督导小学体育工作】 4月18—

28日，燕山教育督导室会同教委体卫中心开展小学学校体育工作调研督导。督导组先后实地调研星城小学、东风小学、向阳小学、羊耳峪小学。调研结果显示，各小学贯彻落实《中共中央国务院关于加强青少年体育增强青少年体质的意见》，全面实施《国家学生体质健康标准》，采取多种有效措施确保学生每天在校体育活动一小时，体育活动开展丰富多彩，体育三年行动计划稳步推进，但还存在部分学校硬件条件还需完善等问题。督导过程中还发现东风小学体育工作开展独具特色，体育教师事例突出，建议在全区推广。

（张艳平）

【开展学雷锋敬老行活动】 4月22日，燕山教委组织10所中小学青年团员和青年教师50余人前往星城敬

老院开展“践行核心价值观、争做向上向善好青年”迎“五四”学雷锋敬老行活动。青年团员和青年教师为老人带去丰富多彩节目，包括诗朗诵《为夕阳写诗》、歌曲《时间都去哪了》、相声贯口《莽撞人》等。精彩的节目赢得老人掌声。

（徐天宇）

【通过计算机实操场地评估】 5月12日，北京市职业技能鉴定管理中心现场检查燕山职业学校计算机实操场地。现场检查包括实操鉴定场地和设备、设施两项评估内容。经检查，专家组对学校校园环境、教学设备和消防安全设备给予肯定，认为学校通过计算机实操场地认定。计算机实操场地是对计算机操作员等计算机相关工种进行职业技能鉴定实操考试的场所，对于实操场地的现场检查既是对学校场地及教学设施设备是否满足要求的检查，又是保证学校教育教学质量的前提和硬件基础。

（李蕾）

【排查幼儿园“小学化”现象】 5月25—27日，燕山教育督导室检查7所幼儿园，防止和纠正“小学化”现象。7所幼儿园实地检查显示，各幼儿园能够贯彻落实通知要求，没有以举办兴趣班、特长班和实验班为名，提前教授拼音、写字、笔算等现象；依法坚持就近免试入学制度，没有举办各种形式的招生选拔考试及入学考试的现象；坚持小学一年级“零起点”教学。

（张艳平）

【召开师德建设工作会】 6月17日，燕山教委召开师德建设工作会。会议首先解读燕山教委“师德建设先进单位”“师德之星”和“十佳班主任”评选表彰活动方案，介绍师德教育纳入教师继续教育体系的工作要求。会

议提出，通过师德继续教育学习，更新全地区教师师德观念，规范教师执教行为，完善师德管理制度，巩固师德教育成果，有效提升全体教师师德修养，努力形成一支师德高尚、作风正派、业务精良、人民满意的高素质教师队伍。燕山教委所属各事业单位主管教学副校长参加会议。

（迟晓丽）

【中小学优秀班主任工作室挂牌】　6月18日，燕山教委举办迎接北京市第二届中小学优秀班主任工作室走进燕山星城小学现场交流会暨燕山地区崔月超班主任工作室成立仪式。活动中，崔月超和她的学生展示班会《学弟子规做养正少年》，班会后崔月超作《平凡的人平凡的事》主题发言。北京教育学院和燕山教委领导为崔月超班主任工作室颁牌。北京教育学院、燕山教委领导，北京市中小学优秀班主任工作室成员，燕山地区中小学代表100人参加会议。崔月超，星城小学教师，任班主任18年，北京市师德先进个人、北京市学生喜爱的班主任、燕山地区十佳班主任。2013年12月，崔月超被选拔为北京市第二届中小学优秀班主任工作室成员。

（武建芳）

【开展小学德育专项督导】　6月23—

30日，燕山教育督导室开展小学德育专项督导。督导组检查东风小学、前进二小、星城小学、羊耳峪小学、向阳小学，听取学校主管领导工作汇报，查看相关档案资料，查看学校文化建设。督导组依据《燕山中小学德育工作评价标指标体系》量化打分，11月初形成督导评价回复意见并反馈学校。督导组总结各学校在德育工作中取得的主要成绩和经验特色，就存在问题提出意见与建议。

（张艳平）

【通报教育满意度调查结果】　6月，燕山教育督导室向燕山教委、北师大燕化附属中学反馈“2014年北京市燕山地区教育工作满意度调查结果”。要求教委各科室结合工作实际，认真总结六年来在改进工作中的有效举措和成功经验，更好地推进今后的工作。要求附中领导班子要认真研究家长提出的问题并加以整改，要从内部管理入手，提高教育教学管理水平，提高家长满意度。依据调查结果，燕山教委领导要求针对问题认真分析，各主管领导将结果反馈到基层单位，组织相关科室负责人制定整改措施，限期一个月上交。

（张艳平）

【召开规划课题论证会】　7月8日，燕山教委在燕山东风小学召开北京教育科研“十二五”规划2015年度立项课题开题论证会。会议听取两个课题负责人的开题报告，内容涉及课题的研究背景、文献综述、研究设计、研究的重难点、研究的实施计划及人员分工和预期成果。针对开题报告，北京教科院、北师大专家进行科学论证，肯定两项课题研究思路、框架结构。同时，也对两项课题后续研究提出建设性意见。燕山教委、教研中心领导，东风小学全体干部教师参加会议。本年，东风小学刘冬梅申报的课题“校本课程开发促进学校文体特色形成的实践研究”被批准立项为校本研究专项课题，柴婷婷申报的课题“京郊随迁子女学习习惯培养与矫正案例研究”被批准为一般课题。

（盘京丹）

【教师培训机构接受市级检查】　9月22日，市教委、北京教育学院评估燕山教师培训机构“十二五”建设暨教师培训工作。专家组现场考察燕山教研中心硬件建设情况，查阅相关档案资料，并先后召开培训者（教研员）座谈会和一线教师代表座谈会，就燕山教研中心建设情况和教师培训等工作进行全面调研评估。全市教师培训机构检查评估采取机构自评和专家评估相结合方式进行，每五年组织一轮。燕山教研中心是本轮检查的第一家。

（张国俊）

【开展教学督导随访】　10月12—20日，燕山教育督导室会同燕山教研中心，开展每学期一次的教学督导随访。督导组选后走进4所中学、5所小学，通过看学校教学计划、听随堂课、查阅教案和作业，了解学校“学科改进意见”课堂推进情况，新“课程设置”背景下的学科教学内容的整合与实施情况，“社会主义核心价值观”与学科教学的深度融合情况。督导组通过与教研组、备课组交流，发放问卷等方式，了解学校教学管理、教研组备课组建设情况，对学校改革发展中存在问题提出意见与建议。督导随访共听课360余节，其中，一级反馈96%，二级反馈100%。燕山办事处、燕山教委主管领导随督导组深入一线了解情况。

（元丽平　张艳平）

【开放大学燕山分校揭牌】　10月17

日，燕山成教中心举办北京开放大学燕山分校揭牌仪式暨2015年秋季开学典礼。会上，北京开放大学宣读“北京广播电视大学燕山分校”更名为“北京开放大学燕山分校”批复文件，有关领导为北京开放大学燕山分校揭牌。燕山成教中心表示将以此为契机，继续整合区域教育资源，不断完善办学条件，主动适应北京开放大学发展的新要求，尽快实现办学模式和人才培养模式转变，为推进具有北京特色、燕山特色的开放大学建设做出贡献。北京开放大学、燕山教委领导参加揭牌仪式。

（齐晓文）

【举办首届学生无线电测向竞赛】　10月28日，燕山地区第三十三届科技节开幕式暨首届中小学无线电测向竞赛活动在燕怡园举行。来自4所中小学无线电测向代表队120名学生参加比赛。最终前进二小、前进中学分别获得小学组和中学组团体第一。科技节设无线电测向、纸飞机、航模等项活动。

（靳卫华）

【举办学生戏剧节】　11月12日，燕山地区首届“金雏燕”杯戏剧节闭幕式暨颁奖典礼在燕山影剧院举行。戏剧节10月9日开始，为期一个月，分别开展“我讲我故事”学生故事征集、教师原创剧本征集、微电影创作以及朗诵、课本剧、校园剧舞台演出季。戏剧节共征集到学生原创故事200篇，教师原创剧本30部，学生原创微电影作品20部。闭幕式上，优秀校园戏剧作品获得表彰。

（靳卫华）

【举办第三届“燕翔杯”优课赛】　11月12—13日，燕山教委举办第三届“燕翔杯”优课大赛。比赛分设小学和中学两个赛场，分文理、中小学科进行。参赛39名教师中，教龄最长的28年，最短的仅1年。通过教学设计撰写、现场赛课，最终，评出一等奖11人、二等奖13人、三等奖23人。比赛由教研中心主办，东风中学和东风小学承办。“燕翔杯”优课大赛是燕山教委加强教师队伍建设的系列活动之一。

（来淑英）

【完成中学德育专项督导】　11月16—25日，燕山教育督导室、燕山教委、教研中心联合开展中学德育专项督导。督导组督导检查向阳中学、东风中学、星城中学、前进中学，对星城中学“家庭—学校—社区”三结合的“大德育”体系、东风中学“美育教育”、前进中学“培养具有幸福生活能力的人”以及向阳中学“养成教育”德育特色给予肯定，同时对存在的问题提出改进意见与建议。

（张艳平）

【早期阅读基地揭牌】　12月2日，

燕山地区早期阅读基地暨星城幼儿园“星星悦读小屋”揭牌。揭牌仪式上，星城幼儿园介绍燕山地区早期阅读暨星城幼儿园“星星悦读小屋”的创建工作相关情况。早期阅读基地立足燕山地区早期阅读特色，为幼儿提供良好的阅读环境。清华大学有关专家，燕山办事处、星城街道、燕山教委及燕山地区各幼儿园代表80人参加揭牌活动。

（孙连红）

【举办中小学跆拳道比赛】　12月5日，燕山教委在燕山体育馆举办燕山地区中小学第二届跆拳道比赛。12所中小学600名运动员参加比赛。比赛设品势、实战两大类49个小项。最终评出各小项获奖选手，以及竞技团体总分前三名和品势团体前三名。

（王志勇）

【召开责任督学工作会】　12月15日，燕山教育督导室召开责任督学工作会。会上，责任督学汇报督导过程中发现的问题，提出整改意见与建议，同时交流学校工作亮点。本学期责任督学围绕学生入学、“减负”、学校安全、食堂卫生工作对各校进行督导。会议对责任督学工作予以肯定，要求责任督学认真做好挂牌督导工作，充分发挥督导职能，在监督检查的同时注重指导与服务，帮助学校及时发现问题，解决问题。督导室领导和全体专兼职督学参加会议。

（张艳平）

【召开教学工作总结表彰会】　12月24日，燕山教委召开2015年教学工作总结表彰大会。会议作《坚持改革创新，实现教学工作新突破，促进燕山教育高位发展》工作报告，总结一年来燕山地区教学工作成果，提出改进建议。会上，东风中学和东风小学教师代表分别作两节说课展示。会议还表彰2015年地区教学工作中做出突出成绩的先进单位和个人。会议提出，一要坚持以人为本，树立新的教学理念。二要提高教师素质，增强教学能力，为学生的有效学习提供保障。三要向备课要质量，强化校本教研，实现课堂教学质量不断提升。四要深化教与学的方式变革，积极尝试分层、走班制等教学方式。燕山教委领导和中小学和直属单位干部教师代表120人参加会议。

（谢冰）

房山区燕山教育委员会

党委书记　李守业

主　　任　曾辉

房山区燕山办事处教育督导室

主　　任　张凤玲

（本栏责任编校　林业）

社会团体

学 术 团 体

北京市教育学会

【概况】 2015年，北京市教育学会设办公室、财务室、《北京教育教学研究》编辑部。有常务理事31人、理事147人、学术委员会67人，下设17个区县教育学会（含燕山）和74个学科专业研究会，共有会员7.20万人。市教育学会及所属专业研究会开展各类学术活动25场次，共6045人参加；科普活动79场次，覆盖中小学生95836人；课题调研17项，共18958人参加；面向全市和外省市培训活动35场次，培训教师9898人。组织会员撰写论文14826篇，开展论文评选活动13次，评出一等奖1439篇。编辑出版专著和在报刊上发表论文26篇。网址：www.edubj.org。

（马亚莉）

【举办美国教育联合会家庭教育专题讲座】 3月15日，市教育学会初中教育研究分会举办美国教育联合会家庭教育专题讲座。该讲座邀请贝亚·费尔南德兹（Bea Fernandez）教授作题为《学校+家长=学生的成功》专题讲座，介绍美国加州采用的学校系统、学校与家庭的伙伴关系和家长与学生的相关组织等；解释美国家校关系的六个国家标准；诠释家长七个“应该”与“不应该”，并对家长与孩子的沟通方式、孩子间恃强凌弱行为和青春期“初恋”等问题提出意见和建议。来自全市各区县教师、家长代表共计1000人参加学习。

（马亚莉）

【召开教师课程德育说课总结会】 5月20日，市教育学会中学德育研究会召开初中教师“课程德育”说课总结交流会。会议表彰初中教师“课程德育”说课比赛中获奖教师；回顾2014年德育工作，部署2015年德育工作，在“深综改”教育新常态下，对进一步研究课程德育内涵，实现真正的教育服务样态，促进基础教育改革纵深推进意义深远。来自全市专家、教师共计200人参加会议。

（马亚莉）

【举办互联网+教育高峰论坛】 5月

22日，市教育学会举办“互联网+教育高峰论坛”。论坛邀请门头沟区教委、北京市陈经纶中学、北京师范大学教育学部、海淀区教师进修学校、山东省淄博第一中学和竞业达数码科技有限公司6家单位负责人分别作《借力信息化，促进“云时代”山区教育优质均衡发展》《“互联网+”经纶智慧校园》《技术何以革新教育》《借助虚拟课堂改变学习方式》《来自“智慧课堂”的一线报告》和《基于互联网的多校区远程互动教学、网络教研解决方案》专题演讲。该论坛由中国高等教育学会、中国老教授协会、中华职业教育社和北京市教育学会联合主办。来自全市基础教育学校校长、教师共计500人参加论坛。

（马亚莉）

【举办优秀班会设计评选大赛】 5月，市教育学会中小学德育研究会举办“培育和践行社会主义核心价值观”优秀班会设计评选大赛。比赛通过中小学在班级中以班会形式，对“社会主义核心价值观”教育进行探索与实践。经过市、区专家评审，共评出小学组一等奖10人、二等奖15人；中学组一等奖7人、二等奖10人。来自东城区中小学班主任教师近百人参加活动。

（马亚莉）

【召开学前教育研究会第十届学术年会】 6月2—3日，市教育学会学前教育研究会和北京教育科学研究院共同召开第十届学术年会。会议总结回顾“十二五”课题研究成果评审及获奖情况，就课题研究情况和成果及存在的问题进行梳理和分析；并邀请澳大利亚福林德斯大学教育学院教授苏珊（Susan）作题为《促进北京市儿童早期教育的发展》专题报告；会议设有学前教育事业发展与管理、教师专业发展、游戏与环境创设、信息技术在学前教育中的应用、幼儿园课程等6个分论坛，进行学前教育经验交流与研究成果分享。

（吕国瑶）

【召开第九届会员代表大会】 7月7

日，市教育学会召开第九届会员代表大会。会议审议并通过第八届理事会工作报告、财务工作报告、监事会工作、《北京市教育学会章程》（修正草案）和《社团会费收取办法》（修订草案）报告。选举产生新一届理事会理事147人和监事会监事3人。来自各会员单位代表347人参加会议。10月16日，北京市教育学会第九届一次会长会议召开，会议讨论通过《教育学会会长会议制度》《分支机构管理办法》《教育学会实验学校和基地遴选办法》和《北京市教育学会网站管理办法》。审议通过新增设“北京市教育学会幼儿园发展与促进研究会”的申请；并选定《第九届北京市教育学会的LOGO设计方案》。

（马亚莉）

【召开网络助力教师专业发展研讨会】 10月30日至11月1日，市教育学会召开网络助力教师专业发展研讨会。会议以网络助力教师专业发展为主题，听取市教育学会副秘书长朱立祥就市、区教育学会及教育（教师）研修机构如何借助网络助力教师专业发展的主旨发言。东城区教师研修中心、西城区教育研修学院等单位教师作经验交流发言。会议认为：恰逢十三五规划机遇期，在互联网+时代教育背景下，合作学习、探究学习、互动学习、网络助力教师专业发展非常重要和迫切。教育发展改革必须适应时代发展，互联网将为今后实现百年目标发挥巨大作用。来自全市各区县教育学会的理事长、秘书长，各区县教育（教师）研修学院相关负责人共计50人参加会议。

（马亚莉）

【举办北京国际民间友好论坛分论坛】 11月12日，市教育学会举办2015北京国际民间友好论坛“课程建设与教师专业发展”教育分论坛。分论坛以增进国际理解、展示北京教育、促进北京教育的国际交流与合作为目标，通过对课程建设与教师专业发展问题进行研讨，进一步推进北京与世界各国在教育领域及民间友好交流各领域活动的开展。来自全市相关单位共300人参加活动。

（边群英）

【举办第四届全国中小学写作高端论坛】 12月12日，市教育学会与中国写作学会共同主办第四届全国中小学写作高端论坛。此次论坛主题是“经典阅读与写作提升”，通过名家演讲、高端对话、名师示范等形式，达到通过阅读经典提升中小学生写作素养目的。论坛还对现在中小学生对写作文的态度、完成情况、作文质量进行分析，并就如何提高中小学生作文质量提出建议。来自北京、上海和天津等20余个省市中小学教师共700余人参加活动。

（程舟）

【召开小学教育研究分会年会】 12月15日，市教育学会小学教育研究分会召开2015年学术年会暨学校课程体系建构与统整策略研讨会。会议旨在展示由北京教育学院承担市教委委托项目“促进小学文化建设与教育品质提升项目”实践性研究成果。并围绕首都教育深化改革，以学校文化内涵发展为主题组织开展学术交流活动。北京教育学院副院长以“学校课程体系建构与整合策略的一般逻辑”为题，对理事学校教师进行课程建设专题培训。全市各区县理事单位教师共300人参加会议。

（刘琳）

【考察高考改革实施情况】 12月24—26日，市教育学会组织北京市第五十五中学、北京市东直门中学、北京市工艺美院附属中学30余名教师赴上海、杭州两地3所高中开展学习考察。教育部颁布的《2017年高考改革方案》对中小学课程改革影响深远，上海、浙江作为国家高考改革第一批实验区，已从本年秋季起投入实验。此次考察目的是为学习和了解中国新一轮高考改革方案的核心观念和基本内容；了解上海、浙江两地高考改革实验基本情况；运用对比研究、案例研究等基本方法，分析和研究上海、浙江两地高考改革的基本思路、方法和特点；通过实地考察学习，形成对本校课程改革的思考和设想。

（程舟）

北京市高等教育学会

【概况】 2015年，北京市高等教育学会有团体会员单位96个，其中，普通本科院校58所、高职院校25所、独立院校4所、教育管理科研院所1所；所属研究会65个。全年举办各类学术年会、研讨会、展示会、成果表彰60场次；学术报告会、学术论坛50场次；出版书籍、论文汇编50余册；组织完成竞赛、评比活动30余次。网址：www.bjgjxh.org.cn。

（刘晖）

【3个研究分会召开年会】 1月8日、4月25日和6月16日，市高教学会3个研究分会分别召开年会。其中，实践教学研究会召开2015年学术年会暨北京市高等学校实践教学研讨会，围绕卓越计划进展情况交流和本科教学综合改革中的实践教学展开研讨。来自北京理工大学、北京航空航天大学等32所高校教师代表50人参加会议；计算机教育研究会召开2015年学术年会，围绕“慕课时代的计算机教学——教学创新，资源共享”主题，研讨计算机学科专业规范、计算机类专业教学质量国家标准，展示在线课程和MOOC课程建设课题进展，并举办教学精彩片段交流比赛，全市30所高校50名教师参加评比，评出一等奖10个、二等奖10个和三等奖16个。来自全市高校及合作企业代表150人参加会议；研究生教育研究会召开2015年学术年会，就如何进一步发挥研究会优势、适应改革发展形势、探索研究生教育新模式等事项进行交流研讨，并表彰第九届优秀论文。来自全市59所高校近百名研究生教育管理人员参加会议。

（刘晖）

【召开抗战纪实摄影展学术研讨会】

3月30日，市高教学会摄影研究会、中国人民大学博物馆和中国人民大学华侨华人研究中心共同举办《再见，延安！》英国学者林迈可亲历的中国抗战（1937—1945）晋察冀军民抗战纪实摄影展学术研讨会。会议为纪念中国人民抗日战争和世界反法西斯战争胜利70周年，缅怀铭记中国人民大学从抗日烽火一路走来的辉煌历史。与会专家学者就林迈可为中共抗战做出的贡献，以及林迈可摄影作品的历史价值、编辑出版、收藏整理，中国抗战的国际意义等问题进行探讨。来自相关单位40名专家学者参加会议。

（刘晖）

【举办首都大学生心理健康节】 4月7日至5月25日，市高教学会心理咨询研究会举办2015年首都大学生“525”心理健康节。活动主题是“为爱点赞，为青春担当”，健康节设立“心理专家进校园”心理健康讲座、心理情景剧、“吾·爱·舞”舞动青春工作坊、宿舍心晴创意大赛、摄影故事征集、“最强大脑”——心理技能比赛、“父爱如山，母爱如水”微电影大赛等项目。清华大学、北京大学和北京舞蹈学院等 14 所高校承担 14 项活动，来自全市 60 余所高校近 20 万名大学生参与活动。

（刘 晖）

【举办青年教师英语教学基本功决赛】 5 月 17 日，市高教学会研究生英语教学研究分会举办第六届青年教师教学基本功决赛。该比赛课型涉及视听说、军事英语、电影分析和学术写作等，旨在考验参赛教师们课堂教学基本功的同时，也对教师教学形式的创新性，教学内容的时效性，教学思维的逻辑性等方面提出更高要求。中国科学院大学、北京大学和北京交通大学等 11 所高校专家担任评委。来自全市 11 所高校教师参加决赛，最终评出特等奖 1 人、一等奖 2 人、二等奖 3 人、三等奖 5 人。其中，北京林业大学教师李芝获特等奖，北京林业大学获大赛优秀组织奖。

（刘 晖）

【召开高等教育改革新思考专题报告会】 5 月 28 日，市高教学会召开北京高等教育改革新思考专题报告会。会议邀请市教委专职委员作主题报告，阐述北京现阶段高等教育发展思路；重点介绍结构布局、办学定位、服务方向和人才类型的发展设计。其中，服务方向主要贴近北京“四个中心”定位和京津冀一体化发展国家战略；人才培养中基础性和学术型人才与国家和北京发展需要的应用型人才并重，重点向“高精尖”产业结构转变；育人、创新、创业是北京市高等教育近期改革的核心等。与会人员就会议主题进行交流研讨，来自学会所属研究会秘书长和部分理事长 50 人参加会议。

（刘 晖）

【召开北京高校中国化马克思主义教学研究会】 7 月 23 日，市高教学会召开北京高校中国化马克思主义教学研究会。会议围绕“马克思主义中国化与毛泽东思想和中国特色社会主义理论体系概论课程教学”“抗日战争与马克思主义中国化”、如何提高思想政治理论课教学、如何深化对中国化马克思主义理论的认识，以及如何加强思想政治理论课教师队伍建设等课题进行研讨交流。清华大学、北京科技大学和中国人民公安大学教师代表分别作概论课研究型示范教学。来自全市高校教师 100 余人参加会议。

（刘 晖）

【重新登记分支机构】 至年底，市高教学会开展重新登记所属研究会工作。根据社团管理要求和学会工作现状，经学会常务理事会讨论并征求意见后开展登记工作。登记方式力求简便易行，通过二级研究会的重新登记，有利于进一步理清学会整体状况并推动学会活动规范化管理。

（刘 晖）

北京市职业技术教育学会

【概况】 2015 年，北京市职业技术教育学会设有秘书处（办公室、学术部、编辑部、财务部）和 31 个分支机构（专业委员会、学科研究会），有团体会员 109 个，其中，高职院校 19 个、中专校 19 个、职高校 35 个、技工学校 18 个，市、区县科研与服务机构 18 个。有常务理事 49 人、理事 161 人、个人会员 400 人。网址：www.bjszjxh.org。

（胡以伦）

【举办电子商务专业技术技能比赛】 6 月 25—26 日，市职教学会举办 2015 年北京市中等职业学校电子商务专业技术技能比赛。该比赛由市教委、北京教科院和市职教学会共同主办，北京商贸学校承办。来自全市 8 所中职学校 17 支代表队参赛。评出团体一等奖 2 个、二等奖 3 个、三等奖 5 个。

（胡以伦）

【举办机器人技术应用比赛】 10 月，

市职教学会举办 2015 年北京市中等职业学校“机器人技术应用”技能比赛。该比赛由市教委、北京教科院和市职教学会共同主办。共有 14 支代表队参加比赛。经过评选，评出一等奖 2 人、二等奖 3 人、三等奖 3 人。

（胡以伦）

【举办会计技术技能比赛】 11 月，市职教学会举办北京市中等职业学校技术技能比赛“北京现代服务业职教集团杯”会计技术技能比赛。比赛主题为“改革创新铸就品牌，技术技能成就未来”，分为教师技能比赛和学生技能比赛，其中，教师“会计信息化处理”技能比赛是市中职校技术技能比赛中唯一的教师比赛，最终评出一等奖 3 人。学生技能比赛分“沙盘模拟企业经营”团体比赛和会计电算化、手工记账 2 项个人比赛，经过评选，最终评出国际职业学校、昌平职校获团体一等奖，6 人获个人一等奖。该比赛由市教委、北京教科院和市职教学会联合主办。来自全市 15 所中职学校 171 名选手参加比赛。

（胡以伦）

举办会计技术技能比赛

群　众　团　体

北京民办教育协会

【概况】 2015年，北京民办教育协会有团体会员单位610个，基础教育分会、农民工子女教育分会和互联网教育分会3个分支机构。全年共编辑印发《北京民办教育信息》22期，其中，普刊20期、专刊2期。发放至会员单位、相关民办教育机构及其他省市民办教育行业组织等500家单位，并有通讯员队伍100人。组织专家完成83所民办高等教育机构办学状况年度检查工作；完成68所民办高校招生简章和广告备案，占应备案院校99%；组织各类活动15次。

（王蕾）

【开展民办高等教育机构办学状况年检】 1—4月，民教协会受市教委委托开展全市民办高等学校及其他民办高等教育机构办学状况年度检查工作。年检工作由学校自查、专家组审核材料、专家组进校考察3个阶段组成。完成对15所民办普通高校及独立学院、68所民办非学历高等教育机构的材料审核，对2所民办普通高校和23所民办非学历高等教育机构进校考察，对38所全日制民办非学历高等教育机构的专项检查。此次年检针对不同类型学校分类提出不同的考核要点，简化年检考核要点内容，协调市公安局、市卫计委、市食药局共同进校检查，对专家队伍结构进行调整。

（王蕾）

【组织四次民办学校管理人员出国考察】 1至11月，民教协会组织四次

民办学校管理人员出国调研考察。分别为1月25日至2月8日，协会组织来自北京、山东、福建和河南等省市26名主管教学教务的校级领导及管理干部赴美国旧金山州立大学学习高等教育管理；9月15—25日，组织全国20所民办中小学25名校长赴英国卡迪夫公学进行专业培训，并走访卡迪夫公学、圣大卫学院、格兰顿小学和富兰萨姆海茨4所学校；10月11—22日，组织全国35所民办大学60名校领导赴德国、荷兰进行参观访问；11月8—16日，组织西安欧亚学院赴德国和英国，就两国职业教育运行机制、教学管理、专业建设和课程设置等方面进行考察。

（王蕾）

组织大学生赴美国社会实践

【组织大学生赴美国社会实践】 3—10月，民办教育协会与美国国际教育交流协会合作组织暑期大学生赴美社会实践活动。活动通过英语能力测试和培训、与雇主见面定岗、办理签证等流程，组织进校讲座共计60场次，提供各类免费语言文化培训总计时长达150课时。初试报名300人，最终160人获赴美国工作实习邀请，分配到美国19个州的45家知名企业，开展为期12周社会实践学习活动。该活动已经连续举办九届。

（王蕾）

【举办首届全国民办高校创新创业教育干部培训】 12月28—30日，民教协会联合全国青年就业创业培训服务中心、中国民办教育协会高等教育专业委员会共同举办首届全国民办高校创新创业教育干部培训班。培训内容包括大学生创业政策解读及综合应用、民办高校创业环境与体系的构建、大学生创业知识教育、大学生创业核心素质实训项目规划、大学生创业项目实施规划和大学生创业项目融资引导体系六大模块。并考察清华大学i.Center创客中心和中关村创业大街。培训授课24课时。来自全国22个省市65所民办高校董事长、书记、院长、处长、主任和骨干教师共计90人参加培训。

（王蕾）

【组织开展“公益行”系列活动】 至年底，民教协会组织开展“社会组织公益行”系列活动。活动包括组织和策划“进城农民工子女义务教育阶段的市民化教育实践示范项目”“平谷区失地农民融入城镇化——理财、营销、创业技能培训项目”“上庄敬老院志愿服务项目”“关爱农民工子女志愿服务项目”“学雷锋公益活动”“文明礼仪宣传”“顺义区太阳村爱心传播公益活动”等61项活动。活动内容以群众需求为导向，以服务百姓

为目的，包含扶老助残、心理疏导、支教助学、就业帮扶、生态环保、社会救助等公益活动，举办各种活动百余场次，服务人群超过50万人。

（王蕾）

【申报政府购买服务项目】 至年底，

民教协会组织申报北京市2015年政府购买社会组织服务项目。获批17个项目，包括“汇聚行业力量，照亮儿童中国梦——弱势群体儿童帮扶红烛行动”等服务项目。

（王蕾）

北京市学前儿童保教工作者协会

【概况】 2015年，北京市学前儿童保教工作者协会有单位269个，其中，从业保教工作者10686人；个人会员160人、理事65人。年内召开第九届会员代表大会；举办保教协会成立30周年庆祝活动；组织开展幼儿教师专业培训、传承张雪门先生教育思想系列活动；组织开展幼儿教师故事创编展评活动，会员单位保教工作者2800人参加活动。

（简尔贤）

【举办课程实施专题讲座】 6月16—17日，保教协会举办《3～6岁儿童学习与发展指南》背景下幼儿园课程实施专题讲座。该讲座邀请南京师范大学教授讲授，内容包括幼儿园以游戏为基本活动理念与实践、落实“户外两小时”，发展户外游戏区、《指南》领域下的幼儿园美术教育策略和音乐教育策略。来自全市幼儿园教师200人参加学习。

（简尔贤）

【举办幼儿教师故事创编展评活动】 7—9月，保教协会举办幼儿教师创编故事展评活动。该活动旨在贯彻落实《3～6岁儿童学习与发展指南》，提高幼儿教师专业素质和实践能力，进一步激发幼儿教师创作热情，为幼儿提供更多优质的文学故事读物。评审采取专家与公众共同参与形式，邀请专家对每篇故事文本与音频进行筛选，严格评审主题选择、语言表达等内容，通过微信公众平台将作者和作品信息以专题形式呈现、推送于社会公众视野，请公众为自己喜欢的故事投票，网络点击率超过20万。活动共收到作品1535篇，评出一等奖89篇、二等奖284篇、三等奖403篇、大众网络最佳人气奖50篇。70所幼儿园获“优秀组织奖”，1所幼儿园获“特别贡献奖”。来自全市134所幼儿园400余名教师参加活动。

（简尔贤）

【编印《故事在这里悄然滋长》】 9月，保教协会编辑印发《故事在这里悄然滋长——张雪门幼儿园行为课程实践研究文集》。该书分为两部分，共收录北京师范大学教授和保教协会创始人介绍张雪门教育思想的文章、27所幼儿园撰写张雪门行为课程实践研究成果和经验总结。全书14万字，共印制1000册，作为学习资料免费发放给幼儿园教师学习参考。

（简尔贤）

【召开第九届会员代表大会】 10月20

日，保教协会召开第九届会员代表大会。会议审议通过协会第八届理事会工作报告，通过全体理事无记名投票选举产生第九届理事会、会长、副会长、监事会、监事长和常务理事会成员。其中，刘枫耘当选会长、滕红红当选监事长。第九届理事会共有理事65人、常务理事13人。来自全市会员单位代表168人参加会议。

（简尔贤）

【庆祝成立30周年】 10月20日，保

教协会举办成立30周年庆祝大会。会议为保教协会创始人钱玲娟颁发“终身成就奖”；为在故事创编活动中获奖单位和个人颁发奖牌和荣誉证书。来自会员单位师生用美妙的歌声、激情的乐曲和优美的舞姿等多种形式的才艺表演，抒发保教工作者的爱国情怀，展现保教工作者积极向上的精神风貌。来自会员单位教师400余人参加会议。

（简尔贤）

【开展弘扬抗战精神教育活动】 至年底，保教协会开展弘扬抗战精神教育活动。活动围绕为使年轻的保教工作者能够了解抗战历史为主题，邀请协会创始人撰写《我亲历的抗战年代》一文，用自己的亲身经历，展现在遭受日寇侵略的苦难岁月里，中华民族是如何在共产党领导下，浴血奋战最终赢得抗战胜利。此文共印发4000册，发放至青年保教工作者学习。

（简尔贤）

北京老教育工作者总会

【概况】 2015年，北京老教育工作者总会有团体会员单位43个，比上年增加1个。共有会员114905人，比上年增加856人。全年召开四届四次会员代表大会换届工作会及五届一次理事会、五届二次理事会、“展示阳光心态做新时代新老人”现场会、教育系统离退休干部工作机制创新现场会。举办纪念中国人民抗日战争暨世界反法西斯战争胜利70周年文艺展演5场、重阳节千人健步走活动。

（陈继霞）

【召开第四次会员代表大会】　2月10

日，老教总会召开第四次会员代表大会暨第五届一次理事会。会议通过投票选举产生第五届理事会理事61人、监事会监事3人。其间，召开第五届一次理事会、监事会会议，选举产生第五届理事会理事长、副理事长、秘书长、副秘书长、监事长。其中，王健当选理事长、董凤雏当选监事长。市委教育工委常务副书记张雪参加会议并讲话。来自会员单位代表105人参加会议。

（陈继霞）

【召开五届二次理事会】　3月31日至4月1日，老教总会召开第五届二次理事会。会议学习贯彻中央和北京市有关离退休老干部会议精神，听取全国政协委员、副会长杨学义作“两会”辅导报告，研讨遇到新情况、新问题以及如何继承、创新老教总会工作，讨论并通过2015年老教总会工作计划要点。共有理事59人参加会议。

（陈继霞）

【召开东城区和朝阳区现场会】　6月

2日和12月3日，老教总会召开东城区、朝阳区老教育工作者现场会。东城区现场会以“展示阳光心态，做新时代新老人现场会”为主题，听取区教师研修中心和3所学校教师作《我的三个梦》《跟上时代脚步创造并享受晚年幸福——我所理解的新时代新老人》等5个主题演讲，展示教师离退休后继续为社会、社区、帮助青少年成长服务。来自全市高校和区县老教协会、基层分会会长100余人参加会议；朝阳区现场会以“教育系统离退休干部工作机制创新”为主题。区教育工委、区教委老干部科和区老教协相关负责人分别就朝阳区离退休干部工作加强领导、统筹协调、发挥社会组织作用等机制创新问题发言。来自高校、区老教协会会长、副会长及部分单位主管书记和离退休干部工作部门负责人100余人参加会议。

（陈继霞）

北京校外教育协会

【概况】　2015年，北京校外教育协会有会员单位216个，常务理事单位33个，理事单位80个。其中，校外教育机构72个，场馆47个，社会企事业单位39个，学校及乡镇校外活动站58个。组织开展第十届北京阳光少年活动，组织会员单位专项培训活动和交流活动等。全年组织120个会员单位开展活动3813项，共有学生231万人参加活动。

（王媛媛）

【举办主题演讲比赛】　3月8日至6月4日，校外教育协会与北京市环境保护宣传中心等单位联合举办北京市2015年度中小学生环保主题演讲比赛。活动以北京市申办2022年冬季奥运会提出的“绿色家园绿色奥运”行动计划为主题，旨在引导青少年积极践行绿色、低碳、可持续的生活方式，通过参与环保、绿色家园建设和大气污染防治的做法进行体会和思考，体现青少年对环境保护的热情，助力北京申办冬奥会。经过学校选拔、区县选拔和网络参赛等比赛环节，共有39人进入决赛。经过现场评比，39人获奖，其中，一等奖3人、二等奖5人、三等奖8人和优秀奖23人。

（王媛媛）

【编印阳光少年活动指南】　3月，校外教育协会编印《2015年北京阳光少年活动指南》。该书收录各校外活动场馆为广大中小学生准备的实践体验、竞技比赛、展示表演、讲座参观、夏（冬）令营、综合活动、阳光体育7个类别，总计225项活动，为学校和学生有效选择、参与校外、课外活动提供帮助。全书印制1000册，通过活动发放至各区县。

（王媛媛）

【举办微电影评选活动】　3—10月，校

外教育协会举办微电影评比活动。该活动以“身边的真善美”为主题，设立微电影、影评征文两部分。其中，来自48个单位选送微电影征集作品156部，评出获奖作品59部，优秀辅导教师27人；来自17个区县推荐报送影评征文共计292篇，评出获奖作品71篇，优秀辅导教师9人。经评委会推荐，共选出59部获奖微电影影片参加由教育部、国家新闻出版广电总局主办的首届全国中小学生电影周，占全国送审影片的13.60%。其中，26部影片入选电影周“百部优秀微电影片”。

（王媛媛）

【启动文化科普进校园活动】　4月23日，校外教育协会启动第十届（2015）北京阳光少年活动暨阳光少年文化科普进校园活动。该活动以“阳光少年，让梦飞翔”为主题，内容包括火车模型拼装、“走进民间艺术”手绘布袋、探索古人类文明等活动课程；朝阳区11所学校15个学生艺术、科技社团展演校外教育活动成果；颁发“2014年阳光少年文化科普进校园活动先进集体”证书。各区县校外教育工作联席会议办公室、区县教委体美科、校外办负责人、北京校外教育协会会员单位代表500人参加启动仪式。北京阳光少年活动创建于2006年，整合教育、科技、文化、体育等校外教育活动资源，推出120家单位开展225项特色活动，并编印《2015年北京阳光少年活动指南》，发放至各学校。阳光少年文化科普进校园活动发起于2010年，整合北京天文馆、首都博物馆等17家单位，在远郊区县开展文化、科普互动活动。

（王媛媛）

【举办主题竞赛活动】 4—6月，校外教育协会举办第十届（2015）北京阳光少年系列比赛活动。该活动以“阳光少年，快乐成长”为主题，比赛包括绘画、书法、摄影和电脑漫画等项目，来自全市700余所学校的1万名学生参与创作和投稿。经评委评选，共有2855名学生获奖，其中，一等奖609人、二等奖977人、三等奖1269人。此次活动还评选出优秀组织者28人、优秀辅导教师69人。

（王媛媛）

【举办会员单位交流活动】 9月29日，校外教育协会举办会员单位校外教育交流活动。活动听取社教部开展校外教育工作的成果和经验介绍，参观校外教育展馆、科普体验区和西周燕都遗址博物馆，体验古人类生活生产场景、了解学习北京城建都历史和古燕国历史文化，并对“鼎天鬲地”主题教育活动进行深入交流。来自中国科技馆、中国铁道博物馆、北京天文馆等30家会员单位教师参与活动。

（王媛媛）

【编辑出版优秀文集】 11月，校外教育协会编辑出版《第五届北京校外

教育理论与实践研究优秀文集》。该文集是在第五届“北京校外教育理论与实践研究论文/活动案例评选暨研讨活动”基础上，遴选获奖征文中46篇优秀论文和活动案例汇集成册。该书由学苑出版社出版，全书35万字。

（王媛媛）

北京高校国防教育协会

【概况】 2015年，北京高校国防教育协会有学校会员单位77个、相关企业会员单位18个。全年举办国防教育活动12项，参加学生共计2万人次。

（肖娜）

【举办军事定向越野比赛】 5月24日和11月15日，国防教育协会举办2015年春季、秋季军事定向越野比赛。此次比赛旨在深化高校国防教育，推动学校国防教育健康发展，提高学生综合素质和爱国主义思想。来自全市高校学生1600人参加比赛。其中，中国地质大学和首都师范大学学生分别获得高校精英男子组和女子组第一名。华北科技学院学生分别获得高校男子组A、B第一名；北京师范大学学生获得高校男子组C第一名。北京农学院和华北科技学院学生获得高校女子组A、B第一名；北京财贸职业学院学生获得高职男子组和女子组第一名；北京石油化工学院代表队获得军事定向组冠军。

（肖娜　徐春生）

【举办国防教育日系列活动】 6月6日，国防教育协会举办第六届北京高校国旗仪仗队检阅式展示培训会。会议旨在普及国旗文化，规范升降旗动作。来自全市30余所高校参加会议。9月12日，第六届北京高校国旗仪仗队队伍文化建设成果展示大赛举行，来自全市27所高校的国旗班近150余人参加比赛，活动还交流分享国旗班的建设成果和宝贵经验。

（肖娜）

【举办海洋大讲堂知识讲座】 12月8日，国防教育协会举办2015年北京学生海洋意识教育年主题系列活动——海洋大讲堂。邀请国防大学战役教研部教授从五大理念入手，切入海洋发展，由海洋是焦点，引入海洋理念，谈及大国崛起，提出古代中国政府重守非攻、重陆轻海的弊端，阐述忽略海洋发展也是导致近代中国积贫积弱的重要原因之一。来自全市8所高校的师生参加活动。

（肖娜　徐春生）

北京教育装备行业协会

【概况】 2015年，北京教育装备行业协会有会员单位207个，其中，新增22家，除名13家。举办第26届北京教育装备展示会、组织北京企业参加第68、69届中国教育装备展示会、向湖北巴东县捐赠价值12万元教（玩）具等多项活动。协会获得中国教育装备行业协会先进会员单位等荣誉。

（赵文强）

举办国防教育日系列活动

【组织参加中国教育装备展示会】 4月25—27日和10月29日至11月2日，教育装备行业协会分别组织北京市教育装备企业参加第68届和第69届中国教育装备展示会。两届展会分别展示新时期高等教育、职业教育、基础教育、幼儿教育、特殊教育所需的教学仪器设备、教具、模型、计算机、电教器材、教学软件、数字化实验系统、体音美器材、信息技术产品、教学用图书、挂图、教育教学资源材料、学校体育装备、学校后勤设备、校办产业产品、平安校园设备等1万余种产品和服务。协会组织北京64家企业、67家企业分别参加第68届和第69届展示会。展位总数898个，其中，标准展位308个，特展展位590个。

（赵文强）

【召开五届四次理事会】 6月26日，教育装备行业协会召开第五届四次理事会。会议听取《2014年北京教育装备行业协会工作总结》和《2015年协会工作要点》工作报告，解读《北京市教育委员会关于加强基础教育装备安全与质量管理工作的意见》和教育部等三部门《关于加强新时期中小学图书馆建设与应用工作的意见》。审议《北京教育装备行业协会会员会籍管理办法》和《2015年协会解除会员资格的单位名单》，表决通过《北京教育装备行业协会会员会籍管理办法》。

（赵文强）

【抽检中小学、幼儿园家具】 至年底，教育装备行业协会与北京市教育技术设备中心联合开展北京市中小学、幼儿园儿童家具产品质量检测。委托国家家具及室内环境质量监督检验中心对会员单位生产的六人桌、椅子、单人童床、四层书架产品进行抽样检测。检测报告通报各生产企业并作为中小学和幼儿园采购的重要依据。

（赵文强）

北京市红十字会

【概况】 2015年，北京市红十字会学校红十字会基层组织有1641个，其中，高等院校89所、中等职业学校27所、中小学1525所。红十字青少年会员78.36万人，其中，教职工会员3.30万人，12个区建会率100%。培训应急救护师资78人、督导师资30人。组织10所高校学生参加第三届全国红十字应急救护大赛北京赛区选拔赛，并获全国大赛三等奖。9所高校完成首都紧急志愿服务站建站。全市35所高校5000余人参与“传承雷锋精神——首都红十字志愿服务在行动”系列活动。在9个区32所学校推广探索人道法项目，启动首都高校红十字会探索人道法同伴教育项目和“青年善言行”项目，22所首都高校举办培训班20期，1000余人参加教育培训。向新疆和田划拨51.20万元完成50名当地大学生捐资助学；举办首届京津冀中学生红十字青少年交流营活动。北京分库成功捐献造血干细胞26例，其中，来自北京化工大学、中国政法大学等7所高校7名学生捐献干细胞。

（李胜华　李智）

关注血液病儿童“彩虹计划”启动

【关注血液病儿童“彩虹计划”启动】 4月7日，市红十字会举办关注血液病儿童“彩虹计划”活动启动仪式。活动围绕“你的六一，我的爱心”为主题，从策划到启动6个月里征集到小患儿心愿卡片500余个，第一批上线的167个心愿仅8小时被认领完毕。“彩虹计划”由北京市造血干细胞捐献志愿者协会发起，是针对关注血液病儿童的社会公益活动，作为市红十字会人道公益品牌项目自2009年启动，先后与空军总医院、海军总医院、道培医院合作为血液病患儿实现小小心愿。

（张博）

【举办青年骨干培训班】 4月17—19日，市红十字会举办2015年首都高校红十字青年骨干培训班。培训班就高校开展探索人道法和有关“新媒体的应用及管理”进行讲解，通过“新时期青年的社会责任与使命”主题演讲，将“人道、博爱、奉献”红十字精神、国际红十字运动知识与践行和培育社会主义核心价值观紧密结合。培训采取讲授、参与、角色扮演形式，突出亲身体验和交流互动，让青年骨干对“人道、公正、中立、独立、志愿服务、统一、普遍”国际红十字运动七项原则深刻理解。来自全市近70所高校青年骨干140余人参加培训。

（李胜华）

【举办预防艾滋病青年同伴教育主持人培训班】 5月10日，市红十字会举办第三期预防艾滋病青年同伴教育主持人培训班。培训内容包括艾滋病基础知识、主持人技能技巧和制定YPE流程计划等，旨在让学员在充分的体验参与中，掌握预防艾滋病与红十字知识和相关主持技能技巧。培训分为3期，每期2天，来自全市30余所学校近90余人参加培训。

（李胜华）

【举办首都高校红十字知识竞赛决赛】 5月16日，市红十字会举办第四届首都高校红十字知识竞赛决赛。该比赛以“‘唱响主题曲，共筑中国梦’——人道、博爱、奉献”为主题，历时1个月，分5个预赛区，共

25所高校参与比赛。最终北京体育大学红十字会获一等奖、中央民族大学红十字会获二等奖、北京中医药大学红十字会获三等奖，北京航空航天大学、北京科技大学、北京印刷学院、北京建筑大学、中央财经大学、首都师范大学6所大学红十字会获优胜奖。全市30余所高校红十字会代表150人观摩比赛。

（许洪斌）

【举办首都高校红十字会交流活动】 5月29日，市红十字会举办2015年首都高校红十字会工作交流会。会议以“聚焦高校红会发展，传承‘人道、博爱、奉献’的红十字精神”为主题，主要从领导重视和机构完善、宣传传播与标志、救护培训和特殊项目四部分对上年学校特色工作进行总结，并对新年度工作进行部署；10所高校红十字会交流年度工作成果和经验，探讨首都高校红十字会下阶段发展方向。交流活动共举办4场，全市38所高校红十字会参加，清华大学红十字会等26所高等院校红十字会被推选为先进集体，20名高校红十字会秘书长、110名会员被推选为高等院校红十字会系统先进个人。

（李胜华）

【获全国红十字应急救护大赛三等奖】 7月24—25日，市红十字代表队在第三届全国红十字应急救护大赛获得三等奖。代表队由北京4所高校5名学生组成，4人分别获个人单项优秀奖。比赛弘扬“人道、博爱、奉献”的红十字精神、倡导“人人学急救，急救为人人”人道救护理念，内容涉及红十字运动知识、急救理论和急救操作等项目。来自全国33支红十字代表队250名学生参加比赛。6月21日，市红十字会、市教委联合主办以“领航急救、青年行动”为主题的首都高校应急救护大赛暨第三届全国红十字应急救护大赛选拔赛。从参与的30余所高校参赛队中，最终选拔5名优秀选手代表北京参加比赛。

（李胜华　康新）

【开展志愿服务】 8月1日，首都师范大学红十字会开展牡丹园“文明小屋”志愿服务活动。该活动由海淀区文明办发起，由首都师范大学组织志愿者每周末在海淀区牡丹园地铁站外“文明小屋岗”进行服务。主要为群众提供热水，测量血压、血糖，测体重和指路等便民服务。共有志愿者200余人参加活动，累计服务600余人。

（武晓荣　王怡）

【举办新生应急救护教育培训】 8月16日，西城区红十字会联合西城区教委、西城区中学生国防教育中心联合举办高一新生应急救护教育培训。该培训对14所学校3000名师生进行培训，并开展急救技能证书考核，取证率达100%。

（刘峥）

【应急救护进校园】 9月25日，朝阳区红十字会“红十字校园总动员”应急救护知识进校园活动走进北京市芳草地小学国际班。30余名学生在工作人员的指导下，通过投掷骰子的形式进行游戏闯关，对“红十字知识”“交通知识”“逃生避险常识”等问题进行现场演绎和解答，红十字应急救护教育教师对问题做现场讲解。全年在辖区11所学校12个班级开展活动，500名小学生参与活动。

（孙宏娟）

【首都高校探索人道法（EHL）项目启动】 10月31日至11月1日，市红十字会和中国红十字会总会联合举办2015年探索人道法（EHL）首都高校同伴教育项目培训班，标志着该项目启动。培训围绕“人道视角”“国际人道法基本原则”“法律的实际应用”“违反国际人道法行为”“应对违法行为”5个单元以及国际人道法概述、国际红十字与红新月运动、同伴教育者活动开展技巧等方面进行讲解。来自21所高校红十字会学生干部及瑞德红十字小组骨干近60人参加培训。此外，来自首都高校10名瑞德红十字小组成员还组织“人道救援站”“战俘”“军事司令部”“狙击手站”“寻人站”“伤员站”“炮兵站”等教学游戏。5月7至10日，市红十字会和中国红十字会总会联合举办2015年探索人道法（EHL）北京项目师资培训班培训，8个区20所项目学校近50人参加培训。探索人道法项目是为12～17岁的青少年设计的教育项目，旨在通过探讨和学习，了解国际人道法的基本原则，尊重人的生命和尊严，体验人道的力量。目前，全市共有9个区32所学校开展“探索人道法”项目。探索人道法项目开发工作始于1999年，2004年登陆中国。

（李胜华　李智）

【举办首都高校防艾工作成果展】 12月5日，市红十字会举办首都高校红会防艾工作成果展及防艾工作座谈会。成果展由清华大学红十字会与清华大学团委联合承办，13所高校红十字会参展，展示学校各具特色的防艾活动。展览自12月1日起设立在清华大学学堂路，为期一周。防艾工作交流会分享交流高校防艾工作经验，并对“如何利用新媒体更好地开展防艾活动及其宣传”开展专题讨论。全市14所高校红十字会参与活动。12月5日为第30个国际志愿者日。

（王霄桐）

【举办“零艾滋，零歧视”主题外展】 12月13日，市红十字会主办的“12·1”

获全国红十字应急救护大赛三等奖

"零艾滋，零歧视"主题外展在北京市陶然亭公园举办。12 所高校红十字会参加活动，向社会宣传预防艾滋病知识，推广反歧视理念，弘扬人道、博爱、奉献的红十字精神。直接影响人数达 300 人，间接影响人数达 3000 人，活动全程在防艾核心小组官方微博同步直播。

（李胜华）

北京市民族教育学会

【概况】 2015 年，北京市民族教育学会有单位会员 142 个，其中，小学 73 所、中学 52 所、大学 2 所、幼儿园、特殊教育学校 11 所、校外单位 4 个；个人会员 200 人；常务理事 95 人。全年开展各种活动 35 次，参加人数 6700 人次。

（王振清）

【召开全国民族教育研究课题研讨会】 1 月 22 日和 11 月 3 日，市民族教育学会召开提高学校民族团结教育针对性和实效性研究开题会和中期汇报会。该课题共有 10 个子课题，通过分析学校民族团结教育开展中存在"不尽如人意"现象，从理论上提出解决问题的"六个"观点，从实践中总结、提炼开展民族团结教育的经验、方法，有效地推动学校民族团结教育进一步开展。课题是教育部批准立项的 2014 年度全国民族教育研究课题。课题组成员、民族教育专家、学者以及来自北京市宣武回民小学、北京西藏中学等学校教科研负责人 70 人参加会议。

（王振清）

【举办民族政策培训】 3 月 19 日，市民族教育学会举办民族政策培训。学会会长作《落实中央民族工作会议精神，开创北京市民族团结教育新局面》专题讲座，宣讲中央民族工作会议暨国务院第六次全国民族团结进步表彰大会精神。来自全市 16 个区 70 余所会员校共 98 人参加培训。

（王振清）

【举办首届机器人大赛】 4 月 18 日，市民族教育学会与泺喜机器人科技公司联合举办"泺喜杯"首届机器人大赛。比赛由北京市宣武回民小学承办。设有密室夺宝赛、相扑对抗赛、机器人工程赛 3 项内容。经过角逐，3 所学校在密室夺宝赛中获奖；3 所学校在相扑对抗赛中获奖；14 所学校在机器人工程赛中获奖；还评出最佳赛风奖、最佳组织奖和最佳指导教师。来自全市 20 所小学的 138 名学生参加比赛。

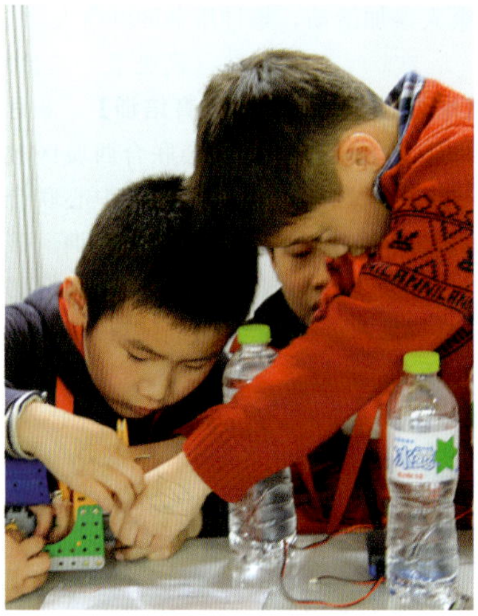

（王振清）

【召开落实纲要现场会】 6 月 3 日，市民族教育学会召开落实《学校民族团结教育指导纲要（试行）》现场会。会议在青海省西宁市东关回族女子小学召开，内容包括宣讲《学校民族团结教育指导纲要》、参观学校文化建设、学生社团民族歌舞表演和机器人组装，并组织教师听取校本课程《青海的自然资源——野生动植物》、学科整合课《五彩的西藏》、六年级数学课《圆柱体的认识》3 节观摩课。来自全国 120 名教师参加会议。

（王振清）

【召开丝绸之路研讨会】 6 月 22 日，市民族教育学会与土库曼斯坦驻华大使馆和中央民族大学东干学研究所联合举办庆祝土库曼斯坦作为永久中立国 20 周年及中国土库曼斯坦丝绸之路——友好合作之路研讨会。会议分别邀请土库曼斯坦驻华大使介绍土库曼斯坦作为永久中立国 20 年以来在国际、国内取得的成就，以及土中两国友好合作获得的巨大成果；中国原驻土库曼斯坦、吉尔吉斯斯坦、乌兹别克斯坦大使讲述土库曼斯坦作为中立国对世界及国内发展做出的贡献，并展望今后在落实"一带一路"宏伟构想中的美好愿景；市民族教育学会介绍学会简况，建议双方互派专家和教师进行交流学习；中央民族大学教授从历史文献和实地考察中讲述中国与土库曼斯坦人民之间的传统友谊，介绍中央民族大学培养土库曼语人才及对中亚民族语言文学研究的情况。共有代表 50 人参加会议。

（王振清）

【完成教育科研课题结题工作】 12 月 3—25 日，市民族教育学会完成"十二五"教育科研课题结题工作。经专家小组评审，评出一等奖 9 项、二等奖 10 项、三等奖 8 项。市民族教育学会于 2010 年 1 月常务理事会通过《北京市民族教育学会"十二五"（2011—2015）教育科研规划》和《北京市民族教育学会"十二五"教育研究规划课题指南》，共申报 70 个教育科研课题，向学会各理事校发布。课题研究单位依据《北京市民族教育学会教育科研"十二五"立项课题开题、中期核查、结题的有关要求》，完成"十二五"民族教育科研课题研究工作。

（王振清）

（本栏责任编校　汪玥）

市教委直属单位

北京教育科学研究院

【概况】　2015 年，北京教育科学研究院设有研究机构 16 个，行政处室 10 个，挂靠单位 4 个。在职职工 381 人，其中，高级专业技术职务 180 人、中级 108 人；具有本科以上学历 359 人，其中，博士 60 人、硕士 157 人；入选北京市 2014 年国家百千万人才工程并授予“有突出贡献中青年专家”荣誉称号 1 人、享受政府特殊津贴专家 2 人、全国模范教师 2 人、全国优秀教师 2 人、“北京市人民教师”荣誉称号获得者 1 人、北京市先进工作者 1 人、首都劳动奖章获得者 1 人、北京市“五四”奖章获得者 1 人、北京市有突出贡献的科学、技术、管理人才 1 人、北京市特级教师 15 人、北京市优秀教师 7 人、北京市中小学中青年学科教学带头人 21 人、北京市中小学骨干教师 11 人。主要开展教育宏观决策研究、教育教学研究、教育理论研究；加强对教育科学、教学研究的领导和管理；为政府教育行政部门宏观决策以及学校管理提供服务，为提高学校的教育教学质量提供服务。全年共承担 167 项重要课题和项目的研究任务，包括各级各类规划课题 70 项、两委委托项目 72 项、自身发展项目 25 项，还承担教育部、两委一室等上级部门临时性委托任务 200 余项。全年共有 1 项成果获教育部高等学校科学研究优秀成果奖，12 项成果获各级各类教育学会、科研机构、网络平台优秀成果奖。网址：www.bjesr.cn。

（吴震）

【成立全国高等教育质量监测评估研究基地】　1 月 26 日，北京教科院与

教育部高等教育教学评估中心召开“全国高等教育质量监测评估研究基地”研讨会暨签约挂牌仪式。教育科学研究院高等教育研究所被确立为“全国高等教育质量监测评估研究基地”。教育部、北京市教委、北京教科院和教育部评估中心相关领导出席活动。

（孙毅颖）

【获全国未成年人思想道德建设工作先进单位】　2 月 28 日，全国精神文明建设工作表彰暨学雷锋志愿服务大会在京召开。北京教科院基础教育教学研究中心获“第三届全国未成年人思想道德建设工作先进单位”称号。

（沈俊楠）

【获全国优秀高等教育研究机构称号】　3 月 4 日，中国高等教育学会组织全国第四届优秀高等教育研究机构评选。本届评选出 56 家单位为全国优秀高等教育研究机构，包括北京教科院高等教育研究所在内的 6 家北京单位获“第四届全国优秀高等教育研究机构”称号。

（孙毅颖）

【举办百部优秀少儿影片及连环画进校园活动实施及管理培训会】　3 月 19 日，北京教科院举办百部优秀少儿影片及连环画进校园活动实施及管理培训会。会议作题为《让优秀少儿电影走进中小学生》的辅导讲座，人民美术出版社《连环画报》主编、连环画编辑室主任何玉麟以《从中外漫画入手谈中国连环画》为题介绍有关连环画阅读的基本知识。来自全市 16 个区县项目工作负责人和学校德育干部共计 150 人参加培训。

（秦廷国）

【举办 2015 年学术年会】　5 月 7—8 日，北京教科院举办 2015 年学术年会。会议按照学科领域和论文类型设 8 个分会场，对 99 篇获奖论文进行会议交流。会议邀请中共北京市委常委、教育工委书记苟仲文作“关于深化北京市教育领域综合改革”的学术报告，院长作题为“增强学术活力，提高学术水平，为推进首都教育综合改革提供智力支撑”的报告。会议邀请北京市教委、中国教育科学研究院、中国人民大学、北京航空航天大学、北京电子科技职业学院等单位 13 名专家学者参与研讨点评。北京教科院全体人员及各区县教科研部门领导共计 400 人参加会议。

（姜继军）

【举办实验学校联盟“快乐六一共同成长”活动】　5 月 29 日，北京教科院实验学校联盟举办“快乐六一·共同成长”活动。活动分为学生风采展示和游学互动两部分。来自北京教科院、通州区教委，北京教科院丰台实验小学、丰台学校、大兴实验小学、石景山学校等相关领导，以及 2000 余名学生参加活动。

（佟德）

【举办立项课题负责人培训】　6 月，北京市教育科学规划领导小组办公室举办 2015 年度立项课题负责人培训会。会议议题为提升中国教育科研影响力。来自全市相关课题负责人、科研管理人员共计 300 余人参与培训。

（庞立场）

【举办首届《教育科学研究》学术论坛】　11 月 7 日，第一届《教育科学研究》学术论坛在京召开。论坛主题为学校欺负问题及其干预，从内涵、机理、应对和研究等层面对学校欺负问题及其干预进行深入探讨。论坛由教育科学研究杂志社发起，班主任杂志社与北京教科院班主任研究中心共同承办。来自教育部基础教育一司、北京师范大学、华东师范大学、西南大学、南京师范大学、华中科技大学、武汉大学和广州大学等 14 所高校，中国教育科学研究院等 3 家教育研究机构，北京市各区县教科所、教师进修学校及中小学校，以及《教育研究》《教育科学研究》《班主任》杂志社和北京师范大学出版社等相关领导和专家共计 200 人参加会议。

（曲怀志）

【科研成果获教育部优秀成果奖】　12 月 1 日，教育部印发《关于颁发第七届高等学校科学研究优秀成果奖（人文社会科学）的决定》，北京教科院副院长褚宏启教授专著《教育现代化的路径——现代教育引论》获得二等奖。

（姜继军）

【完成两委课题结题鉴定和验收】　至年底，北京教科院完成市委教育工委、市教委委托课题的结题鉴定和验

收工作。该工作通过召开两委委托课题结题鉴定会的方式，在市教委政策研究与法制工作处、市教育规划领导小组办公室的共同组织下，全年共完成41项委托课题的结题验收。

（庞立场）

【编发教育快报】 至年底，北京教科院《教育快报》共编发60期。其中教育决策参考编发23期，主要聚焦京津冀教育协同发展、北京市义务教育阶段入学政策、首都城市功能转型与职业教育发展、民办教育发展难题破解等问题；国际教育动态编发37期，含动态信息22期、专刊15期（包括《全球教育政策趋势》《核心素养——重要国际组织关注的共同主题》《必须用新方法激发技术在学校中的潜力》等教育发展热点问题），反映国际教育发展的最新动态和趋势。

（李震英）

北京教育科学研究院 院长、副院长 党委书记、副书记

院　长 方中雄

副院长 吴晓川　桑锦龙　褚宏启　张军　刘占军（10月任）

党委书记 马谊平（8月任）

党委副书记 熊红

北京教育考试院

【概况】 2015年，北京教育考试院占地面积1.43万平方米、建筑面积3.25万平方米。设有20个部门，其中，综合处室5个、综合业务处室5个、业务处室6个以及直属单位4个，包括北京市教育考试指导中心、北京高等学校教育科技发展中心、北京市教育考试招生服务中心、北京考试报社。全额拨款在职人员166人，专业技术人员69人。高级职称23人，中级职称41人。全年北京考试院共命制各类试题869套，印制试卷274.4万份，答题卡303.8万张；组织各类考试278次，涉及考生181.7万人次，阅卷325.9万份，发放各类证书11.2万份，为各级各类招生单位录取新生28.3万人。全年，网页点击数4.98亿次，共计39万余名考生通过考试院网站提供的网报系统完成网上报名报考，利用公众服务平台的综合查询系统向社会提供157万科次成绩查询，提供16.77万个高考、中考生录取结果查询。与北京城市管理广播合作，组织100余所高校走进“教育面对面”高考直播节目等，让考生、家长及时了解各类信息。北京考试报主报发行570万份，覆盖全体高考生。微信实现每日一发，专门出版招生专刊11期，编辑出版《高考志愿填报一本通》，对考生进行全方位辅导。

（蒋来）

【举办“艺考面对面”北京高招广播咨询活动】 1月5—12日，市教委联合北京考试院、北京城市广播、北京考试报社共同开播“2015年北京高招——艺考面对面”特别节目。该节目每天播出1个半小时，共有23所京内、外的艺术类院校参加节目。

（卢杰）

【编印中招参考资料】 3月25日，北京考试院编印多种2015年高级中等学校招生考试参考资料。共编印《北京市高级中等学校招生简章（2015年）》《北京市高级中等学校招生报考指南（2015年）》和《北京市高级中等学校招生部分学校情况介绍（2015年）》。

（赵永生）

【举办高招广播电台咨询系列活动】 4月1—30日和6月29日至7月8日，市教委联合北京考试院、北京城市广播、北京考试报社分两个阶段共同举办高考招生本科、专科院校广播电台咨询系列活动。活动通过北京城市广播“教育面对面”栏目播出，每天播出1个半小时。共有来自80所本科高校、31所高职院校以及市体检中心、部分区县考试中心高招办负责人参加招生咨询，介绍学校办学情况和本年度招生信息。

（卢杰）

【举办中招网络及电话咨询活动】 5月3日，北京考试院举办2015年北京市高级中等学校招生网上咨询活动。此次活动共设立考试院主会场和各区县中招办、各网上咨询学校在本单位的分会场。共提出问题3100个，问题回答率94%，处理率97%。页面浏览量33万余次。考试院中招办通过咨询热线，对171名考生和家长拨打的电话进行咨询和收听。来自市教育委员会发展规划处、基教处、职成处、体育美育处、市劳动和社会保障局职业技能培训处、市区县中招办，市体检中心的领导和专家及282所学校的领导和教师参加咨询活动。

（赵永生）

【组织召开《高中考试与评价》编委会会议】 5月13—14日，北京考试院在广东省深圳市组织召开2015年《高中考试与评价》编委会会议。会议由全国普通高中学业水平考试工作协作会理事长单位、北京教育考试院领导主持，就如何进一步促进杂志发展及各省区市高中学业水平考试改革实施方案进展情况进行交流。共有来自17个省市（自治区）的30余名代表参加会议。

（赵永生）

【举办高招网上咨询活动】 6月13—14日和7月4日，北京考试院组织举办在京招生的本科、专科院校的2015年高招网上咨询活动。该活动通过北京考试院网站（www.bjeea.edu.cn，www.bjeea.cn）进行，考生登录网站提出问题，各学校招生人员及时给予回答。共有97所本、专科招生院校参加咨询活动。咨询期间，网站点击数29.2万余次，提出问题2846个，回答问题2832个，问题回复率99.51%。

（卢杰）

【召开中考统一评卷标准报告会】 6月24—27日，北京考试院召开中考五科评卷报告会。报告会对各区县评卷组负责人进行评卷培训。为做好评卷培训，考试院中招办事先抽调部分试卷，组织各科教师进行试评。

（赵永生）

【召开会考考务管理研讨会】 9月17日，北京考试院召开普通高中会考考务管理工作研讨会。会议就如何加强考务管理以及实施新的学业水平考试改革方案后所涉及的具体工作内容进行研讨。来自北京考试院，各区县考试中心主管主任、会考办主任及相关工作人员50人参加会议。

（赵永生）

【发表北京自学考试制度建立35周年纪念文章】 10月29日，北京考试院发表北京自学考试制度建立35周年纪念文章。《人民日报》刊登题为《自学考试如何服务区域发展——访北京教育考试院党委书记、院长钱军》的文章，纪念北京高等教育自学考试制度建立35周年。院长就自学考试如何服务区域发展需要，以答记者问的形式回答“北京高等教育自学考试35年来取得了哪些成就”“自学考试目前面临什么困难?”“如何解决这些问题，推动自学考试可持续发展?”“今后北京高自考的改革方向是什么?”等问题。1980年，北京在全国率先创建高等教育自学考试制度，距今35周年。

（王翊）

【检查硕士研究生考前准备工作】 12月18日、21日、22日，北京教育考试院检查指导北京市2016年全国硕士研究生招生考试考前工作准备情况。检查组分为5组，分别到北京邮电大学、北京外国语大学等10个考点进行实地检查，听取考点考前准备情况的汇报，重点检查考点制度建设、硬件建设和队伍建设情况。

（李青文）

【开展区县考试评价服务】 至年底，北京考试院完成区县考试评价系统服务工作。完成16个区县和3所中学的高考数据分析、12个区县的中考数据分析，并应区县需求，组织评价专家为9个区县进行分学科的高考数据解读和培训，为8个区县进行高考整体数据分析。同时首次组织专家为昌平、石景山进行中考分学科数据解读。

（王翊）

【完成自主会考试卷评价工作】 至年底，北京考试院完成自主课程实验学校自主命制会考试卷的评价工作。共组织9个学科评价专家86人（次），对24所自主课程实验学校自主命制的会考试卷进行评价，完成春、夏两季自主会考试卷评价反馈报告共180份，总计36万余字。课题组以自主会考试卷评价研究为切入点，通过对全市会考和自主会考试卷特点进行详细分析，结合命题过程中的主要因素构建试卷质量评价指标体系。

（王翊）

北京教育考试院
院长、副院长
党委书记、副书记

院　　长 钱军
副 院 长 臧铁军　李鸿江　徐宝力
党委书记 钱军
党委副书记 张泉利

北京教育音像报刊总社

【概况】 2015年，北京教育音像报刊总社下辖北京高教电子音像出版社有限责任公司和北京《健康咨询报》报社有限责任公司2个法人企业，1个事业单位法人《现代教育报》社，《学前教育》杂志社、《北京教育》杂志社、《中小学信息技术教育》杂志社、《中小学数学教学》报社4个出版内设机构，内设7个管理部门，在职职工196人，包括高级专业技术职务22人、中级44人。《中国教育报》北京记者站挂靠音像报刊总社。全年立足于“三报三刊”专业化发展，“聚焦首都教育改革中心工作”，探索公益服务，发行量与经营收入稳中有升。全年完成《北京教育新地图》《身边的好学校》和“名师在线”等市教委项目，举办多场教育讲座、活动、论坛和研讨会。完成《现代教育报》《北京教育》《学前教育》《中小学信息技术教育》报刊出版许可证年度核验工作。网址：www.yxbk.com。新浪及腾讯官方微博：北京教育播报。官方微信公众平台订阅号：bjedu－news。App客户端：教育e点通。

（孙文欢）

【初步建立“两微一端一报一网”格局】 1月12日，音像报刊总社“北京教育播报”微信公众平台订阅号、“教育e点通”App客户端上线试运行。“北京教育播报”微信订阅号每日精选教育新闻，传播首都教育资讯，深度解读教改新政，拓展公共服务平台。“教育e点通”App客户端包含热点新闻、政策解读、电子报刊等栏目，现已支持苹果、安卓平台，可在各大应用商店下载使用。至此，音像报刊总社新媒体初步建立“两微一端一报一网”格局。两微，即“北京教育播报”微信公众平台订阅号和官方微博；一端，即“教育e点通”App客户端；一报，即《北京教育手机报》；一网，即正在筹建的北京教育新闻网。

（辛晓磊）

【出版《北京教育新地图》图册】 4

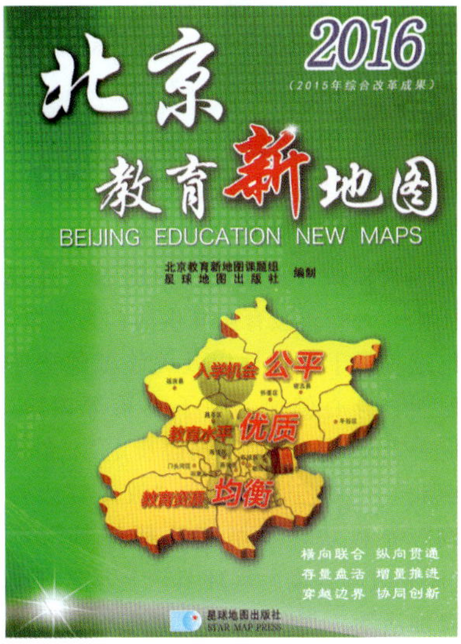

月8日，音像报刊总社出版《北京教育新地图》（2016）图册。该图册由市教委、音像报刊总社监制，“北京教育新地图”课题组、星球地图出版社联合编辑出版。图册为大16开本，全书彩色印刷。图册以地图的直观形式，分16个区县，呈现2014年首都基础教育综合改革的新成果，传播首都基础教育公共服务的新信息。《北京教育新地图》图册是全国基础教育领域的率先之举。

（薛峰）

【举办3场办学实践研讨会】 5月26日、10月16日和12月9日，音像报刊总社联合区县教委举办3场办学实践研讨会。研讨会分别在丰台区新发地小学、丰台区长辛店学校、丰台区第二幼儿园举办，针对“追逐阳光，成就梦想”“以儒教人，以雅育人”“寻教育之源，至教育之乐”等主题开展研讨。北京市棉花幼儿园园长、北京小学校长，以及来自国家教育发展研究中心、中国教育科学研究院、北京师范大学、北京教育科学研究院、北京教育学院专家分别点评学校（幼儿园）办学实践。来自中国教育电视台、《中国教育报》、人民网、腾讯网、新浪网、中国教育在线等相关媒体对活动进行报道。

（郝彬）

【开展庆祝教师节公益活动】 9月

12—13日，音像报刊总社举办北京市庆祝教师节公益活动。活动以“师爱无尘——守望教育乐享生活”为主题，继续着眼于互动性以及关注教师职业发展、身心健康、亲子关系等内容，完善上年增加的“环湖健步走”“亲子游戏”“文艺表演”和“教师健康咨询”等板块，新增“教师体检”和“民办教师咨询”等环节。上万名市民参加活动。北京新闻、《新京报》、《参考消息》、市人大网站、腾讯网等媒体对活动进行专版专栏宣传报道。

（张秋颖）

【组织新《广告法》专题培训】 9月24日，音像报刊总社组织新《中华人民共和国广告法》专题培训。该培训邀请西城工商分局、牛街工商所等6名相关业务人员，以座谈的形式介绍新广告法的突出特点、主要修订内容，提出与报刊宣传领域相关的教育、医药等广告发布注意事项，从案例入手，讲解一些常见的虚假广告宣传，并解答各报刊社执行新广告法遇到的问题。各报刊社负责人及广告人员20余人参加培训。

（侯旭东）

【改版手机报】 10月，音像报刊总社完成手机报改版工作。通过分析读者调查和参考相关媒体栏目设置，手机报取消“校园”“教改”与“留学”3个栏目，相关内容合并到同期“教育新闻”栏目中；增加“海外”栏目的新闻条数，由3条增至5条；新增每周五“教育周报”原创栏目。调整后的手机报定位更加清楚，栏目个数与栏目中的新闻条数和字数更加合理，可读性、趣味性进一步增强。手机报将继续增加原创内容和互动话题，全年推出“北京地方课改之各区系列”栏目，海淀区课改报道结束。

（冯安华）

【召开记者节表彰大会】 11月6日，音像报刊总社召开2015年度记者节表彰大会。会议公布2015年度优秀选题策划与实施奖、优秀作品奖、优秀栏目奖、优秀编辑奖、优秀版式设计与美术设计奖、优秀新媒体传播奖”6个单项奖获奖名单，每项均设置2个获奖名额。大会还公布“好编辑好记者”“经营贡献奖”获奖名单。市教委领导、音像报刊总社领导，各报刊负责人及全体采编和经营人员参加会议。

（李培）

【举办现代教育大讲堂系列讲座】 至

年底，音像报刊总社举办11场现代教育大讲堂家庭教育系列公益讲座。讲座在丰台区、平谷区、朝阳区等地举办，邀请心理咨询师及畅销书作家作题为《心理学帮孩子养成好习惯》的讲座，邀请北京小学校长、儿童文学作家、朝阳区垂杨柳中心小学全国模范教师等做家庭教育相关讲座。全市共有近5万余名中小学、幼儿园学生及家长参与活动。现代教育大讲堂家庭教育系统系列公益讲座自2012年开始举办，至此，共举办75场讲座。

（张建平）

【播出《身边的好学校》栏目】 至年底，音像报刊总社播出《身边的好学校》栏目52周，拍摄33所学校。该栏目在北京市公交、地铁电视中播出，播出时段为每天上下班高峰期，每期片长3分钟，每周总计播出80余次，每周推荐一所学校。该栏目由市教委、音像报刊总社联合北京广播电视台联合拍摄，展示北京市中小学、幼儿园的办学理念、办学特色以及学校风采，让更多的家长了解学区内身边的好学校。该栏目自2014年5月5日开始播出，共播出77周，拍摄13个区县的62所学校及幼儿园。

（郝彬）

北京教育音像报刊总社党委书记、社长

党委书记　李开发
社　　长　李开发

北京市教工休养院

【概况】 2015年，北京市教工休养院有员工276人，本年新增3人。在职事业编制71人。占地面积13.30万平方米，建筑面积4万平方米，绿化面积9.30万平方米，绿化覆盖率70%，树种200余种。设有客房241间、574张床位，分为三人间、标准间、单人间、家庭套间、豪华套间、残疾人房间；有大中小餐厅15个，能容纳1000人就餐；康体包含游泳、羽毛球和保龄球等18个项目，接待不同规格人数会议室共计18个，有能容纳600人培训的计算机教室。全年接待总人数10.11万人次，包括接待教师休养4.20万人次，全年完成经营收入4139万元。网址：www.jiaogong.com；微信公众号：bjyxybg。

（王彦彦）

【实施职工劳动保险补缴补偿实施方案】 1月23日，教工休养院召开第二届职工代表大会。会议审议通过《北京育新苑宾馆职工劳动保险补缴补偿实施方案》。49名职工代表参加会议。截至6月30日，解决81名职工在1999年至2008年12月期间社会劳动保险费用的补缴、补偿问题，共投入资金56万元。

（王彦彦）

【举办精英特训营】 3月10—12日，教工休养院举办2015年精英特训营。培训邀请来自中旭集团股份有限公司的讲师授课。课程内容包括职业化素养、服务意识、自我管理、团队建设、创新能力、执行力和感恩7个方面。共有全体干部员工260人参加培训。

（王彦彦）

【举办首届职工趣味运动会】　11月2日，教工休养院举办首届职工趣味运动会。此次运动会旨在丰富职工的文化生活，设置拔河、集体跳绳、托球跑、定点投篮、定点射门5个比赛项目，全体员工参加运动会。

（王彦彦）

【调整非事业编制职工工资结构】　12月26日，教工休养院调整非事业编制职工工资结构，重新核定岗位工资。此次调整后工资科目由原14项合并为基本工资、浮动绩效和其他3类共7项，职工工资待遇明显提高。同时为非事业编制职工增加住房公积金的缴纳，从2016年1月开始，全体职工享受“五险一金”待遇。

（王彦彦）

【更换下属企业法人】　12月，教工休养院完成4个下属企业法人更换。该项工作将下属企业全部划入核算单位，完成北京广源发建筑工程有限责任公司、北京市广源园林绿化工程有限责任公司、北京广源枫和餐饮管理有限责任公司及北京市教工休养院购物中心的法人更换工作。

（王彦彦）

【丰富教师休养生活】　至12月，教工休养院不断丰富休养教师生活。组织开展赏桃花、赶大集等群众文化活动，休养期间提供免费康体项目，并举办克朗棋、趣味踢毽子、乒乓球、跳绳等联谊赛，推出健康知识讲座、快乐猜谜语和摄影展等文体活动。

（王彦彦）

【规范新型用工机制】　至年底，教工休养院完善并规范新型用工机制。此次以“精简、高效”为原则，成立人力资源部，重新核定人员，将康乐部根据职能细分班组；购物中心独立分离；啤酒咖啡厅与餐饮部合并；采购人员与保管室分开，成立采购部；保管室与财务部合并。同时转变管理模式，与物业管理公司、职业技能学校形成长效合作机制，有效调配企业人力资源，规范劳动用工管理。

（王彦彦）

北京市校办产业管理中心

【概况】　2015年，北京市校办产业管理中心设办公室、国资企管部、科技成果推广部、综合事务部4个部门。至年底，北京地区共有52所高校参加普通高校校办产业统计。其中，教育部直属高校25所、其他中央部委属高校8所、市属市管高校19所。52所高校所投资企业共1853家。其中，大型企业63家、中型企业358家、小型企业1090家、微型企业342家。年末资产总计5030.60亿元，流动资产合计3259.54亿元，非流动资产合计1771.06亿元；年末负债总计3580.53亿元，流动负债合计1849.41亿元，非流动负债合计1731.12亿元；所有者权益总计1450.06亿元，实收资本（股本）84.94亿元，未分配利润131.72亿元，归属于学校方股东的所有者权益466.34亿元。营业收入1735.37亿元，包括主营业务收入1733.44亿元；营业成本1591.29亿元，包括主营业务成本1428.47亿元，销售费用77.83亿元，管理费用120.29亿元，财务费用98.75亿元；利润总额128.51亿元；净利润99.04亿元，其中归属于学校方股东的净利润30.22亿元。现金净流量416.98亿元，其中经营活动现金净流量6.32亿元，投资活动现金净流量192.31亿元，筹资活动现金净流量599.43亿元。财政补贴收入559.12亿元；国有资本经营预算金74.47亿元；文化产业专项资金0.62亿元；科技创新资金30.32亿元；上交国有资本收益1.96亿元；企业实际缴纳税金总额82.48亿元，包括增值税15.91亿元，营业税14.37亿元，企业所得税33.05亿元，其他19.15亿元；当年上交学校利润金额15.91亿元。获授权的专利数1113项，登记的计算机软件及集成电路版权228项，获省市部委、国家级的奖项330项。接纳学生实习8831人，学生累计实习229万小时，全年累计在培硕士研究生771人，博士研究生103人。至年底所投资企业职工总人数120923人，包括具有学校事业编制的员工人数1841人；接受高等教育学历人员59284人，研究开发人员16998人，专职管理人员14106人；已参加社保人数96827人。实际发放和支付的劳动工资总额283.06亿元，包括支付社会保险、住房公积金177.86亿元。全年累计支出职工教育培训经费1.00亿元。

（宋慧宇）

【完成2014年普通高校校办产业统计】　1月，校产中心完成2014年北京地区普通高校校办产业统计工作。至2014年底，北京地区共有51所高校参加普通高校校办产业统计。51所高校所投资企业共996家，其中，一级企业144家、二级企业229家、三

丰富教师休养生活

级企业 623 家。年末资产总计 3568.54 亿元，营业收入 1603.23 亿元，利润总额 77.74 亿元，现金净流量 55.70 亿元，上交国有资本收益 1.76 亿元，企业实际缴纳税金总额 80.89 亿元。2014 年上交学校利润金额 5.19 亿元。获授权的专利数 1821 项。登记的计算机软件及集成电路版权 588 项。获省市部委、国家级的奖项 477 项。研发费用支出 72.22 亿元。接纳学生实习 8648 人次。学生累计实习 203 万小时。全年累计在培硕士研究生 548 人，在培博士研究生 119 人。职工总人数 94205 人。

（宋慧宇）

【成立北京教育风险管理基金】 6 月 5 日，北京教育风险管理基金成立。该基金由北京联合保险经纪公司向北京市教育基金会捐赠 300 万元，捐赠款及每年所得收益用于教育风险管理工作的宣传、培训、救助以及优秀教师、优秀教育工作者奖励。基金设在北京市教育基金会，由北京市教育基金会日常管理。

（宋慧宇）

【组织两期校企管理沙龙活动】 6 月和 11 月，校产中心在北京建筑大学、北京农学院组织两期校办企业管理沙龙活动。活动分别以"强化特色寻求突破""不断完善实践教学基地建设做好服务教学科研工作"为主题，以交流信息、搭建平台、研究问题、分享经验为宗旨。通过选取近年来北京校办产业发展的特点与亮点，各高校产业管理部门负责人和企业负责人进行交流研讨并分享信息。两期活动共有 70 人参加。

（宋慧宇）

【召开北京市校办产业工作会】 10月

15 日，校产中心召开 2015 年北京市校办产业工作会。会议邀请校产中心副主任作题为《深化改革规范管理再谱校办产业创新发展新篇》的工作报告；清华控股有限公司总裁作题为《清华产业推进改革的探索与思考》的工作报告；首都医科大学产业经营与管理中心主任介绍本校的《"十三五"规划的实施方案》；对外经济贸易大学教授作题为《国有企业改革的新思路》的工作报告。来自市教委相关处室的领导，北京地区高校、北京市直属直管单位、区县校办产业管理部门的 110 人参加会议。

（宋慧宇）

【完成事业单位所属企业国有资产产权登记】 至年底，校产中心完成事业单位所属企业国有资产产权登记。该项工作根据市财政局的工作安排，中心负责市教委所属事业单位所办企业国有资产产权登记（占有登记）工作，共完成网上填报、审核、纸质材料审核、报送材料等工作。共涉及 36 家事业单位所办企业 132 家，其中办理初始登记的 104 家，办理年度检查的 28 家，全年通过财政部门审核的共 95 家。

（宋慧宇）

【完成 2014 年度部门决算工作】 至年底，校产中心完成 2014 年度部门决算工作。根据上年度企业财务会计报表，中心监管的企业共有 127 户，纳入财务决算合并范围的录入总户数为 127 户，资产总额为 478，568 万元，负债总额为 111，413 万元，所有者权益为 367，156 万元（其中少数股东权益 0 万元，归属母公司所有者权益 367，156 万元），资产负债率 23.28%；2014 年实现营业收入 166，676 万元，实现利润总额 20，373 万元，净利润 17，588 万元。全年从业人员总数为 4734 人。

（宋慧宇）

【完成国有资产管理工作】 至年底，校产中心完成国有资产的管理工作。中心共办理市属各单位校办企业国有资产产权变动、资产处置等 8 件次审核审批工作，涉及清产核资、股权激励、净资产处置、企业改制、产权转让、企业注销等事项，已完成 7 件次，有 1 项依据程序正在办理中。

（宋慧宇）

【完成安全监测项目工作】 至年底，校产中心完成白广路 18 号院办公楼安全监测项目工作。项目采用邀标形式，于 3 月 24 日进行开标和评标，北京建工建方科技公司中标。该项工作监测工期为 1 年，12 月底北京建工建方科技公司提交监测总结研究报告，校产中心结清监测费 15 万元。

（宋慧宇）

北京教育网络和信息中心

【概况】 2015 年，北京教育网络和信息中心设有系统管理部、资源管理部、网络与电子政务部、系统管理部等 10 个部门，有职工 133 人，在编 65 人，包括高级专业技术职称 12 人、中级 18 人、初级 11 人。全年提供"7×24"小时技术服务，保障两委机关办公环境稳定运行。中心为市教委机关提供会议、桌面、电子政务系统等各类服务 1265 次，市教委网站发布信息 645 条。配合市教委办公室开展网站改版，建设视频会议系统，完成保密检查、正版化检查、网站普查等工作。开展市教委网站群整合工作，统筹建设机关处室及直属单位网站 25 个。中心服务全市教育系统各单位开展信息化项目申报工作。协助各区县处理网络问题 2300 余条，完成高考电子巡查系统网络保障，监控考场 4277 个。协助北京教育考试院完成中考、会考、成考、自考、社考及研究生等招生考试工作。运行维护北京教育信息网，光缆维护总长度 698 公里（5125 芯公里），互联网带宽升级至 40Gbps。数据中心运行维护各类设备、服务器 1000 余台。开展教育行业信息安全保护工作。对市属高校、直属单位的等级保护工作进行排查；针对"纪念抗战胜利 70 周年"等特殊时期制定保障措施；开展市属高校信息安全检查，现场检查 8 所高校；举办北京市属教育单位信息安全培训；完成市属教育行业 28 个信息系统的等级保护定级审批；及时响应教育部、市公安局、市经信委等单位的信息安全事件通报。为市教委各业务处室推进教育综合改革提供有力的技术保障和数据支撑。

配合北京市深化教育综合改革，规范和加强学生学籍管理，提高管理信息化水平，利用“义务教育入学服务平台”和“中小学生学籍信息管理系统”组织实施义务教育免试就近入学工作。打造“北京数字学校”和“开放学习管理服务平台”。完善以电子平台为载体的学生综合素质电子档案，为形成分类考试、综合评价、多元录取的考试招生模式提供信息化支撑。完成“国家教育管理公共服务平台北京市数据中心”建设，并通过国家首批验收。结合教委各业务处室需要，建设体卫艺综合管理、中等职业教育综合管理、资助管理、校舍安全管理、教职工信息管理、学前教育综合服务6个业务管理平台，建设和维护综合素质评价、互动式教学平台、网络视频教研系统、网络学习空间、远程学习辅导等20余个应用服务平台。承担全市信息化服务工作，维护中小学学生卡发放和管理体系，发放学籍卡30万张，信息化服务热线全年接听20余万次。做好教育网资源更新，累计更新资源8831条，下架过时资源2万余条，发放电子货币3.2亿点。推进数字校园建设，对首批29所实验校进行绩效评估，开展数字校园星级校评定。提供专家咨询服务17次，各类远程服务2000余次。提炼并推广19种典型创新教学模式，建设推广数字校园云服务平台等7类共性应用服务，各类应用累计访问量176286次。为多项交流活动提供技术支持，在国家基础教育资源平台建成两个专题社区。组织师生参加电脑作品评选、机器人竞赛、全国多媒体教育教学信息化大奖赛、全国校园影视评比等多项活动，获第16届全国师生电脑作品评选最佳组织奖、第19届全国教育教学信息化交流展示活动最佳组织奖。完成电教教师培训及中小学教师信息技术应用培训，并根据教师应用需求，组织摄影技术、学生卡管理等多项应用培训。年内直接培训教师2000余人，发放“教师服务在线”账号23000个，服务教师46000人。

（李艾晶）

【组织参加多项信息类活动】 4—7月，信息中心组织参加多项信息类活动。4月，组织北京市第16届师生电脑作品评选；5—10月，组织北京市各相关单位参加由中央电教馆和中国教育电视协会组织的第11届全国校园影视评比活动；6月，组织北京市幼儿园教师参加第九届全国幼儿园信息技术作品评选；7月，组织北京市中小学师生参加全国第16届电脑制作活动（学生）；7月，组织北京市中小学师生参加全国第13届中小学创新与实践活动；12月6日，组织参加微软计算机科学教育日“编程一小时”全球公益体验活动。

（潘东庭）

【完成教育行业信息安全及等级保护工作】 6—12月，信息中心协助市教委完成教育行业的信息安全及等级保护工作。中心全年完成市属教育行业共28个信息系统的信息安全等级保护定级审批。6月，向全市教育行业发布《关于做好重点时期全市教育行业信息安全工作的通知》；7月，对市属高校、市教委直属单位的信息系统等级保护工作进行摸底调查；8月，针对“纪念抗战胜利70周年”系列活动期间的信息安全保障工作制定一系列的保障措施、通报机制等工作，制定应急预案；9—11月，开展市属高校信息系统安全检查工作，以检查学校面向公共服务的信息系统安全建设、运行、支撑保障措施实施情况为主；11月，承办北京市属教育单位信息安全培训。

（陈昊）

【运维及改版市教委门户网站】 至11月，信息中心完成市教委门户网站的运维及改版工作。市教委门户网站

可利用率为100%，网站页面响应时间平均小于25毫秒。页面浏览量总计1012万余次，访问者IP数总计182万余次。网站公开发布各类信息共645条，其中，政府信息公开220条、处室信息425条。向首都之窗政府门户网站报送信息95条。全年中心配合市教委组织相关人员多次召开网站改版工作会议，对教委门户网站进行重新设计，提高网站的美观程度和访问体验，并开通无障碍功能。

（陈昊）

【完成体质健康测试赛检录】 至年底，信息中心完成北京市中小学生体质健康测试赛的检录工作。中心共完成16个区县372所中小学7440名学生的体质健康测试赛的检录工作以及制作352张加急证件卡工作。该工作以学生卡基础功能为核心，全面监控到场参加北京市中小学生第九届《国家学生体质健康标准》测试赛的学生情况，同时配合市教委规范比赛秩序。

（刘杨玉倩）

【运维教育信息网及高校城域网骨干节点建设】 至年底，信息中心完成北京教育信息网4个骨干节点和19

组织参加多项信息类活动

个汇聚及25个高校城域网节点的日常运行维护、建设改造和管理工作。厂桥机房到电信运营商的互联网流量，工作时间下载平均19Gbps，上传近12Gbps；全部时间下载平均18Gbps，上传近10Gbps；和平门机房到联通的互联网流量工作时间下载平均3Gbps，上传近1Gbps；全部时间下载平均2Gbps，上传近0.5Gbps；和平门电信互联网流量工作时间下载平均1.5Gbps，上传1.8Gbps；全部时间下载平均1Gbps，上传近1Gbps；大网网络出口基本稳定；骨干节点和汇聚全年可利用率达到99%以上。

（陈昊）

【运维数据中心IT及基础设施】 至年底，信息中心完成数据中心IT及市教委教育信息网基础设施维护管理工作。运维设备设施包括核心电信级大型路由设备25台，汇聚层网络设备55台，各类接入层网络设备120台，各类网络安全设备系统49台（套），网络上线运行的万兆、千兆等通信端口近千个；直接维护各类机架式和刀片式服务器740余台，存储系统4套。大型精密空调15组，机房整体配电系统4套，虚拟化平台3套100余台物理服务器授权，DNS系统2套，电子邮件系统1套，行为审计系统一套。

（陈昊）

【运维管理骨干光纤】 至年底，信息中心完成北京教育系统的骨干光纤维护管理工作。共维护光缆维护总长度为698千米（5125芯千米），及时发现处理线路故障38处。完成骨干链路波分复用设备部署，逐步完成光纤冗余链路建设，有效提升现有光纤链路的使用效率，利用波分复用技术选路，实现网络交换和故障冗余恢复，保障整体网络的可用性。

（陈昊）

【升级改造核心网络设备及机房】 至年底，信息中心升级改造核心网络设备及机房。中心配合波分复用设备部署和冗余光纤链路建设，北京教育信息网骨干核心网络具备4×10G的传输网络吞吐规模，有效提升光纤链路的使用效率和运行稳定性，结合冗余光纤链路可较大程度降低因光纤故障导致的网络中断。对厂桥机房核心网络设备、UPS供电系统、基建装修、配电系统、环境集中监控系统进行升级改造，保障机房内业务系统的安全稳定运行。

（陈昊）

【完成网络运维支持及协调工作】 至年底，信息中心协助区县完成网络的运维支持及协调工作。中心协助区县排查解决网络故障，及时通知并督促区县、学校及高校用户处理基于教育网IP的DDOS攻击、端口攻击、端口扫描、列入黑名单等问题2300余条。配合区县实施GlobalIP及域名的申请、规划、分配和实施工作。

（陈昊）

【完成其他基础设施保障工作】 至年底，信息中心完成多项其他基础设施的保障工作。保障工作包括协调16个区县教育信息中心完成2015年高考远程电子巡查系统网络保障工作，监控考点101个，考场4277个；协助北京教育考试院完成中考、会考、成考、自考、社考及研究生等招生考试工作；完成2015年新增的北京市国家司法考试的远程监考巡查工作。开展25所高校及教委中心端高校资产系统网络设备、安全设备、服务器、用户终端的摸底排查，逐步解决使用过程中的问题和隐患。完成义务教育入学平台的网络建设和信息安全保障工作，形成符合等级保护要求的服务器安全区域，在系统上线运行期间提供实时稳定的网络保障和监控告警服务，对虚拟化平台进行梳理并完成安全加固。协助数字学校管理办公室对数字学校系统进行安全策略调整、IP及二级域名申请等工作，并配合实施完成寒假活动系统上线。

（陈昊）

【完成电子政务系统建设及服务工作】 至年底，信息中心受市教委委托完成电子政务系统的建设及服务工作。服务工作包括按期完成主会场视频会议服务器和语音网关等的部署、分会场网络接入、设备配置等技术准备，以及各项管理规定的制定工作；完成各电子政务系统的等保测评工作，部署边界防护措施，各软硬件运行情况良好，信息安全传输平台的开发改造；配合市教委办公室对各处室和直属单位的网站建设情况进行摸底核查，完成政府网站普查申报、自查自评、整改等工作。实现市教委WiFi网络全面投入使用，更新无感知认证模块，用户体验良好；协助市教委重新梳理《市教委机关电子政务工作手册》，将市教委无线网络管理纳入手册当中，并及时修订《市教委机关办公软件资产管理暂行办法》。

（陈昊）

【完成电子政务保密及正版化检查】 至年底，信息中心协助市教委办公室完成市教委涉密网络保密检查及对机关办公设备涉密、非涉密载体保密自查工作。此次检查共涉及计算机203台。正版化检查历时1个多月，检查计算机189台，确保机关公务员计算机所安装的软件均使用正版授权，符合正版化工作的要求，资产、台账清晰。

（陈昊）

【升级改造入学服务平台】 至年底，信息中心完成入学服务平台的升级改造。此次升级改造工作根据市教委最新的义务教育入学指导意见，对于入学服务平台进行相应的升级改造，使得平台信息更加公开透明，提高数据的准确性和有效性，使各级业务部门实时监测入学情况，及时做好部署和协调工作。

（陈昊）

【承办多项市级信息类比赛】 至年底，

信息中心承办多项市级信息类比赛活动。1—6月，承办北京市小学专业委员会第十六届“三优”评选，共收到语文、英语、思想品德、综合实践、音乐5个学科作品1211件，共有896件作品获等级奖；5—11月，承办2015北京市中小幼教育教学视频评优活动，各区县共上交434件作品，其中，教育教学类133部、专题类99

部、校园电视类 27 部、文艺类 55 部、摄影类 120 部；6 月，组织北京市第 16 届师生电脑作品评选活动的机器人竞赛；7 月，承办第七届“2015 年北京－澳门中学生互联网交流计划——‘新丝绸之路，新高铁发展’”科普网站设计与交流活动；8 月，承办市教委委托的“2015 年教育部－乐高创新探究夏令营”活动。

（马东　覃祖军　潘东庭）

北京教育综合服务中心

【概况】 2015 年，北京教育综合服务中心设有机构 4 个。全年中心完成教育系统专业技术人员职称评审组织工作、高等院校及科研院所学位证书发放工作、高等院校及科研院所学位信息年报统计工作；完成市教委政府信息公开和行政许可事务性工作、首都教育咨询服务热线（96391）工作。承担北京市人民教育基金会常务理事会办公室日常管理工作。

（罗芳）

【承担专业技术人员职称评审】 9 月 15 日至 12 月 27 日，综合服务中心承担三次专业技术人员职称评审工作。其中，9 月 15 日和 20 日，中心开展中等专业学校教师中高级专业技术职务评审，共评审 88 人，通过 62 人，通过率 70.45%。；11 月 28—29 日和 12 月 9 日，中心开展高等学校教师专业技术职务学术评议，共评议 338 人，通过 250 人，通过率 73. 96%；12 月 25—27 日，中心开展中小学教师管理学科高级专业技术职务评审工作，共评审 345 人，通过 343 人，通过率 99.42%。

（罗芳）

【直属单位职称备案】 至年底，综合服务中心完成 2014 年市教委直属单位的职称评审结果备案工作。北京教育科学研究院、北京学生活动管理中心及市属中等职业学校等 9 个市教委直属单位参加职称评审备案人数共 82 人（领证人数 70 人），其中，正高级职称 3 人、副高级职称 14 人、中级职称 20 人、初级职称 43 人，员级 2 人。

（罗芳）

【完成学位信息报送】 至年底，综合服务中心完成学位信息报送工作。全年北京地区共有学位授予单位 147 所，其中，高校 66 所、科研单位 81 所。2014—2015 学年度第一学期北京地区报送学位授予信息 37242 条，其中，博士学位 3066 条、硕士学位 17352 条、学士学位 16824 条；2014—2015 学年度第二学期北京地区报送学位授予信息 234832 条，其中，博士学位 14272 条、硕士学位 74257 条、学士学位 146303 条。全年中心开展学位证书网上查询工作，并完成数据修改补报工作，贯彻执行《北京地区学位授予信息报送工作先进单位、先进个人评选及表彰办法（试行）》，共表彰单位 30 个、个人 28 人。

（罗芳）

【承担教育热线和政务公开工作】 至年底，综合服务中心受市教委委托承担政府信息公开和行政许可事务性工作、首都教育咨询服务热线（96391）工作。全年共解答工作咨询 46869 件，其中，接听咨询电话 46188 件、网上在线问答回复问题 4391 件、市非紧急救助服务中心（12345）网络派单 1508 件。市教委机关政府信息公开共整理、收集市教委机关已发文件 855 件，处理政风行风热线转办件 112 件，已办结 108 件，群众满意率达 98%。全年共受理“行政许可”类全程办事代理制事项 9716 件并按规定程序进行办理。

（罗芳）

北京市教育系统人才交流服务中心
北京高校毕业生就业指导中心

【概况】 2015 年，北京市教育系统人才交流服务中心（北京高校毕业生就业指导中心）在职职工 70 人，在编 33 人。中心设办公室、学籍与就业事务部、人事代理部、市场发展部、宣传推广部、培训交流部、研究室、创业服务部、人事业务部 9 个部门。全年中心协助市教委推进大学生就业、创业工作，完成北京高校大学生创新创业服务中心建设；创业园（良乡园）投入运行，37 支创业团队入驻；完成创业园（中关村软件园）和北京理工大学“北京高校大学生就业创业大厦”签约；初步形成市级层面支持大学生就业创业的“一街三园”创业孵化体系；开展优秀创业团队评审工作，评选出 367 支优秀大学生创业团队。编制《2015 年北京地区高校毕业生就业质量年度报告》。举办各类双选会 121 场，服务用人单位 10705 家次，提供需求岗位数量 4.42 万个次，招聘需求近 30 万人次，服务参会毕业生 13.60 万人次。完成北京高校毕业生就业信息网新增用人单位注册 4076 家，提供就业岗位数 19554 个，岗位需求 182665 人，网站累计注册用人单位用户 25500 家。完成东城、西城、海淀、石景山 4 个区县教委人事档案返还 15496 份，中心服务存档单位 590 家，管理的人事档案总量 21955 份。全年中心协助市教委完成 93 所高校、85 家科研单位的 23 万余名 2015 届毕业生就业手续办理工作，出具报到证近 20 万张。协助市教委完成直属事业单位 57 名和各区县教委中小学 358 名教师岗位的公开招聘工作。协助市委教育工委完成 2015 年 169 名首都高校博士生（后）、青年教师和辅导员挂职锻炼的报名、管理与服务工作。组织北京高校就业困难及家庭经济困难毕业生 1.20 万人次参加就业帮扶培训。组织北京 70 余所高校的 1065 人次的就业工作人员参加培训学习。完成市教委直属事业单位和中专学校、区县教委以及市属高校人事干部的专业化培训 2 期。北京高校毕业生就业信息网：www.bjbys.net.cn；北京教育人才网：www.jyrc.com.cn。

（侯文磊）

【高校就业工作人员和教育系统人事干部培训】 3—11 月，人才交流中心完成北京市高校就业工作人员和教育系统人事干部培训工作。中心重点加强培训需求分析，面向高校就业工作人员，从提升就业工作人员的创业教育知识、创业答疑能力和就业指导工作人员存在的个性化特性，专门设置培训课程，举办各类就业创业培训班 16 期，共有来自 70 余所高校的 1065 人次参加培训。同时，面向市教委直属事业单位和中等职业学校、市属高校、区县教委举办 2 期教育系统人事干部专业化培训班，累计 190 人参加培训。

（侯文磊）

【评审大学生创业优秀团队】 12 月 21 日，北京高校毕业生就业指导中心受市教委委托公布北京地区高校大学生创业优秀团队评选结果。经高校选拔推荐、组织专家组评审、评审委员会审定和社会公示进行评选。2015 年创业团队申报数量比上年增长 4 倍，共有 52 所高校报送 545 个团队参加优秀创业团队复核。经过 4 次复核评审，最终 363 支创业团队获得北京地区高校优秀创业团队称号，共获得 3000 万元的资助奖励。该评选由北京高校毕业生就业指导中心承办。

（侯文磊）

【建立多形式立体化就业市场服务体系】 至年底，人才交流中心建立“市级、校级、地域”等多形式立体化的就业市场服务体系。为解决市属高校在服务京外生源毕业生就业方面存在的岗位信息资源少的问题，中心依托清华大学、中国人民大学、北京师范大学建设 3 个京外用人单位就业分市场；整合北京中医药大学、北京大学医学部、北京协和医学院、首都医科大学建设医药卫生行业就业分市场；依托北京财贸职业学院建设通州郊区就业分市场，推动资源共享和辐射，初步形成“市级、校级、地域”等多形式立体化就业市场服务体系。全年中心共举办校园联合双选会 65 场，平均每场参会单位 98 家，招聘人 2827 人次，参会学生 1259 人次。

（赵小华　侯文磊）

【开展就业困难毕业生就业帮扶】 至年底，人才交流中心开展系列就业困难毕业生的就业帮扶工作。中心整合中公教育、新锦程教育、“V 播堂”等社会优秀培训资源，在北京地区 44 所高校和科研院所内开展“家庭经济困难及就业困难大学生就业帮扶讲座” 113 场，培训内容涵盖就业力训练、行政能力训练、职业 OFFICE 应用训练 3 个部分，参加培训的学生数量 1.20 万人次；通过在就业之家招聘会现场为学生提供在线学习卡申领服务、在微信公共账号开设学习卡申请服务等方式，进行就业帮扶项目的推广。

（侯文磊）

【拓宽就业宣传推广渠道】 至年底，

人才交流中心深化宣传推广服务。共开通《成功就业》订阅号和《就业信息网》服务号两个就业咨询资讯微信公共平台，同时编发就业资讯《成功就业》彩信手机报。《成功就业》微信订阅用户 5.60 万人，推送微信息 187 期；《就业信息网》微信服务号，累计用户 1 万余人，推送信息 33 期。《成功就业》彩信报，共发送彩信 13 期，发送总人次近 67 万次。就业信息网提供就业指导服务，制作包括教师公招、大学生村官、大学生征兵、志愿西部、毕业手续户档管理、求职指导、创业知识等网络专题 18 期。

（侯文磊）

【部分区县教委人事档案返还】 至年底，人才交流中心完成部分区县教委 11003 份人事档案返还工作。中心按照市教委关于档案返还的工作要求，制定区县教委人事档案返还工作方案，对返还人事档案进行标准化整理装订，累计完成东城、西城、海淀、石景山区教委 15987 份人事档案的返还工作。同时中心服务存档单位 590 家，管理的人事档案总量 21955 份。

（李会华　侯文磊）

【完成学历认证协查】 至年底，人才交流中心协助教育部完成学历认证协查工作。共受理学历认证申请 14480 份，出具学历报告 12199 份，通知单 571 份，收缴各类伪造学历证书 56 本。

（侯文磊）

【完成毕业生就业手续办理及学籍审核】 至年底，人才交流中心协助市教委完成毕业生就业手续办理及学籍审核等相关工作。中心协助市教委学生处完成 93 高校、85 家科研单位的 23 万余名毕业生就业手续办理工作，出具报到证 20 万余张；完成各学历层次新生学籍注册数据约 64 万余条；学年注册数据约 223 万余条；打印北京市优秀毕业生证书 1.10 万张；协助市征兵办完成 2015 年退伍和退伍复学士兵学历核查 1226 人次。

（侯文磊）

北京市国际教育交流中心
北京市汉语国际推广中心

【概况】 2015 年，北京市国际教育交流中心（北京市汉语国际推广中心、北京市港澳台教育交流中心）有教职工 27 人。全年组织市委教育工委、市教委及直属单位因公出国（境）35 个团组，出访国家和地区 26 个，服务 269 人；先后配合教育部、民政部、国家汉办、中联办、市政协等中央和北京市机关事业单位完成接待任务 13 项，接待 887 人次。全年共举办 3 次境外教育展和说明会，来自全市 50 所大中小学的 72 人参加。全年累计开展 3 大类 9 项境内外师生交流活动，来自境内外的 1800 余名师生参与活动；组织 3 大类比赛，5000 余名大、中、小学在京外籍学生参加。全年开展汉语及中国文化培训，来自 14 个国家的 258 名官员参加学习；组织首都高校汉语国际教育专业学生 100 名到境内外教学实习；组织来自 21 个国家的 300 名汉语教师来京研修；完成国家汉办外派教师、志愿者项目的招募工作 15 个。网址：www.biee.bjedu.cn。

（郑静慧）

【承办三次国际夏令营】 7 月 14—23 日、7 月 17—24 日及 7 月 26 日至 8 月 1 日，国际教育交流中心分别承办 2015 国际学生北京夏令营、2015 京港澳学生交流夏令营和 2015 北京学生台湾阿里山夏令营。国际学生北京夏令营以感受中国为主旨，通过讲述结合视听的形式，帮助第一次来华外国中学生全面正向地了解中国，共有来自 4 大洲 21 个国家的 632 名国际师生参与活动。京港澳学生交流夏令营旨在帮助港澳同学正确认识和看待当前面临的社会问题。分别邀请清华和北师大的国内知名专家进行国情讲座和文化讲座，澳门教青局专门制作十周年活动特刊。夏令营恰逢京港澳学生交流夏令营举办十周年及世界反法西斯胜利70周年，北京市政府及三地教育部门主要领导参加开营仪式，共有北京师生300人、港澳师生325人参加活动。北京学生台湾阿里山夏令营活动期间拜访台湾的大学、中学，参观台湾的历史文化古迹。北京联大的专家从涉台政策、当前台海局势、台湾问题由来、交往注意事项等多个层面为北京师生讲解培训，共有北京师生117人参加。

（郑静慧）

【举办暑期英语夏令营】 8月15—29日，国际教育交流中心举办2015暑期英语夏令营。活动分别在丰台、门头沟和密云3个营地举行，邀请来自英国、部分欧盟国家及其他国家的外籍教师，以全封闭的方式为中学师生授课。3个区县1100名中学生、100名中学英语教师参加活动。

（郑静慧）

【实施首都国际语言环境建设项目】 至年底，国际教育交流中心组织实施“2015国际语言环境建设”项目。内容包括组织“问候全世界”中小学生多语种培训项目，共在5个区22所学校开设44个教学班，开展德语、法语、西班牙语3个语种的教学，参加授课的学生1200余人。组织首都学生外语展示系列活动，通过童话剧表演和演讲的比赛形式进行，小学组参赛学校265所，涉及16个区县的学校；初中组参赛学校126所，覆盖14个区县的学校；高中组参赛学校14个区县115所学校，参加师生共计18500人。承办2015年北京外语游园会国际语言文化交流展示区活动，设立英、法、西班牙、德和韩5个外语交流互动区，通过展板形式向市民介绍5个语种相关国家的语言、城市、文化等知识，并设置有奖竞答活动。北京市22所中小学校的400余名中外师生参加演出，参与市民千余人。

（郑静慧）

【完成汉语教师和志愿者招募及派出任务】 至年底，国际教育交流中心协助国家汉办完成15个汉语教师招募及志愿者派出项目。共派出汉语教师和志愿者119人，招募教师及志愿者主要来自首都师范大学、北京第二外国语大学等市属高校及中小学。国际教育交流中心派出赴泰国志愿者11人，主要在当地进行汉语教学及中国文化传播工作。

（郑静慧）

【承办多项汉语推广活动】 至年底，国际教育交流中心承办多项汉语推广活动。其中，举办2015北京市中小学外国学生汉语节，组织书画、作文作品征集评选，中国文化体验系列课程等活动，贯穿全年举行，吸引来自30余个国家的中小学学生3000余人参加。承办北京外国留学生汉语之星大赛，通过层层筛选，评选十大“汉语之星”，30余所高校的980余名留学生参加评选，为历年之最。

（郑静慧）

【完成汉语国际推广宣传】 至年底，

国际教育交流中心完成汉语国际推广宣传工作。通过北京汉语网，提供汉语学习课件、中国文化学习等资源；印制《留学北京》《北京高校特色项目》《北京高校英文授课项目》和“北京市教育委员会介绍”等对外宣传材料，介绍北京教育，助力汉语推广及北京教育宣传。北京汉语网网址：www.bjchinese.bjedu.cn。

（郑静慧）

北京学生活动管理中心 北京市少年宫

【概况】 2015年，北京学生活动管理中心（北京市少年宫、北京市青少年科技馆、北京教学植物园）占地面积14.42万平方米，建筑面积4.92万平方米。中心内设机构14个，有教职工192人，包括专业教师150人，博士、硕士研究生学历38人，高级职称33人，特级教师2人，市级骨干教师2人。建有市级阳光少年舞蹈团、管乐团和手风琴团、金鹏科技团，绿色科技俱乐部；设有艺术、科技、体育类等学生校外兴趣活动小组项目47个，兴趣小组400余个，全年招生1.6万余人次，参加小组活动学员16065人次；组织艺术、科技、体育和环境教育等青少年群众性活动100余项，参与人数110万人次。全年中心通过网上和电话预约，共接待国内外教育单位、机构和社会团体近3900人次参观学习；为丰富植物种类，引进温室植物267种，首次引进石松类植物；收集引种露地栽培木本、水生、草本植物，热带亚热带等活体标本植物1817种。中心建立并启用新网站，原有网站停止使用，新网址：http://www.bjxgzx.org/。

（杨建龙 李蔓）

【举办6期科普夏冬令营】 1—7月，学生活动中心共举办6期科普夏冬令营。共有学生220人参加。1月31日至2月2日，举办3期“花香冬日”科普活动暨教学植物园首届公益科普

举办暑期英语夏令营

冬令营，包括“珍稀植物大逃亡”“奇花异草欣赏”“水仙雕刻”等环节，共有10～12岁的学生120人参加；7月24—26日，举办3期“夜游植物园，探访夜精灵”半日夏令营，设植物魔法秀、野外露营、探寻野生动物、夜游植物园等项目，共有3至5年级学生100人参加。

（马凯　魏红艳）

【举办中华美德少年行故事汇系列活动】　1—12月，学生活动中心举办“中华美德少年行”故事会系列活动。1月12日，举办美德故事展示活动，以讲故事、演故事、画故事、写故事和道德模范交流对话等形式，600余人参加活动。10月，举办8场“中华美德少年行——家风故事汇”活动，历时两周，近千名家长和4～13岁学员参与活动。12月12日，在国家大剧院承办“中华美德少年行——家风故事汇”展示活动，从16个区30余家校外机构和40余家乡村学校少年宫征集的千余篇作品中选出“最佳故事”23篇，并从中选出8篇故事参加展示，800余人参加活动。

（李昱　王鹏）

【恢复绿色科技俱乐部活动】　2月，学生活动中心恢复原教学植物园绿色科技俱乐部活动。俱乐部会员由北京市中小学生构成，主要开展与植物、环境相关的科技探索活动。俱乐部有会员31人。至年底，俱乐部设计活动课程48项，其中，实施课程28项69次，开展《牢记历史，给未来一片晴空》《谈谈转基因植物》科普讲座2次，参与学生3720人次。

（马凯　魏红艳）

【举办植物主题科普活动】　2—10月，

学生活动中心举办系列植物主题科普活动。共有学生255人参加。2月3—7日，为9～12岁的学生开设“植物克隆”“探究植物叶片的香味之谜”“叶脉书签制作”“植物色彩变色秀”4项植物科学探究课程，75名学生参加学习；3月29日，举办愚人节主题科普活动——“石头会开花植物也愚人”。活动分“植物世界辨真假”“石头绘画”两个版块，7～9岁的学生30人参加；10月14日，举办“辨识五谷体验农事爱粮节粮”世界粮食日主题科普活动。活动设“趣味识五谷”“农事体验”和“种子大比拼”3个项目，共有学生150人参加。

（马凯　魏红艳）

恢复绿色科技俱乐部活动

【共建手风琴基地校】　3月25日，市少年宫与海淀区永泰小学签署《北京市少年宫支持北京市海淀区永泰小学特色发展协议书》共建手风琴基地校。同时举行市少年宫手风琴基地校揭牌仪式。根据协议，市少年宫通过派遣师资进校任教、提供教研学习平台、开展艺术体验等相关活动与永泰小学形成优势互补、资源共享、共同发展的良好机制。

（纪宇辰　丰雪）

【举办11次主题教育活动】　3—11月，市少年宫举办11次主题教育活动。3月，开展“知母爱感师恩”庆祝三八主题教育活动，共有200余名家长和学生参加；4月，开展“走进清明感受文化”清明节主题教育活动，共有百余名少年儿童及家长参加；5月15日，开展“勿忘国耻童心筑梦”——纪念中国人民抗日战争胜利暨世界反法西斯胜利70周年主题教育活动，参加学生450人；5月29日，举办“携手并肩、快乐成长”庆祝六一主题教育活动，参加学生5000人；5月29—31日，举办“保护濒危植物共建生态家园”六一主题科普游园会，全市3400余名学生参加；6月10日，开展“远离毒品快乐成长”主题教育活动，学生200人参加；8月，开展首届“北京市少年宫暑期一日营”活动，参加学生180人；8月8—14日，开展“穹顶之下绿色梦想”——京津冀三地青少年环保之旅夏令营，参加学生40人；10月12日，举办“从小学做人争做好队员”主题教育活动，参加学生200人；11月25日，开展“童心盛典携手筑梦”主题教育活动，参加学生400人；举办“北京市少年宫安全主题开放月”活动，共有300人参加。

（乔超新　刘毅　李然）

【开展半日课程体验活动】　3—12月，市少年宫开展半日课程体验活动270次。来自8个区60所学校9608名学生参加活动，内容涉及美术、科技、体育、器乐、声乐、朗诵等课程体验项目，每周三、周五面向全市中小学生开放。

（李然　刘毅）

【开展亲子动手体验活动】 3—12月，市少年宫开展亲子动手体验活动80次。活动包括亲子游戏、亲子绘本、传统手艺制作等内容，为家长和孩子搭建沟通交流平台。共有400个家庭参加活动。

（乔超新 李然）

【开展童心联盟活动】 3—12月，市少年宫开展童心联盟活动30余次。该联盟是市少年宫面向全市中小学生开展较高层次校外活动的公益性业余社团，有盟员100余人。联盟以“享受童年快乐时光，作乐观向上开心少年”为宗旨，以“我参与，我快乐，我成长”为口号，开展传统游戏、传统手工艺等活动项目。学生5000余人参加活动。

（李然）

【组织3项科技实践体验活动】 3—12月，学生活动中心组织开展3项科技实践体验活动。共有29053人参加。3—11月，中心与波音公司联合开展第七届波音航空科普系列教育活动，学生17000人参加。该活动自2009年3月启动以来，累计1200余所学校8.5万余名小学生参加，培训科技教师2250人次，组织40场公开课，69次教师培训，累计配发教材和模型套材各98500套，51所学校将活动教材列为校本教材，42所计划成为校本教材；4—12月，中心与索尼探梦科学馆联合主办“爱心助学—科普下乡”大型互动科学实验表演，活动以现场交流、互动表演为形式，12000名学生参加。“爱心助学—科普下乡”大型互动科学实验表演活动自2008年4月1日启动以来，共为全国235所偏远山区学校进行上百场科普实验表演，为山区的学生进行科普启蒙。8月12—16日，市少年宫组织优秀少年宫学员赴湖北巴东开展科技实践体验活动，包括参观三峡水电站、互赠手工礼物、搭建过山车模型、参与航拍活动等环节，共有两地师生53人参加。

（蒋小建 张文龙 刘星汉）

【举办手风琴艺术年系列活动】 4月5—7日，市少年宫举办“2015中国青少年手风琴艺术年”系列活动。活动包括举办系列音乐会、系列研讨会、全国展演、省级展演等内容，来自全国22个省市及地区80余名青少年代表与市少年宫青少年手风琴乐团组成160人乐队进行演出。同时80余名全国教师代表围绕中国青少年手风琴教育教学发展与创新主题进行研讨。

（丰雪 纪宇辰 陈思）

【承办珍稀濒危植物保护主题科普活动】 4月24日，教学植物园承办“珍稀濒危植物保护主题科普活动——中国植物园联盟公众科普计划”北京教学植物园站活动。活动包括濒危植物展览、“保护濒危植物、共建生态家园”专题科普讲座、参观10余种活体珍稀濒危植物三部分内容。中国植物园联盟副理事长、北京植物园领导及350余名中小学生参加活动。

（马凯 魏红艳）

【举办首都生态文明宣传教育示范基地观摩活动】 5月13日，学生活动中心举办首都生态文明宣传教育示范基地观摩活动。中心教师以“春天的花”为主题进行说课，就中小学生生态教育的教学技巧进行交流。首都绿化委员会办公室、首都生态文明宣传教育示范基地负责人及各区县园林局相关工作人员60余人参加。

（马凯 魏红艳）

【启用OA智能协同办公系统】 5月，学生活动中心正式启用OA办公系统。该系统实现手机端和互联网移动办公，设置植物养护数据统计功能，反映库内物资种类和数量，提供植物养护技术单。

（马凯 魏红艳）

【开展科普进社区活动】 5—8月，学生活动中心以助残日、学校假期为契机，开展科普进社区活动，共服务居民1530人。5月14日，举办东城区“同走康复路、共圆中国梦”关爱自闭症儿童家庭康复圆梦之旅主题活动，设有实物猜猜看、闻香识花草、学种芽苗菜、植物解析4项自然体验活动，帮助自闭症儿童进行感觉、情绪、空间认知训练。20个自闭症儿童家庭、东城特教学校15个特殊家庭及区儿童康复机构教师参加活动；7月13日至8月28日，在东城区各街道社区开展学生暑期学习实践活动50余次，活动以讲座和动手实践相结合，讲解植物栽培相关知识，现场指导播种实践，1500名学生参与活动。

（马凯 魏红艳）

【承办4项市级科技类校外教育活动】 6—12月，学生活动中心承办4项市级科技类校外教育活动。共有学生12万余人参加。中心承办北京学生科技文化夏令营暨第33届北京学生科技节开幕式，12万余人参加；承办第七届科学建议奖评选活动，征收学生有效建议876项，900人参加；承办首届北京市中小学生创客秀，全市100余所中小学校的1500名学生围绕节能环保、科技创新、手工制造等主题，参加“创客秀场”“8小时互动设计马拉松”两个项目的竞赛；承办北京市学生机器人智能大赛，15个区县296所学校和校外单位560支参赛队参赛，学生2400余人参加。

（蒋小建 王涛 张峥）

【学员在3项全国比赛中获奖】 7月22日至8月3日，市少年宫组织学员45人参加3项比赛，共获得团体、个人奖39项。7月22—24日，自然探索

开展科普进社区活动

小组学员3人参加全国小学生科技英语技能大赛，取得小学高年级组一等奖、小学低年级组二等奖；7月24—29日，舞蹈团学员参赛作品《乌乌乌》《我和钢琴有个约会》获第八届“小荷风采”全国少儿舞蹈展演金奖；7月30日至8月3日，参加全国青少年车辆模型锦标赛学员22人，在1/10遥控油动房车、1/12遥控电动越野车等项目中获个人冠军1人，亚军1人，第三至第八名6人；单项团体银牌3人，铜牌6人，第四至第六名18人。

（张文龙　陈思　马洪梅）

【举办“流动少年宫”】 11月3日，学生活动中心在平谷区金海湖第二小学举办“流动少年宫”活动。活动以“城乡手拉手，走进金海湖”为主题，举办海模、生物、电子等示范教学实践活动。师生200余人参加活动。

（霍颖欣）

【展示60年教育成果】 12月27日，市少年宫举办主题为“我们共同走过60年——北京市少年宫教育成果展示活动”。活动展示历史照片与美术作品展览、教学成果汇报演出和少年宫老组员联谊会理事会成立大会3个部分。展览采用档案、文献、老照片展示少年宫发展历程，呈现建宫以来少年宫组织、参与的各种活动及科技、体育、音乐、美术等教学活动。汇报演出分历史回顾、成果展示、放眼未来3个篇章，700余人参加。少年宫前身是1952年建立的“少年之家”，1956年在彭真的关怀下成立北京市少年宫，1957年成立北京市青少年科技馆、北京教学植物园；2000年北京市少年宫和北京市青少年科技馆合并，成立北京学生活动管理中心；2013年，北京市少年宫新宫落成；4月，在整合原北京学生活动管理中心和北京教学植物园的基础上，重新组建北京学生活动管理中心；12月，从皇家园林寿皇殿古建筑群迁出。

（李蔓）

【承办高雅及民族艺术进校园活动】 至12月，学生活动中心承办2015年高雅艺术、民族艺术进校园活动。共组织演出614场，包括民族艺术进校园活动共邀请30家艺术团体，采取昆曲、曲剧、曲艺、合唱、芭蕾、管乐、现代舞、皮影戏、话剧等艺术形式，为中小学演出400余场，大学演出90余场，专场演出65场，活动覆盖全市16个区县近千所学校；高雅艺术进校园活动组织器乐、舞蹈、合唱、话剧等专场演出18场。

（张君）

【承办6项市级艺术类活动】 至12月，学生活动中心承办6项市级艺术类活动。承办第18届北京学生艺术节活动，开展器乐、舞蹈等市级展演项目，举办青少年艺术周、音乐嘉年华、校外艺术展演、舞蹈项目交流等活动；承办校园舞剧《你好，北京!》展示活动，剧目以“世界的北京”“中国的北京”“北京的北京”为叙事主线，以“自然的北京”“文化的北京”和“情感的北京”为艺术和情感主线，以北京基础教育为视点，从世界、中国、北京等不同的视角，展示北京开放的城市态度、厚重的东方文明，共展示2场；承办首都学生梦想大舞台（原首都学生演出季）活动，共演出19场，6000余名学生参加；承办北京大学生舞蹈节，活动包括舞剧、专场展演、论坛等，收到舞剧节目10部、舞蹈展演节目89个，共评出一等奖25个、二等奖31个、三等奖26个、纪念奖7个，优秀节目创作奖19个，优秀组织奖14个、精神风貌奖5个，共有62所高校参加活动，参演观看人数近万人；承办第五届北京大学生戏剧节，收到37所高校61部参演剧目，评出剧目奖、导演奖、编剧奖、舞台设计奖、人物造型奖以及男女演员奖等奖项20余个，演出29场，参演观看人数14500人次；承办2015年北京市阳光少年艺术节展演，组织器乐、舞蹈、戏剧、朗诵、声乐5大专场展演，全市16个区县43个校外教育机构的186个节目参加展演，评出一等奖49个、二等奖71个、三等奖65个，全市近万余名学生参与活动。

（谢丹　林清　王杨　曹璐）

【参加7项国际文化艺术交流活动】 至12月，学生活动中心组织参加7项国际文化艺术交流活动。2月22—26日，组织赴澳大利亚参加“欢乐春节”活动；7月27—31日，组织第七届京澳学生科技夏令营活动，80名北京和澳门的师生参加活动；8月1—9日，承办市侨办2015年海外华裔暨港澳台地区青少年“中国寻根之旅”夏令营北京集结营书画活动，200名海外华裔青少年参加；8月7—18日，组织金帆舞蹈团和交响乐团9～12岁小学生153人赴英国参加2015年爱丁堡国际艺术节和相关交流活动；8月14—27日，组织赴希腊参加第53届莱夫卡斯国际民俗艺术节广场游行及演出活动；9月20—30日，选派学

展示60年教育成果

生活动中心教师5人赴澳大利亚墨尔本参加2015年“中华文化大乐园”活动；10月，市少年宫舞蹈团部分团员参加2015中华文化大乐园——优秀才艺学生交流团欧洲访问演出，在德国、荷兰参加5场文化交流活动。

（刘弦　罗晶）

【承办14项市级体育比赛】 至12月，学生活动中心承办14项市级体育比赛。比赛包括阳光体育北京市中小学生乒乓球冠军赛，2014—2015“阿迪达斯”中国高中男子3×3篮球联赛（北京赛区），2015年北京市校园足球五人制比赛暨“谁是球王”青少年校园足球竞赛活动（北京赛区），北京市青少年体育文化节，2015年北京市中小学生足球联赛、篮球冠军赛、羽毛球赛、排球冠军赛、健美操比赛，阳光体育第53届北京市中学生田径运动会，2015年北京市中学生田径冠军赛，北京市第九届“和谐杯”乒乓球比赛，2015—2016中国初高中篮球联赛（北京赛区），2015—2016学年度北京市百万青少年“迎冬奥”系列活动。共有来自全市16个区县的8486名中小学生参加活动。

（董默轩　郭跃　傅玥）

【主办13项市级体育比赛及演出】 至12月，学生活动中心主办13项体育比赛。主办阳光体育2015年10项比赛，全市16个区县558所学校8969人参加。比赛包括阳光体育2015年北京市中小学生跳绳比赛、花样跳绳比赛、长跑比赛、网球比赛、啦啦操比赛、轮滑比赛，阳光体育2015年北京市学生体育舞蹈比赛、街舞比赛，阳光体育2015年北京市中学生棒球比赛，阳光体育2015年北京市儿童跳皮筋比赛；6月7日，主办体育舞蹈专项演出活动；7月11—20日，主办第32届北京晚报百队杯足球赛暨校园足球嘉年华；7月13—17日，主办2015年北京市少年宫“棋星杯”三项棋邀请赛。

（董默轩　李东军　郝兴杰）

【组织10场艺术专场演出】 至12月，市少年宫组织10场艺术专场演出。共有1630人次参加演出。1月3日，举办管乐团2015新年音乐会，700人参演；3月7日，参加中山公园音乐堂“献给妇女节的歌——前苏联歌曲与中国西部民歌合唱音乐会”，50余人参演；5月30日，举办管乐团“六一”专场音乐会，参演团员130人；5月31日，举办合唱团“欧洲经典童谣——爵士宝宝”六一专场音乐会，120人参演；7月18日，举办管乐团“保卫黄河”主题音乐会，80人参演；7月26日，举办合唱团《巴巴爸爸·动物狂欢节》——欢唱童声·儿童音乐会，100人参演；8月1日，举办合唱团“飞翔吧和平鸽”专场音乐会，40人参演；9月9日，组织“中国寻根之旅”集结营——书画1营北京市少年宫艺术团交流演出，350人参演；12月12日，举办2场“携手共舞追梦寻根”中国民族民间舞蹈专场演出，60人参演。

（徐家辉　王春妹　陈思）

【更新植物园区科普设施】 至12月，学生活动中心投入近80万元更新教学植物园区科普设施。1—5月，铺设塑胶场地200米；5—12月，重新设计、更换科普橱窗27个，国树国花互动展具及橱窗7套，特殊植物说明牌50个，指路牌33个；9—12月，更换园区座椅260米、水榭座椅28平方米、维修木质园林建筑500平方米、重新油漆园区栅栏900平方米、维修三级路236平方米。

（马凯　魏红艳）

【提供教学绿化服务】 至12月，学生活动中心为486所中小学教学、绿化提供服务。其中，为440所中小学学校提供植物栽培参赛材料6万份；为15所学校1500人提供劳技材料9000份；为城近郊区31所学校提供生物实验材料5.3万份。

（刘宏峻）

北京市教育技术设备中心

【概况】 2015年，北京市教育技术设备中心建筑面积3144平方米，其中，标准教学设备展示厅300平方米、办公场所2144平方米、库房700平方米。中心设有办公室、发展规划科、管理科、技术科，现有职工40人。中心代市教委行使对教育技术装备的管理和对实践教学研究的职能，负责北京市中小学校实验室（专用教室）和教学仪器设备的建设、配备、管理、质量检测及技术服务。全年中心召开全市教育装备工作会，起草《北京市教育委员会关于加强基础教育装备安全与质量管理工作的意见》颁布实施《北京市中小学校办学条件标准细则（修订）》（普通高中部分），开展利用社会资源丰富中小学校外实践活动，探索建立初中“开放性科学实践活动”流动实验基地；开展第一批高中开放式重点实验室市级现场验收工作；举办小学劳技教师技能培训与展示活动；继续开展全市中小学教师实验技能培训；开展“我爱家乡”阅读指导活动；举办第二届北京市高中学生物理学科研究性实践活动。成立北京市教育装备专家指导委员会、北京市中小学实验室装备与实验教学研究中心。创办《北京基础教育技术装备》期刊。

（赵文强）

组织10场艺术专场演出

【举办2015北京教育装备论坛】 3月19日，设备中心组织举办2015北京教育装备论坛。论坛在北京展览馆举办，包含中小学图书馆分论坛、中小学创新型实验室建设与实施方案分论坛等。中小学图书馆分论坛围绕中小学图书馆的功能定位、软硬件建设、数字图书馆的发展等内容展开；中小学创新型实验室建设与实施方案分论坛围绕什么是创新实验室、如何体现创新理念以及北京市围绕创新实验室正在进行的案例等展开。市教委相关领导，南京和上海教育装备部门主任，日坛中学和中关村第三小学图书馆馆长以及各区县装备负责人和教师代表参加论坛。

（赵文强）

【举办第五届“书香燕京”读书活动】 4月23日，设备中心联合南京市教育装备与勤工俭学办公室、成都市教育技术装备管理中心，在北京、南京、成都三个会场共同举办“京·宁·蓉”三地中小学生诵读会暨第五届“书香燕京”读书活动。活动以“我爱家乡”为主题，融诵读、表演、合唱于一体，并通过网络互动方式，实现实时交流观看。读书活动共收集16个区县和燕山608所中小学校师生征文93270篇。经专家组评审，评出一等奖1062篇、二等奖5072篇、三等奖7242篇，区县组织先进单位16个，区县组织先进个人69人，学校组织先进单位243个，学校组织先进个人485人，优秀辅导教师876人，区县突出贡献奖4个，学校组织突出贡献奖小学、中学各25所。

（赵文强）

【举办中小学自制教具骨干教师培训】 5月8日，设备中心举办北京市中小学校自制教具骨干教师培训。培训邀请专家针对自制教具创新研制的基本思路、技能，以及知识产权保护知识进行培训，共有来自全市各区县120余名自制教具骨干教师和装备、教研部门负责人参加。

（赵文强）

【特殊教育学校办学条件标准细则研究项目结题】 6月18日，设备中心召开《北京市特殊教育学校办学条件标准细则》研究项目结题会。项目负责人围绕项目研究成果、研究背景、研究团队、研究过程、研究思考等方面进行研究成果汇报。该中心于上年受市教委委托，承担北京市特殊教育学校（盲校、聋校、培智学校和融合教育资源教室）办学条件标准细则的研制工作，主要对特殊教育教学要求进行充分的调查与分析，研究教学所需设备的种类、规格、技术参数、品质、数量等。课题根据《北京市特殊教育学校办学条件标准》《北京市中小学校办学条件标准细则》，最终形成《北京市特殊教育学校办学条件标准细则》研究稿。主要分为《盲校办学条件标准细则》研究稿及研究报告；《聋校办学条件标准细则》研究稿及研究报告；《培智学校办学条件标准细则》研究稿及研究报告；《融合教育资源教室办学条件标准细则》研究稿及研究报告4个部分。

（赵文强）

【成立中小学实验室装备与实验教学研究中心】 7月7日，设备中心联合北京教育科学研究院共同成立北京市中小学实验室装备与实验教学研究中心。该中心促进实验室装备与实验教学的融合，提高北京市中小学实验教学与实验室装备的研究能力与工作水平。中心聘请研究员53人，研究方向主要为教育装备在学生能力培养中的作用与地位；北京市中小学实验教学研究与实验教学实践指导；北京市中小学生校外实践实验课程实施办法。中心的工作目标是：研究新形势下实施实验教学、充分发挥实验室装备效能的有效路径，指导北京市中小学校开展实验教学和课外教育教学实践，全面培养中小学生的能力素质。

（赵文强）

【举办高中物理研究性学习实践活动】 7月18—19日，设备中心主办第二届北京市高中生物理研究性学习实践活动。来自北京市第二中学、北京市景山学校和北京市第八中学等11所高中学校的18支队伍104名学生22名教师共同参与。经过三轮预赛，总成绩排名前三名的队伍进入决赛，最终潞河中学一队、人大附中队、师大二附中二队、师大二附中一队四支队伍获一等奖。活动与北京师范大学、北京青少年科技创新学院共同主办。北京市高中生物理研究性学习实践活动是借鉴国际青年物理学家锦标活动（IYPT）的模式创办的北京地区活动，旨在推进高中新课程改革以及培养学生的创新精神和创新意识，提升高中学生物理研究性学习实验实践及思辨能力的活动。

（赵文强）

【《北京教育技术装备》杂志创刊】 9月，设备中心发行《北京教育技术装备》杂志创刊号。《北京教育技术装备》是由该中心指导、北京教育装备行业协会主办、中国现代教育装备杂志社编辑制作的内资性全彩季刊。杂志主要提供理论研究的平台、宣传交流的平台、发展建设的平台，以推动北京教育装备工作的特色发展和可持续发展，加强各区县以及北京与全国各地区的教育技术装备信息共享和经验交流。杂志主要面向各级教育行政部门、教育装备管理部门和北京市中小学校、幼儿园免费发送。

（赵文强）

【参加全国中小学实验教学说课活动】 10月30日至11月2日，设备中心组织北京代表队参加在福建省福州市举办的第三届全国中小学实验教学说课活动。北京队8名选手参赛，7人获一等奖、1人获二等奖，名列全国第一。此次活动由教育部基础教育二司和中国教育装备行业协会主办，全国共有286人参赛，评出一等奖87人、二等奖113人、三等奖86人。

（赵文强）

北京教育老干部活动中心

【概况】 2015年，北京教育老干部活动中心有正式职工16人，内设办公室、活动部、生活服务部、信息宣传部4个部门，同时挂北京教育老干部大学和北京教育老干部党校两块牌子，建筑面积4560平方米，分为办公区（北楼三层）、文体娱乐区（北楼一、二层，东楼三层）、教学区（东楼一、二层），设有图书阅览、书画、棋牌、台球、乒乓球、茶艺、舞美、卡拉OK、手工制作、健身房、计算机房、多媒体、音乐欣赏等厅室（教室）。文体娱乐区供北京教育系统离退休老同志开展各种文体活动。教学区供北京教育老干部大学面向北京市教育系统离退休人员开设非学历教育课程。全年老干部大学开设摄影、外语、中医、书法、音乐、古典诗词赏析与习作、计算机、电子相册、软件 FP，共 10 个专业，在校班级 32 个，在校总人数 1000 余人。中心共有直接管理的时装、舞蹈、摄影等老同志兴趣队 19 支，600 余名老同志文体骨干，日平均活动 120 余人次。

（王黎黎）

【开展高校离退休工作人员运动会】 1 月 9 日，老干部活动中心在北京体育大学举办北京高校离退休干部工作人员运动会。来自清华大学、中国农业大学等 40 余所高校的 300 余名离退休工作人员参加。运动会共设置 10 个竞赛项目，集体 2 项、个人 8 项。最终，北京体育大学、北京航空航天大学、清华大学、北京邮电大学、中国农业大学、中国地质大学获得团体总分前六名。

（王黎黎）

【举办老教育工作者门球赛】 4 月 16—17 日，老干部活动中心在地坛公园门球场举办 2015 年北京老教育工作者门球赛。比赛以“展示阳光心态，体验美好生活，畅谈发展变化”为主题，采取预赛、决赛赛制，共有来自教育系统各高校、区县的 22 支代表队参加比赛。经过 2 天比赛，北京体育大学获得冠军，北京航空航天大学获得亚军，怀柔区教育委员会获得季军，北京航空航天大学和怀柔区教育委员会获道德风尚奖。

（王黎黎）

【举办北京高校老同志柔力球培训班】 4 月 22—23 日，老干部活动中心举办北京市高校柔力球培训。培训班邀请来自北京市老年体协柔力球委员会的优秀教练员对北京市 31 所高校的老同志进行培训。培训内容包括柔力球基础知识、柔力球动作和套路等。共有老同志 70 余人参加培训。

（王黎黎）

【投资 23 万元开展基础设施建设】 4 月 30 日至 5 月 11 日，老干部活动中心投资 23 万元加强基础设施建设。工程包括中心院内绿化带的改造工程，绿化总面积 333 平方米，包括栽种玉兰、紫薇等乔木，种植棣棠篱、黄杨、玉簪等等。

（任晓莉）

【展示高校老同志健身项目】 5 月 20

日，老干部活动中心举办北京高校老同志健身项目展示活动。活动以“阳光健身心，幸福好生活”为主题，开展健身操、太极拳等各类老年综合健身集体项目。共有来自清华大学、北京工业大学等 22 所高校的千余名老同志参加健身项目展示活动。

（王黎黎）

【组织摄影队外出采风】 6 月 8—9 日，老干部活动中心组织摄影兴趣队 20 名老同志到房山区霞云岭的白草畔景区以及赴内蒙古克什克腾旗采风，老同志拍摄美丽的风景，交流摄影知识及经验。

（张勉）

【开展高校离退休工作人员登山比赛】 11 月 6 日，老干部活动中心在北京西山森林公园举办北京高校离退休工作人员登山比赛。共有来自北京外国语大学、北京航空航天大学等 29 所高校 180 名离退休工作人员参加比赛。比赛分为中、青年男子、女子组，用时最少者为胜。中国农业大学获男子中年组第一名，北京外国语大学获女子中年组第一名，国际关系学院获男子青年组第一名，北京理工大学获女子青年组第一名。

（王黎黎）

【举办健康咨询义诊活动】 11 月 18 日，老干部活动中心在中国地质大学举办健康咨询义诊活动。此次义诊活动以“共筑中国梦，真情送健康”为主题，邀请来自北京积水潭医院、天坛医院、同仁医院、北京中医药大学、北京阜外医院和国家体育总局北京体育医院等多位专家，为 200 余名高校老同志进行骨伤科、脑神经内科、

心内科、心外科、眼科、中医、运动医学等方面的诊疗和养生保健指导，同时发放养生保健手册。

（王黎黎）

北京高校房地产开发总公司

【概况】 2015 年，北京高校房地产开发总公司总部有正式员工 41 人，包括具有高级职称员工 5 人、中级职称 14 人。公司内部机构设有办公室、财务部、工程部、合同预算部、资产经营部、市场开发部、贯标办、房改办，有下属北京育新物业管理公司等 2 家全资子公司及北京高房资产管理公司等 7 家参股子公司。公司具有 GB/T19001：2008 新版质量管理体系认证资格，下属北京育新物业管理公司为国家一级资质物业服务企业。

（谭栩）

【转让持有东港育新保税库有限公司股权】 1 月 21 日，高校房地产总公司转让持有东港育新保税库有限公司股权。参股的东港育新保税库有限公司完成工商变更登记核准，取得新的工商营业执照。公司收回所持 74.91% 股权及 365.680291 万元债权，共计 11148477.1 元。

（陶继红　谭栩）

【中标重庆通用时代港湾物业服务项目】 6 月 11 日，高校房地产总公司下属北京育新物业管理公司中标重庆通用时代港湾前期物业管理服务项目。此次投标经过投标方案陈述、答辩等环节，公司成功中标。该项目合同期自 2015 年 8 月 24 日至 2019 年 12 月 31 日。重庆通用时代港湾项目总建筑面积 227438.9 平方米，其中，

地上建筑面积157762.76平方米、地下建筑面积69676.14平方米。地上建筑有商业建筑、公寓建筑及高层住宅等项目。

（范帆　谭栩）

【通过华夏认证中心监督审核】　8月31日至9月1日，高校房地产总公司接受华夏认证中心的外部审核。本次审核过程中未出现不合格项，房地产总公司通过华夏认证中心的质量管理体系认证，并于10月收到来自华夏认证中心寄发的保持认证注册资格的通知书。

（杨海峰　谭栩）

【北京海淀育新养老服务中心投入使用】　8—11月，高校房地产总公司组建的北京海淀育新养老服务中心正式投入使用，开始运营。该中心是高校房地产公司和下属北京育新物业管理公司部分员工自发捐款组建的民办非企业性质的养老机构，位于海淀区西三旗育新花园70号楼，中心有老年餐厅和老年公寓运营形式。于8月19日老年餐厅试运行，11月1日老年公寓试运行。

（范帆　谭栩）

【接管老干部活动中心物业服务项目】　9月1日，高校房地产总公司下属北京育新物业管理公司与北京教育老干部活动中心签署物业服务委托合同接管老干部活动中心的物业服务项目。该合同有效期限自2015年9月1日至2016年8月31日，主要提供水暖电维修、公共秩序维护、清洁卫生、多媒体系统网络及电话巡视检查、供暖、食堂管理及餐饮安全等物业服务。老干部活动中心位于新街口外大街14号院，建筑面积5174.4平方米。

（范帆　谭栩）

【育新实验幼儿园入选市级示范园】　10月21日，高校房地产总公司下属的北京市育新实验幼儿园入选第九批北京市示范幼儿园。该园通过市教委和各区县幼儿教育专家一行22人的评估验收，通过考评，入选市级示范园。

（朱俐　谭栩）

【收购顺义德宏盛景物流公司】　10月30日，高校房地产总公司控股的北京高房资产管理公司收购顺义德宏盛景物流公司。此次收购共收购该物流公司60%的股权，并获得其名下的土地的开发权。

（陈泰　谭栩）

【完成育新花园一期2号配电室改造工程】　至12月，高校房地产总公司完成育新花园一期2号配电室的改造及整体验收工作。此次改造工程总造价为3693768.89元，旨在保障广大居民用电安全。

（陈乔　谭栩）

北京市学生资助事务管理中心

【概况】　2015年，北京市学生资助事务管理中心设有两个部门。有工作人员7人，全部在编。全年中心完成各类学校学生资助有关信息汇集、统计和分析工作；监管、指导、检查区县和市属高校、市属中等职业学校学生资助工作。中心将国家助学金项目的预算管理权下发学校，由学校自主管理，提高学校学生资助工作的自主权和责任意识。同时，对国家励志奖学金、北京市政府奖学金项目的市级评审权下发问题进行前期调研论证。

（罗芳）

【加强资助政策宣传工作】　5—9月，资助中心加强北京市的资助政策宣传工作。该项工作在全市初三、高三毕业生中重点开展“普通高中、中职和高校学生资助政策”专题宣讲活动；7月，中高招录取期间，中心走进北京人民广播电台《教育面对面》栏目，详细解读北京市学生资助政策；8—9月，中心指导各市属学校通过入学通知书中寄发学生资助政策宣传手册、校园网开辟专栏等形式宣传学生资助政策。

（罗芳）

【开展关爱困难学生送爱心活动】　6—9月，资助中心开展关爱困难学生的送爱心活动。高考期间，中心联合北京人民广播电台和神舟专车等爱心企业，为家庭经济困难及行动不便的考生提供“爱心送考”服务，共覆盖200余名考生。并于新生报到期间，加强“绿色通道”工作。2015年市属高校共有5148名困难新生通过“绿色通道”顺利入学，为困难新生缓交学费2979万余元，发放生活补贴91万元，提供学习生活用品价值140万元，报销路费12万余元。

（罗芳）

【完善四项资助政策】　至年底，资助中心完善四项资助政策工作。一是贷款最长期限从14年统一延长至20年；二是还本宽限期由原来的2年延长至3年整；三是建立国家助学贷款还款救助机制。对于因病丧失劳动能力、家庭遭遇重大自然灾害、家庭成员患有重大疾病以及经济收入特别低的毕业借款学生，如确实无法按期偿还贷款，可启动救助机制为其代偿应还本息；四是简化学生贷款手续。

（罗芳）

【开展专项调研与检查】　至年底，资助中心开展专项调研与检查工作。该项工作深入各个区县和学校通过举行师生座谈会、问卷调查及查阅财务账目等形式对学生资助工作进行专项调研与检查。中心接受教育部全国学生资助管理中心对北京市的研究生资助工作的专项调研与检查工作。从调研与检查情况看，各区县、各市属学校学生资助工作整体规范有序，各项学生资助政策得到较好落实。同时中心完成《国家中长期教育改革和发展规划纲要（2010—2020年）》和《北京市中长期教育改革和发展规划纲要（2010—2020年）》实施以来北京市落实学生资助任务情况报告。

（罗芳）

【完善资助信息化工作】　至年底，资助中心完善北京市资助信息化工作。中心深化市级学生资助信息管理平台建设，中职和区县模块顺利投入使用；通过组建市级管理信息系统骨干小组、开展系统应用培训等手段，推动落实全国学生资助管理信息系统中职子系统及普通高中、义务教育、学前教育子系统的应用工作；首次使用系统模块对各区县的学生资助工作进行绩效考评；加强对学校资助信息管理平台建设的指导。

（罗芳）

【开展资助育人工作】　至年底，资助中心开展多项资助育人工作。中心完成《北京市学生资助发展报告（2007—2014年）》的撰写工作，报告回顾总结新资助政策实施九年来北京市的学生资助工作开展情况；开展

《北京市高校学生资助发展总览与前瞻性研究》课题研究工作；在市属高校中开展“首届校园十大励志人物”网络评选工作；与北京教育音像报刊总社合作开展40集“北京市学生资助工作精典案例”的征集摄制；组织参与全国学生资助管理中心、中国银行和中国青年报社联合举办的主题征文活动；举办各区县、各校寒暑假资助工作图片展。

（罗芳）

北京教育志编纂委员会办公室

【概况】　2015年，北京教育志编纂委员会办公室设有编辑一室、编辑二室和综合办公室，教职工14人，在编10人，包括高级专业技术职务3人、中级专业技术职务4人。全年《北京教育年鉴》获得中国版协第五届全国年鉴质量综合评比地方专业年鉴一等奖，编辑出版《北京教育年鉴》(2015)；完成北京教育系统第二轮修志资料收集工作，成立北京高校志鉴研究会；开展文物收集整理工作，举办3个专题展；开展第三批“百年学校”遴选工作，出版《首批北京市“百年学校”史略》《我的母校我的老师——我的校园记忆征文集》和《北京市教育委员会文件选编》(2014)，编印《北京教育史志丛刊》4期、《北京市教育委员会政报》6期；完成10集“故学巡礼”专题片制作和《北京教育纪事2014》视频资料集；开发史志期刊编纂系统。

（王永刚）

【开展业务培训和交流】　1—6月，教志办开展业务培训和交流。1月，举办基础教育系统年鉴撰稿人培训和年鉴编纂单位培训，介绍《北京教育年鉴》整体情况、条目编写技巧和教育系统年鉴体系的构建等内容，400余人次参加培训；同时举办基础教育单位年鉴成果展览。6月，举办高校年鉴编写培训，邀请《临安年鉴》主编、市地方志专家就高校年鉴编写、年鉴编纂中的常见问题做专题培训，100余人次参加培训。全年到大兴、昌平、府学胡同小学、北京二中等区和学校调研指导史志工作。

（王永刚）

【《北京教育年鉴》获奖】　2月，《北京教育年鉴》2013卷获得中国出版协会年鉴工作委员会第五届全国年鉴编纂质量评比地方专业年鉴综合一等奖、框架设计一等奖、装帧设计一等奖。该评比每五年举办一次，从框架设计、条目编写、装帧设计、检索手段和编校质量五个方面对年鉴出版质量进行全面评比。分为中央级年鉴、央企年鉴、省级年鉴、城市综合年鉴、地州区县综合年鉴、地方专业(行业、企业)年鉴6个系列。全国共有455部年鉴参评。

（华蕾）

【调研延庆“单人岗”学校历史】　4月16—17日，教志办组织区县教委史志人员赴延庆县调研“单人岗”学校的历史。调研活动听取延庆县教委关于“单人岗”设置的历史发展沿革介绍；听取4名原“单人岗”学校值守教师工作情况介绍；实地考察“单人岗”校舍原址延庆县千家店镇茨顶小学。教志办全体人员及16个区县教委的史志工作者参与调研。

（华蕾）

【出版首批“百年学校”史略】　5月，教志办出版《薪火相传历久弥新——首批北京市“百年学校”史略》。该书分为校史集、图志两册，共40万字，收录首批33所北京市“百年学校”校史和图片，包括学校概述、历史大事年表、学校名称沿革、校史、历任校长沿革、历代校训、历史图片等内容。

（王永刚）

【成立北京高校志鉴研究会】　6月4日，教志办联合北京地方志学会成立北京地方志学会高校志鉴研究会。该学会为北京地方志学会的二级学会，面向北京高校吸纳会员，搭建研究、学习和交流的平台，促进北京教育志鉴编纂质量的提高。教志办为会长单位，北京大学、清华大学、中国人民大学等40余所高校为会员单位。

（张驰）

【举办纪念反法西斯战争胜利70周年专题展览】　7月，教志办举办“风雨彩虹——抗日战争时期的教育与北京教育的变迁”——纪念反法西斯战争胜利70周年专题展览。展览分成“八千里路云和月”“铁蹄下的京城教育”“宝塔山上的光芒”和“红旗下的求索”四部分，以西南西北联大、晋察冀边区的大量珍贵实物和图片资料，展现并回顾抗日战争时期北京教育情况，从教育的独特角度反映中国人民全民抗战的盛况。

（王永刚　张晓兰）

【完成“我的校园记忆征文”活动】　8月，教志办完成“我的校园记忆征文”活动。2013年10月，教志办与《北京日报》联合开展“我的校园记忆”征文工作，共收集征文1146篇，《北京日报》刊载征文37篇。2015年征文刊载完成后，教志办组织征文工作评奖和优秀征文出版工作。其中，教志办评选优秀征文组织奖25个，优秀先进个人86人。教志办与北京日报联合评选优秀征文一等奖2篇、二等奖3篇、三等奖8篇。8月，《我的母校我的老师——我的校园记忆征文集》由华艺出版社出版，收录优秀征文125篇，35万字。

（王永刚）

【年鉴论文论著获奖】　10月，在中国出版协会年鉴工作委员会举办的第七届全国年鉴优秀论著评比中，教志办论文《年鉴编纂的科学化管理》获得二等奖，论著《北京教育年鉴编纂实务》获得优秀奖。全国46篇论文、3部论著参评。论文评选中，一等奖论文4篇、二等奖论文13篇、三等奖论文18篇。论著评选中，3部均被评为优秀论著奖。

（华蕾　张晓兰）

【举办北京教育文物专题展】　12月，教志办举办北京教育文物专题展。展览以古代教育、近现代教育为框架，以教志办收藏的文物史料为主，展现北京教育各个时期的教育发展脉络，普

及教育史知识，让观众感受“文物中的教育，教育中的文物”。

（王永刚　张晓兰）

【《北京教育年鉴》（2015）出版】 12月，《北京教育年鉴》（2015）出版。编辑部共收到206个一级组稿单位稿件，其中，文字稿350万字（不含自查资料）、图片9000幅。按照年鉴编纂科学化管理的工作模式，经过甄选、核定内容、规范文字等环节，六个校次和四次审稿的过程，完成编纂工作。设置22个一级目，收录文字150万字，条目4000余条，图片1000余幅，出版形式为纸质图书和光盘版，同时出版发送。

（华蕾）

【举办北京教育20年回顾展】 12月，教志办举办“办好人民满意的首都教育——北京教育20年回顾展”。展览受市教委委托举办，设置在市教委办公楼七层，分成事业发展篇、深化改革篇和机关建设篇，用大量文字和照片，全面展示市教委成立20年以来北京教育发展改革成果。

（王永刚　张晓兰）

【制作史志专题片18集】 至年底，教志办制作史志专题片18集。教志办理顺“故学巡礼”专题片工作管理体系，加强重点片目制作，依据审计工作建议，强化计划进程管理，完成年度预算计划拍摄任务，并清理历年拍摄片目，完成黑芝麻胡同小学、北京市少年宫、宣师一附小、北京二中、怀柔一小5所学校（单位）10集专题片拍摄任务。至此，“故学巡礼”项目自2011年以来，完成33所学校52集专题片制作。继续开展《京师撷录》专题片拍摄工作，拍摄完成延庆《单人岗》等专题片4部8集。

（林业）

【收集教育文物资料】 至年底，教志办购买、征集教育文物资料300余件。其中，湖南文物专项采购101件，包括明万历钦赐“总督书斋”牌匾、明末清初孔子髹金木雕像等文物，弥补办公室古代教育实物资料收藏少的不足。为更好地做好文物保管工作，在夕照寺街东玖大厦B座801展厅撤展和重新装修的基础上，划出部分面积做文物库房，完成装修和藏品柜的设计、定制工作。

（胡雨）

【开发史志期刊编纂系统】 至年底，教志办开发史志期刊编纂系统。该系统能实现史志丛刊、政报、文件选编等刊物的在线编辑、存储资料、稿费发放等功能。年内，完成系统模型演示，进入系统后期修改完善阶段。

（邱小培）

举办北京教育20年回顾展

北京教育新闻中心

【概况】 2015年，北京教育新闻中心设有办公室、策划部、舆情部、网络视频部4个职能科室，有工作人员19人，全部在编。中心围绕首都教育领域综合改革，落实“转变工作理念，突出服务意识，关注实际获得”的新要求，形成“权威发布、信息供给、有效引导”的新闻宣传工作新格局；运用微博、微信、新闻客户端新媒体协调发声，构建起全媒体、立体化的首都教育舆论引导平台；加大先进典型宣传力度，构建典型宣传“日日有”的宣传格局，遵守“月月有主题，全年成系列”的要求；组织媒体记者到教育教学一线开展走基层采访活动。中心及时回应社会关切，妥善处置负面舆情，增强对教育舆情的敏感性，采取有针对性措施，有效引导社会舆论。

（周也青）

【开展“命题式”系列采访报道】 至年底，新闻中心开展“命题式”系列采访报道工作。该项工作旨在落实宣传首都教育综合改革的中心工作、重大政策及重要活动，邀请中央及市属重点媒体记者组成采访小分队，深入教育一线进行“命题式”专题采访报道。中心共策划实施“义务教育均衡发展国家级检查验收”“寻找更多获得感”基层行等10余个系列的重点宣传活动；协调新华社刊发的反映“教育援藏”工作的《北京探索“成建制”教育援藏新模式》，获中央领导批示。全年组织采访149次，发布报道5000余篇。新闻中心获得新浪教育等社会评价机构评定的“最具教育传播影响力”和“最具创新力”教育新闻宣传单位称号。

（周也青）

【与媒体合作拓展全媒体宣传平台】 至年底，新闻中心与媒体合作拓展宣传平台。中心从媒体的报道风格和教育人群的阅读需求出发，将优秀典型和先进经验宣传与教育信息服务结合，开拓“市属新闻媒体合作全覆盖，中央媒体合作范围最大化”的新局面，打造“全媒体化”传播的工作模式。与新华社等中央及市属 14 家媒体开设合作栏目 19 个，全年刊发专栏稿件 250 篇，累计发稿字数超过 33 万字，制作播出电视节目 47 期、广播节目 355 期。与北京电视台合作的周播节目《非常向上》，成为解读改革政策、传播教育理念、服务师生家长的品牌栏目。

（周也青）

【构建“三微一端”新媒体传播平台】 至年底，新闻中心构建由市教委官方微博、新闻发言人微博、官方微信、今日头条客户端组成的“三微一端”新媒体传播平台。通过该平台诠释重大政策、及时公告重大举措、迅速回应热点舆情。“首都教育”微信公号全年共发布图文消息 370 条，21 次登上全国政务微信排行榜（文教类）日榜，并首次进入全国政务微信排行榜总榜的前 10 名（第 8 名），至年底粉丝量突破 10 万。依托首都教育微信公众号，中心建立首都教育新媒体联盟，实现首都高校和各区县教育新媒体宣传的统筹格局。9 月，“首都教育”入驻“今日头条”新闻客户端，实现新媒体宣传平台全覆盖。

（周也青）

【引入专业团队】 至年底，新闻中心将专业团队引入网评平台。中心全年共引入 130 名网评员参加网络发言工作，落实网评指令 34 条，在各大门户网站，博客、论坛、微博等阵地撰写引导文章、回帖等 8289 篇。网络发言评论平台旨在用网言网语对混淆视听的错误和煽动性言论进行驳斥和批判，引导正确理性的舆论走向。同时中心邀请网络大 V 和系统外专业网评团队参与撰写网络舆论引导文章 300 余篇，引导重大政策和敏感舆情应对工作的网络舆论走向。

（周也青）

【开展多元化视频宣传模式】 至年底，新闻中心开展多元化的视频宣传模式。该中心制作《期待、行动、现实——义务教育优质均衡发展的北京路径》宣传片。通过动画制作、新闻纪实、演播室访谈、微信视频等视频制作手段，讲好首都教育故事，关注学生实际获得，解读政策，展示成果，服务大众。

（周也青）

【改版升级首都教育新闻网】 至年

底，新闻中心改版升级首都教育新闻网。此次改版升级工作开创以视频为主、图文为辅的新格局，着重提升用户的感官体验和浏览习惯。在内容设计上，着力报道老百姓身边的教育故事，以百姓视角深度解读改革政策。全年首都教育新闻网共刊发各类信息 5000 余条、图文稿件 500 余篇。

（周也青）

北京学校后勤事务中心

【概况】 2015 年，北京学校后勤事务中心设有办公室、高等教育科、基础教育科和综合科，有职工 13 人，全部在编。全年中心完成学生装管理工作，包括推动设立“北京市中小学校服研发中心”；召开 2015 年学生装工作会议；组织学生装标准培训；完成 2015 年学生装生产企业推荐工作；与学生装质检单位对 16 个区县的学生装推荐生产企业生产的学生装产品进行行业质量监督检查；开展学生装征订数量统计工作；召开区县教委学生就餐工作座谈会、学生就餐工作培训会；开展两期校园营养师培训；开展北京市中小学校园营养师竞赛；统计中小学生就餐情况基础数据，汇总 16 个区县的数据报表，完成汇总表及各项数值分析对比表；完成新一轮校方责任保险及无过失责任险招标及投保工作；召开基础教育系统校园安全培训会；开展安全体验进校园活动；开展入校安全检查工作；举办校车工作座谈会及校车现状调研。

（张楠）

【完成学生装生产企业推荐工作】 3 月，学校后勤事务中心完成学生装生产企业的推荐工作。工作围绕提高学生装质量的工作重点，根据《北京市学生装管理办法》和《北京市学生装生产企业管理办法》，通过审核各区提名学生装生产企业材料、组织专家组对生产企业进行资质审核和现场考察、报请市学装领导小组批准等程序，共推荐 39 家学生装生产企业。

（陈娜）

【组织筹备多项节能相关活动】 3—12 月，学校后勤事务中心协助市教委参与组织筹备多项节能相关活动。其中，3 月 20 日，中心组织开展全市阳光校园屋顶光伏发电项目工作会；4 月 1 日，参与教育系统节能减排宣传大篷车行动计划方案讨论会；4 月 8 日，组织召开 2015 年北京市教育系统节约型学校建设工作会暨专题培训会，来自各区县教委领导及学校代表 300 余人参加；5 月 13 日，组织召开市教委 2014 年度节能目标责任评价现场考评会；5 月 20 日，参加大篷车启动会；6 月 4 日，组织召开市教委节能技改政策宣贯及相关项目对接会；11 月 26 日，协助举办 2015 年北京市高等学校节水宣传员培训会，来自 80 余所高校的骨干教师和学生共 240 余人参会；11 月 27 日，参加城市适应气候变化培训会；12 月 29 日，参加 2016 年北京市碳排放权交易动员培训会。

（郭迎庆　纪心光）

【召开学生装工作会议】 4 月 21—22 日，学校后勤事务中心组织召开 2015 年学生装工作会议。会议邀请学生装专家对各区县学生装工作人员和学生装生产企业负责人及质检人员进行学生装生产标准的培训，并对照国家和地方标准进行分析解读，把标准的宣贯工作落到实处。来自各区县教育系统学生装工作负责人员、学生装生产企业负责人及相关技术人员共计 100 余人参加会议。

（陈娜）

【开展高校食品安全的监测和检查培训】 4—11 月，学校后勤事务中心开展北京市教育系统食品安全监测检查和食品安全监测工作（高校）培训会。4—5 月，中心联合北京高校伙食专业委员会专家和中国农业大学中心检测室技术人员，分成 6 个检查组，入校检查全市所有高校。经入校检查，

94所高校147个监测终端中，监测终端启动率由54.42%提升至86.17%，正常运转监测终端占监测终端总数68.03%。同时，中心根据实际监测情况及统计数据印发9期《食品安全监测月报》。9月24—25日，中心组织教育系统食品安全监测工作（高校）培训会，通报全市食品安全监测系统工作运营整体情况，解读《食品安全法》以及新形势下如何加强食品安全管理以及检测技术业务等问题。11月19—20日，中心组织召开市教育系统食品安全监测工作（区县、直属单位）会议，通报全市食品安全监测系统工作运营整体情况，邀请市食药局领导讲解新《食品安全法》，进行新形势下如何加强食品安全管理以及检测技术业务培训。

（刘文杰）

【举办中小学校园营养师竞赛】 5—12月，学校后勤事务中心举办北京市中小学校园营养师竞赛。经过初赛、复赛、决赛3个阶段，共有来自各区县的18名选手进入决赛。经过评比，评出一等奖2人、二等奖4人、三等奖6人。

（王佳）

【开展多项专业化培训】 5—12月，

学校后勤事务中心受市教委委托举办多项专业化培训。其中，5月14—15日，中心举办北京高校标准化学生公寓工作培训会，来自80余所高校共200余人参会；5月19—20日，举办首届北京高校标准化物业专业技能培训会，来自62所高校共306名一线技术员工参会；7月2—3日，召开北京高校标准化公寓及物业服务标准修订会，来自公寓专委会及物业专委会的委员共计60余人参加会议；11月9—10日，举办北京高校标准化食堂培训会，来自93所高校共300余人参会；11月13日，召开北京高校标准化物业专业技能实操培训会，来自33所高校共108名物业一线技术员工参会；11月26—27日，召开2015年北京高校标准化学生公寓培训会，来自78所高校共200余人参会。

（郭迎庆　刘文杰　崔莲莲）

【举办校园安全培训会】 6月29日至7月1日、12月24—25日，学校后勤事务中心举办两期校园安全培训会。培训内容包括北京交通状况及学校交通安全管理，如何做好单位内部安全检查，如何做好学校消防安全工作，突发事件应急处置、应急预案研究与制定，学校安全教育的政策、理论与实践，北京市中小学、幼儿园校园安全管理现存问题及对策，国际校园安全管理经验分享。市教委相关处室负责人及各区教委安全保卫科室负责人，各中等专业学校、部分中小学校幼儿园主管安全工作的校级领导共计310人参加学习。

（陈鼎琪）

【完成食堂价格平抑资金调查统计及拨付工作】 6—12月，学校后勤事务中心完成食堂价格平抑资金调查统计以及拨付工作。此次共完成北京94所高校学生食堂价格平抑资金2014—2015学年度管理使用情况的调查统计工作及2015—2016学年度北京高校学生食堂价格平抑资金的拨付工作。根据统计结果，2014—2015学年度平抑资金补贴覆盖中央在京高校、市属高校以及民办高校共94所，惠及在校学生84.04万人。94所高校财政拨款部分总金额1.26亿元，学校自筹部分总金额1.46亿元，平抑资金总金额共2.72亿元。

（崔莲莲）

【完成学生装质量检查和征订统计】 9—12月，学校后勤事务中心完成学生装的质量和征订检查工作。该项检查工作依据国家和北京市有关学生装标准及北京市学生装工作管理规定，与有关部门协商制定检查方案，抽检学生装成品。同时，检查学校征订、验收学生装工作，了解各区县学生装工作情况。中心联合学生装质检单位对16个区县的学生装推荐生产企业生产的学生装产品进行行业质量监督检查。全年北京市中小学校共征订学生装92.96万件（套），其中，体育装78.09万件（套）、制式装7.08万件（套）、其他款7.79万件（套），共减免1779件（套）。

（陈娜）

【完成中小学生就餐情况基础数据统计】 10—11月，学校后勤事务中心统计北京市中小学生在校就餐情况、市学生营养餐情况、市中小学校食堂建设情况的基础数据。统计工作共向各区县发放统计数据通知及表格，汇总16个区县的数据报表，完成汇总表及各项数值分析对比表。统计数据涉及学校数量、师生数量、在校就餐人数、学校食堂基本情况、学校供餐形式、送餐企业信息、各区县学生营养餐信息、保险、食堂建设情况等。

（王佳）

【完成校方责任保险及无过失责任险招标及投保工作】 至年底，学校后勤事务中心完成2015年校方责任保险及无过失责任险招标及投保工作。其中，北京市各区2015—2016学年度校方责任保险投保人数139万人；附加无过失保险投保人数120万人。校方责任保险和无过失责任保险为促进校园安全工作，有效转移办学风险，维护学校教育教学秩序、保障学校、家长和学生的合法权益等方面起到重要作用。

（陈娜）

（本栏责任编校　张晓白　杨少川）

文 献

关于推进义务教育优质均衡发展的意见

近年来，按照党中央、国务院的决策部署，市委、市政府高度重视、统筹推进义务教育领域综合改革，不断加大改革力度和深度，取得了显著成效。目前，各区县已经实现义务教育基本均衡发展的目标。为更好满足人民群众日益增长的优质教育需求，深入贯彻落实《国务院关于深入推进义务教育均衡发展的意见》和《北京市中长期教育改革和发展规划纲要（2010—2020年）》，深化首都教育领域综合改革，全面提高本市义务教育办学水平和教育质量，现就推进义务教育优质均衡发展提出如下意见。

一、指导思想和总体目标

1. 指导思想。深入贯彻落实党的十八大和十八届三中、四中全会精神，深入学习贯彻习近平总书记系列重要讲话和对北京工作的重要指示精神，全面贯彻党的教育方针，全面实施素质教育，认真落实首都城市战略定位，以建成公平、优质、创新、开放的首都教育体系为指引，以均衡配置资源为重点，以提高教育质量为核心，以体制机制改革为动力，坚持统筹规划、城乡一体、分类指导、分步实施，通过调整优质教育资源布局，切实缩小校际差距，加快缩小城乡差距，努力缩小区域差距，着力推进义务教育优质均衡发展，办好每一所学校，促进每一名教师专业发展，促进每一名学生健康成长和全面发展，努力办好人民满意的首都教育，为建设国际一流的和谐宜居之都提供有力支撑。

2. 总体目标。到2020年，在确保各区县义务教育均衡发展的基础上，优质教育资源覆盖面进一步扩大，全市义务教育实现更高水平的优质均衡发展。新一轮中小学标准化、现代化建设取得显著成效，城乡教育一体化发展格局日益完善，校际、城乡、区域差距进一步缩小；优质教育资源共享机制更加健全，学校与社会资源合作更加紧密，办学资源和师资力量配置更加均衡；政府统筹推进义务教育发展机制更加健全，教育治理体系逐步完善，学校自主发展活力进一步增强；义务教育质量全面提高，多样化、个性化教育需求得到更好满足，义务教育满意度进一步提升。

二、创新资源配置方式，高水平均衡配置义务教育资源

3. 统筹配置义务教育资源。根据首都城市空间布局、人口分布特点和学龄人口变化趋势，完善和实施全市及各区县基础教育设施专项规划，编制年度计划，加大资源统筹配置力度，促进中小学教育资源在区域之间和区域内部均衡配置，切实满足适龄儿童少年入学需求。重点推进城市功能拓展区、城市发展新区和生态涵养发展区的学校建设，促进城乡义务教育一体化发展。修订实施全市中小学办学条件标准细则，推进新一轮中小学办学条件的标准化、现代化建设，提高义务教育基本公共服务水平。

4. 推动优质教育集群发展。充分发挥优质教育资源的示范、辐射和带动作用，鼓励、支持各区县与学校深化名校办分校、集团化办学、城乡一体化办学、学区制管理、教育联盟、校际联盟等改革试点工作，以强带弱、以城带乡，积极探索以多种形式扩大和延伸优质教育资源。鼓励、支持优质中小学通过接管周边相对薄弱学校或改扩建的方式办成九年一贯制学校。

5. 利用社会资源促进学校特色发展。充分利用首都资源集聚优势，鼓励高等学校、教学研究和教育科研部门、社会机构参与和支持中小学发展，通过协作共建附属学校、艺术家工作室、体育俱乐部和派遣外语教师等多种方式，支持学校加强师资培养、学科教学、文化建设等工作，促进学校特色发展，全面提升办学质量，努力办好群众身边的每一所学校。

6. 依托信息化手段扩大优质教育资源覆盖面。加大市、区县、学校各级各类教育信息平台整合力度，推进信息资源共享。不断创新首都教育公共服务方式，以信息化手段推动优质课程等资源在更大范围内共享，满足广大师生个性化学习需求。加强北京数字学校建设，开发“微课程”资源，推广义务教育阶段全科数字化名师同步课程，加大一对一在线指导服务力度。逐步建立教师研修信息化平台，实现优秀教师课堂教学视频、教学案例、教学反思、习题资料等教育资源互通共享。

三、强化社会主义核心价值观教育，全面提高育人质量

7. 提升学生综合素质。坚持立德树人，引导中小学生

东城区少年宫举办首届新春儿童书画室内庙会

关于加快发展现代职业教育的实施意见

各区人民政府，市政府各委、办、局，各市属机构：

为贯彻落实《国务院关于加快发展现代职业教育的决定》，推动本市职业教育健康发展，全面提升职业教育服务经济社会发展的能力，结合本市实际，提出如下实施意见。

一、指导思想和目标任务

（一）指导思想。深入贯彻落实党的十八大和十八届三中、四中、五中全会精神，深入学习贯彻习近平总书记系列重要讲话和对北京工作的重要指示精神，牢牢把握首都城市战略定位，按照有序疏解北京非首都功能、加快构建高精尖经济结构的要求，以立德树人为根本，以服务发展为宗旨，以促进就业为导向，坚持统筹资源、协同创新、高端培养，深化职业教育综合改革，创新体制机制，着力提高技术技能人才培养水平，为首都经济社会发展、产业转型升级和京津冀协同发展提供有力人才支撑。

（二）目标任务。到2020年，形成适应首都城市战略定位和经济社会发展需要，产教深度融合、中职高职衔接、职业教育与普通教育相互融通、学历教育与职业培训有机结合，体现终身教育理念，具有首都特色的国际一流现代职业教育体系。

——结构规模更加合理。优化发展多层次职业教育，到2020年，中职教育在校生规模6万人左右，专科层次高职教育在校生规模10万人左右，高职与本科衔接职业教育在校生规模1万人左右，应用型本科层次和专业学位研究生达到一定规模。职业院校每年完成从业人员技术技能培训50万人次以上。

——产教融合更加紧密。对接产业布局调整，推动集团化办学，到2020年，校企深度合作的职业教育集团达到15个左右；对接产业优化升级，建设100个精品特色专业（点）；对接企业人才需求，建设100个校企合作、产学研一体化实训基地。

——办学水平显著提升。各类人才培养水平大幅提升，实训设备配置水平与技术进步要求更加适应，现代信息技术广泛应用。到2020年，建成10所左右国际先进水平的职业院校和一批骨干专业，形成具有国际竞争力的人才培养高地。建设一支高水平、国际化、专兼结合的“双师型”教师队伍，“双师型”教师占专业课教师的比例达到80%以上。

——发展环境更加优化。现代职业教育制度基本建立，政策法规更加健全，办学标准更加科学规范，监管机制更加完善。行业、企业参与职业教育更加主动，全社会支持和参与职业教育的氛围更加浓厚。

二、加快构建现代职业教育体系

（三）调整优化职业教育结构。着力调整首都职业教育发展重心，引导职业院校向精品化方向发展，原则上不再增设新的职业院校。结合疏解北京非首都功能要求，逐步压缩中等职业教育规模，全市中等职业院校调整到60所左右，稳定专科层次高等职业教育规模，积极发展本科层次职业教育，稳步扩大以职业需求为导向、以实践能力培养为重点、以产学结合为途径的专业学位研究生教育。

（四）整合优化职业教育资源。充分发挥首都高等教育和基础教育资源优势，优化职业教育空间布局。鼓励优质学校通过兼并、托管、合作办学等形式整合优化职业教育资源，引导不符合首都功能定位、办学特色不突出的学校转型、调整或退出。引导一批普通本科高校转型发展为应用技术类型高校，探索高职院校与本科高校合作培养高端技术技能人才的模式。探索学历教育与职业资格培训相融通的机制，促进职业院校与成人教育、社区教育资源整合。

（五）拓宽职业人才发展通道。建立合理分流、分类培养、立体衔接、多样选择的培养机制，开展中、高职与本科教育贯通培养、联合培养改革试点，打通中职、高职教育与应用技术型本科教育的培养渠道。深化“3+2”中、高职教育衔接和“五年一贯制”高职教育改革，专业设置聚焦产业转型升级人才需求，培养方案强化整体设计、系统培

2015年北京市中等职业学校技能比赛

养和贯通实施。

（六）促进职业教育与普通教育相融通、职业教育与继续教育相衔接。充分利用职业院校办学资源开展大中小学生职业体验教育，增强学生的职业认知和实践动手能力；大力支持职业院校面向大中专学生开展创业就业指导。鼓励职业院校开展多种形式职业培训，建立公益性农民培训制度，结合农村发展实际和需求，开展新型职业农民培训和农村技术人员再培训，为“农转居”人员提供有针对性的技能培训。建立职业院校服务社区机制，开设社区教育课程，构建终身学习服务体系，推进学习型城市建设。

（七）推动京津冀职业教育协同发展。引导东城区、西城区中等职业学校向郊区疏解；支持其他有条件的职业院校通过搬迁、办分校、联合办学等方式向外疏解。探索建立京津冀职业教育集团，适应产业链分工合作的需要，支持职业院校跨区域合作培养人才、合作开发课程、共享数字化教学资源、共享实习实训基地、共享教学科研成果。加强与河北省张家口市职业院校的对接协作，为2022年冬奥会培养培训更多的技术技能人才。

三、大力提升职业教育服务产业转型升级能力

（八）调整优化职业教育专业布局。结合首都产业转型升级、城市建设与管理、生活性服务业品质提升和京津冀协同发展对技术技能人才的需求，实施职业教育专业布局调整计划：针对限制和禁止发展产业，撤并一批面向低端产业的专业；针对调整转型产业，改造升级一批传统优势专业；针对高精尖产业，优先发展一批新兴专业；针对城市管理、社会建设需求，重点加强一批紧缺人才专业建设；针对疏解转移产业，与产业承接地合作办好一批品牌专业。加快制定职业教育新增专业的禁止和限制目录，结合职业院校专业优势，统筹调整优化。建立专业设置信息发布平台和动态调整预警机制。

（九）加大高端人才培养力度。聚焦高精尖产业发展需求，整合优质教育资源，积极开展高端技术技能人才贯通培养试验。支持职业院校创新人才培养模式，着力提升学生的基础文化素养、身心健康素养和职业素养，切实增强其职业核心能力、国际交流能力和可持续发展能力。

（十）全面深化校企合作。对接首都产业发展和城市建设管理需要，规划建立一批企业和职业院校紧密合作的技术技能积累创新平台。推动职业院校和职业教育集团通过多层次人才培养体系和技术推广体系，主动参与企业技术创新，积极推动技术成果扩散，为科技型小微企业创业提供人才、科技服务。鼓励企业接收职业院校学生实习、教师实践，多种形式支持企业建设兼具生产与教学功能的公共实训基地。支持开展校企招生、联合培养的现代学徒制试点，促进企业生产经营活动与服务学生实习实训、就业创业深度融合。

（十一）深入推动集团化办学。以产业或专业（专业群）为纽带，加快建设一批服务新兴产业和主导产业的职业教育集团。鼓励特色鲜明的职业院校或行业龙头企业牵头组建职业教育集团，鼓励在京跨国企业或境外职业类院校参与职业教育集团建设。以政府授权委托、购买服务、项目支持等方式，推动职业教育集团在人才需求调查、专业设置、课程开发、专业教师培训、兼职教师选聘、实训基地建设、技能大赛组织等方面发挥更大作用。

四、充分激发职业教育办学活力

（十二）完善现代职业学校制度。推动职业院校依法制定体现职业教育特色的学校章程，支持职业院校面向社会依法自主办学。完善学校治理结构，建立学校、行业、企业、社区等共同参与的学校理事会或董事会。健全专业技术职务（职称）评聘制度，探索在中等职业学校设置正高级教师职务（职称）。建立职业院校聘请高水平公共基础课教师、企业管理人员、工程技术人员和能工巧匠担任专兼职教师的制度，鼓励聘任企业家到学校兼职任职。建立符合职业院校特点的教师绩效评价标准，绩效工资分配向“双师型”教师适当倾斜。

（十三）深化办学体制改革。支持职业院校与社会力量合作，开展股份制、混合所有制改革试点。鼓励各类职业院校与行业、企业合作举办企业大学或特色学院。探索公办和社会力量举办的职业院校相互委托管理和购买服务的机制。开展职业院校与本科院校、科研机构联合办学改革试点。支持学校通过购买服务等方式与国内外优质教育机构协同开展教育教学和教师培训。健全政府补贴、购买服务、助学贷款、基金奖励、捐资激励等制度，鼓励社会力量参与职业教育办学、管理和评价。

（十四）深化考试招生制度改革。开展高等职业教育分类招生考试制度改革，健全“文化素质＋职业技能”、单独招生、综合评价招生和技能拔尖人才免试等考试招生办法。适度提高高等职业院校招收中等职业学校毕业生的比例、本科高校招收高等职业院校毕业生的比例。探索提高高等职业院校招收有实践经历人员的比例。加快专业学位研究生入学考试制度改革试点。建立全市统一的职业院校学籍管理系统。

（十五）建立职业教育服务终身学习机制。支持各区整合利用区域内职工大学（社区学院）或高等职业学院、开放大学分校、中等职业学校、社区教育中心、成人教育中心等教育资源，建立一批具有独立法人地位的新型社区学院，开展中、高等学历教育培训。支持行业企业依托职业院校、企业大学、特色学院开展职工培训，鼓励行业企业参与教学实训和学校教师实践培训。推进不同类型学习成果互认、衔接，探索对非学历职业培训通过质量认证体系、学分积累和转换制度、学分银行和职业资格考试等机制进行学历认证，畅通一线劳动者和社会人员继续学习深造的路径。

（十六）加强国际交流与合作。支持有条件的职业院校在境外建立分校，举办高水平中外合作办学机构和项目，在优势特色专业领域招收当地学生，探索多种形式的国际化职业人才培养模式，服务国家“一带一路”战略。加强职业教育国际交流与合作，有计划地引进国际先进、成熟适用的人才培养标准、专业课程、教材体系、师资培训、教育评价和数字化教育资源。鼓励职业院校聘请境外优秀教师和工程技术人员到学校任教，每年选拔一批优秀职业院校学生到境外职业院校访学以及赴知名企业实习。

五、全面提高职业人才培养质量

（十七）创新人才培养模式。推进“工学结合、校企合作”育人模式改革，推动人才培养方案与产业人才需求标准相衔接、人才培养链和产业链相融合。加强实训基地和校外实习基地建设，增加实践性教学环节的学时数量。运用现代化教学手段和方法，充分激发学生的学习兴趣和积极性。建立国家、市级、校级三级职业院校技术技能竞赛体系，开展职业技能竞赛。支持职业教育传承民族工艺和文化，积极发展集民族工艺传承创新、文化遗产保护、高技能人才培养、产业孵化于一体的职业教育。加强创新创业教育，支持学生自主创业。

（十八）改革完善课程教学体系。坚持把德育工作放在首位，把社会主义核心价值观的基本要求融入教育教学全过程，注重实践教育、体验教育和优秀传统文化教育。加强和改进公共基础课教学，突出以学生为中心、以能力为根本，注重学生人文素质、科学素养、综合职业能力和可持续发展能力的培养，加大选修课程比例，积极推行低年级按专业大类统一组织基础课教学，职业学校公共基础课程学时不少于总学时的1/3。改革专业课程体系，建设一批与生产一线真实应用和最新发展紧密结合的优质品牌课程。加强职业院校与职业技能鉴定机构、行业企业的合作，积极推行“双证书”制度。大力促进中职与高职课程相衔接，推进课程的系统化、模块化和项目化。

（十九）加强“双师型”教师队伍建设。加强职业教育教师队伍师德建设，增强教师从事职业教育的荣誉感和责任感。继续实施职业院校教师素质提高工程，建立多层次培训体系和网络培训平台，提升教师培训的针对性和实效性，同时加强校长和管理人员培训。开展教学基本功大赛。建立一批职业教育教师企业实践基地，完善新任教师岗前培训制度，实行教师定期实践制度，专业教师每两年专业实践的时间累计不少于两个月。

（二十）推进职业院校信息化建设。促进信息技术在教育教学和管理中的应用，统筹推进职业院校数字化建设，支持有条件的学校建设智慧校园。加强数字化课程资源建设，构建全市优质数字化课程教学资源共享平台。建设一批与专业课程配套的虚拟仿真实训系统、数字化实训基地，用信息技术改造专业课程。加强对教师的现代信息技术应用能力培训，提高教师队伍的信息化教学能力。

六、提升职业教育发展保障水平

（二十一）加强职业教育统筹管理。落实政府责任，发挥好保基本、促公平的作用。加强职业教育统筹规划，促进职业教育与首都经济社会及其他各类教育协调发展。针对职业教育发展的难点问题，研究制定促进职业教育科学发展的有关政策措施。加快政府职能转变，强化部门协调配合，加强对职业教育的规范管理和监督指导。充分发挥职业教育工作部门联席会议制度的作用，研究解决职业教育重大问题，统筹制定职业教育重大政策。

（二十二）完善职业教育经费保障机制。进一步提高职业教育经费财政保障水平，完善职业院校生均经费定额标准，建立促进职业教育内涵发展的经费保障机制。创新经费投入方式，优化投入结构，对高端技术技能人才贯通培养试验、优秀学生境外访学研修等改革项目给予经费支持。建立职业教育经费绩效评价制度、审计监督公告制度、预决算公开制度。落实国家有关税收金融政策，健全社会力量投入的激励机制。

（二十三）完善职业教育资助政策体系。逐步扩大职业院校助学金、奖学金的覆盖面，建立补助标准动态调整机制，加大对艰苦专业和社会急需专业学生的助学力度，加大对学业优秀学生的奖励力度。完善农民、农村转移劳动力、在职职工、失业人员、残疾人、退役士兵等人员接受职业教育和培训的资助补贴政策。

（二十四）完善职业教育质量保障和督导评估制度。教育督导部门要完善职业教育督导评估办法，加强对市有关部门及各区政府履行发展职业教育职责的督导；完善督导报告公布制度，将督导报告作为对被督导单位及其主要负责人考核奖惩的重要依据。定期开展办学水平和专业教学情况评估，完善学校、行业、企业、研究机构和其他社会组织共同参与的职业教育质量评价机制，积极支持第三方机构开展质量评估。以学习者的职业道德、技术技能水平和就业质量为核心，建立职业教育质量评价体系，积极推行技能抽查、学业水平测试、综合素质评价等方法，及时向社会发布人才培养质量年度报告。建立和完善职业院校内部质量监测和评价制度，强化质量保障体系建设。

（二十五）优化职业教育发展环境。认真执行就业准入制度，完善和规范职业资格认证标准。支持在符合条件的职业院校设立职业技能鉴定所（站），完善职业院校合格毕业生取得相应职业资格证书的办法。结合深化收入分配制度改革，促进企业提高技能人才收入水平。鼓励企业建立高技能人才技能职务津贴和特殊岗位津贴制度。开展职业教育宣传活动，大力宣传高素质劳动者和技术技能人才的先进事迹和重要贡献，引导全社会树立尊重劳动、尊重知识、尊重技术、尊重创新的观念。

北京市人民政府

2015年11月24日

（本栏责任编校　张晓兰）

专文与纪实

区制改革试点

北京市“十二五”时期教育改革发展情况

“十二五”时期，首都教育系统深入贯彻落实科学发展观，认真落实国家和北京市中长期教育改革和发展规划纲要（2010—2020年）的部署，始终坚持“育人为本、改革创新、促进公平、提高质量”的原则，全面深化教育领域综合改革，“十二五”教育规划确定的主要目标和任务普遍完成，在一系列重点领域和关键环节有所突破，教育现代化水平全面提高。首都教育正进入一个内涵更丰富、更具活力的新时期，为释放更大的改革红利奠定良好基础。

第一部分 规划主要目标的实现情况

经过“十二五”时期的发展，北京市推进教育事业持续健康发展的长效机制基本形成，教育资源布局更加适应首都现代化建设的要求，教育对推动国家和首都创新、培养人才的基础性作用进一步增强，教育现代化水平全面提高。结合教育规划拟定的目标来看，教育发展成就主要表现为：

教育普及水平和人力资源水平进一步提升。坚持育人为本，教育在促进社会个体“成人、成才、成功”方面的基础性作用持续增强。0～3岁婴幼儿家庭教育指导网络进一步健全，学前三年毛入园率达到93%，义务教育毛入学率继续保持在100%以上，高中阶段教育毛入学率达99%。全市就业人员受教育程度为大专及以上的比例达50%以上，居全国首位，从业人员继续教育年参与率达60%以上。

教育公平迈出新步伐。积极推进“北京教育新地图”规划，以“办好每一所学校”为目标，坚持“城乡共进，全面提升”，扩大优质资源与均衡配置资源并举，基础教育区域、城乡、校际差距进一步缩小。北京市16个区县全部通过国家义务教育发展基本均衡县评估，“就近入学”已成为首都义务教育新常态，2014年全市小学就近入学比例为93.7%，初中就近入学比例为76.82%。坚持妥善解决来京务工人员随迁子女义务教育问题，出台《进城务工随迁子女接受义务教育后在京参加升学考试工作方案》，进一步保障随迁子女平等就学权。以特殊教育学校为骨干、随班就读和特教班为主要手段、送教上门和社区服务为辅助，进一步健全残障儿童少年入学保障机制。教育资助体系不断完善，受益群体覆盖面进一步扩大、资助力度持续提升。积极探索拔尖创新人才培养模式，多种方式为学有余力的学生打造适宜的成才通道，创新型人才培养能力显著提升。

教育质量全面稳步提升。科学的育人观和教育质量观进一步树立。坚持立德树人，切实将社会主义核心价值观融入课堂教学、校园文化、社会实践、学校管理等关键环节，融入国民教育全过程。中华优秀传统文化教育持续加强。积极改进学校体育美育教学，通过开展高等学校、社会力量支持中小学体育、美育特色发展工作等措施，推动中小学体育、美育工作的科学、有序、和谐发展，广大学生的体育和艺术素养不断提升。以考试评价改革特别是中高考改革为杠杆，撬动素质教育与减负问题的突破，与此相配套的课程及教材改革持续深入推进，教育教学模式不断优化创新，教育质量保障体系和监测评估机制不断健全，学生全面发展和个性发展需求进一步得到满足，综合素质不断提高。坚持将教师队伍建设作为推进首都教育现代化的关键环节，全体教师专业水平提升与高层次骨干教师队伍建设并重，不断完善教师遴选、引进、管理和发展服务体系，进一步深化学校分配制度改革，优化教师职业发展环境，在造就师德高尚、业务精湛、结构合理、充满活力的高素质专业化教师队伍方面取得可喜的成效。大力构建现代职业教育体系和推进高等教育内涵发展，教育服务于首都“四个中心”城市战略定位的能力持续增强。

教育体制改革取得新成效。全面深化教育领域综合改革，坚持整体谋划，以人民群众关心的热点难点问题为导向，聚焦深层次制度瓶颈，努力推进教育治理体系和治理能力现代化建设，深入推进考试招生制度、管办评分离、育人模式和评价体系改革，全面推进依法治教，不断提高教育经费保障和管理水平，首都教育发展中的一批热点和难点问题得以缓解。政府的学前教育公共服务职能进一步强化，学前教育资源供给能力大幅提高，“入园难”问题得到有效缓解。义务教育均衡优质发展的长效机制进一步健全，学生综合素质全面提升。普通高中积极创新学校办学模式与人才培养模式，在多样化、特色化发展方面初见成效。具有首都特色的现代职业教育体系进一步完善，校企合作不断推进，学生的综合职业素养切实提升，职业教育服务首都产业结构优化升级的能力持续增强。高等教育内涵发展不断推进，办学水平稳步提升，科技创新能力、社会服务能力和文化传承能力切实增强。终身教育服务体系更加完善和适宜学习，继续教育广泛开展。政府教育管理的科学化、规范化水平不断提高，学校办学活力日益增强，教育资源配置进一步优化。

教育开放程度和对外影响力持续扩大。切实加强国际理解教育，积极构筑同国际优质教育资源交流与合作的平台，首都教育培养高素质、国际化人才的能力得以增强。以实施《留学北京行动计划》等措施为抓手，留学人员教育体系和社会环境持续优化，北京来华留学人员教育在国内的领先地位得以巩固，全年在北京市高校留学的学生达7.7万人次，高校学历生比例达到43.5%。稳步推进“走出去”战略，加强孔子学院（课堂）建设和对北京优质、特色教育资源的宣传，北京教育国外影响力持续扩大。以京津冀教育协同发展为主的国内区域教育合作快速推进。

教育信息化对教育现代化的保障和带动能力明显增强。教育信息化基础环境与运行机制不断完善，中小学建网学校比例达95%以上，对教育信息化的有效应用水平不断提高，广大师生的信息技术素养明显提升。着力加大优质数字教育资源的开发和应用力度，积极探索在线开放课程应用带动机制，以北京数字学校和开放大学为代表的新型教育教学与信息技术的融合模式，突破教育资源共享的身份和时空的传统界限，成为创新首都教育公共服务方式的新举措。以中小学生学籍信息管理系统为代表的教育管理公共服务平台建设及其应用水平全面提升。

第二部分　重点工作实施情况及主要成效

一、素质教育扎实深入推进

（一）德育实效性不断增强

坚持育人为本、立德为先。以北京精神为重点构建德育内容体系，切实将社会主义核心价值观融入课堂教学、校园文化、社会实践、学校管理等关键环节，融入国民教育全过程。中小学社会大课堂建设应用机制进一步完善。中华优秀传统文化教育持续加强，深化“中国梦”主题教育。着力推进实践育人，广泛开展社会实践活动，弘扬志愿精神，增强学生社会责任感、创新精神、实践能力，促进学生健康快乐成长。

（二）学生全面发展和个性发展需求进一步得到满足

着力培养学生的学习兴趣，锻炼学生的创新思维，提高学生的学习能力。积极改进学校体育美育教学，通过开展高等学校、社会力量支持中小学体育、美育特色发展工作等措施，推动中小学体育、美育工作的科学、有序、和谐发展。以考试评价改革特别是中高考改革为杠杆，撬动素质教育与减负问题的突破，与此相配套的课程及教材改革持续深入推进，教育教学模式不断优化创新，教育质量保障体系和监测评估机制不断健全，学生全面发展和个性发展需求进一步得到满足，综合素质不断提高。

二、学前教育发展：供给能力和服务水平有所增强

（一）完成学前教育资源扩充任务

以实施《学前教育三年行动计划》为契机，通过新建改扩建、办园条件达标、鼓励扶持部门办园和民办园等方式大力扩充学前教育资源，改善教育环境，提升保教质量。新建改扩建幼儿园843所，办园条件达标700余所，增加学位10万余个，完成预期的任务，“入园难”“入园贵”问题得到一定程度缓解。

（二）学前教育经费保障力度加大

出台《北京市扶持学前教育事业发展项目经费管理办法》，对各类型幼儿园实施奖励补贴政策。提高教育部门办园生均经费标准，2012年已达每生每年2000元；对中央及地方各部门办园、街道及乡镇集体办园进行定额补贴，2012年已达每生每年3600元；对接受政府委托、办成普惠性幼儿园的民办幼儿园，采取减免租金等补贴政策；通过减免保育费等方式资助家庭经济困难儿童接受学前教育。

（三）幼儿教师队伍建设全面加强

其一，拓宽师资来源。通过加强市属师范院校学前教育专业的建设力度、公开招聘、中小学教师转岗等拓宽师资来源。其二，创新培训模式，加大培训力度。采取分层、分类和重点项目结合的方式，做好从公办到民办各类幼儿园管理者及教师的在职继续教育培训。其三，推进学前教育教师培养工作室建设。不断促进全市城乡、区域学前教育均衡发展。

（四）学前教育管理更加规范高效

通过建立学前教育联席会议制度、调整幼儿园收费管理机制、完善小区配套幼儿园相关制度、出台《北京市举办小规模幼儿园暂行规定》和《关于进一步加强社区儿童早期教育示范基地建设的意见》等，使学前教育管理更加规范高效。

北京市昌平区工业幼儿园举办第十届体育节及小班运动会

三、义务教育：公平与质量双跃升

（一）义务教育呈现均衡与优质互促共赢

1. 持续加大教育投入力度，注重优化学校办学条件。坚持教育优先发展地位，注重对薄弱环节的扶持。新增教育经费事业费70%用于支持区县基础教育事业发展，重点用于农村义务教育；教育费附加60%向财力薄弱区县和农村学校倾斜。持续推进办学条件标准化建设并不断丰富其内涵，实施《北京市中小学建设三年行动计划》，进一步优化中小学教育资源配置和学校布局，使中小学办学条件和现代化水平实现新提升。

2. 统筹协调各方资源支持中小学发展，做大优质教育资源“蛋糕”。研究制定《关于推进义务教育优质均衡发展的意见》。推动实施高校办附中附小。鼓励社会力量支持小学音体美发展。协调高校和民办教育机构引进外教支持中小学英语教学改革。推动市、区教科研部门对口支持17所中学发展。引导新东方等11家民办教育机构参与中小学学科教学改革及远郊区县办学工作。

3. 发挥现有优质教育资源辐射带动作用，加快优质教育资源圈建设。积极引导各区县通过学区制、教育集团、九年一贯制等多种模式，优化教育资源布局，促进教育均衡发展。

4. 通过多种方式扩大优质高中受惠面，带动义务教育均衡发展。通过委托优质高中办学、集团化等多种方式将部分相对薄弱的完中校改造为优质的纯初中。

5. 加大城区优质教育资源向郊区县输出力度，促进城乡教育一体化。进一步优化城乡教育资源配置和布局，积极推动城市中心区名校外迁，推进城市功能拓展区、城市发展新区和生态涵养区培育建设一批优质学校。

（二）综合治理义务教育“择校热”

1. 坚持免试就近入学原则。合理划定招生范围，提高电脑派位入学比例，并全面扩大优质校服务片区。首次统一使用小学和初中入学服务系统，使招生过程更加公开、透明。取消“共建”入学方式。严格规范招生行为，全面推进“阳光招生”，确保各项招生政策落实到位。

2. 积极推进优质普通高中名额分配到区域内初中。优质高中拿出招生计划30%名额，定向分配到区域内所有初中校，普通初中录取人数超过优质高中所属初中校。

3. 大力推进九年一贯对口招生改革。建设一体化的九年一贯制学校。大力推进九年一贯对口直升改革，逐年提高直升比例。

（三）切实减轻学生课业负担

以“育人为本，科学减负，促进每位学生健康快乐成长”为指导思想，以“标本兼治、疏堵结合、内外联动、整体推进、重点突破”为工作思路，以作业、课程、考试评价改革等为着力点，科学减负取得一定成效。

（四）持续完善质量监测体系

以多年实证研究为基础，在全国率先开发建立基于国家课程标准的教学质量监控评价体系，探索建立服务于多层面、多方式、立体化的评价结果反馈机制。

（五）随迁子女接受义务教育的权力依法受到保障

1. 健全制度保障，加大财政投入。对公办中小学按实际在校生数划拨生均经费、核定教职工编制，保证随迁子女就读所需正常经费和人员。同时，设立随迁子女义务教育专项资金，“十二五”时期共投入17.98亿元。

2. 坚持以公办学校为主，规范民办学校管理。通过扩大总量、优化存量，不断扩大公办中小学接收能力。探索采取委托办学、购买服务等方式保障随迁子女在依法举办的民办学校接受教育。加强对未经审批自办学校的规范管理。

3. 推广成功经验，不断加强随迁子女融入教育。积极开展随迁子女融入教育研究和实践，不仅让随迁子女“有学上”，而且努力让他们“上好学”。

4. 落实随迁子女参加中等职业学校和高等职业学校招生考试工作。依据《进城务工人员随迁子女接受义务教育后在京参加升学考试工作方案》和《2014年进城务工人员随迁子女在京参加高等职业学校招生考试实施办法》，积极开展随迁子女在京参加中等职业学校和高等职业学校招生考试工作。2014年，提出申请在京参加中等职业学校招生考试的随迁子女806人，录取679人；提出申请在京参加高等职业学校招生考试的随迁子女114人，录取98人。

四、普通高中：多样化发展局面初步形成

（一）普通高中课程改革积极推进

坚持“以人为本”，强调面向全体，切实关注每个孩子的实际教育需求。注重顶层设计，突出课程改革的系统性和开放性。通过综合性课程体系建设、积极促进跨校协作、给学校更多的课程自主权等，具有北京特色的课程创新模式初步形成。

（二）普通高中学生综合素质评价试验取得重要进展

北京市在普通高中学生综合素质评价改革试验中，逐步形成“市和区县教委领导、科研部门负责、学校校长主管、学校干部和教师分工负责、全体学生参与”的实践模式，构建以“行政主导、专业引领、技术支撑”为特色的稳定队伍。从市、区县、学校三个层面形成学生综合素质评价方法体系，构建多元的评价标准体系，形成多主体参与的评价实施体系，对评价结果的呈现和应用方式进行有益探索。

（三）普通高中多样化发展格局初步显现

市教委加强顶层设计，立足学生多元发展，力推课程实验改革，构建七类普通高中学校多样化人才培养体系，70所项目学校在育人模式、素养教育、学校文化、普职融通、教学方式等方面形成初步特色，高中学校多样化发展的格局初步显现，在全市营造了推动普通高中特色发展的良好氛围。

五、职业教育：体系构建和质量提升均有可喜进展

“十二五”期间，北京市积极探索多样化的衔接办学模式，提升职业教育发展重心，职业教育与经济社会发展需求的适应性有所增强。2011—2014年北京中等职业学校毕业生就业率始终保持在95%以上。2014年，北京高职院校就业率达到97.45%，连续三年保持高位。

（一）职业教育总体规模呈降势

1. 中等职业教育办学规模明显减少

2014年北京市有中等职业学校123所，招生44557人，在校生167100人；与2010年相比，办学规模明显缩减。

2. 高等职业教育办学规模稳中有降

2014年北京有独立设置高等职业院校25所，还有21所普通本科院校以及3个其他机构举办高等职业教育。与2010年相比，办学规模稳中有降。

（二）职业教育经费保障力度不断加大

2013年北京中职学校生均预算内教育事业费（23635

元）和公用经费（11108元）分别为全国平均水平的2.69倍和3.10倍。2010年高等职业教育生均预算内经费投入已接近2万元。为促进民办职业院校发展，市财政增加政府民办教育发展引导性资金。

（三）职业教育人才培养模式持续创新

1.探索建立职业人才成长“立交桥”，积极探索现代职业教育体系

开展“职业教育分级制”改革实验。在16所中高等学校的25个服务首都重点产业及重点企业发展的专业开展“职业教育分级制”改革实验。

开展“3+2”中高职教育衔接办学试验。先后启动50个专业开展“3+2”中高职教育衔接办学试验，34所中职校、18所高职校参与，共招生2569人。

开展“3+3+2”护理专门人才一体化培养模式开始试点。2014年，首都医科大学与首都铁路卫生学校联合举办“护理专门人才一体化培养实验班”，探索8年本科一体化培养。

开展职业高中综合高中班试点工作。2014年北京市选择14所职业高中的24个重点专业，开展了在职业高中举办综合高中班试点工作，毕业生可报考高职院校或普通高校。

2.积极推进职业教育集团建设

北京市先后组建7个职业教育集团。其中由高职院校牵头5个职教集团，覆盖市内10多所本科高校、25所高职院校、70多所中职学校、100多家企业、12个行业协会、9个技能鉴定机构和22家科研院所，对于推动校企合作、形成适应北京经济转型发展的职业教育体系具有重要作用。

3.引入德国IHK证书培训，深化职业教育国际合作

北京电子科技职业学院、北京劳动保障职业学院等8所高职院校与德国工商业联合会（IHK）、德国德累斯顿工业大学三方签署“北京市高等职业院校中德合作职业资格证书教育项目”协议。2013年首届毕业生中的293名学生获得相关IHK职业资格证书，取证率93%。

（四）基础能力建设迈上新台阶

1.以示范校建设为抓手，提升职业院校办学水平

北京中等和高等职业学校的办学水平均有显著提高。2014年北京市国家级和省市级重点中等职业学校占学校总数的比例为52.8%，较2010年提高4.5%。“十二五”时期，先后有21所中等职业学校成为“国家改革发展示范校建设计划立项建设学校”，占2014年中职学校总数的17.1%。2010年以来，北京建成国家重点建设示范性高职院校4所，国家重点建设骨干高职院校2所，北京市级示范性高职院校6所，国家级和北京市级示范性高职院校数量已占北京市高职院校总数的48%。

2.加强专业建设，对接产业发展

2012—2013年共评定34个服务“北京制造”“北京创造”“北京服务”的中职示范专业。2011年12月启动“高等职业学校提升专业服务产业发展能力项目”，覆盖到17所公办高职院校和34个专业，已全部通过教育部、财政部项目验收。目前高职教育服务于第一、第二、第三产业的专业比例分别为0.2%、26.7%、73.1%，全面提高人才培养质量与提升支撑经济发展方式转变和产业结构调整的能力持续增强。

3.深入推进课程改革，提升职业教育教学质量

北京市从2008年开始启动“以工作过程导向”的课程改革项目，开发17个专业教学指导方案和232门专业核心课程标准，在32所学校的41个试点专业80个教学班进行实验。

4.实施教师素质提高工程，促进教师专业发展

2011年北京市财政投入1.8亿元启动“十二五”时期北京市职业院校教师素质提高工程，有效促进教师的专业发展。此外，还通过多种方式加大中职学校的专任教师队伍培养和引进“双师型”教师的力度。2014年，中等职业学校专任教师中的“双师型”教师为2211人，占专业课、实习指导课教师总数的55.0%；聘请校外教师中的“双师型”教师为172人，占专业课、实习指导课教师总数的18.1%。

（五）农村职业教育服务能力有所增强

大力推动以市农业高等院校为龙头、区县级成人教育学校为依托、乡镇成人学校为骨干、村成人学校为基础的四级农民成人教育体系进一步完善。成立了北京都市农业职业教育集团，力求从全方位服务于北京现代农业发展。

（六）职业教育比以往更具吸引力

1.加大对学生的资助力度

中职类学生入学后可申请的北京市中等职业教育国家助学金，一等国家助学金每生每学年2500元，二等国家助学金每生每学年1800元。从2012年秋季学期起，对在全日制中等职业学校（也含依法批准的民办中等职业学校）就读的具有正式学籍的城乡低保家庭学生、城乡低收入家庭学生、享受抚恤补助的优抚对象及其子女等8类学生免除学费。从2012年起，免除北京农学院、北京农业职业学院两校涉农类高职专业学生学费，涉及学生1400余人。

2.积极推进职业院校考试招生制度改革

积极探索多元化人才评价机制、多样化入学选拔录取方式。进一步完善高职单考单招和高会统招形式。继续扩大高职自主招生规模，2015年参加高职自主招生的院校有27所，招生计划11145人。除常规的自主招生形式外，北京劳动保障职业学院和北京信息职业技术学院两所院校试点“有条件注册入学”，成为高考生入读高职求学的新途径。

六、高等教育：教育质量和服务社会能力均有所提升

（一）高等教育总体规模基本稳定

北京目前共89所普通高校，如果算上成人高校和民办高校，学校数量达到177所。如果不算网络本专科生和在职攻读学位人员的数量，与2010年相比，2014年在校生规模增加37573人，增幅为3.5%，研究生和中央部属院校是在校生规模增长的主要来源。从普通高校在校生来源看，外省市生源比例占到73%左右。

（二）人才培养机制不断创新

北京市坚持顶层设计与一线实践相结合，鼓励和支持各种有利于高水平人才培养的人才培养机制创新。

1. 启动高水平人才交叉培养计划

制定实施“北京高等学校高水平人才交叉培养计划”。通过强化北京地区高校间、北京高校与境外名校、高校与科研院所和企事业单位的合作，实现专业学科的交叉融合以及优质教育资源的充分共享，提高高水平人才培养质量。

2. 试点建设北京学院

集合各高校优质教育资源，建设北京学院，打造优质核心专业课程教育，目前包括北京航空航天大学北京学院、中国农业大学北京学院和北京理工大学北京学院。

3. 深入开展高校结对共建

积极引导学科相近、地域邻近的高校加强合作，建立起中央高校与市属高校一对一形式的结对共建联系，实现优质教育资源互补、互利共赢。

4. 持续推动学院路教学共同体建设

由学院路周边多所高校组成的自主性、共享性教学联盟——北京学院路教学共同体，目前成员校已扩容到19所，其中中央高校13所。共同体从校际公选课入手，遴选具有特色的优质课程供所有成员校学生跨校选修、互认学分，目前已开设跨校选修课程265门、跨校辅修专业34个，培养学生逾10万人次。

5. 加强高校自主性联盟建设

在市级引导和支持下，一些教学目标相近、教育资源互补的办学主体结成自主性联盟，深入交流合作，实现共赢发展。例如，为配合教育部“卓越工程师教育培养计划”实施，在市教委倡议和支持下，北京航空航天大学等16所高校协议组成“北京市卓越工程师教育培养计划高校联盟”，这种以工程实验创新教学交流合作为重点的高校间联盟在国内尚属首创。

6. 促进教辅资源共享

建立完善“北京地区高校图书馆文献资源保障体系”(BALIS)，成立“北京高校博物馆联盟”，不但推动资源在高校间的共享，而且有利于实现优质资源的社会开放。

（三）教育教学改革扎实有效

1. 加强专业建设

（1）加强专业群建设

目前已启动10个专业群的建设，累计投入专项经费3900万元。每个专业群设立中央部委高校、市属高校各一所牵头高校，五年来取得一系列建设成果，使北京地区高校的特色优势专业得到进一步提升。

（2）加强专业结构调整

完成市级特色专业遴选工作，筹建北京市级特色专业建设平台网站。完成专业综合改革试点遴选工作，确定21所市属高校38个专业为试点项目。引导市属高校主动开设社会急需、符合自身特色优势的专业。北京高校专业布局与首都经济发展契合度有所提升。

（3）加强专业预警机制建设

对北京高等教育专业进行系统评估，为高校合理调控专业发展、科学进行专业调整提供决策依据。

2. 课程教材改革持续深化

（1）着力推进课程建设

在不断巩固“精品课程”建设成果的基础上，鼓励各校建设校内课程中心，推出精品视频公开课和MOOC体系。深入开展大学公共英语教学改革试验，推动其向重视实际应用能力转变。

（2）进一步完善教材体系

以实施“精品教材建设工程”为龙头，将高质量教材与专业和课程建设有机结合，进一步完善北京高等教育教材建设体系。

3. 实践创新教学改革初见成效

以提高学生的创新精神、实践能力、社会责任感和就业能力为宗旨，加强高等学校市级校外人才培养基地建设，建立校企协同培养人才机制。开展北京高等学校校内创新实践基地建设，为培养学生的自主创新能力和创新意识营造良好的环境和氛围。加强实验教学中心信息化建设，先后有33个实验教学中心获批国家级虚拟仿真实验教学中心。

4. 创业教育和就业指导服务质量不断提升

市教委以基地校为依托，通过模拟实训、创业讲堂等多种形式，在全市开展创业培训和服务，形成一批高素质大学生创业团队。以“保持较高全员初次就业率，确保毕业生签约人数及比例相对稳定，努力提高就业质量”为工作目标，全面促进毕业生就业。市教委每年投入专款约100万元用于扶持各高校通过就业培训、资助、岗位推荐等方式帮扶家庭经济困难、少数民族毕业生就业。

5. 质量监控体系进一步完善

坚持“加大分析、回归常态、注重引导、有助借鉴、加强合作、形成机制”的理念，建设“高等教育质量年报制度”。积极推动高校加强自我评估，引入社会力量监督评价。北京市正在研究制定“北京高等教育教学发展指数体系”，高等教育质量监控体系将更加科学完善。

（四）科技创新能力和社会服务贡献力切实增强

持续加强科研条件平台建设，科技创新体系不断完善。深入推进产学研合作，鼓励高校加强基础研究、应用研究，增强原始创新和集成创新能力。继续加强北京市重点实验室（86个）、北京高等学校工程研究中心（26个）、北京市技术转移中心（12个）、科技创新平台（173个）和产学研联合培养基地（13个）建设，为学科建设和人才培养创造有利条件，为产业结构优化升级提供技术服务。以融入北京区域总体发展战略为依托，积极探索区域内各创新主体之间协同创新的路径，为促进高新技术产业的发展、传统产业的技术进步和文化的传承提供了重要的智力支撑。

哲学社会科学发展和语言文化建设取得新成效。在北京高校中实施北京市哲学社会科学重点研究基地建设项目，推进哲学社会科学和自然科学及其他学科的交叉与融合，实施北京高校哲学社会科学学科带头人培养计划。持续加强语言文化建设。

（五）高校的分类指导不断强化

北京市支持各高校根据自身情况，将人才培养目标分别定位在重点培养“创新型人才”“复合型人才”“应用型人才”之上，在综合教学改革中走特色发展之路。对于一流大学和国内高水平大学，北京市鼓励它们吸收和借鉴国际高等教育人才培养的成功经验，不断挖掘自身潜能，积极在拔尖创新型人才培养模式改革中进行探索。对于行业特色院校和地方高水平大学，鼓励其综合“本科教学质量工程”建设成果，跨学科、跨专业整合优质教学资源，积极探索建设复合型优秀人才培养模式。对于地方特色行业院校，鼓励其依托北京地区人才、物质和管理优势，充分发挥学校现有专业特色，以服务北京经济社会发展为目标，积极在应用型专业人才培养中取得突破。

七、终身教育：市民学习需求得到进一步满足

（一）远程开放教育平台建设加强

2012年7月北京开放大学成立。北京开放大学秉持“有教无类”的办学理念，将一切优质教育资源向所有人公开，推动“人人皆学、时时能学、处处可学”的学习型社会的建设；通过灵活的课程体系、全方位的学习支持服务体系提供多样化、多层次的学历与非学历继续教育；通过建立学习成果的互认和学分的累积、转换制度，探索搭建终身学习“立交桥”。

（二）继续教育管理更加规范

进一步明确新时期继续教育在高校的定位和作用，引导继续教育管办评分离，逐步实现归口管理。推进北京高校继续教育管理及质量保障体系建设，建立继续教育质量年报制度。通过检查评估，进一步规范高校继续教育办学。主动适应信息化社会要求，2015年启动北京高校继续教育微课程体系和平台建设。

（三）终身教育体系不断完善

一是进一步完善终身学习网络。各区县建立以社区学院或区级成人教育中心为龙头的社区教育基地网络，90%以上的街道都建立社区教育中心；所有乡镇都建立了成人文化技术学校；80%的企业都建有自己的培训基地；各区县建有老年大学30余所；3000多所社会力量办学机构遍布京城，每年参加各类教育培训的市民超过850万人次。

二是提供多元学习服务。搭建网络平台，建立学习网站联盟，形成课程互换、资源共享、优势互补和有效服务的机制。先后开发老年教育、农民培训、新市民教育等社区教育系列课程和教材；开发面向婴幼儿学前教育、中小学生教育、开放大学教育等不同层次的网络课程；建立面向市民、农民、企业职工、机关干部、老年人等不同群体的学习网站和课程，为学习者提供方便、灵活、个性化的学习服务。

三是构建终身教育体系。依托北京广播电视大学、市考试院自考办及社区教育中心等单位，开展市民学习成果累计、转换和认证研究试点，探索建立学分银行制度，构建终身学习“立交桥”，探索建立开放大学与普通高等教育、成人高等教育和高等教育自学考试对接机制，加快构建终身教育体系。

八、民族教育务实推进

（一）中小学民族团结教育工作持续深入推进

在全市中小学定期开展北京市民族团结教育示范学校评选工作，深入推进中小学民族团结教育工作。充分发挥课堂教学主渠道作用，进一步提升北京市民族团结教育实效。

（二）教育对口支援工作认真务实

市教委以首都优质教育资源为依托，把教育对口支援工作统筹纳入首都教育整体工作安排。五年来共安排120余个教育援助项目，得到上级部门、受援地区及有关方面的好评。市教委经全面考察调研，制定《2011—2015年北京市教育对口支援新疆和田地区专项规划》，协调安排19.1亿元教育援疆资金。加强与青海省在教育科技领域的合作。做好对口支援青海玉树灾后恢复重建工作。

九、特殊教育保障水平明显提升

（一）大力保障残疾儿童少年入学机会

2014年，北京市在读残疾学生8788名，其中2755人在20所特殊教育学校就读，5395人在1064所普通学校随班就读，156人在中小学附设的特教班就读，482人接受送教上门教育服务。在所有在读残疾学生中，京籍在校残疾学生6216人，约占70.73%，非京籍在校残疾学生2572人，约占29.27%；义务教育阶段毛入学率为102.1%，远高于全国残疾儿童少年义务教育毛入学率（2012年年底全国残疾儿童少年义务教育入学率为71.9%）。不含送教上门学生，入学率为93.07%。

（二）特殊教育经费保障力度逐年加大

2013年市级特教经费年度总投入为4502.11万元，比2010年提高432%。2013年区级特教经费年度总投入为23579.72万元，比2010年提高38%。特殊教育生均公用经费（6000元/生/年）始终处在全国前列，率先制定高于国家标准的“三免两补”政策并得到有效落实。

（三）特殊教育资源不断拓展

出台《北京市特殊教育学校办学条件标准》，办学条件得到较大改善。每年投入专项资金，用于改善特殊教育学校办学条件和示范性资源教室建设。目前北京市建设有资源教室的学校为283个。

（四）特殊教育师资队伍不断优化

盲校师生比为1:1.93，聋校生师比为1:2.45，培智学校生师比为1:2.45，均低于《北京市特殊教育学校办学条件标准》对师生比的相关规定要求。重视特教教师培养培训工作，培训类型不断扩展，培训对象覆盖特教管理人员、专业教师（资源教师、巡回指导教师、康复训练教师等）、融合教育教师、送教上门教师等各类型教职工人员，培训工作的实效性不断增强。

（五）开展医教结合，提高特殊教育质量情况

北京市高度重视医教结合工作，注重在特殊教育学校教育与康复的结合。2013年北京市政府办公厅发布《北京市中小学融合教育行动计划》，将“做好残疾学生医疗、康复和教育结合工作”列入建设目标，并在实践中加强顶层制度设计、增设师范培养专业、加大对教育康复类课程的开发与研究、推进标准化配置，取得较好

效果。

十、人才培养体制改革创新性推进

（一）统筹教育资源，加强合作式培养

广泛整合集成北京地区教育中央和地方、教育内部和外部乃至国内外的优质教育资源，创新性推进人才培养体制改革。在基础教育阶段，旨在培养创新型人才的“翱翔计划”和“雏鹰计划”，借助大量的一流高校与科研机构资源；推动实施高校办附中附小；鼓励社会力量支持小学音体美发展；协调高校和民办教育机构引进外教支持中小学英语教学改革；推动市、区教科研部门对口支持17所中学发展；引导新东方等11家民办教育机构参与中小学学科教学改革及远郊区县办学工作；积极引导各区县通过学区制、教育集团、九年一贯制等多种模式，优化教育资源布局；积极推动城市中心区名校外迁；开展高中特色发展试验；开展中小学的校外教育活动等。在职业教育阶段，职业教育分级试验、“3＋2”中高职教育衔接办学试验、职业教育集团建设、地方政府促进高等职业教育发展综合改革试点、深化职业教育国际合作等改革都体现对多种教育资源的综合利用思路。在高等教育阶段，高水平人才交叉培养计划、北京学院、高校结对共建、学院路教学共同体建设等一系列改革，都广泛吸收各种优质资源并尽可能兼顾地缘优势和互助、互补，力求以最小成本实现共赢。

（二）注重课程教材建设，创新人才培养机制

北京市高度重视以课程教材建设为载体，将人才培养体制改革引向深入。例如：基础教育阶段，强调配合新的育人理念、目标和模式，面向全体，具有北京特色的课程创新模式初步形成。职业教育阶段，高度重视“以工作过程导向”的课程改革项目，下大力气研究制定专业教学指导方案和专业核心课程标准，引导学校不断开展教学改革和优质特色课程建设。高等教育阶段，鼓励各校建设校内课程中心，以实施“精品教材建设工程”为龙头，将高质量教材与专业和课程建设有机结合。

（三）充分发挥现代信息技术作用，探索人才培养新途径

为了打破时间和空间的界限，以更为便捷、高效的方式促进优质教育资源共享，探索人才培养的新途径，北京市高度重视利用现代信息技术，着力促进现代信息技术与教育教学的深度融合，无论是基础教育阶段的北京数字学校建设，还是职业教育特色教育资源库、数字化优质信息资源库的建设（如网络课程、虚拟仿真实训平台、工作过程模拟软件开发等），以及高校Mooc体系建设、高校图书馆文献资源保障体系建设、北京开放大学建设等，都是北京对于现代信息技术的教育应用的重要探索。

十一、考试招生制度改革稳步推进

（一）义务教育阶段坚持免试就近入学

合理划定招生范围，提高电脑派位入学比例，并全面扩大优质校服务片区。大力推进九年一贯对口招生改革。严格规范招生行为，切实严肃招生工作纪律，全面推进“阳光招生”，主动接受社会舆论监督，确保各项招生政策落实到位。

（二）普通高中考试招生改革积极推进

积极推进优质普通高中名额定向分配到区域内初中，目前全市优质高中该种比例已占招生计划的30%，普通初中录取人数超过优质高中所属初中校。逐年降低普通高中择校生比例，2014年全部取消择校生。特长生招生比例逐年减少。

（三）进城务工人员随迁子女在京参加升学考试政策有效落实

升级全市统一的小学和初中入学服务系统，完善非北京市户籍适龄儿童在京接受义务教育证明证件材料审核工作，落实好义务教育免试就近入学政策。在规定时间内提出升学申请且通过资格审核的随迁子女，可参加北京市中等职业学校的考试录取。

（四）高职院校招生考试改革全面推进

目前北京高职招生主要有四种方式：一是高职院校自主招生；二是高职院校单考单招；三是高会统招；四是实施高校和中专校合作“专门人才一体化培养实验班”招生。常规的自主招生形式外，还开展“有条件注册入学”试点。以此为基础，北京市将进一步做好本科和高职的分类考试，2015年通过分类考试录取考生将占高职院校招生总数的50%，2017年将成为主渠道，达到70%以上。

（五）高等教育招生考试改革稳步推进

1. 推进考试内容和形式改革

北京市根据国务院和教育部精神，使命题改革指向与新高考改革方向相吻合，坚持立德树人和素质教育的正确导向，体现基础教育向高等教育的过渡和衔接，体现首都基础教育整体质量和学生个性化发展水平，为逐步过渡到新的高考改革奠定良好、稳定的基础。

2. 改进招生计划分配方式

扩大城市发展新区和生态涵养区本科农村专项招生

普通高等学校招生全国统一考试北京市广渠门中学考点

计划。2015年北京市农村专项招生计划进一步扩大招生规模和招生院校范围，进一步提高北京市农村考生升入本科一批比例。在市属高校设立“双培计划”和“外培计划”。通过市属院校和中央在京院校或海外名校合作办学模式，探索一种创新的高校人才培养机制。

3. 推行本科普通批大平行志愿投档方式

2015年北京市普通批志愿设置从平行志愿组方式调整为大平行方式，设置6所平行志愿高校，每所高校6个专业，按照“分数优先、遵循志愿”的原则投档。

4. 调整自主选拔等特殊类型招生录取方式

从2015年起，北京市高校自主招生选拔、艺术团招生和高水平运动队等特殊类型招生将单独设置志愿，安排在本科提前批次录取结束后本科一批录取开始前进行。

（六）考试加分严格规范并减少

进一步减少和规范北京市高考加分项目及分值。全国性加分项目严格执行教育部政策。地方性加分除“少数民族”加分项目外，“市三好”“市优干”等全部取消。“少数民族”加分项目减少了分值、缩小了范围。

（七）高中学业水平考试逐步完善

北京市高中学业水平考试覆盖普通高中所有课程，分成合格性考试和选考科目考试两种形式。北京市会考将逐步实现向高中学业水平考试的过渡。

（八）高中学生综合素质评价取得初步成果

建立完善以电子平台为载体的学生综合素质电子档案，探索基于统一高考和高中学业水平考试成绩、参考综合素质评价的多元录取机制。研究学生综合素质形成性评价和终结性评价结果应用于高考招生的有效途径和机制，2015年出台规范高中学生综合素质评价的实施意见，专业评价机构建立跟踪反馈机制，指导各区县、学校具体实施。

十二、现代学校制度建设快速推进

（一）对学校的行政审批持续减少和规范

市教委积极对接国务院第六批取消和调整的行政审批项目，对市教委原有13项行政许可事项和25项非许可审批事项逐项开展审核论证和清理，保留行政许可事项15项，非许可审批事项3项，促进学校自主权的落实和扩大。

（二）高校治理结构不断完善

2013年成立市属高校章程建设领导小组，指导、推动章程建设工作。2014年建立北京市属高等学校章程建设联席会议制度，统筹协调高校章程建设工作的重大事项。市教委已组织完成5所市属高校章程核准的相关前期工作，已向15所市属高校反馈修改意见。到2015年年底拟全部完成市政府及其有关部门、区县政府及其有关部门举办的53所高等学校（含14所独立设置的成人高校）的章程制定和核准工作。

（三）高校专业评价大力推进

北京市坚持每年出版《高等教育质量年报》，成为汇集各高校教学改革和质量提升的成果与经验、积累质量管理相关文件和数据的良好平台，对于监测和评价高等教育的发展发挥重要作用。同时，北京市还结合教育部要求，积极推动高校加强自我评估、自我监控，引入社会力量监督评价，不断推动高等教育质量监控体系的完善。

（四）中小学内部治理结构改革深入推进

推进社会力量管理和监督。目前90%以上的中小学建立有家长教师协会或家长委员会。积极引导社区和有关专业人士参与学校管理和监督。推进中小学章程建设。市教委于2010年启动北京市中小学校章建设。目前已有校章建设项目样本实验校300所，除农村部分学校与新建校外，已基本实现“一校一章程”。

十三、办学体制改革有所突破

（一）民办教育管理进一步规范

为规范对民办教育的管理，出台一系列全市性民办教育管理制度，深入开展民办高校违法违规行为清理整顿，依法查处违法违规办学行为，引导学校规范办学。

（二）创新性推进学校办学体制改革

统筹协调各方资源支持中小学发展。推动实施23所高校创办39所附中附小。鼓励社会力量支持小学音体美发展。推动市、区教科研部门对口支持17所中学发展。引导新东方等11家民办教育机构参与部分小学、中学的学科教学改革。积极引导各区县通过学区制、教育集团、九年一贯制等多种模式，优化教育资源布局，促进教育均衡发展。通过多种方式扩大优质高中受惠面。通过委托优质高中办学、集团化等多种方式将部分相对薄弱的完中校改造为优质的纯初中。大力推进教育城乡一体化发展，积极推动城市中心区名校外迁，推进城市功能拓展区、城市发展新区和生态涵养区培育建设一批优质学校，包括深化已有65所城乡一体化学校建设和发展、鼓励城区优质学校在远郊区县举办民办学校、引进优质民办教育机构在郊区县开展委托办学等。

（三）切实鼓励社会力量办学

本着“扶需扶特、促优促强”的原则，以“优质、特色、公益、安全”为导向，积极鼓励社会力量办学，多方探索相关的公共财政扶持政策，主要包括实施各级民办学校奖、助学金和免学/杂费等政策性补助；市级民办教育发展促进项目；区县级民办教育发展专项资金（如海淀区）；市级普惠性民办幼儿园财政奖补；义务教育阶段民办随迁子女学校政府补贴；政府购买民办学校教育服务（委托民办教育集团举办幼儿园、提供科艺体美方面的服务、提供学科教师培训等）。

十四、管理体制改革扎实推进

（一）省级政府教育统筹权合理扩大

北京市以“统筹协调为重点”，要求统筹教育与经济社会协调发展，统筹城乡与区域教育均衡发展，统筹中央和地方、学校和社会以及中外教育资源优势，统筹各级各类教育科学发展。从实践来看，北京市在促进义务教育均衡化、保障流动人口子女教育、学前教育普及、教师队伍建设、现代职业教育体系构建、高等教育资源整合等领域均取得较好的效果。

（二）政府教育管理职能的转变加快

转变政府职能，深化教育管理体制改革，提高公共服务水平。推进市级政府教育统筹综合改革，提高办学体制、人才培养体制、教育交流与合作、资源布局调整等一系列改革的效率和效果。制定《北京市2013—2015年基本公共教育服务行动计划》，强化各级政府的公共教育服务职能，促进公共教育服务体系的建立和健全。注重综合运用法律法规、方针政策、标准、公共财政等多种手段引导和支持学校发展，注重现代化的、信息化的管理平台建设，提高教育管理的效率和效能。依法强化对各级政府、各类教育机构的监督检查和评估。进一步完善家长委员会、教育工作满意度调查等社会参与机制。进一步健全教育信息公开制度，促进政务的全面公开。积极培育专业教育服务机构。

十五、教育开放打开创新局面

（一）首都教育国际化空间不断拓展和深化

着力开拓与北京市友好城市之间的教育合作，进一步加强教育国际组织、大学的联系与合作。目前，市教委与50多个国外城市的教育部门及联合国教科文组织建立友好交流合作关系；首都高校与1000多所境外教育机构建立合作关系，北京市中小学与国外817所学校建立校际关系。积极参与全球学习型城市大会、APEC会议、诺贝尔奖获得者北京论坛相关任务，有力地服务了中央外交全局，提高了首都教育的吸引力和影响力。启动实施“高校聘请外籍教师支持中小学英语教学项目”，积极推动与海外知名高校、职业院校建设海外联合培养基地。

（二）坚持办好对外交流品牌项目

坚持办好国际学生北京夏令营、京港澳学生交流活动、中华文化小使者等一批品牌项目，在促进中外教育交流和人文交流、提升首都学生国际理解力和跨文化沟通能力方面发挥重要作用。推动实施“国内访学”计划，为借鉴国际上有益的教育理念和教育经验，感受国际化的办学实践和发展经验，每年组织北京市40～50名中小学教师到北京顺义国际学校等国际学校进行三周交流学习。

（三）高水平中外合作办学和境外办学打开新局面

市教委积极探索合作办学新模式，采取由政府主导、高校实施、政校合力的方式，围绕首都重点发展的产业领域，依法支持国外优质教育资源与北京市高校通过多种方式合作办学，集中力量办好一批高水平、示范性中外合作办学项目。目前，北京市中外合作办学机构和项目分别达到21个和122个。其中，实施本科及以上学历教育的机构和项目数占总数49%。北京市共有11所学校与14个国家和地区的26所学校合作开展27个境外办学项目，2所学校在境外独立开展办学机构，涉及20个专业。

（四）来华留学教育规模和质量有所提升

近年来，市教委进一步加大对北京市留学环境的推介力度，加大对北京市外国留学生奖学金项目的支持力度，全年在北京市高校和中小学学习的外国留学生达到8.3万余人次，其中，高校76996人次，中小学6202人次，高校学历生比例达到43.5%。接受外国留学生的学校数量进一步扩大，高校达到85所，中小学达到107所。大力推进英文授课项目，27所院校（其中，部委院校21所，市属院校6所）开设508个英文授课项目，涉及172个专业，20所大学的31门课程入选教育部2013年度来华留学英语授课品牌课程。此外，市教委举办的外国留学生中华文化大课堂、来华留学生汉语之星大赛等外国学生的第二课堂活动备受欢迎。

（五）汉语和中国文化推广力度加大

在市教委推动下，孔子学院（课堂）布局更加合理，规模进一步扩大，质量不断提升。截至2014年底，北京市共有38所高校和16所中小学在50个国家和地区举办224个孔子学院和孔子课堂，其中，孔子学院126个，孔子课堂98个。对境内外汉语教师的岗前培训和继续教育进一步加强。

（六）做好公派和因私出国留学工作

不断加强对公派和因私出国留学的政策研究和指导服务。市教委在全国率先设立“高校学生境外学习奖学金”项目，自2012年起，市教委每年投入1500万元，资助1000名市属高校在籍本科生和研究生公派赴境外交流学习。适应形势发展需要，着手制定《北京市自费出国留学中介服务机构认定和监管办法》。2014年，共有128739人次通过北京市的71个自费出国留学中介机构的服务出国留学。

北京市—巴登·符腾堡州职业教育合作签约仪式

十六、教师队伍建设成效显著

（一）师德师风建设备受重视

结合教师职业道德规范有关要求，将师德教育作为教师继续教育特别是新教师培训的主要内容。实行师德“一票否决制”，将师德表现作为教师考核评价的必要条件。依托新闻、报刊、网络等一系列平台，通过树典型、设专题、报新闻等多种形式，广泛宣传报道北京市各级各类优秀教师，树立师德典范，弘扬师德精神。通过“师爱无尘”主题活动引导广大教师弘扬社会主义核心价值观。

（二）中小学教师整体素质不断提

升

1. 持续完善教师培训体系

“十二五”以来，持续完善市、区县、学校三级培训体系，扎实开展分岗位、分学科、分学段、分层次的各类培训。市教委充分利用师范院校、综合大学、相关社会机构等各方面的优质教育资源，构建开放联合的教师继续教育体系。区县教师培训基本实现分类、分岗的全员培训，并力争实现校本培训资源在区域内的分享与流动。

2. 不断完善教师培训制度

加强全市教师培训工作的统筹管理，持续完善培训质量评价制度，每年组织专家对市本级教师培训项目进行评估和年度绩效考评工作，促进培训质量的提升。

3. 加大教师培训投入

建立以政府投入为主，多渠道筹措干部教师培训经费的保障机制。2011 年至 2014 年，全市市本级中小学教师培训项目 139 项，共计投入培训经费 35044.92 万元。

4. 创新农村教师补充机制

为全面实施素质教育，促进城乡教育均衡发展，解决以郊区和农村地区为首的中小学教师队伍结构性短缺问题，2013 年市教委和市人力社保局共设立 1000 个专项进京计划，为远郊区县和农村地区中小学公开招聘音、体、美等学科教师。至今共招聘 700 多名教师，大大缓解农村学校小学科教师短缺现象。

（三）教师工资待遇逐步提高

1. 通过实施绩效工资，逐步提高教师待遇

依法保证教师平均工资水平不低于国家公务员的平均工资水平，对长期在农村基层和艰苦边远地区工作的教师实行倾斜政策。目前，区县义务教育教师平均工资水平已不低于或略高于当地公务员平均工资水平，同职级人员平均工资水平已高于当地同类公务员平均工资水平。

2. 建立教师绩效奖励激励机制

从 2014 年起，北京市建立中小学教师绩效奖励激励机制。在现行绩效工资实施基础上，适当增加绩效工资额度，重点向一线教师、骨干教师和做出突出成绩的教师倾斜。

（四）教师管理制度进一步健全

1. 严格教师职业准入制度

市教委计划在 2015 年下半年进入国家教师资格考试改革试点，从而逐步完善并严格实施教师职业准入制度，努力吸引优秀人才从教。

2. 重视中小学编制调整

目前，北京市中小学教师结构性缺编现象明显，大部分学校的内设机构已远超出文件规定。鉴于以上情况，市教委正配合市编办对基础教育编制情况进行调研。在总量控制、宏观管理、动态调整的原则基础上，力求妥善解决中小学编制问题。

3. 积极推进义务教育学校教师、校长流动

2011 年 12 月出台《关于进一步推进义务教育优质学校干部教师向普通学校流动的意见》，明确交流宗旨是缩小区域内城乡、校际之间教育发展差距、促进区域教育均衡发展、全面提高教育教学质量；交流原则是“政策引导、区域统筹、形式多样、合理流动，促进均衡”；交流对象是北京市特级教师以及区县级及以上学科教学带头人、骨干教师；交流方式是采取学校间就近选派、个人自愿和组织推荐相结合的办法进行。目前，正准备在认真总结部分区县（如东城区、密云县）校长教师交流轮岗工作经验的基础上，进一步完善政策措施并进而在全市推开。

4. 继续加强高校优秀人才引进和培养

在实施“市属高校人才强教深化计划”的基础上，又实施《北京市属高等学校高层次人才引进与培养三年行动计划（2013 年—2015 年）》《北京市属高校创新团队建设与教师职业发展计划实施意见》《关于实施北京高等学校“青年英才计划”的意见》与“市属高校优秀青年教师发展基地研修计划”，加大对杰出人才和高层次人才的引进和资助力度，加强创新人才和创新团队建设力度。在北京大学、清华大学等中央高校建设一批市属高校青年教师发展基地，培养和提升市属高校优秀青年教师的教育教学能力、科研能力。坚持做好国家“千人计划”和北京市“海聚工程”人选的推荐、报送工作以及引进海外高层次人才规划工作。加强高校教师基础能力建设，持续开展多方位的教学技能培训项目，支持更多人才参与国内、国际交流。

5. 持续加强职业教育“双师型”教师队伍建设

北京市以“双师型”教师为重点，加大职业院校教师国内培训和国外培训力度。依托职业院校建立 15 个覆盖 43 个专业与学科的“双师型”教师培训基地，按照“政府主导、基地组织、院校主体、企业参与”的原则，面向各级各类教师开展旨在增强教学能力、实践能力的专业培训。同时，选拔骨干教师分赴英、德等国进行专业培训。为保证培训质量，设立国际专家来京培训项目，为国外培训团提供出国前的预培训和回国后的跟踪指导。2011 年，北京市出台“职业院校教师企业实践计划实施办法”，每年有计划地组织选派和支持 100 名左右中高职专业教师深入企业开展实践或接受顶岗培训。在兼职教师队伍制度建设

北京市中小学首批正高级教师座谈会

方面，自2011年始，设立并实施“特聘专家计划”，为青年教师的成长、校企联系的加强、产学研合作的紧密搭建了桥梁。

十七、教育经费保障水平不断提升

（一）经费投入稳定增长机制进一步完善

切实保障教育财政经费的依法增长，2012年完成全市财政教育支出占公共财政支出比例实现国家分解任务16%的目标。拓宽经费来源渠道，2011年从土地出让净收益中按10%比例计提教育资金，2012年开征地方教育附加费。进一步完善社会捐赠教育和学校筹款的激励机制，逐步落实个人捐赠教育支出在所得税税前全额扣除政策。逐步健全来京务工人员随迁子女义务教育公共财政保障机制。进一步完善非义务教育阶段培养成本合理分担和经费投入机制。健全公共财政对民办教育的扶持政策。

（二）投入分配结构不断优化

生均定额标准动态调整机制和正常增长机制进一步完善。调整基础教育经费定额标准，稳步扩大免费义务教育受益范围，大力推进城乡教育一体化发展。改革并完善市属公办高校财政拨款制度，完善基本经费正常增长机制。增强经费统筹能力和转移支付力度，重点加大对薄弱地区、薄弱环节和弱势群体的扶持力度。健全家庭经济困难学生资助体系，完善师范生、教育硕士资助政策。加大对市属高校基本建设投入力度，改善市属高校办学条件。

（三）经费使用效益不断提高

进一步推进全过程绩效管理。从2010年度起在各高校公用经费拨款中引入绩效考评结果，初步建立起绩效导向的教育财政经费投入预算管理制度。健全完善教育财政咨询、项目申报、投资评审、立项论证制度，增强经费分配的科学性。加强财政投资评审，建立联合评审、部门评审等多种评审制度。健全经费管理监督机制，完善内部审计制度。强化对大中型项目建设和经费使用的全过程审计。健全学校财务会计和资产制度，防范学校财务风险。进一步推进市属高校总会计师制度研究。

十八、教育信息化进程加快

（一）教育资源公共服务平台建设成效显著

以高水准实现“三通工程”为抓手，持续完善北京市教育管理服务平台与教育资源服务平台的功能与内容，并与国家相关平台有效衔接，努力促进信息技术与教育教学的深度融合。积极探索信息技术环境下教育对个人、对社会的新型服务模式。

1. 高标准、高速度推进基础设施建设

北京市基本建成由市级骨干网、区县区域网和校园网三级网络构成的北京教育信息网。全市中小学班班通网络，学生平均每10人使用一台计算机，专任教师平均每两人使用一台计算机。

2. 大力推进“北京数字学校”建设

2012年，市教委启动“北京数字学校”建设，开发义务教育阶段21个学科11254节数字化名师授课资源，并初步构建“北京数字学校”综合服务平台。目前，“北京数字学校”建设正致力于进一步丰富内容、完善形式、提高质量。

（二）优质数字教育资源应用更加普遍

1. 建设北京高校图书馆文献资源保障体系

2012年，市教委研究制定北京地区高校图书馆文献资源统一检索系统建设方案，馆际互借服务得到稳步发展。

2. 建设特色教育资源库

2012年，北京市属高校特色教育资源库建设项目重点提升主题资源包的建设质量和服务效益。截至目前，已有11所市属高校参与资源建设，初步形成北京高校特色教育资源体系。

3. 建设职业教育数字化优质信息资源库

北京市职业学校结合“工作过程导向”的课程改革和重点专业建设工程，积极开发包括网络课程、虚拟仿真实训平台、专业群落网站等多种形式的职业教育数字化信息资源。

4. 重视提高教师和管理人员的教育信息化应用水平和能力

加大对各级各类学校教师和管理人员的教育信息化培训，特别是信息技术基本操作和课件制作技术。积极鼓励和支持教师开展信息技术为支撑的专用学科教学工具、协同备课和教研系统的探索。

（三）教育管理公共服务平台建设进一步加强

1. 建设北京高校教育教学网络平台

2012年，市教委对教育教学改革资源进一步整合，构建起面向北京地区高校教育教学及管理工作的北京高等学校教育教学网站，为高校间优秀教学成果展示、经验总结交流提供平台。

2. 创设行政管理应用信息化环境

北京市已初步建立起市、区县、学校三级中小学管理信息系统（CMIS），学生基本数据信息完全电子化和互联化。

十九、依法治教工作全面推进

（一）地方性法规和规章制度建设加强

以制度创新为重点，注重调查研究和沟通协调，稳步推动地方性教育法规立法工作。以规范备案审查工作流程、加强文件合法性审查为重点，认真做好行政规范性文件审查备案工作。按照教育部和市人大、市政府法制办的要求，适时开展有关规范性文件清理工作。

（二）依法治教和依法治校工作全面推进

一是推进依法行政工作。市教委聘请常年法律顾问，积极加强依法行政工作配套制度建设，进一步提升教育行政执法工作规范化水平。完成市教委和区县教委的行政处罚事项梳理和权力清单编制工作，进一步明确行政处罚权力事项的依据、主体、职权和运行流程。进一步加强市教委行政执法能力和队伍建设，满足行政执法工作需要。

二是提高行政救济水平。进一步提高教育行政救济案件办理质量。探索运用行政调解等柔性执法方式，增强调解的社会效果和法律效果。进一步规范案件办理流程和工作责任，做到“案结事了、定纷止争”。

三是推进依法治校工作。采取多种形式推进《全面推进依法治校实施纲要》的贯彻落实。

（三）普法教育力度加大

2011年以来，以“六五”普法为抓手，大力开展普法教育。全市中小学法制教育已全部纳入学校教育体系。建立中小学法制课骨干教师、专任教师培训制度。健全完善学校、社会、家庭三位一体的青少年法制教育网络。法制宣传教育工作的监督评价机制不断完善。

（四）督导制度和监督问责机制不断完善

1. 教育督导体制机制进一步健全

初步构建起“以提高教育质量为导向、政府督导评价为主导、学校自评为基础、社会广泛参与”的教育督导工作机制。健全督导检查限期整改、检查结果公布、教育重大问题督导调研等制度，促进教育督导与教育决策、教育执行之间的衔接与统筹。关注社情民意，尝试开展区县政府教育工作满意度调查。积极探索购买专业评价服务，取得良好效果。

2. 教育督导机构工作职能进一步强化

进一步完善教育法律法规执行情况督导检查工作，有效推进依法行政、依法治教、依法办学。进一步完善政府、教育行政部门、学校“三位一体”全面实施素质教育的综合督导工作。依法加强义务教育督导，进一步完善全市义务教育均衡发展状况的督导监测与评估工作机制。开展中小学生综合素质监测评估研究工作。先后对区县政府推进初中建设工程、小学规范化建设工程、义务教育均衡发展、学前教育三年行动计划、校外教育、社区教育、特殊教育、高中课程改革、减负等情况进行专项督导检查。依法加强和改进职业教育的督导工作。进一步探索推进民办高等学校办学状况的督导与评估工作。拓展学前教育、校外教育、社区教育、特殊教育等方面的督导工作。

3. 教育督导保障措施进一步完善

建立对区（县）教育督导工作的督导评价制度，明确对教育督导工作的要求和评价标准。坚持加强市区两级教育督导机构建设。加强督学队伍建设，不断扩大队伍规模，持续优化督学结构。成立北京市督学研修中心，开发督学培训课程，开设北京市督学大讲堂，组织全市专职督学的轮训，使督学培训迈向系统化、制度化、专业化。继续积极探索督学任职资格制度、督学委派制度、督学选拔聘任制度、督学责任区制度建设。在全市层面正式建立督学责任区制度和中小学校责任督学挂牌督导制度，实现责任督学挂牌全覆盖。大力推进教育督导评估专业机构——北京市教育督导与教育质量评价研究中心的建设。加快教育督导评价信息技术平台建设，建立北京市全面实施素质教育督导评价管理系统、义务教育实施情况和均衡发展状况数据库、普通高中发展性评价数据库和督导人力资源库等一系列平台，提高督导评价的科学化水平。大力推进教育督导的国内外交流与合作，加强区域教育督导工作交流，坚持与教育部教育督导团办公室联合举办北京教育督导评价研讨会。

二十、组织领导工作得以全面加强

（一）对教育工作的领导不断完善

全面贯彻党的教育方针和国家教育法律政策，努力推进教育治理体系和治理能力现代化。立足实际，积极探索形成“统放结合、权责匹配”的教育治理体制，围绕政府职能转变主线，积极应对中央政府简政放权的新形势，做好“接、放、管”工作。全面完善对各级政府、各部门的考核机制和问责制度。全面推进教育决策科学化，建立重大决策风险评估和咨询论证制度。

（二）思想理论建设迈上新台阶

实施高校青年马克思主义者培养计划，宣传推广一批学习型党组织品牌活动。利用新媒体平台创新开展“首都百万师生微党课”活动并取得积极成效。积极推进马克思主义理论研究和建设工程，加强思想政治理论课教师队伍建设。开展“新生领航工程”、教师“铸魂工程”等品牌活动，全面加强辅导员队伍建设，实施青年教师“理论引领工程”，师生思想政治教育实效性有所提升。

（三）干部队伍建设持续加强

实施“领导干部能力建设工程”，通过多种方式直接培训。配强、配齐高校领导班子。深化干部人事制度改革，积极参与全市公开选拔工作和“三个一百”工程。加强领导干部作风建设，严格执行干部监督管理措施。深入推进廉政风险防控“三个体系”建设。

（四）基层党组织建设得到强化

实施高校领导班子和领导干部“领航工程”、基层党组织“聚力工程”和党员“先锋工程”。实施“党支部建设工程”，对学生党建工作加大组织领导力度。加强在青年教师和优秀大学生、特别是高端人才中发展党员的工作。对78所民办高职院校和其他民办高等教育机构全部选派督导专员兼党建工作联络员。

（五）教育系统风险评估与维稳机制进一步完善

大力开展“平安校园”创建工作。进一步完善公安、安全部门工作会商机制，圆满完成十八大等重大安保任务。坚持完善两委重大决策社会稳定风险评估实施机制，对随迁子女在京参加升学考试政策等进行风险评估。推进校园及周边治安综合治理。利用安全教育、应急演练等形式，进一步提高师生的安全意识和应急自救能力。

北京市教育委员会发展规划处

（本栏责任编校　张晓兰）

调研与报告

STEP 01
STEP 02
STEP 03
LOREM IPSUM
LOREM IPSUM
LOREM IPSUM
LOREM IPSUM
01
02
03
04
LEARNING
CREATIVE
INSPIRATION
PHOTO BOOK

2015年教育法律法规执行情况的督导报告

依据《北京市实施〈中华人民共和国义务教育法〉办法》第五十二、五十三条和《关于进一步加强和改进教育督导和教育评价工作若干意见的通知》的规定，北京市人民政府教育督导室于2015年11月至12月依据《北京市实施〈中华人民共和国义务教育法〉办法》第五章第四十三条、《北京市人民政府办公厅关于印发〈北京市中小学培育和践行社会主义核心价值观实施意见〉的通知》中关于“学校应当按照素质教育的要求，组织学生开展体育、文艺、科技和社会实践活动”“学校应当保证学生每天体育锻炼的时间不少于1小时”“社会公共文化体育设施应当为学校开展教育教学活动提供条件和便利”“各区县教育主管部门要统筹落实好本地区中小学培育和践行社会主义核心价值观各项任务，加强人员、经费和制度保障。各学校要把德育工作放在更加重要的位置，将培育和践行社会主义核心价值观纳入整体发展规划，贯穿于教学、管理、服务全过程，在抓紧、抓实、抓细上下工夫。校长作为第一责任人，要结合本校实际，组织制定落实方案，做到有目标、有要求、有措施、有进度、有保障、有评价”等内容，对全市各区县政府统筹领导，教育部门牵头、相关部门分工负责、社会广泛参与的学校体育工作和课外活动组织机制建立落实情况进行督导检查。

依据《北京市实施〈职业教育法〉办法》的情况第五条“市和区县人民政府应当加强对本行政区域内职业教育工作的领导，把发展职业教育纳入国民经济和社会发展规划，并制定本地区改革和发展职业教育的规划、计划和措施”、第十八条“市和区县人民政府、有关部门应当把职业教育教师的培养和培训工作，纳入教师队伍建设规划，并组织实施”和《北京市人民政府关于大力发展职业教育的决定》中第二十条“市及区县两级财政每年要安排专项资金支持职业院校师资培养和培训工作，全面提高教师职业能力和专业水平”的规定，检查区县政府落实职业教育发展规划、教师培养培训和教育费附加用于职业教育的情况。

督导检查主要采取区县政府自查与市教育执法检查组审阅各区政府自查报告和深入实地考察，并结合日常随访督导收集的信息和听取有关责任督学挂牌督导情况汇报相结合的方式。现将督导检查总体情况报告如下。

一、总体评价

各区政府对教育法律法规执行情况督导检查高度重视，成立以政府主管区长为组长，发改、财政、教委、教育督导、体委、文委、科委等相关部门主要领导为成员的自查领导小组，按照市政府教育督导室工作要求，召开工作会议，明确任务分工，提出自查要求，全市16个区及燕山地区在对照检查要求进行自查的基础上，认真完成自查报告。

各区政府坚持依法行政，认真履行教育管理职责，贯彻落实教育法律法规和相关政策的要求，立足本区实际，建立有效机制，明确任务分工，制订实施方案，保证经费投入，加强督导检查，督促落实到位。深入开展培育和践行社会主义核心价值观教育活动，坚持立德树人方向，切实抓紧抓实抓细，纳入规划，贯穿于课堂教学、教材开发、教师培训、学校管理、家校合作等全过程；挖掘和利用各种资源，组织学生喜闻乐见、丰富多彩的活动，开展学校体育、文艺、科技和社会实践等教育活动，形成区域特色；体育课开齐开足，保证学生每天体育锻炼时间不少于1小时，效果明显；各区把握疏解非首都功能和京津冀协调发展契机，结合实际，将职业教育纳入发展规划，保障经费投入，落实相关政策，加强专业建设，强化师资培训，推进职业教育转型创新，促进职业教育持续发展，适应经济社会发展和人才培养的需求。

二、主要成绩

（一）坚持立德树人，深入开展培育和践行社会主义核心价值观教育活动

各区深入贯彻党的十八大和十八届三中、四中、五中全会精神，认真落实市政府办公厅颁布的《北京市中小学培育和践行社会主义核心价值观实施意见》，坚持立德树人，深入开展培育和践行社会主义核心价值观教育活动，取得显著成效。

1. 各区加强培育和践行社会主义核心价值观的组织领导，建立领导小组和工作机制，制订《中小学校培育和践行社会主义核心价值观的实施方案》，加强顶层设计，明确任务分工，坚持全面覆盖，强化责任落实。在区委、区政府的领导下，区教育工委、教委协调有关部门，整体推进社会主义核心价值观教育。

2. 各区在培育和践行社会主义核心价值观活动中，区教委领导班子将学习《北京市中小学培育和践行社会主义核心价值观实施意见》列入学习计划，并深入实际参与基层联系点学校中心组的学习活动，起到带头作用。海淀区两委一室领导在习近平总书记视察民族小学工作一周年之际，到民族小学重走总书记参观之路，感受学校的发展变化，举行培育和践行社会主义核心价值观集体学习会，就培育和践行社会主义核心价值观专题与学校进行学习座谈，取得良好效果。

3. 各区广泛宣传和深刻学习领会社会主义核心价值观的丰富内涵。学校利用板报、橱窗、电子屏、网站、电视台等媒体，将社会主义核心价值观的24个字和习近平

总书记16字要求广泛宣传，做到“二十四字上墙，十六字铭记在心”，通过报告会、座谈会、培训会、班队会、国旗下讲话等形式，开展中国特色社会主义共同理想和“中国梦”教育，结合优秀传统文化和时代精神的教育，引导师生理解社会主义核心价值观的丰富内涵和实践要求，做到人人知晓，做到内化于心，外化于行。

4. 各区在培育和践行社会主义核心价值观活动中，把加强师德建设作为关键环节，注重抓好教师培训工作。中小学校将培育和践行社会主义核心价值观作为德育的灵魂，坚持全员育人、全过程育人的理念，发挥教师为人师表的作用，大力推进师德师风建设工程，将培育和践行社会主义核心价值观纳入教师继续教育课程体系和培训的全过程，作为师德建设的重点。结合教师节大力表彰优秀教师，树立教师培育和践行社会主义核心价值观的楷模，发挥示范引领作用。

5. 各区将培育和践行社会主义核心价值观融入中小学教育教学的全过程，实现全覆盖。将社会主义核心价值观细化融入学科教学的目标之中，发挥课堂主渠道的作用，改进课堂教学方法和评价方式，引导教师在教学研究和课堂教学过程中积极渗透社会主义核心价值观教育；将社会主义核心价值观融入地方教材和校本教材过程之中，以社会主义核心价值观为魂，以爱国主义教育为主线，继承优秀文化传统，凸显当今时代特点，体现自主创新精神，培养学生的实践能力和社会责任感，促进学生核心素养全面提升；将社会主义核心价值观融入学校文化建设之中，抓住创建中小学校文化建设示范校契机，以社会主义核心价值观为精髓，弘扬学校传统，注重文化积淀，彰显办学特色，加强校风建设，让学生在蕴涵社会主义核心价值观内涵的学校文化熏陶下健康成长；将社会主义核心价值观融入学校教育活动过程之中，学校把握立德树人方向，坚持育人为本，针对不同年龄阶段学生特点，贴近生活实际，坚持知行统一，落实“四个一”活动。小学在认知层面下工夫，初中在情感层面得到认同，高中在理解层面升华提高。抓住纪念抗日战争暨世界反法西斯战争胜利70周年大阅兵活动、升国旗仪式、重大纪念日活动、学校开学典礼、班级主题教育活动、表彰身边的先进人物、参加社会大课堂活动等，在实践活动中培育和践行社会主义核心价值观，不断深入，持续推进。西城区组织学生创编《社会主义核心价值观新童谣》。顺义区开展“唱响新童谣”活动，征集1500余篇作品，评选优秀童谣100篇，19篇入选市新童谣宣传册。大兴区与邮政系统合作，组织中小学生用社会主义核心价值观的12个词语制成的百万明信片，诠释核心价值观，宣讲核心价值观。通州区编写《十德树人——通州区小学中华传统美德教育读本》，通过阅读、演讲、美德剧表演等形式，深入开展“孝、礼、勤、诚、耻、忠、信、义、宽、廉”美德教育。房山区依托“德育八大领域”，开展中小学社会主义核心价值观教育课程化研究，构建核心价值观课程体系，受到中央教科院、首师大出版社专家的肯定和关注。海淀、房山、丰台等区以纪念抗日战争暨世界反法西斯战争胜利70周年为主题，组织学生通过拍摄微电影、编演话剧等形式，开展培育和践行社会主义核心价值观教育活动，受到广大师生的欢迎，得到社会主流媒体的宣传报道。

（二）依法履行政府职责，保障和推进学校体育、文艺、科技和社会实践等教育活动

各区政府依法履行教育管理职责，重视学校体育、文艺、科技和社会实践等教育，将提高学生健康水平、增强学生科技、艺术素质和社会实践能力，作为实施素质教育的重要组成部分。

1. 各区政府将提高学生健康水平、增强学生科技、艺术素质和社会实践能力，列入辖区“十二五”教育发展规划，组建领导机构，建立相关委办局参与的局际联席会机制，形成政府统筹管理、教委具体负责、相关部门参与、督导室监督检查、学校具体实施的管理体制和运行机制。学校贯彻“健康第一”的思想，校长作为第一责任人，保证学校体育、文艺、科技和社会实践等教育活动落实到位，推动素质教育全面实施，促进学生综合素质不断提高。

2. 各区在教育经费投入当中，设专项资金保障学校开展体育、文艺、科技和社会实践等教育活动。依据《北京市中小学校办学条件标准》规定，加大经费投入，为学校修建音乐、美术等专用教室，改造操场及体育馆，添置体育、文艺、科技教学器材，利用社会大课堂开展多种形式的社会实践活动。2015年，密云县（区）投入9523.59万元，加强体育设施建设，中小学全部建成塑胶操场，建成综合体育场馆4个，配备各类体育器材6万件（套）。2014年，怀柔区投入资金改造39所学校的体操场地，配备单双杠114副，配备电子计数跳绳182940根。丰台区投入3000万元用于专业教师培训、场地设备改造，投入1500万元用于高参小项目学校基础设施升级改造，投入600多万元用于购买国家大剧院、中国戏曲学院等专业机构

项目引进，与学校课程、课外活动有机结合，投入1200万元用于特色学生社团提升。燕山地区2014年学校体育专项投入437.07万元，学校体育经费支出为50.9万元，保证学校体育的顺利开展。

3. 各区积极实施《北京市学校体育工作三年行动计划》，认真落实北京市课程计划要求，学校按照市课程计划规定，开齐开足体育课时，小学1～2年级每周4节，小学3～6年级和初中每周3节、高中每周2节。学校落实体育课、早操、课间操，课外体育活动到时间、内容、人员、管理、器材“五到位”，确保学生每天体育锻炼时间不少于1小时。平谷、房山、怀柔、门头沟四区组织第二届“京山杯”教育论坛，围绕“新课程设置实验方案的落实”等主题进行研讨。各区重视体育教师培训，通过组织体育评优课和教案评比，联合高校举办体育硕士课程班等途径，规范备课、上课等环节，促进体育教师专业化水平提高，不断提高体育课整体质量。有关督导监测措施的实施，为学校体育保驾护航。门头沟区实施体育锻炼导师制，重点针对体质特殊达不到锻炼强度和合格标准的学生，开具个性锻炼处方，学生在学校的锻炼时间，一名教师负责4～5名学生，进行指导性锻炼，并与家长沟通，保证学生锻炼效果在校外也落实到位，“体育锻炼导师制”确保每名学生的体质都有明显改善。东城区体育局建立青少年体质监测体系，开展《北京市青少年存在的肥胖和近视问题进行的科学干预措施研究》，建立学校干预体系框架。房山区认真组织体育督导评估，要求学校上报学生体质健康数据，连续三年下降的学校，在年度综合评价中实行一票否决，对落实学校体育工作起到督促和保证作用。密云区自2007年以来，保持市级《国家学生体质健康标准》测试团体总分第一名，2015年有8所学校被教育部评为首批“全国学校体育工作示范校”。

4. 各区社会公共文化体育设施主动为学校体育、文艺、科技和社会实践等教育活动提供支持和服务，在区政府领导协调下，体育局、文委、科委等有关部门与教委加强协作，高等院校、专业院团认真落实“高参小”项目，社会大课堂资源单位协助学校开展社会实践活动，少年宫等校外教育机构及乡镇街道校外活动站主动为学生服务，全社会大力支持学校开展丰富多彩的体育、文艺、科技和社会实践等教育活动。体育运动场馆、体育运动协会优惠服务学校，博物馆、图书馆、文化馆、科技馆等已经成为学生学习实践的乐园。开展校园足球运动、京剧进课堂、科学家进校园、体育明星进校园、非物质遗产进校园、组织学生参与机器人等科技制作竞赛等，已经成为丰富学生课外活动，推进素质教育全面发展的新常态，受到学生的欢迎。东城区以“少年艺术学院”“青少年科技学院”为依托，不断完善实践课程体系建设，推进艺术科技教育发展。大兴区在完善本区有关学生课外活动“计划方案”“经费使用管理办法”“聘用机构或聘任教师暂行规定”和“考核评价方案”的基础上，推出了“123工程”，充分体现大兴区学生校外教育的特点。

（三）贯彻执行《北京市实施〈职业教育法〉办法》，推动职业教育转型创新发展

各区政府依据教育法律法规，履行教育管理职责，重视和推进职业教育发展，构建体现区域特点的国民教育体系和终身教育体系。

1. 各区重视职业教育发展，依据《北京市实施〈职业教育法〉办法》的有关规定，将发展职业教育纳入辖区“十二五”时期国民经济和社会发展规划，将办好职业教育作为促进经济社会发展的重要基础和促进教育发展关注民生的重点任务之一，纳入政府议事日程，加大职业教育管理力度，建立职业教育联席会工作机制，研究解决职业教育发展的相关问题。在辖区教育发展规划中，立足本区实际，整体部署职业教育改革发展的思路和目标，不断提升职业教育发展水平。昌平、怀柔、密云、延庆成立“京北现代职业教育体系建设联盟”，实现职业教育资源共享，协同开展教研活动、教学比赛等，促进职业教育教学水平的提高。

2. 各区依法保障职业教育经费投入，改善职业教育办学条件，促进职业教育发展。各区政府贯彻执行《职业教育法》和《北京市实施〈职业教育法〉办法》的有关规定，保证职业教育经费投入，延庆、海淀、密云、顺义等区及燕山地区教育费附加安排不低于30%用于职业教育、成人教育、社区教育及职业技术培训。抓住建设国家级中等职业教育改革发展示范学校的有利契机，石景山、昌平、丰台、海淀、密云、延庆等区改善职业教育学校的办学条件，加强实习实训基地建设，加强重点特色专业建设，推动职业教育持续发展。

3. 各区加大职业教师培训力度，强化骨干教师队伍建设。以提高职教师资队伍整体素质和加强“双师型”教师队伍建设为重点，制定培训规划，加大经费投入，采取轮岗培训、梯队培训等形式，力求在培训层次上有所突破，使更多专业教师获得高层次的职业教师资格证书。通过完善和落实教师定期到企业实践制度，特聘兼职教师任教、邀请职业院校的专家学者讲学，选送专业骨干教师到高等职业院校、教育科研机构或国（境）外深造等途径，大力培养职业教育专家型骨干教师队伍，为辖区职业教育发展奠定优秀师资人才基础。朝阳区贯彻落实《朝阳区职业高中教师队伍建设“双百一普及”工程实施方案》，围绕“培养100名骨干人才和专业领军人物，引进100名行业企业专家，全体专任教师普及‘双师型’”的目标，加大职业教师队伍建设力度，促进教师专业化成长。

4. 各区根据城市功能定位和国务院《京津冀协同发展规划纲要》的要求，按照市委、市政府关于疏解非首都核心功能的部署，立足本区实际，适应国家经济结构调整的需要，在推进职业教育发展的进程中，加大职业教育转型发展的力度。顺义区落实市教委关于北京城市学院迁至杨镇，现代职业技术学院划转北京城市学院管理的部署，顺义区教委会同北京城市学院完成机构和编制调整、人员安置、招生等工作，2015年9月1日，北京城市学院首批5000名师生的顺利入驻。东城区、西城区面临中心城区职

业教育规模缩减、优化布局结构的客观形势，按照京津冀协同发展的战略要求，总体部署，制定“职业教育改革方案”，将职业教育发展与核心区功能定位相结合，快速转型升级，加快职业教育与普通教育、继续教育、社区教育的融通，服务于区域教育整体发展的需要。朝阳区成立职业教育教产合作促进中心，采取疏堵结合的方式，按照本区《关于清理整顿职业教育培训机构和校办企业的工作方案》，对职业学校下设职业教育培训机构和企业进行清理、整顿和规范，同时制定《校企合作管理办法》《职业教育企业集团组建及运营方案》，积极推进职业教育企业集团组建及运营工作，推动教产合作发展。

三、问题与建议

为更好贯彻落实国家和北京市法律法规相关规定，现就督导检查中存在的问题提出如下工作建议。

（一）在培育和践行社会主义核心价值观教育中，存在体验活动不足、综合设计不足、关注知行统一不足等现象。

建议：坚持“内化于心，外化于行”教育理念，在总结培育和践行社会主义核心价值观教育经验的基础上，立足教育科研的高度，尊重学生的认知特点和教育规律，发现和研究社会主义核心价值观教育的典型案例，紧密结合实际，制定不同学段培育和践行社会主义核心价值观教育的目标、途径和方法，鼓励学校在实践的过程中，不断细化、完善、充实、创新，形成具有北京特色的中小学培育和践行社会主义核心价值观教育的有效做法。

（二）个别学校对学校体育的重视程度有待提高，体育课教学、大课间活动、课后体育锻炼、学生体质健康监测等的实效性有待进一步加强。

建议：要进一步关注学生综合素质的培养，始终把加强学生体育锻炼、增强学生身体素质摆在最重要位置，确保学生每天体育锻炼不少于一小时，进一步提高体育课教学、大课间活动、课后体育锻炼、学生体质健康监测的实际效果。

（三）校外教育的社会资源开发和师资队伍，还不能完全满足学校体育、科技、艺术教育和社会实践活动的需求。校外教育社会资源中文化类偏多，科技、拓展和社区服务类偏少。各区之间不平衡。

建议：深入了解学校体育、科技、艺术教育和社会实践活动等对社会资源的需求，继续挖掘开发社会资源，采取政府购买服务的方式，为学校体育、科技、艺术教育和社会实践活动提供服务。宣传推介朝阳、海淀、东城等区的做法和经验，通过建教辅中心、学区资源共享等方式，满足所有学校体育、科技、艺术教育和社会实践活动的需求。

（四）在疏解非首都核心功能、京津冀协同发展和国家经济结构调整的大背景下，深化中等职业教育改革，推进职业教育转型发展有待进一步探究。

建议：在职业教育进入转型创新发展的关键期，深入调查研究，听取职业教育有关专家学者和职业教育学校领导对区级职业教育发展的建议，适应市场需求变化，研究社会经济发展对职业教育人才培养的需求，推进校企合作办学模式，突出优势特色专业，注重职业理想教育，强化职业技能训练，为区域经济社会发展培养多层次、实用型、技能型人才。

北京市人民政府教育督导室

关于北京市2015年教育经费执行情况的公告

《中华人民共和国教育法》第五十五条规定：“全国各级财政支出总额中教育经费所占比例应当随着国民经济的发展逐步提高”，第五十六条规定：“各级人民政府教育财政拨款的增长应当高于财政经常性收入的增长，并使按在校学生人数平均的教育费用逐步增长，保证教师工资和学生人均公用经费逐步增长”。根据北京市教育经费执行情况监测制度（试行）的规定，现将2015年北京市教育经费执行情况公告如下：

一、教育经费执行总体情况

本市地方各级政府公共财政教育支出（包括公共财政预算教育事业费拨款、基建拨款、教育费附加）847.43亿元，比上年增长0.15%。财政部于2004年1月印发了《关于统一界定地方经常性收入口径的意见》，对财政经常性收入口径做出了界定，按此口径调整2015年财政经常性收入3834.93亿元，比上年增长19.10%，公共财政教育支出增长比例低于财政经常性收入增长比例18.95个百分点。

2015年公共财政预算支出5737.62亿元，公共财政教育支出占公共财政预算支出的比例为14.77%，比上年下降了3.64个百分点。

二、各级教育生均公共财政预算教育事业费支出增长情况

（一）普通小学：生均公共财政预算教育事业费支出23757.49元，比上年的23441.78元增长1.35%。

（二）普通初中：生均公共财政预算教育事业费支出40443.73元，比上年的36507.21元增长10.78%。

（三）普通高中：生均公共财政预算教育事业费支出42192.74元，比上年的40748.25元增长3.54%。

（四）职业高中：生均公共财政预算教育事业费支出36599.25元，比上年的26292.06元增长39.2%。

（五）普通高等学校：生均公共财政预算教育事业费支出61343.96元，比上年的58548.41元增长4.77%。

（六）中等职业学校：生均公共财政预算教育事业费

支出 34433.36 元，比上年的 28765.51 元增长 19.7%。

三、各级教育生均公共财政预算公用经费支出增长情况

（一）普通小学：生均公共财政预算公用经费支出 9753.38 元，比上年的 9950.95 元下降 1.99%，主要是因为小学学生人数增加，导致普通小学生均公共财政预算公用经费支出下降。

（二）普通初中：生均公共财政预算公用经费支出 15945.08 元，比上年的 14127.64 元增长 12.86%。

（三）普通高中：生均公共财政预算公用经费支出 14807.38 元，比上年的 16716.08 元下降 11.42%，主要由于开展优质高中资源统筹，导致市属普通高中生均公共财政预算公用经费支出下降。

（四）职业高中：生均公共财政预算公用经费支出 9808.04 元，比上年的 7207.54 元增长 36.08%。

（五）普通高等学校：生均公共财政预算公用经费支出 32147.32 元，比上年的 34710.96 元下降 7.39%，主要由于支持高精尖创新中心建设，导致市属普通高等学校生均公共财政预算公用经费支出下降。

（六）中等职业学校：生均公共财政预算公用经费支出 14945.67 元，比上年的 13473.07 元增长 10.93%。

特此公告。

北京市教育委员会
北京市财政局
北京市统计局
北京市发展和改革委员会
北京市科学技术委员会

北京市中小学校培育和践行社会主义核心价值观督导调研报告

一、督导调研的背景

党的十八大以来，中央高度重视培育和践行社会主义核心价值观。习近平总书记多次做出重要论述并提出明确要求。教育部、北京市相继出台一系列文件落实中共中央提出的“把培育和践行社会主义核心价值观融入国民教育全过程”工作要求，并强调监督检查的重要性。

国务院督导委员会办公室印发的《深化教育督导改革，转变教育管理方式的意见》指出要“针对教育热点难点问题，认真开展专项督导，促使问题有效解决，……及时回应社会关切。”目前，培育和践行社会主义核心价值观是区级教育行政部门和学校的难点工作，也是热点工作，其重要性更是无需赘言。因此，通过中小学校培育和践行社会主义核心价值观督导调研，督促和指导区级教育行政部门和中小学校落实各级文件要求，使培育和践行社会主义核心价值观工作融入教育行政管理和学校教育的全过程，使社会主义核心价值观“内化于心，外化于形”，并成为师生的精神追求和自觉行动。

二、督导调研的组织

北京市人民市政府教育督导室成立“北京市中小学校培育和践行社会主义核心价值观督导调研工作组”，组长由市教育督导室主任担任，成员由市教育督导室督导一处、市教委基础教育一处，北京教育科学研究院基础教育研究中心、德育研究中心，市教育督导与教育质量评价研究中心和部分市督学组成。

督导调研组于 2015 年 11 月 23—30 日，分别对东城区、西城区、门头沟区、房山区开展督导调研。

三、督导调研的定位

督导调研突出两个导向，即“方向导向”和“问题导向”。

“方向导向”指的是，督导调研力求引领区、校培育和践行社会主义核心价值观的方向，引导区级教育行政部门加强顶层设计，并做好相应的制度建设和条件保障，引导学校把培育和践行社会主义核心价值观作为学校办学的“灵魂”。“问题导向”指的是，通过督导调研，准确诊断区县和学校在培育和践行社会主义核心价值观工作过程中存在的主要困难和突出问题，并提出政策建议。

四、督导调研的内容

督导调研以中共中央、教育部、北京市相关文件为依据，从组织领导、制度建设、途径方法、条件保障、成效特色等方面来调研区级教育行政部门和学校落实相关文件的情况。

督导调研主要围绕培育和践行社会主义核心价值观工作的十个方面进行：社会主义核心价值观工作组织领导与主体责任落实情况；社会主义核心价值观工作规划、方案和计划制定与落实情况；相关资源建设及使用情况；人力、物力和财力保障情况；机制建设（联动机制、激励机制、督查机制、师德建设长效机制）情况；学校宣传教育情况；融入学校文化建设情况；课堂教学主渠道作用发挥情况；学生实践体验活动开展情况；区级和学校工作成效和特色。

督导调研重点聚焦以下几个方面：“一十百千”工程的落实情况；学校各学科平均应有不低于 10%的课时在社会大课堂辅导的落实情况；学校文化建设和优秀传统文化传承情况；培育和践行社会主义核心价值观资源建设与使用情况等。

五、督导调研主要发现

在督导调研过程中，四个区为督导调研工作做精心准备，并提供支持和帮助。督导调研组通过听取区教育行政部门和校长汇报、校园观察和课堂体验、召开教育

行政部门和教师座谈会、查阅档案资料等多种渠道获得较丰富的信息，得出基本判断：各区级教育行政部门注重顶层设计、整合优化资源、构建机制保障、强化实践养成，取得明显效果。

（一）注重顶层设计，工作方案有效落实

北京市出台培育和践行社会主义核心价值观相关文件之后，四个区结合区域教育特色和资源条件等制订实施方案。区级实施方案体现对培育和践行社会主义核心价值观工作的正确摆位，突出培育和践行社会主义核心价值观对于各项工作的统领作用。东城区明确提出培育和践行社会主义核心价值观的“核心地位”。房山区的实施方案由区委教育工委、区教委、区教育督导室联合发文，理念和措施体现对于培育和践行社会主义核心价值观工作重要性、系统性和全局性的认识。

各区对培育和践行社会主义核心价值观工作的重视，还体现在组织机构保障方面。房山区成立以区委教育工委书记、区教委主任、区教育督导室主任任组长，区教委领导班子成员、教师进修学校校长任副组长的领导小组，统筹全区教育系统社会主义核心价值观培育和推进工作。东城区充分发挥区未成年人思想道德建设领导小组的作用，统筹协调教育系统内的整体推进，确定牵头领导、主责部门，定期召开领导小组会议，研究组织机构的建立和工作计划的落实，有序推进培育和践行社会主义核心价值观工作。

四个区制定的实施方案具有共同的特征：认识到位、思路清晰、措施具体、保障有力、责任明确。

1. 思路清晰。在准确把握社会主义核心价值观本质内涵的基础上，从目标、途径、策略、评价等方面确定工作思路。房山区提出构建并实施“一个核心”（社会主义核心价值观）、“两大支柱”（优秀传统文化和时代精神）、“五个覆盖”（宣传全覆盖、渗透全覆盖、深化全覆盖、评价全覆盖、社区全覆盖）的社会主义核心价值观工作推进目标，思路非常清晰。

2. 保障有力。四个区在推进培育和践行社会主义核心价值观工作过程中，着力做好机制保障和资金保障。东城区将中小学生培养和践行社会主义核心价值观作为核心，积极探索将社会主义核心价值观教育与课程改革和学院制育人创新模式紧密结合，构建系统工程。同时完善经费保障机制，科学合理安排“社会大课堂”“蓝天工程”“课外校外创新”“科技艺术发展”“学院制建设”“青少年国防教育”以及“心理健康教育”等项目经费预算。

3. 措施具体。各区对学校开展培育和践行社会主义核心价值观提供具体策略指导。门头沟区构建以“五维联动”（即市区校承接、校内外协调、家校社协作、课内外并重、知情意统一）为主要途径，“六项工程”（即人人熟知、课程渗透、主题实践、文化引领、榜样引路、协作育人）为重点内容的区域培育和践行社会主义核心价值观工作模式，通过概念熟记、课程实践、文化传承、典型引路、协作共享等工作方法，建构起培育和践行社会主义核心价值观的整体框架。西城区将核心价值观融入学校物质文化、精神文化、制度文化之中，努力实现以文育人、以文化人的功能；立足课堂教学，明确价值导向，引导价值认同；坚持教师示范，引领价值追求。房山区注重营造培育社会主义核心价值观的良好氛围，依托学校文化建设，发挥文化育人作用，注重社会主义核心价值观在学校文化创建中的引领作用。

4. 责任明确。四个区根据培育和践行社会主义核心价值观的目标和内容，细化任务分工，明确部门责任。西城区和房山区把各部门的责任明确地写入方案，注重多部门协同联动，建立联席会议制度，相关委办局聚焦社会资源整合，共同推动核心价值观教育；教育系统内部形成“党政配合、研修支撑、学校实施、社会参与、评估指导”的工作运行机制，形成多部门协同联动的工作格局。

（二）着力制度建设，积极创新工作机制

为建立培育和践行社会主义核心价值观工作的长效机制，四个区普遍重视制度建设和机制创新，尤其重视以师德建设为核心的教师队伍建设。各区在联动机制、协同机制等方面亦有所创新。

1. 各区均把社会主义核心价值观纳入教师教育和培训体系，将其融入教师入职培养、职后培训和管理的全过程。将师德表现作为教师聘任、考核和评价的首要内容，引导教师做核心价值观的践行者与传播者。同时，各区以“评优评先”为抓手，把培育和践行社会主义核心价值观作为首要条件，建立师德师风建设的长效机制，树立师德典型。东城区成立师德建设工作领导小组，印发《关于加强师德师风建设工作意见的通知》，完善评先评优制度，并将9月定为区“师德师风建设月”；采取定向培训的方式，提高师训实效性，依托“紫禁杯”优秀班主任组成“班主任工作室”和“班主任宣讲团”；引入积极心理学最新成果，提升教师的心理健康教育水平。房山区将社会主义核心价值观教育纳入师德建设标准体系，作为评选“十佳校长”“十佳教师”“十佳教育工作者”的首要条件。西城区以“我心中的好老师”教育活动、首席班主任制度等品牌项目为抓手，用榜样力量带动学生树立正确的人生观、世界观、价值观。

2. 建立协同联动机制，形成教育合力。东城区在培育和践行社会主义核心价值观过程中，多部门联动、多维度实践、多资源融入，提升教育效果；在学区层面建立区域内教育机构横向沟通的联动机制，充分发挥网络优势，延伸教育时间，拓展教育空间，形成家、校、社会携手育人的良好局面。房山区建立行政、教研、科研联动机制，发挥行政引领、教学落实、科研研发等在培育和践行社会主义核心价值观教育中的作用；建立家校联动机制，发挥家委会和家长学校在社会主义核心价值观教育中的重要作用；建立学校社区联动机制，为培育社会主核心价值观营造良好社会氛围。门头沟区通过构建协同机制，整合资源，形成教育合力。在教育活动中按照“学生与成人、机关与学校、教学与服务、教育与社会”等模块，多元同行，协同互助，形成教育网络与目标机制，使教育效果落到实处。

3. 加强督查机制建设。房山区将“培育和践行社会主义核心价值观”作为对学校督导评估的主要内容。校长要围绕培育和践行社会主义核心价值观工作进行专项汇报，同时将教师和学生对社会主义核心价值观24字的知晓和理解成为学校督导的基本内容之一。

4. 建立学习交流机制。房山区将全区中小学分为22个联盟组，建立以“培育和践行社会主义核心价值观”为主题的组内交流学习机制。

（三）整合优化资源，加强专业指导与服务

1. 各区能够充分挖掘区域现有资源条件，根据实际需求进行资源的开发、优化和整合，为学校提供平台支持和服务保障。东城区指导学校统筹组织跨学科的师资队伍，为社会主义核心价值观教育融入教育教学提供全面、科学的保障。通过“蓝天工程”，吸纳社会资源，编写地方教材，让学生在社会大课堂中拓展视野、快乐成长；探索“学院制”育人模式，每年提供1.2万余课时课程和活动供学生自主选择，为学生践行社会主义核心价值观提供资源保障。房山区重视区域资源开发，发挥实践育人作用，重新认定区内35家区级社会大课堂资源单位，并指导开发资源单位学习任务单；进一步完善“区域教育资源圈”育人机制，拟建立红色教育、地质教育、劳动教育、文化教育、科技教育和体育教育六大资源圈，全面提升中小学生的综合素养。西城区积极利用市级资源平台，整合资源，拓展价值体验空间；挖掘文化内涵，致力于对资源单位的课程开发、教材研发、活动设计、师资培训，使社会大课堂的应用方式多样化；统筹社会资源，通过政府购买服务的方式，实施“城宫计划”，已成为“校内所需、校外所能、学生所得”的惠民项目。年内，推出的“百场国学进校园”等“城宫计划”十大系列主题活动，为学生理解和践行社会主义核心价值观提供广阔的空间。

2. 各区在专业服务和业务支持等方面进行积极探索和尝试，且初见成效。东城区通过国家、地方和校本三级课程资源的开发与整合，探索融入办学特色的德育课程体系建设，丰富核心价值观教育内涵，通过教研活动指导各学段、各学科教师在学科中渗透德育，从教学目标入手，设计落实价值观教育内容；依托德育特级教师吴甡校长的名校长工作室，通过编撰北京市东城区德育课程系列化建设一书，指导各校对价值观教育的校本课程进行系统梳理。房山区依托研究机构开发课程资源，构建小、初、高核心价值观课程体系。区级层面成立研究组，将核心价值观12个范畴进行分解细化，形成社会主义核心价值观教育内容体系。目前已梳理出小学144个社会主义核心价值观的德目，初步形成课程体系。

（四）精细设计实践活动，为学校提供理念引领和平台支持

各区把实践体验活动视为培育和践行社会主义核心价值观的重要载体和平台。通过实践体验活动，使学生从具体事情做起，自觉践行社会主义核心价值观。四个区均搭建学生实践活动平台，组织并指导学校进行主题化、系列化、层次化、有实效的实践体验活动，做到有方案，有设计，有目标，有重点，有评价，有措施，有保障。

1. 东城区的实践活动特色是分层分类、丰富多彩、各具特色，彰显品牌特色活动的影响力。注重将核心价值观教育寓教于乐，让学生在生动鲜活的主题活动中体悟价值观的深层内涵。通过分层设计活动，提高教育的针对性。根据不同学段学生的认知特点和规律，设计适合的教育活动。小学学段重认知，初中学段重情感认同，高中学段重实践。同时，通过设计同主题系列活动，增加活动的深度和广度，强化教育效果。另外，通过鼓励特色活动，不断扩大品牌特色教育活动的感召力和影响力，吸引越来越多的学生加入其中，潜移默化地接受核心价值观教育的熏染。

2. 西城区将培育和践行社会主义核心价值观融入养成教育。针对不同学段学生的认知特点与发展需求，分层设计主题鲜明的教育活动。小学阶段，充分发挥“新童谣”发源地的区位优势，组织学生创编核心价值观新童谣。初中阶段，每年坚持开展中学生论坛，引导学生关注社会、服务社会，用行动践行社会主义核心价值观。高中阶段，先后以“信仰的力量”“价值的传承”为主题举办“开学一课”活动，初步打造区域教育品牌系列。其次，创新载体，引导学生知行统一，坚持将日常仪式、成长仪式、节日仪式作为学生校园生活中有意义事件，精心策划，凸显仪式的育人价值，促进学生内化社会规范、实现价值认同。引导学生参与志愿服务，依据学生年龄特点，开发“校园公益行”“社区青春行”等志愿服务项目，坚持开展学雷锋统一行动日活动，教育学生在服务他人、奉献社会中践行社会主义核心价值观。

3. 门头沟区以“开发实践活动课程，加强实践育人基地建设”为基础，构建红色教育、农业体验、琉璃制作体验、生态环保、素质拓展、法制教育等系列化实践体验单元，充分发挥自然、人文资源的德育功效，把价值观培育细化于学生综合实践活动中。

4. 房山区组织中小学抗战系列微电影拍摄。结合中国人民抗日战争胜利70周年纪念活动，开展房山区首届青少年微电影创作活动，并在9月份新学期第一课中展播优秀影片，取得良好的教育效果。

（五）各学校培育和践行社会主义核心价值观的途径与方法丰富多彩

学校是培育和践行社会主义核心价值观的主阵地。在督导调研过程中，督导调研组还实地考察8所学校。调研发现，学校能够结合原有的育人特色、资源和条件，通过多种形式和途径推进培育和践行社会主义核心价值观工作。学校通过文化熏陶、课堂渗透、实践体验、家校合作等途径来培育和践行社会主义核心价值观。活动内容丰富、主题鲜明，计划性强。

学校把培育和践行社会主义核心价值观与学校育人目标相结合，在“做小、做细、做实”方面开展富有特色的工作。北京市西城区师范学校附属小学和北京市第四中学在培育和践行社会主义核心价值观的过程中，重视发挥价值理念的引领作用，创新实施途径，拓宽育人渠道。北京小学长阳分校以“友善教育”作为主要载体，建设友善文化，营造立德树人的育人环境。北京市房山区坨里中学以“质朴、朴实、敬业、真诚”为关键词，在核心价值观引领下开展学校文化建设。北京市东城区灯

市口小学着力在“将社会主义核心价值观融入学校教育的全过程”上下工夫，在“课程建设、主题活动、文化建设”几方面求实效。北京市育园中学结合学校的“立志教育”落实社会主义核心价值观。北京第二实验小学永定分校对于核心价值观实施的策略，可以概括为一个核心、两条主线、三级活动。一个核心就是以爱国主义教育为核心来进行整体推进。两条主线一是以弘扬传统文化为主线，二是以学校共治理念为主线，来推进核心价值观的教育。三级活动主要指的是班级、年级和校级活动，通过不同的活动来浸润孩子、引领教师。西师附小把培育和践行社会主义核心价值观与学校校本课程开发与实施相结合，不同年级突出不同的教育重点。北京市东直门中学把核心价值观的内容分解到每月，结合每月的节日、纪念日，确定每月的教育主题。北京市东城区定安里小学制定《学生礼仪评价手册》，每月学校结合教育重点，评选每月之星，每学期评班级十佳、年级十佳和校级十佳，构建一个比较完整的评价体系，对于学生良好行为习惯的养成发挥重要作用。

六、督导调研的建议

（一）进一步提高认识，确立培育和践行社会主义核心价值观的统领地位

对培育和践行社会主义核心价值观工作的认识高度和准确定位是影响工作实效性的最重要因素。

具体建议：一是进一步加强市级统筹和指导，明确区和学校的主体责任，确立培育和践行社会主义核心价值观在教育系统的统领地位。二是加强培训，提高干部和教师对社会主义核心价值观的准确认识和深刻理解。三是加强社会主义核心价值观融入教育全过程的研究，特别是在课堂教学过程中渗透社会主义核心价值观的研究。

（二）深化课程改革，加强专业支持，提高教师将社会主义核心价值观融入课堂教学的能力

课堂教学是培育和践行社会主义核心价值观的主阵地，课程和教材是载体，教师的意识和能力是培育和践行社会主义核心价值观的关键。因此，深化课程改革与推进培育和践地社会主义核心价值观工作要有机融合。

具体建议：一是进一步深化北京市课程和教材改革，在课程设置和教材内容选择上要充分体现培育和践行社会主义核心价值观的内容和组织形式。二是通过各级各类研修，提高教师将社会主义核心价值观融入课堂教学的能力，让教师掌握将社会主义核心价值观融入课堂教学的方法。在编写教学参考书时，要充分挖掘培育和践行社会主义核心价值观元素，供教师参考。三是增加专家指导，为教师提供教学资源，分享优秀的核心价值观教学案例，增强对教师课堂教学的指导性。

（三）分解目标任务，将社会主义核心价值观细化为学段具体要求

培育和践行社会主义核心价值观是一项长期的全局性、系统性、综合性的工程。培育和践行社会主义核心价值观的内涵非常丰富，要使教师和学生真正做到“内化于心，外化于形”，并成为其精神追求和自觉行动，必须对培育和践行社会主义核心价值观的目标任务进行分解，确定阶段性目标。

具体建议：一是教育行政部门结合实际情况对培育和践行社会主义核心价值观的目标任务进行分解，确定阶段性目标；二是根据社会主义核心价值观 12 个词的内涵，结合中小学生身心发展和成长规律，对社会主义核心价值观培育目标进行分解并细化为学段的具体要求。三是结合培育和践行社会主义核心价值观的学段具体要求，开发针对学生年龄特点、体现时代特征的社会主义核心价值观教育的学习资源。

（四）加强宣传，培育典型，积极营造培育和践行社会主义核心价值观的良好社会环境

中央要求“把培育和践行社会主义核心价值观融入国民教育全过程”，这是一项全局性的系统工程，各部门均应承担相应责任和义务。

具体建议：一是进一步加强对全社会的宣传和教育，营造良好社会环境，推进学校、家庭和社会教育的相统一，巩固学校教育的效果。二是不断培育、发现、总结和推广典型经验，充分利用各类媒体和交流平台推广典型经验。

北京市人民政府教育督导室

附件 1

北京市区级教育行政部门培育和践行社会主义核心价值观工作督导调研指标体系

一级指标	二级指标	评价要素	督导方式
一、组织领导	（一）加强领导	1. 将培育和践行社会主义核心价值观工作放在统筹教育的首位，纳入重要议事日程，研究解决热点和难点问题 2. 组织保障措施有力，有效培育和践行社会主义核心价值观工作	查看会议纪要和活动记录；听汇报
	（二）明确责任	3. 各部门职责明确，统筹协调，形成齐抓共管、全面推进的工作格局 4. 教育行政部门、各单位和学校的主体责任明确，各负其责	查看工作方案、工作计划和总结、座谈
二、规划实施	（三）系统规划	5. 制定区域培育和践行社会主义核心价值观整体落实方案，思路清晰，措施具体，保障到位 6. 对培育和践行社会主义核心价值观工作进行长远规划和任务分解	查看年度工作计划和总结、听汇报；座谈
	（四）整体推进	7. 区级统筹组织社会主义核心价值观本质内涵解读和培训工作 8. 教育行政各部门根据培育和践行社会主义核心价值观阶段任务和年度计划有重点地推进相关工作	查看年度工作计划和总结、听汇报；座谈

续表

一级指标	二级指标	评价要素	督导方式
三、制度建设	（五）队伍建设	9. 把师德表现作为教师聘任、考核和评价的首要内容，构建师德师风建设长效机制 10. 把社会主义核心价值观融入教师培养、准入和管理的全过程，措施具体	查看相关文件；座谈
	（六）联动机制	11. 建立教育系统内外横向与纵向的协同联动机制，统筹资源，形成合力 12. 各部门定期深入学校开展实地调研，帮助学校解决具体问题，并组织相关工作研讨交流	查看活动记录和会议纪要；座谈
	（七）督查制度	13. 将社会主义核心价值观纳入督导检查及责任区督学重要工作内容，定期了解督学反馈信息 14. 将培育和践行社会主义核心价值观工作纳入教育工作和学校育人工作进行综合督导	查看督导材料
	（八）激励机制	15. 及时发现并宣传推广先进经验，树立先进典型；宣传优秀教师先进典型和先进事迹，引导教师向身边的榜样学习 16. 建立培育和践行社会主义核心价值观的激励制度；将社会主义核心价值观践行情况列入对单位负责人考评依据	查看活动记录、政策文件
四、条件保障	（九）资源保障	17. 资源保障到位，重视培育和践行社会主义核心价值观各类资源的开发、转化、优化和整合 18. 教育行政部门加强资源统筹，对学校利用现有资源进行有针对性的指导	查看资源开发及指导的过程性资料
	（十）专业支持	19. 引导学校落实中小学学科德育指导纲要和各学科教学指导意见，开展社会主义核心价值观融入课堂教学的教学研究和教学视导 20. 根据实际条件开发培育和践行社会主义核心价值观地方课程，指导学校开发校本课程	查看教学视导活动记录及相关材料；查看地方课程教材
五、工作成效	（十一）工作成效	21. 区在组织管理、制度机制建设、条件保障等方面有所创新，形成长效机制 22. 学校培育和践行社会主义核心价值观工作实效突出，取得值得推广的典型经验	听汇报；座谈；问卷调查；学生和教师访谈

附件 2

北京市中小学校培育和践行社会主义核心价值观工作督导调研指标体系

一级指标	二级指标	评价要素	督导方式
一、加强领导	（一）整体规划	1. 学校制定培育和践行社会主义核心价值观工作方案。方案内容定位正确，思路清晰，策略具体，保障到位，系统性、计划性强 2. 学校将培育和践行社会主义核心价值观工作目标任务进行分解，并细化为学段具体教育要求	听校长汇报，与干部教师座谈、查看各部门工作计划和总结
	（二）组织管理	3. 校长作为培育和践行社会主义核心价值观工作第一责任人，认识到位，定位正确，有意识地将其落实到教育、管理、服务全过程 4. 学校组织健全，结合岗位职责特点承担相应任务，责任明确，任务具体	查看政策文件和过程性资料，校长汇报
二、组织实施	（三）融入课堂	5. 课堂教学的氛围及教师教育教学行为符合培育和践行社会主义核心价值观的内容要求 6. 依据《学科德育指导纲要》，教师结合学科特点融入社会主义核心价值观的基本内容和要求，教学目标有体现、教学过程有落实	查看教学设计、听课、学生访谈
	（四）文化熏陶	7. 用社会主义核心价值观引领学校文化建设，校风、教风、学风、班风建设体现社会主义核心价值观内容 8. 学校有专门的宣传阵地或途径宣传社会主义核心价值观。利用各种仪式（升国旗、入党入团入队、开学典礼、毕业典礼等）传播社会主义核心价值观	校园观察、教师和学生座谈、看活动记录
	（五）实践体验	9. 学校组织培育和践行社会主义核心价值观实践活动，系统设计，主题明确，分层组织，保障到位，实效性强；引导学生积极参加志愿服务，建立健全志愿服务政策保障和评价激励措施 10. 学校有效利用市、区社会大课堂等各类教育资源组织学生实践体验活动。有效落实“一十百千”工程。学校各学科平均应有不低于10%课时的社会大课堂辅导	查看活动方案、活动记录

续表 2

一级指标	二级指标	评价要素	督导方式
三、制度保障	（六）家校合作	11. 建立家校合作机制。学校利用各种途径向家长宣传社会主义核心价值观，引导家长传承弘扬家庭美德，重视言传身教 12. 学校与社区建立协同机制，有效利用社区资源开展社会主义核心价值观教育活动	活动记录、家长问卷
	（七）师德师风	13. 全面落实《关于建立健全中小学师德建设长效机制的意见》，用社会主义核心价值观引领师德建设，在细微处见师德，在日常中守师德 14. 学校育人氛围强，每一位干部教职员工在本职岗位践行社会主义核心价值观，为学生做表率	学生和教师座谈、问卷、校园观察、工作记录
	（八）教师研修	15. 学校组织培育和践行社会主义核心价值观专题培训，计划性、针对性强 16. 将社会主义核心价值观内容融入校本研修，有计划、有目标、有重点	查看活动记录、教师座谈、工作计划和总结
	（九）学生管理	17. 学生管理制度坚持正面教育原则，体现社会主义核心价值观的价值引领 18. 健全学生发展多元评价制度，将培育和践行社会主义核心价值观的内容要求融入学生评价制度	查看学生管理文件、与学生座谈、听校长汇报

续表 3

一级指标	二级指标	评价要素	督导方式
四、工作成效	（十）知晓内容	19. 学生能够熟练知晓、理解社会主义核心价值观 24 字内容和习总书记“记住要求、心有榜样、从小做起、接受帮助”16 字要求 20. 教师对 24 字内容和 16 字要求熟记熟背，并能够结合教育工作深化对社会主义核心价值观本质内涵的理解	与学生和教师座谈；问卷调查
	（十一）行为表现	21. 学生能够做到北京市中小学生践行社会主义核心价值观文明礼仪行为要求；学生能向英雄人物、先进人物和身边的同伴榜样学习；学生有志愿服务的意识 22. 教师言行举止对学生培育和践地社会主义核心价值观有示范引领作用。学校无教师违背师德的现象	校园观察、与学生和教师座谈、查看学校管理资料
	（十二）榜样引领	23. 学生能够发现榜样、学习榜样、争做榜样。学生能够向英雄人物、先进人物、身边的教师和学校榜样学习 24. 教师能够发挥培育和践行社会主义核心价值观示范引领作用，以高尚情操、丰富学识和人格力量影响学生	与学生和教师座谈、查看过程性活动记录
	（十三）工作效果	25. 学校在培育和践行社会主义核心价值观的资源建设、机制建设、途径与方法等方面有所创新，形成典型经验	听校长汇报、查看过程性材料

北京高校、社会力量参与小学体育美育发展工作实施的调研报告摘要

市教委为进一步落实市委、市政府对义务教育优质均衡发展的政策，创新人才培养机制，深化教育综合改革的总体要求，于 2014 年开始大力推进以高等学校和社会力量支持小学体育、美育特色发展工作（以下简称“高参小”项目），并印发《北京市教育委员会关于高等学校社会力量支持小学体育美育特色发展工作的通知》和《北京市教育委员会关于成立高等学校社会力量参与小学体育美育发展工作领导小组的通知》，对这项工作的实施目标、内容、要求及管理机制等进行规范。

“高参小”项目旨在整合高校、社会力量的资源优势，加强高校、社会力量与小学的协作共建、资源共享，形成育人合力。以弘扬社会主义核心价值观、推动素质教育为主线，以深化、细化学校体育、艺术学科教学为重点，以提升学生体质、人文素质等应具备的能力为核心，以促进体育、艺术教师自身成长为抓手，以高等学校科学研究优势为依托，采取支持单位在小学挂牌基地学校、特色学校、项目实验学校、艺术家工作室、体育俱乐部等形式开展工作。2014 年 9 月，20 所在京高校、8 家社会团体以体育美育为重点，正式在北京市百余所小学开始实践探索，以一年级为起点，采取年级滚动方式至 2020 年，成为北京市促进教育均衡发展的创新举措。

2014 年年底，北京高校、社会力量参与小学体育美育发展工作实施调研课题组对结对小学进行初步调研，此次调研是在掌握第一学期项目实施基本情况的基础上，再对 2014 年 9 月至 2015 年 12 月以来项目的实施情况进行调查，以全面了解项目实施情况。

调研工作对 2014 年加入“高参小”项目的北京市 13 个区的 139 所小学、20 所在京高校和 8 家社会力量单位自启动至 2015 年 12 月的项目实施情况进行全样本调查。调查主要聚焦工作开展现状，工作开展的环境与条件，

成绩、困难和需求。问卷既有选择性问题，也有开放性问题；在结果统计分析中，同时做区域分析、高校与小学问卷的结果对比，以便从中发现差异，为项目的推进提供更有针对性的意见建议。

调研结果显示，文件规定的“高参小”五大任务均有开展，其中，面向学生的学科教学、社团及课外活动指导最为普遍，也是开展成效得到各方普遍认可的；其次是教师培训，再次是校园文化建设和教科研工作。

高校和社会力量参与“高参小”教学的以本单位教师或专业人员为主（学生以硕士研究生为主）；教学年级以一、二年级为主，符合此项工作规划；涉及三至六年级的教学更多是在社团及课外活动指导中，社团及课外活动开展最普遍的年级是二年级；高校、社会力量独立教学及与结对小学教师合作教学是两种主要教学形式；多数高校、社会力量单位都对“高参小”教学的备课有统一管理和要求，多数教学采用集体备课形式。

教师培训开展4～6次的最多；教育科研以邀请结对小学教师参与本单位课题研究的比例最高，其次是指导小学的课题研究和开设科研讲座。近三分之一的高校和社会力量单位已经开发出相应的校本教材，半数以上单位计划边实践边开发教材。

高校与社会力量、结对小学和区教委均重视“高参小”项目，都能积极创造项目实施的环境与条件。多数结对小学能将“高参小”项目纳入学校规划，重视实施中的过程监控、经验与素材积累及与资源单位的沟通；结对小学对“高参小”项目的整体满意度较高；相比较而言，郊区的满意度高于城区。

对于“高参小”项目的进一步实施，高校及社会力量单位及小学均认为加强上课教师的小学教育心理培训是第一需要做的；小学特别需要改善硬件设施；其次是加强“高参小”工作的组织与管理、转变观念、开发相应的课程与教材。

高校、社会力量单位及结对小学结合“高参小”五大任务、项目实施过程中面临的困难，对“高参小”项目后续实施提出进一步的希望。

基于调研结果，为确保“高参小”项目的有效推进，课题组建议：

1. 加强“高参小”项目宗旨、目标的宣传，深化对“高参小”项目的认识。

2. 完善项目管理规章和制度建设，明确改革方向、任务和职责，提高项目实施效率。规范和明确高校教师的工作量等相关问题，提高教师参与积极性。完善专项经费使用管理，规范并解决项目教材购买、学生练功服购买、教师培训劳务、郊区租车费、小学教师课外活动辅导补贴等问题，保障经费使用规范、便捷、有效。

2. 认真分析实施现状及实施中遇到的问题和困难，加强参与各方间的沟通协商，形成高校、区教委、结对小学三方的教育合力，促进结对小学能够早日形成体育、美育特色，增加学校吸引力与影响力，推动北京市义务教育优质均衡发展。

3. 基于学校场地、实施的现状及资源单位教学力量的现实，面向全体的教学年级可考虑在两至三个年级开展，根据学校发展规划及学生个性化发展需要和资源单位的优势，发展多种类社团及课外活动；加强“高参小”课程教学设计与开发，有效发挥高校及小学一线教师及教研员等各方的优势，加强集体备课的指导作用，共同提升教学及社团、课外活动指导成效；探索“高参小”项目结束后，小学相关教学、社团及课外活动能持续发展的途径与办法。

4. 进一步发挥区教委的统筹协调功能，加强平台搭建，充分利用“高参小”实施契机，引领、带动本区学校体育美育发展，进而提升学校教育教学水平，扩大优质教育资源；多渠道筹集经费支持小学改善设施设备条件，提高“高参小”工作成效。

5. 参与小学要增强主动性，本着为学生的个性化、多样化发展提供丰富的供给，提升学校办学水平的宗旨，系统规划“高参小”项目在本校的实施，与资源单位密切合作，共同探索持续推进学校体育美育发展的有效机制与途径。

6. 高校、社会力量依托自身优势并融合学校发展规划，进一步加强学校校园文化建设和学校教师专业培训及教科研指导；加强过程监督与调控，积极总结经验，提高参与基础教育体育美育能力和队伍建设，为履行服务社会职责、持久支持基础教育体育美育发展，同时也为文化传承和自身的创新发展奠定坚实的基础。

（承担单位：北京教育科学研究院
执笔人：甘北林　等）

附件1

北京高等学校社会力量参与小学
体育美育发展工作结对名单（小学）

东城区

北京市东城区安外三条小学

北京市东城区和平里第一小学

北京市东城区体育馆路小学

北京市东城区板厂小学

北京市东城区天坛东里小学

北京市东城区地坛小学

北京市东城区东交民巷小学

北京市东城区分司厅小学

北京市东城区回民实验小学

北京市东城区东四九条小学

北京市东城区中央工艺美院附中艺美小学

北京市东城区西中街小学

北京市东城区美术馆后街小学

北京市东城区灯市口小学优质教育资源带（北京市东城区东高房小学）

北京市东城区灯市口小学优质教育资源带（北京市东

城区北池子小学）
北京市东城区织染局小学
北京市东城区革新里小学
北京市东城区和平里第三小学
北京市东城区青年湖小学
北京市东城区史家分校
北京市东城区校尉胡同小学

西城区

北京市育才学校小学部
北京市西城区炭儿胡同小学
北京市西城区红莲小学
北京市西城区进步小学
北京市西城区实验小学
北京市西城区顺城街第一小学
北京市宣武师范学校附属第一小学
北京小学走读部
北京市西城区福州馆小学
北京市西城区白纸坊小学
北京市西城区阜成门外第一小学
北京市西城区三里河第三小学
北京市西城区康乐里小学
北京市西城区奋斗小学
北京市西城区半步桥小学
北京雷锋小学
北京市西城区新街口东街小学
北京市西城区陶然亭小学
北京市西城区自忠小学
北京市西城区裕中小学
北京市西城区厂桥小学
北京市西城区北礼士路第一小学
北京第二实验小学玉桃园分校
北京市西城区中古友谊小学
北京市西城区五路通小学
北京市宣武回民小学
北京市西城区育翔小学
北京市西城区师范学校附属小学
北京建筑大学附属小学（原北京市西城区文兴街小学）
北京市西城区白云路小学
北京市西城区展览路第一小学

海淀区

北京市海淀区学院路小学
北京市海淀区今典小学
北京医科大学附属小学
北京市海淀区第三实验小学
北京农业大学附属小学
北京市海淀区东北旺中心小学
中国农业科学院附属小学
北京市海淀区北洼路小学
北京市海淀区花园村第二小学
首都师范大学附属小学
北京市海淀区二里沟中心小学
中国人民大学附属中学实验小学
北京市海淀区民族小学
北京市海淀区向东小学
北京市立新学校小学
北京市海淀区羊坊店第四小学

朝阳区

北京市朝阳区望京南湖东园小学
北京市朝阳区花家地实验小学
北京市朝阳区望京新城南湖中园小学
北京青年政治学院附属中学
北京市朝阳区安慧里中心小学
北京市朝阳外国语学校
北京市陈经纶中学嘉铭分校
北京市朝阳区芳草地国际学校万和城实验小学
北京市朝阳区慧忠北里第二小学
北京市陈经纶中学帝景分校
北京市朝阳区垂杨柳中心小学
北京工业大学附属中学首成国际分部
北京市朝阳区劲松第四小学
中国传媒大学附属小学（原北京市朝阳区定福庄第二小学）
北京市朝阳区新源里第四小学
北京市朝阳区和平街中心小学
北京市朝阳区樱花园实验学校
北京市朝阳区三里屯小学
北京市朝阳区黄胄艺术实验小学
北京市朝阳区安华里第一小学
北京市朝阳区安贞里第二小学
北京市朝阳区安贞里第一小学
北京市朝阳区惠新里小学
北京市朝阳区安苑北里小学
北京市朝阳区芳草地国际学校世纪小学

石景山区

北京市石景山区爱乐实验小学
北京市石景山区苹果园第二小学
北京市石景山区杨庄小学
北京市石景山区海特花园小学
北京市石景山区外语实验小学

丰台区

北京市丰台区首科花园小学（清华附中丰台分校）
北京市西罗园学校
北京市丰台区玉林小学
北京市丰台区右安门第一小学（首都医科大学附属小学）
北京市芳草地小学丽泽分校
北京市第十八中学
北京市丰台区草桥小学
北京市赵登禹学校
北京市丰台区西罗园第五小学
北京市丰台区长辛店中心小学
北京市丰台区翠林小学

北京市丰台区丰体时代小学
北京市丰台区长安新城小学
北京市丰台区卢沟桥第二小学校

昌平区
北京市昌平区回龙观第二小学
北京市昌平区回龙观中心小学
北京市昌平区霍营中心小学
北京市昌平区平西府中心小学
北京市昌平区天通苑小学
北京市昌平区天通苑学校

通州区
北京小学通州分校
北京市通州区芙蓉小学

顺义区
北京市顺义区东风小学东校（裕龙校区）
北京市顺义区东风小学西校（建新校区）
北京市顺义区东风小学南校（仓上校区）
北京市顺义区双兴小学
北京市顺义区后沙峪中心小学

大兴区
北京市大兴区第一小学
北京市大兴区第六小学
北京市大兴区第七小学
北京市大兴区滨河小学
北京市大兴区枣园小学
北京印刷学院大兴附属实验小学

延庆县（区）
北京市延庆县下屯中心小学
北京市延庆县八里庄中心小学

密云县（区）
北京市密云县第一小学
北京市密云县第二小学
北京市密云县第三小学
北京市密云县巨各庄镇中心小学

平谷区
北京市平谷区第八小学
北京市平谷区大兴庄学区
北京市平谷区第九小学
北京市平谷区金海湖第二小学
北京市平谷区南独乐河学区

附件 2

北京高等学校社会力量参与小学体育美育发展工作结对名单（高校）

北京舞蹈学院
北京电影学院
北京服装学院
北京工业大学
北方工业大学
北京印刷学院
北京联合大学
北京建筑大学
首都体育学院
首都师范大学
中国音乐学院
中国戏曲学院
北京体育大学
中央音乐学院
中央戏剧学院
中央美术学院
中央民族大学
中华女子学院
中国传媒大学
中国人民大学

附件 3

北京高等学校社会力量参与小学体育美育发展工作结对名单（社会力量单位）

国家大剧院
中央芭蕾舞团
中国儿童艺术剧院
中国音协管乐学会
中国合唱协会
中国舞蹈家协会
北京京剧院
北京国安足球俱乐部

北京市基础教育改革模式调研报告（节选）

北京市基础教育改革模式的调研报告主体人群为改革实验学校校长、支援学校教师、受援学校教师、改革实验学校学生和家长。经过对这五类人群的调研结果分析，结合对市教委和5个区县的访谈资料分析，研究初步梳理出北京市近两年基础教育改革的主要模式、取得的主要成绩及改革推进中的问题和困难，具体结论阐述如下：

一、基础教育改革的模式及特点

根据调研信息，将北京市近两年基础教育改革模式主要划分为两大类三小类，一是基于引入社会资源的优质教育资源整合模式；二是基于学校组织联合发展的校际均衡发展模式；三是基于考试招生改革的生源布局优化模式。

（一）基于引入社会资源的优质教育资源整合模式

教育发展需要以一定的资源为基础，基础教育优质均衡发展也必然要求优质教育资源的均衡配置。北京市基础教育改革以优质教育资源为核心抓手，通过各种形式，整合社会各界优质教育资源，拓展优质教育资源渠道，加大优质教育资源增量，优化优质教育资源配置结构，为基础教育优质均衡发展提供重要的资源基础。

1. 教科研部门支持初中校发展

2014 年 5 月，市教委组织市区两级 11 家教研培训机构（包括北京教育学院、北京教育科学研究院，东城、西城、朝阳、海淀、丰台、石景山城六区的教育学院）与城六区的 17 所中学签订支持协议（见表 1）。随后，市教委召开工作座谈会进行交流和督促推进，提出要求。各教研培训机构也积极开展行动。2014 年年底市教委召开两次现场交流会，印发交流材料。

表 1　北京市市区教科研部门参与初中校发展结对名单（17 所）

区县	支持单位	对口结对初中	
北京市	北京教育学院	西城	北京教育学院附属中学
		丰台	北京教育学院附属丰台实验学校
		朝阳	北京市朝阳区樱花实验学校
	北京教育科学研究院	海淀	北京市育英中学
		西城	北京市第三中学
东城区	北京市东城区教育研修学院（南）	东城	北京市第五十中学分校
	北京市东城区教育研修学院（北）	东城	北京市第五十四中学
西城区	北京市西城区教育研修学院	西城	北京市第四十一中学（北）
	北京教育学院西城宣武分院	西城	北京教育学院宣武分院附属中学
朝阳区	北京教育学院朝阳分院	朝阳	北京市东方培新学校
	北京市朝阳区教育研究中心	朝阳	北京市酒仙桥第一中学
海淀区	北京市海淀区教师进修学校	海淀	北京科技大学附属中学
		海淀	北京市海淀区教师进修学校附属中学
丰台区	北京教育学院丰台分院	丰台	北京教育学院丰台分院附属学校
		丰台	北京市丰台区第七中学
石景山区	北京教育学院石景山分院	石景山	北京教育学院石景山分院附属学校
		石景山	北京市石景山区杨庄中学

如北京教育学院在其附属中学（西城区）派出多名教师开设初中科学课，指导科学实验，派出外教开展英语戏剧活动等，在朝阳区樱花园实验学校开展多项工作，有培养语文数学骨干的一对一指导，有集体教研及模式的研讨，有学生职业体验活动及指导，有指导排练樱花操等项目。例如：东城区教育研修学院（南片）支持北京市第五十中学分校，8 对师徒结对，教研员到课堂指导，此外研修学院老师来讲学培训，学校教师参加培训的机会多了，外出学习参观的机会也多了，通过指导活动，学校教师在教学比赛中获奖的也多了，破学校的历史记录。

2. 高校办附属学校

2014 年开始，在海淀、朝阳、昌平、丰台四区，有 23 所高校创办附中附小 39 所（其中，附小 20 所、附中 19 所），其中海淀最多，有 12 所高校创办 21 所附中附小，占约 50%（见表 2）。

表 2　高校办附中附小名单

支持区县	高校名称	创办附中附小（现学校名称）		原学校名称
海淀区	中国农业大学	小学	中国农业大学附属实验小学	北京市海淀区学府苑小学
			中国农业大学附属小学	
		中学	北京农业大学附属中学	
	北京科技大学	小学	北京科技大学附属小学	
		中学	北京科技大学附属中学	
	北京邮电大学	小学	北京市海淀区今典小学（不更名）	北京市海淀区今典小学
	北京交通大学	小学	北方交通大学附属小学	
		中学	北方交通大学附属中学	
	中国地质大学	小学	北京市海淀区第三实验小学（不更名）	北京市海淀区第三实验小学
		中学	中国地质大学附属中学	
	北京林业大学	小学	北京林业大学附属小学	
	中国矿业大学	中学	北京矿业学院附属中学	
	中央财经大学	小学	中国农业科学院附属小学	
	北京航空航天大学	小学	北京航空航天大学附属小学	
		中学	北京航空航天大学附属中学	
	北京信息科技大学	小学	北京市海淀区永泰小学（不更名）	北京市海淀区永泰小学
		中学	北京市清河中学（不更名）	北京市清河中学

续表

支持区县	高校名称	创办附中附小（现学校名称）		原学校名称
	北京外国语大学	小学	北京外国语大学附属小学	北京市海淀区万寿寺小学
		中学	北京外国语大学附属中学	北京市万寿寺中学
	北京语言大学	小学	北京石油学院附属小学（不更名）	北京石油学院附属小学
		中学	北京石油学院附属中学（不更名）	北京石油学院附属中学
帮助支持海淀的高校有12所，12所高校共创办21所附中附小（其中，创办附小12所、创办附中9所）				
昌平区	中国石油大学	小学	中国石油大学附属小学	北京市昌平区昌盛园小学
		中学	中国石油大学附属中学（昌平）	北京市昌平区第五中学
	华北电力大学	小学	华北电力大学附属小学	北京市昌平区实验小学
		中学	华北电力大学附属中学	北京市昌平区回龙观中学
	中国政法大学	中学	中国政法大学附属学校	北京市昌平区前锋学校
	北京农学院	小学	北京农学院附属小学	北京市昌平区回龙观第二小学
帮助支持昌平的高校有4所，4所高校共创办6所附中附小（其中，创办附小3所、创办附中3所）				
朝阳区	北京化工大学	中学	北京化工大学附属中学	
	对外经济贸易大学	小学	对外经济贸易大学附属小学	北京市朝阳区惠新里小学
		中学	对外经济贸易大学附属中学	北京市第九十四中学
	北京第二外国语学院	小学	北京第二外国语学院附属小学	北京市朝阳区京通小学
		中学	北京第二外国语学院附属中学	
	北京工业大学	中学	北京工业大学附属实验学校	北京市劲松第三中学、北京市劲松第四中学
	中国传媒大学	小学	中国传媒大学附属小学	北京市朝阳区定福庄第二小学
		中学	中国传媒大学附属中学	北京市朝阳区定福庄中学
帮助支持朝阳区的高校有5所，5所高校共创办8所附中附小（其中，创办附小3所、创办附中5所）				
丰台区	首都师范大学	小学	首都师范大学附属云岗小学	北京市丰台区云岗第一小学、北京市丰台区第二小学
		中学	首都师范大学附属云岗中学	北京市丰台区云岗中学
	首都经济贸易大学	小学	首都经济贸易大学附属小学	北京市丰台区樊家村小学
		中学	首都经济贸易大学附属中学	北京市丰台区第一中学
帮助支持丰台的高校2所，2所高校共创办4所附中附小（其中，创办附小2所、创办附中2所）				

在昌平区，中国石油大学办了附中（五中）和附小（昌盛园小学），北京农学院办了附小（回龙观二小），政法大学办了附中（前锋学校）。石油大学合作处负责附中事务，附中在2014年9月挂牌。主要支持措施有：开放大学国家重点实验室及体育场地；由团委组织大学生志愿者到中学开展一对一英语辅导；请美国中学校长来给家长举办讲座；选派一些师资帮助开设硬笔书法等课程。大学努力发挥好优势资源的作用。北京农学院也在2014年9月1日挂牌附小，学院从六个方面开展工作，包括学校文化、课程建设、学科教学、师资培训、课题研究、管理机制。学院选派20名志愿者在学校开设课程，重点打造七彩阳光校本课程，体现农学特色，比如植物水培、动物医学、食品安全等，受到学生欢迎。

3. 高校和社会机构参与学校特色发展

2014年4月市教委还发布《关于高等学校社会机构支持中小学体育美育特色发展工作的通知》，就此项工作（简称“高参小”）做出具体的布置。2014年重点在小学阶段开展与实施支持特色发展工作，对东城、延庆等12个区县（其他区县2015年实施）130余所小学体育、美育特色发展提供支持。首批参加支持的单位有：中央音乐学院、中国人民大学等20所中央和市属体育、艺术院校（或有体育艺术专业的高校）；国家大剧院等国家艺术机构；中央芭蕾舞团和北京京剧院等艺术院团；中国合唱协会、中国音协中国管乐学会等行业协会推荐的艺术家工作室以及体育俱乐部。采取支持单位在小学挂牌基地学校、特色学校、项目实验学校、艺术家工作室、体育俱乐部等形式。

如在昌平，北京体育大学支持北京农学院附小等5所小学。农学院附小在一年级6个班和二年级5个班开设网球、足球、田径、体操等校本课程，外聘14个研究生上课；组织8个体育社团开展活动，受益学生300余人；还组织教师培训与2项课题研究，开展体育文化建设，组织体育明星进校园活动。

4. 政府购买民办教育机构服务

为不断扩大优质教育资源覆盖面，北京市于2014年启动并实施北京市民办教育机构参与中小学学科教学改革项目，为期3年。同时，于2015年2月印发《北京市民办教育机构参与中小学学科教学改革项目管理办法（试行）》的通知。项目主要包括民办教育机构参与小学英语教学改革、民办教育机构参与中学学科教学改革（以下简称“参与中小学教学改革”），引入民办教育机构开展委托办学（以下简称“委托办学”）等工作。目前，东城、西城、朝阳、海淀、丰台、石景山、通州、昌平、大兴、平谷10个区的76所学校分别与入围的13所民办教育机构共同参与到此项目中，民办教育机构根据各方达成的合作意向或签署的协议，将选派教师进入学校开展课堂讲授、课外活动、专题辅导、课程开发、师资培训、委托办学等，实现优质资源融通共享。其中，小学主要集中在英语学科教学辅导上。

（二）基于学校组织联合发展的校际均衡发展模式

传统的学校发展通常呈现出独立、单一、封闭的发展模式，随着社会环境变化和社会需求多样化，传统的封闭式发展模式已经面临很大挑战，学校间各种形式的联合发展成为学校发展的一种重要趋势。在校际合作中，学校共享资源，协同发展，逐步形成良性的区域教育发展生态。

1. 学区制

学区制是把临近的若干学校组成一个学区，加强统筹管理的一种措施。从组织职能来看，介于区教委和学校之间，协助教委开展学区教育管理工作。东城、西城、朝阳、海淀等区实行，其中，以东城区学区制为典型代表。东城区现有8个学区，成立学区委员会，由区教委副主任兼任负责人，委员会下设3个机构即管理委员会、学术委员会、评价委员会，完善工作机制。以学区为单位实行教师轮岗交流，2014年达1618人。海淀的学区是由街道负责人兼任，以统筹社区和教育系统之外的资源。

2. 教育集团

集团化办学一般是以一所学校为龙头校，联合和带领其他若干所学校形成一个共同发展的集团组织模式。集团化办学根据各区发展情况形式有所不同，部分集团为同学段学校集团，部分集团为跨学段学校集团。目前，东城、西城、丰台、石景山等在教育集团化办学方面都进行积极探索。如东城区有4个教育集团，其中史家教育集团有6个校区，根据和而不同的原则，既深度融合又保持各自特色。6位校长，每人既管6所学校某一两个方面的工作，同时又负责一个校区的管理，并且一人深入一个年级组帮助协调人财物资源。教师在内部实行流动，走过了从弱师流动，到中层流动，再到优师流动三阶段，产生带动效应。

3. 教育集群

教育集群是在学区制和教育集团基础上的一种新模式，它突破学段和学校性质的界限，以地区为划分标准，将地区内所有的各学段学校、公办或民办学校等统一纳入到集群中，构建一个区域性的教育资源共享、共生和共发展的生态环境系统。教育集群办学是丰台区在推进义务教育均衡发展中的一个新探索，以北京市第十八中学为龙头，涵盖方庄地区28所高中、初中、小学、幼儿园、职业学校、民办教育机构的方庄教育集群成为北京市最早建立的教育集群。方庄集群提倡“各美其美，美美与共”，集群构建开放、民主、多元主体共同参与的治理体系，形成扁平化的治理结构；建立以内生动力推进集群发展的治理机制，通过资源共享，满足集群校的发展需求，通过打通学生出口，解决集群校的现实需求，通过开发集群生态课程，满足学生的成长需求。《丰台区“十二五”时期教育事业发展规划》对教育集群实验进行明确的规划，确立“政府主导、学校协同、资源共享、特色衔接、共同发展”的集群发展机制。2015年丰台区将完成16个教育集群的建设。

（三）基于考试招生改革的生源布局优化模式

生源布局是一个在义务教育均衡发展中受到广泛关注的问题，生源间的差距在一定程度上也成为产生校际间差距和影响义务教育均衡发展的一个重要因素。北京市从考试招生改革入手，促进每所学校的生源布局相对均衡，保障每个学生平等接受义务教育的权利。

1. 就近入学

2014年，北京市坚决贯彻义务教育阶段就近入学政策，首次正式使用统一的小学和初中入学服务系统，全程记录学生入学的途径和方式，并纳入电子学籍管理，同时取消共建生，在一系列措施发力作用下，小学就近入学比例达到92.26%，初中就近入学比例达到77.64%。2015年实现100%的小学、90%以上的初中划片就近入学。

2. 优质高中招生指标配置

为保障每个中学的学生都有机会进入优质高中，2014年北京市招生考试改革中要求，优质高中招生指标的30%分配给一般初中，达到7800人；2015年增加到40%，近1.1万人。总体上按照3∶7的比例分配到优质初中校和一般初中校，并且不设最低录取分数线。中招录取分提前录取、“名额分配”录取和统一招生录取，提前招生主要是国际班、艺术学校附中、贯通培养计划等。

同时，为了更多倾斜郊区，2015年高中招生还增加了三类跨区统筹分配。统筹一是选择10所优质高中，拿出368个指标分配到除东城、西城、海淀三区之外的各区县所有初中，每校1个名额，被录取学生可跨区就读优质高中；统筹二是优质高中所建分校向外区投放指标，跨区招生，计划1464人；统筹三是10所中学招艺术素养班，计划410人，跨区招生。优质高中2.7万个招生指标中，名额分配（1.1万人）和统筹（0.2万多人）合计占了50%，其他则为统一招生录取。

二、基础教育改革取得的成效

近年来通过一系列政策措施的实施，特别是2014年入学办法改革，产生比较明显的效果，主要体现在三个方面：

（一）“择校”问题得到有效缓解，优质资源分享更加公平

各区的优质资源不断扩大，老百姓享受优质资源的比例不断提升，教育机会更加均等。例如，东城区优质学校数逐年扩大，2013年54所，2014年83所，2015年91所。2015年小学新入学的优质学位占95.42%，初中新入学的优质学位占94.51%。优质教育资源的扩大解决多年的“择校”问题，实现就近入学且有机会享受优质教育，2015年小学就近入学比例达到100%，初中就近入学比例达到90%。

（二）优质资源配置产生积极效果，教育质量得到一定提升

基础教育改革对学校发展的影响是多方面的，其中，在学校课程建设和教师专业发展方面尤为明显。高校的支持与参与极大地丰富学校的校本课程，在艺术、体育等方面为学生提供新的体验和学习机会，甚至部分实验学校的学生借助高校和科研院所的平台到校外参加各种展示演出。如中国戏曲学院组织160名教师为丰台区9所中小学进行了“戏曲、影视、美术、民乐”等方面的艺术教育，一年来，丰台区的很多学生首次代表学校参加全

国性艺术类比赛。实验学校的教师在这些改革的过程中也获得更多的指导、外出学习、培训和交流的机会，如在房山区的访谈中能感受到，老师们对这些改革帮助提升自身的专业发展表现出极大认可。

对受援学校教师调研的统计数据显示，改革后得到支持多了，48.6%的教师认为得到很多相关单位专家支持和帮助，48.5%的教师认为有一些支持和帮助。培训机会多了，56.2%的教师认为改革后参加专业培训的机会比过去更多，39.1%的教师认为比过去多一些。78%的教师认为改革后所在学校教师结构有一些变化。此外，学校的生源、办学条件等也有所改变。53%的被调查教师认为改革后所教学生的基础水平更加多元多样，40.2%的教师认为有一些变化。44.2%的被调查教师认为改革后家长结构更加多元多样，40.3%的教师认为家长结构有一些变化。57.7%的教师认为改革后学校办学条件有较大改观，37.7%的教师认为改革后办学条件有一些变化。对学生的调查也表明，88.2%的学生认为学校教师教学水平近两年有提高、方法有改变。

（三）家长和学生的满意度较高

在家长调研中，能普遍感受到家长对学校教育的满意度较高。如东城区，就近入学的满意度达到93%；海淀区家长调研中，一名农大附小非京籍学生家长表示，自己的孩子是就近入学，对学校办学很满意，在素质教育方面，学校也做得很好。本调研中，58.5%的家长（总数2797人）对孩子所在学校很满意，38.2%的家长对孩子所在学校比较满意，只有3%的家长不太满意。满意的原因中，44.2%是认为学校实行与优质资源的结合，7.9%的认为是上了好学校。在被调查的2749份学生问卷中，73.9%的对现在学校持“满意”态度，23.4%的学生持“比较满意”态度，还有1.9%的学生不太满意。

三、基础教育改革存在的问题和困难

（一）有效深入实施问题

促进义务教育均衡发展的政策，总体方向是明确的，在操作层面部分比较具体，部分比较原则，这就给实施环节留下比较大的发挥空间。留出空间一方面是好事，有利于八仙过海，各显其能，发挥各自创造性，做出特色；另一方面也是坏事，对有的机构和人员来说，没有规范可以遵循，没有经验可以借鉴，需要自己摸索，实施周期慢，效果不明显。从政策实施说，实施效果取决于实施机构及其人员素质。调查中发现，有的大学有比较具体的规划和方案，效果较好；而有的大学则没有什么章法，比较随机。当然，办学是一个长期的过程，短期较难见效，因此还需要持续深入地实施，并在实践过程中不断总结经验和规律，逐渐提高效率和效果。

（二）教师之间的磨合与提高教师质量的难度

优质资源的均衡化有个过程，特别是支持学校教师与受援学校教师之间，在观念上、行为上、环境上都有一定的差异，在合作方面需要有个磨合过程，需要相互配合、相互理解，就教育教学问题的解决形成共识。调查显示，受援学校教师中，36.4%赞同“与支援学校的教师的合作需要磨合”，46.4%的认为“与支援学校教师的合作需要一些磨合”。支援学校的教师中，37.6%的也赞同“与受援学校的教师的合作需要磨合”，50.8%的教师认为“与受援学校教师的合作需要一些磨合”。53.8%的校长反映“与对方学校的教师的合作需要磨合”，38.5%的校长反映“与对方学校的教师的合作需要一些磨合”。

同时，尽管高校和支持学校提供很多支持和帮助，但教师队伍的提高也不是一蹴而就的，有个过程。对支持学校教师的调研显示，24.4%的赞同“提高受援学校教师质量有一定难度”，58.9%的教师认为“提高受援学校教师质量有一些难度”，座谈中许多校长也认同提高教师队伍水平仍然是主要的任务。

（三）学生的差异大了，对教学提出更大挑战

由于招生入学办法的变化，各学校的生源基础都有所变化，均衡程度有所增加。53%的被调查受援学校教师认为改革后所教学生的基础水平更加多元多样。于是，出现学生水平差异大的问题，这对教师如何针对差异开展教学，提出更大的挑战。调查显示，37%的支援学校校长赞同“改革后学生差异更大了，更难教了”；受援学校教师，37.6%的教师赞同“改革后学生差异更大了，更难教了”；支援学校教师31.8%的赞同“改革后学生差异更大了，更难教了”。

（四）支持单位人力资源调配与工作适应问题

扩大优质资源办学的政策，本质上是机构间、学校间的合作，对受援学校而言，是引入优质资源，增强发展的活力。但是，大学、教研部门、社会机构等与中小学的文化不同，人员的素质结构和特点也不同，让他们进入中小学开展教学，缺乏教学经验和对学生的了解，开展工作有一定的困难，有个适应的过程。在许多学校，大学教师来上课，中小学老师要跟着，起辅导支持的作用，因此对支持者如何做好培训使之适应是个问题。

同时，由于大学和教研部门人员有本职工作，支持中小学往往是额外的任务，因此在时间安排上会有一定的困难，而作为管理部门，调配人员要花比较多的时间，成本比较高。如果没有相应的机制，如果人员认识上不重视，则此政策的实施会难以持久、有效。在一体化学校、集团化学校，也存在师资调配困难的问题，一是人手紧张，编制紧张，二是流动也有许多现实因素的制约。此外，外教也不稳定，有的回国了，有的不来。

（五）经费支出方面的问题

2015年1月，市教委与市财政局发布《北京市高校、教科研部门支持中小学发展项目管理办法》，该办法除了内容管理、组织管理外，主要规范经费管理。规定：高校、教科研部门支持中小学发展，经费标准为每校每年200万元。高校支持中小学发展经费主要用于高校支持人员劳务、师资培养培训、课程及资源建设、教育教学实践研究、资源设施共享、学生社团活动、与项目相关的必要的基本耗材购置；教科研部门支持中小学发展经费主要用于教科研部门支持人员劳务、教科研指导与实践活动、教师培训、教师工作室、教改实验等。应该说，支持力度是大的，有助于保障政策的实施。2014年市级投入1亿多元。

目前项目经费在支出方面存在一定困难。项目经费到了大学，目前由于财务管理的规定，有时也难以用到参与项目的高校教师人头上，也影响积极性。经费划拨给民办机构往往不到位，结果有的民办机构不做了。在外教的资金支付上也存在一定障碍，钱打不进去。

（六）教师压力大和激励机制问题

调查反映，教师的工作量和工作压力增大了。受援学校教师中，68.1%的教师同意“改革后备课上课辅导等工作压力更大了”，21.5%的教师不确定。58.7%的教师赞同“各种工作量增大了”，36.6%的教师有一些赞同。支援学校的教师中，58.6%的教师同意“改革后备课上课辅导等工作压力更大了”，28.7%的教师不确定。45.8%的教师赞同“各种工作量增大了”，43.8%的教师有一些赞同。

教师工作量大，特别是受援学校教师参与整个改革过程，但在激励机制上没有体现。项目经费拨给了高校和教科研部门，用于高校和教科研部门人员和物质投入，而用于受援的中小学比较少，特别是在中小学的人员上。大家普遍反映，中小学教师参与项目，时间精力投入多了，任务重了，但在津贴上基本没有体现。这在短期内尚无大影响，但时间长了则难以调动中小学教师的参与。

在集团化办学中，不同学校教师收入水平不同，有的是因为跨区造成的，有的在区内也存在。甚至教师在区域内流动了，在另外一所学校工作，但还到本校领取工资。这些差异也会影响到教师的积极性。

实行学区化后，一部分校长承担学区主任的责任，除了抓好原学校工作外，还要负担多所学校教育教学和资源和整合管理工作，但是目前多数区对这些校长的身份和待遇都没有明确。长此以往，将会大大降低支援学校干部的积极性。调查显示，很多校长认为这件事情是上级让干的，还没有达到自己要干的地步。这与一些政策和相关问题没有落实有关。这一方面说明学区制为中心的改革还需要磨合，另一方面也说明很多具体问题还需要加以解决，逐步出台一些激励政策。

另一个相关问题就是在一些干部教师中对政策的稳定性存在疑虑。由于政策变化比较多，所以一些干部心存疑虑，这导致一些干部对此持等待态度。要解决这方面的问题，需要做更细致和更解决问题的工作，包括，干部和教师的新地位和新待遇问题，学校间教师的交流政策和有效的教育教学支持问题等。

（七）招生规模变化与设施不够配套的问题

实施就近入学和优质资源扩大之后，招生和学校规模方面出现两种情况，一种是扩大规模，学校校舍和设施紧张不足，一种是规模缩小，学校资源和师资出现闲置，在具体办学过程中都有一定困难。比如东城区曙光小学作为史家小学集团，新生由2014年4个班增加到2015年6个班，6个班都是片内学生，班额也由35人增加到40人。青年湖小学与171中联合后，在校生由原来400多学生增加到现在900多学生，学校空间明显不足，许多学校把专用教室改成普通教室，实际上影响了一些课程的教学质量。这就需要在资源配置上基于规模情况进行一定的统筹和调整。

对受援学校教师调查显示，35.1%的教师认为改革后学校招生规模扩大了，11.5%的教师认为改革后招生规模缩小了。校长调研统计数据显示，25.9%的校长反映改革后办学条件和设施紧张了、不够了，37%的校长反映改革后办学条件和设施有一些紧张了。

（八）外事等相关政策的制约问题

市教委提出“探索建立外籍教师集中引进和服务平台，规范中小学外籍教师管理”的政策。计划在远郊9个区县180多所学校每校派1～2名外教，但此项措施遇到诸多政策瓶颈，一是中小学很少有引进外教的资质，目前通过协调和绿色通道已使120多学校拿到了资质。二是引进外教的标准原是按照高校的需要定的，标准比较高，不适合于中小学，给引进带来一定难度。目前引进了20多名外教。这一措施还需要在政策上补充和调整。

还有非京籍学生审核五证，各区的标准不太统一，尺度把握不太一致，容易出现教育移民现象。

（九）高校教师享受附校入学机会问题

高校支持中小学发展，也希望能够帮助解决教师子女入学的问题，希望有更多机会进入附属学校。

（十）项目的持续发展问题

高校和教科研部门支持中小学项目从2014年起，周期为三年，三年后是否还实施不得而知。调查中校长、教师反映，教育周期比较长，项目采取很多新措施，比如开设了很多特色校本课程，如果不能持续，很多项目可能就要停顿，不能产生效果。如史家小学分校得到戏曲学院支持，有16人次的专业教师开设3门戏曲课程，分校也有几名教师在跟着学习，假如项目不能持续，本校教师是无法支撑3门课程的。

（该篇调研报告节选自《北京市基础教育改革模式调研报告》，承担单位：北京教育学院　执笔人：钟祖荣　陈丹　等）

（本栏责任编校　张晓兰）

统计表

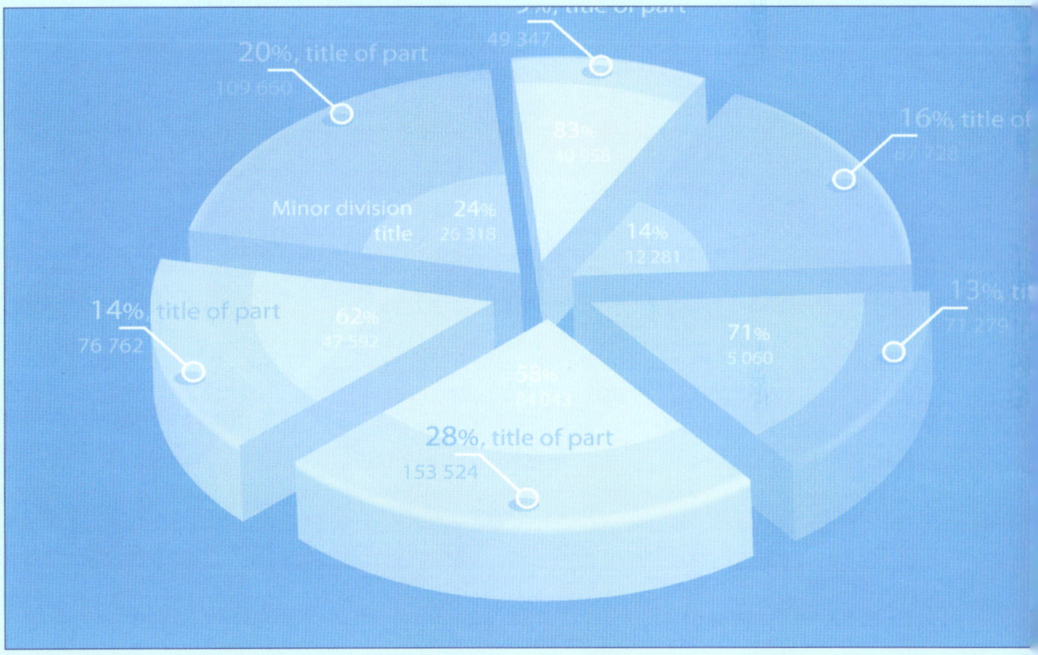
20%, title of part
109 660
49 347
16%, title of
Minor division title
24%
26 318
14%
12 281
14%, title of part
76 762
62%
71%
5 060
28%, title of part
153 524

+58%
-32%
February
Surplus

2014—2015学年度北京教育事业统计资料

一、综合

1－1 各级各类学校校数、教职工、专任教师情况

单位：人

	学校数（所）			教职工数			专任教师		
	2015	2014	增长%	2015	2014	增长%	2015	2014	增长%
一、高等教育	**175**	**177**	**－1.13**	**146318**	**148930**	**－1.75**	**68506**	**71079**	**－3.62**
（一）研究生培养机构（不计校数）	(138)	(136)	1.47				(54481)	(51415)	5.96
1. 普通高校	(58)	(56)	3.57				(44391)	(41648)	6.59
2. 科研机构	(80)	(80)	0.00				(10090)	(9767)	3.31
（二）普通高等学校	90	89	1.12	138396	140685	－1.63	65230	67549	－3.43
1. 本科院校	66	64	3.13	128274	127807	0.37	59819	60297	－0.79
其中：独立学院	5	5	0.00	2181	2191	－0.46	1302	1311	－0.69
2. 专科院校	24	25	－4.00	9474	10007	－5.33	5024	5302	－5.24
其中：高等职业技术学校	23	24	－4.17	9133	9671	－5.56	4776	5055	－5.52
3. 其他机构（点）（不计校数）	3	5	－40.00	648	2871	－77.43	387	1950	－80.15
（三）成人高等学校	19	19	0.00	3332	3273	1.80	1542	1551	－0.58
（四）民办的其他高等教育机构	66	69	－4.35	4590	4972	－7.68	1734	1979	－12.38
二、中等教育	**768**	**766**	**0.26**	**98479**	**97330**	**1.18**	**72265**	**70467**	**2.55**
（一）高中阶段教育	428	429	－0.23	98479	97330	1.18	50794	49773	2.05
1. 普通高中	306	306	0.00	83970	82224	2.12	41920	40349	3.89
2. 中等职业教育	122	123	－0.81	14509	15106	－3.95	8874	9424	－5.84
普通中专	31	31	0.00	3514	3614	－2.77	1963	2002	－1.95
成人中专	11	11	0.00	618	565	9.38	340	308	10.39
职业高中	51	52	－1.92	7098	7495	－5.30	4745	4889	－2.95
技工学校	29	29	0.00	3279	3432	－4.46	1826	2225	－17.93
（二）初中阶段教育	340	337	0.89				21471	20694	3.75
三、小学教育	**996**	**1040**	**－4.23**	**58308**	**58108**	**0.34**	**50053**	**49434**	**1.25**
四、工读学校	**6**	**6**	**0.00**	**287**	**286**	**0.35**	**200**	**195**	**2.56**
五、特殊教育	**22**	**22**	**0.00**	**1276**	**1278**	**－0.16**	**979**	**966**	**1.35**
六、学前教育	**1487**	**1426**	**4.28**	**61903**	**57950**	**6.82**	**34040**	**31692**	**7.41**

注：1. “（）”内数据为不计校数。
2. 普通高中的教职工数中含普通初中的教职工数。
3. 2015年，教育部将中国矿业大学（北京）和中国地质大学（北京）计入校数进行统计。
4. 2015年撤销北京现代职业技术学院．

1－2 各级各类学历教育学生情况

单位：人

	毕业生数			招生数			在校生数		
	2015	2014	增长%	2015	2014	增长%	2015	2014	增长%
一、高等教育	**547403**	**495945**	**10.38**	**614192**	**622602**	**－1.35**	**1894894**	**1928977**	**－1.77**
（一）普通本专科	152118	147023	3.47	157873	160056	－1.36	593448	594614	－0.20
专科	36798	34129	7.82	31218	34611	－9.80	97883	105322	－7.06
本科	115320	112894	2.15	126655	125445	0.96	495565	489292	1.28
（二）成人本专科	95277	93874	1.49	74980	88282	－15.07	204311	237644	－14.03
专科	40996	41350	－0.86	31733	38122	－16.76	78182	93486	－16.37
本科	54281	52524	3.35	43247	50160	－13.78	126129	144158	－12.51
（三）网络本专科生	220309	177606	24.04	271458	259514	4.60	730282	735119	－0.66
专科	134996	105357	28.13	161845	151248	7.01	392079	400526	－2.11
本科	85313	72249	18.08	109613	108266	1.24	338203	334593	1.08
（四）研究生	79699	77442	2.91	95087	92776	2.49	283831	274443	3.42
硕士	65519	63355	3.42	76131	73932	2.97	203857	198161	2.87
博士	14180	14087	0.66	18956	18844	0.59	79974	76282	4.84
（五）在职人员攻读硕士学位				14794	21974	－32.67	83022	87157	－4.74
二、中等教育	**205795**	**229640**	**－10.38**	**186517**	**202434**	**－7.86**	**587112**	**651443**	**－9.88**
（一）高中阶段教育	113022	139500	－18.98	97365	99741	－2.38	303746	344654	－11.87
1. 普通高中	57738	57773	－0.06	56743	55184	2.83	169412	177554	－4.59
其中：北京市户籍	52337	53315	－1.83	52387	50787	3.15	154455	158951	－2.83
2. 中等职业教育	55284	81727	－32.36	40622	44557	－8.83	134334	167100	－19.61
普通中专	14644	16394	－10.67	12129	12319	－1.54	47465	51296	－7.47
成人中专	10042	33778	－70.27	9948	11861	－16.13	30412	40568	－25.03
职业高中	16715	16792	－0.46	5031	5585	－9.92	18400	34155	－46.13
技工学校	13883	14763	－5.96	13514	14792	－8.64	38057	41081	－7.36
（二）初中阶段教育	92773	90140	2.92	89152	102693	－13.19	283366	306789	－7.63
其中：北京市户籍	70924	67667	4.81	55754	65722	－15.17	188608	204451	－7.75
三、小学教育	**103893**	**112819**	**－7.91**	**145876**	**153249**	**－4.81**	**850321**	**821152**	**3.55**
其中：北京市户籍	55878	65555	－14.76	99685	98016	1.70	496523	452651	9.69
四、工读学校	**375**	**330**	**13.64**	**331**	**316**	**4.75**	**661**	**600**	**10.17**
五、特殊教育	**1786**	**1997**	**－10.57**	**930**	**1110**	**－16.22**	**7136**	**7742**	**－7.83**
六、学前教育	**101928**	**96478**	**5.65**	**149042**	**133977**	**11.24**	**394121**	**364954**	**7.99**

注：特殊教育学生中包括普通中小学随班就读的学生。

1－3 各级各类非学历教育学生情况

单位：人

	毕（结）业生数			注册学生数（人/人次）		
	2015	2014	增长%	2015	2014	增长%
一、高等教育	**874486**	**734485**	**19.06**	**751842**	**658695**	**14.14**
（一）自考助学班	592	745	-20.54	1036	1928	-46.27
（二）普通预科生				1438	1652	-12.95
（三）研究生课程进修班	7569	8179	-7.46	13891	18743	-25.89
（四）进修及培训	866325	725561	19.40	735477	636372	15.57
其中：资格证书培训	48018	63882	-24.83	59663	43404	37.46
岗位证书培训	155193	184287	-15.79	108203	162348	-33.35
二、中等教育	**2881059**	**2882671**	**-0.06**	**2795054**	**2580312**	**8.32**
其中：资格证书培训	411641	348287	18.19	438006	306660	42.83
岗位证书培训	303968	484652	-37.28	199062	454939	-56.24
（一）中等职业教育	44061	53483	-17.62	27625	31508	-12.32
其中：资格证书培训	20751	21168	-1.97	15468	16506	-6.29
岗位证书培训	13536	13092	3.39	6687	7790	-14.16
（二）职业技术培训机构	2836998	2829188	0.28	2767429	2548804	8.58
其中：资格证书培训	390890	327119	19.49	422538	290154	45.63
岗位证书培训	290432	471560	-38.41	192375	447149	-56.98

1－4 各级民办教育基本情况

单位：人

	学校数（所）	毕业生数	招生数	在校生数	教职工数	专任教师
一、民办高等教育	**81**	**20341**	**17683**	**67110**	**10759**	**5001**
（一）民办高校	15	20341	17683	67110	6169	3267
1. 本科学生		10376	11203	42996		
2. 专科学生		9965	6480	24114		
3. 研究生		61	126	197		
（二）民办其他高等教育机构	66				4590	1734
二、民办中等教育	**115**	**15872**	**11051**	**39143**	**11445**	**7077**
（一）高中阶段教育	90	7752	3234	14752	11445	7077
1. 民办普通高中	68	5972	2871	12323	10299	6466
2. 民办中等职业教育	22	1780	363	2429	1146	611
（二）初中阶段教育	25	8120	7817	24391		
三、民办小学	**60**	**10306**	**7386**	**67258**	**2453**	**1808**
四、民办幼儿园	**574**	**34644**	**51466**	**139636**	**26115**	**12847**
另有：民办职业技术培训机构	1136	1080510		1107297	31165	14720

注：1. 民办普通高中的教职工数、专任教师数中包含民办初中阶段教育的教职工数、专任教师数。
2. 民办培训机构毕业生数为结业人次数，在校生数为注册学生数。
3. 除民办其他高等教育机构外，其他各项数据均含在普通教育系列中。

二、高等教育

2-1　高等教育分学科研究生数

单位：人

	毕业生数			招生数			在校生数		
	合计	硕士	博士	合计	硕士	博士	合计	硕士	博士
总计	**74840**	**61852**	**12988**	**89545**	**72268**	**17277**	**265888**	**192324**	**73564**
其中：女	37530	32422	5108	45275	38281	6994	127573	99442	28131
学术型学位	**49187**	**36828**	**12359**	**56115**	**39465**	**16650**	**183014**	**111718**	**71296**
哲学	551	396	155	605	410	195	2050	1196	854
经济学	3403	2900	503	3308	2595	713	9943	6651	3292
法学	4276	3507	769	4658	3679	979	14467	10008	4459
教育学	1545	1263	282	1665	1269	396	5532	4004	1528
文学	3295	2789	506	3563	2891	672	11403	8473	2930
历史学	494	348	146	552	376	176	1861	1106	755
理学	6523	3593	2930	9327	5156	4171	30441	14355	16086
工学	18942	14301	4641	21781	15330	6451	73439	44232	29207
农学	1400	938	462	1363	893	470	4087	2181	1906
医学	2866	1999	867	3435	2412	1023	9711	6355	3356
军事学	36	26	10	19	13	6	82	47	35
管理学	4334	3453	881	4492	3372	1120	15333	9509	5824
艺术学	1522	1315	207	1347	1069	278	4665	3601	1064
专业学位	**25653**	**25024**	**629**	**33430**	**32803**	**627**	**82874**	**80606**	**2268**
经济学	1825	1825		2989	2989		5799	5799	
法学	2614	2614		3010	3010		7282	7282	
教育学	1391	1374	17	1982	1942	40	4713	4442	271
文学	1147	1147		1625	1625		3149	3149	
历史学	91	91		102	102		236	236	
工学	8937	8937		11993	11926	67	31248	30965	283
农学	667	667		844	844		1715	1715	
医学	1363	751	612	1870	1350	520	5314	3600	1714
管理学	6633	6633		7347	7347		19036	19036	
艺术学	985	985		1668	1668		4382	4382	

2－2 普通高等学校本科、专科学生情况

单位：人

	学校数（所）		毕业生数			招生数			在校生数		
	计	其中：中央	合计	专科	本科	合计	专科	本科	合计	专科	本科
总 计	**90**	**37**	**152118**	**36798**	**115320**	**157873**	**31218**	**126655**	**593448**	**97883**	**495565**
按类型分											
本科院校	66	37	127427	12107	115320	134354	7699	126655	522252	26687	495565
其中：独立学院	5		5988		5988	5708		5708	23766		23766
专科院校	24		23232	23232		22342	22342		67322	67322	
其中：高等职业学校	23		22005	22005		21133	21133		63501	63501	
其他机构（不计校数）	3		1459	1459		1177	1177		3874	3874	
按性质类别分											
综合大学	5	3	20389	4396	15993	19862	1888	17974	74042	7912	66130
理工院校	30	12	62569	15574	46995	65053	13107	51946	245127	40956	204171
农业院校	3	1	6231	1829	4402	6207	1728	4479	22926	5183	17743
林业院校	1	1	3178		3178	3292		3292	13324		13324
医药院校	4	2	3138	1288	1850	4211	1691	2520	15031	4344	10687
师范院校	2	1	4777	164	4613	5713	478	5235	21406	775	20631
语文院校	9	5	11138	2731	8407	11838	3003	8835	43149	8758	34391
财经院校	16	2	21941	7391	14550	20677	5854	14823	81135	21018	60117
政法院校	8	5	10036	3025	7011	11408	3174	8234	39738	8081	31657
体育院校	3	1	2666	58	2608	3131	62	3069	11954	145	11809
艺术院校	8	3	3395	342	3053	3689	233	3456	14256	711	13545
民族院校	1	1	2660		2660	2792		2792	11360		11360
按举办者分											
1. 中央部门	37	37	73588	2971	70617	78780	2030	76750	310399	6690	303709
教育部	25	25	54175	1423	52752	57410	683	56727	227747	2460	225287
其他部门	12	12	19413	1548	17865	21370	1347	20023	82652	4230	78422
2. 地方	38		58189	23862	34327	61410	22708	38702	215939	67079	148860
教育部门	24		44582	10255	34327	47456	9172	38284	175014	27962	147052
其他部门	14		13607	13607		13954	13536	418	40925	39117	1808
3. 民办	15		20341	9965	10376	17683	6480	11203	67110	24114	42996

2－3 普通高等学校教职工情况

单位：人

	合计	校本部教职工					科研机构人员	校办企业职工	其他附设机构人员
		计	专任教师	行政人员	教辅人员	工勤人员			
总计	**138396**	**120137**	**65230**	**22946**	**18471**	**13490**	**7186**	**1296**	**9777**
其中：女	68504	59179	30032	12999	11413	4735	3027	343	5955
按类型分									
本科院校	128274	110168	59819	20647	17308	12394	7150	1245	9711
其中：独立学院	2181	2180	1302	340	138	400	1		
专科院校	9474	9321	5024	2194	1039	1064	36	51	66
其中：高等职业学校	9133	8995	4776	2151	1010	1058	23	51	64
其他机构	648	648	387	105	124	32			
按性质类别分									
综合大学	23437	21603	10325	3743	4251	3284	1085	162	587
理工院校	52629	46240	26450	8636	5272	5882	3672	722	1995
农业院校	4818	4489	2531	1023	499	436	14	76	239
林业院校	1871	1776	1192	304	219	61		59	36
医药院校	17771	9466	3380	1353	4102	631	2036	15	6254
师范院校	5712	5556	3529	928	765	334	28	128	
语文院校	7170	6610	4073	1433	638	466	206	39	315
财经院校	10917	10821	6401	2316	1089	1015		54	42
政法院校	6662	6516	2972	1567	917	1060	27	2	117
体育院校	1678	1613	1050	356	93	114		10	55
艺术院校	3731	3585	2115	867	475	128	61	29	56
民族院校	2000	1862	1212	420	151	79	57		81
按举办者分									
1. 中央部门	98708	81365	43357	14802	14212	8994	6953	988	9402
教育部	66059	57969	30874	11078	9134	6883	4358	830	2902
其他部门	32649	23396	12483	3724	5078	2111	2595	158	6500
2. 地方	33519	32604	18606	6957	3802	3239	232	308	375
教育部门	27072	26257	15086	5471	3048	2652	186	271	358
其他部门	6447	6347	3520	1486	754	587	46	37	17
3. 民办	6169	6168	3267	1187	457	1257	1		

三、中等职业教育

3－1 中等职业学校（机构）数

单位：所

	计	中央部门	地方				民办
			计	教育部门	其他部门	地方企业	
总计	**93**	**7**	**64**	**39**	**20**	**5**	**22**
普通中等专业学校	31	6	25	8	15	2	
成人中等专业学校	11	1	9	2	4	3	1
职业高中学校	51		30	29	1		21
附设中职班（不计校数）	27	1	24	15	9		2

注：不包含技工学校数。

3－2 中等职业学校（机构）分类型学生数

单位：人

	毕业生数		招生数				在校生数
	计	其中：获得职业资格证书	计	其中：应届毕业生		其中：五年制高职、中职段	
				计	其中：初中毕业		
一、中职学生计	**41401**	**28342**	**27108**	**22559**	**21939**	**6800**	**96277**
其中：中职全日制学生	34442	27401	22900	22209	21591	6800	84467
中职非全日制学生	6959	941	4208	350	348		11810
普通中专学生	14644	9651	12129	11855	11317	5367	47465
成人中专学生	10042	3913	9948	5735	5722		30412
其中：全日制学生	3083	2972	5740	5385	5374		18602
非全日制学生	6959	941	4208	350	348		11810
职业高中学生	16715	14778	5031	4969	4900	1433	18400
二、培训学生	**44061**						**27625**
三、外国留学生	**195**						**113**

3－3 职业高中分区县基本情况

单位：人

	校数（所）	毕业生数	招生数	在校生数	教职工数	专任教师
总计	**51**	**16715**	**5031**	**18400**	**7098**	**4745**
东城区	5	1180	752	2444	685	360
西城区	4	1764	563	1987	867	652
朝阳区	5	2922	678	2386	991	761
丰台区	5	1473	256	923	646	395
石景山区	3	518	185	368	208	136
海淀区	2	1759	891	2421	634	461
门头沟区	1	142	41	84	136	84
房山区	5	838	194	767	446	306

续表

	校数（所）	毕业生数	招生数	在校生数	教职工数	专任教师
通州区	3	613	147	352	160	137
顺义区	5	780	89	1172	240	138
昌平区	3	1530	484	1457	402	297
大兴区	5	925	65	261	568	351
怀柔区	2	573	36	1154	438	254
平谷区	1	107	64	217	178	79
密云县（区）	1	671	228	1049	236	151
延庆县（区）	1	920	358	1358	263	18

四、普通中学

4-1 普通中学分区县基本情况

单位：人

	学校数（所）					初中			高中			教职工数	专任教师
	合计	完全中学	高级中学	初级中学	九年一贯制学校	毕业生数	招生数	在校生数	毕业生数	招生数	在校生数		
总计	**646**	**268**	**38**	**224**	**116**	**92773**	**89152**	**283366**	**57738**	**56743**	**169412**	**83970**	**63391**
东城区	43	30	4	7	2	7466	6610	21579	5439	5691	16543	6504	4754
西城区	43	37	2	3	1	8688	7857	25236	7636	7068	21225	7996	6325
朝阳区	91	37	1	20	33	10557	12153	37588	4713	4665	13954	12407	10190
丰台区	46	15	4	14	13	5511	6488	20030	2531	2612	7970	5424	4097
石景山区	27	7	3	10	7	2894	2417	8316	1623	1516	4720	2641	2030
海淀区	78	60	3	8	7	18744	18553	57378	13328	13552	40453	13552	10471
门头沟区	16	4	1	9	2	1531	1446	4605	733	846	2311	1275	907
房山区	47	10	5	26	6	5644	4927	16679	2873	3172	9139	4385	3303
通州区	41	13	1	15	12	5149	5567	17122	2647	2969	8419	4711	3530
顺义区	32	8	4	17	3	5237	4968	15589	3620	3883	11196	4792	3569
昌平区	51	23	1	16	11	5521	5100	15764	3065	1976	6686	5162	3838
大兴区	44	14	0	22	8	5566	5324	17166	3231	2496	8056	5000	3904
怀柔区	23	2	3	14	4	2116	1830	6081	1196	1435	4213	2388	1610
平谷区	20	4	1	13	2	2379	1831	6048	1846	1584	4894	3161	1691
密云县（区）	23	2	3	18		3317	2536	8390	1947	1929	5723	2376	1708
延庆县（区）	21	2	2	12	5	2453	1545	5795	1310	1349	3910	2196	1464

五、小　学

5-1 小学分区县基本情况

单位：人

	学校数（所）	毕业生数	招生数	在校学生数	教职工数	
					合计	其中：专任教师
总 计	**996**	**103893**	**145876**	**850321**	**58308**	**50053**
东城区	63	7093	9595	52972	4676	3787

续表

	学校数（所）	毕业生数	招生数	在校学生数	教职工数	
					合计	其中：专任教师
西城区	60	7789	13074	69252	5124	4689
朝阳区	86	14221	21176	132877	7253	6795
丰台区	77	9435	10505	69114	4824	4214
石景山区	30	3058	3866	23780	1534	1353
海淀区	97	19032	28272	155573	7871	7300
房山区	108	6040	8448	48192	3696	2961
其中：房山区	101	5456	7830	44813	3405	2705
燕山地区	7	584	618	3379	291	256
通州区	84	7403	10640	62141	4092	3630
顺义区	46	5238	7508	42784	3196	2615
昌平区	91	7264	7910	53910	3715	3156
大兴区	98	6965	10866	59270	4074	3512
门头沟区	22	1578	2223	11747	1140	881
怀柔区	24	2143	2926	16983	1565	1080
平谷区	42	2194	3007	17330	2146	1478
密云县（区）	40	2755	3761	22145	2060	1524
延庆县（区）	28	1685	2099	12251	1342	1078

六、工读学校

6－1 工读学校基本情况

单位：人

	学校数（所）	班 数（个）	离校人数	入校人数	在校生数	教 职 工 数	
						计	其中：专任教师
总 计	**6**	**35**	**370**	**331**	**661**	**287**	**200**
其中：女			55	53	113	81	63

七、特殊教育

7－1 特殊教育学校基本情况

单位：人

	学校数（所）	班数（个）	毕业生数	招生数	在校生数	教职工数	
						合计	其中：专任教师
总计	**22**	**327**	**1786**	**930**	**7136**	**1276**	**979**
东城区	2	28	117	77	489	118	95
西城区	3	50	184	87	656	227	197
朝阳区	1	37	561	239	1585	68	58
丰台区	1	13	58	52	414	37	33
石景山区	1	11	41	13	181	34	28

续表

	学校数（所）	班数（个）	毕业生数	招生数	在校生数	教职工数	
						合计	其中：专任教师
海淀区	3	67	245	144	1193	310	226
房山区	0	7	85	75	393	0	0
其中：房山		5	79	72	356		
燕山		2	6	3	37		
通州区	1	18	67	35	256	61	55
顺义区	2	21	44	30	331	133	84
昌平区	2	15	92	53	339	49	29
大兴区	1	9	52	22	331	32	22
门头沟区	1	9	28	8	123	25	21
怀柔区	1	6	8	20	130	33	24
平谷区	1	17	45	22	235	70	49
密云县（区）	1	12	117	34	322	49	34
延庆县（区）	1	7	42	19	158	30	24

八、幼儿教育

8-1 幼儿园分区县基本情况

单位：人

	园数（所）	离园（班）人数	入园（班）人数	在园（班）人数	教职工数	专任教师
总计	**1487**	**101928**	**149042**	**394121**	**61903**	**34040**
东城区	51	3689	5597	14464	2437	1473
西城区	69	4659	5879	17127	3093	1816
朝阳区	214	15750	27123	66518	12365	6554
丰台区	139	11092	14219	41724	6476	3521
石景山区	50	2842	5113	14853	2257	1205
海淀区	160	15453	21338	60442	9943	4917
门头沟区	29	1626	2418	5943	923	528
房山区	104	8827	10651	30280	4415	2746
通州区	138	6742	11229	28817	4292	2519
顺义区	96	5702	9676	22749	2672	1461
昌平区	112	6077	9543	25854	4682	2512
大兴区	77	7534	11181	28370	3022	1746
怀柔区	63	3268	4441	9523	1338	761
平谷区	63	2727	3421	9098	1258	659
密云县（区）	70	3636	4161	11316	1828	996
延庆县（区）	52	2304	3052	7043	902	626

（张桓）

（本栏责任编校　林业）

附　录

基　础　教　育

北京市第二批中小学学校文化建设示范校

北京市东城区培新小学
北京市崇文小学
北京市东城区西中街小学
北京市东城区灯市口小学
北京市东城区和平里第四小学
北京市东城区分司厅小学
北京市东城区景泰小学
北京市东城区东交民巷小学
北京市第五中学
北京市第十一中学
北京市第二十四中学
北京市第二十五中学
北京市第五十中学
北京市第一七一中学
中央工艺美术学院附属中学
北京市第八中学
北京市第十三中学
北京市第一六一中学
北京市回民学校
北京市育才学校
北京市鲁迅中学
北京市西城区黄城根小学
北京市宣武回民小学
北京市西城区康乐里小学
北京市西城区师范学校附属小学
北京市宣武师范学校附属第一小学
北京市西城区进步小学
北京市西城区育翔小学
北京市西城区奋斗小学
北京市朝阳区望京南湖东园小学
中国传媒大学附属小学
北京市朝阳区平房小学
北京市朝阳区安慧里中心小学
北京市朝阳区三里屯小学
北京市朝阳区新源西里小学
北京青年政治学院附属中学
北京市润丰学校
北京市朝阳区花家地实验小学
北京市第十七中学
北京市朝阳区八里庄中心小学
北京市朝阳区第二实验小学
北京市第九十四中学
北京市日坛中学
北京市朝阳区十八里店小学
北京第二外国语学院附属小学
北京市朝阳区垂杨柳中心小学
北京市陈经纶中学分校
北京市朝阳区望京新城南湖中园小学
北京市朝阳区芳草地国际学校富力分校
北京师范大学奥林匹克花园实验小学
北京市朝阳区劲松第四小学
北京市朝阳外国语学校
北京市东方德才学校
北京师范大学朝阳附属中学
北京市十一学校
北京市育英学校
北方交通大学附属中学
北京市第二十中学
北京市玉渊潭中学
北京市第十九中学
北京市上地实验学校
北京科技大学附属中学
北京市二十一世纪国际学校
北京市海淀区万泉小学
北京市海淀区中关村第四小学
清华大学附属小学
北京市海淀区玉泉小学
中国人民大学附属中学实验小学
北京市海淀区民族小学
北京市海淀区红山小学
北京市海淀区第二实验小学
中国农业科学院附属小学
北京市海淀区二里沟中心小学
北京市海淀区七一小学
北京市海淀外国语实验学校
北京教育学院附属海淀实验小学
北京市洋桥学校
北京市丰台区长辛店学校
北京市芳星园中学
北京市第十八中学
北京市第十中学
北京市赵登禹学校
北京市丰台区纪家庙小学
北京市丰台区东高地第三小学
丰台区东铁匠营第二小学
北京市丰台区丰台第二小学
北京市丰台区右安门第一小学
北京市丰台区西罗园第六小学
北京市丰台区东铁匠营第一小学
北京市丰台区丰体时代小学
北京小学丰台万年花城分校
首都师范大学附属苹果园中学
北京市古城中学
北京市杨庄中学
北京市石景山区古城第二小学
北京市石景山区六一小学
北京市石景山区金顶街第二小学
北京市石景山区爱乐实验小学

北京市门头沟区大峪第二小学
北京市门头沟区大台中心小学
北京市门头沟区东辛房小学
首都师范大学附属中学永定分校
北京市王平中学
北京市房山区城关第二小学
北京市房山区琉璃河镇琉璃河中心小学
北京市房山区琉璃河镇窑上中心小学
北京市房山区张坊镇张坊中心小学
北京市房山区史家营乡史家营中心小学
北京市房山区青龙湖镇中心小学
北京市房山区南尚乐中心小学
北京市房山区良乡第二小学
北京市房山区霞云岭乡霞云岭中心小学
北京市房山区实验中学
北京市房山区良乡中学
北京市房山区张坊中学
北京市房山区坨里中学
北京市房山区房山第五中学
北京市房山区良乡第二中学
北京市房山区长阳中学
北京市房山区南召中学
北京市通州区梨园镇中心小学
北京小学通州分校
北京市通州区漷县镇中心小学
北京市通州区宋庄镇中心小学
北京市通州区东方小学
北京市通州区玉桥小学
北京市通州区后南仓小学
北京市通州区第六中学
北京市第二中学通州分校
北京市通州区台湖学校
北京市育才学校通州分校
北京市通州区于家务中学
北京市通州区郎府中学
北京市通州区张家湾中学
北京市顺义区杨镇中心小学
北京市顺义区马坡中心小学
北京市顺义区后沙峪中心小学
北京市顺义区马坡第二小学
北京市顺义区李桥中心小学
北京市顺义区第二中学
北京市顺义区仁和中学
北京市顺义区杨镇第二中学
北京市顺义区南彩学校
北京市昌平区城北中心小学
北京市昌平区回龙观第二小学
北京市昌平区南口镇小学
北京市昌平区天通苑小学
北京市昌平实验小学
北京市昌平区巩华中心小学
北京市昌平区马池口中心小学
北京市昌平区南口铁道北小学
北京市昌平区二毛学校
北京市昌平区长陵学校
北京市昌平区第四中学
北京市昌平实验中学
北京市昌平区前锋学校
北京市昌平区百善学校
北京市昌平区第一中学
北京市昌平区平西府中学
北京市昌平区流村中学
北京市大兴区第九小学
北京师范大学大兴附属小学
北京市大兴区第五小学
北京市大兴区第十小学
北京小学大兴分校
北京第二实验小学大兴实验学校
北京市大兴区安定镇中心小学
北京市大兴区青云店镇第一中心小学
北京市大兴区长子营镇第一中心小学
北京市第二中学亦庄学校
北京市大兴区第五中学
北京师范大学大兴附属中学
北京市大兴区榆垡中学
北京市大兴区魏善庄中学
北京市大兴区红星中学
北京市大兴区长子营中学
北京市平谷区第二小学
北京市平谷区第八小学
北京市平谷区大华山学区
北京市平谷区夏各庄学区
北京市平谷中学
北京市平谷区第四中学
北京市平谷区峪口中学
北京市怀柔区第五中学
北京市怀柔区第三中学
北京市怀柔区北房中学
北京市怀柔区第二小学
北京市怀柔区茶坞铁路中学
北京市密云县季庄小学
北京市密云县南菜园小学
北京市密云县太师屯镇中心小学
北京市密云县巨各庄镇中心小学
首都师范大学附属密云中学
北京市密云县西田各庄中学
北京市密云县河南寨中学
北京市延庆县第四小学
北京市延庆县第四中学
北京市延庆县十一学校
北京市延庆县康庄中心小学
北京市延庆县康庄中学
北京市延庆县千家店学校
北京市房山区燕山星城小学

北京市燕山前进中学

（邱小培）

2014年北京市特级教师

许美琳　北京市朝阳区教育研究中心
陈立　北京市西城区教育研修学院
刘洪霞　北京教育学院丰台分院
吴欣萍　北京市第四幼儿园
范惠静　北京教育学院丰台分院
赵兰香　北京市怀柔区教科研中心
于渊莘　北京市朝阳区劲松第一幼儿园
朱继文　北京市丰台区丰台第一幼儿园
杨丽欣　北京市朝阳区枣营幼儿园
申桂红　北京市西城区槐柏幼儿园
李建丽　北京市西城区棉花胡同幼儿园
刘燕　北京市六一幼儿院
刘洁　北京市门头沟区教师进修学校
黄珊　北京师范大学实验幼儿园
王岚　北京市西城区三教寺幼儿园
戴晓萱　北京市东城区东四五条幼儿园
张宝兰　北京市顺义区建南幼儿园
秦书华　空军直属机关蓝天幼儿园
徐立芬　北京市朝阳区惠新里幼儿园
晏红　北京市清华洁华幼儿园
邹平　北京市东城区前门幼儿园
吴东慧　北京市丰台区芳庄第三幼儿园
郑佳珍　北京明天幼稚集团
张立军　北京教育科学研究院
吴宝文　北京市昌平区昌盛园小学
赵方红　延庆县教育科学研究中心
王文丽　北京市东城区教育研修学院
贾红斌　北京师范大学实验小学
刘燕君　北京市东城区回民实验小学
李银环　北京市通州区培智学校
王化英　北京市海淀区四季青学区
孔凡艳　北京市顺义区教育研究考试中心
李洁玲　北京小学
项连弟　北京市密云县第三小学
赵成会　北京市房山区教师进修学校
乔静敏　北京市平谷区教育研修中心
郑瑞芳　中国人民大学附属小学
何杰　北京师范大学第二附属中学
胡金城　北京师范大学附属平谷中学
苏建忠　北京师范大学良乡附属中学
宋京艳　北京市丰台区丰台第二中学
李朝晖　北京市第十中学
金英华　北京师范大学燕化附属中学
辛加伟　北京市顺义区第一中学
凤潇　北京市朝阳区教育研究中心
王建稳　北京市八一中学
周群　北京景山学校
廖昌燕　中国人民大学附属中学
何郁　北京市朝阳区教育研究中心
李岫泉　北京市通州区潞河中学
王友珍　北京市通州区潞河中学
闫存林　北京市十一学校
张雪燕　北京市密云县第二中学
宋淑英　首都师范大学附属中学永定分校
贾俊坤　北京市昌平区第五中学
黄玉慧　北京市海淀区教师进修学校
管然荣　北京教育学院丰台分院
桂彩丽　延庆县教育科学研究中心
贾小林　北京市第八十中学
柴荣　北京市第二十二中学
梁继元　北京市顺义牛栏山第一中学
陈洪　北京市第十七中学
刘大庆　北京市房山区窦店中学
代兴玲　北京西藏中学
张秋爽　北京市顺义区教育研究考试中心
韩玉娟　北京第一师范学校附属小学
王彦伟　北京市东城区教师研修中心
陈立华　北京市朝阳区实验小学
刘劲苓　北京第二实验小学
武维民　北京小学长阳分校
李兰瑛　北京市海淀区中关村第二小学
陈凤伟　北京市东城区史家胡同小学
李惠玲　北京小学
王敏　北京小学大兴分校
魏淑娟　北京市朝阳区实验小学
陈玉宏　北京市昌平区二毛学校
赵静　北京市密云县第二小学
王海芝　北京市平谷区教育研修中心
李宁　北京大学附属小学
黎宁　北京市陈经纶中学
徐文兵　清华大学附属中学
白雪峰　北京教育学院朝阳分院
王文英　北京市朝阳区教育研究中心
董武　北京市昌平区第一中学
郑拴平　北京市第十二中学
虎占智　北京市第二中学亦庄学校
王治珍　北京市第八十中学
王芝平　北京市第一四二中学（北京宏志中学）
由广慧　北京市大兴区德茂中学
赵鸿雁　清华大学附属中学
孙枫　北京市顺义牛栏山第一中学
裴艳萍　北京市门头沟区新桥路中学
李振雷　北京教育学院丰台分院
许雪　北京市昌平区第一中学
焦艳玲　北京市第二中学亦庄学校
王小丹　北京教育学院宣武分院
徐红　北京市第八十中学
刘晓燕　北京市海淀北部新区实验学校
王春辉　北京市第八中学
梁宇学　首都师范大学附属中学
刘永江　北京市第九中学

嵇文红　北京市芳星园中学
毛英　首都师范大学附属育新学校
谭文军　北京市通州区第六中学
范先荣　北京科技大学附属中学
王长青　北京市怀柔区第五中学
李春雷　北京师范大学良乡附属中学
程岚　中国人民大学附属中学
朱丽萍　北京市朝阳区教育研究中心
汪艳　北京市第八中学
毛筠　北京市第一〇一中学
赵春青　北京市延庆县第一中学
李旭争　北京市昌平区第三中学
张秋会　密云县巨各庄中学
严彩莉　北京市丰台区丰台第二中学
赵盈　北京市第一六六中学
刘丽云　北京市大兴区第一中学
蒋炎富　北京市第十二中学
王建兴　北京市昌平区小汤山中学
秦月年　北京市第十七中学
孙林晖　北京市怀柔区第三中学
范冰　北京大学附属小学
闻超　北京师范大学良乡附属中学
刘士忠　北京市顺义区杨镇第一中学
毕勤　北京市西城区教育研修学院
马力　北京市通州区第六中学
王运淼　北京市西城区教育研修学院
刘丹杰　北京市海淀区教师进修学校
丁庆红　北京教育学院石景山分院
方习鹏　北京市十一学校
荆宝生　北京市海淀区教师进修学校
王岳　北京市第九中学
穆双龙　北京市顺义区教育研究考试中心
李志刚　北京市昌平实验中学
杨凤娟　北京师范大学大兴附属中学
张学芳　北京市通州区运河中学
王莉萍　北京师范大学附属中学
王丽军　北京师范大学良乡附属中学
郑蔚青　北京工业大学附属中学
孔德英　北京市第九十四中学
张荣合　北京市平谷中学
乔延芳　北京市通州区潞河中学
张海生　北京市房山区窦店中学
任宝华　北京市海淀区教师进修学校
吴卫东　北京市第八十中学
王小磊　首都师范大学附属中学
张建国　北京师范大学附属实验中学
岳波　北京汇文中学
陈争　北京市第一〇一中学
赵研　北京市苹果园中学
宋晓敏　北京市八一中学
刘松伟　北京师范大学附属中学
吴海君　北京市密云县第二中学
吴殿更　北京市大兴区第七中学
刘宇宏　北京市怀柔区第一中学
张红英　北京市首都师范大学附属丽泽中学
邵正亮　北京市大峪中学
刘桂军　北京市第五中学分校
东启云　北京市顺义区第一中学
刘焕亮　北京师范大学良乡附属中学
葛继宁　北京市昌平区第二中学
王翠霞　北京市通州区永乐店中学
安军　北京市第一〇一中学
陈月艳　北京市第四中学
乔文军　北京教育科学研究院
于璇　北京大学附属中学
王庆红　北京市日坛中学
周有祥　北京市昌平区第一中学
李媛　北京市第十中学
马九林　北京市通州区潞河中学
吴春萍　北京市京源学校
刘玮　北京市门头沟区雁翅中学
孙健　北京市大兴区德茂中学
高振奋　北京教育科学研究院
刘继忠　北京市育才学校
丁利　中国人民大学附属中学
张悦　北京市广渠门中学
汪春燕　北京市十一学校
赵卿　北京市陈经纶中学
李春旺　北京市门头沟区教师进修学校
王建　北京师范大学良乡附属中学
全斌　北京市通州区教师研修中心
吴京梅　北京市第二中学
赵利剑　北京市第四中学
关劲松　清华大学附属中学
安丽萍　北京市京源学校
郭建国　北京市昌平区第四中学
王宏伟　北京师范大学附属实验中学
郭燕红　北京市第十二中学
张启凤　北京市通州区教师研修中心
许连生　北京市顺义区杨镇第一中学
赵薇　北京教育科学研究院
蒙广平　北京市顺义区第一中学
李伟臣　北京市密云县教研中心
马涛　北京市海淀区教育信息中心
周学荣　北京市昌平区教师进修学校
于文　北京市海淀区培智中心学校
王素英　北京市朝阳区教育研究中心
韩静　北京市朝阳区青少年活动中心
何立新　北京大学附属小学
陈阳　北京市陈经纶中学
李月芝　北京市大兴区第五中学
李西刚　北京市门头沟区龙泉小学
陈姗　北京市海淀区五一小学
祖雪媛　北京市朝阳区白家庄小学

郑丹娜　北京市朝阳区垂杨柳中心小学
王礼新　北京教育科学研究院
康利　北京市朝阳区教育研究中心
张洁　北京市陈经纶中学
戴颖　北京大学附属中学
王书明　北京市大兴区教师进修学校
荣淑印　北京市顺义区第八中学
祖平　北京师范大学第二附属中学
黄京　北京市第十八中学
欧阳立英　北京市怀柔区第一中学
曹桂琴　北京市密云县西田各庄中学
黄虹　北京市八一中学
武凤鸣　北京市第九中学
孟艳　北京市第二中学
秦治军　中国人民大学附属小学
韩新会　北京市第一六六中学
陈建勤　北京市第十七中学
朱春平　北京市第十二中学
茹春华　北京市顺义区教育研究考试中心
韩国太　北京市第九十四中学
郭金贵　北京市海淀区中关村第三小学
王琰　北京市第一五六中学
年淑跃　北京市大兴区教师进修学校
吴蔚　北京市朝阳区青少年活动中心
李永亮　北京市通州区教师研修中心
刘世彬　北京市石景山外语实验小学
张宏旺　北方交通大学附属中学
张宝青　北京市平谷区山东庄中学
孙联群　北京启喑实验学校
李磊　北京教育学院朝阳分院
蔡萍　北京市朝阳区教育研究中心
缪军　北京市东城区教师研修中心
张建云　北京市大兴区少年宫
范汝梅　北京市东城区史家胡同小学
陈琪　北京市海淀区艺术职业学校
柳燕君　北京教育科学研究院
吴莹　北京市求实职业学校
汪珊珊　北京市外事学校
田毅敏　延庆县第一职业学校
宋友山　北京市电气工程学校
张俊英　北京市朝阳区教育研究中心
吴亚芹　北京市昌平职业学校
王胜旭　北京市房山区第二职业高中

（张晓兰）

2014 年经市教委同意重新认定的特级教师

王玲湘　清华大学附属小学
曹君　北京亦庄实验小学
孙唯　大兴区亦庄第二小学
徐福文　北京工业大学附属中学
王健龙　北京市和平街一中
郭锋　北京市樱花园实验学校
赵长河　北京市丰台区丰台第二中学
张挥　北京市第十中学
史建筑　北京市十一学校
张永玲　北京市大兴区第一中学
张宏伟　北京亦庄实验小学
肖志军　北京工业大学附属中学
贾应红　北京市第八十中学
李晓云　北京市第八十中学
李俊平　北京市润丰学校
陈守俊　北京市和平街一中
董昌玉　北京市团结湖第三中学
刘明成　北京市五路居第一中学
孙丕训　北京市陈经纶中学
龚浩生　北京市陈经纶中学
王慧兴　清华附中朝阳学校
赖威权　北京中学
张健　北京市丰台区丰台第二中学
庞金典　北京市第十八中学
马芬　首都师范大学附属丽泽中学
郭文华　北京市云岗中学
罗霞　北京市立新学校
许艳新　北京市第八十中学
李华　北京市日坛中学
赵叶　北京市陈经纶中学
马莉　北京市第十二中学
房立新　北京市十一学校
马成霞　北京理工大学附中
程中一　北京市第二中学亦庄学校
宁秀霞　清华大学附属中学朝阳学校
王伟　北京市昌平区第二中学
闫新全　北京工业大学附属中学
韩叙虹　北京市第八十中学
胡友永　北京市第八十中学
黄国义　中国人民大学附属中学朝阳学校
翟磊　北京市朝阳区教育研究中心
冯波　北京中学
罗倩敏　北京市第十八中学
张适　北京市育英学校
董现平　北京市大峪中学
胡尚生　北京市第二外国语大学附中
荆连有　北京市第九十四中学
李蓉　北京市东方德才学校
李继良　北京市第八十中学
赵玉泉　北京市第八十中学
刘子远　北京市日坛中学
陶汪来　北京市育英学校
姜成　北京市顺义区杨镇第一中学
赵越　北京市第八十中学
郑修海　北京市和平街一中
秦超勇　北京市第十二中学
乔伟　北京市丰台区丰台第二中学
刘辉　北京市日坛中学

（张晓兰）

2015年经市教委同意重新认定的特级教师

冯丽芳 北京第二外国语学院附属中学
何金怀 北京市育英学校
胡淑琴 北京市垂杨柳中学
刘忠毅 北京市陈经纶中学
全疆发 北京市陈经纶中学
孙忠新 北京市第十七中学
张树宏 北京中学
朱源 北京市和平街第一中学
徐辉 北京亦庄实验小学
朱长青 北京亦庄实验小学
牛献礼 北京亦庄实验小学
陈军 清华大学附属小学昌平学校
汤卫红 清华大学附属小学
李雪梅 中国人民大学附属小学京西分校
张义宝 北京市朝阳区教育研究中心
王永 首都师范大学附属中学
姜连国 北京市第八十中学
刘青华 中国人民大学附属中学朝阳学校
宋金萍 北京市陈经纶中学
张春丽 北京市朝阳区教育研究中心
张君可 清华大学附属中学朝阳学校
赵保现 北京市第八十中学
王鲁豫 北京市十一学校
刘素兰 北京市和平街第一中学
栾天元 北京市昌平区第二中学
张海云 北京市育英学校
高玉兰 北京市第八十中学
王君 中国人民大学附属中学西山学校
冯淑娟 北京市陈经纶中学
李燕 对外经济贸易大学附属中学
王若愚 北京教育学院附属丰台实验学校
郝全智 北京市大峪中学
高传利 中国人民大学附属中学朝阳学校
蒋建华 对外经济贸易大学附属中学
牛传福 中国人民大学附属中学朝阳学校
王岱 北京市第八十中学
王广文 对外经济贸易大学附属中学
郭金庭 首都师范大学附属丽泽中学
戚光宇 北京市第十二中学
陈金华 北京市丰台区丰台第二中学
高玉岱 北京中学
李舒宇 中国人民大学附属中学朝阳学校
孙红强 中国人民大学附属中学朝阳学校
郭杏好 中国教育科学研究院丰台实验学校
刘金广 中国教育科学研究院丰台实验学校
马德君 北京市第十八中学
王锋 北京市大峪中学
刘长根 中国人民大学附属中学朝阳学校
王绍锋 中国人民大学附属中学朝阳学校
姚强 北京市第八十中学
甘志国 北京市丰台区丰台第二中学
孙泰 北京市丰台区丰台第二中学
蒋海燕 中国教育科学研究院丰台实验学校
刘汝明 北京市海淀区教师进修学校
周清华 北京市立新学校
曲现龙 北京市育英学校
李怀东 北京市和平街第一中学
沈夏炳 北京中学
宋景田 北京市朝阳区教育研究中心
叶为兵 对外经济贸易大学附属中学
殷军 中国人民大学附属中学朝阳学校
范小江 北京中学
徐宝贵 北京市大峪中学
杭忠锋 北京市东方德才学校
张莉 北京青年政治学院附属中学
史丽英 北京亦庄实验小学
赵保青 北京市育英学校
李怀源 清华大学附属小学商务中心区实验小学
宋方报 北京市朝阳区花家地实验小学
梁胜金 北京市第二中学分校
王全生 北京工业大学附属中学
袁廷新 中国人民大学附属中学朝阳学校
张青杨 中国人民大学附属中学朝阳学校
李银乐 北京市立新学校
张树虎 北方交通大学附属中学
肖宏伟 对外经济贸易大学附属中学
杨东波 北京第二外国语学院附属中学

（张晓兰）

高　等　教　育

第11届北京市高等学校教学名师奖

北京大学
平新乔　李海潮　陈徐宗
中国人民大学
吴晶妹　张斌　陈力丹
清华大学
孙明君　王红　张雄
北京师范大学
陈英和　周尚意　孙波
中国农业大学
杜凤沛　张淑敏
北京航空航天大学
刘建伟　张华
北京理工大学
张京英　罗庆生
北京交通大学
戴胜华　房海蓉

北京化工大学
孙军 李保山
北京科技大学
刘立 金龙哲
北京体育大学
高颀
北京外国语大学
王军
北京林业大学
段克勤
北京协和医学院
张学
北京邮电大学
张晓光
北京中医药大学
赵进喜 侯俊玲
对外经济贸易大学
钱爱民
华北电力大学
李英
外交学院
高飞
中国传媒大学
丁迈
中国政法大学
李立
中华女子学院
李树杰
中央财经大学
李建军 刘俊勇
中国地质大学（北京）
白中科 张长厚
中国矿业大学（北京）
易成 朱红青
中国石油大学（北京）
谢庆宾
中国人民公安大学
李艳
中央戏剧学院
张先
中央音乐学院
王建华
北京工业大学
李云章 孙治荣
首都师范大学
王淑芹 骆力明
首都医科大学
赵明 王宁利
首都经济贸易大学
郎丽华 刘娟
北京工商大学
梁琦
北京建筑大学
欧阳文
北方工业大学
赵俊兰
北京信息科技大学
周金和
北京联合大学
张洪颖
北京电影学院
黄丹
北京服装学院
王越平
中国音乐学院
高佳佳
北京农学院
陈娆
首都体育学院
颜天民
北京石油化工学院
王玉海
北京舞蹈学院
孟广城
北京第二外国语学院
王成慧
北京印刷学院
李晋尧
北京城市学院
王海霞
北京工业职业技术学院
王芳
北京电子科技职业学院
陈淑姣
北京财贸职业学院
蔡洪胜
北京青年政治学院
景晓娟
北京经济管理职业学院
魏彩慧
北京劳动保障职业学院
何福贵
北京农业职业学院
张孝和
北京政法职业学院
王辅政
首钢工学院
李钢
北京汇佳职业学院
王雁
北京交通职业技术学院
王艳红
北京社会管理职业学院
赵淑英

北京戏曲艺术职业学院
蔡国盈
北京信息职业技术学院
安海权

（张晓兰）

2014年北京高等学校示范性校内创新实践基地建设单位名单

北京大学
预防医学创新实践基地
中国人民大学
“千人百村”实践创新基地
北京师范大学
心理学创新实践基地
北京交通大学
电信学院大学生创新活动中心
北京航空航天大学
智慧制造校内创新实践基地
北京理工大学
大学生机械创新实践中心
北京科技大学
机械与能源科技创新实践基地
北京化工大学
大化工类学生校内创新实践基地
北京邮电大学
数理创新实践基地
北京林业大学
森林生物学创新实践基地
北京中医药大学
优秀中药学人才培养创新创业实践基地
对外经济贸易大学
“商务英语人才培养”示范性校内创新实践基地
中央戏剧学院
影视创作实践基地
中国地质大学（北京）
信息技术创新实践基地
北京工业大学
电子信息类校内创新实践基地
首都师范大学
语言类校内创新实践基地
首都经济贸易大学
卓越商科人才培养创新实践基地
北方工业大学
机电类工程人才多层次创新实践基地
北京工商大学
创意传播校内创新实践基地
北京信息科技大学
机械工程大学生创新实践基地
北京联合大学
现代服务业人才培养创新实践基地
北京物资学院
智能物流创新实践基地
北京石油化工学院
大学生综合创新教育实践基地
北京工商大学嘉华学院
商科人才校内创新实践基地

（华蕾）

德育体育美育

第七届北京市中小学生科学建议奖提名奖

刘淏语　惠泽同　北京市东城区史家胡同小学
关于小学生推广使用一条屑橡皮的建议
张正邦　中国人民大学附属中学实验小学
关于在北京中关村街道大型十字路口搭建遮阳雨棚的建议
高静萱　王欣然　北京市东城区和平里第四小学
关于老旧小区拆除与排查“高空杀手”的建议
张宸熹　北京市燕山东风小学
关于设立机动车辆牌照郊区组号对缓解居民购车需求与城区交通拥堵状况之间矛盾的建议
孙宇牧　中国人民大学附属中学实验小学
关于饮料塑料瓶押金制立法的建议
吴佳文　北京工业大学附属中学
关于京津冀“大教育圈”的建议
杨昊伦　北京市东城区府学胡同小学
关于利用生态方法治理景观水体水质的建议
曾海勇　北京市五路居第一中学
关于制定老旧社区内指示路牌设置改进措施的建议
李沐昕　北京市西城区黄城根小学
双层公交车，想说爱你不容易——关于合理规划市内双层公交车运行路线的建议
陈卓　北京市东城区史家胡同小学
关于为本市中小学、幼儿园设置空气净化设备的建议

（注：第七届北京市中小学生科学建议奖名单在第373页德育体育美育类目中）

（邱小培）

第五届北京大学生戏剧节获奖名单

最佳剧目奖
北京电影学院《赵氏孤儿》
最佳男演员奖
北京电影学院《赵氏孤儿》中程婴扮演者：贾延鹏
北京交通大学《茅以升》中茅以升扮演者：董耀聪
最佳女演员奖
中国音乐学院《或许明天属于我》中子墨扮演者：刘玥
清华大学《灵魂拒葬》中裘丽娅扮演者：蔡丹阳

最佳导演奖

北京师范大学《家》金然

最佳编剧奖

北京交通大学《茅以升》刘景杨

最佳舞台设计奖

外交学院《主角登场》翁婉秋

最佳人物造型奖

北京戏曲艺术职业学院《少年少年》李梦雪

优秀剧目奖

北京科技大学《绽放》

北京戏曲艺术职业学院《少年少年》

优秀男演员奖

中央美术学院《悲鸿 1895—1953》中徐悲鸿扮演者：于跃

中国人民公安大学《信念》中警校生扮演者：韩东泽

中国音乐学院《或许明天属于我》中李雄扮演者：陈滨

北京戏曲艺术职业学院《少年少年》中春晓扮演者：吴春晓

优秀女演员奖

中国农业大学《带锁的水龙头》中大姐扮演者：钱柯怡

中央美术学院《悲鸿 1895—1953》中蒋碧微扮演者：王羽静

北京戏曲艺术职业学院《少年少年》中秀豆扮演者：刘晓琳

中国戏曲学院《父亲》中母亲扮演者：姜华

优秀导演奖

北京语言大学《审判开始了》韩博

清华大学《灵魂拒葬》陈於建

优秀编剧奖

北京化工大学《侯德榜》常晓宇

北京科技大学《绽放》杨浥堃

优秀舞台设计奖

北京电影学院《赵氏孤儿》王军舒

北京科技大学《绽放》杨君韬

优秀人物造型奖

清华大学《灵魂拒葬》毛娟

北方工业大学《女士游戏》佟静

（华蕾）

2014年北京市学生金帆艺术团验收评审结果

一、验收评审合格学校

东城区

北京市东城区灯市口小学（合唱团）

北京市第一七一中学（合唱团）

北京市第二中学（舞蹈团　管乐团）

北京市第六十五中学（舞蹈团）

北京市第二十七中学（民族乐团）

北京市第一六六中学（管乐团　话剧团）

北京市第二十二中学（交响乐团）

北京市东直门中学（交响乐团）

北京市东城区分司厅小学（话剧团）

北京市东城区史家胡同小学（舞蹈团　合唱团）

北京市第五中学（民族乐团）

北京汇文中学（合唱团）

北京市东城区革新里小学（话剧团）

北京市东城区地坛小学（话剧团）

北京市东城区府学胡同小学（行进管乐团）

北京景山学校（舞蹈团）

北京市广渠门中学（管乐团）

北京市第一〇九中学（管乐团）

北京市文汇中学（合唱团）

北京市东城区东四九条小学（舞蹈团）

北京市第五十中学（舞蹈团）

北京第一师范学校附属小学（合唱团）

北京市东城区回民实验小学（话剧团）

西城区

北京市西城区展览路第一小学（合唱团）

北京市西城区育民小学（民族乐团）

北京市西城区进步小学（管乐团）

北京市第四中学（合唱团　舞蹈团）

北京市第三十五中学（民族乐团）

北京市第八中学（交响乐团）

北京小学（舞蹈团　合唱团）

北京第一实验小学（管乐团）

北京市回民学校（民族乐团）

北京市育才学校（管乐团　话剧团）

北京市第十五中学（京剧团　民族乐团）

北京第二实验小学（合唱团　管乐团　舞蹈团）

北京市第六十六中学（管乐团）

北京师范大学附属实验中学（舞蹈团）

北京师范大学亚太实验学校（合唱团）

北京市宣武师范学校附属第一小学（民族乐团）

北京市西城区五路通小学（舞蹈团）

北京师范大学附属中学（舞蹈团）

朝阳区

北京市朝阳区安慧里中心小学（民族乐团）

北京市朝阳区安华里第一小学（管乐团）

北京市第八十中学（管乐团　舞蹈团）

北京市朝阳区芳草地国际学校（管乐团）

北京市朝阳区劲松第四小学（舞蹈团　管乐团）

北京市朝阳区兴隆小学（话剧团）

北京市朝阳区定福庄第二小学（民族乐团）

北京市朝阳师范学校附属小学（行进管乐团）

北京市陈经纶中学（合唱团）

北京市朝阳区白家庄小学（合唱团）

海淀区

北京市海淀区实验小学（合唱团　管乐团　舞蹈团）

清华大学附属中学（民族乐团）

北京市海淀区翠微小学（民族乐团）

北京市海淀区万泉小学（民族乐团）

北京市海淀区五一小学（管乐团）
中国农业科学院附属小学（管乐团）
北京市海淀区中关村第二小学（交响乐团　舞蹈团）
北方交通大学附属中学（合唱团）
北京市十一学校（合唱团　交响乐团）
北京市第十九中学（民族乐团）
北京市八一学校（管乐团　合唱团）
北京市中关村中学（管乐团　京剧团）
北京大学附属小学（京剧团）
北京市育英学校（管乐团　合唱团）
北京市海淀区西颐小学（京剧团）
北京理工大学附属中学（管乐团）
北京市第一〇一中学（交响乐团）
中国人民大学附属中学（交响乐团　合唱团　舞蹈团）
清华大学附属小学（民族乐团）
北京市海淀区中关村第一小学（京剧团）
中国人民大学附属小学（京剧团）
北京市海淀区教师进修学校附属实验学校（话剧团）
北京市育英中学（民族乐团）
北京市第五十七中学（行进管乐团）
北京市立新学校（管乐团）

丰台区

北京市丰台区丰台第五小学（民族乐团）
北京市丰台区丰台第一小学（管乐团）
北京市第十二中学（民族乐团）
北京市丰台区翠林小学（舞蹈团）

石景山区

北京市第九中学（舞蹈团）

门头沟区

北京市门头沟区新桥路中学（舞蹈团）
北京市大峪中学（合唱团）

昌平区

北京市昌平区第二中学（民族乐团）
北京市昌平第二实验小学（民族乐团）

通州区

北京市通州区潞河中学（合唱团）

大兴区

北京市大兴区第三小学（管乐团）
北京市大兴区德茂中学（民族乐团）

平谷区

北京绿谷小香玉艺术学校（舞蹈团）

二、限期整改学校

东城区

北京光明小学（舞蹈团）

朝阳区

北京市朝阳区芳草地国际学校（民族乐团）
北京市日坛中学（交响乐团）

海淀区

北京市海淀区中关村第三小学（舞蹈团）

丰台区

北京市丰台区丰台第二中学（管乐团）

（邱小培　华蕾）

2014年北京市学生金鹏科技团评审结果

一、评审合格单位

北京学生活动管理中心（校外分团）

东城区

北京市第一七一中学（机器人分团）
北京市第十一中学（机器人分团）
北京市第二中学（机器人分团）
北京市文汇中学（模型分团）
北京市广渠门中学（生命科学分团）
北京市第五中学（生命科学分团）
北京市第一六六中学（生命科学分团）
北京市东城区史家胡同小学（天文分团）
北京汇文中学（天文分团）
北京景山学校（天文分团）
北京市东城区东四九条小学（地球与环境分团）
北京市东城区青少年科学技术馆（校外分团）
北京市东城区崇文青少年科学技术馆（校外分团）

西城区

北京市第八中学（机器人分团）
北京师范大学第二附属中学（机器人分团）
北京市西城区展览路第一小学（机器人分团）
北京市第四中学（模型分团）
北京市育才学校（模型分团）
北京师范大学附属中学（生命科学分团）
北京师范大学附属实验中学（生命科学分团）
北京市第三十五中学（生命科学分团）
北京第二实验小学（地球与环境分团）
北京市第十五中学（电子与信息分团）
北京市西城区青少年科学技术馆（校外分团）
北京市宣武青少年科学技术馆（校外分团）

朝阳区

北京市第八十中学（机器人分团）
北京市陈经纶中学分校（机器人分团）
北京市和平街第一中学（机器人分团）
北京市朝阳区安贞里第二小学（模型分团）
北京市朝阳区芳草地国际学校远洋小学（天文分团）
北京市陈经纶中学（天文分团）
北京市朝阳区白家庄小学（地球与环境分团）

海淀区

北京大学附属小学（机器人分团）
北方交通大学附属中学（机器人分团）
北京理工大学附属小学（机器人分团）
北京市海淀区中关村第一小学（模型分团）
北京航空航天大学附属中学（模型分团）
北京市八一学校（模型分团）
中国人民大学附属小学（模型分团）

北京市海淀区中关村第三小学（模型分团）
北京市十一学校（模型分团）
北京市第一〇一中学（生命科学分团）
北京理工大学附属中学（天文分团）
北京市海淀区中关村第二小学（天文分团）
首都师范大学附属中学（天文分团）
中国人民大学附属中学（天文分团）
北京市中关村中学（电子与信息分团）
北京市第十九中学（电子与信息分团）

丰台区
北京市第十二中学（机器人分团）
北京市第十八中学（模型分团）
北京市丰台区东高地第三小学（电子与信息分团）
北京市丰台区东高地科学技术馆（校外分团）

石景山区
北京市京源学校（地球与环境分团）

房山区
首都师范大学附属房山中学（地球与环境分团）

通州区
北京市通州区潞河中学（天文分团）

大兴区
北京市大兴区第三小学（机器人分团）
北京师范大学大兴附属中学（模型分团）

顺义区
北京市顺义区牛栏山第一中学（生命科学分团）

怀柔区
北京市怀柔区第一中学（生命科学分团）

平谷区
北京市平谷区黄松峪中学（天文分团）

密云县
北京市密云县大城子中心小学（生命科学分团）

二、复审单位

东城区
北京市第六十五中学（电子与信息分团）

西城区
北京市第一六一中学（生命科学分团）

朝阳区
北京工业大学附属中学（机器人分团）

（华蕾）

2015年北京市学生金帆艺术团、北京市学生金鹏科技团复审合格名单

北京市学生金帆艺术团

朝阳区（2所）
北京市朝阳区芳草地国际学校（民族乐团）
北京市日坛中学（交响乐团）

海淀区（1所）
北京市海淀区中关村第三小学（舞蹈团）

丰台区（1所）
北京市丰台区丰台第二中学（管乐团）

北京市学生金鹏科技团

东城区（1所）
北京市第六十五中学（电子与信息分团）

西城区（1所）
北京市第一六一中学（生命科学分团）

朝阳区（1所）
北京工业大学附属中学（机器人分团）

（华蕾）

北京市中小学生社会大课堂第五批市级资源单位

千龙网（北京千龙新闻网络传播有限责任公司）
柳荫公园
中国工程院
北京林学会（下设北京八达岭国家森林公园、西山国家森林公园、百望山森林公园、北京黄垡国家彩叶树种良种基地、北方国家级林木种苗示范基地、永定河休闲森林公园六家基地）
北京市朝阳区公共安全馆
北京翱翔营地——青少年素质教育实训基地
北京中华民族博物院（中华民族园）
北京心灵呼唤残疾人艺术团
蓝天城（北京蓝天城投资有限公司）
北京行知园——青少年现代都市农业教育实践基地（北京市大运河翰林农业科技发展有限公司）
中国科学院生态环境研究中心
北京市海淀区翠湖国家城市湿地公园
北京中间艺术园区
中青网（中青视线（北京）国际文化有限公司）
太平洋海底世界博览馆有限公司
第五季富饶（北京）生态农业园有限公司
中国园林博物馆
北京紫谷青少年活动基地（北京中湘鑫盛教育科技有限公司）
亲农耕农业体验园（北京亲农创意农业技术有限公司）
昌裕新园农业科技中心
北京乐园星光文化传播有限公司
北京呀路古热带植物园（长力金源（北京）热带植物园有限责任公司）
北京绿源艺景农业发展有限公司
东方化工厂
北京大戚收音机电影机博物馆（北京大戚青叶文化有限公司）
运河怡水文化园（北京禾瑞谷农业科技发展有限公司）
北京国际都市农业科技园（北京中农富通园艺有限公司）
北京运河瓷画艺术馆（北京金华运河艺术有限公司）
门头沟区档案馆
门头沟区光荣院

中国林业科学研究院华北林业实验中心
北京市门头沟区斋堂中小学革命传统教育基地
北京市青少年户外体育活动营地
北京渔阳国际中小学生综合实践活动基地（北京渔阳国际滑雪有限公司）
北京市平谷区果品产业协会基地
北京安全自救体验基地（北京琉璃河天香牡丹种植园）
北京燕山威立雅水务有限责任公司
北京市燕山职业学校
黄花城水长城（北京黄花城长城旅游开发有限责任公司）
鹿世界（北京绿神鹿业有限责任公司）
北京市野生动物救护中心
河北村民俗文化体验园（北京河北村民俗文化有限公司）
中国科学院电工研究所太阳能热利用科技园
北京德青源农业科技股份有限公司
北京八达岭世界葡萄博览中心
延庆县科学技术馆
北京绿富隆农业股份有限公司
北京国际青年营（北京北青阳光青少年户外运动有限责任公司）
蔡家洼学生实践体验基地（北京玫瑰情园旅游开发有限公司）
三烧食文化与科技教育基地（北京绿之旅农业科技发展有限公司）
密云县职业学校（密职培训部）
葫芦大观园（北京东佰万农业科技发展有限公司）

（邱小培）

其　他

部分单位全称简称对照表

由于篇幅有限，年鉴中出现的国务院和北京市部分机构名称原则上使用规范简称。学校名称在本学校栏目内使用简称，在学校栏目外同一条目中首次出现时使用全称，再次出现使用简称。以下为部分单位全称简称对照表。

国务院部分机构全称简称对照表

中华人民共和国外交部　外交部
中华人民共和国国家发展和改革委员会　国家发展改革委
中华人民共和国教育部　教育部
中华人民共和国科学技术部　科技部
中华人民共和国工业和信息化部　工业和信息化部
中华人民共和国国家民族事务委员会　国家民委
中华人民共和国公安部　公安部
中华人民共和国民政部　民政部
中华人民共和国司法部　司法部
中华人民共和国财政部　财政部
中华人民共和国人力资源和社会保障部　人社部
中华人民共和国国土资源部　国土资源部
中华人民共和国环境保护部　环保部
中华人民共和国住房和城乡建设部　住房城乡建设部
中华人民共和国交通运输部　交通运输部
中华人民共和国水利部　水利部
中华人民共和国农业部　农业部
中华人民共和国商务部　商务部
中华人民共和国文化部　文化部
中华人民共和国国家卫生和计划生育委员会　国家卫生计生委
中华人民共和国海关总署　海关总署
国家税务总局　国家税务总局
国家工商行政管理总局　国家工商总局
国家质量监督检验检疫总局　国家质检总局
国家新闻出版广电总局　国家广电总局
国家体育总局　国家体育总局
国家安全生产监督管理总局　国家安全监管总局
国家食品药品监督管理局　食品药品监管总局
国家统计局　国家统计局
国家林业局　国家林业局
国家知识产权局　国家知识产权局
国家旅游局　国家旅游局
国家宗教事务局　国家宗教局
国务院国有资产监督管理委员会　国资委

北京市部分机构全称简称对照表

中共北京市委员会　市委
北京市人民政府　市政府
中共北京市委教育工作委员会　市委教育工委
北京市教育委员会　市教委
北京市人民政府教育督导室　市教育督导室
中共北京市委教育工作委员会、北京市教育委员会和北京市人民政府教育督导室　两委一室
北京市发展和改革委员会　市发展改革委
北京市科学技术委员会　市科委
北京市经济和信息化委员会　市经济信息化委
北京市民族事务委员会　市民委
北京市公安局　市公安局
北京市监察局　市监察局
北京市民政局　市民政局
北京市司法局　市司法局
北京市财政局　市财政局
北京市人力资源和社会保障局　市人力社保局
北京市国土资源局　市国土局

北京市环境保护局　市环保局
北京市规划委员会　市规划委
北京市住房和城乡建设委员会　市住房城乡建设委
北京市市政市容管理委员会　市市政市容委
北京市交通委员会　市交通委
北京市农村工作委员会　市农委
北京市水务局　市水务局
北京市商务委员会　市商务委
北京市旅游发展委员会　市旅游委
北京市文化局　市文化局
北京市卫生和计划生育委员会　市卫生计生委
北京市审计局　市审计局
北京市人民政府外事办公室　市政府外办
北京市社会建设工作办公室　市社会办
北京市人民政府国有资产监督管理委员会　市国资委
北京市地方税务局　市地税局
北京市工商行政管理局　市工商局
北京市质量技术监督局　市质监局
北京市安全生产监督管理局　市安全监管局
北京市新闻出版广电局　市新闻出版广电局
北京市文物局　市文物局
北京市体育局　市体育局
北京市统计局　市统计局
北京市园林绿化局　市园林绿化局
北京市金融工作局　市金融局
北京市知识产权局　市知识产权局
北京市民防局　市民防局

部分学校全称简称对照表

普通高等学校

北京大学　北大
中国人民大学　人民大学
清华大学　清华
北京交通大学　北交大
北京工业大学　北工大
北京航空航天大学　北航
北京理工大学　北理工
北京科技大学　北科大
北方工业大学　北方工大
北京化工大学　化大
北京工商大学　工商大学
北京服装学院　服装学院
北京邮电大学　邮电大学
北京印刷学院　印刷学院
北京建筑大学　建筑大学
北京石油化工学院　石化学院
北京电子科技学院　电科学院
中国农业大学　农大
北京农学院　农学院
北京林业大学　林业大学
北京协和医学院　协和医学院
首都医科大学　首医大
北京中医药大学　中医药大学
北京师范大学　北师大
首都师范大学　首师大
首都体育学院　首体院
北京外国语大学　北外
北京第二外国语学院　二外
北京语言大学　北语
中国传媒大学　传媒大学
中央财经大学　中央财大
对外经济贸易大学　外经贸大
北京物资学院　物资学院
首都经济贸易大学　首经贸
外交学院　外交学院
中国人民公安大学　公安大学
国际关系学院　国关学院
北京体育大学　北体大
中央音乐学院　中央音乐学院
中国音乐学院　中国音乐学院
中央美术学院　中央美院
中央戏剧学院　戏剧学院
中国戏曲学院　戏曲学院
北京电影学院　电影学院
北京舞蹈学院　舞蹈学院
中央民族大学　民大
中国政法大学　法大
华北电力大学　电力大学
中华女子学院　女子学院
北京信息科技大学　信息科大
中国矿业大学（北京）　矿大
中国石油大学（北京）　石油大学
中国地质大学（北京）　地大
北京联合大学　联合大学
中国青年政治学院　中青院
首钢工学院　首钢工学院
中国劳动关系学院　劳关学院
中国科学院大学　国科大
中国社会科学院研究生院　社科院研究生院
中国农业科学院研究生院　农科院研究生院

高等职业学校

北京工业职业技术学院　北工职院
北京信息职业技术学院　信息职院
北京电子科技职业学院　电科职院
北京京北职业技术学院　京北职院
北京交通职业技术学院　交通职院
北京青年政治学院　北青院

北京农业职业学院　农职院
北京政法职业学院　政法职院
北京财贸职业学院　北财院
北京戏曲艺术职业学院　北戏
北京现代职业技术学院　现代职院
北京经济管理职业学院　经管职院
北京劳动保障职业学院　京劳职院
北京社会管理职业学院　社职院
北京体育职业学院　北京体职院
北京交通运输职业学院　交通运输职院
北京卫生职业学院　卫生职院

成人高等学校

国家开放大学　国家开放大学
北京教育学院　教育学院
北京开放大学　北京开放大学
北京宣武红旗业余大学　红旗业大
北京市总工会职工大学　市总职大
北京市西城经济科学大学　西城经科大

国家重点中等职业学校

中央音乐学院附属中等音乐学校　中央音乐学院附中
北京市什刹海体育运动学校　什刹海体校
北京市商务科技学校　商务科技学校
北京水利水电学校　水电学校
北京城市建设学校　城建学校
北京市自动化工程学校　自动化学校
北京金隅科技学校　金隅学校
北京市园林学校　园林学校
北京市商业学校　商业学校
北京铁路电气化学校　京铁电校
北京商贸学校　商贸学校
北京市供销学校　供销学校
中国音乐学院附属中等音乐专科学校　中国音乐学院附中
北京国际职业教育学校　北京国职
北京现代职业学校　现代职校
北京市外事学校　外事学校
北京市实美职业学校　实美学校
北京市财会学校　财会学校
北京市实验职业学校　实验职校
北京市求实职业学校　求实学校
北京市劲松职业高中　劲松职高
北京市电气工程学校　电气工程学校
北京市丰台区职业教育中心学校　丰台职教中心校
北京市黄庄职业高中　黄庄职高
北京市昌平职业学校　昌平职校
北京市大兴区第一职业学校　大兴一职
北京市怀柔区职业学校　怀柔职校
北京市平谷区职业学校　平谷职校
北京市密云区职业学校　密云职校
延庆县第一职业学校（北京市延庆区第一职业学校）　延庆一职

民办高等学校及高等教育机构

北京城市学院　城市学院
北京北大方正软件技术学院　北大方正软件学院
北京经贸职业学院　经贸职院
北京经济技术职业学院　经济职院
北京汇佳职业学院　汇佳职院
北京科技经营管理学院　科技经营管理学院
北京吉利学院　吉利学院
北京科技职业学院　北科院
北京培黎职业学院　培黎职院
北京艺术传媒职业学院　艺术传媒职院
首都师范大学科德学院　科德学院
北京工商大学嘉华学院　嘉华学院
北京邮电大学世纪学院　世纪学院
北京工业大学耿丹学院　耿丹学院
北京第二外国语学院中瑞酒店管理学院　中瑞学院
北京网络职业学院　网络职院
北京人文大学　人文大学
北京工商管理专修学院　北工商
现代管理大学　现代管理大学
北京八维研修学院　八维研修学院
北京现代音乐研修学院　北音
北京文理研修学院　文理研修学院
北京演艺专修学院　北演

（华蕾）

（本栏责任编校　华蕾）

2016

[2015 年综合改革成果]

BEIJING EDUCATION NEW MAPS

北京教育新地图

北京教育新地图课题组　编制

入学机会公平

教育水平优质

教育资源均衡

横向联合　纵向贯通

存量盘活　增量推进

穿越边界　协同创新

前言

2015年，在北京市委、市政府领导下，全市教育领域深化综合改革，穿越多种边界束缚，深化优质资源共享，扩大消费观引导下的广义教育资源供给与服务，持续发力于教育供给侧的转型升级和机构性改革，建立服务于学生成长的统一战线，在“北京教育新地图”上开展了更大规模、更深层次、更加宏伟壮阔的教育改革攻坚战。围绕公平、优质和均衡，聚焦学生的实际获得，纵深推进，巩固成果，乘势而上，教育公平迈出新步伐，教育体制改革取得新成效，教育质量得到全面提升。

2015年，16个区更详细、更深入地描绘区域教育综合改革的新地图：通过学区制、教育集团、集群、协作区等多种方式，增加优质学位，横向扩展优质教育资源，推进区域教育治理方式变革；通过新建九年一贯制、对口直升等方式，纵向贯通学段，拓展入学新通道，构建人才培养新模式；通过整合基础教育、高等教育及社会资源，联手中小学与高校、教科研及社会机构，深化教育协同发展的模式；中高考命题和招生方式的改革、义务教育课程计划的修订实施、开放性科学实践活动和社会实践活动的推出、“游学”和“学农”项目的启动，进一步丰富了支持学生个性发展的教育服务；一系列教改举措体现了公共服务的多元化，扩大了优质资源共享的显著成果。

2015年，市教委继续委托北京教育音像报刊总社开展委级课题研究，对各区教育综合改革深入调研，搜集大量一手资料，包括各中小学地理信息、各区县综合改革的新变化、新成果等，经由各区复核，研制出版《北京教育新地图》图册2016版。该图册以地图的直观形式，集中呈现2015年首都基础教育深综改的新变化、新成果。

目录

图　例

城　区　图

- G1 高速公路及编号
- 108 国道及编号
- 省道
- 市区环路 快速路
- 城铁、地铁 换乘站
- 县级界
- 公园、绿地
- 医院
- 大专院校、研究所
- 交警部门
- 市政府
- 国家机关
- 县级政府

郊　区　图

- 建筑中 高速公路
- 国家级 G1 省级 S15 高速公路编号
- 高速公路出入口 服务区 收费站
- 国道
- 省道
- 环路
- 城市轨道交通 车站
- 省级界
- 县级界
- 长城
- 房山区 县级行政中心
- 白家镇 乡级行政中心

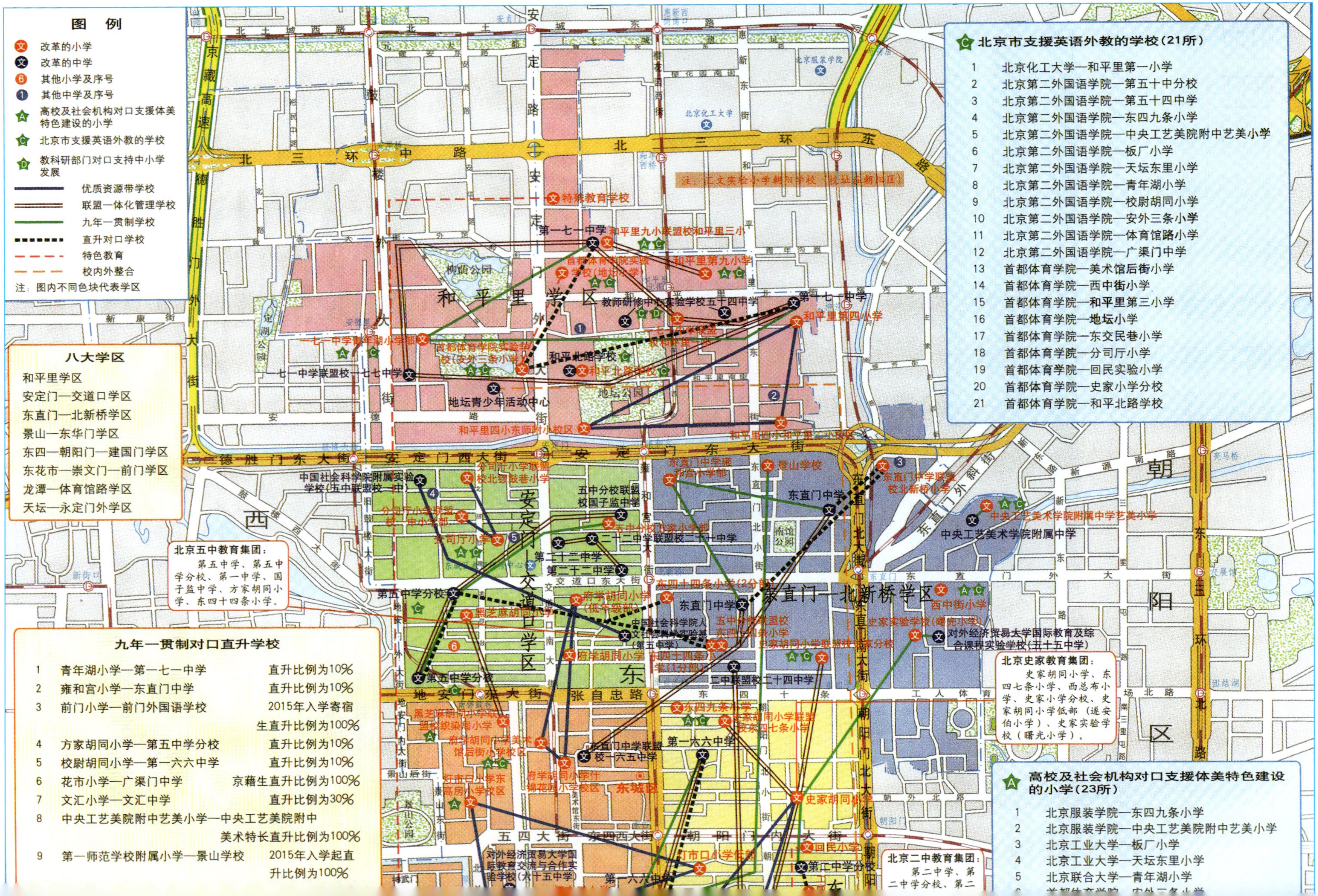
图 例
改革的小学
改革的中学
其他小学及序号
其他中学及序号
高校及社会机构对口支援体美特色建设的小学
北京市支援英语外教的学校
教科研部门对口支持中小学发展
优质资源带学校
联盟一体化管理学校
九年一贯制学校
直升对口学校
特色教育
校内外整合
注：图内不同色块代表学区
八大学区
和平里学区
安定门—交道口学区
东直门—北新桥学区
景山—东华门学区
东四—朝阳门—建国门学区
东花市—崇文门—前门学区
龙潭—体育馆路学区
天坛—永定门外学区
北京五中教育集团：
第五中学、第五中学分校、第一中学、国子监中学、方家胡同小学、东四十四条小学。
九年一贯制对口直升学校
1 青年湖小学—第一七一中学 直升比例为10%
2 雍和宫小学—东直门中学 直升比例为10%
3 前门小学—前门外国语学校 2015年入学寄宿生直升比例为100%
4 方家胡同小学—第五中学分校 直升比例为10%
5 校尉胡同小学—第一六六中学 直升比例为10%
6 花市小学—广渠门中学 京籍生直升比例为100%
7 文汇小学—文汇中学 直升比例为30%
8 中央工艺美院附中艺美小学—中央工艺美院附中 美术特长直升比例为100%
9 第一师范学校附属小学—景山学校 2015年入学起直升比例为100%
北京市支援英语外教的学校（21所）
1 北京化工大学—和平里第一小学
2 北京第二外国语学院—第五十中分校
3 北京第二外国语学院—第五十四中学
4 北京第二外国语学院—东四九条小学
5 北京第二外国语学院—中央工艺美院附中艺美小学
6 北京第二外国语学院—板厂小学
7 北京第二外国语学院—天坛东里小学
8 北京第二外国语学院—青年湖小学
9 北京第二外国语学院—校尉胡同小学
10 北京第二外国语学院—安外三条小学
11 北京第二外国语学院—体育馆路小学
12 北京第二外国语学院—广渠门中学
13 首都体育学院—美术馆后街小学
14 首都体育学院—西中街小学
15 首都体育学院—和平里第三小学
16 首都体育学院—地坛小学
17 首都体育学院—东交民巷小学
18 首都体育学院—分司厅小学
19 首都体育学院—回民实验小学
20 首都体育学院—史家小学分校
21 首都体育学院—和平北路学校
北京史家教育集团：
史家胡同小学、东四七条小学、西总布小学、史家小学分校、史家胡同小学低部（遂安伯小学）、史家实验学校（曙光小学）。
高校及社会机构对口支援体美特色建设的小学（23所）
1 北京服装学院—东四九条小学
2 北京服装学院—中央工艺美院附中艺美小学
3 北京工业大学—板厂小学
4 北京工业大学—天坛东里小学
5 北京联合大学—青年湖小学
北京二中教育集团：
第二中学、第二中学分校、第二
注：汇文实验小学朝阳学校（位置在朝阳区）
和平里学区
安定门交道口学区
东直门—北新桥学区
北三环中路
北三环东路
京藏高速
安定门东大街
德胜门东大街
东直门北大街
东直门外大街
东四十条
朝阳门北大街
东二环路
地安门东大街
张自忠路
五四大街
第一七一中学
第五中学分校
东直门中学
中央工艺美术学院附属中学
史家胡同小学
地坛青少年活动中心
特殊教育学校
和平里第四小学
中国社会科学院附属实验学校（五中联盟校一中）
对外经济贸易大学国际教育及综合课程实验学校（五十五中学）

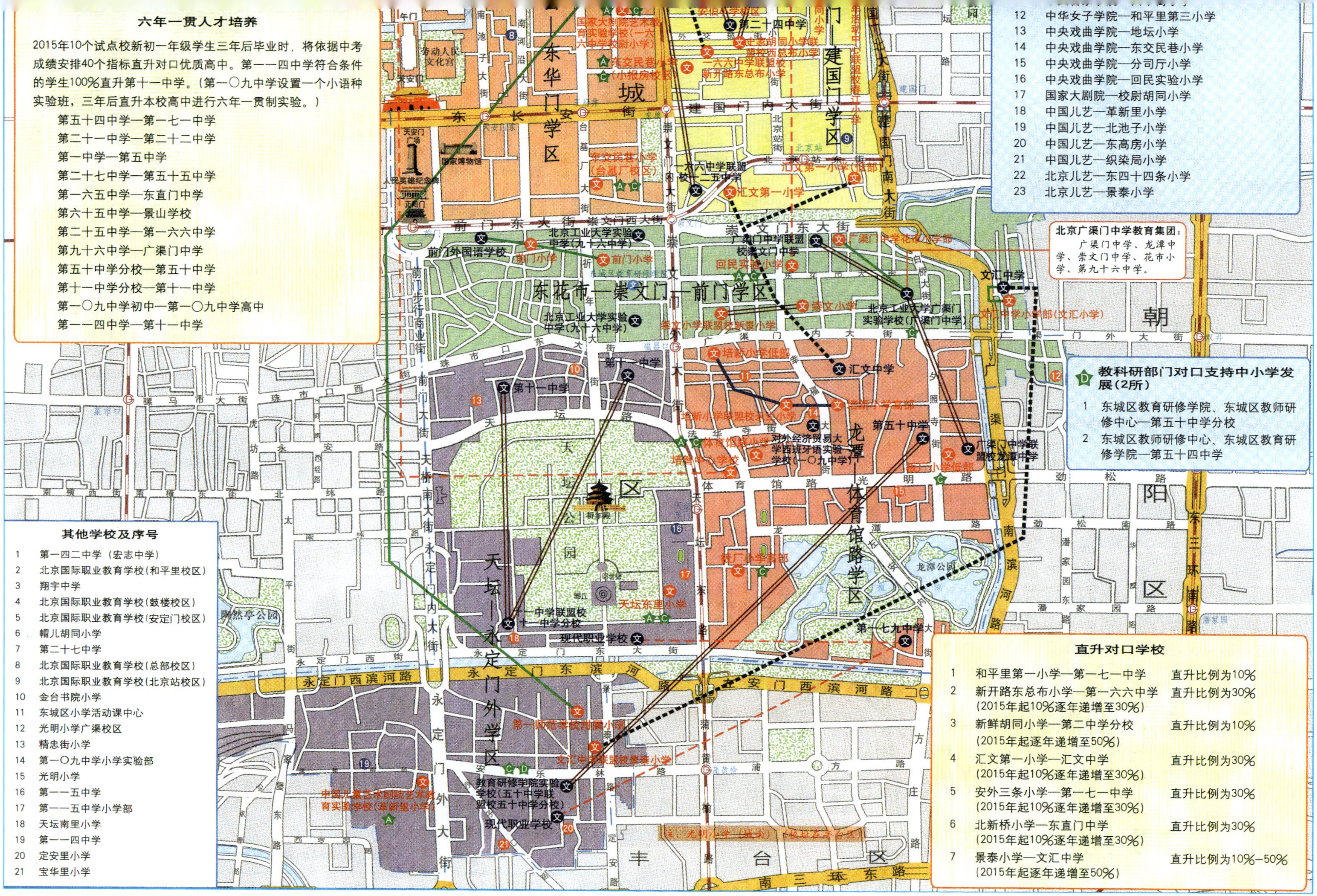

六年一贯人才培养

2015年10个试点校新初一年级学生三年后毕业时，将依据中考成绩安排40个指标直升对口优质高中。第一一四中学符合条件的学生100%直升第十一中学。（第一〇九中学设置一个小语种实验班，三年后直升本校高中进行六年一贯制实验。）

第五十四中学—第一七一中学
第二十一中学—第二十二中学
第一中学—第五中学
第二十七中学—第五十五中学
第一六五中学—东直门中学
第六十五中学—景山学校
第二十五中学—第一六六中学
第九十六中学—广渠门中学
第五十中学分校—第五十中学
第十一中学分校—第十一中学
第一〇九中学初中—第一〇九中学高中
第一一四中学—第十一中学

其他学校及序号

1 第一四二中学（宏志中学）
2 北京国际职业教育学校（和平里校区）
3 翔宇中学
4 北京国际职业教育学校（鼓楼校区）
5 北京国际职业教育学校（安定门校区）
6 帽儿胡同小学
7 第二十七中学
8 北京国际职业教育学校（总部校区）
9 北京国际职业教育学校（北京站校区）
10 金台书院小学
11 东城区小学活动课中心
12 光明小学广渠校区
13 精忠街小学
14 第一〇九中学小学实验部
15 光明小学
16 第一一五中学
17 第一一五中学小学部
18 天坛南里小学
19 第一一四中学
20 定安里小学
21 宝华里小学

12 中华女子学院—和平里第三小学
13 中央戏曲学院—地坛小学
14 中央戏曲学院—东交民巷小学
15 中央戏曲学院—分司厅小学
16 中央戏曲学院—回民实验小学
17 国家大剧院—校尉胡同小学
18 中国儿艺—革新里小学
19 中国儿艺—北池子小学
20 中国儿艺—东高房小学
21 中国儿艺—织染局小学
22 北京儿艺—东四十四条小学
23 北京儿艺—景泰小学

教科研部门对口支持中小学发展（2所）

1 东城区教育研修学院、东城区教师研修中心—第五十中学分校
2 东城区教师研修中心、东城区教育研修学院—第五十四中学

直升对口学校

1 和平里第一小学—第一七一中学 直升比例为10%
2 新开路东总布小学—第一六六中学 直升比例为30%（2015年起10%逐年递增至30%）
3 新鲜胡同小学—第二中学分校 直升比例为10%（2015年起逐年递增至50%）
4 汇文第一小学—汇文中学 直升比例为30%（2015年起10%逐年递增至30%）
5 安外三条小学—第一七一中学 直升比例为30%（2015年起10%逐年递增至30%）
6 北新桥小学—东直门中学 直升比例为30%（2015年起10%逐年递增至30%）
7 景泰小学—文汇中学 直升比例为10%–50%（2015年起逐年递增至50%）

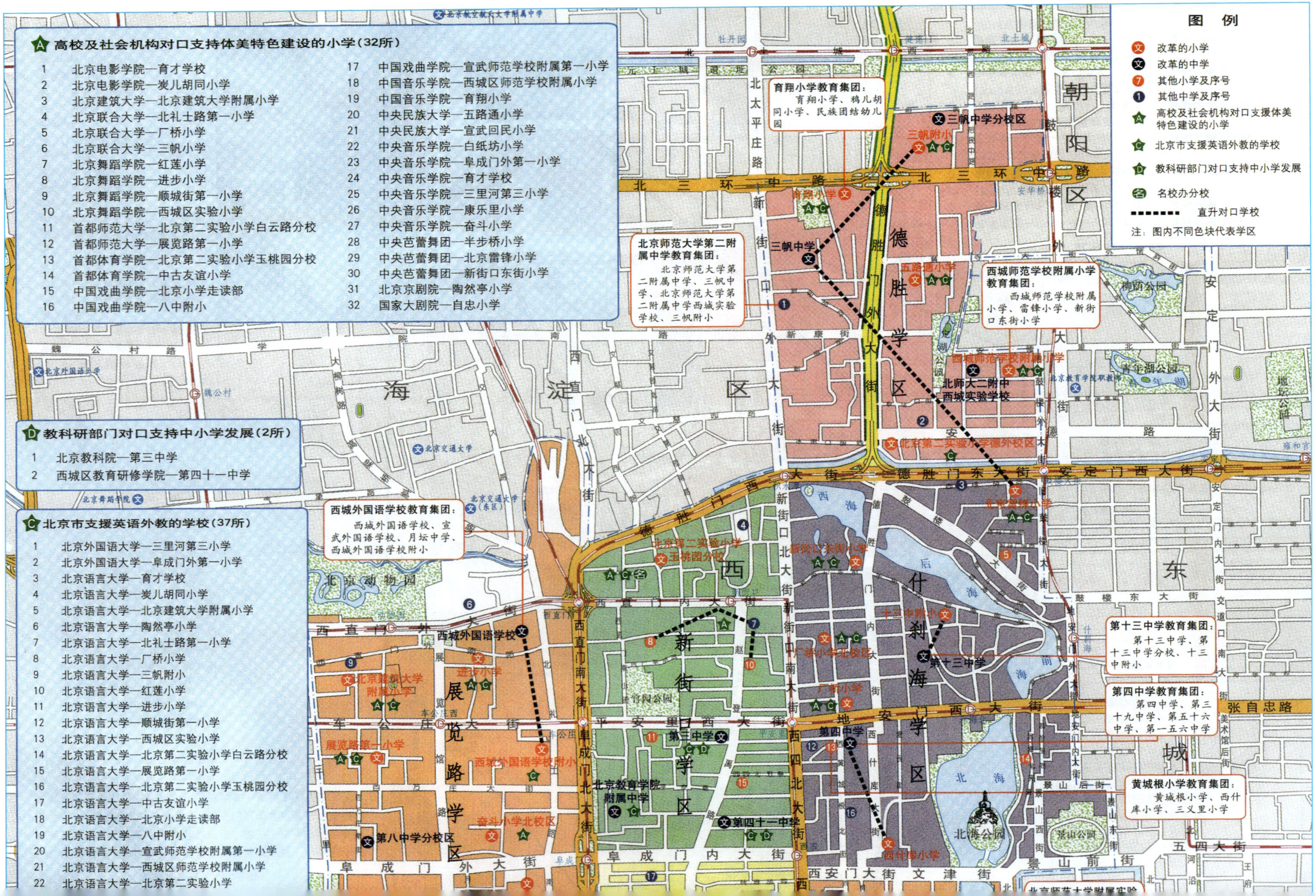
图 例
改革的小学
改革的中学
其他小学及序号
其他中学及序号
高校及社会机构对口支援体美特色建设的小学
北京市支援英语外教的学校
教科研部门对口支持中小学发展
名校办分校
直升对口学校
注：图内不同色块代表学区
Ⓐ 高校及社会机构对口支持体美特色建设的小学（32所）
1 北京电影学院—育才学校
2 北京电影学院—炭儿胡同小学
3 北京建筑大学—北京建筑大学附属小学
4 北京联合大学—北礼士路第一小学
5 北京联合大学—厂桥小学
6 北京联合大学—三帆小学
7 北京舞蹈学院—红莲小学
8 北京舞蹈学院—进步小学
9 北京舞蹈学院—顺城街第一小学
10 北京舞蹈学院—西城区实验小学
11 首都师范大学—北京第二实验小学白云路分校
12 首都师范大学—展览路第一小学
13 首都体育学院—北京第二实验小学玉桃园分校
14 首都体育学院—中古友谊小学
15 中国戏曲学院—北京小学走读部
16 中国戏曲学院—八中附小
17 中国戏曲学院—宣武师范学校附属第一小学
18 中国音乐学院—西城区师范学校附属小学
19 中国音乐学院—育翔小学
20 中央民族大学—五路通小学
21 中央民族大学—宣武回民小学
22 中央音乐学院—白纸坊小学
23 中央音乐学院—阜成门外第一小学
24 中央音乐学院—育才学校
25 中央音乐学院—三里河第三小学
26 中央音乐学院—康乐里小学
27 中央音乐学院—奋斗小学
28 中央芭蕾舞团—半步桥小学
29 中央芭蕾舞团—北京雷锋小学
30 中央芭蕾舞团—新街口东街小学
31 北京京剧院—陶然亭小学
32 国家大剧院—自忠小学
Ⓓ 教科研部门对口支持中小学发展（2所）
1 北京教科院—第三中学
2 西城区教育研修学院—第四十一中学
Ⓒ 北京市支援英语外教的学校（37所）
1 北京外国语大学—三里河第三小学
2 北京外国语大学—阜成门外第一小学
3 北京语言大学—育才学校
4 北京语言大学—炭儿胡同小学
5 北京语言大学—北京建筑大学附属小学
6 北京语言大学—陶然亭小学
7 北京语言大学—北礼士路第一小学
8 北京语言大学—厂桥小学
9 北京语言大学—三帆附小
10 北京语言大学—红莲小学
11 北京语言大学—进步小学
12 北京语言大学—顺城街第一小学
13 北京语言大学—西城区实验小学
14 北京语言大学—北京第二实验小学白云路分校
15 北京语言大学—展览路第一小学
16 北京语言大学—北京第二实验小学玉桃园分校
17 北京语言大学—中古友谊小学
18 北京语言大学—北京小学走读部
19 北京语言大学—八中附小
20 北京语言大学—宣武师范学校附属第一小学
21 北京语言大学—西城区师范学校附属小学
22 北京语言大学—北京第二实验小学
育翔小学教育集团：育翔小学、鸦儿胡同小学、民族团结幼儿园
北京师范大学第二附属中学教育集团：北京师范大学第二附属中学、三帆中学、北京师范大学第二附属中学西城实验学校、三帆附小
西城师范学校附属小学教育集团：西城师范学校附属小学、雷锋小学、新街口东街小学
西城外国语学校教育集团：西城外国语学校、宣武外国语学校、月坛中学、西城外国语学校附小
第十三中学教育集团：第十三中学、第十三中学分校、十三中附小
第四中学教育集团：第四中学、第三十九中学、第五十六中学、第一五六中学
黄城根小学教育集团：黄城根小学、西什库小学、三义里小学
三帆中学分校区
三帆中学
北师大二附中西城实验学校
西城外国语学校
第八中学分校区
北京教育学院附属中学
第三中学
第四十一中学
第十三中学
第四中学
德胜学区
西新街学区
展览路学区
什刹海学区
海淀区
朝阳区
东城区

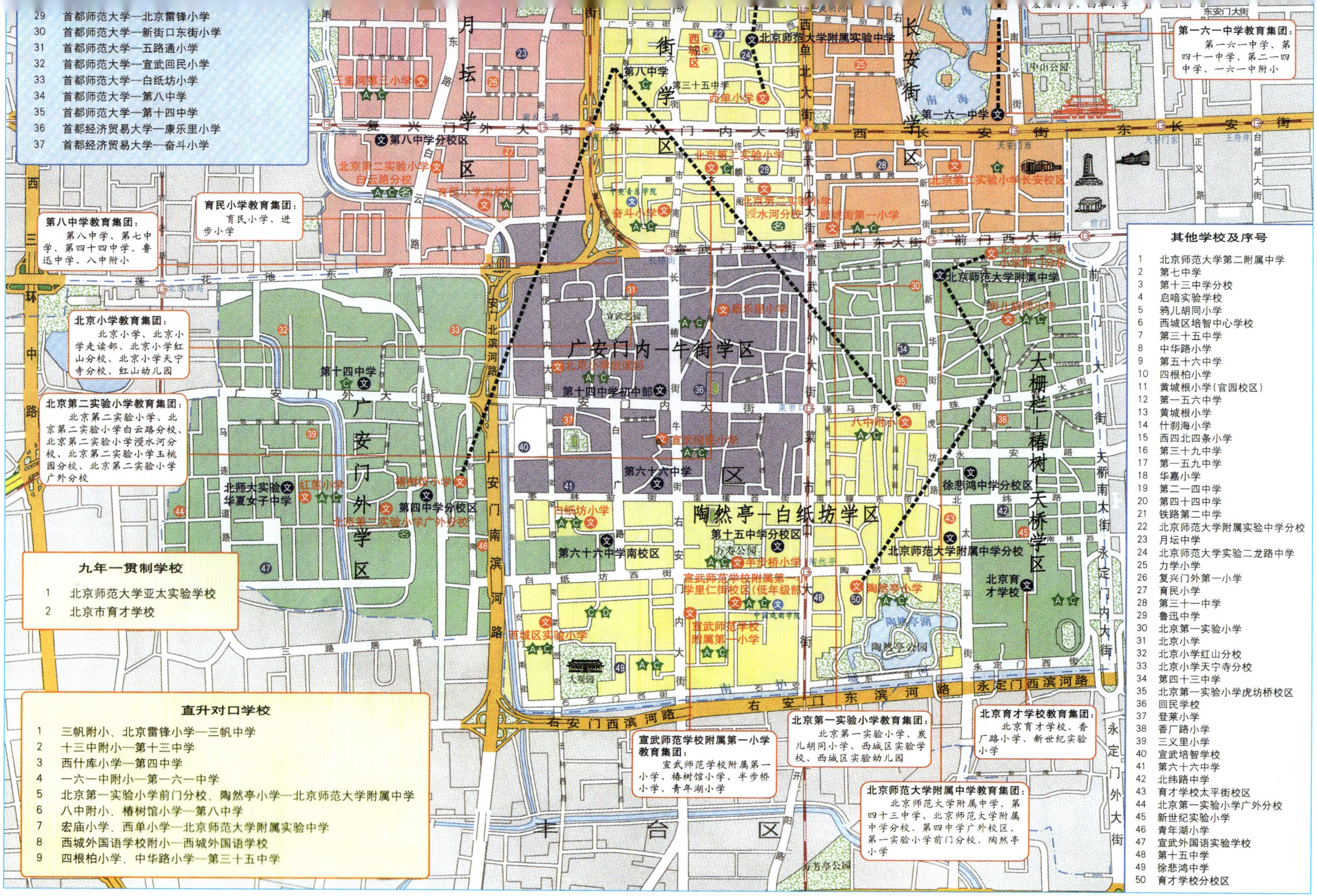
29 首都师范大学—北京雷锋小学
30 首都师范大学—新街口东街小学
31 首都师范大学—五路通小学
32 首都师范大学—宣武回民小学
33 首都师范大学—白纸坊小学
34 首都师范大学—第八中学
35 首都师范大学—第十四中学
36 首都经济贸易大学—康乐里小学
37 首都经济贸易大学—奋斗小学
第一六一中学教育集团：第一六一中学、第四十一中学、第二一四中学、一六一中附小
育民小学教育集团：育民小学、进步小学
第八中学教育集团：第八中学、第七中学、第四十四中学、鲁迅中学、八中附小
北京小学教育集团：北京小学、北京小学走读部、北京小学红山分校、北京小学天宁寺分校、红山幼儿园
北京第二实验小学教育集团：北京第二实验小学、北京第二实验小学白云路分校、北京第二实验小学浸水河分校、北京第二实验小学玉桃园分校、北京第二实验小学广外分校
月坛学区
西长安街学区
广安门内—牛街学区
广安门外学区
陶然亭—白纸坊学区
大栅栏—椿树—天桥学区
丰台区
九年一贯制学校
1 北京师范大学亚太实验学校
2 北京市育才学校
直升对口学校
1 三帆附小、北京雷锋小学—三帆中学
2 十三中附小—第十三中学
3 西什库小学—第四中学
4 一六一中附小—第一六一中学
5 北京第一实验小学前门分校、陶然亭小学—北京师范大学附属中学
6 八中附小、椿树馆小学—第八中学
7 宏庙小学、西单小学—北京师范大学附属实验中学
8 西城外国语学校附小—西城外国语学校
9 四根柏小学、中华路小学—第三十五中学
宣武师范学校附属第一小学教育集团：宣武师范学校附属第一小学、椿树馆小学、半步桥小学、青年湖小学
北京第一实验小学教育集团：北京第一实验小学、炭儿胡同小学、西城区实验学校、西城区实验幼儿园
北京育才学校教育集团：北京育才学校、香厂路小学、新世纪实验小学
北京师范大学附属中学教育集团：北京师范大学附属中学、第四十三中学、北京师范大学附属中学分校、第四中学广外校区、第一实验小学前门分校、陶然亭小学
其他学校及序号
1 北京师范大学第二附属中学
2 第七中学
3 第十三中学分校
4 启喑实验学校
5 鸦儿胡同小学
6 西城区培智中心学校
7 第三十五中学
8 中华路小学
9 第五十六中学
10 四根柏小学
11 黄城根小学（官园校区）
12 第一五六中学
13 黄城根小学
14 什刹海小学
15 西四北四条小学
16 第三十九中学
17 第一五九中学
18 华嘉小学
19 第二一四中学
20 第四十四中学
21 铁路第二中学
22 北京师范大学附属实验中学分校
23 月坛中学
24 北京师范大学实验二龙路中学
25 力学小学
26 复兴门外第一小学
27 育民小学
28 第三十一中学
29 鲁迅中学
30 北京第一实验小学
31 北京小学
32 北京小学红山分校
33 北京小学天宁寺分校
34 第四十三中学
35 北京第一实验小学虎坊桥校区
36 回民学校
37 登莱小学
38 香厂路小学
39 三义里小学
40 宣武培智学校
41 第六十六中学
42 北纬路中学
43 育才学校太平街校区
44 北京第一实验小学广外分校
45 新世纪实验小学
46 青年湖小学
47 宣武外国语实验学校
48 第十五中学
49 徐悲鸿中学
50 育才学校分校区

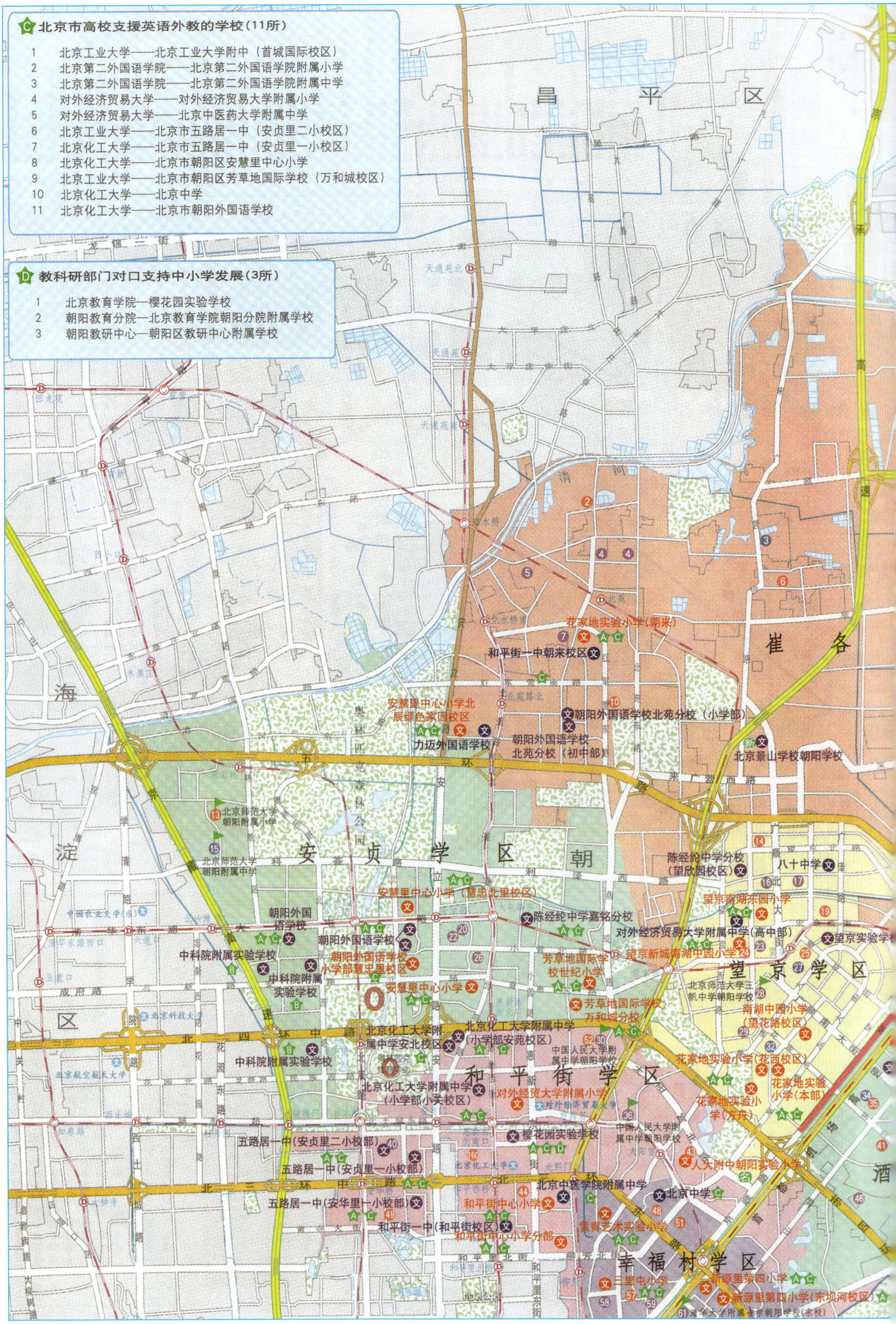

C 北京市高校支援英语外教的学校（11所）
1 北京工业大学——北京工业大学附中（首城国际校区）
2 北京第二外国语学院——北京第二外国语学院附属小学
3 北京第二外国语学院——北京第二外国语学院附属中学
4 对外经济贸易大学——对外经济贸易大学附属小学
5 对外经济贸易大学——北京中医药大学附属中学
6 北京工业大学——北京市五路居一中（安贞里二小校区）
7 北京化工大学——北京市五路居一中（安贞里一小校区）
8 北京化工大学——北京市朝阳区安慧里中心小学
9 北京工业大学——北京市朝阳区芳草地国际学校（万和城校区）
10 北京化工大学——北京中学
11 北京化工大学——北京市朝阳外国语学校
D 教科研部门对口支持中小学发展（3所）
1 北京教育学院—樱花园实验学校
2 朝阳教育分院—北京教育学院朝阳分院附属学校
3 朝阳教研中心—朝阳区教研中心附属学校
昌 平 区
海
淀
区
崔 各
安 贞 学 区
朝
望 京 学 区
和 平 街 学 区
幸 福 村 学 区
花家地实验小学（朝来）
和平街一中朝来校区
安慧里中心小学北辰绿色家园校区
力迈外国语学校
朝阳外国语学校北苑分校（小学部）
朝阳外国语学校北苑分校（初中部）
北京景山学校朝阳学校
北京师范大学朝阳附属小学
北京师范大学朝阳附属中学
陈经纶中学分校（望欣园校区）
八十中学
望京南湖东园小学
安慧里中心小学（慧忠北里校区）
陈经纶中学嘉铭分校
对外经济贸易大学附属中学（高中部）
望京实验学校
望京新城南湖中园小学
朝阳外国语学校
朝阳外国语学校小学部慧忠里校区
芳草地国际学校世纪小学
中科院附属实验学校
中科院附属实验学校
安慧里中心小学
芳草地国际学校万和城分校
南湖中园小学（望花路校区）
北京化工大学附属中学（小学部安苑校区）
北京化工大学附属中学安北校区
中国人民大学附属中学朝阳学校
花家地实验小学（花西校区）
花家地实验小学（本部）
花家地实验小学（方舟）
北京化工大学附属中学（小学部小关校区）
对外经贸大学附属小学
樱花园实验学校
五路居一中（安贞里二小校部）
五路居一中（安贞里一小校部）
五路居一中（安华里一小校部）
人大附中朝阳实验学校
北京中医学院附属中学
北京中学
和平街中心小学
和平街一中（和平街校区）
和平街中心小学分部
青青艺术实验小学
三里屯中小学
新源里第四小学
新源里第四小学（东坝河校区）

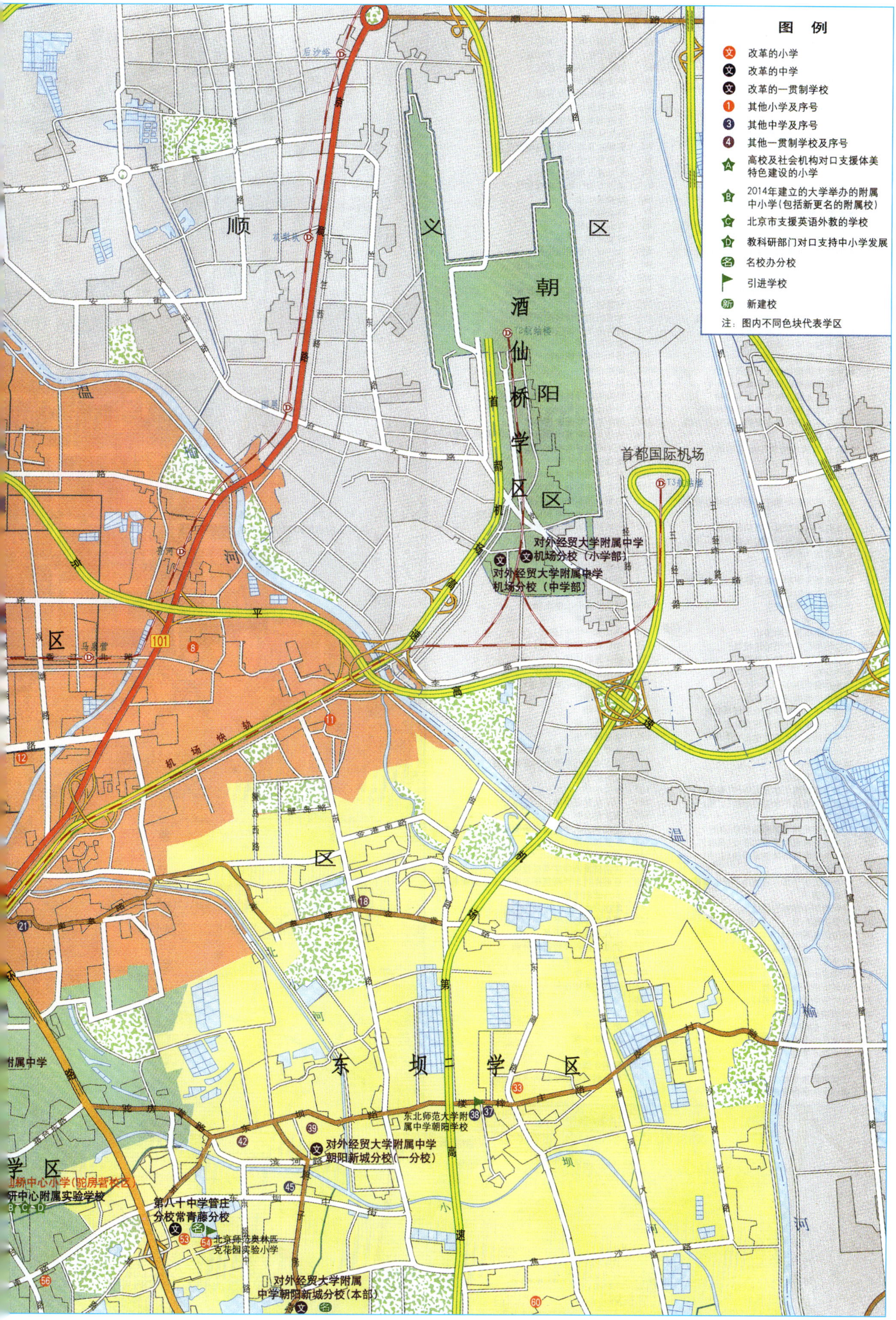
图 例
改革的小学
改革的中学
改革的一贯制学校
其他小学及序号
其他中学及序号
其他一贯制学校及序号
高校及社会机构对口支援体美特色建设的小学
2014年建立的大学举办的附属中小学(包括新更名的附属校)
北京市支援英语外教的学校
教科研部门对口支持中小学发展
名校办分校
引进学校
新建校
注：图内不同色块代表学区
顺
义
区
朝
阳
区
酒仙桥学区
首都国际机场
对外经贸大学附属中学机场分校（小学部）
对外经贸大学附属中学机场分校（中学部）
东坝二学区
东北师范大学附属中学朝阳学校
对外经贸大学附属中学朝阳新城分校（一分校）
第八十中学管庄分校常青藤分校
北京师范奥林匹克花园实验小学
对外经贸大学附属中学朝阳新城分校(本部)
附属中学
学区
研中心附属实验学校
机场快轨
温榆河
101

其他学校及序号

1 上辛堡小学
2 朝阳区实验小学润泽校区
3 奶子房中学
4 朝阳外国语学校分校
5 和平街第一中学初中部
6 奶子房小学
7 和平街第一中学小学部
8 第八十中学实验学校康营分校
9 第八十中学实验学校温榆河分校
10 望京南湖东园小学青年城分校
11 苇沟小学
12 北皋中心小学
13 北京师范大学朝阳附属小学
14 朝师附小望京校区
15 北京师范大学朝阳附属中学
16 陈经纶中学分校东湖湾校区
17 首都师范大学附属实验学校花园校区
18 金盏学校
19 白家庄小学望京科技园校区
20 陈经纶中学嘉铭分校西校区初中部
21 草场地中学
22 陈经纶中学嘉铭分校西校区小学住宿
23 陈经纶中学分校南湖东园校区
24 南湖中园小学知语城分校
25 白家庄小学望京新城校区
26 陈经纶中学嘉铭分校西校区小学
27 北京教育科学研究院附属实验中学
28 北京师范大学三帆中学朝阳学校
29 首都师范大学附属实验学校花西校区
30 中国人民大学附属中学朝阳学校小学部
31 大山子第二小学
32 对外经贸大学附属中学初中部
33 楼梓庄小学
34 高家园中学
35 高家园小学
36 中国人民大学附属中学朝阳学校东校区
37 楼梓庄中学
38 东北师范大学附属中学朝阳学校
39 对外经贸大学附中朝阳新城分校二分部
40 五路居第一中学
41 将台路小学
42 对外经贸大学附中朝阳新城分校三分部
43 朝师附小太阳星城校区
44 朝师附小和平街校区
45 第十六中学
46 日坛中学阳光上东分校
47 酒仙桥中心小学酒仙桥校区
48 朝师附小西坝河校区低部
49 安华学校
50 酒仙桥第二小学
51 朝师附小西坝河校区高部
52 中国人民大学附中朝阳学校西校区
53 第八十中学管庄分校常青藤校区
54 北京师范奥林匹克花园实验小学
55 日坛中学东润分校
56 将台洼小学
57 左家庄第二小学
58 清华大学附属中学朝阳学校(柳芳)
59 清华大学附属中学朝阳学校(三元)
60 北马各庄小学
61 清华大学附属中学朝阳学校(东校)
62 清华大学附属中学朝阳学校(西校)
63 清华大学附属中学朝阳学校(小学)
64 新源西里小学
65 华中师范大学第一附属中学朝阳学校
66 平房小学
67 府学胡同小学朝阳学校
68 国美家园小学
69 朝阳区实验小学
70 第八十中学体育运动学校
71 石佛营小学本部
72 石佛营小学分部
73 陈经纶中学保利分校
74 团结湖小学丽水嘉园校区
75 团结湖小学
76 第九十七中学
77 白家庄小学本部北校
78 东方德才学校初中部
79 润丰学校
80 北京市民族学校
81 第八十中学白家庄校区
82 东方德才学校小学部
83 星河实验小学星河湾校区
84 白家庄小学朝外校区
85 体育场路中学
86 白家庄小学本部南校
87 团结湖第二小学
88 团结湖第三中学初中部
89 八里庄第三中学
90 朝阳区实验小学罗马嘉园分校
91 新教育实验学校
92 东方德才学校小学部
93 星河实验小学天鹅湾校区
94 陈经纶中学
95 呼家楼中心小学
96 呼家楼中学
97 定福庄第一小学
98 东方德才学校国际部
99 芳草地国际学校民族校区
100 八里庄中心小学本部
101 第八十中管庄分校管庄校区
102 甘露园小学
103 芳草地国际学校远洋分校
104 日坛中学甘露园分校
105 康乐园小学
106 日坛小学东恒校区
107 兴隆小学
108 日坛中学
109 日坛中学四惠校区
110 日坛小学四惠校区
111 第十七中学陶家湾校区
112 清华大学附属小学商务中心区实验小学
113 第十七中学高碑店校区
114 高碑店中心小学
115 第十七中学赛洛城校区
116 第十七中学百子湾校区
117 芳草地国际学校双花园校区
118 北京工业大学附属中学富力城校区
119 北京第二实验小学朝阳学校
120 北京工业大学附属中学双桥分校
121 北京工业大学附属中学垂杨柳校区
122 半壁店小学
123 朝阳区工读学校
124 双桥第二小学
125 王四营中心小学本部
126 于家围小学
127 劲松第一中学(西校)
128 劲松第一中学(东校)
129 劲松第三小学
130 王四营中心小学分校
131 南磨房中心小学(低部)
132 田华小学
133 柏阳学校
134 定辛庄小学
135 垂杨柳中学
136 南磨房中心小学(高部)
137 呼家楼中心小学万科青青分校
138 豆各庄中学
139 新升小学
140 万子营民族小学
141 李罗营小学
142 首都师范大学附属朝阳实验小学翠城北校区
143 小武基小学
144 豆各庄中心小学
145 华侨城黄冈中学翠城校区
146 首都师范大学附属朝阳实验小学翠城南校区
147 十八里店中学
148 黑庄户中学
149 黑庄户中心小学
150 十八里店中心小学
151 芳草地国际学校富力分校
152 第七十一中学
153 西直河小学
154 第八十中学南校
155 祁庄小学
156 老君堂小学
157 牌坊小学
158 张家店小学
159 官庄小学
160 朝阳外语小学
161 酒仙桥中心小学梵谷水郡校区

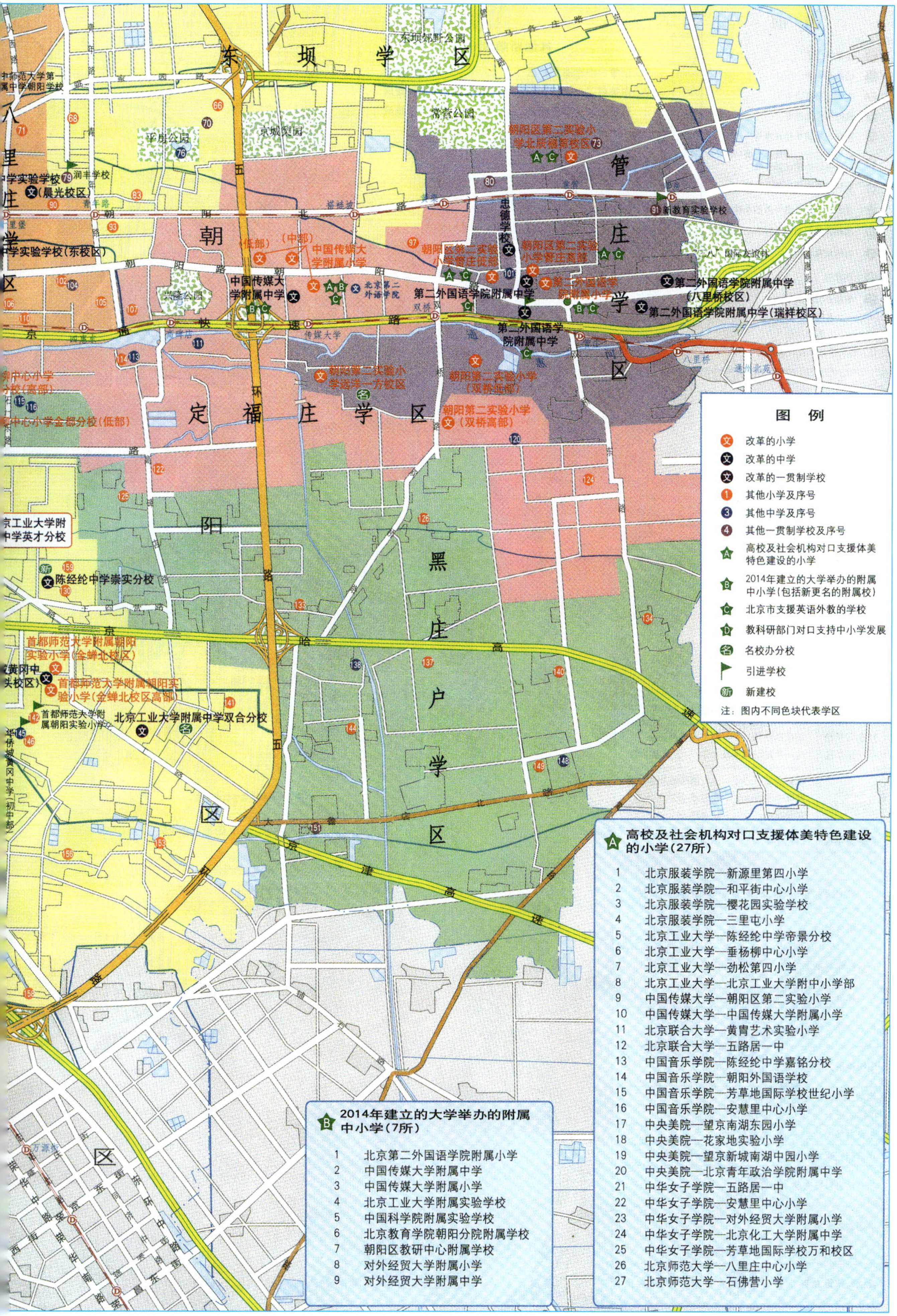

高校及社会机构对口支援体美特色建设的小学（27所）

1 北京服装学院—新源里第四小学
2 北京服装学院—和平街中心小学
3 北京服装学院—樱花园实验学校
4 北京服装学院—三里屯小学
5 北京工业大学—陈经纶中学帝景分校
6 北京工业大学—垂杨柳中心小学
7 北京工业大学—劲松第四小学
8 北京工业大学—北京工业大学附中小学部
9 中国传媒大学—朝阳区第二实验小学
10 中国传媒大学—中国传媒大学附属小学
11 北京联合大学—黄胄艺术实验小学
12 北京联合大学—五路居一中
13 中国音乐学院—陈经纶中学嘉铭分校
14 中国音乐学院—朝阳外国语学校
15 中国音乐学院—芳草地国际学校世纪小学
16 中国音乐学院—安慧里中心小学
17 中央美院—望京南湖东园小学
18 中央美院—花家地实验小学
19 中央美院—望京新城南湖中园小学
20 中央美院—北京青年政治学院附属中学
21 中华女子学院—五路居一中
22 中华女子学院—安慧里中心小学
23 中华女子学院—对外经贸大学附属小学
24 中华女子学院—北京化工大学附属中学
25 中华女子学院—芳草地国际学校万和校区
26 北京师范大学—八里庄中心小学
27 北京师范大学—石佛营小学

2014年建立的大学举办的附属中小学（7所）

1 北京第二外国语学院附属小学
2 中国传媒大学附属中学
3 中国传媒大学附属小学
4 北京工业大学附属实验学校
5 中国科学院附属实验学校
6 北京教育学院朝阳分院附属学校
7 朝阳区教研中心附属学校
8 对外经贸大学附属小学
9 对外经贸大学附属中学

海淀区（北部）

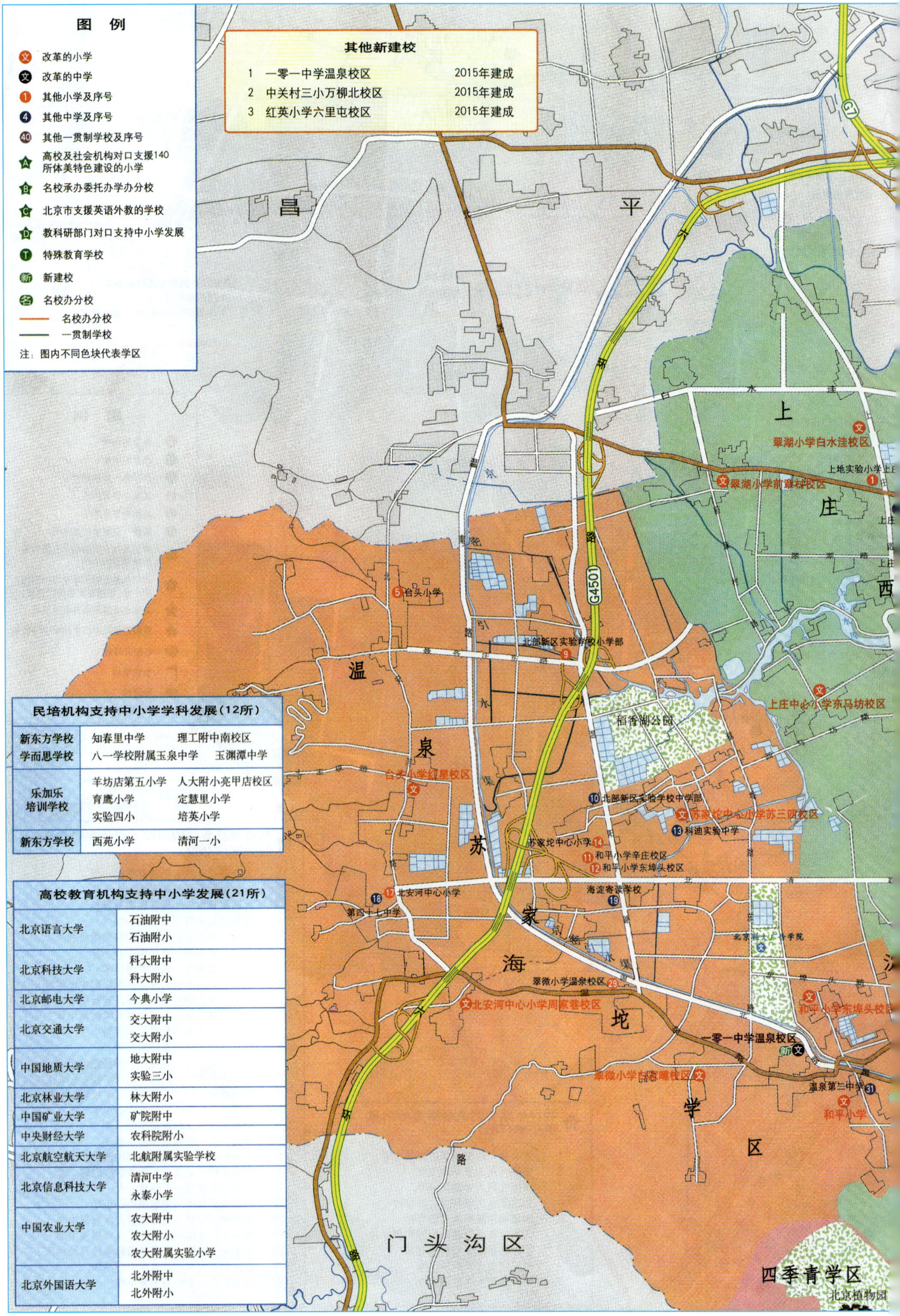

民培机构支持中小学学科发展（12所）

新东方学校 学而思学校	知春里中学 八一学校附属玉泉中学	理工附中南校区 玉渊潭中学
乐加乐培训学校	羊坊店第五小学 育鹰小学 实验四小	人大附小亮甲店校区 定慧里小学 培英小学
新东方学校	西苑小学	清河一小

高校教育机构支持中小学发展（21所）

北京语言大学	石油附中 石油附小
北京科技大学	科大附中 科大附小
北京邮电大学	今典小学
北京交通大学	交大附中 交大附小
中国地质大学	地大附中 实验三小
北京林业大学	林大附小
中国矿业大学	矿院附中
中央财经大学	农科院附小
北京航空航天大学	北航附属实验学校
北京信息科技大学	清河中学 永泰小学
中国农业大学	农大附中 农大附小 农大附属实验小学
北京外国语大学	北外附中 北外附小

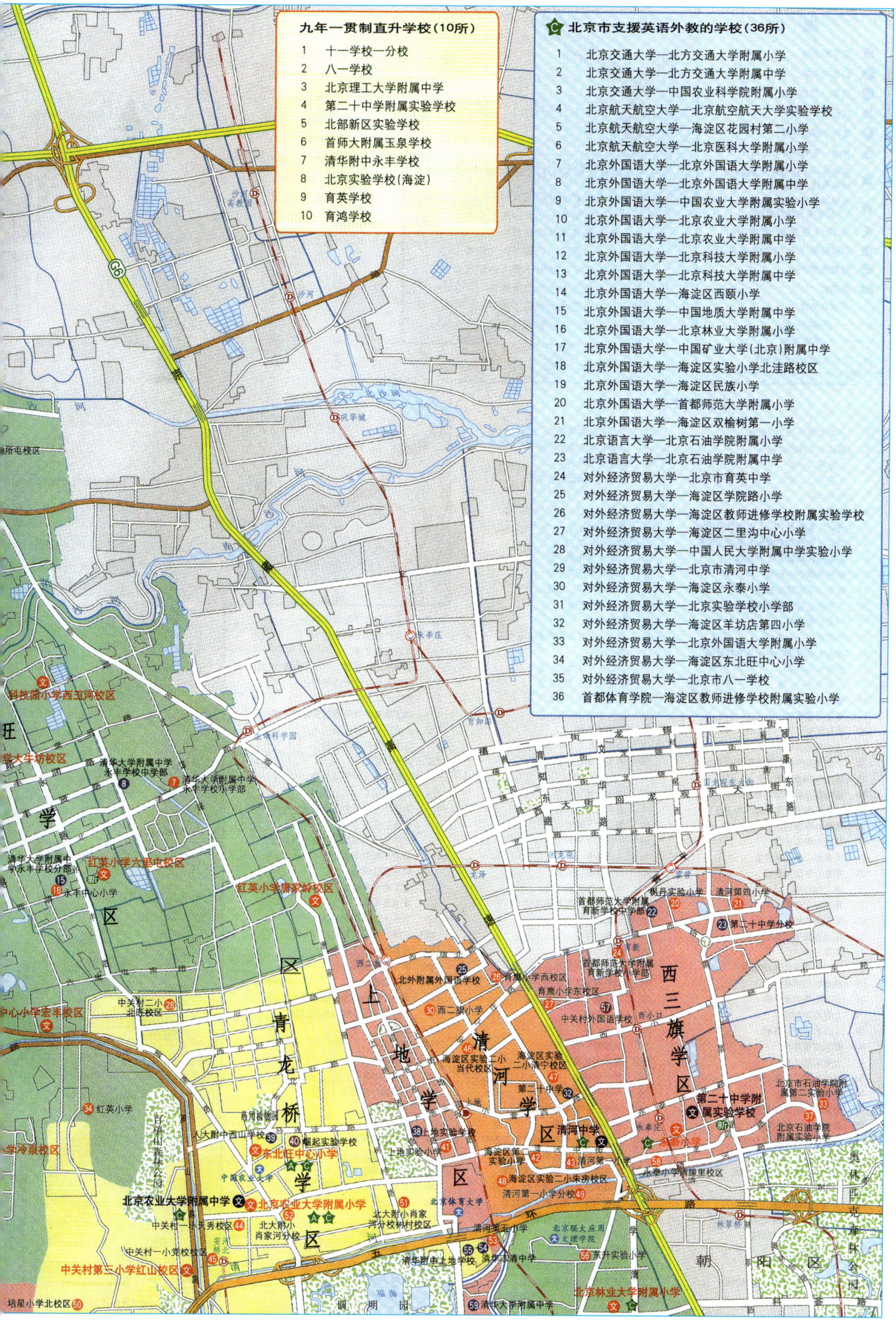
九年一贯制直升学校(10所)
1 十一学校一分校
2 八一学校
3 北京理工大学附属中学
4 第二十中学附属实验学校
5 北部新区实验学校
6 首师大附属玉泉学校
7 清华附中永丰学校
8 北京实验学校(海淀)
9 育英学校
10 育鸿学校
北京市支援英语外教的学校(36所)
1 北京交通大学—北方交通大学附属小学
2 北京交通大学—北方交通大学附属中学
3 北京交通大学—中国农业科学院附属小学
4 北京航天航空大学—北京航空航天大学实验学校
5 北京航天航空大学—海淀区花园村第二小学
6 北京航天航空大学—北京医科大学附属小学
7 北京外国语大学—北京外国语大学附属小学
8 北京外国语大学—北京外国语大学附属中学
9 北京外国语大学—中国农业大学附属实验小学
10 北京外国语大学—北京农业大学附属小学
11 北京外国语大学—北京农业大学附属中学
12 北京外国语大学—北京科技大学附属小学
13 北京外国语大学—北京科技大学附属中学
14 北京外国语大学—海淀区西颐小学
15 北京外国语大学—中国地质大学附属中学
16 北京外国语大学—北京林业大学附属小学
17 北京外国语大学—中国矿业大学(北京)附属中学
18 北京外国语大学—海淀区实验小学北洼路校区
19 北京外国语大学—海淀区民族小学
20 北京外国语大学—首都师范大学附属小学
21 北京外国语大学—海淀区双榆树第一小学
22 北京语言大学—北京石油学院附属小学
23 北京语言大学—北京石油学院附属中学
24 对外经济贸易大学—北京市育英中学
25 对外经济贸易大学—海淀区学院路小学
26 对外经济贸易大学—海淀区教师进修学校附属实验学校
27 对外经济贸易大学—海淀区二里沟中心小学
28 对外经济贸易大学—中国人民大学附属中学实验小学
29 对外经济贸易大学—北京市清河中学
30 对外经济贸易大学—海淀区永泰小学
31 对外经济贸易大学—北京实验学校小学部
32 对外经济贸易大学—海淀区羊坊店第四小学
33 对外经济贸易大学—北京外国语大学附属小学
34 对外经济贸易大学—海淀区东北旺中心小学
35 对外经济贸易大学—北京市八一学校
36 首都体育学院—海淀区教师进修学校附属实验小学
学区
青龙桥学区
上地清河学区
西三旗学区
朝阳区
北京农业大学附属中学
北京农业大学附属小学
东北旺中心小学
第二十中学附属实验学校
清河中学
永泰小学
北京林业大学附属小学
中关村第三小学红山校区
红英小学清泉校区
红英小学六里屯校区
科技园小学西玉河校区

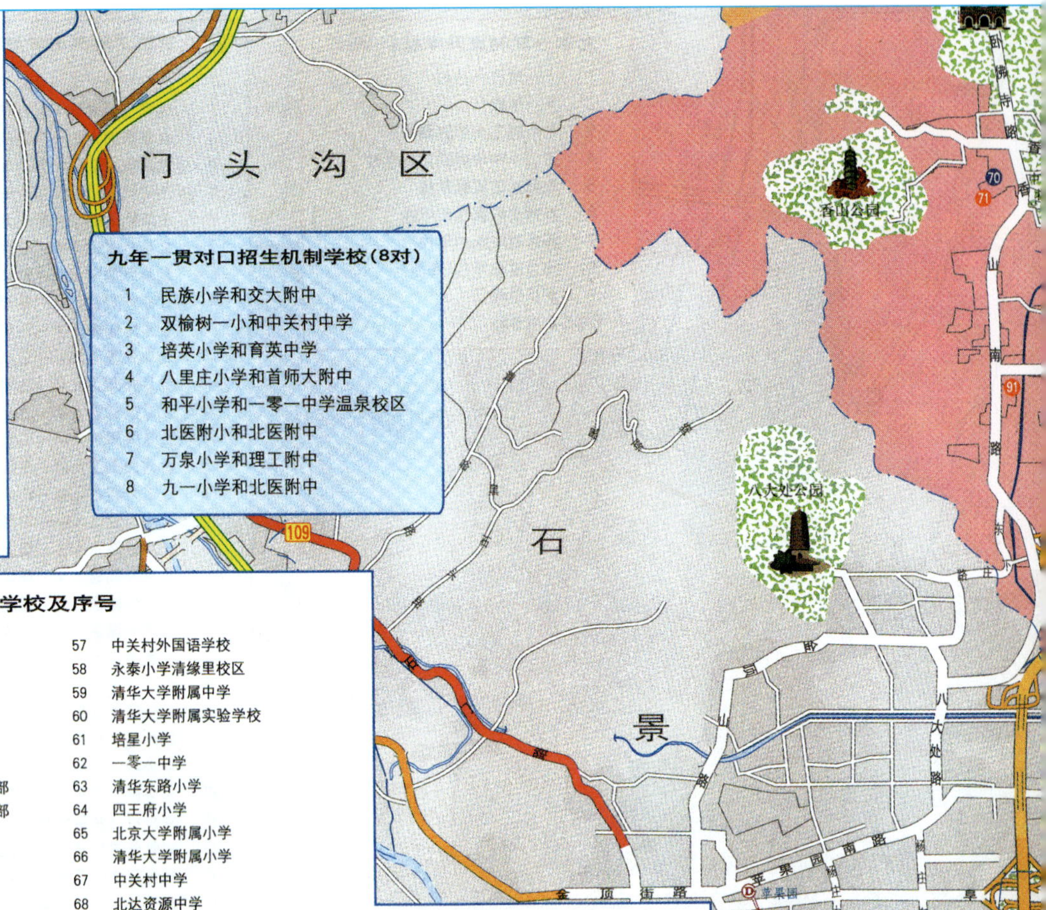

图例

- 改革的小学
- 改革的中学
- 改革一贯制学校
- 其他小学及序号
- 其他中学及序号
- 其他一贯制学校及序号
- 高校及社会机构对口支援140所体美特色建设的小学
- 大学举办的附属中小学（包括新更名的附属校）
- 北京市支援英语外教的学校
- 教科研部门对口支持中小学发展
- 特殊教育学校
- 新建校
- 名校办分校
- 名校办分校
- 一贯制学校

注：图内不同色块代表学区

九年一贯对口招生机制学校（8对）

1 民族小学和交大附中
2 双榆树一小和中关村中学
3 培英小学和育英中学
4 八里庄小学和首师大附中
5 和平小学和一零一中学温泉校区
6 北医附小和北医附中
7 万泉小学和理工附中
8 九一小学和北医附中

其他学校及序号

1 上地实验小学上庄校区
2 振兴小学梅所屯校区
3 上庄第二中学
4 上庄中心小学
5 台头小学
6 上庄中学
7 清华大学附属中学永丰学校小学部
8 清华大学附属中学永丰学校中学部
9 北部新区实验学校小学部
10 和平小学辛庄校区
11 和平小学东埠头校区
12 北部新区实验学校中学部
13 科迪实验中学
14 苏家坨中心小学
15 清华大学附属中学永丰学校分部
16 永丰中心小学
17 北安河中心小学
18 第四十七中学
19 海淀寄读学校
20 枫丹实验小学
21 清河第四小学
22 首都师范大学附属育新学校中学部
23 第二十中学分校
24 首都师范大学附属育新学校小学部
25 北京外国语大学附属外国语学校
26 育鹰小学西校区
27 育鹰小学东校区
28 中关村二小百旺校区
29 翠微小学温泉校区
30 西二旗小学
31 温泉第二中学
32 第二十中学
33 石油附属第二实验小学
34 红英小学
35 中关村中学清华园校区
36 培智中心学校
37 石油附属实验小学
38 上地实验学校
39 人大附中西山学校
40 崛起实验学校
41 上地实验小学
42 海淀区第二实验小学
43 清河第一小学
44 中关村一小天秀校区
45 中关村一小党校校区
46 海淀区实验二小当代校区
47 海淀区实验二小清宁校区
48 海淀区实验二小朱房校区
49 清河第一小学分校
50 培星小学北校区
51 北大附小肖家河分校树村校区
52 北大附小肖家河分校
53 清河第五小学
54 清华志清中学
55 清华大学附属中学上地学校
56 东升实验小学
57 中关村外国语学校
58 永泰小学清缘里校区
59 清华大学附属中学
60 清华大学附属实验学校
61 培星小学
62 一零一中学
63 清华东路小学
64 四王府小学
65 北京大学附属小学
66 清华大学附属小学
67 中关村中学
68 北达资源中学
69 西苑小学
70 北京大学附属中学香山学校
71 香山小学
72 六郎庄小学西苑校区
73 石油附小二里庄校区
74 石油附小志新校区
75 九一小学西校区
76 万泉河小学
77 中关村第二小学华清校区
78 中关村第二小学本校
79 六郎庄小学
80 中关村第一小学
81 北京医学院附属中学
82 第三聋人学校
83 中科启元学校
84 九一小学
85 八一学校小学部
86 北京大学附属中学
87 中国人民大学附属中学
88 知春里中学
89 前进小学
90 中关村中学分校
91 海淀区第四实验小学
92 清华育才实验学校
93 中关村中学双榆树校区
94 师达中学
95 万泉小学
96 双榆树中心小学
97 尚丽外国语学校
98 第十九中学
99 一零一中学初中部
100 一零一中学实验学校
101 中关村第四小学
102 中国人民大学附属中学第二分校
103 中国人民大学附属中学分校
104 北京师范大学第三附属中学
105 中国人民大学附属小学
106 北京师范大学第三附中南校区
107 今典小学文慧园校区
108 人大附小银燕校区
109 万泉小学曙光校区
110 北京师范大学实验小学
111 北京理工大学附属小学
112 星火小学
113 中央民族大学附属中学
114 海淀外国语实验学校
115 海淀实验中学
116 首都师范大学第二附属中学曙光校区
117 行知实验学校双槐树校区
118 首师大二附中曙光校区
119 北京教育学院附属海淀实验小学
120 人大附小亮甲分校
121 二十一世纪国际学校
122 六一小学
123 首都师范大学附属中学
124 八里庄小学
125 首都师范大学附属中学第一分校
126 海淀区实验小学
127 首都师范大学第二附属中学本校
128 海淀实验中学中学部
129 北京实验学校
130 理工附中南校区
131 定慧里小学
132 五一小学晋庄元校区
133 首师大附小柳明校区
134 育英学校航天校区
135 育英学校西翠路校区
136 育英学校
137 育英学校小学部紫金校区
138 海淀区实验小学阜成路校区
139 图强第二小学
140 翠微小学
141 玉渊潭中学
142 太平路小学
143 太平路小学分校
144 十一学校
145 五一小学
146 建华实验学校
147 羊坊店第五小学
148 羊坊店中心小学
149 羊坊店中心小学分校
150 第五十七中学
151 培英小学
152 太平路中学
153 育鸿学校
154 七一小学
155 育英中学
156 玉泉小学

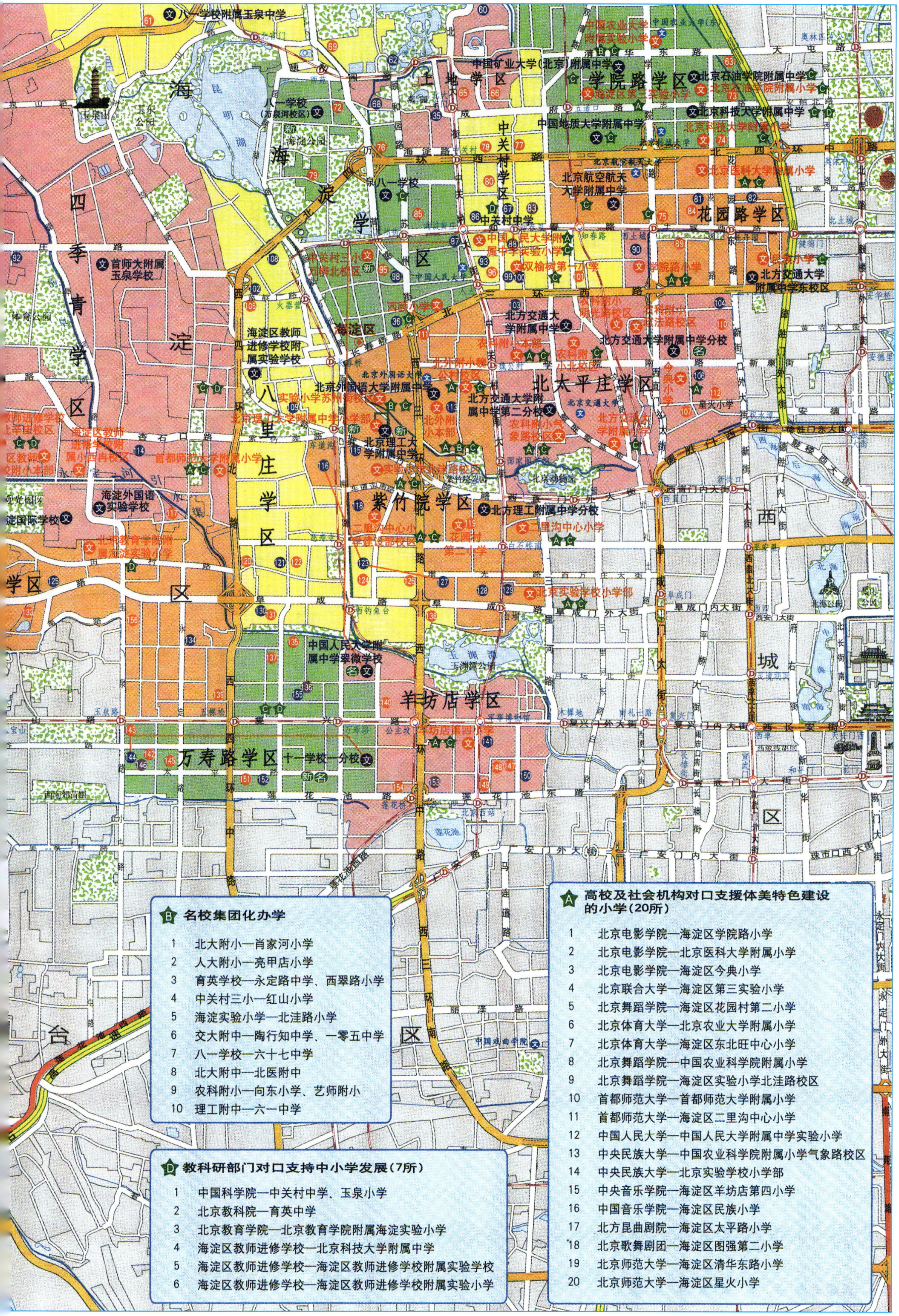

B 名校集团化办学

1 北大附小—肖家河小学
2 人大附小—亮甲店小学
3 育英学校—永定路中学、西翠路小学
4 中关村三小—红山小学
5 海淀实验小学—北洼路小学
6 交大附中—陶行知中学、一零五中学
7 八一学校—六十七中学
8 北大附中—北医附中
9 农科附小—向东小学、艺师附小
10 理工附中—一六一中学

D 教科研部门对口支持中小学发展（7所）

1 中国科学院—中关村中学、玉泉小学
2 北京教科院—育英中学
3 北京教育学院—北京教育学院附属海淀实验小学
4 海淀区教师进修学校—北京科技大学附属中学
5 海淀区教师进修学校—海淀区教师进修学校附属实验学校
6 海淀区教师进修学校—海淀区教师进修学校附属实验小学

A 高校及社会机构对口支援体美特色建设的小学（20所）

1 北京电影学院—海淀区学院路小学
2 北京电影学院—北京医科大学附属小学
3 北京电影学院—海淀区今典小学
4 北京联合大学—海淀区第三实验小学
5 北京舞蹈学院—海淀区花园村第二小学
6 北京体育大学—北京农业大学附属小学
7 北京体育大学—海淀区东北旺中心小学
8 北京舞蹈学院—中国农业科学院附属小学
9 北京舞蹈学院—海淀区实验小学北洼路校区
10 首都师范大学—首都师范大学附属小学
11 首都师范大学—海淀区二里沟中心小学
12 中国人民大学—中国人民大学附属中学实验小学
13 中央民族大学—中国农业科学院附属小学气象路校区
14 中央民族大学—北京实验学校小学部
15 中央音乐学院—海淀区羊坊店第四小学
16 中国音乐学院—海淀区民族小学
17 北方昆曲剧院—海淀区太平路小学
18 北京歌舞剧团—海淀区图强第二小学
19 北京师范大学—海淀区清华东路小学
20 北京师范大学—海淀区星火小学

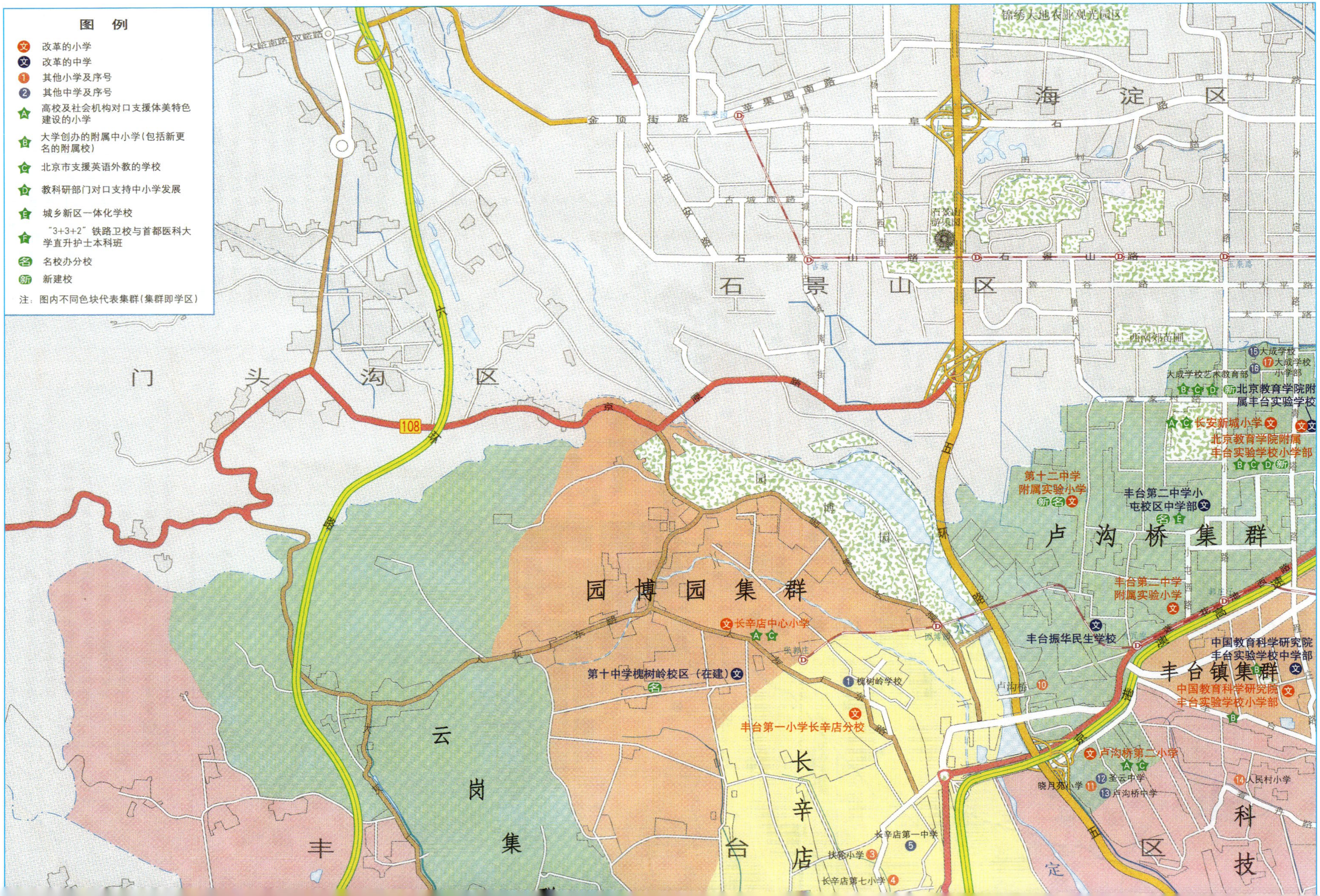
图　例
改革的小学
改革的中学
其他小学及序号
其他中学及序号
高校及社会机构对口支援体美特色建设的小学
大学创办的附属中小学（包括新更名的附属校）
北京市支援英语外教的学校
教科研部门对口支持中小学发展
城乡新区一体化学校
“3+3+2”铁路卫校与首都医科大学直升护士本科班
名校办分校
新建校
注：图内不同色块代表集群（集群即学区）
海　淀　区
石　景　山　区
门　头　沟　区
卢　沟　桥　集　群
园　博　园　集　群
丰台镇集群
云　岗　集
长　辛　店
丰　台
科　技
区
锦绣大地农业观光园区
北京教育学院附属丰台实验学校
长安新城小学
北京教育学院附属丰台实验学校小学部
第十二中学附属实验小学
丰台第二中学小屯校区中学部
丰台第二中学附属实验小学
丰台振华民生学校
中国教育科学研究院丰台实验学校中学部
中国教育科学研究院丰台实验学校小学部
卢沟桥第二小学
圣云中学
晓月苑小学
卢沟桥中学
人民村小学
长辛店中心小学
第十中学槐树岭校区（在建）
槐树岭学校
丰台第一小学长辛店分校
长辛店第一中学
扶轮小学
长辛店第七小学
大成学校
大成学校小学部
大成学校艺术教育部
108

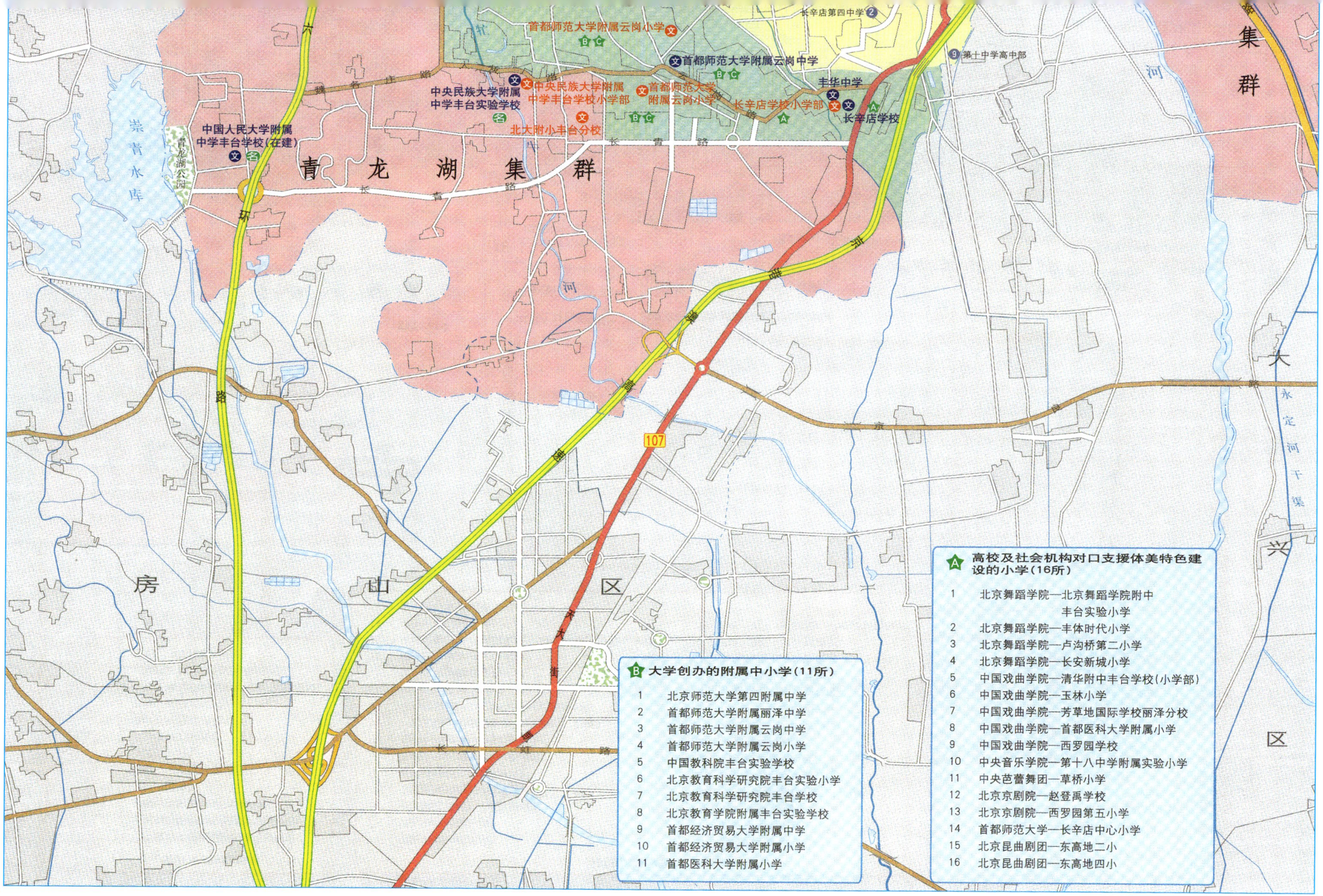
高校及社会机构对口支援体美特色建设的小学(16所)
1 北京舞蹈学院—北京舞蹈学院附中丰台实验小学
2 北京舞蹈学院—丰体时代小学
3 北京舞蹈学院—卢沟桥第二小学
4 北京舞蹈学院—长安新城小学
5 中国戏曲学院—清华附中丰台学校(小学部)
6 中国戏曲学院—玉林小学
7 中国戏曲学院—芳草地国际学校丽泽分校
8 中国戏曲学院—首都医科大学附属小学
9 中国戏曲学院—西罗园学校
10 中央音乐学院—第十八中学附属实验小学
11 中央芭蕾舞团—草桥小学
12 北京京剧院—赵登禹学校
13 北京京剧院—西罗园第五小学
14 首都师范大学—长辛店中心小学
15 北京昆曲剧团—东高地二小
16 北京昆曲剧团—东高地四小
大学创办的附属中小学(11所)
1 北京师范大学第四附属中学
2 首都师范大学附属丽泽中学
3 首都师范大学附属云岗中学
4 首都师范大学附属云岗小学
5 中国教科院丰台实验学校
6 北京教育科学研究院丰台实验小学
7 北京教育科学研究院丰台学校
8 北京教育学院附属丰台实验学校
9 首都经济贸易大学附属中学
10 首都经济贸易大学附属小学
11 首都医科大学附属小学
青龙湖集群
集群
房山区
大兴区
崇青水库
永定河干渠
首都师范大学附属云岗小学
首都师范大学附属云岗中学
中央民族大学附属中学丰台实验学校
中央民族大学附属中学丰台学校小学部
首都师范大学附属云岗小学
北大附小丰台分校
长辛店学校小学部
长辛店学校
丰华中学
中国人民大学附属中学丰台学校(在建)
长辛店第四中学
第十中学高中部
107

九年一贯制学校
1 北京教育学院附属丰台实验学校
2 北京教育学院丰台分院附属学校
3 清华大学附属中学丰台学校
4 西罗园学校
5 第十二中学洋桥学校
6 赵登禹学校
7 丰台区和义学校
8 第四中学璞瑅学校
9 丰台区长辛店学校
10 中央民族大学附属中学丰台实验学校
11 北京教育科学研究院丰台学校
12 第十二中学体育分校
名校办分校
1 第四中学璞瑅学校
2 第八中学怡海分校
3 北京第二实验小学怡海分校
4 北京小学丰台万年花城分校
5 芳草地国际学校丽泽分校
6 清华大学附属中学丰台学校
7 北京十一学校中堂实验学校
8 中国人民大学附属中学丰台学校（在建）
9 中央民族大学附属中学丰台实验学校
10 第十二中学科丰校区
11 第十二中学附属实验小学
12 第十二中学东校区（在建）
13 丰台区第二中学附属实验小学丰台第二中学初中部
14 第十八中学西马校区
15 第十八中学附属实验小学
16 第十八中学嘉泰学校
17 第十中学初中部
18 第十中学东校区
19 第十中学槐树岭校区（在建）
20 丰台第八中学中海校区
21 赵登禹学校南校区
22 赵登禹学校东校区
23 丰台第一小学丰益校区
24 丰台一小长辛店校区
25 丰台第五小学京铁校区
26 丰台第五小学银地校区
27 丰台第五小学鸿业校区
28 丰台第五小学万柳校区
29 丰台师范学校附属小学城南嘉园分校
新建校
1 第四中学璞瑅学校
2 第十二中学附属实验小学
3 北京教育学院附属丰台实验学校
4 北京教育科学研究院丰台学校
5 丰台第八中学中海校区
海
淀
区
东
城
区
西
城
区
朝
阳
区
万丰集群
丽泽金融集群
南站集群
方庄集群
大红门集群
马家堡集群
首经贸集群
丰台镇集群
卢沟桥集群
清华大学附属中学丰台学校
中桥外国语学校
第十二中学东校区
第十八中学西马校区
第十八中学左安门分校
第四中学璞瑅学校
第十八中学
赵登禹学校
西罗园学校
第十二中学
第十二中学体育分校
第十二中学科丰校区
丰台第二中学
丰台第十中学
首都铁路卫生学校
北京师范大学第四附属中学初中部
北京师范大学第四附属中学高中部
第十二中学洋桥学校
第八中学怡海分校
芳草地国际学校丽泽分校

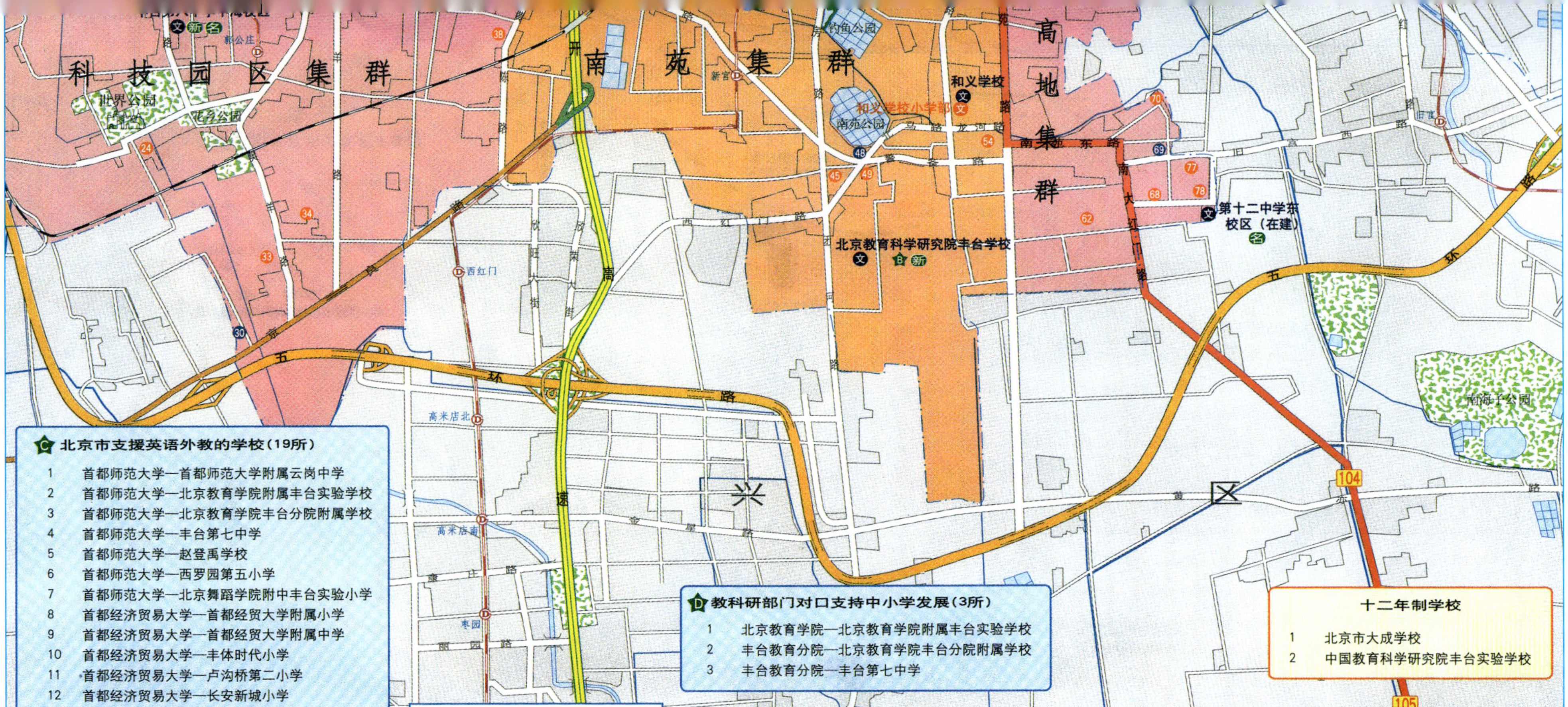

北京市支援英语外教的学校（19所）

1 首都师范大学—首都师范大学附属云岗中学
2 首都师范大学—北京教育学院附属丰台实验学校
3 首都师范大学—北京教育学院丰台分院附属学校
4 首都师范大学—丰台第七中学
5 首都师范大学—赵登禹学校
6 首都师范大学—西罗园第五小学
7 首都师范大学—北京舞蹈学院附中丰台实验小学
8 首都经济贸易大学—首都经贸大学附属小学
9 首都经济贸易大学—首都经贸大学附属中学
10 首都经济贸易大学—丰体时代小学
11 首都经济贸易大学—卢沟桥第二小学
12 首都经济贸易大学—长安新城小学
13 首都经济贸易大学—长辛店中心小学
14 首都经济贸易大学—清华附中丰台学校
15 首都经济贸易大学—玉林小学
16 首都经济贸易大学—芳草地国际学校丽泽分校
17 首都经济贸易大学—首都医科大学附属小学
18 首都经济贸易大学—西罗园学校
19 首都经济贸易大学—草桥小学

城乡新区一体化学校

资源输入校	优质资源输出校
北京小学丰台万年花城分校	外区县
第十二中学科丰校区	第十二中学
丰台第二中学小屯校区	丰台第二中学
丰台第五小学鸿业校区	丰台第五小学
第十八中学西马校区	第十八中学
芳草地国际学校丽泽分校	外区县

图例

- 改革的小学
- 改革的中学
- 其他小学及序号
- 其他中学及序号
- 高校及社会机构对口支援体美特色建设的小学
- 大学创办的附属中小学（包括新更名的附属校）
- 北京市支援英语外教的学校
- 教科研部门对口支持中小学发展
- 城乡新区一体化学校
- “3+3+2”铁路卫校与首都医科大学直升护士本科班
- 名校办分校
- 新建校

注：图内不同色块代表集群（集群即学区）

教科研部门对口支持中小学发展（3所）

1 北京教育学院—北京教育学院附属丰台实验学校
2 丰台教育分院—北京教育学院丰台分院附属学校
3 丰台教育分院—丰台第七中学

十二年制学校

1 北京市大成学校
2 中国教育科学研究院丰台实验学校

其他学校及序号

1	槐树岭学校	22	丰台第一小学	43	右安门外国语学校	64	芳古园小学西校区
2	长辛店第四中学	23	丰台师范学校附属小学	44	槐房小学	65	东铁匠营一中
3	扶轮小学	24	北京铁路分局北京铁路职工子弟第十一小学	45	五爱屯小学	66	东铁匠营第一小学
4	长辛店第七小学	25	丰台第八小学	46	西罗园第五小学分校	67	东铁匠营第二小学
5	长辛店第一中学	26	靛厂小学	47	西马金润小学	68	东高地第三小学
6	长辛店第二小学分校	27	丰台第六小学	48	南苑中学	69	航天中学
7	长辛店第一小学	28	丰台第二小学	49	蓝天丰苑学校	70	东高地第一小学
8	长辛店第二小学	29	小井小学	50	角门小学	71	东铁匠营第二中学
9	第十中学高中部	30	北京大学附属实验学校	51	西罗园小学	72	芳古园小学
10	卢沟桥第一小学	31	海淀实验小学丰台分校莲香园分校	52	西罗园第六小学	73	芳群园第一小学
11	晓月苑小学	32	丰台第七小学	53	大红门第一小学分校	74	时光小学
12	圣云中学	33	阳春小学	54	南苑镇第一小学	75	芳古园小学东校区
13	卢沟桥中学	34	高立庄小学	55	苏家坡小学	76	东铁匠营第一小学分校
14	人民村小学	35	四合庄小学	56	大红门第一小学	77	东高地第二小学
15	大成学校	36	太平桥第二小学校	57	东罗园小学	78	东高地第四小学
16	大成学校艺术教育部	37	纪家庙小学	58	大红门第二小学	79	培智中心学校
17	大成学校小学部	38	新发地小学	59	康华小学	80	芳城园小学
18	看丹中学	39	万泉寺小学	60	东高地三小南校区	81	芳星园第二小学
19	看丹小学	40	丰台五小万柳分校	61	东铁匠营一中高中部	82	芳星园中学
20	丰台八中附小	41	黄土岗小学	62	南苑第四小学	83	成寿寺小学
21	丰台第八小学	42	黄土岗中学	63	蒲黄榆第一小学	84	分钟寺小学

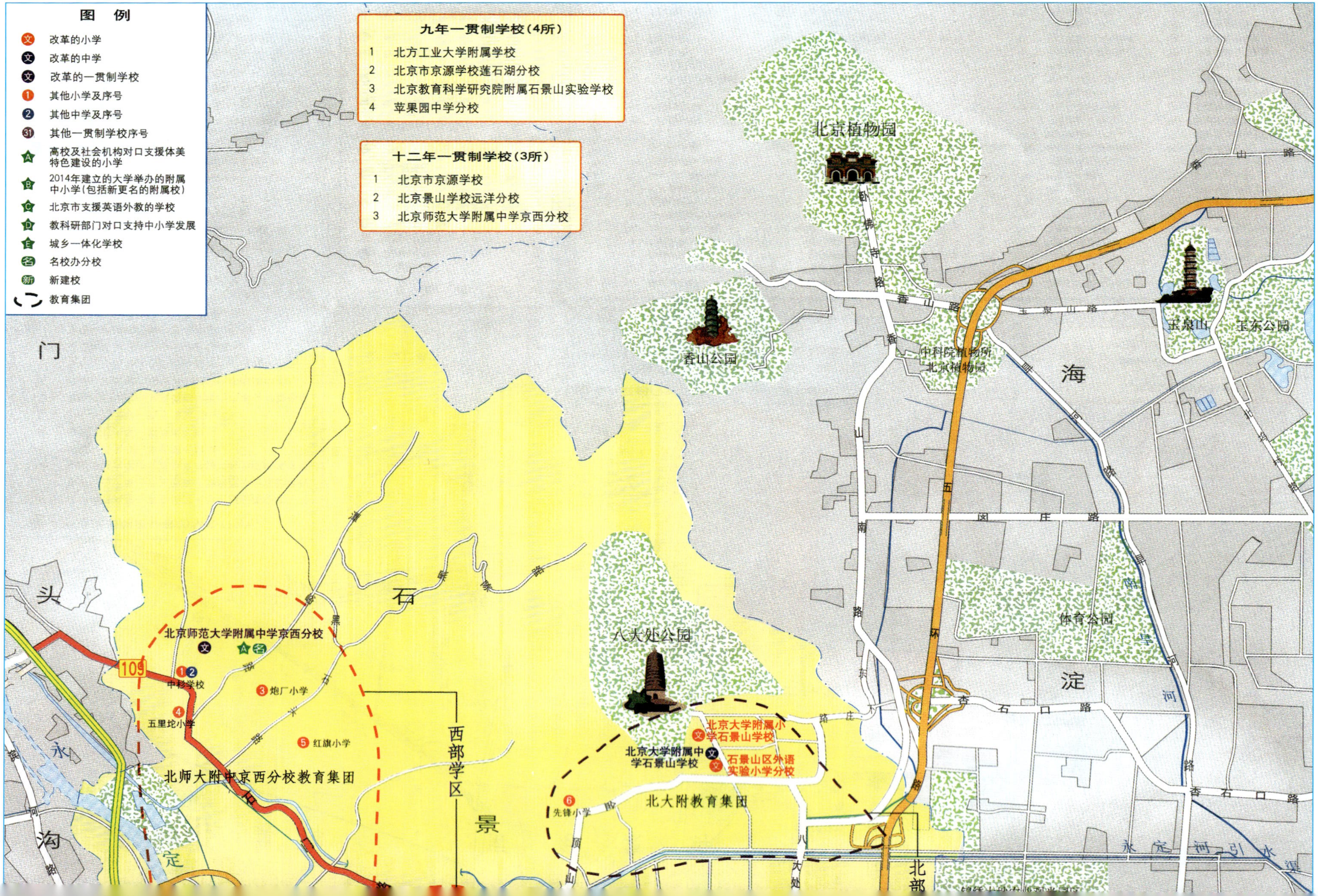
图 例
改革的小学
改革的中学
改革的一贯制学校
其他小学及序号
其他中学及序号
其他一贯制学校序号
高校及社会机构对口支援体美特色建设的小学
2014年建立的大学举办的附属中小学(包括新更名的附属校)
北京市支援英语外教的学校
教科研部门对口支持中小学发展
城乡一体化学校
名校办分校
新建校
教育集团
九年一贯制学校(4所)
1 北方工业大学附属学校
2 北京市京源学校莲石湖分校
3 北京教育科学研究院附属石景山实验学校
4 苹果园中学分校
十二年一贯制学校(3所)
1 北京市京源学校
2 北京景山学校远洋分校
3 北京师范大学附属中学京西分校
北京植物园
香山公园
玉泉山
玉东公园
中科院植物所北京植物园
海
淀
体育公园
八大处公园
门
头
沟
石
景
西部学区
北京师范大学附属中学京西分校
中杉学校
五里坨小学
炮厂小学
红旗小学
北师大附中京西分校教育集团
北京大学附属小学石景山学校
北京大学附属中学石景山学校
石景山区外语实验小学分校
先锋小学
北大附教育集团
香山路
玉泉山路
闵庄路
杏石口路
永定河引水渠
109

A 高校及社会机构对口支援体美特色建设的小学（5所）

1. 北方工业大学—外语实验小学
2. 北方工业大学—北方工业大学附属小学（杨庄校区）
3. 北方工业大学—苹果园第二小学
4. 北方工业大学—海特花园小学
5. 中央音乐学院—爱乐实验小学

B 2014年建立的大学举办的附属中小学（包括新更名的附属校）

1. 首都师范大学附属苹果园中学

C 北京市支援英语外教的学校（10所）

1. 北京航天航空大学—北京教育科学研究院附属石景山实验学校
2. 北京航天航空大学—北方工业大学附属中学
3. 北京航天航空大学—外语实验小学
4. 北京航天航空大学—北方工业大学附属小学
5. 北京航天航空大学—苹果园第二小学
6. 北京航天航空大学—海特花园小学
7. 北京航天航空大学—爱乐实验小学
8. 北京航天航空大学—石景山区外语实验小学分校
9. 学而思教育—石景山区银河小学
10. 学而思教育—石景山区第二实验小学

D 教科研部门对口支持中小学发展（2所）

1. 石景山区教育分院—北京教育科学研究院附属石景山实验学校
2. 石景山区教育分院—北方工业大学附属中学

E 2014年城乡一体化学校

1. 资源输入学校—京源学校莲石湖分校
2. 优质资源输出学校—京源学校

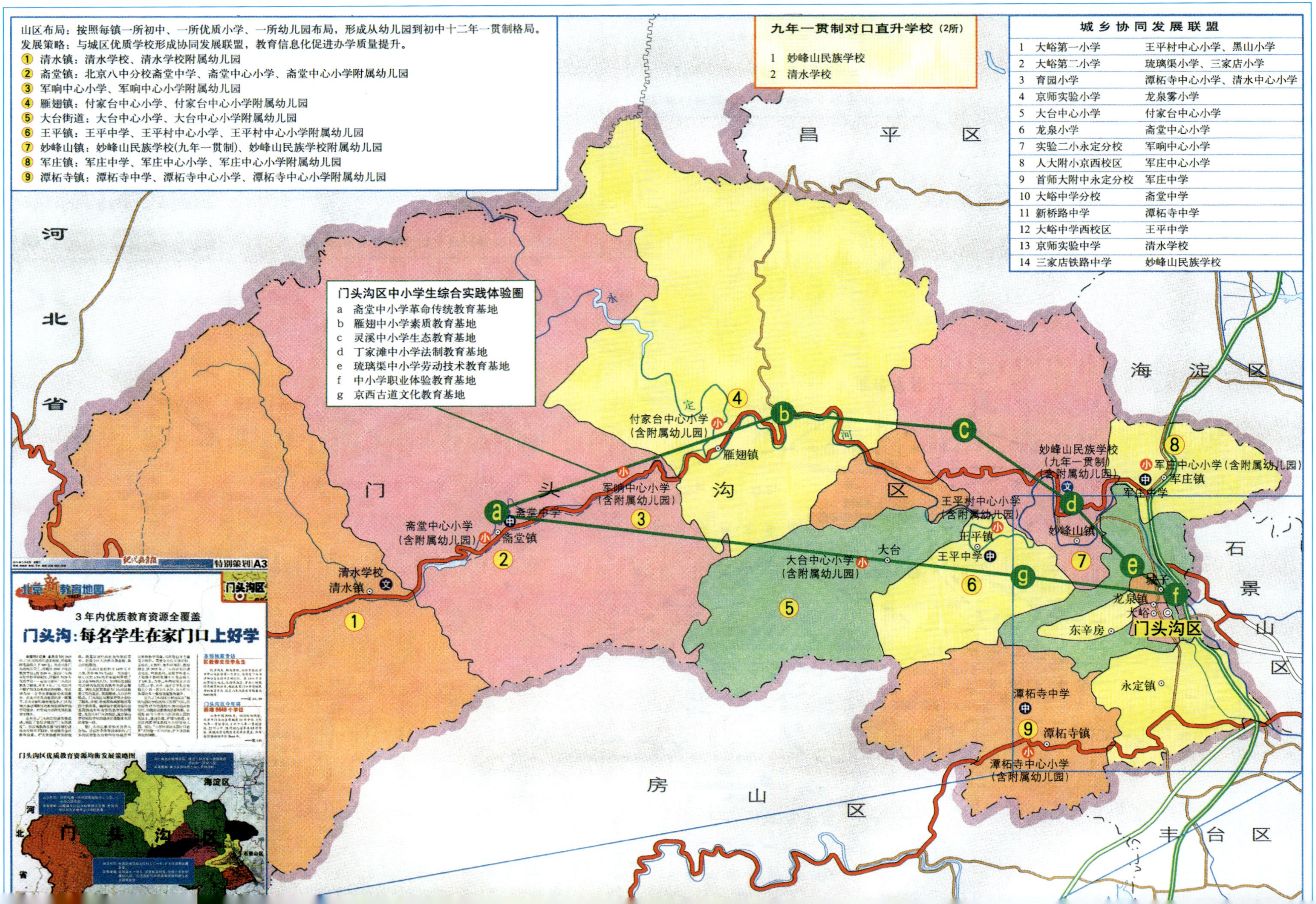
山区布局：按照每镇一所初中、一所优质小学、一所幼儿园布局，形成从幼儿园到初中十二年一贯制格局。
发展策略：与城区优质学校形成协同发展联盟，教育信息化促进办学质量提升。
1 清水镇：清水学校、清水学校附属幼儿园
2 斋堂镇：北京八中分校斋堂中学、斋堂中心小学、斋堂中心小学附属幼儿园
3 军响中心小学、军响中心小学附属幼儿园
4 雁翅镇：付家台中心小学、付家台中心小学附属幼儿园
5 大台街道：大台中心小学、大台中心小学附属幼儿园
6 王平镇：王平中学、王平村中心小学、王平村中心小学附属幼儿园
7 妙峰山镇：妙峰山民族学校(九年一贯制)、妙峰山民族学校附属幼儿园
8 军庄镇：军庄中学、军庄中心小学、军庄中心小学附属幼儿园
9 潭柘寺镇：潭柘寺中学、潭柘寺中心小学、潭柘寺中心小学附属幼儿园
九年一贯制对口直升学校（2所）
1 妙峰山民族学校
2 清水学校
城乡协同发展联盟
1 大峪第一小学 王平村中心小学、黑山小学
2 大峪第二小学 琉璃渠小学、三家店小学
3 育园小学 潭柘寺中心小学、清水中心小学
4 京师实验小学 龙泉雾小学
5 大台中心小学 付家台中心小学
6 龙泉小学 斋堂中心小学
7 实验二小永定分校 军响中心小学
8 人大附小京西校区 军庄中心小学
9 首师大附中永定分校 军庄中学
10 大峪中学分校 斋堂中学
11 新桥路中学 潭柘寺中学
12 大峪中学西校区 王平中学
13 京师实验中学 清水学校
14 三家店铁路中学 妙峰山民族学校
门头沟区中小学生综合实践体验圈
a 斋堂中小学革命传统教育基地
b 雁翅中小学素质教育基地
c 灵溪中小学生态教育基地
d 丁家滩中小学法制教育基地
e 琉璃渠中小学劳动技术教育基地
f 中小学职业体验教育基地
g 京西古道文化教育基地
昌平区
海淀区
石景山区
丰台区
房山区
河北省
门头沟区
门头沟区
清水学校
清水镇
斋堂中心小学（含附属幼儿园）
斋堂中学
斋堂镇
军响中心小学（含附属幼儿园）
付家台中心小学（含附属幼儿园）
雁翅镇
大台中心小学（含附属幼儿园）
大台
王平村中心小学（含附属幼儿园）
王平镇
王平中学
妙峰山民族学校（九年一贯制）（含附属幼儿园）
妙峰山镇
军庄中心小学（含附属幼儿园）
军庄中学
军庄镇
城子
龙泉镇
大峪
东辛房
永定镇
潭柘寺中学
潭柘寺镇
潭柘寺中心小学（含附属幼儿园）
永
定
河
北京新教育地图
特别策划 A3
3年内优质教育资源全覆盖
门头沟：每名学生在家门口上好学
门头沟区优质教育资源均衡发展策略图

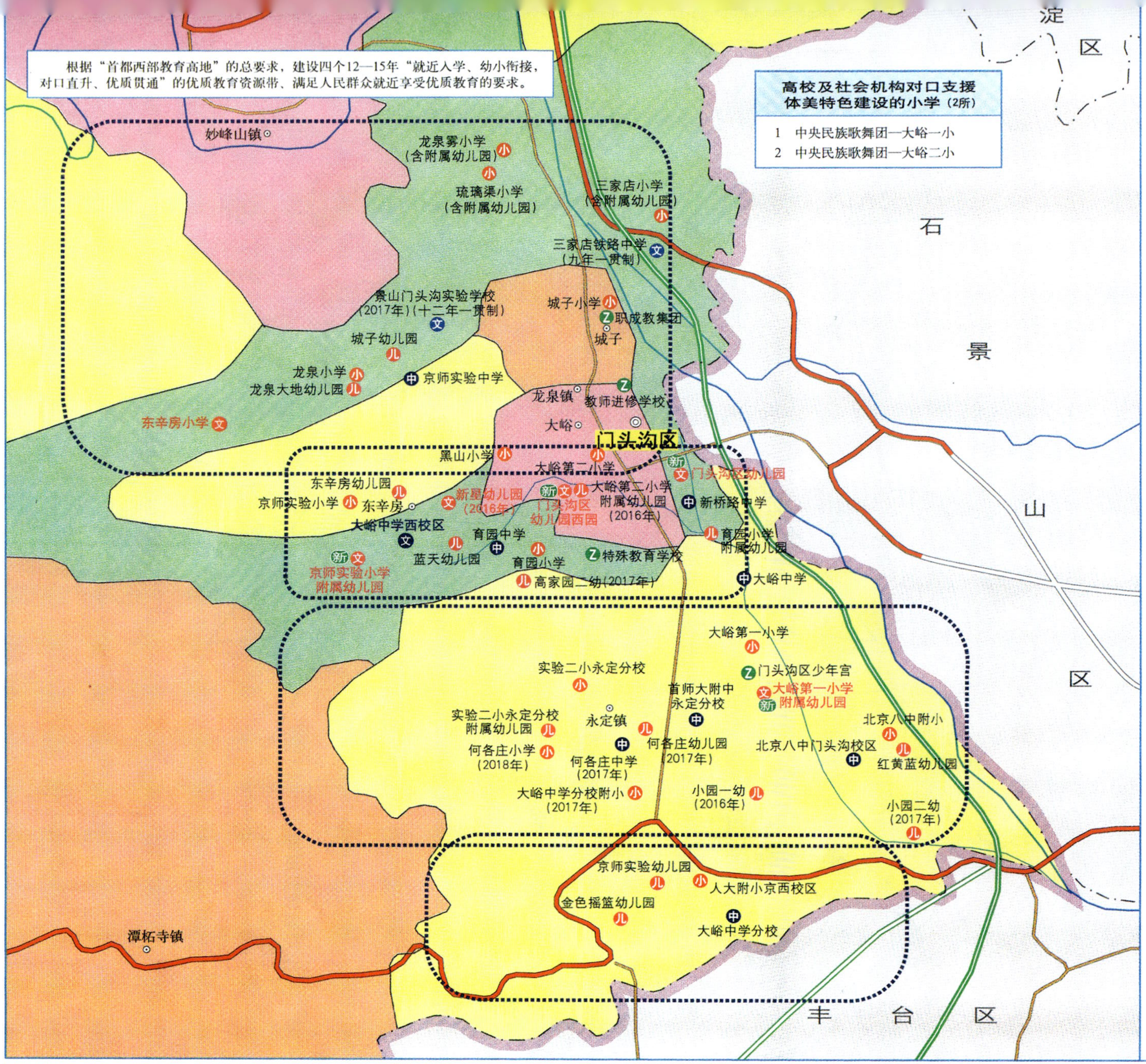

儿 其他幼儿园
小 其他小学
中 其他中学
文 其他一贯制学校
文 改革的幼儿园
文 改革的小学
文 改革的一贯制学校
Z 职业学校、少年宫
新 新建校

北部地区：棚户改造重点地区

1 龙泉大地幼儿园
2 城子幼儿园
3 龙泉小学
4 京师实验中学
5 东辛房小学
6 景山门头沟实验学校(2017年)
7 三家店铁路中学
8 城子小学
9 东辛房幼儿园
10 琉璃渠小学
11 龙泉雾小学
12 三家店小学
13 职成教集团
14 教师进修学校

中部地区：城市核心区

18 黑山小学
19 新星幼儿园（2016年）
20 蓝天幼儿园
21 京师实验小学
22 京师实验小学附属幼儿园
23 大峪第二小学
24 大峪第二小学附属幼儿园（2016年）
25 大峪中学西校区
26 门头沟区幼儿园
27 新桥路中学
28 育园中学
29 育园小学
30 育园小学附属幼儿园
31 大峪中学
32 特殊教育学校
33 高家园二幼（2017年）

中南部地区：高新技术及住宅开发区

34 大峪第一小学
35 大峪第一小学附属幼儿园
36 首师大附中永定分校
37 门头沟区少年宫
38 实验二小永定分校
39 实验二小永定分校附属幼儿园
40 何各庄中学（2017年）
41 北京八中门头沟校区
42 北京八中附小
43 小园一幼（2016年）
44 小园二幼（2017年）
45 红黄蓝幼儿园
46 何各庄小学（2018年）
47 何各庄幼儿园（2017年）
48 大峪中学分校附小（2017年）

南部地区：棚户改造安置区

49 京师实验幼儿园
50 人大附小京西校区
51 金色摇篮幼儿园
52 大峪中学分校

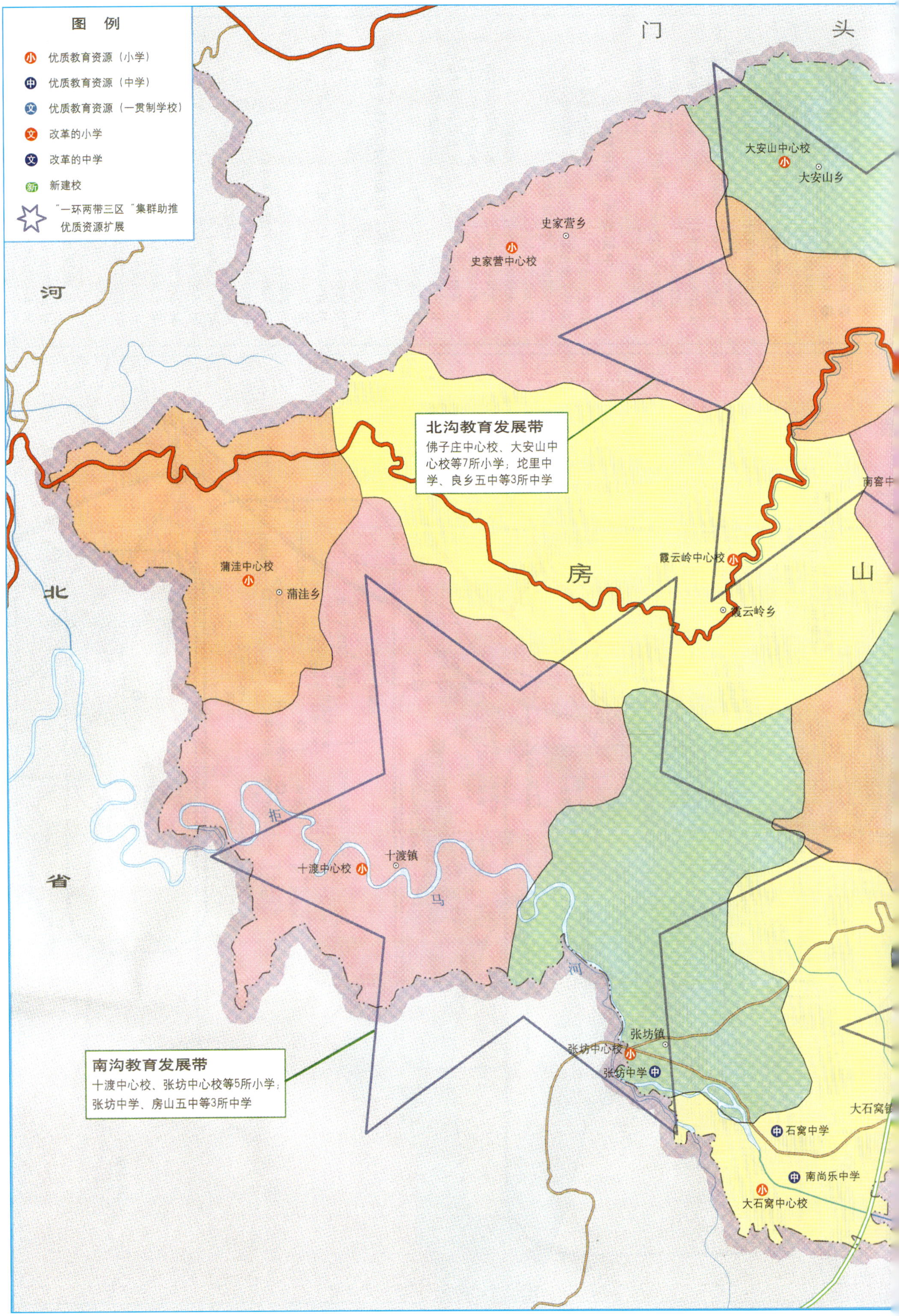
图 例
优质教育资源（小学）
优质教育资源（中学）
优质教育资源（一贯制学校）
改革的小学
改革的中学
新建校
"一环两带三区"集群助推优质资源扩展
门
头
河
北
省
房
山
大安山中心校
大安山乡
史家营乡
史家营中心校
蒲洼中心校
蒲洼乡
北沟教育发展带
佛子庄中心校、大安山中心校等7所小学；坨里中学、良乡五中等3所中学
南窖中
霞云岭中心校
霞云岭乡
拒
十渡镇
十渡中心校
马
河
张坊镇
张坊中心校
张坊中学
南沟教育发展带
十渡中心校、张坊中心校等5所小学；张坊中学、房山五中等3所中学
大石窝镇
石窝中学
南尚乐中学
大石窝中心校

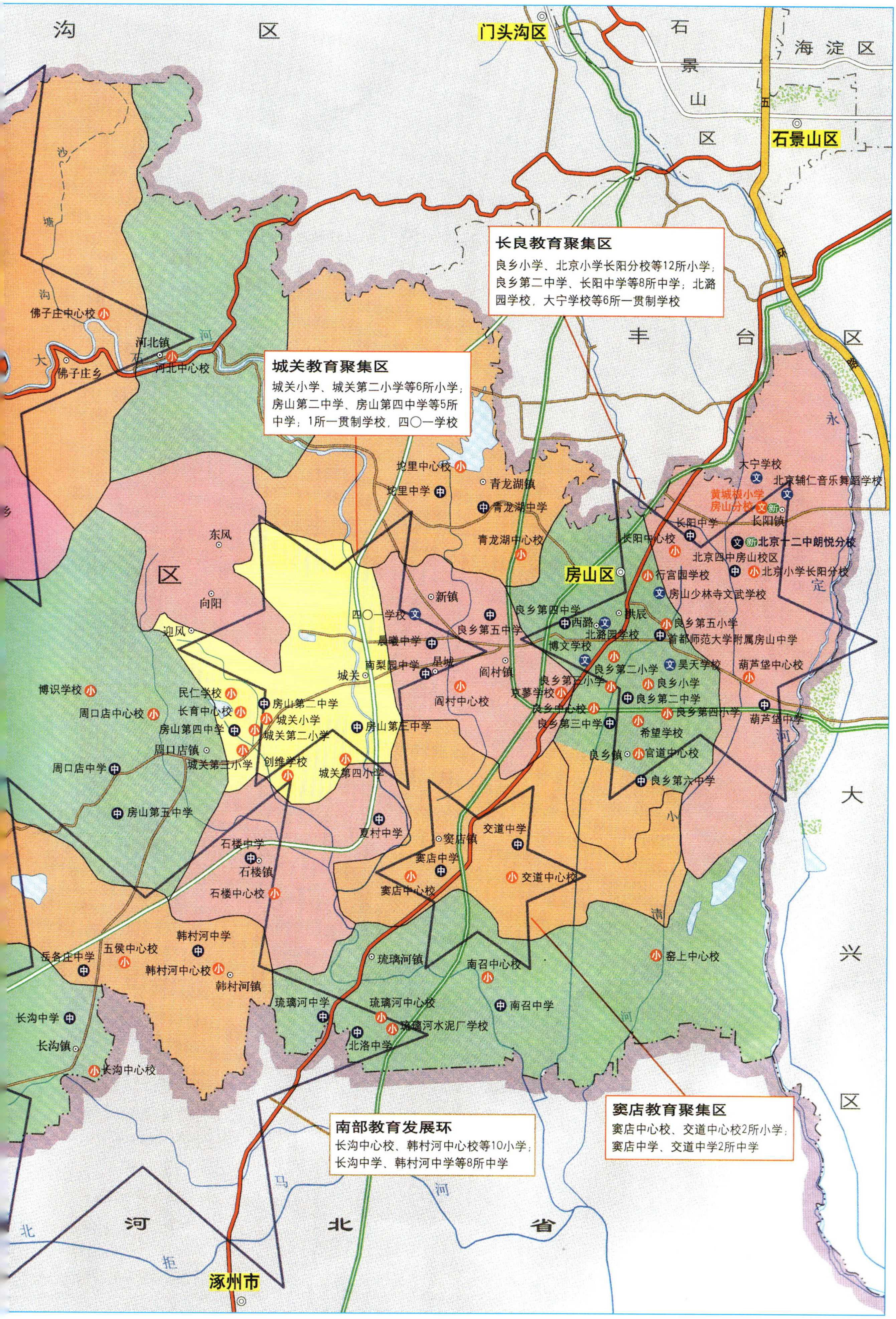
门头沟区
石景山区
海淀区
丰台区
大兴区
河北省
涿州市
房山区
长良教育聚集区
良乡小学、北京小学长阳分校等12所小学；良乡第二中学、长阳中学等8所中学；北潞园学校，大宁学校等6所一贯制学校
城关教育聚集区
城关小学、城关第二小学等6所小学；房山第二中学、房山第四中学等5所中学；1所一贯制学校，四〇一学校
窦店教育聚集区
窦店中心校、交道中心校2所小学；窦店中学、交道中学2所中学
南部教育发展环
长沟中心校、韩村河中心校等10小学；长沟中学、韩村河中学等8所中学
佛子庄中心校
佛子庄乡
河北镇
河北中心校
坨里中心校
坨里中学
青龙湖镇
青龙湖中学
青龙湖中心校
东风
向阳
迎风
新镇
四〇一学校
晨曦中学
南梨园中学
星城
城关
阎村镇
阎村中心校
博识学校
周口店中心校
民仁学校
长育中心校
房山第二中学
城关小学
城关第二小学
房山第四中学
周口店镇
城关第三小学
创维学校
城关第四小学
房山第三中学
周口店中学
房山第五中学
夏村中学
石楼中学
石楼镇
石楼中心校
窦店镇
窦店中学
窦店中心校
交道中学
交道中心校
韩村河中学
五侯中心校
岳各庄中学
韩村河中心校
韩村河镇
琉璃河镇
南召中心校
南召中学
琉璃河中学
琉璃河中心校
琉璃河水泥厂学校
北洛中学
长沟中学
长沟镇
长沟中心校
窑上中心校
大宁学校
北京辅仁音乐舞蹈学校
黄城根小学房山分校
长阳中学
长阳镇
长阳中心校
北京十二中朗悦分校
北京四中房山校区
北京小学长阳分校
行宫园学校
房山少林寺文武学校
良乡第四中学
拱辰
西潞
良乡第五中学
良乡第五小学
北潞园学校
首都师范大学附属房山中学
博文学校
良乡第二小学
昊天学校
葫芦垡中心校
良乡小学
京鹏学校
良乡第二中学
良乡中心校
良乡第四小学
葫芦垡中学
良乡第三中学
希望学校
良乡镇
官道中心校
良乡第六中学

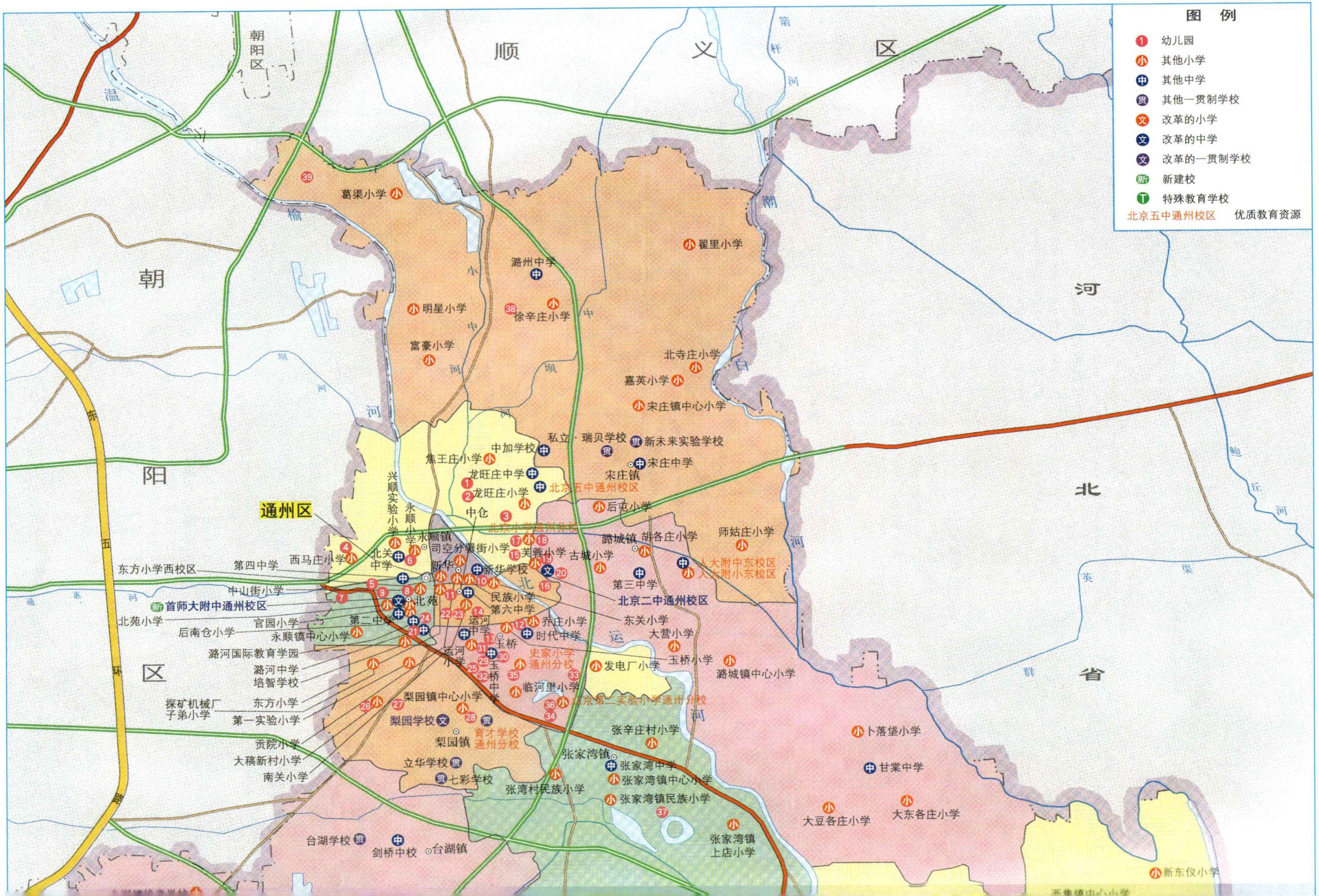
图例
幼儿园
其他小学
其他中学
其他一贯制学校
改革的小学
改革的中学
改革的一贯制学校
新建校
特殊教育学校
北京五中通州校区
优质教育资源
顺义区
河北省
朝阳区
朝阳区
通州区
葛渠小学
翟里小学
潞州中学
明星小学
徐辛庄小学
富豪小学
北寺庄小学
嘉英小学
宋庄镇中心小学
私立・瑞贝学校
新未来实验学校
中加学校
宋庄中学
宋庄镇
焦王庄小学
龙旺庄中学
龙旺庄小学
北京五中通州校区
中仓
后屯小学
师姑庄小学
兴顺实验小学
永顺小学
永顺镇
司空分署街小学
芙蓉小学
古城小学
潞城镇
胡各庄小学
人大附中东校区
人大附小东校区
西马庄小学
北关中学
第四中学
东方小学西校区
新华
新华学校
第三中学
北京二中通州校区
中山街小学
首师大附中通州校区
北苑
民族小学
第六中学
东关小学
北苑小学
后南仓小学
官园小学
第二中学
运河中学
乔庄小学
大营小学
永顺镇中心小学
时代中学
玉桥
史家小学通州分校
发电厂小学
玉桥小学
潞城镇中心小学
潞河国际教育学园
潞河中学
培智学校
运河小学
玉桥中学
临河里小学
北京第二实验小学通州分校
探矿机械厂子弟小学
东方小学
第一实验小学
梨园镇中心小学
梨园学校
育才学校通州分校
梨园镇
贡院小学
大稿新村小学
南关小学
立华学校
七彩学校
张辛庄村小学
张家湾镇
张家湾中学
张家湾镇中心小学
张湾村民族小学
张家湾镇民族小学
卜落垡小学
甘棠中学
大豆各庄小学
大东各庄小学
张家湾镇上店小学
台湖学校
剑桥中校
台湖镇
新东仪小学
温榆河
小中河
中坝河
潮白河
运河
北运河
凉水河
箭杆河
鲍丘河
東五环

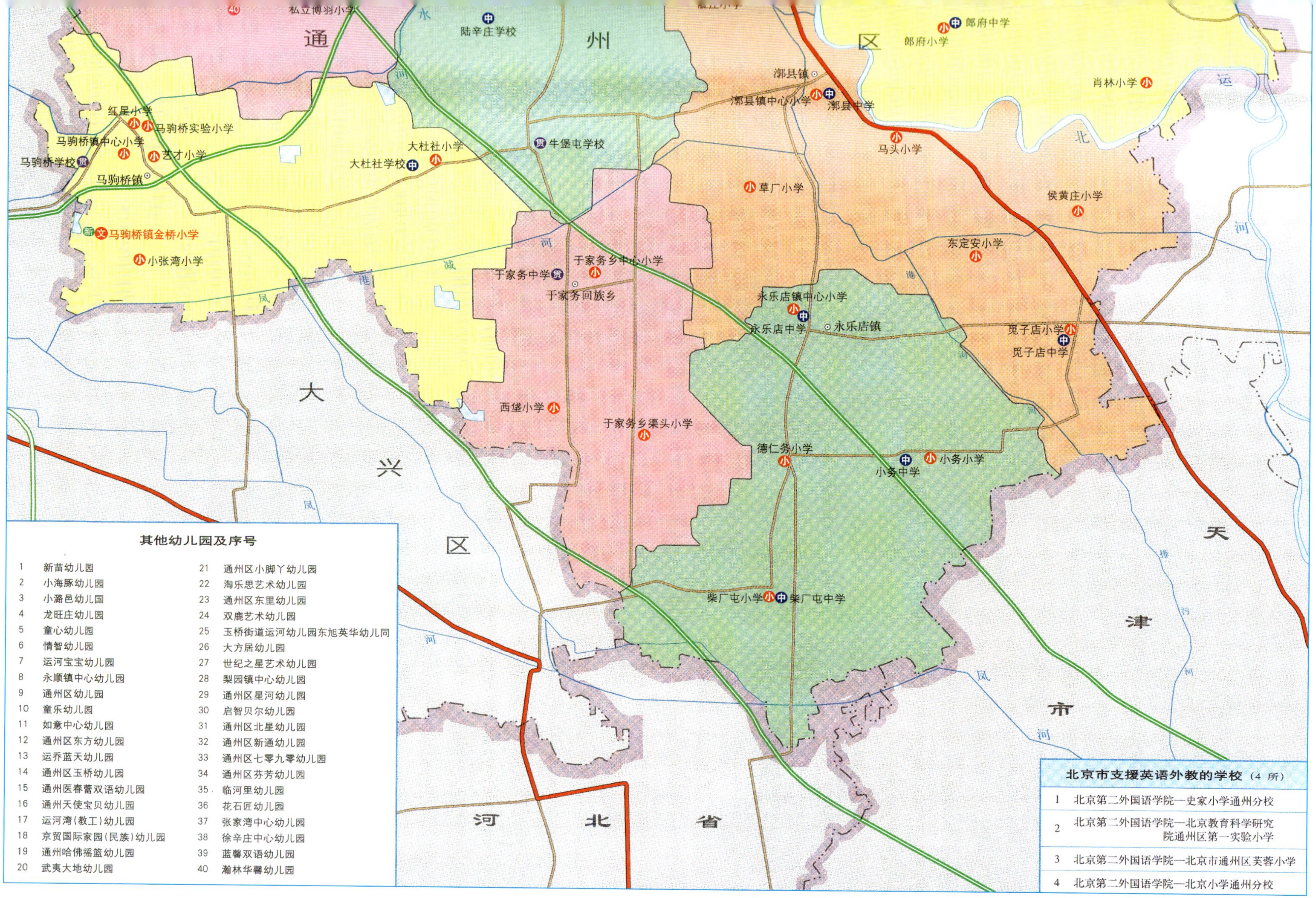

其他幼儿园及序号

1	新苗幼儿园	21	通州区小脚丫幼儿园
2	小海豚幼儿园	22	淘乐思艺术幼儿园
3	小潞邑幼儿园	23	通州区东里幼儿园
4	龙旺庄幼儿园	24	双鹿艺术幼儿园
5	童心幼儿园	25	玉桥街道运河幼儿园东旭英华幼儿园
6	情智幼儿园	26	大方居幼儿园
7	运河宝宝幼儿园	27	世纪之星艺术幼儿园
8	永顺镇中心幼儿园	28	梨园镇中心幼儿园
9	通州区幼儿园	29	通州区星河幼儿园
10	童乐幼儿园	30	启智贝尔幼儿园
11	如意中心幼儿园	31	通州区北星幼儿园
12	通州区东方幼儿园	32	通州区新通幼儿园
13	运乔蓝天幼儿园	33	通州区七零九零幼儿园
14	通州区玉桥幼儿园	34	通州区芬芳幼儿园
15	通州医春蕾双语幼儿园	35	临河里幼儿园
16	通州天使宝贝幼儿园	36	花石匠幼儿园
17	运河湾(教工)幼儿园	37	张家湾中心幼儿园
18	京贸国际家园(民族)幼儿园	38	徐辛庄中心幼儿园
19	通州哈佛摇篮幼儿园	39	蓝馨双语幼儿园
20	武夷大地幼儿园	40	瀚林华馨幼儿园

北京市支援英语外教的学校（4 所）

1. 北京第二外国语学院—史家小学通州分校
2. 北京第二外国语学院—北京教育科学研究院通州区第一实验小学
3. 北京第二外国语学院—北京市通州区芙蓉小学
4. 北京第二外国语学院—北京小学通州分校

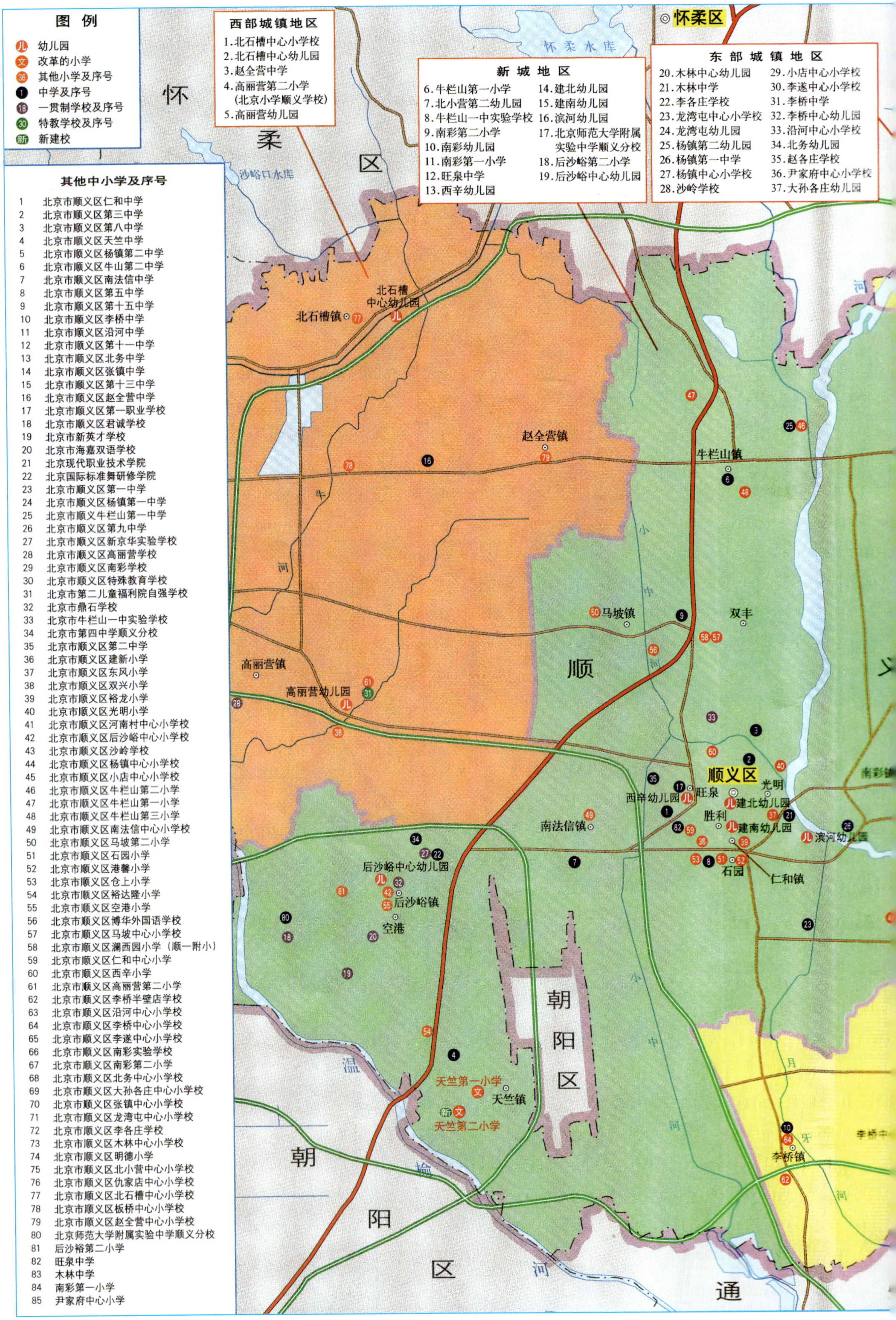

图例
幼儿园
改革的小学
其他小学及序号
中学及序号
一贯制学校及序号
特教学校及序号
新建校

西部城镇地区
1.北石槽中心小学校
2.北石槽中心幼儿园
3.赵全营中学
4.高丽营第二小学（北京小学顺义学校）
5.高丽营幼儿园

新城地区
6.牛栏山第一小学
7.北小营第二幼儿园
8.牛栏山一中实验学校
9.南彩第二小学
10.南彩幼儿园
11.南彩第一小学
12.旺泉中学
13.西辛幼儿园
14.建北幼儿园
15.建南幼儿园
16.滨河幼儿园
17.北京师范大学附属实验中学顺义分校
18.后沙峪第二小学
19.后沙峪中心幼儿园

东部城镇地区
20.木林中心幼儿园
21.木林中学
22.李各庄学校
23.龙湾屯中心小学校
24.龙湾屯幼儿园
25.杨镇第二幼儿园
26.杨镇第一中学
27.杨镇中心小学校
28.沙岭学校
29.小店中心小学校
30.李遂中心小学校
31.李桥中学
32.李桥中心幼儿园
33.沿河中心小学校
34.北务幼儿园
35.赵各庄学校
36.尹家府中心小学校
37.大孙各庄幼儿园

其他中小学及序号
1 北京市顺义区仁和中学
2 北京市顺义区第三中学
3 北京市顺义区第八中学
4 北京市顺义区天竺中学
5 北京市顺义区杨镇第二中学
6 北京市顺义区牛山第二中学
7 北京市顺义区南法信中学
8 北京市顺义区第五中学
9 北京市顺义区第十五中学
10 北京市顺义区李桥中学
11 北京市顺义区沿河中学
12 北京市顺义区第十一中学
13 北京市顺义区北务中学
14 北京市顺义区张镇中学
15 北京市顺义区第十三中学
16 北京市顺义区赵全营中学
17 北京市顺义区第一职业学校
18 北京市顺义区君诚学校
19 北京市新英才学校
20 北京市海嘉双语学校
21 北京现代职业技术学院
22 北京国际标准舞研修学院
23 北京市顺义区第一中学
24 北京市顺义区杨镇第一中学
25 北京市顺义牛栏山第一中学
26 北京市顺义区第九中学
27 北京市顺义区新京华实验学校
28 北京市顺义区高丽营学校
29 北京市顺义区南彩学校
30 北京市顺义区特殊教育学校
31 北京市第二儿童福利院自强学校
32 北京市鼎石学校
33 北京市牛栏山一中实验学校
34 北京市第四中学顺义分校
35 北京市顺义区第二中学
36 北京市顺义区建新小学
37 北京市顺义区东风小学
38 北京市顺义区双兴小学
39 北京市顺义区裕龙小学
40 北京市顺义区光明小学
41 北京市顺义区河南村中心小学校
42 北京市顺义区后沙峪中心小学校
43 北京市顺义区沙岭学校
44 北京市顺义区杨镇中心小学校
45 北京市顺义区小店中心小学校
46 北京市顺义区牛栏山第二小学
47 北京市顺义区牛栏山第一小学
48 北京市顺义区牛栏山第三小学
49 北京市顺义区南法信中心小学校
50 北京市顺义区马坡第二小学
51 北京市顺义区石园小学
52 北京市顺义区港馨小学
53 北京市顺义区仓上小学
54 北京市顺义区裕达隆小学
55 北京市顺义区空港小学
56 北京市顺义区博华外国语学校
57 北京市顺义区马坡中心小学校
58 北京市顺义区澜西园小学（顺一附小）
59 北京市顺义区仁和中心小学
60 北京市顺义区西辛小学
61 北京市顺义区高丽营第二小学
62 北京市顺义区李桥半壁店学校
63 北京市顺义区沿河中心小学校
64 北京市顺义区李桥中心小学校
65 北京市顺义区李遂中心小学校
66 北京市顺义区南彩实验学校
67 北京市顺义区南彩第二小学
68 北京市顺义区北务中心小学校
69 北京市顺义区大孙各庄中心小学校
70 北京市顺义区张镇中心小学校
71 北京市顺义区龙湾屯中心小学校
72 北京市顺义区李各庄学校
73 北京市顺义区木林中心小学校
74 北京市顺义区明德小学
75 北京市顺义区北小营中心小学校
76 北京市顺义区仇家店中心小学校
77 北京市顺义区北石槽中心小学校
78 北京市顺义区板桥中心小学校
79 北京市顺义区赵全营中心小学校
80 北京师范大学附属实验中学顺义分校
81 后沙裕第二小学
82 旺泉中学
83 木林中学
84 南彩第一小学
85 尹家府中心小学

怀柔区
怀柔水库
沙峪口水库
怀柔区
北石槽中心幼儿园
北石槽镇
赵全营镇
牛栏山镇
牛
河
马坡镇
双丰
高丽营镇
高丽营幼儿园
顺
顺义区
光明
西辛幼儿园
旺泉
建北幼儿园
胜利
建南幼儿园
滨河幼儿园
南法信镇
石园
仁和镇
后沙峪中心幼儿园
后沙峪镇
空港
朝阳区
天竺第一小学
天竺镇
天竺第二小学
温
榆
河
朝阳区
李桥镇
通

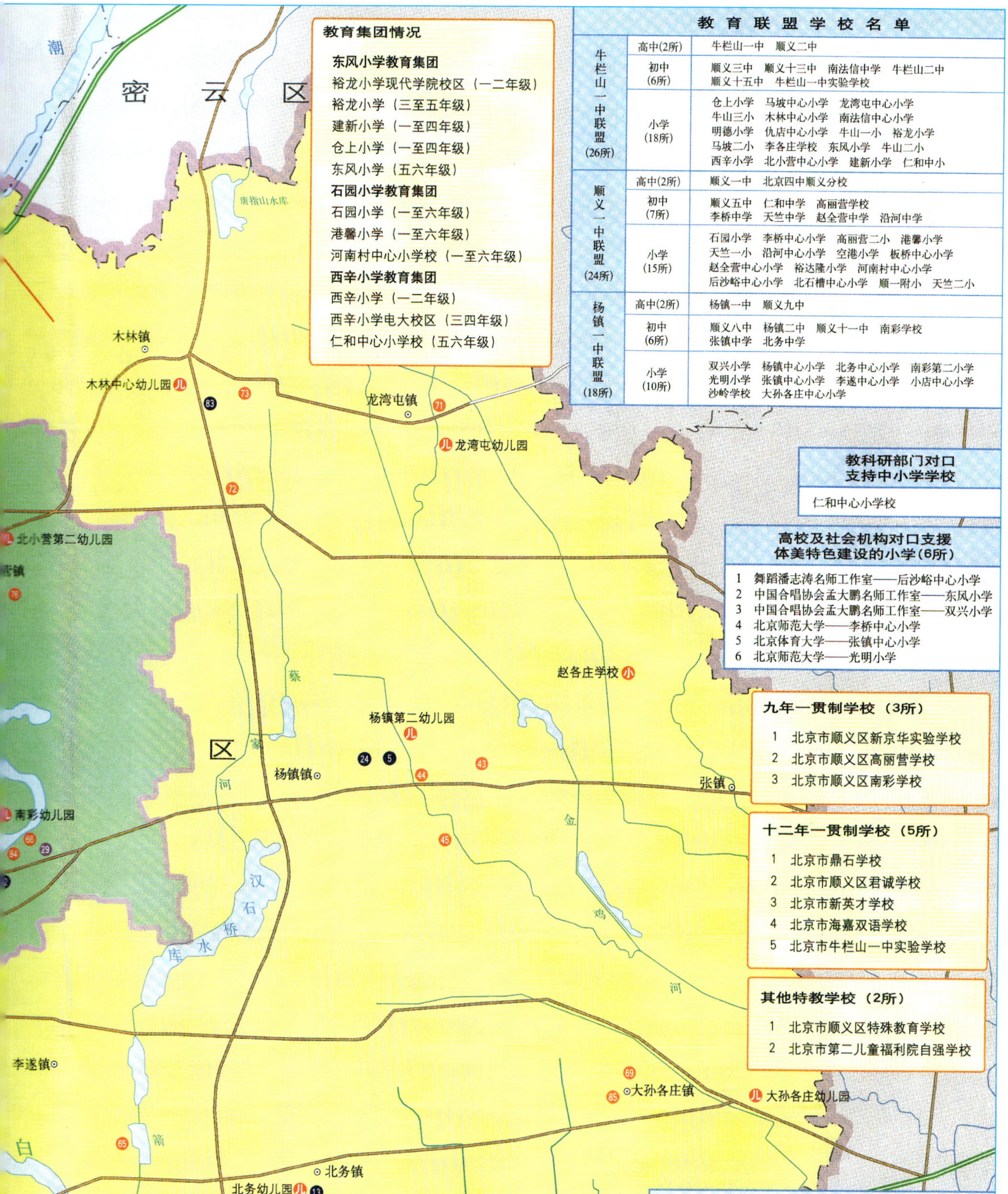

教育集团情况

东风小学教育集团
裕龙小学现代学院校区（一二年级）
裕龙小学（三至五年级）
建新小学（一至四年级）
仓上小学（一至四年级）
东风小学（五六年级）

石园小学教育集团
石园小学（一至六年级）
港馨小学（一至六年级）
河南村中心小学校（一至六年级）

西辛小学教育集团
西辛小学（一二年级）
西辛小学电大校区（三四年级）
仁和中心小学校（五六年级）

教育联盟学校名单

牛栏山一中联盟（26所）	高中(2所)	牛栏山一中　顺义二中
	初中(6所)	顺义三中　顺义十三中　南法信中学　牛栏山二中　顺义十五中　牛栏山一中实验学校
	小学(18所)	仓上小学　马坡中心小学　龙湾屯中心小学　牛山三小　木林中心小学　南法信中心小学　明德小学　仇店中心小学　牛山一小　裕龙小学　马坡二小　李各庄学校　东风小学　牛山二小　西辛小学　北小营中心小学　建新小学　仁和中小
顺义一中联盟（24所）	高中(2所)	顺义一中　北京四中顺义分校
	初中(7所)	顺义五中　仁和中学　高丽营学校　李桥中学　天竺中学　赵全营中学　沿河中学
	小学(15所)	石园小学　李桥中心小学　高丽营二小　港馨小学　天竺一小　沿河中心小学　空港小学　板桥中心小学　赵全营中心小学　裕达隆小学　河南村中心小学　后沙峪中心小学　北石槽中心小学　顺一附小　天竺二小
杨镇一中联盟（18所）	高中(2所)	杨镇一中　顺义九中
	初中(6所)	顺义八中　杨镇二中　顺义十一中　南彩学校　张镇中学　北务中学
	小学(10所)	双兴小学　杨镇中心小学　北务中心小学　南彩第二小学　光明小学　张镇中心小学　李遂中心小学　小店中心小学　沙岭学校　大孙各庄中心小学

教科研部门对口支持中小学学校

仁和中心小学校

高校及社会机构对口支援体美特色建设的小学(6所)

1　舞蹈潘志涛名师工作室——后沙峪中心小学
2　中国合唱协会孟大鹏名师工作室——东风小学
3　中国合唱协会孟大鹏名师工作室——双兴小学
4　北京师范大学——李桥中心小学
5　北京体育大学——张镇中心小学
6　北京师范大学——光明小学

九年一贯制学校（3所）

1　北京市顺义区新京华实验学校
2　北京市顺义区高丽营学校
3　北京市顺义区南彩学校

十二年一贯制学校（5所）

1　北京市鼎石学校
2　北京市顺义区君诚学校
3　北京市新英才学校
4　北京市海嘉双语学校
5　北京市牛栏山一中实验学校

其他特教学校（2所）

1　北京市顺义区特殊教育学校
2　北京市第二儿童福利院自强学校

2014—2016年顺义区学校学位增长分布图

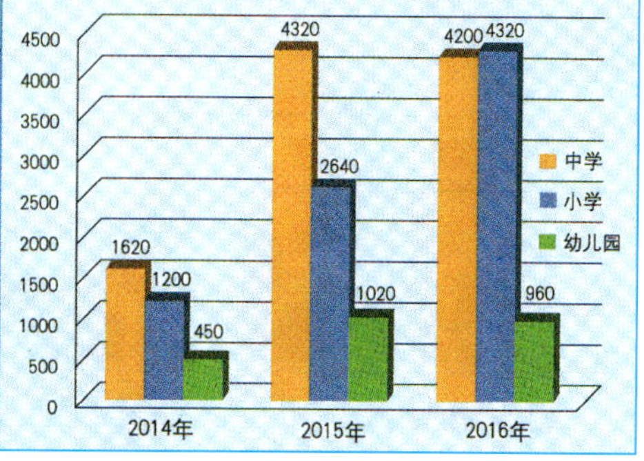

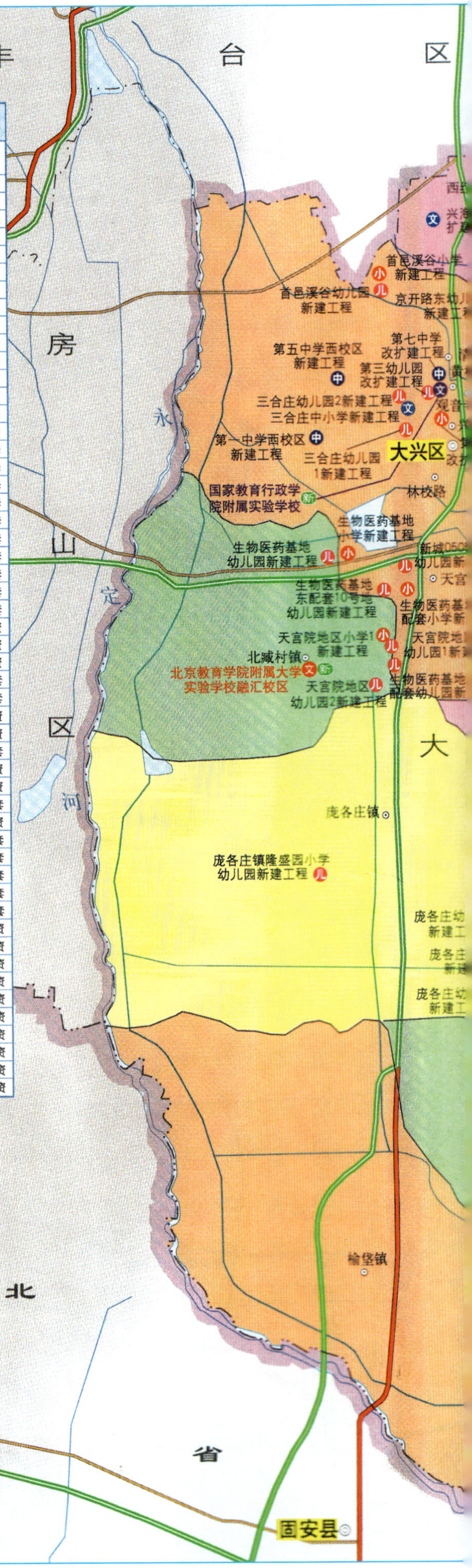

大兴区2014—2016年拟新建、改扩建学校（幼儿园）

序号	项目名称	工程性质	新增班数	新增学位	拟建设时间	学制	投资主体
1	大兴区兴海学校扩建工程	改扩建	36	1440	2014	九年一贯制	开发配套
2	首邑溪谷小学新建工程	新建	18	720	2014	小学	开发配套
3	首邑溪谷幼儿园新建工程	新建	9	270	2014	幼儿园	开发配套
4	京开路东幼儿园1新建工程	新建	12	360	2015	幼儿园	开发配套
5	京开路东幼儿园2新建工程	新建	12	360	2016	幼儿园	开发配套
6	大兴区第七中学改扩建工程	改扩建	0	0	2014	初中	政府投资
7	大兴区第五中学西校区新建工程	新建	36	1440	2014	完中	政府投资
8	三合庄幼儿园2新建工程	新建	9	270	2016	幼儿园	政府投资
9	黄村镇一中心校南侧小学新建工程	新建	18	720	2015	小学	政府投资
10	大兴区第三幼儿园改扩建工程	改扩建	6	180	2014	幼儿园	政府投资
11	三合庄中小学新建工程	新建	48	1920	2014	中小学两校一址办学	政府投资
12	三合庄幼儿园1新建工程	新建	12	360	2015	幼儿园	政府投资
13	大兴区第一小学改扩建工程	改扩建	6	240	2014	小学	政府投资
14	京开路东幼儿园3新建工程	新建	9	270	2015	幼儿园	开发配套
15	大兴区第一中学西校区新建工程	新建	120	4800	2014	完中	政府投资
16	京开路东幼儿园4新建工程	新建	12	360	2016	幼儿园	开发配套
17	生物医药基地幼儿园新建工程	新建	12	360	2014	幼儿园	开发配套
18	生物医药基地小学新建工程	新建	18	720	2014	小学	开发配套
19	新城0505街区幼儿园新建工程	新建	12	360	2014	幼儿园	开发配套
20	生物医药基地东配套10号地幼儿园新建工程	新建	12	360	2014	幼儿园	开发配套
21	生物医药基地5号地配套小学新建工程	新建	24	960	2014	小学	开发配套
22	生物医药基地15号地配套幼儿园新建工程	新建	12	360	2014	幼儿园	开发配套
23	天宫院地区小学1新建工程	新建	24	960	2015	小学	开发配套
24	天宫院地区幼儿园1新建工程	新建	12	360	2015	幼儿园	开发配套
25	天宫院地区幼儿园2新建工程	新建	12	360	2016	幼儿园	开发配套
26	庞各庄公租房配套中学新建工程	新建	24	960	2015	初中	政府投资
27	庞各庄小学2新建工程	新建	27	1080	2015	小学	政府投资
28	庞各庄幼儿园2新建工程	新建	27	450	2015	幼儿园	政府投资
29	庞各庄幼儿园3新建工程	新建	12	360	2014	幼儿园	开发配套
30	庞各庄幼儿园4新建工程	新建	12	360	2014	幼儿园	开发配套
31	庞各庄小学1新建工程	新建	24	960	2014	小学	政府投资
32	庞各庄一幼新建工程	新建	12	360	2014	幼儿园	政府投资
33	庞各庄镇隆盛园小学幼儿园新建工程	新建	8	240	2014	幼儿园	开发配套
34	魏善庄一幼新建工程	新建	15	450	2014	幼儿园	政府投资
35	瀛海一小新建工程	新建	60	2400	2014	小学	政府投资
36	瀛海镇镇区改造B地块幼儿园新建工程	新建	12	360	2014	幼儿园	开发配套
37	采育二幼新建工程	新建	12	360	2014	幼儿园	政府投资
38	旧宫1号地幼儿园新建工程	新建	18	540	2014	幼儿园	开发配套
39	旧宫1号地中学新建工程	新建	18	720	2014	初中	开发配套
40	旧宫东站4号地小学新建工程	新建	36	1440	2014	小学	开发配套
41	旧宫东站3号地幼儿园新建工程	新建	12	360	2014	幼儿园	开发配套
42	旧宫东站4号地幼儿园新建工程	新建	12	360	2014	幼儿园	开发配套
43	旧宫中学改扩建工程	改扩建	18	720	2014	完中	政府投资
44	亦庄X39学校新建工程	新建	60	2400	2014	九年一贯制	政府投资
45	十一学校亦庄实验学校新建工程	新建	84	3360	2014	完中	政府投资
46	北京二中亦庄学校改扩建工程	改扩建	18	720	2014	十二年一贯制	政府投资
47	亦庄X95号地配套初中新建工程	新建	24	960	2015	初中	政府投资
48	亦庄E13R—1号地配套完全中学新建工程	新建	39	1560	2016	完中	政府投资
49	亦庄X99号地配套小学新建工程	新建	36	1440	2015	小学	政府投资
50	亦庄E13R—2号地配套小学新建工程	新建	24	960	2016	小学	政府投资
51	亦庄X96号地配套幼儿园新建工程	新建	18	540	2016	幼儿园	政府投资
52	亦庄X88号地配套幼儿园新建工程	新建	21	630	2016	幼儿园	政府投资

2014—2016年三年新增优质学位分布图

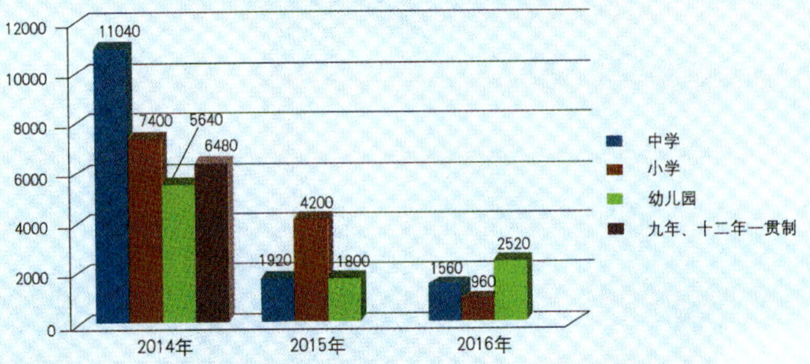

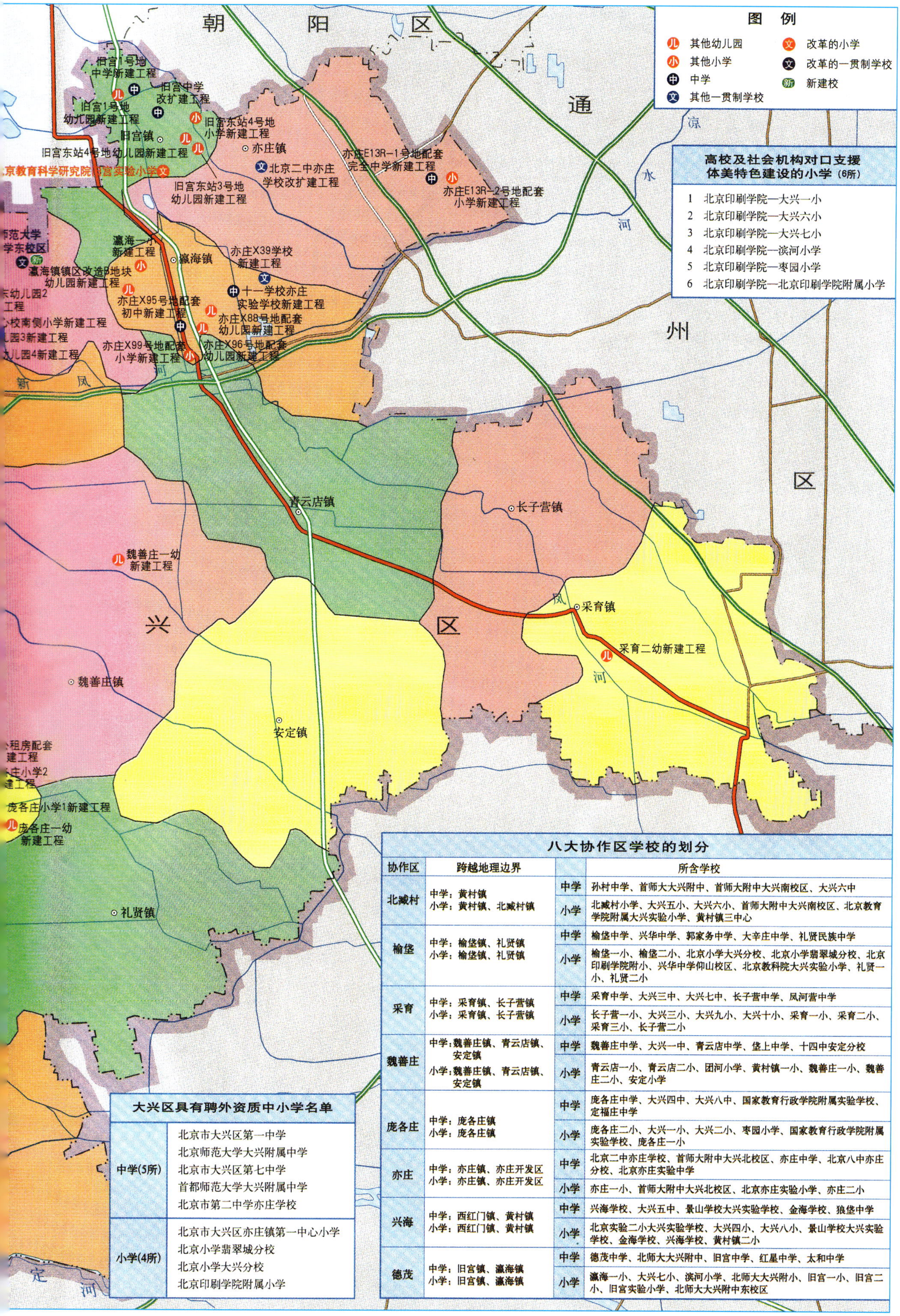

高校及社会机构对口支援体美特色建设的小学（6所）

1 北京印刷学院—大兴一小
2 北京印刷学院—大兴六小
3 北京印刷学院—大兴七小
4 北京印刷学院—滨河小学
5 北京印刷学院—枣园小学
6 北京印刷学院—北京印刷学院附属小学

大兴区具有聘外资质中小学名单

中学(5所)	北京市大兴区第一中学 北京师范大学大兴附属中学 北京市大兴区第七中学 首都师范大学大兴附属中学 北京市第二中学亦庄学校
小学(4所)	北京市大兴区亦庄镇第一中心小学 北京小学翡翠城分校 北京小学大兴分校 北京印刷学院附属小学

八大协作区学校的划分

协作区	跨越地理边界		所含学校
北臧村	中学：黄村镇 小学：黄村镇、北臧村镇	中学	孙村中学、首师大大兴附中、首师大附中大兴南校区、大兴六中
		小学	北臧村小学、大兴五小、大兴六小、首师大附中大兴南校区、北京教育学院附属大兴实验小学、黄村镇三中心
榆垡	中学：榆垡镇、礼贤镇 小学：榆垡镇、礼贤镇	中学	榆垡中学、兴华中学、郭家务中学、大辛庄中学、礼贤民族中学
		小学	榆垡一小、榆垡二小、北京小学大兴分校、北京小学翡翠城分校、北京印刷学院附小、兴华中学仰山校区、北京教科院大兴实验小学、礼贤一小、礼贤二小
采育	中学：采育镇、长子营镇 小学：采育镇、长子营镇	中学	采育中学、大兴三中、大兴七中、长子营中学、凤河营中学
		小学	长子营一小、大兴三小、大兴九小、大兴十小、采育一小、采育二小、采育三小、长子营二小
魏善庄	中学：魏善庄镇、青云店镇、安定镇 小学：魏善庄镇、青云店镇、安定镇	中学	魏善庄中学、大兴一中、青云店中学、垡上中学、十四中安定分校
		小学	青云店一小、青云店二小、团河小学、黄村镇一小、魏善庄一小、魏善庄二小、安定小学
庞各庄	中学：庞各庄镇 小学：庞各庄镇	中学	庞各庄中学、大兴四中、大兴八中、国家教育行政学院附属实验学校、定福庄中学
		小学	庞各庄二小、大兴一小、大兴二小、枣园小学、国家教育行政学院附属实验学校、庞各庄一小
亦庄	中学：亦庄镇、亦庄开发区 小学：亦庄镇、亦庄开发区	中学	北京二中亦庄学校、首师大附中大兴北校区、亦庄中学、北京八中亦庄分校、北京亦庄实验中学
		小学	亦庄一小、首师大附中大兴北校区、北京亦庄实验小学、亦庄二小
兴海	中学：西红门镇、黄村镇 小学：西红门镇、黄村镇	中学	兴海学校、大兴五中、景山学校大兴实验学校、金海学校、狼垡中学
		小学	北京实验二小大兴实验学校、大兴四小、大兴八小、景山学校大兴实验学校、金海学校、兴海学校、黄村镇二小
德茂	中学：旧宫镇、瀛海镇 小学：旧宫镇、瀛海镇	中学	德茂中学、北师大大兴附中、旧宫中学、红星中学、太和中学
		小学	瀛海一小、大兴七小、滨河小学、北师大大兴附小、旧宫一小、旧宫二小、旧宫实验小学、北师大大兴附中东校区

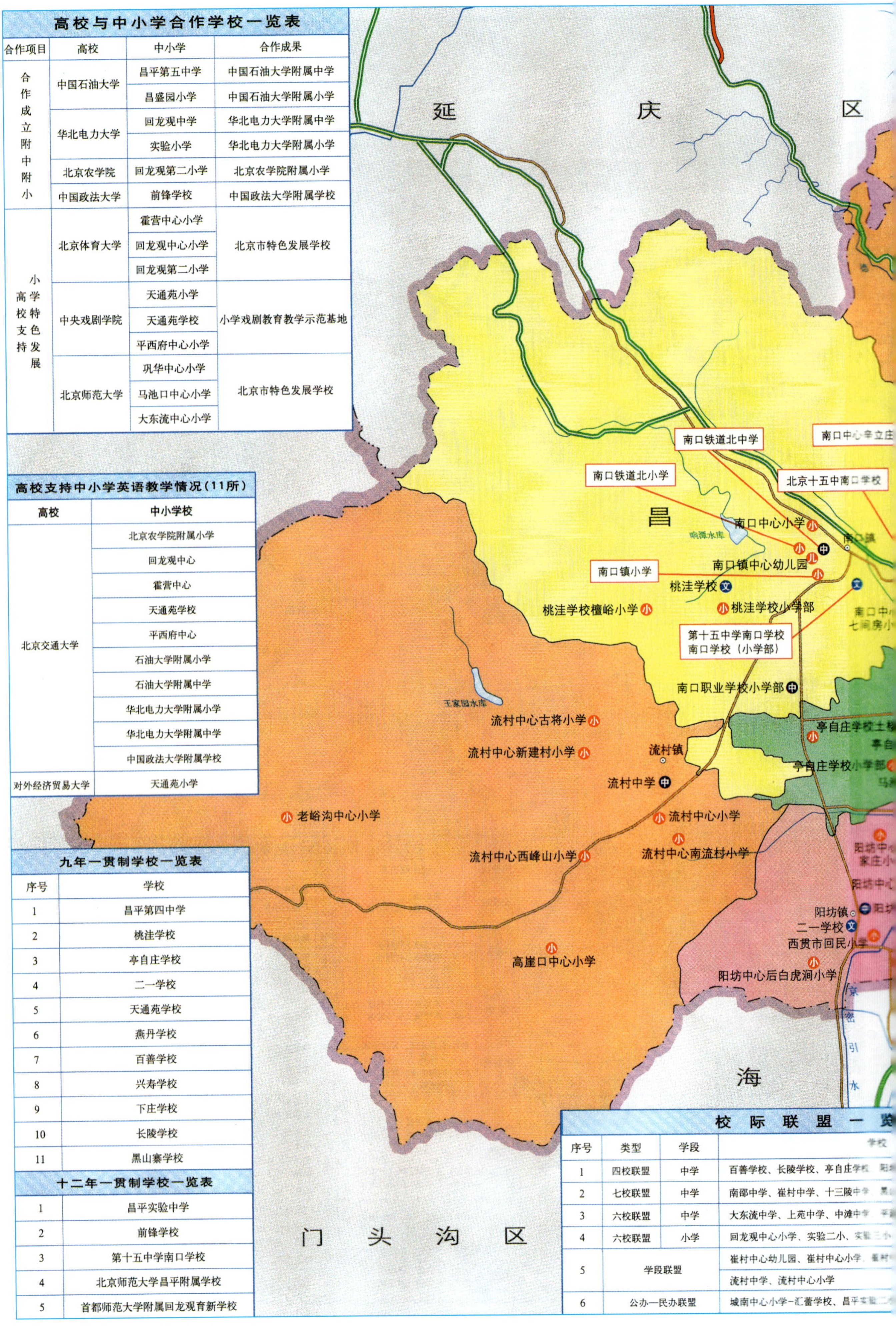

高校与中小学合作学校一览表

合作项目	高校	中小学	合作成果
合作成立附中附小	中国石油大学	昌平第五中学	中国石油大学附属中学
		昌盛园小学	中国石油大学附属小学
	华北电力大学	回龙观中学	华北电力大学附属中学
		实验小学	华北电力大学附属小学
	北京农学院	回龙观第二小学	北京农学院附属小学
	中国政法大学	前锋学校	中国政法大学附属学校
高校支持特色小学发展	北京体育大学	霍营中心小学	北京市特色发展学校
		回龙观中心小学	
		回龙观第二小学	
	中央戏剧学院	天通苑小学	小学戏剧教育教学示范基地
		天通苑学校	
		平西府中心小学	
	北京师范大学	巩华中心小学	北京市特色发展学校
		马池口中心小学	
		大东流中心小学	

高校支持中小学英语教学情况（11所）

高校	中小学校
北京交通大学	北京农学院附属小学
	回龙观中心
	霍营中心
	天通苑学校
	平西府中心
	石油大学附属小学
	石油大学附属中学
	华北电力大学附属小学
	华北电力大学附属中学
	中国政法大学附属学校
对外经济贸易大学	天通苑小学

九年一贯制学校一览表

序号	学校
1	昌平第四中学
2	桃洼学校
3	亭自庄学校
4	二一学校
5	天通苑学校
6	燕丹学校
7	百善学校
8	兴寿学校
9	下庄学校
10	长陵学校
11	黑山寨学校

十二年一贯制学校一览表

序号	学校
1	昌平实验中学
2	前锋学校
3	第十五中学南口学校
4	北京师范大学昌平附属学校
5	首都师范大学附属回龙观育新学校

校际联盟一览

序号	类型	学段	学校
1	四校联盟	中学	百善学校、长陵学校、亭自庄学校、
2	七校联盟	中学	南邵中学、崔村中学、十三陵中学、
3	六校联盟	中学	大东流中学、上苑中学、中滩中学、
4	六校联盟	小学	回龙观中心小学、实验二小、
5	学段联盟		崔村中心幼儿园、崔村中心小学、
			流村中学、流村中心小学
6	公办—民办联盟		城南中心小学–汇蕾学校、昌平

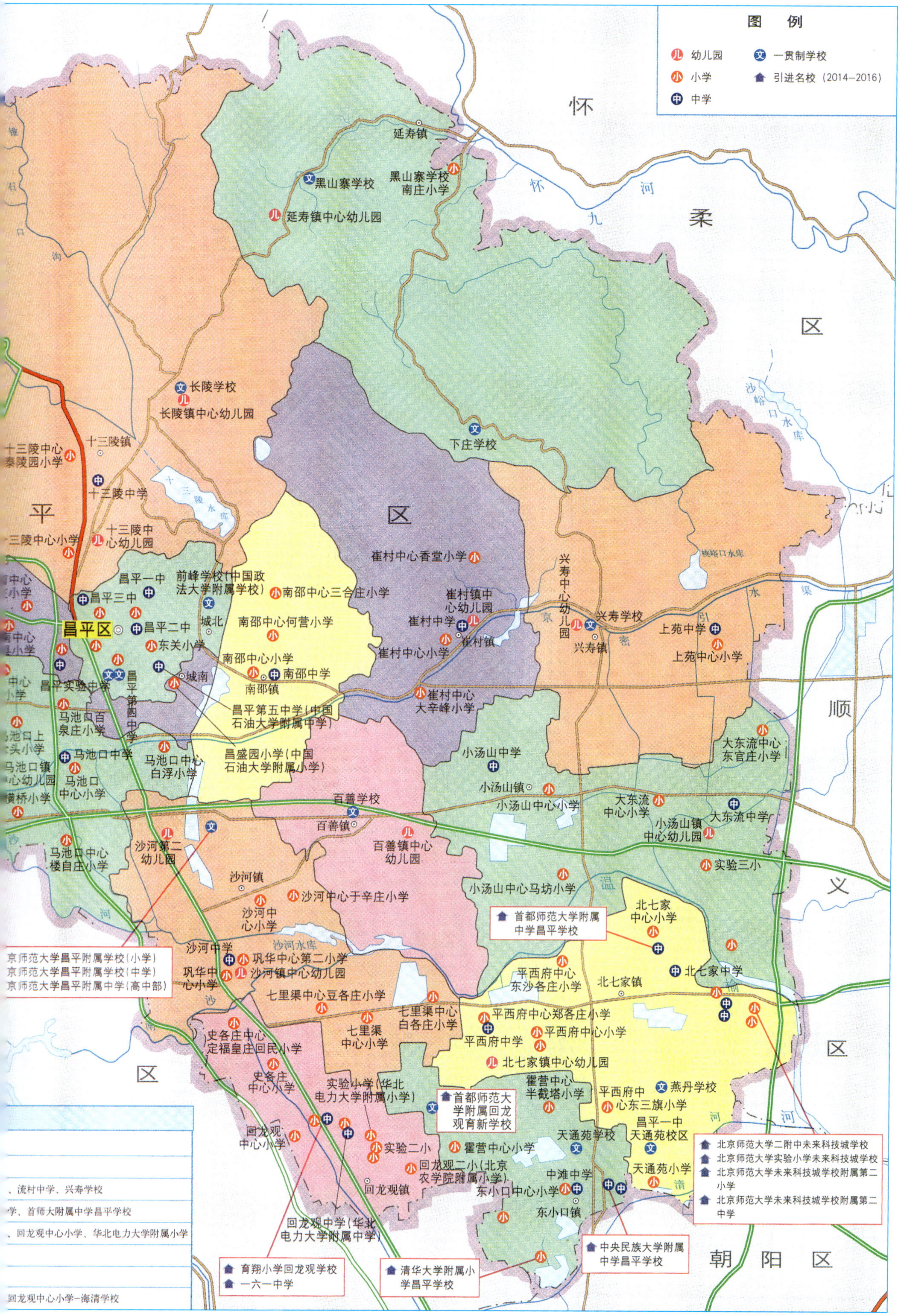

图 例
幼儿园
小学
中学
一贯制学校
引进名校（2014—2016）
怀
柔
区
顺
义
区
朝 阳 区
平
区
延寿镇
黑山寨学校
黑山寨学校南庄小学
延寿镇中心幼儿园
长陵学校
长陵镇中心幼儿园
十三陵镇
十三陵中心泰陵园小学
十三陵中学
十三陵中心幼儿园
十三陵中心小学
下庄学校
崔村中心香堂小学
崔村镇中心幼儿园
崔村中学
崔村镇
崔村中心小学
崔村中心大辛峰小学
兴寿中心幼儿园
兴寿学校
兴寿镇
上苑中学
上苑中心小学
昌平一中
昌平三中
昌平二中
昌平区
前峰学校(中国政法大学附属学校)
城北
东关小学
南邵中心三合庄小学
南邵中心何营小学
南邵中心小学
南邵中学
南邵镇
城南
昌平实验中学
昌平第四中学
昌平第五中学(中国石油大学附属中学)
昌盛园小学(中国石油大学附属小学)
马池口百泉庄小学
马池口中学
马池口中心白浮小学
马池口中心小学
马池口镇
马池口中心楼自庄小学
小汤山中学
小汤山镇
小汤山中心小学
大东流中心小学
大东流中心东官庄小学
大东流中学
小汤山镇中心幼儿园
实验三小
百善学校
百善镇
百善镇中心幼儿园
沙河第二幼儿园
沙河镇
沙河中心于辛庄小学
沙河中心小学
沙河中学
巩华中心第二小学
巩华中心小学
沙河镇中心幼儿园
沙河水库
小汤山中心马坊小学
首都师范大学附属中学昌平学校
北七家中心小学
北七家中学
北七家镇
平西府中心东沙各庄小学
平西府中心郑各庄小学
平西府中学
平西府中心小学
北七家镇中心幼儿园
七里渠中心豆各庄小学
七里渠中心白各庄小学
七里渠中心小学
史各庄中心定福皇庄回民小学
史各庄中心小学
实验小学(华北电力大学附属小学)
首都师范大学附属回龙观育新学校
霍营中心半截塔小学
平西府中心东三旗小学
燕丹学校
昌平一中天通苑校区
天通苑学校
天通苑小学
回龙观中心小学
实验二小
霍营中心小学
回龙观二小(北京农学院附属小学)
回龙观镇
中滩中学
东小口中心小学
东小口镇
回龙观中学(华北电力大学附属中学)
北京师范大学昌平附属学校(小学)
北京师范大学昌平附属学校(中学)
北京师范大学昌平附属中学(高中部)
北京师范大学二附中未来科技城学校
北京师范大学实验小学未来科技城学校
北京师范大学未来科技城学校附属第二小学
北京师范大学未来科技城学校附属第二中学
中央民族大学附属中学昌平学校
育翔小学回龙观学校
一六一中学
清华大学附属小学昌平学校
、流村中学、兴寿学校
学、首师大附属中学昌平学校
、回龙观中心小学、华北电力大学附属小学
回龙观中心小学—海淀学校

怀柔区2015年“高参小”学校情况统计表

序号	高校	小学
1	北京京北职业技术学院	怀柔区第六小学
2	中国科学院大学	怀柔区怀北学校（小学部）
3	中央音乐学院	怀柔区桥梓镇中心小学
4	北京对外经济贸易大学	北京市朝阳区呼家楼中心小学怀柔分校
5	北京外国语大学	怀柔区茶坞铁路中学（小学部）

扩充优质教育资源策略调整

引进名校办分校或成为名校成员校	目前共有9所：北京一零一中学怀柔校区、光明小学怀柔分校、呼家楼小学怀柔分校、黄城根小学怀柔分校、首师大附属红螺寺中学、海淀区教师进修学校附属实验学校怀柔分校、三小和北房小学成为实验二小集团成员校。北京实验二小怀柔分校正在建设之中
与市内……	目前与西城区、东城区、海淀区、朝阳区等区形成良好的合作关系，截止目前，全区已

推动学区制建设	体提高 的原则，区外借助市区名校的优质教育资源提升办学品质，区内合理配备学区校数量，形成区直校、平原校、山区校在干部教师交流、教育资源共享、德育和教学管理、教育科研等方面深度合作的教育联盟，实现了优质校带动一般校发展，不断缩小校际办学差距，促进城乡学校的优质均衡发展
与国际教育资源交流不断拓宽	与美国卡士奇大学已有13年的教育合作，2013年又与美国加州洛杉矶联合学区第五学区进行了教育互动，有10所学校与美国加州学校签订了合作协议，确定合作意向

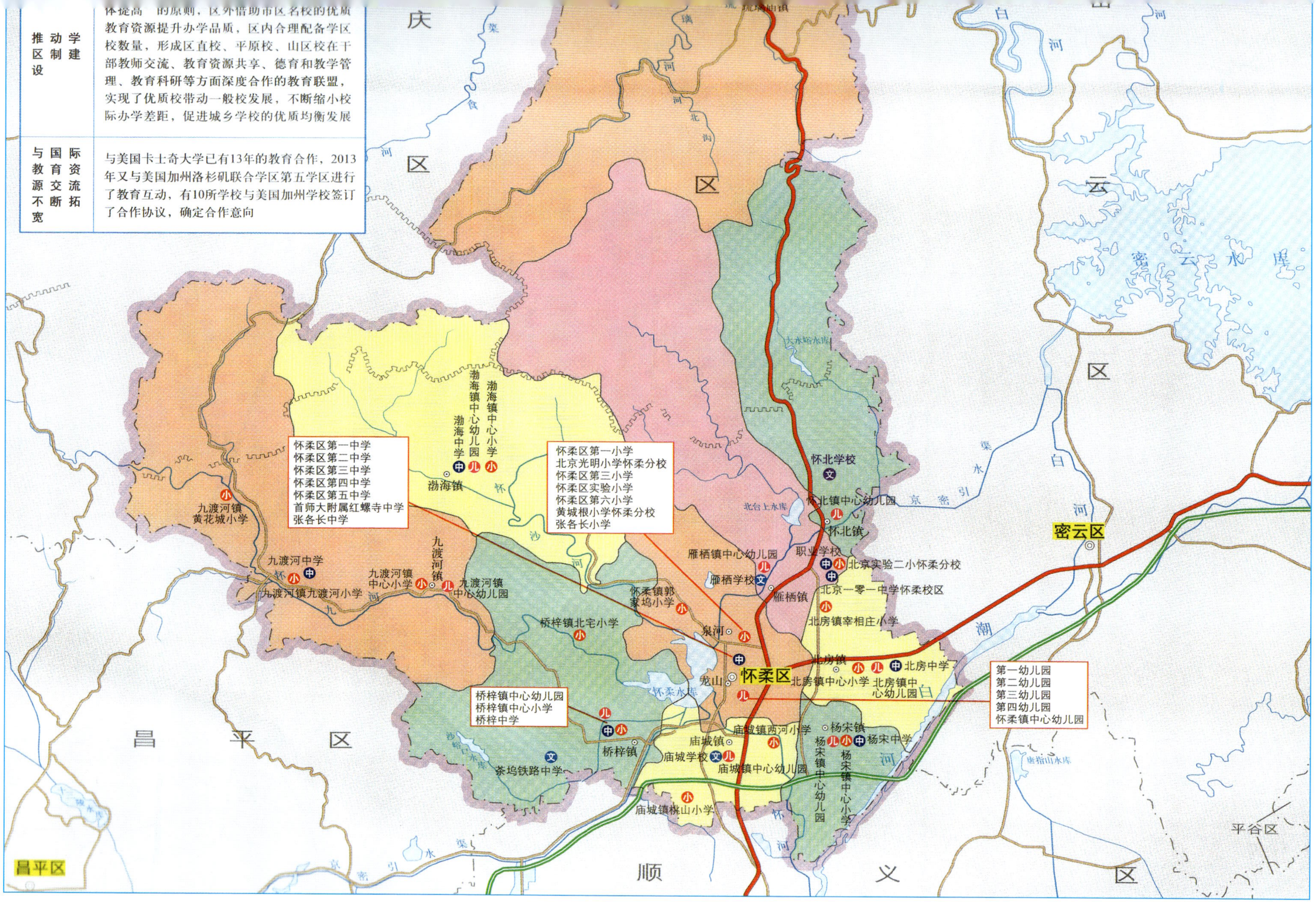

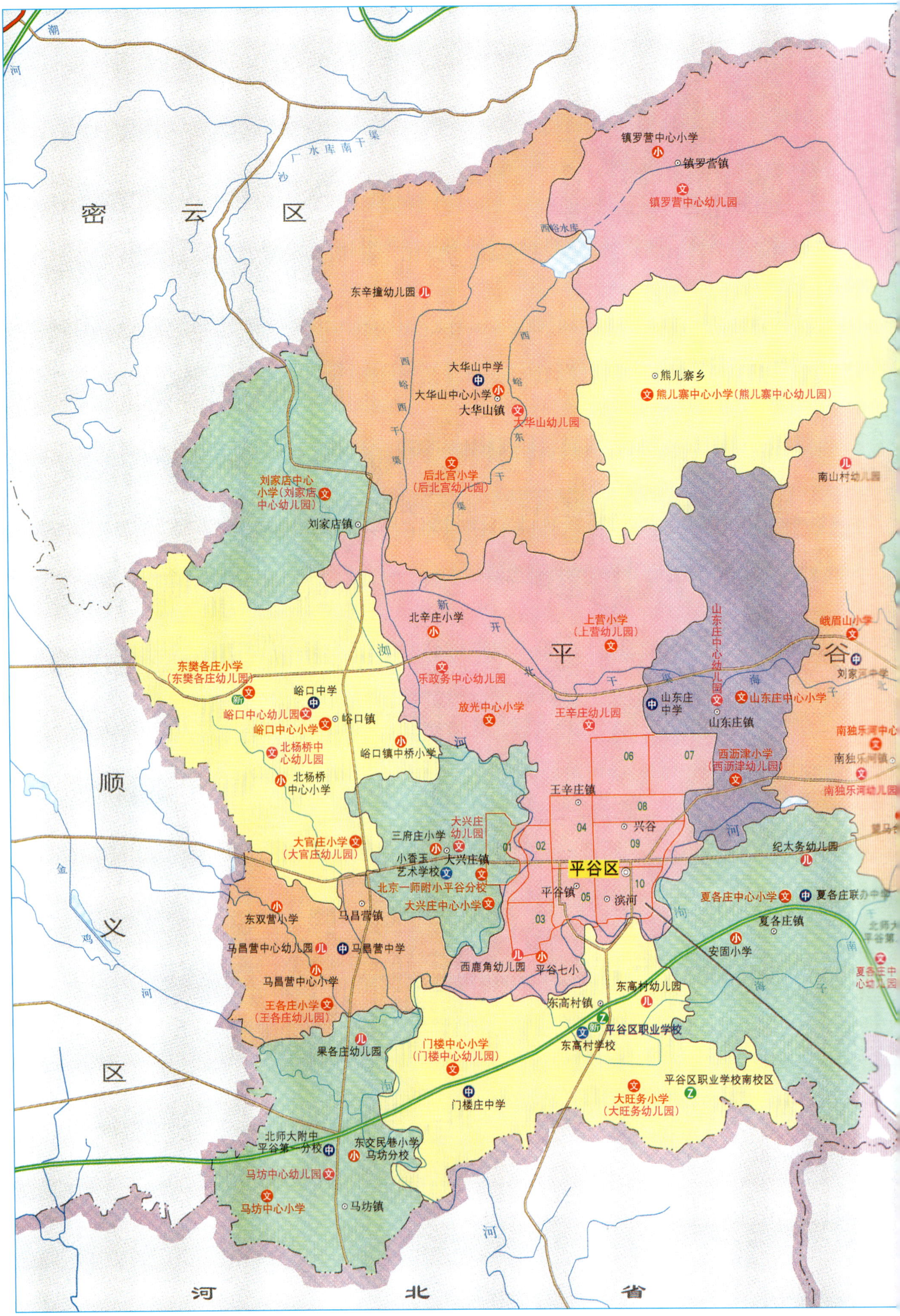

密云区
顺义区
河北省
平谷
平谷区
镇罗营中心小学
镇罗营镇
镇罗营中心幼儿园
西峪水库
东辛撞幼儿园
大华山中学
大华山中心小学
大华山镇
大华山幼儿园
后北宫小学
(后北宫幼儿园)
熊儿寨乡
熊儿寨中心小学(熊儿寨中心幼儿园)
南山村幼儿园
刘家店中心小学(刘家店中心幼儿园)
刘家店镇
北辛庄小学
上营小学
(上营幼儿园)
峨眉山小学
刘家河中学
东樊各庄小学
(东樊各庄幼儿园)
乐政务中心幼儿园
峪口中学
峪口中心幼儿园
峪口中心小学
峪口镇
北杨桥中心幼儿园
北杨桥中心小学
峪口镇中桥小学
放光中心小学
王辛庄幼儿园
山东庄中学
山东庄中心幼儿园
山东庄中心小学
山东庄镇
南独乐河中心小学
南独乐河镇
南独乐河幼儿园
西沥津小学
(西沥津幼儿园)
王辛庄镇
兴谷
三府庄小学
大兴庄幼儿园
小香玉艺术学校
大兴庄镇
大官庄小学
(大官庄幼儿园)
北京一师附小平谷分校
大兴庄中心小学
平谷镇
滨河
纪太务幼儿园
夏各庄中心小学
夏各庄联办中学
夏各庄镇
安固小学
东双营小学
马昌营镇
马昌营中心幼儿园
马昌营中学
马昌营中心小学
西鹿角幼儿园
平谷七小
东高村幼儿园
东高村镇
王各庄小学
(王各庄幼儿园)
平谷区职业学校
东高村学校
果各庄幼儿园
门楼中心小学
(门楼中心幼儿园)
门楼庄中学
平谷区职业学校南校区
大旺务小学
(大旺务幼儿园)
北师大附中平谷第一分校
东交民巷小学马坊分校
马坊中心幼儿园
马坊中心小学
马坊镇
夏各庄中心幼儿园
沙厂水库南干渠
新开渠
海子
洳河
西峪西干渠
01
02
03
04
05
06
07
08
09
10

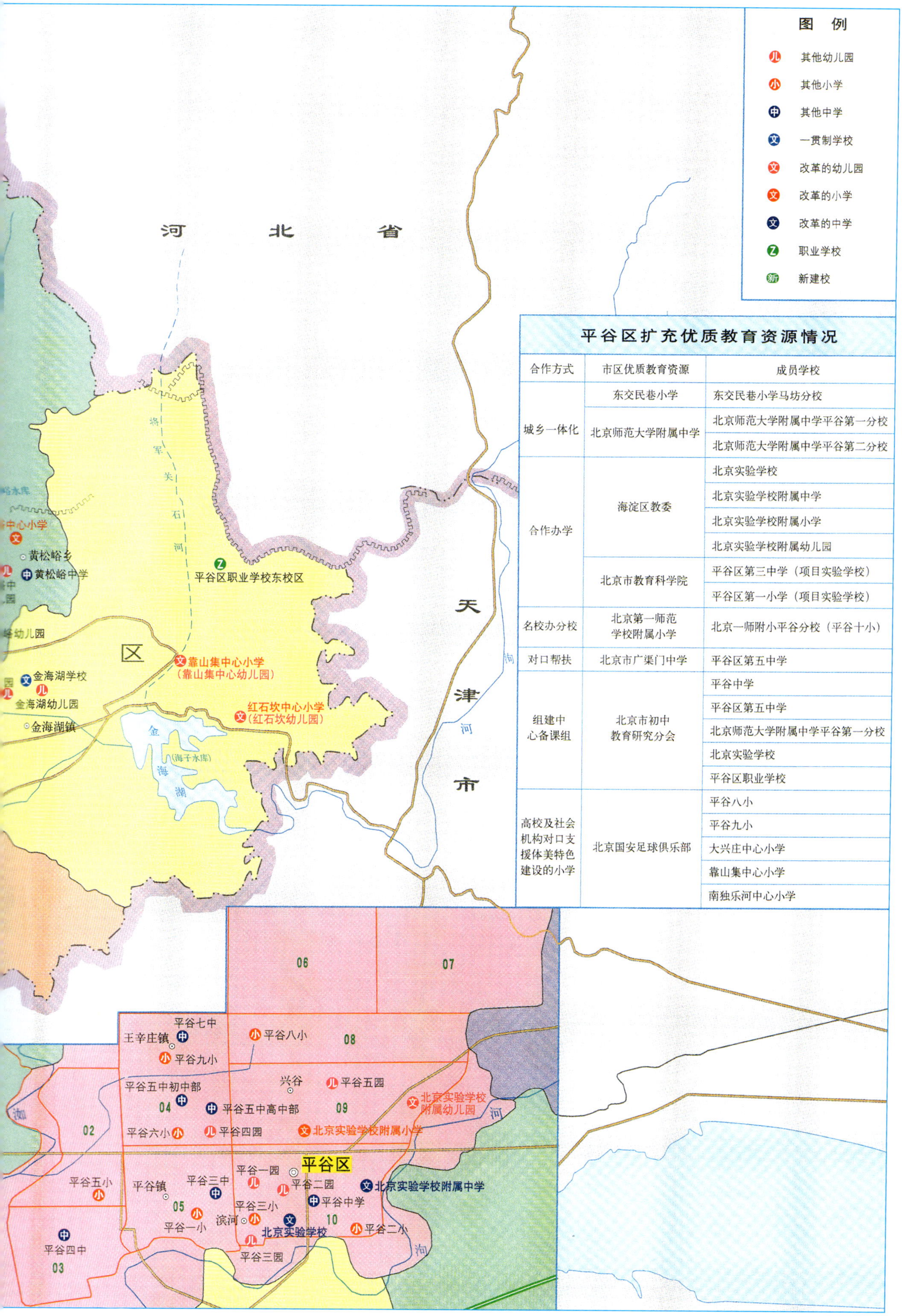

平谷区扩充优质教育资源情况

合作方式	市区优质教育资源	成员学校
城乡一体化	东交民巷小学	东交民巷小学马坊分校
	北京师范大学附属中学	北京师范大学附属中学平谷第一分校
		北京师范大学附属中学平谷第二分校
合作办学	海淀区教委	北京实验学校
		北京实验学校附属中学
		北京实验学校附属小学
		北京实验学校附属幼儿园
	北京市教育科学院	平谷区第三中学（项目实验学校）
		平谷区第一小学（项目实验学校）
名校办分校	北京第一师范学校附属小学	北京一师附小平谷分校（平谷十小）
对口帮扶	北京市广渠门中学	平谷区第五中学
组建中心备课组	北京市初中教育研究分会	平谷中学
		平谷区第五中学
		北京师范大学附属中学平谷第一分校
		北京实验学校
		平谷区职业学校
高校及社会机构对口支援体美特色建设的小学	北京国安足球俱乐部	平谷八小
		平谷九小
		大兴庄中心小学
		靠山集中心小学
		南独乐河中心小学

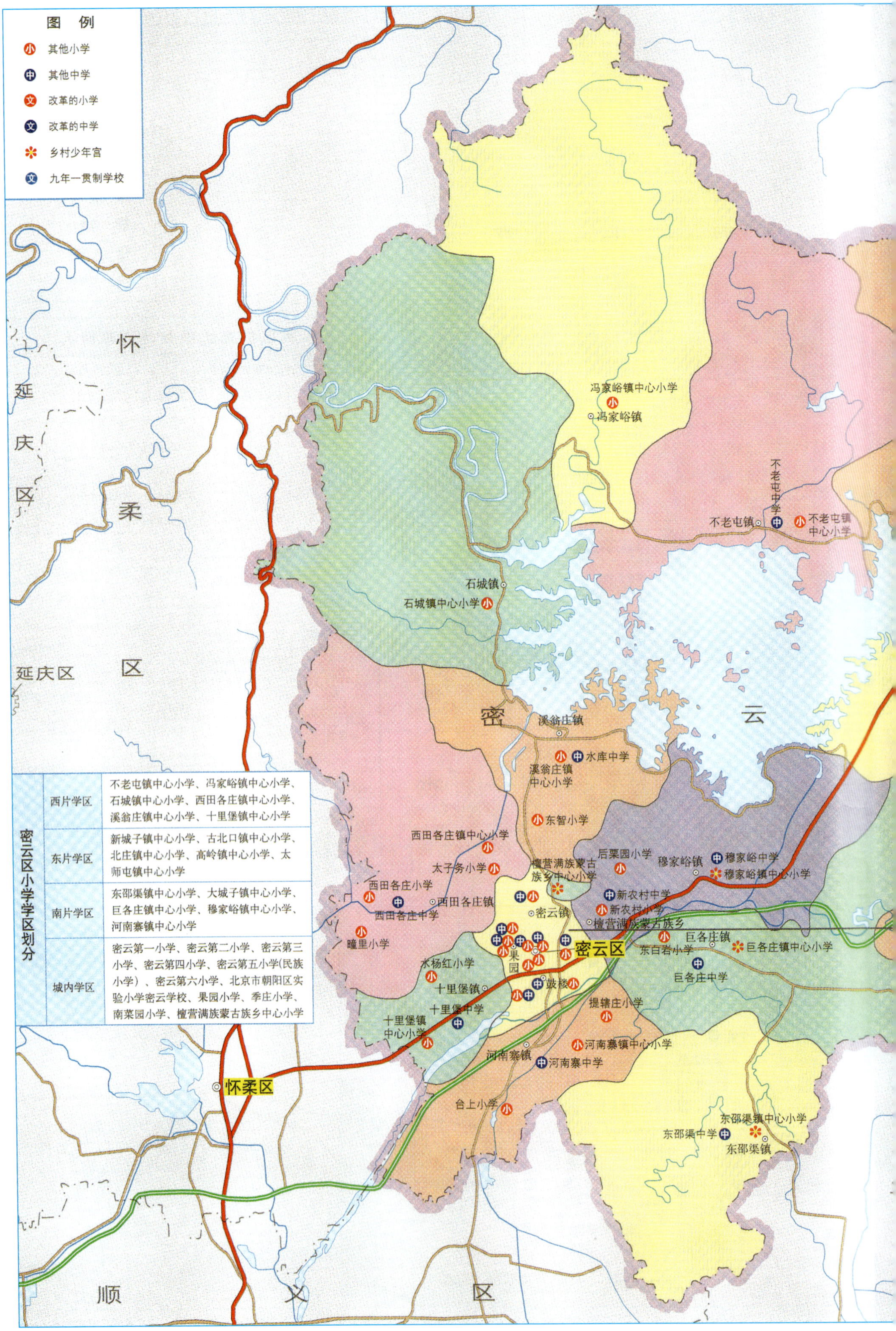

密云区小学学区划分	
西片学区	不老屯镇中心小学、冯家峪镇中心小学、石城镇中心小学、西田各庄镇中心小学、溪翁庄镇中心小学、十里堡镇中心小学
东片学区	新城子镇中心小学、古北口镇中心小学、北庄镇中心小学、高岭镇中心小学、太师屯镇中心小学
南片学区	东邵渠镇中心小学、大城子镇中心小学、巨各庄镇中心小学、穆家峪镇中心小学、河南寨镇中心小学
城内学区	密云第一小学、密云第二小学、密云第三小学、密云第四小学、密云第五小学(民族小学)、密云第六小学、北京市朝阳区实验小学密云学校、果园小学、季庄小学、南菜园小学、檀营满族蒙古族乡中心小学

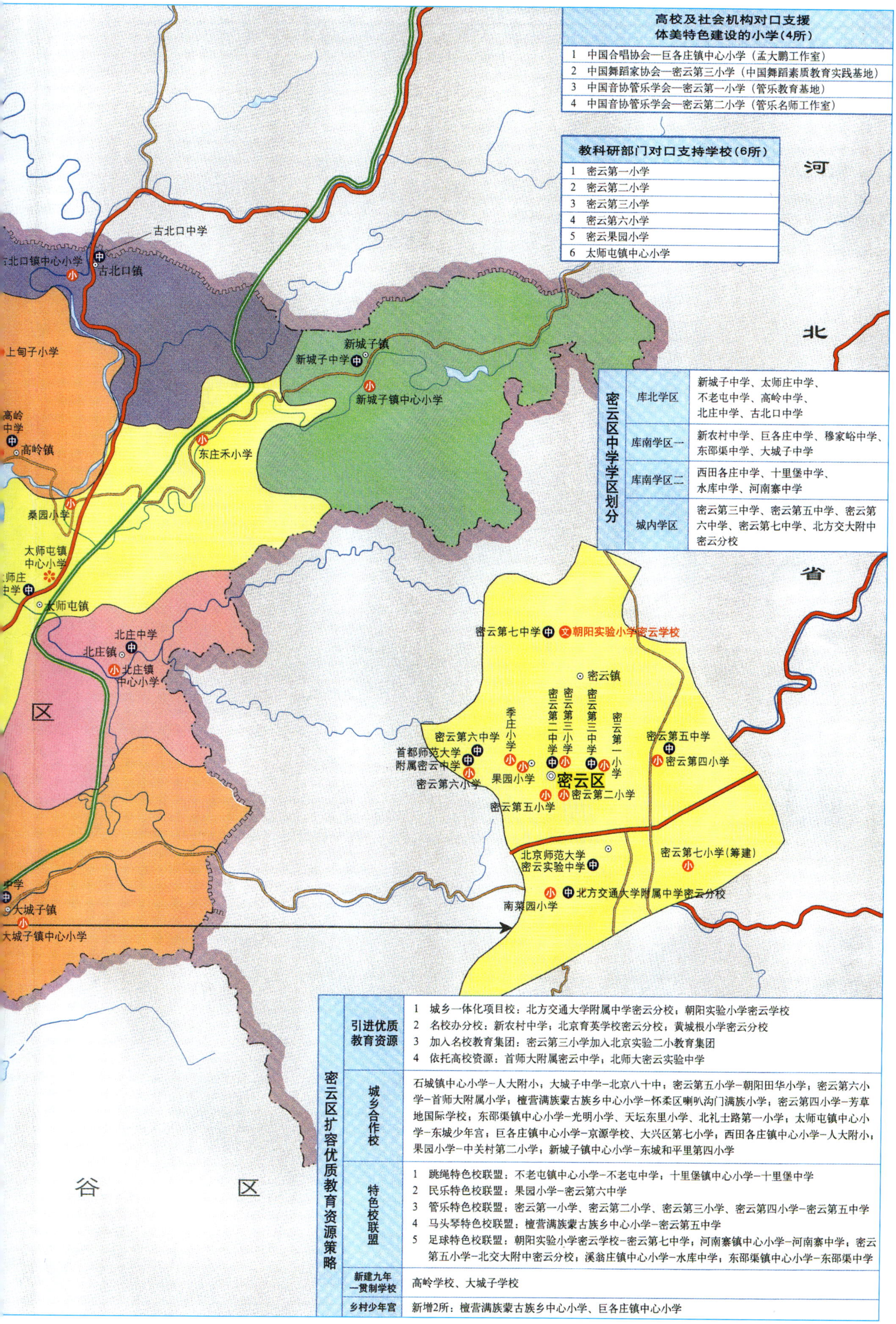

高校及社会机构对口支援体美特色建设的小学（4所）

1	中国合唱协会—巨各庄镇中心小学（孟大鹏工作室）
2	中国舞蹈家协会—密云第三小学（中国舞蹈素质教育实践基地）
3	中国音协管乐学会—密云第一小学（管乐教育基地）
4	中国音协管乐学会—密云第二小学（管乐名师工作室）

教科研部门对口支持学校（6所）

1	密云第一小学
2	密云第二小学
3	密云第三小学
4	密云第六小学
5	密云果园小学
6	太师屯镇中心小学

密云区中学学区划分

库北学区	新城子中学、太师庄中学、不老屯中学、高岭中学、北庄中学、古北口中学
库南学区一	新农村中学、巨各庄中学、穆家峪中学、东邵渠中学、大城子中学
库南学区二	西田各庄中学、十里堡中学、水库中学、河南寨中学
城内学区	密云第三中学、密云第五中学、密云第六中学、密云第七中学、北方交大附中密云分校

密云区扩容优质教育资源策略

引进优质教育资源	1 城乡一体化项目校：北方交通大学附属中学密云分校；朝阳实验小学密云学校 2 名校办分校：新农村中学；北京育英学校密云分校；黄城根小学密云分校 3 加入名校教育集团：密云第三小学加入北京实验二小教育集团 4 依托高校资源：首师大附属密云中学；北师大密云实验中学
城乡合作校	石城镇中心小学—人大附小；大城子中学—北京八十中；密云第五小学—朝阳田华小学；密云第六小学—首师大附属小学；檀营满族蒙古族乡中心小学—怀柔区喇叭沟门满族小学；密云第四小学—芳草地国际学校；东邵渠镇中心小学—光明小学、天坛东里小学、北礼士路第一小学；太师屯镇中心小学—东城少年宫；巨各庄镇中心小学—京源学校、大兴区第七小学；西田各庄镇中心小学—人大附小；果园小学—中关村第二小学；新城子镇中心小学—东城和平里第四小学
特色校联盟	1 跳绳特色校联盟：不老屯镇中心小学—不老屯中学；十里堡镇中心小学—十里堡中学 2 民乐特色校联盟：果园小学—密云第六中学 3 管乐特色校联盟：密云第一小学、密云第二小学、密云第三小学、密云第四小学—密云第五中学 4 马头琴特色校联盟：檀营满族蒙古族乡中心小学—密云第五中学 5 足球特色校联盟：朝阳实验小学密云学校—密云第七中学；河南寨镇中心小学—河南寨中学；密云第五小学—北交大附中密云分校；溪翁庄镇中心小学—水库中学；东邵渠镇中心小学—东邵渠中学
新建九年一贯制学校	高岭学校、大城子学校
乡村少年宫	新增2所：檀营满族蒙古族乡中心小学、巨各庄镇中心小学

延庆区青少年校园足球学校一览表

名称	命名单位	学校	年份
全国青少年校园足球先锋学校	教育部	康庄小学	2014
全国青少年校园足球特色学校	教育部	康庄小学	2015
		第四小学	
北京市青少年校园足球特色学校	北京市教委	康庄小学	2015
		第四小学	
		第七中学	
		第五中学	
		第一中学	
		第四中学	
		第二小学	
		八里庄小学	
		大柏老小学	
		第三小学	
		太平庄小学	
		珍珠泉小学	
		香营学校	
		康庄中学	
		第二中学	

高校及社会机构对口支援体美特色建设的小学（2所）

1	中国合唱协会吴灵芬名师工作室——下屯小学
2	中国合唱协会张以达名师工作室——八里庄小学

九年一贯制学校（4所）

1	十一学校
2	永宁学校
3	香营学校
4	张山营学校

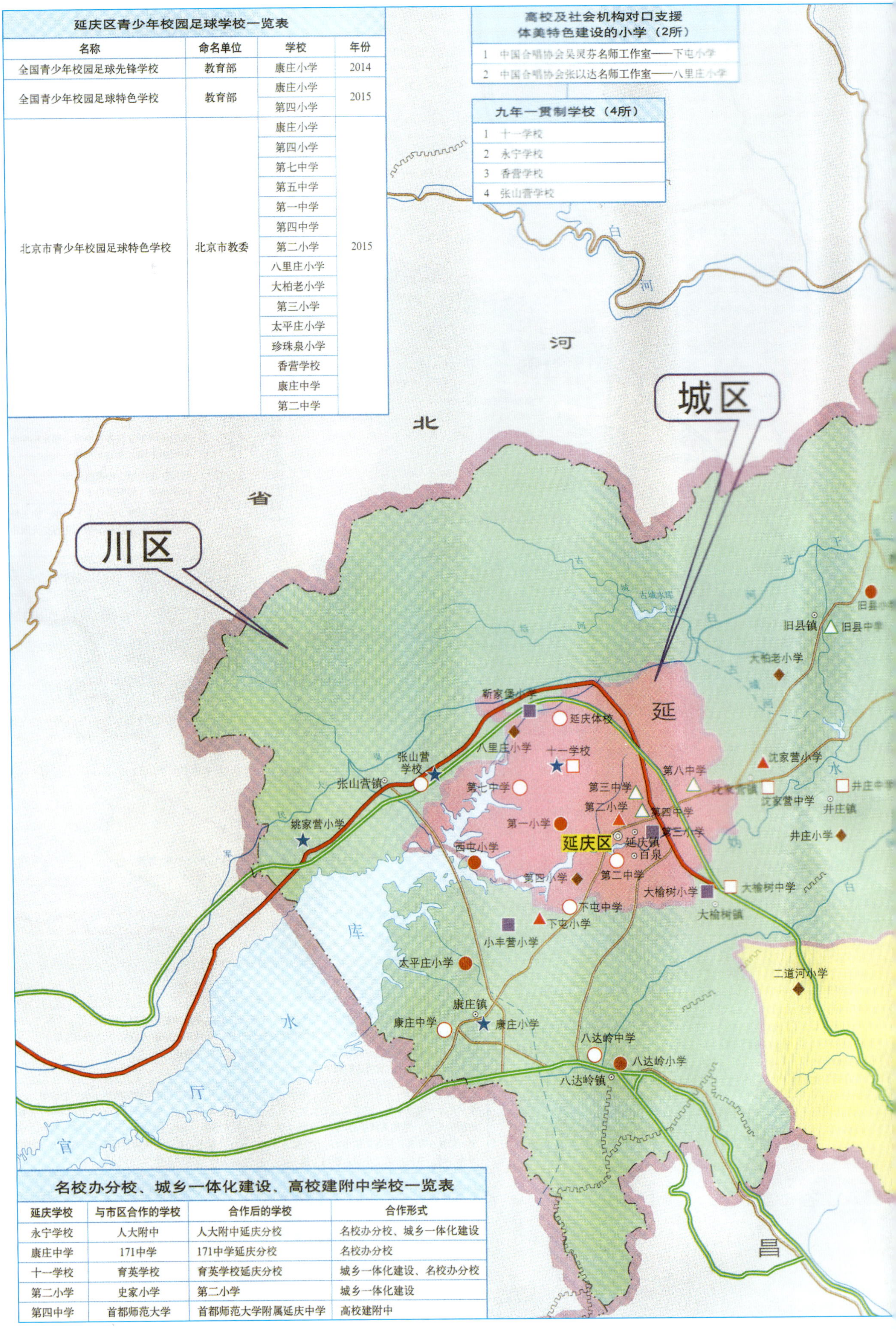

名校办分校、城乡一体化建设、高校建附中学校一览表

延庆学校	与市区合作的学校	合作后的学校	合作形式
永宁学校	人大附中	人大附中延庆分校	名校办分校、城乡一体化建设
康庄中学	171中学	171中学延庆分校	名校办分校
十一学校	育英学校	育英学校延庆分校	城乡一体化建设、名校办分校
第二小学	史家小学	第二小学	城乡一体化建设
第四中学	首都师范大学	首都师范大学附属延庆中学	高校建附中

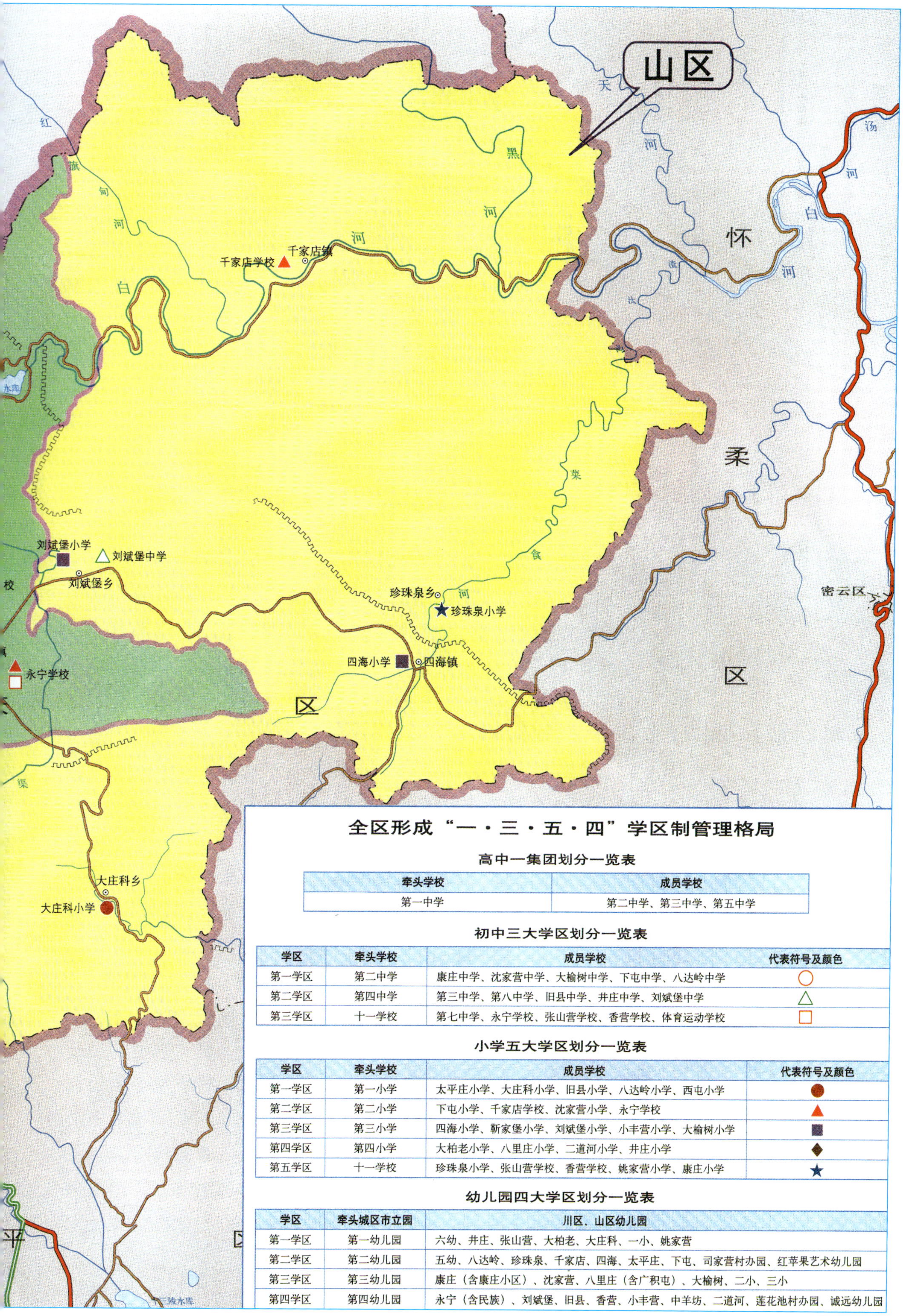

全区形成“一·三·五·四”学区制管理格局

高中一集团划分一览表

牵头学校	成员学校
第一中学	第二中学、第三中学、第五中学

初中三大学区划分一览表

学区	牵头学校	成员学校	代表符号及颜色
第一学区	第二中学	康庄中学、沈家营中学、大榆树中学、下屯中学、八达岭中学	○
第二学区	第四中学	第三中学、第八中学、旧县中学、井庄中学、刘斌堡中学	△
第三学区	十一学校	第七中学、永宁学校、张山营学校、香营学校、体育运动学校	□

小学五大学区划分一览表

学区	牵头学校	成员学校	代表符号及颜色
第一学区	第一小学	太平庄小学、大庄科小学、旧县小学、八达岭小学、西屯小学	●
第二学区	第二小学	下屯小学、千家店学校、沈家营小学、永宁学校	▲
第三学区	第三小学	四海小学、靳家堡小学、刘斌堡小学、小丰营小学、大榆树小学	■
第四学区	第四小学	大柏老小学、八里庄小学、二道河小学、井庄小学	◆
第五学区	十一学校	珍珠泉小学、张山营学校、香营学校、姚家营小学、康庄小学	★

幼儿园四大学区划分一览表

学区	牵头城区市立园	川区、山区幼儿园
第一学区	第一幼儿园	六幼、井庄、张山营、大柏老、大庄科、一小、姚家营
第二学区	第二幼儿园	五幼、八达岭、珍珠泉、千家店、四海、太平庄、下屯、司家营村办园、红苹果艺术幼儿园
第三学区	第三幼儿园	康庄（含康庄小区）、沈家营、八里庄（含广积屯）、大榆树、二小、三小
第四学区	第四幼儿园	永宁（含民族）、刘斌堡、旧县、香营、小丰营、中羊坊、二道河、莲花池村办园、诚远幼儿园

《北京教育新地图》（2016）编委会

主题索引

使用说明：

一、本索引采用内容分析索引法编制。除大事记外，年鉴中有实质检索意义的内容均予以标引，以供检索使用。

二、本索引按汉语拼音音序排列。具体排列方法如下：以数字开头的，排在最前面；汉字标目则按照首字的音序、音调依次排列，首字相同时，则以第二个字的音序、音调排序，依此类推。

三、索引标目后的数字，表示检索内容所在的正文页码；数字后面的英文字母 a、b、c，表示正文中的栏别，合在一起即指该页码及左、中、右三个版面区域。年鉴中以表格、图片方式记载的内容，则在索引标目后用括号注明“（表）”“（图）”字样，以区别于文字标目。

四、为反映索引款目间的逻辑关系，对于二级标目，采取在一级标目下缩二格的形式编排，之下再按数字、汉语拼音顺序排列。

主题词索引

0～9

A

B

D

E

F

G

N

P

Q

T

W

X

Y

Z

（王彦祥　张若舒　编制）

人名索引

（王彦祥　张若舒　编制）

（本栏责任编校　华蕾）

编辑部地址：北京市东城区夕照寺街

东玖大厦B座802室

邮 政 编 码：100061

电　　　话：87194371

传　　　真：87194370

电 子 信 箱：szb@bjedu.gov.cn